第四册目録

賦役法制總部

田賦法制部

宋遼金元分部

論説

（宋）范仲淹《范文正奏議》卷下《奏乞免關中支移二税郤乞於次邊入中斛㪷》 臣竊見陝西數年以來，科率百端，民力大困。州縣督責，不能存濟。兵間最爲民患者，是支移。税賦轉般斛㪷赴延州保安軍，山坡險惡，一路食物草料，時常踴貴。人户往彼輸納，比別路所貴三倍，比本處州縣送納所費五倍。害民若此，實非久計。臣等欲乞朝廷指揮都轉運司體量關輔今來災旱，民力困乏。如邊儲有備，其二税與免支移。並邊上入中斛㪷，大段價高出卻京師見錢銀絹，萬數浩瀚，亦令相度權於次邊州軍入中，所貴減得官中貴價。既次邊有備，則每遇事宜，稍慢可以退那軍馬於次邊就食糧草。既稍蘇民瘵，又不悞軍期。如此守邊，庶爲得策。

（宋）范仲淹《范文正奏議》卷下《奏為陝西四路入中糧草及支移二税》 臣竊見陝西四路各屯重兵，所入中糧草，又無定數，並支却京師錢帛。久而行之，府庫須竭。又支移關輔二税往邊上送納，道路險阻，百姓勞費，亦已凋弊。至於轉運司經畫財利，應副邊上，每年亦無定額。縱使元昊納款，未能頓解，邊兵悠久，何以支濟。自來朝廷已差逐路經畧兼計置糧草，即未責事任。伏望聖慈指揮更選差朝臣四人，充陝西四路經畧計置判官，專管本路税賦課利及圖回營田等事。仍令三司將逐路軍馬并見在糧草數目約度，今後每年各計入中若干石，於京師支給見錢，比舊日十分中減下三分，各令陝西轉運司約度逐路税賦課利數目外，每年各令支助錢帛若干。既糧草錢帛皆是定額，自然各務省節。須揀精鋭養贍，及將蕃部弓箭手相兼使用，不更占冗兵。既沿邊入中有數，必自那移軍馬入次邊及近裏州軍駐劄。其四路經畧計置判官便當知州差遣，與本路經畧使及知州軍等如能依此減省入中萬數，及圖回財用不致虧誤，即加獎擢。此軍國之大計，乞聖慈留意。

（宋）李燾《續資治通鑑長編》神宗熙寧四年五月 癸巳，上與王安石論租庸調法，善之。安石曰：此法近於井田，後世立事粗得先王遺意，則無不善。今亦無不可爲者，顧難以速成爾。上問其故，安石對曰：今百姓占田，或連阡陌，顧不可奪之，使如租庸調法，授田有限。然世主誠能知天下利害，以其所謂害者制法，而加於兼并之人，則人自不敢保過限之田；以其所謂利者制法，而加於力耕之人，則人自勸於耕。而授田不敢過限。然此須漸乃能成法。夫人主誠能知利害之權，因以好惡加之，則好所何患人之不從，所惡何患人之不避？然利害之情難識，非學問不足以盡之。流俗之人罕能學問，故多不識利害之情，而於君子立法之意有所不思而好爲異論。若人主無道以揆之，則必爲異議衆多所奪，雖有善法，何由而立哉？此已上未見《日録》所載，今因安石論三不樂，《日録》在五月癸巳附見。

上曰：府兵與租庸調法相須。安石對曰：今義勇、土軍上番供役，既有廩給，則無貧富皆可以入衛出戍，雖未有租庸調法，亦可爲。第義勇以良民爲之，當以禮義獎養。今皆倒置，涅其手背，人不樂一也；教閲靡費，人不樂二也；又使運糧，人不樂三也。近更驅之就敵，横被殺戮，尤使人憚爲之。

馮京曰：義勇近亦有以挽强得試推恩者。安石曰：挽强以力有分限，苟力不足，則自絶於進取矣。是朝廷有推恩之濫，而初非勸獎使人趨武事也。今措置義勇，皆當及此，使害在於不爲義勇，而利在於爲義勇，人以得籍名於義勇爲幸。至於以武藝推恩，隨人材之高下，使咸有幸得之心，則俗可變而衆技可成也。臣願擇其鄉閭豪傑爲之將校，稍加獎拔，則人自悦服。矧今募兵爲宿衛，有積官至刺史以上者。移此與彼，固無不可，况此不至如此費官禄，已足使人樂爲之。陛下誠能審擇近臣皆有政事之材，異時可使分將此等軍。今募兵出於無賴之人，尚可爲軍廂主，則近臣以上豈不足此輩？此乃先王成法、社稷之長計也。上極以爲然。此據《兵志》第二卷，以爲保甲事，但自今皆倒置以下至衆技可成也，《日録》係之四年五月九日。又上曰：府兵與租庸調云云至當以禮義獎養，已附三年閏十一月十九日。又

臣願擇其鄉閭云云至上以爲然，亦已附閏十一月十九日；惟上嘗論租庸調法至何由而立哉，未有所附，今即附此年五月九日，餘並兩存之，蓋安石欲變宿衛法，其言不一而足也。

（宋）李燾《續資治通鑑長編》神宗熙寧四年六月 楊繪又言：

助役之法，朝廷之意甚善，其法亦甚均，但亦有難行之説，臣願獻其否以成其可，去其害以成其利。假如民田有多至百頃者、少至三頃者，皆爲第一等，百頃之與三頃，已三十倍矣，而役則同焉。今若均出錢以雇役，則百頃者其出錢必三十倍於三頃者矣，況永無影射之訟乎！此其利也。然難行之説亦有五：民難得錢，一也；近邊州軍姦細難防，二也；逐處田税多少不同，三也；耆長雇人則盜賊難止，四也；專典雇人則失陷官物，五也。

且農民惟知種田爾，而錢非出於田者也，民寧出力而憚出錢者，錢所無也。今乃歲限其出錢之數，苟遇豐歲，雖穫多而賤賣猶未足輸官也；凶年穀雖貴，而所收者少，食尚不足，若之何得錢以輸官？又況天下州郡，患錢少者衆矣，而必責民納錢，可乎？行之三數年，此弊愈見矣。其説一也。唐李元平守汝州，始至，募人築郛浚隍，李希烈陰使亡命應募，凡内數百人，元平不悟，賊將李克誠以精騎薄城，募者内應，縛元平馳見希烈，此乃覆轍也。今若緣邊州軍不問土著，惟雇一切浮浪之人，萬一有間諜應募，或爲外夷所使，焚燒倉庫或守把城門，潛爲内應，此豈得不慮哉？其説二也。天下之田，有一畝而税錢數十者，有一畝而税數錢者，有善田而税輕者，有惡田而税重者，今若盡以税錢爲等第，得無優者轉優而苦者彌苦乎？其説三也。人所以畏爲耆長者，爲有不獲賊之刑也，誰肯冒刑而就雇乎？若未有賊限則爲之，或有賊限則逃，又招之則又然，事若何而輯乎？其説四也。且如倉庫多至數萬石，軍資多至百千萬緡，而使受雇浮浪之人爲之，官司無由察實，有侵盜事急則逃闕，誤支給，隱匿文帳，然後没納抵當，捕繫保任，則罪人已去而平民被害。其説五也。

乞先議防此五害，然後著爲定制。仍乞誡勵司農寺，無欲速就以祈恩賞；提舉司毋得多取於民以自爲功，如此則誰復妄議！

綜 述

（宋）謝深甫等《慶元條法事類》卷四七《賦役門·拘催税租敕令格申明》 敕

户婚敕

諸税租，州輒差官吏下縣催督，若縣未入末限或未經科校，輒差人下鄉者，並杖一百。

諸應納畸零殘欠税租，逐料起催前，不行點檢保明申州者，官吏各杖一百。

諸令、佐催理税租輒自下鄉，若抑令人户結甲者，各杖八十，致公吏人因而乞取，減犯人罪三等，罪止杖一百，故縱與同罪。即將帶停僭公、吏人下鄉者，徒二年。

諸税租起催前應給納數單子而不實不盡者，杖一百，點對官失點檢，減一等。

諸人户應輸納有期限而官司輒促其常限者，徒一年，因致逃亡者，加一等。

賦役令

諸税租法，提點刑獄司同。監司於催科前知州、通判，責令、丞舉行，依限催納。俟限滿察其勤惰以優劣申監司，足而不擾爲優，省額足而簿内有欠者非。有欠最多者爲劣。下條准此。類聚同行審察，歲取一二處保明以聞。

諸知州罷任，監司考察任内催科税租勤惰，限次年正月終以優劣保明以聞。有故未奏，聽展限一月，在任不及半年不考。

諸災傷倚閣税租者，至豐熟日，隨夏秋每料催納二分，各以本户本科所閣正税分數爲率。願併納者聽。其料數未足，又遇災傷者，權停催理。

諸人户開耕鹼地種成苗稼者，令、佐親詣驗實，標立頃畝四至，取鄉例立定税租，以五分爲額，仍免四料催科。

諸田應起納税租及免催科料次者，各以授田月爲限，陸田在三月終，水田在四月終以前者，自當年秋料爲始；在九月終以前者，自次年夏料爲始。

諸税租起輸納畢日限，每料，轉運司前期行下，依元限月日分三限。日數不等者先從多，限内有閏者，晚輸，早畢各上五日。災傷放免不盡者，限外展三十日，所展月日亦通分爲三限。餘應展限准此。起輸限内五日一次，州輪知州、通判，縣輪令、佐，詣倉點檢。

諸税租，縣於起催前兩月真書開具每户應納數單子，折變者，具折變實數送納處所，令、佐分定鄉村，案簿點對畢付催税人，給散納户。如輒有增減及於數外科敷，許人户越訴。

諸以有力爲孤貧者，已納税租没官，積年雖多，理五年止。

諸坊郭户税租，差手力催納。

職制令

諸税租出違省限，州選本縣官一員拘催。

格

雜格

諸州催納二税日限

夏税：

開封府、京東路州軍。

京西河南淮寧潁昌府、鄭汝孟滑等州。

淮南宿亳蘄海通州、漣水軍。

河北大名開德信德府、恩冀博濱棣懷衛洺磁相濬等州。

陝西京兆鳳翔河中府、陝同華秦隴耀丹環鳳虢解等州、保安軍。

河東隆德府、澤遼絳州、威勝軍。

荆湖北路荊門軍。

右以上並起五月十五日，盡八月終。

江南兩浙福建廣南東西荆湖南路川西路、江陵府、鄂岳澧歸辰峽州、常德府、淮南無爲軍。

右以上並起五月十五，盡八月十五日。

河北真定中山慶源府、雄霸瀛莫滄德祁保深等州、乾寧廣信安肅永静信安保定永寧等軍。

河東平陽府、慈隰等州、平定軍。

右以上並起五月十五日，盡九月五日

京西襄陽順昌府、鄧唐隨金房蔡郢均等州、信陽、光化軍。

荊湖北路德安府、復州、漢陽軍。

陝西商州。

淮南壽春安慶府、廬滁和濠泗揚楚泰光黄真等州、高郵軍。

右以上並起五月一日，盡八月十五日。

河東太原府、汾嵐憲麟府忻代石州、寧化岢嵐火山保德等軍、交城監。

河北順安軍。

右以上並起五月二十五日，盡九月十五日。

陝西慶陽府、原州起五月二十五日，盡九月十日。

延安府、汾寧涇渭階州起六月一日，盡九月十五日。

成州起五月三十日，盡九月十五日。

坊、鄜州起六月十五日，盡九月終。

秋税：

福建路州軍起十月十一日，盡次年正月三十日。

浙江、荆湖南北路、廣南東西路並起十月一日，盡次年二月十五日。

三京及京東、京西、河北、河東、淮南、陝西、川峽路州軍並起九月一日，盡次年正月十五日。

陝西、河北、河東、京東西州軍等夏秋税，如支撥在邊上及三百里以外州軍，送納者元限外，更展十五日。二税起催納畢，限内遇閏者，前後展縮各半月，其日限除依前項外，下項州軍更與展限，在京委開封府，諸路委轉運司逐料先期檢舉施行。

淮南路夏税起五月十五日，盡八月終；秋税起九月十五日，盡次年正月終。

利州路夏秋各展限十日。

慶陽延安府、環原邠寧涇渭鄜州、保安軍夏秋各展限一月，熙河洮岷州、通遠軍依慶陽府例。登、萊州夏秋各展限半月。

申明

隨敕申明

户婚

淳熙二年六月十一日敕：荆湖南路轉運副使李椿奏，人户請佃没官户絶田産，既召人承買訖，即是民田，起理二稅，輸納没錢又當差没，所有元佃租米自合蠲除。奉聖旨：依。餘路依此。

淳熙六年五月十八日敕：鄉民於自己田土接連間曠墝确之地，能施工用力，開墾成田園，或未能自陳起立稅租，爲人陳首官司，止合打量畝步，參照其人契簿内元業等則起立稅租，俾之管紹，不應引用盜耕種法奪而予人。

旁照法

名例申明

紹興十四年三月十七日敕：岷州改爲西和州，及階、成、西、和、鳳州並屬利州路。

（宋）謝深甫等《慶元條法事類》卷四七《賦役門・受納稅租敕令格式申明》

敕

户婚敕

諸納租稅輒法外增數者，一升、一束以上加本罪一等，輒他用者，又加一等。盜用，以自盜論，許人户經監司越訴。

諸人户稅租應納數外輒收羨餘者，杖八十。

諸抑令人户賣耕牛或耕稼之具納稅租，及令公人代輸者，杖一百。

諸應合鈔送納畸零稅租，不逐户印給已納憑由者，杖一百，公吏乞覓，計贓以枉法論。

諸銷稅租簿，吏人書手受縣鈔或取到監住鈔而不即時勾銷致毁失者，雖會恩仍勒停。

諸縣受人户已納稅租鈔，租預買紬絹錢物之類同。不依限對簿朱銷者，杖一百，吏人仍勒停，其人户自賫户鈔或憑由出官，不爲照使，抑令重疊輸納者，以違制論。委知、通檢察，知情容庇者與同罪，並許人户經監司越訴。

諸州縣輒預借人户稅租，和預買紬絹錢物同。徒一年。若公吏於人户處私輒借者，准盜論，五十匹配本城，仍許被借人户越訴。

厩庫敕

諸受納稅草輒於耗外令人户輸納者，杖八十，許人告。

諸官司田宅課稅輒令公人代納者，杖八十。

諸倉庫受納鄉村人户錢物，監專無故留滯納入經宿者，徒二年。

令

倉庫令

諸受納稅租，一斛加一升，舊例不加處依舊。蒿草十束加一束爲耗。支盡有欠者，聽耗内除二分，即折變爲見錢者，其耗不計。

諸受納苗米輒將帶人從入倉，許人户越訴。

諸正稅絲綿收官耗及稱耗共一分，舊不收者仍舊。

諸稅租只得於指定處送納，即錢、布帛、絲綿無指定處者，許就本州縣納，和預買物帛准此。其應納地里脚錢者，别曆收支，官司遇起催，前期録法榜示。即不依元指定處而已納者，勒元犯並知情干繫人運赴應納處。

諸應輸布帛，綾羅之類同。綢户，親題姓名，書押兩頭，官用印記。若充上供者，本州書受納監專姓名，和買物仍注買時年月。知、通審驗起發。如及省樣，不得非理退換。

諸受納官物團印，倉庫各别爲樣。長印、梢印，州縣長官監造，起納日以印樣繳送銷簿官司，對鈔比驗，至納畢，長官監毁印。公吏於鈔内輒置私記，謂入門私勘同之類。阻節受乞錢物者，許人户越訴。

諸輸官物用鈔四：縣鈔付縣，户鈔給人户，官輸者，具官鈔。監鈔付監官，住鈔留本司。每鈔用長印日，印其扣頭，並縣、户、官、鈔，各監官親用團印。總納五萬石匹縣户，官鈔仍各用銅朱記。

賦役令

諸稅租鈔，倉庫封送縣，令、佐即日監勘分授鄉書手，各置曆，當官收上，日别爲號，計數，以五日通轉，每受鈔，即時注入，鈔數多者，量責近限。當職官對簿銷押訖，封印，置櫃收掌。本縣受納亦准此。至納畢，於簿末結計正數及合零就整。若每色剩納到數並畸零殘欠，畫一朱書，限三十日，二萬户以上限五十日，官吏保明，具鈔數同簿送州磨勘。若限滿尚有欠者，令、佐勒書手録所欠户名，責狀二本，一留縣催納，一隨簿送州。即磨勘有虧失，及於所責狀外又有欠者，本州置簿，勒干繫吏人、書手、私名人均備。

諸合納稅租及合置因借與公吏而所借公吏逃亡追理不足者，於元借人

户名下理納。

諸應納畸零殘欠税租，於省限滿次日别録數，委官拘催，如納到限一日於所録數内銷鑿印簿，先送州磨勘，候發回，限三日以簿對數朱銷。

諸税租起輸納畢日限，每料，轉運司前期行下，依元限月日分三限。日數不等者先從多，限内有閏者，晚輸、早畢各十五日。災傷放免不盡者，限外展三十日，所展月日亦通分爲三限。餘應展限准此。起輸限内五日一次，州輸知州、通判，縣輸令、佐，詣倉點檢。

諸税租不得以一色分折諸物，及令一户兩處輸納。

諸災傷有放免不盡税租而難得本色者，縣申州相度，以納月中價納錢，仍申轉運司。

諸應帶納積欠税租而災傷人户願納價錢者，聽。

諸税租非本土出産或歲不豐，聽隨所有依倉例折納。人糧馬料不得互相准折，不産小麥處，准許以粳米折。其雜色田不收本色者，准此。

諸積欠並殘零二税收成日，縣以納月物帛實直中價並折納法榜示，物帛，謂穀及綢、絹、絲、綿、綾、羅、絁、布。聽人户情願折納。價有增減，隨時增減。物少不盡其錢，貼錢送納，欠少不盡其物，以錢貼還。納畢，以數申轉運司。

諸人户税租應付他處輸納而願就本縣納者，轉運司量地里定則例，令别納實費脚錢。即艱於輸送而人户願納錢，或改折物者，具利害申轉運司，無妨闕，聽從民便。

諸税租，本户布帛不成端匹，米穀不成升，絲綿不成兩，柴蒿不成束，聽依納月實直上價納錢，願與别户合鈔納本色者，聽。錢不及百亦聽合鈔送納。當官銷簿，各給已納憑由。如違，許經監司陳訴。

諸人户納布帛者，官司不得輒增端匹尺數以收羡餘。

諸受納人户二税等，每貫、石、匹、兩各收勘合朱墨錢二十文足，不成貫、匹、兩者，收一十五文。委提點刑獄司責通判拘收，於總制錢帳内令項聲説，每季起發。其錢不成百，米麥不成斗，綢絹不成尺，絲綿不成兩，並免納。

諸受納税租，所屬起催前期具輸納條件，榜倉庫、縣門，其文帳、鈔旁，須錢成文，穀成升，金銀成錢，布帛成尺，絲綿成兩，柴蒿成束。

諸税租，擇近便處令下户輸納。

諸寺觀后妃、臣僚之家墳寺、功德觀院同。田産不得免税租，雖奏請到朝旨或奉特旨，並准此。

諸州起納夏税、秋税，每月具完元額、已納、見欠名數申尚書。

□□□□□□□□□□□□□□□□刑獄司報轉運司，依鄉例增立水田税額。

諸已業田已有税額而後加墾闢若栽植桑柘者，不在增税之限。

職制令

諸州刑獄官，不得受納租税、糴買糧草。

諸受納二税官，轉運司委知、通，前期於本州縣官内公共選差訖申本司檢察。被差官專一受納，不得干預他事。本州納者，即於倚郭縣官内選差，不得差外縣官，專典止聽本州差。

諸納止受苗米官，不得差知縣，其被差官亦不得兼管和糴。提點刑獄司常切覺察，如違，具申尚書省。

格

賞格

諸色人

告獲受納税草於耗外輸納者：一束，錢五貫；五束，錢一十貫。每九束加五貫，至五十貫止。

式

賦役式

輸納税租鈔

某縣某鄉某村某色户

某人姓名，送納某年夏或秋某色税或租物若干，目下不得空字，有空紙者用墨勾抹。若干納本色，有合零就整數者，仍開析，下准此。若干折某色，若干耗，有倉省及官稱耗者，各别具數總計。

右件如前。

年月　日鈔

縣鈔餘鈔准此。

人户納税租鈔用此式，若税租折變一色願合爲一鈔者，具列所科名件

及税錢都數。其畸零之物，衆户願共姓名合鈔送納者，仍都計户及物數。鄉縣及物色別者，不得合鈔。

人户納畸零税租憑由

某縣受納場

今據某鄉某都人户姓名若干人，幾月幾日合鈔送納今年夏或秋税租畸零物帛之類共若干數，內集户姓名納若干。

右除已常官銷簿訖，今出給納訖憑由，付某人收執照會。

年月　日給

申明

隨敕申明

户婚

淳熙五年二月四日敕：丁税許錢絹從便送納，與免諸色頭脚縻費。

淳熙六年三月四日敕：諸路州縣除折帛折變外，將上三等户税絹畸零丈尺凑鈔，催納本色。其下户不成端匹，税絹每尺並一以一百文足折價從便，獨鈔送納，不得過數增收，妄有騒擾。如有違戾去處，監司覺察按劾。

廐庫

紹興五年九月三日敕：受納苗米所收水脚、市例、縻費等錢，每石不得過二百文省，如不及二百文處，依舊數收納。其自來不曾收納去處，即不得創行增納。

淳熙元年五月二十日尚書省批狀：民户客旅輸納税賦官錢，其間有零細凑不及官會之數，即仰從便行使。

淳熙三年八月三日敕：州縣受納苗米，許從人户從便赴州或縣倉輸納。近來州郡利於出剩，不問屬邑相去遼遠，抑勒般米上州送納，顯屬騒擾。今並聽從便輸納，不得抑勒。如違，許人户越訴，將違戾官吏重作施行。

淳熙十一年六月一日敕：諸州受納夏税，官吏作弊，將堪好絹帛强行打退，却置場用低價收買。下户愈見困窮，官中既已買下退絹。多作畸零折納高價。如今後置場低價收買退絹，許人户越訴。仍令監司、御史臺覺察，違戾官吏一例科罪。

淳熙十二年三月三十日尚書省批狀：諸路州縣不得輒令巡檢就寨自行受納苗米，縣尉差人自催役錢。如有違戾，所差官吏及受差之官並從杖一百科斷。

詐僞

乾道四年五月五日敕：諸路監司、州縣守處，起解官錢及人户應干輸納税賦並諸色人、僧、道合納諸色官錢，以會子見錢對半送納，其會子並免收水脚、縻費、工墨錢，及不得巧作名目，抑令別納官錢。其間有些小損動，不礙貫百字號，亦仰交收，不得非理邀阻。

旁照法

賊盜敕

諸竊盜得財，杖六十，四百文杖七十，四百文加一等，二貫徒一年，二貫加一等，過徒三年三貫加一等，二十貫配本州。

職制敕

諸監臨主守自盜財物，罪至流，配本州。謂非除免者。三十五匹，絞。

諸監臨主司受財枉法二十匹，無禄者二十五匹，絞。若罪至流，配本城。

廐庫敕

諸輸官物鈔，監官不親用團印者，徒二年。

（宋）謝深甫等《慶元條法事類》卷四七《賦役門・攬納税租敕格》

敕

户婚敕

諸攬納税租、和預買紬絹錢物，謂非係公之人。本限內不納，杖六十，二十四加一等，罪止徒一年。

諸州縣係公人攬納税租者，杖八十。

諸州縣吏人、鄉書手、專、斗攬納税租而受乞財物者，加受乞監臨罪三等，杖罪，鄰州編管；徒以上，配本州，許人告。家人犯者，減二等坐之。正身知情，准自犯法。與者，非求曲法不坐；即率斂而與者，止坐爲首之人。雖非曲法亦准此。

格

賞格

諸色人

告獲州縣吏人、鄉書手、專、斗攬納税租受乞財物者，杖罪，錢五十貫。徒以上罪，錢一百貫。

旁照法

名例敕

諸罪應減等若坐之者，不在編配之例。

（宋）謝深甫等《慶元條法事類》卷四七《賦役門・違欠税租敕令格》

敕

户婚敕

諸輸税租違欠者，笞四十，逓年違欠及形勢户杖六十，州縣職級、押録並户案吏人、鄉書手加三等。品官之家杖一百。

諸上三等户及形勢之家，應輸税租而出違省限，輸納不足者，轉運司具姓名及所欠數目申尚書省取旨。其未納之數，雖遇赦降，不在除放之限。

諸税租末限滿，欠不及一分，縣吏人、書手、户長笞四十，令、佐罰三十直；手力依户長法，具户長至末限半欠及三分者准此。限滿有欠應科校，仍通計。一分，杖六十，令、佐罰六十直，州吏人笞四十，都孔目、副都孔目官笞二十，幕職官三十直，通判、知州二十直。每一分各加二等，至三分罪止。州以所管縣通計分數。令、佐仍衝替，州縣吏人、書手勒停，都孔目、副都孔目官降一資。廂鎮催理者，依縣法。其拖欠或積欠者，拖欠，謂前官限外未納；積欠，謂倚閣應催者。餘條稱拖欠、積欠准此。兩科以上仍通計。再限滿不足，各依分數減一等，令、佐於末限半後替移。催納不及五分，及於末限内到任者，各准此。

令

職制令

諸税租出違省限，及欠諸色官錢數多，州選奉縣官一員拘催。

賦役令

諸縣税租，夏秋造簿，其形勢户謂見充州縣及按察官司吏人、書手、保正、耆户長之類，並品官之家非貧弱者，餘條稱形勢户准此。每名朱書形勢字以別之。

諸税租，形勢户入中限全欠，或末限半限納末足，餘户入中限半欠、全欠，末限半納不及九分，或限滿有欠，及逓年欠户中限半納不及七分者，經災傷者，以放外分數爲率。餘條税租立分數准此。聽追户頭或以次家人科校，品官之家追幹辦人，以上係佃户納者，止追佃户。並免關禁。即入末限而猶有欠或經科校者，聽差人催理。其逓年違欠户，前起納三十日，具姓名及科校日限榜示。

諸税租起輸納畢日限，每料，轉運司前期行下，依元限月日分三限，日數不等者，先從多，限内有閏者，晚輸、早畢各十五日。災傷放免不盡者，限外展三十日，所展月日亦通分爲三限。餘應展限准此。起輸限内五日一次，州輸知州、通判，縣輸令、佐，詣倉點檢。

諸税租拖欠積欠應催理者，正限外別限九十日。

諸夏秋税租限滿科校者，並以應納物實値價與所納見錢衮計分數。

諸坊郭户税租，差手力催納，如入末限有欠，即申所屬官司。

格

賞格

命官

令、佐催納積欠或拖欠税租，五千貫，陞半年名次；一萬貫，免試。

旁照法

名例敕

諸稱分者，以十分爲率。

諸罰直者，以十直爲一等，不在官蔭減等之例。

（宋）謝深甫等《慶元條法事類》卷四七《賦役門・閣免税租敕令》

敕

户婚敕

諸税租應開閣減免除放而不爲開閣減免除放，或令人代輸及非逃亡户絶而不追究欠人理納，致户長、手力代輸者，逃田税役輒勒鄰保代輸同。各杖一百，一時指揮放免拖欠諸色窠名錢物，而官司輒復催理者，准此。計所納，贓重者坐贓論。即抑令人謂佃承賃官田宅者，准此，並許人户經監司越訴。

諸擅倚閣税租者，徒二年。

諸逃亡死絶之户，不畫時倚閣者，官吏並徒二年。其被抑令償備者，

許經監司越訴。

諸被差撲除蟲蝗於令有違者，杖一百，其檢覆逃亡無故違限，或不親檢視者，准此。

令

户令

諸税租户逃亡，廂耆鄰人即時申縣，次日具田宅四至、家業什物、林木苗稼申縣，縣録狀並具本户丁口及應輸納物數申州。

諸税租户逃亡，州縣各置籍，開具鄉村坊郭户名、事因、年月、田産頃畝、應輸官物數，候歸請日銷注。已請縣籍注所經料次，依税租法。其田宅標立四至，林木什物亦各注籍，勒廂耆鄰人守管，應收地利以時拘納。須顧人收治者，以所收物依鄉原例准價充直。限滿不歸，合宅什物估賣入官。

諸逃户，縣限三日，令、佐親詣檢視，兩户以上相去遥遠及户數衆多者，量展日限，共不得過十日。覆檢訖，其帳限六十日申州，仍具檢官被差起發、檢畢月日申。曾展日限者，仍開析事因。

田令

諸田因水發衝注塌壞，或因官司佔廢不堪開修耕作，應開閣減免税租者，許地主或業主申縣，五日内令、佐親詣，檢量頃畝，後有退復田堪耕種者，耆鄰限三十日申縣，依此檢量籍記，限一年歸業。黄河積水限二年，一發水限一年半。

賦役令

諸逃亡、死絶之户，不待造簿，畫時倚閣。倚閣仍依開閣税租遞申所屬法。

諸應開閣減免税租者，檢官造帳，開析事因、月日、田産頃畝、税租額數及開閣減免年分，報縣申州，州保明繳申所屬監司，本司勘會行下訖，保明申尚書户部。

諸赦降稱放及倚閣殘欠税租者，各不得過三分。

諸田宅以恩賜有專降指揮減免税租而典賣遺屬户絶者，依常税法。不見元額者，取比鄰例，立訖申轉運司，保明申尚書户部。即已典而復贖歸本户者，還依減免法。

旁照法

名例敕

諸稱分者，以十分爲率。

（宋）謝深甫等《慶元條法事類》卷四七《賦役門・匿免税租敕令格》

敕

詐僞敕

諸詐匿減免等第或科配者，謂以財産隱寄，或假借户名，或詐稱官户及立詭名挾户之類。以違制論。如係州縣人吏、鄉書手各加二等，命官仍奏裁。未經減免者，各減三等，許人告。官户隨轉官職任分立户籍者，准此。即知情、受寄詐匿財産者，杖一百。正犯人未經減免者，亦減三等。

諸詐匿減免税租者，謂如詐作逃亡及妄稱侵佔之類，詭詐行端皆是。下條准此。論如迴避詐匿不輸律，許人告。

諸詐稱災傷減免税租者，論如迴避詐匿不輸律，許人告。

諸詐匿減免税租而官司知情者，計一年虧官物數准枉法論，許人告。吏人貼司、鄉書手杖罪並勒停，流罪配本城。

諸以陸地開墾水田未成者，不得作隱匿税租陳告。

令

賦役令

諸詐匿減免等第或科配而自首者，改正，其應輸之物追理價錢，積年深者，雖不自首，理十年止。詐匿減免税租准此。

賞令

諸告獲詐匿減免税租，不願給所告田産而願准價給錢者，聽。

格

賞格

諸色人

告獲詐匿減免等第或科配者，以所告財産，已經減免，給五分；如告獲州縣人吏、鄉書手，並全給。未經減免，給三分之一。如告獲州縣人吏、鄉書手，給五分。

告獲詐匿減免税租者，以所告田産，全給。未經減免者，給半。

告獲詐稱災傷減免税租者，杖罪，錢一十貫；徒罪，錢二十貫；流罪，錢三十貫。

旁照法

職制敕

諸監臨主司受財，准枉法贓，五十四，命官奏裁，餘配本城。

税租簿敕令格式

敕

户婚敕

諸縣歲造税簿，正額外其人户蹙零之數，縣申州，州申轉運司，本司類聚報尚書户部而違限者，各杖八十。

諸縣解税租簿赴州，而本州不依限印給者，杖一百，若因乞取而留滯者，加一等。受贓重者，自依本法。

令

諸人吏、鄉書手輒將税租簿歸私家者，徒一年，許人告。

賦役令

諸縣税租，夏秋造簿，於起納百目前同舊簿並干照文書送州審磨點檢，書印訖，起納前四十日付縣。其形勢户謂見充州縣及按察官司吏人、書手、保正、耆户長之類，並品官之家非貧弱者。餘條稱形勢户准此。每名硃書形勢字以别之。

諸縣歲造税簿，正額外其人户蹙零之税，别總都數，縣於起納百日前限五日申州，州限十日申轉運司，本司類聚一路，限半月報尚書户部。

諸縣置税租割受簿，遇有割受，即時當官注之。逐户之下結計見管數目，縣官垂脚押字。若創新立户者，須聲説某年月日於某鄉里某人户下置到田産立户。其簿於縣令廳置櫃收掌，三年一易。

諸税租應割移歸併者，限當日以簿批注開收。簿不在縣，權别置簿，候到跟次日當官盡數謄入。造新簿日，仍以印契、簿曆照對，舊無户，立新户，其鄉異者，不在割併之限。

諸税租等第産業簿，以木長印每葉横印。印訖，當職官躬臨毁之。

諸税租簿，每三年别録實行副本，保明送州，覆畢印縫，本州架閣。即有割移，别取狀連粘，季申，與實行簿同收。

諸夏秋税增收錢物，謂正税租額外分烟析生、典賣、割移之類合零就整者。並以實數每户計之，仍總都數於簿頭别項爲額，轉運司因巡歷點檢。如巡歷不至者，委官分詣，歲一周遍。候納畢，本縣與正税各具申州，州取受納倉庫曆尾截日實數，通比分數科校。

諸鄉書手於税租簿與吏人同書，餘不在同書之限。

倉庫令

諸税租簿紙以不係省頭子錢置，無或不足，支係省頭子或贓罰錢。

格

賞格

諸色人

告獲人吏、鄉書手輒將税租簿歸私家者，錢五十貫。

式

賦役式

税租等第産業簿長印

闊二寸，長五寸五分，具某年號吏人、貼司姓名，當職官書字。

夏秋税租簿

某縣某鄉

某年夏或秋税租：

元管户若干，祖額正税某色若干，雜錢若干，餘色依此；增收錢物。依正税開，下文准此。租課。依正税開，下文租課准此。仍開具見管官田有無人請佃都數。

新收户若干，正税某色若干，雜錢若干，餘色依此。增收錢物。租課。

開閣減免：謂開破及倚閣若減額或免催科者，仍開析户名、事因、年月、物色、分數、料次，内免催科者，每經一科仍具銷注。

舊開閣減免，户若干，正税某色若干，雜錢若干，餘色依此。增收錢物。租課。

新開閣減免依此開。

見納：正税某色若干，正若干，耗若干，雜錢若干，餘色依此。合零就整若干。增收錢物。租課。

某人：謂見納或新收入户單名，仍於逐色並紙末量留空紙，以待折變、割移。

正税某色若干，正若干，耗若干，雜錢若干，餘色依此。增收錢物。租

裸。餘户依此開。

以上三十户計。每三十户依此計。

正税某色若干，正若干，耗若干，雜錢若干，餘色依此。合零就整，某色若干，餘色依此。增收錢物。租課。

簿後年月、官吏繫書依常式。

（宋）謝深甫等《慶元條法事類》卷四八《賦役門・税租帳敕令式》

敕

户婚敕

諸州、縣、轉運司，每歲供申税租帳違限若勘驗不實者，各杖八十，即增減不實，加二等。

職制敕

諸州夏秋税管額帳，刺帳、單狀並納畢帳同。違限三十日，吏人杖六十，當職官罰俸一月，通判、知州半月，滿六十日，各加一等。

詐僞敕

諸夏秋税管額納畢帳狀妄破省税者，徒二年，贓重者，准盜論，罪至徒三年，配本城。干繫官吏知情與同罪，吏人永不收叙，並不以赦降原減。

令

户令

諸户口增減實數，縣每歲具帳四本，一本留縣架閣，三本粘連保明限二月十五日以前到州，州驗實畢，具帳連粘管下縣帳三本，一本留本州架閣，二本限三月終到轉運司，本司驗實畢具都帳二本，連粘州縣帳，一本留本司架閣，一本限六月終到尚書户部。轉運司申發税租帳日限准此。

諸逃户，縣限三日，令、佐親詣檢視，兩户以上相去遥遠及户數衆多者，量展日限，共不得過十日。覆檢訖，其帳限六十日申州，仍具檢官被差起發、檢舉月日申。曾展日限者，仍開析事因。

賦役令

諸鄉書手於税租納畢帳與吏人同書，餘不在同書之限。

諸應開閣減免税租者，檢官造帳開析事因、月日、田產頃畝、税租額數及開閣減免年分，報縣申州，州保明繳申所屬監司，本司勘會行下訖，保明申尚書户部。

諸州夏秋税管額帳，夏自正月一日，秋自四月一日，各限四十五日；刺帳、單狀同。納畢帳自二税限滿日限六十日，造申轉運司。

倉庫令

諸夏秋税管額帳，每三年一供全帳，餘年有收支或開閣者，供刺帳，無，即供單狀。

諸州供申二税納畢帳，並立項開説，逐縣通計一縣豐熟分數。

式

賦役式

諸州申夏秋税管額帳

某州

今供某年夏税或秋税管額帳：

某縣主客户、丁。新收、開閣、逃移、見管項内，各開坊郭、鄉村主户、丁各若干，客户、丁各若干，及各開丁、中、小、老、疾病人數，内自來不載者，即將保甲簿照會具數，具新收、開閣，仍説事因。

一舊管已在前帳，今帳更不開具。

一新收。

一開閣。

一應管。

一逃移。

一見管。

税租，

一前帳應管實催名數，已在今帳應管項内作舊管聲説訖。

一新收：

田產若干，聲説收到年月、事因。税某色若干。餘色依此。增收錢物。依税開；下文租准此。租依税。餘依此。

一開閣：如係開閣前帳應管實催數，亦依式供具。

田若干，聲説開閣年月、事因、標發拘佔去處，如有帳拘管者，即具附某處某年某帳，其出賣落租者，仍坐錢數納處附帳。税某色若干。餘色依此。租依税。餘依此。

一應管：

舊管。謂前帳應管實催名數撮計逐色都數，於此開。

逃移。將田土頃畝、每色税租只各撮計都數，内未有税租者，只開田土頃畝，及户絶、職田拘佔並餘名目但係未請射者同。

請射田若干，開説人户姓名、年月、起納年分、料次。税某色若干。餘色依此。增收錢物。租依税。

今帳實催。田若干。税某色若干，餘色依此。增收錢物。租依税。餘依此。

鹽錢、屋税、麯貨等及自來別立項開説錢物，並依税租開具。

諸縣依此。

右件狀如前，今攢造到某年夏税或秋税管額帳限一道，謹具申轉運司。謹狀

年月　日依常式

轉運司申夏秋税管額計帳

某路轉運司

今具某年諸州夏税或秋税管額計帳：

某州，

一實催：正税某色若干，雜錢若干，餘色依此。增收錢物。依正税開。租課。開每色計數，納畢帳准此。

一户口、人丁：主户若干，計若干丁。客户若干，計若干丁。餘州依此。

右件狀如前，今攢造到某年諸州夏税或秋税管額計帳一道，謹具申尚書某部。謹狀

年月　日依常式

諸州申夏秋税納畢帳

某州

今具某年夏税或秋税納畢帳：

某縣，

一見催田土頃畝、税租等錢物色額數目，並在管額帳内開説，今帳更不開具。

一新收，謂供管額帳後續收者，入此項，仍各聲説所收事因。税某色若干。餘色依此。增收錢物。依税開，下文租准此。租依税。

開閣檢放，謂管額帳後續開閣者，入此項，仍各聲説開閣事因、檢管姓名。内倚閣並見欠者，即具起納年分、料次。税某色若干。餘色依此。租依税。

一實納，其正、耗、出剩，蹙零送納去處，附某年某帳。税某色若干，若干本色，若干折色納某色若干。如粗細色或錢絹等折納，仍具則例收並價直。餘色依此。增收錢物。租依税。

諸縣依此。

右件狀如前，今攢造到某年夏税或秋税納畢帳一道，謹具申轉運司。謹狀

年月　日依常式

轉運司申夏秋税納畢計帳

某路轉運司

今具某年諸州夏税或秋税納畢計帳：

某州

一實納，正税某色若干，若干正，若干蹙零、耗剩，餘色並見錢依此。增收錢物。依正税開，租課准此。租課。

一災傷減放、倚閣：每項各開每色計數。減放，倚閣。

餘州依此。

右件狀如前，今攢造到某年諸州夏税或秋税納畢計帳一道，謹具申尚書某部。謹狀

年月　日依常式

諸州比較税租狀

某州

今比去年税租：

本州管若干縣。有無災傷，有，即逐縣具夏秋各若干分數，州總計諸縣數。縣有廢併，即具廢併。所屬新割隸者，具元隸處。

某年，應管，謂前一年。夏税，開閣，麥若干，豌豆之類爲一色，紅花之類估價併入前項。餘物皆准此，以類計爲一色。大麥若干，青稞之類同爲一色。絁、紬、絹若干，綾、羅、紗縠若干，絲、綿、綫若干，錢若干。實管。依開

閣具數，租及秋税租准此。增收錢物。依税開，下文租准此。租。秋税，開閣，穀若干，糯穀、稻穀、粟、秫、黍、穈之類爲一色，米、豆、油、麻之類同爲一色。麻皮之類估價併入前項。布若干，草若干，錢若干。實管。增收錢物。租。

某年，新收，並依税色計。以丁並開閣准此。析生歸業請佃等。以下項逃絶析外實收若干。分隸合併。具元隸縣分，不出州界不充數。增收錢物。開閣，分併入別州。興造除放。估廢之類除放者同爲一項。逃絶。災傷減放。倚閣。具事因。展限。具事因。拖欠。

今除展限拖欠外實收，夏税，租並秋税租並准此。麥若干，依税色計數，若折變即以正税，及納物以同色者，各估價計數立項，以所納物計爲實收。餘物及租並秋税並准此。增收錢物，租；秋税，穀若干，增收錢物，租。

某縣。仿州式，災傷者，復秋各具分數。

右件狀如前，謹具申轉運司。謹狀

年月　日依常式

轉運司比較税租狀

某路轉運司

今總計去年税租：

本路管若干州。有災傷者，逐州開夏秋若干分數，仍總計本路都數。州有廢併，本州下具。併廢去處。

某年應管，謂前一年。夏税，開閣，麥，實管；秋税，開閣，實管。

某年，新收，析生歸業請佃等。准州式。分隸合併。不出本路者不計。開閣，分併。不出本路者不計。興造除放。逃絶。災傷。倚閣。展限。拖欠。實收，夏税，租；秋税，租。

右件狀如前，謹具申尚書户部。謹狀

年月　日依常式

文書式

刺帳

某州

今供某年某色刺帳：

一前帳應在見管或應管數，已在今帳應在或應管項内作舊管聲説。

一前帳見在或實催。依全帳式開具，如無，即説無。新收支破並應在舊管收破並准此。

一新收。

一支破。開閣准此。

一應在。應管准此。

一見在更不開具。

右件狀如前，今攢造到某年某色刺帳一道，謹具申某司。謹狀

年月　日依常式

單狀

某州

今供某年某色單狀，其舊管並在某年租帳内開坐，今帳並無收破並應在官物。

右謹具申某司。謹狀

年月　日依常式

旁照法

名例敕

諸稱不以赦降原減，除緣奸細事或傳習妖教、托幻變之術及故決、盗決江河堤堰已決外，餘犯若遇非次赦，或再遇大禮赦者，聽從原免。

户婚敕

諸被差撲除蟲蝗於令有違者，杖一百，其檢覆逃亡無故違限，或不親檢視者，准此。

（宋）謝深甫等《慶元條法事類》卷四八《賦役門·簿帳欺弊敕令格式》

敕

户婚敕

諸於税租簿帳有欺弊者，謂於錢物數故隱漏增減移易或虚銷簿籍者。餘條官物稱有欺弊，准此。不分首從，計物之直，累而不倍。不滿五百文杖一百，五百文徒一年，五百文加一等，三貫皆配本城，五貫皆配本州，許人告。書手雖杖罪，勒停，其私名人有欺弊，正名知情與同罪，各不以赦降原減。當職官吏失覺察，杖八十，犯人應配者，杖一百，仍奏裁。曾自覺察得犯人罪等或重者，除其罪。

諸於税租簿脱誤者，結轉之類闕略不如令而無欺弊者同。杖八十，令、佐減二等。即因造簿及納畢送州磨勘而率斂財物行用者，許人告。若本州驅磨不出及不點檢改正者，吏人杖八十，當職官減一等，知、通又減一等。

諸磨勘税租簿，未見欺弊輒追本縣公人或故爲隱漏者，徒二年；有虧失磨不出者，杖一百。即州縣發送鈔簿並磨勘官違限，及未畢交與後官若後官輒交承者，並准此。

諸州審磨税租簿，吏人故爲隱漏者，徒二年；有虧失審磨不出，杖一百。即因而受乞者，論如吏人、鄉書手攬納税租受乞財物法。

諸州審磨並磨勘税租簿，官有欺弊磨不出者，論如税租簿有欺弊常職官失覺察法。

名例敕

諸税租，輒勾追催税人赴官比磨者，徒一年。

諸公吏犯罪，謂於税租簿帳受乞作弊，罪至徒者。不在案問減等之例，雖已經決，亦不通計。

令

賦役令

諸州磨勘税租簿，所差官聽選吏人，分定户數，先以租數照逐應納數，次以鈔旁對已納數比磨增虧。以吏人姓名印鈔簿上，本官躬親抽摘審驗，三萬户以下，限九十日，每一萬户加三十日，至半年止，官吏保明申轉運司。若磨勘不如法，本司覺察，別差官吏覆磨，即不得互差。

諸縣税租，夏秋造簿，於起納百日前同舊簿並干照文書送州審磨點檢，書印訖，起納前四十日付縣。其形勢户謂見充州縣及按察官司吏人、書手、保正、耆户長之類，並品官之家非貧弱者。餘條稱形勢户准此。每名硃書形勢字以別之。

諸税租鈔，倉庫封送縣，令、佐即日監勒分授鄉書手，各置曆，當官收上，日别爲號，計數，以五日通轉，每受鈔即時注入，鈔數多者，量責近限。當職官對簿銷押訖封印，置櫃收掌。本縣受納亦准此。至納畢，於簿末結計正數及合零就整。若每色剩納到數於畸零殘欠，畫一朱書，限三十日，二萬户以上，限五十日，官吏保明，具鈔數同簿送州磨勘。若限滿尚有欠者，令、佐勒書手録所欠户名，責狀二本，一留縣催納，一隨簿送州。即磨勘有虧失，及於所責狀外又有欠者，本州置簿，勒干繫吏人、書手、私名人均備。

諸差官磨勘税租簿，並差去替一年以上人。闕，差去替半年以上人。州承受縣鈔、簿等，限三日送磨税官，本官自承受月日爲始，依元條驅磨結絶了當，不得交與後官。

吏卒令

諸書手於税租簿帳爲欺弊，及吏人磨勘、覆磨隱漏虧失勒停者，永不收叙。

賞令

諸州吏人審磨出夏秋税租簿内有差錯走失、隱落失陷税租者，依磨勘納畢鈔、簿推賞。

格

賞格

命官

於税租簿帳有欺弊而犯人應配，當職官能自舉劾者免試。□□□磨勘，覆磨出税租簿内虧失，本年虧失累及二百五十貫，隱陷舊額致久遠虧失，累及一百貫，免試；

本年虧失累及五百貫，隱陷舊額，致久遠虧失累及二百貫，減磨勘一年。

諸色人

告獲税租簿帳有欺弊者：杖罪，錢一十貫；徒一年，錢二十貫，每一等加一十貫；流二千里，錢七十貫，每一等加一十貫。計所直數多者准數倍給。三百貫止。

磨勘，覆磨出税租簿内虧失：本年虧失者，准所虧失錢物數全給，累及五百貫，仍轉一資隱陷舊額，致久遠虧失者，准所失錢物數，倍給，累及二百貫，仍轉一資。

告獲諸縣公人因造税租簿及納畢送州磨勘而率斂錢物行用者，以所斂錢物全給，罪至徒，仍轉一資。

式

賞式

保明磨勘出稅租虧失酬賞狀

某路轉運司

據某州申，據某官姓名狀，准某處差磨勘出某州某縣某年夏或秋料稅租，某物虧失，陳乞酬賞，今勘會下項：

一某官某年月日，准某處差磨勘某州某縣夏或秋稅租鈔旁簿曆等。

一某縣稅租，共管若干户，於某年月日磨勘，至某月日畢。

一磨勘出虧失稅租下項： 某鄉村某户姓名下係某年月日，如何虧失某料租稅，某物若干，至今計若干料，共計虧失若干。兩户以上並依此開。

一審計院、磨勘司審磨並同官吏姓名。

一干繫人姓名等，各已如何勘斷及追理。略言勘斷刑名及追理之狀。

一磨勘吏人姓名等，已如何給賞。各詳具之。

一檢准令格云云。

右件狀如前，勘會某官磨勘出某州縣虧失某年某料稅租、某物共若干。係隱陷舊額，致久遠虧失者，具説事因。准令格該某酬賞，本司保明，並是詣實。謹具申尚書户部。謹狀

年月　日依常式

旁照法

名例敕

諸稱不以赦降原減，除緣奸細事或傳習妖教、托幻變之術及故決、盜決江河堤堰已決外，餘犯若遇非次赦，或再遇大禮赦者，聽從原免。

户婚敕

諸州縣吏人、鄉書手、專、斗攬納稅租而受乞財物者，加受乞監臨罪三等，杖罪鄰州編管，徒以上配本州，許人告。家人犯者，減二等坐之；正身知情，准自犯法。與者，非求曲法不坐，即率斂而與者，止坐爲首之人，雖非曲法亦准此。

（宋）謝深甫等《慶元條法事類》卷四八《賦役門・支移折變敕令格申明》　户婚敕

諸稅租，創支移而不奏，或奏而不待報輒施行者，各徒二年。

諸折變、支移、和買不計豐歉、貴賤、多寡者，杖一百，吏人勒停。若以貴爲賤，以賤爲貴，及多寡、豐歉不實者，加一等，吏人千里編管。

諸科買及折納物，官司違限或不預榜示而急爲期限，致販人乘時邀利者，杖一百，即與販人同情爲弊者，各徒二年，許人告。

諸非法擅賦斂者，以違制論，科買折納而反覆紐折。如以絹折麥，以苗折糯，其所敷麥、糯而過苗絹時直之數，及已折麥、糯，却再紐納價錢者，皆是。或別納錢物過爲掊克者，徒二年，並許被科抑人户越訴。

厩庫敕

諸稅租不於支移處納及受者，各杖一百，鄉書手不申舉而爲勾銷准此。因請求者，加三等。即詐冒避免支移，許人告。

令

賦役令

諸稅租合支移及科折之物，轉運司量地里遠近審量豐歉、土產有無，於起納九十日前以物名數行下，仍具月日申尚書户部。州限三日以應支移等第及受納處送縣，縣限五日出榜曉示。其創支移者，具奏聽旨。

諸人户輸納稅租，應折變物，轉運司以納月上旬時估中價准折。有違法者，提點刑獄司覺察奏劾。

諸稅租應支移、折變者，先富後貧，自近及遠。轉運司籍記，應陞降即時注之。其支移非急切及軍期，而人户願納支移物價、脚錢者，聽。

諸寺觀后妃、臣僚之家墳寺、功德觀院同。田產不得免稅租，其稅租亦不得免支移、折變止納見錢，雖奏請到朝旨或奉特旨並准此。

諸稅租，不得以一色分折諸物，及令一户兩處輸納。

諸女户寡居，第三等以上，雖有男子，婿侄之類同。年十五以下，其稅租應支移者，免全户之半，應科配者，降本户一等，第四等以下，聽免。

諸孤貧户，謂單丁而物力貧乏者。本縣別籍具注，稅租並免支移、折變。

諸户放稅五分以上及暴水漂溺之家，其檢放不盡稅數，應支移、折變者，聽免。

諸因災傷而逃亡歸業者，免兩料催科，不因災傷非避賦役者，免兩料支移、折變。歸業日有元種苗稼者，不免。限外歸者，若因災傷滿三年，免三料催科，每加一年，又免一料，至七料止，滿五年，仍減稅額一分，每加二年，又減一分，至三分止；不因災傷滿四年，非避賦役者，免兩料催科，避賦役者，免一料，每加二年各人免一料，至五料止，滿七年仍各減

稅額一分，滿十年各減二分。

諸軍須河防物，並預先約度，支係省錢置場，或差衙前，許於出產處計會官司收置。如須至科率，即申轉運司相度，於形勢之家及第三等以上户稅租內折納。仍即時具科買、折納名數及人户姓名榜示。

諸轉運司科買及折納之物，謂本上所有者。各依時估紐價。若已行曉諭，復令別納錢物，及反覆紐折過爲掊剋者，州縣未得行下，速申本司改正及申尚書户部相度。如或固執，即具狀以聞。事干軍期、河防不可待報者，買納訖奏。稅租應折變者，除紐價外依折納法。

諸稅租，非本土出產或歲不豐，聽隨所有依倉例折納，人糧馬料不得互相准折。不產小麥處，准許以粳米折。其雜色田不收本色者，准此。

諸積欠並殘零二稅，收成日，縣以納月物帛實直中價並折納法榜示。物帛，謂穀及綢、絹、絲、綿、綾、羅、絁、布。聽人户情願折納，價有增減，隨時增減。物少不盡其錢，貼錢送納；欠少不盡其物，以錢貼還。納畢以數申轉運司。

諸稅租，縣於起催前兩月真書開具每户應納數單子，折變者，具折變實數送納處所，令、佐分定鄉村，案簿點對畢付催稅人，給散納户。如輒有增減及於數外科敷，許人户越訴。

諸人户稅租，應赴他處輸納而願就本縣納者，轉運司量地里定則例，令別納實費脚錢。即艱於輸送而人户願納錢或改折物者，具利害申轉運司，無妨闕，聽從民便。

倉庫令

諸受納稅租，一斛加一升，舊例不加處依舊。篙草十束加一束爲耗，支盡有欠者，聽耗內除二分。即折變爲見錢者，其耗不計。

諸災傷放稅，五分以上，第三等以下人户，應俵蠶鹽並納鹽錢、雜錢及和預買綢絹物，願納見錢及本色者，並從其便，仍免支移、折變。

給賜令

諸散蠶鹽縣，取人户願與不願請鹽，印憑由，給人户赴縣請，其錢並從夏稅日限，只就本縣送納。如不願請鹽，即據合散鹽數，止納六分價錢。以上除依久例外，即不得創行支移、折變，內納六分價錢，如遇災傷，隨稅除放。

關市令

諸折變、支移、和買者，前一月計本路豐歉、物價貴賤、所出多寡，各隨貴賤多寡之實則量減價納錢，或物賤則納本物。若先賤後貴，先貴後賤，聽改。

格

賞格

諸色人

告獲科買及折納物官司違限，或不預榜示而急爲期限致販人乘時邀利，與販人同情爲弊者，錢五十貫。

告獲詐冒避免支移稅租者，計所虧官錢，全給。二千貫止。

申明

隨敕申明

户婚

紹熙元年十一月二十七日敕：臣僚劄子奏，二稅支移、折變，初不以民户而輸官户而免，乞應官、民户一體均敷。若官吏有覩望形勢及受請囑暗與減免，致民户重有增加者，許經監司、臺、省越訴。其官吏與獲減免之人並論以違制，仍依法盡數追納。户部看詳，官户依條止免色役，其支移、折變自合與民户一體均敷。欲從臣僚所陳事理，及照應見行條法，常切遵守約束施行。奉聖旨：依。

紹熙三年四月二十七日敕：應州縣稅賦所有折變、加耗、科敷之類，並令官、民户一概輸納，官户不得挾勢避免，州縣亦不得容情覩望。如違，許御史臺、監司按劾。

續附户婚申明

嘉泰元年六月十四日敕：臣僚劄子，檢准紹興常平免役令，諸宗室在宗正屬籍及太皇太后、皇太后、皇太妃、皇后緦麻以上親，皇太子妃大功以上親，親王、內命婦一品期以上親，五品以上父、祖、兄弟，其色役不供。緣當來色役二字不曾釋說，一致奉行之吏得以出入。紹興二十九年正月二十四日奏劄，竊詳色役，止爲諸色差役，其他科配、和買之類，自不合免。訪聞州縣所行不同，有將色役析作兩事：色，爲諸般物色；役，爲免差役。致有將和買不輸去處，不唯暗失財賦，兼輕重不均。及官

户，節次降指揮，並同編户均敷科配。户部勘會，色役止爲諸色差役，其他科配、和買之類自不合免。仍仰監司常切覺察，如有違戾，按治施行。近年以來當官者奉行不恪，胥吏又從而受幸，至有暗將屬籍及三后之家緦麻以上親户内合納役錢一例蠲免，以爲役錢即係色役之數。殊不知出錢免役，在法，無官、民户之拘。常平免役令又載，諸前代帝之後，法應得贖及官户謂品官，其亡殁者有廕同。若旌表門閭之家，敕書見在，並非伎術、賜號處士，其色役聽免，然令品官之家納役錢自若也，品官色役聽免，而役錢則未嘗免。屬籍與三后緦麻以上親並緣色役不供之文而遂不供役錢，可乎？伏望敷奏户部，鏤版申嚴行下。其有違戾，則令監司按劾，亦許人户越訴。仍下勒令所著爲成法，附之申明敕内。奉聖旨：依。

旁照法

户婚敕

諸不爲孤貧户注籍者，一户杖八十，五户加一等，罪止徒二年。

（宋）留正《皇宋中興兩朝聖政》卷四七《孝宗皇帝・申禁受納加耗》〔乾道五年〕冬十月庚子，臣僚言：陛下臨御之初，約束州縣受納苗米多收加耗，法禁嚴甚，而近年以來，所收增多。逮朝廷特降和糴，却以出剩之數虛作糴到，所得價錢盡資妄用。乞申戒州縣，杜絶弊倖，庶寬民力。從之。

（宋）留正《皇宋中興兩朝聖政》卷五三《孝宗皇帝・減放江湖路秋苗》〔淳熙元年九月〕壬辰，詔：江西湖南路累經災傷，所有上供米斛，逐年已行減放外，今年雖是豐熟，尚慮民力未甦，所有第四、第五等人户合納淳熙元年秋苗，特與蠲放一半。如州縣輒敢違戾拘催，許人户越訴，及不得容縱人吏作弊，將第三等已上稱第四等以下人户減免，並令監司覺察，按劾聞奏。

（宋）留正《皇宋中興兩朝聖政》卷五三《孝宗皇帝・蠲紹興上供》〔淳熙元年十月〕戊辰，詔：紹興府今年合起發上供苗米四萬三千五百石，特與蠲放。以守臣張宗元言諸郡旱傷故也。

（宋）江少虞《宋朝事實類苑》卷二一《官政治績・税額》 五代方鎮割據，多於舊賦之外，重取於民。國初，悉皆蠲正，税額一定，其間有或重輕未均處，隨事均之。福、歙州税額太重，福州則令以錢二貫五百折納絹一匹，歙州輸官之絹，止重數兩。太原府輸賦全除，乃以減價糴米補之。後人往往疑福、歙折絹太貴，太原折米太賤，蓋不見當時均賦之意也。

（宋）佚名《宋大詔令集》卷一八三《政事・賦斂・開封府管内許人户從便輸納》 敕：開封府管内鄉村人户等，省本府奏，今半夏税，訪聞人户，糶卻斛㪷送納價錢，乞將小麥與紬絹見錢等令人户取便折納，庶得人户易爲辦及，伏候指揮事，朝廷每行一事，要利萬民。既沿徵皆納見錢，則斛斗必須賤糶，有傷黎庶，無益國家。今覽奏陳，特宜依允，宜依所奏，取人户穩便，依倉式例折納諸色斛斗並綿紬絹見錢。故茲榜示，各令知悉。

（宋）佚名《宋大詔令集》卷一八三《政事・賦斂・均開封府界税詔》 國家澤被寰瀛，子育黎庶，其於租賦，故有典常。如聞均定以來，多歷年所，版圖更易，田税轉移。富有者益以兼并，貧乏者漸至凋弊，輕重不等，供輸甚艱，眷我王畿，是爲政本。將四方而是則，豈千里而未孚，宜有定規，以便氓俗。今遣朝臣，於開封府管内，據逐縣元額定税，務令均平，更不增收剩數，其逃户田土，亦依此施行。别立帳籍，令本府勸誘歸業，其桑柘更不均檢，告示民户，廣令種植。

（宋）佚名《宋大詔令集》卷一八三《政事・賦斂・罷京畿均税詔》 昨緣京邑田制未均，租賦之間。重輕不等，俾行檢察，務在均平。如聞小民不諭深意，剪伐桑柘，驚惑鄉閭，頗異所懷，彌用增念。況春陽在近，農務漸興，物價未平，穀糴稍貴，所宜省事，以便吾民，其京畿均定租賦，宜悉罷之。

（宋）李燾《續資治通鑑長編》神宗熙寧五年八月 詔司農寺以《方田税各條約并式》頒天下。

方田之法，以東西南北各千步，當四十一頃六十六畝一百六十步爲一方。歲以九月，縣委令、佐分地計量，據其方莊帳籍驗地土色號，别其陂原、平澤、赤淤、黑壚之類凡幾色。方量畢，計其肥瘠，定其色號，分爲五等，以地之等均定税數。至明年三月畢，揭以示民，仍再期一季以盡其詞，乃書户帖，連莊帳付之，以爲地符。地符，見七年四月四日，合去彼存此。

均税法，以縣租額税數，毋以舊收蹙零數均攤，於元額外輒增數者，

禁之。若絲緜紬絹之類，不以桑柘有無，止以田畝爲定。仍豫以示民，毋胥動以浮言，輒有斬伐。荒地以見佃爲主，勿究冒佃之因。若瘠鹵不毛聽占佃，衆得樵採不爲家業之數，衆户殖利山林、陂塘、道路、溝河、墳墓荒地皆不許税，詭名挾佃，皆合併改正。凡田方之角有埄植以野之所宜木。有方帳，有莊帳，有甲帖，有户帖，其分煙析生、典賣割移，官給契，縣置簿，皆以今所方之田爲正。令既具，乃以濟州鉅野尉王曼爲指教官，先自京東路行之，諸路倣焉。此據《食貨志》，又據《中書備對》：熙寧五年重修定方田法，自京東爲始推行，衝改三司方田均税條，夏税併作三色，絹、小麥、雜錢，秋税併作兩色，白米、雜錢，其蠶鹽之類，已請官本者不追，造酒秔糯米、馬食草仍舊，逃田、職田、官占等税亦依舊倚閣，屋税比附均定，墓地免均，如税額重處，許減逃、閣税數。今以本志及《備對》就八月末追書。《實録》既不書方田事始，《舊紀》於七年三月二十三日乃書立方田法，《新紀》又因之。按鄧潤甫察訪京東，申明方田官攽任，即非事始，兩紀誣甚，今不取。《食貨志》第二卷《租税篇》云：天下之税，割移逃徙，多或不均。熙寧五年，蔡天申言：請委提舉司均税，而頒於司農，先行於河北、陜西、河東、京東。詔用其議，於是司農寺始立方田、均税法，頒之天下，先自年豐及平土州縣行之。《通略》云：天申，挺子也。

（宋）王應麟《玉海》卷一七九《食貨・貢賦・宋朝五賦》　《國史・志》：歲賦，其類有五：曰公田之賦，官莊屯營田賦，民耕而收其租。曰民田之賦，百姓各得專之。曰城郭之賦，宅税地税之類。曰雜變之賦，牛革蠶鹽食鹽之類，隨其所出，變而輸之。曰丁口之賦。計丁率米。凡賦入州縣有籍，歲一置，謂之空行簿，以待歲中催科。閏年別置，謂之實行簿。藏有司。天聖初，或言實行簿無用，罷之。景祐元年，韓瀆疏言賦輿之繁，但存催科一簿。一有散亡，耗登無從考。請復置實行簿。詔再閏一造。慶曆中王素言田賦輕重不等，請均定。歐陽修言孫琳嘗往肥鄉，與郭諮以千步方田法括定名田，願召二人者。三司請於亳、壽、蔡、汝四州，擇尤不均者均之。遣諮蔡州。諮首括一縣得田二萬六千九百二十餘頃，均賦於民。州縣未可盡括，朝廷重勞人，遂罷。嘉祐五年，復詔均定。遣官分行諸路，纔均數郡田而已。田賦之外，佐縣官之用者，有山澤之貨，關市之征，酒麴之入。仁宗在位，有司言利者多，擯不取。閩民有疾苦，雖厚利舍之。無所愛貢獻珍異。故事有者或罷之。山林川澤陂地之利久與民共者，屢敕有司毋輒禁止。

（宋）王應麟《玉海》卷一七九《食貨・貢賦・開寶均定税額》　三年四月己卯，詔兩税折利，非土所宜毋得抑配。九年正月，遣太常丞魏咸熙均定開封屬縣三等户税額。至道元年六月己卯，令諸州重造兩税版簿。頒其式于天下。祥符四年七月壬申朔，免南方民丁身錢。至和元年九月，詔滄州均田税，民或未便，其令復輸如舊。嘉祐五年四月丙戌，詔均天下田税。命三司使包拯等詳定。高本以爲不可均，復罷。六月丙寅，張掞同詳定。六年五月丁酉，吕景初同詳定。《會要》：凡租税、穀帛、金鐵、物産爲四類。穀之品七、帛之品十、金鐵之品四、物産之品六。《通略》：自郭諮均税之法罷，論者謂朝廷徒卹一時之勞，而失經遠之慮。至皇祐中，天下墾田視景德增四十萬頃，而歲入穀迺減七十萬石。初，慶曆中三司言：先於淮南亳、壽，京西蔡、汝州如方田法均之。於是京西遣郭諮，既而中止。至是復遣孫琳等五人分往均田三司置局。拯與右諫議吕居簡、户部副使吴中復詳定。其後雖用古法稍均數郡田，於天下不能盡行。張方平曰：景德以前，天下財利所入，茶、鹽、酒税歲課一千五百餘萬緡。未聞加賦於民，而調度克集。慶曆以後，財利之入三倍前朝，諸鑪歲課上下百萬緡，歲入茶鹽酒税雜利僅五千萬緡，而惟日不足。

《宋史》卷一七三《食貨志・農田》　昔武王克商，訪箕子以治道，箕子爲之陳洪範九疇，五行五事之次，即曰農用八政，八政之目，即以食貨爲先。五行，天道也；五事，人道也。天人之道治，而國家之政興焉。是故食貨而下，五卿之職備舉於是矣：宗伯掌邦禮，祀必有食貨而後儀物備，賓必有食貨而後委積豐；司空掌邦土，民必有食貨而後可奠於厥居；司徒掌邦教，民必有食貨而後可興於禮義；司寇掌邦禁，民必有食貨而後可遠於刑罰；司馬掌邦政，兵必有食貨而後可用於征戍。其曰農用八政，農，食貨之本也。唐杜佑作《通典》，首食貨而先田制，其能推本《洪範》八政之意歟。

宋承唐、五季之後，太祖興，削平諸國，除藩鎮留州之法，而粟帛錢幣咸聚王畿；嚴守令勸農之條，而稻、粱、桑、枲務盡地力。至於太宗，國用殷實，輕賦薄斂之制，日與羣臣講求而行之。傳至真宗，內則升中告成之事舉，外則和戎安邊之事滋，由是食貨之議，日盛一日。仁宗之世，契丹增幣，夏國增賜，養兵西陲，費累百萬；然帝性恭儉寡慾，故取民

之制，不至掊克。神宗欲伸中國之威，革前代之弊，王安石之流進售其强兵富國之術，而青苗、保甲之令行，民始罹其害矣。哲宗元祐更化，斯民稍望休息；紹聖而後，章惇倡紹述之謀，秕政復作。徽宗既立，蔡京爲豐亨豫大之言，苛征暴斂，以濟多慾，自速禍敗。高宗南渡，雖失舊物之半，猶席東南地產之饒，足以裕國。然百五十年之間，公私粗給而已。

考其祖宗立國初意，以忠厚仁恕爲基，向使究其所爲，勉而進於王道，亦孰能禦之哉？然終宋之世，享國不爲不長，其租税征榷，規撫節目，煩簡疏密，無以大異於前世，何哉？內則牽於繁文，外則撓於强敵，供億既多，調度不繼，勢不得已，徵求於民；謀國者處乎其間，又多伐異而黨同，易動而輕變。殊不知大國之制用，如巨商之理財，不求近效而貴遠利。宋臣於一事之行，初議不審，行之未幾，即區區然較其失得，尋議廢格。後之所議未有以瘉於前，其後數人者，又復訾之如前。使上之爲君者莫之適從，下之爲民者無自信守，因革紛紜，非是貿亂，而事弊日益以甚矣。世謂儒者論議多於事功，若宋人之言食貨，大率然也。又謂漢文、景之殷富，得諸黄、老之清静，爲黄、老之學者，大忌於紛更，宋法果能然乎？時有古今，世有升降，天地生財，其數有限，國家用財，其端無窮，歸於一是，則生之者衆，食之者寡，爲之者疾，用之者舒之外，無他技也。

宋舊史志食貨之法，或驟試而輒已，或亟言而未行。仍之則徒重篇帙，約之則不見其始末，姑去其泰甚，而存其可爲鑒者焉。篇次離爲上下：其一曰農田，二曰方田，三曰賦税，四曰布帛，五曰和糴，六曰漕運，七曰屯田，八曰常平義倉，九曰課役，十曰振恤。或出或入，動關民生；國以民爲本，故列之上篇焉。其一曰會計，二曰銅鐵錢，三曰會子，四曰鹽，五曰茶，六曰酒，七曰阬冶，八曰礬，九曰商税，十曰市易，十一曰均輸，十二曰互市舶法。或損或益，有係國體；國不以利爲利，故列之下篇焉。各疏其事，二十有二目，通爲十有四卷云。

《宋史》卷一七三《食貨志・農田之制》　自五代以兵戰爲務，條章多闕，周世宗始遣使均括諸州民田。太祖即位，循用其法，建隆以來，命官分詣諸道均田，苛暴失實者輒譴黜。申明周顯德三年之令，課民種樹，定民籍爲五等，第一等種雜樹百，每等減二十爲差，桑棗半之；男女十歲以上種韭一畦，闊一步，長十步；乏井者，鄰伍爲鑿之；令、佐春秋巡視，書其數，秩滿，第其課爲殿最。又詔所在長吏諭民，有能廣植桑棗、墾闢荒田者，止輸舊租；縣令、佐能招徠勸課，致户口增羡、野無曠土者，議賞。諸州各隨風土所宜，量地廣狹，土壤瘠埆不宜種藝者，不須責課。遇豐歲，則諭民謹蓋藏，節費用，以備不虞。民伐桑棗爲薪者罪之：剥桑三工以上，爲首者死，從者流三千里；不滿三工者減死配役，從者徒三年。

太宗太平興國中，兩京、諸路許民共推練土地之宜、明樹藝之法者一人，縣補爲農師，令相視田畝肥瘠及五種所宜，某家有種，某户有丁男，某人有耕牛；即同鄉三老、里胥召集餘夫，分畫曠土，勸令種蒔，候歲熟共取其利。爲農師者蠲税免役。民有飲博怠於農務者，農師謹察之，白州縣論罪，以警游惰。所墾田即爲永業，官不取其租。其後以煩擾罷。初，農時，太宗嘗令取畿內青苗觀之，聽政之次，出示近臣。是歲，畿內菽粟苗皆長數尺。帝顧謂左右曰：朕每念耕稼之勤，苟非兵食所資，固當盡復其租税。

端拱初，親耕籍田，以勸農事。然畿甸民苦税重，兄弟既壯乃析居，其田畝聚税於一家，即棄去；縣歲按所棄地除其租，已而匿他舍，冒名佃作。帝聞而思革其弊，會知封丘縣竇玭言之，乃詔賜緋魚，絹百匹；擢太子中允，知開封府司録事，俾按察京畿諸縣田租。玭專務苛刻以求課最，民實逃亡者，亦搜索於鄰里親戚之家，益造新籍，甚爲勞擾，數月罷之。時州縣之吏多非其人，土地之利不盡出，租税減耗，賦役不均，上下相蒙，積習成敝。乃詔：諸知州、通判具如何均平賦税，招輯流亡，惠恤孤貧，窒塞姦幸，凡民間未便事，限一月附疾置以聞。而比年多稼不登，富者操奇贏之資，貧者取倍稱之息，一或小稔，富家責償愈急，税調未畢，資儲罄然。遂令州縣戒里胥、鄉老察視，有取富民穀麥貲財，出息不得踰倍，未輸税毋得先償私逋，違者罪之。

言者謂江北之民雜植諸穀，江南專種秔稻，雖土風各有所宜，至於參植以防水旱，亦古之制。於是詔江南、兩浙、荆湖、嶺南、福建諸州長吏，勸民益種諸穀，民乏粟、麥、黍、豆種者，於淮北州郡給之；江北諸州，亦令就水廣種秔稻，並免其租。淳化五年，宋、亳數州牛疫，死者

過半，官借錢令就江、淮市牛。未至，屬時雨霑足，帝慮其耕稼失時，太子中允武允成獻踏犂，運以人力，即分命祕書丞、直史館陳堯叟等即其州依式製造給民。

凡州縣曠土，許民請佃爲永業，蠲三歲租，三歲外，輸三分之一。官吏勸民墾田，悉書于印紙，以俟旌賞。至道二年，太常博士、直史館陳靖上言：先王之欲厚生民，莫先於積穀而務農，鹽鐵榷酤斯爲末矣。按天下土田，除江淮、湖湘、兩浙、隴蜀、河東諸路地里夐遠，雖加勸督，未遽獲利。今京畿周環二十三州，幅員數千里，地之墾者十纔二三，税之入者又十無五六。復有匿里舍而稱逃亡，棄耕農而事游惰，賦額歲減，國用不充。

詔書累下，許民復業，蠲其租調，寬以歲時。然鄉縣擾之，每一户歸業，則刺報所由。朝耕尺寸之田，暮入差徭之籍，追胥責問，繼踵而來，雖蒙蠲其常租，實無補於捐瘠。況民之流徙，始由貧困，或避私債，或逃公税。亦既亡遯，則鄉里檢其資財，至於室廬、什器、桑棗、材木，咸計其直，或鄉官用以輸税，或債主取以償逋；生計蕩然，還無所詣，以兹浮蕩，絶意歸耕。

如授以閑曠之田，廣募游惰，誘之耕墾，未計賦租，許令別置版圖，便宜從事；酌民力豐寡、農畝肥磽，均配督課，令其不倦。其逃民歸業，丁口授田，煩碎之事，並取大司農裁決。耕桑之外，令益樹雜木蔬果，孳畜羊犬雞豚。給授桑土，潛擬井田，營造室居，使立保伍，養生送死之具，慶弔問遺之資，並立條制。候至三五年間，生計成立，即計户定征，量田輸税。若民力不足，官借糴錢，或以市餘糧，或以營耕具。凡此給受，委於司農，比及秋成，乃令償直，依時價折納，以其成數闕白户部。

帝覽之喜，令靖條奏以聞。

靖又言：逃民復業及浮客請佃者，委農官勘驗，以給受田土收附版籍，州縣未得議其差役；乏糧種、耕牛者，令司農以官錢給借。其田制爲三品：以膏沃而無水旱之患者爲上品，雖沃壤而有水旱之患、埆瘠而無水旱之慮者爲中品，既埆瘠復患於水旱者爲下品。上田人授百畝，中田百五十畝，下田二百畝，並五年後收其租，亦只計百畝，十收其三。一家有三丁者，請加授田如丁數，五丁者從三丁之制，七丁者給五丁，十丁給七丁；至二十、三十丁者，以十丁爲限。若寬鄉田多，即委農官裁度以賦之。其室廬、蔬韭及桑棗、榆柳種藝之地，每户十丁者給百五十畝，七丁者百畝，五丁者七十畝，三丁者五十畝，不及三丁者三十畝。除桑功五年後計其租，餘悉蠲其課。

宰相吕端謂靖所立田制，多改舊法，又大費資用，以其狀付有司。詔鹽鐵使陳恕等共議，請如靖奏。乃以靖爲京西勸農使，按行陳、許、蔡、潁、襄、鄧、唐、汝等州，勸民墾田，以大理寺丞皇甫選、光禄寺丞何亮副之。選、亮上言功難成，願罷其事。帝志在勉農，猶詔靖經度。未幾，三司以費官錢數多，萬一水旱，恐致散失，事遂寢。

真宗景德初，詔諸州不堪牧馬閑田，依職田例招主客户多方種蒔，以沃瘠分三等輸課。河朔戎寇之後，耕具頗闕，牛多瘠死。二年，内出踏犂式，詔河北轉運使詢於民間，如可用，則官造給之；且令有司議市牛送河北。又以兵罷，民始務農創什器，遂權除生熟鐵渡河之禁。是歲，命權三司使丁謂取户税條敕及臣民所陳農田利害，與鹽鐵判官張若谷、户部判官王曾等參詳删定，成《景德農田敕》五卷，三年正月上之。謂等又取唐開元中宇文融請置勸農判官，檢户口、田土僞濫；且慮別置官煩擾，而諸州長吏職當勸農，乃請少卿監爲刺史、閤門使以上知州者，並兼管内勸農使，餘及通判並兼勸農事，諸路轉運使、副兼本路勸農使。詔可。

大中祥符四年，詔曰：火田之禁，著在《禮經》，山林之間，合順時令。其或昆蟲未蟄，草木猶蕃，輒縱燎原，則傷生類。諸州縣人畬田，並如鄉土舊例，自餘焚燒野草，須十月後方得縱火。其行路野宿人，所在檢察，毋使延燔。帝以江、淮、兩浙稍旱即水田不登，遣使就福建取占城稻三萬斛，分給三路爲種，擇民田高仰者蒔之，蓋旱稻也。内出種法，命轉運使揭榜示民。後又種於玉宸殿，帝與近臣同觀；畢刈，又遣内侍持於朝堂示百官。稻比中國者穗長而無芒，粒差小，不擇地而生。六年，免諸路農器之税。明年，諸州牛疫，又詔民買賣耕牛勿算；繼令羣牧司選醫牛古方，頒之天下。

天禧初，詔諸路自今候登熟方奏豐稔，或已奏豐稔而非時災沴者，即須上聞，違者重置其罪。先是，民訴水旱者，夏以四月，秋以七月，荆湖、淮南、江浙、川峽、廣南水田不得過期，過期者吏勿受；令佐受訴，

即分行檢視，白州遣官覆檢，三司定分數蠲税，亦有朝旨特增免數及應輸者許其倚格，京畿則特遣官覆檢。太祖時，亦或遣官往外州檢視，不爲常制；傷甚，有免覆檢者。至是，又以覆檢煩擾，止遣官就田所閲視，即定蠲數。時久罷畋游，令開封府諭民，京城四面禁圍草地，許其耕牧。二年，詔民有孝弟力田、儲蓄歲計者，長吏倍存恤之。

初，朝議置勸農之名，然無職局。四年，始詔諸路提點刑獄朝臣爲勸農使、使臣爲副使，所至，取民籍視其差等，不如式者懲革之；勸恤農民，以時耕墾，招集逃散，檢括陷税，凡農田事悉領焉。置局案，鑄印給之。凡奏舉親民之官，悉令條析勸農之績，以爲殿最黜陟。

自景德以來，四方無事，百姓康樂，户口蕃庶，田野日闢。仁宗繼之，益務約己愛人。即位之初，下詔曰：今宿麥既登，秋種向茂，其令州縣諭民，務謹蓋藏，無或妄費。上書者言賦役未均，田制不立，因詔限田：公卿以下毋過三十頃，牙前將吏應復役者毋過十五頃，止一州之内，過是者論如違制律，以田賞告者。既而三司言：限田一州，而卜葬者牽於陰陽之説，至不敢舉事。又聽數外置墓田五頃。而任事者終以限田不便，未幾即廢。

時又禁近臣置别業京師及寺觀毋得市田。初，真宗崩，内遣中人持金賜玉帛山僧寺市田，言爲先帝植福，後毋以爲例。繇是寺觀稍益市田。明道二年，殿中侍御史段少連言：頃歲中人至漣水軍，稱詔市民田給僧寺，非舊制。詔還民田，收其直入官。後承平寖久，勢官富姓，占田無限，兼并冒僞，習以成俗，重禁莫能止焉。

帝敦本務農，屢詔勸劭，觀稼於郊，歲一再出；又躬耕籍田，以先天下。景祐初，患百姓多去農爲兵，詔大臣條上兵農得失，議更其法。遣尚書職方員外郎沈厚載出懷、衛、磁、相、邢、洺、鎮、趙等州，教民種水田。京東轉運司亦言：濟、兖間多閑田，而青州兵馬都監郝仁禹知田事，請命規度水利，募民耕墾。從之。是秋，詔曰：仍歲饑歉，民多失職。今秋稼甫登，方事斂穫，州縣毋或追擾，以妨農時。刑獄須證逮者速決之。

帝每以水旱爲憂，寶元初，詔諸州旬上雨雪，著爲令。慶曆三年，詔民犯法可矜者别爲贖令，鄉民以穀麥，市人以錢帛。謂民重穀帛，免刑罰，則農桑自勸，然卒不果行。參知政事范仲淹言：古者三公兼六卿之職，唐命相判尚書六曹，或兼諸道鹽鐵、轉運使。請於職事中擇其要者，以輔臣兼領。於是以賈昌朝領農田，未及施爲而仲淹罷，事遂止。皇祐中，於苑中作寶岐殿，每歲召輔臣觀刈穀麥，自是罕復出郊矣。

帝聞天下廢田尚多，民罕土著，或棄田流徙爲閒民。天聖初，詔民流積十年者，其田聽人耕，三年而後收賦，減舊額之半；後又詔流民能自復者，賦亦如之。既而又與流民限，百日復業，蠲賦役，五年減舊賦十之八；期盡不至，聽他人得耕。至是，每下赦令，輒以招輯流亡、募人耕墾爲言。民被災而流者，又優其蠲復，緩其期招之。詔諸州長吏、令佐能勸民修陂池、溝洫之久廢者，及墾闢荒田、增税二十萬已上，議賞；監司能督責部吏經畫，賞亦如之。

久之，天下生齒益蕃，闢田益廣。獨京西唐、鄧間尚多曠土，入草莽者十八九，或請徙户實之，或議置屯田，或欲遂廢唐州爲縣。嘉祐中，唐守趙尚寬言土曠可闢，民希可招，而州不可廢。得漢邵信臣故陂渠遺跡而修復之，假牛犂、種食以誘耕者，勸課勞來。歲餘，流民自歸及淮南、湖北之民至者二千餘户；引水溉田幾數萬頃，變磽瘠爲膏腴。監司上其狀，三司使包拯亦以爲言，遂留再任。治平中，歲滿當去。英宗嘉其勤，且倚以興輯，特進一官，賜錢二十萬，復留再任。時患守令數易，詔察其有實課者增秩再任，而尚寬應詔爲天下倡。後太守高賦繼之，亦以能勸課被獎，留再任。

天下墾田：景德中，丁謂著《會計録》云，總得一百八十六萬餘頃。以是歲七百二十二萬餘户計之，是四户耕田一頃，繇是而知天下隱田多矣。又川峽、廣南之田，頃畝不備，第以五賦約之。至天聖中，國史則云：開寶末，墾田二百九十五萬二千三百二十頃六十畝；至道二年，三百一十二萬五千二百五十一頃二十五畝；天禧五年，五百二十四萬七千五百八十四頃三十二畝。而開寶之數乃倍於景德，則謂之所録，固未得其實。皇祐、治平，三司皆有《會計録》，而皇祐中墾田二百二十八萬餘頃，治平中四百四十萬餘頃，其間相去不及二十年，而墾田之數增倍。以治平數視天禧則猶不及，而叙《治平録》者以謂此特計其賦租以知頃畝之數，而賦租所不加者十居其七。率而計之，則天下墾田無慮三千餘萬

頃。是時，累朝相承，重於擾民，未嘗窮按，故莫得其實，而廢田見於籍者猶四十八萬頃。

治平四年，詔曰：歲比不登，今春時雨，農民桑蠶、穀麥，衆作勤勞，一歲之功，併在此時。其委安撫、轉運司敕戒州縣吏，省事息民，無奪其時。諸路逃田三十年者除其税十四，四十年以上十五，五十年以上六分，百年以上七分；佃及十年輸五分，二十年輸七分，著爲令。

神宗熙寧元年，襄州宜城令朱紘復修木渠，溉田六千頃，詔遷一官。權京西轉運使謝景温言：在法，請田户五年内科役皆免。今汝州四縣客户，不一二年便爲舊户糾抉，與之同役，因此即又逃竄，田土荒萊。欲乞置墾田務，差官專領，籍四縣荒田，召人請射。更不以其人隸屬諸縣版籍，須五年乃撥附，則五年内自無差科。如招及千户以上者，優奬。詔不置務，餘從所請。

明年，分遣諸路常平官，使專領農田水利。吏民能知土地種植之法，陂塘、圩埠、堤堰、溝洫利害者，皆得自言；行之有效，隨功利大小酬賞。民占荒逃田若歸業者，責相保任，逃税者保任爲輸之。已行新法縣分，田土頃畝、川港陂塘之類，令、佐受代，具墾闢開修之數授諸代者，令照籍有實乃代。

中書議勸民栽桑。帝曰：農桑，衣食之本。民不敢自力者，正以州縣約以爲貲，升其户等耳。宜申條禁。於是司農寺請立法，先行之開封，視可行，頒於天下。民種桑柘毋得增賦。安肅廣信順安軍、保州，令民即其地植桑榆或所宜木，因可限閡戎馬。官計其活茂多寡，得差減在户租數，活不及數者罰，責之補種。

興修水利田，起熙寧三年至九年，府界及諸路凡一萬七百九十三處，爲田三十六萬一千一百七十八頃有奇。神宗元豐元年，詔開廢田，興水利，民力不能給役者，貸以常平錢穀，京西南路流民買耕牛者免征。五年，都水使者范子淵奏：自大名抵乾寧，跨十五州，河徙地凡七千頃，乞募人耕種。從之。

哲宗即位，宣仁太后臨朝，首起司馬光爲門下侍郎，委之以政。詔天下臣民皆得以封事言民間疾苦。光抗疏曰：四民之中，惟農最苦。寒耕熱耘，霑體塗足，戴日而作，戴星而息；蠶婦治繭、績麻、紡緯，縷縷而積之，寸寸而成之，其勤極矣。而又水旱、霜雹、蝗蜮間爲之災，幸而收成，公私之債，交爭互奪。穀未離場，帛未下機，已非己有，所食者糠籺而不足，所衣者綈褐而不完。直以世服田畝，不知舍此之外有何可生之路耳。而況聚斂之臣，於租税之外，巧取百端，以邀功賞。青苗則彊散重斂，給陳納新；免役則刻剥窮民，收養浮食；保甲則勞於非業之作；保馬則困於無益之費，可不念哉！今者濬發德音，使畎畝之民得上封事。雖其言辭鄙雜，皆身受實患，直貢其誠，不可忽也。

初，熙寧六年，立法勸民栽桑，有不趨令，則倣屋粟、里布爲之罰。然長民之吏不能究宣德意，民以爲病。至是，楚丘民胡昌等言其不便，詔罷之，且蠲所負罰金。興平縣抑民田爲牧地，民亦自言，詔悉還之。元祐四年，詔：瀕河州縣，積水冒田。在任官能爲民經畫疏導溝畎，退出良田自百頃至千頃，第賞。

崇寧中，廣南東路轉運判官王覺，以開闢荒田幾及萬頃，詔遷一官。其後，知州、部使者以能課民種桑棗者，率優其第秩焉。政和六年，立管幹圩岸、圍岸官法，在官三年，無隳損堙塞者賞之。京畿提點刑獄王本言：前任提舉常平，根括諸縣天荒瘠鹵地一萬二千餘頃入稻田務，已佃者五千三百餘頃，尚慮令、佐不肯究心。詔比開墾鹻地格推賞。平江府興修圍田二千餘頃，令、佐而下以差減磨勘年。

八年，權淮南、江、浙、荆湖制置發運使任諒奏：高郵軍有逃田四百四十六頃，楚州九百七十四頃，泰州五百二十七頃，平江府四百九十七頃，以六路計之，何可勝數。欲諸縣專選官按籍根括。詔逃田可專委縣丞，無丞處委他官，餘並從之。

宣和二年，臣僚上言：監司、守令官帶勸農，莫副上意，欲立四證驗之：按田萊荒治之迹，較户產登降之籍，驗米穀貴賤之價，考租賦盈虧之數。四證具，則其實著矣。命中書審定取旨。五年，詔：江東轉運司根括到逃田一百六十頃一十六畝，兩浙根括到四百五十六頃，召人出租，專充今年增屯戍兵衣糧。初，政和中，品官限田，一品百頃，以差降殺，至九品爲十頃；限外之數，並同編户差科。七年，又詔：內外宮觀捨置田，在京不得過五十頃，在外不得過三十頃，不免科差、徭役、支移。雖奉御筆，許執奏不行。

建炎元年五月，高宗即位，命有司招誘農民，歸業者振貸之，蠲欠租，免耕牛稅。三年，廣州州學教授林勳獻《本政書》十三篇，大略謂：國朝兵農之政，大抵因唐末之故。今農貧而多失職，兵驕而不可用，是以饑民竄卒，類爲盜賊。宜倣古井田之制，使民一夫占田五十畝，其有羨田之家毋得市田；其無田與游惰末作者，皆使爲隷農，以耕田之羨者。雜紐錢穀，以爲什一之稅。本朝二稅之數，視唐增至七倍。今本政之制，每十六夫爲一井，提封百里，爲三千四百井，率稅米五萬一千斛，錢萬二千緡。每井賦二兵一馬，率爲兵六千八百人，馬三千四百匹。此方百里之縣所出賦稅之數。歲取五之一以爲上番之額，以給征役；無事則又分爲四番，以直官府，以給守衛。是民凡三十五年，而役始一徧也。悉上則歲食米萬九千餘斛，錢三千六百餘緡，無事則減四分之三，皆以一同之租稅供之。匹婦之貢，絹三尺，綿一兩，百里之縣，歲收絹四千餘匹，綿三千四百斤；非蠶鄉則布六尺，麻二兩，所收視綿絹倍之。行之十年，則民之口算，官之酒酤，與凡茶、鹽、香、礬之榷，皆可弛以予民。其説甚備。尋以勳爲桂州節度掌書記。

建炎以來，內外用兵，所在多逃絶之田。紹興二年四月，詔兩浙路收買牛具，貸淮東人户。七月，詔：知興國軍王綯、知永興縣陳升率先奉詔誘民墾田，各增一秩。三年九月，户部言：百姓棄産，已詔二年外許人請射，十年內雖已請射及充職田者，並聽歸業。孤幼及親屬應得財産者，守令驗實給還，冒占者論如律。州縣奉行不虔，監司按劾。從之。先是，臣僚言：近詔州縣拘籍被虜百姓税賦，而苛酷之吏不考其實，其間有父母被虜兒女存者，有中道脱者，有全家被虜而親屬偶歸者，一概籍没，人情皇皇。故有是命。十月，募佃江東、西閑田，三等定租：上田畝輸米一斗五升，中田一斗，下田七升。四年，貸廬州民錢萬緡，以買耕牛。

五年五月，立《守令墾田殿最格》，殘破州縣墾田增及一分，郡守升三季名次，增及九分，遷一官；虧及一分，降三季名次，虧及九分，鐫一官。縣令差減之。增虧各及十分者，取旨賞罸。其後以兩淮、荆湖等路民稍復業，而曠土尚多，户部復立格上之：每州增墾田千頃，縣半之，守宰各進一秩；州虧五百頃，縣虧五之一，皆展磨勘年。詔頒之諸路。增，謂荒田開墾者；虧，謂熟田不因災傷而致荒者。又令縣具歸業民數及墾田多寡，月上之州，州季上轉運，轉運歲上户部，户部置籍以考之。七月，都督行府言：潭、鼎、岳、澧、荆南歸業之民，其田已佃者，以附近閑田與之，免三年租稅；無産願受閑田者，亦與之。上諭輔臣曰：淮北之民襁負而至，亦可給田，以廣招徠之意。

六年，減江東諸路逃田税額。知平江府章誼言：民所甚苦者，催科無法，税役不均。彊宗巨室阡陌相望，而多無税之田，使下户爲之破産。乞委通判一員均平賦役。九年，宗正少卿方庭實言：中原士民奔迸南州，十有四年，出違十年之限及流徙僻遠卒未能歸者，望詔有司別立限年。户部議：自新復降赦日爲始，再期五年，如期滿無理認者，見佃人依舊承佃。中原士民流寓東南，往往有墳墓，或官拘籍，或民冒占，便行給還。從之。十一年，復買牛貸淮南農户。

十二年，左司員外郎李椿年言經界不正十害，且言：平江歲入昔七十萬有奇，今按籍雖三十九萬斛，然實入纔二十萬耳。詢之土人，皆欺隱也。望考按覈實，自平江始，然後施之天下，則經界正而仁政行矣。上謂宰執曰：椿年之論，頗有條理。秦檜亦言其説簡易可行。程克俊曰：比年百姓避役，正緣經界不正，行之，乃公私之利。以椿年爲兩浙路轉運副使，措置經界。椿年請先往平江諸縣，俟就緒即往諸州，要在均平，爲民除害，不增税額。十三年，以提舉洪州玉隆觀胡思、直顯謨閣徐林議沮經界，停官遠徙。以民田不上税簿者没官，税簿不謹書者罪官吏。時量田不實者，罪至徒、流，江山尉汪大猷白椿年曰：法峻，民未喻，固有田少而供多者，願許陳首追正。椿年爲之輕刑，省費甚衆。

十四年，以椿年權户部侍郎，措置經界。尋以母憂去，以兩浙轉運副使王鈇權户部侍郎措置。十五年，詔户部及所遣官委曲措置，務使賦税均而無擾。又因興國軍守臣宋時言，詔諸州縣違期歸業者，其田已佃及官賣者，即以官田之可耕者給還。十六年，王鈇以疾罷。十七年，復以李椿年權户部侍郎，措置經界。先是，真州兵燼之餘，瘡痍未復，洪興祖爲守，請復租一年，明年又請復之，自是流民寖歸。十八年，墾荒田至七萬餘畝。

十九年，詔敕令所删定官鄭克行四川經界法。克頗峻責州縣，所謂省莊田者，雖蔬果、桑柘莫不有征，而邛、蜀民田至什税其伍。通判嘉州楊承曰：仁政而虐行之，非法意也。上不違令，下不擾民，則仁政得矣。

召諸邑令謂曰：平易近民，美成在久，其謹行之。無愧於心，何畏焉？事迄成，爲列郡最。其後，民有訴不均者，殿中侍御史曹筠劾椿年罷之。上謂秦檜曰：若下田受重税，將無以輸。檜曰：臣已諭户部侍郎宋貺，有未均處亟與改正。二十年，詔：兩淮沃壤宜穀，置力田科，募民就耕，以廣官莊。知資州楊師錫言：有司奉行失當，田畝不分腴瘠，市居丈尺隙田，亦充税產。於是降詔曰：椿年乞行經界，去民十害，今聞寖失本意。凡便民者依已行，害民者與追正。二十一年四月，宋貺罷。二十六年正月，上謂輔臣曰：經界事李椿年主之，若推行就緒，不爲不善。今諸路往往中輟，願得一通曉經界者款曲議之。會潼川府轉運判官王之望上書，言蜀中經界利害甚悉。明年，以之望提點刑獄，畢經界事。三月，户部言：蜀地狹人夥，而京西、淮南膏腴官田尚多，乞許人承佃，官貸牛、種，八年乃償。並邊免租十年，次邊半之，滿三年與其業。願往者給據津發。上曰：善。但貧民乍請荒田，安能便得牛、種？若不從官貸，未免爲虚文，可令相度支給。四月，通判安豐軍王時升言：淮南土皆膏腴，然地未盡闢，民不加多者，緣豪强虚占良田，而無偏耕之力；流民襁負而至，而無開耕之地。望凡荒閑田許人剗佃。户部議：期以二年，未墾者即如所請；京西路如之。詔以時升爲司農寺丞。十月，用御史中丞湯鵬舉言，離軍添差之人，授以江、淮、湖南荒田，人一頃，爲世業。所在郡以一歲奉充牛、種費，仍免租税十年，丁役二十年。

二十八年，王之望言：去年分遣官詣經界不均縣裁正，今已迄事。此後吏民尚敢扇搖以疑百姓者，乞重寘于法。從之。二十九年，知潭州魏良臣言：本州歸業之民，以熟田爲荒，不輸租。今令結甲輸税，自明年始，不實，許人告，以其田賞之。户部議：期踰百日，依匿税法。詔可。三十年，初令純州平江縣民實田輸税，畝輸米二升四合。

孝宗隆興元年，詔：凡百姓逃棄田宅，出二十年無人歸認者，依户絶法。乾道元年正月，都省言：淮民復業，宜先勸課農桑。令、丞植桑三萬株至六萬株，守、倅部内植二十萬株以上，並論賞有差。二月，三省、樞密院言：歸正人貧乏者散居兩淮，去冬淮民種麥甚廣，逃亡未歸，無人收穫。詔諸郡量口均給，其已歸業者毋例擾之。四年，知鄂州李椿奏：州雖在江南，荒田甚多，請佃者開墾未幾，便起毛税，度田追呼，不任其擾，旋即逃去。今欲召人請射，免税三年；三年之後爲世業，三分爲率，輸苗一分，更三年增一分，又三年全輸。歸業者别以荒田給之。又詔楚州給歸正人田及牛具、種糧錢五萬緡。

六年二月，詔曰：朕深惟治不加進，思有以正其本者。今欲均役法，嚴限田，抑游手，務農桑。凡是數者，卿等二三大臣爲朕任之。十有二月，監進奏院李結獻《治田三議》：一曰務本，二曰協力，三曰因時。大略謂：浙西低田恃堤爲固，若堤岸高厚，則水不能入。乞於蘇、湖、常、秀諸州水田塘浦要處，官以錢米貸田主，乘此農隙，作堰增令高闊，則堤成而水不爲患。方此饑饉，俾食其力，因其所利而利之。秋冬旱涸，涇浜斷流，車畎修築，尤爲省力。詔令胡堅常相度以聞。其後，户部以三議切當，但工力浩瀚，欲曉有田之家，各依鄉原畝步出錢米與租田之人，更相修築，庶官無所費，民不告勞。從之。

七年二月，知揚州晁公武奏：朝廷以沿淮荒殘之久，未行租税，民復業與創户者，雖阡陌相望，然聞之官者十纔二三，咸懼後來税重。昔晚唐民務稼穡則增其租，故播種少；吴越民墾荒田而不加税，故無曠土。望詔兩淮更不增賦，庶民知勸。詔可。十月，司馬伋請勸民種麥，爲來春之計。於是詔江東西、湖南北、淮東西路帥漕，官爲借種及諭大姓假貸農民廣種，依賑濟格推賞，仍上已種頃畝，議賞罰。九年，王之奇奏增定力田賞格，募人開耕荒田，給官告綾紙以備書填，及官會十萬緡充農具等用。以種糧不足，又詔淮東總領所借給稻三萬石。

淳熙五年，詔：湖北佃户開墾荒田，止輸舊税。若包占頃畝，未悉開耕，詔下之日，期以二年，不能偏耕者拘作營田，其增税、剗佃之令勿行。六年五月，提舉浙西常平茶鹽顔師魯奏：設勸課之法，欲重農桑、廣種植也。今鄉民於己田連接閒曠磽确之地，墾成田園，用力甚勤。或以未陳起税，爲人所訟，即以盗耕罪之，何以勸力田哉？止宜實田起税，非特可戢告訐之風，亦見盛世重農之意。詔可。十有一月，臣僚奏：比令諸路帥、漕督守令勸諭種麥，歲上所增頃畝。然土有宜否，湖南一路唯衡、永等數郡宜麥，餘皆文具。望止諭民以時播種，免其歲上增種之數，庶得勸課之實。

七年，復詔兩浙、江、淮、湖南、京西路帥、漕臣督守令勸民種麥，

務要增廣。自是每歲如之。八年五月，詔曰：「迺者得天之時，蠶麥既登，及命近甸取而視之，則穟短繭薄，非種植風厲之功有所未至歟？朕將稽勤惰而詔賞罰焉。是歲連雨，下田被浸，詔兩浙諸州軍與常平司措置，再借種糧與下户播種，毋致失時。十有一月，輔臣奏：田世雄言，民有麥田，雖墾無種，若貸與貧民，猶可種春麥。臣僚亦言，江、浙旱田雖已耕，亦無麥種。於是詔諸路帥、漕、常平司，以常平麥貸之。

先是，知揚州鄭良嗣言：兩淮民田，廣至包占，多未起税。朝廷累限展首，今限滿適旱，乞更展一年。詔如其請。九年，著作郎袁樞振兩淮還，奏：「豪民占田不知其數，二税既免，止輸穀帛之課。力不能墾，則廢爲荒地；他人請佃，則以疆界爲詞，官無稽考。是以野不加闢，户不加多，而郡縣之計益窘。望詔州縣畫疆立券，占田多而輸課少者，隨畝增之；其餘閑田，給與佃人，庶幾流民有可耕之地，而田萊不至多荒。」

紹熙元年，初，朱熹爲泉之同安簿，知三郡經界不行之害。至是，知漳州。會臣僚請行閩中經界，詔監司條具，事下郡。熹訪問講求，纖悉備至。乃奏言：「經界最爲民間莫大之利，紹興已推行處，公私兩利，獨泉、漳、汀未行。臣不敢先一身之勞逸，而後一州之利病，切獨任其必可行也。然必推擇官吏，委任責成；度量步畝，算計精確；畫圖造帳，費從官給；隨產均税，特許過鄉通縣均紐，庶幾百里之内，輕重齊同。今欲每畝隨九等高下定計產錢，而合一州租税錢米之數，以產錢爲母，每文輸米幾何，錢幾何，止於一倉一庫受納。既輸之後，却視元額分隸爲省計，爲職田，爲學糧，爲常平，各撥入諸倉庫。版圖一定，則民業有經矣。但此法之行，貧民下户固所深喜，然不能自達其情；豪家猾吏實所不樂，皆善爲説辭，以惑羣聽；賢士大夫之喜安静、厭紛擾者，又或不深察而望風沮怯，此則不能無慮。」輔臣請行于漳州。明年春，詔漕臣陳公亮同熹協力奉行。會農事方興，熹益加講究，冀來歲行之。細民知其不擾而利於己，莫不鼓舞，而貴家豪右占田隱税、侵漁貧弱者，胥爲異論以搖之，前詔遂格。熹請祠去。五年，蠲廬州旱傷百姓貸稻種三萬二千一百石。

慶元元年二月，上以歲凶，百姓飢病，詔曰：「朕德菲薄，饑饉荐臻，使民阽於死亡，夙夜惨怛，寧敢諉過於下耶？顧使者、守令所與朕分寄而共憂也，乃涉春以來，聞一二郡老稚乏食，去南畝，捐溝壑，咎安在耶？豈振給不盡及民歟？得粟者未必饑，饑者未必得歟？偏聚於所近，不能均濟歟？官吏視成而不自省歟？其各恪意措畫，務使實惠不壅，毋以虛文蒙上，則朕汝嘉。」

寧宗開禧元年，夔路轉運判官范蓀言：「本路施、黔等州荒遠，綿亘山谷，地曠人稀，其占田多者須人耕墾，富豪之家誘客户舉室遷去。乞將皇祐官莊客户逃移之法校定：凡爲客户者，許役其身，毋及其家屬；凡典賣田宅，聽其離業，毋就租以充客户；凡貸錢，止憑文約交還，毋抑勒以爲地客；凡客户身故，其妻改嫁者，聽其自便，女聽其自嫁。庶使深山窮谷之民，得安生理。」刑部以皇祐逃移舊法輕重適中，可以經久，淳熙比附略人之法太重，今後凡理訴官莊客户，並用皇祐舊法。從之。

嘉定八年，左司諫黄序奏：「雨澤愆期，地多荒白。知餘杭縣趙師恕請勸民雜種麻、粟、豆、麥之屬，蓋種稻則費少利多，雜種則勞多獲少。慮收成之日，田主欲分，官課責輸，則非徒無益；若使之從便雜種，多寡皆爲己有，則不勸而勸，民可無饑。望如所陳，下兩浙、兩淮、江東西等路，凡有耕種失時者並令雜種，主毋分其地利，官毋取其秋苗，庶幾農民得以續食，官免振救之費。」從之。

知婺州趙㦤夫行經界於其州，整有倫緒，而㦤夫報罷。士民相率請于朝，乃命趙師嵒繼之。後二年，魏豹文代師嵒爲守，行之益力。於是向之上户析爲貧下之户，實田隱爲逃絶之田者，粲然可考。凡結甲册、户產簿、丁口簿、魚鱗圖、類姓簿二十三萬九千有奇，創庫匱以藏之，歷三年而後上其事于朝。淳祐二年九月，敕曰：「四川累經兵火，百姓棄業避難，官以其曠土權耕屯以給軍食，及民歸業，占據不還。自今凡民有契券，界至分明，所在州縣屯官隨即歸還。其有違戾，許民越訴，重罪之。」

六年，殿中侍御史兼侍講謝方叔言：

「豪强兼并之患，至今日而極，非限民名田有所不可，是亦救世道之微權也。國朝駐蹕錢塘，百有二十餘年矣。外之境土日荒，内之生齒日繁，權勢之家日盛，兼并之習日滋，百姓日貧，經制日壞，上下煎迫，若有不可爲之勢。所謂富貴操柄者，若非人主之所得專，識者懼焉。夫百萬生靈資生養之具，皆本於穀粟，而穀粟之產，皆出於田。今百姓膏腴皆歸貴勢之家，租米有及百萬石者；小民百畝之田，頻年差充保役，官吏誅求百

端，不得已，則獻其產於巨室，以規免役。小民田日減而保役不休，大官田日增而保役不及。以此弱之肉，彊之食，兼幷浸盛，民無以遂其生。於斯時也，可不嚴立經制以爲之防乎？

去年，諫官嘗以限田爲説，朝廷付之悠悠。不知今日國用邊餉，皆仰和糴。然權勢多田之家，和糴不容以加之，保役不容以及之。敵人睥睨於外，盜賊窺伺於内，居此之時，與其多田厚貲不可長保，曷若捐金助國共紓目前？在轉移而開導之耳。乞諭二三大臣，摭臣僚論奏而行之，使經制以定，兼幷以塞，于以尊朝廷，于以裕國計。陛下勿牽貴近之言以搖初意，大臣勿避仇怨之多而廢良策，則天下幸甚。

從之。

十一年九月，赦曰：監司、州縣不許非法估籍民產，戒非不嚴，而貪官暴吏，往往不問所犯輕重，不顧同居有分財產，壹例估籍，殃及平民。或户絶之家不與命繼；或經陳訴許以給還，輒假他名支破，竟成乾没；或有典業不聽收贖，遂使產主無辜失業。違戾官吏，重寘典憲。是歲，信常饒州、嘉興府舉行經界。

景定元年九月，赦曰：州縣檢校孤幼財產，往往便行侵用，洎至年及陳乞，多稱前官用過，不即給還。自今如尚違戾，以吏業估償，官論以違制，不以去官、赦、降原減。

咸淳元年，監察御史趙順孫言：經界將以便民，雖窮閻下户之所深願，而未必豪宗大姓之所盡樂。自非有以深服其心，則亦何以使其情意之悉孚哉？且今之所謂推排，非昔之所謂自實也。推排者，委之鄉都，則徑捷而易行；自實者，責之於人户，則散漫而難集。嘉定以來之經界，時至近也，官有正籍，鄉都有副籍，彪列昈分，莫不具在，爲鄉都者不過按成牘而更業主之姓名。若夫紹興之經界，其時則遠矣，其籍之存者寡矣。因其鱗差櫛比而求焉，由一而至百，由百而至千，由千而至萬，稽其畝步，訂其主佃，亦莫如鄉都之便也。朱熹所以主經界而闢自實者，正謂是也。州縣能守朝廷鄉都任責之令，又隨諸州之便宜而爲之區處，當必人情之悉孚，不令而行矣。從之。

三年，司農卿兼户部侍郎季鏞言：夫經界嘗議修明矣，而修明卒不行；嘗令自實矣，而自實卒不竟。豈非上之任事者每欲避理財之名，下之不樂其成者又每倡爲擾民之説。故寧坐視邑政之壞，而不敢詰猾吏姦民之欺；寧忍取下户之苛，而不敢受豪家大姓之怨。蓋經界之法，必多差官吏，必悉集都保，必徧走阡陌，必盡量步畝，必審定等色，必紐折計等，姦弊轉生，久不迄事。乃若推排之法，不過以縣統都，以都統保，選任才富公平者，訂田畝税色，載之圖册，使民有定產，產有定税，税有定籍而已。臣守吴門，已嘗見之施行。今聞紹興亦漸就緒，湖南漕臣亦以一路告成。竊謂東南諸郡，皆奉行惟謹。其或田畝未實，則令鄉局釐正之；圖册未備，則令縣局程督之。又必郡守察縣之稽違，監司察郡之怠弛，嚴其號令，信其賞罰，期之秋冬以竟其事，責之年歲以課其成，如周官日成、月要、歲會以綜核之。於是詔諸路漕、帥施行焉。

大抵南渡後水田之利，富於中原，故水利大興。而諸籍没田募民耕者，皆仍私租舊額，每失之重，輸納之際，公私事例迥殊。私租額重而納輕，承佃猶可；公租額重而納重，則佃不堪命。州縣胥吏與倉庾百執事之人，皆得爲侵漁之道於耕者也。季世金人乍和乍戰，戰則軍需浩繁，和則歲幣重大，國用常苦不繼，於是因民苦官租之重，命有司括賣官田以給用。其初弛其力役以誘之，其終不免於抑配，此官田之弊也。嘉定以後，又有所謂安邊所田，收其租以助歲幣。至其將亡，又限民名田，買其限外所有，謂之公田。初議欲省和糴以紓民力，而其弊極多，其租尤重；宋亡，遺患猶不息也。凡水田、官田之法，公田見於史者，彙其始末而悉載于篇，有足鑒者焉。

紹興元年，詔宣州、太平州守臣修圩。二年，以修圩錢米及貸民種糧，並於宣州常平義倉米撥借。三年，定州縣圩田租額充軍儲。建康府永豐圩租米，歲以三萬石爲額。圩四至相去皆五六十里，有田九百五十餘頃，近歲墾田不及三之一。至是，始立額。

五年，江東帥臣李光言：明、越之境，皆有陂湖，大抵湖高於田，田又高於江、海。旱則放湖水溉田，澇則决田水入海，故無水旱之災。本朝慶曆、嘉祐間，始有盜湖爲田者，其禁甚嚴。政和以來，創爲應奉，始廢湖爲田。自是兩州之民，歲被水旱之患。餘姚、上虞每縣收租不過數千斛，而所失民田常賦，動以萬計。莫若先罷兩邑湖田。其會稽之鑑湖、鄞之廣德湖，蕭山之湘湖等處尚多，望詔漕臣盡廢之。其江東、西圩田，

蘇、秀圍田，令監司守令條上。於是詔諸路漕臣議之。其後議者雖稱合廢，竟仍其舊。

初，五代馬氏於潭州東二十里，因諸山之泉，築堤瀦水，號曰龜塘，溉田萬頃。其後堤壞，歲旱，民皆阻飢。七年，守臣吕頤浩始募民修復，以廣耕稼。十六年，知袁州張成己言：江西良田，多占山岡，望委守令講陂塘灌溉之利。其後比部員外郎李泳言，淮西高原處舊有陂塘，請給錢米，以時修濬。知江陰軍蔣及祖亦請濬治本軍五卸溝以洩水，修復橫河支渠以溉旱。乃並詔諸路常平司行之，每季以施行聞。

二十三年，諫議大夫史才言：浙西民田最廣，而平時無甚害者，太湖之利也。近年瀕湖之地，多爲兵卒侵據，累土增高，長堤彌望，名曰壩田。旱則據之以溉，而民田不沾其利；澇則遠近泛濫，不得入湖，而民田盡没。望盡復太湖舊迹，使軍民各安，田疇均利。從之。二十四年，大理寺丞周環言：臨安、平江、湖、秀四州下田，多爲積水所浸。緣溪山諸水併歸太湖，自太湖分二派：東南一派由松江入于海，東北一派由諸浦注之江。其沿江泄水，惟白茅一浦最大。今泥沙淤塞，宜決浦故道，俾水勢分派流暢，實四州無窮之利。詔兩浙漕臣視之。

二十八年，兩浙轉運副使趙子潚、知平江府蔣璨言：太湖者，數州之巨浸，而獨洩以松江之一川，宜其勢有所不逮。是以昔人於常熟之北開二十四浦，疏而導之江；又於崑山之東開一十二浦，分而納之海。三十六浦後爲潮汐沙積，而開江之卒亦廢，於是民田有淹没之患。天聖間，漕臣張綸嘗於常熟、崑山各開衆浦；景祐間，郡守范仲淹亦親至海浦，濬開五河；政和間提舉官趙霖復嘗開濬。今諸浦湮塞，又非前比，計用工三百三十餘萬，錢三十三萬餘緡，米十萬餘斛。於是詔監察御史任古復視之。既而古至平江言：常熟五浦通江誠便，若依所請，以五千功，月餘可畢。詔以激賞庫錢、平江府上供米如數給之。二十九年，子潚又言：父老稱福山塘與丁涇地勢等，若不濬福山塘，則水必倒注于丁涇。乃命併濬之。

隆興二年八月，詔：江、浙水利，久不講修，勢家圍田，堙塞流水。諸州守臣按視以聞。於是知湖州鄭作肅、知宣州許尹、知秀州姚憲、知常州劉唐稽並乞開圍田，濬港瀆。詔湖州委朱夏卿，秀州委曾愭，平江府委陳彌作，常州、江陰軍委葉謙亨，宣州、太平州委沈樞措置。九月，刑部侍郎吴芾言：昨守紹興，嘗請開鑑湖廢田二百七十頃，復湖之舊，水無泛溢，民田九千餘頃，悉獲倍收。今尚有低田二萬餘畝，本亦湖也，百姓交佃，畝直纔兩三緡。欲官給其半，盡廢其田，去其租。户部請符浙東常平司同紹興府守臣審細標遷。從之。

乾道二年四月，詔漕臣王炎開浙西勢家新圍田：草蕩、荷蕩、菱蕩及陂湖溪港岸際旋築塍畦、圍裹耕種者，所至守令同共措置。炎既開諸圍田，凡租户貸主家種糧債負，並奏蠲之。六月，知秀州孫大雅代還，言：州有柘湖、澱山湖、當湖、陳湖，支港相貫，西北可入于江，東南可達于海。旁海農家作壩以却鹹潮，雖利及一方，而水患實害鄰郡；設疏導之，則又害及旁海之田。若於諸港浦置牐啓閉，不惟可以洩水，而旱亦獲利。然工力稍大，欲率大姓出錢，下户出力，於農隙修治之。於是以兩浙轉運副使姜詵與守臣視之，詵尋與秀常州、平江府、江陰軍條上利便。詔：秀州華亭縣張涇牐并澱山東北通陂塘港淺處，俟今年十一月興修；江陰軍、常州蔡涇牐及申港，明年春興修；利港俟休役一年興修；平江府姑緩之。三年三月，詵使還，奏：開濬畢功，通洩積水，久浸民田露出塍岸。臣已諭民趁時耕種。恐下户闕本，良田復荒，望令浙西常平司貸給種糧。又奏措置、提督、監修等官知江陰軍徐藏等減磨勘年有差。

四年，以彭州守臣梁介修復三縣一十餘堰，灌溉之利及於鄰邦，詔介直祕閣、利路轉運判官。七年，王炎言：興元府山河堰世傳漢蕭、曹所作。本朝嘉祐中，提舉史炤上堰法，獲降敕書刻石堰上。紹興以來，户口凋疏，堰事荒廢，遂委知興元府吴拱修復，發卒萬人助役。宣撫司及安撫、都統司共用錢三萬一千餘緡，盡修六堰，濬大小渠六十五里，凡溉南鄭、褒城田二十三萬三千畝有奇。詔獎諭拱。

九年，户部侍郎兼樞密都承旨葉衡言：奉詔覈實寧國府、太平州圩岸，内寧國府惠民、化成舊圩四十餘里，新築九里餘；太平州黄池鎮福定圩周四十餘里，延福等五十四圩周一百五十餘里，包圍諸圩在内，蕪湖縣圩周二百九十餘里，通當塗圩共四百八十餘里。並高廣堅緻，瀕水一岸種植榆柳，足捍風濤，詢之農民，實爲水利。於是詔獎諭判寧國府魏王愷，略曰：大江之壖，其地廣袤，使水之蓄洩不病而皆爲膏腴者，圩之

爲利也。然水土鬬齧，從昔善壞。卿聿修稼政，巨防屹然，有懷勤止，深用歎嘉。

九年八月，臣僚言江西連年荒旱，不能預興水利爲之備。於是乃降詔曰：朕惟旱乾、水溢之災，堯、湯盛時，有不能免。民未告病者，備先具也。豫章諸郡縣，但阡陌近水者，苗秀而實；高卬之地，雨不時至，苗輒就槁。意水利不修，失所以爲旱備乎？唐韋丹爲江西觀察使，治陂塘五百九十八所，灌田萬二千頃。此特施之一道，其利如此，矧天下至廣也。農爲生之本也，泉流灌溉，所以毓五穀也。今諸道名山，川原甚衆，民未知其利。然則通溝瀆，瀦陂澤，監司、守令，顧非其職歟？其爲朕相丘陵原隰之宜，勉農桑，盡地利，平繇行水，勿使失時。雖有豐凶，而力田者不至拱手受弊，亦天人相因之理也。朕將即勤惰而寓賞罰焉。

淳熙二年，兩浙轉運判官陳峴言：昨奉詔徧走平江府、常州、江陰軍，諭民併力開濬利港諸處，並已畢功。始欲官給錢米，歲不下數萬，今皆百姓相率效力而成。詔常熟知縣劉穎特增一秩，餘論賞有差。三年，賜皇子判明州魏王愷詔曰：陂湖川澤之利，或通或塞，存乎其人。四明爲州實治鄞，鄞之鄉東西凡十四，而錢湖之水實溉其東之七。吏惰不虔，葑茭蕪翳，利失其舊，農人病焉。卿臨是邦，乃能講求利便而濬治之，遂使並湖七鄉之田，無異時旱乾之患，其爲澤豈淺哉。剡奏徹聞，不忘嘉歎。

十年，大理寺丞張抑言：陂澤湖塘，水則資之瀦洩，旱則資之灌溉。近者浙西豪宗，每遇旱歲，占湖爲田，築爲長堤，中植榆柳，外捍茭蘆，於是舊爲田者，始隔水之出入。蘇、湖、常、秀昔有水患，今多旱災，蓋出於此。乞責縣令毋給據，尉警捕，監司覺察。有圍裹者，以違制論；給據與失察者，併坐之。既而漕臣錢沖之請每圍立石以識之，共一千四百八十九所，令諸郡遵守焉。

紹熙二年，詔守令到任半年後，具水源湮塞合開修處以聞；任滿日，以興修水利圖進，擇其勞效著明者賞之。慶元二年，户部尚書袁説友等言：浙西圍田相望，皆千百畝，陂塘漊瀆，悉爲田疇，有水則無地可瀦，有旱則無水可戽。不嚴禁之，後將益甚，無復稔歲矣。嘉泰元年，以大理司直留佑賢、宗正寺主簿李澄措置，自淳熙十一年立石之後，凡官民圍裹者盡開之。又令知縣並以點檢圍田事入銜，每歲三四月，同尉點檢有無姦民圍裹狀，上于州，州聞于朝。三年遣官審視，及委臺諫察之。二年二月，佑賢、澄使還，奏追毁臨安、平江、嘉興，湖、常開掘户元給佃據。三月，右正言施康年言：近屬貴戚不體九重愛民之心，止爲一家營私之計，公然投牒以沮成法，乞戒飭；自今有陳狀者，指名奏劾，必罰無赦。

開禧二年，以淮農流移，無田可耕，詔兩浙州縣已開圍田，許元主復圍，專召淮農租種。嘉定三年，臣僚言：竊聞豪民巨室並緣爲姦，加倍圍裹，又影射包占水蕩，有妨農民灌溉。於是復詔浙西提舉司俟農隙開掘。七年，復臨安府西湖舊界，盡蠲歲增租錢。十七年，臣僚言：越之鑑湖，溉田幾半會稽，興化之木蘭陂，民田萬頃，歲飲其澤。今官豪侵占，填淤益狹。宜戒有司每歲省視，厚其瀦蓄，去其壅底，毋容侵占，以妨灌溉。皆次第行之。

寶慶元年，以右諫議大夫朱端常奏，除嘉泰間已開浙西圍田租錢，蓋税額尚存，州縣迫民白納故也。寶祐元年，史館校勘黄國面對：圍田自淳熙十一年識石者當存之，復圍者合權其利害輕重而爲之存毁，其租或歸總所，或隸安邊所，或分隸諸郡。上曰：安邊所田，近已撥歸本所。國又奏：自丁未已來創圍之田，始因殿司獻草蕩，任事者欲因以爲功，凡旱乾處悉圍之，利少害多，宜開掘以通水道。上然之。咸淳十年，以江東水傷，除九年圩田租，減四分。

紹興二十七年，趙子潚奉詔措置鎮江府沙田，欲輕立租課，令見佃者就耕；如勢家占吝，追日前所收租利。詔速拘其田措置，蠲其冒佃之租。二十八年正月，詔户部員外郎莫濛同浙西、江東、淮南漕臣趙子潚、鄧根、孫藎視諸路沙田、蘆場。先是，言者謂江、淮間沙田、蘆場爲人冒占，歲失官課至多，故以命濛等。既而殿中侍御史葉義問言：奉行者不恤百姓，名爲經量，實逼縣官按圖約紐，惟務增數，以希進用。有力之家初無加損，貧民下户已受其害。因小利擾之，必致逃移，坐失税額。因極論之。二月，詔：沙田、蘆場止爲勢家詭名冒占，其三等以下户勿例根括。六月，以孫藎措置沙田滅裂，罷之。詔：浙西江東沙田、蘆場，官户十頃、民户二十頃以上並增租，餘如舊。置提領官田所掌之，不隸户部。二十九年，以莫濛經量沙田、蘆場失實，責監饒州景德鎮税，遂詔盡罷所增租。

三十二年九月，趙子潚言：浙西、江東、淮東沙田，往年經量，有不盡不實處，爲人户包占。期以今冬自陳，給爲己業，與免租税之半；過期許人告，以全户所租田賞之。其蘆場量立輕租。詔以馮方措置。十有一月，方滋疏論沙田。上問：沙田或以爲可取，或以爲可捐。陳康伯等奏：君子小人，各從其類。小人樂於生事，不惜爲國斂怨；君子務存大體，唯恐有傷仁政，所以不同。上然之，命止前詔勿行。

乾道元年，臣僚言：浙西、江東、淮東路沙田蘆場，頃畝浩瀚，宜立租税，補助軍食。詔復令梁俊彦與張津等措置。二年，輔臣奏：俊彦所上沙田，蘆場之税，或十取其一，或取其二，或取其三，皆不分主客。朝廷疑之。六年，以俊彦所括沙田、蘆場二百八十餘萬畝，其間或已充己業，起税不一，及包占未起租者，乞並估賣、立租。詔蔡洸、梁俊彦行在置司措置。八年七月，詔提領官田所催三路沙田、蘆場租錢併歸户部。十月，遣官實江、淮沙田、蘆場頃畝，悉追正之。

建炎元年，籍蔡京、王黼等莊以爲官田，詔見佃者就耕，歲減租二分。三年，凡天下官田，令民依鄉例自陳輸租。紹興元年，以軍興用度不足，詔盡鬻諸路官田。五年，詔諸官田比鄰田租，召人請買，佃人願買者聽，佃及三十年以上者減價十之二。六年，詔諸路總領諭民投買户絶、没官、賊徒田舍及江漲沙田、海退泥田。七年，以賊徒田舍及逃田充官莊；其没官田依舊出賣。二十年，凡没官田、城空田、户絶房廊及田，並撥隸常平司；轉運、提刑、茶鹽司没入田亦如之。

二十一年，以大理寺主簿丁仲京言，凡學田爲勢家侵佃者，命提學官覺察；又命撥僧寺常住絶産以贍學。户部議併撥無敕額庵院田，詔可。初，閩以福建六郡之田分三等：膏腴者給僧寺、道院，中下者給土著、流寓。自劉夔爲福州，始貿易取貲。迨張守帥閩，紹興二年秋。上倚以拊循凋瘵，存上等四十餘刹以待高僧，餘悉令民請買，歲入七八萬緡以助軍衣，餘寬百姓雜科，民皆便之。

二十六年，以諸路賣官田錢七分上供，三分充常平司糴本。初，盡鬻官田，議者恐佃人失業，未賣者失租。侍御史葉義問言：今盡鬻其田，立爲正税，田既歸民，税又歸官，不獨絶欺隱之弊，又可均力役之法。浙東刑獄使者邵大受亦乞承買官田者免物力三年至十年。一千貫以下免三年，一千貫以上五年，五千貫以上十年。於是詔所在常平没官、户絶田，已佃未佃、已添租未添租，並拘賣。二十九年，初，兩浙轉運司官莊田四萬二千餘畝，歲收稻、麥等四萬八千餘斛；營田九十二萬六千餘畝，歲收稻、麥、雜豆等十六萬七千餘斛，充行在馬料及糴錢。四月，詔令出賣。七月，詔諸路提舉常平官督察欺弊，申嚴賞罰。分水令張升佐、宜興令陳迡以賣田稽違，各貶秩罷任。九月，浙東提舉常平都絜以賣田最多，增一秩。三十年，詔承買荒田者免三年租。

乾道二年，户部侍郎曾懷言：江西路營田四千餘頃，已佃一千九百餘頃，租錢五萬五百餘貫，若出賣，可得六萬五千餘貫；及兩浙轉運司所括已佃九十餘萬畝，合而言之，爲數浩瀚。今欲遵元詔，見佃願買者減價二分。詔曾懷等提領出賣，其錢輸左藏南庫别貯之。四年四月，江東路營田亦令見佃者減價承買，期以三月賣絶。八月住賣，諸路未賣營田，轉運司收租。七年，提舉浙西常平李結乞以見管營田撥歸本司，同常平田立官莊。梁克家亦奏：户部賣營田，率爲有力者下價取之，税入甚微，不如置官莊，歲可得五十萬斛。八年，以大理寺主簿薛季宣於黄岡、麻城立官莊二十二所。九年，以司農寺丞葉翥等出賣浙東、西路諸官田，以監登聞檢院張孝賁等出賣江東、西路諸官田，以郎官薛元鼎拘催江、浙、閩、廣賣官田錢四百餘萬緡。淳熙元年，臣僚言：出賣官田，二年之間，三省、户部困於文移，監司、州郡疲於出賣。上下督責，不爲不至，始限一季，繼限一年，已賣者纔十三，已輸者纔十二。蓋買産之家，無非大姓。估價之初，以上色之産，輕立價貫，揭榜之後，率先投狀；若中下之産，無人屬意，所立之價，輕重不均。莫若且令元佃之家著業輸租，歲猶可得數十萬斛。從之。六年，詔諸路轉運、常平司，凡没官田、營田、沙田、沙蕩之類，復括數賣之。紹熙四年，以臣僚言住賣。慶元元年八月，江東轉運提舉司以紹熙四年住賣以後續没官田，依鄉價復召人承買，以其錢充常平糴本。十有一月，余端禮、鄭僑言，福建地狹人稠，無以贍養，生子多不舉。福建提舉宋之瑞乞免鬻建、劍、汀、邵没官田，收其租助民舉子之費，詔從之。四年，詔諸路召賣不行田，覆實減價，其沙礫不可耕處除之。

開禧三年，韓侂胄既誅，金人講解。明年，用廷臣言，置安邊所，凡

佐胄與其他權倖没入之田，及圍田、湖田之在官者皆隸焉。輸米七十二萬二千七百斛有奇，錢一百三十一萬五千緡有奇，藉以給行人金、繒之費。迨與北方絶好，軍需邊用每於此取之。

景定四年，殿中侍御史陳堯道、右正言曹孝慶、監察御史虞虙張晞顔等言廩兵、和糴、造楮之弊，乞依祖宗限田議，自兩浙、江東西官民户踰限之田，抽三分之一買充金田。得一千萬畝之田，則歲有六七百萬斛之入可以餉軍，可以免糴，可以重楮，可以平物而安富，一舉而五利具矣。有旨從其言。朝士有異議者，丞相賈似道奏：救楮之策莫切於住造楮，住造楮莫切於免和糴，免和糴莫切於買踰限田。因歷詆異議者之非，帝曰：當一意行之。浙西安撫魏克愚言：取四路民田立限回買，所以免和糴而益邦儲，議者非不自以爲公且忠也。然未見其利，而適見其害。近給事中徐經孫奏記丞相，言江西買田之弊甚詳，若浙西之弊，則尤有甚於經孫所言者。因歷述其爲害者八事，疏奏不省。

六郡回買公田，畝起租滿石者償二百貫，九斗者償一百八十貫，八斗者償一百六十貫，七斗者償一百四十貫，六斗者償一百二十貫。五千畝以上，以銀半分、官告五分、度牒二分、會子二分半；五千畝以下，以銀半分、官告三分、度牒三分、會子三分半；千畝以下，度牒、會子各半；五百畝至三百畝，全以會子。是歲，田事成，每石官給止四千貫，而半是告、牒，民持之而不得售，六郡騷然。所遣劉良貴、陳旹、趙與旹、廖邦傑、成公策等推賞有差。邦傑之在常州，害民特甚，民至有本無田而以歸併抑買自經者。分置莊官催租，州縣督莊官及時交收運發。

五年，選官充官田所分司，平江、嘉興、安吉各一員，常州、江陰、鎮江共一員，凡公田事悉以委之。是歲七月，彗見于東方。下詔求言，京學生蕭規、葉李等三學六館皆上封章；前祕書監高斯得亦應詔馳驛上封事，力陳買田之失人心、致天變；謝枋得校文江東運司，方山京校文天府，皆指陳得失。未幾，蕭規等真決黥隸，枋得、山京相繼被劾，斯得雖予郡，尋罷之。

咸淳三年，京師糴貴，勒平江、嘉興上户運米入京，鞭笞囚繫，死於非命者十七八。太常寺簿陸達謂：買田本以免和糴，今勒其運米，害甚於前。似道怒，出達知台州，未至，怖死。四年，以差置莊官弊甚，盡罷之。令諸郡公租以三千石爲一莊，聽民於分司承佃，盜易者以盜賣官田論。其租於先減二分上更減一分。德祐元年三月，詔：公田最爲民害，稔怨召禍，十有餘年。自今並給佃主，令率其租户爲兵。而宋祚訖矣。

《宋史》卷一七四《食貨志・方田》 神宗患田賦不均，熙寧五年，重修定方田法，詔司農以《方田均税條約并式》頒之天下。以東西南北各千步，當四十一頃六十六畝一百六十步，爲一方；歲以九月，縣委令、佐分地計量，隨陂原平澤而定其地，因赤淤黑壚而辨其色；方量畢，以地及色參定肥瘠而分五等，以定税則；至明年三月畢，揭以示民，一季無訟，即書户帖，連莊帳付之，以爲地符。

均税之法，縣各以其租額税數爲限，舊嘗收蹙奇零，如米不及十合而收爲升，絹不滿十分而收爲寸之類，今不得用其數均攤增展，致溢舊額，凡越額增數皆禁。若瘠鹵不毛，及衆所食利山林、陂塘、溝路、墳墓，皆不立税。

凡田方之角，立土爲埄，植其野之所宜木以封表之。有方帳，有莊帳，有甲帖，有户帖；其分煙析產、典賣割移，官給契，縣置簿，皆以今所方之田爲正。令既具，乃以濟州鉅野尉王曼爲指教官，先自京東路行之，諸路倣焉。六年，詔土色分五等，疑未盡，下郡縣物其土宜，多爲等以期均當，勿拘以五。七年，京東十七州選官四員，各主其方，分行郡縣，以三年爲任。每方差大甲頭二人、小甲頭三人，同集方户，令各認步畝，方田官驗地色，更勒甲頭、方户同定。諸路及開封府界秋田災傷三分以上縣權罷，餘候農隙。河北西路提舉司乞通一縣災傷不及一分勿罷。

元豐五年，開封府言：方田法，取税之最不均縣先行，即一州而及五縣，歲不過兩縣，今府界十九縣，准此行之，十年乃定。請歲方五縣。從之。其後歲稔農隙乃行，而縣多山林者或行或否。八年，帝知官吏擾民，詔罷之。天下之田已方而見於籍者，至是二百四十八萬四千三百四十有九頃云。

崇寧三年，宰臣蔡京等言：自開阡陌，使民得以田私相貿易，富者恃其有餘，厚立價以規利，貧者迫於不足，薄移税以速售，而天下之賦調不平久矣。神宗講究方田利害，作法而推行之，方爲之帳，而步畝高下丈尺不可隱；户給之帖，而升合尺寸無所遺；以賣買，則民不能容其巧；

以推收，則吏不能措其姦。今文籍具在，可舉而行。詔諸路提舉常平官選官習熟其法，諭州縣官吏各以豐稔日推行，自京西、河北兩路始。四年，指教官每三縣加一員，點檢官每路二員。未幾，詔諸路添置指教官不得過三員，又不專差點檢官，從提舉司於本路見任人内選差。五年，詔罷方田。大觀二年，復詔行之。四年罷，其税賦依未方舊則輸納。十一月，詔：方田官吏非特妄增田税，又兼不食之山方之，俾出芻草之直，民户因時廢業失所。監司其悉改正，毋失其舊。

政和三年，河北西路提舉常平司奏：所在地色極多，不下百數，及至均税，不過十等。第一等雖出十分之税，地土肥沃，尚以爲輕；第十等只均一分，多是瘠鹵，出税雖少，猶以爲重。若不入等，則積多而至一頃，止以柴蒿之直，爲錢自一百而至五百，比次十等，全不受税；既收入等，但可耕之地便有一分之税，其間下色之地與柴蒿之地不相遠，乃一例每畝均税一分，上輕下重。欲乞土色十等如故外，即十等之地再分上、中、下三等，折畝均數。謂如第十等地每十畝合折第一等一畝，即十等之上，受税十一，不改元則；十等之中，數及十五畝，十等之下，數及二十畝，方比上等受一畝之税，庶幾上下輕重皆均。詔諸路概行其法。五年，福建、利路茶户山園，如鹽田例免方量均税。

宣和元年，臣僚言：方量官憚於跋履，並不躬親，行纏拍埄，驗定土色，一付之胥吏。致御史臺受訴，有二百餘畝方爲二十畝者，有二頃九十六畝方爲一十七畝者，虔之瑞金縣是也。有租税十有三錢而增至二貫二百者，有租税二十七錢則增至一貫四百五十者，虔之會昌縣者是也。望詔常平使者檢察。二年，遂詔罷之。民因方量流徙者，守令招誘歸業；荒閑田土，召人請佃。自今諸司毋得起請方田。諸路已方量者，賦税不以有無訴論，悉如舊額輸納；民逃移歸業，已前逋欠税租，並與除放。

《宋史》卷一七四《食貨志·賦税》 自唐建中初變租庸調法作年支兩税，夏輸毋過六月，秋輸毋過十一月，遣使分道按率。其弊也，先期而苛斂，增額而繁征，至于五代極矣。

宋制歲賦，其類有五：曰公田之賦，凡田之在官，賦民耕而收其租者是也。曰民田之賦，百姓各得專之者是也。曰城郭之賦，宅税、地税之類是也。曰丁口之賦，百姓歲輸身丁錢米是也。曰雜變之賦，牛革、蠶鹽之類，隨其所出，變而輸之是也。歲賦之物，其類有四：曰穀，曰帛，曰金、鐵，曰物産是也。穀之品七：一曰粟，二曰稻，三曰麥，四曰黍，五曰穄，六曰菽，七曰雜子。帛之品十：一曰羅，二曰綾，三曰絹，四曰紗，五曰絁，六曰紬，七曰雜折，八曰絲線，九曰綿，十曰布葛。金鐵之品四：一曰金，二曰銀，三曰鐵、鑞，四曰銅、鐵錢。物産之品六：一曰六畜，二曰齒、革、翎毛，三曰茶、鹽，四曰竹木、麻草、芻菜，五曰果、藥、油、紙、薪、炭、漆、蠟，六曰雜物。其輸有常處，而以有餘補不足，則移此輸彼，移近輸遠，謂之支移。其入有常物，而一時所須則變而取之，使其直輕重相當，謂之折變。其輸之遲速，視收成早暮而寬爲之期，所以紓民力。諸州歲奏户帳，具載其丁口，男夫二十爲丁，六十爲老。兩税折科物，非土地所宜而抑配者，禁之。

五代以來，常檢視見墾田以定歲租。吏緣爲姦，税不均適，繇是百姓失業，田多荒蕪。太祖即位，詔許民闢土，州縣毋得檢括，止以見佃爲額。選官分涖京畿倉庾，及詣諸道，受民租調，有增羨者輒得罪，多入民租者或至棄市。

舊諸州收税畢，符屬縣追吏會鈔，縣吏厚斂里胥以賂州之吏，里胥復率於民，民甚苦之。建隆四年，乃下詔禁止。令諸州受租籍不得稱分、毫、合、龠、銖、釐、絲、忽，錢必成文，絹帛成尺，粟成升，絲綿成兩，薪蒿成束，金銀成錢。紬不滿半疋、絹不滿一疋者，許計丈尺輸直，無得三户、五户聚合成疋，送納煩擾。民輸夏税，所在遣縣尉部弓手於要路巡護，後聞擾民，罷之，止令鄉耆、壯丁防援。

諸州税籍，録事參軍按視，判官振舉，形勢户立別籍，通判專掌督之。二税須於三限前半月畢輸。歲起納二税，前期令縣各造税籍，具一縣户數、夏秋税、苗畝、桑功及緣科物爲帳一，送州覆校定，用州印，藏長吏廳，縣籍亦用州印，給付令佐。造夏税籍以正月一日，秋税籍以四月一日，並限四十五日畢。

開封府等七十州夏税，舊以五月十五日起納，七月三十日畢。河北、河東諸州氣候差晚，五月十五日起納，八月五日畢。潁州等一十三州及淮南、江南、兩浙、福建、廣南、荆湖、川峽五月一日起納，七月十五日畢。秋税自九月一日起納，十二月十五日畢，後又並加一月。或值閏月，

其田蠶亦有早晚不同，有司臨時奏裁。繼而以河北、河東諸州秋税多輸邊郡，常限外更加一月。江南、兩浙、荆湖、廣南、福建土多秔稻，須霜降成實，自十月一日始收租。掌納官吏以限外欠數差定其罰，限前畢，減選、升資。民逋租踰限，取保歸辦，毋得禁繫。中國租二十石輸牛革一，準錢千。川蜀尚循舊制，牛驢死，革盡入官。乃詔蠲之；定民租二百石輸牛革一，準錢千五百。

太平興國二年，江西轉運使言：本路蠶桑數少，而金價頗低。今折徵，絹估少而傷民，金估多而傷官。金上等舊估兩十千，今請估八千；絹上等舊估匹一千，今請估一千三百，餘以次增損。從之。

咸平三年，以刑部員外、直史館陳靖爲京畿均田使，聽自擇京朝官，分縣據元額定税，不得增收剩數；逃户別立籍，令本府招誘歸業；桑功更不均檢，民户廣令種植。尋聞居民弗諭朝旨，翦伐桑柘，即詔罷之。六年，廣南西路轉運使馮漣上言：廉、横、賓、白州民雖墾田，未嘗輸送，已命官檢括，令盡出常租。帝曰：遠方之民，宜省徭賦。亟命停罷。知袁州何蒙請以金折本州二税，真宗曰：若是，將盡廢耕農矣。不許。

大中祥符初，連歲豐稔，邊儲有備，河北諸路税賦，並聽於本州軍輸納。二年，頒幕職州縣官招徠户口旌賞條制。舊制，縣吏能招增户口者，縣即升等，乃加其奉；至有析客户爲主户者，雖登于籍，而賦税無所增。四年，詔禁之。雍熙初，嘗詔荆湖等路民輸丁錢，未成丁、已入老幷身有廢疾者，免之。至是，又除兩浙、福建、荆湖、廣南舊輸身丁錢，歲凡四十五萬四百貫。九年，詔諸路支移税賦勿至兩次，仍許以粟、麥、蕎、菽互相折輸。

凡歲賦，穀以石計，錢以緡計，帛以匹計，金銀、絲綿以兩計，藁秸、薪蒸以圍計，他物各以其數計。至道末，總七千八十九萬三千；天禧五年，視至道之數有增有減，總六千四百五十三萬。其折變及移輸比壤者，則視當時所須焉。

宋克平諸國，每以恤民爲先務，累朝相承，凡無名苛細之斂，常加剗革，尺縑斗粟，未聞有所增益。一遇水旱徭役，則蠲除倚格，殆無虚歲，倚格者後或凶歉，亦輒蠲之。而又田制不立，甽畝轉易，丁口隱漏，兼并冒僞，未嘗考按，故賦入之利視前代爲薄。丁謂嘗言：二十而税一者有之，三十而税一者有之。仁宗嗣位，首寬畿縣田賦，詔三等以下户毋遠輸。河中府、同華州請免支移，帝以問輔臣，對曰：西鄙宿兵，非移用民賦則軍食不足。特詔量減支移。

福州王氏時有田千餘頃，謂之官莊，自太平興國中授券予民耕，歲使輸賦。至是，發運使方仲荀言：此公田也，鬻之可得厚利。遣尚書屯田員外郎幸惟慶領其事，凡售錢三十五萬餘緡，詔減緡錢三之一，期三年畢償。監察御史朱諫以爲傷民，不可。既而期盡，未償者猶十二萬八千餘緡，詔悉蠲之。後又詔公田重復取賦者皆罷。天聖時，貝州言：民析居者例加税，謂之罰税，他州無此比。詔除之。自是，州縣有言税之苛細無名者，蠲損甚衆。

自唐以來，民計田輸賦外，增取他物，復折爲賦，謂之雜變，亦謂之沿納。而名品煩細，其類不一。官司歲附帳籍，並緣侵擾，民以爲患。明道中，帝躬耕籍田，因詔三司以類併合。於是悉除諸名品，併爲一物，夏秋歲入，第分粗細二色，百姓便之。

州縣賦入有籍，歲一置，謂之空行簿，以待歲中催科；閏年別置，謂之實行簿，以藏有司。天聖初，或言實行簿無用，而率民錢爲擾，罷之。景祐元年，侍御史韓瀆言：天下賦入之繁，但存催科一簿，一有散亡，則耗登之數無從鉤考。請復置實行簿。詔再閏一造。至慶曆中復故。

時患州縣賦役之煩，詔諸路上其數，俾二府大臣合議蠲減。又詔曰：税籍有僞書逃徙，或因推割，用倖走移，若請占公田而不輸税。如此之類，縣令、佐能究見其弊，以增賦入，量數議賞。既而諫官王素言：天下田賦輕重不等，請均定。而歐陽脩亦言：秘書丞孫琳嘗往洺州肥鄉縣，與大理寺丞郭諮以千步方田法括定民田，願詔二人者任之。三司亦以爲然，且請於亳、壽、蔡、汝四州擇尤不均者均之。於是遣諮蔡州。諮首括一縣，得田二萬六千九百三十餘頃，均其賦於民。既而諮言州縣多逃田，未可盡括，朝廷亦重勞人，遂罷。

陝西、河東用兵，民賦率多支移，因增取地里脚錢，民不能堪。五年，詔陝西特蠲之，且令後勿復取。既而詔河東亦然。又令諸路轉運司：支移、折變，前期半歲書于榜以諭民，有未便者聽自言，主者裁之。皇祐中，詔：廣西賦布，匹爲錢二百。如聞有司擅損其價，重困遠人，宜令

復故。州郡歲常先奏雨足歲豐，後雖災害，不敢上聞，故民賦罕得蠲者，乃下詔申飭之。又損開封諸縣田賦，視舊額十之三，命著于法。

支移、折變，貧弱者尤以爲患。景祐初，嘗詔户在第九等免之，後孤獨户亦皆免。至是，因下赦書，責轉運司裁損，歲終條上。其後赦書數以爲言，又令折科爲平估，毋得害農。久之，復詔曰：如聞諸路比言折科民賦，多以所折復變他物，或增取其直，重困良農。雖屢戒敕，莫能奉宣詔令。自今有此，州長吏即時上聞。然有司規聚斂，罕能承帝意焉。初，湖、廣、閩、浙因舊制歲斂丁身錢米，大中祥符間，詔除丁錢，而米輸如故。至天聖中，始并除婺、秀二州丁錢。後龐籍請罷漳、泉、興化軍丁米，有司持不可。皇祐三年，帝命三司首減郴永州、桂陽監丁米，以最下數一歲爲準，歲減十餘萬石。既而漳、泉、興化亦第損之。嘉祐四年，復命轉運司裁定郴、永、桂陽、衡、道州所輸丁米及錢絹雜物，無業者弛之，有業者減半；後雖進丁，勿復增取。時廣南猶或輸丁錢，亦命轉運司條上。自是所輸無幾矣。

自郭諮均稅之法罷，論者謂朝廷徒恤一時之勞，而失經遠之慮。至皇祐中，天下墾田視景德增四十一萬七千餘頃，而歲入九穀迺減七十一萬八千餘石，蓋田賦不均，其弊如此。後田京知滄州，均無棣田，蔡挺知博州，均聊城、高唐田；歲增賦穀帛之類，無棣總一千一百五十二，聊城、高唐總萬四千八百四十七，而滄州之民不以爲便，詔輸如舊。嘉祐五年，復詔均定，遣官分行諸路，而秘書丞高本在遣中，獨以爲不可均，纔均數郡田而止。

景德中，賦入之數總四千九百一十六萬九千九百，至皇祐中，增四百四十一萬八千六百六十五，治平中，又增一千四百一十七萬九千三百六十四。其以赦令蠲除以便於民，若逃移户絶不追者，景德中總六百八十二萬九千七百，皇祐中三十三萬八千四百五十七，治平中一千二百二十九萬八千七百。每歲以災害蠲除者，又不在是焉。

神宗留意農賦，湖、廣之民舊歲輸丁米，大中祥符以後屢裁損，猶不均，熙寧四年，乃遣屯田員外郎周之純往廣東相度均之。元豐三年，詔：諸路支移折税，並具所行月日，上之中書。初，熙寧八年，詔支移二税於起納前半歲諭民，使民宿辦，無倉卒勞費。時有司往往緩期，故申約之。州縣又或令民輸錢，謂之折斛錢，而糴賤頗用傷農。海南四州軍税籍殘缺，吏多增損，輒移税入他户，代輸者類不能自明。瓊州、昌化軍丁税米，歲移輸朱崖軍，道遠，民以爲苦。至是，用體量安撫朱初平等議，根括四州軍税賦舊額，存其正數，二州丁税米止令輸錢於朱崖自糴以便民。

權發遣三司户部判官李琮根究逃絶税役，江、浙所得逃户凡四十萬一千三百有奇，爲書上之。明年，除琮淮南轉運副使。兩路凡得逃絶，詭名挾佃、簿籍不載幷闕丁凡四十七萬五千九百有奇，正税幷積負凡九十二萬二千二百貫、石、匹、兩有奇。琮蓋用貫石萬數立賞，以誘所委之吏，增加浩大，三路之民，大被其害。而唐州亦增民賦，人情騷然。六年，御史翟思言：始，趙尚寬爲唐守，勸民墾田，高賦繼之，流民自占者衆，凡百畝起税四畝而已。税輕而民樂輸，境内殆無曠土。近聞轉運司闢土百畝增至二十畝，恐其勢再致轉徙。望戒飭使者，量加以寬民。帝每遇水旱，輒輕弛賦租；或因赦宥，又蠲放、倚閣未嘗絶；賦輸遠方不均，皆遣使按之，率以爲常。

哲宗嗣位，宣仁太后同聽政，務行裕民之政，凡民有負，多所寬減。患天下積欠名目煩多，法令不一，王巖叟爲開封，請隨等第立貫百爲催法。兗州鄒令張文仲議其不便，遂令十分爲率，歲隨夏秋料帶納一分，是爲五年十料之法。

陝西轉運使呂大忠令農户支移，斗輸脚錢十八。御史劾之，下提刑司體量，均其輕重之等。以税賦户籍在第一等、第二等者支移三百里，三等、四等者二百里，五等一百里。不願支移而願輸道里脚價者，亦酌度分爲三等，以從其便。河東助軍糧草，支移毋得踰三百里。災傷五分以上者免折變，折變皆循舊法。

紹聖中，嘗詔郡縣貨物用足錢、省陌不等，折變宜用中等。俄以所在時估實值多寡不齊，難概立法，命仍舊焉。言者謂：欲民不流，不若多積穀；欲多積穀，不若推行折納糶糴之法。今常平雖有折納之法，止用中價，故民不樂輸。若依和糴以實價折之，則無損於民。

崇寧二年，諸路歲稔，遂行增價折納之法，支移、折變、科率、配買，皆以熙寧法從事，民以穀菽、物帛輸積負零税者聽之。大觀二年詔：天下租賦科撥支折，當先富後貧，自近及遠。迺者漕臣失職，有不均之

患，民或受害，其定爲令。支移本以便邊餉，内郡罕用焉。間有移用，則任民以所費多寡自擇，故或輸本色於支移之地，或輸脚費於所居之邑。而折變之法，以納月初旬估中價準折，仍視歲之豐歉，以定物之低昂，俾官吏毋得私其輕重。七月，詔曰：比聞慢吏廢期，凡輸官之物，違期促限，蠶者未絲，農者未穫，追胥旁午，民無所措。自今前期督輸者，加一等坐之；致民逃徙者，論更加等。舊凡以赦令蠲賦，雖多不過三分。四年，乃詔：天下逋賦，五年外户口不存者，悉蠲之。

京西舊不支移，崇寧中，將漕者忽令民曰：支移所宜同，今特免；若地里脚費，則宜輸。自是歲以爲常。脚費，斗爲錢五十六，比元豐既當正税之數，而反覆紐折，數倍於昔。民至鬻牛易産猶不能繼，轉運司乃用是以取辦理之譽，言者極論其害。政和元年，遂詔應支移而所輸地里脚錢不及斗者，免之。尋詔五等户税不及斗者，支移皆免。

時天下户口類多不實，雖嘗立法比較鈎考，歲終會其數，按籍隱括脱漏，定賞罰之格，然蔡攸等計德、霸二州户口之數，率三户四口，則户版詭隱，不待校而知。乃詔諸路凡奏户口，令提刑司及提舉常平司參攷保奏。而終莫能拯其弊，故租税亦不得而均焉。

是時，内外之費浸以不給，中官楊戩主後苑作，有言汝州地可爲稻田者，因用其言，置務掌之，號稻田務。復行於府畿，易名公田。南暨襄、唐，西及澠池，北踰大河，民田有溢於初券步畝者，輒使輸公田錢。政和末，又置營繕所，亦爲公田。久之，後苑、營繕所公田皆併於西城所，盡山東、河朔天荒逃田與河堤退灘租税舉入焉，皆内侍主其事。所括爲田三萬四千三百餘頃，民輸公田錢外，正税不復能輸。

重和元年，獻言者曰：物有豐匱，價有低昂，估豐賤之物，俾民輸送，折價既賤，輸官必多，則公私之利也。而州縣之吏，但計一方所乏，不計物之有無，責民所無，其費無量。至於支移，徙豐就歉，理則宜然。豪民賕吏，故徙歉以就豐，賫挾輕貨，以賤價輸官，其利自倍；而貧下户各免支移，估直既高，更益脚費，視富户反重。因之逋負，困於追胥。詔申戒焉。

宣和初，州縣主吏催科失職，逋租數廣，令轉運司察守貳勤惰，聽專達於内侍省。浙西逃田、天荒、草田、葑茭蕩、湖濼退灘等地，皆計籍召佃立租，以供應奉。置局命官，有措置水利農田之名，部使者且自督御前租課。

三年，言者論西蜀折科之弊，其略謂：西蜀初税錢三百折絹一疋，草十圍計錢二十。今本路絹不用本色，疋折草百五十圍，圍估錢百五十，税錢三百輸至二十三千。東蜀如之。仍支移新邊，謂之遠倉，民破産者衆。七年，言者又論：非法折變，既以絹折錢，又以錢折麥。以絹較錢，錢倍於絹；以錢較麥，麥倍於錢。展轉增加，民無所訴。

唐、鄧、襄、汝等州，自治平後，開墾歲增，然未定税額。元豐中，以所墾新田差爲五等輸税，元祐元年罷之。大觀三年，用轉運副使張徽言之請，復元豐舊制，俄又以訴者而罷。政和三年，轉運使王璹復言官失租賦，詔依元豐法，第折以見錢，凡得三十萬緡。欽宗立，詔蠲焉。舊税租加耗，轉運司有拋樁明耗，州縣有暗樁暗耗之名，諸倉場受納，又令民輸頭子錢。熙寧以後，給納並收，其數益增焉，至是悉罷。

高宗建炎元年五月庚寅，詔二税並依舊法，凡百姓欠租、閣賦及應天府夏税，悉蠲之。庚子，詔被虜之家蠲夏秋租税及科配。

紹興元年五月詔：民力久困，州縣因緣爲姦，今頒式諸路，凡因軍期不得已而貸於民者，並許計所用之多寡，度物力之輕重，依式開具，使民通知，毋得過數科率。八月，減大觀税額三分之一。十有一月，言者論：浙西科斂之害，農末殆不聊生。鬻田而償，則無受者；棄之而遁，則質其妻孥。上下相蒙，民無所措手足。利歸貪吏，而怨歸陛下。願重科斂之罪，嚴貪墨之刑。詔漕司究實以聞。二年正月，知紹興府陳汝錫違詔科率，謫漳州。四月，建盜范汝爲平，詔蠲本路今年二税及夏料役錢。既而手詔：訪聞州縣以爲著令不過三分，甚非所以稱朕惠恤之意，可以赦並免。十有一月，婺州縣已蠲税簿，示民以不疑也。五年二月，詔諸路轉運司以增收租數上户部，課賞罰。

六年八月，預借江、浙來年夏税紬絹之半，盡令折米：兩浙紬絹各折七千，江南六千有半，每疋折米二石。九月，右司諫王縉言：諸寺院之多産者，類請求貴臣改爲墳院，冀免科敷，則所科歸之下户。詔户部申嚴禁之。十有二月，詔淮西殘破州縣更免租税二年。是月戊申，詔曰：朕惟養兵之費，皆取於民，吾民甚苦，而吏莫之恤，夤緣軍須，掊斂無

藝，朕甚悼之。監司郡守，朕所委寄以惠養元者也，今漫不加省，復何賴焉！其各勤乃職，察吏之侵漁納賄者，按劾以聞。苟庇覆弗治，朕不汝貸。是歲，兩浙轉運李迨取婺秀湖州、平江府歲計寬剩錢二十二萬八千緡有奇，依折帛錢限起發。自是以爲例。

七年三月，詔：駐蹕及所過州縣欠紹興五年以前稅賦，並蠲之。七月，詔：新復州軍請佃官田，輸租外免輸正稅。己田謂之稅，佃田謂之租，舊不併納，劉豫嘗並取之，至是，乃從舊法。九年，蠲新復州軍稅租及土貢、大禮銀絹三年，差徭五年。初，劉豫之僭，凡民間蔬圃皆令三季輸稅。宣諭官方庭實言其不便，起居舍人程克俊言：河南父老苦豫煩苛久矣，賦斂及於絮縷，割剥至於果蔬。於是詔新復州縣，取劉豫重斂之法焚之通衢。

十三年，淮東宣撫使韓世忠請以賜田及私產自昔未輸之稅併歸之官，詔獎諭而可之。初，神武右軍都統制張俊乞蠲所置產凡和買科敷，詔特從之。後，三省言：國家兵革未息，用度至廣，陛下哀憫元元，俾士大夫及勳戚之家與編户等敷，蓋欲寬民力，均有無。今俊獨得免，則當均在餘户，是使民爲俊代輸也。方今大將不止俊一人，使各援例求免，何以拒之？望收還前詔。詔從之。越數年間，俊復乞免歲輸和買絹，三省擬歲賜俊絹五千疋，庶免起例。上以示俊，因諭之曰：朕固不惜，但恐公議不可。俊惶悚，力辭賜絹。

十五年，户部議：准法，輸官物用四鈔，曰户鈔，付民執憑；曰縣鈔，關縣司銷簿；曰監鈔，納官掌之；曰住鈔，倉庫藏之。所以防僞冒、備毁失也。毁失縣鈔者，以監、住鈔銷鑿；若輒取户鈔，或追驗於人户者，科杖。

二十三年，知池州黄子游言：青陽縣苗稅七八倍於諸縣，因南唐嘗以縣爲宋齊丘食邑，畝輸三斗，後遂爲額。詔減苗稅二分有半，租米二分。是時，兩浙州縣合輸綿、紬、稅絹、茶絹、雜錢、米六色，皆以市價折錢，却别科米麥，有畝輸四五斗者。京西括田，租加於舊。湖南有土户錢、折絁錢、醋息錢、麴引錢，名色不一。荆南户口十萬，寇亂以來，幾無人跡。議者希朝廷意，謂流民已復，可使歲輸十二，頻歲復增，積逋至二十餘萬緡。曹泳爲户部侍郎，責償甚急。蓋自檜再相，密諭諸路暗增民稅七八，故民力重困，餓死者衆，皆檜之爲也。

二十六年，先是，右承議郎魯沖上書論郡邑之弊：以臣前任宜興一縣言之，漕計合收窠名，有丁鹽、坊場課利錢，租地錢，租絲租紵錢，歲入不過一萬五千餘緡。其發納之數，有大軍錢、上供錢、糴本錢、造船錢、軍器物料錢、天申節銀絹錢之類，歲支不啻三萬四千餘緡。又有見任寄居官請奉、過往官兵批券、與非泛州郡督索拖欠，略無虚日。今之爲令者，苟以寬恤爲意，而拙於催科，旋踵以不職罷；能迎合上司，慘刻聚斂，則以稱職聞。是使爲令者惴惴惟財賦是念，朝不謀夕，亦何暇爲陛下奉行寬恤詔書、承流宣化者哉？吏部侍郎許興古議：今銓曹有知縣、令二百餘闕，無願就者，正緣財賦督迫被罪，所以畏避如此。若罷獻羡餘，蠲民積欠，謹擇守臣，戒飭監司，則吏稱民安矣。乃詔行之。

二十九年，上聞江西盜賊，謂輔臣曰：輕徭薄賦，所以息盜。歲之水旱，所不能免，儻不寬恤而惟務科督，豈使民不爲盜之意哉？於是詔諸路州縣，紹興二十七年以前積欠官錢三百九十七萬餘緡及四等以下户官欠，悉除之。九月，詔：兩浙、江東西水，浙東、江東西螟，其租稅盡蠲之。自是水旱、經兵，時有蠲減，不盡書也。

三十二年六月戊寅，孝宗受禪赦：凡官司債負房賃、租賦、和買、役錢及坊場、河渡等錢，自紹興三十年以前並除之。諸路或假貢奉爲名，漁奪民利，使所在居民以土物爲苦，太上皇帝已嘗降詔禁約。自今州軍條上土貢之物，當議參酌天地、祖宗陵寢薦獻及德壽宫甘旨之奉，止許長吏修貢，其餘並罷。州縣因緣多取，以違制坐之。七月：諸縣受民已輸稅租等鈔，不即銷簿者，當職官吏並科罪；民齎户鈔不爲使，而抑令重輸者，以違制論，不以赦免，著爲令。八月，詔：州縣受納秋苗，官吏多收加耗，肆爲姦欺。方時艱虞，用度未足，欲減常賦而未能，豈忍使貪贓之徒重爲民蠹？自今違犯官吏，並置重典，仍没其家。此孝宗初詔也。

先是，常州宜興縣無稅產百姓，丁輸鹽錢二百文。下户有墓地者，謂之墓户，經界之時均紐正稅，又令帶輸丁鹽絹作折帛錢。至隆興元年，始用知縣姜詔言，令與晋陵、武進、無錫三縣一例隨產均輸。二年四月，知贛州趙公稱以寬剩錢十萬緡爲民代輸夏稅，是後守臣時有代輸者。五月，詔：温、台、處、徽不通水路，其二稅物帛，許依折法以銀折輸，數外安有科折，計贓定罪。

乾道元年，蠲興化軍猶剩米之半。以知軍張允蹈言自建炎三年，本軍秋稅，

歲餘軍儲外，猶剩米二萬四千四百餘石，供給福州，謂之猶剩米。四十年間，水旱相仍，不復減損，故有是命。至八年，乃并其半蠲之。三年六月，減臨安府新城縣進際税賦之半。以知縣耿秉言，曩錢氏以進際爲名，虚額太重故也。十有一月，蠲臨安府屬縣欠乾道元年二税、坊場課利、折帛、免丁等錢。七年，敕令所修《輸苗乞取法》，受納官比犯人減一等，州縣長官不覺察與同罪。八年，蠲紹興府增起苗米四萬九千暨上三等及形勢户逋賦，雖遇赦不除。

淳熙三年，臣僚言：湖北百姓廣占官田，量輸常賦，似爲過優，比議者欲從實起税而開陳首之門。殊不思朝廷往年經界，獨兩淮、京西、湖北依舊。蓋以四路被邊，土廣人稀，誘之使耕，猶懼不至，若履畝而税，孰肯遠徙力耕，以供公上之賦哉？今湖北惟鼎、澧地接湖南，墾田稍多，自荆南、安、復、岳、鄂、漢、沔汙萊彌望，户口稀少，且皆江南狹鄉百姓，扶老攜幼，遠來請佃，以田畝寬而税賦輕也。若從議者之言，恐於公家無一毫之益，而良民有無窮之擾矣。如臣所見，且當誘以開耕，不宜恐以增税。使田疇盡闢，歲收滋廣，一遇豐稔，平糴以實邊，則所省漕運亦博。望且依紹興十六年詔旨，以十分爲率，年增輸一分，不願開墾者，即許退田别佃。期限稍寬，取之有漸，遠民安業，一路幸甚。詔户部議之。

四年，臣僚言：屢赦蠲積欠，以蘇疲民，州縣不能仰承德意，至變易名色以取之。宜下漕司，如合除者毋更取之於州，州毋取之於縣，縣銷民欠籍，書其名數，諭民通知。詔可。五年八月，詔曰：比年以來，五穀屢登，蠶絲盈箱，嘉與海内共享阜康之樂，尚念耕夫蠶婦終歲勤動，價賤不足以償其勞。郡邑兩税，除折帛、折變自有常制，當輸正色者，毋以重價强之折錢。若有故違，重置于法。臨安府刻石，徧賜諸路。六年，以諫議大夫謝廓然言：州縣違法科斂，侵漁日甚，其咎雖在縣令，而督迫實由郡守。縣令按劾，而郡守自如。詔：自今凡有過需横取，監司悉行按劾，無詳於小而略於大。

七年夏，大旱。知南康軍朱熹應詔上封事言：今民間二税之入，朝廷盡取以供軍，州縣無復贏餘，於是别立名色巧取。今民貧賦重，惟有覈兵籍，廣屯田，練民兵，可以漸省列屯坐食之兵，稍損州郡供軍之數。使州縣之力寖紓，然後禁其苛斂，責其寬恤，庶幾窮困之民得保生業，無流移漂蕩之患。八年，詔監司、太守察所部催科不擾者薦之，煩擾害民者劾之。十一年，户部奏：諸路州軍檢放旱傷米數近六十萬石。上諭王淮曰：若盡令覈實，恐他年郡縣懷疑，不復檢放。惟寧國數最多，可令漕司覈實而蠲之。

紹熙元年，臣僚言：古者賦租出於民之所有，不强其所無。今之爲絹者，一倍折而爲錢，再倍折而爲銀。銀愈貴，錢愈艱得，穀愈不可售，使民賤糶而貴折，則大熟之歲反爲民害。願詔州郡：凡多取而多折者，重置于罰；民有糶不售者，令常平就糴，異時歲歉，平價以糶。庶於民無傷，於國有補。詔從之。

祕書監楊萬里奏：民輸粟於官謂之苗，舊以一斛輸一斛，今以二斛輸一斛矣。輸帛於官謂之税，舊以正絹爲税絹，今正絹外有和買矣。舊和買官給其直，或以錢，或以鹽，今皆無之，又以絹估直而倍折其錢矣。舊税畝一錢輸免役一錢，今歲增其額，不知所止矣。既一倍其粟，數倍其帛，又數倍其錢，而又有月椿錢、版帳錢，不知幾倍於祖宗之舊，又幾倍於漢、唐之制乎。此猶東南之賦可知也，至於蜀賦之額外無名者，不可得而知也。陛下欲薄賦斂，當節用度。用節而後財可積，財積而後國可足，國足而後賦可減，賦減而後民可富，民富而後邦可寧。不然，日復日，歲復歲，臣未知其所終也。時金主璟新立，萬里迓使客于淮，聞其蠲民間房園地基錢，罷鄉村官酒坊，減鹽價，除田租，使虚譽達於吾境，故因轉對而有是言也。

二年，詔曰：朕惟爲政之道，莫先於養民。故自即位以來，蠲除甚賦，頒宣寬條，嘉與四方臻於安富。郡守、縣令，最近民者也。誠能拊循惠愛，以承休德，庶幾政平訟理之效。今采之人言，乃聞科斂先期，競務辦集，而民之虚實不問；追呼相繼，敢爲椎剥，而民之安否不恤。財計之外，治理蔑聞，甚不稱朕委屬之意。國用有常，固在經理，而非掊克督趣以爲能也。知本末先後之誼，此朕所貴於守令者。繼自今以軫恤爲心，以牧養爲務，俾民安業，時予汝嘉。

慶元二年，詔浙江東、西夏税、和買紬絹並依紹興十六年詔旨折納。紹興十六年詔旨：絹三分折錢，七分本色；紬八分折錢，二分本色。

嘉熙二年臣僚言：陛下自登大寶以來，蠲賦之詔無歲無之，而百姓未霑實惠。蓋民輸率先期歸於吏胥、攬户，及遇詔下，則所放者吏胥之

物，所倚閣者攬户之錢，是以寬恤之詔雖頒，愁歎之聲如故。嘗觀漢史恤民之詔，多減明年田租。今宜倣漢故事，如遇朝廷行大惠，則以今年下詔，明年減租，示民先知減數，則吏難爲欺，民拜實賜矣。從之。

淳祐八年，監察御史兼崇政殿説書陳求魯奏：本朝仁政有餘，而王制未備。今之兩税，本大曆之弊法也。常賦之入尚爲病，況預借乎？預借一歲未已也，至于再，至于三；預借三歲未已也，至于四，至于五。竊聞今之州縣，有借淳祐十四年者矣。以百畝之家計之，罄其永業，豈足支數年之借乎？操縱出於權宜，官吏得以簸弄，上下爲姦，公私俱困。臣愚謂今日救弊之策，其大端有四焉：宜採夏侯太初併省州郡之議，俾縣令得以直達於朝廷；用宋元嘉六年爲斷之法，俾縣令得以究心於撫字；法藝祖出朝紳爲令之典，以重其權；遵光武擢卓茂爲三公之意，以激其氣。然後爲之正其經界，明其版籍，約其妄費，裁其横斂，則預借可革，民瘼有瘳矣。

咸淳十年，侍御史陳堅、殿中侍御史陳過等奏：今東南之民力竭矣，西北之邊患棘矣，諸葛亮所謂危急存亡之時也。而邸第戚畹、御前寺觀，田連阡陌，亡慮數千萬計，皆巧立名色，盡蠲二税。州縣乏興，鞭撻黎庶，鬻妻賣子，而鐘鳴鼎食之家，蒼頭廬兒，漿酒藿肉；琳宫梵宇之流，安居暇食，優游死生。安平無事之時尤且不可，而況艱難多事之際乎？今欲寬邊患，當紓民力；欲紓民力，當紓州縣，則邸第、寺觀之常賦，不可姑息而不加釐正也。望與二三大臣亟議行之。詔可。

建炎二年，初復鈔旁定帖錢，命諸路提刑司掌之。紹興二年，詔僞造券旁者並依軍法。五年三月，詔諸州勘合錢貫收十文足。勘合錢，即所謂鈔旁定帖錢也。初令諸州通判印賣田宅契紙，自今民間争田，執白契者勿用。十有一月，以調度不足，詔諸路州縣出賣户帖，令民具田宅之數而輸其直。既而以苛擾稽緩，乃立價：凡坊郭鄉村出等户皆三十千，鄉村五等、坊郭九等户皆一千，凡六等，惟閩、廣下户差減；期三月足輸送行在，旱傷及四分以上者聽旨。

三十一年，先是，諸州人户典賣田宅契税錢所收窠名，七分隸經、總制，三分屬係省。至是，總領四川財賦王之望言，請從本所措置拘收，以供軍用，詔從之。凡嫁資、遺囑及民間葬地，皆令投契納税，一歲中得錢四百六十七萬餘引，而極邊所捐八郡及瀘、夔等未輸者十九郡不與焉。乾道五年，户部尚書曾懷言：四川立限拘錢數百萬緡，婺州亦得錢三十餘萬緡，他路恬不加意。詔：百姓白契，期三月自陳，再期百日輸税，通判拘入總制帳。輸送及十一萬緡者，知、通推賞；違期不首，及輸錢違期者，許人告，論如律。淳熙六年，敕令所進《重修淳熙法》，有收舟、驢、駝、馬契書之税，帝命删之，曰：恐後世有筭及舟車之言。

建炎三年，張浚節制川、陝，承制以同主管川、秦茶馬趙開爲隨軍轉運使，總領四川財賦。自蜀有西師，益、利諸司已用便宜截三路上供錢。川峽布絹之給陜西、河東、京西者。四年秋，遂盡起元豐以來諸路常平司坊場錢，元豐以來封樁者。次科激賞絹，是年初科三十三萬疋，俟邊事寧即罷。紹興十六年，減利、夔三萬疋，惟東、西川三十萬疋至今不減。次奇零絹估錢，即上三路綱也，歲三十萬疋。西川疋理十一引，東川十引。自紹興二十五年至慶元初，兩川並減至六引。次布估錢，成都崇慶府、彭漢邛州、永康六郡，自天聖間，官以三百錢市布一疋，民甚便之，後不復予錢。至是，宣撫司又令民疋輸估錢三引，歲七十餘萬疋，爲錢二百餘萬引。慶元初，累減至一百三十餘萬引。次常平司積年本息，此熙、豐以來所謂青苗錢者。建炎元年，遣駕部員外郎喻汝礪括得八百餘萬緡，至是，取以贍軍矣。次對糴米，謂如户當輸税百石，則又科糴百石，故謂之對糴。及他名色錢。如酒、鹽等。大抵於先朝常賦外，歲增錢二千六十八萬緡，而茶不預焉。自是軍儲稍充，而蜀民始困矣。

紹興五年，浚召拜尚書右僕射，以席益爲四川安撫制置大使，趙開爲四川都轉運使。益頗侵用軍期錢，開愬于朝，又數增錢引，而軍計猶不給。六年，以龍圖閣直學士李迨代開爲都轉運使。都官員外郎馮康國言：四川地狹民貧，祖宗時，正税重者折科稍輕，正税輕者折科稍重，二者平準，所以無偏重偏輕之患。百有餘年，民甚安之。近年，漕、總二司輒更舊法，反覆紐折，取數務多，致民棄業逃移。望並罷之，一遵舊制。紹如所請，令憲臣察其不如法者。

七年三月，迨以贍軍錢粮令四路漕臣分認，而榷茶錢不用，蜀人不以爲是。九月，浚罷，趙鼎爲尚書左僕射。十有一月，以直祕閣張深主管四川茶馬，迨請祠。八年二月，命深及宣撫司參議官陳遠猷並兼四川轉運副使。席益以憂去，樞密直學士胡世將代之。十月，鼎罷，秦檜獨相。九

年，和議成。簽書樞密院事樓炤宣諭陝西還，以金四千兩、銀二十萬兩輸激賞庫，皆取諸蜀者。會吴玠卒，以世將爲宣撫副使，以吏部尚書張燾知成都府兼本路安撫使。上諭輔臣曰：燾可付以便宜。如四川前日横斂，宜令減以紓民。成都帥行民事，自燾始。世將奏以宣撫司參議官井度兼四川轉運副使。

十一年正月，趙開卒。自金人犯陝、蜀，開職饋餉者十年，軍用無乏，一時賴之。其後計臣屢易，於開經畫無敢變更。然茶、鹽、榷酤、奇零絹布之征，自是爲蜀之常賦，雖屢經蠲減而害不去，議者不能無咎開之作俑焉。

十月，以鄭剛中爲川、陝宣諭使。十二年，世將卒，改宣撫使。十三年，剛中獻黄金萬兩。十五年正月，剛中奏減成都路對糴米三之一。四月，省四川都轉運使，以其事歸宣撫司。剛中尋以事忤秦檜，於是置四川總領所錢糧官，以太府少卿趙不棄爲之。又改命不棄總領四川宣撫司錢糧。十六年，剛中奏減兩川米脚錢三十二萬緡，激賞絹二萬疋，免創增酒錢三萬四千緡。以四川總制錢五十萬緡充邊費。十七年，以户部員外郎符行中總領四川宣撫司錢糧，召剛中赴行在，不棄權工部侍郎，知成都府李璆權四川宣撫司事。

先是，剛中奏：本司舊貯備邊歲入錢引五百八十一萬五千道，如撥供歲計，即可對減增添，寬省民力。詔李璆、符行中參酌減放。於是減四川科敷虚額錢歲二百八十五萬緡，兩川布估錢三十六萬五千緡，夔路鹽錢七萬六千緡，坊場、河渡净利抽貫税錢四萬六千餘緡，又減兩川米脚錢四十二萬緡。時宣撫司降賜庫貯米一百萬石，乃命行中酌度對糴分數均減。

十八年，罷四川宣撫司，以璆爲四川安撫制置使兼知成都府，太府少卿汪召嗣總領四川財賦軍馬錢粮。宣撫司降賜庫錢，除制置司取撥二十萬緡，餘令總領所貯之。二十二年，總領所奏蠲諸路欠紹興十七年以前折估糴本等錢一百二十九萬餘緡，米九萬八千七百餘石，綾、絹一萬四千餘疋。先是，自講和後，歲減錢四百六十二萬緡有奇，朝廷猶以爲重。二十四年，遣户部員外郎鍾世明同四川制、總兩司措置裕民。二十五年，以符行中等言，減兩川絹估錢二十八萬緡，潼川府秋税脚錢四萬緡，利路科斛脚錢十二萬緡，兩川米脚錢四十萬緡，鹽酒重額錢七十四萬緡，激賞絹九千餘疋，合一百六十餘萬緡；蠲州縣紹興十九年至二十三年折估糴本等逋欠二百九十二萬緡。

是時，朝廷雖蠲民舊逋，而符行中督責猶峻，蜀人怨之。於是以蕭振爲四川安撫制置使兼知成都府，行中提舉江州太平興國宫。二十六年，上以蜀民久困供億，詔制置蕭振、總領湯允恭、主管茶馬李潤、成都轉運判官許尹、潼川轉運判官王之望措置寬恤，於是之望奏減四川上供之半。二十七年，用蕭振等言，減三川對糴米十六萬九千餘石，夔路激賞絹五萬疋，兩川絹估錢二十八萬緡有奇，潼川、成都奇零折帛疋一千；又減韓球所增茶額四百六十二萬餘斤，茶司引息虚額錢歲九十五萬餘緡。

初，利州舊宣撫司有積緡二百萬，守者密獻之朝，下制置司取撥。振曰：此所以備水旱軍旅也，一旦有急，又將取諸民乎？請留其半。是歲振卒，李文會代之。二十八年，文會卒，中書舍人王剛中代之。二十九年，蠲四川折估糴本積欠錢三百四十萬緡。

乾道二年，蠲奇欠白契税錢三十七萬餘緡。三年，蠲川、秦茶馬兩司紹興十九年至三十二年州縣侵用及民積欠六十六萬四千九百餘緡。四年，又詔：四川諸州欠紹興三十一年至隆興二年贍軍諸窠名錢物，暨退剥虧分之數，及漏底折欠等錢，並蠲之。蠲成都人户理運對糴米脚錢三十五萬緡。淳熙十六年詔：四川歲發湖、廣總領所綱運百三十五萬六千餘貫，自明年始，與免三年。當議對減鹽酒之額，制置、總領同諸路轉運、提刑司條上。其湖、廣歲計，朝廷當自給之。

紹熙三年，蠲潼川府去年被水州縣租税，資普榮叙州、富順監凡夏輸亦如之。尋又詔：本路旱傷州縣租税，官爲代輸及民已輸者，悉理今年之數。四年，蠲紹熙三年成都、潼川兩路奇零絹估錢引四十七萬一千四百五十餘道，潼川府激賞絹一十六萬六千九百七十五疋。又詔：四川州縣鹽、酒課額，自明年更放三年。

嘉定七年，再蠲四川州縣鹽、酒課額三年，其合輸湖、廣總領所綱運亦免三年。十一年，蠲天水軍今年租役差科，西和州蠲十之七，成州蠲十之六，將利、河池兩縣各蠲十之五，以經兵也。

（明）陳邦瞻《宋史紀事本末》卷三七《王安石變法》〔熙寧五年〕八月甲辰，頒方田均税法。帝患田賦不均，詔司農重定方田及均税

法，頒之天下。方田之法，以東西南北各千步當四十一頃六十六畝一百六十步爲一方。歲以九月，縣委令佐分地計量，隨陂、原、平、澤而定其地，因赤淤、黑壚而辨其色。方量畢，以地及色參定肥瘠，而分五等以定其税則。至明年三月畢，揭以示民；一季無訟，即書户帖，連莊帳付之，以爲地符。均税之法，縣各以其租額税數爲限，舊嘗收蹙奇零，如米不及十合而收爲升，絹不滿十分而收爲寸之類，今不得用其數均攤增展，致溢舊額。凡越額增數，皆禁。若瘠鹵、不毛及衆所食、利山林、陂塘、溝路、墳墓，皆不立税。凡田方之角，立土爲峰，植其野之所宜木以封表之。有方帳有莊帳，有甲帳，有户帖，其分烟析產，典賣割移，官給契，縣置簿，皆以今所方之田爲正。令既具，乃以鉅野縣尉王曼爲指教官，先自東路行之，諸路倣焉。

《**通制條格**》**卷一四**《**倉庫・揭借閉納**》　大德元年九月，中書省御史臺呈：平江等路官吏於不欠糧人户處逼勒揭借閉納逃亡事故米糧。擬合遍行合屬，今後民間差税須令合該人户依期送納。果有逃亡事故，依例申覆上司除豁。都省准呈：遍行禁治，今後毋得於不欠糧百姓處逼勒揭閉。

《**通制條格**》**卷一六**《**田令・江南私租**》　大德八年正月，欽奉詔書內一款：江南佃户承種諸人田土，私租太重，以致小民窮困。自大德八年，以拾分爲率，普減貳分，永爲定例。比及收成，佃户不給，各主接濟，無致失所。借過貸科，豐年逐旋歸還，田主毋以巧計多取租數。違者治罪。

《**通制條格**》**卷一七**《**賦役・地税**》　至元十一年五月，中書省樞密院呈：軍户已供到官肆頃之上地土，合無納税。户部議得，軍户限地肆頃之上，若有置到熟地，合行收税。都省准呈。

至元二十年十一月十二日，中書省奏：去年大都路，不揀誰的田地都抄寫了來，今年依那田地數目裏科税來。如今那着的人每道，俺是怯薛歹有，更勾當裏差出去了也，麼道，推事故說的多有。若依他每的事故裏不教納呵，別箇的攀例去也。奏呵，奉聖旨：不是咱的言語，是哈罕皇帝見有的聖旨有。不是咱定奪下的勾當，但阿誰種田呵，納税者。欽此。

《**通制條格**》**卷一七**《**賦役・學田地税**》　至元二十五年八月初九日，江西行省咨：江州路府學、景星、濂溪叁學歲收子粒，除納税糧外，所存不足養士，惟恐荒業。照得近欽奉聖旨節該：江南立學校呵，怎生？屬學校的田地屬官也。如今師傅每根底、學文書的孩兒每根底種養者，喫的田地與他每呵，怎生？麼道有奏呵，那般者。麼道聖旨了也。欽此，擬合欽依蠲免。都省准擬。

《**通制條格**》**卷一七**《**賦役・弓手税糧**》　大德七年八月，中書省御史臺呈：弓手税糧例應人户包納。爲緣文案不明，各路止是一概帶徵，人户不知實免糧數，司縣主首人等高下其手，民甚苦之。合令各路通照出本路額設弓手幾名，每户應免糧若干，壹路通免糧若干，本路所管各縣户計合徵糧若干，總包若干，卷內開出花户姓名，糧數多少，通行均包。每正糧若干，合包若干，驗實均包，某户合包若干，明立案驗。當該首領官吏子細照勘。均平無差，行下各縣，出給催糧由帖，付納糧人户依數供輸。每年明榜市曹，咸使通知。廉訪司照刷文卷時分，點壹貳户將由帖比對，但有爭差，將各路首領官吏嚴行治罪，庶革多徵之弊。都省准呈。

《**元典章**》**卷二四**《**户部・租税・納税・徵納税糧**》　至元二十八年八月內，准中書省咨：

科税條畫內一款：隨路合收米粟。至元三年十一月內欽奉聖旨節該：今後各處正官部税，須要送納乾圓絶谷白米、新粟。欽此。又欽奉聖旨節該：但是倉裏支的米內，帶糠支有，已後休與糠米，與潔净好米者。欽此。又於至元十六年欽奉聖旨：今後迤北去的糧，都教篩揚得乾净呵，運將去。收呵，也要乾净的（着）〔者〕。欽此。於至元二十八年三月二十五日，奏過事內一件：合起運的糧，倉裏糠土相和着有。麼道，説有。如今搶揚了起運呵，怎生？若搶揚呵，折了也者，奏知者。麼道，説將來有。麼道，奏呵，這的索甚麼説，量這些个，完澤主杖呵，不中那甚麼？那般者。搶揚了呵，起將來者。麼道，聖旨了也。欽此。都省議得：隨處糧斛，皆係人户元納乾圓潔净好糧。攢運其間，各處倉官、斗脚、船户、押綱人等，多有作弊侵盗食用，因而插和糠粃，或用水拌，抵數欺官，以致不耐久積，發變損壞。兼海道運糧萬户府并漕運官員，有失關防鈐束所致。咨請行下合屬，欽依累降聖旨事意，據各處倉分收受糧斛，須要乾圓潔净之物。如遇起運，即令各倉用印封裹，內一裹本倉收

貯，一裹呈解本省，咨發前來，二裹分付運糧萬户府押糧官，賫赴直沽等處收糧倉分存留，一（顆）〔裹〕備照開拆，對樣交收。若有濕潤或帶糠土不净糧數，定是根埃究治施行。

一、納糧人户許令自行寫鈔。禁治諸人並不得結攬寫鈔，取受分文錢物。如違治罪。

一、如遇人户赴倉送納糧米，須用官降斛斗，兩平收受一色無糠粃乾圓潔净好米新穀。但有糠粃不堪受持，定勒倉官人等陪償。除正耗外，毋得多餘苔帶斛面，仍出榜禁治諸人不得結攬輕賫。如糧送納到倉，當日即便出給朱鈔，毋得取受分文加耗鈔物，及不得刁蹬留難納户。如有違犯之人，捉拿到官，追陪所攬糧斛，依條斷罪。

一，各處應干收貯糧斛倉敖什物，預爲修理，須要堅牢，如法鋪襯，不致上漏下濕，損壞官糧，委各路達魯花赤、長官一員，專一提調，鼇勒倉官人等挑倒曝凉，毋致損壞。如違，議罪均陪。

《元典章》卷二四《户部·租税·納税·税糧違限官員科罪》 至元三十年四月，行御史臺：

近據江南浙西道廉訪司申，各路違限税糧，初限笞四十，再犯杖八十。是否斷決路官，唯復止決縣官，或路、縣官合無一體？又不知十二月末限滿足者是否三限，如何加罪。爲此，移准御史臺呈奉中書省劄付：送户部照擬回呈：照得科税條畫内一款：欽奉聖旨節該：税糧初限十月終，中限十一月終，末限十二月終。違限者，初限笞四十，再犯杖八十。但結攬税石，及自願令結攬與官司，許諸人首告得實，并斷按荅奚罪戾，令結攬官司依元科税石罰倍，赴所指倉分送納。若本處不差正官，權官部税，將來若有失陷，或税石不足，各處達魯花赤、管民官、部糧官，不分首從，一同斷罪。欽此。照得上年税石違限不行納足去處，定將各路府州司縣正官、首領官、人吏依條斷罪，宣慰司首領官、人吏違慢，亦行斷罪。任滿官但有拖欠税石，無得給由。如有看循故行給由者，定勒陪納拖欠税石，更行斷罪。奉此。都省合下，仰依上施行。

《元典章》卷二四《户部·租税·納税·起徵夏税》 大德元年三月，行省：

准中書省咨該，元貞二年九月十八日奏過事内一件節該：江南百姓每的差税，亡宋時，秋夏税兩遍納有。夏税，木綿、布、絹、絲綿等各處城子裏出産的物，折做差發，斟酌教送納有來，秋税止納糧。如今江浙省所管江東、浙西這兩處城子裏，依着亡宋例納有。除那的外，别個城子裏依例納秋税，不曾納夏税。江南的多一半城子裏百姓每，比亡宋時分納的，如今納秋税重有。謂如今收糧的斛，比亡宋文思院收糧的斛抵一个半大有。若再科夏税呵，莫不百姓根底重復麼？兩廣這幾年被草賊作耗，百姓失散了有。那百姓每根底要呵，不宜也者。浙東、福建、湖廣百姓每夏税，依亡宋體例交納呵，怎生。奏呵，奉聖旨：那般者。欽此。都省咨請委官，追尋亡宋舊有科徵夏税板籍誌書一切文憑，除文思院斛抵數准納省斛，及已科夏税外，但有未科去處，自元貞三年爲始，照依舊例比數定奪科徵，務要均平。仍將本省合科夏税去處各各則例，同已未科徵備細數目，通行造册開咨。准此。

《元典章》卷二四《户部·租税·納税·官租秋糧折收輕賫》 大德元年六月三十日，江西行省准中書省咨：

照得元貞二年七月初二日奏奉聖旨節該，江浙、湖廣、江西三省所轄的百姓每合納的糧，驗着軍人每的合請的口糧，更别項支持的，斟酌交納。除外，交百姓納輕賫鈔者。欽此。咨請照驗，欽依施行。

《元典章》卷二四《户部·租税·納税·禁勒借錢閉納》 大德元年九月，御史臺：

體知得平江等路官吏，於不欠糧人户處逼勒揭借閉納米糧，侵損百姓，深爲未便。擬合遍行合屬，今後民間差税須合該人户依期送納，果有逃亡事故，依例申覆上司除豁。呈奉中書省劄付該：遍行禁治。今後毋得於無欠糧百姓處逼勒揭閉。

《元典章》卷二四《户部·租税·納税·開除田糧須體覆》 大德二年八月，行臺准御史臺咨：

建德路僧吴指南常住田土，擬合於官租項下開除。切詳地土公事，不係桑田旱澇事理，合從有司體覆。若有不實，依准都省元行，令廉訪司體覆相應。爲此，呈奉中書省劄付，都省議得：今後隨處開除田糧户口差税事理，合與桑田旱澇一體，令廉訪司體覆是實，以憑定奪。

《元典章》卷二四《户部·租税·軍兵税·新軍限地難同漢軍》 大

德三年十二月，湖廣行省該：

湖南道宣慰司呈：道州、衡州路軍人童祥等歸附後置買民田，不當差發，以致靠損民户，擬合與民一體當差納税。乞明降事。移准中書省咨：照得先准江浙行省咨：新附軍人田土，合與漢軍一體除免，限地四頃税石。爲是新附軍人全家老小支請口糧，即與漢軍不同，别難限地。已經回咨江浙行省照驗去訖。咨請照驗施行。

《元典章》卷二四《户部・租税・軍兵税・不得打量漢軍地土》　大德七年正月日，江浙行省准樞密院咨：

准御史臺咨：准江南行臺咨：法有萬世不改者，亦有隨時當改者，不可一概論也。切謂漢軍舊例，每户額定贍軍地四頃，餘上畝數皆令納糧。雖曾累行文字，然於其事實難同行。又况今日事勢，與舊不同。向時人户各家老小人數不多，容易養贍，又無似今日雜泛（大）〔夫〕役，軍人止是守把南邊賊。迤南諸軍分屯沂、宿、亳、鄧等州關，迤西諸軍分屯興元、成都等處，各離本家地程不遠，亦皆容易應當。即今人户口累漸多，所當軍役屯守去處，南至南海，北至和林，别有征行則南者益南，北者益北，動又至於數千里外，去家有踰萬餘里者。家中又與民户同當一切雜泛夫役，其四頃田地只養自家老小猶不能贍，豈能應當如此重役。侍衛軍差役尤爲浩大，其餘科差且置勿論，只計撥往和林軍人，計其起發所費，每户該鈔至有八十定者，尋常莊農之家别無生計，若不典賣田土，何處出辦。往日軍户地有曾至三十二頃，今皆消乏破散，不可勝數。中等人家莊田廢盡，見今乞丐爲生者，處處有之。若更拘勘未曾消乏，見勘當役軍户地畝，但存四頃之外者，必要盡數納糧，此事果行，不過數年，軍户物業盡皆破散，人無雇藉，不復可用。事至於此，其將奈何？近日民間多有訐告軍户隱藏地畝者，地主惟是隨其所欲，承奉買去。又所在官吏不時下鄉，言要打量軍户地畝，以此爲名脅斂錢物，所取各皆饜足，方纔釋免。但凡地過四頃之家，長懷憂懼，心皆不安，致此之由，有自來矣。今於緊急用兵之際，有此事端，深爲可慮。去年樞密院奏奉聖旨，約束管民官司不得打量軍户地畝，文字在官，百姓不知，狡猾之徒恐脅軍户，與舊無異。若令每社置一粉壁，其上只寫不得言告軍户地畝數字，如此則當軍之家，皆得免其逼脅侵擾之患。四頃之外納税一節，待其邊境事寧，用兵稍緩，然後别議，似爲長便。咨請回示。本臺議得，行臺所言，庶免軍人被擾之虞。咨請照驗事。准此。照得大德四年十二月初二日，本院官奏過事内一件：歸德府趙知府文字裏提説將來：睢陽縣官吏每信着歹人每的言語，打量軍户地土行呵，踏踐了田禾，軍户每根底使氣力哏搔擾有。麽道，説將來有。上位有聖旨，軍的、民的田地通行取數目的時分，打量呵，是也者。民的地土不得打量，富户每的地土打量有。奏呵，奉聖旨，是有。不得咱每的聖旨，軍户每的地土休打量者。欽此。

《元典章》卷二四《户部・租税・僧道税・僧道避差田糧》　至元三十年五月，欽奉聖旨：

中書省官人每奏：江浙官人每文字裏説將來有蠻子田地裏，每年軍站的氣力，不揀甚麽用的辦濟呵，多率是百姓每的納税糧裏成就有。如今那百姓每係官差發根底躲避着，在前合納錢糧的田土根底，和尚、先生每底寺院裏布施與了、賣與了、典與了。更剃了頭髮做和尚也麽道，則它房子裏與媳婦、孩兒每一處住的也有。這般使着見識，在前合納的錢糧，每年漸漸的數目裏開除了，不納的多了也。更係官田土根底占種着，（粗）〔租〕米不納的也有。亡宋時分和尚、先生每的寺院裏常住田土，他每根底勾有。麽道，奏來。這言語是實那，是虚？是實呵，各處行省官人每提調着，他的數目取勘者。無媳婦的和尚、先生每的屬寺院裏常住田土有呵，依着大聖旨體例裏，休納者。有媳婦的和尚、先生每在呵。自今之後，和尚、先生、也里可温、荅失蠻不揀誰，在前合納錢糧的田土買了來、與了來、做布施得了的來，麽道，不納錢糧的，更租佃係官田土，不納租米的人每，依在前納的體例裏納者。事後出首了不納的，要罪過者。聖旨俺底。

《元典章》卷二四《户部・租税・僧道税・僧道租税體例》　元貞元年閏四月□日，欽奉聖旨，諭中書省、樞密院、御史臺、宣政院、行中書省、行御史臺、司農司、宣慰司、管民官、應管公事大小官吏諸色人等：據中書省、宣政院奏：和尚、也里可温、先生、荅失蠻等地糧、商税所辦錢物，若不再行明諭，恐在下官府合徵納者妄作免除，不應徵納者却行追收，致使僧道人等生受。乞降聖旨事。准奏。所有條畫開列于後。

一、西番、漢兒、畏兀兒、雲南田地裏和尚、也里可温、先生、荅失

鑾，擬自元貞元年正月已前，應有已未納税地土，盡行除免税石。今後續置或影占地土，依例隨地徵税。

一、江南和尚、也里可温、先生、荅失蠻田土，除亡宋時舊有常住，并節次續奉先皇帝聖旨撥賜常住地土不納租税外，歸附之後諸人捨施或典買一切影占地畝，依舊例徵納税糧，隱匿者嚴行治罪。

一、和尚、也里可温、先生、荅失蠻買賣不須納税，却不得將合納税之人等物貨，妄作己物夾帶影蔽。違者取問是實，犯人斷罪，物貨没官。其店肆塌房，客旅停塌物貨依例銷報納税。

一、上都、大都、揚州，在先欽奉聖旨，撥賜與大乾元寺、大興教寺、大護國仁王寺酒店湖泊出辦錢物，令有司通行管國辦，赴官送納，寺家合得錢物官爲支付。無得似前另設人員，侵損官課。

《元典章》卷二四《户部·租税·僧道税·先生免遠倉糧》 元貞二年二月十八日，欽奉聖旨節該：

張天師教集賢院官奏：江南田地裏有的俺每宫觀裏住的先生每，亡宋以後置買來的田地裏合納的倉糧，在先納呵，只他每住的城子裏的倉裏納有來。如今各自城子裏不交納，别個遠城子裏倉裏交納有。那般交納呵，先生每哏生受有。麽道，奏來。如今以後，先生每的合納的倉糧，依着在先體例裏，只他每住的城子裏倉裏交納者，道來，這般宣諭了呵，先生每住的城子裏倉裏不交納、遠處城子裏有的倉裏交納的人每，不怕那甚麽？這先生每却道這般宣諭了也，有體例合納的糧不依實納呵，他每不怕那甚麽？欽此。

《元典章》卷二四《户部·租税·僧道税·和尚休納税糧》 大德七年正月十七日，欽奉聖旨：在先，諸路裏有的衆和尚每之上都交管領者。麽道，薛禪皇帝巴吉思八師父根底與了帝師名分聖旨、玉印，委付了來。如今，巴吉思八師父替頭裏管着衆和尚者。麽道，輦真監藏根底與了帝師名分聖旨、玉印也。您衆和尚每休别了輦真監藏帝師的言語，經文并教門的勾當裏謹慎行者。這般宣諭了，不謹慎行的和尚并呪師般不思，您每不怕那、不羞那甚麽？與那上頭，交您差發税糧休着者。麽道，交行了聖旨來。欽此。

《元典章》卷三一《禮部·學校·儒學·錢糧分付儒學》 至元二十九年正月十一日，御史臺：

奏過事内一件節該：江南路分裏有的貢生士莊名字田地根底裏不屬孔夫子廟，教行省、行臺差人取數目，合教屬官者。屬孔夫子的田地，根脚裏，不是官司底來，是秀才置來的田地，同和尚、先生每田地一般，中書省、御史臺奏奉聖旨，分付與秀才每來。如今皇帝可憐見呵，依在前體例裏，分付與各處孔夫子廟秀才每爲主。每年那田地裏出來的錢糧呵，修理孔夫子廟，春秋祭丁、朔望祭祀者，教養人才者，若有窮暴年老無倚靠的好秀才每呵，那底每根底，養濟者。這般行呵，是的一般。欽奉聖旨：那般者。欽此。

紀事

（宋）錢若水《太宗皇帝實録》卷二六《太平興國八年九月》 乙丑，詔曰：國家敦本厚生，取什一之税，豐財足用，聚九年之儲。兵食所資，蓋不得已。尚念力耕數耘之苦，祁寒暑雨之勞，供王租而既勤，獲地利而甚薄。先是兩税起徵，特設三限，限外又加一月。州縣吏苟務苛虐，罔守章程，施鞭朴以立威，用掊克而爲政，不體勤恤之意，自求課最之名。昔之良吏善治民者，有增租從調減年就役之事，豈若是乎？自今宜令諸州長吏本判官録事參軍，專察所屬縣令主簿政治善惡，書於吏部南曹曆子外以其狀聞。當申黜陟，用彰朕愛民之旨焉！

（宋）錢若水《太宗皇帝實録》卷七八《至道二年五月》 辛丑，詔：開封府判官楊徽之等，三人分按行管内諸縣，田畝旱損甚者，蠲其税。

（宋）范鎮《東齋記事·補遺》 成都十邑，惟新繁税平。初定税時，有姓趙者相地肥瘠以爲税入輕重之數，至今人謂之趙均平。

（宋）李燾《續資治通鑑長編》太祖乾德元年四月 又令諸州受民租籍，不得稱分、毫、合、勺、銖、氂、絲、忽，錢必成文，絹帛成尺，粟成升，絲緜成兩，薪藁成束，金銀成錢。此據本志在此年三月。

（宋）李燾《續資治通鑑長編》太祖乾德四年閏八月 五代以來，常檢視見墾田以定歲租，吏緣爲姦，税不均適。由是百姓失業，田多荒萊，

上惻然憫之。乙亥，下詔禁止，許民闢土，州縣不得檢括，止以見佃爲額。王稱《東都事略》：詔曰：五代以來，兵亂相繼，國用不足，庸調繁興。朕歷試艱難，周知疾苦，省嗇用度，未嘗加賦，優卹災沴，率從蠲復。所在長吏，明加告諭，自今百姓有能植桑棗，墾闢荒田者，只輸舊租。

（宋）李燾《續資治通鑑長編》太祖開寶元年五月　甲午，詔諸道州府追屬縣租，以籍付孔目官，擅自督攝逋賦，因緣欺詐，破擾吾民，自今令録事參軍躬按文簿，本判官振舉之。

（宋）李燾《續資治通鑑長編》太祖開寶八年三月　詔：比者民輸租，其紬絹不成匹者，率三户至五户合成匹以送官，頗爲煩擾。自今紬不滿半匹，絹不滿一匹者，計丈尺輸其直。

（宋）李燾《續資治通鑑長編》真宗咸平三年十二月　庚申，詔曰：昨均京邑田租，如聞小民弗喻朝旨，翦伐桑柘，驚惑鄉閭。況東作將興，穀糴稍貴，所宜省事，以便吾民，其悉罷之。

（宋）李燾《續資治通鑑長編》真宗大中祥符六年七月　三司言河北積布甚多，請令京東西、河東北夏秋税並納並納本色糧斛，罷折納布，或須衣布，則於河北輦致之。向敏中言河北止產布，儻官弗納，恐民間難於貿易，望令仍舊，餘路則依所奏。

（宋）李燾《續資治通鑑長編》真宗大中祥符七年四月　己未，賜淮南諸州民中等以上户秋租十之二，仍許從便折納，餘悉除之。

（宋）李燾《續資治通鑑長編》仁宗天聖四年九月　辛未，廢襄、唐二州營田務，以田賦民，每頃輸税五分，諸州所差耕卒并牛並放還。先是，襄州有荒田四百八頃餘八十畝，唐州百七十頃，自咸平二年轉運使耿望奏置營田務，每歲於屬縣差借種田人牛，夏又借耨田夫六百人，秋又借刈獲夫千五百人，歲入甚廣。後轉運使張選改其法，召水户四十一分種之，未幾皆訴免，務遂廢。景德二年，轉運使許逖復奏興之，而歲參役兵、夫。至是，轉運使言其非便，詔遣屯田員外郎劉漢傑與轉運同定利害，而漢傑言：二務自復至今，襄州得穀三十三萬餘石，爲緡錢九萬餘；唐州得穀六萬餘石，爲緡錢二萬餘。而所給吏兵俸廩、官牛雜費，襄州十三萬餘緡，唐州四萬餘緡，得不償失。故廢之。轉運使當是余獻卿，耿望事見咸平二年四月，與此差異，歐陽修爲《許逖行狀》，亦不載復營田務事，當考。

（宋）李燾《續資治通鑑長編》仁宗天聖四年九月　庚午，詔逃亡經十年以上歸業者，未得起税，更候三年，減税之十五。

（宋）李燾《續資治通鑑長編》仁宗天聖九年十一月　己卯，詔河南府，民墓田七畝以下，除其税。

（宋）李燾《續資治通鑑長編》仁宗明道二年二月　又詔諸官田重複出税者，除之。

（宋）李燾《續資治通鑑長編》仁宗慶曆三年十月　初，洺州肥鄉縣田賦不平，久莫能治，轉運使楊偕患之。大理寺丞郭諮曰：是無難者，得一往，可立決也。偕即以諮攝令，并遣秘書丞孫琳與共事。諮等用千步方田法四出量括，得其數，除無地之租者四百家，正無租之地者百家，收逋賦八十萬，流民乃復。及王素爲諫官，建議均天下田賦，歐陽修即言諮與琳方田法，簡而易行，願召二人者。三司亦以爲然，且請於亳、壽、汝、蔡四州擇尤不均者均之。於是遣諮與琳先往蔡州，首括上蔡一縣，得田二萬六千九百三十餘頃，均其賦於民。既而諮言州縣多逃田，未可盡括，朝廷亦重勞人，遂罷。琳，共城人也。《記聞》以爲執政不然其議，沮罷之。諮本傳以爲遭母喪去，今從《食貨志》。

（宋）李燾《續資治通鑑長編》仁宗慶曆三年十月　詔天下税籍有僞書逃徙，或因推割，用倖走移，若請占公田而不輸税，如此之類，縣令佐能究其弊以增賦入者議賞。

（宋）李燾《續資治通鑑長編》仁宗皇祐三年九月　癸酉，詔三司，唐、鄧、汝州多曠土，其令寬立税限，募人墾之。此或與二年六月丁度所議徙民相接。然丁度劄子實以二年八月下益州，此蓋申明前議耳。

（宋）李燾《續資治通鑑長編》仁宗皇祐四年九月　戊申，詔鎮、定等路水災，其除積年欠負；今年秋税仍令轉運司差官減放以聞。

（宋）李燾《續資治通鑑長編》仁宗皇祐五年閏七月　〔戊辰〕詔：廣南經蠻寇所踐而民逃未復者，限一年復業，仍免兩歲催科及蠲其徭役三年。從體量安撫周沆所奏也。

先是民避賊，多棄田里還去；吏以常法，滿半載不還，聽他人占佃。沆曰：是豈可與凶年逃租役者同科！乃奏延期一年，已占佃仍舊還之，

貧者官貸以種糧。初，帝詔沆：廣南地惡，非賊所至處不必往。沆曰：遠民新羅荼毒，當布宣天子德澤。遂徧行州縣。

（宋）**李燾《續資治通鑑長編》仁宗皇祐五年十一月**　先是，端明殿學士、兼龍圖閣學士張方平言王畿賦斂之重，於是詔開封府諸縣兩稅，於原額上減三分，永爲定式。

（宋）**李燾《續資治通鑑長編》仁宗皇祐五年十二月**　又詔南郊赦書第四第五等户殘欠税物並與倚閣，自今須納七分以上，方爲殘欠，仍著爲定式。

（宋）**李燾《續資治通鑑長編》仁宗至和元年三月**　乙酉，詔京西民饑，宜令所在勸富人納粟以賑之，其荒田如人占耕及七年起税二分，逃田及五年減舊税三分，因災傷逃而復業者免支移折變二年，非因災傷者免一年。

（宋）**李燾《續資治通鑑長編》仁宗至和元年九月**　甲戌，滄州均田税，民或以爲未便，其令復輸如舊。此事必與田京相關，皇祐四年八月可考。

（宋）**李燾《續資治通鑑長編》仁宗嘉祐三年十二月**　乙巳，詔三司每歲上天下歲賦之數，自今三歲一會其虧羸以聞。

又詔陝西轉運司，本路諸軍衣裝綢絹綵皆出益梓利路，今邊事久寧，而戍兵不減，宜寬三路之所輸，若支軍衣而願回賣者，官以中估收市之。此據張方平之議也，楊畋正傳云畋爲户部副使，河北舊以土絹給軍裝，三司使張方平易以雜州絹，畋既同書奏聞，外議藉藉，又密陳其不可。此事當考。

兩川和買絹以給陝西戍兵，而蜀人苦于重斂，都轉運使曹穎叔爲歲出本路緡錢五十萬以易軍衣之餘，遂紓兩川之擾。

（宋）**李燾《續資治通鑑長編》仁宗嘉祐四年八月**　自郭諮均税之法罷，論者謂朝廷徒卹一時之勞，而失經遠之慮。至皇祐中，天下墾田視景德增四十一萬七千餘頃，而歲入九穀乃減七十一萬八千餘石，蓋賦不均，故其弊如此。其後田京知滄州，均無棣田，蔡挺知博州，均聊城、高唐田，歲增賦穀帛之類，無棣總千一百五十二，聊城、高唐總萬四千八百四十七。既而或言滄州民不以爲便，詔諭如舊。是日，復遣職方員外郎孫琳、都官員外郎林之純、屯田員外郎席汝言、虞部員外郎李鳳、祕書丞高本分往諸路均田，從中書門下奏請也。本獨以爲田税之制，其廢已久，不可復均。朝廷亦不遽止，後雖均數郡田，其於天下不能盡行。《實録》在五年四月丙戌，今從《會要》及司馬光《記聞》。按《會要》云四年八月二十七日，與《記聞》所書己丑相合也。

（宋）**李燾《續資治通鑑長編》仁宗嘉祐五年十二月**　先是，知永興劉敞朝辭日，言關中歲比不登，民多流移，請發倉賑之。又言均田擾民。上令於所部徐訪利害以聞。

及敞至永興，敞以九月丁亥朔除侍讀、知永興，十二月初始到任，今附此。具奏：孫琳在河中府，用方田法打量均税，百姓驚駭，各恐增起税租，因此斫伐桑柘。賴轉運使薛向處處張牓告諭，方得暫止。訪聞只打量萬泉一縣，近須一年乃畢。蒙減者則必欣喜，被增者自然怨嗟，詞訴獄訟，恐自此始。乞且召還孫琳，更竢豐歲，庶災傷之餘，不至驚擾。

敞意謂琳用方田法步地，千步爲方，規方度之，誠使其覆實無頗，但能知田畝高下爾。至於均税之法，以地肥瘠爲差，其勤力從事田畝修治者，則賦重自若；其惰窳不事事而田畝荒瘠者，因獲減賦。然此尚以肥瘠言也。吏非廉明，用心不一，或不能盡知田事，或挾私與奪，上無由察也。故均田之害，人皆知之，獨主事者樂其名。敞所以求待豐歲者，惡斥言之耳。敞又以爲琳之度田，起自萬泉、龍門，此兩邑皆山田，崎嶇三二百里間。審如琳法，非旬歲不可周徧也，琳皆不出一月而奏畢功。會敞奏至，中書信琳言，即具報敞，但降敕牓禁民毋得殘桑柘而已。其後河中民果訴曾減田税不平，凡數萬户。敞事具敞行狀及奏議。

歐陽修亦言：

臣爲諫官時，嘗首言均税事，乞差郭諮、孫琳，蒙朝廷依臣所言，起自蔡州一縣，以方田法均税。事方施行，而議者多言不便，尋即罷之。近者伏見朝廷特置均税一司，差官分往河北、陝西均税。始聞河北傳言，人户虛驚，斫伐桑棗，尚不爲信。次見陝西州郡，有上言歲儉民饑，乞罷均税者，稍已疑此一事果爲難行。而朝廷之意，果在必行，言者遂不能入。近者又見河北人户凡千百人，聚訴於三司，然則道路傳言與州郡上言，雖爲不足信，其如聚集千人於京師，此事不可掩蔽，則民情可知矣。蓋均税非以規利，而本以便民，如此民果便乎？

竊知朝廷本只以見在税數量輕重均之，初不令其别生額外之數也。近

聞衛州、通利軍括出民冒佃田，不於見在管榷數內，均減重者攤於冒佃户，卻生立税數配之，此非朝廷之意，而民所以喧訴也。又聞澶州諸縣於見今實額管榷數外，將帳頭自來椿坐有名無納及失開閤兩項遠年税數，並係祥符、景德以前，以至五代長興年椿管虚數，並攤與見今人户。又聞以地肥瘠定爲四等，其下等田有白鹻帶鹹地，並鹹鹵沙薄可殖地、死沙不殖地，並一例均攤與税數，謂此雖不可耕種，尚可煎鹽。且河北之民，自祖宗以來，蒙賜恩卹，放行鹽禁，只令據鹽斤兩納税。今煎鹽者已納鹽税，又令更納田税，豈祖宗所以惠河北之民意！又聞河南不殖之地繫禁鹽地分者，亦均攤與税，又不知民何以納也？澶衛去京師近，偶可聞知者如此，其餘遠地，謂所均税悉便於民，其可得乎！以此見朝廷行事至難。小人希意承旨者，言利而不言害；俗吏貪功希賞，見小利忘大害，爲國斂怨於民。朝廷不知則已，苟已知之，其可不爲救其失哉？

欲望聖慈特賜指揮，令均税所只如朝廷本議，將實榷見在税數，量輕重均之，其餘生立税數及遠年虚數，卻與放免，及未均地分，並且罷均。且均税一事，本是臣先建言，聞今事有不便，臣固不敢緘默。歐陽修言不得其時，今附劉敞後，當是未除樞副十一月以前。或因敞面對論此，修亦具奏，時爲翰林學士，九月、十月之間也。

（宋）李燾《續資治通鑑長編》仁宗嘉祐六年五月　丁酉，天章閣待制、知諫院吕景初同詳定均税。

（宋）李燾《續資治通鑑長編》仁宗嘉祐六年七月　壬辰，同修起居注、同知諫院司馬光同詳定均税。光既立條約，下諸路監司施行，又言：國家凡欲立事，當先使賞罰明白，然後事無不成。職方員外郎秦植，前通判德州，均五縣税，皆得平允，並無詞訴。若遇庸愚之人，煩擾敗事，同歸常調，一無殿最，則能吏解體，必無成功。伏望朝廷察其勤瘁，優加酬獎，并其餘均税官吏，隨其功過，量行懲勸，則來者覩之，無不盡力矣。

（宋）李燾《續資治通鑑長編》神宗熙寧五年八月　〔辛丑〕帝患田賦不均，詔司農重定方田及均税法，頒之天下。

方田之法，以東西南北各千步，當四十一頃六十六畝一百六十步爲一方。歲以九月，縣委令佐分地計量，隨陂原、平澤而定其地，因赤淤、黑壚而辨其色。方量畢，以地及色參定肥瘠，而分五等以定其税則。至明年三月畢，揭以示民一季無訟，即書記帖，連莊帳付之，以爲地符。均税之法，縣各以其租額税數爲限。嘗收蹙奇零，如米不及十合而收爲升，絹不滿十分而收爲寸之類，今不得用其數均攤增展，致溢舊額，凡越額增數皆禁。若瘠鹵、不毛及衆所食利山林、陂塘、溝路、墳墓，皆不立税。

凡田方之角，立土爲峰，植其野之所宜木以封表之，有方帳，有莊帳，有甲帖，有户帖，有分烟析産、典賣割移，官給契，縣置簿，皆以今所方之田爲正。令既具，乃以鉅野尉王曼爲指教官，先自京東路行之，諸路倣焉。

（宋）李燾《續資治通鑑長編》神宗熙寧六年四月　夔州路轉運判官曾皐言：渝州隆化縣新附户已團成保甲，每歲閲試。如武藝出倫，欲與減租入之半。上曰：民受田多寡不同，賦租亦異，若例減半，必致不均，此事決不可行。王安石曰：今一人藝精，即欲免租，若後衰退，當如何？密院欲每年旋免之，上曰：縱如此，亦非法。蓋人户租課多少不等，必致不均，不若止如府界保甲立法行之。新、舊《録》並稱南平軍隆化縣。按：八年十一月，乃以渝州南川銅佛壩爲南平軍，此時未有南平之號，當云渝州隆化縣，《實録》誤也。

（宋）李燾《續資治通鑑長編》神宗熙寧八年四月　河北東路轉運判官吕温卿言：欲令造簿，縣曉諭民供通户下自來漏帳田産，更不坐罪，積年税賦免追。從之。

（宋）李燾《續資治通鑑長編》神宗熙寧九年十二月　詔應催葺牧司牧地租課，逐縣令佐隨税限别作一項催納。任滿，别無拖欠，本州保明酬獎；如限滿不足，依欠税條施行。

（宋）李燾《續資治通鑑長編》神宗元豐元年三月　戊寅，京西南路轉運司言：祕書監高賦言：唐州民請地生税，實公私之利。乞并鄧州南陽縣民有田無税及税少地多，立限一年自陳，據頃畝立税給帖，聽爲永業，限滿不言，聽人告請。從之。

（宋）李燾《續資治通鑑長編》神宗元豐元年十二月　兩浙提舉司言：浙西民户富有物力，自浙以東多以田産營生，往年造簿，山縣常以税錢，餘處即以物力推排，不必齊以一法。今欲通以田土、物力、税錢、苗米之類，各以次推排，隨便敷納，役錢所費，民力所出，輕重均一。

從之。

（宋）李燾《續資治通鑑長編》神宗元豐元年十二月　乙卯，詔民納稅不及斗者，免納義倉。本志有之，此月六日。

（宋）李燾《續資治通鑑長編》神宗元豐二年九月　權發遣户部判官李琮言：奉詔根究逃絶稅役，有蘇州常熟縣天聖年簿，管遠年逃絶户倚閣稅紬絹苗米丁鹽錢萬一千一百餘貫石匹兩。本縣據稅合管苗田九百一十九頃有奇，今止根究得一百九十五户，共當輸苗米三百五十三石、紬絹五十一匹、綿三十五兩。其餘有苗米八千四百石、紬絹一千二百匹、綿一千九十兩、丁鹽錢九百文外，並無田產人户，亦無請佃主名。蓋久失推究，姦猾因之，失陷省稅。乞差著作佐郎劉拯知常熟縣根究歸著，他縣有類此者，亦乞選官根究。從之。拯，南陵人也。《食貨志》元豐三年九月，詔三司户部判官李琮專究江南東、兩浙路逃絶户虧陷稅役等錢。琮言：蘇州常熟縣天聖中簿，得久逃絶户倚閣稅紬絹苗米丁鹽錢萬一千一百餘貫石匹兩。今止百九十五户，當輸苗米三百五十三石、紬絹五十一匹、綿三十五兩，餘田產人户、請佃主名皆亡。蓋久不推究，奸猾因之，失陷正稅。請究類此者，皆選官根括。從之。乃詔轉運司提舉。琮所究江、浙一百二十七縣逃絶户，計四十萬一千三百三十二，爲書上之。三年正月丙戌，除琮淮南轉運副使，復令究逃絶户稅役，琮乃辟置官屬，更移令佐，大究治之。淮南東西兩路州軍縣共八十有八，凡得逃絶，詭名挾佃、簿籍不載并闕丁，凡四十七萬五千九百六十五户，一正稅役并積負凡九十二萬二千二百四十六貫石匹兩。琮又言虧陷稅役，乃官司造簿舛誤已久，請隨夏稅附納。詔令簿失收稅役錢物，特蠲除之。

（宋）李燾《續資治通鑑長編》神宗元豐八年四月　中書省言，登極赦書並今月八日朝旨，民户欠去年夏稅租，及元豐六年已前稅租積欠，并緣納錢物倚閣稅等，乞並特除放。從之。

（宋）李燾《續資治通鑑長編》神宗元豐八年四月　又詔元豐六年以前積欠夏秋稅租及緣納錢物，並依三月六日赦書指揮，特與除放。

（宋）留正《皇宋中興兩朝聖政》卷三《高宗皇帝・軫恤災傷》〔建炎二年七月〕辛丑，詔以春霪夏旱，飛蝗爲沴，命監司郡守條政事之未便於民者。其大水飛蝗最甚之地，令百姓自陳量輕重，捐其租焉。

（宋）留正《皇宋中興兩朝聖政》卷九《高宗皇帝・夏絹折價》〔紹興元年正月〕戊午，户部侍郎孟庾言兩浙路夏稅及和買紬絹一百六十萬餘匹，半令輸價錢。每匹兩千。從之。

（宋）留正《皇宋中興兩朝聖政》卷一九《高宗皇帝・旱傷蠲逋負》〔紹興六年三月〕辛未，詔去歲旱傷及四分以上，州縣所負紹興四年已前錢帛租稅，皆除之。執政初議閣倚，及進呈，上曰：不若盡蠲，以寬民力。乃有是命。又詔，旱傷四分地分闕食民户，盜刼米穀、食物之屬，不曾毆傷人罪至死，權聽知通酌情減等刺配，俟麥成日如舊。

（宋）留正《皇宋中興兩朝聖改》卷二一《高宗皇帝・因旱除積欠》〔紹興七年七月〕上曰：應天須以實，如恤刑弛役之類。當更有實惠可及民者，朕曉夜思之，如積欠一事，爲民之害甚大。比因移蹕所過州縣，下蠲除之令，民間極喜，可將諸路紹興五年以前稅賦積欠，及其他逋負，議蠲之，庶幾少蘇民力。浚等退而條具，悉施行焉。

（宋）留正《皇宋中興兩朝聖政》卷五六《孝宗皇帝・禁州縣預借》〔淳熙五年〕二月戊辰，臣僚言：郡縣之政最害民者，莫甚於預借。蓋一年稅賦支遣不足而又預借於明年，是名曰借而終無還期。前官既借，後官必不肯承。望嚴戒州縣，如有違戾，監司常切覺察。從之。

（宋）留正《皇宋中興兩朝聖政》卷五六《孝宗皇帝・減蜀中折絹錢》〔淳熙五年〕三月辛酉，四川制置胡元質言：蜀折科之額，視東南爲最重。如夏秋稅絹以田畝所定稅錢爲率，凡稅錢僅及三百，則科絹一匹；不及三百者謂之畸零，其所輸納，乃理估錢則準時直。當承平時，每縑不過二貫。兵興以來，每縑乃至十貫，是一縑而取三倍也。陛下軫念遠民重困，每縑裁定作七貫五百，蜀民讙呼鼓舞。然獨成都自淳熙五年爲額減放訖，其他州縣尚有應昨來指揮去處，乞行下約束，詔四川總領所同逐路轉運司，取見諸州軍未盡數減放，因依更相度與裁減。若以歲計却有妨闕，仰公共措置將諸州財賦通融相補開具以聞。

（宋）留正《皇宋中興兩朝聖政》卷五六《孝宗皇帝・詔戒重價折稅》〔淳熙五年〕秋八月甲午，内降御筆詔。略曰：比年以來五穀屢登，蠶絲盈箱。嘉與海内共享阜康之樂，尚念耕夫蠶婦終歲勤動，賈賤不足以償其勞。而郡邑或弗加恤，使倍蓰以輸其直，甚亡謂也！其令諸路監司嚴戒所部，應民間兩稅除折帛折變自有常制外，當輸本色者毋以重賈强之折錢！若有故違，按劾以聞，重寘于法。可令臨安府刻石遍賜諸路監司帥臣郡守。

（宋）留正《皇宋中興兩朝聖政》卷五九《孝宗皇帝・論集議》〔淳熙八年〕六月戊午，户部言：去歲兩浙、江東西、湖北、淮西旱傷，共檢放上供米一百三十七萬九千餘石，隨苗經總頭子勘合等錢計二十六萬六千餘貫。詔並與蠲放。

（宋）留正《皇宋中興兩朝聖政》卷六一《孝宗皇帝・禁置場買退絹》〔淳熙十一年六月〕臣僚訪聞：諸州軍受納夏税，官吏邀阻，間有將堪好絹帛，强行打退；却置場用低價收買。其官中既已買下退絹，多作畸零折納高價。不恤民病，利其贏餘。欲望嚴禁今後州軍置場收買，退絹許人户越訴。令監司御史覺察，違戾科罪。從之。

（宋）留正《皇宋中興兩朝聖政》卷六一《孝宗皇帝・因旱申禁趣辦》〔淳熙十一年七月〕己巳，詔：雨澤稍愆，屢降寬恤指揮。其人户夏税和買催納起綱，自有條限。訪聞官司趣辦追擾，致傷和氣，仰監司嚴行禁止。尚或違戾，御史臺覺察彈劾。

（宋）留正《皇宋中興兩朝聖政》卷六二《孝宗皇帝・蠲安吉縣税色》〔淳熙十二年〕五月丁亥，臣僚言：諸處夏税和買，止有折帛、折錢二色。惟湖州安吉一縣獨多折絲、折帛、折綾。民間困於輸納。朝廷以其既納紬絹，又以細絲織許以麄絲織絹，謂之屑絹。自前任顏度申請改屑絹爲絲絹，遂使此邑重困。續邑民詣闕陳訴，已蒙朝廷仍舊許納屑絹，而夏税産絹猶用細絲，乞令産絹亦依舊用麄絲織造。從之。

（宋）留正《皇宋中興兩朝聖政》卷六二《孝宗皇帝・革廣南掛丁錢》〔淳熙十二年十一月〕敕勘會廣南東西，民間有曾祖父母年已六十而身未成丁之人，州縣便行科納，謂之掛丁錢。已令監司約束。或有違戾，帥臣互察以聞。

（宋）留正《皇宋中興兩朝聖政》卷六三《孝宗皇帝・不申嚴折税禁》〔淳熙十三年八月〕辛卯，朱弦奏乞約束州縣，不得擅將苗税折納價錢。王淮奏莫更申嚴。上曰：不須得，事貴簡而嚴，若繁，徒爲文具。

（宋）熊克《中興小紀》卷一二 癸丑，詔：諸縣造簿之歲，姦贓狼籍，民被其害。自今産去税存之户，畫時催割，庶民不被横斂。如違官吏並竄海島，知通監司不舉者同罪。許民越訴。詔：昨誘淮東民佃田免税二年。異時止據當年已種畝數令輸，其續懇到田亦據實數添焉。庶人户曉，然易以安業。如州縣踰數，罪以違制。

（宋）熊克《中興小紀》卷一四 是月，劉豫僞户部侍郎馮長寧與監察御史許伯通，同十一税法，與阜昌敕令格式皆成。二法並行，文意相妨者從税法。其説以謂宋之税法，爲民大蠹。權豪交通州縣，而欺愚弱。入田宅不承其説，間有陳詞。官吏附勢，不爲推割。産已盡而税猶在，監固拘囚，死而後已。官攤逃户之税，使邑里代輸。又方田高下，土色不實，朝行寬恤之詔，暮下割剥之令，故民窮而起爲盜，大率皆吠堯之言也。

（宋）熊克《中興小紀》卷二四 夏四月，上旋蹕臨安。中丞常同言：今去淮益遠，邊民多不安。宜遣重臣出按兩淮，有荒田，縱民耕，勿收租。數年之後，粒米狼戾，百姓足而國用足矣。又言：江浙民困於月椿，幾不聊生。上憮然。遂減月椿數千緡。至是詔遣樞密副使王庶，視師淮上。調諸路兵，預爲防秋計，且以同奏付庶行之。

（宋）熊克《中興小紀》卷二六 時新復州皆免賦役三年。而亳州民自願輸以助國用。上曰：中原遺民，久困暴斂。今喜於來歸，誠意樂輸。然乍出塗炭，尤當加恤。兼信豈可渝，乃令依赦蠲免。仍降詔獎諭。

新復諸州進天申節銀絹。癸巳，上謂宰執曰：新復州無餘財，此寧免於擾民，可悉退回。秦檜曰：陛下誕節，人臣皆致享上之誠。而聖意加恤新民，卻而不受，可謂盛德之事也。

（宋）熊克《中興小紀》卷三五 初，池州青陽縣税，視鄰邑爲重。如貴州縣田，每畝上等八升。而青陽一斗九升，中等六升。而青陽一斗五升，下等四升。而青陽一斗七合，幾於三倍。蓋自南唐李氏，賜此一縣之地與其臣宋齊邱爲邑。齊邱增賦以肥私家，遂成定額。是年江東專運常平司爲之申請，詔以十分爲率税，苗減二分半課，米減二分。然議者猶謂所減乃經界虚增之數，而齊邱重賦未嘗損也，至乾道中始能再蠲之。以上二事皆據方志。

（宋）熊克《中興小紀》卷三五 時守臣監司不輸常賦專以進奇羨相尚太府卿徐宗説，攝貳版曹。乃言令後當令先補常賦所逋，仍乞以賦入殿最行賞罰。詔後之。於是上諭宗説曰：版曹久匱卿所論甚當。是日以宗説權户部侍郎。宗説頗有心計，於經費出入盈縮之數，皆知其要。吏不能

隱。然附秦檜以至侍後，爲當檜私營田產，士論鄙之。而畏檜無懾言者，宗説、開化人也。

（宋）熊克《中興小紀》卷三八　丙子，宰執奏：擬蠲放諸路積欠詔意。上曰：輕徭薄賦，所以息盗。歲之水旱，所不能免。儻不寬恤而惟務催科，有司從而又加之以刑罰，豈使民不爲盗之意。故治天下當以愛民爲本。湯思退曰：本固邦寧，誠政之所先。此詔既頒，實惠廣被，真天王之用心也。

（宋）熊克《中興小紀》卷三九　戊申，諸路經總制司錢，以十九年爲額，其數太多。侍御史汪澈言：財賦所出，當究源流。十九年經界初行，民輸隱漏之税，蓋是適然。今當取十年間酌中之數爲額。癸丑，上諭宰執：令户部具十年中數，仍合減多少。若不與減，恐虚掛簿書，又慮州縣科敷取足，以困百姓。陳康伯曰：聖德寬明，灼見事源，臣謹奉詔。

（宋）程顥　程頤《二程集·河南程氏文集》卷四《行狀、墓誌、祭文·華陰侯先生墓誌銘》　巴山土薄民貧，絲帛之賦反倍他所，日益凋弊。先生抗議計司，争之數十，卒得均之。

（宋）程顥　程頤《二程集·河南程氏文集》卷一一《行狀、墓誌、祭文·明道先生行狀》　田税不均，比他邑尤甚。蓋近府美田，爲貴家富室以厚價薄其税而買之，小民苟一時之利，久則不勝其弊。先生爲令畫法，民不知擾，而一邑大均。其始，富者不便，多爲浮論，欲摇止其事，既而無一人敢不服者。後諸路行均税法，邑官不足，益以他官，經歲歷時，文案山積，而尚有訴不均者，計其力比上元不啻千百矣。

（宋）程顥　程頤《二程集·河南程氏文集》卷一一《行狀、墓誌、祭文·明道先生行狀》　畿邑田税重，朝廷歲常蠲除以爲惠澤。然而良善之民憚督責而先輸，逋負獲除者皆頑民也。先生爲約，前料獲免者，今必如期而足，於是惠澤始均。司農建言，天下輸役錢，達户四等，而畿内獨止第三，請亦及第四。先生力陳不可，司農奏其議，謂必獲罪，而神宗是之，畿邑皆得免。

（宋）黎靖德《朱子語類》卷五三《孟子·公孫丑》　問：廛無夫里之布。《周禮》：宅不毛者有里布，民無職事，出夫家之征。鄭氏謂宅不種桑麻者，罰之，使出一里二十五家之布。不知一里二十五家之布是如何？曰：亦不可考。又問：鄭氏謂民無常業者，罰之，使出一夫百畝之税，一家力役之征。如何罰得恁地重？曰：後世之法與此正相反，農民賦税丁錢却重，而游手浮浪之民，泰然都不管他。因説：浙間農民丁錢之重，民之彫困，不可開眼！至。

（宋）黎靖德《朱子語類》卷五五《孟子·滕文公上》　因説今日田賦利害，曰：某嘗疑孟子所謂夏后氏五十而貢，殷人七十而助，周人百畝而徹，恐不解如此。先王疆理天下之初，做許多畎溝澮洫之類，大段費人力了。若自五十而增爲七十，自七十而增爲百畝，則田間許多疆理，都合更改，恐無是理。孟子當時未必親見，只是傳聞如此，恐亦難盡信也。廣。

孟子説夏后氏五十而貢，商人七十而助，周人百畝而徹，恐亦難如此移改。《禮記正義》引劉氏、皇氏之説，正是獃人説話。蓋田地一方，溝洫廬舍，成之亦難。自五十里而改爲七十里，既是七十里，却改爲百里，便都著那趲動，此擾亂之道。如此則非三代田制，乃王莽之制矣！必大。

孟子説貢、助、徹，亦有可疑者。若夏后氏既定五十而貢之制，不成商周再分其田，遞相增補，豈不大擾！聖人舉事，恐不如此。如王莽之封國，割某地屬某國。至於淮陽太守無民可治，來歸京師，此尤可笑！《正義》引劉氏、皇氏、熊氏説，皆是臆度，迂僻之甚！人傑。

（宋）黎靖德《朱子語類》卷八六《禮·周禮·地官》　近郊十一，遠郊二十而三，甸、稍、縣都皆無過十二，此即是田税。然遠近輕重不等者，蓋近處如六鄉，排門皆兵，其役多，故税輕；遠處如都鄙，井法七家而賦一兵；其役少，故税重。所謂十二者，是并雜税皆無過此數也。都鄙税亦只納在采邑。淳。

安卿問：二十而一，十一，十二，二十而三，二十而五，如何？曰：近處役重，遠處役輕。且如六鄉，自是家家爲兵。至如稍、縣、都，却是七家只出一兵。直卿曰：鄉遂用貢法，都鄙用助法，則是都鄙却成九一。但鄭注二十而一等及九賦之類，皆云是計口出泉，如此又近於太重。曰：便是難曉，這箇今且理得大概。若要盡依他行時，也難。似而今時節去封建井田，尚煞争。義剛。

（宋）黎靖德《朱子語類》卷一〇六《朱子·外任》　某在南康時，

民有訟坐家逃移者，是身只在家，而託言逃移不納稅。又有訟望鄉復業者，是身不回鄉，而寄狀管業也。淳。

（宋）黎靖德《朱子語類》卷一一一《朱子·論民》 今上下匱乏，勢須先正經界。賦入既正，總見數目，量入爲出，罷去冗費，而悉除無名之賦，方能救百姓於湯火中。若不認百姓是自家百姓，便不恤。必大。

荀悅云：田制須是大亂之後方可定。揚。

今之賦，輕處更不可重。只重處減似那輕處，可矣。淳。

（宋）黎靖德《朱子語類》卷一一一《朱子·論民》 福建賦稅猶易辦，浙中全是白撰，橫斂無數，民甚不聊生，丁錢至有三千五百者。人便由此多去計會中使，作宮中名字以免稅。向見辛幼安說，糞船亦插德壽宮旗子。某初不信，後提舉浙東，親見如此。嘗有人充保正，來論某當催秋稅，某人當催夏稅。某初以爲催稅只一般，何爭秋夏？問之，乃知秋稅苗產有定色，易催；夏稅是和買絹，最爲重苦。蓋始者一疋，官先支得六百錢；後來變得令人先納絹，後請錢，已自費力了；後又無錢可請，只得白納絹；今又不納絹，只令納價錢，錢數又重。催不到者，保正出之，一番當役，則爲之困矣。故浙中不如福建，浙西又不如浙東，江東又不如江西。越近都處，越不好。淳。義剛同。

（宋）黎靖德《朱子語類》卷一一一《朱子·論民》 浩曰：江浙稅重。昨日來，路問村人。見得此間只成十一之稅。曰：嘗見前輩說，閩中真是樂國。某初只在山間，不知外處事，及到浙東，然後知吾鄉果是樂地。今只汀州全做不得，彼處屢經寇竊，逃亡者多。遺下產業，好者上户占去，不好者勒鄰至耕佃。鄰至無力，又逃亡。所有田業或抛荒，或隱没，都無歸著。又，官科鹽於民，歲歲增添。此外有名目科斂不一，官艱於催科，民苦於重斂，更無措手足處。守倅只利俸厚，得俸便了，更不恤大體，須是得監司與理會。亦近説與應倉了，不知如何。浩云：要好，得監司去地頭置局，與理會一番，直是見底方可住。先生擊節曰：此是至切之論！某之見正是如此。浩。

（宋）黎靖德《朱子語類》卷一一一《朱子·論民》 黃仁卿將宰樂安，論及均稅錢，曰：今説道稅不出鄉。要之，稅有輕重，如何不出鄉得？若教稅不出州時，庶説稍均得。先生曰：稅不出鄉，只是古人一時間尋得這説，去防那一時之弊。而今耳裏聞得，却把做箇大説話。但只均稅錢，也未盡，須是更均稅物方得。且如福州納稅，一錢可以當這裏十錢，而今便須是更均那稅物。又曰：往在漳州，見有退稅者，不是一發退了；謂如春退了稅後，秋又要退苗，却不知别郡如何。然畢竟是名目多後，恁地。據某説時，只教有田底便納米，有地底便納絹，只作兩鈔；官司亦只作一倉一場。如此，百姓與官司皆無許多勞攘。義剛。

（宋）黎靖德《朱子語類》卷一一一《朱子·論民》 彭仲剛子復作台州臨海縣，理會役法甚善。朝廷措置役法。看如何措置，終是不公。且如鄉有寬狹，寬鄉富家多，狹鄉富家少；狹鄉富家靳靳自足，一被應役，無不破家蕩產，極可憐憫！彭計一縣有幾鄉，鄉有濶狹，某鄉多富家，某鄉少富家，却中分富家，以畀兩鄉，令其均平。其有不均處，則隨其道里遠近分割裨補，令其恰好，人甚便之。或曰：恐致人怨。曰：不怨。蓋其公心素有以信於民，民自樂之；雖非法令之所得爲，然使民宜之，亦終不得而變也。又有所在利於爲保正，而不利於爲保長者。蓋保長催稅，其擾極多。某在紹興，有人訴不肯爲保長，少間却計會情願做保正，某甚嘉之，以爲捨易而就難。及詢之士人，乃云保長難於保正。又有計會欲爲保長者，蓋有所獲於其中。所在風俗不同，看來只用倍法：若產錢滿若干，當爲保正；外又計其餘產若干，當爲保長；若產錢倍多，則須兩番爲保正。如此，則無爭。又，催稅之法，頃見崇安趙宰使人俵由子，分爲幾限，令百姓依限當廳來納，甚無擾。及過隆興，見帥司令諸邑俵由子催稅，而責以十限。縣但委之吏手，是時饑餓民甚苦之，恣爲吏人乞覓。或所少止七百，而限以十限，每限自用百錢與吏；或欲作一項輸納，吏又以違限拒之；或所少不滿千錢，而趁限之錢，則已踰千矣。其擾不可言。所以做官難，非通四方之風俗情僞，如何了得！僩。

李丈問：保正可罷否？曰：這箇如何罷得？但處之無擾可矣。曰：此自王荆公始否？曰：保正自古有，但所管人户數有限。今只論都，則人數不等，然亦不干人數多寡。若無擾，雖所管千百家，亦不爲勞苦；若重困之，雖二十家亦不勝矣。淳。

（宋）黎靖德《朱子語類》卷一二八《本朝·法制》 祖宗立法催科，只是九分，才破這一分，便不催。但破得一百貫，謂之破分，便住。

自曾丞相仲欽爲户部時，便不用這法，須要催盡。至今所以如此。恪。

（宋）王明清《揮麈録》卷二　祖宗開國以來，西北兵革既定，故寬其賦役，民間生業，每三畝之地，止收一畝之税，緣此公私富庶，人不思亂。政和間，謀利之臣建議，以爲彼處減匿税賦，乃創置一司，號西城所，命内侍李彦主治之，盡行根刷拘催，專供御前支用。州縣官吏，無卹顧之心，竭澤而漁，急如星火。其推行爲尤者，京東漕臣王宓、劉寄是也。人不堪命，遂皆去而爲盜。胡馬未南牧，河北蜂起。游宦商賈，已不可行。至靖康初，智勇俱困。有啓于欽宗者，命斬彦，竄斥宓、寄，以徇下寬恤之詔，然無鄉從之心矣。其後散爲巨寇于江、淮間，如張遇、曹成、鍾相、李成之徒，皆其人也。外舅云。

（宋）徐夢莘《三朝北盟會編》卷一七《宣和五年五月》　榜諭燕人惟留餘戰馬外，盡放復業，令各安堵如故。所有逃户抛下屋宇、家產、什物之類，已爲常勝軍占者，悉還之。燕人患遷，今得歸，皆大悦。稱保大二年契丹官秩畫天祚像，朝夕朝謁，事無大小，皆告而後行。燕人得歸，往往有至京師者，上聞燕民之歸，詔王安中奢度加恤録士大夫之可用者，復百姓田租三年。

（宋）李心傳《建炎以來繫年要録》建炎元年六月　是月，以迪功郎富直柔爲祕書省正字。直柔，弼孫也。此據祕書省題名。顯謨閣學士知越州翟汝文奏：陛下即位赦書，祖宗上供，悉有常數。後爲獻利之臣所增者，當議裁損。如浙東郡預買絹歲九十七萬六千匹，而越乃二十萬五百匹。以一路計之，當十之三。如杭歲起之額，蓋與越等。杭去年已減一十二萬匹，獨越尚如舊數。矧方經寇焚劫，户口凋耗。蕭山一縣，家業才一百七十緡，則民力之困可知。今乞將户三等已上減半，四等已下權罷。及身丁錢鹽，舊皆有定制，其後米太而已，今悉爲帛。臣以爲宜令納見直。從之。汝文、丹陽人，嘗爲翰林學士。

（宋）李心傳《建炎以來繫年要録》紹興元年正月　乙卯，直龍圖閣鼎澧鎮撫使兼知鼎州程昌寓依前知鼎州，主管湖西安撫司公事。時鼎之諸縣大半爲賊所據，賦入絶少。米貴㪷直二千，而養蔡兵頗衆。昌寓既輟兵北援澧州，又於辰陽新縣邊地要城列置諸寨，調屬郡峒丁刀弩手，以助蔡兵守禦。軍糧屢竭，或五日纔給糯米一㪷軍人鬻妻子以自活。昌寓聞於朝，不俟報即取辰、沅、邵、全、泗州諸司錢以贍軍。又賦鼎民和預買折帛錢六萬緡。自是以爲例。昌寓科鼎州民户和預買紬絹錢五萬五千九百緡，以贍蔡兵。他書皆不見。今以紹興二十九年十二月壬申凌景夏所奏修入。

（宋）李心傳《建炎以來繫年要録》紹興三年九月　丙辰，朱勝非言：近聞泉州水災，事見七月丙子。已下本州詰問。上謂大臣曰：國朝以來，四方水旱，無不上聞，故修省蠲貸之令隨之。近日蘇、湖地震，泉州大水，輒不以聞，何也？既而泉州奏其事，乃詔民之被害者除其税。其當濟給及營繕者，以度牒二百賜之。奏至在是月甲戌。《中興聖政》。臣留正等曰：書曰：明四目，達四聰。蓋言人君之視聽貴於無壅也。管子曰：堂上長於百里，堂下遠於千里。蓋言人主之視聽易於隔絶也。今欲去隔絶之患，而使之無壅，其唯言路乎？四方雖遠，有水旱災異，使之上聞，雖不出户庭，而周天下之疾苦，其視聽廣矣！能乎是，則天下之事，無不聞矣！蓋人情喜聞其美，而惡言其非，所樂聞之事，今也，水旱災異而使得以上聞，則凡可以達一人之聽者，果何憚而不言乎？姦佞之肆欺，盜賊之竊發，若是之類，使其無之則已，有則必皆以實告，得其實而預圖之，天下無難事矣。其爲益豈小補哉！噫，此祖宗之深意，而太上皇帝所以責監司守臣也。

（宋）李心傳《建炎以來繫年要録》紹興五年三月　詔道州丁米依舊于田畝上均敷。用本州請也。先是湖南諸郡，歲調上户充土丁戍邊，其下户不行之丁則隨税輸米。後以官軍戍邊，而戍米如故。道州歲輸米二千餘斛。近歲爲羣盜所殘，人丁益少，遂以田税取之。守臣右朝奉大夫趙坦乞以二分敷于田畝，一分敷于民丁。事下轉運司，而坦已去。代者言如此則每丁當輸二斗有奇。貧户丁多之人，猶爲偏重。故有是旨。既而言者以爲湖南民力重困，乞將一路有丁米去處，並與蠲減一分。乃命轉運司相度申尚書省。後不果行。後旨在四月甲辰。明年八月己亥，王迪又請均之田税。十四年十月戊戌所書可參考。

（宋）李心傳《建炎以來繫年要録》紹興五年五月　丙戌，左朝奉郎新通判洪李椿年幹辦諸司審計司。椿年既除官，再得召見。論今日之弊，甚大者有三：一曰銓選之弊，員多闕少；二曰食貨之弊，錢輕物重；三曰所司之弊，吏强官弱。吏部有銓試，蓋所以汰其不才者也。不才者往往多作緣故，以幸免之。臣愚以謂稍清入仕之流，莫如除免試之令。應初到部之人，試而後得調。試而不中，亦不得調，殿一年而再試。於格合免

試者，只許陞名次。或占射差遣，雖貴如宗室戚里，公卿子弟，亦不得免焉。不由試選者，雖殘零及破格闕，亦不得注。應未試者，不許堂除，及舉辟差遣。其免試已授差遣者，俟到部合試。而所謂試者，必嚴爲法而遴選之。如此則有甄别，而不至於太冗矣。員多闕少，非所患也。物重謂何？耕植者寡，而無以生之故也。錢輕謂何？廢用者廣，而無以藏之故也。井田之法壞，而游手者衆，其已久矣。加以軍興，天下之民，死於賊者，十之八九。幸而存者，不入於兵，則入於浮屠。舍其常產，不耕而食，不蠶而衣，是以物艱而重也。錢之行世也，方其平時，取有常制，用有常度。不藏於公帑，必藏於私家矣。及乎軍興，轉餉之資，賞錫之給，軍器之費，取之百端，用之百出，隨斂而散之。私家公帑，皆不得其藏矣。是以錢易而輕也。臣愚以謂今日討賊戡亂，兵不可去，汰其無能者可也！兵不貴多，貴乎精。況無能之兵，本吾農也。方今淮甸荒地千里，莫適爲主。少貸而予之耕植，則彼得所處，而吾去冗食之蠹矣。度牒勿鬻可也。或曰：朝廷鬻度牒，歲得錢數百萬。軍儲是賴，柰何罷之乎？臣應之曰：度牒所得之錢，非由天降，非由地出，不過斂於民間而已！夫欲斂於民間，盍亦以我所有，易彼所無。變而通之，低昂在我，胡爲不得？何至以度牒爲斂，而因以失吾農哉？汰去冗兵，罷鬻度牒，而又盡變通之理，制低昂之權。然則物重錢輕，非所患也！所謂吏强官弱者，非吏撓權之罪，官不知法之罪也！明乎法，則曲直輕重，在我而已，吏豈得而欺乎？今之士大夫以謂家法者流而莫之學也。在今初入官人有銓試，銓試有斷案，蓋慮其不知法也。然銓試者，或亦以緣故而免試；斷案者，亦非素習，不過臨時轉相傳寫而已！求其明法，十百中無一焉。法既不明，臨民遇事不能自決，吏始得以弄法而欺之。曲直輕重惟吏所爲，强柔之形於此可見。臣愚以謂欲官皆知法，而吏不得以欺，莫如嚴銓試之法，禁傳寫之弊。應入官人必由銓試，試者必以斷案。不以斷案者不考，考而不入等者不得調。如是則在官者皆知以法繩吏矣。吏强官弱，非所患也。臣究觀今日之弊，無大於此三者。望陛下斷而行之，以幸天下。椿年又口奏度牒事，以爲今一歲所鬻不下萬數，是歲失萬農也！積而累之，農幾盡矣！非生財之道也。昔越之報吳，男女不以時嫁娶，父母有罰，生男女者有賞。今則反是。上首肯之，乃下其章，命吏户部同措置。然軍事方仰給，卒不能止也。《日厯》，今年五月丙申吏部侍郎晏敦復等申明，京朝官西北流寓，無差遣，不緣罪犯，未能到部。見年二十五歲已上之人，並許差嶽廟一次，亦恐與此不許免試陳請相妨。當攷。

（宋）**李心傳《建炎以來繫年要録》紹興五年七月**　申命淮東西宣撫司優卹淮北士民之來歸者。先是有旨百姓有願耕閒田者，州縣即時給付，軍人所至州，陞一等軍分收管，舉人免文解一次。有官人轉一官資與見闕差遣。至是，三省復奏歸附人民，令所至州計口，以提刑司錢人給一千，所給田免税五年。未就緒者，更與寬展年限。命官舉人之貧乏者，州縣給其資糧，以禮津遣，令宣撫司榜諭。

（宋）**李心傳《建炎以來繫年要録》紹興五年十一月**　詔罷催税户長，復以村疃三十户爲一甲，輪差甲頭一名催税。先是長沙丞呂希常建言：大保長於一保之内，豈能家至户到。催促不前，則監繫破產。詔諸路轉運常平司相度利害。至是廣東諸司以爲便，遂推行之。事初見元年十月。

（宋）**李心傳《建炎以來繫年要録》紹興五年十一月**　詔江西帥憲司覺察漕司及州縣，毋得重疊催理旱傷民户苗米。初，朝廷以江西旱傷最甚。命四等以下户，苗米聽輸其直。而户部言：下户之内，多有豪民隱寄。詔漕司分折，仍與逐州協心體國，拘催本色斛斗。殿中侍御史周葵言：恐漕司及州縣官規免罪戾，一例將人户委係旱傷而未納價錢者，催理本色。或雖有些小旱傷去處，而已納價錢者，重疊催理。致陛下命令，不信於民。而百姓重有騷擾，爲害不細。故有是旨。

（宋）**李心傳《建炎以來繫年要録》紹興六年二月**　詔江西轉運司相度，以旱傷州縣下户所納苗米價錢，於江次糴發客販米斛。初，上以江西湖南旱，命四等下户苗米，皆令折納價錢。而江西漕司請放税四分已下者，仍理本色。至是，又言撫州已催二十千餘斛。它郡皆無之。乃詔洪、吉等州分折。殿中侍御史王縉言：去歲災傷至甚，官司檢放，未必以實。四等以下，皆納價錢者少，催督日久，未見申到，其實可見。近湖北轉運司申鄂州，見商販米斛船到岸價例不至高貴，乞降輕齎和糴。若令江西轉運司委能幹官，就江次糴發，縱折納價少除津般縻費欠折之外，官司貼支，數亦不多。使一路細民，免監督之苦，無逃逸之患。甚大惠也。詔相

度措置，申尚書省。

（宋）**李心傳《建炎以來繫年要録》紹興六年三月** 壬辰，詔四川災傷州縣委實，檢放人所納户帖錢，權與倚閣一半，災傷至重去處全閣。俟秋成日催理。時制置大使席益言：去年十二月六日，聖旨節文，諸路旱傷去處，令轉運司審實。如委及四分以上，權住給賣。臣自入界以來，百姓遮道，陳訴困窮。皆稱去秋旱傷，田畝所收，多者不過四五分，少者纔一二分。又緣官中糴買壅遏，米穀價例踴貴，無從得食，盡有菜色。又去秋西川水潦，東川旱暵，即今粒食昂貴，斗米錢兩貫。利路近邊去處，又增一倍。民人飢流死者相枕籍於道，見行賑濟。臣契勘四川災傷如此，自合權住給賣。今轉運司並不遵用上文審實，卻一概行下，殊失聖心。臣訪聞得，蓋緣蜀民自來不曉陳訴災傷，是致州郡漕司不曾依條檢放。間雖有檢放去處，並不以實。臣又契勘四川贍軍十年，民力困敝，計其生理蕩散，何啻旱傷四分以上。縱不災傷，亦合比附旱傷四分去處，奏請權住給買。何況民方飢死，見行賑濟，而不得比於旱傷四分，蒙被寬恤之令？臣若不言，朝廷何由得四川水旱之實？有司便文，徒務推行。使遠民重困，嗟咨怨恨，上累國體，所繫非輕。故有是旨。

（宋）**李心傳《建炎以來繫年要録》紹興六年三月** 是日，江西制置大使李綱始領使事於金谿縣，請蠲災傷州縣三等已下户四年積欠。又乞錢十萬緡，爲營田本。上皆許之。洪州月費軍儲米五千斛，錢六千餘緡，而倉庫之見在者，米四斛有奇，錢五百千而已。綱具聞於朝，乃命都漕司應副一月。此並據綱行狀。

（宋）**李心傳《建炎以來繫年要録》紹興六年三月** 詔去歲旱傷及四分以上州縣所負。紹興四年以前錢帛租税，皆除之。執政初議倚閣，及進呈。上曰：不若盡蠲以寬民力，乃有是命。五月癸酉米斛事可參考。又詔旱傷四分地分闕食民户，盗劫米穀食物之屬，不曾毆傷人罪至死者，聽知通酌情減等刺配。俟麥成日如舊，各降敕付本州遵守，仍不下司。

（宋）**李心傳《建炎以來繫年要録》紹興六年五月** 户部侍郎王俁請災傷路分拖欠及侵用紹興四年以前上供米并折斛錢物，并權行倚閣，竢豐熟日發。上以旱故，蠲諸路錢帛租税。今年三月辛未。辛次膺時爲倉部郎中，建言：諸路積年拖欠上供米斛，難於催理，無從出辦，而俁謂無除放米斛明文，故申明焉。次膺今年四月己未選吏部。

（宋）**李心傳《建炎以來繫年要録》紹興六年八月** 户部乞依四年例，預借江、浙民户來年夏税紬絹之半，盡令折納米斛，約可得二百餘萬。庶幾儲蓄稍豐，詔本部勘當。於是兩浙紬絹各折七千，江南六千有半，米斛價例紐折，每匹折米貳石。户部勘當到事理《日厤》不書，今以九月十七日王縉乞不收頭子錢劄子，并九月二十七日中書門下省勘會別立米價指揮增入。

（宋）**李心傳《建炎以來繫年要録》紹興六年九月** 左司諫王縉言：竊見軍興以來，費用百出，州縣科敷，有不能免。已降指揮，官户並同編户，所以寬下民也。諸處寺院，有莊產多者，類請求於貴臣之門，改爲墳院，乞免科敷。朝廷優禮大臣，特從所請。然官户既不免，墳院之名，蓋緣官户，豈得獨免哉。況又前宰執員數不少，所在僧徒，僥倖干請，使莊產多者獨免。則合科之物，均之下户，非官户同編户之意也。詔户部申嚴行下。

（宋）**李心傳《建炎以來繫年要録》紹興六年十二月** 戊申，手詔曰：朕惟養兵之費，皆取於民。吾民甚苦，而吏莫之恤，夤緣軍須，掊斂無藝，朕甚悼之。監司郡守，朕所委寄以惠養元元者也。今漫不加省，復何賴焉。其各勤乃職，察吏之侵漁納賄者，劾按以聞。已戒敕三省官，間遣惟使，周行諸路，苟庇覆弗治，流毒百姓，朕不汝貸。自今軍事所須，並令州縣揭榜曉諭。餘依紹興元年五月二十四日詔旨施行，無或違戾。

（宋）**李心傳《建炎以來繫年要録》紹興六年十二月** 都官員外郎馮康國言，四川州縣，税色輕重不同。祖宗以來正税重者，折科稍輕，正税輕者，折科稍重。折科權衡，與税平準，所以無偏重偏輕之患。四川地狹民貧，行之百有餘年，常產之民，甚以爲安。近年川陝宣撫司隨軍漕臣與總司官屬，貪應辦之賞，矜措置之能，悉將祖宗兩税，舊法折科輒肆改易，反覆紐折，取數務多。折科一改，遂爲永例。棄業逃移，由茲而致。天聽高遠，聲何由聞。此蜀民之大患，朝廷之所未知也。伏望並行住罷，一遵舊例。詔如康國請行下，仍令憲臣察其不如法者。

（宋）**李心傳《建炎以來繫年要録》紹興九年三月** 殿中侍御史謝祖信言：和預買爲今日民間之病。有司從而變爲折帛錢，又其所甚病者。

今日固未能去，若處之使得其所，猶可以少紓民力。其説無他，惟均而已矣！近者知徽州吴偉明乞用税錢均敷，此徽及江東所宜耳，諸路未必可用。欲乞下諸路轉運司，各令條具所敷之宜。或以税錢，或以畝頃，使户無高下，人無貧富，凡有田産，以丈尺爲率，等而上之，合零就整，依夏税法。如此奸民猾吏詭名折産，無所容其倖，而所出均矣。詔户部措置。自承平時，官預俵買本，一縑千錢。時縑帛價廉，得錢於春，而輸縑於夏，所以優民也。軍興以來，官中無本可俵，名爲預買，其實白著。其後户部又令折錢，每匹爲十千或八千。比歲絹直稍平，而折錢不減，江浙之民，深以爲患。故祖信論之。

（宋）**李心傳《建炎以來繫年要録》紹興十一年七月** 癸卯，言者論旱魃爲虐，蓋州縣之閒有傷和氣者七事。昨降指揮，許江、浙折帛錢以十分爲率，紬折六分，絹折三分，綿折五分，紬絹匹八千，綿每兩五百，皆所以寬民力也。而州縣乃盡令折錢，一也！民閒積欠税務，比令分四科隨税帶納。而州縣應民閒七年、八年、九年積税，盡令一併送納，二也！諸州軍匠，盡赴軍器所充役，逃病死亡，殆無虚日。三也！此項今年四月壬申已得旨減退，不知何以如舊。頃者鎮江府起蓋倉屋二百餘閒，計其費不下十餘萬緡，皆民之脂膏，四也！頃以國公出閤，勳臣還朝，修建府宅；又興立營寨，爲諸軍老幼歸宿之地，雖不得已，豈免怨咨。五也！頃者復免行錢，既兼收於貧弱下户，復連及於鄉村下店，民有局鋪而廢業者，六也！獄者人命所繫，長吏或誤殺人，巡尉執平民以爲寇，七也！望特降睿旨，督諸路憲漕，求所以更張蠲免，裁減而禁戢之，勿爲文具，以召和氣。詔分送合屬去處，條具申尚書省。

（宋）**李心傳《建炎以來繫年要録》紹興十五年正月** 丁卯，四川宣撫副使鄭剛中乞減成都府路對糴米三分之一，本司激賞錢二十萬緡。時剛中於階、成二州營田，抵秦州界，凡三千餘，頃歲收十八萬斛。而軍撫司激賞錢已減爲一百萬緡，至此復有此請。上謂秦檜曰：累年民力少寬，此休兵之效也。其從之。

（宋）**李心傳《建炎以來繫年要録》紹興十五年二月** 乙未，權户部侍郎王鐵乞諸路州縣民户科折之數，自第一至第四等一例均敷。從之。先是講和赦書，以上户規避物力折爲下，自今令一等科敷。已而諸路多言貧民由此不能自存，有失朝廷憂恤之意，故鐵以爲請。

（宋）**李心傳《建炎以來繫年要録》紹興十六年七月** 江東轉運司、建康府言本府民户所欠官錢六萬餘緡，委是貧乏，無可催理，乞特賜蠲免。權户部侍郎李朝正乞令總領所審實蠲放。從之。先是，清河郡王張俊爲淮西宣撫使，駐軍建康。責部民子錢，息之不已。積不能償，則獻於朝。奏下，守臣敷文閣直學士晁謙之詰得其狀，立上言皆窮民，願勿責。上許之。謙之事，以晁公遡所作傳。又稱，謙之言於法不當償。今狀中乃無此語，疑公遡有所潤色也。《傳》又稱積數十巨萬不能償，亦與所申不合。今削此四字，令不牴牾。未知江東漕此時爲誰，當考其名增入。

（宋）**李心傳《建炎以來繫年要録》紹興十八年二月** 庚戌，入内東頭供奉官王晋錫幹辦内東門司。左朝請郎吕延年知蘄州代還，言：自五季之亂，江南李氏窮兵暴斂，害虐生民。乃於江西一路税苗數外倍三分，上應軍須。至開寶八年，李煜圖籍歸本朝而當時官但名爲沿納。蓋謂事非本朝刱立，特循沿李氏舊法也。積歲既久，而官司又以沿納一項錢米，支移折變。故里巷之民，銜怨李氏之聲猶在也。仰惟陛下憂民疾苦，如痛在躬。欲乞行下江南漕司，如委見本路田産步畝所載税苗倍於他路，即取旨量與裁定。仍乞將沿納一項錢米，特免支移折變。詔户部取索諸路色目，一體看詳申省。

（宋）**李心傳《建炎以來繫年要録》紹興十八年十二月** 戊辰，饒州進士張闡上書。乞將四等五等下户，紹興十七年已前拖欠冬苗，及諸色官物已倚閣者，即與蠲放。未倚閣者，即權倚閣。上謂大臣曰：如實無可納，徒有追擾，亦足矜也。乃付户部，既而户部乞諸路災傷及五分處下户，次十六年租税。除形勢外，並與蠲放，十七年分倚閣。如違，當職官重行黜責。仍令憲臣覺察。從之。户部奏下，在是月丁丑。

（宋）**李心傳《建炎以來繫年要録》紹興十八年十二月** 丙寅，詔提舉常平官分遣屬吏賑濟流民，且貸其春耕之費。先是，詔復民租十之八，而和糴尚存。海鹽丞丁安義語其令曰：歲飢，常賦且不充，不應復有和糴。使上官怒，安義當以身任之。檄屢至，安義抗論反覆，卒賴以免。

（宋）**李心傳《建炎以來繫年要録》紹興十九年三月** 己酉進呈。上曰：州縣官奉行如法，其推恩勿限員數。庶人人知勸。正經界、均賦税，

極爲便民。推行之初，臣僚有肆異議，圖沮壞者。暨平江均稅畢，紛紛之議始息。秦檜曰：當時獻議，欲使逐户自陳，豈無失實。上曰：李椿年通曉次第，中間以憂去。他官領之，便有失當處。尋以輔知合州。輔初見紹興十二年正月。時敕令所删定官鄭克經界四川，頗峻責州縣。其所謂省莊田者，雖蔬菜桑柘，莫不有征。而邛蜀閒民田，有什稅五者。由是迄今多逃田。克，開封人也。

（宋）李心傳《建炎以來繫年要録》紹興十九年六月　癸亥，左朝請郎趙善瑛知封州代還。論廣東諸州田稅，不足歲用。自祖宗以來，不問有無田産，常計丁歲納身米，以補常賦。每有收免丁者，於見納米人均增均減，其法甚備。今來州縣奉行不虔，隱落白丁，不可勝計。使見納丁米之人，無從均減。望令專一置籍，記其丁口，每歲稽攷，庶幾課役均一。詔户部措置。

（宋）李心傳《建炎以來繫年要録》紹興二十年二月　初，右朝請大夫路彬提點廣西刑獄公事代還，言：静江府昭州夏稅折布錢最重於諸州。蓋自都督行府一時措置。折納價錢，比舊增及一倍以上。廣西地瘠民貧，百姓艱於輸納，道遠不能赴愬。今寇盜寧息，海内晏清，自宜蠲減。是日，秦檜奏事畢。上諭曰：路彬言折布錢因張浚增及兩倍，可令户部看詳裁減。户部言：二郡歲撥上供布九萬二百八十一疋。欲於見納價上二分減一，每匹折納錢一千。從之。上又曰：昨令監司守臣任滿並以民事奏陳。彬可除職名，與見闕監司，以示激勸。彬奏疏以正月丙午降出，上諭大臣除彬職名，在二月戊午。今並書之。

（宋）李心傳《建炎以來繫年要録》紹興二十年九月　辛巳，詔川蜀諸縣鄉村民户家業，並用本名所管稅色物料，依見今州縣衮折則例，併紐稅錢。舊例，鄉村以典買田産陞降。至是左朝散大夫楊師錫知資州代還，論今田價比昔倍貴，或賣田及半，則所推價貫已盡，户下遂無等第差役科配。比之創買人户，極爲不均，故有是命。

（宋）李心傳《建炎以來繫年要録》紹興二十年十月　己丑，右朝散郎福建路提點刑獄公事孫汝翼言：泉、漳、汀三州，近經草寇，民多逃移。乞將三州諸縣，不以已未打量均稅，一切權行住罷。俟盜賊寧息日，申取朝旨施行。從之。以何白旗初平故也。汀在深山窮谷中，兵火之餘，舊籍無存者，豪民漏稅，常賦十失五六。郡邑無以支吾，於是計口科鹽，大爲民間之患。三州免經界，元降指揮不甚詳。此據淳熙中王回奏議修入。《日曆》，紹興三十年二月癸丑，右武大夫耿洪以獲何白旗之功轉一官。未知事在何時。去年五月丁酉劉寶等功賞，恐或相關。但耿洪乃受成閔節制，非實所部耳。淳熙十四年四月丙申，汀州經界。

（宋）李心傳《建炎以來繫年要録》紹興二十一年二月　壬寅朔，敕令所删定官魏師遜面對。論比年遠邇豐穰，而郡縣因米值之賤，乃於輸納之時，令民以苗米折錢，捨其所有，取其所無。民必又下其值以糶，所費何止一倍，是豐年適爲之病也。望申敕州縣，仍令監司覺察，民户越訴。從之。師遜，江寧人也。

（宋）李心傳《建炎以來繫年要録》紹興二十一年六月　甲戌，詔淮南諸州將請佃田土年限已滿之人，根括包占頃畝，依已降指揮起理二稅，用户部請也。先是，言者論淮南田土，昨來官司急於人之歸業請佃，不究頃畝多寡，止憑所乞，遂給與之。其間皆是擇膏腴，廣包占，故租稅所取無幾。近年田野加闢，年穀屢登，而爲坐享農者厚利。乞依舒州已得根括指揮，令民户五家爲甲，限一季自陳，結無隱匿罪狀，官司致籍。如出限或所陳不實，致有人告，即差官打量出給告人，仍追積年租稅入官。本部看詳，欲依所乞，故有是命。舒州根括指揮，據臣僚劄子，稱在紹興十九年，未見月日。當考。

（宋）李心傳《建炎以來繫年要録》紹興二十一年十月　右朝請大夫王伯淮知臨江軍代還，言：清江縣有苗稅錢四十餘貫，苗米四百餘石。人煙田産，竝在筠州高安縣。上項苗稅，在經界法謂之寓佃，在鄉村謂之包套。未經界之前，尚可追理，經界既定，兩縣各隨産經量承認本鄉元額稅苗，則清江有稅無田，高安有田無稅。又兩縣一時結局，清江不免以無田之稅，增均於元額之田；高安即以無稅之田，減均於元額之稅。是高安得偏輕之利，清江得偏重之害矣！望下本路究實改正。詔委本路轉運判官盧奎。先是，淳化中建筠州之瀟灘鎮爲郡，割高安之兩鄉以隸之。繇是有交鄉寓佃之弊。伯淮，資深子。奎，邵武人也。

（宋）李心傳《建炎以來繫年要録》紹興二十三年十月　祕書省著作佐郎丁婁明面對，言州郡稅額，自祖宗以來，取之有制，而吏弗遵守。乃

於額外誅求，以助公帑。望詔有司，凡諸州於額外收税，及增置專欄，非理搜檢者，長吏而下，悉置典憲。仍委監司案劾。翌日進呈，上可其奏。因諭曰：婁明所論，多是專欄等作過。其間監官或通知，利不盡歸公家，而害及百姓，如臨安尤甚。可命曹泳與漕司多方約束。

（宋）李心傳《建炎以來繫年要録》紹興二十三年閏十二月　初，朝請大夫黄子游知池州代還。論：青陽縣苗税多於諸縣，有至十倍或七八倍者。如青陽縣每畝上等四三斗，貴池縣四升，建德縣四升七合，東流縣六升之類是也。一州之内，而輕重不同如此。地土肥瘠高下，不能相遠。臣詢訪其故，因南唐李氏嘗以青陽縣爲宋齊邱食邑，人户每畝納三升，爲食邑之數。後來因爲税額，望下轉運使究實，比附鄰縣所納，酌中裁定。詔户部看詳取旨。至是有詔減苗税二分半，課米二分。歲爲錢千八百緡，米萬七千石。然議者猶謂所減乃經略虚增之數，而齊邱重額未嘗損云。子游奏下，《日厤》繫之紹興二十一年十一月戊午。自後不見如何施行。胡兆《秋浦志》載此事云，紹興二十二年申獲指揮。故附此年末。熊克《小厤》稱江東轉運常平司爲之請，蓋誤。《秋浦志》中所載乾道六年陳升鄉建明取會事，爲子游所請，而不詳考之也。克又稱青陽縣上田每畝一斗九升，亦與子游元奏不合。案乾道六年二司所奏，有云：上田青陽縣每畝納一斗九升八合。此乃減苗税二分半，課米二分之後數目，非子游元奏之時，克實甚誤。餘具乾道六年五月。

（宋）李心傳《建炎以來繫年要録》紹興二十五年十二月　詔監司約束所部州縣，受納秋苗不得過加收耗。先是，監察御史王珪以大宗正丞入對。言今之急務，莫先於富國裕民。今四境無虞，干戈不用。而小有水旱，一方之人，多致流離死徙，不能自存。且以目前利害言之，蠹民之財，莫甚於輸納二税之弊。大率加耗之人，或過於正數，官收一歲之賦，而民輸兩倍之租。中下之家，逃租棄産，漂寓他鄉者，往往而是。朝廷雖申嚴約束，而州縣公肆斂取，無所畏憚，唯其所説，可以藉口，循習之久，不以爲怪也。臣愚以謂莫若度州縣所用多寡之數，立爲定例，使上下通之。此外不得分毫有所須索。必重寘典憲。不唯少寬民力，亦使官租易辦。公私之利，無以踰此。故有是命。

（宋）李心傳《建炎以來繫年要録》紹興二十六年正月　詔江、浙、荆、湖諸路，自紹興二十二年以前未起諸色錢物租税等，其形勢并第二等已上有物力之家，見欠數目，並與除放。令州軍日下銷落簿籍，如巧作名目催理者，監司按劾取旨，重作施行。

（宋）李心傳《建炎以來繫年要録》紹興二十六年二月　甲申，執政進呈權刑部尚書韓仲通看詳知鬱林州趙不易便民五事。内雷、化等州民間納苗，多令折錢，擾民爲甚。欲令並納正色。上曰：百姓足，君孰與不足。百姓之財，乃國家之外府，安可盡取。但藏之於民，緩急亦可以資國用。

（宋）李心傳《建炎以來繫年要録》紹興二十六年三月　戊辰，詔淮南漕臣樓璹剏立罪賞，令人告首侵耕冒占田，多收租課。致農民重困。可下轉運司相度，條具利害申尚書省取旨。既而轉運副司蔣璨言：璹初被除命，受權臣指意，根括人户，侵耕田土，重立罪賞，許人陳告，急若星火。兼出納租課，皆不的實。今每歲侵耕之田，所輸米豈二萬餘數。在於有司實同毫末。而數州之民，擾費不少。欲放免三年。俟三五年内，人户開墾數多，從本司審實申奏，聽候寬恤處分。如此則歸業衆多，稼穡增廣。誠爲淮甸久遠大利。從之。孫覿撰《蔣璨墓志》：公在淮南，言朝廷募人治淮上廢田，設有侵冒，變斥鹵爲桑田，奚不可。而無賴告訐，官吏追呼，無寧居者。令丞職任勸耕，實擾之也。以故良田上腴，蕪没爲汙萊，爲可惜矣。令欲占田者免租税三年，使肆耕其中，人人歆艷，相慕相生，無曠土矣。而後按所占田，簡徭薄賦，積穀實邊，爲公私百世之利。不亦善乎。按《日厤》所書，乃是得旨令璨相度利害，非其建請也。今併附此，更須詳考。奏下在今年四月甲午。

（宋）李心傳《建炎以來繫年要録》紹興二十六年九月　丁卯，國子正陳天麟言：比年以來，歲多豐稔。然間有水旱，細民就食他郡，其逃去之常賦，乃責之催科保長。臣親見宣城、廣德、建平三邑之患如此。宣城自經界時，椿閣逃户，凡物帛九百餘匹，米三千餘石。廣德以近年水旱逃户，所逋物帛一千八百餘匹，米亦三千餘石。建平逃户，物帛一千四百餘匹，米二千二百餘石。皆額在而民去，取辦保長，以塞上司之責。至於監繫笞箠，破産敗家。臣所見三縣如此，其他亦可□見矣。欲望令户部行下監司州郡，檢視逃户，委實保明聞奏。乞與倚閣三年或五年，則人自歸業，卻行起理。庶幾愛惜根本。詔户部看詳申省。

（宋）李心傳《建炎以來繫年要録》紹興二十八年正月　直祕閣湖北

轉運判官羅孝芬言：湖北州縣，比歲殘破，亡失版籍。乃有以丁增税者，每一丁受種七㪷或丁多田少，或有丁無田，概責其人，甚爲民患。況姦猾之民，以隱匿而獲輕免，貧懦之家，以無貲而受實害。乃有增賦至二十餘倍者，人有亡歿，税無蠲除，安有措置。若是，而民不流徙。望許人自陳，令監司覈實改正。從之。

（宋）李心傳《建炎以來繫年要録》紹興二十八年十月 初，有旨盡鬻諸司官田。而議者以爲恐見佃人失業，未賣者失租。至是，侍御史葉義問力言：今盡鬻其田，而立爲正税，田即歸民，税又歸官，不獨絶欺隱之弊。又可均吏役之法，一舉而四得之矣。時浙東提點刑獄公事邵大受亦申明三事，乞承買官産者，免物力一年。至三年已給賣後，不許執鄰取贖。舊六十日輸錢不足者，錢没官，别召人投買，今倍其日。皆從之。

（宋）李心傳《建炎以來繫年要録》紹興二十九年六月 初，行在諸軍馬料歲用大麥七十萬斛，其半令浙西諸郡民以苗米折納。至是平江、湖、秀三郡積水冒田，有司請令民間每米一斛，輸稻穀倍之。中書舍人兼權樞密都承旨洪遵言：三郡連年水災，民食不繼。今麥價不下于米，奈何指夏以爲秋，衍一以爲二，使之剥膚竭髓，終擠溝壑。乞令三郡盡免科折。餘郡則以苗一斛折麥一斛五㪷庶民間可以折納，不至重困。事下户部，復不行。遵在中書兼承密旨，每邊防民隱，必爲上言之。北人索絳陽郭小的、安化劉孝恭等三百家，遵執不可。軍器利弊，命遵料簡。遵區别良窳，衆謂熟於軍旅者所不及。由是上意益嚮用之。二事以遵行狀附見，其月日當考。

（宋）李心傳《建炎以來繫年要録》紹興三十年十一月 庚辰，殿中侍御史陳俊卿言：比年江西、湖廣米㪷方數十錢，而職田米乃令折價至三四千，監司守倅，利其豐於己而莫敢問。如永之祁陽，乃監司職田之所聚，爲縣令者，惟於諸司職租不乏，則蔫削可盈。不知斯民何辜，而取其膏血以自媒也。按令，職田折錢而增直者計贓。望今後只令納本色，監司守倅毋得違戾。從之。

（宋）李心傳《建炎以來繫年要録》紹興三十一年十一月 太府少卿總領四川財賦王之望言：諸州人户典賣田宅合收契税錢，失陷最多。蓋緣所收窠名，七分隸經總制，三分屬係省。諸州以係省所得既少，不復經意。其在民間已交易契書，不行拘催投印，已納在官錢物，京不盡實收附。今欲將四川州縣田契税錢，從本所措置拘收。將收到錢，取新立經總歲額、及係省數目撥還逐處外，餘數乞不立爲額，仍免分隸諸司，盡撥赴本司，應副大軍支遣。無損於民，有利於官，所補不細。從之。時軍事方興，調度日急。之望一日與官屬泛舟嘉陵江。酒酣，謂左宣教郎本所幹辦公事何耆仲曰：吾比得蜀中富民隱契税錢，可以佐調度。耆仲曰：今日之事，縱如紹興初用兵時冉家灣，丁劉圈、和尚原醲賞之數，在本所之積尤枝梧，柰何當困弊之餘，自戕其根本？且向之富民，即今之鬻田者。設有隱税，所得幾何？公前日持無科配之説，今遽行此，與科配何異？之望不從。於是遣官置司，會三年飛甲之籍。限滿不首，許諸人告，依法論罪，以田宅準元價三分之一没官，以没官之半給告人。凡嫁資遺囑，及民間葬地，隱其直者，視鄰田估之。雖産去券存，亦倍收其賦。於是歲中得錢四百六十七萬餘引。而極邊所捐八郡，及瀘、夔等未輸者十九郡不與焉。紹興三十二年十月，王之望申已委官去處三十三州合納錢四百六十七萬九千九百三十九道係則今年十月終申到數。下項一十九州，近方委者，未見申到數目。黎、盧、龍、巴、忠、興、施、黔、劍、文、金、夔、開、達州、南平、梁山、大安軍、富順、大寧監。下項八州，係邊遠去處，更不差官。威、茂、珍、階、成、西和、鳳州、長寧軍。下項五州。陳首未盡，見行展限。成都府、閬、簡、涪、萬州。詳見本年月。之望因劾耆仲離間他司，遂罷去。耆仲，青城人也。

（宋）洪邁《容齋續筆》卷七《田租輕重》 李悝爲魏文侯作盡地力之教云：一夫治田百畮，歲收粟百五十石，除十一之税十五石，餘百三十五石。蓋十一之外，更無佗數也。今時大不然，每當輸一石，而義倉省耗别爲一斗二升，官倉明言十加六。復於其間用米之精麤爲説，分若干甲，有至七八甲者。則數外之取亦如之。庚人執概從而輕重其手，度二石二三斗乃可給。至於水脚、頭子、市例之類，其名不一，合爲七八百錢，以中價計之，并僦船負擔，又須五斗。殆是一而取三。

（宋）洪邁《容齋續筆》卷一六《宋齊丘》 自用兵以來，令民間以見錢紐納税直既爲不堪，然於其中所謂和買折帛，尤爲名不正而斂最重。偶閲大中祥符間太常博士許載著《吴唐拾遺録》所載，多諸書未有者。其《勸農桑》一篇，正云吴順義年中，差官興版簿，定租税，厥田上上

者，每一頃税錢二貫一百文；中田一頃税錢一貫八百；下田一頃千五百。皆足陌見錢。如見錢不足，許依市價折以金銀并計。丁口課調亦科錢。

（宋）趙與時《賓退録》卷六 《容齋五筆》載：饒州，慶元四年九月十四日嚴霜連降，晚稻未實者，皆爲所薄，不能復生，諸縣皆然。有常產者，訴于郡縣。郡守孜孜愛民，有意蠲租。然僚吏多云，在法無此。又云，九月正是霜降節，不足爲異。按白樂天諷諫《杜陵叟》一篇：九月霜降秋早寒，禾穗未熟皆青乾。長吏明知不申破，急斂暴征求考課。此明證也。豈非昔人立法之初，所謂旱霜之類，非如水旱之田，可以稽考，懼貪民乘時，或成冒濫，故不輕啓其端。今日之計，固難添創條式；但凡有災傷出于水旱之外者，專委良守令推而行之，則實惠及民，可以求其流亡之禍，仁政之上也。此皆洪説。余按《北史·盧勇傳》：山西霜儉，運山東租輸，皆令實載，違者罪之。唐馬周奏疏云：往貞觀初，率土霜儉，一匹絹纔易斗米，而天下帖然者，百姓知陛下憂憐之，故人人自安，無謗讟也。《北齊書》、《隋書》亦有直云霜旱者。由是推之，唐初以前，必皆有蠲租故事，中世方不然。又知其名，爲霜儉、霜旱。有能援以言上，聖明之朝，當無不從也。

（明）張四維《名公書判清明集》卷一《官吏門·申儆·勸諭事件於後真西山》 前在任日曾約束，輸納二税自有省限，官司先期催納，在法非輕。至於預借税租，法尤不許。若公吏私借者，準盜論。今聞屬縣有未及省限而預先起催者，有四年而預借五年之税，五年而預借六、七年之税者，民間何以堪此。仰自今爲始，須及省限，方行起催，仍只催當年及遞年未納税賦，不許更行預借，所有公吏私借之弊，併委知縣嚴行覺察，務令盡絶。

前在任日，應官、民寺觀輸納税米，並令自量自概，上又概下三升爲耗，諸縣亦一體施行。今聞諸縣受納更不照前約束，甚至取及二、三㪷者。自今仰並照州倉交納體例，令納户自行量概，毋致少有過取。其案吏、倉㪷非理乞覓，一切除罷，受納官宜以身率下，庶幾可革蠹弊。

昨來節次約束，遞年逃閣之數當與除豁，不許勒令保長代輸。其就州納者，州鈔下縣，縣吏不得藏匿，立請主簿銷註。其就縣納者，即與印鈔給還，仍對銷官簿，不許重疊追催，及以呈鈔爲名，輒行追擾。今來訪聞諸縣於前數弊，色色有之，人户不勝其苦，爲保長者尤所不堪，甚至保正、副本非催科之人，亦勒令代納，違法害民，莫此爲甚。仰諸縣截自日下，並行革去。

昨宋大卿在任，剙令第五等户產錢一文，納見錢七文足，應干縻費已併在中。今來訪聞諸縣公吏於七文之外，又取縻費，或反多於正錢，殊失前政寬恤之意。今仰悉從革去，正錢之外，不得增添分文，反爲下户之困。

（明）張四維《名公書判清明集》卷三《賦役門·催科·巡檢催税無此法蔡久軒》 自信州來者，皆言巡檢在彼催税，何待張天驥狀然後知之。巡檢催税固不可，吏貼就寨催税，有此法乎？姦吏與悍卒並同，其流毒四出也。固宜且照所申緩追，候本司探問得實，專人追之以來，併帖示巡檢。

（明）張四維《名公書判清明集》卷三《賦役門·催科·州縣不當勒納預借税色蔡久軒》 當職入信州界，鋪寨兵則論縣道欠其衣糧，都保役人又論縣道勒納預借，謂如五年田方夏秋米已交足，又借及六年之米。剥下如此，所不忍聞。知縣或奮由科第，或出於名門，豈其畧無學道愛人之心哉？諒亦迫於州郡期會、軍兵糧食之故。訪聞預借始於近年，同此郡縣，昔何爲而有餘，今何爲而不足？任牧養撫字之責者，盍於源頭上討論一番，自州寬縣，自縣寬民，庶幾一郡百姓，漸有甦息之望。今賢而明者，但有顰蹙歎息，謬而闒者，又縱吏舞姦吏舞智其間。如預借税色，既不開具户眼，止據吏貼敷秤數目，抑勒都保，必欲如數催到，錢物或歸官庫，或歸吏手，亦何所稽考。爲百姓與都保者，不亦苦哉！今雖未能盡革，亦須以漸講求，牒州帖縣，各以牧養撫字爲念，共議所以寬一分者。所論縣吏取乞，且帖各縣，於被論人内擇其尤甚，謂如乾没百姓、都保錢、會，不以輸官者，斷刺一二，以謝百姓，其贓多者解赴本州施行。仍牓縣市。

（明）張四維《名公書判清明集》卷三《賦役門·催科·頑户抵負税賦胡石壁》 趙桂等抵負國税，數年不納，今追到官，本合便行勘斷，懲一戒百。當職又念爾等既爲上户，平日在家，爲奴僕之所敬畏，鄉曲之所

仰望，若一旦遭撻，市曹械擊，則自今已後，奴僕皆得侮慢之，鄉曲皆得欺虐之，終身擡頭不起矣。當職於百姓身上，每事務從寬厚，不欲因此事遽生忿嫉之心各人且免勘斷。但保正、户長前後爲催爾等税錢不到，不知是受了幾多荊杖，陪了幾多錢財，若爾等今日恁清脱而去，畧不傷及毫毛，則非惟姦民得計，國賦益虧，而保正、户長亦不得吐氣矣。案具各鄉欠户姓名，錮身趙桂等以次人，承引下鄉，逐户催追，立爲三限，每限十日，其各人正身並寄收廂房，候催足日方與收納本户税。如違不到，照户長例訊決。一則可以少紓户長之勞，一則可以薄爲頑户之戒。

（明）張四維《名公書判清明集》卷三《賦役門·催科·已減放租不應抄估吏人貲産以償其數葉提刑》 贛州嘉定十四年旱歉，比諸州最甚，而減放分數最少。臺臣論列，有旨施行，今有減放，未盡去處，優加寬恤。漕、倉兩司節節行下，而本州竟不肯實減本年苗數，僅以十二、十三年十縣殘苗塞責，已非後實減放矣。其事既申朝廷，徧報諸司，榜示民户，乃復於守臣將離任之際，再責諸縣舉催，急於星火，此何理也？諸縣催剥如故，惟信豐寧知縣以撫字爲心，不敢奉命。本州遂將縣吏李仲等一十四家抄估貲産，以償其數。本州適遇歲惡，視民秦越，畧無救災恤患之意，已失長民之職，其所施行，又自相背戾，上不有朝廷，下不有諸司，率意肆行，使吏民皆受其禍，虐政有甚於此者乎！且吏人犯枉法贓，或侵盗官物，則有估籍之條，未聞不催已蠲之租而可以抄籍者也。況數家非皆當行吏人，尤爲濫及無辜。近制：抄估合申本司審覆。本州亦無一字關白，是國家法度行於天下，而獨不行於贛一郡矣。但當時書擬、判行等官各已替去，不欲案劾。承吏劉輝、游文質各脊杖十五，配鄰州，都吏程佾勘杖一百，勒罷。牒縣將所估賣到家業錢，限一日發下原估官，給還買業之人，以原業歸其主。甚已估未賣者，並與給還。所有已蠲之租，諸縣並不得再催。申朝廷、牒轉運司、報諸縣並照會，仍牓縣市。

（明）張四維《名公書判清明集》卷三《賦役門·催科·州縣催科不許專人劉後村》 通天下使都保耆長催科，豈有須用吏卒下鄉之理！若有耆保不服差使，州縣自合追斷，枷項，傳都號令，孰敢不畏？今州縣皆曰官物不辦，因不差專人之故。去年蔡提刑任内亦禁專人，亦自不妨州縣催科。無政事則財用不足，恐有之矣，未聞無專人而財用不足也。苗、絹失陷，緣人户規避和糴，飛走産錢之故，今不覈版籍，併産税，整理失陷，而歸咎於不專人，豈不與近日朝廷詔旨、臺諫申請背馳乎？當職舊曾試邑作郡，未嘗專人，亦未嘗闕事，近日雖連被版曹督責，終不肯專人至饒州及徽州、南康。縱使州縣力能撼搖，當職不過歸奉宮觀。當職平生無意仕宦，決不以浮議輒差專人。案牒帖報州縣，仍牒諸司。

（明）張四維《名公書判清明集》卷三《賦役門·限田·父官雖卑於祖祖子孫衆而父只一子即合從父限田法闕宰瑨》 限田官品，當後一高，蓋使從其優也。若曾、高官品分衆子孫，視其父所得之限爲多，則固當從高，若曾、高與祖官品雖高，而子孫已衆，以分法計之，所得不多，而其父之官雖卑於祖，所得之限差勝，則却應用父之限。若使必用其祖，而置其父勿論，則祖是七品而有五子，父是九品而只一子，其父所得限田乃皆無用。今陳某之祖官六品，合得田二十五頃，而有四子，亡殁減半，四子分之，每人合得三頃有零；其父雖是七品，却自合得二十頃，亡殁減半，猶合得十頃。所謂蔭補，若原非七色補官，合用官品而實與自擢科第一般，特原是七色非泛而奏補子孫，則不可比科第者爾。本縣若必欲陳某以祖官品分析限田爲當役，則固未可，但却有所當契勘，陳某之父凡有幾子，陳某若有兄弟，合用分法，則限田又自無多。兼本縣但均其産，以爲十頃有餘，而不曾明行勘會田産實有若干，瞻塋之田固不應豁出，其他山林之類，皆有比折法。十四貫之産錢，決不止於百畝之産，明矣！此項最爲的實，而本縣未曾着實根究，遂使頑者得以爲詞。兩争人並知在，帖縣，限十日監鄉司從實根究，要見陳某目今見管佃田畝若干，或用産錢比算，亦合照鄉例從實指定，無容鄉司巧行賣弄。仍請下鄉保，係勘會陳某有無兄弟，逐一具申，以憑施行。

（明）張四維《名公書判清明集》卷三《賦役門·限田·申發干照建陽丞》 準使帖，追究鄉司及勘會耆保，見得陳鈐幹只有分曉所管田産，除在外州難以勘當，本縣見管産錢簿籍者計八貫五百一十六文，又有諸里烝嘗六貫一百四十七文，又一項崇正里九百三十三文，通計一十五貫六百三十三文。本府及諸縣官民所立烝嘗，無如此之盛者，其爲詭立可見。今據陳某之子陳鎔供稱，烝嘗見有支書，係作四分，則陳某一分，亦自見管産錢一貫八百文。況彼三分，或居外州，其田並已倍併入陳某之家，見收

租管業。緣產錢視田美惡，多寡不等，合遵照使判，盡索陳某干照，計算頃畝，其陳某復乃推稱原契等並發上提舉司，致無可憑計算，反得以此罔惑官司。今使限已逼，合先具此因依申乞使臺監陳某就索原發去契書，送還僉廳，就追所隸鄉司江壬，見在本府銷註，一併計算，聽從明斷施行。見索到烝嘗砧基簿并支書各一本，又正契一十九道，隨狀申發，取自指揮。

（明）張四維《名公書判清明集》卷三《賦役門·稅賦·戒攬户不得過取胡石壁》　當職軫念郡民困於賦斂之重，故於去歲秋苗，特與減斛面米，罷市利錢，蓋將以惠服田力穡之農也。又慮攬户欺罔愚民，仍前多取，復與立定規約，令除輸官之外，所贏不得過三分。既見之鏤牓曉示，又勒各人責其決配罪狀，付案爲照，三令五申，亦云至矣，意謂幽遠小民，必已俱被其澤。兹因張燈之夕，村夫野老雜沓户庭，當職微服詭辭，問所疾苦，言及稅事，莫不蹙然以悲，多者一㪷納及千六以上，少者亦不在千二以下。參考衆論，如出一口。若是則攬户之取盈，不啻加陪於官府矣，何無忌憚之甚！誅之不可勝誅，不誅則無以示戒，合擇其太甚者，懲治一二，以警其餘。魏六乙、周七乙各決脊杖十五，刺配本州，枷項市曹，示衆十日，餘人責戒勵一次。仍備榜。

（明）張四維《名公書判清明集》卷三《賦役門·受納·義米不容蠲除合令照例送納胡石壁》　義米之增，其來已久。揆之於法，雖非所宜，然推原其由，亦是因郡計窘縮之故，不得已而爲之，非皆作法於貪也。區迪功之訴於上臺，其詞固不可謂之不直，但本府兩縣，凡有田之家，無多無少，皆是如此輸納。官司逐年靠定此米，以充經常之用，一日去此，則官吏欠四、五月之俸，士卒欠四、五月之糧，不復可以爲州。爲太守者，雖廉如夷、齊，循如龔、黄，亦無緣可以去之。非不欲去也，蓋以官吏決不可以數月無俸，士卒決不可以數月無糧也。兩縣之間，非無豪富之家，非無健訟之人，皆俯首帖耳，甘心聽命，無一人有詞者，亦知其勢不得行耳。兩縣之人皆無詞，而區迪功乃獨有詞，何哉？本府當來若見得此米當去，則當一切蠲除，不當獨免區迪功之一家；若見得不可去，則當條具利害，申聞上臺，不當泯泯而止免一家，而不免兩縣，則是放飯流歠而問無齒決也。有詞者則得免，無詞者則不得免，則是吐剛茹柔，虐煢獨而畏高明也。當官而行當如是乎？當職假守兩年，未嘗分毫過取百姓，官吏士民皆知之，天地神祇與聞之。乃者受納秋苗，減斛面米，罷市利錢，會無一毫靳惜，使此義米可去，則必不待來年然後已矣。以當職拳拳爲民之心如此其切至，尚不能去，則豈是州郡之虐取哉？大桀、小桀，故賢者之所不爲，大貉、小貉，亦賢者之所不能也。本府每歲苗額，相近二萬，倉廩之盈虚，固不以一家爲輕重，第一家既免，則人人皆將援例，不從則無以爲詞，從之則無以爲繼，合勒令照衆例送納所有三年内未納之米。今不欲監賠，訪聞其家頗好施舍，近見躍龍橋未有屋宇，自欲捐金捐廪，成此美事，若果能如此，當以此米爲助。帖知縣更行勸諭。

（宋）王應麟《玉海》卷一七九《食貨·貢賦·天聖減畿内民租》　元年九年正月辛未，減畿内民租。《志》，仁宗嗣位，首寬畿縣田賦。慶曆中，患賦役之煩，詔下諸路上其數，俾大臣議蠲減。

（宋）王應麟《玉海》卷一八五《食貨·會計·至道版籍式》　元年六月己卯，詔重造二稅版籍。頒其式於天下。

《宋季三朝政要》卷二〔淳祐五年春〕申嚴稅賦重催抑勒之禁。

《宋季三朝政要》卷二〔淳祐四年九月〕詔兩浙郡邑夏稅折帛，並以楮準錢。

《宋季三朝政要》卷三〔景定元年三月〕蠲放北兵所踐州縣稅。

【略】

〔景定元年四月〕蠲放北兵所踐州縣稅。**【略】**

〔景定三年八月〕癸巳，以久雨出封樁庫楮上二十萬賑三衙諸軍，豐儲倉米濟都民。

《宋史》卷一《太祖紀》〔建隆元年〕六月癸酉，有星赤色出心。辛未，拔澤州，筠赴火死。命埋胔骼，釋河東相衛融，禁剽掠。甲申，免澤州今年租。有星赤色出太微垣，歷上相。乙酉，伐上黨。丁亥，筠子守節以城降，赦之。上如潞。辛卯，大赦，**【略】**免附潞三十里今年租。

《宋史》卷一《太祖紀》〔建隆二年春正月〕壬子，商州鼠食苗，詔免賦。謂宰臣曰：比命使度田。多邀功弊民，當慎其選，以見朕意。

《宋史》卷一《太祖紀》〔乾德元年七月己巳〕詔免荆南管内夏稅之半。**【略】**乙亥，詔繕朗州城，免其管内夏稅。

《宋史》卷一《太祖紀》〔乾德元年八月〕癸巳，蠲登州沙門島民稅，令專治般渡馬。

《宋史》卷一《太祖紀》〔乾德二年夏四月己酉〕免諸道今年夏稅之無苗者。

《宋史》卷二《太祖紀》〔乾德四年二月〕甲子，免西川今年夏稅及諸徵之半，田不得耕者盡除之。

《宋史》卷二《太祖紀》〔乾德五年七月〕己酉，免水旱災户今年租。

《宋史》卷二《太祖紀》〔開寶元年〕六月癸丑朔，詔民田爲霖雨、河水壞者，免今年夏稅及沿徵物。

《宋史》卷三《太祖紀》〔開寶五年〕六月己丑，河決陽武，汴決穀熟。丁酉，詔：淫雨河決，沿河民田有爲水害者，有司具聞除租。

《宋史》卷三《太祖紀》〔開寶七年十一月〕丁亥，秦、晋旱，免蒲、陝、晋、絳、同、解六州逋賦，關西諸州免其半。

《宋史》卷三《太祖紀》〔開寶八年五月〕乙酉，詔武岡、長沙等十縣民爲賊鹵掠者蠲其逋租，仍給復一年。

《宋史》卷三《太祖紀》〔開寶八年十二月〕辛亥，免開封府諸縣今年秋租十之三。

《宋史》卷三《太祖紀》〔開寶九年三月〕庚辰，賜河南府民今年田租之半，奉陵户復一年。

《宋史》卷四《太宗紀》〔太平興國七年十二月〕庚午，蠲兩浙諸州太平興國六年以前逋租。

《宋史》卷四《太宗紀》〔雍熙元年〕三月丁巳，滑州河決既塞，帝作《平河歌》賜近臣，蠲水所州縣今年租。

《宋史》卷五《太宗紀》〔雍熙二年九月丙午〕及蠲江、浙諸州民逋租。

《宋史》卷五《太宗紀》〔端拱元年二月〕己亥，詔瀛州民爲敵所侵暴者賜三年租，復其役五年。

《宋史》卷五《太宗紀》〔淳化元年〕秋七月丁丑，太白復見。是月，吉、洪、江、蘄、河陽、隴城大水。開封、陳留、封丘、酸棗、鄢陵旱，賜今年田租之半，開封物給復一年。京師貴糴，遣使開廩減價分糴。

《宋史》卷五《太宗紀》〔淳化元年八月〕是月，京兆長安八縣旱，賜今年租十之六。蠲舒州宿松等三處魚池稅。

《宋史》卷五《太宗紀》〔淳化元年九月〕是月，蠲滄、單、汝三州今年租十之六。

《宋史》卷五《太宗紀》〔淳化元年冬十月〕是月，以乾鄭二州、河南壽安、等十四縣旱，州蠲今年租十之四，縣蠲其稅。

《宋史》卷五《太宗紀》〔淳化元年十一月戊戌〕是月，蠲大名府管內今年租十之七。

《宋史》卷五《太宗紀》〔淳化四年〕辛巳，遣使按行畿縣，民田被水者蠲其租。

《宋史》卷五《太宗紀》〔淳化五年九月〕辛酉，遣使分行宋、亳、陳、潁、泗、壽、鄧、蔡等州按行民田，被水及種蒔不及者並蠲其租。

《宋史》卷五《太宗紀》〔淳化五年〕夏四月壬午朔，詔除天下主吏逋負。

《宋史》卷五《太宗紀》〔淳化五年二月〕辛亥，詔除劍南東西川、峽路諸州主吏民卒淳化五年以前逋負。

《宋史》卷五《太宗紀》〔淳化五年春正月〕辛巳，詔除兩京諸州淳化三年逋負。

《宋史》卷五《太宗紀》〔至道元年正月戊申朔〕蠲諸州逋租，蠲陝西諸州去年秋稅之半。

《宋史》卷五《太宗紀》〔至道元年二月丙午〕蠲襄、唐、均、汝、隨、鄧、歸、峽等州去年逋租。

《宋史》卷五《太宗紀》〔至道元年〕秋七月丙寅，除陳、許等九州及光化軍今年夏稅。

《宋史》卷五《太宗紀》〔至道二年秋七月〕戊辰，蠲峽路諸州民去年逋租。

《宋史》卷六《真宗紀》〔至道三年十一月丙寅〕詔緣山陵役民賜租有差。

《宋史》卷六《真宗紀》〔咸平元年〕是歲，定州雹傷稼，遣使振恤，除是年租。

《宋史》卷六《真宗紀》〔咸平元年夏四月〕己酉，遣使按天下吏民逋，負悉除之。

《宋史》卷六《真宗紀》〔咸平元年六月〕丙辰，以旱免開封、二十五州軍田租。

《宋史》卷六《真宗紀》〔咸平二年二月丙申〕蠲天下逋負。

《宋史》卷六《真宗紀》〔咸平三年〕十一月乙亥，鄆州決河塞。戊寅，均畿內田税。十二月庚申，罷京畿均田税。

《宋史》卷六《真宗紀》〔咸平四年六月〕丁巳，詔東川民田先爲江水所害者除其租。

《宋史》卷六《真宗紀》〔咸平五年〕夏四月壬申，詔陝西民輓送緣邊芻糧者，賜租之半。

《宋史》卷六《真宗紀》〔咸平五年夏四月〕丙戌，賜深、霸九州民租有差。

《宋史》卷六《真宗紀》〔咸平五年五月〕乙巳，蠲天下逋負。

《宋史》卷七《真宗紀》〔咸平六年八月丙子，詔〕蠲棣州民租十之三。

《宋史》卷七《真宗紀》〔景德元年夏四月丙辰〕以溪蠻寧息，民多復業，蠲澧州石門縣租二年。

《宋史》卷七《真宗紀》〔景德元年〕五月甲申，邢州地連震不止，賜民租之半。

《宋史》卷七《真宗紀》〔景德二年春正月癸酉〕京西民轉送軍儲者賜租十二。

《宋史》卷七《真宗紀》〔景德三年三月〕辛亥，免隨州光化民貸糧。

《宋史》卷七《真宗紀》〔景德四年冬十月甲寅，詔：〕蠲宜柳象州、懷遠軍丁錢及夏秋租，桂、昭州秋租。

《宋史》卷七《真宗紀》〔大中祥符二年秋七月〕乙亥，蠲京東、徐、濟七州水災田租。庚辰，蠲天下封禪赦前逋負千二百六十六萬緡。

《宋史》卷七《真宗紀》〔大中祥符二年九月乙亥〕詔內臣恤視，蠲來年租。

《宋史》卷八《真宗紀》〔大中祥符四年秋七月〕己丑，詔先蠲濱、棣州水災田租十之三，今所輸七分更除其半。

《宋史》卷八《真宗紀》〔大中祥符四年八月丙午〕詔除畬田租。

《宋史》卷八《真宗紀》〔大中祥符五年五月〕丁亥，免棣州租十之三。

《宋史》卷八《真宗紀》〔大中祥符七年〕是歲，淮南、江、浙飢，除其租。

《宋史》卷八《真宗紀》〔大中祥符七年夏四月〕己未，賜淮南諸州民租十之二。

《宋史》卷八《真宗紀》〔大中祥符七年八月〕乙卯，除江、淮、兩浙被災民租。

《宋史》卷八《真宗紀》〔大中祥符九年〕諸州有隕霜害稼及水災者，除其租。

《宋史》卷八《真宗紀》〔天禧元年〕鎮戎軍風雹害稼，詔蠲租賦。

《宋史》卷八《真宗紀》〔天禧元年六月〕戊寅，除昇州後湖租錢五十餘萬，聽民溉田。

《宋史》卷八《真宗紀》〔天禧四年冬十月〕甲辰，減水災州縣秋租。

《宋史》卷八《真宗紀》〔天禧五年三月〕辛丑，京東、西水災，賜民租十之五。

《宋史》卷八《真宗紀》〔天禧五年〕冬十月癸卯，蠲京東西、淮、浙被災民租。

《宋史》卷九《仁宗紀》〔天聖元年〕秋七月壬申，除戎、瀘州虛估税錢。詔：職田遇水旱蠲租如例。辛巳，蠲天下逋負。

《宋史》卷九《仁宗紀》〔天聖三年秋七月〕丙午，詔邊户爲羌所擾者蠲租，復役二年。

《宋史》卷九《仁宗紀》〔天聖三年〕八月戊午，以忠州鹽井歲增課，夔州奉節巫山縣舊籍民爲營田穀，皆爲民害，詔悉除之。辛未，蠲陝西州軍旱災租賦。

《宋史》卷九《仁宗紀》〔天聖三年十一月〕辛卯，以襄州水蠲民租。

《宋史》卷九《仁宗紀》〔天聖四年六月丁酉〕畿内、京東西、淮南、河北被水民田蠲其租。

《宋史》卷九《仁宗紀》〔天聖五年〕十一月丁酉朔，以陝西旱蝗，減其民租賦。

《宋史》卷九《仁宗紀》〔天聖六年〕八月乙丑，詔免河北水災州軍秋稅。

《宋史》卷九《仁宗紀》〔天聖六年〕六月丙寅，罷戎、瀘諸州穀稅錢。

《宋史》卷九《仁宗紀》〔天聖七年〕夏四月庚寅，赦天下，免河北被水民租賦。

《宋史》卷一〇《仁宗紀》〔天聖九年春正月〕辛未，減畿内民租。

《宋史》卷一〇《仁宗紀》〔景祐元年〕三月壬午，免諸路災傷州軍今年夏稅。

《宋史》卷一〇《仁宗紀》〔景祐元年六月〕庚子，免畿内被災民稅之半。

《宋史》卷一〇《仁宗紀》寶元元年春正月甲辰，雷。丙辰，以地震及雷發不時，詔轉運使、提點刑獄按所部官吏，除并、代、忻州壓死民家去年秋糧。

《宋史》卷一〇《仁宗紀》〔寶元元年夏四月〕壬辰，除宜、融州夏稅。

《宋史》卷一〇《仁宗紀》〔寶元元年十一月〕乙巳，詔宜、融州民嘗從軍役者，免今夏稅，運糧者免其半。

《宋史》卷一〇《仁宗紀》〔康定元年二月丙午，德音：〕寇所攻掠地除今夏稅。

《宋史》卷一〇《仁宗紀》〔康定元年三月辛巳〕賜京師、河北、陝西、河東諸軍緡錢，蠲陝西夏稅十之二，減河東所科粟。

《宋史》卷一一《仁宗紀》〔慶曆元年十一月丙寅〕蠲陝西來年夏稅十之二，及麟、府民二年賦租。

《宋史》卷一一《仁宗紀》〔慶曆三年春正月〕辛巳，詔輔臣議蠲減天下賦役。

《宋史》卷一一《仁宗紀》〔慶曆四年三月〕甲申，免衡道州、桂陽監民經徭賊劫略者賦役一年。

《宋史》卷一一《仁宗紀》〔慶曆五年三月甲申，詔〕民去年逋負皆勿責，蠲其租稅之半，麟、府州嘗爲羌所掠，除逋負租稅如之。

《宋史》卷一一《仁宗紀》〔慶曆六年十一月〕辛丑，畋東韓村，乘輿所過及圍内田，蠲其租一年。

《宋史》卷一一《仁宗紀》〔慶曆七年春正月〕壬寅，詔減連州民被徭害者來年夏租。

《宋史》卷一一《仁宗紀》〔慶曆七年五月〕己亥，命翰林學士楊察蠲放天下逋負。

《宋史》卷一一《仁宗紀》〔慶曆七年秋七月甲申。德音：〕賜民夏稅之半；除災傷倚閣稅及欠折官物非侵盜者。

《宋史》卷一一《仁宗紀》〔皇祐元年〕六月甲子，蠲河北復業民租賦二年。

《宋史》卷一一《仁宗紀》〔皇祐二年閏十一月丁卯〕河北水，詔蠲民租，出内藏錢四十萬緡、絹四十萬匹付、本路，使措置是歲芻糧。

《宋史》卷一二《仁宗紀》〔皇祐四年十一月〕戊午，詔免江西、湖南、廣南民供軍須者今年秋租十之三。

《宋史》卷一二《仁宗紀》〔皇祐四年〕是歲，河北路及鄜州水，蠲河北民積年逋負、鄜州民稅役。

《宋史》卷一二《仁宗紀》〔皇祐五年二月甲申〕賊所過郡縣，免其田租一年，死事家科徭二年。

《宋史》卷一二《仁宗紀》〔至和二年三月〕是月，以旱除畿内民逋芻及去年秋逋稅，罷營繕諸役。

《宋史》卷一二《仁宗紀》嘉祐元年春正月甲子，赦天下，蠲被災

田租及倚閣稅。

《宋史》卷一二《仁宗紀》〔嘉祐元年六月〕辛未，免畿內、京東西、河北被水民賦租。

《宋史》卷一二《仁宗紀》〔嘉祐三年〕十二月己巳，詔三司歲上天下稅賦之數，三歲一會虧贏以聞。

《宋史》卷一二《仁宗紀》〔嘉祐六年秋十月〕丙戌，詔淮南、江、浙水災，差官體量蠲稅。

《宋史》卷一四《神宗紀》〔治平四年〕九月丁丑，詔減諸路逃田稅額。

《宋史》卷一五《神宗紀》〔熙寧三年〕是歲，振河北、陝西旱饑，除民租。

《宋史》卷一五《神宗紀》〔熙寧四年三月辛卯〕緣軍事科役者，蠲其租賦。

《宋史》卷一五《神宗紀》〔熙寧七年八月〕辛卯，詔免淮南、開封府來年春夫，除放邢、洛等州秋稅。

《宋史》卷一五《神宗紀》〔熙寧九年二月戊子〕恤欽、廉、邕三州死事家，瘞戰亡士，賊所蹂踐除其田征。

《宋史》卷一六《神宗紀》〔元豐五年六月戊午〕詔以成都路供給瀘州邊事，曲赦，免二稅。

《宋史》卷一六《神宗紀》〔元豐七年〕是歲，河東饑，河北水，壞洺州廬舍，蠲其稅。

《宋史》卷一七《哲宗紀》〔元豐八年夏四月〕辛未，蠲元豐六年以前逋賦。

《宋史》卷一七《哲宗紀》〔元豐八年夏四月〕丁亥，復蠲舊年逋賦。

《宋史》卷一六《哲宗紀》〔元祐元年夏四月〕辛卯，詔諸路旱傷蠲其租。

《宋史》卷一八《哲宗紀》〔元符二年十一月〕壬辰，詔河北黄河退灘地聽民耕墾，免租稅三年。

《宋史》卷一九《徽宗紀》〔元符三年夏四月〕辛亥，大赦天下，應元符二年已前係官逋負悉蠲之。

《宋史》卷一八《哲宗紀》〔元符三年春正月戊寅〕大赦天下，蠲民租。

《宋史》卷二六《高宗紀》〔建炎四年十一月〕是月，張浚退軍興州，秦鳳副總管吴玠收餘兵保大散關東和尚原。詔諸路轉運司括借寺觀田租蘆場三年。

《宋史》卷二七《高宗紀》〔紹興三年四月〕己丑，詔江東西，湖北、浙西募民佃荒田，蠲三年租。

《宋史》卷二七《高宗紀》〔紹興三年正月〕癸未，詔：民復業者，視墾田多寡定租額賦役。乙酉，減淮、浙鬻鹽錢。

《宋史》卷二八《高宗紀》〔紹興五年六月〕丁卯，以賊平，免沿湖民前二年逋租。

《宋史》卷二八《高宗紀》〔紹興五年秋七月〕丙申，蠲湖南路上供米三年及秋租之半。

《宋史》卷二八《高宗紀》〔紹興五年秋七月〕甲戌，免蘄州上供及租稅三年。

《宋史》卷二八《高宗紀》〔紹興五年十一月〕丁酉，罷催稅户長。

《宋史》卷二八《高宗紀》〔紹興六年三月〕辛未，蠲旱傷州縣民積欠錢帛租稅。

《宋史》卷二八《高宗紀》〔紹興六年八月〕己未，預借江、浙民來年夏稅絁帛，折米輸官。

《宋史》卷二八《高宗紀》〔紹興六年八月〕庚戌，蠲虔州殘破諸縣逋負，梅州夏秋兩稅。

《宋史》卷二八《高宗紀》〔紹興七年三月〕乙丑，蠲駐蹕及經從州縣積年逋賦。

《宋史》卷二八《高宗紀》〔紹興七年九月〕戊寅，以廬州、壽春府民遭酈瓊虜掠，蠲租稅一年。

《宋史》卷二九《高宗紀》〔紹興八年春正月〕丙申，減臨安府夏稅折輸錢。

《宋史》卷二九《高宗紀》〔紹興八年三月〕丁未，蠲所過州縣民積欠税賦。

《宋史》卷二九《高宗紀》〔紹興八年二月戊午〕減建康府夏税折輸錢，蠲民户逋租、和市、科調。

《宋史》卷二九《高宗紀》〔紹興九年春正月丙戌〕河南新復州軍官吏並不易置，蠲其民租税三年，徭役五年。

《宋史》卷二九《高宗紀》〔紹興九年冬十月〕己未，蠲階、成、岷、鳳四州民税之半。

《宋史》卷二九《高宗紀》〔紹興十一年十二月〕壬午，命州縣三歲一置産業簿，籍民貲財田宅以定賦役，禁受賕虧隱舊額。

《宋史》卷三〇《高宗紀》〔紹興十二年二月〕辛卯，蠲廣南東、西路駱科殘擾州縣今年租。

《宋史》卷三〇《高宗紀》〔紹興十四年三月乙卯〕蠲汀、漳、泉、建四州經賊殘蹂民户賦役一年。

《宋史》卷三〇《高宗紀》〔紹興十五年七月〕丁卯，免汀、漳二州秋税及處州三縣被水民家紬絹，鄂州舊額絹各一年。

《宋史》卷三〇《高宗紀》〔紹興十五年八月〕乙亥，蠲京西路請佃田租及州縣場務税錢二年。

《宋史》卷三〇《高宗紀》〔紹興十七年秋七月〕癸未，命李璆同總領四川財賦符行中參酌減放四川重斂。

《宋史》卷三〇《高宗紀》〔紹興十八年十二月〕戊辰，蠲被災下户積欠租税。

《宋史》卷三〇《高宗紀》〔紹興十八年十二月〕丁卯，命利路三都統措置營田，以其租充減免對糴之數。

《宋史》卷三〇《高宗紀》〔紹興十九年〕五月壬午朔，汀、漳、泉三州民田被賊蹂踐，蠲其二税。

《宋史》卷三〇《高宗紀》〔紹興二十一年〕六月甲戌，括淮南佃田所隱頃畝，以理租税。

《宋史》卷三〇《高宗紀》〔紹興二十一年三月〕丁亥，蠲江、浙、荆湖等路中户以下積年逋負。

《宋史》卷三〇《高宗紀》〔紹興〕二十一年春正月癸未，以兩淮民復業未久，寬其租賦。

《宋史》卷三一《高宗紀》〔紹興二十三年〕秋七月壬辰，寬理平江府、湖秀二州被水民夏税。

《宋史》卷三一《高宗紀》〔紹興二十三年〕是歲，減池州青陽縣田租萬七千石。

《宋史》卷三一《高宗紀》〔紹興二十三年〕九月甲午，振潼川被水州縣，仍蠲其賦。

《宋史》卷三一《高宗紀》〔紹興二十四年〕冬十月壬午，蠲旱傷州縣租賦。

《宋史》卷三一《高宗紀》〔紹興二十六年三月〕己巳，募四川民佃淮南、京西閒田，並邊復租税十年，次邊五年。

《宋史》卷三一《高宗紀》〔紹興二十六年〕二月乙亥，命四川州縣，凡預借民賦税分限理折。

《宋史》卷三一《高宗紀》〔紹興二十六年三月〕丁巳，詔兩淮邊民未復業者，復其租十年。

《宋史》卷三一《高宗紀》〔紹興二十六年五月〕丙辰，蠲楚州、盱眙軍民租十年。

《宋史》卷三一《高宗紀》〔紹興二十七年十一月〕戊子，蠲廬州二税及上供錢米一年。

《宋史》卷三一《高宗紀》〔紹興二十八年十二月〕戊申，蠲楚州歸附民賦役五年。

《宋史》卷三一《高宗紀》〔紹興二十八年九月〕癸未，蠲平江、紹興、湖州被水民逋賦。

《宋史》卷三一《高宗紀》〔紹興二十八年六月〕甲寅，增浙西、江東、淮東沙田蘆場租課，置提領官田所掌之。

《宋史》卷三一《高宗紀》〔紹興二十九年閏月〕己未，罷江、浙、淮東沙田蘆場所增租課。

《宋史》卷三一《高宗紀》〔紹興二十九年春正月〕癸未，蠲沙田蘆場爲風水所侵者租之半。

《宋史》卷三一《高宗紀》〔紹興二十九年九月丙申〕蠲中下户所欠税賦及江、浙蝗潦州縣租。

《宋史》卷三二《高宗紀》〔紹興三十一年八月丁未〕蠲淮南、京西、湖北民秋税之半。

《宋史》卷三三《孝宗紀》〔乾道元年七月〕甲寅，借職田租二年，以禆經費。

《宋史》卷三五《孝宗紀》〔淳熙五年〕八月甲午，詔諸路監司戒所部，民税毋以重價强折輸錢。

《宋史》卷三五《孝宗紀》〔淳熙七年〕冬十月丙戌，詔：限田太寬，民役煩重，其令臺諫、給舍同户部長貳詳議以聞。

《宋史》卷四四《理宗紀》〔開慶元年冬十月〕丁丑，詔給還浙西提舉常平司歲收上亭户沙地租二百萬，永勿復徵。

《宋史》卷四六《度宗紀》〔咸淳五年〕八月戊寅，詔郡縣收民田租，毋巧計取贏，毋厚直折納，轉運司申嚴按劾。

《宋史》卷四六《度宗紀》〔咸淳六年〕閏十月己酉，安吉州水，免公田租四萬四千八十石。

《宋史》卷四六《度宗紀》〔咸淳六年〕十一月丁丑，嘉興、華亭兩縣水，免公田租五萬一千石，民田租四千八百一十石。

《宋史》卷四六《度宗紀》〔咸淳七年一月〕辛未，紹興府諸暨縣湖田水，免租二千八百石有奇。

《宋史》卷四六《度宗紀》〔咸淳八年十月〕庚戌，以秋雨水溢，詔減錢塘、仁和兩縣民田租什二，會稽湖田租什三，諸暨湖田租盡除之。

《宋史》卷四六《度宗紀》〔咸淳八年〕冬十月己亥，紹興府言八月一日會稽、餘姚、上虞、諸暨、蕭山五縣大水，詔減田租有差。

《宋史》卷四七《瀛國公紀》〔德祐元年三月〕乙未，免安吉縣今年夏田租。

《宋史》卷四七《瀛國公紀》〔德祐元年四月〕戊辰，詔宜興、溧陽民兵助戰有功，特免今年田租；江陰民被兵，其租亦勿收責。

《宋史》卷四七《瀛國公紀》〔德祐元年五月辛未朔〕旌德縣城守有功，免其民今年田租。

《宋史》卷四七《瀛國公紀》〔德祐元年七月〕詔饒州被兵，令免今年田租。

《宋史》卷二七六《張觀傳》會三司言劍外賦税輕，詔觀乘傳按行諸州，因令稍增之。觀上疏言：遠民不宜輕動撓，因而撫之，猶慮其失所，況增賦以擾之乎？設使積粟流衍，用輸京師，愈煩漕輓之力，固不可也。或以分兵就食，亦非安存之策，徒斂怨於民，未見國家之利。太宗深以爲然，因留不遣。

《宋史》卷三〇五《薛映傳》建言：州以牛賦民出租，牛死，租不得蠲。帝覽章矍然，曰：此朝廷豈知邪？因令諸州條奏，悉蠲之。

（明）王圻《續文獻通考》卷一《田賦考》〔宋寧宗嘉定十年〕青田縣主簿陳耆卿奏曰：經界良法也。經界法壞則所信者簿書耳。并簿書而不足信，則何所取信哉。有田則有賦役，田有多寡則賦役有重輕。今之世乃有田愈多而賦役愈輕者，無田而賦役反重者。税之厚薄當視其物力。物力之高下，當視其產。今田之頃畝，初不見於簿；而物力之貫陌，獨載於簿。若是則其源既失矣。過割用物力簿，起催用二税簿。二者相關，而今初不相知。歲遇攢造，不過以往年陳籍轉鈔而已。升降出沒，莫得詳，鄉胥里豪，始得株連姦僞，爲牢不可破之計。故有一户而化爲數十户者，有本無寸產而爲富室承抱立户者，有虛爲名籍以避科斂，稍久而成乾没者。但見逃絶之家日多，租税之額日減。上下歎愁，莫知其弊之所自。邑令之有意者，思欲釐正之。細民吐氣，而大姓則忿然不懌矣。三歲一推排，此常式也。今或至十年而不講矣。乞下諸路戒飭所在官吏，申嚴推排之法。其出入規避者，重置憲典。每歲攢造，必選一邑佐之清强者，躬督其事。既成，則併舊籍上之郡，郡復委僚屬研覆之。有訴不平或得其實，官吏俱從收坐。庶幾賦役均一，牒訟稀簡，吏稱職而民安業，誠非小補也。

（清）徐松《宋會要輯稿・食貨四・農田雜録》神宗熙寧五年重修定方田法。自京東爲始，推行衝改三司方田均税條，見前《會要・賦税》嘉祐四年夏税併作三色：絹、小麥、雜錢。秋税併作兩色：白米、雜錢。其蠶鹽之類，已請官本者不追。造酒秔糯米馬食草仍舊。逃田、職田、官占等税亦依舊。倚閣屋税比附均定。墓地免均。如税額重處，許減逃閣

稅數。

（清）徐松《宋會要輯稿・食貨六一・官田雜録》〔紹興三十年七月二十四日湖北轉運司言：〕紹興二十五年因本州措置以丁定稅。緣以種定稅，人户往往隱匿。量行供申以丁定稅，有力之家，往往將丁隱匿。并下户丁多田少，有丁而無田者。有力之家僥倖，下户不能應辦。復行逃移。若行經界，却有不曾隱匿之家一例被擾。欲下純州平江應管人户附近，五家爲一保。逐保自將見佃田同共打量實耕頃畝，開具給罪保明文狀赴官自陳，每依舊納稅米二升四合鼎新上簿籍記數目。仍各置砧基簿遇典賣對行開收。如有隱漏，許諸色人告。委官打量，將不曾納稅頃畝追十年合納二稅。仍將出剩頃畝給與告人爲業。犯人并保内人並從杖一百科斷。若係保内人自行告首與免罪依此給田。詔依逐司相度到事理施行，仍限半年，令人户從實供具赴官自陳。

（清）徐松《宋會要輯稿・食貨六三・農田雜録》〔紹興二十九年〕十二月二十六日，知潭州魏良臣言，本州人户昨因兵火歸業，將本户產業供作荒田。今二十餘年，私下耕熟，不納官課。令措置令十餘家結爲一甲，從實供具已耕田畝，輸納二稅。自紹興三十年爲始，所有日前隱匿熟田，漏納苗稅，並免追納。如所供不實，即令諸色人告首，以所告田充賞外，仍每畝支賞錢五貫文。至一百貫文止。於犯人名下追理。仍追理遞年所隱苗稅。如本户實有荒田，無力耕種，即曉示人户，令實封投狀，承買給與價高之人。湖北江西等路，亦合依此。於是户部言，田產既係人户已業，緣非冒占官產，即無條法許行出賣。若依已降指揮遞增稅賦年限已滿，自合據本户實管田畝起理稅賦。乞將已耕田土結甲從實供具起納二稅。欲令本州立限百日許人户自首。如限滿不首或首不盡，許人陳告，依匿稅法施行。從之。

（清）徐松《宋會要輯稿・食貨六八・受納》〔紹興〕六年九月十八日，右司諫王縉言：近覩指揮許江浙人户預以米斛折納來年紬絹，每疋二碩，取其情願，誠爲公私之利。竊見諸路州縣受納秋苗，例有加耗。欲望特降睿旨，應折納米斛並免收耗。於是户部言：浙西州軍紹興六年分夏稅紬絹折納米斛，已承指揮令抵㪷交量，所有自來合收加耗并頭子縻費等錢，並不得收納。如違，並計贓坐罪。詔依已降指揮施行。

十月二十六日右司諫王縉論受納之弊：朝廷雖屢降約束，而州縣視以爲常。人户輸納益受其弊。且如受納多處，漕臣差官。其次則本州選委。而倉庫專㪷等願差某官，則預先賄賂州縣監司主行之吏。差帖既下，私相慶賀。開場之後，百端作弊：或晚入早出；或隨例迎送；或幹當別事；或非理退換。使人户般擔出入守候費用，甘心重收加耗，或多收樣米分給人從；或照管親知惟納封鈔；或與攬納之人通同作過，欲令人户高價貼陪；或收耗既多，陰計其數，印打虛鈔，至般米在倉經旬不納而追催，鞭箠略不加察；或已納而不給鈔；或給鈔而不銷簿。積弊至此，不可不懲。詔令户部檢坐受納及銷鈔等見行法令，并前後約束申嚴行下，仍委諸路常平茶鹽提刑轉運官分定州縣，躬親體究，有無前項違犯情弊搔擾事件去處，保明申尚書省。如縱容隱庇，體訪得知，保明官司并違戾州縣並令取旨重行貶竄。十一月九日詔秀州當職官先次各降一官，人吏從重斷勒罷。

（清）徐松《宋會要輯稿・食貨六八・受納》〔紹興〕二十四年四月十八日，大理寺主簿郭淑言：伏覩條令，受納物帛之類，不許輒有汚損。比三州縣受納官不得其人，間有狥私之吏，凡攬子等賫到，更不問紕踈長短，一切受之。若人户親納，則吹毛求疵，稍不及格即以柿油墨煤連用退印塗漬。縱有及格者，又復勒倍納稅錢，方與交收。其錢量收附曆以塞人言。望令有司嚴行戒飭，俾無違戾。仍委諸路提刑司，常切覺察。上察其事重爲民害，乃詔户部申嚴行下，仰監司覺察按劾。如失覺察，令御史臺彈奏。仍許人户越訴。

（清）徐松《宋會要輯稿・食貨六八・受納》〔紹興二十六年〕七月十四日詔：人户輸納夏秋，今正當關場受納擁併之時。訪聞州縣受納官縱令公吏非理追換乞覓邀阻，及用油墨退却損汙，或封寄在場更不給還，重疊拘催，搔擾非一。令户部日下申嚴約束，如有似此違戾去處，仰監司按劾申尚書省重作施行。

八月四日，上宣諭輔臣曰：訪聞臨安府受納稅絹多是乞覓阻節。近有一百姓送納本户絹一疋被退回，詢之云：官中不經攬納人不肯收接。朕令人以錢五貫五百文買到，却是堪好衣絹。已令韓仲通根治。近在輦轂，尚乃敢爾，外方輸納想見受弊。沈該等曰：陛下勤恤民隱，灼見弊

原，如此天下幸甚。【略】

二十八日，右正言淩哲言：諸路州縣起催秋苗有期。自來受納，姦弊百出，最爲民患。受納官物全藉監官約己奉公，鈐束吏姦。然場務專㪷等每以厚賂預囑監司、州郡主行之吏，乞差某官。既遂其請，酌酒相慶。凡監官供家百須，皆取辦之。上下相蒙，恣爲姦弊。百姓受害，無所赴訴。乞嚴飭監司郡守，應差受納官，須躬自體訪，選委清强有風力之人，使之究心措置約束。又攬納之弊，自來罪賞約束至爲嚴切。終不少革者，蓋緣遠村細民户産微薄，輸納零細。須憑攬人湊數送納。因得爲弊。乞嚴戒受納官，每遇人户般米入倉，並須躬親看驗依公交量。其合收耗米，並依衆例，不得容情增減及停留作弊。仍乞委自守貳不時稽察。苟有違戾，重作施行。從之。

（清）**徐松**《**宋會要輯稿·食貨六八·受納**》　淳熙十六年二月四日登極赦：人户輸納秋苗，其起綱脚耗舊有定數。訪聞州縣於正數之外，加量斛面增收點合名色至多，重爲民害。可令諸路轉運司嚴切禁止。如有違戾，許人户越訴。仍委諸司互察。同日赦：人户輸納紬絹斛斗之屬，既名納官，法不收税。訪聞州縣場務過有邀求，紬絹則先收納絹税錢，斛斗先收力勝錢。循習成例，重爲民害。仰轉運司嚴行禁戢。仍許人户越訴。八月十一日，臣僚言：今秋成在即，乞令州縣受納不得用私增斛斗，郡守不得以遞年之增數而爲實數受納，官不得輒帶人從入倉。如違，並許人越訴。從之。

（清）**徐松**《**宋會要輯稿·食貨六八·受納**》　紹熙五年九月十四日同日赦：催科自有省限，州縣往往不遵條法，先期預借重疊催納，以致多出文引，非理追擾。或勒令保長代納；於受納之際容令合干等人多端阻節作弊，倍加斗面非理退換，洎至納足不即給鈔。仰監司嚴切覺察。如有違戾，按劾奏聞。仍許輸納民户赴監司陳訴。

（清）**徐松**《**宋會要輯稿·食貨六八·受納**》　〔嘉定〕二年九月二十五日臣僚言：乞戒敕州郡當每歲受納差官，必須選擇廉介之吏爲受納官者，或以盤量出剩受其饋遺，並計贓論。若於正耗米之外過有誅求，許民間徑經臺省越訴。其官吏重寘典憲。從之。

五年閏九月二十二日，臣僚言：竊見嘉定之初，福州守臣以長溪縣去州絕遠，陸限峻嶺，海涉驚濤。民户輸苗，跋陟艱阻。請以本縣歲管苗額悉令民户就縣折納價錢。縣以民户折納之錢解于州，州以縣解之錢糴米補數以供用。於公無虧，於私爲便。害民之吏，舞文之胥，畫策興利以媚州郡，導之於十一縣。人户解面取贏以補一縣折納之數。米不必糴錢不必出而自足以辦常平之支遣。每遇開場，交量之吏倍於斛面增高，司綱之官多於鈔面加點。所謂點者，蓋以點一筆爲加一升之數。有點及八九筆者。州郡利於取贏，敢於欺罔，侵漁百姓，以至於此極。乞令本路轉運司嚴行約束，照元降指揮盡以縣解錢糴米補數，不得違法高量人户苗斛，及用筆點鈔暗收加外。如有違戾，許人户越經臺部詞訴。其當職官吏重行責罰。從之。

二十三日，臣僚言：竊見州縣受納苗米所用之斛，雖係文思院製造發下，訪聞輒於斛緣鐵葉之上增加板木，復以鐵葉蔽之。分毫之間，其數遼絕。間有州縣續置之斛，不依元降則樣，所取之數，尤爲不恕。此其弊一也。斛面之外，又有加耗。歲復一歲，有增無減。其所取加耗自合筭數目並量以斛。今令項别用斗量，極其盈溢幾於倍蓰。此其弊二也。受納之職，合選清彊之吏。而州郡類擇刻剥者爲之。至於先期經營差委者，其意安在？被差之後，百端苛取。以出剩之數，先餌州郡，然後利其贏餘。公然打印虚鈔，通同胥吏，攬户規利入己。此其弊三也。頭脚錢之外，創爲名色，乞覓錢數；加耗之外，又以呈樣修廒等爲名，掠取米斛，置之廳事之前。受納既畢，輒與合干人均受。略無愧色。此其弊四也。州縣催科急如星火，而人户齎米到倉不與交量，至於暴露累日。非有關節，即行打退。往來搬運，使之重有銷折。此其弊五也。自餘瑣細，不容悉數。乞備臣此章行下諸路轉運司，令州縣將文思院元降米斛除去鐵葉。如州縣續置之斛，州委通判，縣委丞簿，將文思院斛逐一較量，結罪保明，次第供申。所取加耗，不得過數，仍令筭計數目並以斛量。不許用斗面，脚錢之外不得分文多取。如呈樣修廒等名色，一切住罷。人户齎米到倉，即時交量。不得故爲留滯，仍鏤板曉示。如有違戾許，人户經轉運司或徑赴臺部越訴。體訪得實，將守令及受納官吏一例按劾施行。從之。

（清）**徐松**《**宋會要輯稿·食貨六八·受納**》　〔嘉定〕八年四月十九日，臣僚言近來州縣每遇受納和買産絹人户納到本色，百方邀阻，例行

揀退，將合納之絹，一例折錢，高擡價直以入于官。而官司用此價錢，又却低立價數，科抑行人於民間收買以充上供。其所買既已輕薄，致被左藏庫等處揀退。則復以配之於民，使換佳者。不問是其元納與否。或乃直令貼錢謂之估剥。此何理也？乞嚴降指揮，明加責勵。今後州縣收納産絹和買須是不成端匹。民間情願折納，即許照條從便。折錢亦不得高擡價貫。若是合納正數，並只令納本色。如有違戾，將不點檢覺察得知守令及受納官並當重行鐫賓。從之。

（清）徐松《宋會要輯稿・食貨六九・逃移》　至道元年六月開封府言：管内十四縣，今年二月已前新逃人户，計二百八十五户。乞差官與令佐檢校，及遣殿中丞王仲和等十四人分行檢勘，仍照今年四月已前申逃并典賣逃户田土。割税不盡及挾佃詭名妄破租税，侵耕冒佃側近佃田，妄作逃户，并見在户將名下税物移在逃户脚下，夾帶開破者，並限一月，許經差去官陳首。仍舊耕佃輸税。并許本村耆保親鄰里正户長書手陳首，典押令佐覺察。如有欺敝者，許令差去官處申舉。違限不首，及不覺察舉，許人陳告。犯人田産牛具給告人充賞外，本犯人并本村耆保親隣里正户長書手干繫典押等並當决配。令佐除名，永不録用。其妄破税物，並于犯人并耆保親隣、里正、户長、書手及干繫官典處均攤填納。

（清）徐松《宋會要輯稿・食貨六九・逃移》〔天聖七年十一月〕二十三日詔：前令逃田經十年已上，許本主歸業，及諸色人諸請佃米得立定税額，慮其間有侵耕冒佃年深者，將來别致争訟，及見有税産人户，故抛自己田産，却來請佃逃田，以圖僥倖，須議特行條約。自今侵耕冒佃者，候敕到，限五日陳首。據陳首後來耕到熟田頃畝，于元税額上止納五分。如本主限内歸認，給付本户。依此分數納税。若有輒抛自已田産，妄作逃移，請射逃者，許人論告，科違制之罪，押歸舊貫供輸。所請逃田，給告人拆疑析請射逃田者，並具拆户下有無田土税數，于請射簿内名下注鑿。鄉縣耆保不切覺察，並從制違失科罪。

（清）徐松《宋會要輯稿・食貨七〇・蠲放雜録》　天聖八年十二月詔：人户限一月日，各仰自陳手狀，具本户地土頃畝都數及逐段四止。夏秋合納税物色數，各别開。坐每五户至七户相保，所供地畝税數别無隱漏。如有欺隱，許人陳告。並據所隱田土給與告人充賞。犯人科斷。

（清）徐松《宋會要輯稿・食貨七〇・賦税雜録》〔嘉祐〕四年六月二十五日中書門下言，草澤陳師中上太平通濟策，言江淮、兩浙、福建、廣南並爲山水之鄉，或遇秋源泛漲，近山民田土多被土石漲塞，難復開耕，悉爲廢地。所存二税，無由去除，貧民歲虚納税。詔天下許有廢田並乞勘會，除落二税。三司下江東南西、荆湖南北、兩浙、福建、廣南東西、益、梓、利、夔州轉運司看詳。並言所請經久可行。省司檢會舊制，緣江河州縣有人户披訴河塌并落江地土者，並行委逐處差通判或幕職與縣令佐同詣逐户地撿量詣實，官吏結罪以聞，差官覆檢。如顯有欺弊，官司蓋庇妄破省税者，本縣干繫兼檢覆官吏，計所妄破一年税物，不及一匹從違制一匹以上科違制之罪。計贓重者從應輸課之物迴避詐匿不輸律條坐之。内干繫人吏罪至流者，仍奏裁。然此詔只條約河塌落江地土者，檢覆即無人户。田土被土石漲塞，難復開耕，許與披訴檢覆之文。欲乞應今後有民田被山源洪水泛廢，流蕩土石衝破，委實不任開耕，永爲廢田者，並許經縣披訴，縣司勘會詣實，保明申州。乞依前詔差官檢覆詣實，官吏結罪以聞。檢覆得實，乞與除落二税。顯有欺弊，官司知情，亦以舊法坐之。從之。

（清）徐松《宋會要輯稿・食貨七〇・賦税雜録》〔紹興〕十二年九月十三日赦，諸縣起催官物依條合抄録人户應納實數，預給憑由。近年令佐弛慢，但憑鄉司印給，其間脱漏增加，情弊不一。或已輸納不將縣鈔銷簿，致納與未納例被追呼，仰監司覺察。今後憑由如有脱漏，止勒元給散公吏部填其增加之數。與不印銷簿吏人，斷停，永不得充役。縣官失覺察，按劾以聞。勘會人户畸零税賦，令合鈔送納，本以便民。行之歲久，寖生姦弊。謂如十户合鈔當納米一石，絹一匹之類，一户既已湊納，尚不住勾呼。其餘或將憑由多填姓名，妄有催理。愚民無知，憚於追擾，不免認納。甚非優恤下户之意。自今應畸零米斛絲綿匹帛許人户取便。或願合鈔湊成匹石等，或願攙先折納見錢，並許送納，與免收頭子縻費。限日下給鈔銷簿，各不得循襲以取贏餘，重困民力。訪聞州縣催理税賦，多因形勢官户及胥吏之家不輸納，或典買之際並不推割，産去税存，無從催理。官司取辦，一時勒令催税保長等出備，類至破家。日後尚敢勒令出備，當職官遠竄，人吏决配。若豪猾之户故不輸納，及典賣之際不依條推割税

賦，擇其甚者具名申尚書省。

（清）徐松《宋會要輯稿・食貨七〇・賦稅雜録》〔紹興〕二十二年正月二十一日大理評事莫濛言：竊見州縣常賦稅，秋苗官耗義倉各有定數。而受納官吏往往於額外別立名色，謂之加三收耗及脚耗之類。民户受弊至有納上二倍纔及正額者。其多收在官之數，止資官吏侵盜欺隱，實無補於用度。欲乞令有司檢坐條法行下州縣，每遇受納揭示民間，許令越訴。仍令監司郡守常切覺察。如有違戾者，按劾聞奏，重寘典憲。從之。【略】

二十五年十月四日詔：紹興二十六年分民户二税，不得合零就整。令户部行下諸路監司州軍遵守。如有違戾，許經尚書省越訴。

十一月十九日赦：夏秋二税，催科自有省限。州縣官吏多不遵奉條法，受納之初便行催督。蠶方成絲，即催夏稅；禾未登場，即催冬苗。峻罰嚴刑，恣行箠楚。傷害百姓，莫此爲甚。仰監司常切稽考。如有違戾，按劾申奏，重行責罰。二十八年十一月二十三日三十一年九月二日赦並同此制。

（清）徐松《宋會要輯稿・食貨七〇・賦稅》〔紹興二十六八月〕十四日詔逐州委知、通，將逐縣官户權勢之家，合科納和買等並與平民一等。如輒減免官司及減免之家並計贓斷罪，令監司覺察。如有違戾，按劾聞奏。

（清）徐松《宋會要輯稿・食貨七〇・賦稅》〔紹興三十一年〕五月十三日，臣僚言：廣西運司比年以來變稅折錢，不問州之遠近，稅之高下，盡行支移折變。欲望行下户部契勘免行科折，仍乞本路以逐州之稅各隨本州送納。於是户部言：在法租稅合支移及科折之物，轉運司量地理遠近，審量豐歉、土產有無，於起納九十日前，以物名數行下稅租，擇近便處令下户輸納應支移折度者，先富後貧，自近及遠，轉運司籍記，應陞降即時注之。其支移非急切及軍期而人户願納支移物價脚錢者聽。人户輸納稅租應折變物，轉運司以納月上旬時估中價准折。有違法者提點刑獄司覺察奏劾。人户稅租應副他處輸納而願就本縣納者，轉運司量地理定則例令別納實費脚錢。凡難於輸送而人户願納錢或改折物者，具利害申運司，無妨闕聽從民便。則變支移和買不計豐歉、貴賤、多寡，以貴爲賤，以賤爲貴及多寡、豐歉、不實，並有斷罪條制。欲下廣南西路轉運司遵守前項見行條法施行，毋令違戾。從之。【略】

〔紹興三十一年九月〕十三日知梧州任詔言：廣西州縣例皆荒瘠之所，民户貧薄了辦稅賦不前，拋棄田葉者不少，往往未曾倚閣。督責催理，累及四鄰及承催保長等，逃亡愈多。臣今欲乞朝廷特降指揮，許令諸州徑行根括逃絶田畝倚閣稅租乞申所屬監司，監司委官覆實申户部除豁。於是户部言欲下詔諸路監司州軍，依所乞事理施行。如有逃亡，合開閣減免租稅。州縣依指勒令隣保陪填代輸，並依見行條法施行，仍從監司覺察。如有違戾，亦仰從本司按劾施行。

（清）徐松《宋會要輯稿・食貨七〇・賦稅》紹興三十二年壽皇聖帝即位未改元。七月二十四日臣僚言，州縣受納秋苗，合納一石率取二石以上。受納官吏，輒令人户紐價納錢，出給朱鈔，謂之虛鈔，却以米錢侵盜入己。詔監司覺察，許人户越訴。

十二月五日，刑部立下條件：諸縣人户已納稅租鈔和、預買紬絹錢物之類同。不即銷簿者，當職官吏各杖一百，吏人仍勒停。其人户自賫户鈔出官不爲照，使抑令重叠輸納者，以違制論，不以赦降原減，許人户越訴。專委知通檢察，知情容庇者與同罪。仍令提刑司每季檢舉出榜曉示民户通知。

（清）徐松《宋會要輯稿・食貨七〇・賦稅》壽皇聖帝隆興元年正月二十六日詔：江浙諸州軍合發上供紬絹綿年例除進奉外，將夏稅和預買准衣以分數折納價錢，補助經費。令江浙轉運司依去年所折分數酌度均撥行下折納。既而臣僚言：去年所折分數，嘗以十分爲率：内絹折二分；紬折八分；綿折五分。兩浙路紬絹每疋折錢七貫，和買折錢六貫五百，綿每兩折錢四百。江南兩路紬絹減作六貫，綿減作三百。依此拘摧。歲供錢六百餘萬貫。盖緣養兵之費，不欲强斂于民。故從折變。字民之官，往往加數以折，或令全折及將零寸就整，無慮增倍。蠶未及桑，預行催借。因求贏餘，且復强取，勢必重困。乞嚴賜戒飭逐路漕臣，督察州縣于省部立定折納分數外，不賜擅有增加。如違，許人户越訴，寘之典憲。漕臣符同，亦加黜責。從之。

（清）徐松《宋會要輯稿・食貨七〇・賦稅》乾道元年正月一日南

郊赦：應夏秋二税，催科自有省限。州縣官吏多不遵奉條法，受納之際，多端作弊：倍加斗面；或非理退换；縱容專斗揀子計會乞取方行了納；或先期預借重疊催理，不予除豁；既已納足阻節銷鈔之類，甚爲民害。仰守令嚴加覺察。如有違戾，抑監司按劾申奏，重行黜責。仍許人户越訴。【略】

乾道元年五月三日詔：江浙州軍每歲人户合納二税物帛等，内温台處、徽州係不通水路去處，依指揮許人户依立定分數，並依銀折納。訪聞州縣却于數外妄有科折，顯屬違戾。可令逐路轉運司行下逐州軍，將人户今歲合納折帛銀遵依旨揮自立定分數，及照應的寔市價，即不得以加耗爲名大秤斤兩。如有違戾，許民户越訴。將官吏按劾以聞，據多收之數計贓斷罪。

（清）徐松《宋會要輯稿・刑法二・禁約》〔嘉定〕十三年九月六日臣僚言：折科之弊，利不歸於公上，而害却於生民。始也惟係省務，其歛尚微。自後諸務從而効之，所征無藝，民賦頓增，上供暗減。歲復一歲，至今極矣。乞令兩浙轉運司先行約束，專差精彊官屬覈實。若數外多科升合，許民户越訴。當職官皆坐以違制之罪。從之。

（清）徐松《宋會要輯稿・刑法二・禁約》〔宣和元年〕十月二日河北路轉運副使李孝昌奏：近歲諸路上户有力之家苟免科役，私以田產託於官户，或量立價錢正爲交易，或約分租課券契自收。等第減於豪彊，科役併於貧弱。雖有法禁，莫能杜絶。其間亦有假於官户久而不歸者，起訟滋獄，傷教敗俗，莫此爲甚。乞委監司郡守嚴加檢察。詔尚書省立法。

《遼史》卷一二《聖宗紀》〔統和七年六月〕辛酉，詔燕樂、密雲二縣荒地許民耕種，免賦役十年。

明清分部

論説

（明）清波逸叟《折獄明珠》卷二《户役類·告脱里役》　懇恩豁役事。視賦僉差，國朝良制。阿夫原産生前罄賣無遺。今豪僉役手足，徬徨無措。食缺子雏。衆圖可審。乞拘承差人户，照歲朋充庶蘇孤寡。上告。豁，開豁。役，差役也。雏，幼也。蘇，復生也。

欺騙躲差事。伊夫遺産千金，動賣十分至一。各里各圖，恪有定役。揑扯蓬充，総屬紛更。況伊大族，人丁儘千，豈僅母子仃伶孤寡。乞天斧劈，舊制是遵。上訴。

高侯審語：審得節阿金，粮雖在户，田實出賣。今輸里役，以四旬寡婦，七歲孤兒，何以應役。勾攝受業之人，當照列蓬充，卑使阻撓，庶免隅泣。

（明）清波逸叟《折獄明珠》卷二《户役類·告兜收》　侵官害民事。里長厶勢吞丁口銀兩，坑身典賣充賠，陷貧徹骨，情極可怜。乞提追給，還債救命。上告。

籲天救苦事。刁甲厶民粮百石，人丁僅千。懦户寡丁，粮無勺合。里排可審，卷籍可查。每歲應植，累陷多端。今輸大造。理宜幫貼，哀求分文不與，反揑兜收告台。乞照丁粮多寡應值，庶苦樂得均，民不偏累。哀訴。

吴公審語：審得莊敬，乃馮恭之甲下。敬户族大粮多，每累親管理求幫貼。敬每恃財拒措返誣兜收，其情尤屬虚揑。及查册卷，馮恭委果粮少丁寡，比之敬户十分，恭淂其一二也。欺措之情難辭矣。合依卑幼告尊長，力擬問徒。

（明）清波逸叟《折獄明珠》卷二《户役類·扯賠錢粮》　乞均苦樂事。身與厶朋收兊米，開局半年。人户十無二納。上司提解甚嚴，蒙責借賠，敢不遵聽，切厶既共經收，合均苦樂。乞拘朋賠，庶不獨累上告。

蠹國殃民事。身與厶朋充經催兊米，寔伊過手，侵漁花費，身毫無與。上司嚴提責賠，刁惡反行扳扯。不思黿玉毁櫝，典守何存？乞查厫簿，超豁無辜，上訴。

熊侯審語：審得鄭烜經收兊米，左亨爲副，上司提解甚嚴，及查厫薄，各户之米，十登八九。而倉中之數，十無一二。究其所以，寔鄭烜侵尅而花費之也。與亨何辜？夫米既係烜收，該係烜賠。今欲扯亨賠納，是仇越人沽，而妄與秦人索價也。雖然，烜之侵尅，亨豈不知，所不合者，知情弗舉耳。他罪亦無妄及。

（明）清波逸叟《折獄明珠》卷二《户役類·告甲首》　頑甲措差事。切厶身充里役，差粮畏督揭完。頑甲厶故意稽遲，嗔身趲數。官限一月，惡措一年。刁頑撓法，寔爲梗民。乞臺嚴究。上告。撓法謂阻撓官府法度也。

虎里害民事。吴厶都中翼虎，害民百端。身係甲首，遭騙吸髓，催收錢粮，重秤越則，今又額外加征，民不堪命。號天上告。翼虎，謂虎生翼，喻極惡也。則法也。號呼也。

杜侯審語：審得余詵者，吴全之甲首也。全以措差訟詵，而詵以過征訟全。是魚目蠙珠，混于一貫者也。及查銑之收帖，累歲粮差，各完之早者，毋怪于拒措乎！全之撓法，額外加征，而釀成雀角之禍耳。雖然，法無兩坐，措差之情既虚，過征之罪當究。雀角，《詩》：誰謂雀無角，言争訟也。

（明）清波逸叟《折獄明珠》卷二《户役類·争甲首》　墾恩均役事。鄧厶錢粮百餘，同宗陳厶又屬甲首。懦户粮未滿十，竭力差役，如蚊負山。今蒙均户，乞撥陳厶歸貼，庶苦樂得均，民不稱疲。上告。懦，弱也。疲，病也。

奪甲坑差事。一里一甲，聖祖舊制，切身户下甲首幫貼，惟一陳敬。今弊書厶冒認陳厶同宗，過都争扯。不思兩板方可成牆。獨木豈能支廈？乞怜疲役，殄惡安民，上告。廈，大屋也。殄，滅也。

登侯審語：審得鄧益錢粮百石，而甲首惟一。陳和美粮不滿十。而甲首五焉。今陳厶以陳敬同宗，求撥歸户，亦非過舉也。但鄧益之米，視

陳和美之米雖多，而甲首甚寡。似亦相當，可以無揆。姑各免宥。

（明）清波逸叟《折獄明珠》卷三《判語摘釋·逃避差役》　聽政比居，周室經邦之治。奔走服役，商庭輔辟之誠。故衛人獨事南行，興城築河漕之嘆。大夫不免當役，致民窮財盡之歌。今厶側身天府，弗效致身。卧片帆于五湖，直欲飄然物外。受一廛于三島，依稀不在人間。曲路逃名，僻途坐巧。看取好花春隱卧，了無鴻澤之思，醉殘紅日夜吟多，終鮮狐丘之念，但求所避，乃自流移。不嘆無枝，甘類脱籠之鵲。深嘉得所，且同漏網之魚。隱蔽編差，明伸杖斷。

（明）清波逸叟《折獄明珠》卷三《判語摘釋·收粮違限》　軍國之需，既有資于田賦。粟米之入，宜無越于程期。雖用一緩二之規，孟書備載。而兩税三限之法，唐史恪遵。今厶心安厭怠，身樂因循。五月鳴蜩，夏税尚虛于倉廩。三陽成象，秋徵猶滯于閭閻。凶年寧值于堯災，蠲租豈承乎漢詔。縱使心專保障，然非尹鐸之賢。毋謂政拙催科。負附陽城之美。徒恤編民之蛇毒，竟忘戍卒之龜腸。罰比奸民，罪加慢使。

（明）清波逸叟《折獄明珠》卷三《判語摘釋·欺隱田粮》　任土作貢，中邦賦大禹之裳。依畝爲粮，郊國原公劉之積。故惟政是供，國有適均之利，而版籍是列，民無欺隱之端。今某惟圖肥己，不顧瘠民。罔知三讓之均，上下吏書之手；大違兩税之法，出入公府之文。誰憐剜肉醫瘡，孰察盗鈴掩耳？公家輸粟，何聞斗粟之餘？私室納租，竊見舟車之滿。事有同於白圭貊道，理實異乎尹鐸晋湯。田没于官，粮徵其匿。

（明）清波逸叟《折獄明珠》卷四《執照類·呈旱災求恤》　救旱甦困事。兩月不雨，炎氣薰蒸。滿目青苗，一概枯死。市中米價騰高，民有菜色。老稚紛紛，恐填溝壑，農者荷鋤墮淚，士人寫景傷心。爺又父母斯民乞施賑貸，安輯流離。庶天或有隨車之澤，民可無孑遺之憂。爲此具呈。

（明）清波逸叟《折獄明珠》卷四《執照類·呈水澇求濟》　勘災救民事。浹旬以來，天久霪雨。厶日洪水驟發，蕩覆民居，漂戕民命，十有八九。生靈水處，沮洳之患何堪？魚鱉同居，相食之害曷已？禾苗一概無存，田地盡成溪沼。西成無望，遍野悲號。終朝茹草，忍餒延生。俱云求生不易，莫若就死爲安。有此苦情，伏乞怜准親勘。申詳作急周恤以全民命。安撫地方，庶免溝壑轉填。四方離散，寔爲便益。爲此具呈。戕，害也。沮洳，水。

（明）清波逸叟《折獄明珠》卷四《衙門類·告書手洒粮》　蝗國瘡民事。積書厶，刻過張湯，奸浮盧杞。舊因奉丈，嗔少常規。作弊紙上，栽桑户内。洒粮三石，租輸富室。賠賧貧民。控天剪除，斎苗杜害。上訴。張湯，漢武之臣。盧杞，唐相也。

辨冤拔命事。蹇充黄册書手，奉公守法。毫不非爲。土豪厶以財買求，令懦洒粮增減，彼不允從，致恨成仇。切思推收過割，皆伊覿面眼同。懦止謄造，毫無干與。今誣排陷，冤無控訴。哭奏仁天，超拔蟻命。上訴。

樊侯審語：審得趙甲，乃衙門之積蠹，百姓之遺患。清造黄册，索騙常例。此弊種種，不可勝紀。趙甲不合以孫昺之粮，而暗入錢寅户内。洒粮三石，常年賠納，罪惡慣盈。此法之所不容也。孫丙亦不合用財買求，以錢粮飛洒，而波及他人納税。此無仁心也。欺隱之罪難辭矣。趙甲久恋衙門，受賍枉法，合應擬戍。孫丙欺隱錢粮，律杖九十，徒二年半，其田入官。

（明）清波逸叟《折獄明珠》卷四《執照類·饑饉阻米呈》　墾恩救荒弭變事。切謂民爲邦本，本固邦寧。年來饑饉相仍，民不堪命。智者常慮變將不測，仁人惟思救之未能。矧徽郡田少人稠，豐歲尚資于外郡。兹因天變民餒，微貲取給于上江。厶日米舡，經過湖口，詎變起吏胥，揑官票以曲防，寔秉時而射利。每舡抽米五石，稍不順從，輒鎖送官。是豈粟米之征，大傷子民之政。切思大梁偏鎮，尚然移粟移民。况今中國同天，豈可分疆分治。乞怜民皆赤子，難堪斯役爲奸。亟剪疏商，邦本是賴。飢民均感激切。具呈。亟，急。剪，除也。疏，通也。

（明）孫旬《皇明疏鈔》卷五《君道·初政第二劄霍韜》　如蒙首召户部問之曰：祖宗朝歲計賦税所入幾何？各省存留幾何？内府需費幾何？百官廪糧幾何？軍士糧餉幾何？三邊供億幾何？藩封禄米幾何？内宦月糧幾何？較之今日歲計所增幾何？所減幾何？然後從而思之曰：賦税所入猶夫昔也，所費所出不有倍於昔者乎？年代愈深，流弊愈極，盍有以處之乎？次召吏部問之曰：祖宗朝外任百官幾何？京任百

官幾何？薦舉幾何？科貢幾何？雜流幾何？較之今日冗員所增幾何？衙門添設幾何？然後從而思之曰：輿圖政事猶夫昔也，冗員冗食不有加於昔乎？官添弊冗，政紛多門，盍有以處之乎？次召兵部問之曰：祖宗朝天下軍職幾何？京衛帶俸幾何？外衛帶俸幾何？天下軍士幾何？在京勇士幾何？校尉幾何？較之今日所增幾何？所減幾何？虛名無實，勢豪包辦月糧幾何？然後從而思之曰：天下疆圉猶夫昔也，冗員冗兵不有倍於昔者乎？愈久愈冗，愈冗愈極，糧食無措，盍有以處之乎？次召禮部問之曰：祖宗朝天下親藩幾何？鎮國奉國將軍中尉幾何？儀賓幾何？內臣幾何？較之今日所增幾何？所減幾何？然後從而思之曰：歲計賦入猶夫昔也，宗藩內宦不有倍於昔者乎？勢窮則變，變則通，通則久，盍有以處之乎？次召工部問之，曰：祖宗朝歲計物料所入幾何？恒年修理幾何？上用所需幾何？各監局所需幾何？軍器修理幾何？工匠幾何？柴炭幾何？較之今日所增幾何？所減幾何？然後從而思之曰：天下課料猶夫昔也，浮費不經不有倍於昔者乎？繁費日滋，帑藏日竭，天下日困，國計日艱，盍有以處之乎？【略】

是故天下一大家也，處天下猶夫處家也。今夫千金之家，一人享之，其百費饒洽也。固宜再世有五人焉，則爲二百金之家矣，以二百金之家，復圖千金之費，不日就窮促已乎？雖然，二百金之家儉以圖存，其不墜先業也。亦宜再世有五人焉，則爲四十金之家矣。以四十金之家復圖千金之費，不立墜先業已乎？雖然，四十金之家猶可擴之爲二百金之家也，二百金之家猶可擴之爲千金之家也，存乎人者也。天下一大家，不再擴焉者也，限於勢者也。我祖宗刱業之初，猶夫億萬金之家也。宗藩之分封，猶夫子孫也，百官猶夫工作也，內臣猶夫臧獲也，軍士猶夫守家之犬也，歲費供億猶夫家之調度也。率是數者，皆如祖宗之舊，猶勢窮弊生，尚宜思所以救夫末流之患，以適夫時宜之制。奈之何年積月冗，於是數者，不知幾倍于祖宗之舊，浮費百出，日益日甚，不知幾倍于祖宗之舊？是猶承千金之後者，不知其已落二百金之家矣。復妄意夫千金之費也，若之何其不窮乎？

（明）孫旬《皇明疏鈔》卷一〇《宮闈・條議宗藩至切事宜疏何起鳴》

王府承奉司，止許理一應雜事。有事呈長史司并護衛指揮司發落，與內官衙門無相統攝，備載祖訓可考。近訪得各王府內使等官，營求出入，管莊收課，却乃需索有司夫馬，張打旗號，擅作威福，羅織害民，重科厚斂，靡所不至。王處深宮，無緣得知，所以然者，由各藩近來玩視祖訓私收。閹人徧滿宮闈，各求覔利。是以出外生事，擾害軍民，招納投獻，恬不知畏。且其第宅墳塋之類，務極華侈，僭踰典制，依憑城社，莫敢誰何！伏惟敕下該部，通行各撫按，轉行長史司，啓王知會，嚴加禁革。內使人等，恪遵祖訓。一應錢糧，止令屯老旗甲人役催辦，不許擅自出外擾民。仍通行各王府，將見在內官內使盡數清查。凡不係照例奏討，不由內監撥給者，一一革退。仍嚴私割之律，并第宅墳塋違制盖造者，通行釐正。敢有抗違者，巡按御史查參，長司官一體治罪。

（明）孫旬《皇明疏鈔》卷一三《差遣・停止鎮守內官疏孫仁》

竊惟雲南自古羈縻之地，而不通於中國之法。蓋其犬羊之性，順之則臣，逆之則叛，勢使然也。故求大治者，肇大亂之基。置不治者，乃深治之法。雲南在今日可謂大治矣。臣竊以爲可憂者，彼刀耕火種，非深耕易耨之區。背負肩挑，亦無舟運車載之利。自食其力且弗堪矣。而況管轄之司，密加羅網；賦役之法，繁於中州。可耕之地，盡爲軍衛之屯。不毛之居，尚供縣官之賦。且夷民不親官府，不識錢數。通把火頭之科取，一倍不止十倍；里長保家之包納，今年並指下年。又弗堪矣。而況土官視爲外府，取利不遺於錙銖。流官思係邊方，歸計務盈於囊橐，捕兵之擾，未見賊面而各寨傳食一空。揑害之俗，概指賊跡，而平民償贓數倍。又不堪矣！而況總兵之莊户不遺於下邑，同宗之長幼亦擬於總兵。大管小管之需索，公家僅取乎虛名。豪軍豪民之冒附，重差獨歸於下户。又弗堪矣！柰何而又重以鎮守太監之擾乎？甘言悲詞之求討，上之所予者未一分，而下之所取者已十分。軍官伴當之催收，公之所入者或二倍，而私之所詐者亦一倍。總兵官有莊田，爲世守也。而太監亦有莊田，受人投獻。果何爲乎？朝廷之歲入止千金，念邊民也。而太監乃歲取柴薪等項折銀至十千，獨不念乎此。固以爲舊規而不疑也。然豈聖明之所有乎？又況把持商稅，包占漁户。私通土官之賄遺，餂索官軍之答賀，尅落寶石之官銀，採取大理之石器。强奪民田，妄追子粒，廣修宮觀，擅立生祠。以民田供香火，以官糧折馬料。習以爲常，而無所忌。此豈聖明之所與知乎？誠大弗堪

矣！夫夷性本無常，而縛之文法太密。土地本無出，而取之者門路太多。計日以窮，亂日以長。今日掠某旗，明日摽某寨。撫之旋叛，勦之愈熾。前日安銓鳳朝文之變，今日嵋峨蒙目之賊，患已形矣。若其人可以漢法繩檢，多官鈐制，古聖王之智豈不及此哉？失今不圖寬恤。恐九重南顧之憂，無時而已也。兹遇陛下明見萬里，高出百王，將太監杜唐取回，并以違法科取等事，通行會勘革正，以蘇一方之痛，使獲更生。夷民易感，不勝歡頌。但人防飽虎去而餓虎來，僅存赤骨，又將無遺髓矣。夷民易惑，又不勝驚懼。臣切惟雲南鎮守，非洪武永樂之舊制，始於宣德年間之權設。然亦不虞無益有害，流弊之至於斯也。雲南雖係邊方，有黔國公世守其土，已足爲朝廷腹心之託，非他省比也。又有巡撫以總之，巡按以監之，三司以領之，諸軍衛有司以承之。責各有歸，事無不濟。鎮守太監，誠得已之冗員也。夫官多民擾。其在中國猶以爲病，而況邊夷乎？況近遭安鳳之變，被災者室廬未復，接濟者債負未償。值此盜起用兵之際，民已不堪命矣。而又可以此重困之乎？縱使安静行事，不襲前弊。然奔命之勞，供役之費，已不貲矣！況未必然乎？陛下法祖愛民之一念，皇天后土，寔所共鑒，遐方窮谷，罔不皆知。乞追復祖宗舊制，憫念邊徼殘民，將續差鎮守太監，暫且停止。姑候數年安集之後，再以議增，亦未晚矣。如此則邊民深感寬恤之恩，益勤尊親之念。守在四夷，而中國永安矣。

（明）孫旬《皇明疏鈔》卷二三《脩省·因變陳言以實修省疏李鳳來》

何謂戒暴斂？在京膏腴之地，俱爲勢家占種。而軍民之家，所種不過瘠薄之田。至於當差納税，强者拖欠，而貧者包賠。是以在京軍民，務本者不一二，而事末者常八九。近年以來，有等無藉棍徒，假稱勢要家人名色，私開大店，攔接小民生理以出店錢。雖一菜一魚，銖兩必較，以致京師物價騰高，小民難以度日。況我國家户部有税課司，順天府有税課局，九門有門攤錢。其取於民者是也。而此輩侵奪民利，擾害小民，尤爲甚焉。又一等光棍開放活應。預先估計小民産業若干，則放與錢若干，每日連本利收十分之一，定在何日了完。若或過期拖欠，則必盡其家業，鬻其兒女，以賠償之。一名謂活應子一名謂虎皮錢。小民無知而墮於計中，不越月而家産蕩然矣。籲天無門，控訴無地，含冤吞氣，莫此爲甚。此切於民瘼而爲今日之急務者五也。伏乞敕下都察院，申明禁約，曉諭中外。自命下爲始，盡行禁革。敢有仍前蹈襲姦弊，許被害之人從實陳告。緝事衙門拿穫，痛加懲治，以清夙弊。願陛下留意焉。

何謂重水利？蓋水利之説，關於民者甚大。水利通則溉洩有備。雖大旱大澇，終免赤地漂没之苦。否則，灌匯無所，禾苗無救，而饑饉荐臻矣。以故我國家軫念民瘼，於臬司既設水利官一員以總管之，於府州縣又設水利官一員，以分理之。其良法美意，至精至備矣。夫受是職者，宜夙夜勤勞，循行阡陌，以盡厥職，以惠斯民，以仰體我皇上愛民之意可也。有近來，以此官爲冷淡無利，或息偃公衙，虚糜廪禄，或營利别委，以規賄賂。其溝洫之通塞，略不介意。一遇水旱，束手無策，坐視民斃而已。有臣如此，將焉用之。此切於民瘼，而爲今日之急務者六也。伏望皇上擴天地之大德，重天下之根本，乞敕工部轉行各該撫按衙門，嚴加禁治。凡屬水利官員，務要及時講求，多方濬築。務俾溝遂相通，旱澇有備，不得另行差委，以分其力。若有營求别委，規圖賄賂者，追贓罷黜，毋得輕縱。如此，庶官盡其職而民受其惠矣。願陛下留意焉。

（明）孫旬《皇明疏鈔》卷三〇《時政·軍民利病疏孫原貞》

欽惟

皇上即位以來，德尚寬仁，政從簡易。闢言路以通治道，任賢才以隆治功。期年之間，與天下相安於無事，民心大悦。臣以庸才，亦蒙甄拔方面之寄，夙夜戰兢，思無補稱。謹以軍民利病等事條陳，自揆學本迂疎，識不達於大體，言雖瑣細，事有切於下情。少垂採擇。庶補涓涘。竊惟京邊之所需者草束也，然徵收之實多出民間。洪武年間，每糧一石五斗，該草一束，於附近場分交納。今該八斗一束，已倍其徵。又多撥京場交納。緣草束萬數，動如山積，舟車莫能遠運。而里役徵收，只得准折布絹等物赴京附近州縣買納，名爲輕賫，實則重斂。及至收買，或遇旱澇，草少價增，貨物不售，無計輸納。則必復還重徵，多致逋負。有司受遲悮之罪，里役罹杖併之苦。積歲不完，惟冀蠲免。民艱若此，深可憂也。及照山東民納草束，事體相同。伏乞於河間大名二府附近水次，設置馬房草場，其鄭壩等處收養馬匹。量存大駕備用之數，其餘馬匹并續到進貢等馬，俱送二處，又於武驤左等四衛分撥官軍，以爲牧養，量撥草束料豆。河南於大名，山東於河間，各草場送納實爲民便。至若北京儲積漕運實重，而水利

爲急。然有未嘗至其地審其勢，但知其利而不計其害，聞其便而不悉其難者矣。如金龍口接黄河水，達張秋以入運河，先曾淤塞，永樂年間，用軍夫十有餘萬開挑，遂至不淤。自後一淤一濬，軍夫勞役，未有寧息。兼以歲時荒歉，流徙相望，今欲興此大工，未免一概動衆。且河口土不堅實，河底淤泥深陷，難以開深。黄河水勢更改不常，易於淤塞。況漕運河内淺處，尤在濟寧一帶。若踰濟寧至張秋，則下流，亦易達矣。乞將所用軍夫，只於見在數内撥取，此外逃户暫爲蘇息，則斯民可少甦矣。然貧民固所當甦，而富民亦所當重。永樂年間營造北京，於浙江、江西、直隸、蘇松等府，起取富户發順天府大興、宛平二縣，定安、德勝二關，住坐當差。其有在逃物故者，多行移原籍勾補。夫以數千里外之人民，困於科差之繁重，逃亡固其所也。但官吏汚濫爲弊多端，在逃者容隱不解，而捏故回申病故者，遷延不補而多方賣放，以致富户久缺，勘合不完。欽奉詔書，但宣德十年正月初十日以後，官吏人等犯罪充軍，止終本身。切詳此等人犯，到衛不係勾丁，永充軍役人數，夤緣閑住者有之，捏故脱免者有之，虚編軍伍，不得實用。乞敕法司將例該充軍人犯，有係官吏及糧長大户堪充富户者，連當房家小起發安定、德勝二關，終身充富户，辦納糧差，候補富户數足，仍當依例發遣，其原僉富户先令病故者，悉免僉補，庶爲民便。至於商税，雖爲國課所資，而多方併取，又不可不爲之禁。蓋以各處商人及在外公差等役，所帶貨物充爲路費，所在如張家灣宣課司攔税亦不爲過。但巡攔生事或循私縱放者有之，或容情隨數納鈔者有之，或勒令卸車搜檢箱籠者有之，或高估貨物價值多收鈔貫者有之，或因而被盗失所者有之，或於小路攔税者人之，又或致無賴之徒詐稱索勒者亦有之。其在盧溝橋亦然。今復至文明等衙門宣課司上納課程，是則兩徵其税，不亦重爲困乎？乞定擬行，凡興販商貨貿易者，即於所在抽税。其經過進京者，不得攔阻，止於文明等衙門宣課司查驗。應税者税之，則亦庶乎柔遠之端也。若彼此交徵，必欲盡得其課，則臣以爲古者關市譏而不征，非聖朝所宜有也。

（明）孫旬《皇明疏鈔》卷三〇《時政·應詔上書疏李夢陽》 二曰民害。夫民害者何也？臣以爲，斂重而民貧，又貪墨在位，恩不下流也。臣聞惟智者而後能起家。夫人未有無所賴而生者也。今百姓賢智者百不過二三，愚蠢者十常七八。然又若無所賴，而有司不之恤也，斂之不問貧者。稱貸之不足則必鬻子，鬻子而不足則必逋竄。一旦棄父母、損親戚，背鄉離井，愁怨之聲上干天和，則必有水旱風雹之災。逋者不還，居者縲絏，而牽連則必有無辜暴死之屍。臣故曰：民害者，重斂使之也。夫内府供用，有常數也。宜有常簿焉。今油蠟皮張諸料等，較之弘治初年，費且十倍于前。此何也？蓋下者效上者也。取贏者未有不美者也。今既十倍于前，則此户工二科派必又倍，天下之州縣必又倍矣。百姓輸納又有秤頭焉，必又倍矣。又經内官必有賄賂，是又益倍矣。於乎？民日貧而斂日積，當道不肯苦言以聞，有司乘機而肥其家。如此而猶望其治，是真却步以求前耳！陛下前固嘗降詔旨問矣。然簿數不減也。科派不省，秤頭如故，賄賂公行無憚。此所謂公名而實禍也。臣故曰貪墨在位，恩不下流者，此也。

三曰莊場畿民之害。臣伏覩洪武某年，詔曰：直隸拋荒田地，聽民開墾，永不起科。夫民自開墾之矣。不可謂非其田矣。而今皇親之家，聽無賴光棍投獻，主使謂非其田也。請之朝廷，亦謂非其田也，率賜皇親家。皇親之家即奉天子命爲己有。乃輒遂白奪其田土，夷其墳墓，毁其房室，斬伐其樹木。於是百年土著之民，蕩産失業，拋棄父母妻子，千里之内，舉騷然不寧矣。夫皇親，與國同休戚者也。其禄非不豐，貴非不極也。乃利區區之田，損害赤子，動搖根本如此。是不欲與國同休戚耶？嗚呼！亦甚矣。昔魯厩焚，孔子見之。但曰：傷人乎？蓋貴人賤馬也。今薊州牧馬場，與百姓分陌分人而守割之。臣切悲也。是何賤人而貴馬也？夫草場數千頃地耳，今三遣官矣。百姓年年坐勾攝轉相牽連，妨廢本業，擔閣其生理，男不秉耜，女不上機。賣男鬻女老弱者轉而死於泥途者過半矣。嗚呼！是何賤人而貴馬也。臣雖未詳其始末，切見今事勢，萬無百姓侵官之理。設有所辦，亦官租耳。非若皇親之家占之爲己有也。今擄勘牒四至與民争者，止十之一二耳。臣謂宜置而不問。且百年土著之民，一旦遂之使去。陛下忍爲此耶？夫王畿天下之本。今以數十百頃之地，失黔首之心，傷陰陽之和，臣固知陛下不忍矣。陛下幸哀憐聽臣愚計，敕户部，查景泰六年勘官馮諲奏内事理，以前項田土仍給民徵租。但以空閒草地牧馬爲便。

六漸。一曰匱之漸。夫匱之漸者何也。臣以爲，兵運然耳。然又苦浪費。今各邊用兵，以將則庸，以卒則罷，縻財而無功，曠日而損威，錢穀吏俛首供給，莫敢何如。稍有不繼，則軍吏委以自解。是以倉廩不足，不曰兵者縻之也，曰是錢穀者不由己誤之也，是無米而求粥也。於是，始有和買之議矣。和買之不足，於是有窆運。而又不足，於是乞内帑之銀。臣始至户部太倉庫銀，尚百七十餘萬。今消耗且過半矣。然而乞者未已也。由是積漸而不止，雖欲不匱，烏可得矣！夫今疆土不蹙於前也，又鮮大寇若匈奴突厥者也。竭天下之力以備邊，而日猶不足。此其故何也？縻財而無功，曠日而損威者爲之也。夫錢者，泉也。言流也，散于上而聚於下，公家削則私室盈。京城内外，千觀萬寺，亦熾矣。顧又不已，左右侍臣，孰非造寺者也？動作孰匪？以鉅萬計，諺曰：百入一出。令彼鉅萬出，則其入不止於鉅萬明矣。夫上惟風，下民惟草。今方春和，耒耜在野。陛下乃不發倉廩，助不給，賑不足，顧偏發寺觀等，敕給費修葺之。是道民以奉佛也。彼以鉅萬入者，又何憚而不造乎？夫智者察微，今貨入而在私室，又出而造寺觀矣。設卒有水旱之警，兵甲之事，内財則已匱，外斂則民窮。臣不知陛下計何所出？故曰浪費者，此也。

（明）孫旬《皇明疏鈔》卷三一《時政·條陳因時興革以便官民疏萬鏜》

一、審户則以均甲役。近該南京各衙門會奏，審替快船小甲，該兵部議得一應綜理事件，仍行本部斟酌處審爲照。南京各衛所軍伍，日見消耗。大凡得過之家，皆在垜甲之數，雖有隱漏，蓋亦無幾。若將各衛所軍餘人户，一概拘審，但事干人衆。有住居京城内外者，有散居各州縣者，追呼未必依期。造册未免科取。文移冗繁，遠近騷動。畢竟替换之人，不過十之一二。所益者少，所擾者多。況使見當者，冀於倖免，聽審者懼於編僉。衛所官員因而詐騙，新舊人户各費閒錢。本部該司官員耳目有限，雖竭其力，人户豈能盡知？雖秉至公，下人豈能盡防？且富者僉甲，必致生怨，貧者退役，易以招嫌，浮言一動，卒難自明。以此嘉靖四年，本部奏要審替船甲，兵部恐爲各衛所親管官員大開騙局，欲再酌量停當，然後舉行。誠有見於此也。今欲便於各甲，不必别爲更張。臣等已照兵部覆題内事理斟酌審處，將見當各甲告稱消乏者，聽其自行舉報相應之人，籍記在官。本部選委司屬官員，督同該衛所親管官從公查審。舊甲果係十分消乏，方許退换。新報之人果係相應，就以其人代之。若告有不實，照舊不動。止於本船衆甲之中，審其户則高下，以定領船出差年分之久近，辦銀幫貼數目之多寡。間有垜甲貧富不均，湊集一處者，量爲更調。各項事情俱以十年爲限。每一衛所審畢，連人引赴本部覆審無詞，人各給與印信，由帖一張。備開出差貼銀等項，事由在内，使彼此知悉，不得相欺。此特舉其大概，至於綜理調停，科條瑣碎，未易悉陳。事在從宜，亦難執一，俱聽委官，從長計議，呈部施行。以後十年一次，照此審編。其十年之内，合有因事貧乏等項，出於不測者，亦止於差貼之際量從寬恤，不得輒有變更。譬之州縣里甲，十年豈無消長，而審替必待造册之年，所以杜紛擾而定人心，畧小妨而全大體也。如此則各甲雖不能大有更替，然差貼均平，節目簡便，即所以寬恤之也。再照快船小甲，係南京第一苦差，豪猾之徒百計躲避。今後若有脱除軍籍，頂匠冒民，及投充勢要衙門，寫字工藝等項，聽本部徑自拘拿重治。躲住外州縣者，行移撫按官提解。其南京内外守備等衙門，不得干預。占恡及訴告甲役船差事情，法司亦不得受理。庶事歸畫一，人莫容姦，而力役可均矣。

（明）孫旬《皇明疏鈔》卷三一《時政·應詔陳言時政疏萬鏜》

一、審蠲除，伏覩洪武中赦書，覃恩非一，而蠲賦居多。有將本年税糧於正月蠲之者，有將明年税糧於隔歲蠲之者。蓋我聖祖起自閭閻，洞燭民隱，故不赦拖欠於已往，而特免徵取於將來也。何則？夏税秋糧與凡歲派額辦，官府之程督有期，公役之催徵甚急。小民無勢欲拖欠而不能，良民惜身畏拖欠而不敢。其拖欠者，類多豪强大户。今若赦免之，是姦頑偏蒙實惠，貧民徒受虚名，起不均之怨，長效尤之風。其蠹治尤甚者，經收之人乘此作弊，將已徵捏稱拖欠，任意侵欺。而貪污官吏，又或交通爲姦，剥生靈之膏脂，歸私家之囊橐，雖有嚴明上司，悉心查考，欲質之於簿書，而改匿符捏，巧僞百端，簿書不可盡憑也。欲審之於納户，而人衆難齊，或病拘擾納户，不能盡審也。故昔人指赦爲偏枯之物，非赦之過也。乃議之未審也。臣昔備員京府，首承登極赦書，躬悉前弊，每爲浩歎。幸而赦中有將已徵在官錢糧，准作本户以後年分該納之數。臣彼時多方計處稍中事宜，然終不若洪武年間先期預赦，簡以易行。恭聞前星發祥，大賚伊邇。伏望皇上，以我聖祖爲法，敕下該部，將來年實徵税糧，

并一應派辦錢物料價等項，斟酌分數，預詔蠲除，務度可行，毋致中改。則小户良民，均沾惠澤，大公至當，無復偏枯。其以前拖欠，照舊徵解，使已納者，姦人無由以侵欺，未納者，豪頑不得以幸免，官司省檢勘之煩，民户免拘審之擾，一舉而百弊革，衆便隨善之善者也。

一、通鹽法。我國家租賦之外，得利莫如鹽，而鹽利莫如兩淮。今之論兩淮鹽法者多矣。要皆各有所見，擇而用之，無不可者。臣愚以爲鹽法之設，其重在於足邊，其要在於寬商，其本在於恤竈，其用在於惠民，而其終在於息盗也。請先述諸臣之論，而後參以臣一得之愚，則所謂通鹽法者，概可見矣。近年詹事霍韜疏曰：淮鹽除正額七十萬引外，猶産餘鹽三百萬引有奇。今正額已不得多取，餘鹽復禁竈户不得私賣。即三百餘鹽，安所消遣乎？兩淮行鹽，地方數千里，人民億萬家，所仰食鹽，只七十萬引，饔飧安所取足乎？是無怪私鹽横溢，而鹽價踴貴也。須令各商中正額鹽一百引，許帶餘鹽三百引，聽與竈户價買。户部議題疏曰：竈煎餘鹽多於正額兩倍，相應添刷引目一百四十四萬。道召商中納如原在邊中正鹽一千引，許報中餘鹽二千引，每引淮南納銀九錢五分，淮北七錢五分，俱赴運司上納，領引自行買補。巡鹽御史李佶疏曰：添刷引目，使鹽皆有引，市無高價，誠良法也。嘗以掣過之數稽筭，大約正鹽一引得餘鹽二引。宜令今後商人，在邊中納正鹽一引，照舊派場關支，上納賑濟銀米，其鹽二引自行買補。每引止許二百五十斤，亦照舊規。秤掣每鹽二百斤，淮南納銀八錢，淮北六錢，免其割没。户科都給事中蔡經等疏曰：近日邊方鹽引雖開，而召商不至，良由開中不時，科取太過。合於每年正月預派各邊。但遇收成之時，聽其召商照依原價上納本色糧草。其極邊如甘肅二鎮，或量減價值，以致樂從。又曰：當地方收成之候，糧草價賤，而商人易於上納。故一引之鹽，常得二引之用。定價每引不過三四錢，而無處置科罰之費。是非不知商人每引所入，不足以當給鹽之利也。以爲利不厚，則商人不趨，而邊儲無賴，何暇計錙銖之利，以與商人較哉？巡鹽御史朱廷立疏曰：一歲之間，掣過餘鹽價銀，已及百萬。前項添刷引目之法，縱使行之盡善，亦不過此。今又户科奏稱不便，相應停止，照舊秤掣。又曰：官無高價以病商，商無高價以病民。買補日衆，而勤竈日勸。官鹽既通，而私販自息。先年整理鹽法，都御史王璟疏曰：兩淮課有常額，開中宜有定數。然各邊開中數或溢於額外，故有二人同給勘合赴運司。而本年監課，止足前人之數。後一人者遂以額盡守候艱難。以上諸臣之所論，撮其切要者如此。臣請酌寬嚴以用其中，揆事體以求其當，兼彼此以會其全，考今昔以通其變。乞令今後各商，在邊每中正鹽一引，許帶中餘鹽二引。正鹽仍復舊規，每引六錢，隨彼處時價貴賤，及道路遠近險易，定擬斗頭斤數，上納本色糧草。正引量搭兩浙長蘆等鹽，照舊納賑濟銀米，餘鹽乃其自行買補相應量減，每引五錢就隨正鹽在邊上納折色，免其納賑。前項正鹽每商人一名，中納不許過三千引。正餘鹽引，每引俱不許過二百五十斤。一體秤掣，數外多一斤者，即以私鹽論，問罪没官。其正鹽，每年止開七十萬引，使與額課相當，勿得多開過額，以致商人執引到場，無鹽支給，苦久候之難。餘鹽則開一百四十萬引，使與正鹽相倍，勿得或多或少，以致正餘鹽引帶中參差，起不均之怨。苦能舉行前說，則正鹽不減舊時之價，可廣糧草之資，又倍得餘鹽之銀，可備和糴之本。且就邊上納不待運司收解，户部轉發，而脚價之虚費也。每歲開中，不待邊鎮告急，道梗年荒，而措置之後期也。臣所謂足邊者如此。商人得餘鹽贏饒之利，以補正鹽多費之虧。無運司倍取餘鹽之銀，以免一時賍納那借之苦。且正引之開，不浮於額課，則到場之日，便以得鹽。所謂寬商者如此。勤竈餘鹽既許通商，官司地方無復阻擾。但能窮其煑海之力，皆可以爲養生之資。所謂恤竈者如此。商有利息，則鹽價自平。鹽價既平，則民得賤食。且竈户既獲通商之利，必不肯冒禁賣與鹽徒，小民既樂官鹽之賤，亦必不冒禁買食私鹽。彼鹽徒者，販賣兩難，圖利無獲，漸見改求生理，其勢自衰。所謂惠民息盗者如此。或謂運司餘鹽銀兩，每一巡鹽滿日可得百萬，今改於各邊帶中一年，止得銀七十萬，所失不已多乎？殊不知運司得銀雖多，而商人虧折資本。即今陝西等處，減價開鹽無人報中，所失殆不少也。萬一邊儲缺乏，致悮軍情，關繫地方，孰輕孰重，況巡鹽交代多是，年半方得銀百萬。今若年例開中，一年可得銀七十萬，就以利計，蓋亦相當。且商人自輸於各邊官司，可省乎脚價。與其轉運於邊鎮奏討之日，兵荒交作，一倍或費數倍之多，豈若輸納於居常無事之時。隨宜儲糴，一引可獲二引之用。及查弘治以前，餘鹽銀極多不過三十萬，而邊儲足供。近年以來，餘鹽銀百萬，數倍於前，而邊儲告乏。此其利病

得失，較然尤明。至於革虚中賣窩之姦，祛勸借科罰之弊，嚴便場買補之禁，定秤掣疏數之宜，覈竃總歲課之徵，均上下派場之則，皆所以維持此鹽法也。其餘條目繁多，難以枚舉。在運司者，宜責之巡鹽御史，而考之以都察院。在邊鎮者，宜責之巡撫都御史，而察之以巡按。如此，則臣愚所論前項鹽法，可以行之盡善而垂之永久矣。

一、裕邊儲。今之籌邊者，恒以足食足兵並論。臣愚竊謂足兵易，而足食難。食爲先，而兵可差緩也。蓋緣邊之民耐若敢鬭，有事厚募皆可爲兵。今所憂者，邊儲不足耳。各鎮大抵皆然，而陝西獨控三邊，荐遭荒歲，其弊尤甚。夫屯田以足邊，乃務本之上策。度今事勢，未可易行。若其可行者，則當多方措畫，豈可守一途而泥常格乎？其一、宜寬處客商，召中鹽引，使納本色以廣糧草之儲，納折色以爲和糴之本。如臣前所論通鹽法者是也。其二、宜開納粟監生之例，不必拘以地方名數。但願納者，聽各令於甘肅、寧夏、延綏三鎮上納本色糧草，隨其時價貴賤及道路遠近險易，定擬斗頭斤數，務使均平。户部仍酌量年限停止，固知此非善政。然用以助邊濟急，而所開又止爲陝西，事出權宜，數匪浮濫，似亦無害，若軍職義官承差吏役等例雖開，鮮有應者。內地尚爾，邊鎮可知。不必虚費文移，徒掛牆壁也。其三、宜令陝城及各鎮巡撫都御史將鹽商所納折銀，并一應勘動官錢，於豐收之年，與民間和糴。寧比時價稍加，使之樂從，不可强抑也。其四、宜將官軍糧料若遇豐年量加價值，給與折銀。彼既樂得糴買之餘價，而官又得存積見在之糧儲，較諸和糴尤爲簡便也。然此四者非數月之間，所能接濟。傳聞陝西地方，即今銀一兩，止糴米四五斗，收成之後已至於此，來年春夏益當踴貴，不幸歲復荒歉，又當何如？爾時縱發官銀數十萬，非特所費倍多，尤恐無糧可糴。萬一愚民迫饑寒而竊發於中，醜虜乘間隙而侵擾於外，地方攸係，誠可寒心。即如拯焚救溺，尚慮乎後期可再玩日愒時重貽人後悔？訪得成化年間，曾因陝西饑荒，摘撥江南漕運糧米數十萬石以賑之，就用糧船由徐州遡黄河抵偃師縣之孫家渡，乃從陸運至陝州之上河頭，計程止三百餘里。又雇船運可以直達西安、鳳翔等處，當時所費雖多，然比之太倉發銀，本處糴米，却省數倍，實惠及民。其故事可考而行也。然待來年漕運，須至秋後，方得到彼，亦恐無及。合無於該解南京倉糧，見今陸續運到水次者，免其上倉行漕運，都御史查撥回衛糧船。南京户部差官監督，對船交兑，設若數少，則將南京在倉糧米乞運，或將該部收貯折銀，差官和糴。今歲江南收成頗稔，大約銀四錢，可得米一石。俱照依漕米正耗體例，以爲水陸之費，務足二十萬而止。及查南京各倉，見有六七年之積，而今歲折銀又多，不妨那用其嘉靖十三年、十四年。勿論陝西地方有無豐歉，却於漕運内每歲摘撥米二十萬石，如前轉輸，通計三年而止。夫以糧運濟之於目前，而以鹽引等四項行之於相繼，比及三年，邊困可少蘇矣。然臣又聞之，興一利不如除一害。乞敕各邊鎮巡撫兵官，正己率下，嚴禁所部官員凡軍士糧賞財物，分毫不許科尅，及時常審探邊情，毋聽將官虚報聲息，輕易發軍冒支行糧草糧。更敕兵部今後遇有邊報，毋輒議出京軍到邊，徒增浪費。無□□用凡一切損害，邊儲者悉行停革。夫既興其利如彼又去其害如此。行之數年，將見邊有餘儲，人有固志，然後擇遣才望大臣，按行邊地可以耕墾之處修復亭障，多募土民，漸興屯田之利，永爲根本之圖，其遠效可冀於將來，而其事機實在於今日也。孟軻氏曰：猶七年之病，求三年之艾。苟爲不畜，終身不得。此言警切，敢以爲喻。

（明）孫旬《皇明疏鈔》卷三二《時政・復舊制以足國安民疏桂萼》

一曰分豁災傷田租。臣按天下田租有定額而凶荒不常，又不可不爲之分豁也。但爲國計者，當憂國用不足。故祖宗預儲餘米於淮安水次，而設都御史或侍郎一員，專會計南直隸、浙江、江西、湖廣等處，歲所收入多少。若各省可以通融，則通融處之；如不可通融，則撥淮安餘米，就廒支運以備足之。又或無處，則年終一至部會計。又查户部每年所收，并各衙門餘積之米，通計若干，以爲開豁天下災傷之數。英宗皇帝以前，此法尚未壞也。正德九年，臣在丹徒縣，因夏旱秋水爲災，不及分數，例不奏免。乃通融於丹陽、淮安、鳳陽，軍民運收。輕重之間，遂得夏麥秋糧，足補本縣不敷之米數萬餘石，而軍民咸便。當時上司，莫不驚恠。蓋此法廢久，故雖淮安提督漕運之官，專司其事者，亦不知也。臣所以屢請以各關所收錢鈔，并南方各省所餘缺官祇候之銀，或別作區處，如英宗初年，行勸分之例。發淮安、徐州、濟寧、臨清、德州、滄州。但便水次有廒去處，趂熟收買米粟，以備四方災傷分豁之數，則民困蘇、國用足，一舉而兩得也。今知不出此，臣見有司督逋不已，而農民逃竄無方，以致有力者

爲盜，無力者流移。歲事征討賑濟，非惟不得田租以資國用，而公帑之費動經百萬，且兩失之矣。此分豁田租，所以不可不急講求者也。

一曰分豁里甲官銀。臣按户部正賦之外，禮、工等部派辦物料。如蘇松浙江等處，地方以丁田科派者，雖甚艱難，尚有所據。如江西、湖廣等處，止論里甲科派，其有錢糧近上人户，類有役占，反不與焉。所以窮民逃竄，閭里或空。故臣治丹徒時，嘗爲之區畫，凡官中無礙，餘銀悉以起解，而不肯科派於民，逃民始歸。鄉官御史王濟謂臣曰：里甲官銀民出舊矣，子何苦如此？臣曰：子爲鄉士大人，所往還官皆優免，人户所以充補。優免者，率顛連無告之窮民耳！非知縣不知此苦也。是年，豁縣官銀不下萬有餘兩。繼治武康，後至成安，里甲官銀盡除，逃民歸農，閭里漸實，而差役有歸矣。所謂有人此有土，有土此有財之明驗也。然凡此必得其人，乃能行之。欲天下莫不行此，則非畫爲定法不可守也。臣考正統年間工部侍郎周忱於蘇松地方立有定法，至今不易。蓋以一切差銀不分有無役占，隨田徵收，而里甲科派，無復充補優免人户之累。今若申明通行，無不可者也。臣嘗建言：請減天下民壯之身錢，追天下貪官之贓物，以資前項官銀者，正以其法尚未立，故不得已爲救時之爭。若前法一定，則亦不出一二年，天下逃民皆樂歸原籍，而勤趨農桑之事矣。此分豁官銀，不可不急講求者也。夫二者既爲除豁，則天下之民皆力本之農，而不患於食不足矣。民食足，則不患於兵不强矣。兵既强，則不患於邊境不静矣。此自本而末，一以貫之之道也。若不達乎此，則支東傾西，終未有善治之期也。此外，則除治南北田土錢糧不均之患，又有不可以不講者。如北方之土，有屯地、社地之異。今直隸、河南州縣以社分里甲，猶江西、湖廣等處州縣，以村分里甲也。祖宗朝北方民少地多，遷山陝等處無田之民，分屯其地，故又以屯分里甲。當時屯民新地頃畝甚狹，社民田地頃畝甚廣。故屯地謂之小畝，社地謂之廣畝。此北方之民所甚怨於不均者也。南方之糧，有輕則重則之殊。天下之民任土作貢，宜其科則如一，特以歷朝因革，事體不同。故田土雖同，而科則甚異。又以天下各州縣，皆有抄没之産，當時追收抄没籍册。即因民間所收，各作田租爲租，謂之官糧。及轉賣多年，無復辯驗，致重糧人户盡逃，獨累里甲包納。此南方之民所甚怨於不均者也。此則在大臣各平其心，一會議之。皇上絜矩之道，遍於天下矣。臣治湖州府武康縣時，嘗查成化年間奏行田糧事例，官爲一則民爲一則申府。已而該府七州縣通行奏准，民甚便之。至今蘇、松、常、鎮、杭、嘉六府各州縣，莫不欲取法於湖州府者。臣治直隸成安縣時，嘗查奏行事，例將屯社之地均量頃畝，一其科差，行之一縣，而該府八縣莫不效之。至今北直隸、河南、山東附近各州縣，又莫不欲取法於廣平府者。然而終莫能使之盡如兩縣者，南北各郡皆有官豪之家阻之故也。所以阻之者，北方官豪之家，欲得獨享廣畝之社地，不肯爲狹地屯民分糧。南方官豪之家，欲得獨出輕則之田糧，不肯爲重則，里甲均苦。所以一遇有志州縣正官，必欲通行，均則量地。勢家即上下夤緣多方排阻，故民怨無時可息也。臣故曰：必大臣平心以會議之可也。夫大臣固當熟議，尤在皇上獨斷而已。昔禹思天下有溺者，若已溺之；稷思天下有饑者，若已饑之，伊尹思天下匹夫匹婦不獲其所，若已推而納之溝中，皆自古聖君賢臣憂道愛民之心也。三代以降，此前不復聞矣。臣乃今身親見之，而不能出一謀發一慮以備采擇。實爲有負。此臣所以夙夜不能自安者也。過不自量，畧述所以，嘗試於民者如此。至於備考古今會計之法，以經理國用，斟酌近世常平之制，以給足農民。及求所以復太祖之法，以親宗族，定户籍之制，以正版圖，尚當次第陳之。

（明）孫旬《皇明疏鈔》卷三八《財用・會計足國裕民疏韓文》　切惟因地制賦，乃立國之大經。量入爲出，實理財之要道。故禹貢承六府之備，而分土作貢。成周以九賦斂財賄，必以九式均節之。降是而漢後唐盛世，或度官量吏以賦民租，或計丁受田以立租調。是皆能推本末之義，以適斂散之宜者也。洪惟我太祖高皇帝混一海宇，疆理之盛，遠過前代。貢賦之制，取準哲王，不可尚已。然洪武年間，建都金陵。當時供給之大，南京爲重，各邊次之。自永樂以來，定蹕燕都。其後供給之大，京師爲重，南京次之，而各邊又次之。然洪武年間，供給南京，止於湖廣、江西、浙江、應天、寧國、太平及蘇松常鎮等處而已。供給各邊止於山西、陝西及河南、山東、北直隸等處而已。今天下司府州，除陝西、山西、雲南、貴州、廣東、廣西、福建、四川八布政司，隆慶、保安二州錢糧，俱本處存留，起運邊方備用内福建廣東，止有起運京庫折糧銀兩。其湖廣、江西、浙江、蘇、松、常、鎮、廬、鳳、淮、揚已供南京，又供京師。北

直隸河南、山東，既供京師，又供各邊。則是昔之供億者一而今之供億者二。昔之常賦甚簡，而今之常賦甚繁。然不特常賦之繁而已。正統以前，國家用儉，故凡百輸納，皆不出常額之外，自景泰至今，供用日盛，科需日增。有司應上之求不得已，往往於額外加徵派納，如河南、山東等處之添納邊糧，浙江、雲廣等處之添買香蠟，皆先年所無者。由是觀之，則知今日國用之急，民力之窮，誠爲可憂也。雖然，所可憂者不過攄已往之用，計近日費耳。若計近日之用，以逆將來之費，又有可憂者焉。何則？往時年豐歲登，運河易達。邊方無調發之久，州縣無流徙之多。有司得以藉先年之積，制一歲之用。或徙有以均無，或用豐而補歉，猶之可也。今太倉無數年之積，而冗食日加於前。內帑缺見年之用，而給費日伺於後，征需已極，而郡縣旱潦之不時。輸送已窮，而邊方請給之不已，顧後瞻前，朝不謀夕，萬一他日，河流少阻，漕運遲悮，邊郡有警，軍餉空虛，則京儲歲入三百七十萬之數，固難猝至。邊餉四百萬兩之銀，亦難繼集。復加以數千里之水旱，通行賑貸，連十數萬之軍旅，皆欲餉給。是時欲賦之民而民苦已極，欲假之官而官帑已虛。不知又將何所取給哉。所謂又有可憂者，此也。臣猥以菲才，叨司國計。值今天下倉庫空虛，軍民疲憊，晝夜思惟，策無所施。伏望皇上憫天下民物凋敝之餘，念國家財賦需用之急，必先事以預圖，斯有備而無患。乞敕重臣公同計議，京通糧儲支費日增，如何節之使不濫費？太倉銀庫虧損日滋，如何制之使得充實？內庫告乏，累取天下銀兩以實之。然隨實隨虛，何以得常實而緩急之不悮？內府廚料缺用，累借別項銀兩以給之。然隨給隨缺，何以得減省而民困之少蘇？各邊方軍儲如何調度，使小民少免轉輸之苦。各運司鹽課如何撙節，使邊警得備倉卒之用。祿米莊田，如何處置可以應無已之求。馬房草料，如何經畫可以省無窮之費。速香黃蠟，以何年爲中制，可行而不濫取。布疋收受，以何例爲準則可守而不害民。河南、山西存留糧之多少，何以補助？湖廣等處府州存留糧之足否，何以查處？以至天下災傷，蠲免稅糧，又何以處分？使有恤民之實，通行議處。庶於聖政有補而天下蒼生咸被其澤矣！

（明）孫旬《皇明疏鈔》卷四〇《財用·足國裕民疏李邦義》

臣等切惟食貨者，王政之所先，積貯者，天下之大命。《周官》嚴九式之條，而《王制》重九年之積。蓋以量入爲出，酌盈濟虛，誠有天下者之不可以一日不講也。近蒙皇上軫念積蓄匱乏，特諭計部以處理充蓄之計，仰見聖明憂民憂國之盛心。凡有見聞，皆思所以贊廟謨於萬一，況臣等待罪該科與聞國計者乎？但錢糧之數目浩繁，而出入之頭緒紛沓，有未易以旦夕曉者。昨見該部條列八事以上，亦可謂幾於詳盡矣。然臣等芻蕘之見，再四訪求，猶有一二可以引而伸之者，敢甘隱默不併爲我皇上陳之。臣等切惟理財之道，莫過于《大學》一書。至謂生財之道，則不過曰：生之者衆，食之者寡，爲之者疾，用之者舒而已。唐臣陸贄亦曰：生財之豐歉在天，用財之多寡在人。節之雖虛必盈，不節雖盈必竭。合而觀之，則開其源與節其流，理財者舍是無別法矣。方今山林川澤悉入徵輸，夏稅秋糧各有歲額，舳艫千里，飛輓窮年，其所以充邊儲而供國用者，既有成規矣。頻年以來倭虜爲患，此外復有坐派加派之名，養馬養兵之費。而當事臣工權宜議處，至於贓罰商税寺產事例度牒引錢所以搜括之者，亦既無不盡矣。況今閩廣鋒鏑之餘，殘傷未起；淮徐荒歉之後，逋逃未歸；而江之右，山之東，亦且以水溢旱乾紛紛具奏。則開財之法，誠不可以一毫復加于民者矣。然則處理充蓄之計，舍撙節其何以哉，昔人論節財之法，有謂在于革冗員，汰冗兵，節冗費，今之冗員，誠不知幾也？嘉靖四十年，爲帑藏匱乏，歲用益煩，該本科建白，已經議革之矣。然所革者不過務司壩驛之流，以上曾未有一議及之者，其爲省能幾何哉？茲且不暇遠舉，即如錦衣衛恩廕之輩，踵接肩摩；各衙門帶銜之官，日增月盛。是雖賞勞酬功之典，所不容無，而冒濫之費，則不可不爲之慮矣。一澄而汰之，或禁止之於後，則所省不既多乎？民出食以養兵，兵出力以衛民，此定制也。況京師之衆皆取於漕糧，又率數石而致一石。其徵解搬運之苦不論也。奈何其可以易視之？查得户部所開月糧之數，共該支米二十四萬五千餘石。及查營操總數，則止於九萬焉。其餘或係錦衣衛官校人等，或係各衛所官吏勇士官攢人等，或係各該匠役人等，湊之乃合前數。臣等訪得此項月糧弊孔甚多，有以一人而每月包領數石者，有以一吏而每月冒支數十石者。考求其故，則以兵馬之實數，司農不得而知也，錢糧之出數，司馬不得而考也。各司止據衛所開來之數，即以付之糧廳。糧廳止憑各司所發之數，即以准其支給，漫無稽考。如此則以無爲有，以逃作在之弊，亦

將何所不至哉？夫以每月二十四萬餘之錢糧，止養九萬營操有用之軍士，而其不操之軍、無益之衆，反從而兩倍之。若是，謂其一一皆充實用，則臣等所不敢信矣。伏乞敕下兵部候各衙門，遵奉前旨，將各項冒濫人役查革外，仍要查核在京各該食糧人數某項若干，某項若干，造爲食糧總册，用印鈐蓋，一送户部，一送本科查考。如遇支放之時，各該衛所造册送司。十三司須要類齊核實，然後發之糧廳，撥支其各該衛所官吏。凡遇月終通將支過扣還之數，齊赴本廳注銷。如或參差不齊虚應故事者，聽臣等該科參究。則冒濫者，庶有可懲矣。至於錢糧冗費，近年言官已言之屢矣。而卒未收節省之效者，其故有二：有握韜鈐者，或邊事未甚諳，一遇警報輒自周章，至虛實未探，而調遣先發者矣。有威望頗輕，則參游等官各自主議，有先發後聞，有不可制者矣。若此則邊餉焉得而不費哉？不知按伏者，兵家之妙筭，何嘗責其不調遣，謹調遣者，無非以節行糧之妄費而已。然均一調遣也，行糧之支，聞在薊遼，則有百里外全支，五十里外半支之例。而宣大等鎮則未之議焉，或者非畫一之法歟。近來宣大之費視他鎮爲多，未必不由此矣。伏乞敕下該部再行申飭，各邊鎮巡等官，今後須要明白哨探，詳慎調遣。其有不遵約束將領，聽其指名參治，其各邊鎮行糧應否，照例查議，則錢糧不患其不節縮矣。夫錢糧固貴於節縮，而尤貴於措處。查得舊制太倉解發之銀，止以供客兵之用，而主兵則處足於民運與夫，各鎮屯糧秋青馬草等項奏給耳。邇來各邊多事，以屯地馬草則稱抛荒，棄置久矣。一遇缺乏，即行奏討。太倉如之何不告匱也？近聞有能措處者，將無碍草場給軍採打，即役其力以脩邊牆，而人不爲怨者。使人人效此，則各鎮之中，豈無一二可以措處以少省太倉之萬一哉？乞敕下該部再加查議，移文各邊巡撫，示以國儲匱乏。凡有地方可以措處如屯種馬草之數，不拘多寡，儘力區處，或於各年民運拖欠之中，設法督追完解以充下年正項之用。年終各將措處過錢糧若干，督追完過若干，拖欠若干，以上年爲額，今年省出太倉銀若干，造册奏繳。其有區處督追數目過多者，或特加廕秩，或從重獎賞。則激勸之餘，孰無公家之念，誰無共濟之心，雖不敢大望其贏餘，亦可省十百於千萬矣。凡此，皆臣等管窺之見，瑣屑之談。無非欲省一分，則裕一分之意。至於轉移運用之大，則惟在於聖明留意焉耳。再照國計民瘼，事本相須，手足腹心，原係一體，則視之誠不容有二焉者。近有淮徐等處水旱爲災，十室九空，逃移過半。其糧運之額，俱累見在人户包賠，官軍師生俸糧已稱數年不給，其艱難之狀，悉具撫按疏中，亦臣邦義夏間差回所目擊者。如欲奏留商税與改折二事，誠知其萬非得已。而該部猶靳弗全與。豈非以國儲爲重，恐開奏改之門，雖知其急，未暇理與。然臣等切伏思之，淮徐之地，糧運之襟喉，非他方可比。其荒歉又爲數年之積，患亦非他處可得而同也。失今不處，誠恐枵腹之久，或有脱巾之呼，其於糧運關係不小，是不可不爲之慮也。況聞商税數十年來原係彼中借支之數，即全以與之，亦不過歸其故物耳。運糧如必不可折，亦當權其災變輕重，量准二三年，仍行漕運衙門，嚴督折銀完解，以充軍士月糧正數。則公私兩便，而嗷嗷望救之衆，亦且幸寬舒於目前矣。至於招撫營田一節，事本甚難，然非得人以任之，蔑有能濟者。臣等訪得漕運巡撫王廷素號清修，亦稱簡静。但處理通變之才，原非所長，當兹多事之時，兼此重大之任，豈可以因循坐待者？伏乞敕下該部查訪，如果臣等所言非謬，將王廷改之别用，另推有幹濟有才望者代之。至於所屬府州縣官，亦須行令撫按體訪精力才幹者調用。庶地方得人，而招徠有道，輯寧可望，而運道無虞矣。

（明）陳子龍《明經世文編》卷七一《丘文莊公文集·貢賦之常因田定賦丘濬》

臣按馬端臨有言，賦税必視田畝，乃古今不易之法。三代之貢助徹，亦只是視田而賦之，未嘗别有户口之賦。蓋授人以田而未嘗别有户賦者三代也，不授人以田而輕其户賦者兩漢也。因授田之名，而重其户賦。田之授否不常，而賦之重者已不可復輕。遂至重爲民病，則自魏至唐之中葉是也。自兩税之法行而此弊革矣，豈可以其出于楊炎而少之乎。由馬氏斯言觀之，則是兩税之法寔得古人之意。後世徒以陸贄之言而非之，贄之言蓋不欲苟變當時之法。故極言其法之弊耳。臣竊以謂土地萬世而不變，丁口有時而盛衰。定税以丁稽考爲難，定税以畝檢覈爲易。兩税以資産爲宗，未必全非也。但立法之初，謂兩税之外，不許分毫科率。然兵興費廣，不能不于税外别有徵求耳。此時之弊，非法之弊也。自唐立法之後，至今行之，遂爲百世不易之制。我朝稽古定制，以天下之墾田，定天下之賦税。因其地宜，立爲等則。徵之以夏者謂之税，徵之以秋者謂之粮。歲有定額，家有常數。非若唐人遇有百役之費，先度其數而賦于人

也。隨其田之寬狹，取其稅之多寡，非若唐人以一年之科率最多者以爲額也。其額數則具于黄籍，總于户部，其徵輸期限，則責之藩服州縣。非若唐人別設兩稅使以總之也。若夫丁口之稅，百無取焉。惟逐户編爲里甲，十年一度輪差。其餘年分，官司有所營爲，隨時起集傭倩。事已即休，所謂絹布之調無有也，不役之絹無有也。其法一定而可守，其額百世而不虧。吏不能以爲奸，民不至于重困。陸贄所謂其取法也遠，其立意也深，其斂財也均，其成人也固，其裁規也簡，其備患也周。此六言者，我多祖宗取民之制，真足以當之矣。彼租庸調法，烏可與同日語哉。

（明）陳子龍《明經世文編》卷八七《林貞肅公集·請復常平疏林俊》 臣又見凡問口外爲民邊遠充軍囚，或逃而不去或去而即逃。徒名治奸，無益事實。乞敕法司計議，除情重外，如扛幫誣告强盗人命不實，誣告十人以上，因事忿争，執操兇器，誤傷傍人。勢豪不納錢粮，原情稍輕不係巨惡，參審得過之家，願納穀一千石，或七八百五六百石。容其自贖，免擬發遣。其誣告負累平人致死，律雖不摘，情實猶重，并窩藏强盗，資引逃走。抗拒官府不服拘捕，本罪之外，量其家道，勸穀自五百石一百石以警刁豪。俱繇撫巡參詳，無容司屬專濫。臣仍與巡按督併一司，專責守令，於囚犯紙米，并應追賍罰工價，逐旋存積。務取數足爲期，不容分外科罰。如縣一十里，則積一萬石，二十里則積二萬石。糴本精選該學行簡富户，量加領買上上六百石，次四百石，次三百石，又次二百石，不許市民公役冒領侵費。專廒收受，名曰常平，如秋成穀賤，六石糴入。春夏穀貴，五石四斗糶出。秋成五名糴入，春夏四石五斗糶出。每石明扣一斗以備折耗存積，俱令社長社正開報貧民。每丁止買二錢，以杜兼利，前項銀兩，當令前該富户給領，秋成照價糴入，穀貴依前糶出。循環如常，若穀賤年分，不必發糶。仍別查弘治十四、十五、十六三年，放過饑民稻穀，量追一半，如借一石者，追五斗，另廒收受。審實極貧，倍加賤糶，如時一錢四斗，則與六斗。果甚孤獨無歸，委難自糴，方與賑濟，不必追還。若得過冒領問罪之外，每穀一石，罰穀十石。衛所常平，亦依此法。衛一萬石、所二千石爲則。各該掌印有司考滿參定殿最，軍職管事，酌取去留，所貴上下相資，人法並任。同心遠大之圖，用復常平之政，臣再勸社民，各立義倉與義學義塜例，置名曰阜俗三義。盡一義者，書一義之門。二義三義稱是。義倉之署，社中富民任其出穀六百石，或四百石，別處一倉。極貧利一分，次貧利一分，春借秋還。轉相周助，民樂表異似亦有從若常平既復，社倉又行，則饑饉有備，而地方可保無虞。此預備至計，子民至急，而江西今日尤爲急者，伏惟聖慈留意。

（明）陳子龍《明經世文編》卷一二〇《王文恪公文集·吴中賦稅書與巡撫李司空王鏊》 古者什一而稅，使民歲不過三日，故天下和平而頌聲作，後世未能遽行也。然亦當稍倣其意，使法較然畫一而可守。今天下財賦，多出吴中。吴中稅法，未有如今日之弊者也，請備言之。吴中有官田，有民田。官田之稅，一畝有五斗六斗，至七斗者。其外又有加耗，主者不免多收。蓋幾於一石矣。民田五升以上，似不爲重而加耗愈多，又有多收之弊也。田之肥瘠，不甚相遠，而一坵之内，只尺之間，或爲官，或爲民。輕重懸絶，細民轉賣。官田價輕，民田價重。貧者利價之重，僞以官爲民。富者利糧之輕，甘受其僞而不疑。人之民田多歸於豪右，官田多留於貧窮。貧者不能供，則散之四方以逃其稅。稅無所出，則攤之里甲。故貧者多流，里甲坐困。去住相牽，同入於困。又有奸民以熟作荒，歲以爲例，爲之積荒板荒。馬役義冢之類，悉攤之於衆。此加耗之所以日重者也。又官民之田，舊不過十餘則，近則乃至千餘。自巧歷者不能算，唯奸民積年出没其中，輕重高下在其手。或以其稅寄之官宦，謂之詭寄。或分散於各户，謂之飛寄。有司拱手，聽其所爲而不去。非不欲去，不能去也。其弊起於則數之細碎故也。田之稅既重，又加以重役。今之所謂均徭者，大率以田爲定，田多爲上户。上户則重，田少則輕，無田又輕，亦不計其資力之如何也。故民惟務逐末而不務力田，避重役者，所謂重役者。大約有三。曰解户，解軍須顔料，納之内府者也。曰斗庫，供應徃來使客，及有司之營辦者也。曰糧長，督一區之稅，輸之官者也。顔料之入内府，亦不爲多。而出納之際，百方艱阻。以百作十，以十作一。折閲之數，不免出倍稱之息。稱貸于京以歸，則賣産以償。此民之重困者，一也。使客徃來廚傳不絶，其久留地方者，日有薪炭鯗菜膏油之供。加以饋送之資，游宴之費，罔不取給。此民之重困者，二也。自前代無所謂糧長者，我太祖患有司之刻民也。使推殷實有行義之家，以民管民，最爲良法。昔之爲是役者，未見其患。頃者朝廷之征求既多，有司之侵牟滋甚。

舊惟督糧而已，近又使之運於京。糧長不能自行，奸民代之行。多有侵牟。京倉艱阻，亦且百方。又不免稱貸以歸，不特此也。貪官又從而侵牟之，公務有急則取之，私家有需則取之，往來應借則取之。而又常例之輸，公堂之刻，火耗之刻，官之百需，多取於長。長又安能不多取於民。及逋租積負，官吏督責如火，則折屋伐木，鬻田鬻子女，竟不免死於榜掠之下。此一之重困者三也。三役之重，皆起於田。一家當之，則一家破。百家當之，則百家破。故貧者皆棄其田以轉徙，而富者盡賣其田以避其役。吳下田賤而無所售，荒而無人耕績。此之故也。夫有田則有租，有身則有庸，有家則有調。今田既出重租，又併庸調而歸之，此民之所以輕棄其田者也。古之爲政者驅末作歸之田，今之爲政，驅農民而歸之末作。使民盡歸末作，則國之賦税，將安出哉。時值年豐，小民猶且不給，一遇水旱，則流離被道，饑殍塞川，甚可憫也。雖朝廷軫念民窮，亦嘗蠲免荒數，異以寬之。而有司不奉德音，或因之爲利，故有賣荒送荒之説。以是荒數多歸於豪右，而小民不獲沾惠。於乎！民之患極矣。有仁心者忍坐視而不思所以拯之，而拯之寔難。鑿日夜思惟，莫知所以爲計。孟子有言，盍亦反其本矣。意者今日之弊，亦當先端其本乎。使官田無大半之税，内府無出納之艱。有司無侵刻之擾。則諸弊可以掃去，而民有息肩之所。然官田之税，國家有定法，未敢輕議。昔宣宗皇帝，亦嘗敕減其數。因是再損削細碎之數。併爲一二則，或四五則，或如舊例十一則，其亦可乎。出納之艱，則在明主加之意，時察而重爲之禁。貪官之弊，則巡撫之責。而乃使之晏然在位，或幸而見黜，又晏然稛載而歸，曾不究其贓，如此，後何所懲而不爲乎。於乎！三者之弊，及今治之猶可。不然民日以困，田日以蕪，國家之財賦日以益缺。數十載之後，吾未知其所税駕也。

（明）陳子龍《明經世文編》卷二一四《承啓堂集·均賦書與郡伯錢薇》　國初兵燹之餘，東南生齒未甚繁，田野未盡闢。當時水田雖可征税，而旱地猶未耕墾。是亦有不能爲均者。且文襄親巡阡陌，標立圻段，造爲魚鱗圖册，則荒熟有辨。而官民麥地可稽。因而輕重消息之，奸狡不得以窺隙，是又不待爲均者。文襄於蘇松嘉湖重額官田。奏設金花二項，每金花銀一兩，折米四石。又於蘇州極重官田，奏徵布一疋，折米一石。如是調停重額之田。是糧額雖未均，計其所税則均也。而今不然矣。官民麥地之田，無畝不歲耕，無耕不歲熟，無熟不歲穫。獨其徵糧之則反有重有輕。是時之不可不均者也。文襄魚鱗圖册，縣州頗去其籍，則官民麥地。存者特其空名，無從查考。昔爲民田，今爲官田矣。昔爲官田，今或爲麥地矣。何因而區別之。況麥地者，以其僅止藝麥也。今一覽皆爲水田，而猶止麥地之税。是理之不可不均者也。文襄既置金花以寬重額之徵，是五升等田所輸，與重額田相去已不甚遠。獨存三者之名，爲賣買存糧之弊，啓胥徒那移之奸。是執又不可不均者也。何也？天下未嘗有不弊之法，法弊則宜求更弊之人。《易》曰：窮則變，變則通。在識時者通變以宜民耳。

（明）陳子龍《明經世文編》卷二二六《東畬先生集·設縣事宜錢琦》　爲復設縣治以安地方事。照得本府所屬縣治地方，惟新淦最廣，難於控馭。考之前代，有石陽、巴丘、新淦三縣，至元改新淦爲州。我朝尋復爲縣，今之新淦實爲一州二縣之地也。東與樂安、豐城接界，南連吉水、廬陵、永豐，賊盗生發。吉水諸縣，彼此爲巢，難以力捕。夫立縣則亦吉水諸縣之便也。凡錢糧之催徵，公事之勾攝，民之弱者閉門上山，强者集衆拒抗，甚至中途閧奪。府縣添人拘捕則假稱激變，以挾制官府。又有大於此者，正德年間東鄉大寇張元一作亂，致煩朝廷興兵征勦。大軍一出，所費鉅萬。今竊計之，可立數縣。若早立縣，朝廷無興兵之費而生民免肝腦之苦矣。再照新淦原額五百七十里，今歸併止五百二十里。開國以來，户口日增，何新淦民日減哉。化不行也。歸併之地，必皆頑民所居也。歸併日多，猶無害也。頑民日多，爲可慮也。議者咸曰：勞民傷財，然一勞而永逸，費小而利大，爲國謀者必有所擇也。卷查成化四年，該本府前任知府陳浩，奏爲地廣民稠，添設縣治事准行布按使司行。本府縣勘實取具通縣里老執結備繇申詳在卷，弘治十四年，知府吳叙亦舉前因申詳。正德六年知府吴宗周，奏行布政使司按察使司行勘在卷。正德十三年知府戴德孺復行勘實申報，舉行間值宸濠之變中止。延至今日，又越五六年矣。兵荒之後，殘者已蘇，勞者已息。失今不舉，終爲虚談。後有警虞，噬臍何及。竊惟今議設縣與廣東惠州之海豐縣，潮州之潮陽縣。奏勘相應准行定擬縣名銓官鑄印，事體相同。如蒙伏乞轉達，特敕工部再加詳議。查照海豐潮陽奏行事例，乞爲上請賜以縣名及敕禮部鑄印。敕吏部銓

選知縣一員前來赴任，就以本院區處錢糧物料付令自治，庶幾用力專，而成功易矣。

其二

爲復設縣治，以安地方事。中間物料工匠等項，蒙區畫已定，別無異議。竊惟用人最爲首務，嘗驗他縣之立，往往累年而未能成功者，無他，或者委用非人，雖或得人，未免有考滿轉遷之顧望。及有爲人爲己之分，而用力不專故也。訪得廣東新建龍門縣，未立之先，奏選知縣一員，責令自治。而成功甚易，合無奏選知縣一員，或於所屬府首領縣佐中保陞賢能官一員，令其到任。自爲督治。則其視一椽一瓦，皆己之財。一夫一匠，皆己之力，兼以當道區處之周，催督之嚴，不數年而成功可必矣。

又

論治新淦者，莫急于立縣。既立縣莫急於更化。夫欲更化，大略有三：必以清理田糧爲先，其次誘服大户，又其次招徠流移。何謂清理田糧，盖峽江之地，離官僻遠。又多深山阻谷，小民被狡黠者霸占田地而不收糧。或賣以與人而收糧不盡。間有訴告，又因依山負固，官府不能一一拘理。甚至物料夫差，百端催迫，至不能存。而竄徙於他鄉。或商販于別省，或投入勢要。爲家奴佃僕。民之逃亡，此其故也。民雖逃亡，田糧如故。一遇徵期，官府只將里長催併。里長幾何，能堪而出官哉。中間固有被積年歇家包充者，然而頑者不肯出官，弱者不敢出官，亦自不能無矣。民與里長，既逃亡而不出官，則不特秋糧之拖欠也。一應坐泒軍需物料，里長委之人户逃亡，官府委之里長不出，逐年拖欠又積而至無筭矣。繇此言之，錢糧逋負，繇于里長之不出。里長不出，繇於小民之逃亡。小民逃亡，繇于田糧之不明。其根源所自，斷斷無疑也。爲今之計，莫先於慎擇廉幹官一員，揭查黄册。凡逃絶户下田糧，盡數抄出。因册上之糧，究圖内之田。沿丘履畆，根尋下落。的係何人佔耕，何處荒蕪。中間果有水推沙塞，是實爲之開豁，究而得出。仍須寬其既往之罪，田糧一明，則人户可復業，里長可出官，已後錢糧可以無逋負矣。何謂誘服大户，峽江之民，多聚山谿，與地不同，過於柔則玩，過於剛則激，故可以誘服而不可全以威懾也。如霸佔他人田産，先須省諭其收糧歸户。如不肯從，則省令其退還田畆，寬免其罪。如是而又不從，則畧舉一二重置之法，以警愢之。山野之民，不識禮義。凡有子弟，悉勸令其入學肆業。若以爲質，剛柔不致玩，剛不致激，漸次可使化服。而潛消其逃避山澤，聚衆拒捕之舊習矣。何謂招徠流移，省刑薄税，爲政之體。立縣之初，無不觀聽新政。且峽江之民，久困于虚糧重大。若非示與輕則。土居者不可保。況望其流移者之復業哉。今宜大頒牓諭。已後三年，秋糧不分兑軍兑淮，南京存留等項，盡數派輿輕則折銀。及流移復業者，照例優卹。仍免其差役三年。如此則住居本土者，有胥慶之懽。流移遠方者，結還鄉之約，逃亡可復其一二矣。

（明）陳子龍《明經世文編》卷二七八《葛端肅公文集·與姜蒙泉中丞論田賦葛守禮》 東人土瘠差繁，往時賦以地起，差以丁出，皆有上中下之分。貧民種薄地，納輕糧。尚可輸辦。嘉靖二十年，始變爲一條鞭派糧之法。貧民之地，皆不售者，非沙鹻則不毛。富人之田，膏飫易治，所得子粒比貧民或加十倍，一例納糧。貧者何以堪乎。舊制甲總不踰里，里總不通縣，各里書手，自派一里。縣官酌量貧富分糧，責令坐派。雖有神奸，無所用之。一條鞭乃闔縣通流，漫無界限。其頭緒之多，巧歷不能遽算。而况鄉閭之愚氓乎。於是埋没飛洒之弊，奸民可以全不納，貧民又受加派之累矣。又黄蠟柴炭顔料之屬，舊規皆派於均徭，逐末者亦應有分。今入田賦中，則惟農家獨苦，而富商大賈乃得脱，然無與焉。彼何幸也。聞今布政司分糧量爲上中下。上者每石價九錢，中者八錢，下者六錢，則既體恤下縣矣。一縣户亦有上中下，可以例推也。且雖上縣未免有下户。一條鞭論上縣之下户，亦六錢，何以堪也。下縣未必無上户，一條鞭論下縣之上户，亦六錢，何其幸也。見今地方災傷，議賑濟，則倉庫無蓄。議停徵，則户部不允。不如令各州縣踏勘被災處所，量派輕糧，無災坐以其重。則所謂催科中撫字，惠而不費之美也。貧民受惠。當加於賑濟數等。即雖當年貧者納輕糧，則逃亡可免逃糧。坐輕倉則包賠亦易，不惟貧難之福，是亦官府之便也。家居目擊民艱，惟一條鞭派糧爲甚，敢因便一奉聞焉。倘賜照諒，查復舊規，數十年民困，一旦甦矣，不勝顒望。

（明）陳子龍《明經世文編》卷二七八《葛端肅公文集·與沈對陽方岳論賦役葛守禮》 東省賦役，從來人多稱便。葢祖宗舊法，如田賦每畆起科五升三合三勺，定制也。夏税七月完，秋糧十月完，定限也。倉口有

輕重，上户納重，下户納輕，定則也。行之二百年，俗既成，人相安也。十餘年前，不知何故，偶變爲一條鞭法。夏税秋糧，及雜派黄蠟等項，總在其中，無復倉口斗升之數。且歲歲不同，小民茫然不知所謂。該多與少，無從究詰。書手愚弄，出口爲是。且一時兼併，人甚不堪。自此法行，窮民日見逃亡，土田日益荒蕪，可爲究竟之慮也。近聞晝溪公集衆屬講，求賦役之便，意甚欲爲東人造福。乃各屬猶踵近習，公亦無可奈何聽之。昨不量致一書於公，公述衆意復書，謂舊法當以户則爲輕重。書手得以上下作弊，一條鞭則庶可以革弊。是見一面爾，諺云：吏弊如鼠穴，此塞而彼通，豈能盡革也。且謂書手作弊者，不過爲賣富累貧也。一條鞭則明寬富累貧矣。況米麥有升合勺抄之不一，銀有分釐毫忽之不同，而地亦有頃畝分釐之不齊。合之似可整，而分之至不可較。且如地每畝糧差一合，積至於數十萬，則差數百石。銀差一釐，積至於數十萬，則差數百兩。而一合一釐，孰以爲意。人不知覺而其弊已大矣。若舊法五升三合，五勺之外，一毫不敢加也。豈得有弊至此乎。又謂均徭等則難盡，畢竟猶有巴鼻，甚重甚輕，孰敢太顛倒也。又謂黄蠟等項，派於均徭恐太重。且派於均徭則逐末之人，亦出有分，通加於地，則只勒力本者耳。查得黄蠟等項，該銀柒百餘兩，均徭亦增重不多。如上季均徭，只牌夫一項明編，已加增銀六百兩，上司則初不知也。又謂衆議夥收，分解爲便，亦止爲目前計耳。此法原起於本縣未尹建議。今惟本縣錢糧不明，無收者得完，有收者上欠，得借者無罪，受借者破家，亂如絲紛，累查不結，不知其便在何處也。大抵有司三二年離任，故圖完糧至八分得免參究，了一身事耳。朝廷社稷萬年，若一年欠二分，五年則欠一年，且如元年免五分，户部已張皇無措。如使五年欠一年，朝廷尚可以爲國乎。此必不可者也。東省地瘠民貧故禹貢列兗州爲下下，今以北方各省例之，已自不論，若概以江南之法，窮民止有逃與死爾。此以地坐差之害，先起貴處，予巡撫時，嘗力改之。繼者不肯遵行，不謂敝省今亦漸漬也。晝溪公謂江南亦有薄地，特未履海瀕之畝耳。如親見沙鹻不毛，恐亦必慘目而傷心也。公復書亦謂吾在畎畝，所見必真，許再請教。公門嚴峻，不敢輕瀆。顧因執事轉達之，幸相與共議採擇焉。

（明）陳子龍《明經世文編》卷三六六《葉絅齋·較賦税葉春及》

臣聞三代之時，無輕重之賦，貧富之人，此何故也。天下之田，皆歸天子。上之所授有常，而下之所輸有定也。阡陌開田，不授於縣官，皆民貲市而力得者，縱横分裂，惟意所欲。縣官特總其賦之大凡爾。廣踰千萬而儋石不供，步僅丈尋而倍蓰不啻，此天下所以苦不平也。語井田於後世腐儒矣。然而强陵弱、衆暴寡，知傾愚。不爲整齊劑量，聽其自生自治。遞爲君臣，則豈父母所忍哉。蓋今天下田地不均，官民異則。狡獪之胥，豪悍之族，倍力爲巧詐，飛走千形，機詭萬狀。泒於見在，謂之活洒，藏於逃絶，謂之死寄，分於子户，謂之帶管，留於賣主，謂之包納。有推無收，有總無擦，倏忽變幻，鬼不可得而原也。至於富人憚於征徭，割數畝之産，加數倍之賦。無直以充貧民，貧民逼於窮蹙。持難售之田，苟速售之利。減賦以邀富室，廣狹輕重，雜亂混淆。富者田廣而賦反輕，貧者田狹而賦反重。富者有公侯之資，貧者爲狗彘之食。此所以流徙偏於山林，而盜賊難禁也。蘇軾號稱豪傑，而患按地更賦之不易行。昔者洪水沸出，蕩漫於天地矣。大禹灑而濬之，東歸於海，若溝瀆然也。天下豈有難爲事哉。且夫土地之數，載之以籍，不若稽之以圖也。《周禮》大司徒以天下土地之圖，周知九州之地域。我朝黄册里一圖焉，亦圖其户耳。蓋人繡錯而居，圖於東而移於西。田地則星分棊置，千古不易。故人不可以圖拘而田則可以圖得也。惟以田而繫人，不以人而繫田。是以增損出入，莫可踪跡。臣愚謂宜盡天下田地弓之，不以官民起科。惟以肥瘠爲則，因地定賦。裒多益寡，如額而止。某處田若干，某田税若干，魚鱗圖之，占田者書於其下。里有幾鄉，鄉爲幾圖，里長掌之，圖與黄册相並。占田之人，十年更書。圖則如故。更造之際，里長察之。即其税之收除而窮其田之交易。或失覺、或姦利，以致遺糧租税徭役，里長代辦。蓋先王之世，八家同井。宅在田畔，入之所耕衆共知，賦之所入衆共供也，故弊不作。今彼此殊方，田宅異所。一里之人，目不相識。一甲之田，足不相躡。欺隱之罪，里長雖同，未嘗實以責之。是以弊如牛毛，難數之矣。黄册固嘗隨里通計，封内田地，第有數而無圖。今既圖里甲，復圖田地。此里之長，居彼里之地不問也。此里之田，必問此里之長，彼里之人。占此里之田不問也。此里之税。必問此里之田。雖未履畝，披圖可見。後之君子，所以憚井田難復者，以爲守令數易，不如封建世於其土，豪髮洞析，亂無從也。

田賦伸縮，一問里長，更者必於故者。受其指示，即世於其土何異哉。蓋同比閭，孰鬻孰受，孰洒孰寄，其知必詳。有代辦之虞，其防必至。不然里之田賦，雖如其圖，未免陰爲贏朒。國之田賦，雖如其數，未免私爲登降。漸積漸差，復如前矣。或謂里長代辦，則逋者無忌，代者無可奈何。揭其田，標其税，苟明著矣。豈概之乎。

（明）陳子龍《明經世文編》卷三九〇《徐司馬督撫平羌奏議・請蠲疲民糧賦疏徐元太》 題爲兵役繁興民生疲瘠，懇乞聖恩量蠲糧税，以蘇重困，以消隱憂。事臣惟保釐之政，莫先於愛養民生。愛養之宜，尤在乎諮詢民瘼。苟于小民疾瘼，見之而猶若弗知，知之矣猶忍視而不爲拯救，是秦越瘠肥者也。豈所云愛養斯民，以稱保釐之責者乎。且川地萬山重阻，三面濱夷，田多雜石而利微。俗每好娱而習悍，以故饒餘之家甚鮮，鳩之尚恒苦于饑寒。負固之勢易成，擾之寧不虞其蠢動。臣自去冬入蜀，蓋孜孜數月以來矣。日夕之所拮据，非督木之移，則徵兵之檄。夫天子之最稱勞費者，無過於輸木用兵，時一舉之猶懼爲小民之病。而今二事適當其會，下縣不堪之狀，殆彰明著無疑也。故臣於任事之間，尤時時偏問廣諏。殫耳目以察民隱。知閭閻之狼狽，已不可復加矣。若匿不以聞，又不求所以蘇之之策，萬一釀成他變，將撫綏之謂何？此臣之所以兢惕靡寧也。謹以民瘼二端，據實爲皇上陳之，木枋之採辦也。既屢奉綸音不許加派擾民矣，而頃於報運疏中，復奉聖旨。該省用兵之際，採木艱難，商民疲困，候數足原派三分之二。撫按官具奏量與寬恤，臣方與此中父老鼓舞懽忻，感戴聖仁之不暇，而又何敢更以困民瀆也。顧合抱鉅材，非產於川之内地，悉在土司遐壤，甚苦峻崖深澗之難通。故計程則常有一二千里之遥，計夫則必以一二千名之衆。彼入山而尋覓之難，斫伐而堅美之難。出水而衝繫保全之難，姑勿論矣。即拽運一事。如弔厢越嶺之險，與守候徃還之需，寧保其有不賠者乎。烟霧瘴癘之侵，與猛獸惡蟲之毒，寧保其有不中者乎？或强去而羸歸，或二徃而一返，矧土夷時出搶財。夫役多遭斛勒，隨身所有，盡被括摻。稍不當心，雖生命且不能伴倖免。迹其艱辛之狀，比之災傷尤甚，臣安得不言其實耶。西番之猖獗也，既題奉綸音，許以相機鵰剿矣。而頃准兵部咨，稱傳奉聖諭前日四川撫按官奏稱松潘等處，番賊爲患。即今有無寧息，一應剿撫事宜，着彼處巡撫總兵官相機處置，務保萬全。毋得生事貪功，及匿情養亂。臣方與此中寮佐，同心僇力，振揚聖武之不遑，而又何敢遽以困民瀆也。顧松潘孤鎮，原設在川之極西，寒涼倍徙平原，甚苦黍粟稻粱之不產。故甲卒遠調於東南之土漢官司，米糧糴買於西北之附邊州縣。彼道途有師行之擾，驛遞有傳報之擾，工匠有置造器械之擾，姑勿論矣。即轉輸一事，如營房竹木，軍所棲也。豈一人之可擕乎。薑蒜魚鹽，軍所食也。豈一日之可缺乎。以物價則甚輕，以脚價則甚重。矧春和乃可進攻。徂夏即虞水泛，農忙之候，二麥未穫耕作已妨，又何收穫之可望。究其饑饉由來，亦比災傷最甚，臣又安得不言其實耶。夫輸木以供大工之用，民誠困，乃分義之所當爲也，而何更加之以師旅，用兵以御寇賊之災。民誠困，亦時勢之不容已也。而何即重之以採辦。以是二役，併於一時。百姓之心，雖欲乞哀於臣，而臣實不能寬之百姓。臣之心亦欲加惠於百姓而百姓實不能得之臣，此臣與百姓之所交諉於無可奈何者也。臣亦知木事未竣，則曷敢言蠲，兵事未息，則曷當言蠲。惟秉此効力之時，而稍寬恤之。不特可解倒懸之急，以紓其愁顔，抑將可溥駘蕩之恩，以作其勇志。矧請之不預，則泒額頒而數難減，反屬後時矣。議查得川省田糧，實徵九十七萬七千五百三十一石七斗五升一合零。每年夏税秋糧，除起運部科及貴州倉折銀外，俱聽本省供運松茂安綿建昌叙瀘各軍餉，及存留儒學等倉支用之需。伏乞敕下户部查議，如果臣言可采，速爲覆請。准將四川萬曆十四年分，夏税秋粮，量免十分之三，其料銀貴粮，或蒙一例蠲徵。惟復聽臣行司查動各邊米脚價積餘銀内，照額解足。庶德澤溥而民有甦生之慶，人心安而患無卒發之虞矣。

（明）陳子龍《明經世文編》卷三九五《王文肅公文集・請減免織造錢糧疏王錫爵》 該咋文書官杜茂口傳聖旨，蘇杭織造、錢糧拖欠數多，有司何不催徵。臣等當即將該地方，連歲災傷，民間困苦，有司催辦不前之狀，略節向杜茂口陳，令其據此回奏。猶恐未確，謹再瀝危誠，備訴皇上之前。臣等謹按江南財賦，甲於天下。相傳國初時太祖高皇帝，因憤百姓爲張士誠固守，抗拒天兵，賊平之日，遂將富民租簿，定爲糧額。累朝二百年來，頭緒轉多，如王府糧、練兵銀之類。但有加泒，並無寬減。連年以來，雖因水旱頻仍，每下蠲緩之令。而蠲租止於存留，已屬虛名。緩徵併於別年，反滋擾累。此小民之所以貧苦無聊，痛心疾首而嗷嗷思亂

也。然外亂不生，則內亂或可潛弭。江北稍熟，則江南尚可息肩。今狡倭窺境，剥膚將及。以至沿海地方，無地不增兵，無兵不添餉，其勢不得不取足於民。而徐揚之間，方數千里，滔天大水，廬舍禾稼，蕩然無遺。其勢又不得不取償於江南。此如一絲之繫鍾鼎，其危且急何如者，若不及今將養，有如外倭內盜，乘間而交發。其巨萬供億之費，更將于何取之。朝廷雖有粟如山，有金如泉，一時不能救飢民之命，滿驕兵之腹。其禍蓋不可勝諱者，何況今日太倉錢糧，出數倍於入數，如都御史褚鈇所開。更有上下極窮之會，京邊交困之秋，而可不早留此孑遺之民命，以爲緩急支持之計乎。皇上未見其形，請察其影。撫臣朱鴻謨代劉應麒催徵者也，科臣王德完，以應麒催徵爲是者也。今緩徵之疏，且一上而再上矣。彼豈其任怨于始。而市恩于終。蓋實有萬分不得已。疾痛慘怛，不得不仰而呼天耳。大抵方今國患，在於民窮。民窮由於財盡。其始也有司猶可以箠楚之威，行於小民，撫按猶可以參罰之令，行於有司。今民至因而箠楚無所加，則有司之技已窮，有司窮而奉行不能前，則撫按之技亦窮，至於撫按窮而詔令格而不行，則部院之技亦窮矣。然漕糧金花之類，原係緊要上供，不可以窮爲辭。至於蘇杭之織造，江西之磁器，雲南之取金。在皇上省之，如千箱之失梯米，而在小民得之，如枯胔之獲再肉。爲人父母，又何愛一絲一縷而不以活赤子旦夕之命也。今春臣錫爵之母北來，至天津等處，親見道上纍纍賣男女之民。有索銀五七分，棄子而去者。臣母爲之痛哭，稍施錢周之。觀近京之民如此，則遠京之民可知。觀賦輕之地如此，則賦重之地可知。又況于上有不可忽之天變，下有不可緩之河工。前有不可恃之昇平，後有不可知之事變。誠拯溺救焚，事在至急。浣衣投辟，未足謝民。而何忍更以餘財餘力，責此額外之供也。且臣等又聞上供一分，民費三倍。民出數金，害及數家。天下之勢，岌岌至此，不可不深思，不可不痛念。又今軍興費繁，寧夏之師，已耗去百餘萬。度朝鮮功成，與各處募兵造船之費，又不下百餘萬。群臣束手，計無所出。昨者工部請御庫銀數十萬兩，賑濟淮揚，臣等不敢主張，仍下户部議處。夫內庫久積之銀，外廷猶欲請發。豈有外庫額外之銀，內廷尚可宜索者。伏乞皇上慨然將今歲買辦銀二十萬兩，盡數傳免，以救目前燃眉之急。少俟盜息民安，賦充費省，再行斟酌取之。不特挽回天和，消弭國患，而皇上藏富官民之閒，增光恭儉之德，又乘此萬萬壽稱觴之日，以當萬萬人歡頌之聲。真所謂散小儲而成大儲，以惜福而更益福也。

（明）陳子龍《明經世文編》卷四一一《**趙司農奏議·止山西關税疏趙世卿**》　照得榷採一節，停止之日，屢奉明綸。臣等顒望之心，詳在公疏。惟是事有無關于税額之損益，而實係于邊鎮之安危者，臣愚以爲罷之甚易，亦甚便也。敢不爲皇上指陳之，則近日山西撫臣白希繡所奏石嶺關之税是已。夫所稱山西全省税銀四萬五千二百兩爲定額者，亦一時撫按諸臣仰體皇上不忍加泒之心，不得已而定之。百姓賴有皇上不日停止之言，亦暫相安而以爲定耳。使其不足于定額之中，而別爲搜括。臣等尚謂錢貨爲輕，邊疆爲重。乃今山西每歲之税，無衍期無爽數也。皇上試一按稽之，曾有一次之短欠否，則石嶺關之税，復何爲乎？定額之外，忽起事端。群小猖狂，鼓煽税使，既于正額之內，陰肆侵漁，又于正税之外，明開騙局。計其所得，毫于正課無干，不過以小民之膏脂，填群奸之私橐而已。況三關之外，與腹裏不同。古號雲中，沙磧苦寒，一無所出。軍民仰給，憑此一線之通。疏稱所收者，皆小麥燒酒羊毛茄蒜等物。商賈往來，原無厚利而群小攫奪，動稱至尊。此等瑣屑，豈不貽羞朝廷，虧損盛美乎？且邊鄙軍民寧知事出群小，將云税額定矣。胡爲又增，間嘗莊誦不日停止之旨矣。胡以反甚，咽喉阻塞，米鹽不通，行旅蕭疎，閭閻待斃。國家之禍患，臣知不達矣。目今虜王挾賞，邊關震搖。萬一外有翕侯之奸，內激涇原之變，飢寒怨讟之衆，一呼而起，譬之群獸，露爪而奔，不知我皇上其何方以收也。伏乞特賜乾斷，敕下税使，堅守前議，毋改初心。將石嶺關之税，速行停止，則三關軍民，有利賴焉。實我皇上無疆之福也。

（明）陳子龍《明經世文編》卷四二三《**李襄毅公平播全書·播州善後事宜疏李化龍**》　一、丈田糧，環播幅幀千里田地，無慮數千萬畝。及考其舊時額糧，止歲以五千八百石輸貴州。蓋夷方賦税，原自輕減。至應龍出而後巧取民財，定爲新法，名曰等實。每田一畝，徵銀數錢。初猶斂其財以招苗，後竝奪其地以養苗，而賦法蕩然盡矣。今既改流，自當純用漢法以定田賦。合責成新道府親率州縣官插定疆界。沿丘履畝，逐一丈量，分爲等則。造册呈報以定賦法，第額糧輕重。蜀無定規，查克平九

絲，丈量田地，分別上中下三等。每畝上田四升，中田三升，下田二升。今宜倣之以清播田，播地山水間雜，不止三等，尚有上上下下者，宜逐項分折。最上者一畝可當上田幾畝，最下者幾畝可當下田一畝。則待臨時斟定，難以預計丈完。總計田地若干，糧若干，徵本色若干，折色若干，候二年之外起科。除足一年夏秋二税銀力二差一切雜費外，餘解布政司充邊餉支用。其承丈各官，果能執法不撓，精覈不爽，事完從重優陟。若乘機作敝，委用不效者，兵備道不時參呈，以憑究處。庶賦税一清，公私胥賴。

（明）陳子龍《明經世文編》卷四三八《張給諫集·國計民生交絀敬伸末議以仰裨萬一疏張棟》 臣惟國家建都西北，而財賦取必于東南。辟則千金之家，所居雖在城市，而其生計，全賴乎膏腴之產。野有良田，歲有厚入。以所入當所出，而充然足于用，不見其乏。迨乎出日浮，入日縮用，不足而朝夕營計，務在取盈，卒以告困。蓋愈乏愈急，愈急愈乏，勢所必至無足異也。天下猶一家，而東南則富家之美產，是爲衣食之源。謂當積日累月，徐收其利，不當取盈于一旦，以犯竭澤而漁之戒。非不欲取盈也，民貧甚矣。其目前之不足，正以養其有餘于將來。陶朱公侯時轉物，不過如此。頃歲已來，庫藏已竭，杼柚其空而逋賦益積，未有完期。藎臣喆士，憂國憂民，亦嘗探極根本。悉意陳言，意在甦東南之因，而言之未必行，行之未必果。然則坐視其困而已乎。臣東南產也。謹摘其一二，斷乎可行，行之而斷乎。有益於民生國計者，請下户部，虛心詳議。毋泥拘攣，務使國用漸舒，民財不匱，上下其胥賴哉。

計開

一曰覈荒田。臣按東南卑濕，濱江沿海，抛荒田地，無歲無之。各府縣册載荒糧，有多至二三萬石者。每年以宗人府緩征各項補之。奸竇易生，虛冒日衆。且歲報荒數，不思議補日積一日，何有窮期。正宜及今查覈要，見某縣荒田實在若干，每圖每圩某號查明四至，果係坍江坍海原無影射，方准除糧。即查本縣曾報有開墾新田若干，總計開墾升斗之糧若干，以抵實荒應除之糧。有無足數，即使不足，寧可均攤于平米之上。毋得立有荒糧，全折名色以致千頭萬緒莫能究詰。蓋既爲荒糧，自當開豁。而每石又折銀伍錢，未必加輕，徒滋奸弊。說者以爲銀可侵漁而米難隱匿，是積胥之所利而小民之大累也。誠然乎哉，故荒田不覈，則荒田終無所歸而逋賦將與日俱積勢也。此荒田之所當議者也。

二曰寬改折。臣按東南糧則，照畝起科，大率本折各居其半，而復有所謂改折者何也。祇因凶歲，籽粒無收，而歲輸有額，難于盡免。故以本色改折色，于取民之中，而寓恤民之意。何者議者以爲正米一石，原有耗米四斗、合之爲一石四斗，則雖折色七錢亦不爲重，不知此耗米四斗，本係運軍之所得，初非入之于官者也。損運軍之所得者以惠災民，正所爲不費之惠。奈之何必欲歛而入之官耶。若曰有免即當有補，此慮其虧正數耳。今正米一石，已折銀五錢則以銀抵米。原不虧一石之數，又何以補爲哉。故議改折而欲重之于五錢之上者，舛也。此改折之當議者也

三曰解白糧。臣按國家歲泒白糧正額二十萬石有奇，我聖祖定鼎金陵，東南數郡，近在輦轂之下，故用民運。今東南去京師不啻三四千里，每白糧一石，有白耗米三斗加二舂辦。該米二斗六升，又夫船米八斗。内本色四斗，折色四斗。該銀四錢，又車脚銀四錢，是白糧一石，費用米九斗六升。又銀六錢而後得達京師，且有氾爛，有漂没，而鈔關，又有舡税。臨清又有帶甎河西務，又有剥淺。諸如此費，更不可計。既達京師，已離苦海，而鋪墊之費，歲歲加增，有多至加七者。是朝廷所得不過正米一石而小民所費幾及數石矣。臣以爲宜照漕糧事例，即令旗軍帶稍本船，每舡以十分爲裁漕糧九分，帶白糧一分。諸凡加耗板席等費，比之漕糧，寧過于厚。而舡税帶甎剥淺等項，一不累之。運到之日，仍責成巡倉御史，或另設科道官，親自監收。毋致抑勒，以害貧軍。則小民既得免北運之累，即旗軍亦何累而不樂從耶。此白糧之當議者也。

四曰審徭役。臣按條鞭之法雖概行于東南而行之稱善者，則莫過于江右。臣先任新建縣知縣，已親行之而親見其宜民者也。乃若浙直地方，民非不行，實未嘗行。何以証之，夫條鞭之稱善，正以其徵銀在官。凡百用費，皆取于官銀。民間自本户糧差之外，別無徭役。自完本户糧差之外，別無差使。吏胥無所用其苛求，而民相安于無擾耳。今既云行此法矣，胡復有均徭之審耶。解户收頭修衙修舡下程酒席，其害不可枚舉，請言其詳。蓋錢糧既徵在官，則以官收，亦以官解宜也。何爲而又僉大户。一領一納庫吏皆得上下其手。解户甘心賠折而不敢言，甚至有發與空批。先令

完納而後聽其索補于小民者，此解户之所以稱累也。徵收錢糧，除用櫃頭，其害不待言矣。即如派定各區，每名收銀千兩則收完其責，亦完宜也。何故必責之以管解，所收之銀，未經解盡。收頭之責終于未完，庫吏因而爲奸。受賄多者，首先發解。否則有俟至十年而不得完者。此收頭之所以稱累也。修衙修缸，既有徵銀在官矣。即當責之工房吏書管理可也。今乃仍點大户，官銀不足傾家賠償。而該吏人等，猶且從之索賄。不得則以冒破稟官究責，以致浮費之數反倍于賠補之數。夫焉得不稱累。下程酒席，亦既額有官銀矣，即當責之禮房吏書買辦可也。今乃仍用里甲，賠費不貲，蕩産從事。而該吏人等，亦且因之爲利。不得則以苛簡稟官罰治，以致官用其一，而吏反用其二，又焉得不稱累。抑且有奉上取資贖鍰，無以應其求，而亦派辦于徭户矣。其間貧不勝此役者，每名量田數多寡，又派空役銀入官公用。不知原編公用銀兩作何支銷，大都皆爲吏書所乾没。有司者未必能一一而查之耳。此徭役之當議者也。

（明）陳子龍《明經世文編》卷四四〇《馮北海文集・為災異疊見時事可虞懇乞聖明謹天戒憫人窮以保萬世治安疏馮琦》 臣等竊見九月中，太白太陰，同見於午。又聞狄道山崩成坑，更於平地湧出大小山五座。太陰經天，太白晝見，相近相犯，已爲極異。乃至山陷成谷，地湧成山，則自開闢以來，惟唐垂拱中有之，而今再見也。臣等欲有陳説，懼涉煩瀆。顧身爲九列，同國休戚，安見災變若此，而恬不動心，心知其危，而不以告君父者。竊聞帝天之命，主于民心，民安則天示禎祥，民不安則天示譴告。欲承天意，當順人情。近來天下賦税之額比二十年以前，十增其四。天下殷實之户，比二十年以前，十減其五。東征西討，蕭然苦兵，自礦使出而百姓之苦更甚于兵，税使出而百姓之苦更甚于礦。加以水旱蝗災，流離載道，畿輔近地，夥盜公行，至殺職官家屬十餘人。而地方官不敢以盜聞，臣等以爲此非細故也。皇上憫念小民，不忍加派，德意甚盛。第奉差諸使，各圖其私，跟隨奸徒，動以千百。皇上欲通商而彼專欲困商，皇上欲愛民而彼專欲害民。皇上戒以勿信撥置而撥置愈多，皇上責以不許騷擾而騷擾愈甚。皇上之心但欲裕國，不欲病民。羣小之心必先瘠民，方能肥己。葢近日有神奸二種，其一專務窺探上意。具有成奏，假武弁之手以上之。其一專務剥害小民。晝有成謀，假中官之手以行之。運謀如鬼蜮，取財盡錙銖。遠近同嗟，貧富交困。貧者家無宿儲，止憑營運。但奪數錢之利，已扼其一日之喉。至于富民，更被傾害。誣以漏報國税，誣以盜賣礦砂，誣以私販官鹽，誣以偷藏禁木。粧成局面，聲勢赫然。及其得財，寂然無事。需求不遂，立見傾家。無地可容，有天難訴。利歸羣小，怨歸朝廷。假令民間不窮而怨，民力猶堪。不怨而窮，民心猶固。今以剌骨之窮，抱傷心之怨。一呼易動，易動難安。今日猶是承平。民心洶洶不定，一有風塵之警，誰心爲可保者。夫哱拜誅，關白死。此皆用人丁以爲兵，用民財以爲餉。若一處小民倡亂，各處小民應之，于何取兵，于何取餉乎。皇上神聖，洞知今古。自秦漢以來，天下危亂之由，惟有四字，曰人人嗟怨而已。臣不敢言其遠，皇上試差親信忠實之人，訪問都城内外里巷歌謠，令一一具實陳奏。則民之怨否，居然可睹。天心仁愛，明示咎徵。誠欲皇上翻然改悟，坐弭禍亂。乃禮部修省之章，未蒙批發。而奸民搜括之奏，又見允行。即如何其賢，欲偏解天下，無碍官銀一節，各處錢糧，皆有定額。所謂無碍云者，不過支剩羨餘。近日征調太頻，征求太急。正項錢糧，尚多拖欠。羨餘支剩何處得之。此令一下，急如星火，不但指有碍爲無碍，亦將指無銀爲有銀，必將正項公銀半充進獻。公用無措，又派民間，庫贓既空，閭閻既敝，有司一有争執，輒謂阻撓。身且不保，何有于官。官且不安，何有于民。竊謂天下之財，宜散置天下，譬如一身營衛，當流布一身。若盡括肢體之血，置之心腹之間。四肢既已空虚，心腹亦將脹滿。又如仇世亨奏徐鼒掘墳一節，事之有無，誠難懸斷。然以理論之，豈有一墓而有黄金巨萬之理，即使有之。亦當先下撫按覈勘虚實，分别首從。先正其掘墳之罪，而後以掘墓之財入官。未有罪狀未明，而先没入資財者也。片紙朝入，嚴旨夕傳。即有深冤，誰敢辨理，不但破此等諸族，又將扳及多人。但有株連，立見夷滅輦轂之下。尚須三覆萬里之外，止據單詞，遂令奸猾至賤之流，操此生殺極重之柄。此風一倡，誰不效尤。何地不可爲金穴，何人不可爲撲滿。已同告緡之令，又開告密之端。臣等方欲陳奏，而高時夏戴君恩之奏，又得旨矣。五日之内，搜取天下公私金銀，已二百萬。傾府庫之藏，豈無盡日。窮天地之産，寧有足時。奸内生奸，例外創例。臣等前日，猶望其日減。今日乃更患其日增，不至民窮財盡。釀成大亂，必不肯止。伏望皇上穆然深思，超然遠覽。上天可

畏，下民可憐，亟與廷臣共圖修弭。杜中臣攘奪之路，絶羣小窺伺之萌。無令四海蒼生之衆，結怨清朝，無令千秋青史之編，貽累聖德。臣等有心恤緯，無力回天。所望者九廟之神靈，所恃者九重之英斷耳。

（明）陳子龍《明經世文編》卷四八七《朱司馬督蜀黔疏草・回奏新舊田賦疏朱燮元》 淮安平道副使楊先芳，查議得黔省自遭大難。軍民殺戮之餘，或留虜庭，或避別境，不可謂非流民也。迨撫定以後，有自水内送出者，有自他省旋里者，似已强半復業。惟是十年音信雖杳，而當日生齒甚衆。或仍有未出未旋者。懸以望其指歸之日，則預講所以待流民者，誠急務也。查沿河新屯一帶，地土廣衍，蕪蔓最多。或有官兵不能盡墾者，量留少許，以俟歸鴻。許其開宅成畝，寬以十年。方議起科，異日即爲科田。豈惟孑遺有資，即屯制亦相倣矣。至於黔省額軍，承平不如國初，叛後不如承平。近查缺額官軍，數可概見。乃議者曰：議勾補而隔省遼絶，緩不濟事。矧勾一軍，多一事之擾，而黔省且不勝勾也。惟是加意招徠，似爲實際。而上焉者不勝其撫摩，下焉者又不勝其薄削。正額不已，繼之雜派。耕耨未畢，呼之扛擡甚且清屯一番，徒委瘠薄而膏腴無恙。故不曰清粮，而曰加粮。蓋田則猶是，而糧併之。就其常譚，可知夙弊矣。夫衛所各官，方斧方刀以樹驅軍之幟，則聚者難保其不散，而散者可令其復聚乎。欲令舊軍歸伍，請自慎選衛官。而正已率屬，鉏奸蠹弊，即本道亦有不能辭其責者等因。又准總鎮王國禎手本，前事該本鎮查得黔省夷多漢少，緣通一線之路，置衛設軍。雖以漢制夷，則始有軍而未始有民也。漸次開闢，類皆楚蜀江右商旅流寓之人，墾土爲業，未嘗輸賦，與土司苗夷雜處，叛亂之後，殞命於干戈者，十去其七。故謂之絶田。而餘燼孑遺之民，尚霸之以爲己物，其無流民復業可知也。其所謂軍者，類皆楊粤楚豫之人。抽調戍守，屯有常額，與苗寨相錯。或單丁故絶，或兵火逃亡。十存三四，故屯多拋荒。勾之則隔省遼絶，竟不能補伍。即有招復，難敷舊額，其無屯軍歸伍可知也。故絶田則應給兵以耕而抵餉，荒屯則應招徠開墾以贍兵，以土地自有之利，養守土衛民之人。漸成土著，兵農合一。是在文武將吏，設誠力行，如本部院所謂清屯田，練壯軍，與之題陞加級，查賊絶併科田，以備遷陞行取者等因，各回覆前來，該本司覆勘相同。前因呈詳到臣，該臣查得黔省自撫西酋之後，軍民漸次復業。臣與文武諸臣勉求綏輯，分出新屯、舊屯、科田三項。蒙皇上就臣疏穆然深念，仍恐流民之未歸，各軍之失伍。覆載弘仁，洞徹萬里。臣雖衰庸，敢不効未議以佐德意，該臣等看得原疏所開絶田者，必其一户盡被屠戮，始謂之絶。若户丁尚存，與在逃新歸者，即入科田之列。其有士紳在外，即未歸而先求田者，查府縣有册案，亦即給之。若其來歸而原無業者，則如道臣楊先芳所議，將沿河曠土隨便給耕。但恐其不就招徠，斷不忍絶其生計也。至於各軍在承平時，已失祖額十之五六，亂後更不可問。若拘清勾之例，止益追呼之擾，不勝擾且不勝勾也。計惟有清查屯額爲喫歸第一義。蓋軍雖缺而屯固在，按籍而清其原屯，按屯而查其畝數。不問是軍是兵是民，果精壯願耕者，即聽注册服業。兵耕之則，除其月餉，民耕之，則輸粮贍操。兵與民即軍也。軍歸而耕之，有一軍可省。一兵軍即兵也。以屯爲招局課耕而不拘其籍，以耕爲實着與業而不世其伍。只求人人精壯，處處墾闢。人壯則耕戰守，呼應自靈，田墾則軍兵民，于畝皆裕。處此荒敗之區，不得不爲通變之計。二三年來，如龍里、貴州、貴前、威清、平壩、普定、安莊、安南、普安等衛，俱被殘破，共集軍九千六百九十七名。都勻、平越、新添、清平、興隆等衛，黄平一所，雖未殘破，止存軍三千五百八十一名。迤西、永寧、畢節、赤水、烏撒四衛，普市一所，殘破更甚，已招回軍三千四百六十名。業經不次申飭，先將各荒土查清在案。責令各官設法招徠，務令七分在屯三分入操。每歲年終以開墾之多寡，爲官評之殿最。仍應需之歲月，漸漸生聚，非可以旦夕計功也。

綜述

《大明令・户令》 凡民間賦税，自有常額，諸人不得於諸王、駙馬、功勳、大臣及各衙門妄獻田土、山場、窰冶，遺害於民。違者，治罪。

《明會典》卷一七《户部・田土》 洪武初，令官田起科，每畝五升三合五勺，民田每畝三升合五勺，重租田每畝八升五合五勺，蘆地每畝五合三勺四抄，草場地每畝三合一勺，没官田每畝一斗二升。七年詔，蘇松嘉湖等府田，如每畝起科七斗五升者，減半。十三年，令減蘇松，嘉湖四

府重租糧額。舊額田畝科七斗五升至四斗四升者，減十之二；四斗三升至三斗六升者，減十之一。俱止徵三斗五升。以下，仍舊。二十六年定凡各州縣田土，必須開豁各户若干及條段四至。係官田者，照依官田則例起科；係民田者，照依民田則例徵斂。務要編入黄册，以憑徵收税糧。如有出賣，其買者聽令增收。賣者即當過割，不許灑派詭寄。犯者，律有常憲。又令，凡民間有犯法律該籍没其家者，田土合拘收入官。户部書填勘合，類行各布政司府州縣，將犯人户丁田土房屋召人佃賃，照依没官則例收科，仍將佃户姓名及田地頃畝，房屋間數，同該科税糧賃錢數目開報合干上司，轉達本部知數。【略】

〔正德〕五年奏准：差官丈量後，軍都督府葦蕩果係界至内退灘地畝，照依民田事例起科，辦納子粒備造黄册一本奏繳，青册二本府部查考，不許一概混占，以致軍民失業。嘉靖九年，令直隸、蘇、松、常、鎮、浙、江、杭、嘉、湖等府田地科則只照舊行，不必紛擾，其有將原定則例更改生奸作弊，通行禁革。

《明會典》卷一八《户部·屯田》 凡屯種徵折，洪武四年詔，河南、山東、陝西、山西、淮安等府，屯田三年後每畝收租一斗。

二十年，令陝西屯軍五丁抽一，税糧照民田例。又令屯軍種田五百畝者，歲納糧五十石。又令陝西、臨洮、岷州、寧夏、洮州、西寧、甘州、莊浪、河州、甘肅、山丹、永昌、涼州等衛軍士屯田每歲所收穀種外，餘糧以十分之二上倉，給守城軍士。

三十年，詔廣西遷仁屯田所士兵，免納屯糧。

三十五年，始定科則。每軍田一分，正糧十二石，收貯屯倉，聽本軍支用。餘糧十二石，給本衛官軍俸糧。每衛以指揮一員，每所以千户一員提督，都司不時委官督查。年終上倉，並給過子粒數目，造册赴京比較。【略】

永樂二十年詔，各都司衛所下屯軍士，其間多有艱難，辦納子粒不敷。除自用其十二石外，餘糧免其一半，止納六石。

洪熙元年，令每軍減徵餘糧六石，共正糧一十八石上倉。

宣德十年詔，各都司衛所下屯軍士，正糧子粒一十二石給軍士用，不心盤量。止徵餘糧六石，於附近軍衛有司官倉交納。

正統元年奏准，陝西旗軍餘丁所種屯田五十畝之外，每畝納糧五升。

二年，令每軍正糧免上倉，止徵餘糧六石。科則至是始定。

三年，令四川都司衛所屯種水田者納米。陸地者納豆，無豆者抵斗折米。七年，減延綏等處屯田軍子粒，每百畝歲納六石者止納四石。又減陝西行都司屯田子粒，每百畝歲納一十石。又減延綏等處屯田子粒，每百畝歲納八石。

十年奏准：福州左右中衛并延平衛屯田，准照民間秋糧事例，每石折銀二錢五分解京濟邊。又減陝西行都司等處屯田子粒，歲納八石。

十二年，令開平衛屯軍餘糧六石，減免二石。

成化六年，令陝西延綏等處屯田，每軍百畝徵草二束。

九年，令榆林以南招募軍民屯田，每一百畝於鄰堡上納子粒六石。

弘治二年題准，成都右等衛屯田，每糧一石折銀二錢六分，布政司貯庫聽支軍糧。

八年奏准，福建行都司所屬建寧延邵三衛都司所屬福州左等衛屯田，每石折徵銀二錢五分解京濟邊。

十一年題准，洪川順聖川地土每一頃徵糧三石，每分二頃五十畝共糧七石五斗，照舊徵草十束，於原定倉場上納。願依前例折銀者，聽。

《明會典》卷二九《户部·徵收》 洪武二十六年定，凡各處秋夏税糧已有定額，每歲徵收，必先預爲會計，除對撥官軍俸糧，并存留學糧廩給孤老口糧，及常存軍衛二年糧斛以備支用外，餘糧通行定奪立案具奏。其奏本内該云爲徵收某年秋糧事，該照在京，并在外衛所官軍等項，合用俸糧，擬合預爲會計徵收，議得各司府州，今歲該徵秋糧，除已對定官軍俸糧外，其供應内府光禄寺等衙門，合用熟粳、糯米、芝麻、黄豆等項，并五府六部等衙門官吏俸給，優給故官兒男及太倉預備海運糧儲，擬於蘇州，常州等府存收運納。其餘秋糧，存留學糧廩給，孤老口糧及撥轉各處軍衛倉收貯，常存二年糧儲，以備支用。如有糧多足用去處，臨期定奪收支，及該設糧長去處，委官一員，率領該設糧長正身，務要齊足，定限七月二十日以裏赴京面聽宣諭，關領勘合，回遠辦糧。凡徵收税糧，律有定限。其各司、府、州、縣如有新增續認，一體入額科徵。所據該辦税糧，長督併里長、里長督併甲首、甲首催督人户。裝載糧米，糧長點看見數，

率領里長并運糧人户起運。若係對撥者，運赴所指衛分照軍交收。存留者，運赴該倉收貯。起運折收者，照依定撥各該倉庫交納，取獲通關奏繳。本部委官于内府户科領出立案，附卷存照，以憑稽考。凡糧長關領勘合、回還催辦秋糧，務要依期送納。畢日赴各該倉庫，將納過數目於勘合内填寫，用印鈐蓋。其糧長將填完勘合具本親齎進繳，仍赴部明白銷注。如是查出糧有拖欠。勘合不完，明白究問追理。【略】

成化元年，令各處撫按等官禁約各該司府州縣等衙門官吏人等，今後遇有詔書，及朝覲之年，一應錢糧課程等項，明開已未完若干數目，以憑查究，不許預先作完，虛造牌册。違者依律究治。二年奏准，貴州所屬府州縣及宣慰等司税糧，行巡按并按察司比較，實收通關。如年終不完，管糧官員照例住俸，目把人等依律擬斷。若有侵欺等弊，從重究治。【略】十三年議准，凡各處掌印官，將所屬起解一應錢糧批文，妄作人情攬與内外勢要官豪者，問發爲民。干礙勢要，參究治罪。凡各處勢豪大户，無故恃頑，不納本户秋糧五十石以上，問罪監追，完日發附近。二百石以上，發邊衛俱充軍。十四年奏准，河南等布政司，應天、順天、南北直隸等府州部糧官，俱限年終到部，二月以裏完納，過違限期，事完之日，送法司究問。正德元年議准，今後徵收夏税不過七月終，秋糧不過十二月終，俱要齊足。應起運者，作急起運；應存留者，照數存留。如有管糧官員，不行及時催徵，通行提調官吏仍前虛起批票者，定以虛出通關論罪。未納糧數，就於本官名下，比併徵完。令江西州縣每年將各户該徵夏税秋糧造寫實徵手册，照依布政司則例填註由帖，給散納户，置立印信號簿，糧長委官各收一扇，里長催糧赴倉，眼同照依由帖交納，折銀等項，亦就當官秤封貯庫，各登號簿。委官於由帖内，寫一訖字，與納户執照。如糧里仍前私家折收糧米作弊侵欺，及小民拖欠不完，或部運官通同不行催納，以致經年不得完結者，俱聽撫按守巡等官，查照律例重究。【略】

五年奏准，今後各司府州縣秋糧照例十月開倉，先將管糧官并糧長大户職名報知漕運衙門，次將收過在倉糧數申報。如有違限不分司、府、州、縣掌印官通提問罪。違限二年，管糧官降二級；一年者免降。各將家屬監併，完日疎放。【略】

又議准，各處撫按督糧等官革去一年一造之册，令各州縣，照依黄册，造定實徵糧册，十年一换。將大小人户，每户以若干畝爲轉運，以若干畝爲存留，以若干畝爲輕齎，隨其多寡以爲定數。田賣畝則隨田，户易糧則隨畝。若遇蠲免，隨數減除。臨徵之時，對册給由，量地里遠近，立限交完。以年終爲止，其違限過年者，責其赴各處自行上納，嚴加禁約。糧長過收索取，治以重罪。軍官揹勒索取，革去見任。其餘災傷，仍令撫按官查分數，從實蠲免。【略】

〔嘉靖〕十年題准，川湖協濟貴州錢糧，比南北直隸江浙、山、陝解運京邊倉糧事例，定委府州縣佐貳官員部運，就限年裏赴各該倉庫上納。每年先將委官及掌印管糧職名開報，候通查勤惰完欠，自參政參議而下，一體奏請旌獎劾治。又令今後行取給由官，俱送户部查對錢糧完納明白，方許收選復任。又令河南坐派鳳陽倉夏麥，每石徵銀四錢，解鳳陽府收貯折放。【略】十五年，令山東布政司每年將額派軍屯民糧解赴德州常盈倉上納，聽户部委官監督收放。該州并德左二衛官吏旗軍等俸米月糧，如遇災免該另行支補者，造實支文册一樣三本呈遞委官查明。一本存留，一本發倉，一本轉送該司。查照補給，不許私兑。

二十年詔，各布政司并直隸府州縣，一應大小錢糧坐派所屬，須要奉到各部題准勘合，方許遵行分派。其未奉勘合，分豪不許擅科。如違，事發重治。【略】議准，各處起解錢糧，户部更定格眼文簿式樣，發司府州縣。各一樣二本。逐項完欠，解納批收，各照格開填。此外，本部又用連四大紙，照依勘合掛號，印發各省并南北直隸府州，行令各州縣，每年畫爲一十二格。有閏月者，又添一格。每格將一月内徵完起解某項錢糧若干填註，用印鈐蓋。歲終各省執赴布政司及管糧道，南北直隸赴各府，查比完欠分數，仍發收執。其各府以所屬州縣，各布政司以所屬府州縣各多寡之數，計分格眼於一紙，每府州縣各一格眼。每歲終將查比過錢糧，各完欠分數，填注各格眼内，用印鈐蓋。仍照具由，呈部查考。凡陞遷行取、給由、朝覲各執此任内號紙格眼，赴撫按衙門查明，仍併公文投部查考。又令各省直府州縣置立格眼循環文簿，并號紙，填寫各項已未完錢糧。凡遇行取、給由、朝覲各執此投部查比。【略】

〔萬曆元年〕又題准，令以後各州縣見徵起運錢糧俱要當年完報。先

年拖欠帶徵者，每年限完二分，總計以十分爲率。未完二分以上，住俸督催；未完四分以上，降俸二級督催；　雖遇行取陞遷，俱不准起送。候完至九分以上，方准開復原俸。未完六分以上，降二級調用，八分以上，革職爲民。朝覲官題參，俱照此行，其司府掌印管糧等官，總計所屬州縣完欠分數，一體查參。又題准，貴州所轄掌印督糧土流官舍，并湖廣湘鄉等縣。查照完欠分數，照例獎賞，住俸降調。二年，令查節年未完緊要錢糧。應該完報者，酌量地里遠近，事體難易，各定立限期，照限查銷。

【略】

八年題准，行令各省撫按委官，查將浮糧州縣，逐一沿坵履畝丈量。如有歷年詭寄隱漏，及開墾未經報官，許令自首，改正免罪，仍給本主領種納糧。如首報不實，查出問罪，田産入官。有能訐告得實，即以其地給賞。丈量完日，將查出隱匿田地抵補浮糧。

（明）王圻《續文獻通考》卷三《田賦考·歷代田賦》　《大明令》云：凡典賣田土，過割稅糧，各州縣置簿附寫。正官提調收掌，隨即推收。年終通行造册解府，毋令産去稅存，與民爲害。

（明）王圻《續文獻通考》卷四《田賦考》　宣宗宣德四年令，江南府縣官督察各屬糧長。凡有倚恃富豪，交結有司，承攬軍需買辦，移用糧米，假以風濤漂流爲詞，重復追徵者，重加究治。

（明）王圻《續文獻通考》卷四《田賦考》　八年題准：行令各省撫按委官，查將浮糧州縣逐一沿坵履畒丈量。如有歷年詭寄隱漏及開墾未經報官，令自首。改正免罪，仍給本主領種納糧。如首報不寔，查出問罪，田産入官。有能訐告得寔，即以其地給賞。丈量完日，將查出隱匿田地抵補浮糧。

（明）王圻《續文獻通考》卷四《田賦考》　十九年題准，今後司府起解兩京各部各邊一應錢糧，俱赴巡撫衙門掛號，定限回銷。每年兩次奏報：上半年七月終，下半年正月終。備將坐派硃語并各項錢糧數目官解人等姓名領解月日開立前件，奏行各部查考。内已有完取獲批單者，陸續注銷違限。未到仍行撫按官追併家屬，批單獲日疎放。若有侵欺，花費未完，行提正犯到官。查照律例從重問擬，變産追賠發落。二十年詔，各布政司直隸府州縣一應大小錢糧，坐派所屬須要奉到各部題准勘合，方許遵行。分派其未奉勘合，分毫不許擅科。如違，事發重治。

（明）王圻《續文獻通考》卷四《田賦考》　十五年令：　山東布政司每年將額派軍屯民糧解赴德州常盈倉上納，聽户部委官監督收放。該州并德左二衛官吏旗軍等俸米月糧，如遇灾免，該另行支補者，造寔支文册一樣三本，呈遞委官查明。一本存留，一本發倉，一本轉送該司查照補給，不許私兑。

（明）王圻《續文獻通考》卷一五《田賦考·屯田》　初，萬曆元年題准：　各衛所屯粮，通限當年完足，如未完二分以上，管屯官住俸督催掌印官姑免。未完四分以上，管屯官降俸二級，掌印官住俸各戴罪督催。未完六分以上，管屯官降二級，革任差操掌印官，降俸二級戴罪管事。以上住俸降俸等官，俱不許别項差委，致滋規避。通候完至九分以上，住俸者方准開俸。仍將住過日期查照補支。降俸者准復原俸，止以報完之日爲始。未完八分以上，管屯官降二級，仍調邊衛。係邊衛者，改調極邊衛分，俱帶俸差操，掌印官降二級，革任差操都司。掌印管屯官總計所屬衛所完欠分數一體查參。

（明）王圻《續文獻通考》卷三七《國用考·漕運》　孝宗弘治八年奏准：　各處兑運糧，每歲布按二司及直隸府州縣管糧官督屬徵收。年終赴運水次，候正月交兑。初違限一年二年者，附過還職。連違限三年者，以罷軟起送吏部。其各該分巡分守管糧官員，以十分爲率，五分不完者，亦照此例。管運官照府州縣例，把總官照分巡分守例。連違限三年，聽漕運衙門黜退，不許管軍管事。

《明史》卷七七《食貨志·户口》　太祖籍天下户口，置户帖、户籍，具書名、歲、居地。籍上户部，帖給之民。有司歲計其登耗以聞。及郊祀，中書省以户籍陳壇下，薦之天，祭畢而藏之。洪武十四年詔天下編賦役黄册，以一百十户爲一里，推丁糧多者十户爲長，餘百户爲十甲，甲凡十人。歲役里長一人，甲首一人，董一里一甲之事。先後以丁糧多寡爲序，凡十年一周，曰排年。在城曰坊，近城曰廂，鄉都曰里。里編爲册，册首總爲一圖。鰥寡孤獨不任役者，附十甲後爲畸零。僧道給度牒，有田者編册如民科，無田者亦爲畸零。每十年有司更定其册，以丁糧增減而升降之。册凡四：一上户部，其三則布政司、府、縣各存一焉。上户部者，

冊面黃紙，故謂之黃冊。年終進呈，送後湖東西二庫庋藏之。歲命户科給事中一人、御史二人、户部主事四人釐校訛舛。其後黃冊祇具文，有司徵税、編徭，則自爲一冊，曰白冊云。

凡户三等：曰民，曰軍，曰匠。民有儒，有醫，有陰陽。軍有校尉，有力士，弓、鋪兵。匠有廚役、裁縫、馬船之類。瀕海有鹽竈。寺有僧，觀有道士。畢以其業著籍。人户以籍爲斷，禁數姓合户附籍。漏口、脱户，許自實。里設老人，選年高爲衆所服者，導民善，平鄉里爭訟。其人户避徭役者曰逃户。年饑或避兵他徙者曰流民。有故而出僑於外者曰附籍。朝廷所移民曰移徙。

《明史》卷七八《食貨志·賦役》 賦役之法，唐租庸調猶爲近古。自楊炎作兩税法，簡而易行，歷代相沿，至明不改。太祖爲吴王，賦税十取一，役法計田出夫。縣上、中、下三等，以賦十萬、六萬、三萬石下爲差。府三等，以賦二十萬上下、十萬石下爲差。即位之初，定賦役法，一以黃冊爲準。冊有丁有田，丁有役，田有租。租曰夏税，曰秋糧，凡二等。夏税無過八月，秋糧無過明年二月。丁曰成丁，曰未成丁，凡二等。民始生，籍其名曰不成丁，年十六曰成丁。成丁而役，六十而免。又有職役優免者。役曰里甲，曰均徭，曰雜泛，凡三等。以户計曰甲役，以丁計曰徭役，上命非時曰雜役，皆有力役，有雇役。府州縣驗冊丁口多寡，事產厚薄，以均適其力。

《明史》卷七八《食貨志·賦役》 履畝清丈，定爲等則。所造經賦冊，以八事定税糧：曰元額稽始，曰事故除虚，曰分項別異，曰歸總正實，曰坐派起運，曰運餘撥存，曰存餘考積，曰徵一定額。又以八事考里甲：曰丁田，曰慶賀，曰祭祀，曰鄉飲，曰科貢，曰卹政，曰公費，曰備用。以三事定均徭：曰銀差，曰力差，曰馬差。著爲例。

徵一者，總徵銀米之凡，而計畝均輸之。其科則最重與最輕者，稍以耗損益推移。重者不能盡損，惟遞減耗米，派輕賫折除之，陰予以輕。輕者不能加益，爲徵本色，遞增耗米加乘之，陰予以重。推收之法，以田爲母，户爲子。時豪右多梗其議，鼎臣獨以爲善，曰：是法行，吾家益千石輸，然貧民減千石矣，不可易也。顧其時，上不能損賦額，長民者私以己意變通。由是官田不至偏重，而民田之賦反加矣。

時又有綱銀、一串鈴諸法。綱銀者，舉民間應役歲費，丁四數六總徵之，易知而不繁，猶網之有綱也。一串鈴，則夥收分解法也。自是民間輸納，止收本色及折色銀矣。

《明史》卷七八《食貨志·賦役》 一條鞭法者，總括一州縣之賦役，量地計丁，丁糧畢輸於官。一歲之役，官爲僉募。力差，則計其工食之費，量爲增減；銀差，則計其交納之費，加以增耗。凡額辦、派辦、京庫歲需與存留、供億諸費，以及土貢方物，悉併爲一條，皆計畝徵銀，折辦於官，故謂之一條鞭。立法頗爲簡便。嘉靖間，數行數止，至萬曆九年乃盡行之。

《明史》卷七八《食貨志·賦役》 凡軍、匠、竈户，役皆永充。軍户死若逃者，於原籍勾補。匠户二等：曰住坐，曰輪班。住坐之匠，月上工十日。不赴班者，輸罰班銀月六錢，故謂之輪班。監局中官，多占匠役，又括充幼匠，動以千計，死若逃者，勾補如軍。竈户有上、中、下三等。每一正丁，貼以餘丁。上、中户丁力多，或貼二三丁，下户概予優免。他如陵户、園户、海户、廟户、旛夫、庫役，瑣末不可勝計。

（清）龍文彬《明會要》卷三一《職官·户部尚書侍郎》 景泰四年，户部尚書張鳳以災傷蠲賦多，奏言：國初，天下八百四十九萬餘頃。今數既減半，加以水旱停征，國用何以取給？京畿及河南、山東無額田，甲方墾闢，乙即訐其漏賦。請準輕則征租。不惟永絶争端，亦且少助軍國。報可。《張鳳傳》。

（清）龍文彬《明會要》卷三一《職官·户部尚書侍郎》 成化二十一年，李敏拜户部尚書。先是，敏巡撫大同，見山東、河南轉餉至者，道遠耗費，乃會計歲支外，悉令輸銀。民輕賫易達，而將士得以其贏治軍裝，交便之。至是，并請畿輔、山西、陝西州縣歲輸糧各邊者，每糧一石徵銀一兩，以十九輸邊，依時值折軍餉，有餘則召糴，以備軍興。帝從之。自是北方二税皆折銀，由敏始也。《李敏傳》。

（清）龍文彬《明會要》卷五〇《民政·移徙》 洪武三年六月，帝諭中書省臣曰：蘇、松、嘉、湖、杭五郡，地狹民衆，無田以耕。臨濠田多未開，令就墾爲業，給牛、種、車、糧，資遣之，三年不徵税。於是徙者四千餘户。王圻《通考》。

（清）龍文彬《明會要》卷五〇《民政·逃户》　永樂七年，山西安邑縣言：逃民田土荒蕪，而税糧尚徵，里甲賠納。上諭户部尚書夏原吉曰：百姓必耕以給租税，既棄業逃徙，則租税無出。若令里甲陪納，必致破産，破産不足，必有逃徙，租税愈不足矣。即移文各處，有若此者，悉停徵其税。

（清）龍文彬《明會要》卷五三《食貨·田制》　洪武元年正月甲申，帝謂中書省臣曰：兵革之餘，郡縣版籍多亡，田賦之制不能無增損。令遣周鑄等往浙西，覈實田畝，定其賦税，無令妄有增擾。《昭代典則》。

三年五月，帝以中原地多荒蕪，命省臣議，計民授田，設司農司，開治河南、臨濠之田，驗其丁力，計畝給之，不得兼并。北方近城地多不治，召民耕種，人給十五畝，蔬地二畝，免租三年。《通典》。

五年，詔：流民復業者各就丁力耕種，毋以舊田爲限。同上。

二十年二月戊子，命國子生武淳等分行州縣，隨糧定區，區設糧長四人，量度田畝方圓，次以字號，悉書主名及田之丈尺，編類爲册，號魚鱗圖册。《食貨志》。

（清）龍文彬《明會要》卷五四《食貨·田賦》　〔洪武〕十四年正月，定賦役籍。詔天下編造黄册。册有丁、有田。丁有役，田有租。租：曰夏税曰秋糧。夏税無過八月，秋良無過明年二月。《食貨志》。

（清）龍文彬《明會要》卷五四《食貨·田賦》　〔永樂〕三年，令：凡開墾官湖作官田，每畝：夏税麥二升，秋糧米三斗。《世法録》。

宣德四年，令推陞之郎中、員外、御史、長史等六員，爲各部侍郎，分往浙江、江南、湖廣、河南、山東、山西等布政司並南、北直隸府州縣，督收税糧。《通典》。

又詔：各處官田，每畝舊納糧一斗至四斗者，各減十之二。四斗一升至一石以上者，減十之三。王圻《通考》。

正統元年，令浙江、直隸、松、蘇等處官田，准民田起科。每畝四斗一升至二石以上者，減作三斗；二斗一升以上至四斗者，減作二斗；一斗一升至二斗者，減作一斗。同上。

（清）龍文彬《明會要》卷五四《食貨·田賦》　嘉靖二年，御史黎貫疏言：國初夏秋二税，麥四百七十一萬石，今少九萬；米二千四百七十餘萬石，今少二百五十餘萬。而宗室之蕃，官吏之冗，内官之衆，軍士之增，悉取給其中。賦入則日損，支費則日加。請覈祖宗賦額及經費多寡之數，一一區畫。於是户部議令天下官吏考滿遷秩，必嚴覈任内租税。徵解足數，方許給由交代。帝納之。

（清）龍文彬《明會要》卷五四《食貨·田賦》　御史龐尚鵬巡按浙江，奏請行一條鞭法。其法，總括一州縣之賦役，量地計丁，丁糧畢輸於官。一歲之役，官爲僉募，力差，則計其工食之費，量爲增減。銀差，則計其交納之費，加以贈耗。以及土貢方物，悉併爲一條，皆計畝徵銀，折辦於官。故謂之一條鞭。立法頗爲簡便。嘉靖間數行數止。萬曆時，張居正當國，請下制申飭海内通行。《春明夢餘録》。

（清）龍文彬《明會要》卷五六《食貨·庫藏》　正統元年八月，始徵金花銀入内承運庫。《三編》。初，歲賦不徵金銀，惟坑冶税有金銀入内承運庫。其歲賦偶折金銀者，俱送南京供武臣禄，而各邊有緩急亦取足其中。至是改折漕糧，歲以百萬爲額，盡解内承運庫，不復送南京。自給武臣禄十餘萬兩外，皆爲御用。所謂金花銀也。

（清）王慶雲《石渠餘紀》卷四《紀蘆課》　國初平江南，太常典簿王文首言：請立蘆政，以充國用。斥之。久之，乃定蘆課五年丈量例。時坍没賠累，隱佔飛灑，頗難釐剔，臺臣何可化、王曰高屢條上利弊，乃專差司員主之。康熙十年改歸地方官徵解。時解交監督，併入地丁奏銷。今則乾隆二十年江西巡撫胡寶泉奏蘆洲撥補略曰：乾隆十三年部定坍洲報官立案，遇有漲淤，按先後撥補，餘乃召墾升科。唯有課無課，洲各不同。凡洲地先見水影，次沙灘，次泥灘，次草塌草坦，漸至成洲，納課爲時甚久，工本亦多。非水影沙灘，本無課。而冒稱洲田者，可比經部定新漲地畝，先儘有課坍户補足，再撥補無課之坍，以示均平。案田畝之訟，唯洲田爲最紛，往往洲已復沈，而訟尚未結。黠民預争，水影爲張本。親民之官，所宜早釐册籍，詳察地形。若貿然履勘，徒以車馬僕從煩民，則訟端益滋多矣。

（清）王慶雲《石渠餘紀》卷六《紀米糧税》　康熙三十五年，令海商運米天津，正税之外，免其雜費。五十五年，永平饑，開山海關米禁。六十年，停淮安等關米税一年，時屢免暹羅海船米穀之税。乾隆元年，江

南水，免各關糧税。御史王文璿請米船過關給與印票，令到災區售賣，送官鈐印，回空查銷；偷運别處者，倍罰。然守候稽遲，且一地而販運者，多不能轉移鄰邑，乃改免鈐印，聽便繳銷。二三年，畿輔旱，疊免天津、臨清糧税，時淮揚挑濬運河，役夫數十萬，恐物價騰貴，免淮安關米糧柴炭等税。六年，免官運糧税。七年，普免直省各關米豆二麥税。然税額雖免而糧價愈昂，臣工屢以爲請，乃征收如舊，並諭以地方偶遇偏災，即將該處加恩寬免，則估舶聞風雲集，駔儈不得居奇轉得權操。自上案米糧有税，疑若重征。然連檣累舸，趨急而幸災，實射利之尤者，徒以流轉足以濟飢，與囤積有間，故征而不禁。偏隅偶歉，立沛恩膏，轉移調劑之權。誠於是乎在矣。

紀　事

（明）陸容《菽園雜記》　蘇州自漢歷唐，其賦皆輕，宋元豐間，爲斛者止三十四萬九千有奇。元雖互有增損，亦不相遠。至我朝止增崇明一縣耳，其賦加至二百六十二萬五千九百三十五石。地非加闢于前，穀非倍收于昔，特以國初籍入僞吴張士誠義兵頭目之田，及撥賜功臣，與夫豪强兼併没入者，悉依租科税。故官田每畝九斗、八斗、七斗之額。此吴民世受其患也。洪武間運糧不遠，故耗輕易舉。永樂中，建都北平，漕運轉輸，始倍其耗。由是民不堪命，逋負死亡者多矣。宣宗明燭是弊，詔官田減税三分。時格於國用不足之議，事遂不行。郡守况鍾抗章上請，得遵優旨。共減税糧七十二萬餘石。又得巡撫周文襄公存恤，惠養二十餘年，歲豐人和，可謂小康。自後水旱相仍，無歲無之，加以運漕虧折，賠貱不貲，民復困瘁。况沿江傍湖圍分，時多積水，數年不畊不穫，而小民破家鬻子，歲償官税者，類皆重額之田。此吴民積久之患也。

（明）陸容《菽園雜記》　兩浙田税畝三斗，錢氏國除，朝廷遣方贄均兩浙雜税，贄悉令畝出一斗。使還，責擅減税額，贄以爲畝税一斗者，天下之通法，兩浙既爲王民，豈宜復循僞國之法。上從其説。故畝税一斗者，自方贄始。福建猶循舊額，蓋當時無人論列，遂爲定式。贄尋除右司諫，終於京東轉運。有子五：皋、準、覃、鞏、罕。準之子爲丞相，其他亦多顯。豈惠民之澤歟？出《紹興志》。

（明）吕坤《實政録》卷二《民務・小民生計》　三時之務，一日千金。故古人惟有講武役於農隙，興作役於至冬，且家不過一人，役不過三日。州縣衛所有大興作，除庶民在官者暇則即役外，其動民力須於十月後、二月前申請上官，乃可舉動。其餘不急之務，擅派軍民五十名以上及催儹鄉兵迎送官府者，以不職論。至於民壯下班，輪流巡路，彼有弓力，又習武藝，督責果嚴，截路之賊自息，安用泒撥鄉民於農時守墩宿路哉？

（明）吕坤《實政録》卷四《民務・編審均徭》　爲編審均徭事。照得民間累苦莫重於力役，而審編力役名之曰均徭，欲其貧富得所，無不均之歎也。乃有司不失之疎則失之暗，不失之偏則失之私，大都公易而明難，明易而虚難。本以虚明，持以公道，編審其庶幾矣。今列其畧於左。若言外之精意，法内之微權，有難以示人者，智者從之，合行通示。

一、審户拙法莫簡於自審。將各里里長、老人、書手拘集於關公或城隍廟中，將一里里老書手會在一處，令其一里差銀自行均派。趙甲該陞幾則，錢乙該擦幾則，李丁應照舊則，務足本里差銀數目。各具一手本，投遞審官。審官預先張掛，分日告示，某日某里某里聽審，某日某里某里聽審，觀其詞色以爲增減。里老書手之情大概可知，人户之情大概可知。色聽、詞聽，吾心自有尺寸矣。

一、編審之日審官作一告文，矢心天日，誓諸神明。里長排年老人書手亦令誓諸神明。其一切陞擦，但以事産爲序。比見累年舊册，士夫舉監生員雖富，只在下三則。朝廷原無此例，陞自當陞，免自當免，奈何失其貧富之實哉？本院令襄垣士夫舊在下則者俱陞上，則士夫自有公心，有司自有正法，狥私廢公何面目以視萬姓哉？

一、精細有司平日事事留心，一年之内民間虚實可知其半。執其半以得其半，無不了然。此難以語言盡也。

一、里老以爲應陞而本人苦告難陞。即問某人該陞，可以代汝，如無代，不准告。里老以爲不當擦而本人苦告應擦。即問某人不該擦，可以補汝，如無補，不准擦。此等苦告之人，不可即從，另爲記號。

一、有消乏之名，有消乏之實，有增盛之名，有增盛之實，不可不察也。假如趙甲有薄地數十頃，無力耕種，歲歲荒閒；有樓房數十間，先

人所遺，今已破壞。房地欲賣，買者無人，用度缺乏，揭借不出，此真有消乏之實而無其名者也，舊在上則即當大擦。錢乙地無數畝，房無數間，而放債爲商家累千百，此真有增盛之實而其名者也，舊在下則不妨大陞。有消之勢，雖未消乏而勢已入衰，如上户多人，不妨擦一二則有增盛之勢。雖未富厚而勢已漸豐，非上户缺人，不可輕易驟陞。蓋漸衰者須節其財以培舊損，方盛者須輕其力以養新萌，此父母之道。若民窮財盡，地方則不暇顧此矣。

一、優免以品級爲寡多，朝廷已辨貴賤之等矣。至於編審差徭止論貧富，此中又夾襍士夫之情，或應少免而概行多免，或應坐力差而盡與銀差。士夫有良心者，必不以非道之悦知感審官；審官有天理者，必不以民之膏脂奉承津要。假如一品免田糧三十石、人三十丁，倘一品者有田糧四十石、人四十丁，則十石、十丁之差，應坐庫役即坐庫役，應坐收頭即坐收頭，與百姓一體。編當仕宦即不親當，豈無同居之子弟？又豈無雇覓之銀錢哉？此之不能，審官當以阿諛罷斥。

一、九則之法，約其大都耳。其實貧富之等，奚啻十百千萬哉！故自九錢以至一錢，謂之丁銀、母銀也。上上户雖萬金，不得過九倍，加九倍則八兩一錢；下中户雖不甚貧，不得過一倍，加一倍則四錢。非無寸土、無根椽者，不准下户，蓋極貧而以加者也。每見貧窮州縣下下户人納三五錢者，奈之何其不逃哉？雖差多丁少之處，下下户加銀但以分釐計可也。倘逼之使逃，一錢豈可得哉？差重州縣萬不得已，丁地相兼可也。

一、概縣差徭概縣人當，故有貧里視當富里不啻十倍者，若以里差還本里、户差還本户，貧户俱逃，其差有不派於概縣者乎？故自審則以各里之丁分各里之差，通編則以富里之丁攤貧里之役。非攤貧里之役，富里自應重差，貧里自應輕差，何嘗有定哉？照丁照產，盈縮消息，非耐煩明敏之官不能也。

舊日力差相沿暗坐，如皂隸一名坐銀三兩，給與由帖，任其討要，其實暗費十數兩。今各差工食既有定數，不如明坐數目，庶免分外科索。

六十以上，例應除丁；十五以下，例未成丁。但有地糧之家不以丁力辦差，似難遽豁。若極貧下户年老自當除丁，年幼不可報派。聞各州縣有女丁男丁懷抱即攀成丁者，其官可知矣。

重差以庫吏爲第一，何者？貪鄙州縣官油燭菜果及衙內一切取用，令之包賠；上司折禮辦程，動稱無礙；或借口預支紙贖，有司逼之那借。庫吏往往傾家革役而靦顔昧心者，不恤子孫之殃。今後州縣官一錢之物，不許取諸庫役；而上官指以前名色騙取所屬，已經再四申册，庫役可無稱累矣。鋪陳庫役亦重。近日兩院出巡，自帶被褥，蓋常用之物與身相習，衆用之物未必盡潔。吏書兩人共隨被褥一床。果司道府官人人如此，鋪陳庫役何累之有？

一、倉老人斗級頗稱累苦。蓋歛散出納既多勞擾，而查盤找點又問罪名。審編比别項更擇殷實，工食比别項畧加優厚。

一、驛站馬頭今已招募，而蒙城、候馬等驛又暗令正户津貼，以供聖丞使客貪饕之費。今次編審不許僉坐正户，以塞攀貼之路。違者，掌印官以不職論。募役如稱不足，聽其告退可也

一、見年里甲舊稱極累，以有司妄費無經耳。今里甲雖歸均徭，而馬匹見在往往責令支銷，不准開帳。有良心者肯如是乎？既有綱銀，又用馬匹支銷者，以貪論。

一、貧窮老漢、守寡婦人家無事產，止有一男者，例應免丁侍養。待親終之日，補差。

一、生員應免田糧二石、人二丁。倘貧而無地無丁者，本宗近門不妨代免，其餘各圖、各鄉不准。其丁止免下三，則二丁准銀六錢或五錢、四錢，不許概免門銀，及指以父兄子弟概免上户差徭。

一、條編法行富商大賈。不置土田，糧無分毫，差止一丁，甚非審户本意。只看黄册，事產不專在於土田。各州縣查有地土少而家業豐者，一體編僉上户，均坐重差，庶智巧者不得獨遂其計矣。

一、寄居年久，原籍既無丁糧，此處又無差役。借本處以求衣食，亦當出些須以養本處。除置地者隨地納糧當差外，如無地土而家道殷實者亦定等則，每歲納銀多不過九錢，少不過二錢，另作客丁一册，以充本縣孤寡殘疾養贍之用。其僅能糊口者雖兩在無丁，不許一概科擾。違者，以打詐坐罪。

（明）吕坤《實政録》卷四《民務·徵收税糧》　爲養民財以足國課

事。照得惟正之供，臣子當急；無法之政，小民難堪。爲此，條其事宜，庶便催科，良有司設一借目或者萬一補乎。若束之高閣，一任所爲，民其奈何？賢者必不爾。

一、概州縣糧額，歲無增減，掌印官先算本州縣夏税秋糧，或帶有站糧、鹽糧、馬草及一切出於地者，某項銀若干，某項銀若干，幾項共銀幾萬幾千幾百幾十幾兩幾錢幾分。該州縣一例起糧，止云每畝銀若干。若三則起糧，則云上地若干，每畝該銀若干；中地若干，每畝該銀若干；下地若干，每畝該銀若干。其五等九等田俱照此算，務足各項額銀之數，仍要十分精確，不許積年書手暗行加派。

一、差銀隨地出者，加數於地；隨丁出者，加數於丁。要見本州縣差銀幾十幾項，共銀幾萬幾千幾百幾十幾兩幾錢幾分。該州縣九則人丁除母銀上上户九錢、下下户一錢外，其事産本業如地宅、牛羊、騾馬，末業如商賈、債息等項，較其富貧，編坐門銀。除下下户不加外，其子銀上上丁應加幾倍，上中丁應加幾倍，子母銀共若干，足額差銀兩之數。

一、本色錢糧正數併脚價、斗頭、席囤、雇覔等項，每石應徵銀若干，各看倉口遠近、道路難易，使費多寡爲增減銀數，寧寬不可偏累收頭。

一、各項糧差銀派定，將概州縣總數及每畝每丁應納撒數刻一簡明小帖，徧貼城市、鄉村，曉諭百姓。如云某府某州某縣爲曉諭事，今年部司原無加派。如有加派者，云今年某部加派某項銀若干。今將萬曆某年編派糧差銀兩開示於後，但有多編一文錢、一釐銀者，許花户稟告，以憑拏問。

一、概州縣共地幾萬幾千幾百幾十幾頃幾十幾畝。

一、概州縣一切夏秋草站等糧共幾萬幾千幾百幾十幾石幾斗幾升幾合，每石折銀幾錢幾分。

一、上地若干頃畝，每畝銀幾分幾釐；中地若干頃畝，每畝銀幾分幾釐；下地若干頃畝，每畝銀幾分幾釐。

一、概州縣一切銀力等差，共該銀幾萬幾千幾百幾十幾兩幾錢幾分幾釐。

一、概州縣九則丁共幾萬幾千幾百幾十幾丁。

一、上上幾十幾丁，每丁母子銀幾兩幾錢，共銀若干兩；上中若干丁，每丁母子銀幾兩幾錢，共銀若干兩；上下若干丁，每丁母子銀幾兩幾錢，共銀若干兩；中上若干丁，每丁母子銀幾兩幾錢，共銀若干兩；中中若干丁，每丁母子銀幾兩幾錢，共銀若干兩；中下若干丁，每丁母子銀幾兩幾錢，共銀若干兩；下上若干丁，每丁母子銀幾錢，共銀若干兩；下中若干丁，每丁母子銀幾錢，共銀若干兩；下下若干丁，每丁一錢，共銀若干兩。

一、錢糧分爲四季，限豈不寬？不知官府整年追呼，百姓整年湊辦，收頭整年守櫃，里老整年串鄉，悮了多少營生，添了多少擾亂。且二三月赤春正窮，四五月青黄不接，貧民辦納必須揭債。不如遇着熟頭，有地者糶賣及時，無地者傭工措處。今後依律改正。假如有銀一兩，夏季六月初一日開倉至七月三十日爲止，納銀四錢；秋季九月初一日開倉十月三十日爲止，納銀六錢。四箇月中任意分爲幾限，其餘八箇月盡放歸。農民免掛八箇月心，官省受八箇月勞，收頭省坐八箇月櫃，里老十排户頭省八箇月奔走之勞。若曰時日太迫，百姓慌忙，不知除了糶賣糧食，更有何法湊辦？若肯納糧，豈有四箇月尚糶賣不完之理哉？故曰瘡遲捱痛，罪遲捱愁，催科速乃所以愛百姓也。

一、春正二三四月間偶有緊急，錢糧庫藏空虚，先將上六則催納一半，甚者全催，其下則貧民銀不及二錢者，不必分限，待十月間末限通完可也。

一、里老科收花户錢糧，侵欺捱限，不肯上納。及至發覺難完，依然又累花户。此等大弊已經痛革。責令花户自行封納，其銀少者寧托兄弟子姪翁壻帶納，代領完票可也。

一、投櫃革大户重壓之弊，最爲良法。乃不肖官員又借欠少名色以罪花户。花户懼罪，每兩常重二三分。及當堂拆封，盡扣羨餘入己，而一切添搭、火耗、脚價又令大户包賠。此法近已題革，但今大户二門坐櫃，便於稽查，不許有司拆封，以免加重。其起解傾銷，俱聽大户自己便宜，銀准寄庫，官不經手。仍懸鑼設鼓於二門，照司降法馬定等，每櫃給等一，連號刻杆錘，又置等式二，連印封置二門卓上。但有收頭重壓者，許花户自行開等秤兑聲冤，有司即行重處。其等式仍印封置之原處。

一、訪知一縣正官派大户，紙劄、心紅、竹篦、花紅等物俱折價銀，吏門皂快各有需索，明知故縱，大户不勝官科，依舊重加收受。此官調任別省，本院姑不指名，以後有司但有科派大户分毫之物者，坐贓參罷。

一、有司於錢糧雖不粘手，却要關防。每櫃須選殷實正身一二人看守，每日晚責令大户報數，要見某櫃今日收銀若干，幾櫃收銀共若干。查有某項緊急錢糧，即令搭湊傾銷候斂。解官輪流起解，其銀五十兩重二錢，並無添搭，其盤費每千兩給二錢。

一、大户起解錢糧，計在道一日五十里，上納衙門躭延十日足矣。却乃收時花費錢糧，或掌印官畏參罰，圖考滿，朦朧上司，空文起解；或解日驗數，封完起文後又行拆取；或放債爲商，或拐帶逃走，有司經三二年不查有無銷批。官吏更代，影射乾没，其弊多端。向見吴大參同春曾置差糧考驗兩屏風，最爲得法。左屏將一切起解錢糧每倉口一行，假如偏關西盈庫，該銀幾千幾百幾十幾兩，舊該某日解納，今於某日報完，某日某人領文解訖，某日銷批訖，款款如此。不完者看限急催，未解者看限急解，未銷者嚴限查銷。如此留心，何弊之有？

一、起解大户務要真正殷實，本身仍尋殷實保人一名，倘臨時更换，家童及不才子弟族人以致壞事，保人姑免坐罪，花銷錢糧一體分賠。

一、近日各州縣坐派大户各分倉口，一倉數名，甚者本色大户坐四五十名。大户幾於半縣，三年可以一輪。雖稱衆擎易舉，其實相累速窮。以後除本色姑容多派，亦須每人分收五十石以下外，其折色每櫃三家，一櫃收五千兩亦不爲多。決不可聽民攀稟，多坐收頭。

一、催糧舊套開倉之後，里老催花户納糧，花户不納，里老帶花户赴比。法非不善。但里老所帶多係貧民。至於欠多人户，多係富豪，里老朦朧推托，通不帶比。今後赤曆雖分居父子分名係糧，不得混造一人名下。三限之後掌印官親查赤曆，自點花名，其欠糧多者必富户也。每里先點一人，或概縣只點三四人，馬上差人鎖至，除鄉官舉監生員本身外，其兄弟子姪家僮及富民姑不責治。一面以家屬一人送倉，一面以輕枷枷號本犯，固釘牢封令其催科。一里通完，而後疎枷。平原知縣劉思誠曾行此法，里老催頭全然不用，而錢糧既完且速，其易倍於往年。百姓自稱歲省千金，情願立石。若枷椤貧民，雖千人何益哉？

一、惰慢之吏倦於催科。值錢糧緊急，令各里催頭先陪，或令坐櫃收頭預支。催頭、收頭未必家有錢銀，畏法典賣揭借。及事完之日，歷開欠户又不肯追，往往催頭、收頭坐此傾家。彼始也苦首役以應目前之急，終也縱奸民以要多口之譽。是人也，不有人禍必有天刑。州縣有如此者，參拏重治。

一、疲累州縣錢糧委實難完。守令恨其難完也，既用户長，又用甲首、又用里長、又用老人。恐里老之比限不來也，城中又用保人，既而每里添一皂隸。皂隸受花户之賄，依舊不來，又添差皂隸。閭閻之下，常養千百人，彼此通同，互相買囑，是以正項錢糧養奸而逋負愈多矣。不知有全累之縣，無全累之里；有全累之里，無全累之甲；有全累之甲，無全累之户。先將十年之内赤曆一查，某里全完，某里欠幾分，某里不完，大約分爲五等。以全完而速者爲一等，號曰義民，若干里不用里老、户頭催科，聽其自完，不差一人下鄉；以全完而遲者爲二等，號曰良民，若干里用户頭不用里老，即最後者亦免鞭朴；以全完而費鞭朴者號曰雜民，若干里用里老、户頭，擇錢糧多而先完者賞數人，擇其不貧而捱糧者責數人，以地薄糧重人少荒多者號曰累民，若干里除清豁外，其見在者聽里老、户長陸續催納，有蚤完多完者重賞；以力可完而不完者號曰姦民，若干里除里老、户長常催外，過三限先差皂快鎖拏糧多不貧一二人枷號游迎，倘完糧漸多漸蚤者，亦陞入良民義民等則。

一、告狀尾後要填糧差完欠，仍驗完糧小票。欠糧差而告狀者，即係理直或上司批詞，亦不准理。

一、惰慢有司只靠一本赤曆比糧，姦貪里長只靠一紙開單聽比。其間有一身之糧而開數十人名下者，有見在膏腴開作荒逃者，有重糧開爲輕則者。里老書手盡知其奸，只是通同富勢，欺瞞官府。有司先於寬大處所將三年之内赤曆三部分里積於案上，仍照人數備紙筆硯，出其不意出一告示，將各里三年之内舊役、老人、里長、甲首、書手限某日赴某處聽用。至日，將老人閉於一處，里長、甲首閉於一處，書手閉於一處，各給紙一張，預印一票，上書一人糧分爲數處者，併在一人之下；一人鬼揑數名者，即併一人之身，某人本富而藏在下丁者，應陞幾則；某人本貧而仍在上户者，應擦幾則；某家壯丁未報者何名；某家孤寡在丁者何氏；

某人某年逃，地土荒幾頃，坐落某處，某人雖逃而地不荒，遺業何人承種。將赤曆各散一本分付開報之後，三冊對審。如有不實，即係受贓，重責枷號，發驛擺站審清改正歸一。另造赤曆，照此催科，則無影射之奸；照此審編，則有均平之據。此有司第一首政。但機一先洩，便生情竇，此疾雷疾電之法，在賢者善用之耳。然非法嚴而信，亦不得其真情，是日也當審大獄。

一、里分在百里之外，又係疲累地方，拘比爲難，不必拘定常規。即擇本里富家一二人爲收頭，坐里徵收。里長、老人催赴收頭，交納完日解縣，更覺省便。

一、舊日收糧，櫃上每添銀匠一名，令辨銀色。甚者如山東，雖一二錢必須下火打印，既躭小民時日，又被銀匠偷攙。即無弊端，亦費火耗，甚屬瑣碎。今後止憑收頭認識，不許加添銀匠。

一、分派花户錢糧，本色止於勺，銀色止於釐。有五抄以上者准一勺，五抄以下者免派；五毫以上者准一釐，五毫以下者免派。至於抄撮圭粒，總之不及一勺；毫絲纖忽，總之不及一釐。雖錢糧積少成多，一些不可差錯，而零星難以計算，反亂愚民心目。且抄釐上下，俱有減增，截長補短，所差幾何？少一二兩，積餘自足；多三二石，作正支銷，明報上司，無不可者。奈之何人人都有毫絲纖忽，家家都有抄撮圭粒？增書手多，少撒派之奸而小民安，受其愚莫可究詰矣。

一、語曰：雀脛不如牛髀，近日奸頑里老比欠，止帶貧民，不知錢糧逋負不在荒地而在腴田，不在貧民而在奸富，不在小民而在勢豪。州縣官將富勢之家務令先完，但有抗違，除縉紳難以加刑楬欠榜示通衢外，其弟姪兒男家僮一體鎖拏嚴追。近日題准頑悍之邑雖用重刑，不以酷論。若富勢拖欠而惟小民是嚴，當以罷軟罷矣。

（明）余繼登《典故紀聞》卷七　永樂時，山西安邑縣官言縣民逃徙者，田地已荒蕪，而税糧尚責里甲賠納，侵損艱難，請暫停之，俟招撫復業，然後徵納。成祖謂户部尚書夏原吉曰：百姓必耕以給租税，既棄業逃徙，則租税無出，若令里甲賠納，必致破産，破産不足，必又逃徙，租税愈不足矣。即移文各處，有若此者，悉停徵其税。縣官不能撫民致逃徙者，姑宥罪，令即招撫復業，勿復擾之。【略】

成祖聞山東高密逃民復業者，有司徵其累年所負糧芻，因謂户部臣曰：往古之民，死徙無出鄉，安於王政也。後世之民，賦役均平，衣食有餘，亦豈至於逃徙？比來撫綏者不得人，但有科差，不論貧富，一概煩擾，致耕穫失時，衣食不給，不得已乃至逃亡。及其復業，田地荒蕪，廬舍蕩然，農具種子皆無所出，政宜賙卹之。乃復徵其逋負，窮民如此，豈有存活之理？自今逃民復業者，積年所負糧芻，悉與蠲免。

（明）余繼登《典故紀聞》卷一三　正統間，江西參議夏時建議，以民間税糧多寡，官爲定其徭役，謂之均徭冊。後行其法於四川，四川民以爲不便。於是重慶府民奏：政令一則人易守，科條繁則人易惑，祖宗數十年間，所以不輕出一令者，慮擾民也。竊見四川民間賦役俱有定制，其徭役臨期量力差遣。近者官司輕於更變，造成均徭冊，以民間税糧多寡爲差，分上中下三等，預先定其徭役。且川蜀之民有税糧多而丁力財帛不足者，有糧少而丁力財帛有餘者，今惟以税糧定其科差，則富商鉅賈力役不及，而農民終年無休息之日矣。臣恐數歲之後，民皆棄本趨末，爲患非細。奏上，詔從民便，里長有害民者，如律治罪。

（明）余繼登《典故紀聞》卷一六　弘治三年，户部以水旱災，請免直隸等處夏麥秋糧。孝宗曰：國賦固有定法，然歲有凶豐，凶歲義當損上益下，若必欲一概取盈，倉廪則實矣，如病民何？奏中所擬悉從之。仍諭有司，使貧民各沾實惠。

弘治時，山西沁、潞等處屯田被水災不及三分，例不免糧。孝宗以其民饑困，方發倉賑濟，不可復徵，特免之。

（明）徐學聚《國朝典彙》卷一《蠲免》　吴元年，太祖令曰：予本布衣。因天下大亂，集衆渡江，撫定江左。十有三年，中原之民流離顛頓，尚無所歸。吾乃積粟控弦於江左，坐視民之塗炭而莫之救，豈不負上帝好生之德，有愧古聖人愛民之心哉？今特命中書省：凡徐、濠、泗、壽、邳、東海、安東、襄陽、安陸郡，及今後新附土地人民，桑麻、穀粟税糧，徭役，令有司蠲免三年。

（明）徐學聚《國朝典彙》卷九《賦役》　永樂元年五月，敕户部曰：朝廷設官分職，本以治民。治民之道，在乎安養之而已。故即位之初，一遵皇考成憲。首命爾等，凡荒蕪田土無人佃種者，即令有司覈實，

蠲租，爾等不體朕心，因循玩愒，有司拘於歲額，一概徵收。下情鬱而不達，上德遏而不宣。此豈人臣爲君爲民之心？其速下各布政司府州縣，但有荒閑田地，無人開墾者，即於常歲租額内削除之。

（明）何棟如《皇祖四大法》卷三《治法》　乙丑，命中書議役法。上以立國之初，經營興作必資民力。恐役及貧民，乃命中書省驗田出夫。於是省臣奏議：田一頃，出丁夫一人。不及頃者，以別田足之，名曰均工夫。直隸應天等十八府州，及江西饒州、九江、南康三府，計田三十五萬七千二百六十九頃，出夫如田之數。遇有興作，於農隙用之。上諭中書省臣曰：民力有限而徭役無窮，當思節其力，毋重困之。民力勞困，豈能獨安？自今凡有興作，不獲已者，暫借其力。至於不急之務，浮汎之役，宜罷之。

（明）何棟如《皇祖四大法》卷六《治法》　十一月丙午朔丁巳，上諭：五軍都督府臣曰：近福建行都司及建寧左衛守禦官，不奉朝命，輒役軍士，伐木修建城樓，因而私營居室，極其侈靡。軍士富者責其納錢免役，貧者重役不休，今軍士忿抑來訴。已令法司逮問。五軍都督府宜榜諭天下都司自今非奉命不得擅興營造，私役軍士。違者或事覺，或廉得其狀，必罪之，削其職。

（明）卜世昌《皇明通紀述遺》卷一〇〔嘉靖元年〕四月初，詔書：禁額外貢獻。鳳陽守備太監張陽，復進貢新茶。給事中張翀言：寧夏所貢紅花，及鎮守總兵官到任，貢馬謝恩，皆非令甲。禮部覆議：宜遵詔，一切禁止如翀言。上是之。

（明）卜世昌《皇明通紀述遺》卷一〇〔嘉靖十一年〕南畿提督都御史陶諧奏：南畿徭役，比各處煩重，河夫、機兵、打手、富户、力士等項名色爲多。乃編審里甲之時，復有曠丁銀兩及供億諸費，甚爲不經。乞通天下罷免各項名色，與民休息。仍令有司，均徭平賦。編審之時，毋得妄有誅求。其法外作奸者，論如法。上從之。

吴瑞登曰：洪武册籍，十年一造，官府按册籍以定差役。脱漏户口者有禁，變亂版藉者有禁。審役者不得差貧責富，輸役者不得避重就輕。可謂詳盡矣。然歲久弊生，其法大壞。今當若何？所謂均徭者，可行于江南。而所謂條鞭者，可行於江北。何也？江南縣大民衆，十年而一役之，猶或可待。江北縣小民寡，即三四年而已一周矣。不行條鞭，豈能持久乎？今觀江南糧役亡身破家，固困也。而江北雜差頻無休息，亦困也。南畿名色多而徭役重，其雜差之故耳。近者條鞭法行，概筭丁田，總括衆役。每夏税秋糧，計田一畝，納銀止于二分三分。民自樂于征輸，而官不勞于督理。編審之時，更無分外誅求，官民兩獲其便。陶公南畿之憂，可無慮矣。

（明）卜世昌《皇明通紀述遺》卷一一〔嘉靖三十二年〕六月，南京科道祁清、徐栻各奏言：京師之帑藏既虚，各省之搜拓已竭，額外之徵求未已，軍興之供億尤煩，工作之役蝟興，挑河之費日廣，乞汰冗費省繁文。户部覆言：營兵、官兵、民兵、新兵三十二萬計，而官校廚匠，勇士旗手又數萬計，皆仰給官食。光禄寺歲派二十四萬計，而連歲額外奏討又十餘萬計。内府供用如黄白蠟胙，歲坐派一十七萬五千餘斤，而又召買一十八萬五千餘斤，沉速香坐派一萬五千餘斤，而又召買一十四萬五千餘斤。諸所督率，蓋可類推。其無用之兵，無事之官，無名之支，無益之費，不可勝紀。夫一歲之入不過三百餘萬，而邊儲歲用大約以五百萬計。而近來繕邊撫夷，修城濬河，衣裝賞賜皆萬。將來制用，益不可支。宜如清等議。制報可。

（明）卜世昌《皇明通紀述遺》卷一一〔嘉靖二十六年三月給事中查秉彝疏陳利弊七事〕五、征科無藝。今財賦所出，倚重東南。宜定限輸糧，使各里輪收入官，而官總其數。户僉糧長者，不僉解頭。其僉解頭者，必官庫領糧。實批銷繳，以絶那借累賠之弊。

六、徭役不均。夫國制差役，十年一編，九年休息。邇年喜于紛更，年年編審，甚至括索幼丁。審編餘銀，以充私橐。如弓兵責其賠補鹽斤，斗級責其賠補耗米。宜申明之，勿使厲民。

七、供給過侈。州縣坊里供辦，初以給賓旅上官。而今則官吏支費，苞苴結納，悉從倚辦，宜一切禁革。從之。

（明）顧起元《客座贅語》卷二《條編始末》　初洪武十八年，恩詔應天五府州爲興王之地，民産免租，官産減租之半。官産者，逃絶人户暨抄没等項入籍於官者也。初半租多寡不一，嘉靖中均爲一斗五升，而雜徭不與焉。其更佃實同鬻田，第契券則書承佃而已，大約官産什二三，民産

什七八，雜徭惟併於民產。而國初雜徭亦稀，厥後大吏創勸借之説，民田畝科二升，名曰勸米。後以供應稍繁，加徵二升，名曰勸耗。延及正德則陞科至七八升矣。十甲輪年，照宇內通行事例，未始不安於法制之內。而正、嘉以來，事日增，役日繁。在小民利於官產，而官則少；在優免人户，利於民田，以省雜徭。而買者賣者，或以官作民，或以民作官，以各就其所利。於是民田減價出鬻者日益多，而差役之併於細户者日益甚，猾胥乘之，恣詭寄花分之弊，而惟時不急之征，無名之費，一切取責於現年。現年竭產不足支一歲之役，而所索於花户者，每糧一石至銀四五兩，蓋宇內盡然，而南都爲甚，維時一條編法已行於數省矣。

（明）顧起元《客座贅語》卷二《荒白》 賦税中有荒白米，蓋以抛荒田地無可辦納之糧，又或田地濱江坍塌，而會計原額之數必不可少，故計荒地所宜納者，攤派於實徵田地之中，減半以徵，如每米一石加荒白米若干是也。古者任土作賦，履畝而税，《春秋》譏之。今既已荒矣，徵之何名？且田地既各有正賦，又帶徵抛荒，名實俱舛。至坍江田地，尤非人力所致，地已去而税猶存，科及於徧邑之田土，豈仁人所忍爲哉！然此猶曰本地方代本地方辦荒田之糧，誼難諉也。

查兩縣賦册中，又有一項代廬州府嘉靖二十六年荒年糧，上元該一千二十二石，江寧該八百八十二石。至四十五年，前項又代安慶改運淮安，今又有改運安慶府倉，上元米四十八石八斗四升，江寧米五十四石八升，此尤莫揆厥由者。一時權宜，無可奈何之計，不意遂爲永額也。至今相沿科派，曾無有人清查而言於當事者。總計徵米二項，數該二千六石九斗二升，計田當得三萬餘畝。夫兩縣既有荒白之徵矣，又代鄰郡納飛寄之徵，可乎？不可乎？廬州、安慶界在江北，各食其土之毛，風馬牛不相及也。上、江兩縣地稱都輦，而代其辦納税糧，此何理哉？余故詳著其故，俟郡邑有留心民事者舉而蠲除之，亦卹畿民、厚邦本之一端也。荒白米陳以代有議，具邑乘中，其説尤詳備可考。

（明）顧起元《客座贅語》卷二《賦役》 上、江兩縣賦役，計田徵米，曰税糧。以田地、山場派徵，每畝本色平米若干，折色里甲均徭銀若干，荒白銀若干，坐派兑軍改兑正米耗米，與夫各衙門正供，各倉庫本折色等用，以運之餘，存留供本府、本縣官吏鹽糧俸給等用。編丁徵銀曰丁銀，每丁徵銀若干，以九之四入里甲，以九之五入均徭、驛傳。而里甲之用，爲國祀、國慶供應諸司內府工部坐派，又本府各衙門祭祀、科貢、恤政及本府本縣各項公用。其剩餘者曰備用，以待不時之需。均徭一曰銀差，一曰力差，自條編法行，不分銀力名目矣，以其銀爲本縣各衙門皂隸、馬夫、膳夫、門子、公館、轎夫、庫子、斗級、巡攔、弓兵、鋪司、倉腳夫、灑掃夫、壇夫、燈籠夫、進貢扛夫、內府薅修、車水冰夫、內府表背匠、國子監刷印匠、太僕寺醫獸、獄卒工食之費。而驛傳則解本府爲遞運所船夫、水夫、所夫、加添等夫之工食，各驛上中下馬匹、驢頭支應等項之用。近年又有學俸等項名目加派。計所納之數，比歐陽撫院所定，其增者亦已多矣。而坊廂應付，則各上司祠祭香燭祭物，各上司本縣到任、下程酒席、紙劄飯食、刑具供送，出路中火，及各衙門應取雜支，與考試供給，致賀舉人、進士、貢士等項之費，此其大畧也。詳具《坊廂始末》中。

（明）談遷《國榷》卷三《太祖洪武二年》 〔七月癸丑〕監察御史謝恕巡按松江，以漏賦逮百九十餘人至京師，多失實，上自訊得之，下恕吏。

（明）談遷《國榷》卷四《太祖洪武三年》 〔七月〕許天下軍民自占籍應役，應天得六百二十三户。壬子，始賦內芻以飼北馬。

（明）談遷《國榷》卷四《太祖洪武四年》 〔十一月壬申〕中書省請税河南、山東、北平、陝西、山西、淮安屯田，命免科，三年後畝租一斗。

（明）談遷《國榷》卷五《太祖洪武六年》 〔四月申壬朔〕太僕寺丞梁埜先帖木兒言：寧夏及四川，西南至船城，東北至塔灘，相距八百里，沃野通舟，宜重將鎮之，招集流亡，務農屯田，十一而税，兼行中鹽之法，可軍民足食。從之。

談遷曰：此經略寧夏之始。

（明）談遷《國榷》卷五《太祖洪武七年》 〔五月癸巳〕上以蘇、松、嘉、湖賦重，令户部計之。如畝税七斗五升者除其半，民力始甦。

（明）談遷《國榷》卷五《太祖洪武七年》 〔四月甲辰〕徵饒寧國非水道艱運，令今後夏税代以金銀錢布。

（明）談遷《國榷》卷六《太祖洪武九年》　四月己丑，許天下銀鈔錢絹代今年內租稅。

（明）談遷《國榷》卷七《太祖洪武十三年》　三月壬辰朔，減蘇、松、嘉、湖賦額。初，上惡吳民殉守張士誠，故重其科。時天下田租畝三升三合五勺，蘇、松等至七斗五升，蘇額元三十六萬石，張氏百萬石，明歷減，尚二百七十餘萬石。

陸深曰：國初總計天下稅糧，共二千九百四十三萬餘石，浙江二百七十五萬二千餘石，蘇州二百八十萬九千餘石，松江一百二十萬九千餘石，浙當天下九分之一，蘇贏于浙，以一府視一省，天下之最重也。松半于蘇，蘇一州七縣，松纔兩縣，較蘇之田四分處一，則天下之尤重者，惟吾松也。

（明）談遷《國榷》卷七《太祖洪武十四年》〔正月〕是月，命天下編賦役黃册。

（明）談遷《國榷》卷七《太祖洪武十五年》　四月丙午，户部言天下進賦役黃册多錯悞，宜逮罪。上曰：地廣民繁，不無悞也，命官給費再造，仍悞則罪之。

（明）談遷《國榷》卷八《太祖洪武十七年》〔七月〕諭户部定里驗丁糧贏縮，產業厚薄均其力。

（明）談遷《國榷》卷八《太祖洪武十八年》　正月己卯，命郡縣第民户上中下三則，編賦役册，驗輕重役之。

（明）談遷《國榷》卷八《太祖洪武十九年》〔正月戊寅〕湖廣通城、崇陽二縣山險，輸布帛代粟。

（明）談遷《國榷》卷八《太祖洪武二十年》〔九月〕定屯卒五百畝，納糧五十石。

（明）談遷《國榷》卷九《太祖洪武二十一年》〔二月〕定貴州宣慰使靄翠歲輸糧三萬石，安撫使密定三千石，免其逋課。

（明）談遷《國榷》卷九《太祖洪武二十二年》　四月己亥朔，命蘇、杭、湖、温、紹興、松江民無田者，往淮河以南及滁、和等州墾田，官給鈔，免賦役三年。

（明）談遷《國榷》卷九《太祖洪武二十三年》〔閏四月丙子〕詔免滁陽定遠六合天長儀真舒城等縣馬户田租，民田全免，官田半之，著爲令。

（明）談遷《國榷》卷一〇《太祖洪武二十七年》〔九月丙辰〕遼東屯田，十年始收租。

（明）談遷《國榷》卷一〇《太祖洪武二十九年》〔二月〕陝西軍壯代役者，老幼悉徙黃河南岸屯種，三年輸租，軍老者還鄉依親，無依者回京養贍。肅州軍糧，從近地支給，皆陝西行都指揮使司僉事張豫之言，上從之。

（明）談遷《國榷》卷一〇《太祖洪武三十年》　十月己卯朔。癸未，詔折徵天下逋租乃寬估直。

（明）談遷《國榷》卷一〇《太祖洪武三十一年》〔五月〕户部尚書郁新奏，山西民徙耕山東已三年，當照民田徵租上命再復一年。

（明）談遷《國榷》卷一二《惠宗建文四年》〔九月乙未〕命户部遣覈太原平陽澤潞遼沁汾餘丁，實北平各郡縣仍户給鈔，俾置牛種農具五年後税之。

（明）談遷《國榷》卷一二《惠宗建文四年》〔十二月癸丑〕蠲北平、山西、山東、河南、鳳陽、淮安、揚徐明年夏税絲棉，并山東鹽司虧課。

（明）談遷《國榷》卷一三《成祖永樂元年》〔五月丁丑〕諭户部：但郡縣荒田，即除其租，庶免民横擾。

（明）談遷《國榷》卷一三《成祖永樂二年》〔十月辛未〕定江西官田租折布，民田輸米。

（明）談遷《國榷》卷一三《成祖永樂三年》〔四月壬申〕除絶户田租。

（明）談遷《國榷》卷一四《成祖永樂四年》〔十二月己酉〕除廣西户絶田及桑棗茶租税。

（明）談遷《國榷》卷一四《成祖永樂五年》〔九月丁巳〕開浦城縣銀冶。

（明）談遷《國榷》卷一四《成祖永樂五年》〔三月甲申〕詔北京夏税及赦前租税課程悉輸鈔。

（明）談遷《國榷》卷一四《成祖永樂六年》〔三月庚申〕定交趾賦稅，務從輕省。

（明）談遷《國榷》卷一四《成祖永樂七年》〔十二月丙寅〕安邑縣乞停逃民逋租，上諭行在户部，凡各縣逃民，悉停徵。

（明）談遷《國榷》卷一五《成祖永樂九年》〔七月丁亥〕巡按陝西監察御史魏源言，陝西倉糧千九十八萬四千二百五十五石，足支十年，乞後半輸鈔，從之。

（明）談遷《國榷》卷一五《成祖永樂九年》〔十月〕寬北京遷謫軍民賦役。

（明）談遷《國榷》卷一五《成祖永樂十年》〔正月乙未〕徙青、登、萊餘丁耕兗州東昌，免徭賦三年。

（明）談遷《國榷》卷一五《成祖永樂十年》〔正月〕許洛陽縣納粟代粳米，榮昌縣納米代麥，從所產也。

（明）談遷《國榷》卷一八《成祖永樂二十二年》〔十月丙午〕蠲登、萊逋稅鈔代之，自是告災者以爲例。

（明）談遷《國榷》卷一八《成祖永樂二十二年》〔十一月癸酉〕諭户部尚書夏原吉曰：所在郡縣奏除荒田租，將百姓苦征徭，相率轉徙與，抑年飢不給，疫癘死亡與，自今一切科徭宜撙節。政令不便者，令有司條具災處，其賑災稽違者，罪之。

（明）談遷《國榷》卷二一《宣宗宣德五年》壬辰，減松江田租三十萬二千八百八十五石一斗，諭舊額官田不一，自今年爲始，每畝舊納糧自一斗至四斗，各減十之二。自四斗至石以上，各減十之三，著爲令。已杜宗垣上巡撫周忱書曰：太祖稅天下田，畝三升一合，有三升五合者，獨蘇松賦重。國初籍沒土豪田租，有爲張氏義兵而籍入，有虐民得罪而籍入，有司不體聖心，將籍入田地一依租額起糧，每畝四五斗，七八斗，至石以上，民病自此而生，按宋華亭一縣，紹熙時秋苗止十一萬二千三百餘石，景定中，賈似道買民田以爲公田，益糧十五萬八千二百餘石，宋末官民稅糧共四十二萬二千八百餘石，量用員斛。元初比宋尤輕，洪武以來，稅糧共一百三十餘萬石，租既太重，民不能堪。于是今上憐民重困，屢降德音，將天下官田額遞減三分二分外，松江尚一百二萬九千餘石。往古以來，未有若是之重也。民俗日耗，錢糧年年拖欠，自永樂十三年至十九年，蠲免不下數百萬石。永樂二十年至宣德三年，積欠亦不下數百萬。由此觀之，有重稅之名，殊無重稅之實。願閣下轉達皇上，稽古稅法，斟酌取舍，輕其重額，使民如期輸納。或以前代之法遠而難行，則宋初兩浙之田均于王方贄，元初天下之稅定于耶律楚材，閣下之才之德，賢于方贄、楚材遠矣，而爲所當爲，夫何難哉。

（明）談遷《國榷》卷二一《宣宗宣德五年》〔閏十二月壬寅〕南京監察御史李安言糧長加耗害人，命户部禁之。

（明）談遷《國榷》卷二一《宣宗宣德六年》〔十一月丙子〕行在户部定官軍兑運民糧加耗之例，每石湖廣八斗，浙江江西七斗，南直六斗，北直五斗，民運兑淮安四斗。

（明）談遷《國榷》卷二二《宣宗宣德七年》六月戊子朔，蘇州知府況鍾上言：近奉詔召民開荒，官田起科視民田，無種者勘豁其租額，今所屬崑山諸縣民，死徙從軍除籍者，三萬三千四百餘户，召種官田，可起科者二千九百餘頃，互相補截，其間秋糧可除豁者，十四萬九千五百石有奇，所屬長洲諸縣，舊三十六萬餘户，官民秋糧二百七十七萬九千石有奇，民糧不能當官十之一。國初，令有民糧者，出馬四百餘匹，役遞濠梁桐城諸驛，約三歲一更，今三十餘年矣，出馬家如故，尚莫更者，工部徵蘇浙三梭布八百匹，浙江一大省，止百布耳，蘇州十居七，徵斂不均，比比而然。詔書所謂民多愁歎，乞除豁醒刷，以彰陛下鳲鳩之治。上皆從之。

（明）談遷《國榷》卷二三《宣宗宣德十年》〔五月〕乙未，行在刑科給事中年富言，江南佃户歲輸租，今詔免災賦，特及富室細民輸租如故，乞如例蠲免。又爲貧民立券，貸富人粟分給，仍免富人雜役爲息。從之。

談遷曰：遇災勸貸，可也，蠲及佃户，則富人重困矣。方歲之凶，租必不及額，少得升斗以贍公私，恒情也。一聞敕旨，則諸佃拏撓，而富人之雜役如故也，能無累乎？里有富人，將貧民多效役自活，或質錢，或貸息，血脈灌輸，彼此交藉。若惡猗頓之餘沃，啓侮窮黎，非周人保富之道矣。

（明）談遷《國榷》卷二三《宣宗宣德十年》〔九月〕壬辰，儹運糧儲總兵官及各巡撫左侍郎與廷臣會議軍民利益，曰漕兑湖廣、江西、浙江，每米石加耗六斗，南畿五斗，北畿四斗，徐州三斗五升，山東、河南二斗五升。民運瓜州、淮安，正糧尖斛，耗糧平斛，仍二分米，一分折物，曰明年漕運四百萬石，收京倉十四，通倉十六，曰各立濟農義倉儲，賑曰淮徐臨清倉各遣監察御史監收，曰松江徵豆萬石，到京易腐，改輸縣布，曰運軍歲支行糧二石，曰疏南北運河，曰歸德設閘，引睢水濟各洪，曰運糧總兵官及巡撫官歲八月赴京議事。上皆從之。

（明）談遷《國榷》卷二三《英宗正統元年》閏六月乙丑朔。丁卯，定蘇松官田賦如民田每畝糧四斗一升至五斗以上減至二斗七升，二斗一升以至四斗減作二斗，斗以上至二斗減作斗，有司具數送部磨勘。

（明）談遷《國榷》卷二三《英宗正統十二年》〔五月丙午〕吏部聽選官陳倫言洪武時，夏秋二税，但輸正耗，後轉漕北京每石耗至二三斗，今至六七斗以上，官吏糧里索費又至三四斗，且淋尖收之，計正耗一石，通用二石二三斗，宜户部定例，都察院榜禁，以革奸弊，疏下户部，謂近例湖廣、江西、浙江每石耗六斗五升，南畿五斗五升，徐州四斗，山東、河南三斗，江南運至瓜洲耗三斗七升，至淮安三斗，正糧尖斛，耗糧平斛，覆上報聞。

（明）談遷《國榷》卷三〇《代宗景泰二年》〔十一月庚戌〕定嘉湖田畝税糧二斗絲綿三兩餘視其腴瘠增減，時丈田禁分户。

（明）談遷《國榷》卷五五《世宗嘉靖十一年》〔二月戊戌〕刑科給事中徐俊民請均糧限田，曰受地公家，曰官田江水湮没，曰坍江逃絶糧存，曰事故官田佃租不等。坍江事故，累里甲代賦，凋瘵日甚，今合官民田均派，蠲坍江事故之虚税，田分三則，膏腴上也，肥磽半者次之，界山海爲下，徵輸以是爲差，下各撫按計之。

（明）談遷《國榷》卷六五《穆宗隆慶元年》〔四月〕乞下明詔，正田賦，罷科差，使小民不離南畝，則流移漸復，農事可興。又國初徵賦，户部定倉庫額價，分派各省，小民照倉上納，完欠瞭如，近年定條鞭法，不倉不石，每畝銀若干，吏胥因緣爲奸，增減洒派，弊端百出，宜罷條鞭法，均税額。從之。

（明）談遷《國榷》卷七一《神宗萬曆八年》〔十一月〕户部請畿省清丈田糧定爲八則：一、額失者清丈，全則否。一、委官，各布政司總之，分守兵備兼焉，守令專本境。一、坐派田，如官民屯數等，糧上中下數則，各勘，不得混。一、民種屯地，即納屯糧，軍種民地，即納民糧。一、嚴欺隱。一、定期。一、磨筭。一、處紙札供應之費。上從之。

（明）談遷《國榷》卷七一《神宗萬曆九年》〔十月〕戊戌，定浙江兵馬錢糧，原額官軍共六萬四千九百十二人，歲餉六十二萬六千九百十石，添設軍三萬三千二百九十人，歲銀三十四萬八千三百十餘金。

《明實録》吴元年十二月〔庚午〕是歲，定各縣爲上中三等税，糧十萬石之下者爲上縣。知縣從六品，主簿從八品。六萬石之下者爲中縣，知縣正七品，縣丞正八品，主簿從八品。三萬石之下者爲下縣，知縣從七品，丞簿如中縣之秩，典史俱省注。

《明實録》洪武元年夏四月　辛丑朔，中書省奏桑麻科徵之額，麻畝科八兩，木綿畝四兩，栽桑者以四年有成，乃徵其租。從之。

《明實録》洪武五年十月〔丁酉〕是月蠲應天、太平、鎮江、寧國、廣德五府秋糧。詔曰：國以民爲本，民以食爲天，此有國家者，所以厚民生而重民命也。朕秉羣雄鼎沸之時，率衆渡江定都建業。十有八年。其間高城壘，深濠塹，軍需造作，凡百供給，皆爾近京五府之民率先効力，濟我時艱，民力煩甚，朕念不忘，天下一統，今五年矣。雖嘗蠲其四歲租税，然猶未足以報前勞。是用申飭有司，其應天、太平、鎮江、寧國、廣德五府，今年合徵秋糧，除糧長頑狡不蓋倉及科斂困民者，本户之糧不免外，其餘盡行蠲免於戲。朕念爾民勤勞，欲俾爾優游於田里，以共享太平者，此朕之心也，其服勤田畆，以稱朕意。

《明實録》洪武六年十一月　癸丑，詔户部：凡民間畜養官馬者，每一匹免輸田租五石。

《明實録》洪武九年夏四月〔己丑〕命户部：天下郡縣税糧，除詔免外，餘處令民以銀鈔錢絹代輸今年租税。户部奏：每銀一兩，錢千文，鈔一貫，折輸米一石，小麥則減直十之二，綿苧布一匹折米六斗，麥七斗，麻布一匹折米四斗、麥五斗，以絲絹代輸者，亦各以輕重損益，願入粟者聽。上曰：折納税糧，正欲便民，務減其價，勿泥時直可也。

《明實録》洪武十三年五月　〔己亥〕詔免天下今年田租。凡天下官員以罪黜罷，情非實犯者，遣赴京師仍授以職。曰：朕荷上天眷佑，祖宗積德，君主華夷十有三年，倉廪府庫皆民所供，而朕未有及民之惠，其何以慰羣黎之望哉。今詔有司，其洪武十三年天下秋粮悉行蠲免，凡官員以罪黜罷，情非實犯者，許親自來朝，仍授以職。於戲！欲消愆而弭禍，必致吾民於仁壽之鄉，以答天心之永顧，布告中外，咸使聞知。

《明實録》洪武十三年秋七月　壬辰，上諭户部曰：陝西地接羌戎，桑麻非其所產，民生服用皆仰給于他郡。今歲秋糧既已蠲免，邊儲不足，若欲轉輸，必勞民力，宜以官庫所有布匹運至近邊之地，令府州縣視民間時直更減一分，聽民入米、粟、菽、麥以易之。無論官員軍士及商願易者，聽有司或高下其價，以欺官損民者，廉問得實罪之。

《明實録》洪武十四年春正月　〔丙辰〕是月，命天下郡縣編賦役黃册。其法：以一百一十户爲里，一里之中推丁糧多者十人爲之長，餘百户爲十甲，甲凡十人，歲役里長一人，甲首十人，管攝一里之事。城中曰坊，近城曰廂，鄉都曰里。凡十年一周，先後則各以丁糧多寡爲次，每里編爲一册，册之首總爲一圖，其里中鰥寡孤獨不任役者，則帶管于百一十户之外，而列于圖後，名曰畸零册。成爲四本，一以進户部，其三則布政司、府、縣各留其一焉。命刑官聽兩造之辭果有罪驗，正以五刑，議定然後入奏，既奏録其所被之旨，送四輔官諫院官給事中覆覈無異，然後覆奏行之有疑。讞則四輔，官封駁之。著爲令。

《明實録》洪武十七年秋七月　〔乙卯〕上諭户部臣曰：今天下郡縣民户，以百一十户爲里，里有長。然一里之内貧富異等，牧民之官苟非其人，則賦役不均，而貧弱者受害。爾户部其以朕意諭各府州縣官，凡賦役必驗民之丁糧多寡，產業厚薄，以均其力。賦役均，則民無怨嗟矣，有不奉行，役民致貧富不均者，罪之。

《明實録》洪武十七年九月　〔己未〕上諭户部臣曰：民有田則有租，有身則有役，歷代相承，皆循其舊。今民愚無知，乃詭名欺隱，以避差徭，互相倣效，爲弊益甚。自今有犯者，則入其田於官，能自實者免罪。

《明實録》洪武十八年五月　〔己丑〕上以各處驛傳多賦民出貲買馬以應役，勞費已甚，其孳息又有司取之，因爲姦利以病民。詔兵部尚書溫祥卿，凡陝西、山西、北平各驛馬，不問官給及民自買，其孳息聽其貨鬻勿禁，仍令揭榜諭之。

《明實録》洪武十九年三月　己巳，詔天下來朝官員及歲解諸税課赴京者，無間遠邇皆給鈔二十錠爲道里費，其所解税課錢鈔有道里險遠難致者，許易金銀以進。

《明實録》洪武二十一年五月　戊戌，南昌府豐城縣民言：農民佃官田一畝，歲輸租五斗，誠爲太重，願減額以惠小民。户部定議，一畝輸四斗。上曰：兩浙及京畿土壤饒沃者，輸四斗。江西群縣地土頗磽瘠，止令輸三斗。著爲令。

《明實録》永樂元年八月　己巳，定罪囚犯京爲民種田例。先是，刑部尚書鄭賜都察院左都御史陳瑛等上言：伏維皇上臨御以來，首詔天下刑名，一依大明律科斷，親録囚徒，多從寬宥，蓋念赤子無知，誤罹刑憲，其生路俾之自新。然無籍之徒，恃恩玩法，犯者餘多，若不從其鄉土處，倣効成風，弊將愈甚。北京永平、遵化等處，壤地肥沃，人民稀少，今後有犯者，令於彼耕戍，涉歷辛苦，頻挫奸頑，庶幾良善獲安，詞訟簡息。凡徒流罪，除樂工□匠拘投，老幼殘疾收贖，其餘有犯俱免杖編成里甲，並妻子發北京永平等府州縣爲民種田，定立年限，納粮當差。杖罪，除官吏不該罷職役者及民單丁有田粮者，依律科斷，餘皆如之，若河南、山東、陝西、山西、江北、直隸府州縣就彼發遣北京刑部，浙江、江西、廣東、福建、湖廣、四川、及江南、直隸府州縣，除土官地方外，其餘俱解户部，定撥發遣。上是之，命犯杖罪者，其牛具種子皆給直，五年後如民田例科差。徒流遷徙者，不給直，三年後如民田例科差。禮部仍會官議其直之多寡以聞，禮部議奏，以山東、山西、河南、陝西，四布政司就本部政司編成里甲，應給鈔者人給鈔三百貫，編成一甲二甲，既先發遣，每甲先買牛五頭，有自能多買者聽。其浙江六布政司及直隸府州俱送户部，如前編甲給鈔發遣，先於順天府所屬州縣内人撥荒閑秋夏田地共五十畝，有力自願多耕者聽。永平諸處以次定撥，事故者，不追補。其軍户有犯者，每一名存留二丁聽補軍役，止依律科斷，三丁以上者，依例發遣種田，其當軍多，皆者此數存之。監生生員已有定例，吏典有襍犯者，在京

淮工，在外科決，畢皆復役，北京所屬有犯，正依律科斷。上悉從之。

《明實録》**永樂元年冬十月**〔辛酉〕户部尚書郁新等奏：湖廣今年夏税過期數月不足，其布政司、府州縣官皆當罪之。上曰：同攻有經制，人耕獲或先役不齊，地里亦有遠近之異，未可概論。任人長民當便之察其難易而頂其情，雖取之亦必思有以利之，不當急責，必至乎病民。其勿問，第更與納限。令民輸之。

《明實録》**永樂二年春正月**　己未，户部尚書郁新奏：湖廣儲衛上去年屯田，所入租數例當考較，然所收物不一，今宜以來爲度準之，每粟、穀、糜、黍、大麥、蕎、穄各二石，稻穀蜀秫各二石五斗，䅟稗三石，並各準米一石，小麥、芝麻、荳並與米等。從之，令著爲令。

《明實録》**永樂十三年春正月**〔戊午〕敕諭内外諸司官曰：祗奉天命，統承皇考太祖高皇帝鴻業，簡賢用能，撫綏軍民，國臻治理。爾文武群臣宜盡誠竭慮，以副朕望。今春陽維時，宜布寬恤之令，所有合行事條示於後。

一、自永樂十一年十二月三十日以前，民間遞年虧欠税糧、農桑及諸色課程、鹽課、草束等項盡行蠲免。

一、自永樂十二年十二月三十日以前，遞年倒死馬、駝、驢、騾、牛、羊等畜，及虧欠蘆柴未納，各項贓罰倍追段疋未完，一應錢糧物件，盡行蠲免。

一、天下課額自永樂十三年正月爲始，俱照永樂六年以前收辦。

一、各項造作，除軍需等項急用外，其餘不急之務，悉皆停止。

一、民間應有事故，人户抛荒田土有司即從實開報除豁，别召人承佃，有係官田者，照民田例起科。

《明實録》**永樂十九年夏四月**　乙巳，詔曰：朕恭膺天命，統御華夷，夙夜祇承，罔敢怠忽，比循往制，肇達兩京，惟在安民，以隆鴻業。乃永樂十九年四月初八日奉天等三殿災。朕懷兢懼，莫究所由，固朕不德之所致歟，抑任用匪人而致然歟？今詔告中外，凡有不便於民及諸不急之務者，悉皆停止，用蘇困弊，仰答天心，所有事宜條示于後：

一、各處永樂十七年以前拖欠税粮、課程、鹽課、馬草等項，及十八年被災四地粮草悉皆蠲免。

一、各處逋負各項鋼鐵、顔料、席麻、木植等物，及倒死各項頭匹虧欠一應倉糧鹽課等項，並廣東追陪真珠，悉皆蠲免。

一、各處閘辦金銀課，除已煎銷見收在官外，其餘暫行停止，舊額歲辦課銀並差發，全不在此例。

一、各處買辦一應物料除軍需急用，其餘不急之物，暫行停止。敢有指此爲由，仍復科害民者，治罪不饒。

一、陝西四川儹運茶課，暫且停止，其有已起運者，仍令運赴所指茶馬司交收。

一、各處鈔造及買辦紙劄，暫行停止。

一、下番一應買辦物件，並鑄造銅錢，買辦麝香、生銅、荒絲等物暫行。

一、往諸番國寶舡及迤西、迤北等處買馬等項，暫行停止。

一、有被水旱缺食貧民，有司取勘賑濟。

一、逃移人户招回復業，優免襍泛差勘一年，仍將本户遞年拖欠税粮等項蠲免。

一、法司所問囚人，令彼一依《大明律》擬罪，不行深文，妄行榜文條例。

一、軍官有犯笞、杖徒、流遷徙襍犯死罪，有降職及發遣各處充軍，並充軍立功哨瞭等者，俱復原職。

一、官吏人等但因營造買辦物料及失悮違限等項得罪者，悉皆宥免。

《明實録》**永樂二十二年八月**〔丁巳〕上登寶位朝群臣，大赦天下，詔曰：朕惟上天生民，爰立君主，仁育兆庶，咸底於泰和，統御華夷，同躋於熙皥。我先皇帝奉天輔運，治化高於百王，文德武功，聲教被於四海。比緣邊警，厪龍馭以親征；逮及凱旋，竟鼎湖之升逝。遺命神器，付予眇盼，顧哀疚之方深，豈遵承之遽忍。親王、公侯、駙馬、伯、文武臣寮、軍民、耆老、四夷朝貢之使俯伏闕下，奉表勸進，以爲天位不可以久虛，生民不可以無主。長嫡承國家常經，陳詞再三，瀝懇勤切，用是仰遵遺命，俯狥輿情，已於八月十五日祗告天地、宗廟、社稷即皇帝位，奉祖考之洪祐，仰聖明之永圖，屬玆澁祚之初，宣布維新之命，其以明年爲洪熙元年，所有合行事宜條示于後。

一、自永樂二十二年八月十五日昧爽以前，官吏軍民人等有犯除謀反、大逆、子孫謀殺祖父母、父母、妻妾殺夫、奴婢殺主不赦外，其餘已發覺未發覺，已結正未結正，罪無大小，咸赦除之。敢有指告赦前事者，以其罪罪之。

一、永樂十九年十二月以前拖欠及虧兑未完税粮、料豆、户口鹽粮，及有報數在官而未曾送納者，盡行蠲免。仍免永樂二十二年户口鹽粮，其各處拖欠馬草、柴炭，自永樂二十年十二月以前盡行蠲免。

一、自永樂二十二年八月十五日以前，各處遞年拖欠農桑、諸色課程、倉粮、鹽課等項，並倒死及虧馬、駝、驢、騾、牛、羊等畜，及拖欠蘆柴，納欠銅、鉄、顔料、席、麻、竹、木等物，追陪珍珠等項，并未納各項贓罰，陪追未完段匹等件，盡行蠲免。

一、各處軍民有因追陪孳生馬匹，爲官府所逼，不得已將男女妻妾典賣與人者，詔書至日，官府悉爲贖還。不許托故延緩。如女子年長已成婚配者，不在此例。今後倒死孳生馬匹，只照洪武中例追陪。

一、各處逃移人户悉宥其罪，許於所在官司首告，發回原籍復業，免其差徭二年，其户下所欠税粮，盡行蠲免。

一、下西洋諸番國寳船，悉皆停止。如已在福建、太倉等處安泊者，俱回南京，將帶去貨物仍於内府該庫交收。諸番國有進貢使臣，當回去者，只量撥人船護送前去，原差去内外官員速皆回京，民稍人等各發寧家。

一、往拖西撒馬兒罕失剌思等處買馬等項，及吟密取馬者，悉皆停止，將去給賜段疋磁器等件，就於所在官司入庫，馬駝騾匹係官給者，仍交還官，係軍民買辦者，給還原買之人，原差去内外官員，俱限十日内起程赴京，不許託故稽留。

一、往雲南木綁、緬甸、麓川、車里等處採取寳石等項，及收買馬匹等件，悉皆停罷。其給賜之物發與差來進貢使臣帶去，但係朝廷差去内外官，限十日内即起程回京，官軍各回原衛着役，不許稽留。

一、各處修造下番海船悉皆停止，其採辦鉄黎木，只依洪武中例餘悉停羅。

一、但是買辦下番一應物件，并鑄造銅錢，買辦麝香生銅，荒絲等物，除見買在官者，於所在官交收，其未免者悉皆停止。

一、各處買辦諸色紵、絲、紗羅、段匹、寳石等項，及一應物料、顔料等，并蘇杭等處續造段疋、各處抄造紙札、磁器，採辦黎木板造諸品，海味、果子等項，悉皆停罷。其差去官員人等即起程回京，不許指此爲由，科斂害民。

一、各處閘辦金銀課，除去煎稍見收在官外，自今停止。敢有不遵法度，私自煎銷者，罪之。所差去閘辦官員人等，限十日内即起程赴京，不許託故稽留。其舊額歲辦銀課，并差發全不在此例。

一、交址採辦金珠香貨之類，悉皆停止，交阯一應買辦採取物料，詔書内開載未盡者，亦皆停止。所差去内外監督官員，限十日内即起程赴京，并不許託故稽留，虐害軍民。

一、各處爲營造採辦木植，如已起運者，隨到所在堆垛，其未採辦者，悉皆停止，軍民各發寧家，所差去採辦官員人等，限十日内起程赴京，不許託故稽留，擾害軍民。

一、各處造作，除軍需外，其餘不急之務盡皆停罷。今後各衙門，非奉朝廷明文，不許一毫擅自科擾軍民。

一、浙江、福建官臺山島峰峒等處人民，有被府縣及閘辦官吏逼迫，不得已逃命山林，出没爲盜，詔書至日，悉宥其罪，令各回原籍，安生樂業，永爲良民。

一、陝西、四川儧運茶課有已起運者，即赴所指茶馬司交收，未起運者，悉皆停止。

一、凡被水旱災傷缺食貧民，有司即爲取勘賑濟。

一、民間應有事故，人户抛荒田土，有司即爲從實取勘開報，以憑覆實除豁，別召人承佃。内係官田者，即照民田例起科。

一、天下一應税課，悉依永樂二十年以前舊額徵收，不許指以鈔法爲由，妄自增添，擾害傷民。

《明實録》永樂二十二年九月〔壬午朔〕上諭工部臣曰：古者土賦隨地所産，不强其所無。比年如册漆石青之數。所司更不究物産之地，一概下郡縣之。郡縣逼迫小民，鳩斂金幣詣京師博易輸納，而商販之徒乘時射利，物價騰踴數十倍，加有不肖官吏夤緣爲奸，計民所費，朝廷得其

千百之十一，其餘悉肥下人。今宜切戒此弊，凡合用之物，必於出之地計直市之，若仍蹈故習，一概科派以毒民者，必誅不宥。

《明實録》永樂二十二年冬十月　〔壬寅朔〕命户部蘇、松、嘉、湖等府被水災處，今歲秋粮悉令折輸布鈔，如永樂五年恤民之例，每石輸布一匹或鈔六錠。

《明實録》洪熙元年閏七月　〔丁巳〕廣西右布政使周幹自蘇、常、嘉、湖等府巡視民瘼還言：臣竊見蘇州等處人民多有逃亡者，詢之耆老，皆云由官府弊政困民，及粮長弓兵害民所致。如吴江崑山民田畝舊税五升，小民佃種富室田畝出私租一石，後因没入官依私租減二斗，是十分而取其八也。撥賜公侯駙馬等頃田，每畝舊輸租一石，後因事故還官，又如私租例盡取之。且十分而取其八，民猶不堪，況盡取之乎。盡取則無以給私家，而必至凍餒，欲不逃亡不可得矣。又如杭之仁和、海寧，蘇之崑山，自永樂十二年以來，海水淪陷，官民田一千九百三十餘頃，逮今十有餘年，猶徵其租，田没於海，租從何出。常之無錫等縣，洪武中没入公侯田莊，其農具車牛給付耕佃人用納税，經今年久牛皆死，農具及車皆腐朽已盡，而有司猶責税如故，此民之所以逃也。粮長之設，專以催徵税粮，近者常、鎮、蘇、松、湖、杭等府無藉之徒營充粮長，專掊尅小民，以肥私己，徵收之時，於各里内置立倉囤，私造大樣斗斛而倍量之，又立樣米擡斛米之名，以巧取之，約收民五倍。却以平斗正數付與小民運赴京倉輸納，緣途費用所存無幾，及其不完，着令賠納，至有亡身破産者，連年逋負，倘遇恩免，利歸粮長，小民全不沾恩，積習成風，以爲得計。巡檢之設，從以弓兵，本用盤詰奸細，緝捕盜賊，常、鎮、蘇、松、嘉、湖、杭等府巡檢司弓兵不由府縣僉充，多是有力大户令義男家人營謀充當，專一在鄉設計害民，占據田産，騙要子女，稍有不從，輒加以拒捕私鹽之名，各執兵仗，圍繞其家，擒獲以多槳快舡裝送司監收，挾制官吏，莫敢誰何，必厭其意乃已，不然即聲言起解，赴京中途絶其飲食，或戕害致死，小民畏之，甚於豺虎。此粮長弓兵所以害民而致逃亡之事也，臣等覆勘，信如所言，若欲斯民各得其所，必命有司將没官之田及公侯還官田租，俱照彼處官田起科，畝税六斗，海水淪陷田地，與農具車牛無存者，悉除其税，如此則田地無抛荒之患，官府無暴横之徵，而細民得以安生矣。乞禁約粮長，不許置立倉囤，私造大樣斗斛，止是催徵，毋得包收攬納。巡檢司弓兵從府縣僉充，將僉過姓名榜示，以革其弊。民人出入不許帶伴當，五人以上乘四櫓多槳船隻，如此則粮無侵漁之弊，豪强無暴虐之毒，而細民安業矣。此事雖小，而爲害實大，不特此也，豪强兼并，游惰無賴之徒爲民害者尤重，衆究其所以亦由府縣多不得人，乞敕所司慎選賢才授守令之任，撫字存恤，仍命在廷大臣一員徃來巡撫，務去兇頑，扶植良善，而後治効可興也。幹又言，治農左通政岳福老疾不任事，宜別委任，庶使耕種以時，民免飢餒，而流亡可歸。上命行在吏部尚書蹇義與户部兵部同義。行之。

《明實録》洪熙元年冬十月　〔丙戌〕浙江布政司右參議戴同吉言五事：【略】五曰，立懲劝之法。夫爲政之道，德理政刑而已，比年以來，浙江所屬人民，譎詐好訟，而嘉湖、海寧閑吏粮長爲尤甚，有隱占小民爲奴，侵其田地不輸粮税，有徵其税絲粮草侵用不納官者，有假造作横歛無度者，有因欠負逼取其妻女爲婢妾者。民之受害所控訴，或訴于郡縣，官吏恐其羅織生事，莫敢言其非，訴之藩憲，二司方將擒捕問理，而奸人正身先已避匿，輒令家人赴京陳訴，連年構訟不已，乞禁約。凡被害正身未至官對理及見問未結者，不許令家人抱狀至京稱冤。命行禮部議之。

《明實録》宣德二年十一月　己亥，以今上皇帝生，赦天下詔曰：朕以菲德，祗膺鴻圖，惟祖宗創業之難，惟今守成之匪易，致勤夙夜，罔敢怠寧，億兆之繁，殫心於和。輯宗社之重，永念於繼承。善慶有源，祥應玆協，陽德初復，長子肇生，邦家之本，攸隆中外之心，咸屬宜施，霈澤覃被多方，今大赦天下，所有合行事宜條示于後：

一、各處税糧、鹽糧除宣德二年十一月十五日以前未完者依例徵納，其宣德三年税糧、鹽糧以十分爲率蠲免三分。

一、自宣德二年十一月十五日以前，遞年拖欠諸色課程，鹽課、茶課，各處追陪孳牧虧欠倒死馬、騾、驢、牛、羊等畜，官軍騎操領養馬、騾、驢、牛、羊倒死者，及遞年拖欠蘆柴，納欠銅鐵類料，膠漆竹木等物，追陪未完段匹等件，盡行蠲免。

《明實録》宣德三年夏四月　〔丙辰〕命行在户部徵天下税糧悉依詔書。時本部奏：去年十一月頒降詔書，宣德三年税糧、鹽糧以十分爲率，

蠲免三分，而今年郡縣實徵糧數未報，擬差官催促并督糧税之當徵者。上曰：免糧以寬恤百姓，比聞有司，多違詔書，但用舊額徵糧，不顧失信於民。今徵糧必依詔書，使民受惠，遣官催辦，亦當擇人，庶不擾民。

《明實録》宣德三年夏四月〔丁巳〕定折收税糧例。時行在户部奏：今年天下税糧俱免三分，其該徵七分，夏税麥並額徵絲緜量存本色，於各處織染局織造段匹，餘請折徵布花等物運納，京師倉庫其折收例緜布，每匹准小麥一石二斗，苧布每匹准七斗，細絲每斤准一石二斗。大麥二石准一石，緜花五斤准一石，其米、豆、紅花子皆抵斗，紅花依各處時值折收，絲緜二十兩折絹一匹。從之。

《明實録》宣德三年秋七月 戊辰，行在户部奏：寧王第三子宜春王磐烑歲棣二千石米鈔，中半當以江西附近郡縣糧及官庫鈔給之。上從之。諭尚書夏原吉曰：近有言王府收糧或留難，或多取，或暴虐需索，民甚苦之。此皆下人所爲，王不能知，可移文禁革，違者繩之以法。

《明實録》宣德四年九月〔壬子〕大理寺卿胡槪奏：應天蘇松等府並浙江屬縣，永樂二十年至洪熙元年税糧馬草民有負欠者，皆因貧困乞折收絲緜等物。上命行在户部如槪言斟酌折收，不可損民。於是户部議奏：絹一匹准糧一石二斗，緜布一匹准一石，苧布一疋准七斗，絲一斤准一石，鈔五十貫准一石，緜花絨一斤准二斗，鈔五貫准草一束。從之。

《明實録》宣德五年二月〔己卯〕巡按監察御史章聰奏：德州左衛指揮千百户鎮撫張鑑等三十五人，收山東平慶州秋糧二萬五千石堆積延兩月之上，每五十石索布三十匹方與，上倉又多收糧入己。民受其害至賣車牛以賂之，通計所受不少，請治其罪。上諭右都御史顧佐曰：軍民相資當互相愛，百姓勤苦科作艱難，餽運官軍坐食不知，感而又加虐害，武夫若此者，多命御史悉治之如律。

《明實録》宣德六年三月〔丙子〕兼行在户部事禮部尚書胡濙等奏：今天下攢造黄册，宜清理户口錢糧，此間各處逃民有倚軍衛屯堡，及藏匿别府州縣不回原籍者，請條列榜諭，務在遵守，違者必罪不宥。

一、各處人户或充軍役，并有垛集充軍。其户下人丁，及貼户畏避原籍粮差，匿于衛所屯堡者，所司换查申報上司，照名行取，都司衛所占恡不發者，令撫民侍郎巡按御史具奏挐問。

一、南北二京富户倉脚夫等役，于京城居住者多有逃回原籍，及避他處，應天、順天二府即查究挨捕若親隣里老舉首及自首者，俱免罪，或知而不首及占恡不發者，逮問如律。正逃者，發口外充軍。

一、各府州縣頑民往往逃避他方。該管官務究所逃地方設法招回復業，善加撫恤，不許生事擾害。

一、各處若有豪户及官員軍民之家、衛所屯堡隱藏逃民，許其首送發回，俱免罪，若隱蔽及占恡不發者，逮問如律。

一、但有遷民及自願爲民，并爲事發爲民在逃者，所司申部挨挐。如有容隱不行首，官發遣者挐問如律。

一、各處軍衛有司常宜省諭旗甲里老人等，除有引客商外，但係他處人民，即報官拘審發回原籍，若縱容不舉，該管旗甲親隣、里老俱坐以罪。

一、逃户彼處産業已成，而原籍委無可倚，或年老殘疾，單丁力弱，路遠不能回還，或原籍有人而户下子姪出贅他處，或安于生理不願回者，許于所在有司供報。原係軍民匠籍，行查果無違礙，就彼入籍。若來歷不明並原籍尚有産業，丁多力壯路近可回者，不許一概收附變亂版籍。

一、逃户復業之後，有被人侵占莊宅田地，即與追還。牛具種子或有未備，必相周急，若鄉里豪户仍問取索私債，並所司不加撫綏，許撫民等官挐問，仍杖限責令招回復業。

一、行取逃民及軍人隱占户丁，有司里老照册挨查，仍申上司及撫民官，巡按御史、都司、布政司，按察司立限拘取解還。如容隱不發，通行糾舉，仍于宣德六年終，各將已取逃户口數奏聞。

一、軍職官有陞調改降及罷職充軍者，原任家屬居久成業，或墳墓在彼，及文職官在任病故並爲事等項家屬不能還鄉，或葬父母于彼，守墳住坐者，許于所在入籍納粮當差。

一、福建、廣東、廣西、雲南、貴州五布政司所屬逃民，數少俱不添設官員，其三司並衛所府州縣及上官衙門，凡遇行取逃民軍人貼户人丁，并本處人民有逃他境者，俱炤前例施行。

一、天下攢造黄册，各該衙門將所管人户丁口錢糧逐一清理，不許朦朧失實，違者究罪。從之。

《明實録》宣德六年五月〔戊子〕直隸松江府知府趙豫言四事：其一、朝廷清理軍務，本欲覈實有無，使軍無隱，民無枉。徃時清理之官，妄意朝廷重在得軍。凡有户絶，抑逼里老人等索取同名同姓關親，近戚、女婿，甥男承種田産之人解補。倘或辦論，加以酷刑，抑使承充，實非情願，有赴京伸訴移文照勘者，有於府縣訴告分豁者，凡一千一百一十名，其餘陳訴者相繼。乞敕公正官一員，重與審勘，果是應繼軍丁，仍發充軍，不應代役者，明白分豁，庶幾不枉平民。其二、兩浙場分煎鹽，竈丁皆洪武中額設，若事故自補，俱有定例，今各場官攢以鹽丁事故爲由，不經府縣，徑自勾補，殷實之家，多爲所害，或以姓名行下官司，或以同姓名輒自勾擾，有抑配在場辦鹽者，首被總催鹽申頭目私監取財者，緣諸鹽場不相統屬，弊難盡革。乞敕户部差公正官一員，督令兩浙都轉運鹽使司委堂上官，公同府縣委官縣見有竈户丁只盡數審勘清理，果逃致者，今有司僉補明著文籍，以爲照證，後有事故，憑此勾攝，不使竈役者發回當差。庶事有定規，民下被害。

其三、昨奉敕書務恤民隱，官田糧重十減二三，而華亭上海有官地所科定之税，一如官田今田糧減除地租，未減乞敕户部通行各處，官田官地租糧一例減徵。

其四、凡户部榜諭，凡逃移人户皆限三月復業，違者與隱藏之家俱發充軍。此法至嚴，人知畏懼，然亦有未復業者，盖以公賦有欠，私債無償，故地荒蕪，舊居毁撤，難以措手，不能安身。乞敕户部備榜通行曉諭，仍令有司從實取勘，逃亡民户凡有公私欠負，俱停徵三年，凡諸差征亦在三年之後，如是而猶不復業人，猶容隱者，依前例發遣充軍，庶幾逃民來歸。上命行在兵部、户部參酌行之。

《明實録》宣德六年五月〔庚午〕浙江右參議彭璟言：定海衛初撥寧波、紹興二府秋糧三萬餘石爲軍儲，未輸者一萬四千餘石。比蒙聖恩，凡税粮負欠者折收絹布鈔。定海官軍坐撥之粮，皆作折收之數，未曾撥補。又黄嚴寺縣土不産絹，有司追徵甚於徵米，乞緩其期限。上謂行在户部曰：軍餉不可缺，其即以折粮布絹鈔補給，若運糧艱難，别爲區畫，無絹之處聽從民便。璟又奏：豪富人民每遇編充里役，多隱匿丁粮，規避徭役，質朴之民皆首實，有司貪賄更不窮究。由是徭役不均，細民失業。乞令有司從公推點相應人户充役，違者論罪。從之。

《明實録》宣德七年二月〔庚戌〕行在户部奏：陝西邊衛折收米例，時陝西按察司僉事事林時言，甘州諸衛官軍俸粮，皆于蘭縣涼州衛二倉收，西安等府税粮供給，有司因其路遠止徵布絹，就近羅米上倉。每石有徵布七八匹至十四者，而納米之費實不過三四匹，餘皆爲總運之人所侵。其甘州等衛俸粮於涼州關，涼州等衛於蘭縣關，徃回千餘里，守墩哨瞭軍餘不得徃關，多於豪家擧貸，一月所得僅二三斗，所以軍士愈貧飲食不給。今甘州各衛已設倉官，乞將各處税粮半徵米半折布絹絲綿，分運各衛，米貸兼支輸送，雖遠而省費亦多。上命行在户部議，請從所言。每十分徵本色四分，折色六分，其布絹絲綿折米之例，每匹大綿布六斗，小綿布四斗，大絹一石二斗，小絹七斗，大三梭布一石五斗，小三梭布七斗，其布絹務皆堅密，每斤生絲一石，綿一石，綿花絨二年。從之。

《明實録》宣德七年三月庚申朔。敕諭行在五府六部都察院等衙門，朕以菲德，恭膺天命，嗣承祖宗大統，夙夜惓惓，思付託之重。夫君國之道，保民爲要，當春時和萬物發生，顧念兵民有未得所者，祗體造化之仁，爰敷懷保之政，庶幾下人蒙福而有以仰答天興祖宗之心。凡尔羣臣宜同朕志合行庶事勉務欽承。

一、近年百姓税粮遠運艱難，官田粮重艱難尤甚，自宣德七年爲始，但係官田塘地，税粮不分古額近額，悉依宣德五年二月二十二日敕諭，恩例減免，中外該管官司不許故違。

一、各處有軍民人等，積年逃聚山林者，本皆朝廷赤子，其原盖因所司不能存恤，肆行貪暴，故不得已爲偷生之計，喪其家業，無所依歸，甚可憐憫，今悉宥其罪，即令所在府州縣官用心招撫，令歸復業。有不願歸本鄉者，聽於所在有司附籍爲民，給與荒閒田地爲業，免差役三年，有司厚加撫卹，以副朝廷矜憫窮民之意。官吏、里老敢有違者，罪之。

一、各處逃移人户，自宣德六年四月以後復業者，其中係工匠站竈等役，有司毋輒勾擾，自復業日爲始免其差役一年。待一年之後，生計已成，方令赴役。

一、各處税課，先因商賈阻滯鈔法，加倍罰納，今鈔法頗通，除正額外，倍罰之數以十分爲率減其三分，塌房減五分，南北二京不在此例。俟

鈔法疏通，再行定擬。

一、湖廣，廣西，浙江商税魚課辦納銀兩者，自宣德七年爲始，皆折收鈔，每銀一兩納鈔一百貫。

一、軍民有負欠宣德五年以前桑穰柴炭蘆葦者，悉皆蠲免。

《明實録》宣德九年五月 〔庚子〕行在户部奏：比者，皇陵衛老軍王福言，洪武間旗軍什八守城，什二屯種，永樂中什八屯種，什二守城，歲收子粒足給軍士月糧。比來都司衛所不守成法，每衛止令一二百人或三五十人屯種，所收子粒不足給軍補，給於大倉，不惟偷安自便，抑且虚費廩粟。又本處軍民比因缺食，多以子女質鬻與人，如是不已，必致軍缺其伍，民失其户。今議得旗軍屯田，宜令各衛見在旗軍，及今清出老幼，俱如洪武永樂間例邊境衛所什三守城，什七屯種，内地衛所什二守城，什八屯種或分一九屯守，或俱下屯。仍令巡按監察御史都司按察司委官督較，務責實效，及行鳳陽、揚州、徐滁等府州衛所查勘，有因飢荒以女子質鬻與人者，官爲給價贖還。從之。

《明實録》景泰三年九月 〔乙未〕敕直隸、山西、山東、福建、廣西、江西、遼東巡撫官右都御史王暹等曰：近者各府、州、縣多奏水旱，爾等會同各處御史三司分投踏勘，如果是實，即將未徵糧草停免，人民缺食者量丁口支給官糧，有出粟賑濟者，就彼給冠帶以榮終身，有虚報災傷者，仍舊徵納，仍具官糧數目、冠帶姓名奏報。

《明實録》景泰三年十一月 〔癸亥〕巡撫山西右副都御史朱鑑奏：户部原定則例，山西民能出米八百石或穀二千石助官者，給與冠帶。緣山西民艱難，其富實大户亦止能出米四百石。事下户部改擬，能出米五百石穀一千石者，亦給冠帶，出一半者立石旌異。從之。

《明實録》景泰三年十二月 〔壬子〕巡撫遼東左副都御史李純奏：三萬、遼海、鐵嶺等倉急缺糧儲，雖屢奏招諭軍民納粟補官，奈今歲田畝多被災傷，米價騰湧，乞命户部更定事例，召校尉民匠人等俱許於三萬、遼海、鐵嶺納米八百石，米豆相兼者授試百户，能加六百石陞一級，皆註原籍衛所管事，子孫承襲，及減納三百石冠帶例爲二百五十石，以便赴召者。從之。

《明實録》景泰四年正月 〔辛未〕户部奏提督軍務右僉都御史李秉言：宣府操備旗軍帳房損壞，請將萬億庫綿布給與置買，候秋成每疋納米四斗五升償官。所言難允，宜將今年二月三月内旗軍月糧折與布，大布准糧六斗，小布准糧三斗。從之。

《明實録》景泰四年五月 〔甲戌〕右副都御史劉廣衡奏：湖廣所屬府縣糧有因災傷免徵，及既徵被苗賊燒燬者，不才官吏因爲覆勘乘機科擾，又有通同糧里延緩不納，意圖宥免者，即今俱乏糧儲。官軍多者二十餘月，少者十餘月，不得給糧，設復遇災，以何賑濟。乞令該部將覆勘糧數，不候勘報供與分豁，免致騷擾，其負欠並未起運南京糧，俱令本布按司官刻限追徵於附近衛所倉納，以補官軍支用。從之。

《明實録》景泰四年五月 〔丁巳朔〕太子太保兼吏部尚書翰林院學士王文奏：南赴隸江北府縣並山東河南地方去歲水災，今春久雨，軍民艱食。皇上屢命官發廩糶粮賑濟，奈倉粮有限，民饑無窮。臣聞南京儲積可足四年之用，嘉湖粮多，官攢有守支一二十年者。乞敕巡撫侍郎李敏，令將蘇松等府該運南京粮運於徐州淮安，其原在徐淮粮命巡撫官盡數放支賑濟饑民，若南京乏糧，以嘉湖粮補足，如此則被災軍民可使全活，南京倉儲亦不空缺。詔是其請，命户部即議行之。提督宣府軍務右僉都御史李秉言：馬營各堡粮少，而懷來見積粮多，各堡雖嘗召商中納鹽粮，緣路險費重，願納者少。乞令都督孫安、左泰將楊信量撥官軍運懷來粮，以給各堡爲便。事下户部言：鹽粮可減輕，召納懷來粮亦令各堡官軍今年五月六月分俸糧，自爲三班輪赴懷來關給。從之。

《明實録》景泰四年五月 〔戊辰〕户部言：先因國用浩繁，災傷屢見，勸諭浙江等處殷實之家有自備米麥四五百石送赴通州交納者，就給冠帶以榮終身。然勸諭之道尤在鼓舞，今聞各户運粮將到，宜令該倉如法收受，勿得留難，仍免其墊席等物，庶使民知感激，樂於輸納。從之。

《明實録》景泰四年五月 〔己未〕詔巡撫直隸侍郎李敏均定應天等府州官民田。先是正統中，户部會官議，令江南小户官田改爲民田起科，而量改大户民田爲官田，以備其數。既又因御史徐郁奏，令所司均配扣筭務使民田量帶官田辦粮，以甦貧困，俱行巡撫侍郎周忱清理，然民田多係官豪占據，莫能究竟其弊，仍舊至是。郁復以爲言，户部請從其議，命敏均定搭派，敢有恃强阻滯者，執治其罪。從之。

《明實録》景泰五年八月〔癸未〕今南京各衛收粮經歷，並倉官放支盡者，許給由，或任内有納欠之數，並聽繼任官收受。兩京光禄寺司牲司司收局錢糧收放之數，俱赴户科並南京户科注消。從户科奏請也。

《明實録》景泰五年五月〔甲戌〕提督宣府軍務右僉都御史李秉言：萬全都司宣府前等衛所軍餘，去年屯種，子粒被災無收。户部奏准將應徵賑濟並買牛銀價等項，令臣斟酌徵收，如果不能辦納，停候次年。今各處屯軍艱難日甚，請秋成之日，有牛具者則令辦納子粒，住支月糧。貧艱者所收子粒聽其食用，置買牛具，止住月糧。再候下年成熟方循屯種事例，辦納子粒，住支月糧。從之。

《明實録》景泰六年四月〔辛卯〕户部奏寬恤各處災傷軍民事：

一、山東、河南、浙江、湖廣、南北直隸被災地方，景泰六年三月終以前，人户因災傷流移者，所在官司即移文沿途馹傳給與口粮，送原籍復業。所司加意撫恤，免其粮差長，三年不許逼取公私債負。

一、被災地方景泰五年正月以前該徵户口鹽粮鈔，拖欠未徵者暫與除豁。

一、景泰六年買辦銅、漆、皮、角、明礬、靛青、烏梅、槐花、梔子、銀硃、黄丹等料災傷處所，暫且停止。

一、貴州黎平等府屬縣，宣慰使司永龍番等長官司，累被苗賊殘害，拖欠景泰三年該徵秋粮等項，除已收在官者，仍送原定倉庫交納，其餘未完者，俱與停免。

一、順天、永平等府所屬原僉并抵充富户及爲事編發爲民，人户中間年老、孤寡不堪差使，及七十以上無人養贍者，放回原籍依親，其原僉富户名缺，待秋成照數僉補。從之。

《明實録》景泰六年十一月〔己亥〕順天府宛平縣奏：今年户口鹽粮户部定擬一半納米，近被水災人民缺食，乞俱納鈔候豐年如舊納米。從之。

《明實録》景泰七年九月〔甲戌〕定浙江嘉、湖、杭官民田徵粮則例。先是浙江右布政使楊瓚奏，浙江起科粮額則例不一，欲約量歸併。詔鎮守浙江兵部尚書孫原貞等查理，併例以聞。至是户部覆奏，原貞等定則徵粮則例，起科重者徵米宜少，運納宜近，起科輕者徵米宜多，運納宜遠。官田每畝科米一石至四斗八升八合，民田每畝科米七斗至五斗三升者，俱每石歲徵平米一石三斗。官田每畝科米四斗至三斗，民田每畝科米四斗至三斗三升者，俱每石歲徵平米一石五斗。官田每畝科米二斗至一斗四合，民田每畝科米二斗七升至一斗者，俱每石歲徵平米一石七斗。官田每畝科米八升至二升，民田每畝科米七升至三升者，俱每石歲徵平米二石二斗。紹興等八府重則官粮各於本府縣存留，上納如仍不敷，於人户坍江田粮及中則官田重則民田内撥補。從之。

《明實録》景泰七年十二月〔戊午〕户部會廷臣議救荒事：一、順天、保定、河間三府屬通州香河等三十六州縣，灾重之處，今年應徵税粮馬草户口鹽粮悉與蠲免。如有已徵在官，本色存留，彼處賑濟，折色候來春糴穀種給民耕種。一、被灾地方，山野湖泊產有魚菜菱藕柴草蘆葦等物，聽軍民採取食用，不許勢豪之人霸占阻當。

一、順天、河間所屬飢民聽刑部右侍郎周瑄將户部原存收起運口外，及存留本府縣並預備倉粮内支給賑濟，若有不敷，仍於通州倉支附、餘糧五萬石，天津德州水次官倉粮支二萬石，添給候豐年抵斗還官。

一、山東、河南二布政司並直隸保定、大名、真定、順德、廣平五府所屬灾傷州縣聽巡撫巡按及布政二司各府正官發本處官倉粮，及勸諭富實之家出粟賑濟。

一、永平府所屬州縣聽右副都御史李賓於存留粮或薊州原收官軍儧運粮内支給賑濟。

一、在京乞食貧人，請差給事中御史各一員督同順天府並五城兵馬勘實驗口，於京倉支米三斗給之。如在京官員軍民之家自願設粥濟衆者，聽。

一、順天、河間、保定及山東、濟南、青州、東昌、兖州七府灾重去處，朝覲府州縣官吏宜從吏部勘實，先行放回撫綏人民，設法賑濟。

一、順天等八府及山東濟南青州、兖州、河南、開封、衛輝府並衛所被灾之處，景泰七年十二月以前，一應科派買辦，採辦物料，並追賠、虧欠、倒死、走失、被盜、孳生馬駒驢騾牛羊等畜及拖欠景泰六年粮草、絹課盡與蠲免。

一、各處僧道請給度牒，在京數多未免耗蠹粮米，俱令各回原籍寺

觀，俟豐年來京請給。

一、在京旗軍匠役人等應支明年七月九日粮米，俱不爲常例，暫於明年正二月預給一半養贍。

一、今年十二月以前，各被灾府州、縣、衛、所見監及行提未到軍民有犯流、笞、杖等罪悉皆踈放。議聞帝可其奏，遂降敕諭巡撫順天、河間二府，刑部右侍郎周瑄、巡撫山東刑部尚書薛希璉，巡撫永平等處右副都御史李賓，巡撫河南左副都御史馬謹，保定巡按監察御史張寛，真定大名廣平順德巡按監察御史包瑛等，俾速行焉。

《明實録》天順元年八月 〔丁酉〕四川重慶府永川縣民鄧錤奏：政令一則人易守，科條繁則人易惑。祖宗數十年間所以不輕出一令者，慮擾民也。切見四川民間賦役俱有定制，其徭役臨期量力差遣。近者官司輕于更變，造成均徭册，以民間税糧多寡爲差，分上、中、下三等，預先定其徭役。且川蜀之民，有税糧多而丁力財帛不足者，有税糧少而丁力財帛有餘者，今惟以税糧定其科差，則富商鉅賈力役不及，而農民終年無休息之日矣。臣恐數歲之後，民皆棄本趍末，爲患非細。又如民間税糧舊制，止於成都府廣豐等倉上納，别選有力之家轉運，各邊一人所運不過五斗，是以人不知度，邊儲易足。近者均徭册成，糧多之家獨運一二十石赴邊，糧少之家亦運數石。月每糧一石自家至邊計其路途所費有用銀一二兩者，有用三四兩者，是以農民益困，多致逃竄，邊餉不足。乞敕該部革去新例，止遵舊制。又言：洪武年間，每里百一十家内以丁糧多者十家逐年輪充里長，其餘輪充十年甲首。遇有朝廷科徵，里長自出十之三十，甲共出十之七，所以民有一年之勞，而有九年之逸。近年但遇科徵，里長一錢無費而偏取于一里百家之中，其間歸于官者，十一而入于私者十九，是以里長日致富盛，甲首日益貧難。乞行有司禁革事下，户部請移文四川布按二司斟酌差科，以從民便。其有里長害民者，如律究治。上命行其説于天下。先是徭役里長多賣富差貧，正統間江西參議夏時建議造册，以税糧多寡爲差，官爲定其徭役，謂之均徭册。民初以爲便，時四川按察副使劉清請行其法于四川，而四川之民反不便。議者爲任法不如任人云。

《明實録》天順元年十月 〔丙申〕免靖遠伯王驥菜地税糧。驥在正統間爲兵部尚書，嘗奏免本户該徵税糧二石九斗有奇，至是於京城西直門外新買菜地，復奏請免其該納糧一石八斗有奇，草二十三束有奇。悉從之。

《明實録》天順二年三月 丁巳，命湖廣、雲南、四川、貴州布政司諭其軍民人等，有能輸米於貴州缺糧倉者，一百石者給與冠帶，仍賜敕旌異，五十石者賜敕旌異，三十石者立石題名。從巡按御史劉敬奏請也。

《明實録》天順二年六月 〔戊辰〕湖廣布政司右參議凌誌奏：湖廣、長沙府屬縣田地租重，民納艱難，乞自今年爲始，本府實徵秋糧五十八萬石，内將二萬石折納綿布，每石一匹，存本布政司並本府庫，折支官吏軍士月糧，庶幾少甦民困。下户部議便從之。

《明實録》天順三年春正月 〔乙酉〕巡撫大同右僉都御史李秉奏：欽奉聖諭，大同人民選其成丁男子編爲士兵，該徵税糧以十分爲率，免其七分。勘得所選士兵有一户一名士兵，而税糧有二三十石，多至四五十石者，有一户士兵二三名，而税糧七八石，少至三五石者，亦有全無税糧者，未免輕重不均，窒礙難行。事下户部議擬覆奏，宜行李秉查勘，各兵户有税糧數多者，免其七石，不及七石者，再免一丁，四石以下者，再免一丁。全無税糧者，免其户下三丁。所免户丁聽自生理幫助，不許有司擅自科差，庶得事體適宜，無不均之患。從之。

《明實録》天順六年五月 甲寅，巡撫遼東等處左副都御史等官胡本忠等赴京議事言：遼東定遼左等二十五衛，每衛原置一庫，設官攢庫秤共三百員名，有一城六庫、四庫、二庫者，中間所收錢帛不多，官吏徒費俸給。請以遼陽在城六庫併于定遼左、中、前三庫，廣寧在城四庫併于廣寧左二庫，開原在城二庫併于三萬庫，義州在城二庫併于義州庫，錦州在城二庫併于廣寧左屯庫。更請于遼東地方每衛置養濟院，勸諭富實之家各出粟依時給養，存恤孤窮，并給守備餘丁冬衣布花。其甘肅地方設立馬驛牛站，俱係要害之處，原無積聚粮料，官軍按月俱赴所管衛所開支，途路既遠，遇寇衛突，驚散逃亡，不能關支，請每驛站一處設立一倉，撥粮一千，遇急不能赴衛所關支者，就撥關給。其宜府等處所屬地方添設懷安永寧草場各一處，仍以陝西布政司便利倉改隸慶陽府事。下户部覆奏，宜從其議。上俱從之。

《明實録》天順七年閏七月 〔丁卯〕巡撫甘肅右副都御史芮釗奏：

甘肅設立馬驛牛站，皆衝要而無積聚糧草，官軍每月俱赴所管衛所關支，路途遠近不一，猝遇賊寇犯邊，阻塞不得往還。宜令陝西布按二司勘視每驛站置倉貯米粟千石，遇有警令，就本處支給爲便。從之。

《明實録》成化二年五月（己卯）巡視鳳陽等處右副都御史林聰，以鳳陽等四府滁、和、徐三州水旱相仍，道殣相望，繼以瘟疫，死者愈衆，當加意寬恤，因疏其事以聞。其一言，各府州成化二年選解馬匹暫免一年，以蘇追償和買之困。其一言，各府州養牛之户三年追犢并種牛四頭，民患苦之，欲令兩年追一，或如見行孳生馬駒事例，三年追一，庶於民無損。其一言，各府州應清解，今年軍丁俱暫停止，俟來年清理起解，庶無勞擾。其一言，各府州住坐、在逃、輪班、失班工匠俱暫停止，候來年豐收起解，庶無失所。上嘉其言，皆救民急務，下該部悉從之，仍令種牛每二年追犢一。

《明實録》成化四年八月（壬子）定議陝西納米例：一、陝西大小衙門，三年六年考滿，官納米三十五石，于布政司給由，止將牌冊呈繳吏部。

一、陝西、山西、河南所屬兩考吏，納米一百石者，送部，免其辦事、考試，就撥京考納一百五十石者，三考滿日送部免考，即與冠帶。

一、陝西及各處軍民倉餘納米八十石者，給正九品散官。一百石，正八品。一百二十石，正七品。完日就彼冠帶。

一、陝西附近，山西、河南問擬囚犯，除真犯及官吏受財枉法例該充軍外，其雜犯死罪，納米八十石。三流五十石，五徒自三十五石遞減五石，至十五石杖笞，每一十納一石，俱照時值折銀，送布政司收用，以調兵征勦。滿四預積糧儲給軍故也。

《明實録》成化八年春正月（甲寅）定兩浙納米充預備倉糧事例。

一、民間子弟有願充知印者，納米二百石；承差一百五十石；舉保僧道及陰陽醫官納米二百石，送部，免其考試。

一、軍民大户有願納穀五百石者，請敕旌爲義民；三百石者，立石免其雜泛差役。從左布政使劉福奏請也。

《明實録》成化十四年六月癸丑，監察御史林堉巡視内庫，因言：收折粮布尺丈斤兩，俱有定則，凡揀退十匹以上者，追陪問罪。今官司解納，多紕薄不中用。其解户又多過期，亦或因而逃回，宜行究問，以其人逃日爲始，官吏停俸。又承運庫收絲絹，每絲二十兩或十八兩折絹一疋，亦有定則，其被揀退逃回再納者，有司徇私故縱，仍不中用。宜申明定則，治以故違之罪。又各庫收受錢粮物料，其鋪户俱係大興、宛平二縣僉充，已滿三月不依例代去而候缺者，賄囑僉補，乞嚴行禁約。許巡庫御史指實擬奏，治以重罪。疏下户部議，以爲可行。從之。

《明實録》成化十五年二月（乙卯）命軍職納粟應募陞授，無嗣者許親從依例承襲。

《明實録》成化十六年五月（庚寅）命官莊徵租如開墾荒田例。先是官莊多在河間府東光縣地，管莊人徵糧無度，令畝三斗，民情騷然。於是六科給事中齊章等言：天子以四海爲家，普天率土，莫非所有，何必置立莊田，與貧民較刀錐之利哉？且財盡則怨，力竭則懟。今東光之民，失其地土矣，而賦歛比之公田，又三倍其數。民困如此，非死即徙，非徙即盗，亦可知矣。十三道監察御史謝顯等亦上言其事。上命：每畝徵五升三合五勺，如開墾荒田則例。是時中官貴戚莊田遍于郡縣，其弊不獨東光爲然也。

《明實録》成化十六年秋七月壬辰，户部臣奏：舊例，天下府州縣歲納京庫絹疋錢鈔絹以長三丈二尺，闊二尺，鈔必四角完全，字貫分明；錢必歷代舊鑄者爲中度，法久弊滋。其取於民者率倍其利，而納於官者皆不中度。民受厚歛之擾，利歸解納之人。是盖有司以罪坐不及，因循怠忽故也。今請下所司，各如法徵收。且於解到時，於中混取一二，送部辨驗。大約以十分爲率，一分不堪者，罪坐州縣官吏，若一府有三州縣不堪者，罪坐本府官吏，一布政司有五州縣不堪者，罪坐本布政司官吏。庶人心知警，而宿弊自革。從之。

《明實録》弘治元年閏正月（乙酉）定親王以下姻戚免差役例，親王除妃父外免二丁，郡王免一丁，鎮國等將軍止免夫人父一丁。

《明實録》弘治十年十一月己酉，近例軍衛每一百户，所以積糧三百石爲及數，有司每十里以下，以積糧萬五千石爲及數，並三年一查盤，有司積糧少三分者，罰俸半年，五分者一年，六分以上者，考滿時降用，軍衛不及三百石者，停俸。至是有以邊衛貧困，無從積糧，軍官有終任不

得支俸爲言者，下户部議，尚書周經等言：自古常平義倉，俱權量國用多寡隨宜，未嘗著爲定數，一切取辦我朝洪武間設預備倉糧支給官鈔和糴，以備凶荒。正統以來，許將囚犯贖罪米收入，皆無定數，其富民入粟亦聽情願，不許逼抑，成化七年始有每里積糧三百石，或五百石之例，然不及數者，尚未有罰。弘治三年，乃有今例，蓋不問其所取之由，而但責其所積之數，使其法例之外，别無措置者，從而罰之，得無過當乎，況少六分以上及全無糧者，有未滿九年或陞，或黜以去既未及降，亦不曾罰，少三分五分者，頗積有糧，反得罰俸。輕重之間，尤爲失宜。及查盤時，又有舊官去任，新官初到，兩難罰俸者，要之，此法未爲無弊，宜自今通行各處巡撫巡按官遇盤糧時，審覈各州縣衛所，除義民自願納粟，囚犯贖罪外，但有空閒官地湖地俱已取租，及贓罰紙價引錢等，凡非起解支剩無礙官錢俱已儘數糴糧，三年内不足原數，果無措置者，俱免停俸參究。若例可區畫而怠事，或將例内所儲那移侵尅者罪之如例。其米及查盤之期當去任者，須申本管上司查盤無礙方許離任，違者治罪。則稽考有方，罰必當罪，可以經久而無弊矣從之。

《明實録》**弘治十年十二月**〔丙戌〕申嚴各邊勢家攬納糧草之禁。自行上納者，糧草入官，仍坐應得之罪。若轉賣與人者，主家及説合之人連坐，更將各人所得財物監追完日，腹裏者發邊衛，充軍各邊者，調極邊守哨，私買知情者，既治其罪，仍籍其所納糧草，其主使權要聽巡撫巡按等官糾劾。從巡按監察御史夏景和奏也。

《明實録》**弘治十一年十二月**〔壬子〕以清寧宮災詔天下，詔曰：【略】一、各處拖欠税糧，馬草，秋青草、屯田子粒、農桑絲絹、門攤、商税、魚課、茶課、鹽鈔、□子、差發銀兩、折糧、諸色顔料，並供用廚料、果品、牲口、藥材等項，除已徵在官外，其小民拖欠未徵者，自弘治八年十二月以前盡行蠲免，有司官吏敢有將已徵捏作未徵者，治以重罪。其弘治十二年税糧，以十分爲率，俱免二分。

一、順天府拖欠買辦措辦麥麵、香油、紙筋等物，弘治八年以前俱免查追。各府及各布政司，除額辦軍需外，其餘拖欠荆條、薥稭、翎、鰾、梔子、槐花、烏梅、藍靛、翠毛、箬葉、圓藤、芒苗、苕竹掃帚，黄穰、椶毛、蘆葦、蒲草、麥穗、稻皮、松香、沙葉、白通草、榆、槐、椵、棗等木，長節、苦實、心水等竹，輭篾、水膠、黑煙、羊角、牛筋、牛角、毛纓、白豬鬃、雲母石等項，自弘治五年十二月以前，小民拖欠未徵者悉與蠲免。已徵在官者，仍解該部並本處收貯，以備别用。

一、山東、山西、順天、真定、保定等處，每年額僉易州山廠砍柴夫拖欠夫價，撫巡等官查勘，如果小民出辦不及、未曾徵收在官者，自弘治五年以前，俱與分豁，其順天府霸州等處徵收葦價，九江等處催徵蘆柴銀兩，曾經奏告者，該部委官踏勘明白，其奏減免。

一、各處水坍沙壓等項田地税糧，負累人户陪納曾經具奏者，巡撫巡按官查勘明白，照例除豁，各處衛所有釋放軍伍遺下屯糧負累官旗陪納者，亦與查勘除豁。

一、在京各營及處軍衛有司騎操孳牧寄養走遞馬騾驢牛并駒，自弘治五年十二月以前，一應虧倒失被盗埋没等項，並有例停候買補者，悉皆蠲免。

《明實録》**弘治十八年八月**己卯，户部奏：浙江税糧，惟杭、嘉湖爲重，而湖之官田正糧，或至七八斗，耗米或至二斗，民困尤甚。請如御史車梁言，將寧、紹等八府原派京庫折銀於内扣發萬餘兩，派湖折納，而以湖之起運南京等倉糧米抵數，改派寧紹等府徵運。從之。

《明實録》**弘治十八年冬十月**〔乙卯〕户部言：順天府近年添派犧牲所，歲收稻草六千包，牛多不食，徒費供輸。宜令如舊，止供穀草五萬束，其稻草每包徵銀五分，解部以備邊需等用。從之。

《明實録》**正德二年九月**〔丙午〕巡按浙江御史楊澂奏歸併税課局。曰海寧之赭山湯鎮，曰嘉善之魏塘，曰會稽之倫塘，曰永嘉之南溪，曰平湖之乍浦當湖，曰富陽之新城，曰餘杭之石瀨，曰臨安之青山，曰秀水之新城，及德清蕭山、餘姚、海鹽、崇德、長興、慈谿、定海、寧海、蘭谿、東陽、義烏、浦江、永康、樂清、瑞安、平陽、龍泉、慶元、青田，凡三十處，俱以課鈔數少，無商往來，故併之。其課令所屬府縣，及附近河泊所帶管每處，留攢典一名，每課鈔及萬錠量留巡攔八名，餘盡革去。原設官員，起送别用。

《明實録》**正德十六年六月**〔癸未〕户部覆浙江撫按勘議湖州府知府劉天和所奏均派田糧事；言浙江起運糧，原額内坐派京庫折銀米六十

萬五百石，每正米四石折銀一兩，蓋以官田租重，民困于徵輸，用此調停爾。浙賦唯杭、嘉湖爲重。湖視二府尤重，官田亦唯湖最多。正德元年巡按浙江御史車梁奏，將京庫折銀米優派四萬石于湖之官田，以紓其困，併湖原額均派折銀之數共十七萬石有奇，賦稱平矣。至四年，布政司議以折銀米概派官，民田。湖民田少，賦反增重，請自今浙省京庫折銀糧石一以官田爲準，湖仍優派四萬石，如正德元年例。從之。

《明實録》正德十六年九月〔辛酉〕工部言惜薪司柴炭：弘治年間，止派一千八百一十二萬斤，至正德間，則加派一千一百一十萬斤。以故完納者少。至轉解時，則該司巧召需索，以致運官私償受累。臣常詢其所以，則以新添火者數多，故加一倍；又以權門恣取，故復加至數倍。如運官于本廠原領一萬，止是正數而該司收受于數外，或明加其一，或諳加其一，今火者已多發遣，則不當加派以害民；内臣又多守法，則不當加耗以害官。乞遵復舊規，明加者許其作正完銷，暗加者，則與照例除豁。仍敕司毋踵前弊。從之。

《明實録》嘉靖元年五月〔癸亥〕户部覆河南布政司參議徐文溥奏賦役之法。祖宗成規，不容變亂。自御史潘鵬創立新法名曰和平册，事體紛更，或議增脚價，或議收餘銀，或議均徭，或議驛傳，或議户口鹽糧，陽減陰增，朝更暮改，法愈巧而弊愈甚。乞行各該撫按，令一應賦役，悉遵祖宗舊制。其正德間如潘鵬等所立新法册籍，並已判成書者，盡燬之，仍榜諭禁革有不遵舊制，妄議立法，即坐以紊亂成法之罪。間有於人情土俗不便者，聽撫按官從長議處。事體重大者，奏請定奪，不許任情率意變法擾人。得旨如議。

《明實録》嘉靖二十年四月丙子，上青袍御奉天殿頒詔【略】條布于後：一、嘉靖十五年十二月以前，各處軍民拖欠，除王府禄糧，仍舊催徵外，其餘税糧、子粒、草束、農桑、人丁、絲棉、門攤、商税，户口食鹽、米鈔諸色課程、鹽課魚課等項，除已經在庫，及已經解户人等收受者，詔書到日，各該撫按官作速分投差官查明，截數起解。原定衙門上納交割，各造册奏繳，其未經收受，小民拖欠者，盡數蠲免。敢有將已徵捏作未徵，侵欺盗用者，許諸人首告拏問，治以重罪。其嘉靖十六年、十七年，一應該解本色錢糧，除已收有本色者，舊以起解，如未收有本色，准令計價折銀，起解上納。

一、内外倉場官攢人等，有虧折粮草，監追年久，除侵盗虚出通關等項照舊監追外，其有浥爛損折者，悉免追陪，後不爲例。

一、各處衛所官軍月糧，有經年累月不得關支者，巡撫官督令司府等官量爲處給，以蘇困苦。

一、各處民不聊生，皆由差役繁重。詔書到日，各撫按官即查先年舊規，將新增一應濫差所在，量爲裁革。

一、司府縣州衛所並驛遞等衙門官員，多有不守法度，科害軍民，並徭役人户，供應下程，索要拜見常例等項，各色財物並指稱公用，以一科十，及徵收一應錢糧，通用收頭庫役，分取秤頭銀兩入己，軍民無所控訴，以故流離逃亡，致傷和氣。各撫按官務要嚴加禁革，拿問重治。

一、分巡守備，分守守備等項官員分註地方，除本等廪給之外，索要各州縣衛所里甲旗軍供應下程設置筵宴，低價强買貨物等項，爲害多端，屬各撫按官嚴加禁革，訪參問。

一、各布政司，并直隸府州縣，一應大小錢糧，坐派所屬，須要奉到各部題准勘合，方許遵行分派，其未奉勘合，分毫不許擅自科派，事發重治。

一、十年大造黄册，乃里甲賦役所關，最爲要務，各府州縣掌印，管册官員。多有通同縱容吏胥里書人等受財那移，里甲更改户籍，飛洒詭寄，税糧虧折，糧總負累，糧里包賠，致丈量之議，深爲民害。即今正當攢造黄册之年，各該撫按官，嚴督布政司管册及府州縣掌印、管册官各要持廉秉公，用心督造，禁革奸弊。册完之日，設法查對。如有並弊官員，以罷軟參黜，里書照例從重問擬發遣。

一、在京在外有孤老殘疾不能生業者，即便收入養濟院，照例給與衣糧，毋致失所。

一、宗室年七十以上者，有司各給米十石，絹十疋，綿十斤；庶人年七十者，一體給米五石，絹五疋。

一、天下各王府禄糧多有積年拖欠，詔書到日，所司務要留心。查處補給。

一、各處郡王、將軍、中尉，有因事減革禄米者，除人命及敗倫傷化

外，其餘詔書到日爲始。俱照舊給與，重者撫按官查議，奏來定奪。儀賓成婚，年遠不曾赴京謝恩者免罪。

《明實録》嘉靖二十三年五月 〔辛亥〕户部言：國家視田徵租，量丁定役，邇來富强侵漁，里書因緣爲奸。如江南以田賦爲重，而巧計之徒，或附託豪宗；四川以丁差爲重，而攢造之時，或那移增減。諸省積弊，大畧相同。請如給事中何光裕議，通行撫按官，凡遇審編均徭，選委賢能官覈其産業厚薄，丁力多寡，據實派編，務使豪右不得售奸，貧難不致偏累，及遇大造黄册，仍申明弘治三年例。如有飛詭影射，投託冒匿之弊，從重問擬。詔如議行。

《明實録》嘉靖三十四年正月 〔乙卯〕薊鎮守臣言：鎮邊、横嶺、長峪三城，皆在昌平，依山瘠薄，軍馬粮料請全給本色。户部覆：三城夏秋折色，冬春本色係定制，未可輕改。第於折色每石量加銀一錢。本色每石量加粮料二斗，即爲優厚。别鎮不得援以爲例。從之。

《明實録》嘉靖三十四年正月 〔乙卯〕山西撫按官言：山西州縣歲供三關粮草，近奉部議俱改本色，但地經虜患災傷，民力疲竭，且山澗險阻，輓運甚艱，請只令附近三關地方如代、岢等州仍徵本色，其餘州縣俱令折銀上納。部覆報允。

《明實録》嘉靖三十四年二月 癸酉，户科給事中黄謙因宣、大告饑，邊計缺乏，條陳三事：一、議積聚。謂代州去山西大同甚近，紫荆在京之兩鄰，大同居庸在京之北鄰，宣府請於此三處設立倉廒，令各處額派民運從便上納，仍各發銀七萬兩招商派糴。其納粟人員，係山、陜、河南者發代州，係山東、江南者發兩關，即以附近督糧官董其事。本年收貯，次年支放，酌量出入，務使有一歲之積。

一、覈通負，謂山東、山西、河南並兩直隸歲派起運民粮積逋不下數百萬，以致邊餉不足，仰給内帑，雖屢遣官催徵，有司視爲故事。今後宜專敕撫臣嚴立期限，約以十分爲率，未完四分者，布政同管粮官降俸二級，六分者降調，八分以上者革職爲民，撫臣寬縱者，一體參降不貸。

一、復公田。謂大同一鎮，舊有養廉犒賞地土，蓋以優恤邊臣，振作士氣，寓有深意。近今退出給軍佃種，較刀錐之利，忘鼓舞之術，宜仍舊給還將領爲便。户部覆奏，詔可。

《明實録》嘉靖三十六年十二月 〔戊申〕以水災免遼東、廣寧、海州、寧遠、定遼、東寧、潘陽、盖州、義州、復州、三萬、遼海、金州諸衛所税粮如例仍許入關糴買，發太倉銀五萬兩於本鎮，俟明年三月至五月應支折色，月米計災輕重，量加粮料銀以示優恤，不爲例。

《明實録》嘉靖三十九年九月 〔壬辰〕以水災免湖廣、承天、荆州、岳州、衡州、武昌等府所屬州縣，顯陵、沔陽等衛所屯粮各有差，以旱蝗免山東濟南等府税有差，災八分以上者減派臨、德二倉，米每石二錢。

《明實録》嘉靖四十年六月 乙亥，户部奏：先年解京錢粮能及時完納者，恃有專官以爲催督，有定限以爲遵守，有法例以爲懲戒耳。邇來管粮官率多營求别差，及當報部，夤緣改委，延至二三年俱不到部。雖有提問住俸降級之例，未曾從實舉行，是以人心玩揭，虧欠愈多。如山東濟南府通判高岡鳳等遲誤尤甚，宜加重治。得旨：各省錢粮不完，原非民欠，罪當坐解官愆期不至，及解部領攬侵没者。高岡鳳等職當赴部，營求改委，俱褫職爲民，以後悉依此例行。

《明實録》嘉靖四十一年十月 〔乙卯〕户部覆給事中趙灼及御史潘清亶等議處賦役五事。一今歲豐稔，宜秉穀賤之日，俟改折粮銀。至日，行令太倉另貯，每米一石，折銀五錢，放支官軍。而以所存本色米備賑。其各處贖緩，聽二分存留，糴穀八分，解户工二部。

一、東南之民甚苦糧役之累，而尤莫難于收納。請除内府白糧，仍進收外，其餘俸糧俱付户部收納，轉發各衙門。每米一石，給脚米三升。仍行各撫按官于運納之際選賢能府佐官領之，毋聽積年包攬。

一、江南江北或有田無糧，有糧無田，或有田無民，俱宜清查。而淮泗之間，又多游食逃徙，蕪穢不治，其責在撫臣，嚴督守令，安民勸農，輕徭薄賦，與之更始。原設治農通判，當委之專一營田，勿别差委。

一、近邊永平、豐潤、玉田、遵化、薊州、密雲等州縣頻年被虜，屯田民地間多閒曠，宜酌量分撥各區，聽自行耕收以備軍資。三年成熟，照今屯糧事例，每畝徵銀三分，輸部備邊。

一、京商困瘁，由于外省錢糧徵解不時，及富民漏役者衆也。乞著令今後富民營差如校尉官匠等役，止復其身，其兄弟子姪勿有所庇。至如河

南、山東各有布政司官一員在京總部錢糧，宜令其專催該省輸賦，毋令貽累貧商。

又覆御史王諍議處河東鹽法四事：一、本司鹽課近清出積滯引價十四萬有奇，又歲增餘鹽四萬有奇。一時商民重困，輸納不前，請行巡鹽御史將前項鹽引不必加增，每引照舊二百斤，召商報中。其查出各項積滯餘鹽價銀除四十年已解一運外，其四十一二年仍依期完報濟邊，□□都御史鄢□卿議于本司門内設倉貯鹽無益妄費，宜停止。

一、撈採鹽丁額設二萬餘人，往往私相雇代，徒冒虚名。自今當于請審之時，從民之便。無力者，照舊供役。有力者，納銀一兩五錢。俟鹽花生結鹽丁撈採不及，將所納者雇募貧民每辦一料給以銀二十兩，官民兩利一中，東西三場，各設大使一員、攢典一名，各歲辦鹽一十四萬引，照數守支，而鹽額有消折，守支未盡絶者，不得起送。歷年淹滯，乞依長蘆事例守支。已及九年者，覈無姦弊，准令起送赴部。得旨，俱允行。

《明實録》嘉靖四十二年十月 癸丑，南京各衛所新增草場租銀，先以兵部尚書江東奏准蠲免。至是，尚書李遂代東謂：田已開闢，所增租不當盡蠲，請就中擇其多穫簿徵之，使寬卹之中，不失綜核之意。從之。

《明實録》嘉靖四十四年九月 己未，巡按直隸御史孫丕揚奏各州縣里甲空缺，乞將流寓人户編入版籍，或補缺户缺丁，通融協濟，應徵銀兩，照舊追納，仍照客户徵入之數，以蠲主户之均徭。至于驛遞丁粮，務酌地方之衡僻，稽歲用之多寡派徵，照依攤粮之規，立爲可久之法。有餘省登之循環，太少者取之，積餘不得分外加派。其排年里甲買馬鋪陳等項，通令十甲合處，不得仍前一年一換，以滋侵漁之弊，仍照例通行各省撫按，督率有司，一体舉行。部覆從之。

《明實録》嘉靖四十四年十月 〔丙子〕 初，福建興化府被倭殘破，後詔莆田縣一應起存錢粮，自四十年起蠲免三年，其以前帶徵拖欠錢粮，悉行停罷，斷自四十三年以後收税如故。至是，巡撫都御史汪道昆言：該縣死後未復，田多未墾，遽徵賦税，恐民力未敷，詔于原限外再蠲免一年，自四十四年以後仍全徵。禮科給事中年自修以韓代二府宗室採粮未敷，奏乞暫留起運，或暫請内帑處補。下户部議。起運錢粮，原係該省額派供邊之需，歲不可闕。内帑近方匱詘，一切經用尚多不敷正支，安有贏餘補給宗禄？且各宗一体，今所在禄粮拖欠若皆比例奏討，何以應之？宜下陝西、山西、大同各巡撫都御史備查二府宗室每歲禄粮原額及已支、未支數日設法處補，不敷者備查該省何項錢粮可以補給調停，擬議上請。從之。

《明實録》隆慶元年九月 〔丁丑〕 户部覆：巡撫陝西都御史楊巍奏：屯田給種徵税，别無差役，不得比民田詔蠲之例，宜行各邊，如舊輸納。詔可。

《明實録》隆慶元年十一月 〔庚午〕 巡撫河南都御史劉應節奏，河南奉詔蠲租，歲供禄米之半，乞將布政司所貯事例民兵缺官柴薪馬皂等銀二十萬兩補給。户部覆：前銀乃濟邊急用，不宜輕發，請以本省屯粮及兊運扣除折色與之。若吏不足，當於夏税存留積歲逋欠處補。上是之。

《明實録》隆慶元年十二月 〔丁卯〕 户部覆巡撫應天等處都御史林潤條陳復糧額議改折折事，謂省粮額俱以夏税秋粮馬草爲正賦，差徭增編爲雜泒。惟是蘇松諸郡，不分正雜，而混徵之名曰平米。其中如馬役、料、價、義役原非户部之加增，如輕賫，脚米、户口、鹽鈔亦非粮額之正數，雜泒漸多，當賦反累。誠有如潤所言者，宜令遂項清查，舊額所增之數，通行造册送部，以憑裁減。至於兩京各衙門俸銀改折之議，則當斟酌輕重，事難盡從。蓋南京水陸四通，米穀饒裕，便于改折。若一概施之，北地有如運道告阻，内鮮畜緩急之際，何以爲謀！請將南京各衙門官吏人等月米，及如嘉靖四十年以前積欠京儲，尽行改折，每石七錢。在北者量折十分之二，每石一兩。若米貴，仍復本色。得旨允行。

《明實録》隆慶二年八月 〔乙未〕 南京户部尚書劉体乾條議鳳陽倉粮六事。一蘇松常鎮舊派糧四萬有奇，近漕司奏留該府充軍，而以淮安倉粮抵運，爲其轉輸均便。今淮安全無徵解，積欠至五十餘萬。請查復此舊額爲便。

一、淮安舊徵本倉折色每石六錢，昨議扣留一錢，事出權宜，當仍復舊數。所借之銀，令其陸續補還。

一、高牆庶堉衣粮。儒學師生俸廩，自有正陽關科税及歲派存留以爲常供，乃今悉仰給倉粮，於名實無當，請行改正。

一、九衛停俸。武職舊不關白倉場，朦朧混支，今後並宜查革。

一、本倉米麥，近以災傷折者，此後當復本色。
一、管倉主事，宜比漕司理刑，給以關防，視京倉監收例，滿三歲方得更代，庶出入有稽，人無玩愒從之。

《明實録》**隆慶二年九月**〔乙亥〕時揚州府起運民粮，共九萬石，而興化一縣，額派三萬有奇，有議將灶田盡免。起運者巡撫鳳陽都御史方廉已爲有田則有租，今民田已入灶户，又而使代爲輸粮，不便，請將灶田自捍海堰。運鹽河西以至縣治一帶，盡數派入該縣徵粮。額内若起運存留，站銀以田起科者，與民一体徵納。其銀力二差，係以丁起科者，責辦民户，毋概苦鹽丁，與民各得其平。從之。

《明實録》**隆慶二年十月**〔己亥〕以浙江金、衢、嚴、處四府旱災，詔留浙江布政司贓罰銀九千兩備賑，仍停免税粮有差。

《明實録》**隆慶二年十二月**〔戊子〕以災傷詔免湖廣宜城、光化、應城、雲夢等縣，陝西山陽、浴南二縣秋粮及荆州右二衛屯田子粒各有差，從鄖陽撫臣孫應鰲奏也。

《明實録》**隆慶二年十二月**〔壬午〕以水災免四川順慶府廣安州渠縣田租一年，停徵夔州府雲安、大寧二場鹽井鹽課之半，其餘災輕州縣各免税粮子粒有差。

《明實録》**隆慶四年八月**〔丙午〕巡撫山東都御史梁夢龍等條上賦役三事。一正夏税秋粮之規。言税粮徵收，載在律例甚明。傾行一條鞭法，同時併徵，民力不堪，奸弊滋起，宜如舊例，以次第徵解。一正分收、分解之規。言往者編僉大户，分定倉口，近爲一串鈴法。捴收分解，轉移侵匿常課。益宜後舊例，給大户收完交納司府，司府差類解。一正均徭原編之規。言料價銀五萬三千餘兩，乃均徭正額，今派入地畝，偏累農家，抛荒流徙，職此之故，亦宜仍舊還均徭，各州縣如數徵解。户部覆奏，從之。

《明實録》**隆慶四年九月** 丙子，遼東撫按官奏：本鎮歲荒餉匱，山東布政、鹽運二司，永平府積逋民運税銀至二十七萬有奇，乞選廉幹部臣，專敕催督，尅期解納。此後請比宣大完粮分數，有司官俱聽撫臣查參，著之令甲，庶責成專而逋負自少。又被災屯田，乞視輕重，每畝蠲税五分，以示寬恤。户部覆議報可。

《明實録》**隆慶六年三月** 庚子，南京湖廣道試監察御史陳堂奏言：國制，十年大造黄册，凡户口田賦之役，新舊登耗之數，無不備載，所以重國。今而存故實也。今沿襲弊套，取應虚文，奸吏得以那移，豪强因之影射，其弊不可勝窮。臣當詢之。蓋有司徵錢粮編徭役者，自爲一册，名曰：白册。而此解後，湖之黄册，又一册也。有司但以白册爲重，其於黄册則推付之里胥，任其增減。凡錢粮之完欠，差役之重輕，户口之消，名實相懸，曾不得其仿佛。即解之後，湖而清查者以爲不謬於舊册斯已矣！安辨其真僞哉？臣竊謂欲理圖籍，必嚴綜核，必專責成。夫書筭豪猾，類非守令之法所能制也。頃蘇、松、常、鎮添設督粮參政一員，請賜之敕，責令兼理黄册事務。凡人丁事産，悉照白册攢造。其欺隱脱漏者，如例問追。駁回者，依限完報。田至一萬畝以上者，倣古限田之法，量爲裁抑。如勢要阻撓，有司阿縱，聽撫按官參奏，庶册籍清而賦役可均。部覆，詔如議。

《明實録》**萬曆五年十月**〔辛丑〕户部覆順天府尹王之垣條上編審均徭事宜。一、州縣俱照三等九則徵銀編差，毋得輕縱上户，專累小民。
一、徭差地科太輕丁科大重，議將見在丁地通融計算，每地一畝科銀二分，以補丁差之不足。
一、納粟員役編徵門銀。
一、内官軍較據實優免。
一、流寓年久，一體當差，暫寄莊者，除照例徵銀外，每畝量增三分以濟力差之用。
一、置買田宅税契過割。
一、革庫夫仍用庫子須作力差，有司不許科索。
一、減編各縣站銀。
一、增編陵户。
一、泒徵總督軍門與各道柴薪銀兩。得旨：依議。惟總督軍門柴薪令于缺官柴馬銀内扣解，不必泒徵。

《明實録》**萬曆五年十一月**〔壬戌〕順天府尹王之垣言：《會典》原載該府户口六十六萬九千三十有奇，自庚戌被虜後，隆慶五年總括實在人丁止十四萬七千三百有奇。蓋因租庸止額之外，更多雜泒錢糧，以

致民不聊生，日就凋耗。國初徙浙江等處富民三千八百餘户以實京師，今不惟富民消亡已盡，即土著亦漸逃移，此豈居重馭輕意哉？請將各州縣税契銀兩解雜泒錢糧，一應帶徵錢糧盡行蠲免。户部覆言：抵解如議，帶徵量免從之。

《明實録》**萬曆十年九月**〔辛酉〕一、各王府分封既久，宗枝日繁，禄米歲增，民間地畝所出有限，兼以有司怠于催徵，地方時運方歉，以致常禄拖欠，養贍不周，深爲可憫。詔書到日，撫按官各將境内宗禄及坐派民粮派數通融計算，嚴行設法徵給，如有不敷，仍酌議農益通變事宜，奏聞朝廷區處，毋使貧難失所，有孤親親之意。【略】

近年以來，四方災報頻仍，民困日久，一應夏秋税粮、馬草、農桑、人丁、絲絹、布疋、棉花、絨，户口鹽鈔、皇莊子粒、屯田牧馬、新增草場，子粒租銀、曆日、防夫、水夫、民壯、弓兵、機兵、廬課、富户等項，除萬曆七年以前帶徵拖欠者，已有旨盡數蠲免外，其諸色課程門攤、商税、魚課、棗株、鈔貫、果品等項，已徵在官者歲數起解，其未徵分數，自萬曆八年以前悉與蠲免。一、天下税糧，除萬曆八年、九年、十年照舊徵解，陝西、河南、山西等處災重地方，撫按官作速勘明，將本年錢粮奏請蠲恤外，其萬曆十一年各項税粮，不分起運存留，准免十分之三以蘇民困。一、隆慶六年以前，各省直金花銀兩查係小民拖欠年遠難完者，准與全免。淮鳳等府拖欠改折漕糧，萬曆七年以前帶徵者准免一年。一、南直隸江浙湖廣節報水災，萬曆十一年分漕粮四百萬石，除舊例折銀及應免分數外，其餘以十分爲率，地方有災者准改折五分，無災者改折三分，不分正兑改兑，俱照萬曆七年事例，速席扳楞木，每石徵銀六錢，其歲熟米賤去處不願改折者，聽其仍運本色。【略】

一、浙江等總運粮官員，有因漂流掛欠，監追五年之上産盡或身故者，子孫准其襲替，照例扣俸還官。如係侵盜正犯，奏請定奪。其違限註誤及中都等處違誤領班，各題參住俸降級立功者，准與查復宥免。一、天下各鹽運司、鹽課司、提舉司，萬曆八年以前額課拖欠，並存積年久風雨消折，巡鹽御史勘實盡行蠲免。如數内已經開中商人赴場聽支者，准于辦課。嬴餘場分自行買補量于割没鹽斤數内扣除。一、天下司府州縣税課抽分，衙門舊有定額。近年各路關津貨物經由處所擅立牙行抽税，罔利病民。詔書到日，撫按司道官查係額外私設者，盡行裁革，違者兩京科道官訪實參奏。一、鑄錢本以利民，近因鑄造不精，私錢淆雜，及不係産銅去處買運艱難，領發行使阻滯不便，詔書到日，各該開局鑄錢地方暫行停止。如地方錢法通行，官民相安，願仍前鼓鑄者聽從其便。一、各省直清支田粮，除文派均平，軍民稱便者，炤今次造報文册，坐派徵收外，如有短縮步虧虚增地畝，及將山陂、湖蕩、屋基、墳墓，並積荒地土升則派粮貽累軍民者，撫按官摘查明實，准與更正，但不許概行覆文，反增勞擾。一、萬曆九年以前，各處府州縣官，各衛所掌印管屯官，催徵民屯錢粮完不及數住俸者，俱准開復補支。降俸降級立功調衛者，撫按官通查原欠分數，奏請定奪。其有田積穀不及分數住俸者，俱准開俸補支，降俸者復俸不補支。其以裡報虚數在任參革者，不准開復。去任後參降者，准開復。一、各處解部贓罰銀兩，節年已有定額。近因加增數多，致問刑官故入人罪，横肆科罰，刑獄枉濫，傷和召災，自萬曆十一年爲始，各撫按官贓罰俱炤舊數解部濟邊。如有積餘留貯，各府備賑。司道有司敢有故入濫科等弊，撫按官不時叅奏，處治。

《明實録》**萬曆十二年四月**〔壬申〕廣東道御史連格議恤邊民，乞減常賦十之二三以固藩籬，户部言：邊方地土甫已文明，錢糧各有定數，欲行議減必先議補，事在各邊，遽難遥議。請檄宣、大、薊、遼、延、寧、甘、固各撫按官責令查議，要見州縣某處地土瘠薄，某處差役繁重，某處税糧應量減十之一，某處應量減十之三，一一分别明悉，務期無損國計，有益邊民。上允其奏。

《明實録》**萬曆十四年四月**丁丑，户部覆巡按廣東御史汪言臣奏稱：查勘過瓊山等縣災傷輕重，應分别蠲免。議將極災瓊山縣及文昌等一十二州縣遞免見徵十三年分存留，並暫停帶徵十二年未完存留。其暫停帶徵錢粮，俟今歲成熟。炤數徵補所免存留。缺少歲用，准于查出減免，貯庫銀四千五百八十六兩有奇充補。賑恤事宜，聽將存貯前項備賑銀米，委官分頭散給，使嗷嗷待哺之衆，得霑實惠。至于議補水衝沙壓田税，並虚心查覈議處，補足原額，不得輕議豁免，致損常賦。俱依擬。

《明實録》**萬曆十四年八月**〔乙酉〕户部題：據甘肅巡按楊有仁條陳，一、議功臣租税大畧。謂西寧侯宋世恩欽賜莊田坐落涼州衛，地方

七十頃九十二畝五分，額徵粮九百一石五斗六升，每年差人收租，分外科擾，甚爲地方之害。宜令本爵租户自行耕種，每年照額收租，其分外耗糧食米馬料丁銀等弊，盡行禁革。一、議湖秋草束。甘鎮撥軍採草與屯草相兼支放共足，應支本色之數，近年採支止存虚數，宜令西寧二道湖草，每年仍令官採，其五道屬馬步夜不收，仍依原額採辦，其不足者通融買補，務期收支各有實效，軍馬各得實用。一、議開荒租税。開墾荒田足食塞下，實籌邊至計。甘鎮新墾荒田，查係額内者于三年後照等起科，以足額税，額外者聽軍民任便開耕，照例永免起科。上俱依擬。

《明實録》萬曆十四年十一月〔辛丑〕户部覆順天府條陳九事：一、議以丁地分編銀力二差。一、議三等九則之法，又有門銀原爲富家援例得以優免者而設，但其援例之後，寧無家道消乏者，累係上中六則，准加門銀與丁銀同編力差，下三則者免編。一、議力差雇役者，宜照數徵銀于官給代役之人，庶私下免津貼之弊而正户無貼販之苦。一、議流寓人户置有田產，其住居年久家道殷實者與土民一體編差。一、議京官外官内使各照品級優免，不得徇情濫免。一、議大興縣有巡闌舖兵，令應改入力差，房山縣有刑部庫子、通政司舖兵、會同館館夫，今應改入銀差。一、議宛、大二縣既各復管匠縣丞一員，照額加編，不許濫額以滋民累。一、議裁革官員，其公費盡行免編。一、議東安縣災傷，將協濟武清縣□舡匠夫十一名盡數改派，舊州守備快□十四名量派一半于附近州縣，尚俟查議，餘具依擬。

《明實録》萬曆十五年正月〔己酉〕户部奏：御史方萬山言：救災莫若緩征，而宫府撙節，尤爲先務。如偶值缺乏召買，不免寧減無增，時遇節令賞賚，不免寧節無濫，冗食可省，痛革其虚冒，冗員可裁。查復其舊額，務量入爲出，勿時詘舉贏，庶應天以實，天變可消。上可其奏。

《明實録》萬曆十五年正月〔己亥〕户部上言：國家因地制賦，皆古什一遺意，總計以十分爲率，有司陞降，各以分數多寡，立爲定規。然災傷年分，不肖有司每藉口參罰常格，間或時值考滿陞取，慮任内錢糧未及分數，有違明旨，每每嚴比取盈。方今水旱頻仍，無處不災，合偏示諸郡邑，除無災地方及災三分以下者，照常追徵外，凡災傷四分以上各照原題被災應免數，俱宜減徵，不必求盈常額。三年朝覲行取給繇等官，任内有災免年分，亦于送部册内明白開報，本部惟據應徵錢糧稽查完欠分數，不以題免錢糧概作未完參論。上是之。

《明實録》萬曆十九年七月〔庚午〕户部尚書石星題：甘肅巡撫賈持問條議，謂支放錢糧稽覈最要，宜置立餉册，餉粟預行各將領查實，見在軍馬册報給票，照數給散月糧，如有逃故軍馬應扣者，一一登入册票之尾，臨散扣除還官，毋得隱匿。着依議行。

《明實録》萬曆十九年九月〔癸未〕户部尚書楊俊民覆宣府閲臣鍾羽正疏稱：本鎮屯園地畝徵收，酌量肥瘠，務足原額。此外新墾併退出養廉等項地畝，各照則起科抵充主兵京運之數，其公務驛傳等項餘地糧銀，俱充市本備衙門公費，如仍前科索革任追贓，每年先期造册，報部抵扣年例，從之。

《明實録》萬曆二十一年四月　甲辰，户部題覆户科都給事中王德光題，金花漕折皆屬御用軍需，最爲喫緊，先是應天巡撫劉應麒因見勢豪逋負過多，肩任勞怨，詔旨查理，遂致無端流謗，解組而歸。今合行查鄉官凌雲翼倚勢蔑法，積拖正賦二千餘兩，有無補納，其各處如凌雲翼負欠者幾人，俱要從實參奏。仍諭新任巡撫朱鴻謨遵照前旨催徵，毋得畏狥延緩。上是之。

《明實録》萬曆二十二年三月〔甲申〕户部覆總督倉場褚鈇饑荒善後事宜：一、定催科，省直錢粮其京邊緊要者，例不因災荒蠲停，本部于撫按通參，至日備查，疏内各官必京邊錢粮到部完納始准豁免，否則仍前參罰。一、議折贖，省直備保赤義社等倉專爲儲穀濟荒，一切罪贖銀兩俱於秋收穀賤時動支糴買，貯倉儻遇歲凶出以供賑，不得折鍰入囊，饑饉無措。得二年總計，實在以爲舉刺各官給繇推陞行取，該撫按通將任内穀數驗實方准起送，仍造册待查，俞其議。

《明實録》萬曆二十四年三月　庚辰，户部覆山西巡撫魏允貞揭，汾州府照依令定穀數，每年額積一千三百石，及行汾陽縣每年額積七百石，皆自二十四年爲始。從之。

《明實録》萬曆二十八年七月〔甲寅〕户部議停征播加派税粮，凡四川、湖廣各布政司所屬加派銀兩未徵者即行停止，已徵在官者另項收貯，不得侵漁隱匿。如議。

《明實録》萬曆三十年四月 〔辛丑〕户部尚書趙世卿言：各省直正供錢粮軍國額用果得如期盡至，儘可接濟。請通行省直，今後有司徵解不及分數者，撫按依期查參，撫按過期不參者，部科指名查參，庶事有責成，法歸畫一。完一分則寬一分之虞，早一日則濟一日之用。詔嘉納之。

《明實録》萬曆三十年四月 癸巳，大學士沈一貫言：廣東稅額委實太重，不可以經久行，稅使李鳳委實太虐，不可以一朝居。如蒙皇上允按臣之請，減其額數，德意甚盛！若不然則止將李鳳取回，面命李敬代之，亦是美事。李敬爲人忠實，必能仰體足國裕財之心，安邦弭亂之意，既收徵採之益，且釋南顧之憂，此兩利之策也，惟上斷而行之。

《明實録》萬曆三十年六月 〔甲辰〕户部尚書趙世卿言：河南積年拖欠太倉銀兩，曾差官催解，久羈未報。巡撫曾如春咨稱地方災沴相仍，州縣催徵無措，欲將見徵二十九年歲額銀兩如數借解後，于今年秋成之日帶徵前欠完補。臣觀近日有司推諉成風，支吾塞責，權宜之計徒了事於目前，惟正之供竟積逋於日後，值此時詘舉贏之際，何堪朝三暮四之謀？請移咨該地方等官，稍俟秋成依期帶徵前欠抵補借解之數，如再拖延，容臣考覈參究，庶有司知警而軍需有裨。上納之。

《明實録》萬曆三十一年九月 〔丁巳〕户部覆江西撫按議，准將被災八分五釐高安縣本年漕糧改五分二釐，每石折銀五錢；被災七分，新建、豐城、奉新、靖安、上高、新昌、清江、新喻、新淦、廬陵、永新、安福十二縣，俱准改折四分；被災六分，寧州、南昌、武寧、峽江、泰和、龍泉、安義七州縣，改折三分，仍照議單，正兑。每石折銀七錢，改兑折銀七錢；被災五分各縣漕粮往例原不議折，仍徵本色。宜春、萬載、分宜、萍鄉，原無漕糧，准將本年南糧照每年事例再折一年，每石折銀五錢，地方不願改折者，聽從民便。至於各被災應免存留錢糧，查照輕重分數分別豁免。上俱允行之。

《明實録》萬曆三十一年十月 戊子，户部覆川貴總督王象乾疏議：新定夷方田糧宜輕，各州縣學驛經費宜停減者停減，其播真原額貴州糧銀三十一百兩，播地既經川貴，勿豁糧銀亦應二省均攤，與夫軍屯養廉田地，候勘明疆界之日補撥編徵，另行具奏。又題稱：委官清查過司府州縣各庫原貯征播，扣回支剩並加泒地畝，夫價見徵未完銀共九十八萬五千五百四十兩有奇，內除抵補蠲免，協濟湖廣賑災借給播民牛種外，尚有銀五十萬五千一百六十七兩有奇，米一十萬七千二百九十二石有奇。自二十八年十月起至三十年十一月止，官兵月糧添設官員驛站、夫馬，修築城池等項支銷，共用銀四十三萬九千三百八十四兩七錢有奇，計所剩存併見徵未完銀七萬九千五百六十兩八錢有奇，共用米一十萬八十一石一斗有奇，豆麥二千七十七石四斗有奇，外剩存變價還官米六萬一千七百六十六石一斗有奇，俱行該司將未完者追納，見存者備用，其支過銀米徑自開銷。俱從之。

《明實録》萬曆三十三年九月 甲戌，户部覆直隸巡按沈時來條議均漕糧一款，種于永平鎮軍民有裨但款從海運轉輸事干重大，俟督撫詳議妥當另行題覆。其裁加糧一款，謂保定標騎等五營，軍士支糧八斗，其來已久，近以戍守之勞，加給一斗，意非不善，而所加之糧，即派于所屯之地，每畝驟加一分四釐有奇，軍實未見其利而先受其害也。依擬將保茂紫荆七衛所屯糧照舊辦納，其新加餉銀除豁免徵，食糧軍士仍止支給八斗。蓋與其拂軍之願而以益者爲累，孰若從軍之願而以減者爲恩也。其兑軍餉一款，謂易鎮所轄兩關六營軍士所仰給度支者二十餘萬金，解運車脚之費不知凡幾，乃保定府歲解太倉及昌平宣府銀兩數亦稱是，而解運車脚之費亦如之。欲扣數兑解以省勞費其理甚正，然昌平、宣府兩鎮額餉各有款項，以難更移。合將解京銀兩准相抵兑，其昌平宣府銀兩仍舊解納爲便。至易井二鎮事同一體，查井陘鎮每年部發主兵銀五萬四千兩，而真定府有應解太倉銀兩亦應于內和抵合行。各該通府自三十三年爲始，保定府將額解京倉稅糧馬草等銀三萬三千八百三十九兩零，解發易州鎮抵充軍餉。不足之數，仍于太倉補發。其吕平、宣府應解銀三萬六千五百二十九兩五錢，連脚價仍舊解運二鎮。真定府將額解京倉夏稅秋糧銀五萬八千三百一十八兩七錢零，于內留五萬四千兩徑解井陘鎮抵作兵餉，其餘照舊差官解京，又該督撫咨查真定府扣兑銀兩，每兩原編損解六釐，該銀三百三十三兩四錢二分，每兩明加五釐，該銀二百七十七兩八錢五分。又額派芝麻奉文每石扣銀九錢五分，共扣銀七百七十九兩，三項通共一千三百九十兩二錢七分，議欲收貯府庫以備井陘鎮給放，閏月軍餉之用及查三十年內本部題准，以後各邊閏餉俱于支剩交官羨餘等項抵收准是，該鎮額餉不多恐還

官每項不足支用，合于指解等項量支補給，積有剩餘仍行報部。至于保守府解抵易州鎮腳價各屬相離，三百里者，每百兩給銀三錢，二百里者每百兩給銀二錢，其餘鄰近州縣照地里計等量給。通俟完日扣筭餘剩之數，差官解部助邊。詔悉從之。

《明實録》萬曆三十七年四月　癸酉，工部侍郎王汝訓以大工煩費，川湖貴採辦難支條言八款：一、減額數。以三省所派木植分爲三運，先盡頭運，又將二運三運之數，各分二子運，俟二運完過一半，算多處爲減少。

一、寛限期。其頭運限以三年，二運、三運分爲四子運，限以二年，總以十年竣事。

一、議幇折。巨材難得，先年奉肅皇帝旨，其木植圍不足者可以幇奏。

一、留用錢糧，湖廣商税已許留充採木，其在川省委應一體留用。

一、議協濟。協濟銀共該三百一十四萬，以各省直均攤，陸續分解。

一、專責成，三省俱各設督木道一員。

一、議進獻。但有土司進獻巨木，即爲加恩。或細過争訟，承襲無階，准行豁免。土舍目把亦給冠帶，以示招徠。

一、通阻泥，或有楚國所買山場楚木過重慶涪萬等處，不得攔阻。疏上候旨。工部復言：向者採榷之使，本以助工，今採木費及千萬。皇上不亟發金錢數百萬，非所以信明綸也。不報。

《明實録》萬曆三十七年十一月　〔丁亥〕總督倉場侍郎孫瑋言：漕糧當議者八事。一、議積欠。凡糧運入倉，但有餘米，俱扣除舊欠，不得以本年完納，概給通關而餘米任其照出。一、議阻凍。儧御史躬督如期，俟船盡達灣而後報命。其漕折銀兩應與漕糧同完。一、議通糧。京倉漸之將來歲通糧多改入京。一、議濕米。其堪放者酌量支給，其極爛不堪者另貯開銷。與積爛於無用之地，不若稍示寛給，以恤貧軍。一、議餘米。但收完一運，查有舊欠，則照例扣抵。如無，則仍前照出，不許官攢需索刁難。一議起欠。凡船糧到壩，即照例起剥。如遇短少，即勒令買補，不得聽捏漂流截收處補。一、議舉利。將起運過壩之日各總有無起欠攙混情弊據實舉行。一、議收放。放糧一以欽限爲重，即官有別政可以暫假軍遇操點可以暫假，而欽限必不可改。户部覆如議。

南京吏科給事中黄起龍言：南京倉儲如錦衣復豹稱高平江陰五差，年來紛紛代庖，倉弊叢生，緣註選司屬厭苦，三年率借他差以去，朦朧考滿。自今禮部賫捧等役不得更假。倉差取替，南咨到部，即行頂補。倉糧虧折，必進論原管。又浦口一年須接代以時水兑三月須更以一年。户部覆上，上曰：註選管差官如何擅自借差，着嚴行禁革，再違的參來重治。餘俱依擬行。

《明實録》萬曆四十三年九月　〔丁酉〕户部疏稱：開墾屯田、扣抵年例俱經題，奉欽依據，陜西督撫等官議將已墾熟地、見墾荒地次第起科，勑勞官吏，分别奬賞，無容他議。惟是屯田責成開墾，原無抵補年例，太倉匱乏可圖漸紓。今既湊支月餉，又云免扣年例，然則年例之發，獨非月餉之資乎？如謂留運積逋鹽課鹽餅，自當責在守土，按法考成，豈可以奉旨修屯之新糧，資有司之積欠，恐所報者，或屬虚數，而朝廷不獲實用矣！況扣抵年例，已奉明旨，而留充鎮用，未免背違。竊恐責成修屯之意，不若是相應議擬請命即將已墾熟地，自今四十三年起科，已墾荒地，自四十四年起科，各徵收就近堡倉，遵照原題扣充年例，互於未墾荒地，嚴行召諭軍民人等盡力開墾，酌量起科，每歲終備將墾過屯田收過屯糧查係額内者仍補額糧，額外者抵充年例，造册奏報，以便稽考，務圖實效。上是之。

《明實録》萬曆四十三年十一月　辛卯，南京屯田御史孫光裕奏報：南直屯田灾傷，議將滁州天長、全椒、鳳陽、泗州等五州縣屯糧比炤重災事例，每石折銀三錢，並將四十年以前積逋暫停一年。户部議覆，上是之。

《明實録》萬曆四十四年十一月　〔甲午〕户部覆山東巡按畢懋康疏言：東省比歲災傷，民困實甚。乞將本年存留夏税盡行蠲免，其臨德倉米每石折銀七錢解納。從之。

《明實録》天啓元年十二月　〔癸酉〕吏科給事中甄淑疏言：皇上爲遼餉而加派，非得已也。然加派因乎田地，而田地或相倍，莅此而同之可乎？田地既不同，則歲入不同，貧富亦不同，上農加派九釐，猶可辦也。若不毛之地，農夫無顆粒之入，責以正賦且難，矧賦外又賦哉。若謂

履畝踏勘，然高下未必得實，反開富豪隱射之徑。即欲照米分泒，而愚民不習攤算，徒滋狡胥賄賂，增減之奸無已，則照納銀之額。因人土之宜而已。蓋天下户口有户口之銀，人丁有人丁之銀，田土有田土之銀，在有司徵收總曰銀額，計銀即計米矣。而户口人丁，在米之外，在銀之中，故照銀加泒似不漏也。東西南北之民，甘苦不同，布帛粟米力役之法，徵納不同，惟守令自知其甘苦而通融其徵納，故因人土之宜，似不偏也。其法以銀額爲主，而通以人情，酌以土俗，要見省直每歲存留起解各項銀兩共若干，就將原加餉額照銀額分泒，總提折扣裒多益寡，定爲省額，須各藩司以通融之法，分爲府額縣額，總不失原餉額，而止從銀起泒，愚者易知，亦可杜奸胥之蠹。此外小民所最苦者，一則無田之糧，田鬻富室。田盡而糧獨存。一則無米之丁，丁附于米，米推而丁無推，宜取額丁與額米兩衡而定其數，米若干即帶丁若干，買田者收米便收丁，鬻田者推米便推丁，在縣册不失丁額以違祖制，在貧民不留空丁以致累陪，而官亦免逋責之難矣。乞行各撫按藩臬有司，自天啓二年後改正施行。又自兵興以來，衝疲州縣有援兵供億之勞，有徵餉之煩，車牛甲仗、硝黄之役，聞偏僻州縣及有未泒者，宜分别極衝次衝，簡僻大小之數而次第之，以齊勞佚平煩簡。至典鋪税契二款，亦有未妥，典鋪者窘民一道活秷鑛不堪而攜貲别徙，誰奈之何？税契祖宗舊規，難言還廢，第恐刁民借釁，訟獄益煩，入官什一，入奸民千百，皆長亂之道也。下部覆議。

《明實録》天啓三年六月〔甲戌〕户科給事中許宗禮奏：山東都司經歷何之望，於天啓元年八月内，投批户部解光禄寺粟米等銀侵匿不納，業經題參，奉旨追問，今經一載，茫無結局，所宜照欠追比問擬如律。然錢糧重大，吏弊無窮，所當申飭者有五：一、選擇宜急。該司府於各屬中體訪醇謹敬事者，凡遇斂解擇而使之，則用得其人，解納自清。一、部文宜速。凡錢糧起解之日，該府類造清册一樣三本，一存庫備照，一送該道藩司，一選差的當人役投部按驗。倉口數目、起銀日期、解官姓名一一開載，以杜假印假文、沉匿侵没之弊。一、印封宜固。銀入鞘時當堂兑封，逐封用印鈐蓋，仍載在册批項下，以憑查驗，則防範既周，姦貪自息。一包攬宜禁。都中積年猾棍專以包攬爲生，涯解官受其啜誘貽害不小，宜嚴加戒諭，毋墮術中。一、連坐宜嚴。斂解責佐貳，而委解府爲政，司道爲監主，誠能互相照管，即有神姦，豈得出入自繇，遲速任意。今後省直解官但有侵欺姦借，聽該部巡視衙門於府道藩司一並指名參處，至該部職司主計亦宜勵積振刷，耐心磨勘，毋憚於勤渠，刻期兑收，毋滋其沉閣，於以起積玩而裕經費，豈曰小補？特旨：何之望奉旨提究，著作速查明，追贓正罪。起解查參等事，俱依議嚴行申飭。

《明實録》天啓三年六月〔壬午〕上視朝。大學士朱國禎行取至京。大學士顧秉謙、朱延禧以國禎到任雖在後，而欽點名次實居先，具疏讓班，上許之，户部尚書陳大道覆倉場總督李宗延疏言：祖制額漕四百萬石灌輸京倉，而永折一項載在令申，後各省直有災旱頻仍，不得已而議災折。邇來有司怠玩，以改徵之積貯視爲本色之盈餘，年復一年，逋欠愈甚。今督臣議一以嚴催，督之巡漕，而罰不及於府道，則有司仍視爲弁髦，誠有如督臣所言者。然以折銀輕賫拖欠與見額併完於一年，恐難責備於閭閻多事之日。今自天啓元年二年併當年額銀如數完解外，其四十八年以前俱作帶徵，自天啓三年爲始，每年限完二分，不完者年終聽巡漕御史叅罰，一以查覈，責之巡倉。太倉錢糧舊係通融支發，出入無稽，恐致泗淆，亦有如督臣所言者。自今另貯别庫，年例借支，本部題准移咨總督衙門比擬京糧之例，掛號給發，出入不明者，聽巡倉御史參處。至於稽查完欠，抵補借支，本折務期足數，而見在挨陳支放，則總督之酌量通融，自盡職掌，皆救時之急著矣。從之。

《明實録》天啓五年四月〔丁亥〕户科給事中陳熙昌奏：今時只知求多於加派，而維正之供不能盡徵，其拖欠於豪强者，宜嚴敕各撫按，責令州縣將每年逋欠各户數目造册，藩司糧道比追，擇其尤者申院追究，容隱者以罷軟論，憲法一申，則天下無不可徵之糧矣！其侵匿在有司者，税契那借别用，宜敕該按臣委廉明推官一員查覈，於每縣項下具一總數造册二本，報南北户部存案，候黄册清查，而欺匿之弊可坐照也。繇一省而推之各省，分計不足，合計有餘，不猶愈於别生端緒，使姦民乘機而鼓釁，小民欲訴而無門乎？章下該部。

《明實録》天啓五年五月〔壬申〕督餉御史王祚昌疏陳三款：一、各省直錢糧拖欠數多，宜嚴立考成之法。一、榆關兵馬有占役、逃亡、倒斃、虚報等情，宜專委監軍道臣著實稽覈。一、各衙門劄委守備千把總等

官，無事則雅善糜餉，有事則掉臂而走，宣通行清汰。上是其言，命外解嚴法考成，拖欠多者道府州縣官俱不許考滿陞遷，違者本官削籍，罪及撫按，稽查兵馬虛冒專責巡關御史，名色將官亟行汰革，仍下部覆如議施行。

《明實録》天啓五年九月〔庚申〕户部覆巡撫山西右僉都御史王惟儉改折倉漕本色一款言：東省濟南兖州二府所屬六十五州縣，應納倉漕糧米俱徵折色，每石八錢，赴水次買米兑發，乃歲久弊滋，賤糴餘羨不歸於官帑，歲歉責值猶取盈於公家。蓋一米耳，既准米折銀，復賫銀買米，周折費幾許調劑，何如就徵本色，稍加脚價三分，官爲收運，清積逋以祛夙蠹，未有善於此者。至臨清嘗盈倉所收本折，原爲諸軍領運赴操應役之需，每歲夏秋冬三季每石折銀四錢，諸軍不勝嗷嗷，惟賴春季本色爲安家續命之膏，若一概折色，穀賤猶足糊口，米貴則闔室枵腹，應仍納本色。俾京抵之畜，本折俱饒，庶足以備緩急而平物情也。上然之。

《明太祖寶訓》卷三《勤民》〔洪武元年二月乙丑〕太祖以立國之初，經營興作必資民力，恐役及貧民，乃命中書驗田出夫。於是省臣奏議，田一頃，出丁夫一人，不及頃者以别田足之。名曰均工夫，遇有興於農隙用之。

太祖諭中書省臣曰：民力有限而徭役無窮，當思節其力，毋重困之。民力勞困，豈能獨安，自今凡有興作不獲已者，暫借其力，至於不急之務，浮汎之役，宜罷之。

《明太祖寶訓》卷四《仁政》〔洪武五年〕十二月甲申，時修浚京師城濠，太祖幸三山門觀之，見有役夫裸行水中，若探物狀。太祖令人問之，則督工吏擲其鋤水中，求之未得。太祖命别取償之，且復問之曰：此類汝鋤乎？對曰類，但比所擲者差短耳。因命壯士赴水求得之，果如所言。

太祖曰：農夫供役月餘，手足皴裂，亦甚勞矣，尚忍加害乎？即捕吏杖之，顧謂丞相汪廣洋曰：今日衣重裘，體猶覺寒，況役夫貧困無衣，其苦何可勝道，命罷其役，仍命臨濠行工部，惟留窑冶及燒石灰匠，其餘匠悉遣還家。

《明太祖寶訓》卷五《寬賦》 洪武十三年三月壬辰朔，命户部減蘇、松、嘉、湖四府重租粮額。

太祖謂之曰：天地生物，所以養民。上之取民，不可盡其利也。夫民猶樹也，樹利土以生民，利食以養養民，而盡其利猶種樹而去其土也。比年蘇松各郡之民，衣食不給，皆爲重租所困。民困於重租而官不知卹，是重賦而輕人，亦猶虞人反裘而負薪，徒惜其毛，不知皮盡而毛無所傅，豈所以養民哉？其賦之重者，宜悉減之。

《明太祖寶訓》卷五《寬賦》〔洪武十三年〕六月戊寅太祖諭户部臣曰：曩者奸臣聚斂，深爲民害。税及天下纖悉之物，朕甚耻焉。自今如軍民嫁娶喪祭之物，舟車絲布之類，皆免税爾。户部其榜示天下，使其周知。

《明太祖寶訓》卷六《懷遠人》 洪武七年三月甲戌，户部奏：播州宣慰司土地，既入版圖，即同王民，當收其貢賦。請令自洪武四年始，每歲納糧二百七十三石，著爲令。兼其所有，自實田賦，竝請徵之。

太祖曰：播州，西南夷之地也。自昔皆入版圖，供貢賦，但當以静治之。苟或擾之，非其性矣。朕君臨天下，彼率先來歸，所有田賦隨其所入，不必復爲定額以徵其賦。

《明太祖寶訓》卷六《懷遠人》 洪武二十一年二月庚申，户部奏：貴州宣慰使靄翠金筑安撫使密定所屬租税累累逋負。蠻人恃其頑險，不服輸送，請遣使督之。

太祖曰：蠻夷僻遠，其知畏朝廷、納賦税，是能遵聲教矣。其逋負豈敢爲耶？必其歲收有水旱之災，故不能及時輸納耳。所逋租悉行蠲免。今宜定其常數，務從寬減。

《明太宗寶訓》卷二《寬賦》 永樂九年六月丁未，雲南溪處甸長官司土官自恩言：本司歲納海肥七萬九千八百索，非本土所產，每歲於臨安府買納。乞准鈔銀爲便。户部以洪武中定額難准折輸。

上曰：取有於無，適以厲民，此有司之過也。況彼遠夷猶當寬恤，豈宜拘舊額？其除之。

《明太宗寶訓》卷二《寬賦》 九月壬午，先有屯種軍擊登聞鼓訴云：踰年在京操練，至秋始還，而本衛責徵子粒，實以公事妨耕，告訴不聽。

上召衛官責問之曰：何得不體人情而刻薄至此？衛官言：初起自都督府必欲追納，遂呈上府所下檄。

上召都督府經歷詰之曰：五穀必種而後有獲，豈若汀蕪溪荇不藉人力自生成乎？且人一身豈當有兩役？皆不能對。

上命刑部臣曰：此輩不恤軍士，爲朝廷斂怨，其治之如律。遂命户部，凡屯田軍以公事妨農務者，悉免徵子粒。著爲令。

《明太宗寶訓》卷二《寬賦》　永樂七年十二月丙寅，山西安邑縣言：縣民逃徙者，田土已荒蕪，而税粮尚責里甲陪納。

上諭行在户部尚書夏原吉曰：百姓必耕以給租税，既棄業逃徙，則租税無出。若令里甲陪納，必致破産。破産不足，必有逃徙，租税愈不足矣。即移文各處，有若此者悉停徵其税。縣官不能撫民致其逃徙者，姑宥罪。令即招撫復業，勿復擾之。

《明太宗寶訓》卷二《寬賦》　永樂十年二月庚申，山西猗氏縣耆民張彦清等言：累歲旱澇，田稼不登，乞以八年九年逋租折納鈔帛。

上諭户部臣曰：田有定租，農安得歲常全收？有司但知科征而已，民非甚不得已，豈肯自言？今累歲旱澇，衣食必不給，鈔幣何從而出？宜悉除之。其耆民人賜鈔二錠遣歸。

《明太宗寶訓》卷二《寬賦》　〔永樂十年〕五月辛亥初，上平定内難，命北京之民始終報效者蠲芻粮徭役，給牒爲信。至是武清縣民百二十餘户以遺所給牒，有司復徵其徭役事聞。

上諭户部臣曰：遺牒是下不謹，復征徭役是上不信。不謹其過小，不信其失大，其悉蠲之。

《明太宗寶訓》卷二《寬賦》　永樂十一年七月乙巳，蘇州之長洲、崑山二縣，湖廣之常德、漢陽、荆州、長沙、沔陽五府州奏：去年河水泛濫，渰没民田，其税粮乞俟今秋徵輸。

上曰：農民終歲勤動，供税之餘，衣食恒不足。既去年田被水灾，而欲以一年所種爲二年之租，民之衣食何由而措？户部宜覆實，蠲其被灾之租。凡蠲田九千頃。

《明太宗寶訓》卷二《寬賦》　十二月庚申，四川漢州什邡縣言：民自永樂五年至十年虧官茶十六萬六百五十斤，乞折輸鈔。

上諭行在户部臣曰：此因近歲役民伐木，妨其採辦。如又令納鈔，民不能堪。況蕞爾小邑，虧茶動以萬計，累年所負，取償一時。有司逼迫之，必有鬻田産子女以免責者。其悉蠲所虧。

《明太宗寶訓》卷二《寬賦》　永樂十二年十一月庚申，蠲蘇、松、嘉、湖、杭五郡水灾田租四十七萬九千七百餘石。初，有司請減半徵之。

上謂户部尚書夏原吉等曰：民田被水無收，未有以賑之，又可徵税耶？於是悉蠲之。

《明太宗寶訓》卷二《寬賦》　永樂二十年十月戊子，山東高密縣言：逃民七百餘户已復業，其累年所負粮芻，上司屢遣催徵，乞寬貸之。

上諭户部臣曰：往古之民，死徙無出鄉，安於王政也。後世之民，賦役均平，衣食有餘，亦豈至於逃徙？比來撫綏者不得人，但有科差，不論貧富一概煩擾，致耕穫失時，衣食不給，不得已乃至逃亡。及其復業，田地荒蕪，廬舍蕩然，農具種子皆無所出。政宜賙卹之，乃復徵其逋負，窮民如此，豈有存活之理爾？户部其申諭有司，繼自今逃民復業者，積年所負粮芻等物，悉與蠲免。

《明太宗寶訓》卷二《卹民》　永樂四年四月戊寅。

上諭户部臣曰：朕念北京數郡之民，比年軍旅，困於供給，故特免租税以優之。其耆老近日多有來謝恩者。今春作方興，老人正當勸督子弟勤力田畝，不宜妨其所務。況衰倦之，人豈堪跋涉遠道？即檄諸郡止之。

户部言：下人受恩感戴，出乎忠誠，恐雖止不從。

上曰：朕心在實惠及民，不務虛文勞民。其止之。

《明太宗寶訓》卷二《卹民》　永樂十七年秋，七月辛亥，工部臣奏請以平江伯陳瑄所統運粮軍士，明年俱赴北京營造。歲用粮儲，宜令各處粮户自輸北京。

上曰：國以農爲本，人之勞莫如農。三時勤力，如有旱暵水溢，歲則寡收，幸足供租税。而官吏需索百出，終歲不免饑寒，又可令運輸數千里之外乎？若令秋收後運來，則北方河已凍，候春煖而運，又妨農作。如其所言，公私俱不便。其令户部議兩便之。

《明太宗寶訓》卷二《仁政》　永樂十五年九月辛巳，上謂行在工部臣曰：四方之人服役京師者，水土異習，加以寒暑勞勤，蓋有致疾而醫

藥久未痊者，此皆盡力奉公，當加恤之。今天氣已寒，其給行粮，遣人護送還家，仍令有司善存撫之。

《明太宗寶訓》卷三《體群情》〔永樂二年〕十一月丙辰，上御奉天門，召成國公朱能諭曰：今天氣愈寒，民築孝陵垣牆者可悉罷歸。未畢之工，令軍士畢之。軍士就役者，日給之鈔。復曰：朕今日夙興，覺寒氣襲體，因思百姓之勞，故命爾不可因循稽緩。軍士就役亦難，但旦出暮歸，比百姓服役數百里之外差異，亦宜恤之，毋盡其力。蓋隆冬盛寒，非先帝陵寢，朕亦不勞之也。

《明太宗寶訓》卷五《懷遠人》永樂元年二月丁卯，户部尚書夏原吉言：雲南麓川平緬宣慰司土官思倫發原輸差發銀六千九百兩，續又增辦一萬八千兩。今思倫發卒，前此有虧欠者皆已蠲之。近西平侯沐晟言，以後續認者難於爲額，俟二三年民食給足，可令再輸。

上曰：馭夷之道，使知歸向進用廷，不失臣節可矣。豈資其利耶？止以原額爲定，增辦者悉除之。

《明仁宗寶訓》卷一《重農》永樂七年三月辛未，上爲皇太子監國南京謂户部侍郎古朴曰：今夏氣將至，農事正急。聞輸賦之人驟於京師，久不得歸，此必所司貪賄，故生事阻滯。其速榜諭，凡運賦所過，官司不即放行，所至倉官不即收受者，皆罪不貸。

《明仁宗寶訓》卷一《恤民》〔洪熙元年〕十月癸卯，通政使言：山東民運粮至通州張家灣，因民家火延粮舟，悉燬。官府責償甚急，民無所出，奏丐緩徵。

上諭户部曰：山東數年水旱民窮，今又厄於此，宜寬恤之。其令每粮一石，準輸鈔四錠。

《明仁宗寶訓》卷一《恤民》〔洪熙元年十月〕癸丑，順德府廣宗縣奏：今歲雨水下田，傷稼頗多，乞蠲其租税。

上謂户部臣曰：比登萊諸郡雨水傷麥，已蠲其永樂二十年逋税，二十一年所逋者令折輸鈔。廣宗可準此例寬恤之。若俟覈實而行，則民因於有司之督。責其速行之，而後令巡按御史審實。不實者罪之。自今各處有告灾者悉準此例。

《明仁宗寶訓》卷一《恤民》〔洪熙元年十月〕乙丑，山西渾源州奏：民逃徙者百餘户，其田荒廢，而歲額未除，請以均分見在之民。

上曰：民窮甚故逃，今以分見在之民，是欲其皆窮而逃也。命户部速除税額。若民有願耕者或逃者復歸就耕，則三年後徵税。

《明仁宗寶訓》卷一《恤民》〔洪熙元年〕十一月癸酉，上諭户部尚書夏原吉等曰：士，民所恃以衣食者。今所在州郡奏除荒田租，得非百姓苦於征徭，相率轉徙歟，抑年饑衣食不給，或加以疫癘而死亡歟？自今一切科徭務樽節。仍命有司，凡政令不便於民者，條具以聞。被灾之處，早奏賑恤。有稽違者，守令處重罪。

《明仁宗寶訓》卷一《恤民》〔洪熙元年十月〕丙午，山東布政使司言：登萊諸郡，今歲雨水傷麥，其前歲所逋税，乞令民以他物代輸。

上命户部議所以寬貸之。户部言：今國用不足。

上曰：君民一體，民貧豈可不恤，宜從所言。其永樂二十年所逋税悉蠲之，二十一年税令以鈔貸輸。

《明仁宗寶訓》卷二《革弊》永樂二十二年九月壬午，上諭工部臣曰：古者土賦隨地所產，不强其所無。比年如丹漆、石青之類，所司更不究物產之地，一概下郡縣徵之。郡縣逼迫小民鳩斂金弊詣京師博易輸納，而商販之徒秉時射利，物價騰踴數十倍。加有不肖官吏夤緣爲奸，計民所費，朝廷得其千百之十一，其餘悉肥下人。今宜切戒此弊。九合用之物，必於出產之地計直市之。若仍蹈故習，一概科泒以毒民者，必誅不宥。

《明宣宗寶訓》卷二《惇信》〔宣德元年〕三月庚戌，巡按監察御史姚震奏：山東諸州縣夏税小麥奉命折鈔，已徵在官。今户部仍追小麥乞准鈔爲便。

上從其言，謂户部尚書夏原吉等曰：令出惟行，不惟反前行。折鈔復改徵麥，何以取信於民？卿等朕所倚任，切須留意。

《明宣宗寶訓》卷二《惇信》〔宣德元年〕七月乙未，以山東無麥，下詔免其夏税。

上謂户部尚書夏原吉曰：山東民食大半仰麥，今久不兩，麥已無收。秋穀亦未可知。朕特免其夏税。但舊聞詔書所蠲，户部每復催徵。或云已收在官，或云傷未甚，多方沮格，致朝廷失信於民。稷思天下有飢者猶己

飢之；伊尹作相，一夫失所，若撻地市。卿，國之大臣，宜體此心，慎勿復蹈前弊。

《明宣宗寶訓》卷二《惇信》〔宣德元年二月〕辛未，巡按山西監察御史張政言：各處逃民近奉詔書令其復業，逋負税粮悉爲蠲免，歡騰遠迩，莫不來歸。今户部仍徵前所負租。原其舊徵久棄，生計尚無，若復追徵，則恐又逃。

上謂户部尚書夏原吉等曰：逃民初歸，固當寬恤。大赦之後，何逋不除，豈可謂初未申聞，便要徵納累年逋負，民何以堪，其即下有司，皆與蠲免。

《明宣宗寶訓》卷二《惜民力》宣德三年三月癸卯，行在工部尚書吴中言：山西人夫在京用工者，今當更代。

上曰：山西去年旱，人民艱食者多，自給未能，安可役之，凡被災之處，一切停止，見役於京者，即皆遣還。

《明宣宗寶訓》卷二《恤民》宣德四年四月庚辰，陝西綏德州奏：去年旱灾，州民艱食而上司賦役浩繁，如運粮、運茶之類，乞稍寬之。

上覽奏，以示行在户部尚書郭敦等曰：卿等寧不與朕同憂乎？恤民力當如救焚，豈可以緩？運粮可酌量使之，運茶之類，一切停止。

《明宣宗寶訓》卷二《恤民》〔宣德七年〕十月己未，山西平陽府蒲州萬全縣丞何福全言：本縣民充軍及死亡，所負粮草悉屬存者代納。又令運送京師及邊衛，民不勝救。比又令民辦納薪炭。乞蠲所負，而粮草之運輸者止就近處，併乞止薪炭之役。

上謂行在户部、工部臣曰：山西土薄民貧，朕恒念之。加以徭税如此，人何以堪？自今粮草輸官者，改就近地，荒地租税及薪炭悉蠲之。

《明宣宗寶訓》卷三《寬賦》洪熙元年八月辛未，行有户部奏：鎮江府金擅縣官民田二千餘頃，水灾無收，應納粮未免。

上曰：田無收則民無食，尚可徵粮乎？即與開豁。

《明宣宗寶訓》卷三《寬賦》〔洪熙元年〕九月丙午，福建連江縣奏：永樂初，户口蕃多，歲輸鹽粮二千餘石。後户口減而粮額如舊，皆小民代輸。

上諭行在户部臣曰：計口給鹽，以米輸官。口既耗減而猶准舊額徵米，是厲民也。即令有司勘實徵收，無拘舊文。

《明宣宗寶訓》卷三《寬賦》宣德四年三月壬子，四川安縣茶户杜思聰訴：本户茶株枯槁，人丁死亡，積欠茶課郡縣責徵日急。乞如例免雜役，得專辦課。

上諭尚書郭敦曰：茶之利，蜀人資之，不但爲公家之用。今有司以他役苦之，則民不得盡力於此矣。即令四川郡縣緩其徵，茶户當免徭役者皆免之。又曰：宋陳恕爲三司使，稍增茶課取利，當時非之。此事今任於卿，歲課決不可增。果虚耗則當減税課，但當從寬耳。

《明宣宗寶訓》卷三《寬賦》宣德九年五月乙未，行在户部奏：昨江西宜黄縣耆民李崇政等言，縣民連年遭疫，死亡者多。官田重租，艱於納徵。乞如舊例折納土産苧布，以爲民便。

上曰：舊例折布，正以租重故也。況今民多死亡，何忍復徵米，使生者重困乎？宜從其言。

《明宣宗寶訓》卷三《寬賦》宣德元年十一月戊申，巡按湖廣監察御史劉性善奏：武昌荆州諸郡縣旱潦民饑，税粮難徵。今又該運米百餘萬石赴北京，乞寬恤。

上諭行在户部尚書夏原吉曰：國與民本同一體。民既無食，若復逼迫之，是不卹民。凡被灾處，税粮皆令折收布鈔。遠運之粮，令於見有倉儲内運米。

《明宣宗寶訓》卷三《寬賦》宣德五年二月癸巳，敕行在户部曰：各處舊額官田起科不一，租粮既重，農民弗勝。自今年爲始，每田一畝舊額納粮自一斗至四斗者，各減十分之二，自四斗一升至一石以上者，減十分之三。永爲定例。

《明宣宗寶訓》卷三《寬賦》宣德七年三月庚申朔，敕行在户部曰：近年百姓税粮遠運艱難，官田粮重，艱難尤甚。自宣德七年爲始，但係官田塘地，税粮不分古額近額，悉依宣德五年二月二十日恩例減免。中外該管官員。不許故違。

《明宣宗寶訓》卷三《寬賦》〔宣德七年三月〕辛酉，上諭尚書胡濙曰：朕昨以官田賦重，百姓苦之，詔減什之三，以蘇民力。此令務在必行。《書》曰：民惟邦本，本固邦寧。有子曰：百姓不足，君孰與

足。卿等皆士人，豈不知此？

《明宣宗寶訓》卷四《體群情》〔洪熙元年〕八月丁丑，貴州水德江長官張沂奏：奉部符令，民計口納食鹽鈔，貴州郡縣皆溪洞蠻民，自耕以食，商旅不至，無貨易鈔，乞賜免納。

上諭行户部臣曰：貴州邊遠之地，蠻民何由得鈔？朕方綏撫欲其安業。若令納鹽鈔，未必不至驚擾。方面郡縣皆不以聞，卿等亦不慮及此，官土乃能言之，是土官能恤民也。其免之。

《明宣宗寶訓》卷四《武備》宣德五年正月丙寅，上御左順門，謂行在兵部尚書張本等曰：馬軍比之步軍尤爲勞苦，盖自備軍裝爲難。今後馬軍户内再免一丁差役，以助給之。

《明宣宗寶訓》卷五《屏異端》宣德六年九月辛未，行在户部言：宛平縣民以果園地施崇國寺，請蠲其税。

上曰：民地衣食之資，乃以賜僧，又求免税，甚無謂。令亟以還民。

《明英宗寶訓》卷一《崇儒》正統八年八月壬辰，復宋儒周敦頤、程顥、程頤、司馬光、朱熹子孫。先是，順天府推官徐郁言：諸儒俱有功聖門，後世是賴。宜卹其子孫，俾修祠墓。

上命所司訪其後，至是以聞。

上曰：我朝崇儒重道，有隆無替。今去諸儒未遠，苟弗卹其子孫，豈稱崇重之意？然恩典亦不可濫，其嫡派子孫宜免差徭。

《明英宗寶訓》卷二《恤民》〔正統七年〕二月辛亥，直隸河間府滄州知州上官儀奏：本州連歲水澇蝗旱相仍，民食匱乏，惟拾草子自給。去歲官貸預備倉糧，乞暫停徵，以俟豐稔。

上曰：倉廪之積，本以爲民。歉則給之，俟豐而斂，當如是也。即從其請。

《明英宗寶訓》卷二《恤民》正統八年七月乙亥，山東水利場鹽課司奏場竈户因蝗旱災傷，賦役煩重，棄家逃移者甚多。拋下鹽課無從徵納，乞爲開豁。見在竈户，乞優免差徭。

上謂户部臣曰：優免竈户，祖宗令典。有司奈何不行，其已逃竄者，逋負額課悉爲停徵。見在者，不許泛差。

《明英宗寶訓》卷二《恤民》正統十一年五月戊子，河南布政司奏：彰德府林縣田地近太行山，石厚土薄，山水衝決，不堪耕種者一千六十五頃。夏秋二税賠納艱難。户部覆奏，請暫停徵。

上曰：税本乎田，田既不可耕，則税何從出？若復逼責之，豈恤民之道？俟更造版籍時，悉與除豁。

《明英宗寶訓》卷二《恤民》正統六年四月癸巳，上諭户部尚書劉中敷等曰：預備之政，本以爲民。今農事方殷，民多艱食，爾等急移文各處，其預備粮儲已完者，差去官即便回京，未完者亦俟秋成，從容整理民願，輸粮以助賑貸。若不願者，不許威脅。更須嚴約下人，無令生事。違者罪之不宥。

《明英宗寶訓》卷二《恤將士》正統三年七月甲辰，巡撫大同宣府行在都察院右僉都御史盧睿言：開平衛原窖米一萬一千餘石，今衛徙獨石，其米宜發軍運回備用。又言：山西行都司及萬全都司所屬衛所新闢地畝，先已報官徵税。今年久弊滋，丁多地少者日加墾闢，地存人亡者日就荒蕪。宜遣官覆視其山岡沙鹻不堪耕種及荒蕪之地，悉蠲其税。新闢地者徵之。

上曰：邊士艱苦，不可重勞。窖米令征哨者就食於彼，新闢之地勿徵其税。其已徵税而地荒蕪及不堪耕者，悉蠲之。

《明憲宗寶訓》卷三《漕運》成化元年十一月丁未，户部以所議漕運參將袁佑上言事宜覆奏。

上曰：律條明開，收受税粮聽令納户親自行概平斛交收。比來收粮者作弊多端，且每石加耗米一尖不過五升。今軍官願明加一斗，可見官攢人等侵害過多。今後收粮俱用平斛，聽令旗軍行概每石耗米五升，二十斛加與一石。落地餘米旗軍自收，不許隨斛上倉，亦不許官攢人等勒要囤基財物。仍命張睿等嚴加禁約，敢有仍前作弊，許令巡倉御史參奏究問。

《明孝宗寶訓》卷三《荒政》弘治五年七月戊戌，户部言：舊例凡災三分以下者，税粮不免，三分以上遞減之。比順天府所屬州縣以旱歲覈實數告，間有不當免者，但京畿民困，尤宜加恤。今年夏税請照數悉與蠲免。從之。

《明世宗寶訓》卷五《裁恩澤》嘉靖六年十一月甲午，大學士楊一清言：近畿八府土田，多爲各監局及歲畹勢豪之家請討。乞行禁絶。

上曰：卿等所奏，深合朕意。近年裏八府地方多有被奸人將軍民徵粮地土投獻於勢要之家，朦朧奏討作爲莊田，侵占强奪，捶撻逼取地租。雖節經奏訴，委官勘斷，終不明白。民既失其常產，何所恃以爲命？逼迫逃竄者實多。京畿如此，在外可知。便着户部差侍郎一員，科道各差風憲公直官一員，領敕前去各該地方踏看，不問王親勢要，除已賞有田土足勾的不動，但係泛濫乞討及額外多占侵奪民產曾經奏訴的，查吊籍册。再勘。是實，都退與軍民照舊管業。各項草場亦有將軍地土混占，致令失業，一体清查斷理。在外地方都行與各該巡按御史，委官查勘。各王府及功臣之家除祖宗朝欽賜有文籍册可質証的不動，但係近年乞討及多餘侵占的，都給還軍民住種納粮當差。各處勢要官員亦有將軍民世業指作無糧抛荒地土及將係官山場湖蕩草塗等項勢囑官司奪爲己有，都要清出，從公處置。僧寺田土，小民與他耕種，租粮本輕，多被官豪違例典買，倚勢兼併，田連阡陌，科取重租。甚至將僧舍屋宇占爲住居，也要查明改正。事完各另造册回報户部。職司人民務要從實查考，以稱朕恤民固本之意。承委官員如有畏避權勢不行從公勘報的，指實參來究治。

《明史》卷二《成祖紀》 永樂元年五月丁丑，除天下荒田未墾者額稅。癸未，宥死罪以下，遞減一等。庚寅，捕山東蝗。丁酉，河南蝗，免今年夏稅。

《明史》卷二《成祖紀》 〔永樂三年三月〕甲寅，免湖廣被水田租。【略】

夏六月己卯，中官鄭和帥舟師使西洋諸國。庚辰，中官山壽等帥兵出雲州覘敵。甲申，夏原吉等振蘇、松、嘉、湖饑。免天下農民户口食鹽鈔。庚寅，胡奃謝罪，請迎陳天平歸國。

秋九月丁酉，蠲蘇、松、嘉、湖水災田租，凡三百三十八萬石。丁巳，徙山西民萬户實北京。

《明史》卷六《成祖紀》 〔永樂〕六年春正月丁巳，岷王楩復有罪，罷其官屬。辛酉，大祀天地於南郊。二月丁未，除北京永樂五年以前逋賦，免諸色課程三年。三月癸丑，寧陽伯陳懋鎮寧夏。乙卯，除河南、山東、山西永樂五年以前逋賦。

《明史》卷七《成祖紀》 〔永樂十九年〕夏四月庚子，奉天、華蓋、謹身三殿災，詔羣臣直陳闕失。乙巳，詔罷不便於民及不急諸務，蠲十七年以前逋賦，免去年被災田糧。冬十一月辛酉，分遣中官楊實、御史戴誠等覈天下庫藏出納之數。

《明史》卷八《仁宗紀》 〔洪熙元年〕夏四月壬寅，帝聞山東及淮、徐民乏食，有司徵夏稅方急，乃御西角門詔大學士楊士奇草詔，免今年夏稅及秋糧之半。士奇言：上恩至矣，但須户、工二部預聞。帝曰：救民之窮當如救焚拯溺，不可遲疑。有司慮國用不足，必持不決之意。趣命中官具楮筆，令士奇就門樓書詔。帝覽畢，即用璽付外行之。顧士奇曰：今可語部臣矣。

《明史》卷九《宣宗紀》 〔宣德元年〕秋七月癸巳，京師地震。乙未，免山東夏稅。己亥，諭六科，凡中官傳旨，必覆奏始行。壬子，罷湖廣採木。

《明史》卷九《宣宗紀》 〔宣德七年〕三月庚申，下詔行寬卹之政。辛酉，諭禮部曰：朕以官田賦重，十減其三。乃聞異時蠲租詔下，户部皆不行，甚者戒約有司，不得以詔書爲辭。是廢格詔令，使澤不下究也。自今令在必行，毋有所遏。

夏四月辛丑，免山西逋賦。壬寅，募商中鹽輸粟入邊。六月癸卯，禄囚。癸丑，罷中官入番市馬。【略】

是秋，免兩畿及嘉興、湖州水災稅糧。冬十一月辛酉，召督漕平江伯陳瑄、侍郎趙新等歲終至京議糧賦利弊。

《明史》卷一二《英宗後紀》 〔天順四年〕夏四月己酉，分遣内臣督浙江、雲南、福建、四川銀課。壬子，襄王瞻墡來朝。五月壬午，免畿内、浙江被災秋糧。己亥，罷中官督蘇、杭織造。六月癸亥，免湖廣被災稅糧。

《明史》卷一三《憲宗紀》 〔成化元年〕秋七月己酉，免天下軍衛屯糧十之三。甲子，振兩畿、浙江、河南饑。【略】〔二年六月〕乙巳，免今年天下屯糧十之三。

《明史》卷一三《憲宗紀》 〔成化〕四年春正月甲戌，大祀天地於南郊。三月甲子，免湖廣被災秋糧。甲申，詔中外勢家毋得擅請田土。

《明史》卷二四《莊烈帝紀》 〔崇禎十六年〕六月癸亥，詔免直省

殘破州縣三餉及一切常賦二年。

《明史》卷一四七《解縉傳》 臣觀地有盛衰，物有盈虛，而商稅之征，率皆定額。是使其或盈也，姦黠得以侵欺；其歉也，良善困於補納。夏稅一也，而茶椒有糧，菓絲有稅。既稅於所產之地，又稅於所過之津，何其奪民之利至於如此之密也。且多貧下之家，不免拋荒之咎。今日之土地，無前日之生植，而今日之徵聚，有前日之稅糧。或賣產以供稅，產去而稅存；或賠辦以當役，役重而民困。土田之高下不均，起科之輕重無別，膏腴而稅反輕，瘠鹵而稅反重。欲拯困而革其弊，莫若行授田均田之法，兼行常平義倉之舉。積之以漸，至有九年之食無難者。

《明史》卷一五〇《楊砥傳》 成祖即位，起鴻臚寺卿，乞終制。服闋，擢禮部侍郎，坐視河渠失職，降工部主事，改禮部。永樂十年遷北京行太僕寺卿。時吴橋至天津大水決堤傷稼。砥請開德州東南黄河故道及土河以殺水勢。帝命工部侍郎藺芳經理之。定牧馬法，請令民五丁養種馬一匹，十馬立羣頭一人，五十馬立羣長一人，養馬家歲蠲租糧之半。而薊州以東至山海諸衛，土地寬廣，水草豐美，其屯軍人養種馬一匹；租亦免半。帝命軍租盡蠲之。餘悉從其議。於是馬大蕃息。

《明史》卷一五三《周忱傳》 時宣宗屢下詔減官田租，忱乃與知府況鍾曲算累月，減至七十二萬餘石，他府以次減，民始少甦。七年，江南大稔，詔令諸府縣以官鈔平糴備振貸，蘇州遂得米二十九萬石。故時公侯祿米，軍官月俸，皆支於南户部。蘇、松民轉輸南京者，石加費六斗。忱奏令就各府支給，與船價米一斗，所餘五斗，通計米四十萬石有奇，并官鈔所糴，共得米七十萬餘石，遂置倉貯之，名曰濟農。振貸之外，歲有餘羨。凡綱運、風漂、盜奪者，皆借給於此，秋成，抵數還官。其修圩、築岸、開河、濬湖所支口糧，不責償。耕者借貸，必驗中下事力及田多寡給之，秋與糧並賦，凶歲再振。其姦頑不償者，後不復給。定爲條約以聞。帝嘉奬之。終忱在任，江南數大郡，小民不知凶荒，兩稅未嘗逋負，忱之力也。

時漕運，軍民相半。軍船給之官，民則僦舟，加以雜耗，率三石致一石，往復經年失農業。忱與平江伯陳瑄議，民運至淮安或瓜洲水次交兑，漕軍運抵通州。淮安石加五斗，瓜洲又益五升。其附近并南京軍未過江者，即倉交兑，加與過江米二斗，襯墊蘆席與折米五合。兑軍或後期阻風，則令州縣支贏米。設廒於瓜洲水次，遷米貯之，量支餘米給守者。由是漕費大省。

《明史》卷一六一《況鍾傳》 況鍾，字伯律，靖安人。初以吏事尚書吕震，奇其才，薦授儀制司主事。遷郎中。

宣德五年，帝以郡守多不稱職，會蘇州等九府缺，皆雄劇地，命部、院臣舉其屬之廉能者補之。鍾用尚書蹇義、胡濙等薦，擢知蘇州，賜敕以遣之。

蘇州賦役繁重，豪猾舞文爲奸利，最號難治。鍾乘傳至府。初視事，羣吏環立請判牒。鍾佯不省，左右顧問，惟吏所欲行止。吏大喜，謂太守闇易欺。越三日，召詰之曰：前某事宜行，若止我；某事宜止，若强我行；若輩舞文久，罪當死。立捶殺數人，盡斥屬僚之貪虐庸懦者。一府大震，皆奉法。鍾乃蠲煩苛，立條教，事不便民者，立上書言之。

清軍御史李立勾軍暴，同知張徽承風指，動以酷刑抑配平人。鍾疏免百六十人，役止終本身者千二百四十人。屬縣逋賦四年，凡七百六十餘萬石。鍾請量折以鈔，爲部議所格，然自是頗蠲減。又言：近奉詔募人佃官民荒田，官田準民田起科，無人種者除賦額。崑山諸縣民以死徙從軍除籍者，凡三萬三千四百餘户，所遺官田二千九百八十餘頃，應減稅十四萬九千餘石。其他官田没海者，賦額猶存，宜皆如詔書從事。臣所領七縣，秋糧二百七十七萬九千石有奇。其中民糧止十五萬三千餘石，而官糧乃至二百六十二萬五千餘石，有畝徵至三石者，輕重不均如此。洪、永間，令出馬役於北方諸驛，前後四百餘匹，期三歲遣還，今已三十餘歲矣。馬死則補，未有休時。工部征三梭闊布八百匹，浙江十一府止百匹，而蘇州乃至七百，乞敕所司處置。帝悉報許。

《明史》卷一八二《王恕傳》 還南京數月，遷兵部尚書，參贊如故。考選官屬，嚴拒請託，同事者咸不悦。而錢能歸，屢譖恕於帝。帝亦銜恕數直言，遂命兼右副都御史巡撫南畿。舊制，應天、鎮江、太平、寧國、廣德官田徵半租，民田全免。其後，民田率歸豪右，而官田累貧民。恕乃量減官田耗，稍增之民田。常州時有羨米，乃奏以六萬石補夏稅，又補他府户口鹽鈔六百萬貫，公私便焉。所部水災，奏免秋糧六十餘萬石。

周行振貸，全活二百餘萬口。江南歲輸白糧，民多至破產，而光禄概以給庖人、賤工。又中官暴横，四方輸上供物，監收者率要羨入。織造繒綵及採花卉禽鳥者，絡繹道路。恕先後論列，皆不納。

《明史》卷二一四《馬森傳》　是時，登極詔書蠲天下田租半。太倉歲入少，不能副經費，而京、通二倉積貯無幾。森鉤校搜剔，條行十餘事。又列上錢穀出入之數，勸帝節儉。帝手詔責令措置，森奏：祖宗舊制，河、淮以南以四百萬供京師，河、淮以北以八百萬供邊。一歲之入，足供一歲之用。後邊陲多事，支費漸繁，一變而有客兵之年例，再變而有主兵之年例。其初止三五十萬耳，後漸增至二百三十餘萬。屯田十虧七八，鹽法十折四五，民運十逋二三，悉以年例補之。在邊則士馬不多於昔，在太倉則輸入不益於前，而所費數倍。重以詔書蠲除，故今日告匱，視往歲有加。臣前所區畫，算及錙銖，不過紓目前急，而於國之大體，民之元氣，未暇深慮。願廣集衆思，令廷臣各陳所見。又奏河東、四川、雲南、福建、廣東、靈州鹽課事宜。詔皆如所請。帝嘗命中官崔敏發户部銀六萬市黄金。森持不可，且言，故事御札皆由内閣下，無司禮徑傳者，事乃止。既又命購珠寶，森亦力争，不聽。三年以母老乞終養。賜馳驛歸，後屢薦不起。

《明史》卷二一四《劉體乾傳》　帝以財用絀，詔廷臣集議。多請追宿逋，增賦額。體乾獨上奏曰：蘇軾有言豐財之道，惟在去其害財者。今之害最大者有二，冗吏、冗費是也。歷代官制，漢七千五百員，唐萬八千員，宋極冗至三萬四千員。本朝自成化五年，武職已逾八萬。合文職，蓋十萬餘。今邊功陞授、勳貴傳請、曹局添設、大臣恩廕，加以廠衛、監局、勇士、匠人之屬，歲增月益，不可悉舉。多一官，則多一官之費。請嚴敕諸曹，清革冗濫，減俸將不貲。又聞光禄庫金，自嘉靖改元至十五年，積至八十萬。自二十一年以後，供億日增，餘藏頓盡。進御果蔬，初無定額，止斥内監片紙，如數供御。乾没狼籍，輒轉鬻市人。其他諸曹，侵盗尤多。宜著爲令典，歲終使科道臣會計之，以清冗費。二冗既革，國計自裕。舍是，而督逋、增賦，是揚湯止沸也。於是部議請汰各監局人匠。從之。

累官通政使，遷刑部左侍郎。改户部左侍郎，總督倉場。隆慶初，進南京户部尚書。南畿、湖廣、江西銀布絹米積逋二百六十餘萬，鳳陽園陵九衛官軍四萬，而倉粟無一月儲。體乾再疏請責成有司，又條上六事，皆報可。

馬森去，召改北部。詔取太倉銀三十萬兩。體乾言：太倉銀所存三百七十萬耳，而九邊年例二百七十六萬有奇，在京軍糧商價百有餘萬，薊州、大同諸鎮例外奏乞不與焉。若復取以上供，經費安辦？帝不聽。體乾復奏：今國計絀乏，大小臣工所共知。即存庫之數，乃近遣御史所搜括，明歲則無策矣。今盡以供無益費，萬一變起倉卒，如國計何！於是給事中李已、楊一魁、龍光，御史劉思問、蘇士潤、賀一桂、傅孟春交章乞如體乾言，閣臣李春芳等皆上疏請，乃命止進十萬兩。又奏太和山香税宜如泰山例，有司董之，毋屬内臣。忤旨，奪俸半年。

帝嘗問九邊軍餉、太倉歲發及四方解納之數。體乾奏：祖宗朝止遼東、大同、宣府、延綏四鎮，繼以寧夏、甘肅、薊州，又繼以固原、山西，今密雲、昌平、永平、易州俱列戍矣。各鎮防守有主兵。其後增召募，增客兵，而坐食愈衆。各鎮芻餉有屯田。其後加民糧，加鹽課，加京運，而横費滋多。因列上隆慶以來歲發之數。又奏：國家歲入不足供所出，而額外陳乞者多。請以内外一切經費應存革者，刊勒成書。報可。

詔市緜二萬五千斤，體乾請俟湖州貢。帝不從，趣之急。給事中李已言：三月非用緜時，不宜重擾商户。體乾亦復争，乃命止進萬斤。踰年詔趣進金花銀，且購貓睛、祖母緑諸異寶。已上書力諫，體乾請從已言，不納。内承運庫以白劄索部帑十萬。體乾執奏，給事中劉繼文亦言白劄非體。帝報有旨，竟取之。體乾又乞承運庫減税額二十萬，爲中官崔敏所格，不得請。是時内供已多，數下部取太倉銀，又趣市珍珠黄緑玉諸物。體乾清勁有執，每疏争，積忤帝意，竟奪官。給事中光懋、御史凌琯等交章請留，不聽。

《明史》卷二一四《葛守禮傳》　隆慶元年起户部尚書。奏言：畿輔、山東流移日衆，以有司變法亂常，起科太重，徵派不均。且河南北，山東西，土地磽瘠，正供尚不能給，復重之徭役。工匠及富商大賈，皆以無田免役，而農夫獨受其困，此所謂舛也。乞正田賦之規，罷科差之法。又國初徵糧，户部定倉庫名目及石數價值，通行所司，分派小民，隨倉上

納，完欠之數瞭然可稽。近乃定爲一條鞭法，計畝徵銀。不論倉口，不問石數。吏書夤緣爲奸，增減灑派，弊端百出。至於收解，乃又變爲一串鈴法，謂之夥收分解。收者不解，解者不收，收者獲積餘之貲，解者任賠補之累。夫錢穀必分數明而後稽覈審，今混而爲一，是爲那移者地也。願敕所司，酌復舊規。詔悉舉行。於是奏定國計簿式，頒行天下。自嘉靖三十六年以後完欠、起解、追徵之數及貧民不能輸納，備録簿中。自府州縣達布政，送户部稽考，以清隱漏那移侵欺之弊。又以户部專理財賦，必周知天下倉庫盈虚，然後可節縮調劑。祖宗時令天下歲以文册報部，乃請遣御史譚啓、馬明謨、張問明、趙巖分行天下董其事，並承敕以行。覃恩例賞邊軍，或言士伍虚冒，宜乘給賞汰之。守禮言：此朝廷曠典，乃以賈怨耶？議乃止。

《明史》卷二二五《王國光傳》　萬曆元年奏言：國初，天下州縣存留夏税秋糧可一千二百萬石。其時議主寬大，歲用外，計贏銀百萬有餘。使有司歲徵無缺，則州縣積貯自豐，水旱盗賊不能爲災患。今一遘兵荒，輒留京儲，發内帑。由有司視存留甚緩，苟事催科則謂擾民，弊遂至此。請行天下撫按官，督所司具報出入、存留、逋負之數，臣部得通融會計，以其餘濟邊。有司催徵不力者，悉以新令從事。制可。京軍支糧通州者，候伺甚艱。國光請遣部郎一人司之，名坐糧廳。投牒驗發，無過三日，諸軍便之。天下錢穀散隸諸司，國光請歸併責成：畿輔府州縣歸福建司，南畿歸四川司，鹽課歸山東司，關税歸貴州司，淮、徐、臨、德諸倉歸雲南司，御馬、象房及二十四馬房芻料歸廣西司。遂爲定制。

《明史》卷二二七《賈三近傳》　神宗嗣位，起户科給事中。萬曆元年，平江伯陳王謨以太后家姻，夤緣得鎮湖廣。三近劾其垢穢，乃不遣。給事中雒遵，御史景嵩、韓必顯劾譚綸被謫，三近率同列救之，詔增供用庫黄蠟歲二萬五千，三近等又諫，皆不從。時方行海運，多覆舟，以三近言罷其役。肅王縉熿，隆慶間用賄以輔國將軍襲封，至是又請復莊田，三近再疏争，遂弗予。初，有令征賦以八分爲率，不及者議罰。三近請地凋敝者減一分，詔從之。中官温泰請盡輸關税、鹽課於内庫，三近言課税本饟邊，今屯田半蕪，開中法壞，塞下所資惟此，苟歸内帑，必誤邊計。議乃寢。頃之，擢太常少卿。再遷南京光禄卿，請假歸。

《明史》卷二五六《畢自嚴傳》　詔輯《賦役全書》。自嚴言：全書之作，自行一條鞭始，距今已四十五年。有一事而此多彼少者，其弊爲混派。有司聽奸吏暗灑瓜分，其弊爲花派。當大爲申飭。因條八式以獻。帝即命頒之天下。

給事中汪始亨極論盗屯損餉之弊。自嚴言：相沿已久，難於覈實。請無論軍種民種，一照民田起科。帝是其議。先是，忠賢亂政，邊餉多缺，自嚴給發如期。又疏言：最耗財者無如客餉。諸鎮年例合三百二十七萬，而客餉居三之一，宜大裁省。其次則有撫賞、召買、修築諸費，皆不可不節。帝褒納之。

其冬，京師被兵，帝憂勞國事，旨中夜數發。自嚴奏答無滯，不敢安寢，頭目臃腫，事幸無乏。明年夏，以六罪自劾，乞罷，優旨慰留。先以考滿加太子少保。敘遵、永克復功，再進太子太保。

兵部尚書梁廷棟請增天下田賦，自嚴不能止。於是舊增五百二十萬之外，更增百六十五萬有奇，天下益耗矣。已，陳時務十事，意主利民，帝悉採納。又以兵餉日增，屢請清覈，而兵部及督撫率爲寢閣。復乞汰内地無用之兵，帝即令嚴飭，然不能盡行也。

《明史》卷二五六《李長庚傳》　四十六年，遼東用兵，議行登、萊海運。長庚初言不便，後言：自登州望鐵山西北口，至羊頭凹，歷中島、長行島抵北信口，又歷兔兒島至深井，達蓋州，剥運一百二十里，抵娘娘宫，陸行至廣寧一百八十里，至遼陽一百六十里，每石費一金。部議以爲便，遂行之。

明年二月特設户部侍郎一人兼右僉都御史，出督遼餉，駐天津，即以長庚爲之。奏行造淮船、通津路、議牛車、酌海道、截幫運、議錢法、設按臣、開事例、嚴海防九事。時議歲運米百八十萬石，豆九十萬石，草二千一百六十萬束，銀三百二十四萬兩。長庚請留金花，行改折，借税課，言：臣考會計録，每歲本色、折色通計千四百六十一萬有奇。入内府者六百餘萬，入太倉者，自本色外，折色四百餘萬。内府六百萬，自金花籽粒外，皆絲綿布帛蠟茶顔料之類，歲久皆朽敗。若改折一年，無損於上，有益於下。他若陝西羊羢，江、浙織造，亦當稍停一年，濟軍國急。帝不悦，言：金花籽粒本祖宗舊制，内供正額及軍官月俸，所費不貲，安得

借留？其以今年天津、通州、江西、四川、廣西上供税銀，盡充軍費。於是户科給事中官應震上言：考《會典》，於内庫則云，金花銀，國初解南京供武俸，諸邊或有急，亦取給其中。正統元年始自南京改解内庫。嗣後除武官俸外，皆爲御用。是金花銀國初常以濟邊，而正統後方供御用也。會典於太倉庫則云，嘉靖二十二年題准諸處京運錢糧，不拘金花籽粒，應解内府者悉解貯太倉庫，備各邊應用。是世宗朝金花盡充兵餉，不知陛下初年何故斂之於内也。今不考各邊取給應用之例，而反云正供舊額，何相左若是。至武官月俸，歲不過十餘萬，乃云所費不貲哉。且原數一百萬，陛下始增二十萬，年深日久，顛末都忘。以臣計之，毋論今年當借，即嗣後年年借用可也。毋論未來者當濟邊，即見在内帑者盡還太倉可也。若夫物料改折，隆慶元年曾行之以解部濟邊，六年又行於南京監局，亦以濟邊。此則祖宗舊制，陛下獨不聞耶？帝卒不聽。

（清）查繼佐《罪惟録》紀卷二《惠宗紀》〔建文二年〕二月，許江浙人得官户部。命均江浙賦役。

（清）查繼佐《罪惟録》紀卷三《太宗紀》永樂九年辛卯春正月，復命英國公輔總兵，會黔國公晟勦交趾叛寇。赦交趾軍民罪犯，停征税課三年。

（清）查繼佐《罪惟録》紀卷四《仁宗紀》〔弘熙元年〕夏四月，免租，山東及淮徐半税。停罷一切官買物料。士奇曰：或令户、工部知之。上曰：稍侯之。有司慮國用不足，必有不足之議，内璽以行。

（清）查繼佐《罪惟録》紀卷五《宣宗紀》宣德六年辛亥春正月，詔北直隸地方新墾荒田永不起科。

（清）查繼佐《罪惟録》紀卷五《宣宗紀》〔宣德六年八月〕宛平縣民以果園地施崇國寺，户部請蠲其税，上曰：民地衣食之資，棄所資而求免税，不可。勒還民。

（清）查繼佐《罪惟録》紀卷九《憲宗紀》〔成化元年〕夏四月，減孔子子孫田租三分之二。

（清）查繼佐《罪惟録》紀卷一〇《孝宗紀》〔弘治六年〕閏五月，免應天等處秋糧，禁勳戚奏乞莊田。

（清）查繼佐《罪惟録》紀卷一一《武宗紀》〔正德九年〕十二月，户部侍郎馮清奏陝西邊糧皆改徵折邑。諸太監出鎮爲守備，爲採珠，爲市船，其管營者，指揮以下得軍法從事。

（清）查繼佐《罪惟録》紀卷一二《世宗紀》〔嘉靖二年六月〕詔親王不許代郡王分外奏請。以災傷，除漕運外，各税俱減五分。

（清）查繼佐《罪惟録》紀卷一二《世宗紀》〔嘉靖二十四年〕二月詔：被鹵地方招撫流移，給牛種，蠲賦十年。撤元世祖廟祀，毁其像。

（清）查繼佐《罪惟録》紀卷一四《神宗紀》萬曆四年秋七月，上以恤災賜民田租奉行不實，敕責有司。時京倉所儲足支八年，獨大帑無羨金，而民間復苦輸粟，詔賜民改折十之三。

（清）查繼佐《罪惟録》紀卷一六《熹宗紀》〔天啓六年閏六月〕免天啓元年以前帶徵錢糧。

（清）查繼佐《罪惟録》紀卷一七《毅宗紀》〔崇禎十二年〕五月，出帑金三十萬濟餉，仍令補償。山西按察副使魏士章請遣官四出，盡括天下隱匿錢糧充餉，上從之。【略】

九月，免各州縣田租有差。

（清）查繼佐《罪惟録》紀卷一七《毅宗紀》〔崇禎十五年〕二月，免省直十二年以前逋税及蠟茶等課。山東饑，並免十二年以前罰贖。論釋輕繫。免四川貢扇三年。【略】

六月，免開封、河南、歸德、汝州去年田租。

（清）查繼佐《罪惟録》紀卷一七《毅宗紀》〔崇禎十五年六月〕以馮元飈爲兵部尚書，破例改倪元璐爲户部尚書。元璐疏兵餉之權不宜分而爲二，請蠲逋賦四百餘萬，上是之。旋起李邦華代元飈兵部。

（清）查繼佐《罪惟録》紀卷一七《毅宗紀》〔崇禎十六年〕冬十月，令天下有司贖鍰遵例積穀外，盡行充餉。再括民間廢銅鑄錢。免懷來、桐城田租。十一月，詔臣民有助餉立功者録之。

（清）查繼佐《罪惟録》志卷一〇《貢賦志》歲額税糧：國初，總計天下税糧，共二千九百四十三萬石。十三年，詔減松蘇嘉湖重糧。用兵時，定制，民百畝出一夫。

《明史》卷一五《孝宗紀》〔弘治三年〕二月壬辰，免河南被災秋

糧。甲午，户部請免南畿、湖廣税糧。上曰：凶歲義當損上益下。必欲取盈，如病民何。悉從之。三月丙辰，命天下預備倉積粟，以里數多寡爲差，不及額者罪之。

《明史》卷一六《武宗紀》〔弘治十八年五月〕壬寅，即皇帝位。以明年爲正德元年，大赦天下，除弘治十六年以前逋賦。

《明史》卷二〇《神宗紀》〔萬曆〕六年春正月，築決河堤。二月戊戌，免兗、青、登、萊所屬逋賦。【略】

夏四月乙未，免湖廣、四川逋賦。丙午，詔户部歲增金花銀二十萬兩。六月乙未，張居正還京師。

秋七月乙卯，吕調陽致仕。丙子，詔江北諸府民，年十五以上無田者，官給牛一頭、田五十畝開墾，三年後起科。九月庚午，詔蘇州諸府開墾荒田，六年後起科。辛未，停刑。

《明史》卷二〇《神宗紀》〔萬曆七年〕三月甲子，免淮、揚逋賦。

夏五月癸亥，祀地於北郊。六月辛卯，蠲兩畿、山東、陝西勳戚田賦。

秋七月壬子，振蘇、松水災，蠲免糧。【略】

〔八年冬十月〕乙巳，振蘇、松、常、鎮饑。十一月丙子，詔度民田。

《明史》卷二〇《神宗紀》〔萬曆十年〕丁酉，免天下積年逋賦。

【略】

五月庚申，免先師孔子及宋儒朱熹、李侗、羅從彦、蔡沈、胡安國、游酢、真德秀、劉子翬，故大學士楊榮後裔賦役有差。庚辰，振畿内饑。六月丁亥朔，日有食之。壬寅，振太原、平陽、潞安饑。

《明史》卷二一《神宗紀》〔萬曆二十六年六月〕戊午，中官李敬採珠廣東。【略】

秋七月丙戌，中官魯保鬻兩淮餘鹽。八月丁丑，京師地震。九月壬辰，免浙江被災田租。

《明史》卷二一《神宗紀》〔二十七年春二月〕壬子，分遣中官領浙江、福建、廣東市舶司。【略】

夏四月甲戌，御午門，受倭俘。是月，臨清民變，焚税使馬堂署，殺其參隨三十四人。閏月丙戌，以倭平，詔天下，除東征加派田賦。己丑，久旱，敕修省。丙申，以諸皇子婚，詔取太倉銀二千四百萬兩。户部告匱，命嚴覈天下積儲。

冬十月壬午，振京城饑民。丙戌，以播州用兵，加四川、湖廣田賦。戊子，貴州宣慰使安疆臣有罪，詔討賊自贖。十一月己酉，免河南被災田租。癸酉，振畿輔及鳳陽等處饑。十二月丁丑，武昌、漢陽民變，擊傷税使陳奉。戊子，振京師就食流民。

《明史》卷二一《神宗紀》〔萬曆〕二十九年春正月壬子，以播州平，詔天下，蠲四川、貴州、湖廣、雲南加派田租逋賦。

《明史》卷二一《神宗紀》〔萬曆四十六年〕九月壬辰，遼師乏餉，有司請發各省税銀，不報。辛亥，加天下田賦。【略】

四十八年春正月庚子，朝鮮乞援。三月庚寅，復加天下田賦。【略】

〔秋七月〕丙申，崩，年五十有八。遺詔罷一切榷税併新增織造諸項。

《明史》卷二二《熹宗紀》〔天啓二年二月〕戊寅，免天下帶徵錢糧二年及北畿加派。【略】

〔九月〕壬寅，御史馮英請設州縣兵，按畝供餉，從之。

工商税雜税法制部

先秦分部

論説

《禮記正義》卷一二《王制》 古者公田藉而不税，市廛而不税，鄭玄注：廛，市物邸舍，税其舍，不税其物。關譏而不征，鄭玄注：譏，譏異服，識異言。征亦税也。《周禮》：國凶札，則無門關之征，猶譏也。

疏：關譏而不征者，征，税也。關，竟上門也。譏，謂呵察。公家但呵察非違，不税行人之物。此夏殷法，周則有關門之征，但不知税之輕重。若凶年則無税也，猶須譏禁，禁謂防遏。

《禮記正義》卷一六《月令》〔仲秋之月〕是月也，易關市，來商旅，納貨賄，以便民事。四方來集，遠鄉皆至，則財不匱，上無乏用，百事乃遂。鄭玄注：易關市，謂輕其税，使民利之。商旅，賈客也。匱亦乏也。遂猶成也。

疏：正義曰：關市之處，輕其賦税，不爲節礙，是易關市也。關市既易，則商旅自來，是來商旅也。商旅既來，則貨賄自入，是納貨賄也。以此之故，便利民人之事，四方摠來聚集，遠鄉於是皆至。貨賄既多，則庫財不匱，所須皆供，故國無乏用，上下豐足，故百事乃遂。遂，成也。百事皆成，於此之時，興舉其事，無逆天之大數，必須順其陰陽之時，謹慎因其事類，不可煩亂妄爲。

《周禮注疏》卷一五《地官司徒·廛人》 廛人，掌斂市絘布、緫布、質布、罰布、廛布，而入于泉府。布，泉也。鄭司農云：絘布，列肆之税布。杜子春云：總當爲儳，謂無肆立持者之税也。玄謂總讀如租穗之穗。穗布謂守斗斛銓衡者之税也。質布者，質人所罰犯質劑者之泉也。罰布者，犯市令者之泉也。廛布者，貨賄諸物邸舍之税。絘，音次，本或作次。總，劉依杜音儳，鄭音摠。儳，音讒。穗，音摠。

疏：注布泉至之税。釋曰：知布泉一物者，此布皆入泉府，故知泉布一也。是以《外府》云掌布，注云：取其水泉流通無不偏也。杜子春云總當爲儳，謂絘布，列肆之税布者，謂在行肆坐賣物之常税也。先鄭云無肆立持者之税也者，後鄭不從，爲守斗斛銓衡者之税也者，此經廛人掌依行肆者，故不得爲無肆立持，故破從租穗之穗，穗布是守斗斛銓衡之税。下《肆長》云斂其總布，是無肆立持，故注從子春，總當爲儳也。云質布者，質人所罰犯質劑者之泉也者，謂犯質劑，違券書罰泉也。云罰布者，犯市令者之泉也者，謂司市有教令，其人犯之，使出泉。云廛布者，貨賄諸物邸舍之税者，謂在行肆，官有邸舍，人有置物於中，使之出税，故云廛布也。

凡屠者，斂其皮角筋骨，入于玉府。以當税，給作器物也。其無皮角及筋骨不中用，亦税之。

疏：凡屠至玉府。釋曰：云屠者，謂屠殺豕羊之類，其人亦有地税。因其屠，即取皮角筋骨堪飾器物者，使入玉府也。注以當至税之。釋曰：知以當税者，謂若山虞、澤虞之等所出税，皆云以當邦賦，邦賦即地税之類是也。云無皮角及筋骨不中用，亦税之，謂若羊牛有皮角及筋骨，其豕則無之類，是不中用，亦使出物之税，以當邦賦之處。

凡珍異之有滯者，斂而入于膳府。故書滯或作廛。鄭司農云：謂滯貨不售者，官爲居之。貨物沈滯於廛中，不決，民待其直以給喪疾，而不可售賈賤者也。廛謂市中之地未有肆而可居以畜藏貨物者也。《孟子》曰：市廛而不征，法而不廛，則天下之商皆説而願藏於其市矣。謂貨物；貯藏於市中而不租税也，故曰廛而不征。其有貨物久滯於廛而不售者，官以法爲居取之，故曰法而不廛。玄謂滯讀如沉滯之滯。珍異，四時食物也。不售而在廛，久則將瘦臞腐敗。爲買之入膳夫之府，所以紓民事而官不失實。官爲，于僞反，下同。畜，敕六反。説，音悦。貯，知吕反，本或作貯，又作褚，皆同。藏，如字，劉本作葬，音同。瘦，本又作瘦，所又反。臞，其俱反，又作臞，音稍。紓，音舒，劉常汝反。

疏：凡珍至膳府。釋曰：云凡珍異之有滯者，謂四時珍美異味，買者遂少，沈滯不售者也。云斂而入于膳府者，謂官以泉府之財買取之，入於膳夫之府，以供官食。注故書至失實。釋曰：先鄭云謂滯貨不售者，官爲居之，經直爲珍異，非貨物先鄭以貨物，解之故後鄭不從也。先鄭又云廛謂市中之地未有肆而可居以畜藏貨物者，但廛雖非肆，是官之邸舍，

不得爲空地，故後鄭不從。引《孟子》市廛而不征者，周則廛有征，上文廛布是也。云不征者，非周法。又云法而不廛，則與此經同。故先鄭引之，後鄭增成其義也。云久則將瘦臞腐敗者，《考工記·梓人》云大胷臞後，臞是細小之義，故云瘦臞腐敗，是以爲買之。

《周禮注疏》卷一五《地官司徒·賈師》　賈師，各掌其次之貨賄之治，辨其物而均平之，展其成而奠其賈，然後令市。辨，别也。賈，音古，下注賈師同。奠，音定。别，彼列反。

疏：賈師至令市。釋曰：案《序官》云賈師二十肆則一人，與胥師數同，故云各掌其次之貨賄之治也。云辨其物而均平之者，此與胥師所掌同。云展其成而奠其賈者，則與胥師異，以其知物價故也。

凡天患，禁貴儥者，使有恒賈，恒，常也。謂若𥟅米穀棺木，而睹久雨疫病者貴賣之，因天災害阸民，使之重困。重，直用反。

疏：注恒常至重困。釋曰：鄭云謂若𥟅米穀棺木者，以其天患無過凶荒札喪，故鄭知富人豫𥟅米穀以擬凶荒，豫𥟅棺木以擬死，而睹久雨疫病賣之也。

四時之珍異亦如之。蔫宗廟之物。

疏：四時至如之。釋曰：此珍異亦是富人賤時豫𥟅，而後貴時賣之。注蔫宗廟之物。釋曰：案《月令》，四時有珍異之物，皆云先蔫寢廟，故鄭以爲蔫宗廟，舉重而言也。

凡國之賣儥，各帥其屬而嗣掌其月。儥，買也。故書賣爲買。鄭司農云：謂官有所斥賣，賈師帥其屬而更相代直月，爲官賣之，均勞逸。更，音庚。爲官，于僞反。

疏：注儥買至勞逸。釋曰：先鄭云謂官有所斥賣者，斥謂指斥出之。故鄭注《大宰》亦云幣餘，謂占賣國之斥幣，義與此同也。云賈師帥其屬而更相代者，賈師之下有羣賈，亦二肆則一人者，使之更互相代也。

凡師役、會同，亦如之。

疏：凡師至如之。釋曰：此亦從行所在當直，爲官賣買也。

《管子·問》　關者，諸侯之陬隧也，房玄齡注：謂陬隅之道也。而外財之門户也，房玄齡注：他國之財因之而入。萬人之道行也。房玄齡注：謂因此出入。明道以重告之，房玄齡注：當明道路之令，再重而告之。征於關者，勿征於市；房玄齡注：征於關，謂行商。征於市者，勿征於關。房玄齡注：征於市，謂坐賈。

《商君書·墾令》　重關市之賦，則農惡商，商有疑惰之心。農惡商，商疑惰，則草必墾矣。

以商之口數使商，令之廝、輿、徒、重者必當名，則逐逸而商勞。

《商君書·墾令》　壹山澤，則惡農、慢惰倍欲之民無所於食。無所於食則必農，農則草必墾矣。

《國語·齊語》　桓公知諸侯之歸己也，故使輕其幣而重其禮。故天下諸侯罷馬以爲幣，縷綦以爲奉，鹿皮四个；諸侯之使垂囊而入，稛載而歸。故拘之以利，結之以信，示之以武，故天下小國諸侯既許桓公，莫之敢背，就其利而信其仁、畏其武。桓公知天下諸侯多與己也，故又大施忠焉。可爲動者爲之動，可爲謀者爲之謀，軍譚、遂而不有也，諸侯稱寬焉。通齊國之魚鹽於東萊，韋昭注：言通者，則先時禁之矣。東萊，齊東萊夷也。使關市幾而不征，韋昭注：幾，幾異服，識異言也。征，税也。取魚鹽者不徵税，所以利諸侯，致遠物也。以爲諸侯利，諸侯稱廣焉。

（宋）朱熹《四書章句集注·孟子集注》卷二《梁惠王章句下》　王曰：王政可得聞與？對曰：昔者文王之治岐也，耕者九一，仕者世禄，關市譏而不征，澤梁無禁，罪人不孥。老而無妻曰鰥。老而無夫曰寡。老而無子曰獨。幼而無父曰孤。此四者，天下之窮民而無告者。文王發政施仁，必先斯四者。《詩》云：哿矣富人，哀此煢獨。【略】岐，周之舊國也。九一者，井田之制也。方一里爲一井，其田九百畝。中畫井字，界爲九區。一區之中，爲田百畝。中百畝爲公田，外八百畝爲私田。八家各受私田百畝，而同養公田，是九分而税其一也。世禄者，先王之世，仕者之子孫皆教之，教之而成材則官之。如不足用，亦使之不失其禄。蓋其先世嘗有功德於民，故報之如此，忠厚之至也。關，謂道路之關。市，謂都邑之市。譏，察也。征，税也。關市之吏，察異服異言之人，而不征商賈之税也。澤，謂瀦水。梁，謂魚梁。與民同利，不設禁也。孥，妻子也。惡惡止其身，不及妻子也。先王養民之政：導其妻子，使之養其老而恤其幼。不幸而有鰥寡孤獨之人，無父母妻子之養，則尤宜憐恤，故必以爲先也。

（宋）朱熹《四書章句集注·孟子集注》卷三《公孫丑章句上》　市廛而不征，法而不廛，則天下之商皆悦而願藏於其市矣。廛，市宅也。張子

曰：或賦其市地之廛，而不征其貨；或治以市官之法，而不賦其廛。蓋逐末者多則廛以抑之，少則不必廛也。

（宋）朱熹《四書章句集注・孟子集注》卷三《公孫丑章句上》　廛無夫里之布，則天下之民皆悦而願爲之氓矣。《周禮》：宅不毛者有里布，民無職事者，出夫家之征。鄭氏謂：宅不種桑麻者，罰之使出一里二十五家之布；民無常業者，罰之使出一夫百畝之税，一家力役之征也。今戰國時，一切取之。市宅之民，已賦其廛，又令出此夫里之布，非先王之法也。氓，民也。

（宋）朱熹《四書章句集注・孟子集注》卷四《公孫丑章句下》　古之爲市也，以其所有易其所無者，有司者治之耳。有賤丈夫焉，必求龍斷而登之，以左右望而罔市利。人皆以爲賤，故從而征之。征商，自此賤丈夫始矣。孟子釋龍斷之説如此。治之，謂治其爭訟。左右望者，欲得此而又取彼也。罔，謂罔羅取之也。從而征之，謂人惡其專利，故就征其税，後世緣此遂征商人也。

（明）王圻《稗史匯編》卷七一《政原》　神農始以日中爲市而立廛，湯始設關，周公始制關市之征，管仲始税魚鹽，齊景公始置山海池澤園林之税，漢文帝始税酒，武帝加税商舟車皮鐵糟醋及契本，唐太宗始税草，趙贊始税竹木茶漆，裴延齡始爲和買。

（清）顧炎武《日知録》卷七《廛無夫里之布》　有夫布，有里布。《周禮・地官》載師職曰：凡宅不毛者，有里布。凡里不耕者，出屋粟。凡民無職事者，出夫家之征。閭師職曰：凡無職者，出夫布。鄭司農云：里布者，布參印書，廣二寸，長二尺，以爲幣，貿易物。《詩》云：抱布貿絲，抱此布也。或曰：布，泉也。《春秋傳》曰：買之百兩一布。又廛人職掌斂市之絘布、緫布、質布、罰布、廛布。玄謂宅不毛者罰以一里二十五家之泉。《集注》未引閭師文，今人遂以布專屬于里。

（清）孫希旦《禮記集解》卷一三《王制》　市廛而不税，鄭氏曰：廛，市物邸舍也。税其舍，不税其物。市，貿易之所也。

（清）孫希旦《禮記集解》卷一三《王制》　關譏而不征，鄭氏曰：關，界上之門。譏，譏異服，譏異言。征亦税也。賈氏公彦曰：王畿千里，王城在中，面有五百里。界首面置三關，則十二關。愚謂《左傳》介僵之關疏云：國之正法，竟界之上乃有關。齊於竟內更置關，不與常禮同。是關惟界上有之。譏而不征，謂譏察異言異服之人而不税其貨物之往來者也。

（清）焦循《孟子正義》卷四《梁惠王下》　昔者文王之治岐也，耕者九一，仕者世禄，關市譏而不征，澤梁無禁，罪人不孥。注：言往者文王爲西伯時，始行王政，使岐民脩井田，八家耕八百畝，其百畝者，以爲公田及廬井，故曰九一也。紂時税重，文王復行古法也。仕者世禄，賢者子孫必有土地。關以譏難非常，不征税也。陂池魚梁不設禁，與民共之也。【略】

正義曰：《史記・殷本紀》言紂厚賦税，以實鹿臺之錢，而盈鉅橋之粟。《淮南子・要略訓》云：紂爲天子，賦斂無度。是紂時税重也。趙氏佑《温故録》云：《王制》：古者，公田藉而不税，市廛而不税，關譏而不征，林麓川澤，以時入而不禁，夫圭田無征。與孟子此文脗合。鄭氏注謂：古者爲殷時，則正是紂廢其法，而文獨脩行之。【略】此仕者世禄，比例天下之内諸侯，不可世爵，祇可世禄。則世禄謂世食其采地，故云賢者子孫解世字也，必有土地解禄字也。昭公三十一年《公羊傳》云：賢者子孫，宜有地也。趙氏所本也。《五經異義》引《古春秋左氏》説：卿大夫得世禄，不世位，父爲大夫死，子得食其故采地；如有賢才，則復父故位。《毛詩・大雅・文王篇》凡周之士，不顯亦世，傳云：世者，世禄也。【略】《廣雅・釋詁》云：譏，問也。問亦難也。《周禮・地官・大司徒》制天下之地征，注云：征，税也。

（清）焦循《孟子正義》卷七《公孫丑上》　市廛而不征，法而不廛，則天下之商，皆悦而願藏於市矣。注：廛，市宅也。古者無征，衰世征之。《王制》曰：市廛而不税。《周禮・載師》曰：國宅無征。法而不廛者，當以什一之法，征其地耳，不當征其廛宅也。正義曰：《王制》，《小戴禮記》篇名。鄭氏注云：廛，市物邸舍，税其舍不税其物。載師，《周禮》地官之職。注云：征，税也。鄭司農云：國宅，城中宅也。無征，無税也。玄謂：國宅，凡官所有宫室，吏所治者也。《載師職》云：以廛里任國中之地。注云：鄭司農云：廛，市中空地未有肆，城中空地未有宅者。玄謂：廛里者，若今云邑里居矣。廛，民居之區域也。里，居也。蓋商與民居於國中，皆有廛。商賈所居之廛在市，《王制》市廛而不税是也。此國宅不專指市中之宅，凡民之居，與官吏之居，皆可統稱。趙氏以市宅亦在其中，故引以爲證。然則廛而不征謂商賈居此宅，不征其税，與鄭氏税其舍不税其物之説不同，故云古者無征，衰世征之。謂古者並此舍亦不征税；税其舍者，衰世也。《地官・廛人》：凡珍異之有滯者，斂而入於膳府。

注云：故書滯或作廛。鄭司農云：謂滯貨不售者，官爲居之，貨物沉滯於廛中不決，民待其直以給喪疾，而不可售賣賤者也。廛，謂市中之地，未有肆而可居以蓄藏貨物者也。孟子曰：市廛而不征，法而不廛，則天下之商，皆悦而願藏於其市矣。謂貨物儲藏於市中而不租税也，故曰廛而不征。其有貨物久滯於廛而不售者，官以法爲居取之，故曰法而不廛。玄謂：不售而有廛久則將瘦臞腐敗，爲買之入膳夫之府，所以舒民事而官不失實。此先鄭解説廛而不征，謂貨物藏於此而不征税，與後鄭異。趙氏蓋本先鄭《廛人》掌斂布緫布質布罰布廛而入於泉府注云：廛布者，貨賄諸物邸舍之税。後鄭據此，故注《王制》，以廛爲税其舍，即此貨賄諸物邸舍之税也。但明曰廛而不征，是不征即不征此廛之税。賈公彦疏云：周則廛有征，上文廛布是也。云不征者，非周法。蓋趙氏以《周禮》非文王之法，文王治岐，關市不征，故不依《周禮》也。趙氏謂法而不廛者，當以什一之法，征其地耳，不當征其廛宅。則是法而不廛乃申明上廛而所以不征之故，謂當以什一之法，征其一夫百畝之地，不當征其市中之舍，與先鄭氏所説亦不同。先鄭以貨物有滯而不售，以法出之，使不久滯于市廛，趙氏所不用也。《序官》廛人注云：故書廛爲壇。杜子春讀壇爲廛，説云市中空地。玄謂：廛，民居區域之稱。賈氏疏云：《遂人》云夫一廛，田百畝及《載師》廛里任國中之地，皆是民之所居區域。又其職有廛布，謂貨賄停儲邸舍之税，即市屋舍名之爲廛，不得爲市中空地。按杜子春仍兼顧壇墠之義，故以市中空地解之，司農與之同。然廛非壇墠也。星之次舍爲躔，廛猶躔也。故後鄭以爲民居區域，市物邸舍，商賈貨物，宜藏舍之中，不得儲於空地。趙氏不用空地之説，以爲市宅，是也。

（清）焦循《孟子正義》卷七《公孫丑上》 關譏而不征，則天下之旅，皆悦而願出於其路矣。注：言古之設關，但譏禁異言，識異服耳，不征税出入者也。故《王制》曰：古者關譏而不征。《周禮·大宰》曰：九賦，七曰關市之賦。《司關》曰：國凶札則無關門之征，猶譏。《王制》謂文王以前也。文王治岐，關譏而不征，《周禮》有征者，謂周公以來。孟子欲令復古去征，使天下行旅悦之也。正義曰：《王制》注云：譏，譏異服，識異言。征亦税也。《周禮》：國凶札，則無門關之征，猶譏也。孔氏正義云：關，境上門也。譏，謂呵察。公家但呵察非違，不税行人之物。此夏殷法，周則有門關之征，但不知税之輕重，若凶年則無税也，猶須譏禁。大宰，天官冢宰也。司關，地官職，司貨賄之出入者，掌其治禁與其征廛。注云：征廛者，貨賄之税，與所止邸舍也。關下亦有邸客舍，其出布如市之廛，是《周禮》關市有征也。《周禮》，相傳以爲周公所作，故以爲周公以來也。猶譏，《周禮》作幾，古字通。賈氏疏云：《孟子》陳正法與周異。

（清）焦循《孟子正義》卷七《公孫丑上》 廛無夫里之布，則天下之民，皆悦而願爲之氓矣。注：里，居也。布，錢也。夫，一夫也。《周禮·載師》曰：宅不毛者有里布，田不耕者出屋粟。凡民無職事者，出夫家之征。《孟子》欲使寬獨夫去里布，則人皆樂爲之民矣。氓者，謂其民也。正義曰：《載師》注：鄭司農云：宅不毛者，謂不樹桑麻也。布，泉也。孟子曰：廛無夫里之布，則天下之民，皆悦而願爲其民矣。故曰宅不毛者有里布，民無職事出夫家之征。欲令宅樹桑麻，民就四業，則無税賦以勸之也。玄謂：宅不毛者，罰以一里二十五家之泉。空田者，罰以三家之税粟。民雖有閒無職事者，猶出夫税家税也。夫税者，百畝之税，家税者，士徒車輦給繇役。鄭氏注《禮記·檀弓》云：古者謂錢爲帛布。韋昭注《國語·周語》云：錢者，金幣之名，古曰泉，後轉曰錢。是布爲錢，即爲泉也。江氏永《羣經補義》云：凡民居區域關市邸舍通謂之廛，上文廛而不征，法而不廛之廛是市宅，此廛謂民居，即《周禮》上地夫廛，許行願受一廛之廛，非市宅也。布者，泉也，亦即錢也。非布帛之布。夫布見《周禮·閭師》凡無職者出夫布，謂閒民爲民傭力者，不能赴公旬三日之役，使之出一夫力役之泉，猶後世之僱役錢也。里謂里居，即《孟子》收其田里之里，非二十五家也。里布見《地官·載師》：凡宅不毛者有里布。謂有宅不種桑麻，或荒其地，或爲臺榭游觀，則使之出里布，猶後世凡地皆有地税也。此皆民之常賦。戰國時一切取之非傭力之閒民，已有力役之征，而仍使之别出夫布。宅有種桑麻，有嬪婦布縷之征，而仍使之别出里布。是額外之征，借夫布、里布之名而横取者，今皆除之，則居廛者皆受惠也。周氏柄中《辨正》云：《周禮·閭師》凡民無職者出夫布，《載師》凡宅不毛者有里布，即此夫里之布是已。注中止據《載師》而不及《閭師》，《載師》之無職事者，是游手浮泛之人，夫家之征，所以罰

之也。《閭師》之無職者，則九職中之閒民，非游手也。夫布乃其常賦，非罰也。太宰九職。一曰閒民無常職，轉移執事。《載師》之無職事者，無職而並不事事也。《閭師》之無職者，無常職也。而轉移職事，則猶有事也。故但曰無職而不曰無職事。《閭師》疏：劉氏問：夫家之征與夫布，其異如何？鄭答云：夫家之征者田税，如今租矣。夫布者，如今算斂在凡賦中者也。按鄭氏解兩夫字不同，解夫字，不當用一夫百畝之税之説。夫布者，論丁出錢以爲賦，猶漢口税之法。漢口率出泉，概施之有職，周則惟施之閒民而已。趙氏佑《温故録》云：夫家之征，乃夫税、家税二事，本非經所及，趙氏注廣言之也。

（清）焦循《孟子正義》卷九《公孫丑下》　古之爲市也，其所有易其所無者，有司者治之耳。有賤丈夫焉，必求龍斷而登之，以左右望而罔市利。人皆以爲賤，故從而征之。征商自此賤丈夫始矣。注：古者市置有司，但治其爭訟，不征税也。賤丈夫，貪人可賤者也。入市則求龍斷而登之，龍斷，謂堁斷而高者也。左右占望，見市中有利，罔羅而取之。人皆賤其貪，故就征取其利，後世緣此，遂征商人。【略】古者，謂周公以前，《周禮》有關市之賦也。正義曰：《易·繫辭傳》云：日中爲市，致天下之民，聚天下之貨，交易而退，各得其所，蓋取諸噬嗑。交易，即以所有易所無。彼此各有所有，各有所無，一交易，而無者皆有，故各得其所。【略】《周禮·地官》有司市、質人、廛人、胥師、賈師、司虣、司稽，皆市官。司市以質劑結信而止訟，以賈民禁僞而除詐，以刑罰禁虣而去盜，凡市入，胥執鞭度守門，市之羣吏平肆，展成奠賈，上旌于思次以令市，市師涖焉，而聽大治大訟。胥師、賈師涖于介次，而聽小治小訟。此有司治爭訟也。廛人掌斂布、絘布、總布、質布、罰布、廛布而入于泉府。是周時有征税，不征税，是周公以前也。詳見上篇。《音義》出龍斷，云：丁云：案龍與隆，聲相近。隆，高也。蓋古人之言耳，如胥須之類也。張云：斷如字，或讀如斷割之斷，非也。陸云：龍斷，謂罔壟斷而高者。如陸之釋，則龍音壟。又出堁字，云：丁云：《廣雅》音課，《開元文字》音塊。翟氏灝《考異》云：《列子·湯問篇》説愚公移山事云：自此冀之南，漢之陰，無隴斷焉。可爲陸善經説龍斷之確證。《説文》買字下引下文，直作登壟斷。三家之釋，要惟陸氏爲長。段氏玉裁《説文解字注》云：買，市也。从网貝。孟曰登壟斷而网市利，此引以証從网貝之意也。壟《孟子》作龍，丁公著讀爲隆，陸善經乃讀爲壟，謂罔壟斷而高者。按趙注釋爲堁斷而高者也。堁，塵壓也。高誘云：楚人謂塵爲堁。趙本蓋作尨斷。尨，塵雜之貌。囂塵不到，地勢睪高之處也。古書尨、龍二字多相亂，許書亦當作尨斷，淺人以陸善經説，改爲壟耳。《方言》云：占，猶瞻也。《毛詩·邶風》：瞻望弗及。此以占釋望，占望即瞻望也。罔，説文作网，重文罔，今作網。《毛詩·王風》雉離于羅，傳云：鳥網曰羅。是罔市利爲罔羅而取利也。《禮記·檀弓》云從而謝焉，注云：從，猶就也。故以就釋從。

（清）焦循《孟子正義》卷二八《盡心下》　孟子曰：古之爲關也，將以禦暴；今之爲關也，將以爲暴。注：古之爲關，將以禦暴亂，譏閉非常也。今之爲關，反以征税出入之人，將以爲暴虐之道也。正義曰：《周禮·地官·司關》：國凶札則無關門之征，猶幾。注云：謂無租税，猶苛察，不得令姦人出入。幾即譏也。

（清）戴望《管子校正》卷九《問》　關者諸侯之陬隧也。謂陬隅之道也。而外財之門户也。他國之財，因之而入。萬人之道行也。謂因此出入。明道以重告之。當明道路之令再重而告之。征於關者，勿征於市。征於關謂行商。征於市者，勿征於關。征於市謂坐賈。虚車勿索。索虚車，益其煩擾。徒負勿入。徒負貨既寡，故勿令入其征。以來遠人，關征如此，可以來遠人。十六道同。齊國凡有十六道，皆置關，並同此令。

秦漢分部

綜述

《史記》卷三《平準書》　商賈以幣之變，多積貨逐利。於是公卿言：郡國頗被菑害，貧民無產業者，募徙廣饒之地。陛下損膳省用，出禁錢以振元元，寬貸賦，而民不齊出於南畝，商賈滋衆。貧者畜積無有，皆仰縣官。異時算軺車賈人緡錢皆有差，請算如故。諸賈人末作貰貸賣買，居邑稽諸物，及商以取利者，雖無市籍，各以其物自占，率緡錢二千而一算。諸作有租及鑄，率緡錢四千一算。非吏比者三老、北邊騎士，軺車以一算；商賈人軺車二算；船五丈以上一算。匿不自占，占不悉，戍邊一歲，没入緡錢。有能告者，以其半畀之。賈人有市籍者，及其家屬，皆無得籍名田，以便農。敢犯令，没入田僮。【略】

卜式相齊，而楊可告緡偏天下，中家以上大抵皆遇告。杜周治之，獄少反者。乃分遣御史廷尉正監分曹往，即治郡國緡錢，得民財物以億計，奴婢以千萬數，田大縣數百頃，小縣百餘頃，宅亦如之。於是商賈中家以上大率破，民偷甘食好衣，不事畜藏之產業，而縣官有鹽鐵緡錢之故，用益饒矣。

《漢書》卷二四下《食貨志》　商賈以幣之變，多積貨逐利。於是公卿言：郡國頗被災害，貧民無產業者，募徙廣饒之地。陛下損膳省用，出禁錢以振元元，寬貸，而民不齊出南畝，商賈滋衆。貧者畜積無有，皆仰縣官。異時算軺車賈人之緡錢皆有差，請算如故。諸賈人末作貰貸賣買，居邑貯積諸物，及商以取利者，雖無市籍，各以其物自占，率緡錢二千而算一。諸作有租及鑄，率緡錢四千算一。非吏比者、三老、北邊騎士，軺車一算；商賈人軺車二算；船五丈以上一算。匿不自占，占不悉，戍邊一歲，没入緡錢。有能告者，以其半畀之。賈人有市籍，及家屬，皆無得名田，以便農。敢犯令，没入田貨。【略】

楊可告緡偏天下，中家以上大氐皆遇告。杜周治之，獄少反者。乃分遣御史廷尉正監分曹往，（往）即治郡國緡錢，得民財物以億計，奴婢以千萬數，田大縣數百頃，小縣百餘頃，宅亦如之。於是商賈中家以上大氐破，民媮甘食好衣，不事畜臧之業，而縣官以鹽鐵緡錢之故，用少饒矣。益廣（開）〔關〕，置左右輔。

初，大農（斡）〔斡〕鹽鐵官布多，置水衡，欲以主鹽鐵；及楊可告緡，上林財物衆，乃令水衡主上林。上林既充滿，益廣。是時粵欲與漢用船戰逐，乃大修昆明池，列館環之。治樓船，高十餘丈，旗織加其上，甚壯。於是天子感之，乃作柏梁臺，高數十丈。宮室之修，繇此日麗。

（唐）杜佑《通典》卷一一《食貨・榷酤》　漢孝武天漢三年，初榷酒酤。韋昭曰：以木渡水曰榷。謂禁人酤釀，獨官開置，如道路設木爲榷者，獨取利。顔師古曰：榷者，步渡橋，《爾雅》謂之石杠，今之略彴是也。禁閉其事，總利入官，而下無由以得，若渡水之榷。彴音酌。

孝昭始元末，丞相車千秋奏罷酒酤，賣酒升四錢。

孝元時，賈捐之上書曰：昔孝文時，天下人賦四十，丁男三年而一事。今天下人賦數百，造鹽鐵榷酒之利，以佐用度，猶不能足，而人困矣。

王莽時，羲和魯匡言：名山大澤，鹽鐵錢布帛，五均賖貸，斡在縣官，斡，謂主領之，音管。唯酒酤獨未斡。酒者，天之美禄，帝王所以頤養天下，享祀祈福，扶衰養疾。百禮之會，非酒不行。故《詩》曰亡酒酤我，酤，買也。言王於族人恩厚，要在燕飫，無酒則買而飲之也。《論語》云酤酒市脯不食，二者非相反也。夫《詩》據承平之代，酒酤在官，和旨便人，可以相御也。旨，美也。御，進也。《論語》孔子當周衰亂，酒酤在人，薄惡不誠，是以疑而弗食。今絶天下之酒，則無以行禮相養；放而無限，則費財傷人。請法古，令官作酒，以二千五百石爲一均，率開一壚以賣，壚，謂賣酒之區也，以其一邊高，形如鍛家壚，故取其名也。讐五十釀爲準。一釀用麤米二斛，麴一斛，得成酒六斛六斗。各以其市，月朔米麴三斛，并計其價而參分之，參，三。以其一爲酒一斛之平。除米麴本價，計其利而什分之，以其七入官，其三及糟截灰炭截，酢漿也。截，才代反。給工器薪樵之費。而人愈怨。

（唐）杜佑《通典》卷一一《食貨・算緡》 漢孝武元狩四年，自作皮幣鑄白金後，商賈以幣之變，多積貨逐利。於是公卿言：商賈滋衆，貧者蓄積無有，皆仰縣官。異時算軺車賈人緡錢皆有差，請算如故。緡，絲也，以貫錢。一貫千錢，出二十爲算也。《詩》云：維絲伊緡。軺，小車。諸賈人末作貰貸賣買，居邑貯積諸物貰，賒也。貸，假與。及商以取利者，雖無市籍，各以其物自占，占，隱度也，各隱度其財物多少，而爲名簿送之於官也。占，音之贍反。率緡錢二千而算一。率計有二千錢者，則出一算也。諸作有租及鑄，以手力所作而賣也。率緡錢四千算一。非吏比者、三老、北邊騎士，軺車一算。比，例也。身非爲吏之例，非爲三老，非爲北邊騎士，而有軺車，皆令出一算也。商賈人軺車二算。商賈人有軺車，又使多出一算，重其賦也。船五丈以上一算。匿不自占，占不悉，戍邊一歲，没入緡錢。悉，盡也。有能告者，以其半畀之。有不輸税者，令人得告言，以半與之也。天子既下緡錢令而尊卜式，百姓終莫分財佐縣官，於是楊可告緡徧天下。楊可，人姓名。按《義縱傳》云：時楊可方受告緡，縱以爲此亂人，部吏捕其爲可使者。楊可據令而發動之，故天下皆被告也。商賈居積及工巧之家，非桑農所出，謂之緡。《茂陵中書》有緡田奴婢是也。中家以上大抵皆遇告。憲司理之，獄少反者。理匿緡獄，少有反者。反，音幡，謂從輕而出。乃分遣御史、廷尉正監分曹分曹，言曹輩而出爲使也。往，往即理郡國緡錢。就其所在而理也。得民財物以億計，奴婢以千萬數，田大縣數百頃，小縣百餘頃，宅亦如之。於是商賈中家以上大抵破。人偷甘食好衣，不事蓄藏之産業，而縣官以鹽鐵緡錢之故，用少饒矣。初，大農管鹽鐵官布多，置水衡，欲以主鹽鐵。及楊可告緡，上林財物衆，乃令水衡主上林。上林既充滿，益廣。乃分緡錢諸官，而水衡、少府、大農、太僕各置農官，往往即郡縣比没入田田之。即，就也。比，謂比者没入也。其没入奴婢，分諸苑養狗馬禽獸，及與諸官。官益雜置多，謂新置官員分掌。徒奴婢衆，而下河漕度四百萬碩，及官自糴乃足。其後令吏得入粟補官及罪人贖，入粟甘泉，不復告緡。

（唐）杜佑《通典》卷一一《食貨・雜税》 漢高帝十一年，令諸侯王、通侯常以十月朝獻，及郡各以其口數率，人歲六十三錢，以給獻費。

孝武元光六年冬，初算商車。始税商賈船車，令出算也。

太初四年冬，行回中，徙弘農都尉理武關，税出入者，以給官吏卒食。

孝昭元鳳二年，令郡國無斂今年馬口錢。往時有馬口出斂錢，今省之。所謂租及六畜。

宣帝時，耿壽昌奏請增海租三倍，天子從其計。御史大夫蕭望之奏言：故御史屬徐宫，御史大夫屬也。家在東萊，言往年加海租，魚不出。長老皆言，武帝時縣官嘗自漁，海魚不出，後予人，魚乃出。夫陰陽之感，物類相應，萬事盡然，宜且如故。上不聽。

王莽令諸取鳥獸魚鱉百蟲於山林水澤及畜牧者，嬪婦桑蠶織紝紡績補縫，工匠醫巫卜祝及他方技商販賈人坐肆列里區謁舍，區謁舍，若客館。皆各自占所爲於其在所之縣官，除其本，計其利，十一分之，而以其一爲貢。末年，盜賊群起，匈奴侵寇，大募天下囚徒人，名曰猪突豨勇。一切税吏人，貲三十而取一。

後漢靈帝時，南宫災。中常侍張讓、趙忠等説帝，令斂天下田税十錢，以治宫室。蜀李雄薄賦，其人口出錢四十文，巴人謂賦爲賨，因爲名焉，賨之名舊矣。其賦錢四十，則始於李雄也。

（元）馬端臨《文獻通考》卷一四《征榷考・征商關市》 漢高祖接秦之弊，諸侯並起，民失作業而大饑饉，凡米一石五千。乃約法省禁，量吏禄，度官用，以賦於民。而山川、園池、市肆租税之入，自天子至於封君湯沐邑，皆各自爲私奉養，不領於天下經費。言各收其所賦税以自供，不入國朝之庫倉也。經，常也。又令賈人不得衣絲乘車，重租税以困辱之。

石林葉氏曰：高祖禁賈人毋得衣錦、繡、綺、縠、絺、紵、罽，操兵，乘、騎馬，其後又禁毋得爲吏與名田。凡民一算，商賈獨倍，其賤之至矣。凡賈皆有籍，謫以戍邊者七科：吏有罪一，亡命二，贅婿三，而賈人四，故有市籍五，父母有市籍六，大父母有市籍七。雖非先王之政，然敦本抑末，亦後世所不能行也。孝惠、高后時，爲天下初定，復弛商賈之律，然市井子孫亦不得仕宦爲吏。

文帝時，晁錯説上曰：商賈大者積貯倍息，小者坐列販賣，操其奇贏，日游都市，乘上之急，所賣必倍。故其男不耕耘，女不蠶織，衣必文采，食必粱肉，亡農夫之苦，有千百之得。因其富厚，交通王侯，力過吏勢，以利相傾。千里游敖，冠蓋相望，乘堅策肥，履絲曳縞。此商人所以

兼併農人，農人所以流亡也。今法律賤商人，商人已富貴矣；尊農夫，農夫已貧賤矣。故俗之所貴，主之所賤；吏之所卑，法之所尊。上下相反，好惡乖迕，而欲國富法立，不可得也。

按：漢初鑄錢，輕於周、秦，一時不軌逐末之民，蓄積餘贏，以稽市物，不勤南畝，而務聚貨。於是立法，崇農而抑商，入粟者補官，而市井子弟至不得爲吏，可謂有所勸懲矣。然利之所在，人趨之如流水，《貨殖傳》中所載，大抵皆豪商鉅賈，未聞有以力田致富者。至孝武時，東郭咸陽以大鬻鹽，孔僅以大冶領大司農，桑弘羊以賈人子爲御史大夫，而前法盡廢矣。

武帝元光六年，初算商賈。始税商賈車船，令出算。

先公曰：武帝承文、景富庶之後，即位甫一紀耳，征利已至於此。然則府庫之積，其可恃哉！興利之臣不知爲誰。時鄭當時爲大司農，以他日薦桑弘羊、咸陽、孔僅觀之，益可疑也。政使非其建白，亦任奉行之責矣。漢人多言汲、鄭，其實當時非黯比也。黯奮不顧身，以折功利之沖，當時乃薦掊刻之人，以濟武帝之欲，烏得並稱哉！

元狩四年，初算緡錢。

公卿請令諸賈人末作各以其物自占，率緡錢二千而一算。此謂儲緡錢者也，隨其用所施，施於利重者，其算益多。諸作有租及鑄，以手力所作而賣之。率緡錢四千一算。手作者得利差輕，故算亦輕。

已上皆算緡錢之法。

非吏比者、三老、北邊騎士，軺車以一算。凡民不爲吏，不爲三老、騎士，苟有軺車，皆出一算。商賈軺車二算。商賈則重其賦也。

已上算車之法。元光只算商車，至是，民庶皆不免。

船五丈已上一算，商賈之船。匿而能告者，以半畀之。所謂告緡也。賈人無得籍名田，以便農，犯者没入。

按：算緡錢之法，其初亦只爲商賈居貨者設，至其後，告緡遍天下，則凡不爲商賈而有蓄積者皆被害矣，故擇其關於商賈者登載於此，而餘則見《雜征榷門》。

太初四年，徙弘農都尉治武關，税出入者，以給關吏卒食。

王莽篡位，於長安及五都立五均官，令工商能採金銀銅連錫、登龜取貝者，皆自占司市錢府，順時氣而取之。諸取衆物、鳥獸、魚鼈、百蟲於山林水澤及畜牧者，嬪婦桑蠶、織紝、紡績、補縫，工匠醫卜及他方技、商販、賈人坐肆列裡區謁舍，居處所在爲區。謁舍，今客店。皆各自占所爲於其所在之縣官，除其本，計其利，十一分之，而以其一爲貢。敢不自占，占不以實，盡没入所采取。

按：莽之法，既榷商賈之貨而取其十一，又效商賈之爲而官自買賣。今録其關於征商者於此，而餘則見《市糴考》。

紀事

《漢書》卷六《武帝紀》〔武帝元光〕六年冬，初算商車。

《漢書》卷六《武帝紀》〔武帝元狩〕四年冬，有司言關東貧民徙隴西、北地、西河、上郡、會稽凡七十二萬五千口，縣官衣食振業，用度不足，請收銀錫造白金及皮幣以足用。初算緡錢。

《漢書》卷六《武帝紀》〔武帝元鼎三年〕十一月，令民告緡者以其半與之。

《漢書》卷六《武帝紀》〔武帝太初四年冬〕徙弘農都尉治武關，税出入者以給關吏卒食。

《漢書》卷七《昭帝紀》〔昭帝始元四年〕秋七月，詔曰：比歲不登，民匱於食，流庸未盡還，往時令民共出馬，其止勿出。諸給中都官者，且減之。

《漢書》卷八六《何武傳》 武兄弟五人，皆爲郡吏，郡縣敬憚之。武弟顯家有市籍，租常不入，縣數負其課。師古曰：以顯家不入租，故每令縣負課殿。市嗇夫求商捕辱顯家，顯怒，欲以吏事中商。武曰：以吾家租賦繇役不爲衆先，奉公吏不亦宜乎。武卒白太守，召商爲卒吏，州里聞之皆服焉。

《漢書》卷九〇《酷吏傳·寧成》 寧成家居，上欲以爲郡守，御史大夫弘曰：臣居山東爲小吏時，寧成爲濟南都尉，其治如狼牧羊。成不可令治民。上乃拜成爲關都尉。歲餘，關吏税肄郡國出入關者，顔師古注引李奇曰：肄，閱也。號曰：寧見乳虎，無直寧成之怒。其暴如此。

《後漢書》卷四《孝和帝紀》〔永元六年〕三月，庚寅，詔：流民所過，郡國皆實稟之。其有販賣者，勿出租税。李賢注：漢循周法，商賈有税，流人販賣，故矜免之。

魏晉南北朝分部

綜述

（唐）杜佑《通典》卷一一《食貨·算緡》 晉自過江，至於梁陳，凡貨賣奴婢、馬牛、田宅，有文券，率錢一萬輸估四百入官，賣者三百，買者一百。無文券者，隨物所堪，亦百分收四，名爲散估。歷宋齊梁陳，如此以爲常。以人競商販，不爲田業，故使均輸，欲爲懲勵。雖以此爲辭，其實利在侵削。此亦算緡之類。

（唐）杜佑《通典》卷一一《食貨·雜税》 宋元嘉二十七年，後魏南侵，軍旅大起，用度不充，王公妃主及朝士牧守各獻金帛等物，以助國用。下及富室小人，亦有獻私財數千萬者。揚、南徐、兗、江四州富有之家貲滿五十萬，僧尼滿二十萬者，並四分借一。過此率計，事息即還。

齊武帝時，王敬則爲東揚州刺史，理今會稽郡也。以會稽邊帶湖海，人無士庶，皆保塘陂。敬則以功力有餘，悉評斂爲錢，以送臺庫，帝納之。竟陵王子良上表曰：臣昔忝會稽，粗閑物俗，塘丁所上，本不入官。良由陂湖宜壅，橋路須通，均夫訂佗頂反。直，人自爲用。若甲分毀壞，則年一倏改；乙限堅完，則終歲無役。今乃通課此直，悉以還臺，租賦之外，更生一調。致令塘路崩蕪，湖源洩散，害人損政，實此爲劇。建元初，軍用殷廣，浙東五郡，丁税一千，乃質賣妻子，以充此限，所逋尚多，尋蒙蠲原。而此年租課，三分逋一，明知徒足擾人，實自弊國。愚謂課塘丁一條，宜還復舊。

自東晉至陳，都西有石頭津，東有方山津，各置津主一人，賊曹一人，直水五人，以檢察禁物及亡叛者。荻炭魚薪之類過津者，並十分税一以入官。淮水北有大市百餘，小市十餘所，大市備置官司，税斂既重，時甚苦之。

（唐）杜佑《通典》卷一一《食貨·榷酤》 陳文帝天嘉中，虞荔等以國用不足，奏請榷酤，從之。

（唐）杜佑《通典》卷一一《食貨·雜税》 後魏明帝孝昌二年，税市入者，人一錢。其店舍又爲五等，收税有差。

北齊黄門侍郎顔之推奏請立關市邸店之税，開府鄧長顒贊成之，後主大悦。於是以其所入以供御府聲色之費，軍國之用不在此焉。税僧尼令曰：僧尼坐受供養，游食四方，損害不少，雖有薄斂，何足爲也。

後周閔帝初，除市門税。及宣帝即位，復興入市之税，每人一錢。

紀事

《三國志》卷二《魏志·文帝紀》 〔延康元年二月〕庚戌令曰：關津所以通商旅，池苑所以禦災荒，設禁重税，非所以便民；其除池籞之禁，輕關津之税，皆復什一。

《三國志》卷五五《吴志·潘璋傳》 璋爲人麤猛，禁令肅然，好立功業，所領兵馬不過數千，而其所在常如萬人。征伐止頓，便立軍市，他軍所無，皆仰取足。

《晉書》卷九《孝武帝紀》 〔寧康元年〕三月癸丑，詔除丹楊竹格等四桁税。

《晉書》卷五七《陶璜傳》 又以合浦郡土地磽确，無有田農，百姓唯以采珠爲業，商賈去來，以珠貿米。而吴時珠禁甚嚴，慮百姓私散好珠，禁絶來去，人以饑困。又所調猥多，限每不充。今請上珠三分輸二，次者輸一，粗者蠲除。自十月訖二月，非採上珠之時，聽商旅往來如舊。

《晉書》卷六二《祖逖傳》 石勒不敢窺兵河南，使成皋縣修逖母墓，因與逖書，求通使交市。逖不報書，而聽互市，收利十倍，於是公私豐贍，士馬日滋。

《晉書》卷七〇《甘卓傳》 卓尋遷安南將軍、梁州刺史、假節、督沔北諸軍，鎮襄陽。卓外柔内剛，爲政簡惠，善於綏撫，估税悉除，市無二價。州境所有魚池，先恒責税，卓不收其利，皆給貧民，西土稱爲惠政。

《晉書》卷七八《孔嚴傳》 以爲揚州大中正，嚴不就。有司奏免，

詔特以侯領尚書。時東海王奕求海鹽、錢塘以水牛牽埭税取錢直，帝初從之，嚴諫乃止。

《晉書》卷八六《張駿傳》 駿境内嘗大饑，穀價踊貴，市長譚詳請出倉穀與百姓，秋收三倍徵之。從事陰據諫曰：昔西門豹宰鄴，積之於人；解扁莅東封之邑，計入三倍。文侯以豹有罪而可賞，扁有功而可罰。今詳欲因人之饑，以要三倍，反裘傷皮，未足喻之。駿納之。

《晉書》卷一一二《苻健載記》 雄遣菁掠上洛郡，於豐陽縣立荊州，以引南金奇貨、弓竿漆蠟，通關市，來遠商，於是國用充足，而異賄盈積矣。

《晉書》卷一一八《姚興載記》 興以國用不足，增關津之税，鹽竹山木皆有賦焉。羣臣咸諫，以爲天殖品物以養羣生，王者子育萬邦，不宜節約以奪其利。興曰：能踰關梁通利於山水者，皆豪富之家。吾損有餘以裨不足，有何不可。乃遂行之。

（唐）許嵩《建康實録》卷九《晉・烈宗孝武皇帝》〔寧康元年三月〕癸丑，詔除丹陽、竹格等四航税。案，《晉書》：王敦作逆，賊從竹格度，即此航也，今縣城西南二里。案，《地輿志》：六代自石頭東至運署，總二十四所渡，皆浮船，往來以税行直。淮對編門，大航用杜預河橋之法，其本吴時南淮大橋也。一名朱雀橋，當朱雀門下，渡淮水。王敦作逆，温嶠燒絶之，是後權以舶船爲浮橋。成帝咸康二年，侍中孔坦議復税橋，行者收直，以具其材，但苑宫初理不暇，遂浮航相仍。至陳，每有不虞，則燒之。復有驃騎航，在東府城門渡淮，會稽王道子立，并竹格航、丹陽郡城後航總四航，在晉時並收税。至是年，詔皆除税不收，放民之往来也。

（唐）徐堅《初學記》卷二四《居處部・市》〔教：晉王彪之整市教〕近檢校山陰市，多不如法，或店肆錯亂，或商估没漏，假冒豪強之名，擁護貿易之利，凌踐平弱之人，專固要害之處。屬城承寬，亦皆如之。

《宋書》卷六《孝武帝紀》〔南朝宋孝武帝大明〕八年春正月甲戌，詔曰：東境去歲不稔，宜廣商貨。遠近販鬻米粟者，可停道中雜税。其以仗自防，悉勿禁。

《宋書》卷九二《良吏傳・徐豁》 元嘉初，爲始興太守。三年，遣大使巡行四方，并使郡縣各言損益，豁因此表陳三事，【略】其二曰：郡領銀民三百餘户，鑿坑採砂，皆二三丈，功役既苦，不顧崩壓，一歲之中，每有死者。官司檢切，猶致逋違，老少相隨，永絶農業，千有餘口，皆資他食，豈唯一夫不耕，或受其饑而已。所以歲有不稔，便致甚困。尋臺邸用米，不異於銀，謂宜准銀課米，即事爲便。其三曰：中宿縣俚民課銀，一子丁輸南稱半兩。尋此縣自不出銀，又俚民皆巢居鳥語，不閑貨易之宜，每至買銀，爲損已甚。又稱兩受入，易生姦巧，山俚愚怯，不辨自申，官所課甚輕，民以所輸爲劇。今若聽計丁課米，公私兼利。

《南齊書》卷六《明帝紀》〔建武元年冬十月己巳〕詔曰：頃守職之吏，多違舊典，存私害公，實興民蠹。今商旅税石頭後渚及夫鹵借倩，一皆停息。所在凡厥公宜，可即符斷。主曹詳爲其制，憲司明加聽察。

《南齊書》卷四〇《竟陵王蕭子良傳》〔子良又啓曰：〕又司市之要，自昔所難。頃來此役，不由才舉，竝條其重貲，許以賈衒。前人增估求俠，後人加税請代，如此輪回，終何紀極。兼復交關津要，共相脣齒，愚野未閑，必加陵誑，罪無大小，横没貲載。凡求試穀帛，類非廉謹，未解在事所以開容。

《南齊書》卷四〇《竟陵王蕭子良傳》 世祖好射雉，子良諫曰：【略】頃市司驅扇，租估過刻，吹毛求瑕，廉察相繼，被以小罪，責以重備。愚謂宜敕有司，更詳優格。

《南齊書》卷四六《顧憲之傳》 永明六年，爲隨王東中郎長史、行會稽郡事。時西陵戍主杜元懿啓：吴興無秋，會稽豐登，商旅往來，倍多常歲。西陵牛埭税，官格日三千五百，元懿如即所見，日可一倍，盈縮相兼，略計年長百萬。浦陽南北津及柳浦四埭，乞爲官領攝，一年格外長四百許萬。西陵戍前檢税，無妨戍事，餘三埭自舉腹心。世祖敕示會稽郡：此詎是事。宜可訪察即啓。憲之議曰：

尋始立牛埭之意，非苟逼僦以納税也。當以風濤迅險，人力不捷，屢致膠溺，濟急利物耳。既公私是樂，所以輸直無怨。京師航渡，即其例也。而後之監領者，不達其本，各務己功，互生理外。或禁遏別道，或空税江行，或撲船倍價，或力周而猶責，凡如此類，不經埭煩牛者上詳，被報格外十條，竝蒙停寢。從來諠訴，始得暫弭。案吴興頻歲失稔，今茲尤

鏟，去之從豐，良由饑棘。或徵貨貿粒，還拯親累。或〔提〕攜老弱，陳力餬口。埭司責税，依格弗降。舊格新減，尚未議登，格外加倍，將以何術。皇慈恤隱，振廪蠲調，而元懿幸災推利，重增困瘼，人而不仁，古今共疾。且比見加格置市者，前後相屬，非惟新加無贏，並皆舊格猶闕。愚恐元懿今啓，亦當不殊。若事不副言，懼貽譴詰，便百方侵苦，爲公賈怨。元懿禀性苛刻，已彰往効，任以物土，譬以狼將羊，其所欲舉腹心，亦當虎而冠耳。書云：與其有聚斂之臣，寧有盜臣。此言盜公爲損蓋微，斂民所害乃大也。今雍熙在運，草木含澤，其非事宜，仰如聖旨。然掌斯任者，應簡廉平，廉則不竊於公，平則無害於民矣。愚又以便宜者，蓋謂便於公，宜於民也。竊見頃之言便宜者，非能於民力之外，用天分地者〔也〕。率皆即日不宜於民，方來不便於公。名與實反，有乖政體。凡如此等，誠宜深察。

《梁書》卷二《武帝紀》 〔天監十五年正月己巳〕詔關市之賦，或有未允，外時參量，優減舊格。

《梁書》卷二二《安成康王秀傳》 〔天監〕六年，出爲使持節、都督江州諸軍事、平南將軍、江州刺史。【略】時盛夏水汎長，津梁斷絶，外司請依舊僦度，收其價直。秀教曰：刺史不德，水潦爲患，可利之乎。給船而已。

《陳書》卷二六《徐孝克傳》 禎明元年，入爲都官尚書。【略】孝克性清素而好施惠，故不免飢寒，後主敕以石頭津税給之，孝克悉用設齋寫經，隨得隨盡。

《南史》卷一《宋紀》 〔永初元年秋七月丁亥〕又以市税繁苦，優量減降。從征關、洛，殞身不反者，贍賜其家。

《南史》卷二《宋紀》 〔大明八年春正月〕甲戌，詔曰：東境去歲不稔，宜廣商貨，遠近販鬻米粟者，可停道中雜税。其以仗自防，悉勿禁。

《南史》卷五《齊紀》 明帝時多聚金寶，至是金以爲泥，不足周用，令富室賣金，不問多少，限以賤價，又不還直。

《南史》卷七七《沈客卿傳》 至德初，以爲中書舍人，兼步兵校尉，掌金帛局。以舊制軍人士人，二品清官，並無關市之税。後主盛修宫室，窮極耳目，府庫空虛，有所興造，恒苦不給。客卿每立異端，唯以刻削百姓爲事，奏請不問士庶，並責關市之估，而又增重其舊。於是以陽惠朗爲太市令，暨慧景爲尚書金、倉都令史。二人家本小吏，考校簿領，豪釐不差，糾謫嚴急，百姓嗟怨。而客卿居舍人，總以督之，每歲所入，過於常格數十倍，後主大悦。

《魏書》卷九《肅宗紀》 〔孝昌二年冬十有一月〕閏月，税市人出入者各一錢，店舍爲五等。

《魏書》卷一一〇《食貨志》 世宗延昌三年春，有司奏長安驪山有銀鑛，二石得銀七兩。其年秋，恒州又上言，白登山有銀鑛，八石得銀七兩、錫三百餘斤，其色潔白，有踰上品。詔並置銀官，常令採鑄。又漢中舊有金户千餘家，常於漢水沙淘金，年終總輸。後臨淮王彧爲梁州刺史，奏罷之。

《北齊書》卷八《後主紀》 辛巳，以軍國資用不足，税關市、舟車、山澤、鹽鐵、店肆，輕重各有差，開酒禁。

《北齊書》卷三二《陸法和傳》 梁元帝以法和功業稍重，遂就加司徒，都督、刺史如故。部曲數千人，通呼爲弟子，唯以道術爲化，不以法獄加人。又列肆之内，不立市丞牧佐之法，無人領受，但以空檻籥在道間，上開一孔受錢。賈客店人隨貨多少，計其估限，自委檻中。行掌之司，夕方開取，條其孔目，輸之於庫。

《周書》卷三《孝閔帝紀》 〔元年春正月年〕甲辰，祠太社。初除市門税。

《周書》卷八《静帝紀》 〔大象二年五月〕罷入市税錢。

《隋書》卷二四《食貨志》 都西有石頭津，東有方山津，各置津主一人，賊曹一人，直水五人，以檢察禁物及亡叛者。其荻炭魚薪之類過津者，並十分税一以入官。其東路無禁貨，故方山津檢察甚簡。淮水北有大市百餘，小市十餘所。大市備置官司，税斂既重，時甚苦之。

（宋）司馬光《資治通鑑》卷一五一《梁紀·梁武帝普通七年》 〔北魏孝明帝孝昌二年〕魏盜賊日滋，征討不息，國用耗竭，豫徵六年租調，猶不足，（調，徒弔翻。）乃罷百官所給酒肉，又税入市者人一錢，及邸店皆有税，百姓嗟怨。吏部郎中辛雄上疏，以爲：華夷之民相聚爲亂，豈

有餘憾哉？正以守令不得其人，守，式又翻。百姓不堪其命故也。宜及此時早加慰撫。但郡縣選舉，由來共輕，貴游儁才，莫肯居此。宜改其弊，分郡縣爲三等，清官選補之法，妙盡才望，如不可並，後地先才，不得拘以停年。地，門地也。崔亮制停年格，見一百四十九卷天監十八年。後、先，並去聲。三載黜陟，載，子亥翻。有稱職者，補在京名官；稱，尺證翻。如不歷守令，不得爲內職。則人思自勉，枉屈可申，強暴自息矣。不聽。

隋唐五代分部

論說

（唐）元稹《元稹集》卷三七《狀·彈奏山南西道兩税外草狀》 山南西道管内州府，每年兩税外，配率供驛禾草共四萬六千四百七十七圍，每圍重二十斤：興元府二萬圍，内五千圍每年折徵價錢充使司雜用，每圍一百二十文，據元和三年使牒減免不徵，餘一萬五千圍見徵率。洋州一萬五千圍。利州一萬一千四百七十七圍。右，訪聞前件州府每年兩税外，加配驛草，遂於路次州縣檢勘文案。據諭後使牒，並稱准舊例於兩税外科配。又牒山南西道觀察處置等使裴玢勘得報稱：自建中元年已後，每年隨税據貫配率前件禾草，將供驛用者。伏准元和元年已後，三度赦文每年旨條：兩税留州留使錢外，加率一錢一物，州府長吏，並以枉法贓論。又准今年二月三日制節文：諸道兩税外摧率，比來制敕處分，非不丁寧。如聞或未遵行，尚有欺弊，永言奉法，事理當然，申敕長吏，明加禁斷。如刺史承使牒於界内摧率者，明加懲責，仍委御史臺及出使郎中官御史訪察聞奏者。伏以前件草並是兩税外徵率，准制合勒本道明加禁斷。其州府長吏，仍令節級科處分。今勘責得實以前，劍南東川詳覆使、監察御史元稹奏。謹具如前。

中書門下牒御史臺

牒：奉敕積習多年，成此乖越，然在長吏，合尋根由。循失政之規，置無名之税。雖原情可恕，而在法宜懲。觀察使宜罰一月俸，刺史各罰一季俸，仍令自元和四年已後禁斷。牒至，准敕故牒。

（唐）元稹《元稹集》卷三七《狀·彈奏劍南東川節度使狀》 劍南東川詳覆使

故劍南東川節度觀察處置等使嚴礪在任日，擅没管内將士、官吏、百姓及前資寄住等莊宅、奴婢，今於兩税外加配錢、米及草等，謹件如後：

嚴礪擅籍没管内將士、官吏、百姓及前資寄住塗山甫等八十八户，莊宅共一百二十二所，奴婢共二十七人，並在諸州項内分析。

右，臣伏准前後制敕，令出使御史，所在訪察不法，具狀奏聞。臣昨奉三月一日敕，令往劍南東川詳覆瀘川監官任敬仲贓犯，於彼訪聞嚴礪在任日，擅籍没前件莊宅奴婢等，至今月十七詳覆事畢，追得所没莊宅、奴婢。文案及執行案典耿琚、馬元亮等檢勘得實。據嚴礪元和二年正月十八日舉牒稱：管内諸州，應經逆賊劉闢重圍内并賊軍到處，所有應接，及投事西川軍將州縣官所由典正前資寄住等，所犯雖經霈澤，莊田須有所歸，其有莊宅、奴婢、桑柘、錢物、斛㪷、邸店、碾磑等，悉皆搜撿。得塗山甫等八十八户，案内並不經驗問虛實，亦不具事職名，便收家產没官，其時都不聞奏。所收資財奴婢，悉皆貨賣破用，及配充作坊驅使。其莊宅、桑田，元和二年、三年租課，嚴礪並已徵收支用訖。臣伏准元和元年十月五日制：西川諸鎮刺史大將及參佐官吏將健百姓等，應被脅從補署職掌，一切不問。又准元年正月三日赦文，自今日已前，反逆緣坐，並與洗滌。況前件人等，悉是東川將吏百姓及寄住衣冠，與逆黨素無管屬。賊軍奄至，暫被脅從。狂寇既平，再蒙恩蕩。嚴礪公違詔命，苟利資財，擅破八十餘家，曾無一字聞奏。豈惟剥下，實謂欺天。其莊宅等至今被使司收管。臣訪聞本主並在側近，控告無路，漸至流亡。伏乞聖慈勒本道長吏及諸州刺史，招緝疲人，一切却還產業，庶使孤窮有託，編户再安。其本判官及所管刺史，仍乞重加貶責，以絶姦欺。

嚴礪又於管内諸州，元和二年兩税錢外，加配百姓草共四十一萬四千八百六十七束，每束重一十一斤。

右，臣伏准前後制敕及每歲旨條：兩税留州留使錢外，加率一錢一物，州府長吏並同在法計贓，仍令出使御史訪察聞奏。又准元和三年赦文：大辟罪已下，蒙恩滌蕩。惟官典犯贓，不在此限。臣訪聞嚴礪加配前件草，准前月日追得文案，及執行案典姚孚檢勘得實。據嚴礪元和二年七月二十一日舉牒稱：管内郵驛要草，於諸州秋税錢上，每貫加配一束。至三年秋税，又准前加配，計當上件草。臣伏准每年旨條，館驛自有正科，不合於兩税錢外，擅有加徵。況嚴礪元和三年舉牒，已云准二年舊例徵收，必恐自此相承，永使疲人重困。伏乞勒本道長吏，嚴加禁斷，本判

官及刺史等，伏乞准前科責，以息誅求。

嚴礪又於梓、遂兩州，元和二年兩税外，加徵錢共七千貫文，米共五千石。

右，臣准前月日追得文案，及執行案典趙明之檢勘得實。據嚴礪元和二年六月舉牒稱：綿、劍兩州供元和元年北軍頓遞，費用倍多。量於梓、遂兩州秋税外，加配上件錢米，添填綿、劍兩州頓遞費用者。臣又牒勘綿州，得報稱：元和二年軍資錢米，悉准舊額徵收，盡送使訖，並不曾交領得梓、遂等州錢米添填頓遞，亦無剋折當州錢米處者。臣又牒勘劍州，得報稱：元和元年所供頓遞，侵用百姓腹内兩年夏税錢四千二十三貫三文，使司令於其年軍資錢内剋下訖。其米即用元和元年米充，並不侵用二年軍資錢米數。使司亦不曾支梓、遂州錢米充填者。臣伏念綿、劍兩州供頓，自合准敕優矜。梓、遂百姓何辜，擅令倍出租賦。況所徵錢米數内，惟剋下劍州軍資錢四千二十三貫三文。其餘錢米，並是嚴礪加徵，別有支用。其本判官及梓州、遂州刺史，悉合科處，以例將來。擅收没塗山甫等莊宅、奴婢，及於兩税外加配錢、米草等，本判官及諸州刺史名銜，并所收色目，謹具如後：

擅收没奴婢莊宅等。

元舉牒判官、度支副使、檢校尚書刑部員外郎兼侍御史、賜緋魚袋崔廷：都計諸州擅没莊共六十三所，宅四十八所，奴一十人，婢一十七人。

於管内諸州元和二年、三年秋税錢外隨貫加配草。

元舉牒判官、觀察判官、殿中侍御史内供奉盧詡：都計諸州共加配草四十一萬四千八百六十七束。加徵梓、遂兩州元和二年秋税外錢及米。

元舉牒判官攝節度判官監察御史裏行裴誗：計兩州加徵錢共七千貫文，米共五千石。

梓州刺史、檢校尚書左僕射兼御史大夫嚴礪，元和四年三月八日身亡。擅收塗山甫等莊二十九所，宅四十一所，奴九人，婢一十七人。加徵錢三千貫文，米二千石，草七萬五千九百五十二束。元和二年三萬一千七百九十二束，元和三年四萬四千一百六十束。

遂州刺史柳蒙：擅收没李簡等莊八所，宅四所，奴一人。加徵錢四千貫文，米三千石，草四萬九千五百三十五束。元和二年二萬四千五百三十束，元和三年二萬五千四百八十二束。

綿州刺史陶鍠：擅收没文懷進等莊二十所，宅十三所。加徵草八萬八千六百八十八束。元和二年三萬八千九十三束，元和三年五萬五百九十五束。

劍州刺史崔實成：元和二年十一月五日，改授邛州刺史。擅收没鄧琮等莊六所。加徵草二萬一千八百七十七束。元和二年九千三十九束，元和三年一萬二千七百七十八束。

普州刺史李怤：元和二年加徵草六千束，三年加徵草九千四百五十束。

合州刺史張平：元和二年加配草三千四百六十二束，三年加徵草五千六百五束。

榮州刺史陳當：元和二年加徵草九千四百三束，三年加徵草五千四百二十七束。

渝州刺史邵膺：元和二年加徵草二千六百一十四束，三年加徵草三千七百二十七束。

瀘州刺史兼御史劉文翼：元和二年加徵草三千八百五十三束，三年加徵草三千八百五十一束。

資州元和二年加徵草一萬五千七百九十八束，三年一萬六千二百二十五束。

簡州元和二年加徵草二萬四千一百四束，三年二萬三千一百一十八束。

陵州元和二年加徵草二萬四千六百六束，三年二萬三千八百六十一束。

龍州元和二年加徵草八百九十一束，三年八百一十一束。

右，已上本判官及刺史等名銜，并所徵收名目，謹具如前。其資、簡等四州刺史，或緣割屬西川，或緣停替遷授，伏乞委本道長吏，各據徵收年月，具勘名銜聞奏。

以前件狀如前。伏以聖慈軫念，切在蒼生，臨御五年，三布赦令。殷勤曉諭，優惠困窮，似涉擾人，頻加禁斷。況嚴礪本是梓州百姓，素無才行可稱，久在兵間，過蒙奬拔。陛下録其微効，移鎮東川，杖節還鄉，寵

光無比。固合撫綏黎庶，上副天心，蠲減征徭，内榮鄉里。而乃横徵暴賦，不奉典常，擅破人家，自豐私室。訪聞管内産業，阡陌相連，童僕資財，動以萬計。雖即没身謝咎，而猶遺患在人。謂宜諡以醜名，削其褒贈，用懲不法，以警將來。其本判官及諸州刺史等，或苟務容軀，竟謀侵削；或分憂列郡，莫顧詔條。但受節將指撝，不懼朝廷典憲，共爲蒙蔽，皆合痛繩。臣職在觸邪，不勝其憤。謹録奏聞，伏候敕旨。

中書門下牒御史臺

牒：奉敕：籍没資財，不明罪犯，税外科配，豈顧章程。致使銜冤，無由仰訴，不有察視，孰當舉明。所没莊宅奴婢，一物已上，並委觀察使據元没數，一一分付本主。縱有已貨賣破除者，亦收贖却還。其加徵錢、米、草等，亦委觀察使嚴加禁斷，仍曉示村鄉，使百姓知委。判官崔廷等，名叨參佐，非道容身。刺史柳蒙等，任竊藩條，無心守職。成此弊政，害及平人，撫事論刑，豈宜免戾。但以罪非首坐，法合會恩，亦有恩後加徵，又已去官停職，俾從寬宥，重此典常。其恩後加徵草，及柳蒙、陶鍠、李忞、張平、邵膺、陳當、劉文翼等，宜各罰兩月俸料，仍書下考，餘並釋放。牒至，准敕故牒。

（清）董誥《全唐文》卷二一九《崔融・諫税關市疏》 伏見有司請税關市事條，不限工商，但是行人盡税者。臣謹按《周禮》九賦，其七曰關市之賦。竊惟市縱繁巧，關通末游，欲令此徒止抑，所以咸增賦税，臣謹商度今古，料量家國，竊將爲不可税。謹件事跡如左，伏惟聖旨擇焉。

往古之時，淳樸未散，公田藉而不税，關防譏而不征。中代已來，澆風驟進，桑麻疲弊，稼穡辛勤，於是各徇通財，争趨作巧，求徑捷之欲速，忘歲計之無餘。遂使田萊日荒，倉廩不積，蠶織休廢，弊縕闕如，饑寒猥臻，亂離斯瘼。先王懲其若此，所以變古隨時，依本者恒科，占末者增税。夫關市之税者，謂市及國門關門者也，惟斂出入之商賈，不税來往之行人。今若不論商人，通取諸色，事不師古，法乃任情。悠悠末代，於何瞻仰？濟濟盛朝，自取嗤笑。雖欲憲章姬典，乃是違背《周官》，臣知其不可者一也。

臣謹按《易・繫》稱：庖犧氏没，神農氏作，日中爲市，致天下之人，聚天下之貨，交易而退，各得其所。《班志》亦云：財者，帝王聚人守位，養成羣生，奉順天德，理國安人之本也。士農工商，四人有業：學以居位曰士，闢土殖穀曰農，作巧成器曰工，通財鬻貨曰商。聖王量能授事，四人陳力就職。然則四人各業久矣，今後安得動而搖之？蕭何有云：人情一定，不可復動。班固又云：曹參相齊，齊國安集，大稱賢相，參去，屬其後相曰：以齊獄市爲寄，慎勿擾也。後相曰：理無大於此者乎？參曰：不然，夫獄市者，所以并容也。今若擾之，姦人安所容乎？吾是以先之。夫獄市兼受善惡，若窮極姦人，無所容竄，久且爲亂。秦人極刑而天下叛，孝武峻法而刑獄繁，此其効也。老子曰：我無爲而人自化，我好静而人自正。參欲以道化其本，不欲擾其末，臣知其不可者二也。

四海之廣，九州之雜，關必據險路，市必憑要津。若乃富商大賈，豪宗惡少，輕死重義，結黨連羣，喑嗚則彎弓，睚眦則挺劍。少有失意，且猶如此，一朝變法，定是相驚。乘兹困窮，或致騷動，便恐南走越，北走胡，非惟流迸齊人，亦自擾亂殊俗。又如邊徼之地，寇賊爲鄰，興胡之旅，歲月相繼，儻因科賦，致有猜疑，一從散亡，何以制禁？求利雖切，爲害方深。而有司上言，不識大體，徒欲益帑藏，助軍國，殊不知軍國益擾，帑藏逾空。臣知其不可者三也。

孟軻又云：古之爲關也，將以禦暴；今之爲關也，將以爲暴。今行者皆税，本末同流。且如天下諸津，舟航所聚，旁通蜀漢，前指閩越，七澤十藪，三江五湖，控引河洛，兼包淮海，宏舸巨艦，千軸萬艘，交貿往還，昧旦永日。今若江津河口，置鋪納税，納税則檢覆，檢覆則遲留，此津纔過，彼鋪復止，非惟國家税錢，更遭主司僦賂。船有大小，載有多少，量物而税，觸途淹久，統論一日之中，未過十分之一，因此擁滯，必致吁嗟。一朝失利，則萬商廢業，萬商廢業，則人不聊生。其間或有輕訬任俠之徒，斬龍刺蛟之黨，鄱陽暴謔之客，富平悍壯之夫：居則藏鏹，出便竦劍，加之以重税，因之以威脅，一旦獸窮則搏，鳥窮則攫，執事者復何以安之哉？臣知其不可者四也。

五帝之初，不可詳矣；三王之後，厥有著云。秦漢相承，典章大備，至如關市之税，史籍有文：秦政以雄圖武力，捨之而不用也；漢武以霸

署英才，去之而勿取也。何則？關爲禦暴之所，市爲聚人之地，稅市則人散，稅關則暴興，暴興則起異圖，人散則懷不軌。夫人情莫不背善而樂禍，易動而難安。一市不安，則天下之市必搖矣；一關不安，則天下之關必動矣。況澆風久扇，變法爲難，徒欲禁末流，規小利，豈知失元默，亂大倫。魏、晉眇小，齊、隋齷齪，亦所不行斯道者也。臣知其不可者五也。

今之所以稅關市者何也？豈不以國用不足，邊寇爲虞，一行斯術，冀有殷贍然也。微臣敢借前箸以籌之。伏惟陛下當聖朝，御元籙，沈璧於洛，刻石於嵩，鑄九一作寶鼎以窮姦，坐明堂而布政，神化廣洽，至德潛通。東夷暫驚，應時平殄；南蠻纔動，計日歸降。西域五十餘國，廣輪一萬餘里，城堡清夷，亭堠靜謐。比爲患者，惟苦二蕃，今吐蕃請命，邊事不起，即日雖尚屯兵，久後終成弛柝。獨有默啜，假息孤恩，惡貫禍盈，覆亡不暇。征役日已省矣，繁費日已稀矣，然猶下明制，遵太樸，愛人力，惜人財，王侯舊封，妃主新禮，所有支科，咸令減削；此陛下以躬率先，堯舜之用心也。且關中、河北，水旱數年，諸處逃亡，今始安輯，倘加重稅，或慮相驚。況承平歲積，薄賦日久，俗荷深恩，人知自樂，卒有變法，必多生怨。生怨則驚擾，驚擾則不安，中既不安，外何能禦？《文子》曰：帝王富其人，霸王富其地。理國若不足，亂國若有餘。古人有言：帝王藏於天下，諸侯藏於百姓，農夫藏於庾，商賈藏於篋。惟陛下詳之。必若師興有費，國儲多窘，即請倍算商客，加斂平人，如此，則國保富強，人免憂懼，天下幸甚！臣知其不可者六也。

陛下留神繫表，屬想政源，冒茲炎熾，早朝宴坐。一日二日，機務不遺；先天後天，虛心密應。時政得失，小子何知？率陳瞽辭，伏紙惶怖。

（清）董誥《全唐文》卷四三五《李岑·對稅千畝竹判》　乙家於渭川有竹千畝，京兆府什一稅之。云非九穀。

專欲召災，蘊利畜禍，克勤于儉，庶曰式臧。乙志在垂竿，居於渭涘。師計然之術，恥回也之貧。侈埒封君，竹已遍於千畝；富同季氏，田不播於九穀。遂使檀欒之質，請擅利於膏腴；耘耔之功，不服勤於錢鎛。府司登夫衆寡，均彼有無。爰度百畝之田，用收什一之稅，誠謂薄賦輕斂，人無桀貊之謠。缶米稷禾，國盈流衍之積。自可貢其藝極，弗犯有司。豈得莠爾煩言，以成無妄。曾謂鬻貨，不如隸農。

（清）董誥《全唐文》卷四三五《衛偁·對稅千畝竹判》　乙家於渭川有竹千畝，京兆府什一稅之。云非九穀。

生民異業，近郊制賦，以物地事，將均土法。惟乙何人？卜居渭汭。臨川垂釣，未坐太公之茅；綠葉翠莖，且多子猷之竹。況梢雲千畝，棲鳳五毛，豈是齊魯之桑，還同漢蜀之漆？頗爲潤屋，咸曰比侯。京兆救時，什一之稅奚爽；乙之無理，九穀之訴何爲？

（清）董誥《全唐文》卷四三五《姚齊梧·對稅千畝竹判》　乙家於渭川有竹千畝，京兆府什一稅之。云非九穀。

度田居民，因地制賦。出不過籍，汔可小康。貢之無藝，是稱大桀。相維乙也，業乃齊民。營營四時，頗聞潤屋；青青千畝，自比封君。京兆以任切都城，事繁供億。主家戚里，無聞荻竹之奢；比屋編氓，何擅渭川之富？俾其什一而稅，均夫播植之家。事雖合權，道恐非古。必也稅同里布，征異漆林；自可責以所宜，誅其入覲。疑。九土之法，賦不同科。四人之事，業乃殊等。今乃責非其有，出不以地。僕雖無似，竊亦有疑。

（清）董誥《全唐文》卷六一二《張滂·請稅茶奏》　伏以去秋水災，詔令減稅，今之國用，須有供備。伏請出茶州縣，及茶山外商人要路，委所由定三等時估，每十稅一價錢，充所放兩稅。其明年已後所得稅外收貯，若諸州遭水旱，賦稅不辦，以此代之。

（清）董誥《全唐文》卷六七〇《白居易·不奪人利議鹽鐵與榷酤誠厚斂及雜稅》　問：鹽鐵之謀，榷酤之法，山海之利，關市之征，皆可以助佐征徭，又慮其侵削黎庶。捨之則乏用於軍國，取之則奪利於生人，取捨之間，孰爲可者？

臣聞君之所以爲命者，人也；人之所以爲命者，衣食也；衣食之所從出者，農桑也。若不本於農桑而興利者，雖聖人不能也。苟有能者，非利也，其害也。何者？既不自地出，又非從天來，必是巧取於人，曲成其利。利則日引而月長，人則日削而月朘，至使人心窮，王澤竭。故臣但見其害，不見其利也。所以王者不殖貨利，不言有無，耗羨之財不入於府

庫，析毫之計不行於朝廷者，慮其利穴開而罪梯搆。然則聖人非不好利也，利在於利萬人，非不好富也，富在於富天下。節欲於中，人斯利矣，省用於外，人斯富矣。故唐堯、夏禹、漢文之代，雖薄農桑之税，除關市之征，棄山海之饒，散鹽鐵之利，亦國足而人富安矣。何則？欲節而用省也。秦皇、漢武、隋煬之時，雖入太半之賦，徵逆折之租，建榷酤之法，出舟車之算，亦國乏而人貧弊矣。何則？欲不節而用不省也。蓋所謂山林不能給野火，江海不能實漏巵。夫利散於下，則人逸而富，利壅於上，則人勞而貧。故下勞則上無以自安，人富則君孰與不足？《禮記》曰：人以君爲心，君以人爲體。《詩》曰：愷悌君子，人之父母。由此而言，未有體勞而心逸者也，未有子富而父貧者也，臣又聞地之生財，多少有限，人之食利，衆寡有常，若盈於上，則耗於下，利於彼，則害於此。而王者四海一家，兆人一統，國無異政，家無異風。若奪其利則害生，害不加於人，欲何加乎？若除其害則利生，利不歸於人，欲何歸乎？故奪之也，如皮盡於毛下，本或不存；與之也，同囊漏於貯中，利將焉往。與奪利害，斷可知焉。是以善爲國者，不求非農桑之産，不重非衣食之貨，不用計數之吏，不畜聚斂之臣，聞榷筦之謀，則思侵削於下，見羨餘之利，則念誅求於人，然後德澤流而歌詠作矣。故曰利出一孔者王，利出二孔者強，利出三孔者弱。此明君立國子人者，貴本業而賤末利也。

（清）董誥《全唐文》卷七四三《裴休・請革横税私販奏》 諸道節度觀察使置店停上茶商，每斤收搨地錢，并税經過商人，頗乖法理。今請釐革横税，以通舟船。商旅既安，課利自厚。今又正税茶商，多被私販茶人侵奪其利。今請強幹官吏，先於出茶山口及廬、壽、淮南界内布置把捉，曉諭招收，量加半税，給陳首帖子。令其所在公行，從此通流，更無苛奪。所冀招恤窮困，下絶姦欺，使私販者免犯法之憂，正税者無失所之歎。欲究根本，須舉綱條。

（清）董誥《全唐文》卷七五九《盧商・請增加鹽額奏》 常州自開成元年七月二十六日敕，以茶務委州縣。至年終所收，以溢額五千六百六十九貫，比類鹽鐵場院正額元數，加數倍已上。伏請增加正額。

（清）董誥《全唐文》卷九六六《闕名・請嚴禁雜榷奏太和七年四月御史臺》 伏準太和三年十一月十八日赦文，天下除兩税外，不得妄有科配。其擅加雜榷率，一切宜停，令御史臺嚴加察訪者。臣昨因嶺南道擅置竹練場，税法至重，害人頗深。伏請起今已後，應諸道自太和三年準赦文所停兩税外，科配雜榷率等復却置者，仰敕至後十日内，具却置事由聞奏，仍申臺司。每有出使郎官御史，便令嚴加察訪。苟有此色，本判官重加懲責，長吏奏聽進止。

綜　述

（唐）李林甫等《唐六典》卷三〇《三府督護州縣官吏》 士曹、司士參軍掌津梁、舟車、舍宅、百工衆藝之事。啓塞必從其時，役使不奪其力，通山澤之利以贍貧人，凡州界内有出銅、鐵處，官未采者，聽百姓私采。若鑄得銅及白鐵，官爲市取；如欲折充課役，亦聽之。其四邊，無問公私，不得置鐵冶及采銅。自餘山川藪澤之利，公私共之。致環異之貨以備國用，是以官無禁利，人無稽市。凡知山澤有異寶、異木及金、玉、銅、鐵、彩色雜物處堪供國用者，奏聞。

（唐）杜佑《通典》卷一一《食貨・雜税》 隋文帝登庸，又除入市之税。

大唐開元十八年，御史大夫李朝隱奏請薄百姓一年税錢充本，依舊令高户及典正等捉，隨月收利，將供官人料錢。自天寶末年，盗賊奔突，克復之後，府庫一空。又所在屯師，用度不足，於是遣御史康雲閒出江淮，陶鋭往蜀漢，豪商富户，皆籍其家資，所有財貨畜産，或五分納一，謂之率貸，所收巨萬計。蓋權時之宜。其後諸道節度使、觀察使多率税商賈，以充軍資雜用，或於津濟要路及市肆閒交易之處，計錢至一千以上者，皆以分數税之。自是商旅無利，多失業矣。上元中，敕江淮堰埭商旅牽船過處，準斛斗納錢，謂之埭程。大曆初，諸州府應税青苗錢，每畝十文，充百司手力資課。三年十月十六日，臺司奏，緣兵馬未散，百司支計不給，每畝更加五文。貞元九年制，天下出茶州，商人販者，十分税一。

（宋）王溥《唐會要》卷五九《虞部員外郎》 大曆十四年八月，虞部奏：准式，山澤之利，公私共之者。比來除長春宫所收，私占甚多，望令關内州府審勘頃畝，先均給貧下百姓，據厚薄節給，輕税五分之一，徵納訖，市輕貨送上都。如所由輒有隱漏及收管不盡，並請准條科罪。敕

旨：依奏。

（宋）王溥《唐會要》卷六六《太府寺》 天寶九載二月十四日敕：自今以後，麫皆以三斤四兩爲斗，鹽並勒斗量。其車軸長七尺二寸，除陌錢每貫二十文。餘麫等同。

（宋）王溥《唐會要》卷八四《雜稅》 建中元年九月，户部侍郎趙贊請置常平輕重本錢，從之。贊於是條奏諸道津要都會之所，皆置吏，閱商人財貨，計錢每貫稅二十文。天下所出竹木茶漆，皆什一稅之，充常平本錢。時軍用稍廣，常賦不足，所稅亦隨盡，竟莫得充本儲積焉。

四年六月，判度支户部侍郎趙贊請置大田，天下田計其頃畝，官收十分之一，擇其上腴，樹桑環之，曰公田公桑，自王公至於匹庶，差借其力，得穀絲以給國用。詔從其說，贊熟計之，自以爲非便，皆寢不下，請行常平稅茶之法。又以軍須迫蹙，常平利不時集，乃請稅屋間架等。除算陌錢間架法，凡屋兩架爲一間，屋有貴賤，約價三等，上價間出錢二千，中價一千，下價五百，所由吏秉算執籌，入人之廬舍，而計其數，衣冠士族，或貧無他財，獨守故業，坐多屋出算者，動數十萬，人不勝其苦。凡没一間者，杖六十，告者賞錢五十貫，取於犯家。除陌法，天下公私給與貿易，率一貫舊算二十，益加算爲五十，給與他物，或兩换者，約錢爲率算之，市牙各給印紙，人有買賣，隨自署記，翌日，合算之，有自貿易，不用市牙者，給其私簿，無私簿者，投狀自集，其有隱錢百者没入二千，杖六十，告者賞十千，出於犯罪人家。法既行，而主人市牙，得專其柄，率多隱盜，公家所入，曾不得半，而怨讟之苦，囂然滿於天下，至興元二年正月一日赦，悉停罷。貞元九年正月，初稅茶。先是，諸道鹽鐵使張滂奏曰：伏以去歲水災，詔令減稅，今之國用，須有供儲，伏請於出茶州縣及茶山外，商人要路，委所由定三等時估，每十稅一，充所放兩稅，其明年已後所得稅，外貯之。若諸州遭水旱，賦稅不辦，以此代之。詔曰：可。仍委張滂具處置條奏，自此每歲得錢四十萬貫。茶之有稅，自此始也。然稅茶無虚歲，遭水旱處，亦未嘗以稅茶錢拯贍。

元和三年十月，禁採銀，一兩已上者，笞二十，遞出本界，州縣官吏，節級科罰。

長慶元年，鹽鐵使王播奏：茶稅一百，增之五十。左拾遺李珏上疏論之曰：榷率救弊，起自干戈，天下無虞，即宜蠲省。況稅茶之事，尤出近年，在貞元元年中，不得不爾，今四海鏡淨，八方砥平，厚斂於民，殊傷國體，其不可一也。又茶爲食物，無異米鹽，人之所資，遠近同俗，既祛渴乏，難捨斯須，田閭之間，嗜好尤切，今增稅既重，時估必增，流弊於民，先及貧弱，其不可二也。且山澤之饒，出無定數，量斤論稅，所冀售多，價高則市者希，價賤則市者廣，歲終上計，其利幾何，未見阜財，徒聞斂怨，其不可三也。臣不敢遠徵故事，直以目前所見陳之，伏望暫留聰明，少垂念慮，特追敕，更賜商量。陛下即位之初，已徵聚斂，外官抽貫，旋有詔停，洋洋德音，千古不朽，今若榷茶加稅，頗失人情，臣忝職諫司，不敢緘默。時禁中造百尺樓，因計不充，王播希恩增稅，疏奏不省。

太和七年四月，御史臺奏：伏准太和三年十二月十八日赦文，天下除兩稅外，不得妄有科配，其擅加雜榷率，一切宜停，令御史臺嚴加察訪者，臣伏以方今天下無事，聖政日修，務去煩苛，與人蘇息。臣昨因嶺南道擅置竹練場，稅法至重，害人頗深，博訪諸道，委知自太和三年准赦文兩稅外停廢等事，旬月之内，或以督察不嚴，或以長吏更改，依前即置，重困齊民。伏望起今後，應諸道自太和三年准赦文所停稅外，科配雜榷率等，復已卻置者，仰敕到十日内，具卻置事由聞奏，仍申報臺司，每有出使郎官御史，令嚴加察訪，苟有此色，本判官重加懲責，長吏奏聽進止，敕旨，宜依。

開成二年十二月，武寧軍節度使薛元賞奏，泗口稅場，應是經過衣冠商客，金銀羊馬斛㪷見錢茶鹽綾絹等，一物已上並稅。今商量，其雜稅物請停絶。敕旨：淮泗通津，向來京國，自有率稅，頗聞怨讟，薛元賞到鎮之初，首請除去，表章適至，訩誅已興，泗口稅據元賞所奏並停，所置當官司所由並罷，委元賞當日榜示。其泗口稅額，淮徐泗觀察使今年前後兩度奏狀，内豎共得錢一萬八千五十五貫文，内十驛一萬一千三百貫文，委户部每年以實錢逐近支付。泗宿二州，以度支上供錢賜充本軍用，其他未贍，委任才臣，共息怨咨，以安行旅。

大中六年正月，鹽鐵轉運使兵部侍郎裴休奏：諸道節度使觀察使，置店停止茶商，每斤收搨地錢，並稅經過商人，頗乖法理。今請釐革橫稅，以通舟船，商旅既安，課利自厚，今又正稅茶商，多被私販茶人侵奪

其利，今請強幹官吏，先於出茶山口，及廬壽淮南界内，布置把捉，曉諭招收，量加半税，給陳首帖子，令其所在公行，從此通流，更無苛奪。所冀招懷窮困，下絶奸欺，使私販者免犯法之擾，正税者無失利之歎，尋究根本，須舉綱條。敕旨：宜依。其年四月，淮南及天平軍節度使浙西觀察使，皆奏軍用困竭，伏乞且賜依舊税茶。敕旨：裴休條疏茶法事極精詳。制置之初，理須畫一，並宜准今年正月二十六日敕處分。

（宋）王溥《唐會要》卷八六《關市》　武德九年八月十七日詔，關梁之設，襟要斯在，義止懲奸，無取苛暴，近世拘刻，禁禦滋章，非所以綏安百姓，懷來萬邦者也，其潼關以東，緣河諸關，悉宜停廢，其金銀綾絹等雜物，依格不得出關者，不得須禁。

天授二年七月九日敕，其雍州已西，安置潼關，即宜廢省洛州南北面各置關。

長安二年正月，有司表請税關市，鳳閣舍人崔融上議曰，臣伏見有司税關市事條，不限工商，但是行旅盡税者，臣謹按周禮九賦，其七曰關市之賦，竊惟市縱繁雜，關通末游，欲令此徒止抑，所以咸增賦税，夫關市之税者，惟斂出入之商賈，不税往來之行人，今若不論商民，通取諸色，事不師古，法乃任情，悠悠末世，於何瞻仰，又四海之廣，九州之雜，關必據險路，市必憑要津，若乃富商大賈，豪宗惡少，輕死重氣，結黨連羣，喑嗚則彎弓，睚眦則挺劍，小有失意，且猶如此，一旦變法，定是相驚，非惟流逆齊民，亦自擾亂殊俗，求利雖切，爲害方深，而有司上言，不識大體，徒欲益帑藏，助軍國，殊不知軍國益擾，帑藏愈空，且如天下諸津，舟航所聚，洪舸巨艦，千軸萬艘，交貨往還，昧旦永日，今若江津河口，置鋪納税，税則檢覆，覆則遲留，此津纔過，彼鋪復止，非惟國家税錢，更遭主司僦賂，至如關市之税，史籍有文，秦政以雄圖武力捨之而不用也，漢武以霸略英才，去之而勿取也，何則，關爲詰暴之所，市爲聚民之地，税市則民散，税關則暴興，暴興則起異圖，民散則懷不軌，況澆風久扇，變法爲難，徒欲禁末游，規小利，豈知失元默，亂大倫乎，古人有言，王者藏於天下，諸侯藏於百姓，農夫藏於庾，商賈藏於篋，惟陛下詳之，必若師興有費，國儲多窘，即請倍算商賈，加斂平民，如此則國保富強，人免憂懼，天下幸甚，臣知其不可也。

天寶二年十月敕，如聞關已西諸國，興販往來不絶，雖託以求利，終交通外蕃，因循頗久，殊非穩便，自今已後，一切禁斷，仍委四鎮節度使，及路次所由郡縣，嚴加捉搦，不得更有往來。

乾元元年八月敕，大散關宜依舊令鳳翔府收管。

寶應元年九月敕，駱谷金牛子午等路，往來行客所將隨身器仗等，今日以後，除郎官御史，諸州部統進奉事官，任將器仗隨身，自餘私客等，皆須過所上具所將器仗色目，然後放過，如過所上不具所將器仗色目數者，一切於守捉處勒留。

元和九年五月，豐州奏，中受降城與靈州城接界，請置關，從之。

十二年二月，時討淮蔡既久，濟師十倍，賊知其必屈，每思竊發於中，以緩師期，故有折陵寢之戟，爇芻？之場，流矢飛書，往往不絶，蓋關防之罪也，及平淄青後，簿書獲賞蒲潼關吏文案，乃明吏卒取于賊而容其奸也。

大中三年七月，涇州節度使康季榮奏，六月二十七日，收原州城及諸關，石門關，驛藏關，木峽關，制勝關，六盤關，石峽關，其月，邠寧監軍小使張文鋭奏，當兵道兵馬，今月十三日收蕭關。

六年三月，隴州防禦使薛逵奏，伏奉正月二十六日詔旨，令臣築故關訖聞奏者，伏以汧源西境，切任故關，昔有隄防，殊無制置，僻在重岡之上，苟務高深，今移要會之口，實堪控扼，舊絶泉井，遠汲河流，今則臨水挾山，當川限轂，危牆深塹，克揚營壘之勢，伏乞改爲定戎關，關吏鈐轄往來，臣當界又有南由路，亦是要衝，舊有水關，亦請准前扼捉，去正月二十七日起工，今月十七日畢，謹畫圖進上，敕旨，薛逵新置關城，得其要害，形於圖畫，頗見公忠。宜依所奏。

（宋）王溥《唐會要》卷八七《轉運鹽鐵總叙》　開成元年，李石以中書侍郎判收茶法，復貞元之制也。

（宋）王溥《唐會要》卷八八《雜税》　建中元年九月，户部侍郎趙贊請置常平輕重本錢，從之。贊於是條奏諸道津要都會之所，皆置吏，閲商人財貨，計錢每貫税二十文，天下所出竹、木、茶、漆，皆什一税之，充常平本錢。時軍用稍廣，常賦不足，所税亦隨盡，竟莫得充本儲積焉。

（宋）宋敏求《唐大詔令集》卷一〇七《政事・備禦・鎮兵以四年為

限詔》　王者制五服，綏四方，申畫郊畿，慎固封守，是乃選徒興役，禦寇備邊。欽若前載，率由茲道。朕以薄德，紹膺丕運，奉天明命，爲人父母，永隔綏養，鑒寐以之。每念征戍，良可矜省，其有涉河渡磧，冒險乘危，多歷年所，遠辭親愛，壯齡應募，華首未歸，睠言勞止，期於折衷。但磧西諸鎮，道阻且長，數有替易，難於煩擾，其鎮兵宜以四年爲限，散支州縣，務取富户丁多。差遣後，量免户内雜科稅。其諸軍鎮兵，近日遞加年限者，各依舊以三年二年爲限，仍並不得延留。其情願留鎮者，即稍加賜物。征人願往，聽復令行。惟貴勞逸且均，公私咸適，宣布遐邇，識朕意焉。

（元）馬端臨《文獻通考》卷一四《征榷考·征商關市》　隋文帝受禪，除入市之稅。

唐武后長安二年，鳳閣舍人崔融上議曰：臣伏見有司稅關市事條，不限工商，但是行人盡稅者。臣謹按：《周禮》九賦，其七曰關市之賦。竊惟市縱繁雜，關通末游，欲令此徒止抑，所以咸增賦稅。夫關市之稅者，唯斂出入之商賈，不稅往來之行人。何四海之廣，九州之雜，關必據險路，市必憑要津。若乃富商大賈，豪宗惡少，輕死重氣，結党連群，喑嗚則彎弓，睚眦則挺劍。小有失意，且猶如此，一旦變法，定是相驚。非唯流迸齊人，亦自擾亂殊俗。求利雖切，爲害方深。而有司上言，不識大體，徒欲益帑藏，助軍國，殊不知軍國益擾，帑藏愈空。且如天下諸津，舟航所聚，洪舸巨艦，千軸萬艘，交貨往還，昧旦永日。今若江津河口置鋪納稅，則檢覆檢覆，檢覆則遲留。此津纔過，彼鋪復止，非唯國家稅錢，更遭主司僦賂。何則？關爲詰暴之所，市爲聚人之地，稅市則人散，稅關則暴興，暴興則起異圖，人散則懷不軌。況澆風久扇，變法爲難，徒欲禁末游，規小利，豈知失玄默、亂大倫乎？古人有言：王者藏於天下，諸侯藏於百姓，農夫藏於庾，商賈藏於篋。惟陛下詳之。必若師興有費，國儲多窘，即請倍算商客，加斂平人。如此則國保富強，人免憂懼，天下幸甚。

德宗時，趙贊請諸道津會置吏閱商賈錢，每緡稅二十，竹木茶漆稅十之一，以贍常平本錢。帝納其策。屬軍用迫蹙，亦隨而耗竭，不能備常平之積。

文宗太和七年，御史臺奏：太和三年赦文，天下除兩稅外，不得妄有科配，其擅加雜榷率一切宜停，令御史臺嚴加察訪者。臣伏以方今天下無事，聖政日躋，務去煩苛，與民休息。臣昨因嶺南道擅置竹練場，稅法至重，害人頗深，博訪諸道，委知自太和三年準赦文兩稅外停廢等事，旬月之内，或以督察不嚴，或以長吏更改，依前却置，重困齊人。伏望今後自太和三年準赦文所停，兩稅外科配雜榷等率復却置者，仰敕到後十日内，具却置事申聞奏，仍申報臺司。每有出使郎官、御史，令嚴加察訪，苟有此色，本判官重加懲責，長吏奏聽進止。旨依。

開成二年十二月，武寧軍節度使薛元賞奏：泗口稅場，應是經過衣冠商客，金銀、羊馬、斛斗、見錢、茶鹽、綾絹等，一物已上並稅。今商量其雜稅物請停絕。敕旨：淮、泗通津，向來京國自有率稅，頗聞怨讟。今依元賞所奏，並停其所置官司，所由悉罷。所有泗口稅額，準徐泗觀察使今年前後兩度奏狀，内豎共得錢一萬八千五十五貫文。内十驛一萬一千三百貫文，委户部每年以實錢逐近支付，泗、宿二州以度支上供錢賜充本軍用，其他未贍，委在才臣，共息怨咨，以泰行旅。

（元）馬端臨《文獻通考》卷一九《征榷考·雜征斂》　唐高宗龍朔三年，減百官一月俸，賦雍、同等十五州民錢作蓬萊宮。

唐肅宗即位時，兩京陷没，民物耗弊，乃遣御史鄭叔清等籍江淮富商右族貲畜，什收其二，謂之率貸。諸道亦稅商賈以贍軍，錢一千者有稅。

德宗時，朱滔、王武俊、田悦背叛，國用不給，陳京請借富商錢。度支杜佑以爲軍費纔支數月，幸得商錢五百萬緡，可支半歲。乃以户部侍郎趙贊判度支，代佑行借錢令，約罷兵乃償之。搜督甚峻，民有自經者，家若被盜。然總京師豪人田宅奴婢之估，纔得八十萬緡。又取僦匱納質錢及粟麥糶於市者，四取其一，長安爲罷市，遮邀宰相哭訴。乃以錢不及百緡，粟米不及五十斛者免，而所獲纔二百萬緡。

時軍用不給，乃稅間架，算除陌。其法：屋二架爲間，上間錢二千，中間一千，下間五百。吏執筆握算，入人家計其數，或有宅屋多而無他資者，出錢動數百緡。敢匿一間，杖六十，告者賞錢五萬。除陌法者，公私給與及買賣，每緡官留五十錢；舊算三十，今加爲五十。給他物及相貿易者，約錢爲率算之。市牙各給印紙，人有買賣，隨日署記，翌日合算之。

有自貿易不用市牙者，給其私簿，無簿者投狀自集。其有隱錢百者没入，二千杖六十，告者賞十千，出犯人家。法既行，而主人、市牙得專其柄，率多隱盜，公家所入不能半，而怨讟滿天下。

舊制，諸道軍出境，則仰給度支。時討賊兵在外者衆，上優恤士卒，每出境，加給酒肉，本道糧仍給其家，一人兼三人之給。故將士利之，各出軍纔逾境而止。月費錢百三十餘萬緡，常賦不能給，趙贊乃奏行二法，愁怨之聲，盈於遠近。及涇原兵反，大呼長安市中曰：不奪爾商户僦質，不税爾間架、除陌矣。於是間架、除陌、竹、木、茶、漆、鐵之税皆罷。

致堂胡氏曰：當是時，天下税户三百八萬五千餘，户税穀二百一十五萬七千餘斛，而籍兵七十六萬七千餘人，是税户四、穀斛三而養一兵，他用不預焉。被甲荷戈者既不常飽，量入以爲出，國非其國矣。

今按：德宗之横斂，諉曰軍興乏用也。然瓊林、大盈之積，特不過假軍興之名，而厚賦以實私藏。是以餉賜稍不如意，反使涇原驕横之卒，得藉口以爲作亂之階。然則平時刻剥生民而姑息軍卒，竟何益哉！

唐貞觀初，京司及州縣皆有公廨田，供公私之費。其後以用度不足，京官有俸賜而已。諸司置公廨本錢，以番官貿易取息，計員多少爲月料。

十二年，罷諸司公廨本錢，以天下上户七千人爲胥士，視防閣制而收其課，計官多少而給之。

十五年，復置公廨本錢，以諸司令史主之，號捉錢令史。每司九人，補於吏部，所主纔五萬錢以下，市肆販易，月納息錢四千，歲滿受官。諫議大夫褚遂良上疏言：京七十餘司，更一二載，捉錢令史六百餘人受職。太學高第，諸州進士，拔十取五，猶有犯禁罷法者，況廛肆之人，苟得無耻，不可使其居職。太宗乃罷捉錢令史，復給京官職田。

開元十八年，御史大夫李朝隱奏請藉百姓一年税錢充本，依舊令高户及典正等捉，隨月收利，將供官人料錢，並取情願自捉，不得令州縣牽挽。

乾元元年，敕長安、萬年兩縣各備錢一萬貫，每月收利以充和顧。

時祠祭及蕃夷賜宴、别設，皆長安、萬年人吏主辦，二縣置本錢，配納質積户收息以供費。諸使捉錢者，給牒免徭役，有罪，府縣不敢劾治。民間有不取本錢，立虚契，子孫相承爲之。嘗有毆人破首，詣閑厩使納利錢，受牒貸罪。御史中丞柳公綽奏諸司捉錢户，府縣得捕役，給牒者毁之。自是，不得錢者不納利矣。

寶應元年敕：諸色本錢，比來將放與人，或府縣自取，及貧人將捉，非唯積利不納，亦且兼本破除。今請一切不得與官人及窮百姓并貧典吏，揀擇當處殷富幹了者三五人，均使翻轉回易，仍放其諸色差遣，庶得永存官物，又冀免破人家。

貞元元年敕：自今後應徵息利本錢，除主保逃亡轉徵鄰近者放免，餘並準舊徵收。其所欠錢，仍任各取當司闕官職田，量事糶貨，充填本數。

元和二年，宰臣上言：聖政惟新，事必歸本，疏理五坊户色役，令府縣却收，萬人欣喜，恩出望外。臣等輒釐革舊弊，率先有司，其兩省納課陪廚户及捉錢人，總一百二十四人，望令歸府縣色役。從之。

元和十一年，御史中丞崔從奏：捉錢人等比緣皆以私錢添雜官本，所防耗折，裨補官利。吏近日訪聞商販富人投身要司，依託官本，廣求私利，可徵索者自充家業，成逋欠者證是官錢，非理逼迫，爲弊非一。今請許捉錢户添放私本，不得過官本錢，勘責有剩，並請没官。

十四年，御史中丞蕭俛奏：諸司、諸軍、諸使公廨諸色本利錢等，伏緣臣當司及祕書省等三十二司利錢，準赦文，至十倍者，本利並放，輒轉攤保；至五倍者，本利並放。緣前件諸司、諸使、諸軍利錢，節文並不該及，其中有納利百姓，見臣稱訴納利已至十倍者，未蒙一例處分，求臣上達天聽。伏以南北諸司事體無異，納利百姓皆陛下赤子，若恩澤均及，則雨露無偏，乞特賜準赦放免。

會昌元年正月赦節文：每有過客衣冠，皆求應接行李，苟不供給，必致怨尤。刺史、縣令但取虚名，不惜百姓，夫畜皆配民户，酒食科率所由。蠹政害人，莫斯爲甚。宜爲本道觀察使條流，量縣大小及道路要僻，各置本錢，逐月收利。或前觀察使前任臺省官不乘館驛者，許量事供給，其錢便以留州留使錢充，每至季終申觀察使。如妄破官錢，依前科配，並同入己贓論，仍委出使御史糾察以聞。

按：捉錢之事，惟唐有之。蓋以供諸司公用之費。雖曰官出本錢，令其營運納息，非鑿空之横斂，及其久也，民利非假官之勢，則不請本

錢，白納利息；官利於取民之財，則所徵利息數倍本錢，而其爲無藝甚矣。故述其事，附之雜征斂之後。

（清）董誥《全唐文》卷二八《玄宗·再減牧草税詔》 調斂惡繁，差科在簡，每思量人賤畜之政，輕傜薄賦之宜。厩馬略配於諸軍，課駒總留於畜牧，則應税之草，不假循前。今年所支，已減舊數，可於此數内更三分減一。

（清）董誥《全唐文》卷六二《憲宗·放免京兆府夏税大麥等敕》 京畿之内，供億所叢，雖年穀比登，而人食尚寡，俾其存濟，實在優矜。其京兆府及諸縣今年夏税大麥等，共九萬四千六百九十四石，並宜放免。

（清）董誥《全唐文》卷七四《文宗·追收江淮諸色人經紀本錢敕》 中書門下省所將本錢，與諸色人，給驅使官文牒，於江淮諸道經紀，每年納利，並無元額許置。如聞皆是江淮富家大户，納利殊少，影庇至多。私販茶鹽，頗撓文法，州縣之弊，莫甚於斯，宜並勒停。兩省先給文牒，仍盡追收。其去年所減人數，雖無挾名，尚執兩省文牒，亦宜收訖聞奏。以後不承正敕，不在更置之限。

（清）董誥《全唐文》卷八一《宣宗·停税茶敕》 裴休條疏《茶法》，事極精詳。制置之初，理須畫一，並宜準今年正月敕處分。

（清）董誥《全唐文》卷七四四《崔戎·請勒停雜税奏》 准詔旨：制置劍南西川兩税，舊納見錢，今令一半納見錢。一半納當土所在雜物，仍于時估之外，每貫加饒三五百文，依元估充送省及留州留使支用者。今臣與郭釗商量，當道兩税，並納見錢，軍中支用及將士官吏俸，依賜並以見錢給付。今若一半折納，則將士請受，折損較多。今請兩税錢數内，三分二分納見錢，一分納疋段及雜物，准詔每貫加饒五百文，計優饒百姓一十三萬四千二百四十二貫文。成都府及諸縣并邛、雅、黎等州蠻寇所經處，賦税三分蠲放一分，其不經賊處，亦量減放，共計減放一萬七千六百二十貫文。伏緣兩税先徵見錢，今三分已一分折納雜物，計優饒百姓一十三萬餘貫文。西川税科，舊有青苗如茄子、薑芋之類，每畝或至七八百文，徵斂不時，煩擾頗甚。今令並省税名目，一切勒停，盡依諸處爲兩限，有青苗約立等第，頒給户帖。兩税之外，餘名一切勒停。今臣與郭釗商量，得報稱已是徵夏税之時，改法未得，先已奏請以今年已後，每年冬于本色苗本額税中，並減一半訖，計減放四萬二千五百四十四貫文。臣奉使日，伏蒙處置如前。

（清）董誥《全唐文》卷一二二《周太祖·定抽税蕃漢糴鹽詔》 青白池務，素有定規，祇自近年，頗乖循守。比來青鹽一石，抽税錢八百文，足陌鹽一斗，白鹽一石，抽税錢五百文，鹽五升；其後青鹽一石，抽錢一千，鹽一斗。訪聞改法已來，不便商販，蕃人漢户，求利艱難，宜與優饒，庶令存濟。今後每青鹽一石，依舊抽税錢八百文，以八十五爲陌，鹽一斗；白鹽一石，抽税五百，鹽五升。此外更不得别有邀求。蕃人入界，本州務及諸巡鎮，倍加安撫，不得侵欺。如蕃人將羊馬，貨價須平和交易，不得縱任牙人，通同脱略，故爲抑淩，訪聞邊上鎮鋪。於蕃漢户人市易，糴餘衷私抽税，今後一切止絶，如違必加深罪。各令知悉。

（清）董誥《全唐文》卷一二三《周太祖·定皮革税敕》 累朝已來，用兵不息，至於繕治甲胄，未免配役生靈，取乃民資，助成軍器。就中皮革，尤峻科刑，稍犯嚴條，皆抵極典。鄉縣以之生事，奸猾得以侵漁。宜立新規，用革前弊。應天下所納牛皮，令將逐年所納數，三分内減放二分，其一分於人户苗畝上配定。每秋夏苗共十頃，納連角牛皮一張，其黄牛納乾筋四兩，水牛半斤。犢皮不在納限。其皮人户自詣本州送納，所司不得邀難。所有牛馬騾皮筋角，今後官中更不禁斷，並許私家供使買賣，只不得將出化外敵境。仍仰關津界首子細覺察捕捉，所犯人必加深罪。其州縣先置巡簡牛皮節級，及朝廷先降條法，一切停廢。其合分擘納黄牛水牛皮筋處，其閒有未盡事件，委所司取便處分，庶免編民犯禁，且使人户資家，既便公私，用除苛弊。

（清）董誥《全唐文》卷一二五《周世宗·減鹽税敕》 齊州管内，元於秋苗上俵配蠶鹽，謂之察頭鹽。每一石徵錢三千文，苗畝雖減於舊時，鹽數不侈於往日。且聞黎庶，頗亦艱辛。其滄、棣、濱、淄、青五州管内所請蠶鹽，每一石徵絹一匹，地里相接，苦樂頓殊，輸輕者量與增添，賦重者時宜蠲減，庶無偏黨，用示均平。其齊州所納鹽價錢，特與減放一半，只徵一千五百文。其滄、棣、濱、淄、青等州，每鹽一石，舊徵絹一匹，起來年後加一匹。

（清）董誥《全唐文》卷一二八《南唐嗣主李景·進奉錢絹茶米等

表》　臣聞盟津初會，仗黄鉞以臨戎；銅馬既歸，推赤心而服衆。一則顯周君之雄武，一則表漢后之仁慈，用能定大業於一戎，紹洪基於四百，兼資具美，允屬聖君。伏惟皇帝陛下量包終古，聖合上元，子育黎民，風行號令。以其執迷未復，則薄賜徂征，以其向化知歸，則俯垂信納。仰荷含容之施，彌堅傾附之念。然以淮海遐陬，東南下國，親勞翠蓋，久駐王師，以是憂慚，不遑啓處。今既六師返旆，萬乘還京，合申解甲之儀，粗表充庭之實。但以自經保境，今已累年，供給既繁，困虛頗甚，曾無厚幣，可達深誠。然又思内附已來，聖慈益厚，雖在照臨之下，有如骨肉之恩，縱悉力以貢輸，終厚顔於微鮮，今有少物色，以備宣給軍士。謹遣左僕射平章事臣馮延巳、給事中臣田霖部署上進。

紀事

（唐）吴兢《貞觀政要》卷八《貢賦》　貞觀二年，太宗謂朝集使曰：使，去聲。唐制：諸州奉貢物入京者，謂之朝集使。任土作貢，布在前典。當州所産，則充庭實。當，去聲。比聞都督刺史，比，音鼻。邀射聲名。厥土所賦，或嫌其不善，踰意外求，更相倣効，更，平聲。遂以成俗，極爲勞擾。宜改此弊，不得更然。

（唐）權德輿《權載之文集》卷一七《尚書度支郎中贈尚書左僕射正平節公裴公神道碑》　徵爲度支郎中。【略】其始受命也，寇劇横厲，三川如燬，隂方出師，慕義助順。代宗焦勞念慮，命德宗以雍邸總戎，賦輿所會，征繕不給。有詔輟東方軍市之租，移用於中都。屬受鉞之臣，矜功觖望，師老專利，便文自營。公慨然牒書，譏切備至，嚮之廢格，悉用平雋。

（唐）李肇《唐國史補》卷下　南海舶，外國船也。每歲至〔廣州，安南師子國舶最大，梯而上下數丈，皆積寶貨，至則本道奏報，郡邑爲之喧闐，有蕃長爲主領，市舶使籍其名物，納舶脚，禁珍異。

（唐）佚名《大唐傳載》　除陌，建中四年敕：天下州縣，市買交關，每貫五十文，納官。

（唐）李吉甫《元和郡縣圖志》卷二八《江南道》　銀山，在縣東一百四十里。每歲出銀十餘萬兩，收稅山銀七千兩。

《舊唐書》卷一二《德宗紀》　〔德宗建中三年夏四月〕壬戌，封朱滔爲通義郡王。朱滔、王武俊與田悦合從而叛。太常博士韋都賓、陳京以軍興庸調不給，請借京城富商錢，大率每商留萬貫，餘並入官，不一二十大商，則國用濟矣。判度支杜佑曰：今諸道用兵，月費度支錢一百餘萬貫，若獲五百萬貫，纔可支給數月。甲子，詔京兆尹、長安萬年令大索京畿富商，刑法嚴峻，長安令薛苹荷校乘車，於坊市搜索，人不勝鞭笞，乃至自縊。京師囂然，如被盗賊。搜括既畢，計其所得纔八十萬貫，少尹韋禎又取僦櫃質庫法拷索之，纔及二百萬。

《舊唐書》卷一二《德宗紀》　〔建中三年〕九月，判度支趙贊上言，請爲兩都、江陵、成都、揚、汴、蘇、洪等州署常平輕重本錢，上至百萬貫，下至十萬貫，收貯斛斗匹段絲麻，候貴則下價出賣，賤則加估收糴，權輕重以利民。從之。贊乃於諸道津要置吏稅商貨，每貫稅二十文，竹、木、茶、漆皆什一稅一，以充常平之本。

《舊唐書》卷一三《德宗紀》　〔貞元九年〕正月，癸卯，初稅茶，歲得錢四十萬貫，從鹽鐵使張滂所奏。茶之有稅，自此始也。

《舊唐書》卷四八《食貨志》　天寶九載二月，敕：車軸長七尺二寸，麵三斤四兩，鹽斗，量除陌錢每貫二十文。

《舊唐書》卷四八《食貨志》　玄宗幸巴蜀，鄭昉使劍南，請於江陵稅鹽麻以資國，官置吏以督之。

《舊唐書》卷四八《食貨志》　〔建中四年六月，户部侍郎趙贊〕又以軍須迫蹙，常平利不時集，乃請稅屋間架、（等）〔算〕除陌錢。【略】除陌法：天下公私給與貨易，率一貫舊算二十，益加算爲五十。給與他物或兩换者，約錢爲率算之。市牙各給印紙，人有買賣，隨自署記，翌日合算之。有自貿易不用市牙者，（給）〔驗〕其私簿，無私簿者，投狀自集。其有隱錢百者没入，二千杖六十，告者賞十千，取其家資。法既行，而主人市牙得專其柄，率多隱盗。公家所入，曾不得半，而怨讟之聲，囂然滿於天下。至興元二年正月一日赦，悉停罷。

《舊唐書》卷四八《食貨志》　德宗朝討河朔及李希烈，物力耗竭。趙贊司國計，纖瑣刻剥，以爲國用不足，宜賦取於下，以資軍蓄。與諫官

陳京等更陳計策，贊請稅京師居人屋宅，據其間架差等計入，陳京又請籍列肆商賈資產，以分數借之。宰相同爲欺罔，遂行其計。中外沸騰，人懷怨望。時又配王公已下及嘗在方鎮之家出家僮及馬以助征行，公私囂然矣。後又張滂、裴延齡、王涯等，剝下媚上，此皆足爲世戒者也。

《舊唐書》卷四九《食貨志》 〔建中〕四年，度支侍郎趙贊議常平事，竹、木、茶、漆盡稅之。茶之有稅，肇於此矣。

《舊唐書》卷四九《食貨志》 開成元年，李石以中書侍郎判收茶法，復貞元之制也。

《舊唐書》卷四九《食貨志》 開成二年十二月，武寧軍節度使薛元賞奏：泗口稅場，應是經過衣冠商客金銀、羊馬、斛斗、見錢、茶鹽、綾絹等，一物已上並稅。今商量，其雜稅並請停絕。詔許之。

《舊唐書》卷四九《食貨志》 〔大中〕六年五月，又立稅茶之法，凡十二條，陳奏，上大悅。詔曰：裴休興利除害，深見奉公。盡可其奏。

《舊唐書》卷四九《食貨志》 大中六年正月，鹽鐵轉運使裴休奏：諸道節度、觀察使，置店停上茶商，每斤收搨地錢，并稅經過商人，頗乖法理。今請釐革橫稅，以通舟船，商旅既安，課利自厚。今又正稅茶商，多被私販茶人侵奪其利。今請強幹官吏，先於出茶山口，及廬、壽、淮南界內，布置把捉，曉諭招收，量加半稅，給陳首帖子，令其所在公行，從此通流，更無苛奪。所冀招恤窮困，下絕姦欺，使私販者免犯法之憂，正稅者無失利之歎。欲尋究根本，須舉綱條。敕旨依奏。其年四月，淮南及天平軍節度使并浙西觀察使，皆奏軍用困竭，伏乞且賜依舊稅茶。敕旨：裴休條流茶法，事極精詳，制置之初，理須畫一，並宜準今年正月二十六日敕處分。

《舊唐書》卷九四《崔融傳》 崔融，齊州全節人。初，應八科舉擢第，累補宮門丞，兼直崇文館學士。中宗在春宮，制融爲侍讀，兼侍屬文，東朝表疏，多成其手。聖曆中，則天幸嵩嶽，見融所撰啓母廟碑，深加歎美，及封禪畢，乃命融撰朝覲碑文。自魏州司功參軍擢授著作佐郎，尋轉右史。聖曆二年，除著作郎，仍兼右史內供奉。四年，遷鳳閣舍人。久視元年，坐忤張昌宗意，左授婺州長史。頃之，昌宗怒解，又請召爲春官郎中，知制誥事。長安二年，再遷鳳閣舍人。三年，兼修國史。時有司表稅關市，融深以爲不可，上疏諫曰：

伏見有司稅關市事條，不限工商，但是行人盡稅者。臣謹按周禮九賦，其七曰關市之賦。竊惟市縱繁巧，關通末游，欲令此徒止抑，所以咸增賦稅。臣謹商度今古，料量家國，竊將爲不可稅。謹件事跡如左，伏惟聖旨擇焉。

往古之時，淳樸未散，公田籍而不稅，關防譏而不征。中代已來，澆風驟進，桑麻疲弊，稼穡辛勤。於是各徇通財，爭趨作巧，求徑捷之欲速，忘歲計之無餘。遂使田萊日荒，倉廩不積，蠶織休廢，弊縕闕如，飢寒猥臻，亂離斯起。先王懲其若此，所以變古隨時，依本者恒科，占末者增稅。夫關市之稅者，謂市及國門、關門者也，唯斂出入之商賈，不稅來往之行人。今若不論商人，通取諸色，事不師古，法乃任情。悠悠末代，於何瞻仰；濟濟盛朝，自取嗤笑。雖欲憲章姬典，乃是違背《周官》。臣知其不可者一也。

臣謹案《易·繫辭》稱：庖犧氏没，神農氏作，日中爲市，致天下之人，聚天下之貨，交易而退，各得其所。《班志》亦云：財者，帝王聚人守位，養成羣生，奉順天德，理國安人之本也。仕農工商，四人有業。學以居位曰仕，闢土殖穀曰農，作巧成器曰工，通財鬻貨曰商。聖王量能授事，四人陳力受職。然則四人各業久矣，今復安得動而搖之！蕭何云：人情一定，不可復動。班固又云：曹參相齊，齊國安集，大稱賢相。參去，屬其後相曰：以齊獄市爲寄，慎勿擾也。後相曰：理無大於此者乎？參曰：不然。夫獄市者，所以并容也，今若擾之，姦人安所容乎？吾是以先之。夫獄市，兼受善惡。若窮極，姦人無所容竄；姦人無所容竄，久且爲亂。秦人極刑而天下叛，孝武峻法而刑獄繁，此其效也。老子曰：我無爲而人自化，我好静而人自正。參欲以道化其本，不欲擾其末。臣知其不可者二也。

四海之廣，九州之雜，關必據險路，市必憑要津。若乃富商大賈，豪宗惡少，輕死重義，結黨連羣，喑嗚則彎弓，睚眦則挺劍。小有失意，且猶如此，一旦變法，定是相驚。乘茲困窮，或致騷動，便恐南走越，北走胡，非唯流逆齊人，亦自攪亂殊俗。又如邊徼之地，寇賊爲鄰，興胡之旅，歲月相繼，儻因科賦，致有猜疑，一從散亡，何以制禁？求利雖切，

爲害方深。而有司上言，不識大體，徒欲益帑藏，助軍國，殊不知軍國益擾，帑藏逾空。臣知其不可者三也。

孟軻又云：古之爲關也，將以禦暴；今之爲關也，將以爲暴。今行者皆税，本末同流。且如天下諸津，舟航所聚，旁通巴、漢，前指閩、越，七澤十藪，三江五湖，控引河洛，兼包淮海。弘舸巨艦，千軸萬艘，交貿往還，昧旦永日。今若江津河口，置鋪納税，納税則檢覆，檢覆則遲留。此津纔過，彼鋪復止，非唯國家税錢，更遭主司僦賂。船有大小，載有少多，量物而税，觸途淹久。統論一日之中，未過十分之一，因此壅滯，必致吁嗟。一朝失利，則萬商廢業；萬商廢業，則人不聊生。其間或有輕訬任俠之徒，斬龍刺蛟之黨，鄱陽暴謔之客，富平悍壯之夫，居則藏鏹，出便竦劍。加之以重税，因之以威脅，一旦獸窮則搏，鳥窮則攫，執事者復何以安之哉？臣知其不可者四也。

五帝之初，不可詳已；三王之後，厥有著云；秦、漢相承，典章大備。至如關市之税，史籍有文。秦政以雄圖武力，捨之而不用也；漢武以霸略英才，去之而勿取也。何則？關爲禦暴之所，市爲聚人之地，税市則人散，税關則暴興，暴興則起異圖，人散則懷不軌。夫人心莫不背善而樂禍，易動而難安。一市不安，則天下之市心搖矣；一關不安，則天下之關心動矣。況澆風久扇，變法爲難，徒欲禁末游、規小利，豈知失玄默、亂大倫。魏、晋眇小，齊、隋齷齪，亦所不行斯道者也。臣知其不可者五也。

今之所以税關市者，何也？豈不以國用不足，邊寇爲虞，一行斯術，冀有殷贍然也！微臣敢借前箸以籌之。伏惟陛下當聖期，御玄籙，沉璧于洛，刻石于嵩，鑄寶鼎以窮姦，坐明堂而布政，神化廣洽，至德潛通。東夷暫驚，應時平殄；南蠻纔動，計日歸降。西域五十餘國，廣輪一萬餘里，城堡清夷，亭堠静謐。比爲患者，唯苦二蕃。今吐蕃請命，邊事不起，即目雖尚屯兵，久後終成弛柝。獨有默啜，假息孤恩，惡貫禍盈，覆亡不暇。征役日已省矣，繁費日已稀矣，然猶下明制，遵太樸，愛人力，惜人財，王侯奮封，妃主新禮，所有文料，咸令減削。此陛下以躬率先，堯、舜之用心也。且關中、河北，水旱數年，諸處逃亡，今始安輯，倘加重税，或慮相驚。況承平歲積，薄賦日久，俗荷深恩，人知自樂。卒有變法，必多生怨，生怨則驚擾，驚擾則不安，中既不安，外何能禦？文王曰：帝王富其人，霸王富其地，理國若不足，亂國若有餘。古人有言：帝王藏於天下，諸侯藏於百姓，農夫藏於庾，商賈藏於篋。惟陛下詳之。必若師興有費，國儲多窘，即請倍算商客，加斂平人。如此則國保富强，人免憂懼，天下幸甚。臣知其不可者六也。

陛下留神繫表，屬想政源，冒茲炎熾，早朝晏坐。一日二日，機務不遺，先天後天，虚心密應。時政得失，小子何知，率陳瞽辭，伏紙惶懼。

疏奏，則天納之，乃寢其事。

《舊唐書》卷一一二《李巨傳》 〔至德〕三年夏四月，加太子少師，兼河南尹，充東京留守，判尚書省事，充東畿採訪等使。於城市橋梁税出入車牛等錢以供國用，頗有乾没，士庶怨讟。

《舊唐書》卷一三五《盧杞傳》 明年六月，趙贊又請税間架、算除陌。【略】除陌法，天下公私給與貿易，率一貫舊算二十，益加算爲五十，給與物或兩换者，約錢爲率算之。市主人牙子各給印紙，人有買賣，隨自署記，翌日合算之。有自貿易不用市牙子者，驗其私簿，投狀自其有私簿投狀。其有隱錢百，没入；二千杖六十，告者賞錢十千，出於其家。法既行，主人市牙得專其柄，率多隱盗，公家所入，百不得半，怨（黷）〔讟〕之聲囂然滿於天下。

《舊唐書》卷一七七《崔慎由傳》 〔大和〕四年三月，召拜檢校左僕射，兼揚州大都督府長史、御史大夫，充淮南節度副大使，知節度事。揚府舊有貨麴之利，資産奴婢交易者，皆有貫率，羊有口算，每歲收利以給用，從悉除之。

《夏侯陽算經》卷下《説諸分》 有錢三千四百六十三貫五百文，欲每貫墊四十二文。問：墊幾何。答曰：一百四十五貫四百六十七文。

術曰：先置錢數，以六七因之，退位即得。

《夏侯陽算經》卷下《説諸分》 今有錢五千四百六十三貫四百五十文，準例每貫納五十文充墊陌。問：合墊幾何。

答曰：二百七十三貫一百七十二文五分。

術曰：先置錢，折半退位即得。

又術：五因之亦得。

《新唐書》卷六《代宗紀》　三月，遣御史税商錢。

《新唐書》卷七《德宗紀》　〔三年〕九月丁亥，初税商錢、茶、漆、竹、木。

《新唐書》卷七《德宗紀》　〔貞元〕九年正月癸卯，復税茶。

《新唐書》卷五一《食貨志》　肅宗即位，遣御史鄭叔清等籍江淮、蜀漢富商右族訾畜，十收其二，謂之率貸。諸道亦税商賈以贍軍，錢一千者有税。於是北海郡録事參軍第五琦以錢穀得見，請於江淮置租庸使，吴鹽、蜀麻、銅冶皆有税，市輕貨繇江陵、襄陽、上津路，轉至鳳翔。明年，鄭叔清與宰相裴冕建議，以天下用度不充，諸道得召人納錢，給空名告身，授官勳邑號；度道士僧尼不可勝計；納錢百千，賜明經出身；商賈助軍者，給復。及兩京平，又於關輔諸州，納錢度道士僧尼萬人。而百姓殘於兵盜，米斗至錢七千，鬻粃爲糧，民行乞食者屬路。乃詔能賑貧乏者，寵以爵秩。

《新唐書》卷五四《食貨志》　初，德宗納户部侍郎趙贊議，税天下茶、漆、竹、木，十取一，以爲常平本錢。及出奉天，乃悼悔，下詔亟罷之。及朱泚平，佞臣希意興利者益進。貞元八年，以水災減税，明年，諸道鹽鐵使張滂奏：出茶州縣若山及商人要路，以三等定估，十税其一。自是歲得錢四十萬緡，然水旱亦未嘗拯之也。

《新唐書》卷五四《食貨志》　武宗即位，鹽鐵轉運使崔珙又增江淮茶税。是時茶商所過州縣有重税，或掠奪舟車，露積雨中，諸道置邸以收税，謂之搨地錢，故私販益起。大中初，鹽鐵轉運使裴休著條約：私鬻三犯皆三百斤，乃論死；長行羣旅，茶雖少皆死；雇載三犯至五百斤、居舍儈保四犯至千斤者，皆死；園户私鬻百斤以上，杖背，三犯，加重徭；伐園失業者，刺史、縣令以縱私鹽論。廬、壽、淮南皆加半税，私商給自首之帖，天下税茶增倍貞元。江淮茶爲大摸，一斤至五十兩。諸道鹽鐵使于悰每斤增税錢五，謂之剩茶錢，自是斤兩復舊。

《新唐書》卷五四《食貨志》　凡銀、銅、鐵、錫之冶一百六十八。陝、宣、潤、饒、衢、信五州銀冶五十八，銅冶九十六，鐵山五，錫山二，鉛山四。汾州礬山七。麟德二年，廢陝州銅冶四十八。開元十五年，初税伊陽五重山銀、錫。德宗時户部侍郎韓洄建議，山澤之利宜歸王者，自是皆隸鹽鐵使。

元和初，天下銀冶廢者四十，歲采銀萬二千兩，銅二十六萬六千斤，鐵二百七萬斤，錫五萬斤，鉛無常數。

開成元年，復以山澤之利歸州縣，刺史選吏主之。其後諸州牟利以自殖，舉天下不過七萬餘緡，不能當一縣之茶税。

及宣宗增河湟戍兵衣絹五十二萬餘匹，鹽鐵轉運使裴休請復歸鹽鐵使以供國用，增銀冶二、鐵山七十一，廢銅冶二十七、鉛山一。天下歲率銀二萬五千兩、銅六十五萬五千斤、鉛十一萬四千斤、錫萬七千斤、鐵五十三萬二千斤。

《新唐書》卷一〇〇《張知謇傳》　武后革命，知泰奏置東都諸關十七所，譏斂出入，百姓驚駭，樵米踊貴，卒罷不用，議者羞薄之。

《新唐書》卷一一四《崔從傳》　復授檢校尚書左僕射、淮南節度副大使，知節度事。揚州凡交易貲産、奴婢有貫率錢，畜羊有口算，又貿麴牟其贏，以佐用度，從皆蠲除之。

《新唐書》卷一二八《齊澣傳》　又立伊婁埭，官征其入。

《新唐書》卷一三一《李勉傳》　尋拜嶺南節度使。番禺賊馮崇道、桂叛將朱濟時等負險爲亂，殘十餘州，勉遣將李觀率容州刺史王翃討斬之，五嶺平。西南夷舶歲至纔四五，譏視苛謹。勉既廉絜，又不暴征，明年至者乃四十餘柁。

《新唐書》卷一三六《孔戣傳》　即拜嶺南節度使。既至，免屬州逋負十八萬緡、米八萬斛，黄金税歲八百兩。

《新唐書》卷一八二《盧鈞傳》　擢嶺南節度使【略】又除采金税。

《新唐書》卷一八二《裴休傳》　至大中時，以兵部侍郎領諸道鹽鐵轉運使。【略】著新法十條，又立税茶十二法，人以爲便。【略】時方鎮設邸閣居茶取直，因視商人它貨横賦之，道路苛擾。休建言：許收邸直，毋擅賦商人。

《新唐書》卷一九七《薛元賞傳》　出爲武寧節度使，罷泗口猥税，人以爲便。

《新唐書》卷二二三下《奸臣傳·盧杞》　是時兵屯河南、北，挐不解，財用日急。於是度支條軍所仰給，月費緡百餘萬，而藏錢纔支三月。

杞乃以户部侍郎趙贊判度支，其黨韋都賓等建言：商賈儲錢千萬，聽自業；過千萬者，貣其贏以濟軍。軍罷，約取償于官。帝許之。京兆暴責其期，校吏頸大搜廛里，疑占列不盡，則笞掠之，人不勝冤，自殞溝瀆者相望，京師囂然不閡日。然悉田宅奴婢之直，緡止八十萬。又僦匱、質舍、居貿粟者，四貣其一，僅至二百萬。而長安爲閉肆，民皆遮宰相祈訴，杞無以諭，驅而去。帝知民愁怨，而所得不足給師，罷之。贊術窮，於是間架、除陌之暴縱矣。其法：屋二架爲間，差税之，上者二千，中千，下五百，吏執籌入第室計之，隱不盡，率二架抵罪，告者以錢五萬畀之。凡公私貿易，舊法率千錢算二十，請加五十，主儈注所售，入其算有司；其自相市，爲私籍自言，隱不盡，率千錢没二萬，告者以萬錢畀之。由是主儈得操其私以爲姦，公上所入常不得半，而恨誹之聲滿天下。及涇師亂，呼於市曰：不奪而商人僦質矣，不税而間架、除陌矣！其倡和造作以召怨挻亂，皆杞爲之。

（南唐）尉遲偓《中朝故事》卷上　韓建丧母，尋訪松楸之地。有術士云：只有一穴可置大叚錢物，亦乃不久而散。若華州境内，即莫加於此也。建乃於兹葬母。明年大駕來幸，三峯四海之人，罔不輻湊。建乃廣收商税。二載之後，有見錢九百萬貫。後三年，盡爲朱全忠所有。

《全唐詩》卷二九九《王建・汴路即事》　千里河一作何煙直，青槐夾岸長。天涯同此路，人語各殊方。草市迎江貨，津橋税海商，迴看故宫柳，憔悴不成行。

（宋）李昉等《太平廣記》卷三九〇《韓建》　韓建喪母，卜葬地。有術云：祇有一穴，可置大錢，而不久即散，若華州境内，莫加於此也。建乃於此葬母。明年，大駕來幸。四海之人，罔不臻湊，建乃廣收商税。二載之後，有錢九百萬貫。復三年，爲朱梁所有。

（宋）王欽若等《册府元龜》卷四九四《邦計部・山澤》　德宗以大歷十四年五月即位，七月庚午詔曰：【略】邕州所奏金坑，誠爲潤國，語人於利，非朕素懷。方以不貪爲寶，惟德其物；豈尚此難得之貨，生可欲之心耶。其金坑任人開採，官不得占。

（宋）王欽若等《册府元龜》卷四九四《邦計部・山澤》　〔大和〕五年六月，鹽鐵使王涯奏：當使應管諸州府坑冶，伏准建中元年九月七日敕：山澤之利，今歸於管。坑冶所出，並委鹽鐵使勾當者。今兖鄆、淄青、曹濮等三道并齊州界已收管開冶及訪聞本道私自占採坑冶等。臣伏以山川産物，泉貨濟時。苟有利宜，不忘經度。兖海等道銅鐵甚多，或開採未成，州府私占，物無自效，須俟變興。國有常征，宜歸董屬。前件坑冶，昨使簡量，審見滋饒，已令開發。其三道觀察使相承收採，將備軍須，久以爲利，恐違常典。伏請勒還當使，准例税納。又以興功動作，法貴均勞。坑冶、州府，人難并役。其應採鍊人户，伏請准元敕免雜差遣，冀其便安。伏乞天恩，允臣所請，臣即於當使差請強官，與兖海等道勘會，已開者便令交領，未開者別具條疏。從之。

（宋）王欽若等《册府元龜》卷四九五《邦計部・山澤》　〔梁〕末帝龍德初，鹽鐵轉運使敬翔奏：請於雍州、河陽、徐州三處重置場院税茶。從之。唐自兵興已來，始追用漢氏衰耗之政，算山澤之利，征賦於人，非哲王致理之令典也。蓋其初以經費殫弊，薄其取而約其法，故國用旁滋，而人不告困，故大歷中劉晏之法適於中道，後代推其能。其後姦邪之臣，務爲多門之用，使局額月鬻，門類滋侈，收天下之徒，爲〔彰〕〔影〕占避徭之户，於是農畝益去，人趨其末以爲活。狡吏黠胥，因緣侵恣，公利遺散，物貨敗濫。乃變增榷酤之法，苟助應賞之數，域内因以困削。管子曰：天下不患無財，患無人以分之。執事者誠宜疏條其源，俾漸歸於本，以阜厚齊人農桑之業。今則異焉，貪豐利，幹劇柄，置勢迎旨者，於是招權怙寵者，於是通邪門致顯爵者，於是望天下稍復理平之盛焉可得也。涯之此奏，識者鄙之。

開成元年五月，詔以鹽鐵諸道應管銀山二十五所悉歸州縣，其鹽鐵使所補人吏並停罷，仍歸州縣色役。

（宋）王欽若等《册府元龜》卷四九五《邦計部・山澤》　〔後唐〕明宗天成元年五月，商州奏：當管水銀五窟，乞依舊管係。

（宋）王欽若等《册府元龜》卷四九五《邦計部・山澤》　〔天成〕三年二月，以蔚州銀冶無裨國費，虚占人户，命廢之。

（宋）王欽若等《册府元龜》卷四九五《邦計部・山澤》　末帝清泰元年，新州〔言〕銀冶務使承珪言：自今年正月得銀三百五十兩，自八月後采山無銀，別尋弦道。

（宋）王欽若等《册府元龜》卷五〇二《邦計部・平糴》　後唐莊宗同光三年閏十二月十九日，敕：今歲自京已東水潦爲患，物價騰踴，人

户多於西京收糴斛斗。近聞京西諸道州府逐斗皆有税錢，遂不通行，乃同閉糴。宜令各下京西諸道州府，凡閉糴斛斗，不得輒有税索，及經過水陸關坊鎮縣妄有邀詰。

四年正月壬戌，詔曰：輦轂之中，郊甸之内，時物踴貴，人户饑窮。訪聞自陜已西，遐及邠、鳳，積年時熟，百穀價和，縱未能別備於貢輸，亦宜廣通於和糴。近聞輒有税索，已曾降敕指揮，尚恐關鎮阻滯行塗，增長物價，仰所在長吏切加撿御，以濟往來，推救災恤患之心，明奉國憂人之道。

（宋）王欽若等《册府元龜》卷五〇四《邦計部·關市》　後唐莊宗同光二年二月庚午，租庸使孔謙奏：諸道綱運、商旅，多於私路苟免商税，不繇官路往來。宜令所在關防嚴加捉搦，山谷私由道路，仍須彰塞，以戢行人。

三年八月戊寅，免湖南蹋地茶税，沿路税錢。

明宗天成元年四月，詔曰：省司及諸府置税茶場院，自湖南至京六七處納税，以致商旅不通。及州使置雜税務，交下煩碎。宜定合税物色名目，商旅即許收税，不得邀難百姓。又詔：諸州雜税，宜定合税物色名目，不得邀難商旅。租庸司先將係省錢物與人回圖，宜令盡底收納，以塞倖門。

四年七月，兵部員外郎趙燕奏：切見京城人買賣莊宅，官中印契，每貫抽税契錢二十文，其市牙人每貫收錢一百文，甚苦貧民。請行條理。從之。

（宋）王欽若等《册府元龜》卷五〇四《邦計部·關市》　〔長興元年〕九月，燕人梁庭投匭陳狀，云：天下商税處多，不繇舊時關市制度，以此倍擾農商，亦請減除姦弊。敕旨並許施行。

二年八月敕：應三京、諸道州府商税等，多不係屬州府，皆是省司差置場官。朕自受命開基，勵精布政，將推誠而感物，每屈己以從人。况於列侯，尤所注意，豈可山河重寄，並在藩方，關市徵租，獨歸省務。加以所置職掌，素處幽微，向闤闠以肆威，與王公而抗禮。蓋已往從權之事，豈將來經久之規。特議改更，貴除繁屑。自今已後，諸商税並委逐處州府撲斷，依省司常年定額勾當辨集，冀除生事之端，不爽豐財之理。

晋高祖天福元年閏十一月壬午，敕：關防凡有徵税，省司曾降條流，慮多時而或有隱藏，因肆赦而再須條貫。應諸道商税，仰逐處將省司合收税條件，文榜於本院前，分明張懸，不得收卷。榜内該税名目分數者，即得收税。如榜内元不該税着係税物色，即不得收税。宜令所在長吏常加覺察，如敢有違條流，不將文榜張懸，將不合係税物色收税，罔欺官法，停住商賈者，盡行具名申送。

七年十二月，宣旨下三司：應有往來鹽貨悉税之，過税每斤七文，住税每斤一十文。其諸道州府應有屬州鹽務，並令省司差人勾當。既而糴鹽雖多，而人户鹽錢又不放免，至今民甚苦之。隱帝乾祐二年，國子司業樊倫上言三事。其一，耕桑未至，國多游民。關市之中，税物苛細。請稍減省，以惠疲民。百姓賣物不多，所歷關市，並望除税。

三年六月，太常少卿劉悦上言：臣伏見買賣耕牛，官中元無商税。近日關市場院不稟敕文，悉是收税，歲計其利，所入無多，在於農民，即疲於市易。請重降敕文，明行止絶。勸人耕稼，國之大計。倉廩有積，何莫由斯。

周太祖廣順元年十二月甲寅，相州李筠乞除放黄澤關商税課利。從之。

二年十一月，鄆州言，奉詔已示諭商税院，不收絲、麻鞋等税。

三年正月，澶州言，於商税舊額上添長錢二千八百貫，麴務添七千貫，從今年三月初一納起。詔褒之。

三月詔曰：青、白池務，素有定規，祇是近年頗乖循守。比來青鹽一石，抽税錢八百文足陌，鹽一斗。白鹽一石，抽税錢五百文、鹽五升。其後青鹽一石，抽税錢一千、鹽一斗。訪聞改法已來，不便商旅。蕃人漢户，求利艱難。宜與優饒，庶令存濟。今後每有青鹽一石，依舊抽税錢八百文，以八十五爲陌；鹽一斗。白鹽一石，抽税錢五百、鹽五升。此外更不得別有邀求。如聞邊上鎮鋪，於蕃、漢户市易糴糶，（衆）〔衷〕私抽税，今後一切止絶。

（宋）王欽若等《册府元龜》卷九三《帝王部·赦宥》　〔晋高祖天福元年閏十一月，壬午，詔御史府促朝官人見，敕曰：〕關防凡有徵税，省司曾降條流。慮多時而或有隱藏，因肆赦而再須條貫。應諸道商税，仰

逐處將省司各收稅條件文牒於本院前分明張懸，不得收卷。榜內該名目分數者，即得收稅；如榜內元不該說著系稅物色，即不得收稅。宜令所在長吏常加覺察。如敢有違條流。不將文榜張懸。將不合系稅物色收稅。欺罔官法。停滯商賈。盡時具名申送。

（宋）王欽若等《册府元龜》卷九五《帝王部・赦宥》 乾祐元年正月乙卯，制曰：軍國之費，務在豐財，關市之征，資於行旅，所宜優假，俾遂通流。應天下商旅往來，所在並須饒借，不得妄有擾勸。

（宋）王欽若等《册府元龜》卷五四七《諫諍部・直諫》 李元懿前爲北海令，廣順二年投匭獻六事。【略】其四：臣見諸處商稅，有越常規，乃至草木蟲魚，無不取稅。更有歲定稅率，即（今）〔令〕兒侄傔從主張，便行枷棒。作事非法，有紊國章。今後請三司差人（諸）〔主〕持，止絶斯弊。

（宋）樂史《太平寰宇記》卷一〇七《江南西道・饒州》 德興縣，一百八十里，三鄉。本饒州樂平之地，有銀山，出銀及銅。總章二年，鄧遠上列取銀之利。上元二年，因置場監，令百姓任便採取，官司什二稅之。其場即以鄧公爲名。隸江西鹽鐵都院。

（宋）樂史《太平寰宇記》卷一〇七《江南西道・饒州》 〔鉛山縣〕鉛山在縣西北七里，又名桂陽山，舊經云：山出鉛，先置信州之時鑄錢，百姓開採得鉛，什而稅一。建中元年封禁。貞元間置永平監。

（宋）高承《事物紀原》卷一《雜稅》 自夏后始爲貢法，至商而助，周人以徹。其取于民也有制，故國有定賦而無横斂。周衰之末，諸侯以强霸相尚，兵革不息，故費博而什一不足，此雜稅之法所由起也。漢有名件矣，蓋自孝武算舟車也。唐建中元年九月，趙贊請天下所販竹木茶漆，皆什一稅之也。

（宋）高承《事物紀原》卷一《稅錢》 《沿革》曰：晉、宋、齊、梁時，凡貨牛馬、田宅有文券者，率輸四百入官，賣主三，買主一。蓋始于漢武算緡。

（宋）高承《事物紀原》卷一《商稅》 《孟子》曰：文王之治岐，關市譏而不征。又曰：市廛而不征，則天下之商皆悦而願藏於其市矣。則是夏、商二代，商無稅矣。又曰：古之爲市，以其所有易其所無，有司者治之爾。有賤丈夫焉，必求龍斷而登之，以左右望而罔市利，故從而征之。征商自此賤丈夫始矣。此蓋商賈之初有稅也。《周官・司關》曰：國有凶札，則無關門之征。趙岐曰：《王制》云古者關譏而不征，謂文王以前；《周禮》關門有征，謂周公以來。《通典》曰：漢武始稅商賈，時征伐四夷，國用空竭，興利之官自茲始也。雖原起于漢，亦自《孟子》征賤丈夫之事。

（宋）高承《事物紀原》卷一《蹺墊》 又曰：憲宗朝，吴元濟、王承宗拒命，經費盡竭。皇甫鎛建議，内外用錢每緡墊二十。民間墊陌至七十。穆宗即位來，米鹽每陌錢墊七八，所在用錢墊不一，詔從風俗所宜。則蹺之起，自唐皇甫鎛也。今俗謂明除者爲蹺，暗蹺者爲墊。

（宋）高承《事物紀原》卷一《稅草》 《唐書・食貨志》曰：貞觀中，始稅草以給諸閑。則稅草起自唐太宗也。

（宋）司馬光《資治通鑑》卷二一三《唐紀・玄宗開元二十一年》 太府卿楊崇禮，政道之子也，楊政道，隋煬帝之孫，齊王暕之子。在太府二十餘年，前後爲太府者莫能及。時承平日久，財貨山積，嘗經楊卿者，無不精美；每歲句駁省便，出錢數百萬緡。句，音鉤。句者，句考其出入或多或少。駁者，按文籍有並緣欺弊則駁異之。省者，節其冗濫之費。便者，貿遷各隨其便以取贏。駁，北角翻。是歲，以户部尚書致仕，年九十餘矣。上問宰相：崇禮諸子，誰能繼其父者？對曰：崇禮三子，慎餘、慎矜、慎名，皆廉勤有才，而慎矜爲優。上乃擢慎矜自汝陽令爲監察御史，知太府出納，慎名攝監察御史，知含嘉倉出給，含嘉倉在東都。監，工銜翻。亦皆稱職；上甚悦之。稱，尺證翻。慎矜奏諸州所輸布帛有漬汙穿破者，漬，疾智翻。汙，烏故翻。皆下本州徵折估錢，轉市輕貨，徵調始繁矣。估，音古。下，遐嫁翻。調，徒弔翻。

（宋）司馬光《資治通鑑》卷二二六《唐紀・德宗建中元年》 五月，丙寅，以軍興，增商稅爲什一。胡三省注：楊炎定稅法，商賈三十稅一，今增之。

（宋）司馬光《資治通鑑》卷二二九《唐紀・德宗興元元年》 諸軍、諸道應赴奉天及進收京城將士，並賜名奉天定難功臣。所以作勤王之心。難，乃旦翻。其所加墊陌錢、稅間架、竹、木、茶、漆、榷鐵之類，悉

宜停罷。所以順人情之欲惡。墊陌錢，即趙贊所行除陌錢也。墊，丁念翻。榷，古岳翻。

（宋）司馬光《資治通鑑》卷二三三《唐紀・德宗貞元四年》〔正月〕李泌奏京官俸太薄，請自三師以下悉倍其俸。《考異》曰：《實録》辛巳，詔以中外給用除陌錢給文武官俸料，自是京官益重，頗優裕焉。初，除陌錢隸度支，至是令户部別庫貯之，給俸之餘，以備它用。按興元元年正月赦，其所加墊陌錢、税間架之類悉宜停罷。今猶有除陌錢者，盖當時止罷所加之數，或私買賣者，官不收墊陌錢，官給錢猶有除陌在故也。

（宋）司馬光《資治通鑑》卷二三四《唐紀・德宗貞元八年》春，正月，癸卯，初税茶。《爾雅・釋木》云：檟，苦茶。郭璞《注》云：樹大小似梔子，冬生葉可煮作羹飲。今呼早採者爲荼，晚採者爲茗，一名荈，蜀人謂之苦茶是也。今通謂之茶。茶、荼聲近，故呼之。春中始生嫩葉，蒸焙去苦水，末之，乃可喫，與古所食殊不同也。《本草衍義》曰：晋温嶠上表，貢茶千斤，茗三百斤。郭璞曰：早採爲茶，晚採爲茗。茗或曰荈，茶葉老者也。古人謂其芽爲雀舌、麥顆，言其至嫩如雀舌、麥顆，又下品，前人未盡識。史言税茶始此，遂開利孔。凡州、縣產茶及茶山外要路，皆估其直，什税一，從鹽鐵使張滂之請也。滂奏：去歲水災減税，用度不足，請税茶以足之。自明年以往，税茶之錢，令所在別貯，俟有水旱，以代民田税。自是歲收茶税錢四十萬緡，未嘗以救水旱也。榷茶之説，始於趙贊，至張滂而始行。

（宋）司馬光《資治通鑑》卷二四五《唐紀・文宗太和九年》鹽鐵使王涯奏改江淮、嶺南茶法，增其税。德宗貞元九年，初税茶，於出茶州縣及茶山外商人要路，委所由定三等時估，每十税一。長慶元年，鹽鐵使王播奏茶税一百增之五十。今又改法而增其税愈重矣。

（宋）司馬光《資治通鑑》卷二四六《唐紀・武宗會昌四年》王協請税商人，每州遣軍將一人主之，名爲税商，實籍編户家貲，編户，猶言編民也。將，即亮翻。至於什器無所遺，皆估爲絹匹，十分取其二，率高其估。民竭浮財及糗糧輸之，不能充，皆忷忷不安。民財非地著，轉易以致利者爲浮財。糗，去久翻。忷，許拱翻。

（宋）司馬光《資治通鑑》卷二四七《唐紀・武宗會昌三年》〔五月，昭義節度使劉〕從諫榷馬牧及商旅，歲入錢五萬緡，又賣鐵、煮鹽亦數萬緡。

（宋）司馬光《資治通鑑》卷二六六《後梁紀・後梁太祖開平二年》〔六月丁卯〕湖南判官高郁請聽民自采茶賣於北客，收其征以贍軍。楚王殷從之。

（宋）司馬光《資治通鑑》卷二七六《後唐紀・後唐明宗天成三年》〔三月〕孟知祥屢與董璋争鹽利，胡三省注：蜀中井鹽，東、西川巡屬之内皆有之，各欲障固以專其利，故争。按唐盛時，邛、嘉、眉有井十三，劍南西川院領之。梓、遂、綿、合、昌、渝、瀘、資、榮、陵、簡有井四百六十，劍南東川院領之。東川鹽利多于西川矣。璋誘商旅販東川鹽入西川，知祥患之，乃於漢州置三場重征之，胡三省注：漢州東南與東川接界，故列置三場以征鹽商。歲得錢七萬緡，商旅不復之東川。

（宋）司馬光《資治通鑑》卷二八二《後晋紀・後晋高祖天福六年》〔六月，閩王〕曦淫侈無度，資用不給，謀于國計使南安陳匡範，匡範請日進萬金。曦悦，加匡範禮部侍郎。匡範增筭商賈數倍。曦宴羣臣，舉酒屬匡範曰：明珠美玉，求之可得。如匡範，人中之寶，不可得也。未幾，商賈之筭不能足日進，貸諸省務錢以足之，恐事覺，憂悸而卒。曦祭贈甚厚。諸省務以匡範貸帖聞，胡三省注：貸帖，貸錢之文書也。曦大怒，斵棺，斷其屍，棄水中。

（宋）司馬光《資治通鑑》卷二八三《後晋紀・後晋高祖天福七年》〔十一月〕先是河南、北諸州官自賣海鹽，歲收緡錢十七萬；又散蠶鹽斂民錢。胡三省注：蠶鹽所以裒蔪。唐天成二年，敕：每年二月内一度俵散蠶鹽，依夏税限納錢。宋白曰：周顯德三年，敕齊州蠶鹽于秋苗上俵配，謂之查頭，每一石徵錢三千文；滄、棣、濱、淄、青，每石徵絹一匹。後齊州減徵一半，五州所徵絹加倍。言事者稱民坐私販鹽抵罪者衆，不若聽自販，而歲以官所賣錢直斂於民，謂之食鹽錢；高祖從之。俄而鹽價頓賤，每斤至十錢。至是，三司使董遇欲增求羨利，而難於驟變前法，乃重征鹽商，過者七錢，留賣者十錢。由是鹽商殆絶，而官復自賣。其食鹽錢，至今斂之如故。

（宋）范祖禹《唐鑑》卷六 時兩河用兵月費百餘萬緡，府庫不支數月。太常博士韋都賓、陳京建議，以爲貨利所聚，皆在富商。請括富商錢，出萬緡者借其餘以供軍。計天下不過借一二千商，則數年之用足矣。

帝從之，詔借商人錢，令度支條上。判度支杜佑大索長安中商賈所有貨，意其不實，輒加榜棰。人不勝苦，有縊死者，長安囂然如被寇盜，計所得纔八十餘萬緡。又括僦質錢。凡蓄積錢、粟、帛者，皆借四分之一，封其櫃窖，百姓爲之罷市。相帥遮宰相馬自訴以千萬數，盧杞始慰諭之，勢不可遏，乃疾驅自他道歸。計并借商所得二百萬緡。人已竭矣。

（宋）范祖禹《唐鑑》卷七　五月初，行税間架除陌錢法。時河東、澤潞、河陽、朔方四軍屯魏縣。神策、永平、宣武、淮南、浙西、荆南、江西、沔鄂、湖南、黔中、劍南、嶺南諸軍環淮寧之境。舊制：諸道軍出境則仰給度支。帝優恤將士，每出境加給酒肉。本道糧仍給其家。一人兼三人之給，故將士利之。各出境，纔踰境而止。月費錢百三十餘萬緡，常賦不能供。判度支趙贊乃奏行二法。所謂税間架者，每屋兩架者爲間。上屋税錢二千，中税千，下税五百。吏執筆握筭入人室廬，計其數。或有宅屋多而無它資者出錢動數百緡。敢匿一間，杖六十。賞告者錢五十緡。所謂除陌錢者，公私給與及賣買每緡官留五十錢。給它物及相貿易者約錢爲率。敢隱錢百，杖六十，罰錢二千。賞告者錢十緡。其賞錢皆出坐事之家。於是愁怨之聲，聞於遠近。

（宋）范祖禹《唐鑑》卷七　淮南節度使陳少游奏本道税錢每千請增二百。五月，詔它道皆如淮南。又，鹽每斗價皆增百錢。

《舊五代史》卷四《梁書·太祖紀》〔開平三年八月辛亥〕敕：所在長吏放雜差役，兩税外不得妄有科配。自今後州縣府鎮，凡使命經過，若不執文券，並不得妄並人驢及取索一物已上。又，今歲秋田，皆期大稔，仰所在切如條流本分納税及加耗外，勿令更有科索。切戒所繇人更不得於鄉村乞託擾人。

《舊五代史》卷三一《唐書·莊宗紀》〔同光二年二月〕庚午，租庸使孔謙奏：諸道綱運客旅，多於私路苟免商税，請令所在關防嚴加捉搦。從之。

《舊五代史》卷三六《唐書·明宗紀》　天成元年夏四月甲寅，帝御文明殿受朝。制改同光四年爲天成元年，大赦天下。【略】諸州雜税，宜定合税物色名目，物色，不得邀難商旅。

《舊五代史》卷三八《唐書·明宗紀》〔天成二年三月〕丁卯，詔：所在府縣糾察殺牛賣肉，犯者準條科斷。其自死牛即許貨賣，肉斤不得過五錢，鄉村民家死牛，但報本村所由，準例輸皮入官。

《舊五代史》卷四二《唐書·明宗紀》　八月丙寅，詔天下州府商税務，並委逐處差人依省司年額勾當納官。

《舊五代史》卷四二《唐書·明宗紀》〔長興二年〕十二月甲寅朔，詔開鐵禁，許百姓自鑄農器、什器之屬，於秋夏田畝上，每畝輸農器錢一文五分。

《舊五代史》卷七六《晋書·高祖紀》　天福元年閏十一月甲申，車駕入內，御文明殿受朝賀，用唐禮樂。制：【略】應諸道商税，仰逐處將省司合收税條例，牓於本院前，牓內該設名目者，即得收税。

《舊五代史》卷八一《晋書·少帝紀》〔天福七年八月癸酉〕詔免襄州城內人户今年夏秋來屋税，其城外下營處與放二年租税。應被安從進脅從者，一切不問。

《舊五代史》卷八一《晋書·少帝紀》〔天福七年十一月〕辛丑，詔：州郡税鹽，過税斤七錢，住税斤十錢，州府鹽院並省司差人勾當。先是，諸州府除蠶鹽外，每年海鹽界分約收鹽價錢一千七萬貫，高祖以所在禁法，抵犯者衆，遂開鹽禁，許通商，令州郡配徵人户食鹽錢，上户千文，下户二百，分爲五等，時亦便之。至是掌賦者欲增財利，難於驟變前法，乃重其關市之征，蓋欲絶其興販歸利於官也。其後鹽禁如故，鹽錢亦徵，至今爲弊焉。

《舊五代史》卷一四六《食貨志》　晋天福中，河南、河北諸州，除俵散蠶鹽徵錢外，每年末鹽界分場務，約糶錢一十七萬貫有餘。言事者稱，雖得此錢，百姓多犯鹽法，請將上件食鹽錢於諸道州府計户，每户一貫至二百，爲五等配之，然後任人逐便興販，既不虧官，又益百姓。朝廷行之，諸處場務亦且仍舊。俄而鹽貨頓賤，去出鹽遠處州縣，每斤不過二十文，近處不過一十文，掌事者又難驟改其法，奏請重制鹽場税，蓋欲絶其興販，歸利於官也。

七年十二月，宣旨下三司：應有往來鹽貨悉税之，過税每斤七文，住税每斤十文。其諸道州府，應有屬州鹽務，並令省司差人勾當。既而糶鹽雖多，而人户鹽錢又不放免，至今民甚苦之。

《舊五代史》卷一四六《食貨志》〔周廣順〕三年三月，詔曰：青白池務，素有定規，祇自近年，頗乖循守。比來青鹽一石，抽稅錢八百文足陌、鹽一斗；白鹽一石，抽稅錢五百文、鹽五升。其後青鹽一石，抽錢一千、鹽一斗。訪問更改已來，不便商販，蕃人漢户，求利艱難，宜與優饒，庶令存濟。今後每青鹽一石，依舊抽稅錢八百文，以八十五爲陌，鹽一斗；白鹽一石，抽稅錢五百，鹽五升。此外更不得別有邀求。訪聞邊上鎮鋪，於蕃漢户市易糴糶，私有抽稅，今後一切止絶。

《舊五代史》卷一七〇《漢書・王章傳》　是時，契丹犯闕之後，國家新造，物力未充，章與周太祖、史弘肇、楊邠等盡心王室，知無不爲，罷不急之務，惜無用之費，收聚財賦，專事西征，軍旅所資，供饋無乏。及三叛平，賜與之外，國有餘積。然以專於權利，剥下過當，斂怨歸上，物論非之。舊制，秋夏苗租，民稅一斛，別輸二升，謂之雀鼠耗。乾祐中，輸一斛者，別令輸二斗，目之爲省耗。謂之省耗，原本作雀耗，今從《通鑑》改正。胡三省《通鑑注》云：唐明宗天成元年四月赦文：應納夏秋稅子，先有省耗，每斗一升，今後祇納正數，不量省耗。如此，則天成以前，已有省耗，每斛更輸一斗。天成罷輸之，後至漢興，王章復令輸省耗，而又倍舊數取之也。謹附識于此。影庫本粘籤百姓苦之。又，官庫出納緡錢，皆以八十爲陌，至是民輸者如舊，官給者以七十七爲陌，遂爲常式。案《歸田録》：用錢之法，自五代以來，以七十七爲百，謂之省陌。今市井交易，又剋其五，謂之依除。《舊五代史考異》。民有訴田者，雖無十數户，章必命全州覆視，幸其廣有苗額，以增邦賦，曾未數年，民力大困。章與楊邠不喜儒士，郡官所請月俸，皆取不堪資軍者給之，謂之閑雜物，命所司高估其價，估定更添，謂之擡估，章亦不滿其意，隨事更令更添估。章急於財賦，峻於刑法，民有犯鹽、礬、酒麴之令，雖絲毫滴瀝，盡處極刑。吏緣爲姦，民不堪命。

《新五代史》卷六《唐紀・明宗》〔長興二年〕十二月甲寅朔，除鐵禁，初稅農具錢。

《新五代史》卷八《晉紀・高祖》〔天福〕五年春正月丁卯朔，德音除民公私債。

《新五代史》卷八《晉紀・高祖》〔天福六年〕二月戊申，停買宴錢。三月，除民二年至四年以前稅。

《新五代史》卷九《晉紀・出帝》〔開運元年夏四月〕辛酉，率借民財。

《新五代史》卷九《晉紀・出帝》〔開運二年秋八月〕丁丑，括馬。

《新五代史》卷一〇《漢紀・高祖》〔開運四年〕三月丙戌朔，蠲河東雜稅。

《新五代史》卷三〇《漢臣傳・王章》　王章，魏州南樂人也。爲州孔目官，張令昭逐節度使劉延皓，章事令昭。令昭敗，章婦翁白文珂與副招討李周善，乃以章託周。周匿章褚中，以橐駝負之洛陽，藏周第。唐滅，章乃出，爲河陽糧料使。漢高祖典禁兵，補章孔目官，從之太原。

高祖即位，拜三司使、檢校太尉。高祖崩，隱帝即位，加太尉、同中書門下平章事。是時，漢方新造，承契丹之後，京師空乏，而關西三叛作，周太祖用兵西方，章供饋軍旅，未嘗乏絶。然征利剥下，民甚苦之。往時民租一石輸二升爲雀鼠耗，章乃增一石輸二斗爲省耗；緡錢出入，皆以八十爲陌，章減其出者陌三；州縣民訴田者，必全州縣覆之，以括其隱田。天下由此重困。然尤不喜文士，嘗語人曰：此輩與一把算子，未知顛倒，何益於國邪！百官俸廩皆取供軍之餘不堪者，命有司高估其價，估定又增，謂之擡估，章猶意不能滿，往往復增之。民有犯鹽、礬、酒麴者，無多少皆抵死，吏緣爲姦，民莫堪命。已而與史弘肇等同日見殺。

（宋）王溥《五代會要》卷二五《雜録》　後唐長興元年三月十三日敕：天下州府受納稈草，每束納錢一文，足一百束，納拘子四莖，充積年供使，橐鹹一莖，充稈場院。其草并柴蒿，一束納錢一文；其納絹絁布綾羅，每匹納錢一十二文足；絲綿紬子麻皮等，每一十兩耗半兩；鞋每量納一文足；見錢每貫納七文足。省庫收納上件前物，元條流見錢每貫納二文足，絲綿紬子每一百兩納耗一兩，其諸色匹段並無加耗。

二年閏五月敕：今後諸州府所納稈草，每二十束別加耗一束，充場司耗折。其每束上舊納盤纏錢一文，仰官典同共繫暨，一一分明上歷，至納遣了絶已來，公使不得輒將出外。

周廣順元年三月二十八日敕：諸道州府牛皮，今後犯一張，本犯人徒三年，刺配重處色役；本管節級所由，杖九十。兩張以上，本人處

死；本管節級所由，徒二年半，刺配重處色役；告事人賞錢五十千。其人户有牛死者，其本户報告本地方所由節級、鄰保人，仰當日内同檢驗過，令本主晝時剥皮，及申報本處官吏，限十日内須送納畢。其筋骨不得隱落。

二年十一月敕：應天下人所納牛皮，今將逐年所納數，三分内減收二分，其一分于人户苗畝上配定。每秋夏苗共十頃，納連角牛皮一張，其黄牛納乾筋四兩，水牛半斤。犢牸皮不在納限。其皮人户自詣本州送納，所司不得邀難。所有牛馬驢騾皮筋骨，今後官中更不禁斷，並許私家共使買賣，祇不得將出化外敵疆，仍仰關津界首，子細覺察捕捉，所犯人必加深罪。其州縣先置巡檢牛皮節級，及朝廷先降條法，一切停廢。

顯德三年五月敕：應天下今後公私織造到絹帛紬布、綾羅錦綺及諸色匹帛，其幅尺斤兩，並須合向來制度，不得輕弱假僞，罔冒取價。如有物色以上等，限一百日内，並須破貨了絶。如限外敢有違犯織造貨賣者，仰所在節級所由，擒捉送官。其年十月敕：舊制織絁絹布、綾羅錦綺、紗縠等，幅闊二尺。起來年後，公私織造，並須及二尺五分，不得夾帶粉藥。宜令諸道州府，嚴切指揮，來年所納官絹，每匹須及一十二兩。河北諸州，並萊、登、沂、密州，須及一十二兩。絁紬止要夾密停勻，不定斤兩，絁紬絹長，依舊四十二尺。

四年二月六日敕節文：諸道州府所管屬縣，每年秋夏徵科了畢後，多是卻追縣典上州會末文鈔，因兹科配斂掠，宜令今後秋夏徵科了足日，仰本州府但取倉場庫務，納欠文鈔。如無異同，不在更追官典。諸道州府管内縣内鎮，每有追攝公事，自前多差衙前使院職員及散從步奏官，今後如是常程，追攝公事，祇令府□□□承受遞送，不得更差專人。若要切公事及軍期，不在此限。

五年六月四日敕：諸道州府應有商賈興販牛畜，不計黄牛、水牛，凡經過處，並不得抽税，如是貨賣處，祇仰據賣價每一千抽税錢二十，不得别有邀難。

（宋）王溥《五代會要》卷二六《鹽》　〔天福〕七年十一月，宣旨下三司：應有往來鹽貨悉税之，過税每斤七文，住税每斤十文。其諸道應有係屬州府鹽務，並令省司差人勾當。先是，諸州府除俵散蠶鹽、徵錢外，每年末鹽界分場務，約糶錢一十七萬貫有餘。言事者稱，雖得此錢，百姓多犯鹽法，請將上件食鹽錢於諸道州府計户，每户一貫至二百，爲五等配之，然後任人逐便興販，既不虧官，又益百姓。朝廷行之，諸處場務且仍舊。俄而鹽貨頓賤，去出鹽諸處州縣，每斤不過二十。掌事者又難驟改其法，奏請重置税焉。蓋欲絶興販，歸利於官，場院糶鹽雖多，人户鹽錢又不放免，民甚苦之。

（宋）王溥《五代會要》卷二六《鹽》　周廣順二年三月敕：青、白池務，素有定規，祇自近年，頗乖循守。比來青鹽一石，抽税錢八百、鹽一斗；白鹽一石，抽税錢五百、鹽五升。訪聞改法已來，不便商販，宜令慶州榷鹽務，今後每青鹽一石，依舊抽税八百（八十五陌）、鹽一斗；白鹽一石，抽税錢五百（八十五陌）、鹽五升。此外更不得别有邀求。青、白鹽池在鹽州北。唐朝元管四池，曰烏池、白池、瓦窯池、紐頂池。今出税置吏。惟有青、白二池。

（宋）王溥《五代會要》卷二七《閉糶》　後唐同光三年閏十二月十九日敕：今歲自京已東，水澇爲患，物價騰湧，人户多於西京收糴斛斗。近聞京西諸道州府，逐道皆有税錢，遂不通行，乃同閉糶。宜令宣下京西諸道州府，凡收糴斛斗，不得輒有税率，及經過水陸關防鎮縣妄有邀難。

（宋）陶岳《五代史補》卷五《世宗問卜》　世宗在民間，嘗與鄴中大商頡跌氏往江陵販賣茶貨，至江陵，見有卜者王處士，其術如神。世宗因頡跌氏同往問焉，方布卦，忽有一蓍躍出，卓然而立。卜者大驚，曰：吾家筮法十餘世矣，常記曾祖以來遺言，凡卜筮自躍而出者，其人貴不可言，況又卓立不倒，得非爲天下之主乎。遽起再拜。世宗雖佯爲詰責，而私心甚喜，於逆旅中夜置酒，與頡跌飲，半酣戲曰：王處士以我當爲天子，若一旦到此，足下要何官，請言之。頡跌氏曰：某三十年爲商賈，未有不由京洛者，每見税官坐而獲利，一日之輸，足以敵商賈數月，私心羨之。若大官爲天子，某願爲京洛税院足矣。世宗笑曰：何望之卑爾。及承郭氏之後踐阼，頡跌猶在，召見，竟如初言與之。

（清）吴任臣《十國春秋》卷一二《吴・申漸高傳》　乾貞時，按籍編括，而官司斂率尤繁，商人苦之。會都城亢旱，中書令徐知誥謂左右曰：近郊頗得雨，都城不雨，何也，得非刑獄有冤乎。漸高作諧語進

曰：雨畏抽税，不敢入京耳。知誥大笑，明日下教，弛額外税，信宿大雨霑洽。

（清）吴任臣《十國春秋》卷六〇《南漢·後主紀》〔大寶六年〕賦歛煩重，邕民入城者，人輸一錢。瓊州斗米税五錢。

（清）吴任臣《十國春秋》卷六七《楚·武穆王世家》〔開平二年〕六月，判官高郁請聽民售茶北客，收其征以贍軍。從之。秋七月，王奏梁於汴、荆、襄、唐、郢、復諸州置回圖務，運茶河之南北，以易繒纊、戰馬，仍歲貢茶二十五萬斤。梁主詔曰：可。由是屬内民皆得摘山收茗筭，募户置邸閣以居茗，號曰八床主人。歲筭數十萬，國用遂足。

宋遼金元分部

論説

（宋）葉適《葉適集·水心別集》卷一一《外稿·經總制錢一》　臣嘗計之，自王安石始正言財利，其時青苗、免役之所入，公上無所用；坊場、河渡免行，茶場、水磨、碓埰之額，止以給吏禄而已。前有薛向、後有吴居厚，可謂刻薄矣；蔡京繼之，行鈔法，改錢幣，誘賺商旅，以盜賊之道利其財，可謂甚矣；然未有收拾零細，解落貫陌，歛人以不貲之酒，其患如經總制之甚者。葢王安石之法，桑（洪）〔弘〕羊、劉晏之所不道；蔡京之法，又王安石之所不道；而經總制之爲錢也，雖吴居厚、蔡京亦羞爲之。至其急迫皇駭，無所措其手足，則雖紹興已來號爲名相如趙、張者皆安焉，又以（道）〔遺〕後人。而秦檜權忮，劫脅一世而出其上，及其取於棄餘瑣屑之間以爲國命者，是何其無耻之至是也哉！

故經總制錢不除，一則人才日衰，二則生民日困，三則國用日乏。陛下誠有意加恩天下，以圖興復，以報仇怨，拔才養民，以振國用，在一出令而已。

（宋）葉適《葉適集·水心別集》卷一一《外稿·經總制錢二》　何謂國用日乏？今歲得緡錢千五百萬，昔三代、漢、唐不能逮焉，所以裕國也，而何乏之敢言？陛下知夫博者乎？其驟爲孤注與不博而丐其嬴之一二者，皆其本先竭者也。爲國有大計，自始至末，必有品節條章，豈有左右望而羅其細碎不收之物？且均之爲朝廷出納也，又從而刻削其頭子，賣酒取數倍之息，若此者猶可以爲國乎？使國不貧，宜不至此；既至此矣，何以能富？故經總制錢不除，則取之雖多，歛之雖急，而國用之乏終不可救也。

今欲變而通之，莫若先削今額之半，正其窠名之不當取者罷去。然後令州縣無敢爲板帳、月樁以困民，黜其舊吏刻削之不可訓誨者，而拔用惻怛愛民之人，使稍修牧養之政。其次罷和買，其次罷折帛，最後議茶鹽而寬減之。若此，則人才不衰，生民不困矣。夫財用之所以至此者，兵多使之也。財與兵相爲變通，則兵數少而兵政舉，若此則國用不乏矣。陛下豈有愛於多財多兵哉？直未得其所以去之之道耳。一舉而天下定，王業之所由始也。

（宋）葉適《葉適集·水心別集》卷一一《外稿·和買》　承平以前，和買之患尚少，民有以乏錢而須賣，官有以先期而便民。今也舉昔日和買之數委之於民，使與夏税並輸，民自家力錢之外，浮財營運，生生之具，悉從折計。且若此者，上下皆明知其不義，獨困於無策而莫之敢蠲耳。陛下斷然出命以號天下曰：自今並罷和買。取和買之爲上供者所用紬絹，惟軍衣未可裁損，其他宫禁官吏時節（吏）〔支〕賜，格令之所應與者，一切不行可也。和買既罷，取民之名正，義聲暢於海内矣。

（明）張四維《名公書判清明集》附録二《勉齋先生黄文肅公文集·沈總屬》　郡無大小，俱爲守土。關津有禁，不但取征税，亦以防姦盜，譏出入也。舟楫至境，不以見告，徑斫纜索，鼓噪而去，此何理耶？浮數巨艦，所載何物，若非有碍，何故如此？苟非横取，多自爲興販，則必夾帶商賈，圖取財物。申轉運司，乞行下鄂州，拘下船隻，搜檢税物，以戒姦貪。

綜述

（宋）留正《皇宋中興兩朝聖政》卷五三《孝宗皇帝·蠲放旱傷税賦》　〔淳熙元年六月〕丁酉，詔諸路州縣市令司日下並罷。官司及在任官收買物色，並依民間市價支錢，不得科抑減剋。如違，以違制論，許民户越訴。

（宋）謝深甫等《慶元條法事類》卷四八《賦役門·預買紬絹敕令格式》　敕

職制敕

諸給預買紬絹價錢，不以見錢而以他物，不以正月而以他月，或低立價直，以違制論。提點刑獄司具奏有無違戾不實者，准此。即應榜示曉諭之類，

於令有違及輒差公人下鄉，若均定數目失當者，各杖一百。吏有情弊者，仍勒停，受贓重者，加本罪二等。

户婚敕

諸攬納稅租，和預買紬絹錢物，謂非係公之人。本限內不納，杖六十，二十四加一等，罪止徒一年。

諸州縣輒預借人户稅租，和預買紬絹，錢物同。徒一年，若公吏於人户處私輒借者，准盜論，五十匹配本城。仍許被借人户越訴。

諸縣受人户已納稅租鈔，和預買紬絹、錢物之類同。不依限對簿朱銷者，杖一百，吏人仍勒停。其人户自賫户鈔或憑由出官，不爲照使，抑令重疊輸納者，以違制論。委知、通檢察，知情容庇者，與同罪，並許人户經監司越訴。

詐僞敕

諸假名及卑幼擅請預買紬絹、錢者，杖一百。官司知情與同罪，保人減二等。

令

給賜令

諸縣散預買紬絹價錢，前期録應用條制，及以鄉村排定應給日分曉示，於正月十五日以前給散，本保三户以上爲一保，官户減半。令、佐親臨，各限當日畢，不得尅納欠負。

諸給預買紬絹價錢，本縣以一縣都數及逐等合均人户並每户匹數，於前期一月曉諭榜示。其排定應給日分，仍於城寨鄉村要會處曉諭，令人户赴官請領，即不得差公人下鄉。

倉庫令

諸稅租，只得於指定處送納；即錢、布帛、絲綿無指定處者，許就本州縣納。和預買物帛准此。其應納地里脚錢者，別歷收支。官司遇起催，前期録法榜示。即不依元指定處而已納者，勒元犯並知情干繫人運赴應納處。

賦役令

諸稅租鈔，倉庫封送縣，令、佐即日監勒分授鄉書手，各置歷，當官收上，日別爲號，計數，以五日通轉，每受鈔，即時注入，鈔數多者，量責近限。當職官對簿銷押訖，封印，置櫃收掌。本縣受納，亦准此。至納畢，於簿末結計正數及合零就整。若每色剩納到數並畸零殘欠，畫一朱書，限三十日，二萬户以上限五十日，官吏保明具鈔數同簿送州磨勘。若限滿尚有欠者，令、佐勒書手録所欠户名，責狀二本，一留縣催納，一隨簿送州。即磨勘有虧失，及於所責狀外又有欠者，本州置簿，勒干繫吏人、書手、私名人均備。

〔下闕〕

匹給，錢一貫。

式

〔原闕〕

請預買紬絹錢保狀

某鄉某村小保長姓名等

今具保内逐等人户請某年分預買紬或絹等錢如後：開本保内逐等人户姓名及合請匹數。其逐等所請錢數多少及紬、絹、布之類，自依本縣久例均敷。

右某等遞相委保，各無假名及卑幼蒙昧尊長承請，兼無夾帶州縣吏人在内。如有逃亡，同保人甘當填納不詞。謹具申聞。謹狀

年月日依常式

（宋）李心傳《建炎以來朝野雜記甲集》卷一四《財賦·四川上供絹紬綾錦綺》　四川上供絹紬七萬四千匹。西路天申大禮絹一萬三千，東路上供一萬一千，天申大禮一萬六百，夔路上供絹二萬二千，紬三百三十，天申大禮七千，利路天申大禮絹，八千三百。綾三萬四千餘匹，東川二萬六千三百，西川七千八百。錦綺一千八百餘匹段，成都路。皆正色也。

（宋）李心傳《建炎以來朝野雜記甲集》卷一四《財賦·兩川激賞絹》　兩川激賞絹者，建炎四年，宣撫處置使司量宜于四川民户勸諭，令其等第輸納，以助給賞。凡三十三萬餘匹，俟邊事寧息即罷，不爲永例。自後不復減。紹興十六年，鄭亨仲爲宣撫副使，始減利路絹二萬匹。十二月戊戌。二十七年，鍾郎中奉詔裕民，復減夔路絹九千餘匹，惟東西二川獨存，至今遂爲常賦。舊例皆理正色。紹熙末，楊嗣勳總計，每匹但取估錢引三千，民甚便之。慶元中，司農少卿河間權安節總計，又權減一千，今以爲例。凡兩川激賞絹，額理三十萬匹，實理緡錢六十萬焉。

〔宋〕李心傳《建炎以來朝野雜記甲集》卷一四《財賦・兩川綿估錢》　兩川綿估錢者，舊例上三等户皆理正色，而下户每兩估錢半千，所以優之也。楊嗣勳總計，始令當輸正色者，每兩估錢引二分，而舊輸錢者如故。是上户反輕下户反重矣，至今猶然。其他紬絲綾，凡舊來三路正色綱，視此而輸其直。

〔宋〕李心傳《建炎以來朝野雜記甲集》卷一四《財賦・西川布估錢》　西川布估錢者，始天聖中，薛田帥蜀，於成都府、邛、蜀、彭、漢州、永康軍産麻六郡，歲市官布。每匹給錢三百，以起上供及三路綱運。是時價值頗優，民樂與官爲市。至熙寧間，物已貴，于是每匹增價至四百，然始以等第配率。及軍興以來，遂改理估錢，以贍大軍，每匹至爲錢三千。後節次減免，至慶元初，每匹猶理兩千，或一千七百。三年，袁起巖爲帥，與諸司議每年減其半，制置司成都府抱五萬緡，總領所三十萬緡，轉運司五萬緡。每年春正月，乞降度牒百五十，下制司出賣錢十五萬緡，所餘四千七百緡，今提刑提舉司抱納，九月癸亥以聞。今西川布估錢，實理緡錢六十五萬緡。

〔宋〕李心傳《建炎以來朝野雜記甲集》卷一四《財賦・廣西折布錢》　廣西折布錢者，舊有之，獨桂昭二州，歲産布九萬二百匹有奇，每匹折錢五百。紹興五年，張魏公爲都督，每匹增至一千五百文。二十年，駱彬爲廣西提刑代還，奏減三之一。上悦，從之。擢彬直祕閣。正月丙午。今實理緡錢九萬云。

〔宋〕李心傳《建炎以來朝野雜記甲集》卷一五《財賦・經制錢》

經制錢者，宣和末，陳亨伯資政所創也。時方臘初平，用度百出，徽宗命亨伯以發運兼經制使。亨伯乃創比較酒務及頭子錢。頭子錢者，唐德宗除陌錢之法也。五代國初，亦取之以供州用，其數甚鮮。康定元年，始令具數申省，不得擅支。政和四年，又令給納係省錢物。每貫收五文。及亨伯爲經制，遂令凡公家出納，每千收二十三文，止供十三州縣及漕計支用。所謂經制錢者，其始行之東南，後又行之京東西、河北，歲入錢數百萬緡，靖康初廢，建炎二年冬，上在維揚，四方貢賦，不能如期致行在。户部尚書吕元直、翰林學士葉少藴，乃請復之。于是先取鈔旁定帖錢，命提刑司掌之，仍禁不得擅用。十月壬戌。三年冬，遂命東南八路提刑司，收五色經制錢赴行在，一權茶酒錢，二量添賣糟錢，三增添田宅牙税錢，四官員等請受頭子錢，五樓店務添收三分房錢。十月戊戌。紹興十七年二月，又增頭子錢十三文充經制。迄今東南經制錢，歲入凡六百六十餘萬緡，而四川不與焉。凡公家出納，每千經、總二制共五十六錢，視宣和時過倍。

〔宋〕李心傳《建炎以來朝野雜記甲集》卷一五《財賦・稱提錢》

稱提錢者，鄭亨仲改四川省宣撫副使之歲。紹興十四年。始命益、梓、利三路茶鹽酒課。及租佃官田應輸錢引者。每千別輸三十錢爲鑄本。于是三路每歲共得錢四十三萬一千六百九十道二百九十一文。以其二十四萬七千緡爲鑄本。又得其贏餘十八萬緡有奇，以助軍食之用，至今不減。

〔宋〕李心傳《建炎以來朝野雜記甲集》卷一五《財賦・免行錢》

免行錢者，創始于元豐，推行于宣和，廢罷于靖康。紹興十一年，以軍事未寧，始令諸道量納。四月丙子。時川陝四路，歲取免行錢至五十萬緡，東南又倍之。十七年，既罷兵，詔損三之一。四月丙申。十九年，王大寶尚書守連州還，言于上，但免廣中新循等六州而已。五月丁未。二十五年，曹泳在户部，言其所取苛細，始奏罷之。五月戊申。隆興用兵後，王自外還朝，復以免行爲請，上批曰：民不可擾，難以施行。翌日進呈，上諭錢處和曰：曹泳所行，惟免行一事，人至今以爲是，今日豈可不依曹泳。乾道元年七月辛亥。遂不行。

〔宋〕李心傳《建炎以來朝野雜記甲集》卷一五《財賦・麴引錢》

麴引錢者，湖南路有之。紹興間，鄉村有吉凶聚會者，聽人户納錢買引。于鄰近酒户，寄造酒麴，不得非理抑配。法非不善也，然時方用兵，而斂大軍月椿錢于諸路。湖南諸郡，兵火之餘，賦入鮮少，所椿不能供十之二。有劉獅者，知衡陽縣，始令人户請買麴引，以助月椿。自是旁郡邑皆效之。後四年，當紹興十八年，經界法行，遂以人户田畝，分爲三等。上等輸三千，聽造酒十石，中等二千，造酒七石，下等一千，造酒三石，最下輸五百文，造二石。若二石以下，則例輸百三十錢，皆隨夏秋税送官，自田二十畝而上，無能免者。袁州，江西凋郡也。其地西北與長沙接，自初科月椿時，錢臣韓球與郡守趙士瑗不叶，所科偏重，無所從出，遂亦于麴引中取之。每人户税錢一千，則科二百文。八十百陌。凡爲錢五千四百餘緡。乾道三年，王次張爲湖南漕，始請禁戢，户部莫如之何，第行下依

見行條法而已。會乾道新書行，刪改紹興納錢買引舊令，于是麴引錢暫罷。旋稍復行，迄不能禁也。四年，湖南提刑趙思恭又乞將衡山等八縣隨宜裁酌，均于上三等户。黄仲秉爲副漕，奏言本路三十八縣，不皆待此而足，歲計匱乏者。獨十餘縣，望朝廷稍減月樁之額，以寬此十數縣之不足，則麴引之禁，可力行于一路之閒，而九州三十八縣之民，皆被惠澤矣。淳熙元年，袁州言自乾道新書行，月樁始大不足，户部勘當，欲權依紹興舊法，許之。四年，張定叟知袁州，復奏江西始以税額均月樁，則一路皆輕，而袁州獨重。今復麴引以補月樁，則一路皆無，而袁州獨有，既未能減月樁之重，而反增麴引之征，非所以示公於天下。趙子直爲小漕，會本州所賣麴引之入，歲爲三萬緡，令本州與漕司，各認其半，而麴引遂罷，獨湖南如故云。余嘗論今之天下，多有不可爲之縣，而未有不可爲之州，閒有不可爲之州，而未有不可爲之漕。若長民使部者，人人如定叟子直之心，則麴引之征，真可免矣。

（宋）李心傳《建炎以來朝野雜記甲集》卷一五《財賦・身丁錢》 身丁錢者，東南淮、浙、湖廣等路皆有之。自馬氏據湖南，始取永道、郴州、桂陽軍、茶陵縣民丁錢絹米麥。嘉祐四年，詔無業者與除放，有業者減半。然道州丁米，每歲猶爲二千石，人甚苦之。紹興五年，守臣趙坦，請以二分敷于田畝，一分敷于民丁。詔下其議，漕司言如此則貧民每丁當輸二斗有奇，乞盡敷于田畝。言者以爲太重，請損其一分。詔漕司相度。四月甲辰。六年，樞密院檢詳王迪，又請兩路丁錢，隨田税帶納，八月己亥。不果行。十四年，知永州羅長源言于朝，遂盡放湖南諸郡丁錢。十月庚子。然上供樁數則如故。後十餘年，楊良佐邦弼爲漕，乃奏除之。江東諸郡丁口鹽錢者，李氏有國者所創也。蓋以泰州及静海軍今通州。鹽貨計口俵、散收錢入官。其後失淮南，而鹽不可得，既又令折綿絹輸之，民益以爲病。明道二年，范文正公爲江淮安撫，乞會一路主户，以見在鹽價，于春時給鹽食用，隨夏税送納價錢，奏可，其後謂之蠶鹽者，此也。兩浙身丁錢者，始未行鈔法以前，歲計丁口，官散蠶鹽，每丁給鹽一斗，輸錢百六十六文，謂之丁鹽錢。皇祐中，許民以綢絹依時直折納，謂之丁絹。自鈔法既行，鹽盡通商，而民無所給，每丁仍增錢三百六十文，謂之丁身錢。大觀中，始令三丁納絹一疋，當時絹賤，未有陪費，後物價益貴，乃令每丁輸絹一丈，綿一兩，皆取于五等下户，民甚病之。建炎三年，詔以一半折絹，一半納見錢。十一月丁未。于是歲爲絹有二十四萬匹，綿一百萬兩，錢二十萬緡。紹興初，又用嚴守顔爲言，增得解人免丁役，三年四月甲午。二十五年，上念浙民之困，特免丁絹錢綿一年，以内府錢帛償户部。八月己丑。乾道元年，孝宗以兩浙歲澇，又免災傷郡邑身丁錢十三萬七千緡，絹十六萬三千匹，皆有奇。二月癸卯。惟臨安以駐蹕所在，每三年輒一下詔除之，歲滿復然。至開禧元年十二月，御筆浙路身丁錢，自今永與除免恩施浸博矣。先是，紹興末，吕公雅廣問爲浙漕，以湖州丁絹，多所隱漏，乃給甲帖付民户，俾自排丁名，得四十萬丁，每丁爲錢千四百，絹八尺有奇。三十一年四月丁亥。明年，守臣陳之茂，因請折絹，以五千爲匹，仍止歲額爲定，不以添丁而增賦。詔皆可之。五月丁巳。自是湖州以五丁科一匹矣。未幾，又增以七千爲一匹。乾道八年，余處恭爲烏程令，請于朝，乞以七丁科一匹。曾欽道秉政，奏行之。自是爲例。兩淮丁錢者，不知所從，始乾道末，詔民户一丁充民兵者，本名丁錢勿輸。七年八月丙辰。二廣丁錢，亦不知其所始，廣西郡縣貧薄，凡民閒父祖年六十以上，而身丁未成者，亦行科納，謂之掛丁錢。紹興初，詔令本路監司約束。二年郊赦申明。大抵丁錢，多僞國所創。余嘗謂唐之庸錢，楊炎已均入二税，而後世差役，復不免焉。是力役之征，既取其二也。本朝王安石，令民輸錢以免役，而紹興以後，所謂耆户長、保正雇錢，復不給焉，是取其三也。合丁錢而論之，力役之征，蓋取其四也。而一有邊事，則免夫之令，又不得免焉，是取其五也。孟子曰：有布縷之征，有粟米之征，有力役之征，用其一，緩其二，用其二，而民有殍，用其三，而父子離。今布縷之征，有折税，有和預買，川路有激賞，而東南有丁絹，是布縷之征，三也。粟米之征，有税米，有義倉，有和糴，川路謂之勸糴。而斗面加耗之輸不與焉。是粟米之征亦三也。通力役之征而論之，蓋用其十矣。民安得不困乎？余惡夫世之俗吏，不知財賦本末源流，顧以趣辦爲能，而撥其本也。故詳録其事，以待上問而出焉。閩浙湖廣丁錢，在國初，歲爲四十五萬緡，大中祥符四年七月嘗除之，後又復。

《宋史》卷一八六《食貨志・商税》 凡州縣皆置務，關鎮亦或有之，大則專置官監臨，小則令、佐兼領，諸州仍令都監、監押同掌。行者

賫貨，謂之過税，每千錢算二十；居者市鬻，謂之住税，每千錢算三十，大約如此。然無定制，其名物各隨地宜而不一焉。行旅賫裝，非有貨幣當算者，無得發篋搜索。凡販夫販婦細碎交易，嶺南商賈賫生藥及民間所織縑帛，非鬻於市者皆勿算。常税名物，令有司件析頒行天下，揭于版，置官署屋壁，俾其遵守。應算物貨而輒藏匿，爲官司所捕獲，没其三分之一，以半畀捕者。販鬻而不由官路者罪之。有官須者十取其一，謂之抽税。

自唐室藩鎮多便宜從事，擅其征利，以及五季，諸國益務掊聚財貨以自贍，故征算尤繁。宋興，所下之國，必詔蠲省，屢敕官吏毋事煩苛、規羡餘以徼恩寵。大中祥符六年，始免諸路州軍農器之税。

諸州津渡舊皆有算，或水涸改置橋梁，有司猶責主者備償。建隆初，詔除滄、德、棣、淄、齊、鄆乾渡三十九處算錢，水漲聽民置渡，勿收其算。自是，有類此者多因恩宥蠲除。其餘橘園、魚池、水磑、社酒、蓮藕、鵝鴨、螺蚌、柴薪、地鋪、枯牛骨、溉田水利等名，皆因諸國舊制，前後屢詔廢省。緣河州縣民船載粟亦輸算，三年，始罷。

陳州私置蔡河鎖，民船勝百斛者取百錢，有所載倍其征，太平興國三年，乃悉除之。至道元年詔：江南溪渡，多公吏豪民典其事，量輸官課而厚算行旅。州縣宜加嚴禁，所輸年額錢五千以下者並免，不係色役近便人户掌船濟渡，毋得擾人。至道中，歲入税課錢四百萬貫；天禧末，增八百四萬貫。

天聖以來，國用寖廣，有請算緡錢以助經費者。仁宗曰：貨泉之利，欲流天下通有無，何可算也？一日，内出蜀羅一端，爲印朱所漬者數重，因詔天下税務，毋輒污壞商人物帛。康定元年，西邊兵費不給，州縣或增所算名物，朝廷知之，悉命蠲去。既而下詔敕勵，且戒毋搜索行者家屬，歲儉則免算耕牛，水鄉又或弛蒲、魚、果、蓏之税，民流而渡河者亦爲之免算。應算而匿不自言者，雖聽人捕告，抵罪如舊法，然須物皆見在乃聽，以防誣罔。至於歲課贏縮，屢詔有司裁定，前後以詔蠲放者，不可勝數。

皇祐中，歲課緡錢七百八十六萬三千九百。嘉祐以後，弛茶禁，所歷州縣收算錢。至治平中，歲課增六十餘萬，而茶税錢居四十九萬八千六百。

熙寧以來，河北、河東、陝西三路支移，民以租賦賫貨至邊貿易以輸官者，勿税；河北流民復業者所過免算。後以歲稔，慮逸歲課，復舊。五年，以在京商税院隸提舉市易務。七年，減國門之税數十種，錢不滿三十者蠲之。其先，外城二十門皆責以課息，近令隨閑、要分等，以檢捕獲失之數爲賞罰；既而以歲旱，復有是命。

元豐元年，濱、棣、滄州竹木、魚果、炭箔税不及百錢者蠲之。二年，熙河路制置邊防財用李憲擅榷本路商貨，令漕臣蔣之奇劾其罪。導洛通汴司請置堆垛場於泗州，賈物至者，先入官場，官以船運至京，稍輸船算。明年，詔：近京以通津水門外順成倉爲場。非導洛司船而載商人税物入汴者，許糾告，雖自請税，猶如私載法。惟日用物非販易，若蘼箔、柴草、竹木之類勿禁。瓊管奏：海南收税，較船之丈尺，謂之格納。其法分三等，有所較無幾，而輸錢多寡十倍。賈物自泉、福、兩浙、湖、廣至者，皆金銀物帛，直或至萬餘緡；自高、化至者，唯米包、瓦器、牛畜之類，直纔百一，而概收以丈尺。故高、化商人不至，海南遂乏牛米。請自今用物貴賤多寡計税，官給文憑，聽鬻於部内，否則許糾告，以船貨給賞。詔如所奏。六年，京東漕臣吴居厚言：商人負正税七萬六千餘緡，倍税十五萬二千餘緡。詔蠲其倍税，納正税，百千以下期以三年，百千以上五年。

元祐元年，户部請令在京商税院，酌取元豐八年錢五十五萬二千二百六十一緡有奇，以爲新額，自明年始。三年，又以天聖歲課爲額，蓋户部用五年併增之法，立額既重，歲課不登，故言者論而更之。七年，罷諸路承買土産税場。初，罷江南路承買，而河東轉運司以爲較元祐六年官監額增三萬餘緡，遂行之諸路。

八年，權蠲商人載米入京糶賣力勝之税。先是，熙寧六年，蘇、湖歲稔，穀價比淮南十五，而商船以力勝税不至，嘗命權蠲。惠止一方，未爲定法。及汴泗垛場法行，穀船毋得增置，而力勝之税益三之一。至是，蘇軾言：法不税五穀，請削去力勝錢之條，而行天聖免税之制。既而尚書省亦言在京穀貴，欲平其直，復權蠲之。後徽宗宣和中，以州縣災傷并贍給都下，亦一再免，旋復如舊；惟兩浙并東北鹽，以鹽事司之請，遂不

復征。

自哲宗即位，罷導洛物貨場。紹聖四年，藍從熙提舉京城所，欲復其事，令泗州及京師洛口各置垛場，并請復麵市、牛羊圈。詔下尚書省，久之遂寢。至是，提舉汴河隄岸王憲復言之，且請假温、明州運船給用。命太府少卿鄭僅同詳度，明年，竟詔勿行。五年，令户部取天下税務五年所收之數，酌多寡爲中制，頒諸路揭版示之，率十年一易；其增名額及多税者，並論以違制。

大觀元年，凡典買牛畜、舟車之類未印契者，更期以百日，免倍税。二年，詔在京諸門，凡民衣屨、穀菽、鷄魚、蔬果、柴炭、瓷瓦器之類，並蠲其税；歲終計所蠲數，令大觀庫給償。宣和二年，宫觀、寺院、臣僚之家商販，令關津搜閲，如元豐法輸税，歲終以次數報轉運司取旨。初，元符令，品官供家服用物免税。至建中靖國初，馬、牛、駝、驢、騾已不入服用例，而比年臣僚營私牟利者衆，宫觀寺院多有專降免税之旨，皆以船艘賈販，故有是詔。漕臣劉既濟起應奉物，兩浙、淮南等路税例外，增一分以供費；三年，詔罷之。凡以蠶織農具、耕牛至兩浙、江東者，給文憑蠲税一年。四年，令諸路近歲所增税錢，悉歸應奉司。七年，以歲歉之後，用物少而民艱食，在京及畿内油、炭、麵、布、絮税并力勝錢並權免。提舉京東常平楊連奏：本路牛價貴，田多荒萊，請令販牛至本路者，仍給文憑蠲税，俟二年足如舊。從之。

靖康元年詔：都城物價未平，凡税物，權更蠲税一年。臣僚上言：祖宗舊制并政和新令，場務立額之法，並以五年增虧數較之，併增者取中數，併虧者取最高數，以爲新額，故課息易給而商旅可通。近諸路轉運司不循其法，有益無損，致物價騰踴，官課愈負。請令諸路提刑下諸郡，準舊法釐正立額。詔依所奏。

高宗建炎元年詔，販貨上京者免税。明年又詔，販糧草入京抑税者罪之；凡殘破州縣免竹木、磚瓦税，北來歸正人及兩淮復業者亦免路税。紹興三年，臨安火，免竹木税。然當時都邑未奠，兵革未息，四方之税，間有增置，及於江灣浦口量收海船税，凡官司回易亦並收税；而寬弛之令亦錯見焉，如諸路增置之税場，山間迂僻之縣鎮，經理未定之州郡，悉罷而免之。又以税網太密，減併者一百三十四，罷者九，免過税者五，至於牛、米、薪、麵民間日用者並罷。

孝宗繼志，凡高宗省罷之未盡者，悉推行之；又以臨安府物價未平，免淳熙七年税一年。光、寧以降，亦屢與放免商税，或一年，或五月，或三月。凡遇火，放免竹木之税亦然。光、寧嗣服，諸郡税額皆累有放免。然當是時，雖寬大之旨屢頒，關市之征迭放，而貪吏並緣，苛取百出。私立税場，算及緡錢、斗米、束薪、菜茹之屬，擅用稽察措置，添置專欄收檢。虚市有税，空舟有税，以食米爲酒米，以衣服爲布帛，皆有税。遇士夫行李則搜囊發篋，目以興販。甚者貧民貿易瑣細于村落，指爲漏税，輒加以罪。空身行旅，亦白取百金，方紓路避之，則欄截叫呼；或有貨物，則抽分給賞，斷罪倍輸，倒囊而歸矣。聞者咨嗟，指爲大小法場，與斯民相刃相劘，不啻讎敵，而其弊有不可勝言矣。

《宋史》卷一八六《食貨志·市易》　市易之設，本漢平準，將以制物之低昂而均通之。其弊也，以官府作賈區，公取牙儈之利，而民不勝其煩矣。

熙寧三年，保平軍節度推官王韶倡爲緣邊市易之説，丐假官錢爲本。詔秦鳳路經略司以川交子易物貨給之，因命韶爲本路帥司幹當兼領市易事。時欲移司於古渭城，李若愚等以爲多聚貨以啓戎心，又妨秦州小馬、大馬私貿易，不可。文彦博、曾公亮、馮京皆韙之，韓絳亦以去秦州爲非，唯王安石曰：古渭置市易利害，臣雖不敢斷，然如若愚奏，必無可慮。七月，詔轉運司詳度，復問陳升之。升之謂古渭極邊，恐啓羣羌闚覬心。安石乃言：今蕃户富者，往往蓄緡錢二三十萬，彼尚不畏劫奪，豈朝廷威靈，乃至衰弱如此？今欲連生羌，則形勢欲張，應接欲近。古渭邊砦，便於應接，商旅並集，居者愈多，因建爲軍，增兵馬，擇人守之，則形勢張矣。且蕃部得與官市，邊民無復逋負，足以懷來其心，因收其羸以助軍費，更闢荒土，異日可以聚兵。時王安石爲政，汲汲焉以財利兵革爲先，其市易之説，已見於熙寧二年建議立均輸平準法之時，故王韶首迎合其意，而安石力主之，雖以李若愚、陳升之、韓絳諸人之議，而卒不可回。五年，遂詔出内帑錢帛，置市易務于京師。

先是，有魏繼宗者，自稱草澤，上言：京師百貨無常價，貴賤相傾，富能奪，貧能與，乃可以爲天下。今富人大姓，乘民之亟，牟利數倍，財

既偏聚，國用亦屈。請假榷貨務錢，置常平市易司，擇通財之官任其責，求良賈爲之轉易。使審知市物之價，賤則增價市之，貴則損價鬻之，因收餘息，以給公上。於是中書奏在京置市易務官。凡貨之可市及滯於民而不售者，平其價市之，願以易官物者聽。若欲市於官，則度其抵而貸之錢，責期使償，半歲輸息十一，及歲倍之。凡諸司配率，並仰給焉。以吕嘉問爲提舉，賜内庫錢百萬緡、京東路錢八十七萬緡爲本。三司請立市易條，有兼并之家，較固取利，有害新法，本務覺察，三司按治之文，帝削去之。

七月，以榷貨務爲市易西務下界，市易務爲東務上界，以在京商税院、雜買務、雜賣場隸焉。又賜錢帛五十萬，于鎮洮軍置司。市易極苛細，道路怨謗者籍籍。上以諭安石，請宣示事實，帝以鬻冰、市梳樸等數事語之，安石皆辯解。後帝復言：市易鬻果太煩碎，罷之如何？安石謂：立法當論有害於人與否，不當以煩碎廢也。自是諸州上供簾席、黄蘆之類六十色，悉令計直，從民願鬻者市之以給用。

六年，詔在京市易務幹當公事孫迪同兩浙、淮東轉運司，議置杭州市易務利病以聞。其後以市易上界所償内帑錢三十萬緡假之爲本。又賜夔州路轉運司度僧牒五百，置市易于黔州，選本路在任已替官監之，仍以知州或通判提舉。令在京市易務及開封府司録同詳度諸行利病，於是詳定所請：約諸行利入薄厚，輸免行錢以禄吏，蠲其供官之物。禁中所須，並下雜賣場、雜買務。置市司估物價低昂，凡内外官司欲占物價，悉於是乎取决。從之。改提舉在京市易務爲都提舉市易司，諸州市易務皆隸焉。又詔三司幹當公事李杞等同詳度成都置市易務。

七年，帝與輔臣論及成都市易事。馮京曰：曩因榷市物，致王小波之亂，今頗以市易爲言。安石曰：彼以饑民衆，官不之恤，相聚爲盗耳。帝問：李杞行邪？安石曰：未也。然保市易必不能致亂。帝猶慮蜀人駭擾，安石謂：已遣使乃遽罷，豈不爲四方笑？乃已。然其後竟罷杞等詳度。

三月，詔權三司使曾布、翰林學士吕惠卿同究詰市易事。先是，帝出手詔付布，謂市易司市物，頗害小民之業，衆言喧譁。布乃引監市易務魏繼宗之言，以爲吕嘉問多取息以干賞，商旅所有者盡收，市肆所無者必索，率賤市貴鬻，廣裒贏餘，是挾官府爲兼并也。王安石具奏，明其不然。乃更令惠卿偕布究詰之。帝尋復以手札賜布，令求對，布即上行人所訴，并疏惠卿姦欺狀，且言：臣自立朝以來，每聞德音，未嘗不欲以王道治天下，今市易之爲虐，凛凛乎間架、除陌之事矣。嘉問奏：近遣官往湖南販茶，陝西販鹽，兩浙販紗，皆未敢計息。臣以謂如此政事，書之簡牘，不獨唐、虞、三代所無，歷觀秦、漢以來衰亂之世，恐未之有也。四月，布復陳薛向罪茶會不當，帝惻然咨嗟；及言三司决責商人多濫，時帝猶必欲按治，而安石主用惠卿不可去，蓋謀變其事也，帝疑焉，故仍以屬布。

既而中書奏事已，帝論及市易，且曰：朝廷設此，本欲爲平準之法以便民，今正爾相反，使中下之民失業若此，宜修補其法。令元詳定吕嘉問、吴安持同韓維、孫永問行人輸錢免行利病。參知政事馮京曰：開封祥符縣給民錢，有出息抵當銀絹米麥、緩急喪葬之目七八種，其初給錢，往往願請，積數既多，實艱輸送。帝曰：如此，吾民安得泰然也。時布與惠卿方究市易事，率數日一對，帝初是布言，已而從惠卿之請，拘魏繼宗於開封府。既而布與惠卿即東府再詰行人，所訴狀如前不變。而安石懇求去位，引惠卿執政。

提舉楚州市易蔣之奇奏：監務王景彰榷市商人物非法，及虚作中糴入務，立詭名糴之，白輸息錢，謂之乾息；又抑賈販毋得至他郡，多爲留難。帝謂輔臣曰：景彰違法害人，宜即治其罪。時吕惠卿已參朝政，而究詰市易未竟，詔促之，惠卿請令中書悉取案牘異同以奏。後二日，布對延和殿，條析先後所陳，并較治平、熙寧入出錢物數以聞。帝方慮歲費寖廣，令布送中書。五月，乃詔章惇、曾孝寬即軍器監鞫布所究市易事，又令户房會財賦數，與布所陳異；而吕嘉問亦以雜買務多入月息不覺，皆從公坐有差。未幾，布褫職，與嘉問俱出守郡，魏繼宗仍奪秩勒停。初，市易之建，布實預之。後揣上意有疑，遂急治嘉問，而惠卿與布有夙怨，故卒擠之，而市易如故。

三司使章惇請假内藏錢五百萬緡，令市易司有幹局者，分四路入中，計見鹽引及乘賤糴買。詔假二百萬緡。八年，復吕嘉問提舉市易。二月，鳳翔、大名、真定府，永興、安肅軍，秦、瀛、定、越、真州，並置市易

司。以惠州阜民監錢十萬緡給廣州市易務，司農寺坊場錢三十萬緡給鄆州市易。九年，又以在京市易司物貨十五萬緡給熙河市易司。九月，中書言：市易息錢并市例錢，總收百三十三萬二千緡有奇。詔嘉問、安持等推恩有差。自後凡二年一較。十年，定上界本錢以七百萬緡爲額，不足，以歲所收息益之；其貸内帑錢，歲償以息二十萬緡。元豐元年，以都提舉王居卿請，令貸市易錢貨者，許用金帛等爲抵，收息毋過一分二釐，不及年者月計之，願皆得錢或欲以物貨兼給者聽。市易司請遣官以物貨至諸路貿易，十萬緡以上期以二年，二十萬緡以上三年，斂及三分者比遞年推恩，八分者理爲任，期盡不及者勿賞，官吏廩給並罷。

二年，經制熙河路邊防財用李憲言：蕃賈與牙儈私市，其貨皆由他路避税入秦州。乃令秦熙河岷州、通遠軍五市易務，募牙儈引蕃貨赴市易務中賈，私市者許糾告，賞倍所告之數。以田宅抵市易錢久不償者，估實直，如賣坊場、河渡法；若未輸錢者，官收其租息，在京市易務亦如之。

三年，詔免行月納錢不及百者皆免，凡除八千六百五十四人。九月，王居卿又言：市易法有三：結保貸請，一也；契要金銀爲抵，二也；貿遷物貨，三也。三者惟保貸法行之久，負失益多，往歲罷貸錢而物貨如故。請自今所貸歲約毋過二百萬緡，聽舊户貸請以相濟續，非舊户惟用抵當、貿遷之法。詔中書立法以聞。於是中書奏：在京物貨，許舊户貸請，斂而復散，通所負毋過三百萬緡，諸路毋過四之一。詔如所奏。是歲，經制熙河邊防財用司會其置司以來所收息：元豐初四十一萬四千六百二十六緡、石，次年六十八萬四千九十九緡、石。四年，從都提舉賈青請，於新舊城外内置四抵當所，遣官掌之，罷市易上界等處抵當以便民。

五年，詔外内市易務所負錢，寬以三歲，均月限以輸，限内罰息並除之。先是，王安禮在開封日，有負市易錢者，累訴於庭。安禮既執政，言於帝曰：市易法行，取息滋多，而輸官不時者有罰息，民至窮困。願詔蠲之。帝曰：羣臣未有爲朕言者，其令民以限輸，免其罰息。安禮退，批詔加内外字。蔡確曰：方帝有旨，無外内字，公欲增詔邪？安禮曰：亦不止言内字。卒加之。八月，置饒州景德鎮瓷窰博易務。

六年，蘭州增置市易務，以通蕃漢貿易。七年，改市易下界爲榷貨務。令諸州旬估物價既定，報提舉司，提舉司下所部州，州下所屬，募民出抵或錢以市，收息毋過二分。詔諸路常平司錢留其半，以二分爲市易抵當。蓋自五年賈青以平準物價與金銀之類，行抵當於畿縣，次年行之諸路，以常平、市易賒貸及寬剩錢爲本，五路各十萬緡，餘路五萬緡。至是，復有是詔。若無抵當而物貨宜易者，亦聽變鬻。八年，罷諸鎮砦市易抵當。八月，詔諸郡抵當，有取息薄、可濟民乏者存之，其餘抵當并州縣市易並罷。

元祐元年，内外監督市易及坊場净利錢，許以所入息并罰錢比計，若及官本者，並釋之。紹聖四年，三省言熙寧興置市易，元祐一切罷去，不原立法之意。詔户部、太府寺詳度，復置市易務，惟以錢交市，收息毋過二分，勿令貸請。元符三年，改市易務爲平準務，户部、太府寺市易案改爲平準案。尚書省言：平準務官吏等給費多，并遣官市物，搔動于外，近官鬻石炭，市直遽增，皆不便民。詔罷平準務及官鬻石炭，其在官物貨，令有司轉易錢鈔，償元給之所。

崇寧元年，户部奏：平準務錢物毋得他司移用。二年，以平準爲南北兩務，如舊分置官吏。歲終考察能否，行勸沮法。五年，郡縣應置市易者，凡歲收息，官吏用度之餘，及千緡以上置官監，五百緡以上令場務兼領，餘並罷。先是，嘗詔府界萬户縣及路在衝要，市易抵當已設官置局；其不及萬户、非衝要，并諸鎮有官監而商販所會，並如元豐令監當官兼領。至是，户部復詳度以聞，遂行其議。建炎二年，言者以爲得不償費，遂罷之，而以其錢輸左藏庫，惟抵當庫仍舊。

紹興元年，罷諸州軍免行錢及行户供應，見任官買賣並依時直，違者以盗論。四年，兩浙轉運司檄婺州市御爐炭，須胡桃紋、鵓鴣色，守臣王居正以爲言，上曰：隆冬附火，取温煖而已，豈問炭之紋色乎？命罷之，諸類此者並禁止焉。十三年，蠲雷、化、高、融、宜、廉、邕、欽、賀、貴免行錢。十四年，以開州兩縣在夔部尤爲僻遠，減免行錢之半。十五年，以知漢陽軍韓昕言，諸路收免行錢，定數外多取一文以上，以擅增税賦法罪之。十七年，蠲百姓見輸免行錢三分之一。十九年，南郊赦，盡蠲百姓免行錢欠。是後凡赦皆然。二十五年，罷見輸免行錢，禁下行買物，以害及小商、敷於鄉村故也。

淳熙元年，罷市令司。詔臨安府及屬縣交易儈保錢減十之五。七年，

諸路州縣交易僧保錢，亦以十分爲率，與減五分。

嘉定二年，以臣僚言，輦轂之下，買物於鋪户，無從得錢。凡臨安府未支物價，令即日盡數給還，是後買物須給見錢，違許陳訴於臺。

嘉熙三年，臣僚言：今官司以官價買物，行鋪以時直計之，什不得二三。重以遷延歲月而不償，胥卒並緣之無藝，積日既久，類成白著，至有遷居以避其擾、改業以逃其害者。甚而蔬菜魚肉，日用所需瑣瑣之物，販夫販婦所資錐刀以營斗升者，亦皆以官價強取之。終日營營，而錢本俱成乾没。商旅不行，衣食路絶。望特降睿旨，凡諸路州縣官司買物，並以時直，不許輒用官價，違者以贓定罪。從之。

《宋史》卷一八六《食貨志·均輸》　均輸之法，所以通天下之貨，制爲輕重斂散之術，使輸者既便，而有無得以懋遷焉。

熙寧二年，制置三司條例司言：天下財用無餘，典領之官拘於弊法，内外不相知，盈虚不相補。諸路上供，歲有常數。豐年便道，可以多致而不能贏；年儉物貴，難於供億而不敢不足。遠方有倍蓰之輸，中都有半價之鬻，徒使富商大賈乘公私之急，以擅輕重斂散之權。今發運使實總六路賦入，其職以制置茶、鹽、礬、酒税爲事，軍儲國用，多所仰給。宜假以錢貨，資其用度，周知六路財賦之有無而移用之。凡糴買税斂上供之物，皆得徙貴就賤，用近易遠。令預知中都帑藏年支見在之定數，所當供辦者，得以從便變易蓄買，以待上令。稍收輕重斂散之權歸之公上，而制其有無，以便轉輸，省勞費，去重斂，寬農民。庶幾國用可足，民財不匱。詔本司具條例以聞，而以發運使薛向領均輸平準事，賜内藏錢五百萬緡、上供米三百萬石。時議慮其爲擾，多以爲非。向既董其事，乃請設置官屬，神宗使自擇之。向於是辟劉忱、衛琪、孫珪、張穆之、陳倩爲屬，又請有司具六路歲當上供數、中都歲用及見儲度可支歲月，凡當計置幾何，皆預降有司。從之。

八月，侍御史劉琦、侍御史裏行錢顗等言：向小人，假以貨泉，任其變易，縱有所入，不免奪商賈之利。琦、顗皆坐貶。條例司檢詳文字蘇轍言：昔漢武外事四夷，内興宫室，財用匱竭，力不能支，用賈人桑弘羊之説，買賤賣貴，謂之均輸。雖曰民不加賦而國用饒足，然法術不正，吏緣爲姦，掊克日深，民受其病。孝昭既立，學者争排其説，霍光順民所欲，從而予之，天下歸心，遂以無事。今此論復興，衆口紛然，皆謂其患必甚於漢。何者？方今聚斂之臣，材智方略，未見有桑弘羊比；而朝廷破壞規矩，解縱繩墨，使得馳騁自由，唯利是嗜，其害必有不可勝言者矣。轍亦坐去官。

於是知諫院范純仁言：向儉巧刻薄，不可爲發運使。人主當務農桑、節用，不當言利。自後，罷純仁諫職，而諫官李常復論均輸不便，權開封府推官蘇軾亦言：均輸徙貴就賤，用近易遠。然廣置官屬，多出緡錢，豪商大賈皆疑而不敢動，以爲雖不明言販賣，既已許之變易，變易既行，而不與商賈争利，未之聞也。夫商賈之事，曲折難行，其買也先期而予錢，其賣也後期而取直，多方相濟，委曲相通，倍稱之息，由此而得。今先設官置吏，簿書廩禄，爲費已厚，非良不售，非賄不行。是官買之價比民必貴，及其賣也，弊復如前，商賈之利，何緣而得？朝廷不知慮此，乃捐五百萬緡以予之，此錢一出，恐不可復。縱使其間薄有所獲，而征商之額所損必多矣。

帝方惑於安石之説，言皆不行。乃以向爲天章閣待制，遣太常少卿羅拯爲使，手詔賜向曰：政事之先，理財爲急。朕托卿以東南賦入，皆得消息盈虚、翕張斂散之。而卿忠誠内固，能倡舉職業，導揚朕意，底于成績，朕甚嘉之。覽奏慮流言致惑，朕心匪石，豈易轉也？卿其濟之以彊，終之以不倦，以稱朕意。然均輸後迄不能成。

《宋史》卷一八六《食貨志·互市舶法》　自漢初與南越通關市，而互市之制行焉。後漢通交易於烏桓、北單于、鮮卑，北魏立互市於南陲，隋、唐通貿易于西北。開元定令，載其條目，後唐亦然。而高麗、回鶻、黑水諸國，又各以風土所産與中國交易。

宋初，循周制，與江南通市。乾德二年，禁商旅毋得渡江，於建安、漢陽、蘄口置三榷署，通其交易；内外羣臣輒遣人往江、浙販易者，没入其貨。緣江百姓及煎鹽亭户，恣其樵漁，所造屨席之類，榷署給券，聽渡江販易。開寶三年，徙建安榷署於揚州。江南平，榷署雖存，止掌茶貨。四年，置市舶司于廣州，後又於杭、明州置司。凡大食、古邏、闍婆、占城、勃泥、麻逸、三佛齊諸蕃並通貨易，以金銀、緡錢、鉛錫、雜色帛、瓷器，市香藥、犀象、珊瑚、琥珀、珠琲、鑌鐵、鼊皮、瑇瑁、瑪

瑙、車渠、水精、蕃布、烏樠、蘇木等物。

太宗時，置榷署于京師，詔諸蕃香藥寶貨至廣州、交阯、兩浙、泉州，非出官庫者，無得私相貿易。其後乃詔：自今惟珠貝、玳瑁、犀象、鑌鐵、鼊皮、珊瑚、瑪瑙、乳香禁榷外，他藥官市之餘，聽市於民。

雍熙中，遣內侍八人齎敕書金帛，分四路招致海南諸蕃。商人出海外蕃國販易者，令並詣兩浙市舶司請給官券，違者沒入其寶貨。淳化二年，詔廣州市舶，除榷貨外，他貨之良者止市其半。大抵海舶至，十先征其一，價直酌蕃貨輕重而差給之，歲約獲五十餘萬斤、條、株、顆。太平興國初，私與蕃國人貿易者，計直滿百錢以上論罪，十五貫以上黥面流海島，過此送闕下。淳化五年申其禁，至四貫以上徒一年，稍加至二十貫以上，黥面配本州爲役兵。

天聖以來，象犀、珠玉、香藥、寶貨充牣府庫，嘗斥其餘以易金帛、芻粟，縣官用度實有助焉。而官市貨數，視淳化則微有所損。皇祐中，總歲入象犀、珠玉、香藥之類，其數五十三萬有餘。至治平中，又增十萬。

熙寧五年，詔發運使薛向曰：東南之利，舶商居其一。比言者請置司泉州，其創法講求之。七年，令舶船遇風至諸州界，亟報所隸，送近地舶司榷賦分買；泉、福瀕海舟船未經賦買者，仍赴司勘驗。時廣州市舶虧歲課二十萬緡，或以爲市易司擾之，故海商不至，令提舉司究詰以聞。既而市易務呂邈入舶司闌取蕃商物，詔提舉司劾之。九年，集賢殿修撰程師孟請罷杭、明州市舶，諸舶皆隸廣州一司。令師孟與三司詳議之。是年，杭、明、廣三司市舶，收錢、糧、銀、香、藥等五十四萬一百七十三緡、匹、斤、兩、段、條、箇、顆、臍、隻、粒，支二十三萬八千五十六緡、匹、斤、兩、段、條、箇、顆、臍、隻、粒。

元豐二年，賈人入高麗，貲及五千緡者，明州籍其名，歲責保給引發船，無引者如盜販法。先是，禁人私販，然不能絕；至是，復通中國，故明立是法。

三年，中書言，廣州市舶已修定條約，宜選官推行。詔廣東以轉運使孫迥，廣西以陳倩，兩浙以副使周直孺，福建以判官王子京，罷廣東帥臣兼領。五年，廣西漕臣吳潛言：雷、化州與瓊島對境，而發船請引於廣州舶司，約五千里。乞令廣西瀕海郡縣，土著商人載米穀、牛酒、黃魚及非舶司賦取之物，免至廣州請引。詔孫迥詳度行之。

知密州范鍔言：板橋瀕海，東則二廣、福建、淮、浙，西則京東、河北、河東三路，商賈所聚，海舶之利顓於富家大姓。宜即本州置市舶司，板橋鎮置抽解務。六年，詔都轉運使吳居厚條析以聞。

元祐三年，鍔等復言：廣南、福建、淮、浙賈人，航海販物至京東、河北、河東等路，運載錢帛絲綿貿易，而象犀、乳香珍異之物，雖嘗禁榷，未免欺隱。若板橋市舶法行，則海外諸物積於府庫者，必倍於杭、明二州。使商舶通行，無冒禁罹刑之患，而上供之物，免道路風水之虞。乃置密州板橋市舶司。而前一年，亦增置市舶司於泉州。

賈人由海道往外蕃，令以物貨名數并所詣之地，報所在州召保，毋得參帶兵器或可造兵器及違禁之物，官給以券。擅乘船由海入界河及往高麗、新羅、登萊州境者，罪以徒，往北界者加等。

崇寧元年，復置杭、明市舶司，官吏如舊額。三年，令蕃商欲往他郡者，從舶司給券，毋雜禁物、姦人。初，廣南舶司言，海外蕃商至廣州貿易，聽其往還居止，而大食諸國商亦丐通入他州及京東販易，故有是詔。凡海舶欲至福建、兩浙販易者，廣南舶司給防船兵仗，如詣諸國法。廣南舶司鬻所市物貨，取息毋過二分。政和三年，詔如至道之法，凡知州、通判、官吏并舶司、使臣等，毋得市蕃商香藥、禁物。

宣和元年，秀州開修青龍江浦，舶船輻輳，請復置監官。先是，政和中，置務設官於華亭縣，後江浦湮塞，蕃舶鮮至，止令縣官兼掌。至是，復設官專領焉。四年，蕃國進奉物，如元豐法，令舶司即其地鬻之，毋發至京師，違者論罪。

契丹在太祖時，雖聽緣邊市易，而未有官署。太平興國二年，始令鎮、易、雄、霸、滄州各置榷務，輦香藥、犀象及茶與交易。後有范陽之師，罷不與通。雍熙三年，禁河北商民與之貿易。時累年興師，千里饋糧，居民疲乏，太宗亦頗有厭兵之意。端拱元年，詔曰：朕受命上穹，居尊中土，惟思禁暴，豈欲窮兵？至於幽薊之民，皆吾赤子，宜許邊疆互相市易。自今緣邊戍兵，不得輒恣侵略。未幾復禁，違者抵死，北界商旅輒入內地販易，所在捕斬之。淳化二年，令雄霸州、靜戎軍、代州鴈門砦置榷署如舊制，所鬻物增蘇木，尋復罷。

咸平五年，契丹求復置署，朝議以其翻覆，不許。知雄州何承矩繼請，乃聽置於雄州；六年，罷。景德初，復通好，請商賈即新城貿易。詔北商齎物貨至境上則許之。二年，令雄霸州、安肅軍置三榷場，北商趨他路者，勿與爲市。遣都官員外郎孔揆等乘傳詣三榷場，與轉運使劉綜并所在長吏平互市物價，稍優其直予之。又於廣信軍置場，皆廷臣專掌，通判兼領焉。三年，詔民以書籍赴沿邊榷場博易者，非九經書疏悉禁之。凡官鬻物如舊，而增繒帛、漆器、秔糯，所入者有銀錢、布、羊馬、橐駝，歲獲四十餘萬。

天聖中，知雄州張昭遠請歲會入中金錢，仁宗曰：先朝置互市以通有無，非以計利。不許。終仁宗、英宗之世，契丹固守盟好，互市不絶。

熙寧八年，市易司請假奉宸庫象、犀、珠直總二十萬緡，於榷場貿易，明年終償之。詔許。九年，立與化外人私貿易罪賞法。河北四榷場，自治平四年，其貨物專掌於三司之催轄司，而度支賞給案判官置簿督計之。至是，以私販者衆，故有是命。未幾，又禁私市硫黃、焰硝及以盧甘石入他界者，河東亦如之。元豐元年，復申賣書北界告捕之法。

西夏自景德四年，於保安軍置榷場，以繒帛、羅綺易駝馬、牛羊、玉、氈毯、甘草，以香藥、瓷漆器、薑桂等物易蜜蠟、麝臍、毛褐、羱羚角、硇砂、柴胡、蓯蓉、紅花、翎毛，非官市者聽與民交易，入貢至京者縱其爲市。

天聖中，陝西榷場二，并代路亦請置場和市，許之。及元昊反，即詔陝西、河東絶其互市，廢保安軍榷場；後又禁陝西並邊主兵官與屬羌交易。久之，元昊請臣，數遣使求復互市。慶曆六年，復爲置場于保安、鎮戎二軍。繼言驅馬羊至，無放牧之地，爲徙保安軍榷場于順寧砦。既而蕃商卒無至者。嘉祐初，西人侵耕屈野河地，知并州龐籍謂：非絶其互市，則内侵不已。且聞出兀臧訛龐之謀，若互市不通，其國必歸罪訛龐，年歲間，然後可與計議。從之。初，第禁陝西四路私與西人貿易，未幾，乃悉絶之。

治平四年，河東經略司言，西界乞通和市。自夏人攻慶州大順城，詔罷歲賜，嚴禁邊民無得私相貿易。至是，上章謝罪，乃復許之。後二年，令涇原熟户及河東、陝西邊民勿與通市。又二年，因回使議立和市，而私販不能止，遂申詔諸路禁絶。既而河東轉運司請罷吴堡，於寧星和市如舊。而麟州復奏夏人之請，乃令鬻銅、錫以市馬，而纖縞與急須之物皆禁。西北歲入馬，事具兵志。

楚、蜀、南粤之地，與蠻獠溪峒相接者，以及西州沿邊羌戎，皆聽與民通市。熙寧三年，王韶置市易司於秦鳳路古渭砦，六年，增置市易於蘭州。自後，於熙、河、蘭、湟、慶、渭、延等州，又各置折博務。湖北路及沅、錦、黔江口，蜀之黎、雅州皆置博易場。重和元年，燕瑛言交人服順久，毋令阻其貿易。初，廣西帥曾布請即欽、廉州各創驛，令交人就驛博買。至是，即用瑛兼廣西轉運副使，同王蕃計畫焉。

建炎四年三月，宣撫使張浚奏，大食國遣人進珠玉寶貝。上曰：大觀、宣和間，川茶不以博馬，惟市珠玉，故武備不修，遂致危弱如此。今復捐數十萬緡易無用之物，曷若惜財以養戰士乎？諭張浚勿受，量賜予以答之。六月，罷宜州歲市朱砂二萬兩。

紹興三年，邕州守臣言大理請入貢。上諭大臣，止令賣馬，不許其進貢。四年，詔川、陝即永興軍、威茂州置博易場；移廣西買馬司于邕管，歲捐金帛，倍酬其直。然言語不通，一聽譯者高下其手，吏得因緣爲姦。六年，大理國獻象及馬五百匹，詔償其馬直，卻象勿受，而賜書勞遣之。十二年，盱眙軍置榷場官監，與北商博易，淮西、京西、陝西榷場亦如之。十九年，罷國信所博易。二十六年，罷廉州貢珠，散蜑丁。蓋珠池之在廉州凡十餘，接交阯者水深百尺，而大珠生焉。蜑往採之，多爲交人所取，又爲大魚所害。至是，罷之。二十九年，存盱眙軍榷場，餘並罷。

乾道元年，襄陽鄧城鎮、壽春花靨鎮、光州光山縣中渡市皆置榷場，以守臣措置，通判提轄。五年，省提轄官。淳熙二年，臣僚言：溪峒緣邊州縣置博易場，官主之。七年，塞外諸戎販珠玉入黎州，官常邀市之。臣僚言其黷貨啓釁，非便，止合聽商賈、百姓收買。詔從之。

建炎元年，詔：市舶多以無用之物費國用，自今有博買篤耨香環、瑪瑙、猫兒眼睛之類，皆寘于法；惟宣賜臣僚象笏、犀帶，選可者輸送。胡人謂三百斤爲一婆蘭，凡舶舟最大者曰獨檣，載一千婆蘭。次者曰牛頭，比獨檣得三之一。又次曰木舶，曰料河，遞得三之一。

隆興二年，臣僚言：熙寧初，立市舶以通物貨。舊法抽解有定數，

而取之不苛，輸稅寬其期，而使之待價，懷遠之意實寓焉。邇來抽解既多，又迫使之輸，致貨滯而價減。擇其良者，如犀角、象齒十分抽二，又博買四分；珠十分抽一，又博買六分。舶户懼抽買數多，止販麄色雜貨。若象齒、珠犀比他貨至重，乞十分抽一，更不博買。

乾道二年，罷兩浙路提舉，以守倅及知縣、監官共事，轉運司提督之。三年，詔廣南、兩浙市舶司所發舟還，因風水不便，船破檣壞者，即不得抽解。七年，詔見任官以錢附綱首商旅過蕃買物者有罰，舶至除抽解和買，違法抑買者，許蕃商越訴，計贓罪之。

舊法，細色綱龍腦、珠之類，每一綱五千兩，其餘犀象、紫礦、乳檀香之類，爲麄色，每綱一萬斤。凡起一綱，遣衙前一名部送，支脚乘贍家錢一百餘緡。大觀以後，張大其數，象犀、紫礦皆作細色起發，以舊日一綱分爲三十二綱，多費脚乘贍家錢三千餘貫。至于乾道七年，詔廣南起發麄色香藥物貨，每綱二萬斤，加耗六百斤，依舊支破水脚錢一千六百六十二貫有奇。淳熙二年，户部言：福建、廣南市舶司麄細物貨，並以五萬斤爲一全綱。

南渡，三路舶司歲入固不少，然金銀銅鐵，海舶飛運，所失良多，而銅錢之泄尤甚。法禁雖嚴，姦巧愈密，商人貪利而貿遷，黠吏受賕而縱釋，其弊卒不可禁。

《金史》卷四九《食貨志·諸征商》 海陵貞元元年五月，以都城隙地賜隨朝大小職官及護駕軍，七月，各徵錢有差。大定二年，制院務創虧及功酬格。八月，罷諸路關稅，止令譏察。

三年，尚書省奏，山東西路轉運司言，坊場河渡多逋欠，詔如監臨制，以年歲遠近爲差，蠲減。又以尚書工部令史劉行義言，定城郭出賃房稅之制。

五年，以前此河濼罷設官，復召民射買，兩界之後，仍舊設官。

二十年正月，定商稅法，金銀百分取一，諸物百分取三。

章宗大定二十九年，户部言天下河泊已許與民同利，其七處設官可罷之，委所屬禁豪強毋得擅其利。

明昌元年正月，敕尚書省，定院務課商稅額，諸路使司院務千六百一十六處，比舊減九十四萬一千餘貫，遂罷坊場，免賃房稅。十月，尚書省奏：今天下使司院務，既減課額，而監官增虧既有陞遷追殿之制，宜罷提點所給賞罰俸之制，但委提刑司，察提點官侵犯場務者，則論如制。詔從之。

三年，詔減南京出賃官房及地基錢。

二年，諭提刑司，禁勢力家不得固山澤之利。又司竹監歲採入破竹五十萬竿，春秋兩次輸都水監，備河防，餘邊刀笋皮等賣錢三千貫，葦錢二千貫，爲額。

明昌五年，陳言者乞復舊置坊場，上不許，惟許增置院務，詔尚書省參酌定制，遂擬遼東、北京依舊許人分辦，中都等十一路差官按視，量添設院務于二十三處，自今歲九月一日立界，制可。

大定間，中都稅使司歲獲十六萬四千四百四十餘貫，承安元年，歲獲二十一萬四千五百七十九貫。泰和六年五月，制院務課虧，令運司差官監榷。

《金史》卷四九《食貨志·金銀之稅》 大定三年，制金銀坑冶許民開採，二十分取一爲稅。泰和四年，言事者以金銀百分中取一，諸物取三，今物價視舊爲高，除金銀則額所不能盡該，自餘金銀可並添一分。詔從之。七年三月，户部尚書高汝礪言：舊制，小商貿易諸物收錢四分，而金銀乃重細之物，多出富有之家，復止三分，是爲不倫，亦乞一例收之。省臣議以爲如此恐多匿隱，遂止從舊。

《金史》卷五《食貨志·榷場》 金銀之稅。世宗大定五年，聽人射買寶山縣銀冶。九年，御史臺奏河南府以和買金銀，抑配百姓，且下其直。上曰：初，朕欲泉貨流通，故令行，豈可反害民乎。遂罷之。十二年，詔金銀坑冶，恣民採，毋收稅。二十七年，尚書省奏，聽民於農隙採銀，承納官課。明昌二年，天下見在金千二百餘鋌，銀五十五萬二千餘鋌。

《通制條格》卷一七《賦役·科差》 庚申年四月，欽奉詔書内一款：爰自包銀之法行，積弊至今，民力愈困。朝廷立制，本欲利民，而反害民，非法之弊，乃人之弊也。加之濫官污吏，夤緣侵漁，科斂則務求羨餘，輸納則暗加折耗，以致淫刑虐政，暴斂急徵，使農夫不得安於田里者，其害非一，吾民安得不重困邪？舊弊苟不悉除，新政安能有立？今

後應科差發，斟酌民力，務要均平。期於安静，與吾民共享有生之樂而已。欽此。

中統五年八月，欽奉聖旨條畫内一款：諸應當差發，多係貧民。其官豪富强，往往僥倖苟避。已前哈罕皇帝聖旨，諸差發驗民户貧富科取。今仰中書省將人户驗事産多寡，以叁等玖甲爲差，品荅高下，類攢鼠尾文簿。除軍户人匠各另攢造，其餘站户、醫卜、打捕鷹房、種田、金銀、鐵冶、樂人等一切諸色户計，與民户一體推定鼠尾，類攢將來，科徵差發，所據站户，馬錢衹應；打捕鷹房，合納皮貨鷹隼；金銀鐵冶，合辦本色；及諸色户所納物貨，並驗定到鼠尾合該鈔數折算送納。欽此。

至元二十八年六月，中書省奏准《至元新格》：

諸科差税，皆司縣正官監視人吏置局科攤，務要均平，不致偏重，據科定數目，依例出給花名印押由帖，仍於村坊各置粉壁，使民通知。其比上年元科分數有增損不同者，須據緣由明立案驗，以備照勘。

諸差科夫役，先富强後貧弱，貧富等者，先多丁後少丁，開具花户姓名，自上而下置簿挨次。遇有差役，皆須正官當面點定該當人數，出給印押文引，驗數勾差，無致公吏、里正人等放富差貧，那移作弊。其差科簿仍須長官封收，長官差故，次官封收。

諸税石，嚴禁官吏勢要人等不得結攬。若近下户計去倉地遠，願出脚錢就令近民帶納者，聽。其總部税官，斟酌各處地里，定立先後運次，約以點集處所，覷得別無輕賫攬納之數，令分部官管押入倉，依數交納，得訖朱鈔，即日發還。惟總部官直須州縣納盡，方許還職。

諸水旱災傷，皆隨時檢覆得實，作急申部。拾分損捌以上，其税全免；損柒以下，止免所損分數；收及陸分者，税既全徵，不須申檢，雖及合免分數和而時可改種者，但存堪信顯跡，隨宜改種，毋失其時。

諸科差，皆用印押公文，其口傳言語科歛者，不得應付。違者，所取雖公，並須治罪。

諸和雇脚力，皆儘行車之家，少則聽於其餘近上有車户内和雇。仍須置簿輪轉有法，無致司吏、里正、公使人等那攢作弊。

《元典章》卷六《臺綱·體察·察司體察等例》〔至元六年〕各路民户合納絲銀、税糧、差發，照依已立限期徵納，不得違限併徵，仰常切體究，若百姓自願併納者，聽。

《元典章》卷二二《户部·課程·契本·契本税錢》皇慶元年五月，江西行省准中書省咨，户部備主事廳呈，本部主事張承直關，照得欽奉聖旨節該，商税三十分取一。又欽奉條畫内一款節該，無契本者，即同匿税。欽此。又照得，近承奉尚書省劄付，至大三年正月十八日，奏准條畫内一款節該，各處院務契本，擬自文字到日爲始，每一本改收至元鈔三錢，不結正課，另項作數。欽此。除欽遵外，照得，近年以來，物價湧貴，比之向日，增添數十餘倍，税課不能盡實到官。蓋因官豪勢要、莊宅、牙行、欄頭人等，將買賣田宅、人口、頭疋之家，説合成交，寫訖文契，兩相要訖牙錢，又行收取税課，於内價直千有餘定者有之。以三十分取税一分，一契約取四五十定。其餘田産、宅院、人口、馬疋價直，日十定者有之，五七十定之上者有之，三二十定者有之，至微者，牛畜之類，不下七八定。二歲計之，收税不少。買置之家，畏懼税司刁蹬，多被權豪勢要、牙行、攔頭、巡税之徒，結攬文契，多收税錢，並不納官。若是務官覺察取問，止以價錢未完爲由推調。直至年終，務官將與交界，乘此之際，揩除務官。少者强索印契，多者不論價直，或以一契至元鈔一錢、二錢納官，亦有通同作弊，不附赤曆，就於契尾用印，因而分使官錢。又有因爲務官不從己意，即賫鄰境税務往來，互相走税。其別界務官，意爲有益於己，又臨任滿，比之前項一二錢納税者，又行半價收税。縱有用契本者，百無一二。似此弊病，不可盡述。一則去失契本價錢，二則失透官課。雖奉條畫，如無契本，即同匿税。事發到官，止是罪及物主，則於務司人等，略無罪責。以此參詳，今後，須要各處提調正官，欽依累奉聖旨條畫，選委見任廉幹人員，盡心關防。明示買主，隨即赴務投税，依例扣算合該契本税錢，劃時結附赤曆。仍嚴禁權豪勢要、牙行、攔頭、巡税之徒，毋致似前結攬。如無契本，買主依例追斷，結攬牙行、攔頭人等，比匿税例，加等追斷。務官通同，及税非本境成交文契者，依例斷罪黜降。提調正官有失關防，縱令親戚宅司人等入務，但是乞要錢物者，即同枉法論罪。如此，似望少抑前弊，税課盡實到官。具呈照詳。本部議得，如准主事張承直所言，遍行合屬禁治，相應。具呈照詳。都省咨請照驗，遍行合屬，嚴加禁約，務要盡實到官。違者，痛行斷罪施行。

《元典章》卷二二《户部・課程・竹課・紫竹扇杆收買給引》　至元九年十月，中書户部承奉中書省判送，御史臺呈，爲京兆府客人辛玉告，販到紫竹扇杆五千六百條，有監下竹局官捉拏，作私竹斷没，該鈔七十五兩，驢二頭。批奉都堂鈞旨，送户部取勘端的，擬定連呈。奉此，施行間，又據本路申，亦爲此事。呈奉到中書省劄付該，除已劄付御史臺，將元斷辛玉鈔數、驢畜分付本人收管外，仰行下合屬照會。今後，若是客旅搬到紫竹扇杆，即便赴衛輝路總管府，扣算元該工本、脚力、盤纏等錢，官爲收買給引，與本處熝捍相兼發賣。如有不行私下販賣之人，捉拏到官，依私竹例斷没外，據辛玉販竹杆，亦仰依上扣算支價收買施行。

《元典章》卷二二《户部・課程・竹課・竹貨依例收税》　至元二十一年十二月，欽奉聖旨條畫内一款，懷孟及其餘路分，竹貨係百姓栽植恒産，因之僉充軍站，應當民户差發。在前，有司拘禁發賣，不惟妨奪生理，使民重困，又致南北竹貨不能通行，深爲未便。仰將各處竹監盡行革罷，聽從民便貨賣，止依例收税。欽此。

《元典章》卷二二《户部・課程・竹課・腹裏竹課依舊江南亦通行》　至元二十三年九月，江西行省准中書省咨，據前抄紙坊大使郭唆呈，照得，隨處竹園，拘屬於官，不費工本，自然滋長，採斫弁課，周歲元弁課銀一千二百餘定。襄陽、鄧州等處山中所長竹竿，不勝其數外，據懷洛、關西等處平川，見有竹園約五百餘頃，即係國家恒産，久而荒廢，合無選通曉竹法人員，依舊管領弁課，專一優護巡禁，深爲便益。都省議得，於衛州立竹課提舉司，設官三員，管下煇懷嵩洛京襄益都宿并等四處，各設使副，將各處係官竹園召人看守，如法優護。每年依時月採斫，給引發賣弁課。百姓園座，驗各各頃畝，斟酌包認課程。本主自行採斫發賣江南竹貨，許令腹裏通行，止於貨賣去處納税。關西竹園，依舊發賣弁課。咨請照驗。准此。

《元典章》卷二二《户部・課程・河泊・山場河泊開禁》　至大元年四月，江浙行省准中書省咨，近准杭州路申，准江南浙西道廉訪司牒該，爲蘇湖常秀等路，自今春陰雨連綿。四月初八日，雨復霖霈，塘路衝隕，圍岸崩頹，稻秧浸爛，米價驟增，饑民遠來陳訴，詞理痛不可言。其餘路分，闕食尚多。除本省另行區處外，據監申米糧等六事内一件，如准所言，將浙西、江東山場、河泊課程，權且住罷，聽民採取，誠爲救荒之急務。准此。除差官賑濟鹽菜米糧等事另行外，於大德十一年九月二十三日奏過事内一件，江浙省所轄去處，今年田禾不曾收成，闕食的百姓每根底，差人交賑濟去了來。在前，似這般田禾不曾收成時分，闕食的百姓每根底，交得濟者。麽道。今納課租，禁着的山場、河泊，交開禁了來。麽道，行省官人每、臺官、廉訪司官提調説將來有。他每的言語是的一般有，比例田種收成，不交要課租，開禁呵，怎生。奏呵，奉聖旨，那般者，欽此。

《元典章》卷二二《户部・課程・河泊・池魚難同河泊辦課》　至元七年二月，中書省奏准條畫，區處到下項事理，數内一項，近水之家，許鑿池養魚并鵝鴨之類，及栽種蓮藕、鷄頭、菱角、蒲葦等，以助衣食。如本主無力栽種，召人依例種佃，無致荒閑無用。據所出物色，如遇貨賣合税者，依例赴務投税，難同自來弁課河泊課程，以致人民不敢增修。

《元典章》卷二二《户部・課程・河泊・湖泊召人打魚》　至元二十二年正月，中書省奏過事内一件，奏，江南打魚人户，在先，各處官司出榜，召募諸人，自備工本，弁課勾當行來。認了一百定課程，辦不勾呵，拏着問，要陪來。納了一百定已外，管着的官司又尋趁打算，多壞了百姓家緣，定奪。如今商量來，今後，交各處官司兼管湖泊，招收打魚船户，官爲應副網索攔閘神福等外，據打算魚數，十分爲率，魚户收三分，官收七分發賣。魚户每根底，休教泛擾，拖要船隻。似前鹽竈户一般，交管魚湖官管領。這般行呵，已後也不索打算，便當一般。交施行呵，怎生。奉聖旨，那般行者。欽此。

《元典章》卷二二《户部・課程・雜課・以典就賣税錢》　至元四年四月，制國用使司，高二買陳縣丞房屋，該價錢市銀三十一定，合税錢三十四兩四錢四分。有高二男高大言，契上先典價錢市銀六百五十兩，已經税訖外，據貼根契價市銀九百兩，合該税錢二十兩，即時納訖，餘上先典價，合出鈔一十四兩四錢四分，不肯出納。乞明降。制府合下仰依驗實該價錢市銀三十一定取要税錢。承此。

《元典章》卷二二《户部・課程・雜課・和買諸物依例投税》　至元四年五月，平章政事制國用使司，來申，每季上司和買紙札，其紙户不曾

赴務投税，并制府見買牛一百隻，合無官收税錢事。制府相度，雖是官買物件，亦合投税。仰照驗，如有合買諸物，依例收税辦課施行。

《元典章》卷二二《户部・課程・雜課・和買諸物税錢》　至大二年五月，袁州路奉江西行省劄付，近爲吉州路、臨江二路將大德十年收到和買木綿税鈔，依正課結解事。移准中書省咨該，大德十年和買木綿布疋，吉州路收到税錢中統鈔二百六十三定一兩二錢一分，既於各月正課内結解，年終作數考較了當，失收布税四十六定二十八兩五錢一分，亦已着落務官追陪到官，另項起解，又係大德十一年五月二十二日已前事理，不曾取到務官高鑄等承伏，擬合依准吉州路所擬革撥。今後，應係和買官物税錢，合無止於正課内作數結課，唯復於横收項下作數，事干通例，請定奪。准此。送據户部呈，議得，凡官司和買官物，難同客商人等私相買賣，合該税錢，擬合另項作數起解。如蒙准擬，遍行合屬照會，今後一體施行，相應。都省議得，各處恢弁課程，正額、增餘俱有定例，務要增羨，盡實到官，年終通行考較。今據前因，咨請依例施行。准此。省府仰依上施行。

《元典章》卷二二《户部・課程・雜課・質當文契收税》　至元四年十二月，制國用使司，段阿李質當人户房舍，不行投税，取訖招伏，合得罪犯，已經赦恩原免。本路擬，段阿李質當房舍，不係漏税。制府相度，段阿李終是立到文契，欽遇赦恩，止合免罪。據斷到鈔數，合行結課。承此。

《元典章》卷二二《户部・課程・雜課・貿易田産收税》　至元七年十月，尚書户部奉尚書省劄付，來呈，檢到舊例，私相貿易田宅、奴婢、畜産，及質壓交業者，並合立契收税，違者，從匿税科斷，乞遍行事。都省准呈，遍行各路，依上施行。

《元典章》卷二二《户部・課程・雜課・聘財依例投税》　至元八年三月，尚書户部據真定路申，人户張增等告，收管到親家取女聘財絹疋，税務作漏税拘管事。呈到省札該，制司講究到中都路運司備，在城税使司申，從來婚姻財禮，若允所議，表裏不曾收税。若將布絹等物，依價准折財錢，合行投税隨路，不曾奉到省府明文。合無擬將各人今次物色驗價收税。遍榜各路照會，使民易避難犯。呈准省札，依例收税施行。

《元典章》卷二二《户部・課程・雜課・吊引院例不收税》　至元二十年，御史臺咨，據山東東西道提刑按察司申，察過濟南路在城税務官李德茂等，於合干人等處，取要院例吊引等錢鈔三百二十一兩四錢。取到各官招伏，追訖鈔數聽候外，別無定到院例吊引錢體例。乞明降事。得此。憲臺照得，先奉聖旨節該，税課三十分取一，鹽酒醋依例弁納。別無定到院例吊引錢體例。爲此，議得，李德茂等不合於院例錢内取訖上項鈔數，擬將各官替罷，并合遍行隨路，無致非理取受院例等鈔。就呈奉到中書省劄付，除外，仰照驗，准呈施行。

《元典章》卷二二《户部・課程・雜課・税物不得抽分本色》　至元二十一年七月，行御史臺咨，今後，應税物貨，並須扣算寶鈔，不得抽分本色。其當處監臨官吏致於税務内取要食物衣著什器等件，及税務官擅自應副者，許諸人告首。提刑按察司嚴切糾彈，取問是實，照依聖旨條畫，以偷盗官物論，取與同罪科斷。庶不致欺隱以虧官，又不敢苛取以病民，歲課日增而商賈不滯，可以去積久之弊。呈奉中書省劄付户部，行下合屬，禁治施行。

《元典章》卷二二《户部・課程・雜課・門攤課程》　至元二十九年三月，湖南道宣慰司奉湖廣行省劄付該，據湖南道縣尹李琮等二十二名連名狀告，本道概管民户，除納商税、酒醋課程外，每户一年滚納門攤地畝一兩二錢，驗人户地畝多寡科徵，亦有該納二十餘定之家。周歲計鈔二萬餘定，比之腹裏包銀，加之數倍。人户貧窮，無可送納，以致枷杻栲打，典賣妻子，閉納不敷，因而逃亡，嘯聚爲寇。閃下課程，勒令官吏揭借，或令見在人户送納，靠損生受。乞除免事。得此，照得，元辦備細緣由，移准中書省咨，除已劄付比較錢糧官户部侍郎張奉政講究議擬外，請照勘。准此。省府至元二十九年正月，與都省差來官張侍郎一同講究，上項門攤課程，當來無問有無地户，通行均攤。亡宋時，別無此例。移准中書省咨該，本省人民，除納常賦外，每户一年滚納門攤課程一兩二錢。都省議得，前項門攤課程，歸附以來辦納，已是年深，別無定奪。請照驗施行。准此。省府仰自至元二十九年爲頭，通行依額認弁。除離城郭十里之内并鎮店立務辦課去處，依舊税米外，離城郭十里之外，鄉村住坐，不以是何户計，驗各家實有地畝均科。許令百姓自造酒醋食用，包容各家佃

戶，再不重復納税。其無地下戶，並行除免。

《元典章》卷二二《戶部・課程・雜課・收税附寫物主花名》 至元三十年正月，中書省戶部呈，奉省判送，御史臺呈，大都税課提舉司官吏，欺隱客旅盧天英等，納到布疋税錢。問得提舉撒都魯丁等狀結，盧天英、楊春等，納訖税錢中統鈔四十八定三十五兩，委於至元二十八年二月三十日結課到官，及運司監辦官同知李源所稱相同，終不見本務欺隱情節顯跡。責得撒都魯丁等招伏，雖是本務在先市税內收訖諸人税錢，赤曆內止報總數，别無上司許准明文。更新之後，合令明白開寫税物人花名錢數，以憑照勘。却不合止依舊例，附寫總數申報，罪犯是實。議擬到各各罪名，具呈照詳。得此。照得，至元二十八年十二月二十六日，欽奉聖旨，分揀罪囚已前事理。各人所招罪犯，依例釋免外，都省議得，今後，税務應收諸色課程，於赤曆單狀內，須要明白附寫物主花名、收訖錢數目，以備照勘。如有漏落，不行附寫，並同欺隱官課追斷。咨請遍行合屬，照會依上施行。

《元典章》卷二二《戶部・課程・雜課・斡脱每貨物納税錢》 大德元年八月，福建行省准中書省咨，江浙行省咨，杭州税課提舉司申，馬合謀行泉府司折到降真象牙等香貨官物，付價三千定，該納税鈔一百定。本人齎擎聖旨，不該納税。咨請定奪事。准此。於大德元年五月初七日奏過事內一件，也速荅兒等江浙省官人每説將來有，阿老瓦丁、馬合謀、亦速福等斡脱每做買賣呵，休與税錢。麼道，執把着聖旨行有來。怎生。麼道，説將來有。賽典赤等奏將來，拔赤拔的兒哈，是税錢防送回回田地裏的體例。到回回田地裏呵，依聖旨體例，休與者。這裏做買賣呵，依着這裏體例裏，教納税錢呵，怎生。奏呵，奉聖旨，那般者。欽此。

紀事

（宋）錢若水《太宗皇帝實録》卷二六《太平興國八年八月》 癸巳，詔曰：桂州管內，先配民歲市沙糖及茶園，久荒吏歲徵其課。先以官牛給與民，歲取租，牛死，而吏猶督其直。關市征常額外增錢百八十貫文，並除之。官牛二百三十頭，賦與貧民。

（宋）錢若水《太宗皇帝實録》卷三三《雍熙二年六月》 己丑，詔曰：先是，兩浙轉運司言，罷杭州榷酤，令民隨税輸麴錢，自聞更改，未甚便宜。郡縣豪舉之家，坐專其利。鄉村貧弱之戶，歲責所輸，求便於民，反罹其害。復從舊法，庶協通規，其所均錢宜並停。

（宋）王辟之《澠水燕談録》卷五《官制》 國初，令民田七頃納牛皮一張、角一對、筋四兩，建隆中，令供納價錢一貫五百文，税額中牛皮錢是也。

（宋）江少虞《宋朝事實類苑》卷二一《官政治績・和買絹》 祥符初，王旭知潁州，因歲饑，出庫錢貸民，約蠶熟，千輸一縑。其後李士衡行之陝西，民以爲便。今行天下，於歲首給之，謂之和買絹，或曰預買，始於旭也。

（宋）江少虞《宋朝事實類苑》卷二一《官政治績・納牛皮錢》 國初，令民田七頃，納牛皮一張，角一對，筋四兩。建隆中，令其明抄本作共。納價錢一貫五百文，今税額中牛皮錢是也。並《澠水燕談》。

（宋）李燾《續資治通鑑長編》太祖建隆三年七月 乙丑，知舒州、左諫議大夫歷城馮瓚言：州界有菰蒲魚鼈之利，居民每以自給。前防禦使司超增收爲市征，漁奪苛細，疲俗告病，宜蠲除之。上即從其請。

（宋）李燾《續資治通鑑長編》太祖開寶三年四月 己卯，詔三司，諸路兩税折科物，非土地所宜者，勿得抑配。又詔諸州，凡絲緜、紬絹、麻布、香藥、毛翎、箭笴、皮革、筋角等，所在約支二年之用，勿得廣有科市，以致煩民。此詔據本志在此月，今附見。《志》又云三司官屬，不務協濟，引例避事，始條約之。按條約三司官屬，乃乾德四年正月事。今削去。

（宋）李燾《續資治通鑑長編》太宗太平興國八年十二月 是月，權知相州、右補闕、直史館田錫上疏言：

筦榷貨財，網利太密。躬親機務，綸旨稍頻。

所謂網利太密者，酒麴之利，但要增盈，商税之利，但求出剩。或偶有出剩，不詢出剩之由，或偶有虧懸，必責虧懸之過。遞年比撲，只管增加，遞月較量，不管欠折。然國家軍兵數廣，支用處多，課利不得不如此徵收，筦榷不得不如此比較。窮盡取財之路，莫甚於茲，疏通貨殖之源，未聞適變，似不知止，殊無定期。今乞國家以關市之征，定其常數；酒

麴之利，授以常規。或偶有增加，不可於增加上更求出剩，或偶有虧折，即可令於出剩時補填。且如州縣徵科農桑税賦，年豐則未聞加納，歲歉則許之倚徵，自然理得其中，民知所措。

（宋）李燾《續資治通鑑長編》**真宗大中祥符四年正月**　舊制，縣吏能招增户口者，縣即升等，仍加其俸緡。至有析客户爲主，雖登于籍，而賦税無所增入。戊寅，下詔禁之。

（宋）李燾《續資治通鑑長編》**真宗大中祥符四年七月**　兩浙、福建、荆湖、廣南諸州循僞制輸丁身錢，歲凡四十五萬四百貫，民有子者或棄不養，或賣爲僮仆，或度爲釋老。秋七月壬申朔，詔悉除之。

（宋）李燾《續資治通鑑長編》**真宗大中祥符五年六月**　駙馬都尉柴宗慶言，自陝西市木至京，望蠲免税算。上曰：朕記太宗朝，王承衍市木販易規利，當時興訟不已。向已諭宗慶無得復然，今乃尚有此奏。即令樞密院召宗慶戒飭之。既而河東提點刑獄言宗慶私使人市馬不輸税，請劾其罪。詔釋不問。

（宋）李燾《續資治通鑑長編》**真宗大中祥符六年十一月**　令長公主宅諸河所置舟船，止免差徭，其關市征算如式，申舊制也。

（宋）李燾《續資治通鑑長編》**仁宗天聖元年七月**　癸酉，免戎、瀘州虚估税錢。先是，商旅乘船過州，合納税外，復估虚價而重輸錢，故禁止之。

（宋）李燾《續資治通鑑長編》**仁宗天聖七年四月**　己酉，貝州言：民之析居者，例皆加税，謂之罰税，惟其家長得免。清河、清陽、歷亭三縣，户罰絲五分、鹽五升、錢五十，武城縣復增錢五十，漳南縣又增蜀黍八升，而他州悉無此例，請除之。詔可。

（宋）李燾《續資治通鑑長編》**仁宗天聖七年四月**　庚子，詔天下税務，毋得潰壞商人物帛。初，内出蜀羅一疋，爲印朱漬，壞者數重，故條約之。

（宋）李燾《續資治通鑑長編》**仁宗明道二年十月**　自唐以來，民計田輸賦外，增取他物，復折爲賦，所謂雜變之賦者也，亦謂之沿納。而名品煩細，其類不一，官司歲附帳籍，並緣侵擾，民以爲患。帝躬耕籍田，因詔三司沿納物以類併合。於是，三司請悉除諸名品，併爲一物，夏秋歲入，第分麤細二色。百姓便之。百姓便之，此據本志。《實録》但云從之。程琳以明年五月爲三司使，言并税名，是更參詳之。

（宋）李燾《續資治通鑑長編》**仁宗康定元年九月**　詔天下商税務，今年所增税物名件，盡除之。

（宋）李燾《續資治通鑑長編》**仁宗康定元年十一月**　庚午，詔諸州府軍監縣鎮關津，不得妄增無名税額及搜索行人家屬。

（宋）李燾《續資治通鑑長編》**仁宗慶曆三年六月**　甲辰，詔曰：議者多言天下茶、鹽、礬、鐵、銅、銀坑冶之有遺利，朕懼開掊刻之政，常抑而不宣。然尚慮有過取而傷民者，轉運司其諭所部官吏條上利害以聞。初議欲弛茶鹽之禁及減商税，既而范仲淹以爲：茶鹽、商税之入，但分減商賈之利爾，於商賈未甚有害也。今國用未省，歲入不可闕，既不取之於山澤及商賈，必取之於農。與其害農，孰若取之商賈。今爲計莫若先省國用，國用有餘，當先寬賦役，然後及商賈，弛禁非所當先也。其議遂寢。范仲淹不欲先弛茶鹽之禁及減商税，此據沈括《筆談》，今附見今官吏條上利害後。此雖有條上利害之詔，訖無所更張，或因仲淹言，故寢也。

（宋）李燾《續資治通鑑長編》**仁宗皇祐三年十一月**　辛亥，詔：漳泉州、興化軍，自僞命以來，計丁出米甚重，或貧不能輸，朕甚憫之。自今泉州、興化軍舊納七斗五升者，主户與減二斗五升，客户減四斗五升；漳州納八斗八升八合者，主户減三斗八升八合，客户減五斗八升八合，爲定制。初，龐籍爲福建轉運使，請罷漳、泉、興化丁米，有司持不可。於是，籍爲宰相，遂行之。

（宋）李燾《續資治通鑑長編》**仁宗皇祐四年七月**　辛未，三司言：開封府諸縣第四等以上户，歲供市草三百萬束。請以登、萊州端布折價千三百六十，沂州匹布千一百。上謂輔臣曰：價太高則恐傷民，宜減端布爲千二百，匹布千錢。

（宋）李燾《續資治通鑑長編》**仁宗嘉祐四年十月**　湖南郴道永州、桂陽監及衡州茶陵縣夏秋二税外，每丁别納錢、絹米、豆、藥物、笴榦者，令轉運司檢勘。無業者與除放，有業者特與減半，自今進丁吏不添納。廣南東、西路自祥符中降御札免身丁錢，至今尚有送納未了處，亦仰轉運司具未放因依以聞。復命轉運司裁定郴、永、桂陽監與道、衡二州所輸丁米及

錢絹雜物，無業者弛之，有業者減半，後雖進丁，勿復增取。時廣南猶或輸丁錢，亦命轉運司條上。自是所輸無幾矣。此《食貨志》第一卷所書，今附見。

（宋）李燾《續資治通鑑長編》神宗熙寧六年五月　詳定行户利害條貫所奏：應開封府委官監分財産，當官議定，或令探分，毋得輒差行人。官司下行買物，如時估所無，不得創立行户。今衆行願出免行錢，乞從本所酌中裁定，均爲逐處吏禄。從之。新、舊《紀》詔：官市于民，吏輒抑而不受，求取百出，民以重困，其令民輸免行錢，官自市。熙寧六年五月二十六日中書劄子，詳定行户利害條貫所奏，準中書劄子節文：奉聖旨，詳定到行户利害，先次聞奏。今先詳定到下項文數内一項，據行人徐中正等狀，屠户中下户二十六户，每年共出免行錢六百貫文赴官，更不供逐處肉。今據衆行人狀，定到下項中户一十三户，共出錢四百貫文，一年十二月分，乞逐月送納，每户納錢二貫七十文；下户一十三户，共出錢二百貫文，一年十二月分，乞逐月送納，每户納錢一貫二百九十文。右奉聖旨：宜令詳定行户利害條貫所計會三司同共相度聞奏。劄付詳定行户利害條貫所，準此，於當年九月初三日中書省劄子，奉聖旨：依奉。此據《編録册》宣和七年九月二十一日講議司劄子内所載，今附注此。當時指揮蓋據此也。紹聖元年十二月二十三日可考。

（宋）李燾《續資治通鑑長編》神宗熙寧六年八月　詳定行户利害所言：乞約諸行利入厚薄納免行錢，以禄吏與免行户祗應。自今禁中賣買，並下雜賣場、雜買務，仍置市司估市物之低昂，凡内外官司欲占物價，則取辦焉。皆從之。上曰：此固便於民，然須嚴立防禁覺察，毋使墮廢。如天下百姓納麴錢、鹽錢，異時鹽酒既榷，其錢不能受免也。

（宋）李燾《續資治通鑑長編》神宗熙寧七年十月　司農寺乞廢户長、坊正，其州縣坊郭税賦、苗役錢，以鄰近主户三二十家排成甲次，輪置甲頭催納，一税一替，逐甲置牌籍姓名，於替日自相交割，縣毋得勾呼；衙集役使，除許催科外，毋得别承文字，違者許人告，以違制論，不以去官赦降原減。從之。八年閏四月乙巳、甲寅可考。

（宋）李燾《續資治通鑑長編》神宗熙寧九年十二月　詔：秦鳳、熙河路經略司與轉運司同議别打撲錢，酌中數以聞。務令商旅通行。逐司言：秦鳳路宜依舊外，熙河路商貨，已經秦鳳路打撲錢，若本路再收，顯見重疊。乞於秦鳳路所收錢數，每色立爲三分，内收二分打撲。如奏。後經制邊防財用司言：熙河路客旅，雖經秦鳳打撲，緣物貨至極邊，獲利尤厚。昨以闕糧草，許入中斛㪷不收打撲，客旅因緣夾帶興販，乞依秦鳳路例收打撲錢。詔斛㪷更不收打撲錢外，餘從之。

（宋）李燾《續資治通鑑長編》神宗熙寧十年五月　詔：應市易司計置物貨，場、務不依客例收税，並許勾當官申提舉司牒提刑司根究，依法治之。

（宋）李燾《續資治通鑑長編》神宗元豐元年五月　經制熙河邊防財用司請本路商販依秦鳳路例打撲。從之，其入中糧草聽免。先是，熙河經略司言：本路州軍皆新造，其商貨已經秦鳳路所歷城寨收納打撲，欲乞比秦鳳路三分減一。詔依所奏。而財用司以爲：商旅雖經秦鳳路城寨，緣販物至極邊，獲利甚厚，兼逐司既嘗取中裁損，毋得過税錢，則販家蒙利已多。乞復收打撲，依秦鳳路例。又言：昨以糧草闕乏，結糴免打撲。其後，商人緣以爲姦，影挾私糴，乞亦依例打撲。故有是詔。

（宋）李燾《續資治通鑑長編》神宗元豐三年九月　居卿又言：免行所月納或季納見錢，官爲雇人代役使，此朝廷立法之意，欲以寬恤下民也。然有其名而無其實。蓋建法之始，失以貧富爲較，但以其人作業爲等，納錢輕重不一，雖貧者至輕，而日不自給，何暇輸官。催理科較，或至禁錮，誠可矜惻。臣竊詳元定免行租額錢三萬四千八百餘緡，每歲額外常有增羨，今且以雜販破鐵、小販繩索等貧下行人，共八千六百五十四人，月納自一百以下至三文二文，計歲納錢四千三百餘緡。其所出至微，猶常不足。故貧者私不足以養，公不足以輸。欲乞將額外增羨以補舊額，其貧下户並與除放。庶幾小民實免行役，均被朝廷之恩。如將來舊額卻有虧損，不及下户所放之數，即乞於本司市利或息錢内撥填。然月納一百以下行人，其間薄有物力者，乞且如舊法。庶得平允。從之，仍令將來赦中施行。居卿又言，新本削去。

（宋）李燾《續資治通鑑長編》神宗元豐六年十月　詔諸州縣修造係從來於公人圓融，雖無文案照據者，自今並保明支係省及免役頭子錢各一半。

（宋）李燾《續資治通鑑長編》神宗元豐七年六月　己丑；廣南西路轉運司言：民户逋鹽税錢加糴米，其縣令佐、監當官，雖得王官交替，乞並住給請受，勒令催理，候足日放罷。從之，納外欠不滿五分即放罷。

（宋）李燾《續資治通鑑長編》神宗元豐七年六月　詔税務年終課利增額，依鹽酒務賞格。從京西轉運司請也。元祐七年八月五日，蘇軾言可考。

（宋）李燾《續資治通鑑長編》神宗元豐八年六月　詔河東州、軍人户見欠和糴糧草，自三月六日赦書到日，元豐七年已前所欠，並與除放。《吕惠卿家傳》有惠卿所上疏可考，已附元祐二年五月四日。

（宋）李燾《續資治通鑑長編》神宗元豐八年九月　中書省言：在京免行錢既與放免，并汴河堤岸司、京城所房廊，並撥隸户部左曹，及歲收課利除代還免行錢、吏禄外，餘並充本曹年計。所有水磨、茶場，乞令左曹疾速措置經久利害以聞。從之。元祐元年閏二月二十八日，罷水磨茶場。六月三日、九月四日，可考。

（宋）李燾《續資治通鑑長編》哲宗元祐元年三月　工部尚書孫永爲吏部尚書，吏部侍郎李常爲户部尚書。常，文士，少吏幹，或疑其不勝任，以問司馬光，光曰：使此人掌邦計，則天下知朝廷非急於征利，貪吏望風掊克之患，庶幾少息也。此據晁説之《客話》。

常言：伏見朝廷悼法意之未良，愍民力之重困，凡無名之入，悉皆罷去，而蠹民害物之吏，亦已竄黜。疲瘵蒙福，天下幸甚。竊慮諸路官吏，不達朝廷愛民之意，以謂凡所以供給縣官，皆可廢弛。孟子曰：無政事，則財用不足。賦租課入，國政之大者，苟或不振，何以上佐國用。伏望聖慈特下詔令申飭官吏，無謂寬民卹物之德方行於上，而於賦租課入，廢弛不治，以誤大計。

又言：臣近點檢得諸路夏秋税及酒税課利，全然虧欠。上供錢帛，例不及額。蓋緣轉運司及州縣知、佐等妄意觀望，務爲寬弛，恬不知畏。伏緣租税課入，國用之所賴。今肆然廢職，上辜任使，倘不懲戒，深恐大計。臣愚伏望聖慈特降指揮，下有司修潤舊條，至歲終，委本部考校逐路并州縣税賦課利及上供錢帛，具虧欠分數上聞，從朝廷黜降，以戒慢吏。李常奏據本集。不得其時，因常初就職，即附見。

（宋）佚名《宋大詔令集》卷一八三《政事・財制・放牛税詔大中祥符八年七月己巳》　農牛之力，田畝是資，念疫癘之所傷，寔耕墾之有廢。宜蠲市算，以助蒸民，諸處百姓買賣牛税，並放一年。

（宋）留正《皇宋中興兩朝聖政》卷六《高宗皇帝・減預買絹》　〔建炎三年九月〕己巳，御筆：朕累下寬恤之詔，而迫於經費，未能悉如所懷。今聞東南和預買絹，其弊尤甚。可下江、浙，減四分之一，以寬民力。仍俵見錢違寘之法。

（宋）留正《皇宋中興兩朝聖政》卷六《高宗皇帝・收五色經制錢》　〔建炎三年十月〕戊戌，令東南八路提刑司歲收諸色經制錢赴行在：一曰權添酒錢；二曰量添賣糟錢；三曰增添田宅牙税錢；四曰官員等請給頭子錢；五曰樓店務添三分房錢。其後歲收凡六百六十餘萬緡，而四川不與焉。

（宋）留正《皇宋中興兩朝聖政》卷六《高宗皇帝・歲輸丁絹》　〔建炎三年十一月〕丁未，德音釋諸路徒以下囚，罷彬州歲裝貢火筯、襄陽漆器、象州藤合、楊州照子之屬。初，未行鈔鹽以前，兩浙民户每丁官給蠶鹽一㪷，令民輸錢一百六十六，謂之丁鹽錢。皇祐中，許民以紬絹從時價折納，謂之丁絹。自行鈔法後，官不給鹽，每丁增錢爲三百六十，謂之身丁錢。大觀中始令三丁輸絹一匹。其後物價益貴，令民每丁輸絹一丈、綿一兩。軍興，丁少，遂均科之。民甚以爲患。至是，聽五等下户以其半折帛，半納見錢。於是歲爲絹二十四萬匹，綿百萬兩，錢二十四萬緡。

（宋）留正《皇宋中興兩朝聖政》卷九《高宗皇帝・行魯詹寬恤事件》　〔紹興元年三月〕甲寅，詔罷免行錢。州縣官市買方物，知民間之直，違者以自盜論。始用魯詹之言也。先是改元，德音已減閩中上供銀三分之一，是日又減建、劍州銀半分，令福建轉運司兑糴米二萬斛充賑濟。

（宋）留正《皇宋中興兩朝聖政》卷九《高宗皇帝・增七色經制錢》　〔紹興元年〕夏四月庚午，尚書户部侍郎孟庾請諸路無額錢附經制起發。從之。於是通鈔、旁定、帖文、賣糟等錢凡七色。

（宋）留正《皇宋中興兩朝聖政》卷一三《高宗皇帝・均敷丁錢絹米》　〔紹興三年五月〕丙辰，初，馬氏據湖南始敷彬道永州桂陽監茶陵縣丁錢絹米，其後丁有逃亡而不除其數，民極以爲患。至是，湖南宣諭薛徽言奏：道州丁米萬七千餘斛，乞以其半敷之田畝，半取之身丁。事下漕司相度。未幾，守臣趙坦亦以爲言，仍命田畝敷三分之二。

（宋）留正《皇宋中興兩朝聖政》卷一四《高宗皇帝・蠲南劍獻納錢》〔紹興三年十一月〕己卯，蠲南劍州所負民間獻納錢十六萬緡。葉濃之亂，諸司悉取爲軍費，至是户部責償。而侍御史辛炳言：本州累經殘破，今再取於民，其爲數百萬户之害，豈特十六萬緡而已。乃寢其命。

（宋）留正《皇宋中興兩朝聖政》卷一七《高宗皇帝・置總制司》〔紹興五年閏二月〕己巳，參知政事孟庾言：准敕差提領措置財用，令乞以總制司爲名，專察内外官司隱漏、違欠行移。如三省體式應本司措置事件依例進呈，得旨關申尚書省，仍鑄印以賜諸路，係省錢出入。舊經制司每千收頭子錢二十三，其十上供，其十三州縣及漕計支用。庚請增十錢，又請收耆户長雇錢抵當四分息錢，轉運司移用錢、勘合朱墨錢、常平司七分錢、茶鹽司袋息等錢。又收人户合零就整二税錢，免役一分寬剩錢。又收官户不減半民户增三分役錢，又收常平司五分頭子錢。並令諸州通判諸路提刑司拘催。其後東南諸路歲收總制錢七百八十餘萬緡，而四川不與焉。大凡東南諸路，經總二司錢，歲收一千四百四十餘萬緡，四川歲收五百四十餘萬緡。

（宋）留正《皇宋中興兩朝聖政》卷一八《高宗皇帝・罷科敷》〔紹興五年六月〕癸丑，手詔：訪聞諸路，久愆雨澤，繇朕不德，致斯亢旱。雖恐懼修省，思所以答譴，戒弭天災。尚慮州縣違戾詔令，重擾吾民，致傷和氣。除税租和預買及應副大軍之外，應干科敷催驅等事日下並罷。

（宋）留正《皇宋中興兩朝聖政》卷一八《高宗皇帝・減罷總制錢》〔紹興五年九月〕辛未朔，詔總制司近取漕司雜税，及常平增收頭子錢，鈔旁勘合錢、耆户長雇錢、常平一分寬剩錢、正税零畸剩數等並罷。以久旱，用都省請也。

（宋）留正《皇宋中興兩朝聖政》卷一八《高宗皇帝・預買不抑納金銀》〔紹興五年十一月〕丁酉，詔預借民户和買絹紬二分，止令輸見緡，毋得抑納金銀。除頭子錢外，每千收縻費錢毋得過十文。

（宋）留正《皇宋中興兩朝聖政》卷四八《孝宗皇帝・省罷繁併征税》〔乾道六年五月〕庚午，户部狀已降指揮自行在至建康府沿路征税頗繁，可省者省之，今措置臨安府自北郭税務至鎮江府沿路一帶税場内，地里接近，收税繁併去處合行省罷，庶幾少寬商賈。詔從之。

（宋）留正《皇宋中興兩朝聖政》卷四八《孝宗皇帝・革沿江治征弊》〔乾道六年閏五月〕己亥，臣僚言：方今重征之弊，莫甚於沿江。如蘄之江口，池之鴈□，自昔號爲大小法場，言其征取酷如殺人。比年不止兩處。凡泝流而上至於荆峽，虚舟往來，謂之力勝；舟中本無重貨，謂之虚喝；宜征百金先抛千金之數，謂之花數。騷擾不一。欲乞行下沿江諸路監司，嚴行禁革，及刷沿江置場繁併處，取旨廢罷。從之。

（宋）留正《皇宋中興兩朝聖政》卷四八《孝宗皇帝・被水放身丁錢》〔乾道六年閏五月〕癸卯，詔江東運司，將建康府太平州被水分縣，四等、五等人户今年身丁錢並與放免一年，不得巧作名色依舊科取。如有違戾，令監司按劾。許人户越訴。

（宋）留正《皇宋中興兩朝聖政》卷五六《孝宗皇帝・革丁絹二弊》〔淳熙五年二月〕己巳，臣僚言：丁税二弊。一丁之税，人輸絹七尺。此唐租庸調之所自出也。二十歲以上則輸，六十則止，殘疾者以病丁而免，二十以下者以幼丁而免，此祖宗之法也。比年鄉司爲姦，託以三年一推排，方始除附。乃使久年係籍與疾病之丁，無時銷落。前添之丁，隱而不籍。皆私糾而竊取之。致令實納之人無幾，而官司所入者大有侵弊。此除附之弊也。若其輸納，則六丁之税方湊成絹一疋。官司紐於久例，利其重價及頭子，勘合市例縻費之屬，必欲單名獨鈔，其已納者又不即與銷簿，重疊追呼，此輸納之弊也。今俗縣委丞置丁税一司，遇歲終許民庶之家長或次丁，立罪賞自陳，其家實管丁若干，老病少壯悉開列于狀。將舊簿照年實及六十與病廢者悉除之。壯而及令者，重行收附。如隱年者許人告首。每歲納足即與銷簿。給鈔許錢絹從便送納。從之。

（宋）留正《皇宋中興兩朝聖政》卷五七《孝宗皇帝・删無額錢賞格》〔淳熙六年九月〕丁卯，進呈賞格内有監司及知通納無額上供錢賞格。上曰：祖宗時取於民止二税而已！今有和買及經總制等錢，又有無額上供錢。既無名額，則是白取於民也。又立賞以誘之，使之多取於民。朕誠不忍也，可悉删去。

（宋）留正《皇宋中興兩朝聖政》卷六〇《孝宗皇帝・蠲臨安府丁

錢》〔淳熙十年夏四月〕丙申，詔臨安府係駐蹕之地，本府屬縣民户身丁錢，可自淳熙十一年爲始，更與蠲放三年。仍給降黃榜曉諭。

（宋）留正《皇宋中興兩朝聖政》卷六二《孝宗皇帝・罷淮東八處税場》〔淳熙十二年六月〕乙巳，詔罷楊州江都縣、版橋泰興縣新城、楚州山陽縣謝家、盱眙軍天長縣龍堽、石粱、秦蘭、高郵縣臨澤、三墩八處税場。以淮東提舉趙不流言：盱眙係極邊，楊州高郵係次邊。不仰此毫末之利，而徒使豪民撲買，小民被害。所有浄利錢，本司欲依數抱認起發。乞將上件税場並行住罷。故有是命。

（宋）留正《皇宋中興兩朝聖政》卷六二《孝宗皇帝・蠲福建欠錢》〔淳熙十二年十一月〕壬辰，福建運司言本路財賦，全仰州軍運鹽息錢及趁賣產浮契鹽丁米等錢，以爲歲計。內有掛欠，於民有害皆當除放。本司已行下所屬，權住催納。竊慮州縣違戾復追。緣所欠錢係本司窠，名正非上供之數，乞賜蠲放。從之。

（宋）程顥　程頤《二程集・河南程氏遺書》卷八《二先生語》　廛而不征，市宅之地已有廛税，更不征其物。

法而不廛，税有常法，不以廛故而厚其税。

廛無夫里之布，廛自有税，更無此二布。

（宋）黎靖德《朱子語類》卷三《鬼神》　今逐年人户賽祭，殺數萬來頭羊，廟前積骨如山，州府亦得此一項税錢。賀孫。

（宋）黎靖德《朱子語類》卷八六《禮・周禮・地官》　淳録云：因論封建井田，曰：大概是如此，今只看箇大意。若要行時，須别立法制，使簡易明白。取於民者足以供上之用，上不至於乏，而下不至於苦，則可矣。今世取封建井田，大段遠。恰如某病後要思量白日上昇，如何得！今且醫得無事時，已是好了。如浙間除了和買丁錢，重處減些，使一家但納百十錢，只依而今税賦放教寬，無大故害民處。淳録云：如漳之鹽錢罷了。如此時，便是小太平了。前輩云，本朝税輕於什一，也向只是向時可恁地説，今何啻數倍！緣上面自要許多用，而今縣中若省解些月椿，看州府不來打罵麽？某在漳州解發銀子，折了星兩；運司來取，被某不能管得，判一箇可付一笑字，聽他們自去理會。似恁時節，却要行井田，如何行得！伊川常言，要必復井田封建，及晚年又却言不必封建井田，便也是看破了。淳録云：見暢潛道録。想是他經歷世故之多，見得事勢不可行。

（宋）黎靖德《朱子語類》卷一二八《本朝・法制》　經制錢，宣和間用兵，經制使所創。總制錢，紹興初用兵，總制使所創。二人不記姓名。應干税錢物，雜色場、務納錢，每貫刻五十文，作頭子錢。括之爲二色錢，以分毫積，計大計多，況其大者！

經制錢，陳亨伯所創。蓋因方臘反，童貫討之，亨伯爲隨軍轉運使。朝廷以其權輕，又重爲經制使。患軍用不足，創爲此名以收州縣之財，當時大獲其利。然立此制時，明言軍罷而止，其後遂因而不改。至紹興四年，韓球又創總制錢，大略倣經制爲之。十一年經界法行，民間印契多，倍有所得，朝廷遂以此年立額。至次年，則其數大虧，乃令州縣添補解發。自後州縣大困，朝廷亦知之。議者乃請就三年中取中制以立額。却不知中制者乃所添補之歲，其額猶爲重也，因仍至今。頃年得江西憲時，陛對日，亦嘗爲孝宗言之。蓋此政是憲司職事。又曰：亨伯創經制錢時，其兄弟有名某者，勸止之。不從，乃率其子姪哭於家廟，以爲作俑之罪，祖先將不祀矣！廣。

（宋）熊克《中興小紀》卷四　時四方貢賦，不能如期而至，行在仰給，惟茶鹽鈔法。然視商賈去來不可爲準。初，宣和因方臘之亂，江浙被賊諸州，皆蠲其賦。而官兵無所給，乃詔發運使陳亨伯經制東南，亨伯請以七路之財補其乏。始設比較酒務，量添酒價。及商税額亦增一分半，賣契紙與公家出納，每緡收二十三文，並號經制錢。斂之少，聚之多，而無損於民。靖康罷之。至是，翰林學士葉夢得言設經制之法。添酒價，增税額，並賣契紙頭子等錢，皆求於民之所欲，而非強其所不欲。故酒價雖高，未有驅之使飲。税額雖增，未有迫之爲商者。其他類此，望復行之。户部尚書呂頤浩亦言經制之法，始於陳亨伯，若循之可以助國，而無害於民，賢於緩急暴斂多矣。知沛縣李膺又言：方今費廣，昨經制司所收，積微而多償，行之所補不細。壬戌，乃詔諸路提點刑獄司拘收。仍依封椿錢法，不可擅用。

（宋）熊克《中興小紀》卷五　辛未，敵退。江浙制置呂頤浩帥兵渡江，至真州收榷貨物錢物。初，婺州歲貢羅萬匹。崇寧以後，希進者增其數至五萬八千匹。至是，守臣蘇遲乞減其半。上問執政：祖宗額幾何？

葉夢得曰：皇祐編敕一萬匹。上嘆曰：民將何堪？可依皇祐法。執政奏：今用度與祖宗時不同。乃詔減二萬八千。著爲定制，仍給見緡。遲，轍子也。

（宋）熊克《中興小紀》卷二六　戊子，殿中侍御史謝祖信言：和豫買爲民之病，有司變爲折錢帛，又甚患者也！祖宗時，官俵錢於春，而民輸縑於夏，故公私兩利。其後官無本可俵，則名爲豫買。其實白著。是歲於常賦之外，又輸倍。軍興久而財益絀，遂行一切之政。數歲前，縑價高而折錢或至十千八千，今價減而有司猶執前直，一例折錢。使民鬻縑而求鏹，此又甚病也。二病固未能去，求以少紓民力，惟在均而已。欲下諸路，各具所敷之宜，或以税錢，或以畝頭，使户無高下，依夏税法。則姦民猾吏，詭名折產，無所容其倖而所出均矣。詔户部措置。

（宋）熊克《中興小紀》卷二八　先是，上嘗諭秦檜曰：比聞州縣多創添税務，因此商旅不行，所有貨少爲公私之害。又州縣違法，差夫騷擾。被差一夫，須備十千，動止數十人。而借者或止收錢而去。己未，檜具稟：乃詔所增税務並罷差夫嚴行禁止。上曰：二事責在漕臣，違者重置之法。

（宋）熊克《中興小紀》卷三六　先是，遣户部郎官鍾世明至四川，與安撫制置使符行中、總領財賦湯允恭同措置減免錢物。務在不妨軍食，可以裕民。至是，行中等言：總領及茶馬司歲各有剩，二項減科民間錢引二百餘萬道。又州縣贍軍無窠名錢引七十萬道，利州糴米引錢五十萬道。又除兩年州縣所欠，折估糴本及水腳等錢二百九十萬道，如已減而復催者，許民越訴。丙辰，詔從之。

（宋）熊克《中興小紀》卷三七　言者論川中折帛錢太重，絹一匹私直五千，而官估十千，他物稱是。去歲，裕民所減不過一千。癸巳，上諭宰執曰：須與減，若行下未必濟事，不若便令四川總領司且合減數申朝廷，庶幾民受實惠。朕自即位以來，未嘗一有妄用，凡以爲民而已。

（宋）熊克《中興小紀》卷三八　先已詔客販食米不得收税，仍豁除州縣税額，所冀民不闕食。至是，訪聞諸路奉行滅裂，遇販米船，雖無他貨，亦故作淹延，屈伏收税。又閩廣路例皆販穀，場務巧稱非米，抑令納税，乃詔米穀悉同，若無他貨，並即時放行。如有違慢，許民越訴。委轉運司檢點月具申省。

（宋）熊克《中興小紀》卷三九　十一月庚辰，福建漕臣王時升言：到官纔一考，見椿上供庫錢三十萬緡，欲代納本路拖欠鈔鹽錢。從之。丙申，宰執奏：恐合旌賞。上曰：漕臣能節妄用而代納百姓積欠，理宜激勸然未□遞行，恐他路聞之，妄認以爲羨餘。可俟政績有聞與陞職名。時升、益都人也。

（宋）徐夢莘《三朝北盟會編》一六一《紹興四年》　九月十五日辛酉，劉豫率北軍南寇。改作下。

劉豫僞詔，文多指斥。乃遣僞皇子諸路兵馬大總管尚書左丞相梁國公麟領東南道行臺尚書令，率衆并金國元帥兵南寇。改作下。麟與右丞相張昂上書，乞據本户下已耕種熟地頃畝爲率，均出每畝錢二百五十文。又在坊郭者，以五鰲錢，營運錢、免行錢上北附鄉村田畝均敷。豫依其請。

（宋）李心傳《建炎以來繫年要録》建炎元年冬十月　甲午，詔福建路招募槍仗手已行住罷。今後非被受朝旨，輒敢撥諸司錢物及以勸誘爲名，抑勒民間出錢者，並不得施行，仍具職位姓名申尚書省。以本路常行司言，自鮑貽遜等起發軍兵，凡用本司錢米銀五十二萬貫石兩。他司錢不與，公然隱落，會問不報，故條約之。

（宋）李心傳《建炎以來繫年要録》建炎二年十月　癸亥，初復鈔旁定帖錢。先是政和間陳亨伯爲陜西轉運使，始議創經制錢。大率添酒價，增歲額，官賣契紙，與凡公家出納，每千收二十三。其後行之東南，又行之京東、西、河北，歲入數百萬緡。靖康初廢。至是四方貢賦，不能如期赴行在。會知沛縣李膺言：方今多事，朝廷之費日廣。竊見昨來經制司酒糟、契税、頭子等錢，所收至微，所得至多。儻復行之，爲利不細。户部尚書吕頤浩、翰林學士兼侍讀葉夢得乃請復之。夢得言：如賣契紙、頭子等錢，皆出於民之所欲。故酒價雖增，未嘗驅民使飲。税額雖增，未嘗迫民爲商。他皆類此。而靖康初相繼遽罷。除量添酒錢，近已再行充造船外，其餘名色，有似此等，可以暫濟急闕，不至害民者，願取行之。頤浩言：其法可以助國而無害於民。賢於緩急暴斂多矣。量給酒錢已見今年八月辛酉。於是先取鈔旁定帖錢，命諸路提刑司掌之，仍毋得擅用經制錢自此始。熊克《小曆》云：宣和初，因方臘之亂，江浙殘破，諸州皆竭藏，而官兵無

所資。乃詔發運使陳亨伯經制東南諸路。亨伯始創經制。欽宗《實録》，亨伯附傳亦云，亨伯爲經制發運使，創比較酒務，及以公家出納錢量取其贏。號經制錢。後翁彦國爲總制使，做其法，又取所謂總制錢者。至今天下有經總制錢給縣官費，蓋自此始。案：史與克書皆誤，經制之法，實建議於陝西，後乃行於東南。總制之法創於紹興，非翁彦國所立。彦國嘗爲經制使，未嘗爲總制使也。經制事，三年十月戊戌。總制事，紹興五年閏二月乙巳。可考。

（宋）李心傳《建炎以來繫年要録》建炎三年十一月 丁未，以上至越州，德音釋諸路徒以下囚，罷邠州歲貢火筋，襄陽漆器，象州籐合，揚州照子之屬。初，未行鈔鹽以前，兩浙民户每丁官給蠶鹽一㪷，令民輸錢一百六十六，謂之丁鹽錢。皇祐中，許民以紬絹從時價折納，謂之丁絹。自行鈔法後，官不給鹽，每丁增錢爲三百六十，謂之身丁錢。大觀中，始令三丁輸絹一匹。時絹直猶賤，未有賠費。其後物價益貴。乃令民每丁輸絹一丈，綿一兩。軍興丁少，遂均科之。民甚以爲患。至是，聽五等下户以爲半折帛，半納見錢。於是歲爲絹二十四萬匹，綿百萬兩，錢二十四萬緡。紹興十三年七月壬申所書可參考。

（宋）李心傳《建炎以來繫年要録》建炎四年十二月 宣撫處置使張浚命四川民户歲輸激賞絹三十三萬匹有奇；俟邊事寧息即罷。四川田税大約凡三百錢，令民輸一匹絹，而成都、彭、漢、邛、蜀、永康六郡，自天聖間官以三百錢市民間布一匹，民甚便之。其所不復予錢，而但取其布。民始以爲病。至是宣撫司歲截陝西、河東、北三路絹綱三十萬匹，令民輸其直以贍軍。西川匹爲十一千，東川匹爲十千。歲凡三百萬緡有奇，謂之絹估。又截布綱七十餘萬匹，匹取其直三千，歲凡二百萬緡有奇。謂之布估云。案絹估錢自慶元初累減至一百萬餘。布估錢減至一百二十七萬緡。激賞事，紹興十六年十二月戊戌。絹估事，紹興二十五年七月丙辰。可參考。自浚入蜀，盡起諸路常平坊場錢以贍軍。次科激賞絹布。次則盡起常平司積年本息和糴等米。次則對糴税户米。對糴者，謂如甲家歲輸米百斛，則又對糴百斛以備軍儲。蜀民始困矣。此以劉長源奏議附見。當求總領所案牘，各繫本月日。

（宋）李心傳《建炎以來繫年要録》紹興元年八月 詔諸路折帛錢，昨每匹三千。慮高下不等，若一概立定，有虧公私。自來年令諸路漕司各估實直申省，聽候指揮約折。時諸路絹直纔二千，所折高，民多倍費，故言者以爲請云。此見四月壬午，熊克《小麻》既不載元旨，又云，自今各估以實直，而節去來年自各申省聽候指揮之文，遂失其實。今依《日麻》書之。

（宋）李心傳《建炎以來繫年要録》紹興元年十一月 言者論浙西科斂之害。以爲：均買度牒，勸諭告官，下户貧民，俱已困乏不支。糴錢强令輸粟，號曰均糴，又别立一名曰借糴。當此艱食，方時大旱，而官吏於常賦均糴之外，復計頃畝，以月科敷。既均度牒矣，又敷修城木。木未及輸，復敷麻皮，又敷牛皮羊皮，又敷糯米。則農末之病，殆不聊生。將鬻田而償，則孰肯受者？將棄之而遁，則質其妻孥，錮其婢仆。其他郡邑，大抵類是。上下相蒙，名曰健吏。暴虐若此，民其無所措手足矣！若此等事，雖非陛下之意，然所以科敷者，必以朝廷爲名。是利歸於貪吏，而怨歸於陛下矣。若今盗賊幾半天下，豈天下之人皆跖之徒哉？實三吴失業之良民，不聊生之赤子也。陛下試遣有司執一人而問之曰，若何爲盗？其必有説也。願詔重科敷之罪，嚴貪墨之法，指天誓日，示以必行，庶幾人心未叛，天命未改。疏入，詔本路漕司究實聞奏。

（宋）李心傳《建炎以來繫年要録》紹興元年十二月 壬申，言者論：今日爲百姓甚害者，無如科配一事。州縣比年以來，於常賦之外，别立一項軍期科配。一歲之間，一户至五七次。臣竊謂與其許科配，不若專責常賦；與其放逋欠，不若嚴禁敷率。今税租、免役、和買及關征榷酤之利，别無失陷。則軍事所需何容不足？伏望特降睿旨，今後除依法催科以備軍期外，其餘非法科配，一切停罷。詔户部勘當。户部侍郎柳約言：遇災傷及經兵破，難以不放逋欠外，若是因軍期須索，亦有許收量添酒錢應副。或因軍期所需多科其數，别作支用。昨降旨以自盗贓論，官竄嶺表。望依累降指揮施行。從之。時議者又言：朝廷之上，喜徇祖宗愛民之良法，而諱言今日科斂之大害。如早稻未熟而借冬苗，春蠶未畢而催和買。富民鬻田舍，下户質子女，籲天不聞，誠宜嗟憫。伏望明詔大臣，繼自今後，勿以科斂爲諱，而特如條畫，申敕監司，謹其拋降之名。俾不得加數掊克，因事漁利。則四方之民，凡有征求，莫不樂輸而無怨矣。疏奏，詔檢會五月己未指揮申嚴行下。後奏在此月甲戌。今聯書之。明年正月陳汝錫謫官，恐緣此事。

（宋）李心傳《建炎以來繫年要録》紹興二年九月 辛酉，以彗星

出，赦天下。應盜官物入已罪抵死者不赦，内外臣庶許直言時政闕失。行在和糴軍糧，自今並用一色見錢銀絹充糴本，免民間牛税一年。應盜賊嘯聚去處，限十日出首，免罪補官。川陝豪户輂運軍儲數多者，與補承信郎至進義副尉。陝西諸叛將，許令自新，前罪一切不問。

（宋）李心傳《建炎以來繫年要録》紹興三年二月　己亥，御筆：臨安自兵火後，民地爲官司軍營所占者，其預買絹皆除之。習日，輔臣言：上户往往以免，下户不能自陳，宜遵詔旨蠲放。上曰：文王發政施仁，必先四者。凡施惠當先及下，彼豪家雖立法抑之，猶能侵細民，不可不察也。

（宋）李心傳《建炎以來繫年要録》紹興三年九月　詔：免德安府上供二年。

（宋）李心傳《建炎以來繫年要録》紹興四年二月　右司諫劉大中言：近户部尚書黄叔敖申明江、浙上供和買綢絹，並七月終已前起發數足。臣契勘租税條限，係五月半起催，八月半納畢。災傷放免。不盡者限外展一月。祖宗以來，未之有改。今户部卻令七月終以前數足，可謂迫促太甚矣！納畢者，人户送納到官之期也！起發數足者，諸州閳併起發到行在之期也！且以道里遠近酌中言之。吉州陸路至臨安府二十八程，水路又倍之。若依户部之所請之限則須五六月納畢。豈不大段迫促。今户部不過以大禮賞給未定，上動朝廷。不知户部平時所管是何職事？豈不知今年合是大禮，平時蠹耗，未嘗講究，而平時失陷，未嘗稽考，今乃臨時畫降指揮，迫促税限，變亂祖宗舊制，全不恤民。且郊祀之禮，所以爲民祈福也！今户部因大禮賞格，迫取物帛，反爲民害。有傷和氣，有累聖德。臣安得不論。詔展限一月。

（宋）李心傳《建炎以來繫年要録》紹興四年七月　是月，豫調登：萊、沂、密、海五郡軍民之兵且二萬人，屯密之膠西縣。集民間之舟大小五百裝爲戰艦，以其僞閤門宣贊舍人知密州劉某充都統領，叛將徐文爲前軍，聲言欲襲定海縣。此據《日厤》今年十月五日軍賊崔寧等案款附入。僞皇子尚書右丞相梁國公麟與右丞相張昂同上書，乞科民間錢，據已耕種熟地頃畝爲率，每畝出二百五十文。在坊郭者，以五釐營運免行等錢，比附均斂。豫從其請。

（宋）李心傳《建炎以來繫年要録》紹興四年八月　詔江西和買絹折納錢，每匹減作六千省，人户願輸正色者聽。舊洪州和買，其八分，輸正色二分。每匹折省錢三千。至是帥臣胡世將請以其三分折六千省。又言：絹直踊貴，請每匹增爲五千足。户部定爲六千。殿中侍御史張致遠言：臣嘗讀《易·象·剥》之六四曰，剥牀以膚，君者民之所載也。剥民不已，必及於君。今江西殘破之餘，軍旅轉餉，殆無虚日。鎮南軍和預買絹，自起催至六月，纔納及一分，民力不易，自可想見。本州申乞折納價錢，朝廷從之。是欲少寬民力，每匹令納錢五千省，比之舊折二分價例，已增一半。若比二浙見價，每匹計多一千五百。可以已矣。户部勘當，便令折錢每匹六貫文足，其實八貫省耳，是於三等之中獨取極價，欲乘民之急而倍其斂也。物不常貴，官有定額。民得蠶織，則絹有時而易辦。錢額既定，則價無而可減。世將出自禁從，户部天下取則，所宜推廣聖德，慰藉遠民，乃旁睨市直，錐刀取贏，幾同商賈，剥牀損下，恬不知怪。和買舊給本錢，每端一千。方時多難，白取既非得已，户部乃用極價，雖坐致數十萬緡，豈陛下本心耶？臣抑聞之，山林不能給野火，江海不能實漏卮。一二年間，費用漸廣，比之會稽，已數倍矣！使户部不能均節，則雖匹絹百千，横費無緣充足。封倫法律之語，魏徵仁義之效，惟陛下慎擇而力行之。疏奏，故有是旨。

（宋）李心傳《建炎以來繫年要録》紹興四年十月　初令江、浙民悉納折帛錢，用户部侍郎梁汝嘉請也。是時行都月費錢百餘萬緡，且撥發軍馬，財無所從出。故令民輸紬全折，輸帛者半折，見錢每匹五千二百省，折帛錢自此益重，汝嘉等又請江、浙絲並折見錢，綿半折錢。諸路各委漕臣一員，計綱起發赴行在。

（宋）李心傳《建炎以來繫年要録》紹興四年十一月　紹興四年十一月丙午朔，中書門下省言：近令江浙常平司預借買撲坊場浄利錢一界，亦恐奉行違戾。乞令鈐束州縣，不得接便騷擾。從之。先是，户部侍郎劉岑言：費用不貲，而豪右兼并之家，累年坐收厚利。止令預借一界，亦不傷於人情。至是，又條約焉。存此已見借坊場錢事，未見降旨本日，當考。劉岑所云，此以十一月庚申岑申明劄子附入。

（宋）李心傳《建炎以來繫年要録》紹興四年十一月　詔淮南州軍進

奉大禮絹等並免。先是和州言本州殘破，無所從出。乞蠲免。户部奏展半年。中書舍人王居正言：上之所取於百姓之物，其名色雖不同，然要之皆因其土地之所出，民力之有餘，以助縣官之費一也！故朝廷當察民力之有無，不當問所立之名色。就其名色論之，生辰及大禮進奉，乃是臣子用致區區傾祝饗上之誠，初非朝廷取於百姓之物。若朝廷察見民力無所從出，固合豫降指揮。曲加慰諭。以將來生辰或大禮，不須依例進奉。如此則君臣恩禮，上下兩盡。朝廷既不能然，至使州縣自乞蠲免，蓋已非是。矧又以係是進奉之物，不許蠲免。臣竊以爲過矣！兼知和州申述本州殘破，無所從出，事理顯然。伏望聖慈特與蠲免。仍乞指揮户部，今後淮南州軍應有似此起發之物，更切審度。如見得合行除放，不須令本處再三申請。庶使恩意出自朝廷，人知感悦。疏奏從之。

（宋）李心傳《建炎以來繫年要録》紹興五年閏二月　己巳，參知政事孟庾言：準敕差提領措置財用。今乞以總制司爲名，專察内外官司隱漏遺欠，行移如三省體式，應本司措置事件，依例進呈。得旨，關申尚書省。仍鑄印賜諸路係省錢出入，舊經制司每千收頭子錢二十三。其十上供。其十三州縣及漕計支用。庾請增十錢四月己未。又請收耆户長雇錢抵當四分息錢，轉運司移用錢，勘合朱墨錢，常平司七分錢，茶鹽司袋息等錢。四月癸亥。又收人户合零就整二税錢，免役一分寬剩錢，又收官户不減半民增三分役錢，四月辛未。又收常平司五文頭子錢，八月乙酉。並令諸州通判諸路提刑司拘催。其後東南諸路，歲收總制錢七百八十餘萬緡，而四川不預焉。大凡東南諸路，經總二司錢，歲收一千四百四十餘萬緡，四川歲收五百四十餘萬緡。

（宋）李心傳《建炎以來繫年要録》紹興五年三月　禮部侍郎兼侍講唐煇言：榷酤征商，皆取利於民，非先王美政。蓋不得已。要亦觀時之宜度民之力，知與爲取勿病斯民可也。淮甸屢遭寇攘，凋弊爲甚。近者朝廷極意料理，州縣官併省者十五六，常賦悉蠲，庶流亡之來歸，惟是酒税務恐尚仍舊貫。若非此州，郡無他人。臣竊謂酒務尚可，税務專以責利，官得其一，公吏取其十，物價必貴，民益無聊，是利不可得，而害則多也。望俾有司相度。舊有酒税官處加減省。前日爲縣者，今已改而爲鎮，人户必稀少，願罷勿置，姑捐以予民，惟舟車衝會之地存留。俟三二年，旅人通行，民稍歸業，復舊未晚。詔以付淮南提點官張澄照會。

（宋）李心傳《建炎以來繫年要録》紹興五年十一月　丁酉，詔預借民户和買紬絹二分，止令輸見緡，毋得抑納金銀。除頭子錢外每千收縻費錢毋得過十文。用殿中侍御史王縉請也。縉又言：去冬已預借和買，今聞復有二分指揮，向來收縻費錢，每千有至百錢者。今既納見緡，自無虧剩，不合更收市利。從之。

（宋）李心傳《建炎以來繫年要録》紹興五年十一月　詔諸路州縣出賣户帖，令民間自行開具所管地宅田畝間架之數，而輸其直，仍立式行下。時諸路大軍多移屯江北，朝廷以調度不繼，故有是請焉。賣户帖事，以《日曆》考之，全不見其始。但於本年十二月六日甲辰載立定價錢指揮。按，十二月二十三日都省劄子有云：其十一月一日已降自行開具指揮，更不施行。則是元旨在此日也。以意度之，當是都省不許報行，故《日曆》所載不見事初耳。席益奏狀亦云：十一月五日已後指揮共八項，並爲出賣户帖事。今掇取附見本日。已而中書言恐騷擾稽緩，乃立定價錢。應坊郭鄉村出等户，皆三十千。鄉村五等，坊郭九等户皆一千。凡六等。惟閩、廣下户則差減焉。期一季足計綱赴行在。十二月甲辰。即旱傷及四分已上，權住聽旨。十二月甲辰此項《日曆》不載，以四川制置司申明狀修入。其錢令都督府樁管，非被旨毋得擅用。十二月癸丑。時州縣追呼頗擾，乃命通判職官偏詣諸邑，當面給付民户。十二月壬戌。其兩浙下户展限一年。十二月丙子。内諸路簿籍不存者，許先次送納價錢，俟將來造簿畢日給帖焉。十二月乙丑指揮，餘見六年二月庚子。

（宋）李心傳《建炎以來繫年要録》紹興六年二月　詔諸路給賣貼錢，依限逐旋催納起發，毋得希覬，妄亂申請。先是，已減下户所輸之半，又詔全無物力人户皆免。都省言：廬州縣猾吏，妄説事端，致令人户意望再有更易，不行依限送納，故條約焉。既而右仆射張浚言：元降指揮，非奉聖旨不得支使。方今軍事之際，兼措置屯田，所費益廣。已逐急取撥，應副使用，乞俟支使了畢，具實數奏請除破。從之。浚奏請在三月癸巳。

（宋）李心傳《建炎以來繫年要録》紹興六年四月　詔客載見緡往來者除其税。言者論近聞諸處米穀皆貴，錢亦難得，是以小民重困。究其所以，兩年之間，折帛預借户帖之類，多起見緡。一州之間，亦不下數十

萬。用給大軍，發往江、淮，而商旅販易，少有載見緡廼者。不唯腳乘之費，而所過場務，例皆收税。自江上至行在，場務十餘。及往諸州，愈遠愈多。一一抽收，所餘無幾，是致滯於一方，不能流通。江、淮日益多，諸處日益竭。他日或須折帛之類，民間何以應副。故有是旨。

（宋）**李心傳《建炎以來繫年要録》紹興六年五月**　癸未，殿中侍御史周祕言：昨見淮南州軍，相繼乞展放税限，朝廷皆從其請。聞淮南州縣，皆有收撮課子之例：夏則撮麥謂義麥，冬則撮穀。又有所謂助軍米者，又有所謂借牛租者，名色不一。於百姓所收之物，往往取至四五分，重斂如此，而乃以愛惜民力爲言，公然欺罔朝廷，使百姓虚被放免之惠。如此則淮南之民，何時而盡歸？蓋税賦則所取者少，收撮則所取者多；税賦則所取者有限，收撮則所取者無時。今誠欲信朝廷寬恤之令，發州縣官吏之姦，寬百姓輸納之力，則收撮課子，所當嚴禁。昨雖已有旨，收撮牛租，不得過兩石。然既已許之收撮，則安能限以石數。欲乞將淮南田，除請佃依已立定課子輸納屯田和官私中外分，其餘並不得依前輸納課子。如舊例牛租之類，亦令一切禁止。或敢違戾，並許百姓越訴，官吏重寘於法。如州郡財計不足，令監司守臣一人別行措置。詔提點司體究改正訖，申尚書省。

（宋）**李心傳《建炎以來繫年要録》紹興六年八月**　樞密院檢詳諸房文字王迪言：道州丁米，一丁有出四斗者，腳乘之費不與。臣聞閩、廣之閒，往往有不舉子之風。以成丁之後，還爲家害，故法雖設而莫能禁。願詔有司講求諸路丁錢丁米之數，隨田税帶納，非小補也。乃命諸路漕司具本路有無丁錢丁米，及如何催理，申尚書省。

（宋）**李心傳《建炎以來繫年要録》紹興六年九月**　是日，左司諫王縉入對。乞江浙人户預以米斛折納紬絹者，抵斗交量，勿收耗。凡頭子縻費之類皆捐之。翌日，如所請行下。時縉以大臣不和爲憂，乃言：今陛下所以共濟艱難復大業者，一二三大臣爾。或出而總戎，或處而秉軸，交修政事之閒，進退人才之際，謀慮有不相及，則初意未必盡同，苟無私心，惟其當而已，願戒大臣，俾同心同德，絶猜閒之萌，以同濟國事，至再三言之。縉疏在此月，而不得其本日。因縉上殿附見。

（宋）**李心傳《建炎以來繫年要録》紹興六年十月**　辛丑，詔提點淮南公事張成憲重別措置大軍所須茭芻，毋令搔擾。時淮泗大軍所須茭芻甚夥，而成憲均之楊、楚、泰州暨高郵州，每州十萬束至二十萬束。民閒津送，每束有至五六百錢者。右司諫王縉請令諸軍願得錢就便收買者聽，餘令采之近地，僱人以官舟運之，故有是旨。

（宋）**李心傳《建炎以來繫年要録》紹興六年十月**　詔總制司，錢令諸路州軍通判依已降指揮悉心拘收，別用庫銀椿管，依限起發。非專降朝旨，不以是何官司，並不得應副。如違，通判先降二官放罷。仍令提刑司檢察，時諸郡多截用總制錢，申乞除破，都省言：總制錢乃朝廷於常賦之外講畫到錢數，故申飭之。尋命監司守臣擅行兑借截用者視此。後旨在十一月丁卯。

（宋）**李心傳《建炎以來繫年要録》紹興六年十一月**　戊寅，右司諫王縉言：竊見朝廷拋降軍須之類，諸路州縣承受，鮮有不均之民閒者。緣朝廷有不許科敷之文，監司不敢任科敷之責，而責之屬部，知通復不敢任責，而委之屬縣。令佐欲避其名，則付之胥吏。姦弊百出，無不至矣。若自今以後，應和糴糧斛之類，有不免均之人户者，逐縣各具承受之數，以編户計之。少則均及上户，逐等分上中下三等各若干，多則用物力或苗税通計，每若干貫石當若干，零數與免。逐鄉開人户姓名，逐户具合買數目，并官給價錢真書大字，牓之通衢，使民間知其無廣拋之數，則胥吏無所容其姦，豪右不得計囑而幸免，善弱下户無倍出之患矣。從之。

（宋）**李心傳《建炎以來繫年要録》紹興七年正月**　户部員外郎霍蠡自鄂州軍門來奏事，言今軍事所須而病民最甚者，莫如月椿錢。所謂月椿錢者，不問州縣有無，皆有定額。所椿窠名，曾不能給其額之什二三，其餘則一切出於州縣之吏，臨時措畫，銖銖而積，僅能充數。一月未畢，而後月之期已迫矣。願詔諸路守臣，各條具逐州所椿之錢，實有窠名者幾何，臨時措畫者若何而辦。召諸路漕臣，稟决可否而罷行之。詔諸路通判開具申尚書省。翌日，賜蠡五品服遣還。

（宋）**李心傳《建炎以來繫年要録》紹興七年六月**　左朝奉郎四川制置大使司主管機宜文字趙子琇再入對，言：四川財賦，自茶鹽榷酤與夫常賦之外，可以供公上之求者，經營措置，固已曲盡。在今無復理財之術，但有惜財之術爾！望明詔主兵者，念民力之已殫，應泛濫不急之費，

當自有以蠲減。典計者，知戍兵之久勞煩，大軍經費之須，務求所以贍給。如此則兩司相通，皆能贍軍卹民，同濟國事。詔川陝宣撫使吴玠、都轉運使李迨措置。後五日，擢子琇提舉荆湖北路常平茶鹽公事。時川陝贍軍錢闕，迨遣官屬分行三路，召三等井户，量增貼納錢：上等每百斤增千錢，中等七百錢，下等三百錢。自是爲例。而子琇未知也。子琇奏下在是月丙辰，除命在丁巳。今因引對遂書之。李迨增貼納錢在此月而不得其日。今附子琇奏疏之後。熊克《小厤》云：上殿官趙子琇頗知蜀中事云云，蓋不詳其本末也。

（宋）李心傳《建炎以來繫年要録》紹興七年十月 乙卯，上謂大臣曰：昨降出劉瑜論書十事，皆民間疾苦，可擇其當行者行之。趙鼎等曰：所論皆善。然法令已詳密，當申嚴行下。上曰：若申嚴未必濟事，須去其不便於民者，謂如向來浙右水脚錢，其後造成綱船，遂免此患。瑜以布衣應詔言事。上納用之。

（宋）李心傳《建炎以來繫年要録》紹興七年十一月 己酉，殿中侍御史金安節言，諸路和糴米加耗太多。如饒州一石至收四㪷。三省擬下提刑司體究。上曰：郡守爲誰？候體究得實，當痛與懲戒。趙鼎等奏江東郡守，有掊斂不卹民者。上曰：郡守以字民爲職。掊斂不卹，朕何賴焉？當悉罷與宫觀，選除循吏，如周綱、陳橐之流，使罷者不失宫觀之禄，而民被實惠。實爲兩得。上諭諸軍使臣猥多。歲增俸廪。因曰：大將奏功，率以所愛偏裨多轉官資，而出戰士卒，往往不及。不惟無以勸有功，兼亦蠹國用。朕嘗謂行賞當先自下，行罰當先自上。鼎曰：聖慮高遠，豈諸將可及。

（宋）李心傳《建炎以來繫年要録》紹興十一年四月 丙子，詔諸州縣量收免行錢。自宣和間，始復熙寧舊法，罷行户而令輸錢。至靖康初，又紹興初，元年三月。雖令現任官市買方物，悉如民間之價。而汙吏猶虧其直，議者以爲不便。會軍用乏，遂復令免行。仍詔公私和買物色並依市直，違者以自盗論。《日厤》無此指揮，今以紹興十二年七月二十四日户工部看詳狀收入。

（宋）李心傳《建炎以來繫年要録》紹興十一年四月 國學免解進士張竑上書言：四川之利，其興未盡者有二：鄉兵不可不盡教，軍糧不可不廣糴，大略教民兵於内郡，而令五等户糧納夫錢。漕司差官於豐穰之郡買糧，則不患不足。又言：州縣官擾民，及隔槽破產。科舉徇私，入粟之人居官貪墨等，凡十三害。詔胡世將、張燾相度。按燾爲路帥，而兵財之事，與宣司同相度，此所謂四川事盡委卿也。

（宋）李心傳《建炎以來繫年要録》紹興十四年十月 己亥，御筆除永、道、郴州、桂陽監、茶陵縣民丁身錢絹米麥。自馬氏據湖南，四川始增丁賦。至是左奉議郎羅長源知永州還，以爲請。上謂大臣曰：天德好生，今民爲身丁錢至子不舉，誠可閔也。若更循馬氏舊法，非所以上當天意。

（宋）李心傳《建炎以來繫年要録》紹興十五年五月 丙辰，詔減東南和預買絹匹一千，以寬民力。秦檜曰：陛下天資仁厚，每欲實德及民，大類仁祖。上曰：朕安敢望仁祖百分之一。十七年九折帛錢再。

（宋）李心傳《建炎以來繫年要録》紹興十七年七月 癸未，詔李璆、符行中同共參酌措置減放四川科敷錢物。先是鄭剛中爲宣撫副使，上命剛中與總領司參酌措置。剛中言：四川財賦利源，大者無過鹽酒，曾不知鹽酒之法，已是窮盡。惟有扶持講究，隨時救助，尚可枝梧，倘更增添，其法立壞。鹽與酒既不可更改，其餘言利便者，皆蔽守一端，不盡見四川久遠利害。惟有取用度名色，更行樽節，及軍中可以裁減事件，隨宜措置，庶幾便見實效。今先次減省本司官吏，及將人馬可以遷移頭項，更令向裏就糧，以減水運脚費。並應有舊例合支錢物，隨事裁損，仍參照本司向來所入窠名錢物，今已並屬總領錢糧所拘收，舊係本司樁積備邊，在贍軍歲計之外，其逐項窠名，歲計錢引五百八十一萬五千道。如蒙取撥應副歲計，即可對減增添窠名，寬省民力。疏奏，乃有是命。

（宋）李心傳《建炎以來繫年要録》紹興十七年九月 丙戌，詔江、浙見輸折帛錢太高，慮民難出。令紬帛各減價：每匹江南六千，兩浙七千，和買六千五百；綿每兩江南三百，兩浙四百自明年始。先一日，秦檜進呈諸路監司守臣自今所部縣令治狀顯著，保明奏聞。上曰：當今正以養惠百姓爲先務。檜曰：如民間折帛錢太重，理宜蠲減。上曰：朕久有此志。祖宗時每縑價值八百，官司乃以一千和買。民間既免舉債，出及絲蠶收成之後，並皆樂輸。趙鼎、張浚爲相時，乃捌折帛之請，令人户折納見錢。殊爲非理。不知今折納若干。檜曰：當令户部取見實進呈。上

曰：若隨逐路色額減納錢數，非惟可蘇民力，且知朕所以休兵之意。至是行下。吕中《大事記》檜雖諭江、浙監司暗增民税幾倍，而上則減諸路月樁錢，四川雜征，弛夔路酒税，除永、道等州身丁錢，出内帑絹帛代輸丁錢，減江、浙折帛錢。其愛民之寬自若也。

（宋）李心傳《建炎以來繫年要録》紹興十七年九月 己巳，減四川科數虚額錢歲二百八十五萬緡。用宣撫副使鄭剛中、總領官符行中奏也。於是減四川市估錢五分之一，布七百三萬匹，每估二千有半，今共減三十六萬五千餘緡。夔路鹽錢六分之一，大寧鹽四分鹽一百三萬七千餘斤，本路六十井鹽四十八萬五千餘斤。舊每斤三百錢，今減五十共減七萬六十緡。坊場河渡净利抽貫税錢十分之四，元額十一萬八千，今減四萬六千餘緡。又減兩川米腳錢四十二萬緡。十六年十二月已減三十二萬。時行中行宣撫司，詔賜庫見樁米一百萬石。乃命行中酌量對糴分數均減。均減對糴米指揮，在是月癸酉，今聯書之。

（宋）李心傳《建炎以來繫年要録》紹興十七年九月 乙亥，户部具到江東西諸州月樁錢二十二萬七千餘緡。信州五萬四千，宣州四萬九千，徽州五萬八千，撫州二萬五千，江州萬緡，筠州南安軍各六千，臨江軍四千，建昌軍二千，皆有奇。上曰：科數之類，富者猶不能堪，下户何所從出？若計諸州羨餘，以減月樁，誠寬民力。秦檜曰：指揮之下，百姓想皆歡忻鼓舞。上曰：朕備嘗艱難，知細民缺乏，雖百錢亦不易得，故不欲妄費。或有餘財，即命樁留，以待緩急，庶幾臨時不致失措。

（宋）李心傳《建炎以來繫年要録》紹興十八年十二月 是日，宰執進呈經界事訖。上曰：諸州月樁錢昨已例減。要當盡行除罷。秦檜即諭户部侍郎李椿年、宋貺以經總錢措置贍軍。《中興聖政》史臣曰：大臣苟有以厚民力，固人心，雖人主不自言，固當奪然以身任之。月樁之爲害，上至於再四言之，而州縣倚樁辦之名，因之以巧取。至於今尚存。亦足爲一時用事者愧矣！不惟是也，月樁窠名，本出於經總制，罷月樁而以經總制錢贍軍，此若有意於奉行者。而月樁未罷，校終歲經制之入，擇其最者，必於州縣取盈焉。又非聖上勤恤斯人之意矣。夫減月樁，免和糴，罷免行錢，推仁聖之心，使天下一日帖帖就安，雖瘠己可以肥天下，無愛也。曹泳輩無所忌憚，逞其殘民之術。且直爲此欺誕，大化更行，首正三苗之竄，宜哉！

（宋）李心傳《建炎以來繫年要録》紹興二十一年正月 癸巳，將作監主簿范彦輝面對。言：州縣凡遇科催，急於星火。或寄外廓而專事侵偷，或任攬納而專給虚鈔。鈔簿不銷，致多掛欠。間遇州郡催督嚴緊，遂於民間多端掊率。上户則敦請赴縣，待以酒肴而科借之；中下之户，不與朱鈔，故已納税賦，勒令再納；又最其下細民，則搜刷丁錢，詭立名項。曰補虧，曰失收，曰復撐，曰排門，或入老不除，或已除再籍。臣聞祖宗朝行丁錢之法，率三丁共敷七百七十文。今一丁不下二丁，而浮費稱是，乃更重疊不已。斯民破家竭產，不得自存，遂以進丁爲諱，於是子生不舉，循習成風，豈不幸陛下好生之德。欲望申戒監司郡守，應縣分催科至終限未及分數去處，令本州差官下縣監催，須管及分，方得離縣。如出違終限經兩月，本州不差官下縣監催者，自是本州失時檢察，即不得更行追理。如是則不惟州縣事辦，且免書吏侵欺，而細民無催剥之苦矣。從之。

（宋）李心傳《建炎以來繫年要録》紹興二十一年五月 甲寅，右朝奉大夫楊樸知滎州還。論縣官替罷，率於所部以借夫爲名，而取其直。縣之大者至四千緡，其次亦不下三二千緡。州官替罷，往往亦託縣官爲之。民間不勝其苦，而無敢訴者。蓋起獄追究，則所費又數倍於所出夫馬之直。而州縣或捃以他事，遂致破蕩貲產。望申嚴約束，仍許越訴，詔申嚴行下。

（宋）李心傳《建炎以來繫年要録》紹興二十一年五月 壬子，右朝請郎湯沂知劍州代還，論劍州税草，自祖宗時止輸本州。至紹興五年添屯將兵，漕司將税草應副支遣，而民間重科草估腳錢，望賜除免。如川路有米腳錢處，亦乞依此施行，事下户部。而户部言未見當時如何收納，前後亦無許行收納條法指揮，欲下總領所看詳。從之。

（宋）李心傳《建炎以來繫年要録》紹興二十一年六月 丁亥，左朝奉大夫楊樸言：竊覩紹興十七年聖詔，以軍興以來四川重斂，令宣撫總領兩司，取索承平時常賦名色，軍興後權所增益，參酌措置。自後宣總兩司嘗減激犒錢，及對糴米各五分。四川之民，蒙被陛下德澤矣！然尚餘糴本水腳錢激賞絹等，皆軍興後權所增益者，尚未曾減，欲乞詔制置總領兩司，更行參酌措置。若有可減即行分數裁減，以寬民力。户部言：不見得當時如何增添。前後亦無許行增添條法。欲下四川總領所及逐路漕司看詳，措置申省。從之。

（宋）李心傳《建炎以來繫年要録》紹興二十一年九月　乙巳，左朝散大夫汪待舉知處州還。論本州蠶鹽丁鹽之賦，輕重不同。蠶鹽以田畝計，自以舊税之後，厥賦爲輕，丁鹽以民身計，自以舊額折絹之後，厥賦爲重。乞將所進之丁於第五等以下人户，用其舊額均敷。户部乞如所請，自今添丁，止均納見認之數，不得溢額。從之。

（宋）李心傳《建炎以來繫年要録》紹興二十二年三月　癸亥，宰執進呈大理寺主簿丁仲京面對劄子。論遠方州縣預借人户税租，有借及一二年者，其間復以本色紐折見錢，價又倍之。輸納稍緩，加以嚴刑。上曰：此多是州郡妄用。若撙節不至如此，可申嚴行下，如違，令監司案劾，御史臺彈奏。

（宋）李心傳《建炎以來繫年要録》紹興二十二年三月　癸丑，司農卿湯允恭面對言：豐年屢應，米價至賤。下等人户無他商販，以錢輸官，遂成逋欠。欲望降旨，應人閒下户畸零夏税及丁錢之類。除依條赦倚閣外，願輸米者，官定時價而折納之。如係上供之數，乞令常平司以錢兑糴，後來隨時出糴，公私兩利。詔户部看詳。

（宋）李心傳《建炎以來繫年要録》紹興二十二年十二月　癸未，秦檜進呈四川總領所申，諸路欠紹興十七年以前折估糴本等，都計錢引一百二十九萬餘緡。米九萬八千餘石，綾絹一萬餘匹。雖已權住推理，終是掛欠。恐州縣别立名色，暗行拘摧，欲乞盡行蠲放。從之。案十七年以前官物久已蠲放，不知本所何以方有陳乞，當考。

（宋）李心傳《建炎以來繫年要録》紹興二十三年十一月　戊申，將作監丞錢端英面對。言州縣折帛錢昨已降指揮，盡於下户折納。既免闕成端匹之弊，又得折價廉。中下之家實受其賜。而州縣尚或因仍舊例，高下一概科折，唯務掊取畸零，致使良法美意，不得宣布。望明詔有司，申嚴行下。詔户部檢坐見行指揮，仍措置務令必行，以優下户。

（宋）李心傳《建炎以來繫年要録》紹興二十四年二月　己酉，大理評事鞏衍面對，言州縣受納米斛，必有土居及寄居官員士人竝上司公吏，封鈔請求。每石坐享錢數百，或至一貫以上，受納官爲之減退升合，不擇溼惡，却於其餘人户名下多增斗而以償其數。虧公害私，莫此爲甚，望申嚴禁止。從之。

（宋）李心傳《建炎以來繫年要録》紹興二十四年八月　丙戌，左朝請大夫鄭作肅知吉州還。入見，奏本州自兵燹後，每歲樁辦黄河竹索錢六千六百餘緡。見拖欠四萬餘緡，重困民力。望將未起及日後合起之數，竝賜蠲放。上可其奏。秦檜怒。後旬日，殿中侍御史董德元即奏作肅朋附席益，中傷善類。及知常州，張浚主兵，行横斂之法。作肅竭力率先督辦，其數冠於諸州，比守吉州，多斂軍需，賤市官米；又買販油布之屬，以規厚利。欲望重作施行。詔令本路提刑司取會具案聞奏。德元奏下，在此月壬寅，今聯書之。

（宋）李心傳《建炎以來繫年要録》紹興二十六年正月　户部言：今年分民户畸零租税，欲令依見行條法，折納錢價。如願與别户合鈔納本色者聽。秦檜之未薨，書者令州縣不得合零就整。元旨在去年十月。至是，兼權侍郎鍾世明以爲恐奉行抵牾，卻致擾民。遂從之。

（宋）李心傳《建炎以來繫年要録》紹興二十六年正月　戊辰，執政進呈諸州除免黄河竹索錢，因及鄭作肅昨因乞蠲免竹索錢，宰臣見怒，致臺臣論列取勘。上曰：君相之職，本以爲民。民間利病，豈可不理。又進呈户部供具到諸路拖欠紹興二十一年二十二年錢物，欲行除放。上曰：若只倚閣，州縣夤緣爲奸。又復催理擾人，即與除放，甚善。

（宋）李心傳《建炎以來繫年要録》紹興二十六年正月　尚書省言：近年所在税務，收税太重，雖屢降指揮裁酌減免，而商賈猶不能行。蓋緣税場太密，收税處多。欲令户部行下諸路轉運司開具，將相去連接之處，裁酌減併，以寬商賈。如縣道務不可減，即與免過税，仍許豁除省額。如此則商賈行而貨財通矣。從之。

（宋）李心傳《建炎以來繫年要録》紹興二十六年二月　甲午，國子司業兼崇政殿説書王大寶言：竊見江南諸州有月樁錢，而縣吏因仍爲奸，有折帛錢，而下户賠補爲患。月樁錢者，科發不均，名目無定，胥吏緣此以科麴引，催積欠，抑賣官紙，私行賞罰四事，爲民刻剥。良民追呼牽午，其弊爲甚。折帛錢者，艱難之初，物價踴貴，令下户折納，務以之優也。今市價每匹不過四貫，乃令下户增納六貫。望委諸路監司，覈實月樁名色，立爲定額。如有不足者，審度均定，不得假名目以恣率斂，及折帛錢量與裁減，以恤下户。庶幾和氣旁浹，至治格於神明矣。上覽奏，謂執

政曰：大寶所論可令户部看詳。上因言：大寶近又請放度牒，殊未曉朕意。人多以鬻度牒爲利，亦以延人主壽爲言。朕謂人主但當事合天心，而仁及生民，自然享國長久。如高齊、蕭梁奉佛，皆無益也。僧徒不耕而食，不蠶而衣，無父子君臣之禮，以死生禍福恐無知之民，竭民財以建塔廟，蠹民傷教，莫此爲甚。豈宜廣也。輔臣皆稱善。

（宋）**李心傳《建炎以來繫年要録》紹興二十六年二月** 甲戌，執政進呈太府少卿兼權吏部侍郎許興古看詳右奉議郎魯沖上書論郡邑弊事云：臣前任宜興縣漕計，合收窠名：有丁鹽錢、坊場課利錢、租錢、地錢、租絲租紵錢。一歲所入，不過一萬五千餘緡。其發納之數，有大軍錢、上供錢、糴本錢、打舡錢，軍器物料錢、天中節銀絹錢之類，歲支不啻三萬四千餘緡。又有見任寄居官請受，過往官兵批券，與非泛，州郡督索拖欠，略無虛日，興古看詳。州縣若造舡隻，須經三二十年可用。又國家休兵既久，諸州不輟打造軍器，及發納料物數不少。又諸軍亦以土糞錢不住兼造，似亦不闕，欲望量與減免。沖又論：今之爲令者，苟以寬恤爲意，而拙於催科，旋踵以不職獲罪而去，頗能迎合上司，一以慘刻聚斂爲務，則以稱職聞。是使爲令者終日惴惴唯財賦是念，祈脱上司之譴，朝不謀夕，亦何暇爲陛下奉行寬恤詔書，承流宣化者哉？興古看詳，沖所論誠中今日之弊，今銓曹有知縣縣令共二百餘闕，無願就者，正緣財賦督迫，民事被罪，所以畏避如此。今若罷去獻羨餘，除放民間積欠，與夫以民事被罪之科，及慎擇守臣，戒飭監司，奉法循理，則吏稱其職，民安其業，仰稱明天子寬恤愛民之意。上可其請，曰：累年所造軍器，内庫已如山積。諸軍亦自製造，諸州每歲發納物料，可與減免。所役工匠太多，亦宜減放發還。於是批旨行下。三月丁卯施行。

（宋）**李心傳《建炎以來繫年要録》紹興二十六年五月** 初，錢塘縣民楊康進狀，乞每歲獻納賣羊抽分牙利錢二萬三千緡，應辦太廟景靈宮大小酌獻支用。并買獻内膳御膳羊七百二十口，計錢一萬緡。自今豬羊圈交易，並不許餘人干預。事下臨安府，至是御史中丞湯鵬舉、起居舍人權給事中凌景夏、中書舍人吳秉信言：康輕量朝廷，欲擅一府屠宰之利。送大理寺丞治罪。從之。

（宋）**李心傳《建炎以來繫年要録》紹興二十六年六月** 右朝請大夫新荆湖南路轉運判官李邦獻入辭言：州縣有經總制合取錢，自來據所收多寡合得之數申解。近因曹泳之請，止以紹興十九年立爲定額。是年係經界年分，人户將白契及隱匿田段一併投印税契，是致所收最多。若以當年爲額，則是與郡縣開掊斂之門，遂致逐州知通，立賞督責，必要及格，以希賞典。欲望特降處分，除夏秋二税、經總制錢有定額外，其餘合收窠名錢物，只得據實收起發，即不得隱漏侵欺。所有前項立額指揮，欲乞更不施行。詔户部看詳取旨。邦獻又言：監司以互察爲名，取索他司職事，因而騷擾。乞戒飭。上可其奏。因曰：遠方正要卿發擿姦贓，選舉循吏。凡有便民事，可直奏來。

（宋）**李心傳《建炎以來繫年要録》紹興二十六年七月** 御史中丞湯鵬舉言：諸州私置税場，廣收醋息，而州縣官切切然必加意於其間，蓋欲倍有所入，盡歸于公庫，有餘則分受以及己。伏乞申嚴行下，令守倅遵依紹興敕令，按月支見任官供給，或過數以請并過數以支者，並以自盜論。令臺諫監司依條按劾，使州縣官稍知禮義廉耻之風，則刻意擾民者，潛消於州縣矣。從之。

（宋）**李心傳《建炎以來繫年要録》紹興二十六年七月** 壬寅，御筆：蠲放民間一年丁絹之數，計二十四萬疋，内十二萬疋，令與户部措置商量，收買合用錢，於内庫支還。餘十二萬疋，令内庫支給本色，以惠細民。沈該等言：昨降指揮，止爲免丁錢。今陛下欲併與丁絹及綿全行蠲放。聖恩寬大，百姓被蒙實德。今歲絲蠶登熟，置場收買便可足數。上曰：不唯寬民力，且不失信於民。上又曰：近得一雨，甚可喜。該曰：即如今日蠲放民間丁絹，便可召和氣，致甘澤。

（宋）**李心傳《建炎以來繫年要録》紹興二十六年七月** 辛亥，詔諸州知通取索逐縣丁簿，依年格收附銷落。如將未成丁之人先次拘催丁錢，及老丁不即銷落，並許赴臺省陳訴。又詔豐濟倉侯農隙興工、及内外別有修造去處，並行權住。又詔昨來經界打量定驗輕重失實去處，許經看詳官陳訴，可更展限半年。委守令申漕司審覆，依公改正訖申省，皆以星變故尚書省請也。

（宋）**李心傳《建炎以來繫年要録》紹興二十六年七月** 丙辰，詔進士因事送諸州軍聽讀，可特放逐便，仍許取應。又詔臨安府豬羊圈，并安

撫司回易蘇布連竹紙增息出賣。及責借官錢，付炭牙人放炭收息，可並住罷。又詔諸州民間地土占充官司營寨房廊，其隨地產税和買，並與除放。明、婺、嚴、衢州所買發納牛羊司羊口。令椿支合用官錢，依市價和買，不得依前抑配民户，應州縣受税賦，即時銷注，並只以縣鈔照用，不得索取户鈔，皆以尚書省有請也。

（宋）李心傳《建炎以來繫年要録》紹興二十六年七月　起居舍人兼權給事中凌景夏言：切見臨安府自累經兵火之後，户口所存裁十二三。而西北人以駐蹕之地，輻湊駢集，數倍土著，今之富室大賈，往往而是。紹興二十一年，有詔臨安府見推排等第，依在京例與免。命下之日，萬口歡呼。有司乃以和買役錢難以減放，止與西北人蠲除。其土著人户，反成偏重。臣竊謂土著流寓皆陛下赤子，德澤之施，實先京師。今陛下施德澤以幸斯民，而有司不能奉承，失信於下。契勘兩縣在城營運浮財物力，所敷和買絹疋數，止二千六百有餘耳。此在國計，如秋毫之輕，而民户蒙被恩賜，有丘山之重。伏望依已降指揮，並與蠲免。庶幾德澤無偏。詔令有信，足以稱陛下發政施仁之意。詔户部看詳，如所請有。

（宋）李心傳《建炎以來繫年要録》紹興二十六年八月　左朝散大夫景箎言：四川絹直一匹不及五千，而官估取十千。他物之估率皆稱是。去歲裕民所蠲減絹直，不過作九千而已。臣嘗計會四川總領司物帛估錢之數，無慮六百萬緡。今若蠲其虚估之數，亦不過爲緡錢三百許萬耳。況昨降聖旨，已禁止餘財奇貨，其數可以補之。若有司尚以歲計爲解，如前所蠲瑣碎條目，復其一二，亦無甚害。或但上等仍舊，盡蠲二等以下户。亦實惠也。詔户部看詳來上。後一日，宰執進呈次。上曰：景箎所論，須量與減損。若第令看詳，雖行下數十次何益。莫若便令總領所契勘合蠲減數目具申朝廷，庶幾民受實惠。朕自即位以來，如土木玩好，邊事錫予，未嘗一有妄用，凡以爲民而已。既而户部言難以遥度，乞令總領所量行裁減，于昨來所取歲剩錢内通融應付。從之。明年三月己丑減放。

（宋）李心傳《建炎以來繫年要録》紹興二十六年八月　戊子，户部言：苗税和買絹經總制錢等，皆是常賦。州縣爲見朝廷累降寬恤指揮，免放積年欠負，因此拘催起發弛慢。意復指擬免放，切慮有誤支遣，欲令諸路監司催督，依條限拘催起發。仍從本部將去年驅磨違慢多處，按劾取旨，重賜施行。從之。

（宋）李心傳《建炎以來繫年要録》紹興二十六年九月　己未，右正言凌哲言：諸路州縣將人户畸零税租，依舊過數科催。如納絹一寸便令納一尺，穀米一勺便令納一升。民輸十九之賦，而官無一毫之增，利專私室，怨歸公上，此何理也。望申嚴州縣，止據實數折納價錢，及聽合鈔送納本色，不得準前過有科取，以就整數。仍委監司覺察按劾，御史臺體訪論列，人户越訴施行。從之。然沿襲已久，終不能革也。

（宋）李心傳《建炎以來繫年要録》紹興二十六年閏十月　丙午，詔廉州歲貢珠。雖祖宗舊制，聞取之頗艱，或傷人命。自今可罷貢，蜑丁縱其自便。翌日，上謂宰執曰：朕嘗讀太祖《實録》，見劉鋹進珠子馬鞍，太祖知鋹所採珠子甚多，日役蜑丁數千人，死者不少。朕以爲珠子非急用之物，既是難得，且傷人命，特令罷貢，以爲一方無窮之利。

（宋）李心傳《建炎以來繫年要録》紹興二十七年三月　己丑，詔減三川對糴米十六萬九千餘石，夔路激賞絹五萬匹，兩川絹估錢二十八萬緡有奇。用蕭振、湯允恭、李潤、許尹、王之望請也。内對糴正色米四萬六千餘石，舊應副御前軍之在綿、渠州、潼川府者。至是令漕司糴買，而總領所以其直償之。舊，潼川路畸零折帛每匹爲錢九千，成都路爲九千有半，今皆減一千。振、潤又減韓球所增茶額四百六十二萬餘觔。罷榷渠、合、廣安軍茶，減成都府、利州路茶引錢每引三千。凡茶司引息虚額，歲減錢九十五萬餘緡。上覽奏，謂宰執曰：前日下有司詳其事，正欲知向後兵食無闕，使民被實惠。若無以善後，又恐别有改更，非所以裕民。初講利害，想四川之民日望蠲免，今此足以慰其心矣。

（宋）李心傳《建炎以來繫年要録》紹興二十八年十月　尚書省檢會節次行下四川制置等司措置條具。減鹽酒課息錢，前制置蕭振等陳乞，二十八年五月十六日行下。渠州科敷。潼川提刑王之望申，今年五月初五日下。復西川錢監。前劍東節推麴靖、成都運判許尹奏，去年四月十二日七月九日下。酒官酬賞。八月八日下。取會四川宣司便宜及總所措畫指揮。三月二十七日下。關外營田。鄧昂上書，已見九月二十七日。蠲減四川正税役外科斂。夔路提刑楊朴奏，二十七年二月二十四日下。乞令錢引務差官齎新引就夔與本路民户兑界。知遂寧府程敦臨奏，二十七年三月十八日下。損蜀中鹽井虚額。去年四月十七日下。已

見。拘四川銅器。七月二十八日下。令四川諸州人户買隔槽及清酒務麴分認官錢。承節郎程世威奏，十月四日下。論錢引兑界收貫頭錢數多及西川布估錢太重。左宣教郎王國光奏，十月十三日下。皆未報。凡十四事。詔王剛中與諸司公共相度以聞，務令軍民兼濟。

（宋）李心傳《建炎以來繫年要録》紹興二十九年七月　荆湖南路提點刑獄公事彭合入對。言：湖南州縣於民間二税之外别令輸土户錢。又以税科本色布，而高價折取其直，謂之折絶。以致受納官物收領詞狀之際，則取醋息錢。又一例均科麴引錢，隨科送納，名色不一。臣在官之日已行禁止。乞下本路監司覺察。合又言州縣出賣官田之害，望痛減定價，毋令抑勒。户部言：自降指揮僅及半年。據江浙諸路日終賣到田一百十餘萬緡。即非賣不行，難以減價，乞不得抑令田鄰承買。從之。

（宋）李心傳《建炎以來繫年要録》紹興二十九年七月　右正言都民望言：朝廷自紹興二十六年緣諸路州軍縣鎮税場猥多。減併一百三十四處，減罷九處，免納過税五處，實仁術也。然議者謂經總制錢係州縣以百色官錢分隸，今既減省輸錢之源，即上件錢自合裁減。乞命有司除豁年額，庶幾州縣不敢巧作名目，並緣爲姦。從之。

（宋）李心傳《建炎以來繫年要録》紹興三十年二月　奉國軍承宣使提舉台州崇道觀韓世良卒。二月庚戌朔屯田員外郎韓彦直言：度牒爲國之蠹久矣，陛下慤守禁止。十數年來，户口增闢，民庶蕃衍，蓋由此耳。伏見諸州縣寺觀僧道事故，多隱而不申，輒復求人代名，州縣無由知覺。望令禮部歲具諸州軍見在僧道人數，併繳納到度牒數目項具申臺省，比類考據，拔其弊之尤者，取旨施行，庶幾有官守者知所懲畏。從之。

（宋）李心傳《建炎以來繫年要録》紹興三十年八月　己未，言者奏：國家因陳亨伯建議，始立經總制錢，多出於酒税、頭子、牙契錢分隸。歲之所入，半於常賦。自紹興六年，因李朝正上言：專委通判拘收，通判既許自專，因得盡力。於是歲之所入至一千七百二十五萬緡。無何，議者妄有申請。始命通知同掌，通判壓于長官之勢，恣其侵用，迄今九載，歲虧二百餘萬緡。望復委通判拘督。從之。

（宋）李心傳《建炎以來繫年要録》紹興三十年九月　左承議郎知道州季南壽言：本州在湖南最爲小郡。地不過六百里，民不滿四萬户。舟車不至，商賈不通。其民樸野，惟農桑作業。米一升八錢，絲一兩百二十。衣食之餘，質錢輸税。僅足者無幾。民之窮乏，莫甚此邦。而大禮錢科，取重舊額，每椿管二萬九千餘緡。自紹興十年以後，增至五萬三千餘緡。諸縣白撰名色，漁奪民財，莫不嗟怨。今以鄰州較之，衡州税米十五萬斛，所科大禮錢三萬五千餘緡；郴州税米三萬三千餘斛，所科九千六百餘緡。本州税米三萬三千餘斛，視衡州不及六分之一，而大禮錢幾倍之。其爲不均，莫甚於此。詔本路轉運常平司以本州税米數目比較鄰州減定，自今毋得增科。

（宋）李心傳《建炎以來繫年要録》紹興三十年十二月　侍御史汪澈言：諸路經總制錢以十九年爲額，其數太多。財賦所出，當究源流。十九年經界初行，民輸隱漏之賦，蓋是適然，今當取十年間酌中之數爲額。先是曹泳在版曹，始立定額。其後李邦獻、賀允中、黄祖舜數以爲不可，而其言不行。並見紹興二十六年。及是陳康伯進呈，上曰：可令户部具十年中數，立爲定額，仍比十九年數減多少，十年内通欠若干。若不與除放，及減歲額，恐虚掛簿書。又慮州縣科敷取足，以困百姓。於是批旨行下。按：紹熙中，東南諸路經總錢，歲收一千四百四十餘萬緡。乃又多於紹興十九年之額，不知何故，當考。既而江西提點刑獄公事黄應南入見，又請盡除遞年積欠經總制錢，從之。

（宋）李心傳《建炎以來繫年要録》紹興三十一年十月　癸丑，户部侍郎劉岑等乞借江、浙、荆湖等路坊場浄利錢一界，計錢三百八十萬緡，以備賞軍，限半月足。許之。國朝混一之初，天下歲入緡錢千六百餘萬，太宗以爲極盛，兩倍於唐室矣。其後月增歲廣，至熙、豐間，合苗役市易等錢，所入乃至五千餘萬。渡江之初東南歲入猶不滿千萬，上供纔二百萬緡。此祖宗正賦也。吕頤浩在户部始創經制錢六百六十餘萬緡。孟庾爲執政，又增總制錢七百八十餘萬緡。朱勝非當國，又增月椿錢四百餘萬緡。紹興末年，合茶鹽酒算坑冶榷貨糴本和置之錢，凡六千餘萬緡，而半歸内藏。昔時中都吏禄兵廩之費，全歲不過百五十萬緡。元豐間，又支二十六萬。宣和崇侈無度，然後支百二萬，渡江之初，連年用兵，月支猶不過八十萬。其後休兵浸久，用度滋多，户部嘗患無餘。及軍興，遂有此請。浄利錢明年二月罷借。

（宋）李心傳《建炎以來繫年要録》紹興三十二年五月　己亥，總領四川財賦王之望乞根括民户嫁資及遺囑田合納契税錢，應付贍軍支用。從之。案白契事行之已久，今又有此申明，恐與宣諭司異論故也。今年十二月戊寅白劄之所云可參考。

（宋）李心傳《建炎以來繫年要録》紹興三十七年三月　己丑，詔減三川對糴米十六萬九千餘石，夔路激賞絹五萬匹，兩川絹估錢二十八萬緡有奇。用蕭振、湯允恭、李潤、許尹、王之望請也。內對糴正色米四萬六千餘石，舊應副御前軍之在綿、渠州、潼川府者，至是令漕司糴買，而總領所以其直償之。舊，潼川路畸零折帛每匹爲錢九千，成都路爲九千有半。今皆減一千。振、潤又減韓球所增茶額四百六十二萬餘觔，罷榷渠、合、廣安軍茶，減成都府、利州路茶引錢每引三千。凡茶司引息虛額，歲減錢九十五萬餘緡。上覽奏，謂宰執曰：前日下有司詳其事，正欲知向後兵食無闕，使民被實惠。若無以善後，又恐別有改更，非所以裕民。初講利害，想四川之民日望蠲免，今此足以慰其心矣。

（宋）李心傳《建炎以來朝野雜記甲集》卷一四《財賦・景祐慶曆紹興鹽酒税絹數》　景祐中，天下歲收商税錢四百五十餘萬緡。酒課四百二十八萬餘緡。鹽課三百五十五萬餘緡。和買絹二百萬匹，慶曆中。商税錢一千九百七十五萬餘緡，酒課一千七百一十萬餘緡。鹽課七百一十五萬餘緡。和買絹三百萬匹，紹興末，東南及四川酒課。一千四百萬餘緡。鹽課二千一百萬餘緡。折帛絹三百餘萬匹。淳熙中，臨安府城內外及諸縣一年共收税錢一百二萬餘緡，已當景祐四分之一。

（宋）李心傳《建炎以來朝野雜記甲集》卷一五《財賦・田契錢王贍叔括契本末》　田契錢者，亦隸經總制司。舊民間典買田宅，則輸之爲州用。嘉祐末，始定令每千輸四十錢。五年二月。宣和經制，增爲六十。四年六月。靖康初，罷。建炎三年復之。紹興總制，遂增爲百錢。五年四月。後以其三十五錢爲經制窠名，三十二錢半爲總制窠名，三十二錢半爲州用。十七年四月。乾道末，曾懷在户部，又奏取州用之半入總制焉。七年七月。先已詔牙税外，每千收勘合錢十文。紹興五年三月。後又增三文。並充總制窠名。十七年四月。而牙税勘合之外，每千又收五十六文，分隸諸司。大率民間市田百千，則輸于官者，十千七百有奇。而請買契紙，賄賂吏胥之費不與。由是人多憚費，隱不告官，謂之白契。紹興三十一年軍興，王贍叔爲四川總領，乃括民間白契税錢以贍軍。十一月丁酉報可。遣官置司，會三司飛申之籍。許人告，沒三之一，以其半給告者。嫁資移囑，隱其直者，視鄰田估之。雖產去券存者，皆倍收其賦。細民墓地，亦首納算錢。於是除威、茂、珍州，長寧軍及關外四州不括外。他三十三郡，共得錢四百六十八萬緡。成都等二十四州未見數。明年，沈德和爲制置使，首以蜀中括契錢不便爲言，而議者亦譏其斂怨。乃下詔，自登極赦前，有帶白契者悉蠲之。即已輸，許對折二税。三十二年十二月戊寅。命下，贍叔乃疏駁白劄子于朝。且言不願輸者，皆豪強與士大夫之家，請理納如故。詔白契在户下者，許行首納。仍依赦免其倍輸。隆興元年四月丁卯。時贍叔已被章，而德和入境，遂檄郡，凡三十年以前白契在户下者，悉放免之。又截成都當輸總所折糴錢給民户。沈以元年五月到官。贍叔猶在蜀，三上疏爭之。且言虞允文以買馬職事，疑臣張震付胏甲户，輸金甚多。故二人以此囑介，請下御史臺大理寺鞫實。其實贍叔以軍興用度不給。因行一切之政，故議者非之。其後所括錢，朝廷悉取他用，總司迄不能有也。今蜀中田契錢，諸縣既有定額。大抵不能敷，則以其錢均取於牙儈，人甚苦之。隆興二年十二月丙申，詔吳挺買御前馬，價錢于椿管白契税錢四百餘萬貫內取撥。乾道元年五月辛亥。詔撥一百五十萬緡赴南庫。二年二月壬寅，又盡撥赴左藏。

（宋）王栐《燕翼詒謀録》卷五《親民官監商税》　商税之任，今付之初官小使臣，或流外校尉、副尉，州郡縣令亦鄙賤之。曾不思客旅往來，鄉民入市，動遭竭澤，又復營私，掩爲己有，害民有甚焉者。真宗景德二年三月癸未，詔商税三萬貫以上，選親民官監給，通判添支。所以重譏征之寄。近時理親民資序爲監當者，未之聞也，往往以爲浼己不肯褻就矣。然朝廷以場務之寄，責之長貳、縣令、知監當之難於其人也。故康定元年六月壬子，詔：天下州縣課利場務，十分虧五釐以下，知州、通判、縣令罰俸一月；一分以下，兩月；二分降差遣。增二分，陞陟差遣。賞罰不及於監當，有深旨矣。

《宋史》卷一《太祖紀》　〔建隆三年秋七月〕乙丑，免舒州菰蒲新税。

《宋史》卷七《真宗紀》　〔大中祥符二年〕夏四月戊子，昇州火，

遣御史訪民疾苦，蠲被火屋税。

《宋史》卷八《真宗紀》〔大中祥符四年〕秋七月壬申朔，除閩、浙、荆湖、廣南歲丁錢四十五萬。

《宋史》卷八《真宗紀》〔大中祥符五年三月〕丁巳，免濱、棣民物入城市者税一年。

《宋史》卷九《仁宗紀》〔天聖四年〕閏月戊申，減江、淮歲漕米五十萬石。除舒州太湖等九茶場民逋錢十三萬緡。

《宋史》卷一〇《仁宗紀》〔明道元年三月〕己亥，除婺、秀州丁身錢。

《宋史》卷一一《仁宗紀》〔慶曆五年〕六月丁卯，減益、梓州上供絹歲三之一，紅錦、鹿胎半之。

《宋史》卷一二《仁宗紀》〔皇祐三年秋七月〕丙子，減郴永州、桂陽監丁身米歲十萬餘石。

《宋史》卷一二《仁宗紀》〔皇祐三年〕十一月辛亥，減漳州、泉州、興化軍丁米。

《宋史》卷二一《徽宗紀》〔重和元年九月〕壬午，詔罷拘白地、禁榷貨、增方田税、添酒價、取醋息、河北加折耗米、東南水災强糴等事。

《宋史》卷二二《徽宗紀》〔宣和七年夏四月〕庚申，復州縣免行錢。

《宋史》卷二二《徽宗紀》〔宣和七年十二月〕丙辰，罷浙江諸路花石綱、延福宫、西城租課及内外製造局。

《宋史》卷二六《高宗紀》〔建炎四年〕是歲，宣撫處置司始令四川民歲輸激賞絹三十三萬匹有奇。

《宋史》卷二七《高宗紀》〔紹興三年九月〕己酉，詔：湖南丁米三分之二均取于民田，其一取之丁口。

《宋史》卷二八《高宗紀》〔紹興五年六月〕癸丑，以久旱減膳、祈禱；禁諸路科率，自租税、和市、軍須外皆罷。

《宋史》卷二八《高宗紀》〔紹興五年〕九月辛未朔，罷總制司所增收頭子等諸色錢。

《宋史》卷二八《高宗紀》〔紹興〕六年春正月辛未，蠲貧民户帖錢之半，無物産者悉除之。

《宋史》卷二八《高宗紀》〔紹興六年三月〕壬辰，寛四川災傷州縣户帖錢之半。

《宋史》卷二八《高宗紀》〔紹興六年夏四月〕丙寅，蠲東京民渡淮南商販之税。

《宋史》卷二八《高宗紀》〔紹興六年夏四月〕甲子，除商旅緡錢税。

《宋史》卷二八《高宗紀》〔紹興六年五月〕癸未，禁淮南州縣收額外雜色租。

《宋史》卷二九《高宗紀》〔紹興八年三月〕己亥，蠲農器及牛税。

《宋史》卷三〇《高宗紀》〔紹興十三年秋七月〕壬申，雨雹。蠲浙西貧民逋負丁鹽錢。

《宋史》卷三〇《高宗紀》〔紹興十四年〕六月甲申，蠲江、浙州縣酒税、坊場、綱運、倉庫積年逋負。

《宋史》卷三〇《高宗紀》〔紹興十四年〕是歲，四川宣撫司始取民户稱提錢歲四十萬緡，以備軍費。

《宋史》卷三〇《高宗紀》〔紹興十四年冬十月〕己亥，以永道郴三州、桂陽監及茶陵縣民多不舉子，永蠲其身丁錢絹米麥。

《宋史》卷三〇《高宗紀》〔紹興十五年〕八月甲戌朔，禁收折帛合零錢，止輸實數。

《宋史》卷三〇《高宗紀》〔紹興十六年〕夏四月壬子，禁州縣預借民税及和買錢。

《宋史》卷三〇《高宗紀》〔紹興十七年九月〕丙戌，減江、浙諸州折帛錢。

《宋史》卷三〇《高宗紀》〔紹興十七年〕九月己巳，減四川科率虚額錢歲二百八十五萬緡。

《宋史》卷三〇《高宗紀》〔紹興二十一年春正月〕庚子，蠲平江府折帛錢三年。

《宋史》卷三〇《高宗紀》〔紹興二十一年秋七月〕辛亥，罷柴米稅。

《宋史》卷三一《高宗紀》〔紹興二十五年〕秋七月丙辰，減四川絹估、稅斛、鹽酒等錢歲百六十餘萬緡，蠲州縣積欠二百九十餘萬緡。詔四川營田有占民田者，常平司按驗給還。

《宋史》卷三一《高宗紀》〔紹興二十五年八月〕丙戌，以吏部侍郎董德元參知政事。蠲諸路身丁、免丁錢一年。

《宋史》卷三一《高宗紀》〔紹興二十六年春正月〕戊辰，除民事律。蠲諸路積負及黃河竹索錢。

《宋史》卷三一《高宗紀》〔紹興〕二十六年春正月壬子，省諸州稅場，以寬商賈。

《宋史》卷三一《高宗紀》〔紹興二十六年秋七月〕壬寅，蠲諸路丁絹一年爲二十四萬匹。

《宋史》卷三一《高宗紀》〔紹興二十六年冬十月〕甲午，蠲郴道永三州、桂陽軍民身丁米。

《宋史》卷三一《高宗紀》〔紹興二十七年三月〕己丑，減三川對糴米歲十六萬九千石，夔路激賞絹五萬匹，兩川絹估錢二十八萬緡及茶司引息虛額錢歲九十五萬緡。

《宋史》卷三三《孝宗紀》〔乾道元年〕冬十月己卯，遣方滋等使金賀正旦。戊子，增頭子錢。

《宋史》卷三六《光宗紀》〔紹熙元年〕夏四月丙寅，有事于太廟。丁卯，四川應起經、總制錢存留三年，代輸鹽酒重額。癸酉，姪抦進封許國公。乙亥，以兩浙犒賞酒庫隸諸州，歲入六十五萬，尋減三十萬。

《宋史》卷四六《度宗紀》〔咸淳六年〕冬十月壬申，減四川州縣鹽酒課，始自景定四年正月一日，再免徵三年。乙亥，減田契稅錢什四。

《宋史》卷三〇一《齊廓傳》平陽縣自馬氏時稅民丁錢，歲輸銀二萬八千兩，民生子，至壯不敢束髮，廓奏蠲除之。

《宋史》卷三〇六《張去華傳》兩浙自錢氏賦民丁錢，有死而不免者，去華建議請除之，有司以經費所仰，固執不許。

《宋史》卷三一一《呂公綽傳》公綽字仲裕，蔭補將作監丞、知陳留縣。天聖中，爲館閣對讀。召試，直集賢院，辭，改校理，遷太子中允。夷簡罷相，復爲直集賢院、同管勾國子監，出知鄭州。嘗問民疾苦，父老曰：官籍民產，第賦役重輕，至不敢多畜牛，田疇久蕪穢。公綽爲奏之，自是牛不入籍。

（明）陳邦瞻《宋史紀事本末》卷三七《王安石變法》〔熙寧六年〕九月，收免行錢。先是，京師百物有行，官司所須，俱以責辦，下逮貧民浮販，類有陪折。呂嘉問請約諸行利入厚薄，令納錢以賦吏祿與免行户祗應。而禁中賣買百貨，并下雜買場務，仍置市司，估物低昂，凡內外官司欲占物價則取辦焉。至是行之。

（明）陳邦瞻《宋史紀事本末》卷三七《王安石變法》〔熙寧七年〕五月，三司使曾布、提舉市易司呂嘉問罷。先是，呂嘉問提舉市易，連以羨課受賞。帝聞其擾民，以語王安石，安石對曰：嘉問奉法在公，以是媒怨。帝曰：免行錢所收細瑣，市易鬻及果實、冰炭，大傷國體。安石力辯，至譏帝爲叢脞，不知帝王大略。帝曰：即如是，士大夫何故以爲不便？安石請言者姓名，令嘉問條析。及帝以旱故，命韓維、孫永集市人問之，減坐賈錢千萬，安石遂持嘉問條析奏曰：朝廷所以許民輸錢免行者，蓋人情安於樂業，厭於追擾，若一切罷去，則無人祗承。又吏胥祿廩薄，勢不得不求於民，非重法莫禁，以薄廩申重法，則法有時而屈。今取於民鮮，而吏知自重，此臣等推行之本意也。議者乃欲除去，是殆不然。民未嘗不畏吏，方其以行役觸罪，雖欲出錢亦不可得。今吏之祿可謂厚矣，然未及昔日取民所得之半也。時市易隸三司，嘉問恃勢陵使薛向出其上，及曾布代向，懷不能平。會帝出手札詢布，布訪於魏繼宗，具上嘉問多收息干賞，挾官府而爲兼并之事。帝將委布考之，安石言二人有私忿，於是詔布與呂惠卿同治。惠卿故憾布，脅繼宗使誣布，繼宗不從。布言惠卿不可共事，帝欲聽之。安石不可。帝遂詔中書曰：朝廷設市易，本爲平準以便民，若《周官》泉府者。今顧使中人之家失業若此，吾民安得泰然也！宜釐定其制。布見帝言曰：臣每聞德音，欲以王道治天下。今市易之爲虐，駸駸乎間架、除陌之事矣。如此之政，書於簡牘，不獨唐、虞、三代所無，歷觀秦、漢以來，衰亂之世恐未之有也。嘉問又請販鹽鬻帛，豈不貽笑四方！帝頷之。事未決，安石去位，嘉問持之以泣。

安石勞之曰：吾已薦惠卿矣。及惠卿執政，遂治前獄，劾布沮新法，出知饒州，〔嘉問亦出知常州〕據《宋史》三五五《吕嘉問傳》、《續綱目》補。以章惇爲三司使。

（明）陳邦瞻《宋史紀事本末》卷五三《復燕雲》 〔宣和六年六月〕詔以收復燕、雲以來，京都、兩河之民，困於調度，令京西、淮南、兩浙、江南、荆湖、四川、閩廣並納免夫錢，每夫三十貫，委漕臣限督之，違者從軍法。又詔宗室、戚里、宰執之家及宫觀、寺院，一例均敷。於是徧（索）〔率〕據《續綱目》、《薛鑑》改。天下，所得纔二千萬緡，而結怨四海矣。

（明）陳邦瞻《宋史紀事本末》卷七五《建炎紹興諸政》 〔紹興〕五年閏二月，置總制司。先是，帝在揚州，四方貢賦不以期至，吕頤浩、葉夢得等言：政和間陳亨伯爲陜西轉運使，創經制錢，大率添酒價，增税額，官賣契紙，與凡分家出納，每千收頭子錢二十三文。其後行之東南及京東、西、河北，歲入數百萬緡，所補不細。今邊事未寧，費用日廣，請復行之諸路，一歲無慮數百萬計，賢於緩急暴斂多矣。帝從之。至是，又因經制之額增，析爲總制錢，歲收至七百八十餘萬緡。户部侍郎張致遠言：陛下欲富國强兵，大有爲於天下，願詔大臣力務省節，明禁奢侈，自朝廷始。員額可減者減之，司屬可併者併之，使州縣無妄用，歸其餘於監司。監司無妄用，歸其餘於朝廷。朝廷無枉費，日積月聚，惟軍需是慮，中興之業可致。帝善其言。【略】

十八年秋七月，寬諸郡雜税。帝曰：人知取之爲取，而不知予之爲取。若稍與展免，俟家給人足，税斂自然易辦。於是蠲廬、光二州上供錢米，汀、漳二州秋税，處州三縣被水民家紬絹，鄂州舊額絹各一年。又蠲四川積貸常平錢十三萬緡，京西路請佃田租及州縣場務税錢。

（清）嵇璜《續通志》卷一五五《食貨略·雜税》 至宋太祖建隆元年，詔除滄德棣淄等三十九處所算錢。或水漲，聽民置渡而收其算。二年，詔自今宰相樞密使帶平章事兼侍中中書令節度使，依故事納禮錢：宰相樞密使三百千，蕃鎮五百千。充中書門下公用。按五代時天成元年，門下中書省奏納禮錢以充公用。至宋建隆時復舉行之。太宗淳化元年詔：諸處魚池，舊皆省司所管。係與民爭利。自今池塘河湖魚鴨之類，任民所取。如經市貨賣，乃收税。神宗元豐二年，有司言綱船有商人附載，有留阻之弊。請置堆垛場于泗州。賈物至者先入官場官以船運至京稍輸船算。從之。新法行鬻坊場河渡，至哲宗元祐五年以户部郎中高鎛言稍爲止損。至牙契之税，則始于太祖開寳二年，始收民印契錢。令民典賣田宅輸錢印契税契，限兩月。按《文獻通考》，税契始於東晋，歷代相承，史文簡略，不能盡攷。神宗元豐時，又令民有交易，官爲之據。因收其息。

（清）徐松《宋會要輯稿·食貨六四·經總制錢》 〔嘉定〕十四年二月二十九日，臣僚言：竊謂經總制窠名由場務課利而至於兩税頭脚等錢，以十分爲率，其三歸州家，其七隸經總制。其後酒榷關征多有虧額，間遇水旱，蠲租減賦所未能免，而經總制之所入，寖不如昔矣。猶賴以助其不及者，牙契一司爾，印紙掌於倅廳而散之諸縣。民有交易，官給紙而書其直，是亦古人書契質劑之遺意。又且限之四月，聽其投税，限滿則有罰，告者以其半予之。法非不善也，自放限之説行，正限之與放限分隸不同。正限則以其七隸經總制，放限則以其七歸州用，雖係守倅通簽，然倅之權非敢與郡比。故正限少而放限多。州郡利其所得，往往放限，合納官錢明明減三之一，民樂於限外投税，則匿而不到官者多矣。此經總制之額所以日虧，甚者郡置一庫名曰白契。民以匿契來者首，許犯人從便投税而貸其罪。又甚者縣官到任，未暇理民事，而先議借契錢。訟牒在庭，乃以納契錢之有無爲重輕。如此等類，未易枚舉。縣給由子謂之寄庫，日後設有交易，必納新錢。而向之寄留縣帑者，方許參用。則是太半已成乾没矣。浙東諸縣，其弊尤甚。民何以堪之。竊見每遇大禮，赦文行下諸郡，僅放一限。今諸郡接續展放，無月無之。公違國家成法，暗虧經總制額錢。乞下諸路州軍，自今民間交易既給官紙，必用官牙人立契。仍令登時中主管司附籍稽考。限滿不税，照條追究。姓名既掛官籍，白契自難隱藏。或居民去城頗遥，限内投税不及，官司量欲放限，亦須申明朝廷以憑遵守。每歲不得過月，下至諸縣輒以借契錢爲名，科抑民户。並仰日下禁戢，尚敢違戾，委提刑司廣察按治。提刑司容縱不職，許本臺覺察彈劾，以聞。況邊陲未寧，用度寖廣，經總制窠名豈容失陷以資州縣妄費耶。從之。

（清）徐松《宋會要輯稿·食貨六四·上供》 〔乾道〕九年十一月

九日，南郊赦：諸路州縣拖欠未起上供經總制等諸色窠名錢米等，已降指揮放免。至乾道五年終，近兩浙路放免。至六年終，其餘路分亦有拖欠之餘，皆係民户積欠經隔歲月，若行一例催理，切慮追擾。可將諸路州縣乾道六年終已前應拖欠未起之數，特與除放，日下銷落簿籍，不得再有追擾。如違，許人户越訴。監司覺察按治。

（清）徐松《宋會要輯稿・食貨六九・版籍》〔紹興二十二年〕五月八日，前知池州陳湯求言：乞今後州縣不得將船水車應干農具增爲家力，其賣買交易許免收税。如官司輒敢巧作名目，暗排家力，及抑納税錢者，許人户越訴。專委提舉常平司糾察官吏重寘以法。從之。

（清）徐松《宋會要輯稿・食貨七〇・賦税》〔乾道四年〕十二月十七日，詔兩浙江東西路：乾道五年夏税和買折帛錢並権與減半輸納一年。如州縣輒敢過取民一文以上，許人詣檢鼓院進狀陳訴。官吏當重寘典憲。既而中書門下省言：所降指揮非不嚴切。近來州縣放免數外，將逐年合納本色，高擡價直，勒民户納錢自行買絹充數。又其間有將合減之數不盡蠲減，謂如每疋合減三貫止減二貫之類，甚失朝廷寬卹之意。詔令逐路監司嚴切覺察，如有似此違戾去處，按劾奏聞。監司或失於檢舉，令户部糾劾御史臺彈奏。並重作施行。

（清）徐松《宋會要輯稿・食貨七〇・鈔旁定帖雜録》〔乾道〕九年正月十八日詔：人户典賣田宅物業，往往違限不行税契，失陷官錢。仰自今降指揮到日，出榜立限一月，自行陳首，與免罪賞。自投狀日限一季送納税錢。如限滿不首，許元典賣及諸色人陳告。其物産以一半給告人充賞，餘一半没官。仍委葉翥折一作張。折知常一就措置令項拘收發納。所有州縣解發推賞。並依賣田錢格法施行。

三月十日户部尚書楊倓言：承指揮委户部郎中中一作官。薛元鼎同長式催督諸路賣田乳香契税等錢，緣違限契税錢，諸州縣未曾立限委官催促，乞立限一月，許人户陳首，與免罪賞自投日限一季納錢。如限滿不首即依前項已降指揮施行。如或州縣侵欺移易，將當職官史依擅支使朝廷封樁錢物法斷罪。從之。

（清）徐松《宋會要輯稿・食貨七〇・鈔旁定帖雜録》〔乾道九年三月〕二十五日，淮南運判馮志嘉言：契勘人户典賣田宅合納牙税契紙本錢勘合朱墨頭子錢，訪聞州縣巧作名目。又有朱墨錢用印錢得産人錢。欲望重立法禁。契税正錢外斂取民錢許人户越訴。入私歷者坐贓論。從之。

（清）徐松《宋會要輯稿・食貨七〇・鈔旁定帖雜録》〔紹興十五年〕十月三日，户部言，應人户典賣田宅、舩畜投税違限，能自首之人並依匿税法。仍三分爲率。以一没官。二給自首。從之。

（清）徐松《宋會要輯稿・食貨七〇・鈔旁定帖雜録》〔隆興二年正月〕二十五日，詔民間典賣田宅等違限不曾經官投税白契，限一季經官自陳，止納正税，與免入罪。如違限不首，許人告，依匿税條法由臣僚奏請斷罪也。

〔乾道〕五年十二月八日詔：人户應違限未納契税，并已前首契不盡白契，並自今降指揮到日限一季，許于所在州縣陳首，與免罪。賞自下狀日更與限一百日送納税錢。專委本州通判拘收，入總制帳，令作一項解發。如一州起發及一十萬貫以上，從户部具知通名銜，申朝廷推賞。若違限不首，或雖曾陳首，違百日限不納税錢之人，並許諸色人陳告，依條斷罪給賞。拘没田宅入官，仍逐旋開具拘没到數，申户部籍記，務在必行。以後更不展限。

（宋）趙與時《賓退録》卷一〇　任土作貢，三代而下未之或廢，時有損益而已。高宗建炎三年，始詔除金、銀、匹帛、錢穀，餘悉罷貢。盛德事也。《禹貢》以來，歷代史志及地理之書，但載土貢之目，而不書其數。惟《元豐九域志》爲詳。嘗最一歲所貢，凡爲金二十四兩，登一十兩，利五兩，萬、象、融各三兩。麩金五十五兩，金、饒各一十兩，嘉六兩，眉、雅、簡、資各五兩，衡、昌、龍各三兩。銀四百五十兩，桂陽、桂各五十兩，鄂、邕各三十兩，邵、賀、封、端、新、康、南恩、梅、容、昭、梧、藤、龔、潯、貴、柳、宜、横、白、廉、瓊、昌化各一十兩，賓、化、高、鬱林、萬安各五兩。銅鐵各一十斤，利。錦三匹，成都。白縠一十匹，襄。隔織一十八匹，泰一十匹，洋八匹。絁七十五匹，汝一十五匹，潁、棣、保定、安肅、陜、威勝各一十匹。花絁一十匹，祁。綜絲絁二十匹，濰。綾一百四十五匹，杭三十匹，蔡、定各二十匹，淄、隨、潤、明、秀、江陵、澧各一十匹，綿五匹。花綾一十匹，兖。白花綾一十匹，梓。綜絲綾一十匹，蓬。雙絲綾一十匹，徐。方紋綾三十匹，開封。仙紋綾

五十匹，青三十匹，濰二十匹。樗蒲綾二十匹，遂。蓮綾一十匹，閬。越綾二十匹，越。羅七十匹，真定三十匹，定二十匹，潤、彭各一十匹。花羅六匹，成都。春羅四匹，蜀。單絲羅一十匹，蜀。紗四十匹，相、廬、常、太平各一十匹。方紋紗三十匹，開封。茜緋花紗一十匹，越。輕容紗五匹，越。紬一百四十五匹，洛二十匹，陳、汝各一十五匹，大名、徐、潁、博、雄、永寧、廣信、陝、懷安各一十匹，達五匹。花紬一十匹，大名。綿紬五十匹，簡二十匹，大名一十匹，渠、巴、蓬、忠各五匹。絹六百七十匹，隨、滑、瀛各三十匹，應天、冀、德、濱、衛、深、亳各二十匹，陳一十五匹，密、齊、淮陽、徐、曹、鄆、濮、唐、潁昌、鄭、滄、棣、霸、永靜、乾寧、信安、相、邢、趙、保、順安、渭、平定、嵐、寧化、保德、宿、海、泗、滁、廬、濠、無爲、臨江、建昌、涪、昌、雲安、南平、韶、循、南雄各一十匹，廣安五匹。班白絹三匹，誠。布一十五匹，鼎一十匹，梅五匹。絲布二十匹，邛一十匹，果一十匹。紵布一百七十五匹，信陵、楚、和、吉、筠、興國、南安、郴、江陵、安、鼎、岳、歸、漢、綿、邵武、英各一十匹，房五匹。白紵布一百六十五匹，舒、湖、虔、各二十匹，郢、蘄、黃、常、睦、宣、歙、袁、道、連各一十匹，開五匹。高紵布一十匹，成都。細紵二十匹，揚。斑布一匹，榮。葛布二百三十五匹，洪、撫、潭各三十匹，蘇二十匹、隨、壽、光、吉、永、全、普、戎、瀘、富順、興化各一十匹，渝五匹。蕉布一十五匹，泉一十匹，潮五匹。紅花蕉布三十匹，福。練七十匹，建五十匹，和、鼎各一十匹。毛毼一十五段，熙一十段，保安五段，紫茸毛毼一十段，涇。綿一千一百兩，齊、潁、莫、衛、趙、婺、處、衢、梁山、泉、興化各一百兩。氈三十領，慶二十領，豐一十領。白氈三十領，鎮戎二十領，恩一十領。紫茸氈四領，慶。韉氈一十領，京兆。韉皮二十張，同。獐鹿皮三百一十張，海三百張，通一十張。鮫魚皮二十六張，台、漳各一十張，溫五張，潮一張。鼊殼二十枚，廣。水馬二十枚，廣。鼉皮一十張，廣。翡翠毛二十枚，欽。席一百七十領，常三十領，澶、秦、隴、蘇各二十領，京兆、鄜、寧、坊、鳳翔、汾各一十領。蘄席二十領，開封一十領，潁昌一十領。莞席一百領，揚。簟四十一領，永靜、蘄、睦、饒各一十領，澧一領。藤簟二十領，廣。漆器五十事，湖三十事，襄二十事。瓷器三百一十事，河南二百事，耀、越各五十事，邢一十事。石器二十事，登一十事，萊一十事。水晶器一十事，信。藤器二十事，象一十事，賓一十事。藤盤一面，循。藤箱一枚，惠。柳箱一十枚。滄。銅鑑一十面，太原。青銅鑑二十面，揚。火筯五十對，邠。剪刀五十枚，邠。筆一千管，江寧五百管家，宣五百管。墨三百枚，兗、潞、絳各一百枚。硯四十枚，虢二十枚，寧、端各一十枚。紙四千張，越、歙、池各一千張，真、溫各五百張。雜色牋五百張，成都。蠟燭九百五十條，鳳翔三百條，汀二百條，成、鳳、晉、絳各一百條，階五十條。花蠟燭一百條，鄧。燕脂一十斤，興元。槵子數珠一十串，象。斑竹一十枚，雷。解玉砂一百五十斤，邢一百斤，忻五十斤。金漆三十斤，台。弓弦麻二十斤，坊。鰾膠一十斤，通。甲香二十七斤，漳、惠各一十斤，台、廣各三斤。潮一斤。青一十斤，代。碌一十斤，代。朱砂四斤一兩，沅、容各二十兩，辰一十五兩，黔一十兩。雲母二十斤，兗一十斤，江一十斤。鍾乳四斤八兩，沂三十兩，韶、連各一斤，房十兩。芒硝一十斤，峽。空青一十兩，梓。曾青一十兩。梓。禹餘糧一十斤，澤。白石英一十二斤，澤一十斤，梧二斤。紫石英二十斤，沂一十斤，兗一十斤。白石脂一十斤，蘇。水銀三斤二兩，辰三十兩，沅二十兩。石膏二十斤，汾。磁石一十斤，磁。陽起石一十斤，齊。長理石五斤，淄。礜石一十斤，太原。石鷰二百枚，永。白菊花三十斤，鄧。人參三十斤一十兩，太原、潞、澤各一十斤，遼一十兩。天門冬二十斤，果一十斤，普一十斤。甘草二百六十斤，環一百斤，德順五十斤，原、蘭、府各三十斤，岷、太原各一十斤。白朮一十兩，舒。牛膝五十斤，懷。柴胡三十斤，麟、豐、火山各一十斤。車前子一斗，開。乾山蕷一十五斤，明。細辛一十斤，華。石斛一十斤，壽一十斤，廣二斤。生石斛四十斤，廬二十斤，光、江各一十斤。巴戟一十斤，劍。菴蕳一十斤，寧。芎藭三十斤，秦。黃連五十斤，宣三十斤，處、施各一十斤。蓯蓉六十斤，渭五十斤，保安一十斤。防風七十斤，絳三十斤，單一十五手，齊、兗各一十斤，淄五斤。五味子五十斤，河中。蛇床子二十五斤，單一十五斤，蘇一十斤。杜若一十斤，陝。葛粉一十斤，信。栝蔞根一十斤，峽。當歸一十斤，威。麻黃二十五斤，開封一十五斤，鄭一十斤。知母一十斤，相。仙靈脾一十斤，沂。紫草五十斤，大名。海藻一十斤，萊。高良薑一十五斤，欽一十斤，朱崖五斤。牡丹皮一十五斤，渝一十斤，合五斤。零陵香二十斤，道一十斤，全一十斤。縮砂二斤，白。白藥子五斤，合。天雄一斤，龍。大黃一百斤，鄜。葶藶子三升，曹。連翹一十斤，黃。續隨子三斤，陵井。荊芥一十斤，寧。羌活一十斤，威。木藥子二百顆，施一百顆，萬一百顆。桂心四十斤，桂二十斤，容二十斤。茯苓三十斤，沂、兗、華各一十斤。

伏神五斤，華。酸棗仁三斗，京兆二斗，開封一斗。黃蘗五斤，金。五加皮一十斤，峽。杜仲五斤，金。沈香一十斤，廣。詹糖香二斤，廣。檳榔一千顆，瓊。枳殼一十五斤，商一十斤，金五斤。枳實一十五斤，金五斤。巴豆一斤，眉。紅椒三十斤，黎。買子木二斤，渠。白膠香五斤，金。苦藥子三斤，陵井。紅花五十斤，興元。柏子仁一十斤，陝。地骨皮二十斤，京兆一十斤，虢一十斤。胡粉二十斤，澶一十斤，相一十斤。龍骨一十斤，河中。麝四斤一十一兩，金十兩，均、延、丹、河、通遠、憲、嵐、文各五兩，襄、慶、虢、商、熙、代、茂各三兩，房、忻各二兩。牛黃九兩，密、登、萊各三兩。阿膠七斤一十四兩，鄆六斤，濟三十兩。鹿茸一對，成。羚羊角一十五對，階一十對，龍五對。犀角二株，衡一株，邵一株。蜜三百四十斤，河南路各一百斤，鳳、興各三十斤，晉、隰、石、夔各二十斤。白蜜三十斤，信。蠟四百四十斤，河南、延各一百斤，京兆五十斤，慶、鳳、興各三十斤，隰、石、廬、夔各二十斤，黔、大寧各一十斤。牡蠣一十斤，萊。烏鰂魚骨五斤，明。覆盆二斤，隨。蓽豆一石，邠。粱米一石，孟。茶一百一十斤，南劍。茶末一百斤，潭。茶牙二十斤，南康一十斤，廣德一十斤。碧澗茶牙六百斤，江陵。龍鳳等茶八百二十斤，建。鹽花五十斤，解。棗一萬一千顆，青。榛實一石，鳳翔。漫繫之簡牘，以廣聞見。

《遼史》卷一一《聖宗紀》〔統和四年十一月〕壬申，以古北、松亭、榆關征税不法，致阻商旅，遣使鞫之。

《遼史》卷一四《聖宗紀》〔統和十九年閏月〕己未，減關市税。

《金史》卷五《海陵王紀》〔正隆四年正月〕庚申，更定私相越境法，並論死。

《金史》卷六《世宗紀》〔大定二年八月〕辛卯，罷諸關征税。

《金史》卷七《世宗紀》〔大定十二年十二月辛亥〕詔金、銀坑冶聽民開採，毋得收税。

明清分部

論說

（明）清波逸叟《折獄明珠》卷二《分條珥語·商賈類》　坑滅生理，虎噬孤商，負騙陷命。賺騙客本，鯨吞客本。餌引至家，一網打盡。牢籠盤纏空乏，跼足難歸，婉言求討，反肆強梁。進退兩難，極切狼狽。牢籠孤客，虎噬本銀。乞甦苦困，通商惠民。

（明）清波逸叟《折獄明珠》卷四《呈狀式·告私稅》　違法私稅事。光棍厶霸占客溪，抽分客稅。十載剥人，遍告莫革。痛厶販木百兩，出水發賣，被惡截脱。當厶不從，惡即將木砍搬一丰，捉身綁鎖，騙銀若干。似此強梁。國法大變，懇恩勦杜。上告。

夏公審語：國設抽分，商出徵利，以資經費。數有定額，官不加科，商不稱厲也。今厶私充牙行，統群截稅，越則抽分，爲暴商旅，阻塞貨利，甚非國家仁及商人至意也。照贓擬罪騙銀五兩，則坐滿貫之條。協從爪牙，各以不應取罪罰一警餘，疏通客貨。

（明）清波逸叟《折獄明珠》卷四《呈狀式·呈閉糴》　乞懲貪商丞救民命事。民爲邦本，食乃民天。值此荒年，又遭霪雨。桂薪玉粒，妻怨兒啼。日午晨炊未烟，薄暮朝粥始食。蒙台賑卹，飢民少甦。今富商厶踞鳳村爲壟斷，積糧食望天荒。近見隔縣踵糴，日增三價，閉糴地方。有錢者，束手旁觀。無錢者，坐以待旦。此商不懲，民皆效尤。萬姓嗷又嗷，恐生他變。伏乞□禁公平交易，毋得厚利殃民，須至呈者。桂新玉粒，喻柴米之貴也。

（清）錢澄之《田問文集》卷七《榷酤議》　愚按，征榷之政，三代未嘗有也。至漢世，欲崇本抑末，惡商賈之不事作苦，而擅天下之厚利，於是關市之征以重因之，而取所入以助國計，而後以征榷遂爲歷代之經制矣。宋太祖建隆元年，詔所在關使不得苛留行旅賫裝，非有貨幣當算者，無得發篋搜索。又詔榜商稅則例於關門，毋得擅改更有增損及創收者。累朝因之，守爲家法。高宗南渡，猶慮津會稅網太密，減併一百三十餘處。然其間貪吏並緣，苛取百出，或私立稅場，擅用稽察措置，添置專欄收檢，虛市、空舟一切有稅；遇士大夫行李，搜囊發篋，目以興販小民；墟集之場，專易瑣細器物，指爲漏稅，輒加以罪；榷務所在，争指爲大小法場。則是朝廷設關本有常額，苛暴之政皆由關使；亦非關使自爲之也，爲之吏卒者導官爲之。其計日狹，其法日密，其貪日甚，其虐日深，以官爲名，而大半肥己，故其弊遂至此極也。

然則今日之弊可勝舉乎？國初止有商稅，未有船鈔。宣德間始設鈔關，凡七所，今增者幾矣。以宋高之庸，猶慮稅網太密，輒行減併，今反日求其增，豈上意哉？且增者徒有利於官，而無益於國，總而計之，或反虧國課也。夫商賈操奇贏以取利四方，心計豈在官吏之下？關太密，則必有逃稅之地與逃稅之法。豈無重費？然必有倍減於過關者而後爲之，此胥吏與商賈通同所爲，而官不知也。於是關愈密、稅愈重，而船愈少、課愈虧，課虧則官所獲薄，而益肆其貪，而吏胥益飽，亦何苦爲之哉？

往時征船者不征商，而船之鈔皆出於商，增船鈔即以增商稅也，設關既密，商寧堪此數增哉？且如征船之法，亡論船有載無載，朝下夕上，見船即輸滿料，人雖至愚，寧肯駕空船而輸滿載之稅？所以過關輒經歲不返，關上之商又以無船久滯，下候載而上候船，約計兩年纔得一年之稅，名爲增而實減也。夫船取其上下之速，商取其往來之多，使日日過船通商，雖日計爲減，而歲計之則增也。倘遵依祖制，量裁新設，而統計近年以來所收船鈔、商稅，亦依宋祖，灑派各關，開載商稅則例，榜示關前，曉諭商人，務足舊課。關雖廢而課不虧。彼商人稅雖稍增，而少幾處關門之守候需索，費正相等，則樂輸恐後矣。

至於吏胥之積弊，非得至廉之關使，以身率先，則陋規必不能革，弊端必不能清也。而今循資出使者，視爲金穴，方百計圖之，而望其處脂膏而不潤，寧有人哉？合無取現在行取之知縣候考選在京者，且與差遣滿一年，弊政清而國課足，免其考試，即授臺省。彼清華在望，寧肯以有限之貨賂，而易其無窮之功名哉？

至於鹽鐵，始於管子之治齊，榷酤始於漢，榷茶始於唐，雖非王政，

而歷代行之，國計以賴。今鹽茶稅如故，而酒酤獨免。愚以爲，酒之有害於天下大矣：上之荒淫失國，下之喪身破產，風俗之敗壞，盜賊之羣聚，皆由於酒。故《周官》有萍氏掌幾酒、謹酒。幾者，掌其酤賣。謹者，節其所用。除祭祀、賓客、養老三者外，不得用酒。《酒誥》曰：羣飲，汝勿佚。盡執拘以歸於周，予其殺。漢律：三人以上無故羣飲酒，罰金四兩。猶周法也。漢文帝即位，賜民酺五日。則五日外有禁可知。古帝王所以禁酒者，深知酒之害也。若賈誼所云酒醪以糜米穀，有害於農民，此猶其大略也。然則酒之有禁，自古有然。

至於後世無禁而榷之，榷之則必禁私釀，而飲之者少矣。寓禁於榷，而國家因以收利，是征科中之有益於國，而無損於民者也。至唐宋立法，酤利多與鹽等，德宗、憲宗皆官自置店，酤酒收利，以助軍需，並置榷麯。宋制：三京官造麯，聽民納直，諸州城内皆置酒務以釀，縣鎮鄉閭許民釀而定其歲課，民犯私麯至十五斤、以私酒入城至三斗者，處以極刑，以下論罪有差。法綦嚴矣。故宋時酒課之厚，殆過於鹽。初猶藏之州縣，已而入爲上供，而歲有增添，至爲七色酒錢。然官自釀酒酤，事至猥瑣，至於糟截之細，皆以使者提舉，殊傷國體。固不如依行鹽之法，召商給引，使之分地置賣，而官坐收其利也。

夫民之私釀無從禁也，惟有禁麯，而民私自造麯，其爲法也到處不同，而皆可以釀。今惟先嚴私造麯蘗之禁，官頒麯式，每郡置一麯務，計麯若干得酒若干，酒分上中下三色，分别定課。每一引以麯計酒，計酒輸課。商人納錢，藩司給引，赴所分州郡，麯務照引發麯，聽其分散鄉鎮，置店轉酤。專設巡捕緝察，如捕私鹽之法。麯禁嚴則酤利專，而國課日增，行之既久，可以收唐宋榷酤之利，而不貽官店賣酒之譏也。今當事不言興利則已，如欲興之，則榷酤之法，亦濟國用之一端乎。

（明）王守仁《王陽明全集》卷一六《禁約榷商官吏》 照得商人比諸農夫固爲逐末，然其終歲棄離家室，辛苦道途，以營什一之利，良亦可憫！但因南贛軍資無所措備，未免加賦於民，不得已而爲此，本亦寬恤貧民之意。奈何奉行官吏，不能防禁姦弊，以致牙行橋子之屬，騷擾客商，求以寬民，反以困商，商獨非吾民乎？除另行訪拿禁約外。仰鈔案回道，即便備行收稅官吏，今後商稅，遵照奏行事例抽收，不許多取毫釐；其餘雜貨，俱照舊例三分抽一，若資本微細，柴炭雞鴨之類，一概免抽。橋子人等止許關口把守開放，不得擅登商船，假以查盤爲名，侵凌騷擾，違者許赴軍門口告，照依軍法拿問。其客商人等亦要從實開報，不得聽信哄誘，隱匿規避，因小失大，事發照例問罪，客貨入官。及照船稅一事，亦被總甲侵擾，今後官府合行船隻，俱要實價給顧，就行抽分廠查給票帖，以防詐僞。該道仍將應抽、免抽逐一查議則例，呈來。

（明）王守仁《王陽明全集》卷一《議南贛商稅疏十二年九月二十五日》 據江西按察司分巡嶺親道兵備副使楊璋呈：奉巡撫江西地方右副都御史孫燧案驗，備行各道兵備等官，有地方重大軍務，益於政體，便於軍民，果係應議事件，即便條列呈報，以憑施行等因，隨據南安府呈繳本年春季分折梅亭抽分商稅循環文簿，看得該府造報册内，某日共抽稅銀若干，不見開有某商人某貨若干、抽銀若干，中間不無任意抽報情弊；及看得一季總數，倍少於前。原其所自，蓋因抽分官員止是典史、倉官、義民等項，不惜名節，惟嗜貪污；兼以官職卑微，人心玩視，以致過往客商或假稱權要而挾放，或買求官吏而帶過，及被店牙通同客商，買求書算，以多作少，以有作無，奸弊百端。卷查前項抽分，創於巡撫都御史金澤，一則甦大庾過山之夫，一則濟南贛軍餉之用。題奉欽依，遵行年久。及查贛州龜角尾設立抽分廠，建白于總制都御史陳金，自正德六年十一月二十七日起，至九年七月終止，共抽邊商稅銀四萬二千六百八十六兩六錢三分七毫五忽。本省大帽山、姚源、華林盜賊四起，大舉夾攻，一應軍餉，俱抑給於此，並未奏動内帑之積，亦未科派小民之財。以此而觀，則商稅之有益地方多矣。緣贛州之稅，正德十一年該給事中黄重奏稱，廣貨自南雄經南安折梅亭，已兩稅矣，贛州之稅，不無重復，已經勘明停止贛河之稅。近復大舉夾攻，軍餉仰給，全在折梅亭之稅。今所入如此，非惟軍餉無益，實惟奸宄是資。隨會同分守左參議黄宏議照，合將南安之稅移於龜角尾抽分，既有分巡道之監臨，又有巡撫之統馭；訪察數多，奸弊自少。其大庾縣顧夫銀兩，合令該縣每季具印信領狀赴道，批行贛州府支領；支盡查算，准令復支。如此，非惟大庾過嶺之夫不缺，而軍餉之用大增。合就會案呈詳等因，據呈到臣。看得南、贛二府商稅，皆因給軍餉、裕民力而設。折梅亭之稅，名雖爲夫役，而實以給軍餉；龜角尾之

税，事雖重軍餉，而亦以裕民力。兩税雖若二事，其實殊途同歸。但折梅亭雖已抽分，而龜角尾不復致詰，未免有脱漏之弊；若折梅亭既已抽分，而龜角尾又復致詰，未免有留滯之擾。況監司既遠，胥猾得以恣其侵漁；頭緒既多，彼此得以容其奸隙。若革去折梅亭之抽分，而總税於龜角尾，則事體歸一，奸弊自消，非但有資軍餉，抑且便利客商。蓋分合雖異，而於商税事體無改纖毫；轉移之間，而於民商利害相去倍蓰。除臣欽遵節奉敕諭，一應軍馬錢糧事宜，俱聽便宜區畫事理，將副使楊璋等所議行令該府，一面查照施行外，緣係地方事理，爲此具本題知。

（明）黄訓《名臣經濟録》卷二四《户部・題鈔關禁革事宜梁材》

南京户部爲銀兩不充預爲區處事。準户部咨：據委官雲南清吏司主事陳欽呈前事嘉靖九年五月初三日本部尚書梁等具題。本月初五日奉聖旨：是，這監收船料等項，雖稱具數造册奏繳，但所收多寡，未免有侵欺之弊，以致上虧國課，下害小民，無憑查考。你部裡還議處停當開立禁革條制，奏來定奪。通行各鈔關遵守。以除宿弊。欽此。欽遵，查得嘉靖四年爲應詔陳言以裨聖政以回天變事。該本部置立印信，空白稽考文簿三扇，發去該鈔關，委官主事收掌，令其逐日填寫船料商税數目。差滿之日，將一扇存留本關備照，一扇委官收執，一扇差人解部查考，等因。又爲陳言時弊以裨國用事，該雲南道監察御史楊彝題，該本部議行各鈔關委官，自文書到日爲始，於附近府州縣内行委佐貳官一員，與同檢鈔人役查收錢鈔，不必另刷號紙，就將原立稽考文簿一扇交付府州縣，委官令將收過錢鈔眼同各役登簿呈報主事，查見實數，並將文簿二扇即時親筆於前件項下照款填注明白，錢鈔照常發府州縣收貯。季終解部類進，差滿之日仍將簿籍三扇應存留備照該部，俱照舊施行。如此而猶有不飭廉隅不惜名檢者，是謂衣冠之盗，聽本部指實參行吏部，不待考察即時黜罷，以示懲戒。至於皂隸、門子、書算等項，聽各該有司審編，照常額送役，不許自行收取更换，致生物議。仍要嚴加訪察，如有積年充當，及各項作弊情由，徑自拿送各府州縣問罪發落。抽分之時，各商裝載薪米，並自用物件，不得一概混抽等因。嘉靖七年五月二十九日，本部尚書鄒等具題。本年六月初二日奉聖旨：是，各鈔關收受商税船料，雖稽考嚴密，而宿弊實不能盡除。差去官員，亦多苛刻取盈，往來多怨。今後務差老成廉静的去，嚴加關防覺察。若再有貪鄙不惜行檢的，你部裏便參行吏部，不待考察，就行黜罷。欽此。又爲改收榷税以便商民以濟國用事。該巡按直隸監察御史魏有本題，該本部議擬合無行令各該鈔關，委官主事將經過軍民船隻應納錢鈔自嘉靖八年十一月初一日爲始，照例每鈔一貫折銀五釐，每錢七文折銀一分，傾瀉成鋌轉發各該附近府州縣官庫收貯，按季差委經收人役，依限解部，轉送内府内承運庫交納等因。題奉聖旨：是，準議行。欽此。俱經通行欽遵去後。今據前因，通查案呈到部。臣等議照設關榷税，上以裕國課，下以通商民，誠非細務。雖飭躬厲治，存乎其人，而救弊防姦當嚴於法，顧祖宗之所創制，今日之所規畫，良法美意，無以復加。臣等仰承明旨，因舊爲新，謹將禁革事宜開立條件上陳，伏候命下之日，通行各鈔關主事著實奉行，以除宿弊等因。嘉靖九年五月二十四日本部尚書梁等具題本月二十六日奉聖旨：是，便通行遵守，故違的著該地方撫按官查訪指實糾舉。欽此。

一、出納官銀，其弊有四。或秤收之初，不盡入官；或藏貯之處，得以私取；或傾煎之際，隱匿多餘；或類解之時，巧爲那换。必須互相稽察，庶得姦弊可除。合行各該巡按御史，於所屬府州縣内選委廉能佐貳官一員，每季一换，每日赴廠聽鈔關主事督同公平秤收，當即封記完固，送本處府州縣收庫。積至千兩，仍同傾煎成錠，鏨鑿分兩，並委官銀匠姓名，復寄該庫。候一季已滿，照數對查明白，差官類解本部，轉送内府交納，掣取批關，銷繳其所委府官文書，到日即便離任，供事務要彼此前後交代接管，違者治罪。

一、各關船隻往來歲無定數，而納料輕重舊有定規。隨船隻計梁面之闊狹，因梁面查納銀之多寡，歲入之數，固有可稽。但日逐放過船隻，收過料銀，出給船户，收票俱有掛號。簿籍止在鈔關收掌。若不互相稽查，亦難保其無弊，合行各該主事，今後裝釘號簿，每樣二扇，並收料文票，俱發彼處官司編號，用印鈐記。送廠收掌。一扇委官收執，遇有船户納料，就將船梁丈尺並料銀分兩明開票内，仍照票數目填寫在簿，掛號對同無差，將票給付船户收照，每日分別船梁濶狹、料銀多寡，類算總數，令收銀委官於本部發去，稽考簿内逐一登記明白，年終通將號簿發彼處官司收貯。每遇起解料銀之時，主事照稽考簿委官，照掛號簿各開船梁丈尺料

銀分兩總數申呈本部。彼處官司内將原填號簿一扇印封就付解銀，委官一同賫送到部，逐一查對，磨算無差，方與類進。如有不明，聽本部指實參究治罪。

一、船料則例原以裝載貨物多寡爲率，後從簡便，乃驗船梁闊狹定取料銀重輕。大抵自五尺以上始榷其料，至有一二丈者，但船隻大小不齊，一丈以上者船漸大而料愈多，一丈以下者船漸小而料愈少，又丈尺外不無零數，若逐寸徵求，則所收料價算及毫釐，一則驗船之時則例多端，下人得以紊亂，一則會總之際，數易差失，侵尅難保。必無合行各該主事，今後丈量船隻，務要躬親驗看，不得信憑下人，瞞官增減，誆索財物，其所收船料，各照彼中原定舊例，止以成尺爲限，此外若有零數，悉捐以與民，不許逐出科取，致生弊端。

一、各鈔關止收船料，惟山東臨清、杭州北新關兼收商税。凡各處車輛船隻，裝載貨物經過，或彼處發賣，各照貨物精粗定收税銀多寡，且有則例可遵，合行各該主事，出給告示，曉諭商人，每車船到關，不許投託鋪户徑自開寫貨物，從實報官，主事督同委官驗看明白，照例折收銀兩，出給票帖，備開某項貨物若干，收過銀兩若干，仍於印信簿内逐一填寫掛號，以備清查。其類算總數，各另申呈，稽考等項，悉照所題船料事理，一體遵照施行。

一、各鈔關主事公差滿日俱相交代，惟九江去京頗遠，風水多阻，差滿主事恐違批限，輙先回還。一應事務，屬之府縣委官，舊政既廢，百弊漸生，深爲不便，合無今後不待滿呈到部，預於四箇月前題差更替，其差滿主事務候接管官員到彼，將錢糧文卷交割明白，及應行事宜逐一面授，方離差所。違者，聽本部參究，雖有事故，亦不準理。

一、各鈔關合用筆墨、紙張、心紅、油炭等項，日不可缺。大約每月用呈文紙二百張，價銀肆錢。刷票裝簿紙二千五百張，價銀一兩五錢。毛邊紙二十張，價銀一錢。墨三塊，價銀七分五釐。筆四十枝，價銀一錢三分三釐。心紅十兩，價銀四錢。更樓燈油三斤，價銀七分五釐。糊封皮曲二斤，價銀一分五釐。煎銀炭一百五十斤，價銀三錢。銀鞘鐵箍，價銀二錢。鑿銀錠字匠工食，銀一錢。共該三兩九分八釐，一年十二月共該銀三十九兩五錢七分六釐，合行各該主事每日於本關發問犯人紙價贓罰銀内動支行所在州縣，兩平收買。如有不敷，就於船料銀兩，督同委官明白動支，湊買應用，就於按季解銀數内，作正開除。年終一併造册奏繳，不許再行州縣，動勞里甲官銀買辦送用。違者，參究治罪。

一、各鈔關書手門庫皂隸等項人役，往多用積慣市民，爲害百端。近雖查革，宿弊猶存。合行各該主事，行令該府州縣，每關於均徭内審編門子二名、庫子四名、皂隸八名，隨照彼處審編年分更替，仍行該府每年撥吏一名，在關書辦收掌卷宗，州縣每月送吏二名，填寫票簿，計算銀兩，務要嚴加禁約，以肅衙門。一應積年作弊人役，通行查革，不許容留寬縱，罪有所歸。其商税巡攔地方總甲，如有生事害人者，悉聽主事鈐束，拏送所在官司問罪。

一、各鈔關有無藉之徒専一招接船户，索騙銀兩爲生。每遇船户到關，引寫報單指以打點納料，多派銀兩，誆收在手，止將料銀煎銷上納，其使用之數，倍於正料。内將一半分送在官人役，一半入己。俗有船户落鋪户，一料成兩料之語。船户人等，明知其弊，但以往來必由之路，慮恐結怨，不敢聲言，故於攬載之時，多取商人納料等項銀兩，甘心投託，爲害亦多。今給告示，張掛曉諭，今後商人，顧寫船隻，止許交與水脚工食，所納料銀，本商備辦足色銀兩徑自到廠，照數報納，不許船户干預。違者，各治以罪。

（明）孫旬《皇明疏鈔》卷一七《脩省·應詔陳言疏陳俊》 一、近聞太監梁芳差鎮撫梁山舍人梁用，馳驛前來兩淮運司關文。欽賜官鹽五萬引。着該司官出備包索船錢，用銀數多。該司無從措置，被其逼迫。今奉明詔：不許勢要之家中鹽，雖稱前鹽，係是欽賜之數。百姓愚昧，難以户曉，未免致疑。又令運司出備包索船錢，人情愈加不堪。伏乞聖裁，合無將梁山等取回前鹽住支。今後各處鹽課俱各存留以備邊儲。敢有仍前求討者，許户部及科道官糾劾，使人無覬覦，官有儲積。

一、南京朝陽門外添園，原設百户一員，甲軍一百餘名。每三年一次，行取直隸廬州府人匠二十名，到園開添，所得添不過二百斤。稯園原設百户一員，甲軍一百餘石。每三年一次，行取江西南昌府土民八名，到園剥稯，所得稯毛不過二百斤。俱差内官一員，監看開剥。桐園原設百户二員。甲軍二百四十名。每年行取應天府油户，不限名數，到園收領桐子

打油。除存種子外，所得油止有一百餘斤，俱送内府南京丁字庫交收。南京工部遇有修造黄戰船隻等項，又去該庫關支。合無今後止令該園餘丁，自行開添剥稷，及顧人打油，免再行取廬州等府開添人匠，剥稷土民，打油人户及免差内官監看。所得生添、稷毛、桐油，照數就本部交收。庶使事體不繁，出納兩便。

一、南京兵仗局，見有欽差内官四員名，帶領匠作一十四員名，在局成造擺朝，軍器五萬七千五百項副，經今三年未完。緣地方災傷，人民缺食，南京工部及應天府措置物料，借倩夫匠、并應天府供給下程等項，俱各艱難。合無將前項軍器暫且停止，收過各項物料，公同南京工部并應天府委官查盤，見數收貯官庫。待後豐收之年，行令南京守備太監提督該局照數成造。仍將各項物料應減省者減省，應改會者改會。庶使人無重勞，料無虧費。一、南京御馬監内官監等衙門，每年起運竹木板枋數多撥船裝載，沿途拽運勞人。乾淺去處，又行起車裝載，勞人尤甚。況連年災傷，人民流亡，合無將前項竹木板枋停止，一二年以後減半起運。庶使人無怨嗟，料有撙節。【略】

一、在京鍼工巾帽二局，每年各差内使二名，管送布絹等物，前來南京織作。却裝回京與内官做造衣被巾帽等件。該與在京内官者，就彼給散。該與南京内官者，帶來南京給散。差來内使，在京有住半年者，亦有住七八個月者。有司日逐供給艱難，占用馬快船及洗箱軍民人夫數多，有妨差操。兼且一徃一來，不無勞擾。合無今後北京内官衣被巾帽等件，就在北京做造給散。南京内官衣被巾帽等件，就在南京做造給散。庶免徃來勞涉，騷擾軍民。

一、南京龍江廠，原係民間納糧田地。先年設立堆放楠木俱已用盡，止存朽爛不堪者數根。其該廠房屋牆垣，俱各坍塌。見今地土空閑，仍前占用軍餘一百餘名看守。合無將土地給還原主領種辦納錢糧。朽爛木植，變賣銀兩入官。看廠軍餘，退回原衛當差。於官無損，於民有益。

一、直隸蘇州等府買辦，年例供應器皿項下，黄紅羅、黄紅絨、金箔、銀硃、土硃、生漆、銅油、熟銅、熟鐵、鏡面、鉛錫等項，及四川布政司折納歲辦皮張項下，生漆、熟鐵等項，多是差人賫價前來南京收買，却被攬頭光棍誆騙花費，或被解人舖行通同侵分，中間情弊多端，難以枚舉。以致前項物料不得完納，有誤造作。合無今後南京工部將前項物料價銀，分派各該司府徵收起解，本部轉送應天府官庫收，候買辦送用。若有積筭附餘銀，兩准作下年之數。其一時物料内有高貴，及價銀内有不敷，本部另行處置。庶使情弊可革，工程易完。

一、應議官子孫在京法司，有奏准事例，徑行提問。今南京法司但應議官子孫有犯俱先提事内人問理有碍將原告并干証人監候羈候，奏請提問有行提數月并半年之上不出官者。及至問完不拘徒杖罪名，一概監候。請旨發落。未免久候及監候人難。合無查照在京法司事例，前項應議官子孫有犯，除皇親外，其餘有犯亦就提問。問完之日，徒罪以上監候，杖罪以下羈候。俱奏請發落，庶爲便益。

一、南京御馬監，每年起運苜蓿種子四十扛，俱係南京太僕寺，坐派養馬軍衛有司辦納。蓋是先年北京地方不產此種，以此取去播種。今北方已種六七十年，豈無種子可種？今却仍舊起運，以事言之，物價雖小，而催徵解納之際，所費實多，皆出自軍民。合無行令面京御馬監，今後不必行取苜蓿種子解京，庶免科擾，下人受害。

一、朝廷差内使在浮梁縣景德鎮燒造御用磁器，今已年久。顧覔夫匠。買辦柴土顔料，及供給監燒官員人等，每年用銀不下數千餘兩，俱是饒州等三府小民出備。雖曰磁器計其所費不減銀器之價，近聞原差内臣隨陞太監鎮守江西徃來提督，而家人常川在彼，生事尤甚，供給益侈。即今三府之民，疲敝困苦，不可勝言。且饒州鄱湖迤邐數百里，上控荆襄之衝，一有警急，民窮財盡，何以爲備。此三府之民誠可痛憫，而燒造之役所當急罷也。況所燒磁器年積月累，其數必多。合無暫且停燒三五年，以蘇民困。待後缺用，再行燒造，亦爲未晚。

一、雲南、福建、浙江等處，雖有出產銀冶府分，其間或屢有頑梗之徒，嘯聚爲非，地方人民困而不安者。況中間鎮守太監或有於每年冬月親去，前項府分煎銷銀課。徃來供應頭目人等，甚是勞擾。合無今後止令專管銀場布按二司官員，每年督完銀課，解至總司會同太監煎銷，實爲民便。右件臣等略陳一得之愚如此。伏惟皇上仁孝恭儉，敬天勤民。宜乎天人交感，協氣嘉生。而乃年不順成，災異迭見者。無他，皆由臣等不能仰副聖明所致。乞將臣等罷歸田里，别選賢才任用，庶回天意。

（明）孫旬《皇明疏鈔》卷二七《釐正・信詔令以蘇民困疏黄臣》

臣聞儲積者，天下之大命也。自古英君誼辟，未嘗不以爲重。臣竊以爲天地自然之利，但當愛養之撙節之，以藏富於民而已。況可斂之耶？況可非分以斂之耶？臣等伏見御用監太監黄錦等題稱，乞敕南京守備轉行南京御用監委官，并南京工部委官一員，公同前去，直隸蕪湖抽分廠，并龍江瓦屑抽分竹木局委官處，抽分杉木板枋等料，數内揀選印記，陸續關支。就着彼處軍衛有司差人搬運。本監委官管運赴京交收應用等因，續該部執奏前事。奉聖旨：該監所奏竹木板枋，准抽取，陸續解京應用。欽此。臣等聞命以來，驚愕失措，多方詢訪，極意思索，稽諸國家之定典，而罔弗戾；徵諸異代之斁法，而罔弗合。求所以將順綸音，而終不可得。是以昧死上言：洪惟皇上龍飛之初，即下明詔：先朝弊政，剗剷無遺。節該荆州、杭州、蕪湖三處抽分廠，專爲打造糧船，或造供應器皿而設，以省科派小民之計。近來兩京各監局相沿具奏，差人赴蕪湖廠支取杉楠等木數多。又有内官監差官中半抽分二年有餘。致將造船銀料不敷支給，累及運軍，出利揭債，缺船運糧，耽誤國計。原差太監李文等，詔書到日，即便回京，以後不許援例奏差。欽此。除欽遵外，當時此詔一布，天下軍民，如出更生，以爲堯舜垂拱，人人踴躍。思見太平。夫何甫及四年，該監遂有此請，陛下遂有此旨。況蕪湖抽分竹木，查自正德十年，武宗皇帝額外添取，以供泛濫之用。今陛下愛人節用，出於天性，何用此爲？姑以裝載起運一事言之，所費已爲不貲，其民已見不堪。以故南京兵部尚書李充嗣等以爲不可，南京工部尚書崔文奎等亦以爲不可，南京吏科給事中彭汝寔又以爲不可。況昨漕運總兵官楊宏題稱，事故火燒漂流等船二千二百餘隻，議欲查催蕪湖抽分未解木價買料打造，尚未至於中官抽取也。今又遣中官矣。推斯舉也，破裂祖宗之成憲，蹈襲先朝之弊政，絶商賈通財之脈，傷江淮轉輸之力，奪運舸以困漕河，疲武士以防戰守。騰讟沸怨，鬱抑人心，誠足以上干天和，下召民亂。陛下何樂，而必取之於此？以爲供用之器，不可以或缺？等威之辨，不可以終乏耶？臣又以爲，祖宗以來，未嘗專遣中官抽取，而用度甚充。等威亦辨，姑以近事言之。陛下詔罷抽分亦已四年。其四年之間，服輿器仗亦未聞每每告乏。何急於此抽分爲也？抑何急於遣中官爲也？伏望陛下念民財之當惜，民力之當紓，俯從工部所請，收回中官抽分之命。其蕪湖三處木植，仍令照舊收支。脱或缺用，内而該監，外而該部，自有定制，必充裕供應。仍望聖明，於凡非時之不急之務，一切罷舉。上以弭天變，下以來民順。天下幸甚。

（明）孫旬《皇明疏鈔》卷四二《征榷・罷征邊關商税以通貨財疏二劉潁》

臣切惟國家立制，至爲精詳。祖宗慮患，至爲深遠。苟可以利國家安邊徼，而無損於生民，不貽禍於來甚。在祖宗朝當先爲之矣，有待於今日興利生事之臣哉？夫祖宗立法，商貨征税，悉有定規。税其一，不税其二。征於彼，不征於此。非不慮潰防之費也，亦非無所爲漫不爲之所也。其體國之深憂，慮患之至計，有非私智邪謀、瑣瑣小夫所能窺測。其爲聖子神孫萬世帝王基業之慮，蓋不淺淺焉。臣嘗稽夫古帝王之治天下，所以抑末，固非利其利也。關譏不征，所以禦暴，誠不忍病民也。我太祖太宗奄有寰宇，法古以治内，而兩京則有宣課司之設。外而府州縣，則有税課局之設，魚課有河泊所之設，鹽鐵則有場治之設。至於木竹有工部抽分廠之設，舟船有户部鈔關之設。其取利於民，極爲纖悉而周密矣。顧於沿邊諸關，則未始有商貨之征也。陛下纘承丕緒，遠追古昔，近法祖宗。正德年間，添設抽分及皇店之數，凡以病民而罔利者，詔書一切裁革。臣有以仰窺陛下之心，即祖宗之心，而陛下之政，一古昔帝王之政，天下臣民稽首欣慶。其老羸者，咸願須曳無死，庶幾見德化之成也。今太監李能，不能仰承德意圖惟治理，顧乃陽假修築邊關之邪謀，陰濟漁獵罔利之私計，欲於山海關抽取往來客商門單使用，以備城堡墪臺修築之費。上以熒惑聖聰，使陛下聽之而無可疑，下以掩蓋公論，使天下非之而無可舉。事若出於至公，心實懷夫規利，信有如該部之所奏論者，誤蒙陛下允從其請，而亦禁制其弊，不許侵欺。此陛下之心，雖有在於利國，實又懼夫病民，真公天下之盛心也。然古人有言曰：興一利，不如除一害。誠使李能之請，一出至公而無私，有利於國不病夫民，臣有知其決不可從也。何也？夫商賈小民，棄父母離妻子，涉山海之遠，冒關塞之險，以負擔石之貨，正欲圖錐刀之利，以爲生耳。且所經過税務部廠，驗税抽分，輸於官者屢矣，今復抽取門單使用，幾何而不重病之也？此其不可者一也。沿邊關塞，地方寒苦，物産稀少，民用不貲，未免仰給客商。今若又使客商告病，則財貨將不通矣。財貨不通，民用又安所取給哉？此其不可者

二也。又況祖宗設立邊關，止以譏察非常，盤詰奸細耳。城堡壹小有坍塌，摘撥軍夫隨時修築。其有重大工程，不貲費用，則兵部奏行工部，派辦物料應用，素有定處，其備慮亦已周矣。固不在於剥削小民錐刀之利，以爲國家斂怨生禍之胎也。此其不可者三也。矧財者，民之命。民之有貨財，猶其有脂膏骨血也。今使剥民之脂膏，吮民之骨血，以戕賊其命，則怨心橫生，而禍不可測矣。諺曰：鳥窮則啄，獸窮則搏，人窮則變。今使激之而生變，萬一有如前日妖人之殺主事者，起於倉卒，夫豈不爲國家盛治之累乎？此其不可者四也。蓋孟子有曰：古之爲關也，將以禦暴。今之爲關也，將以爲暴。臣願陛下慎勿蹈其言也。臣愚莫識忌諱，伏乞陛下，重念邊關，干係匪輕。毋規小利致昧經國之圖。亟收成命，勿狥偏私之請。則宗社靈長之福，天下萬世之幸也。惟聖明留神采擇，臣不勝欣慶願望之至。

（明）陳子龍《明經世文編》卷七八《青溪漫藁·會議倪岳》 祖宗舊制，各設有鈔關，收受商税，俱委各本府通判等官管理。行之百年，雖不能無弊，然課鈔亦未見其虧損，客商船隻，亦未見其留難。蓋通判等官，職卑責重，上受巡撫巡按分巡分守等官節制。少有不才，隨加罪黜。故非極妄無知之人。則不敢在關生事。動擾客商。近年以來，改委户部官員出理課鈔。其間賢否不齊，往往以增課爲能事，以嚴刻爲風力。籌算至骨，不遺錙銖。常法之外。又行巧立名色。肆意誅求船隻往返過期者，指爲罪狀，輒加科罰。商客資本稍多者，稱爲殷富，又行勸借，有本課該銀十兩科罰勸借至二十兩者，少有不從，輕則痛行笞責，重則坐以他事，連船折毁。客商船隻，號哭水次，見者興憐。夫增課爲國，雖稱聚斂，猶是有名。其科罰勸借者，或倚稱修理公廨，或倚稱打造坐船，率皆借名入己，無可查盤。況此等官員，既出部委，各處巡撫官，視爲賓客，巡按官待以頡頏。是以肆無忌憚，莫敢誰何？以致近年客商，惧怕征求，多致賣船弃業。此豈祖宗設關通商，足國裕民之初意哉。伏願聖明俯察民隱，特敕該部停止新例，遵復舊制。仍敕鎮巡等官時常糾察，各府委官如法奉行。務以公私兩便，商民不虧。庶幾人心快悦，怨聲消弭而天意可回矣。

（明）陳子龍《明經世文編》卷二五七《田叔禾集·斷藤峽事宜田汝成》 七曰：榷商税以資公費。峽江既通，營堡既立，凡修理城壘哨船，犒賞官軍新民甲長。諸所貲費，若一一取之庫藏，恐有不給。舊規峽江上水商船，大者納鹽七包，次五包，又次三包，各重九十觔。下水商船大者納瓦器九百一十六件。折銀一錢二分，原屬潯州衛貯轉給各猺，名爲埠頭常例。今既議革給之弊，則所得商税，宜如前徵之，以備公用。但鹽堆日久，必有所耗，而變賣展轉，益滋弊端。宜照梧州商税則例，每包折銀叁錢，以便出納。

（明）陳子龍《明經世文編》卷四三六《朱文懿公文集·請停礦税疏朱賡》 奏爲感恩圖報，直陳救時末議。以効微忠，以光聖治事。臣叨陪輔佐，職在論思，惓惓獻替之忱，如有物在喉，亟欲一吐久矣。屢從首臣具揭，而未敢直有所陳者，緣與同召臣鯉相期。欲一覲天顔，面抒誠悃，庶幾古大臣入告出順之義。故需之至今也。頃該臣等具奏，伏奉温綸批答，言言可爲典謨，而召自千里。都俞一堂之語，宛然喜起之風焉。臣何人而可以當此，抑不知何修而可以副此。惟有一念愛君憂國之誠，盟心籲天，願皇上事事爲堯舜，願天下人人被堯舜之澤，則平生所陳説於上前，而今日欲親見之行事者也。除夙夜齋沐恭候召對外，不敢以瑣屑瀆至尊。請言目前第一喫緊事，皇上試垂聽焉。今滿庭諸臣所矢口争之而不得者，非礦税與。臣以爲不忍加派小民，皇上之仁也。不得已而取諸礦税以資國用，皇上之權也。權可暫而不可久，仁則無物可遺，無時可息。而柰之何以權宜爲經制，久而不歸，令未竟之仁恩，鬱而不流也。語在諸臣疏中，臣無容贅，第以一路之所耳目者陳之。皇上以今之礦，尚採之山與。今之税，尚榷之商與。自開採不止，地無餘骨，而處處包礦，則蒼黎之骨髓也。自征榷不止。商無餘資，而處處包税，則菜傭之資本也。天子饗四海九州之富，何處非財；居父天母地之尊，何民非子。而旁搜深山窮谷之藏，下括傭人擔夫之橐，臣固知皇上之不忍也。皇上之心，本自仁愛，特以利權付於内使。又有亡命之姦，鼓刀筆以爲羽翼；椎理之輩，張羅網以爲爪牙；金紫盈庭，弋矛載道，如狼如虎，如壑如谿，不饜不休，不奪不饜。往往一兔而兩剥其皮，取魚而併竭其澤，小民稍不將順，輒見捶楚，有司纔一調護，輒被參挐。且進奉者一，而掊尅者百；利歸衆手而怨歸朝廷。凡有憂天下之心者，誰能甘之。臣所經過地方，父老子弟，咸遮道而愬曰：上供易下供難；鬻産業易，鬻妻子難，逃鄉土易，逃生死

難。聖天子深居九重，應不知小民疾苦如是。願入言之以活旦夕之命，蓋疾首蹙額囂然喪其樂生之心。夫既不樂生，寧復畏死，既不畏死，寧復畏法。誠恐一夫呼之，百夫響應。一方倡之，四方雲起。此時官僚多闕，府庫悉空。無將無吏，無食無兵，而倏止倏行之令，又無信可恃。皇上即發停止之詔，無及於噬臍。即捐内帑之藏，無救於遠火，天下事尚忍言哉。語曰君猶舟也，民猶水也。水能載舟，亦能覆舟。皇上幸毋以劉哱倭奴府江播州甘肅等處相繼受俘。而謂治可長保也。亦幸毋以天津臨清武昌承天廣東遼陽蘇州淮徐之變，旋即解散，而謂亂可無虞也。天下之患固有釀之久，蓄之深。倏然而來，不及措手者。唐玄宗方宴于凝碧之池，而漁陽之鼓鼙已填于户，宋徽宗方游于艮嶽之圃，而金人之縲絏已及其身。此皆不移晷刻而立見傾危，豈有次第先後哉。今但見瓊林大盈可以充居積，奇珍異玩可以娛目前，而不知輦下之有羌戎，舟中之有敵國，噫！可懼已。皇上聰明天縱，豈不辨此。良由小人妄窺聖意，巧爲説辭。礦之計窮，則實井海山之説進而索之輿圖之外矣。税之計窮，則絶糧税契鹽利庫餘之説進，而求之影響之間矣。聽之若有據，行之若無傷。故此輩一言而即入，在廷百言而不省。傳曰：長國家而務財用者，必自小人矣。彼爲善之，小人之使爲國家，菑害並至。雖有善者，亦無如之何矣，豈爲今日而發乎。臣愚伏望皇上推不忍加泒之心，徵還内臣，悉罷礦税。推逮治魯登科之心，嚴查一切欺罔，悉寘諸法。而又推宥張時弼之心，併釋逮繫諸人，悉復其官。則一俄頃間而聖心之仁，盎然被于四民，沛然流于四海，名與堯舜俱永，治與唐虞比隆。而臣一念狗馬之誠，亦庶幾不負所學，不虛此出矣。

（明）陳子龍《明經世文編》卷四五二《梅客生奏疏・請罷榷税疏梅國楨》

准巡撫宣府都御史王象乾會稿。據山西布按二司守巡口北道左布政使孫維城，副使張國璽會呈，查得本鎮所屬張家口堡，設在絶徼，極目荒涼，諸物不產。自隆慶五年，北虜款貢以來，始立市場。每年互市，段布買自江南，皮張易之湖廣。彼時督撫以各部夷人衆多，互市錢糧有限，乃爲廣召四方商販，使之自相貿易，是爲民市之始。間有商税，即以充在市文武將吏，一切廩餼軍丁犒賞之費。至萬曆十九年，該閲科給事中鍾羽正，清查市本。題准每年于市税内，湊支二千兩，一切廩糧悉從減削，亦已無遺利矣。今百户劉思忠，復奏抽税，以助大工。其本鎮原立課税，若令停止，則市本他無所出。若照舊抽取，則商税難以重徵。況今虜王聞陝西大捷，頗懷疑畏，傳示東西部落，拔賑北徙，節于上西路膳房新開新河，及大同天城，殺胡助馬山西偏頭關等堡之所傳報者，歷歷可據，情形正在叵測。倘榷税之使，一或委用匪人，秉性顓蒙，毫釐必較。萬一激成他變，關係匪輕。相應亟請停止，呈到職謹會議得宜鎮市場。惟是張家口一處，華夷封疆，界在咫尺。黄沙白草，滿目蕭條。蓋向來商賈舟車，足跡所罕到之地，款市之後，當事諸臣以市本有限。金繒所可羈縻者，諸部酋首耳。引弓之民，種類繁多。欲使安于無事，必使人遂所求。乃復廣召商販，令與諸夷自相交易。除鋼鐵羽毛違禁貨物無取姦闌，其餘一切段布菽粟馬尾雜貨，聽其有無貿遷。間有税銀，即充在市將吏廩糧防護軍丁犒賞之費。自十九年，科臣清查錢糧，括及市税，并將廩犒減削，以補市本之不足。在市商人，固已喋喋訴其不支矣。今劉思忠復請特遣課使抽税，以佐大工。夫供御之課，既欲加添，市本之課，別無補湊。必且重抽于市商矣。商不支必且加派于各城堡之居民矣。宣鎮軍多民少，市口絶無居民，必且加派于屯住防護之貧軍矣。此臣等所大懼也。其何能以無言。臣等竊惟市商段布狐皮一切雜貨，來自蘇杭湖廣。由臨清以至天津蘆溝通灣。其税不知凡幾，及至市口，又重税之。彼富商大賈者，操其厚貲，孰肯遠出塞上，寄跡窮荒。惟是機利厲民，市井無聊之輩，乃始稱貸出息。跋涉山川，蒙犯霜露。擔負重繭，以與胡兒爭杪忽之利，以爲蔽體餬口之資。權其貲債子母，僦質聚糧之費。與夫涉歷關津閲課之徵，所餘幾何。今一貨一人，税而又税。朘膏咋髓，一羊十皮。熙熙而來者，無所牟其利。抑且有其害，是重困商也。彼登龍射利之夫，孰肯復逾關北出一步。夫商人者非他，即皇上中原供賦税徭役之赤子也。思忠獨奈何其欲重困之也。宣鎮極邊，百物不產。今已入夏，麥未出土。纔及八月，便已隕霜。布帛菽粟，無一不仰給于四方。商不至則用乏。物價騰踊，何所資藉。夫士也。荷弋覘陴，衝鋒冒矢，以身爲殉，歲餉不過六七金而止耳。八口之家，咸資贍養，樂歲豐年，猶然不免于啼飢號寒之患。即課使憐念貧軍，毫不加派。一旦物價騰踊，無所資藉，其不至逃亡不止也。上谷自居庸抵懷安，由市口及廣昌，延袤不出四百里之外。彈丸黑子。毫無所供于御

府。國家歲畜十萬之士馬，損百萬之經費。一歲給之布花，三歲給之胖襖。真夷通丁，給之肉菜，豈其重惜此砂磧之地哉。無亦養此一方窮民，保此一方亭障，爲陵京屏扆焉耳。馬雖出自虜中，胡兒生長馬上，以馬代足。愛惜馬力，甚于其身。何肯以名馬入市，臣等非敢臆説也。客歲兀慎朝台吉宗種貴落也。乘馬被盗，重購索之，不愛百金，既獲，摩撫其馬，涕泗橫流，曰若見吾父也。臣等怪其已甚，夷使曰，急難是寄，猶之其生之也。夷人惜馬若是焉，可得其名馬。思忠既進獻名馬爲詞，夷馬入市，呵呰詆欺，減估勒值，何所不至。夷性狡悍，喜則人面，怒則獸心。夫豈堪此，其勢必至露刃相向。何論名馬，雖駑駘下乘，孰肯驅而南市哉。吴楚之禍，始于卑粱。思忠獨奈何以三十年款市之虜，與争細利而生其心也。臣等莊誦明旨，不許擾害地方。聖意非不諄切，第無知并類，逐逐耽耽，顯以借口大工，陰以滿志谿壑。其視地方之擾害，奚啻秦越之瘠肥。邊庭何地，關市何市，利害安危，介在呼吸。是可容其橫征苛斂，以魚肉華夷列肆之人哉。伏望我皇上，軫軍國之大計，慎宗社之遠圖。思裔夷之釁端，必不可冒開，憐墝埆之窮民，必不可復擾。可收回成命，姑免箢權，庶夷情相安，而塞下敉寧矣。

（明）陳子龍《明經世文編》卷四五二《梅客生奏疏·再請罷榷税疏　梅國楨》　國家榷税通商，原有定制。在各省直四通八達之衢，商販輻輳之地，則設有部臣監督各鈔關税務。在各府則設有税課司征收税銀。法至詳備，原無滲漏不征之地。二項所征税銀，係鈔關者則盡數解部濟邊。係腹裏府分大都以十之二三留充本地公用，其餘十之七八指解部濟邊。係邊方府分，則徑留濟邊公用，免行解部。總之，税銀多爲濟邊而設，即在腹裏者尚且解部轉發。其在邊郡者，又焉有不留邊用。而可以征收内解者，此國家征税定制，二百年來，未之有改也。

（明）陳子龍《明經世文編》卷四六〇《李文節公文集·報北新關吴主政　李廷機》　承枉數，具見勤職愛民、虚懷求益，意甚盛也。不佞曩攝貴部，見榷關故事，後榷之數常浮于前榷。不佞嘗於諸公談，以爲君子不盡利以遺民。若曰益歲增國家，萬年無疆，更何底止。愚意欲易漸加爲漸損，即如前報千金，今報九百九十。即少此數金，而廉者自廉，能者自能。於國計無毫發損，而所益于國脈國體者，不知其幾千萬也。及閲《名臣録》，成化中有大司農周文端公經者，委官監税課入多者與下考，則不佞所論，先輩已有先得我心者矣。古人言，存心天下，加意窮民。總之，心要存，志要加。誠存減加，而民不被其澤者，否也。高明以爲何如？

（明）陳子龍《明經世文編》卷四七三《畿南奏議·請豁重疊小税疏　王紀》　據天津道兵備右參政景昉呈，據故城縣申稱：查得二賢祠之税，每年該銀一千四百四十兩，原係徵收南來短載船税，及查各船俱自臨清起脚，即臨清所過者。船數不多，皆在彼處鈔關報税。徵銀已完，方得開放北行。至故城縣二賢祠，路經止一百餘里。若再徵税，苦累不堪。此二賢祠税銀委係零星重疊，應照恩詔豁免。又據獻縣申稱，本縣原無單橋之税，於萬曆三十四年始有。初商人不知，仍經過此地，以故歲足額數及爲税璫所苦。或不願行商者有之，不願出途者有之。尋以有司代税璫，而徵數務責滿品。徒招染指之疑，竟不可得矣。且思本府原有天津大税，單橋正零星重疊之小税也，煩擾不堪。況縣近神京，脗合應免之例。呈詳到臣，看得河間一府，地瘠民貧，額税二萬五千有奇，敲骨吸髓久矣。夫民不堪命也。況乎一衣帶水，五關相望而設，即獨流泊頭之特免，單家鄭口之稍減，却歸併於天津一關。名雖減免，其實額税未嘗虧分毫也。税繁則商困，商困則來者稀。必欲取盈其額，縱嚴刑督責，祇驅之掉臂而去耳。一旦恩詔自天而下，商民歡若更生，曰吾曹今得復見天日矣。當此之時，若應併者不併，應豁者不豁，朝廷浩蕩之德意謂何？可令遏抑而不恖也。伏乞敕下户部，再加覆議施行。

《皇清奏議》卷二《請定江南賦役疏順治二年》　巡按蘇松等處試監察御史臣趙弘文謹題，爲王道本乎人情，召好莫先去惡，謹抒一得之愚，仰祈聖明□擇事。竊聞先賢論治，嘗曰：治天下有道，親賢遠奸，明而已矣。治天下有法，信賞必罰，斬而已矣。治天下有本，禮樂教化，順而已矣。恭惟我清以明斷開國，遠邁前代，惟是疆域初闢，禮教未遑。臣弘文因斟酌時宜，亦曰治天下有要去本去甚機而已矣。何言乎機也，小民愚頑，何知至計，惟見有利於己者便思就之，清夜沉思，儘多深願不可必得之事，見有害於己者輒思去之，輾轉徬徨，中多忍死難言之苦。惟審於去就之間，略加存恤，而天下之精神心志，盡維繫於皇上而不可解。古之聖王，必以其欲從天下之心，用此道也。請就江南之賦言之，明朝開基，收

取姑蘇，張士誠抗守經久未下，及天下之大定，遂以極重之糧額困之，此吳縣每畝三斗四升四合，長洲縣每畝三斗七升五合，遂貽民間三百年未有之苦。況目前商賈不通，城市罷織，民無生業矣。若重困以舊額，恐富者貧而貧者死，此亦同歸於盡之勢也。伏乞敕部詳核，或照宋元舊制，或照常鎮二府，減太重以蘇民困，此亦收攝人心之第一義也。賦如此矣，再就江南之役言之，向閲邸報，見保撫郝晋有優免太濫一疏，奉聖旨：這本説優免太濫，致虧正額，取盈攤派，最爲厲民，宜嚴加禁革，此後再有違犯，着該撫按即將濫免之人並有司官一體參究，不許狥情故縱，户部知道。欽遵在案。是撫臣以賦言，臣復以役言也。竊照江南有官户，有民户，復有子户，民户當差，此不必言，至今日服官，明日便稱官户。《會典》内官一品者，免田千畝，今且過萬矣。即陞爲九品，以至陰陽、醫學，在在然矣。且本宦果有是田，免之可也，迺緫登仕籍，原屬寒素，而一切大姓富室，盡寄其門，出平日力役之費，以供本宦薪水之資，里下差役，終身不及，是市井平民，公然又一官户，其如將欲投獻轉苦無資者，何也。且本宦云没，可以已矣，又巧立子户之名，一世再世，長此安窮，南中小民何道不爲溝中之瘠也。此等濫觴，較江北之免賦者，似爲尤甚。伏乞下部議覆，如果臣言有裨地方，即詳定某官應免若干畝，此外與百姓一體當差，計品詳列，著爲令甲，敢有從前投獻，定以欺隱治罪，如本宦無地，代人優免，即以其罪罪之，庶窮簷小民，無復苦樂不均之歎矣。

《皇清奏議》卷三《嚴飭徵糧之法疏順治四年》　户科給事中臣劉顯績謹題，爲嚴飭徵糧之法，以釐宿弊以祛民累事。竊惟任土作貢，千古之常，急公好義，人孰無心。但徵失其法，致民有不堪，而國用因之以缺也。從來州縣徵糧，催用什里，收用柜長，什里出之甲分。以本甲之人，催本甲之銀，出入相望無擾也。柜長輪於各保，以殷朴之民司收銀之事，晝夜常守，無欺也。令百姓自封自投書名記件，官製平等，登寫赤壁，曉然共見，咸相遵守。乃有積奸猾胥，乘有司未諳，變易成規，漸漸猫鼠，不用什里，而設一二里長，不特用。一二里長，而設一二收頭，里長收頭，半屬積役，侵漁多端，欺隱百出。一保錢糧，盡收入己，稱替花户代納，毫不交官，而州縣中竟不知有柜矣。及當比較，窺其緩急多寡以應，或庫吏秤收，或户房色貯，彼此通同，那移抵換。更可恨者，討僉批文，自爲起解，以火耗與官，使官無言，官亦以爲公私了當，不復問也。噫，此其弊可勝言哉。當收之時也，欺鄉民愚懦。大等重稱，無所不至。此外票錢使用，增名科索，至領批起解，又以添搭盤費爲詞，私詐閭里，甚有領批日久，竟不起解，展轉支吾，營運肥己，倘遇官有遷移，串通户房，所領批銀化爲烏有。且此輩無良，縱意浪費，必致拖欠太多，逃亡貧窶，無可追求，而此項又派之里下矣。小民何辜，受此重累，有司相因，積弊莫挽，利歸胥役，怨叢守牧，良可歎已。我國家鼎建以來，百度維新，州縣自洗心滌慮，改絃易轍，但恐遠僻小邑，把持日久，官即有才，驟難更張，民困不除，彫殘不起。伏乞敕各省撫按嚴飭州縣，務令宿弊一清，百姓自爲封納，官收吏解，不得聽里役包攬，庶上可裕國，下不病民，其裨益非淺鮮矣。

（清）林則徐《林則徐全集·奏摺卷·江蘇省道光十一年地丁錢糧比較上三年完欠分數摺附清單道光十二年八月二十七日》　奏爲查明江蘇省道光十一年奏銷案内，已未完解地丁錢糧，比較上三年完欠分數，循例恭摺奏祈聖鑒事：

竊照道光六年接准部咨：各直省徵收新舊錢糧比較分數，自道光五年爲始，均於奏銷截數後開單奏報，並頒清單式樣等因。歷經行令江、蘇兩藩司遵照辦理在案。

茲届道光十一年奏銷之期，據江寧布政使趙盛奎詳稱：江、淮等屬，道光十一年奏銷册報額徵地丁銀兩，除各屬逕支祭品工食等款及因災蠲緩等項外，實應徵銀三十六萬九千三百九兩零。截至道光十二年六月底止，已完解司銀三十三萬一千八百五十七兩零，未完銀三萬七千四百五十一兩零。比較道光八年，計今届少完四釐。比較道光九年，計今届少完三釐。比較道光十年，計今届少完一釐。又舊賦項下，道光十一年分帶徵嘉慶二十三年起至道光十年止，各年積欠銀兩，内除各屬災緩尚未届限啓徵外，實應徵銀一十萬五千八百六十六兩零。截至道光十二年六月底止，已完解司銀五萬五千四百六十七兩零，未完銀五萬三百九十九兩零。比較道光八年，計今届多完一分八釐。比較道光九年，計今届多完六釐。比較道光十年，計今届少完四釐。

又據署蘇州布政使額騰伊詳稱：蘇、松等屬，道光十一年奏銷册報

額徵地丁銀兩，除各屬逕支撥補及因災蠲賸並勘不成災緩徵等項外，實應徵銀一百三萬七千六百三十一兩零。截至道光十二年五月底止，已完並預完解司銀九十八萬五千七百三十一兩零，又奏後續據完解銀二萬七千一百四十六兩零，未完銀二萬四千七百五十三兩零。比較道光八年，計今届少完一釐有餘。比較道光九年，計今届少完一釐。比較道光十年，與今届完數相等。又舊賦項下，道光十一年分應徵嘉慶二十三年起至道光十年止，各年積欠銀兩，內除登銷前任丹徒縣王臺虧缺已未追完，又丹陽縣銀匠潘惠令侵虧應歸原挪人員追賠，及報入三次清查待補，並因災緩徵尚未届限起徵等款外，實應徵銀六十一萬三千二百三兩零。截至道光十二年五月底止，已完解司銀三十一萬六千二百五兩零，又奏後續據完解銀八千二百四十二兩零，未完銀二十八萬八千七百五十五兩零。比較道光八年，計今届多完七釐。比較道光九年，計今届多完九釐。比較道光十年，計今届多完一分六釐。均照頒發式樣，將新舊錢糧按年覈明已未完數，開列比較分數清單，詳請具奏前來。臣覆覈無異。

除飭司嚴飭各屬將未完銀兩實力催徵完解，並令弔查紅簿串根，逐加確覈，如有銀數參差，即行嚴參懲辦，並咨明户部查覈外，理合恭摺具奏，並另繕清單，恭呈御覽，伏乞皇上聖鑒。謹奏。

清單

謹將江蘇省道光十一年分徵收新舊錢糧，比較上三年完解分數，繕具清單，恭呈御覽。

計開

江寧藩司屬：

新賦項下，道光十一年奏銷册報：

道光十一年額徵地丁，除災蠲外，該銀五十九萬二千九百四十五兩零。外有江寧、淮安、揚州三府屬並海門廳災户溢完災蠲，流抵道光十二年新賦銀一萬二千八百三兩零，共銀六十萬五千七百四十八兩零。內除各屬逕支祭品工食等款銀五千一百八十四兩零，江寧、淮安、揚州、徐州、海州、通州、海門等七府州廳屬災田蠲賸，並勘不成災緩徵，減則緩徵，因災停緩，及江寧、淮安、揚州三府屬熟田緩徵，並徐州、通州二府州屬沙壓坍江停緩，共銀二十三萬一千二百五十四兩零，實應徵完解司地丁銀三十六萬九千三百九兩零。

截至道光十二年六月底止，已完銀三十三萬一千八百五十七兩零。內：

一、造入道光十一年秋撥估餉咨部册內報完地丁銀一十三萬二千一十八兩零。

一、造入道光十一年歲撥估餉咨部册內報完地丁銀五千七百一十七兩零。

一、造入道光十二年春撥估餉咨部册內報完地丁銀七萬三千九百七十三兩零。

一、存俟造入道光十二年秋撥估餉咨部册內報完地丁銀七萬一千一十六兩零。

一、造入道光十一年奏銷册內撥用銀四萬九千一百三十一兩零。

未完銀三萬七千四百五十一兩零。

已完九分，未完一分。

比較道光八年分額徵地丁，除該年蠲賸緩徵，並勘不成災緩徵等款外，實應徵銀五十一萬三千四百二十四兩零。截至道光九年六月底止，已完九分四釐，銀四十八萬四千一百七十二兩零；未完六釐，銀二萬九千二百五十一兩零。計今届已完分數，比道光八年少完四釐。

比較道光九年分額徵地丁，除道光八年被災花户溢完災蠲，流抵道光九年新賦，並勘不成災緩徵等款外，實應徵銀六十三萬一百七十五兩零。截至道光十年六月底止，已完九分三釐，銀五十八萬七千三百五兩零；未完七釐，銀四萬二千八百六十九兩零。計今届已完分數，比道光九年少完三釐。

比較道光十年分額徵地丁，除該年勘不成災緩徵等款外，實應徵銀六十一萬九千二百兩零。截至道光十一年六月底止，已完九分一釐，銀五十五萬九千八百九十兩零；未完九釐，銀五萬九千三百一十兩零。計今届已完分數，比道光十年少完一釐。

舊賦項下：

道光十一年應徵道光元、二、三、四、五、六、七、八、九、十〔年〕，並嘉慶二十三、四、五等年帶徵積年舊欠地丁銀二百四十五萬九

千一百四十七兩零。內除各屬尚未屆限啓徵銀二百三十五萬三千二百八十兩零，實應徵銀一十萬五千八百六十六兩零。

截至道光十二年六月底止，已完銀五萬五千四百六十七兩零。內：

一、造入道光十一年歲撥估餉咨部册内報完銀一萬一千四百二十二兩零。

一、造入道光十二年春撥估餉咨部册内報完銀一萬五千六十四兩零。

一、存俟造入道光十二年秋撥估餉咨部册内報完銀二萬八千九百八十兩零。

未完銀五萬三百九十九兩零。

已完五分三釐，未完四分七釐。

比較道光八年應徵積年地丁銀一十四萬八百七十九兩零。截至道光九年六月底止，已完三分五釐，銀四萬九千六百四十六兩零；未完六分五釐，銀九萬一千二百三十二兩零。計今届已完分數，比道光八年多完一分八釐。

比較道光九年應徵積年地下銀一十二萬四百八十四兩零。截至道光十年六月底止，已完四分七釐，銀五萬六千四百一十兩零；未完五分三釐，銀六萬四千七十三兩零。計今届已完分數，比道光九年多完六釐。

比較道光十年應徵積年地丁銀一十萬六千九百四十二兩零。截至道光十一年六月底止，已完五分七釐，銀六萬三百八十六兩零；未完四分三釐，銀四萬六千五百五十六兩零。計今届已完分數于比道光十年少完四釐。

蘇州藩司屬：

新賦項下，道光十一年奏銷册報，

道光十一年額徵地丁銀一百二十八萬四千五百七十七兩零。內除各屬遝支祭品、閘淺夫工食、老荒役食，撥補缺額鹽課、驛站荒缺、不敷馬價，京口八旗新增廪膳等銀五千五十二兩零；蘇州府屬長洲、元和、吴縣、吴江、震澤、常熟、昭文、崑山、新陽，松江府屬華亭、奉賢、婁縣、上海、南匯、青浦、川沙，常州府屬武進、陽湖、無錫、金匱、江陰、宜興、荆溪、靖江，鎮江府屬丹徒、丹陽、金壇、溧陽，太倉州屬〔太倉〕、鎮洋、嘉定、〔寶山〕、崇明等州廳縣道光十一年災田蠲賸，並勘不成災緩徵銀二十二萬五千八百二十七兩零。蘇州府屬崑山、新陽，松江府屬奉賢、南匯、青浦等縣道光十年秋禾被歉勘不成災遞緩新賦銀一萬五千九百五十一兩零；鎮江府屬丹徒縣減則注緩候豁銀一百一十四兩零；實應徵完解司地丁銀一百三萬七千六百三十一兩零。

截至道光十二年五月底止，已完並預完地丁銀九十八萬五千七百三十一兩零。外有鎮江府屬丹徒縣溢完地丁銀一百一十三兩零，又奏後續據各屬完解熟田銀二萬七千一百四十六兩零，外有松江府屬上海縣，常州府屬無錫、金匱二縣災户預完緩徵銀四千三百二十五兩零，又蘇州府屬新陽縣、松江府屬南匯縣遞緩新賦銀三千七百九十兩零，統共已完並溢完共銀一百二萬一千一百七兩零。內：

一、造入道光十一年秋撥估餉咨部册内報完銀三十八萬九千八十四兩零。

一、造入道光十一年歲撥估餉咨部册内報完銀一萬六千兩。

一、造入道光十二年春撥估餉咨部册内報完銀二十三萬四千七十五兩零。

一、造入道光十二年秋撥估餉咨部册内報完銀三十八萬一千九百四十六兩零。

未完熟田地丁銀二萬四千七百五十三兩零。計已完九分八釐，未完二釐。

比較道光八年分額徵地丁，除捐置義冢並坍荒等項注緩外，實應徵銀一百二十八萬五千六百二十四兩零。截至道光九年五月底止，已完九分九釐零，銀一百二十七萬四千六百四十八兩零；未完不及一釐，銀一萬九百七十六兩零。計今届已完分數，比較道光八年少完一釐零。

比較道光九年分額徵地丁，除災緩外，實應徵銀一百二十四萬一千五百四兩零。截至道光十年五月底止，已完九分九釐，銀一百二十二萬四千六十一兩零；未完一釐，銀一萬七千四百四十二兩零。計今届已完分數，比較道光九年少完一釐。

比較道光十年分額徵地丁，除災緩外，實應徵銀一百二十五萬一百六十七兩零。截至道光十一年五月底止，已完九分八釐，銀一百二十二萬五千三百九十六兩零；未完二釐，銀二萬四千七百七十一兩零。計今届已

完分數，比較道光十年完數相等。

舊賦項下：

道光十一年應徵道光元、二、三、四、五、六、七、八、九、十年，並嘉慶二十三、四、五等年帶徵積年舊欠地丁銀九十一萬六千一百六十兩零。內除道光十一年歲撥估餉册內登銷各上司分賠前任丹徒〔縣〕王臺虧缺庫項追存外省藩庫，蘇省詳咨注銷原缺道光五年地丁銀一百七十二兩零；又前任丹徒縣王臺虧缺道光五年地丁，群咨各上司分賠銀六千八百二兩零；又丹陽縣銀匠潘惠令侵虧嘉慶二十三年地丁，奉部駁歸原挪人員追賠銀一千八百三十五兩零；又報入三次清查待補銀三萬五千六百二十兩零；又各屬遞緩地丁尚未届限啓徵銀二十五萬八千五百二十六兩零；實應徵銀六十一萬三千二百三兩零。

截至道光十二年五月底止，已完地丁銀三十一萬六千二百五兩零。外有各上司完繳蘇庫攤賠王臺虧缺注銷原欠丹徒縣五年地丁銀一千二百八十四兩零，又奏後續據各屬完解銀八千二百四十二兩零，統共完解銀三十二萬五千七百三十一兩零。內：

一、造入道光十一年秋撥估餉咨部册內報完銀三十一萬一千六百六十七兩零。

一、造入道光十一年歲撥估餉咨部册內報完銀一千兩。

一、造入道光十二年春撥估餉咨部册內報完銀二千二百八十四兩零。

一、造入道光十二年秋撥估餉咨部册內報完銀一萬七百八十兩零。

未完銀二十八萬八千七百五十五兩零。

計已完五分三釐，未完四分七釐。

比較道光八年應徵積年地丁銀八十七萬一千四百二十一兩零，截至道光九年五月底止，已完四分六釐，銀三十九萬六千五百二十兩零；未完五分四釐，銀四十七萬四千九百一兩零。計今届已完：分數，比較道光八年多完七釐。

比較道光九年應徵積年地丁銀八十七萬三千九百九十三兩零，截至道光十年五月底止，已完四分四釐，銀三十八萬三千三百八十七兩零；未完五分六釐，銀四十九萬六百六兩零。計今届已完分數，比較道光九年多完九釐。

比較道光十年應徵積（欠）〔年〕地丁銀七十八萬六千六十八兩零，截至道光十一年五月底止，已完三分七釐，銀二十九萬二千一百二十二兩零；未完六分三釐，銀四十九萬三千九百四十五兩零。計今届已完分數，比較道光十年多完一分六釐。

（清）林則徐《林則徐全集・奏摺卷・江淮等屬熟田舊欠錢糧請分別緩徵摺道光十五年十二月二十六日》 奏爲查明江、淮等屬熟田舊欠錢糧未能同時並納，仰懇聖恩，分別緩徵，以紓民力事。

竊照本年江寧、淮安、揚州、徐州、海州等府州屬，除被水被旱歉收之區應帶道光十一年起至十四年舊欠銀米，業於秋災情形案內奏蒙恩准緩徵外；其成熟田地節年舊欠錢糧，例應按限啓徵，前據各屬以頻年積歉，民力難支，詳請分別遞緩，當於秋災摺內聲明另行確查，專案具奏，並經飭司竅實勘辦去後。茲據江寧布政使楊簣具詳，覈明各屬應緩年款，詳請具奏前來。

臣等伏查道光十五年江寧、淮安、揚州、徐州、海州等屬應徵熟田舊欠，內除桃源、東臺二縣暨揚州衛全係坐落本年災區並無帶徵外，其餘各州縣衛熟田舊欠錢糧；凡應行啓徵者，業已分別剔除，仍令照常徵收，不准藉詞宕延。此外各款，或因毘連災區，或因連年積歉，若以一歲之所收完納積年之逋欠，民力實有未逮。既據該管府州覆加體察，由司查無捏飾，自應准其分別遞緩，以恤民艱。

合無仰懇皇上天恩，俯准將上元縣未完道光十三、四年災緩初限暨十一、十二等年舊欠銀米，以及歷年加津銀兩；江寧縣除應徵外，其餘各年災熟舊欠錢糧；句容縣道光十一年起至十四年止，地漕蘆屯各項災熟積欠銀米，及嘉慶二十三年起至道光十四年止，未完民欠加津銀兩；高淳縣道光十一年蠲賸並勘不成災二限銀米，及十一年蠲賸三限銀米，又十三年蠲賸並勘不成災二限銀米；江浦縣道光十一年起至十四年止，各年舊欠災熟民衛蘆課加津銀兩，漕屯等米，及嘉慶十三、十四、十九、二十、二十五年，道光元、四、五、十等年加津銀兩；六合縣道光十四年民欠熟田，並道光十一年起至十三年止，未完民衛熟田銀米錢糧，並加津銀兩，又道光十一、二、三、四等年未完災熟蘆課錢糧，及嘉慶元年起至道光十年止，未完加津銀兩；山陽縣道光十一年起至十四年止，未完災

熟各款銀米，以及墊完民欠兵米；阜寧縣道光十一年起至十四年止，各款災熟舊欠銀米；清河縣道光十一年起至十四年止，因災遞緩以及熟田未完銀米；安東縣各年災熟舊欠錢糧；鹽城縣各年積欠災熟銀米，並借領籽種濬河等款銀兩；高郵州道光十一、十二年舊欠，及十三年遞緩初限銀米，又歷年災緩津貼銀兩；泰州道光十一、二、三等年災熟，並十四年初限銀米；江都縣道光十一年起至十四年止，未完地蘆災熟銀米；甘泉縣道光十一年起至十四年止，災熟舊欠銀米，又歷年災緩津貼銀兩；儀徵縣道光十一、〔十〕二、三、四等年積欠災熟錢糧漕米；興化縣各年災熟舊欠銀米河銀；寶應縣東鄉道光十二、十三兩年災緩銀米；銅山縣道光十一、十二、十三年及十四年二限災緩銀米，並攤徵水利各款，豐縣道光十一、二、三年舊欠錢糧；沛縣除應徵外，其餘道光十一、二、三、四等年積欠錢漕；蕭縣各年舊欠銀米，及水利銀兩；碭山縣道光十一、十三兩年地漕正攤錢糧；邳州道光十一年舊欠錢糧；宿遷縣道光十一、十三、十四等年災熟地漕銀米，道光十二年已未辦初限銀米，及復熟二限地漕銀米水利等款；睢寧縣險應徵外，其餘各年舊欠錢糧；海州道光十一年並十二、三、四年二限舊欠錢糧，暨未完挑河夫工銀兩；沭陽縣上年成熟各鎮保道光十一年熟田舊欠，及災緩二限地漕漕價河租等款，又上年被災各鎮保道光十一年起至十三年止，並十四年二限舊欠各項災熟錢糧，又道光十一年春，出借秫秫抵穀；概請緩至道光十六年秋成後分別啓徵，以紓民力。其淮安、大河、徐州三衛屯田，應請隨同坐落州縣一律辦理。俟飭造應徵應緩款册，另行咨部。

再，蘇、松等屬道光十一年至十四年舊欠等銀並災緩漕米，前已奏准悉照分徵成案，概予緩至道光十六年秋成後起，每年帶徵最遠一年。惟各屬本年歉田所欠道光十四年熟田漕項，及上海、川沙、陽湖、江陰、靖江、金壇、溧陽、太倉等八州廳縣本年熟田所欠十四年熟田銀兩，均以民力維艱，即設法催追，誠恐完納不前，應請分別緩徵。由署藩司裕謙轉詳到臣，細加體察，亦係實在情形，並懇聖恩，准其同十四年災緩銀兩一併展緩帶徵，俾免拮据。

所有熟田舊欠錢糧未能同時並納，懇請緩徵緣由，謹合詞恭摺具奏，伏乞皇上聖鑒訓示。

至高淳、邳州、海州、沈陽四州縣，今秋雖未被歉，而收成實形減色，兼因歷被災歉之區，民情困苦，查係實情，是以將該州縣等應行帶徵舊欠，彙入各屬緩帶案内一律查辦，合併陳明。謹奏。

（清）張之洞《張之洞全集》卷五《奏議・加徵土藥税片光緒二十五年十二月二十九日》 再查宜昌關税專恃土藥一宗，與他關以貨税爲主，土藥只屬一端者迥然不同。近年以來，該關每歲僅收税銀四十萬兩内外，乃指撥之款屢次加增，以入抵出，不敷甚鉅。而鄂省本年撥補鹽釐無著之款甚多，近又加派鎊價不敷銀二十四萬五千兩，東北邊防五萬二千兩，收少撥多，更無挹注之方，該關非加徵土税，斷斷無從湊解，正在議詳具奏間，准户部咨奏准籌款六條内，有加徵土藥税釐三成一條，復經轉飭核議詳辦。查湖北土藥，來自川滇，其行銷有水陸兩路，陸路土藥商販經行之處，毗連湖南陝西各省，山路紛歧，如驟議有加徵，必致多方繞越，查不勝查，税收反更有減無增。且各省情形不同，亦恐不能畫一，應俟詳加籌議另行酌辦。至水路行銷土藥，均由川省乘用長江輪船運銷，經過宜昌洋關報完税釐，沿江直下，若上下游一律照加，自然無可繞避。擬即遵照部章將土藥税加徵三成。查宜昌關上游有四川重慶關，川省爲産土之地，土商定必籲懇輕税，其如何辦法，應聽川省自行斟酌。如川省一時尚未議定，宜昌關即先行遵章加徵，尚可無礙，未便停待。惟下游上海、天津、寧波、汕頭四關最關緊要，必須同時舉辦。如下游別省不加，僅止鄂省宜昌關獨加税銀，土販繞道趨避，必至全無收數，相應請旨飭下總理衙門户部催令下游各關照加，並令總税務司分飭滬津寧汕各税司遵辦一律加徵，以裨餉需。至宜昌關税專指土藥一項與他關情形不同，且指撥各款太多，不敷撥解，此項加徵税銀，自應仍留該關湊解部撥各項並撥補鹽釐不敷之用，邀免另提解部，俾免貽誤。

（清）張之洞《張之洞全集》卷五《奏議・整頓田房契税摺光緒二十五年十二月二十九日》 竊照湖北自鹽釐抵還洋債以後，户部撥補之款不敷至銀數十萬兩，又益以加撥東北邊防五萬二千兩，加撥鎊價二十四萬五千兩，添撥兩關税務司十萬兩，舊案四國洋款加價不敷一萬數千兩，數月以來，臣等督飭司道迭次籌議，即使明年户部撥補皆係有著，短絀實款亦在四十萬兩以外，況有著者目前未必據有實銀，斷非騰挪推緩所能支持，且

庫中各款俱竭，即騰挪亦無從措手。近又屢奉諭旨，練兵固圉，籌辦江防，尤應欽遵。於武備實力經營以備不虞，軍實所需亦必須酌增新餉，是非實有開源之法不可。惟今日物力困敝，籌餉尤難，體察鄂省情形，諮訪衆論，擬有籌辦之法三條。一、整頓田房契税。一、抽收煙酒糖税。一、加徵土藥税釐。三事並舉或可得有大宗的款，以資補苴。查湖北田房税項，每年所解正税盈餘不足萬兩，以通省六十八州縣計之，何止此數，而税收如此之微者，一由於民間多以白契成交不肯投税。一由於民間雖經投税，多乘地方官交卸之時，減收契税，僅蓋縣印，並未照例請粘司印契尾。一由於書吏包繳，乾没亦多，官吏相沿，視爲陋規，輒視此項印税爲固有之利，層層中飽，以民間隱匿串減而税去其一，書吏攬契包繳，而税又去其一，州縣不盡報解而税又去其一，致税收甚屬寥寥，三弊迭乘而契税盡矣。今欲一清積弊，莫若由司頒發契紙。查湖北各府縣向多由官刊發契紙者，茲擬變通辦法，毋庸再粘契尾，改由藩司善後局刊刷三聯契紙，蓋用藩司印信，編立號數，令善後局會同經理以杜司吏需索之弊，先行發交各州縣若干張存儲備用，將用盡時即先赴省續領，庶隨時皆有司契可便民用，由各州縣選派公正紳士設局經理，不假吏胥之手，以免擾民，局紳不管他項公事，不責令攻訐舉發致歛衆怨，祗專助官清理契據，取其與民交接其情易通。嗣後民間賣買田房，一經成交，業户即自行赴局投税，請領司印三聯契紙，照式填寫，於契内騎縫價值數目上加蓋縣印，將中一聯截發業户收執，上一聯賫司稽核，下一聯留縣存查，各處皆可參觀覆對，税收視契價而定，不致有報多報少之事，如此則以後民間無不用司契之産，州縣自無私税匿報之弊，而税款可期核實矣。惟是税契一事，有積習相沿，須量爲從寬之處，亦有鄉民不便須設法體恤之處，總期於籌餉之中，仍寓恤民之意，茲定有簡明章程十條：

第一條，遵旨酌定年限查辦契税。光緒元年以前，白契未税者，令領新契免其照例罰半充公，並免其補税。元年以後未税者，亦免其罰充，但令照章補税。

第二條，舊契但有縣印而未粘司尾者，令換新契並不再税其地價，在錢五十串以上者繳契紙費銀二錢，價在百串以上者繳契費三錢二分，地價再多亦不加費，其價在五十串以下者領契免費。查税契定例，應粘司尾，此等無尾之契，乃州縣交卸減價，田主已占便宜，今令換司契，法所當然。契尾之費，鄂省向係制錢一串内外，新章極力減少，此費係爲契紙工本及局用之需，大約僅止敷用，如有盈餘，解省充餉。

第三條，舊契已粘司尾者，免其換領新契，以省煩擾。

第四條，祖産相傳，田地房屋管業已久，或契據遺失，或兄弟分産，或山改爲田，或屋拆爲地，此類甚多，但有糧串及他項簿據，里鄰周知者，並不追究。其願補領新契與否，聽其自便。如願補領，須有鄉鄰具保，只繳契費不令納税。

第五條，自己之地造屋者，無論城市鄉鎮，其地如已有契，房屋斷不另行查契。

第六條，不派書差勒傳，亦不派紳士挨户清查，但出示曉諭，並令地保沿街鳴鑼傳知，不准入業户之門，自無騷擾。

第七條，舊契無司尾者，但將新發司契粘貼舊契之前，其舊契仍在。將來業户買賣，自可查對，不至有謄寫錯誤，詭詐滋訟諸弊。

第八條，凡舊日未粘司尾之契，領換新契者，限於六個月内一律領换。以後田産詞訟，如新契未用司契者，或舊契未粘司尾者，官司斷案不以爲據。至六個月之限，爲期甚寬，或於完錢糧之便入城换契，或自來城或託親友，均聽其便，或有貧富孤寡無人，距縣過遠，以致换契逾限者，該處紳者查明屬實，稟縣從寬。

第九條，四鄉向有徵糧分櫃者，准其託鄉櫃代换，意在便民，免其入城跋涉，其向無鄉櫃者，如鄉民嫌入城較遠，紳耆公議願在四鄉設分局者，州縣體察民情酌辦。由鄉局將原契送城查驗，印發新契。自願入城領契者，聽城局限次日發還，鄉局限十日内發還。

第十條，應完正税，應繳契費之外，如有官紳吏胥藉端需索者，告發嚴參罰辦。以上十條皆係參酌民情，事事從寬，期於通行無礙者也。至徵收税契銀兩歷有舊章，仍飭各州縣照章徵收，不得因設局清查，藉此加徵分釐。查此項契税久歸中飽，現經設法整頓，地方官已將從前所得陋規和盤託出，惟各州縣公務繁重，即此項契税查辦收解，及設局一切之用在需費，必須酌予寬恤，令其足敷辦公，始足以養其廉，不致別滋流弊。且州縣向來所沾潤究係取之盈餘，與侵蝕正賦者尚屬有間。擬將所收税銀，除

額徵正税，仍飭各州縣照案批解司庫外，所徵盈餘銀兩准於三分之中，酌提一分，留爲州縣辦公之需，似此寬其既往，嚴其將來，並爲之留餘地，使不致辦公竭蹶。儻復敢隱匿侵蝕，嚴加懲儆，斷不寬貸。庶幾往年積弊爲之一清，歲收盈餘當可增多數倍，此整頓契税辦法也。其酌抽煙酒糖税及加徵土藥税兩事章程，各有不同，所有詳細辦法，於此次另片奏陳，以清眉目。正據司道查詢各屬詳議章程，會詳請奏間，適准户部咨以洋債軍餉兩項需款不敷甚鉅，奏准籌款六條以資周轉，其中即有整頓田房契税及加徵煙酒土藥釐税三條。臣等伏查湖北情形實與他省不同，撥補無著已鉅，加撥之款尤多，要餉固難，貽誤練兵亦不可緩，不得已督同司道悉心籌維計，惟有整頓契税及酌抽煙酒糖税加徵土藥税三款，或可爲鄂省外應洋款，内顧軍餉各項之用，現在甫籌開辦，究竟各項收數能否集成鉅款，尚難預必，第既有此項來源，要可藉資周轉，惟念湖北半年以來，苦思經營，原爲湊補不敷之用，隨准部咨籌款六條，亦以此三項爲言，湖北籌之於先，部咨繼之於後。如部臣以爲係由部飭籌之項，飭仍提解部庫，則鄂省撥補不敷各款，又將束手無策，勢不得不仍請由部改撥，恐部臣仰屋爲難，亦必無實款可撥，往返推延，徒致貽誤。自惟有請將此三款俱留湖北本省，湊供不敷各款，且所供者最要之款，即係京餉荆州滿餉武衛中軍餉東北邊防餉甘餉及洋款各項，實與提解部庫無異，亦與部文籌備洋款軍餉之原意相符。況部文加徵者，乃煙酒釐金，現已照新章加徵，此次所抽者乃煙酒糖落地產地税，與部文所加釐金不同，至宜昌關税止有土藥一項，其百貨皆係轉口，屢次部撥各餉皆係取給於藥税一款，自不在提解之列，合併聲明。合無仰懇天恩，俯念湖北各款短絀過鉅，地處長江上游，江防重要，練兵尤亟，更當欽遵趕辦。准將新籌契税並另片所陳抽收煙酒糖税及加徵土藥税，一併留供本省各項不敷及練兵新餉之用，地方幸甚。

硃批：户部覈議具奏。片二件併發。欽此。

（清）張之洞《張之洞全集》卷五《奏議·加徵煙酒糖税片光緒二十五年十二月二十九日》　再湖北現因各款短絀，整頓田房契税及抽收煙酒糖税以資補苴，除籌辦契税另摺奏陳外，查煙酒糖三項，湖北本省各屬多有出產製造之區，其外省販運來鄂，落地行銷者亦廣，因思煙酒糖不過供人嗜好之物，並非貧民日用所必需，較之糧米百貨迥不相同，自可酌量加抽税項。查光緒二十年，曾准部咨行，令煙酒加收三成，茶糖加抽二成，當經遵照加抽，奏報在案。惟前次及此次部章加抽，係指各釐局所收過境之釐，並未於出產之處就地徵税，亦未於行銷落地之處抽捐。茲擬除過境釐金照章加抽，現於販運過境者概不過問外，飭令各州縣並委員於出產地方，商販繁盛行銷市鎮，設立專局，專就煙酒糖三項，分別出產落地，酌抽税項。此與部章加徵過境釐金辦法兩不相涉，就市價之低昂，定抽税之多寡，總以不及其價十分之一爲度。所有本省出產煙酒糖一經報完税項，粘貼印花，准其運往各處行銷。但於起坡處所，赴局報驗，不令重完。其外省煙酒糖運來本省行銷，應完落地税者，令其赴坡報由局中查驗，照章完税，方准銷售。此項抽收税款雖取之於商販之人，而仍係食户之所攤派，散之全省，於民間本無大累。況煙酒糖三項皆非日用所必需，即使此次抽税價值稍昂，亦於窮民生計斷不至於有礙。惟創辦伊始，現在所定抽税章程，將來應否增減，應俟試辦數月以後，酌度情形再行妥定畫一章程，奏咨定案。至此項產地税落地税，係在部章加抽釐金之外，湖北撥款日增，需餉尤急，種種支絀情形，業經臣於整頓契税摺内詳細瀝陳。相應仰懇天恩，准將此項煙酒糖税留供本省不敷各項要需，以資接濟。

（清）趙爾豐《川邊奏牘·關外牧場請薄徵馬牛羊捐税摺光緒三十四年》　奏爲關外牧場請徵馬牛羊税，恭摺具陳，仰祈聖鑒事：

竊查德格、春科、高日三土司地方改土歸流，所有民間耕種地畝，應徵之糧，經頭人百姓懇請，援照巴塘、理塘等處章程，分爲三等：上等地下種一斗，納糧一斗二升，中等地下種一斗，納糧一斗，下等地下種一斗，納糧八升。該民等每年將下種實數開報，照章納糧等情。臣查巴、理徵糧章程，曾經奏咨在案，自應準其援案辦理。惟該民等均稱：關外地土耕種少而牧畜多，從前土司於種地徵糧之外，並於牧場徵銀多寡不齊，一年之内，或徵一二次、三四次不等。每牛馬一頭，或徵銀一二錢、三四錢無定。以及牛羊皮、肉乳酥等項，無不誅求。且令百姓自備口糧，爲之供應牛差、馬差、步差等事，請將徵收牛馬羊税銀改訂，以紓民困。臣即飭該頭人、百姓公議酌定。嗣據稟復：凡民間所養牛馬，除不及二歲者免税外，其餘每頭年納藏元一角，合市秤銀八分，羊十只合牛一頭納税等情前來。臣以該蠻民等壓制於土司虐政，曆數百年，其弊可憫。茲既改

流，自應示以寬大之政，除準照所議外，並定章程，養牛僅十頭，馬二匹，羊十只者不納稅。其畜牧多者，以免其牛十頭，馬二匹，羊十只，此外方始抽稅，以示體恤。復宣佈朝廷德意，照巴、理等處，將一切雜差，概予裁革。以後如用烏拉，無論何人，按站給予脚價，群皆歡忻鼓舞，願照章上納。不惟此也。如江卡、貢覺、乍丫、左貢、桑昂，察木多等處，各蠻民無不稱羨德格、春科、高日三處百姓，從此皆安享優待之福，而企望早爲改流之心愈形急切。故凡臣所到之處，勸令興學，百姓人人樂從，爭將其兒女名姓開出，送由頭人呈遞，似較巴、理辦學之始，尤易十倍。其歸誠之心，於此益見。將來涵濡漸染，群情觀感，不難遍及於西陲。除章程咨部立案，並飭各屬委員遵辦外。所有徵收德格等處牧場馬牛羊稅緣由，理合恭折具陳，伏乞聖鑒。訓示。

再，巴塘、理塘等處畜牧之地，將來擬一並照此收稅，合併陳明。

謹奏。

奉硃批：著照所請，該部知道。欽此。

（清）趙爾豐《川邊奏牘·鄧科地方抽收茶稅片光緒三十四年》 再，查鄧科地方，乃前德格、春科、高日三土司屬地，交界之所，有大河一道，即金沙江之上游，與西寧接壤。漢蠻商人由打箭爐販買川茶，運往西寧邊地售賣，經過此河，即由鄧科之竹旦直卡渡口及石渠之夕牛渡口兩處過渡，該處頭人喇嘛私收過渡釐金，又添收一分。查此項川茶，自打箭爐上納關稅之後，運往蠻地銷售，向由該頭人喇嘛私抽。臣恐有礙川茶銷路，本擬禁革。嗣經臣奏明將土司改土歸流，委員管理地方，該茶商人等懇稱過渡厘金土司管轄之時，上納年久，近又被喇嘛橫徵强取。茲改設漢官，免去喇嘛一分，商人深爲感激。請將土司從前所抽者，仍願照舊上納歸官。況每茶一馱，計值銀二十兩，今只納銀四分，爲數無多，且沿途皆賴兵勇保護，納此微釐，實出情願等情。臣查所納釐金原屬甚微，無裨邊用，而該商等甘願上納者，蓋欲遇事官爲維持，經行蠻地，方可無虞。自應準如所請。即飭鄧科委員照收，如有險難，由駐防營勇保護。惟該處過渡，嚮用皮船，每次只能運茶一二馱，且河水洶涌，失事堪虞。現飭委員由內調雇船匠赴鄧科修造木船，以利行旅，而便商運。所有造船費用及水手口食串票等費，即在所收茶釐項下作正開支，每年徵銀計在一千兩上下，撥作邊務常年經費。仍將收支數目，據實造册報部，除將抽釐章程咨部外，理合附片陳明，伏乞聖鑒。謹奏。

奉硃批：著照所請，該部知道。欽此。

（清）趙爾豐《川邊奏牘·德格等處宣統元年分徵收雜稅片》 再，德格、春科、高日三土司地方，及靈葱土司所屬之朗吉嶺四村，去年經臣奏請改土歸流，派員徵收糧稅。於德格地方，派德格委員一員，白玉委員一員，同普委員一員。因其時人員不敷派遣，同普一員即以駐防之防營代辦，所徵糧稅歸併德格委員匯報。又於德格、春科、高日交界之處，派鄧科委員一員，石渠委員一員，並將朗吉嶺四村歸併鄧科委員管理。各處糧稅，均係臣在德格剿辦逆匪時，經各處頭人、百姓等用具下種多寡，並所養馬牛羊數目清册呈送備案。委員請查，亦屬相符。嗣於十月內臣赴察木多照料川兵進藏，特派委員徵收糧稅。茲據各委員將宣統元年分徵糧變價及馬牛羊稅造册前來。共計收市平銀三萬六千二百七十四兩六錢四分一釐二毫八絲。該各處委員司書、翻譯、巡丁、蠻保正等薪資口食，及德格土司多吉僧格改爲世襲都司，奏明年給養贍庫平銀三千兩各款，均在糧稅項下開支，隨案報銷。除開支外，實存庫平銀二萬八千八百四十一兩一錢二分七釐六毫二絲八忽八微，臣復查無异。即將實存銀兩撥充邊務經費。除造具收支清册，咨部查照外，所有德格等處宣統元年分徵收糧稅緣由，理合附片具陳。伏乞聖鑒。訓示。謹奏。

（清）丁日昌《撫吴公牘》卷一三《會銜裁撤鋪捐告示》 爲出示曉諭事。照得現在城鄉市鎮，鋪捐日少，而員董局費，依舊如故，無益於軍餉，而有損於民生，亟應裁撤，以節浮費而甦民困。本部堂本部院會商意見相同。現飭蘇州牙釐局自六月初一日爲始，將所屬城鄉市鎮鋪捐全行裁撤，如有員董胥役，暗中抽取需索，准該鋪户隨時控告，以憑嚴辦，切切特示。

附函

敬肅者。十九日肅達寸啓，旋於是晚奉十六日鈞諭，敬悉一是。連旬陰雨，前數日猶覺無礙，今則低田一望汪洋，秧苗皆壞，猶復雨脚如麻，不能斷絶。蘇人咸云近年以來，無此大水。某早晚祈禱回署，輒有鄉老多人，跪在泥塗，僉稱城市鄉鎮店鋪，自三月以來，淫雨不止，生意毫無，

而鋪捐絲毫不能短少，是以近時店鋪，日少一日。且卡捐尚有委員作主，鋪捐則係董事經理，高下其手，受害尤深，若蒙寬免，天將不禱自晴等語，言畢淚零。某告以督撫正在商辦免減鋪捐，爾輩不日即有生機，無庸疾首蹙額，渠等始悵悵而去。查蘇省兵燹之餘，鄉村市鎮百姓復業者，十無四五。偶開市鋪，不過小本經營，若令稍有盈餘，則食物自可日賤。逃亡在外者，亦可逐漸言旋，此爲規復元氣第一要務。況行商儻若虧本，生意即可不做，生意不做，釐金即可不完。鋪捐則無論有無生意，但開一日店，即要一日釐，百姓生機安得不日見日蹙乎。某昨曾微行蘇常各屬，親見窮民菜色鵠形，父老晚餐，有以鹽送粥者，詢何以不買魚菜。答曰，鋪捐重，物價高，買不起也。即此一端，足見鋪捐之有礙窮民生計。

（清）鄭觀應《盛世危言》卷一《稅則》　自道光二十二年，大開海禁，與各國立約通商，洋人各貨進口，納稅後，始由華商運販各地，過關祇按估價，每百兩加稅不得過於五兩。維時當事不知中國稅額，輕於各國四五倍或七八倍，故立約甚輕也。迨後天下多事，始創榷貨抽釐之制，藉資軍餉。釐捐最旺時，歲收二千萬，今雖稍減，亦有一千五百萬，取於商者甚微，益於國者甚大，較之按畝加賦，得失懸殊，無如法久弊生，或因辦理不善，或因設卡過多，避重就輕，遂訂子稅之説。

查初辦賠捐時，洋人之貨，亦在各子口徵課，尚無異説。迨咸豐八年十一月，中西重訂條約，始定洋貨土貨，一次納稅，可免各口徵收者，每百兩徵銀二兩五錢，給半稅單爲憑，無論運往何地，他子口不得再徵，其無半稅單者，逢關過卡，照例納稅抽釐，斯乃體恤洋商，恩施格外，較之華人，其獲厚利矣。於是洋商獲利，華商裹足不前，追令納費，洋人論釐捐之輕重，納報費之多少，託其出名認爲己貨，如洋人虧空，凡代華商報關之貨，不能控追，及代華人出名在租界所買之地，亦弄假成真矣。

洋商坐收其利，有代華商領子口半稅單者，有洋商洋船裝運洋藥各貨者，有代用護照包送無運照之土貨者，且同一土貨由香港來，則准其報半稅無釐捐，若由粵省來，則不准報子口稅，必報釐捐。同一洋貨，在洋人手則無釐捐，在華人手則納釐捐，無異爲淵驅魚，爲叢驅雀，不獨譸張爲幻，流弊日多，且先失保護己民之利權，於國體亦大有關礙也。

查香港、澳門無徵收釐捐之例，商賈多樂出其途，爲今之計，不如裁撤釐金，加徵關稅，其販運別口者仍納華稅，華洋一律徵收，則洋人無所藉口，華商不至向隅，似亦收回利權之要道也。或慮西人不允，請俟换約之歲，預先叙明，如有不利吾民，有礙吾國自主之權者，准其隨時自行更變，以預爲日後酌改地步，況據《公法便覽》第三章，論邦國相交之權，及款待外國人民之例，注説甚明。其二節云：凡遇交涉異邦客商一切章程，均由各國主權自定，實於公法脗合，彼雖狡悍，亦可理以折之也。

歷考泰西各稅額，大致以值百取二十，或取四十、六十爲率，最多則有值百取百者，美國進口貨稅值四徵三，商雖非之，然不能違抗，亦有全不徵稅，蓋於輕重之中，各寓自便之計。如洋酒煙捲等物，外洋徵稅極重，在國中列肆賣煙酒者，尚需納規領牌。今中國和約，凡進口之呂宋香煙、洋酒，只充伙食，概不納稅。查中國通商章程第二段，凡有外國金銀各等銀錢、麵粟米粉、砂穀麵餅、熟肉熟菜、牛奶、酥牛油、蜜餞，外國衣服、金銀首飾、攙銀器、香水、鹹炭、柴薪、外國燭、煙絲、煙葉、酒家用船用雜物、行李、紙張、筆墨、氈毯、鐵刀、外國自用藥料、玻璃器皿、各物進口，皆准免稅。查泰西俱無此例，尤屬不公。

日本稅關，俱用土人，凡船用家用煙酒等物，照例納稅，往時出口稅重，進口稅輕，出口貨少，進口貨多，今則反是。凡所需外來之物，皆仿西法，自行製造，且免稅或減稅出口，使商務日旺，進款日多。我國無業者衆，更宜設法仿行。又查日本來往貨物，必須盡由海關碼頭，上棧驗稅後，方可放行，不准零設碼頭。內地各口，已無洋船來往，嚴禁鴉片，不准入口，租界巡捕房，各國書信，俱歸日人經理云。今宜重訂新章，一律加徵。

又如中國各種煙酒、珠玉、古玩等物，本非日用所必需，雖加數倍，亦不爲過。查旱煙、水煙、净絲、皮絲、黄條、青條，各種歲銷數十萬箱，亦可謂鉅矣。而土貨出洋者，稅宜從輕，最妙莫如出口全行免稅，進口則加重，庶己貨可以暢行，而來貨自行壅滯，然恐一時難於辦到，則加重入口稅，減輕出口稅，似宜並行者也。凡我國所有者輕稅以廣去路，我國所無者重稅以遏來源，收我權利，富我商民，酌盈劑虛，莫要於此。總之，泰西稅法於別國進口之貨稅恒從重，於本國出口之貨稅恒從輕。

查出口茶，雖至粗者，每百觔價值十兩，亦須納正半稅關秤銀七錢五

分三兩，連所收釐捐，是值十抽五矣。進口貨至貴者，例不過每百抽五，有失利權，大損國體。或全免出口之税，今日本已倣行之矣。其税於國中者，煙酒兩項特從其重，他貨或免或輕，專以遏別國之利源，廣本國之銷路，便吾民之日用生計爲主。其定税之權，操諸本國，雖至大之國，不能制小國之重輕，雖至小之國，不致受大國之撓阻。蓋通行之公法使然也。其或某國重收本國某貨之税，則本國亦重收某國之税以相抵制，某國輕收本國某貨之税，則本國亦輕收某國某貨之税以相酬報，此又立國互立之法也。即此而推因時制變之機權在是矣。

當日海禁初開，華人不諳商務，一切船隻之進出，貨物之稽徵，皆委洋人經理。京都特設總税務司，凡各口海關則設正副税務司，幫同監督，經理権政，税務司下又有幫辦，自頭等以至四等，每等皆分正副，此外更有扞手，皆以西人承充，惟通事及辦理漢文之書啓，徵收税項之書吏始用華人。夫中外通商數十餘載，華人亦多精通税則，熟悉約章，與其假手他人，袒護彼族，何若易用華人之爲愈乎？

或謂華人誠實者少，狡猾者多，用之恐滋弊竇。不知税則既定，中外通行，耳目衆多，觀瞻所係，非若各省釐卡貨税之數，彼此不符，雖有奸胥，安能舞弊。應請明定章程，三品以上官員，曾任關道，熟悉情形者爲總税務司，其各税司幫辦等皆漸易華人，照章辦理，庶千萬巨款，權自我操，不致陰袒西人，阻撓税則，不特権政大有裨益，而於中朝國體，所保全者爲尤大也。

（清）鄭觀應《盛世危言》卷一《公法》 公法者，萬國之大和約也。中國爲五洲冠冕，開闢最先，唐虞三代，相承爲封建之天下。秦併六國，改爲郡縣，歷漢唐以迄今，莫之或易，其間可得而變易者，宗子之封藩，疆域之分合也。其雖變而莫之或易者，概不得專禮樂征伐之權也。然均有相維相繫之勢，而統屬於天子，則一也。統屬於天子一，故内外之辨，夷夏之防，亦不能不一。其名曰有天下，實未盡天覆地載者全有之，夫固天下之一國耳，知此乃可與言公法。

公法者，彼此自視其國爲萬國之一，可相維繫而不能相統屬者也。可相維繫者何，合性法例法言之謂。夫語言文字，政教風俗，固難強同，而是非好惡之公，不甚相遠，故有通使之法，有通商之法，有合盟合會之法，俗有殊尚，非法不聯。不能相統屬者何？專主性法言之謂。夫各國之權利，無論爲君主，爲民主，爲君民共主，皆其所自有，他人不得侵奪，良以性法中，決無可以奪人，與甘爲人奪之理。故有均勢之法，有互相保護之法，國無大小，非法不立。《爾雅・釋訓》云：法，常也，可常守也。《釋名》曰：法，偪也，偪之使有所限也。列邦雄長，各君其國，各子其民，不有常法以範圍之，其何以大小相維，永敦輯睦，彼遵此例以待我，亦望我守此例以待彼也。且以天下之公好惡爲衡，而事之曲直，登諸日報，載之史鑑，以褒貶爲榮辱，亦擁護公法之干城。故曰：公法者，萬國一大和約也。

今泰西各國，兵日強，技日巧，爭雄海陸將，環地球九萬里，莫不有火輪舟車。我中國海禁大開，講信修睦，使命往來，歷有年所，又開同文館習西學，譯公法，博考而切究之，如此詳且備矣。然所立之約，就通商一端而言，何其矛盾之多也？如一國有利，各國均沾之語何例也？煙台之約，強減中國税，則英外部從而助之，何所仿也？華船至外國，納鈔之重，數倍於他國，何據而區別也？中國所徵各國商貨關税甚輕，各國所徵中國貨税皆務從重，何出納之吝也？

聞鴉片在孟加刺每箱徵銀六十磅，中國税銀十磅，中國出口茶税每箱徵銀百元之七五，不足一成，至英人入口，所徵不下四五成，即茶與鴉片較之，其公道爲何如？外國人至中國不收身税，中國人至外國則身税重徵，今英、美二國，復有逐客之令，禁止我國工商到彼貿易工作，舊商久住者，亦必重收身税，何相待之苛也？種種不合情理，公於何有？法於何有？而公法家猶大書特書曰，一千八百五十八年，英、法、俄、美四國與中國立約，嗣後不得視中國在公法之外，又加注而申明之曰，謂得其享公法之利益，嘻！甚矣欺也。然則如之何而可？曰，約之專爲通商者，本可隨時修改，以圖兩益，非一成不變者也。

税餉則例，本由各國自定，客雖強悍，不得侵主權而擅斷之。宜明告各國曰，某約不便吾民，某税不合吾例，約期滿時，應即停止重議。其不專爲通商者，則遣使會同各國使臣，將中國律例合萬國公法兩兩比較，同者彼此通行，異者各行其是，無庸越俎代謀，其介在異同之間者，則參稽互考，折衷至當，勒爲通商條例，會立盟約，世世恪守。有渝此盟，各國

同聲其罪，視其悔過之遲速，援賠償兵費例，罰鍰以分勢各國，若必怙惡不悛，然後共滅其國，存其祀疆，理其地，擇賢者以嗣統焉，庶公法可以盛行，而和局亦可恃久矣。

雖然，公法一書，久共遵守，乃仍有不可盡守者，蓋國之強弱相等，則藉公法相維持，若太強太弱，公法未必能行也。太強者如古之羅馬，近之拿破崙第一，雖有成有敗，而當其盛時，力足以囊括宇宙，震曡羣雄，橫肆鯨吞，顯違公法，誰敢執其咎？太弱者如今之琉球、印度、越南、緬甸千年舊國，一旦見滅於強鄰，諸大國咸抱不平，誰肯以局外代援公法，致啓兵端？不特是也，法爲德蹶，俄人遽改黑海之盟，法無如之何也。土被俄殘，柏林不改瓜分之約，各國無如之何也。然則公法固可恃，而不可恃者也。且公法所論，本亦游移兩可，其條例有云，倘立約之一國明犯約内一款，其所行者與和約之義大相悖謬，則約雖未廢已有可廢之勢，然廢與不廢，惟在受屈者主之，倘不欲失和，其約仍在，兩國當照常遵守，至所犯之事，或置而不論，或諒而概免，或執義討索賠償，均無不可。由是觀之，公法仍憑虛理，強者可執其法以繩人，弱者必不免隱忍受屈也。是故有國者，惟有發憤自強，方可得公法之益，倘積弱不振，雖有公法何補哉？噫！

（清）陳熾《庸書·税則》 税則者，國家自主之權也，非他國所得把持而攙越者也。泰西諸國雖弱小如瑞士、丹馬、比利時，至弱至小如塞爾維亞、門的内哥之類，苟尚能守其社稷，則税則之或輕或重，無不由國君自主之。何項應增，何項應減，祇須先期一年，知照各國，各國之商於其地者，帖帖然無異辭也。各國使臣之駐其國都者，亦唯唯然無異議也。即或賦斂繁重，商旅裹足不前，惟有婉與商量，諷其更改，從無用兵相挾，下旗竟去之事，蓋西例然也。既已商於其國，受其保護，分其利權，自應静候稽徵，輸納税課，此人情天理，非可憑恃勢力，強人所以難也。

中國當道光之間，勉強行成，情形隔膜，誤將税則載入約章。夫條約所載者，兩國之公權也，太阿倒持，授人以柄，九州之鐵，鑄錯竟成，非惟中國所未聞，抑亦西人所不及料矣。日本與泰西立約，受弊略同。十五年春日本換約，日使密商中國，共議變更，曾紀澤聞而欣然，亟欲乘機改定；而總署昧於操縱，畏難苟安，拒而不納。故日英和約僅增一則，曰日本如有急需，可酌增進口税，惟不得逾值百抽三十之數，彼改而我仍不改也。

夫泰西各國，上下一心，保護商民，無微不至。而税則一事，隱操輕重之大權，其出口税必輕，輕則成本不貴，本國商人之獲利者多也；其入口税必重，重則物價過昂，本國諸民人之愛異物者少也。至如印度之茶，花旗之布，税均免抽，以廣銷路；湖絲入美，值百兩者，徵税六十兩，保富恤商，用意深遠。中國不爾也，出口税重，此外猶百計誅求；進口税輕，他物仍百端規避。以致華商假人牌號，三聯税票，充斥江河，國計民生兩受其弊。而猶因循顧畏，侈語懷柔；不至爲淵敺魚，爲叢敺雀，盡敺華人爲洋人，其事不止。或曰欲改税則，其如各國不從何？而無足慮也，定議十年換約，本慮彼此有不便之端，今之三聯單入口税，不便於中國也深矣，既有換約之權，即有改章之力，此公理之可持者也。

中國商務，英人十居其七，各國共得其三，則至要者英也。俄人窺伺朝鮮，禍機寢亟，英人聯絡中國，和好日敦，宜與密約，相援而顯，商改税，英從而各國安有不從者，此私情之可浼者也。善夫庖丁之解牛也，以無厚入有間，批郤導窾，如土委地，而刀刃若新發於硎，其所以爲之，必有其道矣。掩聰塞明，箝口結舌，而待他人之發其端焉，彼固大利之所存也，而肯自貽伊戚哉！

綜述

《大明令·户令》 凡内外大小衙門，非奉中書省明文，不得自擅科派，中書省非奉奏准，亦不許科派。

《大誥續編·諸司進商税》 洪武十九年，十二布政司率諸有司及魚湖諸色司局等衙門官吏，進呈十八年金銀鈔錠錢帛之類。總計府州縣司局等衙門二千四百三十七處。至之日，所進之文，奏本一，啓本一，諸物件文册一。量此三件，甚不繁冗，當措辦此件，已有數月。其來有七千里至京者，有八千里至京者。進奏之時，令人細閲奏目、啓劄，有倒使印信者，有漏使印信者，不全不用印信者，有不書名姓者，並身不稱臣者，文書有總無撒色者，有有撒無總者，有縣、局不分課程混淆者。如此者，布

政司、府州縣皆如之。朕諭羣職曰：爾等數千里數百里爲此辦集，凡經半年。今至也，皆無人臣之禮。當未起之時，孰罪加臨？爾等皇皇其心，諸事顛倒。爾必欲奸貪，故作此態乎？今執爾來文，不消加刑問罪，即此真犯，別何辭焉？羣職默然。嗚呼！前屍未移，後屍繼至。此番羣職若論如律，數千中得生者、輕罪者渾無。爲其初任，故且釋之，令載罪往悛其得罪：布政司一十二處，鹽運司一處，府一百六處，州一百二十九處，縣九百八十一處，税課司局八百二十八處，河泊所三百七十九處，庫二處。

《大誥續編・東流魚課害民》東流江口河泊所官陳克素通同業户人等，侵欺本所魚課一萬貫入己。復通同東流、建德兩縣官吏王文質等，詭言兩縣不行闌棧江口，致使魚隨水去，有虧國課，因搆成謀，將兩縣山村人民驗丁斂鈔。二縣之民，所斂之鈔不下數萬。及其斂就，官數猶不納足，其餘盡皆分受入己。及其進納魚課，其河泊所官陳克素起程之日，假有親喪，遽然丁憂。嗚呼愚哉，其罪何逃？捕至，不能隱其情，從實供招在官。嗚呼！先次盡一所魚湖課入己，猶心不足，通同有司盡斂兩縣民財均分，猶且未厭，尚將官課有虧，致身死而後已。智人戒之。

《大誥續編・魚課擾民》所在湖池河泊，地理所在，從古至今，辦集課程一定不易之所。邇年以來，奸邪小人受任，將從古以來不係辦課所在小溝、小港、山澗去處，下流雖通辦課去處，其小溝、小港、山澗及灌溉塘池、民間自養魚鮮池澤，皆已照地起科，並不係辦課去處。小人生事，貪心無厭，搜求擾民，將農民小溝、小港、山澗、灌溉池塘、養魚池澤，取魚罾網罩籠之類，一概搜拿，聲言要奏。如此虐民。今後敢有仍前奪民取採鰕魚器具者，許民人拿赴有司。有司不理，拿赴京來，議罪梟令，以快吾良民之心。

《大誥續編・揚州魚課》揚州瓜埠河泊所，欠魚課鈔四萬張。其郭桓著令追陪，通同揚州府知府戰慎，不令網業户及湖官陪償，却乃行下富户追陪。追鈔既足，各人分受入己，變買銀兩。其所欠四萬贓鈔，行下湖官原籍江西布政司追陪。及其鈔至，猶且因循不進，意圖入己。雖未入己，由是而犯。嗚呼！揚州魚户欠鈔，指以湖官原籍江西，著令江西布政司追陪。其布政司不才，將平民一概科陪，又非揚州河泊所民。初本所欠四萬，今兩處共追八萬。揚州四萬已行入己，重復追徵四萬，又欲侵欺。君子監焉，人有如此無狀者。

《大誥續編・和州魚課》和州判官唐仲芳與同知州邵傑，將本州青沙坊等河泊所原辦課鈔一萬九千四百四十貫，各分入己。及至上司催督起解，却將本州人户，不分城市鄉村一概科斂，每户一貫、二貫者有之，或三貫者有之，以此補納前項課程。本州人户數多，科徵鈔數倍於課額，除陪官外，仍復各分入己。如此貪婪無已，罪惡貫盈，致有人吏計彥彰首告發覺。良民被其剥害，不可勝言。

（清）傅維鱗《明書》卷八三《食貨志・商税》制：有商税，有船鈔，其所榷本色錢鈔則歸内庫以備賞賜，折色銀兩則歸太倉以備邊儲。每歲或本折輪收，或折色居七分之三。其收鈔差官，各有則例焉。國初洪武中，詔天下所在池湖河泊，從古迤今，辦集課程，各往往有一定不易之所，其小溝小澗，及灌溉池，若民間自養魚鮮池，業照地起科，而奸豪頗搜求擾民，奪採魚蝦器蹷之，民何以生？敕有司捕論，有司不理奏，梟令。而峻民舟行勒徑涉水面錢之禁，已令天下税課司局，諸客商貨賄，俱三十而税一，赴司局投税訖，聽平價以賣。諸有稱官牙私牙厲商賈者，徙化外，而收免牙錢一分，其金、銀、鉛、珠砂、膽礬、雄黄、丹青、緑毛、纓碧、甸子、鍾乳、粉棕毛、水銀，俱起解本色。其餘鹽、茶、酒、醋、硝、鉛、黑錫、石膏、商税窑課，俱折收金銀錢鈔輸京師。惟五穀、農器、書籍、紙劄不税，酒課不設務，不定額。如異時，已榜諭各税課司局巡攔所辦，令計額課逐日旬辦，貯司局官按季攢收，而官攢侵欺致巡攔賠納者罪。

又敕户部言，曩奸臣聚斂，税天下物貨及纖末之物，朕甚耻之。自今凡軍民嫁聚喪祭伏臘追送儀物，及自織作染練布帛，及買已税之物，若造作舟車，若細民挑擔蔬菜魚肉果實，非興販者，毋得税。

永樂中，敕如章而以巡按御史兼核其事，使毋得濫税，宣德中，令南京至北京，沿上新河，歷徐、淮抵河西務，於商所輳集立鈔關，遣御史及本部官收船料鈔，其隱匿及倚勢不納鈔者，船没入官，惟運載食米薪芻及輸官物者免科。其時布政使孫原貞言，商税雖國課所資，而黷冒不可以無禁，都邑湊集，如張家灣宣課司攔税，亦豈足過哉，惟巡攔徇私縱放者有

之，容情納鈔者有之，其峻勒卸車發篋搜檢因而失所者，又多有之，而高估物價，規多税入，此其害匪細。至盧溝橋復然，大明門又然，是一貨而數徵之也。但敕諸商賈，但於所在抽税，其經由地方，不得攔阻，止於大明門宣課司查驗應税者税之，便。上從之。

正統中，令天下湖池堙塞，無從採捕，累民包納者，所在官申憲司踏勘分豁，已令府州縣諸税課司局所收課鈔不及三萬貫者，罷令所在有司帶辦，諸河泊所課鈔不及萬貫，油鰾黄白麻不及三千斤，翎毛不及十萬束者，俱革罷。其額課並附近河泊所管辦，無河泊所，令府州縣帶辦，而監收船鈔御史皆徹回，獨於臨清淮安設主事董之。

景泰中，湖廣金沙州、江西九江、直隸蘇松及杭州各設部官算舟船，而鈔關之法無遺算，而天下府州縣承沿異時稱，茶課山税池塘等税，即其地其山，或植或種，或墾或蕪，並均之里甲，曰課程，而門攤則沿市門均攤之，而府州縣設巡攔所巡不在是，已令大興、宛平二縣設和遠等店，立塌房，每房僉殷實大户二名或四名看守之，以集商賈，而設巡視塌房御史。

成化初，令京城九門并都税宣課司，及各處商課，俱錢鈔中半兼收，每鈔二貫折錢四文。六年減二文，已敕九門監收錢鈔内臣，及各抽分廠，不許將不該抽分物貨違例抽分，雖税民兼承前代之猥，而德意獨深矣。

弘治中，御史陳瑶言，宣課以掊克爲能，有傷國體。上曰：御史言是，今後止税貨，勿得阻遏車輛，搜檢行李。其時諸王府欲自領河泊所賜税，罷其官户。尚書周經言：於事大不便，且民力不能堪，乃止。已令商貨於所在收三分，崇文門收七分，而諸處未税者，赴崇文門納税，商賈使之。

正德中，革真定抽印木植内官。先是真定設税課司，印烙山西由滹沱木植，而内臣漸税及柴炭魚菜，民不堪。御史宋堪以爲言，遂罷。其時太監馬俊分税湖廣，貪婪恣横，及挾敕詐取官物。御史許廷光等論劾，遂逮鞫。已敕各鈔關，每鈔一貫折銀三釐，每錢七文折銀一分，始命所折銀兩皆進内承運庫，以爲常。

嘉靖元年南京都御史王懋中言，乞徹龍江、瓦屑等關内官八人，敕守備官司其事。上敕管榷主事，計一歲所用，量舟梲納税，貯帑支給，遂徹内官。已太監李能言，山海諸關，往來商旅，宜徵税，部議不可，以爲設關本以詰奸，不徵税，不宜違制妄開利門。上從能言，命鎮巡委官抽取，而兵侍郎鄭岳復極諫，上以爲修邊計，不從。又於鳳陽正門設鈔關，旋罷。是時户郎中曾璵著論言，邦畿四方之極，億兆攸止，而車徒往來，停車弛擔，無大小畢税而後行，堂堂大都，下索小利，傷大體，且其司税者則中人，御史主事爲每日進納各監收，實不得一與。税多納少，所益幾何，宜悉罷。令閹人祇關防出入，便。而户尚書梁材條議，以爲各鈔關出納官銀，或稱收之，初不盡入官，或藏貯處，私取肥己。或傾煎時隱匿，或數解時那换，必互稽察而後奸弊可除也。宜行巡按御史，於府州縣選委廉能佐貳官，日赴廠爲之貳，立號簿二，立收料文票，於所在官司，編號用印鈐記收掌一扇，委官收其榷鈔，以船量丈尺闊狹，定納料分兩輕重，自五尺以上至丈二尺，乃榷。以成尺爲度，榷鈔訖，門收票付商，照收票登簿，將料銀封寄完固，送所在府州縣庫，收積至千兩，季終差官類解，委官季代，部主事三歲代於差滿前題請更替，至接管交代訖，乃聽行。上俞。次第行如奏。其後太監鄧文鎮浙江，乞於商販内量收脚價，充獻新器，且費。户部議執不可，以爲商販利薄，若欲另抽脚價，是額外徵也，恣小人漁獵之計，爲窮民苦，事不行。二十五年，户尚書王杲以國計乏，請收復山塲湖陂河道諸税，以濟邊餉，上從之。於是天下大騷動。二十九年，詔復山海各關及真定税課。隆慶中，命各關兼收本折，以甦商困，而給事中鄭大經言，各關商税歲入不貲，而獨柄於一主事，利權所在，易以不肖之心乘之，乞選清望及有才者以往，而以府官同主其事，庶有稽察，上不從。及神宗時，各税課司都税司皆復加以内使四出，百弊滋生，商民大困。於是巡撫湖廣都御史趙可懷上言，國家立税，開廠於貨集之地，論物抽分，不至太甚，猶之可也，奈何一水路也，入關有税矣，纔行數十里，甚至數里，但遇市口，即豎旗建廠，又名曰攔江，曰上船，曰起貨。而陸路之税，大略如之。至州縣之中，無一村不税，肩背之販，無一物不税，繩樞甕牖，無一間不税。官生舉監之行李，無一人不税。其委官有自各省投者，有自本地投者，或納百金或百數十金，因貲給劄，有千百户，有指揮，至有守備者。朝之亡命賤流，暮即蓋黄拖紫，原是罪譴官吏，倏忽乘軒鳴騶。又各有司房參，隨有巡攔牙行等役，或持籌，或告密，或張

網羅，或布牙爪，一或少抗，先送委官，没其半貲，再抗即解税使，没其全貲，至税使前，鮮有不至死者，而羣奸猶未厭也。又設廠鑄錢，盤庫取羨，又欲伐山賣木，開倉糶糧，又欲抽船料，盡捲地方之所有而歸之掌握，與礦使相爲羽翼，搜掘無所不至，有司睥睨不敢救。男子幸脱，而縛其婦女，或裸體鞭笞，或輪奸備辱，至於死亡，或將孕婦來打墮胎母子並死，甚至斷人手足，投之於河。乞皇上念兹情弊，將一切内使，慨然罷之，無疆福也。疏寢不下。及光宗即位，詔盡罷之，徹内使無人在外者，天下頌聖明焉。止留鈔關七處如祖制，曰河西務、臨清、九江、滸墅、皆差北户部司官，曰淮安、揚州、杭州，皆差南户部司官，至明末不變其法。其船鈔商税，則有定額，河西務鈔一百一十九萬餘貫，船鋪牙行税銀四千兩，商税正餘銀四千兩有奇，條船二税銀一萬四千九百兩有奇，臨清鈔一千二百六十萬餘貫，錢二千五百二十萬餘文，銀八萬三千八百兩有奇。滸墅鈔五百八十六萬餘貫，錢一千一百七十三萬文有奇，銀三萬九千九百兩有奇，九江鈔二百九十三萬餘貫，錢六百八十九萬八十九萬餘文，銀一萬五千餘兩。杭州鈔一百九十萬餘貫，錢三百八十一萬餘文，銀三萬六千八百餘兩。淮安鈔三百萬餘貫，錢六百萬餘文，銀二萬二千七百餘兩。揚州鈔一百六十九萬餘貫，錢三百三十八萬餘文，銀二萬二千九百餘兩。而各省税課，亦有定額。順天等八府，及京城九門、崇文門宣課分司，並通州鹽牙税，共鈔一百二十九萬七千二百六十三貫有奇，共錢二千四百一十九萬八千三百一十文，共銀四萬三千五百一十三兩有奇。南直隸府州，及瓜埠江東巡司、五城房號、龍江、石灰、大勝三關，共鈔二千二百三十三萬二千八百四十五貫有奇，錢五十三萬九千三百有奇。浙江鈔三百萬五千二百三十九貫有奇，江西鈔銀二千二百九十五兩有奇，湖廣鈔五十五萬七千九百一十四貫有奇，山東鈔折銀八千八百六十一兩有奇，河南鈔二百三萬四千一百二貫有奇，福建鈔二十六萬七千三百三十六錠五貫有奇，陝西鈔一百七十二萬一千六百六貫有奇，銀麥稱是，山西鈔四十四萬七千六百四貫有奇，廣東商税鐵課抽盤諸鈔筆銀四萬三千餘兩，廣西鈔八萬七百九十三貫有奇，四川鈔五十四萬四千七百一十八貫有奇，雲南銀一萬三千七百六十四兩有奇，小麥稱是，海肥五千七百六十九索，貴州鈔一十四萬八千三百六十三貫有奇。

《明史》卷八一《食貨志·商税》　關市之征，宋、元頗繁瑣。明初務簡約，其後增置漸多，行齎居鬻，所過所止各有税。其名物件析榜於官署，按而征之，惟農具、書籍及他不鬻於市者勿算，應征而藏匿者没其半。買賣田宅頭匹必投税，契本别納紙價。凡納税地，置店曆，書所止商氏名物數。官司有都税，有宣課，有司，有局，有分司，有抽分場局，有河泊所。所收税課，有本色，有折色。税課司局，京城諸門及各府州縣市集多有之，凡四百餘所。其後以次裁併十之七。

《明史》卷八一《食貨志·商税》　凡商税，三十而取一，過者以違令論。洪武初，命在京兵馬指揮領市司，每三日一校勘街市度量權衡，稽牙儈物價；在外，城門兵馬，亦令兼領市司。彰德税課司，税及蔬果、飲食、畜牧諸物。帝聞而黜之。

（清）龍文彬《明會要》卷五七《食貨·商税》　太祖初，收官店錢。即吴王位，減收官店錢，改在京官店爲宣課司，府縣官店爲通課司。凡商税三十而取一，過者以違令論。

洪武初，彰德税課司税及蔬果、飲食、畜牧諸物。帝聞而黜之。

九年，山西平遥主簿成樂秩滿來朝。上其考曰：能恢辦商税。帝曰：税有定額。若以恢辦爲能，是剥削下民失吏職也。州考非是。命吏部移文以訊。

十三年，諭户部曰：曩者奸臣聚斂，税及纖悉，朕甚耻焉。自今軍民嫁娶、喪祭之物，舟車、絲布之類，皆勿税。罷天下抽分竹木場。先是，户部奏，天下税課司局徵商不如額者百七八十處。遂遣中官國子生及部委官各一人覈實，立爲定額。至是吏部言：税課司局歲收額米不及五百石者三百六十四處。宜罷之。報可。已上《食貨志》。

二十年，户部言：天下税課視舊有虧，宜以洪武十八年所收爲定額。帝曰：商税多寡，歲有不同。限以定額，豈不病民？不從。《三編》。

永樂十年，令各處巡按御史及按察司官體察課程，凡有加倍增收，及將瑣碎之物勒税者，治以重罪。王圻《考》。

洪熙元年，增市肆門攤課鈔。

宣德四年，以鈔法不通，由商居貨不税，由是於京省商賈湊集地、市鎮、店肆、門攤税課，增舊凡五倍。已上《食貨志》。

英宗初，減税鈔悉如洪武舊額。《三編》。

景泰元年，大理卿薛瑄言：抽分薪炭等，匿不報者準舶商匿番貨罪，盡没之。過重，請得比匿税律。帝從之。

正德元年，令蘆溝橋、張家灣二司，今後客貨就於彼處發賣者，照例徵税。經過者，止令在京宣課司報税，毋得似前重複。已上王圻《考》。

孝宗初，御史陳瑶言：崇文門監税官以掊克爲能，非國體。乃命客貨外車輛毋得摎阻。又從給事中王敞言，取回蕪湖、荆州、杭州抽分御史，以府州佐貳官監收其税。十三年，復遣御史。《食貨志》。

倪岳疏：祖宗舊制設有鈔關，俱委各府通判等官管理。行之百年，雖不能無弊，然課鈔亦未見虧。蓋通判等官，職卑責重，上受巡撫、巡按、分巡、分守等官節制，少有不才，隨加罷黜。近年以來，改委户部官員出理課鈔，往往以增課爲能事，常法之外，巧立名色，有本課該銀十兩，勸借科罰至二十兩者。蓋此等官員出部，各處巡撫官祖爲賓客，巡按官待以頡頏，是以肆無忌憚，莫敢誰何。以致客商懼徵求，賣船棄業。此豈祖宗設關通商之初意？敕該部遵復舊制，仍敕鎮巡等官時常糾察，各府委官如法奉行，庶公私兩便。《春明夢餘録》。

世宗初，抽分中官及江西、福建、廣東税課司局多所裁革。又革真定諸府抽印木植中官、京城九門之税。《食貨志》。

嘉靖元年八月，令廣東、江西商貨納税，自北而南者於南安，自南而北者於南雄，不許違例重徵。《明政統宗》。

隆慶元年十月，刑部孫枝言：都城九門税課定有則例。近年倍徵横索，弊孔滋多。請自今分屬五城御史，各委兵馬司一員監收，歲中會同部官覆奏。其原設監生、吏、典悉行裁革。上從之。

二年五月，工部言：荆、杭二廠，蘆溝橋等局，漏税甚多，有欺隱、抵换、包納、侵克等弊。自今，廠税責成主事督同該府佐貳官，親自驗收，互相稽察。局税責巡視御史及各主事，查盤估計如法。上是之。

工部吴時來請停差中官之榷木真定者，以其事屬之府佐。從之。已上王圻《考》。

萬曆十一年，革天下私設無名税課。然自隆慶以來，凡橋梁、道路、關津私擅抽税，罔利病民，雖累詔察革不能去也。《食貨志》。

後增設各省税使。都邑關津中使棊布，水陸行數十里即樹旗建廠，所至納奸民爲爪牙，肆行攘奪。又立土商名目，窮鄉僻塢，米鹽雞豚，皆令輸税。由是民不聊生，變亂蠭起。《三編》。

三十三年，詔罷天下開礦，以税務歸有司。然中使不撤，吏民尤苦之。

四十三年六月，免滸墅、蕪湖關税三分之一。先是，李太后遺詔，免近京畸零雜税。因允臺臣所請，罷蘆溝税。應天巡撫王應麟言：兩京並重，而陪京尤爲根本。乞罷兩關額税。故有是命。

四十四年，陝西巡按龍遇奇言：秦民包税，其苦有三：一日，包賠無著之苦：天下税課，例屬商賈。若秦則三面臨邊，商賈罕至，向來税額皆派之丁畝及津梁、陶穴、築傭之輩。今凶荒死徙，村里爲墟，即向來瑣科無從矣。一日，税額獨多之苦：秦邊地也，瘠土也。遠在江南腹裏者勿問，即與秦連界者，東則山西，西則四川，税皆萬計。即大藩如河南，亦六萬餘。秦肥瘠視三省迥殊，而税額多至十萬。即蒙恩減，而已減之額尚浮於三省未減之額矣。一日，牽誤邊餉之苦：民止此財，官司既督以賠税，自不能並力以輸邊。計秦民十八年已輸過一百五十萬，而坐逋邊餉則已二百四萬。足此誤彼，明驗不爽。此包税所以不可不罷也。疏入，不報。

光宗立，始盡蠲天下額外税，撤回税監。其派入地畝、行户、人丁、間架者，概免之。已上《三編》。

天啓五年，户部尚書李起元請復榷水陸衝要，依萬曆二十七、八年例，量徵什一。允行之。

侍郎曹宏言：塌房月鈔五百貫，良苦，有鬻子女輸課者。帝令蠲除之。同上。

正統九年，置官房於彰義門，收商税課鈔。

景泰二年，令大興、宛平二縣於和遠店等塌房，每塌房僉殷實大户二名或四名看管。巡視塌房御史務禁官店小脚，不得有攬納課程邀截客貨等弊。已上王圻《考》。

（清）龍文彬《明會要》卷五七《食貨・船料》 洪武定制，有商税而無船税。宣德四年，户部尚書郭資請沿兩京水道，設關收鈔。於是置鈔

縣、濟寧、徐州、淮安、揚州、上新河、滸野、九江、金沙洲、臨清、北新諸鈔關。量舟大小修廣，而差其額，謂之船料，不税其貨，惟臨清、北新則兼收貨税，各差御史及户部主事監收。《三編》。自南京至通州、經淮安、濟寧、臨清，每船百料納鈔百貫。及鈔法通，船料百貫者減至六十貫。

正統四年，罷濟寧、徐州及上新河船料鈔，移漷縣鈔關於河西務，船料當輸六十貫者減爲二十貫。景泰元年，于謙柄國，令減至十五貫。已上《食貨志》。【略】

始時，鈔關估船料定税，既而以估料難覈，乃度梁頭廣狹爲準，自五尺至三丈六尺有差。嘉靖中，帝令以成尺爲限，勿科畸零。《食貨志》。

（清）龍文彬《明會要》卷五七《食貨·雜課》 令甲所載，凡客商匿税，及賣酒醋之家不納課程者，笞五十，物貨酒醋一半入官。其造酒醋自用者，不在此限。

《大明令》：凡買賣田宅赴務投税，除正課外，每契本一紙納工本銅錢四十文，不許多取。已上王圻《考》。

太祖初，徵酒醋之税。洪武十三年，詔自今軍民嫁娶、喪祭之物，舟車、絲布之類，皆勿税。明年，令以野獸皮輸魚課，製裘以給邊卒。《食貨志》。

十八年，令魚、茶、酒、醋、礬、硝、鉛粉、黑錫、粉錫、石膏、窯課、諸色課，俱折收金、銀、錢、鈔。《會典》。

永樂元年，奏准：凡嫁娶喪祭，時節禮物，自織布帛，農器、食品，及買既税之物，車船運己貨物，魚蔬雜果非市販者，俱免税。王圻《考》。

宣德四年，令兩京蔬果園，不論官私，種而鬻者，騾、驢車受雇裝載者，悉令納鈔。及鈔法通，減北京蔬地課鈔之半。《食貨志》。

十年，令税課司添收蔴油等物料。

嘉靖十年，令宣課司，今後小民發賣瓜果蔬菜，毋得取税。

二十四年，題准：煤炸免抽分。已上王圻《考》。

寶坻銀魚廠，永樂時設。穆宗時，止令估直備廟祀上供。及萬曆中，始以中官坐採，又徵其税。後并税武清等縣。非産魚之處，增葦網諸税。《食貨志》。

（清）龍文彬《明會要》卷五七《食貨·魚課》 《大誥》詔：所在湖池河泊地里辦集課程，一定不易之所。近年小人生事，凡不係辦課所在，將小溝渠、灌溉池塘、養魚池澤皆照地起科，搒求無厭。將取魚罾網罩籠之類，一概搒挐，虐民如此。今後敢有仍前奪取民採蝦魚器具者，許民人挐赴有司議罪。又令：所在湖池民舟經涉河泊之官，敢有妄取水面錢者，罪不赦。又令：各處魚課。有湖池堙塞坍塌，無從採補，累民包納者，所在官司踏勘分豁。

洪武十八年，令各處魚課皆收金、銀、錢、鈔。

三十年，令自懷慶以下至沙河口，黄河兩岸，聽百姓取魚，不收課程。

宣德七年，令湖廣、廣西、浙江魚課辦納銀者，每一兩折鈔一百貫。

正統十年，奏准：雲南大理府所屬河泊所，魚課米中半納鈔。

景泰六年，令湖廣等布政司各委官取勘漁户。凡新造船有力之家，量船大小定課米，編入册内，以補死絶業户課額。

天順元年，令各處河泊所，業户逃亡事故者，有司查勘，以新增船隻罾網照名補替。

正德十五年，奏准：寶應縣原額魚户，專辦課鈔麻翎鰾料。其別項雜差，照舊除免。已上王圻《考》。

（清）龍文彬《明會要》卷七五《方域·街市》 景泰元年，京城勳戚所置市廛，月徵税，給事中葉盛以國用不足，請籍其税佐軍餉。從之。《葉盛傳》。

《大清高宗純皇帝聖訓》卷七一《愛民》 〔乾隆元年丙辰〕六月丁亥，上諭總理事務王大臣：四川松潘鎮各番，輸誠效力，恭順多年，朕叠沛恩膏，俾各休養得所，已將口裏口外本年應納正賦，通行豁免，示聯撫恤遠番之意。兹聞從前各番，額賦之外，鎮將各衙門，有私自派收之項，每年收六族、包子寺、元壩、寒盼、七族等寨青稞四百餘石，以爲公務之用。又，該鎮衙門，收西路峨眉、七布二寨，熱霧十二寨，紅土坡、臘白三寨小麥、青稞等項。又收所屬各寨折草價之青稞，及紅花、雄溪、雲屯、望山等處關堡折租銀兩。又，漳臘營收羊峒、東敗、王亞、寒盼等寨，叠溪營收梁貢、黄包喇等寨，大姓、葫蘆、皮袋等寨小麥、青稞等

項。又，遇刨挖貝母之年，該鎮及鎮標中營，平番營等衙門，令平番所屬各寨，交收貝母。似此額外私征，甚爲番民苦累，亟宜概予蠲除，以蘇番困。嗣後，松潘鎮屬番寨，除按年輸納正賦外，一切鎮將衙門，不得絲毫派斂，倘有仍沿陋習，暗中索取者，經朕訪聞，必嚴加治罪。著該督撫及提督，遵朕諭旨，嚴行禁革，並通行曉諭各番寨地方知之。

《大清高宗純皇帝聖訓》卷一四一《蠲賑》〔乾隆十年乙丑〕十月己亥，上諭内閣：川省民番雜處，賦糧不一，有征收米豆雜糧者，有認納貝母青稞折征米石者；其各廳營土司，又有番民認納夷賦銀兩，及按例完納本折貢馬等項，俱與應徵地丁無异。朕思該省丙寅年地丁錢糧，業已全數蠲免，而各番民、土司所輸，因非條糧，不能普沾惠澤。著加恩將丙寅年分寧遠、叙州二府所屬州縣衛所，建昌鎮標各營應徵米豆，龍安府茂州松潘鎮營所屬番寨折征米石，雷波黄螂苗民認納本色雜糧，建昌鎮標、會川、會鹽、南坪、打箭爐各廳營，新撫各土司番民認納夷賦銀兩，各土司完納本折貢馬等項，一例蠲免，以示朕優恤邊方之至意。

（清）葉夢珠《閲世編》卷六《賦税》　吾鄉賦税，甲于天下。蘇州一府，贏于浙江全省；松屬地方，抵蘇十分之三，而賦額乃半于蘇，則是江南之賦税，莫重于蘇、松，而松爲尤甚矣。予嘗與故老談隆、萬間事，皆云物阜民熙，居官無逋賦之罰，百姓無催科之擾，今日之糧，加重于昔，亦有限也。乃有司竭力催徵，參罰接踵，閭閻脂膏悉索，積逋日甚，何哉？蓋當年之考成甚寬，則郡縣之催科亦緩，積久日弛，率從蠲赦，所謂有重糧之名，無重糧之實是也。即如崇禎之季，軍興餉缺，大司農屢屢告匱，朝廷特遣科臣，嚴清積逋，法綦重矣。正粮之外，有練餉，有加派，徵亦苛矣。然本年白銀，必俟來年二月開徵，若在本年秋冬，即謂之預徵銀，以朝廷税民，應在納禾登穀之後，先徵本色以輸漕，次徵折色以濟餉，留白銀于明春起徵，亦用一緩二之意也。故終明之世，官以八分爲考成，民間完至八分者便稱良户，完六、七分者亦爲不甚頑梗也。况承累葉太平之後，規制詳悉，存留之糧既多，則起運之額便少，如官俸不可緩也，吏胥各役工食不可緩也，師生餼廩不可緩也，衙門、城池、倉庫歲修能及時乎？廣儲濟農倉雖設，未必扣正供以貯足也。學臣歲科賞銀、新科旗匾、路費固不可缺，而郡邑季試蓬廠、供給、賞銀未必以時舉行也。科舉盤費必如額，而遺才取科者不及領也。城守兵餉須給而四時操賞、供給火器皆罷也。他若揚倉風汛行糧之類，可緩者不一，則徵及六、七分，便可將起運錢粮解足八分，而于存留内視其緩急，以次徵發。是以官無曠職之罰，民無竭澤之憂。本朝于順治二年五月下江南，詔本年漕白條銀，照舊額重徵十分之五，一時人心翕然向風，其後裁不急之徵，減可緩之税，節可緩之用，通計歲賦，雖不能復隆、萬之初，已較輕于啓、禎之日，豈非謀國者卹民之至意哉！其如不急者裁去，則額編者皆萬不可已，萬不可緩之需，有司挪緩濟急之方窮矣。况照額編之賦，往往撥充軍餉，軍餉不可分毫少，則徵糧不可絲毫缺矣。自是而後，經徵之官，皆以十分爲考成，稍不如額，即使龔、黄再世，不免參罰。故守令皇皇，惟以徵糧爲事。一切撫字，俱不及謀，而民有良頑，田有肥瘠，歲有豐歉，種種不一，額賦勢無十分之日。兼之習俗猶仍其故，不念糧輕于昔，罔知功令之嚴，拖欠者所在多有，守令往往因積逋罷官。縣之解餉藩司，又有以新徵割舊欠之法，交盤之際，新舊縣官互相推卸，一縣之中前後數令，賃屋而居，不能歸里。至順治之季，江寧撫臣朱國治無以支吾，遂歸過于紳衿、衙役。題參議處之令，先行常之無錫，蘇之嘉定。至十八年五月，通行于蘇、松、常、鎮四府及溧陽一縣，所題陳明錢糧拖欠之由補入年終奏銷之例，一疏是也。當是時，紳衿、衙役欠者固有，要不及民欠十分之一。况法令之初，官役造册者，俱未知徹，只照當日尾欠，草草申報，或完而誤作欠，或欠少而誤作多，或完在前而册上一例填名，或完在後而册上一例掛欠。章下所司，部議不問大僚，不分多寡，在籍紳衿，按名黜革，現在縉紳，概行降調，于是鄉紳張玉治等二千一百七十一名，生員史順哲等一萬一千三百四十六名，俱在降革之列。初議提解到京，嚴加議處，人心惴惴，既而限旨到之曰，全完者免其提解，與情少安，然仍有旨到未完，至解京之日完而釋放者數百人，則非必無故而甘爲纍臣矣。蘇、松、常、鎮四府，無不遍及，而江寧獨免者，因太守知功令之嚴，盡數報足而後催徵，故不及難。惟溧陽一縣，適當撫臣巡駐，徑從縣中取册，不由府中，故亦與焉。自是而後，官乘大創之後，十年並徵，人當風鶴之餘，輸將恐後，變產莫售，黠術□□。或一日而應數限，或一人而對數官，應在此失在彼，押吏勢同狼虎，士子不異俘囚。時惟有營債一途，每

月利息加二加三，稍遲一日，則利上又復起利。有雷錢、月錢諸名，大都借銀十兩加除折利，到手實止九兩，估足紋銀不過八兩幾錢，完串七兩有零。而一時不能應限，則衙門使用費已去過半，即其所存完串無幾，而一月之後，營兵追索，引類呼羣，百畝之產，舉家中日用器皿、房屋、人口而籍没之，尚不足以清理，鞭笞縶縛，窘急萬狀，明知其害，急不擇焉。故當日多棄田而逃者，以得脱爲樂，賦税之慘，未有甚於此時者也。康熙元年十一月十五日，訛傳上諭各年錢糧勒限本日完足，欠者籍没，全家流徙絶域，人情大震。自辰至夕，完者争先恐後，收役應接不暇，大都半屬營逋，後知不確而人人膽落矣。奏銷一案，據參四府一縣，共欠條銀五萬餘兩，黜革紳衿一萬三千餘人。造册之後，鄉紳一千九百二十四名。生員一萬五千四十八名，即以完過銀四萬九千一百五兩九錢題報在案續完，冀有回天之意，其如皇上冲齡，政由四輔，但期治之必行，不原情之委曲，一掛彈章，便即降革。惟大學士金公之俊以自陳復職，其他如張太常訒庵，葉編修芳藹止欠一釐而降調。郡庠生程兆璧玠册上開欠七絲而黜革，功令之嚴，可概知矣。至康熙六年五月初六日，上始親政，下詔求言，大司馬芝麓龔公上疏特請寬宥及蘇松常道安公世鼎詳請撫院韓公題復，俱不允。康熙八年己酉，總督麻公勒吉奉旨巡歷沿海，蘇、松紳衿具呈公懇，麻公惻然有憐才之意，批候詳撫會題，郡守張公升衢備文詳請，疏上反致部駁，自是不敢復訴。不知皇上軫恤下情，灼知民間逋欠，良非得已，故于康熙三年蠲赦之後，至九年水災，凡被災之地，白銀蠲免十分之三，漕米分作三年帶徵折色。十年，上猶軫念不已，詔九年以前逋欠錢糧，暫行停徵，明示蠲赦也。十三年四月，上諭：江南連歲水災，康熙十四年分錢糧蠲十之五。不由部議，斷自宸衷，不蠲積欠而蠲未徵，曲體民隱，真如天之德，則知前此操切，皆當事者不能仰體上心耳。十四年乙卯，以軍興餉缺，廣開事例，户部始于酌議捐省條例内開一款：順治十七年奏銷一案，凡紳衿無别案被黜者，分别納銀，許其開復，原係職官，照品級納銀，自六千兩起至五百兩止，進士納銀一千五百兩，舉人納銀八百兩，貢、監生納銀二百兩，生員納銀一百二十兩，俱准開復。若運米豆、草束于秦、楚、閩、粤危疆輸納者，減本省之半。其如事經十五年，壯者衰而强者老，進身之志既灰，物力之難日甚。况事例廣開，有力者皆捐納得官，不藉科目，不援資格，即由太學中式者，往往掇巍科鼎甲。故鄉紳于百中尚納一、二，進士、舉人于十中尚納二、三，至貢、監、生員納者則千中不過一、二人矣。予爲親友所累，亦在奏銷之列，當題參之始，人心震懼，相累者猶抱不安之意，使此時即有恩例，猶不難代予援納，迨至事久，人情日懈，即呼之莫應，而馬齒加長，功名之志亦衰，焉能措辦十家之産而博一青衿耶？閲世至此，爲之興慨！略取疏稿、呈稿之存者，附録于後，以識此案亦有可原之情，究之不能上格，逮天心既轉，而人事又不能副，是非人一生之時命使然，亦運會之一奇也。

兵部尚書臣龔鼎孳題爲請寬奏銷，以廣恩詔事。臣伏讀康熙四年三月初五日恩詔，凡順治十八年以前拖欠錢糧及官吏侵欺偷盜庫銀者，一概寬免，大恩溥遍，薄海歡呼矣。乃順治十八年内各省奏銷十七年紳衿欠糧等案，該撫不論多寡，一概指參，該部未經查核，一概降革，以致三吴財賦最重，故明三百年來從不能完之地，而年來俱報全完，雖愓息于功令，不敢不勉力輸將，然該撫朝夜拮据及地方剜肉醫瘡之狀，可以想見。竊思自古帝皇之世，藏富于民，故能家給人足，即遇凶年，不致重困，若徒奔命于催徵，效死于鞭朴，東挪西湊，皮骨盡枯，一遇災荒，未有不轉徙溝壑者，非皇上痌瘝斯民之本意也。今順治十八年以前，侵盜錢糧，既已邀恩于法外，而此十七年逋欠之紳士，寧無惻于宸衷，伏乞天慈，念奏銷事出創行，過在初犯，懲創已久，又遇恩詔赦下，該撫通查處分，諸人果于順治十八年以内將原報欠數全完者，比照有司在任完糧之例，量予開復，使天下曉然知朝廷之意，原以儆愓冥愚，未嘗絶其自新之路，庶幾催科之中，不失撫字，而人心感悦，民困亦以獲蘇矣。康熙六年五月初六日題。六月初六日奉旨：知道了。

整飭蘇松常道安，爲奏銷多人可憫，恩綸千載難逢，謬抒輸助之法，請憲應詔賜題，推廣皇仁，以宏作人德意事：竊維錢糧正供攸關，輸納自宜如額，國有經費，官有考成，若逋欠一分，不惟官受參罰之累，即國有虧課之虞，率土編氓，咸凛凛以急公，况名列紳衿，詎敢抗違而逋欠。如前憲于十七年奏銷題參蘇、松等府之紳衿處分者一萬三千有餘。此朝廷懲玩以警將來，褫革允宜；廟堂秉公忠而憂國計，議之誠當。洵爲勵世磨鈍之大權也。但總其數，雖有累萬之多，究竟各人所欠，僅分釐之不

等，然其中或有親族冒名立户者，或因歲歉而完納後時者，如官户則因遠宦在外，儒户則因游學四方，一時照管不及者，種種情由，本人限于不覺，且參後照額全完，是與頑梗之徒，故爲抗納者有間，推情似有可原。況十八年恩赦宏頒，普天同被祇緣，奏銷褫革，立法維新，雖各紳衿引領望恩，而下吏未敢援請。如康熙三年又奉上諭，蠲免十五年以前拖欠錢糧，詿誤各官俱准免議。今皇上敬天勤民，宏開湯網，洪恩浩蕩，幽谷陽春，恭誦詔款，凡順治十六、七、八等年，催徵不得，各項舊欠錢糧，照十五年以前盡行蠲免。又開舊侵盗庫銀者不赦，今亦准豁免。若奏銷之紳衿，以拖欠論，非同于侵盗也。與編氓論，同一逋欠也。與各官論，同一錢糧之處分也。乃于民欠則蠲免之，于侵盗則赦處之，于處分各官則免議之，獨此參後已完之紳衿，鬱鬱向隅，五載沉淪而不與編氓、官吏同邀一視之仁，推情更屬可矜。本道因思國用有常，出入之數，原自相準，今積年如許之金銀，盡行蠲免，雖朝廷意主愛民而司農未免告匱，合無議將奏銷諸人，分别鄉紳、進、舉、貢、監、生員，如向經出仕者每名納銀二千兩，進士每名納銀一千兩，舉人每名納銀五百兩，生員每名納銀五十兩，貢監一例，俱定限六個月，願甘完納者，彙册具題，按名開復，赦其前過，予以自新。倘蒙憲臺俯允末議，則人材不致淪棄終身，國用亦資涓滴，而再造之德與皇仁同其普遍矣。爲此具呈，乞照詳施行。康熙四年詳。因三年十一月旹見，時詔中外各官直陳得失，故詳憲請題也。

江南松江府知府張，爲人材之淹抑堪憐，受過之是非宜辨，仰祈援例題復，予以自新以示鼓勵事：竊維人材爲國楨幹，必其儲養有素，方可取用無窮，所以朝廷設科取士，而又爲之旁求博採，原爲予以鼓勵之意，而使人知有進修之樂，家誦户吟，比屋可封，誠以文運關乎氣運不淺也。自順治十七年，蒙前任撫院朱造報所屬欠糧紳衿各户共一萬三千餘員名，盡應降革，以示痛懲，于法原爲不枉；但查蘇、松二郡，賦重人貧，自明季以來，每年止完六、七分，積習相沿，未知儆畏，其實果在欠糧者有之。查造册在本年之冬底，而題參在次年之四月，或完在造册之時者有之；或完在未參之前者有之；或完在已參之後而未奉部文到日者有之。抑或有奸民冒立官儒户名，而本人實未知者有之；或遠官遠館，而所託匪人，侵蝕誤欠者有之；或經承錯誤，已完而仍造欠者有之。種種情事，蓋難枚舉。一經題參，玉石不分，淹滯至今，幾近數載。遂致懷才抱璞之士，淪落無光，家絃户誦之風，忽焉中輟，一方文運，頓覺索然，豈非文教之衰微，而守土之扼腕也哉！況使功使過，朝廷每多寬宥之仁，獨此欠糧各户，非犯不教之條，在各省屢見完者隨准開復，而江南官、儒永行禁錮。職某每欲據情申請，恐又唐突負疚，是以逡巡不敢。今遇本部院斯文宗主，出而節制兩江，起弊扶衰，正人材奮蔚之日。近見邸報，粤省題復續完欠户部覆俱准開復，則事同一例。伏乞憲臺宏作人之大德，特疏題明，凡處分紳衿，其原欠錢糧曾經完足者，請通行各州縣查督印串，彙册達部，概與開復，則地方人情未有不踴躍感奮，爭先急公，人材不至終棄，草野必無遺賢，風俗丕變，千載一時矣。爲此具由申呈，伏乞照詳施行，須至呈者。

撫治下原任湖廣提學僉事，今降級周起岐等，原任翰林院編修今革職沈世奕等，原任候選進士今議革鄒象雍、華振鷺、黄與堅等，原舉人今議革沈晋初、王淳中、郁裴等，原貢生今議革胡王賓等，原生員今議革盧矢，顧賡等具呈，爲國法無容寬假，臣罪尚可矜憐，懇憲俯賜特題，以廣皇恩，以開自新事：竊周起岐等，順治十七年奏銷一案，前任撫臺朱初疏題參，隨報續完在案。因查其中欠額有獲串未注先完後銷者，有蠹書飛灑以完作欠者，有出仕在外照料不及者，有水旱災荒偶逋欠尾者，種種情狀，實堪憫惻。伏查年來詔款，凡順治十六、七、八年，催徵不得等項錢糧，照十五年以前盡行蠲免。又開舊侵盗庫銀者不赦，今亦准開免。又康熙三年上諭：寬免十五年以前錢糧，凡承追欠糧，詿誤各官，俱准免議。此皇恩之著于詔款者然也。又各省奏銷，如山東舉人張景燦等，福建舉人張瑞俊等，陝西貢生張焯等及廣東、浙江等處紳衿，俱蒙免議，此皇恩之寬宥于他省者然也。今起岐等情事相符，獨以抗糧名目，擯遺聖世。等之于民，同一未完，乃于民則赦之矣；等之于役，並非侵盗，乃于役則赦之矣；等之于官，同一詿誤，乃于官則赦之矣；等之于各省，同一奏銷，乃于各省則赦之矣。竊敢比例籲陳，凡有志報效者，願照原參欠額，加等議罰，以贖前愆，在朝廷既普浩蕩之恩，于國用亦收涓滴之助，但衆心矢報已久，高天欲叩無門，伏乞憲天俯察苦情，恩賜代題，片語回天，德同再造矣。爲此激切連名上呈。

江南松江府紳衿今議降革某某等，呈爲續完之報册，現據開復之部例相符，謹籲顛末，懇賜代題，以邀一視宏仁事：竊順治十七年，江南蘇、松、常、鎮奏銷錢糧一案，尾欠五萬餘兩，紳衿褫革一萬三千餘人。此時新例初行，各縣造册匆遽，雖復竭蹶爭完，而欠册已經達部。當蒙撫院朱俯念情有可原，隨經造册具報續完，奉旨存部。近閲邸抄，有户部覆廣東巡撫劉謹援續完免議等事一疏，内引康熙三年閏六月内禮部覆都察院，遵旨察議具奏事，疏内陝西貢生張焯等，廣東生員歐鑑等，江西貢生萬來焯等，福建舉人張瑞俊等，俱係拖欠錢糧，後經續完，即照張瑞俊等仍復舉、貢、監生、生員，如有此等未經完結者，應俟到部之日再議。今萬勷臣等，該撫既援歐鑑之例具題，查續完開復年月，俱與相符，仍復生員等因，于今年四月内遵奉諭旨欽遵在案。某等竊念欠糧之條例，三部相同，開復之皇恩，五省一轍。論所欠之糧，則俱係順治十八年以前赦免之糧，論續完之期，則即在前撫奏銷一月之内。伏遇憲天秉肴鉞東南，廉明冠世，若不籲陳，何由上達。伏乞憲天電念某等俱受國恩，誰不思急公上進，止以分釐之欠尾，完納之後期，致使長負抗糧之名，獨爲聖世所棄，天恩屢赦而未及，各省同事而未伸，仰祈援例代題，同邀曠典，則某等有生之日，皆憲天再造之恩也。爲此激切連名上呈。

康熙十五年丙辰，以軍需浩繁，國用不足，始税天下市房，不論内房多寡，惟計門面間架，每間税銀二錢，一年即止。除鄉僻田廬而外，凡京省各府、州、縣城市以及村莊落聚數家者皆遍，即草房亦同。江南總督阿公因房税報少，致奉嚴旨，其無隱漏，概可知矣。

十五年丙辰，御史張維赤建言：軍興餉缺，人臣分誼，尤當急公，請案天下地丁錢糧，除生員田畝及民田照常徵課外，凡縉紳本户錢糧原額之外，加徵十分之三，以助軍需，俟事平之日，停止如舊。于是在任在籍鄉紳及貢、監諸生，不論已未出仕者，無不遍及。白銀每兩加額三錢，漕糧每石加徵三斗，白糧白折亦如之。吴下糧重，約計每畝增銀六、七分，增米五、六升。往往有民田收入官户者，亦在加徵之例，致有官不如民之嘆，至今尚未停止，亦賦税之一變也。

十八年己未，詔天下錢糧，自康熙十三年以前民欠者，盡行蠲免。十六年以前民欠錢糧，暫令停徵。至十九年帶徵三分，爲各省報荒故也。

二十年辛酉春，以國用不給，江南撫臣慕天顔疏請再徵房税一年，比十五年所造房册蠲免村落草房及在鎮僻巷鰥寡孤獨所居一間門面房屋，其餘市鎮城郭門面，平屋每間徵銀四錢，樓房每間徵銀六錢，天下皆然，惟山西以旱荒特免。

舊例：每歲秋季，户部即行天下各直省，會計明年所應用錢糧，編定來年地丁税額，所謂古人量入爲出，今則量出爲入者是也。各直省算定，達諸户部。户部會計明白，題請得旨，則頒發奋直省刊刻，大張會計，自撫、藩以及府、州、縣，皆印刷鈐以衙門印信，遍送鄉紳，給發士庶，使人遵奉完納，以示畫一，杜絶衙蠹吏胥私派加添之弊，無敢擅差毫忽也。順治以後，改稱由單，而刊布鈐印如故。自康熙丁未，科臣周明新疏參松江知府張羽明私增税額，浮于部頒，而以該府所發由單上鈐府印爲據，致奉嚴綸。以後由單概不頒發士民，惟于初定日止印四張實粘城門，一張粘縣治前，縉紳士庶，莫從查其真額，但憑經承派額完糧而已。倘因循不改，是本欲清弊而反滋弊矣。將來日甚一日，何所顧忌耶？

康熙二十年十二月，朝廷以滇南蕩平，四海底定，大赦天下。凡紳户田畝加徵錢糧，二十一年即行停止。其白糧折色至二十二年照舊改徵本色。民欠錢糧，自十七年以前盡行蠲免。

康熙二十六年春，詔京畿八府地丁銀盡行蠲免。冬十一月，上念江南、江蘇等處，財賦重地，年來供億浩繁，詔本年地丁錢糧，凡在民欠，俱免徵。其二十七年分江寧、蘇、松、常、鎮、淮、揚七府地丁各税，除漕項外，盡行蠲免。陝西亦因昔年用兵，不無騷擾，已免錢糧一年。今二十七年分地丁銀再蠲一載，以示軫恤元元至意。聖恩優渥，此史册中所罕見者。

康熙二十七年十月二十三日，奉太皇太后神主升祔太廟，覃恩中外，詔山西、浙江二省及江南安慶、徽州二府，湖廣武昌、漢陽、黄州、德安四府，二十八年分應徵地丁各項錢糧，盡行蠲免。

二十八年己巳春，聖駕南巡，復頒恩詔，各項税銀盡行蠲免。又三月二十三日上諭：户部等官云，蘇、松浮糧乃明太祖苛政。朕巡幸江南，親知民間疾苦，久欲蠲除，又念國課緊要，恐致缺乏，今酌計已足，可傳諭九卿等，集議量減，倘國用有虧，再行徵收等語。于是九卿等在午門外

會議定妥。二十四日覆旨。

（清）葉夢珠《閲世編》卷六《徭役》　吾鄉之甲于天下者，非獨賦稅也。徭役亦然，爲他省他郡所無，而役之最重者，莫如布解、北運。即以吾邑論：布解每年一名，後增至三名，俱領庫銀買粗細青藍素布，僱船起運，至京交卸。北運每年二十三名，俱領漕米，春辦上白粳糯米一萬三千餘石，僱船起運，至京交與光禄寺禄米、供用諸倉，必簽點極富大户充之。次則南運，運至南京，每年二名。次則收催、坐櫃、秤收，概縣白銀二十餘萬兩，每年四十八名。次收兑、收銀，概縣里催之漕米一十一萬餘石，兑與運軍，每年三十八名。此所謂五年一編審之大役也。其小役則爲十年一編審之排年、分催，皆以有土之民充之，而縉紳例有優免不與焉。貢、監、生員優免不過百餘畝。自優免而外，田多家富者亦並承充。大約兩榜鄉紳無論官階及田之多寡，決無簽役之事。乙榜則視其官崇卑，多者可免二、三千畝，少者亦千畝。貢生出仕者，亦視其官，多者可免千畝，少不過三、五百畝。監生未仕者與生員等，即就選，所贏亦無幾也。其餘平民，大概有田千畝以上，充布解、北運，自一、二分起至一、二名止。五百畝以上充南運。二、三百畝以上充催兑，或名或分數不等。皆以通縣之民充通縣之役。二、三十畝以上充排年、分催，則止就本區、本圖之民辦本區本圖之糧。又有總甲、塘長，即在分催排年内輪歲承充。總甲承值往來官長鋪陳公館，一應所需，凡訟獄之重大者，必關報。塘長則修理城郭、公廨，疏浚官塘水利，以供雜泛差徭焉。立法之始，布解、北運有貼解銀，有僱船水脚銀，有起駁車脚銀，有舂辦折耗米，有夫船工食米，其爲大役計者，甚周密也。南運視北，道里既近，則費與貼亦有差。至于收催、坐櫃、收銀，串張工食給于官。收兑、收漕、出兑，官有脚價，民有加耗，有費力無費財也。排年即于分催内十年輪一載，分催本圖業户之糧、白，以交于排年。排年赴縣完串，應比而歸。爲排年者一歲，則爲分催者九年，今歲之排年，即昔年之分催，今年之分催，即他歲之排年，互相照顧，互相勞逸，亦無雜費也。其如年久弊生，充解運者，庫銀倉米不能給領，而發串令其自收，猶云可也。在家則總部協官有供應需索，在途則沿途催盤官役，例有需索，到京則各衙門員役，視爲奇貨，不滿其欲，百方勒措，經年守候，不能竣局，而解運兩役之苦極矣。收催到櫃，則聘算書有費，坐櫃秤收，則勢豪衙蠹包攬親戚完銀，低色輕銀不敢爭，上臺差承絡繹，則折席、程儀無虚日，兼之傾銷，貼解種種諸費，而收役之苦極矣。至于收兑，昔之善值而遇時者，不惟無費，反可獲利，蓋以收米一石則加耗三斗，糧户樂輸以爲成例，雖豪強亦不稍減也，完漕之米既多粃而收兑又必糴粃稗以插和之，遇監兑官稍加嚴督則運丁唯唯斛去，蓋緣漕米每石止以六斗解京，四爲耗米，以資運軍之用，外又有輕賫米每石加二斗六升，折銀一錢三分，米色太惡者私加不等，而講兑之官贈好米不與焉。兼之京倉交卸亦易，運軍原無不與，是以彼此通融，收兑雖爲大役，鮮有破家者。自順治三、四年後，漕規肅清，米必篩颺，民間始擇精米貯漕，而進倉之時，有司細閲詳驗，擲米偶見粒穀者，笞罰無貸，于是收兑糠秕之弊絶矣。乃運軍猶借米色，需索勒措會銀酒飯，種種不一，馴致順治十一、二年間，會銀每石加至三錢，米色每石加至一錢五分，而當官之贈耗，額設之銀米不與焉。計諸雜費，共約每石五錢有餘，加以踢斛淋尖，幾于平米二石，始完漕串一石，而鋪倉租廒脚米，承上接下，送迎官長之費在外。自此收兑無不破家，而民間視之如陷阱矣。運役之裁，自崇禎十四年始，然改北運爲官運，而以收催充之，雖無北運之名，仍有北運之實，民困猶未息也。至本朝順治三年，巡撫土公國寶洞悉民隱，檄行郡縣詳酌，議裁布解、北運、收催三役，並令官收官解白糧。舊例：府佐總部，縣佐協部，即專委之，令率其屬以將事，官布則縣發庫銀，買之于牙行，而委員起運。白糧則縣派役，收諸各櫃而親董其成。得邀諭旨，虚費革而重役息。惟櫃書收銀勒耗，不無過重，後定自封投櫃之法。櫃上不許秤兑，吏書無所假手，即使三尺童子上櫃完銀，與豪民等，民困頓蘇。收兑之廢，自順治十五年始。是時邑紳朱蒿庵紹鳳掌户垣，抗疏力陳漕政之弊，請仿布解、北運、收催之例，亦令官收官兑，軍民不得相見。計漕一百石四耗而外，議加給米五石、銀一十兩，其餘陋規，盡行禁革，奉旨遵行，而收兑之役遂廢。于是民間徭役止有里催。將謂大役既去，小役無傷于民，孰知弊流已極，里催之累，更甚于大役乎？一則編審之時，圖書、保正，上下其手也。田連阡陌者，或投津要而盡免，或憑土豪，或布金錢而役輕，勢不得不以中人小户充之。始而及于百畝之家，既而數十畝，甚而數畝之家亦派，分釐必辦。大户田糧數百畝，

放徵之日，圖嘗婪索不遂，則良户盡留以自津貼而悉以頑户之田，令其催辦，或小户辦大户之糧，或鄉愚辦衙蠹市棍之糧，或庶民辦縉紳子弟之糧。無論不能取給應限，幾不能望見顔色，日伺候于勢豪之門，已違限于應比之際，銀既耗于衙門之用，則積欠額于正供之中，賠累既窮，鞭笞日受，不得已而貸營錢，借雷錢，掇米錢，借一還百，究竟不能清理，家業蕩然，性命殉之。排年之法敝，變而爲五囤均充，而五囤之敝如故。五囤之法窮，變而爲鼇頭分任，而鼇頭之害愈酷。于是一聞編審，舉國惶惶，惟里書、衙蠹樂爲之利耳。一則承役之時，吏書、押差坐派需索也。糧書管限，分定某甲某區，差役催糧，預令坐圖坐保。始而相見有費，酒席有費，既而輸限有費，下鄉有費，逢節有節儀之費，歲熟有抽豐之費，歲終有年例總酬之費，加以保歇區皂之屬，約計每圖一歲所費不下數百金矣。即使依限完糧，此數項已爲成例，毫不可少。苟或完不如法，則籤票添差，絡繹四出，乘船飛騎，索酒需錢，經宿連宵，勢如狼虎，每見一限之糧，遲完一日，則供一限之虛費而不足，而糧役之望城邑如畏途矣。一則總甲、塘長之受累無窮也。總甲之初，凡遇官長往來，不過掃除公館，鋪設公座而已。塘長凡遇開河，不過備車戽水而已。重情大獄，不過報縣長，備顧問，質公道而已。迨其後，日漸貽患。在城總甲，一遇上臺按臨，有司曲意逢迎，則公館鋪設，窮極華麗，甚至古玩珍奇，旁羅四列，大抵皆借勢家大室之物，以充一時之用，間遇損失，破家相償而不足，故在城者費最大。在鄉者雖次之，而一關大獄，動輒得咎，則動輒有費，臨讞官吏之誅求，兩造庭質之虛實，胥于總甲責成，經年奔命，其累或等于正犯，而河上戽水，或遇霪雨則無時而止，此又害之小者。塘長之初，原以備公家之興作，事關闔郡闔邑，萬不得已之工，則量撥塘長，或修築，或疏浚，苟地居僻壤，工非切要，則有數年而不擾一夫者，非若他役之不能空過也。其後吏胥視爲魚肉，勢豪視爲私人，河因傍墓則令之疏浚，塘因近宅則令之修築，巧借名色以請官，官亦明知其爲私而狥情以撥之，經承因而作奸，役十派百，挾求賄免。其或無築無修，則倡爲曠役之説，每名納銀二、三十兩，官吏豪蠹，假公分潤。至于有事到工之害，則地棍、土豪爲之原呈，臨之以府佐，督之以委員，各有衙役，莫不需索，傍河保歇，表裏爲奸。官蠹原呈之役既飽，雖無工而作完，開疏挑築之力徒勞，縱有工而不准。故往往有工未竟，而塘長之室已罄者。況塘長之身，即是分催之身，身在工次，或誤正供，則身家性命殉之者比比也。一則雜派差役之日甚也。前朝夫徭甚衆，至於雜差，則未有也。自大役裁而雜差始起，如順治初年，勦泖寇則派水手，調客兵則備馬草、馬豆、馬糟、草刀，造戰艦則有水夫、鑽夫、買樹。後因海寇入，則沿浦造橋樑、造梅椿、造鐵練、築寨臺；沿海修城堡、修烟墩、斥堠分撥；沿海養馬則造馬船、造渡口石坡，種種不可勝舉。大概上臺偶行一二，則經承必派闔縣，土豪積蠹，因緣爲奸，聲言軍興令肅，勢難任事赴工，小民畏懼，不得不以賄脱，每圖費至一、二百金，少亦必數十金，得免于此則派于彼，力苟能免者，莫不破家從事，其餘計無所出者，則當差承役。及至到工，則必刻意誅求，計其所費，務倍行賄，使脱者自喜得計，充者悔不悉索規免，而兵工胥役益肆洋洋，前工未竟，後工繼起，初派方完，續派踵至，糧役之家，虎差時常盈室，酒漿供頓，突烟不絶，其他所費，蓋可知已。予鄰顧氏，産過中人，昔曾遣其子弟就學於予，後遭役累，云一日之中造飯二十四次。馴至康熙三年、四年間，此户棄業逃遁，民皆重足而立，良爲是也。于是巡撫部院韓公世琦聞之，行將巡歷各屬，先期微服遍訪，廉得其實，奸胥大蠹，往往立置重典，雜派差徭從此頓息，而役法亦在物極必反之會矣。先是均田、均役之法，浙西嘉、湖二府，久已行之，蘇、松民想慕而不可得。會李應斗先生復令婁邑，習見鼇頭之害，深慮逃亡之不可測，決計請行，條陳其利，先呈郡守張公升衢，張韙之，轉詳督、撫，撫公亦已稔知，因依議檄行。張公移文嘉、湖二郡，關請彼中役法并能幹經承、吏書二人到松商酌，按成法而通融之，去其弊，採其合乎人情，宜乎土俗者，條分縷析，上其法于兩臺，并請具題，奉旨遵行在案。其法不拘原丈版圩，通計一縣之田若干畝，應新設若干圖保，每保應田若干，每圖應田若干，悉聽業户各將自己田畝收并成甲，不論甲數多寡，自立户名，完糧應比，其田不及一甲者，許令自擇親戚朋友田畝歸并成甲，造册呈縣，以繳册之先後爲編圖編保之次第。其荒墳絶户，零星無人收者，謂之圖底，則于原丈本圖中收田，并甲時，照田就近均搭。糧既各自輸納，不須他人催辦，則分催、排年諸役可廢也。今臺憲罕臨郡縣，郵亭不過掃除，地方訟獄，竟據兩造聽斷，則總甲之名，可不立也。水利淤塞則各就

本圖業户自開自浚，不得遠派遠差，則塘長之役，亦不必設也。間有萬不得已之差，亦必照田均派，不得役此而遺彼，不得重差而叠累，里胥、保正無所施其權，衙蠹、土豪無所逞其詐，人人立册，盡若紳衿，履畝完糧，呼之立應。昔年抗頑、賠累、飛灑、詭避諸惡，爲之一清，而民間始不以恒產爲禍。數年以來，逃亡轉徙者復故鄉，而民困庶幾稍甦矣。雖法久不能無弊于日後，要于康熙元、二、三年之役，視今真同出湯火而登之衽席，乃縉紳有嫌其貴賤無別，欲廢均編，復里役者。康熙十五年間，奸民衙蠹，逢其意而和之，誑憲幾准行矣。賴吾友周子鷹垂首率士民，力爲陳控，得以照舊不變，其造福于地方風俗民生不小也。彼惡均編之法者曰，何使吾輩下同于編户。不知均編之法，非屈縉紳而同編户，實躋編户而同縉紳，雖于君子勞心，小人勞力之義，其迹似乎無別，獨不思縉紳之數少而編户之數多，即縉紳之後，長爲縉紳之數少，降爲編户之數多。復里役則毫無益于縉紳，居官守職之時，讀書談道之日，爲斯民計，休養者不遺餘力，至宦成林下，乃徒以意氣之必欲上人，而忍于桑梓億兆之窮黎，奪其衽席而驅諸湯火，是誠何心哉！此周子鷹垂所以不狃目前之見，而獨開博愛之心，寧忤鄉貴人之意，不恤傾財好義而爲之力救也。華亭每圖均編田三千五百二十一畝，婁縣每圖均編田二千八百四畝，上海每圖均編田四千九百四畝，青浦則照舊額二百二十三圖，每圖均編田三千三百八十二畝，上海共立十保，大約十圖爲一保，一百甲爲一圖，四十九畝零爲一甲，他邑田數、圖保雖不一，其法則同，後即日久弊生，是在良司牧仿其意而因時斟酌以補偏救弊而已。要之，此法雖百世不變可也。

《户部則例》卷五《田賦·禁止攤征差銀》 道光二年奉上諭：前據直隸藩司屠之申奏直隸差務殷繁，議請於每地一畝攤徵差銀壹分，以均徭役。當經批示俟顔檢到任後妥議奏聞，再降諭旨。兹據顔檢查明據實復奏，該藩司減差均徭之説實不可行，所論極是。賦役之制，東南則賦重役輕，西北則賦輕役重，立法至爲深厚，若如該藩司所奏，是欲役重而賦并重，其意何居？嗣後直隸辦理差務，着顔檢嚴飭該管道府，仍遵舊章，爲就地方情形斟酌妥辦。該督仍隨時查察。該州縣如有能體恤民艱、公平允協之員，據實保舉。信書役任意浮派苛累者，指名糾參治罪，若有劣衿藉端包攬，刁民串通妄控者，立即審明，按律嚴懲，則吏治自肅而民生可期日裕矣。至屠之申未能體察情形，冒昧陳奏，意在藉賦以收減差之實效，不知適藉差而添加賦之虚名，累官病民，其弊不可勝言，屠之申着交部嚴加議處。欽此。

《户部則例》卷五《田賦·雜款不准借動地丁》 一、湖北省起運漕糧例給幫丁運費，向在各縣衛應徵幫津項下動支。如遇災緩，准於司庫報存款内借給，仍俟徵收本款歸還，不得奏請借動地丁。其各直省動項如有本款不敷，亟須支發者，亦令查明司庫閑款，酌量借給。分別奏咨立案。一俟收有本款，即行歸結，概不准借用地丁銀兩，以示限制。

《户部則例》卷五《田賦·直省賦額》 一、奉天省民賦地每畝科銀壹分至叁分不等，米貳升捌勺至柒升五合不等；退圈地畝每畝科銀壹分至叁分不等，豆肆升叁合至壹斗不等，銀豆各一半分徵，每銀陸錢作豆壹石；增賦餘地每畝徵銀捌分，米肆合肆勺肆抄零。共額徵銀貳萬柒千捌百餘兩，遇閏加徵銀貳千貳百餘兩，額徵米伍萬柒千肆百餘石，遇閏不加徵。又額徵旗地米叁萬貳千玖百餘石。又額徵餘地銀捌萬捌千叁百餘兩。内紅册地旁餘地應徵租銀每兩折制錢壹串。又額徵官莊糧玖千玖百陸拾玖石，米折銀叁千壹百壹拾餘兩，黑豆肆千捌百捌拾伍石，棉花叁千伍百觔。

一、吉林寧古塔、伯都訥、三姓等處民地，上則每畝徵銀叁分，中則每畝徵銀貳分，下則每畝徵銀壹分；徵米地上則每畝徵米陸升六合，中則每畝徵米肆升肆合，下則每畝徵米貳升貳合；續行查出地不分等則，每畝徵銀捌分，米肆合肆勺貳抄有奇，每米壹石折銀壹兩。共額徵地銀并米折銀柒萬玖千壹百餘兩，遇閏均不加徵。又額徵吉林官莊糧貳萬柒千石，又額徵黑龍江官莊糧貳萬玖千玖百貳拾石。

一、直隸省民賦田每畝科銀捌釐壹毫至壹錢叁分有奇不等，米壹升至壹斗不等，豆玖合捌抄至肆升不等；更名田每畝科銀伍釐叁毫至壹錢壹分柒釐叁毫不等；農桑地每畝科銀壹釐陸毫捌絲有奇；蒿草籽粒地每畝科銀伍分至柒錢貳分伍釐壹毫有奇不等；葦課地每畝科銀壹分至陸分不等；衛所歸并州縣地每畝科銀柒毫貳絲至柒分玖釐叁毫有奇不等，米捌合玖勺柒抄至玖升柒勺貳抄不等，豆肆合叁勺捌抄至叁升陸合不等，草壹分玖釐貳毫至肆分壹釐柒毫有奇不等以拾分爲壹束；河淤地每畝科銀貳分玖釐至貳錢伍分陸釐伍毫有奇不等；學田每畝科銀壹分至貳錢陸分柒釐

捌毫有奇不等，小麥、粟米各陸升。共額徵銀貳百壹萬伍千柒百餘兩，遇閏加徵銀陸萬肆千玖百餘兩，額徵米麥豆糧共貳萬肆千柒百肆拾餘石，又改折銀壹萬伍千伍百餘兩，草玖萬肆千肆百餘束，遇閏不加徵。又徵收各項旗地租銀伍拾萬貳千貳百餘兩，原額肆拾捌萬肆千餘兩，於道光五年清查續增後，復經請督奏明酌定此數。屯莊租穀柒百柒拾餘石。又咸豐十年至同治十一年續墾荒地每畝徵銀貳分柒釐陸毫捌絲壹忽伍微至壹分伍釐不等，每年共徵銀壹千壹百陸拾叁兩壹分陸釐捌絲叁忽貳微貳纖。又同治元年至十一年查出無糧黑地每畝徵銀叁分貳釐至壹分貳釐不等，每年徵銀貳千陸百陸拾肆兩伍錢肆分伍釐陸毫壹絲玖忽。

一、山東省民賦地每畝科銀叁釐貳毫至壹錢玖釐壹毫有奇不等，麥壹勺至肆合叁勺有奇不等，米貳勺至叁升陸勺有奇不等；衛所歸并州縣地每畝科銀壹分至陸分伍釐有奇不等；更名田每畝科銀壹分至叁錢柒毫有奇不等，麥叁合貳勺有奇，米壹升捌合有奇；學田每畝科銀玖釐至叁錢不等；衛所屯田每畝科銀壹分至伍分叁釐捌毫有奇不等，條銀壹分貳釐至貳分肆釐不等；衛所更名籽粒等地每畝科銀壹釐柒絲至壹錢有奇不等。共額徵銀叁百貳萬陸千餘兩，遇閏加徵銀玖百餘兩。米數詳漕運門。

一、山西省民賦田每畝科銀壹釐柒絲至壹錢有奇不等，糧壹合伍勺至貳斗柒升不等；屯地每畝科銀貳釐叁毫至壹分肆釐有奇不等，糧壹升捌勺至壹斗玖合有奇不等；更名地每畝科銀伍釐至壹錢肆分不等，糧柒勺至貳斗不等；衛所歸并州縣屯地每畝科銀壹分肆釐。共額徵銀貳百肆拾貳萬肆千肆百餘兩，遇閏加徵銀叁千壹白餘兩，額徵米豆共拾萬壹百陸拾餘石，遇閏不加徵。

一、河南省民賦田每畝科銀壹釐肆毫至貳錢貳分柒釐有奇不等，米柒勺至貳升貳合有奇不等；更名地每畝科銀壹分壹釐至壹錢貳分玖釐有奇不等；歸并衛所地每畝科銀壹釐陸毫至壹錢捌釐有奇不等。共額徵銀叁百壹拾叁萬兩，遇閏加徵銀伍萬叁千柒百餘兩。

一、江蘇省民賦田每畝科銀玖釐至壹錢肆分壹釐壹毫有奇不等，米豆壹升肆合柒勺至壹斗玖升貳合陸勺有奇不等，麥貳抄至叁勺有奇不等；地每畝科銀玖釐至叁錢叁分叁毫有奇不等，米豆柒合叁勺至肆斗壹升陸合玖勺有奇不等，麥壹抄至捌勺有奇不等；山蕩溇灘每畝科銀玖釐至壹錢肆分伍毫有奇不等，米豆叁合肆勺至壹斗陸升伍合貳勺有奇不等，麥壹勺至叁勺有奇不等；衛所歸并州縣地每畝科銀玖釐至壹錢肆分壹釐壹毫有奇不等，米豆壹升肆合柒勺至壹斗玖升貳合陸勺有奇不等，麥貳抄至叁勺有奇不等。共額徵銀叁百貳萬柒千貳百餘兩，遇閏加徵銀叁萬壹千柒百餘兩，額徵米麥豆共叁拾柒萬捌千伍拾餘石，遇閏不加徵。

一、江西省民賦田每畝科銀壹釐叁毫叁絲陸忽至壹錢壹分柒釐壹絲叁忽有奇不等，米壹合肆勺至壹斗柒合貳勺伍抄有奇不等；地每畝科銀伍絲肆忽至貳錢壹分壹釐壹毫貳絲捌忽有奇不等，米伍勺貳抄至伍升壹合貳勺捌抄有奇不等；山每畝科銀伍忽至陸分貳釐柒毫貳絲有奇不等，米壹勺柒抄至壹升肆合柒勺捌抄有奇不等；塘每畝科銀伍絲肆忽至貳錢柒分陸毫柒絲柒忽有奇不等，米壹合壹勺叁抄至陸升捌合叁勺柒抄有奇不等；衛所歸并州縣屯田每畝科糧叁升玖合伍勺玖抄至貳斗柒升叁合有奇不等，每石折銀伍錢，每石又攤徵銀并餘徭等銀貳釐玖毫柒絲伍忽至肆分捌釐叁毫捌絲肆忽有奇不等；屯地每畝科糧柒升玖合柒勺叁抄至貳斗貳升捌合叁抄有奇不等，每石折銀貳錢。共額徵銀壹百捌拾捌萬肆千伍百餘兩，遇閏加徵銀貳萬叁千叁百餘兩，額徵兵米壹拾貳萬玖千伍百貳拾餘石，遇閏不加徵。又咸豐元、二等年并同治元年續墾田地徵銀拾貳兩零，米肆石壹斗肆升。又同治八年弛禁升科田徵銀肆拾陸兩叁錢貳分肆釐，米壹拾玖石柒斗捌升：　壹合貳勺。

一、福建省民賦田每畝科銀壹分陸釐玖毫至壹錢陸分貳釐伍毫有奇不等，米壹勺玖抄至貳升肆合柒勺有奇不等，紫菜蕻地每畝科銀貳分；官折田園地每畝科銀捌釐柒毫至肆錢壹分柒釐伍毫有奇不等；學田每畝科銀陸分肆釐叁毫至陸錢玖分玖釐伍毫有奇不等。共額徵銀壹百陸萬陸千陸百餘兩，道光二年原額壹百陸萬柒千柒百餘兩。額徵米叁拾萬陸百玖拾餘石，道光二年原額叁拾萬壹千壹百貳拾餘石。遇閏均不加徵。又道光三十年至同治元年續墾田應徵銀叁拾捌兩零，米壹石肆斗有奇。

一、浙江省民賦田每畝科銀壹分伍釐叁絲至貳錢伍分伍釐不等，米叁撮至壹斗玖升有奇不等；地每畝科銀貳釐肆毫至貳錢壹分叁釐貳毫不等，米捌抄至壹斗玖升叁合伍勺有奇；山每畝科銀伍絲至壹錢玖分陸釐叁毫不等，米陸抄至伍升叁合柒勺不等；蕩每畝科銀肆毫至柒分叁釐不等，

米伍勺至柒升伍合不等；塘每畝科銀貳毫至壹錢貳分肆釐伍毫不等，米柒撮至壹升陸合捌勺不等；湖地每畝科銀叁分柒毫，米玖勺伍抄；衛所田地每爲畝科銀伍釐柒毫貳絲至壹錢肆分玖釐有奇不等，米壹斗伍升柒合伍勺至貳斗肆升有奇。共額徵銀貳百伍拾伍萬陸千玖百餘兩，遇閏加徵銀伍萬壹百餘兩，額徵米壹百叁拾捌萬叁千壹百餘石，又穀柒百餘石，遇閏加徵米陸千叁百陸拾餘石。

一、湖北省民賦田每畝科糧陸抄至貳斗玖升壹合肆勺捌抄有奇不等，每石折銀貳錢伍分肆釐伍毫至貳兩玖錢柒分肆釐壹毫有奇不等；更名田地每畝科糧肆合玖勺玖抄至陸升叁合壹勺不等，每石折銀肆錢陸分陸釐；衛所歸并州縣屯地每畝科糧壹升伍合至玖升玖合陸勺有奇；衛所管轄屯地每畝科糧壹升貳合至壹斗捌升不等，每石折銀叁錢至壹兩叁錢壹分陸釐陸毫有奇不等。共額徵銀壹百壹萬肆千柒百餘兩，遇閏加徵銀捌百餘兩，額徵米壹拾肆萬叁千捌百叁拾餘石，遇日不加徵。

一、湖南省民賦田每畝科糧貳勺玖抄肆撮至壹斗肆升陸合玖勺有奇不等，每石折銀貳錢貳釐叁毫捌絲至壹兩捌錢肆分肆毫不等；更名田地每畝科糧伍合至壹斗貳升不等，每石折銀叁錢柒分叁釐伍毫至玖錢貳分肆釐肆毫不等；衛所歸并州縣屯地每畝科銀壹釐玖毫至壹錢肆釐叁毫不等，糧叁合捌勺至貳斗不等，每石折銀壹錢柒分柒釐肆毫至壹兩陸錢伍分叁釐壹毫有奇不等；岳州衛管轄屯田每畝科糧壹升至壹斗貳升伍合不等，每石折銀伍錢陸分；苗疆地每畝科銀壹釐伍毫至叁分陸釐柒毫玖絲有奇不等。共額徵銀壹百捌萬伍千柒百餘兩，遇閏加徵銀壹百肆拾餘兩，額徵米壹拾肆萬肆千肆百伍拾餘石，遇閏不加徵。

一、陝西省民賦田每畝科徵本色糧壹勺至壹斗壹合陸勺不等，折色每石徵銀壹兩伍分玖釐至貳兩柒錢柒分叁釐不等；屯地每畝科銀貳釐至玖分捌釐不等，糧壹升伍合至叁斗不等；更名地每畝科銀陸釐玖毫至柒分伍釐壹毫有奇不等，糧肆升叁合伍勺至壹斗肆升捌合有奇不等。共額徵銀壹百叁拾陸萬玖千伍百餘兩，遇閏加徵銀捌千壹百餘兩，額徵米壹拾玖萬肆千玖百餘石，草壹萬伍千陸百叁拾餘束，遇閏不加徵。又漢中、鳳翔、興安、延安四府，定遠、留坎、漢陰三廳，鄜州、邠州、綏德三直隸州屬四十州縣，共攤徵鹽課銀壹萬柒千柒百壹兩有奇。

一、甘肅省民賦田每畝科銀貳毫至壹錢伍分肆毫有奇不等，糧叁勺至捌升壹合壹勺有奇不等，草叁分至肆分陸釐有奇不等；衛所歸并州縣屯地每畝科銀壹釐貳毫至陸釐不等，糧伍升至陸升不等；更名地每畝科銀肆釐捌毫至壹分柒釐壹毫有奇不等，糧貳合貳勺至壹升肆合貳勺有奇不等，草壹分至玖分貳釐不等；土司地每畝科銀柒分伍釐有奇，糧貳升肆合貳勺伍抄有奇；衛所管轄屯地每畝科糧肆升壹合捌勺柒抄有奇，草伍分捌毫有奇；番地每畝科糧肆合至叁升不等，草貳分壹釐伍毫至叁分不等，每户輸銀叁錢，糧壹斗至貳斗伍升不等；監牧地每畝科銀陸釐。草每拾分爲壹束。共額徵銀貳拾壹萬玖千貳百餘兩，遇閏加徵銀壹千柒百餘兩，額徵米肆拾捌萬肆千玖拾餘石，草肆百伍拾柒萬柒千壹百餘束，遇閏不加徵。

一、四川省民賦田每畝科銀壹釐伍毫玖絲至捌分肆釐玖毫壹絲有奇不等，糧每斗折銀肆分，估種每石徵銀柒分壹釐貳絲至柒錢壹分貳釐有奇不等；衛所歸并州縣屯田每畝科銀壹分貳釐伍毫至叁錢不等，糧貳斗柒升貳合柒勺有奇，每糧壹石徵米伍斗至捌升不等；土司地每畝科銀叁釐肆毫至貳分叁釐壹毫有奇不等；衛所管轄屯地每畝科銀壹分貳釐伍毫至貳分不等，米壹升玖合貳勺玖抄至捌斗不等。共額徵銀陸拾壹萬壹千伍百餘兩，遇閏加徵銀貳萬叁千貳百餘兩，徵米壹萬貳千壹百伍拾餘石，遇閏不加徵。

一、廣東省民賦田每畝科銀捌釐壹毫至貳錢貳分叁釐貳毫有奇不等，米陸合伍勺至貳升貳合玖勺有奇不等；衛所歸并州縣屯地每畝科銀照民地科則，米每畝捌升捌合捌勺，泥溝每條科銀肆錢伍分叁毫有奇，車池每方科銀叁錢玖分肆釐有奇。共額徵銀壹百壹拾伍萬玖千玖百餘兩，遇閏加徵銀貳萬兩，額徵米叁拾肆萬壹千柒百貳拾餘石，遇閏加米壹百陸拾餘石。

一、廣西省民賦田每畝科銀貳分肆毫至貳錢壹分貳釐貳毫有奇不等，米叁升柒合至伍升叁合伍勺不等；官田每畝科米陸升肆合貳勺至貳斗柒合柒勺不等；猺田每畝科米叁升至伍升叁合伍勺不等；僮田每畝科銀玖釐至貳分貳釐叁毫不等，米叁升柒合肆勺至伍升叁合伍勺不等；狼田每畝科銀玖釐，米肆升貳合捌勺；學田每畝科銀玖釐，米貳斗肆升捌合肆

勺。共額徵銀叁拾肆萬柒千肆百餘兩，遇閏加徵銀壹萬貳千肆百餘兩，額徵米壹拾叁萬壹百叁拾餘石，遇閏不加徵。

一、雲南省民賦田每畝科銀伍釐伍毫至肆分陸釐伍毫有奇不等，糧壹升玖合肆勺至壹斗伍升有奇不等；衛所歸并州縣屯地每畝科糧伍升玖合貳勺至捌升壹合捌勺有奇不等；馬場中地每畝科銀叁分，下地每畝科銀貳分，夷地每畝科糧壹升。共額徵銀壹拾柒萬貳百餘兩，額徵米麥莜豆共貳拾叁萬叁千伍百肆拾餘石，遇閏俱不加徵，又額徵官莊米豆折色銀捌千壹百玖拾餘兩，又徵收土司租折銀貳千柒百肆拾餘兩。

一、貴州省民苗田每畝科銀壹分至陸錢伍分不等，米伍合壹抄至肆斗伍升不等，豆壹斗；土司田每畝科銀捌釐至壹錢不等，米柒合貳勺貳抄至壹斗伍升不等；官田每畝科米貳斗伍升至伍斗不等；衛所歸并州縣屯田每畝科銀壹分肆釐壹毫至貳錢叁分肆釐不等，米伍升叁合伍勺至叁斗柒升叁合叁勺有奇不等，豆叁斗，莜貳斗叁升叁合叁勺至叁斗壹升壹合肆勺有奇不等；學祭田每畝科銀壹錢至肆錢不等，米貳斗至肆斗不等，穀貳斗至壹石壹斗柒合捌勺有奇不等；租地每畝科銀叁分至壹錢不等；山土每畝科銀壹分叁釐陸毫至伍分不等，米伍升，莜壹斗；旱祭田每畝科銀壹錢，豆壹斗；官莊賑恤田每畝科米壹斗肆升玖合至伍斗不等，穀肆升壹合叁勺至壹石貳斗伍升壹合貳勺有奇；屯陸地每分科莜伍石叁合柒勺玖抄有奇。共額徵銀拾萬柒千捌百餘兩，遇閏加徵銀壹千肆百餘兩，額徵米麥莜共壹拾貳萬叁千貳百柒拾餘石，遇閏不加徵。

《户部則例》卷六《田賦·新疆賦額》 一、各城回民承種官地，歲收糧石平分入官。庫東歲收糧壹千貳百伍拾石；沙雅爾歲收糧叁百柒拾伍石；阿克蘇歲收糧伍拾石；葉爾羌歲收糧陸千陸百伍拾捌石叁斗；和闐歲收糧叁千肆百拾叁石貳斗；喀什噶爾歲收糧壹万柒拾貳石叁斗。

一、各城回民自種地畝，視歲收數目交納十分之一。吐魯番歲納糧肆千伍百陸拾伍石；喀喇沙爾歲納糧玖百捌拾貳石；庫車歲納糧貳千捌拾餘石，又所屬沙雅爾歲納糧捌百餘石；阿克蘇歲納糧陸千捌百叁拾伍石伍斗，又所屬賽里木歲納糧玖百肆拾陸石零，又所屬拜城歲納糧伍百伍拾叁石伍斗；葉爾羌歲納糧貳萬壹千叁百餘石每官石伍石叁斗合回疆數目爲壹帕特瑪；官斗陸斗陸升貳合伍勺合回疆數目爲壹噶爾布爾；每捌噶爾布爾爲壹帕特瑪。內除酌留本年官兵口糧，其餘壹萬叁千捌百餘石折交布貳萬玖千伍百餘疋，棉花壹萬觔。歲納普爾錢折銀貳萬肆千兩，回疆普爾錢伍拾個爲壹騰格，貳騰格合銀壹兩。歲納水磨租面玖拾餘石。又所屬巴爾楚克歲納銀陸百兩。商户歲納銀柒百伍拾兩。又所屬克扣爾巴特歲納糧肆拾柒石柒斗。又所屬乾竺將歲納回金并招募回民歲納糧石，共折交布壹萬玖千伍百餘疋。和闐歲納糧壹萬叁千捌百餘石，內除酌留本年官兵口糧，其餘壹萬貳千陸百餘石折交布貳萬玖千肆拾餘疋，棉花伍千觔，又糧折等項錢文折買布玖千柒百玖拾疋。歲納普爾錢折銀壹萬貳千兩。喀什噶爾、英吉沙爾二城歲納糧貳萬壹千貳百餘石。除交本色糧壹萬壹千陸百餘石，其餘糧石折交普餘錢貳千捌百玖拾玖串捌百肆拾柒文。歲納棉花壹萬肆千陸百觔。集花叁千陸百伍拾觔。普餘錢折銀貳萬陸千兩。歲納籽種另册糧叁千陸百陸拾柒石陸斗。又所屬伯得爾格歲納普爾錢折銀貳百兩。

一、阿克蘇回子歲納硫磺肆千貳百觔，又應交糧折硫磺貳千伍百貳拾壹觔，硫磺每觔覈價銀貳分壹釐，小麥每石覈價銀柒錢。照數覈價，於應交小麥內折算扣除。

一、喀喇沙爾所屬趨輝地方民人墾種地壹千捌拾餘畝，每畝徵收小麥壹斗叁升。共收糧壹百肆拾壹石有奇，按年造册，報部覈銷。

一、烏魯木齊所屬原額地陸拾叁萬貳千壹百餘畝，額徵糧伍萬陸千玖百餘石仍照舊徵收外，其乾隆五十二年續經丈出餘地貳拾柒萬叁千肆百餘畝，應交糧貳萬肆千叁百餘石，每年減半徵收。又嘉慶十二年南山、河東、河西、安順等渠續開餘地玖千玖百餘畝，撥給迪化州屬拋荒地畝不能耕種之一百零八户每户地陸拾畝，其餘地叁千肆百餘畝，撥給尚能墾復原地舊種地叁拾畝之一百零七户每户地叁拾畝，亦俱減半納糧，按年造入奏銷起報。

一、和闐所屬達瓦克地方開墾地拾萬壹百畝，招回户墾種地玖萬陸千畝，每畝納糧伍升，每糧壹石折銀伍錢，共折銀壹千捌百陸拾兩。徵收儲庫撥抵經費餘地肆千壹百畝，賞給新設伯克等作爲燕齊地畝，以資養贍。

一、葉爾羌所屬和爾罕地方墾地玖萬捌千餘畝，招回民八百户每户授地壹百貳拾餘畝，每畝徵糧伍升，每石折銀伍錢，共徵折銀貳千肆百餘兩，留充該處經費。

一、庫車墾地拾貳萬零叁百玖拾叁畝貳分，道光二十七年爲始每畝徵糧伍升，共徵糧陸千零拾玖石陸斗陸升；每石折銀伍錢，共折銀叁千零玖兩捌錢叁分；每銀壹兩合普爾錢肆百文，共合普爾錢壹千貳百零叁串玖百叁拾貳文，作爲經費，每年照數減調。

一、葉爾羌、喀什噶爾、英吉沙爾、和闐四城回民歲納糧石内，除應需馬料仍照舊徵收雜糧外，餘俱改徵小麥充放兵糧。道光十二年奏准。

一、阿克蘇所屬朗哈里克新墾地拾萬貳千叁百畝每畝納糧伍升，每石折交普爾錢貳百文，以普爾錢肆百文抵銀壹兩。共折銀貳千伍百伍拾柒兩伍錢，抵充該處駐防官兵經費。按年造報覈銷。道光二十五年奏准。

一、古城西北續開乎湖地畝，共安八十一户，每户地八十畝，收倉石麥叁石柒斗伍升，草伍百束。每年共收倉石麥叁百零叁石柒斗伍升。照市價糶變，接濟本營兵需。收草肆萬零伍百束，發交兩圈飼馬。

《户部則例》卷六《田賦·丁銀定額》　一、各直省丁賦以康熙五十年丁册定爲常額，續生人丁爲盛世滋生户口，永不加賦。丁額詳户口門。

一、奉天省人丁每口徵銀壹錢伍分至貳錢有差，收入無籍民人及出户家人每口徵銀貳錢。共丁税銀貳萬叁千肆百柒拾肆兩玖錢伍分，内無業窮丁銀肆千壹百伍兩零，按攤入地糧徵收，道光二十一年爲始。其餘銀兩按丁交納，遇閏均不加徵。

一、直隸省人丁每口徵銀叁分至貳兩陸錢有差。共民屯丁税銀肆拾貳萬肆千肆百肆拾肆兩壹錢玖分捌釐，遇閏加增壹萬陸千貳百捌拾兩玖錢肆分貳釐伍毫，均攤入地畝隨糧徵收。

一、山東省人丁每口徵銀伍分叁釐玖毫至柒錢捌分有差。共民屯丁税銀叁拾肆萬柒千肆百肆拾玖兩捌錢捌分有奇，竈丁税陸千陸百貳兩陸錢叁分叁釐有奇，均攤入地畝隨糧交納遇閏加徵。

一、山西省人丁每口徵銀壹錢至肆兩伍分叁釐有差，更名屯丁每口徵銀壹錢至叁錢有差。共丁税銀伍拾陸萬叁千柒百壹拾叁兩玖錢玖分，地糧銀柒萬捌千貳百玖拾叁兩貳錢有奇。内遼州、岢嵐、寧武、偏關、神池、五寨、右玉、永和等八州縣丁銀按丁徵收，保德、屯留、壺關、夏縣、河曲、榆社、興縣等七州縣丁銀，一半按丁徵收，一半攤入地畝隨糧交納。其餘各廳州縣丁銀，均攤入地畝隨糧交納。内惟代州衛丁祇歸三成。吉州除攤過三成外，其同樂等二里丁銀壹千貳百餘兩内撥出銀貳百兩，在於該州七里糧内分攤。遇閏均不加徵。

一、河南省人丁每口徵銀壹分至貳錢有差，收并衛所每口貳分至壹兩伍錢有差。共民丁税銀壹拾壹萬叁千叁百壹拾伍兩貳分肆釐，衛所丁税陸千玖百肆拾捌兩柒錢陸分，攤入地畝隨糧徵收，遇閏均不加徵。

一、江蘇省人丁每口徵銀壹分肆釐至貳錢有差，别有科錢伍文者。共民丁税銀貳拾叁萬玖千伍百肆拾陸兩玖錢陸分叁釐有奇，遇閏加徵壹千捌百貳拾柒兩貳錢陸分壹釐有奇；軍丁税壹萬壹千貳百貳拾肆兩伍錢玖分柒釐有奇，遇閏不加徵，均攤入地畝隨糧交納。

一、安徽省人丁每口徵銀伍分至伍錢壹分玖釐有差，鹽鈔每口銀柒釐肆毫。共民丁税銀貳拾萬柒千捌百柒拾陸兩捌錢柒分有奇，衛所丁税壹萬貳千伍百柒拾貳兩叁分有奇，屯丁税銀貳拾陸兩陸錢玖分貳釐貳毫有奇，莊丁税銀捌兩玖錢陸分壹釐，匠班丁税銀叁千捌百柒拾兩叁錢有奇，攤入地畝隨糧交納，遇閏均不加徵。

一、江西省人丁每口徵銀叁分貳釐至壹兩叁錢肆分陸釐有差，鹽鈔小口每口貳釐陸毫至玖釐伍毫有差。共民丁税銀壹拾捌萬壹千捌百壹拾玖兩捌錢有奇，遇閏加徵壹千捌百伍拾伍兩有奇；屯丁税銀壹千叁百貳拾陸兩，遇閏加徵貳拾叁兩有奇。均攤入地畝隨糧徵收。

一、福建省人丁每口徵銀捌分叁釐玖毫零至貳錢玖分壹釐有差，鹽鈔小口每口壹分肆釐柒毫至壹分捌釐壹毫有差。共民丁税銀壹拾柒萬伍千柒拾伍兩肆分肆釐柒毫，屯丁税銀伍千肆百貳拾肆兩柒錢陸分伍釐伍毫有奇。攤入地畝隨糧交納，遇閏均不加徵。

一、浙江省人丁每口徵銀貳釐至伍錢柒分貳釐零有差，别科米貳合貳勺至叁升叁合有差。共民丁税銀貳拾叁萬陸千玖百玖拾壹兩柒分有奇，屯丁税銀伍百貳拾柒兩陸錢貳分叁釐。攤入地畝隨糧交納，遇閏均不加徵。

一、湖北省人丁每口徵銀壹錢伍分肆釐至陸錢肆分叁釐捌毫有差。共民屯丁税銀壹拾萬玖千玖百玖拾玖兩伍錢肆分有奇，攤入地畝隨糧交納，遇閏均不加徵。

一、湖南省人丁每口徵銀叁分至捌錢叁分伍釐有差。共民屯丁税銀柒萬柒千叁拾陸兩肆釐有奇，攤入地畝隨糧交納，遇閏均不加徵。

一、陝西省人丁每口徵銀貳錢。共民屯丁税銀貳拾肆萬叁百壹拾叁兩壹錢伍分有奇，遇閏加徵捌千柒百貳拾柒兩捌錢叁分有奇，攤入地畝隨糧徵收。

一、甘肅省人丁每口徵銀貳錢。共民屯丁税銀陸萬壹千玖百肆兩叁錢叁分有奇，河東遇閏加徵貳千肆百叁拾貳兩柒錢肆分有奇，河西遇閏不加徵，均攤入地畝隨糧交納。

一、四川省人丁每口徵銀貳分陸釐陸毫零至壹兩柒錢壹分伍釐。共丁税銀伍萬陸千玖百玖拾壹兩捌錢貳分壹釐肆毫有奇，均攤入地畝隨糧交納，遇閏加徵。

一、廣東省人丁每口徵銀壹釐玖毫至壹兩叁錢貳分陸釐有差。共民丁、屯丁、黎丁税銀壹拾貳萬叁兩柒錢玖分有奇，遇閏加徵伍千伍百壹拾捌兩肆錢柒分玖釐有奇，均攤入地畝隨糧徵收。

一、廣西省人丁每口徵銀壹錢伍分至肆錢伍分貳釐有差。共民屯丁税銀肆萬陸千叁百叁兩壹錢有奇，遇閏加徵叁百貳拾肆兩貳錢，均攤入地畝隨糧徵收。

一、雲南省人丁每口徵銀叁分至伍錢伍分有差。共民站丁、土步軍丁、魚户丁税銀貳萬玖千叁百叁拾玖兩壹錢貳分陸釐，又威遠、三圈、蠻令等村丁税銀叁拾貳兩，又貴州威寧州撥歸宣威州丁税銀叁拾肆兩捌錢，攤入地畝隨糧交納，遇閏均不加徵。

一、貴州省人丁每口徵銀壹錢伍分至肆兩有差。共民丁、夷丁税銀壹萬叁千柒百捌拾壹兩壹錢貳分有奇，遇閏加徵陸百陸拾叁兩肆錢叁分有奇，均攤入地畝隨糧徵收。

一、山西平路、老營、山陰路三營加丁銀肆百陸拾柒兩零，在於州縣以上各員養廉内攤捐。道光二十年奏准。

《户部則例》卷七《田賦・免賦田地》 一、各省社稷、山川、學校、先聖先賢廟基、祭田并一切祠墓、厲壇、寺觀等地，概不科賦。奉天省壹頃肆拾壹畝有奇，直隸省壹拾玖頃陸拾肆畝有奇，山東省玖拾捌頃玖拾陸畝有奇，山西省叁拾捌頃陸拾柒畝有奇，河南省壹百壹頃柒拾肆畝有奇，江蘇省壹百捌頃捌拾肆畝有奇，安徽省壹拾叁頃壹拾叁畝有奇，江西省壹拾肆頃叁拾壹畝有奇，福建省伍百貳拾頃伍拾伍畝有奇，浙江省柒拾陸頃伍拾肆畝有奇，陝西省壹拾陸頃貳拾叁畝有奇，四川省壹拾伍頃壹拾玖畝有奇。又孔林地廟墓原地貳拾壹頃伍拾肆畝有奇，續擴地壹拾壹頃壹拾肆畝玖分，衍聖公祭田貳千壹百伍拾柒頃伍拾畝，四氏學學田伍拾頃，復聖裔祭田、墓田、廟基地伍拾肆頃壹拾伍畝有奇，宗聖裔祭田、墓田、廟基地陸拾貳頃壹拾肆畝有奇，亞聖裔祭田、墓田、廟基地伍拾玖頃柒拾陸畝有奇，先賢仲氏裔祭田、墓田、廟宅地柒拾伍頃伍拾陸畝有奇，元聖周公祭田伍拾頃。各省土民有捐置義塚、廟宇田地、其原額賦糧，俱准覈實題豁。

一、直省築塘、浚河及建造衙署、營堡，一切公建并給價買用各田地，應徵錢糧，該督撫委員勘明，造册題豁免科。

一、凡内地及邊省零星地土，聽民開墾，永免升科。其免科地數，直隸、江西以不及貳畝爲斷，福建并江蘇蘇州等屬以不及壹畝爲斷，浙江并江蘇江寧等屬以不及叁畝爲斷，陝西以不及伍畝爲斷。安徽、湖北、湖南水田以不及壹畝、旱田以不及貳畝爲斷。河南上地以不及壹畝、中地以不及伍畝爲斷。山東中則以上田地，以不及壹畝爲斷。山西下地以不及拾畝爲斷。廣西中則以上水田以不及壹畝爲斷，旱田以不及叁畝，下則水田以不及伍畝、旱田以不及拾畝爲斷。四川上田、中田以不及伍，下田、上地中地以不及壹畝爲斷。至河南四川下地，山東中則以下地，雲南、貴州山頭、地角、水濱、河尾，廣東畸零沙地并高州、雷州、廉州三府之山場荒地，俱不論頃畝，概免升科。奉天拾畝以下尚宜禾稼者，減半徵租；山岡、土埠、傍河、濱海窪下之地，僅宜雜植，不成丘段者，亦永免升科。

一、各直省各項徵租地畝，如被水冲沙壓不堪耕種，地方官報明該上司，即委員確勘出具切實印加各結送部，准其題豁額糧。仍令經徵各官不時查察。一俟水涸沙退，照舊輸租報部。如有墾復不行呈報，希圖開除租銀者，經徵官嚴加議處，失察之土司一并議處。

《户部則例》卷九《田賦・徵收事例》 同治四年閏五月奉上諭：浙江省各屬馬新貽奏覈減金華、衢州、嚴州、處州四府屬浮收銀米一摺。浙江省各屬浮收錢糧，迭經左宗棠等查明奏請覈減。兹復據馬新貽奏稱，查明金華府屬共減去錢拾伍萬陸千壹百餘串，米伍百貳拾餘石，衢州府屬共減去錢壹拾萬叁千玖百餘串、米陸拾伍石，嚴州府屬共減去錢陸萬壹千玖百餘串，處州府屬共減去錢陸千捌百餘串、洋錢捌千貳百餘圓、米壹百貳拾餘石等語。即著照覈減新章辦理，永遠遵行。嗣後地方官斷不准别添名目，於定

章之外任意需索。紳民人等亦經遵照定章完納，不得再分大户小户，致滋偏重。該撫仍當隨時查察，儻有前項情弊，即著從嚴參辦，以重國賦而恤民瘼。餘著照所議辦理。欽此。

一、徵收地丁錢糧，奉天、直隸、山東、山西、河南、安徽、江西、浙江、湖北、湖南、甘肅、廣西各省即二月開徵，五月底完半；六七兩月民户自願交納者，仍准自封投櫃。八月接徵，十二月底全完解司。江蘇、陝西、四川三省即二月開徵，七月底完半；八月接徵，十二月底全完解司。廣東省限七月開徵，八月完半；十二月接徵，次年正月全完解司。雲南、貴州二省即九月開徵，年底完半，次年三月全完解司。

一、州縣催徵錢糧設立滚單，每里之中每單或五户或十户，每户名下注明田地若干、該銀米若干，分作十限，每限應完錢米若干。發給里内首名，挨次滚催，沉單者查明究處。廣西、四川二省不用滚單，奉天之承德、遼陽、蓋平、鐵嶺、復州等州縣俱用流單。

一、州縣徵收錢糧紅簿，令上年十月内申送布政司鈐印，江蘇、安徽、浙江、河南、山東、四川、廣東、廣西等省紅簿，州縣自行鈐印徵收，停其鈐蓋布政司印信。開徵前領回，於花户完納時眼同登記，填發串票。其一切徵收號簿，每日提進内衙親查完欠，發出聽比。如有假手户書，致有完多注少等弊，該督撫題參。

一、州縣經徵正雜錢糧，聽納户自封投櫃。設有短數須添補者，經徵官務將原銀發出，令本户當堂認補。儻濫捉短封及有不發原銀等弊，該管督撫題參。

一、州縣經徵花户錢糧用三聯串票，每聯内各填款項數目，仍於騎縫用印處將完數端楷大書，分中截開，一存案備查，一付差役應比，一給花户收執。如官吏朦混填寫，及無票付執者，許花户控告，按侵那錢糧例治罪。縱容書吏勒索票錢者，官參吏處。

一、各直省鄉民應交錢糧，有願折錢交納者，該督撫於開徵之先按時價合定每兩收大錢若干，出示曉諭，聽民自便。如有不按市價，絲毫浮收者，據實參辦。該上司扶同徇隱，一並嚴議。

一、小户錢糧數在壹兩以下，住址窎遠者，准照小户畸零米麥湊數附納之例交與。數多之户附帶投納於户印票内，注明某户附納字樣，即令附納之户領回，交本户收執。如在壹兩以上，及爲數雖少情願自赴交納者，仍聽自封投櫃。

一、花户錢糧并尾欠、折欠短封銀兩，凡數在壹錢以下者，俱准以錢抵納，每銀壹釐納錢壹文。願完銀者，仍聽。所收錢文，經徵官報明該管道府，易銀起解。

一、鹽課改歸地丁應徵課銀數目，於滚單内一并注明每地丁銀壹兩應完鹽課若干，免其加耗。遇閏照額，毋庸加增。凡遇地丁蠲免之年，不准一律蠲免。

一、州縣徵收銀兩時，酌選銀匠數人，聽民傾銷，不得設立管總銀匠。儻失察包攬等弊，該督撫題參。

一、各省寄莊田地，此州縣民人置買彼州縣田地名爲寄莊。由寄莊州縣將田地畝數、科則及户名、錢糧數目造册移交業户住居之州縣代行催徵。如有拖欠，將代徵之員及督催之上司按照分數參處。

一、各省紳衿地糧，經徵官於徵册内注明一户某人即紳衿某人，奏銷時將所欠分數另册詳報，該督撫指名題參。户部會同吏部、禮部、兵部議處治罪，所欠錢糧嚴追完報。革後全完，准與開復。

一、目兵拖欠錢糧，該州縣將所欠數目移會本管官弁，照追移交。儻該管官弁不實力催追，照州縣催徵錢糧例，按未完分數議處。若上司書吏抗糧，該州縣一面詳報，一面拘拿，革役追比。如上司袒護，州縣瞻徇，均查參議處。

一、地方應納丁地銀糧，如貢監生員藉儒户、官户名目包攬，侵收入己者，照常人盜倉庫錢糧律擬罪。包攬而尚無拖欠者，捌拾兩以上，照不應爲而爲律斥革治罪；捌拾兩以下，照攬納税糧律定擬，仍令照數納足。若監臨主守攬納，及勒令富户代納者，參處治罪。小户畸零米麥因便湊數，勿論。

一、民欠錢糧，州縣官歲令里書將所管各户完欠細數開送查對，出示本里，於比較日按欠摘催。如有胥吏中飽等弊，許完户執持串票具控究處。

一、經徵錢糧專責印官，該上司不得濫委府佐協徵滋擾，違者參處。

一、錢糧開徵以後，責成經徵州縣官當堂查收，令佐貳官輪流點驗，

按簿查對其監收官姓名，并令填寫印簿。該監收官每十日一次將監收數目開報本管道府查考。如無佐貳之州縣，即令學正、教諭記單開報。該管道府不時委員會查，秉公拆對，如有虧空，揭報參處。至額徵本色南秋糧米，查照徵銀之例，責成徵收、監收各員親身赴倉查驗，毋得假手胥吏，以杜弊端。

一、甘肅省各屬以小麥、粟米、豌豆爲上色，以糜子、青稞、大豆爲下色。鹽茶廳、秦州、階州、涇州、安西、静寧、固原、寧州、臯蘭、金縣、渭源、靖遠、隴西、寧遠、伏羌、安定、會寧、通渭、西河、平凉、隆德、華亭、安化、正寧、合水、環縣、秦安、清水、禮縣、文縣、靈臺、崇信、鎮原、玉門、敦煌、肅州、州同，三岔州判，莊浪縣丞。以上三十九處全徵上色。循化、莊浪、貴德、巴燕戎格各廳及岷州，丹噶爾主簿，以上六處全徵下色，花馬、池州同徵上色九分、下色一分，平羅縣徵上色八分、下色二分。肅州、靈州、寧夏，寧朔、中衛，以上五處徵上色七分、下色三分。永昌、鎮番、古浪，以上三處徵上色六分、下色四分。河州、高臺。以上二處徵上色五分、下色五分。平番、張掖、武威，以上三處徵上色四分、下色六分。撫彝、狄道州、西寧、碾伯、大通、山丹、東樂縣丞，以上七處徵上色三分、下色七分。洮州廳、漳縣、沙泥州判，以上三處徵上色二分、下色八分。西固州同徵上色一分，下色九分。各州縣廳徵上色幾分、下色幾分，均於報銷册内聲明。

一、上下忙解司銀數，除廣東、雲南、貴州三省仍依限截清外，其餘各省俱應於本年十二月底截清。由藩司覈明上忙實徵若干、下忙實徵若干、已未完若干，其已完銀内州縣應留支若干、已解司應解部若干、應報撥若干，又節年緩帶徵錢糧已完解若干，未完解若干分别正課雜項，各歸各款造具簡明清册，依限詳由督撫復覈。該督撫以二十日爲限，即於次年開印後專摺具奏，將原册一并送部，不得遲至奏銷届期始行奏報，遲逾參處。

一、各直省徵存上忙錢糧，按限將實徵實解細數造册咨部備查。俟下忙報解銀數之後，該督撫一面造册咨部，一面查明各州縣錢糧，如有已徵未解者，即行據實參奏。儻有疏漏，即將該督撫、藩司參處。未解銀兩即在該州縣名下著追，如致無著各該上分賠。至民欠未完錢糧及州縣經徵不力，處分仍於奏銷時覈計分數，照例辦理。

一、州縣應徵錢糧如有徵存未解者，該督撫即奏明勒追，掃數完解。該藩司仍隨時調查紅簿、串根，如有銀數參差，立即參辦。

一、州縣實徵實解銀數恭疏題報處，仍於具奏摺内開具清單，明列通省三年比較，本年額徵若干、已未完若干，積年舊欠若干、已未完若干，比之上三年或盈或絀，一一注明，以備查覈。

一、各直省徵收錢糧三年比較，除耗羡一項係隨正徵收，毋庸造報撥册外，其應徵屯糧丁并存留屯糧銀兩等款，均彙同地丁全數分款開列，以便比較。

一、湖北崇陽縣徵收錢漕，花户自行赴櫃赴倉交納，截券四家。如有生監包攬，該管官不行查出，照失察紳衿、貢監、生員包攬錢糧例議處。儻花户仍托書差代納，本管官知情故縱，照故縱例議處。止係失察，照失察書役犯贓例議處。仍責成該管道府隨時稽查。

一、廣東綏瑶廳應徵瑶糧，令瑶長率領瑶户自行赴廳交納，不准胥吏經手催徵。

一、凡直省州縣徵收地丁正耗錢糧，不准有捐攤名目，致啓浮收。并不准有紳户、民户，大户、小户分别，致滋偏重。如地方官吏添設名目，額外浮收及紳衿大户不遵定章完納者，即由該督撫查參懲辦。

《户部則例》卷九《田賦・奏銷限期》　一、各直省各營動用公費，每年收支存剩各數，限次年六月題銷。

《户部則例》卷九《田賦・奏銷考成》　一、直省奏銷錢糧，直隸、山東、山西、河南、陝西、甘肅限次年四月，奉天、安徽、浙江、江西、湖北、湖南、江南之蘇州藩司限次年五月，福建、四川、廣東、廣西、雲南、貴州、江南之江寧藩司限次年六月，山西之大同、朔平二府屬，氣候較遲，經徵米豆。於年底另册奏銷。凡奏銷限期，該督依照依例定月份，於是月底具題出文，册結隨本送部。若因公不能依限，准其奏展，無故逾限者議處。司道府州縣衛所官先已違限，即令查明，據實開報吏部，分别照例議處。

一、各省督撫於藩司奏銷錢糧之期，務將未完各項嚴查是否實欠在民。仍徧行曉諭，務使民户不受重徵。如有官侵吏蝕，該管官并不查明通同隱飾者，一并從重參辦。

一、州縣徵存正雜錢糧，必係解到司庫，始准以實完奏銷。如止報徵存未經解司者，奏銷册内不得列作實完，冀免處分。其奏銷後續行報解

者，仍准照例報部分別扣除免議。

《户部則例》卷九《田賦・護解錢糧》　一、州縣起解錢糧備具文批，其批兩牒相連，各填年款銀數，兩牒之間填注號數。差役解銀到省，先將批文告投巡撫衙門掛號，巡撫衙門將連批截存一張、發司一張。該司照批收明，出給實收及原批呈巡撫衙門銷號。巡撫合批相符，發回州縣存據。倘州縣將空批投掛，或藩司兑收留難，指名題參，嚴加議處。仍令各州縣將解過錢糧并已未掣獲批回，按季册報巡撫。果係藩司掯批，嚴參治罪。巡撫徇庇，一并議處。

一、州縣起解司道庫錢糧，選差的當人役按程長解，仍按所解銀數派撥兵役遞護。數在壹萬兩以下者，撥兵一名，民壯二名；壹萬兩以上者，撥兵二名，民壯四名；貳萬兩以上者，酌量添撥，逐程交替。仍前期三日移會前途，照撥接護。投宿州縣城内，銀鞘寄貯大堂，該接護州縣添派更夫巡視。距城七十里以外，及遇陰雨勢難入城者，接護地方官預撥幹役，傳齊地保，知會營汛，於寄宿處會同巡視。倘起解州縣不預行知會前途，任聽解役潛行小路，應行接護之州縣亦不照例接護者，各予處分，解役治罪。凡護解兵役名數及移會前途接護緣由，責成起解之州縣於報解錢糧文内聲明。

一、州縣起解錢糧，如已遵例知會前途，解役亦係經由大路，其前途州縣又已照撥兵役接護，而仍有疏失者，起解州縣責賠六分，失事州縣責賠四分。起解州縣不預期知會，任聽解役潛行小路，不請護送，以致失事者，起解州縣獨賠。若接護州縣已准知會，原解兵役亦由大路行走，而并不照撥兵役接護，以致失事者，失事州縣應責賠一半，起解州縣僉差不慎亦責賠一半。

一、直隸各項旗租銀兩，照額盡收盡解，不得指稱急需，擅行借動。

《户部則例》卷九《田賦・奏報備撥》　一、州縣徵收錢糧，照依《賦役全書》内額編銀兩分别徵收。各州縣詳請拆封後，責成道府查覈實徵銀内應支官俸、役食、驛站、夫馬、祭祀、廪膳、孤貧等項銀兩，准各州縣自行留支。餘存銀兩即行解交藩庫，其以次遞徵已成數者，亦即盡徵盡解，統計一年徵收銀數截至年底爲止，飭令該管道府將州縣徵收底簿及花户串根詳悉檢查覈明，留支起解及完欠爲若干，據實開報督撫藩司查覈。各該督撫即取具藩司道府甘結，於開印前一面專摺具奏，一面報部存案，以備酌撥。倘該道府所查數目與州縣月報旬報不符，點查銀數短少，即據實揭報督撫，嚴參治罪。如該管道府有意通同徇隱，亦即一并嚴參。

《户部則例》卷九《田賦・錢糧期限》　一、州縣徵存錢糧，委員監拆後，與州縣官通計扣支分數，將應行起解之項限三日内批解。違限者，該督撫將本員、監拆官均予咨參，分别議處。直隸省應解錢糧令拆封次日傾熔。數在叁千兩以内者，限十日起解，每千兩加二日，總不得逾二十日之外，違者查究。

一、州縣起解錢糧，先期三日將現解款項數目并起程日期及離省路程，具報督撫行司查察。逾限不到，嚴拿究追。

一、州縣批解錢糧月日，該布政司於奏銷册内詳細開載，聽部稽覈。

《户部則例》卷三八《關税・嚴禁關税積弊》　同治五年奏上諭：蔣益澧奏查明太平關税務積弊，請裁撤書吏、家丁，派員幫辦，并將巡撫等衙門陋規全數革除一摺，所辦甚屬認真。各省關税絲毫均關國帑。若果管理之員潔清自矢，認真經理，何至動行短絀？兹據蔣益澧所奏：廣東太平關額徵銀兩，歷年虧短，遞有加增，而各衙門陋規及家丁、書吏侵漁甚多，恬不爲怪。積習相沿，殊堪痛恨。即著照該撫所請，所有經徵太平關税務之家丁、書吏，永遠裁革，由該撫派委廉能之員幫同南韶連道管理。其巡撫衙門月費等項，并文武各衙門規費、南韶連鎮總兵薪水，均著一并裁撤。歸公試辦一年，再由該撫察看情形，酌定章程，奏明辦理。經此次整頓之後，倘有巧立名目，暗中侵蝕等弊，并著該撫嚴行參辦。此外，各省關務均著該管督撫、監督等實心清釐，務令積弊悉除，税課日有起色，毋得復蹈故轍，任意虧短，致干重咎。餘著照所議辦理，該部知道。欽此。

《户部則例》卷三八《關税・夷船起炮徵税》　乾隆元年奉上諭：朕聞外洋紅毛夾板船到廣時，泊于黄埔地方，起其所帶炮位，然後交易，俟交易事竣，再行給還。至輸税之法，每船按梁頭徵銀貳千兩左右，再照則徵收貨物之税，此向來之例也。乃近來夷人所帶之炮，聽其安放船中，而于額税之外，將所携置貨、貝銀，別徵加一之税，名曰繳送，亦與舊例不符。朕思從前洋船到廣，既有起炮之例，此時仍當遵行，何得改易？

至于加增繳送税銀，尤非朕加惠遠人之意。該督撫察照舊例，按數裁減，并將朕旨宣諭各夷人知之。欽此。

《户部則例》卷三八《關税・洋船載貨徵税》 一、外洋各國夷船專運米石來粤，并無夾帶别項貨物者，進口時，照舊免輸船鈔，所運米穀由洋商報明起儲。賣竣，准其原船裝載貨物出口，與别項夷船一體按例徵税。

《户部則例》卷三八《關税・各省關税不准擅撥》 一、各省關税銀兩，管關監督于年滿、季滿時，除本省扣充兵餉等項外，餘俱遵照定額解交部庫，以供京營兵餉及一切經費之用，各該督撫毋得率行指撥。如遇有迫不及待之項，准其聲叙實在情形，專摺奏明辦理。

一、夔關歲繳内務府參價銀貳千肆百餘兩，由該關監督自行籌解，不准擅動正項。

《户部則例》卷三九《關税・贏餘定額》 一、各關贏餘銀兩俱照後開額定銀數，按年徵收。如有短少，著落管關之員賠補。或于定數外再有多餘，亦即盡收盡解。其三年比較之例，永行停止。

一、坐糧廳陸千兩。天津關貳萬兩。臨清關壹萬壹千兩。江海關肆萬貳千兩。滸墅關貳拾叁萬兩。淮安關壹拾壹萬兩。海關廟灣口貳千貳百兩。揚州關兼由閘柒萬壹千兩。西新關叁萬叁千兩。鳳陽關壹萬柒千兩。蕪湖關柒萬叁千兩。九江關叁拾陸萬柒千兩。贛關叁萬捌千兩。閩海關壹拾壹萬叁千兩。浙江關肆萬肆千兩。北新關陸萬伍千兩。武昌關壹萬貳千兩。夔關壹拾壹萬兩。

一、粤海關盈餘銀壹拾萬兩。舊例粤海關盈餘，按年額徵銀捌拾伍萬伍千伍百兩，係常、洋不分。嗣于同治四年正月據兩廣總督毛鴻賓等奏定粤海關税。其貨由華船裝運者爲常税，由洋船裝運者爲洋税。洋税無定額，每年約徵銀壹百餘萬兩。常税于同治六年改爲定額盈餘銀壹拾萬兩。此外，再有多餘，盡收盡解。太平關柒萬伍千伍百兩，又木税盈餘陸千餘兩。梧州關柒千伍百兩。潯州廠伍千貳百兩。歸化城壹千壹百兩。

一、山海關肆萬玖千肆百捌拾柒兩零，由直隸總督奏聞。同治九年奏改。又咸豐十年新增捌萬兩。按季解部。殺虎口壹萬伍千肆百拾肆兩零。自行奏聞。張家口肆萬伍百陸拾壹兩零。自行奏聞。打箭爐關贏餘盡收盡解。

一、崇文門左右兩翼、張家口、殺虎口盈餘數目，該監督自行奏聞。

《户部則例》卷三九《關税・贏餘留備》 一、閩海關歲收贏餘銀兩，盡數留于福建藩庫，以備支放兵餉之用。

一、廣東省額徵地丁銀兩，支放兵餉不敷之數，在于粤海關歲收贏餘銀内酌籌撥給。

一、廣西省潯州、梧州兩廠，每年徵收額外贏餘銀兩，内協濟本省兵餉銀陸萬兩，留支潯、梧兩處書院膏火、巡卡等項銀肆千銀兩。

《户部則例》卷三九《關税・各關税額》 一、各關正額及贏餘定數倘有虧短，按分數分别議處，所虧銀兩勒限追賠。銅斤水脚俱歸正額一體解部。

一、崇文門正税銀玖萬肆千肆百捌拾叁兩，銅斤水脚銀柒千陸百玖拾貳兩叁錢壹分貳釐。左翼正税銀壹萬兩，右翼正税銀壹萬肆拾兩。舊額正税銀壹萬兩，道光二十四年奏明，將西山十六村莊凡涉買賣之一切牲畜歸右翼徵收，增額税銀肆拾兩。坐糧廳正税銀陸千叁百叁拾玖兩貳錢陸分。

一、奉天牛馬正税銀肆千兩。鳳凰城中江税正額、火耗共銀叁千貳百玖拾肆兩。係一年四次貿易應徵定額，有餘盡收盡解。

一、天津關正税銀肆萬肆百陸拾肆兩，銅斤水脚銀柒千陸百玖拾貳兩叁錢壹分貳釐。山海關正税銀叁萬貳千貳百兩。鮑家馬頭等七口岸正税銀壹千叁百玖兩壹錢肆分壹釐，黄豆、豆餅正税銀貳萬捌千壹百叁拾叁兩貳錢叁分捌釐。張家口正税銀貳萬兩。殺虎口正税銀壹萬陸千玖百壹拾玖兩玖錢伍分零。歸化城正税銀壹萬伍千兩，正税錢玖千串。正税錢文按照市價易銀解部。

一、臨清關正税銀貳萬玖千陸百捌拾肆兩，銅斤水脚銀柒千陸百玖拾貳兩叁錢壹分有奇。

一、江海關正税銀貳萬壹千肆百捌拾兩叁錢叁分，銅斤水脚銀貳千伍百銀。滸墅關正税銀壹拾陸萬捌千柒百玖兩柒分伍釐，銅斤水脚銀貳萬貳千肆百肆拾貳兩叁錢壹分貳釐。淮安關正税銀壹拾捌萬陸千貳百伍拾伍兩有奇，銅斤水脚銀壹萬伍千叁百捌拾肆兩陸錢，并轄之廟灣口正税銀叁千捌百肆拾兩。揚州關正税銀肆萬肆千捌百捌拾肆兩，銅斤水脚銀柒千陸百玖拾貳兩叁錢伍分，兼轄之由閘正税銀肆萬貳百壹拾肆兩玖錢陸分。西新

關即舊龍江關正税銀叁萬叁千陸百捌拾肆兩，銅斤水脚銀柒千陸百玖拾貳兩叁錢貳分伍釐。

一、鳳陽關正税銀柒萬玖千捌百叁拾玖兩，銅斤水脚銀壹萬叁百貳拾兩陸錢。蕪湖關正税銀壹拾叁萬捌千肆百玖拾陸兩，銅斤水脚銀壹萬捌千肆百貳拾叁兩柒分伍釐。

一、九江關正税銀壹拾伍萬叁千捌百捌拾玖兩，銅斤水脚銀壹萬捌千叁百玖拾貳兩叁錢陸釐。贛關正税銀肆萬壹千壹百貳拾肆兩伍錢叁分，銅斤水脚銀伍千叁百肆拾陸兩伍錢貳分伍釐。

一、閩海關正税銀陸萬陸千伍百肆拾玖兩伍錢肆分陸釐，銅斤水脚銀柒千兩。

一、浙海關正税銀叁萬貳千壹百伍拾捌兩貳錢叁分，銅斤水脚銀叁千柒百伍拾兩。北新關正税銀壹拾萬柒千陸百陸拾玖兩，銅斤水脚銀壹萬伍千叁百捌拾肆兩陸錢伍分。

一、武昌廠船料正税銀叁萬叁千兩。游明關武昌分口船料銀盡收盡解。

一、夔關正税銀柒萬叁千柒百肆拾兩肆錢玖分貳釐，遇閏增税銀陸千壹百肆拾伍兩肆分有奇。米船税銀盡解盡收。

一、粤海關正税銀伍萬陸千伍百壹拾壹兩玖錢肆分壹釐。據兩廣總督咨覆，銅斤水脚俱在此總數内。

一、太平關正税銀肆萬陸千捌百貳拾玖兩，銅斤水脚銀伍千捌百肆拾陸兩壹錢柒分伍釐。

一、梧州廠正税銀伍萬肆千陸百貳拾壹兩叁錢伍分叁釐。潯州廠正税銀叁捌千陸百陸兩肆錢壹分貳釐。

一、淮安關每年額徵清江廠供漕銀廠税名目叁萬壹百捌拾陸兩肆錢陸分玖釐，委員解部交收。此款銀兩即在淮安關額徵歲銀數内。

一、打箭爐關正税銀貳萬兩内應徵雜税銀貳千數百兩，按年題銷。遇閏即照上月銀數加增。應徵茶税銀壹萬柒千叁百叁拾陸兩柒錢，按年題銷，遇閏加增銀壹千肆百叁拾壹兩貳錢貳分伍。

《户部則例》卷四〇《關税・驗放各省商船》 一、各處貨船到關，即令該商將貨物艙口據實開單，親投管關衙門過硃，立即查驗，算明税課，填入紅單給商。每日兩次放關，隨放隨即驗單、截角，再于單尾用戳記將到關、放關時日填明，以便稽查。其有任胥吏勒索阻滯者，查出治罪。

《户部則例》卷四〇《關税・驗放各省差船》 一、各處差船并裝載官物，給有勘合、火牌者，覈計程站人口應帶煤米數目。每名每口准帶食米一升，煤一斤。該管衙門填給照票，令其携帶，經過關口查驗放行。倘有私自多帶及夾帶别項貨物者，將船户究處，差官查參。

《户部則例》卷四〇《關税・隱匿皮張》 一、商人販運貂皮等物經過關口應納税者，照例納税；詳載各關税則。應查驗者，驗明放行。遇有隱匿私越者，照例治罪，物件入官。守口員弁亦不得違例率拿，致擾商旅。

一、寧古塔地方商人貿易皮張，俱令報明，該處都統填給照票。過關時，聽官查驗，照例納税。隱匿私越者，從重治罪，物件入官。

《户部則例》卷四〇《關税・鋪户包攬》 一、各關税課均聽商人自行完納。其有鋪户包攬居奇及串通管關人役苛索商民者，許商減稟究治，别經發覺，將監督委員一并議處。

《户部則例》卷四〇《關税・出口鐵器》 一、青海、蒙古在西寧及丹噶爾口置買鐵鍋、鐵鏟、鐵杓等器并耕種犁頭鞍轡什件，令將所買數目報明，該處將弁及辦理青海事務大員查覈，填明照票，聽其出口。數多者，酌量減除。

一、玉舒等處番人，准置買鍋犁，其餘鐵器一概禁止。

一、殺虎口、張家口商民携帶鐵鍋、農具日用之物，准其出口。令各該監督于到口時詳細查明，按則徵税，將名色、件數填注票内，令該商持票赴口驗放。若守口員弁勒揩刁難，該監督即行查報。至廢鐵鐵料有關打造軍器者，仍行嚴禁。

《户部則例》卷四〇《關税・查驗蒙古貢物》 一、外藩蒙古王公、臺吉人等，來京所帶進貢物件、干糧、茶葉、騎馱、馬駝、口食羊隻及自京帶回恩賞俸禄、緞布，均照例查驗放行，免其納課，餘物悉令按則輸税。其有隱漏税銀，或代商民偷運物件，強行過關者，將該蒙古及漏税商民一并治罪。

《户部則例》卷四〇《關税・私帶參珠》 一、山海等關一年之内搜

獲人參至二十斤、珠子至四兩者，巡查人等共賞銀貳拾兩；每人參二十斤、珠子四兩，遞加賞銀二十兩，該管官分別議叙。若搜查不力以致私帶過關者，分別查議，巡役責處。

《户部則例》卷四〇《關税・巡查偷越》　一、江蘇省海州、沭陽出產黄豆等貨，概不准從青口行走，繞由海運。責令海州、沭陽文武員弁輪赴青口，同淮關監督派役巡查。

一、安徽省鳳陽、潁州一帶出產豆餅，例應由洪澤湖載運南來，赴淮關投税，毋許徑走臨淮關，抄路南下，巧避漏税。淮關監督遴派妥役渡湖巡查，以杜越漏。

一、江蘇省丹陽、常州、無錫等處路通太湖，南北往來雜貨從此偷越。各該地方官幫同滸墅關監督，一體查拿究治。

一、豫東販赴蘇，松一帶銷賣之豆、雜等貨，例由湖墅關納税。其有由甘泉縣之六閘盤入通州、泰州內河，繞至滕家壩等處分剥出江，并從通州、泰州鹽河之任家港出口直達上海，及販進京口之貨物繞至江陰縣之黄田港出口直至上海，希圖漏税者，均令各該地方官稽查嚴禁，并于黄田港添設巡船駐守巡查，毋得隱漏。

一、重運糧船抵滸墅關向不簽查，押運員弁賫帶印票，按船准帶土宜貨物一百五十擔之數掛驗，不准逾額多裝，責成運弁嚴禁丁舵人等，不許包攬偷漏，查出官參丁處。

一、商貨須直赴關口按例輸税，陸路不許繞避別口，水路不得私走支河。若有船户、脚夫包送，希圖漏税等弊，將姦商船户等分別究治，地方官并予議處。

一、恰克圖、庫倫等處商販皮張及牛、羊、駄馬，令多倫諾爾同知查詰明白，于票內注明，赴張家口照例納税。進關，不准繞越古北口，致滋偷漏。若并非商販，祇帶馬數匹、羊數隻進古北口者，聽其自便，亦不得概行禁阻。

一、江北、江廣、江寧等處貨船赴蘇、杭者，均進京口，歸滸墅關報税。福建、浙江、關東錦州、山東登萊等處貨船及本省通州土物由海對渡者，均進劉河、上海等口，歸江海關報税，倘有將應赴滸墅關貨物繞道由海關納税者，查出治罪。

一、閩、廣、江西貨船從長江直下蘇州、松江等處者，令赴北新關納税。蘇州、松江等處商客載貨往閩、廣等處者，北新、浙海二關任其投納税銀。若從海關、澉浦納税過鱉子門從長江行走者，北新關不得重税。倘姦商偷過應行之路，查獲從重治罪。

一、六合縣額設騾行八户，江浦縣額設騾行四十二户，不准額外添設。如有于額設騾行之外，私行添設，及勾串大宗船貨違例盤陸北上，偷漏正税者，嚴拿究治。

《户部則例》卷四〇《關税・漏税罰例》　一、客商漏税，照例治罪，貨物一半入官。若所漏之税爲數無多，分別議罰，免究其罪。天津關按税罰三倍。滸墅關照税倍罰。淮安關漏税者每貨百石簽多五石者，祇令補足正税，免其加罰；簽多十石以上者，除補足正税外，仍罰一倍，多二罰二，多三罰三。北新關凡鄉民携帶零星應税貨物，税銀不過數分至一錢有餘者，應其補納正税，或量罰一二倍。閩海關所漏之税止數錢至一兩者，倍罰；其税一兩以上至三兩者，三倍；其税三兩至五兩者，五倍；其税五兩以上者，照律辦理。粵海關覈計正税在五錢以上者，加罰一倍；一兩以上者，加罰兩倍；二兩以上者，加罰三倍；三兩以上者，加罰四倍；四兩以上者，加罰五倍；五兩以上者，將貨物一半入官充公，一半補税。如走漏免單擔雜等貨覈計銀數在五錢以下者，止令完納正數；若在五錢以上者，均加罰一倍。

一、海船到岸，即將貨物盡實報官抽分，若停歇不報及雖報而不盡不實者，分別治罪，貨物入官。

一、凡商賈到關，先取官置號單，備開貨物，憑官吊引，照貨起税。如到官不吊引者，同匿税法。

一、嘉峪關玉石漏税，覈計正税在五錢以上者，加罰一倍；一兩以上者，加罰兩倍；二兩以上者，加罰三倍；三兩以上者，加罰四倍；四兩以上者，加罰五倍；五兩以上者，將貨物一半入官，一半補税。若銀數在五錢以下者，止令完納正税，免其加罰。

一、崇文門拿獲燒酒私販，計其匿報税銀多寡，分別治罪。所獲之酒，照例入官，仍將追罰銀兩一半存公，一半充賞。其罪至流徙，無罰項可追者，于崇文門追罰存公項下動支賞給。其失察官弁兵役，議處責革。

知情故縱者與犯同罪。受賄者計贓從重治罪。

《户部則例》卷四〇《關税·交代責成》 一、各關交代責令接任之員詳細確查。若有侵蝕情弊，准其據實參奏。扶同徇隱，一并議處。如查無虧缺，照例具文報部之後，即不得復以前任短少，藉詞推諉。

《户部則例》卷四〇《關税·關滿盤查》 一、巡撫委員監收之江海、揚州、蕪湖、浙海、贛關、太平、臨清各關，及歸巡撫考覈之鳳陽關期滿，于每年奏報之先，責成巡撫覈實查驗。倘有虧短，即行嚴參徵辦。果皆實儲，于奏報後，即將徵存銀兩遵照例限解部。起解例限詳見按限報解門。遇有部撥之款，于文到五日内迅即起程。倘有短絀遲逾，惟奏報盤查之巡撫是問。

《户部則例》卷四〇《關税·按限報解》 一、各關一年期滿，各關以十二個月爲期，崇文門遇閏以十三個月爲期。夔渝兩關、打箭爐遇閏亦以十三個月爲期，閏月即照上月銀數。題報考覈其所收税銀。山海關、張家口、殺虎口按一年彙解，于年滿後三個月内起解。崇文門左翼、右翼按四季報解，于季滿後一個月内起解。如逾限不解者，將管關監督、道員奏參議處。滸墅關、九江關、揚州關、淮安關、蕪湖關按兩季報解，西新關分兩次報解，夔關、渝關、打箭爐每年分作兩季，按二八月批解司庫。粤海關、坐糧廳、贛關、閩海關、太平關、江海關、浙海關、臨清關、天津關、鳳陽關、北新關、歸化城、多倫諾爾按一年彙解，統于季滿年滿後三個月内起解。如逾限不解者，將管官督、例、將軍、監督、道員題參議處。其各官逐日徵收商税清册，均于任滿依限具題時，一同起解，以科鈔到部後二十日内解運爲限，如遲參處。至崇文門左翼右翼、張家門、山海關税收清册，限任滿三個月内送部考覈。

《户部則例》卷四〇《關税·物料分别徵免》 同治十年奉上諭：淮安關監督舒麟奏：運鉛委員欠繳銀兩，請飭追繳。等語。江蘇候補同知、直隸州知州朱桂生、候補知縣朱應江、湖北候補知縣方殿元，解運京鉛行抵淮安大關，經舒麟照例查驗，該委員抗不遵照。其單開木植等貨應納淮、宿二關下税，及船料等銀柒百拾肆兩零，亦未完交。税課自有定章，豈容任意延宕？著兩江總督督飭藩司，勒令該委員等將欠繳税銀如數完繳，毋許抗欠。嗣後，如有運解官物，若有多餘及别項貨物，務令遵例，即時納税。船料一項，并令船户完納，倘再違抗，即由監督查明奏參，以重税課而儆效尤。欽此。

一、各省官辦銅鉛錫斤及一切物料到關到廠，與本處批文所載數目相符者，免其輸税。若有多餘及另有别項貨物，均按則輸税。隱匿者照漏税例辦理。其運載官物船隻，仍徵船料。

一、北河撥運漕糧船隻，免徵船料，其有携帶貨物者，仍按則徵税。

一、浙省嘉、湖兩府南糧過南北兩關，及民間完納漕糧、租米船隻，并免納料。

一、沿海單桅捕漁船隻，概免領牌納税，監督違例徵收，該督撫題參。

一、各關市肩挑背負及小船携帶箕、筐、笞、鞋、襪、麥、麵、尺布、斗米、蔬果、食物經過關口，及徵收落地税銀處所，均免輸税。

《户部則例》卷四〇《關税·查驗各省貢物》 同治八年奉上諭，景壽、察杭阿奏查明崇文門并無勒索大貢官物銀兩一摺。前因御史全善等奏蘇州織造委員管解龍衣大貢并緞匹庫官物，被崇文門税務衙門扣留，當諭景壽等查辦。兹據查明，并無勒索情弊，即著毋庸置議。嗣後解京貢物及承辦貢物者，著户部傳知各關差、織造等，遵照舊章報明，崇文門税務衙門放行，毋許稍有留難。倘查有吏胥、差役人等藉端勒索，即著該監督從嚴懲辦。管解委員亦不得藉貢差爲名，夾帶私貨，希圖偷漏，以重税課。欽此。

一、各省貢物令承辦官開單行文，各關照數查驗，按例納税。該監督將驗過數目出具印文，交解差持赴京城該衙門查對。押運員役隱匿夾帶者，從重治罪；監督容隱，一并治罪。

《户部則例》卷四〇《關税·貨税分别徵免》 一、内地一切貨物，各商販運經由殺虎口納過税銀，至歸化城進柵入鋪零星發賣者，免其收税。若進柵後有車載馱運，又販往他處售賣，無論土産與外來貨物，均于出柵時按則收税。

一、歸化城土産油、酒、菸、皮張等項并關東等處發來貨物，進口售賣者，按則收税，至民間零星日用物件，如布一二疋、菸一二包者，免其收税。

一、綏遠所開麵鋪發賣本城兵民零星食用者，免其收税。如有車載馱運轉往他處售銷者，按則收税。

《户部則例》卷四〇《關税・米税分别徵免》　一、張家口、殺虎口、江海關、西新關、廟灣口、贛關、南新關、閩海關、太平關，四川成都府、廣東肇慶府屬之開建、恩平二縣，概不徵收米麥等税，亦不徵收船料。天津關、蕪湖關、九江關、北新關、寧波、温州及淮安關之清江廠，止徵船料，不徵米税。滸墅關、鳳陽關之亳州口，止徵米税，不徵船料。鳳陽關之正陽、臨淮，滿載照梁頭徵税，小販計石徵銀。崇文門、打箭爐及揚關之滕壩，酒米徵税，食米不徵。粵海關照貿易船料，准六分載折算徵收。揚關由閘，米穀徵税。揚關本地卸賣者免徵。臨清關、淮安關、宿遷關、夔關俱計石徵税。宿遷關并納船料。廣西之桂林、平樂、梧州、潯州四府，富川、賀縣、懷集三縣米穀，船料俱徵。山海關、奉天所產，米穀、雜糧，由內地商船及上海、沙寧等船販運，按則徵税，仍不徵收船料。

《户部則例》卷四一《關税・雜税銀兩》　一、各省地方官徵收落地雜税，凡大鄉巨堡載在誌內者，均令照額徵收。將各集各行每年所收税銀造册報部，其有徵多報少者，嚴加治罪，欺隱税銀，加倍著追。

一、盛京牛莊、蓋州、熊岳、復州、金州、岫岩六城，年額蠶繭税銀陸千陸百玖拾叁兩有奇，按年造册報銷。如有多餘，盡數報解。又奉天盛京各城雜税，每年額徵銀伍千貳百捌兩伍錢柒分。吉林雜税額銀貳萬捌千兩，木税額銀叁千柒百兩，土税額錢貳萬捌千吊。寧古塔雜税額徵銀玖百壹拾貳兩，如不放參票之年，商賈稀少，盡收盡解。木税額徵銀壹百伍拾捌兩，三姓雜税額徵銀壹百玖拾兩，木税額徵銀壹百貳拾捌兩。伯都訥雜税額徵京錢壹萬伍千吊，又所屬孤榆樹牲畜税銀壹百叁拾貳兩。拉林雜税額徵銀柒拾貳兩。阿勒楚喀雜税額徵銀壹百叁拾捌兩。鐵嶺縣雜税、齊齊哈爾城牛馬税盡收盡解。

一、直隸省雜税盡收盡解。

一、江蘇省每年蘇州藩司所屬牛豬税額徵銀肆百貳兩捌錢柒分。京口騾税盡收盡解。江寧藩司所屬牛、豬、花布、煙包等正額并課程、軍餉等項盈餘銀共壹千柒百捌拾貳兩伍錢柒分伍釐有奇，碾餉盈餘銀叁百伍拾兩，陸税額徵銀貳百玖拾捌兩，麯税銀叁兩，老活船税、靛花雜税銀盡收盡解。

一、安徽省雜税銀盡收盡解。

一、江西省每年額徵牛税銀叁百玖兩陸錢玖釐，酒税、夫船等徧徵銀叁百柒拾肆兩叁錢壹分捌釐有奇。

一、浙江省雜税銀盡收盡解。

一、福建省雜税每年額徵銀貳千柒百貳拾兩伍錢伍分玖釐，牛、豬門攤税盡收盡解。

一、湖北省應城縣石膏税每年額徵銀肆千壹拾捌兩玖錢捌分有奇，船税、黄柏税、牛、馬、騾、驢税，盡收盡解。

一、湖南省雜税盡收盡解。

一、河南省老税每年額徵銀叁千伍百玖兩玖錢陸分叁釐有奇，盈餘正額銀陸萬伍千肆百玖拾伍兩叁錢肆分柒釐有奇，新增額税銀壹萬陸千伍百玖兩叁錢玖分叁釐有奇，活税盡收盡解。

一、山東省雜税盡收盡解。

一、山西省每年畜税額徵銀肆千陸百兩捌錢壹分有奇。大同縣加增畜税銀肆拾玖兩玖錢捌分捌釐有奇。煙税額徵銀叁百叁拾柒兩玖錢伍釐，雜税額徵銀壹拾捌兩貳錢玖分玖釐，油樑、踩缸、鹽鹹等户課銀貳千陸百貳拾玖兩捌錢。大同縣加增油樑等税銀貳百肆拾陸兩伍錢壹分，酒課銀壹百伍兩。河津縣木筏額徵銀玖拾捌兩叁錢玖分。

一、陝西省每年額徵牲畜税銀玖千叁百貳拾柒兩玖錢貳分壹釐有奇，磨課銀玖拾壹兩壹錢伍分柒釐，遇閏加徵銀柒兩貳錢陸分伍釐，礬課銀貳兩肆錢。

一、甘肅省雜税、落地税盡收盡解。

一、四川省雜税每年額徵銀叁千肆百肆拾柒兩陸錢柒分有奇，遇閏加徵銀叁百柒兩玖錢伍分伍釐有奇，碾磨每座、榨每根各榷課銀貳錢肆分至貳錢伍分。會理州雙碾每座課銀叁錢，單碾每座課銀貳錢伍分。邛州碾每座課銀壹錢貳分。

一、廣東省雜税每年額徵銀肆萬玖百叁拾壹兩叁錢叁分有奇。

一、廣西省雜税每年額徵銀玖千玖拾柒兩柒錢貳分捌釐有奇，遇閏加

徵銀肆百玖拾陸兩叁錢柒分。桂林府公費銀裁歸正税銀，每年壹面陸兩。平樂府裁減知府養廉歸入正税銀，每年伍百兩。舊額盈餘銀玖千玖百捌拾肆兩壹錢柒合壹釐，遇閏加徵銀貳百捌拾貳兩陸錢柒分肆釐。馬税盡收盡解。

一、貴州省雜税每年額徵銀壹萬貳千伍百叁拾叁兩伍錢柒分叁釐有奇，遇閏加徵銀壹千貳兩壹錢柒分貳釐有奇。遵義府、仁懷縣二處雜税盡收盡解。

一、果爾羅斯所屬長春堡通判經徵牲畜煙酒等税，每年額徵京錢貳萬捌千吊，包税、土税錢壹萬貳千吊，遇閏再增。內以伍千吊市錢割抵訥廳額税。

一、徵收牲畜税按照價值，每兩納銀叁分。

一、喀什噶爾、葉爾羌回民自外販回牲畜、貨物，以二十分抽税一分；外部落前來貿易貨物，以三十分抽税一分；內地商民帶來貨物、牲畜，照此例收税。自巴替爾、克什米爾前來者，以四十分抽税一分；烏什回民自外販回牲畜，以二十分抽税一分，緞布、皮張各物，以十分抽税一分。外部落前來貿易牲畜，以三十分抽税一分，緞布、皮張等物，以二十分抽税一分。其不及分數之零星雜貨，按估原本價值折收滕格錢文，所抽本色貨物變價充公，年底奏銷。喀什噶爾管税伯克，每馬一匹、牛一隻，准抽錢伍文；羊一隻，准抽錢壹文、作爲養贍。在事官兵、書吏于折抽錢文內，月給飯食錢壹千捌百文。烏什管税官兵月給公費銀玖兩伍錢。

一、巴里坤、辟展、吐魯番、烏魯木齊、阿克蘇、伊犁等處兵民商賈人等，買賣牲畜、房産等項，每銀壹兩收税銀叁分，每錢百文收税錢叁文。伊犁各按行場設立經紀、牙行，每價壹兩，許取用銀壹分。其會寧等四城收税書辦，月給工食銀叁兩，阿克蘇收税官兵，月給公費銀玖兩伍錢。

一、黑龍江所屬呼倫貝爾徵收牛馬税課，每年正額銀貳千叁百兩，如有赢餘，盡收盡報。

一、吐魯番徵收棉花税課，熟花每百斤税銀叁錢，生花每百斤税銀二錢肆分。其南路回疆出產棉花，由商民運至吐魯番者，除本地軍民零星購買及抵折帳債均准免税外，凡由吐魯番經過，分販各處行銷之花，一體徵税，均由鎮迪道給發印票，以利行銷。一切徵收稽查，即責成吐魯番同知經理。所徵税銀除協濟該處採買兵糧外，如有赢餘，即令該同知批解鎮迪道庫，另充經費，年底造册報部。

一、阿克蘇茶税、布税，均歸并牲畜税局承辦。茶税每年額徵錢陸千串，布税每年額徵錢千串。該局員徵有短少，即照侵吞公項例嚴参，所徵税錢抵充該處官兵鹽米經費，年底咨明陝甘總督，于解阿克蘇經費内扣留，仍將牲畜商税分款造報覈銷。

一、喀拉沙爾地方商民由外販運雜貨，准其以銀納税。其本城買賣牲畜等項，仍按每普錢壹千文收税錢叁拾文，即以錢款搭放，毋庸易銀，以歸簡易。所徵銀數錢數，每年額定抵充經費銀叁千壹百零陸兩貳錢肆分貳釐。如數入册造報，并咨明陝甘總督，在于應減該城經費内，照數減調。其牙行兵丁、回子通事各項工食，即在帶徵票底錢内支銷，毋得動用正款。

《户部則例》卷四一《關税・落地税銀》 一、直省徵收落地税銀，在府州縣城内者，照例徵收；其在鄉鎮村落者，全行禁革。經徵各官有于額外苛索及將已經禁革之税私徵累民者，從重治罪。

一、直省徵收落地税銀，均令將應徵税則條款于收税處所刊刻木榜。懸示通衢，并將已革之税概行刊榜曉諭

一、山東省濟南等府屬徵收商茶課程、牛驢、牙雜税銀，德州、濟寧州徵收落地鋭銀，盡收盡解。

一、山西省壽陽縣張净鎮、段王村、纂木村、下廂村、段照村、定襄縣芳蘭鎮綢緞布疋、棉花、木板、油斤、鐵斤及在城貨物，照例抽收。

一、河南省各屬額徵老税、牙帖税銀，其有行户歇業者，即行開除。

一、江西省豐城、餘干、建昌、德化四縣均徵牙行牛税，新建、鄱陽、餘干、浮梁、德化五縣均徵牙税，吉安等處盈餘銀除裁減外，其餘照舊徵收。牙行、鋪户消乏，隨時減除。

一、福建省上杭縣河税，每年額徵銀叁千貳拾貳兩有奇，遇閏加增。歸入閩竹税款徵收。

一、浙江省温州府屬每年額徵落地税銀貳百柒拾陸兩壹錢柒分肆釐有奇，盈餘盡收盡解。温州郡城闗廂，徵收青靛、紅糖、明礬、香菇、紅花、柏油、鐵釘、菸葉、綢緞、花布、板木税銀，盡收盡解。處州府屬額

徵落地稅銀壹百壹拾貳兩伍錢柒分有奇，盈餘盡收盡解。龍泉縣下河口額徵銀肆百兩，濟橋額徵銀貳百叁拾兩，盈餘盡收盡解。

一、湖北省安陸府府市及大鄉鎮、豐樂河、轉斗灣、石竹、洋梓路、楊集、鄒家嘴、朱家埠舊口、草廟、丁公廟、龔家集、唐港、茶園屯、多寶灣、永隆河、南河、下洋港、沙洋、李家市、後港、石灰橋、馬良、積玉日、小江湖、閘口、灘口、聶家灘等二十七處，荆州府城内外沙市、草市、襄陽府樊城，鄖陽府西關徵收落地稅銀，盡收盡解。

一、四川省徵收落地過道稅銀盡收盡解。廣元縣商販活豬稅銀照舊徵收。

一、雲南省普洱、武定、麗江三府額徵普茶。武定杉板、麗江茶引，照舊徵收。

一、貴州省貴陽、興義等各府州縣屬黑香、木耳、花椒、藤箴，數至百斤者，照例徵收。遵義府過關牲畜仍行抽稅靛稅盡收盡解。遵義修文通渡抽稅，不得兩岸重徵。

《户部則例》卷四一《關稅・商稅銀兩》　一、各省商稅銀兩，均令按照額徵數目照例徵收，造册報部。其有監收官員横徵勒索及隱匿侵蝕者，即行參處。

一、直隸省龍泉、茨溝、固關、倒馬、抽箭、紫荆、奇峰、五虎嶺、白石、馬水商稅，均由營員徵收。每年額徵銀壹千壹百叁拾肆兩柒錢，遇閏加銀玖拾貳兩肆錢柒分捌釐，盈餘比較上年，按季造册報部。永平府屬州縣每年額徵銀壹千陸拾叁兩捌千玖分叁釐。永平府理事同知、灤州、寧海、樂亭、天津等州縣海稅銀兩，比較上年，盡收盡解，按季造册報部。古北口斗稅，由營員徵收。每年額徵銀貳千兩，盈餘盡收盡解，按年造册報部。多倫諾爾係該同知徵收。每年額徵銀壹萬陸千捌百伍拾捌兩捌錢伍分；盈餘盡收盡解，按年册報。承德府五行稅銀每年額徵銀伍币陸百玖拾捌兩伍錢伍分叁釐有餘。豐寧縣斗稅每年額徵銀貳百叁拾陸兩陸錢有奇。灤平縣斗稅每年額徵銀貳百肆拾貳兩叁分有奇，盈餘盡牧盡解，按年造册報部。平泉州屬八溝每年額徵銀壹萬壹千伍百壹拾貳兩有奇。龍順門每年額徵銀壹百柒拾伍兩捌錢貳分肆釐。建昌縣屬塔子溝每年額徵銀伍千玖百捌拾貳兩有奇。大城子每年額徵銀貳百叁拾伍兩壹錢柒分柒釐。弓岔曼每年額徵銀貳百捌拾壹兩柒錢肆分。三道河每年額徵銀壹百貳拾兩伍錢。赤峰縣屬烏蘭哈達每年額徵銀壹千捌百叁拾柒兩玖錢捌分壹釐有奇。朝陽縣屬三座塔每年額徵銀壹千肆百肆拾柒兩肆分伍釐。木頭城子每年額徵銀叁百柒拾肆兩叁錢叁分。二十家子每年額徵銀壹百柒拾兩叁錢伍分。以上平泉州等州縣所屬八溝等處由理藩院派員徵收。盈餘盡收盡解，按年造册報部。所收稅銀呈報理藩院請旨。分賞扎薩克，如有剩餘，解交户部。

一、江蘇省商稅每年額徵銀壹萬肆千貳百貳拾柒兩貳錢伍分玖釐有奇，盈餘盡收盡解，按年造册報部。

一、安徽省商稅每年盡收盡解，按年造册報部。

一、江西省每年額徵賈稅、商稅、正腳、新增共銀伍千貳百伍拾陸兩捌錢玖分玖釐有奇，遇閏加徵銀貳百壹拾捌兩叁錢貳分柒釐有奇，盈餘盡收盡解，按年造册報部。

一、福建省商稅每年額徵銀壹萬陸千陸拾叁兩叁分肆釐有奇，遇閏照額匀加，盈餘盡收盡解，按年造册報部。

一、湖北荆州、襄陽、鄖陽三府，鍾祥、京山、荆門三州縣商稅，每年額徵銀叁千捌拾肆兩壹錢叁分玖釐有奇。襄陽府額外商稅銀貳百玖拾兩肆錢玖分有奇。盈餘比較上年，自行造具日徵細數清册，隨同紅單，次年送部考覈。

一、湖南省常德府商稅銀兩，盡收盡解。寶慶府每年額徵銀叁千柒百叁拾兩壹錢叁分玖釐有奇，遇閏加徵銀肆兩貳錢貳分伍釐有奇，盈餘比較上年，按年造册報部。

一、山西省商稅額徵銀壹萬貳千柒百叁拾玖兩捌錢捌分肆釐有奇，溢額商稅銀叁千捌百貳拾捌兩肆錢叁分柒釐有奇，無額商稅銀貳千叁百柒拾壹兩陸錢伍分貳釐有奇。大同縣加徵貳百叁拾伍兩陸錢。盈餘盡收盡解，按年造册報部。

一、陝西省潼商道、西安、延安、鳳翔、漢中、榆林、同州、商州、咸陽、隴州、靖邊、神木等府廳州縣商、雜稅，每年額徵銀叁萬肆千伍百伍拾捌兩貳錢陸分玖釐有奇。靖邊、神木二廳縣所屬地方，奏准各設一口徵收，盈餘盡收盡解，稅銀以補榆林府稅額不足。正額短少，著落監收之員賠補，按年造册報部。

一、甘肅省商稅每年盡收盡解，按年造册報部。

一、甘肅省涼州府商稅，無閏之年額徵銀叁百柒拾捌兩伍分貳釐，有閏之年額徵銀肆百壹拾兩貳錢捌分肆釐，按年解司撥充兵餉。如有盈餘，按年解司充公，造册報部。

一、廣東省商稅每年額徵銀貳千貳拾伍兩，遇閏徵銀壹百兩，盈餘盡收盡解，按年造册報部

一、雲南省曲靖、大理、楚雄、元江等府州縣商稅，每年額徵銀壹萬肆千捌百陸拾貳兩玖錢柒分捌釐有奇，遇閏加徵銀陸百捌拾伍兩肆錢玖分捌釐有奇。雲南府稅課司商稅，春冬遇閏加徵銀叁百叁拾叁兩叁錢叁分叁釐有奇，夏秋遇閏加徵銀壹百陸千陸兩陸錢陸分陸釐有奇。稅規歸公銀壹萬貳千兩，稅餘銀貳萬柒千玖百玖拾伍兩伍錢壹分有奇，遇閏加徵銀貳千貳百柒拾柒兩伍錢伍分伍釐有奇。剥隘口商稅銀貳百伍拾伍兩貳錢貳分，馬白口商稅銀壹千壹百玖拾陸兩叁餞肆分肆釐有奇。盈餘盡收盡解，按年造册題銷。

一、雲南順寧府城及南河口二處，每年額徵商稅銀肆百陸拾壹兩玖錢貳分伍釐，遇閏加徵銀叁拾捌兩肆錢玖分伍釐。如有盈餘，歸入歲餘項下報部。

一、天津縣海稅派委就近直府大員監收。每年額徵銀貳萬陸千兩，按四季解部，盈餘銀壹萬肆千兩，解儲藩庫充公，按四季報部。如又有盈餘，盡數報解。倘有缺額，在于監收之員名下，按數分賠。

一、多倫諾爾陸運木稅，商運克什克騰山場木植，水運進潘桃口納稅，由工部考覈；陸運進張家口、獨石口，由多倫諾爾同知徵收。每年額解户部銀伍百柒兩陸錢貳分，如有盈餘，盡收盡解。

《户部則例》卷四一《關稅・夷船貨物徵稅》 一、外洋夷船到粤海關進口貨物應納稅銀，督令受貨洋行商人于夷船回帆時輸納。至外洋夷船出口貨物應納稅銀，洋行保商爲夷商代置貨物時，隨貨扣清，先行完納。

外夷商船裝載貨物到閩海關，按照粤海關條例徵稅。

《户部則例》卷四一《關稅・各關稅額》 一、盛京渾河即呼納呼河等處木植，各商運至河口，該監督即呈報盛京工部，派員會同查驗。每十五根抽取一根，揀選合式之材逐一號記存廠，以備三陵陸續取用，其不堪應用者，隨時變價。大凌河折銀交部大木，每根徵山分銀陸分，小木計價壹兩貳錢，徵山分銀陸分。盛京抽存木植，如遇工程需用，由盛京工部扎飭監督給發，并派員會同丈量。如遇行取丈尺不符，即改折給發。若長徑丈尺實在懸殊，難以改折，始准動項採買。都水司。

一、遼陽、岫岩、鳳凰、開原等四城抽分商稅，木植每十五根選留一根以備修倉應用，其餘十四根照例折徵稅銀。選留木植除修工敷用外，餘者按年出陳入新，照依時價確估變價。仍將每年用過木植數目及餘剩木植變價銀兩，造册報部查覈。道光十五年以後，渾河等處并遼陽等四城木稅，均歲徵貳千陸兩。都水司。

一、吉林所屬輝發、穆欽等處木稅，十分取一，免徵山分銀。其木植變價，額定銀叁千柒百兩，內以叁百柒拾兩支給書役工食及紙張之用。盈餘盡徵盡解。都水司。

一、三姓木稅，銀壹百貳拾捌兩。都水司。

一、寧古塔木稅，銀壹百伍拾捌兩。吉林寧古塔等處稅口抽取木植變價，該將軍認真確查，飭令承辦官據實估計，不得任意減估，率行題報，以致課稅有虧。都水司。

一、直隸潘桃口今改設大河口木稅，銀陸千肆百肆拾伍兩肆錢肆分，火耗加一徵收。又枋槨等項稅銀貳百肆拾壹兩叁錢壹分，木植十分取一，均按長徑尺寸覈價折徵，歲解工部節慎庫。松木：長三丈五尺至一丈一尺，徑二尺二寸，每根銀自玖拾陸兩至拾柒兩叁錢陸分伍釐；徑二尺一寸，每根銀自捌拾玖兩柒錢陸分柒釐至拾陸兩壹錢叁分貳釐；徑二尺，每根銀自柒拾柒兩陸錢陸分叁釐至拾肆兩玖錢陸分肆釐。長三丈五尺至一丈，徑一尺九寸，每根銀自伍拾陸兩捌錢柒分肆釐至拾貳兩柒錢柒分壹釐。長三丈五尺至一丈一尺，徑一尺八寸，每根銀自伍拾陸兩至拾貳兩柒錢壹釐；徑一尺七寸，每根銀自肆拾捌兩陸錢貳分壹釐至拾兩肆錢捌分；徑一尺六寸，每根銀自叁拾捌兩捌錢肆分貳釐至捌兩叁錢陸分柒釐；徑一尺五寸，每根銀自貳拾玖兩陸分肆釐至陸兩肆錢陸分。長三尺五尺至一丈，徑一尺四寸，每根銀自拾玖兩貳錢捌分伍釐至叁兩捌錢捌分捌釐。長三丈五尺至一丈一尺，徑一尺三寸，每根銀自玖兩伍錢柒釐至貳兩玖分陸釐。長三丈五尺至一丈，徑一尺二寸，每根銀自捌兩壹錢肆分捌釐至壹兩

柒錢伍分叁釐；徑一尺一寸，每根銀自陸兩陸錢肆分柒釐至壹兩肆錢貳釐。長三丈五尺至七尺，徑一尺，每根銀自伍兩柒錢捌分伍釐至捌錢叁分肆釐。長三丈至八尺，徑九寸，每根銀自肆兩貳錢貳分至柒錢五釐；徑八寸，每根銀自叁兩肆錢捌分貳釐至伍錢捌釐；徑七寸，每根銀自貳兩柒錢肆分肆釐至叁錢壹分壹釐；徑六寸，每根銀自貳兩叁錢伍分貳釐至貳錢陸分柒釐。椴木：長一丈二尺，徑一尺二寸，每根銀叁兩貳錢壹分。楊木：長一丈，徑九寸，每根銀玖錢。油松椽：長五尺，闊、厚二寸五分，每根銀捌分。柏木地釘：長九尺，徑五寸，每根銀叁錢。松板：闊一尺，厚七寸，長七尺，每塊銀伍錢；八尺，每塊銀陸錢貳分；九尺，每塊銀陸錢柒分伍釐，一丈，每塊銀柒錢伍分。柴木：每斤銀貳釐伍毫。以上木植，如長徑尺寸逾於定數者，均照例科算遞增。又蒙古自行砍伐之木植，凡有合例尺寸，均令買主按例報税。營繕司。

一、潘家口、界嶺口、沿岩兒口、山海關、潵河口、冷口共六小口木税。每年額定銀壹千貳百兩，盈餘盡收盡解。營繕司

一、古北口税無定額，盡徵盡解。木植十分取一，折銀徵收。椴木長一丈三尺，徑六寸，每根銀貳兩捌分陸釐柒毫。楊木長一丈，徑六寸，每根銀柒錢。松椽長一丈，徑四寸，每根銀貳錢陸分；長一丈，徑五寸，每根銀叁錢叁分伍釐。松木、松板定價及折算遞增，均與潘桃口同。舊例古北口税，歲解部壹千拾貳兩有奇。嘉慶七年裁定額改，令解交藩庫，歸入雜税奏銷項下造報。營繕司。

一、通永道應徵板木船窑等税，正額銀柒千壹百拾伍兩柒錢陸分，盈餘銀叁千玖百兩，遇閏加增伍百玖拾貳兩玖錢捌分。飭令存儲道庫，聽候撥用。如徵不足額，著落經管之員照數賠補。仍於徵收正課之外，准加一成耗銀，舊有隨徵房耗、局耗名目，同治十年議裁，改爲隨徵一成耗銀。作爲各口税局公費及應解部科飯銀之用。工部壹百貳拾捌兩，工科肆百捌拾兩。除動支外尚有餘銀，歸入盈餘項下作正報撥。儻不敷用，由該道隨時捐發，不准另請開銷。仍將徵收耗銀并支銷各數目，均隨正額一并題銷。至江蘇等省海運、河運米船，准帶二成貨物，照例免税。其每年免徵銀兩及實徵各銀數，應令該道詳細分晰，造具清册一并申送工部，以憑稽覈。各項應徵銀數，悉遵照同治年間部頒税則徵收。屯田司。

一、山西殺虎口税銀柒千貳百兩，向在河寶營徵收大青山入口木税，嗣因大青山無木可採，改由户關火耗盈餘項下照數撥抵。歸化城落地木税肆百肆拾陸兩，十分取一，照部價折銀解交節慎庫。松板每折見方一尺，長一丈以外，價銀貳錢伍分；一丈以內，價銀壹錢陸分伍釐柒毫。雜木不徵，松木、松椽照例則徵收。營繕司。

一、山西交城縣徵收武元城、故交村兩處木税銀共壹千貳百叁拾壹兩壹錢捌釐，盈餘銀貳兩，嘉慶四年定盈餘銀壹千貳百陸拾玖兩，是年復減至貳兩。均照部價折銀每兩叁分徵收。營繕司。

一、山東臨清關磚板閘税銀肆千伍百柒拾貳兩柒錢肆分，盈餘銀叁千捌百兩，以貳千貳百捌拾兩爲額內，壹千伍百貳拾兩爲額外。貨船過關，止收船料，不徵貨税。自北往南者名曰鹽貨，每船納紙價銀陸錢；自南往北者名曰短載，按船頭丈尺，每尺徵銀壹錢柒分。船抵臨清，先赴大關納税，然後抵閘。俟糧船經過，隨行不得越漕啓版。營繕司。

一、江蘇龍江關税銀肆萬陸千捌百叁拾捌兩，銅斤、水腳銀壹萬柒百陸拾玖兩有奇，盈餘銀伍萬伍千兩。商船桶、簍、箱、籃、包、捆等項，并竹木長、徑丈尺寸分，點明實數，照部頒條例徵收。丈量竹木排筏、排底，設扒竿鈎丈。有大扒、平扒之分。大扒竿長二丈五尺，下置横木八尺五寸，形如直鈎。排深一丈以外，闊六、七、八丈不等者爲大排；扒下虚二尺八寸，合算深一丈以內、六尺以外者，爲中排；大扒鈎丈減半，虚一尺四寸計税。深六尺以內者爲小排。用平扒鈎丈，扒竿長八尺，下安横木三尺五寸，形如曲尺。見尺加寸計算排面，用平竿横閣排邊，衡准取平以定尺寸，是名水平。高低折實，如高一尺除半，隻五寸科税。楠木排深一尺二寸作一層，闊一丈作九根；雜木排深一尺二寸作一層，闊一丈作七根；青柳木排深一尺二寸作一層，闊一丈作八根；杉木排深一尺五寸作一層，闊一丈作二千根；青柳板排深四寸作一層，闊一丈作七塊，長六尺作一節。江西排伐均以杉木科税，湖廣排筏税拾伍陸兩以下者不判青柳，百兩以内判青柳三分，百兩以上至數百兩判青柳四分。排內牮木點計實數，分别上次科納、招稿、零木三項，均照實數計根徵收。苗竹排深一尺作三根，闊一丈作三十根，長三丈作一節。青龍山龍潭石灰，每窑一百五十石徵銀壹兩肆錢叁分。瓦屑壩地租歲納銀伍兩伍錢，龍江廠地租歲

納銀貳兩，竹木廠地租歲納銀玖錢貳分。各行經紀歲納鈔銀有差，稅銀准市平徵收。大勝關龍江分口徵收茶簍包捆稅。河定橋龍江分口徵收茶簍稅與大勝關同。東壩芮嘴、和州含山龍江分口徵收桶簍稅。龍江關、和州含山并東壩芮嘴各分口，除桶簍稅照大江則條減半徵收外，其餘一切貨物概不得另徵工稅，以致擾累商民。都水司。

一、江蘇宿遷關稅銀肆萬捌千捌百捌拾肆兩，盈餘柒千捌百兩。商船捆、包、桶、簍、擔、束并竹木大小根段，照部頒條例徵收。船契一百六十石至千餘石，每尺徵契銀貳錢伍分；船鈔二百石至千餘石，每尺徵鈔銀叁錢叁分。大契半鈔一百六十石至一百九十九石，徵鈔銀壹兩；小契百石至一百五十九石，徵契銀陸錢；小契鈔百石至一百九石，徵鈔銀陸錢；小契半鈔百拾石至一百五十九石，徵鈔銀捌錢。渡船二十石至二十九石，徵鈔銀貳錢；三十石至三十九石，徵鈔銀叁錢；四十石至四十九石，徵鈔銀肆錢；五十石至五十九石，徵鈔銀伍錢；六十石至九十九石，徵鈔銀陸錢。人載、沙飛准納半鈔，鴨嘴、馬溜劃船每倉徵鈔銀貳錢。散裝船貨，頭梢倉跨，悉照成包成捆一例籤驗，按石徵收。徐關宿關分口按貨物箱簍包件斤數，照則徵收。都水司。

一、江蘇瓜、儀，由閘河餉柒千陸百陸拾陸兩有奇歲解江南河庫。瓜洲三汊河過壩河餉，梁頭自五尺至丈六尺，每尺徵銀伍分；竹木均一甲，徵銀貳錢；由儀徵下水重船，每船徵隨船纜銀陸分。儀徵由閘徵收河餉，凡上下水貨船，悉依户關徵操撫餉例折盡石數，合梁頭五尺至丈六爲滿科，每尺徵銀伍分，不及伍分者，作爲奇零報納。此外如有餘貨，不得再科。其徵收本地載卸貨物，亦依操撫餉例，凡梁頭一丈至丈六尺者，均作梁頭五尺，每尺徵河餉銀伍分。不及一丈者，免。竹木均一甲，徵銀貳錢。空船梁頭五尺，徵銀柒分伍釐；六尺，壹錢壹分叁釐，七尺，壹錢柒分伍釐；八尺，貳錢貳分伍釐；九尺，貳錢捌分捌釐；一丈，徵銀陸錢肆分捌釐。由閘上下水空重船，均照例隨徵船纜銀叁分。凡河餉正稅壹兩加耗捌錢，過壩河餉空船免徵。都水司。

一、安徽蕪湖關稅銀伍萬伍千伍百叁拾兩，銅斤、水腳銀壹萬肆千陸百拾陸兩有奇，盈餘銀肆萬柒千兩，每年解漕造銀壹萬捌千柒百柒兩。竹木排筏及商貨籃、簍、箱、桶、包、捆散倉滿載，照部頒條例徵收。江、楚往江寧木排，稅至百兩者，收銅斤銀玖兩；稅叁百兩者，收水腳銀壹百伍拾兩柒錢貳分。不足叁百兩者遞減，過叁百兩者不增，不足伍拾兩者不收水腳銀。徽、紹木排往江寧者，稅叁百兩收水腳銀壹百叁拾壹兩柒錢貳分，餘同江、楚。江、楚竹木排筏在蕪湖售賣者，稅百兩收銅斤銀拾兩。水腳銀拾壹兩肆錢，不足伍拾兩者不徵水腳銀。江西苗竹排往江寧者，正稅百兩收銅斤銀玖兩，水腳銀拾壹兩肆錢，不足伍拾兩者無水腳銀。船料正稅壹兩收銅斤銀壹錢。船長不及三丈三尺，收水腳銀肆分；長四丈五尺内者，收水腳銀柒分；長四丈五尺至六丈九尺九寸者，收水腳銀壹錢壹分；長七丈外，收水腳銀壹錢肆分。米麥船長四丈外者，每丈徵銀叁錢；五丈外，每丈叁錢伍分；六丈外，每丈肆錢貳分；七丈外，每丈陸錢陸分；八丈、九丈者，每丈柒錢陸分；十丈、十一丈者，每丈玖錢伍分；十二丈、十三丈者，每丈壹兩肆分，十四丈、十五丈者，每丈壹兩壹錢肆分。炭船料照米麥八折徵收。柴船料照米麥對折徵收，均不徵銅斤、水腳銀。散倉水、漁户，稅壹兩徵工稅銀壹錢貳分五釐。墊油簍松雜板自五十個徵松寸板五塊、松分板五塊。百簍各徵十塊，二百簍至八百簍，每百簍遞加寸分板各五塊。九百簍及九百簍以外爲滿載，照船長丈尺計算。煤炭、石膏均有腰板，照船長丈尺遞算，每丈徵松寸分板各五塊。散倉貨物一百五十斤作一包簍徵稅，簍、籃、箱、桶等項正稅壹兩徵銅斤銀壹錢、水腳銀壹錢陸分。杉板、烏木、花梨等項從減徵收，奇零竹木數不及五根，食油、魚蝦、鮮果、香粉、藥之類不足二十斤，及民間小器用、農具等物，皆免徵。清弋口蕪湖關分口正稅壹兩徵銅斤、水腳銀肆錢。新莊口正稅壹兩徵銅斤、水腳銀肆錢。裕溪口正稅壹兩徵銅斤銀壹錢。泥汊口今暫移河家鎮正稅壹兩徵銅斤、水腳銀肆錢，小商竹木排筏進口發賣者，稅過伍兩至拾兩徵銅斤銀壹兩、水腳銀捌錢。都水司。

一、浙江南新關稅銀叁萬貳百肆拾柒兩有奇，每年額解杉木料銀肆千柒百捌拾貳兩有奇，額解漕造銀壹萬肆千肆百肆拾兩。凡商販竹木板枋，十分取一，照部頒條例折色徵收。松花楠雜諸木按徑圍、板按長闊厚、竹按首驗量，杉梢榲溪平頭按五尺，竿下圍約尺寸以篾大小長短得中，分別等次，估定價值。漁臨、美政、安溪、富新、北新、觀音、板橋、良畈、妝糯、古蕩十小關，均南新分口。照正關例分榷零星竹木。都水司。

一、湖北荆關税銀壹萬叁千叁百陸拾叁兩有奇，又銅斤、水脚銀叁千柒拾陸兩，溢額銀伍百捌拾兩，竹篾盆桶銀陸百陸拾柒兩有奇，盈餘銀柒千捌百兩，原定盈餘壹萬叁千兩，咸豐七年另設漢陽府新關，覈減該關盈餘伍千貳百兩。歲解湖北藩庫。凡商販竹木板枋，按徑圍、地產、料材、船計色目、梁頭尺寸，照部頒條例徵收。船料正税壹兩加耗銀壹兩伍錢，南竹木正税壹兩加耗銀肆分，川竹木正税壹兩加耗銀叁錢，過江木料正税壹兩加耗銀壹錢玖分陸釐，川花板桐正税壹兩加耗銀肆分。田關荆關分口照則收税。都水司。

一、湖北新關，咸豐七年裁荆關分口之越關，另設於漢陽新堤地方。税銀貳萬伍千兩，額内盈餘銀貳千柒百餘兩，額外盈餘盡收盡解。板枋圍徑、色木圍圓均按價銀壹兩抽税銀叁分，上楠竹每根抽税銀叁釐，中楠竹每根抽税銀貳釐，下楠竹每根抽税銀壹釐，大火篙竹每根抽税銀壹釐，中火篙竹每根抽税銀貳釐。都水司。

一、湖南辰關木税銀玖千貳百肆拾伍兩，盈餘銀叁千捌百兩，額外盈餘銀壹萬壹千肆百拾壹兩柒錢叁分柒釐，鹽税銀叁千貳百伍拾伍兩。火耗均加一徵收。松杉木、杉板、杉枋及雜木、雜木枋等項，均按木計價，每銀壹兩徵税叁分。鹽每包徵税銀壹釐陸毫。咸豐九直創徵竹税，歲報解銀壹千捌百兩有奇。營缮司。

一、四川渝關税銀伍千兩，遇閏加增。盈餘盡收盡解。商販木植，以徑、圍尺寸覈估本價，每兩税銀叁分，按則徵收。頭號杉木圍圓五尺，估本拾兩；二號四尺，估本柒兩；三號三尺，估本肆兩；四號二尺，估本壹兩。二尺至五尺以外，餘出寸數每寸估本叁錢。頭號柏木圍圓五尺，估本貳兩陸錢；二號四尺，估本壹兩參錢；三號三尺，估本捌錢；四號二尺，估本叁錢。四五尺以外，餘出寸數每寸估本壹錢叁分；三尺以外，每寸估本伍分；二尺以外，每寸估本肆分。雜木墩板折四號柏木徵收，估本肆錢，均照例折算收税。至杉柏木植，長三丈一尺以上仍作整木收税，三丈以下減爲節木，以二根折算一根，八九尺長以四根折算一根，按照圍圓尺寸徵收。營缮司。

《户部則例》卷四二《關税·當商額税》 一、各省民間開設典當，呈明地方官，轉詳布政司請貼，按年納税。于奏銷時，彙册報部。其有無力停止者，繳貼免税。直隸、江蘇、安徽、江西、浙江、福建、湖北、湖南、河南、山東、山西、陝西、甘肅、四川、廣東、廣西等省，每年每座税銀伍兩。雲南省每年每座税銀肆兩。貴州省每年每座税銀叁兩。奉天省每年每座税銀貳兩伍錢。

《户部則例》卷四二《關税·各省漁課》 一、盛京漁票共叁百貳拾貳張，每張徵税銀伍錢，額徵漁課銀壹百陸拾壹兩。伯都訥地方魚網拾捌張，魚網壹張徵税銀貳拾兩。拉林地方魚網拾張，蒙古等魚網拾貳張，作爲閑散滿州并蒙古錢糧，不收税銀。俱定限界，不得逾越打魚。違者治罪，魚網入官變價。

一、江蘇省蘇州藩司所屬，額徵漁課銀捌百壹拾肆兩捌錢肆分柒釐有奇。又解費銀貳兩捌分陸釐有奇，遇閏加徵銀貳拾肆兩肆錢陸分叁釐有奇，解費銀壹錢伍分貳釐。江寧藩司所屬，額徵漁課銀玖百伍拾捌兩捌錢肆分捌釐有奇，遇閏加徵銀肆拾柒兩捌錢柒分貳釐有奇。

一、安徽省額徵漁課銀陸千玖百壹拾貳兩壹錢捌分壹釐有奇，遇閏加徵銀叁百捌拾壹兩玖錢貳分壹釐有奇。又帶徵閏月銀壹兩柒錢貳分捌釐有奇，額徵錢壹萬貳千柒拾伍文，遇閏加徵錢柒百伍拾陸文壹分。

一、江西省額徵漁課銀貳拾叁兩玖錢叁分壹釐。又脚耗銀貳兩捌錢柒分壹釐有奇漁油銀肆兩柒錢捌分一釐。

一、福建省漁課銀兩盡收盛解，歲無定額。

一、湖北省額徵漁課銀玖百陸拾捌兩玖錢貳分壹釐有奇，遇閏加徵銀玖拾伍兩玖錢陸分叁釐有奇。

一、湖南省額徵漁課銀壹千柴百捌拾柒兩玖錢捌分有奇，遇閏加徵銀壹百叁兩伍錢叁分柒釐有奇。又額徵漁舫銀肆百陸兩貳錢貳分肆釐，新寧縣報增漁税銀陸兩。

一、四川省額徵漁課銀捌拾肆兩玖錢伍釐有奇，遇閏加徵銀壹兩伍錢叁釐有奇。

一、廣東省額徵漁課銀貳百壹拾貳兩叁錢，遇閏加徵銀壹拾柒兩陸千有奇。

一、雲南省額徵漁課銀壹千柒百陸拾陸兩陸錢伍分柒釐有奇，遇閏加徵銀陸拾叁兩伍錢陸分壹釐有奇。又劍川州春夏遇閏加徵銀壹拾叁兩貳錢

肆分，秋冬遇閏加徵銀壹拾陸兩伍錢伍分。又漁課米折銀壹拾柒兩柒錢伍分。

一、貴州省額徵漁課銀貳拾兩。

《户部則例》卷四二《關税·金廠徵課》 一、迪化州綏來縣等處開採金廠，令鎮迪道總理，各州縣承辦。所抽課金按月解交道庫，由鎮迪道覈明，按季册報。其庫爾喀喇、烏蘇等處金廠，該處駐扎大臣兼管，所收課金按季咨明都統衙門備案，移交道庫。遇有赴京引見官員，一并帶解内務府。至給發照票、稽查一切，鎮迪道會同駐扎大臣，詳慎辦理。倘州縣收多報少，侵隱需索，照例治罪，該道徇庇，一并嚴參。

一、各金廠設立課長。就挖金人内擇其熟悉老成者充當。每挖金民人五十名，設立課長一名，約束客民，稽查出入。

一、金廠每課長一名，領客民五十名，發給照票；每客民一名，月交課金叁分，于月底令課長彙齊交納。其金砂零星，恐有攙雜，俱令領銷成錠，鎸刻銀匠名姓，彈兑交庫。

一、每月交課之後，令課長等將所得餘金呈驗給票，方准售賣。如無照票，即照私金治罪，并曉諭鋪户人等，將所買之金亦呈明給票，聽其售賣；如不呈明者，亦照私金治罪。

一、金廠各處要隘于舊卡二處外，添設新卡七處，以防偷漏。所需兵丁，將各州、縣裁撤舊卡之兵撥補，烏魯木齊所屬州、縣舊卡，有應行裁撤者，酌量裁撤。毋庸另添，以省糜費。

一、金廠書、算需人，于印房滿兵内挑選諳練明習者二名，令其承辦書、算一切事件，亦毋庸議給工食。

一、敦煌縣金廠採金人夫，以二千名爲率。如有逾額多帶，希冀漏課及滋事舞弊清事，該廠員不實力查察或扶同徇隱，將人夫照例治罪，廠員題參議處。

一、採金人夫以五十名設立夫頭一名，責令承總夫頭給與照票，散夫給與腰牌。照票由安西州填號鈐印，交廠員給發。其腰牌即由廠員製造，逐日課金，責成夫頭收繳。滋事舞弊，令夫頭禀官究逐。如有怠惰誤課。著落夫頭賠完。

一、抽收課金，每夫每月交納課金叁分，即有風雪不能採挖之日，亦不准其扣除。所抽課金逐月交儲安西州庫，傾熔成錠，遇有便員，解交内務府查收。

一、金廠委幹練丞倅一員總司廠務，再委勤妥佐雜一員，協同稽查，仍令安西州敦煌縣按月輪流巡查。設課長二名、課書二名、水火夫二名、巡攔六名。凡人夫鬭毆等事，廠員隨時詰治，倘有重案，仍交地方官辦理。

一、金廠丞倅一員，每月給盤費銀肆兩私；佐雜一員，每月給盤費銀叁兩課長二名、課書二名、巡攔六名，每名每月給工食銀陸錢、火食銀陸錢；水火夫二名，每名每月給工食銀伍錢、火食銀陸錢；丞倅佐雜每月各給燈油、紙、筆銀陸錢，計每月共需銀貳拾貳兩肆錢，在于司庫耗羨項下支給。每夫每月于正課叁分之外，另抽撒散金三釐，解交内務府查收。撒散三釐，原抵廠費之用。今廠費銀兩，于耗羨項下支銷，其所抽撒散金兩，隨同正課一并解交内務府。

一、總理廠員給藍布夾帳房壹頂，白布單帳房貳頂；佐雜一員給藍布夾帳房壹頂，白布單帳房壹頂；課長、課書四名給白布單帳房貳頂；巡攔、水火夫八名給白布單帳房叁頂，俾資棲止。

一、金廠南山要隘，千佛洞、沙棗墩、水硤、旱硤、石鄂博、巴彦巴喇克、淌河口、長山子八處；北山要隘，波羅臺、青墩硤、土窑子、可可沙、石引墩、鹼泉子六處，各有營汛管轄，嚴飭該營將備督率弁兵認真稽查。如有疏漏，立予參處。至南山長草湖南距蒙古色樂騰海子二百六十里，東南距青海蒙古九百里，西北距哈密四百里，未便越境滋事。令廠員勘定界址，挖溝記認，按界刨採。倘日久砂空，令夫頭禀明，另行撥地，立界採挖。如有私越，廠員立即究報。如該廠員不嚴密稽查，別經發覺，即將廠員照例查參。

一、各夫每月交課之後，所得餘金，夫頭呈驗，廠員給票，方准出售。其票由安西州編號鈐印，交廠員給發，廠員按月造册移州，以備稽查。如無照票，即屬私金，拿獲嚴究。

一、每年于三月初間開廠，至九月初間封閉，責令安西州等會同廠員，將人夫逐名查點，概令出山，不許一人藏匿。一面預擬封廠日期，詳明具奏，一面督飭守卡兵役，實力巡防。倘有藏匿私挖情弊，即行分別嚴

參分別究辨。

一、陝西省哈布塔海、哈拉山等處開採金砂，每票一張以五十人爲一票，曰抽課金貳錢伍分，每課金一兩外，抽撒散金叁分。以爲廠費。

一、雲南永北廳金沙江金廠，每金床一張以板刻漕淘金爲金床月納課金壹錢，年額課金柒兩貳錢陸分，遇閏不加。鶴慶州北衙蒲草金廠，每票一張月納錢貳百伍拾文，折金起解，年納課金柒兩貳錢，遇閏加金壹兩貳錢陸分。開化府麻菇金廠，每金床一張，月納課金壹錢叁分，八折起解。慢梭金廠每簽一枝，月納課金貳錢壹分。每盆票壹張，月納課金壹錢。年額課金，俱盡收盡解。

一、貴州思南府天慶寺金礦，每金一兩抽課金肆錢、撒散金叁分。以爲廠費。

一、和闐開採金砂六處，每年交課金貳百兩，續獲產金之噶爾等六處，每年交課金叁百兩，遇閏不加，按六月、十二月兩次呈交。二共收課金伍百兩，每年抵作和闐經費銀肆千兩，毋稍虧短。如有餘剩，協濟葉爾羌經費。其新場每金百兩，准抽散金叁兩，即爲該處修補卡房，書吏工食、紙筆等費，免其報納。

《户部則例》卷四二《關税·銀礦徵課》 一、四川省鹽源縣甲子夸、豹子溝、建昌鎮、沙溝、寧番營、紫古哵銅礦内銀砂，每銀壹兩，抽正課報貳錢，耗銀肆分伍釐。

一、廣東廣州等處銀礦，香山縣桑枝林、大灣、二灣，鎮平縣新山崗，豐順縣李樹灣、東角邊、大埔縣大青村、打禾坪鉛礦内銀屑，每銀壹兩均抽正課銀肆錢伍分、公費銀壹錢。

一、廣西河池州南丹廠每銀壹兩，抽正課銀壹錢伍分，撒散叁分。掛紅廠每銀砂百斤、變價銀叁兩，每兩抽正課銀貳錢，撒散銀肆分。賀縣焦木山廠鉛煉銀每銀壹兩抽課貳錢、撒散肆分，該省鉛廠員役養廉工食，于各廠抽收撒散銀動支。

一、廣西賀縣焦木山廠抽收正課銀兩，如有短缺，責令管廠各員按在任月日攤賠追繳。

一、雲南鄧川州沙澗廠年額課銀壹千叁百貳兩陸錢柒分，遇閏加銀壹百陸兩叁錢叁分肆釐。鶴慶州蒲草塘廠年額課銀肆百貳拾壹兩捌錢壹分柒釐，遇閏加銀貳拾肆兩叁錢。開化府馬礎底廠年額課銀柒百陸兩捌錢陸分。中甸地方古學廠即安南古場年額課銀伍百陸拾捌兩伍錢叁分陸釐。安南州土革喇廠年額課銀陸拾兩捌錢肆分壹釐。楚雄府永盛廠每礦叁桶，抽課礦一桶，煎驗瞎分定其價值多寡。變賣起解，年額課銀叁千叁百柒拾伍兩玖錢陸分。南安州馬龍廠每礦壹石，抽課貳斗貳升，每礦土十箕，抽課貳箕貳合。煎驗瞎分，定其價值多寡。變價起解，年額課銀陸百玖拾捌兩伍錢貳分。蒙自縣個舊廠、維西阿墩子地方紅坡吉咱廠安南古子廠、建水縣摸黑廠、昭通府金沙廠、樂馬廠俱個舊子廠，又，三道溝子廠，每銀壹兩抽正課銀壹錢伍分、撒散課銀叁分，盡收盡解。凡遇老廠硐老砂稀，課銀缺額，准于各子廠抽收課銀内，通融抵補。南安州石羊廠每銀壹兩，抽正課銀貳錢，又，鈾渣煎煉，每銀壹兩，抽課銀壹錢，盡收盡解。永昌府孟連地方募廼廠，年額課銀叁百兩，按募廼廠係孟連土司自行抽收，按年交納。蒙自縣金釵廠銅礦内微有銀氣，每煎銅壹百斤，抽課銀壹錢，盡收盡解。昭通府樂馬子廠新開礌硐四口，天財、開泰、裕豐、元龍。麗江府回龍廠每銀壹銀，抽正課銀壹錢伍分、撒散銀叁分，盡收盡解。

一、雲南順寧府屬耿馬地方悉宜廠，年額課銀捌百兩，遇閏加增。係耿馬土司集丁開挖，按年納課。

一、雲南各銀廠課銀除角麟、太和、悉宜、白羊等四場准其盡收盡解，其安南、樂馬、金沙、金羊、涌金、回龍、個舊、銅廠坡、棉花地、馬龍、永盛、石羊、摸黑、三道溝、土革喇等十五廠，以貳萬肆千壹百壹拾肆兩零，作爲每年抽收總額。如有虧短，著落經管廠員及該管土司，分別賠補。遇有贏餘，盡數報解。

一、貴州威寧州柞子、硃礦塘各廠，每銀一兩抽課銀肆錢。

一、管理樂馬、回龍銀廠委員乾隆四十二年議定。一年抽收課銀自捌千兩以上至壹萬伍千兩以上并貳萬兩以上、貳萬伍千兩以上者，俱由户部覈明歲收各銀數，咨送吏部，照例給予加級紀録。

《户部則例》卷四二《關税·鐵礦徵課》 一、江西上猶縣營前、水廣墟等處，長寧縣園子凹地方，興國縣大幸、太平墟、城岡等處鐵爐，每鐵壹百斤抽税貳拾斤，每斤折銀壹分。

一、江西省長寧縣雙橋堡地方產有鐵砂，招商在旺地鄉設爐四座，除

修爐停歇等日外。每日熔鐵壹千貳百斤，折納税銀貳兩肆錢，繳縣解司，彙同園子凹等廠税課造報，責成新坪司巡檢就近彈壓辦理，該管道府等官隨時實力稽察，毋使偷漏滋事。

一、浙江雲和、松陽、遂昌、青田、泰順、永嘉、平陽等縣鐵坑坑課，上則每户歲徵課銀壹兩陸錢，中則壹兩貳錢，下則捌錢，每户另徵浚河銀肆前。爐餉上則徵銀陸錢，下則叁錢。又每鐵百斤，另徵公費銀壹釐。

一、福建沙縣每年額徵鐵爐課銀貳拾捌兩陸錢陸分柒釐有奇，尤溪縣額徵銀肆拾叁兩壹釐，永安縣額徵銀貳拾捌兩陸錢陸分柒釐有奇，長汀縣額徵銀壹拾兩，歸化縣額徵銀壹拾兩，上杭縣額徵銀壹拾兩，大田縣額徵銀叁拾捌兩貳錢貳分叁釐，漳平縣額徵銀陸拾兩。

一、湖廣宜都縣横磧、漢陽鐵礦，每鐵百斤抽課貳拾兩。

一、廣東東安縣永寧、太平二處，每鐵爐一座歲徵課銀拾捌兩柒錢伍分。清遠縣坪心、增城縣百沙灘、從化縣古田、龍門縣大麻埔白梅峒低岊雁羊坡三坑、花縣上下連珠布心、翁源縣三丫水老珠塘、曲江縣左沆中峒英溪坑、英德縣黄峒蘇茅坪東坑、龍川縣青龍約、長寧縣大小沙蘿大水唇白沙坑、陸豐縣東山坑、河源縣大小二江、永安縣黄沙約九丫樹、信宜縣梅子坪、化州塘茂山、合浦縣龍井橋、與安縣大坑尾柿化岡、長樂縣布尾壩頭，每鐵爐一座歲徵銀伍拾叁兩。大埔縣九曲、嘉應州金坑約鶴子寨螺子塘障坑、平遠縣東石鄉大柘鄉鄒坊鄉、鎮平縣豐田鄉福岔畲，每鐵爐一座歲徵銀伍拾兩。花縣車頭塱鐵爐一座歲徵銀肆拾肆兩柒錢伍分。

一、廣西每鐵爐一座，歲徵課銀拾兩。

一、廣西各鐵廠内有運鐵赴廣東銷售者，赴運司衙門納税，給領旗票，方准發運。其各州縣商民開發土爐，收買廢鐵，鑄造鍋頭、農具就地發賣者，地方官查明，結報咨部。不得赴廣東運司衙門詳辦。每爐一座，歲輸税銀拾兩，入于礦廠奏銷，鐵税項下造報。

一、廣西省永福縣屬瑶茶坪、桐秀等山開採鐵礦，設爐三座，博白縣屬鷄立嶺等處開採鐵礦，設爐四座，每爐一座歲輸税銀拾兩，奏入礦廠奏銷册内，報部查覈。

一、廣西臨桂縣屬金帶江、大唐嶺、靈江源、鸞潭等處開採鐵礦，設爐二座，懷集縣屬蒲峒、君察水、逕藍泉、瓦窑、牛辣、黄羌苧、蓮婆坪等處開採鐵礦，設爐十座，每爐一座歲輸税銀拾兩，奏入礦廠奏銷册内，送部查覈。

一、四川威遠縣大山嶺鐵爐，溝珙縣上羅基洪養坎壩、屏山縣李村、石堰、鳳村、利店、茨藜榮丁，江油縣木通溪、和合硐，峨眉縣姚金河鐵礦，每鐵百斤抽課貳拾斤，每斤變價銀貳分。

一、四川省平武縣潮陽壩地方開採鐵礦，設爐三座，每爐一座用夫九名，每名日挖礦砂拾伍斤，煎獲生鐵肆斤捌兩，除夏秋二季雨水浸洞不能採取外。冬春二季計一百八十日，應獲礦砂柒萬貳千玖百斤，共煎生鐵貳萬壹千捌百柒拾斤，每百斤抽税貳拾斤，應抽税課肆千叁百柒拾肆斤，每斤變價銀貳分，應變價銀捌拾柒兩肆錢捌分，遇閏之年在于冬春二季加增一月課税。按年批解司庫，撥充兵餉，責成該管文武員弁，不時巡查。如有侵漏。即行治罪。

一、四川省洪雅縣山梯黨、老林溝等處及奉節縣茂林溪地方開採鐵礦，各設爐二座，每爐一座用夫九名，每日獲礦砂拾斤，煎獲生鐵叁斤，除夏秋二季雨水浸洞，不能採取外。春冬二季計一百八十日，各獲礦砂叁萬貳千肆百斤，煎生鐵玖千柒百貳拾斤，每百斤抽税貳拾斤，各抽税鐵壹千玖百肆拾肆斤，每斤變價銀貳分，各變價銀叁拾捌兩捌錢捌分，遇閏之年如在冬春二季，加增一月課税。按年批解司庫，撥充兵餉，責成該管文武員弁，不時巡查。倘有侵漏，即行治罪。

一、陝西南山鐵廠令商民自出資本，募工開挖，由地方官查明該商人姓名、籍貫，取具甘結，加具印結，詳明藩司，發給執照，方准開採。每領執照一張，歲納課銀拾兩，造入雜税奏銷册内，報部撥用。如礦砂不旺，該商人自願歇業，聽其繳照停止。倘有私挖，即行封禁，照例治罪。各廠匠役，責成商人造具循環簿，按名注明年歲、籍貫及上工日期，如有辭工另募，隨時添注。于每季底送該管官稽覈。該管官不時赴廠，按册頭驗，如有混迹，立即拿究，將該商人一并治罪。所出鐵斤祇准鑄造鐵鍋、鐵盆、農具。倘有賣給匪徒，私製軍器等弊，立即嚴拿治罪。

一、雲南陸涼州三山鐵廠鐵爐，每年額徵課銀壹拾兩柒錢壹分，遇閏加銀捌錢玖分貳釐有奇。馬龍州紅路口鐵廠，額徵銀壹拾壹兩伍錢貳分，

遇閏加銀玖錢陸分。石屏州龍朋里上下鐵廠，額徵銀壹拾兩柒錢玖分，遇閏加銀捌錢玖分玖釐有奇。石屏州路南小水井廠，額徵銀柒兩貳錢，遇閏加銀陸千。鎮南州鵝趕廠，額徵銀壹拾貳兩壹錢壹分，遇閏加銀壹兩玖釐有奇。騰越州阿幸廠額徵銀伍拾兩。沙喇箐廠、水箐廠額徵銀各肆兩，遇閏加銀叁錢叁分叁釐，贏餘銀伍拾兩。鶴慶州河底廠、碍嘉州濫泥箐廠額徵銀各捌兩。大關同知椒子壩廠額徵銀壹拾貳兩。易門縣老吾山廠額徵銀捌兩伍錢陸分，遇閏加銀柒錢壹分叁釐有奇。

《工部則例》卷八二《關税·刊刻〈税則〉》 一、各關徵税科則，責令該管官詳刻木榜，豎立關口街市。并責令地方官將《税則》刊刷小本，每本作價貳分，聽行户頒發遵照。倘該管官將應刊木榜不行設立，或書寫小字懸於僻處，掩以他紙，希圖高下其手者，該督撫查參治罪。地方官將應刊《税則》不行詳校，致有舛漏或更扶同徇隱者，并於嚴參。

《理藩院則例》卷一二《徵賦·徵取屬下賦役》 一、凡蒙古王、公、臺吉等，每年向伊屬下徵收有五牛以上之人，取羊一隻。有二十隻羊者，取羊一隻。有四十隻羊者，取羊二隻，雖多不准增取。有兩牛之人取米六釜，有一牛者取米三釜。其進貢、會盟、移營、嫁娶等事，百家以上者，于十家内取馬一匹、牛車一輛，有三隻乳牛以上者，取奶子一肚。有五隻乳牛以上者，取奶子酒一瓶。有百隻羊以上者，增取氈子一條，不得妄行多徵。如多徵至一倍者，該王、公、臺吉等罰俸一個月。一倍至三倍者，罰俸兩個月，餘以次遞加，罪止罰俸一年其屬下如有推故不出者，聽該王、公、臺吉等自行徵處。

《理藩院則例》卷一二《徵賦·內外扎薩克汗王公臺吉等不得苦累屬下及越旗侵擾》 一、內外扎薩克汗、王、公、臺吉等于所屬之人例准收納供應。如有恣意過累者，照徵取屬下賦役例治罪。設有無故越旗騷擾等事，一經告發，各照例加等治以應得之罪。

《理藩院則例》卷一二《徵賦·歸化城商民兑換馬匹牲畜納税》 一、歸化城商民携帶茶、布等物，由蒙古地方換來馬匹牲畜，仍照舊例納税辦理。若將換來馬匹牲畜復與販賣貨物商人，兑換貨物及買賣者，亦應一體照例納税，交該副都統。專派職銜較大之員，不時嚴密稽察。如有避税、私行議價、潛以物件兑換、買賣者，查出照漏税例治罪。

《理藩院則例》卷六一《西藏通制·禁止私給照票免差》 一、藏內各寨番衆供應烏拉人夫馬匹，達賴喇嘛、班禪額爾德尼及伊等用事親族，大呼圖克圖等，并噶布倫、戴琫及大喇嘛所管之莊佃人户，不准私給牌票，或免差徭或免税賦。如實有勞績者，達賴喇嘛告知駐藏大臣方准給與照票。至番民挑定額兵，由駐藏大臣及達賴喇嘛于挑兵時發給照票，填寫住址名字，免其門户差使。如有事故革退，即將原票繳銷。

（清）王慶雲《石渠餘紀》卷一《紀免科》 勝朝自正德、嘉靖閒屢增賦額，正供已非其舊。神宗之初，張居正當國，丈量天下民田，一時驟增至三百萬頃。時居正頗以溢額爲功。有司争改小弓，以求田多；或掊克見田，以充虚額。於是有一田而兩賦者；及逃絶包賠，則又有無田而有賦者。萬曆末年，户部尚書李汝華倡加遼餉。崇禎初，楊嗣昌柄政，又加練、勦二餉。計前後加賦二千萬，是爲三餉。我朝開國，首革除之。又除召買津糧。江南淮揚、湖北蘄黄流亡荒地，悉免其租。世祖親政以前，北邊外築城，加派各省錢糧二百五十餘萬，令有司按户給還。除山西荒田二萬八千餘頃，西安廢地虚丁銀三萬餘兩。康熙元年，減免江西南昌七州縣浮糧十四萬九千餘石米，折銀十九萬五千餘兩。見《事例》。是時移濱海居民於内地，除其賦十年，定各官詐報墾荒致民賠累者，勘明豁免。二十六年，除康熙十三年以後加增雜税，除廣東高州瓊州各屬荒糧。四十九年以後，屢除江浙荒地銀。臣案：國初承明季兵荒之後，務墾復以盡地利，寬升科期限以勸之自功，令以勸墾殿最有司。而俗吏無招來勸相之素，但虚張其數以邀功，叙荒墾不常職由於此。不然，則此時之民休養安集久矣。安所得汗萊盈野，猶待朝廷之免復哉！世宗即位，以陝甘額外賦糧，錢收三釐，斗收三合，爲備荒之用。詔此項徒有加賦之名，而無備荒之實，著永行停止。雍正二年，免江西南昌等七縣浮糧銀七萬五千餘兩。《會典》。三年，從怡親王請，除蘇州浮糧三十萬，松江十五萬，著爲例。五年又諭曰：各省賦税最多者，莫如江南之蘇、松，浙江之嘉、湖。由明初籍富民之田爲官田，按私租爲正賦，此洪武之刻政也。明二百餘年，減復不一。我朝因軍需經費，未遑裁減。皇考嘗論及此。朕仰體聖心，已將蘇、松浮糧豁免，今特沛恩膏，將嘉興額徵四十七萬，湖州三十九萬，減十分之一，著爲例。先是，阜寧縣之射陽湖，報升淤地八千餘頃，有糧無地，

逋負纍纍。九年乃悉除之。高宗即位，恩詔再除江省浮糧銀二十萬，以紓民力。虹縣桃源之水歸泗州安河入洪澤湖，兩岸淤地千二百餘頃，淹涸不常，詔永除其租。《會典》。而睢寧、宿遷、桃源先報涸出升科地萬三千餘頃，世宗察其不實，已豁地七千餘頃。至是存地五千餘頃，比年催徵不前。諭曰：此淤出之地，即舊有糧田，是以民力維艱，輸將不繼。著將三縣新淤涸後改科地糧全行蠲免。是年湖北之鶴峰、長樂新設起科，得旨照容美秋糧原額，仍免三年。今施南地賦獨輕。二年免甘肅河西馬糧萬餘石。九年除四川水决田百九十餘頃租課。十一年免慶雲縣額賦十之三，著爲令。十六年諭曰：朕聞武進、陽湖二縣開抵役田一項，原係前明虚田，領價本户逃亡，株連親族，將產開抵。小民條糧、役租，力難竝輸，致積年拖欠。除條漕外，概予豁免。時南巡清問，故有是詔。十八年免臺灣風潮衝陷田園五百四十餘甲，山東潮鹹地四百二十頃。二十二年減山東武定府黎敬等莊窪地四百四十八頃，以下則徵租。竝《會典》。二十九年免漢陽縣坍田五百餘頃。三十一年以漢川縣垸地低窪，改田賦，照漁糧科則。又諭曰：滇省山多田少，可耕之地俱經墾辟，惟山麓河濱尚有曠土，貧民耕種以供口食。定例山頭地角三畝以上者，照旱田十年之例；水濱河尾二畝以上者，照水田六年之例，升科。第念此等零星地土，本與平原沃壤不同。儻地方官經理不善丈量查勘，恐吏胥從中滋擾。嗣後滇省山頭地角水濱河尾，俱聽民耕種，概免升科。憶前在黔省，於故牘中見此段，爲撫臣麟慶所奏請者，蓋必援滇例也。三十九年以文安大窪連絡四淀水，占民田，定田糧，視水潦輕重，隨年蠲減。後凡畿輔近水之地，皆視此免。山西豐鎮荒坍旗地五百餘頃。四十九年免吴縣無著田糧千四百餘石。五十二、三年除河南各屬水衝地百餘頃。山西五臺五州縣水坍地百七十餘頃。浙江仁和錢塘水坍地五十餘頃。五十四年豁免山東曹縣、利津、壽光三縣廢地五百九十餘頃。《會典》。河南蘭陽、考城積年隄侵柳占地銀九千八百餘兩。《會典》。五十七年除河南蘭儀五縣臨河新灘地四千九百餘頃。五十年以前據《通考》，以後本《實録》。嘉慶六年永定、滹沱河竝溢，畿輔九十餘州縣災。有旨：水衝沙壓應行減豁之處，據實奏聞。其有水退泥淤，轉瘠爲良者，轉不必急行查辦。是年減免直隸旗租十三萬三千八百餘兩。次年再減二萬九千餘兩。豁曹、單沙壓地八百頃有奇。《會典》。又以文安多潦，減額賦十之三。著爲令。免曹、單二縣沙壓地八百頃。十三年以任縣環水村莊，照安州等處減賦例，每年視水勢大小奏聞。次年免河南温孟陝州十一年漫口。沙壓地四百餘頃。二十四年免山西岢嵐、保德二州缺額丁銀二千二百餘兩。以上本《仁宗聖訓》。謹案：《皇朝通考》於國用蠲貸門，別爲細目，曰賜復，曰免科。賜復者，免復一時者也；免科者，永停輸納者也。臣今以列朝特恩及慶典有詔停罷者，入蠲免篇；而減浮賦，豁荒田，永著爲令者，則入此篇。誠見開國以來，凡水濱坍荒衝壓之地，與夫隄防占廢者，鹹鹵飛沙漲涸不常者，朝報荒則夕蠲賦。其有租糧兩徵者，賦浮而額重者，一以上聞，立時減免。寬卹之政，蓋史不絶書矣。姑撮舉其大者如右，其它災蠲賑貸，別爲篇。

（清）王慶雲《石渠餘紀》卷三《紀丁隨地起》 丁口之輸賦也，其來舊矣。至我朝雍正間，因各疆吏奏請，以次攤入地畝，於是輸納徵解，通謂之地丁，或曰丁隨地起。是古來夫布之征，口率之賦，一切取之農夫。而户册所謂富民、市民者，擁貲千萬，食指千人，不服田畝，即公家一絲一粟之賦無與焉。臣以爲此勢之所趨，不得已也。昔楊炎併租庸調爲兩税，而丁口之庸錢併入焉。明嘉靖後行一條鞭，均徭里甲與兩税爲一，丁隨地起非權輿於今日，亦曰通其變，使民不倦而已。我朝丁徭素薄，自康熙五十年定丁額之後，滋生者皆無賦之丁。凡舊時額丁之開除既難，必本户適有新添可補，則轉移除補易至不公。惟均之於田，可以無額外之多取，而催科易集。其派丁多者，必其田多者也。其派丁少者，亦必有田者也。保甲無減匿，里户不逃亡，貧窮免敲撲，一舉而數善備焉。所不便者，獨家止數丁而田連阡陌者耳。然使丁地分徵，則富户又將賄脱而委之貧民。欲編審之均平，顧可得乎？故自康熙末年，四川、廣東等省先已行之。田載丁而輸納，丁隨田而賣買。公私稱便。至雍正初，畿輔踵而行之，次及各省。惟奉天、貴州以户籍無定，仍舊分徵。山西亦於乾隆元年以後陸續攤派，前後數十餘年。時歷三聖，其減除重則缺額者，史不絶書。經營裒益，然後法制大定，乃知唐之庸錢，不得不歸於兩税；明之均徭，不得不改爲條鞭，皆勢之所趨，不得已也。惟是米穀者，田之所產；銀者，商賈之所流通。地糧猶兼輸米丁賦。名兼米豆，實則皆銀。故古之傷農者一，穀賤是也。今之傷農者二，曰穀賤也，銀貴也。銀貴則

穀愈賤，實亦一也。抑臣讀前史，宋用唐之兩税，庸錢在其中矣。而復令百姓歲輸身丁錢米。明中葉以後，條鞭名存實亡。隆慶總括户口租庸正額之外，復多雜派。作法於涼，其弊猶貪如此。我朝定制百餘年矣，地丁之外，分豪無取焉。後之謀國者，亦善守成規焉可矣。臣讀《皇朝通考》及《會典事例》，旁證各載籍，謹以各省丁隨地起者，次第著於篇。

康熙十一年以浙江鹽鈔銀均入地丁。三十六年以浙江匠班銀七千餘兩派入地丁。後湖北於三十九年，山東於四十一年，均照浙江例，匠班歸入地丁。

五十五年户部議編審人丁，除向例照地派丁外，其按人派丁者，一户之内開除與新添互抵，不足以親族丁多者抵補，又不足以同甲糧多者頂補。有餘歸入滋生册内造報。是年定賣買地畝。其丁銀有從地起者，隨地徵丁。倘有地賣丁留，與受同辜。

是年准廣東所屬丁銀就各州縣地畝攤徵，每地銀一兩，攤丁銀一錢六釐四毫不等。

雍正元年直隸巡撫李維鈞請丁銀隨地起徵，部議允之。每地賦一兩，攤入丁銀二錢七釐。六年以長蘆竈丁攤入竈地，每畝六釐至一分不等。

二年定福建地賦一兩，攤丁銀五分二釐七毫至三錢一分二釐不等，屯地自八釐三毫至一錢四分四釐八毫不等。

是年《會典事例》三年。定山東地賦一兩，攤丁銀一錢一分五釐。其新墾升科，遇五年編審合計新舊地糧，就一縣之地均算攤減。其永利各場竈丁，於乾隆二年攤入竈地，每畝一分四毫有奇。

四年定河南地賦一兩攤丁銀一分一釐七毫至二錢七釐不等。從巡撫田文鏡請也。疏云：丁糧同屬正供，與其派在人，而多貧民之累，孰若攤在地，而使賦役之平。又定浙江田賦一兩攤丁銀一錢四釐五毫不等。一字《會典事例》作二。又定陝西地賦一兩攤丁銀一錢五分三釐，遇閏加四釐零。

甘肅分河東、河西，河東一兩攤一錢五分九釐三毫，遇閏加；河西一兩攤一分六毫，遇閏不加。先是，康熙五十三年准甘肅無業貧民編入丁册，免納丁銀。至是乃攤入地畝。

狄道州道光十三年水衝地，豁均載丁銀二十九兩有奇。山丹縣道光十九年豁均丁銀一兩。平番縣道光二十七年水衝地，豁均丁銀二兩有奇。

四川每糧五升二合至一石九斗六升一等，算一丁徵收。六升，《會典事例》作六合。

案：四川向係以糧載丁徵收，惟威州十一州縣丁地分徵，至是畫一。

雲南亦於是年攤徵。科則缺。其屯軍丁銀一萬五千餘兩，每丁二錢八分至六錢二分不等。俟察出欺隱屯田抵額。

至乾隆二年已抵補三千餘兩，尚有一萬二千餘兩。歷年按老丁徵收，實已故絶，乃概予豁免。次年以麗江原係土府，雍正二年改設流官，有土官、莊奴、院奴二千餘名，願自納丁銀，以比齊民。每名編爲一丁，歲納六分六釐。至是貧乏，免之。又除鶴慶府驛站丁銀。明謂之馬頭人丁。

五年定江蘇、安徽丁攤地畝，屯丁亦攤入屯衛田，每畝攤一釐一毫至六分二釐九毫不等。匠班三千餘兩亦攤。

又定江西地賦一兩徵丁銀一錢五釐六毫，屯地二分九釐一毫。

六年定湖南地糧一石徵丁銀一毫至八錢六分一釐不等。

案：江蘇、安徽以畝計，湖南四川以糧石計，與他省異。

又定廣西地賦一兩徵丁銀一錢三分六釐不等。

七年定湖北地賦一兩徵丁銀一錢二分九釐六毫。惟江夏等十九州縣，向有重丁減豁之外，所攤尚重，初議俟有升科攤抵，至乾隆元年以墾荒不實，攤抵無期，將丁銀八千三百餘兩全行豁免。江夏十九屬科則不同詳見《會典事例》。

乾隆元年山西省臨汾縣、霍州、介休縣、高平縣、榮河縣、虞鄉縣、定襄縣、安邑縣、垣曲縣、太平縣、鳳臺縣、永濟縣、猗氏縣、忻州、解州、芮城縣凡十六屬，丁徭全數歸入地糧。又祁縣、陵川縣、静樂縣、文水縣、陽城縣、大寧縣、朔州、沁州八屬丁徭，酌歸地糧，餘仍隨丁徵納。又平遥縣原額丁銀八千一百五十五兩有奇，是年歸入地糧二千六百六十一兩有奇，餘仍隨丁徵納。山西丁歸地糧，自是年始。散見於《賦役全書》各屬下。

案：是年山西攤丁歸地，《典例》失載。今據《賦役全書》補入。其各屬丁徭酌減攤入地糧，餘仍隨丁徵納。又於某年全數歸入地糧者，其款目科則均見《全書》，茲不具載。惟攤徵尚有餘賸，至今猶歸丁輸納，如平遥等縣者，特詳其數。餘同。

十年户部議准山西丁糧分辦，貧民偏累尚多。丁隨地徵有勢所難行者。今將太原等十八縣丁銀全攤地畝。每糧一石合攤丁銀一分八釐至二錢二分二釐，賦銀一兩合攤丁銀一錢四分七釐九毫至三錢三分八釐不等。交城等十五州縣丁銀半攤地畝。寧鄉二縣以丁則徵丁，餘銀歸地。渾源等二州縣攤三分之一，河曲縣攤十分之一。吉州惟攤無業苦丁。餘陽曲等二十州縣，《典例》作二十四州縣。或貿易民多，輸丁爲易；或民貧地瘠，難於攤徵；或田多沙鹻，或多徵本色，仍地丁分辦。中有屯丁徭銀之處，别攤入屯地徵收。《典例》此條同。又云：陽曲縣等八縣屯丁徭銀亦攤入屯地。

二十三年定山西太谷、臨縣、石樓、五臺、崞縣等五縣，丁徭全攤地糧。永寧州每丁徵三錢，沁州一錢，代州一錢三分三釐，餘者攤入地糧。榆次縣攤三之一，沁源、武鄉二縣攤十之五，静樂縣攤十之三，餘者仍歸丁納。保德州以下下則徵丁餘歸地糧。朔州丁糧均照中下、下下二則，按現在實丁與寄莊已久之户，按地多地少分納。其衛丁按下上、下中、下下三則，分别貧富均納。隰州、永和二州縣，將寄居年久有産之户，按丁輸納下下則徭銀原額，重徭均勻減除。

三十一年定山西交城縣之現徵民丁一半徭銀，及屯丁徭銀；文水縣之丁銀徭税；河津縣之丁銀；稷山縣之優免丁，與屯丁徭銀，俱攤入地糧屯租完納；隰州丁餘以十分之五歸地；大寧縣再減丁銀一千兩，攤入地糧；蒲縣丁銀均勻攤派，改爲下下則徵收，其餘仍令丁糧分辦。

三十八年湖北巡撫陳輝祖奏請將民屯新墾丁銀隨年攤徵。經部覆準，竝行各省。上諭：朕愛養斯民，詎於丁糧稍存計較！若以新墾民屯田畝，復將丁銀隨年攤納，較及錙銖，非惠下卹民之道。敕各省毋庸另議更張。

案：乾隆初年湖北缺額丁銀，原有俟升科攤抵之請。見上。後經豁除。至是凡各省新墾田地，更不派丁矣。

是年山西省渾源州已攤，下賸丁銀，全歸地糧畢。

三十九年山西省榆次縣丁銀全歸地糧。

案：此二條據《賦役全書》補。

四十二年定貴州平越等三十六廳、州、縣應徵丁銀九千三百餘兩，歷年隨糧完納，應仍其舊。貴陽等二十九府、廳、州、縣應徵丁銀四千四百餘兩，按畝攤徵，計各屬田地八十一萬二千餘畝，每畝攤丁銀五釐四毫有奇。此條見《典例》，《通考》缺。

五十六年部覆山西省丁徭向未攤歸之陽曲二十六州縣，原屬分徵，今將曲沃縣丁屯徭銀全歸地糧，天鎮縣丁銀亦全數攤徵，尖丁耗銀，隨正輸納，其應徵本色米石，照舊徵收。朔州丁銀，州衛一體攤徵。其科則每地一畝，自一釐此當是分字。八釐至四分不等。再大同、左雲等十四團操丁銀，在豐鎮同知地畝均攤每兩九釐。其石樓、蒲縣、永和三縣缺額丁銀，於乾隆四十年升補一百四兩。至五十七年豁未補虚額銀一千五百三十七兩有奇。見《會典》二百十五卷。

案：朔州丁徭於乾隆元年減入地糧，至是州衛民屯乃一體攤徵。

五十八年定大同縣折色銀全歸地糧。每糧銀一兩，攤一錢一分七釐。懷仁縣則額丁銀歸地糧，每糧銀一兩，攤二錢一分六釐。尖丁銀歸屯糧，每一兩攤一錢七分六釐。前衛丁銀歸入屯地，每一兩攤二錢二分六釐。至各屬尖丁耗羡，照地隨徵。以上均見《會典事例》。嘉慶元年山西省襄垣、陵川、静樂、陽城、沁水五縣，已攤下賸丁徭，併山陰縣丁徭，全數歸入地糧攤徵。以下均據《賦役全書》補。十八年山西蒲縣丁徭全歸地糧。

二十四年山西巡撫成格奏：岢嵐、保德二州丁銀缺額，請於通省養廉内攤捐。奉上諭：成格奏晉省缺額丁銀請捐廉歸款一摺，岢嵐、保德二州，地本苦寒，罕通貿易。現在寄籍者陸續還歸，即土著亦多遷徙，以致丁銀缺額，攤賠滋累。該撫奏請在通省養廉内，每年照數攤捐，殊可不必。國家惠愛黎元，既知小民瘠苦情形，豈尚計及錙銖徵收缺額之賦？所有岢嵐州缺額銀一千五百八兩零，保德州缺額銀七百十七兩零，著即加恩按年豁免，以示朕勤卹民瘼至意。

道光二年山西盂縣及平定州下賸丁徭，全歸地糧。

三年山西稷山、嵐縣、絳縣、霍邱四縣，絳州一州丁徭，併黎城、廣靈二縣，已攤。下賸丁徭，全歸地糧。

四年山西祁縣、長治、潞城、沁源、繁峙、長子、寧鄉、武鄉八縣，代州一州，已攤下賸丁徭，併陽曲、陽高二縣丁徭，全歸地糧。惟吉州原額丁徭銀二千八百七十七兩，門差銀五百一十五兩，各有奇，經乾隆十年

及是年兩次歸入地糧，銀一千四百九十兩有奇仍隨丁辦，納銀一千九百二兩有奇。

五年山西興縣、應州二屬丁銀，併和順、翼城二縣，隰州一州，已攤下賸丁銀。又大寧一縣兩次攤賸丁銀，均全歸地糧徵納。

是年七月山西巡撫福緜奏：右玉縣無著丁銀，正耗七百三十兩；平魯縣無著丁銀，正耗五百四十二兩，各有奇，請予豁免。於銅本生息銀内提補。奉上諭：福緜奏援案請豁無著丁銀，竝籌款歸補一摺，山西右玉、平魯二縣地瘠民貧。自嘉慶十七八年連被災歉，户口逃亡，以致丁銀缺額，追賠滋累。著照所請，自道光六年爲始，將右玉、平魯二縣無著丁銀，正耗共一千二百七十三兩零，全行豁免。該省商捐銅本生息銀兩，每年因公動用，尚有多餘。著即照數提出歸補，以符原額。

六年山西沁州已攤下賸丁銀，全歸地糧。

八年山西永寧州已攤下賸丁銀，全歸地糧。

十二年山西壽陽縣丁銀，全歸地糧。

十七年山西平魯縣丁銀歸入地糧二百二十六兩有奇。

（清）王慶雲《石渠余紀》卷六《紀雜税》 凡地丁之外取於民者，皆爲雜賦。其目曰課，如漁課、蘆課、礦課、茶課是也。曰租，如旗地租、學田租、公地公田官房租、新疆商鋪租是也。曰税，其目頗多，今擇其切於民者著爲篇。事有其細已甚而關民生之利病者，故雜税不可以無紀。雜税有牙税，有木税、煤税，有契税。凡官牙定之以額，擇其人輸税領帖以充牙行。民間懋遷有無評物價以助市政，若瓜果菜蔬、日用之物，私立牙行名色者，禁之。屢禁州縣於定額之外私添牙帖及胥役冒充爲民害。凡邊外木税，康熙間，特准商人於殺虎口外大青山采木輸税入口。二十四年，定山西納穆山木税時議給與蒙古山價，既可爲貧乏養贍之資，而材木運入内地又可供官民興作之用。蓋口外諸山，前代爲匠所不經之地，蓄積既久，菁華日獻，視内地庇縱尋斧者相懸萬萬。自樵蘇不足而煤利興，久之，遞開遞竭。乾隆初，特准開熱河八溝等處煤窑。又定山東每窑立一窑户，民地以地主爲户，官地以領帖輸税之人爲户，禁不得雇用外地人夫，以防流弊。四十六年，以煤價昂貴，准於西山擇地開采。又案《會典》，凡買田房必用布政司契尾。又自田文鏡創爲契紙契根之法，書吏因緣爲姦。雍正十三年飭禁之。乾隆初，乃復契尾之法。凡活契典業不在納税之例，後又定契價千兩以上者，送道府稽查，即現行事例。若應城之石膏税，大、宛二縣之鋪面行税，殺虎口之農器税，烏魯木齊之鋪面園圃税，凡以稽查出入，少取之而無害於民。至於無名之征，朝聞則夕革，夕聞則朝革。如開國時免錢塘、仁和間架房税，丹徒、丹陽馬折銀，江陰、青浦養牛税，廣東雜税。雍正時，除京師琉璃、亮瓦兩廠，民屋計檁輸税。免黔省遵義各山場小税。乾隆間，除近海單桅漁船税，天津葦漁課，閩廣竹篸取魚埠頭養鴨税，江蘇沿城搆屋地租，廣東加增埠租漁税。又免泰山及湖北太和山香税，浙江玉環漁船塗税。歷朝以來，苟有以便民，惟恐不及，而未嘗稍有悋惜。蓋纖悉不可備書，第記所見之大略如此。

康熙間，除江寧市廛輸鈔。

雍正三年，免臺灣鳳山番婦計口輸税。

乾隆間，免甘肅河西隨征馬糧，浙江雲和坑爐税，除江南雜辦城租碾餉等款，江南網户鰣魚折色。

（清）王慶雲《石渠餘紀》卷六《紀關税》 或曰：周人田賦以什一爲制，至重本以抑末，則徵榷之數諒必加於計畝。此説非也。古者關市無征。《周禮》，關市之賦以待王之膳服而已。設關榷貨充軍國之用，實自後世始。我朝沿歷代之制，關津抽税始順治二年。元年普免。時關差增設多員。世祖親政，飭諭曰：每官一出，必市馬數十匹，招募書吏數十人，沿途騷擾，任意需索，商賈恐懼不前，百物騰貴。天下通行河道，何以至此？朕灼知今日商民之困，著仍每關設官一員，其撤回之員，户部不得妄咨勤勞，吏部不得更與銓補。康熙二十六年，滸關監督桑額税溢常數，以私封便民橋，辠之。五十三年以後，臨清、鳳陽各關次第改交巡撫委官征收。時南新關監督某問巡撫王度昭：錢糧如何不缺？告以從寬征收，斷不欠缺。已而果然。上感其言，故有是命。世宗即位，飭滸墅、龍江等九關交巡撫委官兼管。先是，關差每多報盈餘，以邀優叙。八年，諭曰：落地税銀，非正項錢糧有定數者可比，侵隱欺匿者固當加以處分；而争多鬬勝者，不但不當議叙，亦當與以處分。下部臣定議。搜求需索，以致盈餘倍於正額者，令督撫題參；加級不得過三級，以示限制。十二年，令督撫稽查監督，糾其縱容滋擾者。乾隆初，圖理琛奏請：各省税

務歸旗員管理。諭曰：各省委辦税務，率多道府等官，竝無滿漢之别。如滿洲有任道府而廉潔自愛者，何嘗不可派委而必定以爲例乎？六年，令各關盈餘增減據實造報。諭旨見《通考》二十七卷十五葉。十四年，部臣請定盈餘缺額處分，諭曰：當康熙年間，關差各有專員，恣意侵蝕，不但無盈餘，竝不敷正額。雍正間一番清理，於是以盈餘報者相屬，而缺額從未之聞。自朕御極，政尚寬大，盈餘歲減一歲，將漸開虧損正額之端。夫盈餘無額，而不妨權爲之額。當雍正十三年，正諸弊肅清之時，亦豐約適中之會。嗣後盈餘成數，視雍正十三年爲準。著爲例。而部臣稽核，猶用上屆比校之法。至四十二年，卒定爲三年比較。五十一年，各關徵收多有短絀，以上年各省旱災，免其賠補。蓋關税之弊在官吏之漏卮，而不患商賈之兔脱。搜求愈嚴，賣法愈利；商愈病，帑愈虧。謹案：開國之初，即革明季加增税額。凡官吏之侵漁，關津之留難，屢有厲禁。又刊税例木榜於各關，每部臣請嚴缺課處分，必諄諄告戒以累商病民爲慮。雖國計所必需，不能不立之定額而常抑，務財用之臣，司榷者所宜，不侵帑，不病商，以稱朝廷之德意哉。

《同治中興奏議約編》卷三《查辦黑地章程疏大學士管理户部倭仁》

竊照黑地升科一案，前於咸豐十一年，欽派臣寶鋆臣董恂等，會同直隸督臣順天府府尹督率各該地方官查辦，嗣因前任昌平州知州潘霨查出地四百四十餘頃，經臣等奏請恩獎賞加道銜，並請旨飭令直隸總督，盛京將軍，順天奉天各府尹飭屬一律辦理，又將查辦文卷奏交户部照章接辦在案。自同治元年六月通飭遵辦以來，迄今已逾兩載，惟寶坻縣報升科地十一頃六十餘畝，其房山縣報首地一百二十二頃有零，香河縣報首地一百一十四頃有零，均未據造册送部。經臣部催令造送，以便給照升科，此外首報並無一案。豈果各處竟無黑地，特以利之所在，弊隨以生，有不能不詳細指陳者。各處旗圈迷失地畝册檔案卷，牽扯混淆，自非細心剔釐，不能剖白，其山隅河閃所開荒地，多係畸零偏僻，呈報以後，又非親飭查勘，不能清丈。各州縣畏難苟安，其弊一也。私墾地畝遲報一年，即隱糧一年，愚民何知，自必觀望，以私其利，地方吏役知某户有私墾之地，某地爲墾熟之田，勢必以查辦爲名，私向墾户訛索，墾户亦遂畏懼納賄，以致扶同欺隱。地方官或失於覺察，或雖已覺察而不肯究辦，其弊二也。近更風聞有一種無賴游棍，在京外各處假充委員，查辦黑地，公然設局用戳，横行鄉里，隨有就地游民幫同指引，恐嚇得贓分用，地方官以臣部前曾委員出京，不敢盤詰，及事後稔知其假，又或以滋事爲戒，並應查之地亦不敢查，其弊三也。兼此三弊，黑地雖多，升科無日。臣等悉心商酌，假充委員之弊，請嚴定章程以杜絶其源。查自通飭遵辦之後，臣部以事已責成有司，從無委員出京之舉，即使將來必須委員查辦，亦必先期咨明總督，將軍、各府尹，一面札付該委員以憑前往，應請通行。直隸、盛京、順天、奉天等處嗣後遇有查辦黑地之委員，准着地方官詳細盤查，如無臣部先期咨會及隨身札付，即屬棍徒詐冒，立即按名嚴拏，押解至省，由總督將軍府尹等奏交盡法懲辦，庶幾弊絶風清，無所隱匿。至州縣畏難苟安之弊，請申明賞罰以激勵之。凡查出隱地二十頃以上者，照例給予優議，其勘辦升科地畝最多之州縣，即援照昌平州潘霨成案，隨時奏請恩施。查定例入官旗地，州縣於奉文日起限，千畝以上限三個月，百畝以上限兩個月，不及百畝限一個月，查勘取租。儻有逾限，請照公事稽遲例從重議處。其明知地户私墾，吏役詐贓，不即查辦，别經發覺者，從嚴參究。經此次諄飭之後，地方官仍復因循不辦，請即以溺職參處。庶幾懲勸並行，各州縣咸知振作，不致日久弊滋。現直冬令田閑野曠之時，亟宜乘時查辦，以裕國課。相應請旨飭下直隸總督盛京將軍順天奉天各府尹，通飭所屬州縣遵照臣部奏定章程，嚴絶游棍假充之弊，信賞必罰以隨其後，庶地方官認真查辦，黑地升科日有起色矣。臣部爲興利必先除弊起見，是否有當，伏乞皇上聖鑒。謹奏。

《同治中興奏議約編》卷三《請裁户捐鋪捐片王憲成》再軍興以來，需餉浩煩，設立各項捐輸名目，其取之民者，若釐捐、若户捐、若鋪捐，幾於竭澤而漁。今江省肅清而瘡痍滿目，孑遺之民，尚未復業，要在去其疾苦，而予以生機。故近日廷臣有裁撤各省分設釐局之奏。夫釐局分設，卡座星羅棋布，害及行旅，害不及居者也。若户捐則計畝捐錢，鋪捐則挨鋪捐錢，委員旁午，期限促迫，無不受其害者。在軍務吃緊之時，勢非得已，且地方未遭兵燹，民力尚可勉強支持，若經賊竄擾之後，農田多半荒蕪，牛種均須措辦，而猶計畝捐錢，析及錙銖，窮民其何以堪。是户捐不可不裁也。至于蕩析離居之衆，甫歸田里，屋宇草創，開設鋪面，生意甚

微，如仍挨鋪捐錢，多方剥削，諸物益加昂貴，民間度日更覺艱難，是鋪捐不可不裁也。蓋户捐鋪捐之當裁，更急於釐捐矣。可否飭下部臣核議，以蘇民困。伏候聖裁。臣愚昧之見，是否有當，謹附片具奏。

《同治中興奏議約編》卷四《酌定錢漕科則疏江蘇巡撫丁日昌》 竊惟州縣爲親民之官，必一言一動皆可使百姓共見共聞，內外既不隔閡，膏澤方可宣布。蘇省田地科則多至二百有奇，業户只知田畝多寡，不知科則重輕，每至征收地漕，書差據爲利藪。又花户完納銀米所資於糶穀賣絲，往往以所得之洋銀錢文零星繳柜，書差陰持其柄，洋銀可以短估，銀價可以高抬，而且正供之外，尚可勒索串票脚費，小民之脂膏有限，書差之慾壑無窮，種種弊端，殊難枚舉，臣去年在蘇藩司任內，曾經通飭各廳州縣於易知由單之外，刊刻簡明告示，注明某都某圖科則幾等，每銀一兩折錢若干，每米一石隨耗幾斗，不准淋尖踢斛，洋錢每元時價若干，其册串紙張書役卒飯一併注明，由官給發，不准絲毫需索，如有於告示所不載之處浮勒分文，准其控告。於開徵前數日將告示徧貼城鄉，使愚夫愚婦一目了然，書差不能高下其手，並飭將示式通報查考，實足以杜弊端而禁欺朦。故上年收成雖未皆豐稔，完數尚稱踴躍，本年上忙開征，訪聞各廳縣張貼前項告示者固多，而匿示不貼者亦復不少，皆因此項告示一經到處張貼，則書差無所施其浮勒之技，是以從中沮撓，州縣不免爲所疑惑。經臣督飭蘇藩司嚴飭各州縣遵照舉行，並一面嚴查，如係一時疏忽先行記過，儻若有心玩愒，即分别撤參，仍恐各州縣始勤終怠，日久玩生。合無仰懇聖慈俯念此項簡明告示，係爲杜絶浮收起見，准臣通飭蘇省各廳州縣，嗣後永爲定章，庶窮鄉僻壤長戴聖仁，而猾吏姦胥無從中飽矣。是否有當，謹會同大學士兩江總督一等毅勇侯臣曾國藩恭折具奏。伏乞聖鑒。謹奏。

《大清法規大全·財政部》卷二《田賦·度支部奏整頓各省田房税契抵補洋土藥税釐摺并單》 竊維禁因實行以來，臣部請以鹽斤加價暨興辦印花税兩項抵補洋土藥税釐短絀之款，均經先後奏明在案。本年二月二十四日內閣奉上諭。洋土藥税釐關係軍餉大宗，近據度支部奏請酌加各省鹽價以爲抵補之策，當經允行。惟鹽斤加價合計不過四五百萬兩，不敷尚多，其抵補税釐一事責之度支部悉心擘畫，此時籌款誠艱，要當權其利害輕重，多方籌集迅速舉行，各省督撫如有抵補良策著奏陳備采，等因。欽此。欽遵。抄出到部。臣等伏查前項税釐爲數甚鉅，鹽斤加價一項不敷尚多，既在聖明洞鑒之中，印花税甫經舉辦，一時亦難集成鉅款，自應恪遵諭旨，多方籌集以爲抵補之計。第此際財力支絀，苦無長策，惟各省田房税契一事，現在亟須整頓，尚屬有益於國無損於民，爲籌款之一法。查例載，置買田地房屋價銀每兩納税三分，各省遵行已久，近數年來，因洋款之增加與新政之選舉，各該督撫紛紛奏請，於是買契之税有加至四分五釐者，五分者，六分六厘者。典契之税有按買税減半者、亦有與買税一律者，收數既不劃一，辦法又復紛歧。現當清理財政之時，税契一項未便任令各省自爲風氣，此其亟須整頓者也。且此項税收，究係取之多財有力之家，與貧民生計無礙，不妨酌量加多，定爲通行之税則。查湖北省於本年二月間援照四川章程從其多數，奏明買價一兩收税九分，湖南省於本年正月間奏明典當田房收税六分。經臣部核覆行知各在案。兹擬釐定税則，凡各省買契無論旗籍民籍一律徵税九分。典契一律徵税六分。其前由此項税收內支用之款，應即如數劃還各省，並准於加收項下扣提一成，以爲辦公經費。此外儘數存儲，聽候部撥專爲抵補洋土藥税釐之用。議者謂事屬加徵，恐係害多利少，殊不知力能典買產業者，必不吝此區區之費，上無典買之事，官吏即無從過問，是於輿情爲不擾，各省若實力奉行，辦理得宜，亦可積成鉅款。是於公帑爲有益。臣等再三籌畫尚屬可行，謹擬章程二十條，另繕清單，恭呈御覽。如蒙俞允，即由臣部行知各省將軍督撫都統右左翼順天府遵照。惟臣部所擬章程不過舉其綱要，仍應由各督撫察酌該省情形，轉飭所屬妥慎辦理，務期款集而民不擾。以仰副朝廷利用厚生之至意。謹奏。宣統元年五月十六日奉旨，依議。欽此。謹將酌加契税試辦章程二十條，恭呈御覽。

第一條　例載置買田房價銀每兩納税三分，近年各省紛紛奏請加增，誠以税契一項係取之有力之家，與貧民生計無礙，應通行各省即照湖北本年二月間奏定章程，買價一兩一律收税九分。此外絲毫不准多收。

第二條　典當田房應一律徵收典税，惟各省有按買税减半徵收者，有與買税一律徵收者，毫無區别，固非持平之道，太相懸殊，又開取巧之端。查湖南省於本年正月間奏定，典當田房收税六分，適得此次加收買税三分之二，應通行各省即照湖南奏定章程，典價一兩一律收税六分。此外

絲毫不准多收。

第三條　此次所定買契收税九分，典契收税六分，所有各省向徵數目即在其内。直隸買税向收正税三分，耗銀三釐，學費一分六釐五毫計共四分九釐五毫，此次再加收四分五毫合成九分之數，直隸典税向收一分六釐五毫學費八釐計共二分四釐五毫，此次再加收三分五釐五毫，合成六分之數。其餘各省以此類推。

第四條　安徽典契係照買税一律收正税六分，耗銀六釐及四釐八毫四釐五毫不等，此次典契既爲定收税六分，該省自應一律遵守。所有向收六釐、四釐八毫、四釐五毫不等耗銀應一概删除，以免歧異。

第五條　此次新章奏定後，由各省迅速舉辦。各省奉到部文，即將奏定章程刊刻刷印到處張貼，俾衆周知。限於文到兩個月内，一律實行。此後所有典買田房，即照新章納税，並由各省將開辦日期報部立案。

第六條　民間置買田房多有過户而不税契者，新章實行以後，應由地方官嚴行禁止。所有從前白契，如照新章補税，概不追究既往，以杜訟端。至稽查漏契之法，各省情形不同，應由各該地方官詳慎酌辦，不得稍涉擾累。

第七條　投税期限例定一年，惟各省現行章程有限二十日者，有限一個月者，有限兩個月者，有限六個月者雖係因地制宜而辦法終屬參差，現擬變通舊例，酌中定期。凡民間置買田房於立契之後，統限六個月内呈明納税，以歸一律。

第八條　各省現行税契章程有用官紙者，有用契尾者，有用户管及執照者，應暫准照舊。將來臣部造紙廠印刷局成立後，由臣部酌定官板契紙條款樣式，印發通行，所有各省現行契尾、户管執照以及各省官紙即一律停止行用。

第九條　契尾、户管執照、各省所收經費多寡不同，即官紙一項收費亦不一律，應暫准仍舊。將來臣部官板契紙發行，應酌中定價，頒給各省，所有各省契尾、户管執照官紙等項所收經費即一律停止徵收，其向來在契尾、户管執照、官紙所收經費項下提支款目，仍由臣部酌量撥給。

第十條　民間交納契税有完銀者，有折錢者，各省與各省不同，一省之中此處與彼處不同，應暫仍其舊，其每銀一兩折收錢若干千，並准照該省現辦章程辦理。

第十一條　民間田房凡先典後買者，准於買契税内扣還原納之典税，以免重徵。

第十二條　税契向歸州縣經徵，去年九月間川督奏設經征局，税契一項改由該局經征。近據奏稱成效大著，上年冬季税契收數已達五十萬兩，惟本年四月間臣部奏明各省局，所均須次第裁撤，則該省設立之經征分局自應統隸於藩司。至各省能否一律照辦之處，應由各督撫體察情形酌量辦理。

第十三條　各省抽收田房買税、典税多係備撥要需，其附收款目以及加收火耗經費等項亦係行政及辦公必需之款，均應在九分買税六分典税内分别撥還。如直隸買税内應撥還該省正耗、學費銀四分九釐五毫，典税内應撥還該省典税學費銀二分四釐五毫，其餘各省以此類推。

第十四條　此次加收契税除各該省額征各款不計外，每加征一分應扣提一釐，以爲經征官吏辦公之用。

第十五條　此次所收買税、典税，除撥還本省額款及扣提公費外，其餘應另款存儲，聽候部撥，不得擅行動用。

第十六條　自本章程實行之日起至本年年底止，所有買税、典税收支數目應專案造報，其買税典税並應分晰開列，以清眉目。

第十七條　各省契税長征應比照政務處奏定釐税保獎章程分别給獎以資鼓勵，仍由各該省將每年某處向征收數若干，逐一造册咨部立案，並將經征銜名年月隨案報明，不得籠統含混。

第十八條　此次新章各省均應實力奉行，如有不肖官吏借端擾民，及或侵蝕中飽，違章浮收，即由各該督撫等指名嚴參，從重究辦。

第十九條　凡此次章程所未規定者，均照各該省現行章程辦理。

第二十條　此次係試辦章程，如有未盡事宜，應由本部隨時增訂，以臻完密。

《大清法規大全·財政部》卷三《貨税·外務部議覆電話材料礙難免税並將電報物料一併征税以裨餉需摺》

外務部議覆電話材料礙難免税並將電報物料一併征税以裨餉需摺

光緒三十年六月初二日，督辦電政大臣袁世凱等奏粤省創辦德律風所用機器電料請援案免税一摺，奉硃批外務部議奏欽此。由軍機處抄交到部。查原奏内稱德律風一名電話，用電

線設機以通彼此言語，與電報相輔而行。現經粵省創辦，非減輕成本不足以廣招徠，非免納稅釐無由減輕成本，且各省電話均奏請歸電報局兼辦，電報既經免稅，電話似亦未便兩歧，懇請援照成案一律免稅，等語。臣等查電話、電報等局雖係官爲創辦，多半招集商股，而商民通用皆出電費，該局收回餘利，與他項軍裝製造各局廠專爲公家取用者不同。從前創設電局風氣未開，辦理尚無把握，不得不暫准免稅以輕成本，現在電報風行海内，分局至繁，歲收報費爲數甚鉅。至粵省創辦電話，用户既旺，收利亦多，際此庫款空虛，稅項關係重要，未便祇顧電局之盈餘，轉使公家受其虧損。該大臣等所請電話材料援案免稅之處，礙難照准。其電報局所用機器材料，嗣後亦應一併征稅，以昭畫一。謹奏。光緒三十年七月二十六日奉硃批，依議。欽此。

《大清法規大全·財政部》卷三《貨稅·外務部咨各省稅務處設立嗣後關係稅務事宜應直接辦理文光緒三十二年六月》 光緒三十二年六月初二日接准稅務大臣咨稱：本大臣等恭奉諭旨，辦理稅務。查各關稅務向來分隸貴部，現本大臣等已遵旨設立稅務處，即以六月初二日開辦之日爲始，嗣後各關事務，除牽及交涉仍由貴部核辦外，其餘關係稅務以及總稅務司申呈册報各事宜，應逕達本處核辦。相應咨呈查照轉飭遵照。等因。前來本部。查現在稅務既有專轄，嗣後所有關係稅務及各關申呈册報各事宜，自應逕達稅務處核辦，相應咨行貴督撫查照，飭遵可也。

《大清法規大全·財政部》卷三《貨稅·稅務處户部會奏議覆改定機製洋紗稅項摺》 光緒三十二年七月初二日，准軍機處鈔交署兩江總督周馥等奏：機製棉紗出口常稅擬請改照洋關稅則徵收，華洋一律辦理一摺。奉硃批，户部稅務處議奏，欽此。據原奏内稱機製棉紗出口光緒十七年總稅務司奉總理衙門劄，飭照上海機器局布辦理。查上海機器局布疋，光緒八年北洋大臣李鴻章奏定，如由滬運入内地及分運通商各口轉入内地，均在新關完一半稅，每擔稅銀七錢，概免内地沿途稅釐。今本口常關於棉紗一項，每擔祇收稅銀二錢，並不完釐，輕重殊懸，擬請飭令貨商人等凡裝沙衛火輪等船出口棉紗，無論常關洋關，均照光緒十七年定章完納。每擔七錢正稅，概免重徵。至常關出口棉紗，定章不一。小輪祇完常稅，每擔二錢，並不完捐。北路沙衛等船另完每三擔一包之產地捐一兩四錢，又每包出口捐錢六百文。通州、崇明、海門三處民船完稅外，完出口捐六百文。如改歸一律，不惟於稅課有益，於商人亦足以示大公，將來改章，出口棉紗一捐即可撤除，無論是否華廠，可決其無礙銷數等語。查機製棉紗一項，在新關須完每擔正稅七錢，在常關則僅完二錢，輕重之間所差甚巨，本年運洋棉紗前據江海關道開報，自正月起至三月底，止共有四萬八千三百餘擔之多，以每擔少徵銀五錢計之，每年虧數約近十萬餘兩，殊於稅課損失不少。且如沙衛海船及通海民船所完稅捐各數合併計算，與洋關七錢之數相去無多，而小輪一項既援内地章程在常關完稅出口，獨不照完内地之捐，辦法亦未平允。該督臣等擬請將機製棉紗出口者常稅改照洋關稅則徵收，自係爲整頓稅務起見，應即照准。嗣後無論華廠洋廠，凡機製棉紗運由常關出口者統照光緒十七年定章，每擔完納正稅七錢，概免重徵，以昭劃一。至原奏内又稱此項棉紗不完釐金者，只小輪一項，其餘沙衛大小民船仍分別完釐，以後常關稅改照新關稅則增收，所有捐局出口棉紗釐金已歸無着，似應將民船項下增收者，撥還釐局一節，係屬兼顧釐金，俾關稅釐捐兩無妨礙，亦應准如所請。如蒙俞允，即由臣等咨行該督撫臣遵照，分別辦理。謹奏。光緒三十二年　月　日奉旨，依議，欽此。

《大清法規大全·財政部》卷三《貨稅·農工商部咨復南洋機製紙貨行銷本埠仍抽落地捐其出口紙貨由廠給單投局驗放自行照章完稅文光緒三十三年六月十八日》 光緒三十三年六月初十日接准咨稱：前准部咨機器造紙公司請將購用原料暫照值百抽五完稅，以及造成紙貨運銷本埠免納落地釐捐，暨轉輸内地祇完正稅概免重徵等情一案，當經分飭各關局核議具復。茲據先後復稱該廠所請運輸出口及轉輸内地祇完正稅一道，沿途概免重征，核與成案相符，應准照辦。仍俟新約開辦之日起，概照新約納稅。又查機器各廠採購製造原料均係逢關納稅，遇卡收釐，並無值百抽五納稅一次之案，該廠不能獨異，應請無庸置議。至落地一捐，該廠每月認捐銀四十兩，應令按月清繳，遇閏照加。其報關出口之貨，由廠給發聯單准其呈驗放行，何日出紙由廠移報到局即於是日起捐等情，詳請轉咨前來。查該公司機器紙貨行銷本埠既已定數認捐，其報關出口，由該廠給發聯單報局驗放，即自行投關照章完稅，辦法尚屬妥協，似應准其試辦。至採購造紙料物，既據查明並無值百抽五之案，自應照章逢關納稅，遇卡收釐，以

免他廠藉口，相應咨部查照核辦見復，等因前來。除照會龐京卿查照辦理外，相應咨復貴督轉飭遵照可也。

《大清法規大全・財政部》卷三《貨稅・稅務處奏會議湖北機器製麻仍照機製各貨完一正稅摺》 湖廣總督陳夔龍奏：湖北機器製麻事屬創始，仍懇暫免稅釐以恤商艱一摺，光緒三十四年十二月初六日奉旨：該衙門議奏，欽此。由軍機處抄交前來。原奏内稱湖北創設機器製麻局製造已有成效，兩次奏請暫免稅釐，先後由稅務處會部覆奏，照機器製造各貨完納正稅一道，咨行到鄂，轉飭遵照。據承租製麻局職商稟稱，貨物囤積周轉維艱，仍懇暫免稅釐三年，以後銷行稍旺，定當遵例納稅等情。查京師自來水公司原屬商辦，所需一切材料，准予免稅。鄂省製麻亦係官廠商借，歲納租金，性質功用無可區分，且採購麻料業已照章完釐，製成貨品若再飭令納稅，未免跡近重征，懇准援照京師自來水公司之例，暫免稅釐三年，各等語。臣等查湖北創設機器製麻，迭經湖廣總督奏請暫免稅釐，先後經臣處會同度支部農工商部覆奏，應照機器各貨完納正稅一道，沿途概免重徵。奉旨允准欽遵。咨行轉飭遵照辦理各在案。茲該督以事屬創始，撥款招租與純然商人營業不同，請援照京師自來水公司之例，暫免稅釐三年，自係爲暢銷貨品，體恤商艱起見。惟鄂省此項製麻由官設廠租與商人承辦，所出製造即係商貨，與織布機廠無異，所採蔴料出自内地，其購運到廠即照章完釐，較諸他廠材料購諸外洋須完納進口稅者似尚輕減，至輸出貨物業已改變式樣，自應另行科稅，不得律爲重徵。機器製造貨物祇完出口正稅一道，既已比照土貨格外優待，若第以銷場疲滯之故，輒准暫免稅釐，各省機廠林立，由公家提倡興辦者亦復不少，倘紛紛援引，於稅課大有關礙。且華洋一律之説載在約章，加稅免釐將次實行，恐各國内地製造又皆引爲口實。至京師自來水公司關係衛生消防，農工商部以興創爲難，奏准暫免稅釐，其所免者不過廠池機器材料，爲一時建築之用，迥非轉輸外銷廣通貿易者可比。且業經臣處會奏聲明，嗣後無論官辦商辦均不准再請免稅，有案。更不便援以爲例，強相比附。湖北機器製麻仍應遵照臣等前奏，完納正稅，所請暫免稅釐三年之處，礙難照准。謹奏。光緒三十四年十二月二十六日奉　旨依議。欽此。

《大清法規大全・財政部》卷三《貨稅・度支部會奏覈覆科布多辦事大臣奏阿爾泰歲收哈薩克租馬數目摺》 科布多辦事大臣錫恒奏，試收哈薩克租馬已屆兩年尚無窒礙，請作爲定額一摺，光緒三十四年十二月十六日奉旨，該部知道。欽此。欽遵。由内閣抄出到部。據原奏内稱阿爾泰哈薩克性情剽悍譎詐異常，光緒三十二年八月奏請歲收租馬四百匹曾經聲明試辦，在案。兩年以來該哈目等尚知向化，如數交納。茲據行營營務處呈報，計光緒三十二、三兩年共收租馬八百匹。内除照章分撥土爾扈特親王一成馬八十匹，新設南路驛站九十匹，變賣口老疲瘦馬一百廿匹，報倒馬二百三十一匹，餘四釐外，實存租馬二百七十八匹餘六釐。其兩年變賣馬匹每匹按例價八兩共收湘平銀九百六十兩，又三十二年報倒馬匹内以三分定例核算，計逾額倒斃馬四匹，責令該管人員賠繳例價銀三十二兩，兩項共收銀九百九十二兩，内除照章動支兩年收馬員役津貼銀七百二十兩外，實存湘平銀二百七十二兩，另款存儲，等因。當經批飭將所存馬匹酌撥草場，妥爲牧放以備撥補驛站，例倒之馬，其報倒馬匹擬照搭城辦法，飭令繳驗皮張存備各屯補修農具之用，藉杜弊竇。此項租馬現已試收兩年，毫無窒礙。應懇天恩俯准作爲定額飭部立案。嗣後應否加增，隨時酌量情形奏明辦理。每年均限於八月内收齊扣至次年八月底屆滿一年，核計例倒並撥賣數目造冊報部，並照伊犁章程每年由奴才派員稽查勤惰，倒斃不逾定額者，官員議叙，兵丁記名。若疲瘦倒斃逾額者，著落賠補外，官員參處，兵丁責懲，以重馬政，等語。度支部查阿爾泰所屬哈薩克游牧賽里山陰薩普山陰及阿爾泰山一帶，每歲應收租馬前於光緒三十二年十月據科布多辦事大臣錫恒奏稱，上年額魯特領隊大臣扎拉豐阿因交割借地到阿面與哈薩克公等酌定，每年呈交租馬一匹，迨扎拉豐阿回塔後，該公等迭訴所定馬匹力難呈繳，嗣經宣布朝廷德意，委婉開示，據該公等呈稱情願每年交納租馬四百匹，應自光緒三十二年爲始，每年即以四百匹暫爲定額，俟試辦一年再行據實報部。此項租馬酌提一成賞給土爾扈特親王，其餘九成分飭業兵認真牧放以備各項需用。遵照定例，每年每百匹内報倒三分，不准逾額。查有口老殘廢者悉數變價，另款存儲。每年派收此項租馬人員共支津貼口分薪紅紙燭等項湘平銀三百六十兩，遇閏加支銀十八兩即由馬匹變價項下開銷，等語。欽奉硃批，着照所請，該衙門知道。欽此。欽遵。在案。茲據該大臣奏報光緒三十二、三兩年共收租馬八百匹，内除分撥土

爾扈特親王一成馬八十匹，新設南路驛站馬九十匹，變賣口老疲瘦馬一百二十四，報倒馬二百三十一匹四釐外，實存租馬二百七十八匹六釐。兩年變賣馬匹每匹按例價八兩共收湘平銀九百六十兩，又三十二年逾額倒馬四匹，賠繳例價銀三十二兩，兩項共收銀九百九十二兩，內除動支兩年收馬員役津貼銀七百二十兩外，產存湘平銀二百七十二兩。前項租馬變價暨逾額倒馬賠繳價值，均按每匹八兩計算核與例價相符，每年開支收馬員役津貼銀三百六十兩，亦與該大臣奏准之案符合。應准開銷。實存銀兩應令專款存儲入於下案查核。其分撥、報倒馬匹，陸軍部查分撥土爾扈特親王馬匹一節，光緒三十二年十月該大臣奏請在歲收哈薩克租馬內酌提一成，撥給土爾扈特親王。業經奉旨允准，在案。此次奏報光緒三十二、三十三兩年共收租馬八百匹分撥土爾扈特親王一成馬八十匹核與奏定應撥數目相符。又分撥南路驛站馬匹一節光緒三十三年六月該大臣奏阿新接設驛站案內稱：應設驛馬及常年倒馬，皆於試收哈薩克租馬內撥用，並准咨稱南通新疆驛站九處，每驛設馬十匹各等因，在案。此次奏報分撥新設南路驛站馬九十匹核與奏咨各案相符。又報倒馬匹一節，查道光十年奏定成案，哈薩克租馬每年每百匹內准其報銷三分，此次該大臣奏稱光緒三十二年分報倒馬一百一十二匹，按照歲收馬四百匹除撥給土爾扈特親王馬一成四十四外下餘馬三百六十四以三成計算應報倒一百八匹，今逾額四匹，據稱已責令承牧人員賠繳價銀。三十三年分報倒馬一百一十九匹餘四釐，按照三十二年舊管馬一百八匹是年新收馬四百匹除撥給土爾扈特親王，馬一成四十四又變價七十四外下餘馬三百九十八匹以三成計算報倒數目核與成案相符，以上分撥報倒兩項馬匹，均准照辦。其實存馬二百七十八匹餘六釐，應由該大臣責成承牧之員妥爲牧放，入於下案查核。至原奏所稱此項租馬試收兩年毫無窒礙，懇恩俯准作爲定額一節，度支部查欽定新疆識略內載哈薩克附近伊犁塔爾巴哈台一帶游牧者，每遇冬季邊外雪大，許其附近卡倫牧放牲畜，暫爲度冬，每馬百匹倒收租馬一匹，等語。此次阿爾泰所屬哈薩克應交租馬初議歲收一千匹，並據該大臣奏明，各鄂拓克內馬群數目按照每馬百匹抽收租馬一匹，章程定以千匹原不爲多，等因。是該處徵收租馬，本不限於現收四百匹之數，惟念該哈薩克綏輯方新，宜加撫恤，擬請准如所奏，即以歲收四百匹爲額，仍令該大臣隨時體察情形，如果該哈薩克游牧水草生計較饒，再行酌量加增，奏明辦理，總期於整頓租項之中，不失體恤哈族之意，以廣皇仁而綏邊圉。再此摺係度支部主稿，會同陸軍部辦理，合併陳明，謹奏。宣統元年閏二月十四日奉旨，知道了。欽此。

《大清法規大全·財政部》卷三《貨稅·崇文門監督奏釐定稅則懇請立案摺》 竊奴才等仰承恩命，督理崇文門稅務，業將接辦日期奏報在案。三月以來，督率委員認真稽征，既不敢過事苛求，亦不敢故爲寬大，雖比較畧有增益，而細加體察，有尚宜酌量變通者，溯自光緒二十七年崇文門稅則刪改重訂，迄今已逾七載，貨或昔無而今有，物乃日異而月新。蓋物有貴賤，視乎供求，稅之重輕，定於估值。奴才衙門所定商稅則例不過十取其一。而日久奉行，不免互有軒輊。如皮貨藥材有較之往日價增倍蓰而徵稅仍如常者，洋貨昂貴者多難免影射報賤之弊，從前運自洋商值百抽三，運自華商值百抽五，彼時分別辦理其中具有權衡，惟商人較及錙銖，恒有假牌包運，因是而稅項反絀者。又如日食青菜等物，多係窮民負販藉以營生，而向章亦復收稅，雖云積少成多，究屬征及瑣細。奴才等再四思維，凡此種種情形，均須亟爲變計。現將華商之稅改爲值百抽三，以及日食青菜等稅一律豁免，用示體恤。如華商仍有假牌包運等情弊，則必從嚴罰懲。其餘貨稅有應照舊則增加者，當飭傳集行商與之反復審論，酌中釐定，俾其踴躍輸將，總期有益國課而仍不拂商情，從此稅務或可日有起色。此後如再有應行增改之處，仍當察酌情形，奏明辦理。奴才等忝司榷政，苟使稅課稍裕，決不敢存畏難見好之心，謹奏。光緒三十四年十一月二十四日奉 旨：度支部知道，欽此。

《大清法規大全·財政部》卷三《貨稅·郵傳部附奏各處煤稅重疊阻礙運輸請飭沿鐵路各督撫切實裁減片》 再開礦成本以釐稅運價及出井各項費用爲大宗，欲圖礦產暢銷應設法減輕各費，鐵路減收運價。臣部已於本日議覆山西撫臣寶棻御史徐定超請減費摺內詳晰奏陳。至稅釐重疊阻礙運輸實較之減價加增爲害尤甚。此次徐定超原奏，即以煤斤釐稅過重爲言，內稱有出井稅、有學堂捐，又有沿途稅關剥削滋多等語。查山西巡撫寶棻奏請免出井出口煤稅一摺欽奉硃批，著照所請，該部知道，欽此。皇恩廣大，薄海同欽。夫鐵路行車有費，修養有費，拔本還息有費，

尚不惜切實議減，而各處税釐重疊阻礙運輸。上年十一月據山西巡撫電稱，將外運之出井税併入出境捐並收，照章出井出境捐税每車應抽錢三千六百文，因減收三千文，等語。此次奏請免出井口煤税未知是否指此三千文而言，又晋煤由晋運津獲鹿縣，每車收捐銀元四元，直豫貨捐天津關税釐金每車可收銀元九元，又本年二月直隸新增琉璃河貨捐局，西山硬煤因此停運數日。捐税愈繁，於振興煤礦之本意愈形鑿枘。應請敕下沿路各督撫分别切實裁減，以維商務，實與路礦均有裨益。謹奏。宣統元年三月二十九日奉旨，着依議。欽此。

《大清法規大全·財政部》卷三《貨税·税務大臣奏官運物料擬請一律征税摺》 竊照總理各國事務衙門定章，凡官設局廠所用各機器，自光緒九年起均不准免税，其所用物料於進口時由經理之官商在未起下之先，親赴監督衙門開單呈驗，由監督給起貨專照，持赴税務司處挨給起貨准單，方准免税，至結底各該關税務司按專照所載貨色估價免税具報總税務司等語，歷經遵辦在案。惟查近年來各省免税之案紛至沓來，無論夾帶影射等弊在所難免，即使事事覈實而以各省分計之於每物應納之税亦屬無多，以家口統計之，則於每年應收之税爲數實屬不少。查從前各海關免税銀數，據總税務司摺報，每年不過五六十萬兩，三十年分則已增至一百餘萬兩，自三十一年二月二十七日一百七十九結起至本年三月初七日一百八十二結止，一年中計共免税銀二百四十餘萬兩之多，似此歲益加增漫無限制，殊於税務大有關礙。本年六月間兩廣總督以商辦粤漢鐵路物料及學堂儀器材料先後電詢應否免税，均經臣處復令照常征税在案，因思官物一項本係由官款購置，如以公家之物納公家之税，在承辦者不過於購物價内多一開支之項，於官款並無出入。而臣處於應收之税得以逐件稽征，既可免夾帶影射之虞，且足收積少成多之效。相應奏明請旨。嗣後除京漢正太汴洛道清東三省龍州滇越滬寧等處鐵路所運材料機器等項，已與各國訂立合同，載明免税。又關内外暨膠濟兩路雖未載入合同，亦經援案請免有案。均係事關交涉，仍照舊辦理外，此外官用各物料凡係來自外洋者，於進口及運入内地擬請統照商民貨物一律征税，以昭劃一，而免流弊。如蒙俞允，即由臣處通飭各省新關，自一百八十六結起，一體欽遵辦理。其新關附設之常關及内地常關，並官運土貨及自行製造各物由此口往彼口，應否免税，再由臣等會同户部查明，另行分别覈辦，謹奏。光緒三十二年九月二十日奉依議。欽此。

《大清法規大全·財政部》卷三《貨税·商部奏煤礦收税歧異應請遵照部章以符奏案摺》 竊自中外互市以來，工商各業尚待振興，全恃天然富有之礦産以資補救，向以商情不固，運道不通，税釐苛擾，致令華商所辦之礦，僅有開平、萍鄉兩處，差堪抵制，現開平尚與英商涉訟未結，萍鄉亦貲本未充。煤炭爲輪船鐵路所必需，正待竭力擴充，以免利權外溢。臣部於光緒三十年二月奏定礦務章程，第三十四條内開礦産出井視品類之貴賤，以别税則之重輕。第三十五條内開礦産出口關税，仍照税關章程徵收，納此税後其内地釐卡概不重徵。等語。原係於國家抽收經費之中，仍寓體恤華商之意，業經通行各省遵照在案。近來風氣日開，各商請辦煤炭等礦較前漸多，雖商力棉薄尚未造端宏大，而觀瞻所繫，如果辦有成效，羣情鼓舞自在意中。惟各省所收釐税，未盡遵照定章，往往於出井、出口兩項外，藉詞加徵。即如山東嶧縣之華德中興煤礦公司，自光緒二十四年歸鹽運司張蓮芬接辦之後，每煤一噸在山東淮關兩處統共納税釐銀二錢七分，此係在臣部未設以前遵照路礦總局章程，參以開平煤礦成案辦理，核其數目已較臣部定章每噸溢收銀二分，而江省督撫復據寧蘇滬各釐局議詳擬徵落地釐金每噸一錢。臣部近接山東巡撫咨稱據張蓮芬稟，各處釐金分局聲稱，現奉總局飭收嶧煤落地捐項，紛紛饒舌，嶧煤消數因之大減。又山西陽曲縣之王封山磺礦，本年七月經臣部批准，由湖南試用道劉篤敬開辦，一切按照部章辦理。而晋撫以該道原定章程有出礦之後每觔完納釐錢六文之語，不得瀆請邀免當經臣部駁令仍照礦章於完納出井出口税後概不重徵，以歸劃一。而晋撫來咨，仍以晋省無常洋各關，此項磺觔並不經由關口，毫無關税可收，自無重疊徵收之慮，且磺較煤鐵，獲利倍饒。礦産免釐，應請俟之商約加税免釐通行以後爲詞。不知臣部奏定礦章，原有抽納出井税之條，礦産一經出井，即須納税，本省不慮無税可收，内地行省未設常洋各關者甚多，若皆引此爲詞，則部章幾同虛設。中國地大物博，磅礴鬱積至今日，而將大洩其菁華，目前風氣初開，正宜因勢利導，抽收釐税豈容歧異，明知各省庫藏支絀，各疆臣注兹挹彼，亦有不得已之苦衷，而奏定章程自宜一律遵守，且查長江一帶向銷英日煤焦，山東則多用

德煤。洋煤之税既輕，華商之力又薄，相形之下，不足抵制。爲叢驅雀，尤可隱憂。相應請旨飭下各省將軍督撫一體遵照。無論所屬礦地稟請開辦，在臣部定章先後，不得於奏定章程完納出井出口税外，別有徵收，以恤商艱而昭定制。謹奏。光緒三十一年十一月二十一日奉旨，依議。欽此。

《大清法規大全・財政部》卷三《貨税・户部奏續陳整頓關税事宜片》 再查例載各關監督完繳關税賠項均令依限完繳，概不准呈請扣俸，限滿不完即著革職監追，等語。定例本屬綦嚴，嗣經臣部奏定章程，賠繳關税各員繳至七成以上，下餘三成准其以俸廉作抵。又光緒六年臣部於籌餉捐内奏准，賠繳關税各員如於限内繳至七成，下餘三成銀兩由臣部奏請恩施寬免。又光緒十二年據奉宸苑奏請天壇齋宫殿宇等工援照光緒九年成案，由各欠員按照交一免三章程，繳款興修，歷經遵辦在案。今因練兵籌餉需款甚鉅，擬請於此次奏奉諭旨之日起，以後完繳關税賠項，仍歸臣部兑收，遵照例定限期以十成實銀繳庫，如逾限不完，即行照例辦理。惟税員完繳賠項既令呈繳實銀，其逾限未完，處分自應量爲變通以示體恤。臣等公同商酌，擬請將各關監督關道完繳關税賠項，仍令遵照例定限期完繳，如限滿不完或完不足數，即由臣部查明，先行奏參革職。再予展限一年，限内完清，開復原官。如仍不完繳著即監追。如此變通辦理，與原例並無牴牾，惟於革職之後略展限期。各該員自顧考成，自不敢仍前玩泄，是則緩其時日，並未寬其罪名，但使法在必行，當可上裨餉需，下清税弊。如蒙俞允，即著爲定例，永遠遵行。所有從前交七免三以及奉宸苑交一免三章程，一概不准援引。謹奏。光緒三十年二月初三日奉旨，依議。欽此。

《大清法規大全・財政部》卷三《貨税・外務部議覆減輕茶税摺》 據辦理商約大臣工部尚書吕海寰、工部左侍郎盛宣懷奏，茶税過重，銷數日少，籲懇減輕以紓商困一摺，於光緒二十八年三月十七日奉硃批，該部妥速議奏，欽此。欽遵。由軍機處抄交到部。查原奏内稱：自中外互市以來，中國銀錢流入外洋不少，惟賴出口土貨藉補漏巵，土貨之中向推絲茶爲大宗，外洋向不諳種茶之法，彼時茶值甚昂，計算每擔可售五六十兩至七八十兩不等，是以每擔抽税二兩五錢，按值百抽五之例，原屬相符。迨印度、錫蘭、日本産茶以後，華茶銷路逐年遞減，并探聞印度茶葉由雲南侵入内地者不下一萬餘擔，若緬甸鐵路一成，來源既易，非但中國出口茶葉漸少，恐中國銷用洋茶轉暢，惟有減税輕本，免絶生機。接准英使馬凱開送商約大綱二十四款内第九款，即以輕茶税爲請，并據商董梁榮翰等呈稱，早年茶價甚貴，每擔完出口税銀二兩五錢，商爲尚可支持，近年銷滯價跌，每擔售洋不過四五十兩，其次低茶售不及二十兩外，懇准體恤商艱。當經飭令隨辦商約之税務司裴式楷等查明洋茶日盛，華茶日減情形，亟應設法補救，已經具復。臣等再四籌維國計民生均關重要，當茲時局艱難，賠款無出，尚何敢輕言減税。祇以自擊茶銷壅滯，商力困疲，若再不亟圖維持，微獨華茶不能行銷於外洋，轉恐洋茶得以充斥於中土，與其將來税釐全失計，莫如暫爲減税輕本，使銷路漸旺，數年之内出口茶必加多，其税自可相抵。籲懇聖鑒，飭下部臣轉飭總税務司，即將出口茶税改爲按照時價值百抽五，庶幾商困得以稍紓，商情必形鼓舞。目前暫少茶税，容臣等與税務司設法於別項出口税貨酌量加增，藉以抵補。並請飭下湖北、湖南、江西、安徽、浙江、福建産茶各省於茶葉一項減税之後，不可再行加釐，俾免滯銷而維大局等情。臣等查茶葉一項爲中國土貨出口大宗，從前外洋概不産茶，非向中國購食不可，茶商按則完税奉行已久。近來印度錫蘭日本以次産茶，洋茶漸多，華茶銷滯，既今昔之殊形，遂價值之頓減，此中盈虚消長當不僅關乎税釐。試以茶值昔昂而論，每擔售銀五六十兩至七八十兩不等，價在五六十兩者每擔納税二兩五錢適符值百抽五之例，如價在七八十兩者衡以值百抽五之例，每擔應不止納税二兩五錢，而所徵税數仍未加增，是體恤茶商之意已可概見。今查該大臣原奏，其中大概謂茶税一項按照海關税則每百觔完税二兩五錢，從前茶值甚高，每擔約售銀七八十兩，近來茶值遞減，每擔售價不過四五十兩，其次抵茶售不及二十兩外，而完税仍然照舊，且從前銷路甚廣，每年出口不下百餘萬担，近則逐年遞減，每年出口僅有數十萬擔，參觀互證無不僉同。當此時局艱難，賠款無出，更何敢輕言減税。祇以目擊茶銷壅滯，商力疲困，若再不亟圖維持，微獨華茶不能行銷於外洋，轉恐洋茶得以充斥於中土，與其將來税釐全失計，莫如暫爲減税，使成本稍輕，銷場漸旺，數年之内出口茶必加多，其税自可抵減征之數，懇將出口茶税改爲按照時價值百抽

五，目前暫少茶稅，容臣等與稅務司設法於別項出口貨稅酌量加增，藉以抵補。是該大臣等爲體恤茶商，減稅輕本，俾銷路漸暢並另籌補稅課起見。臣等公同商酌擬請照該大臣等所奏，將出口茶稅改爲按照時價值百抽五以紓商困而維茶務。如蒙俞允，俟命下之日，即由臣部劄行總稅務司遵照辦理，並分咨湖北、湖南、江西、安徽、浙江、福建產茶各省，於茶稅議減之後，不可再行加釐。第該大臣等既知賠款無出，籌償維艱，於目前短少茶稅若干亟應核明數目，報部。應如何籌補抵制之法，現值改修商約，自當悉心妥籌，毋徒託諸空言，庶於國計民生兩有裨益。抑臣等更有請者，近來茶市減色，或由於焙製之未精，或由於攙和之射利，致被洋商挑剔，抑價滯銷，種種弊端在所不免。今既體恤商情，茶稅已從輕減，擬由臣等咨行產茶各省，分飭各該地方官加意整頓，務使該商等講求焙製之法，嚴除攙和諸弊，則成本既輕，貨色又高，庶茶務自然暢旺，稅項日見豐盈矣。謹奏。光緒二十八年三月三十日奉旨：依議。欽此。

《大清法規大全・財政部》卷三《貨稅・外務部咨南北洋運銷首飾完稅專章轉飭各關照辦文附專章光緒二十九年**》** 光緒二十九年三月二十七日據總稅務司申稱查條約訂明洋商將不合銷售之貨復運出口，如經查明實係原包貨並未拆動抽換，准將原納之稅發給存票，歷辦有年，大宗貨物照此辦理，與商情並無窒礙。惟雜貨包件勢須通融辦理，俾免煩瑣，亦與稅課無損。其雜貨内有首飾一類係屬貴重之物，且每包内式樣甚多，均係按件零售，不得不定立專章，各口一體照辦，等因。並附擬專章前來本部。查該總稅務司所擬首飾一類專章，係爲便商起見，亦於稅課無損，自可照准。除札復外，相應將所擬專章鈔咨貴大臣查照，轉飭各關道一律照辦，可也。

附運銷首飾專章

一、運首飾進口者或用各國郵政信封包裹，或用別法運進，總應於開單呈請海關查驗時，將件數逐一載明以便詳驗。單内應將每件值價若干詳爲叙明，以便將每件應稅若干於單上按件添注，存案。

一、凡復運出口時，該商亦應將運出之件詳細開列清單呈關候驗，並將原報進口日期重爲登注以便查考，俟查明相符，即將復出口之某件原納之稅發給存票，其復出口之件數日期於原報單上注明，銷票。

《大清法規大全・財政部》卷三《貨稅・外務部咨南洋嗣後官廠製造商船料物一律完稅文光緒二十九年閏五月十二日**》** 光緒二十九年閏五月初六日，據總稅務司申稱，據閩海關稅務司杜德維呈稱：福建船廠向來造船物料均免納稅，現廠新製一作爲貿易之船刻已下水，挂用中國旗號，聞係該廠某執事之業，可否按照該船物料估價飭其照納稅項，呈請核示前來。當經復以此次所造之船不日出口，暫勿庸令其納稅，惟不以此次免納作爲日後之例，等因，去訖。查免稅各項章程不嚴行查辦，即易開舞弊之門。若官廠另造商船，無論係何人物產亦一律免稅，恐各處船廠紛請援照，似應另行訂明：官廠運進物料除邪造兵船之外，若係製造商船之用，照章納稅。若未報有製造商船之料在先，倘有已造成出廠者，應按該船估價納稅，俾昭妥協而保稅課，等語，前來。查船廠製造官用兵船所需物料向准免稅。至該廠代造之船與官物不同，自應分別辦理。總稅務司擬訂明，嗣後官廠代造之船，其物料照章納稅，如運進時未經報明在先，即俟造成出廠之日，按該船估價納稅，所擬辦法尚屬周妥，可准照行。除劄復總稅務司外，相應咨行貴大臣查照備案。可也。

《大清法規大全・財政部》卷三《貨稅・外務部咨南北洋牛類出口應按照值百抽五徵稅文光緒二十九年**》** 光緒二十九年八月初六日准總稅務司申稱，牛類出口一事：六畜中之豬類爲瓊州出口大宗，向係徵稅之物，而由廣州運赴香港之牛類，則向不徵稅，近來有數口運牛出口之事日漸增多，頃據津海關稅務司德璀琳詳稱，現有牛類由秦王島出口運赴旅順，業與津海關道商酌，飭按值百抽五徵稅，請轉行各口一律照辦，以免兩歧，等語。查新約第六款之用意，係因此次賠款須加徵稅項以備抵償，是以將舊約所載免稅之物，並向來免稅各物一律照徵。近日牛類出口既如此加多，似應即照津關徵稅，俾無歧異而符新約第六款之本旨。請鑒核施行，等因。本部查總稅務司所稱係照新約辦理，自應照准。除劄復外，相應咨行貴大臣查照，轉飭各關一體遵辦，可也。

《大清法規大全・財政部》卷三《貨稅・郵傳部奏電料稅項請在進口時完納一次概免重征摺》 查中國電報創設伊始，原爲各國公司侵軼，攘我利權，暫招商股承辦以爲抵制，當日電報物料概免稅釐，官爲保護提倡而期其發達。開辦以來迄今二十餘年，線桿所布縱橫數萬里，六通四闢，

不獨挽回利權隱杜各國之覬覦，即文報迅速於國事軍事尤多裨益，而商家亦收保護免税之利，歷年既久，官商均便。逮光緒三十一年七月粵關有照商章收税之事，經前督辦大臣升任直隸總督臣袁世凱一再奏請免税，以恤商艱。奉旨允行。旋於光緒三十二年九月經税務大臣奏請所有電報材料一律征税。奉旨依議。欽此。欽遵在案。竊維東西各國凡電報材料均免税釐，特外國電報皆爲官有，與中國招商入股者少有區别，既經税務大臣奏准一律征税，自應遵照辦理。惟電報各局二百餘處，分布二十二行省，其間修理機件需用材料，半皆零星之物，若沿途稽留逢關完税，納款甚少，窒礙滋多，於邊遠省分尤形不便，殊非慎重交通之道。臣等公同商酌，擬請所有電報物料統於進口之時完納一次正税，其餘經過各關概不重征。如此則税項既屬無虧，而商股亦受其利，於電政前途獲益非淺。如蒙俞允，應由臣部轉行各衙門遵照辦理。謹奏。光緒三十三年十二月初八日奉旨依議。欽此。

《大清法規大全・財政部》卷三《貨税・税務大臣咨南洋官運詳貨經過天津鈔關倘在海關祇完進口正税者就近補收子口半税文光緒三十四年二月初一日**》**　准北洋大臣咨稱，據津海關道詳稱光緒三十三年十二月初六日准鈔關副税務司費妥瑪函稱，案查十一月十四日准升任關道梁函開現奉税務大臣札開本大臣等奏，官運物料一律分别征税一摺，光緒三十二年九月二十日具奏，本日奉旨，依議。欽此。欽遵。由軍機處抄交前來，相應恭録諭旨，刷印原奏，札行津海關監督遵照辦理，可也。附原奏等因奉此。相應抄單函致即希查照，等因。查原奏内云，此後官運各物料凡係來自外洋者於進口及運入内地，統照商民貨物一律征税。又云其新關附設之常關及内地常關應否免税，查明另行分别核辦兩語，參觀則及入内地一語，似未甚明晰，故遇有官運洋貨入内地者，本關辦理不免疑難，究竟官運洋貨運入内地，鈔關應否征税，已在新關照納正税，鈔關應否查驗放行，本關礙難懸揣，相應函致查照核議見復，以憑照辦，等因。職道查税務大臣奏定官用物料應一律征税一摺，原奏内開新關附設之常關及内地常關應否免税，應俟查明另行分别覈辦等語，是關運洋貨鈔關應否免税，現尚未奉明文。如由口岸運入内地之官物常税暫可不征，而子税必須照納。蓋原奏内明言進口及運入内地皆須完税也。職道悉心酌核，職關奉泒官物税銀三十萬兩爲數甚鉅。若不查照原奏認真稽征，何以支挹注而供支應。擬請嗣後官用物料運入内地經過鈔關時，應即分别查驗。如已在新關完過進口正税及子口半税者，鈔關即予放行，倘祇完正税未完子税照官物除有專案免税者不計外，其餘均即照洋貨入内地章程飭令就近補完子口半税，以重税務而符奏案。除函復鈔關費副税司辦理外，理合詳請查核咨請度支部税務處轉咨各衙門查照等情，到本署大臣，據此咨行查照等因前來。查本處前奏官運物料凡係來自外洋者於進口及運入内地均照商民貨物一律征税，係指海關辦法而言，至各省常關章程尚未分别核定，仍應照前辦理。惟查天津鈔關向有代征子口半税辦法，其所有官用物料運入内地，既在海關完過進口正税及子口半税者，經過鈔關時例即放行。倘祇完納正税並未完過子口税者，除有專案奏准免税各件不計外，其餘均應就近補收子口半税，如未完子口税沿途應納税釐，以昭公允。除分行外，相應咨行貴大臣查照，可也。

《大清法規大全・財政部》卷三《貨税・外務部通札各關單照收費分成存解文》　前准北洋大臣咨以津海關道詳擬洋商所領三聯單、子口單兩項，每張收費銀一兩，及華商運米運銀暨官員人等來往各埠口岸所領護照，每張收費銀三兩，開列章程經本部核准通行各關一律照辦在案。所有此項單照費銀，除准由各關截留二成充關署專辦此項經費之用外，其餘八成應以四成解交本部，以四成解交户部。自接到此文之日起，作爲專款存儲，不得絲毫權行挪借。即由各關按結造具清册，分别報解，毋得拖延。相應劄行江海關監督遵照辦理可也。

《大清法規大全・財政部》卷四《免税・農工商部郵傳部奏請商辦鐵路材料暫行免税摺》　竊臣等於光緒三十三年正月間接據江蘇、浙江、福建、江西、安徽等五省鐵路公司呈稱：近閱邸抄税務大臣奏官運物料一律分别征税一事，原奏内開嗣後除京漢、正太、汴洛、道清、東三省龍州、滇越、滬寧等處鐵路材料機器等項已與各國訂立合同，載明免税，又關内外暨膠濟兩路雖未載入合同，亦經援案請免，均係事關交涉仍舊辦理外，此外官用各物件凡係來自外洋者於進口及運入内地，擬請統照商民貨物一律征税，等因。本公司等查閱原奏凡洋商承辦鐵路材料之税，概予蠲免，未言及華商自辦之路。夫借款與自辦路本中外不同，而爲中國之鐵路

則同。各省勉力經營，亦係鑒於前車，爲中國保自有之權利。今洋商業經免税而華商自辦之路轉未得與洋商同享優待之益，將見子來之效阻於經始，旁趨之勢萃於淵叢，似與中國商務前途重有關係。可否將各省自辦鐵路材料奏請暫行一律免税，等語。臣等正在咨商核辦。復准税務大臣咨以京漢、正太等路所還材料機器訂明免税，因係官辦非商辦可比，並非以事關交涉，特示優異，致有華商洋商之分，所以如廣澳漢汕等路亦與外國訂閲合同，因屬商辦即載明納税。上年兩廣總督以粤漢鐵路應否免税電商，當以係屬商辦應一律征税，辦法未便兩歧。所有江蘇等省鐵路公司擬請免税之處，礙難置議，等因。咨行查照前來。臣等竊維鐵路爲國家要政，决無優待外人，苛待國民之理。兹准税務大臣復稱該商等前稟不無誤會，顧華洋既無畛域，固足示中外一體之公，而官商強爲區分，似亦非上下相維之義。伏查各國路政大半操之國家，果使國力充裕，則舉五省之路悉歸之官，誰曰不宜。無如五省路線縱横殆將數千里，五省路工浩大，動輒數千萬，一省建築稍後，則外人因而生心。五省同時並興，則財力又將不繼，是商人不恤投其血汗之資本以經營鐵路，正所以助國力之不足，而杜外患於將來，推其公忠愛國之熱忱，方獎勵提倡之不暇，乃以其事非官辦，遽責以苛細之税，何以作其氣而服其心。况近年以來財政困於上，物力亦絀於下，五省鐵路任股非其財力有餘利而趨之也，實以義務所在，勉力效其涓埃之益，以幾幸於要政之成。該五省紳商之心力亦云瘁矣，而始有此路股之萌芽，若因而摧之，則勉於義迫於情者，率藉辭以去耳。各國之便商也，於尋常營業猶不惜出國帑以補助之，五省鐵路爲國家命脈所關，無力補助又從而取盈焉，揆諸政策毋乃不可。查近年官物免税本屬無幾，而路工材料所以邀免者，誠以其籌款之難，而成工之不易也。夫以借外人之債，繼之以官力，即不免税，其財力亦必較優於商人。商人於此苟請予特别之利益，臣等以爲猶將許之，况又援例以請於後乎，官力不足而謂商人有餘。殊非事理之平。在税務大臣以五省鐵路所需材料爲數較多，方今財政艱難籌款不易，倘一律免税，於收項不無减色。臣等受恩深重，具有天良，何肯爲此損上益下之舉，抑思五省鐵路必剋期舉辦始有轉運材料之時，亦始有照則收税之日，倘各省以不能免税之故，自生疑阻，集股開辦迄用無成，是税收亦終屬虚懸，而路政則隱貽實害。欲求兼顧轉致兩傷，反復推求未見其可，且各省土貨藉路而通，路成則貨出，貨出則税入，鐵路材料之税亦衹有此數耳。若土貨則源源而來，有什伯千萬於路工之材料者，今爲税務計而不爲路工計，是欲期税之入而轉禁貨之出也。至於潮汕係今日已成之路，廣澳係與葡合辦之工，情事各殊，未可倫比。粤漢前於美商立約尚有免税之條，今幸三省官紳贖回自辦，乃並不獲享美商同等之利益，恐亦非朝廷所以子惠商民之至意。總之，税項爲國帑之要需，鐵路爲富強之基礎，不權衡利害之輕重，無以定彼此之是非。臣等往復籌商意見相同，所有該五省鐵路公司請免材料税一節，擬懇天恩准其與官辦之路一體暫行免税。粤漢鐵路雖未據該商呈請前來，事同一律，亦擬懇恩豁免以維路政而恤商艱。如蒙俞允，即由臣傳知各該公司，欽遵辦理。謹奏。

光緒三十三年三月十八日奉旨，依議。欽此。

《大清法規大全・財政部》卷四《免税・外務部咨南北洋各國外部寄各領事署官用等物擬准免税辦法文光緒三十年附録通行各公使照會》

光緒三十年六月初四日准德穆使函稱：各口本國各領事署公用物件免税一事。兹將所擬辦法開列如下：每逢駐中國某口本國領事署准本國外部文開發去箱子一隻，裝載該領事署辦公所用紙張、信封、鉛筆、鋼筆頭、火漆、縫文書針線、打字機器、國旗等類，則該領事署立即轉知某海關，並附送外部發來文書，原文内書物件如數詳細開明。如另有提貨單亦一併送往，並將箱上如何字記號數逐件開清，海關始允免進口税放行。如此辦法最爲簡易，請轉飭各海關照辦，等因。查本部上年因駐京各國大臣以優待領事爲請，特通融准各領事初到任隨帶自用器具免税，既於照復各國大臣文内聲明，仍照向章免徵各國外部特寄領事署内官用紙筆等項之税，等語在案。此次德使因此事再三請本部通飭各海關照辦，免得每寄到物件一次，知照一次，以省往返筆墨之煩。既准函稱前因所擬辦法尚屬詳明，自應允如所請。嗣後各國外部有特寄各口該國領事署官用紙筆等項，如該領事知照海關並附送該外部發來文書，或另有提貨單亦一併送到該關，查驗物件記號果係相符，即可免税放行，仍將免税數目按結彙造清册送部查核。相應抄録上年通行各使照會咨行貴大臣查照，轉飭各海關監督遵照辦理。可也

附通行各公使照會

光緒二十九年九月十三日接准聯銜照稱：查從前外國駐華領事自用物件進口時一概免税，現在海關以爲此等物件亦應完納進口税，是以聯銜各大臣議舉中國政府以優待之情，准外國駐華領事蒞任時所帶器具概行免税，其在任所自用物件按海關以後所定限制免税等因。本部查前年京中會議新約時，各國條約善後章程均有其貨免税之專條，條内並載明應免各物之名目，各口海關見此等物，無論官商教士報運均即憑物免税，並無特免領事官之事，更無領事官免税之條。新約議定即將從前免税各貨之條作廢，各關即憑此新約見有從前免税之物均即憑物徵税，亦不分别官商教士所運。仍無特免領事之專條，更無改徵領事之辦法，乃係憑約按貨稽徵，足見無一概免税之規也。惟各國大臣既以優待領事爲請，現本部定一通融辦法。凡領事官除照向章免徵該國外部特寄署内官用紙筆等項之税外，初到任進口時，倘駐京大臣於知照本部之文内另請免徵並開具請免器具之清單，則可特准該領事初到任隨帶自用器具免税，此外各物並嗣後續運之物暨署内隨帶人員之物，均不在此准免之例。此係優待之辦法，並非添改約章。合併聲明，相應照復貴大臣查照，仍希見復以便行知各關遵照，可也。

《大清法規大全・財政部》卷四《免税・農工商部奏工藝局購運物料照章分别免税片》 再臣部工藝局製造各種物品，所需材料大都運自各處，所經關卡向免完納税釐。上年税務處奏明官運物産分别徵税。原摺内稱官用各物料凡係來自外洋者，於進口及運入内地一律徵税。通飭各省新關一體遵辦。其附設之常關及内地常關並官運土貨由此口往彼口，應否免税，會同户部查明另行分别核辦，等語。是原奏所稱官運物料應行完税者，僅指洋貨經過新關一項而言。臣部工藝局造成各種貨品，原期推廣行銷，藉資提倡，必須減輕成本，始易周轉維持。以後該局應用物料，除係來自外洋經過新關一律照章完税外，其土貨經過新關以及洋貨土化經過常關釐卡並京師崇文門税局，應請概免徵收釐税。由臣部填發護照，查驗放行以符新章而資稽核。謹奏。光緒三十三年十月十一日奉旨，依議。欽此。

《大清法規大全・財政部》卷四《免税・外務部咨南北洋華商麵粉暫免税釐機製各貨不得援例文光緒三十一年二月》 光緒三十一年正月二十五日准商部咨稱：前准咨覆許鼎霖等稟辦海豐麪粉公司應援案完納值百抽五正税一道，概免重征，所請暫免税釐，核之歷辦成案，未便兩歧，等語。當經批飭該公司遵照，去後。兹據呈稱完納值百抽五廠税，商力實有未逮。通州大興麪廠准免税釐五年，兩江督署有案。上海阜豐、華興、裕豐、增裕各廠輪船運麪出口進口均不完税，各海關税務司亦有案可查，仍請援照成案暫免税釐五年，俟裁釐後，議定麥釐相等廠税，與各麪廠一體遵照，等情。查洋麪進口向准免税，而華麪出廠獨完值百抽五之税，成本過重，已難抵制。通州大興公司既准免五年，上海阜豐等廠運麪進出口均准免税，海豐廠獨令完納，相形見絀，實爲向隅。所有該商等續請暫免税釐一節，應否准如所請，希即酌核迅覆等因前來本部。查機器製造貨物出廠時完納值百抽五之税，歷經辦有成案，前因該公司既係用機器製麪，自應照案辦理，故未准免。惟洋麪照約免税，相形見絀，華商未免向隅，亦屬實在情形。本部詳加體察，所有華商機器麪粉應一概准其暫免税釐以示平允。俟中英商約第八款所載出廠税施行時，再定劃一辦法。此外機器製造各貨不得援此爲例。相應咨行貴大臣查照，轉飭各關遵照辦理。可也。

《大清法規大全・財政部》卷四《免税・税務大臣奏查明免税各案會議覆陳摺》 光緒三十四年六月初二日税務處會同度支部、陸軍部奏鐵路等公司免税擬略示限制一摺，奉旨：鐵路免税日多，自應略示限制。但此項免税或在合同或業經奏准，亦須分别詳擬，著該處會同外務部、度支部、郵傳部詳細查明妥議，具奏。欽此。欽遵。由軍機處片交前來，跪聆之下，仰見聖慮周詳，莫名欽感。當由臣等公同查核。竊查從前鐵路免税各案，如京漢、正太、汴洛、道清、東三省、龍州、滇越、滬寧等處係與各國訂立合同載明免税，又關内外暨膠濟兩路雖未載入合同，亦經援案請免，業經税務處於光緒三十二年九月間奏請官物徵税摺内，以事關交涉，請仍照舊辦理在案。此次税務處奏請略示限制，摺内所列各案均係官物徵税以後續請暫行免税之案並未訂立免税合同，亦無交涉事件，辦理實無窒礙。且查續請免税各案均係奏明暫免，並非永遠免税，内如潮汕鐵路先係遵章完税，後乃援案請免，揚子江製造鐵路材料公司據原呈請限五年，經農工商部奏請一律暫免，在各該公司亦知税課關係正供特以開辦之初不能不減輕成本，以資提倡。此次税務處會同度支部陸軍部奏請略示限制，實

因免税之案過多，於顧全路政之中略寓維持税務之意，其嚴防夾帶影射諸弊，亦係欽遵上年五月二十七日諭旨辦理。臣等公同查核合同免税及有關交涉各案，業經税務處奏明照舊辦理，在前。此次原奏所列各案略示限制，尚無妨礙，應請仍照税務處度支部陸軍部原奏所請，所有江蘇等五省鐵路、粤漢鐵路、京張鐵路楊子公司、粤湘川鄂四省鐵路機器廠、新寧鐵路、川省川漢鐵路材料、黑龍江鐵路、潮汕鐵路、江寧汽車公司、粤漢川漢鄂境鐵路材料、京師自來水、呢革公司等，請自各該案奏准之日起，予限三年，暫准免税，俟限滿再行稽徵。嗣後添設鐵路無論官辦商辦均請照官物徵税原案一律完税，並飭各海關於免税各案報運物料時，查明確係鐵路所需機器材料方准報免，其工人食用等物仍當按則科税，以嚴防夾帶影射諸弊。至此次予限三年，將來或因路線過長，工程艱鉅，届期仍由臣等體察情形再行奏明辦理。再臣等正在查核間，准督辦津浦鐵路大臣附奏津浦鐵路鋼軌等項免税一片，光緒三十四年六月初十日奉旨，該衙門知道，欽此。欽遵。由郵傳部鈔奏咨會前來。查津浦鐵路借款合同，雖未載明免税，惟既據該督辦大臣援案請免，擬請照江蘇等五省鐵路等案辦法，准其免税三年，以歸一律。謹奏。光緒三十四年七月十六日奉旨：依議。欽此。

《大清法規大全·財政部》卷四《免税·税務大臣咨覆北洋各省奏准免税各案文附清單光緒三十四年》 准貴大臣咨據津海關道詳稱：本年八月初六日蒙憲臺札開准督理税務大臣咨本處會奏，查明免税各案會議覆陳一摺，又奏湘省粤漢鐵路機器材料并請免税三年一摺，於光緒三十四年七月十六日具奏，同日均奉旨依議。欽此。欽遵。由軍機處抄交前來，相應刷印原奏，恭録諭旨，咨行查照欽遵可也，等因。到本大臣准此合行札飭札到該道，即便遵照等因，蒙此。當經遵照辦理在案。兹查江蘇等處各鐵路材料等項既經奏請擬自各該案奏准之日起，予限三年暫准免税。自應查明各案奏准之日，以便計算免税年限。惟揚子公司、粤湘川鄂四省鐵路機器廠、新寧鐵路、江寧汽車公司、京師自來水公司等處免税之案，係在何年月日奏准，職署無案可稽，理合具文詳請查核轉咨税務處查案飭遵等情，到本大臣據此應咨查照核覆，等因前來，相應將各省奏明暫行免税各案奉旨日期，開列清單咨送貴大臣查照轉飭各關監督遵照辦理可也。

各省奏明暫行免税各案奉旨日期清單

計開

江蘇、浙江、福建、江西、安徽五省鐵路機器材料免税，係光緒三十三年三月十八日奉旨允准。

粤漢鐵路機器材料係光緒三十三年三月十八日奉旨允准。

京張鐵路機車料物免税，係光緒三十三年四月二十九日奉旨允准。

華商揚子公司製造鐵路材料免出口税釐，係光緒三十三年七月初三日奉旨允准。

粤湘川鄂四省鐵路材料機器廠製造料物免出口税釐，係光緒三十三年八月初五日奉旨允准。

新寧鐵路機器材料免税，係光緒三十三年九月十四日奉旨允准。

川省川漢鐵路機器材料免税，係光緒三十三年十一月三十日奉旨允准。

黑龍江鐵路機器材料免税，係光緒三十四年正月二十七日奉旨允准。

潮汕鐵路機器材料免税，係光緒三十四年二月初七日奉旨允准。

江寧汽車鐵路機器材料免税，係光緒三十四年二月二十八日奉旨允准。

粤漢川漢鄂境鐵路機器材料免税，係光緒三十四年三月十五日奉旨允准。

京師自來水公司開辦機器材料免税，係光緒三十四年三月二十八日奉旨允准。

呢革公司材料機器免税，係光緒三十四年五月二十二日奉旨允准。

津浦鐵路機器車料物免税，係光緒三十四年六月初十日奉旨允准。

湘省粤漢鐵路機器材料免税，係光緒三十四年七月十二日奉旨允准。

《大清法規大全·財政部》卷四《免税·崇文門監督奏整頓税課應於官物免税實力稽查籌擬辦法摺》 奏爲遵旨整頓税課，應於官物免税實力稽查，謹籌擬辦法以杜弊端，恭摺仰祈聖鑒事。奴才等奉命督理崇文門商税事宜，仰蒙訓諭以官物免税一項其應行查驗者，亦應加意稽查以重税課。仰見朝廷整飭税務嚴防流弊之至意，欽佩莫名。伏查官物免税各項成案，不過僅免征税，未嘗概免稽查，奴才等於到任以後，於一切應辦之

事，悉心體察，實力奉行，尤於官物免税一端加意嚴防，用杜弊混，總期税務日有起色。無如各衙門免税之物紛至沓來，税項隱受其弊。查前任監督奴才溥倫等任内曾經奏明，嗣後大學堂用品工藝官局電報局各項材料業經奏准免税有案者，仍應遵旨辦理，此後他項官物均不得援案辦理，以示限制等語。當奉俞允，欽遵在案。此次奴才等蒞事伊始，各衙門有以未經奏准之案，率請照官物免税者，若概予通融，非特税額有虧，實顯違從前奏定之成案，此官物之不能不稽查者一也。又如行李一項，向不徵税，官員奉使往來，其行李輜重經過放行。乃近來無論何項官員，一經行李抵京，即請免驗，往往一起之行李，多至數十百件，在各該員知有例章，斷不至希圖影射，而包運之行棧，隨從之家人，其中朋比夾私，殆所難免，又恐私運違禁之物，闌入要地，若不稍加查驗，流弊實多。且官員之輜重竟可儘數放行，平民之行囊動輒反覆盤詰，亦不足以昭公理而服人心，此類於官物之不能不一併稽查者又一也。奴才等公同商酌，課額所關，責成綦重，若不實行綜核必至以有著之款，盡耗失於無形之中，關繫國課，實非淺尠。擬即酌定辦法，凡從前專案奏明免税之官物，購運到京，由該管衙門先期開單知照，仍照常查驗，如與護照相符，方准免税放行。其他項官物資不得援以爲例。其因公奉使人員行李回京，亦應一律查驗。其他項官員如攜帶應税物件，均應照平民辦理，以重課項而便稽征。如蒙俞允，伏候命下，應由奴才等行知各衙門，並諭官民一體遵照，所有遵旨籌擬稽查官物辦法緣由，是否有當，理合恭摺具陳，伏乞皇上聖鑒訓示，謹奏。

宣統元年九月初六日奉旨：着依議。欽此。

《大清法規大全·財政部》卷四《免税·外務部咨南北洋各國領事署所用物件酌定免税章程文光緒三十一年五月**》** 案查各國領事初到任隨帶自用器具准予免税，並各國外部特寄領事署内官用紙筆等項之税，照章免徵，應以該外部公文或並送提單爲憑，業經本部於光緒三十年六月初八日咨行通飭各關遵照在案。兹據總税務司申稱，領事所用物件免税，德國訂交該外部之來文爲憑，而他國不盡照允，已有歧異，各關奉行日難，不若另行自訂一律通行之章，等語。經本部查照總税務司所擬章程，酌定如下：凡各領事署除初到任時所帶自用傢具暨尋常所用辦公紙筆物件等類，有外部公文者照章免税外，其餘領事署尋常應需各件，均應照章徵收。如有物件未能定其是否歸入以上兩類者，或應歸以上兩類而未有外部公文者，可由該領事隨時行文税務司，暫准免税。俟由税務司轉報總税務司核定應徵應免，一體照辦。一面按期申報外務部備案。除將此項章程扎行總税務司，轉飭各關税務司遵照外，相應咨行貴大臣查照，通飭各海關監督遵照辦理，可也。

《大清法規大全·外交部》卷五《開埠·外務部照會金陵關開埠徵税章程光緒三十一年**》** 爲照會事，光緒三十一年六月二十七日准南洋大臣咨稱：據金陵關道詳請金陵開埠通商，在下關沿江設關完税，華洋各商屯船聚集於此上落商貨，前因江邊道路不平，鋪設馬路一條，本年又築石駁岸四十餘丈，將馬路加寬以便行走，惟馬路年須修理且應陸續推廣，以及添僱巡役掃路、點燈各事，在在需款應用，擬照上海、天津等關收馬頭貨捐，專作修築馬路等項公用，經擬章程四條會同税務司轉商駐寧各國領事，業經各領事云華洋一律辦理。事屬可行，允轉稟駐京大臣贊成此舉。查此項捐款上海、天津等關年久奉行，商人自樂輸納，金陵援案照辦，係爲振興埠務，便利商民起見，理合照録章程詳請咨部照會各國駐京大臣允准施行等語，據情咨請核辦前來，本部查該關所擬定章程四則尚屬妥善，相應抄録章程照會貴大臣查照，希即核准見復，以便轉飭遵行，須至照會者。

計開

一、凡華洋商進口出口及復進口貨物，均照應征税銀五十兩之數隨繳馬頭捐銀一兩，復出口貨在開辦以前進口者照章補收，其在他關已完税銀各貨並有免照收税單者，仍一律照捐，至照例免税貨物及官用免税之物，並應按值計税照收。

二、小輪船客商行李概從馬頭上下，并應收捐。擬每小輪到口一次，捐銀四錢，拖船每隻捐銀二錢。

三、捐錢統用關單隨税項一併存官銀號完納，另給號收呈關查核，所收捐銀由銀號另行存儲，每月底與本關核對報道。

四、此項馬路捐作何開銷，應由監督會同税務司辦理，統在税司處結算，按給將收放各數開單兩分，一存本關聽憑各國領事隨時查閲，一送道備案，至該款係專備惠民橋西首江邊一帶地方修理推廣馬路及江邊馬路並

雇用巡役點燈打掃街道，糞除齷齪。其自江邊至惠民橋尾一段馬路，仍歸工程局修理，如須在馬頭捐内動款修整，應由工程局將所收車捐酌貼以昭公允。

右照會各國公使

《大清法規大全·外交部》卷六《口岸税則·中日續立會訂大連設關徵税辦法副件》 一、茲因日本國政府允中國在旅大租界内之大連地方設關徵税，是以現定本關應有發給内河行輪專照之權。凡有輪船准其駛赴内港往來一切規條，總應按光緒二十四年五月七月前後所定之内港行輪章程，並光緒二十九年八月補續章程駛行，尤應按以後彼此訂明之各項專章辦理。

一、凡有輪船欲在内港行駛，無論華洋船隻該船主應持有本國所發之牌照，另具一函附呈海關税務司處收存，換領關牌。此項關牌以一年爲限，繳回海關注銷換領新牌，其牌費初次應納關平銀十兩，厥後每年换領新牌納費二兩，並應每四個月納鈔一次。

一、此項輪船准照章行駛由大連赴内地各處，並由該内地處駛回大連，或由大連駛赴内地轉過通商他口至内地駛回大連，並准報明内地關卡逢關納税遇卡抽釐，即可在沿途此次所經貿易各埠上下客貨，但非奉中國政府允准，不得由此不通商口岸之内地至彼不通商口岸之内地專行往來，若有此項所經貿易各埠駛至通商他口之船，該船主即須報關，按該口華洋各項章程辦理。

一、此項輪船出入大連時，該船主總須報關請領各單，將出口入口貨物之艙口單呈驗，並須聲明欲往内地何處歸時亦須報明已到某處，仍須照例完納税鈔。至洋藥一項及其餘約禁貨物不准運入亦不准運出。倘查該船有裝運洋藥及違禁貨物情事，可將該貨入官，並罰該船洋銀五百元。若再犯即將關牌撤銷，亦不予以關牌上所有一切利益。

一、凡有防範偷漏事宜，日本國自可襄辦，其巡緝洋藥走私及別項違禁貨物，尤應襄助辦理。

一、此項輪船應代中國運送郵袋不收運費，至中國郵政信袋經過日本租地時，應如何辦理，可由兩國郵局該管官隨時會議合宜辦法，以期兩無窒礙。

一、此次所擬内河行輪章程，係專指行駛中國内港而言，與日本租地内各港無涉。

光緒三十三年四月十九日日本國駐京大臣林權助，總税務司赫德。

《大清法規大全·外交部》卷六《口岸税則·中德會訂青島設關章程光緒三十年三月初二日》 一、茲因德政府允中國在膠州界内之青島地方設關徵税，是以現定本關應有發給内河行輪專照之權，凡有輪船准其駛赴内港，來往一切規條總應按光緒二十四年五月七日前後所定之内港行輪章程，並光緒二十八年八月補續章程駛行，尤應按以後彼此訂明之各項專章辦理。

一、凡有輪船欲在内港行駛，無論華洋船隻，該船主應持有本國所發之牌照，另具一函附呈海關税務司處收存，換領關牌，此項關牌以一年爲限繳回海關注銷，換領新牌，其牌費初次應納關平銀十兩，厥後每年换領新牌納費二兩，並應每四個月納鈔一次。

一、此項輪船准在青島水面隨意行駛，或照章由青島赴内地各處，並由該内地處駛回青島，或由青島駛赴内地轉過通商他口至内地駛回青島，並准報明内地關卡，逢關納税遇卡抽釐，即可在沿途此次所經貿易各埠上下客貨，但非奉中國政府允准，不得由此不通商口岸之内地至彼不通商口岸之内地專行往來。若有此項所經貿易各埠駛至通商他口之船，該船主即須報關，按該口華洋各項章程辦理。

一、此項輪船出入青島時，該船主總須報關請領各單，將出口入口貨物之艙口單呈驗，並須聲明欲往内地何處，歸時亦須報明已到某處，仍須照例完納税鈔，至洋藥一項及其餘約禁貨物，不准運入亦不准運出，儻查該船有裝運洋藥及違禁貨物情事，可將該貨入官，並罰該船洋銀五百元，若再犯即將關牌撤銷，亦不予以關牌上所有一切利益。

一、此項輪船總應代中國運送郵袋不收運費。該關郵政司應辦一切事宜，或自行辦理，或會同德國郵員議辦，亦無不可。

一、凡有防範偷漏事宜，德國自可襄辦，其巡緝洋藥走私及別項違禁貨物尤應襄助辦理。至郵政按章推廣一切，德國允以格外相助，不加阻攔。

光緒三十年三月初二日總税務司赫德與德國駐京大臣穆默在京畫押。

《大清法規大全・外交部》卷六《口岸稅則・中德會訂青島設關征稅修改辦法條款光緒三十一年　月　日》　大清國大德國願將光緒二十五年三月初八日會訂青島設關征稅辦法修改，以期德國青島租界與中國海關彼此交涉更較妥善起見，擬訂後列修改條款，其大意即係中國所允者有二：一係於進口洋貨及洋藥正稅收數內提若干成，歸青島租地應用。二係後列之款內，所有與各通商口岸貿易辦法及新關章程改易之處專允在青島照辦，德國所允者特因既得提成應用並專允各益，即應輔助中國在德國租界內所設立之海關辦理一切，以重應徵之稅課。所有兩面公訂條款開列於左：

一、由青島德員在租界内劃定無稅之地一區，俟擇定後除此無稅區地外，應由在租界内中國所設之海關征收各色貨物稅項，並由中國按膠海關進口正稅實數，每年提撥二成交與青島德官，作爲中國政府津貼青島租地之用，此二成津貼之數現訂試辦五年，應於每結底後劃撥，倘於此二成津貼辦法彼此或有商酌之處，應於第五年正月以前聲明改訂，以便從容酌辦。

一、在青島劃定無稅之區地，應設於停泊船隻之正灣一旁，由德政府或照此時擬訂局面或日後若有因整頓碼頭等項工程，須與此劃定無稅之區地一同開拓之處，應與海關一切公務無礙。

一、凡在海關稅則免稅之物，則在青島租界一同照免，其續行免稅之物列後：

一、爲軍營需用之物，即如各色軍械號衣等項雖由水陸武員運到，總應持有該政府所發之憑據方能照免，又如軍用物料及各色食品，亦應一律照辦。

二、凡需用各物尚有數種免稅者，即如機器並機器廠之全副配件以及機器各分件，製造廠所用之傢具機料，暨各種農器與建蓋衙署以及各等工程之木料器具運到時亟應來關呈交保結，填注該貨價值並須擔保確係租界内應用之物，方能照免，嗣後若有運入中國地界之處應報關完一進口正稅，否則按保結上所注之情節，照應完稅數兩倍罰充入關。

三、凡某樣機件即如車輛並運物之機器等項，只因有修理之處出入無稅區地，即准免稅，惟遇出入無稅區地之時，均應報明以便關員稽查。

四、凡有運入租界之郵政包裹，若係界内住户自用之物，倘按照該包隨單上所注之情形，應完稅不過一元者即係估值銀二十元之數即應免稅。但若欲隨時查考之處，允由海關啓驗。

五、凡來往搭客攜帶之行李，若物主聲報確無應行納稅之件，亦無違禁之物，即准免稅，雖海關不行逐項查驗，但遇有另外之情，節仍可照例查察。

一、光緒二十五年三月初八日所定之會訂青島征稅辦法第五七九三條，專指征收進口稅項，現經酌改者即係將從前青島口岸概行免稅之法，改爲在租界限内另行擇地一區作爲無稅之地，其餘均行起征，惟嗣後完納進口正稅隨時之辦法有二：一係若將貨物運入無稅之區地，應俟出此區地時方行完稅，一係貨物非運入此無稅之區地因欲運往區地限外起岸，則須在未經起岸以前先行完稅，凡貨一經完清稅項後，聽由貨主自便，關員即不過問。是時既有以上所定由中國在德國租界内征稅之妥善辦法，或於租界邊限，或於邊限左近，除稽查往來華式船隻各卡外，自無庸設立關卡，至嗣後應否設立之處暫行緩議。

一、凡在德國租界無稅區地外設立製造廠，所製成之各貨，應由中德兩面設法於此等貨物不使較無稅區地所出各貨因征稅受有虧損，其租界内之製造廠所用散碎物料因工作成物後其價自較原料增加，茲因其增加若干之數，照章不計在應完國課之内，是該廠製成各貨原來所用之料件，或由内地運來或由海路運到，出口時擬定應完稅數不得過原運物料約定應完之稅數爲妥，由膠海關會同青島德員查看情形，訂明應否立一册簿填注製成某貨須照某散碎物料應完稅數納稅，每届年終若有應修改之處即可酌定。

一、凡在通商海口貿易及行駛船隻之便益在德國租界内，除該地情勢應行改辦外，餘均視同一律。

一、凡有漏稅走私及違悖海關章程等弊各案，除因無領事應由青島大憲特派委員與關員會議外，其餘均照同治七年會訊章程之意酌量訂辦。以上各節，即係照原訂章程第二十條内載聲明辦法修改者，其中未經修改之處，仍照光緒二十五年三月初八日之原章辦理。

《大清法規大全・外交部》卷六《口岸稅則・總稅務司申呈青島德境以内更定徵稅辦法文光緒三十三年　月》　爲更訂章程事照得德境以内徵稅辦法章程曾於西歷一千九百五年十二月初二日釐訂曉諭在案，茲擬將該章

第十四條刪除作廢，另議新章一條以補斯乏，合即詳列於左。

德境以内製成之熟品。

第一端　總章

第一款　各種貨物之納進口税須以臨時爲斷。或在離無税之區地時，或非運入無税區地在他處起岸之前方應完税。該貨完税後便可通行銷售即不歸海關限制。修改章程，第四條。凡由租界運往他處於出口時須納出口税，會訂章程，第六款。其由内地出入租界至無税區地之外，不在海關境界者，海關於其往來均不稽徵税項。租界内各産生之散碎物料及用該物料製成之各種貨物暨成用由海路運入租界之物料製成之各貨，均不納出口税。會訂章程，第六款。凡用物料製成之貨，當與尋常貨物視同一律，惟若將該貨配用之物料於尚未製成之先報明海關方能按照專章辦法辦理。至論納税一節，物料製成之貨其在無税區地之内與外均當一律辦理。

第二款　凡在租界内製造之各種貨物，如運赴内地於出境時，可任由商便納製成貨物之子口税請領税單。當與後之解釋合觀。

第三款　土産之物料或由内地或由非通商口岸之處運來租界以供製造廠之需者，可先報明海關呈立應税若干之保結存儲，以備嗣後徵收税項。所有用已經報關物料製成之貨，應於出口時照其配用物料之數目納税，海關即照數核計注銷保結之内，自立保結之日起，應於三年限内將税項清結，運製成之貨出口，應照則按成件納出口正税，或照製貨配用之物料納税均任聽商便。若製成貨物之所用物料或未經報明海關或報關而未立有保結，該貨經過海關於出口時應納出口正税。

第四款　凡由外洋或由中國通商口岸運來之物料所納進口正税或復進口半税，俟製成貨物若由海路運往他處出口時，應由海關照其所納之正、半税銀用存票發還，但須於進口時預先報明海關該物料確係爲製造廠之用。

第五款　租界内製成之各種貨物由海路運往中國口岸，當至某口岸進口時，應照則納進口正税。若欲復運入内地可納子口税領有税單，則沿途逢關遇卡，即不再行重徵。

第六款　由海關會同租界管理員，當彼此商訂製成各種之貨應核計該貨分類配用之物料若干有一定限制列爲册表，若運往他處於出口時，以便照算核減税則應徵之出口税數。

第七款　所有製造廠能有如上所論之利益，應由租界管理員掛號立有册簿，以一分交於海關，嗣後可更改增減，如有更改之處即隨時聲報海關。

第二端　解釋

以下解釋各節，係專指製造廠所用之散碎物料運到租界内時，已經報明海關，確係爲製造廠貨之用，並一面隨時隨事立有保結存儲海關之辦法。

第一條　外洋所産之物料運至租界内，或係由外洋逕運或係由外洋經中國通商口岸轉運。

一、如製成之貨若運往外洋。

一、已納之税應發還。

一、如製成之貨若運往中國通商口岸，應發還所納之進口正税。在通商口岸時其貨應徵何税。如下：

一、該貨到口岸進口時應照税則所載同貨由外洋逕運而來者一律徵税。

一、該貨若入内地亦可納子口税，領有税單則沿途逢關遇卡，即不再行重徵。

一、如製成之貨若由水路運往各處，欲照内港行輪章程辦理其所徵之税，如下：

一、該貨比照同類非由租界内之製造廠製成之貨，欲復運入内地於起程時或沿途或抵境徵收各等應完税釐，與同運同類製成之貨一律輸納。

一、然該貨如按照成件完清值百抽二五之子口税項，領有入内地之税單，則沿途逢關遇卡即不再行重徵。

一、如製成之貨若離租界由陸路運入内地，應如何對待。

一、照内港行輪章程待同一律。

第二條　由中國通商口岸運來土産之物料

一、如製成之貨若運往外洋。

一、已納之復進口税應發還。

一、如製成之貨若運往中國通商口岸

一、應予以復進口税之免重徵執照按該貨配用之物料數目核計，以便持至通商口岸免徵税項，此後即視同中國土貨不能享洋貨入内地之利益，然亦可任聽商便，如下辦理。

一、將復進口税項若干發還，俟所至之通商口岸應照製成之洋貨同類照則納進口正税，若欲復運入内地，可如下辦理：

一、該貨如完清值百抽二五之子口税項，領有入内地之税單，則沿途逢關遇卡，即不再行重徵。

一、如製成之貨若由水陸運往各處欲照内港行輪章程辦理，其所徵之税如下：

一、該貨比照同類非由租界内之製造廠製成之貨，欲入内地於起程時，或沿途，或抵境徵收各等應完税釐，與同運同類製成之貨一律輸納。

一、然該貨如按照同運同類製成之貨完清值百抽二五之子口税項，領有入内地之税單，則沿途逢關遇卡，即不再行重徵。

一、如製成之貨離租界若由陸路運入内地，應如何對待。

一、照内港行輪章程待同一律。

第三條　土産之物料若按照内港行輪章程運來者：

一、如製成之貨若運往外洋須在海關完納出口正税。

一、該出口正税可任聽商便，按照該貨配用之物料核計。

一、亦可任便按照製成之貨完納正税，即將貨内配用之物料核計數目注銷保結之内。

一、如製成之貨若運往中國通商口岸出口時，可任聽商便在海關照則完納出口正税，或照製貨之物料核計或照製成之貨核計。

一、若照製貨之物料核計，於運至通商口岸時，再納復進口半税，嗣後即視同中國土貨。

一、若按照製成之貨核計給予免重徵執照，以便持至通商口岸時同洋貨一律免徵税項。

一、該貨如另行完清值百抽二五之子口税項，領有入内地之税單則沿途逢關遇卡即不再行重徵。

一、如製成之貨若欲按照内港行輪章程，離租界應在海關照則完納復進口半税。

一、此半税可任聽商便，按照該貨配用之物料核計。

一、亦可任便按照製成之貨核計。

一、該貨比照同類非由租界内之製造廠製成之貨，欲入内地或沿途或抵境徵收各等應完税釐，與同運同類製成之貨一律輸納。

一、然該貨如按照同運同類製成之貨完清值百抽二五之子口税項，領有入内地之税單，則沿途逢關遇卡，即不再行重徵。

一、如製成之貨若由陸路運入内地應如何對待：

一、照内港行輪章程待同一律。

第四條　由内地陸路運來土産之物料

一、如製成之貨若運往外洋，應照該貨配用之物料，核計數目注銷保結之内，其在海關應完税項之辦法如下：

一、可任聽商便，按照該貨配用之物料納出口正税。

一、亦可任便按照製成之同類各貨納出口正税。

一、如製成之貨若運往中國通商口岸出口時，可任聽商便在海關照則完納出口正税，或照製貨之物料核計，或照製成之貨核計。

一、若照製貨之物料核計於運至中國通商口岸時，再納復進口半税，嗣後即視同中國土貨。

一、若按照製成之貨核計給予免重徵執照，以便持至通商口岸時，同洋貨一律免徵税項。

一、該貨如另行完清值百抽二五之子口税項，領有入内地之税單，則沿途逢關遇卡，即不再行重徵。

一、如製成之貨若欲照内港行輪章程，離租界應在海關照則完納復進口半税。

一、此半税可任聽商便，按照該貨配用之物料核計。

一、亦可任便按照製成之貨核計，此後即照同運同類製成之貨情形一律者，徵收沿途税釐，然若領有入内地之税單，則沿途逢關遇卡不再重徵。此項税單由租界之海關發給。

一、當發給税單時，該貨按照製成之貨估計，應完值百抽二五之子口税。

一、以上所論已經報明海關之製貨所用各種散碎物料，若離租界時或

仍係原來未製貨之物料，或係已製成貨物，如欲由陸路復運入中國内地，應與同運同類之中國土貨一律看待，即照徵沿途抵境各項税釐。

《大清法規大全·外交部》卷六《口岸税則·中俄議訂北滿洲税關試辦章程光緒三十三年五月》 一、兩國邊界貿易在百里内均不納税，原載在俄國陸路通商章程，而東省鐵路合同訂明鐵路交界處由中國設立税關，茲中國允准所有貨物由鐵路運往交界百里内之各車站，暫行照條章不征税項。

一、鐵路運貨按三分減一納税，應定界限。如哈爾賓由總車站四面各距十華里爲界，鐵路總會最要車站如滿洲里札賚諾爾海拉爾、札蘭屯、富勒爾基、齊齊哈爾、阿什河一面坡海林乜河穆林交界站雙成堡老少溝窰門寬城子各站四面各距五華里爲界，除滿洲里及交界站即綏芬河兩站將入百里邊界之例辦理外，其餘十四站即照商定界線以内爲實行三分減一納税之處，此外東省鐵路各小車站以四面各距三華里爲限，亦同此辦法，其貨物運出以上所指各地段及所定各界線以外，均屬内地，應補足正税，並按照運貨入内地章程辦理。

一、鐵路運貨三分減一納税，此係中俄特定之合同。中國允除俄貨外各國之貨經東省鐵路運至中國，亦一體均沾。俄國允所征之税各貨物按照陸路通商章程不免税者，即應按照海關新定税則，三分減一征税。

一、所擬條款係屬大概，作爲北滿洲税關試辦章程，如有應行增改及於中國税項不便，應行變通更改之處，俟一年後再行相商釐足。至税關詳細章程與應劃定界限並指定小車站處所，即由兩國會議員速行商定。

此章程由外部與俄使於光緒三十三年五月廿八日互換，即以是日爲開關之始。

《大清法規大全·外交部》卷六《口岸税則·中日會訂大連設關徵税辦法》 一、大連所設海關應於各税務司中揀日本國人派充該關税務司，倘有時應行更調，則由總税務司與日本國駐京大臣定明另派。

一、該關所用各項洋員原宜選派日本國人，惟或因未能預料倉猝缺出，更調不及，或因別關人地相需，必須調往大連海關，未便懸缺久待，即可調派别國之人暫行委用。

一、該關税務司如應更調，總税務司亦應先行知會旅大租界辦事大臣。

一、該關與日本國官員暨日本商民等文函往來均用日本文，他國商民寓居大連者，均准用漢文或英文以便交易。

一、凡有貨物由海路運進大連口岸均不徵完進口税餉。若貨物由旅大租界内運赴中國内地，即由大連海關照約徵收進口税。惟各貨若未領有大連首善准單，不准運出旅大租界以外，該處駐紮日本官員現允酌定防範之法，以助該關嚴杜弊端。

一、凡中國土貨由内地運進日本國租界内，若再裝船運往他處，即由大連海關照約徵收出口正税，惟旅大租界内所產之土貨，並界内土產及由海路運來之物料製成各貨，其出口時無庸完納出口税餉。至中國内地各物運入旅大租界内製成各貨，其徵税章程應照現在膠州德租界内情形相同之製成貨物辦法辦理。

中國土貨由中國通商口岸運進大連，若留於旅大租界内不再運出者，無庸完税。若過界運往内地，即須按照條約税則在大連完納税餉。

一、中國貨物在大連完納出口正税報運他口，准領完税憑據，俟進通商他口將憑據赴關呈驗，即照現行條約税則完納復進口半税。

一、凡日本及各國洋貨在通商口岸已完進口正税，復欲裝船報運大連者，准照約章辦法辦理，即係准赴關請將所完之進口正税發給存票，該貨運進大連若不出旅大租界，即不徵税。如再出口運往外洋亦不徵出口税餉。

一、凡中國土貨由通商口岸運進大連，若仍有在原口完過出口正税之憑據復裝船運往外洋，即無庸完納出口正税。

一、所有收支船鈔暨泊船規費一切事宜，大連海關無庸經理。

一、大連海關徵收税餉，即照現時通商各口之税則辦理。

一、日本國允日本國租界内大連地方指定處所，足爲中國建立海關暨蓋造各員住屋之需，其置價或租費，須在該處公同酌議訂辦。

一、所有偕同聽審暨幫同料理案件一切事宜，日本國允不派海關人員充當。

一、凡在日本國租界内欲領運貨進出内地之准單者，祇須赴大連海關請領。其通商口岸監督關道所有之職分權柄，大連海關均與一律無異。

一、所有出入內地之子口稅應由大連海關按照現行之條約稅則徵收，即進出口正稅之半。

一、稽查走私偷漏暨違犯關章等事之辦法，嗣後酌核另訂，惟所有掌握查訊之大權，自歸日本國所設之衙署。

一、嗣後大連灣商務擴充，其情形或致改變，彼此認明此次所訂爲試行之辦法，若遇有窒礙之處，可隨時酌量修改，以期美善。

光緒三十三年四月十九日日本國駐京大臣林權助，總稅務司赫德。

《大清法規大全・外交部》卷六《口岸稅則・戶部奏擬定海關洋稅章程摺光緒三十二年》 竊自江海通商設關征榷五十年來，愈推愈廣，統計海關洋稅近年收數已及三千萬兩，洵爲入款一大宗。各關征收華洋稅鈔向按三個月爲一結，將收支銀數開單奏報，一次扣足四結，總報一次。臣部即按照所開清單詳細鉤稽，分別准駁，不准絲毫牽混。無如近來各關疲玩相沿，並不按結奏報，往往出入款目數盈鉅萬，而挪移借墊，不奏不咨，其有擅行動用之款必待奏報到部，始能按款駁正行令提回列收，則已事過人非，以致轇轕紛紜，永無清釐之日。光緒三十一年二月間經臣部附片奏催，並於摺內聲明：嗣後洋稅收支數目務當按結奏報，毋得遲延，其從前未經奏報各案，自奉旨之日起，限三個月內一律分結分款，並案奏報，等因。於光緒三十一年二月二十三日具旨依議，欽此。遵即鈔録原奏，恭録

諭旨，咨行各督撫將軍轉飭各關道一體遵照在案。迄今一年之久，各關仍復遷延推宕，未能一律辦清，似此玩泄因循，尚復成何事體。伏思各督撫統轄全省，任重事繁，或有不能兼顧之勢，而各關道榷務是其專司，收支稅款理應纖細周知，責以按結呈報實非強以所難，相應請旨著爲定章，責令各關道自一百八十三結起，限結期滿後三個月內，詳報督撫一面將收支數目開列清單，徑行呈報臣部，以憑稽核，如逾限不報，即將該關道照溺職例指名嚴參。其從前未經奏報各案，統於此次奏定後奉到部文之日起，予限三月一律分結分款併案開單呈報，毋再遲延致干參處。其遲報結數最多之粵海、閩海、江海、津海各關，歷年既久，款目或多轇轕，並請於定限三月外再予限兩個月，責令按結按款逐一清理，似此量加體恤，倘屆期仍未能一律報齊，則是有心違抗。臣部定當照章嚴參，萬難再予寬貸。至督撫總攬一省財政，尤宜嚴核稅款按結奏報，以期維繫檢制杜絕弊端。如此變通辦理明定章程，庶稅科之盈虛出入較易檢核，其於籌濟餉需，庶有裨益。再粵海、閩海兩關雖向係總督將軍管理，亦必派有委員總司稽核，應隨時將委員銜名咨部存案，所有收支稅款應准由該委員蓋用關防鈐記，徑行開單報部，以歸一律。謹奏。奉旨，依議。欽此。

《大清法規大全・外交部》卷七《免稅・外務部照會煙台領事署自用槍械進口准予免稅文光緒三十一年三月》 爲照覆事光緒三十一年二月十二日准，照稱香港軍務處寄與煙台本國領事署新式槍十二桿，配帶槍彈四千四百粒，係調換領事署中舊槍之用，請轉飭准其進口免稅，等因。本部查向未辦過有領事署所用槍械進口免稅之成案，當經轉飭總稅務司查案辦理，去後，茲據覆稱煙台領事署舊槍從前進口時曾否免稅，因事過多年，該關案卷無從查考，等語。惟既准照稱此項槍械均係官器，本爵大臣念中英邦交素睦，自可特予免稅，除札飭總稅務司遵照免稅放行外，相應照覆貴大臣查照可也。須至照會者。

右照會英使薩。

紀事

（明）卜世昌《皇明通紀述遺》卷一〇 〔嘉靖八年〕七月，先是，上從言官請停止雜派工役。工部移文，停浙江蘇州織造，而緊要上用袍服錯行混停。太監吴勳以爲言：上以袍服非雜派工役比，責工部朦朧停止。命尚書劉麟自劾。因責其欺慢，勒令致仕。原任侍郎何詔，及或繕司官，俱奪俸五月。

八月總督兩廣林富言：邇者欲廣東採珠。然去前採僅二年，珠尚未生，恐不可得。說者謂以命易珠，今恐易以命，而亦不可得。疏入，詔如前旨。

（明）卜世昌《皇明通紀述遺》卷一二 〔隆慶三年〕二月，詔以內織染局所呈袍服花樣，行織造太監李佑取辦一千八百六十疋以進工部。言往者李佑之遣，已非登極詔書初意。然臣等猶謂：計日竣事，可以速還。乃今前工未畢，後工復繼，是使佑無還京之期矣。自島夷亂後，江南諸郡

十室九空。今料額不充，勢須加泒，加泒不已，民力難堪。弱者死逋，强者死盜，陛下所宜憐也。工科都給事中孫枝、四川道監察御史姚繼可等亦以爲言。上皆不允。于是工部復奏，先是織造解輸者，該局必索常例。曩李佑之行，上洞燭弊源，特命徑進御前，故太監陳洪以續發花樣爲由，而即增附一千六百疋有奇，意在緣此以媒常例。今即不已，止宜以原發花樣，令其督造。餘悉罷之。上曰：該局既稱匱乏，朕用不可缺，其令佑遵行。

（明）陸粲《客座贅語》卷二《鋪行》　鋪行之役，不論軍民，但買物則當行。大者如科舉之供應與接王選項妃之大禮，而各衙門所須之物，如光禄之供辦，國學之祭祀，户部之草料，無不供役焉。初令各行自以物輸於官，而官給其直，未遽爲厲也。第一入衙門，則胥徒便視爲奇貨，措抑需索，無所不有，又或價不時給，或給不償本，既有虧折之苦，又有奔迸之勞，於是人始以市物於官爲厲，而其黨遞相扳告當行者紛紛矣。兩縣思以應上司之急，乃籍其人於官以備呼唤，於是有審行之舉，每行列名以次輪流承應，而其害終不可弭。蓋曾有一上司買葷餡數觔，各鋪家被皂隸騙銀十二兩，而猶未得交。一上官取松江大綾數十疋，每疋止給銀一兩二錢，而禁不許訴者。於是疾痛愁歎之聲徹於市井間。自忠介海公始嚴爲議革，其後諸名公繼行優恤。若前者司成郭公之刊榜，丁祭革鋪户不用，近日京兆黄公之理科場，止給價皂隸平買，不役一人。自是宿弊一剗，貿易者始得安枕卧，而不至於罷市焉。

（明）沈德符《萬曆野獲編》卷二《列朝・壬寅歲厄》　世宗中年，静攝齋居，不御朝已久。至壬寅冬十月，而有宫婢之變，主上已瀕危，至丙夜始能言。醫官用去血劑稍甦，猶數日始能復故，從此聖體愈康。又二十五年丙寅，而龍馭始上升。真古來奇事，載籍所未覩。今上御極之三十年，壬寅二月，上不豫數日，至十六日己卯，遂大漸。上急召輔臣及部院大臣，入至啓祥宫。時内閣止沈一貫一人耳，至則中官及鄭貴妃俱避不侍。上命太子及諸王跪聽，上呼沈近前聽諭云：朕享國已久。亦無所憾。佳兒佳婦。今以付先生。輔之爲好皇帝，勸其講學勤政。且命向來礦税悉罷，并諸無稽之征停止。釋詔獄及法司繫囚。還職起用建言得罪諸臣。

《明實録》太祖壬寅十月　〔辛卯〕設關市批驗所官。時四方戰争，財用不足，群臣議以爲來遠人在乎修政，裕國用貴乎通財。今各處每遇外境商旅販鬻物貨，或爲兵民留滯。請置關市，設官領之，專通物貨。又浙東所轄金華，廣信等府及諸全州接連外境，鹽貨以十分爲率，税其一分，物貨以十五分爲率，税其一分。從之。

《明實録》太祖甲辰年春正月　丁卯，命減收官店錢。先是，設官店以征商，上以其税太多病民，故命減之。

《明實録》太祖甲辰三月　己酉，命中書省，凡商税三十税一，過取者以違令論。改在京官店爲宣課司府州縣官店爲通課司。

《明實録》太祖甲辰四月　〔己酉〕命中書省：凡商税三十税一，過取者以違令論。改在京官店爲宣課司，府州縣官店爲通課司。

《明實録》洪武七年四月　〔癸亥〕彰德府税課司税及細民瓜菜柿棗畜物飲食之行。事聞，上曰：古謂聚斂之臣甚于盜臣，正此等官吏也。命罷之。

《明實録》洪武九年六月　〔庚戌〕山西汾州平遥縣主簿成樂官滿來朝，本州上其考曰：能恢辦商税。吏部以聞，上曰：地之所産有常數，官之所取有常制，商税自有定額，何俟恢辦？若額外恢辦，得無剥削於民？主簿之職，在佐理縣政，撫安百姓，豈以辦課爲能？若止以辦課爲能，其他不見可稱，是失職矣。州之考非是，爾吏部其移文訊之。

《明實録》洪武十三年六月　〔戊寅〕上諭户部臣曰：曩者奸臣聚斂，深爲民害。税及天下纖悉之物，朕甚耻焉。自今如軍民嫁娶喪祭之物，舟車絲布之類皆勿税。爾户部其榜示天下，使其周知。

《明實録》洪武二十年九月　〔壬辰〕户部言：今天下税課司河泊所課程視舊有虧，宜以洪武十八年所收立爲定額。上曰：商税之征，歲有不同，若以往年概爲定額，苟有不足，豈不病民？宜隨其多寡從實徵之。

《明實録》洪武二十四年八月　〔辛巳〕詔京師小民鬻販者毋入塌房。初，京師輻輳，軍民居室皆官所給，連廊櫛比，無復隙地。商人貨物至京者，或止於舟，或貯於城外民居。駔儈之徒，從而持其價。高低悉聽斷於彼，商人病之。上知其然，遂命工部於三山等門外瀕水處，爲屋數十楹，名曰塌房。商人至者，俾悉貯貨其中，既納税，從其自相貿易。駔儈

無所與，商旅稱便。至是，所司於貧民負販者亦驅使投税。應天府尹高守禮以爲言，遂命禁之。

《明實録》永樂二年五月〔丙辰〕山東臨清縣會通税課局言：比歲市鎮經兵，民皆流移，兼連年蝗旱，商旅不至，所徵課鈔不及，請減舊額。户部以聞，上曰：兵旱之餘，尚可徵税耶！其悉免之。俟歲豐百姓復業，商旅通行，然後徵之。

《明實録》永樂二年十一月〔癸卯〕户部言：福建、山東鹽課運司、廣東鹽課提舉司，累歲所積鹽皆以召商開中其利，福建、山東每引鈔五十貫，廣東每引三十貫，今廣東商民利其價載，中納者多，乞依福建、山東例每引五十貫爲均。從之。

《明實録》永樂二十一年春正月 庚寅，巡按山東監察御史陳濟言：淮安、濟寧、東昌、臨清、德州、直沽商販往來之所聚。今建都北京，而四方百貨倍於往時，其商税宜遣人監閘，一年以爲定額，庶無侵欺之弊。從之。

《明實録》洪熙元年六月 辛酉，陝西布政司奏：諸衛軍士歲給冬衣布花，皆於夏税内折收，分給催徵，已久未給尚多。蓋緣今歲民間春夏少雨，蟲蝗害稼，民食艱難，猝難措辦，舊例每布一疋折鈔十五貫，綿花一斤折鈔二貫，今欲於官錢内每布一疋折與鈔五十貫，綿花一斤折與鈔六貫，庶幾少紓民急，而軍士得用。

《明實録》洪熙元年十一月〔乙丑〕總兵官都督譚廣奏：邊衛客商中納淮浙鹽粮舊例，大同天城每引，米三斗，宣府四斗，以故客商少趨宣府，請減宣府例淮浙鹽三斗，川鹽二斗，仍乞不拘資次支給，庶使鹽利均平，邊儲足備。從之。

上謂尚書夏原吉曰：軍民皆可憫，舊未給者且准折鈔，後當如例給布花。

《明實録》宣德四年七月〔乙卯〕監察御史羅亨信言：臣監收在京官員、軍民鋪店課税及塌坊、園圃等鈔，京師軍民輳集，額課俱不按月納官，及有鋪店積貨隱匿不報者。又油坊、磨坊、磚瓦窑、木植場皆未增課。請今後課鈔過期不納者令順天府兵馬司催督，私匿貨物者取勘各追罰鈔一千貫。油坊等坊如塌坊之例，除額課外，別納鈔五百貫。牛車納鈔一百貫，小車二十貫。其在外州郡城市，多有豪猾軍民居貨在家，一如塌坊；或就船相與交易，俱要金銀。請遣官點勘居貨之家每房一間，月追鈔五百貫。又於各處河岸檢閘往來舟船載物貨者，量地遠近，盤貨多少，每船百料追鈔或二百貫、三百貫，俱就本處有司收貯，則内外鈔皆可通。命行在户部採其可行者行之，各适中道。

《明實録》宣德六年二月〔辛酉〕蠲臨清等處店舍課鈔。先是，以御史耿定言臨清等處官民之家，多有塌房店舍，居停商貨，宜依在京例收鈔。至是，侍郎曹弘奏：比有司令里老開報塌房，一時畏懼。凡街市人户，俱作停貨店舍，每月各納鈔五百貫，而實無貨停蓄。民貨無鈔，有鬻子女産業輸官者。乞減省。上覽奏，詔行在户部曰：欲通鈔，故權令店肆納鈔。有司不知恤民。其弊如此，即勘實蠲除之。

《明實録》宣德六年六月〔甲辰〕浙江温州府知府何文淵言：洪武中商税並三十税一。十七年以前止收鈔及銅錢。十九年於府設税課司，諸縣設税課局及河泊所，收商税錢鈔，著爲定例。若便於徵解者解本色，路遠費重者許變賣金銀。金每兩價鈔六錠，銀每兩價鈔一錠。至二十四年，本府所屬共收鈔七百二十八錠四貫。易銀七百八兩八錢送納。其後歲辦。遂以爲例。近雖禁使銀而商鋭、魚課仍徵銀，巡攔網户賠納甚艱。乞自今年始，仍援洪武十九年以前例納鈔，庶爲民便【略】俱從之。

《明實録》宣德八年二月〔壬寅〕行在户部奏：徵收税課有定法。今中外税收衙門多法外生事，邀阻行旅，搜檢囊篋，倍需税錢。上命刑部揭榜禁革。

《明實録》宣德八年十二月〔戊辰〕直隸鳳陽府知府熊觀言：本府臨淮河，洪武中商賈衆多，故設廠濟、長淮二關，給印記。關置大使一員，副使二員，收掌户部所給勘合，書填商船物貨，送税課司徵税。永樂中新開會通河，商船多至淮安、清河、經濟寧、臨清赴北京，而二關商船遂少，税亦不多。官考滿者，止開填過勘合，別無功績，請減副使二員以省冗費。從之。

《明實録》宣德十年九月 癸未，敕行在工部曰：洪武永樂間，各處府縣歲貢綵段，工部驗中，方送内庫且無賄囑及包攬之弊，故皆精密鮮明，足稱朝廷賞賚，亦不虚費百姓財力。近年以來，徒見糜費民財，而段

匹多不堪用，此皆有司通同工匠，侵盜易换。且聽人包攬解納，及至京，該部該庫官吏人等，又從而求取賄賂，一得其利，遂不辨美惡，悉送内庫，此積年之弊也。今特命司禮監取務洪武、永樂間紵絲紗羅綾絹之類與爾工部及各布政司，府縣務以此爲式成造，其起送至京，令監察御史同爾工部官辦驗，仍委司禮監官參視，敢有漫不知省，仍蹈前弊者，通治以重罪不實，爾工部其榜諭各處，使咸知之。

《明實録》正統元年十二月〔甲申〕駙馬都尉焦敬令其司副李杲於文明門五裏建廣鯨店，集市井無賴，假牙行名詐税商販者，錢積數十千；又於武清縣馬駒橋遮截磁器、魚、棗數車，留店不遣；又令閽者馬進於張家灣、溧陽閘河諸通商販處詐收米八九十石、鈔以千計。事覺，下刑部。杲等懼引伏。尚書魏源上其罪，請執敬治之。上曰：姑赦敬、杲等，徵其贓，人杖八十釋之。

《明實録》正統六年十二月〔甲寅〕革廣西融縣河泊所。先是本縣奏：舊例各處歲收課鈔三萬貫者，設衙門、銓官吏。是所數未及萬，宜革之。工部復實以聞。故有是命。

《明實録》正統七年正月〔庚寅〕定在京宣課、都税二司税鈔則例。先是二司收課鈔則例不一，姦弊蝟生。户部主事王澍以爲言。事下順天府，議定則例：每季緞子鋪納鈔一百二十貫，油、磨糖、機粉，茶食、木植、剪截、綉作等鋪三十六貫，餘悉量貨物取息及工藝受值多寡取税。從之。

《明實録》正統八年七月〔壬午〕南京守備太監劉寧奏：先因鈔法不通，户部奏準差人於各城門徵收軍民人等驢馱柴米等物出入者鈔貫。今鈔法通行，乞敕户部免收。從之。

《明實録》正統九年正月〔戊辰〕設山東兗州府東阿縣張秋鎮税課局，置大使一員。先是欽天監春官正王巽奏：張秋鎮適臨南北往來河道約有十餘里許，街道市肆客商買賣及船隻屯聚，宜於是開局收辦課税。至是户部勘復，請如巽言。從之。

《明實録》正統十二年二月〔癸巳〕户部奏：直隸淮安府水陸通便，商賈日增，而其課鈔之入仍舊。請遣官乘傳赴彼，督同府縣並税課司官收受一歲，視其所增，定爲常説。從之。

《明實録》正統十二年二月〔乙巳〕鎮守陝西興安侯徐亨等奏：比者户部議，欲依永樂間例增各處市廛商賈課鈔，其税課司局衙門已革罷者又復增設。臣等切惟陝西屢罹用兵，饑饉相仍，荷朝廷蠲租税、停科徵、發倉廩、濟飢困，民始蘇息。今欲增税，則視昔爲加四倍。民何能堪？且司局復設，徒爲擾民。事下户部，尚書王佐等固執前議，亨言遂寢。

《明實録》正統十二年三月〔乙酉〕南京山東道監察御史聞人詵奏：宣宗時因鈔法不通，命停塌商貨之家，舟車稇載之物皆徵其鈔。今聞中外鈔不分軟爛，但有字可驗者一概行使，鈔法可謂通矣。停徵之命未下。且如大船大商萬取其一，固爲無傷，而鬻蔬載薪小車小船媒利幾何，復征其鈔，請暫停止。上命户部議行。

《明實録》正統十二年三月〔丁亥〕巡按山西監察御史白圭奏：朔州歲辦税課鈔一萬三千二十六貫，羊皮三十二張。近户部移文，鈔增三分之二，皮增四分之三，民實不堪。事下户部，言：洪武中定税額，隨物價輕重，每三十分而取其一，請行朔州隨其物價仍行三十税一之制。從之。

《明實録》景泰二年四月〔辛巳〕京城官店塌房多爲貴近勛戚所有。兵科都給事中葉盛等言：貴近勛戚高爵厚禄，而又侵利於國，貽害於人。乞將在京官店塌房盡數勘實，籍記在官。按季收鈔，以資軍餉。從之。

《明實録》景泰二年十月〔丙子〕太醫院醫士張鐸奏：京師萬方會同，日用百物不免資於商旅。趄廷設立官店，輕收税課，買賣有所負欠，常令御史督責。蓋所以招徠之也。近者理財之官不知大體，唯務刻剥。如廣絲一匹税鈔至三百五十貫，可直銀七錢；三梭布每十匹亦至三百五十貫；他物皆然。權本物計之，税鈔先取四分之一。臣恐日久商旅畏避税重，不肯來京，致使百物騰貴。事下户部，太子太保兼户部尚書金濂等言：臣等初以京師多故，奏令加税。所取不許過三十之一。令郎中徐敬、順天府治中劉實重定時估，致有過重，臣等本及酌量，即命行之。今鐸奏如此，宜治敬、實等罪。從之。遂奏更物價店税，上等伫絲每匹不得過七十五貫，他物稱是。

《明實録》景泰三年十二月〔乙卯〕南京大理寺卿薛瑄奏：南京細民斫造薪炭、竹帚、鋤柄、擔杌，例當抽分；有匿不報者，法司輒科以舶商匿番貨罪，盡没入官。夫番貨，海外珍貴；竹木諸物，腹裏所出粗賤。況所斫造俱貧民以濟飢寒，又非泛海富商比，但宜論以匿税律，入半於官。詔從之。

《明實録》景泰四年十二月〔辛亥〕提督大同軍務左副都御史年富奏：山西、河南、真定、保定、臨清等處軍民、客商往大同、宣府輸納糧草、軍裝及販馬牛、布絹、香茶、器皿、果品，先是從紫荆、倒馬二關入，後因過紫荆關者須赴後府給勘合，以此俱從倒馬關入。近守關者又請如紫荆關例，間有復回真定，井陘，繞過太原，却從雁門關入者，迂回千五百里，費用過當，客商稍稍不至。由是大同物貨湧貴不便。宜令如舊，止持文引驗視，不必赴府給勘合。從之。

《明實録》景泰五年八月〔乙酉〕禮科等給事中陳嘉猷等奏：比聞户部將南北二京塌房店舍、菜園果株及街市各色大小鋪行定立則例，按月輸鈔。而軍民人等畏懼納鈔艱難，有將鋪面關閉不敢買賣者，有將園輔瓜蔬拔棄而乎爲空地者，有將果木砍伐而減少株樹者。原其所以，蓋由開鋪面者已納門攤鈔貫，種園圃者亦有夏税差徭。況其間或借人資本以貿易，或賃人房舍以開張，或因計利多寡而開閉之不常。或因天時水旱而栽種之弗遂。今若通行編册，按月輸鈔，則嗟怨載途，民實不堪。臣等思得通鈔法者固經國之當務、順民情者尤保邦之當先。使徒利於國而不順於民，則所得者小，所失者大。雖曰利國實無益於國。雖曰便民實有擾於民矣。邇年以來，旱澇灾傷將遍天下，流移餓殍充塞道途。去冬今春各處雨雪過期，江浙、直隸即今大水爲患。矧南京連被火灾，民皆蕩産而重困未蘇。北京連旬淫雨，物貨踴貴而民食不給。南北二京實國家根本重地，其間軍民人等，多非祖業故居。比之他處尤宜加恤，豈可當此民窮歲歉之時，遽然興此重科擾民之政！縱使鈔法流通，而民已疲弊不能聊生矣！此臣等之所未喻也。臣等以爲欲足用不在乎此，惟在皇上戒飭群臣務修節儉，省無益之費。節無功之賞，汰冗官之虚靡廪禄，簡冗兵之虚費糧餉，罷不急之務，禁游食之民，則財賦自充，國用可足，奚必如此煩擾而後有益於國乎？伏望皇上上鑒天變，下憫民窮，將各色應納鈔貫暫且停止，豐稔之年然後舉行。若猶慮鈔法不行，乞敕該部出榜曉諭軍民人等，務令鈔與銅錢相兼行使，違者治以重罪不恕。如此則國用不虧，下民不擾，誠爲兩便。詔曰：鈔法流通，本以便民，今既有納門攤房鈔，其菜果園及小鋪行暫免，俟豐稔時定奪。

《明實録》景泰六年九月〔丙申〕四川宜賓縣民奏：臣等採木於萬山之中，辛勤萬餘里始至北京。自南京已抽分五分之一，淮安抽分三十分之一，至張家灣又抽分五分之一，並僦載費用通計之，不滿原本，乃知木客多不至京，蓋有由矣。乞令張家灣自後抽分如淮安例。從之。

《明實録》景泰六年十二月〔丁卯〕順天府宛平縣知縣王紀言：歲歉民飢，宜爲得拯卹，請裁減天財曾檢鈔，人夫九門收鈔，鋪户酒醋麺局酒户停中帽局坐賈皮張并歲辦雜皮翎毛，蠲抽分煤炸長生牛羊等物，減土民代種田地糧芻。帝悉從其言，命所司行之。

《明實録》天順元年五月〔癸亥〕工部言興利除弊五事其一、江南諸處水旱，人民匱食，其歲辦魚課，往年逋易者，已蒙詔免，而天順元年之數仍令解納，請再減其半，多者州縣総于府，少者府州総于布政司，遣人輸赴京師。

其二、光禄寺器皿年换者已有數萬，而損敝者往往陪之，請以損敝不堪者勿脩止，以年换者應用。

其三、在京住坐輪班匠及各山場惜薪司採運柴炭，夫多因艱難在逃，本部移文逮治。今山東并直隸河間諸郡連遭災傷，民不聊生，請俱暫停止，所買累年柴炭亦蠲免之。

其四、各處解軍需料運柴炭到京多被無籍之徒兜攬侵用。輪班匠赴部被把総作頭欺取錢物，請令法司及本部各榜諭禁約，違者枷示，發充邊軍。

其五、柴炭官吏以周歲考滿，既不交盤又不守支，往往得以通同作弊，請宜如户部收受糧草例務湏守支盡絶考滿，本部輪委主事專其事。章入，上曰：優恤百姓，朕之意民。所言皆行之。

《明實録》成化二年十月〔己亥〕復徵湖廣金沙洲、江西九江船料鈔。舊制無收船鈔例，景泰中以國用不足始算及每船納料鈔百十貫，後以鈔法不行，又與銅錢中半兼收。近以歲欠商賈少通，暫停其課。至是從所

司奏，軍士月糧折支不給，復如舊收之。

《明實録》成化三年六月　〔庚子〕命蘇、杭二府丈量客船收鈔。每船一百料收鈔一十五貫，錢鈔中半兼收。以光禄寺缺少供應故也。

《明實録》成化四年十一月　行人司行人于坦言：臣惟擅入內府，律有明禁，况又節蒙聖旨禁約。近見市井無知之徒貪圖小利，輒將私貨布帛、酒食等物進入買賣。且皇城聖天子萬乘之所居，宫禁庫藏於是乎在，禮法制度自此而出，豈市井小人營私買賣之地哉！宜令守衛官員並錦衣衛官嚴加緝訪，逕拿治罪，貨物没官。奏入，詔付所司議行。

《明實録》成化五年十二月　壬申，禁京城九門，并通州等處抽分，内外官不得違例。多取商税，違者治以重罪。命都察院榜示之。

《明實録》成化七年三月　〔戊寅〕增署工部屬官三員往直隸太平府蕪湖縣、湖廣荆州府沙市、浙江杭州府城南税課司三處專理抽分。前此三處客商停聚竹木市賣，有司惟收其課鈔。至是工部尚書王復以在京蓋造公署，成造供應器物及在外料造運船費用缺乏，建請添官分往抽分，竹木變賣銀兩解部，以爲營繕之費。是年所得僅千餘兩，其後續差者務多得爲能，歲歲加益，至以萬數，遂事朘削。商人不便，頗有怨聲，屢愬於朝，皆不之省。

《明實録》成化七年冬十月　丙子，復設四川叙州府富順縣税課局。本局先以課鈔不及萬貫裁革，近年居民稠密，商貨稍多，户部故請復設，以收商税。

《明實録》成化十四年九月　〔己卯〕免被災囚人納紙。巡按直隸監察御史王億言：真定等處俱被水災，軍民缺食，乞免因犯納紙，以蘇困苦。都察院議億所奏亦救荒之一端，但今天下如順天、保定、河間、淮安、鳳陽、徐州、山東、河南、湖廣、江西亦皆被災，宜通行寬免。自後除官吏并害民里老，羣長、攬頭、刁頭，旗校納紙如故，其餘軍民人等，不分有罪無罪原被告，俱暫免納，俟秋成之後，依例施行，從之。

《明實録》成化十六年七月　〔乙酉〕禁官船載私貨之匿税者。順天府治中李翿於河西務監收船鈔，奏：天下貨物南北往來多爲漕運船及馬快船裝載，故民船皆空歸，而國税無人輸納。户部以舊例凡馬快船不得夾帶貨物，違者財物没官並追究所犯。請行漕運總兵都御史等官申明此例，及禁治漕運船恃强奪載之罪。從之。

《明實録》成化二十一年三月　〔乙丑〕南京河道御史鄒霦等應詔言十事：【略】一、舊制抽分，惟於兩京近地。自工部郎中蔡志請添設荆州、蕪湖、杭州三處，雖利國而實病民。川、貴、湖廣竹木下至荆州抽之，至蕪湖又抽之。蕪湖之設，初止抽停鬻者，今又及經過者。其初，歲得銀一二千兩，稍增至四五千兩。杭州亦然。今蕪湖增至萬餘兩，杭州至二萬餘兩，商旅何以堪之？宜暫止抽分，不然亦宜裁減定爲則例，且令巡按御史察其奸利【略】下其章於所司。

《明實録》成化二十一年四月　〔癸酉〕命監察御史抽分竹木。工部言：杭州、荆州、蕪湖三處各有工部抽分竹木官，其人賢否不一，或不能正己率下，以致姦弊百出，商旅怨嗟。宜行南京都察院，自明年爲始，每年輪差御史三員往彼公同抽分。除選驗堪中造船及成造器皿者運赴外，其餘盡以賣銀，以俟支給供應。其或有餘，則解本部收貯以備別用。所差官不許偏執己見，自相矛盾，每年須俟新舊交代清查數目，造册復命。如此則事體歸一而宿弊可除。從之。

《明實録》弘治元年二月　〔辛丑〕户部請兩京各差御史及主事一員監收崇文門宣課分司並南京上新河税課司商税，其河西務、臨清、淮安、揚州、蘇州、杭州、劉家隔、正陽鎮税課司局各委府州佐貳官一員監收。凡課程除崇文門、上新河、張家灣及天下税課司局仍舊錢鈔兼收外，餘鈔關税課司局及天下户口食鹽每鈔一貫折收銀三厘，每錢七文折收銀一分，類解本部。其存留者準摺本處官軍俸糧，照在京例每銀一兩折鈔七百貫。從之。

《明實録》弘治二年正月　〔丁丑〕户部尚書李敏復奏：近御史陳瑶以崇文門收税謂臣開利源爲聚斂，又目臣爲民賊，臣陳乞休致，蒙恩勉留，然不敢謝恩就職，蓋以結怨於人故也。凡税課皆勢要京官之家或令弟侄家人買賣，或與富商大賈結交，經過税務全不投税。一旦該官監收，不得遂其私意，切齒恨臣，蓋已結怨於權豪矣。御史陳瑶不知何意，奏欲革罷，詬臣爲民賊，臣具奏論辯，亦以猫犬喻之，是又結怨於言官矣。竊恐讒言將至，禍必旋踵。伏望憐臣老病，早放歸田。奏入，上曰：卿爲國任怨，未免人言。但盡心職務。朝廷自有公論。所辭不允。

《明實録》弘治七年十二月〔庚申〕巡按四川監察御史張鸞奏：在外諸司官例給馬夫十户，户三丁，使之養馬。比來貪冒者皆僉上户充之。巧索無厭，且縱之交通官府，甚爲民蠹，乞别爲之處。兵部覆奏：請每員歲止僉中等十户，户出銀四兩以爲養馬之需，司府官則解送掌印官處分給，州縣官俱於隔别府分僉充，過索者坐以贓罪。從之。

《明實録》弘治十三年七月〔甲戌〕南京吏部等衙門尚書秦民悦等以星變上言：【略】一、蕪湖至南京二百餘里，而客貨兩經抽分，宜罷蕪湖抽分及裁減龍江、瓦屑壩内冗員。自滸墅至淮安五百餘里，而船户三經納料，亦宜罷其一。臨清金沙州等關批鈔，宜以舟料不以貨征。則國課不虧而民力蘇矣。命所司看詳以聞。

《明實録》弘治十三年八月　工部復奏南京吏部尚書秦民悦等所奏。謂南京龍江、瓦屑壩二抽分木局，舊例月給抽分内官茶果鈔三十貫，其後内官掊取數十百倍。乞止令折收銀三十兩，此外有横取害人者，坐以贓罪。荆州、蕪湖、龍江三抽分廠，負抽分物料俱以供修補漕船及光禄寺成造器皿之用。其言内臣干預抽分，漁利害人，請如所奏，行南京工部查處以聞。上是之，命抽分仍照舊例行。

《明實録》弘治十八年六月〔癸未〕浙江巡鹽御史邢昭與布按二司運司官議寬恤竈户事宜，言：鹽課辦納之難易，視人丁之多寡。今擬竈户三丁以下，人免田七十畝，勿事徭役，或六丁或十丁、十五丁。十九丁以下，凡四等，所免田各遞減十畝。二三十丁以上，全户免之。或無餘田，則止免其所有，既免而有餘田，乃聽泒差，若將田准丁辦課者，免如數。或有丁無田者，毋得以他户田詭寄免役。違者究問，擬充竈户，庶悉均而弊可革。從之。

《明實録》弘治十八年冬十月〔乙卯〕户部言，臨清商税，每年折銀錢幾三萬兩，而宣大邊儲告乏。請將今年及明年以後商税俱折銀解邊，預買糧草，俟邊事稍寧，仍舊無收錢鈔，解山東收貯支用。從之。

《明實録》正德二年九月〔丙午〕巡按浙江御史楊滋奏歸併税課局，曰海寧之赭山、湯鎮；曰嘉善之魏塘；曰會稽之傖塘；曰永嘉之南溪；曰平湖之乍浦、當湖；曰富陽之新城；曰餘杭之石瀨；曰臨安之青山；曰秀水之新城及德清、蕭山、餘姚、海鹽、崇德、長興、慈溪、定海、蘭谿、東陽、義烏、浦江、永康、樂清、瑞安、平陽、龍泉、慶元、青田凡三十處，俱以課鈔數少，無商往來，故並之。其課令所屬府縣及附近河泊所帶管。每處留攢典一名，每課鈔及萬錠，量留巡攔八名，餘盡革去，原設官員起送别用。

《明實録》正德五年十月〔壬辰〕監察御史李元言：九門車輛之税，自劉瑾專政，欲如成化初所入鈔必五百四十餘萬貫，錢必六百二十餘萬文，而監受官於常課之外，又多私取，甚爲民害。請斟酌議擬，勿拘定數。下户部商議：以爲宜斟酌輕重，定爲則例，每歲進納約鈔二百萬貫，錢四百萬文，庶國課易足。至於侵尅過取之弊，皆當嚴禁。上是之。每年進納定爲鈔三百三十萬八千二百貫，錢四百二十萬二十一百四十四文，監受官若侵尅，或過收，及縱容索取，以致客商嗟怨事覺，皆罪不宥。

《明實録》正德八年六月　癸卯，禁有司科斂。先是，給事中張潤等因天旱陳言，近日有司剥削軍民，多設名色，錢糧則有加耗，詞訟則有供明，文移則有打點，倒文則有違誤，肆行科斂。宜令撫按官嚴加禁約，少蘇民困，庶天意可回，都察院議。以潤所言，皆有禁例，但法久弊生，請申明之。詔可。

《明實録》正德九年正月〔丙戌〕十三道監察御史羅縉等言：【略】一、自逆瑾用事，創立皇店，内自京城九門，外至張家灣、河西務等處，攔截商賈，横斂多科。無籍之徒，恃張勢戚，私藏厚殖，宜皆查革【略】疏入，得旨：此疏假以求言，奏事煩瑣，不允。

《明實録》正德九年正月〔丁亥〕監察御史施儒等言八事：【略】一、罷皇店。自京師以至張家灣、芦溝橋、臨清市集等處。皆有巡邏，負販小物無不索錢，官員行李亦開囊檢視，莫敢誰何，乞賜停止。【略】不報。

《明實録》正德九年九月〔甲子〕贈御馬監太監于經父泰爲錦衣衛都指揮使【略】經寵倖，嘗導上於通州張家灣置皇店，榷商賈舟車，微至擔負之利亦皆有税，中外怨之。

《明實録》正德十三年三月〔丙寅〕真定等處抽分太監鄭璽奏：順德府之南關、宋家莊，廣平府之曲周縣嘗設抽分，今一切革罷，恐誤供應。乞仍其舊。工部尚書李鐩復議：各處所設抽分，非舊制者業已查革。

璽以歲供不敷爲言，請上裁。得旨復令抽分。璽依阿持兩端而横徵之端復起矣。

《明實録》正德十六年六月〔庚寅〕詔都察院申明累朝禁例：凡都城内外詐冒皇親、太監名目攔截橋道、私開店舍、指稱内府包攬錢糧者，令巡城御史及廠衛緝捕究治，枷號發遣。仍行南京及南北直隸、浙江等處撫按官一體禁約。

《明實録》正德十六年六月〔己酉〕革真定等府抽印木直内臣。山西筏木由滹沱河東販，舊制於真定府設税課司，十取其一，該府委通判一員監收之。歲終内臣監差官印烙，委官運納通州張家灣磚廠，以爲常。正德間始差太監抽分，遂税及柴炭魚菜，民不堪其擾。巡按御史宋鉞請遵詔裁革，且極言太監祖臣姦狀。工部復奏。得旨：抽分太監裁革，該府委官監收，一如舊制。

《明實録》正德十六年七月〔庚申〕南京給事中陳江上言三事：【略】一、通商賈。言通州張家灣密切京畿，當商賈之輳，而皇親貴戚之家，列肆其間，盡籠天下貨物，令商賈無所牟利。宜亟禁治，使商民樂業。疏下户部，復言【略】通商賈俱宜如御史言。上是之。乃禁皇親貴戚家不得列肆奪民産。仍敕御史查不法者以聞。

《明實録》嘉靖二年四月〔壬辰〕兵部覆御史陳伯諒所言京營大弊六事，一謂祖宗設草場資牧放，其後量予耕者，以爲稍入而侵牟相仍，請下原遣御史及總兵官，通查三大營草場安籍履畝，覈其佃種存留並徵收子粒之數，及各營教場菜園地租，或侵欺有收者，具報以俟奏報。一謂外衛京操班軍坐把總等利其行糧，常私放容隱，請自今班軍到部，令司官照册驗實送營，諸營仍聽科道點視以革賣放之弊。一謂諸營提督以下多占軍伴者，宜皆省入隊伍以欽定名數爲籍，額外占役者黜降參奏如法。一謂營官所揀用識字人役，妄稱據房主文倚勢爲奸，宜自奏用書據外，悉還營伍，容留者罪之。一謂諸營各有椿朋銀收貯買馬，其後團營送太僕寺，率銀十兩充一馬，着爲例，今三大營宜如舊自行買補，團或按季籍，以倒失馬匹追補椿朋之數，送部考閱。一謂諸營遇科道至，輒以他伍并入取具，一時積弊已久，宜令諸營疏記食糧官軍舍已到班者，備着册籍，聽科道官黜視議。上以兵營重務，命尚書彭澤會同提督官同心督理，以副委任。諸侵欺賣放私役濫充之弊，務令禁革，不得姑息容隱，餘皆如議行之。

《明實録》嘉靖三年七月〔戊辰〕先是，弘治十年京城九門歲入税鈔六十六萬五千八十貫，錢二百八十八萬五千一百三十文。至二十年後，歲入鈔七十一萬五千八百二十貫，錢二首五萬四千三百文。及正德七年以迄嘉靖二年，則歲入鈔二百五十五萬八千九百二十貫，錢三百一十九萬三百六十六文。至是守門内官監少監王敬疏乞減免鈔錢，已奉旨如弘治年間税例。敬復上疏言崇文、朝陽、東直三門所税錢不足以供，乞如弘治十二年例。下户部議，尚書秦金言各門錢鈔正以備光禄諸司祭品之需，近詔如弘治年例，已減鈔一百八十九萬餘貫，錢三十萬五千餘文矣。王敬貪恣無厭，又欲以弘治中年例行之，則私業益充而公需必乏，惟上裁察。詔崇文等三門錢鈔如弘治初年數，仍減錢三十萬文。

《明實録》嘉靖四年正月〔庚午〕鎮守薊州等處太監李能言：沿邊關堡墩臺無修理費，乞於山海關往來商旅量取其税，貯以待用。疏下户部議，言：設關本以詰姦，例不徵税。且先年詔旨，凡道路關津無名抽取，業已釐革。不當徇私違制妄開利門。得旨從能言，令鎮守、巡撫委官抽取。

《明實録》嘉靖四年二月〔癸巳〕兵部侍郎鄭岳言：山海關徵税非舊例，徒以厲商爲暴，請從臺諫言罷之。上報，有旨第令守關主事凡騎載肩負者勿概徵，每歲所入務核實爲修邊費，有侵匿者，許巡關御史劾治之。

《明實録》嘉靖八年九月〔丙申〕直隸巡按御史魏有本言：各鈔關鋭課，銀鈔各兼收。但民間鈔法不行，而錢價低昂，所在各异，以致收納之際，官民咸稱不便。乞自今俱許折銀。户部復議，從之。

《明實録》嘉靖九年五月〔乙卯〕户部言：今鈔關出納官銀大爲奸利，宜擇所在府州縣廉能佐貳一人，聽主事上秤收，送府州縣貯庫，積至千兩仍同傾銷，季終類解本部。又令各置簿籍登記日放船料之數，主事及委官各掌其一，仍付解官賫送本部稽考。又丈量船隻率多以私意高下，宜令主事驗實收料如舊例，其尺寸奇零悉扣以予民。又山東臨清、杭州北新二關皆兼收商税，宜令商人各以實報照例徵銀給帖，不得投托鋪户。且主事差滿輒去。蠹弊萌生，自今宜令得代方行，未代不許離任。其公廨諸

費著爲定則，於船料中取支，不得倚辦州縣書手。門皂庫役皆從州縣均徭撥用，役滿更人如常。至於奸民招接船户、侵克料銀爲商害者，宜懲以重法。凡諸禁革事宜即行諸鈔送遵守。詔如議行。

《明實録》**嘉靖九年九月**〔癸巳〕先是，慶雲侯周瑛、錦衣衛指揮使蔣山俱以開店河西務邀截商賈、侵漁小民、虧損國課，爲巡按御史所劾，罰禄俸三月。而瑛、山怙勢，開設如故。至是，户部監税主事翁萬達復劾之。上以瑛、山俱係國戚，姑置不問，店房俱令查革。其投充家人撥置生事者下法司治之。

《明實録》**嘉靖十一年十二月**〔乙酉〕詔江南白糧上用者，加徵耗米一斗；内官監供用庫酒醋麵局者，五升；水耗抛撒三升；節包解面二升五合。著爲例。

《明實録》**嘉靖三十一年六月**〔戊辰〕兵部覆原任南京兵部尚書韓士英條陳馬政。

一、上江二縣歲出馬給南京諸營，民力不堪，宜量於江南所輸京師折色馬一千九百餘匹中，改本色二十之一給南京營，每匹如例補價十八兩，類解兵部，以充歲數。

一、南京諸營馬當下圩者，圩舊在鎖南等衛和尚港，銅井諸處。濱江曠野，收事不便，宜令人佃之，易以各營教場及京城内外三條街，鷄鳴山等場。

一、南京内外守備自正德間增設之後，每十日至役馬四百匹，歲費芻豆以巨萬計。今所增守備已革，則馬亦宜減。

一、養馬宜順其性，夏秋馬等青草而以宿藁予之，是空費也。宜月給軍銀三錢六分，令買青飼馬。

一、各衛草場自嘉靖九年命御史清查後，二十餘年矣！奸民期隱豪右兼并，歲不可問。宜復令屯田御史且覈之。

一、馬户納馬，本部所司既具覈復，又歷内外守備及兵科，展轉稽淹，動盈月餘，以爲民累。今宜獨令該司及兵科驗給馬户寧家次日諸營馬隊，但以牒報守備。凡營馬不堪，即責馬户買易，爲累甚多，宜合每馬一匹，量加銀一兩。

一、原編馬户四十八名，歲入消乏，乞許該司會同科道添派，分上中下三更班馬。報可。

《明實録》**嘉靖三十一年十月**〔壬申〕御史徐紳言：邇者太僕寺以兵興乏馬，每歲預徵明年備用馬給之，民力不堪，然其勢不可驟免，請以三年之逼，漸減一年之徵。自三十三年爲始，預徵次年者，免三分之三，行之兩年，漸復全額。兵部覆可詔允行。

《明實録》**嘉靖三十四年閏十一月**〔癸未〕錦衣衛都督陸炳言：在商人比因估價虧折，領銀過期，上納不前，率多逃竄。不得已審編鋪户。乃有力者百計營免，惟貧民坐受其困。乞敕該部照時估外，量加羨餘，依限給價，使民樂趨。詔從其言，仍命工部將鋪户納過錢糧，未經領銀者查給。於是工部議將商人僉換，三年更替。上曰：鋪户見充者不必更選，惟貧乏者審實退换。

《明實録》**嘉靖三十八年十月**〔戊戌〕巡按御史孫用上言：居庸關南口原設有抽分官，每歲支商税銀七百兩送隆慶衛，與原編均徭相兼供應。近因宣、大荒欠，商販不通，無從抽税。始徵關軍票銀代之，今歲稍豐，商貨出入漸多，宜議復抽税課，以省各軍票銀之費。户部議復。從之。

《明實録》**嘉靖四十三年九月**〔辛酉〕詔於江西湖口縣南湖嘴增設抽税衙門一所，令通判一人領之。凡商船由湖口上流至江西下流至蕪湖者一體徵税，輸之九江鈔關，年終類解。從撫臣周相奏也。

《明實録》**隆慶元年七月**〔庚申〕酒醋麵局署局事太監馮明等請加派米麥芻餉以完經費，户部左侍郎徐養正等執奏，此奉詔所裁省，明等違例妄請，不可許。上從部議。

《明實録》**隆慶六年六月**〔甲子〕各處該納諸色課程，門攤、商税、魚課、棗株、鈔貫、茶課、顔料、牲口、藥材等項，除已徵在官外，其餘小民拖欠未徵者，自隆慶五年以前悉免。今歲量免十分之三以甦民困。

一、兩淮、兩浙、長蘆、四川，各鹽運司，鹽課司、提舉司，拖欠遠年鹽課，除已經開中有引照舊煎辦給商，及存積在官聽候中賣外，其餘自隆慶五年以前，未經開中，額數拖欠或存積年久，風雨消折等項，巡按御史勘實，一體蠲免。遇有納剩餘鹽或小民自行煎辦鹽斤不多者，仍照舊例

許令本處貿易，不在興販私鹽之例。

一、先年加派光禄寺廚料銀兩，已經户部議改濟邊。今雖急用，但前項錢糧原係額外，豈可重累小民？詔書到日，除已徵在官者仍解部外，以後年分悉行停止。不許朦朧派徵。

一、各處鈔關錢鈔本折輪徵，折色解部濟邊，本色解送天財等庫計。今該庫見貯數多，將本色暫行停止，俱令徵收折色，三年接濟邊儲。如有應賞錢鈔不敷，户部另行議處。

一、陝西沿邊又兩廣等處，軍民田地先年被賊蹂踐拋荒者，及各處荒閑官民田地，各該巡按御史，按察司官勘實具奏。該徵夏秋税糧，農桑絲絹，户部悉與蠲免。仍聽本處軍民不拘土著流來諸人，但有情願承佃，有司驗畝給撥，三年之後，方許量行起科，就於本處倉廒送納，先將給擬過人畝姓名數目册報户部查考。

一、各處沿河、沿江、沿海洲蕩漲出田地，或係先年坍塌有主者，所司查明照數給主種辦糧草，或係無主新漲而爲豪強擅利者，盡數查出，計畝酌量陞科即充補拋荒所逋正糧。有司先將撥給過地糧數目册報户部查考。

一、各處審編差役，原有正數節章，有司指稱别項名色紛紛加派，及一應無名供應之類，科需既繁，賦税無出，閭閻蕭索，實爲隱憂，詔書到日，各有司官即照舊額速行改正，此外不得擅科一錢，擅增一役，撫按官務要查參治坐贓罷黜。

《明實録》**萬曆五年七月**〔乙卯〕先是，南直隸歙縣以絲絹偏累，已具奏分派。而户部尚書殷正茂，歙人也。議加派休寧等五縣三千餘金，已奉旨移咨矣！至是休婺大譁，挾求申豁，以正茂私其鄉欲甘心焉？人情洶洶。事聞，得旨：該撫按查先年派額從公議豁，務令通宜。其爲首倡亂者盡法重處，以振法紀。

《明實録》**萬曆六年七月**〔丁巳〕刑部覆：應天撫按胡執禮等題稱婺源縣民程任卿藉稱絲絹加派不堪要欲分派休、婺、祁、黟、績五縣，鼓煽生員汪時等十五名，聚黨脅迫官吏，逼求申豁，幾於作亂。程任卿允宜擬斬，其餘或擁衆抗官，或乘機罔利，各擬編遣行枷示如律。得旨：各犯聚衆毆官，敢行稱亂。程任卿、汪時着監侯處決，餘依擬發遣發落。

於是該撫按官會議，以絲絹派復歸歙縣，則舊制不變，五縣之民既各輪服，以歲辦均派六縣，則政體公平，歙縣之民亦無編累，今後將徽州府人丁絲絹折償六千一百四十五兩三錢復歸歙縣，其歙縣均平歲辦等項算多銀二千五百兩，仍今歙縣納五百三十兩，餘者休、婺、祁、黟、績五縣攤之。報可。

《明實録》**萬曆八年五月**〔甲戌〕南京户科給事中傅作舟上時政四事：【略】一、議淮安榷税之繁以惠窮民。謂淮設有四税，乃一時權宜之計。舊衹本府委官查收，今則創爲四税府，剥削無厭，怨咨莫控。宜行彼處撫按官查議禁革。仍裁一切供應冗費，以寬無藝之徵【略】疏下該部，各如其議而酌復，上從之。

《明實録》**萬曆十一年三月**〔丁酉〕兩淮巡鹽御史任養心條陳四事：一曰革私税。淮商除揚州、清江、鈔關有船税，儀真、南京、淮安有割没，江西、湖廣有引税，俱係國課正供。餘各府州縣科索搜求，有船税，遇關錢等項，動稱公費不報，循環不止，兩淮凡行鹽地方，悉宜禁止。二曰革牙行。淮南淮北二所被積棍給帖充行科歛，商人派取供應每歲吞噬不啻萬兩，應于各衙門首竪立木榜通行。嚴禁操撫，衙門不得聽囑批允，以紊職掌。三曰禁荆屬私販。荆州府所屬原係兩淮行鹽地方，被豪猾買食川鹽沮壞國課，乞要禁止川販，照舊于牛口等關添設兵快哨船巡緝。四曰濬運鹽河道。自吕四場至泰州迤東運河一道，尚未挑濬，舟楫難行，商竈不便，乞動支河工銀二萬，募夫挑濬。部覆俱如議。

《明實録》**萬曆十一年四月**〔癸丑〕南京河南道御史方萬山條陳四事：【略】一、臨清關舊額二三萬，今加至八萬。貨入運河，臨清抽六分。至河西務者抽補四分，至京者崇文門亦然。今崇文門仍取十分，雖有臨清之票勿問。宜如舊例。一、淮安牙行脚夫等税與窮民較纖毫之利，瑣屑已甚，宜速蠲裁。一、省上私設税課，無處無之，宜嚴行查革。下其章於户部，部復謂：【略】淮安税行漕運衙門酌處。餘如議。

《明實録》**萬曆十三年十二月**〔辛巳〕先是，湖廣道御史王學魯言，南京龍江關與蕪湖密近，抽税頗重，當議裁併。南工部右侍郎張孟男言：二關設於洪武六年，每歲計七萬七千餘兩，皆供國需，正額與新設者不同，仍舊便。上從部臣言。

《明實録》萬曆十四年正月〔丁巳〕巡撫浙江兵部右侍郎兼都察院右僉都御史温純題：浙省南北二關開設已久，南關竹、木、板、枋無分正額、多餘，俱應抽分，難以議免。其北關税銀原額各止數千，近乃增至四萬，相去太遠，使非苛取，何以得此？據開卷軸等項，其物甚微，既不應税；既税，亦不甚多；而在貧民實苦剥削難堪，相應禁免。從之。

《明實録》萬曆十四年二月〔己卯〕户部覆奏：延寧鎮大小二鹽池之課，原議抵充兩鎮軍餉銀兩，乃行之未幾，鹽課短少，不獨旱荒之相仍，亦人謀未周，地利未盡，因革失宜，調停未當也。今總督部光先講求區畫，條爲八事：一、議拓池地以收遺利。一、議增壩夫以便撈辦。一、議壩夫工食以貢用工。一、議掣支以恤商困。一、議建鹽房以便積貯。一、議貯引目以一事體。一、議革攙越以釐宿弊。一、議立考課以示勸懲。相應依擬。上從之。

《明實録》萬曆十五年六月〔甲申〕命臨清鈔關應徵船料商税，自萬曆十五年七月初一日爲始，逐年本折兼收。一半折色，解銀太倉，其一半本色，查照現年事例，除七分扣二分外，斜應解錢鈔賫令經收庫役照數買完，每年分爲兩次解送廣惠庫效納，凡河西務、滸墅、九江、淮安、揚州、北新等各關亦照此例。

《明實録》萬曆十五年六月〔甲申〕户部覆巡倉御史傅霈題四事：一定門税，一增腳價，一負船户，一嚴舉劾，從之。命臨清鈔關應徵船料商税，自萬曆十五年七月初一日爲始，逐年本折兼收，一半折色解銀太倉，其一半本色查照先年事例，除七分扣二分外，將應解錢鈔責令經收事庫役照數買完，每年分爲兩次解送廣惠實交納，凡河西務、滸墅、九江、淮安、揚州、北新等各關亦照此例。

《明實録》萬曆十七年六月〔癸巳〕巡視芒溝橋御史胡克儉言：馬鞍山新城橋每車税錢五文，馱税三文，擔者二文，負者一文，甚至徒手過者亦不免，士民謂此橋日得萬餘錢。至紅橋視前又甚。計二橋所獲，歲不下七八千金。前五月間有商人告稱，木一筏抽大木四根。不惟侵民之利，而且撓國之税，所當處分者也。得旨：橋梁本爲便民，抽税照舊行，但不許下人生事。

《明實録》萬曆二十二年正月〔丙午〕户部覆刑科左給事中馬邦良疏各商拖欠錢糧并條議八事：一、酌緩急。各庫物料偶缺，候解到支用，不得輕議召買，聽奸商領銀。一、酌本折輕賫銀兩解到，掣批先回免其守候。本部選商辦納，立限完銷。一、酌時價甲丁等庫召買物料與秋收物件，因歲豐歉會估不同，合以上年估定之數爲準。一、酌用倉，審存富商查革積棍。一、酌解户，須殷實正身。一、酌親納，不許歇家攬頭侵騙。一、酌類解，不得零星以滋煩累。一、酌青成，坐委驗糧司官管理一年方許更替。疏入，如擬。

《明實録》萬曆二十四年十月〔庚午〕户部題徽州府税契銀俱照各省直，每兩三釐起數，原税每兩二分，以其獨重，議改。從之。户部題：雲南賦役，各將應徵税糧徭費數目增編役，每歲實省銀一萬六千八百五十餘兩，黑白安五肆提舉司原編歲用并續增應朝路費。每歲一裁省銀六百九十三兩著爲令。其總理左布政使楊芳等應加紀録。從之。

《明實録》萬曆二十八年三月〔辛酉〕先是，户部題：税務二兩以下盡數收錢，二兩以上銀錢各半，原爲疏通錢法，急濟邊餉。提督保和二店内官張隆：題本店轉收條船銀兩，係充聖母宮用，解錢未便，乞宣課司條船仍舊徵銀。上從之。

《明實録》萬曆三十年四月丁未，大學士沈一貫以上與南京守備太監邢隆徵收徽寧二府買產税契銀敕書關防，上疏争之曰：税契之制起于民間，買產恐有後争，祖宗立法，每十年造册之時爲之官印契尾以資信守，因而稍税紙錢非爲利也。近年户部因邊餉無措，每兩由三釐增至三分，止充濟邊之數，已爲非藝之徵。今又收入内帑，則户部不免束手待斃矣。且原題盡天下歲入可得十萬，今乃云徽寧二府可得十五萬，何其言之太易耶！彼徽寧二府土地幾何？雖使寸地尺土無不换主，決無五百萬交易之理，十五萬税從何而取？明是奸人賺此一敕以爲百計誅求之端，小民何辜，有不生心造謀者乎？伏望深惟利害，追寢前命，免寫此敕。不然則明示邢隆循每兩三分之制，隨其税銀多寡盡數解進，不必拘定原數。其原奏土民吴良輔等不許預事以恣，止令有司防奸緝弊，毋容漏卮，則人心不驚，國課有出，雖有妨于户部，猶無損于皇仁，臣不勝涯懇。不報。

《明實録》萬曆三十二年二月〔癸巳〕福府承奉謝文銓奏補額賜店税，欲於崇文門外空店一所，盡致進京貨物車輛住宿。其中每年約有一萬

四千兩税銀，查照潞府事例，宣課司徵條解用。户部尚書趙世卿言：若如此，是房租也，牙錢也，似與潞府之例不同。且住宿安店。一夕之租錢幾何？必不能一萬四千兩。奉行稍過，勒措重科，商賈一旦罷市，且並崇文門原税失之。况空店有無，情節尚未查明。惟皇上細心裁奪。上曰：王府養贍，有潞王事例，此店租故特準耳。爾部既如此説。着差司官公同福府承奉查勘明白，毋拘原奏一萬四千之數。立法聽從民便，酌量多寡，徵收本府供用。

《明實録》**萬曆三十二年五月**　户部題復：崇文門外店税，福王清除五款，獨將各項客商雜貨入官店發賣。因奉旨行查，反復思維有必不可行者。蓋歇店原曰收租，今改徵税；開店原議停宿，今兼發賣，款列如此，施行可謂端外生端；無論漸及五款，更有不止五款者。如萬曆二十八年四月内棍徒劉大倫亦常建議京城抽税，旋即嘩然騷動，幸而特旨隨罷，民心稍安。萬一事在必行，其爲蕭墻之憂有不忍言者，惟皇上深思細察。留中。

《明實録》**萬曆三十四年八月**　〔丁酉〕廣東、廣西、山西督、撫、按各上税課額數。廣東正額一十五萬九百二十三兩，加方物銀三萬兩；廣西正額五萬一千八百二十餘兩，加方物公費銀六千三百八十餘兩；山西正額四萬五千二百兩，加方物公費銀五千七百一十七兩。命特減廣東歲各一萬，停解廣西鹽税銀，一千一百五十六兩留充兵餉。皆從撫、按議請也。

《明實録》**萬曆三十七年三月**　甲午，工部侍郎王汝訓言：税使所不撤者，徒以助工爲名，今火工方興而所各處税銀，河南以營造福王留，湖廣以脩理顯陵留，南直浙江以織造袍服留，陝西以織造羊羢留，儀真滸墅等處以災傷留，川湖以採木留，山東近奉旨解蘇州等府賑濟。其未題留者不過數處耳。何若以各處税銀盡行停止，而亟發内帑數百萬及行各省直議處按濟之爲長策。不報。

《明實録》**萬曆四十三年六月**　〔丙亥〕應天巡撫王應麟請將蕪湖、滸墅二税盡行蠲免。言：恩詔内一款，凡近京零星小税準與豁免。皇上前已允臺臣請免蘆溝小税矣。兩京並重而陪京尤爲根本，乞並罷之。户部議復，上曰：這所奏蕪湖滸墅額税準免三分之一，其餘税銀着遵旨照舊徵解，税監類進應用，不得再來瀆擾。

《明實録》**萬曆四十三年九月**　〔壬辰〕大學士吴道南請罷湖口商税。言：臣江西人也。舟行往還必於鄱湖，此湖水勢連天，一出湖口，瀰涔駭目，其前兩山突出，僅餘一口數十丈，平時舟人非柴米甚缺。不敢少泊。自設税以來，舟過其處，凡報税、驗税、交税，輒經數日，雖傍湖開一小渠，又皆塞滿。航泊處只得下錨於江中，西風一發，錨拔索斷，數舟相磕，頃刻敗壞。臣扼腕傷心久矣。自有撤回税使之旨，臣心私嘆，以爲今而後皆皇上之再造。時雖歸併有司，猶恐泊舟如故。臣敢冒死瀝血乞皇上豁此數萬金，以爲蹈不測者超旦夕之活。况今各處饑荒，皇上且普賜蠲賑，以活之於死中；則此無勞於救，而可振民於風波之厄。又何憚而不蠲也。不報。

《明實録》**萬曆四十四年二月**　己巳，免順大府屬過路、落地二税以府尹李長庚言：州縣疊罹災傷，民困殆盡，間臣復代爲靖遂從之。

《明實録》**天啓三年閏六月**　〔己巳〕南贛巡撫傅振商言：贛州章貢二水之要津，舊有橋税以供贛軍京邊宗禄之用，吏書謄軍隱扣弊端，遂不可問。臣酌議照南雄一例印票給發，至贛州府填簿，將票給本商執赴管關官，納税收票，並單登簿，逐月申查。如是京邊宗禄外，儻商貨偶多，但有餘羨即收入庫以備軍餉急需，不許別項濫支，别衙門取用，商賈軍實兩便。如是月計歲積，久久相因，不惟可以補營餉，且足以備緩急之需。得旨：給票稽查果足恤商清税，著即永爲遵守。

《明實録》**天啓三年九月**　〔己酉〕刑部尚書孫瑋等疏言：工部題參諸商事關錢糧侵欠，惟工部四司知某商有夥役，某人有役過等項，可以抵補，某商有未完見役可以帶銷，某商有產業若干，可以變賣免官。除各犯本部正法外，其錢糧應送工部追比。又請自今以往，凡各衙門參送實有發覺者，免將人犯拘禁，勿令聞風先逃，止以空文見遺；勿令多人潛逸，止以一二到官。至于兵馬司官，年終例有巡城御史舉劾，届期容臣部司務廳備查各坊也，未完事件分别嚴追開送各城以爲殿最。皆允行之。

《明實録》**天啓五年十一月**　〔戊申〕工部以殿工急需物料，商人因税阻滯，請免税以勸來者。上從之，仍命户部行一切内外關津門禁，凡係殿工物料，俱照例免税。

《明實録》天啓六年六月〔己丑〕御史李時馨奏：江北災苦異常，乞分别改折。得旨：江北久苦異災，委宜分别改折，以蘇屯困。姦弁鐵有功等徵收屯糧，侵欠至一萬二千有奇，是何法紀？著勒限嚴追免充餉。

《明實録》天啓六年六月〔己卯〕刑部覆：原任貴州監軍僉事越其杰，行撫按追賠糜餉三千兩，完日發遣，依擬。

《明實録》天啓六年閏六月〔己巳〕南贛巡撫傅振商言：贛州章貢二水之要津，舊有橋税以供贛軍、京邊、宗禄之用，吏書虧單隱扣弊端遂不可問。臣酌議照南雄一例，印票給發，至贛州府填簿，將給本商，執赴管關官納税收票，並單登簿，逐月申查。如是京邊、宗禄外，儻商貨偶多，但有餘羡即收入庫，以備軍餉急需，不許别項濫支、别衙門取用。商賈軍實兩便。如果月計歲積，久久相因，不惟可以補官餉，且足以備緩急之需。得旨：給票稽查果足恤商清税，著即永爲遵守。

《明實録》天啓六年九月〔丙子〕巡撫福建右僉都御史朱欽相言：近奉明旨停止榷税，此浩盪皇仁，臣子敢不仰體。惟是閩中税分新舊，海澄洋税與福州税課司從來額徵以給兵餉，且彭湖向爲紅夷竊據。今築城增兵，遠海長戍，儼然一重鎮。兵不可撤，則舍洋税餉無所出。相應仍遵前旨以濟急需。若閩安竹崎等關則萬曆年間新開之税也，新税已停無容再議。但未奉旨之先，已收過閩安等税四千餘金，倘蒙留抵新餉，固出特恩，若以大工浩煩，仍當解助，非臣所敢妄覬也。得旨：海澄洋税與福州況課司從來額徵以給兵餉，準照舊行，不得與新税同免。其收過閩安等税銀四千餘兩，仍著解進以助大工。

《明實録》天啓六年十一月〔庚寅〕以河南山東各府節年拖欠芝蔴一萬二千九百餘石，黄蠟二萬八千五百餘觔，奪各該府知府郭竹徵、王建和、樊時英俸，俟督催完日方許開復，不得朦朧陞轉。守催官彭竟泰躭延違悮，削籍爲民。

《明實録》天啓七年七月〔戊子〕移内市於玄武門。聖諭：朕念成周盛時，禮制所載，匠人營國朝市井。我祖宗則而法之，其意良是。朕踐祚之始，正逆奴方熾，朝殿未興，遂將内市暫移北安門外，於今七年矣。器物頗覺不敷，溷褻殊非長策。【略】可將内市自八月初四日爲始，還遵累朝舊典，仍移於玄武門外。着該衙門嚴加巡緝，禁止紛囂。皇城各門都盤詰關防，毋得疏怠。復我祖宗以來面朝後市之典，昭朕軫恤商民至懷。

《明宣宗寶訓》卷二《恤民》宣德元年四月辛巳，山東清理軍伍，大理卿湯宗奏：濟南等府去年七月至今年三月無雨雪，麥苗焦槁。工部派買顔料甚急，乞暫停止。尚書吴中言：顔料皆陵寢殿宇待用之物。上曰：山東之民，祖宗之民也。艱難如此，祖宗所不忍爾，可以苛急擾之耶？其悉停罷。

《明宣宗寶訓》卷四《恤災異》宣德三年六月癸巳，上諭行在户部臣曰：霖雨久不止，水潦泛溢。今城中薪芻湧貴，凡有運載入城者悉免抽分。違者罪之。

《明武宗寶訓》卷二《恤民》正德十二年六月己未，詔查革天下新設抽分處所及禁約各鎮守衙門横索助貢等項銀兩，從御史胡文静奏也。

（明）談遷《國榷》卷三《太祖洪武元年》四月辛丑朔，定木棉麻徵額，麻每畝八兩，木棉畝四兩，栽桑四年科之。

（明）談遷《國榷》卷四《太祖洪武四年》三月辛丑，許山東、山西、陝西歲辦鹽課，即貿其地棉布備軍裝。【略】〔癸卯〕山東、山西鹽課折收銀布，赴大同易米餉軍。

（明）談遷《國榷》卷四《太祖洪武四年》〔九月〕分遣御史往山東河南北平覆鹽課逋賦。

（明）談遷《國榷》卷五《太祖洪武七年》〔四月〕癸亥，彰德府税課司税及瓜菜柿棗畜牧飲食之物，上以苛細，罪之。

（明）談遷《國榷》卷六《太祖洪武九年》〔六月〕庚戌，山西平遥主簿成樂考滿。汾州上其考曰恢辦商税。上曰：商税有限，額外恢辦，苛矣，且于民事無裨。命訊之。

（明）談遷《國榷》卷七《太祖洪武十三年》〔六月〕庚申朔，免太原大同鹽課。

（明）談遷《國榷》卷七《太祖洪武十三年》〔六月〕許叙州重慶輸布代絹。

（明）談遷《國榷》卷七《太祖洪武十三年》〔六月〕戊寅，諭户部：軍民嫁娶喪祭之物，如舟車絲布等，皆勿税。

（明）談遷《國榷》卷八《太祖洪武十九年》〔十一月〕庚申，免大同鹽税虧額。

（明）談遷《國榷》卷九《太祖洪武二十一年》〔二月〕遣官閘辦四川六番茶課。

（明）談遷《國榷》卷九《太祖洪武二十二年》〔十二月〕是年，定民牧法。初民間各牧馬一歲納駒一，至是五家共牧馬，納駒一，闕駒納鈔七百貫，家牧牛歲納犢一，其牛馬俱屬監羣。種馬北七萬南三萬，歲五馬，俵解一匹上京。

（明）談遷《國榷》卷九《太祖洪武二十三年》〔正月〕增江北馬户。初，江南十一户牧一馬，江北户一馬，至是均之五户牧一馬，馬二，官歲徵一駒。

（明）談遷《國榷》卷九《太祖洪武二十五年》三月壬午朔，罷民間歲輸馬草。

（明）談遷《國榷》卷一〇《太祖洪武二十九年》十二月庚寅朔。壬辰，山東、河南新栽桑棗，俱免起科。

（明）談遷《國榷》卷一〇《太祖洪武三十年》〔正月壬申〕除黄河兩岸魚課。

（明）談遷《國榷》卷一一《惠宗建文元年》〔二月〕免民賃舍錢。

（明）談遷《國榷》卷一三《成祖永樂元年》〔正月〕甲午，定牧馬法。牧馬一配牝馬三，歲課一駒，給軍士，非徵發不得擅遣。

（明）談遷《國榷》卷一四《成祖永樂四年》〔七月〕庚子，除四川絶户茶課。

（明）談遷《國榷》卷一五《成祖永樂九年》〔二月〕丙辰，詔赦交趾。停採金銅，罷鹽鐵魚課等項三年。

（明）談遷《國榷》卷一五《成祖永樂十一年》〔十二月〕什邡縣自永樂五年來虧茶課十六萬六百五斤，乞輸鈔。上念民艱，悉蠲之。

（明）談遷《國榷》卷一五《成祖永樂十年》〔七月〕辛丑，免四川通江縣茶課。

（明）談遷《國榷》卷一五《成祖永樂十年》〔十二月〕四川安縣茶課不登，折鈔。

（明）談遷《國榷》卷二一《宣宗宣德六年》〔六月〕甲辰，温州商税收鈔，從知府何文淵之請。

（明）談遷《國榷》卷七〇《神宗萬曆七年》〔二月〕定邊餉，薊鎮五十七萬二千一百餘金，密雲五十二萬九千五百六十金，昌平鎮二十二萬六千八百五十金。

（明）談遷《國榷》卷七一《神宗萬曆九年》〔十一月〕增雲南歲進九成金千兩，雲南始嘉靖元年徵千金。至是，再加二千金。户部言民困，上終半之。

（明）談遷《國榷》卷七二《神宗萬曆十一年》〔七月〕戊子，户科都給事中蕭彦等上五事：曰積穀。州縣積穀，制也。郡積穀，非制也。撫按贓罰，解京者亡，論其二分備賑與司道贓罰并付有司通算可也。曰商税。河西務至張家灣，百里之内，轄者三官一貨之來，榷者數税。夫船料，舊也。條船，非舊也。出店入店皆税，非舊也。淮安四税，理無重複，均可罷也。曰催科。今錢糧完不及九分，住催又宿負帶徵，是一年完十分以上也，如九分之議，則不得復算帶徵。曰鹽法。河東水患，鹽花不生，澆洒日行，則鹽糧日薄。今陝西苑馬二池亦河東所轄，鹽積若丘山，試舉而轉移之，令商人納銀河東，支鹽陝西之二池，三年之後，不爲例可也。曰邊儲。榆林四望不毛，災荒日甚，宜借用客本建厫，西則收寧夏餘糧，東則收興臨保德餘糧，以待不時之乏。户部覆從之。

（清）查繼佐《罪惟録》紀卷五《宣宗紀》〔宣德四年〕五月，初設鈔關。

（清）查繼佐《罪惟録》紀卷九《憲宗紀》〔成化二十一年夏四月〕免租。山東、陝西、四川、蘇常二府江北、河南、山西。設法賑濟。抽分杭州、荆州、蕪湖竹木。五月，停買獅子，給京師流民米。

（清）查繼佐《罪惟録》紀卷一〇《孝宗紀》〔弘治元年戊申閏正月〕取回各處抽分御史。

（清）查繼佐《罪惟録》紀卷一〇《孝宗紀》〔弘治六年秋八月〕復户部官管鈔關。

（清）查繼佐《罪惟録》紀卷一〇《孝宗紀》〔弘治十三年〕冬

十二月，停抽分御史。

（清）查繼佐《罪惟録》紀卷一二《世宗紀》〔正德十六年秋七月〕禁山海、廣寧、遼陽内臣抽分。以楊廉爲禮部尚書。免正德以來應天加耗米十三萬餘石。

（清）查繼佐《罪惟録》紀卷一二《世宗紀》〔嘉靖元年三月〕禁京城造酒及淮安造麴，修一切興來功。【略】禁渾河等處抽分。

（清）查繼佐《罪惟録》紀卷一七《毅宗紀》〔崇禎十一年〕三月，召對考選官於左順門。知縣曾就義以議加派稱旨，擢第一，未幾即有勦餉、練餉之加。

（清）查繼佐《罪惟録》志卷五《藝文志》〔洪武元年〕六月，令書籍與田器不得徵税。

《明史》卷一六《武宗紀》〔正德元年〕夏五月丙申，減蘇、杭織造歲幣。六月辛酉，禁吏民奢靡。免陝西被災税糧。

《武定土司檔案·賞準給照事雍正二年三月七日》 慕連鄉孀婦那海氏謹禀大老爺鈞座：敬禀者，爲叩天賞準給照，以杜刁誣事。竊氏叩蒙各位大老爺格外施恩，將那德溥所占十三莊斷給還氏，已蒙天恩頒示給領在案。内有永西一莊年納喇誤銀兩，歷係氏夫催納多年無异。不幸氏夫故後，彼等欺氏孤寡，同謀反去投認德溥爲主，自行完交催頭，即上年氏承領此莊亦不聲言。不料有催頭劉朝於中調唆，反行捏騙割蕎麥一案，蒙察秋毫，姑準銷案。孰意刁彝謀心未遂，將氏所領告示搶去，意欲令氏數百年之祖莊化爲烏有，且大老爺培植之盛心盡行淹没，不得不具實禀明，伏乞天星做主。俯準給照，將大小永西一莊喇誤錢糧勿令假手催頭，仍着氏自行親身完納，庶刁彝知有法紀，村莊各有攸歸，彝民幸甚，頂祝無既矣。爲此一呈。察本府大老爺臺前。

雍正二年三月初七日具禀孀婦那海氏

《武定土司檔案·以便辦納錢糧事雍正二年四月初九》 茂連鄉監生那德洪謹禀大老爺鈞座：敬禀者，爲懇恩賞給遵照，以便辦納錢糧事。情緣洪接奉憲牌飭令承管喇誤村莊，着洪投遞親認狀，總計彙收，分限完納，洪無不凜遵。竊洪所管喇誤錢兩、人户不一。洪遵將各村細查年納額數投遞親身認狀，按限憲納。但其餘納户雖屬拮據，猶樂於急公内有大法塊昇祖，二村刁頑异常藐法欺官無所不至，凡應納本州夫草秋税各項俱違抗不前，動輙欲以人命相騙，抄搶報告，洪屢經墊陪，今若前往伊村收喇誤，伊等不以洪爲奉公催收，恐謂洪私行科派。妄爲設騙亦未可知，不得不預禀天臺賞給遵照，以便管業征收照額完納，庶刁風得息，公事可辦矣，爲此一具禀本府大老爺臺前。

雍正二年又四月初九日禀。

《武定土司檔案·飛壓錢糧事雍正二年八月十四日禀》 茂連監生那德洪謹禀大老爺鈞座：敬禀者，爲禀復事。於本月初三日誤泥革十月生等具控飛壓錢糧等情一案，蒙批着監生據實回復，如敢捏飾，定行嚴究等因。奉此無敢不遵。竊緣誤泥革條銀四兩原係伊等額納之條銀。雖名爲誤泥革條銀，其實身負此銀之人、有在古裏住者，有在古普咱喇住者，共十餘户完此四兩之數，原不止誤泥革之鋪希二人也。接年以來，監生照數催收完納無异。昨於前任范州主平糧造册，只免身差喇誤，並不免身差條銀，通州皆然。且小環州條銀並不免分厘，實征可據。因鋪者、十月生等攬衆生端，不查來歷，概稱豁免，將各納之銀收去一二兩不等，肥已只雲出府安置，已經開除命伊等不必完納。於〔康熙〕六十一年監生代伊等完納四兩，後着人向各納户催收，鋪者等堅執不肯完納。雍正元年分懸欠不敢征收，命伊等赴洲查册，或免與不免自行清楚完納，監生隨具禀本州着催差武國用到彼連催數次，伊等吱唔不赴完納，州内見鋪者等拖逋不前，吩咐此項銀兩只向監生征收，令監生復向伊等催納。昨於本年將監生所上本麵條銀扣伊等〔雍正〕元年分所欠之數，監生無可如何，於七月内着人唤鋪希二人到舍，諭以未曾豁免，因何抗不赴納，若當時果行開除。則今日衙門中豈有復行追求之理，爾等可將新舊三年共銀十二兩急速辦理，以完官款，以免貽累，伊等當即承認歸家，原無捆綁鎖打等事。竊思監生幼讀詩書，稍知理法。凡有官款，只於正貢之内催辦完公，原不敢飛壓科派，況今册卷炳然，監生何能賠償？且誤泥革之田收租二十五石係昔年監生父備價承買，另有錢糧原與伊等之四兩條銀無涉，亦非伊等開挖，現有田主老佃可憑。今十月生等捏情借故妄控監生以飛壓是欲誣人掩已抗違錢糧者也。伏乞天星高懸秦鏡，賞查州册實征果否飛壓，目見屬實，庶監生免遭誣陷，錢糧得以辦納矣。原奉憲批，理合禀復，爲此具

稟。須至稟者，一具稟本府大老爺臺前雍正二年八月十四日稟

《武定土司檔案·備陳始末事雍正三年三月初四日》　茂連鄉監生那德洪謹稟大老爺鈞座：敬稟者，爲備陳始末，祈天電察事。緣監生祖父住居茂連歷經數代。而境内漢彝雜處盜賊擾攘，錢糧逋欠甚多。因生祖父系屬長房，蒙各憲立爲土舍，自插甸猴街以内督責地方錢糧事務。凡衙門需用等項；着令土舍照額規催辦應酬相沿已久，及至〔康熙〕五十四年署州主李太爺詳文甲，革去土舍，一切差徭俱照漢方應辦。而那門弟及境内有糧者皆撥去親身各完各款，各當各差，監生並不干預絲毫，是以昔日則有茂連土舍之名，而今無土舍之實，難瞞合府耳目，前奉鈞示購買馬匹實係軍需大事，焉敢抗違，奈監生本面前已盡力奉公備辦，今復蒙差到，監生四處搜求，萬難尋覓，非敢欺誑，查出甘罪無辭。其伊等有村莊人口地土錢糧，即有緊要公務，應宜協同辦理。今彼等不惟不由監生約束，反稱壓派等語，監生只得甘受其苦，不敢聲言，理合稟明。伏乞天星俯念孤苦，俟後一應公務賞準照各户指名備辦，庶責有攸歸不致違誤，監生亦免受伊等嗟怨矣，爲此具稟。須至稟者。右稟本府大老爺臺前。

雍正三年三月初四日具稟監生那〔德洪〕

《武定土司檔案·投税收糧事乾隆九年》　木希革張星焕弟兄投税呈子。批：張星焕等於乾隆七年杜絶此田，何故不即令馮維新出結投税？其中顯有情弊。即無别故，星焕亦有漏税之罪。且此田現在搆訟未結。而閲粘連各契價值懸殊，種種互异，星焕等似非善類。該生置産何處覓有，乃欲蹈落茂村舊轍乎？俟委員勘丈詳復定案後，另同馮維新、張星焕等將前契不行投税並契内互异情由逐細具稟核奪結發還。至楊依溶身列成均屢爲中保，殊屬無耻，合併飭知。

文批張星焕詞批：查爾承買馮維新之田，並不投税收糧，以致馮維新錢糧逋欠。今復轉買那姓，混將已户之糧推撥殊屬刁頑，已於那詞内批著明白，另稟奪結發還。

呈爲遵批逐細稟復，俯準投税收糧事。竊緣生承買張星焕弟兄木希革莊田一案，蒙批△△△等因，奉批但此當憑衆佃田鄰楊依溶等踏看田坵四至，寫立杜契方敢遵例投税。本年租息，生曾經收畢，並無异議。本年分糧應生完納，且查此項分糧歷係張姓名下完納。不在馮姓户下。再查何萬鐘、張星焕互相搆訟之田，與生承買田毫無干涉。如果伊等控告之田在，生豈肯甘心出銀受累仍蹈落茂河村前轍乎？至生備價二百六十九兩，税糧一斗七昇，隨糧丁銀公款亦應收入生名下完納，伏乞本州大宗師俯下情投税，庶便收租管業分糧有着，頂恩無暨矣，爲此具呈。須至呈者。

《武定土司檔案·傳國賢等法誤村住民訴為親身輸納裕國便民祈恩俯準事乾隆二十五年五月二十六日》　訴狀民傳國賢等係暮連鄉法誤村住民，訴爲親身輸納裕國便民祈恩俯準事。情緣法誤村原係缺張甸，錢糧各自親身交付里長上納。自康熙六十一年合佃民等見得本鄉那德洪忠厚老成，遂將合甸錢糧自願寄入洪名下代納。及洪身故，伊尚有子嘉猷相續辦理。不料於本年三月内，嘉猷身故，小的雖屬邊夷，王化夙被飲疇食德帝力難忘。竊念錢糧大關國帑，豈容一日無着，縱伊妻尚存，何克當此大任，而伊嗣已乏，尚不急爲訴明誠恐貽累無辜，是以迫情叩訴。伏祈天星俯鑒，垂憫合村窮民，賞給各自輸納庶國裕而民便，臺閣行秋矣！陰功萬代，小的頂恩無暨，爲此上訴本州大老爺臺前施行。

乾隆二十五年五月二十六日訴

批：塲房查明奪

《武定土司檔案·陳有功等呈為藉端派累叩天不禁事嘉慶二十四年四月二十六日》　呈狀武生陳有功、民劉永茂、武新慶等年歲不一，係雲南府易門縣人，住居城外地方。呈爲藉端派累，叩天示禁事。緣易門僻處邊隅雖不應辦夫馬，而遞年採運銅斤四十餘萬不無重累，兼之槍殻火繩雜項夫役亦皆派應。禄豐路當孔道，雖應辦夫馬，並不採運銅斤。嘉慶二十一、三年寧安軍務，呈貢、晉寧、江川、通海、安寧、楚雄俱各應辦夫馬，並不扳扯何屬，獨禄豐鄉約李正有等，浮聞夫馬濫派銀兩，捏詞具稟移文到縣派令易門協幫銀九百兩，希冀吞肥全不思迤西軍兵來往不過一千餘名，禄豐詳報應辦兵差夫馬銀兩除糧馬堡夫外所需無多。祝嘉慶四年蒙督憲富初：額定章程每馬一錢，每夫五分，既已準其報銷，兼受皇恩憫恤又復免具征收條丁銀一千兩，伊等已有利而無害，何得猶扳扯何屬分採。可憐易門歲荒三載，民食維艱，因不辦兵差未獲免糧，且年年辦銅受累無休。迄今硐老山空，無處采辦，視夫馬百倍，難於支持，豈能復受他屬需索。若不叩請示禁，則繼後差役自必仍前濫派，生民等邊隅窮黎何堪遭此苛

虐，迫訴府主臬憲，伏乞青天電憐作主，賞給示禁，俾祿豐不得藉端扳扯庶派累，得沐恩同天地矣。爲此上呈。

嘉慶二十四年四月二十六日

李大人批：仰按察司轉飭雲南府查明向來有無幫貼之例，核訊詳奪，詞發仍繳。

《清代巴縣檔案彙編・賦稅》爲通飭開徵事。

案奉憲檄，行令應徵乾隆三十七年分地丁免七征三正糧。奉文緩至三十九年帶征緣由到縣。奉此，合行征收。今據廉里十甲花户劉輔：原額正銀〇兩〇錢二分〇厘〇毫〇絲。奉文應納免七征三正銀〇兩〇錢〇分六厘〇毫〇絲。全征火耗銀〇兩〇錢〇分三厘〇毫〇絲。正共銀〇兩〇錢二分〇厘〇毫〇絲。

《清代巴縣檔案彙編・賦稅》爲通飭開徵事。

案奉憲檄，行令應徵乾隆四十年分地丁，緩七征三正閏耗銀兩緣由到縣。奉此，合行征收。今據廉里十甲花户劉輔：原額正銀〇兩〇錢二分〇厘〇毫〇絲，奉文應徵緩七征三正銀〇兩〇錢〇分六厘〇毫〇絲征三閏銀〇兩〇錢分厘一毫五絲。耗銀〇兩〇錢〇分〇厘九毫三絲。□閏耗共銀〇兩〇錢二分厘〇毫〇絲。

《清代巴縣檔案彙編・賦稅》爲通飭開徵事。

案奉憲檄，行令應徵乾隆四十年分地丁，除扣抵三十九年征五之項，應徵五正銀，合征火耗緣由到縣。奉此，合行征收。今擁廉里十甲花户劉輔：原額正銀〇兩〇錢二分〇厘〇毫〇絲。征五正銀〇兩〇錢一分〇厘〇毫〇絲。全征耗銀〇兩〇錢一分三厘〇毫〇絲正耗共銀〇兩〇錢二分〇厘〇毫〇絲。

《清代巴縣檔案彙編・賦稅》爲通飭開徵事。

案奉憲檄，行令應徵乾隆四十年分地丁免七閏耗銀，緩至四十一年帶征緣由到縣。奉此，合行征收。今據廉里十甲花户劉輔：原額正銀〇兩〇錢二分〇厘〇毫〇絲。免七正銀〇兩〇錢一分四厘三毫四絲。免七閏銀　兩　錢　分　厘　毫　絲。征七耗銀兩　錢　分　厘　毫　絲。免七閏耗共銀〇兩〇錢二分〇厘〇毫〇絲。

《清代巴縣檔案彙編・賦稅》爲通飭開徵事。

案奉憲檄，應行征解乾隆四十二年分地丁錢糧緣由到縣。奉此，今據廉里十甲花户劉輔：完納本年分地丁正銀〇兩〇錢二分〇厘〇毫〇絲。全征耗銀〇兩〇錢〇分三厘〇毫〇絲。正耗共銀兩錢四分厘毫絲。

《清代巴縣檔案彙編・賦稅》爲通飭開徵事。

案奉憲檄，應行征解乾隆四十四年分地丁錢糧緣由到縣。奉此，今據廉里十甲花户劉輔：完納本年分地丁正銀〇兩〇錢二分〇厘〇毫〇絲。全年耗銀〇兩〇錢〇分三厘〇毫〇絲。正耗共銀〇兩〇錢四分〇厘〇毫〇絲。

《清代巴縣檔案彙編・賦稅》爲通飭開征等事。

案奉憲檄，行令征解乾隆四十四年，帶征四十三年分正閏火耗銀兩一案。今據廉里十甲花户劉輔：完納帶征四十三分蠲免正銀〇兩〇錢二分〇厘〇毛〇絲。閏銀　兩　錢　分　厘　毛　絲。全征正耗銀〇兩〇錢〇分三厘〇毛〇絲閏耗銀　兩　錢　分　厘　毫　絲。正閏火耗共銀〇兩〇錢二分〇厘〇毫〇絲。

（清）丁日昌《撫吴公牘》卷一二《札飭查清田額順圖完賦由》　爲專札飭遵事。據江西丁憂補用知府王守，禀稱，竊正經界爲仁政之始，方今縣藉雖失，而《賦役全書》應即請部頒發，與其搏量畝步，繁重稽遲，似不若以求復舊額爲斷。宋時方田之政，講求五六十年，猶恐高下失當，命權其賦稅，不得於原額外別有增損，經李椿年專意措置，懸兩争對换之令，始畢其事。葢非懲欺隱之難，而處剩餘之難。查上元舊志，所稱民田一百二十萬畝，係包舉水影坍塌等地籠統而言，不盡有可指名。今户籍無存，而額徵銀米之多寡，科則之重輕，幾經參酌損益，成數具在。計上邑民田，每畝完平米六升三合七勺一撮六抄六六七科，正米四升二合四勺九撮八抄，墟田減一，合地減半，柴山平米一升。正年地丁銀照米九二科，閏年九五科，上蘆田，每畝課銀一錢五分五釐，至六分止。上密蘆洲，每畝課銀六分，密蘆四分，稀蘆三分。上草地，每畝一分，次五釐。上泥灘三釐，次二釐，下一釐，均無米。康熙年間，前兩江總督傅奏免房稅，祠壁本有碑記，今圮無考，而田畝應完銀米，咸豐三年以前，民間完納，大率準此。綜計通縣地丁漕米額徵若干，除已報荒熟若干，科算外，仍缺正額若干，顯有隱漏之弊，若寸寸而度之，至丈必有異。從簡捷辦法，或明

張示諭，無論荒熟未報，期以一年自陳免究。

（清）丁日昌《撫吴公牘》卷一四《復督院咨商淮關變通章程一案》

爲核案咨復事，准貴爵閣督部堂咨案准户部咨議復淮關監督奏關口情形酌擬變通章程一摺。

奉旨鈔單行文遵辦等因，當經本部堂派委常鎮蔡道前赴邵伯鎮，徐海高道前赴青口鎮，淮揚劉道前赴石達口。分投查勘，是否可以添設關卡，有無窒礙。妥籌稟復，酌奪辦理。嗣准貴部院咨會派委候補楊道，會同常鎮蔡道，履勘邵伯鎮等處，設巡毋庸置議。咨請會奏。等因，並據淮揚劉道詳覆，前赴鹽城查勘，石達口添設關卡，窒礙難行，並摹搨碑文一道，詳祈核辦。又據署徐海高道稟復，馳赴青口鎮察看，青口一鎮，非通商口岸，例止黄豆一項，准其出口。餘則悉由淮關及地方文武隨時查禁，立法至爲周密，兹若驟議設關，非徒無裨。國課，實屬有礙商民，籲懇彙奏請將青口免其試行設關各等情，到本部堂。據此，查淮關分設關卡，前據候選縣丞葉蘭皋等稟稱，宿遷水旱兼關，擾累地方。咨准淮關咨復，如果裁撤旱税，應於水路設法招徠。如由陸路越漏，拏獲嚴懲，將歷年征收税銀數，鈔單咨請酌核辦理等因。當因邵伯青口等處，委查未復，存俟彙辦。又蔣壩地方，本爲鳳關所屬，淮關設役巡查，舊章止准專查黄豆餅片芝蔴鐵貨藥材煎碱六宗，不得查及他貨。近年以來，該丁役等，屢次藉端滋擾，上年即有盱眙監生俞元昌，呈控木植被詐一案，當查歷來各省，無一地兩關稽征之理，咨行奏明，永定章程，以後蔣壩專歸鳳關征税，淮關不得再設巡役，以清界限各在案。現在既據淮揚道等，將石達口等處履勘詳復，自應一併彙案復奏辦理。鈔案咨商查照，酌核見復，以憑核定會奏等因。准此。查設關須因地制宜，榷税非抽捐可比。淮宿海三處關隘，原設黄運河之間，以徵南北往來之税，今黄河北徙，商賈自稀，此亦時地使然，有非人力所能挽回者。如淮關所陳六事，除大關小口税則，應劃一辦理一條，既經户部議駁，又高良澗分口，發給秤尺，照大關例徵收。及岔山口，改巡查爲徵收口岸等二條，既奉部議准行。查高良澗即蔣壩之下游，原係該關分口，向收口岸錢文。岔河口舊日設巡，今均改徵課税，所增究屬無多。有無累商之處，應俟試辦外，邵伯設口一條，現據常鎮蔡道及委員楊道會詳，一地兩關，商情不協，其王家港等三處設巡，亦多窒礙。淮關之不能在楊屬設巡，猶之楊關不能在淮屬設巡等情。又青口鎮設口徵税一條，現據徐海道稟復，馳往察勘，該鎮坐落贛榆縣境内，距外海洋面百餘里。口門以内，河淤水淺僅通商漁小船，並非通商大道例，止黄豆一項准予出口，淮關及地方文武輪流查禁，若驟開海禁，不惟無裨國課。實屬有礙商民等情。

又石達口徵收内河貨税一條，據淮揚道詳復親往察勘，查得乾隆二十八年，奉前關部牌開，南來貨物在本地卸賣者，概免投税，立有碑文。各貨之來自蘇常者，有滸墅關揚關暨各口稽查，間有北路販往者，又有宿淮關以及阜寧等口稽查輸税，無從偷漏。添設關卡。事屬窒礙難行等情，各前來查核各該道詳稟，均係實在情形。以上各層，似應據情會奏。

又准貴爵閣部堂咨候選縣丞葉蘭皋等稟，宿遷一縣，水旱兼關，擾累地方所呈極爲明澈。咨准淮關咨復，如果裁撤旱税，應於水路設法招徠。如由陸路越漏，拏獲嚴懲。將歷年徵收税銀數目鈔單咨請酌核辦理。查商賈陸路搬盤，其費十倍於水路，況既試行四年。一無實際，試如貴爵閣部堂原批，相度地勢，該處旱關本可不設，又准貴爵閣部堂咨，蔣壩地方本爲鳳關所屬，淮關設巡，止准專查黄豆等六宗，該丁役等藉端滋擾，上年有盱眙監生俞元昌呈報本植被詐一案，歷來無一地兩關之理。咨行奏明永定章程。以後蔣壩專歸鳳關徵税，淮關不得再設巡役，以清界限。貴爵閣部堂執理衡斷，極爲公允。以上宿遷盱眙二案，似應附案會奏。

總之，淮關因來源日絀，不得已而思變通成法，爲補偏救弊之計，而高道蔡道劉道等所查，皆係親勘地勢，博采輿論，所云窒礙難行，自係確有所見。准咨前因，相應咨復。爲此合咨貴爵閣部堂，請煩查照希將實在情形挈銜會奏施行。

《清實録》康熙四十九年十一月 辛卯朔，兵科給事中高遐昌疏言，凡遇蠲免錢糧之年，請將佃户田租，亦酌量蠲免，著爲例。

上諭：大學士等曰蠲免錢糧但及業主，而佃户不得沾恩，伊等田租亦慶稍寬，但山東江南田畝多令佃户耕種，牛種皆出自業主，若免租過多又虧業主，必均平無偏乃爲有益。此本著交部議。尋户部議覆，嗣後凡遇蠲免錢糧合計分數，業主蠲免七分，佃户蠲免三分。永著爲例。從之。

《清實録》雍正七年十二月 朕思孟子言治國之道，首稱取於民有

制。所謂有制者，即一定額征之數也。若稅課之屬，無顯然額征之數，則官吏得以高下其手而閭閻無所遵循，即如從前各處稅課，經地方官徵收，有於解額之外多數倍者，且有多至數十倍者，既無一定之章程，則多寡可以任意，其弊不可勝言。屬員既已貪取，上司必致苛求，官員既已營私，胥役必至横索，日積月累，漸有增加之勢，而難於稽查，豈非民生之隱患乎。朕是以允從條奏所請，及九卿所議。令各省督撫委員監收，以定科則，其徵收不及舊額者，亦令奏聞，降旨裁減。年來報出赢餘之處，朕皆令留於本地，或作各官養廉之需；或爲百姓公事之用，使官員用度有賴，自不妄取民財，使地方公用有資，即可寬恤民力，無非以小民之財物，仍用之於民間，不令飽貪官污吏之欲壑而已。若該督撫等果能督率有司，奉行盡善，將一年所收者悉行奏聞。不及額數者，請旨減免，則賦有常經，萬民共受其福矣。乃聞外省中多有奉行不善者，以朕愛民除弊之善政，而庸劣有司借歸公之名，或肥身養家；或争多鬭勝，以致肩挑背負之微物，皆徵收稅課。而該督撫等又不悉心稽查，民間苦於擾累，或起朝廷加稅之疑，獨不思朕愛養斯民。如江南、浙江、江西三省，額征錢糧，則永遠豁免六十餘萬；各省每年蠲免之正賦，又一二百萬不等，而發帑爲地方興修工程者，又不下數百萬。豈有於數千百萬之帑金並不吝惜，而轉與小民争此蠅頭之利乎。至於提解火耗乃均平通便之道，官員有養廉之資，民間無苛派之擾，上司無得受饋遺狥情瞻顧之私，下屬無請託鑽營暗通賄賂之弊，屢頒諭旨甚明。從前督撫中有請將耗羡歸公者，朕切加訓飭。蓋此項乃民間之物，惟有用之於本地，若將絲毫歸公，是朕利其所有矣，朕必不爲也。著各直省督撫將朕此旨，刊刻頒佈，自諭到通行之後，倘仍有加添重耗者，一經發覺，將經徵之員，於本地方即行正法。其該管各上司失於覺察者亦必從重治罪，決不寬貸。

《清實録》雍正十三年六月　户部議覆，直隸總督李衛遵旨議奏：稽查張家口兵科給事中尚德條陳門稅事宜。一、宣化府爲南北通衢，凡有貨物已經張家口，居庸關上稅，過府之時，張家口監督，復委家人書吏，照數重收，以致小民肩挑背負，手持日用笤箒鍋刷瑣碎之物，進城無不邀攔收稅，民情甚爲不便。且家人書吏，徵多報少，究非實裕國課。嗣後南北商貨，若已在張家口、居庸關上稅者，請敕部定例，宣府不許重徵，刊刻木榜，監立各門。如有違禁横徵者，嚴加參處。

一、居庸關收稅之所，離張家口三百餘里，監督勢難躬親，每差親信家人協同吏役，攜帶印單收稅。而家人識見卑鄙，輒爲關役利誘，私用小票，隱漏偷肥。嗣後請委附近州縣不時查考，但昌平、延慶二州離關稍遠，難於查考。請設立稅課大使一員，給以鈐記，令收商稅銀兩，按月轉解監督。仍令霸昌道就近稽查，照宣府之例，民間零星日用之物，免其抽稅。如有苛勒商民，侵漁滋事者，亦嚴加參處。均應如所請。從之。

《清實録》乾隆十五年三月　軍機大臣等議準湖南巡撫開泰奏稱，前撫臣楊錫紱請豁苗地民賦一案。查自康熙五十三年，有瀘溪縣奸民因圖侵苗地，捏報墾荒，迨縣官率據轉報糧册達部，復誣苗人越占。即經審處，雖田斷歸苗，而升科額賦未經請豁。自後俱係知縣墊解。今查此項糧地，並無坐落可稽，在實徵册内雖有此項應納稅銀，而丈量册中，委無此項應完地畝，顯係奸民捏報無著額糧，仍應如前撫臣所奏，豁免。從之。

《清實録》乾隆五十九年五月　甲午，諭户部：議覆滸墅關徵收稅課一年期滿，比較上三届最多之年，短少赢餘銀三萬九千四百五十三兩，應著落該監督照數賠補等語。奇豐額兼署兩月均屬有赢無絀，五德接徵後，始形短絀，自係該監督經理不善所致。著落按數賠補，本所應得，第念五十八年江西一帶被水歉收，川湖米販多往該處運賣，到蘇較少，以致赢餘短絀，尚屬實在情形。所有此次短少赢餘銀三萬九千四百五十三兩，著該監督五德賠銀二萬兩，餘著加恩寛免。嗣後該監督悉宜悉心妥協經理，毋任再有短絀？致干咎戾。

又諭：户部議駁兩浙鹽政全德奏浙商應輸閩餉等款銀兩，請分限十年帶完一摺。仍令各照原限完納，因屬照例辦理，但浙商貲本微薄，此項外輸銀兩若於正課之外，責令一併交納，恐商力轉輸不繼，辦運未免多艱，所有浙省商人應完閩餉藏餉外輸等款銀一百九十萬兩，著加恩自甲寅年爲始，分限五年完納清款，以示格外體恤至意。

《清實録》嘉慶十九年十月　辛未，諭軍機大臣等。初彭齡奏嚴催各州縣上忙錢糧並酌擬辦理虧空章程十條，與百齡、張師誠會議一摺。查辦虧空一事，總須先截住新虧，再將舊虧數目徹底查清，熟籌彌補，此時立法伊始，章程緊要，必須辦理確有把握。該省虧空多至三百餘萬，豈一二

年即能彌補足數。爲今之計，惟當立限催追，按期繳納。該州縣等致虧之由，情形本非一致。其實挪移而數目較少者，原可責限完繳，即實係侵虧，數目又鉅，勢不得不嚴行參辦，然參辦之後，若不計及如何歸補，則貪污固皆抵法，帑項仍屬虚懸，即使分賠代賠，目前似爲有著，而日久懸宕，豈不終歸烏有。甚或接任之員，藉彌補爲名，苦累百姓，則是官項無補，民膏先被朘削，其弊尤不可不防。初彭齡等查明此等劣跡，當一面參辦，一面上緊監追，轉無庸亟亟置之於法，若仍延不設措，則是侵欺於前，懸宕於後。情罪可惡，當懲辦一二以儆其餘，庶於帑項有益。將此諭令知之。

《清實録》嘉慶二十年二月　諭軍機大臣等：阮元奏，密陳倉庫情形一摺。江西省於嘉慶五年清查各屬，共虧缺銀八十三萬餘兩，節年彌補，至十八年十一月，據先福奏停止彌補折内，查明已完補銀七十五萬餘兩，尚未完銀七萬餘兩。兹據阮元奏參辦之奉新、靖安、新昌三縣虧缺銀三萬餘兩，即不在未完舊虧七萬餘兩之内，可見該省彌補完欠數目，仍多不實。該撫摺内擬立二法。其以交代爲盤查一節，於州縣交代之時，不稍存諱飾之心，務令和盤托出，據實參辦，俾各州縣知所懲懼，其爲杜絶新虧之法，必應如此辦理。至以比較驗彌補一節，於錢糧完欠分數之外，另立比較分數，未免轇轕。各屬新征現年錢糧，總當盡數提解司庫，不令絲毫挪移。一有欠解，立即參辦。其舊有虧缺，該管上司亦不難洞悉底裏，即從此根究，據實查辦。則未屈交代之州縣，其虧缺亦不能掩飾。此事祇在該撫督率藩司一秉大公，實力查察，自能漸收實效，非可以空言塞責也。將此諭令知之。

《清實録》嘉慶二十一年十一月　又諭。御史胡承珙奏請禁書役侵欠錢糧一摺。直省州縣徵收錢糧，例應當堂給串，以免書役等包攬完納、侵欺積欠之弊。乃竟有新任州縣，私向庫書糧户挪移銀兩，歸還私債。迨至開征時，即將串票交該書吏私徵，抵還代借之項，以致書吏侵漁，弊端百出，積欠日多。該御史所奏係屬實在情形。著各督撫督同藩司道府等，嚴密訪察，如有新任州縣負欠私債，債主隨同前往，向庫書糧户私挪銀兩還欠者，即行參揭。開徵之日，儻聽信書役折串包徵，亦即據實參辦，毋稍徇縱。

《清實録》咸豐四年三月　又諭：雷以諴奏，試行捐釐助餉，業有成效，請推廣照辦以裕軍儲，並開列章程呈覽一摺。粤逆竄擾以來，需餉浩繁，勢不能不借資民力。歷經各路統兵大臣及各直省督撫，奏請設局捐輸，均已允行。兹據雷以諴所奏，捐釐章程，係於勸諭捐輸之中，設法變通，以冀衆擎易舉。據稱裏下河一帶，辦有成效，其餘各州縣情形，想復不甚相遠。著怡良、許乃釗、楊以增各就江南北地方情形，妥速商酌。若事屬可行，即督飭所屬，勸諭紳董籌辦。其有應行變通之處，亦須悉心斟酌，總期於事有濟，亦不致滋擾累，方爲妥善。雷以諴摺單，均著鈔給閲看。將此由六百里各諭令知之。

《清實録》咸豐九年三月　惠親王等奏，洋藥一項，業經立定科則。惟各省現辦釐捐。此項洋藥既准其販運内地，且各省本地出產，亦復不少，該地方官自必一律抽收釐捐，若不酌定徵解章程，難免隱匿，擬請軍務省分所收洋藥釐捐，准其留支軍餉，仍按三箇月造册報部查覈。其無軍務省分，照前奏關税章程，按三箇月，一面報部，一面起解，不准留抵別項支用，致滋牽混。從之。

《清實録》咸豐九年十一月　又諭：何桂清奏，嘆、咈二國懇援咪國章程完納船鈔請旨遵行一摺。中國接待外國，素守信義，本年天津之事，並非中國開釁。今嘆國公使普嚕嘶、咈國公使布爾布隆以咪國商船海關現照新章祇徵船鈔銀，每噸四錢，照會何桂清，懇請將該二國船鈔仿照徵收。道光年閒，曾有將來如有新恩，亦准各國均沾之語，自應俯順商情，一律辦理。著何桂清咨飭五口通商處所，凡嘆、咈兩國徵收船鈔銀，均照咪國新章，准其每噸徵銀四錢，以示朕加恩各國，一秉大公之至意。將此由六百里諭令知之。

《清實録》咸豐十年五月　庚戌，諭内閣：户部奏，遵議曾國藩請設立糧臺釐局一摺。署兩江總督曾國藩現在督兵進勦，所有該署督糧臺，即著札令江西布政使總辦，再派道府數員幫同辦理，由江西報銷，並准其將江西錢漕，仿照湖北章程，歸巡撫經收，以充本省兵餉。其通省牙税釐金，亦准其照湖南章程，另設一局，由該署督自行經收，以充征兵餉需，仍應彼此互相通融稽考，毋令稍滋流弊。至該署督前次帶兵所設行營糧臺，尚未報銷，著即分案造報，免致轇轕。江西牙税釐金，自設局以來，

收支數目，亦未報部。著曾國藩會同江西巡撫將前收款項，先行截清數目造報，以清款目而免牽混。

《清實録》咸豐十年十月 又諭：前因劉峗等會議奉天海口變通收稅章程當交户部議奏。茲據該部奏稱：酌擬加增稅額四條，著照所請。所有奉天所產黄豆豆餅，照例收稅，此外包頭油簍稅銀由行棧交該關各口稅書承收。除該關每年正額贏餘之外，加銀八萬兩作爲贏餘解部，即責成該監督於本年八月新關期起，按季解京，如有虧短，勒令照數賠補，再有多餘，儘收儘報。其船規一項，原定稅銀太輕，著將各船隻照原徵銀數各加一倍，以咸豐八年報部稅數作爲正額，此外再加一倍，作爲贏餘，由各口岸造册詳報盛京將軍等彙總奏報。除留支各項外，其餘悉數解部。如有虧短，著落經徵之旗民地方官賠補。至各項貨物經過内河各口岸，定爲每石徵銀四分，以咸豐八年歸公銀數作爲正額，再加一倍作爲贏餘，此項銀兩以錢一串抵銀一兩，搭放盛京官兵俸餉。如徵收不能足數，亦著落經徵之員賠補。其内河漁字號小船，著照未逾式船，使一體報店，交納船規十七兩。除牛莊一口，辦理商捐，其餘各海口，均著盛京將軍飭旗民地方官查照辦理。其大小牛船，亦照漁船一律加倍收稅。並另委妥員常川在彼，實力稽察。如有無票私船，即行拏辦。經此次明定章程之後，著該將軍等隨時認真查察，嚴拏偷漏。並責成該監督及旗民地方官，務照新章如數徵收，如有短絀即照關稅定例，勒限追賠。儻徵收足數外，再有贏餘，即行報部，由部奏請奬叙。如有額外私自加增，擾及商民，立即從嚴參辦，以副朕裕課恤商至意。

《清實録》同治二年正月 癸亥，諭内閣，國家愛育黎元，體恤商民，從無苛刻之事。近因軍餉浩繁，設局抽釐，乃朝廷萬不得已之舉，疊經明降諭旨，嚴禁擾累。並因御史丁紹周條陳江北釐捐積弊，復經通諭各直省督撫，於釐捐委員概行裁革，統歸地方官經理，按月申報實數，由該管督撫按照例限報部，並照部定章程，酌定簡明條款，分晰開載，榜示通衢，以昭覈實。乃昨據富明阿奏稱，親赴裏下河一帶，南北糧臺設立捐卡大小約有百餘處，有一處而設數卡者，有一卡而分數局者，委員既繁，局費尤濫，每月局用，少者二百金，多者至千餘金。委員嚴逸等貪鄙不職，因降旨將嚴逸等革職，以示懲儆。而吴棠於奉旨後，迄今數月，並未遵照辦理。該署漕督受恩至渥，尚復如此瞻徇，甚負委任，著傳旨嚴行申飭。即著歸併裁革，以清積弊。因思江北如此，他省可知，聞地方不肖紳士往往夤緣入局，百端侵漁，商賈不勝其擾，而軍餉仍無裨益。是以朝廷不得已之舉，爲不肖委員紳士分肥之地，利歸於下，怨斂於上，亦安用此釐局爲耶。著再行通諭各直省督撫，恪遵前旨，將各釐局酌量歸併，裁革劣員，派委賢能地方官經理，毋得以不肖官紳充數。儻仍前瞻徇，濫行派委，別經發覺，或經科道參奏，必將該督撫等從嚴懲處，毋謂不戒視成也。

《清實録》同治五年正月 諭軍機大臣等，前因左宗棠奏粵海關收稅，請由督撫設法籌辦，當諭令户部議奏。茲據奏稱，該關積弊已深，歷任總督監督縱不至盡屬肥己，亦難保不受家人丁書之蒙蔽。今左宗棠奏聞每歲不下二百萬兩，與該關奏報銀數，大相懸殊。請飭兩廣總督廣東巡撫查明辦理，等語。粵省軍務，日久未竣，籌餉之難，該督撫監督等亦所深悉，豈容任聽家人丁書輩相吞食，視爲故常，亟應嚴行查辦。著瑞麟、郭嵩燾嚴密查明該關各口實在收稅數目，以及蒙蔽情形，妥議章程，限三箇月内詳細奏明。再由該部酌覈辦理。該督撫受恩深重，務當破除情面，秉公確查，儻敢飾詞迴護，有意彌縫，另經歸覺，即治該督撫以查辦不實之咎。原摺著鈔給閲看，將此諭令知之。

《清實録》同治五年三月 前據御史張盛藻奏：湖北荊州地方，有署同知劉姓擅設餹稅名目，多爲科條，大張告示，人情洶洶，罷市數日，請飭禁止，等語。著官文、曾國荃查明劉姓何人，是否因抽稅擾民，據實參奏。原摺著鈔給官文閲看，將此由六百里各諭令知之。尋奏，遵查宜沙兩處，加抽餹釐，係因鄂省協餉太多，前撫臣鄭敦謹委員試辦，由牙釐總局覈議章程，並非該員擅設，商民亦無罷市情事。報聞。

《清實録》同治五年十二月 又諭：馬新貽奏，查明各屬未結交代，請仿照山東新章，分別新案舊案，勒限清釐一摺。浙省各屬交代案件，積壓過多，若不嚴定限期，分別結算，必至愈積愈少，於庫藏吏治，大有關礙。即著照該撫所請，仿照山東新章，將未結交代，分別新舊辦理。除查明無故應交不交，應接不接各員，由該撫另行參辦外，其未結各案，凡在同治五年七月以内卸任者，即作爲舊案，概提省局集算。其一縣而有數任

交代者，亦統歸七月內在任之員結算。如有抗延不算，及算有虧欠，延不繳結，並延不造册結報者，即著隨時查明，嚴行參辦。並著該撫自奉旨之日起，勒限三箇月，飭令各該員等一律認真結算，不准稍涉延宕，其從前各案逾限處分，著即加恩寬免。至同治五年八月以後交代各案，著作爲新案，專責成該管道府督算交收，依限造報。經此次嚴定章程之後，該州縣等儻敢仍前延玩，逾限不結，即著從嚴參辦。

《清實録》同治六年四月　庚寅，諭軍機大臣等，御史興福奏天津釐捐章程未能畫一，請飭三口通商大臣轉飭該地方官，遇有夾板船到岸，除洋商照免外，凡係內地商貨出賣者，亦按照買主抽收五釐，以復舊章，等語。商貨進口，抽收釐稅，自應實力稽查，嚴定章程，以杜偷漏。但亦須體察商情，不至擾累，方爲妥善。該御史所陳各情，與向章是否相符，有無可採，著崇厚妥議具奏。原片著鈔給閱看。將此諭令知之。尋奏，查定章賣主買主，各抽五釐，係指內地閩廣商船言之。凡外國運貨來津之船，不論洋貨土貨，例赴新關納稅，即不抽釐。上年冬因釐金未暢，設法整頓，洋貨賣與華商後，由所買之商，抽收五釐，已屬權宜之法。若必買賣主均抽，實與條約不符，轉多窒礙。報聞。

《清實録》同治九年十二月　諭軍機大臣等，户部奏：總理各國事務衙門奏廣東徵收洋藥正稅，請飭自行覈實辦理一摺。據稱接據赫德申稱，香澳併徵洋藥正稅，粤省既不承辦。該省洋藥稅走私甚多，擬在附近香澳等處，設立公所代關納稅，已將巡查洋稅之輪船調赴廣東，委副稅務司專司其事，每月需經費銀一萬兩，年終計可多徵洋藥稅銀四五十萬兩，等語。廣東洋藥稅偷漏甚多，該省雖派有輪船查緝，甚不足恃，若謂徵稅不便於商情，何以赫德獨能辦理，使瑞麟等果能興利除弊，則稅務自日有起色，何至洋人越俎代謀。據該稅務司所稱每年多徵之數，可至四五十萬，是已確有把握。惟華商納稅係該省應辦事件，地方官吏豈可置身事外。著瑞麟、崇禮按照赫德原申各節，及户部等衙門此次所奏，即於收釐處所，帶收正稅。由該督等自行商辦，總在巡緝認真嚴防偷漏，毋得任令委員蒙混，以除從前積弊。月需經費銀兩，准由該督等自行覈定。正稅按三十兩之數徵收，仍於年終將總數報部。惟利源所在，洋人每生覬覦，現如自行商辦，必實無走私偷漏情弊，方爲覈實辦公，不至爲洋人所竊笑。該督等務即詳定章程，斟酌妥辦，不得稍事顢頇，亦不准稍涉推諉。原摺著鈔給閱看。將此由五百里諭知瑞麟。

《太平天國文書彙編》卷三《公文·東王楊秀清奏請准良民照舊交糧納稅本章》　小弟楊秀清立在陛下暨小弟韋昌輝、石達開跪在陛下，奏爲徵辦米糧，以裕國課事：緣蒙天父天兄大開天恩，差我主二兄建都天京，兵士日衆，宜廣積米糧，以充軍儲而裕國課。弟等細思，安徽、江西米糧廣有，宜令鎮守佐將在彼曉諭良民照舊交糧納稅。如蒙恩准，弟等即頒行誥諭，令該等遵辦，解回天京聖倉堆積。如此緣由，理合肅具本章，啓奏我（主）萬歲萬歲萬萬歲御照施行。

年　月　日

御照：胞等所議是也，即遣佐將施行。

《太平天國文書彙編》卷三《布告·戀天福董順泰爲令完糧以濟軍餉勸諭》　天朝九門御林開朝勳臣戀天福董，爲勸諭完糧以濟軍餉事：照得足兵足食，原爲政教所先；奉令奉公，自必輸將恐後。本爵駐師招撫，勸諭再三，方期桑梓是依，驚惶得定，又值兵戎旋遇，畏懼復生，疊至貔貅，或驚雞犬。遭斯擾攘，急宜加惠濟施，所有丁糧，尤應按年蠲免。然同袍之將，執戟之兵，雖有忠心，豈能枵腹？業各有主，未可屯田；民既受招，又難掠野。凡在軍籍，必須散糧，況守城垣，尤宜積粟。若按户攤派，貧富未免不均，而論產徵糧，輸納尚爲易舉。除飭莊書呈送糧册核徵外，合行示諭洽下居民知悉：新中田每畝完納白米壹升五合，紋銀壹分五厘，額上田每畝完納白米貳升五合，紋銀貳分五厘，下田每畝完納白米壹升，紋銀五厘，額地每畝完紋壹分捌厘，新地每畝完紋壹分貳厘，山每畝完紋三厘五毛，塘每畝完紋貳厘四毛。分地產所出之息，爲天朝維正之供，勿遺勿漏，致干匿稅之誅；毋玩毋延，共免追比之苦。限十一月初十日掃數菁完，逾限倍徵，同遵天父之庥命，相爲天國之良民。如有隱匿，封產人公，如若遲延，枷號責比，勿負本爵之撫恤羣黎，兼欲爾等之保全家業，各期踴躍，共効忠貞。特諭。

太平天國辛酉拾壹年拾月念柒日示。

《太平天國文書彙編》卷三《布告·前玖聖糧劉曉諭糧户早完國課布告》　真天命欽差大臣前玖聖糧平胡加一等劉爲曉諭糧户早完國課以應軍

需克盡民道事：

照得朝當開創之際，糧餉爲先。國有征税之期，完納宜早。恭維天父天兄大開天恩，命我主天王下凡，爲天下萬國太平真主。復差東王，輔佐朝綱，及列王暨衆大人，南征北剿，伐暴救良，挽既倒之狂瀾，救斯民於塗炭。業經鼎建天京，四方大定，所有各府州縣無不聞風向化，輸將踴躍，以盡民道，而順天心也。

兹本大臣恭奉王命，蒞臨斯土，催辦錢漕，兼收貢税。田賦雖未奉其定制，爾糧户等，亦宜謹遵天定，暫依舊例章程。掃數如期完納。爲此特行曉諭，爾糧户人等知悉。

今值三月之期，正爲應完地丁之候，所有一切應完地丁，以及蘆課魚課等項，無論富户貧民，務宜一體完納，不得遲延拖欠。現門頭班東鄉地方，糧户頑梗，本大臣即着頭班軍師旅卒司等，在於三汊港設局征收，倘有不遵，查出定必稟報，按以天法治罪，決不姑寬。各宜凛遵，毋違。特諭。

右諭通知

太平天國乙榮五年三月十七日示

實貼

差役法制部

先秦分部

綜述

《周禮注疏》卷一一《地官司徒·小司徒》〔小司徒之職〕以國比之灋，以時稽其夫家衆寡，辨其老幼、貴賤、癈疾、馬牛之物，辨其可任者與其施舍者，掌其戒令糾禁，聽其獄訟。鄭玄注：施舍，謂應復免，不給繇役。

疏：以國至獄訟。釋曰：云以國比之灋者，案《小司徒》職云：九比之數，以辨其貴賤、老幼、癈疾。此鄉師以小司徒國比之灋。云以時稽其夫家衆寡者，謂四時稽考其夫家男女衆寡多少。云辨其可任者，謂上地家七人，可任者家三人之等。云與其施舍者，鄭云謂應復免不給繇役，即上云癈疾老幼者是也。

大役，則帥民徒而至，治其政令；既役，則受州里之役要，以攷司空之辟，以逆其役事。鄭玄注：而至，至作部曲也。既，已也。役要，所遣民徒之數。辟，功作章程。逆猶鉤考也。鄭司農云：辟，法也。

疏：大役至役事。釋曰：言大役者，謂築作堤防、城郭等。大役使其民，鄉師則於當鄉之内帥民徒而至。至謂至作所也。云治其政令者，於所帥民徒之中政令也。云既役，則受州里之役要者，所役之民出於州里，今欲鉤考作所功程，須得所遣民徒本數，故云既役則受州里之役要。役要，則役人簿要。云以考司空之辟者，辟謂功程。司空主役作，故將此役要以鉤考司空之功程。云以逆其役事者，逆則鉤考也。鉤考役事者，恐有濫失。

註而至至作部曲也至法也。釋曰：云而至，至作部曲也者，所營作之處皆有部曲分別，故云部曲也。云辟，功作章程者，功作之事，日日録其程限，謂之章程。鄭司農云：辟，法也，考功作章程則是法，於義得通，故引之在下。

凡邦事，令作秩叙。鄭玄注：事，功力之事。秩，常也。叙猶次也。事有常次，則不偪匱。

疏：凡邦至秩叙。釋曰：邦，國也。凡國家有功作之事，故云邦事也。令作秩叙者，秩，常也。功作之處皆出政令，使多少有常，事有次叙，故云令作秩叙。

註事功至偪匱。釋曰：言事有常次，則不偪匱者，謂營作之事，多少有常，事有次叙，則民不爲偪迫，又不匱乏，故云不偪匱。

大軍旅、會同，正治其徒役與其輂輦，戮其犯命者。鄭玄注：輂，駕馬。輦，人輓行，所以載任器也，止以爲蕃營。《司馬法》曰：夏后氏謂輦曰余車，殷曰胡奴車，周曰輜輦。輦，一斧、一斤、一鑿、一梩、一鋤。周輦加二版二築。又曰：夏后氏二十人而輦，殷十八人而輦，周十五人而輦。故書輦作連。鄭司農云：連讀爲輦。

疏：大軍至命者。釋曰：云大軍旅者，謂王行征伐。云大會同者，謂王於國外與諸侯行時會殷同也。云正治其徒役者，謂六軍之外别有民徒使役，皆出於鄉，故鄉師治其徒役。云與其輂輦者，輂，駕馬所以載輜重；輦，所以載任器。亦鄉師治之，故云與其輂輦也。云戮其犯命者，謂徒役之中有犯教命者，亦鄉師刑戮之。

註輂駕至爲輦。釋曰：知輂是駕馬者，以其輦是人輓行，故輂是駕馬可知。知輂不駕牛者，以其牛唯駕大車、柏車等。云所以載任器也者，謂任使之器，則《司馬法》所云者是也。引《司馬法》曰夏后氏謂輦曰余車，殷曰胡奴車者，胡則北狄是也。周曰輜輦，以其載束輜重。云一梩者，或解以爲插也，或解以爲鍬也，鍬、插亦不殊。云周輦加二版二築者，築者，築杵也，謂須築軍壘壁。又曰夏后氏二十人而輦以下，亦是《司馬法》文。以上説所載任器，以下説輓人多少。前代寬質，無版築，輓人多；後代挾劣，加版築，輓人少。引之者，證周輦即此經輦，一也。又并見所載之器。

大喪用役，則帥其民而至，遂治之。鄭玄注：治謂監督其事。

疏：註治謂監督其事。釋曰：言大喪用役，謂若喪時輓六引之等

等。鄉之大夫既主鄉民，役用鄉民之時，鄉師遂治之。云治謂監督者，謂監當督察其事。

《周禮注疏》卷一二《地官司徒·鄉大夫》〔鄉大夫之職〕以歲時登其夫家之衆寡，辨其可任者。國中自七尺以及六十，野自六尺以及六十有五，皆征之。其舍者，國中貴者、賢者、能者、服公事者、老者、疾者皆舍。以歲時入其書。鄭玄注：登，成也，定也。國中，城郭中也。晚賦税而早免之，以其所居復多役少。野早賦税而晚免之，以其復少役多。鄭司農云：征之者，給公上事也。舍者，謂有復除舍不收役事也。貴者，謂若今宗室及關內侯皆復也。服公事者，謂若今吏有復除也。老者，謂若今八十、九十復羨卒也。疾者，謂若今癃不可事者復之。玄謂入其書者，言於大司徒。

疏：以歲至其書。釋曰：云以歲時者，謂歲之四時。登猶成也，定也。夫家謂男女。謂四時成定其男女多少。云辨其可任者，謂分辨其可任使者。云國中自七尺以及六十者，七尺謂年二十，知者，案《韓詩外傳》：二十行役，與此國中七尺同，則知七尺謂年二十。云野自六尺以及六十有五者，六尺謂年十五，故《論語》云可以託六尺之孤，鄭註云：六尺之孤，年十五已下。彼六尺亦謂十五，鄭言已下者，正謂十四已下亦可以寄託，非謂六尺可通十四已下。鄭必知六尺年十五者，以其國中七尺爲二十對六十，野云六尺對六十五，晚校五年，明知六尺與七尺早校五年，故以六尺爲十五也。云皆征之者，所征税者，謂築作、挽引、道渠之役及口率出錢。若田獵，五十則免，是以《祭義》云五十不爲甸徒。若征伐，六十乃免，是以《王制》云六十不與服戎。彼二者並不辨國中及野外之别。云其舍者，謂不給繇役，則國中貴者已下是也。云以歲時入其書者，此上所云皆歲之四時，具作文書入於大司徒，故云歲時入其書也。

註登成也至司徒。釋曰：云登，成也，定也者，以其夫家衆寡若不作文書，則多少齒歲不定，若作文書，多少成定，故云登，成也，定也。云國中，城郭中也者，以其對野，故知國中是城郭中也。云晚賦税而早免之者，以其經云七尺及六十，對野中六尺至六十五，是其晚賦税而早免之。云以其所居復多役少者，以此經云國中貴者至疾者皆舍，據國中而言，是其國中復多役少也。鄭司農云四事皆若今者，並舉漢法況之。玄謂入其書者，言於大司徒，知者，以其上云受法於司徒，故知入其書者言於大司徒。

《周禮注疏》卷一二《地官司徒·州長》〔州長〕若國作民而師田行役之事，則帥而致之，掌其戒令與其賞罰。鄭玄注：致之，致之於司徒也。掌其戒令賞罰，則是於軍因爲師帥。

疏：若國至賞罰。釋曰：言若者，不定之辭。若，如也。如有國家作起其民。師謂征伐，田謂田獵，行謂巡狩，役謂役作。此數事者，皆須徵聚其民。州長則各帥其民而致之于司徒也。云掌其戒令與其賞罰者，州長既致其民，還自領己民爲師帥，故還使州長掌之也。

註致之至師帥。釋曰：云致之於司徒也者，謂州長致與小司徒，小司徒乃帥而致與大司徒，故《小司徒》職云大軍旅帥其衆庶是也。云因爲師帥者，若衆屬軍吏，别有軍吏掌之，何得還自掌之，故知因爲師帥也。但在鄉爲州長己管其民，在軍還領己民爲師帥，即是因內政寄軍令也。

《周禮注疏》卷一二《地官司徒·黨正》〔黨正〕凡作民而師田行役，則以其灋治其政事。鄭玄注：亦於軍因爲旅帥。

疏：註亦於至旅帥。釋曰：此亦如上釋，非衆屬軍吏者。黨正在鄉各管五百家，出軍之時，家出一人，則五百人爲旅，黨正還爲旅帥，亦如州長因爲師帥也。

《周禮注疏》卷一二《地官司徒·族師》〔族師〕以邦比之灋，帥四閭之吏，以時屬民而校，登其族之夫家衆寡，辨其貴賤、老幼、癈疾可任者，及其六畜、車輦。鄭玄注：登，成也，定也。

疏：以邦至車輦。釋曰：云以邦比之法者，案比之法，國家有常，故據其常法以案比之，故云以邦比之法也。云帥四閭之吏者，族師管四閭，閭胥皆中士，又有二十比，比長皆下士，是帥四閭之吏也。云以時屬民而校者，謂屬聚其民而校比之也。云登其族之夫家衆寡者，夫家即男女也，有夫有婦乃成家。自二人以至十人爲九等，七六五者爲其中。若然，則六口爲中，七口已上爲衆，五口已下爲寡。云辨其貴賤、老幼者，貴謂卿大夫，賤謂占賣國之斥幣、販易之人也，癈疾謂癈於人事疾病，若今癃不可事者也。云可任者，謂若國中七尺以及六十，野自六尺以及六十五，皆征之，則可任也者。及其六畜，馬牛羊豕犬雞。車，駕牛馬。輦，人挽

行，皆辨之也。【略】

若作民而師田行役，則合其卒伍，簡其兵器，以鼓鐸、旗物帥而至，掌其治令、戒禁、刑罰。鄭玄注：亦於軍因爲卒長。

疏：若作至刑罰。釋曰：若作民而師田行役，則合其卒伍者，族師主百家，家出一人，即爲一卒，卒長還使族師爲之，故鄭云亦因爲卒長也。云簡其兵器者，在軍即有弓矢、殳矛、戈戟。云以鼓鐸旗物者，案《大司馬》：春辨鼓鐸：王執路鼓，諸侯執賁鼓，軍將執晋鼓，師帥執提，旅帥執鼙，卒長執鐃，兩司馬執鐸，公司馬執鐲。又《司常》云王建大常已下，是鼓鐸旗物也。帥而至者，族師以帥士卒具備，帥至於鄉師，以致司徒也。註亦於軍因爲卒長者，亦釋經掌其治令已下，亦非衆屬軍吏，還是自爲卒長者也。

閭胥，各掌其閭之徵令。鄭玄注引鄭司農云：二十五家爲閭。

疏：註鄭司至爲閭。釋曰：先鄭知二十五家爲閭者，以其五家爲比，五比爲閭，故知閭二十五家也。而云各掌其閭之徵令者，徵令即下文歲時以下之事是也。

以歲時各數其閭之衆寡，辨其施舍。凡春秋之祭祀、役政、喪紀之數，聚衆庶；既比，則讀灋，書其敬敏任恤者。鄭玄注：祭祀，謂州社、黨禜、族酺也。役，田役也。政若州射黨飲酒也。喪紀，大喪之事也。四者及比，皆會聚衆民，因以讀法以敕戒之。故書既爲暨。杜子春讀政爲征，暨爲既。

疏：以歲至恤者。釋曰：言以歲時者，謂歲之四時。云各數其閭之衆寡者，閭胥各自數當閭之内户口多少。云辨其施舍者，亦謂國中七尺以及六十、野自六尺以及六十有五，皆征之，已外施舍不役。云凡春秋之祭社、役政、喪紀之數，聚衆庶者，謂州長、黨正、族師祭祀及役政與王家喪紀，閭胥皆爲之聚衆庶，以待驅使也。云既比則讀法者，上族師已上官尊，讀法雖稀稠不同，皆有時節，但閭胥官卑而於民爲近，讀法無有時節，但是聚衆庶比之時節讀法，故云既比則讀法。云書其敬敏任恤者，以上書其德行道藝，今此閭胥親民更近，故除任恤六行之外，兼記敬敏者也。

註祭祀至爲既。釋曰：知祭祀謂州社、黨禜、族酺者，以其黨鄉之内，所有祭祀無過此三者而已，故知義然也。云役，田役也者，上文師田行役並言，則役是役作。但田是國之常事，田重於功作，此文不云田，故知役是田役也。

《周禮注疏》卷一二《地官司徒·封人》 〔封人〕令社稷之職。鄭玄注：將祭之時，令諸有職事於社稷者也。《郊特牲》曰：唯爲社事單出里，唯爲社田國人畢作，唯爲社丘乘共粢盛，所以報本反始也。

疏：令社稷之職。釋曰：春秋祭社，皆有職事。令之者，使各依職司而行，故須令之也。

註將祭至始也。釋曰：言將祭之時者，春秋祭社，日皆用甲。未祭之前，令諸有職事于社稷者也。云唯爲社事單出理者，單，盡也。盡往助祭于州長。此據六卿之中。又云唯爲社田國人畢作者，畢亦盡也。國人盡行。鄭云非徒羨，謂在六遂之中，以下劑致甿，當家之內，一人爲正卒，一人爲羨卒，其餘爲餘夫。但田與追胥竭作，餘夫亦行，故云非徒羨也。

《周禮注疏》卷一四《地官司徒·均人》 均人，掌均地政，均地守，均地職，均人民、牛馬、車輦之力政。鄭玄注：政讀爲征。地征謂地守、地職之税也。地守，衡虞之屬。地職，農圃之屬。力征，人民則治城郭、涂巷、溝渠，牛馬、車輦則轉委積之屬。

疏：均人至力政。釋曰：均人所均地政已下，摠均畿内鄉遂及公邑。云均地政者，謂均地守、地職二者之税，使皆十一而出税，又均人民已下力征之事。

註政讀至之屬。釋曰：鄭破政爲征者，以經政是政教之政，非征税之征，故破之也。鄭又知地征是地守、地職之税者，以其出税無過地守、地職二者，故知之也。云地守，衡虞之屬者，亦謂畿内川衡、林衡、山虞、澤虞，皆遣其地之民守護之。及其入山林川澤取之者，使出税以當邦賦。云地職農圃之屬者，此即《大宰》九職云一曰三農、二曰園圃之屬，以九職任之，因使出税也。云力征已下并車輦，並是力之征税。若然，《土均》云掌平地之政，以均地守，以均地事，以均地貢。註云：所平之税，邦國都鄙也。與此鄉遂及公邑別。彼又云地貢，鄭云謂諸侯之九貢，與此九職之貢又不同也。

凡均力政，以歲上下。豐年則公旬用三日焉，中年則公旬用二日焉，無年則公旬用一日焉。鄭玄注：豐年，人食四鬴之歲也。人食三鬴爲中歲。人食

二黼爲無歲，歲無贏儲也。

疏：凡均至日焉。釋曰：此所均力政者，即上人民之力征，不通牛馬車輦，故《禮記·王制》云用民之力歲不過三日，是此亦據人而言也。云以歲上下者，上即豐年，下即儉年也。豐年則公旬用三日者，公，事也。旬，均也。謂爲事均用三日也。

註豐年至旬者。釋曰：鄭知豐年人食四黼已下者，案《廩人》云人四黼上也，人三黼中也，人二黼下也而知之。彼又云不能人二黼，則令邦移民就穀，此時則無力征矣。若然，此食二黼而言無年。無年者，鄭云無贏儲，仍未移民就賤。此無年與彼不能人二黼之歲不同，彼不能人二黼，自然無贏儲也。云公，事也者，此天子之法，非諸侯之禮，不得爲公君解之，故從公事而釋也。云旬，均也者，《王制》既云用民歲不過三日，明不得爲旬十日解之，故破從均。恐不平，故云均也。【略】云《易》坤爲均，今書亦有作旬者，彼《易》坤爲地，地德均平，是以均爲義。今書，今《易》書有作旬字者。旬與均，旬與均俱有均平之意，故引爲證也。

凶札則無力政，無財賦。鄭玄注：無力政，恤其勞也。無財賦，恤其乏困也。財賦，九賦也。

疏：凶札至財賦。釋曰：凶謂年穀不孰，札謂天下疫病，作無此力征及財賦二事。此即《廩人》云不能人二黼之歲。

註無力至賦也。釋曰：云財賦，九賦也者，此即《大宰》九賦，謂口率出泉。知賦中惟是九賦者，以下文有地守、地職，故此惟有九賦也。若然，上均地政不言均九賦，亦均之可知。

不收地守、地職，不均地政。鄭玄注：不收山澤及地稅，亦不平計地稅也。非凶札之歲當收稅，乃均之耳。三年大比，則大均。鄭玄注：有年無年，大平計之。若久不脩，則數或闕。

疏：註有年至或闕。釋曰：經既云大均，明知有年及無年，皆須大平均計之也。云久不脩則數或闕者，三年一闕，是其久。久不脩謂不大平計，則其中間不知其數。不知其數，則是數闕也。

《禮記正義》卷一三《王制》 凡養老，有虞氏以燕禮，夏后氏以饗禮，殷人以食禮，周人脩而兼用之。【略】五十不從力政，六十不與服戎，七十不與賓客之事，八十齊喪之事弗及也。鄭玄注：力稍衰也。力政，城道之役也。與，及也。八十不齊，則不祭也。子代之祭，是謂宗子不孤。

疏：八十至爲喪。正義曰：此一節論老人力衰，與少不同之事，各隨文解之。七十養於大學，至於八十年漸衰弱，不堪來學受養，君以饗食之禮，使人就家致之。其受君命之時，理須再拜，不堪爲勞，一坐於地，而首再至於地。瞽人無目，恐其傾倒，拜君命之時，亦當如此，故云亦如之。

五十至可也。自此以下雜記卿大夫士及庶人年老節制在家自養之法，隨年爲品也。

五十異粻者，粻，糧也。五十始衰，糧宜自異，不可與少壯者同也。

六十宿肉者，轉老，故恒宿肉在帳下，不使求而不得也。

七十貳膳者，貳，副也。膳，善食也。恒令善食有儲副，不使有闕也。

八十常珍者，珍謂常食之皆珍奇美食，尋常使有。

九十飲食不離寢者，謂老人飲食無時，或急求須得，故不離於寢。

膳飲從於游可也者，謂美善之膳，水漿之飲，從於老人所游之處，其理可也。

六十至后制。六十歲制者，明老而預爲送終之具也。年既衰老，故逆辨之也。歲制，謂棺也。不易可成，故歲制。然此謂大夫以下耳，人君即位爲椑，不待六十也。其椁則死後爲之，以其葬尚賖，故《檀弓》云旬而布材是也。

七十時制者，時制，謂一時可辨，是衣物之難得者。是年轉老，所須辨轉切也。

八十月制者，月制，謂一月可辨，衣物易得者也。漸老彌切也。

九十日脩者，至九十棺衣皆畢，但日日脩理之，爲近於終故也。惟絞紟衾冒，死而后制者，此四物易成，故生不逆爲，須亡乃制也。故《檀弓》云：一日二日而可爲也者，君子弗爲也。

七十至有秩。此謂大夫士老年而聽致仕者，則七十杖於國，朝君之時，入門至朝位，君出，揖之即退，不待朝事畢也。若不聽致仕，則《祭義》云：七十杖於朝，八十不俟朝。

八十月告存者，告謂問也。君每月使人致膳告問存否。

九十日有秩者，以至年老方極。秩，常也。君則日使人以常膳致之，故云日有秩。

註大夫至則退。正義曰：按《儀禮・大射》卿大夫皆入門右，北面，公降立于阼階之東南，南鄉，揖大夫，大夫皆少進，彼鄭註云變爾言揖。使近北者爾揖，君則退，謂就位，君揖之時，七十老者則退，故《祭義》註云：君揖之即退，不待朝事畢。其少壯者，則待朝事之終也。

註每月致膳。正義曰：經直云月告存，知非直遣人告問存否。必知致膳者，以下云九十日有秩，上文云天子欲有問焉，則就其室，以珍從，明八十每月告存之時，必當致膳也。

註力稍至不孤。以上文歲制及杖於家之屬，兼含大夫士及庶人之老。此五十不從力政，及不與服戎，惟據庶人之事，故云力政，城道之役也，謂築城垣治道也。其大夫士六十未致仕，若爲軍將，當與服戎，故知此據庶人也。按《異義》：《禮》戴説《王制》云：五十不從力政，六十不與服戎。《易孟氏》、《韓詩》説年二十行役，三十受兵，六十還兵。《古周禮》説國中自七尺以及六十，野自六尺以及六十有五，皆征之。許慎謹按云：《五經》説皆不同，是無明文所據。漢承百王而制二十三而役，五十六而免。六十五已老，而周復征之，非用民意。是許以《周禮》爲非。鄭駮之云：《周禮》是周公之制，《王制》是孔子之後大賢所記先王之事，《周禮》所謂皆征之者，使爲胥徒給公家之事，如今之正衛耳。六十而不與服戎，胥徒事暇，坐息之間，多其五歲，又何太違之。云徒給公家之事，云非用民意，取《王制》所云力政挽引築作之事；所謂服戎，謂從軍爲士卒也：二者皆勞於胥徒，故早舍之。如鄭此言，力政田役爲重，故云五十免之，故此五十不從力政，《祭義》云五十不爲甸徒也。戎事差輕，六十不與服戎，及《孟氏》説六十還兵是也。胥徒又輕，故野外六十五猶征之。若四郊之內，以其多役，其胥徒之事，六十則免。初受役之時，始年二十也。其野王城之外，力役又少，胥徒之事，十五則征之，至六十五。其力政之事，皆二十受之；兵革之事，則三十受之，故《易孟氏》、《詩韓氏》皆云二十行役，三十受兵也。

《禮記正義》卷一二《王制》　用民之力，歲不過三日。鄭玄注：治宮室城郭道渠。

疏：正義曰：此一經前明以殷法，此則兼通周禮。三日，謂使民治城郭道渠，年歲雖豐，不得過三日，自下皆然。按《周禮・均人》云：豐年旬用三日，中年旬用二日，無年旬用一日。年歲不同，雖豐不得過三日。

《禮記正義》卷一二《王制》　司空執度度地。鄭玄注：司空，冬官卿，掌邦事者。度，丈尺也。居民山川沮澤，時四時，鄭玄注：觀寒煖燥濕。沮，謂萊沛。【略】萊音來，何胤云：草所生曰萊。庾云：草也。沛，蒲具反，何胤云：水所生曰沛。何休註《公羊傳》云：草棘曰沛。量地遠近，鄭玄注：制邑井之處。興事任力。鄭玄注：事，謂築邑、廬、宿、市也。凡使民，任老者之事，食壯者之食。鄭玄注：寬其力，饒其食。

疏：司空至之食。正義曰：此一節論司空居民并任以事食之事。言司空執度度地者，謂司空執丈尺之度，以量度於地，居處於民，觀山川高下之宜，沮澤浸潤之處。又必以時候此四時，知其寒煖。

註觀寒至萊沛。正義曰：言觀寒煖，解四時燥濕，解山川沮澤。燥謂山也，濕謂川與沮，澤謂萊沛者，何胤云：沮澤，下濕地也。草所生爲萊，水所生爲沛。言沮地是有水草之處也。

註制邑井之處。正義曰：按《小司徒》云：九夫爲井，四井爲邑。爲邑之處，謂平原之地，衍沃之所，堪造邑井，即《左傳》所謂井衍沃也。若山林藪澤，則不堪邑井也。

註事謂至市也。正義曰：上云用民之力，惟三日而已，故註云治宮室城郭道渠。此言興事，言興則用力難重，故云事謂築邑。築邑則築城也。又築廬之與宿及市。按《遺人》云凡國野之道，十里有廬，三十里有宿，五十里有市是也。

凡使民，任老者之事，食壯者之食者。凡國家爲役之法，老少功程不同，老則功少，壯則功多。今使民之時，雖役壯者，限以老者之功程，故曰任老者之事。凡稟餼牲體，壯者食多，老者食少，雖老者給以壯者之料，故食壯者之食，壯者從老者之功，故註云寬其力。老給壯糧，故云饒其食。

《禮記正義》卷一六《月令》　〔仲秋之月〕凡舉大事，毋逆大數，必順其時，慎因其類。鄭玄注：事謂興土功，合諸侯，舉兵衆也。季夏禁之，孟

秋始征伐。此月築城郭，季秋教田獵，是以於中爲之戒焉。

疏：是月至其類。正義曰：以此月云築城郭，故云事謂興土功。孟秋云始征伐，季秋云教田獵，故云合諸侯，舉兵衆也。但此月上有孟秋始征伐，下以季秋教田獵，故云是以於中爲之戒焉。

《春秋左傳正義·莊公二十九年》 春，新延厩。杜預注：傳例曰：書，不時。言新者，皆舊物不可用，更造之辭。

疏：二十九年註傳例至之辭。正義曰：馬之所處謂之厩。延是厩之名，名之曰延，其義不可知也。《公羊傳》曰：新延厩者何，脩舊也。謂舊厩敝壞不可，因而補治，故言新，爲更造之辭也。傳言新作延厩，而經無作字。僖二十年新作南門，定二年新作雉門及兩觀，皆言新作，而此獨無作，是作傳之後轉寫闕文也。《釋例》曰：言新，意所起；言作，以興事，通謂興起功役之事也。摠而言之，不復分別，因舊而與造新也。經書延厩稱新而不言作，傳言新作延厩，書，不時也，此稱經文，而以不時爲譏，義不在作也。然尋傳足以知經闕作字也。而劉、賈云：言新有故木，言作有新木，言厩不書作，所用之木非公命也。凡諸興造，固當有新，固當有因。今爲《春秋》微義，直記别此門此觀有新木故木，既已鄙近，且材木者，立厩之具也，公命立厩，則衆用皆隨之矣，焉有所用之木非公命也。此爲匠人受命立厩，而盜共其用，豈然乎哉。

《春秋穀梁傳注疏·莊公二十九年》 春，新延厩。

疏：傳新延厩。釋曰：不言作者，僖二十年新作南門，傳曰：作，爲也，有加其度也。彼謂加其度，更增大之，故云作。此直改新，故不言作。

延厩者，法厩也。范甯注：《周禮》：天子十二閑，馬六種。邦國六閑，馬四種。每厩一閑。言法厩者，六閑之舊制也。其言新，有故也。范甯注：言改故而新之。有故則何爲書也。古之君人者，必時視民之所勤。民勤於力，則功築罕。范甯注：罕，希。民勤于財，則貢賦少。民勤於食，則百事廢矣。范甯注：凶荒殺禮。冬築微，春新延厩，以其用民力爲已悉矣。范甯注：悉，盡。

《春秋穀梁傳注疏·莊公三十一年》 秋，築臺于秦。范甯注：秦，魯地。不正罷民三時，虞山林藪澤之利。且財盡則怨，力盡則懟。范甯注：懟，恚恨也。君子危之，故謹而志之也。或曰，倚諸桓也。桓外無諸侯之變，内無國事，越千里之險，北伐山戎，爲燕辟地。范甯注：辟，開。魯外無諸侯之變，内無國事，一年罷民三時，虞山林藪澤之利，惡内也。范甯注：譏公依倚齊桓，而與桓行異。

《晏子春秋·諫下七》 景公築路寢之台，三年未息；又爲長庲之役，二年未息；又爲鄒之長塗。晏子諫曰：百姓之力勤矣。公不息乎。公曰：塗將成矣，請成而息之。對曰：明君不屈民財者，不得其利；不窮民力者，不得其樂。昔者楚靈王作頃宫，三年未息也；又爲章華之臺，五年又不息也；乾溪之役，八年，百姓之力不足而自息也。靈王死於乾溪，而民不與君歸。今君不遵明君之義，而循靈王之迹，嬰懼君有暴民之行，而不睹長庲之樂也，不若息之。公曰：善。非夫子者，寡人不知得罪于百姓深也。於是令勿委壞，餘財勿收，斬板而去之。

《晏子春秋·諫下八》 景公春夏游獵，又起大臺之役。晏子諫曰：春夏起役，且游獵，奪民農時，國家空虚，不可。景公曰：吾聞相賢者國治，臣忠者主逸。吾年無幾矣，欲遂吾所樂，卒吾所好，子其息矣。晏子曰：昔文王不敢盤于游田，故國昌而民安。楚靈王不廢乾溪之役，起章華之臺，而民叛之。今君不革，將危社稷，而爲諸侯笑。臣聞忠臣不避死，諫不違罪。君不聽臣，臣將逝矣。景公曰：唯唯，將弛罷之。未幾，朝韋囧解役而歸。

《商君書·境内》 四境之内，丈夫女子皆有名於上，生者著，死者削。其有爵者乞無爵者以爲庶子，級乞一人。其無役事也，其庶子役其大夫，月六日；其役事也，隨而養之。

《韓非子·備内》 徭役多則民苦，民苦則權勢起，權勢起則復除重，復除重則貴人富，苦民以富貴人起勢，以藉人臣，非天下長利也。故曰徭役少則民安，民安則下無重權，下無重權則權勢滅，權勢滅則德在上矣。

《國語·周語上》 宣王即位，不籍千畝。韋昭注：籍，借也，借民力以爲之。天子田籍千畝，諸侯百畝。自厲王之流，籍田禮廢，宣王即位，不復遵古也。

（漢）韓嬰《韓詩外傳》卷三 太平之時，民行役者不踰時，男女不失時以偶。孝子不失時以養，外無曠夫，内無怨女；上無不慈之父，下無不孝之子；父子相成，夫婦相保；天下和平，國家安寧。

（漢）韓嬰《韓詩外傳》卷八　夫賢君之治也：温良而和，寬容而愛，刑清而省，喜賞而惡罰，移風崇教，生而不殺，布惠施恩，仁不偏與，不奪民力，役不踰時，百姓得耕，家有收聚，民無凍餒，食無腐敗，士不造無用，雕文不粥於肆，斧斤以時入山林。

（宋）王應麟《玉海》卷一八五《食貨·會計·周役要》　地官鄉師以國比之法時稽其夫家之衆寡，辨其可任與施舍者，大役則帥民徒而至治其政令既役則受州里之役要，以攷司空之辟，以逆其役事。注役要所遣民徒之數辟功則章程。

小司徒凡起徒役，毋過家一人，以其餘爲羨，唯田與追胥竭作。

大宰八則八曰田役以馭其衆。

小宰六聯五曰田役之聯事八成，一曰聽政役以比居。注，鄭司農云：比居謂伍。籍比地爲伍因内政寄軍令以伍籍發軍起數。

職方氏辨數要。

司徒正要會。

司書及事成則入要貳。

大司馬大役與慮事。築城邑也。屬其植受其要。司農云要者簿書也。

士師歲終令正要會。

《左傳·昭三十二年》士彌牟營成周，屬役賦文書以授帥。

秦漢分部

論說

（漢）桓寬《鹽鐵論》卷九《繇役》　大夫曰：《詩》云：玁狁孔熾，我是用戒。武夫潢潢，經營四方。故守禦征伐，所由來久矣。春秋大戎未至而豫禦之。故四支強而躬體固，華葉茂而本根據。故飭四境所以安中國也，發戍漕所以審勞佚也。主憂者臣勞，上危者下死。先帝憂百姓不贍，出禁錢，解乘輿驂，貶樂損膳，以賑窮備邊費。未見報施之義，而見沮成之理，非所聞也。

文學曰：周道衰，王迹熄，諸侯争強，大小相凌。是以強國務侵，弱國設備。甲士勞戰陣，役於兵革，故君勞而民困苦也。今中國爲一統，而方內不安，徭役遠而外內煩也。古者，無過年之繇，無逾時之役。今近者數千里，遠者過萬里，歷二期。長子不還，父母愁憂，妻子詠歎，憤懣之恨發動於心，慕思之積痛於骨髓。此杕杜、采薇之所爲作也。

綜述

《史記》卷七《項羽本紀》　是時呂后兄周呂侯爲漢將兵居下邑，漢王閒往從之，稍稍收其士卒。至滎陽，諸敗軍皆會，蕭何亦發關中老弱未傅悉詣滎陽，裴駰集解引服虔曰：傅音附。孟康曰：古者二十而傅，三年耕有一年儲，故二十三年而後役之。如淳曰：《律》年二十三傅之疇官，各從其父疇內學之。高不滿六尺二寸以下爲罷癃。《漢儀注》民年二十三爲正，一歲爲衛士，一歲爲材官騎士，習射御騎馳戰陣。又曰：年五十六衰老，乃得免爲庶民，就田里。今老弱未嘗傅者皆發之。未二十三爲弱，過五十六爲老。《食貨志》曰：月爲更卒，已復爲正，一歲屯戍，一歲力役，三十倍於古者。司馬貞索隱按：姚氏云：古者更卒不過一月，踐更五月而休。又顏云：五當爲三，言一歲之中三月居更，三日戍邊，總九十三日。古者役人歲不過三日，此所謂一歲力役三十倍於古也。斯説得之。復大振。

《史記》卷一〇六《吴王濞列傳》　其居國以銅鹽故，百姓無賦。司馬貞索隱按：吴國有鑄錢煮鹽之利，故百姓不別徭賦也。卒踐更，輒與平賈。裴駰集解引《漢書音義》曰：以當爲更卒，出錢三百文，謂之過更。自行爲卒，謂之踐更。吴王欲得民心，爲卒者顧其庸，隨時月與平賈，如漢桓、靈時有所興作，以少府錢借民比也。司馬貞索隱案：漢律，卒更有三，踐更、居更、過更也。此言踐更輒與平賈者，謂爲踐更合自出錢，今王欲得人心。乃與平賈，官讎之也。張守節正義：踐更，若今唱更、行更者也，言民自著卒。更有三品：有卒更，有踐更，有過更。古者正卒無常人，皆當迭爲之，是爲卒更。貧者欲顧更錢者，次直者出錢顧之，月二千，是爲踐更。天下人皆直戍邊三月，亦各爲更，律所謂繇戍也。雖丞相子亦在戍邊之調，不可人人自行三月戍，又行者出錢三百入官，官給戍者，是爲過更。此漢初因秦法而行之，後改爲謫，乃戍邊一歲。

《史記》卷一一一《衛將軍驃騎列傳》　〔武帝〕減隴西、北地、上郡戍卒之半，以寬天下之繇。

（漢）許慎《説文・貲》　漢律：民不繇，貲錢二十三。

《漢書》卷一上《高帝紀》　〔漢二年〕五月，漢王屯滎陽，蕭何發關中老弱未傅者悉詣軍。颜師古注引服虔曰：傅音附。孟康曰：古者二十而傅，三年耕有一年儲，故二十三而後役之。如淳曰：律，年二十三傅之疇官，各從其父疇學之，高不滿六尺二寸以下爲罷癃。漢儀注云民年二十三爲正，一歲爲衛士，一歲爲材官騎士，習射御騎馳戰陳。又曰年五十六衰老，乃得免爲庶民，就田里。今老弱未嘗傅者皆發之。未二十三爲弱，過五十六爲老。師古曰：傅，著也。言著名籍，給公家徭役也。

《漢書》卷二《惠帝紀》　三年春，發長安六百里内男女十四萬六千人城長安，三十日罷。颜師古注引鄭氏曰：城一面，故速罷。

《漢書》卷二《惠帝紀》　〔五年〕春正月，復發長安六百里内男女十四萬五千人城長安，三十日罷。

《漢書》卷五《景帝紀》　〔二年冬十二月〕令天下男子年二十始傅。師古曰：舊法二十三，今此二十，更爲異制也。傅讀曰附。

《後漢書》卷一上《光武帝紀》　〔建武五年十二月〕詔復濟陽二年傜役。李賢注：濟陽，縣，故城在今曹州冤句縣西南。皇考南頓君初爲濟陽令，以哀帝建平元年帝生於濟陽宮，故復之。《前書音義》曰：復，謂除其賦役也。

《後漢書》卷一下《光武帝紀》〔建武〕六年，春正月，丙辰，改春陵鄉爲章陵縣，世世復徭役，比豐沛無有所豫。李賢注：高祖豐沛邑人，故代代復。今比之也。

《後漢書》卷一下《光武帝紀》〔建武二十年〕復濟陽縣傜役六歲。

《後漢書》卷一下《光武帝紀》〔建武三十年〕秋，七月，丁酉，幸魯國，復濟陽縣是年徭役。

《後漢書》卷一下《光武帝紀》〔中元元年十一月，〕復濟陽南頓是年徭役。

《後漢書》卷三《孝章帝紀》〔元和三年〕三月丙子，詔高邑令祠光武於即位壇。復元氏七年傜役。

紀事

《漢書》卷四八《賈誼傳》是時，匈奴彊，侵邊。天下初定，制度疏闊。諸侯王僭儗，地過古制，淮南、濟北王皆爲逆誅。誼數上疏陳政事，多所欲匡建，其大略曰：【略】今西邊北邊之郡，雖有長爵不輕得復，顔師古注引張晏曰：長爵，高爵也。雖受高爵之賞，猶將禦寇，不得復除逸豫也。蘇林曰：輕，易也。不易得復除，言難也。師古曰：復音方目反。五尺以上不輕得息，如淳曰：五尺謂小兒也。言無大小皆當自爲戰備。斥候望烽燧不得卧，將吏被介冑而睡，臣故曰一方病矣。

《漢書》卷四九《鼂錯傳》錯復言守邊備塞，勸農力本，當世急務二事，曰：臣聞秦時北攻胡貉，築塞河上，南攻楊粤，置戍卒焉。其起兵而攻胡、粤者，非以衛邊地而救民死也，貪戾而欲廣大也，故功未立而天下亂。且夫起兵而不知其勢，戰則爲人禽，屯則卒積死。夫胡貉之地，積陰之處也，木皮三寸，冰厚六尺，食肉而飲酪，其人密理，鳥獸毳毛，其性能寒。楊粤之地少陰多陽，其人疏理，鳥獸希毛，其性能暑。秦之戍卒不能其水土，戍者死於邊，輸者僨於道。顔師古注引服虔曰：僨，仆也。如淳曰：僨音奮。秦民見行，如往棄市，因以讁發之，名曰讁戍。先發吏有讁及贅壻、賈人，後以嘗有市籍者，又後以大父母、父母嘗有市籍者，後入閭，取其左。顔師古注引孟康曰：秦時復除者居閭之左，後發役不供，復役之也。或云直先發取其左也。師古曰：閭，里門也。居閭之左者，一切皆發之，非謂復除也。解在《食貨志》。發之不順，行者深怨，有背畔之心。凡民守戰至死而不降北者，以計爲之也。故戰勝守固則有拜爵之賞，攻城屠邑則得其財鹵以富家室，故能使其衆蒙矢石，赴湯火，視死如生。今秦之發卒也，有萬死之害，而亡銖兩之報，死事之後不得一算之復，師古曰：復，復除也。天下明知禍烈及己也。陳勝行戍，至於大澤，爲天下先倡，天下從之如流水者，秦以威劫而行之之敝也。

《漢書》卷七七《蓋寬饒傳》寬饒初拜爲司馬，未出殿門，斷其禪衣，令短離地，冠大冠，帶長劍，躬案行士卒廬室，視其飲食居處，有疾病者身自撫循臨問，加致醫藥，遇之甚有恩。及歲盡交代，上臨饗罷衛卒，師古曰：得代當歸者也。衛卒數千人皆叩頭自請，願復留共更一年，師古曰：更猶今言上番也，音工衡反。以報寬饒厚德。

《漢書》卷七七《蓋寬饒傳》身爲司隸，子常步行自戍北邊。顔師古注引蘇林曰：子自行戍，不取代。

《後漢書》卷四九《王符傳》王符字節信，安定臨涇人也。少好學，有志操，與馬融、竇章、張衡、崔瑗等友善。安定俗鄙庶孽，而符無外家，爲鄉人所賤。自和、安之後，世務游宦，當塗者更相薦引，而符獨耿介不同於俗，以此遂不得升進。志意蘊憤，乃隱居著書三十餘篇，以譏當時失得，不欲章顯其名，故號曰潛夫論。其指訐時短，討讁物情，足以觀見當時風政，著其五篇云爾。

《後漢書》卷四九《王符傳》《愛日篇》曰：國之所以爲國者，以有民也。民之所以爲民者，以有穀也。穀之所以豐殖者，以有民功也。功之所以能建者，以日力也。化國之日舒以長，故其民閑暇而力有餘；亂國之日促以短，故其民困務而力不足。舒長者，非謂羲和安行，乃君明民静而力有餘也。促短者，非謂分度損減，乃上闇下亂，力不足也。孔子稱：既庶則富之，既富乃教之。是故禮義生於富足，盗竊起於貧窮；富足生於寬暇，貧窮起於無日。聖人深知力者民之本，國之基也，故務省徭役，使之愛日。

魏晉南北朝分部

綜　述

《三國志》卷四《魏志・齊王芳傳》〔正始七年八月〕己酉，詔曰：吾乃當以十九日親祠，而昨出已見治道，得雨當復更治，徒棄功夫。每念百姓力少役多，夙夜存心。道路但當期于通利，聞乃撾捶老小，務崇脩飾，疲困流離，以至哀歎，吾豈安乘此而行，致馨德于宗廟邪。自今已後，明申敕之。

《三國志》卷四七《吴志・吴主傳》〔赤烏〕三年春正月，詔曰：蓋君非民不立，民非穀不生。頃者以來，民多征役，歲又水旱，年穀有損，而吏或不良，侵奪民時，以致饑困。自今以來，督軍郡守，其謹察非法，當農桑時，以役事擾民者，舉正以聞。

《三國志》卷四八《吴志・孫休傳》〔永安元年十一月〕壬子，詔曰：諸吏家有五人三人兼重爲役，父兄在都，子弟給郡縣吏，既出限米，軍出又從，至於家事無經護者，朕甚愍之。其有五人三人爲役，聽其父兄所欲留，爲留一人，除其米限，軍出不從。

《晉書》卷四《惠帝紀》〔太安二年十一月〕王師攻方壘，不利。方決千金堨，水碓皆涸。乃發王公奴婢手舂給兵廪，一品已下不從征者，男子十三以上皆從役。

《晉書》卷六《元帝紀》〔太興四年五月〕庚申，詔曰：昔漢二祖及魏武皆免良人，武帝時，涼州覆敗，諸爲奴婢亦皆復籍，此累代成規也。其免中州良人遭難爲揚州諸郡僮客者，以備征役。

《晉書》卷二七《五行志》孫休永安四年五月，大雨，水泉涌溢。昔歲作浦里塘，功費無數，而田不可成，士卒死叛，或自賊殺，百姓愁怨，陰氣盛也。

《晉書》卷二八《五行志》魏明帝太和二年五月，大旱。元年以來崇廣宮府之應也。

《晉書》卷二八《五行志》吴孫亮五鳳二年，大旱，百姓饑。是歲征役煩興，軍士怨叛。此亢陽自大，勞役失衆之罰也。其役彌歲，故旱亦竟年。

孫晧寶鼎元年，春夏旱。時孫晧遷都武昌，勞役動衆之應也。

《晉書》卷二八《五行志》吴孫亮建興元年九月，桃李華。孫權世政煩賦重，人彫於役。是時諸葛恪始輔政，息校官，原逋責，除關梁，崇寬厚，此舒緩之應也。

《宋書》卷三三《五行志》魏明帝景初元年九月，淫雨過常，冀、兗、徐、豫四州水出，没溺殺人，漂失財産。帝自初即位，便淫奢極欲，多占幼女，或奪士妻，崇飾宮室，妨害農戰，觸情恣欲，至是彌甚，號令逆時，饑不損役。

《梁書》卷三《武帝紀》〔大同七年〕十一月丙子，詔停在所役使女丁。

《魏書》卷二《太祖紀》〔天賜二年〕六月，發八部五百里内男丁築灅南宮，門闕高十餘丈；引溝穿池，廣苑囿；規立外城，方二十里，分置市里，經塗洞達。三十日罷。

《魏書》卷三《太宗紀》〔泰常六年三月〕發京師六千人築苑，起自舊苑，東包白登，周回三十餘里。

《魏書》卷四下《世祖紀》〔太平真君元年二月〕發長安五千人浚昆明池。

《魏書》卷五《高宗紀》〔和平二年三月〕詔民年八十以上，一子不從役。

《魏書》卷五《高宗紀》是月，發并、肆州五千人治河西獵道。

《魏書》卷七《高祖紀》〔延興三年〕十有一月戊寅，詔以河南七州牧守多不奉法，致新邦之民莫能上達，遣使者觀風察獄，黜陟幽明。其有鰥寡孤獨貧不自存者，復其雜徭，年八十已上，一子不從役。

《魏書》卷七《高祖紀》〔太和元年十月〕又詔，七十已上，一子不從役。

《魏書》卷七《高祖紀》〔六年〕秋七月，發州郡五萬人治靈

丘道。

《魏書》卷七《高祖紀》〔太和二十年〕冬十月戊戌，以代遷之士皆爲羽林、虎賁。司州之民，十二夫調一吏，爲四年更卒，歲開番假，以供公私力役。

《魏書》卷八《世宗紀》〔景明四年六月〕丙戌，發冀、定、瀛、相、并、濟六州二萬人、馬千匹，增配壽春。

《魏書》卷一二《孝靜帝紀》〔興和元年〕九月，甲子，發畿内民夫十萬人城鄴城，四十日罷。【略】〔冬，十有一月，癸亥，〕築城之夫，給復一年。

《魏書》卷一二《孝靜帝紀》〔三年十月〕己巳，發夫五萬人築漳濱堰，三十五日罷。

《魏書》卷一二《孝靜帝紀》〔武定元年八月〕是月，齊獻武王召夫五萬於肆州北山築城，西自馬陵戍，東至土隥。四十日罷。

《魏書》卷一八《廣陽王建傳》遷司州牧，嘉表請於京四面，築坊三百二十，各周一千二百步，乞發三正復丁，以充茲役，雖有暫勞，姦盜永止。詔從之。

《北齊書》卷四《文宣帝紀》〔天保六年〕是年，發夫一百八十萬人築長城，自幽州北夏口至恒州九百餘里。

《北齊書》卷四《文宣帝紀》〔七年十二月〕先是，自西河總秦戍築長城東至於海，前後所築東西凡三千餘里，率十里一戍，其要害置州鎮，凡二十五所。

《北齊書》卷四《文宣帝紀》〔八年〕是年，於長城内築重城，自庫洛拔而東至於塢紇戍，凡四百餘里。

《北齊書》卷四《文宣帝紀》〔九年八月〕先是，發丁匠三十餘萬營三臺於鄴下，因其舊基而高博之，大起宫室及游豫園。至是，三臺成，改銅爵曰金鳳，金獸曰聖應，氷井曰崇光。

《周書》卷五《武帝紀》〔保定元年〕三月丙寅，改八丁兵爲十二丁兵，率歲一月役。

《北史》卷四《魏紀》〔景明二年〕九月丁酉，發畿内夫五萬五千人築京師三百二十坊，四旬罷。

（唐）許敬宗《文館詞林》卷六六二《武帝·伐吴詔咸寧五年》 制詔：兵興以來，八十餘年。戎車出征，罔有寧歲。死亡流離，傷害和氣。朕每惻然悼心，思戢兵静役，與人休息。故罷習業，廣分休假。大遣扶老，養孤及女，朝夕相對。而吴賊失信，比犯王略。胡虜校動，寇害邊垂。人兵缺少，不足禽制。輒當前休中士，以相應赴。將士疲悴，而猶不及事。欲以爲静，而更爲勞。昔淮夷不賓，成王東伐；獫狁作難，戎車夏征。自古及今，咸皆勤戎遠戍，先勞後逸，未有得修無爲于有事之時也。自宣皇帝以來，以吴蜀爲憂，邊事爲念。今孫皓犯境，夷虜擾邊。此乃祖考之遺慮，朕身之大耻也。故繕甲修兵，大興戎政，内外勞心，上下戮力。以南夷句吴，北威戎狄。然後得休牛放馬，與天下共饗無爲之福耳。今調諸士，家有二丁，三丁取一人；四丁取二人；六丁以上三人。限年十七以上，至五十以還。先取有妻息者，其武勇散將家亦取如此。

（唐）許敬宗《文館詞林》卷六六六《晋元帝·誕皇孫大赦詔》 是以極出良人，以備甲卒。

紀事

《三國志》卷一一《魏志·胡昭傳》 建安二十三年，陸渾長張固被書調丁夫，當給漢中。百姓惡憚遠役，並懷擾擾。民孫狼等因興兵殺縣主簿，作爲叛亂，縣邑殘破。

《三國志》卷一三《魏志·華歆傳》 太和中，遣曹真從子午道伐蜀，車駕東幸許昌。歆上疏曰：兵亂以來，過踰二紀。大魏承天受命，陛下以聖德當成康之隆，宜弘一代之治，紹三王之迹。雖有二賊負險延命，苟聖化日躋，遠人懷德，將襁負而至。夫兵不得已而用之，故戢而時動。臣誠願陛下先留心於治道，以征伐爲後事。且千里運糧，非用兵之利；越險深入，無獨克之功。如聞今年徵役，頗失農桑之業。爲國者以民爲基，民以衣食爲本。使中國無饑寒之患，百姓無離土之心，則天下幸甚，二賊之釁，可坐而待也。

《三國志》卷一四《魏志·蔣濟傳》 景初中，外勤征役，内務宫室，怨曠者多，而年穀饑儉。濟上疏曰：陛下方當恢崇前緒，光濟遺業，

誠未得高枕而治也。今雖有十二州，至于民數，不過漢時一大郡。二賊未誅，宿兵邊陲，且耕且戰，怨曠積年。宗廟宮室，百事草創，農桑者少，衣食者多，今其所急，唯當息耗百姓，不至甚弊。弊攰之民，儻有水旱，百萬之衆，不爲國用。凡使民必須農隙，不奪其時。

《三國志》卷一四《魏志・劉放傳》〔裴松之注引〕《資别傳》曰：諸葛亮出在南鄭，時議者以爲可因發大兵，就討之，帝意亦然，以問〔孫〕資。資曰：昔武皇帝征南鄭，取張魯，陽平之役，危而後濟。又自往拔出夏侯淵軍，數言南鄭直爲天獄，中斜谷道爲五百里石穴耳，言其深險，喜出淵軍之辭也。又武皇帝聖於用兵，察蜀賊棲於山巖，視吴虜竄於江湖，皆橈而避之，不責將士之力，不爭一朝之忿，誠所謂見勝而戰，知難而退也。今若進軍就南鄭討亮，道既險阻，計用精兵又轉運鎮守南方四州遏禦水賊，凡用十五六萬人，必當復更有所發興。天下騷動，費力廣大，此誠陛下所宜深慮。夫守戰之力，力役參倍。但以今日見兵，分命大將據諸要險，威足以震攝彊寇，鎮静疆場，將士虎睡，百姓無事。數年之間，中國日盛，吴蜀二虜必自罷弊。帝由是止。

《三國志》卷一五《魏志・司馬朗傳》 復爲堂陽長。其治務寬惠，不行鞭杖，而民不犯禁。先時，民有徙充都内者，後縣調當作船，徙民恐其不辦，乃相率私還助之，其見愛如此。

《三國志》卷一五《魏志・梁習傳》 并土新附，習以别部司馬領并州刺史。時承高幹荒亂之餘，胡狄在界，張雄跋扈，吏民亡叛，入其部落；兵家擁衆，作爲寇害，更相扇動，往往棊跱。習到官，誘諭招納，皆禮召其豪右，稍稍薦舉，使詣幕府；豪右已盡，乃次發諸丁彊以爲義從；又因大軍出征，分請以爲勇力。吏兵已去之後，稍移其家，前後送鄴，凡數萬口；其不從命者，興兵致討，斬首千數，降附者萬計。單于恭順，名王稽顙，部曲服事供職，同於編户。

《三國志》卷五七《吴志・駱統傳》 是時徵役繁數，重以疫癘，民户損耗，統上疏曰：【略】今彊敵未殄，海内未乂，三軍有無已之役，江境有不釋之備，徵賦調數，由來積紀，加以殃疫死喪之災，郡縣荒虚，田疇蕪曠，聽聞屬城，民户浸寡，又多殘老，少有丁夫，聞此之日，心若焚燎。思尋所由，小民無知，既有安土重遷之性，且又前後出爲兵者，生則困苦無有温飽，死則委棄骸骨不反，是以尤用戀本畏遠，同之於死。每有徵發，羸謹居家重累者先見輸送。小有財貨，傾居行賂，不顧窮盡。輕剽者則迸入險阻，黨就羣惡。百姓虚竭，嗷然愁擾，愁擾則不營業，不營業則致窮困，致窮困則不樂生，故口腹急，則姦心動而攜叛多也。又聞民間，非居處小能自供，生産兒子，多不起養；屯田貧兵，亦多棄子。

《晉書》卷三九《荀奕傳》 時將繕宫城，尚書符下陳留王，使出城夫。奕駁曰：昔虞賓在位，《書》稱其美；《詩》詠有客，載在《雅》、《頌》。今陳留王位在三公之上，坐在太子之右，故答表曰書，賜物曰與。此古今之所崇，體國之高義也。謂宜除夫役。時尚書張闓、僕射孔愉難奕，以爲：昔宋不城周，陽秋所譏。特蠲非體，宜應減夫。奕重駁，以爲：陽秋之末，文武之道將墜于地，新有子朝之亂，于時諸侯逋替，莫肯率職。宋之于周，實有列國之權。且同已勤王而主之者晉，客而辭役，責之可也。今之陳留，無列國之勢，此之作否，何益有無。臣以爲宜除，於國職爲全。詔從之。

《晉書》卷六四《司馬元顯傳》 既而楊佺期、桓玄、殷仲堪等復至石頭，元顯於竹里馳還京師，遣丹楊尹王愷、鄱陽太守桓放之、新蔡内史何嗣、潁川太守温詳、新安太守孫泰等，發京邑士庶數萬人，據石頭以距之。

《晉書》卷六九《刁協傳》 太興初，遷尚書令，在職數年，加金紫光禄大夫，令如故。協性剛悍，與物多忤，每崇上抑下，故爲王氏所疾。又使酒放肆，侵毀公卿，見者莫不側目。然悉力盡心，志在匡救，帝甚信任之。以奴爲兵，取將吏客使轉運，皆協所建也，衆庶怨望之。

《晉書》卷七三《庾龢傳》 升平中，代孔嚴爲丹楊尹，表除重役六十餘事。

《晉書》卷七五《范寧傳》 求補豫章太守，帝曰：豫章不宜太守，何急以身試死邪。寧不信卜占，固請行。臨發，上疏曰：臣聞道尚虚簡，政貴平静，坦公亮於幽顯，流子愛於百姓，然後可以經夷險而不憂，乘休否而常夷。先王所以致太平，如此而已。今四境晏如，烽燧不舉，而倉庾虚耗，帑藏空匱。古者使人，歲不過三日，今之勞擾，殆無三日休停，至有殘刑翦髮，要求復除，生兒不復舉養，鰥寡不敢妻娶。

《晉書》卷七五《范寧傳》 帝詔公卿牧守普議得失，寧又陳時政曰：【略】官制謫兵，不相襲代。頃者小事，便以補役，一愆之違，辱及累世，親戚傍支，罹其禍毒，户口減耗，亦由於此。皆宜料遣，以全國信。禮，十九爲長殤，以其未成人也。十五爲中殤，以爲尚童幼也。今以十六爲全丁，則備成人之役矣。以十三爲半丁，所任非復童幼之事矣。豈可傷天理，違經典，困苦萬姓，乃至此乎。今宜修禮文，以二十爲全丁，十六至十九爲半丁，則人無夭折，生長滋繁矣。

《晉書》卷七七《何充傳》 於是徵充入爲都督揚豫徐州之琅邪諸軍事、假節，領揚州刺史，將軍如故。先是，〔庾〕翼悉發江、荊二州編户奴以充兵役，士庶嗷然。充復欲發揚州奴以均其謗。後以中興時已發三吴，今不宜復發而止。

《晉書》卷七八《丁潭傳》 潭初爲郡功曹，察孝廉，除郎中，稍遷丞相西閤祭酒。時元帝稱制，使各陳時事損益，潭上書曰：【略】夫兵所以防禦未然，鎮壓姦凶，周雖三聖，功成由武。今戎戰之世，益宜留心，簡選精鋭，以備不虞。無事則優其身，有難則責其力。竊聞今之兵士，或私有役使，而營陣不充。夫爲國者，由爲家也。計財力之所任，審趨舍之舉動，不營難成之功，損棄分外之役。今兵人未強，當審其宜，經塗遠舉，未獻大捷，更使力單財盡而威望挫弱也。

《晉書》卷七九《謝玄傳》 時苻堅遣軍圍襄陽，車騎將軍桓沖禦之。詔玄發三州人（下）〔丁〕，遣彭城内史何謙游軍淮泗，爲形援。

《晉書》卷八〇《王羲之傳》 及浩將北伐，羲之以爲必敗，以書止之，言甚切至。浩遂行，果爲姚襄所敗。復圖再舉，又遺浩書曰：【略】復被州符，增運千石，徵役兼至，皆以軍期，對之喪氣，罔知所厝。自頃年割剥遺黎，刑徒竟路，殆同秦政，惟未加參夷之刑耳，恐勝廣之憂，無復日矣。

《晉書》卷八〇《王羲之傳》 時東土饑荒，羲之輒開倉振貸。然朝廷賦役繁重，吴會尤甚。【略】又遺尚書僕射謝安書曰：【略】自軍興以來，征役及充運死亡叛散不反者衆，虚耗至此，而補代循常，所在凋困，莫知所出。上命所差，上道多叛，則吏及叛者席卷同去。又有常制，輒令其家及同伍課捕。課捕不擒，家及同伍尋復亡叛。百姓流亡，户口日減，其源在此。又有百工、醫、寺，死亡絶没，家户空盡，差代無所，上命不絶，事起或十年、十五年，彈舉獲罪無懈息，而無益實事，何以堪之。謂自今諸死罪原輕者及五歲刑，可以充此，其減死者，可長充兵役，五歲者，可充雜工醫寺，皆令移其家以實都邑。都邑既實，是政之本，又可絶其亡叛。不移其家，逃亡之患復如初耳。今除罪而充雜役，盡移其家，小人愚迷，或以爲重於殺戮，可以絶姦。刑名雖輕，懲肅實重，豈非適時之宜邪。

《晉書》卷八二《虞預傳》 太守庾琛命爲主簿，預上記陳時政所失，曰：軍寇以來，賦役繁數，兼值年荒，百姓失業，是輕繇薄斂，寛刑省役之時也。自頃長吏輕多去來，送故迎新，交錯道路。受迎者惟恐船馬之不多，見送者惟恨吏卒之常少。窮奢竭費謂之忠義，省煩從簡呼爲薄俗，轉相放效，流而不反，雖有常防，莫肯遵修。加以王塗未夷，所在停滯，送者經年，永失播植。一夫不耕，十夫無食，況轉百數，所妨不訾。愚謂宜勒屬縣，若令尉先去官者，人船吏侍皆具條列，到當依法減省，使公私允當。又今統務多端，動加重制，每有特急，輒立督郵。計今直兼三十餘人，人船吏侍皆當出官，益不堪命，宜復減損，嚴爲之防。琛善之，即皆施行。

《晉書》卷九四《翟湯傳》 建元初，安西將軍庾翼北征石季龍，大發僮客以充戎役，敕有司特蠲湯所調。湯悉推僕使委之鄉吏，吏奉旨一無所受，湯依所調限，放免其僕，使令編户爲百姓。

《晉書》卷九五《幸靈傳》 時順陽樊長賓爲建昌令，發百姓作官船於建城山中，吏令人各作箸一雙。靈作而未輸，或竊之焉。俄而竊者心痛欲死，靈謂之曰：爾得無竊我箸乎。竊者不應。有頃，愈急，靈曰：若爾不以情告我者，今真死矣。竊者急遽，乃首出之。靈於是飲之以水，病即立愈。行人由此敬畏之。船成，當下，吏以二百人引一艘，不能動，方請益人。靈曰：此以過足，但部分未至耳。靈請自牽之。乃手執箸，惟用百人，而船去如流。

《晉書》卷九八《王敦傳》 帝以劉隗爲鎮北將軍，戴若思爲征西將軍，悉發揚州奴爲兵，外以討胡，實禦敦也。永昌元年，敦率衆内向，以誅隗爲名，上疏曰：劉隗前在門下，邪佞諂媚，譖毁忠良，疑惑聖聽，

遂居權寵，撓亂天機，威福自由，有識杜口。大起事役，勞擾士庶；外託舉義，內自封植，奢僭過制，乃以黄散爲參軍，晋魏已來，未有此比。傾盡帑藏，以自資奉；賦役不均，百姓嗟怨；免良人奴，自爲惠澤。自可使其大田以充倉廩，今便割配，皆充隗軍。臣前求迎諸將妻息，聖恩聽許，而隗絶之，使三軍之士莫不怨憤。又徐州流人辛苦經載，家計始立，隗悉驅逼，以實己府。當陛下踐阼之始，投刺王官，本以非常之慶使豫蒙榮分。而更充征役，復依舊名，普取出客，從來久遠，經涉年載，或死亡滅絶，或自贖得免，或見放遣，或父兄時事身所不及，有所不得，輒罪本主，百姓哀憤，怨聲盈路。

《晋書》卷一〇六《石季龍載記》　又敕河南四州具南師之備，并、朔、秦、雍嚴西討之資，青、冀、幽州三五發卒，諸州造甲者五十萬人。兼公侯牧宰競興私利，百姓失業，十室而七。船夫十七萬人爲水所没、猛獸所害，三分而一。

《晋書》卷一〇七《石季龍載記》　時沙門吴進言于季龍曰：胡運將衰，晋當復興，宜苦役晋人以厭其氣。季龍于是使尚書張羣發近郡男女十六萬，車十萬乘，運土築華林苑及長牆于鄴北，廣長數十里。

《晋書》卷一一〇《慕容儁載記》　于是復圖入寇，兼欲經略關西，乃令州郡校閲見丁，精覆隱漏，率户留一丁，餘悉發之，欲使步卒滿一百五十萬，期明年大集，將進臨洛陽，爲三方節度。武邑劉貴上書極諫，陳百姓凋弊，召兵非法，恐人不堪命，有土崩之禍，并陳時政不便于時者十有三事。儁覽而悦之，付公卿博議，事多納用，乃改爲三五占兵，寬戎備一周，悉令明年季冬赴集鄴都。

《晋書》卷一一一《慕容暐載記》　暐僕射悦綰言於暐曰：太宰政尚寬和，百姓多有隱附。《傳》曰：唯有德者可以寬臨衆，其次莫如猛。今諸軍營户，三分共貫，風教陵弊，威綱不舉，宜悉罷軍封，以實天府之饒，肅明法令，以清四海。暐納之。綰既定制，朝野震驚，出户二十餘萬。

《晋書》卷一一三《苻堅載記》　堅以關中水旱不時，議依鄭白故事，發其王侯已下及豪望富室僮隷三萬人，開涇水上源，鑿山起堤，通渠引瀆，以溉岡鹵之田。及春而成，百姓賴其利。

《宋書》卷四二《王弘傳》　弘又上言：舊制，民年十三半役，十六全役。當以十三以上，能自營私及公，故以充役。而考之見事，猶或未盡。體有强弱，不皆稱年。且在家自隨，力所能堪，不容過苦。移之公役，動有定科，循吏隱恤，可無其患，庸宰守常，已有勤劇，況值苛政，豈可稱言。乃有務在豐役，增進年齒，孤遠貧弱，其敝尤深。至令依寄無所，生死靡告，一身之切，逃竄求免，家人遠討，胎孕不育，巧避羅憲，實亦由之。今皇化惟新，四方無事，役召之〔宜〕，應存乎消息。十五至十六，宜爲半丁，十七爲全〔丁〕。從之。

《宋書》卷五三《謝方明傳》　永初三年，出爲丹陽尹，有能名。轉會稽太守。江東民户殷盛，風俗峻刻，强弱相陵，姦吏蜂起，符書一下，文攝相續。又罪及比伍，動相連坐，一人犯吏，則一村廢業，邑里驚擾，狗吠達旦。方明深達治體，不拘文法，闊略苛細，務存綱領。州臺符攝，即時宣下，緩民期會，展其辦舉；郡縣監司，不得妄出，貴族豪士，莫敢犯禁，除比伍之坐，判久繫之獄。前後征伐，每兵運不充，悉發倩士庶，事既寧息，皆使還本。而屬所刻害，或即以補吏。守宰不明，與奪乖舛，人事不至，必被抑塞。方明簡汰精當，各慎所宜，雖服役十載，亦一朝從理，東土至今稱詠之。

《宋書》卷八二《沈懷文傳》　上又壞諸郡士族，以充將吏，並不服役，至悉逃亡，加以嚴制不能禁。乃改用軍法，得便斬之，莫不奔竄山湖，聚爲盗賊。

《宋書》卷八二《周朗傳》　世祖即位，除建平王宏中軍録事參軍。時普責百官讜言，朗上書曰：【略】凡爲國，不患威之不立，患恩之不下；不患土之不廣，患民之不育。自華、夷爭殺，戎、夏競威，破國則積屍竟邑，屠將則覆軍滿野，海內遺生，蓋不餘半。重以急政嚴刑，天災歲疫，貧者但供吏，死者弗望埋，鰥居有不願娶，生子每不敢舉。又戍淹徭久，妻老嗣絶，及淫奔所孕，皆復不收。是殺人之日有數途，生人之歲無一理，不知復百年間，將盡以草木爲世邪。此最是驚心悲魂慟哭太息者。法雖有禁殺子之科，設蚤娶之令，然觸刑罪，忍悼痛而爲之，豈不有酷甚處邪。今宜家寬其役，户減其税。女子十五不嫁，家人坐之。

《南齊書》卷四一《周顒傳》　建元初，爲長沙王參軍，後軍參軍，

山陰令。縣舊訂滂民，以供雜使。顗言之於太守聞喜公子良曰：竊見滂民之困，困實極矣。役命有常，祗應轉竭，蹙迫驅催，莫安其所。險者或竄避山湖，困者自經溝瀆爾。亦有摧臂斮手，苟自殘落，販傭貼子，權赴急難。每至滂使發動，遵赴常促，輒有柤杖被〔録〕，稽顙階垂，泣涕告哀，不知所（佷）〔振〕。下官未嘗不臨食罷筯，當書偃筆，爲之久之，愴不能已。交事不濟，不得不就加捶罰，見此辛酸，時不可過。山陰邦治，事倍餘城；然略聞諸縣，亦處處皆躓。唯上虞以百户一滂，大爲優足，過此列城，不無凋罄。宜應有以普救倒懸，設流開便，則轉患爲功，得之何遠。

《梁書》卷八《昭明太子傳》 吴興郡屢以水災失收，有上言當漕大瀆以瀉浙江。中大通二年春，詔遣前交州刺史王弁假節，發吴郡、吴興、義興三郡民丁就役。太子上疏曰：伏聞當發王弁等上東三郡民丁，開漕溝渠，導泄震澤，使吴興一境，無復水災，誠矜恤之至仁，經略之遠旨。暫勞永逸，必獲後利。未萌難覩，竊有愚懷。所聞吴興累年失收，民頗流移。吴郡十城，亦不全熟。唯義興去秋有稔，復非常役之民。即日東境穀稼猶貴，劫盜屢起，在所有司，不皆聞奏。今征戍未歸，強丁疏少，此雖小舉，竊恐難合，吏一呼門，動爲民蠹。又出丁之處，遠近不一，比得齊集，已妨蠶農。去年稱爲豐歲，公私未能足食；如復今茲失業，慮恐爲弊更深。且草竊多伺候民間虚實，若善人從役，則抄盜彌增，吴興未受其益，內地已罹其弊。不審可得權停此功，待優實以不。聖心垂矜黎庶，神量久已有在。臣意見庸淺，不識事宜，苟有愚心，願得上啓。高祖優詔以喻焉。

《魏書》卷一八《崔游傳》 熙平末，轉河東太守。郡有鹽户，常供州郡爲兵，子孫見丁從役，游矜其勞苦，乃表聞請聽更代，郡內感之。

《魏書》卷八六《吴悉達傳》 吴悉達，河東聞喜人也。弟兄三人，年並幼小，父母爲人所殺，四時號慕，悲感鄉隣。及長報仇，避地永安。昆弟同居四十餘載，閨門和睦，讓逸競勞。雖於儉年糊饘不繼，賓客經過，必傾所有。每守宰殯喪，私辦車牛，送終葬所。隣人孤貧窘困者，莫不解衣輟糧以相賑恤。鄉閭五百餘人詣州稱頌焉。刺史以悉達兄弟行著鄉里，板贈悉達父勃海太守。悉達後欲改葬，亡失墳墓，推尋弗獲，號哭之聲晝夜不止，叫訴神祇。忽於悉達足下地陷，得父銘記。因遷葬曾祖已下三世九喪，傾盡資業，不假於人，哀感毁悴，有過初喪。有司奏聞，標閭復役，以彰孝義。

《魏書》卷八六《王續生傳》 王續生，滎陽京縣人也。遭繼母憂，居喪杖而後起。及終禮制，鬢髪盡落。有司奏聞，世宗詔標旌門閭，甄其徭役。

《周書》卷三五《裴俠傳》 除河北郡守。俠躬履儉素，愛民如子，所食唯菽麥鹽菜而已。吏民莫不懷之。此郡舊制，有漁獵夫三十人以供郡守。俠曰：以口腹役人，吾所不爲也。乃悉罷之。又有丁三十人，供郡守役使。俠亦不以入私，竝收庸直，爲官市馬。歲月既積，馬遂成羣。去職之日，一無所取。

《北史》卷一八《元深傳》 及沃野鎮人破六韓拔陵反叛，臨淮王彧討之失利，詔深爲北道大都督，受尚書令李崇節度。時東道都督崔暹敗於白道，深等諸軍退還朔州。深上書曰：邊豎構逆，以成紛梗，其所由來，非一朝也。昔皇始以移防爲重，盛簡親賢，擁麾作鎮，配以高門子弟，以死防遏。不但不廢仕宦，至乃偏得復除，當時人物，忻慕爲之。及太和在歷，僕射李沖當官任事，涼州土人，悉免厮役，豐沛舊門，仍防邊戍。自非得罪當世，莫肯與之爲伍。

隋唐五代分部

論説

（唐）白居易《白居易集》卷六六《判·得甲年七十餘，有一子，子請不從政。所由云：人户減耗，徭役繁多，不可執禮而廢事》 役且有辭，信非懋力；老而不養，豈謂愛親？戀若阻於循陔，怨必興於陟岵。顧惟甲子，及此丁年。户減事繁，政宜勤於晝夜；家貧親老，養難闕於晨昏。在子道而可矜，雖王徭之宜免。事聞諸禮，情見乎辭。天子敦風，猶勸養其三老；庶人從政，亦何假於一夫？況當孝理之朝，難抑親人之請。所由之執，愚謂不然。

（唐）韓愈《韓昌黎文集》卷八《與少室李拾遺書》 十二月某日，愈頓首。伏承天恩。詔河南敦諭拾遺公，朝廷之士，引頸東望，若景星鳳皇之始見也，争先覩之爲快。方今天子仁聖，小大之事，皆出宰相，樂善言，如不得聞。自即大位已來，於今四年，凡所施者，無不得宜。勤儉之聲，寬大之政，幽閨婦女、草野小人，皆飽聞而厭道之。愈不通於古，請問先生：世非太平之運歟？加又有非人力而至者：年穀熟衍，符貺委至；若干紀之姦，不戰而拘纍，彊梁之兇，銷鑠縮栗，迎風而委伏。其有一事未就正，自視若不成人。四海之所環，無一夫甲而兵者。若此時也，拾遺公不疾起與天下之士君子樂成而享之，斯無時矣。

（宋）司馬光《資治通鑑》卷一九三《唐紀·太宗貞觀四年》 乙卯，發卒脩洛陽宫以備巡幸，給事中張玄素上書諫，上，時掌翻。以爲：洛陽未有巡幸之期而預脩宫室，非今日之急務。昔漢高祖納婁敬之説，自洛陽遷長安，事見十一卷漢高帝五年。豈非洛陽之地不及關中之形勝邪！邪，音耶。景帝用晁錯之言而七國搆禍，事見十六卷漢景帝三年。晁，直遥翻。錯，七故翻。陛下今處突厥於中國，處，昌吕翻。厥，九勿翻。突厥之親，何如七國？豈得不先爲憂，而宫室可遽興，乘輿可輕動哉！乘，繩證翻。臣見隋氏初營宫室，近山無大木，皆致之遠方，二千人曳一柱，以木爲輪，則戛摩火出，乃鑄鐵爲轂，行一二里，鐵轂輒破，別使數百人齎鐵轂隨而易之，轂，古禄翻。盡日不過行二三十里，計一柱之費，已用數十萬功，則其餘可知矣。陛下初平洛陽，凡隋氏宫室之宏侈者皆令毁之，見一百八十九卷高祖武德四年。令，力丁翻。曾未十年，復加營繕，何前日惡之而今日效之也！復，扶又翻。惡，烏路翻。且以今日財力，何如隋世？陛下役瘡痍之人，襲亡隋之弊，恐又甚於煬帝矣！上謂玄素曰：卿謂我不如煬帝，何如桀、紂？對曰：若此役不息，亦同歸于亂耳！上嘆曰：吾思之不熟，乃至於是！顧謂房玄齡曰：朕以洛陽土中，朝貢道均，意欲便民，故使營之。今玄素所言誠有理，宜即爲之罷役。爲，于僞翻。後日或以事至洛陽，雖露居亦無傷也。仍賜玄素綵二百匹。

（宋）司馬光《資治通鑑》卷一九六《唐紀·太宗貞觀十六年》 初，高昌既平，歲發兵千餘人戍守其地，褚遂良上疏，以爲：聖王爲治，先華夏而後夷狄。上，時掌翻。治，直吏翻。先，悉薦翻。夏，户雅翻。後，户遘翻。陛下興兵取高昌，數郡蕭然，累年不復；不復，不能復承平之舊也。歲調千餘人屯戍，調，徒弔翻。遠去鄉里，破産辦裝。又謫徒罪人，皆無賴子弟，適足騷擾邊鄙，豈能有益行陳！行，户剛翻。陳，讀曰陣。所遣多復逃亡，徒煩追捕。復，扶又翻。加以道塗所經，沙磧千里，冬風如割，夏風如焚，行人往來，遇之多死。設使張掖、酒泉有烽燧之警，磧，七迹翻。掖，音亦。陛下豈得高昌一夫斗粟之用，終當發隴右諸州兵食以赴之耳。然則河西者，中國之心腹；高昌者，他人之手足；柰何糜弊本根以事無用之土乎！且陛下得突厥、吐谷渾，皆不有其地，爲之立君長以撫之，高昌獨不得與爲比乎！叛而執之，服而封之，刑莫威焉，德莫厚焉。願更擇高昌子弟可立者，使君其國，子子孫孫，負荷大恩，永爲唐室藩輔，内安外寧，不亦善乎！爲，于僞翻。長，知兩翻。荷，下可翻。《考異》曰：《貞觀政要》載遂良疏云：數郡蕭然，五年不復。下言十六年，西突厥遣兵，寇西州。按《實録》，此年唯有西突厥寇伊州，不云寇西州，蓋以伊州隸西州屬部，故云爾。自十四年滅高昌，距此適三年耳，何得云五年不復！或者三字誤爲五字耳。《舊傳》置此疏於十八年，蓋亦因此而誤。十八年無西突厥寇西州事，故附於此。上弗聽。及西突厥入寇，上悔之，曰：魏徵、褚遂良勸我復立高昌，復，扶又翻，又如字。吾

不用其言，今方自咎耳。

（宋）司馬光《資治通鑑》卷二〇九《唐紀・中宗景龍二年》　上及皇后、公主多營佛寺。左拾遺京兆辛替否上疏諫，略曰：臣聞古之建官，員不必備，士有完行，行，下孟翻。家有廉節，朝廷有餘俸，百姓有餘食。伏惟陛下百倍行賞，十倍增官，金銀不供其印，束帛不充於錫，錫，賜也，予也。遂使富商豪賈，盡居纓冕之流；鬻伎行巫，或涉膏腴之地。賈，音古。伎，渠綺翻。又曰：公主，陛下之愛女，然而用不合於古義，行不根於人心，將恐變愛成憎，翻福爲禍。何者？竭人之力，費人之財，奪人之家；愛數子而取三怨，使邊疆之士不盡力，朝廷之士不盡忠，人之散矣，獨持所愛，何所恃乎！君以人爲本，本固則邦寧，《書・五子之歌》曰：民惟邦本，本固邦寧。邦寧則陛下之夫婦母子長相保也。又曰：若以造寺必爲理體，理體，猶言治體也，避高宗諱，以治爲理。養人不足經邦，則殷、周已往皆暗亂，漢、魏已降皆聖明，殷、周已往爲不長，漢、魏已降爲不短矣。陛下緩其所急，急其所緩，親未來而疏見在，見，賢遍翻。失真實而冀虛無，重俗人之爲，輕天子之業，雖以陰陽爲炭，萬物爲銅，役不食之人，使不衣之士，猶尚不給，用漢劉陶語意。況資於天生地養，風動雨潤，而後得之乎！一旦風塵再擾，霜雹荐臻，沙彌不可操干戈，寺塔不足攘饑饉，臣竊惜之。疏奏，不省。操，千高翻。省，悉景翻。

（清）董誥《全唐文》卷二〇八《蔣挺・對增貲就賦判》　劉乙爲邑，道百姓增貲就賦，減年從役。

皇明撫運，萬寓欽承，墨綬爲邦，四人從化。雖輯寧之道，自我國章；而惠養之規，亦憑良宰。劉乙懷符宓賤，比績劉平。增貲減年，誠一時之異政；以今方古，亦千載而同風。撫狀雖欲驚款，論情翻可嘉尚，請從薦舉，用表賢能。

（清）董誥《全唐文》卷四〇八《盧禧・對不受征判》　甲有賜田不受征税。

農之制地，征不過籍，德將見優，賞莫爲税。伊甲也之介福，承賢者之餘慶，樹勳公家，列爵王册。既未封於列土，方受賜於加田，爰及後昆，克奉先業。責其征税，徒稱聚斂之臣；守以莫從，是謂博通之士。請依周典，無撓戴經。

（清）董誥《全唐文》卷六五一《元稹・當道每年供進淡菜一石五斗》　當道每年供進淡菜一石五斗，海蚶一石五斗。

牒：奉勅：如聞浙東所進淡菜、海蚶等，道途稍遠，勞役至多。起今已後，並宜停進，其今年合進者，如已發在路，亦宜所在勒回。牒至，准敕故牒。

（清）董誥《全唐文》卷八六一《張鑄・請省新户科徭奏》　臣聞國家以務農是本，勸課爲先。用廣田疇，乃資倉闕二字。竊見所在鄉村，浮居人户，方思懇闢，正切耕耘，種木未滿於十年，樹穀未臻於三頃，似成產業，微有生涯。便被縣司繫名，定作鄉村色役。懼其重斂，畏以嚴刑，遂捨所居，卻思他適。覩茲阻隔，何以舒蘇。既乖撫卹之門，徒有招攜之令。伏乞皇帝陛下明示州府，特降條流。應所在無主空閒荒地，一任百姓開耕。候及五頃已上，三年外即許縣司量户科徭。如未及五頃已上者，不在搔擾之限。則致荒蓁漸少，賦税增多。非唯下益蒸黎，實亦上資邦國。

（清）董誥《全唐文》卷八八九《王宗儔・李延召投狀乞免役事佛判》　雖居兵籍，心在佛門。修心於行伍之間，達理於幻泡之外。歸心而依佛化，截足以事空王。壯哉貔貅，何太猛利。大願難阻，真誠可嘉。准狀付本軍除落名氏，仍差虞候監截一足訖，送真元寺收管，灑掃焚修。

（清）董誥《全唐文》卷八九九《程仁紹・請蠲免夫役狀》　衣錦興國軍安國縣西市看守宏聖王大邱陵客程仁紹。右，仁紹户税係衣錦北鄉，每年先次送納並足，且仁紹翁祖，去乾寧二年，蒙太祖武肅王給帖，巡看大邱陵，并及四面山林。年前後並無闕失，户内所雜色差配夫役，從前蒙押太祖武肅王批命放免，并本軍台命，其祖王批命見在。今縣司不委從前看守官中宏聖王大邱陵衮同一例差點，不敢辭論。且仁紹户内鹽税米等，先次送納，不敢逋欠正限。其户内雜色差配夫役甲頭等，伏乞元帥大王鴻恩特降批命，念以看守大邱陵年深，不同別事，故户日夜巡看，尚憂闕違，許容下縣，准前蠲免。冒犯明庭，伏候王旨，下縣指揮。十月日。安國縣西市看守宏聖王大邱陵客程仁紹上狀。

（清）董誥《全唐文》卷九七六《闕名・對差羊車判》　丁被差羊車小吏辭曰籍小年高。

國章攸著，人命是懸，莫匪黎甿，咸憑版籍。設令齒貌則長，其如名

數不踰。二十朝之大夫，既不登於雁序；十五府之小吏，亦何賤於羊車？徒有訴於高年，終無補於兹日。理宜小冠趨事，短服駿奔。陪晉后之行宮，爰紂御女；從衛君之過市，長觀玉人。語事不闕於奉公，論職豈卑於陳力？過爲辭費，殊謂不然！

（清）董誥《全唐文》卷九八五《闕名・對二月不供宮人炭判》　鈎盾二月不供宮人炭請處分。

弄田之所，鈎盾是司，牽絲效官，掌炭成務。形雖比漆，燒則如金。入侍女之熏爐，香焚百合；處仙人之丹竈，巧液千金。變寒作暄，轉冷成熱，投其鑄冶，可以方其造化；驗其燥溼，可以測其陰陽。充百郡之時須，爲萬邦之日用，二月不供，三章有犯，違令抵罪，依條請科。

綜　述

《隋書》卷一《高祖紀》〔開皇六年二月〕丁亥，發丁男十一萬修築長城，二旬而罷。

《隋書》卷二《高祖紀》〔開皇十年〕六月辛酉，制人年五十，免役收庸。

《隋書》卷三《煬帝紀》〔仁壽四年十一月〕丙申，發丁男數十萬掘塹，自龍門東接長平、汲郡，抵臨清關，度河，至浚儀、襄城，達於上洛，以置關防。

《隋書》卷三《煬帝紀》〔大業元年三月〕辛亥，發河南諸郡男女百餘萬，開通濟渠，自西苑引穀、洛水達于河，自板渚引河通于淮。

《隋書》卷三《煬帝紀》〔大業三年五月〕戊午，發河北十餘郡丁男鑿太行山，達于并州，以通馳道。【略】〔七月〕發丁男百餘萬築長城，西距榆林，東至紫河，一旬而罷，死者十五六。

《隋書》卷三《煬帝紀》〔大業〕四年春正月乙巳，詔發河北諸郡男女百餘萬開永濟渠，引沁水南達于河，北通涿郡。【略】秋七月辛巳，發丁男二十餘萬築長城，自榆谷而東。

《隋書》卷三《煬帝紀》〔大業七年十二月〕于時遼東戰士及餽運者填咽於道，晝夜不絕，苦役者始爲羣盜。

《隋書》卷四《煬帝紀》〔大業〕八年春正月辛巳，大軍集于涿郡。【略】總一百一十三萬三千八百，號二百萬，其餽運者倍之。

《隋書》卷四《煬帝紀》〔大業九年三月〕丁丑，發丁男十萬城大興。

《隋書》卷二四《食貨志》〔高祖〕及受禪，又遷都，發山東丁，毁造宮室。仍依周制，役丁爲十二番，匠則六番。

《隋書》卷二四《食貨志》開皇三年正月，帝入新宮。初令軍人以二十一成丁。減十二番每歲爲二十日役，減調絹一疋爲二丈。

《隋書》卷二四《食貨志》明年，〔煬〕帝北巡狩。又興衆百萬，北築長城，西距榆林，東至紫河，緜亘千餘里，死者太半。四年，發河北諸郡百餘萬衆，引沁水，南達于河，北通涿郡。自是以丁男不供，始以婦人從役。

（唐）長孫無忌等《唐律疏議》卷一《名例》　諸犯死罪非十惡，而祖父母、父母老疾應侍，家無期親成丁者，上請。犯流罪者，權留養親，謂非會赦猶流者。不在赦例，仍準同季流人未上道，限內會赦者，從赦原。課調依舊。疏議曰：侍丁，依令免役，唯輸調及租。爲其充侍未流，故云課調依舊。

（唐）長孫無忌等《唐律疏議》卷一三《户婚・差科賦役違法》　諸差科賦役違法及不均平，杖六十。

疏議曰：依令：凡差科，先富強，後貧弱；先多丁，後少丁。差科賦役違法及不均平，謂貧富、強弱、先後、閑要等，差科不均平者，各杖六十。

若非法而擅賦斂，及以法賦斂而擅加益，贓重入官者，計所擅坐贓論；入私者，以枉法論，至死者加役流。

疏議曰：依《賦役令》：每丁，租二石；調絁、絹二丈，綿三兩，布輸二丈五尺，麻三斤；丁役二十日。此是每年以法賦斂。皆行公文，依數輸納；若臨時別差科者，自依臨時處分。如有不依此法而擅有所徵斂，或雖依格、令、式而擅加益，入官者，總計贓至六疋，即是重於杖六十，皆從坐贓科之。假有擅加益入官絹滿一百疋，比斂衆人之物，法合倍論，倍爲五十疋，坐贓論，罪止徒三年。入私者，以枉法論，稱入私，不

必入己，但不入官者，即爲入私。官人有禄，枉法一尺杖一百，一疋加一等，十五疋絞；無禄者減一等，二十疋絞。今云至死者加役流，並不合絞。其間賦斂雖有入官，復有入私者，即是罪名不等，宜依併滿之法。假有擅賦斂得一百疋，九十疋入官，十疋入私，從入官九十疋倍爲四十五疋，合徒二年半，倍入私十疋爲五疋，亦徒二年半，不得累徒五年，須以入私十疋併滿入官九十疋，爲一百疋，倍爲五十疋，處徒三年。

（唐）長孫無忌等《唐律疏議》卷一三《户婚・應復除不給》　諸應受復除而不給，不應受而給者，徒二年。其小徭役者，笞五十。

疏議曰：依令人居狹鄉，樂遷就寬鄉，去本居千里外復三年，五百里外復二年，三百里外復一年之類，應給復除而所司不給，不應受而所司妄給者，徒二年。其小徭役，謂充夫及雜使，準令應免不免，應役不役者，合笞五十。其妄給復除及應給不給，準贓重於徒二年者，依上條妄脱漏增減以出入課役，一口徒一年，二口加一等，贓重入己者，以枉法論，至死者加役流；入官者，坐贓論。其不應受復除人而求請主司，妄得復除者，依《名例》若共監主爲犯，雖造意，仍以監主爲首，即是所司爲首，得復者爲從。若他人爲請求，妄得復者，自從屬請法。

（唐）長孫無忌等《唐律疏議》卷一三《户婚・輸課税物違期》　諸部内輸課税之物，違期不充者，以十分論，一分笞四十，一分加一等。州、縣皆以長官爲首，佐職以下節級連坐。

疏議曰：輸課税之物，謂租、調及庸，地租，雜税之類。物有頭數，輸有期限，而違不充者，以十分論，一分笞四十。假有當里之内，徵百石物，十斛不充笞四十，每十斛加一等，全違期不入者徒二年。州、縣各以部内分數，不充科罪準此。

注：州、縣皆以長官爲首，佐職以下節級連坐。

疏議曰：刺史、縣令，宣導之首，課税違限，責在長官。佐職以下節級連坐，既以長官爲首，通判官爲第二從，判官爲第三從，主典及檢勾之官爲第四從。以勸導之首屬在長官，故不同判事差等。其里正處百户之内，事在一人，既無節級連坐，唯得部内不充之罪。

户主不充者，笞四十。

疏議曰：百姓當户，應輸課税，依期不充，即笞四十，不據分數爲坐。

（唐）長孫無忌等《唐律疏議》卷一五《廐庫・監臨官僦運租税》

諸監臨主守之官，皆不得於所部僦運租税、課物，違者，計所利坐贓論。其在官非監臨，減一等。主司知情，各減一等。

疏議曰：凡是課税之物，監臨主守皆不得於所部内僦勾客運。其有違者，計所利，坐贓論。除人畜糧外，並爲利物。在官非監臨，減一等，謂從坐贓減一等。主司知情者，各減一等，謂知監臨僦運，坐贓上減一等；若非監臨僦運，坐贓上減二等。所利之錢，一非彼此俱罪，二非乞索之贓，既用功程而得，不合没官、還主。

（唐）長孫無忌等《唐律疏議》卷一五《廐庫・應輸課税迴避詐匿》

諸應輸課税及入官之物，而迴避詐匿不輸，或巧僞濕惡者，計所闕，準盗論。主司知情，與同罪；不知情，減四等。

疏議曰：應輸課税，謂租、調、地税之類，及應入官之物，而迴避詐匿，假作逗留，遂致廢闕及巧僞濕惡，欺妄官司，皆總計所闕入官物數，準盗科罪，依法陪填。主司知其迴避詐匿、巧僞濕惡之情而許行者，各與同罪。不知情者，減罪四等。縣官應連坐者，亦節級科之。州官不覺，各遞減縣官罪一等。州縣綱、典不覺，各同本司下從科罪。若州縣發遣依法，而綱、典在路，或至輸納之所事有欺妄者，州縣無罪。

（唐）長孫無忌等《唐律疏議》卷一六《擅興・丁夫差遣不平》　諸應差丁夫，而差遣不平及欠剩者，一人笞四十，五人加一等，罪止徒一年。即丁夫在役，日滿不放者，一日笞四十，一日加一等，罪止杖一百。各坐其所由。

疏議曰：差遣之法，謂先富强，後貧弱；先多丁，後少丁。凡丁分番上役者，家有兼丁，要月；家貧單身，閑月之類。違此不平及令人數欠剩者，一人笞四十，五人加一等，罪止徒一年。即丁夫在役，謂在役之人，日滿不放者，一日笞四十，一日加一等，罪止杖一百。注云各坐其所由，謂止坐不放者所由之人，明無連坐之法。

（唐）長孫無忌等《唐律疏議》卷一六《擅興・丁夫雜匠稽留》　諸被差充丁夫、雜匠，而稽留不赴者，一日笞三十，三日加一等，罪止杖一百；將領主司加一等。防人稽留者，各加三等。即由將領者，將領者獨

坐。餘條將領稽留者，準此。

疏議曰：丁夫、雜匠，被官差遣，不依程限而稽留不赴者，一日笞三十，三日加一等，罪止杖一百。將領主司加一等，主司謂親領監當者，一日笞四十，三日加一等，罪止徒一年。其防人稽留者，各加三等，一日杖六十，三日加一等，罪止徒二年。其將領主司亦加一等。若由將領主司稽留，丁夫、雜匠、防人不合得罪，唯罪將領之人，故云將領者獨坐。注云：餘條將領稽留者，準此，餘條謂征人等，但是差行有主司將領，本條無將領罪名，事由將領者，皆將領者獨坐。

（唐）長孫無忌等《唐律疏議》卷一六《擅興·私使丁夫雜匠》 諸丁夫、雜匠在役，而監當官司私使及主司於職掌之所，私使兵防者，各計庸準盜論；即私使兵防出城、鎮者，加一等。

疏議曰：丁夫、雜匠，見在官役限之內，而監當官司私役使；及主司，謂應判署及親監當兵防之人，於職掌之所私使：各計庸準盜論，謂從丁夫以下，各計私使之庸準盜論。即雜使計庸不滿尺者，從盜不得財，笞五十。兵、防並據城隍内使者，若私使出城、鎮，加罪一等，謂計庸加準盜論罪一等。即強使者，依《職制律》：強者加二等，餘條強者準此。若強使兵、防出城者，即亦於本罪加一等上累加。雖稱丁夫、雜匠及兵、防，非在役限内而使者，丁夫、雜匠依上條日滿不放笞四十，一日加一等，罪止杖一百；兵、防從代到不放，一日杖九十，三日加一等，罪止徒一年半。計庸重者，若見是監臨官，依役使所監臨之罪；其非本部官者，依不應得爲從輕，笞四十。庸多得罪重者，依《職制律》：去官而受舊官屬、士庶饋與，若乞取、借貸之屬，各減在官時三等。非監臨官私使，亦於準盜論上減三等。

（唐）長孫無忌等《唐律疏議》卷一六《擅興·遣番代違限》 諸鎮、戍應遣番代，而違限不遣者，一日杖一百，三日加一等，罪止徒二年；即代到而不放者，減一等。

疏議曰：依《軍防令》：防人番代，皆十月一日交代。如官司違限不遣，若準程稽違不早遣者，一日杖一百，三日加一等，罪止徒二年。即代到不放，謂防人十月一日替到不放者，減一等，謂一日杖九十，三日加一等，罪止徒一年半。

若鎮、戍官司役使防人不以理，致令逃走者，一人杖六十，五人加一等，罪止徒一年半。

疏議曰：依《軍防令》：防人在防，守固之外，唯得修理軍器、城隍、公廨、屋宇。各量防人多少，於當處側近給空閑地，逐水陸所宜，斟酌營種，并雜蔬菜，以充糧貯及充防人等食。此非正役，不責全功，自須苦樂均平，量力驅使。鎮、戍官司使不以理，致令逃走者，一人杖六十，五人加一等，罪止徒一年半。若使不以理，而防人雖不逃走，仍從違令科斷。

（唐）長孫無忌等《唐律疏議》卷一六《擅興·征人巧詐避役》 諸臨軍征討，而巧詐以避征役，巧詐百端，謂若誣告人、故犯輕罪之類。

疏議曰：臨對寇賊，即欲追討，乃巧詐方便，推避征役。注云巧詐百端，或有誣告人罪，以求推對；或故犯輕法，意在留連；或故自傷殘；或詐爲疾患。姦詐不一，故云百端。不可備陳，故云之類。

若有校試，以能爲不能，以故有所稽乏者，以乏軍興論；未廢事者，減一等。主司不加窮覈而承詐者，減罪二等；知情者與同罪，至死者加役流。

疏議曰：有所校試，謂臨軍之時，一藝以上，應供軍用，軍中校試。故以能爲不能，以巧詐不能之故，於軍有所稽違及致闕乏廢事者，以乏軍興論，故、失俱合斬。若於事未廢，減死一等。主司不加窮覈，主司謂應檢勘校試之人，不加窮研覈實，而承詐依信者，減罪人罪二等。知情者，謂知巧詐之情，並與犯者同罪，至死者加役流；未闕事者，流三千里。

（唐）長孫無忌等《唐律疏議》卷二八《捕亡·丁夫雜匠亡》 諸丁夫、雜匠在役及工、樂、雜户亡者，太常音聲人亦同。一日笞三十，十日加一等，罪止徒三年。主司不覺亡者，一人笞二十，五人加一等，罪止杖一百；故縱者，各與同罪。

疏議曰：丁謂正役，夫謂雜徭，及雜色工匠，諸司工、樂、雜户，注云太常音聲人亦同。丁夫、雜匠，並據在役逃亡；工、樂以下，在家亡者亦是。一日笞三十，十日加一等，罪止徒三年。主司謂監當主司，不覺逃亡者，計人數坐之，一人笞二十，五人加一等；四十一人逃亡，即至罪止杖一百。主司故縱者，各與逃亡者同罪。

即人有課役，全户亡者，亦如之；若有軍名而亡者，加一等。其人無課役及非全户亡者，減二等；即女户亡者，又減三等。其里正及監臨主司故縱户口亡者，各與同罪；不知情者，不坐。

疏議曰：人有課役，謂或有課無役，或有役無課，而全户亡者，亦如丁夫在役逃罪，一日笞三十，十日加一等，罪止徒三年。若有軍名而亡，謂衛士、掌閑、駕士、幕士之類，名屬軍府者，總是有軍名。其幕士屬衛尉，駕士屬太僕之類，不隸軍府者，即不同軍名之例。有軍名而亡者，雖非全户，加一等，合流二千里。其人無課役，謂全户亡者；其有課役，謂非全户亡者：各減有課役全户亡罪二等，罪止徒二年。若其人無課役，又非全户亡者，又減二等，罪止徒一年。即女户亡，亦謂全户而亡者，又減三等，總減有課役亡者五等，罪止杖一百；婦女非全户亡，又減二等，合杖八十。其里正及監臨主司，折衝府於軍人，亦同監臨之例，故縱户口、軍人亡者，各與亡者罪同；不知情者，不坐。

問曰：有軍名而亡，於他處附貫，課役如法，唯無軍名，合當何罪？

答曰：逃亡之罪，多據闕課；無課之輩，責其浮游。亦既編户，見在課役如法，準式仍徵賦役，附處復有課輸於官，課役無違，唯免軍名，合罪依《例》逃亡自首，減罪二等坐之，仍勒還本所。

（唐）李林甫等《唐六典》卷五《尚書兵部·兵部尚書》 凡左、右衛親衛勳衛翊衛，及左、右率府親勳翊衛，及諸衛之翊衛，通謂之三衛。【略】凡諸衛及率府三衛貫京兆、河南、蒲、同、華、岐、陝、懷、汝、鄭等州，皆令番上，餘州皆納資而已。應納資者，每年九月一日於本貫及寄住處輸納，本貫挾名録申兵部。【略】三衛違番者，徵資一千五百文，仍勒陪番，有故者，免徵資。三番不到，注甲毀奪告身，有故者亦陪番。

（唐）李林甫等《唐六典》卷六《尚書刑部·司門郎中》 司門郎中一人，從五品上；《周禮》大司徒屬官有司門下大夫，掌授管鍵，以啓閉國門。後周依《周官》。隋開皇初置司門侍郎，煬帝曰司門郎，皇朝因之。武德三年加中字。龍朔二年改曰司門大夫，咸亨元年復故。員外郎一人，從六品上，《周禮》有司門上士，後周有小司門上士，隋置司門員外郎，煬帝改曰承務郎，武德三年改曰員外郎。龍朔、咸亨隨曹改復。主事二人，從九品上。司門郎中、員外郎掌天下諸門及關出入往來之籍賦，而審其政。凡關二十有六，而爲上、中、下之差。京城四面關有驛道者爲上關，上關六：京兆府藍田關，華州潼關，同州蒲津關，岐州散關，隴州大震關，原州隴山關。餘關有驛道及四面關無驛道者爲中關，【略】他皆爲下關焉。下關七：梁州甘亭、百牢，河州鳳林，利州石門，延州永和，綿州松嶺，龍州涪水。所以限中外，隔華夷，設險作固，閑邪正暴者也。凡關呵而不征，司貨賄之出入。其犯禁者，舉其貨，罰其人。古，書帛爲繻，刻木爲契，二物通爲之傳。傳，如今過所。凡度關者，先經本部本司請過所，在京，則省給之；在外，州給之。雖非所部，有來文者，所在給之。

（唐）李林甫等《唐六典》卷七《尚書工部·工部尚書》 凡興建修築，材木、工匠，則下少府、將作，以供其事。少府監匠一萬九千八百五十人，將作監匠一萬五千人，散出諸州，皆取材力強壯、伎能工巧者，不得隱巧補拙，避重就輕。其驅役不盡及別有和雇者，徵資市輕貨，納於少府、將作監。其巧手供內者，不得納資，有闕則先補工巧業作之子弟。一入工匠後，不得別入諸色。其和雇鑄匠有名解鑄者，則補正功。凡計功程者，夏三月與秋七月爲長功，冬三月與春正月爲短功，春之二月、三月，秋之八月、九月爲中功。其役功則依《户部式》。

（唐）李林甫等《唐六典》卷二三《將作監》 凡諸州匠人長上者，則州率其資納之，隨以酬顧。

（唐）白居易《白孔六帖》卷七八《征役》 充夫式：《户部式》：諸正丁充夫，四十日免；七十日并免租，百日已上課役俱免。中男充夫，滿四十日已上免户内地租，無他税，折户内一丁；無丁，聽傍折近親户内丁。

《舊唐書》卷九《玄宗紀》 〔天寶五載五月〕癸卯，停郡縣差丁白直課錢。

《舊唐書》卷一八下《宣宗紀》 〔大中五年〕十月己亥，京兆尹韋博奏：京畿富户爲諸軍影占，苟免府縣色役，或有追訴，軍府紛然。請准會昌三年十二月敕，諸軍使不得強奪百姓入軍。從之。

《舊唐書》卷四二《職官志》 勳官者，出於周、齊交戰之際。本以酬戰士，其後漸及朝流。階爵之外，更爲節級。【略】永徽已後，以國初勳名與散官名同，年月既久，漸相錯亂。咸亨五年三月，更下詔申明，各以類相比。武德初光禄大夫比今日上柱國，左光禄大夫比柱國，右光禄大

夫及上大將軍比上護軍，金紫光禄大夫及將軍比護軍，銀青光禄大夫及上開府比上輕車都尉，正議大夫及開府比輕車都尉，通議大夫及上儀同三司比上騎都尉，朝請大夫及儀同比騎都尉，上大都督比驍騎尉，大都督比飛騎尉，帥都督比雲騎尉，都督比武騎尉。自是已後，戰士授勳者動盈萬計。每年納課，亦分番於兵部及本郡當上省司。又分支諸曹，身應役使，有類僮僕。據令乃與公卿齊班，論實在於胥吏之下，蓋以其猥多，又出自兵卒，所以然也。

《舊唐書》卷四九《食貨志》〔開元十五年正月，令將作大匠范安及檢行鄭州河口斗門。先是，洛陽人劉宗器上言，請塞汜水舊汴河口，於下流祭澤界開梁公堰，置斗門，以通淮、汴，擢拜左衛率府胄曹。至是，新漕塞，行舟不通，貶宗器焉。安及遂發河南府、懷、鄭、汴、滑三萬人疏決（兼）〔開〕舊河口，旬日而畢。

〔宋〕宋敏求《唐大詔令集》卷二《帝王・即位赦・敬宗即位優賜諸軍詔》 朕以寡昧，祗膺寶位，載懷悼懼，豈所克堪，而羽衛爪牙，禁營司旅，晝巡夜警，叶力悉心，自始銜哀，至於踐祚，忠勤匪懈，誠節用彰，將圖錫賚，務欲豐厚，屬頻年旱歉，御府空虛，如聞邊上將士，至今未給衣賜，永言軫慮，深切寤懷，霑衈之時，所期均濟，兩軍官健，各宜賜絹十匹、錢十千，畿內諸鎮、各賜絹十匹、錢伍千，軍吏及城內諸軍、賞物節級有等，仍於內庫更出綾絹共二百萬匹，付度支充邊軍春衣，并天下州府賦税，如要蠲放者，並委所司約此數均勘取濟，凡百將士，宜悉朕懷。長慶四年正月

〔宋〕宋敏求《唐大詔令集》卷一〇七《政事・備禦・修緣邊障塞詔》 城彼朔方，周朝盛典；繕治河上，漢室宏規。所以作固京畿，設險邊塞，式遏冠虐，隔礙華戎。自隋氏季年，中夏喪亂，黔黎凋盡，州城空虛，突厥因之侵犯，疆埸乘間幸釁，深入長驅，侵暴滋甚，莫能禦制。皇運已來，東西征伐，兵車屢出，未遑北討，遂令胡馬再入，至于涇渭，蹂踐禾稼，駭懼居民，喪失既多，虧廢生業。朕分命師旅，挫其鋒鋭，頻獲名王每夷渠帥。然而凶狡不息，驅侵未已，御以長算，利在修邊。其北道諸州所置城寨，粗已周遍，未能備悉。今約以和通，雖云疲寢，然蓄情難測，更事修葺，僉曰宜之。朕以板築之功，方資力役，畚鍤之用，興發且多，念彼劬勞，用深怵惕。加以普給優復，詔書始下，旋即科召，有若食言，百姓將疑，謂予不信。但民惟邦本，本固邦寧，醜虜猥凌，實爲民患，其城寨鎮城，湏有修補，審量遠近，詳計功力，所在軍民，且共營辦，所司具爲條式，務使成功。宣示閭里，明知此意。武德元年九月

〔宋〕宋敏求《唐大詔令集》卷一〇七《政事・備禦・寬繕治器械功程詔》 周氏設官，分掌邦事；漢家創制，先定章程。故百工咸理，五材畢舉，雖沿革有時，而此途莫爽。但欽明之后，役自子來，昏亂之朝，形盡民力。或祁寒隆暑，未獲小康；或俾夜作明，繼之以燭。淫費不已，凋喪爲期。朕祗奉明命，撫臨億兆，愛育之心，發於寤寐。每咨謀卿士，詢訪芻蕘，何嘗不以節儉爲德，憂矜在慮。自非田疇耘獲，軍國資湏未曾別使一人，輒求一物。每有丁匠之所，但申戒作之司，令其寬立功程，務從閑逸。少府僚屬，莫不聞知。而營造牟鎧，催督非理，竭人之力，以求己功。朝夕左右，尚乖期約，遠方勞役，何以克堪。雖四海之內，無（餘）〔煩〕經始，然繕治器械，脩葺城隍，及隄防浸決，橋梁毀壞，既不獲已，必藉人功，皆湏慰彼民心，緩其日用。宜頒告天下，以知朕意。貞觀元年七月

〔宋〕宋敏求《唐大詔令集》卷一〇七《政事・備禦・鎮兵以四年爲限詔》 王者制五服，綏四方，申畫郊畿，慎固封守，是乃選徒興役，禦備邊疆，欽若前載，率由茲道。朕以薄德，紹膺丕運，奉天明命，爲人父母，永隔綏養，鑒寐以之。每念征戍良可矜者，其有涉河渡磧，冒險乘危，多歷年所，遠辭親愛，壯齡應募，華首未歸，眷言勞止，期於折衷。但磧西諸鎮，道阻且長，數有替易，難於煩擾。其鎮兵宜以四年爲限，散支州縣，務取富户丁多，差遣後量免户內雜科税。其諸軍鎮兵，近日逓加年限者，各依舊以三年一年爲限，仍並不得延留。其情願留鎮者，即稍加賜物。征人願往，聽復令行。惟貴勞逸且均，公私咸適。宣布遐邇，識朕意焉。開元五年正月

〔宋〕宋敏求《唐大詔令集》卷一一一《政事・賦斂・簡徭役詔》 《詩》不云乎，民亦勞止，汔可小康。爰自夫隋氏失馭，刑政板蕩，豺狼競起，肆行凶虐，徵求無度，侵奪任己，下民困擾，各靡聊生，喪亂之餘，百不存一。上天降鑒，爰命朕躬，廓定凶災，乂寧區域。念此黎庶，

凋弊日久，新獲安堵，衣食未豐。所以每給優復，蠲其傜賦，不許差科，輒有勞擾，義存簡靜，使務農桑。至如大河南北，亂離永久，師旅荐興，加之饑饉，百姓勞弊，此焉特甚。江淮之間，爰及嶺外，塗路懸阻，土曠人稀，流寓者多，尤宜存恤。此等諸處，往隔寇戎，自經開泰，歲月未久，猶恐士民積習，不改前弊，州縣官人，未稱所委，迎送往來，尚致勞費。其河南、河北、江淮以南，及荆州大總管内諸州，所司宜更班下，自今以後，非有別敕，不得輒差科傜役，及迎送供承，庶其安逸。明加檢約，稱朕意焉。武德六年三月

（宋）宋敏求《唐大詔令集》卷一一一《政事·賦斂·禁止迎送營造差科詔》 隋末喪亂，豺狼競逐，率土之衆，百不一存，干戈未静，農桑咸廢，凋弊之餘，饑寒重切。永言念此，悼於厥心。今寇賊（以）〔已〕平，天下無事，百姓安堵，各務耕織，家給人足，即事可期，所以新附之民，特蠲傜賦，欲其休息，更無煩擾，使獲安静，自修產業。猶恐所在州縣，未稱朕懷。道路送迎。廨宇營築。率意徵求。擅相呼召。諸如此類，悉宜禁斷。非有別敕。不得差科。不遵詔者，重加推罰。布告天下，咸知此意。武德六年四月

（宋）宋敏求《唐大詔令集》卷一一一《政事·賦斂·減徵京畿丁役等制》 敕：天之所命，俾朕子人，豈敢怠遑，期於康濟。勞精極慮，十有四載。務從省約，以訓天下。訪其疾苦，屢有蠲除。公税之差，僅從盍徹。宮衛之備，仍罷踐更。兼捐服御，用資軍國。大去煩弊，以休邦畿。游食之人，悉歸南畝。墾田之數，漸復平時。神降嘉禾，歲乃大熟。闕于珍物，景福紛委。蓋上玄烈聖之儲祉也，豈寡昧之德而臻此耶。夙夜祇惕，永懷增懼，然以令有緩急，物有重輕，粟輕而易散，錢重而難聚。古人所謂糴之至賤與貴，其傷一也。如聞閭閻，未免告病，至乃以數斛易錢一緡，雜以他傜，難於償費，輔用所寶，念之惻然，深可重惜，所宜節省。其京兆府諸色蓄役等，訪聞諸司或有徵課，比緣時儉，資數稍多，物估皆賤，不可仍舊。其掌閑彍騎三衛，及橋堰丁匠，如有司頃徵資，並納錢三千，米六斗，其青苗地頭，天下諸州，每畝率錢十五，頃以京師煩擾，供應頗多，苟從權宜，遂倍其數，自今已後，宜准諸州例徵率。朕以帝王之教人，如父母之訓子，所以至纖至微，必躬必親，苟或便之，豈憚煩也。宣示百姓，知朕意焉。

（宋）王溥《唐會要》卷五四《給事中》 〔元和〕七年七月，瓊林庫使奏：巧兒舊挾名敕外，別定一千三百四十六人，請宣下州府爲定額，特免差役。時給事中薛存誠以爲此皆奸人竄名，以避征傜，不可以許。

（宋）王溥《唐會要》卷六五《衛尉寺》 〔天寶〕十一年十二月奏：幕士、供膳、掌閑，取浮逃無籍人充。敕旨：幕士、供膳、掌閑並雜匠等，比來此色，緣免征行，高户以下例皆情願。自今已後有闕，各令所由先取浮逃及無籍實堪驅使人充使，與編附。仍委御史中丞都充勾當。

廣德元年二月二十一日赦文：京兆諸司使幕士、丁匠，總八萬四千五百人，數内宜每月支二千九百四十四人，仍令河東、關内諸州府，據户口分配，不得編〔偏〕出京兆。餘八萬一千一百一十四人，一切並停。

其年，衛尉寺奏：當寺管幕士，總八百六十九人，其七百八十九人停，八十人依舊，定四十人長上幕士，本司招補，不差百姓。並請依舊定四十人，減外請留，其幕士申請停差，每人每月別官給錢三千五百文，付本司通勘處置，共據計一年當一千六百八十貫文。彍騎先支五人，本司既有幕士充勾當。彍騎請停。敕旨：依奏。

（宋）王溥《唐會要》卷六五《閑廄使》 太和九年十一月，閑廄、宮苑等使奏：京兆府合供當使諸門守當三衛八十人，准舊例，京兆府取諸縣百姓，供前件三衛充門仗諸雜役，每月交替者。伏以百姓往來，費損至多，非惟頻與追呼，實亦難虞寇盜。伏請從今年十二月起省停供，臣於當司召至子弟一百人，每人每月使於當司，方圓與糧六斗，亦不要府縣資陪，取其情願。永絶擾人，伏乞允臣管見。敕旨：依奏。

（宋）王溥《唐會要》卷七二《京城諸軍》 〔長慶〕四年三月制敕：應屬諸軍、諸司、諸使人等，於城市及畿内村鄉店鋪經紀。自今已後，宜與百姓一例差科，不得妄有影占。

（宋）王溥《唐會要》卷七二《京城諸軍》 大中五年十月，京兆尹韋悰奏：京畿户於諸軍影占，苟免府縣差役，或有追計，軍府紛然。請准會昌五年十二月敕，諸軍使不得强奪百姓入軍。從之。

（宋）王溥《唐會要》卷七二《府兵》 〔開元〕十一年十一月二

十日，兵部尚書張説置長從宿衛兵十萬人於南衙，簡京兆、蒲同、岐等州府兵及白丁，准尺八例，一年兩番，州縣更不得雜使役。仍令尚書左丞蕭嵩與本州長官同揀擇以聞。

（宋）王溥《唐會要》卷八二《休假》 天寶四載六月十四日敕：頃以鄉閭侍丁，優給孝假，官吏等仍科雜役。天寶初已遣優矜，如聞比來乃差征鎮。豈有捨其輕而不恤其重，放其役而更苦其身。眷言及此，良用恤然。自今後，將侍丁孝假，不須差行。

（清）董誥《全唐文》卷一《高祖・太常樂人蠲除一同民例詔》 太常樂人，今因罪謫入營署，習藝伶官，前代以來，轉相承襲。或有衣冠世緒，公卿子孫，一沾此色，後世不改。婚姻絶於士類，名籍異於編甿。大耻深疵，良可哀愍。朕君臨區宇，思從寬惠，永言淪滯，義存刷蕩。其大樂鼓吹諸舊人，年月已久，世代遷易，宜得蠲除，一同民例。但音律之伎，積學所成，傳授之人，不可頓闕，仍依舊本司上下。若已仕官，見入班流，勿更追呼，各從品秩。自武德元年以來配充樂户者，不入此例。

（清）董誥《全唐文》卷二《高祖・罷差科徭役詔》 《詩》不云乎：「民亦勞止，汔可小康。」自有隋失馭，政刑板蕩，豺狼競起，肆行暴虐，徵求無度，侵奪任己。下民困擾，各靡聊生，喪亂之餘，百不存一。上天降監，爰命朕躬，廓定凶災，乂寧區域。念此黎庶，凋弊日久，新獲安堵，衣食未豐。所以每給優復，蠲減徭賦，不許差科，輒有勞役，義行簡静，使務農桑。至如大河南北，離亂永久，師旅薦興，加之饑饉，百姓勞弊，此焉特甚。江淮之閒，爰及嶺外，塗路懸阻，土曠民稀，流寓者多，尤宜存恤。此等諸處，往隔寇戎，自經開泰，歲月未久，猶恐士民積習，不改前弊，州縣官人，未稱所委，迎送往來，尚致勞費。其河北江淮以南，及荆州大總管向西諸州，所司宜便班下。自今以後，非有別敕，不得輒差科徭役，及迎送供承。庶令安逸，明加簡約，稱朕意焉。

（清）董誥《全唐文》卷二《高祖・申禁差科詔》 隋末喪亂，豺狼競逐，率土之衆，百不存一。干戈未静，桑農咸廢，凋弊之後，饑寒重切，永言於此，悼於厥心。今寇賊已平，天下無事，百姓安堵，各務稱職。家給人足，即事可期，所以新附之民，特蠲徭賦。欲其休息，更無煩擾，使獲安静，自修產業。猶恐所在州縣，未稱朕懷，道路迎送，廨宇營築，率意徵求，擅相呼召。諸如此例，悉宜禁斷，非有別敕，不得差科。不如詔者，重加推罰。布告天下，咸知此意。

（清）董誥《全唐文》卷四《太宗・緩力役詔》 周氏設官，分掌邦事；漢家創制，允定章程。故使百工咸理，五材異用。雖沿革有時，而此途莫爽。但欽明之后，役自子來，昏亂之朝，期盡民力。或祁寒隆暑，未獲小康；或俾夜作明，繼之以燭。淫費不已，凋喪爲期。朕祗奉明命，撫臨億兆，愛育之心，發於寤寐。每諮謀卿士，詢訪芻蕘，何嘗不以節儉爲懷。憂矜在念，自非田疇耘穫，軍國資須，未嘗別使一人，輒求一物。每有丁匠之所，常申戒作之司，令其寬大功程，務從閒逸。少府僚屬，莫不聞知，而營造矛鎧，催督非理，竭人之力，以求己功。朝夕左右，尚乖期約，遠方勞役，何以克堪？雖四海之内，無煩經始，然繕治器械，修葺城隍，及隄防浸決，橋梁壞毁，事不獲已，必藉人功。須慰彼民心，緩其日用，宜頒告天下，知朕意焉。

（清）董誥《全唐文》卷一一《高宗・即位大赦詔》 大行皇帝奄棄普天，痛貫心靈，若寘湯火。思遵大孝，不敢滅身，永慕長號，將何逮及？粤以孤眇，屬當元嗣，荷搆乾儀，若臨冰谷。思勵虚薄，康濟黎元，敬順唯新，仰昭先德。宜布凱澤，被乎億兆，可大赦天下。内外文武賜勳官一級。諸年八十以上賚以粟帛，雍州及諸州比年供軍勞役尤甚之處，並給復一年。

（清）董誥《全唐文》卷二七《玄宗・緩征詔》 古之爲國者，藏之於人。百姓不足，君孰與足？比者山東邑郡，歷年不稔。朕爲之父母，欲安黎庶，恤彼貧弊，拯其流亡，静而思之，非不勤矣。今者風雨咸若，京坻可望，若貸糧地税，庸調正租，一時併徵，必無辦法。河北諸州，宜委州縣長官勘責，灼然不能支濟者，税租且於本州納，餘不須徵，却待至春中更別處分。有貸糧迴簿等，亦量事減徵。

（清）董誥《全唐文》卷二八《玄宗・給年滿兵募程糧詔》 朕爲人父母，撫有海内，以百姓爲心，恐一夫失所。至於兵募，尤令存卹。去給行賜，還給程糧。以此優矜，不合辛苦。如聞比來兵募年滿者，皆食不充腹，衣不蔽形，馱幕什物，散落略盡。既不能致，便流浪不歸，丁壯減耗，實繇於此。自今已後，諸鎮兵募，每準額至交替時，所司預簡勘，兩

月前奏聞。當差御史，分道簡察，若涉欺隱，委御史彈奏。其有衣資盡者，量以逃死兵衣給三兩軍，使得支濟。如病患者，遞給驢乘，令及伴侶。

（清）董誥《全唐文》卷二八《玄宗・禁差民馬詔》　如聞天下有馬之家，州縣或因郵遞軍旅，即先差遣帖助，兼定户之次。緣被此百姓嫌疑，多不養畜。遂令騎射之士，頓減曩時，益國富人，何繇可致？自今已後，諸州百姓，不問有蔭無蔭，若能每家畜馬十匹已上。緣帖驛郵遞及征行，並不得偏差遣帖助。若要須供擬，任臨時率户出錢市買。定户及差重色役，亦不須以馬充財數。

（清）董誥《全唐文》卷二九《玄宗・量助長征家口營種詔》　乘塞守邊，義不可輟，遠征久戍，人亦告勞。朕身處九重，心在四遠，因時遇物，無日不思。亭障有行役之勤，室家無杼軸之用。不少優恤，何以爲安？方春發生，須急農事。其諸軍長征人家單貧乏無力者，宜令本管州縣勸率其家，助其營種，使有秋望。

（清）董誥《全唐文》卷三〇《玄宗・申明存恤從征家口詔》　諸軍鎮行人家，緣其身在征戍，事須優矜。比來頻有處分，令州縣長官，存問簡較。如聞每事牽挽，不異居人，竟不存恤，是何道理？宜令所司，申明前後敕嚴加處分。如是侵擾，委御史臺採訪奏聞。

（清）董誥《全唐文》卷三〇《玄宗・放諸軍兵募更番洗沐詔》　邊鄙未清，尚須式遏，既加鎮守，遂勞力役。朕宵衣旰食，務在安人，求瘼恤隱，宜從簡要。如聞諸軍兵募，處置多乖，年滿之日，逃亡甚衆。自今已後，各委本道節度使及兵部侍郎裴光庭同檢校，年終類會文奏。使健兒長鎮，何以克堪？可分爲五番，每一年放一番洗沐，遠取先年人爲第一番。周而復始，每五年共酬勳五轉。

（清）董誥《全唐文》卷三一《玄宗・簡括諸軍兵募詔》　近聞諸軍兵募，逃喪者多，儻或臨戎，如何破敵？自今已後，每致交兵之時，令御史分往諸軍，與節度使計議，簡括奏聞。隨事褒貶，以存勸戒。

（清）董誥《全唐文》卷三四《玄宗・召募兵勇敕》　戎狄憑陵，每勞征戍，比興師旅，猶未掃除。緣邊之人，頗有其患。朕爲父母，實用憂勤。今欲親按邊疆，躬行弔伐，宜令朝廷召募勇夫壯士拔萃逸羣者，稱爲屯衛飛騎，且各量與賜帛。行迴之日，簡入羽林。自餘之人，取爲長行。仍令兵部侍郎韋抗、紫微舍人王珽即於朝堂簡募。十日内具所得人姓名奏聞。

（清）董誥《全唐文》卷四三《肅宗・罷役興農詔》　百司及州縣，興工力役不急之務，一切並停。諸軍兵健，應在行營。有羸老病疾不任戰陣者，各委節度使速揀擇放還，路次州縣，量加濟恤。諸色番役，各令所司減省，放其營農。

（清）董誥《全唐文》卷六〇《憲宗・却還處州刺史進助軍錢絹等詔》　天下成賦，固有常規，刺史進錢，實非舊典。恐爲後例，弊及疲民，言念於兹，義在惻隱。其苗稷所進助軍錢絹，共二萬六千匹端，麻鞋一萬量，宜却還本州。苗稷將代貧下户差税箭一萬隻，令付本道都團練使收管。

（明）程敏政《新安文獻志》卷九六上《行實》　户部牒：先鋒兵馬使、攝左羽林軍大將軍同正、賞紫金魚袋、權知歙州祁門縣令吴仁歡，右可試太子洗馬，賞如故；歙州營十將，試太子洗馬、擬歙州祁門縣令、賞紫金魚袋吴仁歡，右可試鄭王府司馬，職賞如故；朝散大夫、前行石州長史、上柱國、賞紫金魚袋吴仁歡，右可朝請大夫、行歸州長史，勳賞如故。牒得，牒具前銜，後擬歷任前件，須緣草竊，出生入死，躬當戰敵，賊平後詣闕論功，特奉恩命，除朝散大夫、石州長史，恩命見今。州無甄獎，差遣、賦役有同白屋，比未蒙省符下州蠲免者。刺吏部檢得報官甲名同，又得刑部檢報《賦役令》：文、武職事官五品已上父祖子孫、勳官二品，並免課役。又云，蔭親屬免課役者，散官亦依職事例者。吴仁歡，檢勘同合，牒下所由，准式仍牒知者，故牒。貞元三年三月十二日。

令史王溢牒。

主事趙琦。

員外郎裴。

按，吴氏又有唐貞元九年、宋紹定二年兩牒，與此大同小異，故不盡載。又按，唐制，入銜謂之賜紫金魚袋，此謂之賞者，考唐《通典》魚袋本施之朝官，後四方軍興，降出各道。充賞，凡在朝者謂之賜，在軍者謂之賞也。

紀事

《隋書》卷六〇《崔仲方傳》　進位上開府，尋轉司農少卿，進爵安固縣公。令發丁三萬，於朔方、靈武築長城，東至黄河，西拒綏州，南至勃出嶺，縣亙七百里。明年，上復令仲方發丁十五萬，於朔方已東緣邊險要築數十城，以遏胡寇。

（唐）吴兢《貞觀政要》卷八《貢賦》　貞觀十八年，太宗將伐高麗，其莫離支高麗官名，其職如中國吏部兼兵部尚書也。貞觀十六年，高麗東部大人泉蓋蘇文弑其王武，立王弟子藏爲王，自爲莫離支官。遣使去聲。貢白金。黄門侍郎褚遂良諫曰：莫離支虐殺其主，九夷所不容。東方之夷有九種，曰畎夷、于夷、方夷、黄夷、白夷、赤夷、玄夷、風夷、陽夷，又一曰玄菟、二曰樂浪、三曰高儷、四曰滿飾、五曰鳧曳、六曰索家、七曰東屠、八曰倭人、九曰天都。陛下以之興兵，將事吊伐，爲遼東之人，爲，去聲。報主辱之耻。古者討弑君之賊，不受其賂。昔宋督宋，春秋時國名。字華父，宋戴公孫也。遺魯君以郜鼎，遺，去聲。魯君，桓公，名軌。郜鼎，郜國所造器，故繫名於郜。桓公受之於大廟。大，音泰，後同。大廟，周公之廟也。臧哀伯魯大夫臧孫達也。諫曰：君人者將昭德塞違。今滅德立違，而寘其賂器於大廟。百官象之，又何誅焉。武王克商，遷九鼎于雒邑，九鼎，殷所受夏鼎也。武王克商，乃營雒邑而後去之，又遷九鼎焉。義士猶或非之，蓋伯夷之屬。而況將昭違亂之賂器，寘諸大廟，其若之何。【略】夫音扶。《春秋》之書，百王取則。若受不臣之筐篚，納弑逆之朝貢。不以爲愆，將何致伐。臣謂莫離支所獻，自不合受。太宗從之。

（唐）吴兢《貞觀政要》卷九《征伐》　貞觀二十二年，軍旅亟動，宫室互興，百姓頗有勞弊。充容徐氏上疏諫曰：【略】竊見頃年以來，力役兼總，東有遼海之軍，西有崑丘之役，士馬疲於甲胄，舟車倦於轉輸。且召募投戎，去留懷死生之痛；因風阻浪，往來有漂溺之危。一夫力耕，年無數十之獲；一船致損，則傾覆數百之糧。是猶運有盡之農功，填無窮之巨浪。

（唐）劉肅《大唐新語》卷二《極諫》　皇甫德參上書曰：陛下修洛陽宫，是勞人也；收地租，是厚斂也；俗尚高髻，是宫中所化也。太宗怒曰：此人欲使國家不收一租，不役一人，宫人無髮，乃稱其意。魏徵進曰：賈誼當漢文之時，上書云可爲痛哭者三，可爲長歎者五。自古上書，率多激切。若非激切，則不能服人主之心。激切即似訕謗，所謂狂夫之言，聖人擇焉。惟在陛下裁察，不可責之。否則於後誰敢言者。乃賜絹二十疋，命歸。

（唐）劉肅《大唐新語》卷二《極諫》　房玄齡與高士廉偕行，遇少府少監竇德素，問之曰：北門近來有何營造？德素以聞太宗。太宗謂玄齡、士廉曰：卿但知南衙事，我北門小小營造，何妨卿事？玄齡等拜謝。魏徵進曰：臣不解陛下責，亦不解玄齡等謝。既任大臣，即陛下股肱耳目，有所營造，何容不知。責其訪問官司，臣所不解。陛下所爲若是，當助陛下成之；所爲若非，當奏罷之。此乃事君之道。玄齡等問既無罪，而陛下責之，玄齡等不識所守，臣實不喻。太宗深納之。

（唐）李吉甫《元和郡縣圖志》卷一《關内道》　秦始皇陵，在縣東八里。始皇即位，治驪山陵，役徒七十萬人。今按其陵高大，亦不足役七十萬人積年之功，蓋以驪山水泉本北流者，陂障使東西流，又此土無石，取大石於渭北諸山，其費功力由此也。

（唐）李吉甫《元和郡縣圖志》卷二《關内道》　長安故城，在縣西北十三里。漢舊都，惠帝修築，本秦離宫也。按惠帝元年正月，城長安。三年春，發長安六百里内男女十四萬六千人，三十日罷。六月，發徒隸二萬人常役。至五年正月，復發十四萬五千人，三十日罷。九月而城成。城南爲南斗形，城北爲北斗形，周回六十五里。

（唐）張鷟《朝野僉載》卷二　又上章奏聞陝州三門，鑿山燒石，巖側施棧道牽船。河流湍急，所顧夫並未與價直，苟牽繩一斷，棧梁一絶，則撲殺數十人。取顧夫錢糴米充數，即注夫逃走，下本貫禁父母兄弟妻子。牽船皆令系二鈲於胸背，落棧著石，百無一存，滿路悲號，聲動山谷。皆稱楊務廉人妖也，天生此妖以破殘百姓。

（唐）元稹《元稹集》卷三八《狀·為河南府百姓訴車狀》　河南府應供行營般糧草等車，準敕糧料使牒共雇四千三十五乘，每乘每里脚錢三十五文。約計從東都至行營所八百餘里，錢二千八文，共給鹽利虚估匹段。絹一疋，約估四千已上，時估七百文。紬一匹，約估五千，時估八百

文。約計二十八千，得紬、絹共六匹，折當實錢四千五百已來。

五百乘準敕供懷州已來載草

右件草，準元敕令於河次收貯，待河開般運，送至行營，續准度支奏，令差河南、鄭滑、河陽等道車，共一千乘般載。今據每車強弱相兼，用牛四頭，每頭日食草各三束，計一十二束。從武德界至行營約六百里，車行一十二日程，往來二十四日，并停住約三十餘日。計每車須食草三百六十束，料及人糧在外。若自賚持，每車更須四乘車別載沿路糧草。若於累路旋買，計一千車每頓須買草六千餘束，州縣店肆，必無祇供得辦。況今年河路元不甚凍，及至裝車般載，至發時已是來年正月上旬已後，即水路自然去得，只校旬日之間，實恐虛成其弊。

三千五百三十五乘准糧料使及東都河陰兩院牒般載軍糧

右件軍糧，伏據中書門下奏稱，若併糴貯，恐事平之後，無支用處。且今收糴來年春季糧料，今據邢、洺、魏、博等州和糴，已合支得累月。即前件糧，亦合得春水路般載。以前兩件車，準敕並令和雇。令據度支河陰匹段十乘估價，召雇一乘不得，今府司還是據户科配。況河南府耕牛素少，昨因軍過宰殺，及充遞車，已無太半。今若更發四千餘車，約計用牛一萬二千頭。假令估價並得實錢，百姓悉皆願去，亦須草木盡化爲牛，然可充給頭數。今假令府司排户差遣，十分發得一二，即來歲春農必當盡廢。百姓見坐流亡，河南府既然，即鄭滑、河陽，亦是小處。假使凶竪即擒伏，恐饑荒薦至，萬一尚稽天討，不知何以供求。稹忝在官司，備知利害，伏以事非職任，不敢上言，仰荷陶甄，冀裨萬一，無任冒昧狂愚之至。伏聽詳察處分，謹録狀上。

（唐）杜牧《樊川文集》卷五《唐故處州刺史李君墓誌銘并序》 出爲池州刺史。始至創造籍簿，民被傜役者，科品高下，鱗次比比，一在我手，至當役之，其未及者吏不得弄。景業嘗嘆曰：沈約身年八十，手寫簿書，蓋爲此也。使天下知造籍役民，民庶少活。

（唐）杜牧《樊川文集》卷一〇《與汴州從事書》 汴州境內，最弊最苦，是牽船夫，大寒虐暑，窮人奔走，斃踣不少。某數年前赴官入京，至襄邑縣，見縣令李式，甚年少，有吏才，條疏牽夫，甚有道理，云：某當縣萬户已來，都置一板簿，每年輪檢自差，欲有使來，先行文帖，尅期令至，不揀貧富，職掌一切均同。計一年之中，一縣人户，不著兩度夫役，如有遠户不能來者，即任納錢，與於近河雇人，對面分付價直，不令所由欺隱。一縣之內，稍似蘇息。蓋以承前但有使來，即出帖差夫，所由得帖，富豪者終年閑坐，貧下者終日牽船。今即自以板簿在手，輪轉差遣，雖有黠吏，不能用情。

某每任刺史，應是役夫及竹木瓦磚工巧之類，並自置板簿，若要使役，即自檢自差，不下文帖付縣。若下縣後，縣令付案，案司出帖，分付里正，一鄉只要兩夫，事在一鄉徧着，赤帖懷中藏却，巡門掠斂一徧，貧者即被差來。若籍在手中，巡次差遣，不由里胥典正，無因更能用情。以此知襄邑李式之能，可以惠及夫役，更有良術，即不敢知。以某愚見，且可救急，因襄邑李生之績效，知先輩思報幕府之深誠，不覺亦及拙政，以爲證明，豈敢自述。今爲治，患於差役不平。詩云：或栖遲偃仰，或王事鞅掌。此蓋不平之故。長吏不置簿籍一一自檢，即奸胥貪冒求取，此最爲甚。某恐懼再拜。

《舊唐書》卷七〇《戴胄傳》 〔貞觀〕五年，太宗將修復洛陽宫，胄上表諫曰：陛下當百王之弊，屬暴隋之後，拯餘燼於塗炭，救遺黎於倒懸。遠至邇安，率土清謐，大功大德，豈臣之所稱贊。臣誠小人，才識非遠，唯知耳目之近，不達長久之策，敢竭區區之誠，論臣職司之事。比見關中、河外，盡置軍團，富室強丁，並從戎旅。重以九成作役，餘丁向盡，去京二千里內，先配司農將作。假有遺餘，勢何足紀？亂離甫爾，户口單弱，一人就役，舉家便廢。入軍者督其戎仗，從役者責其糇糧，盡室經營，多不能濟。以臣愚慮，恐致怨嗟。七月已來，霖潦過度，河南、河北，厥田洿下，時豐歲稔，猶未可量。加以軍國所須，皆資府庫，絹布所出，歲過百萬。丁既役盡，賦調不減，費用不止，帑藏其虛。且洛陽宫殿，足蔽風雨，數年功畢，亦謂非晚。若頓修營，恐傷勞擾。

《舊唐書》卷七八《高季輔傳》 時太宗數召近臣，令指陳時政損益。季輔上封事五條。【略】又曰：竊見聖躬，每存節儉，而凡諸營繕，工徒未息。正丁正匠，不供驅使；和雇和市，非無勞費。人主所欲，何事不成，猶願愛其財而勿殫，惜其力而勿竭。今畿內數州，實惟邦本，地狹人稠，耕植不博，菽粟雖賤，儲蓄未多，特宜優矜，令得休息。強本弱

枝，自古常事。關、河之外，徭役全少；帝京、三輔，差科非一；江南、河北，彌復優閒。須爲差等，均其勞逸。

《舊唐書》卷八〇《褚遂良傳》　太宗既滅高昌，每歲調發千餘人防遏其地，遂良上疏曰：【略】陛下誅滅高昌，威加西域，收其鯨鯢，以爲州縣。然則王師初發之歲，河西供役之年，飛芻輓粟，十室九空，數郡蕭然，五年不復。陛下歲遣千餘人遠事屯戍，終年離別，萬里思歸。去者資裝，自須營辦，既賣菽粟，傾其機杼。經途死亡，復在其外，兼遣罪人，增其防遏。彼罪人者，生於販肆，終朝惰業，犯禁違公，止能擾於邊城，實無益於行陣。

《舊唐書》卷一〇〇《蘇珦傳》　五遷右司郎中。時御史王弘義託附來俊臣，構陷無罪，朝廷疾之。嘗受詔於虢州採木，役使不節，丁夫多死，珦按奏其事，弘義竟以坐黜。

《舊唐書》卷一〇〇《李傑傳》　開元初，爲河南尹。傑既勤於聽理，每有訴列，雖衢路當食，無廢處斷，由是官無留事，人吏愛之。先是，河、汴之間有梁公堰，年久堰破，江、淮漕運不通。傑奏調發汴、鄭丁夫以濬之，省功速就，公私深以爲利，刊石水濱，以紀其績。

《舊唐書》卷一〇一《韋湊傳》　開元二年夏，敕靖陵建碑，徵料夫匠。湊以自古園陵無建碑之禮，又時正旱儉，不可興功，飛表極諫，工役乃止。

《舊唐書》卷一二九《韓滉傳》　然自關中多難，滉即於所部閉關梁，築石頭五城，自京口至玉山，禁馬牛出境；造樓船戰艦三十餘艘，以舟師五千人由海門揚威武，至申浦而還；毀撤上元縣佛寺道觀四十餘所，修塢壁，建業抵京峴，樓雉相屬，以佛殿材於石頭城繕置館第數十。時滉以國家多難，恐有永嘉渡江之事，以爲備預，以迎鑾駕，亦申儆自守也。城中穿深井十丈近百所，下與江平，俾偏將丘涔督其役。涔酷虐士卒，日役千人，朝令夕辦，去城數十里内先賢丘墓，多令毀廢。明年正月，追李長榮等戍軍還，以其所親吏盧復爲宣州刺史、采石軍使，增營壘，教習長兵。以佛寺銅鐘鑄弩牙兵器。陳少游時鎮揚州，以甲士三千人臨江大閱，滉亦以兵三千人臨金山，與少游相應，樓船於江中，以金銀繒綵互相聘賚。而自德宗出居，及歸京師，軍用既繁，道路又阻，關中饑饉，加之以災蝗，江南、兩浙轉輸粟帛，府無虚月，朝廷賴焉。

《舊唐書》卷一五三《薛存誠傳》　裴垍作相，用爲起居郎，轉司勳員外、刑部郎中、兼侍御史知雜事，改兵部郎中、給事中。瓊林庫使奏占工徒太廣，存誠以爲此皆姦人竄名以避征役，不可許。

《舊唐書》卷一六四《楊於陵傳》　貞元末，實輩敗，遷於陵爲華州刺史，充潼關防禦、鎮國軍等使。未幾，遷浙江東道都團練觀察等使。政聲流聞，入拜户部侍郎，復改京兆尹。先是，禁軍影占編户，無以區別。自於陵請致挾名，每五丁者，得兩丁入軍，四丁、三丁者，各以條限。由是京師豪強，復知所畏。

《舊唐書》卷一六五《温造傳》　〔大和五年〕九月，制改授河陽懷節度觀察等使。造以河内膏腴，民户凋瘵，奏開浚懷州古秦渠枋口堰，役工四萬，溉濟源、河内、温、武陟四縣田五千餘頃。

《舊唐書》卷一九二《白履忠傳》　開元十年，刑部尚書王志愔表薦履忠隱居讀書，貞苦守操，有古人之風，堪代褚無量、馬懷素入閣侍讀。十七年，國子祭酒楊瑒又表薦履忠堪爲學官，乃徵赴京師。及至，履忠辭以老病，不任職事。詔曰：處士前祕書省校書郎白履忠，學優緗簡，道賁丘園，探賾以見其微，隱居能達其志。故以汲引洙、泗，物色夷門，素風自高，玄冕非貴。几杖云暮，章秩宜加，俾承禮命之優，式副寵賢之美。可朝散大夫。履忠尋表請還鄉，手詔曰：孝悌立身，靜退放俗，年過從耄，不雜風塵。盛德予聞，通班是錫，豈惟旌賁山藪，實欲奬勸人倫。且游上京，徐還故里。乃停留數月而歸。履忠鄉人左庶子吴兢謂履忠曰：吾子家室屢空，竟不霑斗米匹帛，雖得五品，何益於實也。履忠欣然曰：往歲契丹入寇，家家盡著括排門夫，履忠特以少讀書籍，縣司放免，至今惶愧。今雖不得，且是吾家終身高卧，免徭役，豈易得也。

《全唐詩》卷一九五《韋應物·采玉行》　官府徵白丁，言采藍谿玉，絶嶺夜無家，深榛雨中宿，獨婦餉糧還，哀哀（一作田荒舍南）哭。

《新唐書》卷九八《馬周傳》　除侍御史。又言：【略】今百姓承喪亂之後，比於隋時纔十分一，而徭役相望，兄去弟還，往來遠者五六千里，春秋冬夏，略無休時。陛下雖詔減省，而有司不得廢作，徒行文書，役之如故。四五年來，百姓頗嗟怨，以爲陛下不存養之。堯之茅茨土階，

禹之惡衣菲食，臣知不可復行於今。

《新唐書》卷一二五《蘇瓌傳》 歲旱，兵當番上者不能赴。瓌奏：宿衛不可闕，宜月賜增半糧，俾相給足，則不闕番。又宜却進獻，罷營造不急者。不見省。時十道使括天下亡户，初不立籍，人畏搜括，即流入比縣旁州，更相廋蔽。瓌請罷十道使，專責州縣，豫立簿注，天下同日閲正，盡一月止，使柅姦匿，歲一括實，檢制租調，以免勞弊。武后鑄浮屠，立廟塔，役無虛歲。瓌以爲糜損浩廣，雖不出國用，要自民產日殫。百姓不足，君孰與足？天下僧尼濫僞相半，請併寺，著僧常員數，缺則補。后善其言。

吴兢，其里人也，謂曰：子素貧，不霑斗米匹帛，雖得五品亦何益。履忠曰：往契丹入寇，家取排門夫，吾以讀書，縣爲免。今終身高卧，寬傜役，豈易得哉。

《新唐書》卷一五九《吴湊傳》 又言：掌閑、彍騎、飛龍、内園、芙容園、禁兵諸司雜供役手，資課太繁，宜有蠲省。帝輒順可。

《新唐書》卷一六二《李方玄傳》 累爲池州刺史。鈎檢户籍，所以差量傜賦者，皆有科品程章，吏不得私。常曰：沈約年八十，手寫簿書，蓋爲此云。

《新唐書》卷一七二《杜中立傳》 京兆尹缺，宣宗將用之，宰相以年少，欲歷試其能，更出爲義武節度使。舊傜車三千乘，歲輓鹽海瀕，民苦之。中立置飛雪將數百人，具舟以載，自是民不勞，軍食足矣。

《新唐書》卷一九六《白履忠傳》 白履忠，汴州浚儀人。貫知文史，居古大梁城，時號梁丘子。景雲中，召爲校書郎，棄官去。開元十年，刑部尚書王志愔薦履忠博學守操，可代褚无量、馬懷素入閤侍讀，國子祭酒楊瑒又表其賢，召赴京師。辭病老不任職，詔拜朝散大夫。乞還，手詔許游京師，徐返里閭。履忠留數月乃去。

《新唐書》卷二〇六《楊國忠傳》 國忠雖當國，常領劍南召募使，遣戍瀘南，餉路險乏，舉無還者。舊，勳户免行，所以寵戰功。國忠令當行者先取勳家，故士無鬭志。凡募法，願奮者則籍之。國忠歲遣宋昱、鄭昂、韋儇以御史迫促，郡縣吏窮無以應，乃詭設餉召貧弱者，密縛置室中，衣絮衣，械而送屯，亡者以送吏代之，人人思亂。

（宋）司馬光《資治通鑑》卷一九一《唐紀·高祖武德九年》 上亦惡沙門、道士苟避征徭，不守戒律，皆如奕言。又寺觀鄰接廛邸，溷雜屠沽，惡，烏路翻。觀，古玩翻；下同。辛巳，下詔命有司沙汰天下僧、尼、道士、女冠，其精勤練行者，遷居大寺觀，給其衣食，毋令闕乏。行，下孟翻。觀，古喚翻。庸猥粗穢者，悉令罷道，張：道作遣。勒還鄉里。京師留寺三所，觀二所，諸州各留一所，餘皆罷之。

（宋）司馬光《資治通鑑》卷一九三《唐紀·太宗貞觀五年》 九月，上修仁壽宮，更命曰九成宮。又將修洛陽宮，民部尚書戴胄表諫，以亂離甫爾，百姓彫弊，帑藏空虛，若營造不已，公私勞費，殆不能堪！更，工衡翻。藏，徂浪翻。上嘉之曰：戴胄於我非親，但以忠直體國，知無不言，故以官爵酬之耳。久之，竟命將作大匠竇璡修洛陽宮，璡鑿池築山，彫飾華靡。上章：十二行本上下有怒字；乙十一行本同；孔本同；張校同。遽命毁之，免璡官。璡，將鄰翻，又則刃翻。

（宋）司馬光《資治通鑑》卷一九九《唐紀·太宗貞觀二十二年》

〔八月〕丁丑，敕越州都督府及婺洪等州造海船及雙舫千一百艘。【略】

〔九月〕强偉等發民造船，役及山獠，雅、邛、眉三州獠反。壬寅，遣茂州都督張士貴、右衛將軍梁建方發隴右、峽中兵二萬餘人以擊之。蜀人苦造船之役，或乞輸直雇潭州人造船，上許之。州縣督迫嚴急，民至賣田宅鬻子女不能供，穀價踊貴，劒外騷然。

（宋）司馬光《資治通鑑》卷二〇〇《唐紀·高宗顯慶元年》 己未，上謂侍臣曰：朕思養人之道，未得其要，公等爲朕陳之！爲，于僞翻。來濟對曰：昔齊桓公出游，見老而饑寒者，命賜之食，老人曰：願賜一國之飢者。賜之衣，曰：願賜一國之寒者。公曰：寡人之廩府安足以周一國之飢寒！老人曰：君不奪農時，則國人皆有餘食矣；不奪蠶要，則國人皆有餘衣矣！故人君之養人，在省其征役而已。今山東役丁，歲别數萬，役之則人大勞，取庸則人大費。臣願陛下量公家所須外，餘悉免之。量，音良。上從之。

（宋）司馬光《資治通鑑》卷二〇一《唐紀·高宗龍朔三年》 秋，八月，戊申，上以海東累歲用兵，百姓困於征調，調，徒弔翻。士卒戰溺死者甚衆，溺，奴狄翻。詔罷三十六州所造船，遣司元太常伯竇德玄等司元太

常伯，即户部尚書。分詣十道，問人疾苦，黜陟官吏。德玄，毅之曾孫也。竇毅，太穆皇后之父。

（宋）司馬光《資治通鑑》卷二〇六《唐紀·則天后聖曆元年》　蜀州每歲遣兵五百人戍姚州，蜀州，漢江源、武陽之地，李雄置江源郡，晋爲晋原縣，隋廢郡，以縣屬益州，垂拱二年，分置蜀州。路險遠，死亡者多。蜀州刺史張柬之上言，以爲：姚州本哀牢之國，哀牢夷見四十五卷漢明帝永平十二年。荒外絶域，山高水深。國家開以爲州，武德四年，以漢益州郡之雲南縣地置姚州，以其地人多姓姚故也。《舊志》，至京師四千九百里。麟德元年，移治弄棟川。未嘗得其鹽布之税，甲兵之用，而空竭府庫，驅率平人，受役蠻夷，肝腦塗地，臣竊爲國家惜之。竊爲，于僞翻。請廢姚州以隸巂州，歲時朝覲，同之蕃國。巂，音髓。朝，直遥翻。瀘南諸鎮亦皆廢省，於瀘北置關，瀘，音盧。百姓非奉使，無得交通往來。使，疏吏翻。疏奏，不納。

（宋）司馬光《資治通鑑》卷二〇七《唐紀·則天后久視元年》　庚申，太后欲造大像，使天下僧尼日出一錢以助其功。尼，女夷翻。狄仁傑上疏諫，其略曰：今之伽藍，止，時掌翻。疏，所去翻。伽藍，佛寺也，梵語云僧伽藍摩。僧伽藍摩，猶中華言衆園也。伽，求加翻。制過宫闕。功不使鬼，止在役人，物不天來，終須地出，不損百姓，將何以求！又曰：游僧皆託佛法，詿誤生人；詿，户卦翻。里陌動有經坊，闤闠亦立精舍。崔豹《古今註》：闤，市垣；闠，市門。闤，户關翻。闠，户對翻。化誘所急，切於官徵；法事所須，嚴於制敕。又曰：梁武、簡文捨施無限，施，式豉翻。及三淮沸浪，五嶺騰煙，用太宗詔中語。列刹盈衢，無救危亡之禍，刹，初鎋翻。緇衣蔽路，豈有勤王之師！又曰：雖斂僧錢，百未支一。尊容既廣，不可露居，覆以百層，覆，敷又翻。尚憂未遍，自餘廊宇，不得全無。如來設教，以慈悲爲主，釋氏謂佛爲如來。豈欲勞人，以存虚飾！又曰：比來水旱不節，比，毗至翻。當今邊境未寧，若費官財，又盡人力，一隅有難，將何以救之！難，乃旦翻。太后曰：公教朕爲善，何得相違！遂罷其役。

（宋）司馬光《資治通鑑》卷二〇八《唐紀·中宗神龍元年》　上官婕好勸韋后襲則天故事，上表請天下士庶爲出母服喪三年，上，時掌翻。爲，于僞翻。所以感動帝心，令其念武后也。又請百姓年二十三爲丁，五十九免役，唐制，二十一爲丁，六十爲老。改易制度以收時望。制皆許之。

（宋）司馬光《資治通鑑》卷二一〇《唐紀·睿宗景雲元年》　十二月，癸未，上以二女西城、隆昌公主爲女官，以資天皇太后之福，仍欲於城西造觀。觀，古玩翻。道士所居曰觀。諫議大夫寧原悌上言：以爲先朝悖逆庶人以愛女驕盈而及禍，新城、宜都以庶孽抑損而獲全。新城公主下嫁武延暉，宜城公主下嫁裴巽，皆中宗女。又釋、道二家皆以清净爲本，不當廣營寺觀，勞人費財。梁武帝致敗於前，先帝取災於後，殷鑒不遠。今二公主入道，將爲之置觀，觀，古玩翻。爲，于僞翻。不宜過爲崇麗，取謗四方。又，先朝所親狎諸僧，尚在左右，宜加屏斥。朝，直遥翻。屏，卑郢翻。上覽而善之。

（宋）司馬光《資治通鑑》卷二一一《唐紀·玄宗開元二年》　中宗以來，貴戚争營佛寺，奏度人爲僧，兼以僞妄；富户強丁多削髮以避徭役，所在充滿。姚崇上言：佛圖澄不能存趙，石虎敬重佛圖澄，澄死而趙亡。鳩摩羅什不能存秦，姚興師鳩摩羅什，興死而秦亡。齊襄、梁武，未免禍殃。但使蒼生安樂，即是福身；何用妄度姦人，使壞正法！樂，音洛。壞，音怪。上從之。丙寅，命有司沙汰天下僧尼，尼，女夷翻。以僞妄還俗者萬二千餘人。

（宋）司馬光《資治通鑑》卷二一一《唐紀·玄宗開元三年》　丁酉，以左羽林大將軍郭虔瓘兼安西大都護、四鎮經略大使。虔瓘請自募關中兵萬人詣安西討擊，皆給遞馱及熟食；遞馱者，沿路遞發馬、牛、驢馱運兵器什物也。《唐六典》曰：驢載曰馱，每馱一百斤，其脚直一百里一百文，山阪處一百二十文，驢少處不得過一百五十文，平易處不得下八十文；其有人負處，兩人分一馱。又給熟食，欲其速達安西。馱，徒何翻。敕許之。將作大匠韋湊上疏，以爲：今西域服從，雖或時有小盗竊，舊鎮兵足以制之。關中常宜充實，以強幹弱枝。自頃西北二虜寇邊，凡在丁壯，征行略盡，豈宜更募驍勇，遠資荒服！驍，堅堯翻。又，一萬征人行六千餘里，咸給遞馱熟食，道次州縣，將何以供！秦、隴之西，户口漸少，涼州已往，沙磧悠然，少，詩沼翻；下同。磧，七迹翻；下同。遣彼居人，如何取濟？縱令必克，其獲幾何？儻稽天誅，無乃甚損！請計所用、所得，校其多少，則知利害。昔唐堯之代，兼愛夷、夏，中外乂安；漢武窮兵遠征，雖多克獲，而中國

疲耗。唐堯協和萬邦。韋湊所謂兼愛夷、夏也。漢武事見《漢紀》。夏，户雅翻。今論帝王之盛德者，皆歸唐堯，不歸漢武；況邀功不成者，復何足比議乎！時姚崇亦以虔瓘之策爲不然。既而虔瓘卒無功。復，扶又翻。卒，子恤翻。

（宋）司馬光《資治通鑑》卷二一二《唐紀·玄宗開元十年》 初，諸衛府兵，自成丁從軍，六十而免，其家又不免雜徭，浸以貧弱，逃亡略盡，百姓苦之。張説建議，請召募壯士充宿衛，不問色役，優爲之制，逋逃者必争出應募；上從之。旬日，得精兵十三萬，分隸諸衛，更番上下。更，工衡翻。上，時掌翻。兵農之分，從此始矣。史言唐養兵之弊始於張説。

（宋）司馬光《資治通鑑》卷二二五《唐紀·代宗大曆十二年》 五月，辛亥，詔自都團練使外，悉罷諸州團練守捉使。又令諸使非軍事要急，無得擅召刺史及停其職務，差人權攝。又定諸州兵，皆有常數，其召募給家糧、春冬衣者，謂之官健；差點土人，春夏歸農、秋冬追集、給身糧醬菜者，謂之團結。自兵興以來，州縣官俸給不一，重以元載、王縉隨情徇私，俸，扶用翻。重，直用翻。載，祖亥翻，又音如字。縉，音晋。刺史月給或至千緡、或數十緡，至是，始定節度使以下至主簿、尉俸禄，緡，眉巾翻。使，疏吏翻。自是年定俸之後，至于會昌，則又倍之。節度使三十萬，都防禦使、副使、監軍十五萬，觀察使十萬，諸府尹、大都督府長史、都團練使、副使、上州刺史八萬，節度副使、中下州刺史、知軍事七萬，上州别駕五萬五千，長史、司馬五萬，觀察、團練判官、掌書記五萬，諸大都督府司録參軍事、鴘赤縣令四萬五千，節度推官、支使、防禦判官、上州録事參軍、畿縣上縣令四萬，諸大都督府判官、赤縣丞三萬五千，觀察·防禦·團練推官、巡官、鴘赤縣丞、兩赤縣主簿·尉、上州功曹參軍以下、上縣丞三萬，畿縣丞、鴘赤縣簿·尉二萬五千，畿縣上縣主簿·尉二萬。由會昌以前，其間世有增減，不可詳也。按《類篇》：鴘，翻阮切，鷹二歲色。《新地理志》，唐京兆有赤縣、次赤縣。諸負郭，亦皆爲次赤縣。鴘赤，字義不可曉，蓋次赤也。掊多益寡，上下有叙，法制粗立。粗，坐五翻。

（宋）司馬光《資治通鑑》卷二二九《唐紀·德宗興元元年》 上於行宫廡下貯諸道貢獻之物，牓曰瓊林大盈庫。貯，直吕翻。陸贄以爲戰守之功，賞賚未行而遽私别庫，則士卒怨望，無復鬬志，上疏諫，復，扶又翻，又音如字。上，時掌翻。疏，所據翻。其略曰：天子與天同德，以四海爲家，何必橈廢公方，橈，奴教翻，屈曲也。方，法也。崇聚私貨！降至尊而代有司之守，辱萬乘以效匹夫之藏，乘，繩證翻。虧法失人，誘姦聚慝，以斯制事，豈不過哉！誘，羊久翻。慝，吐得翻。又曰：頃者六師初降，降，讀如字。天子之行，必有六師以爲營衛。不敢指言自京師出居奉天，故微其辭曰六師初降。百物無儲，外扞兇徒，内防危堞，晝夜不息，殆將五旬，凍餒交侵，死傷相枕，堞，達協翻。枕，職任翻。畢命同力，竟夷大艱。良以陛下不厚其身，不私其欲，絶甘以同卒伍，輟食以啗功勞。啗，徒濫翻，又徒覽翻。無猛制而人不攜，懷所感也；無厚賞而人不怨，悉所無也。悉，詳體也。今者攻圍已解，衣食已豐，而謠讟方興，讟，怨謗也。軍情稍阻，豈不以勇夫恒性，嗜利矜功，恒，户登翻。其患難既與之同憂而好樂不與之同利，難，乃旦翻。好，呼到翻。樂，音洛。苟異恬默，能無怨咨！咨，咨嗟也。又曰：陛下誠能近想重圍之殷憂，重，直龍翻。殷，於謹翻。追戒平居之專欲，凡在二庫貨賄，盡令出賜有功，每獲珍華，令，力丁翻。珍華，猶言珍麗也。先給軍賞，如此，則亂必靖，賊必平，徐駕六龍，旋復都邑，天子之貴，豈當憂貧！是乃散其小儲而成其大儲，損其小寶而固其大寶也。上即命去其牓。去，羌吕翻。

（宋）司馬光《資治通鑑》卷二三七《唐紀·肅宗元和元年》 高崇文屯長武城，練卒五千，常如寇至，卯時受詔，辰時即行，器械糗糧，糗，去久翻。熬米麥爲糗。一無所闕。甲午，崇文出斜谷，斜，昌遮翻。谷，音浴，又如字。李元奕出駱谷，同趣梓州。崇文軍至興元，軍士有食於逆旅，折人匕筯者，崇文斬之以徇。折，而設翻。

（宋）司馬光《資治通鑑》卷二五二《唐紀·僖宗乾符三年》 〔十月〕西川節度使高駢築成都羅城，使僧景仙規度，周二十五里，悉召縣令庀徒賦役，胡三省注：成都府領成都、華陽、新都、犀浦、新繁、雙流、廣都、郫、温江、靈池十縣。庀，匹婢翻，具也。賦，布也，分布使之就役也。吏受百錢以上皆死。蜀土疏惡，以甓甃之。環城十里内取土，皆剗丘垤平之，無得爲坎埳以害耕種。役者不過十日而代，衆樂其均，不費扑撻而功辦。自八月癸丑築之，至十一月戊子畢功。

（宋）司馬光《資治通鑑》卷二五六《唐紀·昭宗大順元年》 陳敬瑄分兵布寨於犀浦、郫、導江等縣，垂拱二年，分成都縣置犀浦縣。郫，漢古縣，唐並屬成都府。《九域志》：郫縣在府西四十五里。發城中民户一丁，不計其

家丁數多少，一户則發一丁。晝則穿重壕，採竹木，運磚石，重，直龍翻。史炤曰：《古史考》：烏曹作塼。夜則登城，擊柝巡警，無休息。

（宋）司馬光《資治通鑑》卷二七六《後唐紀·後唐明宗天成二年》

十二月，戊寅，朔，孟知祥發民丁二十萬修成都城。

（宋）司馬光《資治通鑑》卷二九二《後周紀·後周世宗顯德元年》

河自楊劉至于博州百二十里，連年東潰，分爲二派，匯爲大澤，瀰漫數百里。又東北壞古堤而出，灌齊、棣、淄諸州，至于海涯，漂没民田廬不可勝計，流民採菰稗、捕魚以給食。朝廷屢遣使者不能塞。十一月，戊戌，帝遣李穀詣澶、鄆、齊按視隄塞，役徒六萬，三十日而畢。

（宋）司馬光《資治通鑑》卷二九四《後周紀·後周世宗顯德六年》

二月，丙子朔，命王朴如河陰按行河隄，立斗門於汴口。壬午，命侍衛都指揮使韓通、宣徽南院使吴廷祚發徐、宿、宋、單等州丁夫數萬，浚汴水。甲申，命馬軍都指揮使韓令坤自大梁城東導汴水入于蔡水，以通陳、潁之漕。命步軍都指揮使袁彦浚五丈渠，東過曹、濟、梁山泊，以通青、鄆之漕，發畿内及滑、亳丁夫數千以供其役。

（宋）王溥《五代會要》卷一六《國子監》　〔天成三年〕其年八月十一日，宰臣兼判國子祭酒崔協奏：請國子監每年祇置監生二百員，候解送至十月三十日滿數爲定。又請頒下諸道州府。各置學官。如有鄉黨備諸（諳）文行可舉者，録其事實申監司，方與解送。但一身就業，不得影庇門户，兼太學書生，亦依此例，不得因此便取公牒，輒免本户差役。【略】敕：宜依。

《舊五代史》卷三《梁書·太祖紀》　〔開平元年〕十二月辛亥，詔曰：潞寇未平，王師在野。攻戰之勢，難緩於寇圍；飛輓之勤，實勞於人力。永言輟耒，深用軫懷。宜令長吏，丁寧布告，期以兵罷之日，給復賦租。於是人户聞之，皆忘其倦。

《舊五代史》卷三《梁書·太祖紀》　是年，諸道多奏軍人百姓割股，青、齊、河朔尤多。帝曰：此若因心，亦足爲孝。但苟免徭役，自殘肌膚，欲以庇身，何能療疾？並宜止絶。

《舊五代史》卷五《梁書·太祖紀》　〔開平三年十一月〕戊戌，制曰：夫嚴親報本，所以通神明；流澤覃休，所以惠黎庶。斯蓋邦家不易之道，皇王自昔之規，敢斁大猷，兹唯古義。粵朕受命，于今三年，何曾不寅畏晨興，焦勞夕惕。師唐、虞之典，上則於乾功；挹殷、夏之源，下涵於民極。欲使萬方有裕，六辨無愆。然而志有所未孚，理有所未達，致奸宄作釁，旱霪爲災。驕將守邊，擁牙旗而背義；積陰馭氣，陵玉燭以干和。載考休徵，式昭至警。朕是以仰高俯厚，靡惜於責躬；履薄臨淵，冀昭于玄覽。兢兢慄慄，夙夜匪寧。及夫動干戈而必契靈誅，陳犧齋而克章善應，苟非天垂丕佑，神贊殊休，則安可致夷兇渠，致字疑有脱誤蓋《册府元龜》引《薛史》原文偶有舛誤也。今無別本可校，姑仍其舊。影庫本粘籤。就不戰之功，變沴戾氣，作有年之慶。况靈旗北指，喪犬羊于亂轍之間；飛騎西臨，下鄜、翟若走丸之易。息一隅之煙燧，復千里之封疆。而又掃蕩左馮，討除峴首。故得外戎内夏，内夏，原本作内憂，今據文改正。影庫本粘籤。益知天命之攸歸；喙息蚑行，共識皇基之永固。仰懷昭應，欲報無階。爰因南至之辰，親展圜丘之禮。兹惟大慶，必及下民，乃弘涣汗之私，以錫疲羸之幸。所冀漸臻蘇息，亟致和平。噫！朕自臨御以來，歲時尚邇，氛昏未殄，討伐猶頻。甲兵須議於餽糧，飛輓頻勞於編户，事非獲已，慮若納隍。宜所在長吏，倍切撫綏，明加勉諭，每官中抽差徭役，禁猾吏廣斂貪求。免至流散靡依，凋弊不濟。宜令河南府、開封府及諸道觀察使切加鈐轄，刺史、縣令不得因緣賦斂，分外擾人。凡關庶獄，每望輕刑。只候纔罷用軍，必當便議優給。德音節文内有未該者，宜令所司類例條件奏聞。《册府元龜》卷一百九十一。

《舊五代史》卷四〇《唐書·明宗紀》　〔天成四年三月〕乙未，以前鄆州節度使符習爲汴州節度使。丙申，詔鄴都、幽、鎮、滄、邢、易、定等州管内百姓，除正税外，放免諸色差配，以討王都之役，有輓運之勞也。

《舊五代史》卷四〇《唐書·明宗紀》　〔天成四年六月〕壬戌，幸至德宫。詔：京城空地，課人蓋造。如無力者，許人請射營構。

《舊五代史》卷四三《唐書·明宗紀》　〔長興三年〕十二月癸丑，幸龍門，觀修伊水石堰，賜丁夫酒食。後數日，有司奏：丁夫役限十五日已滿，工未畢，請更役五日。帝曰：不唯時寒，且不可失信於小民。即止其役。

《舊五代史》卷一一二《周書·太祖紀》〔廣順二年正月〕庚申，王峻奏，起近鎮丁夫二萬城晋州。壬戌，修東京羅城，凡役丁夫五萬五千，兩旬而罷。

《舊五代史》卷一一四《周書·世宗紀》〔顯德元年十一月〕戊戌，詔宰臣李穀監築河隄。先是，鄆州界河決，數州之地，洪流爲患，故命穀治之，役丁夫六萬人，三十日而罷。

《舊五代史》卷一一六《周書·世宗紀》〔顯德三年六月〕壬申，曲赦淮南道諸州見禁罪人，自今年六月十一日已前，凡有違犯，無問輕重，並不窮問。先屬江南之時，應有非理科徭，無名配率，一切停罷云。

《舊五代史》卷一一九《周書·世宗紀》〔顯德六年〕二月庚辰，發徐、宿、宋、單等州丁夫數萬濬汴河。甲申，發滑、亳二州丁夫濬五丈河，東流於定陶，入於濟，以通青、鄆水運之路。又疏導蔡河，以通陳、潁水運之路。

《舊五代史》卷一一九《周書·世宗紀》〔顯德六年〕六月戊寅，鄭州奏，河決原武，詔宣徽南院使吴延祚發近縣丁夫二萬人以塞之。

（清）董誥《全唐文》卷一一一《後唐明宗·科決丁延徽等敕》國計之重，軍食爲先，比防主守之隱欺，遂致監臨之鈐轄。丁延徽選從禁職，委以倉儲，蓋藉忠勤，特添俸給，所宜廉慎，以副指揮。而敢與專知官田繼勳杜延德、副知官趙德遵、楊仁祚等相徇私情，擅出官物，脚夫論告，贓狀分明，及遣推窮。即稱貸借。按正律則罪加於凡盜，準後敕則名犯於極刑。況兩司簡詳，再經議讞，定法既當於不濫，懲奸斷在於必行。又據宰臣所問五條，康澄繼陳兩表，雖爲滯獄，且貴盡心。但丁延徽所出軍須，已離當處，本無文紀，豈是公官？宜同入己而論，難逭滅身之罪。宜依兩司詳議斷遣處分。其丁延徽、田繼勳贓滿二十匹，並決重杖一頓處死。杜延德已下，各依本罪決杖配流，賞元告人絹二十匹。

（清）董誥《全唐文》卷八六一《張鑄·請省新户科徭奏》臣聞國家以務農是本，勸課爲先。用廣田疇，乃資倉闕二字。竊見所在鄉村，浮居人户，方思懇闢，正切耕耘，種木未滿於十年，樹穀未臻於三頃，似成産業，微有生涯。便被縣司繫名，定作鄉村色役。懼其重斂，畏以嚴刑，遂捨所居，卻思他適。覩兹阻隔，何以舒蘇。既乖撫卹之門，徒有招攜之令。伏乞皇帝陛下明示州府，特降條流。應所在無主空閒荒地，一任百姓開耕。候及五頃已上，三年外即許縣司量户科徭。如未及五頃已上者，不在搔擾之限。則致荒蓁漸少，賦税增多。非唯下益烝黎，實亦上資邦國。

宋遼金元分部

論說

（宋）范仲淹《范文正集》補編卷一《奏減郡邑以平差役》　天下郡縣至密，吏役至繁，奪其農時，遺彼地利，是以邊廩或窘，民財未豐。臣觀漢光武朝併合四百餘縣，吏職減損，十置其一。今欲去煩苛之吏，致富壽之俗，當施此令以寬兆民。如河中府倚郭二縣，惟河東縣主户四千不致逼迫。河西縣主户一千九百內，八百餘户屬鄉村。本縣尚差公吏三百四十人，內一百九十五人於鄉村差到。緣鄉村中等户只有一百三十户，更於以下抽差。是使堪役之家，無所休息。以臣管見，其河西縣宜併入河東。及大名府縣分極多，甚可省去。或謂縣邑之中有榷酤關征之利。臣謂所廢之縣止可爲鎮，而坊市仍舊。所貴吏役稍減，農時不奪，地利無遺，民財可阜也。

（宋）黎靖德《朱子語類》卷九八《張子之書一》　問：横渠謂：世之病難行者，以亟奪富人之田爲辭。然處之有術，期以數年，不刑一人而可復。不審井議之行於今，果如何？曰：講學時，且恁講。若欲行之，須有機會。經大亂之後，天下無人，田盡歸官，方可給與民。如唐口分世業，是從魏晉積亂之極，至元魏及北齊後周，乘此機方做得。荀悦《漢紀》一段正説此意，甚好。若平世，則誠爲難行。黄丈問：東坡破此論，只行限田之法，如何？曰：都是胡説！作事初如雷霆霹靂，五年後猶放緩了。況限田之法雖舉於今，明年便淡似今年，後年又淡似明年，一年淡一年，便寢矣。若欲行之，須是行井田；若不能行，則且如今之俗。必欲舉限田之法，此之謂戲論！且役法猶行不得。往年貴賤通差，縣吏呈單子，首曰第一都保正蔣芾，因此不便，竟罷。況於田，如何限得？林勳《本政書》一生留意此事，後在廣中作守，畫作數井。然廣中無人煙，可以如此。淳。

（宋）黎靖德《朱子語類》卷九八《張子之書一》　安卿問：横渠復井田之説如何？曰：這箇事，某皆不曾敢深考。而今只是差役，尚有萬千難行處；莫道便要奪他田，他豈肯！且如壽皇初要令官户亦作保正。其時蔣侍郎作保正，遂令人書保正蔣芾，後來此令竟不行，且如今有一大寄居作保正，縣道如何敢去追他家人？或又説，將錢問富人買田來均，不知如何得許多錢。荀悦便道，行井田須是大亂之後，如高光之時，殺得無人後，田便無歸，從而來均。此説也是。義剛問：東坡限田之説如何？曰：那箇只是亂説！而今立法如霹靂，後三五年去，便放緩了。今立限田時，直是三二十年事；到那時去，又不知如何。而今若要行井田，則索性火急做；若不行，且依而今樣。那限田只是箇戲論，不可行。林勳作《本政書》，一生留意此事，後守廣郡，亦畫得數井。然廣中無人煙，可以如此。義剛。

横渠若制井田，畢竟繁。使伊川爲之，必簡易通暢。

（元）玄梁寅《革要》卷四《役法》　宋之山陰縣行義役，勸民各出義田，均給保正户長，各有畝數，具載砧基。其保正户長仍從縣定差。既有義田，民自樂充，不至甚相糾訐。簡易可行，朱文公取之。

今之所謂雜役者，即古之所謂力役也。古者役民，歲不過三日。今則無期限，唯遇事役之尔。今之所謂里長，即《周官》之鄉胥、漢世之嗇夫也。漢出之嗇夫與三老、游徼，皆郡守之所署，一歲秩百石，故稱之曰：鄉有秩。今則以有産之民爲之尔。宋世有差役，有雇役。而所謂雇役者，民出錢而官自募之也。僱役固有弊，而隨田當差亦有三弊：一曰詭寄之難併；二曰供給之繁重；三曰私募之爲害。夫州縣之治，莫先於推收税糧併合詭寄然縣官止憑耆宿供報。彼有力之家，互相容蔽，詭名自若。其自首者僅中下之户，百十中之一二而已。故曰：詭寄之難併也。凡郡之百費，取辦於縣。縣之科需，取辦於民。故供役者，循良怯弱，則以多費而喪家；强横桀黠，則因官以漁利。彼漁利者，爲一家之肥而致百室之瘠，喪家者因一歲之供而湏累世之産。故曰：供給之煩重也。夫粮之多者，或此處給役而他處亦給役，或今歲被差而來歲亦復被差。於是無復親身，多爲僱募。彼受僱者，既無産力，豈顧廉耻，唯假徵科之名，以遂貧饕之志。故曰：私募之爲害也。以是論之，以隨田當差，而又行

義田之法，且俾有產之民，其庶幾乎？雖然所以正本清源而革其弊者，又在守令之賢也。

（明）張四維《名公書判清明集》卷三《賦役門·限田·須憑簿開析產錢分曉范西堂》　王鉅到縣，亦賫出慶遠軍承宣使告敕呈驗，非不明白。若論限田，合照免，然承宣乃紹興已前人物，即不見得承宣之後今有幾位，限田合占若干，儻非砧基簿書開析分曉，難以照使。准法，應官户子孫，不於砧基簿分明聲說，並不理役，正所以防民之姦。當職嘗於本户點下以次人吴信户，計税錢二百三十八文，當廳比較，而吴信不服，只得告示承充。若穎秀一鄉，凡有告敕便作官户照免，役法不可得而行，版籍不可得而正。並繳原判回申，乞行照會。

（明）張四維《名公書判清明集》卷三《賦役門·限田·使州判下王鉅狀范西堂》　照對王鉅初狀，元準台判，賫到慶遠軍承宣告敕呈訖，送縣，照依限田法行，已於十月十六日回申訖。王承宣係在紹興已前，若無分關簿書，不見得自今見有幾位，合限田若干。如二十四都王承宣户有税錢兩貫八百文，作幹人汪源賫出承宣孫武翼郎告呈上，已照條從限田免差訖，今二十三都乃是王承宣贍墳莊，豈得謂别無田產，更將承宣告敕影占行使，若無分關簿書，實難照應。況本都省簿並是城中寄居產業，無非立爲官户，尤難一例免差。合具本都役帳申上，如其他官户亦有合充，或案吏、鄉司所具不實，乞勒王鉅供出一名，以憑追斷，儻所差不當，却當根究施行。

（明）張四維《名公書判清明集》卷三《賦役門·限田·贍墳田無免役之例范西堂》　拖照省簿，樂侍郎户有税錢一貫七百七十二文，並無告敕、砧基簿書，可以稽考。崇仁樂侍郎生於南唐，仕於國初，今不見得子孫分作幾位，每位合占限田若干，仍省簿内税錢是與不是樂侍郎宅產業。雖據賫出官司文牓，係樂侍郎撥作贍墳田產，每年付安原、東林、鍾山三寺主管，然律之設法，難以此免。合監充今年六都税長，先與召保，如將來有分明干照，見得合在限田之内，却與施行。

（明）張四維《名公書判清明集》卷三《賦役門·限田·歸併黄知府三位子户》　黄知府以朝奉大夫知筠州，所立契書曰縣丞，曰知縣，曰通判，皆知府所歷之任，曰縣尉，曰主簿，曰將仕，皆知府所生之子，其實一户。參對干照，並有可考。今雖不存，其幹人任慶乃言，本官見今義居，不曾分析。然拖照省簿，有黄知府大夫莊，有黄通判朝奉莊，又有黄朝議而指爲縣尉莊。一家而三户，乃曰義居，無乃不可。税錢共計四貫三百五十，合併而爲一，並作知府大夫莊。又准法：朝奉大夫係是正郎，爲從六品，可占限田二十五頃，死後半之，計十二頃半。以本鄉則例，中等每頃五百四十五文，十二頃半共計七貫五百三十三文。今所有税錢合在限田之内，責狀歸併作一户送納，干照當廳責付交領，仍給斷由。

（明）張四維《名公書判清明集》卷三《賦役門·限田·產錢比白脚一倍歇役十年理為白脚》　照對在法，充役人户物力，比未役白脚之家，如增及一倍，歇役十年，理爲白脚。此其爲法，疎數得中，極爲公當。今來第十五都保正熊俊英滿替，縣司差熊瀾充應。其熊瀾雖是白脚，户下税錢見計三貫二百四文，不肯承充，遂經使、府論訴，蒙帖送本廳定差。今拖照熊瀾詞内所糾論者凡六人，曰熊俊乂、俊民，曰張師說、師華，曰師承之、望之。當追上各人當廳看驗，及唤鄉司陳坦，根刷每户即目税數並歇役年分，參稽互考，得見熊俊乂、俊民皆年未及令，不應差充，昨來官司依條免放，仍給憑由，與之爲照分明。其張師說、師華見立張裘户，本户税數雖高於衆户，然近於嘉定五年祗應本都保正，歇役未久，兼有少丁寡婦，尚未分煙析業，亦不應差充。外有師承之一户，税錢計七貫六百文有零，較之熊瀾税數，則不啻一倍，又昨於紹熙年間應役一次，歇役已經二十餘年，參之物力增及一倍，歇役十年，理爲白脚之法，則亦不啻一倍矣。以人情法意論之，合當差師承之充應目今役次。竊見熊俊英替役日久，本都事件並是差毗保幹辦，殊覺費力，仰師承之日下即便入役，不得妄有推托，如再妄狀遷延，以致本都事件無得了絶，官司當重作施行。令備申使、府，取指揮。

（明）張四維《名公書判清明集》卷三《賦役門·限田·限田外合同編户差役范西堂》　准法，權六曹侍郎係四品，合占限田三十五頃，死後半之，計一十七頃半，以六等田紐算，合計税錢一十四貫文。李侍郎四子，每位計占税錢三貫五百文，今長位又分作二分，合占一貫七百五十文。拖照省簿，各有税錢三貫一百八十九文，除限田一貫七百五十文外，尚計一貫四百三十文，合同編户差役。臨川有説，姑置勿論，先與招保，

聽具帳呈。若以他位有官，欲遜作一位免役，却無此法。

本縣一都見缺保正，鄉司、役案保明董世昌。及出引告示，又據本人糾論黄監税。契勘黄監税原是文學出身，見任常州税務，今年四月已書三考，合係落權，理爲官户。但九品當占限田五頃，算計税錢四貫。今黄監税錢餘錢兩貫九百文，合同編户差科。董世昌户計税錢兩貫三百文，若以税錢多寡，黄監税在上，然董世昌折生白脚，其黄監税原充大役，尚是庚申、辛酉年分，亦計二十餘年。備兩詞，申審提舉使臺，欲乞指定行下，以憑遵守施行。

（明）張四維《名公書判清明集》卷三《賦役門·限田·提舉再判下乞照限田免役狀范西堂》 照對本縣惠安、潁秀兩鄉，原係臨川，續行撥隸，去城纔一、二十里，所有田業，無非城中寄產，各冒官稱。其内十餘都，自二、三十年間，無可差之役。間有小民，税纔滿百，勒充户長，役滿而税與之俱亡，其禍慘甚。以故小民或有丘角之田，争相求售，無敢存留，否則必官户之幹人，或其宗族親戚，並緣假借，以圖影占。縣司未嘗有敢定差，縱或取會，彼執告敕而來，無能辨其僞者。自前兩鄉催科，皆勒鄉司爲之代，其鄉司者亦樂爲之，互相表裏，名有代役之苦，實滋舞弄之姦，非惟所催官物詐冒入己，而省簿姓名半入逃亡，此弊相傳，已非一日。本職交割之後，悉取在城寄產官户，無問故家見存，具申臺府，逐一索上，律之役法，一例定差。除實有干照，見得所立官户委合限田之制，所占限田委是本户之產，給據照免，餘當與編户同。又以各都税錢鼠尾排定，自多及少，次第告示。兩年以來，昔未嘗充而今已充應者，凡三十五家，其餘合充而點差未到者，亦不下數十户。儻役法所載，堅守而行之，自是以後，不患無可差之役。劉知府無分關干照，而徒執紹興年間告敕以免役，彼但知告不限乎年之久近，却不思澤例斬於孫之曾、玄。其間分析，又以限田而均于承分之人，位有多寡，限亦如之，豈容執知府一告，而曰子曰孫，賫出呈驗，便可影占未差之前，會與不曾充役。拖照自前影占如劉知府，而今已入役者三十五家，或是已替，或是見充，各具于後。如樂侍郎一户，即名史者，生於南唐，仕於國初，越今幾三百年，猶以侍郎立户，以侍郎免役，此本户之產，猶有可言。若素無官品，平白起立，計囑他人，與之承認，例占限田，亦甚無謂。萬一所差只劉知府一人，姑與之免，不妨從厚，今經陳使臺者，乃合城中而爲之謀，彼以數十年無役之家，悉入差帳，咸欲起而争之。姑以一人嘗試其姦，設或中謀，羣然胥傚，已差者利其後，見役者覬其免，未差者執其例，何特劉知府一家而已。再具申照會。

（明）張四維《名公書判清明集》卷三《賦役門·限田·限田外合計產應役闕宰珵》 陳坦父鈐幹官承議郎，即非自擢科第，已承父朝散大夫蔭。朝散四子，身後減半，其三于各已於田外計產應役。陳坦祖官高於其父，父官亦是承蔭，照條止得從一高者。今紐計本縣產錢見在一十四貫有餘，若以每畝產錢十文爲率，亦計有田一千餘畝，本都產錢無有高於此者，合從條制應役。范岩受囑，輙具單稱贍塋產錢不應收併，可見欺罔，王昌老所糾允當。兼陳坦產錢比之，已有四倍，更有何詞？案從條告示陳坦應役。

（明）張四維《名公書判清明集》卷三《賦役門·限田·白關難憑》 準役法，應官户免役，並要於分書前該載某官原占限田之數，今是幾代，合得若干，子孫以至曾、玄各要開析。如分書不曾該載，並不理爲官户。劉儒宗所賫從義郎告，係是紹興三十一年，自從義至儒宗，不知幾代，合占幾畝，並無可考，又不知從義告是與不是儒宗之祖。在法：分書不載，不理官户，正防此僞冒。今儒宗賫到白關兩本，意在行使，尤爲欺詐。本户產錢五百餘貫，聽從脱免，却以貧民下户充應，殊失朝廷立法之意。押下本都着役，更敢抵頑，解上懲斷。

（明）張四維《名公書判清明集》卷三《賦役門·限田·有告敕無分書難用限田之法》 俞嗣古、嗣先係是尚書之後，累世承蔭，皆有告敕可考，不得謂之非官户。但據呈驗，徒有告敕，而無分書，即不見得今去有蔭之祖係是幾代，析免役之户係是幾位，律之於法，已自難行。且以畫到宗枝，賫出告敕爲據，末後一祖雖是朝散郎，可爲正七品，若論限田，子孫減半，亦在十頃之内。然所出告敕，俱是宣和五年，至今百有餘歲，豈復更有限田可占。若呈上此告，而可以免差，凡祖宗朝會有官品者，皆可謂之官户，皆可用之以免役，法遂可廢。前此作縣不與究竟，但據鄉司呈帳，具作官户，便置勿論。積年姦欺，習以爲常，不知役法自有成説，押下本縣，從條定差。但嗣先兄弟兩人，父既久喪，母將服闋，便令析分，

於法未可。且充都户，恐成頻併，合告示嗣古先充，却理作析土役色。

（明）張四維《名公書判清明集》卷三《賦役門・限田・章都運台判》 本司再拖照，昨據建陽縣丞申，索到本縣王某糾論陳某争役，案連及陳承議一宗告敕、批書、分析田業干照，尋送法司檢坐條令，及畫宗枝圖看詳。照得陳徽猷生四子，陳履道父承議居其長，有官，乾道六年任成都府鈐幹，自將田業經官，起立鈐幹爲户。至乾道八年，三弟分擘祖業析居，各以其祖經略立爲户籍，干照分明。淳熙六年，陳履道父轉官承議郎，任福州侯官知縣。以此考之，則是陳承議生前自用己官立户，至轉官承議，已經九年，即與三弟無官，用祖爲户，事體不同。當縣先來以其三房限田過滿，各差應役，獨承議一位應得見存官品，於法聽免，其理甚當。爲承議之子者，席父之蔭，承父之産，止應得七品官限田身後減半格法，外有田業，即合充役。今據追到鄉司江壬所供，紐計田畝，方及八頃二分，以法揆之，實未出限田之數，本縣令其應役，委是不公。所有見争人王昌老，當來已係知、佐聚廳選差，合該入役名次，卻將限田未滿人妄行糾論，究其詞説，大抵枝蔓引援，不合人情，顯是健訟，理合照條斷治。且與押下本縣，照原擬差定，監勒日下入役，如再妄生詞説，別有施行。江壬受囑，將陳履道户下産錢以十文紐爲一畝，委是違法，決脊杖二十，配處州。

（明）張四維《名公書判清明集》卷三《賦役門・限田・走弄産錢之弊人境》 當職昨來定差石才承替第九都周資謀役次，其石才不肯責認入役，致蒙縣衙再委勘定。今契勘石才所以不肯責認入役之由，其意蓋謂義役關約，都例産錢至一貫者合當充役，本都户税數計一千一百六十二文，昨將原買來陳某土名某處田若干畝，賣與韓伯玉，欲得除豁此項産錢，則户下税數不及都例，庶幾可以苟免應役。然拖照當來陳某實計産錢一百八十一文，今賣與韓伯玉契内具載産數，乃謂二百七十三文，及至到官供責，又謂三百餘文，其産數之不同也如此。所賣韓伯玉田契内具載，實約價錢二百五十貫，續後節次供責，或謂得價錢二百三十貫，後謂得價錢二百二十貫，是其貫之不同也如此。原價韓伯玉田契内具載成契之日，係是嘉定九年五月，而供責在案，乃謂嘉定九年七月，其成契月分之不同也又如此。及據王珍狀陳，韓伯玉係娶潘氏，其賣田契内具載代書潘子仁，乃石才之妻黨，爲牙者周夢德，乃石才之女婿。合是數端論之，則石才意在隱寄産錢，規避應役，遂與其親屬通同作弊，以至弄巧成拙，每出輒異，産錢價貫數之目，與夫賣買成契之月分，往往差舛，不相照應，官司何以信憑？竊緣在法不許臨役推割，今石才既是出賣田業，隔年五月成契，自合於當秋照契除割産錢，顧乃拖延至次年周資謀役次垂滿之時，始入狀推割。及招王珍論破，又乃於款詞之中，有朱脚、白脚之辨，意欲官司勒令王珍先次入役。殊不知有差役，有義役，二者事體不同。兩下既皆係義役之數，則關約一定，悉當遵守。而石才則原初供吐，亦既明言本都續入義役人王珍，則是兩下皆係義役之數目，自合以排定名次論，不當以産錢高下，朱脚、白脚論。設使石才之賣田也，果是正行交易，除豁産錢一百十一文外，其户下税數不及都例者，亦僅十數文耳，官司定差，不應若是纖悉也，而況其所争事理，有如此前數之可疑者乎。定驗至此，目今石才合當充應，更取自臺旨。

（明）張四維《名公書判清明集》卷三《賦役門・差役・比并白脚之高産者差役范西堂》 差役之法，先從白脚，自有專條。蘄春守義坊缺役，自去年三月定差，至今年五月索案，猶未結絶。據所追到通計八名，内張世昌産錢三十六貫，明現産錢二十四貫，謝通産錢一十七貫，係是白脚，合與比並差充。其餘如張子高，如明球，如陳文蔚，如明琦，如明珍，物力雖有厚薄，歇役雖有淺深，既無倍法，豈宜追逮。今展轉供牽，淹延逾歲，訖無定説。及送獄司責據，呈上明現情願承認，衆户各有陪貼。外條法而用己意，獄吏之私，夫豈可從！且三名白脚，其體一同，捨産錢三十六貫，而差及二十四貫，雖使強認，烏能絶詞。拖照案牘，初據張世昌所供，本户昔嘗出産與鮑通、阿蔡，未曾過割，取到合狀，乞爲照行。出業與人，所幹何事，直至臨役，方退産錢，自是不可憑使。又據謝通所供，明現節次置到蔡海、鄭汝賢産業，不行收入。縱或有之，未至便在張世昌之上，且無實跡，只聽虚詞，尤不可信。此項須待張世昌執役年滿，明、謝比較當差，方合窮究，何至以此預爲遷延。且縣有版籍，一年户口之所從考，不與照使，反滋衆訟，何以籍爲？又觀定役之初，鄉司具帳，乃於張世昌名下朱批税色曰：十三年夏税。即此一節，已見爲欺。知縣批判：國家正法，保長不理，此小役不折大役之法也。洞燭吏姦，夫豈

無見，儻執此說，久而不移，張之入役已及滿替，豈容至今尚爾終訟。張因此得計，從而入詞，又謂產錢雖有高下，役之先後，憑此定差，初不曾有山園田湖之分，此說尤爲枝蔓。使、州判狀，謂張世昌所管之湖，既是己業，豈得妄稱浮產，送縣比並，可謂允當。大抵一鄉役次，鄉司、役案，夢寐知之，不便從公與之定差，蓋欲走弄以其私，追逮一人，則有一人之費。不伐其謀，何憚不爲。今勒令當廳供合差姓名一人，鄉司伍璉、役案許壽咸以張世昌爲首。既有定見，何不就本縣保明，直至倅廳，方可從實，自當懲斷，且以今來所供不致面謾，姑與從恕。推司成冲在獄鞫勘，既不曾究竟明現陞進產業實計若干，平白勒令承認，又取得陳文蔚三人出錢陪貼文狀，以此具呈，不知用何役法？本合懲斷，以合充人張世昌原不曾預禁，只據送獄三人，却不在明現之先，又非專成冲之罪。惟典押承行，明有知縣書判，喚上張世昌隨司，非不分曉，本案即不曾行移，本人即不曾到官，始終計屬，意不難見，罪當勘杖，夫復何說？且免追上，聽本縣自作施行。張世昌勘下杖一百，押赴蘄春縣日下着役，如更敢拒頑，就行申解照斷。

（明）張四維《名公書判清明集》卷三《賦役門·差役·以宗女夫蓋役范西堂》 照對差役之法以白脚，今立作趙八郡主，升爲百户。知縣定差，謂是婦人從夫，若欲以宗女蓋蔽編民户役，世無此條，不可謂之非通曉役法者。其後趙氏陳訴，備録提刑司行下間立女户撫恤孤遺之文，意在脫免。尋送法司具條，已爲無義，案吏並緣此意，便欲轉移。當趙氏未嫁鄭讜之時，孤遺固當念，女户固當立，今既從夫，其户猶是趙八郡主，其意猶欲官司恤孤，不知所嫁之夫將爲何用，不審所具之法引用何條？其後又曰，鄭讜住在廣濟，難以差應。人在廣濟，田在蘄春，役隨田充，又何難差之有？果如此說，外寄產，役皆不可得而及矣，此非鄉司、役案之姦而何？役法不憑，而以提刑行下爲憑，知縣不當，而以吏人立說爲當，事之倒置，未有若是之甚者。孫法迎已充析生役次，陳文彬已經知縣監分，各爲都户如故。本廳去冬遍牒五邑，取鄉司知委，分析收退，各要分明，繳狀回申，已行遵稟，今索到差帳，猶作一户具呈，可見姦猾。鄉司、役案各從杖一百，備牒照知縣初判施行，限十日。如鄭讜有詞，解上先行懲斷，仍押鄉司下主簿廳，限一日，將兩户開析。

（明）張四維《名公書判清明集》卷三《賦役門·差役·倍役之法范西堂》 準倍役法：稅錢一倍，歇役十年，稅錢兩倍，歇役八年，稅錢三倍，歇役六年，並理爲白脚。張茂兄弟三人，有母在堂，產錢共計五十一貫，未應均分，合作一户，不可謂未應充保正。然保内有張法政產錢四百十六貫，有鄧汝賢產錢二百四十貫，較之張茂產錢，一係四倍，一係八倍，又各歇役十年已上。今張法政、鄧汝賢兩户比較，張法政執役在嘉定七年，鄧汝賢執役在嘉定元年，鄧汝賢歇在先，而張法政未及一倍，難用倍法。合告示鄧汝賢先充，次及張法政，又次及張茂。本里保正只差一人，今乃三名並追，顯是賣弄。鄉司、役案合從杖六十，牒縣施行。

（明）張四維《名公書判清明集》卷三《賦役門·差役·父母服闋合用析户》 準法：父母服闋，合用析户，輸差役色，合從煙爨。載在令甲，昭如日星，州縣官司所當謹守。今來劉益父母俱亡，服闋年深，兄弟五人，内二弟破產，見無寸土，其餘三名亦已分析，各有鬮書。饗司爲姦，不與開户，宋良肱見居石佛煙爨，保分自有役次，岐陂田業係是寄產，不應入帳。若欲捨煙爨而用產業，祖宗役法自是可廢兩名充役，俱爲未當，縱已定差，烏得無詞？今勒鄉司供具本里合充一人姓名，責據保明，謂是宋天啓產錢一百二十四貫，歇役十七年，與前來所差兩名殊爲不合，顯是姦欺。勘杖六十，牒本縣告示，如更有詞，併鄉司申解，以憑根究。宋良肱即自户，又敢存留祖名，爲詭挾，勘下杖六十，併劉益押赴主簿廳。當開者析而爲三，當併者合而爲一，取已開、併狀回申。

（明）張四維《名公書判清明集》卷三《賦役門·差役·借名避役蔡久軒》 始借趙姓詭名以避役，今爲趙杙夫所奪，亦所自取，無足憫者。牒軍催已斷因依申。

（明）張四維《名公書判清明集》卷三《賦役門·催科·重覆抑勒蔡久軒》 催科固不可緩，然重覆抑勒至再三，民力其何以堪之邪！據程上舍所訴，始焉輸納，已有李壽親領狀，繼而重覆，不免鬻田重納。李壽等不容到庫交錢，只還領狀，今又將其僕朱七二枷杖。剥牀及膚，剥膚及骨，可念甚矣！巨浸方退，生理如線，官吏更忍魚肉一邑之生靈乎！帖縣，且追李壽一名，併朱七二賫領批赴司比對，限五日。

綜述

（宋）竇儀《宋刑統》卷一三《户婚律·給復除》 諸應受復除而不給，不應受而給者，徒二年，其小徭役者笞五十。

疏議曰：依令，人居狹鄉，樂遷就寬鄉，去本居千里外，復三年，五百里外復二年，三百里外復一年之類。應給復除而所司不給，不應受而所司妄給者，徒二年。其小徭役謂充夫及雜使，准令應免不免，應役不役者，合笞五十。其妄給復除及應給不給，准贓重於徒二年者，依上條妄脱漏增減以出入課役，一口徒一年，二口加一等。贓重入己者，以枉法論，至死者加役流，入官者坐贓論。其不應受復除人而求請主司，妄得復除者，依《名例》，若共監主爲犯，雖造意，仍以監主爲首，即是所司爲首，得復者爲從。若他人爲請求，妄得復者，自從囑請法。

（宋）謝深甫等《慶元條法事類》卷四八《賦役門·科敷敕令格申明》

敕

户婚敕

諸進奉聖節禮物，輒於民間科配者，以違制論。

諸非禮掊斂進獻羨餘者，以違制論。

諸監司以人户合納穀帛絲綿之類紐折增加價錢，或糴買糧草抑令遠處輸納，若巧作名目額外誅求者，並以違制論。守令奉行及監司不互察者，與同罪，許被科抑人户越訴。

諸非法擅賦斂者，以違制論。科買、折納而反覆紐折，如以絹折麥，以苗折糯，其所敷麥、糯而過苗、絹時直之數，及已折麥、糯，却再紐納價錢者皆是。或別納錢物過爲掊剋者，徒二年，並許被科抑人户越訴。

諸供官之物，應和買而州縣輒科折及轉運司應申而不申者，以違制論。被科折人經提舉常平司訴而不行者，與同罪。即抛降下縣收買製造物色者，准此。

諸人户應月輸課利，官司輒預借者，杖一百，因而追擾，加一等。

職制敕

諸被受省、曹牒降到聖旨若朝旨或直承處分，以民户改作官户，或依官户例減免差役、科配之類，應申尚書户部而違限，杖一百。

諸遇聖節，縣鎮官宴會輒有假借配買、陪備搔擾者，所屬奏劾。

諸官司輒借人户錢物，謂支費者。充官用者，坐贓論加二等。

厩庫敕

諸官司非遇聖節輒借以僱、和賃爲名同。人户什物、陳設器用、人船車乘者，徒一年，雖應借而以民間所無之物或多抛數目及令裝飾諸色人者，准此。即借而不還，並因請納乞取財物者，加二等。長吏知而聽者，與同罪，不覺察，杖一百，按閲將兵官，奏裁。

諸公使醋，輒抑配兵級、公人、人户若寺觀、軍營沽賣者，官吏各杖八十，抑令計日納錢及非理決責者，各加二等，剋納兵級、公人請納者，准此。知州、通判不知情者，減三等。

諸公使庫買物不依實直，若過三十日不還價及部内科買、配賣，各以違制論，不以去官赦降原減。

諸散蠶鹽不取問人户者，杖一百，抑勒者，加三等。

諸官司擅以鹽准折應給錢物者，徒二年。

雜敕

諸人户吉兇聚會修造之類，州縣及坊務輒抑勒令買酒及麯引者，徒一年。當職官不覺察，與同罪，許被抑人經監司越訴。

令

祀令

諸大禮合用物件，應辦官司並以見錢委官收買，不得輒敷州縣，科配人户。

關市令

諸供官之物，轉運司預度出産處計置價錢，下本州選官，體訪所産多寡約數，於要便處置場，作料次請錢，比市價量添價和買，物數少不須置場，及就出産處者，臨時相度。召人中賣。即原先一年召保請錢認數中賣者，聽。非出産或所産數少，或偶闕，即申本司下出産多處貼買。本路實闕或不足，本司保明申尚書户部。即不得擅科、折，提舉常平司覺察，違者，具官吏申尚書省。其被科、折之人，聽經本司陳訴，每遇和買，仍檢舉榜示。

諸和買官物，監司下立酌中期限，不體究土産有無，一概抛買，致州縣非理科配，吏人受賂移減，並聽人户越訴。

職制令

諸被受省曹謄降列聖旨若朝旨或直承處分，以民户改作官户，或依官户例减免差役、科配之類，並行訖，限當日實封申審尚書户部。

諸官司輒借人户錢物充官用者，他司互察，本州亦奏。

給賜令

諸散蠶鹽縣，於前一月取人户願與不願請鹽，十一月具都數申州，預買物帛縣十月申。次月令、佐一員赴州勘請，歸縣，先印憑由，據等第高下書填每户所請斤數，付户長，給人户執赴縣請。請射及歸業户，候起稅年分乃給。仍量鄉村人户衆寡，約定請日，限正月十五日起支，至三月終畢，申本州。預買物帛縣分，隨散預買物帛錢日一就支散。其錢並隨夏稅日限，只就奉縣送納。如不願請鹽，即據合散鹽數，止納六分價錢。以上除依久例外，即不得創行支移、折變，内納六分價錢，如遇災傷，隨稅除放。

倉庫令

諸災傷放稅五分以上，第三等以下人户，應倚蠶鹽並納鹽錢、雜錢及和預買綢絹物，願納見錢及本色者，並從其便，仍免支移、折變。

賦役令

諸轉運司科買及折納之物，謂本土所有者。各依時估紐價，若已行曉諭，復令別納錢物及反覆紐折過爲掊克者，州縣未得行下，速申本司改正，及申尚書户部相度。如或固執，即具狀以聞，事干軍期，河防不可待報者，買納訖奏。

諸稅租合科折之物，轉運司量地里遠近，審量豐歉、土産有無，於起納九十日前，以物名數行下，仍具月日申尚書户部。州限三日以應支移等第及受納處送縣，縣限五日出榜曉示。其創支移者，具奏聽旨。

諸坊郭品官之家，身亡者，有蔭之家若係宗室及内命婦親授官而轉至陞朝，及進納或保甲授官，或第一等户以妻之家陣亡遺表恩澤授官，並祇應有勞，進頌可采及特旨與非泛補官，因軍功、捕盗而轉至陞朝，非軍功、捕盗而轉至大夫，醫官轉至翰林醫痊以上，仍曾經入額人者同。下條品官之家，鄉村田産免差科者准此。免科配，若營運與民爭利在鎮寨城市及第一等，縣第三等，州第四等者，並不免，監司所至常切檢舉覺察。

諸品官之家，鄉村田産免差科，其格外數並同編户。

諸人户應科配，當職官躬親品量，依等第均定。舊例每等分上、中、下及別認分數者，依舊例。

諸寺觀后妃、臣僚之家墳寺、功德觀院同。田産不得免稅租、夫役、夫役，謂科差丁夫役使。免役錢及諸色科敷，其稅租亦不得免支移、折變止納見錢，雖奏請到朝旨或奉特旨，並准此。

諸官司不得非法圓融科擾抑配。即被受監司指揮者，縣申州，州具事因奏。

諸官司有所賦斂應奏而事干急速不可待報者，賦斂訖奏，仍申轉運司。

諸女户寡居，第三等以上，雖有男子，婿、侄之類同。年十五以下，其稅租應科配者，降本户一等，第四等以下聽免。

雜令

諸人户吉兇聚會修造之類，若用酒者，聽隨力沽買，州縣及坊務不得抑勒。

格

田格

品官之家，鄉村田産免差科：山堤、竹篠、白面沙地、山林園圃及墳塋地段之類不理爲數。蘆場頃畝折半計數。如子孫用父祖生前官立户者，減見存官之半，若析居共不得過減半之數，謂如一品子孫析爲十户，即每户二頃半。餘品倣此。一品，五十頃；二品，四十五頃；三品，四十頃；四品，三十五頃；五品，三十頃；六品，二十五頃；七品，二十頃；八品，十頃；九品，五頃。

申明

隨敕申明

户婚

紹興二年二月十四日敕：應官户除依格合得頃畝免差役外，其他科配不以限田多少，並同編户一例均敷，候將來却依舊制行。

紹興二十九年五月十七日尚書省批狀：文學出身遇赦授右迪功郎，注權入官，初任偶授破格差遣者，謂如節鎮、上州諸司參軍之類，即不係正任，合入差遣，其身後子孫不合理爲官户。

乾道二年八月二十四日敕：特奏名出身，若未入正官，如偶授破格差遣，即合遵依紹興二十九年五月十七日已降指揮施行。如已落權合注正官人，方始理爲官户。

乾道二年四月三日敕：進納官特旨與理爲官户者，依元得旨。若已身亡，子孫並同編户。因軍功、捕盗而轉至陞朝，非軍功、捕盗而轉至大夫者，自依本法。

乾道八年十一月二十六日敕：户部狀，今將給、舍同本部長貳看詳役法，參照下項數内一項，品官限田，照應元立條格減半與免差役，其死亡之後，承蔭人許用生前曾任官品格與減半置田。如子孫分析，不以户數多寡，通計不許過減半之數，仍於分書並砧基簿内分明該説父祖官品並本户合置限田數目析作幾户，日後諸孫分析，准此開畝步坐落去處。若分析時田畝不及合得所分格内之數，許將日後增置到田畝湊數，經所屬批鑿添入。如遇差役，即賫出照驗免役。緣品官之家，有於一州諸縣皆置田産，仍指定就一縣用限田免役。如所指縣分田畝不及合得限田之數，許予於鄰縣關撥湊數申州。其所餘數目，及别縣田産並封贈官子孫，並同編户差役。其餘官品及諸路依此施行。奉聖旨：依看詳到事理施行。

本所看詳前項指揮内事理，除合得頃畝減半一節已於格内修立外，其餘逐項事理，今編節作存留

申明照用。

淳熙七年六月十五日尚書省劄子：民間典買田産，就官請買官契，投納税錢。今州縣却以人户物力大小，給目子科配，預借空契紙，候有交易，許將所給空紙就官書填，名爲預借牙契錢，既無交易而預借其錢，豈法意哉？如有被借之家，許徑經臺、省越訴。仍委監司、御史臺常切覺察，敢有違戾，即重加黜責。

淳熙十三年五月七日敕：非泛補官及七色補官人，非曾實供侍從職事，雖寄禄官品秩甚高，不在限田免役之數，其所奏薦子孫同。數内自擢科第或顯立軍功之人，自合依不係非泛補授限田格法免役。

本所看詳上件指揮，内非泛補官名色，已有乾道九年七月二十七日指揮，及七色補官亦有乾道二年六月十二日指揮，並係吏部尚書左右選通用申明内編截訖，今聲説照用。

淳熙十三年十二月四日敕：敕令所看詳，父祖生前不曾任官，得伯叔或兄弟封贈之家，子孫遵從乾道八年十一月二十六日指揮，同編户差役。其元自任官後，經贈官之家，不用封贈官限田，止以生前曾任官減見存官之半置田。

續附户婚申明

嘉泰元年六月十四日敕：臣僚劄子，檢准紹興常平免役令，諸宗室在宗正屬籍及太皇太后、皇太后、皇太妃、皇后緦麻以上親，皇太子妃大功以上親，親王、内命婦一品期以上親，五品以上父、祖、兄弟，其色役不供，緣當來色役二字不曾釋説，致奉行之吏得以出入。紹興二十九年正月二十四日奏劄，竊詳色役，止爲諸色差役，其他科配、和買之類，自不合免。訪聞州縣所行不同，有將色役析作兩事：色，爲諸般物色；役，爲免差役。致有將和買不輸去處，不惟暗失財賦，兼輕重不均。及官户，節次降指揮，並同編户均敷科配。户部勘會，色役止爲諸色差役，其他科配、和買之類，自不合免。仍仰監司常切覺察，如有違戾，按治施行。近年以來，當官者奉行不恪，胥吏又從而受幸，至有暗將屬籍及三后之家緦麻以上親户内合納役錢一例蠲免，以爲役錢即係色役之數。殊不知出錢免役，在法，無官、民户之拘。常平免役令又職，諸前代帝之後，法應得贖及官户謂品官，其亡殁者有蔭同。若旌表門閭之家，敕書見在，並非伎術賜號處士，其色役聽免。然今品官之家納役錢自若也，品官色役聽免，而役錢則未嘗免。屬籍與三后緦麻以上親並緣色役不供之文而遂不供役錢，可乎？伏望敷奏户部，鏤版申嚴行下。其有違戾，則令監司按劾，亦許人户越訴。仍下敕令所著爲成法，附之申明敕内。奉聖旨：依。

厩庫

淳熙七年六月十六日敕：應監司、郡守，不得以寬剩爲名，剗刷州縣非正額錢物。其巡歷之處，到任之初，亦不得抑勒州縣輒取獻納。其有違戾，在外許監司互相覺察，在内委臺諫按劾以聞。

雜敕

淳熙十六年七月十五日敕：臣僚劄子奏，監司有興販木植，抑令所屬州郡變轉，州責之於縣，縣敷及於民，今監州自有常賦，足了支遣。欲望禁止，如有違戾，許令外臺糾察，重置典憲。奉聖旨：依。

旁照法

名例敕

諸稱不以赦降原減，除緣奸細事或傳習妖教、托幻變之術及故決、盜決江河堤堰已決外，餘犯若遇非次赦或再遇大禮赦者，聽從原免。

名例申明

紹興六年九月二十三日尚書省劄子：遇非次赦或再遇大禮赦，既不以赦降原減罪許行原免，所有犯不以去官之罪，亦合原免。

本所看詳上件指揮，在法，不以赦降原減者，遇非次赦或再遇大禮赦，許行原免，所有犯不以去官之罪亦合原免。竊慮州軍未盡通曉，引用差誤，今編入隨敕申明照用。

（宋）李心傳《建炎以來朝野雜記甲集》卷五《朝事·役法總要》

自高宗紹興中，始修常平免役之令，其後歲月寖久，論建滋益，多視舊法或牴牾，吏緣爲奸。淳熙末，中書舍人莆田陳居仁，詳定所司敕令，因請下敕令所取祖宗免役舊法，及於户部括取。紹興十七年，以後續降指揮精加參考。其有與舊且牴牾者，悉行刪去，萃爲一書，名曰《役法撮要》，書成，鏤板布之。天下從之。十四年三月辛酉。

（宋）李心傳《建炎以來朝野雜記甲集》卷七《時事·處州義役》

乾道中，范文穆成大知處州，言松陽縣民輸金買田，以助役户，爲田三千三百畝有奇。排比役次，以名聞官，不煩差科可至一二十年者。請命諸縣通行之，事下户部看詳。葢江浙民久病差役，催科往往破家竭產。用是良民憚役，爭訟囂然，故文穆以爲言，然事未下也。及文穆爲中書舍人，復言處州六邑義役已成，可以風示四方美俗。興化請命守臣胡沂，以其規約來。上從之。乾道七年正月。淳熙初，知州事陳孺還朝，乃言民間貧富不均，今止據舊規差役，爭訟不已，請依舊法，以物力資次差募。事下常平司。三年二月。已而用言者請，命郡太守務在必行，有能率先量與推賞。六年正月。言者又請，有罰以禁其沮敗，許之。六年二月。於是知常州李結，請捐官田予民，以充義役。自兩浙始，先以本州未經佃户，官田二十餘萬畝，均給義役。事下版曹給舍議，遂命結措置以聞，六年正月。而卒不能行。久之，處之布衣，上書申言義役事，甚詳。八年十二月。詔知州事季翔修義役事，翔因請民田百畝，毋問其官民並僧道皆出田二畝，以助保正長官，爲置坫基簿，子孫毋得覬覦。此法一成，可爲數百年之利也。上許焉。然官民僧道既出丁役錢，又取其田以助役，是再役也。議者謂官吏科需，法所當禁，何立法以助之。由是處州舉人經御史臺訴其擾。十年六月。翔不以爲然，執政王魯公等皆是翔。時蔣尚書繼周爲右正言，因力論其擾民，請罷翔議，令兩浙見行助役去處，聽民從便，官司不得預。或有爭訟，令郡縣如著令行。十五年冬十月也。先是我先君子爲饒州德興宰，奉詔舉行義役事。乃令民以田之多寡，爲役之久近。如多者役二年，少者不過役三月，又自三等以上各户，賦輸皆與之期，不以委之保正。至則隨手給鈔，即賚民一錢用是税節賦。時以後爲耻，而保正之趨役，亦爭先而不辭也。邑人繪先君之像祠焉，太府寺丞浮梁程宏圖爲之記，今二十年矣。其義役規約故在，當有能舉行之者云。

（宋）李心傳《建炎以來朝野雜記乙集》卷一四《官制·進納授官人陞改名田之制》　凡進納授官人陞改名田之制。歷任六考，有舉主四員與移注，歷任十考。有改官舉主七員與磨勘，即因獲盜應循從事郎以上者，具奏降等與使臣，其因軍功捕盜，得改官酬獎。如不願换使臣，比類循資，至承直郎止。稱軍功者，謂親冒矢石。或獲級、或傷重、及戰退賊衆解圍，及運糧守城進築把隘之類。郎因軍功捕盜，而轉至陞朝，非軍功捕盜，而轉至大夫者，聽免差科，科配如官户。

（宋）李心傳《建炎以來朝野雜記甲集》卷一五《財賦·僧道士免丁錢》　僧道士免丁錢者，紹興十五年始取之。正月癸酉。自十五千至二千凡九等，大率律院散僧丁五千，禪寺僧、宮觀道士、散衆丁二千，長老、知觀、知事法師、有紫衣師號者，皆次第增錢，六字四字，師號者又倍于是。歲入緡錢約五十萬，隸上供。二十四年，以紫衣師號不售。乃詔律院有紫衣師號者輸錢視禪刹禪僧及宮觀道士有之者，輸丁錢千三百有奇。八月癸巳。至今以爲例，初取免丁時立法，年六十以上，及病廢殘疾者聽免，後詔七十以上乃免之。然今浙中諸大刹都城道觀，多用特旨，免徭役科敷，而州縣反以其額數于民間，大爲人患。

（宋）李心傳《建炎以來朝野雜記乙集》卷一七《兵馬·關外諸軍多私役》　關外諸軍多爲諸將私役者，其閒軍士有因食貧而爲手技者，則又有拘而使之者，否則計日而責其工直，以故士日益貧。宋子欽知金州，子

欽，眉山人，嘉定二年以通直郎知金州。遇歲杪。有軍士夜揭民居之楮鏹者，蜀人遇歲除則以紙鏹徧貼於門扉之上，謂之門户錢。爲廂巡所縛，子欽怪而問之，曰某粗能抄紙本將日責抄紙若干張，未嘗給其直也。計無所從出，故至是耳。子欽憐而釋之。金州惟西門一軍頗富，蓋其壁壘，在崇岡之上，家有荒田，始鋤之以植菜，久而知其利也，則更之以粟麥。歷年既久，墾植益勤，遂以足食。乃知屯田爲大利之事，然要在使其樂爲之耳。

（宋）李心傳《建炎以來朝野雜記甲集》卷一八《兵馬·湖南鄉社》

湖南鄉社者，舊有之。領於鄉之豪酋，或曰彈厭，或曰緝捕，大者所統數百家，小者三二百，自長沙以及連道英韶，而郴桂宜章尤盛。乾道七年春，知衡州王琰者，言湖南八郡，三丁取一，可得民兵萬五千人，帥臣沈德和不可，乃止。淳熙七年春，言者奏鄉社之擾，請盡罷之。事下安撫司，已而帥臣辛幼安言，鄉社皆雜處深山窮谷中，其閒忠實、狡詐、色色有之，但不可一切盡罷。今欲擇其首領，使大者不過五十家，小者減半，屬之巡官尉而統之縣令。所有兵器，官爲印押。上從之。

（宋）李心傳《建炎以來朝野雜記甲集》卷一八《兵馬·廣西土丁》

廣西土丁舊有之，熙寧立法，二年縣教，一年州教。元祐閒以其擾罷之。紹聖末復焉，仍令逐縣以都管指揮均作三番。自十一月至正月終，每月輪教一番，即有科需私役，並究違制之罪。隆興初，以高騰雷容盗起，二年春詔州縣教閱，並令暫罷兩月，以十二月作兩番分教。先是東西兩路，並有土保丁，保丁則户一名，土丁則父子兄弟盡在其數，土豪號爲統率者總焉，遇有盗賊則追胥竭作。然州縣或反科役，民甚苦之。乾道二年春，殿中侍御史張之綱請一切放散，上許焉。既而知潯州朱師孟有言，是年秋，復命邕宜欽州，籍定土丁姓名年甲，至五十歲既揀汰，別選户丁承替。每春秋農隙，於逐鄉各置教場，如法教習。明年秋，龔實之爲廣東提刑，奏乞令州縣團結保伍，防守鄉井。淳熙三年冬，張欽夫爲廣西帥，復請申嚴保伍之令，而信其賞罰，上皆許焉。蓋二廣封疆闊遠，姦盗孔多，非保伍土丁，無能遏之於其始也。

（宋）李心傳《建炎以來朝野雜記甲集》卷一八《兵馬·利路義士忠義》

梁洋義士者，紹興初，王敏節庶爲興元帥，以富平之役，兵卒單寡，乃籍興元諸縣良家子弟，號曰義士。以縣令爲軍正，而尉副之，守臣提舉，每丁免家業三百緡，合梁洋大安郡至萬三千餘人，軍勢大振。紹興二十一年，洋守宋莘者，建言義士所免家業，皆均在不充義士之家，科役偏重。秦檜方守和議，罷之。二十八年，大將姚仲奏，復行於梁洋大安巴蓬五郡。得二萬一千餘人。三十一年，散關之戰，驅之使在官軍之前，其人勇健善戰，亦屢有功。明年段彦攻原，姚仲攻鞏州，皆擁正軍被重甲以自衛，獨驅義士衣楮先登，爲敵人所拒，殲焉，僅存六千餘人。乾道元年，宣撫使吴璘以巴蓬義士怯弱，除其籍。言者以義士勞役，明年併梁洋大安三郡罷之。大將王權乞存留，不聽。三年，虞忠肅爲宣撫使，復籍三郡之丁，得二萬三千九百餘人，結成隊伍，因參酌陝西弓箭手之舊爲義士專法，一百四十二條來上。詔頒行之。其制今存，然邊民之勇悍者，或無常産，又自名爲忠義人，多以販解鹽爲生，嘯聚邊境，勢出義士之上。乾道七年夏，王能甫爲吏部侍郎，奏乞量加優恤。然後嚴行禁止，事下宣撫司，然無益也。今忠義人，關外四州爲尤盛。之奇奏以七年四月十二日丙寅下。

（宋）王應麟《玉海》卷一八六《食貨·理財·慶元役法撮要》 淳熙十四年二月十四日，中書舍人陳居仁請下敕令所取祖宗免役舊法，并紹興十七年後續旨參考删修爲一書，名曰《役法撮要》。後敕局中廢，事寢。慶元二年九月二十一日，吏書許及之言敕局修海行法令，求以便民者，莫切於役法。請以新舊法删潤成一書，赴尚書審訂，然後繕寫進呈，鏤板頒天下。六年四月十五日上之，凡一百八十九卷，并慶元寬恤詔令四百二十六卷同進。始繇踐祚，萃三百餘事之詔書，上踵中興别二十五章之役要。紹興十七年十一月丙寅，宰臣上紹興常平免役敕令格式四百九十九卷。詔鏤板頒之。

《宋史》卷一七七《食貨志·役法》 役出於民，州縣皆有常數。宋因前代之制，以衙前主官物，以里正、户長、鄉書手課督賦税，以耆長、弓手、壯丁逐捕盗賊，以承符、人力、手力、散從官給使令；縣曹司至押、録，州曹司至孔目官，下至雜職、虞候、揀、掐等人，各以鄉户等第定差。京百司補吏，須不礙役乃聽。

建隆中，詔文武官、内諸司、臺省、寺監、諸軍、諸使，不得占州縣課役户，州縣不得役道路居民爲遞夫。後又詔諸州職官不得私占役户供

課。京西轉運使程能請定諸州户爲九等，著于籍，上四等量輕重給役，餘五等免之，後有貧富，隨時升降。詔加裁定。淳化五年，始令諸縣以第一等户爲里正，第二等户爲户長，勿冒名以給役。自餘衆役，多調廂軍。大中祥符五年，提點刑獄府界段惟幾發中牟縣夫二百修馬監倉，羣牧制置使代以厩卒，因下詔禁之。惟詔令有大興作而後調丁夫。

然役有輕重勞佚之不齊，人有貧富彊弱之不一，承平既久，姦僞滋生。命官、形勢占田無限，皆得復役，衙前將吏得免里正、户長；而應役之户，困於繁數，僞爲券售田於形勢之家，假佃户之名，以避徭役。乾興初，始立限田法，形勢敢挾他户田者聽人告，予所挾田三之一。

時州縣既廣，徭役益衆，太常博士范諷知廣濟軍，因言：軍地方四十里，户口不及一縣，而差役與諸郡等，願復爲縣。轉運司執不可，因詔裁損役人。自是數下詔書，督州縣長吏與轉運使議蠲冗役，以寬民力。又令州縣録丁産及所産役使，前期揭示，不實者民得自言。役之重者，自里正、鄉户爲衙前，主典府庫或輦運官物，往往破産。景祐中，稍欲寬其法，乃命募人充役。初，官八品以下死者，子孫役同編户；至是，詔特蠲之。民避役者，或竄名浮圖籍，號爲出家，趙州至千餘人，詔出家者須落髮爲僧，乃聽免役。禁諸縣非捕盗毋擅役壯丁。慶曆中，令京東西、河北、陝西、河東裁損役人，即給使不足，益以廂兵。既而詔諸路轉運司條析州縣差徭賦斂之數，委二府大臣裁減，科役不均，以鄉村、坊郭户均差。時范仲淹執政，謂天下縣多，故役蕃而民瘠，首廢河南諸縣，欲以次及他州。當時以爲非，未幾悉復。王逵爲荆湖轉運使，率民輸錢免役，得緡錢三十萬，進爲羨餘，蒙詔奬。繇是他路競爲掊克以市恩。皇祐中，詔州縣里正、押司、録事既代而令輸錢免役者，論如違制律。又禁役鄉户爲長名衙前。

初，知并州韓琦上疏曰：州縣生民之苦，無重於里正衙前。有孀母改嫁，親族分居，或棄田與人，以免上等，或非命求死，以就單丁，規圖百端，苟免溝壑之患。每鄉被差疎密，與貲力高下不均。假有一縣甲乙二鄉，甲鄉第一等户十五户，計貲爲錢三百萬，乙鄉第一等户五户，計貲爲錢五十萬；番休遞役，即甲鄉十五年一周，乙鄉五年一周。富者休息有餘，貧者敗亡相繼，豈朝廷爲民父母意乎？請罷里正衙前，命轉運司以州軍見役人數爲額，令佐視五等簿通一縣計之，籍皆在第一等，選貲最高者一户爲鄉户衙前，後差人放此。即甲縣户少而役蕃，聽差乙縣户多而役簡者。簿書未盡實，聽換取他户。里正主督租賦，請以户長代之，二年一易。下其議京畿、河北、河東、陝西、京東西轉運司度利害，皆以爲便。而知制誥韓絳、蔡襄極論江南、福建里正衙前之弊，絳請行鄉户五則之法，襄請以産錢多少定役重輕。至和中，命絳、襄與三司、置司參定，繼遣尚書都官員外郎吴幾復趨江東，殿中丞蔡稟趨江西，與長吏、轉運使議可否。因請行五則法，凡差鄉户衙前，視貲産多寡置籍，分爲五則，又第其役輕重放此。假有第一等重役十，當役十人，列第一等户百；第二等重役五，當役五人，列第二等户五十，以備十番役使。藏其籍通判治所，遇差人，長吏以下同按視之，轉運使、提點刑獄察其違慢。遂更著淮南、江南、兩浙、荆湖、福建之法，下三司頒焉。

自罷里正衙前，民稍休息。又詔諸路轉運司、開封府界訪衙前之役有重爲害者條奏之；能件悉便利、大去勞弊者議賞。置寬恤民力司，遣使四出。自是州縣力役多所裁損，凡二萬三千六百二十二人。

治平四年，詔曰：農，天下之大本也，間因水旱，頗致流離，殆州郡差役之法甚煩，其詔中外臣庶條陳利害以聞。先是，三司使韓絳言：聞京東民有父子二丁將爲衙前役者，其父告其子曰吾當求死，使汝曹免於凍餒，遂自縊而死。又聞江南有嫁其祖母及與母析居以避役者，又有鬻田減其户等者。田歸官户不役之家，而役并於同等見存之户。望博訪利害，集議裁定，使力役無偏重之害。役法更議始此。

熙寧元年，知諫院吴充言：今鄉役之中，衙前爲重。民間規避重役，土地不敢多耕，而避户等；骨肉不敢義聚，而憚人丁。故近年上户寖少，中下户寖多，役使頻仍，生資不給，則轉爲工商，不得已而爲盗賊。宜早定鄉役利害，以時施行。後帝閲内藏庫奏，有衙前越千里輸金七錢，庫吏邀乞，踰年不得還者。帝重傷之，乃詔制置條例司講立役法。二年，遣劉彝、謝卿材、侯叔獻、程顥、盧秉、王汝翼、曾伉、王廣廉八人行諸路，相度農田水利、税賦科率、徭役利害。

條例司檢詳文字蘇轍言：役人之不可不用鄉户，猶官吏之不可不用士人也。今遂欲兩税之外别立一科，謂之庸錢，以備官雇，不問户之高

低，例使出錢，上户則便，下户實難。輙以議不合罷。

條例司言：使民出泉雇役，即先王致民財以禄庶人在官者之意，願以條目遣官分行天下，博盡衆議。於是條諭諸路曰：衙前既用重難分數，凡買撲酒税坊場，舊以酬衙前者，從官自賣，以其錢同役錢隨分數給之。其廂鎮場務之類，舊酬獎衙前、不可令民買占者，即用舊定分數爲投名衙前酬獎。如部水陸運及領倉驛、場務、公使庫之類，其舊煩擾且使陪備者，今當省使毋費。承符、散從官等舊苦重役償欠者，今當改法除弊，庶使無困。凡有産業物力而舊無役者，今當出泉以助役。久之，司農寺言：今立役條，所寬優者，皆村鄉朴惷不能自達之窮甿；所裁取者，乃仕宦兼并能致人言之豪右。若經制一定，則衙司縣吏無以施誅求巧舞之姦，故新法之行尤所不便。欲先自一兩州爲始，候其成就，即令諸州軍倣視施行，若實便百姓，當特奬之。詔可。

於是提點府界公事趙子幾奏上府界所在條目，下之司農，詔判寺鄧綰、曾布更議之。綰、布言：畿内鄉户，計産業若家資之貧富，上下分爲五等。歲以夏秋隨等輸錢，鄉户自四等、坊郭自六等以下勿輸。兩縣有産業者，上等各隨縣，中等併一縣輸。析居者隨所析而定，降其等。若官户、女户、寺觀、未成丁，減半輸。皆用其錢募三等以上税户代役，隨役重輕制禄。開封縣户二萬二千六百有奇，歲輸錢萬二千九百緡。以萬二百爲禄，贏其二千七百，以備凶荒欠閣，他縣倣此。然輸錢計等高下，而户等著籍，昔緣巧避失實。乃詔責郡縣，坊郭三年，鄉村五年，農隙集衆，稽其物産，考其貧富，察其詐僞，爲之升降；若故爲高下者，以違制論。

募法：三人相任，衙前仍供物産爲抵；弓手試武藝，典吏試書計；以三年或二年乃更。爲法既具，揭示一月，民無異辭，著爲令。令下，募者執役，被差者得散去。開封一府罷衙前八百三十人，畿縣鄉役數千，遂頒其法於天下。

天下土俗不同，役重輕不一，民貧富不等，從所便爲法。凡當役人户，以等第出錢，名免役錢。其坊郭等第户及未成丁、單丁、女户、寺觀、品官之家，舊無色役而出錢者，名助役錢。凡敷錢，先視州若縣應用雇直多少，隨户等均取；雇直既已用足，又率其數增取二分，以備水旱欠閣，雖增毋得過二分，謂之免役寬剩錢。

三年，命集賢校理吕惠卿同判司農寺，已而林旦、曾布相繼典主其事。四年，罷許州衙前幹公使庫，以軍校主之，月給食錢三千。後行於諸路，人皆便之。

兩浙提點刑獄王庭老、提舉常平張靚率民助役錢至七十萬。薛向爲帝言，帝問王安石，安石曰：提舉官據數取之，朝廷以恩惠科減，於體爲順。御史中丞楊繪亦言：靚等科配民輸錢，多者一户至三百千，乞少裁損，以安民心。五月，東明縣民數百詣開封府訴超升等第，不受；遂突入王安石私第，安石諭以相府不知；訴之御史臺，臺不受訴，諭令散去。楊繪又言：司農寺不用舊則，自據户數創立助役錢等第，下縣令著之籍，如酸棗縣升户等皆失實。帝乃命提點司究所從升降，仍嚴升降之法，畿民不願輸錢免役，縣案所當供役歲月，如期役之，與免輸錢。先是，帝既知東明事，及聞繪言，兩降手敕問王安石曰：酸棗既有自下户升入上户，則四等有免輸役錢之名，而無其實。安石力言嘗取諸縣新舊籍對覆升降，聞外間扇搖役法者，謂輸多必有贏餘，若羣訴必可免，彼既聚衆僥倖，苟受其訴，與免輸錢，當仍役之。帝乃盡用其言。

中書孫迪、張景温體量不願出錢之民，欲困以重役，楊繪復論之。而監察御史劉摯謂：昨者團結保甲，民方驚擾，又作法使人均出緡錢，非時升降户等，期會急迫，人情惶駭。因陳新法十害，其要曰：上户常少，中下户常多，故舊法上户之役類皆數而重，下户之役率常簡而輕；今不問上下户，概視物力以差出錢，故上户以爲幸，而下户苦之。歲有豐凶，而役人有定數，助錢歲不可闕，則是賦税有時減閣，而助錢更無蠲損也。役人必用鄉户，爲其有常産則自重，今既招雇，恐止得浮浪姦僞之人，則帑庾、場務、綱運不惟不能典幹，竊恐不勝其盗用而冒法者衆；至於弓手、耆、壯、承符、散從、手力、胥史之類，恐遇寇則有縱逸，因事輒爲搔擾也。司農新法，衙前不差鄉户，其舊嘗願爲長名者，聽仍其舊，却用官自召賣酒税坊場并州縣坊郭人户助役錢數，酬其重難，惟此一法，有若可行；然坊郭十等户，緩急科率，郡縣賴之，難更使之均出助錢。乞詔有司，若坊場錢可足衙前雇直，則詳究條目，徐行而觀之。帝因安石進呈役錢文字，謂之曰：民供税斂已重，坊郭及官户等不須減，税户升等事更與少裁之。安石曰：朝廷制法，當斷以義，豈須規規恤淺近之人議

論耶？

於是提點趙子幾怒知東明縣賈蕃不能禁遏縣民來訟，雜摭他事致蕃於理。又使子幾自鞫之。楊繪謂是希安石意指，而致縣令於罪也。即疏辨之曰：子幾若劾蕃五月十日前事，臣固無言；若所劾後乎此日，是以威脅令佐使民不得赴愬，得爲便乎？又言：助役之利一，而難行有五。請先言其利：假如民田有一家而百頃者，亦有户纔三頃者，其等乃俱在第一，以百頃而較三頃，則已三十倍矣，而受役月日，均齊無異；況如官户，則除耆長外皆應無役，今例使均出雇錢，則百頃所輸必三十倍於三頃者，而又永無決射之訟，此其利也。然難行之説亦有五：民惟種田，而責其輸錢，錢非田之所出，一也。近邊州軍，就募者非土著，姦細難防，二也。逐處田税，多少不同，三也。耆長雇人，則盜賊難止，四也。衙前雇人，則失陷官物，五也。乞先議防此五害，然後著爲定制，仍先戒農寺無欲速就以祈恩賞，提舉司無得多取於民以自爲功，如此則誰復妄議。

劉摯亦言：趙子幾以他事捃摭賈蕃爲過，且變更役法，意欲便民，民苟以爲有利害也，安可禁其所欲言！今因畿民有訴，而刻薄之人，反怒縣官不能禁遏。臣恐四遠人情，必疑朝廷欲鉗天下之口，而職在主民者，必皆視蕃爲戒，則天下休戚，陛下何由知之？子幾挾情之罪，伏請付吏部施行。

於是同判司農寺曾布摭繪、摯所言而條奏辨詰之，其略曰：

畿内上等户盡罷昔日衙前之役，故今所輸錢比舊受役時，其費十減四五；中等人户舊充弓手、手力、承符、户長之類，今使上等及坊郭、寺觀、單丁、官户皆出錢以助之，故其費十減六七；下等人户盡除前日冗役，而專充壯丁，且不輸一錢，故其費十減八九。大抵上户所減之費少，下户所減之費多。言者謂優上户而虐下户，得聚斂之謗，臣所未諭也。

提舉司以諸縣等第不實，故首立品量升降之法，開封府、司農寺方奏議時，蓋不知已嘗增減舊數。然舊敕每三年一造簿書，等第嘗有升降，則今品量增減亦未爲非；又況方曉諭民户，苟有未便，皆與釐正，則凡所增減，實未嘗行。言者則以謂品量立等者，蓋欲多斂雇錢，升補上等以足配錢之數。至於祥符等縣，以上等人户數多減充下等，乃獨掩而不言，此臣所未諭也。

凡州縣之役，無不可募人之理。今投名衙前半天下，未嘗不典主倉庫、場務、綱運；而承符、手力之類，舊法皆許雇人，行之久矣；惟耆長、壯丁，以今所措置最爲輕役，故但輪差鄉户，不復募人。言者則以謂衙前雇人，則失陷官物；耆長雇人，則盜賊難止；又以謂近邊姦細之人應募，則焚燒倉庫，或守把城門，則恐潛通外境，此臣所未諭也。

免役或輸見錢，或納斛斗，皆從民便，爲法至此，亦已周矣。言者則謂直使輸錢，則絲帛粟麥必賤，若用他物準直爲錢，則又退揀乞索，且爲民害。如此則當如何而可？此臣所未諭也。

昔之徭役皆百姓所爲，雖凶荒饑饉，未嘗罷役；今役錢必欲稍有餘羨，乃所以爲凶年蠲減之備，其餘又專以興田利、增吏禄。言者則以謂助錢非如税賦有倚閣減放之期，臣不知昔之衙前、弓手、承符、手力之類，亦嘗倚閣減放否？此臣所未諭也。

兩浙一路，户一百四十餘萬，所輸緡錢七十萬爾；而畿内户十六萬，率緡錢亦十六萬。是兩浙所輸纔半畿内，然畿内用以募役，所餘亦自無幾。言者則以謂吏緣法意，廣收大計，如兩浙欲以羨錢徼幸，司農欲以出剩爲功，此臣所未諭也。

賈蕃爲令，不受民訴，使趨京師諠譁，其意必有謂也。誠令用心無他，亦可謂不職矣。蕃之不職不法，其狀甚衆，皆趙子幾所不得不問；御史之言，欲舍蕃而治子幾，是不顧陛下之法，陛下之民，宜莫如蕃與御史也。

於是下其疏於繪、摯，使各言狀。

繪録前後四奏以自辨。摯言：助役斂錢之法，有大臣及御史主之於内，有大臣親黨爲監司、提舉官而行之於諸路，其勢順易矣；然曠日彌年，終未有定論，爲不順乎民心而已。陛下以司農爲是耶，則事盡前奏，可以覆視；以臣言爲非耶，則貶黜而已。雖復使臣言之，亦不過所謂十害者，而風憲之官，豈當與有司較是非勝負耶？詔繪知鄭州，摯落館閣校勘、監察御史裏行，監衡州鹽倉。

遣察訪使偏行諸路，促成役書，改助役爲免役，不願就募而強之者論如律。初，詔監司各定所部助役錢數，利路轉運使李瑜欲定四十萬，判官鮮于侁曰：利路民貧，二十萬足矣。議不合，遂各爲奏。帝是侁議。侍

御史鄧綰言利路役歲須緡錢九萬餘，而李瑜率取至三十三萬有奇，提點刑獄周約亦占名無異辭。詔責瑜、約，而擢侁爲副使。

諸路役書既上之司農，乃頒募役法于天下，用免役錢禄内外胥吏，有禄而贓者，用倉法重其坐。初，京師賦吏禄，歲僅四千緡。至八年，計緡錢三十八萬有奇，京師吏舊有禄及外路吏禄又不在是焉。時知長葛縣樂京稱助役之法不可久行，常平司詢其故，不答，遂罷。京西使者召知湖陽縣劉蒙會議，蒙不肯議，退而條上利害，即投劾去。而權江西提刑提舉金君卿首募受代官部錢帛綱趨京，不差鄉户衙前，而費減十五六。賜詔獎諭，仍落權爲真。

免役剩錢，詔州縣用常平法給散收息，添給吏人餐錢，仍立爲法。京東免役錢以秋料起催，若雇直多少、役使重輕有未究者，命監司詳具來上，仍須熙寧七年乃行。永興、秦鳳比之他路，民貧役重，詔提舉司併省冗役，次第蠲減，常留二分寬剩，以爲水旱閣放之備。

七年，詔：役錢千別納頭子五錢，凡修官舍，作什器，夫力輦運之類，皆許取以供費；不給，以情輕贖銅錢足之。諸路公人如弓箭手法，給田募人爲之。凡逃、絶、監牧之田籍於轉運司者，不許射買請佃。提刑司以其田給應募者，而覈其所直，準一年雇役爲錢幾何，而歸其直於轉運司。衢州西安縣用緡錢十二萬買田，始足募一縣之役。司農寺言，不獨兩浙如此，他路宜亦如之。費多難贍，乃欲改法。遂詔自今用寬剩錢買募役田，須先參會餘錢可以枝梧災傷，方許給買，若田價翔貴之地，則已之。

時免役出錢或未均，參知政事吕惠卿及其弟曲陽縣尉和卿皆請行手實法。其法：官爲定立田産中價，使民各以田畝多少高下，隨價自占；仍并屋宅分有無蕃息立等，凡居錢五當蕃息之錢一。非用器、田穀而輒隱落者許告，有實，以三分之一充賞。將造簿，預具式示民，令依式爲狀，縣受而籍之。以其價列定高下，分爲五等。既該見一縣之民物産錢數，乃參會通縣役錢本額而定所當輸，明書其數，示衆兩月，使悉知之。詔從其請。

司農寺乞廢户長、坊正，令州縣坊郭擇相鄰户三二十家，排比成甲，迭爲甲頭，督輸税賦苗役，一税一替。其後，諸路皆言甲頭催税未便，遂詔耆户長、壯丁仍舊募充，其保正、甲頭、承帖法並罷。

王安石言給田募役，有害十餘。八年，罷給田募役法，已就募人如舊，闕者勿補。官户輸役錢免其半，所免雖多，各無過二十千。兩縣以上有物産者通計之，兩州兩縣以上有物産者隨所在輸錢，等第不及者從一多處併之。

初，手實法行，言者多論其長告訐，增煩擾。至是，惠卿罷政，御史中丞鄧綰言其法不便，罷之，委司農寺再詳定以聞。

九年，以荆湖兩路敷役錢太重，較一歲入出，寬剩錢數多，詔權減二年。尋詔自今寬剩役錢及買撲坊場錢，更不以給役人，歲具羨數上之司農，餘物凡籍之常平司者，常留一半。侍御史周尹言：募役錢數外留寬剩一分，聞州縣希提舉司風旨，廣敷民錢，省役額，損雇直，而民間輸數一切如舊，寬剩數多。募直輕而倉法重，役人多不願就募。天下皆謂朝廷設法聚斂，不無疑怨。乞募耆長、户長及役人不可過減者悉復舊額，約募錢足用，其寬剩止留二分。

是歲，諸路上司農寺歲收免役錢一千四十一萬四千五百五十三貫、石、匹、兩；金銀錢斛匹帛一千四十一萬四千三百五十二貫、石、匹、兩，絲綿二百一兩；支金銀錢斛六百四十八萬七千六百八十八兩、貫、石、匹；應在銀錢斛匹帛二百六十九萬三千二十貫、匹、石、兩，見在八十七萬九千二百六十七貫、石、匹、兩。

十年，知彭州吕陶奏：朝廷欲寬力役，立法召募，初無過斂民財之意，有司奉行過當，增添科出，謂之寬剩。自熙寧六年施行役法，至今四年，臣本州四縣，已有寬剩錢四萬八千七百餘貫，今歲又須科納一萬餘貫。以成都一路計之，無慮五六十萬，推之天下，見今約有六七百萬貫寬剩在官。歲歲如此，泉幣絶乏，貨法不通，商旅農夫，最受其弊。臣恐朝廷不知免役錢外有此寬剩數目，乞契勘見在約支幾歲不至闕乏，霈發德音，特免數年；或逐年限定，不得過十分之一。所貴民不重困。不報。

王安石去位，吴充爲相，沈括獻議莫若稍變役法，雜以差徭爲便。御史知雜蔡確言括反覆，貶括知宣州。

役錢立額，浙東多以田税錢數爲則，浙西多用物力。至是，詔令通物力、税錢互紐爲數，從便輸納。淮東路估定物産，如其實直，以均敷取。初，許兩浙坊郭户家産不及二百千，鄉村户不及五十千，毋輸役錢，已而

鄉户不及五十千亦不免輸。元豐二年，提舉司言坊郭户免輸法太優，乃詔如鄉户法裁定所敷錢數。提舉廣西常平劉誼言：廣西一路户口二十萬，而民出役錢至十九萬緡，先用税錢敷出；税數不足，又敷之田米；田米不足，復算於身丁。夫廣西之民，身之有丁，既税以錢，又算以米，是一身而輸二税，殆前世弊法。今既未能蠲除，而又益以役錢，甚可憫也。至於廣東西監司、提舉司吏一月之給，上同令録，下倍攝官，乞裁損其數，則兩路身丁田米亦可少寬。遂詔吏輩月給錢遞減二千，歲遂減役錢一千二百餘緡。三年，司農寺丞吴雍言：議定淮、浙役書，減冗占千三百餘人，裁省緡錢近二十九萬，會定歲用，寬剩錢一百四萬餘緡，諸路役書多若此類。乞先自近京三兩路修定，下之諸路。從之。

七年，天下免役緡錢歲計一千八百七十二萬九千三百，場務錢五百五萬九千，穀帛石匹九十七萬六千六百五十七，役錢較熙寧所入多三之一。帝之力主免役也，知民間通苦差役，而衙投之任重行遠者尤甚，特創免役。雖均敷雇直，不能不取之民；然民得一意田畝，實解前日困弊。故羣議雜起，意不爲變。顧其間采王安石策，不正用雇直爲額，而展敷二分以備吏禄、水旱之用。羣臣每以爲言。屢疑屢詰，而安石持之益堅。此其爲法既不究終防弊，而聚斂小人又乘此增取，帝雖數詔禁戒，而不能盡止。至是，雇役不加多，而歲入比前增廣，則安石不能將順德意，其流弊已見矣。

哲宗立，宣仁后垂簾同聽政，門下侍郎司馬光言：

按因差役破産者，惟鄉户衙前。蓋山野愚戇之人，不能幹事，或因水火損敗官物。或爲上下侵欺乞取，是致欠折，備償不足，有破産者。至於長名衙前，在公精熟，每經重難，别得優輕場務酬獎，往往致富，何破産之有？又鄉者役人皆上等户爲之，其下等、單丁、女户及品官、僧道，本來無役，今使之一概輸錢，則是賦斂愈重。自行免役法以來，富室差得自寬，貧者困窮日甚，監司、守令之不仁者，於雇役人之外多取羨餘，或一縣至數萬貫，以冀恩賞。又青苗、免役，賦斂多責見錢。錢非私家所鑄，要須貿易，豐歲追限，尚失半價，若值凶年，無穀可糶，賣田不售，遂致殺牛賣肉，伐桑鬻薪，來年生計，不暇復顧，此農民所以重困也。

臣愚以爲宜悉罷免役錢，諸色役人，並如舊制定差，見雇役人皆罷遣之。衙前先募人投充長名，召募不足，然後差鄉村人户，每經歷重難差遣，依舊以優輕場務充酬獎。所有見在役錢，撥充州縣常平本錢，以户口爲率，存三年之蓄，有餘則歸轉運司。凡免役之法，縱富彊應役之人，征貧弱不役之户，利於富不利於貧。及今耳目相接，猶可復舊名，若更年深，富者安之，民不可復差役矣。

於是始詔修定役書，凡役錢，惟元定額及額外寬剩二分已下許著爲準，餘並除之。若寬剩元不及二分者，自如舊則。尋詔耆户長、壯丁皆仍舊募人供役，保正、甲頭、承帖人並罷。元祐元年，侍御史劉摯言：率户賦錢，有從來不預差役而概被斂取者，有一户而輸數百以至千緡者。昔惟衙前一役，有至破産者爾。今天下坊場，官收而官賣之，歲計緡錢無慮數百萬，自可足衙前雇募支酬之直，則役之重者已無所事于農民矣。外惟散從、承符、弓手、手力、耆户長、壯丁之類，無大勞費，宜並用祖宗差法，自第一等而下通任之。監察御史王巖叟請於衙前大役立本等相助法，以盡變通之利。借如一邑之中當應大役者百家，而歲取十人，則九十家出力爲助，明年易十户，復如之，則大役無偏重之弊；其於百色無名之差占，一切非理之資陪，悉用熙寧新法禁之，雖不助猶可爲也。

殿中侍御史劉次莊言：近制許雇耆户長須三等已上户。不知三等已上户不願受雇，既無願者，則郡縣必陽循雇名，陰用差法，不若立法明差之爲便。户部言：詔凡耆户長、壯丁並募人供役，竊慮耆户長雇錢數少，無應募者。兼四等以下户舊不敷役錢，惟輪差壯丁，今悉雇募，用錢額廣，提舉司必從人户增敷。蓋舊法役不盡雇，亦有輪差輪募之處，欲且如本法。

中書舍人蘇軾言：先帝初行役法，取寬剩錢不得過二分，以備災傷。有司奉行過當，行之幾十六七年，積而不用，至三千餘萬貫石。熙寧中，行給田募役法，大略如邊郡弓箭手。臣知密州，先募弓手，民甚便之，曾未半年，此法復罷。因列其五利。王巖叟言：蘇軾乞買田募役，其五利難信，而有十弊。大指謂：官市民田，慮不當價；民受田就募，既非永業，則鹵莽其耕，又將轉而他之。而其六弊特詳，曰：弓箭手雖名應募，實與家居農民無異，雖或番上及緩急不免點集，實不廢田業，非如州縣色役長在官寺，則弓箭手之擾可知矣。然猶聞闕額常難補招，已就招者又時

時竄去，引以爲比，不切事情。其七弊曰：户及三等以上，皆能自足，必不肯佃田供役。今立法須二等以上户方充弓手，三等以上方得供散從官以下色役，乃是用給田募役之名，行揭簿定差之實。既云百姓樂於應募，何以户降四等必須上二等户保任？任之而逃，則勒任者就供田役，此豈得云樂應也耶？上官均亦陳五不可行，軾議遂格。

司馬光復奏：

今免役之法，其害有五：上户舊充役，固有陪備，而得番休，今出錢比舊費特多，年年無休息。下户元不充役，今例使出錢。舊日所差皆土著良民，今皆浮浪之人應募，無顧藉，受賕，侵陷官物。又農民出錢難於出力，若遇凶年，則賣莊田、牛具、桑柘，以錢納官。提舉常平倉司惟務多斂役錢，廣積寬剩。此五害也。

今莫若直降敕命，盡罷天下免役錢，其諸色役人，並依熙寧元年以前舊法人數，委本縣令佐揭簿定差。其人不願身自供役，許擇可任者雇代，有逋逃失陷，雇者任之。惟衙前一役，最號重難，固有因而破産者，爲此始作助役法。自後色色優假，禁止陪備，别募命官將校部押遠綱，遂不聞更有破産之人；若今衙前仍行差法，陪備既少，當不至破家。若猶矜其力難獨任，即乞如舊法，於官户、寺觀、單丁、女户有屋産月收僦直可及十五千、莊田中熟所收及百石以上者，並隨貧富以差出助役錢，自餘物産，約此爲準。每州椿收，候有重難役使，即以支給。尚慮役人利害，四方不能齊同。乞許監司、守令審其可否，可則亟行，如先究盡，縣許五日具措畫上之州，州一月上轉運司，轉運司季以聞。朝廷委執政審定，隨一路一州各爲之敕，務要曲盡。然免役行之近二十年，富户習於優利，一旦變更，不能不懷異同。又差役復行，州縣不能不有小擾，提舉官專以多斂役錢爲功，必競言免役錢不可罷。當此之際，願勿以人言輕壞良法。

知樞密院章惇取光所奏疎略未盡者駁奏之。尚書左丞吕公著言惇專欲求勝，不顧命令大體，望選差近臣詳定。右正言王覿奏：光議初上，惇嘗同奏，待既施行，方列光短，其資小人，不當寘腹心地。於是詔以資政殿大學士韓維、給事中范純仁等專切詳定以聞。

王覿又言：近制改募爲差，用舊法人數爲則，而熙寧元年以後，募數屢經裁減，則舊數不可復用，請悉準見額定差。先是，差法既復，知開封府蔡京如敕五日内盡用開封、祥符兩縣舊役人數，差一千餘人以足舊額。右司諫蘇轍言：開封府亟用舊額盡差，如壇子之類，近例率用剩員，今悉改差民户，故爲煩擾以搖成法，乞正其罪。

司馬光之始議差役，中書舍人范百禄言于光曰：熙寧免役法行，百禄爲咸平縣，開封罷遣衙前數百人，民皆欣幸。其後有司求羡餘，務刻剥，乃以法爲病。今第減助免錢額以寬民力可也。光雖不從，及議州縣吏因差役受賕從重法加等配流，百禄押刑房，固執不可曰：鄉民因徭爲吏，今日執事而受賕，明日罷役，復以財遺人，若盡以重法繩之，將見黥面赭衣充塞道路矣。光曰：微公言，幾爲民害。遂已之。

蘇轍又言：

差役復行，應議者有五：其一曰舊差鄉户爲衙前，破敗人家，甚如兵火。自新法行，天下不復知有衙前之患；然而天下反以爲苦者，農家歲出役錢爲難，及許人添剗見賣坊場，遂有輸納不給者爾。向使止用官賣坊場課入以雇衙前，自可足辦，而他色役人止如舊法，則爲利較然矣。初疑衙前多是浮浪投雇，不如鄉差税户可託。然行之十餘年，投雇者亦無大敗闕，不足以易鄉差衙前之害。今略計天下坊場錢，一歲可得四百二十餘萬貫，若立定中價，不許添剗，三分減一，尚有二百八十餘萬貫。而衙前支費及召募非泛綱運，一歲共不過一百五十餘萬緡，則是坊場之直，自可了辨衙前百費，何用更差鄉户？今制盡復差役，知衙前若無陪備，故以鄉户爲之；至於坊場，元無明降處分，不知官自出賣耶，抑仍用以酬獎衙前也？若仍用以酬獎，即召募部綱以何錢應用？若不與之錢，即舊名重難，鄉户衙前仍前自備，爲害不小。

其二，坊郭人户舊苦科配，新法令與鄉户並出役錢，而免科配，其法甚便。但敷錢太重，未爲經久之法。乞取坊郭、官户、寺觀、單丁、女户，酌今役錢減定中數，與坊場錢用以支雇衙前及召募非泛綱運外，却令椿備募雇諸色役人之用。

其三，乞用見今在役人數定差，熙寧未減定前，其數實冗，不可遵用。

其四，熙寧以前，散從、弓手、手力諸役人常苦逆送，自新法以來，官吏皆請雇錢，役人既便，官亦不至闕事，乞仍用雇法。

其五，州縣胥吏並量支雇錢募充，仍罷重法，亦許以坊場、坊郭錢爲用；不足用，方差鄉户，鄉户所出雇錢，不得過官雇本數。

詔送看詳役法所詳定，擇其要者先奏以行。

於是役人悉用見數爲額，惟衙前用坊場、河渡錢雇募，不足，方許揭簿定差。其餘役人，惟該募者得募，餘悉定差。遂罷官户、寺觀、單丁、女户出助役法，其今夏役錢即免輸。尋以衙前不皆有雇直，遂改雇募爲招募。凡熙、豐嘗立法禁以衙前及役人非理役使及令陪備圓融之類，悉申行之，耆壯依保正長法。坊場河渡錢、量添酒錢之類，名色不一，惟於法許用者支用外，並樁備招募衙前、支酬重難及應緣役事之用。如一州錢不供用，許移別州錢用之，一路不足，許從户部通他路移用，其或有餘，毋得妄用，其或不足，毋得減募增置。衙前最爲重役，若已招募足額，上一等户有虚閑不差者，令供次等色役。鄉差役人，在職官如敢抑令別雇承符，散從承代其役者，轉運司劾奏重責。時提舉常平司已罷置，凡役事改隸提刑司。

殿中侍御史吕陶言：天下版籍不齊，或以税錢貫百，或以田地頃畝，或以家之積財，或以田之受種。雖皆別爲五等，然有税錢一貫、占田一頃、積財千緡、受種十石而入之一等。一等之上，無等可加，遂至税緡、田畝、積財、受種十倍於此，亦不過同在一等。憑此差役，必不均平，雖無今日納錢之勞，反有昔時偏頗陪費之害。莫若裁量新舊，著爲條約：如税錢一貫爲第一等，合於本等中差一役，税錢兩倍於一役者併差二役，又倍即差三役；雖税錢更多，不過三役，並聽雇人。或本縣户多役少，則上户之役不須併差，但可次叙休役年月遠近而均其勞逸。假令甲充役後可閑五年，乙税錢兩倍於甲，可閑三年，丙又倍於乙，可閑一年。其以田土頃畝之類爲等并其餘同等多少不侔者，並倣此。又成、梓兩路差役，舊專以户税爲差等，熙寧初，別定坊郭户營運錢以助免役。乃在税產之外，州縣抑認成額，至今不減，至有停閑居業移避鄉村，猶不得免。今方議法，坊郭等第固不可偏廢，然須參究虚實，別行排定，以寬民力。並送詳定所。

蘇轍又言：雇募衙前改爲招募，既非明以錢雇，必無肯就招者，勢須差撥，不知歲收坊場、河渡緡錢四百二十餘萬，欲於何地用之？熙寧以前，諸路衙前多雇長名當役，如西川全是長名，淮南、兩浙長名太半以上，餘路亦不減半。今坊場官既自賣，必無願充長名，則衙前並是鄉户。雖號招募，而上户利於免役，方肯占名，與差無異。上户既免衙前重役，則凡役皆當均及以次人户，如此則下户充役，多如熙寧前矣。

《宋史》卷一七七《食貨志·役法》 中書舍人蘇軾在詳定役法所，極言役法可雇不可差，第不當於雇役實費之外，多取民錢，若量入爲出，不至多取，則自足以利民。司馬光不然之，光言：差役已行，續聞有命：雇募不足，方許定差。屢有更張，號令不一。又轉運使欲合一路共爲一法，不令州縣各從其宜，或已受差却釋役使去，或已辭雇却復拘之入役，或仍舊用錢招雇，或不用錢白招，紛紜不定，寖違本意。遂條舉始奏之文，嘗許州縣、監司陳列宜否。自今外官苟見利否，縣許直上轉運司，州許直奏，使下情無壅。詳定所第當稽閱監司、州縣所陳，詳定可否；非其任職而務出奇論，不切事情者勿用，亦不可以一路、一州、一縣土風利害概行天下。從之。

未幾，詔：諸路坊郭五等以上，及單丁、女户、官户、寺觀第三等以上，舊輸免役錢者並減五分，餘户等下此者悉免輸，仍自元祐二年始。凡支酬衙前重難及綱運公皂迓送飧錢，用坊場、河渡錢給賦。不足，方得於此六色錢助用；而有餘，封樁以備不時之須。

臣僚上言：朝廷雖立差法，而明許民户雇代，州縣多已施行。近命弓手須正身，恐公私未便。詔：不願身自任役，許募嘗爲弓手而有勞效者，雇直雖多，毋踰元募之數。御史中丞劉摯言：弓手不可不用差法者，蓋鄉人在役，則不獨有家丁子弟之助，至於族姻鄉黨，莫不與爲耳目，有捕輒獲；又土著自重，無逃亡之患。自行雇募，盗寇充斥，蓋浮惰不能任責故也。如五路弓手，熙寧未變法前，身自執役，最號彊勁，其材藝捕緝勝於他路。近日復差，不聞有不樂而願出錢雇人。惟是川蜀、江、浙等路，昨升差上一等户，皆習於驕脆，不肯任察捕之責。欲乞五路必差正身，餘路即用新敕，釐爲三色：舊有户等已嘗受差者，曾有戰鬬勞效應留者，願雇人代己者。立此三色，所冀新舊相兼，漸習禦捕。侍御史王巖叟亦言雇代恐不能任事，略與摯同。

監察御史上官均言：役之最重，莫如衙前，其次弓手。今東南長名

衙前招募既足，所差不及上户，上户必差弓手，則是以上户就中户之役，實爲優幸。上户產厚而役輕，下户產薄而無役，然則所當補恤，正在中户。今若增上户役年，使中户番休稍久，則補除相均矣。又言：近許當差弓手户役得雇人爲代，此法最便。議者謂身任其役，則自愛而重犯法，熙寧募法久行，何嘗聞盜賊充斥？彼自愛之民，承符帖追逮則可，俾之與賊角死，豈其能哉？兩浙諸路以法案差弓手，必責正身，至有涕泣辭免者。此豈可恃以爲用哉？今既立法許雇嘗爲弓手而有勞效之人，比之泛募，宜有間矣。

殿中侍御史呂陶謁告歸成都，因令與轉運司議定役法。後議立增減役年之法曰：户多之鄉以十二年，户少以九年，而應差之户通輪一周。以一周月日而參之户等，户税多者占役之日多，少者以率減下，則均適無頗矣。雖以等周差，皆許募人爲代，如此則四等往往少差，而五等差所不及矣。衙前悉令招募，以坊場錢支酬重難，此法爲允。

當是時，議役法者皆下之詳定所，久不能決。於是文彥博言：差役之法，置局衆議，命令雜下，致久不決。於是詔罷詳定局，役法專隸户部。

諫議大夫鮮于侁言：開封府多官户，祥符縣至闔鄉止有一户應差，請裁其濫。凡保甲之授班行者，如進納人例，須至升朝，方免色役。舊法，户賦免役錢及三百緡者，令仍輸錢免役。侍御史王巖叟謂：此法不見其利。借如兩户，其一輸錢及三百千，其一及二百八九十千，相去幾何，而應差者三年五年即得休息，其應輸助者畢世入錢，無有已時，非至破家，終不得免。此其勢必巧爲免計，有弟兄則析居，不則減賣其業，但少降三百千之數，則遂可免。不出二三年，高彊户皆成中户。其後又詔：舊輸免役錢户及百千以上，令如六色户輸錢助役。蓋欲以其錢廣雇，使番休優久。凡户少之鄉，應差不及三番者，許以六色錢募州役；尚不及兩番，則申户部，移用他州錢，以紓差期。鄉户衙前受役，當休無代，即如募法給雇食之直；若願就投募者，仍免本户身役，不願者，速募人代之。

元祐三年，翰林學士兼侍讀蘇軾言：差役之法，天下皆云未便。昔日雇役，中户歲出幾何，今者差役，中户歲費幾何，更以幾年一役較之，約見其數，則利害灼然。而況農民在官，官吏百端蠶食，比之雇人，苦樂十倍。五路百姓朴拙，間遇差爲胥吏，又須轉雇慣習之人，尤爲患苦。尋詔郡縣各具差役法利害，條析以聞。

四年，右正言劉安世言，御史中丞李常請復雇募，懷姦害政。先是，常言：差法詔下，民知更不輸錢，讙呼相慶，行之既久，始覺不輸錢爲害。何也？差法廢久，版籍不明，重輕無準，鄉寬户多者僅得更休，鄉狹户窄者頻年在役。上户極等昔有歲輸百千至三百千者，今止差爲弓手，雇人代役，歲不過用錢三四十千。中下户舊輸錢不過三二千，而今所雇承符、散從之類，不下三十千。然則今法徒能優便上户，而三等四等户困苦日甚。望詔一二練事臣僚，使與賦臣取差雇二法便於百姓者行之。無牽新書，無執舊說，民以爲善，斯善矣。而安世則以責民出錢爲非，乞固守差役初議，故以常爲罪。

知杭州蘇軾亦言：

改行差法，則上户之害皆去。獨有三等人户，方雇役時，户歲出錢極不過三四千，而今一役二年，當費七十餘千。休閑不過六年，則是八年之中，昔者徐出三十餘千，而今者併出七十餘千，苦樂可知。

朝廷既取六色錢，許用雇役以代中户，頗除一害，以全二利。今惟狹鄉户少，役者替閑不及三番，方得用六色錢募人以代州役，此法未允。何者？百姓出錢本爲免役，今乃限以番次，不許盡用。留錢在官，其名不正，又所雇者少，未足以紓中户之勞。

又投名衙前不足元額，而鄉差衙前又當更代，即又别差，更不支錢；若願就長名，則支酬重難盡以給之，仍計日月除其户役及免助役錢二十千；及州役惟吏人、衙前得皆雇募，此外悉用差法，如休役未及三年，即以助役錢支募，此法尤爲未通。自元豐前，不聞天下有闕額衙前者，豈嘗抑勒，直以重難月給可以足用故也。當時奉使如李承之之徒，所至已輒減刻，元祐改法，又行減削，既多不支月給，如何肯就招募？今不循其本，乃欲重困鄉差，全不支錢，而應募之人盡數支給，又放免役錢二十貫，欲以誘脅盡令應募，何如直添重難月給，令招募得行。乞促招闕額長名衙前刻期須足，如合增錢雇募，上之監司，議定即行。

役率以二年爲一番，向來尚許一户歇役不及三番，則令雇募，是欲百姓空閑六年。今忽減作三年。幸六色錢足用有餘，正可加添番數，而乃減

番添役，農民皆紛然妄謂朝廷移此錢他之。雖云量留一分備用，若有餘剩數，却量減下無丁户及女户所敷役錢，此乃空言無實。丁口、産税開收增減，年年不同，如何前知來年應用而預爲樁科？若亟行減下，臨期不足，又須增取，吏緣爲姦，不可勝防矣。大抵六色錢以免役取，當於雇役乎盡之，然後名正而人服。惟有一事不得不慮：州縣六色錢多少不同，若各隨多少以爲之用，則敷錢多處，役户優閑太久，六色人户反覺敷錢數多。欲乞今後六色錢常存一年備用之數，而會計歲所當用，以贏餘而通一路，酌人户貧富、色役多少預行品配，以一路六色錢通融分給，令州縣盡用雇人，以本處色役輕重爲先後。如此則錢均而無弊，雇人稍廣，中户漸蘇，則差役良法可以久行而不變矣。

是時，論役法未便者甚衆。五年，再詔中書舍人王巖叟、樞密都承旨韓川、諫議大夫點檢户曹文字劉安世同看詳利害。户部請：河北、河東、陝西鄉差衙前，以投募人所得雇直爲則，而減半給之。投名衙前惟差耆長，他役皆免。

六年，三省援三路投募衙前役例，概行他路。詔：凡投募人免其户二等已下色役，鄉差人户悉用投名人代之，願長投募者聽。又詔：諸州衙前已許量支雇直、餐錢，慮費廣難支，轉運、提刑司其隨土俗參酌立定優重分數及月給餐錢，用支酬額錢給之，不得過舊法元數。州役之應鄉差者，若一鄉人户終役皆未及四年，許以助役錢募人爲之。總計一州雇直，其助役錢不足用，即於户狹役頻鄉分先與雇代一役，役竟按籍復差如初。諸州歲計助役錢常留一分外，以雇直對計，或闕或剩，提刑司通一路移用。應差諸縣手力，合一鄉休役皆不及三年者，亦許用助役錢雇募；既終一役，别有閑及三年者，復行差法。諸州縣置差役都鼠尾簿，取民户税産、物力高下差取，分五等排定，而疏其色役年月及其更代人姓名於逐户之下。每遇差役，即按籍自上而下，吏毋得移竄先後。坊場、河渡錢以雇衙前而有寬剩，亦令補助其餘役人。

三省言：

朝廷審定民役，差募兼行，斟酌補除，極爲詳備；而州縣不盡用助役錢募人，以補頻役之地。今括具綱目，下之州縣，使恪承之。

其一曰：應差之户，三等以上許休役四年，四等以下許休役六年。若户少無與更代，卸役不及應閑年數，即用助役錢募人代役以足之。其二曰：狹鄉之縣役人，除衙前州胥許雇、壯丁直差不雇外，凡州縣役人皆許招募，以就募月日補除應差而閑不及四年、六年之人，使及年數。每縣通計應差、應募役數若干，立定二額：差者訖役，以應差人承之；雇者有闕，别募人充數。二額悉已立定，如户力應升應降，須俟三年造簿日按籍别定；未應造簿，止憑定額爲準。若本等户少，不充州縣合役之數，即用次等户之物力及本等七分者爲之。其三曰：寬鄉之縣，除已雇衙前、州胥外，餘役皆以序按差。其四曰：官雇弓手、先雇嘗充弓手之人，如不足，以武勇有雇籍者充。他役人願就雇，其選受亦如之。其五曰：壯丁皆按户版簿名次實輪充役，半年而更。其六曰：一州一路有狹鄉役頻縣分，募錢不足，提刑司以一路助役寬剩錢通融移用；又不足，以坊場、河渡寬剩錢給之。仍通紐一歲應用支酬衙前之類費錢若干，而十分率之，每年於寬剩數内更留二分，以備支酬衙前之類，樁留至五年，通迭一全年寬剩總額，即止不樁；又不足，户部以别路逐色寬剩錢移用以補足之。其七曰：助錢歲歲樁留一分，每及五分止，或時支用，即隨撥補，使常足五分之數。其八曰：軍人應差迓送者，本以代有雇錢役人，其沿迓送軍人有費，提刑司計數歸之轉運司。其九曰：重役人應替而願仍就募者，許給雇錢受役。其十曰：役人須有税産乃得就募。其有蔭應贖及曾犯徒刑，雖願募不雇。若工藝人，須有貲産人二户任之。雇直雖多，皆不得加于舊法已募之數。其十一曰：陝西鎮戎德順軍、熙州衙前，皆受田于官以當募直，内地户願如其法應田募者聽之，仍以坊場、河渡錢補還轉運司合輸租課。

凡縣，歲具色役輕重、鄉分寬狹、凡役雇直有無餘欠，各以其實枚别而上之州。州上監司，監司聚議，連書上户部。仍别具一路移用及寬剩縣分錢數，致之户部。

先是，收到官田，嘗令：田已籍于官及見佃人逃亡，悉拘入之，留充雇募衙前。至是，遂參行田募之法。

八年，詔：耆長、壯丁役期已足，不許連續爲之。蓋知其利於賕請，不願更罷故也。民有執父母喪而應在役者，三等以下户除之，二等以上户令量納役錢，在户錢十分止責輸三分，服除日仍舊。

哲宗始親政，三省言役法尚未就緒，帝曰：第行元豐舊法，而減去寬剩錢，百姓何有不便？范純仁曰：四方異宜，須因民立法，乃可久也。遂令户部議之。右司諫朱勃言：輸錢免役，有過數多斂者，用錢雇役，有立直太重者；役色之内，又有優便而願自投募，不必給雇者。請詳爲裁省。中書言：自行差法十年，民間苦於差擾，前後議者紛紜，更變不一，未有底止。於是詔：復免役法，凡條約悉用元豐八年見制。鄉差役人，有應募者可以更代，即罷遣之。許借坊場、河渡及封樁錢以爲雇直，須有役錢日補足其數。所輸免役錢，自今年七月始。耆户長、壯丁召雇，不得已保正、保長、保丁充代，其他役色應雇者放此。所斂寬剩錢，不得過一分，昔常過數，今應減下者，先自下五等人户始。路置提舉官一員，視提刑置司之州爲治。如方俗利害不同，事有未盡未便而應更改增損舊法者，畫一條疏，與轉運、提刑司連奏。

又詔：用舊法取量添酒錢贏數，給推法司吏餐錢；不足，則抵當息錢亦許貼用。先嘗以七月起輸，其後又自來年始。土俗差雇不一，姑仍其舊，俟起輸，至五月盡行雇法，凡因差在役者悉罷遣之。舊免役法行，壯丁間有差而不募者，其毋斂役錢如故。凡錢額所斂，取三年雇直實支，而酌一年中數，立爲歲額，以均斂取。此外所取寬餘，不得過通額十分之一。免役錢方復未輸，且以助役錢給雇直，不足，雖免役寬剩錢亦許給用。

七月，户部看詳役法所言：幕職監當官之官、罷官，依元豐制，悉用雇役人迓送而差定其數，凡元祐溢額所添厢軍皆罷減。其有抑鄉差之人仍舊在役，或改易名字就便應募，悉計其在役月日應得更代者，以次蠲遣之。諸路舊立出等高彊户，户力轉高，斂取難勝，應出免役錢百千以上，每累及百千，悉與減免三分。凡人户匿寄財産、假借户貫、冒名官户苟可避免等第科配者，各以違制論；許人陳告，以其半給之。元豐令：在籍宗子及太皇太后、皇后緦麻親得免役。皇太妃宜亦如之。詔皆如請。

舊户等簿，如略可憑即用之，若漫滅等第，即雖未及應造之年，亦令改造。户部舉行元豐條制，以保正長代耆長，甲頭代户長，承帖人代壯丁。二年，申詔諸路：役人額數、雇直，並依元豐舊制，仍依已命，寬剩錢不得過一分。常平免役，元豐止用提舉官專領，轉運、提刑司自今毋預其事。

舊置重修編敕所看詳中外文字本，以去年所差鄉役未盡善，遂入議曰：都、副保正比耆長事責已輕，又有承帖人受行文書，即大保長苦無公事。元豐本制，一都之内，役者十人，副正之外，八保各差一大長。今若常輪二大長分催十保税租、常平錢物，一税一替，則自不必更輪保丁充甲頭矣。凡都保所雇承帖人，必選家於本保者，而雇直皆從官給，一年一替，則自無浮浪稽留符移之弊。承帖雇直固有舊數，其今所雇保正之直眡耆長，保長之直則眡户長；若應此三役不願替代者，自從其願。壯丁元不斂雇直處，聽如其舊。承帖雇錢許以舊寬剩錢通融支募，如土俗有不願就保正長雇役者，許募本土有産税户，使爲耆長、壯丁以代之。其所雇耆、户長，已立法不得抑勒矣，若保正、長不願就雇而輒差雇者，從徒二年坐罪。詔皆從之。

三年，左正言孫諤言：役法之行，在官之數，元豐多，元祐省，雖省未嘗廢事，則多不若省；雇役之直，元豐重，元祐輕，雖輕未嘗不應募，則重不若輕。今役法優下户使弗輸，而盡取諸上户，意則美矣，而法未善也。夫先帝建免役之法，而熙寧、元豐有異論，元祐有更變，正惟不能無弊爾。願無以元豐、元祐爲間，期至於均平便民而止，則善矣。翰林學士蔡京言：諤之論多省、輕重，明有抑揚，謂元豐不若元祐明矣。諤於陛下追紹之日，敢爲此言，臣竊駭之。免役法復行將及一年，天下吏習而民安之，而諤指以爲弊，則所詆者熙寧、元豐也。且元豐，雇法也；元祐，差法也。雇與差不可並行。元祐固嘗兼雇，已紛然無紀矣，而諤欲不間熙、祐，是欲伸元祐之姦，惑天下之聽。詔罷諤正言，黜知廣德軍。

後又詔：諸縣無得以催税比磨追甲頭、保長，無得以雜事追保正、副。在任官以承帖爲名、占破當直者，坐贓論。所管催督租賦，州縣官輒令陪備輸物者，以違制論。

是歲，以常平、免役、農田、水利、保甲，類著其法，總爲一書，名常平免役敕令，頒之天下。詔翰林學士承旨兼詳定役法蔡京依舊詳定重修敕令。侍御史董敦逸言：京在元祐初知開封府，附司馬光行差法，祥符一縣，數日間差至一千一百人。乞以役法專委户部。詔令疏析。京奏上，復令敦逸自辨，京無責焉。

元符二年，以蕭世京、張行爲郎。二人在元祐中，皆嘗言免役法爲是，帝出其疏擢之。

既而詔河北東西、淮南運司，府界提點司，如人户已嘗差充正夫，其免夫錢皆罷催。後又詔：雖因邊事起差夫丁，須以應差雇實數上之朝廷，未得輒差。其河防幷溝河歲合用一十六萬八千餘夫，聽人户納錢以免。

建中靖國元年，户部奏：京西北路鄉書手、雜職、斗子、所由、庫秤、揀、掐之類，土人願就募，不須給之雇直，他路亦須詳度施行。詔從之。知延安府范純粹言：比年衙前公盜官錢，事發即逃。乞許輪差上等鄉户使供衙役。殿中侍御史彭汝霖劾純粹所言有害良法，宜加黜責。詔純粹所乞不行。其後，知襄州俞以襄州總受他州布綱而轉致他州，是衙前重役併在一州，事理不均。臣僚謂輒毁紹聖成法，請重黜。坐責授散官，安置太平州。

崇寧元年，尚書省言：前令大保長催税而不給雇直，是爲差役，非免役也。詔提舉司以元輸雇錢如舊法均給。永興軍路州縣官乞復行差役；湖南、江西提舉司以物賤乞減吏胥雇直，罷給役人雇錢，皆害法意，應改從其舊。詔户部並遵奉《紹聖常平免役敕令格式》及先降紹聖簽貼役法，行之天下。

二年，臣僚言：常平之息，歲取二分，則五年有一倍之數；免役剩錢，歲取一分，則十年有一年之備。故紹聖立法，常平息及一倍，免役寬剩及三料，取旨蠲免，以明朝廷取於民者，非以爲利也。而集賢殿修撰、知鄧州吕仲甫前爲户部侍郎，輒以狀申都省，乞删去上條。詔黜仲甫，落職知海州。後又詔：常平司候豐衍有餘日，具此制奏蠲之。

大觀元年，詔：諸州縣召募吏人，如有非四等以上户及在州縣五犯杖罪，悉從罷遣，不得再占諸處名役，别募三等以上人充。於是舊胥既盡罷，而弊根未革，老姦巨猾，匿身州縣，舞法擾民，蓋甚前日。其後，又不許上三等人户投充弓手，所募皆浮浪，無所顧藉，盜賊公行，爲害四方。至是，復詔州縣募役依元豐舊法。

政和元年，臣僚言：元豐中，鞏州歲敷役錢止四百千，今累敷至緡錢近三萬。又元豐八年，命存留寬剩錢毋得過二分，紹聖再加裁定，止許存留一分。此時考詳法意，非取寬剩，遂改名準備錢，而嚴立禁約，若擅增敷歲額及樁留準備過數者，並以違制論。今乞飭提舉常平官檢察，及覈究鞏州取贏之因以聞。從之。

宣和元年，言者謂：役錢一事，神宗首防官户免多，特責半輸。今比户稱官，州縣募役之類既不可減，顧令官户所減之數均入下户，下户於常賦之外，又代官户減半之輸，豈不重困？詔：自今二等以上户，因直降指揮非泛補官者，輸賦、差料、免役並不得眎官户法減免，已免者改之。進納人自如本法。保長月給雇錢，督催税賦。比年諸縣或每税户一二十家，又差一人充甲頭及催税人，十日一進，赴官比磨，求取决責，有害良民，詔禁之。七年，詔：州縣昨因儆察私鑄，令五家爲保。城郭亦差坊正，副領受文書，由此追呼陪費，或析居、逃移以避差使。其所置坊正、副可罷。

自紹聖復雇役，而建炎初罷之。已而討論其法之不可廢也，參政李回言於高宗曰：常平法本於漢耿壽昌，豈可以王安石而廢之？且當時招射士無以供庸直，詔官户役錢勿減半，民户役錢概增三分。後復減之。兼官舊給庸錢以募户長，及立保甲，則儲庸錢以助經費。未幾，廢保甲，復户長，而庸錢不復給，遂爲總制窠名焉。

然役起於物力，物力升降不殽，則役法公。是以紹興以來，講究推割、推排之制：凡百姓典賣產業，税賦與物力一併推割。至於推排，則因其貲產之進退爲之升降，三歲而一行之。然當時之弊，或以小民粗有米粟，僅存室廬，凡耕耨刀斧之器，雞豚犬彘之畜，纖微細瑣皆得而籍之。吏視賂之多寡，爲物力之低昂。上之人憂之，於是又爲之限制，除質庫房廊、停塌店鋪、租牛、賃船等外，不得以猪羊雜色估計，其後幷耕牛租牛以免之。若江之東西，以畝頭計税，亦有不待推排者。

保正、長之立也，五家相比，五五爲保，十大保爲都保，有保長，有都、副保正；餘及三保亦置長，五大保亦置都保正，其不及三保、五大保者，或爲之附庸，或爲之均幷，不一也。户則以物力之高下爲役次之久近。

若夫品官之田，則有限制，死亡，子孫減半；蔭盡，差役同編户。一品五十頃，二品四十五頃，三品四十頃，四品三十五頃，五品三十頃，六品二十五頃，七品二十頃，八品十頃，九品五頃。封贈官子孫差役，亦同編户。謂父母生前無

官，因伯叔或兄弟封贈者。凡非泛及七色補官，不在限田免役之數；其奏薦弟姪子孫，原自非泛、七色而來者，仍同差役。進納、軍功、捕盜、宰執給使、減年補授，轉至升朝官，即爲官户；身亡，子孫並同編户。太學生及得解及經省試者，雖無限田，許募人充役。

單丁、女户及孤幼户，並免差役。凡無夫無子，則爲女户。女適人，以奩錢置產，仍以夫爲户。其合差保正、長，以家業錢數多寡爲限，以限外之數與官、編户輪差。總首、部將免保正、長差役。文州義士已免之田，不許典賣，老疾身亡，許承襲。

凡募人充役，並募土著之人，其放停兵及嘗爲公人者，並不許募。既有募人，官不得復追正身。募人憑藉官勢，姦害善人，斷罪外，坐募之者。高宗在河朔，親見閭閻之苦，嘗歎知縣不得人，一充役次，即便破家，是以講究役法甚備。

乾道五年，處州松陽縣倡爲義役，衆出田穀，助役户輪充，自是所在推行。十一年，御史謝諤言：義役之行，當從民便，其不願者，乃行差役。上然之。朱熹謂義役有未盡善者四事。蓋始倡義役者，惟恐議之未詳，慮之未周，而踵之者不能皆善人，於是其弊日開，其流日甚。或以材智把握，而專義役之利；或以氣力凌駕，而私差役之權。是以虐貧優富，凌寡暴孤。義役之名立，而役户不得以安其業；雇役之法行，而役户不得以安其居，信乎所謂未盡善之弊也。淳熙五年，臣僚奏令提舉官歲考屬邑差役當否，以詞訟多寡爲殿最；令役户輪管以提其役，置募人以奉官之行移，則公私便而義役立矣。

慶元二年，吏部尚書許及之因淳熙陳居仁所奏，取祖宗免役舊法及紹興十七年以後續降旨符，修爲一書，名曰役法撮要。五年，書成，左丞相京鏜上之。其法可以悠久，其或未久而輒弊者，人也。

（明）陳邦瞻《宋史紀事本末》卷五〇《花石綱之役》〔崇寧〕四年十一月，以朱勔領蘇、杭應奉局及花石綱於蘇州。初，蔡京過蘇州，欲建僧寺閣，會費鉅萬，僧言：必欲集此緣，非郡人朱沖不可。京即召沖語之。居數日，沖請京詣寺度地，至則大木數千章積庭下，京器其能。踰年，京還朝，遂挾沖子勔偕來，竄其父子姓名於童貫軍籍中，皆得官。帝時垂意花石，京諷沖密取浙中珍異以進。初致黄楊三本，帝嘉之。後歲歲召貢五六品，至是漸盛，舳艫相銜於淮、汴，號花石綱，置應奉局於蘇州命勔總其事。勔指取内帑如囊中物，每取以數十百萬計。於是搜巖剔藪，幽隱不置。凡士庶之家，一石一木稍堪玩者，即領健卒直入其家，用黄封表識，指爲御前之物，使護視之。微不謹，即被以大不恭罪。及發行，必撤屋抉牆以出。人不幸有一物小異，共指爲不祥，惟恐芟夷之不速。民預是役者，中家破產，或鬻賣子女以供其須。斸山輦石，程督慘刻，雖在江湖不測之淵，百計取之，必得乃止。至截諸道糧餉綱，旁羅商船，揭所貢，暴其上。舟人倚勢貪横，凌轢州縣，道路以目。

勔勢焰薰灼，衺人穢夫候門奴事，自直祕閣至殿學士，如欲可得，不附者旋踵罷去，時謂東南小朝廷。

大觀四年閏八月，以張閣知杭州，兼領花石綱。

政和四年八月，新作延福宮，宮在大内北拱宸門外。初，蔡京欲以宮室媚帝，召内侍童貫、楊戩、賈詳、何訢、藍從熙五人，諷以内中逼窄之狀，五人乃請因延福舊名而新作之。五人分任工役，視力所致，爭以侈麗高廣相誇尚，各爲制度，不務沿襲。及成，號延福五位。東西配大内，南北稍劣，其東直景龍門，西抵天波門，其間殿閣亭臺相望。鑿池爲海，疏泉爲湖。鶴莊、鹿砦、文禽、奇獸、孔翠諸柵，蹄尾動以千數。嘉花名木，類聚區別。怪石巖壑，幽勝宛若天成，不類塵境。既成，帝自爲文以記之。其後又爲村居野店、酒肆青帘於其間。每歲冬至後，即放燈，自東華門以北，並不禁夜，徙市民行鋪夾道以居，縱博羣飲，至上元後乃罷，謂之先賞。尋又跨舊城修築，號延福第六位。復跨城外浚濠，作二橋，橋下疊石爲固，引舟相通，而橋上人物，外自通行，不覺也，名曰景龍江。夾江皆植奇花珍木，殿宇對峙焉。

七年秋七月，置提舉御前人船所。時東南監司、郡官、二廣市舶率有應奉，又有不待旨但送物至都，計會宦者以獻。大率靈壁、太湖、慈谿、武康諸石，二浙奇竹、異花、海錯，福建荔枝、橄欖、龍眼，南海椰實，登、萊文石，湖、湘文竹，四川佳果木，皆越海渡江，毁橋梁，鑿城郭而至，植之皆生；而異味珍苞，則以健步捷走，雖甚遠，數日即達，色香未變也。至是，蔡京又言：陛下無聲色犬馬之奉，所尚者山林間物，乃人之所棄。但有司奉行之過，因以致擾。乃請作提舉淮、浙人船所，命内

侍鄧文誥領之。詔自後有所需，即從御前降下，乃如數貢，餘不許妄進。名爲便民，而實擾害如故。

十二月，作萬歲山。

宣和三年春正月，童貫承詔罷蘇、杭應奉局、花石綱。初，帝以東南之事付童貫，且曰：如有急，即以御筆行之。貫至吴，見民困花石之擾，貫遂命其僚董耘作手詔罪己，罷諸應奉造作局，又御前花石綱運併木石彩色等場務，而帝亦黜朱勔父、子、弟、姪之在職者。吴民大悦。

閏五月，復置應奉司。方臘既平，王黼言於帝曰：士大夫懷奸弗悛，抑損應奉，妄爲譏謗。望特置應奉一司，臣專總領，庶杜奸謀。從之。仍令梁師成總領於内，遂復諸應奉局，奪發運漕輓之卒爲用，户部不敢詰。自是四方珍異之物充牣二人之家，而入尚方者纔十一。

四年十二月，萬歲山成，更名曰艮嶽。山周十餘里，其最高一峯九十步，上有亭曰介。分東、南二嶺，直接南山。山之東有萼緑華堂、書館、八仙館、紫石巖、棲真嶝、覽秀軒、龍吟堂。山之南則壽山，兩峯並峙，有雁池、噰噰亭。山之西有藥寮、西莊、巢雲亭、白龍沜、濯龍峽、蟠秀、練光、跨雲亭、羅漢巖。又西有萬松嶺，半嶺有樓曰倚翠。上下設兩關。關下有平地，鑿大沼，沼中作兩洲，東爲蘆渚浮陽亭，西爲梅渚雪浪亭。西流爲鳳池，東出爲鴈池。中分二館，東曰流碧，西曰環山，有巢鳳閣、三秀堂。東池後有揮雪廳。復由嶝道上至介亭。亭左復有極目亭、蕭森亭，右復有麗雲亭。半山北俯景龍江，引江之上流注山間。西行爲漱瓊軒。又行石間爲煉丹凝觀、圜山亭，下視江際，見高陽酒肆及清澌閣。北岸有勝筠菴、躡雲臺、蕭閑館、飛岑亭。支流别爲山莊，爲回溪。又於南山之外爲小山，横亙二里，曰芙蓉城，窮極巧妙。而景龍江外，則諸館舍尤精。其北又因瑶華宫火，取其地作大池，名曰曲江池，中有堂曰蓬壺，東盡封丘門而止。其西則自天波門橋引水直西，殆半里，江乃折南，又折北。折南者過閶闔門，爲複道，通茂德帝姬宅；折北者，四五里，屬之龍德宫。既成，帝自爲《艮嶽記》，以爲山在國之艮位故也。初，朱勔於太湖取石，高廣數丈，載以大舟，挽以千夫，鑿城斷橋，毁（堰）〔堰〕拆牐，數月乃至。會得燕地，因號昭功敷慶神運石，立於萬歲山。又作絳霄樓，勢極高峻，盡工藝之巧。其後羣閹興築不已，於是山林巖壑，日益高深，亭臺樓觀，不可稱紀。又以金芝産於萬壽峯，更名壽嶽。諸巨璫爭出新意，謂土木既宏麗矣，獨念四方所貢珍禽之在囿者不能盡馴。有市人薛翁，素以豢擾爲優場戲，請於〔童〕貫，願役其間，許之，乃日集輿衛鳴蹕，張黄蓋以游。至則以巨柈盛肉炙粱米，翁傚禽鳴，以致其類。既乃飽飫翔集，聽其去來。月餘而圃禽四集，不假鳴而致，益狎玩，立鞭扇間不復畏。遂自命局曰來儀所，招四方籠畜者，置官司以總之。一日，上幸是山，聞清道聲，望而羣翔者數萬。翁輒先以牙牌奏道左曰：萬歲山瑞禽迎駕。上顧罔測，大喜，命以官，賚予加厚。

《通制條格》卷三《户令·蒙古人差發》 中統三年三月二十八日，中書省奏：達達民户，壬子年雖是青册上附籍，元在達達百户牌子裏當差發的，分付各投下當差發身役。奉聖旨：准。

中統五年七月十二日，線真丞相等奏，奉聖旨：達魯花赤依大例當差者。欽此。

《通制條格》卷三《户令·怯薛元役》 延祐元年十月二十二日，中書省奏：郎忙古歹小名的人，根脚裏係運糧船户，在後實兒赤裏行呵，完澤篤皇帝時分實兒赤官人每奏了，將他根脚裏當的差役教除豁了來，漕運司官人每又教當役有，教除豁了他元當的差役，只教實兒赤裏行者。麼道，驢驢、三閭等奏了，俺根底與了文書來。似這般各枝兒裏行的多有，將他元當的差役除豁了呵，怎中？不教除豁他元當的差役，教實兒赤裏行呵，怎生？奏呵，依體例教當役者，麼道聖旨了也。欽此。

《通制條格》卷三《户令·弓手差發》 至元三年七月，中書省右三部呈：差撥巡捕弓兵事，本部講究得，京、府、州、司、縣合用人數，止於本處當包銀絲綫並止納包銀户説内，每壹佰户選差中户壹名當役。據本户合當差發税糧，却令玖拾玖户包納。外中都巡馬，擬於侍衛親軍内摘差四百人，與見設巡軍一處應役。至元三年七月二十三日聞奏過，奉聖旨：依着您商量的行者。欽此。

《通制條格》卷三《户令·祗候曳剌税糧》 至大三年十一月，尚書省湖廣行省咨：江南各路、府、州、司、縣合設祗候曳剌，於相應户内差撥，不除税糧。兵部議得：江南别無送納包銀人户，所據合設祗候曳刺，依舊例於有地户内驗税貳石之上者差設，合該税糧，令其餘

人户包納，須要不失元額。都省准擬。

《通制條格》卷四《户令·均當差役》　至元二十八年五月初八日，中書省奏：桑哥大都的富户每根底自己隱藏着，和買檢鈔時分，不揀甚麽差發不教着，却教窮百姓每生受來，别個的官人每隱藏着來的也多有。上位道是可憐見，教省官人每爲頭裹外大小，不揀誰，開庫的，鋪席做買賣的人每，不揀誰的，都厮輪當編排着應當。這般道了，不當差發的，隱藏着别人的，重要罪過。麽道。奏呵，那般者，麽道聖旨了也。欽此。

《通制條格》卷一七《賦役·孤老殘疾》　至元七年五月，尚書省户部呈：大名路録事司張禄年老孤寒，難以當差。勘當得元籍人口節次死亡外，即目止有妻阿王年柒拾壹歲，别無營運。察司體覆相同。本部參詳，擬合於當差額内除作不任當差老户。都省准呈。

至元十二年八月，中書省據户部呈：平陽路殘疾户齊顯明不任當差，察司體覆相同。擬合於當差額内開除。都省准呈。

至元二十五年正月，尚書省據户部呈：廣平路肥鄉縣張阿黄告，夫張聚與男安驢身故，阿黄隻身年老，别無丁産，不任當差。察司體覆相同。各於當差額内除豁。都省准呈。

《通制條格》卷一七《賦役·壹産叁男》　至元八年八月，尚書省御史臺呈：河南道按察司申，鄧州軍户張二妻壹産叁男。都省擬免叁年雜役。

《通制條格》卷一七《賦役·上都站》　至元二十三年十二月二十六日，中省奏：前者，站户每根底教管草料，麽道，奏呵，與價錢管者，麽道聖旨有來。在後站户每生受有，麽道刺真奏了，休教管者，麽道傳聖旨來。如今這的每根底不管呵，草料失誤了的一般，依體例與價錢管呵，怎生？商量來。麽道。奏呵，與價錢管呵，怕甚麽？教管者。麽道聖旨了也。欽此。據上都大都站户，既是自備首思，欽依聖旨事意，除鹽折和買草料依例出備外，其餘和雇和買雜泛差役除免。

《通制條格》卷一七《賦役·雜泛差役》　至元二十五年三月，御史臺講究得：各道隨路州縣，凡有差役，大役必合遍科，小役合壹道辦集者，止責壹道，合壹路、壹縣、壹鄉科辦者，止責壹路、壹縣、壹鄉辦集。再有差役，却於未辦處輪流科辦。

至大三年十月，欽奉詔書内一款節該：民間雜役，先儘游食之人，次及工賈末技，其力田之家，勿奪農時。欽此。

至大四年三月，欽奉詔書内一款節該：民間和雇和買一切雜泛差役，除邊遠軍人并大都至上都自備首思站户外，其餘各驗丁産，先儘富貴，次及下户。諸投下，不以是何户計，與民一體均當，應有執把除差聖旨、懿旨、令旨，所在官司就便拘收。欽此。

皇慶元年二月初十日，中書省奏：大樂忽兒赤等，教除和雇和買雜泛差役者。麽道站班等奏了來。俺商量來，除邊遠出征軍人奥魯、上都大都其間自備首思站赤外，不揀誰，與民一體均當差役者。麽道詔書裹行了來。依先聖旨教與民一體均當差役呵，怎生？奏呵，那般者。麽道聖旨了也。欽此。

皇慶元年四月初二日，中書省奏：廬州有的做阿速每贖命與來的貳千餘户百姓每，休當和雇和買雜泛差發者。麽道，完澤篤皇帝時分與了執把聖旨來。如今不揀是誰休指例者。麽道，倒換與聖旨的咨失蠻等阿速官人每奏了，俺根底與文書來。世祖皇帝與他每那户計時分，不曾教除雜泛差役來。除大都、上都其間自備首思站赤，并邊遠出征軍人外，不以是何人等，與民一體均當者。開讀了詔書來。不均的一般，依先例教與民一體均當呵，怎生？奏呵，那般者。麽道聖旨了也。欽此。

延祐元年三月十七日，中書省奏：但凡一切和雇和買雜泛差役，除邊遠出征軍人并上都大都其間自備首思站赤外，其餘各投下，不以是何人等，與民一體均當者，麽道皇帝登寶位詔書裹行了來。在前也這般行來。近間樞密院、徽政院、中政院、會福院、宣徽院等各衙門官人每，將他每所管户計不教當和雇和買雜泛差役的奏了，俺根底與文書來。俺商量來，似這般不教均當，只科與見有百姓呵，窮暴百姓應當不得，逃竄去也，勾當也不能成就。是在前定體了的勾當，依在先體例教一體均當呵，怎生？奏呵，那般者。麽道聖旨了也。欽此。

《通制條格》卷一七《賦役·孝子義夫節婦》　至元十年二月，中書省御史臺備監察御史呈：欽奉《聖旨條畫》内一款節該，孤老幼疾貧窮不能自存者，仰本路官司驗實，官爲養濟。而不收養，或不如法者，委監察糾察。欽此。體察得大都路左警巡院咸寧坊魏阿張，年壹拾陸歲，魏明

子蔓，其夫荒縱，不事家業，因欠回回債銀貳錠，逃竄不知所往。阿張父代還所欠，魏蔓老母及阿張同居，傭計孝養，甘旨不闕。拾餘年後，其夫還家，因病身故，并無産業營運，賃房居住，有子柒歲，其姑玖拾伍歲，眼昏且病不能行止，依舊孝養，遇有事出，置姑扃户，將子寄於隣居學舍。後蒙官司拘刷户計，標附收養。取到社長文狀，與所察相同。及左巡院狀稱：阿張今春差發絲鈔，見行定奪未納。參詳魏阿張孝奉老姑，守節不嫁，欽依聖旨事意，官爲養濟，仍令除免差役，更加旌表，以勵風俗。都省准擬。

至元十一年正月十四日，中書省吏、禮部呈：平陽路李伯祥與妻馬氏、養母阿張，能備孝道，體覆是實。本部議得：擬合與免李伯祥户下雜役。都省准擬。

大德八年八月，中書省據禮部呈，議得：義夫節婦，旌表門閭，本爲激勵薄俗，以敦風化。今各處所舉，往往指稱夫亡守志，不見卓然異行，多係富強之家規避門役，廉訪司亦不從公核實，以致泛濫。今後舉孝行者，若父母挽車養竭其力，號父攀栢表盡其誠，董生之甘旨供厨，蔡邕之號血廬墓。舉義夫者，若其被泣荆誼感宗族，散財焚券惠濟鄉閭，漢薛包之昆弟讓財，魏楊播之緦服同爨。舉節婦者，若夫亡在叁拾之前《柏舟》自誓守志，至伍拾以後行露不侵，執節不回如文寧女，臨難不避如義宗妻。似此之類，聽各處保明。都省議得：義夫節婦孝子順孫旌表門閭，本欲敦民俗而厚風化，必得行實卓越節操超絶者，方可垂勸將來。邇者各處官司不詳此意，往往不核名實，泛常保舉，以致謬濫，甚非所宜。今後舉節婦者，若叁拾已前夫亡守志，至伍拾以後執節不易，貞正著明者，聽各處鄰佑、社長明具實跡，重甘保結，申覆本縣，牒委文資正官體覆得實，移文附近不干礙官司再行體覆，結罪回報，憑准體覆牒文，重甘保結，申覆本管上司，更爲核實保結，申呈省部，以憑旌表。仍從監察御史、廉訪司體察，如是富強之家别無實跡，慕同虚名，營求保舉，規避門役，及所保謬濫不實，即將鄰佑、社長并元保體覆官吏取招治罪。義夫孝子順孫，若果孝義行實有可嘉尚，必合表異爲宗族鄉黨稱道者，方許各處鄰佑、社長條具實跡，申聞本縣，并依上例體覆，申呈省部，依例旌表。若有濫失謬妄，亦依上例治罪。

皇慶二年十月二十九日，中書省奏：大寧路管轄的高州玉甆寨趙哇兒小名的婦人，年貳拾歲，他的男兒病重呵，與夫同亡，麼道説誓來。在後他的男兒没了呵，那婦人教做了大棺子自縊死了，和他男兒壹箇棺子裏埋葬了有。婦人每似這般歿了男兒，貞烈與夫同死的上頭，合除免雜泛，旌表門閭。麼道遼陽省官人每備着本處廉訪司文字，俺根底與將文書來。俺商量來，他每説的是有。奏呵，奉聖旨：是好勾當有。止免雜泛呵，輕有。本户的差役也除免者。麼道聖旨了也。欽此。

至元三十年五月，中書省禮部呈：汴梁路申，管城縣民户趙毓叁世同居，合爲旌表。本部議得：方今自翁及孫叁世同居，如趙毓者比比皆是。若與旌褒，紛紛指例，無益勸懲。今後五世同居安和者，旌表其門，似革泛濫。都省准呈。

《通制條格》卷一七《賦役·主首里正》 大德五年八月，欽奉聖旨節該：據中書省奏：江浙省言，先爲有力富強之家諸色名項等户計影占，不當雜泛差役，止令貧難下户承充里正、主首，錢糧不辦，偏負生受，已嘗頒降聖旨，一例輪當。今有各管官司，往往别稱事故，開奏聖旨，執把除免，乞奏定例事，准奏。仰不以是何投下及運糧水手、香莎糯米、財賦、醫儒、僧道、也里可温、荅失蠻、火佃、舶商等諸色影蔽有田納税富豪户計，即與其餘富户一例輪當里正、主首，催辦錢糧，應當雜泛差役，永爲定例。其各管官司，今後再不得似前推稱事故，别行聞奏，並依已降聖旨一例均當。欽此。

《通制條格》卷一七《賦役·差撥祗候》 元貞二年八月，中書省江西行省咨：所轄路分合設祗候、曳剌、牢子等，未有定例。兵部照擬比附迤北腹裏額數體例，俱於肆兩包銀户内選差，開坐各該人數，從長定奪爲是。江南别無送納包銀，擬於稅糧叁石之下户内差充。都省准擬。

諸上路

祗候叁拾伍名　禁子拾伍名　曳剌壹拾名

諸下路

祗候貳拾伍名　禁子壹拾名　曳剌陸名

散府直隸省部

祗候貳拾伍名　禁子壹拾名　曳剌陸名

散府本路所轄
祇候貳拾名　禁子伍名　曳剌伍名
上州直隸省部
祇候貳拾叁名　禁子捌名　曳剌伍名
上州本路所轄
祇候貳拾名　禁子伍名　曳剌伍名
中州直隸省部
祇候壹拾捌名　禁子伍名　曳剌伍名
中州本路所轄
祇候壹拾陸名　禁子伍名　曳剌肆名
下州直隸省部
祇候壹拾肆名　禁子伍名　曳剌肆名
下州本路所轄
祇候壹拾貳名　禁子肆名　曳剌肆名
上縣
祇候壹拾貳名　禁子伍名
中縣
祇候壹拾名　禁子肆名
下縣下路録事司同
祇候捌名　禁子叁名
上路録事司
祇候壹拾名　禁子叁名

《元典章》卷三《聖政·息徭役》 至元二十八年三月，欽奉詔書內一款，國家用度，生民衣食，皆取於農。自三月初至九月終，凡勞民不急之役，一切停罷。欽此。

大德九年六月，欽奉寬恩恤民詔書內一款，仲春已後，此農民裁儘力耕桑之時，其敕有司，非急之務，慎毋生事煩擾。或有小罪，即與疏決，勿禁係，妨其農時。

至大三年十月十八日，欽奉上皇太后尊號詔書內一款，民間雜役，先儘游食之民，次從工賈末技，其力田之家，勿奪農時。

至大四年三月十八日，欽奉登寶位詔書內一款：

土木之工，病民爲甚，其營築中都，已令住罷，自餘不急之役，截日停罷。

延祐元年正月，欽奉改元詔書內一款：

內外一切不急之役，截日住罷。

延祐四年閏正月，欽奉建儲詔書內一款：

內外營繕，除必合修造外，其餘不急之役，一切停罷。

延祐七年十一月，欽奉至治改元詔書內一款：

煎鹽、煉鐵、運糧船户，較之其他，尤爲勞苦。户下合該雜泛差役，自至治元年爲始，優免三年。其腹裏煽辦鐵課，既敷支用，下年，權且住煽，以舒民力。

《元典章》卷二五《户部·差發·包銀從實科放》 中統元年五月，中書省奏准宣撫司條款內一件：

據本路年例，合該納官存留包銀并絲料、糧税等差發，近年以來，各處官吏往往上下計購，通行賄賂，循習舊弊，虚行除破官物，私己用度，以致民間俱各徵足，官司不得實用，爲害非輕。今歲差發等事，仰照勘元抄到民户數目，從實科放，不可止循上年虚例。據照勘出來底民户數目，差發總額，比附上年增餘數目，從實定額。

《元典章》卷二五《户部·差發·驗土産物差發》 中統元年五月，中書省奏准宣撫司條款內一件：

今年照勘定合科差發總額，府科與州，驗民户多寡、土産難易，以十分爲率，作大門攤均科訖，仍出榜文，開坐各州合着差發數目，該絲絹若干，分朗曉示，務要通知。州科與縣、縣科與村，各出榜文開坐差發數目，以此爲例。至于縣榜，須要見村莊各户花名，合該一年差發數目，仍於本縣市曹、村莊輳集處，各各曉示，以見至公無私。外據已分付漏籍老幼等户，照依今降詔書內條款，協濟本處見當差發户計，敷補均科，與當差發民户依上只作一榜，通行曉示施行。

《元典章》卷二五《户部·差發·差發從實科徵》 中統二年四月二十日，中書省奏准條畫內一款該：

中統元年科訖差發，多有不盡户計。所據今歲科差，須管仔細照勘，

各要盡實科徵，不致隱漏。兼各路投下户計差發，欽奉見降聖旨，亦從各路總管府驗數科徵。仰各路管民官照勘本管地面内住坐人户，及不以是何人等應合收係當差者，須管從實盡數科徵，見了數目，開坐關部，轉行申省聞奏。若是中間却有漏落不盡實去處，事發到官，定將當該官吏嚴行斷罪。外，宣撫司有失體究者，亦行治罪。

《元典章》卷二五《户部・差發・投下户絲銀驗貧富科》　至元二年二月，欽奉聖旨立總管府新定條畫内一款節該：

隨處州城所有諸王并諸投下人户，除匠人、打捕户、鷹房子、金銀鐵冶户另行外，有分撥民户五户絲投下交參户，每年合納絲線、包銀并五户絲，仰與本路民户一體驗貧富科徵，於本處送納。據本投下合得五户絲數等物，照依中書省定到月日，省關要者。若欲於順便處取要呵，亦就順便處應副與者。

《元典章》卷二五《户部・差發・驗貧富科赴庫送納》　至元十九年五月，御史臺咨：奉中書省劄付：

據户部呈：依奉省部勾集各路正官、首領官、人吏，驗至元十八年元管、交參、協濟科差户額，收除到至元十九年實科户數。照得欽奉聖旨條畫節文：諸應當差發，多係貧民，其官豪富強，往往僥倖苟避。已前合罕皇帝聖旨，諸差發驗民户貧富科取。今依驗人户事業多寡，品搭高下，類攢鼠尾文簿科斂。欽此。除已開坐事理，劄付户部，通行各路，欽依聖旨事意，據元管、交參、協濟等户合着差發，通濟驗人户氣力産業、品荅高下，貧富科攤，務要均平，出給花名由帖，並不得多餘荅帶。各於村莊置立粉壁，開寫各户所有差發數目。及於臨民府州司縣各衙門首，將概管村坑，科定花名差發數目，分頭榜示。如中間官吏、坊里正人等因而作弊，輕重不均者，有人陳告，或因事發露到官，究問得實，嚴行懲誡。將本路州縣村坊鼠尾花名合着數目，依上年體例，攢造備細文册申部。及將所納差發，仰本路照依上年，於酌中牢固處，置庫收受。合設庫官，大者三員，小者二員，攢典庫子，大處三名，小處一名，自開庫日爲始給俸。除都省差設監納、大使各一員外，其餘人員，仰各路依上於近上有抵業、不作過犯户計内保差，官司不得設立寫抄人等，或從納户，或諸人抄寫。其所納差發，並要兩平，依理收受，晝時印押，給付官民户朱鈔各一紙，亦不得荅帶加耗取要分例，刁蹬遲滯，仰更爲行下各道按察司體察施行。

《元典章》卷二五《户部・差發・差發照籍仍詢衆》　元貞元年六月，江西行省：

據左右司呈，軍民未便事内一件：隨處官司，凡遇定差弓手、水站、祗候、曳剌等項科役，中間多有偏負不均。蓋爲元籍文册田畝丁産，係是二十六年抄數到，已是六年，人户興進消乏不等。若止照依元籍定差，實是不均。今後凡有定差科役，莫若檢照元籍，詢問各鄉都職事、耆老人等，推排各户即今見有田産，從公定差，似望各得均平。省府准呈，仰依上施行。

《元典章》卷二五《户部・差發・投下影占户計當差》　元貞元年十一月，欽奉聖旨節該：據中書省奏：江浙行省陳説，有力富強之家，往往投充諸王位下，及運糧水手、香莎糯米、財賦、醫人、僧道、火佃、舶商等諸項户計影占，不當雜泛差役，止令貧難下户承充里正、主首，錢糧不辦，偏負生受，各處行省俱有似此户計，乞一體頒降聖旨事。准奏。仰照勘不以是何投下諸名色影蔽有田納税富豪户計，從本省分揀，與其餘富户一例，輪當里正、主首，催辦錢糧，應當雜泛差役。於内若有疑惑，不能予決者，具由咨中書省定奪，却不得因而動搖。欽此。

《元典章》卷二五《户部・差發・休遮護當差事》　中書省咨：

大德三年六月初九日，完澤丞相等奏過，前福建等處行省平章政事闊里吉思陳言一件：那裏官人每、富户有勢的人每，將百姓每田地占着，交百姓每做佃户，不交當雜泛差役有，合禁治。麽道，説有。俺商量來，交百姓每做佃户種養也者，根脚裏的不揀甚麽差發有呵，依體例當者，休遮護者。麽道，在前也禁約着有來，如今，做佃户交種養也者。依衆百姓每體例裏，不揀甚麽差發，交當者，有勢力的人每休遮護者。麽道，行文字，更教廉訪司官人每也着糾察者。麽道，奏呵，奉聖旨，那般者。欽此。

《元典章》卷二五《户部・差發・躲避差發》　大德六年四月□日，中書省咨：

大德六年正月二十日，奏過事内一件節該：江南富豪勢要官員人等，

執把添氣力的聖旨行着，躲避差發有。那般的聖旨拘收呵，怎生？闊里教臺官題奏呵，這言語衆人與俺商量定奏者。麽道，聖旨有來。俺衆人商量來，權豪勢要官員人等搔擾百姓，無疑惑的，便教拘收了聖旨者。於内有陰陽、大醫、秀才等，并這裏行着年老放還，與聖旨來的也有也者。總一概拘收呵，不宜。似這般一等各人的姓名緣故，明白文書裏説將來者，合拘收的、不合拘收的，那其間分間了奏呵，怎生。商量來，奏呵，奉聖旨，您商量的是也，那般者。欽此。

《元典章》卷二五《户部・差發・禁職田佃户規避差役》　至大二年三月，江西廉訪司奉行臺劄付：

監察御史申徵事呈，切惟國家設官分職以任事，厚禄均俸以代耕，正欲絶其貪婪，養其廉耻，澄其源而清其流，吏有養而民有賴，立制之良，無以易此。先欽奉聖旨節該：和買和雇、雜泛差役，如今依着在先聖旨體例，除上都、大都其間自備首思站赤，并邊遠出征軍人外，諸王、公主、駙馬不以是何投下諸色人户，與大數目當差的軍、站、民户一體均當者。欽此。卑職思惟，諸職官三品職田，佃户有至五、七百户，下至九品，亦不下三、五十户，出給執照，不令應當雜泛差役，却令供給一家所用之費，謂如倩借人畜，寄養豬羊，馬草柴薪，不勝煩擾，爲緣影占，終莫能言。又有無田虚包子粒之家，亦有規避門户，投充莊官佃户。大抵法久成弊，應須改更，變而通之，古今所尚。呈乞照詳。憲臺仰禁約施行。

《元典章》卷二五《户部・差發・投下五户不科要》　至元二十九年二月，准御史臺咨：奉中書省劄付：

來呈：備山東東西道提刑按察司申：照刷出臨清縣文卷一宗，依准管匠官王德開，每年闕到五户絲料，俵散當差人户織造七托裏絹，赴本局送納，不見上司許令織造明文，侵擾不便事。得此。都省照得，中統五年八月内，條畫内一款：哈罕皇帝聖旨、先帝聖旨：據各投下分撥到民户，除五户絲外，不揀甚麽，不交科要。欽此。户部議得：投下闕支五户絲，並從本投下用度，別無許令俵散民户織造絹疋體例，擬合照依條畫内事理施行。都省准呈。除已劄付户部，依上施行。

《元典章》卷二五《户部・差發・納綿户雜泛》　大德十一年，行臺准御史臺咨：准詹事院咨：

近據管領諸路打捕鷹、納綿等户都總管府呈：本管打捕人匠等户，累奉世祖皇帝、裕宗皇帝聖旨節該，隨路有的民户、匠人、打捕户鷹房子，除本位下差發外，不揀甚麽，休奪要者，休使氣力欺負者。欽此。大德二年，又有本府達魯花赤不老嘉議奏奉聖旨，將和雇和買、雜泛夫役除免。近年以來，有各州官司椿科一切雜泛逼臨，多有逃移人户。若准所申啓禀，除當本位下正額差税外，將州縣雜泛夫役，照依在先體例除免，似望不逼人户逃竄。具呈照詳。得此。大德十一年九月二十八日，本院官啓過事内一件：皇太后撥與咱每的納綿總管府管着的百姓，除本位下合納的差税外，隨處管民官科要和雇和買、雜泛夫役，好生受，後頭失散了去也。如今屬皇太后位下徽政院管得軍民諸色人匠等户，除本位下合納的差税外，不揀甚麽差撥、和雇和買、雜泛夫役，休科要搔擾者。來往的使臣每休安下者。諸人休争要者。但有的勾當，省裏、臺裏諸衙門都休問者，交徽政院本位下官人每問者。宣諭執把的聖旨與了也。啓呵，奉令旨，依着徽政院體例，與翰林文字索要宣諭執把的聖旨者，另寫與執把的令旨者。敬此。

《元典章》卷二五《户部・影避・禁起移躲差發》　中統四年七月，燕京路總管府奏准條畫内一款：

本路多有起移交參，躲閃差發人户，乞禁約，今後經由官司，方許起移事。奏准。今後若有起移户計，如無上司堪用信憑許起移交面，不得發遣。如須有合起移户計，仰各處差來官賫把文字，經由所在官司，然後發遣，仍行移本路官司推收合着差發。如不經由所在官司，私下縱令起移者，驗各户合着差發，勒令本處主首、鄰佑人等陪納，仍約量斷罪施行。

《元典章》卷二五《户部・減差・被灾去處量減科差四件》　中統五年五月，中書省奏准宣撫司條款：

一、被灾去處，以十分爲率，最重者雖多，量減不過四分，其餘被灾去處，依度驗視，從實遞減三分、二分等，科降差發，視此爲差。

一、被灾去處差發，如無本色，許令折納諸物。

一、不被灾去處，斟酌民户難易，委實偏重去處，十分爲率，雖多不過裁減一分。

一、據已上被灾去處、不被灾去處等第減訖差發分數，各各明朗開坐

數目，籍定鼠尾文簿，以爲定額，務要差發辦，民户安，不可偏廢。

《元典章》卷二六《户部·賦役·户役·編排里正主首例》 大德七年十一月初二日，江西行省該：

大德七年三月二十六日准中書省咨：欽奉聖旨節該：今後除邊緣出征軍人并大都、上都其間站户，依着在先已了的言語休當者，其餘軍、站、人匠、打捕鷹房并投下諸王駙馬不揀是誰的户計，和雇和買、雜泛差役有呵，都交一體均當者。欽此。除欽依施行。去後，准江西福建道奉使宣撫咨：吉州廬陵縣、太和州等處，推唱里正、主首不均。爲此，於大德七年十月二十五日，與江西福建道奉使宣撫一同議得，江西路府州縣差設里正、主首，官吏人等那上攢下，賣弄以爲奇貨，大爲民害。擬合遍行各路，令親民州縣提調正官、首領官吏將本處概管見科税糧簿籍從實挨照，每鄉都諸色户若干，内税高富實户若干，税少而有蓄積人户若干，並以一石之上爲則，一體當役。若有税存産去而無蓄積者，及一石之下人户，俱不在當役之限。每一鄉擬設里正一名，每都主首，以上等都分擬設四名，中等都分擬設三名，下等都分擬設二名，依驗糧數，令人户自行公同推唱供認，如是本都糧户極多，願作兩三年者，亦聽自便，上下輪流，周而復始，仍每年於一鄉内自上户輪當一鄉里正，各都主首。如自願出錢雇役者，聽從自便；如該當之人願自親身應役者，亦聽。仍從百姓自行推唱，定願認役人户糧數、當役月日，連名畫字入状，赴本管州縣官司，更爲查照無差，保勘是實。置立印押簿籍，一本付本都收掌，一本於本州縣收掌，又一本申解本路總管府，類申行省，牒呈本道廉訪司照驗，嚴加體察，永爲定例。再不動摇更换，官司不許非理干預掻擾。若是雇錢不備，公事違悮，雇人不應，作過擾民，除犯人依例追斷外，罪及雇主。仍嚴禁當役人户，並不得擾及一石以下貧民小户，勒令津貼。所雇之人，亦不許退閑司吏、鄉司祇候、外都潑皮無籍之人攬撲承充。其提調官吏不得差人下鄉，生事勾擾，科取錢物。如是不遵元行，害及不該當役人户，或將該當户計通同捏合，分立詭名，俵散税糧，躲避差役，又或將人户自認月日容情歇空，官事臨逼，却着以次人户承當，似此看循違枉，惹詞到官，定將州縣當該正官、首領官取招，驗事輕重的決，標注過名，以憑黜降。經手司吏、貼書人等並行斷罷，所是營求苟避之人嚴行追斷。如此，則富户不能隱庇，僥倖苟免，小户不致動摇，稍得休息，當役率皆得人，官吏亦無賣弄，誠爲逈久便益。省府遍下合屬，依上施行。

又，皇慶元年四月，袁州路奉江西行省劄付：

近爲各路點差里正、主首不均，照得，節次欽奉聖旨事意，劄付合屬，令親民州縣官從新斟量所管鄉都地面遠近，户計多寡，可設里正、主首名數。除遠征軍人，大都、上都其間站户外，其餘不以是何户計，當官從公推排糧多極等上户殷富者充里正，次等户充主首，驗力挨次，周而復始，親丁當役。截自至大三年爲始，應充周歲滿替，毋得似前放富差貧，那移作弊。移咨都省照詳去後，今准中書省咨該：送該禮部呈，參詳，上項事理合依江西行省所擬相應。具呈照詳。都省咨請依上施行。

《元典章》卷二六《户部·賦役·户役·站户祇待免當役》 至大四年十一月，行省爲站户祇待，移准都省咨該：

送兵部，議得，行省元擬水馬站赤餘糧户内止差一名，上下半年交替，就准本户里正、主首身役相應。都省准擬，咨請依上施行。

《元典章》卷二六《户部·賦役·户役·站户祇待》 延祐二年八月，行省准奉使宣撫咨：

講議到祇待庫役事理，咨請依上施行。

一、諸人陳言内一件，祇待庫役，例從拘該州縣於站户有餘糧内點差，本謂優卹無糧站户，豈知消乏者亦有餘糧在户。若再點充庫役，家業因而靠損。又兼定例内雖曰一季一替，動輒半年得脱，乞將站户隨糧數多少紐當役日分，以後周而復始。

前件議得：各處站赤，官撥祇應錢本以供支用，又於站户餘糧内點差庫子，意優貧乏下户。各處官吏點差其間，不分貧富，不定高低，一概動摇。設如元撥鈔定不敷，理宜行省斟酌，就咨中書省添撥，比及撥降以來，預於站户餘糧内差撥庫子，合令各路取勘各站正、貼户今次經理定實有餘糧，除下户外，下至十石，多者積算，通行派定，計日應當，周歲輪流一次，糧多去處，不過二年輪遍，庶得公平，不致靠損下户。

《元典章》卷二六《户部·科役·夫役·差撥搬運人夫》 至元十七年十二月，御史臺咨，承奉中書省劄付：

體知得迤南使臣人等并上任回任官員，負帶私己財物，經由水路前來

大都，至揚州，所過州縣，差撥牽船人夫五十名至六七十名，船到去處，排門一概差撥，騷擾不安。若不禁治，深爲不便。都省除已劄付户部，行移合屬，若遇搬運官物船隻，水淺去處必用牽船人夫，令本處官司驗所賫文憑，斟酌應副，不得將負帶私己人口財物船隻，擅自差撥牽船人夫。外，仰行下合屬，禁治施行。

《元典章》卷二六《户部・科役・夫役・押運官員不得起夫》　至元二十四年閏二月，福建行省准中書省咨：

近爲泗、汶等河元設站船不敷，及經涉吕梁、百步洪，凡有遞運官物到彼，必須差撥人夫車牛般遞，騷擾不安。爲此，議擬於各站摘撥量添船隻，及於兩洪添置站車三十輛，委兵部員外郎馬承務，與通政院所委官，依上安置。去後，今據馬承務呈：除已遵依摘撥見有船隻，已差站官安置外，據押運官物人員，賫奉江淮各省并宣慰司劄付淮安路前路文字，坐到人夫數目，督勒沿河州縣，依數交替。今既已設站船，各有駕船站夫，又行差夫牽拽，似爲重復。乞移咨江淮各省，照會各道宣慰司，今後凡出差劄解納進呈一切段疋諸物，和雇船隻，長運直至東河交卸。依漕運司糧斛例，船主既支脚錢，自行雇夫牽拽，站船驗船大小，俱有已設船夫，毋得更差牽船人夫。仍禁治押運官員、使臣，毋得擅便督勒沿江淮河路府州縣，行移前路文字，准備差撥人夫。更乞劄付兵部，行移各道宣慰司，照會沿河路分州縣，毋得聽從押物使人去輒便行移前路，差撥人夫，似爲不致煩擾百姓。都省移咨合屬，依上禁約施行。

《元典章》卷二六《户部・科役・夫役・主簿論差搬運人夫》　至元二十九年四月，行臺劄付：

監察御史玉龍澤呈：江南百姓，見令各處官府差撥夫役，有妨農業，廢棄生理，飢餓病困，死於道途，實可憫念。且如婺州路西南與衢、處接境，東北與明、越相通，皆是山陸，不通船車。每遇搬運官物，遞送差發，百姓負擔荷輪，尚是公行。至有路縣官吏搬遞己物，送遞親舊，建造私宅，應副知識，司縣人吏又行箠楚，係頸累累，相望于道。但遇差夫，不問數目多少，便行一例差撥。其被差人數，或出錢三百五百，以至一貫之上，與坊正、里正人等買免。每日又於市井輳集去處，拖扯買賣及入市農人，拘留一處，逐旋差撥。雖無差撥，亦三四日不令還家，索要鈔物，纔方放免。以此人民失業，田地荒蕪。合令各道肅政廉訪司嚴加禁治，先將見令合差民户置定鼠尾籍册，官爲封記，遇有遞送官物，驗籍輪流差撥，依時銷鑄，仍不得多搭數目。其他不問是何官員，不得輒差民夫。如有違戾，通議責罰，似望百姓息肩，稍得安集。呈乞照詳事。得此。憲臺仰行移監臨分司，督令合屬置立鼠尾文簿，如遇必用人夫，周流挨次差撥，毋致偏負，擾害百姓，仍仰嚴加體察施行。

《元典章》卷三一《禮部・學校・儒學・秀才免差役》　至元二十五年十一月　日皇帝聖旨：

據尚書省奏，江淮等處秀才乞免雜泛差役事，准奏。今後在籍秀才，做買賣納商税，種田納租税，其餘一切雜泛差役並行蠲免。所在官司常加存恤，仍禁約使臣人等毋得於廟學安下，非理搔擾。欽此。

《元典章》卷三一《禮部・學校・儒學・横枝兒要差發》　至元二十五年十一月行尚書省准尚書省咨該：

奏過事内一件：秀才每做買賣呵，與商税者；種田，與地税者。其餘横枝兒不揀甚麼雜泛差發，休與者。麼道。聖旨：那般者，欽此。

《元典章》卷三一《禮部・學校・儒學・儒人差役事》　皇慶元年十月，行臺准御史臺咨：

備江西湖東道廉訪司申：吉州等路儒學教授司申：有儒户李灁等狀告：州縣管民官司，將在籍儒户差充里正、主首等項差役，消沮。咨請照詳。准此。呈奉詔書内一款節該：民間和雇和買、一切雜泛差役，除邊遠軍人并大都至上都自備首思站户外，其餘諸投下，不以是何户計，與民一體均當。應有執把除差聖旨、懿旨、令旨，所在官司就便拘收。欽此。除欽遵外，又照得近承奉中書省劄付：呈奉省判：禮部呈：大都路申：儀鳳司關：至大四年十一月初三日，本司官帖班、伴哥奏：大樂忽兒赤弦匠人每根底，今後和雇和買、雜泛差役，你行文書，休着者。聖旨了也。欽此。照得皇慶元年二月初十日奏過事内一件：大樂忽兒赤等，交除和雇和買、雜泛差役者。麼道，帖班等奏了來。俺商量來：除邊遠軍人出征奥魯徵，上都、大都其間自備首思站赤外，不揀誰，與民一體均當差役者。麼道，詔書裏行來了。依先聖旨，交與民一體均當差役呵，怎生？奏呵，那般者。麼道，聖旨了也。欽此。已經行下各處照會

去訖。今承見奉，本部議得：儒户雜泛差役，擬合欽依，與民一體均當相應。具呈照詳。得此。仰依上施行。

《元典章》卷三三《禮部・禮雜・孝節・魏阿張養姑免役》　至元十年二月，中書吏部：

奉中書省判送：御史臺呈：據監察御史呈：欽奉聖旨條畫内一款節該：孤老幼疾貧窮不能自存者，仰本路官司驗實，官爲養濟。而不收養或不如法者，委監察糾察。欽此。體察得大都路左警巡院咸寧坊住人魏阿張，年一十六歲，適魏子明蔓，其夫荒縱，不事家業，取回回債二錠，將魏蔓監收，寅夜掣鎖逃竄，不知所往，其魏阿張父代還所欠錢數。唯有魏蔓老母及魏阿張同居，阿張傭計孝養，甘旨不闕。十餘年後，其夫還家，復與阿張合擡舉一子。至至元三年，其夫因病身故，並無產營行運，賃房居住，其子七歲，老姑年九十五歲，依舊孝養。其姑眼昏且病，不能行止，遇有事出，置姑併與其子寄於鄰居學舍。後蒙官司拘刷户計，標附收養。爲此取到本坊巷長朱進、社長何常等文狀，與所察相同。又取到左巡院司吏姜亨、魏秉忠等狀稱：據阿張今歲差發鈔一錢二分半、絲五錢六分，見行定奪，未曾送納。得此。今來參詳：魏阿張孝道侍奉老姑等，守節不嫁，欽奉聖旨條畫内事意，官爲養濟，仍令所在官司免差役，更加旌表，以礪風俗。乞照詳。本臺得此，呈乞照詳事。批奉都堂鈞旨：送吏禮部，議擬定連呈。奉此。省部照得至元九年八月二十四日承奉中書省判送：元呈：鹿邑縣人户商七妻阿范，亡訖伊夫時，止有翁翁商六、婆婆阿韋並男德安一歲。至元二年，翁翁商六身故，婆婆阿韋七十七歲。男德二十七歲，本婦人經今二十七年，守志侍養，與人傭力，至今不曾改嫁，亦無醜惡聲跡一切瑕玷，批奉都堂鈞旨：擬免上項商阿范本户雜役。所據魏阿張並無產業營運，賃房居住，其子纔方七歲，老姑年已九十五歲，眼昏且病。不能行立。本婦人今歲差發鈔一錢二分半，絲五錢六分，見行定奪，未曾送納。參詳：擬合權且除免，候其子長立成丁，再行定奪。呈奉都堂鈞旨：送本部，再行議擬連呈。奉此。省部議得：准擬相應，更加旌表施行。呈奉都堂鈞旨：送本部，准呈。

《元典章》卷三三《禮部・禮雜・孝節・一產三男免役》　至元八年九月，御史臺：

爲河北河南提刑按察司申：鄧州軍人張二嫂，一產三男。呈奉尚書省劄付：送禮部議擬得：今後一產三男者，令本處酌量減免差役。若是軍、站户計，亦合令本管官司定奪存卹。省府議得：准免三年差役。仰照驗施行。

《元典章》卷三六《兵部・驛站・站户・禁約差役站户》　皇帝聖旨：行中書省官人每根底，行樞密院、行御史臺、宣慰司官人每根底，廉訪司，管城子的達魯花赤每根底：火失不花奏將來：蠻子田地裏有的站户每説有：自立站以來，除當站外，不揀甚麽差役不當有來。如今管民官每重要差役有。忙的、不忙的使臣每都騎鋪馬有。麽道，奏將來。如今，忙的根底鋪馬裏，不忙的使臣每根底牛、驢、船與者。站户每根底，除當站外，不揀誰休重科差役者。道來。這般宣諭了呵，不忙的騎鋪馬的、站户每根底科重差役的人每，有罪過者。聖旨俺的。蛇兒年三月初六日，奪羅歡火失溫有的時分寫來。

又，大德元年，湖廣行省劄付：據通政院呈：本院官奏奉聖旨：分院，前來鎮江置立，整治江南四省站赤。除欽遵外，後站户人等往往赴院陳告，各路府州司縣差充里正主首、雜泛差役，耽誤應當站赤。於至元三十年三月初六日奏奉聖旨節該：站户每，除當站外，不揀誰休重科差役者。這般宣諭了呵，重科差役底人每，有罪過者。欽此。近據平江路管下水站户赴院陳告，承充里正、主首。外，若不再行移各路，欽依已降聖旨事意禁治，誠恐其餘路分亦有似此重復差役，搔擾站户，日漸靠損，深爲未便。今將元奉聖旨全文重録在前，呈乞行下合屬欽依施行。

《元典章》卷三六《兵部・驛站・站户・站户簪戴避役》　大德十一年九月，江浙行省：

准中書省咨：御史臺呈：江南行臺咨：察知杭州路仁和縣土豪沈楊善，元係籍定馬站户，在後簪戴道冠，求充崇德州道判，與妻妾同處，買占良民田土，不當差役。擬合與有妻室僧官一體當差。江南似此甚衆，若不分揀，深爲不便。得此，送户部：照得至元二十八年欽奉聖旨節該：漢兒蠻子和尚、先生，每修行的體例離家寺裏坐地者有。如今有一等狡猾躲奸歹人，怕當差發，躲了，剃了頭髮，與媳婦、孩兒一處住有。自己身不干淨，怎生告天祝壽？有媳婦的和尚、先生，交做百姓當差。

又照得大德八年詔書内一款：軍、站、民、匠諸色户計，近年以來往往爲僧爲道，影蔽門户，苟避差役，若不整治，久而靠損貧下人民。今後除色目人外，其願欲出家，若本户丁力數多，差役不闕，及有昆仲傳養父母者，赴元籍官司陳告，勘當是實，申覆各路給據，方許簪剃。違者斷罪，勒令歸俗。欽此。本部照得沈楊善元籍馬站户計，在後求充道官，妻室同居而避差役。擬合欽依，令沈楊善依舊應當差役相應。得此。咨請依上施行。若有似此人等，一體禁治。省府除外，仰照驗施行。

《元典章》卷五四《刑部・雜犯・擅科・禁影占富户不交當差》 至元二十八年五月二十六日，行省准尚書省咨：

准江浙行省咨：本省所轄地面寬闊，人民衆庶，事務繁多，軍民弊病多端，户口貧富不同。體知得諸衙門及權豪之家，將富上民户恃勢影占，不當差役，却令供辦草料、柴薪、蔬菜等物，或充祗候、面前，私自占使。凡有公家差役，交無力小民替代，迤漸靠損，未便。咨請聞奏事。准此。於至元二十八年三月二十五日奏過事内一件：前者江淮省官人每與將文書來：但勾當裏行的官人、令史、勢要人每，將富户影占着不交當差，却交貧民當差，生受有。禁約的聖旨與者，麼道，聖旨有來。俺商量來：如今交新去的省官人每根底委付將去呵，中也者。奏呵，那般者。麼道，你行文書者。麼道，聖旨了也。欽此。

《元典章新集至治條例・户部・賦役・差發・江南無田地人户包銀》

延祐七年六月日，江浙行省准中書省咨：

延祐七年四月二十一日奏：腹裏漢兒百姓無田地的，每一丁納兩石糧，更納包銀、絲線有。江南無田地人户，是甚差發不當，各投下合得的阿哈探馬兒官司代支，也不曾百姓身上科要。好生偏負一般。俺衆人商量來，便待依着大體例，丁糧、包銀、絲線全科呵，莫不陡峻麼。如今除與人作佃庸作，賃房居住，日趁生理單身、貧下小户不科外，但是開張解庫鋪席、行船，做買賣、有營運殷實户計，依腹裏百姓在前科着包銀例，每一户額納包銀二兩，折至元鈔一十貫。本處官司驗各家物力高下，品荅均科呵，怎生？奏呵，奉聖旨，依着恁衆人商量來的行者。欽此。又奏：這勾當行的其間，行省官提調着，休交動擾。御史臺監察御史、肅政廉訪司添力成就者。若路府州縣官吏人等，作弊放富差貧，取要錢物，交百姓生受的有呵，要了罪過，罷了他每勾當，交監察、廉訪司體察呵，怎生？奏呵，奉聖旨：那般者。欽此。除已劄付御史臺欽依施行外，都省咨請欽依施行。仍委本省官、首領官提調科徵，每歲五月十五日爲始開庫收受，八月中納足通行起解。

《元典章新集至治條例・户部・賦役・差發・官糧一斗添二升》 江浙行省准中書省咨：

延祐七年四月二十一日奏：腹裏漢兒百姓當着軍站、喂養馬駝、和雇和買一切雜泛差役，更納着包銀、絲線、税糧、差發，好生重有。亡宋收附了四十餘年也。有田的納地税，做買賣納商税。除這的外别無差發，比漢兒百姓輕有。更田多富户每，一年有收三二十萬石租子的，占着三二千户佃户，不納係官差發。他每佃户身上要租子重，納的官糧輕。這裏取些小呵，中也者。待驗田畝上添科呵，田地有高低，納糧的則例有三二十等，不均勾一般。除福建、兩廣外，其餘兩浙、江東、江西、湖南、湖北、兩淮、荆湖這幾處，驗着納税民田，見科糧數，一斗上添荅二升，這般商量來。奏呵，奉聖旨，依着恁衆人商量來的行者。欽此。都省除已劄付御史臺，欽依施行外，咨請欽依施行。仍委本省官、首領官提調科徵，依期送納，果有不通舟楫去處，照依本處開倉時估，折收價鈔，將元科添荅糧數開咨。

《元典章新集至治條例・户部・賦役・差發・回回當差納包銀》 江西行省准中書省咨：

延祐七年四月二十一日奏：諸色户計都有當的差發有。回回人每，并他放良通事人等，不當軍站差役，依體例合交當差發的，多人言説，臺官每也幾遍動文書，教商量者。麼道，有聖旨來。如今，俺商量來，回回、也里可温、竹忽、荅失蠻，除看守着寺院，住坐念經祝壽的，依着在前聖旨體例休當者，其餘的每并放良通事等户，在那州縣裏住呵，本處官司抄數了，立定文册，有田的交納地税，做買賣納商税。更每户額定包銀二兩，折至元鈔一十貫，驗着各家物力高下，品荅均科呵，怎生？奏呵，奉聖旨，依着恁衆人商量來的行者。欽此。都省除已劄付御史臺欽依施行外，咨請欽依施行。

《元典章新集至治條例・户部・賦役・差役・諸色户計雜泛》 至治

二年抄白。中書省：

延祐五年十一月十一日，奏准節該：今後依着累次行來的聖旨，民間但是和雇和買、里正主首雜泛差役，除邊遠軍人、大都至上都其間自備首思站户，諸寺觀南方自亡宋以前，腹裏、雲南自元貞元年爲格，舊有常住并上位撥賜田土除差外，據邊遠軍人元籍去處各有贍軍産業，那裏既已優免了，這軍官、軍人并僧道人等續置了百姓每的當差田地，及財賦總管府承佃附餘地土，並與其餘軍、站、民、匠、醫、儒、竈户、運糧船户、各枝兒不以是何户計，都教隨産一體均當呵，怎生？奉聖旨：那般者。麽道，聖旨了也。欽此。

《元典章新集至治條例·户部·賦役·差役·煉銀户計差役》 延祐七年十月日，江西行省准中書省咨：

來咨：徽政院咨：蒙山銀場提舉司申：煉銀户計應當里正、主首雜泛，耽悮辦銀，申乞照詳。得此。照得延祐六年四月初九日，啓奉皇太后懿旨：這辦銀是大勾當有。再教他重併，當里正、主首雜泛差役呵，咱每的勾當不悮了那甚麽？休交當者。麽道。敬此。咨請照詳。准此。送據户部呈：延祐七年五月十八日，欽奉聖旨體例，除上都其間自備首思站赤、邊遠出征軍人外，諸王、公主、駙馬、各枝兒不以是何諸色户計，及權豪勢要人等，合着和雇和買、雜泛差役，鹽折草、檢閘昏鈔，交與民一體均當者。在前奏了，不教當和雇和買雜泛與來的執把聖旨、懿旨、令旨，住罷者。這般宣諭了呵，别了的人每有罪過者。監察御史每常川用心體察者。欽此。除欽依外，今奉前因，本部議得：和雇和買、雜泛差役已有奏准通例。參詳：宜從都省移咨江西行省，欽依施行。得此。都省請欽依施行。

《元典章新集至治條例·户部·賦役·差役·十石糧簽弓手》 至治二年抄到。江西行省：

延祐五年五月　日，准中書省咨：來咨：各處弓手、祇候、首領、面前、曳剌、管勾，於相應户内從新補换。看詳：各處所申弓手户糧不一，未審擬於何等糧數内簽差，咨請定奪。都省咨請斟酌彼中事宜，於相應户内，就便簽補施行。准此。省府相度：弓手，於納糧人户擬一十石爲則，簽充一名。仰依上施行。

《元典章新集至治條例·户部·賦役·差役·差役驗鼠尾糧數依次點差》 延祐四年二月　日，袁州路准江西廉訪司牒：

准吉贛分司牒：切謂爲政之要，莫善於牧民。牧民之道莫若於賦役。如能賦役均平，錢糧辦集，何所不可？會驗大德七年十二月二十五日江西行省與奉使宣撫議得，里正、主首例，元例如此。當職於延祐三年内，依奉憲司委分巡吉、贛、南安三路，審理罪囚。所至人民執狀滿前，陳告差發不公。蓋因親民各州司縣，專以點差，里正、主首視爲奇貨，循習舊弊，因仍苟且。每年並不於年終預行定擬、周年交换，受其吏、貼賄賂，買充户案，分管鄉都，直至次年五六月間，才方點差。往往信憑罷閑，公吏、久占貼書、安停茶食之人，結構豪覇，把持官府，通同作弊。不將稅糧、户籍、丁産驗數多寡，編排鼠尾，從上至下照依資次從公定差，或聽人户自行推唱，臨時止是户名糧數點充，捏合舊役主首保擬，預於一月以前，故以差發爲名，停保户門之人爲之見聞播揚。鄉村富貧強弱，悉在懷念，表裏爲奸，侵漁爲害。姑待搆絆堪充職役相應者，厚其囑托，僥倖脱免，以一掊十，破用入己。當該官吏既受其私，縱令糧多有力户計隱漏不報，或分立詭户，析減糧數，欺瞞官府，賣弄周遍，却將糧户力薄該免雜役、産去稅存者動摇勾攝。那上儹下，脱富差貧，待其有詞，需求所欲，從而改差，仍將小户細民補替，抑勒充應。被擾之民展轉陳告，遷延反覆，不能定奪，以致富豪恣逞奸雄，貧下之家破産，及至催糧之際，尚有鄉都不曾差定。公然缺役，遂使錢糧不辦，失悮限期，財政害民，莫此爲甚。牒請行移各路，督勒合屬州縣，將相應當差人户所有田糧、丁産，驗其高下、糧數多寡，盡實編排鼠尾文册，從公定差。周歲合該里正、主首花名，自正月爲始承管事務，或各都願將有糧役户、殷富之家，公同自行推唱遜議，從實挨排，周而復始，輪流充應。如糧多願作兩三年者，聽從民便。開具點定各鄉都役户花名，出榜曉諭。今後每歲年終役滿，周歲催糧足備，依例差换，次年正月交替。如此，似望吏奸可息，差發可平，官政可清，錢糧可辦。准此。看詳：各路親民官司，賦役不均，那儹作弊。如准所言，行移各路更張善治，誠爲官民兩便。除牒按治路分，督責所屬州縣，將延祐四年合設里正、主首驗糧多寡，編排鼠尾，從公依次點差，務要均平，毋致那上儹下，放富差貧。如鄉都自願推唱遜議，從實挨排輪

流當役者，聽從民便。自正月入役承管事務，開具花名，出榜曉諭。今後年終催糧足備，周年交换。若有依前賣弄作弊，過違限期，編排不當，定差不公，將正官、首領官吏斷罰，不致因而動摇，擾民違錯。外，牒可依上施行。

（明）陳邦瞻《宋史紀事本末》卷一〇〇《蒙古立國之制》　理宗紹定二年十二月，蒙古始定算賦：中原以户，西域以丁，蒙古以馬牛羊。

三年二月，蒙古立十路課税所。初，蒙古太祖征西域，倉庫無斗粟尺帛之儲，於是羣臣咸言，雖得漢人，亦無所用，不若盡殺之，使草木暢茂，以爲牧地。耶律楚材曰：夫以天下之廣，四海之富，何求而不得？但弗爲耳。誠均定中原地税、商税、酒醋鹽鐵、山澤之利，周歲可得銀五十萬兩，絹八萬匹，粟四十餘萬石。何爲無用哉！太祖曰：誠如卿言，則國用有餘矣。卿試爲之！至是，楚材奏立十路課税所，設使副二員，悉用士人，如陳時可、趙昉、劉中等，皆在選中。【略】

四年八月，蒙古主以耶律楚材爲中書令。楚材奏請：諸路州縣長吏專理民事，萬户府專總軍政，課税所專掌錢穀，各不相統攝，著爲令。又舉鎮海、粘合與之同事，權貴不得志。燕京路長官石抹咸得卜激怒宗室斡真，使奏楚材用南朝舊人，恐有異志，不宜重用，因誣構百端，必欲寘於死地。鎮海、粘合重山等懼，讓楚材曰：何爲強更張，必有今日事！楚材曰：立朝廷以來，每事皆我自爲，諸公何與焉。若果獲罪，我自當之！蒙古主察斡真之誣，逐其使者。已而咸得卜爲人所訴，蒙古主命楚材鞫治。楚材曰：此人倨傲，故易招謗。今方有事南方，他日治之，未晚也。蒙古主私謂近侍曰：楚材不校舊惡，真長者，汝輩當效之！蒙古主至雲中，諸路所貢課額銀幣及倉廩物料文簿，具陳於前，悉符楚材元奏之數。笑曰：卿何使錢幣流入如此。即日授以中書省印，俾領其事，事無大小，悉以委之。

端平三年夏四月，蒙古初括中原民户，定賦税。初，蒙古唯事進取，所降之户，因以與將士，自一社之民，各有所主，不相統攝。至是，詔括户口，以大臣忽都虎領之，民始隸州縣。時羣臣共欲以丁爲户，耶律楚材以爲不可。衆皆曰：我朝及西域諸國，莫不以丁爲户。豈可捨大朝之法，而從亡國之政耶？楚材曰：自古有中原者，未嘗以丁爲户。若果行之，可輸一年之賦，隨即逃散矣！蒙古主從楚材之議。及忽都虎以所括户一百四萬上蒙古主，議割裂諸州郡，分賜諸王、貴族爲湯沐邑。楚材奏曰：尾大不掉，易以生隙，不如多與金帛，足以爲恩。蒙古主曰：業已許之矣。楚材曰：若置官吏，必自朝命，除恒賦外，不令擅自徵斂，差可久也。蒙古主從之。楚材又定賦税，每二户出絲一斤，以供官用；五户出絲一斤，以與受賜貴戚、功臣之家。上田每畝税三升半，中田三升，下田二升半，水田畝五升，商税三十分之一，鹽每銀一兩四十斤，已上以爲永額。朝臣皆謂太輕，楚材曰：將來必有以利進者，則以爲重矣。

紀　事

（宋）范鎮《東齋記事·補遺》　太宗時馬元方爲三司判官，建言：方春民乏絶時，豫給緡錢貸之，至夏秋輸絹於官。預買絹紬蓋始於此。契丹有馮見善者，於接伴勸酒。見善曰：勸酒當以其量，若不以量，如徭役而不分户等高下也。以此知契丹徭役亦以户等，中國可不量户等役人耶，大户小户必以此出也。

（宋）王得臣《麈史》卷上《惠政》　范純仁於至和間宰汝之襄城，民困徭役，蓋籍家貲滿三百千則充衙前之役，民間至不敢藝桑者。公遇吏民有小過，則課本户罰藝桑各有數，人亦不欺，而至今稱之。後值營奉永昭，計司科買麻履數萬，期會既迫，民間雖有金而莫能得履。公爲科營婦鬻履者，稍增其直，與之爲約，如期而辦。又科材木甚衆，公敷於五等户，優估以市之，計里之遠近，令以次輸送。公乃設棚於縣宇之前，致榻於棚上，公據棚下瞰，使民聽唱名而前，擁木以立，遂令過，人莫之曉。蓋於棚榻潛有尋尺之度，以視其長短也。由是吏胥匠石無一高下其手，而民無所用賂。當時畿右諸邑，民莫不勞弊，惟獨襄城爲不然。

（宋）蔡絛《鐵圍山叢談》卷一　宣和四年既開北邊，度支異常，於是内外大匱，上心不樂。時王丞相既患失，遂用一老胥謀，始爲免夫之制，均之天下。免夫者，謂燕山之役，天下應出夫調，今但令出免夫錢而已。御筆一行，魯公爲之垂涕，一日爲上言曰：今大臣非所以事陛下也。陛下聖仁，惠養元元，澤及四海。矧前日之政，但取地實，吴本地作他。走

商賈，未嘗及農畝。吴本畝、作甸。今大臣於窮百姓口中斂飯椀，以取州錢，雁里本州作用，似誤。今從別本。地弗取。別本竝有也字，吴本地作他。上心亦悔，別本竝無心字。亟令改作聖旨行下，然無益矣。吴本益作及。自是作俑，故動斂田畝，因習以爲常。不但祖宗朝，蓋崇觀、政和之所無者。是時，天下免夫所入，凡六千二百餘萬緡，朝廷樁以備緩急。至宣和七年春已用之，止餘六百萬緡爾，外二千二百餘萬緡，有司奏不知下落，此黼密以奉宴私者。蓋自啓北征，則省中創立一房，號經撫房。及告功，吴本云及敵告急。黼遽奏請，凡經撫房文籍盡取焚之，故不得而稽攷也。

（宋）李燾《續資治通鑑長編》太祖建隆三年七月　詔縣令佐檢察差役，務底均平。或有不當者，許民自相糾舉。京百司補吏，須不礙差役，乃聽。

（宋）李燾《續資治通鑑長編》太祖乾德元年十二月　禁道州調民取朱砂，除衡、岳州二稅外所賦米，並毋得發民烹銅銚及作炭。

（宋）李燾《續資治通鑑長編》太祖開寶四年正月　通判閬州、殿中侍御史平棘路沖言：本州職役戶負恃形勢，輸租違期，已別立版簿於通判廳，依限督責。欲望頒爲條制。詔諸州府並置形勢版簿，令通判專掌其租稅。

（宋）李燾《續資治通鑑長編》太祖開寶五年三月　嶺南民有逋賦者，縣吏或爲代輸，或於兼並之家假貸，則皆納其妻女以爲質。知容州母守素表其事，甲申，詔所在嚴禁之。

（宋）李燾《續資治通鑑長編》太宗太平興國五年二月　丙午，京西轉運使程能上言：諸道州府民事徭役者未嘗分等，慮有不均。欲望下諸路轉運司差官定爲九等，上四等戶令充役，下五等戶並與免。詔令轉運使躬親詳定，勿復差官。

（宋）李燾《續資治通鑑長編》太宗淳化五年三月　詔：兩京、諸道州府軍監管內縣，自今每歲以人丁物力定差，第一等戶充里正，第二等戶充戶長，不得冒名應役。民所納夏稅餘租，隨其數各異已名以輸，不得異戶合鈔，其有疋帛需丈尺者，止依時估上等價，折納緡錢。《食貨志》云里正、戶長迄今循其制，蓋指天聖末年也，當考。

（宋）李燾《續資治通鑑長編》真宗咸平三年十二月　河北、河東強壯，自五代時瀛、霸諸州已有之。是歲，始詔：河北民家二丁、三丁籍一，四丁、五丁籍二，六丁、七丁籍三，八丁以上籍四，爲強壯。五百人爲指揮，置指揮使。百人爲都，置正副都頭二人，節級四人。所在置籍，擇善射者第補校長，聽自置馬，勝甲者蠲其戶。後尋募其勇敢，團結附大軍，爲柵，官給鎧甲。

（宋）李燾《續資治通鑑長編》真宗大中祥符五年十月　詔諸路自今除常例合調民夫外，如別有工役須至差撥者，並取實役名數，調訖具事以聞，違者案其罪。先是，提點開封府界段惟幾調中牟縣夫二百人修淳澤監倉，羣牧制置使以厩卒代之，因有是詔。

（宋）李燾《續資治通鑑長編》仁宗嘉祐五年二月　乙亥，戶部判官、太常博士、集賢校理錢公輔知明州。先是，牙前法以重、難、積勞差次三等，應格者聽指買酒場。然富者數得應格，而貧者以事繫留，日益困，應募者鮮，至闕額則役鄉戶爲之，民或竭產不足以償費。公輔乃取酒場官賣收錢，視牙前役輕重而償以錢，悉免鄉戶，人皆便之。然酒場既收，無以酬牙前舊勞，輒預借省錢二十萬，取而後奏，朝廷亦不加之罪也。此據《神宗史・公輔傳》。

（宋）李燾《續資治通鑑長編》仁宗嘉祐六年四月　癸酉，詔：凡入貲爲郎至升朝者，戶役皆免之。京官不得免衙前，自餘免其身而止。若入官後增置田產直五千萬以上者，復役如初。傭代者聽之。

（宋）李燾《續資治通鑑長編》神宗熙寧四年五月　是日，王安石呈役錢文字，上以爲民供稅斂已重，坊郭及官戶等不須減，稅戶升等事更與少裁之無害。安石曰：今取於稅戶固已不使過多，更過當減，但爲厭人言即無當於義理。若方可取之時取之，待其凶年闕食，量彼力不足而我所收役錢有餘，則特與放一料，此乃是於粒米狼戾時多取之，於食不足時則賙之，合於先王不忍人之政。朝廷制法，當內自斷以義，而要久遠便民而已，豈須規規恤淺近之人議論？陛下以爲稅斂甚重，以臣所見，今稅斂不爲重，但兼並侵牟爾，此荀悅所謂公家之患，優於三代；豪強之暴，酷于亡秦。上曰：此兼並所以宜摧。安石曰：摧兼并，惟古大有爲之君能之。所謂兼并者，皆豪傑有力之人，其論議足以動士大夫者也。今制法，但一切因人情所便，未足操制兼并也。然論議紛紛，陛下已不能不爲

之動，即欲操制兼并，則恐陛下未能勝衆人紛紛也。如兩浙助役事，未能大困兼并也，然陛下已不能無惑矣。上曰：如常平法，亦所以制兼并。安石曰：此於治道極爲毫末，豈能遽均天下之財，使百姓無貧？

（宋）李燾《續資治通鑑長編》神宗熙寧四年五月　御史中丞楊繪言：比者，畿邑之民求訴助役之不便，陛下霈發指揮，令取問民之願與不願而兩行之，中書、門下已作劄子，坐聖旨頒下，而司農寺繳還，遂從其請。臣竊謂助役之法果便乎，則今之不願者，不一二年自見他人之便，則改而從命矣；助役之法果非便乎，則一二年中自將改之，則今之不願者，何必強之也。假使十分，而不願者一分焉，則一分之少固不能害九分之多，而一分不願者亦自有役以差之，必無放者；但形勢、官户、女户、單丁素無役者，令出役錢，則已行之矣。司農寺繳還聖旨劄子，豈得無罪乎？謹按舍人院繳還詞頭，自有故事，李大臨、蘇頌繳還不當，落職歸班。今司農寺不聞有得繳還聖旨劄子典故，鄧綰、曾布繳還不當，沮格聖斷，乞比類李大臨、蘇頌情理，特行降黜，而偏行此聖旨指揮於天下。臣料主之者必謂大臨、蘇頌繳得不當，鄧綰、曾布繳得當，則乞詳臣所陳不當事狀施行，並勘會布與宰相王安石是親，乞不令簽書。不報。

（宋）李燾《續資治通鑑長編》神宗熙寧四年六月　乙亥，劉摯言：五月間，東明縣百姓就宰臣私第，或隨馬披告助役法不便並升超户等，及詣御史臺披訴，臣等具狀及上殿劄子論列，陛下令府界提點司體量升降等第因依。今竊見趙子幾别舉發知縣賈蕃在任日，貸借官錢與手力，因同天節沽市村酒，創買部夫席屋等事，朝廷以其狀下本司取勘者，臣竊以爲過矣。朝廷變更役法，意欲均民，民苟以爲有利害也，安可禁其所欲言者！且畿甸人户，幸以居近輦轂，可以自陳。以近推遠，以一求萬，則天下之情可知也。然四方之人，限在遐遠，上雖有州縣而安敢言之？又有監司、提舉司之隔礙，其欲赴愬，勢固難矣。今又因畿民有訴，而苛刻之人反怒縣官，意謂不能禁遏，故捃摭他事，期置於法。朝廷不辨，遂與施行。臣恐四遠人情必疑朝廷，以爲欲鈐天下之口，而職在主民者必皆視蕃以爲戒，争務拘民以杜其言，然則天下休戚，陛下無時而知矣。臣伏覩編敕節文，按察之司所部官屬有犯，不得於官屬離任後始行發擿，雖實不復受理；若犯贓私，雖離任，有人論告，或因事彰露，即依法施行。方子幾之體量於其縣也，蕃已得替離任矣，子幾初求其事於僚佐，又誘而鈎之於吏史，借令蕃有贓私，則亦不得謂之論告與因事明矣，法之所不當理，而子幾肆妄敢爲者，子幾方以苛刻怙寵用事，務在力行司農新政，而不復顧陛下之法與陛下之民，但驅使就令，冀自收功，恐因民不服，撓動其事，是故作威以驚衆，違法以案吏，欲使畿内他邑與天下官吏畏罪避禍，閉遏其人民，使不得有言以聞於朝廷爾。如蕃以司農牓内樁定人户數目使出助錢，遂將縣籍下等次第升遷者凡一千户，以就足牓内之數，此其罪固不可赦，是以前日聖旨止令體量此事。臣願陛下治蕃此罪而已，自餘替後所案，乞依條不問。蓋借蕃以解四方人情之疑，使知陛下不禁民言之意，臣區區非爲蕃計也。如子幾領按察之任已久，當平日不聞舉擿蕃事，乃於今挾情違戾敕禁，原心考察，可見險薄，伏請付吏施行。

王安石既爲子幾辨説，且曰：朝廷置言事官，正當爲陛下彈劾如蕃輩。縱蕃非承望大臣風旨故壞法，又無贓私，但其措置不才如此，亦不當選差。今既不才如此，又犯法，大臣乃選擢以爲可用，此乃御史所當言也。摯初不言此，乃彈擊奉法之子幾，以爲諂刻。子幾劾王愷，所忤皆一時權要，其不諂可知，今營職奉公，即謂之諂刻，欺罔不端，即以爲忠純，何以正朝廷？富弼之責也，楊繪草辭云：弼，天付忠純。安石大恨之，故因子幾事具以白上。

（宋）李燾《續資治通鑑長編》神宗熙寧五年八月　先是，河北提舉常平倉司言：趙州鄉户衙前年滿，所役重難，分數未足，每分當錢五千，乞減錢一千，以三年分三限償官。從之。於是有詔，候免役法行免納。時河北未行役法也。王安石因白上：今利州路役錢剩十萬緡，餘路做此。比已令用常平法蓄息，賦州縣吏，州縣吏若得禄，又有新降贖法。又近令察訪官搜舉吏有才行者，自此善士或肯爲吏，善士肯爲吏，則吏士可復如古，合而爲一。吏與士、兵與農合爲一，此王政之先務也。上曰：諸司重法，吏誠不敢受賕。然聞密院言，猶有留滯文字處，如何？安石曰：如西審官、三班，屬密院，臣所不知；如東審官、流内銓，即文字上下點檢，吏争欲上籍以爲勞矣。上曰：如此，則選人極是長利也。此兩段安石對語，朱史乃並入三年八月二十七日，失事之次，今仍附本日。

（宋）李燾《續資治通鑑長編》神宗熙寧六年四月　詔：河北沿邊

縣，自來不差春夫于近裏州軍功役。自今差夫，無得出本州軍界。

（宋）李燾《續資治通鑑長編》神宗熙寧七年正月 詔：兩浙察訪、轉運、提點刑獄、提舉司同相度，第五等户所出役錢至少，今若減放，以寬剩錢補充，如支用得足，即盡蠲之。其以家產或以稅錢均出而不分等處，即截自若干貫百以下放免以聞。

（宋）李燾《續資治通鑑長編》神宗熙寧七年三月 詔災傷路委監司各分地檢計，合興農田水利及隄岸、溝河、道路栽種林木土功之類可以募夫者，並具利害以聞。

又詔：災傷州縣所發常平倉糧斛不足，令轉運司兑那應副。其第四等以下户，應納役錢而饑貧無以輸者，委州縣保明，申提舉司體量詣實，於役剩錢内量分數或盡蠲之，即不得以故支用有闕。

（宋）李燾《續資治通鑑長編》神宗熙寧七年三月 又詔：聞鎮、定州民有拆賣屋木以納免役錢者，令安撫、轉運、提舉司體量，具實以聞。其後逐司奏，體量得諸縣去秋旱災，以故貧下户亦有拆屋賣錢以給己家糧及官中諸費者，非專爲納免役錢也。王安石白上：百姓賣屋納役錢，臣不能保其無此。緣以今之官吏行今之法，必多輕重不均之處，然論事有權，須考問從前差役賣屋納役錢孰多孰少？即於役法利害灼然可見，在遠或難遽見，但問鄭、滑則天下事理可知矣。

上又批問安石，百姓爲貸市易抵當所錢，多没產及枷錮者，安石對：自置市易以來，有六户賣抵當納欠錢，然四人以欠三司錢或以他事折欠故賣產。有納户教唆，令衆人並不須納錢，且申展限，故送三司枷錮納錢。若請官錢不立供抵保法，即理不可行，若供抵當，即本備違欠出賣償官；若不許出賣償欠，即亦理不可行。兩年之間，而賣產償欠及枷錮催欠，止於如此，乃無足怪。今天下三年一郊，所放欠至一百餘萬貫，即其賣產償欠及枷錮催理多少可知，然議者何以不言，陛下何以不怪而問之？上曰：人言賣產極多枷錮，乃至無人可監守。安石曰：人言必知賣產主名及見枷錮人所在，陛下何不宣示言者姓名，付所司推問？若實有之，市易司蔽匿不言，即罪固不可輕斷，若實無此而妄言，不知陛下含容此人於政事何補？上曰：言市易擾人不便者衆，不知何故致令如此？安石曰：文彥博之徒，言朝廷不合言利，此乃爲臣而發。其餘左右近習誣罔市易，即以呂嘉問首公奉法，與内藏庫、内東門司、都知、押班、御藥争曲直，其事皆經論奏。又嘉問每事欲盡理，與三司、開封府屢争職事，雖未嘗不直，然衆怨由此起。向時有言市易賒物後抵當納欠不足，乃令私下買所賒人物者償欠。及根究，乃是三司賒糴糯米，如此追逮，直至河北、京西。若市易但有如此一事，必無不上聞之理。今三司如此，陛下亦聞之乎？不知陛下何故乃不聞此，而但聞市易擾人？此無他由，憑附近習與不憑附近習故也。今人臣皆憑附近習，然後免責，一與近習忤，即吹毛求疵，無所措手足，臣恐治世無此事。

（宋）李燾《續資治通鑑長編》神宗熙寧七年七月 參知政事呂惠卿言：司農條例所該事目極多，欲下諸路，令提舉司官各具本路推行新法有無疑慮，須合申明，及未盡、未便事合更改措置，或本路已修完改正可以推之別路，條具申本寺，遍牒轄下官，亦許直述所見。三月十七日，惠卿判司農，已有此申請，當參考。

又言：諸路州縣見行常平、苗役、丁產、保甲、農田、水利等事，全藉簿書鉤考登耗虛實，則其製造不可以無法。欲令提舉司，各據本路見有簿如何製造關防，具簡徑式樣供申。從之。已而惠卿獻議曰：免役出錢或未均，出於簿法之不善。按户令手實者，令人户具其丁口、田宅之實也。《嘉祐敕》：造簿，委令佐責户長、三大户，録人户、丁口、稅產、物力爲五等，且田野居民，耆、户長豈能盡知其貧富之詳？既不令自供手實，則無隱匿之責，安肯自陳？又無賞典，孰肯糾決？以此舊簿不可信用，謂宜倣手實之意，使人户自占家業。如有隱落，即用隱寄產業賞告之法，庶得其實。手實法凡造五等簿，預以式示民，令民依式爲狀，納縣簿記，第其價高下爲五等。乃定書所當輸錢，示民兩月。非用器、田穀而輒隱落者許告，有實，三分以一充賞。其法：田宅分有無蕃息各立等，居錢五當蕃息之錢一。通一縣民物產錢數，以元額役錢均定。凡田產，皆先定中價示民，乃以民所占如價計錢。於是始行手實法。《食貨志》第二卷載參知政事呂惠卿獻此議，中丞鄧綰駁之。按行手實法，《實録》不記是何年月，但於此年七月十九日書司農寺云云，亦不記建議者何人。今既於七月十九日載和卿建議，又于七月末因惠卿令諸路各供簿法，即取本志所載惠卿云云附此。志又云：中丞鄧綰駁之，天子是其議，則於罷手實法時載之。行手實法在七年十月十九日，罷手實法在

八年十月二十三日。

（宋）李燾《續資治通鑑長編》神宗熙寧八年正月 辛丑，察訪荆湖路常平等事蒲宗孟言：近制，民以手實上其家之物產，而官爲注籍，以正百年無用不明之版圖，而均齊其力役，此天下之良法也。然縣災傷五分以上則不與焉，且留以竢豐歲。以臣觀之，使民自供手實，無所擾也，何得待其豐穰哉？願詔有司，不以豐凶弛張其法。從之。吕惠卿爲手實法，奉使者至析秋毫，天下病之，而宗孟乃有此奏。諫官范百禄言：造簿手實，告匿有賞。爲是法者欲民之均，推而行之，恐不如法意，至於騷動。户令雖有手實之文，而未嘗行。蓋謂使人自占，必不盡數供通，而明許告言，則家家有告訐，人人爲仇怨，禮、義、廉、耻何可得哉？據百禄舊傳云，百禄爲諫官，即論此，今附見宗孟奏後。百禄爲諫官，乃二年五月二十七日，而七年七月十九日方行手實法也。

張方平言：臣竊聞昨有新制，開列條目，自府畿至諸路郡縣，令人户各自供通財產手實狀，有所隱漏者許人陳告。近已施行，公私勞敝，鄉閭甚擾，但憂增益賦調，不復更事生業，必有姦猾漸相告訐，窺圖賞利，獄訟繁興，政令浸以滋張，民德何以歸厚？況中户以下，鮮有蓋藏，田蠶所收，歲有厚薄，户等耗登，何常之有？不惟煽惑人情，更有紛亂。新法以建議者内爲之主，故當職者人無敢言。向者朝廷所立法制，蓋以便民爲本，因以成國之利。今茲一事，專用撓人，徒騷擾于天下，實無濟于國家，伏望聖明，博行體問。忠於國者必言其無益，慮於民者當明其非便，憂深思遠，早垂止罷，庶令億兆欣戴天恩。是歲十月，卒罷手實法。方平奏，今附見，不知其時也。

（宋）李燾《續資治通鑑長編》神宗熙寧八年四月 詔罷給田募人充役，已就募人聽如舊，其走死停替者勿補。先是，王安石爲上言給田募役有十餘害，上曰：苟如此，初何以有此議？議者必言所利。翌日，檢初議，乃李承之言募弓手宜如弓箭手爲便，遂作此法，餘無所利。安石曰：只以田募弓箭手，已不如募弓手之便。弓箭手雖選彊壯，然即取足于一家，苟可以爲彊壯，則弗卻也。弓手乃選彊壯于無方，所募皆得真彊壯者。上乃令廢以田募役法。據《實録》乃四月三日事，今因罷給田募役始著之。二月二十二日甲申，王庭老可考。王荆公安石當國，以徭役害農，而游手無所事，故率農人出錢募游手給役，則農役異業，兩不相妨。行之數年。荆公出判金陵，薦吕惠卿參知政事。惠卿用其弟温卿之言，使役錢依舊，而撥諸路閑田募役。既而閑田少，役人多，不能均齊天下，方患其法之不可行，而中丞鄧綰又言：惠卿意在甲毀乙，故壞新法。于是，不行温卿之言，而依舊給錢募役。此據魏泰《東軒録》。泰誠不知事實者，姑附以證其誤。七年五月二十四日初降指揮，蘇軾奏議在元祐元年四月六日，王巖叟等駁奏在二年三月末，當並考。

（宋）李燾《續資治通鑑長編》神宗熙寧八年九月 司農寺言：州縣官户多處例減免役錢，則人户出錢偏重，不爲之節制，則人户經久不易。今方造簿，欲詔諸縣產錢十分，官户占及一分以上，官户止減役錢一分，所免須多，毋過二十千，兩州兩縣以上有產者亦通計。從之。八月七日墨本已書此，今又因司農建請重出，不妨兩存。八月丙申當考。

（宋）李燾《續資治通鑑長編》神宗熙寧八年九月 癸酉，司農寺言：坊場、河渡等，舊止以酬牙前。自募役法行，在公之人冗占浮費十去八九，牙前裁損尤多，不惟革除重難破產之害，且舊令圓融科配陪費之物，因此並從官給，則坊場等錢自合一歸官府，以補所費。兼諸路有以軍員兵士等代役人者，軍人闕則須僱人，官司多不知此，以爲減得役人，遂欲裁減役錢元額，宜有約束。迺詔買撲坊場等錢并別樁管，許酬新法以前牙前及依條支賞，并依常平法給散外，不得他用。違者徒二年，不以去官赦降原減。其以軍人代役人者，令許所代役人合給工食及支酬等錢，亦別行樁管。其坊場錢，令司農寺下諸路歲發百萬緡於市易務封記，仍許變易物貨至京。本志同，三年十一月七日始賣坊場。

（宋）李燾《續資治通鑑長編》神宗熙寧八年十月 詔：聞東南推行手實簿法，公私煩擾，其速令權罷聽旨，委司農寺再詳定以聞。吕惠卿參知政事始創立手實簿法。事在七年七月十九日，并二十七日。御史中丞鄧綰言：

創立簿法之意，欲別有所用，則臣固不能知，若欲以均平役錢，則臣請言其大略；昨者朝廷免役率錢之法，初且用丁產户籍，故諸路患其未均，相繼奏陳，各請重造，多已改造矣。其均錢之法，田頃可用者視田頃，税數可用者視税數，已約家業貫伯者，視家業貫伯。或隨所下種石，或附所收租課，法雖不同，大約已定，而民樂輸矣，安用立異造僞，剔抉搜索，互相糾告，不安其生耶？役法已定，而復摇之；民心已安，而方

騷之；天下之民才免差役之殃，而復有簿法之害，甚可哀也。

夫田壄山谷之氓，止知蠶而衣，耕而食，生梗畏怯，有自少至老，足不履市門，目不識官府者；有生平不敢自出輸稅，而倍價募人代之輸者。其於文字目不能識，手不能書，豈能曉有司簿法之巧說，吏文之煩言，牓式狀之委曲苛細耶？

臣竊見簿法隱落税産物力及供地色等第、居宅房錢不實者，並許告訐支賞。臣伏以三代牧民，能均其力，分田制禄皆上所養。自上失其道，而貧富不一。富者所以奉公上而不匱，蓋常資之於貧；貧者所以無産業而能生，蓋皆資之於富。稼穡耕耨，以有易無，貿易其有餘，補救其不足，朝求夕索，春貸秋償，貧富相資，以養生送死，民之常也。今立法，使民凡所以養生之物，有餘者不敢停塌租賃，不足者不敢蓄息營利，匱急者無所告求舉貸，則貧富皆失其所以爲生矣。何也？本法所謂田土所出，或服食、器用、船車、碾磑等物，牛羊、驢騾之類，凡所以養生之具，民日用而家有之。今欲盡數供折出錢，則本用供家，不專於租賃營利，欲指爲供家之物，則有時餘羨，不免貿易與人，則家家有告訐之憂，人人有隱落之罪，無所措手足矣。

夫行商坐賈，通貨殖財，四民之一心也，其有無交易，不過服食、器用、粟米、財畜、絲麻、布帛之類，或春有之而夏已折閲之，或秋居之而冬已散亡之，則公家簿書如何拘轄，隱落之罪安得而不犯？徒使嚚訟者趨賞報怨，而公相告訐；畏怯者守死忍餓，而不敢爲生。其爲法未善，可知矣。

惠卿貶既兩旬，乃降是詔。鄧綰此奏，不得其時，朱史繫之十月二十三日辛亥，今因之。《食貨志》載綰奏尤詳，今用之。墨史但載詔語，於綰奏略不書，當考。據此詔，則手實但行於東南，呂惠卿誌和卿墓乃云諸路賴手實以造簿者十八九，蓋飾説也，當考。惠卿《墓誌》見七年七月十九日。惠卿建議，見七年七月二十九日。蔡承禧云云，見十二月十五日。

（宋）**李燾《續資治通鑑長編》神宗元豐二年七月** 詔兩浙路坊郭户役錢，依鄉村例隨家産裁定免出之法。初，詔坊郭户不及二百千，鄉村户不及五十千，並免輸役錢，續詔鄉村合隨逐縣民户家業裁定免出之法。至是提舉司言，鄉村下等有家業不及五十千而猶輸錢者，坊郭户二百千以下乃悉免輸錢，輕重不均。故有是詔。

（宋）**李燾《續資治通鑑長編》神宗元豐八年四月** 詔：諸民户欠元豐七年已前常平、免役息錢，各特減放五分。買撲場務、佃賃田宅空地出限當罰錢，調春夫河防、急夫開修京城壕及興水利夫罰錢，役人誤給工食錢，亦並除放。

（宋）**李燾《續資治通鑑長編》神宗元豐八年八月** 户部言：見準朝旨，修完諸路役書。其諸色役大多寡，合行添減，並支酬雇直，重輕未均，並據逐路相度到事理修入。所有免役額錢逐處支用外，自來約留寬剩，各不過二分，係是準備非泛閣放及增添役人僱直等使用。今來申到帳狀，立定支用窠名，其所留寬剩，内有及三四分已上去處，合行裁減，立定分數。今相度，欲乞將諸路敷出役錢元額，於役書内立定合用錢數外，所留寬剩，不得過二分，餘行減放。其自來不及二分處，即依舊。所貴稍寬民力。從之。《實録》删修云：户部言詔修諸路役書，請敷出役錢除元立定數外，所留寬剩，不得過二分，餘行減放。其自來不及二分處，即依舊。從之。今仍用本文。

（宋）**李燾《續資治通鑑長編》神宗元豐八年九月** 戊戌，户部言：見修諸路役書，將敷出役錢額，於役書内立定合用錢數外，所留寬剩，不得過二分，餘行減放。緣兩浙、淮南東路役法，先已修定頒行，其見今合用數外，如有寬剩役錢二分已上去處，亦合減放。欲乞申明行下。若候逐路了當，方行減放，竊慮後時。今欲乞下逐路，委當職官親按所供役書帳狀，將經久合用錢上；量留寬剩役錢，不得過二分。其合依今降朝旨減放錢數，即以鄉村、坊郭所出錢，均定合減之類，體量人户自來出錢輕重，從下等減放，仍先具合減放錢數，申本部點檢。即不候造簿，並聽先次指揮減放施行。兩浙、淮南東路準此。從之。

（宋）**李燾《續資治通鑑長編》哲宗元祐元年三月** 是日，詳定役法所言：乞下諸路，除衙前外，諸色役人只依見用人數定差。今年夏料役錢住罷，更不起催。官户、僧道、寺觀、單丁、女户出錢助役指揮勿行。從之。此據榮州舊案增入。

（宋）**李燾《續資治通鑑長編》哲宗元祐元年三月** 詳定役法所言：坊場、河渡錢，元用支酬衙前重難、添酒錢等，準備場務陪費。如此之類，名件不一。除依條合支外，欲並拘留，以備招募衙前，支酬重難及應

緣役事之用。從之。

（宋）李燾《續資治通鑑長編》**哲宗元祐元年九月**　詔：諸路坊郭第五等已上及單丁、女户、寺觀第三等以上，舊納免役錢並與減放五分，餘並全放，仍自元祐二年爲始。其收到錢，如逐處坊場、河渡錢支酬衙前重難及綱運公人接送食錢不足，方許以上項錢貼支，餘並封樁，以備緩急支用。七月二十一日蘇轍奏，當考。明年，孫升有言，附正月末。

（宋）李燾《續資治通鑑長編》**哲宗元祐五年九月**　壬申，户部言：因娶宗室女，并内命婦、保甲授官者，並不免本户科配，及第一等户娶妻以陣亡之家恩澤授官者亦如之。又請在京酒户，如不依限内納麴價錢，並依外州縣催理公私所欠錢給限監理，三限不足，以所欠多少定罪。並從之。

（宋）李燾《續資治通鑑長編》**哲宗元祐六年八月**　又言：按《元祐差役敕》，單丁或女户如人丁添進，合輸色役者，若經輸錢二年以上，與免差役一次。緣其間卻有户窄差使頻併去處，今欲於本條下差人注文户窄空閑不及二年處，即免一年。並從之。

（宋）李燾《續資治通鑑長編》**哲宗元祐六年十一月**　辛丑，户部言：諸州見役投名衙前，所歷重難合得支酬見錢，願留在官指買場務，除見買撲人依合接續再買外，餘並從投狀依額錢指買，願三兩人同狀承買亦聽。限滿，先給衙前。其經減錢場務，召人添錢，即限滿給賣價高者，如衙前與百姓價等，亦先給衙前。若已歷重難錢不及額數，但及七分，亦許指買。所少額錢，分四季納，令家人勾當，不妨本身差遣。如願卻交賣與人者，不以錢數多少，許衙前收爲饒潤。從之。

（宋）李燾《續資治通鑑長編》**哲宗元祐七年十二月**　户部狀：檢會今年九月六日役法朝旨節文下項一：壯丁於本村合差人户，依版簿名次實輪充役，半年一替。除本等應副他役外，如一村有四十户合差壯丁之人，本村壯丁二人處，每一年輪四户祇應，十年輪遍，周而復始。訪聞外路官司，有將壯丁一役使空閑年限及有作十年輪遍者，勘會上條立定空閑年限，皆謂合雇之役。壯丁既係在家應役，自不合用空閑年限。其注文云十年輪遍，只是假令之法，除本等應副他役外，據合差壯丁人户實輪充役，周而復始，不必須限十年輪遍，亦不用空閑之法。兼勘會壯丁一役，雖近改作半年一替，慮差罷頻數，人情苟簡，於公別有妨廢。并府界諸路見今壯丁額數，多是過於熙寧四年行募法日所定人額，今來合行裁損。詔：府界諸路壯丁並依熙寧四年行募法日立定額數差置，内見今人數少者，只以見今數爲額。其合減放人，即將先入役者放罷。如有村分合差壯丁户少役頻者，即將鄰村合差壯丁户遍輪充役勾當。仍並一年一替，先次施行。所有上件朝旨内壯丁半年一替指揮，更不施行。《法册》：二月二十五日聖旨。

（宋）李燾《續資治通鑑長編》**哲宗元祐八年正月**　尚書省言：去年九月六日役法，應今後役人，須有税産，不得募蔭、贖並曾犯徒及工藝人，并召保，仍不得過舊雇錢數。從之。

（宋）李燾《續資治通鑑長編》**哲宗元符元年四月**　詔：海行敕並紹聖免役令抵當出賣條，合刪去未售而贖者聽一節。先是，太府寺奏請，抵當估價未售而聽贖，即恐開冒名收贖之弊，故有是詔。《新》無。

（宋）李燾《續資治通鑑長編》**高宗紹興十九年八月**　辛酉，宗正寺丞王葆言：國家設法，應女户、單丁與夫得解舉人、太學生並免丁役，蓋本先王仁先孤寡，貴肄多士之意。頃議者歷陳丁役之弊，遂有募人充役指揮。臣謂進納雜流之人，物力高強，雖係單丁，自應僱募，至若前項三色亦令僱募，似爲矯枉之過。且女户而無子孫，與雖有子孫而年在幼弱，皆窮民之無告者，若遽使當力役之事，則公私所費，必倍於豪強。故昨來指揮，寡婦有男爲僧、道成丁者，並許募人充役，正恐姦民旋行規避爾。今州縣之間，舞文以虐無告，則或指（遠適之緇黄爲某氏之子孫，初不以存亡爲別也，因使）寡婦守志者，不免於執役困悴之患，其勢迫而行者，家資産業或破壞於役〔後〕夫之手，是豈朝廷勤卹民隱之本心乎！得解舉人名已登於天府，今乃同籍於役人；太學生身已隸於上庠，今乃心累於執役。是二者，其家或有兼丁，則力役自不妨充募，若乃單孑一身而奮身庠序者，不得自别於齊民，甚非陛下仁先孤寡、貴肄多士之意。望特詔有司重加省定，庶幾孤寡得所而士知愛重。帝曰：單丁、女户，舊法免差役，後以許免者多，有司遂有僱募之請。宜令户部詳其的確利害來上。葆，崑山人也。既而本部請女户無子及得解舉人、太學生單丁，並免身役，即特旨及因恩免解人，聽募人充役，官司毋得追正身，從之。

（宋）李燾《續資治通鑑長編》孝宗乾道五年五月　癸亥，刑部侍郎汪大猷言：國家立保正之法，願兼耆長者聽，故數十年來，承役之初，縣道必抑使兼充。蓋保正一鄉之豪，官吏有須，可以仰給，故樂於並緣以爲己利。凡有差募，互相對糾。請令諸路常平司相度，或别有所見可行者，限一月條具來上，本部參以見行條法，立爲定制。從之。

（宋）李燾《續資治通鑑長編》孝宗乾道八年八月　辛丑，臣僚言：州縣被差執役者，率中下之户，産業微薄，一爲保正，鮮不破家。昔之所管者，不過煙火、盜賊而已，今乃至於承文引，督租賦焉；昔之所勞者，不過橋梁、道路而已，今乃至於備修造，供役使焉。方其始參也，饋諸吏則謂之辭役錢，知縣迎送僦夫脚則謂之地理錢，節朔參賛則謂之節料錢，官員下鄉則謂之過都錢，月認醋額則謂之醋息錢。復有所謂承差人，專一承受差使，又有所謂傳帖人，各在諸廳白直，實不曾承傳文帖，亦令就顧而占破。望申嚴州縣，今後如敢令保正、副出備上件名色錢物，官員坐以贓私，公吏重行決配。如充役之家不願親身祗應，止許顧承差人一名，餘所謂傳帖之類並罷。從之。

（宋）留正《皇宋中興兩朝聖政》卷四九《孝宗皇帝·更差役法》

〔乾道六年九月〕是月，詔役法爲下三等户之害，並以官民户通差。

（宋）留正《皇宋中興兩朝聖政》卷六一《孝宗皇帝·謝諤言義役之便》〔淳熙十一年正月〕丙午，監察御史謝諤言：去年十月四日，臣僚言：因處州守臣不合將義役置册假以藉手干求差遣，力陳其弊。奉旨依奏。其所奏係是兩項：第一項云將處州及兩浙有見行助役去處，聽從民便，令官司即不得干預；第二項云其民間自難久行，不能息争訟者，聽仰州縣遵依見行條法，照應物力資次，公差募。第一項是行義役，第二項是行差役也。言口之意，欲差役義役二者並行，元不曾指名言盡罷口役。兼但言兩浙之弊，不曾言及别路也。近訪聞江東、西諸路，累年民間有便於義役之處，官司乘此頗有搖動。蓋民間舊因差役，吏緣爲奸。當差之時枚舉數名廣行追擾，望其脱免，邀求貨賂，使之争訟，至有累月而不定者。民户因此多有困竭。緑行義役，遂頗便之。自此法之行，胥吏縮手無措，日夕伺隙，思敗其謀。近有饒州德興縣吉州吉水人户赴臺陳訴，其詞激切，端有可憫。乞下諸路監司州縣，應有義役當從民便外，其不願義役及自有争訟乃行差役。兩項並合遵守，違者許提舉司按奏。其德興縣人户並賫出本縣舊刊義役碑石。可見經久之計，民情之所安，惟恐官司撓其成法。上曰：前日蔣繼周言處州守臣專行義役之弊。今謂欲義役差役各從民便，法意補得始圓。令照前降指揮施行。

（宋）留正《皇宋中興兩朝聖政》卷六一《孝宗皇帝·論温處州流民丁籍》　〔淳熙十一年五月〕丙午，蔣繼周言：温、處流民，丁籍尚存。諸縣催科，無人供納。或其家丁壯既去，老弱獨留，監繫輸填，急如星火。因而多糾未成丁人名爲充代，追擾不能安居。欲乞令温、處守臣將屬縣流移人户覈實，除落丁籍，不得存留抑勒陪填。如違令，監司覺察以聞。從之。

（宋）留正《皇宋中興兩朝聖政》卷六二《孝宗皇帝·革廣西丁錢弊》　〔淳熙十二年四月〕侍讀蕭燧言廣西最遠，其民最貧。切見在法，民年二十一爲丁，六十爲老。官司按籍計年，將進丁或入老疾應免課役者，縣令親觀顔狀注籍，知通索丁簿攷歲數收附銷落。法意非不善也。柰何並海諸郡以身丁錢爲巧取之資，有收附而無銷落。輸納之際，邀求亡藝。錢則倍收剩利，米則多量加耗。一户計丁若干，每丁必使之析爲一鈔。一鈔之内，有鈔紙錢、息本錢、縻費公庫錢，是以其民苦之，百計避免。或改作女户，或徙居異鄉，或捨農而爲工匠，或泛海而逐商販。曾不得安其業。乞令帥臣監司措置行下，從收附銷落之制，革違法過取之害。如或仍前科擾，即令按劾。從之。

（宋）留正《皇宋中興兩朝聖政》卷六三《孝宗皇帝·頒役法撮要》

〔淳熙十四年三月〕庚申，中書舍人陳居仁言：祖宗加意斯民，見於役法，尤爲詳備。其後臣僚州郡申明衝改，寖失法意。乞下敕令所取，祖宗免役舊法，并於户部取括。紹興十七年以後續指揮，本所官公共精加精攷。其有與舊法抵牾，有即行删去，修爲一書，名曰《役法撮要》。候成，鏤板頒之天下。詔從之。

（宋）程顥　程頤《二程集·河南程氏文集》卷四《行狀、墓誌、祭文·故户部侍郎致仕彭公行狀》　潮民歲苦修堤之役，吏緣爲姦，貧者尤被其害。公爲之法，役均而費省，民大悦。

（宋）熊克《中興小紀》卷一六　先是，御史臺檢法官李元瀹，論保

正税長之弊。上諭宰執曰：役法推行寖久，失其本意。致富者益富，貧者至貧。民力重困，此宜講究。甲戌，上又曰：元瀹所論，乃是民事。祖宗法固不可改，然民事急務也。孟子所謂民事不可緩，其令州縣條利害上之。

（宋）李心傳《建炎以來繫年要録》建炎元年八月 初，綱嘗請減上供之數，以寬州縣修鹽茶之法，以通商賈；剗東南官田，募民給佃；倣陝西弓箭刀弩手法，養兵丁於農籍。陝西保甲、京東西弓箭社免支移折變而官爲教閲。上命中書省條具。會綱去位，皆不果行。至是黄潛善、汪伯彦共議悉奏罷綱所施行者。是日罷諸路買馬。惟陝西諸州各買百匹。其勸民出財助國指揮勿行。已而傳亮以母病歸同州，張所亦以罪貶，招撫經制司皆廢矣。亮二年正月丁酉降金。何俌《龜鑑》曰：綱之言雖忠，綱之謗愈多。顔岐，邦昌黨人也，於公未至而沮之。宗尹，嘗仕邦昌者也，於公已至而沮之。宋齊愈，又黨豫立邦昌議也，及與公議國事，又從而沮之。君子難進易退也如此！加之藩邸舊人，公肆排毁。並相之命下，而綱之權已分；經制之司罷，而綱之去已決。中山之功未成，而謗書盈篋。綱之秉政凡七十五日，而所以共治者，他有人矣。當時挽而留之者，不投之散地，則寘之極典。公之去就甚輕，而關於天下之安危者甚重也。

（宋）李心傳《建炎以來繫年要録》紹興元年五月 朝散郎吕安中言：舊官給錢募户長催税。近已差甲頭，宜椿其僱錢，用助經費，諸路提刑司拘收赴行在。既而言者以差甲頭不便者五：一、則小户丁少，科差不辨；二、舊每都保正長少四家，今甲頭凡三十家，破產者必衆，三、夏耕秋收，一都之内，廢農業者凡六十人，則通一路有數十萬人，不容力穡；四、甲頭皆耕夫，既不熟官府，且不能與形勢豪□□□，所差既多，争訴必倍。於是甲頭不復差。而耆户長役錢不復給。不差甲頭，在今年九月乙巳。其户長役錢，五年正月壬戌詔分季起赴行在。今並聯書之。

（宋）李心傳《建炎以來繫年要録》紹興二年四月 是月，直祕閣主管廣西經略司公事許中，令諸郡上丁輸召募勇敢錢，户八千。自治平閒於廣東潮、梅、循、惠等州專置槍手，熙寧閒，又於諸州鬭兵處增置保丁，每農隙輸赴州縣，教閲防守。若廣西邕州之峒丁，本以防遏交趾，而欽、廉、宜、融、平、觀諸郡，亦各有土丁。欽、廉之沿海，宜、融之防遏，率以三等户五丁取一。至四等以下，則户以一丁充團結而已。平觀摎邊之地，則團結父子全丁。凡爲土丁者，並蠲其身丁税錢，皆不離本處。及中爲廣西帥，始調羈縻州峒丁，赴静江防拓，往來剽掠，所過騷然。經涉冬寒，死者殆半。每遇戰守，則統兵官先驅土丁赴敵，潰喪愈多。至是中以聖旨盡發一路土丁。既而言恐妨農事，上欲召募敢可丁輸錢五千，并折米錢三千，並易輕賫赴帥司，一方大擾。三年二月壬午，明橐奏許中五罪論科土丁錢，事在此月，今附見。

（宋）李心傳《建炎以來繫年要録》紹興九年五月 癸巳，河南諸州進天申節銀帛，上曰：新復州郡，財用無餘，此寧免於擾民？其勿受。如取於民者，今散還之。時宿州諸縣以迎兩宫爲名，沿路蓋屋。上曰：斯民豈可重困？乃罷縣令。仍詔守臣縱而不舉之罪。先是，左宣議郎王之道嘗遺左諫議大夫曾統書，大略言：金人自宣和靖康以來，愚弄朝廷，有同兒戲。而朝廷之上乃獨斷然以爲非姦非詐，惟恐奉承之不暇。前日劉豫之擒未遠，又況包藏禍心，未易窺測。且事固有未見其利，而先見其害。淮西兵火之餘，遺民百無一二。重以奉迎兩宫之故，竊嘗以一邑計，其費不下五七萬緡。使金人誠還兩宫，斯民正復竭膏血、鬻妻子以應所須，猶將欣然。不爾，雖食王倫之肉，何能謝哉？愚謂今日之事，殆古人所謂可弔不可賀者。請以五事備吾君之採擇：其一、淵聖南來，俟其渡河，即請下手疏以自訟。其二、梓宫及淵聖到日，自天子以下，素服郊次而哭；仍密諭河南所過州縣，一切準此，而其供張之類，純用布素。其三、竊聞梓宫以下神椋，無慮十百，請委西京守臣，豫修陵寢，繼遣一二大臣莅葬，取神椋之最下者，斲而視之。然後奉安。且令諸道飭武備，以戒不虞。其四、兩宫宿食供頓，所經或無屋宇，乞依南郊青城故事，預辦數千匹之青布，臨時張設，以庇風雨。而明詔諸路勿造宫殿，勿飾器用以重費民力。其五、梓宫之還，天子宜哭泣衰絰，以從未葬之禮，統不能用也。時東京留守王倫亦請梓宫所過州縣舉哀致祭。上從之。王之道上曾統書在此月。今因行遣宿州事附見。王倫奏請在此月丙戌。

（宋）李心傳《建炎以來繫年要録》紹興十二年七月 乙卯，詔廣南、湖北沿邊偏遠州合納免行錢，令提刑司相度，量與蠲減。時議者謂州縣官職田可行拘收，民間免行錢可與寢罷。事下户工部，而工部尚書莫將、户部侍郎張澄等言：諸路職田，一年凡八萬千餘石，未足以助經費。

而於國家制禄養廉之意實有所傷。免行錢即無毫髮加賦於鄉村百姓，亦非剏行事件。除江、浙、福建、湖南、四川路並已認定合發數外，切慮二廣、湖北僻遠沿邊州軍内，有難以出辦去處，欲量行蠲減。時徽猷閣待制知静江府胡舜陟亦言嶺南井邑蕭條，賈無厚利，比他路乞減十五。故有是命。胡舜陟奏請以秦資所作生祠詩碑附入《日厤》無之。

（宋）李心傳《建炎以來繫年要録》紹興十四年二月　己丑，福建安撫葉夢得乞將見拘留海船，與不係籍船户輪流差使。上曰：不惟海船一事，民間積欠亦可放。秦檜曰：自來諸州各乞放積欠，爲惠不均。欲令户部取諸路之數條可蠲者以聞。上曰：善。因言：朕頃在山東、河北，備見民間利病。如官司錮吏下鄉催科，此適足資其爲姦耳。乃詔江浙等路，紹興八年以前拖欠，竝與蠲之。放欠指揮，在此日癸巳，今竝附。此熊克《小厤》載福建帥司所奏在甲申，今從之。《日厤》、《中興聖政》内史臣曰：聖人中心之仁，譬猶穀之有種也。上因海舡之請而遍及於逋負。蓋其愛人利物之誠，根於聖性，故有以感發之，而仁不可勝用矣。

（宋）李心傳《建炎以來繫年要録》紹興十五年正月　辛未，初命諸路僧道士納免丁錢。時言者論今官尹皆納役錢，而僧道坐享安閑，顯爲僥倖，乃詔律僧歲輸五千；禪僧、道士各二千；其住持長老法師紫衣知事，皆遞增之，至十五千，凡九等。《日厤》無此，今以《會要》修入，趙甡之《遺史》在紹興五年六月蓋誤。

（宋）李心傳《建炎以來繫年要録》紹興十九年九月　壬寅，左散郎陳璹知饒州代還，論諸縣保正副長科役煩多，尤爲民害。若令當役良民，皆許雇人自代，則受傭之人，習熟州縣，通曉法令，縣官非理相加，未必畏懼。官吏雖欲恣其谿壑之欲，有所不能。望特詔有司，許凡當役保正副長，除情願應役之人，聽其從便外，並許雇人代役，官司不得追呼正身。詔户部看詳申省。璹，建陽人也。

（宋）李心傳《建炎以來繫年要録》紹興十九年八月　宗正寺丞王葆面對，言：國家役法，應女户單丁與夫得解舉人、太學生，並免丁役。蓋本先王仁先孤寡、貴肄多士之意。頃議者歷陳丁役之弊，遂有募人充役指揮。臣謂進納雜流之人，物力高強，雖係單丁，自應雇募。至若前項三色，亦令雇募，似爲矯枉之過。且女户而無子孫，與雖有子孫而年在幼弱，皆窮民之無告者也。若遽使當力役之事，則公私所費，必倍於豪强。故昨來指揮，寡婦有男爲僧道成丁者，並許募人充役。正恐奸民旋行規避爾。今州縣之閒，欲舞文者，以虐無告，則或指遠適之緇黄爲某氏之子孫，初不以存亡爲别也。因使寡婦守志者，不免於執役困悴之患。其勢迫而改行者，家貲産業或破壞於後夫之手。是豈朝廷勤恤民隱之本心乎？得解舉人名已登於天府，今乃同籍於役人；太學生身已隸於上庠，今乃心累於執役。是二者，其家或有兼丁，則力役自不妨於充募。若乃單孑一身，而能留意於科舉，奮身於庠序。遂不得自别於齊民，甚非陛下仁先孤寡、貴肄多士之意。欲望特詔有司，俾是三者重加看定。庶幾孤寡得所，而士知愛重。是日進呈。上曰：單丁女户，舊法免差役。以許免者多，有司遂有雇募之請。宜令户部詳其的確利害來上。葆，崑山人也。既而本部乞女無子及得解舉人、太學生單丁並免身役。即特旨及因恩免解人聽募人充役，官司毋得追正身。從之。户部奏上，在十二月己未。

（宋）李心傳《建炎以來繫年要録》紹興二十二年二月　癸酉，左朝散郎都絜知南安軍代還，言差役之法别縣有物力税錢，各從等第差選。今乃有兩處同時執役者，所費甚大。恐非立法本意望明降指揮，兩處應役者，一處役畢，他處乃差，惟不許罷役而歇，以别於一處當役之民。庶幾輕重適中，權歸三尺。詔户部看詳申省。

（宋）李心傳《建炎以來繫年要録》紹興二十三年十一月　戊申，將作監丞錢端英面對言，州縣折帛錢，昨已降指揮。盡於下户折納，既免鬭成端匹之弊。又得折價廉，中下之家，實受其賜。而州縣尚或因仍舊例，高下一概科折。唯務掊取畸零，致使良法美意不得宣布。望明詔有司，申嚴行下。詔户部檢坐見行指揮，仍措置務令必行，以優下户。

（宋）李心傳《建炎以來繫年要録》紹興二十六年二月　左朝散大夫直祕閣新知金州楊揆行大理正。揆入對，首言在法人户家産物業每三歲一行推排，升降等第，立爲定籍。凡有差科，令佐躬親按籍均定。比年盡付吏手。豪右計囑，良民受弊。望明飭有司，凡遇差科，並須令佐躬親均定，不得令公吏干預。從之。揆奏以是月甲午行下。

（宋）李心傳《建炎以來繫年要録》紹興二十六年六月　御史中丞湯鵬舉言：昨議役法者，欲以批朱白腳輪差，遂致下等人户被害。謂如一

保内上等家業錢一萬緡，中等五千緡，各已充役謂之批朱。下等家業錢百緡，末等五十緡已下，未曾充役謂之白腳。然下户無力可充，遂有差役不行之患。乞將批朱歇役滿六年者，便與白腳比並物力再差。從之。二十八年六月己丑不行。

（宋）李心傳《建炎以來繫年要録》紹興二十八年六月　己丑朔，權吏部尚書王師心言：被旨同六部長貳將差役舊法，并臣僚前後申請指揮看詳來上。今看詳到合用見行條法并續降指揮三十八件，乞鏤板頒降外，餘湯鵬舉、二十六年六月辛未。樓炤、二十六年十二月丙午。黄楷二十七年十二月丙申。建請，及舊降析户後惟許户頭歇役指揮二十七年二月乙酉。四件，與法意相妨，竝勿行。如鄉村地狹，上户稀少，不及十大保處，即以此近地理併爲一都選差。或有不均，令常平司案劾。從之。先是，大理少卿金安節言：差役之法，行之已久，前後刪修申明，亦既審備。惟近歲臣僚有請將歇役六年者，便與未曾充役之家，比竝物力再差。雖意在恤下，使之適平，而講求未盡，尚有可議。蓋民閒物力，其相遠者或不啻千萬，而相邇者或止于一二。議者乃獨取其相去百倍者而言之，是舉其相遠，而遺其相邇者也，焉得爲通論乎？臣今取其相近者言之。且如十家物力，甲户萬緡，自乙而降，以百緡爲率，差而下之，至第十家猶爲九千餘緡也。若歇役六年，便與未差之家比竝物力再差，則是役常周環于八户以上，而九千餘緡者永不及也。其不均孰甚焉。今之當授者，以都保正副爲重。詳其本法，係通選保内物力最高者充。若依法選差，自不及下户。如都保内可選者尚多，理當差盡而止。豈可置而不差，便將歇役六年比竝物力，使之再充乎？夫物情不齊，事理非一。臣愚不敢任一己之見，持一概之説而議之。欲望聖慈申嚴有司，博詢詳議，以求至當。使行而宜之，衆志咸愜，仰副陛下天覆海宇，一視同仁之意。遂命師心等看詳。至是行下。

（宋）李心傳《建炎以來繫年要録》紹興三十一年四月　初，左朝請郎提舉江南東路常平茶鹽公事洪适入對，論役法事。曰：臣竊見元祐指揮，合役坐閑人户不及三番處令僱募，蘇軾謂聖恩欲使百姓空閑六年，是以紹興二十六年之旨，歇役六年者，與白腳同。行之數年，下户得以寬佚。閒者宣州守臣有請欲不候六年再差上户。有司誤以歇役六年之文衡改，下户畏避，多致流徙。蓋上户税錢，有與下户相去十百倍者，必俟差遍下户。則富豪經隔數十年，方再執役。臣守徽州，以婺源一縣言之，有差及一貫税錢者，民閒哀訴，誠爲可念。乞仍行二十六年指揮，庶使細民鼓舞澤德。又如一部之内，上等五户税錢各五十千，中等五户税錢各三十千，各曾應役。若以歇役六年再差，恐中等五户僥倖終免。乞自第一户差至第十户，然後再差。所貴役法均平，上下稱便。詔户部看詳。至是，户部言：在法，差募保正，長通選物力最高人充。應二年替無可選者，於得替人内輪差，乞申明行下。從之。

（宋）李心傳《建炎以來繫年要録》紹興三十二年正月　癸未，言者奏：自金犯長淮，而江上之民，有所謂踏車夫，則操舟檝而雜戰卒。防江夫則待旌旗而頓山岡，以修防則有鹿角夫，以轉餉則有運糧夫，而踏車夫尤爲可念。願按采石當時籍定之數，與免三年科役，其餘亦與犒賞。從之。既而户部下建康府，具到踏車夫六千三百餘人，詔與免一年。後詔在五月乙丑，今聯書之。

（宋）宇文懋昭《大金國志》卷上　九月，河决李固渡，漂居民五千餘家，詔起曹、單、拱、亳及應天五郡民修之。民有地一頃者出一夫，不及者助夫之費。凡役二萬四千夫，五十四日而畢。

《宋史》卷六《真宗紀》〔咸平四年〕秋七月庚午，以河朔餽運勞民，詔轉運使減徭役存恤。

《宋史》卷一〇《仁宗紀》〔寶元二年壬申〕免昭州運糧死蠻寇者家徭二年、賦租一年。

《宋史》卷一二《仁宗紀》〔皇祐五年二月〕丁壯饋運廣南軍須者，減夏税之半，仍免差徭一年。

《宋史》卷一二《仁宗紀》〔至和元年〕二月庚子，詔：治河堤民有疫死者，蠲户税一年；無户税者，給其家錢三千。

《宋史》卷一四《神宗紀》〔治平四年六月〕辛未，詔天下官吏有能知徭役利病可議寬減者以聞。

《宋史》卷一六《神宗紀》〔元豐四年八月〕丙辰，詔蠲河北東路災傷州軍今年夏料役錢。

《宋史》卷一七《哲宗紀》〔元祐三年〕夏四月戊寅，令諸路郡邑具役法利害以聞。

《宋史》卷一八《哲宗紀》〔紹聖元年夏四月〕丁卯，詔諸路復元豐免役法。

《宋史》卷二二《徽宗紀》〔宣和六年〕六月壬子，詔以收復燕雲以來，京東、兩河之民困於調度，令京西、淮、浙、江、湖、四川、閩、廣並納免夫錢，期以兩月納足，違者從軍法。

《宋史》卷二二《徽宗紀》〔宣和六年秋七月〕壬寅，詔宗室、后妃戚里、宰執之家概敷免夫錢。

《宋史》卷二八《高宗紀》〔紹興五年夏四月〕己未，更免役保正長法。

《宋史》卷二八《高宗紀》〔紹興〕七年春正癸亥朔，蠲無爲軍税役一年。

《宋史》卷二九《高宗紀》〔紹興十一年〕夏四月丙子，復收免行錢。

《宋史》卷三〇《高宗紀》〔紹興十三年二月〕乙亥，蠲雷、化等十州免行錢。

《宋史》卷三〇《高宗紀》〔紹興十九年十二月〕己未，詔無子女户、得解舉人、太學生之獨居者，並免役。

《宋史》卷三二《高宗紀》〔紹興三十一年春正月〕丁亥，免湖州增丁所輸絹。

《宋史》卷三四《高宗紀》〔乾道七年〕八月丙辰，詔兩淮民丁充民兵者，本名丁錢勿輸。

《宋史》卷三五《高宗紀》〔淳熙五年春正月〕癸卯，罷特旨免臣僚及寺觀科徭。

《宋史》卷三九《高宗紀》〔嘉定〕五年春正月己巳，詔諸路通行兩浙倍役法，著爲令。

《宋史》卷三〇二《王靖傳》 靖字詹叔，蚤孤，自力於學，好講切天下利害。以祖蔭歷通判閬州、知滁州，主管北京御史臺。契丹數遣橫使來，靖疏言：彼利中國賜遺，挾虛聲以濟其欲，漸不可長，宜有以折之。又請復明經科，加試貢士以策，觀其所學，稍變聲律之習。擢利州路轉運判官，提點陝西刑獄。鄉户役于州縣者，優則願久留，勞則欲亟去，吏得權其遲速。靖一以歲月遣代，遂爲令。

《宋史》卷三一一《吕夷簡傳》 吕簡字坦夫，先世萊州人。祖龜祥知壽州。子孫遂爲壽州人。夷簡進士及第，補絳州軍事推官，稍遷大理寺丞。祥符中，試材議兼茂明於體用科，或言六科所以求闕政，今封禪告成，何闕政之求，罷之。通判通州，徙濠州，再遷太常博士。河北水，選知濱州。代還奏：農器有算，非所以勸力本也。遂詔天下農器皆勿算。擢提點兩浙刑獄，遷尚書祠部員外郎。時京師大建宮觀，伐材木于南方。有司責期會，工徒至有死者，誣以亡命，收繫妻子。夷簡請緩其役，從之。又言：盛冬挽運艱苦，須河流漸通，以卒番送。真宗曰：觀卿奏，有爲國愛民之心矣。擢刑部員外郎兼侍御史知雜事。

《宋史》卷三四四《馬默傳》 以疾求歸，知徐州。屬城利國監苦吳居厚之虐，默皆革之。召爲司農少卿。司馬光爲相，欲盡修祖宗法，問默以復鄉差衙前法如何？默曰：不可。如常平，自漢爲良法，豈宜盡廢？去其害民者可也。其後役人立爲一州一縣法，常平提舉官省歸提刑司，頗白默發之。

（明）陳邦瞻《宋史紀事本末》卷一七《太宗致治》〔太平興國〕五年二月，定差役法。初，太祖因前代之制，以衙前主官物，以里正、户長、鄉書手課督賦税。以耆長、弓手、壯丁逐捕盜賊，以承符、人力、手〔力〕散從官給使令，後有貧富，隨時升降。至是，從京西轉運使程能請，定諸州户爲九等，上四等充役，下五等免之。

（明）陳邦瞻《宋史紀事本末》卷三七《王安石變法》〔熙寧三年十二月〕乙丑，立保甲法。時王安石言：先王以農爲兵，今欲公私財用不匱，爲宗社長久計，當罷募兵，用民兵。乃立保甲。其法：十家爲保，有保長。五十家爲大保，有大保長。十大保爲都保，有都保正、副。主、客户兩丁以上，選一人爲保丁附保，兩丁以上有餘丁而壯勇者亦附之，内家資最厚、材勇過人者，亦充保丁。授之弓弩，教之戰陣。每一大保，夜輪五人警盜。凡告捕所獲，以賞格從事。同保犯強盜、殺人、強姦、略人、傳習妖教、造蓄蠱毒，知而不告，依律伍保法。餘事非干己又非敕律所聽糾，皆無得告，雖知情亦不坐；若依法鄰保合坐罪者，乃坐之。其居停強盜三人，經三日，保鄰雖不知情，科失覺罪。逃移、死絶，同保不

及五家，併他保。有自外入保者，收爲同保，户數足則附之，俟及十家，則别爲保。置牌以書其户數、姓名。

提點刑獄趙子幾迎安石意，請先行於幾甸，詔從之，遂推行於永興、秦鳳、河北東、西五路，以達於天下。於是諸州籍保甲聚民而教之，禁令苛急，往往去爲盜，郡縣不敢以聞。判大名府王拱辰抗言其害，曰：非止困其財力，奪其農時，是以法驅之使陷於罪罟也。浸淫爲大盜，其兆已見。縱未能盡罷，願裁損下户以紓之。主者指拱辰爲沮法，拱辰曰：此老臣所以報國也。抗章不已。帝悟，由是下户得免。

（明）陳邦瞻《宋史紀事本末》卷三七《王安石變法》〔熙寧三年十二月〕戊寅，行募役法。先是，詔條例司講立役法，條例司言：使民出錢募人充役，即先王致民財以禄庶人在官者之意。命吕惠卿、曾布相繼草具條貫，踰年始成。計民之貧富，分五等輸錢，名免役錢。若官户、女户、寺觀、單丁、未成丁者，亦等第輸錢，名助役錢。凡輸錢，先視州若縣應用雇直多少，隨户等均取雇直。又增取二分，以備水旱欠闕，謂之免役寬剩錢。用其錢募人代役。既試用其法於開封府，遂推行於諸路。既而東明縣民數百，紛然詣開封府訴。帝知之，以詰安石，安石力言：外間扇搖役法者，謂輸多必有贏餘，若羣訴，必可免。彼既聚衆僥倖，苟受其訴，與免輸錢，當仍役之。帝乃盡用其言。尋以臺諫多論奏，因謂安石宜少裁之。安石對曰：朝廷制法，當斷以義，豈須規規恤淺近之人議論邪！司馬光言：上等户自來更互充役，有時休息，今使歲出錢，是常無休息之期。下等户及單丁、女户，從來無役，今盡使之出錢，而鰥寡孤獨之人俱不免役。夫力者，民之所生而有；穀帛者，民可耕桑而得；至於錢者，縣官之所鑄，民之所不得私爲也。今有司立法，惟錢是求，歲豐則民賤糶其穀，歲凶則伐桑棗、殺牛、賣田，得錢以輸，民何以爲生乎！此法卒行，富者差得自寬，貧者困窮日甚矣。帝不聽。

（明）陳邦瞻《宋史紀事本末》卷三七《王安石變法》〔熙寧四年五月〕時，保甲法行，帝聞鄉民憂無錢買弓矢，加以傳惑徙之戍邊，父子聚泣，語王安石曰：保甲宜緩而密。安石對曰：日力可惜。韓維時知開封，上言：諸縣團結保甲，鄉民驚擾，至有截指斷腕以避丁者。乞候農隙排定。帝以問安石，安石對曰：此固未可知。就令有之，亦不足怪。帝曰：民言合而聽之則聖，亦不可不畏也。安石對曰：爲天下者，如止欲任民情所願而已，則何必立君而爲之張官置吏也！大抵保甲法不特除盜，固可漸習爲兵，且省財費。惟陛下果斷，不恤人言以行之。帝遂變河東、北、陜西三路義勇如府畿保甲法。未幾，維出知襄州。

（明）陳邦瞻《宋史紀事本末》卷三七《王安石變法》〔熙寧四年〕秋七月丁酉，御史中丞楊繪言：提舉常平張靚等科配助役錢，一户多者至三百千。乞少裁損，以安民心。不聽。

（明）陳邦瞻《宋史紀事本末》卷三七《王安石變法》〔熙寧七年〕秋七月，立手實法。時，免役出錢或未均，吕惠卿用其弟曲陽縣尉和卿計，創手實法。其法，官爲定立物價，使民各以田畝、屋宅、資貨、畜産隨價自占。凡居錢五，當蓄息之錢一。非用器、食粟而輒隱落者許告，獲實，以三分之一充賞。預具式示民，令依式爲狀，縣受而籍之，以其價列定高下，分爲五等。既該見一縣之民物産錢數，乃參會通縣役錢本額，而定所當輸錢。詔從其言，於是民家尺椽寸土簡括無遺，至於雞豚亦徧抄之，民不聊生。初，惠卿制是法，然猶災傷五分以上不預。荆湖訪察使蒲宗孟上言：此天下之良法，使民自供，初無所擾，何待豐歲？願詔有司勿以豐凶弛張其法。從之。民於是益困矣。

（明）陳邦瞻《宋史紀事本末》卷三七《王安石變法》〔熙寧八年冬十月〕鄧綰言：凡民養生之具，日用而家有之，今欲盡令疏實，則家有告訐之憂，人懷隱匿之慮。商賈通殖貨利，交易有無，或春有之而夏已蕩析，或秋貯之而冬已散亡，公家簿書，何由拘録？其勢安得不犯！徒使嚚訟者趨賞報怨，畏怯者守死忍困而已。詔罷手實法。

（明）陳邦瞻《宋史紀事本末》卷四三《元祐更化》〔元豐八年七月〕詔罷保甲法。初，保甲法行於京畿及河北、河東、陜西三路，凡置會校、都保三千二百六十六，正長、壯丁六十九萬一千九百四十五人，歲省舊募兵錢六十六萬一千四百八十三緡，而民間應調，不勝其苦。先是，司馬光言於太后曰：兵出民間，雖云古法，然古者八百家纔出甲士三人、步卒七十二人，閒民甚多，三時務農，一時講武，不妨稼穡。自兩司馬以上，皆選賢士大夫爲之，無侵漁之患，故卒乘輯睦，動則有功。今籍鄉村之民，二丁取一以爲保甲，授以弓弩，教之戰陳，是農民半爲兵也。三四

年來，又令三路置都教場，無問四時，每五日一教。特置使者比監司，專切提舉，州縣不得關預。每一丁教閱，一丁供送，雖云五日，而保、正長以泥堋、除草爲名，聚之教場，得賂則縱，否則留之。是三路耕耘收穫稼穡之事幾盡廢也。至是，復力言其公私勞擾，有害無益。遂詔罷之。

〔明〕陳邦瞻《宋史紀事本末》卷四三《元祐更化》　〔元祐元年〕三月，司馬光請悉罷免役錢，復差役法，諸色役人皆如舊制，其見在役錢，撥充州縣常平本錢。於是詔修定役書，凡役錢惟元定額及額外寬剩二分以下，許著爲準，餘並除之。若寬剩元不及二分者，自如舊則。尋詔耆户長、壯丁仍舊募人供役，保正、甲頭、承帖人並罷。

侍御史劉摯乞並用祖宗差法。監察御史王巖叟請立諸役相助法。中書舍人蘇軾請行熙寧給田募役法，因列其五利。王巖叟言：五利難信，而有十弊。軾議遂格。

司馬光復言：免役之法，其害有五：上户舊充役，固有陪備而得番休，今出錢比舊費特多，年年無休息。下户舊不充役，今例使出錢。舊所差皆土著良民，今皆浮浪之人，恣爲姦欺。又農民出錢難於出力，凶年則賣莊田、牛具，以錢納官。又提舉司惟務多斂役錢，積寬剩以爲功。此五害也。今莫若直降敕命，委縣令佐揭簿定差，其人不願身自供役，許擇可任者雇代。惟衙前一役最號重難，今仍行差法，陪備既少，當不至破家。若猶矜其力難獨任，即乞如舊於官户、寺觀、單丁、女户有屋產、莊田者，隨貧富以差出助役錢。尚慮役人利害四方不能齊同，乞許監司、守令審其可否。可則亟行，如未究盡，縣五日具措畫上之州，州一月上轉運司以聞。朝廷委執政審定，隨一路、一州，各爲之敕，務要曲盡。初，章惇取光所奏疎略未盡者駁奏之，吕公著言：惇專欲求勝，不顧命令大體，望選差近臣詳定。於是〔詔以〕資政殿大學士韓維及范純仁、吕大防、孫永等詳定以聞。

蘇軾言於光曰：差役、免役，各有利害。免役之害，聚斂於上，而下有錢荒之患。差役之害，民常在官，不得專力於農，而吏胥緣以爲姦。此二害輕重蓋略等矣。光曰：於君何如？軾曰：法相因則事易成，事有漸則民不驚。三代之法，兵農爲一，至秦始分爲二。及唐中葉，盡變府兵爲長征卒。自是以來，民不知兵，兵不知農。農業出穀帛以養兵，兵出性命以衛農，天下便之，使聖人復起，不能易也。今免役之法實大類此，公欲驟罷免役而行差役，正如罷長征而復民兵，蓋未易也。光不以爲然。

初，差役行於祖宗之世，法久多弊，編户充役，不習官府，吏虐使之，多以破產，而狹鄉之民或有不得休息者。免役使民以户高下出錢，而無執役之苦。但行法者不循上意，於雇役實費之外，取錢過多，民遂以病。若量人爲出，毋多取於民，則善矣。光知免役之害不知其利，欲一切以差役代之。軾獨以實告而光不察。軾又陳於政事堂，光色忿然。軾曰：昔韓魏公刺陝西義勇，公爲諫官，争之甚力。韓公不樂，公亦不顧。軾昔聞公道其詳，豈今日作相，不許軾盡言耶！光謝之。自是役人悉用見數爲額，惟衙前用坊場、河渡錢雇募，餘悉定差，仍罷官户、寺觀、單丁、女户。尋以衙前不皆有雇直，遂改雇募爲招募。

范純仁謂光曰：治道去其太甚者可也。差役一事尤當熟講而緩行，不然，滋爲民病。願公虚心以延衆論，不必謀自己出，謀自己出則諂諛得乘間迎合矣。（設）〔役〕議或難回，則可先行之一路，以觀其究竟。光不從，持之益堅。純仁曰：是使人不得言耳。若欲媚公以爲容悦，何如少年合安石以速富貴哉！又云：熙寧按問自首之法，既已改之，有司立文太深，四方死者視舊數倍，殆非先王寧失不經之意。純仁素與光同志，及臨事規正類如此。

初，差役之復，爲期五日，同列病其太迫，知開封府蔡京獨如約悉改畿縣雇役，無一違者。詣政事堂白光，光喜曰：使人人奉法如君，何不可行之有！【略】

以劉摯爲御史中丞。摯上疏曰：上之所好，下必有甚。朝廷意在綜覈，下必有刻薄之行；朝廷務在寬大，下必有苟簡之事。習俗懷利，迎意趨和，所爲近似，而非上之意本然也。今因革之政本殊，而觀望之俗固在。昨差役初行，監司已有迎合争先，不校利害，一概定差，一路爲之騷動者。以是觀之，大約類此。向來黜責數人者，皆以非法掊克，市進害民，然非欲使之漫不省事。昧者不達，矯枉過正，顧可不爲之禁哉！

〔明〕陳邦瞻《宋史紀事本末》卷四三《元祐更化》　〔元祐元年五月〕丁巳，以韓維爲門下侍郎。神宗崩，維自提舉嵩山崇福宫入臨，太后手詔勞問，維對曰：人情貧則思富，苦則思樂，困則思息，鬱則思通，

誠能常以利民爲本則民富，常以憂民爲心則民樂。賦役非人力所堪者，去之則勞困息；法禁非人情所便者，蠲之則鬱塞通。推此而廣之，盡誠而行之，則子孫觀陛下之德，不待教而成矣。未幾，起知陳州，召爲資政殿大學士兼侍讀。及詳定役法，四方多言差役便民，維曰：是小人希意迎合者也，不可盡信。司馬光不能從。

（明）陳邦瞻《宋史紀事本末》卷四三《元祐更化》〔元祐五年〕五月壬申，詔：差役法有未備者，令具利害以聞。初，蘇軾言：差役之法，天下皆云未便。昔日雇役，中户歲出幾何？今日差役，中户歲費幾何？更以幾年一役較之，約見其數，則利害灼然。而況農民在官，吏百端蠶食，比之雇人，苦樂十倍。李常亦言：差法廢久，版籍不明，重輕無準，鄉寬户多者僅得更休，鄉狹户窄者頻年在役。望詔一二練事臣僚，使與賦臣取差、雇二法便者行之。於是論差役未便者甚衆。遂詔：差役法有未備者，令中書舍人王巖叟、樞密都承旨韓川、諫議大夫劉安世同看詳，具利害以聞。

（明）陳邦瞻《宋史紀事本末》卷四六《紹述》〔紹聖元年三月〕以曾布爲翰林學士承旨。初，司馬光諭布增損役法，布辭曰：免役一事，法令纖悉皆出己手，遽自改易，義不可爲。遂以户部尚書出知太原府。至是，徙江寧，進京，留拜承旨。

（明）陳邦瞻《宋史紀事本末》卷四六《紹述》〔紹聖元年四月〕丁卯，章惇請復行免役法。差、雇兩法，置司講議，久而不決。蔡京謂惇曰：取熙寧成法施行之耳，何以講爲！惇然之，雇役遂定。初，司馬光盡革熙、豐之政，而罷雇役復差役，獨於人情未協。至是京、惇相倚，遂執以爲詞，復行免役法，識者愈見其姦。

（明）陳邦瞻《宋史紀事本末》卷四九《蔡京擅國》〔崇寧元年八月〕復紹聖役法。

（清）徐松《宋會要輯稿·食貨六五·免役》 治平四年六月二十五日，詔曰：農，天下之本也。祖宗以來，務加惠養，每勤勞勉，屢下寬恤之令，數頒蠲復之恩。然而歷年于茲，未及富盛。間因水旱，頗致流離。深惟其故，殆州郡差徭之法甚煩，使吾民無敢力田積穀，求致厚產以別其擾，至有遺親背議自謀安全者多矣。不幸逢其異政，骨肉或不相保，愁怨亡聊之聲，豈不悖人理、動天道歟，害農若此，爲弊最深。上下偷安，苟務同循，重於改作，故農者蓋以匱乏，而末游者安其富逸焉。生生之路，至繆戾也。朕甚悼焉。永惟出令之謹，故訪中外群議，宜有嘉謀宏策，貢于予聞，朕將親覽，擇善而從。順天興益，誠安敢怠。命非徒下，欽哉無忽。其令中外臣庶，限詔下一月並許條陳差役利害，實封以聞，無有所隱。先是，三司使韓絳言，臣歷官京西，奉使江南河北，守藩于陝西斂南，周訪害農之弊，無甚于差役之法。重者衙前多致破產，次則州役亦須厚費。夫田產，人恃以爲生，今竭力營爲，稍致豐足，而役已及之，欲望農人之加多，曠土之加闢，豈可得乎，向聞京東民有父子二丁，將爲衙前役者，其父告其子云，吾當求死，使汝曹免凍餒也。遂自經死。又聞江南有嫁其祖母及老母析居以避役者，此大逆人理，所不忍聞。又鬻田產於官户者，田歸不役之家，而役並增于本等户。其餘戕賊農民，未易遽數。望以臣所陳，下哀痛之詔。令中外臣庶悉具差役利害以聞。委侍從臺省官集議考驗古制，裁定其當使力役無偏重之害，則農民知爲生之利，有樂業之心矣。役法之議，始于此。

七月十三日，命龍圖閣直學士趙抃天章閣待制陳薦同詳定中外臣庶所言差役利害。

十月十六日，權御史中丞滕甫知制誥陳荐同詳定中外臣庶所言差役利害。熙寧元年五月九日，同知諫院吴充言當今鄉役之中，衙前爲重。上等民户被差之日，官吏臨門籍記，凡杯杵匙筯，皆計貲產定爲分數，以應須求，勢同漏巵，不盡不止。至有家貲已竭而逋負未除，子孫既没而鄰保猶逮。是以民間規避重役，土地不敢多耕，而避户等；骨肉不敢義聚，而憚人丁甚者嫁母離親，以求兄弟異籍，風俗日壞，殊可憫傷。昨聞講求鄉役利害，許中外臣庶上言，仍差近臣詳定，逮今一年未見有所蠲除。而東南弓手復增數倍。聞點差之際，人心甚不安。皆云西邊用兵，五路入界，待此起發，更相動摇，閭里呈：道路相目。良由州縣官吏不能明白曉諭，亦以朝廷命令多所改更，使民疑惑。又近年以來，上户寖少，而下户寖多。役使頻仍，農人不得不困，地力不得不遺。養生之資有所不足，則不得已而爲工商，又不得已而爲盜賊。國家之患，常兆于此。今陛下留意郡農，望敕中書，擇臣庶所言鄉役利害，以時施行。詔令送中書。十八日，

知制誥錢公輔同詳私乞一切不問，此皆臣所未諭也。大約御史之言多如此類。至于助役之法，昨看詳奏請出榜施行，皆開封府與司農寺被旨集議，此天下所知。借使法有未善，而言者深論司農，未嘗及一語開封府。開封于民事何所不預，民有所告而不受，此乃御史之所當言而言未嘗及也。自非内□邪詖之情有所拘背，則不當至此。願以臣所言宣示中外，故有是詔。十四日，楊繪具録前後論助役法四奏以自辨。又言助役之法，國家方議立千萬年永制。一人之智，不足以周天下之利害。必集衆人之智，然後可以盡其利。今陛下專任王安石，專委曾布，又愎人言。如此而欲建千萬歲之永制，安得可乎。劉摯又言臣近論助役法，其害有十，得旨送曾布劄子條件詰難，令臣分析者。竊以助役斂錢之法。有大臣者主之于中書，有大臣之親中書之屬官，及御史知雜者議之于司農寺，有大臣選擇所謂能者爲監司提舉官而行之於諸路。其勢上下若此，可謂易行矣。然曠日彌年，終未有定論可以爲法者，此何謂也。爲不順乎民心而已矣。是故前日采中外士民之説敷告陛下。今以司農爲是耶，則事盡于前奏，可以覆視；陛下以臣言爲非耶，貶黜而已矣。雖復使臣言之，亦不過所謂十害者。而風憲之官，亦豈當與有司較是非勝負，交口相直，如市人之詬競。伏望以臣前後論助役之章，與司農之言，宣示中外以考是非。若臣言有取，則乞早賜寢罷助役以安天下之心。若稍有欺罔，則乞重行竄廢，以戒妄言以謝專權之人。摯又言，自青苗之議起，而天下始有聚斂之疑。青苗之議未一，而均輸之法行；均輸之法未允，而邊鄙之謀出；邊鄙之謀未息，而漳河之役作；漳河之役未平，而助役之事興。至助役之法，臣終以謂使天下百姓税賦貸責息利之外，而無故升進户等，使概出緡錢者，皆非國家美事。故天下爲之聚斂。大臣誤陛下，而大臣所用者又誤大臣。今既顛繆乖錯，敗亂綱紀，知天下之不容，懼宸衷之回悟。以謂雖中外之士，畏避無敢言。其尚敢言者，獨御史有職尔。故又使司農熒惑天聽，作爲偏辭。今臣分析以摧沮風憲之体，艱梗言路。伏望陛下深察事物之勢，用安靖之治，以休息生民，罷分析之旨，以養多士敢言之氣。詔繪落翰林學士御史中丞爲翰林侍讀學士知鄭州，摯落館閣校勘監察御史裏行監衡州鹽倉。十一月頒募役法，諸户等第輸錢免其身役，官以所輸錢立直募人充役。輸錢輕重各隨州縣大小，户口貧富，土俗所宜。謂以家業錢或田畝或税錢之類。計一歲募直及應用之數。留準備錢不得過一分，立爲歲額。仍隨逐處均敷。至第三或第四等不足聽敷，至第五等。坊郭自隨逐處等第均定。即貧乏而無可輸者勿敷。其户數多寡，敷錢則例，隨造簿增損，不得益額。

（清）徐松《宋會要輯稿・食貨六五・免役》〔熙寧七年〕七月十九日，司農寺言：曲陽縣尉吕和卿請，五等丁産簿舊憑書手及耆户長共通，隱漏不實，檢用無據。今熙寧編敕，但刪去舊條，不立新制，即於造簿反無文可守，尤爲未便。承前建議，唯使民自供手實，許人糾告之法，最爲詳密，貧富無所隱，誠造簿書之良法也。詔送提舉編修司農寺條例司。

（清）徐松《宋會要輯稿・食貨六五・免役》〔元祐元年閏二月〕十五日，詳定役法所言：司馬光奏請天下免役錢並罷。其諸色役人，並依熙寧元年以前舊法人數，令佐揭簿定差。今看詳欲乞下諸路，除衙前一役先用坊場河渡錢，依見令合用人雇募，不足方許揭簿定差，其餘役人，除合召募外，並行定差。其差衙前有妨礙或别有利害。許依閏二月四日指揮施行。從之。

（清）徐松《宋會要輯稿・食貨六五・免役》〔元祐元年五月〕二十三日，詳定役法所言：新敕罷天下免役錢緣元豐令修弓手營房給免役剩錢。和雇遞馬及雇夫并每年終與轉運司分認三十貫以下修造，及舊係役人陪備脚乘之類。更有諸州造帳人請受，并巡檢司馬遞鋪曹司代役人應用紙筆，並係支免役錢，今請支見在免役積剩錢，俟役書成别行詳定。從之。

（清）徐松《宋會要輯稿・食貨六五・免役》〔元祐元年六月〕二十七日，司馬光言：先曾上言，乞直降敕命。應天下免役錢，一切並罷，其諸色役人並依熙寧元年以前舊法，人數委令佐揭簿定差。蒙朝廷一一如臣所請。無何，續有雇募不足。方行定差，指揮人始疑惑。既而委有更張，號令不一。又轉運使各以己見，欲令本路共爲一法，不令州縣各從其宜。或已差役人却放，或已雇人却收，或依舊用役錢雇人，或不用錢招人充役。朝夕不定，上下紛紜。往往與二月六日敕意相違。竊緣臣初起請及朝廷所降敕，節文明言委逐縣官看詳，若有妨礙，致不可行。令具利害申

州，州申轉運司奏聞。隨宜修改作一路一州一縣。敕施行務要曲盡其宜，豈是當日所言一字不可移易？但患轉運司州縣不肯奏陳耳！請申明前奏，遍頒下諸路州縣。臣所請雖云：熙寧元年舊法人數定差，若舊法有于今日不可行者，行即妨礙，合申乞改更。人數或太多或太少惟雖本州本縣知應用之數，合酌中立額申乞，依數定差。朝廷難爲遥度。臣所請雖云：若所差人不願充役，任便選雇有行止人自代，其雇錢多少，私下商量。若所雇之人還勒被差之人，廣求雇直，官司亦當裁定不得過自來官中雇錢之數。

（清）徐松《宋會要輯稿・食貨六五・免役》〔紹興五年〕十二月八日，知靖江府胡舜陟言：熙寧間王安石當國，變祖宗畫一之制，創立新法，而保甲居其一。至元祐間，司馬光秉政，一切罷去，民獲蘇息，盜亦銷弭。及章惇、蔡京述安石之弊，行於東南，鄉之中以二百五十家爲保，差五十小保長，十大保長，一保副一保正號爲一都。凡州縣徭役公家科敷，縣官使令監司迎送，皆責辦於都保之中。故民當正副必破其家，大小保長日被追呼，廢其農業。今民曹差役者，如驅之就死地。切原法意不過欲便於捕盜爾。曷若祖宗時於人户第一、第二等差耆長，第四、第五等差壯丁。一鄉差役不過二人而已。今保甲於一鄉中有二十保正副，有數百人大小保長，不若耆長壯丁之法爲寬。其所差耆長無軍勢形要官莊寄住之限，但品官之家則以不該蔭贖人及管莊田人代充，其餘家長祇應老疾者以次家人充。今之差役品官之家及老幼疾病者免焉，不若耆長壯丁之法爲均。乞詔討論耆長壯丁之法而行之，罷去保甲以救疲瘵之民。詔令户部勘當以聞。其後户部言，今臣寮所乞，自合遵守見行條法，並已降指揮。

（清）徐松《宋會要輯稿・食貨六五・免役》〔紹興十五年〕七月十八日，給事中李若谷言：紹聖常平免役條令，係祖宗成法，纖悉具備。比年以來，緣州縣差募之際，不體照法，意致上户百端規避，却令中下户差役頻併。後因增添通選之法，以一都保内物力高者通行定差。户數既寬，有力者不能幸免。雖單丁户物力最高人及寡婦有男爲僧道成丁者亦預差選，已爲公當，衹緣紹興十二年十月十四日一時指揮，因致選差不均，今將上件指揮内歇役年限并物力倍者再差一節删去，更不施行，餘令諸路遵依見行成法。從之。

（清）徐松《宋會要輯稿・食貨六五・免役》〔紹興十九年十一月十四日〕南郊赦：昨緣州縣差役不均，已降指揮，令當職官躬親比較，依公定差。委常平司覺察。若因糾論見得定差有弊，一例重行責罰，非不嚴切。訪聞近來差役依舊，並不着寔定差，致互有糾論。公吏利於誅求，枝蔓追擾，踰年不定。使已滿之人不得依期交替。仰諸路州縣今後須管依寔定差；毋令不當，引惹詞訴。仍令常平司常切檢察。如有違戾去處，將當職官吏按劾以聞。【略】

〔紹興二十八六月〕七日，尚書户部員外郎王時等言，欲望誡飭郡縣，凡保正副之所掌，除依條合管事務外，不得泛有科擾追呼。或不遵依，許民户越訴。仍仰按察官糾劾以聞，重寘典憲。從之。

十一月二十三日南郊赦：州縣差役，自有條法指揮。往往當職官更不躬親檢照部籍户口物力高下，是致輪差不均。有力者夤緣幸免，下户復致頻併，互有糾論，更不究實，枝蔓追呼，淹延不決，公吏恣行誅求，誠可憐憫。仰諸路州縣，今後須管依實定差，毋令不當，引惹詞訟。仍令常平司常切檢察。如有違戾去處，將當職官吏按劾以聞，餘同二十五年之制。三十一年九月二日，明堂赦並同此制。

（清）徐松《宋會要輯稿・食貨六五・免役》〔紹興三十一年〕九月二十四日，知忠州張德遠言：川峽四路別敕申明續降已經衝改厘革條件甚多。謂如免役法自熙寧改創，行垂百年，具有成憲。今忠州諸縣近年以來，于選差逐都保正，却妄引末行。免役之前，皇祐川峽四路鄉差里正户長耆長散從承符官解子并手力弓手敕條次第輪流，差至第三等末人户充保正，却將紹聖、紹興免役令通都保内選差物力最高之人。見行條令，更不遵用。致保正之役多及下户。都保内家業物力有及一萬貫者，歇役或致二十年不差，却差至第三等家業三百貫文人户。貧富相遠，力役何由均平。而朝廷見行免役條令，幾至盡廢。欲望特賜詳酌下四路各與詳明監司一員，取索抄録川峽四路編敕及一路一司一州一縣別制，繳申朝廷降付詳定一司敕令所重修，修立新書。從事給舍黄祖舜等令看詳差保正自合遵用紹聖、紹興見行役法，不應引用皇祐舊條。欲乞令户部檢坐見行條法，下川峽四路遵用施行。從之。

（清）徐松《宋會要輯稿・食貨六九・版籍》〔紹興〕二十六年二

月二十二日，新差權發遣全州楊撲劄子言：在法人户家産物業每三歲一推排，陞降等第。如有未當，許人户陳訴改正，然後立爲定籍，置櫃收藏於長官廳。凡有差科，令佐躬親按籍均定。比年以來，州縣弛慢，盡付胥吏之手。每遇差科，公然賄賂，良民受弊。依前產去税存故使貧乏下户，多有逃移。欲望明飭有司申嚴行下諸路監司守臣，凡差科並須令佐躬親均定，不得令公吏干預。惟許檢閱抄寫。如有違戾，仰監司按劾以聞。從之。三十年六月十四日詔諸州縣歲終攢造丁帳，三年推排物力，除附陞降。並令按實銷注。州委官縣委主簿專掌其事。監司太守常切檢點。如有脱落，許人户越訴。當行官吏以違制論。從户部之請也。

明清分部

論説

（明）高拱《掌銓題稿》卷六《議處欠糧欠穀官員以圖實效疏》 文選清吏司案呈，奉本部送準户部咨，爲陳愚見，備賑荒以固邦本事。

該巡撫陝西地方、都察院右副都御史楊思忠題稱：葭州等衙門知州等官尹際可等二十五員，俱積穀數少八分以上，與明例有違，俱應照例降調，等因。又準户部咨，爲時值匱乏，計處時務最要三事，以濟艱難，以圖久安長治事，内開河南洛陽縣知縣鮑希賢等六員，起存錢糧未完五分以上，照例住俸督催，仍咨行吏部停止推昇行取，等因。俱覆奉欽依，咨部送司。

查得欠穀官内，王桐已於本年六月昇山西潞安府同知，聶守中昇大同府同知，劉巘於四月昇懷慶府右長史，薛綸於五月昇兵部武選司主事，賈待問於五月行取，陰鶴於二月昇陝西秦州知州，楊作舟於四月昇河南鈞州知州。欠糧官内，鮑希賢已於五月行取。俱經題奉欽依，遵行去後。今據户部咨開前項官員降級住俸，停止推昇行取，相應議處，等因。

案呈到部，爲照軍國之用取諸税糧，所關至爲重大。而鮑希賢等不行上緊催徵，拖欠數多，委宜住俸督催，不得輒昇遷行取。内鮑希賢雖已行取。亦須如例停止，待完糧復俸之日，方得赴部考選。至於尹際可等二十五員，以穀少降官，雖係明例，不無可議。

夫積穀備荒，雖亦要務，然較之起存錢糧，輕重自是不同。况皆出於贓罰紙贖及一切設處者，非可以數定也。若不論地方貧富、詞訟多寡，而一例取足其數，則民貧及訟簡之處，將何取辦？無所取辦而遂降其官，豈理也哉？而官恐於降，則遂别起事端，逼迫小民，以求足數，而民之受害反多，非所以爲計也。

合無行令各撫按官，今後積穀，各照地方難易以爲多寡之數，而各取贏焉。中間如有乾没贓罰，以致積穀數少者，參奏拿問；其怠玩不行用心者，重則參究，輕則自行懲戒，明開考語送部，以俟劣處，不必遽議降調。庶事既可辦，而官民亦兩得其安也。其尹際可等已昇取者，照去任免參事例，各令赴任赴選；在任者，即照新議處分，似爲順妥。

再照户部，原題欠糧降調之例，行之雖久，然於事體亦屬未便。事關本部，亦當議處。夫徵糧乃有司第一事，拖欠太多，則其不職可知。降調示懲，良非過也。但方催徵之時，而降調以去，則權官既不用心，而新官到日，又便未得要領，即得要領，亦未必果勝前官，而顧已有數時延誤，是欲急而反遲也。且地方亦有難處累人者，各官恐其爲累。亦有願離此地，以别就功名者。於是不行催徵，甘心降調，則降調亦不足以爲懲。若乃前官拖欠數多，後官催徵雖勤，止作前數，而見年之糧反稱拖欠，亦非事理之所安也。

合無今後催糧者以見年爲正徵，而分數要足，當年即完；以前欠爲帶徵，而分數較少，陸續補足。總計正徵不完幾分以上，帶徵不完幾分以上者，議定降格。其該降者不必調去，只降一級，令其仍在地方管事，待糧完之日，方復原官。復官之日，方準實歷，計日考滿，行取昇遷。彼知不能免，而又望有出身之日，則催徵必不敢怠矣。然此特爲怠事者懲也。

而亦有地方原係十分凋敝，百姓逃亡，田地抛荒數多，賠納不前。雖盡力催徵，而必不能完者，若不另行議處，概在降官之列，則雖賢能不能自免，是無益於事而徒以地苦其官也。而官於此者，苦無出身之路，將遂嚴刑以求必辦，於是民之逃亡、地之抛荒益多，而地方凋敝益甚，是又以官苦其地也。

合無行令各該撫按官，將十分凋敝地方查出另處。不妨少加寬假，定與限期，令其存恤窮困，招集流亡，開墾荒田，待民困稍蘇，徐行徵補。如資俸已深，而限期未滿，糧有半完者，亦得昇遷行取。庶官免無辜之罰，民免重逼之殃。雖不能即完於今日，亦尚可望於將來也。然此尤須查覈的確。若係但可催徵地方，不得混入此例，以開倖路。其流亡、抛荒多者，必是原來如此而本官適承其敝，方準寬假。若致自本官，或前雖有流亡、抛荒，而致本官愈加甚者，仍當重參罷黜，不得概議降級。撫按官如有隱縱，聽本部及户部參奏治罪。

夫昔之所行，力主嚴急，似可以濟事也；而於人情不通，則法不能行，實有反增其累者焉。今之所議，稍從平恕，似不足以濟事也；而於事理得當，則法在必行，實有可收其成者焉。用人理財絜矩之道，似是如此。伏乞聖明裁斷，臣等移咨户部，查照施行，等因。

隆慶五年八月初七日具題。初九日奉聖旨：依議行。

（明）黄宗羲《明夷待訪録·田制》 有明兩税，丁口而外，有力差，有銀差，蓋十年而一值。嘉靖末行一條鞭法，通府州縣十歲中夏税、秋糧、存留、起運之額，均徭、里甲、土貢、顧募、加銀之例，一條總徵之，使一年而出者分爲十年，及至所值之年一如餘年，是銀、力二差又併入於兩税也。未幾而里甲之值年者，雜役仍復紛然。其後又安之，謂條鞭，兩税也；雜役，值年之差也，豈知其爲重出之差乎？使銀差、力差之名不去，何至是耶！故條鞭之利於一時者少，而害於後世者大矣。萬曆間，舊餉五百萬，其末年加新餉九百萬，崇禎間又增練餉七百三十萬，倪元璐爲户部，合三餉爲一，是新餉、練餉又併入於兩税也。至今日以爲兩税固然，豈知其所以亡天下者之在斯乎？使練餉、新餉之名不改，或者顧名而思義，未可知也。此又元璐不學無術之過也。嗟乎！税額之積累至此，民之得有其生也亦無幾矣。今欲定税，須反積累以前而爲之制。授田於民，以什一爲則；未授之田，以二十一爲則。其户口則以爲出兵養兵之賦，國用自無不足，又何事於暴税乎！

何謂所税非所出之害？古者任土作貢，雖諸侯而不忍强之以其地之所無，况於小民乎！故賦穀米，田之所自出也；賦布帛，丁之所自爲也。其有納錢者，後世隨民所便，布一匹，直錢一千，輸官聽爲九百。布直六百，輸官聽爲五百，比之民間，反從降落。是錢之在賦，但與布帛通融而已。其田土之賦穀米，漢唐以前未之有改也。及楊炎以户口之賦併歸田土，於是布帛之折於錢者與穀米相亂，亦遂不知錢之非田賦矣。宋隆興二年，詔温、台、徽不通水路，其二税物帛，許依折法以銀折輸。蓋當時銀價低下，其許以折物帛者，亦隨民所便也。然按熙寧税額，兩税之賦銀者六萬一百三十七兩而已，而又穀賤之時常平就糴，故雖賦銀，亦不至於甚困。有明自漕糧而外，盡數折銀。不特折錢之布帛爲銀，而歷代相仍不折之穀米，亦無不爲銀矣；不特穀米不聽上納，即欲以錢准銀，亦有所不能矣。夫以錢爲賦，陸贄尚曰所供非所業，所業非所供，以爲不可，而况以銀爲賦乎！天下之銀既竭，凶年田之所出不足以上供，豐年田之所出足以上供，折而爲銀，則仍不足以上供也，無乃使民歲歲皆凶年乎？天與民以豐年而上復奪之，是有天下者之以斯民爲讐也。然則聖王者而有天下，其必任土所宜，出百穀者賦百穀，出桑麻者賦布帛，以至雜物皆賦其所出，斯民庶不至困瘁爾！

何謂田土無等第之害？《周禮》大司徒，不易之地家百畝，一易之地家二百畝，再易之地家三百畝，是九則定賦之外，先王又細爲之等第也。今民間田土之價，懸殊不啻二十倍，而有司之徵收，畫以一則，至使不毛之地歲抱空租，亦有歲歲耕種，而所出之息不償牛種。小民但知其爲瘠土，向若如古法休一歲、二歲，未始非沃土矣。官府之催科不暇，雖欲易之，惡得而易之？何怪夫土力之日竭乎！吾見有百畝之田而不足當數十畝之用者，是不易之爲害也。今丈量天下田土，其上者依方田之法，二百四十步爲一畝，中者以四百八十步爲一畝，下者以七百二十步爲一畝，再酌之於三百六十步、六百步爲畝，分之五等。魚鱗册字號，一號以一畝準之，不得贅以奇零，如數畝而同一區者不妨數號，一畝而分數區者不妨一號。使田土之等第，不在税額之重輕而在丈量之廣狹，則不齊者從而齊矣。是故田之中、下者，得更番而作，以收上田之利。如其力有餘也而悉耕之，彼二畝三畝之入，與上田一畝較量多寡，亦無不可也。

（明）黄宗羲《破邪論·賦税》 先王之時，民養於上。其後民自爲養。又其後横徵暴斂，使民無以自養。《詩》云：普天之下，莫非王土；率土之濱，莫非王臣。田出於王以授民，故謂之王土。後世之田爲民所買，是民土而非王土也。民待養於上，故謂之王臣。民不爲上所養，則不得係之以王。孟子以二十取一爲貉道，以授田時言之也。若其所自買之田，即如漢之三十而取一，亦未見其爲恩也，而况於後世之賦輕者十取其三，重者十取其五六，民何以爲生乎？民既無以爲生，則隱避催科，詭計百端，並亦難乎其爲上矣。

夫古之賦税，以田爲母，以人爲子。人有去來，而田無改易。故履畝而税，追呼不煩。今之賦税，以户爲母，以田爲子，田既錯雜，而户復出入。故按籍而徵，稽考甚難。今總不能如古八家同井之法，顧田有號數，

一號或千畝，或數百畝，則何不以一號當一井，立爲號長，按號而爲催科，使號長董其税事？凡有七便：詭奇之術窮，一也；飛灑之路絶，二也；厥田上上至於下下，九等不得那移，三也；胥吏無從上下，四也；丈量既定，不可增減，五也；十年編審，止在業主，田號不動，六也；有司按籍而索，完欠井然，權不旁落，七也。較之按户催徵，知户而不知田者，相去懸絶矣。雖然，此不過催科便於有司，吾誠不敢以養民者，望之後世，但使兩税之法，復於前代，徵其田土所自出，不以銀爲事，庶幾民得以自養耳。

（明）清波逸叟《折獄明珠》卷三《判語摘釋·違禁取利》　放利多怨，戒言尚切於宣尼。爲富不仁，敬訓猶昭於孟子。苟使取之非道，縱亦得之何安？今厶心迷法網，身逐貪途。不思焚券之高風，祇解執持之小智。假本將畐於百倍。孳孳唱利之興取，利輒過於三分；汲汲蠅頭之計巧，若同於鑽核。晋王戎賣李與人，鑽其核。害何止於青苗？王安石所行之法。已知念重於錢神，直欲手深乎金冗。貨從悖入，寧思有悖出之虞；利實害隨，弗求爲遠害之道。徒信家兄之可愛，家兄，錢也。即謂孔方兄也。其無法吏之難容！宜加過取之刑，用示傷廉之儆。

（明）王守仁《王陽明全集》卷一三《乞寬免税糧急救民困以弭災變疏十五年三月二十五日》　照得正德十四年七月内，節據吉安等一十三府所屬廬陵等縣，各申爲旱災事，開稱本年自三月至於秋七月不雨，禾苗未及發生，盡行枯死，夏税秋糧，無從辦納，人民愁嘆，將及流離，申乞轉達寬免等因到臣。節差官吏、老人踏勘前項地方，委自三月以來，雨澤不降，禾苗枯死。續該寧王謀反，乘釁鼓亂，傳播僞命，優免租税。小人惟利是趨，洶洶思亂。臣因通行告示，許以奏聞優免税糧。諭以臣子大義，申祖宗休養生息之澤，暴寧王誅求無厭之惡，由是人心稍稍安集，背逆趨順，老弱居守，丁壯出徵，團保饋餉，邑無遺户，家無遺夫。就使雨暘時若，江西之民亦已廢耕耘之業，事徵戰之苦；況軍旅旱乾，一時並作，雖富室大户，不免饑饉，下户小民，得無轉死溝壑，流散四方乎？設或饑寒所迫，徵輸所苦，人自爲亂，將若之何？如蒙乞敕該部暫將正德十四年分税糧通行優免，以救殘傷之民，以防變亂之階。伏望皇上罷冗員之俸，損不急之賞，止無名之徵，節用省費，以足軍國之需，天下幸甚。

緣由於本年七月三十日具題請旨，未奉明降。

隨蒙大駕親徵，京邊官軍前後數萬，沓至併臨，填城塞郭。百姓戍守鋒鏑之餘，未及息肩弛擔，又復救死扶傷，呻吟奔走，以給厮養一應誅求；妻孥鬻於草料，骨髓竭於徵輸。當是之時，鳥驚魚散，貧民老弱流離棄委溝壑；狡健者逃竄山澤，羣聚爲盜；獨遺其稍有家業與良善守死者十之二三，又皆顛頓號呼於梃刃捶撻之下。郡縣官吏，咸赴省城與兵馬住屯之所奔命聽役，不復得親民事。上下洶洶，如駕漏船於風濤顛沛之中，惟懼覆溺之不暇，豈遑復顧其他，爲日後之慮，憂及税賦之不免，徵科之未完乎！當是之時，雖臣等亦皆奔走道路，危疑倉皇，恐不能爲小民請一旦之命，豈遑爲歲月之慮，憂及賦税之不免，徵課之未完，而暇爲之復請乎！

若是者又數月，京邊官軍始將有旅歸之期，而户部歲額之徵已下，漕運交兑之文已促，督催之使，切責之檄，已交馳四集矣。流移之民聞官軍之將去，稍稍脅息延望，歸尋其故業。足未入境，而頸已繫於追求者之手矣！夫荒旱極矣，而又因之以變亂；變亂極矣，而又竭之以師旅；師旅極矣，而又竭之以供饋，益之以誅求，亟之以徵斂。當是之時，有目者不忍睹，有耳者不忍聞，又從而朘其膏血，有人心者而尚忍爲之乎！

今遠近軍民號呼匍匐，訴告喧騰，求朝廷出帑藏以賑濟，久而未獲，反有追徵之令。鬨然興怨，謂臣等昔日蠲賦之言爲紿己。竊相傷嗟，謂宸濠叛逆，獨知優免租税以要人心。我輩朝廷赤子，皆嘗竭骨髓、出死力以勤國難，今困窮已極，獨不蒙少加優恤，又從而追徵之，將何以自全。是以令之而益不信，撫之而益憤憤，諭之而益呶呶，甫懷收復之望，又爲流徙之圖。計窮勢迫，匿而爲姦，肆而爲寇，兩月以來，有司之以鼠竊警報者，月無虚日。無怪也，彼無家業衣食之資，無父母妻子之戀，而又旁有追呼之苦，上有捶剥之災，自非禮義之士，孰肯閉口枵腹，坐以待死乎？

今朝廷亦嘗有寬恤之令矣，亦嘗有賑濟之典矣，然寬恤賑濟，内無帑藏之發，外無官府之儲，而徒使有司措置。措置者豈能神輸而鬼運？必將取諸富民。今富民則又皆貧民矣！削貧以濟貧，猶割心臠肉以啖口，口未飽而先斃。且又有侵尅之斃，又有漁獵之姦，民之賴以生者，不能什一，民之坐而死者，常十九矣。故寬恤之虚文，不若蠲租之實惠；賑濟

之難及，不若免租之易行。今不免租稅，不息誅求，而徒曰寬恤賑濟。是奪其口中之食，而曰：吾將療汝之饑；刳其腹腎之肉，而曰：吾將救汝之死。凡有血氣，皆將不信之矣。

夫户部以國計爲官，漕運以轉輸爲任，今歲額之催，交兑之促，皆其職之使然。但民者邦之本，邦本一搖，雖有粟，吾得而食諸？伏望皇上軫念地方塗炭之餘，小民困苦已極，思邦本之當固，慮禍變之可憂，乞敕該部速將正德十四、十五年該省錢糧悉行寬免；其南昌、南康、九江等府殘破尤甚者，重加寬貸，使得漸回喘息，修復生理。非但解江西一省之倒懸，臣等無地方變亂之禍，得免於誅戮，實天下之大幸，宗社之福也。

夫免江西一省之糧稅，不過四十萬石，今吝四十萬石而不肯蠲，異時禍變卒起，即出數百萬石，既已無救於難矣。此其形迹已見，事理甚明者。臣等上不能會計徵斂以足國用，下不能建謀設策以濟民窮，徒痛哭流涕，一言小民疾苦之狀，惟陛下速將臣等黜歸田裏，早賜施行，以紓禍變。

緣係寬免稅糧，急救民困，以弭災變事理，爲此具本請旨。

（明）王守仁《王陽明全集》卷一三《徵收秋糧稽遲待罪疏十五年十二月初十日》　據江西布政司呈：準布政使陳策等咨，照得正德十四年稅糧，先準參議周文光奉户部勘合派屬徵解，隨因聖駕南巡，各府州縣官俱集省城聽用，前項錢糧不暇追徵。正德十五年正月初二日，蒙巡按江西監察御史唐龍案驗爲乞救兵燹窮民，以固邦本事；該巡撫蘇松，都御史李充嗣題稱：江西變亂，南昌、南康、九江等府首被燒劫，其餘府縣，大軍臨省，供應浩繁，要將該年稅糧盡行停免等因，備行分守南昌五道，勘議得：南昌府南、新二縣被害深重，應免糧差三年；其餘州縣，並瑞州等一十二府屬縣，俱應免糧差二年。回報到司，即轉呈本院具題外。本年二月内，續蒙欽差户部員外郎龍誥案驗爲儹運糧儲事，備行本司督催該年兑準錢糧交兑，遵依節行催徵間。本年三月初五日，漕運衙門照劄坐到兑軍本色米八萬石，折色米三十二萬石，改兑米一十七萬石，每石連耗折銀七錢，備行作急徵完起運。本月二十八日，又蒙撫按衙門案驗爲地方極疲，速賜恩恤以安邦本事，該南京工科給事中王紀等奏奉欽依，自正德十四年以前，一應錢糧果係小民拖欠未完的，俱準暫且停徵，還着各該官司設法賑濟，毋視虛文。欽遵通行外，又蒙員外郎龍誥案牌將糧裏嚴加杖並，急如星火。小民紛紛援例，赴司告豁。呈蒙撫按衙門批行本司給示曉諭，納糧人户先將兑軍徵解，小民方肯完納。轉行參議魏彦昭督運。續因本官去任，又經呈批參政邢珣暫管督兑。本官於五月二十日遍歷催儹，通將徵完本色米八萬石兑完起運訖。其折色銀兩，催據廣信等府屬縣陸續徵解。近於十一月十三等日抄奉漕運衙門照劄備行本司，將兑運折色銀三十四萬三千兩務要徵完足數，差官協同運官解部等因。依奉通行外，今照該年稅糧，委因事變兵荒經理不前，及專管提督官員更代不常，況奉部院明文徵免不一，小民不服輸納，官府掣肘難行，因而稽延。若不預將前情轉達，誠恐查究罪及未便等因，備呈到臣。

竊照江西錢糧，小民所以不肯輸納，與有司所以難於追徵者，其故各有三，而究其罪歸則責實在臣。何者？

宸濠之叛，首以僞檄除租要結人心。臣時起兵旁郡，恐其扇惑，即時移文遠近，宣佈朝廷恩德，蠲其租賦，許以奏免，諭以君臣之分，激其忠義之心，百姓丁壯出戰，老弱居守。既而旱災益熾，民困益迫，然而小民不即離散者，以臣既爲奏請，雖明旨未下，皆謂朝廷必能免其租稅，尚可忍死以待也。夫危急之際，則啗之免租以竭其死力，事平之後，又罔民而刻取之，人懷怨忿不平，此其不肯輸納之故一也。

及宸濠之亂稍定，而大軍隨至，供饋愈煩，誅求愈急，其顛連困踣之狀，臣於前奏已略言之。百姓不任其苦，强者竄而爲寇，弱者匿而爲姦。繼而水災助禍，千裏之民皆爲魚鼈，號哭載途，喧騰求賑。其時臣等既無帑藏之儲，又無倉廩可發，所以綏勞撫定之者，更無别計，惟以奏免租稅爲言。百姓睊睊胥讒，謂命在旦夕，不能救我而徒曰免稅免稅，豈可待邪？蓋其心以爲免稅已不待言，尚恨其無以賑之也。已而既不能賑，又從而追納之，人怨益深，不平愈甚，此其不肯輸納之故二也。

當大軍之駐省，臣等趨走奔命，日不暇給，亦以爲既有前奏，則賦稅必在所免，不復申請。其時巡撫蘇松等處都御史李充嗣奏稱江西首被宸濠之害，乞將該年稅糧軍需等項俱行停免。該户部覆題奉聖旨是，各被害地方，着撫按官嚴督所屬用心設法賑濟，欽此。又該給事中王紀奏本部覆題奉聖旨是，這地方委的疲困已極，自正德十四年以前一應錢糧，果係小民

拖欠未完的，俱準暫且停徵，還着各該官司設法賑濟，毋視虛文，欽此。俱欽遵，該部備咨前來，臣等正苦百姓嗷嗷，咨文一至，如解倒懸，即時宣佈。百姓聞之，歡聲雷動，遞相傳告，旦夕之間，深山窮谷，無不畢達。自是而後，堅守蠲免之説，雖部使督臨，或遣人下鄉催促，小民悉以爲詐妄，羣起而驅縛之。催徵之令不復可行，此其不肯輸納之故三也。

郡縣之官，親見百姓之困苦，又當震蕩顛危之日，懼其爲變，其始惟恐百姓不信免租之説，指天畫地，誓以必不食言。既而時事稍平，則盡反其説而徵之，固已不能出諸其口矣，況從而鞭笞捶撻之，其遽忍乎！此其難於追徵之故一也。

三司各官，舊者既被驅脅，新者陸續而至，至則正當擾攘，分投供應，四出送迎，官離其職，吏失其守，糾結紛拏，事無專責，如羣手雜繰於亂絲之中，東牽西絆，莫知端緒。既而部使驟臨，欲於旬月之間督並完集，神輸鬼運，有不能矣。此其難於追徵之故二也。

夫背信而行，勢已不順，若使民間尚有可徵之粟，必不得已，剜剥而取之，忍心者尚或能辦也。而民之瘡痍已極矣，實無可輸之物矣，別夫離婦，棄子鬻女，有耳者不忍聞，有目者不忍睹也。如是而必欲驅之死地，其將可行乎！此其難於追徵之故三也。

夫小民之不肯輸納既如彼，而有司之難於追徵又如此，後值部使身臨坐並，急於風火，百姓怨謗紛騰，洶洶思亂，復如將潰之隄。臣於其時慮恐變生不測，謂各官與其激成地方之禍，無益國事，身膏草野，以貽朝廷之憂，孰若姑靖地方，寧以一身當遲慢之戮乎。因諭各官追徵毋急，以紓民怨。各官内迫於部使，外窘於窮民，上調下輯，如居顛屋之下，東撑則西頹，前支則後圮，强顔陵訴之辱，掩耳怨憝之言，身營閭閻之下，口説田野之間，曉以京儲之不可缺，諭以國計之不得已，或轉爲借貸，或教之典拆，忍心於捶骨剥脂之痛而浚其血，閉目於析骸食子之慘而責其逋。共計江西十四年分兑軍本色米八萬石，折色米三十二萬石，改兑米一十七萬石。臣始度其勢，以爲決無可完之理，其後數月之間，亦復陸續起解完納，是皆出於意料之外，在各官誠窘局艱苦，疲瘁已極，亦可謂之勞而有功矣。今聞部使參奏，且將不免於罪，臣竊寃之。

昔之人固有催科政拙，而自署下考者，亦有矯制發廩，而願受其辜者。各官之以此獲罪，固亦其所甘心。但始之因叛亂畢荒而爲之奏免者臣也；繼之因水災兵困而復爲申奏者臣也；又繼之因朝廷兩有停徵賑貸之旨，而爲之宣佈於衆者，亦臣也；又繼之慮恐激成禍變，而諭令各官從權緩徵者，又臣也；是各官之罪，皆臣之罪也。今使各官當遲慢之責，而臣獨幸免，臣竊耻之。

夫司國計者，慮京儲之空匱，欲重徵收後期者之罪，而有罰俸降級之議，此蓋切於謀國，忠於事君者之不得已也。亦豈不念江西小民之困苦，與各官之難爲哉？顧欲警衆集事，創前而戒後，固有不得不然者，正所謂救焚身之患，不遑恤毛髮之焦，攻心腹之疾，不得避針灼之苦耳。

伏望皇上憫各官之罪，出於事勢之無已，特從眚災肆赦之典，寛而宥之，則法雖若屈，而理亦未枉。必謂行令之始，不欲苟撓，則各官之罪實由於臣，即請貶削臣之禄秩，放還田裏，以伸國議。如此，則不惟情法兩得，而臣亦可以藉口江西之民免於欺上罔下之耻矣。臣不勝惶懼待罪之至！

緣係徵收秋糧，稽遲待罪事理，爲此具本請旨。

（明）宋應星《野議·催科議》 自軍興議餉，搜括與加派兩者，並時而興。司農之策，止於此矣；節鉞之計，亦止於此矣。已經寇亂之方，亂不可弭；未經寇亂之方，日促之亂。

夫使倍賦而得法，民猶可堪。今賦增而法愈亂，納廣而欠轉多。上有告示下行，山民未見影形，而已藏於高閣；下有解批投上，嶽牧甫經目睫，而即擢抵舊逋。夫小民即貧甚。但使頭緒不分，昔日編銀一兩者，今編一兩五六錢，昔日派米一石者，今派一石二三斗，並入一册之中，追完共解，藩司分款而支應之。倘雨暘不愆，竭脂勉力，猶可應也。乃今日功令不然，逐件分款而造。牙役承行，最利其分款而追，則點卯、潤筆常規，可逐項而掠取也。於是一里長之身，甲日條鞭，乙日遼餉，丙日薊餉，丁日流餉，戊日陵工，己日王田，庚日兑米，辛日海米，壬日南米，癸日相連甲乙日，去年、前年、先前年舊欠，追呼又紛起。一年之中，强半在城；一家之中，强半受楚。津口城門，往來如織。光景及此，有不從亂如歸者哉？

凡身充里長，必非膏腴坐享之人，皆食力耕作之人也。杖瘡呼痛，獄

厲沾身，即暫息室廬，亦呻吟卧起。麥佳禾秀，何處得來？一里長之身，有應管不多，如遼餉、流餉之類，有其數止於十兩，而每限捱監點卯，遂用去一兩，歷點十卯，已用十兩，而其數仍全欠十兩者；所收散户，今日幾分，明日幾錢，因稱貸無門，皆扯爲用費；又或缺少前甲里長納數，及此消擢。此鄭俠圖中描畫不盡者。不惟小民扯爲浪費，而已自朝廷，獄及方伯。上司火票頻流，承舍捧來，勢同緹騎。區區饋送百金，不滿溪壑之望。令長任从該管書吏斂賄求寬，甚且掩耳助其不足。此金不自書吏家產，錙銖取之百姓錢糧之中。一度百金，十度千金，泥沙何處詰問？又不惟書吏扯爲浪費而已。爲令長者，清人則橐內必肘捉而衿見，墨人則身責必侈用而廣償。軍興，派來動輒大邑三百，小邑二百，而稅契間架摧提，中官王府騷擾又日新而月盛。繭絲無術，雞肋難捹，既懼鼎器之輕投，又恐遲吝之賈罪，挪借現在錢糧，以解燃睫之火，何日何項，以作補還。且壓欠之多，總由天啓初年，有司急欲行取，盡挪次年、今年之數，以足前年、先前年之額，相承十六七年。累官累民，病痛盡由於此。因挪移考滿而昇召者，大者棘槐，小者□面。其人已多，故此語秘不告之至尊。不知治亂大關係，皆因此事之蒙蔽。縉紳忌傷同類，自同寒蟬，宜也；乃席藁輿櫬而疏入九閽者，竟無一言及此，可勝歎惜哉！使此言達於天聽，勢必雲霄灑涕，嗟我小民，將舊欠追呼，一概停止。惟從今日伊始，金華遼餉、流餉分文不完者，治以重罪。究竟所得之數，視終日箠楚舊欠，而所得無幾何者反過之，何也？膏血止有此數，而舍舊追新，人情有樂輸之願也。

至北方種麥，以五月爲麥上，六月開徵，猶曰麥已登場圃。南方皆稻國，立秋收獲者十之四，而霜降、立冬收獲者十之六。今方春二月，新穀尚未播種，而嚴徵已起者紛紛矣。天運人事，一至此極耶！

（明）何瑭《何瑭集》卷八《論徭私論》 或問：近日右司審編均徭，以田土爲主，其法如何？曰：此非祖宗之法也，蓋流俗相傳之誤也。祖宗之法，具在《諸司職掌》。户部職掌田土項下云：凡各州縣田土，必須開豁各户若干及條段四至。係官田者，照依官田則例起科，係民田者，照依民田則例徵斂，務要編入黄册以憑徵收稅糧。如有出賣，其買者聽令增收，其賣者即當過割，不許灑派詭寄。犯者律有常憲。户口項下云：凡各處户口，每十年各布政司府州縣攢造黄册，編排里甲，分豁上中下三等人户，遇有差役，以憑點差。賦役項下云：凡各處有司，十年一造黄册，分豁上中下三等人户，仍分軍民匠役等籍。除排年里甲依次充當外，其大小雜泛差役，各照所分上中下三等人户點差。由是觀之，則田土納稅糧，户口當差徭，其不相混也明矣。今乃照田土當差，是豈祖宗之法哉？

或曰：人户有上中下三等，蓋以其貧富不同也。貧富難明，田土多者必富，少者必貧，則照田土編差，蓋法外意也，似無不可。曰：户有上中下三等，蓋通較其田宅貲畜而定之，非專指田土也。若專指田土，則施於農民可矣，工商之家及放債居積者皆不及矣。古人立法厚本抑末，今人立法厚末抑本，豈知治道者哉？況差役以人丁爲主，以上中下三等較其貧富以爲派差之重輕，此法意也。今舍人丁而論田土，蓋失其本矣，夫豈可哉？

或者曰：田土不當起差，祖宗之法固然矣，近聞外縣有以寄莊人户不當差役申請於上者，巡撫批稱：種田而不當差，有違於租庸調法，令其照田認差。然則計田當差，雖非國法，或古法乎？曰：此巡撫未考而誤批也。唐法，有田則有租，即國朝田土納稅糧之意也；有身則有庸，即國朝户丁當差役之意也；有户則有調，即國朝農桑絲絹之意也。種田而不納糧，謂之有違於租庸調法則可也；種田而不當差，謂之有違於租庸調法則不可也。若田土既納稅糧，又當差役，是有田者不惟有租而又有庸，而有身者遂無所役矣，不亦誤之甚乎？

曰：以田土當差，唐法知不然也，或者先王之法乎？曰：先王之法，其詳不可考矣。然孟子曰：有粟米之徵，有力役之徵，有布縷之徵。粟米取於田土，即租法也；力役取於人力，即庸法也；布縷取於園宅，即調法也。由是而觀，則計田土以當差役，既非古法，又非國法，而有司乃有此行，不亦謬乎？

曰：有司有此行，何也？曰：此周文襄作俑之過也。宣德年間，周文襄巡撫南畿，患民間起運稅糧之不足也，乃令稅糧正數之外多加耗米以足之。除辦納稅糧外，有餘剩者謂之餘米。復恐民以加耗之多怨己也，乃令凡民間户丁之差役，料物之科派，皆取諸餘米，此蓋朝四暮三之術

也。本傳謂，小民雖多出耗米，然耗米之外再無差科之擾，深以爲便。東南多遵用其法。後又自税糧變爲田畝，故東南有田差糧差之説，南士仕西北者漸推用其法，故西北近年亦有田土當差之説。此蓋不考祖宗之法而惑於流俗之傳者也。

或者曰：文襄之法雖非國法，既民以爲便，則用之似無不可，何必拘於舊法乎？曰：民以爲便，亦據文人之傳而言耳，實不然也。夫差役出於户丁，士農工商之家除例該優免外，其餘户丁蓋未有不當差者也。今止令取於耗米，則是士工商賈之差，農獨代當之矣，是豈均平之道哉？況驛遞馬牛車船之役，俱出於田土税糧，則農民已偏累矣，奈何復以雜差再累之乎？今論者皆知東南之民困於税糧，西北之民困於差役，而不知東南所以困於税糧者，以差役亦出於税糧之故，西北所以困於差役者，以既有丁差又有糧差之故。由是而觀，則周文襄輕變祖宗之法而開此累民之端，其罪安可逃也？

或者曰：審如此，則寄莊人户不當差役者，皆幸免矣。曰：此有司不知守法之過也。使有司知守祖宗之法，審定三等户則之時，不論士農工商，凡田土貲本市宅牲畜多者，俱定作上等，派與重差，則寄莊人户雖買别州縣之田而難逃本縣之差矣，何幸免之有？今惟不守祖宗之法，審編均徭舍户丁而計田土，故寄莊人户有躲差之弊。欲革其弊，盍求其本乎？

或曰：祖宗差役之法，今亦有行之者乎？曰：北畿州縣審編均徭，初止審三等九則户門，並不注定差銀多寡數目。審定户則，然後通算三等人户除役占優免外，該當差者，共有若干丁，却算本州縣銀差力差該用銀共計若干兩，方令三等九則户丁差等出銀；期足供銀差力差之用而已。此蓋遵祖宗之法而又通其變者也。蓋祖宗之法，止令照三等户則點差。但差少丁多，用之不盡，點差之時不及差者幸免，見當差者偏累。今乃令丁皆出銀，差之重者朋合應當，則人丁無有不差者矣。此蓋均徭之善法也。河南舊例，審編均徭雖未以田爲主，亦未以丁爲主。其人丁差銀增減從審官之意，多寡無一定之法，少有不至兩者，多有三五兩者，有十餘兩者，甚有至四五十兩者。丁多之户銀多亦不爲過，單丁之户銀多，則一差用之不盡，必須分爲數差，是一丁而數差也；豈照户點差之法哉？但上下習於聞見，不之覺耳。近聞巡撫吴公所定均徭則例，每地一頃出銀四錢，每人一丁上上户出銀一兩二錢，以次各照户則出銀不等。若該縣銀多差少則遞減，銀少差多則遞增。視舊法頗有定規，但偏累農民，未盡善耳。必改北直隸之法，上不失祖宗之法，下無偏累之弊，乃爲盡善，此蓋識者所深望也。

或者曰：今之富家，或田連阡陌，或貲累鉅萬，較之小民，豈止什伯？若止照三等户則計丁當差，其丁多者出銀固多，其丁少者出銀甚少，豈不爲幸免乎？曰：古人爲國，藏富於民。蓋民之富者，官府之緩急資焉，小民之貧困資焉，時歲之兇荒、兵戈之忽起資焉，蓋所恃以立國者也。平時使之應上户重差，法如是足矣，必不得已，則準北畿事例，上户丁少者，量出門銀亦可也，豈必盡取所有，使之僅與小民之貧者相若，然後爲快乎？於戲！時使薄斂，先聖格言，繭絲保障，後賢深慮，奈何今在位者之不思也？

或者曰：不在其位，不謀其政。子林下人也，嘵嘵多言，無乃爲當道者所惡乎？曰：舍己從人，大舜之所以聖也；聞過則喜，子路之所以賢也。吾以聖賢望人，痛小民之受害，故私論之，蓋遵庶人傳言之訓而爲之也，蓋冀其或聞而改之也。若恥過作非，聞諫而怒，則小人也。當道諸公，其欲爲聖賢乎？欲爲小人乎？必有所擇矣。作《均徭私論》。

（明）何瑭《何瑭集》卷八《均糧私論》 或問：丈地均糧之法如何？曰：此朝廷仁民之政也。第中間曲折，各有利害，行之不得其道則反以害民，此不可不知也。

或問其故。曰：田有上下，則糧有重輕，此自然之理也。禹貢之田分爲九等，税糧之輕重往往因之，蓋爲此耳。天下之田，吾未能知，河内之田則頗知之矣。上田歲收，畝不下兩石，多或至三、四石；下田歲收，畝不及一石，少或至三、四斗。大抵上田一畝之收，抵下田五畝。國初定糧失於分别，一概定作每畝糧八昇五合。後官府以下田人户辦納不前也，乃議令起運重糧多派於上田，里分存留輕糧多派於下田。里分蓋亦裒多益寡、稱物平施之意也，雖未盡得其宜，而民病亦少蘇矣。近年上司患裏書那移作弊也，乃令不分起運存留，俱總定一價，則上田下田無所分别。雖曰可以絶里書之弊，而下田民户，固已不勝其害矣。然坐派之法，歲有變易，民之害猶有時而解也；若丈地均糧，初時不審上田下田，一概均派

糧額一定，不可復變，則下田之受害，蓋有不可勝言者矣。夫田地有上下，則税糧有重輕，與犯罪有大小則受刑有重輕其理一也。犯大罪者，雖絞斬而不爲苛，犯小罪者，雖笞杖而不爲縱，蓋各得其宜故也。或者患吏書之舞文也，乃一概定爲徒流之刑，以爲可以絶弊，抑不思宜絞斬而得徒流者固爲幸矣，宜笞杖而得徒流者不亦冤哉？今不論田土上下而一概均之以糧，何以异此？往嘗與巡撫徐公論之，徐公深以爲然，故令丈量田地，分爲三等，均糧之額初則通以中田爲準，下田則少損之，上田則少增之，以下田所損之數爲上田所增之數，蓋亦所謂稱物平施之意也。傳聞近議不許田分三等，蓋亦未之思也。若他縣之田無甚上下，猶可言也，河内之田果不分上下，一概均糧，此則名雖均糧而實則不均之甚者也，此利害之大者也。

而所聞又有可論者。聞巡撫公文，謂除河路外，蓋謂河路非可耕之田，故除之也。而承行官吏不明其意，乃令河止除丹、沁二河，新開河道引水澆田者不除，其河身所占之田俱令民田在兩岸者包納。或問其故，則曰：引水澆田，人户得利，故不當除。竊謂引水澆田之利，衆人之所同也，非獨兩岸有田之民也。而令其包納税糧，歲無休時，此何理也？路止除驛遞大路，其餘通行古路，俱不得除其税糧，亦令民田在路兩旁者包納。竊謂民田在路兩旁者，人畜往來踐蹂，固已受害多矣。古路衆人之所往來，與驛遞大路無以异也，乃復令其包納税糧，此何理也？至於田内墳墓，雖上司未有明文，竊意丈地均糧，亦不過丈實耕之田，而均以實有之糧耳。墳墓非可耕之田，其不當徵糧，蓋有不待言者矣。今乃令墳墓不除，有主者照地數均糧，無主者聽民納銀於官，平治爲田，照數均糧。竊謂先王有掩骸埋胔之令，國朝有漏澤園之設，而平治他人墳墓爲田園者，律有明禁，此蓋朝廷恩及死者之仁政也。而一切不顧，止曰吾將以均糧也，不知均糧之初意，果若是乎？此三者，亦利害之大端也。小民被害而不敢言，吾黨又以不在位而難顯言，故私論之。庶轉聞於當道之仁人君子，或有以處此也。夫變法本以利民，而反爲民害，仁人君子在當道者，不知則猶有所諉，知之而不爲一處，亦安忍哉？然此非吾事也，非吾責也，吾言止於此矣。

或疑田之上下難定，曰：此不難。某鄉之田上，某鄉之田下，縣民蓋無不知者。今宜令丈地委官，於所丈之田各區之下明開水田旱田及在於某地方。然後集合縣裏老當堂會審，某處係水田，或上或中或下，某處係旱地，或上或中或下，各親筆填寫於下面。審既定，水田上等者，則通定作上地，中地則令與上地五分、中地五分，下等則令與上地三分、中地七分；旱地上等則定與中地七分、下地三分，中等則定與中地五分、下地五分，下等則定與中地三分、下地七分。田之分數既定，則斟酌損益，均之以糧，自然人心可服而事成矣。田之上下若不官自審定，而委之以裏書，則弊既多端，人亦不服，事豈可行哉？夫變法本以利民，處之不詳則反貽民害，仁人君子在當道者，亦安可擗一時之勞而不爲斯民永久之計哉？

（清）賀長齡《皇朝經世文編》卷三〇《户政·賦役·丁役議邱家穗》

《周官》之制，以歲時定民之衆寡，辨物之多少，入其數於小司徒，以行徵令。三年則天下大比，按爲定法。而其民無常業者，罰之使出一夫力役之征，故其時户無脱漏，人無游惰。比閭族党，相友相助，而不病其役之不均。後世田不井授，户口流離，徭役不平，小民重困。將籍其數而悉役之，則逐末者多，而轉徙無常，聽徙而不爲之究，則僑户甚逸，而無以寬土著之民，皆有不可得而盡行者。國家定爲五年一編審之令，稍得以視其税糧之高下，而酌其户口之登耗，庶幾丁役可均，而有司復不能究其實，徒與二三書役，按册唱名，參以口語，截日限期，務在速定。或以意見爲去留，或視貨賄爲增減，而其登耗之大數，卒不敢越乎前人所已上之籍，則豪强倖免，而貧弱受累者，終亦莫能祛其弊也。然議者不察，徒見貧富之不均，遂欲以糧配丁，併丁於糧，而創爲一定不易之額，則又大不可。

愚嘗攷論古今，三代粟米布縷力役三征，至唐名之爲租庸調，各不相併，所輸猶輕。自楊炎始取大曆十四年賦斂最多之數，併租庸調而爲兩税，是丁口之庸錢，已歸入兩税中矣。而自宋以來，復算丁口以定役法，而所謂兩税者，猶如楊炎之舊不少減。至前明定賦，又或舉一切無名雜征而併之正供，是力役一征既先混入於常税之中，而復使其重出於常税之外。其視楊炎之舊法，抑又重矣。然猶幸國家編審之令，丁自爲丁，糧自爲糧，糧固隨業推收，無可易者。而至於丁之多寡不一，未嘗如秦人虐

政，頭會箕斂，亦未嘗如南宋金元推排之法，復於田税外，校其浮財物力，以爲輕重。第於編審之年，有司稍以糧之損益而均其丁，其間有不能無輕重者，猶冀五載一編，通檢貧富，斟酌行之。要使客户土著，隨時通融，貧者得以少紓，富者不至苟避而止。雖有糧之丁不如無糧之丁爲可憫，而糧之富者實兼丁，丁之貧者不兼糧，貧富無常，更迭爲之，終不至以無定之糧而累有定之丁。且使一時游手末作之民，猶有所羈縻而不得肆，此誠髣髴周官之意。臣民所當共遵之令典，而不容輕有變焉者也。奈何復創爲以糧配丁併丁於糧之議，至使游惰無罰，脱漏不禁，而又貽後世以糧去而丁獨存之累乎。余頃游秦中鄠縣，士大夫每言其邑併丁於糧之弊，起自明季某令，至今卒不可變，遂使富户坐困于輸丁，而一切游手末作者，皆相率而爲化外之民。雖或逃丁以鬻販邀厚利，而官曾莫得斂而役焉。彼併丁於糧之患猶如此，則以糧配丁者又可知也。夫人無貧富，莫不有身丁可役，而一邑之中，有田者什一，無田者什九，乃欲專責富户之糧包賠貧户之丁，將令游惰復何所懲。而通計户口之脱漏，又已不啻過半，幸而安常無事。而多欲横斂之官，猶將排門點竈，别科貧户，不幸而有水旱盗賊之變，富户之糧盡去，而額丁不免獨存，將仍責之富户，而富户已不能輸，將復攤之貧户，而貧户去籍已久，莫可究詰。是又踵兩税舊弊之外，而復生無窮之弊也。豈國家編審之本意哉？

竊見宋南渡後，士大夫於鄉里間，頗倣朱子社倉遺意，有自爲義役之規。大約會集宗黨，以力厚薄，割租若干畝，使應役之人，更收其歲入以充役費，而官無所與。宋寧宗、元英宗及泰定帝時，皆嘗以其法頒行天下，民稱其便。既至正中劉輝尹上海，亦勸豪右達官出粟，爲義役常平本，於是賦役以均。此皆往事有可行者。近順治中，先王父逸六公爲闔族户長，嘗深悉賦役之苦，而患吾族之官丁，有加而無已也。乃捐金寄子母錢家，爲免役計，曾不二十年，既用其利千金。建祠供祭，而所爲納丁之費，亦率稱是。族之一二好義者，皆聞其風而踵捐之，至今以爲永利。是則遠追周人相友相助之俗，而近符宋元義役之遺風，舉世所可推而行之，以救丁糧之窮者乎。吾願有官君子，依宋元舊法勸民，沿鄉多斂財穀，各立義役，而擇富而賢者主其出納，别加旌奬，以風勸之，庶足以佐編審之所不及。如徒患徭役之不一，而欲以糧配丁，與併丁於糧者，愚未見其可也。他若近日吾邑之變法者，始附蔣令之十段錦，而寄米之弊，變速而禍小，終附楊令之一條鞭。而加賦之弊，變遲而禍大，是皆人士之無識者爲之，抑又出鄠令下矣。

綜　述

《大明令·户令》 凡民年八十之上，止有一子，若係有田產應當差役者，許令傭人代替出官。無田產者，許存侍丁，與免雜役。

《大明令·户令》 凡民間寡婦，三十以前夫亡守志者，五十以後不改節者，旌表門閭，除免本家差役。

《大誥·徵收不時》 嗚呼！有司官吏不才害民，有若是耶，專以二季徵税爲奸計。麥方吊旗，而催夏税、秋税，穀秧方節，早催秋税。窘民於青黄不接之時，逼民於結實未堅之際，頻於箠楚，得贓緩矣。及其糧成期至，可以上倉，其官吏人等故行遷延，刁蹬留難，不得便於上倉，直待有益於己而後已。嗚呼！天災人禍不至，其徒自死，必有日矣。

《大誥·户部行移不實》 户部尚書茹太素，左侍郎張易，右侍郎張文質，本部郎中吕士威、王士廉、劉景顔，員外郎蒲如真、黄安，及主事傅友文、王毅、徐阜良、接恭、李益、王肅、部文燁、姚德榮、蔚綬、方彦逸等官，故推闒茸，將應施行事務故不施行。及至督責，口稱事務繁冗，發落不開。於是命總目日事若干，以憑考驗。十月十八日早，來呈十七日事件，數該一百四十三件。敕給事中張衡、監察御史胡昌齡，比日考對所單之數。各各公文皆非十月十七日本日公文，盡是十月初三日連日累至十七日，故不施行垛下數目。纔命稽考，却乃星夜將半月故行沉滯公文，妄作十七日接納，發放一百四十三件，面欺以爲冗繁。細察所以，十七日本日止有公文六件行移。以此觀之，面欺平誑一百三十七件。海内智人觀之，奸頑無藉之徒，擅敢肆侮如是。

《大誥·陝西有司科斂》 陝西布政司、按察司官，府州縣官王廉、蘇良等，害民無厭，恬不爲畏。造黄册，科斂於民。朝覲，科斂於民。買求六部寬免勘合限期，科斂於民。徵收二税促逼，科斂於民。造上中下三等民册，科斂於民。其贓官贓吏實犯在獄，招出民人官吏，指定姓名，各

寄鈔銀、氈衫、氈條、氈褥、氈韈、頭疋等項，各照姓名坐追。其布政司、府州縣聞此一至，且不與原指寄借姓名處追還，却乃一概遍府州縣民科要，平加十倍。如此害民，其心略不將陝西百姓於心上，躊躕民人苦楚。且如西涼、莊浪等處，河州、臨洮、岷州、洮州軍人缺糧，著令民人趲運。地將盈雪尺餘，深溝陡澗，高山峻嶺，莊農方息，勞倦未甦，各備車輛，重載涉險，供給軍儲。中路車頹牛死者有之，人亡糧被盜取者有之。若牛死車存，人在中途，進退兩難，寒風凛冽，將欲墮指裂膚。上畏法度，謹遵差期，雖死不易，苦不勝言。設若到衛交納，淋尖跌斛，加倍輸納，無敢妄言。如此艱辛，布政司、府州縣官，按察司官，果曾軫念於民？爲此法所難容，各科重罪。

《大誥·山西運糧》 山西布政司、按察司、府州縣官闕賢、武宣等，贓貪無厭，視民豈如禽獸。且如澤潞等州、平陽等府，糧餉北供，山高風猛，地概溜冰，雪盈川野，冷切人骨，寒逼牛心，中途車摧牛死，雖有人存，進退兩難。且納糧之難，猶頗少苦；其納草之艱甚矣，一車之草，比度鴈門，止足澤、潞車牛之用。民人負細軟，詣大同、蔚朔、鴈門等處，易草輸納。有司欲取民財，實難言語，故行刁蹬，必欲本處載去。致使民人轉運艱辛，不勝之苦，惟天可知。嗚呼哀哉！有司食天之禄，豈有天災人禍不至者耶！今之所犯，法所難留。

《大誥·五州府免糧》 應天、宣城、太平、廣德、鎮江五府州，爲是興王之地，久被差徭，特將夏秋税糧不時全免。惟元、宋入官田地，我朝籍没之田，民田全免。官田若令全免，民難消受，所以減半徵收。凡免糧去處如此，但凡民糧不一概全徵。其應天等五府州縣數十萬没官田地夏收税糧，官吏張欽等通同作弊，並無一粒上倉，與同户部官郭桓等盡行分受。君子詳觀，果可容乎！

《大誥續編·解物封記》 嗚呼艱哉！朕竭心力，不能化聰愚之不善，奈何？且如立一法，去奸去弊，必欲保全臣民。其所立也，多因事而制。雖因事而制，未嘗輕發，必慮之萬全，然後敷於臣民。久之，終未見成效。嗚呼艱矣哉！且如洪武初，天下諸司差人解物赴京，照該倉庫送納，一至中書下部，照數收受。一起解絹者，數具千疋，其該部點掣二百，以爲不堪，著令解物人再進堪中换去。其解物者收買依數兑换，備數送庫，交納了當，赴部欲取原絹，部官吏已入己矣，並無有還者。解者以狀來聞。朕知此弊非起於洪武之初，其來久矣。所以知者爲何？爲拿住貪官污吏，問出前情，已將各官吏棄市矣。朕籌慮數月，立法布於諸司：今後諸司凡有解進之物，於本衙門公同印押，封記牢固，省令解物人休開。物至，朕號令該部毋得擅開封緘，直抵當該庫分，庫官辨驗開封。堪中則如法收受，不堪則如數奏聞。此便於臣民者也。此出未久，其所在諸司通同起解者，並不公同緘封，惟是散盛解行，却乃廣用印信封皮，令解物人於身藏帶。於所解之物，無所關防，沿途或以微抵巨，或以賤易貴，或虚買實收，止納一半，觀朝廷之隙爲之，全不納者有之，有抵庫而不如數者有之。鞫問其由，其印信封皮懸帶在身，至京方用。謂曰：何若是？對曰：已與官吏交通，自起至京，便於抵换，虧折自由。嗚呼！前爲中書六部庫藏人員刁蹬留難解物者，朕特設此法，以便解物之人，更不陷官吏於不易。此法之良，雖神天亦謂之便，而況人乎！其趨死之徒見此法此行難以作弊，故不依允，直至殺身而後已。

《大誥續編·經解該物》 今後各府州縣解納應合入官諸色物件，非正官、佐貳官、首領官或該吏，須得一名親起解則可。若或不然，仍差無職役、無藉頑民及無底業者解送，則治罪官吏，甚不輕恕。所以禁者爲何？自開國以來，朝廷小人在位者多，動止互相朋黨，所以天下有司數差無藉之徒解納諸色物件。及至京也，有周年不納，虚買實收而歸者有之；有使訖一半，而妄言原本不足而來者有之。及其稽也，原來本足。由此殺身，歲非一二人，猶不能止其奸，豈不罪在有司？今後敢有如此者，陪追之後，官吏殺之，妄承行者亦殺之。

《大誥續編·江西解課》 江西左布政使馮叡等通同廣濟庫官攢江日新等，將在庫諸色課程、贓罰等項，偷盜分受入己。臨差進呈，其布政使馮叡等，不將舊經首尾庫官江日新差來送呈，却差新到任庫官朱恕。恕不能推脱，就而承行，慮恐不便，索率庫攢人等起解赴京。其所奏狀啓劄，內將諸色物件混淆概聞，不分何者税課若干，贓罰若干。如此欺侮朝廷，豈人臣之禮哉。嗚呼！因利所迷，其謀愚若是耶？若將奏狀啓劄云及稚子老妻，亦難蒙蔽，而上聞朝廷，可乎？吁，嘗聞世不絶聖，國不絶賢。今朕馭宇，所用之人咸若是，奈何！於心豈不愁焉，憂矣乎無已。

《大誥三編·臣民倚法為姦》 於戲！世有姦頑，終化不省有若是。且如朕臣民有等姦頑者，朕日思月慮，籌計萬千，務要全其身命，使揚祖宗，顯父母，榮妻子，貴本身，共安天下之民。朕所設一應事務，未嘗不穩，一一盡皆的當。其不才臣民百般毀壞，不行依正所行，故意亂政壞法，自取滅亡，往往如此，數百數千矣。故入此姦頑，終了殺身者，莫知其數。且如朕爲布政司、府州縣並軍職衙門，恐各官吏才力不及，特設良法使行之。其法已定，其法已良，有等不才姦頑，故意妄生枝節擾亂，使上不能清其事，官吏人民易爲作弊。及至事發，使彼自清簿書，少減輕其罪。當此之時，意在求生，其心切切。及其理也，自亦莫能知，是亂之極也。嗚呼！其貪心勃然而起，迷其真性，造惡如此，雖欲自求生路，亦也不能。況朝廷及他受害者，如府州縣官不能，朕設良法，使安其祿位。其常熟縣秋糧四十萬石有零，教糧長三十餘名掌之。臨催糧時，省會三十餘名人糧辦已。本以大户爲糧長，掌管本都鄉村人民秋夏税糧。其官吏見法正且清，難爲作弊，却乃設計亂法。其亂法之計，將糧長不許管領本都鄉村納糧人户，調離本處，或八九十里、一百里，指與地方，使爲糧長者，人户不識，鄉村不知。其本部、本保及鄰家錢糧，却又指他處七八十里、百十里人來管辦，務要糧糧不清，田地不真，易爲作弊，如此擾害細民。朕將原設三十餘名糧長革去，從本縣並各處有司設法自辦。其常熟官吏用六百有零里長催辦，其爲首者既多，奸民乘此，其弊紛然，常熟縣官莫能誰何，加以自取肥己，一旦發露，官吏殺身，奸民又罪若干，皆亂政壞法自取也。初爲上司輕易虐辱所屬，朕命不許，凡有合行事務，公文往來，必欲事成其所屬。建昌縣知縣徐頤等，恃倚朕命，二十次、四十次、三十次、十七八次不答應，致使公事有妨。如此亂法，事覺皆處以極刑，盡是沮壞安身之法，自取殺身之禍。如民人亂法，朕見府州縣官吏苦民極甚，特不許有司差人下鄉，有司官吏亦不許親自下鄉。法已行，官吏守者且有一半，民甚安矣。有等恃倚誥文，非理抗拒有司里甲糧長，不肯趨事赴工，以致家破人亡者多矣。嗚呼！奸頑之徒難治，扶此彼壞，扶彼此壞。觀此奸頑，雖神明亦將何如！今將各所犯條列於後，觀者戒之。

一、建昌縣知縣徐頤，爲本縣夏税違限不納，本府帖下督催二十八次，恃頑不答，却乃詭生巧計，暗令納户黄文哲等赴所納倉分虚買通關。事發，刑部差旗軍張觀音保等提取。本官將刑房吏喻俊輕隱藏，暗圖賄賂，接受鄧子富等三名鈔四百餘貫，脱放各人，却令吏房吏徐文政抄批支吾。是後，本縣官吏二十餘日不於正門出入，潛於後門往來。各軍等候日久，不見提到，每日止於縣前伺候，忽見抄批吏徐文政，拿住欲同赴京。本官發怒，故將各軍羅織，搶入縣廳跪問，誣以直行正道，於縣門下監鎖。内三名脱歸，面奏前項事情。本官聞知，纔將原監鎖軍人疎放。及至坐提本官，又行令弟徐二舍會集老人張克成等七十餘人，至京妄保。行至江北，止分四十二人赴京，妄訴官有政事。如此奸狡百端，凌遲示衆。

一、松江府知府李子安，爲欽差旗軍傅龍保等十五名到府抄扎犯人計三家財，提取贓吏夏時中等三名，比對勘合之後，李子安不與旗軍知會，私自將計三家抄扎，尅落家財作弊，又將夏時中等三名受財賣放。各軍因見弊多，欲帶該吏張子信赴京回話，本吏將鈔十貫相送，被各軍送到本府封記。李子安慮恐各軍到京發其姦貪，却乃將帶本府吏典、皂隸人等，搶奪該吏回去，及將旗軍傅龍保等十二名收監。又三名走脱，欲行赴京，其知府李子安與守門鎮撫閉門邀截回還，鎖禁五十餘日。自知非理，朦朧妄申都察院定奪。都察院著令解院施行，其李子安又行設計，却將旗軍解赴府軍前衛，以致事發，凌遲示衆。

一、江浦縣知縣楊立，爲欽差旗軍到縣追徵胡黨李茂實鹽貨事，知縣楊立每日於各里長家飲酒。其江浦去京止隔一江，本官並不以公務爲重。及見旗軍催督追鹽，本官先與給事中句端面約，故不答應，却用掌記書寫事情，差皂隸送至給事中句端家。句端接入房内，備寫緣由，仍令皂隸將回，傳遞消息。别無上司明文，却稱我於給事中處討得分曉來了，如今不要追鹽，每引止折鈔四貫。如此結交近侍，欺罔朝廷，事發，凌遲示衆。

一、甘泉縣知縣鄭禮南等，爲催徵洪武十八年欺隱税糧事，本府四十八次帖下催徵，本縣並不答應。又爲追徵贓糧贓銀等事，累催不見次第。本府委自知事李固親到本縣著追，其知事到於撫安驛安歇，再三令人唤知縣鄭禮南、主簿婁本前來取招。鄭禮南不服，婁本出驛將領祇禁二十餘人，將知事李固扯去紗帽，揪住頭髻，再三揉辱，喝令祇禁搶去監禁。如此頑惡，凌蔑上司。罪可容乎！

一、開州同知郭惟一，不畏國法，惟務設計贓貪害民。本州耆宿董思

文等再三勸諭本官：如今《大誥》頒行，務要安民，官人不可如此。其同知郭惟一發忿嗔怪，耆宿董思文等因此赴京陳告。其同知郭惟一率領衹禁人等，將耆宿董思文邀截回州，收監在禁，監死董思文一家四口，以致董思文姪董大赴京告發。其郭惟一梟令示衆。

一、德安縣丞陳友聰，通同里長唐祐等，欺隱茶株，不行踏勘，接受本人羅絹布共十匹，鈔八十貫。本府帖下二十七次提取，縣丞抗拒不服。及府委推官坐提，却行會集吏典、弓兵、里長、茶户周鼎等三十餘人，將推官等搶拏入縣，喝令打死勿論，隨即幫縛枷杻拘監。却寫奏啓本，差典吏易達、禁子馬興等，管押陳推官等九名赴京，遮掩前非。及至憲司差喻承差同本府知府黄維清前去追提，又行會集周鼎等將門把住，自執鐵叉拒敵。肆惡如此，凌遲示衆。

一、定陶縣知縣劉正，爲按察司追徵贓鈔事，移文一十七次，本縣不行答應。因差禁子陳良並兖州府差禁子李仕成到縣，坐追贓鈔四千七百八十貫。知縣令兵房吏趙謹將酒一瓶、雞一隻與各人飲喫。各人説稱：知縣不行追徵贓鈔，却送雞酒來。知縣却説：你喫也不追徵，不喫也不追徵。後因拿承差皂隸陳良等鎖收在禁，行枷杻手起解，又行商量：我不曾追得贓鈔起，他不曾坐公廳，騎官驢，若到京，我縣家有罪。因分付長押：中途放了，我只不要他告狀便了。如此姦頑，罪可容乎！

一、萊陽縣丞徐坦，爲勾軍事，府帖一十一次下縣催勾，徐坦與兵房吏劉英等收贓一百貫，不行挨勾。及至本府差典吏董志、禁子杜黑馬到縣提勾官吏，却誣董志等爲馳當道，入正門，枷杻赴京。聞知本府具奏，纔將軍丁張玉山勾解捕塞。凌遲示衆。

一、溧水縣主簿范允，爲抄扎姦黨張名善家財，本縣頑民湯希悦等隱匿抄扎財物，冒告文引，私下遞與張名善盤費，以致民人霍進等到縣告發。其主簿不以隱匿抄扎家財爲重，却行受要湯希悦等鈔四百貫，紅綾二匹，泯滅其事。向後霍進等欲行赴京陳告，又令湯希悦等邀截回還。故意受贓不理，却敢稱説：便告我，也赦我三箇死罪。他每不要本縣來住。致被霍進等告出前情。如此怙恩肆惡，梟令任所。

一、嘉定縣民蒲辛四，一户分爲三户。《大誥》未頒時，蒲辛四充耆宿，時常騙要里民周祥二錢物。《大誥》頒行，蒲辛四畏懼告發，父子三人將周祥二幫縛家内，用油浸紙撚插於周祥二左足大指、二指兩間，逼令招爲害民弓兵。嗚呼！民有不良者如此。父子三人，分作三户，名開户不開。其蒲辛四充耆宿，一男充里長，孫充甲首，皆爲鄉里之害。及至將周祥二幫縛赴京，通政司驗問，足有火燒瘡腫。蒲辛四語言妄對，拿下問出前情，梟令示衆，籍没其家。

一、嘉定縣民沈顯二，詐稱魚湖頭目，與鄰人周官二將積年害民里長顧匡幫縛赴京。行至蘇州閶門，耆宿曹貴五勸和，沈顯二接受鈔一十五貫，紬一匹，銀釵銀鐲等物，就行脱放。顧匡畏懼再後事發，親自赴京出首。耆宿曹貴五聞知本人欲首：我係勸和人，必相連累，隨與一同赴京出首。其民人周官二一聞此事，畏懼首發，亦行赴京出首。其沈顯二聞此三人赴京，星夜趕至淳化鎮，意在一同出首。其周官二、曹貴五、顧匡設計，却將沈顯二幫縛面奏。至通政司，沈顯二杻脱在逃。周官二、曹貴五又行設計，却將原拿里長顧匡仍前幫縛赴通政司告。通政司審問：顧匡係你同伴拿人的人，你如何拿他？周官二言説：顧匡本是我每原拿的人，沈顯二受財脱放，我等各人畏懼事發，一同赴京出首。不期沈顯二續後趕來，我等一見沈顯二到，却將沈顯二作騙人財物幫縛前來，故意隱下前情。今沈顯二杻脱在逃，我等又將原拿顧匡幫縛首告。嗚呼！民有姦頑者若是，所設計謀，尋常語言説出來，人也早晚不能曉解其計。似此姦頑，四人皆梟令示衆，籍没其家。

一、歸安縣楊旺二，明知本都里長攢造文册，雇倩良民文阿華在家書寫，甲首盛秀二助勞，係是辦集公事，並無科斂害民情由。却乃姦貪恣惡，將文阿華、盛秀二幫縛拿至安吉縣地面，私自監禁一月，百般欺詐銀鈔等物，脱放各人。爲無人保領還家，心恐事發，仍將各人拿來。如此排陷小民，肆姦玩法，梟令示衆。

一、安吉縣民金方，佃種本縣民潘俊二田一畝六分，兩年田租不行交還。其潘俊二赴金方家取討，本人反行嗔怪發狠，將潘俊二作害民豪户幫縛，騙要本人黄牛一隻、猪一口，宰請衆人飲喫。又行虚勒要潘俊二已收田租並不曾騙要牛隻文書三紙，然後將潘俊二幫縛前來。如此騙害良民，梟令示衆。

一、崇德縣民李付一等，見充本縣里甲。爲起夫於沿海地面築城防

倭，擾民生理，二次牌勾，故意抗拒不答，俱各在逃。本縣批差甲首王辛三勾喚，李付一稱說：待我宰羊賽願，同你赴縣辦事。因設計詐請王辛三飲酒，醉後將本人作害民甲首幫縛赴京，言稱王辛三騙我羊酒飲喫。如此誣詐，各人淩遲示衆。

一、烏程縣民余仁三等二十九名，係本縣富民游茂玉佃户。游茂玉爲見水災，余仁三等各各缺食，將自己糧米俵借各人食用。其余仁三等不行備辦交還，却嗔游茂玉取討，因結搆頑民一百餘人至游茂玉家，將本人房屋門户俱各打碎。游茂玉爲見兇頑，潛躲他處。余仁三等於游茂玉家搜出原借米文約，其糧長閔益亦在其中，同惡相濟，將原借米文約唱名俵還各户。又於游茂玉家箱籠内搶出銀四十五兩，鈔七十五貫，首告買免。及將游茂玉家山羊二隻宰殺賽神，却將游茂玉作豪民幫縛赴京。如此兇頑，除將余仁三、閔益、嚴三保等梟令示衆，其餘各人發化外充軍，家下人口遷發化外。

一、歸安縣民慎右三等，明知本都民人許福三、張勝四係是民害，自合即拿赴京，却不合指以幫縛民害爲由，恐嚇許福三等財物，致被福三等逃躲。因將許福三房屋門户毁壞，雞鵝羊酒，私宰羣飲，詣神祈卜，然後將許福三等拿來。行至上元縣土橋，又行設計，逼令本人虚寫借米四十七石文約一紙與我，我只將你作幫虎名色拿去，免致梟令抄扎。行至通濟門外，又行設計，將所拿二人分作二起妄告，冒請賞給，以致被拿人告發。免死發廣西拿象，人口遷於化外。

一、歸安縣民戴興四等，爲恃頑不納秋糧，里長陳勝佑雇倩農民丘華一前到伊家催取。其戴興四等嗔怪本人到家取索，却將丘華一作幫虎拿來，致被通政司審出前情。免死發廣西拿象，全家抄扎，人口遷於化外。

一、蘇州府吴縣糧長於友本係胡黨，數曾犯法，面刺死囚隱送同罪。本人因與胡惟庸通謀，其弟於名，職内藏庫官，掌管錢帛，偷盗庫藏財物，已發寧夏充軍，本人亦發鳳陽屯種。後本人將隱送同罪四字起去，還鄉復業，充洪武十八年糧長。至十九年，本區内里長盛宗欲行赴京陳告本人胡黨事，其於友將本人邀回，置禮求免。略得少暇，却率家人及鄰里分使胡惟庸錢物者沈革六等二十名，將里長盛宗作害民弓兵幫縛赴京。朕親面見，其里長盛宗從前分訴於友爲惡緣由，黨弊昭然。於是命法司發回本貫，梟令示衆。

《大誥三編·安慶解課》 安慶府將洪武十七年冬季魚課鈔三萬九百七十四貫，差業户徐應隆等管解赴京交納。本人解赴京師聚寶門河下，覘視動静。自十八年三月至十九年三月，計一年之上，不行進納，通同前户部侍郎張易，意在埋没，侵欺入己。其張易别爲贓私，已行提下，以致課程一向不曾入官。其望江縣吏汪誠接管本縣户房事，檢驗得文案内有起解課程數目，無實收入卷。本吏詢問本鈔在京師聚寶門河下隱藏，其吏徑赴京師，面陳其情，朕將本吏擢爲户部司務。其作弊，意在隱謾三萬課程鈔入己，及至首發，已自用過一千一百二十三貫，所以徐應隆等盡行治以死罪。噫！忘生捨死，偃兵息民，闢土開邊，如此功歸，賞不過二十萬文，上者匹不過十表裏。今此弊，户部試尚書茹太素首銜，張易公然作弊。若無餘罪攪擾被監，設使無事而弊成。張易爲之弊首，太素未知何如。嗚呼，如許大錢糧，豈有聯銜而忘其計者！今張易被誅，太素曲法而免。

（清）龍文彬《明會要》卷五四《食貨·田賦》 明初，定官民田賦：凡官田畝税五升三合五勺，民田三升三合五勺，重租田八升五合五勺，没官田一斗二升，蘆地五合三勺，草場地三合一勺。《世法録》

洪武元年正月，詔遣周鑄等一百六十四人，往浙西定税額。時，處州之糧，以軍加徵至十倍，章溢屢以爲言。至是，請定處州七縣税糧，視宋制畝加五合。餘悉除之。《通紀》

九年，天下税糧，令民以銀、鈔、錢、絹代輸。其後，以米、麥爲本色，諸折納税糧者謂之折色。《食貨志》

十三年三月，減蘇、松、嘉、湖糧額。初帝平吴，怒四府爲張士誠守，乃籍諸豪族及富民田，以爲官田，按私租簿爲税額。楊憲爲司農卿，又以地膏腴增其賦，畝加二倍，視他方倍蓰。洪武七年，詔減四府極重田租之半，然重者猶徵至七斗以上。至是，復命户部裁其額，畝科七斗五升至四斗四升者減十之二，四斗三升至三斗六升者概徵三斗五升，以下仍舊。《三編》

十四年正月，定賦役籍。詔天下編造黄册。册有丁、有田。丁有役，田有租。租：曰夏税，曰秋糧。夏税無過八月，秋糧無過明年二月。《食貨志》

御史解縉《太平十策》言：天下税糧，當一切盡徵本色。除漕運京倉之外，其餘則儲之於通都大邑。而使司計之臣，略仿劉晏之遺意，量其歲之豐凶，稽其價之高下，糶銀解京，以資國用。一年計之不足，十年計之有餘。小民免稱貸之苦，官府省敲扑之煩，郡國有凶荒之備，一舉而三善隨之矣。《日知録》。

建文二年正月，詔減江、浙田賦，畝不得過一斗。有司違者，罪之。後永樂中，盡革建文政，浙西賦復重。《三編》。

永樂元年，湖廣夏税至，後期。户部尚書郁新請治府州縣官稽緩罪。帝曰：賦入，但無失經制可矣。耕種有先後，地里有遠近，何能概論？任官牧民，當察其難易而悉其情。苟以稽緩罪其官，必急責於民，吾民殘矣。其勿問。《春明夢餘録》。

宣德四年，令推陞之郎中、員外、御史、長史等六員，爲各部侍郎，分往浙江、江南、湖廣、河南、山東、山西等布政司並南、北直隸府州縣，督收税糧。《通典》。

又詔：各處官田，每畝舊納糧一斗至四斗者，各減十之二。四斗一升至一石以上者，減十之三。王圻《通考》。

正統元年，令浙江、直隸、松、蘇等處官田，准民田起科。每畝四斗一升至二石以上者，減作三斗；二斗一升以上至四斗者，減作二斗；一斗一升至二斗者，減作一升。同上。

副都御史周銓言：行在各官俸支米南京，道遠費多，所餘無幾。請於直省不通舟楫之州縣，折收布、絹、白金，解京充俸。江西巡撫趙新、尚書黄福亦以爲言。帝問尚書胡濙。濙言：太祖時，嘗折納税糧於陜西、浙江，民以爲便。遂倣其制。米麥一石折銀二錢五分。南畿、浙江、江西、湖廣、福建、廣東、廣西米麥共四百餘萬石，折銀百萬餘兩，入内承運庫，謂之金花銀。其後概行於天下。自起運兑運外，糧四石折銀一兩解京，以爲永例。由是，諸方賦入折銀者幾半，而倉廩之積漸少矣。《世法録》。

天順時，令鎮守浙江尚書孫原貞等，定杭、嘉、湖則例。以起科重者，徵米宜少；起科輕者，徵米宜多。凡重者輕之，輕者重之。欲使科則適均，而畝科一石之税未嘗減云。《食貨志》。

成化八年二月，謀搜河套。兵部尚書白圭建豫徵之議，檄下山西、河南諸府縣，内地騷然。

兵科給事中梁璟以爲言。侍講倪岳亦言：山西、河南之民，飛芻挽粟，徒步千里，夫運而妻供，父輓而子荷。乃轉輸不足，又有豫徵。水旱不可先知，豐歉未能逆卜，徵如何其可豫也？俱不省。《三編》。

嘉靖二年，御史黎貫疏言：國初夏秋二税，麥四百七十一萬石，今少九萬；米二千四百七十餘萬石，今少二百五十餘萬。而宗室之蕃，官吏之冗，内官之衆，軍士之增，悉取給其中。賦入則日損，支費則日加。請覈祖宗賦額及經費多寡之數，一一區畫。於是户部議令天下官吏考滿遷秩，必覈任内租税。徵解足數，方許給由交代。帝納之。《食貨志》。

三年，應天巡撫歐陽鐸以蘇、松田不甚相懸，下者畝五升，上者至二十倍。乃令賦最重者減耗米，派輕齎；最輕者徵本色，增秏米。陰輕重之。賦乃均。《歐陽鐸傳》。

諭德顧鼎臣條上錢糧積弊四事：一曰，察理田糧舊額。請責州縣官，於農隙時，令里甲等，仿洪武、正統間魚鱗、風旗之式，編造圖册，細列原額田糧字圩，則號、條段、坍荒、成熟、步口數目。官爲覆勘，分別界址，履畝檢塌丈量，具開墾改正豁除之數。刊刻成書，收貯官庫，給散里中，永爲稽考。一曰，催徵歲辦錢糧。成、弘以前，里甲催徵，糧户上納，糧長收解，州縣監收。糧長不敢多收斛面，糧户不敢攙雜水穀糠粃，兑糧官軍不敢阻難多索，公私兩便。近者有司不復比較經催里甲負糧人户，但立限敲扑糧長，令下鄉追徵。豪强者則大斛倍收，多方索取。孱弱者爲勢豪所凌，不免變産補納。至或舊役侵欠，責償新僉。且往時每區糧長不過正副二名，近多至十人以上。其實收掌管糧之數少，而科斂打點使用年例之數多。州縣一年之間，輒破中人百家之産。害莫大焉。宜令户部議定事例，轉行所司，審編糧長，務遵舊規。其二則議遣官總理及復豫備倉糧也。議雖切中時弊，有司遷延不行。

時又有綱銀、一串鈴諸法。綱銀者，舉民間應役歲費，丁四糧六，總徵之。易知而不繁，猶綱有綱也。一串鈴則夥收分解法也。已上《食貨志》。

御史龐尚鵬巡按浙江，奏請行一條鞭法。其法，總括一州縣之賦役，量地計丁，丁糧畢輸於官。一歲之役，官爲僉募。力差，則計其工食之

費，量爲增減。銀差，則計其交納之費，加以贈耗。以及土貢方物，悉併爲一條，皆計畝徵銀，折辦於官。故謂之一條鞭。立法頗爲簡便。嘉靖間數行數止。萬曆時，張居正當國，請下制申飭海内通行。《春明夢餘録》。

隆慶元年四月，户部尚書葛守禮言：國初徵糧，户部定倉庫名目及石數價值，通行所司分派。小民隨倉上納，完欠之數，瞭然可指。近乃定爲一條鞭法，計畝徵銀。不問倉口，不論石數。吏書奚緣爲奸，灑派增減，弊端百出。至於收解，乃又變爲一串鈴法，謂之夥收分解。收者不解，解者不收。收者獲積餘之貲，解者任賠補之累。夫錢穀必分數明而後稽覈審，今混而爲一，是爲那移者地也。願敕所司，酌復舊規。詔悉舉行，於是奏定國計簿式，頒行天下。自嘉靖三十六年以後，完欠起解追徵之數，及貧民不能輸納，備録簿中。自府州縣達布政，送户部稽考，以清隱漏、那稽、侵欺之弊。《葛守禮傳》。

四年，巡撫保定朱大器條陳田賦五弊：一、責全徵，一、革截解，一、清存留，一、嚴侵冒，一、除兑支。王圻《考》。

萬曆時，給事中蕭彦上言：察吏之道，不宜視催科爲殿最。昨隆慶五年詔：徵賦不及八分者，停有司俸。至萬曆四年，則又以九分爲及格，仍令帶徵宿負二分。是民歲輸十分以上也。有司憚考成，必重以敲扑。民力不勝，則流亡隨之。臣之爲：九分與帶徵，二議不宜並行。所謂寬一分民受一分之賜也。部議允行。《蕭彦傳》。

（清）龍文彬《明會要》卷五四《食貨·賜田租》 吴元年正月戊戌，賜太平田租二年，應天、鎮江、寧國、廣德田租各一年。《本紀》。

洪武元年四月，以山東州郡新附，詔免今年夏税、秋糧。《通紀》。

二年正月庚戌，詔以海内戡定，民尚未甦。免山東、北平、燕南、河東、山西今年夏税、秋糧。其北京、河南，除徐、宿等州已免外，西抵潼關，北界大河，南至唐、鄧、光、息，一體蠲免。

又詔免應天、鎮江、太平、宣城、廣德及無爲州田租。

三年三月庚寅，詔曰：成武功者必資民力。各郡邑供給有先後，豐歉有不同，凋弊之餘，未能蘇息。其蠲應天、鎮江、徽州、寧國、池州、太平、廬州、廣信、饒州、金華、嚴州、衢州、處州、廣德、滁、和十六府州及河南、山東、北平今年田租。又免徐、邳二州夏税

五年十月，免應天、太平、鎮江、寧國、廣德田租。已上《三編》。

九年三月己卯，詔曰：比年西徵燉煌，北伐沙漠，軍需甲仗，皆資山、陝。又以秦、晋二府宫殿之役，重困吾民。平定以來，閭閻未息。國都始建，土木屢興。畿輔既極煩勞，外郡疲於轉運。今蓄儲有餘，其淮、揚、安、徽、池五府及山西、陝西、河南、福建、江西、浙江、北平、湖廣今年租賦，悉免之。

十三年五月己亥，詔免天下田租。

十四年十月甲寅，免應天、太平、廣德、鎮江、寧國田租。

十五年四月壬辰，免畿内、浙江、江西、河南、山東税糧。已上《本紀》。

十六年五月，免應天、太平、鎮江、寧國、廣德田租。詔曰：五郡爲興王之地，其民助朕居多，故數免税，以酬其勞。《明政統宗》。

十七年七月丁巳，免畿内今年田租之半。

十八年三月，免畿内今年田租。已上《本紀》。

二十八年九月，以山東民供給遼東、山西、北平軍需，詔蠲其租。又免應天等五府秋糧。《三編》。

惠帝即位，賜天下明年田租之半。《本紀》。

建文四年，成祖即位。十二月癸丑，蠲被兵州縣明年夏税。同上。

永樂三年正月庚申，免順天、永平、保定田租二年。以數年用兵，供給特勞，故休息之。《三編》。

十二年八月丙午，蠲北京州縣田租二年。

宣德元年十二月辛酉，免六師所過秋糧。

七年三月辛酉，諭禮部曰：朕以官田賦重，十減其三。乃聞異時蠲租詔下，户部皆不行。甚者戒約有司，不得以詔書爲辭。是廢格詔令，使澤不下究也。自今令在必行，毋有所遏。

景帝即位，免景泰二年田租十之三。

憲宗即位，免明年田租三之一。

世宗即位，賜天下明年田租之半。

嘉靖十五年三月，如天壽山謁陵，免昌平今年税糧三之二。

十八年三月，帝幸承天，免湖廣明年田賦五之二，畿内、河南三

之一。

穆宗即位，免明年天下田賦之半。

萬曆八年三月，謁陵天壽山，免所過田租。已上《本紀》。

（清）龍文彬《明會要》卷五四《食貨·蠲逋賦》 惠帝即位，詔行寬政，蠲逋賦。

永樂六年二月丁未，除北京永樂五年以前逋賦。三月乙卯，除河南、山東、山西永樂五年以前逋賦。

九年十一月戊午，蠲陝西逋賦。

十年二月辛酉，蠲山西、河南逋賦。

十四年正月己酉，免北京、河南、山東永樂十二年逋租。

十九年四月乙巳，蠲十七年以前逋賦。已上《本紀》。

宣德元年二月，悉除開荒田逋稅。《三編》。

七年四月，免山西逋賦二百四十萬石有奇。同上。

正統三年九月癸巳，蠲兩畿、湖廣逋賦。

五年四月壬申，免山西逋賦。九月壬寅，蠲雲南逋賦。

十年二月己未，免陝西逋賦。

景泰元年三月癸亥，免畿内逋賦及夏稅，十月癸巳，免畿内逋賦。

七年，蠲畿内、山東逋賦。

武宗即位，除弘治十六年以前逋賦。

正德五年三月，免正德三年逋賦。

世宗即位，免正德十五年以前逋賦。

穆宗即位，免嘉靖四十三年以前逋賦。

隆慶六年五月壬辰，免廣東用兵諸郡逋賦。

萬曆六年四月乙未，免湖廣四川逋賦。

七年三月甲子，免淮、揚逋賦。已上《本紀》。

十年正月，《本紀》系之二月丁酉。免天下逋賦。張居正言：百姓財力有限，即年歲豐收，一歲之入僅足供一歲。不幸荒歉，目前尚不能辦，豈能更完逋賦？有司移新抵舊，年分混雜，甚至不肖者因而混獵。與其朘民以實奸貪之橐，孰若盡蠲以施曠蕩之恩。帝從之。凡免一百餘萬有奇。《三編》。

十二年六月辛亥，以雲南用兵，免稅糧及逋賦。

二十年七月癸酉，免陝西逋賦。

二十九年正月壬子，以播州平，蠲四川、貴州、湖廣、雲南加派田租逋賦。

崇禎九年五月癸酉，免畿内五年以前逋賦。十一月丁未，蠲山東五年以前逋賦。

十五年正月戊子，免天下十二年以前逋賦。已上《本紀》。

（清）龍文彬《明會要》卷五四《食貨·荒政》 洪武元年八月，詔曰：今歲水旱各處，所在官司不拘時限，從實踏勘實災，蠲免租稅。《農政全書》。

三年正月，西安、鳳翔二府饑。户部奏請運粟濟之。帝曰：民旦暮待哺。若待運粟，死者多矣。即命户部主事李亨馳驛往振之。户給粟一石。

五年四月，山東行省言：濟南、萊州連年旱澇傷禾麥，民食草實樹皮。帝即命於淮安運粟振之。

六年，饒陽知縣郭槱見邑大饑，民食草實木皮，遂以上聞。帝覽其奏，復咨訪得晋、冀等州皆饑。乃命尚書劉仁等往各州縣振之，蠲其租賦。已上《世法録》。

費震擢漢中知府。歲凶，盗起。發倉粟十餘萬斛貸民，俾秋成還倉。盗聞皆來歸。令占宅自爲保伍，得數千家。《楊思義傳》。

二十六年四月，諭户部曰：歲荒民饑，必待奏請，道途往返，動經數月，民之饑死者多矣。自今遇歲饑，先貸後聞。著爲令。

永樂元年十二月乙酉，尚書郭資等奏：真定東強民饑，乞遣人覈實振濟。上曰：民困如此，濟之當如救焚拯溺，少緩即無及矣。今遣人覈實，展轉往復，民命迫於旦夕，其可待乎？命户部速遣官振之。

三年三月丙午，淮安、邳州言：饑民計其口數，請得粟九千石振之。上曰：此可給三月耳。秋成之期尚遠，恐不免於餓死。國家惠民，豈可爲旦夕計？宜倍其數給之。已上《世法録》。

五年五月辛未，諭都察院曰：河南郡縣薦罹旱澇，有司匿不以聞。有言雨暘時若，禾稼茂實者。及遣人視之，民所收十不及四五，或十不及

一，至掇草實爲食。聞之惻然，亟發粟振之，已有饑死者。此朕任用匪人之過，已悉置於法。其榜諭天下有司，凡災傷不以聞者，罪之不宥。《大訓記》。

七年，江、淮饑，命都御史虞謙、給事中杜欽巡視，啓請振貸。皇太子諭之曰：軍民嗷嗷待哺，尚從容啓請待報。獨不聞汲黯事耶？亟發廩振之，毋緩。《通紀》。

九年七月，户部言：振北京臨城縣饑民三百餘户，給糧三千七百石有奇。上曰：國家儲蓄，上以供國，下以濟民。故豐年則斂，凶年則散。今後但遇水旱民饑，即開倉振給，無令失所。《農政全書》。

十六年七月己巳，敕責陜西諸司：比聞所屬歲屢不登，致民流莩。有司坐視不恤，又不以聞。其咎安在？其速發倉儲振之。稽遲者，必誅不宥。

十八年，青、萊二府大饑。皇太子過鄒縣，命亟發官粟以振，至京以聞。帝是之，曰：昔范仲淹子猶能舉麥舟濟其父之故舊，况百姓吾赤子乎？

十九年二月，振河南饑。復遣御史蔡新等檢覈振濟不及者三千一百户，補給之。典賣男女者，官爲收贖。

二十年，户部奏直隸開州諸處民饑。帝嘆曰：有司必至饑民嗷嗷，始達於朝。又待命下，始振之。餒死者已不逮矣。其令：自後遇災，先振後聞。已上《世法録》。

洪熙元年四月壬寅，帝聞山東及淮、徐民乏食，有司徵夏税方急，乃御西角門，召大學士楊士奇草詔，免今年夏税及秋糧之半。士奇言：上恩至矣，但須户、工二部預聞。帝曰：有司慮國用不足，必持不決。救民之困，當如救焚拯溺，不可遲也。趣命中官具楮筆，令士奇就門樓書詔。帝覽畢，即用璽付外行之。顧士奇曰：今可語部臣矣！

正統五年七月辛丑，遣刑部侍郎何文淵等分行天下，脩備荒之政。已上《本紀》。

十年七月，巡撫于謙言：山、陜饑民二十餘萬，皆就食於河南。訪得懷慶、河南二府倉糧見存六十餘萬石。乞減價糶與饑民，收鈔解京。上諭户部曰：此古名臣救荒良策也。其諭謙速行之。《典彙》。

景泰四年三月，鳳陽，淮安、徐州大水，道殣相望。王竑巡撫江北，奏聞，不待報，開倉振之。山東、河南饑民就食者坌至。竑以徐州廣運倉有餘積，欲盡發之。典守中官不可。竑曰：民旦夕且爲盜。若不吾從，脱有變，當先斬若，然後自請死耳！中官憚竑威名，不得已從之。竑乃自劾專擅罪。因言廣運所儲，僅支三月，請令死罪以下，得於被災所入粟自贖。帝復命侍郎鄒幹賷帑金馳赴，聽便宜。竑乃躬自巡行散振，不足，則令沿淮上下商舟量大小出米，全活百八十五萬餘人。勸富民出米二十五萬餘石，給饑民五十五萬七千家。賦牛種七萬四千餘，復業者五千五百家，他境流移安輯者萬六百餘家。《王竑傳》。

五年正月甲戌，命平江侯陳豫、學士江淵撫輯山東、河南被災軍民。三月辛酉，學士江淵振淮北饑民，王文撫卹南畿。《本紀》。

天順元年，命侍郎周瑄振北畿，僉都御史林聰振山東。帝恐瑄、聰巡歷不能周遍，復遣侍郎黄仕儁繼往。聰屢請發帑。帝詔徐有貞、李賢議。有貞曰：發帑振濟，徒爲里胥乾没耳！賢曰：慮乾没而不貸，坐視民困，是因噎廢食也。帝卒從賢議。《三編》。

成化六年，山東、河南旱。給事中邱宏請振，因言：四方告災，部臣拘成例，必覆實始免。上雖蠲租，下鮮實惠。請自今遇災，撫、按官勘實，即與蠲除。從之。《邱宏傳》。

九年，牟俸巡撫山東，歲祲，請發濟南倉儲，減價以糶，令臨清關税收米麥助振。又以民多轉徙，請敕鄰境撫、按官隨所在安輯，秋成資遣復業。且乞開中淮、浙鹽百萬引，盡蠲州縣逋課。詔如所請，更命移臨清倉粟十萬石以振。俸尋乞截留漕糧，并貸饑民布棉，免柴夫折價銀。移河南輸邊粟濟山東，而别給銀爲邊餉。山東輸京租二十萬石給本地用。帝皆嘉納。明年又饑，請發倉儲出貸。俸撫山東五年。盡心荒政，活饑民不可勝數。《牟俸傳》。

十八年，淮、揚巡撫張瓚以鳳陽、淮安饑入告，發兩淮鹽直五萬振之。南京給事中劉璣復告南直隸諸府州災。命以淮安常盈倉糧三萬石振鳳陽。以蘇、松、常、鎮四府歲儲餘米，徐州廣運倉糧一萬石，各振其地之民。以南京常平倉糧三萬石振應天、滁州。以揚州鈔關及税課司夏季應徵之鈔，準貫納米，振淮安、揚州。敕瓚與蘇、松巡撫王恕董共事。《三編》。

二十一年，詔曰：往者災沴迭興，天時亢旱，歲竟不登。河南、山東、畿内率多饑饉，陝西、山西尤劇，至有棄恒産家室不顧者。元元何辜，罹此危阨。博採羣議，發内帑倉儲，敕所司多方振濟。期此矜人，咸歸樂土。同上。

二十二年，王恕奏：邇來禮部因陝西、山西、山東、河南、北直隸災傷，請令僧道關給度牒，就彼納米給振。又聞湖廣鎮守太監韋貴奏稱：饑民南流，日有萬口，請敕巡撫將新舊流民招撫復業。又聞大學士萬安等奏，令生員納米，准監；民人等納米，准授軍職；俱赴災處上納給振。有以見皇上憂民恤患之心，無所不至。臣惟陝西、山西地方，連年災傷米價騰貴。小民貧難多，殷實少。雖奉上項恩例，恐願納者寡，焉能濟衆？臣思流民缺食，無計聊生，拊循失策，必爲盗賊，勞師動衆，所費益多。合無將湖廣今年該起運南京各倉及兑軍秋糧，量留一二十萬石，並河南該兑軍秋糧，量留一二十萬石，俱赴荆、襄水次倉振濟流民，不令失所。臣深慮各項納米，急不能待，有誤賑貸。合無先出内帑銀二三十萬兩，速發振濟。仍乞將被災府縣今年税銀買辦等項，盡行蠲免。帝從之。《明臣奏議》。

弘治三年二月，以河南當河決後，民困未甦，特詔蠲其秋糧。越三日，户部以鳳陽、淮、揚、鄖、襄、南陽諸郡水旱，請免徵芻糧及麥絲之税。帝曰：凶歲當損上益下，必欲取盈，如民病何？部臣言，甚稱朕旨，亟如所請行。

五年，餘杭致仕尚書鄒幹疏言：浙江水旱相仍，民窮且盗，乞急行蠲恤。於是命侍郎吴厚巡視浙江，督有司振濟。時，給事中吴世忠請振災無俟勘覆，略云：近者南畿及山東諸行省各以災告，而浙江爲甚，致廑宸衷，屢飭百司經畫。乃振恤之典有加，而惠澤之實未究。良由府縣官吏發粟不時，文書勘報，動淹旬月，俟既得食，而饑者已死，流者已遠。又況書吏胥役因緣爲奸，更有不可勝言者。今欲約之以法，莫若稽諸册籍，以産之多寡，驗民之窮富。凡遇給振視此爲則。富者不得濫支，貧者獲沾實惠。庶弊革而惠行。因條上興水利、復常平倉二事。詔舉行之。

六年閏五月，以水災蠲瀋陽諸衛屯糧六萬四千餘石，順天州縣夏税萬五千餘石，及河間、保定、山西、太原諸府平陽諸縣夏税，河南開封諸府夏税之半，祥符諸縣秋糧。而蘇、松與山東仍皆饑。從應天巡撫侶鍾請，留蘇、松、常、湖四府漕糧三十萬石，畀鍾分振。山東巡撫王霽先後請發帑金五十餘萬，米二百餘萬石，選廉能吏驗口給之。活饑民二百六十餘萬。

八年四月，振應天、浙江饑，凡給穀米五十六萬三千餘石，帑金三千九百五十餘兩，所活饑民百二十萬有奇。已上《三編》。

十四年十一月癸巳，分遣侍郎何鑑、大理寺丞吴一貫振卹兩畿、山東、河南饑民。《本紀》。

正德十三年正月，給事中邵錫言：自去年雨水爲災，順天、保定、河間被害尤甚，真定、大名等五府次之。陛下軫念災傷，既發户部及德州倉糧，遣郎中二人振濟。竊恐待餔者衆，所發不足供所需。郎官權輕，無以督率羣吏。請別遣重臣，增給銀穀以往。其税糧物料仍乞例外蠲免，以蘇民困。帝可其奏。《三編》。

嘉靖元年七月己酉，以南畿、浙江、江西、湖廣、四川旱，詔撫按官講求荒政。《本紀》。

二年七月，南畿大水，吏部侍郎何孟春奏卹災八事：曰，禁奢靡；曰，慎賞罰；曰，減百官俸薪、皂隸；曰，革冗費；曰，廣聽納；曰，安撫江、淮百姓；曰，不許鄰近州縣遏糴；曰，免來歲被災州縣税糧。帝命文武官俸如故，餘悉從之。《三編》。

十一月庚寅，大學士楊廷和等以直隸、江北水災異常，疏請集議振救，並蠲一應歲派及額辦錢糧。上曰：仍當議所以振救之法。户部集廷臣，條陳救荒八事。又言：江北傷重，振之非二十萬不可。請將淮、揚折糧及運司餘鹽銀兩分派振濟。從之。復命南京兵部侍郎席書兼左僉都御史振濟江北地方。《實録》。

四年五月甲戌，賜廬州知府龍誥官秩，詔天下倣誥備荒振濟法。《本紀》。

河南歲大饑，巡撫潘塤駁諸請振文牒，候勘實乃發。河南知府范鏓不待報，輒開倉振之。全活十餘萬。《范鏓傳》。

八年二月，河南、襄陽大饑。巡按湖廣御史張禄繪圖以獻。帝憫之，詔有司亟振。時廣東僉事林希元上言：救荒有二難、三便、六急、三權、

六禁、三戒。因輯爲書以上。詔有司舉行。《三編》。

十七年，席書疏言：臣考求荒政於古，多有礙於今。惟作粥一法，不須審户，不須防奸，但赴局者一體給粥振濟。大約大縣設粥十六處，中縣減三之一，小縣減十之五。設粥分廠，約日並舉。計自十一月起至麥熟爲止，四個半月爲率。此法非但宜於兩畿，并可推於天下。《農政全書》。

十八年九月，河南大饑，命侍郎王杲往振。杲請發帑金，詔發臨清倉銀五萬兩以行。既至，復請增發銀十五萬兩。全活不可勝計。《王杲傳》。

二十三年七月，户部言：天下災傷過半，而太倉積貯糧米有餘。請將今年糧米四百萬石，徵本色七分，折色三分，以甦民困。其被災之地，行令撫、按官動支贖罪銀給振。從之。《編三》。

二十四年二月，帝諭户、工二部曰：今歲以來，天時少順，若有水旱之慮。所應振卹諸務，亟行撫、按及各鎮總兵官加意幹理。又詔曰：近來水旱災傷，皆由官不得人，甚或貪殘殃民，致干和氣。如有貪酷害民者，撫、按官具奏處治。同上。

徐九思爲句容知縣。歲祲，穀湧貴。巡撫發倉穀數百石，使平價糶，而償直於官。九思曰：彼糴者皆豪也。貧民雖平價不能糴。乃以時價糶其半，還直於官。而以餘穀煮粥食餓者。穀多，則使稱力分負以去。其山谷遠者，則就旁富人穀，而官爲償之。全活甚衆。嘗曰：即天子布大惠，安能人人蠲租賜復？第在吾曹酌緩急而已。《徐九思傳》。

三十一年二月，宣、大二鎮大饑，人相食。兵部請量借軍餉銀振之。帝切責本鎮守臣不先入告，令各自陳狀。命督餉侍郎馬坤馳往經理振濟事宜，仍發庫銀二十萬給之。坤臨行，奏請增給錢十萬。從之。

三十二年十月，吏部侍郎程文德上言：今直隸、河南、山東、徐、邳、淮、揚等處，方數千里，水災異常。民不聊生，流離載道。言官陳振卹，未見旦夕亟行。臣聞救荒莫便乎其人，莫不便乎拘以常格。請於兩直隸、二省，各遣行人齎詔諭，宣布德意，慰拊顛連。令各州縣自爲振給，聽其便宜處置。凡官帑、官廩、贖納、勸借，苟可以濟民者，一不限制。又近日户部申明開納事例，亦暫許本地上納，隨其所有粟黍麥菽之積，可救饑者，皆得輸官計直。視其合例者，官爲請部劄而授之。仍令守令造册登記全活之數，定爲等則，以課殿最。疏入，下部議行。

三十八年，遼東饑。巡撫侯汝諒言：臣被命入境，見其巷無炊烟，野多暴骨，蕭條慘楚。問之，則云：去年凶饉，斗米至銀八錢。母棄生兒，父食死子。父老相傳，咸謂百年來未有之災。於時布種入土，遺民盼盼，方望有秋。乃夏秋之交，淫雨田蟲交作。今西成在候，斗米猶至七錢。冬春不知作何狀矣。乞大出内帑金錢，以拯阽危。疏入，詔户部即發太倉銀六萬兩，差御史一員，亟往召糴，設法轉運。歲終，仍給發牛具銀五萬兩，以備來春布種。已上《三編》。

萬曆八年，户部言：有司積穀振荒，先年立法，俱止貯州縣。不知各府爲州縣表率，亦當照例存積，以備振濟。從之。同上。

十七年六月，南畿、浙江大旱，太湖水涸。發帑金八十萬振之。《本紀》。

二十三年，湖廣巡按徐逃魁以地方災傷，具四事上請：一議改折，一議緩徵，一議蠲免，一議振濟。户部議：緩徵徒貽小民他日之累，不若勘被災輕重，量爲蠲振。詔如部議。《三編》。

御史翟鳳翀請所在建常平倉，括贖鍰，節公費，易粟備荒。帝善其議。本傳。

三十七年，各省皆報災傷重大。詔户部借馬價二十五萬，并工部税銀十一萬，解給各鎮支用。其北直、山東、河南、山西、陝西、福建、四川常年徵在官聽解内帑税銀，惟留以二分解部充軍餉，一分振饑民。《三編》。

崇禎間，應天府丞張瑋以四方大旱，軍食可虞，奏請禁江西、湖廣遏糴，而令應天、常、鎮、淮、揚五郡折輸漕糧銀赴彼易米。則小民免催科之苦，太倉無顆粒之虧。他十庫所收銅、錫、顏料、皮、布，非州縣土産者，悉改折色；且盡改民解爲官解，以救民湯火。所司多議行。《張瑋傳》。

（清）龍文彬《明會要》卷五四《食貨・加派》 正德九年十二月，營乾清宮，加天下賦百萬。《三編》。

嘉靖三十年，京、邊歲用至五百九十五萬。户部尚書孫應奎乃議於南畿、浙江等州縣增賦百二十萬。加派於是始。《食貨志》。

東南被倭，南畿、浙、閩多額外提編，江南至四十萬。提編者，加派之别名也。其法以銀、力差排，編十里爲一甲。不足，則提下甲補之，故

謂之提編。同上。

萬曆四十六年九月，户部以遼餉缺乏，援徵倭、徵播例，請加派直省正賦。惟貴州地磽，有苗變，不派。其浙江十二省，南、北直隸，照《會計録》所定田畝七百餘萬頃，每畝加三釐五毫，共派額銀二百萬三十一兩有奇。

四十七年十二月，再加天下田賦。於舊加外，復加三釐五毫，增二百萬有奇。

四十八年三月，復加天下田賦。畝再加二釐，連前二次加派，共增九釐。賦五百二十萬，遂爲歲額。所不加者，畿内八府及貴州而已。

崇禎三年十二月，兵部尚書梁田楝請增田賦。下户部議。請畝加九釐之外，再增三釐。於是增百六十五萬有奇。合舊所增，凡六百八十餘萬。天下益秏矣。已上《三編》。

八年，總督盧象昇請加宦户田賦十之一，民糧十兩以上同之。既而概徵每兩一錢，名曰助餉。《食貨志》。

十年三月，楊嗣昌督師，請行因糧法。因舊額量加，畝輸六合，折銀八錢。歲得銀百九十二萬九千有奇。帝改因糧爲均輸。《三編》。

十二年六月，嗣昌復請於剿餉外，加徵練餉七百三十萬。御史郝晋言：萬曆末年，合九邊餉，止二百八十萬。今加派遼餉至九百萬。剿餉三百三十萬，業已停罷，旋加練餉七百三十餘萬。自古有一年而括二千萬以輸京師，又括京師二千萬以輸邊者乎？疏語雖切直，而時勢危急，不能從也。《食貨志》。

（清）龍文彬《明會要》卷五四《食貨·力役》　洪武元年二月乙丑，命中書省定役法。於是省臣議：田一頃出丁夫一人，不及頃者以他田足之，名曰均工。夫每歲農隙赴京，供役三十日遣歸。田多丁少者，以佃人充夫，而田主出米一石資其用。非佃人而計畝出夫者，畝資米二升五合。又諭省臣曰：民力有限，而徭役無窮。自今凡有興作，不獲已者，暫借民力，至於不急之務，浮泛之役，宜悉罷之。《昭代典則》。

十三年，帝以徭役不均，命户部尚書范敏編造黄册。敏議：百一十户爲里。丁多者十人爲里長，鳩一里之事以供歲役，十年一周。餘百户爲十甲，後遂仍其制不廢。《范敏傳》。

（清）龍文彬《明會要》卷五七《食貨·土貢》　洪武元年四月，蘄州進竹簟，卻之。命四方毋妄獻。《本紀》。

二十四年九月，詔：建寧歲貢上供茶，聽茶户採進，有司勿與敕。天下産茶之處，歲貢皆有定額，而建寧茶品爲上。其所進者，必碾而揉之，壓以銀板，爲大小龍團。上以重勞民，罷造龍團，惟採茶芽以進。其品有四，曰：探春、先春、次春、紫笋。王圻《考》。

明初，上供簡省。郡縣貢香米、人參、葡萄酒，太祖以爲勞民，卻之。仁宗初，光禄卿井泉奏：歲例，遣正官往南京採玉面貍。帝叱之。《食貨志》。

弘治十八年三月，吏部尚書馬文升疏，其略云：南京進鮮，若青梅、小竹笋、萵苔菜、宣州梨，蓋因高皇帝踐阼之初所用，故猶進奉供薦。今京師果品、蔬菜、雪梨、青杏，比南京所産者尤佳，隨時供薦，亦可將敬。伏望將前項薦新，如：青梅、蓮藕、宣州梨、苔菜之類，於中量免。其楊梅、枇杷、鰣魚，北方不産者，照舊進奉供薦。

凡貢獻金銀器皿、珍珠、段疋等，先日具奏，次日進内府，付内使收受。凡貢獻蘇木、胡椒、香、蠟、藥材等，所在布政司即會同都司按察司官檢視物貨，呈報數目，差人解京。嘉靖四年，寧波知府楊最言：本郡僻處海隅，地不産桑，所貢綺繒，乞改貢價料。從之。

四十五年，張翀疏停額外貢獻，其略云：查得《會典》，内府織造所用紅花，於所産之處税糧内折收。如山東、河南二處，俱有定數。而寧夏鎮總衙門所貢紅花，非其所産，不係令甲之内，特一時獻諛之臣，以誤先朝。前大學士楊一清嘗請停免，未得俞旨，遂爲厲階。昔皇祖卻竹簟之進，仁宗動色於黄驥買胡之奏，英宗拒海浦馬駝之進，祖宗典則具在，皆當遵承。伏願陛下亟爲停免，凡不係有司額貢者，不許貢獻，以擾軍民。已上王圻《考》。

（清）傅維鱗《明書》卷六八《賦役志》　史官論曰：古聖王勤勞心力，以用天時，設地利，導利布於邦國，豈不欲藏富於下，無所取斂俾民各寶其所藏，私其筋力，不使支離攘臂其間，然而國有廟朝城郭宫室溝池井野之區畫，有六宫六官百司庶府之俸給，有祭饗聘覲會同幣帛饔餐之禮際，有六師九伐蒐苗獮狩追胥竭作之徵役，不得不取其財與力以爲國

經，而未嘗不欲民富，欲民逸，惟好生厚下節舒優養之德意，常存於其間，故取民之制，不過什一，以萬邦惟正之供，而用民之力，歲不過三日，則生民之道，而百王之所慎守也。後世誅求無藝，而北山二東之怨，形諸咏歌，則以上之需乎明者，爲分之所宜而不惜。嗚呼，惟王盡制，詎可過耶。明太祖定賦役法，敕天下郡縣成賦役書，上之司農，藏之祕府，勒爲不刊之典，所以防後世之濫於徵役者深且至，而二百餘年，享世治平無大故，往往過災則蠲，覃恩則蠲，恒至數百萬，而帑府盈牣，百姓不苦役，要自萬歷末年，邊事紛拏，典章廢墮，議增兵則加，議修陵殿則加，議築塞垣則加，然猶有名而取，亦第三四款而已。迨至季世，則有不可言者，無名之攤索，動輒百種，或朝廷赦之而不得之吏胥，朝廷不派而偏得之吏胥，哀哀赤子，愁苦莫伸，地之所産，不足仰供，身之所勞，不獲少弛，而天下遂大亂。語云，作法於涼，其弊猶貪，又曰，悦以使民，功惟勿亟。人情莫不愛其所有而惡其所奪，上之取於民也，可不慎哉，作《賦役志》。

明興，太祖稽古定制，以版籍覆天下之丁甲，以墾田定天下之賦稅，洪開三年，詔户部籍天下户口，置户帖，户各具其姓名年歲貫址夫家之數爲帖，已著之籍，編勘合，州縣用半印鈐記之，籍上公府而帖給之民，令有司以時清覈，歲郊祀，中書省以户籍陳壇下薦之天，祭畢而藏之。十四年，詔天下府州縣編賦役黄册，以一百一十户爲里，推丁糧多者十户爲長，餘百户爲十甲，甲十户名全圖，其不能十户或四五户若六七户，名半圖，城中曰坊，近城曰廂，鄉都曰里，里各編一册，册首爲總圖，鰥寡孤獨不任役者，則繫於百十户之外，著之圖尾，曰畸零帶管，册成，上户部，而省府州若縣各存其一以待會，皆十年，有司將定式給坊廂里長，令人户諸丁口田塘山地畜産，悉各以其實自占上之州縣，州縣官吏查比先年册諸丁口，登下其死生，其事産田塘山地貿易者，一開除，一新收，過割其糧稅，其排年坊里長消乏者，於百十户内遴丁糧近上者補之，有事故户絶者附畸零，而官吏里甲，敢有團局造册科斂害民，及人户自占以實，故抑阻不攢造者，以差次科罪，其欺隱影射飛灑詭寄者罪如科，其庵觀寺院僧道，已給度牒有田者，具編册如民科，其土官編遠里甲如實編之式，餘裔夷不編，册既具，州縣正官躬親磨算訖，類編填圖，署銜名上之府，府提調正官於所屬州縣文册，躬新磨算如州縣，上之省司，省司使如法上之部，年終進呈送南京後湖收架，歲委監察御史二人，户科給事中二人，督監生清比違誤，檢暴蠹浥，蓋慎重至矣，户三等，曰軍，曰民，曰匠，而境内民有儒，有醫，軍有校尉，有力士，有弓鋪兵，匠有廚役裁縫馬船之類，若近海有鹽竈寺有僧觀，有道士，畢以爲業爲籍，而人户以籍爲斷，民父母存若亡，而兄弟出分及贅壻乞養子歸宗另爨者，聽異籍，惟軍匠有清句，以異籍爲規避，禁不聽。其土田二等，曰官田，曰民田。官有官田，職田，學田，没官田若斷入官田，皆謂官田，蓋倣近世公田。官田準官田則起科，而没官田有一没再没至三四没者，等則遞以增，而米一石僅折銀二錢五分寬之，民所自占得買賣之田，有新開，有沙塞與寺觀田，皆謂民田，蓋倣昔日分田，民田準民田則起科，而等則各以其地宜爲差租二等，徵以夏曰夏稅，徵以秋曰秋糧，夏稅農桑絲也，以植桑者農，而蠶事以夏登而名。秋糧有本色，有折色，具稱米，以穀至秋始成而折色以米直爲斷也。夏稅毋過八月，秋糧毋過明年二月，府州縣俱如期徵輸。而蠲徵有恩蠲，有災蠲，恩蠲十一，災蠲十九。丁二等，曰成丁、不成丁。民始生，登其名於籍曰不成丁，年十六曰成丁，丁成而役，六十而免，婦女若不成丁不役丁，皆徵銀三等九則，下則以二錢，中四錢，上六錢，九因之至五兩四錢而止，而丁以糧多寡爲陞降。以户計曰里甲，以丁計曰均徭，上命非時徭曰雜泛，府州縣驗將丁口多寡事産厚薄，以均適其力，毋放富差貧，民年七十而上，許一子侍養，免雜泛役，寡婦年三十前夫亡守志，迨五十不改節者，旌其門，免其家徭，而品官免役，一品免三十二丁，糧十石，其下遞減至二石止，視職秩爲差，官故仍免徭三年，而舉人歲貢監生生員，及天文生省祭，皆免丁糧有差。凡天下夏秋二稅所入，以其地産爲共。國初洪武二十六年，夏稅米麥四百七十一萬二千九百石零，錢鈔三萬九千八百錠，絹二十八萬八千四百八十七疋，秋糧米二千四百七十二萬九千四百五十石零，錢鈔五千七百三十錠，絹五十九疋。中葉弘治十六年，夏稅大小麥四百六十二萬五千五百九十四石零，麥荍二百五十五石零，絲緜并荒絲二百七十萬一千三百六十二兩零，又增六千五百三十九觔四兩零，稅絲共三十五萬三千六百四十二兩，又增二千五百四十八觔三兩零，絲緜折絹共三萬四千六百九十二疋零，稅絲折絹共四千四百二十疋

零，本色絲八千四百四十八觔二兩零，農桑絲折絹共九萬一千一百四疋零，農桑零絲共二百九十二兩零，人丁絲折絹共四萬五百七十六疋零，改科絹二十五疋，緜花折布一十二疋零，苧布共一千三百四十一疋，土苧共六十五觔一十三兩零，紅花共一十一觔一十三兩零，蔴布共二千七十七疋零，鈔共一萬七千七百九十五錠一十七貫零，租鈔共三萬二千五百五十三錠零，税鈔共六千五百三十四錠二貫零，小絹幣帛絹本色絹正絹共二萬二千九百九十六疋零，折色絲共一百九十四觔一十兩零，秋糧米共二千二百一十六萬六千六百六十五石零，租鈔一萬八千八百六錠七貫零，賃鈔共一百七十五貫零，山租鈔共三千一百二十三錠二貫零，又增二百四十四貫零，租絲二千二百一十六兩零，租絹共五十九疋零，租麤蔴布、及租苧布、課程緜布、正緜布、共一十二萬九千五百一十七疋零，牛租米穀、及棗子易米、棗株課米、課程苧蔴折米、魚課米、改科絲折米、共計六萬五十八石零，地畝緜花絨共二十四萬六千五百六十九觔零。末年萬歷中，夏税大米麥米四百六十萬五千二百四十二石零，麥荍二百六十六石零，絲緜、及荒絲、税絲、本色絲、農桑零絲、共計三百六十一萬一千五百二十四兩零，又增一萬一千四百二觔一十四兩零，絲緜折絹、及零税絲折絹、人丁絲折絹、農桑絲折絹、小絹、幣帛絹、共計二十萬六千一百九十六疋零，農桑絲折米共八百一十石零，蔴布、及苧布、緜花折布、共計三千四百三十疋，土苧六十五觔一十三兩零，洞蠻蔴布二百五十九條，錢鈔、及租鈔、税鈔、共五萬七千九百二十一錠零，秋糧米二千二百三萬三千一百七十石零，魚課米、及棗子易米、棗株課米、苧蔴折米、緜花絨折米、花利米、改科絲折米、租米、共計六萬三千五百七十八石零，地畝緜花絨二十四萬四千一百二十九觔一十五兩零，緜布、及課程緜布、徭人麤布、麤蔴布、共計一十二萬九千五百四十一疋零，租穀四千一石零，租絲二千二百一十六兩零，租絹五十九疋，租鈔、及山租鈔、賃鈔、茶魚椒蔴税鈔、共計二萬三千六百八十四錠零，加增鈔五千九百一十一貫零，而遼東歲運銀一十八萬五千二十四兩零，米一十二萬四千六十六石，草二百四十萬五千二百一十一束，豆七萬五千二百二十九石零，不在兩直隸十三省之内，兩直隸、浙江、山東、山西、河南、陝西歲徵馬草，共二千五百八十一萬三千七百四十六包束，而馬豆稱是，此則因田而賦之大較也。始太祖躬親民所疾苦，既在位，施大德加惻怛於天民，大誥天下，言浙西府州縣官徵收害民之姦甚於虎也，秋糧一石，輒折鈔二貫，復巧立名色，有水腳車腳口食錢，有庫子人役辦驗錢，有蒲簍竹葦沿江賽神錢，何多名上溢也，實始峻臟吏之誅，已念賦税重關國大計，謂既富方穀，掄殷實户糧多丁衆者爲糧長，督其鄉賦，税多者萬石，少乃數千石，部輸之。歲七月，委官領糧長詣京關勘合，上親臨諭以所爲重民恤賦之意。略以爲糧長之設，本便於有司，便於細民，如縣有糧十萬，設里長十人，正副二十人，勤勞辦足，而有司不過議差部糧官赴所在將輸，甚易不勞，細民得就鄉聚，自升合斗勺而上，赴糧長收受，無所告府州縣，吏業不得留難，便亦甚矣，乃不才有司，奸頑作弊，爲侵苛愚民謗言，猶曰受害，此何以稱焉。往糧長中有貪婪無厭，將所合納二税，令衆户包納，倚公挾勢恣逼督，而細民從之，亦有心懷仁恕，不倚公挾勢，不令民包納者，而民或欺玩。嗚呼，惟天監在上哉，國家府州縣設社稷壇壝，春祈秋報，凡爲民祈福也。今民有百千萬畝田，往往交結有司，隱税匿差，不知百千萬畝之田，皆天覆地載，合風雨露雷以長養其五穀者也，家食其利，而灑派詭寄，及買田不過糧，移換坵段，靠損細民，細民艱辛，此獨何心，爾糧長居恒會諸人諭令改正，若各處田荒不治，奏爲分豁。嗚呼，有司官吏其有倚二税爲奸，麥方弔旗而徵夏税，穀方秧節而催秋糧，窘民於青黄不接之候，頻加箠楚，得賄緩矣，及期至輸倉，又留難苦之。嗚呼，不才害民，有若是耶。天災人禍，死無日矣。蓋諄懇慎重如此。當是時上定鼎金陵，賦江以南粟輸京漕便，秋無兑淮之運，而疏土封諸子爲王僅十國，於賦禄易供，而民諸染故元舊習及豪猾吏，用重誅鋤之，没其貲用貸民更賦，又時時免賦，或全蠲不徵，咻噢之，糧長部運至，恒得召見面命，亦恒以語合上意見擢用，故其時糧長各慮顧自重，輸將時至。又耳目視聽一新，國元氣肇復而民醇，收子户税，鮮所朘削，上利而下安，其後徙都北平，資漕運。天順中，定轉漕四百萬石，内北糧七十五萬五千六百石，南糧三百二十四萬四千四百石，其中兑運者三百三十萬石，改兑者七十萬石，除例折外，每年實通運正耗糧五百一十八萬九千七百石。初無腳耗輕齎之名，至宣德間，令民糧兑與軍運。成化間，將徐淮臨德四倉支運亦改兑軍，皆給路費，始有耗米。若兑運米俱一平一尖收受，故又有尖米耗尖米，除隨船給運外，

餘折銀，謂之輕齎，備運軍盤剥之用，改兑則無尖米，以耗米二升折銀，謂之折易輕齎，費不足則於兑運輕齎内窆貼，其後通惠河成，省腳價，始立減扣法，扣留者爲修河閘費，量減者以寬民力，而兑運米至加耗米一百七十五萬一千一百九十五石零，兩尖米至三十一萬二千二百二十六石零，兩輕齎銀則四十四萬五千二百五十七兩零，去原額四百萬多半矣。舳艫輸京師，食百官京衛軍京營兵，而淮爲重鎮，漕粟淮給淮軍，而宗室分封日蕃衍，無限制，於是本色起漕米有京倉，有通倉，京倉十八，通倉十二，折本色米輸銀於京，或内帑，或太倉，内帑十二，太倉十八，官田折色銀，太倉十一，内帑十九，諸親王府禄米，各將軍府有得米，而各省都布按三司若府州縣官吏俸，及學官弟子員膳，畢具賦其中，諸所爲糧則既甚多不等，户工部所派存留起運該納之科，又歲各不同，更緣爲奸，高下任心，莫可致詰。而殷實户爲糧長者，永充無易，力能爲細民重輕，得陽浮科斂之，於是有徵收糧既訖，不起運，輾轉爲貿易，至起家累巨萬，而蕩者將國税爲淫浪。事覺，至貿田宅，質妻子，累親戚賠償而隕身滅世也。於是江西巡撫都御史韓雍疏請糧長除品官外，諸錢糧近上者，以里甲爲差次，從公僉充，諸糧目視部所下京廠派單。若諸當輸納者，釐十則如目派刻布之，自千石以至斗升，無不均一，故頭緒易尋，分派易畢，而諸里甲派銀全圖陸半圖半之，亦具數條布，山□細民粗知布算者，皆曉然於賦役派納之目，即宿奸巨猾，莫之能欺。上善其説，命天下倣行。自唐宋來，天下賦，江南居十九，浙東西居江南十九，而蘇松常嘉湖又居浙東西十九，實當江以南府州縣之半。元末，張士誠據吴中抗王師者十餘年，太祖憤其久不下，民困於苦暴，而更爲守死無爲也，籍諸豪於田没官，而按其家租入私簿爲税額徵，意獨以示懲，後三年而蘇逋税至三十餘萬，計部奏上，上惻然蠲之。十三年，命減其額十之二。而正統初，以巡撫工侍郎周忱請，蘇松諸官田準民田起科，當是時蘇州積逋至七百九十萬石，常松亦然，忱以大臣交薦超擢，至閱籍大駴，召父老問故，與知府况鐘曲算，合請減者八十餘萬有奇，上從之，著爲例。凡役法視册籍上中下户爲之等，率伍歲而均徭，徭之言繇也，役也，以一里都圖百户分十户，各直一歲承徭役，而約歲中各色雜目宜役民者編第均之，或力或銀，從所便爲共，曰均徭，本唐丁庸家承符人捒稻衙前而名。又五歲充里長甲首，以督辦貢賦追攝公務而止，倣古里魁坊正而名，值里甲畢，即以其明歲爲經催，已因用爲糧長，皆起於役，於田賦不相及。其後乃約省部上供，若官府春秋飲社存恤日用諸經費，令里里各賦錢以供，曰里甲銀，意主於便民，而洪武中令下言，凡祗應禁子弓兵等，毋得差點糧多人户，俱於市民僉充，豈非以富有糧者祗應，官即以爲侵漁，故重爲之禁歟，於預防至深而額外科甚寡，擅役夫者而上罪配流。後法稍圮，而編徭役里甲者，以户斷高下，任其里輸收祗應官，田多寡有無又不能概必，里甲中吏往往優容勢户而攤之單小，賦不均而弊滋，於是議臣言，均徭之法，按册籍丁糧稽貧富者，以産業爲宗，而審里老手實覈貧富者，户得其蓄藏之實也，稽册籍則富商大賈多積厚藏得免役，而土著困，覈人户則官吏里胥輕重其手恣胸臆，而小民蹙，二者均弊，而專論丁糧，庶幾猶古人租庸調之意焉。蓋租由田出，富自租生，與其實不甚相遠，苟不論丁糧而獨於里甲均之，爲弊何極。宜令府州縣查舊編力差若干當於丁糧若干上下編點，銀差若干當於丁糧若干，上下編點，必得其差役難易輕重之適，而後將該差里甲除優復外，毋論都圖里甲先丁糧多者畢，以次編其小者居後，自極大以至極小，造鼠尾册，以差次填編之，上户力差一名或二名，下户朋編一名，其丁糧不滿斗升者並免，法簡而明，一舉在目，獨諸市民商賈，富囊篋而不置田産者聽自占，以古人廛賦里布之法徵之，備銀差之數，如此則法一而政平，功省而事覈，吏無所措其手，守令賢者，得小增減以監其利弊，雖其貪鄙，亦不得越法而輕有縱舍便。上俞行之，於是徭役一以丁産爲宗，不論里，而單下户稍得寬。其後法益圮，而吏於土者終不能以其供百務也，諸上供公費，既輸銀於官爲支解，而官府諸公需私費，復給所輸銀於坊里長爲營供，又其後諸名里甲錢入官者，公鉅經費給不能一二，而供者十百，甚且一無所給，而亶責之民也，於是計值年里户若干，丁糧若干，分爲十二總，總以月爲祗應，曰值月，郡守長而下至簿尉，各以坊長承值，其衙若官司外出，賓旅經由，諸夫馬供張飲食，畢於民乎給，而里甲先病，以其非里甲正派也。故豪有力者例得以高坐而免，而益併其重於平民，而甲首在官者，即又更賦諸十甲，十甲多單下户，易虐使，里長因與官爲市，一科十豪，使之不即訟，言諸官爲督責，於公賦不異，甚且鬻妻質子以更費，而十甲又甚病，比均徭出則省司聽解者最病，所部解類皆上供額，皆

京徭，諸收納皆中官，恣留難不易中，不中則往復改買，至傾産以更，次者直堂庫子，府州縣官若吏胥，諸日用費必取給焉，至日費數十金，或錢糧徵不及者，輒借輸，後不能盡償，又主出納查盤，督過於巨積金銀庫爲獨急，又次者倉户斗級主守勞苦未論，而監臨查盤之費繁，又查盤倉出米稍羸，名過收，稍耗罪折閱，當主守時，業以工徒爲必得之罪矣。又倉所收受，必支放滿乃得代，所爲編二役銀，僅與他顧役等，而費至十百不啻也，他諸徭稍輕減，而浮於編額者，亦率各加倍蓰爲共，其本境内有驛站遞運所者，各各名水夫馬匹以支應，皆徭編，即簡僻地，亦輸銀爲協濟，其在所無驛遞而往來需給力者，畢均之於民，而均徭益又病。南方又有兑淮南糧長本色米，有斛面折色銀，有火耗，有秤頭銀，上之官，初直役有拜見，初出江有銅鑼花鼓，既部運有馬匹鋪陳，諸皆稱常例，而吏胥百留難，私索不在是，糧長乃益病，嘉靖初，詔撫按二司官痛革，然弊如故，而里甲諸承應官田，又抑民盡買，名歸户田，而百役皆民所自供，他無所取之，國初各貢其土之所有，而貢額本宗廟之薦新，太常之牲幣，欽天監之麻紙，光禄之廚料，寶鈔司之桑穰，若諸皮角銅線黄白蠟弓箭絃條之屬，皆古祀貢賓貢服貢物貢之遺意，諸珍奇玩好不與，即有需用，亦衹租以市，爲著令，而府州縣業編之里甲銀中，其目碎繁，民不能辯知，奸民緣爲利孔，而過徵逋負之弊滋起。至嘉靖末，大工營繕之務歲有，禱祠齋醮之事無虚月，經鉅費不貲，大臣放濫於賣官鬻獄，次者居間，而民俗益臚於淫侈。其後倭夷作亂，而蘇松兩浙騷然煩費，盜起湖廣，江閩毒焉，虜往往入躪山西畿甸，而邊費日博，河決徐兖山東淮徐，苦築塞開濬，而沃土爲墟，國用益耗殫，終未嘗額外加派，即户工部不時有所需，而民里甲均徭上下之費，日浮於舊，而徵一法一條鞭十段錦綱銀，諸於在所異名而同貫，其徵一法。都御史歐陽鐸撫南畿，督十郡糧儲曰，吾不虞他七郡，獨虞蘇松常，而最甚者蘇。夫蘇漕糧當天下半，當如國計何，厥田雖有上下，獨伯季耳，季僅五升而伯倍至十五，奈何。乃令府州縣各總其畝之額而丈量田，以正畝括其徵米徵銀之凡，而計畝均輸之。乃奏請於天子，上可其言，而科則不易乎舊，但比其最重者與其最輕者，稍以耗損益推移之，重而不能盡損者，爲遞減耗米，派輕齎折除之，以陰見輕，輕而不能加益者，爲徵本色遞增耗米加乘之，以陰見重，諸推收田者，從圩不從户，田爲母，人爲子，姦巧稍莫能容，又令民歲以田出緡錢顧役，毋得仍前十年之舊，而天下行之者大半。其綱銀法者，舉民間應役歲費丁四糧六總徵之，在官法易知不繁，猶綱有綱一舉而盡也，一條鞭法者，通府州縣十歲中稅糧存留起運額若干，均徭里甲土貢顧募，加銀額若干，通爲一條總徵而均支之也，其徵收不輪甲，通一處丁糧均派之，而下帖於民，備載所應納之數於帖，而歲分限納之官，其起運完輸若給募，皆官府自支撥，蓋輪甲則遞年十甲，充一歲之役，條鞭則合一處之丁糧，充一年之役也，輪甲則十年一差出，驟多易困，條鞭令每年出辦，所出少易輸，諸役錢分給主之官，承募人勢不得復取赢於民，而民如限輸錢訖，閉户卧，無復追呼之擾，民稱便，北方行之，如金科玉律焉，又均徭法者，通州縣徭銀數不可得減，而各甲丁糧多寡，勢不能皆齊，丁糧多則其年派數加輕，丁糧少則其年派數加重，固已不均，而所當之差，有編銀一兩止納一兩者，有加二加三加四五六者，有倍納四五以至相什伯，雖名爲均徭，實不均甚，乃合民間加納之銀，俱人官正派之，數均輕重，通苦樂於一縣十甲之中，役人不損直而徭户不苦難，行之亦稱便，十段錦者，計每歲銀力差各若干，總計十甲之田派爲定則，如一甲有餘則留二三甲，用不足，即頃，失額者三萬頃矣，禄米日增而田漸減矣，舉一地而推之，天下可知矣，再按天下武職，洪武初二萬八千餘員。成化五年，增至八萬一千餘員。錦衣衛官，洪武初二百一十一員，令增一千七百餘員，由二萬而八萬，增四倍，由二百而千七百，增八倍矣，而文職亦然，是職員之冗，未有甚於此時者也。夫耗財者不知幾倍其益，生財者日消月磨，不知幾倍其損，是猶承千金之後，已落爲二百金之家，而妄意夫千金之費也，幾何而不窮乎。其後國經費百十倍於前，而吏□呰窳不可較，諸内府内庫光禄所科本色糧，即大祲不議免，其起運漕糧米，僅僅以改折爲寬恩。隆慶初，恩詔下所蠲民數年前逋賦，而受之亦不均平，凡所負逋，非閭閻小民，皆勢豪有恃估若奸猾侵欺者所爲也，故蠲恩令雖刻布成書，廣曉諭，欲俾窮鄉下邑，知朝廷厚下恤民之意，然獨優豪右，而小民畏法先期輸納者，不霑毫毛惠也，亦徒爲獎頑矣。萬歷初，上諭户部言：近聞各有司催徵錢糧，不分緩急，一概嚴比，又畏富豪縱奸猾偏累小民，致流離失所，朕甚憫之，爾户部分別年月久近，分數多少，奏蠲免，而皇子生覃恩，實免次

年租，諸德意深厚。六年，户部歲出入揭帖上，輔臣居正等疏言，國家財賦正供之數，總一歲輸太倉銀庫者四百三十餘萬兩，而細至吏承納班僧道度牒之類，盡此矣，嘉隆之間，海内虚耗，公私貯畜，殊可寒心，自皇上臨御以來，躬行儉德，覈實考成，有司催徵以時，逋負者少，姦貪耗贓之人，嚴併不貸，加以北虜款貢，邊費省減，又適天幸，歲比豐登，故倉庫稍贏，而閭閻之間，已不勝其誅求之擾矣。臣等方欲俟國用少裕，請特下蠲免之詔，以慰安元元，今查萬歷五年，歲入四百五十五萬九千餘兩，而六年所入，僅三百七十五萬九千餘兩，是比舊少八十餘萬兩矣，五年歲出三百四十九萬四千餘兩。而六年所出乃至三百八十八萬八千餘兩，是比舊多四十萬餘矣，問之該部云，各處奏留蠲免數多，及節年贜犯財產已盡，無從完納，故入數頓少，兩次奉旨取用，及湊補金花拖欠銀兩，計三十餘萬，皆額外之供，故出數反多。王制以歲終制國用，量入以爲出，計三年所入，必餘一年之積，而後可登於太平。今一歲出多於入，年復一年，舊入者日漸消磨，新收者日漸短少，目前支持，已覺費力，猝有四方水旱之災，疆場意外之變，何以給之。欲取之於官，則在所皆虚，無可措處，欲取之於民，則膏血已竭，難復苛求。況民窮勢蹙，計乃無聊，天下之患，有不可勝諱者，此臣等之所深憂也。夫天地生財，止有此數，設法巧取，不能增多，惟加意撙節，則其用自足。伏望將該部所進揭帖，置之座隅，時賜省覽，無益之費，可省者省之，無功之費，可罷者罷之，務使入多於出，以漸復祖宗之舊，天下增甚，疏入，上嘆惋，於是增税商，開礦採，吝予錫。時天下承平，邊腹兵馬耗斃不補，鑲餉常壓欠數年，倉有紅粟，庫多朽貫，及末年，三殿焚，大興工作，修定陵費不貲，遼事起，用兵無虚日，而乃議加派，曰殿工銀，陵工銀，遼餉銀，歲百二十萬。其時時豐稔，百姓蓋藏久，足以供。至熹宗天啓中，三殿欲速成，而遼左益急，因加新餉，又歲百餘萬，閭閻愁苦矣。及懷宗即位，天下騷動，處處用兵，而糧税多奏留，國用益不足，其時任大學士楊嗣昌綰大司馬印，兵屢挫衄不支，日增召募兵，於是議上爲抽練，天下增練總，愈蠢動，遂增練餉至七百萬，浮於舊額者半。先是每畝已加六釐，乃復加，民困莫應而大盗起，其有司復百倍加不啻，年凶荒田穀不登，百姓流徙，逋賦累親識，富者亦無餘，國用終不足，上下愁怨而國事大非。先是太祖方定金陵時，諭太史令基等言：今軍興四方民與苦甚，吾欲紓其力，且奈何？基等對曰：師行必齎糧食，上存此心幸甚，然天下未底定，紓民力宜未易及也。上曰：不然，紓民力在均節財用，在制常賦，國家愛養生民，猶保抱赤子，惟恐傷之，苟掊克以朘之，雖慈父不能得之其子，君安能得之民乎？今當定賦節用，崇本而抑末，庶民力少有紓乎。基等頓首曰：此仁政之本也。又嘗謂中書省臣曰：士民貴賤有等，趨事執役以奉上者，庶民之事，若賢人君子，既貴其身，復役其家，與民庶無别，非勸士待賢之道。自今官士有田土者，輸租外悉免役，著爲令。十六年，詔復鳳陽，視豐沛，二十八年，諭户部曰：方今天下太平，軍國之事，皆已足用，北方人民田桑棗，除已入額徵科，自今後栽種者與新墾者，不論多寡，俱不起科，有司增科擾害者罪之。太宗即位，敕户部曰：朝廷設官分職，本以治民，治民之道，在乎安養之而已，故即位初一遵皇考成憲，命爾等凡荒蕪田土無人佃種者，即令有司覈實蠲租，而不體朕心，因循玩愒，有司拘於歲額，一概徵收。下情鬱而不達，上情遏而不宣，此豈人臣爲君爲民之心，其速下有司，核田荒無人佃種者，即於常歲租額内削除之，時湖廣夏税至後期，户尚書郁新請按府州縣官稽緩罪治之。上不許，曰：賦入但無失經制而可矣，耕種有先後，地里有遠近，何可概必，任官牧民，當察其難易而悉其情，一主於利民，苟罪其官，必急責於民，吾民殘矣，其勿問，惜薪司奏准修歲例，賦北直隸山東棗八十萬斤，供宫禁香炭用，大學士士奇奏曰：聞惜薪司傳旨，賦直隸山東棗八十萬斤，得無過多，雖是歲例，然詔書所減除者皆歲例。上喜曰：吾固知學士言有理，朕數日宫中事叢脞，此急劇中答之，不暇致審，即命減其半矣。仁宗嘗諭户部言：土田民所恃以衣食者，今所在郡縣奏除荒田租，得非百姓苦於徵徭，相率轉徙歟，抑年饑衣食不給，或加以疫癘而死亡歟，自今一切科徭，務須撙節，仍令有司凡政令不便於民者，條具以聞，被災之處，蚤奏賑恤，違者守令處重罪。其諭工部則曰：古土貢隨地產，不強其所無，比年丹漆石青之類，概下郡縣徵，郡縣迫小民鳩金幣轉買，價騰踴百倍。令後於產地出直市，毋概派毒吾民。宣德時，上憫民病尤至切，時綏德州奏去年熯災民艱食，而上司賦役浩繁，如運糧運茶之類，乞稍寬。上覽奏惻然，以示户尚書郭敦等曰：卿等寧不與朕同憂乎，恤民艱當如救焚，不可須臾緩，

運糧可酌量使之，至運茶之類，一切暫停止之。因諭户部言，恤民必有實惠，若惠民無實，非恤下之誠。比者郡縣間有水旱，税糧多欠，積歲既久，未能輸官，有司催迫甚而民愈困，四方奏逃亡逋賦者，咸以此故，朕聞之惻然，其自前年積欠，悉令折鈔收或收布絹，爾部定議得中，無虧民，遂議上以十分爲率，三分折闊布，三分折闊絹，四分折鈔。上覽之曰：如此實便百姓，然布絹闊幅者難得，第隨民所常用者，依時價收之則易辦，庶幾民受實惠。嗚呼，祖宗立法，誠得君民一體之義，後王不變亂，何至失衆失國也哉。《詩》云，殷鑒不遠，在夏后之世，信夫。

（清）傅維鱗《明書》卷八三《食貨志·土貢》　天子玉食萬方，而牲犆除戎之備無不需焉。除四夷之貢，各載於其國，而制，進牲畜，豬一百六十口，羊二百五十隻，肥豬一萬八千九百口，羖羯羊一萬七百五十隻，鵝三萬二千四十隻，雞三萬七千九百隻，純色牛犢四十隻，皆直隸、山東、山西、河南、江北分解順天府上供，至飲膳，則南直隸、浙江、湖廣、江西、福建共進芽茶四千二十二觔，歲辦野味一萬四千四百九十四隻，活鹿三百九十七隻天鵝六百二十隻，黄魚三百尾，魚鮓七十桶，及乾鯉鰉魚筋肚各五十把箇，而南京起送，則有筆料十萬，鮮梅四十扛，枇杷四十扛，楊梅四十扛，鮮筍四十五扛，第一起鰣魚四十四扛，二起如之，鮮藕荸薺橄欖等物五十五扛，木樨花十二扛，石榴柿子四十五扛，柑橘甘蔗五十扛，醃菜臺等物一百三十罈，糟筍一百二十罈，蜜煎櫻桃諸物七十罈，乾鰣一百二十罈，紫蘇糕諸物二百八十四罈，木樨煎等物一百五罈，鷀[illegible]等物十五扛，薑芋等物八十扛，十樣果一百四十扛，香稻五十扛，苗薑等物一百五十五扛，至工部需用雜皮三十四萬七千七百六十一張，麂皮三萬四千八百張有奇，狐狸皮四千二百張有奇，虎豹及奇獸諸無限額，翎毛則各處歲辦至二千二百二十七萬六千五百根有奇，而諸如牛觔牛角膠鰾飴錫之類，皆不可勝紀，洪武十五年，工部以營造需青緑，請令民採辦，上曰：姑隨所有用之，勿勞民也。部臣以所貯不足用，令民採辦，而給以價。上曰，上但知給價，有司急於取辦，未免過嚴督責，吏卒貪緣肆貪，所得之值，不償所費，豈可重困吾民。永樂二年，通政使趙彝奏山西民言，介休縣產五色石，可爲器用。上曰，此僥凱小人，不可聽，數年，軍餉災荒，百姓困苦，又豈可以此擾民。大約官取一物，則百姓受一害，而以饑不可食寒不可衣之物累民命，命斥去之。已開平衛卒蔣文霆上言，王者以天下爲家，以百姓爲子，今有司歲辦物料，多強取於民，而諸非土地所產，多方徵求，以致百姓傾家而買應，乞禁勿取。上從之。九年，温州貢礬，乞附載海舟。上曰：欲何用？工部對曰：染布。上曰：以染布而勞民於數千里之外，其免之，布勿染而製衣可也。仁宗即位，諭工部曰，古者土賦隨地產，不強其所無。比年需用一切，聞所司不究物產之地，一概下郡縣徵之，郡縣逼迫小民，鳩斂金幣，詣京博易輸納，而商販之徒，乘時射利，物價踴貴。加以不肖官吏爲奸，計民所費，朝廷得其千百之十一，其餘悉滋中飽，此後必確訪所產之地計值市，有仍蹈故習科派毒民者，罪弗宥。三月，罷徐州等處羊毛。七月，戒有司勿益上損民。九月，上以鹵簿需鯊魚皮，有請令京民買者，喟然曰：魚出於海，而責之京民，是問魚於陸也，不可。工尚書吴中言，造御用器物需材。上曰：漢文服御帷帳無文繡，史稱其恭儉愛民，朕方慕之，以儉約率下，所造服食器用，務從朴素，其戧金龍鳳諸器，酌裁之。宣宗即位，詔罷買諸物内使。山東清軍大理卿湯宗奏濟南諸處旱荒，乞罷買物料，工部上言，爲陵寢急需。上曰：山東之民，祖宗之民也，艱難如此，祖宗所不忍，可以苛急擾耶，其悉停罷。三月，禮部奏：有言中條山產膽礬，令有司採進。上曰：古之人惟欲民富，凡山澤之利，皆弛其禁。若礬可利民，聽其自採勿禁。四月，免陝西漢中運茶及採紅花茜草之類。二年，四川縣竹奏：歲辦皮張，昔以地荒林茂，人少獸多，易捕捉，而今則否，乞賜寬恤。上曰，田野闢，人民衆多，雖此物資國用，若果難得，其減半上聞。太醫院奏尚衣監於福建取辟蟲香二萬斤。上曰：此非急務，奈何以許多困吾民，可減十之七。四年，敕六部都察院力清召買之弊，其騙要財物，及害民事體，奏聞必罪之。景泰四年，詔陝西市羊角爲上元燈，侍郎耿九疇上言：宋神宗買浙燈，蘇軾諫止，今日之事，無乃類是。《書》云，不矜細行，終累大德。上不從。成化十四年，罷浙江收買花木。十八年，遣太監王敬等往南直隸、浙江、江西等處收置玩好，直隸巡撫王恕切諫之，不聽。十九年，以鎮守内臣有進貢之儀，求索多方，廣東左布政使彭韶上言：自古明王，不寶遠物，廣南民力竭矣，守臣以此事上爲恭，而凋傷國本，爲害反大。不報。而其時太監梁芳弟千户梁正在鄉私採禽鳥等物進貢，官民

大罷其害。詔復上疏言狀，忤旨調去，民如去父母。弘治元年，甘肅巡撫羅明極言：鎮守分守内外，以貢獻方物犬馬珍奇，害百姓，及番人。上命罷之。六年，以災傷免造上元燈。九年，免徽州辦銀硃諸料。十三年，太監李興奏請燈節治煙火，給事中張文奏以爲李興導欲獻諛，爲聖德累，而當國計者復不能争，臣不知何以爲心。況今年吴、楚、徐、淮，巨浸滔天，山西、陜西，亢旱尤甚，軍需出百，民力告竭，虜患雖寧，窺伺未已，加以雲南思陸之爲變，兩廣猺獞之貽患，荆襄流民之嘯聚，江南白晝劫奪，萬一一方有急，四面皆從，其憂蓋有不可言者，豈可謂天下無事而恣宴樂乎，臣謂停免，以其費給軍餉，工部覆減其半，中官傳旨取太倉銀三萬兩爲燈節費，尚書周經執不發，再取竟不與，上笑而止。十六年，上諭工部曰：各處災傷重大，人民艱窘，派辦修理器皿諸物，俱停罷之。正德中，遣太監張昭往甘肅捕土豹三十隻進大内，巡撫曹元諫，不聽。十六年，世宗即位，詔卻諸貢獻及額外之徵。嘉靖二年，給事中汪應軫奏革京城鋪户，從之。四年，以造龍牀及御用等器，太監黄錦奏往南京取物料，工部執奏，上竟從錦所請。三十年，上命户部市龍涎香，久未得，怒曰：梁材欺怠，不以朝廷之用爲急，存無上心，豈人臣耶！復諭市龍涎香，責尚書孫應奎甚力。初麻城人吴尚堯詐稱中書，僞爲陶仲文人，於雲南取龍涎，至則於石洞懸崖間，役民百計梯緣而求，病死者衆，一石穴中取物二條，云是龍涎，見有鱗甲異物，風雷變態之狀，遂聳動大吏，争相餽遺，事聞，逮論斬。三十年，福建及廣東各進龍涎香一斤有奇。四十一年，上諭内閣，數年訪求龍涎，僅得數斤，昨燬於火，命差官市之，復別購海暫香及雜香數百斤。户尚書高燿購得龍涎香八兩獻之，上大悦，命給賞銀七百八十兩，加太子少保。其時供用庫火，内官暨盛等奏被焚香十八萬八千餘斤，而實半盜，事發論斬。穆宗即位，查先年嘉靖中歲用黄蠟二十餘萬斤，白蠟十餘萬斤，香品數十萬斤，詔一切停止。三年，上命工部造朝殿掛燈及鰲山燈，尚書朱衡奏不可，上命罷鰲山，而補葺殿燈之壞者，復以科道嚴用和、孫夢豸等言罷之。四年，上諭户部，召買白蠟二萬五千斤，尚書劉體乾奏：湖州解額且至，宜停買。上趣急，給事中李已諫曰：臣聞物聚於所生，而赴於所用。京師非出蠟之所，三月非用蠟之時，求者苦其難，用者高其值，即日筆商於市，而數終不能盈也。體乾復奏言：京師根本重地，不可使一夫不安，今市肆晝閉，衆口嗷嗷，非平世所宜有也。上悟，止之。神宗即位，詔免天下歲辦物料之半。其時礦税紛紜，而採辦無聞焉。天啓中，上好造作，魏忠賢導上取庫積料，因而靡散者無算。崇禎中，未嘗取一物，而以軍興召買黑鉛硝黄，爲火器用，閭左多不支云。

（清）傅維鱗《明書》卷八三《食貨志・漕糧》 漕糧者，歲起東南米四百萬石以仰給京師者也。洪武間，海運七十萬石餉遼東，未有漕運。永樂元年，始河運兼用水陸。至六年，猶河海兼運。十二年，定會通河漕運。至十六年，猶仍民運。宣德二年，始軍民並運。五年，始令民糧兑與附近衛所官軍運載，量遠近給與路費耗米。成化十年，并民運赴淮、徐、臨、德四倉轉解者，亦與官軍改兑，加耗給費，如前兑例，歲額正糧四百萬石，定於成化八年内兑運糧三百三十萬石，改兑糧七十萬石。凡百官員役，七十八衛官校，薊密、昌平鎮兵，皆倚此以爲命，且京城編民，必藉此而後腹果然，每歲入京倉者二百一十餘萬石，入通倉者百有餘萬石，入天津、薊密、昌平倉者約六十餘萬石。萬歷初，太倉積米至千有五百餘萬石，庶幾王制數年之富矣。後多改折，或以河工截用，或以災傷題留，於是漕米漸耗。萬歷中，入米僅二百萬之内外，而出米則三百五六十萬餘，往往出浮於入，大抵改折愈多，則耗益日甚，況官軍人等之月糧，每歲四月十日支折色，以庫藏匱乏，而通給本色，歲多支米六十餘萬石。至萬歷三十年，京倉存米祗四百四十餘萬石而已，因黄堌、王家口諸河役，費水衡金錢不貲，河臣乞留漕米以濟，而户部力争以爲不可。既而上命河臣曾如春奏，暫借淮揚馬價，及兵操船料二十萬兩，乃南兵尚書臧惟一深以留都空乏爲憂，謂兵農各有職掌，典衣典冠，難以侵越，上不報。至崇禎中，亢暘爲厲，漕河水涸而糧船私貨之禁厲，急公者少，加之東南荒歉，漕糧至京者不過十之六七矣。其數，則應天府兑運米一十萬石，又淮安倉改兑米二萬八千石，蘇州府兑運米六十五萬五千石，又淮安倉改兑米四萬二千石，松江府兑運米二十萬三千石，又淮安倉改兑米二萬九千九百五十石，常州府兑運米一十七萬五千石，鎮江府兑運米八萬石，又徐、淮二倉改兑米二萬二千石，廬州府兑運米一萬石，鳳陽府兑運米三萬石，又徐、淮二倉改兑米三萬三百石，淮安府兑運米二萬五千石，又淮、徐二倉改兑

米七萬九千一百五十石，揚州府兑運米六萬石，又徐州倉改兑米三萬七千石，寧國府兑運米三萬石，廣德州淮安倉改兑米八千石，徐州兑運米三萬石，又本州倉改兑米一萬八千石，浙江兑運米六十萬石，又徐州倉改兑米三萬石，江西兑運米四十萬石，又淮安倉改兑米一十七萬石，湖廣兑運米二十五萬石，河南兑運米二十七萬石，又臨清倉改兑米一十一萬石，山東兑運米二十八萬石，又臨、德二倉改兑米九萬五千六百石。

《户部則例》卷一一《庫藏·春秋額撥》 一、各直省司道庫儲錢糧，該督撫每年於春秋二季將實在存庫銀兩造具春秋撥册報部。户部覈明數目，除存留本省支用及協餉之外，餘悉解部統餉。

一、每歲冬季，各直省督撫各將次年一歲應需俸餉予估册報廳部，按數撥給。凡撥協餉銀，先儘鄰近省份，再及次近省份。陝西、甘肅二省，以山西、河南爲鄰近，直隸山東爲次近。四川、雲南、貴州三省，以江西、湖廣爲鄰近，浙江爲次近。其別有急需應協濟者，仍於鄰近省份通融撥協。倘藩庫銀兩不敷，或動鹽課，或請内帑，由部隨時具奏。

一、凡各直省完解地丁正雜等項銀兩，應入下季撥册者，户部俱照數登記，仍行文各該督撫等造入季册報部酌撥。至耗羡一項并令各該司另設一册，將完解銀數登記以備奏銷時覈對。

一、凡追儲什物，每逢造撥時，同庫儲錢糧一并入册造報，依限交價。

一、川省新疆屯防官兵歲需經費銀兩，在於司庫銀内先行墊放，俟年終題撥來年兵餉案内一并請撥歸款。

一、直省修理各工所需工料銀兩，均於本款内動支。如實有不敷，准其動支耗羡，概不准擅動地丁正項。其所動雜項銀兩，無論何款，數在伍百兩以上者，即專案奏明辦理，不得題咨請修。

《户部則例》卷一一《庫藏·分成賠補》 一、州縣虧缺銀米，無論侵挪，查明實係家産盡絶不能完繳者，將未完銀數作爲十成，照例著落不行揭報之知府分賠五成。其歸入無著項下之五成，令失察之道員分賠二成，藩司賠二成，巡撫分賠一成，均照代賠例限按銀數多寡分年完繳。若有兩案著賠，俟前案銀兩依限交清之後，再行接續完繳。

一、直隸州虧空倉庫，限滿無完，作爲十成，該道員照知府例分賠五成，藩司分賠二成，巡撫分賠一成。其餘二成歸入無著項下完結。

一、州縣欠解捐款、賠款銀兩，無關參罰及展參處分者，限滿無完，該管上司免其分賠。

《户部則例》卷一一《庫藏·庫儲款目》 一、銀庫。歲儲各直省額解田賦、鹽課、關税，雜賦及贓罰銀兩，寶泉局制錢。

一、緞疋庫。歲儲額解綢緞、絹、布、皮、絲、綿、綫、麻。

一、顔料庫。歲儲額解銅、鐵、鉛、錫、硃砂、黄丹、沉香、降香、黄茶、白蠟、黄蠟、紙張、桐油并花梨、紫榆等項。

一、盛京户部銀庫。歲儲金、銀、幣、帛、顔料等物。

一、盛京將軍庫，吉林將軍庫、寧古塔副都統庫、伯都訥副都統庫、三姓副都統庫、拉林副都統庫、齊齊哈爾城將軍庫、黑龍江副都統庫、墨爾根城副都統庫、呼蘭城城守尉庫。各儲該處官兵俸餉及雜税，官莊糶賣糧價。

一、各直省布政司庫。歲儲各州縣徵解田賦、雜賦各錢糧。

一、按察司庫。歲儲各州縣贓罰銀錢并驛站夫馬工料銀兩。或由布政司移解，或由部鄰省協撥，各照數儲庫。

一、糧道庫。歲儲漕項銀兩。其地丁項下徵解者，由布政司移解儲庫。

一、河道庫。歲儲河餉銀兩。或由布政司移解，或由部自鄰省協撥，各照數儲庫。

一、兵備道庫。歲儲兵餉兩。或由布政司移解，或由部自鄰省協撥，各照數儲庫。

一、鹽運司庫、鹽法道庫。歲儲正、雜鹽課。

一、各關監督庫。歲儲關税。其道府廳州縣經管税務者，税銀各儲該員本管庫内。

一、州縣衛所庫。歲儲經徵正、雜賦銀。除應解河道、糧道庫銀款外，餘俱按款批解藩庫。

一、盛京銀庫。揀派值宿官兵晝夜巡邏，嚴查出入。圍牆外設堆，撥房二處。每處房一間，撥兵五名。責令輪流巡查，以資防守。

《户部則例》卷一一《庫藏·領抵》 一、各項應行移解正雜銀兩，

如總督兼轄省份彼此有項可抵者，准其一體停解報撥於報部文内聲明查覈。

一、各省庫存未領俸工養廉銀兩，於報銷後勒限一年飭領清楚。軍需工程等項銀兩，於本案准銷後，統以承辦官奉文之日起勒限二年飭領清楚。如逾限不領，概行提歸原款，報部撥用。

一、升遷、事故離任官員，如有未領俸廉及應找工程銀兩，該上司查明。除現有應繳應賠之項即行按數畫抵，其無應繳應賠而逾限不領者，即提歸原款報撥。如本員名下雖現無應追之項，而尚有承辦工程等項未經覈銷者，即將該員應支銀款暫停給領，俟事竣報銷後，查明如有應追銀兩，即於應領銀内扣抵，仍行知本員新任原籍。其并無追賠款項及應賠銀兩照數扣抵外，尚有應找銀兩者，統於另案銷結後，勒限二年行知飭領。至升遷他省者，由該員本任行文接任官，加結請領。事故回籍者，呈明本籍地方官出具印領，由後任官加結請領。倘逾限不領，即行提歸原款報部充餉。

《户部則例》卷一三《庫藏·年額解款額解關税銀兩，詳關税門》 一、巡捕五營每歲專批額解朋扣銀，倒馬皮臟變價銀歲無定數。

一、左右兩翼鐵匠局每年領用爐座公費，其節省銀兩於奏銷後，具批赴部交納。

一、直隸布政使司每歲專批額解春秋二撥京餉銀，歲無定數。大名，廣平二府芝麻鋪墊銀叁拾兩陸錢捌分。

一、山東布政使司每歲專批額解春秋二撥京餉銀，歲無定數。德州減存行糧折色銀，歲無定數。德常二倉米麥折色銀，歲無定數。臨倉米麥折色銀，歲無定數。鹽務各案歸公銀，歲無定數。銅觔水腳銀玖千伍百兩伍分。鹽運使司每歲專批額解運司歸公銀捌千肆百叁拾捌兩壹錢壹分。正引紙價銀壹千陸百伍拾兩，額、餘、票紙價銀柒百伍拾玖兩柒錢貳分。

一、山東省額解黄蠟貳萬壹千叁百伍拾玖觔有奇，黄丹伍千觔，牛筋陸白觔，棉布貳千叁百疋。

一、山西布政使司每歲專批額解春秋二撥京餉銀，歲無定數。錫觔價腳銀壹千貳百伍兩捌錢柒分叁釐，平鐵價腳銀壹千捌百壹拾壹兩貳錢伍釐，武進士牌坊銀肆百柒拾捌兩叁錢叁分壹釐。

一、山西省額解黄蠟貳百捌拾叁觔，好鐵拾伍萬觔，平鐵捌萬肆百玖拾捌觔，毛頭紙伍拾萬張，呈文紙壹萬張，西絹壹千伍百疋。遇閏加增肆拾肆疋。

一、河南布政使司每歲專批額解春秋二撥京餉銀。歲無定數。遇會試之年解幺費貳百兩。

一、河南省額解黄蠟貳萬壹千叁百柒拾伍觔有奇，黑鉛柒萬陸百捌拾叁觔，牛筋貳百肆拾柒觔有奇，棉布叁千陸百玖拾捌疋。

一、江寧布政使司每歲專批額解春秋二撥京餉銀，歲無定數。抽兵銀玖百貳兩陸錢伍分捌釐，茶引紙價銀肆拾玖兩伍錢，供漕銀叁萬壹百捌拾壹兩肆錢柒分，茶税銀。歲無定數。

一、蘇州布政使司每歲專批額解春秋二撥京餉銀，歲無定數。茶税銀。歲無定數。兩淮鹽政每歲專批額解兩淮上下綱織造節省船腳車騾等銀貳拾貳萬柒千陸百貳拾兩。

一、安徽布政使司每歲專批額解春秋二撥京餉銀，歲無定數。抽兵銀捌百叁拾壹兩伍錢柒分，遇閏加增茶引紙價銀貳百陸拾捌兩貳錢貳分肆釐，茶税銀。歲無定數。

一、江南省額解錫叁萬叁千叁百玖觔有奇，黄熟銅伍千壹百肆拾伍觔，白蠟壹萬貳千伍百觔，黄蠟肆萬叁千陸百柒拾柒觔，銀硃伍千捌百壹拾壹觔有奇，桐油壹萬肆千貳拾陸觔有奇，礬陸千觔，燈草捌百觔，烏梅壹千觔，好鐵玖萬觔，棉布貳萬柒千叁百陸拾柒疋，麻叁萬肆千壹百伍拾捌觔。

一、江西布政使司每歲專批額解春秋二撥京餉銀，歲無定數。春秋撥册米折銀，歲無定數。茶引紙價銀捌兩壹錢貳分玖釐，贓贖銀，歲無定數。

一、江西省額解銀硃貳千伍百捌拾玖觔有奇，桐油貳千伍百壹拾壹觔有奇，五倍子貳百玖拾柒觔有奇，紫草壹百陸拾貳觔有奇，拾連紙貳百萬張，苧布伍千肆百玖拾陸疋貳丈。

一、浙江布政使司每歲專批額解春秋二撥京餉銀，歲無定數。茶引紙價銀肆百陸拾貳兩，銅觔水腳銀柒千叁百伍拾兩，又節省銅觔水腳銀叁千陸百柒拾伍兩。兩浙鹽運司每歲專批額解鹽引紙硃銀貳千肆百壹拾陸兩，壹錢捌分捌釐，餘引紙硃銀。歲無定數。

一、浙江省額解黄蠟叁千觔，黄熟銅壹千陸拾伍觔，桐油捌千叁百貳拾玖觔有奇，芽茶伍千觔，黄茶玖千貳百觔，白絲捌千伍百觔，絲綿貳百觔。

一、福建布政使司每歲專批額解春秋二撥京餉銀，歲無定數。停辦黑鉛價銀叁千陸百捌拾兩伍錢肆釐，水腳銀伍百捌兩壹錢陸分肆釐，停辦錫價銀壹千玖百捌拾貳兩伍錢肆分叁釐，水腳銀壹百陸兩肆錢伍分，停辦拾連紙價銀玖百壹拾兩捌錢，簍費銀叁拾捌兩伍錢捌分叁釐有奇，水腳銀壹百叁拾兩玖分捌釐有奇，鹽引紙硃銀叁千貳百捌兩肆錢伍分伍釐，丘折銀壹萬叁千玖百叁拾壹兩肆錢玖分貳釐。

一、福建省額解錫貳萬貳千貳拾捌觔有奇，黄熟銅叁千壹百貳拾柒觔有奇，黑鉛壹拾萬伍千壹百伍拾柒觔有奇，拾連紙貳百萬張。

一、湖北布政使司每歲專批額解春秋二撥京餉銀，歲無定額。芽茶折價銀叁百柒拾貳兩，黄蠟價銀伍百玖拾肆兩捌錢壹分貳釐有奇，水腳銀壹百貳拾伍兩叁錢，白蠟價銀壹千捌百玖拾兩，水腳銀貳百伍兩陸錢玖分伍釐，黑鉛價銀伍百肆拾柒兩柒錢叁分玖釐，水腳銀叁百貳拾玖兩柒錢肆釐，茶引紙價銀捌錢捌分伍釐，楞木松板銀，歲無定數。又解武昌廠商税銀，節省水腳銀。歲無定數。

一、湖北省額解黑鉛壹萬柒千陸百陸拾玖觔，白蠟陸千叁百觔，黄蠟叁千捌百叁拾柒觔有奇。

一、湖南布政使司每歲專批額解春秋二撥京餉銀，歲無定數。硃砂折價銀柒拾玖兩伍錢陸分伍釐，水腳銀叁拾兩，芽茶折價銀叁百柒拾貳兩，黄蠟價銀伍百玖拾肆兩捌錢壹分貳釐有奇，水腳銀壹百壹拾兩，白蠟價銀壹千捌百玖拾兩，黑鉛價銀伍百肆拾柒兩柒錢叁分玖釐，茶引紙價銀柒錢玖分貳釐。

一、湖南省額解黑鉛壹萬柒千陸百陸拾玖觔，白蠟陸千叁百觔，黄蠟叁千捌百叁拾柒觔有奇。硃砂貳拾觔。

一、陝西布政使司每歲專批額解花馬大池鹽引紙硃銀肆拾叁兩貳錢，漢中府鹽引紙硃銀壹百伍拾兩。按兩年一解。

一、甘肅布政使司每歲專批額解黑硇砂折價銀叁兩伍錢，茶引紙價銀玖拾肆兩玖錢貳分柒釐有奇，西河縣鹽引紙價銀肆兩捌錢柒分捌釐，漳縣鹽引紙價銀壹拾兩捌錢陸分陸釐，花馬小池鹽引紙價銀貳百貳兩叁錢貳分。

一、甘肅省額解茜草叁千叁百壹拾陸觔有奇。改解折色銀肆拾叁兩陸錢捌分貳釐。

一、廣東布政使司每歲專批額解春秋二撥京餉銀，歲無定數。廣東鹽運使司每歲專批額解鹽引紙硃銀，歲無定數。子鹽京羨銀柒百貳拾壹兩壹錢伍分玖釐，節省河工盤費銀叁百兩。

一、廣東省額解錫叁萬伍千陸百陸拾肆觔有奇，廣膠壹千觔，降香玖百觔，沉連香捌百觔，檀香伍百觔，沉香叁百觔，白蠟壹萬貳千陸百觔，紫榆木貳千捌百觔，花梨木貳千壹百觔。

一、廣西布政使司每歲專批額解春秋二撥京餉銀，歲無定數。

一、四川布政使司每歲專批額解鹽引紙硃銀，歲無定數。茶引紙價銀叁百肆拾肆兩肆錢陸分壹釐，餘引紙價錢壹拾伍兩，鹽餘引紙硃銀壹拾伍兩，茶餘引紙硃銀壹拾伍兩。

一、雲南布政使司每歲專批額解茶引紙硃銀玖兩。

一、雲南省額解天大青貳百叁拾觔有奇。天二青陸拾陸觔有奇，石黄貳拾貳觔有奇。

一、雲南省每年額辦并加辦共毛青柒千餘觔。於前一年四月内飭商赴藏販運來滇，於次年八月内自滇起程，十月内到部交納。

一、雲南省額解顏料課金飯銀等項，除昭通等府廳州係邊要烟瘴例不派委外，其餘雲南等府州原定八股，遴委縣丞、州判等官輪年委解。如無縣丞、州判之處，即於經歷、知事、巡檢等官遴委一員，領銀採辦齊全，同課金等款銀兩於八月内起程，十月内解部交納，以清年額。

一、貴州布政使司每歲專批額解茶引硃銀柒錢伍分。

一、廣東省每歲應解裁停江浦、神安各司巡丁工食等銀貳千貳百餘兩至貳千叁百餘兩不等，遇閏裁停銀貳千肆百兩捌錢肆分。道光二十五年爲始。

《户部則例》卷一四《庫藏·豁免》　一、乾隆六十年奉上諭：朕普錫春祺，業經叠頒恩旨加惠臣民，復命查從前臣工内因過誤有賠項未清者，經軍機大臣開單具奏。如文綬、裴宗錫、閔鶚元、福崧、陶易等五員，俱曾緣事查抄，其名下尚有未完銀兩。朕臨御六十年，辦理庶務，一

秉大公至正。于諸臣功過，權衡輕重，賞罰從公，寬嚴悉當，從不稍事苛求。此等緣事查抄之員，皆因其在任之時，或瞻徇貽誤，或骫法營私，其籍没家產實屬罪由自取。所有未完銀兩，本應著落該家屬子弟照數賠繳，第念丙辰年即屆歸政之期，現當春韶令節，覃敷愷澤，破格施恩，著將文綬等五員名下未完銀兩，概予寬免。此外，如尚有似文綬等之曾經查抄，家屬實在無力完繳者，并著各該旗籍查明具結咨報由户部題請豁免，以示朕法外施仁，思加無已至意。欽此。

一、出師陣亡、傷亡、病故官兵，凡有預借銀兩，欽遵乾隆五年諭旨，准予豁免，永遠遵行。

一、軍營陣亡、傷亡人員，如有本身應追採買覈減及分賠、代賠等項銀兩，概行咨部豁免，毋庸逐案具題。

一、離任官應追欠項，本旗本籍一面督屬嚴追，一面通查該官歷過任所，果無財產隱寄，由任所官出具切實印結，移送本旗本籍，由本旗本籍加結題請豁免。倘題豁以後，别經發覺財產，盡數入官，仍將原籍任所出結官員革職。原豁銀兩并著賠還。

一、官員欠項無完，係户屬覈減項下如採買水腳等款者，據實題豁，免治本員之罪。如係經費項下之長支、溢領、誤發，及分賠之非由屬員侵欺，代賠，著賠之失於詳查與人格於常例不准開銷等款，爲數不及壹千兩者，查實後亦准免罪題豁。其數至壹千兩以上者，題豁時，或將該本員照工程覈減無完治罪之例減一等問擬，或免其治罪之處，於題豁疏内聲叙情節，請旨定奪。專指本係獲罪之人拖欠官項，既免其追賠，復免其治罪者而言。如未經獲罪者，不在此例。

一、催追錢糧奉特旨豁免者，承追之地方官一體免議。

一、官員應追欠項有初案已經查明題豁者，續有别案追項，准其并案咨結。

一、凡承追户屬項下一切應完銀兩，如其人實在家產全無，該管地方官不爲據實詳請督撫題豁，致令父子，夫妻分離失所，將承追之州縣及督催之督撫奏交吏部議處。旗員之該管官不爲據實具結咨部者，亦照此辦理。若該旗業已咨部，而承辦司員任聽書役耽擱，不爲彙題豁免，亦即將該司員奏交吏部議處，書役交刑部治罪。

一、籍隸大興、宛平二縣人員，有原任應追欠項，經大、宛二縣查無家產者，仍通行直隸省份及該員流寓地方，一體確查出結，由順天府會同直隸總督題豁。

《户部則例》卷一四《庫藏・交代》　咸豐十一年奉上諭：譚廷襄奏瀝陳山東省虧空積弊，請嚴行查覈，分别勒限清釐一摺。山東省吏治廢弛，往往藉口災緩，諉卸催科不力處分，并可影射侵漁。其軍需墊款則以已徵到官之錢糧挪移墊辦，捏造報銷，强行列抵，經年累月不能結算。據該撫查明，咸豐七年以前交代應行追賠虧款至七十一萬有奇。其七年以後積壓二百數十起，其中挪墊虧空更復不少，及委員監算盤查，惟以開報初參了事。玩洩侵蝕，庫儲日虧，積習相沿，殊深痛恨。著譚廷襄督飭藩司選將通省軍需挪抵各款立限趕緊清釐，再將交代逐案勾稽。自七年以後，截至本年十月初一日以前，作爲舊案，飭局統行調算，勒限四個月一律清結。倘有前任狡執延宕，後任故意留難，立即從嚴參辦。除抵下欠之項全數提追，如有不完，查抄治罪。所有累年交代遲延各員應得處分，著俟此次清釐以後再行分别辦理。其本年十月初一日以後新案，通限以四個月爲斷，其有兩任交代及倉穀較高者，照例推展。如屆期不結，即分别撤任勒追，扣補停委，以示懲儆。其軍需墊款概不准以正項錢糧扣抵。倘敢徵存不解，無論銀數多寡，立予創懲。并將該管道府一并參處，以肅官方。至各直省州縣積弊相沿，鮮不藉蠲緩錢糧，墊辦軍需爲朦混侵吞地步。山東一省如此，他省可知。著各直省督撫遵照此旨，一體勒限清釐，各州縣交代務使完欠分明，不准稍有朦混。如有歷任交代清楚者，准其破格保奬。其平日剥削官項，現復阻撓挾制，以冀搪抵者，一經查出，奏請加等治罪。其軍需墊用各款，尤宜飭令覈實開報，不准牽混，以重庫款。欽此。

一、直省布政使升轉、離任及因公陛見者，於奏謝之便將經手庫儲錢糧并無虧挪之處，具摺附奏。新任接收亦具摺奏聞。暫署與正任一例陳奏。仍按例限交代呈詳請題。

一、布政使新舊交代，自新任官到任日期起，統限兩個月交代清楚，造具册結，呈詳督撫保題。其統限兩個月内舊任分限一個月。凡署任在兩月以上者，正署交代，該督撫各疏保題。若署任不及兩月者，正署交代，彙疏保題。糧鹽道正署錢糧交代限一個月，其督撫保題，或各疏或彙疏照

布政使例。廣西鹽道交代准加限三個月。

一、布政使升任本省巡撫，其任内經手錢糧令總督確查具題。如無總督省份，該撫不便自行具題，令接任布政使覈明具題。

一、各省臬司委署藩篆，其驛站錢糧統俟新任藩司到任後，再行盤查出結，申送督撫察覈。

一、鹽運使新舊交代，悉照布政使例，統限兩個月交代清楚，造册呈詳。鹽政具題，其統限兩個月内，舊任分限一個月。運同、運判、提舉大使等官交代，悉照州縣例，限兩個月清楚。由管鹽督撫、鹽政取縣例，限兩個月清楚。由管鹽督、撫、鹽政取具册結咨部。廣東運使、運同交代，各准展限三個月。

一、經管錢糧之守巡各道并知府，限一個月交代清楚。由後任官造具册結該管上司加結咨部。

一、司道府州縣新舊官交代，如前任官内有侵欺、透支、挪移、墊解、拖欠未清等弊，接任官無論實任、署任，如有徇隱不行揭報及交代後始行查出者，該督撫題參，將虧空之員革職治罪。接任官照例議處。欠項照例賠補。如有侵挪等弊，接任官已經通詳，而上司不行詳報題參，徇庇舊任，抑勒新任接受者，許被勒之員直揭部科。部科據揭代奏請旨，飭交嚴審。審實，將抑勒交代各上司及虧空之本員從重治罪；審虚，將誣揭之員加等問擬。

一、官員接收交代，已經揭出虧空者，於題參之日扣限交代。續又查出虧空，於出咨續揭日扣限交代。如摘款先揭，豫留三參五參地步，輾轉延挨者，將接任官題參著賠。

一、正署官交代，如倉庫本無虧短而署任官故爲遲延，希圖卸責者，該監盤上司揭報題參。其署任官有虧空錢糧者，除本員照例治罪外，仍著落遴委之督、撫、司、道、知府等官員分賠議處。

一、官員交代，如正限内不能完結者，照例查參，再照原限兩個月、一個月完結。如逾限不結，該督撫題參，照易結不結例議處。其遲延緣由該督撫即於疏内確切聲明。如止以遲延題參，不將遲延緣由叙入者，將督撫司道府等官分別議處。

一、官員交代清楚，務將册結同送。仍將到任與出結各日期於文内註明，送該管府州加結。各按程途日期扣算。如册結到在限外而聲明出結在限内者，由藩司覈明是否屬實，將出結日期詳明報部，免其參處。如例限已逾仍無册結繳司，該督撫即行指參；或州縣揑報出結日期并該管府州及司道通同徇隱者，該督撫即據實報參。

一、交代遲延，該督撫查明遲延在何任，分晰咨參，并將督催不力之上司隨案附揭，聲請議處，另行勒限交代。凡二參限期，即於限滿初參之日接算起扣，不准按奉到部覆日起扣。

一、交代款册隨結依限呈詳，由司覈轉咨部。如限内隻送總結，不送款册，即以交代遲延查參。

一、正署官交代，如原委署之員遇有升遷、降調、丁憂等項事故，准其改委。以改委接署之日另行扣限清查，仍將改委起限，緣由聲明咨部。如原委之員正在交代限内，并無應行離任事故，輒行托故改委，希圖展限者，一經查出，將改委之各上司照徇庇例議處。

一、官員交代，除查捕蝗蝻、鄰封相驗，以及勘災監賑、勘河防險、會勘會審等公出不准扣展外，其入闈辦事必須扃鎖在闈，准其將奉調入闈日期扣除展限。

一、交代例限兩個月者，舊任官造册以二十日爲限，新任官查覈轉造以四十日爲限。例限一個月交代者，舊任官造册以十日爲限，新任官以二十日爲限。如例得展限者，均照加展月日遞算分扣。若有逾違，分別查參。

一、各直省州縣正署經手錢糧交代正限兩個月，由接任官造具接收清楚册結，協查官同該管道府等官加結，移送藩司總覈報部。如倉庫錢糧或有應行加展之處，均准其分別加展并責成該管道府等悉心盤查，倘有虧短，即行據實揭參。如該道府等出結之後，或有虧短情弊別經發覺，將出結之員嚴行參處。凡分駐地方經管錢糧之同知、通判、縣丞及營衛等官交代，均照州縣例辦理。

一、州縣官有經手新疆錢糧，款項繁多，交代限期准於交代倉庫錢糧正展各限之處，分別加展。如供應口外往返官兵車輛事務，展限兩個月；採辦調撥事件，展限四個月。其辦理軍需支發更繁，并有不能依限結報者，該督撫臨時奏聞辦理。

一、州縣官事故離任，將在任已徵未經折封錢糧，於交代前報明原管上司覈實，交與接任官另批起解。若接任官矇混不入，交代作爲已任所徵籠統起解者，查實題參。

一、州縣官交代展限，如庫項在伍萬兩以上者，展限十五日，在拾萬以上者，展限一個月；在拾伍萬兩以上者，展限四十五日。其倉穀在貳萬伍千石以上者，展限十五日；在伍萬石以上者，展限一個月。或一官而有兩任交代者，展限一個月。升調官員卸任、到任同時者，方准扣展，如不同時者，不准展限。如正展各限外或有遲延，該管上司將遲延情由查明開參。如舊任官不於定限內清白造册移送，將舊任官查參，新任官免議。如舊任官遲至定限將届，始行造册移送，新任官又不上緊查覈，以致遲延者，新舊各官分别議處。如舊任官已將錢糧等項造册移送，而新任官推諉不接以致遲延者，將新任官查參，舊任官免議。督催府道均分别議處。倘限滿不行查參，查係該督撫及各該上司徇庇，户部即扣限題參，照例議處。如并無未清錢糧等項，上司藉端勒措遲延者，將勒措之督撫司道知府等官分别議處。如署事接任官措留，以及本官并未交代明白即行離任，均一體查議。

一、州縣交代，令將倉廒造入交代項内報部。若有木植毁爛傾圮滲漏者，許接任官揭報，將前任官議處。其霉爛米石勒限賠補。如接任官徇情濫受，即將接任官照例議處。仍令賠修倉廒，并將霉爛虧空米穀著落接任官限年賠完。倘限内不完，照例治罪。或故爲勒措及交代遲延藉詞飾報者，該督撫具實題參。

一、州縣交代倉糧，俱令按限徹底清查。如有胥役冒領侵吞，揑稱民借，照數分别賠完。新任官不行查出遽行出結，即著新任官賠補還項。倘倉穀過多不能依限結報者，即於交代案内聲明，量加展限報部，毋許於正展限外復請展限。

一、地方官交代，如限内未能交清，令接任官逐款查明揭報，將該員截留在省，照例另行起限，務令交代清楚，方准赴任回籍。如有通同私立議單，希於限外通融彌補者，一經發覺，將監交出結之員一體治罪，并著落賠補各該上司分别嚴議。

一、交代清楚册結送部時，將監盤官職名一體報部存案。遇有侵虧事發，將監盤官照例治罪。如藩司不將監盤官職名一并申送者，照徇庇例議處。

一、江蘇州縣交代，有民欠錢糧應行清查，數在伍萬兩以上者，原限外准展限兩個月；在伍萬以下者，准展限一個月清查結報。

一、直隸河工錢糧及存儲物料等項，廳汛各員無論實授署事，遇有升遷事故，照州縣倉庫錢糧例定限兩個月造具清册，移送新任官查覈，出具交代清楚印結，申送咨部。如舊任官不交代明白以及新任官扶同徇隱并勒措遲延，該管上司督催不力以致違限者，均照例參處。

一、南河廳員新舊交代，照直隸州例由該管道員覈實加結詳咨，限三個月内交代清楚，出結造報。如錢糧繁多應展限者，照州縣例咨部請展。倘有虧缺逾違及道員督催不力，均照例參處。

一、川省新疆理事同知及各屯員經管庫項倉糧，照内地州縣之例限兩個月。屯員由同知委員監盤，同知由松茂道委員監盤，各依限出結，由司覈明咨部。如有遲逾，分初參二參，按照遲延月日議處。倘有虧缺，嚴参治罪。

一、福建省鹽課銀兩，久經官運之福州府屬長樂、福清，泉州府屬晋江、惠安、同安等五縣，及暫歸官運之龍岩直隸州，泉州府屬南安、永安，興化府屬莆田，漳州府屬龍溪、漳浦、南靖、長泰、平和、詔安、海澄，福寧府屬霞浦、寧德等一十三州縣，凡遇新舊交代，照地丁一體限兩個月交代清楚，造具册結咨部，倘有虧缺遲延，照例分别參處。

一、貴州省知府交代，除遵義一府并無經管倉庫錢糧仍限一月交代外，其貴陽、思州、思南、鎮遠、銅仁、黎平、安順、興義、都匀、石阡、大定等十一府均有倉庫錢糧之責，交代俱扣限兩個月，盤查出結，仍按倉穀多寡分别加展。

一、織造所管之關税錢糧及絲觔緞疋交代，限兩個月清楚，照州縣官例，由接任官查明造册，具結咨部。

一、各學新任委署教官到任限一個月，令舊教官將經手學田租穀并書籍、器物等項造册，交與接任之員查明接受，由該府州縣覈明詳司，轉送督撫學政衙門存案。仍將交代清楚緣由按季彙報，或有遲延逾限及缺少學租等項，仍專咨報部查參。倘舊任官有心隱匿，查明題參，缺失者責令賠

補。若接任官不行查明，混行接受，即著落接受之員及轉申之府州縣賠償。府學教授責成知府分賠，州縣學教官交代，既有州縣督催，毋庸再令知府分賠。没交代期内或有送考赴省、赴府、赴州不能回署交代，准其預行申報，俟事竣回署之日，仍扣限一月交代。倘有捏飾，嚴參議處。

一、各省緑營武職官員無論正署新舊交代，限一個月造具册結，加結送部，如有遲延，照文職交代逾限例分别議處。陝西、甘肅二省督撫、提鎮標中營交代，限四十日；雲南督撫、二標，臨元等六鎮，貴州提標、興義等四鎮交代，限五十日。凡署任不及三月者，統歸後任接收交代并案聲明結報。

一、州縣交代，除本無虧缺各令依限交代外，其前此業經報明彌補，列入清查者，如正展限内結算未清，著該督撫即奏明先完結本員交代。其歷任欠交錢糧於摺内聲明虧數多寡，提查遠近，酌定限期另案完結。若本未報明彌補，列入清查者，不准援以爲例。

一、州縣交代，如結報無虧，後復有呈出約議諉作前任舊虧者，除不准作據外，新舊官及監盤官一并治罪。

一、州縣交代，凡徵存未解款項，部中逐案登記，以初次限滿扣起，勒限兩個月掃數提解藩庫，隨時專案報部。逾限不完，即將結報之員參辦，統於年終開單奏報一次，每案有無徵存限滿，有無欠解，曾否參辦，一一註明。至州縣交代册結，該藩司隨時詳請咨報。倘遲至一年半年送部，即將藩司職名查取覈議。

一、各省州縣交代，無論正署，照例限兩個月清交外，如有虧短，接任之員限一月内稟揭。其交代未清，未經後任出結者，停其署補。同治元年會同吏部奏准。

一、各省州縣交代，限兩個月作爲初參，查明新舊官係何任逾限，罰俸一年。二參限期仍予限兩個月，查明新舊官係何任逾限，即行革職。其二參限期及各州縣到任卸任日期，隨案咨部覈扣，并由吏部將補署各缺知照考覈。倘二參已逾，該管上司延不揭報，即由户部奏參，將二參逾限之州縣革職，該管上司照徇隱例議處。同治元年會同吏部奏准。

一、承德府并所屬州縣交代册結，由熱河道覈明加結，徑詳都統咨部。

一、直隸承德府經管倉庫錢糧，限兩個月盤收結報。

《户部則例》卷一四《庫藏·勒追》 一、八旗各直省應完欠項人員，除侵挪虧空罪案贓私及工程覈減等銀，統聽刑、工二部勒限外，其户屬項下追繳一切銀兩，除欽奉諭旨定有限期專案勒令完繳外，其餘採買價脚、解送運脚、驛站軍需及預撥墊支，事竣覈減追繳等項銀兩，均於文到日起，如數在叁百兩以下者，定限半年完繳；叁百兩以上者，定限一年完繳；數在壹千兩至伍千兩者，定限四年；伍千兩以上者定限五年；壹萬兩以上者定限六年；貳萬兩以上者再加一年，似此遞加，至數在拾萬兩者定限十五年。其數在拾萬兩以上者，案非常有或應統歸數在於拾萬兩，予限十五年。抑或另行酌加年限之處，臨時聲叙情節，奏明請旨。如限滿不完，查係現任人員或雖非現任，其原案係由該員一人貽誤獨賠，情節較重者，旗員即由該都統咨部查參，漢員即由該督撫咨部查參，按例辦理。若查係離任及已故人員，或行追時係現任，届限未完業已身故。其欠項又事屬因公，覈減情節較輕，或上司下屬及前後任攤賠、分賠，或同案官代賠，或上司代屬員賠，本官代吏役賠，子孫代祖父賠，而銀數又多至伍千兩以上者，以十分計算，於限滿日能完至七分，其餘准其另照未完銀數，按年起限完交。承追官逾限參處，另詳承追款内。

一、八旗直省應繳欠項人員如事屬因公，覈減分賠、代賠等項，除數在壹千兩以下者按限完交外，其數在壹千兩以上者，均按所定限期陸續完交，毋庸拘定每年應完若干。如至統限已滿仍未完清者，由部查明已、未完各數，據實參奏，請旨照例辦理。其或爲數過多，或本無産業，或産業已全行呈出，查無隱匿寄頓者，該旗籍查明結報，由部按其情節，將應否再予展限幾年，奏明請旨遵行。至例應由部具奏案件，部臣不得諉令該旗籍奏辦，該旗籍亦毋得不咨部覈議，輒任意輕重率辦。如該旗籍查出有隱匿寄頓情弊，即自行參奏辦理。此專指各該員請限而言，若請豁另詳豁免第一條内。

一、承追户屬項下一切因公覈減分賠、攤賠、代賠及軍需覈減等項銀兩，均於文到日起限。限滿不完，將承追督催等官議處，其接任承追、督催等官仍照到任之日扣限。銀數在叁百兩以下限半年追完，叁百兩至壹千兩限一年追完，不完議處。壹千兩至伍千兩定限四年，伍千兩以上定限五年。統計所追總數作爲十分按年攤追。如每年届限時虛懸，并無完繳，承

追官照例議處。如能遇限陸續完交，承追官俟四年五年統限滿時，查明已、未完份數，分別議處。其歷年凡有應得處分，限滿若能全完，全行開復。至伍千兩以上之案，五年限滿能完至柒分亦准開復，其餘仍照未完銀數按年起限承追。

一、凡承追一切欠項，除現任官即在任所著追外，其離任官係漢員，令該管督撫一面督屬嚴追，一面即行查該員歷過任所有無隱寄，旗員由部行知該員原任省份，其任所地方自文到日限三個月查明，取結申詳。該督撫咨明原籍，咨部辦理。違者照欽部事件遲延例議處。

一、拖欠官項錢糧，本員力不能完者，在于承產之兄弟子侄，分肥之僚友上司、經手之家奴吏役及寄頓財產之人，確查屬實，均應著賠。若分居析產之兄弟族屬，并不知情之親友奴僕旁人，於公帑并未侵漁，私財又非寄頓，該管州縣官巧借認幫等項名色，勒令賠補，或藉稱嚴查寄頓，紛紛票傳刑求嚇詐等弊，准受累之人赴上司控告參究。倘上司不爲准理，照徇庇例議處。

一、現任官員本身應完一切因公覈減及分賠代賠等項銀兩爲數不多者，准其在於應領養廉數内坐扣完結。其有養廉在本處耗羡内自行留支者，責令該管上司催追清結。其有詳請分限完交藩庫者，如完解遲延，本員及該管上司分別議處。限滿不完，統計已、未完份數，照例參處，仍令完納，該管上司分別參處，仍令督催，順天府四路同知督催照知府例議處。

一、回旗、回籍人員應追各項銀兩，該員一面按限完交，如有部減不符及任所派賠不公等項情由，應於本旗、本籍呈明，移咨任所覈辦。如該管官混爲聲請，自行赴任清釐者，照瞻徇例議處。至任所督撫查覈案情，實係款項紛繁，情節參差，不便文移往返，必須經手之員親自質對原委以財速結者，將緣由聲明咨部，移咨各該旗籍，飭令該員前往清釐，俟清釐完竣，即行勒回旗籍，如有借端他往，擾累地方情事，該督撫據實查參治罪。

一、承追各案欠項，承追官新舊交代時，已未完結緣由一體入册結報。每至歲底，該督撫查明案件完欠，分晰部行造册，分咨聽部彙覈。其八旗承追案件，亦照直省之例於歲底彙報。

完坐扣。

一、大、宛二邑，五方雜處，一切承追銀兩如徇情推諉，不實力行追，或被人首告，或由部查出，一并從重治罪。將所欠銀兩俱著落該縣賠

一、八旗人員應完各案一切帑項，查明實係家產全無，其本身兄弟子侄僅止食餉者，該旗取具參佐、領保結送部，照例題豁。該旗毋得再行聲請在於所食餉銀内坐扣。從前兵丁扣餉之例一概停止。永遠遵行。

一、凡因公欠帑各員，有應完銀數較多，應得俸廉亦厚，計其每年所得俸廉，全扣、半扣于交銀例限内足敷抵交，或限内能扣十分之七，其不敷之數可照承追餘限抵足者，准其聲明例限按年扣抵，毋庸查明家產結報。

一、現任文武官員，應繳因公覈減分賠等項銀兩，無力完繳請於俸廉内坐扣者，各旗籍并未查明家產結報，除銀數不多，可於一年二年内坐扣完結者聽其坐扣外，如銀數較多，俸廉不敷扣抵，概令勒限完交，不得率准代奏，濫請邀恩。其由各旗籍任所查明，實無家產，取具印結，加結請在俸廉内遞年扣抵者，每年止扣一半，其一半留與當差。如有自請全扣者，聽。銀數在壹萬兩以下者，取結咨部請扣。壹萬兩以上，該督撫都統專摺奏明扣繳。離任候補人員應追銀兩，力能完交者，仍照例辦理。如實無財產，亦由該旗籍查明，取結咨部，俟補官得缺之日分別扣交。其銀數在壹萬兩以上，經旗籍該管官查明實無家產，取結咨部，請俟補官日坐扣俸廉者，應令於補官得缺之日由該管督撫專摺奏明，將該員應得俸廉全數扣抵。凡現任、候補各官，本係有力完交，故請扣交俸廉，希圖延宕者，察出將本員及承追出結之員一律嚴參議處。至候補與現任人員或有派委辦理軍需事件，應追一切銀兩曾經該旗籍查明取結，准於俸廉内坐扣者，該督撫隨時報明，于差竣之日再行扣交。

一、官員奉派隨圍，如於俸檔過部以前病故者，頂領俸銀在於該家屬名下追繳，如力不能完，准在該員之子俸銀内分年代扣，如無食俸之子，准其豁免。

一、八旗隨圍官兵，如有應交長支車價及路費銀兩一時力難措繳者，准其在於俸餉銀内分作二年入檔坐扣完交。

一、京員有祖父任内未完分賠，代賠銀兩，奏明在於應得俸銀内代扣

者，如遇有罰俸案件，俟罰俸銀兩扣完之日，再行接續坐扣。

一、官員應賠各項銀兩業已題豁後，其子孫内續有得官者，免其追溯重扣。

一、官員應追各項銀兩，如同居兄弟子侄内有職官食俸之人情願指俸代扣者，係各盡親親之誼，准其循例坐扣完項。如前案代扣銀兩未經逾限，續有情願代扣之項，亦准其按限接續坐扣。其不願者均聽。

《户部則例》卷一四《庫藏·完欠》　一、凡應追一切賠項銀兩，總以有力無力爲斷。其力能完繳者，無論本身子嗣係屬何款，但由户部行追者，均應令其按限完交。至無力完繳者，分別有官、無官，有官者無論本身、子嗣官職大小，但係現任即不得濫行請免。如該旗籍及歷過任所查明并無財產隱寄，具結咨部後，准照現任俸廉扣繳一半。有官未補者，俟補官日再行坐扣。其無力完繳而又無官職，該旗籍任所結報并無財產隱寄者，准予題豁。八旗由本旗咨部題豁，各直省由原籍題豁。

一、因公著賠分賠各員罷職及身故後，經該旗籍并任所查明，實在并無資財隱匿寄頓，人亡產絶，取結請豁者，文結到部之日，即應准其題豁，不得再行駁查，致滋延宕。

一、凡罷職及身故人員未完因公欠帑，應於本員家屬名下著追者，俱令按限完交。如實係赤貧，力不能完，該旗籍查明具結報部題豁，毋得率請監追。

一、欠帑暫行降革，勒限催交完日即應開復各員，歸入彙題報部者，如有於限内交完之員，應以咨報到部之日先予開復，不得駁令俟通案各員交齊後始准開復。

一、官員欠項前案未經完繳，復奉文有應追之案，俱係尋常案件力難并交者，如前案銀兩尚未逾限，准俟依限清完之後再將後案銀兩按銀數多寡定限，接續完繳。倘前案逾限不完，除照例參處外，仍將後案按限行追。若後案係奉特旨嚴追之款，不得援照此例。凡各衙門行文咨追者，謂之咨追；專摺具奏者，謂之奏追；欽奉特旨者，謂之特旨嚴追。各按各款辦理，不得含混牽引。

一、同案分賠公帑人員，各人名下各有應完已身應賠銀數，逾限查參。若該員將己身應賠銀數完納，則其責已畢或同賠之人有家產盡絶者，應即將其人應賠銀數照例豁除，不得復於同案各員名下重復攤派，并禁止在於通省各官養廉内攤扣，更不得於承追省份著落賠補，違者照違制律議處。

一、凡特款支銷錢糧，該承辦官於動款時不報部聽覈，徑行動用，直俟奏銷時始行開報，經部照例覈駁者，所駁銀兩著落擅動官獨賠，如不能完，照例治罪，若因一人銀數繁多或私派屬員幺捐，或勒令後任攤賠，察出嚴究。

一、凡出借錢糧令該管各上司稽查，如有捏飾侵漁及未經報明，私行借動者，題參治罪，著追。如係奉文借給，實在無可著追，確查出結題豁，不得在經手官名下著追。

一、官員一切應賠庫項開欠抵追，如所開之欠查明實係公帑，其借欠之人當日具有借欠印領者，應照數追還，并將借欠之員分別議處。若係平日私債或係己資，幫助親友以及同官私借，雖有文約，并無印領者，無論遠年近年、有無確據，一概不准追抵。

一、軍需案内應追銀兩，查無虚靡飽橐情弊，經部照例覈減者，先於本員名下全數著追，如本員於離任後力難獨完，由部查明原追案内或由該管上司派委不慎，或失於詳查所致，即令該管上司與本員各半分賠。如本員於分賠一半銀内仍不能完，查係將來仍可補官人員，俟補官日於俸廉内按數扣還。如係罷職人員，應令查照舊例題豁。設查明原案係承辦急需要務一時猝辦，應差物價不能悉符常例，致干部駁勒賠，是該員意在急公，與濫應者有間，即應奏明，酌量寬免，毋庸一概著追。

一、有緣事應查抄家產及呈出田房抵交官項，而兄弟未經分產者，將產業按兄弟人數分股計算。如家產值銀拾萬，兄弟五人每股應得貳萬，衹將本員名下一股入官，其餘兄弟名下應得者，概令照業，該管官不得勒令一概呈出。其兄弟亦不得托詞家產未分，任意隱匿。

一、官員應追一切賠項，如事非因公，情節較重，查係該上司知情徇庇及實有委派不慎之咎，無論旗員漢員，本人家產全無，一概不准援例請豁。即著落該管名上司各下攤賠。

一、凡完交追賠各項銀兩，或有完繳在先，後經覈明浮於實追之數者，准將浮交之數給還。

一、官員應完欠項，有業經回旗回籍及升遷至別省，即在旗籍任所就近完交者，在旗由都統出批交部，外省由藩庫覈收報撥，均知照原追省份。如係借墊等款應歸還庫儲者，令原追省份作正開銷。如係毋庸歸還之款，即行銷案。

一、原任官有覈減分賠、代賠、著賠等銀，不係侵貪重款，數在拾兩以下者，原官或經物故，或一時查無其人，承追官即於額没公費內代完銷案，不必輾轉行追。若數在拾兩以上及數雖無多而係侵貪重款者，仍由本員及該家屬名下根查追結。

《户部則例》卷七四《廩禄·動撥應放廩俸》　一、各直省文員俸銀，按日計支，不給禄米，不給恩俸。所給正俸均在地丁項下動給。

一、各直省道府州縣教職、佐雜俸廉，各役工食及廩膳祭祀均平等銀，准其在于額編地丁并耗羡銀內坐支，該督撫按數報銷，出具各屬并無透支印結送部。如有降、住、曠缺俸工，分別造報。道、府正佐各員，凡遇降革留任，養廉銀兩仍准支食。

一、東三省俸餉銀兩，每于年前八月內，盛京户部委員赴京請領，限九月十五日以前到京，在京户部查明定限兑發，限十二月初十以前運到，倘有遲逾，查明參處。

一、黑龍江、吉林暨吉林所轄打牲烏拉官兵，春、秋俸餉于年前十一月將檔移送盛京户部查對，即于十二月將一歲俸餉銀兩，作一次領回，轉給各屬，按季分支。凡續授官員應領俸銀，在各該處備存銀內先行動給，統隨次年俸餉補領還項。

一、熱河駐防及圍場官兵每年需用俸餉、養廉等項銀兩，額魯特官兵每年需用俸餉、養廉等銀，由熱河都統確覈銀數，將上年存剩、裁扣、追交等銀咨部扣除，委員赴部關支。户部覈明札庫，以一半元寶均匀搭配，委員原帶砝碼如數彈兑給發。應需木箱、鐵葉，户部出具印領，咨工部辦給。沿途護送官兵及門單口票、車輛等項，咨兵部辦給。

一、密雲駐防官兵每年需用俸餉、養廉等項銀兩，由該都統確覈銀數，委員赴部關支。户部覈明札庫，照數給發。上年如有存剩，咨部扣除，應需車輛、馱馬，護送官兵門單、車票，均咨兵部備辦。

一、滇省各州縣應需俸工、養廉等項銀兩，未經開徵以前無項坐支，准其申報藩司請領，在于庫貯條丁公件銀兩內動撥。

一、直省改設州縣以下等官所需員役俸工，即于通省額設銀內通融撥支，不准額外請徵。

一、佐雜人員俸銀及胥役工食，遇停徵緩徵之年，准于司庫存公銀內撥給，依限催徵還款。

《户部則例》卷七四《廩禄·稽覈應領額俸》　一、八旗俸禄册檔由旗查造，春俸册限上年十二月十五日以前到部，秋俸册限六月十五日以前到部。户部查覈截俸，各以十日爲斷，不得過十六日。凡官員升遷調任在截俸日期以前者，准支新任俸禄；在截俸日期以後，有原俸原餉可支者，新任俸禄不准趕領。病老、告休、物故在截俸日期以後者，入檔俸禄無庸趕裁；在截俸日期以前者，原任俸禄不准造支。勒令休致及獲罪革職之員，雖事在截俸以後，入檔俸禄仍行裁除。

一、凡開放旗俸，二月八月各以初一日爲始，俸銀限初三日放竣，俸米限兩個月放竣。其春俸自上年十二月十五日至正月三十日，秋俸自六月十五日至七月三十日，已經截算之後未經開放以前四十五日之內，有新得職任官而無原俸原餉可支，如由進士、舉人、廕生、閑散及部、院繕本貼寫筆帖式、八旗官學生得官。及處分開復者，准其趕領新俸。若由咸安宫唐古忒官學生得官，舊係銀米兼支者，均照有原餉可支之例，不准趕領該季新俸。世職趕領新俸另詳旗缺官俸例。

一、旗人由外省文武職官升調回京到任，在俸檔過部以後、開放俸禄以前者，該季准照支新任俸禄。其由盛京、吉林、黑龍江各省駐防及新疆辦事文武職官升調回京，舊任俸禄業已開除，到任在大檔過部以前者，准支新任俸禄。其在在檔過部以後，開放俸禄以前者，該季仍照原銜支俸，其新任額俸統入下季正支。

一、旗人由外省補放在京職任員缺，以到任之日起計算入檔，按季支俸。原在軍前者，以奉旨之日計算入檔。由外任承襲世職月，詳旗缺官俸例。

一、俸米册檔由旗送部，由部札倉，由倉開放各日期，均報明都察院查覈。

一、旗員補放外任，如有長支俸銀，咨行任所，照數著追報撥。

一、在京各衙門漢員并五城司坊官員、五營員弁，造送俸銀俸米册

檔，春季限本年正月二十日，秋季限七月二十日，將應支應扣細數咨送户部，再造册一分，分送吏兵二部，稽覈後，均于二、八月初一日以前送至户部，于十二日開放。其截俸日期正月、七月，各以二十日爲准。此内各員如有降級在先，罰俸在後者，按所降之級覈扣。如遇罰俸後始議降級者，仍扣原罰俸數，于俸册内注明。至各官升遷、除授、開復在截俸日期以前者，准補行造册，趕領新俸；在截俸日期以後者，原册俸禄毋庸趕裁。其緣事革職之員，雖事在截俸日期以後，原册俸禄仍行裁除。倘俸册有不依限送部及有事故應扣不扣，經吏兵二部查出，即行查議。

一、京員旗員二月、八月初一日，漢員正月、七月二十日。兩季關俸之後，遇有降革一切事故者，其支過該季俸銀、俸米，毋庸以長支扣追。若在京緑營武職計日支俸者，不在此例。

一、各部院漢軍人員俸禄，准隨滿缺官俸一體由旗造支。其鑾儀衛漢缺官暨漢侍衛俸禄，亦准隨旗支領。

一、隨旗食俸之漢侍衛，奏准給假回籍，其奏准日期在俸檔過部以後者，該季俸禄仍准支領；在俸檔過部以前者，該季俸禄卻行裁扣。回京銷假日期在俸檔過部以前者，准趕領該季俸禄；在俸檔過部以後者，不准趕領。

一、六部題補漢司員，在截俸日期正月、七月二十日。以前引見，奉旨補授者，該季照升銜支給俸禄。選缺人員雖經引見，其題覆科抄到部，在截俸日期以後者，係由現任升補，仍支原任俸禄；係候補、候選人員，該季俸禄不准支領。至内閣中書係揀補之缺，毋庸題覆。如奉旨在截俸以前，亦准支領新俸。

一、各官升轉應領俸銀，俱由新任辦理，其原任内有無未完參罰降革一切應扣者，新任無從查扣，仍由原任衙門承辦俸禄處，將一切事故數目，扣過若干，未完若干，咨明新任，于册内聲明坐扣。

一、病痊、服滿各官向例仍歸原衙門補用，如有未完應扣者，俟補缺之日，仍由各該衙門查明坐扣。到由外任升授京職及棄瑕録用、降補、應補，各該衙門先期行查吏、兵二部，任内有無隨帶注册事故，俟部覆到日入册聲明。其前任内有無已扣未完之處，均聽户部覈辦。

一、每季支發各衙門漢俸，按應領總數札庫，聽各衙門總領分支。每季支發俸米，亦按各衙門總領米數，給票指判倉口，聽各衙門按員分領，其承領俸米限期扣定四十日，以倉監督報部開倉之日爲始，逾限不領者，倉場侍郎報部注銷。

一、凡回避另補旗員，在該季俸檔過部以後者，俸檔過部定限，詳見本門專條。入檔俸銀准其支食。

一、補授外省緑營旗員，遇有年滿調京并裁缺另補以及病痊候缺，奉旨仍令在京職上行走者，其俸禄減半給與。

一、督撫奉旨調補别省尚未到任，仍暫留本任辦事者，所有支食俸銀，照調任應得分例于奉旨補放之日支給。應得養廉銀兩減半支給。

一、京察應去人員于春季大檔過部以後、開放以前，題准休致降調者，伊等原領俸禄，統于秋季起裁汰，其春季入檔銀、米，仍照舊支領，毋庸追繳。

一、由京升調及新放盛京官員，眷口不能隨任，該員願將俸銀、俸米留京，係有世職人員由旗查明，取結送部，准其留京。關支假捏者，該員、該管官均予議處。無世職者，俸銀仍准留京，俸米概由任所關支，不准留京支領。

一、各直省文職官俸，該州縣每于季首造册申司覈明實數支給。若本員虚冒，經放官瞻徇，分别查參。司吏藉端勒索故遲者，嚴究，藩司失察，議處。

一、直省因荒，豁除糧銀，在督、撫、司、道、府、州、縣正印各官支食編俸銀内均攤。其署事例支署俸之正印各官，亦照實授人員一體攤扣支給，至佐雜教職等官正、署俸銀，概免攤荒。役食免扣荒缺，詳見本門役食條内。

一、各直省文員遇有事故離任以及引見升調他缺者，自離任日住支原任俸銀。如引見後仍回本任者，離任日期内俸銀仍准支食。

一、滿漢文武各員緣事解任，在册檔過部未經放俸以前，回任在放俸以後，不准領該季俸銀；已領者，追繳。食餉官員按月一律辦理。解任回任，均以奉旨之日爲斷。解任在放俸日，准其支領；回任在放俸日，不准支領。

一、八旗官員告假出外，均于起程之日停領俸銀。如起程日期在俸檔

過部以前，即行聲明停領；如在俸檔過部以後，未及停領者，入檔俸銀于領出時，即行出咨，送部交納，俟該員回京之日覈計原給假限并往返程途，分别辦理。其病故官員，如在俸檔過部以前未及裁扣入檔俸銀，亦即送部交納，不許遲延。

《户部則例》卷九一《雜支・宗人府支款》一、宗人府歲領紅白賞銀叁萬陸千兩，分四季支領。每季由部墊發銀玖千兩，統以兩淮鹽政衙門額解銀兩歸款。兩淮鹽政衙門歲以兩次解部。

一、宗人府歲領毛邊紙壹千張，抬連紙叁千叁百張，榜紙肆百張，棉榜紙肆千張，銀硃叁斤，蘇木叁斤，紫草叁斤。

《户部則例》卷九一《雜支・禮部支款》一、禮部每歲恭領祭祀東陵、西陵糯米，札付内倉支發。其應領採買白麥、玉堂米及口袋繩席等銀，札付銀庫支發。

一、禮部每逢文會試，領主考、同考等官表裏各貳拾端，製備銀花等銀叁百兩，新進士簪花由工部給發。製備筆墨等項銀叁百壹拾兩貳錢玖分。多餘繳回，不敷找領。

一、禮部刊刻刷印詔書，每工給制錢壹百叁拾捌文陸毫，刊刻進呈會試登科等録，按每百字給工價銀捌分，條例每百字給工價銀壹錢，刷印摺溜，搭配裝釘，每工給制錢壹百伍拾肆文。

一、大光明殿住持每名每季支銀陸兩捌錢壹分，焚修道士每名每季支銀伍兩叁錢壹分，陳設道士每名每季支銀肆兩伍錢，每季俱各支折色米玖斗，灑掃人役每名每季支銀壹兩伍錢，折色米壹石伍斗。欽安殿住持每季支銀壹拾貳兩，折色米壹石捌斗。萬壽宫、時應宫、元靈宫、東岳廟、仁祐廟、宣仁廟、凝和廟、寧祐廟、昭顯廟、永祐廟各廟住持，每名每季支銀陸兩，二等道士每名每季支銀肆兩伍錢，三等道士每名每季支銀叁兩，灑掃人役每名每季支銀壹兩伍錢，每季俱各支折色米玖斗。嵩祝寺灑掃人役每名每季支銀叁兩，折色米叁石。法源寺、大西天、萬善殿、乾元閣四處灑掃人役，每名每季支銀壹兩伍錢，折色米壹石伍斗。景山關帝廟灑掃人役，每名每季支銀壹兩伍錢，折色米玖斗。以上折色米石，每石折銀壹兩叁錢，俱按四季支領。

一、朝鮮等國使臣進貢到京，正、副使臣每員日支米貳升，其餘官員人等，每員名日支米壹升，伴送五品官每員日支米貳升，五品以下官及跟役人等，每員名日支米壹升。官支白米，役支老米。又朝鮮國使臣到京，馬每匹日支豆肆升，穀草、羊草各壹束。豆支本色，羊草每束照陸釐伍毫壹絲定價採買，穀草訪照時價採買，在途給發口糧，另詳盛京支款。

《户部則例》卷九一《雜支・兵部支款》一、兵部每逢會試、殿試之年，支領監射大臣、主考等官綢緞表裏各壹拾貳端。銀花由工部給發。

一、兵部歲領榜紙貳萬壹千柒百張，毛邊紙貳萬柒百肆拾張，連四紙壹千肆百張，黄榜紙貳拾張，銀硃壹拾斤，蘇木貳拾貳斤，胭脂貳百伍拾片，錠粉壹拾柒斤，土鹼伍斤，靛花貳斤，白礬叁斤。又會試、殿試之年，支領榜紙肆百張，連四紙肆百張，中夾紙貳千柒百張，毛邊紙壹千捌百張，呈文紙貳千伍百張，抬連紙叁萬叁千張，連士紙叁千貳百張，黄榜紙捌拾張，黄高麗紙捌拾張，黄蠟貳拾斤。

一、兵部喂養羣馬每匹日支豆草銀陸分柒釐伍毫，歲支雜費銀叁兩貳錢肆分。如有倒斃，按日扣繳。館所道光二十四年兵部咨暫行裁撤，俟五軺陳設時，再行照舊辦理。驛馬每匹日支豆草銀陸分柒釐伍毫，歲支馬價醫藥銀叁兩，雜費銀叁兩貳錢肆分。

一、兵部遞運所額車壹百伍拾輛，如不敷用，令五城僱覓，每輛每百里給銀壹兩。額車每年領修費銀玖錢捌分，僱夫每名每十里給銀叁分。製造八旗箭每枝價銀肆分伍釐，令箭、賞箭每枝銀玖分。

一、新放駐防將軍以下等官，駐扎西北兩路及由口外升調來京，并回内地各官員，每百里給車價銀壹兩。經由各省，俱于首站覈明該省站數，照原定車價給發。其新放駐防内地官員赴任者，均毋庸給予車價。

一、各省駐防官員赴任及各項差務有應給車價，令其自行僱車者，自京至直隸末站，每百里給銀壹兩，由兵部覈明，移咨户部支領。過直隸以後經由各省，俱于首站覈明該省站數，照原定車價給發，造入驛站奏銷。凡駐防官員赴任，在近京百里以内，毋庸給與車價；其在百里以外，總以給與一次爲斷。如自京派往時，領過一次者，嗣後升任、調任，雖由京携眷起程，概不准再給。若自京派往時，未經領過者，後雖升任、調任，而家屬係初次由京起程，亦准補領一次。

《户部則例》卷九一《雜支・吏部支款》一、吏部歲領毛邊紙貳萬

貳千玖百張，拾連紙壹千捌百張，大毛頭紙捌千柒百伍拾張，棉榜紙伍千貳百伍拾張，銀硃肆斤，蘇木伍斤，白礬壹斤捌兩，土鹻貳斤捌兩，靛青壹斤捌兩，白芨肆兩，錠粉貳匣半。

《户部則例》卷九一《雜支·户部支款》 一、一甲文進士各給坊價銀捌拾兩，二甲、三甲文進士各給坊價銀叁拾兩。又諸進士各給表裏一端，宗室文進士一體支給，其一甲一名進士，另給朝服全事，由工部給發，不給表裏。武進士各給坊價銀壹拾捌兩，又各給帽頂銀壹兩。其一甲一名進士，另給盔甲，由工部給發，不給帽頂銀兩。京闈中式文舉人，各給旗匾銀貳拾兩，隸旗籍者由户部給發。宗室文舉人一體支給，民籍中式舉人由學政咨領給發。各省貢、監在京闈中式者，由國子監咨領給發。

一、殿試後，其旗匾帽頂銀兩，户部按照禮兵二部咨送題名録，覈明應給銀數，札付銀庫郎中，仍由禮部、兵部出具印領，委員赴部到庫關支，領回出示散放。

一、户部歲領棉榜紙貳萬壹千伍百叁拾柒張，拾連紙肆萬陸千柒百伍拾張，連四紙叁千伍百貳拾叁張，毛頭紙柒千柒百貳拾捌張，呈文紙壹千捌拾張，毛六紙肆千柒百柒拾張，毛邊紙貳萬柒千伍百玖拾捌張，銀硃貳拾壹斤壹拾肆兩，靛花玖斤。

一、刷給各省鹽引、鹽票，每張用銀硃壹釐玖毫肆絲叁微捌纖柒沙，皮膠壹釐肆絲伍微，毛頭紙半張，匠役工食銀玖毫伍絲。匠役工食按壹成節省。

一、刷給各省茶引，每張用紙硃工價銀壹釐陸毫。

一、盛京等處每年發給參票貳千伍百張，回山照票貳千伍百張，護牌肆張。吉林等處每年發給參票壹千張，回山照票壹千張，護牌捌張。參票每張用山西大毛頭紙壹張，照票每張用山西大毛頭紙半張，護票每張用三號高麗紙壹張，共用靛青柒斤，水膠柒斤。又參票需用木版陸塊，護票需用木版肆塊，每塊給刊刻工價銀壹兩五錢；照票需用木版陸塊，每塊給工價銀壹兩，共給刷票工價銀拾肆兩伍錢。

一、刷給内務府打捕狐皮票貳百陸拾捌張，盛京内務府採捕蜂蜜、木賊、柳蒿菜票叁百肆拾肆張，打捕水獺票壹拾捌張，打牲甲丁票叁拾張，砍伐槽、盆、箭杆等項票捌拾肆張。盛京禮部採捕蜂蜜票壹百陸張，打松子票捌拾張，其用大白棉榜紙肆百張，銀硃肆兩，藍靛壹斤，刷票工銀肆錢伍分。

一、刷給八旗古北、喜峰口外種地信票及張家、獨石口外糧草單，共用榜紙壹千貳百張，銀硃貳斤，刷票工銀肆兩。

一、顏料庫拉香碾驢每頭日支豆叁升，穀草、羊草各伍斤。豆支本色，穀草每千斤折給銀壹兩肆錢，羊草每束折給銀陸釐伍毫壹絲。

一、在京各衙門需用紙硃等項，照依定額按年支領，應領數目詳見各衙支款。歲底自行奏明，并上年領過數目，逐項注明，彙交户部覈題。各陵寢、内閣、軍機處、禮部、刑部、都察院、光禄寺、欽天監、庶常館向無定額。

一、官商採辦八庹杭細綢，每疋定價銀貳兩捌錢伍分。大紅每疋給染價銀叁兩壹錢伍分，桃紅每疋給染價銀叁錢壹分伍釐，藍黃每疋給胰練銀捌分。八庹銀條紗，每疋定價銀貳兩。四庹羅，每疋定價銀壹兩陸錢。白熟細畫絹，每丈定價銀柒錢捌分。夏布長壹丈捌尺，每疋定價銀肆錢伍分。大手帕長叁尺每個定價銀貳錢。小手帕長貳尺伍寸每個定價銀壹錢叁分。绒绣绒俱每斤定價銀貳兩伍錢。绒染大紅每斤給染價銀叁兩柒錢捌分伍釐。绣绒线每斤定價銀貳兩肆錢。絹綫每斤定價銀貳兩貳錢。綫染大紅照絨染大紅例，每斤給染價銀叁兩柒錢捌分伍釐。南紑纓每斤定價銀壹兩柒綫肆分。生絲綫每斤定價銀壹兩肆錢肆分。紅金綫每紐定價銀壹分捌釐。黃金綫每紐定價銀壹分柒釐。白鹿紙每張定價銀肆錢叁分。黃脆榜紙、紅脆榜紙俱每張定價銀伍分貳釐。白脆榜紙每張定價銀叁分伍釐壹毫。竹料呈文紙每張定價銀壹分叁釐。開化白榜紙、五摺黃榜紙、四摺黃榜紙、白棉榜紙，俱每張定價銀壹分。清水連四紙每張定價銀柒釐。竹料連四紙每張定價銀陸釐伍毫。毛邊紙每張定價銀伍釐。棉料呈文紙每張定價銀肆釐。池州毛頭紙每張定價銀肆毫柒絲。京高紙每張定價銀肆毫伍絲。内四庹羅、開化白榜紙、五摺黃榜紙、白棉榜紙、棉料呈文紙、池州毛頭紙俱照定價採買。绣絨照定價加貳伍節省，四摺黃榜紙照定價加貳節省，又按實領報數，再加貳節省。其餘各項紙張及絹布、絨綫等項，俱照定價加貳節省，又紑纓照庫平每千兩扣銀叁拾陸兩。

一、官商赴江南，浙江二省採辦物料水腳，絹綫、杭細綢運腳，照正價加壹支給；绒筋、杭細綢、絹綫染大紅，照正染價加壹支給；白鹿、清水、連四、毛邊、毛頭等紙，按正價銀壹兩給銀貳分捌釐；黃、白、

紅脆榜紙，每張給銀捌毫捌絲有奇；竹料連四、呈文、京高等紙，每張給銀陸毫陸絲有奇。各直省採辦另詳專條。

一、盛京、吉林、黑龍江等處奉差官兵，一品官跟役捌名，行馬貳拾伍匹，坐馬壹拾伍匹；二品官跟役陸名，行馬貳拾匹，坐馬壹拾匹；三品官跟役肆名，行馬壹拾伍匹，坐馬柒匹；四品官跟役肆名，行馬壹拾匹，坐馬陸匹；五品官跟役叁名，行馬捌匹，坐馬伍匹；六七八九品官跟役二名，行馬陸匹，坐馬肆匹；無品級前鋒、領催等跟役壹名，行馬肆匹，坐馬貳匹；披甲跟役壹名，行馬叁匹，坐馬貳匹。到京，應給坐糧官每員日支白米貳升，兵役每名日支老米壹升，馬匹日支豆肆升柒斤重，穀草、羊草各壹束。豆支本色，穀草除大凌河係仿照時價折給外，餘俱每千斤折給銀壹兩肆錢。自二月至七月，每千斤外，加堆垛銀肆錢，惟錦州差送狐皮、野雞、蜂蜜等項，來京打牲頭目喂馬草束，不加堆垛，羊草每束折給銀陸釐伍毫壹絲，左右翼牧場、察哈爾、大凌河等處差員馬匹，止給穀草，不給羊草。

一、奉差官兵抵京後坐糧日期，打牲烏拉送東珠、索倫進貂皮各官員兵役，均給坐糧壹月，打牲烏拉送蜂蜜之領催珠軒頭目，給坐糧二十日。盛京送鮲魚、蜂蜜兵役，牧場、察哈爾左右兩翼請領俸餉、木槽、鐵器官員兵役等，各給坐糧一十五日。禮部送鮲魚差員不給坐糧。盛京領袖帕、香蠟之喇嘛、格隆班第跟役，送馬皮、活鹿、鹿尾、奶酥、雕翎、箭杆、鴙翎、高麗狍子、鸛翎、花鹿皮，吉林送樺皮、貂皮、私參、活鹿，領修船物料，黑龍江領修船物料，大凌河領三十四牧群盤費之官員兵役等，各給坐糧一十日。錦州送狐皮之打牲窩鋪頭目等，大凌河送册檔馬匹之牧長、副牧跟役等，各給坐糧五日。

一、打牲烏拉地方每年恭解上用蜂蜜，解官一員，人役六名，嘉慶二十年奏准。在于解送東珠官役肆拾名內，撥給柒名，騎馬七匹，馱馬壹匹。所需口糧銀兩，照依解送東珠官役分例支給。其在京熬蜜，祇給盤費、米石、柴薪，毋庸給與草料。

一、索倫、達呼爾、鄂倫春、畢喇爾等處進貢貂皮，壯丁一名，納貂皮壹張。內頭等貂皮伍百張，二等貂皮壹千張，餘爲三等。至喜峰口，戶部委員查驗，領進到京。戶部會同內務府揀驗足數及等第，戶部題請恩賞總管章京各一員，每員賞緞半疋、毛青布拾疋；筆帖式一員，兵十名，各賞緞半疋、毛青布柒疋。足數不及等第，停賞免議；數目不足，將應納貂皮之人，勿論已來未來，一并交理藩院議處。其不食錢糧之鄂倫春進貢貂皮，二等者爲頭等，每張給價銀肆兩；三等者爲二等，每張給價銀叁兩伍錢；四等、伍等者爲三等，每張給價銀叁兩。黄貂皮不給價值收納。

一、恭遇巡幸，熱河、索倫等進貢貂皮，送至齊齊哈爾城。將軍、副都統、打牲總管公同挑選，印封貯箱。打牲總管、副總管內，派出一員，帶兵十名，由驛解赴熱河。如有賞銀，即給打牲官兵收領，并于齊齊哈爾派官一員，由驛一同照料，該將軍于庫儲稅銀內，酌給幫銀。解到時，行在戶部，內務府分別等第揀收，知照在京戶部，題請恩賞，緞一疋，折銀肆兩柒錢伍釐，布一疋，折銀叁錢叁分。與不食錢糧之鄂倫春進貢貂皮應給價值，均咨明黑龍江將軍，于庫儲稅銀內給發。

一、和哲烏雅拉氏來京進貢狐皮、貂皮、求親，由緞疋庫驗明等次寄庫，戶部將賞項開單具奏，并請賞戴花翎、藍頂，俟奉旨後，領侍衛內大臣處帶領引見。皮張由內務府進呈儲庫。其親軍人等願將伊女許配者，賞銀伍拾兩。由銀庫給發。應賞男女蟒緞朝衣、靴帽及零星物件、由工部給發。布疋、由緞疋庫給發。弓箭、撒袋、由兵部給發。馬匹、由戶部折給價銀。奴僕、由戶部折給價銀。牛隻、農具、由盛京戶部給發。照奏單數目，行知各衙門給發。

一、和哲烏雅拉氏自抵京之日起，給二十日口糧，每名日給米捌合叁勺，本身支白米，跟役支老米。札付內倉照數給發。其回程口糧由戶部辦給。蔬菜等項均支二十日，行文禮部給發，并應支柴薪壹百陸拾斤，戶部出具印領，咨工部給發。押送官役，不給口糧蔬薪。

一、和哲烏雅拉氏事竣回程，應給車輛、口票等項及護送官兵，戶部移咨兵部辦理。

一、恩賞外藩王公及廷臣銀兩，各該處行文戶部支領，歸于庫總覈銷。如有緊要需用，暫由內務府廣儲給發，仍報明戶部照數撥還歸款。內廷家務等項內賞用銀兩，專交廣儲司覈給，毋庸報部存檔。

一、熬印色歲領蘇木柒拾捌斤拾壹兩貳錢，白碱貳拾肆斤柒兩肆錢，白礬貳拾肆斤柒兩肆錢，光粉伍拾叁斤貳兩捌錢，雙紅胭脂柒百捌拾柒

個，靛青花拾斤。

《户部則例》卷九四《雜支·耗羨章程》 一、直省額徵耗羨銀兩，隨地糧編徵。每年地糧升除不一，隨徵數目多寡無定，其動用有定款、有定數者，共五百三十八款，按年盡數支給。其有定款、無定數者，共一百二十九款，每款共酌給銀玖萬壹千肆百捌拾叁兩有奇。令督撫酌盈劑虚，通融撙節，實用實銷，由部五年比較，通盤覈算，總不得出範圍之外。倘有任意支銷，以致不敷，即于濫動各官名下著落賠補。至常例之外有興作等項，隨時動用各款。其數在伍百兩以上者，奏明動用，在叁百兩上下者，咨部辦理。仍于年底彙摺具奏，將一年内奏咨動用各案，分别行查。准駁各若干件，另繕清單奏聞。

一、直隸省額定耗羨章程并晋省協解銀叁拾萬貳千貳百陸拾陸兩有奇。有定款、有定數者共十款，除裁汰石景山同知房舍銀捌拾兩，古北口木税項下不敷部科飯銀壹百貳拾肆兩，共二款。其餘八款内：順天府義學膏火銀肆百兩；吏部飯銀壹千兩；刑部飯銀壹千肆百兩；贊禮生養贍銀叁拾陸兩捌錢；霜降犒賞銀貳千兩；霸州、固安二駐防心紅紙張銀捌兩柒錢捌分；各官養廉并辦公銀貳拾伍萬玖千拾捌兩伍錢柒分；直隸省囚犯柴薪銀貳千捌百肆拾叁兩，遇閏加徵銀貳百叁拾貳兩伍錢五分。熱河承德府屬囚犯柴薪銀壹百陸拾兩，遇閏加增銀拾叁兩叁錢貳分。惟此項囚犯柴薪銀兩，係以銀易錢散放，應令按照月報市價以錢合銀，按年造册題銷。

一、奉天省額定耗羨章程并中江、山海關税羨餘等銀玖千貳百柒拾捌兩有奇。有定款、有定數者共八款：内府尹衙門書役飯食銀叁百柒拾貳兩；府尹衙門心紅紙張銀玖拾貳兩；致祭香燭銀壹拾柒兩；刷印車票銀叁拾兩；備辦迎春銀壹拾伍兩；提塘公費銀貳百兩；府尹并佐雜等官養廉銀肆千柒百壹拾柒兩叁錢；昌圖廳通判、新民縣同知等官養廉不在原定銀數之内。各州縣養廉銀叁千陸百柒拾兩捌錢。長春廳通判、伯都訥同知等官養廉不在原定銀數之内。

一、江蘇省蘇州布政司使屬額定耗羨章程并匣費等銀叁拾伍萬柒千肆拾捌兩有奇。有定款、有定數者共三十三款，除裁汰巡撫衙門執事銀壹百貳拾兩，火藥銀壹百貳拾兩，織造柴薪銀陸百肆拾捌兩，共三款，其餘三十款内：巡撫閱操公費銀貳百肆拾兩；巡撫衙門書吏紙張、工食銀伍千柒兩柒錢捌分；原額銀伍千柒百陸拾陸兩。巡撫衙門，賫本路費銀柒拾兩，又賫送奏册路費銀壹拾肆兩；布政司軍牢夜役工食銀柒拾貳兩；按察司書吏紙張銀伍百肆拾兩；原額銀陸百兩。按察司禁卒工食銀柒拾貳兩；蘇州府督糧同知巡役工食銀壹百貳拾兩；松江府巡役工食銀貳拾肆兩；提標塘兵工食銀壹千叁百玖拾捌兩；原額銀壹千肆百玖拾玖兩肆錢。蘇州織造皂隸工食銀伍拾兩肆錢；松江府行宫香水薪火銀柒拾貳兩；萬壽宫人役工食銀陸兩；都城隍廟住持工食銀壹拾兩捌錢；原額銀壹拾貳兩。龍神廟香燭銀貳拾肆兩；提標演炮運費銀陸拾捌兩壹錢；昭文縣渡船水手工食銀貳拾貳兩捌錢；新陽縣渡船水手工食銀壹拾伍兩陸錢；青浦縣渡船水手工食銀貳拾貳兩貳錢；秋審公費銀貳百兩；原額銀肆百兩。各官養廉銀壹拾貳萬伍百貳拾陸兩有奇；布政司書吏工食銀壹千壹百肆拾兩壹錢叁分叁釐；原額銀壹千貳百陸拾陸兩柒錢玖分貳釐。撫標塘兵工食銀陸百捌拾玖兩壹分，原額銀壹千叁百柒拾捌兩貳分。蘇州塘站書識工食銀貳拾肆兩；内閣飯銀壹百兩；吏部飯銀陸百兩；户部奏銷及投册飯銀壹千叁百伍拾貳兩捌錢；兵部奏銷飯銀叁拾兩；刑部飯銀壹千兩。户科奏銷飯銀壹百伍拾兩，又與江寧藩司遞年輪解木植水腳銀陸百柒拾貳兩伍錢捌分陸釐，係在三十款之外。

一、江寧布政司所屬額定耗羨章程并鹽規匣費等銀叁拾伍萬柒千肆拾捌兩有奇。有定款、有定數者共二十八款，又新增徐州鎮餉務紙張、秋審公費二款，共三十款。除裁汰總督衙門歲修執事銀壹百捌拾兩、織造柴薪銀陸百肆拾捌兩、劃歸安徽省驛站飯銀壹千伍百貳兩，共三款，其餘二十七款内：鍾山書院膏火銀壹千兩；總督衙門書吏紙張等項銀壹千伍百壹拾捌兩陸錢陸分；原額銀壹千陸百捌拾柒兩肆錢。總督塘兵工食銀貳千壹百貳拾壹兩柒錢壹分；督標京省提塘銀玖百兩；原額銀壹千兩。總督、將軍閱操賞兵銀肆百貳拾兩；總督衙門火藥工料銀壹百貳拾叁兩陸錢貳分柒釐；江寧救生船水手工食銀叁百壹兩貳錢，清河縣馬船水手工食銀壹百伍拾兩；江都縣救生船水手工食銀肆百伍拾叁兩陸錢；江都縣瓜洲馬船水手工食銀柒拾伍兩陸錢；洪澤湖救生椿木銀伍百兩；文職各官養廉銀壹拾壹萬肆千柒百肆拾陸兩壹錢肆分陸釐；江寧塘站書識工食銀貳拾肆兩；内閣飯銀壹百兩；吏部飯銀陸百兩；户部奏銷投册飯銀壹千叁百

伍拾貳兩捌錢；兵部兵馬奏銷飯銀叁拾兩；刑部飯銀壹千兩；户科奏銷飯銀壹百伍拾兩，布政司書吏工食、紙張銀玖百玖拾玖兩玖錢有奇；原額銀壹千壹百壹拾壹兩貳分捌釐。駐京提塘塘撥工食銀壹百貳拾壹兩玖錢捌分；祭祀銀壹拾肆兩肆錢；江寧將軍書吏紙張銀壹百貳拾兩；督協各標營兵馬奏銷册費銀壹百肆拾玖兩叁錢玖分貳釐；原額銀壹百陸拾伍兩玖錢玖分叁釐。布政司軍牢夜巡工食銀柒拾貳兩；布政司造辦徐州鎮標餉務、紙張銀壹拾陸兩貳錢。秋審公費銀叁百兩，又與蘇州藩司遞年輪解木植水脚銀陸百柒拾貳兩伍錢捌分陸釐，係在二十七款之外。

一、安徽省額定耗羨章程并匣費銀貳拾貳萬捌千貳百柒拾叁兩有奇，有定款、有定數者共二十九款。除總督、學政、總漕等衙門各役工食、心紅紙張、册費協貼、科場經費、總督衙門修理執事、火藥、奏銷展限飯銀，江寧將軍衙門旗尉工食、兵馬奏銷紙張等九款，劃歸江寧造報，又裁汰地丁奏銷盤費銀捌拾兩、奏銷展限飯銀貳拾兩等二款，共十一款，其餘十八款内：正、佐各員養廉銀壹拾萬玖千捌百玖拾叁兩；巡撫衙門各役工食、紙張銀壹千貳百貳拾肆兩；布政司衙門造册、紙張銀玖百陸拾兩；按察司衙門紙張銀伍百兩；看守册庫役食銀貳拾肆兩；督撫坐京南北提塘紙張銀壹千伍百陸兩；地丁奏銷撫司書吏工食、紙張銀捌拾捌兩；兵馬、地丁奏銷添給工食銀貳拾陸兩柒錢伍分；屯衛奏銷盤費銀捌拾兩；户部奏銷飯銀叁千柒百兩；吏部飯銀壹千兩；刑部飯銀貳千兩；户科飯銀肆百兩；司務廳掣批銀伍兩陸錢；茶引飯銀貳拾兩；進京奏銷綾殼箱囊銀陸兩；原額銀肆拾捌兩。河工椿木銀伍百兩；壽、宿等州縣河庫抽兵飯銀壹拾陸兩貳錢有奇。

一、江西省額定耗羨章程并關税、火耗、羨餘等銀貳拾叁萬叁拾貳兩有奇，有定額、有定數者共四十二款：内總督吏役土食銀壹千叁百壹兩貳錢捌分；原額銀壹千陸百貳拾壹兩貳錢捌分。總督紙張銀貳百肆拾兩；原額銀叁百兩。總漕書吏工食銀捌拾兩；總漕路費銀陸百陸拾兩；巡撫吏役工食銀貳千肆百叁拾壹兩貳錢；原額銀貳千玖百叁拾壹兩貳錢。巡撫拜本包箱銀壹百壹拾兩；原額銀壹百叁拾兩。布政司書役工食銀玖百貳拾玖兩；原額銀壹千壹百貳拾兩。按察司紙張銀貳百貳拾肆兩；按察司書役工食銀陸百叁拾陸兩；鹽道庫丁、更夫工食銀叁拾兩；原額銀肆拾貳兩。倉場總漕書役飯食銀捌拾捌兩；總漕衙門賫册盤費銀壹百壹拾柒兩；塘兵餉銀壹百捌拾柒兩壹錢；提塘廩給塘餉銀貳千貳百伍拾陸兩；原額銀貳千柒百貳拾陸兩肆錢。地丁册籍盤費銀壹百柒兩玖錢；原額銀壹百伍拾貳兩玖錢。顔料水脚銀壹千壹百陸拾伍兩貳錢肆分；各屬祭祀共五款，祭品銀柒百壹兩有奇；吏部飯銀壹千貳百兩；户部地丁奏銷及投册飯銀貳千陸百捌拾伍兩陸錢；户部兵馬奏銷飯銀壹百貳拾兩；户科飯銀叁百陸拾兩；兵米奏銷飯銀肆百柒拾兩；茶引飯銀捌兩；顔料、苧布飯銀陸拾兩；顔料、緞匹二庫飯銀叁百肆拾柒兩壹錢捌分；兵部兵馬奏銷飯銀壹百貳拾兩；兵部驛站奏銷飯銀壹千兩；刑部飯銀貳千兩；原解兵科改解刑部飯銀叁百兩；義寧州有額無徵茶課銀陸拾柒兩叁錢壹分柒釐；德化、建昌二縣渡夫工食銀壹百捌兩；按察司秋審飯銀貳百貳拾兩；原額銀叁百叁拾捌兩。南昌、新建、豐城三縣歲修營房工料銀壹拾叁兩捌錢，各官養廉銀壹拾捌萬叁千叁百貳拾壹兩；總督轅門火藥銀壹百貳拾叁兩陸錢貳分柒釐；原額銀壹百伍拾兩。巡撫衙門紙張銀叁百玖拾玖兩伍錢；原額銀伍百兩。星子等四縣救生船水手工食銀壹千伍百肆拾伍兩肆錢貳分貳釐；原額銀貳千肆百捌拾捌兩捌錢。歲修營房工料銀肆百貳拾陸兩。

一、浙江省額定耗羨章程等銀壹拾陸萬貳千叁百陸拾貳兩有奇，有定款、有定數者共一十七款。除裁汰吏部、户部、兵部、刑部、户科飯食、提塘報資等六款，共銀柒千陸拾玖兩陸錢，歸入備公項下支給。又停止協解福建省備公銀兩水脚一款，銀叁拾壹兩叁錢，共七款，其餘十款内：按察司心紅紙張銀陸百兩；金衢嚴道心紅紙張銀肆百兩；絲斤飯食銀肆百貳拾玖兩捌錢捌分伍釐；乍浦雜費銀捌拾貳兩玖錢；江山縣看管橋船夫役工食銀伍百玖拾壹兩；奉化等縣祭祀銀壹拾兩叁錢伍分伍釐；乍浦滿營教習養贍銀肆拾貳兩；應按照名數支給。塘撥兵丁工食并米折銀肆千玖拾陸兩肆錢有奇；各州縣備公銀壹萬叁千陸百壹拾柒兩有奇。

一、福建省并臺灣府額定耗羨章程并官莊關税盈餘、寺田租穀，共銀貳拾貳萬陸千陸百玖拾柒兩有奇，有定款、有定數者共五十九款。除裁汰巡臺御史車夫銀壹百捌拾兩，轅役工食銀貳百柒拾貳兩捌錢，傘扇夫銀捌拾陸兩捌錢，吹手、炮火工食銀肆拾玖兩陸錢，火藥銀肆拾捌兩貳錢，心

紅紙張銀肆拾捌兩，修理督撫兩院執事等銀陸百兩，將軍進表銀肆拾肆兩，共八款。其餘五十一款内：各屬祭祀共二款，祭品銀柒拾兩有奇；賫捧兵馬奏銷本章路費銀陸拾各祠香燭、口糧銀捌拾玖兩柒錢陸分；兩；總督衙門心紅紙張銀叁百捌拾兩；原額銀肆百貳拾兩。巡撫衙門心紅紙張銀貳百兩；赤峰義學館師束修供給銀肆百貳拾兩；總督衙門書役工食銀叁千壹百肆拾柒兩肆錢陸分陸釐；原額銀叁千肆百肆拾兩。巡撫衙門書役工食銀叁千柒百肆拾肆兩玖錢叁分貳釐；原額銀肆千叁百貳拾捌兩。提塘報資銀壹千貳百兩；藩司衙門書役飯食銀貳千捌百捌拾貳兩壹錢；原額銀叁千兩。繕本書役工食銀肆拾捌兩；禮生月糧米折銀肆拾兩叁錢貳分；宣講聖諭廣訓生員口糧米折銀捌兩陸錢肆分；籍田佃户工食銀壹拾貳兩；看守教場門役工食銀壹拾兩；三江口水師旗營修整軍械銀貳拾捌兩；額派驛站不敷需費銀柒百肆拾兩陸錢；會操犒賞并演放火炮銀壹千捌拾兩；奏銷賞借籌備公用皮包紙札銀壹拾貳兩肆錢肆分；省城定更號炮火藥、硝磺價銀貳拾肆兩；普濟、育嬰二堂孤貧乳母人等口糧、工食銀伍百兩；添補并請設省監囚犯薪米銀陸百兩，户部地丁奏銷及投册飯銀壹千壹百玖拾伍兩陸錢；地丁飯銀、水脚銀肆拾兩；户科飯銀伍百兩；承辦賫册脚費銀柒拾貳兩；承造地丁、兵馬奏銷紙札銀陸拾兩；奏銷皮包、黄綾等項料價銀伍拾伍兩；繕寫册籍飯銀壹拾貳兩；承造奏銷土火銀陸拾伍兩肆錢；各書役飯食銀壹百貳拾兩；刑部飯銀貳千兩；秋審飯銀壹百捌拾兩；刑部飯食水脚銀伍拾兩；吏部飯銀壹千兩；兵部兵馬奏銷飯食銀壹千捌拾陸兩捌錢捌分；兵部飯銀、水脚銀肆拾兩；修辦供應學政按臨考棚執事家伙等項銀壹千捌百兩；賫送表箋路費銀貳拾貳兩伍分；上游各屬運米脚費銀叁千叁百柒兩伍錢捌分肆釐；上游各灘救生船并各處渡夫舵水工食銀玖百捌拾貳兩肆錢；原額銀壹千壹百貳兩肆錢。臺、澎各營并福州四旗水師營操演，及將軍左右兩營演炮備儲暨領補演用火藥、鉛子工價、桶脚，共銀貳千玖百伍兩壹錢伍分捌釐；各官養廉銀壹拾肆萬壹千柒百肆拾肆兩玖錢伍分捌釐；採辦顔料銅、鉛、錫斤價脚銀柒千肆百捌拾貳兩叁錢伍分貳釐，採辦沉速香銀叁千叁百捌拾陸兩肆錢貳分，福州將軍并左右兩翼副都統衙門書吏工食銀陸拾肆兩；修理烏龍江馬船銀陸拾伍兩肆錢伍分伍釐；臺灣供應考試棚廠銀陸拾陸兩陸錢陸分柒釐；臺灣道津貼船工銀貳千肆百兩；臺灣各官養廉銀壹萬壹千兩。

一、湖北省額定耗羨章程并各税盈餘等銀貳拾捌萬伍千玖百捌兩有奇，有定款、有定數者共三十二款。除裁汰藩臬兩司慶賀表箋錢肆拾壹兩柒錢叁分肆釐，擺馬渡船水手工食銀貳百捌兩捌錢，看守萬壽宫人役工食銀壹拾貳兩，總督、巡撫出郊賞賫銀壹百壹拾兩捌錢捌釐，黄河冰凍僱夫繞道遞送部文工食銀伍拾兩，共五款。其餘二十七款内：各官巡鹽公費銀柒千陸百肆拾捌兩；原額銀壹萬叁千玖百陸拾肆兩。看守先農壇農夫口糧銀捌兩；各屬祭祀共二款，祭品銀肆百玖拾柒兩有奇；總督、巡撫衙門進本公費銀伍百壹拾捌兩；宜昌、施南二府有苗州縣，設立義館廩餼銀貳百捌兩；户部兵馬奏飯銀壹百捌拾兩；兵部飯銀壹千壹百陸拾兩；户部黄、白蠟等項飯銀伍百柒拾兩捌錢柒分伍釐；原額銀伍百柒拾肆兩捌錢柒分伍釐。吏部飯銀壹千兩；刑部飯銀貳千兩；總督、巡撫二衙門廩工紙札銀肆千兩；藩司衙門攢造奏册工價銀貳百柒拾捌兩；藩臬二司書吏資費銀壹千兩；臬司，糧道衙門奏册工價銀貳百肆拾兩；户部地丁奏銷飯銀壹千壹百伍兩陸錢；户部現糧奏銷飯銀叁百陸拾兩；户科飯銀叁百肆拾兩；兵科飯銀貳百兩；總督、巡撫、將軍各衙門書役工食銀壹千叁拾兩；文職各官養廉銀壹拾柒萬壹千玖拾兩；各屬救生船工食銀貳千貳百叁拾叁兩柒錢捌分壹釐；原額銀叁千陸百捌拾伍兩貳錢。協貼豫省塘站馬夫工料銀壹千壹百壹拾肆兩捌釐；原額銀壹千壹百伍拾柒兩捌釐。土千總俸銀伍拾柒兩玖分玖釐；原額銀陸拾玖兩捌錢叁分陸釐。荆州將軍并左右兩營心紅紙張、飯食等銀壹百伍拾陸兩；原額銀叁百貳拾捌兩。荆州硝磺水脚銀叁兩；户部黑鉛飯銀叁百兩叁錢柒分叁釐。

一、湖南省額定耗羨章程等銀壹拾伍萬捌千玖百肆拾陸兩有奇，有定款、有定數者及增添祭祀一款共三十二款。除裁汰修添湖北江岸銀壹千玖百貳拾兩，慶賀表箋銀叁拾陸兩柒錢柒分柒釐，巡撫衙門炮位火藥銀壹百叁拾玖兩伍錢陸分，共三款。其餘二十九款内：各官巡鹽公費銀壹千伍百捌拾兩；原額銀叁千肆百叁拾兩。各屬祭祀共四款，祭品銀壹千玖百捌拾兩有奇；巡撫衙門執事人役工食銀貳百壹拾貳兩；巡撫、將軍各衙門軍牢夜役工食銀壹百貳拾捌兩玖錢伍分伍釐；總督、巡撫衙門紙張銀玖百

兩；原額銀壹千壹百兩。播場司巡檢弓兵工食銀貳拾肆兩；協貼豫省塘站銀捌百玖拾兩；協貼湖北江夏等七驛夫馬工食銀伍拾兩捌釐，湖南湘陰等八驛夫馬工食銀伍拾柒兩壹錢伍分貳釐；永綏等廳州縣有苗地方設立義館廪餼銀柒百捌拾肆兩；原額銀捌百兩。獎賞苗人花紅銀陸百兩；巡撫衙門進本公費銀肆百陸拾兩肆錢貳分伍釐；吏部飯銀壹千兩；户部地丁奏銷飯銀壹千柒拾伍兩陸錢；户部黄、白蠟飯銀伍百伍拾捌兩捌錢柒分伍釐；户部鉛斤飯銀叁百兩叁錢柒分叁釐；户部茶引饭銀貳兩肆錢，户部飯食水脚銀柒兩貳錢；户科飯銀叁百陸拾兩；兵科飯銀貳百兩；硃砂折價水脚銀叁拾兩；芽茶、黄白蠟水脚銀肆兩玖錢捌分肆釐；原額銀陸兩肆錢肆分壹釐。刑部飯銀貳千兩；刑部飯銀水脚銀壹拾肆兩肆錢；救生船水手工食銀玖百肆拾貳兩。

一、河南省額定耗羡章程銀肆拾貳萬壹千壹百壹拾柒兩有奇，有定款、有定數者共三十九款。除裁汰歲修惠濟河銀肆千兩，又各州縣公費伍款，歸并一款。又奏明添入中牟等縣撥補祭品銀一款，共三十五款內：吏部飯銀壹千兩；户部地丁飯銀叁千陸百兩；積穀奏銷飯銀貳拾肆兩；户部司務廳奏銷飯銀伍兩陸錢；禮部飯銀壹千兩；兵部兵馬奏銷飯銀壹百貳拾兩；刑部飯銀貳千兩；黑鉛飯銀壹千貳百壹兩陸錢壹分壹釐；顏料庫牛筋飯銀壹拾兩壹錢伍分；黄蠟飯銀壹百叁拾陸兩；緞匹庫棉布飯銀叁百肆拾兩；大使廳棉布飯銀肆拾肆兩；解部棉布飯銀捌拾兩；棉布車脚盤費銀柒百貳拾陸兩伍錢柒分；户科奏銷飯銀陸百兩；賫送部科奏册飯食、盤費銀陸拾玖兩玖錢壹分；駐京提塘紙張銀叁千兩；武陟縣沁河長夫工食銀叁百陸拾兩；孟縣小金堤并陽武汛埽夫工食銀肆百捌拾兩；巡撫衙門書役飯食銀壹千陸百玖拾貳兩；布政司衙門書役飯食銀叁千貳百兩；許州等州縣公費銀貳萬壹千柒百貳拾兩；原額銀貳萬叁千伍百陸拾兩。布政司庫大使飯銀肆百兩；布政司徑歷飯銀伍拾兩；北路塘撥工料銀貳千柒百叁拾陸兩；磁州塘撥工料銀貳百伍拾貳兩；安陽、臨漳二縣搭蓋漳河橋梁銀貳百陸拾兩；惠濟河閘夫工食銀柒拾貳兩；祭祀共貳款，祭品銀貳百伍拾叁兩捌錢；監犯油薪鹽菜銀貳千伍百伍拾叁兩；布政司都事飯銀伍拾兩；巡撫衙門心紅紙張銀壹千貳萬兩；原額銀壹千伍百兩。各官養廉銀貳拾柒萬壹千壹百伍拾兩有奇；新鄭等縣建蓋墩臺、營房、置買民地應需正賦銀玖分叁釐。

一、山東省額定耗羡章程銀肆拾柒萬叁千壹百叁拾肆兩有奇，有定款、有定數者共二十二款；內各官公費銀叁萬貳千叁百叁拾叁兩；巡撫衙門書吏鹽菜銀壹千肆百肆拾兩；布政司衙門書吏飯食銀貳千兩；原額銀貳千伍百叁拾肆兩。吏部飯銀壹千兩；提塘報資銀陸千捌百陸拾壹兩；總河衙門公費銀壹千壹百兩捌錢捌釐；巡撫衙門軍牢等役工食并炮藥等銀肆百壹拾陸兩肆錢；泉夫工食銀柒千捌百肆拾兩；蒙陰等處祭祀銀伍百伍拾貳兩陸分伍釐；各官養廉銀貳拾陸萬肆千玖百伍拾玖兩；泉夫器具銀壹百伍拾伍兩貳錢；青州副都統衙門書役工食銀壹百陸兩伍錢；原額銀壹百伍拾陸兩。青州副都統衙門心紅銀壹百兩；原額銀壹百肆拾兩。户部兵馬奏銷飯銀壹百貳拾兩；兵部飯銀壹百貳拾兩；提塘賫送兵馬奏銷册籍、騾價銀捌拾捌兩；户科飯銀伍百兩；解部科飯銀、盤費銀伍拾伍兩；地丁奏銷并投册飯銀壹千捌百捌拾壹兩陸錢；提塘賫送地丁投文掣批往返盤費銀貳百肆拾兩；解送地丁奏銷籍册、騾價銀陸拾叁兩；原額銀柒拾兩。德州南北兩河千總養廉銀玖拾兩。原額銀壹百柒拾伍兩陸錢。

一、山西省額定耗羡章程銀叁拾陸萬玖千貳百伍拾肆兩有奇，有定款，有定數者共三十一款。除裁汰各州縣歲修塘汛營叁千貳百貳拾壹兩，傾銷元寶火耗銀貳千肆百柒拾玖兩陸錢，共二款。其餘二十九款內：直隸總督養廉銀叁千兩；五臺山喇嘛俸糧銀捌百肆拾兩；巡撫衙門心紅紙張并書役飯食銀肆千貳百伍拾捌兩肆錢；原額銀伍千壹百柒拾陸兩。布政司心紅紙張并書役飯食銀壹千肆百貳拾兩，原額銀壹千捌百兩。按察司心紅紙張并書役飯食銀捌百玖拾兩；原額銀壹千壹百兩。提塘京報銀貳千伍百陸拾兩；原額銀叁千貳百兩。各鋪司不敷公食銀伍百玖拾兩玖錢貳釐；石樓縣不敷工食銀壹百陸拾壹兩柒錢柒分；臨汾、趙城、滎河等縣陵户工食銀叁拾兩；解州廟户工食銀壹拾貳兩；河津縣渡夫工食銀貳拾肆兩；歸化、托克托二城倉斗級工食銀伍拾肆兩；吏部飯銀壹千兩；户部飯銀捌百兩；户部地丁奏銷飯銀壹千柒百伍兩陸錢；户部糧石奏銷飯銀壹百捌拾兩；禮部饭銀壹千兩；兵部飯銀叁百伍拾兩；刑部饭銀貳千兩；户部武進士牌坊銀兩隨解飯銀柒兩叁錢肆分陸釐；户科飯銀肆百肆拾兩；陽曲縣歲修護城堤堰工料銀陸百兩；口外各廳運交米豆脚價銀伍千叁百

壹拾壹兩叁錢；　豐贍庫官役俸工銀壹千陸百壹拾肆兩；　各官養廉銀貳拾萬貳千柒百捌拾肆兩；　各官繁費銀壹萬肆千陸百伍拾陸兩；原額銀壹萬柒千陸百貳拾兩。解司錢糧腳費銀陸百捌拾兩陸錢；　太原府學祭品銀壹拾貳兩；　大同、朔平二府屬運米不敷腳價銀捌千壹百叁拾柒兩捌錢玖分柒釐。

一、陝西省額定耗羨章程銀貳拾叁萬柒千壹百柒拾捌兩有奇，有定款、有定數者共二十七款。除裁汰西安將軍紙紅銀壹百貳拾兩；　總督衙門吹手工食銀陸百捌拾肆兩；　共二款。其餘二十五款內：　總督衙門書吏飯食銀陸百兩；　巡撫衙門書吏飯食銀陸百兩；　布、按二司衙門書吏飯食銀壹千壹百兩；　道府衙門書吏飯食銀壹千貳百兩；　夷情衙門酬賞銀壹千兩；　户部飯食銀貳千伍兩陸錢；　户科飯食銀肆百兩；　兵部飯食銀壹千捌百兩；　兵科飯食銀貳百兩；　刑部飯食銀壹千肆百兩；　塘丁月餉銀玖百肆拾捌兩；　各屬祭祀共四款，祭品銀貳千玖百伍拾玖兩有奇；　軍火局把總養廉銀肆拾兩；　水利廳水夫工食銀壹百捌拾兩；　韓城、紫陽二縣水夫工食銀叁百陸拾兩；　長武縣水夫工食銀貳拾肆兩玖錢貳分貳釐；　西安城守并各衙門應役屯軍工食銀壹千伍百叁拾捌兩；　文職各官養廉銀壹拾肆萬叁千陸百肆拾捌兩伍錢；　各官公費銀貳萬捌千伍百陸拾兩；　廣仁寺喇嘛養贍銀叁百玖拾壹兩肆錢捌分；　各關局收税書役飯食銀貳千捌拾伍兩玖錢肆分；　寶鷄縣水夫工食銀伍拾柒兩陸錢。

一、甘肅省額定耗羨章程并税務盈餘等銀壹拾伍萬貳千捌百叁拾兩有奇，有定款、有定數者共二十一款。除裁汰吹手工食并涼州將軍衙門紙紅、役食銀壹千壹百兩叁錢，共二款。其餘十九款內：　布政司書役飯食銀捌百肆拾兩；　按察司書役飯食銀玖百兩；　刑部飯食銀捌百兩；　西安塘餉銀柒百兩；　略屬祭祀共三款，祭品銀貳千貳百壹拾壹兩有奇；　文職各官養廉銀壹拾叁萬壹千壹百柒拾兩；　寧夏將軍并副都統書役工食、門炮、火藥、紙紅等銀壹千陸拾肆兩叁錢；　涼州副都統衙門紙紅并各役工食銀叁百陸拾肆兩壹錢伍分；　運送固原鎮標兵糧腳價銀貳千肆百肆拾兩伍錢柒分；　囚糧銀壹千捌百捌拾兩；　各官公費銀貳萬柒千伍百貳拾兩；　渡船水手工食銀伍百壹拾叁兩貳錢；　屯田農民歲修渠道等銀玖百叁拾兩叁錢；原額銀叁千叁百柒拾叁兩。户部户科飯食二款銀壹千柒百伍兩陸錢；　譯字工食銀柒拾貳兩。

一、四川省額定耗羨章程并鹽茶羨餘雜税盈餘等項，共銀貳拾玖萬貳千玖百兩有奇，有定款、有定數者共二十五款。除裁汰松潘鎮化番賞賚銀壹千兩，刷印契尾紙張銀壹百叁拾玖兩叁錢，解送奏銷盤費銀壹百陸拾壹兩伍錢，共三款。其餘二十二款內：　松潘同知賞賚各部番銀壹百兩；　九姓土司養廉銀叁拾兩肆錢貳分；　九姓土司門軍工食銀叁拾陸兩；　奉節、巫山二縣救生船水手工食銀叁百貳兩肆錢；　户部地丁奏銷飯銀壹千叁百兩；　户部兵馬奏銷飯銀肆百兩；　户部投册飯銀伍兩陸錢；　兵部飯銀叁百兩；　刑部飯銀壹千兩；　户科飯銀伍百兩。總督衙門書吏飯銀壹千貳百兩；　布、按二司書吏飯銀叁千陸百兩；　松茂、鹽茶、永寧、建昌、川東、川北六道衙門書吏飯銀壹千貳百陸拾捌兩伍錢柒分零；　西安塘餉并腳價銀捌百肆拾兩；　各屬祭祀共二款，祭品銀叁千壹百壹拾兩；　各鎮協營哨船舵夫、水手餉米銀壹千玖百壹拾叁兩叁錢；　林口、花林坪、瀘定橋、日地四站夫馬工料銀玖拾陸兩柒錢有奇；　各官養廉銀壹拾玖萬陸千陸拾兩；　鹽道衙門書巡飯食銀伍千壹百貳拾貳兩；原額銀伍千柒百肆兩。鹽道衙門請領鹽、茶二引紙硃、腳力銀壹千肆百貳拾叁兩玖錢捌分貳釐；原額銀壹千捌百玖拾伍兩捌錢捌分。打箭爐廳催徵夷賦賞需銀貳百兩。

一、廣東省額定耗羨章程并落地税羨，共銀貳拾叁萬貳千柒百陸拾叁兩有奇，有定款、有定數者三十七款，又增添祭品銀壹款。除裁汰將軍衙門筆帖式養廉銀壹百伍拾兩，潮州府屬館師廩膳銀柒百捌兩，降香水腳銀肆百陸兩伍錢，迎春祭祀銀叁拾壹兩伍錢柒分玖釐，共四款。其餘三十四款內：　督撫兩衙門書吏廩工銀伍千壹百伍拾壹兩伍錢；　藩臬兩司書吏廩工銀叁千陸百兩；　巡撫衙門各役工食銀壹千壹百壹拾陸兩；　南海縣鋪兵工食銀柒拾壹兩；　三水縣鋪兵工食銀叁拾伍兩肆錢；　各屬祭祀共三款，祭品銀壹百肆拾叁兩捌錢；　巡撫衙門紙張銀壹千肆百肆拾兩；原額銀壹千捌百兩。藩司衙門奏銷紙張等銀肆百兩；原額銀伍百兩。臬司衙門監獄藥餌銀壹百伍拾兩；　樂昌縣巡查私礦巡丁工食銀陸拾兩；　藩司衙門添設紙張廩工銀捌百兩；　藩司衙門庫房紙張銀壹百貳拾捌兩；原額銀壹百陸拾兩。內閣飯銀叁百兩；　吏部飯銀壹千兩；　户部奏銷飯銀肆千叁百兩；　户部司務廳投册飯銀伍兩陸錢；　户部鋼筋廣膠飯銀壹千捌百壹拾叁兩貳錢貳分伍釐；　户部榆、梨二木等項飯銀柒拾叁兩伍錢；　户部榆、梨二木飯銀

壹百陸拾兩；户部降香飯銀貳百柒拾兩；兵部兵馬奏銷飯銀叁百兩；兵部驛傳奏銷飯銀壹百肆拾兩；兵科奏銷飯銀貳百貳拾兩；刑部飯銀貳千陸拾兩；户科飯銀伍百兩；奏銷册籍盤費飯食銀叁百陸拾兩；臬司辦理秋審等銀壹千肆百肆拾兩；各官養廉銀壹拾捌萬玖千壹百捌兩壹錢貳分捌釐；京省兩提塘公食銀陸千兩；庫丁各役工食銀伍百伍拾肆兩伍錢零；藩司庫房書吏工食銀陸百伍拾兩捌錢捌釐；原額銀柒百玖拾伍兩有奇。學政衙門書吏廪工銀捌百捌拾兩。

一、廣西省額定耗羡章程并鹽道撥解鹽羡銀肆萬叁千壹百柒兩有奇，有定款、有定數者共二十六款。除裁汰瑶、僮義學束修銀玖百捌拾肆兩，懷遠縣弓兵工食銀肆拾捌兩，修理塘哨工料銀伍百兩。共三款。其餘二十三款内：各州縣祭祀共四款，祭品銀陸百玖拾肆兩有奇；内閣飯銀壹百兩；吏部飯銀陸百兩；户部飯銀壹千貳百兩；户部投册飯銀伍兩陸錢；兵部飯銀貳百兩；户科飯銀叁百兩；布政司心紅紙張等銀壹千壹百捌拾玖兩肆錢有奇；平而、水口兩關扎换竹簰銀伍兩貳錢捌分伍釐；平而、水口兩關大小修鐵煉銀肆兩捌錢柒分玖釐；平而、水口兩關巡役工食銀貳拾肆兩；督院清韵書工食銀貳百貳拾陸兩捌錢；臨桂、興安二縣徒夫工食銀肆百貳拾陸兩叁分陸釐；門三灣、馬石橋徒夫工食銀叁拾陸兩；來賓縣、龍勝通判渡夫工食并修船銀貳拾捌兩；臨桂縣分水塘閘夫工食銀貳拾肆兩；千里馬工食并修船銀壹千伍拾兩玖錢柒分零；原額銀壹千貳百兩。各官養廉銀叁萬壹千肆百捌拾玖兩；各州縣鄉飲銀伍拾兩；獄囚衣藥銀叁百兩。

一、雲南省額定耗羡章程并公件銅價等銀拾捌萬餘兩，有定款、有定數者五十款：内考棚經費銀貳千玖百玖拾兩；鞭春不敷銀柒百陸拾兩；藩司查造奏銷册費銀玖百肆拾兩；原額銀壹千肆百肆拾陸兩玖錢貳分柒釐。糧道查造奏銷册費銀肆百柒拾兩；原額銀陸百貳拾兩壹錢壹分壹釐。津貼楚、豫塘餉銀壹千陸百玖拾叁兩陸錢；顔料盤費銀肆百兩；督撫衙門水火更草夫役工食銀貳百肆拾兩；省城譙樓更夫工食銀肆拾捌兩；原額銀陸拾兩。禄豐、太和二縣堡夫工食銀壹百陸拾肆兩；羅次等州縣義學束修銀捌拾陸兩陸分；吏部飯銀玖百兩；内閣飯銀叁百陸兩；督撫閲兵操賞銀肆千貳百兩；原額銀陸千兩。總督衙門紙張銀玖百兩；原額銀壹千貳百兩。城守營火藥銀貳百陸拾兩；原額銀肆百兩。藩司庫軍工食銀壹百貳拾兩；昆明縣禮生薪水銀柒拾貳兩；昭通等廳義學束修銀壹百陸拾捌兩；督撫兩衙門皮包紙張工價銀叁百柒拾兩；原額銀陸百兩。各屬祭祀共二款，祭品銀貳千貳百柒拾肆兩；原額銀貳千貳百肆拾肆兩。五嶆等廳鞭春酒席銀貳拾兩；中甸廳喇嘛念經、供品銀捌拾兩；五華書院膏火銀壹千拾陸兩；三善堂公費銀捌百兩；督撫藩司衙門書吏紙張、飯食銀肆百兩；原額銀肆百肆拾貳兩。印造時憲書不敷工價銀貳百兩；馬白税口書巡工食銀伍百肆兩；其宗渡水手工食銀叁拾貳兩；解部科奏銷飯食銀叁千陸百陸拾伍兩陸錢；解員盤費銀壹百兩；刑部飯銀捌百兩；原額銀捌百七十陸兩伍錢。解員盤費銀壹百貳拾叁兩伍錢；總督衙門心紅銀陸百拾貳兩；原額銀捌百捌拾兩。巡撫衙門心紅銀伍百肆拾玖兩；原額銀捌百壹拾兩。各官養廉銀拾貳萬叁千貳百柒拾兩；原額銀拾貳萬捌千柒拾兩。提塘報資銀貳千壹百玖拾兩柒錢捌分柒釐；原額銀貳千貳百肆拾兩。省城捕役工食銀壹百肆拾肆兩；賞號土司弁目銀叁百肆拾伍兩；原額銀叁百肆拾兩。督撫藩司衙門書役辦鉛工食銀柒百兩；原額銀捌百兩。銅店房租巡役等銀壹百兩；原額銀壹百伍拾陸兩。臬司、昆明二監藥餌柒拾玖兩零；原額銀壹百捌拾兩。巡撫賚奏盤費銀壹百陸拾伍兩；原額銀叁百兩。車里宣慰土司解象賞號盤費等銀貳百伍拾兩；酌留修理省會城垣銀叁百兩；酌留旱潦偏災賑恤銀壹千兩；酌留水災冲毁賑恤銀壹千叁百兩；修理山川各壇銀五百兩。

一、貴州省額定耗羡章程并秋糧耗米、官田莜米、軍田租穀變價等銀陸萬貳千捌百陸拾壹兩有奇，有定款、有定數者共三十款。除裁汰苗疆社學修脯銀伍百伍拾貳兩，進表水脚銀伍拾伍兩，共二款。其餘二十八款内：總督衙門書吏廪給及心紅紙張銀捌百陸拾兩；巡撫衙門書吏廪給及心紅紙張銀壹千壹百貳拾肆兩；按察司司獄、松桃同知、水城通判禁卒工食銀叁拾陸兩；各府廳州縣民壯工食銀壹千柒百肆拾兩；原額銀壹千陸百捌拾兩。貴陽府學看守、祭器庫役工食銀壹拾兩捌錢；苗疆各廳捕役工食銀貳千壹拾壹兩陸錢；原額銀貳千壹百伍拾貳兩。巡撫衙門炮位火藥銀陸拾陸兩壹錢貳分；各屬祭祀共三款，祭品銀叁百肆兩肆錢；總督衙門賚送本章盤費銀壹百貳拾兩；巡撫衙門賚送地丁奏銷盤費銀肆拾兩；提塘辦理通省公務盤費銀伍百陸拾兩；巡撫衙門犒賞三營兵丁銀壹千伍百

兩；楚、豫馬塘銀柒百玖兩壹錢柒分；吏部飯銀陸百兩；户部地丁奏銷飯銀玖百貳拾兩；户部地丁奏銷投册飯銀伍兩陸錢；户部茶引紙硃飯銀叁兩玖錢伍分；户科地丁奏銷飯銀叁百肆拾兩；兵部兵馬奏銷飯銀肆百兩；刑部秋審飯銀肆百肆拾兩，書院士子膏火銀柒百兩；書院掌教禮節銀壹拾貳兩；巡撫衙門賫送本章盤費銀壹拾兩；原額銀貳百貳拾兩。兵部兵科驛站奏銷飯銀及賫送册籍盤費銀壹千壹百陸拾兩；本省各官及滇、黔銅務委員養廉銀捌萬伍千柒百肆拾兩。

一、直隸省一百三十九州縣歲支祭品銀壹千叁百壹兩肆分，在于耗羨銀内動支。

一、直隸省密雲縣看守潮、白二河橋船水手歲支工食銀肆拾捌兩，灤平縣屬灤河口渡船水手歲支工食銀壹百伍兩，又頭道、二道潮河暨灤河添設橋渡船隻水手歲支工食銀柒拾伍兩，在于耗羨銀内動支。

一、安徽省歲徵耗羨銀兩不敷支用，嘉慶十一年奏准。在于正項内動撥銀伍萬兩，歸入耗羨應用。

一、各省每年額徵匣費銀兩，遇有動用，照耗羨之例，數逾伍百兩以上，奏明請旨動用，不准咨報請銷。

《工部則例》卷九九《通例・迴避考覈》 乾隆三十六年欽奉上諭：裘日修即係兼管順天府之人，乃于工部堂官内仍行列銜，以自行報銷之案旋復行考覈，於事理實屬未協。嗣後在京各衙門凡有似此者，俱令一體迴避，著爲例。欽此。

一、到部報銷錢糧事件，如原報衙門即係在部堂官兼理者，由部議覆時，該堂迴避判稿。

《户部則例》卷一〇〇《通例・年底彙題事件》 一、各省盤查所屬倉庫，定于十一月底報部。

一、各省藩庫實存銀數，定于十一月底報部。

一、各省義倉、社倉穀石數目，定于十一月底報部。

一、各省解司銀兩，并無久存銀號舞弊，定於十月内報部。

一、各省編查保甲，定于十月内報部。

一、直隸永定河及江南、河南黄河堤内，毋許私自增添村莊人户，定于十月内報部。

一、護送鄰省採買銅鉛，如有盜賣、沉溺情弊，隨時專摺具奏。若無事故，一體改爲咨報。

一、伊犁、塔爾巴罕臺、喀拉沙爾、庫車、葉爾羌等處房地租銀，定於十月内造册咨報。

一、伊犁、塔爾巴罕臺，購買牲畜，定于十月内造册咨報。

一、伊犁收獲伯勒克馬匹，賞過綢緞，定于十月内造册咨報。

一、伊犁、塔爾巴罕臺、庫車等處牧放孳生牛羊，每年收取數目，定于十月内造册咨報。

一、伊犁、塔爾巴罕臺、喀什噶爾、葉爾羌、烏什等處，差防病故官兵支銀兩豁免，定于十月内造册咨報。

一、塔爾巴罕臺收獲麩價及煤價銀兩，定于十月内造册咨報。

一、塔爾巴罕臺、哈薩克臺吉人等帶束皮張等物，令官兵請買交價，定于十月内造册咨報。

一、烏什屯田豐收兵丁，并銅廠、硝廠多交銅筋、硝筋兵丁，各賞給一個月鹽菜銀兩。又錢局多鑄錢文，該兵丁、回子等酌賞錢文，定于十月内造册咨報。

一、烏什、阿克蘇因公身故兵丁，賞給銀兩，布疋，定于十月内造册咨報。

一、烏什、葉爾羌、塔爾巴罕臺等處軍臺兵丁，賞給鹽菜銀兩，定于十月内造册咨報。

一、葉爾羌獎賞採玉回夫，用過普爾錢文，定于十月内造册咨報。

一、葉爾羌抽收税務，定于十月内造册咨報。

一、烏什變價各色綢緞并抽收税務，定于十月内造册咨報。

一、烏什屯田種地牛隻倒斃節省及屯田官員賞給緞紗，定于十月内造册咨報。

《户部則例》卷一〇〇《通例・駁查案件》 一、直省到部奏銷錢糧案件，例應駁查。至三次以後，該省仍未遵駁完結者，由部具摺聲奏。或按例覈減，飭交經手官員照賠完案，或據情酌予豁銷。務令剋期速結，統于歲底將未完各案彙摺具奏。

一、各司承辦題銷錢糧，如銀款大數已符，獨零數舛錯，在貳拾兩以

下者，將不符情由行查咨結，不必駁令具題。若銀米各數祇有釐毫勺合不符者，即予隨案更正，飭知查照，毋庸駁詰。

一、各省各年地丁案内駁查各款奏銷後，限定五年内完結，由部覈明，于年終彙奏。如逾限不完，即行嚴參議處。

一、行查外省事件，如部駁至再，仍行含糊聲覆者，即覈明本案題駁，并將該督撫及承辦之員隨本參處。如經部駁查三次，仍不遵駁覈實造報者，除將本案情節照例奏明，分别减准完結外，即將該督撫及承辦官隨摺參奏，分别議處。

一、各省奉部駁查及咨取造册事件，均于接到部文日起，扣除程限。在省衙門覈覆者，限二十日内出咨。如有必須轉行各屬查覆，以及款項過多應造册聲覆者，扣除程限，限一個月内出咨；或因報銷錢糧款項繁冗，一時不能確覈者，即于限内咨明扣展。倘有遲延，分别議處。

一、凡部行查事件，覈計各省程途遠近，按月查覈。其有例限已届，倘未覆到者，即行嚴催。如承辦司員并不查催，任其稽延者，即將承辦之員查參議處。

一、在京八旗各營及提督衙門，如有文移經部駁查者，限十日内咨覆。倘有遲延，即行查參議處。至各省駐防將軍、都統、副都統及新疆各處辦事大臣奉部駁查事件，均照外省督撫之例辦理。

一、部院行查各直省事件，如經行催未覆，逾十案以上者，即將該督撫奏請交部議處，以儆玩延。

《工部則例》卷一一四《通例・應賠各項銀兩》 一、凡特款支銷錢糧，該承辦官于動款時不報部聽覈，徑行動用，直俟奏銷時始行開報，經部照例覈駁者，所駁銀兩，著落擅動官獨賠。如不能完，照例治罪。若因一人銀數繁多，或私派屬員公捐，或勒令後任攤賠，察出嚴究。

一、官員承查、承估、承變、承追各錢糧，如係查估不實，追變侵隱致虧帑項者，所虧之數著落按照賠償。若估勘本無不實，催追并無徇縱，委因變抵不敷，查無情弊者，其不敷之數仍在欠帑本員名下歸結，不得勒令承查、承估、承追、承變官代賠。其遲延不力，仍報參議處。

一、軍需案内應追銀兩，查無虚糜、飽槖情弊，經部照例覈减者，先於本員名下全數著追。如本員於離任後力難獨完，查明原追案内或由該管上司派委不慎，或失於詳查所致，即令該管上司與本員各半分賠。如本員於分賠一半銀内仍不能完者，查係候補人員，俟補官日於俸廉内按數扣還；如係罷職人員，仍令查照舊例題豁。此外儻更有承辦要務，志在急公，不能悉符常例，致有追賠者，該上司將實在情形專摺奏明，請旨遵行。

《工部則例》卷一一四《通例・賠項銀兩接續追繳限期》 一、官員欠項前案未經完繳，復奉文有應追之案，俱係尋常案件，力難并繳者，如前案銀兩尚未逾限，准俟依限清完之後，再將後案銀兩按銀數多寡，定限接續完交。儻前案逾限不完，除照例參處外，仍將後案接限行追。若後案係奉特旨嚴追之款，不得援照此例。凡各衙門行文咨追者，謂之咨追；專摺奏追者，謂之奏追，欽奉特旨者，謂之特旨嚴追。各按各款辦理，不得含混牽引。

《工部則例》卷一一四《通例・豁免覈减分賠各項銀兩》 一、官員應追一切賠項，如事非因公，情節較重，查係該上司知情徇隱及實有派委不慎之咎，無論旗員、漢員、本人家産全無，一概不准援例請豁，著落該管各上司名下攤賠。

一、凡應追一切賠項銀兩，總以有力、無力爲斷。其力能完繳者，無論本身、子嗣所賠係屬何款，但由户部行追者，均應令其按限完繳。至無力完繳者，分别有官、無官、有官者無論本身、子嗣官職大小，但係現任即不得濫行請免。如該旗籍及歷過任所查明并無財産隱寄，具結咨部後，准照現任俸廉扣繳一半。有官未補者，俟補官日再行坐扣。其無力完繳而又無官職，該旗籍、任所結報并無財産隱寄者，准予題豁。八旗由本旗咨部題豁，各直省由原籍題豁。

《工部則例》卷一一四《通例・賠項銀兩分别養廉扣繳》 一、現任文武官員應繳因公覈减、分賠等項銀兩，無力完繳，請於俸廉内坐扣者，各旗籍并未查明家産結報，除銀數不多，可於半年一年内坐扣完結者，聽其坐扣外，如銀數較多，俸廉不敷扣抵，概令勒限完繳，不得率准代奏，濫請邀恩。其由各旗籍、任所查明實無家産，取具印結加結請在俸廉内遞年扣抵者，每年止扣一半，其一半留與當差。如有自請全扣者，聽。離任候補人員應追銀兩，力能完交者，仍照例辦理。如實無財産，亦由該旗籍

查明取結咨部，俟補官得缺之日分别扣交。凡現任候補各官，本係有力完繳，故請扣繳俸廉，希圖延宕者，察出將本員及承追出結之員一律嚴參議處。至候補與現任人員，或有派委辦理軍需事件，應追一切銀兩曾經該旗籍查明取結，准於俸廉内坐扣者，該督撫隨時報明，于差竣之日再行扣交。

一、現任文武官應繳因公覈減及分賠、代賠等項銀兩，如力不能完，請於俸廉内坐扣，該督撫、都統查明該員旗籍、任所實無財産，亦無隱寄，銀數在壹萬兩以下者，取結咨部請扣。其銀數在壹萬兩以上，令該督撫、都統專摺奏明扣繳。

《理藩院則例》卷一二《徵賦·歸化城駝價生息備辦差務》 一、土默特駝五百隻，每隻變價銀二十兩，共銀一萬兩，由歸綏道交當鋪，商民每兩每月生息一分，按四季交副都統衙門備辦烏里雅蘇臺、科布多等處公務差遣，及迎送官兵驛站盤費等項之用。

《理藩院則例》卷一二《徵賦·歸化城煤窑錢文分别支用》 一、歸化城土默特煤窑二十二座，每年共徵錢千餘串不等，所徵錢文内十分中三分作爲管理煤窑之官兵盤費外，其餘支給速方出差之官兵監費二百串，其每年年終賞給奮勉官兵五百串，作爲三等獎賞，其餘易銀存貯歸化城副都統衙門，以備修理軍器之用。

《理藩院則例》卷一二《徵賦·歸化城動用各項租銀由將軍年終報銷》 一、每年由税務監督衙門支領銀兩數目多寡不一，每支領隨時聲明報院，其各項鋪面房屋開閉無定，亦隨時聲明報院，其地畝如有水冲沙壓，不願承種者，亦隨時聲明報院，具由院查覈辦理開除外，其由税務衙門支領及徵收各項房地租銀、煤窑錢文及動用過各數目，該副都統年終按款造具細册呈報該將軍查覈，報院覈銷。

《理藩院則例》卷一二《徵賦·歸化城土默特牧場地畝租息分給窮苦蒙古》 一、歸化城開墾牧場地畝共計一千六百四頃五十一畝四分五釐，每年共徵租銀二千八百四十七兩六釐，所徵租銀賞給土默特之窮苦蒙古，共計九百名，每名覈計三兩一錢六分三釐三毫，其餘不及一分之三分六釐銀即增給末名，造册報院覈銷。此内遇有逃亡者，仍給伊家養贍家口。無家口者，另揀貧窮蒙古賞給。其未經墾過之牧場，永行嚴禁開墾。

《理藩院則例》卷一二《徵賦·土默特地租分賞鰥寡孤獨》 一、撤出土默特蒙古等名下地一百九十八頃六十八畝，内開除水冲沙壓地畝外，現實租給民人地一百九十三頃四十二畝，每年徵租銀三百餘兩，均賞給該處鰥寡孤獨，作爲養贍之資。

《理藩院則例》卷一二《徵賦·歸化城土默特公費于税務項下支領》

一、歸化城爲蒙古商民輻輳之處，所有烟、油、酒三項及皮張、雜貨等物，俱應歸入落地税内，照例徵税。其駝、馬、牛、羊，除進口外，若繞道趨赴他省售賣者，亦應一例徵税。至鐵器不許出口，原恐改造軍装器械，若種地農具及平常日用器皿，給票驗放，毋許守口官弁刁難勒索，亦應照例徵税。各項牲畜每價銀一兩，徵制錢八文，向係土默特蒙古徵收，作爲公費。既已歸入正項，仍令土默特等照每年應用之數具領關支，該監督隨時報部，于任滿時造册報銷。

《理藩院則例》卷一二《徵賦·八溝等四處税銀銷算》 一、八溝定額一年應徵税銀一萬一千五百十二兩六錢，連歷任盈餘銀，覈銷開除書役人等工食，熱河普寧等八寺香燈、傾熔解費銀兩外，餘剩銀兩内，賞給喀喇沁扎薩克王十分之二，喀喇沁扎薩克公十分之一，由該員支給，其餘銀兩解交户部。龍須門定額一年應徵税銀一百一十七兩零六分九釐，小子溝定額一年應徵税銀一百七十五兩八錢二分四釐，此二處係莊頭之地，所徵正額及盈餘銀兩内，開除書役人等工食、傾熔解費外，餘銀解交户部。

一、塔子溝定額一年應徵税銀五千九百八十二兩零八分五釐四毫，大城子定額一年應徵税銀二百三十五兩一錢七分七釐，連歷任盈餘，覈銷開除書役工食及熱河扎什倫布廟香燈、傾熔解費銀兩。公岔曼定額一年應徵税銀二百八十一兩七錢四分，三道河定額一年應徵税銀一百二十兩零五錢，此二處不支書役人等工食，開除傾熔解費銀兩外，餘存銀兩并歷任盈餘銀兩内，賞給喀喇沁扎薩克塔布囊十分之二，分半由該員支給，餘銀解交户部。

一、烏蘭哈達定額一年應徵税銀一千八百三十七兩九錢八分一釐八毫，連歷任盈餘銀，覈銷開除書役人等工食、傾熔解費銀兩外，餘剩銀兩内，賞給翁牛特扎薩克王十分之三，由該員支給，餘銀解交户部。

一、三座塔定額一年應徵税銀一千四百四十七兩零四分五釐，木頭城

子定額一年應徵稅銀三百七十四兩三錢三分，二十家子定額一年應徵稅銀一百七十兩零三錢五分，連歷任盈餘銀，覈銷開除書役人等工食、傾熔解費銀兩外，餘剩銀兩內，賞給土默特扎薩克貝子銀十分之三，由該員支給，餘銀解交户部。

一、四處徵收稅銀，除在各該處支銷各項不得開除傾熔解費外，其餘解交户部及賞給該扎薩克銀兩內，每百兩准銷傾熔解費銀五兩。

《理藩院則例》卷一二《徵賦·歸化城支用記檔銀兩》 一、每年綏遠城將軍應支養廉并歸化城副都統養廉銀兩，均就近由記檔項下支領。

一、每年春秋二季祭祀先師孔子祭禮需銀不得過八十兩，由記檔項下支領。

一、歸化城副都統衙門户、兵兩司印務等處，每月需用心紅紙張銀六兩四錢，冬季三個月需用烤炭銀不得過三十兩，均由記檔項下支領。

一、駐扎多倫諾爾廟之土默特喇嘛四名，每年給盤費銀一百九十二兩，由記檔項下支領。

一、春秋二季操演土默特兵，每季三十日，計兵一千名，每名每日給盤費銀各五分，共需銀三千兩，于記檔項下支領。

一、每年春秋二季操演鳥槍并夜間點放炮位需用火藥三千五百四十斤，需銀二百八十餘兩，均由記檔項下支領。

一、歸化城養濟院每年自九月初一日起，至次年二月底止，每月支煤炭銀不得過四十兩，每年支給布匹價銀不得過九十兩，每年四季給養濟院頭目工食銀七兩零，均由記檔項下支領。

一、每年果必托里布拉克地方之仁佑寺支燈供獻銀不得過五十兩，該寺達喇嘛每月給盤費銀二兩，徒衆六名每月各給盤費銀五錢，念經喇嘛二十名每月各給盤費銀一兩，均由記檔項下支領。

一、歸化城等處五廳，額設遞送公文人役一百五十九名，每年四季共給工食銀九百五十四兩，均由記檔項下支領。

《理藩院則例》卷一二《徵賦·歸化城記檔銀兩》 一、每年由稅務監督衙門支領銀兩，存貯歸化城副都統旗庫作爲公費之用。如不敷用，再行酌量支領，報院查覈。

一、翁棍嶺北閑荒官地，歸化城城根等處所蓋房屋、鋪面，及已故馬甲固魯格之妻孀婦呈進之鋪面房，每年徵租銀共五百七十餘兩，均入于記檔銀兩項下公用。

一、翁棍嶺北色爾騰等處民人私開地畝及拉麻扎布等名下入官地二十二具，每年徵租銀八十餘兩，入于記檔銀兩項下公用。

一、徵收歸化城地方當鋪稅銀，大當每年稅銀各十二兩，小當每年稅銀各六兩，入于記檔銀兩項下公用。

《理藩院則例》卷六一《西藏通制·稽查商上公用》 一、每年番民交納，各以糧石或氆氌、藏香、大棉、鹽斤、酥油、奶渣、羊腔、茶葉等項作爲租賦。其遠處寨落難以運送者，各以銀錢折交。番民家有牛群、羊群者，每牛二頭每年交銀錢一圓，每羊十隻每年亦交銀錢一圓。其隨時布施物件銀兩并無定數，除交各項本色物件外，約計每年所入銀兩共十二萬七千有零。凡有交納物件銀錢，俱收存大昭庫內，設商卓特巴三名管理。其氆氌、藏香及稅課罰贖等項，各處布施之物并番民故後例交一半服飾物件，均交商上庫內，另設商卓特巴二名管理。達賴喇嘛公用日費等項皆出于此計算用項。每年正月內，布達拉與各處大寺廟大小衆喇嘛及前後藏各處喇嘛數萬人會集大昭念經二十日。二月內復集大昭念經八日。按喇嘛名數賞給銀錢、哈達，支給酥油、茶葉、糌粑，共需銀七萬九百餘兩。又每日念經需用酥油、茶葉及各項賞賚共需銀三萬九千二百餘兩。又每年採買布達拉衆喇嘛食用及各種物料并酬答布施物件，共需銀二萬四千四百餘兩。所入尚不敷所出。又色拉等大寺喇嘛均須養贍，青稞豐收之年交布施較多年分始有盈餘。商上又有小庫一處，另派商卓特巴一名管理。每年出入如有餘剩物件銀兩歸入小庫存貯。如遇不敷支用之年，即將小庫銀物使用。一切用度，商卓特巴總司出納。亦同噶布倫呈報駐藏大臣。噶布倫、商卓特巴等缺均歸駐藏大臣會同達賴喇嘛秉公揀選。不許達賴喇嘛親族管事。其商上一切公用悉責成駐藏大臣會同濟嚨呼圖克圖實力稽覈出納，如有侵漁舞弊之人，濟嚨呼圖克圖即告知駐藏大臣查辦，照例治罪。至扎什倫布所管番民應交商上糧賦，多係交納物件，統計折色本色約合銀六萬六千九百餘兩。計每年用度約需銀七萬四千六百餘兩。從前各處布施較多，每年總有餘盈。經廓爾喀搶掠後，每年出入連布施覈計僅敷用度。亦交駐藏大臣及濟嚨呼圖克圖實力稽查，以歸畫一。其達賴喇嘛、班禪額爾德尼

平素自奉以及例應需用各項，仍聽其自便。

《理藩院則例》卷六一《西藏通制·打箭爐稅銀撥賞達賴喇嘛》

一、打箭爐所收稅課內，每年撥銀五千兩賞給達賴喇嘛作爲養贍僧衆之費，于每年遣人至打箭爐領取茶葉之便祇領帶往。

《理藩院則例》卷六一《西藏通制·稽查商上收支》 一、達賴喇嘛、班禪額爾德尼商上得項，除養贍喇嘛番衆外，如有盈餘，作爲唐古忒兵丁養贍之用。一切收支悉責成駐藏大臣稽查。凡換班官兵以及駐藏大臣公私費用，不准于商上侵挪。

《清末籌備立憲檔案史料·財政·度支部奏擬清理財政章程摺光緒三十四年十二月初一日》 奏爲遵擬清理財政章程，繕單具陳，請旨頒行，恭摺仰祈聖鑒事。

光緒三十四年八月初一日內閣奉上諭：朕欽奉慈禧端佑康頤昭豫莊誠壽恭欽獻崇熙皇太后懿旨，憲政編查館、資政院王大臣奕劻、溥倫等會奏，進呈憲法、議院選舉各綱要，暨議院未開以前逐年應行籌備事宜一摺。單開逐年應行籌備事宜，均係立憲國應有之政，必須秉公認真，次第推行，責成內外臣工，遵照單開各節，依限舉辦。凡各部及外省同辦事宜，部臣本有糾察外省之責，應嚴定殿最，分別奏聞。自本年起，務在第九年內，將各項籌備事宜一律辦齊，届時即行頒布欽定辦法，並頒布召集議員之詔等因。欽此。又本年十一月初十日內閣奉上諭：本年八月初一日，大行皇帝欽奉大行太皇太后懿旨，嚴飭內外臣工，務在第九年內，將各項籌備事宜一律辦齊，届時即行頒布欽定憲法，並頒布召集議員之詔各等諭。煌煌聖訓，薄海同欽。自朕以及大小臣工，均應恪遵前次懿旨，仍以宣統八年爲限，理無反汗，期在必行。內外諸臣斷不准觀望遷延，貽誤事機等因。欽此。欽遵。恭録到部。

臣等伏查憲政編查館、資政院會奏清單內開：第一年頒布清理財政章程，第二年調查各省歲出入總數，第三年覆查各省歲出入總數，釐定地方稅章程，試辦各省預算、決算，第四年編訂會計法，彙查全國歲出入確數，頒布地方稅章程，釐訂國家稅章程，第五年頒布國家稅章程，第六年試辦全國預算，第七年試辦全國決算，頒布會計法，第九年確定預算決算，制定明年確當預算案，預備向議院提議。前項事宜，均係臣部應行辦理，及應與京外各衙門會同辦理之件，臣等自當遵照奏定年限，次第舉辦。現當第一年籌備之期，應將清理財政章程先行妥擬頒布，臣等通盤籌畫，悉心釐訂，謹撮舉綱要，爲我皇上縷晰陳之。

竊維憲政成立，以整理財政爲最要，而整理財政必以確定全國預算、決算爲最要。今朝廷預備立憲，特飭臣部清理財政。清理財政者，爲籌備憲政之權輿，而其包涵全體，貫徹初終，必辦至編定全國預算，乃爲就緒。惟是全國財政，款目紛繁，平日經理出入，各有所司，事權不一，則彼此諉卸，機關不靈，則內外隔閡，臣部現擬章程是以有特設專局派員監理之議。各省款項，轇轕日久，塵牘山積，措手匪易，如治亂絲，必去其棼，如決潰癰，必去其腐，臣部現擬章程是以有劃分年限截清舊案之議。舊案既已截清，新章尚待釐訂，不事調查，何所依據，臣部現擬章程是以有調查出入款項之議。出入既有確數，涓滴悉屬公款，不籌經費，奚資辦公，臣部現擬章程是以有酌定外官公費之議。凡此皆爲清理財政之方法，即爲辦理全國預算、決算之預備，而辦理全國預算、決算，亦非可以一舉而集事也。調查出入款項以後，應辦各省預算、決算，此爲憲政編查館、資政院奏定之辦法，臣部統籌全局，通權出入，京外一體，以類而推，是以現擬章程有核定京外各處預算、決算之議。國家稅、地方稅未分以前，各省諮議局先經成立，而諮議局議決預算、決算事項，不出地方用款之範圍，此爲憲政編查館咨明之權限，臣部綜核各款，研究性質，分別名目，以類相從，是以現擬章程有各省預算、決算冊畫分國家行政經費、地方行政經費之議。如此次第辦理，期以數年，則京外之舉行既習，編訂自各有成規，官吏之經歷既多，辦理亦易於蕆事，然後分之爲各省者，合之即爲全國，一歲出入，條理井然，而全國預算之案於是立，即清理財政之效於是乎見矣。臣等本斯用意，詳加籌度，謹酌擬章程三十三條，另繕清單，恭呈御覽。如蒙俞允，應請明降諭旨，飭下京外各衙門，一體遵照辦理。

抑臣等更有請者，爲政之道，本非徒法之可行，自強之圖，必合全國而申儆。財政至今日困難極矣，臣部庫儲奇絀，用款浩繁，各省請撥之書，既窮於應付，歷年報銷之案，又苦於稽延，仰屋徬徨，徒深嗟歎，而各疆臣以新政之待興，外銷閒款之悉索，羅掘幾無餘地，騰挪亦有窮期，長此因循，伊於胡底。臣等愚以爲財政艱窘至此，與其內外相蒙，坐而待

困，何如推心置腹，各出至誠，乘此百度維新，將出入各款逐項梳櫛，澈底澄清，而財政尚有轉圜之一日。在部臣此舉，不爲搜括之謀，更無吹求之念，既往之弊，不加追咎，查出之款，仍可存留，各省既無所用其迴護，又何所用其諱匿，此則臣等區區之誠，所期與各省疆臣協力同心，以共圖匡濟者也。況清理財政爲立憲切要之圖，現在國家籌備憲政，期在必行，詔書嚴切，敢不欽遵。各疆臣受國厚恩，公忠夙矢，必能懍朝廷之明訓，體臣部之苦衷，內外一心，共維大局，自此次奏頒章程之後，務當督飭所屬切實奉行。藩司爲筦理全省財政之官，責無旁貸，尤當激發忠誠，認真經理，如或陽奉陰違，有名無實，承積疲之餘，以延玩爲固常，習欺飾之風，以敷衍爲得計，時會不常，事機易逝，萬一年限已屆，而財政未見清釐，國會將開，而預算仍無確數，致於憲政前途稍有阻礙，貽誤國計，誰職其咎。臣部惟有懍遵本年八月初一日懿旨，隨時稽察，據實糾參，請旨嚴譴，以爲玩視憲政者戒。

除各省清理財政局章程另行核訂，及各局應派監理人員，臨時酌量奏派，暨分年應辦事宜再行籌議具奏外，所有遵擬清理財政章程，請旨頒行緣由，理合恭摺具陳，伏乞皇上聖鑒訓示。謹奏。

光緒三十四年十二月初一日奉旨：著憲政編查館迅速核覆具奏。欽此。

《清末籌備立憲檔案史料·財政·會議政務處覆奏度支部清理財政辦法摺光緒三十四年十二月初十日》 奏爲遵旨會議，恭摺覆陳，仰祈聖鑒事。

本年十一月二十八日欽奉諭旨：度支部奏清理財政宜先明定辦法一摺，著會議政務處妥速議奏。欽此。竊維清理財政爲立憲大綱，財政不清，庶事皆無從修舉。我國家幅員廣大，財賦殷繁，理財之權，外以責之疆吏，內以統之部臣，前人立法，不爲不周。而今昔異宜，勢難墨守，非統籌全局，掃地更張，不能除舊布新，實事求是。查該部原摺所稱統一、分明二義，洵爲握要探源之論，所擬辦法六條，亦大抵切實可行。

臣等悉心參核，竊謂統一之本，首重乎通，分明之源，莫先乎信。何以言之？度支部爲全國財政總匯之區，宜乎內而各衙門，外而各直省，所有出入款目無不周知矣。而今竟不然。各衙門經費，往往自籌自用，部中多不與聞，各直省款項，內銷則報部盡屬虛文，外銷則部中無從查考，局勢渙散，情意暌隔。此不通之弊也。各衙門款項尚屬無多，若各省之財，即全國之財也，何可漫無統紀？然外省於財用實數，每隱匿不令部知，故部中常疑其相欺，而內不信外。而部中於外省款項，每令其據實報明，聲言決不提用，及至報出，往往食言，故外省常畏其相詐，而外不信內。此不信之弊也。由不信，故不通，因不通，彌不信，而欲統一、分明難矣。今欲內外上下相通而不相隔，相信而不相疑，必也部臣疆臣開誠布公，互相體諒，外省知內部綜核之難，而不朦以虛辭，內部知外省辦事之難，而不繩以苛例，凡事內外相商，通力合作，彼此皆專以國事爲重，均不稍存畛域，略設成心，庶幾可望財政清明，一洗歷年積習，足爲憲政之始基。該部所陳辦法六條，臣等公同商酌，擬請悉予照准。而於其中稍有未盡之處，量加變通，謹逐條擬議，爲我皇上陳之。

一、外債之借還，宜歸該部經理一節。查外債爲國家利害所繫，自應統歸度支部主持，以免紛歧，但事關交涉，不可不令外務部豫聞。應如所議。嗣後募借外債之權，專屬度支部，凡各部各省擬借外債，皆咨明度支部，由度支部出名訂借，俟議准借入之後，向度支部領取，其指抵之款，償還之期，亦由度支部合計全局，豫算核定。各該部該省如願自向外國放債之人相商者，祇准商定辦法，仍須統歸度支部出名，立約承借，均不得徑向外國訂約借債。惟度支部仍應每案先咨明外務部，會商辦理，以昭慎重。至從前各部各省已借洋債，應如何分年歸還，均應由各該部該省核定切實辦法，報明度支部立案。各外省尤應於國家稅、地方稅未劃分之先，豫爲籌定，以備償還。第釐訂頒布地方稅、國家稅章程，在籌備事宜年限內，限於第三四五等年辦理，各省所借外債，原訂還期如有在其後者，其豫籌償還之款，何者應動國家稅，何者應動地方稅，亦須豫爲議明，以期兩不相妨。

二、在京各衙門所籌款項，宜統歸該部管理一節。查度支部有統理全國財權之責，在京各衙門所有自籌款項，自應均歸度支部管理，以昭統一。且各衙門所需經費，聽其各籌各用，則肥者有餘，瘠者不足，亦有苦樂不均之憾，但令全交部庫，再向部庫請領，未免徒多周折，應請嗣後將在京各衙門現在已籌及將來應籌之款，分別情形，或由度支部直接經收，或由各衙門自行經收，隨時報明度支部查核。其各衙門應銷款項，仍照常

支撥，如經度支部查有浮支濫費之款，可咨商該衙門，切實核減。倘所進款項，實不敷應辦要公經費，由該衙門咨商度支部，認真補助，以期各衙門用款可免浮糜，而辦公亦不致竭蹶。

三、各省銀號宜由該部隨時稽核一節。查各省官立銀號所出紙票，應由公家擔其責成，自應由部稽核，以昭核實。應如所議。請旨飭下各直省督撫，所有該省現開官銀號，無論舊設新設，將開設年月及資本實數，現在發出紙票若干，豫備金若干，經理、協理何人，限六箇月逐一詳細列表送部，以憑稽考。但須聲明，此舉專爲稽查票數成本，以期核實起見，所有該銀號贏利，仍歸該省支銷，並不提撥，以免外省疑慮隱飾。郵傳部所開交通銀行，亦應一律辦理。

四、各省關涉財政之事，宜隨時咨部以便考核一節。查度支部於全國財政有考核准駁之權，各省關涉財政之事，自應隨時咨部籌商，遵照部議施行。而歷來外省積習，皆有外銷款項，自籌自用，向不報部，且有時遇有急需，無款可籌，不得不挪用正款，無暇咨商，每即徑行動用，殊於統一、分明二義，均多未協。然疆臣身膺重寄，用人行政，在在需財，若於財政毫無特權，則庶政皆無從展布。故欲疆臣坦然不欺，於該省出入款項，逐一報明，毫無諱飾，必部臣曲爲相諒，於外省籌款之事，苟持之有故，言之成理，即予准行，於外省用款之事，但據實開報，即予准銷，不以憑空之理想，遥爲臆斷，不以陳年之舊例，強爲相繩，使疆臣恃之爲助我之人，不畏之爲阨我之人，自能内外一心，互相戒而不相遁。蓋疆吏皆朝廷倚任大臣，使其人可信，則於財用一端不必致疑。使其人不可信，則當劾而去之，不應疑之而仍用之也。是則外省督撫於財政出入，令其事事通知部臣，無欺無隱，原屬正辦，而必於未經核議之件，一切概不准行，則恐於突遇急需之時，或有坐失事機之慮。擬請嗣後各省關涉財政事件，除遇有非常變故外，如平時有變通成法之處，須先咨部籌商，内銷之款，未經度支部核議，概不准行，外銷之款，亦必將如何籌辦如何支用情形，據實報部，不准絲毫隱飾。部臣於外省籌商之事，必當曲體其辦事爲難情形，可准則准，不輕苛駁，仍照本年七月臣等議覆御史趙炳麟奏統一財權整理國政摺内所陳辦法，令各該督撫先將該省出入各項，通盤調查，並將何項應入國家税，何項應入地方税，詳擬辦法咨部，會同臣等彙擬章程，分期照辦。如慮各省外銷之款，一律核實造報，則各疆臣遇有特别議辦之事，不能措置裕如，不妨俟清理款項之後，酌留若干以備各省特别之用。惟是此節於部臣疆臣權限關係甚重，其中曲折，臣等所擬，恐尚有未盡之處，應請旨飭下各省督撫，每省遴派明於財政理法，熟於該省情形之員一二人，限三箇月内來京，赴度支部與該部堂司各官面爲籌商，按臣等所擬辦法，詳加討論，酌行釐訂，由部臣會同臣等奏明請旨，再行切實施行。

五、直省官制未改以前，各省藩司宜由部直接考核一節。查現行官制，外省財政以藩司爲總匯之區，現在各省巡警道、提學使、勸業道，皆直接民政等部，藩司事同一律，自可援照辦理。惟藩司所管財政，往往正雜寄存，互相挪移，交代領扣，轇轕不清，若每報督撫之件，皆令隨時報部，未免過煩，疊牀架屋之册報，繕造者固不勝其苦，而二十二省之册萃集一部，閱者條條過目，字字校對核算，亦恐難於實事求是，日久徒成具文。應請嗣後各省藩司，凡遇關涉各該省財政事宜，除稟承該管督撫辦理外，每季造具簡明大綱清册，徑報度支部查核。度支部如查有可疑之事，儘可不時派員前赴各該省稽查。其委用徵收釐税各項人員，亦均按季彙報度支部備查，以期内外相維，消除隔閡。

六、造報逾限，宜實行懲處一節。查各省奏銷向有定限，逾限例應議處，近來相習遲延，允宜懲儆。但各項銷册，部中皆有一定程式，其中款目價值定自遠年，與現在情形迥不相同，而外省造報，非依此程式，必干部駁，故不能不捏造虚言，期符成格，以削足適屨之謀，爲掩耳竊鐘之計。即使依限造銷，而所報全非事實，何足爲豫算、決算之憑藉乎？又册籍過繁，而限期甚迫，果欲實辦，每易逾違，欲其恪遵定限，必須稍寬日期，乃能實行。應請將舊日報銷册式一律掃除，廢棄不用，令各省各就該省情形，將應辦各項銷册，按照實在用項，逐一擬具程式，先行送部，由部核准，此後奏銷，即按此程式造報。其中倘有不能不遇事變通之處，准其隨案聲明，但不准稍有虚捏。部中即據此核銷，不加苛駁，然後如該部所議，明定造報之日期，嚴加逾限之譴責，請旨飭下吏部會同度支部將奏銷限期酌量展寬，遲延處分酌量加重，庶可認真辦理，不等具文。

以上六條，挈理財之綱，而仍不掣辦事之肘，屏除舊日虚僞之習，而亦無過高難行之端，擬請旨飭令内外臣工，按照所陳各節，切實遵行，以

仰副聖明理財正辭循名責實之至意。如蒙俞允，臣等即通行各處一體遵照。

所有臣等遵議各緣由，理合恭摺具陳，伏乞皇上聖鑒。

再，此件事體繁重，是以覆奏稍遲，度支部係原奏衙門，臣載澤故未列銜，合併陳明，謹奏。

光緒三十四年十二月初十日。奉上諭，已録。

《清末籌備立憲檔案史料・財政・度支部奏妥酌清理財政章程繕單呈覽摺附清單光緒三十四年十二月二十日》　奏爲遵旨妥酌清理財政章程，繕單覆陳，恭摺仰祈聖鑒事。

光緒三十四年十二月十五日軍機大臣欽奉諭旨：憲政編查館奏議覆度支部奏清理財政一摺，著仍交度支部詳慎妥酌，再行具奏。單併發。欽此。欽遵由軍機處抄交到部。臣等竊維集思廣益，籌議不厭求詳，救弊補偏，折衷必歸至當。清理財政爲立憲切要之圖，事體極爲重大，臣部前擬章程三十三條，現經憲政編查館增訂二條，復奉諭旨，交臣部詳慎妥酌，再行具奏。仰見朝廷重視財政審慎周詳之至意。

臣等謹就該館核覆章程，悉心研究，逐一推求，其增益條文及斟酌字句之處，均視臣部原議，益加周密，自屬妥善可行。至原奏所稱，各省清理財政局事宜，應責成司道切實籌辦，部派監理人員，衹在稽察督催一節。係爲明定權限，各專責成起見。查前次所奏章程内稱，臣部清理財政處、各省清理財政局，所有辦事章程另行詳訂。自應由臣部查照此次章程第三十四條，再行妥擬，俾資遵守。方今財政艱難，内外交困，非推誠相與，則積弊無由廓清，非實力奉行，則預算無由確定。事關憲政，惟賴各疆臣督率所屬，共矢公忠，顧全大局。藩司爲理財之官，其責任尤無旁貸。臣部有綜核之責，即稽察不可不嚴。以上情形，臣部業於前奏遵擬清理財政章程摺内，披瀝詳陳，早在聖明洞鑒之中。現在清理章程亟待頒布，謹將臣部原擬及憲政編查館增訂共三十五條，另繕清單，恭呈御覽。如蒙俞允，應請明降諭旨，飭下京外各衙門一體遵照，切實辦理。

所有臣部遵旨妥酌清理財政章程緣由，理合恭摺覆陳，伏乞皇上聖鑒訓示。謹奏。

光緒三十四年十二月二十日奉上諭，已録。

度支部清理財政章程

第一章　總綱

第一條　清理財政，以截清舊案，編訂新章，調查出入確數，爲全國預算、決算之預備。

第二章　清理財政之職任

第二條　臣部設立清理財政處，各省設立清理財政局，專辦清理財政事宜。

第三條　臣部清理財政處，由臣部選派司員分科辦理。其職任如左：一、開列各省出入各項條款，發交各省清理財政局，分別調查，一、綜核京外光緒三十四年分出入款項詳細報告册，並宣統元年以後各季報告册，一、摘録各項説明書，分門別類，編成總册，一、會同各司稽核京外各處預算報告册、決算報告册，一、彙録京外各處預算報告册、決算報告册，編成總册，一、核定各項清理財政章程。

第四條　各省清理財政局設總辦一員，以藩司或度支司充之，會辦無定員，以運司、關鹽糧等道及現辦財政局所之候補道員充之，設監理官二員，由臣部派員充之。其職任如左：一、造送該省光緒三十四年分出入款項詳細報告册，及宣統元年以後各季報告册，一、造送該省各年預算報告册、決算報告册，一、調查該省財政沿革利弊，分別門類，編成詳細説明書，送部查核，一、擬訂該省各項收支章程，及各項票式簿式送部。

第三章　劃分新舊案之界限

第五條　各省出入款項，截至光緒三十三年年底止，概作爲舊案。各省舊案歷年未經報部者，分年開列清單，併案銷結。

第六條　各省出入款項，自宣統三年起作爲新案。前項新案，遵照本章程第十四條第二十三條辦理。

第七條　各省出入款項，自光緒三十四年至宣統二年年底止，作爲現行案。前項現行案，除由清理財政局將光緒三十四年分調查報告，宣統元年二年分按季報告外，仍由該管司道詳請督撫，將全年出入款項，分別造册報銷。憲政編查館增訂

第四章　調查財政之方法

第八條　各省入款，如田賦、漕糧、鹽課、茶課、關税、雜税、釐

捐、受協等項，出款如廉俸、軍餉、製造、工程、教育、巡警、京餉各款、洋款、雜支等項，統由臣部撮舉綱要，開列條款，發交各省清理財政局，將光緒三十四年分各項收支存儲銀糧確數，按款調查，編造詳細報告冊，並盈虧比較表，限至宣統元年底，呈由督撫陸續咨送到部。

第九條　各省清理財政局如有應行調查事件，得派局員至各衙門局所，調查出入各款，及一切規費。遇有抗延欺飾者，經該員呈報到局，由局查實，稟請督撫參處，並報臣部查核。如所派之員，有需索扶同弊混情事，由該局稟請督撫參處。

第十條　清理財政局應將該省財政，利如何興，弊如何除，何項向爲正款，何項向爲雜款，何項向係報部，何項向未報部，將來劃分稅項時，何項應屬國家稅，何項應屬地方稅，分別性質，酌擬辦法，編訂詳細說明書，送部候核。前項說明書，限至宣統二年六月底，陸續咨送到部。

第十一條　自宣統二年起，各省文武大小衙門局所，應將出入各款，按月編訂報告冊，送清理財政局，由局彙編全省報告總冊，按季呈由督撫咨部。上季報告冊，限於下季到部。其清理財政局未成立以前，出入各款，一律造冊補報。

第十二條　在京各衙門所管出入各款，屬於光緒三十四年者，應編造詳細報告冊，並附說明書，限至宣統元年底，陸續咨送到部。

第十三條　在京各衙門所管出入各款，屬於宣統元年、二年者，應按季編訂報告冊，咨送到部。

第五章　預備全國預算之事

第十四條　各省文武大小衙門局所，自宣統二年起，預算次年出入款項，編造清冊，於二月內送清理財政局，由局彙編全省預算報告冊，呈由督撫於五月內咨送到部。各省預算報告冊內，應將出款何項應屬國家行政經費，何項應屬地方行政經費，劃分爲二，候部核定。前項之國家行政經費，係指廉俸軍餉解京各款，以及洋款協餉等項。地方行政經費，係指教育警察實業等項。

第十五條　各項歲入，當國家稅、地方稅未分以前，諮議局不得議減現行稅率，其於地方行政經費範圍內，視爲應增新稅時，得呈請督撫核定，奏咨辦理。

第十六條　各省款項，出入比較，若有盈餘，概列入次年入款之預算報告冊。

第十七條　各省款項若有不足，於每年編訂預算報告冊時，由各該督撫商同臣部，設法籌措。

第十八條　在京各衙門自宣統二年起，應將該衙門次年出入各款，編訂預算報告冊。於五月內送部。

第十九條　臣部直接所管之出入款項，應自宣統二年起，編訂次年預算冊，奏明辦理。

第二十條　臣部自宣統二年起，逐年將京外各處送到預算報告冊，詳細核定，奏請施行。前項預算報告冊，限於文冊到部兩箇月內核定。各省預算報告冊內款項，屬於地方行政經費者，由臣部奏交、督撫，送諮議局議決，並將預算全冊送供參考。

第二十一條　京外各署出入各款，自宣統三年正月初一日起，一律遵照預算冊辦理。凡屬出款項下，不得於定額外開支別項經費，亦不得彼此挪用。

第二十二條　遇有臨時特別重要支款，未經列入預算冊，或已列預算冊，而收不足數不敷所出者，由該督撫會商臣部，隨時奏明，酌量籌撥。

第六章　預備全國決算之事

第二十三條　各省文武大小衙門局所，自宣統四年起，查明上年出入款項，編造清冊，於三月內送清理財政局，由局彙編全省決算報告冊，呈由督撫於六月內咨送到部。各省決算報告冊內，應將出款項下國家行政經費、地方行政經費，分別編列。

第二十四條　在京各衙門自宣統四年起，應將該衙門上年出入各款，編定決算報告冊，於六月內送部。

第二十五條　臣部直接所管之出入款項，應自宣統四年起，編定上年決算冊，奏明銷結。

第二十六條　臣部自宣統四年起，逐年將京外各處送到決算報告冊，核定奏銷。前項決算報告冊，限於文冊到部兩箇月內核定。凡向由京師主管各衙門核銷之款，由各省另造專冊，送各該衙門查核，該衙門於文冊收到一箇月內核定，知照臣部，彙總奏銷。各省決算報告冊屬於地方行政經

費者，由臣部奏交督撫，送諮議局議決，並決算全册送供參考。

第七章　酌定外官公費

第二十七條　在官俸章程未經奏定之先，除督撫公費業由會議政務處議籌外，其餘文武大小各署及局所等處，應由清理財政局調查各處情形，一面稟承督撫及臣部，酌定公費，一面提出各款項規費，除津貼各署公費外，概歸入正項收款。

第八章　附則

第二十八條　全國財政，自宣統元年起，至宣統五年全國預算案成立日止，一律照本章程辦理。

第二十九條　本章程各項報告册，應分别門類，每類細别爲款，每款細别爲項，每項細别爲目，不得籠統含混。

第三十條　本章程所定造報到部期限，如有任意逾限，以致預算、決算無從預備，貽誤憲政者，該管藩司或度支使，由度支部據實奏參，請旨辦理。本章程所定造報到局期限，如有任意逾限者，由清理財政局稟請督撫，將該管官員分别撤去差任。憲政編查館增訂

第三十一條　雲南、貴州、廣西、四川、甘肅、新疆六省，每年預算報告册，得展限至六月十五日以前到部，決算報告册，得展限至七月十五日以前到部。

第三十二條　熱河、察哈爾、綏遠城、歸化城各處都統將軍副都統所管收支各款，應編光緒三十四年分詳細報告册，並盈虧比較表，及自宣統元年起各季報告册，又自宣統二年起應編次年之預算報告册，自四年起應編上年之決算報告册，均由該處自行辦理，按照各省定限，咨送到部。

第三十三條　烏里雅蘇臺、科布多、阿爾泰、伊犁、塔爾巴哈臺、西寧、西藏、庫倫各處將軍大臣所管收支各款，應編光緒三十四年分詳細報告册，並盈虧比較表，限於宣統元年年底咨送到部。又自宣統二年起應編次年之預算報告册，自四年起應編上年之決算報告册，均由該處自行辦理，按照甘肅、新疆等省展緩限期，一律咨送到部。其自宣統元年起，每季應編報告册，仍行照限報部。

第三十四條　臣部清理財政處、各省清理財政局所有辦事章程，另行詳訂。

第三十五條　本章程如有應行變通之處，由臣部臨時奏明辦理。

《清末籌備立憲檔案史料·財政·度支部奏妥議清理財政辦法摺光緒三十四年十二月二十五日》　奏爲遵旨妥議清理財政辦法，恭摺覆陳，仰祈

聖鑒事。

光緒三十四年十二月初十日內閣奉上諭：前據度支部奏清理財政宜先明定辦法一摺，當經飭交會議具奏。兹據覆奏，朕詳加披覽，與度支部原奏大致相符，更有補原奏所不足之處。全國財政攸關，不厭詳求，著將原奏、覆奏各摺件，一併再交度支部妥慎斟酌，另行具奏。欽此。欽遵由內閣鈔出到部。仰見我皇上慎重財政，睿慮周詳，莫名欽感。

竊維理財爲庶政根本，故憲政籌備即以清理財政爲初基。度支當財用匯歸，則清理章程自以統一財權爲先務。臣部前奉明詔，頒布清理財政章程，深慮權限未明，即章程亦成虛設，故先舉其大者數端，以便於從事清理，於是臣等有明定辦法六條之奏，蓋爲遵旨清理財政起見，並非於內外臣工強相執難也。此次會議政務處覆奏，大致以各省辦事之艱難，疑臣部操持之過急，既違統一之議，仍多遷就之詞。臣等一再推求，亦知積重之弊，勢難驟返，顧以追於事會，責無旁貸，現奉諭旨，令臣部妥慎斟酌，另行具奏，自應逐款詳識，期臻妥善。敬爲我皇上縷晰陳之。

一、覆奏稱募借外債，統歸度支部主持，咨明外務部，會商辦理。又稱各部各省如願自向外國放債之人相商者，准商定辦法，仍歸度支部出名，立約承借一節。查整理國債，自係臣部專責，外債關乎交涉，自應咨明外務部，以昭妥慎。外債流弊，言之疚心，去年六月間，臣部已有豫爲裁制之奏。此次臣等原奏，慎重外債，固深慮事權紛歧，漸開侵軼之路，亦欲使豫算適合，不誤清償之期，而用意實在於不使輕易募借。倘無論應否舉債，准由各部各省自向放債之人商定辦法，由臣部出名承借，是放任仍舊，而中央財政益滋其患也。請嗣後各部各省，必不得已，募借外債，應先經臣部核准，由臣部會同外務部奏明，再由臣部出名訂借，交該部該省領用，各部各省不得逕向外國訂借。如此，則該債指抵之款，償還之期，自應由臣部合計全局，豫算核定。其從前各部各省已借洋債，應如何分年歸還，均令各部各省於國家税、地方税未劃分以前，籌定切實辦法，報部立案。至國家税、地方税劃分以後，如何分别動用，亦應豫爲議明，

以免届期轇轕。

二、覆奏稱在京各衙門款項，分別經收，隨時報明度支部。其應銷款項，照常支撥，如浮收濫費，可咨商該衙門，切實核減，概令解交部庫，再向部庫請領，徒多周折一節。伏查雍正年間設立會考府，察核各部院動支錢糧，以國初費用之簡，而立法之嚴，尚且如是。近日在京各衙門款項，乃自收自用，臣部無從過問。前年內閣學士吴郁生奏請明定養廉統籌畫一辦法，近日御史謝遠涵奏官禄不均請一財權而除積弊各摺片，皆以各部自私財用爲言，臣等實引以爲疚。現當籌備憲政，財政統計又爲臣部專責，若中央財政任成分劃之形，殊非憲政國庫獨立之法。且臣部既司國庫，則盈虚酌劑，具有權宜，若仍令各衙門自爲收支，則肥瘠不均，遑論制用，覆奏謂徒費周折，是仍多遷就之意。應請嗣後在京各衙門，將現在已籌及將來應籌之款，分別情形，或由臣部直接經收，或由各衙門經收，統由部庫收發。各衙門應銷款項，暫仍照常支撥，將來隨時損益，如實有不敷，再由臣部核定，奏明撥補，以資辦公。

三、覆奏稱各省官銀號所出紙票，應由公家擔其責成，自應由部稽核，但須聲明，此舉專爲稽查票數成本起見，所有盈利，仍歸該省支銷，並不提撥一節。查各省官銀號發出紙票，其濫惡實過於日本明治初年之藩札，秕政日深，隱憂滋大，聞湖北、江蘇等省爲數尤鉅。近外人以事關商務，曾照會此等紙票是否國家擔認。各省既向不咨報，無從知其底藴，實屬難於答覆。近日各商埠銀根奇緊，危險迭出，滔滔之勢，爲害何堪設想。各疆臣既濬此利源，自當擔此責任，籌本金，保信用，必已夙有權衡。而臣等私憂過計，作此未雨之綢繆，蓋懼其害，非冀其利也。覆奏謂由公家擔其責成，且沾沾以盈利爲言，均未深明此中弊害。應請旨飭下各省督撫，所有現開官銀號，無論舊設新設，將開設年月及資本實數，現在發出紙票若干，預備金若干，經理、協理何人，限六箇月逐一詳細列表送部，以憑稽考而期核實。郵傳部交通銀行，亦一律辦理。

四、覆奏稱各省關涉財政事件，除非常變故外，遇變通成法，須先咨部籌商，並分別内銷、外銷，咨部辦理，俟清理款項後，酌留若干以備特別之用一節。查各國制定預算，一切經費均須照預算案支出，而預算册内，有第一預備金以備預算内不足之用，第二預備金以備預算外事故之用，此外設有軍事，及其他災害鉅需，非普通預備金足以濟事者，則更有追加預算之法。臣部此次奏定清理財政章程第十四條内開，自宣統二年起，逐年將京外各處送到預算報告册，詳細核定，奏請施行。又第二十二條内開，遇有臨時特別重要支款，未經列入預算册，或已列預算册，而收不足額，不敷所出，由該省督撫會商臣部，隨時奏明，酌量籌撥。是各省試辦預算以後，凡款項皆入預算，自不能仍沿外銷之名。預算本可追加，自無妨酌留特别之款。此次臣等原奏，係爲清理財政，令各省將向來外銷款項，據實報部，以便確知全國歲入歲出總數，爲劃分國家税、地方税地步，應請旨飭下各督撫，將該省出入款項，無論向爲報部，向爲外銷，照臣部議覆御史趙炳麟奏請定立預算、決算，及會議政務處議覆該御史奏統一財權整理國政摺内所陳辦法，通盤調查，據實報部，不准絲毫隱飾。至各省關涉財政事宜，自非軍務災賑追不及待者，均應照臣等原奏所稱，未經臣部核議，概不准行。至所稱每省遴派一二員，限三箇月來京，赴度支部面爲籌商一節。原爲劃清款項起見，現在清理財政章程甫經奏定，一切款項無從劃分，應俟財政清理就緒後，再由各省派員赴部籌商。

五、覆奏稱藩司歸部考核，所筦財政，每季造册報查一節。查臣部奏定清理財政章程第十一條内開，自宣統元年起，各省文武大小衙門局所，應將出入各款按月編訂報告册，送清理財政局，由局彙編全省報告總册，按季呈由督撫咨部。各省清理財政局，係以藩司爲總辦，是藩司既爲該省總筦財政之官，即兼任清理財政之責，所管款項，按月由司報局，按季由局報部。藩司按月報告，固不至以繕造爲勞，而臣部按季綜核，亦不至以閲算爲難，應即遵照章程辦理。且查外省官員向准直揭部科，藩司爲臣部行政之官，更應聲息相通，以收指臂相聯之效，嗣後遇有關涉財政稍爲重大事件，除隨時詳報該管督撫外，仍應一面徑報臣部，以重考核。

六、覆奏稱各省造報另定册式，並展寬限期，加重處分一節。查各省造送預算決算報告册應定限期，臣部業於清理財政章程内分別奏定，並聲明所定期限，如有任意逾限，以致預算、決算無從預備貽誤憲政者，該藩司或度支使，由臣部據實奏參等語，應即遵照章程辦理。至預算、決算報告各册，與從前報銷舊案不同，自應另訂册式，臣部現擬逐一釐訂，交清理財政局遵式填送。至逾限處分宜如何加重之處，應由臣部會同吏部斟酌

擬訂，另行具奏。其宣統二年以前，預算案未經成立，一切報銷期限處分，仍遵照舊例，切實辦理。

以上六條，或爲臣等原奏所未議及，或與臣等用意稍有不符，均逐款詳陳，以期合於統一、分明之義。至覆奏内稱，統一之本，首重乎通，分明之源，莫先乎信。自係扼要之論。惟謂部中於外省款項，每令其據實報明，聲言決不提用，及至報出，往往食言，故外省常畏其相詐等語。各省外銷款項，固非盡屬虚糜，故前年臣部議覆御史趙炳麟請定立預算、決算摺内，奏令各省將外銷款項通盤籌畫，悉數奏明，果係實在應用，即當予以劃留，續將此意開誠布公，函告各省在案。而各省至今竟不置覆，是外銷究係何款，臣部從未預知。所謂及至報出，往往食言者，果何所指，政體攸關，未便以此等虚詞爲臣部叢詬之地，揆之事實，殊有未合。又覆奏内稱，外省用款，但據實開報，即予准銷，不以憑空之理想，遥爲臆斷，不以陳年之舊例，强爲相繩，使疆臣視之爲助我之人，不畏之爲阨我之人。疆臣爲朝廷倚任大臣，其人可信，則於財政一端不必致疑等語。各省用款，歸部核銷，准駁之權，固應有在，從前例案銷册本有定式，倘各省捏造，則稽核亦爲具文，然舍此則蕩然益無所守，年來新政繁興，本無例案可引，而臣部核銷各案，自非不符實甚，並未嘗苛以相繩。至於設官分職，本期内外相維，將來憲政成立，仍當設立審計院，即臣部會計亦在察核之列，謂爲相阨，謂爲致疑，均非中正之論。

總之與天下相見以誠，而後可無隔閡，必内外俱爲一體，而後可言事功。自財政艱難，日趨窮蹙，已極力補苴之不暇，更何論庶政之待興，長此因循，實爲非計。臣等一再遲迴，籌之至悉，固知積習既久，驟予更張，非常之原，黎民懼焉。若内外臣工，受國厚恩，當籌備憲政之始基，爲統一財權之計畫，似未便膠執成見，有内外畛域之分，自不得隱飾相蒙，仍彼此隔閡之弊。現在朝廷百度維新，特飭臣部清理財政，在臣部固應蠲除煩文，爲實事求是之政，各部院各督撫亦當念國計關係之重，諒臣部綜核之難，推誠布公，協力相助，俾臣等得舉其職權，而財政庶期於整理。區區愚誠，不得不再行披瀝上陳，伏乞飭下京外各衙門，合力同心，共維大局，臣部幸甚，財政幸甚。

所有遵旨酌議清理財政辦法緣由，謹恭摺具陳，伏乞皇上聖鑒訓示。謹奏。

光緒三十四年十二月二十五日奉旨：著依議。欽此。

紀事

（明）陸粲《客座贅語》卷二《坊廂始末》 高皇帝定鼎金陵，驅舊民置雲南，乃於洪武十三等年，起取蘇、浙等處上户四萬五千餘家，填實京師，壯丁發各監局充匠，餘爲編户，置都城之内外，名曰坊廂。有人丁而無田賦，止供勾攝而無徵派。成祖北遷，取民匠户二萬七千以行，減户口過半，而差役實稀。獨里甲聽役於縣，役且立鄉頭色目，供應實繁。正統二年，府尹鄺公埜奏革鄉頭，併上、江坊廂。坊有十甲，甲有十户，視其饒乏，審編櫃銀，每季約三百兩，析坊廂之應辦者任之，以均里甲之不足。季輪一甲，率三十月而一周。然其時人户充實，應辦簡省，庫貯櫃銀，該吏支銷，坊民聽役，民不見勞而事不廢，立法未始不善也。

自後法漸以敝，正額常什三，而外谿常什七，於是人户流亡，更謀脱籍，櫃銀滋少。官憚其難，吏辭其責，改令坊民自收自用，而陰責其賠賍。每一上季，則僉收頭派差者一人，曰總坊，僉殷實之家囊金聽用，不問多寡者數人，曰當頭，名活差；其次減定銀數，貼賠當頭者，名死差；其下户，則僉撥接票、催夫迎送等用，名力差；又撥供應器物等用者，名借辦，並聽總坊指麾，而總坊以是恐喝、營私者又什八九。且自弘治以來，又添撥九庫、八關、五城夫役，又代工部買運光禄柴薪四十餘萬斤，又太常九種進鮮重取什物銀兩，又各衙門行取書手工食，並修理衙門。嘉靖十八年以來，又驟添應付衙門八處，至於讌席、節物、花燈諸供餽，抑又不貲。而大小使客，時行火牌，徵腳力口糧，迎送鼓吹，靡不應付。加之百司吏胥，恐嚇需索，而大柴讌席爲尤甚。至是傾敗相繼，自經自溺者日聞，而民不堪命矣。

維時父老間陳民瘼，而狐鼠實繁，旋行旋沮。庠生趙善繼者，不忍家難離披，邦國困弊，疇咨同類，從者如水。適撫院方公、按院黄公稍因父老條陳，下府勘覆，而沃洲吕公新任京兆，諸生稍爲陳說。公諭以公議出於學校，俾以文言代之，於是盡疏其辭，刊梓分遞，而諸司各爲之動，次

第見施行矣。會給事麓池郭公抗章奏革，於是額外之繇，不經之費，如前所陳者什去八九，民若更生。然諸色目尚在，病源未塞也。隆慶改元，撫院陽山宋公加意剔蠹，委通府望沙陶公集議，以爲坊長聽役在縣，人目以爲奇貨，於是更名坊夫，悉還正統初法。其買辦、借辦、秪行顧役，而當頭以下諸色目悉行剗革，上下稱便。然猶歲徵銀千四十八兩，外每季流夫、庫夫六十二名，歲徵銀二百八十五兩有奇。陶遷，吏胥以雇役不便，乃令坊夫聽役於縣，抑令私賠，舊弊復作。維時趙生物故，張生崇嗣輩言之京兆東泉鄔公，議照里甲扒平，改櫃銀爲丁銀，定爲三等九則，納之庫。不僉頭，不輪甲，止令排年十人催徵，以聽該吏雇役支銷，夫還于坊，嗣是復有翻覆，賴撫臺峋嵘張公復之。

萬曆三年，少泉汪公爲京兆，弔查二縣支銷册，不過供應各司下程、刑具、辦酒、餽禮之費，而二縣一切私費且取辦焉，此官樂於申請科派而他不恤也。因查順天府事，皆奏請取自宸斷，兩京事體相同，乃酌其應需因革之宜，定徵坊夫丁銀歲五百四十兩，具奏下部，覆奉欽依。此外錙銖不得私行科派，陰令坊夫賠貼。凡修理紙劄，刑具動支、自行贓罰，其里甲已編者不得重派坊夫，每歲終，巡視科道造册奏繳。時東瀛林公爲縣令，協心節省爲能，不悞公事，而猶有徵羨。林遷去，春季未滿，而該吏與雇役已支過五分之四，復倡告民還役，坊民爲譁，奔告所司，除將本縣他項銀酌補支應外，該吏擬罪，法始復初。後又減徵百金，爭革九庫流夫，裁定夫役二十三人，第照徭銀徵解，令自雇役，而事遂定，無復向來踐更抑索之苦矣。

（明）陸粲《客座贅語》卷五《三宜恤》　南都徭役繁重，所以困吾百姓者多矣。近年當事者加意剷除，始稍有甦息之望。向有議裁寄莊户之兼并，禁質鋪之罔利，與搜富户之非法者，其説固亦有見第。余嘗聞姚太守叙卿之言曰：均賦者，不宜苛摘寄莊户，寄莊户乃無田者之父母也。令寄莊户冒役太重，勢必不肯多置田，彼小民之無立錐者，安所倚命乎？寄莊户以田一畝予佃户種，必以牛與車予之，又以房居之。計一歲所入，畝之中上者可收穀二石，以其半輸之田主，而佃户已得一畝之入矣。是寄莊户不惟無害於民，且有利於民，即田連阡陌，其仰給者不啻衆也，何以尤其兼并也。方司徒采山之言曰：質鋪未可議逐也，小民旦夕有緩急，上既不能貸之，其鄰里鄉黨能助一臂力者，幾何人哉！當窘迫之中，隨其家之所有，抱而趣質焉，可以立辦，可以亡求人。則質鋪者窮民之筦庫也，可無議逐矣。王太守元簡之言曰：往日海中丞在吴中，貧民有告富家者，必嚴法處之。一時刁訐四起，富户之破亡者甚衆，此大非。是邑有富民，小户依以衣食者必夥，時值水旱，勸借賑貸，須此輩以濟緩急。雖一村有一富者，近村田房不免多爲所有，然必是貧者方賣，賣於他人與賣於富家一也。且富家自非豪惡閔不畏法者，豈必盡謀占而計取之。假令摧剥富民，富者必貧，闔百千萬室而皆赤貧，豈能長保。三先生之言，皆深思遠慮，與浮見者不同，因表而出之，以諗於當事者。

（明）談遷《國榷》卷三《太祖洪武元年》　〔二月乙丑〕議役法，田一頃役一人，不及頃則湊之，曰均土。遇有興作，農隙徵發。

（明）談遷《國榷》卷五《太祖洪武五年》　〔十二月己亥〕給僧道度牒，時僧道尼五萬七千二百餘人，禮部請鬻牒資用，免丁錢。上從之，著爲令。

（明）談遷《國榷》卷六《太祖洪武八年》　〔三月〕詔計田均工役。初田一頃出一丁，至是計田定役，農隙赴京，役三旬，遣歸田，浮丁少，充以佃人，資粟一石，畝出米二升五合，他郡縣雜差亦如之。

（明）談遷《國榷》卷六《太祖洪武十年》　〔二月〕丁卯，免仕者徭役，著爲令。

薛應旂曰，國初待士免役，豈不厚哉，但後來士人有有自處以薄者，受人詭田而齊民率多重役，遂致勸士待賢之道不能有終矣。

（明）談遷《國榷》卷七一《神宗萬曆九年》　〔正月〕户部定京省編徭銀，順天實編銀二十九萬六百有奇，減十一萬九千七百金，陝西實編銀五十一萬七千九百有奇，減十萬九千九百金，湖廣實編銀五十七萬三千七百餘金，減十一萬九千七百，四川實編銀五十二萬九千有奇，減五萬六百有奇，刊帙，永爲例。

（明）談遷《國榷》卷七一《神宗萬曆九年》　〔六月〕乙未，定江北七府均徭銀七十九萬七千九百七十四金，減十二萬五千一百九十餘金。

《明實録》吴元年正月　〔戊戌〕上謂中書省臣曰：予嘗親歷田野，

見人民凋敝，土地荒蕪，失業者多。蓋因久困兵革，生息未遂。譬之觸熱者思得清涼，冒寒者思就温暖，爲上者固當念之。且太平、應天、宣城諸郡，乃吾渡江開創之地，供億先勞之民，其有租賦，宜與量免，少蘇民力。省臣傅瓛對曰：恤民，王者善政。主上念之及此，真發政施仁之本也。民之受賜，如大旱之得霖雨，其喜當何如！上因歎曰：吾昔在軍中，嘗法糧，空腹出戰，歸得一食，雖甚粗糲，食之甚甘。今尊居民上，飲食豐美，心未嘗忘之。況吾民居於田野，所業有限，而又供需百出，豈不重困？於是，免太平府租賦二年，應天、宣城等處租賦一年。

《明實録》洪武元年正月〔乙酉〕上謂劉荃曰：曩者群雄角逐，生民塗炭，死亡既多，休養難復。今國勢已定，天下次第而平，思所以生息之道何如？荃對曰：生息之道，生於寬仁。上曰：不施實惠而概言寬仁，亦無益耳。以朕觀之，寬民必當阜民之財而息民之力。不節用則民財竭，不省役則民力困，不明教化則民不知禮義，不禁貪暴則民無以遂其生。如是而曰寬仁，是徒有其名而民不被其澤也。故養民者必務其本，種樹者必培其根。荃頓首曰：陛下盡心如此，民其有不受惠者乎？

《明實録》洪武元年二月〔乙丑〕命中書議役法。上以立國之初，經營興作，必資民力，恐役及貧民，乃命中書省驗田出夫。於是省臣奏議：田一頃出丁夫一人，不及項者以别田足之，名曰均工夫。直隷應天等十八府州及江西饒州、九江、南康三府，計田三十五萬七千二百六十九頃，出夫如田之數。遇有興作，於農隙用之。上諭中書省臣曰：民力有限而徭役無窮，當思節其力，毋重困之，民力勞困，豈能獨安？自今凡有興作，不獲已者，暫借其力。至於不急之務，浮泛之役，宜罷之。

《明實録》洪武三年二月〔庚午〕先是，上問户部：天下民孰富？産孰優？户部臣對曰：以田税之多寡較之，惟淮西多富民巨室。以蘇州一府計之，民歲輸糧一百石以上至四百石者，四百九十户；五百石至千石者，五十六户；千石至二千石者，六户；二千石至三千八百石者，二户。計五百五十四户，歲輸糧十五萬一百八十四石。上曰：富民多豪強，故元時此輩欺凌小民，武斷鄉曲，人受其害。宜召之來，朕將勉諭之。至是，諸郡富民至，入見，上諭之曰：汝等居田里，安享富税者，汝知之乎？古人有言：民生有欲，無主乃亂。使天下一日無主，則強凌弱，衆暴寡，富者不得自安，貧者不能自存矣。今朕爲爾主，立法定制，使富者得以保其富，貧者得以全其生。爾等當循分守法，能守法則能保身矣。毋凌弱、毋吞貧、毋虐小、毋欺老，孝敬父母，和睦親族，周給貧乏，遜順鄉里，如此則爲良民。若效昔之所爲，非良民矣！衆皆頓首謝。於是賜酒食而遣之。

《明實録》洪武三年七月〔庚戌〕命户部榜諭天下軍民，凡有未占籍而不應役者，定期許自首。由是應天府首籍者得户六百二十三，命軍發衛所，民歸有司，匠隷工部。

《明實録》洪武三年七月〔辛卯〕命編置直隷、應天等十八府州及江西九江、饒州、南康三府均工夫圖册。每歲農隙，其夫赴京供役，歲率三十日遣舊。田多丁少者，以佃人充夫，其田户出米一石資其費。非佃人而計畝出夫者，其資費則每田一畝，出米二升五合，百畝出米二石五斗。

《明實録》洪武四年閏三月〔己未〕賜功臣守墳人户。韓國公李善長、魏國公徐達、鄭國公常茂、宋國公馮勝各一百五十户。衛國公鄧愈、延安侯唐勝宗、吉安侯陸仲亨、淮安侯華雲龍、濟寧侯顧時、臨江侯陳德、長興侯耿炳文、靖海侯吴禎、都督孫恪、郭子興各一百户。

《明實録》洪武五年二月〔辛巳〕户部奏：蘇、湖等府漁人、商人舟居不應徭役者，凡一萬三千九百九十户，宜令充漕運夫。上命有田者仍令應役，無田者充運夫。

《明實録》洪武七年五月〔壬午〕山東濰州判官陳鼎言：故事，正軍、貼軍地土多者，雜徭盡免。今本州軍地多而民地少，民之應役者力日殫。請正軍全免差役，貼軍免百畝之下，其百畝之外餘田，則計其數與民同役。從之。

《明實録》洪武八年三月〔壬戌〕詔計均工夫役。初，中書省議：民田每頃出一丁爲夫，名甲均工夫役。民咸便之。至是，上復命户部計其田多寡之數，工部定其役。每歲冬農隙至京應役，一月遣歸。於是檢核直隷應天等一十七府，江西所屬一十三府，爲田五十四萬五百二十三項，出夫五十四萬五百二十三人。

《明實録》洪武十年二月〔丁卯〕上謂省臣曰：食禄之家與庶民貴賤有等，趨事執役以奉上者，庶民之事；若賢人君子，既貴其身而復

役其家，則君子野人無所分別，非勸士待賢之道。自今百司見任官員之家，有田土者，輸租税外，悉免其徭役，著爲令。

《明實録》**洪武十三年十二月**〔丁巳〕上命户部移文諸郡縣：凡功臣之家有田土，輸納税糧並應充均工夫役之外，如糧長、里長、水馬驛夫等役悉免之。

《明實録》**洪武十五年十一月**〔丁卯〕上命户部榜諭兩浙江西之民曰：爲吾民者當知其分，田賦、力役出以供上者，乃其分也。能安其分，則保父母妻子，家昌身裕，斯爲忠孝仁義之民，刑罰何由而及哉！近來兩浙江西之民，多好争訟，不遵法度。有田而不輸租，丁而不應役，累其身以及有司，其愚亦甚矣。曷不觀中原之民，奉法守分，不妄興詞訟，不代人陳訴，惟知應役輸租，無負官府。是以上下相安，風俗淳美，共用太平之福。以此較彼，善惡昭然。今特諭爾等，宜速改過从善，爲吾良民。苟或不悛，不但國法不容，天道亦不容矣。於是户部以所諭頒於浙江、江西二布政司及府州縣，永爲遵守。

《明實録》**洪武十七年九月**〔己未〕上諭户部臣曰：民有田則有租，有身則有役，歷代相承，皆循其舊。今民愚無知，乃詭名欺隱，以避差役。互相仿效，爲弊益甚。自今有犯者則入其由於官，能自實者免罪。

《明實録》**洪武十九年三月**〔戊午〕上諭户部臣曰：善理財者不病民以利官，必生財以阜民。前代理財竊名之臣，皆罔知此道，謂生財裕國，惟事剥削蠹蝕，窮錙銖之利，生事要功。如桑弘羊之商販，楊炎之兩税，自謂能盡理財之術，殊不知得財有限而傷民無窮。我國家賦税已有定制，樽節用度，自有餘饒。減省徭役，使農不廢耕，女不廢織。厚本抑末，使游惰皆盡力田畝。則爲者疾而食者寡，自然家給人足，積蓄富盛。爾户部政當究心，毋心聚斂以傷國體。

《明實録》**洪武二十三年二月**〔丙辰〕對撥官軍俸糧。初，命户部以應天一府試行之，便。至是，上諭户部校理各衛官軍歲支俸糧實數，以内外有司民户該輸正糧，對數撥給。如一縣之糧以對一衛，或多或少，損其贏，補其不足。一户之糧以對一軍，多少損益如之。度其道里之遠近，有司以勘合號數編定次。如金吾衛軍五千，即以金吾字爲號，自一號編至五千號而止。又如指揮使歲俸四百二十石，務以人户糧額足其數，於甚合簿注之，遞發軍衛收掌。俟人户輸糧之際，對號相符，依數收受，即以實收付之，以憑查照。若一衛所收俱足，則出通關付有司奏繳。

《明實録》**洪武二十四年九月**〔庚子〕詔建寧歲貢上供茶，聽茶户采進。在司勿與。敕天下産茶去處，歲貢皆有定額，而建寧茶品爲上；其所進者必碾而揉之，壓以銀板爲大小龍團。上以重勞民力。罷造龍團。惟采芽茶以進。其品有四，曰：探春、先春、次春、紫筍。置茶户五百免其徭役，俾專事采植，既而有司恐其後時，常遣人督之。茶户畏其副迫，往往納賂。上聞之，故有是命。

《明實録》**洪武二十八年十二月**〔壬辰〕上諭户部官曰：方今天下太平，軍國之需皆已足用。其山東、河南民人田地桑棗，除已入額徵科，自二十六年以後栽種桑棗果樹與二十七年以後新墾田地，不論多寡，俱不起科。若有司增科擾害者，罪之。

《明實録》**永樂元年五月**〔丁丑〕敕户部臣曰：朝廷設官分職，本以治民；治民之道，在乎安養之而已。故即位之初，一遵皇考成憲，首命爾等，荒蕪田土無人佃種者，即令所司核實，蠲除其租，庶不貽患於民。爾等略不體朕愛民之心，因循玩愒，視爲虚文。有司拘於歲額，一概徵收。下民之情，郁而不達，朝廷惠澤，遏而不下；此豈大臣爲君爲民之心？其速下各布政司府、州、縣，但有荒閒田地無人開墾者，即于常歲租額内削除之，庶幾民免横擾之苦。

《明實録》**永樂元年閏十一月**〔乙丑〕平陽府洪洞縣言：本府冀城等州縣租税，往年以其半運輸太原護衛，山澗險阻，人力艱難，常以重價就彼易粟，甚至破産不能輸者。今又令盡輸太原，民愈困乏，宜令富者減半，貧者除豁。從之。

《明實録》**永樂七年十二月**〔丙寅〕山西安邑縣言：縣民逃徙者田土已荒蕪，而税糧尚責里甲賠納。侵損艱難，請暫停之，俟招撫復業，然後徵納。上諭行在户部尚書夏原吉曰：百姓必耕以給租税，既棄業逃徙，則租税無出。若令里甲賠納，必致破産；破産不足，必又逃徙，租税愈不足矣。即移文各處，有若此者，悉停徵其税。縣官不能撫民，致有逃徙者，姑宥罪，令即招撫復業，勿復擾之。

《明實録》**永樂九年三月**〔庚辰〕温洲府民言：本府歲輸白礬數

千斤赴京，陰隔山路，負運實難，乞附載海運舟輸京爲便。上問工部臣曰：礬欲何用？對曰：以染色布。上曰：特染布耳，而勞民於數千里之外，可罷其歲徵。自今制布衣不必染色。

《明實録》永樂九年六月　去南溪處甸長官司土官自恩言：本府歲納海肥七萬九千八百索，非本土所產，每歲于臨安府買納，乞准鈔銀爲便。户部以洪武中定額，難准折輸。上曰：取有於無，適以厲民，此有司之過也。況彼遠夷，尤當寬恤，豈宜拘舊額？其除之。

《明實録》永樂十年五月　〔丙申〕陝西秦州民張源方：鞏昌、臨洮等府夏秋二税，歲令民輸甘州。其地相去二千里，皆陸行負荷及載以牛驢，中途民罷畜死，所輸者少而所耗者多。乞將夏秋二税儲於本處倉，遇農隙，令旁近州縣民運輸蘭縣倉。自蘭縣抵甘州，每五十里設一站，或役刑徒，或令官民轉輸，庶少蘇民力。從之。

《明實録》永樂二十二年九月　〔壬午〕上諭工部臣曰：古者土賦隨土所產，不強其所無。比年如丹漆、石青之類，所司更不究物產之地，一概下郡縣徵之。郡縣逼迫小民，鳩斂金幣詣金師博易輸納，而商販之徒，乘時射利，物價騰踴數十倍。加以不肖官吏，夤緣爲奸，計民所費，朝廷得其千百之十一，其餘悉肥下人。今宜切戒此弊，凡合用之物，必於出產之地計值市之。若仍蹈故習，一概科派以毒民者，必誅不宥。

《明實録》洪熙元年六月　〔乙卯〕上諭少保户部尚書夏原吉等曰：各處軍民，艱難已甚。凡諸衙門先有坐派、造辦紵絲、紗羅、毯段，香貨、銀朱、金箔及果品、海味等物，即遣人馳驛往諭：已辦完在官者，令原差監辦官管運回京；未辦者悉停罷。如歲額，不在此例。有仍前科擾於民者，必罪不赦。

《明實録》洪熙元年閏七月　〔癸卯〕上禦西角門，諭尚書吳中等曰：比聞工部差人催柴炭、顏料、工匠等事，多有暴酷傷人者。事有不可已者，亦當從容使人措辦；若暴酷逼迫，爲朝延斂怨，失人心矣。宜詢察一二人痛治之，以儆其餘。

《明實録》洪熙元年閏七月　嚴州府建德縣民言：浙江諸郡，爲里有一千二千者，惟嚴州一郡，里不及五百。布政司凡有徵科，一概派辦。乞敕本司以里數民户多寡爲等差，庶幾賦役均適。上諭行在户部臣曰：有司掌民賦役，不均如此，民少者何以堪之！其移文詰責布政司，且戒其後來。

《明實録》洪熙元年十二月　〔甲戌〕浙江新昌等縣奏：先奉詔書，凡官民田荒廢者，召民耕種，官田准民田例徵租，無人耕者除之。今荒田已召人開耕，租如民田科徵，而本府猶循舊額督令徵辦。上諭户部臣曰：既下詔優免，而州郡吏猶如舊責辦，使朝廷失信於民可乎？爾速移文開豁，違者罪之。

《明實録》宣德元年二月　〔庚午〕上諭行在户部尚書夏原吉等曰：前下詔書，令民間應有拋荒官田召人開耕，依民田例起科。近來各處有司多言户部不除舊糧總額，仍復徵收。若果如此，豈不失信？民糧遠運艱難，必致逃避，則田將復荒。卿等宜遵依詔書，無失民心。

《明實録》宣德二年元月　〔乙巳〕漢州綿竹縣民奏：世以採捕爲業，歲納麂皮三十張。初，地荒林密，人少獸多，採捕不難，輸官常足。今生齒日繁，加以屯戍，昔之廢地，皆爲良田，獸無所容，捕之難得。歲久捕多，人用困敝，乞賜寬恤。上諭行在工部尚書吳中曰：田野辟，人民衆，此好事。雖羽毛齒革以資國用，若果難得，理當減除，不宜以此困民。

《明實録》宣德二年十一月　〔癸巳〕巡撫陝西隆平侯張信等言：陝西西安、鳳翔諸府，歲輸糧草于寧夏、甘肅、洮河、岷州諸衛，道路險阻，運致爲艱，民往往齎金帛就處彼市納。狡黠之徒，包攬費用，通同官吏虛出實收，倉無聚積，皆由於此。蓋以各衛僻遠，更無官司與之論校，得以恣意妄爲，無所忌憚。乞于布政司、按察司各增置堂上官二員，專令於彼監視，有作姦者，不限職之大小，擒治如律。其諸有司，亦請增官一員，專理糧草。如此則奸邪斂跡，事亦易集。上命行在户部計議。尚書夏原吉等言：有司各增官一員，濫矣。布政司、按察司皆增二員監視，宜允所言。至於擒治，不限職之大小，於祖宗之法有違。若事干軍職及文資五品以上官，必先奏請。上從之。因諭吏部尚書蹇義等曰：方面增官，蓋出權宜，若用非其才，反能害事。宜選清廉直幹之人，庶克有濟。

《明實録》宣德三年六月　〔壬寅〕南京户部奏：浙江、河南及直隸寧國等府歲辦桑穰，累年不足，乞令巡按御史督之。上謂尚書夏原吉

曰：賦稅徭役，皆民所供者，豈但辦桑穰一物！今歲雨水爲災，若令御史追問，則擾動郡縣，姑緩之。其年久不完者免之。

《明實録》宣德四年九月［壬子］大理寺卿胡概奏：應天、蘇、松等府並浙江屬縣，永樂二十年至洪熙元年稅糧馬草，民有負欠者，皆因貧困。乞折收絲綿等物。上命行在户部如概言，斟酌折收，不可損民。於是户部議奏：絹一匹，准糧一石斗，棉布一匹准一石，苧布一匹准七斗，絲一斤准一石，鈔五十貫准一石，棉花絨一斤准二斗，鈔五貫准草一束。從之。

《明實録》宣德四年十二月［甲戌］山東泰安州稅課局大使郝智言，州近泰山，田土素薄。所耕僅足以納稅糧，民多艱食。比者京師所遣中官采天麻、野味，民被虐害，兼妨農種。今後凡朝廷所取應用之物，乞不遣官。止令該部移文有司采進。上曰：朕豈以口腹累人者！命該部凡所遣人悉召還治之，自今更不許輒遣人。

《明實録》宣德五年二月［癸巳］敕諭行在六部、都察院曰：【略】一、朝廷所用之物，各有土產之處，今後凡遇收買，只派於土產之處。如收買數多，量免其他差役以優恤之。不許一概於不產之地收買，科擾害民，違者罪之。

一、各處舊額官田，起科不一，租糧既重，農民弗勝。自今年爲始，每田一畝，舊額納糧自一斗至四斗者，各減十分之二；自四斗一升至一石以上者，減十分之三；永爲定例。

一、近年在京工作匠人多有逃者，蓋因管工官及作頭等不能撫卹，又私縱其強壯者不令赴工，俾辦納月錢入己，並目關其糧賞，止令貧難者做工，又逼索其財物，受害不已，是故在逃；及差人勾取，差去之人又逼取財物。工匠受害，弊非一端。自今工匠一户有二丁者，令一丁赴工，一丁放免；四丁者二丁赴工，二丁放免；六丁以上俱准此例。單丁者與別户朋合，聽其一年或二年相輪代替，違者依失班例論。如遇大營造，暫借撥工者，計其用工日月，准後班次。用工之處，常差監察御史，給事中點閘，考其工程，仍前作弊者就執奏究治。庶革宿弊，下得均其勞逸，上下虛費糧賞。

一、工匠有年老殘疾，户内無丁力者，保勘明白，即開其匠籍。

一、近年逃匠，往往有懷挾私仇，妄指平民爲匠者，所司不與分豁，民多有害。工部及法司即與分豁，仍嚴行禁止，再犯者罪之不恕。

《明實録》宣德五年六月［辛未］行在户部奏：天下錢糧實徵之數，多有違期不報，或所報不明。欲編置勘合付各衙門，令以實徵總數填寫明白，遣該吏親齎赴部查理。近者限本年十月，遠者十二月到部。如限内不至或數目不明，治其官吏罪。自後俱循此例。其各年開豁錢糧，一體編發勘合，令填繳，以憑查勘。從之。

《明實録》宣德五年十二月［乙酉］行在户部言諸司積弊當清理者凡三事：一、比年各布政司府州縣科徵諸物，不量人户多寡，物之輕重緩急，地之遠近難易，官執偏見，吏徇私情，受賄受囑，任意妄爲，以一科十，爲害百端。及撥定倉糧，遠近失宜，挪移作弊，公私不便。今後科徵諸物並撥倉糧，宜令各司府州置立文簿，正官收掌。凡有所科，布政司同按察司定奪，府州縣同正佐首領官定奪。上司並巡按御史按部者常加考察，如有不公，即爲究治。仍令府州以所派數目如簿録申布政司，半年類造文册送部考查。直隸府州縣若有不公，許親臨上司，巡按御史一體考察。一、兩廣、福建、四川、湖廣等處，距京師往復一萬餘里或八九千里，而解布絹一二匹、皮一二張、物、料三五斤、鈔不及二三十錠者，徒費民力。今後各處起運諸物，除急切進用並金銀不拘多寡起解外，其餘諸物，若滿舟車者官與舟車，俾經手人管解；若不滿舟車，止解該管上司暫貯，或按季、或半年，差有職人員管解，官與腳力裝送，收受者不許刁蹬，解送者不許侵欺。若州縣官吏果有別項差使赴京及與司府窵遠、道路不順，願徑解至者，俱從其便。一、在京、在外倉庫斗級、庫子、鹽場掣摯所工腳、秤子，有經年不替者，有充當二三次、四五次以上者，有無籍營充及冒名代充者，縱有良民新役，亦被教誘爲非。欲行内外，凡斗級、庫子、工腳、秤子，取勘其數，若久在官爲害者，究治如律。若所收錢糧支銷未盡，問斷明白，另項記名，守支畢日罷去。若有自收改正者免其罪。恃頑不首，爲他人首發者，軍及余丁調邊遠，民發附近衛所充軍。倉庫等衙門先將現役之人著役年月及當過次數並冒充等項緣由造册開報，今後僉點，務選殷實良善之民，每年終造册申繳上司，以備查考。若官吏受賄，仍點無籍之徒，事覺一體治罪。命大臣議可行者之。

《明實録》宣德五年閏十二月〔辛丑〕直隸蘇州府奏：宣德元年至四年所欠秋糧，乞依洪熙元年例折鈔。行在户部言：蘇州自永樂二十年至洪熙元年欠糧三百九十二萬石有奇。宣德四年九月蒙恩寬恤，令折收鈔及布絹，至今未足；若又准所言，該糧七百六十餘萬石，國家用度不足，宜遣人同侍郎周忱嚴限催徵，並逮問其官吏。上曰：蘇州糧多，固難辦；若罪其官吏，則事愈廢。但可責限催徵其折收再議。

《明實録》宣德六年三月〔戊辰〕巡撫侍郎周忱言：【略】華亭、上海，舊有官田税糧二萬七千九百餘石，俱是古額，科糧太重。乞依民田起科，庶徵收易完。上命行在户部會議。於是，太子太師郭資、尚書胡濙等議奏：【略】其欲減官田古額，依民田科收。緣自洪武初至今，籍册已定，徵輸有常。忱欲變亂成法，沽名要譽，請罪之。上曰：忱職專糧事，此亦其所當言，朝議以爲不可則止，何爲遽欲罪之？卿等大臣，必欲塞言路乎？忱不可罪，餘如所議。

《明實録》宣德六年五月〔寅午〕浙江右參議彭璟奏：【略】豪富人民，每遇編充里役，多隱匿丁糧，規避徭役。質樸之民皆首實。有司貪賄，更不窮究。由是徭役不均，細民失業。乞令有司從公推點相應人户充役，違者論罪。從之。

《明實録》宣德七年六月〔戊子〕直隸蘇州府知府況鍾言：近奉詔書：官民田地有荒蕪者召人佃種，官田准民田起科；無人種者，勘實除豁租額。臣勘得昆山等縣民以死、徙、從軍除籍者三萬三千四百七十二户。所遺官田，召人佃種，應准民田科者二千九百八十二頃，其間應減秋糧一十四萬九千五百一十石。已嘗申達户部，未奉處分。況官田有没入海者，糧額尚在，乞皆如詔書除豁。又言：本府所屬長洲等七縣，舊有民三十六萬餘户，秋糧二百七十七萬九千餘石；其中民糧止一十五萬三千一百七十餘石，官糧二百六十二萬五千九百三十餘石。官田每畝科糧不等，自五斗至三石。洪武間徵各縣民有民糧者出馬二百餘匹，役于濠梁等驛，又出丁船役于水驛及遞運所。永樂間北方民饑，徵本府民有民糧者出馬二百四十餘匹，役於銅城等驛，約至三年，仍令土民代還。比因有民糧者不足，又以有官糧者補之。至今三十餘年，未嘗更代，民實困苦。又言：工部近徵闊三梭布八百匹。浙江布政司凡十有一府，民糧二百六十余萬，所出不過百匹，蘇州一府獨七百匹。其餘徵科不均，往往類此。乞繼今凡有徵科，或以民糧、或以户口爲度，庶幾多寡適均，公務易集，人民可蘇。又言：各都司、布政司及直隸衛、府、州、縣倉，歲收税糧，出給通關，付納户齎繳户部查理，至爲詳謹。而有無賴之徒，私賄倉官、斗級，包收攬納，虚出通關，甚至僞造印信。事覺，犯者雖置刑辟，而税糧已爲侵欺，不免重徵，實爲民患。乞繼今各處倉廒收糧，亦如各部行移勘合，編寫字號底簿，一樣三本，一存於部，一付各處府州，一同編過勘合通關紙發該倉掌印官相沿收掌。凡所納糧，不拘多寡，截日填給通關，不許洗改；或差錯則明白圈注，用印鈐蓋，以付納户收領，回縣繳送，府州比對朱墨字號相同，然後轉繳該部。如此則税糧易清，奸弊頓革。悉從之。

《明實録》宣德七年七月〔己未〕行在户部奏：直隸松江府没官田，宜准民田例起科。古額官田，積年逋負税糧，請蠲免以蘇民困。上從之。仍命今後各處官田糧俱准此例。

《明實録》宣德十年九月〔庚午〕免德勝關富户原籍户丁徭役。時耆民翟原奏，本關富户王禮保等一千四百五十七户，俱系各布政司府州縣取來填實京師，歲久貧乏，乞免原籍户下徭役供給。奏下行在户部，議免二丁。從之。

《明實録》正統元年二月〔丁未〕行在户部言：先因布賤米貴，奏准於秋糧内每米一石折布二匹。今廣西等布政使奏稱，折重虧民，宜仍舊米一石折布一匹。上從之。

《明實録》正統元年三月〔戊子〕河南右參政孫原貞奏：北京富户，舊系江南起取者，多有逃故等項，遞年僉補不完。乞令法司，今後有犯死罪官吏、糧長、大户，免其運轉，令抵富户當差。俟其數足，仍依原擬發落。從之。

《明實録》正統元年閏六月〔丁卯〕行在户部奏：浙江、直隸蘇、松等處減除税糧數目，已命重核，尚多不實。蓋緣各司府縣官，不念朝廷供給，惟知掠美沽名，以致倉廩歲用不敷。請移文各處巡撫侍郎並司府縣官，用心核實。其官田准民田起科，每畝秋糧四斗一升至二石以上者，減作二斗七升；二斗一升以上至四斗者，減作二斗；一斗一升至二斗者，

減作一斗。明白具數，送部磨勘。上從其請。且命諭各官審核，務循至公，不得欺官損民，以招罪咎。

《明實録》正統元年八月〔庚辰〕命江南租税折收金帛。先是，都察院右副都御史周銓奏：行在各衛官員俸糧在南京者，差官支給，本爲便利。但差來者，將各官俸米，貿易物貨。貴賣賤酬，十不及一。朝廷虚費廩禄，各官不得實惠。請令該部會計歲禄之數，於浙江、江西、湖廣、南直隸不通舟楫之處，各隨土産折收布、絹、白金，赴京充俸。巡撫江西侍郎趙新亦言：江西屬縣，有僻居深山，不通舟楫者，歲賫金帛於通津之處易米，上納南京。設遇米貴，其費不貲。今行在官員俸禄于南京支給，往返勞費，不得實用。請令江西屬縣，量收布、絹或白金，類銷成錠，運赴京師，以准官員俸禄爲便。少保兼户部尚書黄福亦有是請。至是，行在户部復申前議。上曰：祖宗嘗行之否？尚書胡濙對曰：太祖皇帝嘗行于陝西，每鈔二貫五百文折米一石，黄金一兩折二十石，白金一兩折四石，絹一匹折一石二斗，布一匹折一石。各隨所産，民以爲便。後又行於浙江，民亦便之。上遂從所請，遠近稱便。然自是倉廩之積少矣。

《明實録》正統元年十二月〔乙巳〕罷江西等處均徭册。初，江西按察司僉事夏時奏准各處造均徭册，令民均當徭役。至是，時爲參議，行部至臨江府，編本府糧户爲布按二司隸兵。掌府事、江兩右參政朱得奏：時多以上等糧户隸兵，意在逐年取用，未免害民。乞罷均徭册。事下廷臣議：均徭本以便民，今時所奏，施行未及三年，身先犯之，誠非經久之計。宜從得奏革去。從之。

《明實録》正統二年二月〔己丑〕河南右參政孫原貞奏：陳州項城縣南抵潁州，歸德州鹿邑縣東抵太和縣，地方數百里，田土膏腴，亡命者多聚居焉。近令占籍，此縣追之，則稱占籍於彼；彼州追之，則稱占籍於此。互相影射，有違國法。請令各州縣會官分定地界，俾田於此者籍于此，田於彼者籍於彼，有攙雜影射者罪之。其籍備載丁口，每十家爲甲，互相保知，分隸當地里長，俾供租賦。仍行各處，如例區畫，則奸民無所容矣。從之。

《明實録》正統二年八月〔乙亥〕巡撫陝西行在工部右侍郎羅汝敬奏：臣見寧夏地濱黄河，資其灌溉，旱澇俱收，米賤而物貴，以此從宜定例：大布一匹，折糧八斗；中布一匹，折糧六斗；大絹一匹，折糧一石五斗；中絹一匹，折糧一石；棉花一斤，折糧二斗五升。行之四年，民以爲便，而所積倉糧亦足寧夏軍馬三年之用。今户部委官主事張添賜欲依宣德間所定例，增米價，減物價折收，恐有損於民。事下行在户部議：陝西宜仍用舊例折收，惟寧夏宜用汝敬所定新例折收。從之。

《明實録》正統三年八月〔辛酉〕減應天，太平、池州、安慶等府縣折蘆柴鈔。初，沿江府縣及巡檢司弓兵歲輸蘆柴至京；洪熙元年，以十分爲率，止輸二分本色，三分減免，五分准鈔。宣德十年，又減一分本色。至是，御史李匡言：各處折鈔累萬，而徵收在官者曾不一二，是徒有剩下之名而無實利也。請更減折鈔之半。上從之。其後，巡撫侍郎周忱又言民間歲輸蘆柴之艱，請以江淮、濟川二衛馬船給載，庶省其雇倩之費。上亦從之。

《明實録》正統六年五月〔丁巳〕直隸池州府知府葉恩奏：有田則有租，有身則有庸，故驗田出糧，隨丁應役，古今通制。本府屬縣六，共九十六里，人少而賦繁；較之安慶二百餘里，民三倍之，寧國六百餘里，民六倍之；而歲時科辦，三郡相同，以是民不聊生。乞敕諸司計議，凡有徵收，令計里分派，則賦役均平。從之。

《明實録》正統七年二月〔丁酉〕應天府府尹李敏奏：本府上元、江寧二縣富實丁多之家，往往營充欽天監、太醫院陰陽、醫生、各公主墳户，太常、光禄二寺廚役及女户者，一户多至一二十丁，俱避差役，負累小民。又二縣坊厢富户，今比洪武中原額十不及二。究其所由，皆緣遞年科差繁重，致其逃竄。事下户部，復議：以天文、陰陽生舊准户存一丁習業，不當差役；女户舊免正身，其餘俱無優免事例。應天府買辦，宜移文南京户、禮、工三部，繼今凡有科差，計其價貴而用工多者，派附近鎮江等府；價賤而用工少者，派應天府。務令輕重適均，毋致逼民失所。上從之。

《明實録》正統七年六月〔癸卯〕户部議順天府大興縣主簿洪振所言四事：一、在京富户逃故，宜行原籍取勘，果消乏者，許别僉解補；死絶並全户充軍、年老無依放回者，准令除豁。一、各處起發並爲事爲民逃故者，宜將現在户並作四屯，死絶並全户充軍者除豁，原撥地畝，許人

承種納税；逃者不獲，解户丁補役。一、住坐匠先雖撥地與之，然多窵遠、沙淤、窪碱不堪耕種，虚包糧草，負欠艱難，宜爲分豁及減半徵收。一、各處官吏軍民，有因事故改調，遺下子弟家人在京潛住，爲非致罪。宜令兵馬司挨究，許於大興、宛平縣附籍當差；如係軍匠，令聽繼役；有欺隱者治罪。軍衛亦不許多占余丁，宜退出本縣，入册當差。上曰：所議皆是。京城户口當清；匠户亦當優恤，其有新撥田土者，免其糧草一年。餘令所司速行之。

《明實録》正統七年六月〔庚戌〕湖廣並貴州三司各奏：每歲供邊軍，宜於税糧内折銀、布運給爲便。奏下户部，言：湖廣糧每年該運偏橋等衛者，宜令五分納米，五分折銀。其所屬府州縣近貴州地方者，每年糧折布十萬匹，運赴鎮遠府，供給貴州迤東興隆等衛官軍。四川所屬近貴州者，每年糧亦准此數折布，運赴永寧衛，給貴州迤西暨南、普安等衛官軍。或布運沉重，民願折納銀者，聽。從之。

《明實録》正統八年四月〔戊申〕山西右布政使石璞奏：山西土瘠年荒，人民流徙。朝廷歲用黄蠟、果品、物料，有司科派克民。今本司收積折糧銀九千餘兩，欲將給付殷實之家，依時值糴米上倉。仍存一千兩，請令風憲官盤點收貯，凡遇科派，以其銀相兼在官鈔貫買辦。庶官用可完，民以不擾。事下户部。復奏，從之。

《明實録》正統九年五月〔壬申〕先是，户科給事中李素等劾奏巡撫侍郎周忱不遵成規，妄意變更，專擅徵科，掊多益寡，乞正其欺罔之罪，以爲將來之戒。上命姑記其罪，俾圖自新。至是，忱奏：臣本以微賤，荷蒙任使。緣直隸蘇、松、常州各府，税糧繁重。自永樂初年至宣德七年以前，並無一年納完者。臣受命以來，夙夜恐懼，是以不避嫌疑，違越常例，令各府縣於水次置立倉場，將一應税糧連其食用船錢加耗米，俱收於内，現數撥運。積有餘剩，付有司賑濟貧民及買辦軍需公用。近八九年間，方得總足通關繳報。臣妄作聰明，擅爲更變，罪犯深重，死有餘辜，不勝恐懼之至。上謂户部臣曰：忱舊加耗米，既爲公用，悉宥不問。今後仍令忱提督有司，勘實貧富等第，貧者止收正米，富者酌量加耗，具數來聞，庶不負累貧民。若有當用，以蘇民力，明白支銷，須區畫得宜，税糧無欠，官有稽考，民不受害。敢有不才有司及里、糧人等通同侵欺，聽忱及巡按御史究問。

《明實録》正統十一年五月〔甲戌〕湖廣道州江華縣典史詹輝奏：本縣歲辦雜色皮二百八十張，除麂皮外，其餘香狸、野狸、水獺、白額九節狸等皮，地無出産，俱往兩廣收買輸官，多有狹小毛疏，收不以時，又被蟲蠹。請將各皮改收鹿皮。從之。

《明實録》正統十二年正月〔丙子〕雲南鶴慶軍民府知府林遒節奏：所轄諸州多土官，其見任者，家僮、莊户動計數百，不供租賦，放逸爲非。請依品級量免數丁，其餘悉入編氓，俾供徭役，下可以紓百姓之力，上可消不虞之患。事下三司議：四品以上宜免十六丁，五品、六品免十二丁，七品以下遞減二丁，其餘悉入編氓。上曰：所議良是，然處置須安詳，務俾夷民得所，不致驚疑。敢有托事驚擾者，罪之。

《明實録》景泰元年正月〔辛丑〕户部奏：舊制，民間錢糧，親自送納；其有無賴包攬者處以重刑，籍没其家。今在京官舍、軍民中多有無賴之徒，於直沽、張家灣、良鄉、蘆溝橋諸處俟候送納之人經過，邀至酒肆或娼優之家，多方引誘，包攬代納。糧則用土插和，草則用水澆淋，布絹之堅厚者易以紕薄稀鬆，鈔貫之完好者抵以破碎爛。及至官司選退，納户畏其聲勢，莫敢誰何！遂至出息償官，所負愈重。錢糧不完，職此之故。今邊務方殷，供給爲重。乞敕都察院申明舊章，仍行五城兵馬并水陸諸路巡檢司嚴加巡視，遇有此等，即擒赴官究治。其送納者，惟糧草送赴倉場交納，其布鈔等物俱令徑送本部驗中，用該司印信鈐記，類送該庫交納。如有頓放軍民之家及容留頓放者，一體論罪。從之。

《明實録》景泰元年閏正月〔乙酉〕户部奏：内府歲用黄白蠟、芽茶、葉茶、燈草諸物，例應南北直隸并各布政使司供應。然今山東、河南供給京師，四川、湖廣、江西、浙江挽運貴州、福建軍餉，並選民壯代運京儲。且邊務方殷，凡百所需，悉取給於民。若滋歲用，不別區畫，民實不堪。請敕巡撫南直隸侍郎周忱，量出現貯餘糧，於産有之處貿易供用。從之。

《明實録》景泰元年十一月〔乙巳〕禮科都給事中金達言二事：一、安民莫先於均徭役。臣竊觀江西按察司僉事夏時奏行均徭之法，五年而正役之，又五年而雜役之，此法至善。一旦爲參政朱得懷忿構誣奏沮，

乞重將均徭之法舉行。一、竈夫煮海，最爲勞苦，自非近場素習之人，不堪其役。比者富户因避重役，俱附遠場，充爲竈户，專一結構官吏，挪移出納。乞令巡鹽御史等官取勘革罷。從之。

《明實録》景泰二年三月〔乙巳〕户部奏：景泰三年，天下郡縣例應重造賦役黄册。本部欲將正統七年原定册式並今議合行事宜備榜，遣人乘傳賫赴直隸及各布政司府州縣，令依式造完進呈。從之。具議事宜云：各處人民並軍衛官旗人等，不許於附近别縣置買田地作寄莊户，及詭立姓名，致隱里甲賠納糧草。違者發戍極邊。一、各處寄籍人户，令各將户内人丁、事産盡實報官，編入圖甲，納糧當差。于户下注寫原籍貫址、軍民匠灶等户，及今收籍緣由，不許仍作寄籍。違者本身發戍口外，田産盡數没官。一、攢造黄册，奸弊不可枚舉。從前作弊者，許令自首改正免罪。今次各司、府、州、縣官，務令書算之人，從實攢造進呈。將司、府、州、縣提調委官並書算之人姓名、貫址，通類造册繳部。若有奸弊，查勘得出，及因事露，照名查提問罪，發戍邊遠。

《明實録》景泰二年六月〔丙子〕先是，遣户部主事黄琛、王澍、監察御史李鑒往蘇、松、常、鎮、嘉、湖等府追徵尚書周忱所費糧，以數十萬計。皆遠年耗用，于現在官吏、糧、里追陪。給事中御史請暫停止，户部尚書金濂執奏不從。忱自陳云：臣先總督各府糧，見彼處大户不肯納糧，里甲逼徵，小民倍出加耗，代其遠運，以致連年負欠。臣遂於宣德八年春赴京，議將加耗並遠運脚費襯倉作囤，蘆席稻草，悉令大小户自納，本年税糧方得完足。行之數年，餘糧積出漸多，蘆席稻草並易錢入官。臣見各府或遇賑濟饑荒、補納遭風失盜糧米、買辦納官絲絹、修理舍、廨、廟、學、攢造文册及水旱祈禱，管糧官無馬騎坐，俱科於民，於是將所餘糧及所易錢隨時支用。有賑貸未還、遇赦宥免者，有估計時值低昂不一者。緣奉宣宗皇帝並太上皇帝敕諭，許臣便宜行事，以此支用，不復具聞。今因民人彭守學奏，户部差官勘出前項過徵妄費錢糧，致被十三道糾劾。實臣出納不謹，罪重丘山，死有餘辜。禮部尚書楊寧亦言：忱通同官吏，妄費錢糧，罪乃在忱，而糧於民間追徵，民何以堪？況差去官惟務催科，不爲究實。如千石造橋，與准數百石；萬石蓋寺，與准數千石；餘皆追還。至有抛棄産業，挈家逃竄者。如此逼民，幾何不至相聚爲盜？伏望聖恩准勘正統十四年以後侵欺者徵納，以前者蠲免。詔從之。召回琛、澍、鑒，令巡撫侍郎李敏俟秋成追完，果陪納不前者已之。既而六科、十三道復劾忱自陳不實，觀其意似謂正糧既完，餘糧已應得花費。此老奸巨滑之所爲，情實難恕，乞治其罪。詔以忱年老，置不問。

《明實録》景泰二年十二月〔辛卯〕山西大同府奏：近奉户部榜文，景泰三年重造賦役黄册。緣本府所隸四州七縣，内充軍死絶者四百八十餘户，被寇殺虜者八百二十一户，流移者二千六百八十五户，即今雖令招撫，未盡復業，存亡消長，難以預定。乞暫停造册，俟招撫既至，通爲造報。從之。

《明實録》景泰五年六月〔丁未〕太子太保兼吏部尚書翰林院學士王文奏：近以直隸諸處被災，命臣撫安賑恤，聽臣便宜處罪。訪知蘇、松、常、鎮四府税糧，常例起運兑軍之外，每正糧四石，收銀一兩解京備用。近户部要於徐、淮二處廣積糧儲，不准折銀，俱令徵米。已添運米一百一十六萬六千餘石，赴徐、淮二處交納。此時米貴，每銀一兩，止可糴米二石。每正糧一石，連加耗、水脚，用銀一兩有餘方可輸納，比之折銀，有加三倍。況貧家無甔石之儲，又遇積雪嚴寒，凍餓死者幾半，而徐、淮二處現在倉儲亦足支用。臣已遵便宜之制，將各府原撥運徐、淮二倉糧内，揚州府存收八萬石，鎮江府存收二萬五千石，常州府存收五萬三千五百石，蘇州府存收四萬七千石，松江府存收六萬二千石，與各倉襯貯並内帑銀所易及富民冠帶勸借糧，通奏賑濟。復將不急之務，榜示停免。共支放蘇、松、常、鎮並淮安、揚州糧九十七萬二百七十三石有奇，賑濟六府饑民一百三萬五千二百七十户，男婦大小三百六十二萬一千五百三十六口。

《明實録》景泰六年六月〔丙申〕户部尚書張鳳等奏：洪武年間，天下徵納糧草田地、山塘共八百四十九萬頃餘，今止有四百二十八萬頃有餘。加以水旱相仍，糧草連年停徵。京師供給浩大，倉廩支費不敷。其山東、河南、北直隸並順天府無額田地，甲方開荒耕種，乙即告其不納税糧，彼此互争不已。若不起科，争競之途終難杜塞。今後但告争者，宜依本部所奏減輕起科則例，每畝科米三升三合；每糧一石，科草二束。不惟永絶争競之端，抑且稍助倉廩之積。從之。户科都給事中成章等劾鳳等

不守祖宗之成法，不顧民心之歸怨，朦朧奏請起科草，合執問其罪。帝曰：鳳等惟恐國用不足，故措置如此。若論其罪，誰肯用心幹辦？還依所擬行。禮科給事中楊禒等復交章論辯。帝曰：洪武中立國南京，供用易辦；今在北京，國用浩繁。其悉令從輕起科。

《明實録》景泰六年十一月〔乙未〕户部奏：近移文四川成都府威州並保縣，勘上中下户丁，編造賦役文册。今本州、縣言係極邊番夷之處，洪武、永樂以來，並不諳曉造册，亦不知里甲名色，凡有差發，輪遞混當。請俯從夷情，免其造報。從之。

《明實録》天順元年五月〔甲戌〕順天府尹王福言便民三事：一、本府遞年進春，例該大興、宛平二縣造辦。除芒神、土牛外，每春牛一座，用花一朵，該珍珠七十二顆；金腳一根，重一兩三錢；金牌一個，重二錢；鍍金銀絲五兩，翠葉一十二個，共該銀四十餘兩。正統十四年十二月內，禮部奏准，進春用時宜花朵，每朵內除翠葉照舊外，其珍珠止用貼金黄蠟珠，金腳用抹金銀腳，金牌用貼金紙牌鍍金，銀絲用捻金銅絲，令本府預造。天順二年春座在邇，照得兩縣地方連年災傷，民窘尤甚。前項花朵，合無照禮部勘合内事理造辦便益。一、本府所屬二七州縣，除爲事爲民屯所外，土民止有五百六十里。每年應當神木廠夫六百名，砍柴夫一千七百三十五名，惜薪司抬柴夫三千二百名，匠、竈、海園、墳佃等户，都稅等司巡攔、廂長、馬驢車船防夫，壩上等倉腳夫，甲字等車夫。祗禁、弓兵、鋪司鋪兵，共一萬六千六百餘名。此外，餵養官馬牛驢，辦納稅糧草束，承應各衙門採辦軍需等項物料，拽送拖北使臣車輛夫。比之外府，實爲倍蓰。又兼連年災傷疾瘟，人力不敷。所屬民思欲避重就輕，往往三五相率，數十成群，告投力士、校尉軍役；一縣或一二百名，或七八十名。竊惟民者國之本，有民而後有賦役。今投充軍役者日多，則應當民差日少。況投軍一名，又要户下一二貼備，俱係不當民差之數。臣訪得所投之人，多係正貼軍户、匠、竈、驛站夫役占者，兵部不行體勘，就准收伍，甚至改鄉貫名藉。此等初無竭力效勞之誠，不過脱免差徭，叨竊糧賞而已。既投之後，卻又逃躲。乞敕兵部查勘，自順天元年正月以後，但係本府所屬民投充力士、尉軍尉役者，照依上林苑臨奏准事例，不分已未收伍，俱發原籍爲民，當差納糧，實爲便益。

《明實録》成化二年四月〔甲辰〕巡按河南監察御史婁芳陳言事宜：【略】一、息科徵。近派祭祀牛犢八十只，黄蠟、果品十七萬八千餘斤，乞候秋成日買解。一、薄賦斂。乞敕該部將各王府禄米行令開封等府官倉收貯，按季買支，免致王府人員將小民抑勒擾害。一、蓄户口。今淮、徐、河南等處人民鬻賣男女者，沿途成群，價值甚賤。甚至夷人番僧，亦行收買。乞出内庫銀帛，齎付巡視都御史設法收贖；及禁約邊關，不許番僧人等夾帶中國人口出境，仍給價贖還原籍，令本處巡撫大臣區畫種子牛具，給與耕種。一、減轉運。查得河南成化元年兑運糧二十五萬石，比之舊數增加十萬。車腳高貴，負累人難。乞量爲存留本處倉廒，庶應用不乏。上可其奏，令户部悉行之。

《明實録》成化二年八月〔辛丑〕給事中丘弘言十一事：【略】一、革弊政。切見國朝立法，凡一應大小科差，皆論民貧富僉點，既因土俗，復順民情。故永樂、宣德間，民生富庶，至老死不識官府者。其時未有均徭之名，而政無不平。蓋民以十户爲甲，以十甲爲里。向者均徭未行，但隨時量户以定差。一年之中，或只用三四户而足，其餘猶得空閑以俟後差。貧者出力，富者出財，各隨所有，聽從其便。故竭一年之蘇，猶得數年之逸。今也，均徭既行，以十甲之人户，定十年之差徭。官吏、里書，乘造册而取民財；豪富奸狡，通賄賂以避重役。以下作上，以亡爲存。殊不思民之貧富何常，丁之消長不一，只憑籍册，漫定科差。孤寡老幼，皆不免差。空閒人户，亦令出銀。故一里之中，甲無一户之閑；十年之内，人無一歲之息。士夫家皆當皂役，致任官不免雜差。甚至一家當三五役，一户編三四處。富者傾家破産，貧者棄祖離鄉，宜嚴加禁革。今後民間差役，仍如舊例。責付府縣正官，其排年里長，則盡數通拘；其各里人户，則詳加重勘。考諸籍册，參以輿情。貧富品第三等，各自類編。丁糧消長，三年一次通審。別爲賦役之册，以爲科差之則。挨次定差，周而復始，務在遠近相等，勞逸適均。如此則差役均平，人得休息矣。【略】上從之。

《明實録》成化五年九月〔壬辰〕巡撫山東右副都御史翁世資言：山東府州縣比年饑窘，新税或蒙減免，舊逋仍復追徵。宜除起運京儲及徐州、德州、臨清諸倉照舊徵米，共存留者，乞令通查，果可給三五年支

費，則將成化五年以前逋欠者，暫折收銀、布。每米一石，折銀二錢五分，或大棉布一匹，或錢三百文，間月准作軍衛、有司官吏月俸，六年以後仍舊徵米。又言：諸倉存積米麥，恐日久紅腐，宜候來春青黄不接之時，散給貧民，俟秋成如數徵還爲便。事下户部議：成化四年五月府州縣存留之數，宜仍徵米，以備饑荒。折收銀、布，可自元年至三年止。其言諸倉存積餘糧，宜以賑給貧民，或不係缺食之處，亦難概給，止可爲平糶之法爲是。上以其所處詳悉，俱從之。

《明實録》成化十六年五月〔庚子〕禁天下攬納税糧者。户部奏：直隸河間府巨盈倉糧，自成化十年以來，凡逋負三十萬餘石，皆由城市無籍之人包攬上納，往往侵欺糜費，遷延歲月，以圖寬免。所司受囑，殊不加意。竊恐他處之弊皆然。請移文天下巡按御史及管糧官嚴行禁約。即有逋負者，拘繫於獄，責賞已完，仍論以罪。所司受囑玩事者，悉停其俸。奏入，上曰：税糧國用所急，小民竭力以供上用，乃爲無籍之徒包攬，遲延逋負之數，動數十萬計。有司食朝廷之禄，任民社之寄，漫不加意，其罪甚矣。爾户部宜嚴行禁約，逋負者責限追究，治罪如例。有司受囑怠事者悉停俸，以俟完報。

《明實録》成化十六年七月　禁重解富户。時户部臣奏：近歲天下解補順天府富户至京，其間多是例不僉補，不勾丁及該放免者。蓋由本府造册之時，廂老、里書懷奸作弊，不與除豁。是致移文四方，一例勾擾。有遠至數千里者，文書一臨，如驅戰卒，攜妻抱子，朝奔夜行，及至本府，又被里書百端需索，饜足始得放歸，則囊資已罄，往往乞食，死于道路。請乞嚴禁，且委官清理所造富户籍册，其有例應放免者，即爲改正。自後造册，必令府官一員監督。如襲前弊，每廂五名以上，廂老、里書口外爲民；十五名以上，罪坐縣官，停俸一月；三十五名以上，則罪坐府官，停俸三月。其富户爲事抵充在廂房病故者，免其勾補；逃亡病故者，仍勾一丁，終身除豁。奏上，從之。

《明實録》成化十六年十二月〔庚午〕户部臣言：山西聞喜縣耆民王青奏：本縣歲輸陽曲、靈丘、懷仁、山陰四王府並各鎮國等將軍禄米，每一石勒折銀三兩，小民困苦，乞如晋府等府止收本色爲便。臣等議：以郡王禄米，例許於本處親藩收受，無倉官者貯於有司。後雖間許本府自收，然終非通行定例。至於折銀，雖親藩亦未之許。且山西米價，一石僅直銀三四錢，今取至三兩；其間或收本色，類亦數倍；此外復有巧取之弊。宜令自成化十七年爲始，悉依舊例收納，不許折銀及倍收巧取，違者許巡撫、巡按、布、按二司參奏，與者受者，一體降級調動。如復乞於本府收者，俱不復奏。庶取民有一定之則，而小民無侵漁之患矣。疏上，從之。

《明實録》成化十八年五月〔甲午〕更軍衛附籍法。先是有例，凡軍丁置買田産，許於有司寄編籍册，納糧當差。後因敕御史清軍，敕内開軍丁有因附民籍，兩相影射，及軍伍缺，則又發册原籍勾擾。宜查勘糧草，仍於有司上納，人丁盡數發回原衛，相兼操守。而户部新降攢造册式，則又開具各處先任文武官員遺下家屬年久成業者，文職移文原籍官司，武職於原任衛所，照勘得實，許將丁産盡行報官，編入正圖，充當里甲，承納糧差；其現種田地，照依輕則起科。仍於户下注寫原籍貫址及今收原由，以備查考。至是，巡撫南直隸兵部尚書兼左副都御史王恕言：寧國府呈，欲將先年附籍軍丁開發原衛，止存一丁姓名，隨産在籍，其原無籍名，有産欲報者，亦准一丁姓名附籍。事下户部，覆奏：宜行十三布政司並兩直隸，凡有衛所之處，附籍軍丁，無糧草者盡發原衛當差，有則户留一丁應納。丁老及有他故，仍于本衛取回一丁頂户。其無籍，許續報，暨田地收除，俱如奏。從之。

《明實録》成化十八年六月〔甲寅〕巡撫山西右副都御史何喬新言：山西内迫京畿，外控夷狄，實西北重地。比年旱澇相仍，師旅數動，倉廩多空，軍伍多缺，人民轉徙未歸，戰馬倒死未補，皆急務也。臣謹以撫民安邊事宜列上，乞賜裁處。一、減起運以紓民力。山西所屬，夏税秋糧計二百二十七萬三千一百六十七石。洪武、永樂間，自存留外，僅輸給大同各衛並雁門、偏頭二關。正統末年，虜寇犯邊，乃以太原等府，澤、潞等州税糧輸之宣府。成化二年，官軍欲搗河套，乃以各屬税糧輸之榆林。自此存留數少，豐稔之年僅僅自足，遇有荒歉，所收俱輸宣府、榆林，而雁門等關所派，多無徵之數，内地諸倉又全無派撥，以致王府、諸司禄俸不足。加以輸轉邊倉正糧之外，又追餘價，困弊之民，其何以堪？況今内地倉廩，俱無餘積，猝有師旅，其何以給？竊見宣府糧草，舊係

山東、直隸屬府給之；榆林糧草，舊係陝西給之。乞俯念山西人民凋瘵，公私匱竭，敕所司自明年以後，如舊坐派。而山西糧草，止派大同，餘存留三關並内地諸倉。倉廩有積，人民少蘇。【略】一、折收税糧以撫逃民。比年人民在在逃竄，而山西州縣爲甚。姑舉其一二甚者言之：若平陽之稷山縣，原額田地四千五百八十餘頃，納税糧三萬七千餘石。洪武間有效期官履畝檢核，凡山岡、溝漳、沙鹹不堪耕種之地，概令起科。共計量出田地二千五百五十餘頃，增税糧四萬三十餘石。至今賠納，艱窘殊甚。又如寧鄉縣，山深土瘠，自洪武以來，逃移死絶人户一千六十有奇。田地荒蕪毁棄，遺下税糧一萬餘石，累及現存里甲。其後每歲免徵，十五折納鈔貫，民稍蘇息。至景泰間，以邊糧缺乏，如數全徵。故此二縣凋敝特甚，逃移最多。今宜如例，每石折銀三錢，草每束折銀二分，俱解布政司收，候豐年發至邊關就糴。庶幾流亡自歸，田野自辟。【略】一、蠲墳地之税以利民。山西諸王府親王、郡王、將軍、妃、夫人、郡、縣主薨逝，例於公家隙地營葬。塋城廣狹，已有定規。近年以來，王府主喪者往往假以擇吉爲由，奪據民間膏腴之地。例應畝步若干，則照畝築垣其上，垣外侵數步以爲馬道，其外又各侵數步以築攔馬之堤。不循舊例，多占畝數。地利盡歸王府，額税仍及小民。夫古之葬者，必擇不食之地，所以爲長遠慮也。乞究親王以下墳地，原係小民税地者，即除其額税。仍敕所司通行山西各王府，自後凡遇造墳安葬，如境内無可用官地，照例領給官價，撥買民地，即如數豁其糧草，毋得侵及小民。如此則貧民可免包納税糧之苦。【略】奏入，詔付所司議處之。

《明實録》成化十九年七月〔壬子〕禁收税糧餘價。先是，山西所屬，起運宣府夏税，納户以夏旱無麥，告納米豆；而督糧者令每石加十之四五，又勒收餘價。故納户皆借貸以償，或頻年逋負。巡撫監察御史陳英上言其弊。上曰：山西連年荒旱，夏麥無收。今以米、豆抵納夏税，所以便民也。奈何有司不體朝廷寬恤之意，既加收數多，而又勒收餘價，厲民甚矣！其令夏税無麥處止抵斗納米，並一應納完糧草，俱不得追收餘價。

《明實録》成化二十年二月〔辛未〕應天府民張成等人代人充後湖庫役，累受人財，改洗黄册。事覺，南京户部因奏：國初以天下版籍爲重，令有司十年一造黄册，於後湖不通人跡之處建庫收貯。其後法制漸備，特設給事中、主事二人總理其事；及巡視、遼守之人，更番不缺。凡天下軍民奏告户籍不明者，於此查驗。其庫鎖鑰，藏於内府。有開船過湖者，赴内府關領；事畢交收，法至周密。近歲怠忽，以致小人乘機爲弊。是宜置之重典，比盜制書，不分首從皆斬律。後有犯者，並依此律處罪。仍揭榜禁約爲便。事下都察院，以所奏宜從。既而以成等具獄上，上命即誅之，仍梟首示衆。

《明實録》弘治元年閏一月〔戊寅〕命山西布政司右參議王盛總督糧儲。賜之敕曰：比聞山西所屬，遞年拖欠糧草數多。王府及各衛所禄米、俸糧撥給不足，預備倉全無蓄積，饑民無賑濟。而管糧官多有受賄，縱容糧、里、書算人等，作弊多端；兼以所在軍衛刁蹬，官舍旗軍包攬挾制，不肯上納，以致糧草往往拖欠，而所收者尤多虧折。究其所以，蓋由無官專管故也。今命爾專一提督，禁革奸弊。其府州縣管糧官並提調正官，如有催徵違限及縱容各倉官攢通同勢豪軍民人等作弊者，事發，干礙軍職並文職五品以上，參奏逮問；其五品以下，聽爾逕送本司理問。爾受兹專委，須夙夜盡心，廉謹自持，催督以時，出納惟公。俾糧儲足用，民不告勞，斯稱朕委任之意。

《明實録》弘治二年四月〔辛丑〕初，湖廣無歲進魚鮓例。成化七年，鎮守太監始進二千五百斤。十七年以後，增至二萬一百二十二斤，用船至十一二艘。至是，禮部以巡撫等官恤災之奏，請止令有司減數進獻，毋重爲沿途軍民驛遞之擾。上命鎮守内官造辦如成化七年之數，船止用二艘。科擾需索爲害者，罪之。

《明實録》弘治三年六月〔丙申〕南京工部奏：應天府並直隸太平、鎮江二府所屬蘆洲柴課，宜仍照現行額數辦折色銀兩並本色蘆柴。其餘直隸安慶、池州、揚州、廬州、江西九江等府並和州，隔江遥遠，自弘治二年以後年分，本色蘆柴，每束亦連脚耗徵銀四分；並清出數外聽補坍等項洲地銀一同解部，以備各窯燒造之用。事下工部，復奏，從之。

《明實録》弘治三年十二月〔辛酉〕監察御史涂昇以災異言六事：【略】一、恤軍民。謂南方之民困於轉輸，北方之民困于差役；邊方之軍，役占苦於權貴，糧賞侵於貪墨，身且難安，何以養其鋭氣？在軍營

者，工役頻仍，勞費重大，生且無聊，何以興其意氣？伏願輕徭薄賦，清邊軍占役之弊，憫京軍工役之苦。一、定税法。謂國家夏秋二税各色課程，未嘗過十一之制。今蘆溝橋抽分客商，木植板料，每五抽一，似乎太重。小民馱載石灰、煤碎、柴草等項貨賣，一概抽分，紛紜騷擾，殆非美事。伏願查照原定則例，量減一半，其餘一切免税。命所司議處以聞。

《明實録》弘治六年閏五月〔庚申〕通政使司右通政毛倫言：各處上納皮張、顔料及各色錢糧，必於該收衙門能賄賂始得進納。額外之費，視常數率至再倍，以致小民受累，國課常逋。乞嚴加禁約，以杜奸弊可革。工部復奏：請聽監收科道官劾奏及被害之人自行陳告，庶幾前弊可革。從之。

《明實録》弘治六年閏五月〔甲辰〕太常寺少卿兼翰林院侍講學士李東陽奏：【略】一、孟子曰：不違農時，穀不可勝食也；數罟不入洿池，魚鱉不可勝食也；斧斤以時入山林，材木不可勝用也。今天下民窮財盡，其勢已極。姑以三者言之：山東之地，草根樹皮，掘食殆盡，繼以入肉；荆、沔諸湖，水竭魚荒，河泊諸課，率多折納；易州山廠，林木已空，漸出關外一二百里。其他賦税大抵皆然。天下之地，無一處而不貧，萬物之利，無一物而不貧。苟據圖按籍，計口數物於都邑之間，台省之内何以知之，而況於九重之上哉！至若京師市鋪，光禄寺科派太繁，供應之物，急於田賦；買辦之使，亟於催徵；官價不充，動逾時月。國門之税，昔因户部委官張鑾過於侵剥，嗟怨盈途，商賈幾絶。陛下洞見其情，降旨切責，然後貿遷不滯，天下歸心。但其起例太重，今雖漸減，猶未甚輕，商賈利微，物價增貴。兹欲蠲租税，則國用不充，二者之外，别無長策；惟雜泛差役與額外科派，請下有司，痛令裁省。【略】一、孟子曰：仁政者，必自經界始。竊見畿甸等處，奸民惡黨，競指空閒田地以投獻爲名，藩王勢家，輒行陳乞，每有賜予，動數百頃；得請之後，標立界至，包羅村落，發掘墳墓，訴訟之牒，纏綿歲年，冤號之聲，震動遠邇。生齒既衆，地豈有遺？凡以空閒爲請者，皆欺也。朝廷雖屢頒禁令，俞允繼之，投獻者謫罰相仍，而陳請者終於得地。歲復一歲，何時而已。臣願自今以後，除官有籍册者，上俟處分；其稱爲空閒，輒乞管業，更不賜許；使陳請者無效，則投獻者自止矣。【略】疏入，上命所司議處以聞。

《明實録》弘治八年八月〔丁丑〕太子太保兵部尚書馬文升奏：比來各處災異迭見，皆賦重役繁，小民嗟怨所感。且什一而税，古之常制，今之田畝，十税四五。近來宗藩位多，武職太濫，邊務方殷，小民之糧，盡撥京邊上納。每糧一石，少則用銀八九錢，多則一兩二錢；豐年用糧八九石方得易銀一兩，欠年則借取富室，加倍償還。往年京理由倉庫錢糧，易於上納，近年使用之錢，過於所納之數。至若絲、棉花絨、闊布、大絹一切物料，交納尤難，非經攬頭，小民不敢上納，所以在京米糧雖賤，價值日增。每一布政司，該徵銀百萬餘兩，而備用馬價、抬柴夫役、京班及諸司官柴薪，皂隸，驛遞馬驢、船隻，又該銀數十萬兩。其他買辦顔料、織造緞匹供用之物，不在數中。江南兑運京倉并各衙門糧米，運至京師者，每正糧一石，亦該二石之上，甚至三四石者。桑棗盡鬻，而絲絹不免；田畝盡賣，而税糧猶存；賦重民困，未有甚於此時者也。好逸惡勞，人之常情。今天下之民，河南者，因黄河遷徙不常，歲起夫五六萬，每夫道里費須銀一二兩，逐年挑塞以爲常。近因修築决河，又起河南、山東夫不下二十萬。江南蘇、松等府挑浚海道，亦起夫二十萬。南北直隷、河南、山東沿河沿江燒造官磚及湖廣前後修吉、興、岐、雍四王府，用夫匠役，不下五十餘萬。江西前後修益、壽二王府；山東青州修衡王府、二布政司，又該用夫數十萬。先後用銀，豈止數百萬兩。今兩廣用兵，民之供運饋餉者不知幾何。山、陝之民，供給各邊糧餉，終歲勞苦萬甚。及僉派天下各王府校尉、廚役、齋郎、禮生，每當一名，必至傾家蕩産。即今在京各項工程亦衆，操軍連歲少休；及在外諸司官私造作者亦多。裡河一帶直抵南京，並因三次親王之國，接應夫役，不下數十餘萬。役繁民困，未有甚於近歲者也。此等事情，關係甚大。乞通行各處守臣，思朝廷委託之重，體皇上恤民之仁，邊倉糧價，斟酌定奪，比前量減銀數。而各邊管糧官亦不可多收。及下所屬，凡遇分派税糧，將京邊糧料，先盡上户、次及中户起運，下户人等，俱作存留。其徵收之時，亦須酌量緩急，次第催納，不許嚴刑峻法，逼民逃竄，一錢不許擅科，一夫不許擅役。仍乞敕湖廣並及江西先次修造王府官，作急完備，不許遷延。並諭今次差去湖廣、江西、山東修蓋王府官，相度各府城地，若是城狹人

密，不必拘北方王府周圍丈尺。如修築已就，將原起人夫或分班做工，或疏放一半。仍查内外節年修蓋派出物料，若工程已完，未曾送納者，准作後來應用，不必再派。如此，民雖不能盡遂休養，亦可小蘇困敝。更乞節財用，省造作以培植邦本，崇正學、抑邪術以端澄聖心，庶幾天意可回，災異可弭，而國家萬萬年無疆基業，實在於是。疏入，命所司看詳以聞。

《明實録》弘治八年十二月〔戊辰〕南京禮部尚書童軒上疏言：**【略】**近年以來，東南之民恒困於歲辦，西北之民恒疲於力役。歲辦如油、麻、銅、鐵之類，重以貪官之掊克，奸民之包攬，皆倍取其值。民出什一之賦，而又有此額外之徵，雖欲不困，不可得矣。力役如牽船、送扛之類，有齎公文一角，而索車數輛；有帶軍册一本，而起船一隻者。小民被役，月無虚日，户無閑丁。民當里甲之差，而又有此分外之役，雖欲不疲，不可得矣**【略】**臣以爲歲辦固難悉免，至如烏頭、牽牛等藥，治病素非所宜；黄腰、木狗等皮，縫製亦非所急；此類乞並停免。其有必用者，仍敕撫按等官定價榜諭，敢有違法多收、聽人包攬者，悉置於法，則民財可阜矣。力役固難悉免，臣願買辦之使不輕遣出，而民力之蘇已不啻五六矣。他如南京歲進梨、藕、石榴、菜苔等物，北土亦有之；膳盆、桌椅、蠣殼之類，京師皆可辦，此類量爲停免。公文非三角以上，清軍文册非五本以上，不許順齎，則水陸之供應稀而民力少蘇矣。**【略】**奏入，下所司知之。

《明實録》弘治九年五月〔庚申〕南京監察御史張弘宜等奏：今天下農夫蠶婦，勞瘁萬狀。公私交徵，靡有寧時。遇災蠲税，徵斂如故。其軍民轉輸，終歲勤動；或值風濤，盡爲魚鱉；及至京通各倉，多差内官監收，每石勒要分例銀，因而借貸，出息賠償。歲復一歲，軍則扣除月糧，民則累及身家。他若起解軍需，該送兩京内府上納，多差内官監收，每物俱要分例銀；解户無由自通，必托人饋送，輾轉欺詐，費倍本物。商賈貨賄，節經關市，監收課税，俱委部屬，前後務以相勝，天下之民益困，而供辦日加。宗親、國戚益蕃，而求請不已。伏望皇上特敕户部查内府自洪武、永樂以來一切供辦，定爲中制。各處災傷，從實蠲免。京、通各倉，免差内官監收。解送物料，該部驗中，差官送庫，不用解户交納。多取課税者有禁。至若宗親、國戚，常禄已贍其用，凡關市之徵，山澤之利，不許奏請，上侵國賦，下奪民利，著之於令，以爲定式。下户部議：此皆節用愛民之急務，惟皇上昭儉於上，示樸爲先，使内外臣民曉然知聖意，則財足而民安矣。上曰：禁約多收課税及違例求討者，俱如御史言行，其餘姑已之。

《明實録》弘治九年十二月〔乙未〕工部會官議覆管理山廠本部右侍郎彭禮所奏，謂：山廠之設，專爲供應光禄寺、惜薪司衙門支用。宣德、正統初年以前，凡别有造作，俱未嘗坐派。是後雖有坐派，數亦不多，民力可以支持。近年工程浩繁，如蓋造壽安，萬春兩宫庫房及太倉廒座，皇親第宅之類，並于一時；又琉璃、黑窯磚瓦，俱用木柴；以是額外添派共四千二百七十七萬餘斤。將來所派，復無紀極。若不量爲處置，非惟人力不堪，亦且山木有限。臣等竊思，若再添人夫，則各處地方艱難，民不聊生；若欲召商上納，則工部銀兩有限，日用、造作無究。今後凡有造作，乞敕該監量爲減省。中間有不可已者，必一處工完，再興一處。其派辦柴炭，宜依原議，從實估計，不許多派。凡燒造磚瓦，若琉璃則純用木柴；若黑窯則雜柴七分，木柴三分亦可，以稍省柴薪之費。又原派各處修造柴炭，若工程已完者，依先年題准事例，俱各停免，不必再行追擾。凡遇派去本廠柴炭，一年之内，但有過一千五百萬之外，工部另行斟酌，奏請定奪。倒馬、紫荆、居庸、密雲、山海等關，並順天、永平、真定、保定等府，可栽種樹木等處，宜行巡撫、巡按、巡關等官嚴督所屬，於次年三月以裏載植雜樹。每年春，於空閒處所逐一補載，不得虚應故事。二三年後，就令閲實邊官點視，亦可以備緩急之用。議上，從之。

《明實録》弘治十一年四月〔辛巳〕巡撫南隸都御史彭禮奏：蘇、松、常三府，地狹賦重，又於賦外加耗，以備供應，民力不堪。請將歲例起運京師折麥、折草銀七萬六千八十餘兩，存留本處供用，並將兑運耗米稍加節減。户部言：折麥、草銀，原係正額，難准存留。但三府民力已竭，宜以今年及明年者暫賜存留，不爲例。如欲節減兑運耗米，則乞令彭禮逕自處分。從之。

《明實録》弘治十二年八月〔乙卯〕工部復奏：監察御史張綸言，乞將畿内坐派物料量派各處，及罷不急工作。夫畿内之民固當愛惜，但在

外州縣，出辦亦不爲少。已派者再難改，待後凡有派辦，另爲斟酌處置。況工作不息，派辦不止。內官各該衙門年例成造，雖有常規，而數目漸加，近年愈甚。雖本部多方經畫，終是不敷。乞行內外衙門，凡有得已工程，不許奏請興造；及年例合用木植、顔料，大要以分數爲率，畿內府分，比之在外量爲從輕，庶幾乎民得遂安養之業。上曰：畿內重地，百姓尤宜優恤。凡百物料，准如議，從輕坐派。

《明實録》弘治十六年六月〔乙巳〕刑部主事劉喬言五事：一謂浙江各府，徭役、軍需，皆計畝派徵，而官員之家，率得優免，遂致奸僞者多詭寄勢豪，而徵科重累小民。乞定優免之額，京官及方面官三品以上者優免若干，七品以上者優免若干，八品以下者優免若干，其餘丁田，悉照民間均派。一謂松江等官布，始徵有里胥之擾，輸官有加耗之科派，到京又有該庫使用之費，動幾千百兩。僉一解户，或破一二十家，及上庫之後，貯久多壞，只爲攬頭等人騙局之資。乞准京官折俸例，令照數徵價，解部收候給散，則一匹之價，或可得粗布二匹，公私兩便。【略】命下其奏于所司。

《明實録》弘治十六年十月〔癸未〕南京户部員外郎李嘉祥監收長安等門倉糧，上疏言：先時糧米入城，守門內官每千石索過門錢千文，以後漸加，今或有至萬餘者。又往年盤糧，例差內官一員，所取不過銀二三兩，名爲茶果錢。今每門增內官一員，每員索銀二十兩，或有至三四十兩者。此外巧立名色，百方誅求，日肆鞭箠。最甚者爲內官李通、左監丞馬瑞，乞明正其罪，以勵其餘。仍榜於各門禁之。尤乞裁省盤糧內官員額，庶幾少寬民力。奏下法司，議請如奏施行。有旨命查勘明白以聞。

《明實録》弘治十七年五月〔甲寅〕內閣大學士李東陽還自闕里，上疏言：臣備員內閣，明任腹心，左右輔導，乃其常職。比者欽承朕命，遠涉川陸，有所聞見，不敢緘默，謹披瀝肝膽，爲陛下言之。臣自四月以來，經過里河、天津一帶，適遇天時亢旱，風霾屢作，夏麥枯死，秋田未種。運舟不至，客船稀少。曳纜之夫，身無完衣；荷鋤之人，面有菜色；極目四望，可爲寒心。臨清、安平等處，盜賊縱横，殺人劫財者在在而是。傳聞青州劫奪尤甚，各該地方官員，隨捕隨發。各處回賊，百十成群，白晝公行，出没無忌。又聞南來人言，淮陽諸府，十分狼狽，或掘食死人，或賤賣生口，流移，搶掠，各自逃生。運糧官員，船壩剥淺，艱辛萬倍。人心惶惶，無知所措。以至江南、浙東荒欠之地，方數千里，朝廷雖差官賑濟，減耗折糧，拆東補西，得不償失。且民户消耗，軍伍空虛，官軍無旬日之儲，俸糧有累年之欠。夫東南爲錢賦所出，一歲之荒，已至如此；北地貧薄，素無積蓄，今年再欠，則將何以堪之？國家承平，富庶百餘年，一時之荒已不堪處，設有不測，又將何以處之？言及於斯，可爲痛哭。臣本庸愚，生長都邑，曩于成化年間省祭原籍，公幹南京，再經此地，始知民生悉苦之狀，郡縣凋敝之由，以今較昔，十倍於前，則臣雖久處官曹，日理章疏，猶有不得其詳者。仰惟陛下聰明睿知，卓冠群倫，而居九重之上，深宮之內，小臣百執事，知之不敢言，言之不敢盡，細微幽隱之故，豈得而盡聞之，亦豈得而盡信之哉！臣嘗訪之道路，詢之官吏，皆言糧草税課，歲有常額。而冗食太衆，國用無經。差役頻繁，科派重迭，木植、顔料，凡百之物，歲無虛月。內府錢糧，交納使用，更無紀極。京城修造，前後相仍，做工軍士，累力賠錢，每遇班操，寧死不赴。勢家巨室，田邊州縣，徵科過度，請乞無厭。親王之國，供億之費每至二三十萬。修齋掛袍、開山取礦，作無益以害有益者，間復有之。加以貪官酷吏，肆虐爲奸。民力困窮，嗟怨交作，天災迭降，固有由然。他如游手之徒，號稱皇親名目，附搭鹽船，聲言各處馬頭，起蓋店房，網羅商税。緣國家建都於北，仰給南方，商賈驚疑，大非細故。織造內官，縱使群小，撕打閘河官吏，趕捉買賣居民，騷擾動地，又臣所目擊者。在途如此，到彼可知。若此之類，未易枚舉。臣聞天下之患，常在於上下之情不通。今閭閻之情，郡縣不得而知也；郡縣之情，廟堂不得而知也；廟堂之情，九重亦不得而知也。是皆始于容隱，而成於蒙蔽。容隱之端甚小，而蒙蔽之禍甚大，深壞極弊，皆由於此。臣既盡知之，而不盡言，恐陛下終不得而知也。臣竊以爲今日之民生，疲弊已深，而國用之匱乏已極，若事事而蠲之，則不可盡免；時時而賑之，則不可勝給。臣請以所見喻之，節用度，如閘河然，節一分則上有一分之益；廣儲蓄，如源泉然，積一分則下有一分之利。惟在聖心一轉移間而已。【略】臣竊念往時，詔旨頻降，章疏畢陳，而事關內府、貴戚，每爲掣肘。如去年户部等衙門會奏事件，及吏兵二部奏查傳奉、乞恩各一本，皆經時閲歲，不

賜施行。臣恐今次所開，又成故紙，如聖諭所謂虛應故事者，則民情何時而，天變何時而彌乎。【略】上曰：卿所言深切時弊，足見憂國至意。事當行者，所司查議明白，開具奏聞。

《明實録》弘治十八年八月〔己卯〕户部奏：浙江税糧，惟杭、嘉、湖爲重。而湖之官田，正糧或至七八斗，火耗或至二斗，民困尤甚。請如御史車梁言。將寧、紹等八府原派京庫折銀，於内扣發萬餘兩，派湖折納，而以湖之起運南京等倉糧米，抵數改派寧、紹等府徵運。從之。

《明實録》弘治十八年九月〔甲申〕户部復議南京給事中戴銑言：各處歲辦，多非土産，勞費不堪。宜令各處實開土産有無，造册送部。會派之時，有者仍納本色；其非土産及兵荒事變，令通融酌量賞價，赴京收買。從之。

《明實録》弘治十八年十一月〔己丑〕總督南京糧儲右副都御史葉贄言：湖廣地方災傷，京糧未完。先帝下所司議處，石折銀六錢，所以寬民之力也。今南京户部復令加納火耗，重困貧民。户部復議：舊例，京庫之銀石折二錢五分，以其頗輕，故有火耗之加。其以災傷折銀者，止收正數，不得妄加。從之。

《明實録》弘治十八年十一月〔甲午〕户部議覆監察御史湯沐所奏：下户税糧不及一石者，俱許折銀；一石以上者，亦量其貧富，折銀十五。審編均徭：則俱如三等九則例，先及上中二等，其畸零下户，不許概派重差，逼令逃竄。庶賦役均平，而民困可蘇矣。從之。蓋即位之詔，明年漕運糧米，許折銀十二，以蘇民困。沐謂折銀之惠宜先下户，故有是奏云。

《明實録》正德元年三月〔丁未〕六科十三道俱言：頻年以來，徵斂無藝。土地所産者，既疲於額外之供；所不産者，復困於賠納之苦。湖廣、四川杉楠大木宜停取；凡非土産者，宜勿浪派，他工料亦宜以荒暫停。工部會議，言：近年工役繁興，民力甚困。令後凡不急之工，俱不許奏擾修理，其非得已者，聽本部酌量派辦，湖、川木植已到水次者，可以漸解京，餘大木及在山中未出者，俱暫停止。從之。

《明實録》正德元年七月〔丙戌〕户部議覆吏部主事楊子器所奏理財六事：一謂各處司、府、州、縣審派均徭，率多寬剩之銀，上司不行查算，往往致侵匿。宜行撫巡稽核弘治改元以來原編底簿，取其銀解部應用。有侵匿者追完，行遣本部。仍行各處，審編差役，量其丁田，如例均派，不許濫設多徵，以爲民病。一謂各處解户，多侵匿已徵銀米，遇赦輒歸咎小民，以爲積欠，行賂請囑，聽其分豁。宜行巡按，通查各年文卷，除實係小民所欠，以赦例免之，凡稱解户侵欺者，必逮係追完，方許疏放。【略】一謂民間逋負諸税，未徵未完者，弘治十八年五月十八日之詔，固應蠲免；其已徵而完，或已解者，今不議處清查，久則漸難稽考追究，宜行撫巡官清查。詔不應免者，如數解納。詔如議。

《明實録》正德元年十一月〔丙戌〕總督東廠太監丘聚言：蘇州等府納户解折糧大布三十餘萬匹赴甲字庫交收，自三月至今，僅收二萬五千匹，餘尚未完。必該庫有留難之弊。乞户部定與限期，會官收受。有仍前留難者，聽巡視科道等官參究治罪。户部謂：聚言深中時弊。自後各處解布到庫，每五萬匹限十日内收完，否則必治其罪。上是之。

《明實録》正德元年十一月〔乙酉〕巡撫順天等府都御史柳應辰言：順天、永平二府各衛所差役不均。審户雖有三等九則之名，而上則常巧於規免；論差雖有出銀出力之異，而下户不免於銀差。且有司均徭，當出於人丁，近年兼徵地畝；軍衛均徭，當出於餘丁，近年兼派正軍。奸弊難稽，民窮財盡。必須總括府、衛所當用之役而均派于所現有之丁。仍省冗省、革妄費。重必辦于富勢，輕則及於貧窮，而後畿民始得其所。乞行户部差官查處。户部議：其言可行，請如擬，但官則勿差可也。上曰：然。近來徭役之不均者多矣，其令應辰悉心整理，務使均平，以紓軍民之困。

《明實録》正德四年十月〔甲寅〕巡按直隸監察御史李廷悟奏勘蘇、松、常、鎮等府俱被水災；而松江地勢窪下，淹没尤甚。乞減免兑軍糧米，量折以銀。户部奏：東南財賦，京師之所仰給，起徵、兑運皆不可緩。況原額秋糧，在蘇爲二百三萬八千三百石有奇，在松爲九十三萬九千二百三石有奇，在常爲六十萬六千九百石有奇。中間起運者十之八九，存留十之一二。若不從寬處分，恐民窮逃竄，無益於事。合移撫按轉行管糧官，免極貧小户存留之數。其兑運米，蘇州量折二十五萬石，松江二十萬石，常州五萬石，石七錢。仍扣算耗糧，以補不足及兩京該運之

數。令管糧御史通融斟酌，務在得宜。從之。

《明實録》正德十一年六月〔壬子〕兵科給事中許復禮奏言：順天、永平二府，原無地畝之徵，止驗丁派差而已。弘治間，都御史洪鐘始奏清查地土，計畝出銀。以爲軍需料價之用。蓋因近京地方，逐末優免者多，故爲此通融之計。但驗丁派差，行之已久，一旦改易，有司利其兼徵，小民受其重困，但知怨讟，而莫知其所由也。昔人不輕變法，亦慮其弊至此。乞查照除豁，不許一概混徵。户部議復，從之。

《明實録》正德十一年七月〔己丑〕初，鎮守河南太監廖堂附逆瑾勢，假以進貢，無名之徵百出。其後繼之者，率以爲常。於是河南巡撫都御史李充嗣言：近時鎮守太監進貢，有古銅器、窯變盆、黄鷹、角鷹、錦雞、獵犬、羔羊皮之類，皆假名科斂，自爲取財之計。此外又有拜見銀、須知銀、圖本銀、税課司銀、出辦椿草銀、扣除驛傳銀、馬價銀、甲首夫銀、快手月錢銀、河夫歇役銀，動以數十萬計。而左右用事之人，私于下屬賣馬、賣布、賣紙、賣鋪陳，又于沿河抽索客貨，其弊甚多。乞行禁止，以蘇民困。詔進貢如舊。其下人科取者禁之。

《明實録》正德十六年六月〔戊子〕户部覆御史寧欽奏：國家攢造黄册事例，凡各里舊額人户，除故絶並全户充軍不及一里者，許歸一里當差；餘剩人户，發附近外里附圖編造。先年攢造黄册之時，當時諸臣，拘泥舊册格眼，不肯遵照前規，將消乏里分歸併，致各州縣以逃絶人户或捏詭名，或立女户，或父子兄弟析分户籍，或里分實在二三十户、虚填一里，或排年實在三四五户、虚填一甲。節年逃亡逋欠及勢要奸民，飛詭税糧，負累賠補，小民丁產不敷，亦行竄避。以致逋租日多，里甲日耗。今當攢造之期，宜申明前例，通行天下郡邑；每里務以實在人户一百一十户爲准；如有消乏，許以附近流來有司、軍衛人丁，及軍民官員事故遺下家人子弟、寄居日久、置成家業者補入；又不及額，許以相近外里歸併。不許仍前捏立詭名女户，及將逃絶人户湊數虚填。庶幾官民兩便。議上，從之。

《明實録》正德十六年六月〔癸未〕户部覆浙江撫按勘議湖州府知府劉天和所奏均派田糧事，言：浙江起運糧，原額内坐派京運折銀米六十萬五百石，每正米四石折銀一兩。蓋以官田租重，民困於徵輸，用此調停爾。浙賦唯杭、嘉、湖爲重，湖視二府尤重。官田亦唯湖最多。正德元年，巡按浙江御史車梁奏將京庫折銀米優派四萬石於湖之官田，以紓其困；並湖原額均派折銀數共十七萬石有奇，賦稱平矣。至四年，布政司議以折銀米概派官民田，湖民田少，賦反增重。請自今浙省京庫折銀糧石，一以官田爲准。湖仍優派四萬石，如正德元年例。從之。

《明實録》正德十六年八月〔己亥〕巡按直隷監察御史馬録言：江南之民，甚苦爲糧長，一聞僉役，逋逃無地。臣問其故，謂糧米正耗有數，而内府浸漁無窮。如白糧一事，每納一石，常至三四倍。内官監、酒醋局、供應庫等衙門，巧立名色，分外誅求。且不獨白糧一事爲然，如軍器、胖襖、顔料等項，凡係内府交納，常供之外，亦多朘取。宜嚴加禁治，以培養國家元氣。疏入，下該部議。侍郎秦金等言：祖宗立法，俱有定規。邇以增添内臣數多，横科倍取，重困小民，誠爲可憫。伏願陛下從言官懇切之疏，欽定收受事例，著爲畫一成規，命本部轉行申禁，不許額外多取，背違德意。仍乞令科道官帶管監收，不時覺察。得旨：嗣後每石止加耗一斗，不入場額外多收，重困小民。

《明實録》嘉靖元年七月〔甲寅〕詔御用監歲徵物料如弘治例。先是，工部議上弘治以前例，坐浙江金箔二千貼；河南水膠二千五百斤，黑鉛五百斤；山東椴木五百丈，檀木二十根；山西大甘鍋三千個；廣東白圓藤五百斤；陝西明羊角二百角，羊毛五百斤；蘇洲府白長節貓竹三百根；大名府細銅絲三百斤；礬紅土五百斤；河間府瀛沙三千斤，土硝四百斤，永平府灤州榜紙三千張，爐甘石萬斤；順天府青甘土五百斤，水和炭三十萬斤；工部石灰五萬斤；易州山廠木柴、炭各二十萬斤。視正德中，十省八九。已而該監奏派，復有花梨木、花秋木等物，係奉欽依載省之數。部臣復申前議厘革。上從之。

《明實録》嘉靖元年十二月〔癸巳〕順天府府尹萬鏜奏：弘治間定各州縣計畝徵銀之法，軍需料價俱從此出。其文武職官及諸當優免者，止免人丁，不及地畝。近來差繁賦重，援例投充及陵、墳、海户，一概優免，偏累小民，逃亡殆盡。請申明舊制，以蘇民困。户部覆議，請如鏜奏，申明均徵地畝之法；及禁約各陵户，不得倚内臣聲勢，規免地税，阻撓縣官。上曰：然。今後順天府所屬州縣編審均徭，仍酌量人丁地畝，

兼徵銀兩。應免之家，照例止免人丁，不得濫將田畝一概折免。

《明實録》**嘉靖六年十二月**〔癸丑〕吏部尚書桂萼言：古之聖王，井田授民而取之有制。後世井田不行，但能因時立法以均取民之制而已。臣謹條其一二以獻，惟聖明擇焉。一曰分豁災傷田租。夫天下田租，國用所從出也，而凶荒不常，於是乎有通融之術。臣聞祖宗漕運之法，必預儲百萬餘米于淮安，乃令督運之官，會計江南諸省歲入之數，有災傷不足者，諸省自爲通融補之，又不足，則繼以淮安餘米，此誠良法也。而今廢之久矣。臣請以各關鈔錢及南方諸省缺官銀兩，盡發淮安，乘豐積米，以備四方災傷，則民困蘇而國用足，一舉而兩得也。一曰分豁裡甲官錢。夫户部正賦，隨丁田所出也。禮、工諸部所派雜色物料，豈容獨異？臣聞之，江南諸省，止論里甲科派，其有役占優免，則所以代役者，率小民也。因以困憊逃亡。臣請今之天下郡縣，皆區畫官中無礙餘銀起解而免其科派。如不得已，則如侍郎周忱，立爲定法，不分有無役占，一切隨田徵科，庶可免里甲代充之累。自此之外，則又有分豁南北糧土之説，不可以不講焉。祖宗時，以北方民寡，徙山、陝無田之民分屯其地。當時，本民占地，頃畝廣，屯民後至，頃畝狹。故北方之土，有小畝、廣畝之異。至於則壤成賦，雖歷朝因革不同，而輕者居多。若我朝則江南多抄没之產，當時所收籍册，即以民間所入客租爲糧，謂之官糧。故南方之糧，有輕則、重則之殊。此不均之怨所難免也。今北方官豪之家，欲獨享廣畝之利，不肯爲屯民分糧；南方官豪之家，欲獨出輕則之糧，不肯爲里甲均苦。間有巡撫守令，欲爲均則、量地者，即上下夤緣，多方阻抑。故臣願有以均平之。上曰：覽卿所奏，皆恤民圖治之意。分豁災傷、里甲二事，户部其斟酌可否以聞。務圖經久利便之規，無爲苟且目前之計。若南北糧土，則版籍既定，姑已之。

《明實録》**嘉靖七年閏十月**　更定審編京城甲役之令。時京師軍民雜處，十家之中，免役者九；又以其近旁隙舍主匿奸人。貧民至代爲更徭，勞役不堪。御史王儀因請斟酌丁產，著爲定例。其勳戚監局及文武各衙門，俱以等級優免。兵部會同都察院，復如儀議。從之。

《明實録》**嘉靖九年三月**〔戊戌〕户部覆御史周襗所陳清册籍事宜。言册籍之設，以定户口、均賦役也。祖宗立法，不爲不嚴。而法骫民奸，弊端百出。挪移、詭寄、飛走、灑派，及故爲破析寄頓，妄作畸零帶附；或投仕宦以借名，或稱絶户以影射。玆屬大造之期，請敕所司悉心稽核。得旨：如議。令所司查理改正，犯者即以其產没官。

《明實録》**嘉靖九年七月**〔癸丑〕總制陝西尚書王瓊言：延安、慶陽二府民多逃亡，所遺田糧，累現住者償納。乞爲查豁，而以所荒之田召人種作，官給牛種，仍暫名勝其税。户部言：荒田徵糧，不特二府爲然，即西安等府往往患此。已令所在守臣查核，未報，今當趣其並爲查上議處。報可。

《明實録》**嘉靖九年十月**〔辛未〕先是，翰林院學士顧鼎臣爲春坊諭德時，條上錢糧積弊四事：【略】一、查理田糧舊額。請令撫按並議差前項官員督委各該州縣正官，于農隙之時，責令各屬里甲、田甲、業户，公同將本管輕重田地、塗蕩，照洪武、正統年間魚鱗風旗式樣，攢造總撒圖本，細開原額田糧，字圩則號、條段、坍荒、成熟、步口數目，府州縣官重複查勘的確，分别界址，沿丘履畝，檢踏丈量，申呈上司；應開墾者開墾，應改正者改正，應除豁者除豁。田數既明，然後刊刻成書，收貯官庫，印行給散各圖，永爲稽考。仍斟酌前巡撫周忱、王恕簡便可行事例，立爲定規。將每年實徵、起運、存留、加耗本色、折色並處補暫徵、帶徵、停徵等項數目，會計已定，明刻榜文，張掛城市鄉村，通行曉諭。如此，庶吏書不得售其奸欺，小民免包賠科擾之患。一、催徵歲辦錢糧。成化、弘治以前，里甲催徵，糧户上納，糧長收解，州縣官監收。糧長不敢多收斛面，糧户不敢插和水、穀、糠秕，兑糧官軍不敢刁難多索，公私兩便。近年有司不行比較經催裡里欠糧人户，乃將糧長立限杖井，顧令下鄉催徵。豪強者則大斗倍收，多方索取，所至雞犬爲空。寡弱者被勢家拖延，刁頑欺賴，未免變產賠納。或舊役侵欠，責償新僉；一人逋負，株連親屬；每年無辜死于監禁箠楚者幾百人矣。且往時每區糧長，不過正副二名，近年多至十名以上。其實收管官糧之數少而科斂、打點、使用、年例之數多。州縣一年之間，輒破中人百家之產。地方之害，莫大於此。宜令户部議定事例，轉行所司，今後審編糧長，務遵舊規。如州縣官多僉糧長，縱容下鄉收糧，及不委里甲催辦，輒酷刑限比糧長者，各問應得重罪，致死人命數多者，以故勘論。【略】疏上，下户部。復稱：所

陳俱切時弊，詔行撫按衙門督屬舉行。至是且四年矣。鼎臣復上疏言：今天下稅糧，軍國經費，大半出於東南蘇、松、常、鎮、杭、嘉、湖諸府，各年起運、存留不下百萬，而糧長、書手、奸胥、豪右通同作弊，影射侵分，每年亦不下十餘萬。臣以生長地方，目擊弊蠹，故覼縷爲陛下言之。部議所奏，皆緊關救弊恤民切務，而所司束之高閣，漫不爲理，殊負陛下惠養元元，勵精政理之意。乞敕令巡撫都御史毛思義督所司加意舉行，嚴限期日，將檢踏清查坍荒田糧的確數目並改正各項欺隱情弊，俱以籍報，毋得仍蹈故轍，遷延慢令。上乃申詔撫按官斟酌處置，從實舉行之。

《明實録》嘉靖十年三月〔己酉〕御史傅漢臣言：頃行一條鞭法，十甲丁糧總於一里，各里丁糧總於一州一縣，各州縣總於府，各府總于布政司。布政司通將一省丁糧，均派一省徭役；內量除優免之數，每糧一石，審銀若干，每丁審銀若干，斟酌繁簡，通融科派。造定册籍，行令各府州縣，永爲遵守。則徭役公平，而無不均之歎矣。廣平府知府高汝行等以爲遵照三等九則舊規，照畝攤銀而不論其地之肥磽，論丁起科而不論其產之有無，則偏累之弊，誠不能免。宜更查勘，取殷厚之產，補沙薄之地，然後周悉。奏入，俱下所司。

《明實録》嘉靖十一年正月〔戊寅〕户部覆直隸巡按御史錢學孔條奏三事：一、嚴追並以祛積弊。松、蘇等府錢糧，豪猾侵欠者動以萬計，事發追賠，百方詭脱。名爲監禁，代替居多；名爲變產，占吝如故，及當比較，則又騙詐平民，爲害滋甚。宜敕撫按官嚴行所屬，查有侵欺等弊，除年遠產盡者勘實除豁，其餘務拘正身，立限追並，不許隱匿產業，攀累無辜。每季終，取具州縣追完錢糧數目，量其多寡，以示勸懲。一、時徵解以杜侵欺。錢糧侵欠，多由奸徒包攬。或賄結官吏，憑籍勢要。不即徵解，延至日久，官吏遷代，輒圖埋没。宜行府縣禁革包攬。凡糧長、庫役，每歲一更，錢糧既完，務限起解，歲終，以完解數目籍報撫按。一、革賠補以便徵納。包賠糧石，經年累歲，虛數徒懸。宜革除舊額。惟清踏田糧，俾賦因田定，役與糧均。定如蘇、常余米之徵，池、太廬州之課，或利歸勢豪，或地多坍塌，並行撫按勘實蠲除，以蘇民困。詔如議。

《明實録》嘉靖十一年二月〔丙申〕刑科給事中徐俊民疏請更定田賦。言：今聖明在上，鋭意太平，而禮樂未興，風俗未厚，則由田賦不均而生養未遂故也。以今賦言之，有受地於官，歲供租税，謂之官田；有江水氾濫，溝塍湮没者，謂之坍江；有流移亡絶，田棄糧存者，謂之事故。官田貧民佃種，畝入租三斗，或五六斗，或石以上者有之。坍江、事故二項虛糧，里甲包賠，或一二石，或數十石，或百餘石者有之。夫民田之價，十倍官田，窮民既不能置，而官田糧重，每病取盈益以坍江、事故虛糧，又苦攤納，追呼敲撲，歲無寧時；而奸富猾胥，方且詭寄那移，並輕分重。此小民疾苦，閭閻凋瘵所以日益而月增也。臣請立爲均糧限田之制。將郡縣田糧，隨各處原額通融均派，無論官民，合爲一等。坍江、事故，悉與蠲豁。其舊熟、新墾，一例起科。就中分爲三則，膏腴爲上，沿山、邊海及居湖腹者爲下，肥磽半者爲中。上則全徵本色，中則半折，下則全折。仍仿一夫百畝之意，上富一夫不過千畝，中富五百畝，下富二百畝；各聽以百畝自給，而其羨田，每畝量加輸邊之税。此外，餘夫限以五十畝，官宦加給圭田五十畝。凡有羨田，一體加税。如此則多寡有節，輕重適宜，貧富相安，公私俱足，積儲充而邊陲有備矣。章下户部，復言：疆土異制，民俗異宜，卒難更始，宜行各省撫按，會同守巡熟計其便。報可。

《明實録》嘉靖十一年三月〔庚午〕江西巡撫胡璉奏言：該省田少人多，糧繁差重。每遇造册年分，埋没影射，奸宄百出。所在州縣，虛糧日增，多者萬計，少亦不下數千百石。其他詭寄親識，潛認糧差，飛灑都圖，零分開合，猶細故也。揆厥所由，皆由圖册苟簡，格式不一，以滋多弊。且如册中所載田地山塘，有都圖而無土名，甚至並都圖無之；稅糧有升斗而無正耗科則，甚至並升斗而無之；田地有開除，不注出賣主名，稅糧有新收，不注承買主名。沿訛襲舛，查核無從，改竄挪移，靡所不至。此虛糧之孔穴也。臣愚謂宜總括群分，畫一格式。如山地山塘，必注都圖土名，他日户有逃絶，產固可查；稅糧必注正耗科則，他日田有更遷，糧固不易；開除必注某人出賣，使難捏除；新收必注某人承買，使難頂冒。由是詭寄、習灑諸弊，皆可厘正，虛糧包賠之害可除，而逃亡可復矣。事下户部，復：璉所議造册規制甚善，請頒其式於各省，令如法攢造，以祛宿弊。詔可。

《明實録》嘉靖十一年五月〔庚申〕提督南贛都御史陶諧奏：比年各處徭役煩重，河夫、機兵、打手、富户、力士等項名色猥多；乃審編里甲之時，復有曠丁銀兩及供億諸費，甚爲非經。乞通行天下，罷免諸項名色，與民休息。仍令有司均徭平賦，審編之時，毋得妄有誅求。其法外作奸者，論如法，勿貸。户部復奏，從之。

《明實録》嘉靖十一年九月〔辛未〕户部尚書讚等應詔陳言六事：一、小民田賦，正額外有附餘包補之數，往往十倍常供，坐是益困。至於商賈，司鹽法者既取之以餘鹽，又取之以預借，又抽之以夾帶，又加增常價，貿難掣放，其苦尤甚。今宜秋糧夏税、軍需物料之類，俱令花户上納，不得委之里書。各鹽場税課，一遵舊制，諸前所言額外之徵悉罷之。有司爲民害者，許撫按、守巡官不時以名聞，亟褫其職。一、江南富民，皆不樂爲糧長，以糧額多而轉運包賠之爲累也。今僉編糧長，宜視其田宅厚薄、人力強弱，分上中下三户而定其差等，論役使之繁簡而派其供應，按年代之久近而疏其先後，每五六年清審更替，則豪猾不得以苟免，權勢不得以脱漏，疲弱不至於久累矣。一、今大造黄册之時，將消乏里分節年賣出、詭寄無徵糧米，取司、府文册，一一清查現在里分若干，以一年計之，各里田糧必均平如一；以十年計之，各甲田糧必均平如一。或遇十年加輪當里甲，凡夫馬、鋪陳什物，屬有司支用者，務從省約，定擬價直，令當年裡長、甲首人户出辦。其起運解京者，不論當年、零欠，通派概州縣出辦，不得更坐人丁；州縣官亦不得先期催徵，以滋侵漁。【略】疏入，上以其深切時弊，悉允行之。

《明實録》嘉靖十三年九月〔壬午〕監察御史劉希龍以南京太廟災，陳言修省二事：一、禁紛更以安黎庶。今田糧之制，詭寄兼併，里書欺隱作弊，是誠有之。惟在官得其人，查革究正，使其奸弗得售可矣。何近來有司妄舉丈地均糧之法，求媚上官，以希保薦。然各官既不能履畝查丈，其勢必委之里老、義民人等，挪移增減，弊端百出，徒滋煩擾。此後務照舊額徵派，不許一概丈量，生事擾民。一、定分則以裕催徵。近例，有司考滿，行取至京，錢糧不完者，俱當送問駁回，致各官望風敲撲，以期免過幸遷。今行取考滿官到部，查其任内所完錢糧，不致大欠者，即免參駁；惟令及時催徵，而不臨期苛責，庶催科、撫字並行不悖。户部議復，詔可。

《明實録》嘉靖十四年十二月〔戊子〕先是，河南以田賦不均，請行丈量之法。即而民有來言不便者，而朝議亦以爲紛更成法，無益於民。有詔：田賦悉從舊額，毋得輕變。至是，河南巡撫簡霄言，田既丈量，則貧民有糧無地者，得以免賠償之苦；而富民有地無糧者，無以遂欺隱之計，宜熟議其便。除未經丈量者照舊徵派外，其餘丈量已定，悉從新制。中間若有富民增糧過多、屢行愬告者，委官查勘處豁，或將欺隱田地量爲均派，或將減瞞等則量爲增加，或將輕折錢糧量移抵補。務使貧富適均，不至偏累，庶於國法、人情兩便也。户部覆：從其議。請通行天下撫按官，自今但有詭寄、兼併，告發者，從公勘處，隨事改正，不許一概丈量，致生勞擾。詔從之。

《明實録》嘉靖十六年七月〔甲申〕户科給事中高時言：今各省大水，皆藩臬守令不能奉宣德意，使民愁怨，陰氣積勝所致也。朝廷屢下蠲租之詔，而紛紛雜派，如木料、斑竹、油漆、磁器、磚瓦、緞匹、金箔、銀朱之類，不可勝數，其實百倍於正額。宜講求實效，務爲節省，以蘇民困，以答天心。奏入，有旨：災傷賑濟，所司自有區處。諸物料皆供用不可缺者，時掇拾瀆奏，姑不究。

《明實録》嘉靖十六年九月〔戊戌〕禮部尚書顧鼎臣言：蘇、松、常、鎮、嘉、湖、杭七府，財賦甲天下，而里書、豪強欺隱、灑派之弊，在今日爲尤多。以致小民税存而產去，大户有田而無糧，害及生民，大虧國計。臣於往年兩次具奏，經今十餘年，未聞一人遵奉敕旨能清查者。得旨：行撫按官各委知府，親詣所屬州縣，悉心清查；其虚應故事及延捱遲玩者，劾奏之。

《明實録》嘉靖十九年十月〔癸亥〕順天府府尹蔣淦條陳均徭四事：一、宛、大、通、固、薊、昌，俱有陵園、墳、海等户，例皆免差，必多偏累。宜將本府所屬二十七州縣總計銀力二差，仍通將丁糧除例免外，計實在若干，平均審編。一、海户率有力丁多之家，其守海以輕役影射富户，而貽重差於民，甚爲不均。宜照《會典》，户免三丁，餘者悉令與民當差。一、凡府、部、監、局、院、庫等衙門皂隸等項力役，宜通派直隸八府。一、修理公廨等項，不當專取宛、大二縣，宜行各州縣，于均

徭餘剩銀內支解。下户部議，謂八府差徭亦繁，不當復派。順天之役，其修理諸費，當支各州縣無礙庫銀，不得混編均徭，以啓弊端。得旨：如議行。惟陵園、海户諸役，照舊全免。查有投入規避者，從重問遣。

《明實録》嘉靖二十六年二月〔戊申〕給事中查秉彝疏陳吏弊七事：【略】一、徵科無藝。今財賦所出，倚重東南，宜定限輸糧，使各里輸收入官，而官總其數。户僉糧長者，不僉解頭；其僉解頭者，必官庫領銀，實批銷繳，以絶挪借、累賠之弊；若府州縣官類解者，無得攜帶解頭以滋需索。一、徭役不均。國制，差役十年一編，九年一息，法至明備。邇州縣喜於紛更，年年編役。甚至括索幼丁，審編餘銀以充私橐，如弓兵責其賠補鹽斤，斗級責其賠償耗米。宜申明徭役舊法，使勿厲民。一、供給過侈。州縣有坊里之供辦，其初以給賓旅上官，而今則官吏支費、苞苴結納，悉從倚辦，宜一切禁革。章下部院，復如其言。詔從之。

《明實録》嘉靖二十九年三月〔辛未〕初，永樂間徙浙江、南直隸富民三千户實京師，充宛、大二縣廂長。既而逃亡者衆，有司以見役人少，每逃户一人，各徵銀三兩助役，廂民便之。嘉靖二十八年，以虜警，轉發助役銀于各邊充餉，後遂爲常。於是，御史阮鶚疏請仍舊給民。户部言：廂民生齒日繁，不必仰給於逃户。請量發銀四百兩給之。其逃户故絶者，止行原籍徵銀二兩，未絶者，即於本户徵銀，無復累及他甲。報可。

《明實録》嘉靖三十四年十一月〔癸巳〕定甲役、鋪户事宜。初，巡城御史黄正色奏革夫役等八事，掌錦衣衛事陸炳亦請處輔户、均甲役、革鋪長以恤民窮，俱下部察院會各衙門議奏。至是集議：一、均甲役。謂嘉靖七年定擬勳戚、司禮監、各衙門近侍掌印官與在京籍貫文職四品以上，錦衣衛堂官，凡自居房屋，悉免編僉。京籍文職四品以上致仕者同。各監局少監、監丞與京籍文職五品以下常朝官，武職錦衣千百户，各衛指揮常朝官並達官指揮、千百户、鎮撫，免房一所，餘皆編僉。文官五品以下致仕者同。各衛指揮、千百户、奉御、長隨、東廠、錦衣衛校尉、達舍，舉人、監生，免本身並門房三間。各衛見任千百户、錦衣衛總旗、帶俸閑住指揮、千百户、侍衛將軍、生員、醫士、天文生、鑄印局儒士，免本身並門房二間。各衛閑住、帶俸等官，止免本身。非此類者，皆與編僉。又法久弊生，規避太多，編審不均，宜清查每月總甲雇值銀若干，每門房一間出銀若干，以撒計總，足用即已，不得多斂，收銀之人不得偏累。又行各城御史，按月稽查斂散之數，有餘則貯，不足則補，妄費則嚴加懲治。二、處鋪户。京師富室少，錢糧輸納者多，富者不宜倖免，貧者不宜濫及，估計不宜苛刻，給價不宜後時。三、革鋪長。謂一鋪之中，既有總甲，復設鋪長，徒增煩擾，請罷之。四、均總舍。謂總甲以鋪舍爲定，鋪舍以人户爲准，如房多人衆，則役省費輕，房少人稀，則役繁費重。今宜定每鋪以若干人户爲則，其人稀者，聽其彼此通融，或以人户撥鋪，或以鋪分並一。五、省卯酉盤詰私鹽。東有張家灣，西有蘆溝橋，各巡檢司關隘，其緝訪奸細，自有兵番等役，不必責之總甲。又正陽門提督城牆、城河，原有守軍，每月二卯，徒爲妨民。錦衣衛西司並東廠、工部街道，每日報事，亦非事體。自今地方有水火、盜賊、殺人等項始許傳報，其餘皆免。六、革夫役。警鋪總甲，專爲巡夜而設，不宜以供私役。除郊祀並會審押囚、疏溝渠、通水關、巡邏舉場等項外，不得概撥。七、革雜役。各衙門官員送迎，五城總甲司户出器用；又查點總甲，俱令供朱墨筆紙，皆爲無名科斂，此役並宜厘革。八、禁豪横。京師之民，或有指官倚勢，玩法生事，爲夜巡所執，反奪辱夜巡，及强賣强買，暴横不能拘禁者，聽巡城御史據法究治，抗違者奏請。議上，詔俱允行。鋪户納過錢糧未償值者，户、工二部查明以請。

《明實録》嘉靖三十六年十二月〔癸未〕工科給事中徐浦言：浙、直、福建，近因軍興，經費不敷，額外提編，以濟一時之急。比以奉行匪人，因公倍斂，民不堪命。今事勢稍寧，正宜培植休息，別求生財之道，而督撫胡宗憲、阮鶚乃於加徵存留之外，仍前提編。節年所費，漫無稽考。前南京御史慎蒙奏止提編，並請以軍門錢糧，歲終差給事中清查，及參原任吏部郎中吕希周指名和買，侵官銀至三萬餘兩，欲嚴行追究。事下户部，而尚書方鈍，依違兩端，蔓辭塞責。既欲以年終查盤責成巡按，復使其酌議提編可否具奏。乞罷鈍以戒大臣之不忠者，而正希周之罪；並敕止軍門提編，年終差給事中稽查，如御史蒙言。更乞嚴諭宗憲、鶚，事從樽節，毋濫費以益民困。章下户部，尚書方鈍復言：民困固所當恤，倭情萬爲可慮。設使地方無備，一時倭患突至，則焚劫殺傷之慘，將有甚

於提編、加派之苦者。夫御史風紀之官，剔弊厘奸，乃其本職。使其盡心所事，必不至互相掩飾。若恐其弗躬弗親，轉委屬官，則給事中查盤，亦不過憑據司、府造報數目，輕委司道等官檢對磨勘而已。而況地方多事，差官適以擾民，似不如就近責成於巡按御史之爲愈也。且兵無定形，勢難逆料。人馬之虚實，糧餉之增減，時勢之緩急，皆非臣等所可遥議；惟地方巡按能目見而心計之，故加派、提編，必聽御史斟酌具奏，乃可議處施行。事體宜爾，豈敢以蔓辭塞責哉。所云逮問吕希周及切責胡宗憲、阮鶚，宜如其議。疏入，報可。

《明實録》**嘉靖三十七年二月**〔丁亥〕貴州撫按官高翀等奏上本省采木經費之數，當用銀一百三十八萬餘兩，費巨役繁，非一省所能獨辦。乞行兩廣、江西、雲南、陝西諸省通融出銀助之。工部覆：各省俱多災傷，難以加派。請將廣東、雲南、江西、山西原派鹽課大工銀督發應用。仍留本省文武官應獻助俸銀，撫按、司、道、府官應解贓罰並事例，悉聽撫按官動支。此外別有權宜良策，令多方計處以聞。上從部議。

《明實録》**嘉靖三十九年十月**〔戊戌〕户部尚書高耀等議上大造黄册事宜：一、各處黄册，新舊矛盾，或有除無收，或有總無撒，弊端紛起，究詰爲難。宜專其職守，十三省者，預定布政司官一員；兩京者，預定府佐官一員；會同各州縣掌印官，參互磨算，務在一年之内完解。先將委官職名報部並南京後湖查册官知會。遇有轉遷，必事完方令離任。册不如式、不如期者罪之。一、世族巨家，花分子户，避重就輕。造册之年，官懼任怨，率務姑息。於是利甲損乙，而小民重受其困矣。宜責州縣正官，悉心查理。稽之總以盡其大，博之撒以核其細，考之衆論以正其實。即圖挨都，即都挨區，備開坐落地方、現在人户、地畝等則，不得前後錯雜，彼此混淆。一、各地方災傷相繼，往往籍在人亡。而所司踵襲舊弊，僞增户口。號爲十年一替，其中或三甲朋役，或次甲越當。凡諸徭賦，一概分派，民日貧而保甲日虚。宜令據都稽圖，據圖稽户，其消乏人丁，許於一甲首户内捱遷丁糧多者補充。若一百一十户内有户絶者，即于本里帶管、畸零一丁以上或新析人户内補湊。若鄰里亦無人，方許以人户至少里分歸併里長。若歸併里分有補剩人户，仍撥附近里分多餘丁口，湊圖編造。其死亡謫戍之户，遺下田糧農桑，即令本里丁多田少者佃種，期於不失原額而已。新收者亦從實開報。一、各州縣黄册，不許團局攢造，止以一户定式刻印，給發坊廂里保。每户將本家人丁事産依式開供，付之里長；里長以本户甲首共十一户丁産親供，付四十一年現役者；現役者即以十裡長親供丁産一百一十户，類爲一册，赴州縣查算。如有户籍軍、民、匠、灶各相繫亂者，有田糧推多收少，有推無收及刁難推收，飛灑漏報者，官爲究治。一、每里只許一百一十户人户，果係十歲以下或年老、殘疾、單丁、寡婦，及外郡寄莊納糧者，許作帶管畸零。其十歲以上並各分析人口，俱編入正圖。一、人户有父母俱亡，而兄弟異居者；有因子幼，贅婿後子長而婿分居者；有因無子，以義男爲子，後有子而嗣子出居者。必民户人丁數多，許令分析及出姓歸宗，或另立户籍。俱編入正以帶管人户或百家、或數百家總造於後。一年該役，則詭寄五年、六年之下；五、六年該役，又詭寄一年、二年之下。里有不役之民，官無可查之籍。今一里一都人户，通計若干，内除正管里長、甲首共一百一十户外，其帶管畸零若干，均派於十里長名下，輪年應役。不得如前造總，以滋弊端；及多寡分編，分致偏累。一、册紙多濫惡，又有官吏坐罪駁問，因而科派。宜令撫按官嚴究如律。詔允行。

《明實録》**嘉靖四十年四月**〔癸巳〕河南周府民校，原額六百人，逃亡二百八十六人，例當僉補。有司從民之便，定議每年徵銀十二兩，歲以秋七月輸府，令其自行雇役。久之，民貧歲欠，不時輸銀，王請覆力役如舊。撫臣張永明等執奏：雇役良法，不可議更。第當視輸納不前者，量借庫銀補之。若該府能拊循現卒，使之不亡，亦自可以足用。兵部復，從其言。

《明實録》**嘉靖四十年十二月**〔壬戌〕刑科給事中趙灼條陳三事：一、清常賦。謂江南軍興，額外加派，新舊相仍，重爲民病。乞將歲徵之數列常、暫二條，暫徵者、事訖停止，仍揭謗曉諭，俾吏胥不得爲奸。一、核實用。謂每歲軍餉不下百萬，中間奸貪將領，虚填兵數，冒領糜費。内地冗兵，無故坐食，並宜稽實減省。一、立義田。謂江南賦税，必責糧長，糧長承役，必至破家。宜設義田，收其所入，以畀承役之人。上區、田六百畝，中區、五百畝，下區、四百畝。計畝出金置産，有司爲之課督，則民不偏累，國課可足。户部覆：設立義田，恐於民情不便，徒

滋奸弊，餘二事可行。詔從之。

《明實録》嘉靖四十四年二月〔丁丑〕巡按直隸御史温如璋條陳議處江南兵食三事：一、品官優免太濫，詭寄日滋。今不必另定限制，惟仿十段錦冊之法行之。其法算該力差、銀差之靈敏，總計十甲之田，派爲定則。如一甲之田有餘，則留以爲二甲之用；不足，則提二甲補之。劑理適均，輕重合之。鄉宦免田，十年之内止免一年，一年之内止於本户；其餘子户，不許一概混濫。一、蘇、松比年軍興之際，調兵增餉至四十三萬。近歲海稍息，節經議減，尚歲徵銀二十九萬有奇。民力不支，宜令撫官酌議汰減。一、蘇、松、常、鎮自嘉靖十六年以後，加派各項錢糧至四十七萬八千餘兩，而工部科銀不在此數。乞裁革以復舊額。事下户部，言：本部會派錢糧，俱照舊額，未有絲毫加增。獨黄蠟、果品之數，加派四府不過六千九百餘兩。今如璋所奏，乃至四十七萬，不啻百倍，中間必有虚捏詭派等情，宜行撫按逐項查明。並將各處實徵錢糧文册，不拘本部、工部及本處撫按院所派，通行造册送部，以憑稽考。餘如所議。報可。

《明實録》嘉靖四十四年四月〔丙戌〕給事中周詩言：方今天下最苦，民貧不樂其生。臣嘗吏於南北，稍知病源。大約豪宦連田阡陌，其勢力足爲奸欺；而齊民困于徵求，顧視田地爲陷阱。是以富者縮資而趨末，貧者貨産而僦庸。又其甚，則弱者逃、強者盗矣。即今農困已極，有司又從而朘削之。言徵斂，則自兩税外，如歲派、造作、供應，昔無而今有者，未有不准田起科者也。言差徭，則自舊額外，如兵勇、如聽差，無經義起，昔半而今倍者，未有不兼田僉糧者也。其它病三農、妨本業，未易卒舉。臣又聞淮之南北，逃亡特甚，有經行數千里絶無人煙，灌莽彌望，虎狼穴焉者，皆徵糧辦差地也。夫有民而逃，與無民同；有地不耕，與無地同；有賦不輸，與無賦同。失今不圖，公私俱敝矣。臣惟親民之吏，莫如府州縣正官，今縱不能如國初三考之舊，必待兩考，加之殊擢，使人知責之無所辭，日夜盡心民事，必有翕然改觀者。至於各處撫按官，亦宜令督率有司，勞來流移，拊循現在，盡罷一切額外之徵。其必不可已者，不必專主田糧而重箕丁力，稍取辦於商賈工藝不耕而食之夫，要亦不爲厲也。聞古、乾有孝弟力田之科，非農家子不得推擇爲吏，今亦宜稍仿此例選舉，鄉飲必出明農，游食、緇黄之流，盡驅力穡。監司守令，從此而課其殿最，庶齊民盡緣南畝而國用可足矣。部復，從之。

《明實録》隆慶元年二月〔戊申〕户部尚書葛守禮等奏：直隸、山東等處，土曠民貧，流移日衆者，以有司變法亂常，起科太重，而徵派不均也。夫因田制賦，按籍編差，國有常經。今不論籍之上下，惟計田之多寡，故民皆棄田以避役。且河之南北，山之東西，土地磽瘠，歲入甚寡，正賦尚不能給，矧復重之以差役乎？往臣在河南親睹其害，近且行之直隸，浸淫及於山東矣。山東沂、費、郯、滕之間，荒田彌望，招墾莫有應者。今行此法，將舉山東爲沂、費、郯、滕也。夫工匠庸力自給，以無田而免差；富商大賈操資無算，亦以無田而免差。至袯襫胼胝，終歲勤動者，乃反受其困，此所謂舛也。乞下明詔，正田賦之規，罷差役之法，使小民不離南畝，則流移漸復，農事可興。又國初片納錢糧，户部開定倉庫名目及石數價值，行各省分派小民照倉上納。完欠之數，了然可稽，其法甚便。近年定爲一條鞭法，不論倉口，不開石數，止開每畝該銀若干。吏書因緣爲姦，增減灑派，弊端百出，此派之法變也。至於收解，乃又變爲一串鈴法，謂之夥收分解。收者不解，解者不收；收者獲積餘之資，解者任賠補之累。是豈得爲平乎？且錢糧必分數明而後稽查審，今混而爲一，是爲挪移者地也。不惟不便於民，抑不便於官。宜敕所司，查復舊規。其一條鞭等法，悉爲停罷。庶税額均而徵派便矣。上曰：爾等以司計、司農爲職，茲所奏，悉舉行。其它可以足國裕民者，宜弗避嫌怨，盡心幹理，以副朝廷委任之意。

《明實録》隆慶元年十月〔庚寅〕先是，上允言官議，將江南田糧詭寄、花分諸弊盡行查革。至是，直隸巡按御史董堯封奏：查出蘇、松、常、鎮四府投詭田一百九十九萬五千四百七十畝，花分田三百三十一萬五千五百六十畝。因條上便宜事：一、議丈量。請將境内田地，履畝丈量，定肥瘠荒熟，均官民輕重，爲一勞永逸之計。二、定糧差。當以黄冊爲准。吴中有白冊、書冊，輾轉滋弊。宜置實徵白冊，五年一造，其私立者禁之。三、均糧役。謂地方糧役繁重，其間又有疊役、朋役之苦。宜將通邑户田分別等則，從公編審。而官籍大户，則令其自兑，以寬糧役。四、明優免。謂士夫優免之例，累經言官建白，乞更加酌議行之。五、平均

徭。謂取各縣十段丁田逐爲查審，裒多益寡，務得其平。六、裁供億。謂將均徭、里甲供億諸類，裁定章程，務使出入相符，此外不得濫編科罰。七、申法守。謂法輕則易犯，以後投詭、花分田，請盡没入官，里書爲奸者發戍邊。八、嚴責成。謂前項諸弊，當專責掌印官不時查核改正，附載册中。户部覆奏：丈量均賦、私兑，恐煩擾難行。優免雖有定例，但吴中起科甚重，若止論糧石，似爲不均，宜視田畝之數爲差。其餘悉當如議。報可。

《明實録》隆慶元年十二月〔丁卯〕户部復巡撫應天等處都御史林潤條陳復税額，議改折二事。謂：各省糧額，俱有夏税、秋糧、馬草爲正賦；差徭、增編爲雜派。惟是蘇、松諸郡，不分正雜而混徵之，名曰平米。其中如馬役、料價、義役，原非户部之加增，如輕賫、脚米、户口鹽鈔，亦非糧額之正數。雜派漸多，常賦反累，誠有如潤所言者。宜令逐項清查舊額，所增之數，通行造册送部，以憑裁革。至於兩京各衙門俸銀改折之議，則當斟酌輕重，事難盡從。蓋兩京水陸四通，米穀饒餘，便於改折。若一概施之北地，有如運道告阻，内鮮蓄聚，緩急之際，何以爲謀？請將南京各衙門官吏人等月米及嘉靖四十年以前積欠京諸，盡行改折，每石七錢；在北者量折十分之二，每石一兩。若米貴，仍復本色。得旨允行。

《明實録》隆慶二年十月〔辛卯〕順天府府丞何起鳴條奏編審事宜：一、本府所屬州縣官户丁糧，俱照嘉靖二十四年事例，照品優免。其隸籍禁衛者，將軍准免二丁，校尉一丁。各取該管衙門印信公文爲據，毋容遠方别族一概濫免。一、大興縣既有遞運所，而宛、大二縣復佐以日行車輛銀一千二百五十三兩，嫌於太多。宜減宛平縣銀二百兩，減大興縣銀一百五十兩。其審編額數，立限追徵。本府仍立印信文簿一扇，凡遇撥過車輛、給過價銀，備爲登記，以便查考。一、原編廠衛衙門刑杖銀二百八十五兩，出入不明，未免虚冒。宜每年減半編銀解府，委官收買。凡遇支領，取該衙門印信公文，方准給發。一、原編各州縣協濟通州搬運瓶壇脚夫銀三百一十九兩，先年起解折色，已而仍復本色，請於内量減銀一百兩。一、寶坻縣原編北新、西城、明智、安仁等坊草場庫役共八十四名，每名編銀三兩六錢。俱係棍徒包攬，求索無厭。宜每名再加銀三兩六争，共是七兩二錢。解府募役，以絶煩擾。一、原編顯靈宫調户一十三名，大慈仁寺佃户二十三名、蠟燭、寺幡夫四名。真武、回龍、城隍等調户四名，皆屬冗、役，宜裁其半。一、遵化縣喜峰、大安等倉斗庫及各都税司巡攔，俱應裁革。部復：起鳴所言，切中民瘼。獨倉場斗庫、税司巡攔未可全革，宜下撫按官再議。上是之。

《明實録》隆慶四年二月〔戊申〕巡撫保定都御史朱大器條陳田賦五弊。其略言：祖宗時租有定額，當全徵也。近年務爲姑息，遂謂完及八分者，官得轉遷。是每歲即無災祲，輒自蠲二分矣。即二分之數而類計之，一郡千計，十郡萬計，積而上之可知也。弊一。糧有定數，當完解也。近來創爲截解之法，官吏借已完者以徼虚聲，奸民視後納者以爲得計。所解者少，所負者多。兼以糧長之侵欺，吏胥之漁獵，其端不可勝窮也。弊二。國家存留糧，設宗藩所在，則抵補禄米，無宗藩則數多餘羨。今之官府，率以不急視之，勾管無專官，歲會無定法，只爲奸民之利而已。弊三。官必任事而後食禄，軍必在伍而後支餉，此定制也。今官有遷代，軍有逃亡，而俸廪未聞扣減，則必有侵冒者矣。弊四。屯田在邊鄙則多抛荒，在腹里則多侵隱，地與糧俱失舊額久矣。議者不察，乃爲兑支之説。夫官爲收支，其權猶在上也，若聽其私兑，則地畝之埋没，數目之虚報者，曷以稽考？弊五。以止五弊，皆今日所當厘正者，而大要在委用得人。乞如印馬御史兼管屯田之例，責令管馬通判或清軍同知兼理其務，而以責全徵、革截解二事委之州縣正官，則不必椎剥於民，而自可利益於國矣。部復，詔如議。

《明實録》隆慶四年八月〔丙午〕巡撫山東都御史梁夢龍等條上賦役三事：一、正夏税秋糧之規。言税糧徵收，載在律例甚明。頃行一條鞭法，同時並徵。民力不堪，奸弊滋起，宜如舊例，以次第徵解。一、正分收分解之規。言徵者編僉，大户分定倉口。近爲一串鈴法，總收分解，轉移侵匿，常課益虧，宜復舊例，給大户收完，交納司、府，司、府差官類解。一、正均徭原編之規。言料價銀五萬三千餘兩，乃均徭正額。今派入地畝，偏累農家。抛荒流徙，職此之故。亦宜仍舊編還均徭，各州縣如數徵解。户部復奏，從之。

《明實録》隆慶六年三月〔庚子〕南京湖廣道試監察御史陳堂奏

言：國制十年大造黄册，凡户口、田賦之役，新舊登耗之數，無不備載。所以重國本而存故實也。今沿襲敝套，取應虛文，奸吏得以挪移，豪强因之影射，其弊不可勝窮。臣嘗詢之，蓋有司徵錢糧、編徭役者自爲一册，名曰白册，而此解後湖之黄册，又一册也。有司但以白册爲重，其餘黄册，則惟付之里胥，任其增減。凡錢糧之完欠，差役之重輕，户口之消長，名實相懸，曾不得其仿佛。及解至後湖，而清查者以爲不謬於舊册，斯已矣，安辨其真僞哉！臣竊謂欲理圖籍，必嚴綜核，必專責成。夫書算、豪猾類非守令之法所能制也。頃蘇、松、常、鎮添設督糧參議一員，請賜之敕，責令兼理黄册事務。凡人丁、事產，悉照白册攢造，其欺隱脱漏者如例問遣，駁回者依限完報。田至一萬畝以上者，仿古限田之法，量爲裁抑。如勢要阻撓、有司阿縱，聽撫按官參奏，庶册籍清而賦役可均。部復，詔如議。

《明實録》萬曆元年十一月〔甲申〕順天府尹施篤臣題議處廂户，言：廂户之設，始自永樂初欽取江南富民三千户填實京師，分派宛、大兩縣寄籍。至弘治間止存二百餘户，以勾攝煩擾，奏免僉解，每户歲徵銀五兩，盡給存户爲津貼安家盤費。後因春秋陵祭、鄉會武闈及各衙門取用物件等項，兩縣里甲供應不前，暫令各廂户備辦，遂沿習爲常。各户歲給領前銀，輪流供辦。嘉靖間，户部見所解前銀數多，發貯太倉備邊。銀去差存，逃亡過半。議者乃請每縣各給銀三百兩。供應繁雜，不敷措辦，日逐賠補，漸益凋零。今兩縣僅存廂民五户，每歲置辦家火，冗費叢雜，難以悉舉。夫廂户非土著之民，供辦非額設之役，所有之資，既已收其八九，所供之役，又未蠲其一二。貧者流移，奸者投避，現存五户，惟餘殘喘，豈祖宗填實京師之願意？乞將解到安家銀，每縣歲添給二百五十兩。仍清查影射，與五户一體當差。户部議：每縣止添給二百兩。

《明實録》萬曆四年三月〔丁巳〕户科給事中劉魯謂：均徭不平，宜責成撫按及廉明方面，裁定州縣一應在官人役，查照民間雇覓實費，以定審編。官價酌量三等九則，均派正收，俱官支官給，庶銀差不得過徵，力差不致偏累。下户部，復令撫按官酌議具奏。從之。

《明實録》萬曆四年三月〔丁未〕先是，金花銀急缺，户部以太倉備邊銀二萬二千二百餘兩借支進，仍請行各撫按勒期限銷完。上曰：金花原係正供，且折納甚輕，又分季解進，何嘗重累小民？緣勢豪恃頑不納，或領解員役侵欺，積逋至一百六十餘萬。一加查核，輒稱朝廷催科嚴急，鼓煽流言阻抗，乃以備邊銀兩借供上用。國家常賦，惠養奸豪，論我祖宗法度，豈得逭罪？各撫按以後嚴督有司，每年務照季完解，敢有倚勢抗拒並侵欺者，即便查究，拏解重處。若撫按官徇私怠玩，以不職論黜。時户部左侍郎李幼孳又言：近日行一條鞭之法，金花與各項錢糧無别。故詔書但蠲别項錢糧，而小民無知，便謂金花亦在其内。有司莫知所辨，業已混行催徵。小民不明其故，輒謂詔書不信。以後徵收，雖行一條鞭法，務款項開明，如某户秋糧若干、本色若干、折色若干、金花銀若干、漕糧若干，某倉糧若干，某項最急，某項次急，某項雖詔下不免。每户各即給與印單一紙，庶幾小民觀聽不迷，輸納亦便。得旨：内外諸司，凡事一遵祖宗成法，毋得妄生意見，條陳更改，反滋弊端。違者定以變亂成法論。

《明實録》萬曆五年正月〔辛亥〕户科都給事中光懋言：國初賦役之法，以賦租屬之田產，以差役屬之身家，凡夏税秋糧，因其地利，列爲等則，以應輸之數，分定倉口，自重自輕。人户自上而下，有三壤咸則之宜，寓用一緩二之意。至差有銀差、有力差，銀差則雇役之遺意也，力差則力役之道也。論門户高下，定丁力壯弱而籍之，謂之均徭。稽籍定役，無與於田，所以少寬民力，驅游惰而歸力本也。至嘉靖末年，創立條鞭。不分人户貧富，一例攤派；不分倉口輕重，一併夥收。其將銀力二差與户口鹽鈔並之於地，而丁力反不與焉。商賈享逐末之利，農民喪樂生之心。然其法在江南猶有稱其便者，而最不便於江北。如近日東阿知縣白棟行之山東，人心驚惶，欲棄地產以避之。請敕有司，賦仍三等，差由户丁；並將白棟紀過劣處。部復：條鞭之法，革收頭糧長而用經催，革里甲均徭而用鋪户，革身家殷實之庫子而用吏農，皆公私之大不便者。請今後江北賦役，各照舊例。在江南者，聽撫按酌議。得旨：法貴宜民，何分南北？各撫按悉心計議，因地所宜，聽從民便，不許一例强行。白棟照舊策勵供職。

《明實録》萬曆五年十一月〔甲寅〕先是，吏科給事中鄭秉性條陳賦役一款。大旨謂：均徭之善者，在十年一編，調停貧富；而其不善

者，在於行法之人，放富差貧。條鞭之善者，在於革庫子、斗級、里長支應；而其不善者，在於盡數徵銀，貧富無等。宜分銀力二差，審户定則。銀差則編上户以至上中户，力差則編下户以至中下户。仍十年一輪，以循我祖宗之舊。户部復言：條鞭一例徵銀，使下地與上地同科，貧民與富民同役，法之不均，莫甚於此。請行省、直地方官酌議上請。得旨：條鞭之法，前旨聽從民便，原未欲一概通行，不必再議。

《明實録》萬曆六年七月〔丁巳〕刑部復應天撫按胡執禮等題稱：婺源縣民程任卿借稱絲絹加派不堪，要欲分派休、婺、祁、黟、績五縣。鼓煽生員汪時等十五名聚党脅迫官吏，逼求申豁，幾乎作亂。程任卿允宜擬斬。其餘或傭從抗官，或乘機圖利，各擬編遣，行枷示如律。得旨：各犯聚衆歐官，敢行稱亂。程任卿、汪時著監候處決，餘依擬發遣發落。於是該撫按官會議，以絲絹復歸歙縣，則舊制不變，五縣之民既各輸服；以歲辦均派六縣，則政體公平，歙縣之民亦無偏累。今後將徽州府人丁絲絹折價六千一百四十五兩三錢，復歸歙縣。其歙縣均平歲辦等項。計多銀二千五百兩，仍令歙縣納五百三十兩，餘者休、婺、祁、黟、績五縣攤之。報可。

《明實録》萬曆六年八月〔辛巳〕户部添進每季金花銀五萬兩。已而户科都給事中石應嶽題：金花銀兩，實小民惟正之供。我祖宗量入度出，定爲一百萬兩之制。户部額派解進，僅有此數，原無剩餘。今若添進，必借太倉銀兩。夫太倉之儲，各邊主客之糧餉取於斯，墩台城堡之修築取於斯，與夫召募、調遣、芻料諸費咸取足焉。今雖稍有積餘，實仰借威靈震疊，虜款寇息，偃甲休兵所致。脱一旦敗盟狂逞，則興師十萬，日費千金，太倉貯積足以資緩急者，曾幾何時哉！而況各處添兵添馬、修牆築堡、年例、撫賞，月增歲益；加以連年河淮横溢，漕河工甫舉，動請百萬；何者而非仰給於太倉耶？若一季加進五萬兩，四季則加二十萬；是一年加進二十萬兩，十年則加二百萬矣。上供歲多二十萬之進，則邊儲歲少二十萬之積。推之十年，所少不知其幾矣。臣願思祖宗成憲之當遵，念國家生財之不易，凡百費用只取足于一百萬兩之中。而太倉所儲，專以備軍國重大之費。此經國之遠猷，垂裕之至計。臣等所萬慮者此也。有旨：今宫中用度，委與先年不同，額外之取，甚非得已。已戒諭内監，加意樽節，務足餘剩。待數年積貯稍饒，即行停取如舊。

《明實録》萬曆七年六月〔乙未〕兵部題：黄船小甲編審夫役，原屬南京兵部車駕司管理，邇來濫屬軍衛，以致弊多偏累。宜行應天府委官從公編審；並馬快平船小甲編完，備造文册，送科道官參訂定役，以均勞役。改定五年一編，毋仍舊制，十年久遠，致有消乏應差不前之苦。而看驗船隻，量行修理，節省繁費，則南工部管船主事職之。報可。

《明實録》萬曆七年八月〔辛巳〕户部題覆給事中郝維喬等疏略云：國家賦税差役，原有定額。撫按官嚴稽於上，府州縣遵行之於下，事事不逾舊制；，則平時無愁歎之民，遇災有賑貸之備，何至偶值災傷，即請蠲正賦？但邇來條邊新立，規額未定，法令朝三暮四，徵派陽減陰增，無名供應之費，不時科斂之需，百姓茹苦萬狀。一遇災傷，恐變、生不測。即陳乞蠲免，而各項冗費冗役，分外折乾及門攤納辦、支應常例等銀，有司仍一概追徵，不少減免。此科臣所謂兩税輸官者少，雜派輸官者多也。請命下諮行各省直撫按官行府州縣，每年春秋税額照常徵派外，將均徭，里甲及各衙門公費、公差一應錢糧，但係小民出辦者，通行查議。某項應減，某項應革，某項仍舊，分類開造，呈報酌議。務求省約，可行可久，而又在撫按力行查訪，各有司有清約撙節，實心爲民者，亟行獎薦，否即參究。從之。

《明實録》萬曆七年十月〔己卯〕總督倉場尚書汪宗伊疏輕齎、折席及給軍羨餘等三事：輕齎銀兩，隨糧徵解。原以備完糧之用，例不得別項挪移。今當扣算餘銀，解納太倉銀庫。折席者，因兑米二石，該席一領，折銀五分，交納太倉庫備用。今當別議類解，不許混入輕齎之内，以滋他弊。舊例以二分羨餘給賞官軍，今運官俱稱旗軍南回，不敢冒領。已經扣留貯庫，不得別項挪支。宜諮户部議處給散，務使旗軍各沾實惠。户部復奏，如議。

《明實録》萬曆十年正月〔戊寅〕户部題：先該元輔居正子編修，恪遵庭訓，清查本家應免丁糧，並將親族異性影射者，通行首革。本部據撫按會奏，題請各省遵行。今據浙江等處册報，共革過冒免人丁四萬三千七百八十，糧六萬三千八百八十石有奇。合移諮各省撫按，嚴督所屬，將優免定例刊石遵守，仍不時清查奏報。疏上，如議。而疏中頌美元輔，幾

於謟諛，識者鄙之。

《明實録》萬曆十年三月〔甲戌〕山西撫按辛應乾、劉士忠題：該省民屯田丈出欺隱地五千一百餘頃。其潞安、澤、遼、沁、汾改派輕重糧價仍照四年舊數派徵。原代、遼、沁等八州縣重糧應減派以蘇民困。至武鄉、榆社、和順三縣，疲累尤甚，應再減糧一千五百二十餘石，查汾州舊清出熟地一千頃零，該鎮税銀六千四百二十五兩，於中通融抵補。各官如布政使侯于趙等應紀録，知縣裴希孟等分别罰治。户部題請，詔紀録辛應乾、劉士忠、侯于趙等，奪裴希孟等俸半年。

《明實録》萬曆十年七月〔己卯〕浙江巡撫張佳胤題：清丈過所屬各府州縣衛所田地、山埸各項，除補足原額外，屬民者多餘田地一萬六千一百一十二頃一十餘畝，基地二萬九千七百五十餘間，税糧五萬七千二百七十餘石，租絲一十三萬九千二百五十餘兩，鈔一千四百一十餘錠。屬軍者多餘田地三十四頃五畝有奇，税糧五百六十餘石。即以多出税糧均派軍民額徵數内通融減派；將各官民田土因地定則，因則徵糧；將各廢寺、湖田、官地、荒地等項清查變價，共銀九千六百七十兩有奇充餉。自此豪猾侵隱可以盡革，閭閻賠累可以盡蘇。其奉行各官如左布政使劉漢儒等應紀録擢用，通判陳瑚等分别黜降。部復，從之。

《明實録》萬曆十年十一月〔戊午〕四川巡撫張士佩題：所屬軍民田地除補足原額及豁無徵虚糧、水灘沙壓糧外，尚多餘田地二十六萬四千五百二十餘頃，通融減派。及將左布政蔡汝賢等，知縣張燧等分别賞罰。部復宜從所議，上是之。

《明實録》萬曆十年十二月〔丁亥〕陝西巡撫蕭廩題：清丈過全陝官地共一千二百八十頃四十七畝零，民地五十萬二千二百九十九頃二十五畝零，除足額外，多地三萬九百八十八頃三十二畝零，應通融減派，均攤足額。其鄜州等三十七州縣仍少額抛荒民地一萬九千五百三十八頃六十六畝零，固原鎮東河等衛所少額屯地一千五十頃八十七畝零；並前少額官地，俱係先年虚增抛荒之數，應與除豁。及將右布政孫坤等紀録擢作，華州知州王賚等分别罰治。部覆依議，上命行之。

《明實録》萬曆十年十二月〔壬辰〕户部覆兩廣總督陳瑞等題：清丈過所屬官民田地、山塘共三十二萬九千六百頃三十畝零，除補足原額二十五萬九千五百五頃七十二畝零，尚餘七萬九十四頃五十八畝零。都司所屬屯田地、塘共七千九百六十九頃四十八畝零，除補足原額六千八百五十一頃四十二畝零，尚餘一千一百一十八頃六畝零。其節年失額停徵、水沖、沙壓等項官民田地二萬四千五百四十六頃七十三畝零，屯地六百八十七頃三十四畝零，通融攤派，照則減徵。及將左布政李江等紀録擢用，知縣王榮等罷斥。上從之。

《明實録》萬曆十一年正月〔丁卯〕陝西總督高文薦題：延、寧二鎮，丈出荒田一萬八千九百九十餘頃，招過流移耕種，三年起科，以充軍餉。閲視都給事中蕭彦駁其疏。俱下户部。部復：開墾荒田，永不起科，原係舊例。二鎮地多沙磧，領過田數，未必處處可耕，若屯糧額完，自足原派供邊之費。旱荒相繼，安能驅侍斃餘丁，領久荒之田，認無影之税？應聽軍民告官自墾，永不起科。從之。

《明實録》萬曆十一年八月〔癸丑〕户部復浙江撫按張佳胤、張文熙各疏，言：浙省徭役條鞭之法，刻成《均平録》，經久可行。近編經制書，裁削太過，以致釀變。兵民自萬曆十一年爲始，每年派銀四十四萬九千五百三十一兩零，以均平録爲准，永爲遵守。從之。

《明實録》萬曆十一年十一月〔庚辰〕户部復順天府府尹臧惟一言審編事：一、銀力二差，分配丁田，每畝科銀二分，涉於過重，不若以丁門爲主。丁門上、中則，先盡力差，重者編審；其丁門下則，並地畝編審。輕差不得拘定每畝二分之例。一、差徭以丁田爲主。而又有門銀者，富家援例，丁得優免，故富者照門審差，上、中六則照門銀等則編審。下户既出丁銀，不得復議門銀。一、力差代役，額外需求，以致正户賠累。必每差明編實用之數。除聽本户親當外，代當者徵銀解各衙門，當官領給，不許額外需求。一、流寓、土著，莫非正民。除寄莊未久，産業無多者，照例每地一畝徵銀三分，止編銀差外，其住居年久，置有地土房舍者，即令收籍，與土民一體當差。一、優免濫冒，其弊難言。凡係内使、將軍、校尉等項職役，務要該衙門印信公文查驗，分别品級、現役、歇役，照例優免。一、各衙門裁革官員門皂人役，宜查明免編，以寬民力。一、各州縣地有繁簡，故所用人役，自有多寡；將應減應增，照數編審，庶冗費可省，而差用亦敷。一、差有銀、力，輕重不同。舊審銀差

有應改力差者，或舊審力差有應改銀差者，隨宜改編，亦通變便民之法。一、添注官員，既非額設，則跟同人役，亦宜隨時酌量。一、昌平州地方沖繁，委宜憂恤。先該御史江東之題請俟撫按查議題復。得旨如議行。

《明實録》萬曆十三年五月〔丁亥〕工科給事中曲遷喬疏言：民間患苦，近有四事：一曰大户，二曰均徭，三曰里甲，四曰頭役。其祛民患苦，治行超絶者，臣得一人，曰原任東阿令白棟。初，棟起家進士，爲令于萬曆二年。編徭之時，核縣中在册丁地及一年賦役。每地一畝，徵銀一分一厘，差銀九厘二毫；每人丁一，徵銀一錢三分；而夏税秋糧、均徭里甲之額數具足焉。既官收官解，又通改力差爲解差，則大户頭役俱免。行之一年，逃移自首歸業者一萬一千餘家。民爲起祠，歲時祀不絶。後爲御史，失柄臣意，中考功法去。遷喬特疏薦之，稱爲一代循良焉。

《明實録》萬曆十四年三月〔丙午〕工部題：各省直應解本部錢糧，歲額有限，而浙直之加派織造，湖廣、川、貴之採辦大木，河南之營建府第，又皆預議留用；計一歲所入，不過七十餘萬，而監局之年例，不時之傳造及一應工作之支給，皆取辦於此，即有心計，將無所施。乞敕監局諸臣，務宜加意節省，例額之處，不得加增，輒行傳造可也。至采木之役，重爲三省之累。乞將川、貴應採辦二分内、湖廣未采木數内再行量免一二。又言：南方採辦竹木等項，即價值所派無幾，而道途跋涉，往爲絡繹；有價止一金，費至數十金者。其於地方，爲害非細，乞行停取。再照壽宫工程，三山石料，採取發運爲尤難。順德等府，俱去京僻遠，往返勞累，乞先行放回，以便生理。上覽奏嘉納。但以工作所需及供用難缺者，俟足用之日議處。遠府車輛，准酌量放回。

《明實録》萬曆十四年七月〔己酉〕右春坊右庶子兼翰林院侍讀趙用賢疏奏：天下財賦，東南居其半，而嘉、湖、杭、蘇、松、常六府者又居東南之六分；他舟東諸費又六倍之。是東南固天下財賦之源也。乃自頃歲以來，逋賦日積，而小民之嗷嗷者十室九空。蓋其原不獨在徵斂之日增，而在科派之無別，是以使重者之益重；其弊亦不獨在徵輸之日急，而在隱漏之多端，是以使困者之益困。請條析其概，爲皇上陳之。一曰議田賦之數，二曰議混派之弊，三曰議徵税之則，四曰議蠲減之條，五曰議偏重之派，六曰議派剩之目，七曰議白糧之運，八曰議兵餉之實，九曰議折銀之例，十曰議存積之重，十一曰議荒田之核，十二曰議徵斂之欺，十三曰議徭役之累，十四曰議積穀之制。奉旨：地方賦役果有情弊，該撫按官自當查奏，原籍官員如何輒來陳乞？顯得徇私沽名。姑不究。近來各處陳奏，全不爲公，專一市私恩、取直譽。再有如此的，治罪不宥。

《明實録》萬曆十四年八月〔乙酉〕都察院左都御史辛自修題：看得巡按江西監察御史孫旬奏，爲被黜知縣車大任辨復一節。爲照清丈之法，如田多租少者，責其認納；田去糧存者，爲之開除。原以均虚糧，非令買餘田也。南豐縣絶户荒田，召人開墾耕種，自弘治迄今，百有餘年，民已認爲恒産。當清丈之時，惟責令照概縣等則認納糧差，則佃民不失故業，公家得充糧税，斯救弊宜民之善策也。今知縣車大任申請將百姓佃田定價召買，半載之内追完價銀三萬七千五百餘兩。取彼與此，剥民邀功。雖有清查聚斂之能，實有逆命希寵之意。是以佃户歸怨，言官論列，事誠有因。但本官素稱才幹，曾經保留，置之廢棄，不無可惜，合無調閒散以示創懲。上命降邊方雜職用。

《明實録》萬曆十五年二月〔己卯〕户部上言：陝西道御史徐元題稱：蘇、松、常、杭、嘉、湖六府，錢糧頗重，歷年逋負難完。將萬曆十三年以前舊欠錢糧，已徵在官者截數起解，拖欠在民者盡數蠲免。不知蘇、松等俱係京邊及本地方正供，非奉恩詔及遇重大災傷，不得議免。今查十二、十三兩年，六府原未報災，無故將十二、十三兩年帶徵錢糧，不分緩急，不論有災無災，一概混免，是使畏法小民，歲歲竭輸公之誼，而法令不加之巨猾，年年得遂遷延觀望之私，將來逋負日甚矣。今將十三年以前起存帶徵錢糧，照舊督催，依期完報。其見徵錢糧，俱要當年盡數完解，不得仍前拖欠，希望帶徵。上曰：各處正供錢糧，若有奸頑豪猾侵欺拖欠，希圖蠲免者，撫按官還督率所司查核究比，毋使奸徒漏網，小民受累。

《明實録》萬曆十五年六月〔丁亥〕户部復禮科右給事中袁國臣等題：條鞭之法，有司分外又行增派，擾民殊甚。宜行各撫按查驗，除小民相安外，或有未便於民，中間應增應減，酌議妥當，務求官民兩便。如有分外復派里甲者，聽撫按官參治。上曰：各處編審糧差，於條鞭之外重派里甲，係有司任情壞法，擾害小民。著撫按官嚴行禁約，著實參治，

不許姑息縱容。

《明實録》萬曆十五年七月〔丙申〕户部右侍郎孫丕揚奏：黄河以北，饑民食菜與草木；陝西富平、蒲城，同官諸縣，至食石矣。石出三縣觜山，臣自取觀，恭具二斤，伏候聖覽。今海内困於加派，其窮不減於食石之民也，幸不水旱耳。若先事而損上益下，培蒼生之大命，在法祖宗定賦定用、寬民財力之政而已。伏望皇上令户部稽《會典》祖宗朝定賦用若干，今天下歲取歲用若干，及頻年出浮於入之故，詳爲酌議。其歲用之財，某項某項著爲定額，又歲取之財，某省某府著爲定額。諸不急務，一切删省。經畫既定，刊爲皇上經國之書，命名傳佈。清難裁之冗，息難支之民，天下幸甚。上曰：該省頻年饑荒，至以石爲糧，朕甚惻念。已發帑、遣官，多方賑救。先年不時徵取，一切停罷。爾等職司國計，務求理財裕民實政，爲朝廷分憂，毋事空言。

《明實録》萬曆十五年十月〔甲子〕都察院左都御史吴時來申明律例未明未盡條件：一、律稱庶人之家不許存養奴婢，蓋謂功臣家方給賞奴婢，庶民當自服勤勞，故不得存養。有犯者皆稱雇工人，初未言及縉紳之家也。且雇工人多有不同，擬罪自當有間。至若縉紳之家，固不得上比功臣，亦不可下同黎庶，存養家人，勢所不免。合令法司酌議，無論官民之家，有立券用值，工作有年限者，皆以雇工人論；有受值微少，工作止計月日者，仍以凡人論；若財買十五以下，恩養已久，十六以上，配有室家者，照例同子孫論；或恩養未久，不曾配合者，在庶人之家，仍以雇工人論，在縉紳之愛，比照奴婢律論。

《明實録》萬曆十七年正月〔癸亥〕南京御史王藩臣言：丈田均糧，原係惠民實政，乃虚文塞責。令行撫按諮訪，果有文書報結而復丈不完，復丈雖完而糧則不定；與夫委官丈勘以致奸弊叢生者提究。得旨：近因清丈田地，增弊擾民。還立限督催，不許延緩。

《明實録》萬曆十八年二月〔戊子〕户部奏，言工科右給事中曲遷喬議行條鞭之法，以差銀必兼丁地，定地必較肥瘠，覓役必厚工食。我國家因田以制賦，按丁以審差。即古有田則有租，有身則有庸之意。但法久弊滋，於是不得已立爲條鞭之法。總括一縣之賦役，量地計丁，一概徵銀，官爲分解，雇役應付。雖非祖宗之舊制，亦革弊之良法也。但有司行之，有善不善，是以地方亦間有稱不便者。今宜行各撫按將現行條鞭之法，或有司奉行未善者，則隨宜酌處。如病在雇役，則寬議其工食，使人不苦於應募；如病在里甲，則嚴禁其暗用，使人得安於田畝。或則壤成賦，勿使下地暗包上地之糧；或九則徵銀，勿使貧民概應富户之役。調停既當，人自樂從。詔如議行。

《明實録》萬曆二十一年八月〔乙未〕大學士王錫爵等題：昨該文書官口傳催正蘇杭織造錢糧之旨，臣等謹按，江南財賦甲天下，相傳國初太祖高皇帝憤百姓爲張士誠固守，抗拒天兵，賊平之日，遂將富民租簿定爲糧額。累朝二百年來，頭緒轉多，如王府糧、練兵銀之類，但有加增，並無寬減。連年雖因水旱頻仍，每下蠲緩之令，而蠲租止於存留，已屬虚名；緩徵並於别年，反滋擾累。此小民之所以貧苦無聊而嗷嗷思亂也。然外亂不生則内亂可暫弭，江北稍熟則江南尚可息肩。今狡倭窺境，剥膚將及，以至沿海地方無地不增兵，無兵不增餉，其勢不得不取足於民。而徐揚間方數千里滔天大水，廬舍禾稼蕩然無遺，又不得不取償於江南。此如一息之關性命，其危且急何如者？若不及今將養，有如外倭内盗乘間交發，其巨萬供億，更將於何取之？大抵方今國患在於民窮，民窮由於財盡。其始也，有司猶可行棰楚之威於小民，撫按猶可行參罰之令於有司。今民至困，而棰楚無所加，則有司窮；有司窮而奉行不能前，則撫按窮；至於撫按窮而詔令有格而不能行，則部院亦窮矣。然漕糧之類原係緊要上供，不可以窮爲辭；至於蘇杭之織造，江西之磁器，雲南之取金，在皇上省之。今春臣錫爵之母北來，親見道上累累賣男女之民，有索銀五七分棄子去者。臣母爲子痛哭，稍施錢周之。近京之民如此，則遠京之民可知；賦輕之地如此，則賦重之地可知。言甚切摯。不報。

《明實録》萬曆二十三年九月〔乙亥〕户部復屯田御史曹學程清查抛荒隱占地土四知四百四十五頃，爲税八千一百六十餘兩，改入備邊項下輸納，其瘠薄不堪並遇災傷，勘實酌減。從之。

《明實録》萬曆二十五年八月〔己巳〕時四川採木建昌，去省城三千餘里。採運人夫，歷險渡瀘，觸瘴死者，積屍遍野。御史況上進疏陳其狀，言：川民各就其地採木，業有次第；而陡有盡用建昌杉木板之令，此貪吏以杉木板爲奇貨，假公濟私耳。請行撫按官，聽民就近採取，惟期

堅實可用，不必拘定地方。並將官介令司道官先期給散，無假手吏胥，以滋幹没。部復。從之。

《明實録》萬曆二十六年八月　〔乙丑〕惜薪司歲柴炭，每處奉欽依共派兵工二部銀二十餘萬兩，永爲定額。至是，該監具奏求增。科臣陳維春上疏云：大概歲進物料，實供上用者十之二三，其餘盡入私囊。今復於額外求增，不過饜其溪壑耳，豈真爲國家計盈縮哉！

《明實録》萬曆二十九年九月　〔丙午〕廣東巡按李時華言：廣東界在嶺外，禁網常疏，吏奸法弊。條鞭之後，仍用甲首，均平所編，盡入私囊。上下相蒙，恬不爲怪。伏望嚴旨申飭貪官問遺之例，重道府連坐之條。遵行一年，可節民間無名之供二十餘萬。從之。

《明實録》萬曆三十年正月　〔辛酉〕户部復署順天府事治中舒體震議編審二事：一、以合縣流寓當雜差。凡有室家生産手藝人丁，分遣正佐等官，挨門實填流寓總簿。分别上、中、下九則；下下則每丁納銀一錢，每一則加一錢，至上上九錢止，盡足各項雜差。如丁不敷差，每則量加二三分，以足其數。此簿一立，則官止按簿徵銀編帖，而無勾攝審僉之繁；流寓止於辦納定則銀兩，而免里胥索詐之害。若住經三十年外，情願入籍者，聽與實在人户一體（當差）。一、歲給工食，視其勞逸以爲多寡。如明智、安仁、北新、西城等坊各庫秤工食，每名有編銀至十五兩；原屬中府三草廠並外馬房、鄭家等莊各草廠脚夫，每名編銀至十二兩：過多。今十五兩者量減三兩，十二兩者量減二兩，似爲適中。自後悉依減定銀數編給，著爲定例。詔如議行。

《明實録》萬曆三十年六月　〔甲辰〕永部尚書趙世卿言：國家歲進金花百萬，此定額也。自萬曆六年，歲增買辦銀二十萬兩。計今二十五年，進過銀數幾至五百餘萬，皆太倉分外之增。行之一歲，猶曰權宜，行之累年，竟成漏巵。皇上初年，太倉稍有贏餘，偶金花後至，則先借贏餘補之。年來太倉如洗，一當恭進，遂將補解之金花，亦爲節次之用矣。斯竭之所由甚也。前隙未寒，後進忽臨，事窮勢蹙，遂將濟邊之軍餉，挪爲上供之用矣。斯竭之所由甚也。故在往歲，猶曰區處甚艱，那移非策耳；今縱欲區處，將以何項處之？縱欲挪移，以何物挪之？九邊之士，枵腹告急，額内之支調尚難，額外者之嚴催又至。每念及兹，臣顔欲焦，臣心欲碎。夫泄者尾閭。積者懸罄，外庫之虚，何如而益？以其虚求濟其實，臣所未解。既云買辦，則珠寶不宜責之外廷。既買珠寶，則買辦銀不應收之内庫。既收其銀，又徵其物，又臣所未解也。時勢至此，可憫可哀。乞暫將前項銀兩，姑行停止，仍候軍餉少充，别行湊補。一轉移間而民生國計，邊餉軍需，胥有賴矣。得旨：太倉空虚，邊餉告急，卿部苦迫，朕豈不知？但各官進賜賞賚，費用不貲。每年季進銀兩，内庫撙節用之，尚且缺乏。令遵旨照數催解進用，待稍剩積，自然停止。

《明實録》萬曆三十三年八月　〔癸卯〕應天巡撫周孔教疏：據華亭縣知縣熊劍化揭稱：該縣歲徵折銀二十餘萬，糧重輸苦，多難滿之分數。每遇考成，必藉虚報。虚報者，用以救急于目前，徐苴補輸於後日，而不虞其官之輒以事去也。署者第受成事，安問以前之典守。署更一署，令更一令，計無復之，不得不襲其套而爲虚焉。民亦以爲是固然耳。遠不及稽，自萬曆二十四年至三十一年，共計虚報布折等銀九萬三千六百八十六兩八錢五分，在庫候解。云在庫，則恩赦所不宥；云候解，則緩急惟所取。此時若不揭明，將來作何推諉？又據青浦縣知縣金玉節揭稱：本縣到任後，即將屢年一應錢糧，通核完、欠、實在數目。查得二十四年起至三十一年止，虚報京庫錢糧三萬三千有奇。本職任内，除徵補外，尚欠銀三萬七百七十六兩七分零。見今國儲告匱，計部焦勞。使三吴郡縣皆如此，則軍國之需，只爲紙上空言。上下相蒙，何所底止？乞下户部覆議，容臣會同按臣督行兩道清查華、青二縣見開虚報之數；及通查各州縣但有已經報部，實未完納者。倘係侵匿等弊，經手官吏人等，各照律例，盡法究處；若果民欠，令其設法帶徵，務期完足。第三吴賦重，百姓煩苦，現年錢糧，尚不及額，歷年帶徵，安能及期？伏乞皇上俯賜一分之寬，許令漸次完納。至於勢豪大户，恃頑不納，容臣引例治罪。其虚報各官，容臣細加查核，分别議處。下户部覆議：劍化等准與紀録，經承員役，嚴查處治。

《明實録》萬曆三十三年八月　〔己酉〕户部言：湖廣巡按吴楷揭稱：長沙府屬長、善二縣欠缺正官，二縣積欠錢糧，自二十一年至今各幾十萬。又瀏陽縣欠二十一萬五千，湘鄉縣欠十六萬七千，湘潭縣欠八萬一千，寧鄉縣欠三萬九千，益陽縣欠四萬四千，安化縣欠七千三百，攸縣

欠四萬三千。臣一見之，不勝驚愕。不知此巨萬者，果無名之徵藝乎，抑公家之成賦乎？果災沴之虧損乎，抑玩愒之稽延乎？果窮民之逃累乎，抑貪吏之乾没乎？果先後接管之懵然不知乎，抑明知之而姑聽之乎？此其故不難知矣。【略】當此帑藏空竭之秋，縱不能多方搜括，別出他籌，乃於額内成數，因循虧欠，一至於此，則是朝廷張官置吏，不能得其半臂之用，徒爲奸之藪、盜之魁耳！即一長沙郡縣，而天下之爲長沙者可知也。倘不大加懲創，一湔夙弊，則推諉欺隱，將無底止。臣即蒿目焦思，日夜拮据，亦何益於殿最哉！得旨：國家正供錢糧，止有此數，長沙一府，如何積欠巨萬？京邊、常供如何處給？經管員役，好生欺玩！著該撫按指名參來。仍清查的數，嚴徵解部，毋許仍前諉托。還遵行各省直，俾各警省。

《明實録》萬曆三十三年八月〔壬子〕蘇松常鎮税監劉成亦以米糧免税，額數難充，請乞特賜裁減。上曰：前有旨米糧柴薪，民生日用之需，不許徵税，以昭朝廷回災救荒德意。今奏四府税課六萬之多，米糧居半。還會同撫按委令有司酌徵四萬兩解進應用。待殿門工有次第奏請停免，不許困累商民。

《明實録》萬曆三十五年六月〔丁酉〕河南巡撫沈季文言：徵税之法，當税富民，不當税貧民；當有官税，不當有私税；當徵有税之税，不當徵無税之税。商賈之中有開設典當者，但取子母，無賦役之煩，舟車之榷，江湖之險，此宜重税，反以厚賂而得輕。至於小民擔負之微，市餅、賣漿、豨毛、牛骨，終日經營不過銖兩，反以輸納而得重。此甚非平也！今徵商開當遍於江北，資數千金，課無十兩；現在河南者，計汪克等二百十三家量派銀二千六百餘兩，抵其全數足免貧民。蓋取之富商者，不過割其羨餘；徵之微末者，則如朘其膏脂。臣所謂可税富不可税貧者，此也。各省抽税之初，先開行户應納之數，多寡已定，不復旁加。而中州不然，不分行商，使州縣自爲徵派，賢者固爲折衷，不肖者因而誅求。如未抽税以前，原有小税；既抽税以後，小税不減而公税又增。中州各行户每年换帖納穀之數，大縣千計，少者數百，公用、備賑，俱於此出。不知公用自有原編，備賑不派行户。支派於此，則紙之牘之追不問，俱爲私橐矣。今查河南、衛輝二府行穀三千八百餘石，已積正數，足備賑荒。開封、汝寧等處行穀三萬四千餘石，即免公税，下户小税可以盡蠲。臣所謂有官税，不當復有私税者，此也。至如税力已窮，而陪納無已，歸德之虞、夏、商、永，以河决久沖，開封之沈丘，汝寧之上、新、西、遂，裕州之葉、舞以水災淹没，人食草筋，父咬子骨，此十二州縣者，税額四千二百餘兩，臣已另疏題免。乃欲追賠，將何所出？每遇税監催徵，不過挪借京邊之額爲抵解之計耳。内監所進上供之銀，即户部所給九邊之銀也。此借彼虧，東贏西乏，朝廷何嘗有分毫之利焉。此臣所謂徵有税之税，不當徵無税之税者也。疏綜核甚然，自是多言典鋪積穀事者矣。

《明實録》萬曆三十五年七月〔戊戌〕鄖陽巡撫黄紀賢言：採木、徵榷，萬難並行，乞賜罷議，以完大工。不報。先是，傳奉議行川、貴、湖廣採取杉楠大木及枋板萬計。紀賢言：採木自昔稱難，在今尤甚。無論出產之遠，運拽之勞。及楊酋兵戈之後，災傷頻年，不堪重役。但採木則必招商，招商則必罷税。採木而不招商，即府庫之金錢填壑，百姓之肝腦塗地，木不可得而採，何也？所責非所能也。招商而不議罷税，即官司逼以嚴刑，小民償以厚利，商不可招而來，何也？所得不嘗所費也。且議招商，則不獨一採木之商，議罷税，則不獨一川、湖之税。今天下所在有商，所在有税。一命下而東西鳥散，不可復集。從今概然罷税，以示懷來，尚恐劫於積威，裹足不進。倘使招商、抽税，相悖並行，使東西南北之人，窮山深谷之物，誰爲利者而强必致之乎？臣敢謂税不罷，則商必不至，商不至，則木必不可採；木不可採，則大工之期愈急愈緩。迨事窮勢極，雖欲不罷，有所不能矣。疏上，不報。

《明實録》萬曆三十九年十月〔丁卯〕禮科右給事中周永春等上言：畿輔今歲水災，較之三十二、三十五兩年其勢尤甚。小民盼望蠲緩之詔，以日爲歲。今已數月，杳然無聞。查得牧地自萬曆十年清丈，共地一萬六千餘頃，每年解部銀三萬三千九百餘兩。至三十二年，騰驤衛千户李英等奏差御馬監太監王昇查勘，按畝加税，每畝原徵一分以上者，俱加至三分，共增一萬六千餘兩。此監銀所始也。一地二糧，民實重困。自加税以來，如寶坻、薊州等處，即節年將部銀拖欠，其監銀雖然完納，不過移解部者以解之。時和年豐，猶冀畏法輸納。今地無寸壤，糧從何徵？

昔猶賣男鬻女，今兄弟妻子離散而無可售；昔猶典產賣室，今房屋地土沖壞而無可質；昔猶稱貸富户，今富者貧、貧者逃而無所貸。乞將本年監銀未徵並拖欠銀兩俯賜特免。至部銀，除議徵一半及徵六分外，其未徵暫從停緩，帶徵酌俟豐年。免一分民受一分之賜，緩一日民獲一日之生。留中。

《明實録》萬曆四十年正月〔丙午〕南京福建道御史王萬祚上言。大約謂：祖制，賦役必驗丁糧多寡，產業厚薄以均其力。十年消長，月異歲不同。今有門第蕭然，田去名存，煢煢孤寡，匍匐答應；而勢焰薰炙之家，反漏網袖手，何可言均也！祖制，里長推丁多者；又曰查照丁糧有力之家，參互酌量而役使之。未聞有專限田幾百、幾十畝而當一他者。田多則排年多，理勢宜然。第其父兄子弟之丁不敷，則豪奴武斷，積猾代充，民乃滋懼。何如於本坊、都多添名數，分協地里，以佐都別圖之衰乎？且田有肥磽，值有貴賤，惟賠糧難賣之田愈多而役愈重。不數年而殷實盡乞丐矣，何可言均也！祖制，歲額均徭，止派本等差役，不許分外加增。今東南第以三石一苦差，莫如糧解解一石，已重派矣；本折而外，仍計石派銀一兩。有司尚謂未足，每歲修船、水脚、水手，皆徵於田畝之內。及起解臨期，又通舊派幫，此非額外加增而何？且於未貼之户，徵空役之銀，不幾爲守藏者潤囊乎？何可言均也！祖制，在京隨朝官員，税糧外，雜泛差徭盡免。嘉靖間議定，官一品免糧三十石、丁三十丁；下至八品外官，莫不有則。隆慶元年，又有量加從寬之議。胡不令户部釐爲定則，州縣畫一遵守？乃今南北混亂，全無規制，有司有率意爲之，有免田二三千者，有近萬者。在膏腴連阡之家，其欲無厭，尚嫌制狹。而官田原少之縣，則垂涎比例，取盈於人，開影混投獻之端矣，何可言均也！祖制，僉點税課巡攔弓兵、禁子、領養馬户，俱用殷實市户。夫此市户者，其丁田未必衆多，而貿遷居積，富冠閭里，亦宜使當官應差，幫派糧解，爲孝弟力田之民分憂。乃或以其無田而縱之，則使人輕力本、尚逐末，斗志争時，田卒汙萊，何可言均也！凡州縣先推收，後造册，必過割净盡然後可。奸民希圖脱糧，或無故而推，或宜收不收，以其田委之道路，而累通縣之人貼糧，則不均。凡户口逃亡，地畝坍壞，總屬開除。自有開墾成業者，從實報補。有司務增户口、辟土地，虚名難於刪去，而使合族賠絶户之糧，里長賠通里之糧，則不均。飛灑詭寄，無處無之。必須申嚴《大明律》出首之賞，《會典》遣戍之法，著實舉行然後可。倘自居以博大長厚，優禮冠蓋青衿，城社倚傍，因緣爲奸，則不均。自一條鞭法行，銀力二差該括具備。今如令坊廂里長年年看倉賠糧，則利歸倉官倉吏，設立斗級謂何？又如使廂、里長月月解銀賠免，則利歸庫官庫吏，而布政司頒降法馬謂何？又如答應駐臨上司修理公廨，早入歲派，而輒委之坊長、里長，則徵銀謂何？國有大事，不無借力于富民，謂宜善蓄其餘力，以待不時之需。剷剥燒爍，無時暫息，將盡通都大郡，無殷實之民，欲如漢之徙關中實塞下，並力滅夷，其誰任之？賣富差貧，非也，而有意消折富户，亦非也。父有數子，或富或貧，必令富者亦貧，則祖宗之門户去矣。

《明實録》萬曆四十年四月〔庚辰〕命天下軍民黄册，布政司差官總解。故事，民黄册如雲南、貴州、廣東、廣西、福建、浙江、江西、山西，俱布政司匯解。直隸及山東、河南、陜西、湖廣等處，俱州縣徑解。四川按臣朱萬春以川道險遠，解役勞苦繁費，請將軍黄册比例匯解爲言。部復如議，通行各省直，軍黄文册俱解本布政司，同民黄册總解。因言：如經駁回，依例司、道自造，不許復累所屬。造解之費，應於税契銀内外給。非係京駁，不許濫罰。從之。

《明實録》萬曆四十二年十月〔戊子〕户科給事中姚宗文等言：贍田搜括甚難。【略】至於贍田不足，派及湖廣四千四百八十五頃五十畝零、奉旨諮催，按臣錢春查議五事，如楚府撥出原補淤田、元祐宫香燈田、雍府遺基、廣元、光澤王府退出田地、零星湊合，不過五百三十六頃十一畝零耳。唯承天備監田地，按臣疏請丈量，即除額數新增實在一萬四千二百四十頃五十四畝外，其科湊補福王贍田不過用丈量之所餘者十之二三，而充然有餘矣。及備監杜茂偏詞陰撓，至勤嚴旨。夫同一贍田也，在河南之遺地則本不足而必取盈，在備監之隱田本有餘反令若忘若棄，宸衷必有憬然不安而難置於不問者矣。乞頒明旨，敕該部諮行巡按嚴查杜茂隱占如湊補藩租尚多贏羨者，別籍開報，以防後監欺占之弊，以預後未封建之資。留中。

《明實録》萬曆四十三年九月〔戊寅〕直隸巡按過庭訓言：頃見

御馬監太監李成有牧租拖欠太多，有司抗違愈甚之疏，臣不勝駭愕。夫牧地本係斥鹵荒原，自嘉靖年間召人墾佃，每畝量徵租銀一二分不等。總計薊州、寶坻等州縣，每歲共徵銀四萬餘兩，解部濟邊。間遇災傷，猶多逋累，往往告乞退地還官。突于萬曆三十二年爲奸弁妄奏，按地加徵，每畝益以三分爲率。畿民爲此一地，剥膚竭髓，不啻在水火中。猶幸歲時稍豐，不致拖逋太甚。詎意今歲旱災異常，一切京邊起運錢糧，尚在議蠲議停，而牧租將何輸納？該監乃謂各官阻撓抗違。總之睹小利不睹大體，計目前不計遠圖。或誤聽奸人之播弄，無足怪者。皇上明同日月，固已洞灼其非，無俟臣等之喋喋矣。科臣韓光祐等亦言之。不報。

《明實録》萬曆四十四年八月　陝西巡按御史龍遇奇奏：秦民包税，其苦有三：一曰包賠獨異之苦。夫天下税課獨苦在商，若秦則三面臨虜，商賈罕至。向來税額皆派之丁畝，派之關梁及陶穴菜傭之輩耳。今凶荒死徙，村里爲墟，即向來瑣科無從矣。一曰税額獨多之苦。秦邊地也、瘠地也。遠在江南腹里者勿論，即與秦鄰界者，東則山西，西則四川，税皆萬許，即大藩如河南亦六萬餘。秦肥瘠視三省如何，而税額多至十萬，即蒙恩減，而已減之額尚浮於三省未減之數矣。一曰牽誤邊餉之苦。民止此財，官司既督民以賠税，小民自不能並力以輸邊計。秦民十八年來已輸過税額一百五十萬，而坐逋邊餉民運則已至二百四萬。足此誤彼，此又民窮財盡，追呼不堪之明驗。所不可不罷者三也。不報。

《明實録》萬曆四十六年九月　〔辛亥〕户部以遼餉缺乏，援徵倭、徵播例，請加派。除貴州地磽，有苗變不派外，其浙江十二省、南北直隸，照萬曆六年會計録所定田畝，總計七百餘萬頃，每畝權加三厘五毫。惟湖廣、淮安額派獨多，另應酌議，其餘勿論優免，一概如額通融加派。總計實派額銀二百萬三十一兩四錢三分八毫零。仍將所派則例印填一單，使民易曉，毋得混入條邊之内。限文到日，即將現在庫銀星速挪解，隨後加派補入。設督餉撫臣一員，請敕節制，庶軍實充而膚功可奏。計浙江派銀一十六萬三千四百三十九兩四錢三分八厘；江西派銀一十四萬四百二兩九錢四分四厘；湖廣派銀三十三萬三千四百二十兩九錢一分一厘；福建派銀四萬六千九百七十八兩七錢五分二厘；山東派銀二十一萬六千一百二十四兩六錢四分八厘；山西派銀一十二萬八千八百一十三兩七錢四分五厘；河南派銀二十五萬九千五百五十二兩八錢三分一厘；陝西派銀一十萬二千五百二十三兩三錢四分七厘；四川派銀四萬七千一百八十九兩六錢八分五厘；廣東派銀八萬九千九百兩七錢八分七厘；廣西派銀三萬二千九百兩二錢六分一厘；雲南派銀六千二百九十七兩七錢五分五厘；應天府派銀二萬四千二百九十一兩七錢九分九厘；蘇州府派銀三萬三千五百三十五兩八錢二分六厘；松江府派銀一萬四千八百六十六兩九錢六分一厘；常州府派銀二萬二千四百八十九兩五錢八分三厘；鎮江府派銀一萬一千八百三十五兩九錢九分八厘；廬州府派銀二萬三千九百三十六兩一錢八分八厘；淮安府派銀三萬五千九百七十七兩二錢五分一厘；保安一百六兩六錢五分四厘四毫五絲；揚州派八千九百一十九兩三錢九分六厘；寧國派一萬六百一十五兩七錢七分四厘；池州派三千一百八十一兩二錢二分九厘；太平派四千五百四兩六錢八分六厘；安慶派七千六百六十六兩八錢五分七厘；廣德派七千五百八十五兩三錢五分五厘；徐州派五千五十八兩五錢七厘四毫；滁州派九百八十三兩四錢六分六厘三毫；和州派二千一百七十五兩五錢二分八厘；順天派三萬四千八百五十四兩四錢九厘；永平派六千四百一十八兩八錢一分二厘七毫；保定派三萬三千九百八十三兩四錢二分七厘八毫；河間派二萬九千五兩二錢六分九厘三毫；真定派三萬五千九百三十六兩二錢七分二厘；順德派四千九百七十一兩四錢一分六厘八毫；廣平派七千八十三兩四錢三分四厘七毫五絲；大名派一萬九千六百六十八兩八錢一分八厘；延慶派三百七十兩七錢九分八厘四毫。上曰：遼左虜氛未息，軍餉不敷，照例暫於各省直田畝量行加派，事寧即爲停止。各司、府官將現在庫貯銀兩，依限挪解，隨派徵抵補，毋得遲延。養兵原以衛民，朝廷大非得已，有司官宜仰體德意，不許指稱多派；事平之後，不許朦朧再徵。有司違者參處，吏書等役訪拿治罪。爾部便通行各撫按等一體遵行。督餉大臣，著吏部速議題覆。

《明實録》萬曆四十六年十一月　〔丁亥〕掌河南道御史房壯麗奏：自條鞭法行，州縣派徵錢糧，俱令花户自行納櫃，吏書排年，無所容其奸，法至善也。遵行日久，官府藉口驗封，加收火耗至一錢二錢。屢經嚴禁不遵。今因東事加派，若將火耗一概禁革，小民必樂輸將。職曩令襄陵

時，見河東一路州縣二門外，俱設有收頭房八間，晝則收銀，夜則收櫃，次日即令自傾成錠。或有司領解，或解户領解，並不入庫拆封，惟懸鑼嚴諭平收及按期責令銷批附卷。此法最宜行之今日，乞敕下户部諮行各撫按，令所屬有司，一應錢糧，聽其自收自解，不許經手拆封，加收火耗。違者，撫按從重參處，追贜濟邊，則于吏治民生，胥有裨益。

《明實録》萬曆四十八年五月 〔己卯〕江西巡按張銓上言：自古國家之亂，起於民窮財盡。國家自有奴患以來，軍興繁費，司農束手，不得不履畝加賦。然亦當斟酌輕重之間，稍留不盡之意。乃三厘未已而七厘，七厘又未已而九厘，民窮何以堪此？蓋天地止此利藪，民間止此物力，正額尚苦，況於加徵；加徵已難，況于增益？長此安窮，誰階之厲！職以爲即不能減於七厘之内，斷不可溢於七厘之外。譬之一身，遼、肩背也，天下、腹心也。肩背有患，猶借腹心之血脈滋灌；若腹心先潰，則危亡可立待。竭天下以爲遼，遼未必安而天下先危。爲今日計，正在聯人心以固根本，豈可復朘削無已而驅之使亂耶？則諸臣爲國謀者非也，皇上之自爲謀更非矣。大内積金過斗，以有用之物，置無用之地，與瓦礫糞土何殊？而發帑之請，叫閽不報，加派之議，朝奏夕可，臣殊不得其解。豈財爲皇上之財，而民非皇上之民耶？夫有人而後有財，民散、財誰與守？伏乞軫念民生，熟維國計，敕下户部將加派田畝酌量減免。並乞慨發帑金，以給遼餉。則民心聯而元氣固，士氣奮而神氣張，外患内憂，立刻消弭矣。疏入，不納。

《明實録》天啓元年閏二月 〔甲午〕兵科給事中蔡思充言：【略】順、永、保、河四郡擁護神京，稱根本重地。自遼左發難以來，援兵之蹂躪，車牛之科役，剳肉捶肩，勞費視加派數倍。此方無水田，一片幹土，收成甚薄。每畝加派九厘，已歎不堪。矧自去秋苦旱，臘月無雪，河間以北，二麥未種，春深不雨，風霾極目，百姓皇皇，莫必其命。萬一饑寒切膚，嘯聚肘腋，伺隙乘虚，爲禍更烈。似宜涣發德音，於近畿數郡，今歲加派姑與蠲免。況免僅數郡，於餉額無大損也。章下所司。

《明實録》天啓元年十一月 〔壬戌〕户部尚書汪應蛟復甲丁庫錢糧四款：一、免税。謂：丁字庫油漆、銅、錫等項既派商辦納，復照單比税，何商何堪？宜移宣課司知會，凡召辦俱免納税，以滋重困。一、革鋪墊。謂：外解錢糧鋪墊，已屬陋規，此外復有茶果見面科斂名色，宜嚴諭庫璫盡行裁革。至召買商役，原係苦累，應令止完本色，勿概索鋪墊。一、截支。謂：商價不給，輒以揭借傾家。今後召買必先給價。如恐領銀虚冒，應照截支之議，錢糧收到即給價銀，未完之數另行追比，續完之價再爲截支。庶貧商有所接，而在官稽查鑾易。一、平估。謂：京師物價騰貴，較之出產地方價輒數倍。先年會估較今價不啻星淵，容臣部移巡視諸臣及札九門鹽法、部、司等官，會同估值，照時價通融增減。仍責商人召辦，務要真正物料依期進納。從之。

《明實録》天啓元年十二月 〔癸酉〕吏科給事中甄淑疏言：皇上爲遼餉加而派，非得已也。然加派因乎田地，而田地或相倍蓰，比而同之可乎？田地既不同，則歲入不同，貧富亦不同。上農加派九厘，猶可辦也；若不毛之地，農夫無顆粒之入，責以正賦且難，矧賦外又賦哉！若謂履畝踏勘，然高下未必得實，反開富豪隱射之徑。即欲照米分派，而愚民不習攤算，徒滋狡胥賄賂增減之奸。無已，則照納銀之額，因人土之宜而已。蓋天下户口有户口之銀，人丁有人丁之銀，田土有田土之銀，在有司徵收，總曰銀額。計銀即計米矣。而户口人丁在米之外，在銀之中，故照銀加派，似不漏也。東西南北之民，甘苦不同，布帛粟米力役之法，徵納不同，惟守令自知其甘苦而通融其徵納，故因人士之宜，似不偏也。其法以銀額爲主，而通以人情，酌以土俗。要現省直每歲存留、起解各項銀兩共若干，就將原加餉額照銀額分派，總提折扣，裒多益寡，定爲省額，頒各藩司；以通融之法，分爲府額、縣額，總不失原餉額而止。從銀起派，愚者易知，亦可杜奸胥之蠹。此外，小民所最苦者，一則無田之糧，田鬻富室，田盡而糧獨存。一則無米之丁，丁附於米，米推而丁無推。宜取額丁與額米，兩衡而定其數。米若干即帶丁若干，買田者收米便收丁，鬻田者推米便推丁。在縣册不失丁額以違祖制，在貧民不留空丁以致累賠，而官亦免逋責之難矣。乞行各撫按藩臣有司，自天啓二年後改正施行。又自兵興以來，沖疲小縣，有援兵供億之勞，有徵餉之煩，車牛甲仗硝黄之役，聞偏僻州縣及有未派者，宜分別極沖、次沖、簡僻大小之數而次第之，以齊勞佚、平煩簡。【略】下部覆議。

《明實録》天啓二年五月 〔丙申〕工科給事中方有度疏言：自東

奴發難，有加派之徵，近著令載入考成。自今有司愛民之心，必不如愛官之心。敲骨剔髓，何所不至？民不堪命，群起爲難。恐中國之憂，不在奴而在蕭牆之内也。皇上宜立召輔臣並六部大臣，共作長久之計，勿爲旦暮之謀。凡無益之冗費可以全革，不急之工作可以暫停，應緩之上供可以半減。他如屯田、如鑄錢，可以爲軍餉計者多方措處。加派二字，斷從蠲免。使天下曉然知上意仍欲生我而不終囂然零喪其樂生之心，此收拾人心之大竅會也。報聞。

《明實録》天啓二年九月〔壬寅〕陝西道御史馮英言：四方多事之秋，宜設額兵。大州縣可四百名，小者可三百名，募土著以充之，擇教師以教之，此有備無患之道。至糧餉實著，宜派之地畝。蓋以地方之兵，衛地方之民，以地方之餉，養地方之兵，約每畝加三四厘，而已充然有餘用矣。得旨：近來條陳兵食等事，多無著落。這所奏州縣增兵，即照地畝處餉，甚爲得宜，俱依擬行。

《明實録》天啓二年十月〔壬申〕南京户科給事中歐陽調律復請免加派。言：方今閭閻如洗，難完正賦，安暇加派？急在加派，仍逋在正賦。且恐有司迫於催檄，尤有挪正賦以應加派者，是所得於加者少，而所失於額者反多也。如謂免派，恐致誤餉，臣亦有説於此。在皇上以簡約爲節省，其道有四：一曰十庫當折，一曰金花銀兩應還部，一曰南京貢鮮宜減，一曰蘇杭織造當蠲。其在臣子以清楚爲節省，其道亦有四：一曰正賦宜催，一曰餉銀宜核，一曰榷政宜審，一曰冗濫宜裁。乞速敕廷臣從長計議，勿狃小利而忘大害。得旨：海内民艱，全在藩翰有司多方安戢。加派暫佐軍需，但能禁革火耗諸弊，便可不至重擾。前屢有諭旨，貢鮮薦京，織造服御，並十庫錢糧、金花銀兩，俱係内供急需，還照舊規解進。餘款有裨國計，該部酌議具奏。

《明實録》天啓六年閏六月 南京御史羅萬爵言：皇上下德音，罷復税之議，歡聲雷動。引而伸之，民間所苦，無如帶徵。惟正之供，已自不貲，遼餉之派，又不能少緩。民力止有此數，足於加派，必虧於正額，況兼之帶徵，骨盡而髓不繼矣。今帶徵即難概置，而催科要分緩急，與其使民分力於遠逋而虧額于本年之新餉正額，何如使民並力於正額新餉而薄責於帶徵。《書》曰：民爲邦本，本固邦寧。臣所爲引伸溥被者，計無先於此。得旨：停税奉有俞旨，帶宜頒示通衢，使商人望關津爲樂境。至帶徵錢糧，朕念無力有限，天啓元年以前，盡行蠲免。已徵在官者，即著扣算還民。侵在吏書者，不得復灑花户。元年以後，照常徵解。寬其舊徵以急其新，其本年各項正額，務要及期速完。仍刊定榜册，使百姓曉然共見共聞，知朝廷與民休息至意。

《明實録》天啓七年三月〔丙戌〕薊遼總督閻鳴泰言：密鎮災荒頻仍。原派解遼豆料二萬石，以舊日六錢三分之廉價，而責以陸運至關之長途，合時價而計之，每石約費銀一兩五六錢，小民皮骨幾何？寧能堪此？乞准照永鎮事例，量增價值，並改減折色，仍准寬限，運送天津交納海運到關。庶軍需不誤，小民亦幸常有生矣。疏下該部酌覆。

（清）查繼佐《罪惟録》志卷一〇《貢賦志》 則壤定賦，賦其所有。後世賦其所無，折解是也，于古三徵之義何居？國初黄册十年一造，册有丁有田，田有租，丁有役。田二等：官田、民田。租二等：夏税、秋糧。丁二等：成丁、未成丁。役三等：甲役、徭役、雜役。外有力役、僱役，計丁田爲差。此時用兵，當元末人民流離土地荒蕪之後，常不見不足。及其後也，雖隙地無不開墾，隻民無不科徵，而司農坐大困，以知用于所不必用之地，一人食之不稱一人之使。人率亂後多知樽節，而太平日久，甫見攢眉，立至敗槖，靡侈不收，勢使然也。按《周禮》冢宰制國用，此量入爲出之道也。自倉庫出數與日俱增，便思量出以爲入，入如其量猶可，至不可入，不能入，入非所入，而出數益增，每多意外，乃徒恃搜剔之智，加派之能，亦何濟哉？豈惟無濟，抑可危矣！至于財窮而國命因之，甲申之日，曲貨外戚，漸及商賈，嗟乎！好貨非君德，吾甚憂明季之不能好貨也哉！

歲額税糧。國初，總計天下税糧，共二千九百四十三萬石。十三年，詔減松蘇嘉湖重糧。用兵時，定制，民百畝出一夫。

景泰中，户部額京官折俸：文職季每三千五百八十九兩零，武職季每十二萬四千三百十二兩零。

弘治二年，天下歲徵税糧，凡三千六百三十二萬一千餘石。内三百二十萬九千石，折銀八十一萬四千餘兩。户田商税，除折米外，并船鈔料，折銀四十三萬九千餘兩。各鑛銀課，歲辦一十五萬一千餘兩，折鹽銀又數

萬兩。又各處糧税折徵一百三萬兩，雲南閘辦三萬餘兩，各鈔關船料四萬除兩，馬草折徵二十三萬餘兩，鹽課折徵二十餘萬兩。每年出數，送内庫預備成造等項銀十萬兩，或益至二十萬兩。給散軍官俸銀三十三萬餘兩，各邊年例四十餘萬兩。奏納加添在外，聖誕千秋等節用三十九萬兩，親王王妃公主及上用銀盆水□儀仗等，或至十三萬七千餘兩。正德以後，天下夏秋税糧，大約二千六百六十八萬四千石，凡給禄親王三十、郡王二百十五、鎮國將軍至中尉二千七百零、主君五等、疎庶人、罪庶人五萬，文職二萬四百零，武職十萬零，衛所七百七十二旗、軍八十九萬六千餘，廩膳生員三萬五千八百二十名，吏五萬五千餘，各項俸糧，約數千萬。

太倉每年入數以下崇禎中額數

順天府歲額八項，夏税、秋糧、馬草等銀，除解邊併解薊鎮外，餘解太倉，及户口、鹽鈔、屯牧、協濟旅順、昌平、巡按、巡關、屯田、臟罰。共解銀二萬八千三百五十九兩零。永平府歲額七項，稻草折香火地土協濟昌平旅順兵餉吏農班銀荒地銀魚課商税課程等銀共解銀一千六百四十三兩零。保定府歲額五項，草銀、鹽鈔、旅順兵餉、昌平銀、巡撫臟罰。共解銀五千七百七十七兩零。河間府歲額五項税糧草銀、錢鈔銀、備邊充餉子粒、旅順兵餉、昌平州銀。共解銀二萬二千八百一十八兩零。真定府歲額六項，草銀税糧、鹽鈔銀、備邊充餉子粒銀、旅順兵餉、昌平州銀、巡按臟罰。共解銀三萬六千六百四十兩零。順德府歲額五項，税糧草銀、鹽鈔銀、備邊充餉、旅順兵餉、昌平州銀。共解銀一萬五千二百五十兩零。廣平府歲額四項，税糧草銀、鹽鈔銀、備邊充餉、旅順兵餉、昌平州銀。大名府歲額五項，税糧草銀、鹽鈔銀、備邊充餉、旅順兵餉、昌平州銀。共解銀七萬四千四百四十七兩零。應天府歲額十二項，米折、麥折、草折、光禄寺改解米折、南光禄寺改解濟遵稻穀銀、高淳溧水縣漕銀永折、督撫存省等銀、巡撫臟罰并節省等銀。共解銀五萬六千三百三十七兩。安慶府歲額九項，米折、草折、農桑絲絹折、户口鹽鈔銀、富户銀、昌平州銀、商税、黄蠟折色、黄蠟折色扣價。共解銀五千三百七十五兩零。徽州府歲額八項，米折、麥折、富户富平改價、白臘顔料扣價、徽安道臟罰。共解銀二千三百一十三兩零。寧國府歲額十項，米折、草折、改解米折、户口鹽鈔、富户、昌平黄蠟折色、并扣價、油漆扣價、寧大道臟罰。共解銀二萬三千一百九十五兩零。池州府歲額九項，米折、麥折、草折、改價来折、農桑絹折税、絲絹折、户口鹽鈔、昌平州銀、商税。共解銀八千八百八十一兩零。太平府歲額十項，米折、麥折、草折、絲綿絹折、户口鹽鈔、富户銀、昌平州銀、魚課門攤商税、黄蠟折色共解銀九千七十九兩零。廣德州歲額四項，米折、草折、户口鹽鈔、昌平州銀。共解銀一萬一十二兩零。蘇州府歲額十三項，府部院等衙門米折、公侯禄米折、派剩米折、漕糧米折、南光禄改解濟邊米折、草折、布折、鹽鈔、黄蠟折、并扣價、巡按臟罰。部省吏廩、蘇松道臟罰。共解銀十五萬一千一百六十九兩零。松江府歲額十二項，府部院衙門米折、公侯禄米折、宗人府派剩米折、又内扣銀、榮昌壽寧兩公主銀、布折、草折、鹽鈔、富户、黄蠟折色、黄蠟内扣。共解銀五萬一百一十九兩零。常州府歲額十一項，府部院衙門米折、公侯禄米折、宗人府派剩米折、布折、草折、鹽鈔、絲綿絹折、農桑絹折、黄蠟折、防夫銀、常鎮道臟罰。共解銀四萬九千五百六十四兩零。鎮江府歲額九項，米折、麥折、草折、絲綿折、農桑絹折、鹽鈔、富户銀、黄蠟折、蠟茶扣價。共解銀三千二百九十九兩零。廬州府歲額九項，麥折、草折、絹折、鹽鈔、富户銀、協濟、昌平、黄蠟折、蠟茶扣剩、顔料餘銀。共解銀三千四百三十四兩。鳳陽府歲額十二項，漕糧米折、麥折、草折、絹折、税絲絹折、鹽鈔、有閏富户、黄蠟折、及扣價、顔料扣價、商麯税契裁掣書吏廩給、鳳陽巡撫濟邊、臟罰助工臟罰銀。共解銀一萬六千二百一十五兩。淮安府歲額十三項，米折、漕糧米折、麥折、草折、絹折、鹽鈔、黄蠟折、并扣剩、淮揚巡按臟罰、裁掣書吏廩給、巡漕御史裁掣書吏廩給、潁淮揚三道濟邊臟罰助工臟罰。共解銀二萬七千九百一十二兩。有閏加一千八百兩零。揚州府歲額七項，漕糧米折、草折、絹折、鹽鈔、富户、黄蠟折、黄蠟扣價。共解銀一萬八千七百五十一兩零。徐州歲額五項，草折、税絲銀、農桑銀、鹽鈔、顔料餘扣。共解銀六千五百六十六兩零。滁州歲額五項，派剩米折、絹折、草折、鹽鈔、顔料扣價。共解銀六百九十四兩零。和州歲額五項，米折、草折、絹折、鹽鈔、勳臣餘田陞科備邊。共解銀五百四十三兩零。浙江歲額十三項，米折、草折、黄白蠟折、黄蠟扣價、綿絹折、鹽鈔、協濟昌平、富户、曆日吏承班銀、京書吏廩給、額解臟罰、蠟茶扣價。共解銀六萬一千二百三兩零。江西歲額十二項，派剩米折、農桑絲綿絹折、苧布折、課鈔銀、有閏協濟昌平、富户、黄蠟折、白蠟折、撫按臟罰、南贛巡撫臟罰。共解銀六萬七千二十九兩零。湖廣歲額十三項，漕折、派剩米折、協濟昌平、富户□□湖課乾魚折、黄白蠟折、撫臣臟罰、鄖陽巡撫臟罰、京書空廩。共解銀八萬一千七百三十三兩零。福建歲額六項，屯折、昌平州銀、蠟茶扣價、黄鴻折色、撫按臟

罰。共解銀二萬九千六百二十六兩零。山東歲額十四項；絲綿農桑絹折稅銀、糧草折、黃蠟折、其定小麥扣價、户口、鹽鈔、神樂觀麥米折、供用庫豆草銀、酒醋麵局麥豆銀、司苑局草豆銀、薊州鎮布花銀、密雲鎮米豆銀、永平鎮麥米銀、昌平鎮米豆草束銀、易州鎮麥米黑豆布花銀、□折銀。共解銀四十八萬九千八百一十二兩零。河南歲額十項，漕折、稅糧、草鈔、薊州、密雲、永平、昌平、易州、黃蠟折色、撫按贓罰。共解銀四十二萬二千一百六十四兩零。陝西歲額八府一州總糧銀九十七萬七百三十二兩零，除減等參罰，實該銀八十一萬七千七百七十四兩零。近留充延寧甘固軍餉四川歲額四項，協濟昌平、富户、扣剩茶價、顏料扣價。共解銀一千二百五十七兩零。廣東歲額五項，鐵稅、協濟昌平、黃白蠟折、撫按贓罰。共解銀一萬六千一十六兩。廣西歲額三項，魚課、酒稅銀、撫院贓罰銀。共解銀二千六百三十三兩零。

以上直隸十省，共解銀二百四十三萬一千七百三十兩零。

漕糧米額數京省輕賫在外

應天府十二萬八千石，安慶府六萬石，寧國府三萬石，池州府二萬五千石，太平府一萬七千石，廣德州八千石，蘇州府六十九萬七千石，松州府二十三萬二千九百五十石，常州府一十七萬五千石，鎮州府十萬二千石，廬州府一萬石，鳳陽府六萬三百石，淮安府十萬四千一百五十石，揚州府九萬七千石，徐州四萬八千石，浙江六十三萬石，江西二十七萬石，湖廣二十一萬二千二百六十五石零，山東合正兑改兑共三十七萬五千六百石，河南三十一萬石。

以上五省共漕米一百七十九萬八千八百六十五石零。南直隸及五省共漕米三百五十六萬二千二百六十五石零。

邊餉解數

順天府解各鎮密雲、薊州、永平、昌平、宣府，共銀四萬四千七百五兩零。永平府解鎮銀四千五百五兩零，邊倉粟米二萬五千二百八十四石，草折米八千四百石，正耗草二十四萬二千八百八十二束。保定府解各鎮易州、宣府、薊州、昌平，共銀六萬二千一十四兩零。河間府解各鎮薊州、密雲、永平、昌平、宣府，共銀三萬一千五百九十四兩零。真定府解各鎮永平、昌平、井陘、宣府，共銀四萬二千六十八兩零。順德府解各鎮永平、昌平、宣府，共銀二萬九千五百八十九兩零。廣平府解各鎮薊州、密雲、永平、宣府、昌平，共銀四萬二千一百五十一兩。大名府解各鎮薊州、密雲、永平、昌平、宣府、真定、天津，共銀九萬八千九百八十二兩零。山東解各鎮宣府、遼東、天津倉、真定府通濟庫，共銀四十三萬五千八百六十九兩零。山西解各項折絹銀，本省鎮夏稅秋糧馬草腳價銀，宣大二鎮夏稅秋糧馬草腳價銀，及二鎮本色糧，共銀一百七萬十千五百六十二兩零，共米麥豆三萬一千七百八十五石零。河南解各項宣府鎮、天津倉布花銀京糧庫料草銀共二十六萬八千二百四十四兩零。四川解歲額松潘、建昌、威茂、遵義、馬鎮、黎鎮，共銀五十三萬六千九百三十二兩零。

以上北直隸四省共解邊餉二百六十七萬四千二百四十三兩零。

光禄寺雜糧廚料銀米入數原額該收銀二十四萬三千三百一十八兩零。

北直隸順天、保定、河間、真定、順德、廣平、大名七府，共解光禄寺銀二萬五千九百三十九兩。南直隸應天、安慶、徽州、寧國、池州、太平、蘇州、松江、常州、鎮江、廬州、鳳陽、淮安、揚州十四府，廣德、徐、和三州，共解光禄寺銀九千九百六十一兩零。蘇松白粳糯米共三萬九千四百七十八石。浙江二千九百八兩零。江西三千八十八兩零。湖廣六千一百四十四兩零。福建五千九百一十三兩零。山東四萬四千三百三兩零。山西一千七十三兩零。河南五萬一十三兩。四川一千六百六十九兩零。廣東三千五百一十八兩零。

以上九省共解光禄寺銀十一萬八千六百二十九兩零，合兩直隸共十五萬四千五百二十九兩零。

京糧京庫銀入數

順天府稅糧馬草銀九千八百一十三兩零，京糧廳粟穀折銀五十五兩，保定府豆草銀一萬五千二百三兩，河間府一萬四千一百六十二兩零，京糧廳蜀秫一百一十六石，真定府一萬九千六百六十二兩零，順德府九千二百一十九兩零，廣平府一萬九百六十九兩，國子監麥銀一百四十兩，大名府一萬八千八兩零，太常寺麥銀一百兩，松江府粳米二千石，常州粳米三千石，山東京庫銀約一十一萬四千六百九十六兩不等。

以上合京省共解京庫銀二十萬三千四百二十三兩零，米秫共五千一百一十六石。

承運庫金花銀并雜解入數金花銀初解南武俸，正統中改解。

徽州府二萬三千二百五十兩零。蘇州府一十九萬六千一百八十八兩零，黄白絹一萬二千五百五十五疋。松州府八萬三千六百七十一兩零，廳府部院粳米一萬九千八百十五石零。常州府八萬五千九百八十三兩零。浙江一十六萬九千六百三十五兩零，黄白絹九萬七千三百六十五疋。江西二十五萬七千四百八十三兩零，絹六千九百七疋一丈五尺。湖廣一萬八千兩，黄絹二萬二千八百九十三疋零。福建七萬八千五百兩。山西農桑絲絹三千八百三疋。廣東十萬兩。係米四十萬石所折。廣西苓苓香一千觔天啓四年免。貴州硃砂一十六斤八兩尚有内承運庫舊定額。

以上南直隸四府及八省共解金花銀一百一萬二千七百一十兩零，絹十二萬七千一百六十疋零，香一千斤，硃砂一十六斤八兩，米一萬九千八百一十五石零。

甲字庫雜解人數

凡銀硃：應天府四千六百七十一斤零，安慶府三千九百一十五斤，徽州府五萬五百五十七斤零，寧國府二千九百二十九斤零，池州府二千八百五斤零，太平府三十三斤零，廣德州九千九百三十二斤零，蘇州府六千六百三斤零，常州府二萬一千五百四十斤六錢六分六釐六毫，鎮州府五千七百一十七斤零，廬州府五十斤二兩，鳳陽府一萬一千九百六十三斤零，淮安府一萬一千三百三十六斤零，揚州府五千七百六斤零，徐州一萬一千三百二十四斤零，滁州四千一十五斤十四兩，和州三千八百一十五斤零，浙江一萬一千八百斤零，江西一萬七千二百二十斤零，湖廣一萬三千一百六十三斤零，福建一千七百四十七斤，四川七千五百二十一斤零。

凡水銀鉛礬紅花：福建黑鉛一千一百九十五斤；山東紅花三萬斤，鉛礬等料九萬六千五百五十斤；山西黑鉛一千八百九十五斤零，緑礬八千七百三十九斤八兩，明礬四千九百四十八斤十二兩；廣東硃鉛九千七百五十六斤；貴州水銀二百二十九斤。

以上南直隸十省，共解硃、鉛、水銀、各礬等料，合三十四萬一千九百二斤零。

凡各色布：蘇州棉布一十四萬疋；松江二三梭布三萬三千疋，闊白棉布九萬九千七百七十四疋；常州棉布四萬疋；江西苧布四萬七百四十四疋；山東棉布二萬疋；河南棉布六萬二千六百三十七疋。

以上合三府三省，共解各色布四十三萬六千一百五十五疋。

凡光粉等料：山西一千九百八十斤，河南八萬二千七十五斤零。

以上合二省，共解光粉等料八萬四千五十五斤零。

凡紫草：福建四百二十斤。五倍子：福建五百三十一斤八兩，山西五百三十一斤。茜草：山西一百一十六斤。烏梅：福建四千一百六十二斤。水膠：山西三萬二千斤。黄丹：山西一萬七百五十三斤八兩。

以上合二省，共解雜料四萬八千五百一十四斤。

丙字庫雜解入數

凡棉花：保定府九千五百七十四斤零，河間府三萬四千六百四十七斤零，順德府五千三百五十五斤，廣平府一萬四千五百八十四斤，大名府二萬五千一百二十五斤。又浙江、河南棉花絨、池揚土絲綿及絲若干。

以上北直隸五府共解棉花八萬九千二百八十五斤零。

凡棉花絨：順天府九千三百四十九斤，真定府三萬五千三十三斤，山東一十一萬一千九百八十四斤零，河南一十三萬斤本折各半

以上合兩府兩省，共解棉花絨二十八萬六千三百六十八斤。

凡絲：保定府二百二十四斤。凡絲棉：浙江三百七十二斤八兩。

以上合一府一省，共絲與絲棉五百九十六斤。

丁字庫雜解入數

凡桐油等料：安慶府九千三百五十六斤，徽州府一萬三百四十斤，寧國府一萬八百斤零，太平府七千四十八斤，蘇州府一萬七千三百九十斤零，鎮州府一萬一千四百五十二斤零，廬州府七千九百三十三斤十二兩，滁州一千七百二十九斤八兩，福建五千一百六十斤，四川二萬三千四百九十九斤。

以上合七府一州二省，共解桐油等料十萬四千七百七十斤零。

凡黄熟銅：池州府三千三百九十斤，鳳陽府五千三百一十二斤，淮安府五千一百七十三斤零，揚州府三千三百七十六斤，福建一千三十七斤，山西二千七百三十八斤，河南八千一百七十六斤。

以上合四府三省，共解黄熟銅等料二萬九千二百二斤。

凡水牛角：廣德州一百二十四副，徐州六十六副，鎮江府一百二十五副，滁州一百八十三副，和州一百二十五副，福建三百一十五副，浙江

三百一十四副。

以上合四州一府二省，共解水牛角一千二百五十二副。

凡黄牛皮：廣德州三十七張，蘇州府六十張，常州府一百二十五張，鳳陽府三十七張，淮安府八十五張，揚州府三十八張，徐州三十六張，滁州三十六張，和州三十七張，山西八十五張。

以上合五府四州一省，共解牛皮五百七十六張。

凡油漆銅鉛等料：浙江油漆五萬二百八十九斤，江西生漆三萬七百三十二斤零，湖廣生漆二萬四千九百六十六斤，福建生漆一萬一百六十六斤，廣東生漆銅鉛等料二萬四千一百四十八斤。

以上合五省，共解油漆銅鉛等料十四萬三百斤。

凡銅錫等料：應天府生銅二千六百五十五斤，福建錫一千五百九十斤，山東銅錫等料七千九百一十四斤，山西錫一千三百五十斤、生銅七百四十斤。

以上合一府三省，共解銅錫等料一萬四千二百四十九斤。

凡黄蠟：福建一千一百五十一斤，山西一千四百三十五斤。

以上合二省，共解黄蠟二千五百八十七斤。

凡芝蔴：順天府八百十四石零，保定府五百三十石，河間府六百七十五石，真定府八百二十石，順德府八百六十七石令，廣平府六百七十五石零，大名府一千三百五十石，山東三千四百八十一石零，河南三千七百九十八石。

以上合七府二省，共解芝蔴一萬三千十石零。

凡蠟茶：安慶府四千四百七十七斤，寧國府四千八百五十六斤，太平府四千七百五十六斤，蘇州府八千九百八十三斤，鎮州府四千六百二十五斤，廬州府四千三百七十七斤，鳳陽府四千六百一十五斤，淮安府四千五百七十四斤，揚州府五千五百一十五斤，四川五萬六千七百九十斤。

以上合九府一省，共解蠟茶十萬三千五百七十八斤。

凡黄白蠟：松江府三千一百七十九斤，常州府四千八十斤，浙江一萬六千二百七十斤，江西二萬四千五百七十八斤，湖廣一萬三千三百六十一斤，福建二萬三千二百四斤，山東二萬二千四百八十三斤，河南二萬二千四百八十三斤，廣東二萬四千三斤，貴州一千二百五十三斤零。

以上合二府八省，共解黄白蠟十五萬四千九百一斤。

凡茶芽、茶：松州府芽茶一千二百斤，茶葉一千二百斤。常州府芽茶二千一百斤，茶葉一千三百斤。浙江茶一萬二千四百五十二斤零。

以上合二府七省，共解茶芽、茶五萬七千一百八十一斤。

凡白粳米：蘇州府一萬五千九百石，松江府一萬七千三百五十二石，常州府一萬七千二百石。

以上合三府，共解白粳五萬四百五十二石。

府部院衙門粳米數

蘇州府米一萬五千三百五十三石零，松江府米一萬七千八百一十五石零，常州府米七千一百八石零。

大同王府禄米糧銀數

山西米九十二石，銀四萬四千八百五十三兩零。

瑞惠桂三王禄米數

蘇州府米四千石。

通濟庫入數

河南布花銀六千五百一十兩。

寶鈔局

順天府香油四十五斤，折銀一十五兩。

惜薪司

永平府棗兒一萬五千七十斤，折銀三百九十兩。又白熟糯米

酒醋麵局

永平府稻皮一百五十石，河間府稻皮一百五十石，真定府稻皮二百石，蘇州府粳米三千三百石，松江府白熟糯米萬千五百石、麥豆萬四千零、麵十八萬八千零。

內官監

蘇州府米四千二百五十石，常州府米六千八百七十五石、細米一千八百七十石、舊白青鹽十三萬四千五百斤。

犧牲所

常州府糯稻穀二百五十石。

南京庫

湖廣白布花絨准米十萬五千石，各衛倉米二十六萬石即南糧。

協濟

湖廣解安慶米四萬石，廬州米五千石，廣西折銀米二萬石每石三錢五分，貴州折銀米十萬二千四百石每石三錢，廣東解廣西梧州倉米五萬石。

子粒

順天府進宫馬房子粒銀共五萬七千五百八十六兩零，三王及勳戚養膳子粒銀五萬四百七十三兩零。保定府進宫子粒銀一千八百七十四兩零，三王養膳子粒銀二千一百三十七兩，勳戚給爵銀八千二百八十八兩零。河間府進京子粒銀九千八百七十三兩零，勳戚給爵銀四千一百七十三兩零。真定府進宫子粒銀八千一百兩零，勳戚給爵銀一萬三千一百一十六兩零。順德府進京子粒銀二千九十九兩零。勳戚給爵銀六百六十一兩零。廣平府進京子粒一百六十七兩，勳戚給爵銀四十八兩零。大名府勳戚給爵銀二千三十一兩零。【略】

銀礦

洪武中，廉州巡檢王德亨請以兵開階州界西戎處水銀坑冶及青緑紫泥應用，上不可。又衛軍丁成請開陝州銀礦，上曰：言利之人，皆戕民之賊。朕聞故元誤聽開豐城之礦，取辦經久，地產既竭，虛額猶存，逃亡刼奪，所害不淺，其嚴絶之。成化中，科臣郭鏜請開河南諸礦，旋閉之。又户書楊鼎請開，復閉之。按礦氣特盛青兗之間，上礦九煎，次五煎、三煎，多寡不等。神宗時誅索太甚，民以益奸。

按：舊制無收船鈔例，始自景泰，每船百料，納鈔十五貫。尋以鈔法不行，商少暫停。成化二年，復收湖廣金沙洲、江西九江船鈔。九年復設九江、蘇州三府鈔關，尋合清河、西務、滸墅、九江、淮安、揚州、杭州、金沙洲八處，內九江、西務、杭州、金沙税貨，餘止税船料，後更增添不一而足。

《清代巴縣檔案彙編·賦税》 工户房典吏趙良圖、張文魁爲稟請恩示，以便遵行事。

情乾隆三十六年渝關寄庫木税銀兩，奉文支發重忠二屬經過餉鞘夫價，梁山縣領銀四百兩，永川縣領銀三百兩，長壽縣領銀四百兩，墊江縣領銀五百兩，巴縣支銀四百兩，以上各屬領銀二千兩，俱有□□卷。今曾主離任交代時，諭令此項銀兩業已墊解，應當扣回。所有應交存庫，壁山幫站□冷磧夫價二項銀內，扣去一千六百兩，户房有案。隨經曾主備文各屬移取歸還庫項□□。今各屬俱復，此項銀兩係奉文支給夫價，並非借項，業已報銷在案。移稱，曾主既經墊項批解，應赴藩庫領回。是以書等查係奉文動支，應否報銷抵免，毋庸申解，□□墊解宜速詳明請領，勿待歧誤。爲此，稟明恩示，祈將各屬移復緣由移明曾主，以便辦領〔缺六字〕文支發重忠二屬卷宗携帶赴省辦理報銷。理合稟乞太爺臺前衡奪示下遵行。

《清代巴縣檔案彙編·賦税》 沐恩吏書張文魁，爲遵批稟請飭辦事。

緣書前月役滿，蒙恩賞準歸家調治母恙。斯時尚未恙愈，於七月二十八日有經書梁思武抄工書具稟，云前曾主移交扣墊支重忠二屬餉鞘夫價銀兩。今奉局憲札查作何歸款等語。沐批：候傳張文魁赴案辦理可也。書見恩批例應至渝辦理，曷敢抗延。今因母恙未愈，書受暑疾，現在調治，難以赴轅查辦。但去年五月間，曾主離任，應扣應還銀兩，係各房逐叙開帳至書户房統造移交。况此項墊支重忠二屬餉鞘夫價銀兩，係工書季汝慧經手，開叙云前曾主截留木税墊支餉鞘夫價銀二千兩内，有一千六百兩係永川、長壽、墊江、梁山四縣解還歸款，巴縣應還銀四百兩。迨後，曾主札軍需紳士簡潔等□銀四百兩，又將壁山縣幫白市驛凱站夫價銀一千五百三十四兩，尚不敷抵扣銀六十六兩，又將地丁及雜項扣足，俟各州縣解□還歸款。恩主接任，查案專守催各州縣移復已歸人報銷，不應解還，工書稟請移明曾主在案。僅永川解到銀一百五十兩，係工書季汝慧彈收貯庫。迨後恩諭工吏應還地丁銀六十六兩彈存署内（那）〔挪〕用，有工房庫簿可稽，今奉大憲札查應還，恩示轉飭工書季汝慧查案是何截留木税，曾主作何扣抵，書並非推卸辭責，况一切卷宗係伊工房之案内，不過將書户房那〔挪〕地丁雜項扣銀六十六兩止已恩諭彈存署内。其各州縣移稱歸入報銷，尚未行知。是否應還，工書深知。今籍故混稟推卸，是以晰陳稟明恩電。爲此，伏乞恩主臺前電鑒施行。縣正堂批：爾辦事素稱明白，着即赴縣查辦，往返不過三四日，毋得推延。

《清代巴縣檔案彙編・賦税》户、工房典吏朱良銀、趙良圖爲遵批查稟事。

緣乾隆三十六年趙主任内動支木税銀五千兩，於軍興告竣查辦報銷。收支册内報銷局駁飭漏造三十七年二月内代辦縣事李主任内請領銀二千五百兩，轉發重忠二屬經過餉鞘夫價州縣。趙主任内請領銀二千五百兩給發，初次碾運卧龍關軍米旱脚銀兩，係於木税銀兩抵領。此項銀兩，故未奉札提解。查李主任内銀二千五百兩，江津領銀四百兩，梁山領銀四百兩，墊江領銀五百兩，永川領銀三百兩，其餘銀九百兩巴縣支發運送餉鞘及火藥鉛彈夫價。巴縣報銷册已將四縣分領銀數列入開除項下。此項銀兩，應聽各縣自行報銷，毋庸移催還項。孰意曾主離任，恩主榮昇，所辦移交否知户房典吏張文魁於何案内查出木税銀兩係曾主墊解，應將各縣所領銀兩移催，以還壁山幫貼之項。各縣俱已移明報銷在案，惟永川僅移還銀一百五十兩，以致報銷局札查，是以援情稟明仁恩，票唤張文魁到案確查係在於何案查出所辦，使案早得歸結。理合稟乞太爺臺前查核批示施行。　縣正堂批：趙良圖糊涂而兼滑懶，原非辦事之人，候傳張文魁赴案指示爾等辦理可也。

《清代巴縣檔案彙編・賦税》　爲移知事。

案查乾隆三十六年渝關寄庫木税銀兩，奉文支發重忠二屬經過餉鞘夫價銀二千兩，梁山縣移領銀四百兩，永川縣銀三百兩，長壽縣銀四百兩，墊江縣銀五百兩，巴縣銀四百兩，前經貴縣備文專差移取去後。兹準梁山縣移稱，此項銀兩撥解餉鞘，以作夫價支用，造册報銷在案。是以此項銀兩統歸藩庫於軍需項下開銷，無庸移還歸款。墊江縣移稱，此項銀兩乃係奉文請領支給關價，並非□□業已報銷在案。貴縣既經墊出批解，應赴藩庫領回歸〔款〕。〔長壽〕縣移稱，此項銀兩，原奉軍需局憲檄飭領支，並非通融挪借之項，應付餉鞘已入舊案造册報銷。永川縣移稱，敝縣局内軍需現欠在民，除俟收〔缺四字〕另文移解外，各等由。准此，擬合移知。爲此合移貴縣，請煩查照迅賜移復，以便遵辦。伫切，伫切。須至移者。

右移江津縣全銜

《清實録》同治五年八月　庚寅，諭内閣：户部奏，申明定章，請飭遵辦一摺。向來各省徵存各庫，暨報銷餘賸，交代實存，並一切覈減還借扣完應繳等款，自道光三年嚴定章程，均應按季列册，報部覈銷，立法極爲周備。乃各該省歷任藩司，奉行日久，視爲具文，並不依限報部，以致積案愈多，概歸懸宕。即如江、安等省，未經報銷各款，自道光四年起至同治三年八月，積壓將及千萬兩之多，虧帑長奸，莫此爲甚，若不申明舊例，嚴定處分，何以挽積習而清弊竇。除同治三年八月以前舊款，前已加恩豁免外，著兩江總督、漕運總督、江蘇安徽各巡撫嚴飭各該藩司，迅將豁免以後各款，登記銀兩，查明有無報撥之項，即行造册咨部，以憑覈辦，嗣後此款銀兩，如已解司即列入季册，按半年定限，入撥查銷。未解司者，嚴飭催提入撥，不准久存屬庫，致滋流弊。如各該藩司等仍敢任意延玩，遺漏造册，即著該部查明，嚴行參處。

金融法制總部

貨幣法制部

先秦分部

論説

《管子・權修》　凡牧民者，以其所積者食之，不可不審也。其積多者其食多，其積寡者其食寡，無積者不食。或有積而不食者，則民離上；有積多而食寡者，則民不力；有積寡而食多者，則民多詐；有無積而徒食者，則民偷幸；故離上不力，多詐偷幸，舉事不成，應敵不用。故曰：察能授官，班禄賜予，使民之機也。野與市争民，民務本業，則野與市争民。家與府争貨，下務藏積，則家與府争貨。金與粟争貴，所寳惟穀，故金與粟争貴。鄉與朝争治。官各務其職，故鄉與朝争治。故野不積草，農事先也；府不積貨，藏於民也；市不成肆，家用足也；朝不合衆，鄉分治也。故野不積草，府不積貨，市不成肆，朝不合衆，治之至也。

《管子・乘馬》　黄金者，用之量也。辨於黄金之理，則知侈儉。知侈儉，則百用節矣。故儉則傷事，侈則傷貨；儉則金賤，金賤則事不成，故傷事。侈則金貴，金貴則貨賤，故傷貨。貨盡而後知不足，是不知量也；事已而後知貨之有餘，是不知節也。不知量，不知節，不可謂之有道。

《管子・八觀》　行其山澤，觀其桑麻，計其六畜之産，而貧富之國可知也。夫山澤廣大，則草木易多也。壤地肥饒，則桑麻易植也。薦子見反。草多衍，則六畜易繁也。薦，茂草也。莊周曰：麋鹿食薦。山澤雖廣，草木毋禁；壤地雖肥，桑麻毋數；薦草雖多，六畜有征，征，賦。閉貨之門也。無貨可出，若閉門然。故曰：時貨不遂，時貨，謂穀帛畜産也。金玉雖多，謂之貧國也。故曰：行其山澤，觀其桑麻，計其六畜之産，而貧富之國可知也。

《管子・國蓄》　國有十年之蓄，而民不足於食，皆以其技能望君之禄也。君有山海之金，而民不足於用，是皆以其事業交接於君上也。故人君挾其食，守其用，據有餘而制不足，故民無不累於上也。五穀食米，民之司命也；黄金刀幣，民之通施也；故善者執其通施，以御其司命，故民力可得而盡也。【略】

凡五穀者，萬物之主也。穀貴則萬物必賤，穀賤則萬物必貴，兩者爲敵，則不俱平。故人君御穀物之秩相勝，而操事於其不平之閒。秩，積也。食爲人天，故五穀之要可與萬物爲敵，其價常不俱平，所以人君視兩事之委積，可彼此相勝，輕重於其閒，則國利不散也。故萬民無籍，而國利歸於君也。夫以室廡籍，謂之毁成。小曰室，大曰廡，音武。是使人毁壞廬室。以六畜籍，謂之止生。畜，許救反。是使人不競牧養也。以田畝籍，謂之禁耕。是止其耕稼也。以正人籍，謂之離情。正數之人，若丁壯也。離情，謂離心也。以正户籍，謂之養贏。贏，謂大賈畜家也。正數之户，既避其籍，則至浮浪爲大賈畜家之所役屬增其利耳。五者不可畢用，故王者徧行而不盡也。故天子籍於幣，諸侯籍於食。中歲之穀，糶石十錢。大男食四石，月有四十之籍；大女食三石，月有三十之籍；吾子食二石，月有二十之籍。歲凶穀貴，糴石二十錢，則大男有八十之籍，大女有六十之籍，吾子有四十之籍。按古之石准今之三斗三升三合，平歲每石税十錢，凶歲税二十者，非必税其人，謂於操事輕重之間約收其利也。是人君非發號令收嗇而户籍也，彼人君守其本委謹，而男女諸君吾子無不服籍者也。嗇，斂也。委，所委積之物也。謹，嚴也。言人君不用下令税斂於人，但嚴守利途，輕重在我，則無所逃其税也。一人廪食，十人得餘；十人廪食，百人得餘；百人廪食，千人得餘。夫物多則賤，寡則貴；散則輕，聚則重。人君知其然，故視國之羡不足而御其財物。穀賤則以幣予食，布帛賤則以幣予衣，視物之輕重而御之以准。故貴賤可調，而君得其利。前有萬乘之國，而後有千乘之國，謂之抵國。前有千乘之國，而後有萬乘之國，謂之距國。壤正方，四面受敵，謂之衢國。以百乘衢處，謂之託食之君。千乘衢處，壤削少半，萬乘衢處，壤削太半。何謂百乘衢處託食之君也？夫以百乘衢處危懾圍阻千乘萬乘之閒，夫國之君不相中，舉兵而相攻，必以爲扞格蔽圉之用，有功利不得鄉。大臣死於外，分壤而功，列陳繫纍獲虜，分賞而禄，是壤地盡於功賞，而税臧殫於繼孤也，是特名羅於

爲君耳。無壤之有，號有百乘之守，而實無尺壤之用，故謂託食之君。然則大國内款，小國用盡，何以及此？曰：百乘之國，官賦軌符，乘四時之朝夕，御之以輕重之准，然後百乘可及也。千乘之國封，天財之所殖，械器之所出，財物之所生，視歲之滿虛，而輕重其禄，然後千乘可足也。萬乘之國，守歲之滿虛，乘民之緩急，正其號令，而御其大準，然後萬乘可資也。玉起於禺氏，金起於汝漢，珠起於赤野，東西南北，距周七千八百里，水絶壤斷，舟車不能通，先王爲其途之遠，其至之難，故託用於其重，以珠玉爲上幣，以黄金爲中幣，以刀布爲下幣。三幣，握之則非有補於煖也，食之則非有補於飽也，先王以守財物，以御民事，而平天下也。

《管子・揆度》 管子曰：善爲國者，如金石之相舉，重鈞則金傾。故治權則勢重，治道則勢贏。今穀重於吾國，輕於天下，則諸侯之自泄，如原水之就下。故物重則至，輕則去。有以重至而輕處者，我動而錯之，天下即已於我矣。物臧則重，發則輕，散則多，幣重則民死利，幣輕則決而不用，故輕重調於數而止。

《管子・輕重乙》 武王問於癸度曰：賀獻不重，身不親於君，左右不足友，不善於群臣，故不欲收穡户籍而給左右之用，爲之有道乎？癸度對曰：吾國者衢處之國也，遠秸之所通，游客蓄商之所道，財物之所遵，故苟入吾國之粟，因吾國之幣，然後載黄金而出。故君請重重而衡輕輕，運物而相因，則國筴可成。故謹毋失其度未與民可治。武王曰：行事奈何？癸度曰：金出於汝漢之右衢，珠出於赤野之末光，玉出於禺氏之旁山，此皆距周七千八百餘里，其涂遠，其至阸，故先王度用於其重，因以珠玉爲上幣，黄金爲中幣，刀布爲下幣。故先王善高下中幣，制下上之用，而天下足矣。【略】

故五穀粟米者，民之司命也。黄金刀布者，民之通貨也。先王善制其通貨，以御其司命，故民力可盡也。【略】

桓公曰：强本節用，可以爲存乎？管子對曰：可以爲益愈，而未足以爲存也。昔者紀氏之國强本節用者，其五穀豐滿而不能理也，四流而歸於天下。若是，則紀氏其强本節用，適足以使其民穀盡而不能理，爲天下虜，是以其國亡而身無所處。故可以益愈，而不足以爲存。故善爲國者，天下下，我高。天下輕，我重。天下多，我寡。然後可以朝天下。

《墨子・經説下》 買，畢讀買刀句，誤。刀糴相爲賈。《説文》入部云糴，市穀也。畢云：刀謂泉刀。刀輕則糴不貴，句。刀重則糴不易。張云：易，輕也。刀輕則賤其糴以稱輕，刀重則貴其糴以稱重，所謂反賈。王刀無變，張云：王者所鑄，故曰王刀。糴有變，句。歲變糴，則歲變刀。張云：以糴權刀，則刀亦變。按：張説是也。此言糴之貴賤，每歲不同，則刀之重輕亦隨而變。

《商君書・去强》 金生而粟死，粟死而金生。本物賤，事者衆，買者少，農困而姦勸，其兵弱，國必削，至亡。金一兩生於竟内，粟十二石死於竟外。粟十二石生於竟内，金一兩死於竟外。國好生金於竟内，則金粟兩死，倉府兩虚，國弱。國好生粟於竟内，則金粟兩生，倉府兩實，國彊。

（宋）羅泌《路史》卷三二《發揮・論幣所起》 傳曰：君有山，山有金，以金立幣，以幣準穀。而受禄而國穀，斯在上矣。金木水火土，天之五財，與天俱生，與物偕行，民並用之，廢一不可。民知飲食、衣裳之用，而貨幣作。貨幣作而天下通，聖人守之，所以爲治也。則其勢之來，其當生民之物乎。昔商之民，有無飦而儥子者，湯以莊山之金制幣贖之。夏之民有無飦而儥子者，禹以歷山之金制幣贖之。而沈演論布，以謂興於周代。班固、桓譚皆謂夏商靡記，何邪，《易》稱神農氏聚天下之貨交易而退，是貨幣出於炎帝之前矣。

（明）王樵《尚書日記》卷五《禹貢》 金三品之貢，蓋古者以珠玉爲上幣，以黄金爲中幣，以刀布爲下幣。三幣握之則非有補於暖也，食之則非有補於飽也。先王以守財物，以御人事，而平天下，則有時而用焉。其取之有時，其用之有節，其貢也致之邦國，而天子無私求與私藏也。

綜述

《周禮注疏》卷六《天官冢宰・外府》 外府掌邦布之入出，以共百物，而待邦之用，凡有灋者。布，泉也。布讀爲宣布之布。其藏曰泉，其行曰布，取名於水泉，其流行無不徧。入出，謂受之復出之。共百物者，或作之，或買之。待猶給也。有法，百官之公用也。泉始蓋一品，周景王鑄大泉而有二品。後數變易，不復識本制。至漢，惟有五銖久行。王莽改貨而異作，泉布多至十品，今存於民間多者，

有貨布、大泉、貨泉。貨布長二尺五寸，廣寸，首長八分有奇，廣八分，其圜好徑二分半，足枝長八分，其右文曰貨，左文曰布，重二十五銖，直貨泉二十五。大泉徑一寸二分，重十二銖，文曰大泉，直十五貨泉。貨泉徑一寸，重五銖，右文曰貨，左文曰泉，直一也。偏，古遍字，下同。復，扶又反，徐音服。數，音朔。奇，紀宜反。枝字一音奇。

疏：外府至灋者。釋曰：云掌邦布之入出者，邦者，國也。布如泉也。謂國之所有泉皆來入外府，是其邦布之入也；國之用泉者皆外府出與之，是邦布之出也，故揔云邦布之入出。此言與下爲目。云以共百物者，謂共國家器物之泉也。而待邦之用者，謂國家非常所用，亦出泉與之也。凡有灋者，謂在朝官府依常法用之者，亦出泉與之。注布泉至一也。釋曰：布，泉也者，此言布，《地官・泉府》云泉，是布泉一也。云布讀爲宣布之布者，此謂如秋官布憲，彼布是宣布之布，此布亦是宣布，故讀從之。云其藏曰泉，其行曰布者，此鄭欲解泉布一物兩名之意。《地官・泉府》不言外，不言布，據其所藏爲名。此官言外、言布，取名於其流行於外爲稱，故鄭即云取名於水泉，其流行無不徧。無不徧即布之義也。云共百物者，或作之，或買之者，或作之謂出物使百工所營作，或買之以充國用也。云泉始蓋一品者，即此經泉布是也。云周景王已下，並《漢書・食貨志》文。案彼周景王時患泉輕，將更鑄大泉，單穆公曰：不可。王不聽，鑄大泉，文曰寶貨。漢興，爲秦泉重，難用，更令民鑄榆莢錢。至孝文，有司言榆莢三銖輕，易姦詐，請鑄五銖。至王莽居攝，變漢制，更造大泉，徑寸二分，重一十二銖，文曰大泉，直五十。又造契刀，形如錢，直五百。又造錯刀，以黄金錯其文曰一刀，直（直）五千。與五銖錢凡四品，並行。至莽即真，罷五銖錢，異作泉布，多至十品，其中有大布、次布、弟布、壯布、中布、差布、厚布、幼布、公布、小布，是爲貨十品也。其泉十品者，莽居攝，作大泉、錯刀、契刀；即真，作小錢、幺錢、幼錢、中錢、壯錢；元鳳年，更造貨布與貨錢爲十品。莽以劉有金刀，罷契刀、錯刀。若然，鄭云後數變易，不復識舊本制者，據秦漢至莽已前而言也。云唯有五銖久行者，從漢孝文作五銖錢，至莽，世數既多，故云久行也。云今存於民間多者，有貨布大泉已下者，是從莽至漢末鄭君時，見行此三者，故云今存於民間也。案彼文，其貨布直云長二寸五分，廣寸，首長八分，圜好徑二分，無有奇，廣八分半，足支長八分等十一字。今鄭言之者，此並鄭言目所覩見，以義增之耳。又案彼大泉直五十，不云五十言十五者，亦誤，當從五十爲正也。且王莽之大泉，蓋與景王所鑄大泉亦異也。

《禮記正義》卷八《檀弓》 子柳曰：如之何其粥人之母以葬其母也？不可。忠恕。既葬，子碩欲以賻布之餘具祭器。古者謂錢爲泉布，所以通布貨財。【略】

註古者至貨財。正義曰：解布名也，言古者謂錢爲泉布，所以然者，言其通流有如水泉而徧，布貨買天下貨財也。而鄭註《周禮》云：藏曰泉，其行曰布，取名於水泉，其流行無不徧也。鄭又云：泉始蓋一品，周景王鑄大泉而有二品，後數變易，不復識本制，至漢唯有五銖久行。案鄭此者云五銖者，其重五銖。凡十黍爲一參，十參爲一銖，二十四銖爲一兩，故錢邊作五銖字也。鄭又云：王莽改貨而異作泉布，多至十品。今存於民間多者，有貨布、大泉、貨泉。貨布長二寸五分，廣寸，首長八分有奇，廣八分，其圜好徑二分半，足枝長八分，其右文曰貨，左文曰布，重二十五銖，直貨泉二十五。大泉徑一寸二分，重十二銖，文曰大泉，直十五貨泉，貨泉徑一寸，重五銖，右文曰貨，左曰泉，直一也。案《食貨志》云今世謂之笮錢是也。邊猶爲貨泉之字，大泉即今大四文錢也，四邊並有文也。貨布之形，今世難識，世人或耕地猶有得者，古時一箇準二十五錢也。然古又有刀。刀有二種，一是契刀，一是錯刀也。契刀直五百，錯刀直一千。契刀無縷，而錯刀用金縷之。刀形如錢，而邊作刀字形也，故世猶呼錢爲錢刀也。

《漢書》卷二四下《食貨志》 太公退，又行之于齊。至管仲相桓公，通輕重之權，曰：歲有凶穰，故穀有貴賤；令有緩急，故物有輕重。人君不理，則畜賈游於市，乘民之不給，百倍其本矣。故萬乘之國必有萬金之賈，千乘之國必有千金之賈者，利有所并也。計本量委則足矣。然而民有飢餓者，穀有所臧也。民有餘則輕之，故人君斂之以輕；民不足則重之，故人君散之以重。凡輕重斂散之以時，則準平。［守準平］，使萬室之邑必有萬鍾之臧，臧繈千萬；千室之邑必有千鍾之臧，臧繈百萬。春以奉耕，夏以奉耘，耒耜器械，種饟糧食，必取澹焉。故大賈畜家

不得豪奪吾民矣。桓公遂用區區之齊合諸侯，顯伯名。

其後百餘年，周景王時患錢輕，將更鑄大錢，單穆公曰：不可。古者天降災戾，於是乎量資幣，權輕重，以救民。民患輕，則爲之作重幣以行之，於是有母權子而行，民皆得焉。若不堪重，則多作輕而行之，亦不廢重，於是乎有子權母而行，小大利之。今王廢輕而作重，民失其資，能無匱乎？民若匱，王用將有所乏；乏將厚取於民；民不給，將有遠志，是離民也。且絶民用以實王府，猶塞川原爲潢洿也，竭亡日矣。王其圖之。弗聽，卒鑄大錢，文曰寶貨，肉好皆有周郭，以勸農澹不足，百姓蒙利焉。

（唐）杜佑《通典》卷八《食貨·錢幣》 貨幣之興遠矣，夏商以前，幣爲三品。珠玉爲上幣，黃金爲中幣，白金爲下幣。白金爲銀。太公立九府圜法。周景以母子相權。秦用黃金銅錢爲上下二等。漢興爲八銖，或爲莢錢，或作白金，或作赤仄，八銖五分，迭廢迭用。王莽又設錯刀金銀龜貝凡數十品。公孫述始作鐵錢。魏文帝穀帛相貿。劉備以一當百。孫權以一當千。理道陵夷，則有鵝眼、線環之別；王綱解紐，又有風飄、水浮之異。名目繁雜，不能遍舉，細徵損益，可略而言。原夫立錢之意，誠深誠遠。凡萬物不可以無其數，既有數，乃須設一物而主之。其金銀則滯於爲器爲飾，穀帛又苦於荷擔斷裂，唯錢但可貿易流注，不住如泉。若穀帛爲市，非獨提挈斷裂之弊，且難乎銖兩分寸之用。歷代錢貨，五銖爲中，一品獨行，實臻其要。今錢雖微重於古之五銖，大小斤兩，便於時矣。

太公既立之於周，退行之於齊，曰：知開塞之術者，其取天下如化，是謂政之大端也。又管仲曰：三幣握之，非有補於温飽也，捨之非有切於飢寒也，先王以守財物、以御人事而平天下也。命之曰衡，衡者，使物一高一下，不得有常，故與奪貧富，皆在君上，是以人戴君如日月，親君若父母，用此道也。夫生殖衆則國富而人安，農桑寡則人貧而國危。使物之重輕，由令之緩急。權制之術，實在乎錢，鍵其多門，利出一孔，摧抑浮浪，歸趣農桑，可致時雍，躋於仁壽，豈止於富國強兵者哉。具《輕重篇》。

其後言事者，或惜銅愛工，改作小錢，或重號其價，以求贏利，是皆昧經通之遠旨，令盜鑄滋甚，弃南畝日多，雖禁以嚴刑，死罪日報，不能止也。昔賢有云：銅不布下，乃權歸於上。誠爲篤論，固有國之切務，救弊之良算也。況當今人疲賦重，康俗濟用，莫先於斯矣。自昔言貨幣者，在於圖史，無之，皆不達其要，唯漢賈生、國朝劉録事秩，頗詳其旨。

自神農列鄽於國，以聚貨帛，日中爲市，以交有無。虞夏商之幣，金爲三品，或黃或白，或赤或錢，或布或刀，或龜貝。凡貨金錢布帛之用，夏殷以前，其詳靡記。

周制：以商通貨，以賈易物。太公又立九府圜法。《周官》制太府、玉府、內府、外府、泉府、天府、職內、職幣、職金，皆掌財幣之官，故云九府。圜，謂均而通也。黃金方寸，而重一斤。錢圜函方，外圜而內孔方。輕重以銖。黃金以斤爲名，錢以銖爲重也。布帛廣二尺二寸爲幅，長四丈爲疋。故貨寶於金，利於刀，流於泉，流行如泉。布於布，布於民閒。束於帛。束，聚也。

周景王時，患錢輕，將更鑄大錢。錢者金幣之名，先曰泉，後曰錢。大於舊錢，其價重也。班固以爲文曰寶貨。唐注《國語》云：徑一寸二分，重十二銖，文曰大泉五十。未詳孰是，故兩存焉。大夫單旗曰：不可。古者天降災戾，戾，惡氣也。一曰：戾，至也。於是乎量資幣、權輕重以救民。民患輕，則爲之作重幣以行之，於是有母權子而行，民皆得焉。若不堪重，則多作輕而行之，民患幣重，則多作輕錢而行之，亦不廢去重者，言重者行其貴，輕者行其賤。亦不廢重，於是乎有子權母而行，小大利之。今王廢輕而作重，民失其資，能無匱乎。民若匱，王用將有所乏，乏將厚取於民，民不給，將有遠志，謂去其本居而散亡。是離民也。且絶民用以實王府，猶塞川原爲潢洿也，原謂水泉之本。潢音黃，洿音烏。竭亡日矣，王其圖之。弗聽，卒鑄大錢，文曰寶貨，肉好皆有周郭，內郭爲好，外郭爲肉。韋昭曰：肉，錢形也。好，孔也。以勸農贍不足，百姓蒙利焉。單旗雖有此言，王終自鑄錢，果有便，故百姓蒙利。

管子曰：人君鑄錢立幣，人庶之通施也。錢幣無補於饑寒之用，人君所立，以均制財物，通交有無，使人之所求，各得其欲。人有若干百千之數矣，然而人事不及、用不足者何？利有所藏也。人事謂常費也。言人之所有多少，各隨其分而自足。君上不能均調其事，則豪富并藏財貨，專擅其利，是故人之常費不給，以致匱乏。然則人君非能分并財利而調人事也，則君雖自爲鑄幣而無已，乃使人下相役耳，惡能以爲理乎？言人君若不能權其利門，制其輕重，雖鑄幣無限極而與人，徒使豪富侵奪貧弱，終不能致理也。惡音烏。又曰：湯七年旱，

禹五年水，人之無䊩，䊩，糜也。䊩，章延反。有賣子者。湯以莊山之金鑄幣而贖人之無䊩賣子者，禹以歷山之金鑄幣以救人之困。夫玉起於禺音虞氏，金起於汝漢，珠起於赤野。東西南北去周七八千里，水絶壤斷，舟車不能通。爲其途之遠，其至之難，故託用於其重。以珠玉爲上幣，以黄金爲中幣，以刀布爲下幣。三幣，握之則非有補於煖也，食之則非有補於飽也，先王以守財物、以御人事而平天下也。是以命之曰衡。衡者，使物一高一下，不得有調也。若五穀與萬物平，則人無其利。故設上中下之幣而行輕重之術，使一高一下，乃可權制利門，悉歸於上。

楚莊王以爲幣輕，更以小爲大，百姓不便，皆去其業。孫叔敖爲相，市令言於相曰：市亂，人莫安其處，行不定。叔敖白於王，遂令復如故，而百姓乃安也。

荀卿曰：北海則有走馬吠犬焉，然而中國得而畜使之。南海則有羽翮齒革繒菁焉，然而中國得而賦之。東海則有紫蛤魚鹽焉，然而中國得而衣食之。西海則有皮革文純焉，然而中國得而用之。故天之所覆，地之所載，財貨流通，無不盡致其用，四海之內，若一家也。凡理，亡者使有，利者使阜，害者使亡，靡者使微。王之所寶者六，聖人能制議百姓，以輔相國家，則寶之；玉足以庇廕嘉穀，使無水旱之災，則寶之；龜足以獻臧否，則寶之；珠足以禦火災，則寶之；金足以禦兵亂，則寶之；山林藪澤足以備財用，則寶之。

（宋）鄭樵《通志》卷六二《食貨略·錢幣》 自太昊以來則有錢矣。太昊氏、高陽氏謂之金，有熊氏、高辛氏謂之貨，陶唐氏謂之泉，商人、周人謂之布，齊人、莒人謂之刀。謂之泉者，言其形。謂之金者，言其質。謂之刀者，言其器。謂之貨、謂之布者，言其用。古文錢字作泉者，其形如泉，文一變而爲刀器，再變而爲圜法，太公作九府圜法，黄金方寸，而重一斤，錢圜函方，輕重以銖；布帛廣二尺二寸爲幅，長四丈爲疋，以爲貿易之制。自圜法流通於世，民實便之，故泉與刀並廢，後人不曉其謂也。觀古錢，其形即篆泉文也，後世代以錢字，故泉之文借爲泉水之泉，其實泉之篆文下體不從水也，先儒不知本末，謂流於泉、布於布、寶於金、利於刀，此皆沿鑿之義也。錢所以權天下之利而便於民，古人與金銀龜貝相參爲幣，惟管仲之論詳焉，以先王所以守財物、御人事而平天下者在乎此。禹有五年之水，湯有七年之旱，民之無饘有賣子者，禹以歷山之金鑄幣以賑之，湯以莊山之金鑄幣以贖之。周景王時，患錢輕，更鑄大錢，徑一寸二分，重十二，鑄文曰大泉五十，肉好皆有周郭，以勸農贍不足，百姓蒙其利。楚莊王以爲幣輕，更以小爲大，百姓不便，皆去其業。孫叔敖爲相，市令言於相曰：市亂，人莫安其處，行不定。叔敖白於王，遂令復如故，而百姓乃安也。

（宋）呂祖謙《歷代制度詳説》卷七《錢幣·詳説》 泉布之設，乃是阜通財貨之物，權財貨之所由生者。考之於古，如管子論禹湯之幣，禹以歷山之金、湯以莊山之金，皆凶年故作幣救民之饑。考之《周官·司市》，凡國有凶荒，則市無征而作布。又考單穆公諫景王之説，古者天災流行，於是量資幣，權輕重，作幣以救民。以管子與《周禮》、單穆公之論，觀夏商之時，所以作錢幣，權一時之宜，移民通粟者，爲救荒而設，本非先王財貨之本處。論國用，三年耕必有一年之食，以三十年通制，則有九年之食，以爲財貨之盛，三登曰太平，王道之盛也。以此知古人論財貨，但論九年之積，初未嘗論所藏者數萬千緡，何故？所謂農桑，衣食財貨之本，錢布流通不過權一時之宜而已。先有所謂穀粟，泉布之權方有所施。若是無本，雖積鏹至多，亦何補盈虚之數。所以三代以前論財賦者，皆以穀粟爲本，所謂泉布，不過權輕重，取之於民，所以九貢、九賦用錢幣爲賦甚少。所謂俸禄，亦是頒田制禄，君卿大夫不過以采地爲多寡，亦未嘗以錢布爲禄，所以三代之人多地著，不爲末作，蓋緣錢之用少。如制禄既以田不以錢，制賦又自以穀粟布帛，其間用錢甚少，所以錢之權輕，惟凶年饑荒所以作幣。先儒謂金銅無凶年，權時作此，以通有無，以均多少而已。所以三代之前，論布泉者甚少，到得漢初有天下，尚自有古意，王公至佐吏以班職之高下，所謂萬石、千石、百石，亦是以穀粟制禄，不過口算，每人所納，百餘年尚未以錢布爲重。

至武帝有事四方，是時國用不足，立告緡之法，以括責天下，自此古意漸失，錢幣方重。大抵三代以前，惟其以穀粟爲本，以泉布爲權，常不使權勝本，所以當時地利既盡，浮游末作之徒少。後世此制壞，以匹夫之家藏鏹千萬，與公上爭衡，亦是古意浸失。故後世貢禹之徒，欲全廢此，惟以穀帛爲本，此又却是見害懲艾，矯枉過直之論。大抵天下之事，所謂

經權本末常相爲用，權不可勝經，末不可勝本，若徒見一時游手末作之弊，欲盡廢之，如此則得其一，不知其二。後世如魏文帝，當時天下盡不用錢，貢禹之論畧已施行，遂有濕穀薄絹之弊，反以天下有用之物爲無用，其意本要重穀帛，反以輕穀帛。天下惟得中適平論最難，方其重之太過，一切盡用。及其廢之太過，一切盡不用。二者皆不得中。然三代以前，更不得而考，自漢至隋，其泉布更易雖不可知，要知五銖之錢最爲得中。自漢至隋，屢更屢易，惟五銖之法，終不可易。自唐至五代，惟武德時，初鑄開元錢，最得其平。自唐至五代，惟開元之法，終不可易。論者蓋無不此爲當，以此知數千載前有五銖，復有開元最可用。何故？論太重有所謂直百、當千之錢，論太輕則有所謂榆莢、三銖之錢，然而皆不得中，惟五銖、開元銖兩之多寡，鼓鑄之精密，相望不可易。

本朝初，用開元爲法，其錢皆可以久行。自太宗以張齊賢爲江南轉運務，欲多鑄錢，自此變開元錢法，錢雖多，其精密俱不及前代。本朝張齊賢未變之前，所謂太平錢，尚自可見，齊賢既變法之後，錢雖多，然甚薄惡不可用。當時務要得多，不思大體，國家之所以設錢以權輕重本末，未嘗取利。論財計不精者但以鑄錢所入多爲利，殊不知權歸公上，鑄錢雖多，利之小者；權歸公上，利之大者。南齊孔顗論鑄錢不可以愛銅惜工，若不惜銅則鑄錢無利，若不得利則私鑄不敢起，私鑄不敢起，則歛散歸公上。鼓鑄權不下分，此其利之大者。徒徇小利，錢便薄惡，如此姦民務之皆可以爲，錢不出於公上，利孔四散，乃是以小利失大利。南齊孔顗之言乃是不可易之論。或者自緣錢薄惡後，論者紛紛，或是立法以禁惡錢，或是惡錢爲國賦。條目不一，皆是不揣其本而齊其末。若是上之人不惜銅愛工，使奸民無利，乃是國家之大利。帛布之法總而論之，如周、如秦，如漢五銖，如唐開元，其規或可以爲式，此是錢之正也。若一時之所鑄，如後漢鑄大錢以平軍市之財，第五琦鑄乾元錢，此是錢之權也。如漢武帝以鹿皮爲幣，王莽以龜貝爲幣，此是錢之蠹也。或見財貨之多，欲得廢錢；或見財貨之少，欲得鼓鑄；皆一時矯枉之論，不可通行者也。若是權一時之宜，如寇瑊之在蜀創置交子，此一時舉偏救弊之政，亦非錢布經久可行之制。交子行之於蜀則可於他，利害大段不同。何故？蜀用鐵錢，其大者以二十五斤爲一千，其中者以十三斤爲一千，行旅賫持不便，故當時之劵會生於鐵錢不便，緣輕重之推移不可以挾持，交子之法出於民之所自爲，託之於官，所以可行。鐵錢不便，交子却便。今則銅錢稍輕，行旅非不可挾持，欲行楮幣，銅錢却便楮劵不便。昔者之便，今日之不便。議者欲以楮幣公行，參之於蜀之法，自可以相依而行，要非經久之制。今日之所以爲楮劵又欲爲鐵錢，其原在於錢少，或銷爲銅器，或邊鄙滲漏，或藏於富室。今所論利害甚悉，則利之用在於貿易。孔顗之論不惜銅愛工，不計多寡，此最的當。推本論之，錢之爲物，饑不可食，寒不可衣，至於百工之事，皆資以爲生，不可缺者，若是地方既盡穀帛有餘，山澤之藏咸得其利，錢雖少不過錢重，錢雖重彼此相權，國家之利亦孔顗之論，要當尋古義，識經權，然後可也。

（宋）王應麟《玉海》卷一八〇《食貨·錢幣·周九府圜法》　《漢志》太公爲周立九府圜法，黄金方寸，重一斤，錢圜函方，荀悦曰：外圜內方。輕重以銖，布帛廣二尺二寸爲幅，長四丈爲匹。故貨寶於金，利於刀，流於泉，布於布，束於帛。太公退，又行之於齊。注師古曰：太府、玉府、內府、外府、泉府、天府、職內、職金、職幣曰九府。圜謂均而通也。《後魏書》熙平初，任城王澄上言：太公立九府之法，於是國貨始行，定銖兩之楷，齊桓循用，以霸諸侯。

（元）馬端臨《文獻通考》卷八《錢幣考·歷代錢幣之制》　自太皞以來則有錢矣，太皞氏、高陽氏謂之金，有熊氏、高辛氏謂之貨，陶唐氏謂之泉，商人、周人謂之布，齊人、莒人謂之刀。

神農列鄽於國，以聚貨帛，日中爲市，以交有無。虞、夏、商之幣，金爲三品，或黄，或白，或赤；或錢，或布，或刀，或龜貝。

《管子》曰：湯七年旱，禹五年水，人之無饘，章延反，糜也。有賣子者。湯以莊山之金鑄幣，而贖人之無饘賣子者；禹以歷山之金鑄幣，以救人之困。夫玉起於禺音虞。氏，金起於汝、漢，珠起於赤墅，東西南北去周七八千里，水絶壤斷，舟車不能通。爲其途之遠，其至之難，故託用於其重，以珠玉爲上幣，以黄金爲中幣，以刀布爲下幣。三幣，握之則非有補於暖也，食之則非有補於飽也，先王以守財物，以御人事而平天下也，是以命之曰衡。衡者，使物一高一下，不得有調也。若五穀與萬物平，則人無其利。故設上中下幣，而行輕重之術，使一高一下，乃可權制利門，悉歸於上。

周制，以商通貨，以買易物。太公又立九府圜法，《周官》有太府、玉府、内府、外府、泉府、天府、職内、職幣、職金，皆掌財幣之官，故云九府。圜，謂均而通也。黄金方寸而重一斤；錢圜函方，外圜而内孔方。輕重以銖；黄金以斤爲名，錢以銖爲重也。布帛廣二尺二寸爲幅，長四丈爲疋。故貨寶於金，利於刀，流於泉，流行如泉。布於布，布於民間。束於帛。束，聚也。

《周官·司市》：國凶荒札喪，則市無征而作布。凶年物貴，置錢以饒民。

夾漈鄭氏曰：謂之泉者言其形，謂之金者言其質，謂之刀者言其器，謂之貨、謂之布者言其用。古文錢字作泉者，言其形如泉文，一變而爲刀器，再變而爲圜法。即太公所作。自圜法流通於世，民實便之，故泉與刀並廢。後人不曉其謂也，觀古錢其形即篆泉文也，後世代以錢字，故泉之文借爲泉水之泉，其實泉之篆文下體不從水也。先儒不知本末，因謂流於泉，布於布，寶於金，利於刀，此皆沿鑿之義也。

外府掌邦布之入出，以共百物，而待邦之用凡有法者。布，泉也。有法，百官之公用也。共王及后、世子之衣服之用。凡祭祀、賓客、喪紀、會同、軍旅，共其財用之幣齎，賜予之財。齎，行道之財用也。凡邦之小用，皆受焉。歲終則會，唯王及后之服不會。

泉府掌以市之征布，斂市之不售、貨之滯於民用者，以其賈買之，物揭而書之，以待不時而買者。買者各從其抵：都鄙從其主，國人、郊人從其有司，然後予之。抵，故賈也。主者，別治大夫也。康成謂：抵，本也。本謂所屬吏，主有司是也。凡賒者，祭祀無過旬日，喪紀無過三月。凡民之貸者，與其有司辯而授之，以國服爲之息。鄭司農謂：以其所賈之國所出爲息也。假令其國出絲絮，則以絲絮償；出絺葛，則以絺葛償。康成謂：以其於國服事之税爲息也。於國事受園廛之田而貸萬泉者，則期出息五百。凡國事之財用取具焉，歲終，則會其出入，而納其餘。

按：《周禮》主財之官雖多，而專掌錢布則惟外府、泉府二官，外府掌齎賜之出入，泉府掌買賣之出入。自王介甫以鄭注國服爲息之説行青苗誤天下，而後儒之解此語者，或以息爲生息之息，或以息爲休息之息，然於義皆無所當。蓋古人創泉布之本意，實取其流通。緣貨則或滯於民用，而錢則無所不通；而泉府一官最爲便民，滯則買之，不時而欲買者則賣之，無力者則賒貸與之。蓋先王視民如子，洞察其隱微，而多方濟其缺乏，仁政莫尚於此，初非專爲謀利取息設也。不原其立官之本意，而剿其一語以斷天下大事，可乎？

買之於方滯之時，賣之於欲買之際，此與常平賤糴貴糶之意同。泉府則以錢易貨，常平則以錢易粟，其本意皆以利民，非謀利也。然後世常平之法轉而爲和糴，且以其所儲他用而不以濟民，則惟恐其數之不多，利之不羨，於是亦以理財之法視之矣。

（明）丘濬《大學衍義補》卷二六《治國平天下之要·制國用·銅楮之幣上》

《管子》曰：湯七年旱，禹五年水。人之無饘麋也。有賣子者，湯以莊山之金鑄幣，而贖人之無饘賣子者，禹以歷山之金鑄幣以救人之困。

臣按：此後世鑄金爲幣之始，然皆因緣水旱，以救濟飢困，非專以阜通財貨也。

又曰：以珠玉爲上幣，以黄金爲中幣，以刀布爲下幣。三幣握之，則非有補於暖也，食之，則非有補於飽也，先王以守財物，以御人事，而平天下也，是以命之曰衡。衡者，使物一高一下，不得有調也。

臣按：三代以前已有幣，而其幣有三等：珠玉、黄金、刀布是也。刀布則是泉布之制，後世公私通行以錢，而亦兼用金銀、珠玉，其原蓋起於此。是三幣也，人君守之以府庫，通之以財賄，而以平天下之食貨，調適其輕重、高下，使之咸得其平，此所以有衡之名歟，後世所謂平準，其義蓋出乎此。

太公立九府，《周官》有太府、玉府、内府、外府、泉府、天府、職内、職幣、職金。圜法，圜，謂均而通也。黄金方寸而重一斤。錢圜函方，外圜而内孔方。輕重以銖，金以斤爲名，錢以銖爲重也。布帛廣二尺二寸爲幅、長四丈爲匹。故貨寶於金，利於刀，流於泉，布於布，束於帛。束，聚也。

鄭樵曰：謂之泉者，言其形如泉文，古錢其形即篆泉文也，後人代以錢字。

王昭禹曰：古者寶龜而貨貝，所以交易者惟貝而已，至太公立九府圜法，始用錢代貝。或曰泉，或曰布，布取宣布之意，泉取流行之意，其實則一而已。

臣按：後世之錢，其形質外圓而内方始此，但未有文耳。九府即

《周禮》所載太府、玉府、内府、外府、泉府、天府、職内、職幣、職金九官是也。九官皆掌財幣之官，而所掌者，黄金、布帛、錢幣三者。黄金以斤名，布帛以匹計，錢幣以銖重，故凡貨物之出入，其輕重以圜法均而通之，如黄金一斤該錢若干、帛一匹該錢若干之類，是以國家有用度也，一切財貨，寶之以金、利之以刀、流行之以泉、施布之以布、收聚之以帛。所謂金，即方寸重一斤者。所謂刀，即《管子》所謂刀爲下幣者。所謂泉，即圜法也。所謂布帛，即長四丈爲匹者。鄭氏謂言其器、言其用等語，於本文若不相類，臣不敢以爲然。

司市以商通物曰商。賈賣物曰賈。阜盛也。貨而行布，布謂泉也。國凶荒謂五穀不熟。札謂疫病。喪謂死喪。則市無征而作布。

鄭玄曰：金銅無荒年，因物貴，大鑄泉以饒民。

葉時曰：按太公立九府圜法，流於泉、布於布，泉取其流、布取其布，司市曰以商賈阜貨而行布，布者，欲其流布行使也，豈非太公立此九府法而君民通用歟？又按周景王時，單穆公曰：古者天降灾厲，於是乎量資幣、權輕重以救民，司市曰：凶荒札喪，市無征而作布，豈非民之物貴乃鑄錢以饒民歟？

臣按：布即泉也，泉即錢也，錢以權百物，而所以流通之者，商賈也。故商賈阜盛貨賄，而後泉布得行，當夫凶荒札喪之際，商賈畢聚而食貨阜盛，亦得以濟其乏、蘇其困矣。故於是時，市無征税，所以來商賈，來商賈所以阜食貨，然又慮其無貿易之具也，故爲之鑄金作錢焉。蓋以米穀有豐歉，非人力所能致，金銅則無豐歉，可以人力爲之，故爲之鑄錢，使之博食以濟饑也。《周官》此法，其亦湯、禹因水旱鑄金幣之遺意歟。

外府主泉貨藏在外者。掌邦布泉也。之入出，以共百物而待邦之用。凡祭祀、賓客、喪紀、會同、軍旅，共其財用之幣，賫賜予之財用，賫行道之財用也。凡邦之小用皆受焉。

泉府司泉布之府。掌以市之征布，斂市之不售，貨之滯於民用者。

葉時曰：外府掌布，雖曰以共百物，以待邦用，而實小用則給之，是以賈疏亦云外府所納泉布，所積既少，有小用則給之，若大用則取於餘府。後世凡百所用，一出於錢，曾不知周人外府之布特以供小用爾。

臣按：《周禮》掌財之官非一職，而專掌錢布者，外府、泉府二官，外府掌賫載之出入，泉府掌買賣之出入。蓋天下百貨皆資於錢以流通，重者不可舉，非錢不能以致遠；滯者不能通，非錢不得以兼濟；大者不可分，非錢不得以小用。貨則重而錢輕、物則滯而錢無不通故也。

周景王時，患錢輕，將更鑄大錢，單穆公曰：古者天降灾戾，戾，惡氣也。於是乎量資幣、權輕重，以賑救民。民患輕，則爲之作重幣以行之，幣輕物貴也。於是乎有母權子而行，民皆得焉。若不堪重，則多作輕而行之，亦不廢重，於是乎有子權母而行，小大利之。今王廢輕而作重，民失其資，能無匱乎？若匱，王用將有所乏，乏則將厚取於民，民不給，將有遠志，謂去其本居。是離民也。王弗聽，卒鑄大錢。文曰寶貨，《國語》注作大泉五十。肉好皆有周郭，内郭爲好，外郭爲肉。以勸農贍不足，百姓蒙利焉。

臣按：錢有文，其制始此。單穆公此言乃後世論錢貨子母相權之説所自出也。重者，母也；輕者，子也。重者行其貴，輕者行其賤，貴賤相權而並行焉。蓋民之所患有輕重，上則持操縱之權，相權而行之。要之，患輕則作重，患重雖作輕，而亦不廢重焉。子可廢而母不可廢故也。

紀事

《國語·周語下》　景王二十一年，將鑄大錢。單穆公曰：不可。古者，天災降戾，於是乎量資幣，權輕重，以振救民。民患輕，則爲作重幣以行之，於是乎有母權子而行，民皆得焉。若不堪重，則多作輕而行之，亦不廢重，於是乎有子權母而行，小大利之。

《管子·山權數》　桓公曰：何爲失天之權則人地之權亡？

管子對曰：湯七年旱，禹五年水，民之無饘賣子者。湯以莊山之金鑄幣，而贖民之無饘賣子者。禹以歷山之金鑄幣，而贖民之無饘賣子者。故天權失，人地之權皆失也。

《管子·地數》　桓公問於管子曰：請問天財所出，地利所在。管子對曰：山上有赭者，其下有鐵。上有鉛者，其下有銀。一曰：上有鉛者，其下有鉒銀。上有丹沙者，其下有鉒金。上有慈石者，其下有銅金。此山之見榮者也。苟山之見榮者，謹封而爲禁，有動封山者，罪死而不

赦。有犯令者，左足入，左足斷。右足入，右足斷。然則其與犯之遠矣。此天財地利之所在也。

桓公問於管子曰：以天財地利立功成名於天下者，誰子也？管子對曰：文武是也。桓公曰：此若言何謂也？管子對曰：夫玉起於牛氏邊山，金起於汝漢之右洿，珠起於赤野之末光，此皆距周七千八百里，其涂遠而至難。故先王各用於其重，珠玉爲上幣，黄金爲中幣，刀布爲下幣。令疾則黄金重，令徐則黄金輕，先王權度其號令之徐疾，高下其中幣，而制下上之用，則文武是也。

《管子・輕重戊》 管子即令桓公與民通輕重，藏穀什之六。令左司馬伯公將白徒而鑄錢於莊山。

《史記》卷一五《六國年表》 十月，帝之會稽、琅邪，還至沙丘崩。子胡亥立，爲二世皇帝。殺蒙恬。道九原入。復行錢。

（漢）桓寬《鹽鐵論》卷一《力耕》 昔禹水湯旱，百姓匱乏，或相假以接衣食。禹以歷山之金，湯以莊山之銅，鑄幣以贖其民，而天下稱仁。

（宋）王欽若等《册府元龜》卷四九九《邦計部・錢幣》 楚莊王以爲幣輕，更以小爲大，百姓不便，皆去其業。其相孫叔敖言之王曰：前日更幣以爲輕，今市令來言曰：市亂，民莫安其處。臣請令復如故。王許之，下令，而市復如故。

（宋）高承《事物紀原》卷五《大錢》 《國語》：周景王時，患錢輕，更鑄大錢。韋昭注云：徑一寸二分，重十二銖，文曰寶貨，以勸農贍不足也，而百姓蒙利。後世權一時之用，亦或行之，事已輒罷。蓋大錢肇於周景王也。

（宋）高承《事物紀原》卷五《錢》 《管子》曰：湯七年旱，禹五年水，湯以莊山、禹以歷山之金，並鑄幣以救人困。至周太公立九府圜法，始名以錢。錢圓含方，輕重以銖，起於禹、湯水旱之救民困也。

（宋）羅泌《路史》卷七《前紀・禪通紀・軒轅氏》 〔軒轅氏〕於是擅四方，伐山取銅以爲刀貨，以衡域之輕重，而天下治矣。軒轅金長寸七分，重十二銖，文作乎者，至乃軒轅貨一金字也。王存義云：古文軒轅字合爲一。按古封禪文，與此正同。貨字，古皆作化，故蔡氏《化清經》云：貨者，化也，變化交易之物是也。有幣論，見發揮。

（宋）羅泌《路史》卷八《前紀・禪通紀・尊盧氏》 尊盧氏董氏《錢書》有尊盧氏幣，其文作虗，以夏商幣攷之，知爲尊盧幣也。是爲宗盧。【略】其立政也，官天地，府萬物，革天下之故，惟以幣行。遂人而降，帝世者皆立貨幣以通有無。史皇而下，君人者咸與封禪，以昭受命。今惟著代有其迹者，尊盧之幣蓋以代別，或疑此爲黄帝幣者。蓋以葛盧之山發而出金，黄帝取以制幣，以通百貨也。然幣舉一字而合爲山名，不應如此之異。

秦漢分部

論説

（漢）賈誼《新書》卷三《銅布》　銅布於下，爲天下災，何以言之？銅布於下，則民鑄錢者，大抵必雜以鉛鐵焉，黥罪日繁，此一禍也。銅布於下，僞錢無止，錢用不信，民愈相疑，此二禍也。銅布於下，采銅者棄其田疇，家鑄者損其農事，穀不爲則鄰於飢，此三禍也。故不禁鑄錢，則錢常亂，黥罪日積，是陷阱也。且農事不爲，有疑爲災，故民鑄錢不可不禁。上禁鑄錢，必以死罪。鑄錢者禁，則錢必還重；錢重則盜鑄錢者起，則死罪又復積矣，銅使之然也。故銅布於下，其禍博矣。

今博禍可除，七福可致。何謂七福？上收銅勿令布下，則民不鑄錢，黥罪不積，一。銅不布下，則僞錢不繁，民不相疑，二。銅不布下，不得采銅，不得鑄錢，則民反耕田矣，三。銅不布下，畢歸於上，上挾銅積以御輕重，錢輕則以術斂之，錢重則以術散之，則錢必治矣，四。挾銅之積以鑄兵器，以假貴臣，小大多少，各有制度，以別貴賤，以差上下，則等級明矣，五。挾銅之積，以臨萬貨，以調盈虚，以收畸羡，則官必富，而末民困矣，六。挾銅之積，制吾棄財，以與匈奴逐争其民，則敵必懷矣，此謂之七福。故善爲天下者，因禍而爲福，轉敗而爲功。今顧退七福而行博禍，可謂長太息者，此其一也。

（漢）賈誼《新書》卷四《鑄錢》　迺者竊聞吏復鑄錢者，民人抵罪，多者一縣百數，少者十數。家屬、知識及吏之所疑，繫囚、榜笞及奔走者，類甚不少。僕未之得驗，然其刑必然。抵禍罪者，固乃始耳。此無息時，事甚不少，於上大不便，原陛下幸勿忽。

法使天下公得顧租鑄錢，敢雜以鉛鐵爲它巧者，其罪黥。然鑄錢之情，非殽鉛鐵及以雜銅也，不可得贏；而殽之甚微，又易爲，無異鹽羹之易，而其利甚厚。張法雖公鑄銅錫，而鑄者情必奸僞也。名曰顧租公鑄，法也，而實皆黥罪也。有法若此，上將何賴焉。夫事有召禍而法有起奸，今令細民操造幣之勢，各隱親其家而公鑄作，因欲禁其大利微姦，雖黥罪日報，其勢不止，民理然也。夫白着以請之，則吏隨而揜之，爲民設阱，孰積於是。上弗蚤圖之，民勢且盡矣。曩禁鑄錢，死罪積下；今公鑄錢，黥罪積下。雖少異乎，未甚也。民方陷溺，上且弗救乎。

且世民用錢，縣異而郡不同；或用輕錢，百加若干，輕小異行；或用重錢，平稱不受。法錢不立，將使天下操權族，而吏急而壹之乎，則吏煩苛而民弗任，且力不能而勢不可施；縱而弗苛乎，則郡縣異而肆不同，小大異同，錢文大亂。夫苟非其術，則何鄉而可哉。

夫農事不爲，而採銅日煩，釋其耒耨，冶鎔鑪炭。奸錢日繁，正錢日亡。善人怵而爲奸邪，愿民陷而之刑僇。黥罪繁積，吏民且日鬬矣。少益於今，將甚不祥，柰何而忽？國知患此，吏必議曰：禁之。不得其術，其傷必大，何以圉之。令禁鑄錢，錢必還重，四錢之粟，必還二錢耳。重則盜鑄錢如雲而起，則棄市之罪又不足以禁矣。姦不勝而法禁數潰，難言已，大事也。久亂而弗蚤振，恐不稱陛下之明。凡治不得，應天地星辰有動，非小故也。或累王德，陛下不可以怠，方今始伏，望可善圖也。

（漢）桓寬《鹽鐵論》卷一《錯幣》　大夫曰：交幣通施，民事不及，物有所并也。計本量委，民有饑者，穀有所藏也。智者有百人之功，愚者有不更本之事。人君不調，民有相萬之富也。此其所以或儲百年之餘，或不厭糟糠也。民大富，則不可以禄使也；大彊，則不可以罰威也。非散聚均利者不齊。故人主積其食，守其用，制其有餘，調其不足，禁溢羨，厄利塗，然後百姓可家給人足也。

文學曰：古者，貴德而賤利，重義而輕財。三王之時，迭盛迭衰。衰則扶之，傾則定之。是以夏忠、殷敬、周文，庠序之教，恭讓之禮，粲然可得而觀也。及其後，禮義弛崩，風俗滅息，故自食禄之君子，違於義而競於財，大小相吞，激轉相傾。此所以或儲百年之餘，或無以充虚蔽形也。古之仕者不穡，田者不漁，抱關擊柝，皆有常秩，不得兼利盡物。如此，則愚智同功，不相傾也。《詩》云：彼有遺秉，此有滯穗，伊寡婦之利。言不盡物也。

大夫曰：湯、文繼衰，漢興乘弊。一質一文，非苟易常也。俗弊更

法，非務變古也，亦所以救失扶衰也。故教與俗改，弊與世易。夏后以玄貝，周人以紫石，後世或金錢刀布。物極而衰，終始之運也。故山澤無征，則君臣同利，刀幣無禁，則姦貞並行。夫臣富則相侈，下專利則相傾也。

文學曰：古者，市朝而無刀幣，各以其所有易所無，抱布貿絲而已。後世即有龜貝金錢，交施之也。幣數變而民滋僞。夫救僞以質，防失以禮。湯、文繼衰，革法易化，而殷、周道興。漢初乘弊，而不改易，畜利變幣，欲以反本，是猶以煎止燔，以火止沸也。上好禮則民闇飾，上好貨則下死利也。

大夫曰：文帝之時，縱民得鑄錢、冶鐵、煮鹽。吴王擅鄣海澤，鄧通專西山。山東奸猾，咸聚吴國，秦、雍、漢、蜀因鄧氏。吴、鄧錢布天下，故有鑄錢之禁。禁禦之法立而奸僞息，奸僞息則民不期於妄得而各務其職不反本何爲？故統一，則民不二也，幣由上，則下不疑也。

文學曰：往古，幣衆財通而民樂。其後，稍去舊幣，更行白金龜龍，民多巧新幣。幣數易而民益疑。於是廢天下諸錢，而專命水衡三官作。吏匠侵利，或不中式，故有薄厚輕重。農人不習，物類比之，信故疑新，不知姦貞。商賈以美貿惡，以半易倍。買則失實，賣則失理，其疑或滋益甚。夫鑄僞金錢以有法，而錢之善惡無增損於故。擇錢則物稽滯，而用人尤被其苦。《春秋》曰：算不及蠻、夷則不行。故王者外不鄣海澤以便民用，內不禁刀幣以通民施。

《漢書》卷二四上《食貨志》〔鼂錯復説上曰〕民者，在上所以牧之，趨利如水走下，四方亡擇也。夫珠玉金銀，飢不可食，寒不可衣，然而衆貴之者，以上用之故也。其爲物輕微易臧，在於把握，可以周海內而亡飢寒之患。此令臣輕背其主，而民易去其鄉，盜賊有所勸，亡逃者得輕資也。粟米布帛生於地，長於時，聚於力，非可一日成也；數石之重，中人弗勝，不爲姦邪所利，一日弗得而飢寒至。是故明君貴五穀而賤金玉。

今農夫五口之家，其服役者不下二人，其能耕者不過百畮，百畮之收不過百石。春耕夏耘，秋穫冬臧，伐薪樵，治官府，給繇役；春不得避風塵，夏不得避暑熱，秋不得避陰雨，冬不得避寒凍，四時之間亡日休息；又私自送往迎來，弔死問疾，養孤長幼在其中。勤苦如此，尚復被水旱之災，急政暴（虐）〔賦〕，賦斂不時，朝令而暮改。當具有者半賈而賣，亡者取倍稱之息，於是有賣田宅鬻子孫以償責者矣。而商賈大者積貯倍息，小者坐列販賣，操其奇贏，日游都市，乘上之急，所賣必倍。故其男不耕耘，女不蠶織，衣必文采，食必（梁）〔粱〕肉；亡農夫之苦，有仟伯之得。因其富厚，交通王侯，力過吏勢，以利相傾；千里游敖，冠蓋相望，乘堅策肥，履絲曳縞。此商人所以兼并農人，農人所以流亡者也。

今法律賤商人，商人已富貴矣；尊農夫，農夫已貧賤矣。故俗之所貴，主之所賤也；吏之所卑，法之所尊也。上下相反，好惡乖迕，而欲國富法立，不可得也。方今之務，莫若使民務農而已矣。欲民務農，在於貴粟；貴粟之道，在於使民以粟爲賞罰。今募天下入粟縣官，得以拜爵，得以除罪。如此，富人有爵，農民有錢，粟有所渫。夫能入粟以受爵，皆有餘者也；取於有餘，以供上用，則貧民之賦可損，所謂損有餘補不足，令出而民利者也。順於民心，所補者三：一曰主用足，二曰民賦少，三曰勸農功。今令民有車騎馬一匹者，復卒三人。車騎者，天下武備也，故爲復卒。神農之教曰：有石城十仞，湯池百步，帶甲百萬，而亡粟，弗能守也。以是觀之，粟者，王者大用，政之本務。令民入粟受爵至五大夫以上，乃復一人耳，此其與騎馬之功相去遠矣。爵者，上之所擅，出於口而亡窮；粟者，民之所種，生於地而不乏。夫得高爵與免罪，人之所甚欲也。使天下〔人〕入粟於邊，以受爵免罪，不過三歲，塞下之粟必多矣。

《漢書》卷七二《貢禹傳》〔貢禹〕又言古者不以金錢爲幣，專意於農，故一夫不耕，必有受其飢者。今漢家鑄錢，及諸鐵官皆置吏卒徒，攻山取銅鐵，一歲功十萬人已上，中農食七人，是七十萬人常受其飢也。鑿地數百丈，銷陰氣之精，地臧空虛，不能含氣出雲，斬伐林木亡有時禁，水旱之災未必不繇此也。自五銖錢起已來七十餘年，民坐盜鑄錢被刑者衆，富人積錢滿室，猶亡厭足。民心（搖動）〔動搖〕，商賈求利，東西南北各用智巧，好衣美食，歲有十二之利，而不出租稅。農夫父子暴露中野，不避寒暑，捽屮杷土，手足胼胝，已奉穀租，又出稾稅，鄉部私

求，不可勝供。故民棄本逐末，耕者不能半。貧民雖賜之田，猶賤賣以賈，窮則起爲盜賊。何者？末利深而惑於錢也。是以姦邪不可禁，其原皆起於錢也。疾其末者絶其本，宜罷採珠玉金銀鑄錢之官，亡復以爲幣。市井勿得販賣，除其租銖之律，租稅祿賜皆以布帛及穀。使百姓壹歸於農，復古道便。

（漢）荀悦《申鑒》卷二《時事》 十曰議錢貨。【略】

或問貨，曰：五銖之制宜矣。曰：今廢如之何。今，謂獻帝時。廢者，初平元年，董卓壞五銖錢，更鑄小錢是也。曰：海内既平，行之而已。言卓既誅，此制宜復。曰：錢散矣，京畿虛矣，其勢必積於遠方，若果行之，則彼以無用之錢，市吾有用之物，是匱近而豐遠也。曰：事勢有不得，官之所急者穀也，牛馬之禁不得出百里之外，若其他物，彼以其錢，取之左，用之於右，貿遷有無，周而通之，海内一家何患焉。曰：錢寡矣。曰：錢寡民易矣，若錢既通而不周於用，然後官鑄而補之。或曰：收民之藏錢者，輸之官牧，遠輸之京師，然後行之。曰：事枉而難實者，欺慢必衆，奸僞必作，争訟必繁，刑殺必深，吁嗟紛擾之聲，章乎天下矣，非所以撫遺民成緝熙也。曰：然則收而積之與。曰：通市其可也。此言收五銖積貯亦不可。或曰：改鑄四銖。曰：難矣。此言改鑄四銖以復孝文之舊，亦不可。或曰：遂廢之。曰：錢實便於事用，民樂行之，禁之難。今開難令以絶便事，禁民所樂，不茂矣。曰：起而行之，錢不可，如之何。曰：尚之，廢之，弗得已，何憂焉。言或尚或廢，其勢自有所不得已者。厥後，曹操爲相，還用五銖，悦之言驗矣。此一首所謂議錢貨也。

《後漢書》卷五七《劉陶傳》 劉陶字子奇，一名偉，潁川潁陰人，濟北貞王勃之後。陶爲人居簡，不脩小節。所與交友，必也同志。好尚或殊，富貴不求合；情趣苟同，貧賤不易意。同宗劉愷，以雅德知名，獨深器陶。【略】

時有上書言人以貨輕錢薄，故致貧困，宜改鑄大錢。事下四府羣僚及太學能言之士。陶上議曰：

聖王承天制物，與人行止，建功則衆悦其事，興戎而師樂其旅。是故靈臺有子來之人，武旅有鳧藻之士，皆舉合時宜，動順人道也。臣伏讀鑄錢之詔，平輕重之議，訪覃幽微，不遺窮賤，是以藿食之人，謬延逮及。蓋以爲當今之憂，不在於貨，在乎民飢。夫生養之道，先食後（民）〔貨〕。是以先王觀象育物，敬授民時，使男不逋畝，女不下機。故君臣之道行，王路之教通。由是言之，食者乃有國之所寶，生民之至貴也。竊見比年已來，良苗盡於蝗螟之口，杼柚空於公私之求，所急朝夕之餐，所患靡鹽之事，豈謂錢貨之厚薄，銖兩之輕重哉？就使當今沙礫化爲南金，瓦石變爲和玉，使百姓渴無所飲，飢無所食，雖皇羲之純德，唐虞之文明，猶不能以保蕭牆之内也。蓋民可百年無貨，不可一朝有飢，故食爲至急也。議者不達農殖之本，多言鑄冶之便，或欲因緣行詐，以賈國利。國利將盡，取者争競，造鑄之端於是乎生。蓋萬人鑄之，一人奪之，猶不能給；況今一人鑄之，則萬人奪之乎？雖以陰陽爲炭，萬物爲銅，役不食之民，使不飢之士，猶不能足無猒之求也。夫欲民殷財阜，要在止役禁奪，則百姓不勞而足。陛下聖德，愍海内之憂戚，傷天下之艱難，欲鑄錢齊貨以救其敝，此猶養魚沸鼎之中，棲鳥烈火之上。水木本魚鳥之所生也，用之不時，必至燋爛。願陛下寬鍥薄之禁，後冶鑄之議，聽民庶之謠吟，問路叟之所憂，瞰三光之文耀，視山河之分流。天下之心，國家大事，粲然皆見，無有遺惑者矣。

臣嘗誦《詩》，至於鴻鴈于野之勞，哀勤百堵之事，每喟爾長懷，中篇而歎。近聽征夫飢勞之聲，甚於斯歌。是以追悟匹婦吟魯之憂，始於此乎？見白駒之意，屏營傍徨，不能監寐。伏念當今地廣而不得耕，民衆而無所食。羣小競進，秉國之位，鷹揚天下，（鳥）〔烏〕鈔求飽，吞肌及骨，並噬無猒。誠恐卒有役夫窮匠，起於板築之閒，投斤攘臂，登高遠呼，使愁怨之民，響應雲合，八方分崩，中夏魚潰。雖方尺之錢，何能有救。其危猶舉函牛之鼎，絓纖枯之末，詩人所以眷然顧之，潸焉出涕者也。

臣東野狂闇，不達大義，緣廣及之時，對過所問，知必以身脂鼎鑊，爲天下笑。

帝竟不鑄錢。

綜　述

（唐）杜佑《通典》卷八《食貨・錢幣》　秦一中國之幣爲二等，黄金以鎰爲名，上幣。二十兩爲鎰。改周一斤之制，更以鎰爲金之名數。銅錢質如周錢，文曰半兩，重如其文，爲下幣。言錢之形質如周錢，唯文異耳。而珠玉龜貝銀錫之屬，爲器飾寶藏，不爲幣，然各隨時而輕重無常。

《史記》卷三〇《平準書》　漢興，接秦之弊，丈夫從軍旅，老弱轉糧饟，作業劇而財匱，自天子不能具鈞駟，而將相或乘牛車，齊民無藏蓋。於是爲秦錢重難用，更令民鑄錢，一黄金一斤，約法省禁。而不軌逐利之民，蓄積餘業以稽市物，物踊騰糶，米至石萬錢，馬一匹則百金。

天下已平，高祖乃令賈人不得衣絲乘車，重租税以困辱之。孝惠、高后時，爲天下初定，復弛商賈之律，然市井之子孫亦不得仕宦爲吏。量吏禄，度官用，以賦於民。而山川園池市井租税之入，自天子以至于封君湯沐邑，皆各爲私奉養焉，不領於天下之經費。漕轉山東粟，以給中都官，歲不過數十萬石。

至孝文時，莢錢益多，輕，乃更鑄四銖錢，其文爲半兩，令民縱得自鑄錢。故吴，諸侯也，以即山鑄錢，富埒天子，其後卒以叛逆。鄧通，大夫也，以鑄錢財過王者。故吴、鄧氏錢布天下，而鑄錢之禁生焉。【略】

其明年，山東被水菑，民多飢乏，於是天子遣使者虚郡國倉廥以振貧民。猶不足，又募豪富人相貸假。尚不能相救，乃徙貧民於關以西，及充朔方以南新秦中，七十餘萬口，衣食皆仰給縣官。數歲，假予産業，使者分部護之，冠蓋相望。其費以億計，不可勝數。於是縣官大空。

而富商大賈或蹛財役貧，轉轂百數，廢居居邑，封君皆低首仰給。冶鑄煑鹽，財或累萬金，而不佐國家之急，黎民重困。於是天子與公卿議，更錢造幣以贍用，而摧浮淫并兼之徒。是時禁苑有白鹿而少府多銀錫。自孝文更造四銖錢，至是歲四十餘年，從建元以來，用少，縣官往往即多銅山而鑄錢，民亦閒盗鑄錢，不可勝數。錢益多而輕，物益少而貴。有司言曰：古者皮幣，諸侯以聘享。金有三等，黄金爲上，白金爲中，赤金爲下。今半兩錢法重四銖，而姦或盗摩錢裏取鋊，錢益輕薄而物貴，則遠方用幣煩費不省。乃以白鹿皮方尺，緣以藻繢，爲皮幣，直四十萬。王侯宗室朝覲聘享，必以皮幣薦璧，然后得行。

又造銀錫爲白金。以爲天用莫如龍，地用莫如馬，人用莫如龜，故白金三品：其一曰重八兩，圜之，其文龍，名曰白選，直三千；二曰以重差小，方之，其文馬，直五百；三曰復小，撱之，其文龜，直三百。令縣官銷半兩錢，更鑄三銖錢，文如其重。盗鑄諸金錢罪皆死，而吏民之盗鑄白金者不可勝數。【略】

有司言三銖錢輕，易姦詐，乃更請諸郡國鑄五銖錢，周郭其下，令不可磨取鋊焉。【略】

天子乃思卜式之言，召拜式爲中郎，爵左庶長，賜田十頃，布告天下，使明知之。

初，卜式者，河南人也，以田畜爲事。親死，式有少弟，弟壯，式脱身出分，獨取畜羊百餘，田宅財物盡予弟。式入山牧十餘歲，羊致千餘頭，買田宅。而其弟盡破其業，式輒復分予弟者數矣。是時漢方數使將擊匈奴，卜式上書，願輸家之半縣官助邊。天子使使問式：欲官乎？式曰：臣少牧，不習仕宦，不願也。使問曰：家豈有冤，欲言事乎？式曰：臣生與人無分争。式邑人貧者貸之，不善者教順之，所居人皆從式，式何故見冤於人！無所欲言也。使者曰：苟如此，子何欲而然？式曰：天子誅匈奴，愚以爲賢者宜死節於邊，有財者宜輸委，如此而匈奴可滅也。使者具其言入以聞。天子以語丞相弘。弘曰：此非人情。不軌之臣，不可以爲化而亂法，願陛下勿許。於是上久不報式，數歲，乃罷式。式歸，復田牧。歲餘，會軍數出，渾邪王等降，縣官費衆，倉府空。其明年，貧民大徙，皆仰給縣官，無以盡贍。卜式持錢二十萬予河南守，以給徙民。河南上富人助貧人者籍，天子見卜式名，識之，曰是固前而欲輸其家半助邊，乃賜式外繇四百人。式又盡復予縣官。是時富豪皆争匿財，唯式尤欲輸之助費。天子於是以式終長者，故尊顯以風百姓。

初，式不願爲郎。上曰：吾有羊上林中，欲令子牧之。式乃拜爲郎，布衣屩而牧羊。歲餘，羊肥息。上過見其羊，善之。式曰：非獨羊也，治民亦猶是也。以時起居；惡者輒斥去，毋令敗羣。上以式爲奇，拜爲緱氏令試之，緱氏便之。遷爲成皋令，將漕最。上以爲式朴忠，拜爲齊王

太傅。【略】

天子既下緡錢令而尊卜式，百姓終莫分財佐縣官，於是（楊可）告緡錢縱矣。

郡國多姦鑄錢，錢多輕，而公卿請令京師鑄鍾官赤側，一當五，賦官用非赤側不得行。白金稍賤，民不寶用，縣官以令禁之，無益。歲餘，白金終廢不行。【略】

其後二歲，赤側錢賤，民巧法用之，不便，又廢。於是悉禁郡國無鑄錢，專令上林三官鑄。錢既多，而令天下非三官錢不得行，諸郡國所前鑄錢皆廢銷之，輸其銅三官。而民之鑄錢益少，計其費不能相當，唯真工大姦乃盜爲之。【略】

太史公曰：農工商交易之路通，而龜貝金錢刀布之幣興焉。所從來久遠，自高辛氏之前尚矣，靡得而記云。故《書》道唐虞之際，《詩》述殷周之世，安寧則長庠序，先本絀末，以禮義防于利；事變多故而亦反是。是以物盛則衰，時極而轉，一質一文，終始之變也。《禹貢》九州，各因其土地所宜，人民所多少而納職焉。湯武承弊易變，使民不倦，各兢所以爲治，而稍陵遲衰微。齊桓公用管仲之謀，通輕重之權，徼山海之業，以朝諸侯，用區區之齊顯成霸名。魏用李克，盡地力，爲彊君。自是之後，天下爭於戰國，貴詐力而賤仁義，先富有而後推讓。故庶人之富者或累巨萬，而貧者或不厭糟糠；有國彊者或并羣小以臣諸侯，而弱國或絶祀而滅世。以至於秦，卒并海內。虞夏之幣，金爲三品，或黄，或白，或赤；或錢，或布，或刀，或龜貝。索隱按：錢本名泉，言貨之流如泉也，故周有泉府之官。及景王乃鑄大錢。布者，言貨流布，故《周禮》有二夫之布。《食貨志》貨布首長八分，足支八分。刀者，錢也。《食貨志》有契刀、錯刀，形如刀，長二寸，直五千。以其形如刀，故曰刀，以其利於人也。又古者貨貝寶龜，《食貨志》有十朋五貝，皆用爲貨，其各有多少，元龜直十貝，故直二千一百六十，已下各有差也。及至秦，中一國之幣爲（三）〔二〕等，黄金以溢名，爲上幣；銅錢識曰半兩，重如其文，爲下幣。而珠玉、龜貝、銀錫之屬爲器飾寶藏，不爲幣。然各隨時而輕重無常。於是外攘夷狄，內興功業，海內之士力耕不足糧饟，女子紡績不足衣服。古者嘗竭天下之資財以奉其上，猶自以爲不足也。無異故云，事勢之流，相激使然，曷足怪焉。

《漢書》卷二四下《食貨志》 凡貨，金錢布帛之用，夏殷以前其詳靡記云。太公爲周立九府圜法：李奇曰：圜即錢也。圜一寸，而重九兩。師古曰：此説非也。《周官》太府、玉府、內府、外府、泉府、天府、職內、職金、職幣皆掌財幣之官，故云九府。圜謂均而通也。黄金方寸，而重一斤；錢圜函方，輕重以銖；布帛廣二尺二寸爲幅，長四丈爲匹。故貨寶於金，利於刀，流於泉，布於布，束於帛。【略】

秦兼天下，幣爲二等：黄金以溢爲名，上幣；孟康曰：二十兩爲溢。師古曰：改周一斤之制，更以溢爲金之名數也。高祖初賜張良金百溢，此尚秦制也。上幣者，二等之中黄金爲上而錢爲下也。銅錢質如周錢，臣瓚曰：言錢之形質如周錢，唯文異耳。文曰半兩，重如其文。而珠玉龜貝銀錫之屬爲器飾寶臧，不爲幣，然各隨時而輕重無常。

漢興，以爲秦錢重難用，更令民鑄莢錢。黄金一斤。而不軌逐利之民畜積餘赢以稽市物，痛騰躍，米至石萬錢，馬至匹百金。天下已平，高祖乃令賈人不得衣絲乘車，重税租以困辱之。孝惠、高后時，爲天下初定，復弛商賈之律，然市井子孫亦不得（宦爲吏）〔爲官吏〕。孝文五年，爲錢益多而輕，乃更鑄四銖錢，其文爲半兩。除盜鑄錢令，使民放鑄。賈誼諫曰：

法使天下公得顧租鑄銅錫爲錢，敢雜以鉛鐵爲它巧者，其罪黥。然鑄錢之情，非殽雜爲巧，則不可得赢；而殽之甚微，爲利甚厚。夫事有召禍而法有起姦，今令細民人操造幣之勢，各隱屏而鑄作，因欲禁其厚利微姦，雖黥罪日報，其勢不止。乃者，民人抵罪，多者一縣百數，及吏之所疑，榜笞奔走者甚衆。夫縣法以誘民，使入陷阱，孰積於此！曩禁鑄錢，死罪積下；今公鑄錢，黥罪積下。爲法若此，上何賴焉？

又民用錢，郡縣不同：或用錢輕，百加若干；或用重錢，平稱不受。法錢不立，吏急而壹之虖，則大爲煩苛，而力不能勝；縱而弗呵虖，則市肆異用，錢文大亂。苟非其術，何鄉而可哉！

今農事棄捐而采銅者日蕃，釋其耒耨，冶鎔炊炭，姦錢日多，五穀不爲多。善人怵而爲姦邪，愿民陷而之刑戮，刑戮將甚不詳，奈何而忽！國知患此，吏議必曰禁之。禁之不得其術，其傷必大。令禁鑄錢，則錢必重；重則其利深，盜鑄如雲而起，棄市之罪又不足以禁矣。姦數不勝而

法禁數潰，銅使之然也。故銅布於天下，其爲禍博矣。

今博禍可除，而七福可致也。何謂七福？上收銅勿令布，則民不鑄錢，黥罪不積，一矣。僞錢不蕃，民不相疑，二矣。采銅鑄作者反於耕田，三矣。銅畢歸於上，上挾銅積以御輕重，錢輕則以術斂之，重則以術散之，貨物必平，四矣。以作兵器，以假貴臣，多少有制，用別貴賤，五矣。以臨萬貨，以調盈虛，以收奇羨，則官富實而末民困，六矣。制吾棄財，以與匈奴逐爭其民，則敵必懷，七矣。故善爲天下者，因禍而爲福，轉敗而爲功。今久退七福而行博禍，臣誠傷之。

上不聽。是時，吴以諸侯即山鑄錢，富埒天子，後卒叛逆。鄧通，大夫也，以鑄錢財過王者。故吴、鄧錢布天下。【略】

於是天子與公卿議，更造錢幣以澹用，而摧浮淫并兼之徒。是時禁苑有白鹿而少府多銀錫。自孝文更造四銖錢，至是歲四十餘年，從建元以來，用少，縣官往往即多銅山而鑄錢，民亦盜鑄，不可勝數。錢益多而輕，物益少而貴。有司言曰：古者皮幣，諸侯以聘享。金有三等，黄金爲上，白金爲中，赤金爲下。今半兩錢法重四銖，而姦或盜摩錢質而取鋊，錢益輕薄而物貴，則遠方用幣煩費不省。乃以白鹿皮方尺，緣以繢，爲皮幣，直四十萬。王侯宗室朝覲聘享，必以皮幣薦璧，然後得行。

又造銀錫白金。以爲天用莫如龍，地用莫如馬，人用莫如龜，故白金三品：其一曰重八兩，圜之，其文龍，名白撰，直三千；二曰以重差小，方之，其文馬，直五百；三曰復小，橢之，其文龜，直三百。令縣官銷半兩錢，更鑄三銖錢，重如其文。盜鑄諸金錢罪皆死，而吏民之犯者不可勝數。【略】

有司言三銖錢輕，輕錢易作姦詐，乃更請郡國鑄五銖錢，周郭其質，令不可得摩取（鉛）〔鋊〕。【略】

自造白金五銖錢後五歲，而赦吏民之坐盜鑄金錢死者數十萬人。其不發覺相殺者，不可勝計。赦自出者百餘萬人。然不能半自出，天下大氐無慮皆鑄金錢矣。犯法者衆，吏不能盡誅，於是遣博士褚大、徐偃等分行郡國，舉并兼之徒守相爲利者。而御史大夫張湯方貴用事，減宣、杜周等爲中丞，義縱、尹齊、王温舒等用急刻爲九卿，直指夏蘭之屬始出。而大農顔異誅矣。初，異爲濟南亭長，以廉直稍遷至九卿。上與湯既造白鹿皮幣，問異。異曰：今王侯朝賀以倉璧，直數千，而其皮薦反四十萬，本末不相稱。天子不説。湯又與異有隙，及人有告異以它議，事下湯治。異與客語，客語初令下有不便者，異不應，微反脣。湯奏當異九卿見令不便，不入言而腹非，論死。自是後有腹非之法比，而公卿大夫多諂諛取容。【略】

郡國鑄錢，民多姦鑄，錢多輕，而公卿請令京師鑄官赤仄，一當五，賦官用非赤仄不得行。白金稍賤，民弗寶用，縣官以令禁之，無益，歲餘終廢不行。是歲，湯死而民不思。其後二歲，赤仄錢賤，民巧法用之，不便，又廢。於是悉禁郡國毋鑄錢，專令上林三官鑄。錢既多，而令天下非三官錢不得行，諸郡國前所鑄錢皆廢銷之，輸入其銅三官。而民之鑄錢益少，計其費不能相當，唯真工大姦乃盜爲之。【略】

宣、元、成、哀、平五世，亡所變改。元帝時嘗罷鹽鐵官，三年而復之。貢禹言：鑄錢采銅，一歲十萬人不耕，民坐盜鑄陷刑者多。富人臧錢滿室，猶無厭足。民心動摇，棄本逐末，耕者不能半，姦邪不可禁，原起於錢。疾其末者絶其本，宜罷采珠玉金銀鑄錢之官，毋復以爲幣，除其販賣租銖之律，租稅禄賜皆以布帛及穀，使百姓壹意農桑。議者以爲交易待錢，布帛不可尺寸分裂。禹議亦寢。

自孝武元狩五年三官初鑄五銖錢，至平帝元始中，成錢二百八十億萬餘云。

王莽居攝，變漢制，以周錢有子母相權，於是更造大錢，徑寸二分，重十二銖，文曰大錢五十。又造契刀、錯刀。契刀，其環如大錢，身形如刀，長二寸，文曰契刀五百。錯刀，以黄金錯其文，曰一刀直五千。張晏曰：案今所見契刀、錯刀，形質如大錢，而肉好輪厚異於此。大錢形如大刀環矣，契刀身形圓，不長二寸也。其文左曰契，右曰刀，無五百字也。錯刀則刻之作字也，以黄金填其文，上曰一，下曰刀。二刀泉甚不與志相應也，似扎單差錯，文字磨滅故耳。師古曰：張説非也。王莽錢刀今並尚在，形質及文與志相合，無差錯也。與五銖錢凡四品，並行。

莽即真，以爲書劉字有金刀，乃罷錯刀、契刀及五銖錢，而更作金、銀、龜、貝、錢、布之品，名曰寶貨。

小錢徑六分，重一銖，文曰小錢直一。次七分，三銖，曰幺錢一十。

次八分，五銖，曰幼錢二十。次九分，七銖，曰中錢三十。次一寸，九銖，曰壯錢四十。因前大錢五十，是爲錢貨六品，直各如其文。

黄金重一斤，直錢萬。朱提銀重八兩爲一流，直一千五百八十。它銀一流直千。是爲銀貨二品。

元龜岠冉長尺二寸，直二千一百六十，爲大貝十朋。公龜九寸，直五百，爲壯貝十朋。侯龜七寸以上，直三百，爲幺貝十朋。子龜五寸以上，直百，爲小貝十朋。是爲龜寶四品。

大貝四寸八分以上，二枚爲一朋，直二百一十六。壯貝三寸六分以上，二枚爲一朋，直五十。幺貝二寸四分以上，二枚爲一朋，直三十。小貝寸二分以上，二枚爲一朋，直十。不盈寸二分，漏度不得爲朋，率枚直錢三。是爲貝貨五品。

大布、次布、弟布、壯布、中布、差布、厚布、幼布、幺布、小布。小布長寸五分，重十五銖，文曰小布一百。自小布以上，各相長一分，相重一銖，文各爲其布名，直各加一百。上至大布，長二寸四分，重一兩，而直千錢矣。是爲布貨十品。

凡寶貨五物，六名，二十八品。

鑄作錢布皆用銅，殽以連錫，文質周郭放漢五銖錢云。其金銀與它物雜，色不純好，龜不盈五寸，貝不盈六分，皆不得爲寶貨。元龜爲蔡，非四民所得居，有者，入大卜受直。

百姓憒亂，其貨不行。民私以五銖錢市買。莽患之，下詔：敢非井田挾五銖錢者爲惑衆，投諸四裔以御魑魅。於是農商失業，食貨俱廢，民涕泣於市道。坐賣買田宅奴婢鑄錢抵罪者，自公卿大夫至庶人，不可稱數。莽知民愁，乃但行小錢直一，與大錢五十，二品並行，龜貝布屬且寢。【略】

後五歲，天鳳元年，復申下金銀龜貝之貨，頗增減其賈直。而罷大小錢，改作貨布，長二寸五分，廣一寸，首長八分有奇，廣八分，其圜好徑二分半，足枝長八分，間廣二分，其文右曰貨，左曰布，重二十五銖，直貨泉二十五。貨泉徑一寸，重五銖，文右曰貨，左曰泉，枚直一，與貨布二品並行。又以大錢行久，罷之，恐民挾不止，乃令民且獨行大錢，與新貨泉俱枚直一，並行盡六年，毋得復挾大錢矣。每壹易錢，民用破業，而大陷刑。莽以私鑄錢死，及非沮寶貨投四裔，犯法者多，不可勝行，乃更輕其法：私鑄作泉布者，與妻子没入爲官奴婢；吏及比伍，知而不舉告，與同罪；非沮寶貨，民罰作一歲，吏免官。犯者俞衆，及五人相坐皆没入，郡國檻車鐵鎖，傳送長安鍾官，愁苦死者什六七。

作貨布六年後，匈奴侵寇甚，莽大募天下囚徒人奴，名曰豬突豨勇，壹切税吏民，訾三十而取一。又令公卿以下至郡縣黄綬吏，皆保養軍馬，吏盡復以與民。民摇手觸禁，不得耕桑，繇役煩劇，而枯旱蝗蟲相因。又用制作未定，上自公侯，下至小吏，皆不得奉禄，而私賦斂，貨賂上流，獄訟不決。吏用苛暴立威，旁緣莽禁，侵刻小民。富者不得自保，貧者無以自存，起爲盗賊，依阻山澤，吏不能禽而覆蔽之，浸淫日廣，於是青、徐、荆楚之地往往萬數。戰鬬死亡，緣邊四夷所係虜，陷罪，飢疫，人相食，及莽未誅，而天下户口減半矣。

自發豬突豨勇後四年，而漢兵誅莽。後二年，世祖受命，盪滌煩苛，復五銖錢，與天下更始。

贊曰：《易》稱裒多益寡，稱物平施，《書》云楙遷有無，周有泉府之官，而《孟子》亦非狗彘食人之食不知斂，野有餓莩而弗知發。故管氏之輕重，李悝之平糴，弘羊均輸，壽昌常平，亦有從徠。顧古爲之有數，吏良而令行，故民賴其利，萬國作乂。及孝武時，國用饒給，而民不益賦，其次也。至于王莽，制度失中，姦軌弄權，官民俱竭，亡次矣。

《晋書》卷二六《食貨志》 漢錢舊用五銖，自王莽改革，百姓皆不便之。及公孫述僭號於蜀，童謡曰：黄牛白腹，五銖當復。好事者竊言，王莽稱黄，述欲繼之，故稱白帝。五銖漢貨，言漢當復併天下也。至光武中興，除莽貨泉。建武十六年，馬援又上書曰：富國之本，在於食貨，宜如舊鑄五銖錢。帝從之。於是復鑄五銖錢，天下以爲便。及章帝時，穀帛價貴，縣官經用不足，朝廷憂之。尚書張林言：今非但穀貴也，百物皆貴，此錢賤故爾。宜令天下悉以布帛爲租，市買皆用之，封錢勿出，如此則錢少物賤矣。又，鹽者食之急也，縣官可自賣鹽，武帝時施行之，名曰均輸。於是事下尚書通議，尚書朱暉議曰：王制，天子不言有無，諸侯不言多少，食禄者不與百姓争利。均輸之法，與賈販無異。以布帛爲租，則吏多姦。官自賣鹽，與下争利，非明王所宜行。帝本以林言爲是，

得暉議，因發怒，遂用林言，少時復止。

桓帝時有上書言：人以貨輕錢薄，故致貧困，宜改鑄大錢。事下四府羣僚及太學能言之士，孝廉劉陶上議曰：

臣伏讀鑄錢之詔，平輕重之議，訪覃幽微，不遺窮賤，是以藿食之人，謬延逮及。

蓋以當今之憂，不在於貨，在乎人飢。是以先王觀象育物，敬授民時，使男不逋畝，女不下機，故君臣之道行，王路之教通。由是言之，食者乃有國之所寶，百姓之至貴也。竊以比年已來，良苗盡於蝗螟之口，杼柚空於公私之求。所急朝夕之食，所患靡鹽之事，豈謂錢之厚薄，銖兩之輕重哉！就使當今沙礫化為南金，瓦石變為和玉，使百姓渴無所飲，飢無所食，雖皇羲之純德，唐虞之文明，猶不能以保蕭牆之內也。蓋百姓可百年無貨，不可以一朝有飢，故食為至急也。

議者不達農殖之本，多言鑄冶之便，或欲因緣行詐，以賈國利。國利將盡，取者爭競，造鑄之端，於是乎生。蓋萬人鑄之，一人奪之，猶不能給，況今一人鑄之則萬人奪之乎！雖以陰陽為炭，萬物為銅，役不食之民，使不飢之士，猶不能足無厭之求也。

夫欲民財殷阜，要在止役禁奪，則百姓不勞而足。陛下聖德，愍海內之憂戚，傷天下之艱難，欲鑄錢齊貨，以救其弊，此猶養魚沸鼎之中，棲鳥烈火之上。木水，本魚鳥之所生也，用之不時，必至焦爛。願陛下寬鍥薄之禁，後冶鑄之議也。

帝竟不鑄錢。

及獻帝初平中，董卓乃更鑄小錢，由是貨輕而物貴，穀一斛至錢數百萬。至魏武為相，於是罷之，還用五銖。是時不鑄錢既久，貨本不多，又更無增益，故穀賤無已。及黃初二年，魏文帝罷五銖錢，使百姓以穀帛為市。至明帝世，錢廢穀用既久，人間巧偽漸多，競溼穀以要利，作薄絹以為市，雖處以嚴刑而不能禁也。司馬芝等舉朝大議，以為用錢非徒豐國，亦所以省刑。今若更鑄五銖錢，則國豐刑省，於事為便。魏明帝乃更立五銖錢，至晉用之，不聞有所改創。孫權嘉禾五年，鑄大錢一當五百。赤烏元年，又鑄當千錢。故呂蒙定荊州，孫權賜錢一億。錢既太貴，但有空名，人間患之。權聞百姓不以為便，省息之，鑄為器物，官勿復出也。私家有者，並以輸藏，平卑其直，勿有所枉。

（唐）杜佑《通典》卷八《食貨・錢幣》 漢興，以為秦錢重難用，更令民鑄莢錢。如榆莢也。錢重銖，半徑五分，文曰漢興。黃金一斤。復周之制，更以斤名金。

高后二年，行八銖。秦錢文曰半兩，即八銖也。初，漢以其太重，更鑄榆莢，人患太輕，至此復行八銖錢。六年，行五分錢。徑五分，所謂莢錢。

孝文五年，為錢益多而輕，乃更鑄四銖錢，其文為半兩。除盜鑄錢令，使民放鑄。賈誼諫曰：法使天下公得顧租鑄銅錫為錢，敢雜以鉛鐵為他巧者，其罪黥。顧租，謂顧庸之直，或租其本。然鑄錢之情，非殽雜為巧則不可得贏，而殽之甚微，為利甚厚。微謂精妙也。其術精妙，不可覺知，而得利甚厚，故令人輕犯之，姦不可止也。夫事有召禍而法有起姦，今令細民操造幣之勢，操，持也。各隱屏而鑄作，因欲禁其厚利微姦，雖黥罪日報，其勢不止。報，論也。夫懸法以誘民，使入陷阱，孰積於此！曩禁鑄錢，死罪積下；下，報也。積累下報論之也。今公鑄錢，黥罪積下。為法若此，上何賴焉？賴，利也，恃也。又民用錢，郡縣不同，或用輕錢，百加若干，時錢重四銖，法錢百枚，當重一斤十六銖。輕則以錢足之若干枚，令滿平也。若干，且設數之言也。干猶箇，謂當如此箇數耳。或用重錢，平稱不受。用重錢，則平稱有餘，不能受也。法錢不立，依法之錢也。吏急而壹之乎，則大為煩苛而力不能勝；縱而弗呵乎，則市肆異用，錢文大亂。呵，責怒也。苟非其術，何嚮而可哉！今農事弃捐而采銅者日蕃，釋其耒耨，冶鎔炊炭，鎔，形容也，謂作錢模也。姦錢日多，五穀不為多。言皆采銅鑄錢，廢其農業，故五穀不為多。國知患此，吏議必曰禁之，禁之不得其術，其傷必大。令禁鑄錢則錢必重，重則其利深，盜鑄如雲而起，弃市之罪又不足以禁矣。姦數不勝而法禁數潰，銅使之然也。故銅布於天下，則人鑄錢者大抵必雜以鉛鐵，黥人日繁，一禍也。偽錢無止，錢用不信，人愈相疑，二禍也。采銅者弃其田疇，鑄者捐其農事，五穀不為多，則隣於飢，三禍也。故不禁鑄錢則錢常亂，黥罪日積，是陷阱也。且農事不為，有類為災，故人鑄錢不可不禁，四禍也。上禁鑄錢，必以死罪。鑄錢者禁，則錢必還重，則盜鑄者起，則死罪又復積矣，其禍五也。故銅布於天下，其為禍博矣。今博禍可除，而七福可致也。何謂七福？上收銅勿令布，則民不鑄錢，黥罪不積，一矣。

僞錢不蓄，民不相疑，二矣。采銅鑄作者反於耕田，三矣。銅畢歸於上，上挾銅積以御輕重，銅積謂多積銅。錢輕則以術斂之，重則以術散之，貨物必平，四矣。以作兵器，古者以銅爲兵也，秦銷鋒鏑鑄金人十二是也。以假貴臣，多少有制，用別貴賤，五矣。以臨萬貨，以調盈虚，以收奇羨，奇，殘餘。羨，饒溢。則官富實而末民困，六矣。末謂工商之業也。制吾弃財，以與匈奴逐争其民，則敵必壞，七矣。末業既困，農人敦本，倉廩實，布帛有餘，則招胡人，多來降附，故言制吾弃財也。弃財，謂可弃之財。逐，競也。今久退七福而行博禍，臣誠傷之。上不聽。是時，吴以諸侯即山鑄錢，富埒天子，後卒叛逆。鄧通，大夫也，以鑄錢文字埒，等也。所鑄文字與四銖同，微重耳。秤兩同四銖。財過王者。故吴、鄧錢布天下。

孝武帝有事於四夷，又徙平民七十萬口於新秦中，用度廣，出御府錢以贍不足，而冶鑄或累萬金，不佐公家之急。於是天子與公卿議，更造錢幣以贍用，而摧浮淫并兼之徒。是時禁苑有白鹿而少府多銀錫。自孝文更造四銖錢，至是歲四十餘年。從建元以來用少，縣官往往即多銅山而鑄錢，民閒亦盜鑄，不可勝數，錢益多而輕，鑄錢者多，故錢輕，輕亦賤也。物益少而貴。民但鑄錢，不作餘物故也。有司言曰：古者皮幣，諸侯以聘享。金有三等，黄金爲上，白金爲中，赤金爲下。今半兩錢法重四銖，文爲半兩，實重四銖。而姦或盜磨錢質而取鋊，民盜磨錢質而取鋊。鋊，銅屑也。磨錢漫面以取其屑，更以鑄錢。《西京黄圖叙》曰民磨錢取屑是也。鋊音浴。錢益輕薄而物貴，則遠方用幣，煩費不省。乃以白鹿皮方尺，緣以藻繢，一作紫繢，繡繪五采而爲。爲皮幣，直四十萬。王侯宗室朝覲聘享必以皮幣薦璧，然後得行。《管子》曰：桓公朝周，請天子號令諸侯，以石璧賀獻。此亦鹿皮銀錫爲幣之義也。諸具《輕重篇》。又造銀錫爲白金。雜鑄銀錫以爲白金。以爲天用莫如龍，地用莫如馬，人用莫如龜。故白金三品，其一曰重八兩，圜之，其文龍，名曰白選，或名白撰。直三千。二曰以重差小，方之，其文馬，直五百。以半斤之重差爲三品，此重六兩，則下品重四兩。三曰復小，橢之，其文龜，直三百。橢，圜而長。令縣官銷半兩錢，更鑄三銖錢，文如其重。盜鑄諸金錢罪皆死，而吏民之盜鑄白金者不可勝數。有司言三銖錢輕，易姦詐，乃更請郡國鑄五銖錢，周郭其下，令不可磨取鋊焉。周匝爲郭，文漫皆有。自造白金、五銖錢後五歲，赦吏民之坐盜鑄金錢死者數十萬人，其不發覺相殺者不可勝計，赦自出者百餘萬人。然不能半自出，天下大抵無慮皆鑄金錢矣。抵，歸也。大歸猶言大凡也。無慮亦謂大率無小計慮也。犯法者衆，吏不能盡誅，於是遣博士褚大、徐偃等分行郡國，舉并兼之徒、守相爲利者劾之。時張湯用事。初，帝既與湯造白鹿皮幣，以問大司農顔異，對曰：今王侯朝賀以蒼璧，直數千，而皮薦反四十萬，本末不相稱。上不悦。會有人告異以他議事，下湯理異。異與客語，客語初令下有不便者，異不應，微反脣。湯奏異見令不便，不入言而腹誹，遂誅。於是公卿大夫多諂諛取容。郡國多姦鑄錢，錢多輕，而公卿請令京師鑄官赤仄，以赤銅爲其郭。今錢見有赤側者，不知作法云何。一當五，賦官用非赤仄不得行。充賦及給官用，皆令以赤側。白金稍賤，民不寶用，縣官以令禁之，無益，歲餘終廢不行。其後二歲，赤仄錢賤，民巧法用之，不便，又廢。於是悉禁郡國無鑄錢，專令上林三官鑄，錢既多，而令天下非三官錢不得行。漢武帝元鼎二年，初置水衡都尉，掌上林苑，屬官有上林均輸，鍾官，辨銅令，然則上林三官，其是此三令乎？諸郡國前所鑄錢皆廢銷之，輸入其銅三官。而民之鑄錢益少，計其費不能相當，唯真工大姦乃盜爲之。

宣帝時，貢禹言：鑄錢采銅，一歲十萬人不耕，民坐盜鑄陷刑者多。富人藏錢滿室，猶無厭足。民心動搖，弃本逐末，耕者不能半，姦邪不可禁，原起於錢。疾其末者絶其本，宜罷采珠玉金銀鑄錢之官，毋復以爲幣，除其販賣租銖之律。租銖，謂計其賣物價，平其錙銖而收租也。租税禄賜皆以布帛及穀，使百姓壹意農桑。議者以爲交易待錢，布帛不可尺寸分裂，禹議亦寢。

自孝武元狩五年三官初鑄五銖錢，至平帝元始中，成錢二百八十億萬餘云。

王莽居攝，變漢制，以周錢有子母相權，於是始造大錢，徑一寸二分，重十二銖，文曰大錢五十。又造契刀、錯刀。契刀，環如大錢，身形如刀，長二寸，文曰契刀五百。錯刀，以黄金錯，其文曰一刀直五千。此錢今並尚在，形質及文與《漢書》相合，無差錯也。與五銖錢凡四品，並行。

莽即真，以爲書劉字有金刀，乃罷錯刀、契刀及五銖錢，而更作金、銀、龜、貝、錢、布之品，名曰寶貨。小錢，徑六分，重一銖，文曰小錢直一。次七分，三銖，曰么錢一十。么，小也。次八分，五銖，曰幼錢二十。次九分，七銖，曰中錢三十。次一寸，九銖，曰壯錢四十。因前大錢

五十，是爲錢貨六品。直各如其文。黄金重一斤，直錢萬。朱提銀重八兩爲一流，直一千五百八十。朱提，縣名，屬犍爲，出善銀。朱音殊，提音上支反。他銀一流直千。是爲銀貨二品。元龜岠冉長尺二寸，冉，龜甲緣也。岠，至也。度背兩邊緣尺二寸也。直二千一百六十，爲大貝十朋。兩貝爲朋。朋直二百一十六，元龜十朋，故二千一百六十。公龜九寸，直五百，爲壯貝十朋。侯龜七寸以上，直三百，爲么貝十朋。子龜五寸以上，直百，爲小貝十朋。是爲龜寶四品。大貝四寸八分以上，二枚爲一朋，直二百一十六。壯貝三寸六分以上，二枚爲一朋，直五十。么貝二寸四分以上，二枚爲一朋，直三十。小貝寸二分以上，二枚爲一朋，直十。不盈寸二分，漏度不得爲朋，率枚直錢三。是爲貝貨五品。大布、次布、第布、壯布、中布、差布、厚布、幼布、么布、小布。小布長寸五分，重十五銖，文曰小布一百。自小布以上，各相長一分，相重一銖，文各爲其布名，直各加一百。上至大布，長二寸四分，重一兩，而直千錢矣。是爲布貨十品。布亦錢。凡寶貨五物，六名，二十八品。鑄作錢布，皆用銅，殽以鏈錫，許慎云：鏈，銅屬也。然則以鏈及錫雜銅而爲錢也。鏈音連。文質周郭放漢五銖錢云。放，依。其金銀與他物雜，色不純好，龜不盈五寸，貝不盈六分，皆不得爲寶貨。元龜爲蔡，非四民所得居，有者入太卜受直。

其後百姓憒亂，其貨不行，民私以五銖錢市買，莽患之，下詔敢挾五銖錢者爲惑衆，投諸四裔。於是農商失業，食貨俱廢，民涕泣於市道。坐賣買田宅奴婢、鑄錢抵罪者，自公卿大夫至庶人不可稱數。莽知民愁，迺但行小錢直一與大錢五十，二品並行，龜貝布屬遂廢。

莽天鳳元年，復申下金銀龜貝之貨，頗增減其價直，而罷大小錢。改作貨布，長二寸五分，廣一寸，首長八分有奇，廣八分，其圓好徑二分半，足枝長八分，間廣二分，其文右曰貨，左曰布，重二十五銖，直貨泉二十五。貨泉徑一寸，重五銖，文右曰貨，左曰泉，枚直一。與貨布二品並行。又以大錢行久，罷之，恐民挾不止，迺令民且獨行大錢，與新貨泉俱枚直一，並行，盡六年，毋得復挾大錢矣。每壹易錢，民用破業而大陷刑。莽以私鑄錢死及非沮寶貨投四裔、犯法者多，不可勝行，迺更輕其法：私鑄作泉布者，與妻子没爲官奴婢；吏及比伍知而不舉告，與同罪；比音頻末反。非沮寶貨，民罰作一歲，吏免官。犯者愈衆，及五人相坐皆没入，郡國檻車鐵瑣，傳送長安鍾官，鍾官，主鑄錢者。愁苦死者十六七。

漢錢舊用五銖，自王莽改革，百姓皆不便之。及公孫述廢銅錢，置鐵官鑄鐵錢，百姓貨幣不行。皇甫謐《高士傳》曰：郭泰過史弼，送迎輒再屈腰，泰一傳揖而去。弼門人怪而問之，弼曰：鐵錢也，故以二當一耳。時童謡曰：黄牛白腹，五銖當復。好事者竊言：王莽稱黄，述欲繼之，故稱白腹，五銖漢貨，言漢當復并天下。

後漢光武除王莽貨泉。自莽亂後，貨幣雜用布帛金粟。建武十六年，馬援上書曰：富國之本，在於食貨，宜如舊鑄五銖錢。帝從之，於是復鑄五銖錢，天下以爲便。

及章帝時，穀價貴，縣官經用不足，朝廷憂之。尚書張林言：今非但穀貴，百物皆貴，此錢賤故爾。宜令天下悉以布帛爲租，市買皆用之，封錢勿出，如此則百物皆賤矣。帝用其言，少時復止。

和帝時，有上書言，人以貨輕錢薄，故致貧困，宜改鑄大錢。事下四府群僚及太學能言之士。孝廉劉陶上議曰：當今之憂，不在於貨，在乎民飢。蓋民可百年無貨，不可一朝有飢，故食爲至急也。議者不達農殖之本，多言鑄冶之便，或欲因緣行詐以賈國利，國利將盡，取者争競，造鑄之端，於是乎生。蓋萬人鑄之，一人奪之，猶不能給，況今一人鑄之，則萬人奪之乎！夫欲民殷財阜，要在止役禁奪，則百姓不勞而足。陛下欲鑄錢齊貨以救其弊，此猶養魚沸鼎之中，棲鳥烈火之上。帝竟不鑄錢。

及靈帝作五銖錢，而有四出道，連於邊緣，有識者尤之曰：豈非京師破壞，此四出散於四方乎？

至董卓焚宫室，乃劫鑾駕，西幸長安，悉壞五銖錢，更鑄小錢，大五分。盡取洛陽及長安銅人飛廉之屬充鼓鑄。其錢無輪郭文章，不便時人，由是貨輕而物貴，穀一斛至錢數百萬。

曹公爲相，於是罷之，還用五銖。是時不鑄錢既久，貨本不多，又更無增益，故穀賤而已。

（元）馬端臨《文獻通考》卷八《錢幣考·歷代錢幣之制》 文帝五年，爲錢益多而輕，乃更鑄四銖錢，其文爲半兩。除盜鑄錢令，使民放鑄。【略】

賈山上書諫，以爲錢者，無用器也，而可以易富貴。富貴者，人主之操柄也，令民爲之，是與人主共操柄，不可長也。其後，復禁鑄錢。

景帝中六年，定鑄錢僞黄金棄市律。

人有告鄧通盗出徼外鑄錢，下吏驗問，頗有，遂竟案，盡没之。

武帝建元元年，行三銖錢。壞四銖造此也。重如其文。

五年，罷三銖錢，行半兩錢。自孝文更造四銖錢，至元狩四年，四十餘年。從建元以來，用少，縣官往往即多銅山而鑄錢，民亦盗鑄，不可勝數。錢益多而輕，物益少而貴。有司言曰：今半兩錢法重四銖，而姦或盗磨錢質而取鋊，鋊，銅屑也。錢益輕薄而物貴，則遠方用幣煩費不省。乃令縣官銷半兩錢，更鑄三銖錢，重如其文。其明年，有司言三銖錢輕，輕錢易作姦詐。乃更請郡國鑄五銖，周郭其質，令不得磨錢取鋊。

元狩四年，造白金及皮幣。【略】

元鼎二年，令京師鑄官赤仄。【略】

《師丹傳》：有上書言古者以龜、貝爲貨，今以錢易之，民以故貧，宜可改幣。上以問丹，丹對言可改。章下有司議，皆以爲行錢以來久，難卒變易。

自孝武元狩五年三官初鑄五銖錢，至平帝元始中，成錢二百八十億萬餘云。

石林葉氏曰：《漢書·王嘉傳》：元帝時都内錢四十萬萬，水衡錢二十五萬萬，少府錢十八萬萬，言其多也。以今計之，纔八百三十萬貫耳，不足以當權貴務盛時一歲之入。蓋漢時錢極重而幣輕，穀價甚賤時至斛五錢，耿壽昌以穀賤傷農，建常平之議，其年斛五錢。故嘉言是時外戚貲千萬者少。正使有千萬，亦是今一萬貫，中下户皆有之。《漢律》：丞相、大司馬、大將軍月俸六萬，乃今六十貫，御史大夫四萬；而大將軍米月三百五十斛，下至佐史，秩百石，猶月八斛有奇。其賜臣下黄金每百斤、二百斤，少亦三十斤，雖燕王劉澤以諸侯賜田生金亦二百斤，梁孝王死，有金四十餘萬斤。幣輕，故米賤金多。近世患國用不足，以爲錢少，故夾錫當十等交具，卒未嘗有補。蓋錢之多寡係幣之輕重，不在鼓鑄廣狹也。

又曰：如魏文侯相李悝言，一夫治田百畝，畝收粟一石半，爲粟百五十石。一夫挾五口，人月食一石半。百畝之入，以其十五石爲稅，九十石爲食，餘四十五石。石錢三十，計錢千三百五十，而社閭嘗新春秋之祠只用錢三百，而其餘錢以爲五口之衣。衣，人率用錢三百，五人終歲用千五百，今只餘千五十，不足四百五十。則固不嫌錢之少也。然正使幣輕，亦何至是？蓋日用猶不滿一錢，不知何以爲生。【略】

世祖建武十六年，始行五銖錢，天下賴其便。

初，王莽亂後，貨幣雜用布帛金粟。建武初，馬援在隴西，上書言宜如舊鑄五銖錢。事下三府，三府奏以爲未可許，事遂寢。及援還，從公府求得前奏難十餘條，乃隨牒解釋，更具表言。帝從之。

建武時，長安鑄錢多姦，第五倫爲督鑄錢掾領長安市，倫平銓衡，正斗斛，市無阿枉，百姓悦服。

桓帝時議改鑄大錢，劉陶言其不便，乃止。

時有上書言人以貨輕財薄，故致貧困，宜改鑄大錢。事下四府群僚及太學能言之士。陶上議曰：當今之憂，不在於貨，在於民饑。蓋民可百年無貨，不可一朝有饑，故食爲至急也。議者不達農殖之本，多言冶鑄之便，或欲因緣行詐，以賈國利。國利將盡，取者争競，造鑄之端，於是乎生。蓋萬人鑄之，一人奪之，猶不能給，况一人鑄之，萬人奪之乎？夫欲民殷財阜，要在止役禁奪，則百姓不勞而足。陛下欲鑄錢齊貨，以救其弊，此猶養魚沸鼎之中，棲鳥烈火之上。水木本魚鳥之所生也，用之不時，必致焦爛。帝乃止，不鑄錢。

靈帝中平三年，鑄四出文錢。

錢皆四道，識者竊言侈虐已甚，形象兆見，此錢成，必四道而去。及京師亂，錢果流布四海。

獻帝初平元年，鑄小錢。

董卓壞五銖錢，更鑄小錢，悉取洛陽、長安銅人、鐘簴、飛廉、銅馬之屬以充鑄，故貨賤物貴，穀石數萬。又錢無倫理文章，不便人用。

紀事

《漢書》卷三《高后紀》〔高后二年〕秋七月，行八銖錢。

《漢書》卷三《高后紀》〔高后六年六月〕行五分錢。

《漢書》卷四《文帝紀》 〔文帝五年〕夏四月，除盜鑄錢令。更造四銖錢。

《漢書》卷五《景帝紀》 〔六年〕十二月，改諸官名。定鑄錢僞黄金棄市律。

應劭曰：文帝五年，聽民放鑄，律尚未除。先時多作僞金，僞金終不可成，而徒損費，轉相誑耀，窮則起爲盜賊，故定其律也。孟康曰：民先時多作僞金，故其語曰金可作，世可度。費損甚多而終不成。民亦稍知其意，犯者希，因此定律也。師古曰：應説是。

《漢書》卷六《武帝紀》 〔建元元年春二月〕行三銖錢。

《漢書》卷六《武帝紀》 〔建元〕五年春，罷三銖錢，行半兩錢。

《漢書》卷六《武帝紀》 〔元狩五年〕罷半兩錢，行五銖錢。

《漢書》卷五一《賈山傳》 其後文帝除盜鑄錢令，山復上書諫，以爲變先帝法，非是。又訟淮南王無大罪，宜急令反國。又言柴唐子爲不善，足以戒。章下詰責，對以爲錢者，亡用器也，而可以易富貴。富貴者，人主之操柄也，令民爲之，是與人主共操柄，不可長也。其言多激切，善指事意，然終不加罰。所以廣諫争之路也。其後復禁鑄錢云。

《漢書》卷八六《師丹傳》 會有上書言古者以龜貝爲貨，今以錢易之，民以故貧，宜可改幣。上以問丹，丹對言可改。章下有司議，皆以爲行錢以來久，難卒變易。丹老人，忘其前語，後從公卿議。

《漢書》卷九三《佞幸傳・鄧通》 文帝時間如通家游戲，然通無他伎能，不能有所薦達，獨自謹身以媚上而已。上使善相人者相通，曰：當貧餓死。上曰：能富通者在我，何説貧？於是賜通蜀嚴道銅山，得自鑄錢。鄧氏錢布天下，其富如此。

《漢書》卷九六上《西域傳》 〔烏弋〕其錢獨文爲人頭，幕爲騎馬。【略】

〔安息國〕亦以銀爲錢，文獨爲王面，幕爲夫人面。王死輒更鑄錢。

《漢書》卷九九上《王莽傳》 〔居攝二年〕五月，更造貨：錯刀，一直五千；契刀，一直五百；大錢，一直五十，與五銖錢並行。民多盜鑄者。禁列侯以下不得挾黄金，輸御府受直，然卒不與直。

《漢書》卷九九中《王莽傳》 又曰：予前在大麓，至于攝假，深惟漢氏三七之阸，赤德氣盡，思索廣求，所以輔劉延期之（述）〔術〕，靡所不用。以故作金刀之利，幾以濟之。然自孔子作《春秋》以爲後王法，至于哀之十四而一代畢，協之於今，亦哀之十四也。赤世計盡，終不可強濟。皇天明威，黄德當興，隆顯大命，屬予以天下。今百姓咸言皇天革漢而立新，廢劉而興王。夫劉之爲字卯、金、刀也，正月剛卯，金刀之利，皆不得行。博謀卿士，僉曰天人同應，昭然著明。其去剛卯莫以爲佩，除刀錢勿以爲利，承順天心，快百姓意。乃更作小錢，徑六分，重一銖，文曰小錢直一，與前大錢五十者爲二品，並行。欲防民盜鑄，乃禁不得挾銅炭。【略】

是時百姓便安漢五銖錢，以莽錢大小兩行難知，又數變改不信，皆私以五銖錢市買。譌言大錢當罷，莫肯挾。莽患之，復下書：諸挾五銖錢，言大錢當罷者，比非井田制，投四裔。於是農商失業，食貨俱廢，民人至涕泣於市道。及坐賣買田宅奴婢，鑄錢，自諸侯卿大夫至于庶民，抵罪者不可勝數。【略】

莽以錢幣訖不行，復下書曰：民以食爲命，以貨爲資，是以八政以食爲首。寶貨皆重則小用不給，皆輕則僦載煩費，輕重大小各有差品，則用便而民樂。於是造寶貨五品，語在《食貨志》。百姓不從，但行小大錢二品而已。盜鑄錢者不可禁，乃重其法，一家鑄錢，五家坐之，没入爲奴婢。吏民出入，持布錢以副符傳，不持者，廚傳勿舍，關津苛留。公卿皆持以入宫殿門，欲以重而行之。【略】

〔始建國五年〕是歲，以犯挾銅炭者多，除其法。

《漢書》卷九九下《王莽傳》 〔天鳳元年〕是歲，罷大小錢，更行貨布，長二寸五分，廣一寸，直貨錢二十五。貨錢徑一寸，重五銖，枚直一。兩品並行。敢盜鑄錢及偏行布貨，伍人知不發舉，皆没入爲官奴婢。【略】

民犯鑄錢，伍人相坐，没入爲官奴婢。其男子檻車，兒女子步，以鐵鎖琅當其頸，傳詣鍾官，以十萬數。到者易其夫婦，愁苦死者什六七。

《後漢書》卷一下《光武帝紀》 〔建武十六年〕初，王莽亂後，貨幣雜用布、帛、金、粟。是歲，始行五銖錢。

《後漢書》卷八《孝靈帝紀》 〔中平三年二月〕又鑄四出文錢。

《後漢書》卷九《孝獻帝紀》〔初平元年六月〕董卓壞五銖錢，更鑄小錢。光武中興，除王莽貨泉，更用五銖錢。

魏晉南北朝分部

論説

《晉書》卷九四《隱逸傳·魯褒》　魯褒字元道，南陽人也。好學多聞，以貧素自立。元康之後，綱紀大壞，褒傷時之貪鄙，乃隱姓名，而著《錢神論》以刺之。其略曰：

錢之爲體，有乾坤之象，內則其方，外則其圓。其積如山，其流如川。動靜有時，行藏有節，市井便易，不患耗折。難折象壽，不匱象道，故能長久，爲世神寶。親之如兄，字曰孔方，失之則貧弱，得之則富昌。無翼而飛，無足而走，解嚴毅之顔，開難發之口。錢多者處前，錢少者居後。處前者爲君長，在後者爲臣僕。君長者豐衍而有餘，臣僕者窮竭而不足。《詩》云：「哿矣富人，哀此煢獨。」

錢之爲言泉也，無遠不往，無幽不至。京邑衣冠，疲勞講肆，厭聞清談，對之睡寐，見我家兄，莫不驚視。錢之所祐，吉無不利，何必讀書，然後富貴！昔呂公欣悦於空版，漢祖克之於嬴二，文君解布裳而被錦繡，相如乘高蓋而解犢鼻，官尊名顯，皆錢所致。空版至虛，而況有實；嬴二雖少，以致親密。由此論之，謂爲神物。無德而尊，無勢而熱，排金門而入紫闥。危可使安，死可使活，貴可使賤，生可使殺。是故忿爭非錢不勝，幽滯非錢不拔，怨讎非錢不解，令問非錢不發。

洛中朱衣，當途之士，愛我家兄，皆無已已。執我之手，抱我終始，不計優劣，不論年紀，賓客輻輳，門常如市。諺曰：「錢無耳，可使鬼。」凡今之人，惟錢而已。故曰軍無財，士不來；軍無賞，士不往。仕無中人，不如歸田。雖有中人，而無家兄，不異無翼而欲飛，無足而欲行。

《宋書》卷五六《孔琳之傳》　桓玄輔政爲太尉，以爲西閤祭酒。桓玄時議欲廢錢用穀帛，琳之議曰：《洪範》八政，以貨次食，豈不以交易之所資，爲用之至要者乎。若使不以交易，百姓用力於爲錢，則是妨其爲生之業，禁之可也。今農自務穀，工自務器，四民各肄其業，何嘗致勤於錢。故聖王制無用之貨，以通有用之財，既無毀敗之費，又省運置之苦，此錢所以嗣功龜貝，歷代不廢者也。穀帛爲寶，本充衣食，今分以爲貨，則致損甚多。又勞毀於商販之手，耗棄於割截之用，此之爲敝，著於自曩。故鍾繇曰：「巧僞之民，競蘊濕穀以要利，制薄絹以充資。」魏世制以嚴刑，弗能禁也。是以司馬芝以爲用錢非徒豐國，亦所以省刑。錢之不用，由於兵亂積久，自至於廢，有由而然，漢末是也。今既用而廢之，則百姓頓亡其財。今括囊天下之穀，以周天下之食，或倉庾充衍，或糧靡斗儲，以相資通，則貧者仰富，致之之道，實假於錢。一朝斷之，便爲棄物，是有錢無糧之民，皆坐而饑困，此斷錢之立敝也。且據今用錢之處不爲貧，用穀之處不爲富。又民習來久，革之必惑。語曰：「利不百，不易業。」況又錢便於穀邪？魏明帝時，錢廢穀用，三十年矣。以不便於民，乃舉朝大議。精才達治之士，莫不以爲宜復用錢，民無異情，朝無異論。彼尚舍穀帛而用錢，足以明穀帛之弊，著於已試。世或謂魏氏不用錢久，積累巨萬，故欲行之，利公富國。斯殆不然。昔晉文後舅犯之謀，而先成季之信，以爲雖有一時之勳，不如萬世之益。于時名賢在列，君子盈朝，大謀天下之利害，將定經國之要術。若穀實便錢，義不昧當時之近利，而廢永用之通業，斷可知矣。斯實由困而思革，改而更張耳。近孝武之末，天下無事，時和年豐，百姓樂業，便自穀帛殷阜，幾乎家給人足，驗之事實，錢又不妨民也。頃兵革屢興，荒饉荐及，飢寒未振，實此之由。公既援而拯之，大革視聽，弘敦本之教，明廣農之科，敬授民時，各順其業，游蕩知反，務末自休，固以南畝競力，野無遺壤矣。於是以往，升平必至，何衣食之足卹。愚謂救弊之術，無取於廢錢。

《宋書》卷六〇《范泰傳》　時言事者多以錢貨減少，國用不足，欲悉市民銅，更造五銖錢。泰又諫曰：

流聞將禁私銅，以充官銅，民雖失器，終於獲直，國用不足，其利實多。臣愚意異，不寧寢默。臣聞治國若烹小鮮，拯敝莫若務本。百姓不足，君孰與足。未有民貧而國富，本不足而末有餘者也。故囊漏貯中，識者不吝；反裘負薪，存毛實難。王者不言有無，諸侯不言多少，食祿之家，不與百姓爭利。故拔葵所以明治，織蒲謂之不仁，是以貴賤有章，職

分無爽。

今之所憂，在農民尚寡，倉廩未充，轉運無已，資食者衆，家無私積，難以禦荒耳。夫貨存貿易，不在少多，昔日之貴，今者之賤，彼此共之，其揆一也。但令官民均通，則無患不足。若使必資貨廣以收國用者，則龜貝之屬，自古所行。尋銅之爲器，在用也博矣。鍾律所通者遠，機衡所揆者大。夏鼎負《圖》，實冠衆瑞，晉鐸呈象，亦啓休徵。器有要用，則貴賤同資；物有適宜，則家國共急。今毀必資之器，而爲無施之錢，於貨則功不補勞，在用則君民俱困，校之以實，損多益少。陛下勞謙終日，無倦庶務，以身率物，勤素成風，而頌聲不作，版、渭不至者，良由基根未固，意在遠略。伏願思可久之道，賒欲速之情，弘山海之納，擇芻收之説，則嘉謀日陳，聖慮可廣。其亡存心，然後苞桑可繫。愚誠一至，用忘寢食。

《宋書》卷六六《何尚之傳》　中領軍沈演之以爲：龜貝行於上古，泉刀興自有周，皆所以阜財通利，實國富民者也。歷代雖遠，資用彌便，但采鑄久廢，兼喪亂累仍，糜散湮滅，何可勝計。晉遷江南，疆境未廓，或土習其風，錢不普用，其數本少，爲患尚輕。今王略開廣，聲教遐暨，金鏹所布，爰逮荒服，昔所不及，悉已流行之矣。用彌廣而貨愈狹，加復競竊翦鑿，銷毀滋繁，刑禁雖重，姦避方密，遂使歲月增貴，貧室日虛，暋作肆力之氓，徒勤不足以供贍。誠由貨貴物賤，常調未革，弗思釐改，爲弊轉深，斯實親教之良時，通變之嘉會。愚謂若以大錢當兩，則國傳難朽之寶，家贏一倍之利，不俟加憲，巧源自絶，施一令而衆美兼，無興造之費，莫盛於茲矣。上從演之議，遂以一錢當兩，行之經時，公私非便，乃罷。

《宋書》卷七五《顔竣傳》　先是元嘉中，鑄四銖錢，輪郭形制，與五銖同，用費損，無利，故百姓不盜鑄。及世祖即位，又鑄孝建四銖。三年，尚書右丞徐爰議曰：貴貨利民，載自五政，開鑄流圜，法成九府，民富國實，教立化光。及時移俗易，則通變適用，是以周、漢俶遷，隨世輕重。降及後代，財豐用足，因循前貫，無復改創。年歷既遠，喪亂屢經，堙焚剪毀，日月銷減，貨薄民貧，公私俱困，不有革造，將至大乏。謂應式遵古典，收銅繕鑄，納贖刊刑，著在往策，今宜以銅贖刑，隨罰爲品。詔可。所鑄錢形式薄小，輪郭不成就。於是民間盜鑄者雲起，雜以鉛錫，並不牢固。又剪鑿古錢，以取其銅，錢轉薄小，稍違官式。雖重制嚴刑，民吏官長坐死免者相係，而盜鑄彌甚，百物踊貴，民人患苦之。乃立品格，薄小無輪郭者，悉加禁斷。

始興郡公沈慶之立議曰：昔秦幣過重，高祖是患，普令民鑄，改造榆莢，而貨輕物重，又復乖時。太宗放鑄，賈誼致譏，誠以采山術存，銅多利重，耕戰之器，曩時所用，四民競造，爲害或多。而孝文弗納，民鑄遂行，故能朽貫盈府，天下殷富。況今耕戰不用，采鑄廢久，鎔冶所資，多因成器，功艱利薄，絶吳、鄧之資，農民不習，無釋末之患。方今中興開運，聖化惟新，雖復偃甲銷戈，而倉庫未實，公私所乏，唯錢而已。愚謂宜聽民鑄錢，郡縣開置錢署，樂鑄之家，皆居署內，平其准式，去其雜僞，官斂輪郭，藏之以爲永寶。去春所禁新品，一時施用，今鑄悉依此格。萬税三千，嚴檢盜鑄，并禁剪鑿。數年之間，公私豐贍，銅盡事息，姦僞自止。且禁鑄則銅轉成器，開鑄則器化爲財，翦華利用，於事爲益。

上下其事公卿，太宰江夏王義恭議曰：伏見沈慶之議，聽民私鑄，樂鑄之室，皆入署居。平其準式，去其雜僞。愚謂百姓不樂與官相關，由來甚久，又多是人士，蓋不願入署。凡盜鑄爲利，利在僞雜，僞雜既禁，樂入必寡。云斂取輪郭，藏爲永寶。愚謂上之所貴，下必從之，百姓聞官斂輪郭，輪郭之價百倍，大小對易，誰肯爲之。強制使换，則狀似逼奪。又去春所禁新品，一時施用。愚謂此條在可開許。又云今鑄宜依此格，萬税三千。又云嚴檢盜鑄，不得更造。愚謂禁制之設，非惟一旦，昧利犯憲，羣庶常情，不患制輕，患在冒犯。今入署必萬輸三千，私鑄無十三之税，逐利犯禁，居然不斷。又云銅盡事息，姦僞自禁。愚謂赤縣内銅，非可卒盡，比及銅盡，姦僞已積。又云禁鑄則銅轉成器，開鑄則器化爲財。然頃所患，患於形式不均，加以剪鑿，又鉛錫衆雜止於盜鑄銅者，亦無須苦禁。

竣議曰：泉貨利用，近古所同，輕重之議，定於漢世，魏、晉以降，未之能改。誠以物貨既均，改之僞生故也。世代漸久，弊運頓至，因革之道，宜有其術。今云開署放鑄，誠所欣同。但慮採山事絶，器用日耗，銅既轉少，器亦彌貴。設器直一千，則鑄之減半，爲之無利，雖令不行。又

云去春所禁，一時施用。是欲使天下豐財。若細物必行，而不從公鑄，利已既深，情僞無極，私鑄剪鑿，盡不可禁，五銖半兩之屬，不盈一年，必至於盡。財貨未贍，大錢已竭，數歲之間，悉爲塵土，豈可令取弊之道，基於皇代。今百姓之貨，雖爲轉少，而市井之民，未有嗟怨，此新禁初行，品式未一，須臾自止，不足以垂聖慮。唯府藏空匱，實爲重憂。今縱行細錢，官無益賦之理，百姓雖贍，無解官乏。唯簡費去華，設在節儉，求贍之道，莫此爲貴。然錢有定限，而消失無方，剪鑄雖息，終致窮盡者，亡應官開取銅之署，絶器用之塗，定其品式，日月漸鑄，歲久之後，不爲世益耳。

時議者又以銅轉難得，欲鑄二銖錢。竣又議曰：議者將爲官藏空虛，宜更改鑄，天下銅少，宜減錢式，以救交弊，賑國紓民。愚以爲不然。今鑄二銖，恣行新細，於官無解於乏，而民姦巧大興，天下之貨，將靡碎至盡。空立嚴禁，而利深難絶，不過一二年間，其弊不可復救。其甚不可一也。今鎔鑄獲利，不見有頓得一二億之理，縱復得此，必待彌年。歲暮稅登，財幣暫革，日用之費，不贍數月，雖權徵助，何解乏邪，徒使姦民意騁，而貽厥愆謀。此又甚不可二也。民懲大錢之改，兼畏近日新禁，市井之間，必生喧擾，遠利未聞，切患猥及，富商得志，貧民困窘。此又甚不可三也。若使交益深重，尚不可行，況又未見其利，而衆弊如此，失算當時，取誚百代乎。

前廢帝即位，鑄二銖錢，形式轉細。官錢每出，民間即模效之，而大小厚薄，皆不及也。無輪郭，不磨鑪，如今之剪鑿者，謂之耒子。景和元年，沈慶之啓通私鑄，由是錢貨亂敗，一千錢長不盈三寸，大小稱此，謂之鵝眼錢。劣於此者，謂之綖環錢。入水不沉，隨手破碎，市井不復料數，十萬錢不盈一掬，斗米一萬，商貨不行。太宗初，唯禁鵝眼、綖環，其餘皆通用。復禁民鑄，官署亦廢工，尋復並斷，唯用古錢。

《宋書》卷八二《周朗傳》〔周朗報書曰：〕農桑者，實民之命，爲國之本，有一不足，則禮節不興。若重之，宜罷金錢，以穀帛爲賞罰。然愚民不達其權，議者好增其異。凡自淮以北，萬匹爲市；從江以南，千斛爲貨。亦不患其難也。今且聽市至千錢以還者用錢，餘皆用絹布及米，其不中度者坐之。如此，則墾田自廣，民資必繁，盜鑄者罷，人死必息。又田非疁水，皆播麥菽，地堪滋養，悉藝紵麻，蔭巷緣藩，必樹桑柘，列庭接宇，唯植竹栗。若此令既行，而善其事者，庶民則敘之以爵，有司亦從而加賞。若田在草間，木物不植，則撻之而伐其餘樹，在所以次坐之。

《北史》卷五〇《高謙之傳》時朝議鑄錢，以謙之爲鑄錢都將長史，乃上表求鑄三銖錢曰：蓋錢貨之立，本以通有無，便交易，故錢之輕重，世代不同。太公爲周置九府圜法。至景王時，更鑄大錢。秦兼海内，錢重半兩。漢興，以秦錢重，改鑄榆莢錢。至文帝五年，復爲四銖。孝武時悉復銷壞，更鑄三銖。至元狩中，變爲五銖。又造赤仄之錢，以一當五。王莽攝政，錢有六等：大錢重十二銖，次九銖，次七銖，次五銖，次三銖，次一銖。魏文帝罷五銖錢，至明帝復立。孫權江左鑄大錢，一當五百。權赤烏年，復鑄大錢，一當千。輕重大小，莫不隨時而變。

竊以食貨之要，八政爲首，聚財之貴，詒訓典文。是以昔之帝王，乘天地之饒，御海内之富，莫不腐紅粟於太倉，藏朽貫於泉府，儲畜既盈，人無困弊，可以寧謐四海，如身使臂者矣。昔漢之孝武，地廣財饒，外事四戎，遂虛國用。於是草茅之臣，出財助國，興利之計，納稅廟堂，市列榷酒之官，邑有告緡之令，鹽鐵既興，錢幣屢改，少府遂豐，上林饒積。外鬬百蠻，内不增賦者，皆計利之由也。

今羣妖未息，四郊多壘，徵稅既煩，千金日費，倉儲漸耗，財用將竭，誠楊氏獻稅之秋，桑兒言利之日。夫以西京之盛，錢猶屢改，並行大小，子母相權；況今寇難未除，州郡淪敗，人物彫零，軍國用少，別鑄小錢，可以富益，何損於政，何妨於人也？且政興不以錢大，政衰不以錢小，唯貴公私得所，政化無虧，既行之於古，亦宜效之於今矣。昔禹遭大水，以歷山之金鑄錢，救人之困。湯遭大旱，以莊山之金鑄錢，贖人之賣子者。今百姓窮悴，甚於曩日，欽明之主，豈得垂拱而觀之哉？臣今此鑄，以濟交乏，五銖之錢，任使並用，行之無損，國得其益。

詔將從之，事未就，會卒。

綜述

（唐）杜佑《通典》卷八《食貨·錢幣》 魏文帝黄初二年，罷五銖錢，使百姓以穀帛爲市買。至明帝代，錢廢穀用既久，人閒巧僞漸多，競溼穀以要利，作薄絹以爲市。雖處以嚴刑，而不能禁也。司馬芝等舉朝大議，以爲用錢非徒豐國，亦所以省刑，今若更鑄五銖，於事爲便。帝乃更立五銖錢，至晋用之，不聞有所改創。蜀先主劉備攻劉璋，與士衆約：若事定，府庫百姓，孤無取焉。及拔成都，士衆皆捨干戈，赴諸庫藏取寶物，軍用不足，備甚憂之。西曹掾劉巴曰：易耳，但當鑄錢，一直百錢，平諸物價，令吏爲官市。備從之，數月之閒，府庫充實。文曰直百，亦有勒爲五銖者，大小秤兩如一焉。並徑七分，重四銖。吴孫權嘉平五年，鑄大錢，一當五百，文曰大泉五百，徑一寸三分，重十二銖。而使吏人輸銅，計鑄畢，設盜鑄之科。赤烏元年，鑄一當千大錢，徑一寸四分，重十六銖。故吕蒙定荆州，孫權賜錢一億。錢既太貴，但有空名，人閒患之。後權令曰：往日鑄大錢，云以廣貨，故聽之。今聞人意不以爲便，其省之，鑄爲器物，官勿復出也。私家有者，並以輸藏，平畀其直，勿有所枉。

《晋書》卷二六《食貨志》 晋自中原喪亂，元帝過江，用孫氏舊錢，輕重雜行，大者謂之比輪，中者謂之四文。吴興沈充又鑄小錢，謂之沈郎錢。錢既不多，由是稍貴。孝武太元三年，詔曰：錢，國之重寶，小人貪利，銷壞無已，監司當以爲意。廣州夷人寶貴銅鼓，而州境素不出銅，聞官私賈人皆於此下貪比輪錢斤兩差重，以入廣州，貨與夷人，鑄敗作鼓。其重爲禁制，得者科罪。安帝元興中，桓玄輔政，立議欲廢錢用穀帛。孔琳之議曰：

《洪範》八政，貨爲食次，豈不以交易所資，爲用之至要者乎！若使百姓用力於爲錢，則是妨爲生之業，禁之可也。今農自務穀，工自務器，各隸其業，何嘗致勤於錢。故聖王制無用之貨，以通有用之財，既無毁敗之費，又省難運之苦，此錢所以嗣功龜貝，歷代不廢者也。穀帛爲寶，本充衣食，分以爲貨，則致損甚多。又勞毁於商販之手，秏棄於割截之用，此之爲弊，著自於曩。故鍾繇曰，巧僞之人，競溼穀以要利，制薄絹以充資。魏世制以嚴刑，弗能禁也。是以司馬芝以爲用錢非徒豐國，亦所以省刑。錢之不用，由於兵亂積久，自致於廢，有由而然，漢末是也。今既用而廢之，則百姓頓亡其利。今括囊天下之穀，以周天下之食，或倉廪充溢，或糧靡并儲，以相資通，則貧者仰富。致富之道，實假於錢，一朝斷之，便爲棄物。是有錢無糧之人，皆坐而飢困，以此斷之，又立弊也。且據今用錢之處，不以爲貧，用穀之處，不以爲富。又人習來久，革之必惑。語曰，利不百，不易業，况又錢便于穀邪！魏明帝時錢廢，穀用既久，不以便於人，乃舉朝大議。精才達政之士莫不以宜復用錢，下無異情，朝無異論。彼尚舍穀帛而用錢，足以明穀帛之弊著於已誡也。

世或謂魏氏不用錢久，積累巨萬，故欲行之，利公富國，斯殆不然。晋文後舅犯之謀，而先成季之信，以爲雖有一時之勳，不如萬世之益。于時名賢在列，君子盈朝，大謀天下之利害，將定經國之要術。若穀實便錢，義不昧當時之近利，而廢永用之通業，斷可知矣。斯實由困而思革，改而更張耳。近孝武之末，天下無事，時和年豐，百姓樂業，穀帛殷阜，幾乎家給人足，驗之實事，錢又不妨人也。

頃兵革屢興，荒饉荐及，飢寒未振，實此之由。公既援而拯之，大革視聽，弘敦本之教，明廣農之科，敬授人時，各從其業，游蕩知反，務末自休，同以南畝競力，野無遺壤矣。於此以往，將升平必至，何衣食之足卹！愚謂救弊之術，無取於廢錢。

朝議多同琳之，故玄議不行。

（唐）杜佑《通典》卷八《食貨·錢幣》 晋元帝過江，用孫氏赤烏舊錢，輕重雜行。大者謂之比輪，中者謂之四文。吴興沈充又鑄小錢，謂之沈郎錢。錢既不多，由是稍貴。

孝武帝太元三年，詔曰：錢，國之重寶，小人貪利，銷壞無已，監司當以爲意。廣州夷人，寶貴銅鼓，而州境素不出銅，聞官私賈人皆貪比輪錢斤兩差重，以入廣州，貨與夷人，鑄敗作鼓。其重爲禁制，得者科罪。

安帝元興中，桓玄輔政，立議欲廢錢用穀帛。孔琳之議曰：【略】沈約曰：人生所資，曰食與貨，貨以通幣，食爲人天。是以九棘播於農皇，十朋興於上代。昔醇人未離，情嗜疏寡，奉生贍己，事有異同。一夫躬耕，則餘餐委室，疋婦務織，則兼衣被體。雖貿遷之道，通用濟乏，龜貝之益，爲功蓋輕。而事有訛變，姦弊大起。昏作役苦，故穡人去而從商。商子事逸，末業流而浸廣。泉幣所通，非復始造

之意也。於是競收罕至之珍，遠蓄未名之貨。明珠翠羽，無足而馳，綵罽文犀，飛不待翼。天下蕩蕩，咸以弃本爲事。豐衍則同多稔之資，饑凶又減田家之蓄。錢雖盈尺，且不療饑於堯年；貝或如山，信無救渴於湯代。其爲疵病，亦已深矣。固宜一罷錢貨，專用穀帛，使人知役生之路，非此莫由。夫千疋爲貨，事難於懷璧；萬斛爲市，未易於越鄉。斯可使末伎自禁，游食知反。而年代推移，人興事替，或庫盈朽貫而高廩未充，或家有藏鏹而良疇罕闢。若事改一朝，廢而莫用，交易所寄，朝夕無待。雖致乎要術，而非可卒行。先宜削華止僞，還醇返古，抵璧幽峰，捐珠清壑。然後驅一代之人，反耕桑之路，使縑粟羨溢，同於水火。既而蕩滌圜法，銷鑄無遺，立制垂統，永傳於後。比屋稱仁，豈伊唐代。桓玄知其始而不覺其終，琳之覩其末而不統其本，豈慮開塞，將一往之談可然乎。前涼張軌太府參軍索輔言於軌曰：古以金貝皮幣爲貨，息穀帛量度之耗。二漢制五銖錢，通易不滯。晉泰始中，河西荒廢，遂不用錢。裂疋以爲段數，縑布既壞，市易又難，徒壞女工，不任衣用，弊之甚也。今中州雖亂，此方全安，宜復五銖，以濟通變之會。軌納之，立制准布用錢，錢遂大行，人賴其利。

（宋）王欽若等《册府元龜》卷四九九《邦計部·錢幣》　晉元帝過江，用孫氏舊錢，輕重雜行，大者謂之比輪，中者謂之四文。吳興沈充又鑄小錢，謂之沈郎錢。既不多，繇是稍貴。

成帝時，東土多賊殺，百姓乃從海道入廣州，刺史鄧嶽大開鼓鑄，諸夷因此知造兵器。荊州刺史庾翼表陳東境國家所資，侵擾不已，逃移漸多，夷人嘗伺隙，若知造鑄之利，將不可禁。

《魏書》卷一一〇《食貨志》　魏初至於太和，錢貨無所周流，高祖始詔天下用錢焉。十九年，冶鑄粗備，文曰太和五銖，詔京師及諸州鎮皆通行之。內外百官祿皆準絹給錢，絹匹爲錢二百。在所遺錢工備爐冶，民有欲鑄，聽就鑄之，銅必精練，無所和雜。世宗永平三年冬，又鑄五銖錢。肅宗初，京師及諸州鎮或鑄或否，或有止用古錢，不行新鑄，致商貨不通，貿遷頗隔。

熙平初，尚書令、任城王澄上言：臣聞《洪範》八政，貨居二焉。《易》稱：天地之大德曰生，聖人之大寶曰位，何以守位曰仁，何以聚人曰財。財者，帝王所以聚人守位，成養羣生，奉順天德，治國安民之本也。夏殷之政，九州貢金，以定五品。周仍其舊。太公立九府之法，於是圜貨始行，定銖兩之楷。齊桓循用，以霸諸侯。降及秦始、漢文，遂有輕重之異。吳濞、鄧通之錢，收利遍於天下，河南之地，猶甚多焉。逮于孝武，乃更造五銖，其中毀鑄，隨利改易，故使錢有小大之品。竊尋太和之錢，高祖留心創制，後與五銖並行，此乃不刊之式。但臣竊聞之，君子行禮，不求變俗，因其所宜，順而致用。太和五銖雖利於京邑之肆，而不入徐揚之市。土貨既殊，貿鬻亦異，便於荊郢之邦者，則礙於兗豫之域。致使貧民有重困之切，王道貽隔化之訟。去永平三年，都座奏斷天下用錢不依準式者，時被敕云：不行之錢，雖有常禁，其先用之處，權可聽行，至年末悉令斷之。延昌二年，徐州民儉，刺史啓奏求行土錢，旨聽權依舊用。謹尋不行之錢，律有明式，指謂雞眼、鐶鑿，更無餘禁。計河南諸州，今所行者，悉非制限。昔來繩禁，愚竊惑焉。又河北州鎮，既無新造五銖，設有舊者，而復禁斷，並不得行，專以單絲之縑，疏縷之布，狹幅促度，不中常式，裂匹爲尺，以濟有無。至今徒成杼軸之勞，不免飢寒之苦，良由分截布帛，壅塞錢貨。實非救恤凍餒，子育黎元。謹惟自古以來，錢品不一，前後累代，易變無常。且錢之爲名，欲泉流不已。愚意謂今之太和與新鑄五銖，及諸古錢方俗所便用者，雖有大小之異，並得通行。貴賤之差，自依鄉價。庶貨環海內，公私無壅。其不行之錢，及盜鑄毀大爲小，巧僞不如法者，據律罪之。詔曰：錢行已久，今東尚有事，且依舊用。

澄又奏：臣猥屬樞衡，庶罄心力，常願貨物均通，書軌一範。謹詳《周禮》，外府掌邦布之入出。布猶泉也，其藏曰泉，其流曰布。然則錢之興也始於一品，欲令世匠均同，圜流無極。爰暨周景，降逮亡新，易鑄相尋，參差百品，遂令接境乖商，連邦隔貿。臣比奏求宣下海內，依式行錢。登被旨敕，錢行已久，且可依舊。謹重參量，以爲太和五銖乃大魏之通貨，不朽之恒模，寧可專貿於京邑，不行於天下！但今戎馬在郊，江疆未一，東南之州，依舊爲便。至於京西、京北域內州鎮未用錢處，行之則不足爲難，塞之則有乖通典。何者？布帛不可尺寸而裂，五穀則有負檐之難，錢之爲用，貫繦相屬，不假斗斛之器，不勞秤尺之平，濟世之宜，謂爲深允。請並下諸方州鎮，其太和及新鑄五銖并古錢內外全好者，不限大小，悉聽行之。雞眼、鐶鑿，依律而禁。河南州鎮先用錢者，既聽依舊，不在斷限。唯太和、五銖二錢得用公造新者，其餘雜種，一用古錢，生新之類，普同禁約。諸方之錢，通用京師，其聽依舊之處，與太和

錢及新造五銖並行，若盜鑄者罪重常憲。既欲均齊物品，廛井斯和，若不繩以嚴法，無以肅茲違犯。符旨一宣，仍不遵用者，刺史守令依律治罪。詔從之。而河北諸州，舊少錢貨，猶以他物交易，錢略不入市也。

二年冬，尚書崔亮奏：恒農郡銅青谷有銅鑛，計一斗得銅五兩四銖；葦池谷鑛，計一斗得銅五兩；鸞帳山鑛，計一斗得銅四兩；河內郡王屋山鑛，計一斗得銅八兩；南青州苑燭山、齊州商山並是往昔銅官，舊迹見在。謹按鑄錢方興，用銅處廣，既有冶利，並宜開鑄。詔從之。自後所行之錢，民多私鑄，稍就小薄，價用彌賤。

建義初，重盜鑄之禁，開糾賞之格。至永安二年秋，詔更改鑄，文曰永安五銖，官自立爐，起自九月至三年正月而止。官欲貴錢，乃出藏絹，分遣使人於二市賣之，絹匹止錢二百，而私市者猶三百。利之所在，盜鑄彌衆，巧僞既多，輕重非一，四方州鎮，用各不同。

遷鄴之後，輕濫尤多。武定初，齊文襄王奏革其弊。於是詔遣使人詣諸州鎮，收銅及錢，悉更改鑄，其文仍舊。然姦僥之徒，越法趨利，未幾之間，漸復細薄。六年，文襄王以錢文五銖，名須稱實，宜稱錢一文重五銖者，聽入市用。計百錢重一斤四兩二十銖，自餘皆準此爲數。其京邑二市、天下州鎮郡縣之市，各置二稱，懸於市門，私民所用之稱，皆準市稱以定輕重。凡有私鑄，悉不禁斷，但重五銖，然後聽用。若入市之錢，重不五銖，或雖重五銖而多雜鉛鑞，並不聽用。若有輒以小薄雜錢入市，有人糾獲，其錢悉入告者。其小薄之錢，若即禁斷，恐人交乏絶。畿內五十日，外州百日爲限。羣官參議，咸以時穀頗貴，請待有年。上從之而止。

《隋書》卷二四《食貨志》 梁初，唯京師及三吳、荊、郢、江、湘、梁、益用錢。其餘州郡，則雜以穀帛交易。交、廣之域，全以金銀爲貨。武帝乃鑄錢，肉好周郭，文曰五銖，重如其文。而又別鑄，除其肉郭，謂之女錢。二品並行。百姓或私以古錢交易，有直百五銖、五銖、女錢、太平百錢、定平一百、五銖雉錢、五銖對文等號。輕重不一。天子頻下詔書，非新鑄二種之錢，並不許用。而趣利之徒，私用轉甚。至普通中，乃議盡罷銅錢，更鑄鐵錢。人以鐵賤易得，並皆私鑄。及大同已後，所在鐵錢，遂如丘山，物價騰貴。交易者以車載錢，不復計數，而唯論貫。商旅姦詐，因之以求利。自破嶺以東，八十爲百，名曰東錢。江、郢已上，七十爲百，名曰西錢。京師以九十爲百，名曰長錢。中大同元年，天子乃詔通用足陌。詔下而人不從，錢陌益少。至于末年，遂以三十五爲百云。

陳初，承梁喪亂之後，鐵錢不行。始梁末又有兩柱錢及鵝眼錢，于時人雜用，其價同，但兩柱重而鵝眼輕。私家多鎔錢，又間以錫鐵，兼以粟帛爲貨。至文帝天嘉五年，改鑄五銖。初出，一當鵝眼之十。宣帝太建十一年，又鑄大貨六銖，以一當五銖之十，與五銖並行。後還當一，人皆不便。乃相與訛言曰：六銖錢有不利縣官之象。未幾而帝崩，遂廢六銖而行五銖。竟至陳亡。其嶺南諸州，多以鹽米布交易，俱不用錢云。

齊神武霸政之初，承魏猶用永安五銖。遷鄴已後，百姓私鑄，體制漸別，遂各以爲名。有雍州青赤，梁州生厚、緊錢、吉錢，河陽生澀、天柱、赤牽之稱。冀州之北，錢皆不行，交貿者皆以絹布。神武帝乃收境內之銅及錢，仍依舊文更鑄，流之四境。未幾之間，漸復細薄，姦僞競起。文宣受禪，除永安之錢，改鑄常平五銖，重如其文。其錢甚貴，且制造甚精。至乾明、皇建之間，往往私鑄。鄴中用錢，有赤熟、青熟、細眉、赤生之異。河南所用，有青薄鉛錫之別。青、齊、徐、兗、梁、豫州，輩類各殊。武平已後，私鑄轉甚，或以生鐵和銅。至于齊亡，卒不能禁。

後周之初，尚用魏錢。及武帝保定元年七月，乃更鑄布泉之錢，以一當五，與五銖並行。時梁、益之境，又雜用古錢交易。河西諸郡，或用西域金銀之錢，而官不禁。建德三年六月，更鑄五行大布錢，以一當十，大收商估之利，與布泉錢並行。四年七月，又以邊境之上，人多盜鑄，乃禁五行大布，不得出入四關，布泉之錢，聽入而不聽出。五年正月，以布泉漸賤而人不用，遂廢之。初令私鑄者絞，從者遠配爲戶。齊平已後，山東之人，猶雜用齊氏舊錢。至宣帝大象元年十一月，又鑄永通萬國錢。以一當十，與五行大布及五銖，凡三品並用。

（唐）杜佑《通典》卷九《食貨·錢幣》 宋文帝元嘉七年，立錢署，鑄四銖錢，文曰四銖，重如其文。人間頗盜鑄，多翦鑿古錢取銅，帝甚患之。録尚書江夏王義恭建議，以一大錢當兩，以防翦鑿，議者多同之。何尚之議曰：夫泉貝之興，以估貨爲本，事存交易，豈假數多。數少則幣重，數多則物重，多少雖異，濟用不殊。況復以一當兩，徒崇虛價

者也。凡搠制改法，宜順人情，未有違衆矯物而可久也。泉布廢興，議自前代，赤仄白金，俄而罷息，六貨潰亂，人泣於市。良由事不畫一，難用遵行。夫錢之形，大小多品，直云大錢，則未知其格。若止於四銖五銖，則文皆古篆，既非庸下所識，加或漫滅，尤難分明，公私交亂，争訟必起，此最是深疑者也。命旨兼慮翦鑿日多，以致銷盡。鄙意復謂殆無此嫌，人巧雖密，要有蹤蹟，用錢貨銅，事可尋檢，直由糾察不精，致使立制以來，發覺者寡。今雖有懸金之名，竟無酬與之實。若申明舊科，擒獲即報，畏法希賞，不日息矣。

中領軍沈演之以爲：龜貝行於上古，泉刀興自周代，皆所以阜財通利，實國富人者也。但採鑄久廢，喪亂累仍，糜散湮滅，何可勝計。晋遷江南，疆境未廓，或土習其風，錢不普用。今封略開廣，聲教遐暨，金鏹布洽，爰逮邊荒，用彌廣而貨愈狹。加復競竊翦鑿，銷毁滋繁，刑雖重禁，姦弊方密。肆力之甿徒勤，不足以供贍。誠由貨貴物賤，常調未革。愚謂若以大錢當兩，則國傳難朽之寶，家贏一倍之利，不俟加憲，巧源自絶。上從演之議，遂以一錢當兩，行之經時，公私非便，乃罷。

時言事者，多以錢貨減少，國用不足，欲禁私銅，以充官鑄五銖。范泰又陳曰：夫貨存貿易，不在多少。昔日之貴，今者之賤，彼此共之，其揆一也。但令官人均通，則無患不足。若使必資貨廣以收國用者，則龜貝之屬，自古而行。銅之爲器，在用也博矣。鍾律所通者遠，機衡所揆者大。器有要用，則貴賤同資；物有適宜，則家國共急。今毁必資之器，而爲無施之錢，於貨則功不補勞，在用則君人俱困，校之以實，損多益少。良由階根未固，意存遠略。伏願思可久之道，賒欲速之情，則嘉謨日陳，聖慮可廣。

先是元嘉中，鑄四銖錢，輪郭形制，與古五銖同價無利，百姓不資盗鑄。孝武孝建初，鑄四銖，文曰孝建，一邊爲四銖，其後稍去四銖，專爲孝建。三年，尚書右丞徐爰議曰：貨薄人貧，公私俱罄，不有革造，將至大乏。宜應式遵古典，收銅繕鑄，納贖刊刑，著在往策。今宜以銅贖刑，隨罪爲品。詔可之。所鑄錢形式薄小，輪郭不成就。於是人間盗鑄者雲起，雜以鉛錫，並不牢固。又翦鑿古錢，以取其銅，錢既轉小，稍違官式。雖重制嚴刑，人吏官長坐死免者相係，而盗鑄彌甚。百物踊貴，人患苦之。乃立品格，薄小無輪郭者，悉加禁斷。

時議者又以銅轉難得，欲鑄二銖錢。顔竣曰：議者將謂官藏空虚，宜更改變，天下銅少，宜減錢式，以救災弊，振國弔人。愚以爲不然。今鑄二銖，恣行新細，於官無解於乏，而人姦巧大興，天下之貨，將糜碎至盡。空立嚴禁，而利深難絶，不過一二年間，其弊不可復救。此其不可一也。今鎔鑄獲利，不見有頓得一二倍之理，縱復得此，必待彌年。又不可二也。人懲大錢之改，兼畏近日新禁，市井之間，必生紛擾，富商得志，貧人困窮。又不可三也。况又未見其利，而衆弊如此。失算當時，取誚百代。上不聽。

廢帝景和元年，鑄二銖錢，文曰景和，形式轉細。官錢每出，人間即模效之，而大小厚薄皆不及也。無輪郭，不磨鑢，如今之翦鑿者，謂之來子，尤薄輕者謂之荇葉，市井通用之。永光元年，沈慶之啓通私鑄，由是錢貨亂改，一千錢長不盈三寸，大小稱此，謂之鵝眼錢。劣於此者，謂之綖環錢。入水不沈，隨手破碎，市井不復斷數。十萬錢不盈一掬，斗米一萬，商貨不行。

明帝泰始初，唯禁鵝眼、綖環，其餘皆通用，復禁人鑄，官署亦廢工，尋又普斷，唯用古錢。

齊高帝建元四年，奉朝請孔覬上書曰：三吴國之關閫，比歲被水潦而糴不貴，是天下錢少，非穀穰賤，此不可不察也。鑄錢之弊，在輕重屢變。重錢患難用，而難用爲無累；輕錢弊盗鑄，而盗鑄爲禍深。人所盗鑄嚴法不禁者，由上鑄錢惜銅愛工也。惜銅愛工也者，謂錢無用之器，以通交易，務欲令輕而數多，使省工而易成，不詳慮其患也。自漢鑄五銖錢，至宋文帝歷五百餘年，制度有廢興而不變五銖者，其輕重可法，得貨之宜也。以爲宜開置錢府，方督貢金，大興鎔鑄，錢重五銖，一依漢法。府庫以實，國用有儲，乃量俸禄，薄賦税，則家給人足。頃盗鑄新錢者，皆效作翦鑿，不鑄大錢也。磨澤淄染，始皆類故，交易之後，渝變還新。良人不習淄染，不復行矣。所賣鬻者，皆徒失其物。盗鑄者復賤買新錢，淄染更用，反復生詐，循環起姦，明主尤所宜禁而不可長也。若官錢已布於人，使嚴斷翦鑿，小輕破缺無周郭者，悉不得行。官錢細小者，稱合銖兩，銷以爲大。利貧良之人，塞姦巧之路。錢貨既均，遠近若一，百姓樂

業，市道無爭，衣食滋殖矣。時議者以爲錢貨轉少，宜更廣鑄，重其銖兩，以防人姦。上乃使諸州大市銅，會上崩乃止。

武帝時，竟陵王子良上表曰：頃錢貴物賤，殆欲兼倍，凡在觸類，莫不如茲。稼穡艱劬，斛直數十，機杼勤苦，疋纔三百。所以然者，實亦有由。年常歲調，既有定期，僮卹所上，咸是見直。東間錢多翦鑿，鮮復完者，公家所受，必須圓大，以兩代一，困於無所，鞭捶質繫，益致無聊。

梁初，唯京師及三吳、荊、郢、江、湘、梁、益用錢，其餘州郡則雜以穀帛交易，交、廣之域則全以金銀爲貨。荊州，今巴東、夷陵、雲安郡地。郢州，今江夏、齊安、竟陵、漢陽、富水郡地。江州，今潯陽、鄱陽、章郡、廬陵、臨川郡地。湘州，今湘川之地。梁州，今漢川之地。益州，今蜀川之地。交、廣，今嶺南道之地。武帝乃鑄錢，肉好周郭，文曰五銖，重四銖三參二黍，其百文則重一斤二兩。又別鑄，除其肉郭，謂之公式女錢，徑一寸，文曰五銖，重如新鑄五銖，二品並行。百姓或私以古錢交易者，其五銖徑一寸一分，重八銖，文曰五銖，三吳屬縣行之。女錢徑一寸，重五銖，無輪郭，郡縣皆通用。太平百錢二種，並徑一寸，重四銖，源流本一，但文字古今之殊耳，文並曰太平百錢。定平一百，五銖，徑六分，重一銖半，文曰定平一百。稚錢五銖，徑一分半，重四銖，文曰五銖，源出於五銖，但狹小，東境謂之稚錢。五朱錢，徑七分半，重三銖半，文曰五朱，源出稚錢，但稍遷異，以銖爲朱耳，三吳行之，差少於餘錢。又有對文錢，其源未聞。豐貨錢，徑一寸，重四銖，代人謂之富錢，藏之令人富也。布泉錢，徑一寸，重四銖半，代謂之男錢，云婦人佩之即生男也。此等輕重不一。天子頻下詔書，非新鑄二種之錢，並不許用，而趨利之徒，私用轉甚。至普通中，乃議盡罷銅錢，更鑄鐵錢。人以鐵賤易得，並皆私鑄。及大同以後，所在鐵錢，遂如丘山，物價騰貴。交易者以車載錢，不復計數，而唯論貫。商旅姦詐，因之以求利。自破嶺以東，八十爲陌，名曰東錢。江、郢以上，七十爲陌，名曰西錢。京師以九十爲陌，名曰長錢。大同元年，天子乃詔通用足陌，詔下而人不從，錢陌益少。至於末年，遂以三十五爲陌。

陳初，承梁喪亂之後，鐵錢不行。始梁末有兩柱錢及鵝眼錢，於時人雜用，其價同，但兩柱重而鵝眼輕，私家多鎔鑄，又間以錫鐵，兼以粟帛爲貨。文帝天嘉五年，改鑄五銖。初出，一當鵝眼十。宣帝太建十一年，又鑄大貨六銖，以一當五銖之十，與五銖並行，後還當一。人皆不便，乃相與訛言曰：六銖錢有不利縣官之象。未幾而帝崩，遂廢六銖而行五銖，竟至陳亡。其嶺南諸州，多以鹽米布交易，俱不用錢。

後魏初至太和，錢貨無所用也。孝文帝始詔天下用錢。十九年，公鑄粗備，文曰太和五銖，詔京師及諸州鎮皆通行之。內外百官祿，皆准絹給錢，疋爲錢二百。在所遣錢工備爐冶，人有欲鑄，聽就鑄之。銅必精鍊，無所和雜。

宣武帝永平三年冬，又鑄五銖錢。京師及諸州鎮或不用，或有止用古錢，不行新鑄，致商賈不通，貿遷頗隔。延昌三年，有司奏，長安驪山今昭應縣是。有銀鑛，二石得銀七兩。其秋，恒州時恒州，今代郡安邊、馬邑。又上言，白登山今馬邑郡界。有銀鑛，八石得銀七兩、錫三百餘斤，其色潔白，有踰上品。詔並置銀官，常令采鑄。又漢中今郡地。舊有金戶千餘家，常於漢水沙淘金，年終輸之。後臨淮王彧爲梁州刺史，奏罷之。

孝明帝熙平初，尚書令任城王澄上言：夏殷之政，九州貢金，以定五品，周仍其舊。太公立九府之法，於是圜貨始行，定銖兩之楷。齊桓循用，以霸諸侯。降及秦始、漢文，遂有輕重之異。吳濞、鄧通之錢，收利徧於天下，河南之地，猶甚多焉。逮於孝武，乃造五銖，其中毀鑄，隨利改易，故使錢有小大之品。竊尋太和之錢，孝文留心刱制，後與五銖並行，此乃不刊之式。臣竊聞之，君子行禮，不求變俗，因其所宜，順而致用。太和五銖，雖利於京邑之肆，而不入徐揚之市。徐今彭城、瑯琊郡地。揚今壽春郡地。土貨既殊，貿鬻亦異，便於荊郢之邦者，則礙於兗徐之域。荊今南陽郡地，郢今汝南郡地，兗今魯郡、東平郡地。致使貧人有重困之切，王道貽隔化之訟。去永平三年，敕不行之錢，雖有常禁，其先用之處，權可聽行，至來年末悉令斷之。暨延昌二年，徐州人儉，刺史啓奏求行土錢，旨聽權依舊用。謹尋不行之錢，律有明式，指謂鵝眼、環鑿，更無餘禁。計河南諸州，今所行者，悉非制限。昔來繩禁，愚竊惑焉。又河北州鎮，既無新造五銖，設有舊者，而復禁斷，並不行使。專以單絲之縑，疏縷之布，狹幅促度，不中常式，裂疋爲尺，以濟有無。至今徒成杼軸之勞，不

免飢寒之苦。良由分截布帛，壅塞錢貨，實非救恤凍餒，子育黎元。謹惟自古以來，錢品不一，前後累代，易變無常。且錢之爲名，欲泉流不已。臣之愚意，謂今之太和與新鑄五銖及諸古錢方俗所便用者，雖有大小之異，并得通行。貴賤之差，自依鄉價。庶貨環海內，公私無壅。其不行之錢及盜鑄、毁大爲小、僞不如法者，據律罪之。詔曰：錢行已久，今東南有事，且可依舊。

澄又奏：謹詳《周禮》，外府掌邦布之出入。布猶泉也，藏曰泉，流曰布。然則錢之興也，始於一品，欲令代匠均同，圜流無極。爰曁周景，降逮亡新，易鑄相尋，參差百品。遂令接境乖商，連邦隔貿。今謹重參量，以爲太和五銖，乃大魏之通貨，不朽之恒模，寧可專貿於京邑，不行於天下！但今戎馬在郊，江疆未一，東南之州，依舊爲便。至於京西京北域內州鎮未用錢處，行之則不足爲難，塞之則有乖通典。何者？布帛不可尺寸而裂，五穀則有負擔之難，錢之爲用，貫鏹相屬，不假斗斛之器，不勞秤尺之平，濟代之宜，便利於此。請並下諸方州鎮，其太和及新鑄五銖并古錢內外全好者，不限大小，悉聽行之。鵝眼、環鑿，依律而禁。河南州鎮先用錢者，既聽依舊，不在斷限。唯太和、五銖二錢得用公造新者。其餘雜種，一用古錢。生新之類，普同禁約。諸方之錢，通用京師。其聽依舊之處，與太和錢及新造五銖並行。若盜鑄錢者，罪重常憲。既欲均齊物品，廛井斯和，若不繩以嚴法，無以肅茲違犯。詔從之。而河北諸州，舊少錢貨，猶以他物交易，錢略不入於市。

二年冬，尚書崔亮奏：弘農郡銅青谷有銅鑛，計一斗得銅五兩四銖。葦池谷鑛，一斗得銅五兩。鸞帳山鑛，一斗得銅四兩。河內郡王屋山今王屋縣鑛，一斗得銅八兩。南青州苑燭山、齊州商山，並是往昔銅官，舊跡見在。謹按鑄錢方興，用銅處廣，既有冶利，並宜開鑄。詔從之。自後所行之錢，人多私鑄，錢稍小薄，價用彌賤。建義初，重制盜鑄之禁，開糾賞之格。

孝莊帝初，私鑄者益更薄小，乃至風飄水浮，米斗幾直一千。祕書郎楊偘奏曰：昔馬援在隴西，嘗上書求復五銖錢，事下三府，不許。及援入爲武賁中郎，親對光武，釋其趨向，事始施行。臣頃在雍州，亦表陳其事，聽人與官並鑄五銖錢，使人樂爲而俗弊得改。旨下尚書八座，不許。以今況昔，爲理不殊。求取臣前表，經御披析。偘乃隨宜剖説，帝從之，乃鑄五銖錢。

御史中尉高恭之又奏曰：四民之業，錢貨爲本，救弊改鑄，王政所先。自頃以來，私鑄薄濫，官司糾繩，掛網非一。在今銅價，八十一文得銅一斤，私造薄錢，斤踰二百。既示之以深利，又隨之以重刑，得罪者雖多，姦鑄者彌衆。今錢徒有五銖之文，而無二銖之實，薄甚榆莢，上貫便破，置之水上，殆欲不沈。此乃因循有漸，科防不切，朝廷失之，彼復何罪。昔漢文以五分錢小，改鑄四銖，至孝武復改三銖爲半兩，此皆以大易小，以重代輕也。論今據古，宜改鑄大錢，文載年號，以記其始。則一斤所成七十六文。銅價至賤，五十有餘，其中人功、食料、錫炭、鉛沙，縱復私營，不能自潤。直置無利，應自息心，況復嚴刑廣設。以臣測之，必當錢貨永通，公私獲允。後遂用楊偘計。

永安二年秋，詔更鑄，文曰永安五銖。官自立鑪，亦聽人就鑄，起自九月至三年正月而止。官欲貴錢，乃出藏絹，分遣使人於三市賣之，絹疋止錢二百，而私市者猶三百。利之所在，盜鑄彌衆，巧僞既多，輕重非一，四方州鎮，用各不同。

時鑄錢都將長史高謙之，即高恭之兄，字道讓。上表求鑄三銖錢曰：蓋錢貨之立，本以通有無，便交易。故錢之輕重，時代不同。太公爲周置九府圜法，至景王時更鑄大錢。秦兼海內，錢重半兩。漢興，以秦錢重，改鑄筴錢，至孝文五年，復爲四銖。孝武時，悉復銷壞，更鑄三銖，至元狩中，變爲五銖。又造赤仄，以一當五。王莽攝政，錢有六等：大錢重十二銖，次九銖，次七銖，次五銖，次三銖，次一銖。魏文帝罷五銖錢，至明帝復立。孫權江左鑄大錢，一當五百。權赤烏五年，復鑄大錢，一當千。輕重大小，莫不隨時而變。竊以食貨之要，八政爲首，聚財之貴，貽訓典文。是以昔之帝王，乘天地之饒，御海內之富，莫不腐紅粟於太倉，藏朽貫於泉府，儲畜既盈，人無困弊，可以寧謐四極，如身使臂者矣。昔孝武外事四夷，遂虛國用。鹽鐵既興，錢幣屢改，少府遂豐，上林饒積。外闢百蠻，不增賦者，皆計利之由也。今群妖未息，四郊多壘，徵税既煩，千金日費，資儲漸耗，財用將竭，誠楊氏獻説之秋，桑、兒言利之日。夫西京之盛，錢猶屢改，並行小大，子母相權。況今寇難未除，州郡

淪没，人物凋零，軍國用少，别鑄小錢，可以富益，何損於政，何妨於人也。且政興不以錢大，政衰不以錢小，唯貴公私得所，政化無虧，既行之於古，亦宜效之於今矣。昔禹遭大水，以歷山之金鑄錢，救人之困。湯遭大旱，以莊山之金鑄錢，贖人之賣子者。今百姓窮悴，甚於曩日，欽明之主豈得垂拱而觀之哉！臣今此鑄，以濟交乏，五銖之錢，任使並用，行之無損，國得其益。詔將從之，事未就，會卒。

北齊神武霸政之初，猶用永安五銖。遷鄴已後，百姓私鑄，體制漸别，遂各以爲名。有雍州青赤，梁州生厚、緊錢、吉錢，河陽生澀、天柱、赤牽之稱。冀州之北，錢皆不行，交貿者皆以絹布。神武乃收境内之銅及錢，仍依舊文更鑄，流之四境。未幾之閒，漸復細薄，姦僞競起。

武定六年，文襄王以錢文五銖，名須稱實，宜秤錢一文重五銖者，聽入市用。計一百文重一斤四兩二十銖，自餘皆準此爲數。其京邑二市，天下州鎮郡縣之市，各置二秤，懸於市門。私人所用之秤，皆準市秤以定輕重。凡有私鑄，悉不禁斷，但重五銖，然後聽用。若入市之錢，不重五銖，或雖重五銖而多雜鉛鑞，並不聽用。若輒以小薄雜錢入市，有人糾獲，其錢悉入告者。其薄小之錢，若便禁斷，恐人交乏絶，畿内五十日，外州百日爲限。群官參議，咸以爲時穀頗貴，請待有年，王從之而止。

文宣受東魏禪，除永安之錢，改鑄常平五銖，重如其文。其錢甚貴，而製造甚精。其錢未行，私鑄已興，一二年閒，即有濫惡，雖殺戮不能止。乃令市增長銅價，由此利薄，私鑄少止。至乾明、皇建之閒，往往私鑄。鄴中用錢，有赤郭、青熟、細眉、赤生之異。河南所用，有青薄鉛錫之别。青、齊、徐、兗、梁、荊河等州，輩類各殊。武平以後，私鑄轉甚，或以生鐵和銅，至於齊亡，卒不能禁。

後周之初，尚用魏錢。及武帝保定元年，乃更鑄布泉之錢，以一當五，與五銖並行。梁益之境，又雜用古錢交易。河西諸郡，或用西域金銀之錢，《漢書・西域傳》，罽賓國以金銀爲錢，文爲騎馬，幕爲人面。幕即漫也。烏弋山離國之錢，與罽賓國同，文爲人頭，幕爲騎馬，加金銀飾其尺。安息亦以銀爲錢，文爲王面，幕爲夫人面，王死即更鑄。大月氏亦同。而官不禁。建德三年，更鑄五行大布錢，以一當十，大收商賈之利，與布泉錢並行。四年，又以邊境之錢，人多盜鑄，乃禁五行大布不得出入四關。布泉之錢聽入而不聽出。五年，以布泉漸賤而人不用，遂廢之。初令私鑄者絞，從者遠配爲户。齊平以後，山東之人，猶雜用齊氏舊錢。至宣帝大成元年，又鑄永通萬國錢，以一當十，與五行大布、五銖，凡三品並用。

（宋）司馬光《資治通鑑》卷一三七《齊紀・武帝永明八年》

初，太祖以南方錢少，更欲鑄錢。建元末，奉朝請孔顗上言，《考異》曰：《齊紀》作孔覬，今從《齊書》、《南史》。以爲：食貨相通，理勢自然。李悝云：糴甚貴傷民，甚賤傷農。甚賤甚貴，其傷一也。李悝，魏文侯之師。韋昭曰：民謂士、工、商。三吴，國之關奥，比歲時被水潦而糴不貴，是天下錢少，非穀賤，此不可不察也。鑄錢之弊，在輕重屢變。重錢患難用，而難用爲累輕；輕錢弊盜鑄，而盜鑄爲禍深。民所以盜鑄，嚴法不能禁者，由上鑄錢惜銅愛工也。惜銅愛工者，意謂錢爲無用之器，以通交易，務欲令質輕而數多，使省工而易成，不詳慮其爲患也。夫民之趨利，如水走下。用漢晁錯之言。今開其利端，從以重刑，是導其爲非而陷之於死，豈爲政歟。漢興，鑄輕錢，民巧僞者多。至元狩中，始懲其弊，乃鑄五銖錢，周郭其上下，令不可磨取鋊，漢初行半兩錢及莢錢，一面有文，一面漫。民盜磨其漫面，取其鋊以更鑄作錢。元狩鑄五銖，文漫兩面皆周帀爲郭，令不得磨取鋊。鋊，音浴，銅屑也。而章：十二行本而下有民字；乙十一行本同；孔本同。計其費不能相償，私鑄益少。此不惜銅不愛工之效也。王者不患無銅乏工，每令民不能競，則盜鑄絶矣。宋文帝鑄四銖，至景和，錢益輕，雖有周郭，而鎔冶不精，於是盜鑄紛紜而起，不可復禁。此惜銅愛工之驗也。凡鑄錢，與其不衷，寧重無輕。不衷者，不得輕重之中也。自漢鑄五銖至宋文帝，歷五百餘年，制度世有廢興，而不變五銖者，明其輕重可法，得貨之宜故也。按今錢文率皆五銖，異錢時有耳。異錢，謂其文非五銖者。自文帝鑄四銖，又不禁民翦鑿，爲禍既博，鍾弊于今，豈不悲哉！鍾，聚也。晉氏不鑄錢，後經寇戎水火，耗散沈鑠，所失歲多，譬猶磨礱砥礪，不見其損，有時而盡，引漢枚乘之言。天下錢何得不竭！錢竭則士、農、工、商皆喪其業，民何以自存！愚以爲宜如舊制，大興鎔鑄，錢重五銖，一依漢法。若官鑄者已布於民，便嚴斷翦鑿，斷，音短，禁截也。輕小破缺無周郭者，悉不得行。官錢細小者，稱合銖兩，合，音閤，合少爲多也。銷以爲大，利貧良之民，塞姦巧之路。錢貨既均，遠近若一。百姓樂業，市道無爭，衣食滋

殖矣。太祖然之，使諸州郡大市銅炭；會晏駕，事寢。

是歲，益州行事劉俊上言：蒙山下有嚴道銅山，舊鑄錢處，可以經略。蒙山在今雅州嚴道縣南十里，此即漢鄧通鑄錢舊處。上從之，遣使入蜀鑄錢。頃之，以功費多而止。

紀事

《三國志》卷二《魏志·文帝紀》〔黃初二年三月〕初復五銖錢。

【略】〔冬十月〕以穀貴，罷五銖錢。

《三國志》卷四七《吴志·吴主傳》赤烏元年春，鑄當千大錢。

《三國志》卷四七《吴志·吴主傳》〔裴松之注〕《江表傳》曰：是歲，權詔曰：謝宏往日陳鑄大錢，云以廣貨，故聽之。今聞民意不以爲便，其省息之，鑄爲器物，官勿復出也。私家有者，敕以輸藏，計畀其直，勿有所枉也。

《三國志》卷四七《吴志·吴主傳》〔嘉禾〕五年春，鑄大錢，一當五百。詔使吏民輸銅，計銅畀直。設盗鑄之科。

《三國志》卷五七《吴志·朱據傳》嘉禾中，始鑄大錢，一當五百。

（宋）王欽若等《册府元龜》卷四九九《邦計部·錢幣》前凉張軌爲凉州刺史時，大府參軍索輔言於軌曰：古以金貝皮幣爲貨，息穀帛量度之耗。二漢制五銖錢，通易不滯。泰始中，河西荒廢，遂不用錢。裂匹以爲段數，縑布既壞，市易又難，徒壞女工，不任衣用，弊之甚也。今中州雖亂，此方安全，宜復五銖，以濟通變之會。軌納之，立制準布用錢，錢遂大行，人賴其利。

（宋）王欽若等《册府元龜》卷四九九《邦計部·錢幣》後趙石勒僭號，鑄豐貨錢。時建德校尉王和掘得一鼎容四斗，中有大錢三十文，曰百當千，千當萬。鼎銘十三字，篆書不可曉，藏之於永豐倉。因此令公私行錢，而人情不樂，乃出公絹市錢。限中絹疋一千二百，下絹八百。然百姓私買中絹四千，下絹二千。巧利者賤買私錢，貴賣於官，坐死者十數人，而錢終不行。

《宋書》卷五《文帝紀》〔元嘉七年冬十月〕戊午，立錢署，鑄四銖錢。

《宋書》卷五《文帝紀》〔元嘉二十四年八月〕以貨貴，制大錢一當兩。

《宋書》卷五《文帝紀》〔元嘉二十五年〕五月己卯，罷大錢當兩。

《宋書》卷六《孝武帝紀》〔孝建元年正月〕壬戌，更鑄四銖錢。

《宋書》卷七《前廢帝紀》〔大明八年〕去歲及是歲，東諸郡大旱，甚者米一升數百，京邑亦至百餘，餓死者十有六七。孝建以來，又立錢署鑄錢，百姓因此盗鑄，錢轉僞小，商貨不行。

《宋書》卷七《前廢帝紀》〔永光元年〕二月乙丑，減州郡縣田禄之半。庚寅，鑄二銖錢。

《宋書》卷七《前廢帝紀》〔永光元年九月戊午〕開百姓鑄錢。

《宋書》卷八《明帝紀》〔泰始二年三月〕壬子，斷新錢，專用古錢。

《宋書》卷五二《袁豹傳》孟昶卒，豹代爲丹陽尹。義熙七年，坐使徒上錢，降爲太尉諮議參軍，仍轉長史。

《宋書》卷九二《良吏傳·徐豁》元嘉初，爲始興太守。三年，遣大使巡行四方，并使郡縣各言損益，豁因此表陳三事，其一曰：郡大田，武吏年滿十六，便課米六十斛，十五以下至十三，皆課米三十斛，一户內隨丁多少，悉皆輸米。且十三歲兒，未堪田作，或是單迥，無相兼通，年及應輸，便自逃逸，既遏接蠻、俚，去就益易。或乃斷截支體，産子不養，户口歲減，實此之由。謂宜更量課限，使得存立。今若減其米課，雖有交損，考之將來，理有深益。其二曰：郡領銀民三百餘户，鑿坑採砂，皆二三丈，功役既苦，不顧崩壓，一歲之中，每有死者。官司檢切，猶致逋違，老少相隨，永絶農業，千有餘口，皆資他食，豈唯一夫不耕，或受其饑而已。所以歲有不稔，便致甚困。尋臺邸用米，不異於銀，謂宜准銀課米，即事爲便。其三曰：中宿縣俚民課銀，一子丁輸南稱半兩。尋此縣自不出銀，又俚民皆巢居鳥語，不閑貨易之宜，每至買銀，爲損已甚。又稱兩受入，易生姦巧，山俚愚怯，不辨自申，官所課甚輕，民以所輸爲

劇。今若聽計丁課米，公私兼利。

《梁書》卷三《武帝紀》〔中大同元年秋七月〕丙寅，詔曰：朝四而暮三，衆狙皆喜，名實未虧，而喜怒爲用。頃聞外間多用九陌錢，陌減則物貴，陌足則物賤，非物有貴賤，是心有顛倒。至於遠方，日更滋甚。豈直國有異政，乃至家有殊俗，徒亂王制，無益民財。自今可通用足陌錢。令書行後，百日爲期，若猶有犯，男子謫運，女子質作，並同三年。

《梁書》卷六《敬帝紀》〔太平元年三月〕壬午，班下遠近並雜用古今錢。

《梁書》卷六《敬帝紀》〔太平二年夏四月〕己卯，鑄四柱錢，一准二十。【略】壬辰，改四柱錢一准十。丙申，復閉細錢。

《陳書》卷三《世祖紀》〔天嘉三年閏二月〕甲子，改鑄五銖錢。

《陳書》卷五《宣帝紀》〔太建十一年〕秋七月辛卯，初用大貨六銖錢。

《南史》卷七《梁紀》〔普通元年四年〕十二月戊午，用給事中王子雲議，始鑄鐵錢。狼牙脩國遣使朝貢。

《南史》卷八《梁紀》〔太平元年〕三月壬午，班下遠近，並雜用今古錢。

《南史》卷八《梁紀》〔太平二年〕夏四月癸酉，曲赦江、廣、衡三州，并督内爲賊所拘逼者。己卯，鑄四柱錢，一當二十。齊遣使通和。壬辰，改四柱錢，一當十。丙申，復閉細錢。

《南史》卷一五《劉穆之傳》〔宋景平二年〕後除西戎校尉、梁南秦二州刺史，加都督。漢川饑饉，秀之躬自儉約。先是漢川悉以絹爲貨，秀之限令用錢，百姓利之。

《南史》卷三〇《何尚之傳》先是患貨少，鑄四銖錢，人間頗盜鑄，多翦鑿古錢以取銅，上患之。二十四年，録尚書江夏王義恭議，以一大錢當兩，以防翦鑿，議者多同。尚之議曰：凡創制改法，宜順人情，未有違衆矯物而可久也。泉布廢興，未容驟議。前代赤仄白金，俄而罷息，六貨憒亂，人泣於市。良由事不畫一，難用遵行。自非急病權時，宜守長世之業。若今制遂行，富人之貲自倍，貧者彌增其困，懼非所以欲均之意。中領軍沈演之以爲若以大錢當兩，則國傳難朽之寶，家贏一倍之利，不俟加憲，巧源自絶。上從演之議，遂以一錢當兩。行之經時，公私非便，乃罷。

《南史》卷三九《劉悛傳》初，高帝輔政，有意欲鑄錢，以禪讓之際，未及施行。建元四年，奉朝請孔覬上《鑄錢均貨議》，辭證甚博，其略以爲：

食貨相通，理勢自然。李悝曰：糴甚貴傷人，甚賤傷農。人傷則離散，農傷則國貧。甚賤與甚貴，其傷一也。三吴國之關奥，比歲時被水潦，而糴不貴，是天下錢少，非穀穰賤，此不可不察也。鑄錢之弊，在輕重屢變。重錢患難用，而難用爲累輕；輕錢弊盜鑄，而盜鑄爲禍深。人所盜鑄，嚴法不禁者，由上鑄錢惜銅愛工也。惜銅愛工，謂錢無用之器，以通交易，務欲令輕而數多，使省工而易成，不詳慮其爲患也。

自漢鑄五銖至宋文帝，歷五百餘年，制度世有廢興，而不變五銖錢者，明其輕重可法，得貨之宜。以爲宜開置泉府，方牧貢金，大興鎔鑄。錢重五銖，一依漢法。若官鑄已布於人，便嚴斷翦鑿，輕小破缺無周郭者，悉不得行。官錢細小者，稱合銖兩，銷以爲大。利貧良之人，塞姦巧之路。錢貨既均，遠近若一，百姓樂業，市道無争，衣食滋殖矣。

時議多以錢貨輕轉少，宜更廣鑄，重其銖兩，以防人姦。高帝使諸州郡大市銅炭，會晏駕事寢。

永明八年，悛啓武帝曰：南廣郡界蒙山下有城名蒙城，可二頃地，有燒鑪四所，高一丈，廣一丈五尺。從蒙城度水南百許步，平地掘土深二尺，得銅。又有古掘銅坑深二丈，并居宅處猶存。鄧通南安人，漢文帝賜通嚴道縣銅山鑄錢。今蒙山近在青衣水南，青衣左側並是故秦之嚴道地。青衣縣，文帝改名漢嘉。且蒙山去南安二百里，案此必是通所鑄處。近喚蒙山獠出，云甚可經略。此議若立，潤利無極。并獻蒙山銅一片，又銅石一片，平州鑄鐵刀一口。上從之。遣使入蜀鑄錢，得千餘萬，功費多乃止。

《南史》卷四四《竟陵文宣王子良傳》是時上新視政，水旱不時，子良密啓請原除逋租。又陳寬刑息役，輕賦省徭。并陳泉鑄歲遠，類多翦鑿，江東大錢，十不一在，公家所受，必須輪郭完全，遂買本一千，加子

七百，求請無地，捶革相繼。尋完者爲用，既不兼兩，回復遷貿，會非委積，徒令小人每嬰困苦。且錢布相半，爲制永久，或聞長宰須令輸直，進違舊科，退容姦利。

《北齊書》卷四《文宣帝紀》〔天保四年春正月〕己丑，改鑄新錢，文曰常平五銖。

《北齊書》卷二〇《慕容紹宗傳》慕容紹宗，慕容晃第四子太原王恪後也。【略】元象初，除洛州刺史。則性貪啉，在州取受非法，舊京取像，毁以鑄錢，于時世號河陽錢，皆出其家。

《北史》卷一〇《周紀》〔保定元年秋七月戊申〕更鑄錢，文曰布泉，以一當五，與五銖並行。

《北史》卷五〇《高道穆傳》於時用錢稍薄，道穆表曰：百姓之業，錢貨爲本，救弊改鑄，王政所先。自頃以來，私鑄薄濫，官司糾繩，挂網非一。在市銅價，八十一文得銅一斤，私鑄薄錢，斤餘二百。既示之以深利，又隨之以重刑，得罪者雖多，姦鑄者彌衆。今錢徒有五銖之文，而無二銖之實，薄甚榆莢，上貫便破，置之水上，殆欲不沈。因循有漸，科防不切，朝廷失之，彼復何罪。昔漢文帝以五分錢小，改鑄四銖。至武帝復改三銖爲半兩。此皆以大易小，以重代輕也。論今據古，宜改鑄大錢，文載年號，以記其始。則一斤所成，止七十六文。銅價至賤，五十有餘，其中人功、食料、錫炭、鉛砂，縱復私營，不能自潤。直置無利，自應息心，況復嚴刑廣設也？以臣測之，必當錢貨永通，公私獲允。後遂用楊侃計，鑄永安五銖錢。

（宋）司馬光《資治通鑑》卷一二五《宋紀·文帝元嘉二十五年》當兩大錢行之經時，公私不以爲便；己卯，罷之。

（宋）司馬光《資治通鑑》卷一三〇《宋紀·明帝泰始元年》自孝建以來，民間盜鑄濫錢，事始一百二十八卷孝武帝孝建二年。商貨不行。庚寅，更鑄二銖錢，形式轉細。官錢每出，民間即模效之，而更薄小，無輪郭，不磨鑢，謂之耒子。

（宋）司馬光《資治通鑑》卷一三一《宋紀·明帝泰始二年》壬子，斷新錢，并元嘉四銖，孝建四銖，皆斷不用也。專用古錢。

（宋）司馬光《資治通鑑》卷一四九《梁紀·武帝普通四年》梁初唯揚、荊、郢、江、湘、梁、益七州用錢，交、廣用金銀，餘州雜以穀帛交易。上乃鑄五銖錢，肉好周郭皆備。韋昭曰：肉，錢形也。好，孔也。杜佑曰：內郭爲肉，外郭爲好。孟康曰：周郭，周帀爲郭也。別鑄無肉郭者，謂之女錢。民間私用女錢交易，禁之不能止，乃議盡罷銅錢。十二月，戊午，始鑄鐵錢。

（宋）司馬光《資治通鑑》卷一六七《陳紀·武帝永定元年》夏，四月，己卯，鑄四柱錢，一當二十。梁末有兩柱錢及鵝眼錢，時人雜用，其價同，但兩柱重，鵝眼輕。至是鑄四柱錢，一當細錢二十。

（宋）司馬光《資治通鑑》卷一六七《陳紀·武帝永定元年》壬辰，改四柱錢一當十。丙申，復閉細錢。閉者，閉絶不使行。細錢，民間私鑄者也。時私錢細小，交易以車載錢，不復計數。

隋唐五代分部

論說

（唐）白居易《白居易集》卷六三《策林·平百貨之價陳斂散之法，請禁銷錢爲器》問：今田疇不加闢，而菽粟之估日輕；桑麻不加植，而布帛之價日賤。是以射時利者，賤收而日富；勤力穡者，輕用而日貧。夫然，豈殖貨斂散之節，失其宜耶。將泉布輕重之權，不得其要也。

臣聞：穀帛者，生於農也；器用者，化於工也；財物者，通於商也；錢刀者，操於君也。君操其一，以節其三；三者和鈞，非錢不可也。夫錢刀重則穀帛輕，穀帛輕則農桑困。故散錢以斂之，則下無棄穀遺帛矣。穀帛貴則財物賤，財物賤則工商勞。故散穀以收之，則下無廢財棄物也。斂散得其節，輕重便於時，則百貨之價自平，四人之利咸遂；雖有聖智，未有易此而能理者也。方今關輔之間，仍歲大稔，此誠國家散錢斂穀，防儉備凶之時也。時不可失，伏惟陛下惜之。臣又見：今人之弊者，〔由錢刀重於穀帛也。所以重者，〕由銅利貴於錢刀也。何者？夫官家採銅鑄錢，成一錢，破數錢之費也；私家銷錢爲器，破一錢，成數錢之利也。鑄者有程，銷者無限；雖官家之歲鑄，豈能勝私家之日銷乎？此所以天下之錢日減而日重矣。今國家行挾銅之律，執鑄器之禁，使器無用銅。銅〔既〕無利也，則錢不復銷矣。此實當今權節重輕之要也。

（唐）元稹《元稹集外集》補遺卷二《議·錢重物輕議》 右臣伏見中書門下牒，奉進止，以錢重物輕爲病頗甚，宜令百寮各隨所見，作利害狀類會奏聞者。臣備位有司，謬總邦計，權物變弊，職分所當，固合經心。自思上達，豈宜待問，方始啓謀。臣伏以作法於人，必求適中。苟非濟衆，是作不臧。所以夙夜寘懷，重難其術。伏奉制旨，旁採庶寮。臣實有司，敢不知愧。既不早思所見，上沃聖聰。今乃備數庶官，肩隨奏議，無乃失有司奉職之體，負尸位素飡之責。況道謀孔多，是用不集。盈庭之言，自古所知。至於業廣即山稅徵穀帛，發公府之朽貫，禁私室之滯藏，使泉流必通，物定恒價。羣議所共，措事皆然。但在陛下行之，有司遵守，利害之說，自足可徵。若更將廣引古今，誕飾詞辯，有齊畫餅，無益國經。恐重空文，不敢輕議。謹議。

（宋）李昉等《文苑英華》卷五四六《判·磨錢判》 甲磨錢質而取鎔，乙告之，訴不更鑄。

對

緡鏹爰設，銷鑄是司。九府匠之以圓方，三官因之以文質。雖五銖異制，半兩分形。龍馬之造化不窮，權衡之輕重有數。實惟泉貨，校在水衡，人之無良，公爲不道。微漢臣之賜蜀，鎔範成姦。非魏帝之蓼陳，錯磨抵禁。立辟自貽於錢府，舉法須密於金科。欲無王衍之害，曷云非隱。將刻劉陶之議，刑其捨諸。且取鎔不定其少多，致獄孰究其高下。欲加之罪，其無詞乎。待窮揚可之告緡，方辞一作訊。五倫之督鑄。

（宋）李昉等《文苑英華》卷五四六《判·鑄錢數倍判》 江東諸監鑄錢數倍費使，牒令停。監司云：恐棄山澤之利，而工匠私鑄犯法。

對

貨以通商，財以利俗。國法施於九府，鑄作行於四方。輕重隨時，子母由其遞用。積流有象，泉布所以得名。國家立制經邦，稽古爲理，用天分地，成其阜安之業。聖作物覩，有其通變之勞。使乎伊何，曾不是識。專命非據，亂常有誅。人焉廋哉。斯害也已，請被刑鼎，無擾監司。

（清）董誥《全唐文》卷三八〇《徐寅·口不言錢賦以息心祕口欲作窮言為韻》 言者二端之本，錢者百貨之源。反其本以行已，失其源而不言。如逢貫朽之資，我辭遽默。自負不貪之實，吾道常存。昔王衍以東晉季年，金陵薄俗，恨朝野以争侈，競緡錢而縱欲。化爲糞土，填巨壑以難盈。湧作波瀾，灌漏巵而不足。豈惟紫閣名臣，紅窻美人。有私而盡切藏賄，無德而何嘗潤身。夷甫乃怒於彼而心誓，忿於時而氣振。所以麈尾高談，肯說五銖之號。鶴裘換酒，同思四壁之貧。泉貨寧懷，樞機永祕。何曾之食萬休述，和嶠之癖多罷議。賓階砌下，誰云苔點之圓。貨殖傳中，諱卻金錢之字。衆多愛兮積聚奢淫，我所愛兮唯財於金。在心所惡以言寢，可以觀言而見心。任銅臭以驚時，豈論崔烈。任雨飛而滿屋，靡說黃

尋。且夫巨萬奚若，仁銷義鑠，豈不見一惡，而懼百非，口非言而心嫉惡。金相馬埒，休詢王濟之奢爲。山積鹿臺，莫問殷辛之禍作。蓋傷其濁世澆風，貪婪莫充。無苟得者猶寡，終不言而曷同。斯時也，道德銷盡，錢刀削空，斯人則與世垂範，端身固窮。手近青蚨，先納雌黃之口內。眼觀榆莢，預緘枝葉於胸中。則知不立殊規，寧議衆醜。他拭目而余目昏，彼鑊金而此金口。異哉，不談人過，不語怪神，與斯人而善偶。

（清）董誥《全唐文》卷九五四《邱真孫・對工商貨幣策》　問：夫貿遷化居，資貨以通。守位聚人，理財爲用。故龜貝贍於夏殷，金幣富於周漢。頃國弗崇侈，而府無盈儲。賦不加厚，而黎庶彌貧。寔由貨重物輕，以臻斯弊。若有單子推權之宜，賈生斂散之術，其具陳之。

對：臣聞哲王之統俗也，陳貨《洪範》，通有無之用。取市噬嗑，致交易之所。至乎九府立其法，資幣諒其宜，蓋理本救人，而輕重隨代。故周景鑄金，穆公規其實。漢文造幣，梁傅議其違。雖貫朽費濫，而市非物輕。粱肉不匱，而家非貨重。何者？淳樸既散，澆僞成俗。惰農奪其歲功，徇利昧其日用。所以負販盈廛，分穀布野，崇朝思餐，則物不得貴。争利因阜，則貨不得賤。故弋綈雖御國之所先，烝人乃乂邦之攸本。故賈誼慷慨陳力農之戒，仲舒殷勤明重穀之説。今宜思五土之宜，勸三時之務，教養殖人，常課田畯。重游適之賦，輕力穡之役。師李悝於魏邦，式蔡癸於漢代。用能遺穗委畝，紅粟露積，垂拱巖廊，擊壤衢巷，詠歌升平，豈不盛歟。臣學不師古，識昧政化，勉酬枉問，敢獻瞽言。

綜述

《隋書》卷二四《食貨志》　高祖既受周禪，以天下錢貨輕重不等，乃更鑄新錢。背面肉好，皆有周郭，文曰五銖，而重如其文。每錢一千，重四斤二兩。是時錢既新出，百姓或私有鎔鑄。三年四月，詔四面諸關，各付百錢爲樣。從關外來，勘樣相似，然後得過。樣不同者，即壞以爲銅，入官。詔行新錢已後，前代舊錢，有五行大布、永通萬國及齊常平，所在用以貿易不止。四年，詔仍依舊不禁者，縣令奪半年禄。然百姓習用既久，尚猶不絶。五年正月，詔又嚴其制。自是錢貨始一，所在流布，百姓便之。是時見用之錢，皆須和以錫鑞。錫鑞既賤，求利者多，私鑄之錢，不可禁約。其年，詔乃禁出錫鑞之處，並不得私有採取。十年，詔晋王廣，聽於揚州立五鑪鑄錢。其後姦狡稍漸磨鑢錢郭，取銅私鑄，又雜以錫錢，遞相放效，錢遂輕薄。乃下惡錢之禁。京師及諸州邸肆之上，皆令立榜，置樣爲准。不中樣者，不入於市。十八年，詔漢王諒，聽於并州立五（鑢）〔鑪〕鑄錢。是時江南人間錢少，晋王廣又聽於鄂州白紵山有銅鉚處，錮銅鑄錢。於是詔聽置十鑪鑄錢。又詔蜀王秀，聽於益州立五鑪鑄錢。是時錢益濫惡，乃令有司，括天下邸肆見錢，非官鑄者，皆毁之，其銅入官。而京師以惡錢貿易，爲吏所執，有死者。數年之間，私鑄頗息。大業已後，王綱弛紊，巨姦大猾，遂多私鑄，錢轉薄惡。初每千猶重二斤，後漸輕至一斤。或翦鐵鍱，裁皮糊紙以爲錢，相雜用之。貨賤物貴，以至於亡。

（唐）杜佑《通典》卷九《食貨・錢幣》　隋文帝開皇元年，以天下錢貨輕重不一，乃更鑄新錢，背面肉好，皆有周郭，文曰五銖，而重如其文。每錢一千，重四斤二兩。《後魏・食貨志》云齊文襄令錢一文重五銖者，聽入市用。計一百錢重一斤四兩二十銖，則一千錢重十二斤以上，而隋代五銖錢一千重四斤二兩，當是大小秤之差耳。是時，錢既雜出，百姓或私有鎔鑄。三年，詔四面諸關，各付百錢爲樣，從關外來。勘樣相似，然後得過。樣不同者，則壞以爲銅，入官。詔行新錢以後，前代舊錢，有五行大布、永通萬國及齊常平，所在勿用。以其貿易不止，四年，詔仍舊不禁者，縣令奪半年禄。然百姓習用既久，猶不能絶。五年，詔又嚴其制。自是錢貨始一，所在流布，百姓便之。是時見用之錢，皆須和以錫鑞。錫鑞既賤，求利者多，私鑄之錢，不可禁約。其年，詔乃禁出錫鑞之處，並不得私有采取。十年，詔晋王廣聽於揚州立五鑪鑄錢。其後姦猾稍多，漸磨鑢錢郭，取銅私鑄，又雜以鉛錫，遞相倣傚，錢遂輕薄，乃下惡錢之禁。京師及諸州邸肆之上，皆令立榜，置樣爲准，不中樣者不入於市。十八年，詔漢王諒聽於并州立五鑪鑄錢。又江南人間錢少，晋王廣又請於鄂州白紵山有銅鑛處鑄錢，於是詔聽置十鑪鑄錢。又詔蜀王秀於益州立五鑪鑄錢。是時錢益濫惡，乃令有司檢天下邸肆見錢，非官鑄者皆毁之，其銅入官。而京師以惡錢貿易，爲吏所執，有死者。數年之間，私鑄頗息。

大業以後，王綱弛紊，巨姦大猾，遂多私鑄，錢轉薄惡，初每千猶重二斤，後漸輕至一斤。或翦鐵鍱、裁皮、糊紙以爲錢，相雜用之。貨賤物貴，以至於亡。

（唐）長孫無忌等《唐律疏議》卷二六《雜律·私鑄錢》　諸私鑄錢者，流三千里；作具已備，未鑄者，徒二年；作具未備者，杖一百。

疏議曰：私鑄錢者，合流三千里。其作具已備，謂鑄錢作具，並已周備，而未鑄者，徒二年。若作具未備，謂有所欠少，未堪鑄錢者，杖一百。若私鑄金銀等錢，不通時用者，不坐。

若磨錯成錢，令薄小，取銅以求利者，徒一年。

疏議曰：時用之錢，厚薄大小，並依官樣。輒有磨錯成錢，令至薄小，而取其銅，以求利潤者，徒一年。

（唐）杜佑《通典》卷九《食貨·錢幣》　大唐武德四年，廢五銖錢，鑄開通元寶錢。每十錢重一兩，計一千重六斤四兩，歐陽詢爲文書，含八分及隸體。每兩二十四銖，則一錢重二銖半以下，古秤比今秤三之一也，則今錢爲古秤之七銖以上，古五銖則加重二銖以上。輕重大小，最爲折衷，遠近便之。後盜鑄漸起。

顯慶五年，以天下惡錢轉多，所在官爲市取，五文惡錢，酬一好錢。其年，又改以好錢一文，易惡錢二文。

乾封元年，造乾封泉寶錢，直開元錢十。周年以後，舊錢並廢。二年詔，開元錢依舊施行，乾封錢貯。

儀鳳四年四月，令東都出遠年糙米及粟，就市糶，斗別納惡錢百文。其惡錢令少府、司農相知，即令鑄破。其厚重合斤兩者，任將行用。時米粟漸貴，議爲鑄錢漸多，所以錢賤而物貴，於是權停少府監鑄錢，尋而復舊。

永淳元年五月敕：私鑄錢造意人及句合頭首者，並處絞，仍先決杖一百。從及居停主人加役流，各決杖六十。若家人共犯，坐其家長；老疾不坐者，則罪歸其以次家長。其鑄錢處，鄰保配徒一年；里正、坊正、村正各決六十。若有糾告者，即以所鑄錢毁破并銅物等賞糾人。同犯自首免罪，依例酬賞。

武太后長安中，又令懸樣於市，令百姓依樣用錢。俄又簡擇艱難，交易留滯，又降敕，非鐵錫銅蕩穿穴者，並許行用。其熟銅、排斗、沙澀厚大者，皆不許簡。自是盜鑄蜂起，濫惡益衆。江淮之南，盜鑄尤甚，或就陂湖巨海深山之中鼓鑄。

神龍、先天之際，兩京用錢尤甚濫惡。其郴、衡私鑄小錢，纔有輪郭，及鐵錫之屬，亦堪行用。乃有買錫，以錢模之，斯須盈千，便齎用之。

開元五年，宋璟知政事，奏請一切禁斷惡錢。六年正月詔，又切禁斷天下惡錢，不堪行用者，并銷破覆鑄。由是四民擾駭，穀帛踴貴。二月又敕：古者聚萬方之貨，設九府之法，以通天下，以便生人。若輕重得中，則利可和義；若真僞相雜，則官失其守。頃者用錢，不論此道，深恐貧窶日困，姦豪歲滋，所以申明舊章，懸設諸樣，欲其人安俗阜，禁止令行。

十七年制曰：古者作錢，以通有無之鄉，以平小大之價，以全服用之物，以濟單貧之資。錢之所利，人之所急，然絲布財穀，四民爲本，若本賤末貴，則人弃賤而務貴。故有盜鑄者，冒嚴刑而不悔，藏鏹者非倍息而不出。今天下泉貨益少，幣帛頗輕，欲使天下流通，焉可得也。且銅者餒不可食，寒不可衣，既不堪於器用，又不同於寶物，唯以鑄錢，使其流布。宜令所在加鑄，委按察使申明格文，禁斷私賣銅錫。仍禁造銅器，所有采銅錫鉛，官爲市取，勿抑其價，務利於人。

二十年九月，制曰：綾羅絹布雜貨等，交易皆合通用。如闕市肆，必須見錢，深非道理。自今以後，與錢貨兼用，違者准法罪之。

二十二年三月敕：布帛不可以尺寸爲交易，菽粟不可以抄勺貿有無。古之爲錢，以通貨幣。頃雖官鑄，所入無幾，約工計本，勞費又多，公私之間，給用不贍，永言其弊，豈無變通。往者漢文之時，已有放鑄之令，雖見非於賈誼，亦無廢於賢君。古往今來，代革時異。亦欲不禁私鑄，其理如何？

中書侍郎張九齡奏請不斷鑄錢。上令百官詳議。黄門侍郎、平章事裴耀卿、黄門侍郎李林甫、河南少尹蕭炅等皆曰：錢者通貨，有國之權，是以歷代禁之，以絶姦濫。今若一啓此門，但恐小人弃農逐利，而濫惡更甚，於事不便。

左監門衛録事參軍劉秩上議曰：古者以珠玉爲上幣，黄金爲中幣，刀布爲下幣。今之錢，即古之下幣也。今若捨之，任人自鑄，則上無以御下，下無以事上，其不可一也。夫物賤則傷農，錢輕則傷賈。故善爲國者，觀物之貴賤，錢之輕重，夫物重則錢輕，錢輕由乎物多，多則作法收之使少；少則重，重則作法布之使輕。輕重之本，必由乎是，奈何而假於人？其不可二也。夫鑄錢不雜以鉛鐵則無利，雜以鉛鐵則惡，如不重禁，不足以懲息。且方今塞其私鑄之路，人猶冒死以犯之，況啓其源而欲人之從令乎！是設陷穽而誘之入，其不可三也。夫許人鑄錢，無利則人不鑄，有利則人去南畝者衆，去南畝者衆則草不墾，草不墾又鄰於寒餒，其不可四也。夫人富溢則不可以賞勸，貧餒則不可以威禁。故法令不行，人之不理，皆由貧富之不齊也。若許其鑄錢，則貧者必不能爲，臣恐貧者彌貧，而服役於富室，富室乘之而益恣。昔漢文之時，吴濞，諸侯也，富埒天子；鄧通，大夫也，財侔王者：此皆鑄錢之所致。必欲許其私鑄，是與人利權，其不可五也。今必以錢重而傷本，工費而利寡，則臣願言其失，以效愚計。夫錢重者，由人鑄日滋於前，而爐不加於舊。又公錢重，與銅之價頗等，故盜鑄者破重錢以爲輕錢，禁寬則行，禁嚴則止，止則弃矣。此錢之所以少也。夫鑄錢用不贍者，由乎銅貴，銅貴之由，在於采用者衆。夫銅之爲兵則不如鐵，以爲器則不如漆，禁之無害，陛下何不禁於人？禁於人則銅無所用，銅無所用則益賤，賤則錢之用給矣。夫銅不布下，則盜鑄者無因而鑄，無因而鑄則公錢不破，人不犯死刑，錢又日增，不復利矣。是一舉而四美兼也。時公卿群官皆建議以爲不便，事既不行，但敕郡縣嚴斷惡錢而已。

至天寶之初，兩京用錢稍好，米粟豐賤。數載之後，漸又濫惡。府縣不許好錢加價迴博，令好惡通用。富商姦人，漸收好錢，潛將往江淮南，每一錢貨得私鑄惡錢五文，假託公錢，將入京私用。京城錢日加碎惡，鵝眼、鐵錫、古文、綖環之類，每貫重不過三四斤。

十一載二月敕：泉貨之用，所以通有無；輕重之權，所以禁踰越。故周立九府之法，漢備三官之制。永言適便，必在從宜。如聞京城行用之錢，頗多濫惡，所資懲革，絶其訛謬。然安人在於存養，化俗期於變通，法若從寬，事堪持久。宜令所司即出錢三數十萬貫，分於兩市，百姓間應交易所用不堪久行用者，官爲换取，仍限一月日内使盡。庶單貧無患，商旅必通。其過限輒敢違犯者，一事以上，並作條件處分。是時京城百姓，久用惡錢，制下之後，頗相驚擾。時又令於龍興觀南街開場，出左藏庫内排斗錢，許市人博换，貧弱者又争次不得。俄又宣敕，除鐵錫、銅沙、穿穴、古文，餘並依舊行用，久之乃定。

乾元元年，有司以甲兵未息，給用猶費，奏鑄乾元重寶錢。每貫十斤，一文當開元通寶錢一十文。又鑄重稜錢，每貫重二十斤，一文當開通五十文。皆鑄錢使第五琦所奏也。姦猾之人，多破用舊錢，私鑄新錢，雖獲深利，隨遭重刑，公私不便，尋總停廢，還用開元通寶錢。人間無復有乾元、重稜二錢者，蓋並鑄爲器物矣。按天寶中，諸州凡置九十九鑪鑄錢。絳州三十鑪，揚、潤、宣、鄂、蔚各十鑪，益、鄧、郴各五鑪，洋州三鑪，定州一鑪。約每鑪役丁匠三十人。每年除六月七月停作，餘十月作十番。每鑄約用銅二萬一千二百一十斤，白鑞三千七百九斤，黑錫五百四十斤。約每貫錢用銅鑞錫價約七百五十文，丁匠在外。每鑪計鑄錢三千三百貫，約一歲計鑄錢三十二萬七千餘貫文。

（唐）李吉甫《元和郡縣圖志》卷一四《河東道》 三河冶，舊置鑪鑄錢，至德以後廢。元和七年，中書侍郎平章事李吉甫奏：臣訪聞飛狐縣三河冶銅山約數十里，銅鑛至多，去飛狐錢坊二十五里，兩處同用拒馬河水，以水斛銷銅，北方諸處，鑄錢人工絶省，所以平日三河冶置四十鑪鑄錢，舊跡並存，事堪覆實。今但得錢本，令本道應接人夫，三年以來，其事即立，救河東困竭之弊，成易、定援接之形。制置一成，久長獲利。詔從之。其年六月起工，至十月置五鑪鑄錢，每歲鑄成一萬八千貫。時朝廷新收易、定，河東道久用鑄錢，人不堪弊，至是俱受利焉。

《舊唐書》卷一八上《武宗紀》 〔會昌六年二月〕敕：比緣錢重幣輕，生人轉困，今新加鼓鑄，必在流行，通變救時，莫切於此。宜申先甲之令，以儆居貨之徒。京城諸道，宜起來年正月已後，公私行用，並取新錢。其舊錢權停三數年。如有違犯，同用鉛錫錢例科斷。其舊錢並没納。又敕：諸道鑄錢，已有次第，須令舊錢流布，絹價值稍增。文武百僚俸料，起三月一日，並給見錢一半。先給疋段，對估時價，皆給見錢。

《舊唐書》卷四八《食貨志》 高祖即位，仍用隋之五銖錢。武德四年七月，廢五銖錢，行開元通寶錢，徑八分，重二銖四絫，積十文重一

兩，一千文重六斤四兩。仍置錢監於洛、并、幽、益等州。秦王、齊王各賜三鑪鑄錢，右僕射裴寂賜一鑪。敢有盜鑄者身死，家口配没。五年五月，又於桂州置監。議者以新錢輕重大小最爲折衷，遠近甚便之。後盜鑄漸起，而所在用錢濫惡。

顯慶五年九月，敕以惡錢轉多，令所在官私爲市取，以五惡錢酬一好錢。百姓以惡錢價賤，私自藏之，以候官禁之弛。高宗又令以好錢一文買惡錢兩文，弊仍不息。

至乾封元年封嶽之後，又改造新錢，文曰乾封泉寶，徑一寸，重二銖六分。仍與舊錢並行，新錢一文當舊錢之十。周年之後，舊錢並廢。初，開元錢之文，給事中歐陽詢制詞及書，時稱其工。其字含八分及隸體，其詞先上後下，次左後右讀之。自上及左迴環讀之，其義亦通，流俗謂之開通元寶錢。及鑄新錢，乃同流俗，乾字直上，封字在左。尋寤錢文之誤，又緣改鑄，商賈不通，米帛增價，乃議却用舊錢。

二年正月，下詔曰：泉布之興，其來自久。實古今之要重，爲公私之實用。年月既深，僞濫斯起，所以採乾封之號，改鑄新錢。静而思之，將爲未可。高祖撥亂反正，爰創軌模。太宗立極承天，無所改作。今廢舊造新，恐乖先旨。其開元通寶，宜依舊施行，爲萬代之法。乾封新鑄之錢，令所司貯納，更不須鑄。仍令天下置鑪之處，並鑄開元通寶錢。既而私鑄更多，錢復濫惡。

高宗嘗臨軒謂侍臣曰：錢之爲用，行之已久，公私要便，莫甚於斯。比爲州縣不存檢校，私鑄過多。如聞荆、潭、宣、衡，犯法尤甚，遂有將船栰宿於江中，所部官人，不能覺察。自今嚴加禁斷，所在追納惡錢，一二年間使盡。當時雖有約敕，而姦濫不息。

儀鳳四年四月，令東都出遠年糙米及粟，就市給糶，斗别納惡錢百文。其惡錢令少府司農相知，即令鑄破。其厚重徑合斤兩者，任將行用。時米粟漸貴，議者以爲鑄錢漸多，所以錢賤而物貴。於是權停少府監鑄錢，尋而復舊。

則天長安中，又令懸樣於市，令百姓依樣用錢。俄又簡擇艱難，交易留滯，又降敕非鐵錫、銅蕩、穿穴者，並許行用。其有熟銅、排斗、沙澀、厚大者，皆不許簡。自是盜鑄蜂起，濫惡益衆。江淮之南，盜鑄者或就陂湖、巨海、深山之中，波濤險峻，人跡罕到，州縣莫能禁約。以至神龍、先天之際，兩京用錢尤濫。其郴、衡私鑄小錢，纔有輪郭，及鐵錫五銖之屬，亦堪行用。乃有買錫鎔銷，以錢模夾之，斯須則盈千百，便貲用之。

開元五年，車駕往東都，宋璟知政事，奏請一切禁斷惡錢。六年正月，又切斷天下惡錢，行二銖四絫錢。不堪行用者，並銷破覆鑄。至二月又敕曰：古者聚萬方之貨，設九府之法，以通天下，以便生人。若輕重得中，則利可知矣；若真僞相雜，則官失其守。頃者用錢，不論此道。深恐貧窶日困，姦豪歲滋。所以申明舊章，懸設諸樣，欲其人安俗阜，禁止令行。時江淮錢尤濫惡，有官鑪、偏鑪、稜錢、時錢等數色。璟乃遣監察御史蕭隱之充江淮使。隱之乃令率户出錢，務加督責。百姓乃以上青錢充惡錢納之，其小惡者或沉之於江湖，以免罪戾。於是市井不通，物價騰起，流聞京師。隱之貶官，璟因之罷相，乃以張嘉貞知政事。嘉貞乃弛其禁，人乃安之。

開元二十二年，中書侍郎張九齡初知政事，奏請不禁鑄錢，玄宗令百官詳議。黄門侍郎裴耀卿李林甫、河南少尹蕭炅等皆曰：錢者通貨，有國之權，是以歷代禁之，以絶姦濫。今若一啓此門，但恐小人棄農逐利，而濫惡更甚，於事不便。左監門録事參軍劉秩上議曰：

伏奉今月二十一日敕，欲不禁鑄錢，令百僚詳議可否者。夫錢之興，其來尚矣，將以平輕重而權本末，齊桓得其術而國以霸，周景失其道而人用弊。考諸載籍，國之興衰，實繫於是。陛下思變古以濟今，欲反經以合道，而不即改作，詢之芻蕘，臣雖蠢愚，敢不薦其聞見。古者以珠玉爲上幣，黄金爲中幣，刀布爲下幣。管仲曰：夫三幣，握之則非有補於煖也，舍之則非有損於飽也。先王以守財物，以御人事，而平天下也。是以命之曰衡。衡者，使物一高一下，不得有常。故與之在君，奪之在君，貧之在君，富之在君。是以人戴君如日月，親君如父母，用此術也，是爲人主之權。

今之錢，即古之下幣也。陛下若捨之任人，則上無以御下，下無以事上，其不可一也。夫物賤則傷農，錢輕則傷賈。故善爲國者，觀物之貴賤，錢之輕重。夫物重則錢輕，錢輕由乎物多，多則作法收之使少；少

則重，重則作法布之使輕。輕重之本，必由乎是，奈何而假於人？其不可二也。夫鑄錢不雜以鉛鐵則無利，雜以鉛鐵則惡，惡不重禁之，不足以懲息。且方今塞其私鑄之路，人猶冒死以犯之，況啓其源而欲人之從令乎！是設陷穽而誘之入，其不可三也。夫許人鑄錢，無利則人不鑄，有利則人去南畝者衆。去南畝者衆，則草不墾，草不墾，又鄰於寒餒，其不可四也。夫人富溢則不可以賞勸，貧餒則不可以威禁，法令不行，人之不理，皆由貧富之不齊也。若許其鑄錢，則貧者必不能爲。臣恐貧者彌貧而服役於富室，富室乘之而益恣。昔漢文之時，吴濞，諸侯也，富埒天子；鄧通，大夫也，財侔王者。此皆鑄錢之所致也。必欲許其私鑄，是與人利權而捨其柄，其不可五也。

陛下必以錢重而傷本，工費而利寡，則臣願言其失，以效愚計。夫錢重者，猶人日滋於前，而鑪不加於舊。又公錢重，與銅之價頗等，故盜鑄者破重錢以爲輕錢。錢輕，禁寬則行，禁嚴則止，止則棄矣，此錢之所以少也。夫鑄錢用不贍者，在乎銅貴，銅貴，在採用者衆。夫銅，以爲兵則不如鐵，以爲器則不如漆，禁之無害，陛下何不禁於人？禁於人，則銅無所用，銅益賤，則錢之用給矣。夫銅不布下，則盜鑄者無因而鑄，則公錢不破，人不犯死刑，錢又日增，末復利矣。是一舉而四美兼也，惟陛下熟察之。

時公卿羣官，皆建議以爲不便。事既不行，但敕郡縣嚴斷惡錢而已。

至天寶之初，兩京用錢稍好，米粟豐賤。數載之後，漸又濫惡，府縣不許好者加價迴博，好惡通用。富商姦人，漸收好錢，潛將往江淮之南，每錢貨得私鑄惡者五文，假託官錢，將入京私用。京城錢日加碎惡，鵝眼、鐵錫、古文、綖環之類，每貫重不過三四斤。

十一載二月，下敕曰：錢貨之用，所以通有無；輕重之權，所以禁踰越。故周立九府之法，漢備三官之制。永言適便，必在從宜。如聞京師行用之錢，頗多濫惡，所資懲革，絶其訛謬。然安人在於存養，化俗期於變通，法若從寬，事堪持久。宜令所司即出錢三數十萬貫，分於兩市，百姓間應交易所用錢不堪久行用者，官爲换取，仍限一月日內使盡。庶單貧無患，商旅必通。其過限輒違犯者，一事已上，並作條件處分。是時京城百姓，久用惡錢，制下之後，頗相驚擾。時又令於龍興觀南街開場，出左藏庫內排斗錢，許市人博换，貧弱者又争次不得。俄又宣敕，除鐵錫、銅沙、穿穴、古文，餘並許依舊行用，久之乃定。

乾元元年七月，詔曰：錢貨之興，其來久矣，代有沿革，時爲重輕。周興九府，實啓流泉之利；漢造五銖，亦弘改鑄之法。必令小大兼適，母子相權，事有益於公私，理宜循於通變。但以干戈未息，帑藏猶虚，卜式獻助軍之誠，弘羊興富國之算，静言立法，諒在便人。御史中丞第五琦奏請改錢，以一當十，别爲新鑄，不廢舊錢，冀實三官之資，用收十倍之利，所謂於人不擾，從古有經。宜聽於諸監别鑄一當十錢，文曰乾元重寶。其開元通寶者依舊行用。所請採鑄捉搦處置，即條件聞奏。

二年三月，琦入爲相，又請更鑄重輪乾元錢，一當五十，二十斤成貫。詔可之。於是新錢與乾元、開元通寶錢三品並行。尋而穀價騰貴，米斗至七千，餓死者相枕於道。乃擡舊開元錢以一當十，減乾元錢以一當三十，緣人厭錢價不定，人間擡加價錢爲虚錢。長安城中，競爲盜鑄，寺觀鐘及銅象，多壞爲錢。姦人豪族，犯禁者不絶。京兆尹鄭叔清擒捕之，少不容縱，數月間搒死者八百餘人，人益無聊矣。

上元元年六月，詔曰：因時立制，頃議新錢，且是從權，知非經久。如聞官鑪之外，私鑄頗多，吞併小錢，踰濫成弊。抵罪雖衆，禁姦未絶。況物價益起，人心不安。事藉變通，期於折衷。其重稜五十價錢，宜減作三十文行用。其開元舊時錢，宜一當十文行用。其乾元十當錢，宜依前行用。仍令京中及畿縣內依此處分，諸州待進止。七月敕：重稜五十價錢，先令畿內減至三十價行，其天下諸州，並宜準此。

寶應元年四月，改行乾元錢，一以當二，乾元重稜小錢，亦以一當二；重稜大錢，一以當三。尋又改行乾元大小錢，並以一當一。其私鑄重稜大錢，不在行用之限。

大曆四年正月，關內道鑄錢等使、户部侍郎第五琦上言，請於絳州汾陽、銅原兩監，增置五鑪鑄錢，許之。

建中元年九月，户部侍郎韓洄上言：江淮錢監，歲共鑄錢四萬五千貫，輸于京師，度工用轉送之費，每貫計錢二千，是本倍利也。今商州有紅崖冶出銅益多，又有洛源監，久廢不理。請增工鑿山以取銅，興洛源錢監，置十鑪鑄之，歲計出錢七萬二千貫，度工用轉送之費，貫計錢九百，

則利浮本也。其江淮七監，請皆停罷。從之。

貞元九年正月，張滂奏：諸州府公私諸色鑄造銅器雜物等。伏以國家錢少，損失多門。興販之徒，潛將銷鑄，錢一千爲銅六斤，造寫器物，則斤直六百餘。有利既厚，銷鑄遂多，江淮之間，錢實減耗。伏請準從前敕文，除鑄鏡外，一切禁斷。

元和三年五月，鹽鐵使李巽上言：得湖南院申，郴州平陽、高亭兩縣界，有平陽冶及馬跡、曲木等古銅坑，約二百八十餘井，差官檢覆，實有銅錫。今請於郴州舊桂陽監置鑪兩所，採銅鑄錢，每日約二十貫，計一年鑄成七千貫，有益於人。從之。

其年六月，詔曰：泉貨之法，義在通流。若錢有所壅，貨當益賤。故藏錢者得乘人之急，居貨者必損已之資。今欲著錢令以出滯藏，加鼓鑄以資流布，使商旅知禁，農桑獲安，義切救時，情非欲利。若革之無漸，恐人或相驚。應天下商賈先蓄見錢者，委所在長吏，令收市貨物，官中不得輒有程限，逼迫商人，任其貨易，以求便利。計周歲之後，此法遍行，朕當別立新規，設蓄錢之禁。所以先有告示，許有方圓，意在他時行法不貸。又天下有銀之山，必有銅鑛。銅者，可資於鼓鑄，銀者，無益於生人，權其重輕，使務專一。其天下自五嶺以北，見採銀坑，並宜禁斷。恐所在坑户，不免失業，各委本州府長吏勸課，令其採銅，助官中鑄作。仍委鹽鐵使條流聞奏。

四年閏三月，京城時用錢每貫頭除二十文、陌内欠錢及有鉛錫錢等，準貞元九年三月二十六日敕：陌内欠錢，法當禁斷，慮因捉搦，或亦生姦，使人易從，切於不擾。自今已後，有因交關用欠陌錢者，宜但令本行頭及居停主人牙人等檢察送官。如有容隱，兼許賣物領錢人糾告，其行頭主人牙人，重加科罪。府縣所由祗承人等，並不須干擾。若非因買賣，自將錢於街衢行者，一切勿問。

其年六月，敕：五嶺已北，所有銀坑，依前任百姓開採，禁見錢出嶺。

六年二月，制：公私交易，十貫錢已上，即須兼用匹段。委度支鹽鐵使及京兆尹即具作分數，條流聞奏。茶商等公私便換見錢，並須禁斷。

其年三月，河東節度使王鍔奏請於當管蔚州界加置鑪鑄銅錢，廢管内錫錢。許之，仍令加至五鑪。

七年五月，户部王紹、度支盧坦、鹽鐵王播等奏：伏以京都時用多重見錢，官中支計，近日殊少。蓋緣比來不許商人便換，因茲家有滯藏，所以物價轉高，錢多不出。臣等今商量，伏請許令商人於三司任便換見錢，一切依舊禁約。伏以比來諸司諸使等，或有便商人，錢多留城中，逐時收貯，積藏私室，無復通流。伏請自今已後，嚴加禁約。從之。

八年四月，敕：以錢重貨輕，出内庫錢五十萬貫，令兩市收市布帛，每端匹估加十之一。

十二年正月，敕：泉貨之設，故有常規，將使重輕得宜，是資斂散有節，必通其變，以利於人。今繒帛轉賤，公私俱弊。宜出見錢五十萬貫，令京兆府揀擇要便處開場，依市價交易，選清強官吏，切加勾當。仍各委本司，先作處置條件聞奏。必使事堪經久，法可通行。又敕：近日布帛轉輕，見錢漸少，皆緣所在壅塞，不得通流。宜令京城内自文武官僚，不問品秩高下，并公郡縣主、中使等，下至士庶、商旅、寺觀、坊市，所有私貯見錢，並不得過五千貫。如有過此，許從敕出後，限一月内任將市別物收貯。如錢數較多，處置未了，任於限内於地界州縣陳狀，更請限。縱有此色，亦不得過兩箇月。若一家内別有宅舍店鋪等，所貯錢並須計用在此數。其兄弟本來異居曾經分析者，不在此限。如限滿後有違犯者，白身人等，宜付所司，決痛杖一頓處死。其文武官及公主等，並委有司聞奏，當重科貶。戚屬中使，亦具名銜聞奏。其賸貯錢，不限多少，並勒納官。數内五分取一分充賞錢，止於五千貫。此外察獲，及有人論告，亦重科處分，并量給告者。時京師里閭區肆所積，多方鎮錢，王鍔、韓弘、李惟簡，少者不下五十萬貫。於是競買第屋以變其錢，多者竟里巷傭僦以歸其直。而高貲大賈者，多依倚左右軍官錢爲名，府縣不得窮驗，法竟不行。

十四年六月，敕：應屬諸軍諸使，更有犯時用錢每貫除二十文、足陌内欠錢及有鉛錫錢者，宜令京兆府枷項收禁，牒報本軍本使府司，差人就軍及看決二十。如情狀難容，復有違拒者，仍令府司聞奏。

十五年八月，中書門下奏：伏準羣官所議鑄錢，或請收市人間銅物，令州郡鑄錢。當開元以前，未置鹽鐵使，亦令州郡勾當鑄造。今若兩稅盡

納匹段，或慮兼要通用見錢。欲令諸道公私銅器，各納所在節度、團練、防禦、經略使，便據元敕給與價直，并折兩稅。仍令本處軍人鎔鑄。其鑄本，請以留州留使年支未用物充，所鑄錢便充軍府州縣公用。當處軍人自有糧賜，亦較省本，所資衆力，并收衆銅，天下併功，速濟時用。待一年後鑄器物盡，則停。其州府有出銅鉛可以開鑪處，具申有司，便令同諸監治例，每年與本充鑄。其收市銅器期限，并禁鑄造買賣銅物等，待議定便令有司條流聞奏。其上都鑄錢及收銅器，續處分。將欲頒行，尚資周慮，請令中書門下兩省、御史臺并諸司長官商量，重議聞奏。從之。

長慶元年九月，敕：泉貨之義，所貴通流。如聞比來用錢，所在除陌不一。與其禁人之必犯，未若從俗之所宜，交易往來，務令可守。其內外公私給用錢，從今以後，宜每貫一例除墊八十，以九百二十文成貫，不得更有加除及陌內欠少。

大和三年六月，中書門下奏：準元和四年閏三月敕，應有鉛錫錢，並合納官，如有人糾得一錢，賞百錢者。當時敕條，貴在峻切，今詳事實，必不可行。只如告一錢賞百錢，則有人告一百貫錫錢，須賞一萬貫銅錢，執此而行，事無畔際。今請以鉛錫錢交易者，一貫已下，以州府常行決脊杖二十；十貫已下，決六十，徒三年；過十貫已上，所在集衆決殺。其受鉛錫錢交易者，亦準此處分。其用鉛錫錢，仍納官。其能糾告者，每一貫賞五千文，不滿貫者，準此計賞，累至三百千，仍且取當處官錢給付。其所犯人罪不死者，徵納家資，充填賞錢。可之。

四年十一月，敕：應私貯見錢家，除合貯數外，一萬貫至十萬貫，限一周年內處置畢；十萬貫至二十萬貫以下者，限二周年處置畢。如有不守期限，安然蓄積，過本限，即任人糾告，及所由覺察。其所犯家錢，並準元和十二年敕納官，據數五分取一分充賞。糾告人賞錢，數止於五千貫。應犯錢法人色目決斷科貶，並準元和十二年敕處分。其所由覺察，亦量賞一半。事竟不行。

五年二月，鹽鐵使奏：湖南管內諸州百姓私鑄造到錢。伏緣衡、道數州，連接嶺南，山洞深邃，百姓依模監司錢樣，競鑄造到脆惡姦錢，轉將賤價博易，與好錢相和行用。其江西、鄂岳、桂管鑄濫錢，並請委本道觀察使條流禁絶。敕旨宜依。

會昌六年二月，敕：緣諸道鼓鑄佛像鐘磬等新錢，已有次第，須令舊錢流布，絹帛價稍增。文武百僚俸料，宜起三月一日，並給見錢。其一半先給虛估匹段，對估價支給。敕：比緣錢重幣輕，生人坐困，今加鼓鑄，必在流行，通變救時，莫切於此。宜申先甲之令，以誡居貨之徒。京城及諸道，起今年十月以後，公私行用，並取新錢，其舊錢權停三數年。如有違犯，同用鉛錫惡錢例科斷，其舊錢並納官。事竟不行。

（宋）王溥《唐會要》卷八九《泉貨》 武德四年七月十日，廢五銖錢。行開元通寶錢，徑八分，重二銖四絫，十文重一兩，一千文重六觔四兩。以輕重大小，最爲折衷，遠近甚便之。其錢文，給事中歐陽詢製詞及書，時稱其工。其字含八分及篆隸三體，其詞先上後下，次左後右。讀之自上及左，迴環讀之，其義亦通。流俗謂之開元通寶錢。鄭虔《會粹》云，詢初進蠟樣，自文德皇后掐一甲跡，故錢上有掐文。十八日，置錢監於洛、并、幽、益等諸州。秦王、齊王賜三鑪鑄錢，裴寂賜一鑪。敢有盜鑄者，身死，家口籍没。至五年三月二十四日，桂州置錢監。

顯慶五年九月，以天下惡錢多，令官私以五惡錢酬一好錢贖取。至十月，以好錢一文博惡錢兩文。至儀鳳四年四月，以天下惡錢甚多，令東都出遠年糙米及粟，就市糶斗，別納惡錢百文。其惡錢令少府司農相知，即令鑄破。其厚重徑合斛兩者，任將行用。至先天元年九月二十七日，京中用錢惡，貨物踴貴。諫議大夫楊虛受上疏曰：伏見市井用錢，不勝濫惡。有加鐵錫，即非公鑄。虧損正道，惑亂平民。銅錫亂雜，僞錢豐多。正刑漸失於科條，明罰未加於守長。帝京三市，人雜五方，淫巧競馳，侈僞成俗。至於商賈積滯，富豪藏鏹。兼并之人，歲增儲蓄；貧素之士，日有空虛。公錢未益於時須，禁法不當於世要。其惡錢臣望官爲博取，納鑄錢州，京城並以好錢爲用。書奏，付中書門下詳議，以爲擾政不行。至開元六年正月十八日，敕禁斷惡錢，行三銖四絫已上舊錢。更收人間惡錢，鎔破復鑄，準樣式錢。敕禁出之後，百姓喧然，物價搖動，商人不甘交易。宰相宋璟、蘇頲奏請出太府錢五萬貫，分於南北兩京，平價買百姓間所賣之物，堪貯掌官須者，庶得好錢散行人間。從之。又降敕近斷惡錢，恐人少錢行用，其兩京文武官夏季防閤庶僕，宜即先給錢，待後季任取所配物貨賣，準數還官。

七年二月詔：天下惡錢，並令禁斷。錢令初下，或恐艱辛。宜量出米十萬石，令府縣及太府寺選交易穩便處所分置，依時價糶與百姓，收取惡錢，便送少府監揓碎。【略】

至〔乾元〕三年十二月詔：頃屬權臣，變法非良，遂使貨物相沿，穀帛騰踴。求之輿議，弊實由斯。今欲仍從舊貫，漸罷新錢。又慮權行，轉資艱急。如或猶循所務，未塞其源，實恐物價虛騰，黎元失業。靜言體要，用藉良圖。宜令文武百官九品以上，並於尚書省集議，委中書門下詳議聞奏。至上元元年六月七日詔：其重稜五十價錢，宜減作三十文行用。其開元舊錢，宜一錢十文行用。乾元當十錢，宜依前行用。仍令京中及畿縣内依此處分，諸州待後進止。至七月二十五日敕：先造重稜五十價錢，先令畿内減三十價行。其天下諸州，並宜準此。至十二月二十九日詔：應典貼莊宅店鋪田地碨碾等，先爲實錢典貼者，令還以實錢價。先以虛錢典貼者，令以虛錢贖。其餘交關，並依前用當十錢。由是錢有虛實之稱。至寶應元年五月十九日赦文，集開元乾元重稜錢，並宜準一文用，不須計以虛數。

開元二十二年三月二十一日敕：布帛不可以尺寸爲交易，菽粟不可以秒忽貿有無。古之爲錢，以通貨幣，豈無變通。往者漢文之時，已有放鑄之令。雖見非於賈誼，亦無費於賢君。古往今來，時移事異。亦欲不禁私鑄，其理如何，公卿百寮詳議可否。祕書監崔沔議曰：夫國之有錢，時所通用。若許私鑄，人必競爲，各徇所求，小如有利，漸忘本業，大計斯貧。是以賈生之陳七福，規于更漢令。太公之創九府，將以殷貧人。況依法則不成，違法則有利。謹按《漢書》，文帝雖除盜鑄錢令，而不得雜以鉛鐵爲他巧者。然則雖許私鑄，不容奸錢。錢不容奸，則鑄者無利。鑄者無利，則私鑄自息。斯則除之與不除，爲法正等。能謹於法，而節其用，則令行而詐不起，事變而奸不生。斯所以稱賢君也。今若聽其私鑄，嚴斷惡錢，官必得人，人皆知禁誡，則漢政可侔，猶恐未若皇唐之舊也。今若稅銅折役，則官冶可成，計估度庸，則私錢無利。易而可久，簡而難誣，謹守舊章，無越制度。且錢之爲物，貴以通貨，利不在多，何待私鑄，然後足用也。【略】

其年十月六日敕：貨物兼通，將以利用，而布帛爲本，錢刀是末。賤本貴末，爲弊則深。法教之間，宜有變革。自今已後，所有莊宅，以馬交易，並先用絹布綾羅絲綿等，其餘市價至一千以上，亦令錢物兼用。違者科罪。

二十六年，於宣潤等州置錢監。【略】

〔建中〕二年八月，諸道鹽鐵使包佶奏：江淮百姓，近日市肆交易錢，交下粗惡揀擇納官者，三分纔有二分，餘並鉛錫銅盪，不敷斤兩。致使絹價騰貴，惡錢漸多。訪聞諸州山野地窖，皆有私錢，轉相貨易，奸濫漸深。今委本道觀察使明立賞罰，切加禁斷。

四年六月，判度支侍郎趙贊以常賦不足用，乃請採連州白銅，鑄大錢，以一當十，權其輕重。

貞元九年正月，張滂奏：諸州府公私諸色鑄造銅器雜物等，伏以國家錢少，損失多門，興販之徒，潛將銷鑄。每銷錢一千，爲銅六斤，造寫雜物器物，則斤直六千餘，其利既厚，銷鑄遂多，江淮之間錢實減耗。伏請準從前敕文，除鑄鏡外，一切禁斷。

十年六月敕：今後天下鑄造買賣銅器，並不須禁止。其器物約每斤價值，不得過一百六十文。委所在長吏及巡院同勾當訪察，如有銷錢爲銅，以盜鑄錢罪論。

十四年十二月，鹽鐵使李若初奏請：諸道州府多以近日泉貨數少，繒帛價輕，禁止見錢，不令出界，致使課利有缺，商賈不通。請指揮見錢，任其往來，勿使禁止。從之。

元和元年二月，以錢少禁用銅器。

二年二月，詔曰：錢貴物賤，傷農害工。權其輕重，須有通變。比者鉛錫無禁，鼓鑄有妨。其江淮諸州府，收市鉛銅等，先已令諸道知院官勾當。緣令初出，未各頒行，宜委諸道觀察使等與知院官專切，當事畢日，仍委鹽鐵使據所得數類會聞奏。四月，禁鉛錫錢。【略】

寶歷元年八月敕令：銷鑄見錢爲佛像者，同盜鑄錢論。【略】

天祐二年四月敕：準向來事例，每貫抽除外，以八百五十文爲貫。每陌八十五文。如聞坊市之中，多以八十爲陌，更有除折。今後委河南府指揮市肆交易，並須以八十五文爲陌，不得更有改移。

《新唐書》卷五四《食貨志》：隋末行五銖白錢，天下盜起，私鑄錢

行。千錢初重二斤，其後愈輕，不及一斤，鐵葉、皮紙皆以爲錢。高祖入長安，民間行綫環錢，其製輕小，凡八九萬纔滿半斛。

武德四年，鑄開元通寶，徑八分，重二銖四參，積十錢重一兩，得輕重大小之中，其文以八分、篆、隸三體。洛、并、幽、益、桂等州皆置監。賜秦王、齊王三鑪，右僕射裴寂一鑪以鑄。盜鑄者論死，没其家屬。其後盜鑄漸起。

顯慶五年，以惡錢多，官爲市之，以一善錢售五惡錢，民間藏惡錢以待禁弛。乾封元年，改鑄乾封泉寶錢，徑寸，重二銖六分，以一當舊錢之十。踰年而舊錢多廢，明年，以商賈不通，米帛踊貴，復行開元通寶錢，天下皆鑄之。然私錢犯法日蕃，有以舟筏鑄江中者。詔所在納惡錢，而姦亦不息。儀鳳中，瀕江民多私鑄錢爲業，詔巡江官督捕，載銅、錫、鑞過百斤者没官。四年，命東都糶米粟，斗別納惡錢百，少府、司農毁之。是時鑄多錢賤，米粟踊貴，乃罷少府鑄，尋復舊。永淳元年，私鑄者抵死，鄰、保、里、坊、村正皆從坐。武后時，錢非穿穴及鐵錫銅液，皆得用之，熟銅、排斗、沙澀之錢皆售，自是盜鑄蜂起，江淮游民依大山陂海以鑄，吏莫能捕。

先天之際，兩京錢益濫，郴、衡錢纔有輪郭，鐵錫五銖之屬皆可用之。或鎔錫摸錢，須臾百十。開元初，宰相宋璟請禁惡錢，行二銖四參錢，毁舊錢不可用者。江淮有官鑪錢、偏鑪錢、稜錢、時錢，遣監察御史蕭隱之使江淮，率户出惡錢，捕責甚峻，上青錢皆輸官，小惡者沈江湖，市井不通，物價益貴，隱之坐貶官。宋璟又請出米十萬斛收惡錢，少府毁之。十一年，詔所在加鑄，禁賣銅錫及造銅器者。二十年，千錢以重六斤四兩爲率，每錢重二銖四參，禁缺頓、沙澀、盪染、白彊、黑彊之錢。首者，官爲市之。銅一斤爲錢八十。

二十二年，宰相張九齡建議：古者以布帛菽粟不可尺寸抄勺而均，乃爲錢以通貿易。官鑄所入無幾，而工費多，宜縱民鑄。議下百官，宰相裴耀卿、黄門侍郎李林甫、河南少尹蕭炅、祕書監崔沔皆以爲嚴斷惡錢則人知禁，税銅折役則官冶可成，計估度庸則私錢以利薄而自息。若許私鑄，則下皆棄農而競利矣。左監門衛録事參軍事劉秩曰：今之錢，古之下幣也。若捨之任人，則上無以御下，下無以事上，不可一也。物賤傷農，錢輕傷賈，物重則錢輕，錢輕由乎物多，多則作法收之使少，物少則作法布之使輕，奈何假人？不可二也。鑄錢不雜鉛鐵則無利，雜則錢惡。今塞私鑄之路，人猶冒死，况設陷穽誘之？不可三也。鑄錢無利則人不鑄，有利則去南畝者衆，不可四也。人富則不可以賞勸，貧則不可以威禁。法不行，人不理，繇貧富不齊。若得鑄錢，貧者服役於富室，富室乘而益恣，不可五也。夫錢重繇人日滋於前，而鑪不加舊。公錢與銅價頗等，故破重錢爲輕錢，銅之不贍，在採用者衆也。銅之爲兵不如鐵，爲器不如漆。禁銅則人無所用，盜鑄者少，公錢不破，人不犯死，錢又日增，是一舉而四美兼也。是時公卿皆以縱民鑄爲不便，於是下詔禁惡錢而已。信安郡王禕復言國用不足，請縱私鑄，議者皆畏禕帝弟之貴，莫敢與抗，獨倉部郎中韋伯陽以爲不可，禕議亦格。

二十六年，宣、潤等州初置錢監，兩京用錢稍善，米粟價益下。其後錢又漸惡，詔出銅所在置監，鑄開元通寶錢，京師庫藏皆滿。天下盜鑄益起，廣陵、丹楊、宣城尤甚。京師權豪，歲歲取之，舟車相屬。江淮偏鑪錢數十種，雜以鐵錫，輕漫無復錢形。公鑄者號官鑪錢，一以當偏鑪錢七八，富商往往藏之，以易江淮私鑄者。兩京錢有鵝眼、古文、綫環之別，每貫重不過三四斤，至翦鐵而緡之。

宰相李林甫請出絹布三百萬匹，平估收錢，物價踊貴，訴者日萬人。兵部侍郎楊國忠欲招權以市恩，揚鞭市門曰：行當復之。明日，詔復行舊錢。天寶十一載，又出錢三十萬緡易兩市惡錢，出左藏庫排斗錢，許民易之。國忠又言錢非鐵錫、銅沙、穿穴、古文，皆得用之。

是時增調農人鑄錢，既非所習，皆不聊生。内作判官韋倫請厚價募工，繇是役用減而鼓鑄多。天下鑪九十九：絳州三十，揚、潤、宣、鄂、蔚皆十，益、郴皆五，洋州三，定州一。每鑪歲鑄錢三千三百緡，役丁匠三十，費銅二萬一千二百斤、鑞三千七百斤、錫五百斤。每千錢費錢七百五十。天下歲鑄三十二萬七千緡。

肅宗乾元元年，經費不給，鑄錢使第五琦鑄乾元重寶錢，徑一寸，每緡重十斤，與開元通寶參用，以一當十，亦號乾元十當錢。先是諸鑪鑄錢窳薄，鎔破錢及佛像，謂之盤陀，皆鑄爲私錢，犯者杖死。第五琦爲相，復命絳州諸鑪鑄重輪乾元錢，徑一寸二分，其文亦曰乾元重寶，背之外郭

爲重輪，每緡重十二斤，與開元通寶錢並行，以一當五十。是時民間行三錢，大而重稜者亦號重稜錢。法既屢易，物價騰踊，米斗錢至七千，餓死者滿道。初有虚錢，京師人人私鑄，併小錢，壞鍾、像，犯禁者愈衆。鄭叔清爲京兆尹，數月榜死者八百餘人。肅宗以新錢不便，命百官集議，不能改。上元元年，減重輪錢以一當三十，開元舊錢與乾元十當錢，皆以一當十，碾磑鬻受，得爲實錢，虚錢交易皆用十當錢，由是錢有虚實之名。

史思明據東都，亦鑄得一元寶錢，徑一寸四分，以一當開元通寶之百。既而惡得一非長祚之兆，改其文曰順天元寶。

代宗即位，乾元重寶錢以一當二，重輪錢以一當三，凡三日而大小錢皆以一當一。自第五琦更鑄，犯法者日數百，州縣不能禁止，至是人甚便之。其後民間乾元、重稜二錢鑄爲器，不復出矣。

當時議者以爲自天寶至今，户九百餘萬。《王制》：上農夫食九人，中農夫七人。以中農夫計之，爲六千三百萬人。少壯相均，人食米二升，日費米百二十六萬斛，歲費四萬五千三百六十萬斛，而衣倍之，吉凶之禮再倍，餘三年之儲以備水旱凶災，當米十三萬六千八十萬斛，以貴賤豐儉相當，則米之直與錢鈞也。田以高下肥瘠豐耗爲率，一頃出米五十餘斛，當田二千七百二十一萬六千頃。而錢亦歲毁於棺瓶埋藏焚溺，其間銅貴錢賤，有鑄以爲器者，不出十年錢幾盡，不足周當世之用。諸道鹽鐵轉運使劉晏以江、嶺諸州，任土所出，皆重粗賤弱之貨，輸京師不足以供道路之直。於是積之江淮，易銅鉛薪炭，廣鑄錢，歲得十餘萬緡，輸京師及荊、揚二州，自是錢日增矣。

大曆七年，禁天下鑄銅器。建中初，户部侍郎韓洄以商州紅崖冶銅多，請復洛源廢監，起十鑪，歲鑄錢七萬二千緡，每千錢費九百。德宗從之。

江淮多鉛錫錢，以銅盪外，不盈斤兩，帛價益貴。銷千錢爲銅六斤，鑄器則斤得錢六百，故銷鑄者多，而錢益耗。判度支趙贊採連州白銅鑄大錢，一當十，以權輕重。貞元初，駱谷、散關禁行人以一錢出者。諸道鹽鐵使張滂奏禁江淮鑄銅爲器，惟鑄鑑而已。十年，詔天下鑄銅器，每器一斤，其直不得過百六十，銷錢者以盜鑄論。然而民間錢益少，繒帛價輕，州縣禁錢不出境，商賈皆絶。浙西觀察使李若初請通錢往來，而京師商賈齎錢四方貿易者，不可勝計。詔復禁之。二十年，命市井交易，以綾、羅、絹、布、雜貨與錢兼用。憲宗以錢少復禁用銅器。

時商賈至京師，委錢諸道進奏院及諸軍、諸使富家，以輕裝趨四方，合券乃取之，號飛錢。京兆尹裴武請禁與商賈飛錢者，廋索諸坊，十人爲保。

鹽鐵使李巽以郴州平陽銅坑二百八十餘，復置桂陽監，以兩鑪日鑄錢二十萬。天下歲鑄錢十三萬五千緡。

命商賈蓄錢者，皆出以市貨；天下有銀之山必有銅，唯銀無益於人，五嶺以北，採銀一兩者流他州，官吏論罪。元和四年，京師用錢緡少二十及有鉛錫錢者，捕之；非交易而錢行衢路者，不問。復詔采五嶺銀坑，禁錢出嶺。六年，貿易錢十緡以上者，參用布帛。

蔚州三河冶距飛狐故監二十里而近，河東節度使王鍔置鑪，疏拒馬河水鑄錢，工費尤省，以刺史李聽爲使，以五鑪鑄，每鑪月鑄錢三十萬，自是河東錫錢皆廢。

自京師禁飛錢，家有滯藏，物價寖輕。判度支盧坦、兵部尚書判户部事王紹、鹽鐵使王播請許商人於户部、度支、鹽鐵三司飛錢，每千錢增給百錢，然商人無至者。復許與商人敵貫而易之，然錢重帛輕如故。憲宗爲之出内庫錢五十萬緡市布帛，每匹加舊估十之一。

會吴元濟、王承宗連衡拒命，以七道兵討之，經費屈竭。皇甫鎛建議，内外用錢每緡墊二十外，復抽五十送度支以贍軍。十二年，復給京兆府錢五十萬緡市布帛，而富家錢過五千貫者死，王公重貶，没入於官，以五之一賞告者。京師區肆所積，皆方鎮錢，少亦五十萬緡，乃争市第宅。然富賈倚左右神策軍官錢爲名，府縣不敢劾問。民間墊陌有至七十者，鉛錫錢益多，吏捕犯者，多屬諸軍、諸使，譁集市人彊奪，毆傷吏卒。京兆尹崔元略請犯者本軍、本使涖決，帝不能用，詔送本軍、本使，而京兆府遣人涖決。穆宗即位，京師鬻金銀十兩亦墊一兩，糴米鹽百錢墊七八。京兆尹柳公綽以嚴法禁止之。尋以所在用錢墊陌不一，詔從俗所宜，内外給用，每緡墊八十。

寶曆初，河南尹王起請銷錢爲佛像者以盜鑄錢論。大和三年，詔佛像以鉛、錫、土、木爲之，飾帶以金銀、鍮石、烏油、藍鐵，唯鑑、磬、

釘、鐶、鈕得用銅，餘皆禁之，盜鑄者死。是時峻鉛錫錢之禁，告千錢者賞以五千。

四年，詔積錢以七千緡爲率，十萬緡者期以一年出之，二十萬以二年。凡交易百緡以上者，匹帛米粟居半。河南府、揚州、江陵府以都會之劇，約束如京師。未幾皆罷。

八年，河東錫錢復起，鹽鐵使王涯置飛狐鑄錢院於蔚州，天下歲鑄錢不及十萬緡。文宗病幣輕錢重，詔方鎮縱錢穀交易。時雖禁銅爲器，而江淮、嶺南列肆鬻之，鑄千錢爲器，售利數倍。宰相李珏請加鑪鑄錢，於是禁銅器，官一切爲市之。天下銅坑五十，歲采銅二十六萬六千斤。

及武宗廢浮屠法，永平監官李郁彦請以銅像、鍾、磬、鑪、鐸皆歸巡院，州縣銅益多矣。鹽鐵使以工有常力，不足以加鑄，許諸道觀察使皆得置錢坊。淮南節度使李紳請天下以州名鑄錢，京師爲京錢，大小徑寸，如開元通寶，交易禁用舊錢。會宣宗即位，盡黜會昌之政，新錢以字可辨，復鑄爲像。

昭宗末，京師用錢八百五十爲貫，每百纔八十五，河南府以八十爲百云。

（宋）宋敏求《唐大詔令集》卷一一二《政事・財利・放邕府金阬敕》 敕：朕聞致理之君，克勤于德，不貴遠物，所實惟賢。故堯設茅茨，禹卑宮室，光武捨去寶劍，順帝封還大珠。朕以眇身，獲守丕業，仰止前王之德，思齊太素之風，未嘗緣情於服翫，措手於珠玉。庶乎捐金抵璧，返朴還淳。邕州所奉金阬，誠爲潤國，語人於利，非朕素懷。方以不貪爲寶，惟德是務。豈尚茲難得之貨，生其可欲之心耶。其金阬，宜委康澤差擇清強官專勾當，任貧下百姓採斸，不得令酋豪及官吏影占侵擾，聞奏當重科貶。俾夫俗臻富壽，人識廉隅，副朕意也。大曆十四年七月。

（宋）高承《事物紀原》卷一《錢文》 錢貨之興尚矣。周自太公立九府圜法，其文無見；景王鑄大錢，班固云文曰寶貨。秦、漢則半兩、五銖，王莽則貨泉、貨布。後魏孝文太和十九年，公鑄粗備，文曰太和五銖，又孝莊用楊福計，永安二年，福更鑄，文曰永安五銖，自是始以年號鑄於錢文。《唐會要》曰：武德四年七月十日，廢五銖錢，行開元通寶錢，自此又以通元爲文。高宗乾封中，則曰乾封泉寶，肅宗乾元時，則曰乾元重寶。《五代會要》曰：晉天福三年十一月，詔鑄錢以天福元寶爲文。及僞蜀之制，有光天、咸康、通正、天漢、乾德之號，皆曰元寶。至於宋朝，每改元又更鑄其號於錢文矣。蓋錢文之以年，自後魏孝文太和始也；以寶者，自周景王大錢始也；以通者，自唐高祖武德始也；以重者，自肅宗乾元始也；以元者，自晉高祖天福始也。

（宋）高承《事物紀原》卷一《甲跡》 今開元通寶錢，縵上有文如初月者。《譚賓録》曰：武德初，行開元通寶錢，初進樣日，文德皇后掐一甲，因不復改。《唐會要》曰：武德四年七月十日，行開元通寶錢，歐陽詢制辭及書，字合八分篆隸三體，回環讀之其亦通，俗謂之開通元寶。鄭虔《會粹》云：詢初進蠟樣日，文德皇后掐一甲跡，故錢上有掐文。熙寧中，劉斧撰《青瑣集》，則謂事由明皇楊貴妃，而天下謂之曰兒錢。謬矣。彼徒見錢文有開元字，便謂明皇開元事爾，亦不考實之過也。

（宋）高承《事物紀原》卷一〇《錢陌》 自古用錢，貫皆以千，百皆以足。梁武帝時，自破嶺以東，八十爲陌，名東錢；江郢以上，七十，名西錢；京師九十，名長錢。大同元年，詔通用足，而人不從，錢陌益少，末年遂以三十五爲陌。錢以八十爲陌，蓋自梁始也。其事見《通典》。唐昭宗時，京師用錢八百五十爲貫，河南府以八百爲貫。《筆談》曰：漢隱帝時，三司使王章每出官錢，以七十七爲陌，爲之省陌。蓋自五代漢始也。

（宋）王應麟《玉海》卷一八〇《食貨・錢幣・唐錢譜》 《藝文志》農家類顧烜《錢譜》一卷。顧氏爲書，凡歷代造立之原，大小輕重之度，皆有倫序。小説類封演《續錢譜》一卷。隋志又有《錢圖》一卷。晁氏志梁顧烜嘗撰《錢譜》一卷，唐張台亦有《錢録》兩卷，本朝紹聖間李孝美以兩人所纂舛錯增廣成十卷，分八品。陶岳撰《貨泉録》一卷，記五代諸侯擅改錢幣之由。五篇。董逌撰《續錢譜》十卷，紹聖元年。《國史志》張台《錢録》一卷，本朝金光襲《錢寶録》。于公甫《古今泉貨圖》一卷。崇文目杜鎬《鑄錢故事》一卷，書目咸平二年杜鎬承詔撰録前代書史，《鑄錢故事》分五門。紹興十九年，洪遵得古泉百有餘品，旁考傳記，下逮稗官，所紀擴摭爲《泉志》十五卷。有正僞不知年代、大、刀布、外國、奇、神、厭勝品，錢之品九。

錢輕重得中：五銖漢。開元唐。

錢重：赤仄漢一當五。比輪晉。大泉王莽，一直五十。又吳嘉禾五年，一當五百。太貨六銖陳，一當五銖之十。四柱梁，一準二十，又改一準十。兩柱梁末。布泉後周，一當五。大布後周，五行大布，一當十。永通萬國後周，一當千。當兩宋。乾封唐高宗，一當十。建中初，趙贊鑄大錢，一當十。當十唐永通，梁元帝。八銖漢。乾元肅宗，一當十。重輪乾元一當五十。直百蜀，梁。當千吳，後周。得壹史思明，一當百。

錢輕：榆莢三銖，漢。風飄水浮元魏。鵝眼。綖環。耒子。荇葉二銖，宋。沈郎。四分晉。

《敦煌吐魯番唐代法制文書考釋・散頒刑部格殘卷》 一、私鑄錢人，勘當得實，先決杖一百。頭首處盡，家資没官。從者配流，不得官當蔭贖。有官者仍除名。勾合頭首及居停主人，雖不自鑄，亦處盡，家資亦没官。若家人共犯罪，其家長資財並没。家長不知，坐其所由者，一房資財。

其鑄錢處隣保處徒一年，里正坊正各決杖一百。若有人糺告，應没家資，並賞糺人。同犯自首告者，免罪依例酬賞。

（宋）王溥《五代會要》卷二七《泉貨》 後唐同光二年三月敕：泉布之弊，雜以鉛錫，惟是江、湖之外，盜鑄尤多，市肆之間，公行無畏。因是綱商夾帶，舟載往來，換易好錢，藏貯富室，實爲蠹弊，須有條流。宜令京城及諸道，於行市行使錢内點檢，雜惡鉛錫，並宜禁斷。沿江州縣，每有舟船到岸，嚴加覺察，若私載往來，並宜收納。

天成元年八月，中書門下奏：訪聞近日諸道州府所買賣銅器價貴，多是銷鎔見錢，以邀厚利。敕：宜便行曉告，如原舊破損銅器及碎銅，即許鑄造器物；如生銅器物，每斤價定二百；熟銅器物，每斤四百。如違省價，買賣之人，依盜鑄錢律文科斷。其年十一月六日敕：諸道州府約勒見錢，素有條制，若全禁斷，實匪通規。宜令遍指揮三司及諸道州府，其諸城門所出見錢，如五百已上，不得放出。如稍違犯，即准舊條指揮。其沿淮諸州縣鎮，亦准元降敕命處分。其年十二月敕：行使銅錢之内，如聞夾帶鐵鑞，若不嚴設條流，轉恐私家鑄造。應中外所使銅錢内，鐵鑞錢即宜毁棄，不得輒更有行使。如違，其所使錢，不計多少，並納入官，仍科深罪。

二年七月十二日，度支奏：三京、鄴都並諸道州府，市肆買賣，所使見錢等，每有條章，每陌八十文。近訪聞在京及諸道街坊市肆人户，不顧條章，皆將短陌轉换長錢，但恣欺罔，殊無畏忌。若不條約，轉啓倖門。請更嚴降指揮，及榜示管界州府縣鎮軍人、百姓、商旅等，凡有買賣，並須使八十陌錢。兼令巡司、廂界節級、所由點檢覺察。如有無知之輩，依前故違，輒將短錢興販，便仰收捉，委逐州府枷項收禁勘責。所犯人，准條奏處斷訖申奏。其錢盡底没納入官。奉敕：宜依度支所奏。

四年九月敕：先條流三京、諸道州府，不得於市使錢内夾帶鉛鐵錢，雖已約束，仍聞公然行使。今後有人於錢陌内捉到一文至兩文，所使錢不計多少，並納入官，所犯人准條流科罪。

清泰二年十二月敕：御史臺宜曉告中外，不得使用鉛錢。如違犯者，准條流處分。

晉天福三年三月敕：歷代鑄錢，濟時爲寶，久無監務，已絶增添。近來趨利之人，違法甚衆，銷鎔不已，毁蠹日滋。禁制未嚴，奸弊莫止，須行重法，以息濫源。宜令鹽鐵使禁止私下行造鑄寫銅器。其年十一月詔曰：國家所資，泉貨爲重，銷蠹則甚，添鑄無聞。爰降條章，俾臻富庶。宜令三京、鄴都、諸道州府，無問公私，應有銅者，並許鑄錢。仍以天福元寶爲文，左環讀之。委鹽鐵司鑄樣頒下諸道，令每一錢重二銖四參，十錢重一兩。或慮諸色人接便將鉛鐵鑄造，雜亂銅錢，仍令三京、鄴都、諸道州府，依舊禁斷。尚慮逐處銅數不多，宜令諸道應有久廢銅冶處，許百姓取便開鍊，永遠爲主，官中不取課利。其有生熟銅，仍許所在中賣入官，或任自鑄錢行用。其餘許鑄外，不得接便别鑄銅器。如有違犯者，並准三年三月敕條處分。其年十二月敕：先許鑄錢，仍每一錢重二銖四參，十錢重一兩。切慮逐處缺銅，難依先定銖兩，宜令天下無問公私，應有銅處，有鑄錢者，一任取便酌量輕重鑄造。因茲不得入鉛并鐵，及缺漏不堪久遠流行。仍委鹽鐵使明行曉示，餘准元敕指揮。仍付所司。

四年七月敕：先令天下州府公私鑄錢，近聞以鉛錫相參，缺薄小弱，有違條制，不可久行。今後祇官鑄錢，私鑄錢下禁依舊法。

周廣順元年三月二十八日敕：銅法今後官中更不禁斷，一任興販。

所有錢一色即不得銷鑄爲銅器貨賣。如有犯者，有人糾告捉獲，所犯人不計多少斤兩，並處死。其地分所由節級，徒一年，鄰保人杖七十，其告事人給與賞錢一百貫。

顯德二年九月一日敕：國家之利，泉貨爲先，近朝已來，久絶鑄造，至於私下，不禁銷鎔，歲月漸深，奸弊尤甚。今採銅興冶，立監鑄錢，冀便公私，宜行條制。起今後，除朝廷法物、軍器、官物及鏡，并寺觀内鐘、磬、鈸、相輪、火珠、鈴鐸外，其餘銅器，一切禁斷。應兩京、諸道州府銅象器物，諸色裝鉸所用銅，限敕到五十日内，並須毁廢送官。其私下所納到銅，據斤兩給付價錢。如出限及有隱藏及埋窖使用者，一兩至一斤，所犯人及知情人徒二年，所由節級、四鄰杖七十，捉事、告事人賞錢十貫；一斤至五斤，所犯及知情人各徒三年，所由節級、四鄰杖九十，捉事、告事人賞錢二十貫；五斤已上，不計多少，所犯人處死，知情人徒三年，配役一年，所由節級、四鄰杖一百，捉事、告事人賞錢三十貫。其人户若納到熟銅，每斤官中給錢一百五十，生銅每斤一百。其銅鏡令官中鑄造，於東京置場貨賣，許人收買，於諸處興販。其朝廷及諸州見管法物、軍器、官物，舊用銅製造并裝飾者，候經使用破壞，即時改造，仍今後不得更使銅。内有合使銅者，奏取進止。

四年二月十一日，宣命指揮：限外有人將銅器及銅於官場貨賣，支給價錢，如是隱藏及使用者，並准元敕科斷。其熟銅令每斤添及二百、生銅每斤添及一百五十收買。所有諸處山場野務採鍊淘沙到，舊例銅每二十兩爲一斤，今特與一十六兩爲一斤，給錢一百三十收買。兼知高麗多有銅貨，仍許青、登、萊州人户興販，如有將來中賣入官者，便仰給錢收買，即不得私下買賣。

《舊五代史》卷一四六《食貨志》 唐同光二年，度支奏請牓示府州縣鎮，軍民商旅，凡有買賣，並須使八十陌錢。

唐同光二年二月，詔曰：錢者，古之泉布，蓋取其流行天下，布散人間，無積滯則交易通，多貯藏則士農困，故西漢興改弊之制，立告緡之條，所以權蓄賈而防大姦也。宜令所司散下州府，常須檢察，不得令富室分外收貯見錢，又工人銷鑄爲銅器，兼沿邊州鎮設法鈐轄，勿令商人般載出境。

三月，知唐州唐州，原本作康州，今從《文獻通考》改正。晏駢安奏：市肆間點檢錢帛，内有錫鑞小錢，揀得不少，皆是江南綱商挾帶而來。詔曰：帛布之弊，雜以鉛錫，惟是江湖之外，盜鑄尤多，市肆之間，公行無畏，因是綱商挾帶，舟檝往來，換易好錢，藏貯富室，實爲蠹弊，須有條流。宜令京城、諸道，於坊市行使錢内，點檢雜惡鉛錫錢，並宜禁斷。沿江州縣，每有舟船到岸，嚴加覺察，不許將雜鉛錫惡錢往來換易好錢，如有私載，並行收納。

天成元年八月，中書門下奏：訪聞近日諸道州府所賣銅器價貴，多是銷鎔見錢，以邀厚利。乃下詔曰：宜令遍行曉告，如元舊係銅器及碎銅，即許鑄造器物。仍生銅器物每斤價定二百文，熟銅器物每斤四百文，如違省價，買賣之人，依盜鑄錢律文科斷。

清泰二年十二月，詔御史臺曉告中外，禁用鉛錢，如違犯，准條流處分。

晉天福二年，詔：禁一切銅器，其銅鏡今後官鑄造，於東京置場置場，原本作置常，今據《五代會要》改正。貨賣，許人收買，於諸處興販去。

周廣順元年三月，敕：銅法，今後官中更不禁斷。案：五代錢文，《薛史》惟於《晉本紀》載天福元寶錢文，餘俱從略。據《泉志》：有天成元寶錢，洪遵云：徑九分，重三銖三參。有漢通元寶錢，乾祐中所鑄也，洪遵云：徑寸，重三銖六參。有周通元寶錢，顯德中所鑄也，李孝美云：徑寸，重五銖。《舊五代史考異》。一任興販，所在一色即不得瀉破爲銅器貨賣，如有犯者，有人糾告捉獲，所犯人不計多少斤兩，並處死。其地分所由節級，決脊杖十七放，鄰保人決臀杖十七放，其告事人給與賞錢一百貫文。

江南因唐舊制，案馬令《南唐書》：元宗鑄唐國錢，其文曰唐國通寶。又鑄大唐通寶錢，與唐國錢通用。《舊五代史考異》。饒州置永平監，歲鑄錢；池州永寧監、建州永豐監，並歲鑄錢；杭州置保興監鑄錢。

（元）馬端臨《文獻通考》卷九《錢幣考·歷代錢幣之制》 後唐同光二年，令京師及諸道，於坊市行使錢内，檢點雜惡鉛錫錢，並宜禁斷；沿江州縣，每有舟船到岸，嚴加覺察，不許將雜鉛錫惡錢往來換易好錢，如有私載，並行收納。

天成元年，中書門下奏：訪聞諸道州府所買賣銅器價貴，多是銷鎔

見錢，以邀厚利。敕：宜遍告曉，如元舊破損銅器及碎銅，即許鑄造銅器。生銅器每斤價定二百，熟銅器每斤四百，如違省價，買賣之人依盜鑄錢律文科斷。又敕：諸道州府約勒見錢，素有條制，若全禁斷，實匪通規。宜令三京、諸道州府，城門所出見錢如五百以上，不得放出。

二年，敕：買賣人所使見錢，舊有條流，每陌八十文。近訪聞在京及諸道市肆人户，皆將短陌轉换長錢。今後凡有買賣，並須使八十陌錢，如有輒將短錢興販，仰所在收捉禁治。

四年，制：今後行使錢陌内，捉到一文、二文係夾帶鉛鐵錢，所使錢不計多少，納官科罪。

晉天福三年，詔曰：國家所資，泉貨爲重，銷蠹則甚，添鑄無聞。宜令三京、鄴都諸道州府，無問公私，應有銅者，並許鑄錢，仍以天福元寶爲文，左環讀之。每一錢重二銖四參，十錢重一兩，仍禁將鉛鐵雜鑄。諸道應有久廢銅冶，許百姓取便開煉，永遠爲主，官中不取課利。除鑄錢外，不得輒便别鑄銅器。

其年十二月，敕：先許鑄錢，切慮逐處缺銅，難依先定銖兩。宜令天下公私應有銅欲鑄錢者，取便酌量輕重鑄造，不得入鉛鐵及缺落不堪久遠流行。

四年，敕：以天下公私鑄錢雜以鉛錫，缺小違條。今後祇官鑄造，私鑄下禁依舊法。

漢隱帝時，王章爲三司使，聚斂刻急。舊制，錢出入皆以八十爲陌，章始令入者八十，出者七十七，謂之省陌。

周顯德二年，帝以縣官久不鑄錢，而民間多銷錢爲器皿及佛像，錢益少，乃立監采銅鑄錢。自非縣官法物、軍器及寺觀鐘、磬、鈸、鐸之類聽留外，自餘民間銅器、佛像，五十日内悉令輸官，給其直。過期隱匿不輸，五斤以上罪死，不及者論刑有差。其銅鏡，官中鑄，於東京置場貨賣，許人户收買興販。朝廷及諸州見管法物、軍器，舊用銅製及裝飾者，候經使用破壞，即時改造，不得更使銅，内有合使銅者，奏取進止。

上謂侍臣曰：卿輩勿以毁佛爲疑。夫佛以善道化人，苟志於善，斯奉佛矣。彼銅像者，豈所謂佛邪！且吾聞佛志在利人，雖頭目猶捨以布施，若朕身可以濟民，亦非所惜也。

致堂胡氏曰：令之而行，禁之而止，惟爲人所難者能然，若世宗欲禁銷錢而毁銅像是也。銅像，人所敬畏，尚且毁之，錢之不可銷必矣。韓愈拜京兆尹，神策六軍不敢犯法，曰：是尚欲除佛者，亦猶是也。銷錢爲器，其利十倍。錢所以權百貨，平低昂。其鑄之也，不計費，不謀息，今而銷之，可不禁乎？雖然，銷而爲器，錢雖毁而器存焉。若夫散而四出，舟遷車轉，入於他國，歸於蠻夷，其害豈特爲器而已！而不聞世宗禁之，則不以泉貨貿遠方之實可知已。錢之散也，以貿遠方之寶故也。上好之，下效之，於是關防不嚴，法制隳壞，真錢日少，僞錢日多。以不貲之價，靡有限之錢，雖萬物爲銅，陰陽爲炭，亦且不給，區區器像又何濟乎！故惟至廉無欲，然後可蓄生人之共實。而又關防嚴密，法制具在，鼓鑄不廢，則中國之錢真可流於地上矣。

唐主李璟既失江北，困於用兵，鍾謨請鑄大錢，以一當十，文曰永通泉貨。謨得罪而大錢廢，韓熙載又鑄鐵錢，以一當二。

錢有銅鐵二等。五代相承用唐錢。諸國割據者，江南曰唐國通寶，又别鑄，如唐制而篆文。其後鑄鐵錢，每十錢以鐵錢六權銅錢四而行。乾德後只以鐵錢貿易，凡十當銅錢一。兩浙、河東自鑄銅錢，亦如唐制。西川、湖南、福建皆用鐵錢，與銅錢兼行。湖南文曰乾封泉寶，徑寸，以一當十。福建如唐制。

紀事

《舊唐書》卷一《高祖紀》〔武德四年秋七月〕丁卯，大赦天下。廢五銖錢，行開元通寶錢。

《舊唐書》卷八《玄宗紀》〔開元六年正月〕辛酉，禁斷天下諸州惡錢，行二銖四分已上好錢，不堪用者並即銷破覆鑄。

《舊唐書》卷八《玄宗紀》〔開元二十二年〕三月，没京兆商人任令方資財六十餘萬貫。壬午，欲令不禁私鑄錢，遣公卿百僚詳議可否。衆以爲不可，遂止。

《舊唐書》卷九《玄宗紀》〔天寶十一載〕二月癸酉，禁惡錢，官出好錢以易之。既而商旅不便，訴於國忠，乃止之。

《舊唐書》卷一四《憲宗紀》〔元和三年〕六月戊辰，詔以錢少，欲設畜錢之令，先告諭天下商賈畜錢者，並令逐便市易，不得畜錢。天下銀坑，不得私採。

《舊唐書》卷一七《文宗紀》〔開成三年六月〕癸丑，上御紫宸，對宰臣曰：幣輕錢重如何？楊嗣復曰：此事已久，不可遽變其法，法變則擾人。但禁銅器，斯得其要。

《舊唐書》卷一二三《第五琦傳》乾元二年，以本官加同中書門下平章事。初，琦以國用未足，幣重貨輕，乃請鑄乾元重寶錢，以一當十行用之。及作相，又請更鑄重輪乾元錢，一當五十，與乾元錢及開元通寶錢三品並行。既而穀價騰貴，餓殣死亡，枕藉道路，又盜鑄爭起，中外皆以琦變法之弊，封奏日聞。乾元二年十月，貶忠州長史，既在道，有告琦受人黄金二百兩者，遣御史劉期光追按之。琦對曰：二百兩金十三斤重，忝爲宰相，不可自持。若其付受有憑，即請準法科罪。期光以爲此是琦伏罪也，遽奏之，請除名，配流夷州，馳驛發遣，仍差綱領送至彼。

《舊唐書》卷一三八《韋倫傳》韋倫，開元、天寶中朔方節度使光乘之子。少以蔭累授藍田縣尉。以吏事勤恪。楊國忠署爲鑄錢内作使判官。國忠恃權寵，又邀名稱，多徵諸州縣農人令鑄錢，農夫既非本色工匠，被所由抑令就役，多遭箠罰，人不聊生。倫白國忠曰：鑄錢須得本色人，今抑百姓農人爲之。尤費力無功，人且興謗。請厚懸市估價，募工曉者爲之。由是役使減少，而益鑄錢之數。天寶末，宫内土木之功無虚日，内作人吏因緣爲姦，倫乃躬親閲視，省費减倍。改大理評事。

（宋）王溥《唐會要》卷八四《雜税》元和三年十月，禁採銀，一兩已上者笞二十，遞出本界，州縣官吏節級科罰。

（宋）司馬光《資治通鑑》卷一八九《唐紀·高祖武德四年》隋末錢弊濫薄，言錢之弊也。至裁皮糊紙爲之，民間不勝其弊。至是，初行開元通寶錢，重二銖四參，按《漢書·律曆志》：權輕重者不失黍絫。應劭《註》曰：十黍爲絫，十絫爲銖。師古曰：絫，孟音來戈翻。此字讀亦音纍紲之纍。二銖四絫，二百四十黍也。參當作絫，蓋筆誤也。積十錢重一兩，輕重大小最爲折衷，遠近便之。命給事中歐陽詢撰其文并書，迴環可讀。《六典》：《漢書·百官表》云：給事中亦加官，所加或博士、大夫、議郎。《漢儀注》，諸給事中日上朝謁，平尚書奏事，分爲左右，以有事殿中，故曰給事中。魏氏或爲加官，或爲正員。晋氏隸散騎省，宋、齊隸集書省；後周天官府置給事中士；隋曰給事郎，唐曰給事中，屬門下省，掌侍奉左右，分判省事。凡百司奏抄，侍中審定，則先讀而署之，以駁正違失。撰其文者，撰爲八分篆、隸二體。《考異》曰：薛璫《唐聖運圖》云：初進蠟様，文德皇后掐一甲，故錢上有甲痕云。凌璠《唐録政要》云竇皇后。按時竇皇后已崩，文德皇后未立，今皆不取。

（宋）司馬光《資治通鑑》卷二一一《唐紀·玄宗開元二年》毁天樞，造天樞見二百五卷武后延載元年。發匠鎔其鐵錢，章：十二行本作銅鐵；乙十一行本同；孔本同；張校同。歷月不盡。先是，韋后亦於天街作石臺，高數丈，以頌功德，天街即京城朱雀街。至是并毁之。

（宋）司馬光《資治通鑑》卷二一二《唐紀·玄宗開元六年》辛酉，敕禁惡錢，武德四年鑄開元通寶錢。其後盜鑄漸起，顯慶五年以惡錢多，官爲市之，以一善錢售五惡錢。民間藏惡錢以待禁弛。乾封以後，私錢犯法日蕃，有以舟筏鑄於江中者。詔所在納惡錢，而姦亦不息。武后時，錢非穿穴及鐵錫銅液，皆得用之，熟銅排斗沙澀之錢皆售。自是盜鑄蜂起，吏莫能捕。先天之際，兩京錢益濫，或鎔錫模錢，須臾百十，故禁之。重二銖四分以上乃得行。斂人間惡錢鎔之，更鑄如式錢。於是京城紛然，賣買殆絶。宋璟、蘇頲請出太府錢二萬緡置南北市，以平價買百姓不售之物可充官用者，及聽兩京百官豫假俸錢，庶使良錢流布人間，從之。

（宋）司馬光《資治通鑑》卷二一二《唐紀·玄宗開元六年》敕太府及府縣出粟十萬石糶之，府，謂京兆府；縣，謂京縣及畿縣也。以斂人間惡錢，送少府銷毁。

（宋）司馬光《資治通鑑》卷二一四《唐紀·玄宗開元二十二年》張九齡請不禁鑄錢，三月，庚辰，敕百官議之。裴耀卿等皆曰：一啓此門，恐小人棄農逐利，而濫惡更甚。自武后以來，民間多惡錢，官不能禁。祕書監崔沔曰：若税銅折役，則官冶可成，計估度庸，則私鑄無利，易而可久，簡而難誣。沔，彌兗翻。折，之舌翻。易，以豉翻。且夫錢之爲物，貴以通貨，利不在多，何待私鑄然後足用也！右監門録事參軍劉秩曰：唐十六衛府皆有録事參軍，正八品下，掌受諸曹及五府之外府事，句稽抄目，印給紙筆。監，古銜翻。夫人富則不可以賞勸，貧則不可以威禁，若許其私鑄，貧者必不能爲之；臣恐貧者益貧而役於富，富者益富而逞其欲。漢文帝時，

吴王濞富埒天子，鑄錢所致也。事見十四卷漢文帝五年。濞，匹備翻。埒，力輟翻。上乃止。秩，子玄之子也。劉子玄，即知幾，避帝嫌名，以字行。

（宋）司馬光《資治通鑑》卷二一六《唐紀·玄宗天寶十載》 二月，庚午，命有司出粟帛及庫錢數十萬緡於兩市易惡錢。《考異》曰：《舊紀》、《唐曆》皆作癸酉，今從《實録》。先是，江、淮多惡錢，貴戚大商往往以良錢一易惡錢五，載入長安，市井不勝其弊，故李林甫奏請禁之，官爲易取，期一月，不輸官者罪之。於是商賈囂然，不以爲便。衆共遮楊國忠馬自言，國忠爲之言於上，乃更命非鉛錫所鑄及穿穴者，皆聽用之如故。

（宋）司馬光《資治通鑑》卷二二一《唐紀·肅宗上元元年》 三品錢行浸久，開元錢與乾元當十錢、重輪錢爲三品。屬歲荒，米斗至七千錢，人相食。京兆尹鄭叔清捕私鑄錢者，數月間，榜死者八百餘人，不能禁。乃敕京畿，開元錢與乾元小錢皆當十，其重輪錢當三十，諸州更俟進止。是時史思明亦鑄順天、得一錢，史思明鑄得一元寶錢，徑一寸四分。既而惡得一非長祚之兆，改其文曰順天元寶。一當開元錢百。賊中物價尤貴。

《舊五代史》卷三一《唐書·莊宗紀》 〔同光二年二月己巳朔〕應諸州府不得令富室分外收貯見錢，禁工人鎔錢爲銅器，勿令商人載錢出境。

《舊五代史》卷三一《唐書·莊宗紀》 〔同光二年三月丙辰〕禁用鉛錫錢。

《舊五代史》卷三七《唐書·明宗紀》 〔天成元年秋八月〕乙巳，禁鎔錢爲器，仍估定生銅器價斤二百，熟銅器斤四百，如違省價買賣者，以盜鑄錢論。

《舊五代史》卷四〇《唐書·明宗紀》 〔天成四年〕夏四月庚子朔，禁鐵鑞錢。案：《通鑑》作鐵錫錢。胡三省注云：馬殷得湖南，鑄錫爲錢，本用之境内，其後遂流入中國。疑原本鑞字誤。考《册府元龜》亦作鐵鑞錢，今仍其舊。《舊五代史考異》。

《舊五代史》卷四七《唐書·末帝紀》 〔清泰二年〕十二月戊辰，禁用鉛錢。

《舊五代史》卷七七《晋書·高祖紀》 〔天福三年十一月癸亥〕詔許天下私鑄錢，以天福元寶爲文。案洪遵《泉志》引宋白《續通典》云：天福三年十一月，詔三京、鄴都、諸道州府，無問公私，應有銅者，並許鑄錢，仍以天福元寶爲文，左環讀之。委鹽鐵使鑄様，頒下諸道。《舊五代史考異》。【略】〔十二月戊寅〕是日，詔：宜令天下無問公私，應有銅欲鑄錢者，一任取便酌量輕重鑄造。案《泉志》云：天福元寶錢，徑七分，重二銖四參。銅質薄小，字文昏昧，蓋以私鑄不精也。《舊五代史考異》。

《舊五代史》卷七八《晋書·高祖紀》 〔天福四年秋七月戊申〕是日，詔：先令天下州郡公私鑄錢，近多鉛錫相兼，缺薄小弱，有違條制。今後私鑄錢下禁依舊法。案《歐陽史》：七月丙辰，復禁鑄錢。《薛史》作七月戊申。《舊五代史考異》。

《舊五代史》卷七八《晋書·高祖紀》 〔天福四年十一月己丑〕詔建錢鑪於欒川。

《舊五代史》卷一一五《周書·世宗紀》 〔顯德二年〕九月丙寅朔，詔禁天下銅器，始議立監鑄錢。

《舊五代史》卷一三三《世襲傳》 〔馬殷〕既封楚王，仍請依唐諸王行臺故事，署置天官幕府，有文苑學士之號，知詔令之名，總制二十餘州，自署官吏，征賦不供，民間採茶，並抑而買之。又自鑄鉛鐵錢，凡天下商賈所賫寶貨入其境者，祇以土產鉛鐵博易之無餘，遂致一方富盛，窮極奢侈，貢奉朝廷不過茶數萬斤而已。於中原賣茶之利，歲百萬計。

《新五代史》卷八《晋紀·高祖》 〔天福三年〕秋七月辛酉，以皇業錢作受命寶。【略】〔十一月〕壬戌，除鑄錢令。

《新五代史》卷一二《周紀·恭帝》 是時中國乏錢，乃詔悉毀天下銅佛像以鑄錢，嘗曰：吾聞佛説以身世爲妄，而以利人爲急，使其真身尚在，苟利於世，猶欲割截，况此銅像，豈其所惜哉？由是群臣皆不敢言。

《新五代史》卷六二《南唐世家·李景》 景困於用兵，鍾謨請鑄大錢以一當十，文曰永通泉貨。謨嘗得罪，而大錢廢。韓熙載又鑄鐵錢，以一當二。【略】乾德二年，始用鐵錢，民間多藏匿舊錢，舊錢益少，商賈多以十鐵錢易一銅錢出境，官不可禁，煜因下令以一當十。

《新五代史》卷六八《閩世家·王延羲》 〔延羲〕既立，更名曦，遣使者朝貢于晋，改元永隆。鑄大鐵錢，以一當十。

（清）吴任臣《十國春秋》卷一六《南唐・元宗紀》〔顯德六年秋七月〕用鍾謨言，鑄大錢，以一當十，文曰永通泉寶，與舊錢並行。已又鑄唐國通寶錢，二當開通錢之一。

十二月，罷鑄大錢。

（清）吴任臣《十國春秋》卷一七《南唐・後主紀》 乾德二年春三月，始行鐵錢，每十錢以鐵錢六權銅錢四而行。逮民間止用鐵錢，遂藏銅錢靳弗出，末年銅錢一直鐵錢十。比國亡，諸郡所積銅錢累六十七萬緡。

（清）吴任臣《十國春秋》卷二八《南唐・殷崇義傳》 後主初立，令民間行鐵錢，物價騰涌，崇義上言：泉布屢變，亂之招也。且豪民富商，不保其貨，則日益思亂。累數百言，不報。

（清）吴任臣《十國春秋》卷三六《前蜀・高祖紀》〔永平元年〕鑄永平元寶錢。

（清）吴任臣《十國春秋》卷三六《前蜀・高祖紀》〔通正元年三月〕鑄通正元寶錢。

（清）吴任臣《十國春秋》卷三七《前蜀・後主紀》〔乾德元年〕鑄乾德通寶錢。

（清）吴任臣《十國春秋》卷三七《前蜀・後主紀》〔咸康元年春正月甲午朔〕鑄咸康元寶錢。

（清）吴任臣《十國春秋》卷四九《後蜀・後主紀》〔明德三年〕十二月丁亥，申嚴錢禁。

（清）吴任臣《十國春秋》卷四九《後蜀・後主紀》〔廣政元年〕鑄廣政通寶錢。

（清）吴任臣《十國春秋》卷四九《後蜀・後主紀》〔廣政十八年冬十月壬申〕募兵既多，用度不足，始鑄鐵錢，榷境內鐵器，以專其利。

（清）吴任臣《十國春秋》卷四九《後蜀・後主紀》〔廣政二十五年〕冬十二月，遣使督諸路累年逋稅。龍游令田淳上疏，言擾民犯天意，聚財損君道，語甚切直，帝不能用。是歲，行用鐵錢。初鐵錢多於外郡邊界參用，每錢千凡四百爲銅，六百爲鐵。至是流入成都，率銅錢十分雜鐵錢一分，大盈庫錢往往有鐵錢相混，蓋鑄之精工與銅錢相類也。

（清）吴任臣《十國春秋》卷五八《南漢・高祖紀》〔乾亨二年冬十一月〕以國用不足，又鑄鉛錢，十當銅錢一。

（清）吴任臣《十國春秋》卷六七《楚・武穆王世家》〔乾化元年冬十二月〕開治鑄天策錢，文曰天策府寶，銅質渾厚，徑寸七分，重三十銖二參。

（清）吴任臣《十國春秋》卷六七《楚・武穆王世家》〔同光三年冬十一月〕是時王關市無征，四方商旅聞風輻湊。湖南地故產鉛鐵，用都軍判官高郁策，鑄鉛錢，以十當銅錢一；已又鑄鐵錢，圍六寸，文曰乾封泉寶，用九文爲貫，以一當十，流行境內。商旅出境，無所用錢，輒易他貨去，故能以本土所餘之物，易天下百貨，國以富饒。又湖南不事桑蠶，郁勸王令輸稅者以帛代錢，由是機杼大盛。

（清）吴任臣《十國春秋》卷六七《楚・武穆王世家》〔天成四年〕夏四月，下教，國內銅錢一直錫錢百。

（清）吴任臣《十國春秋》卷七二《楚・高郁傳》 開平時，郁復勸王自京都至襄、唐、郢、復等州徧置邸務售茶，利幾十倍；又令民得自造茶以通商旅，而收其算，歲入凡萬萬計。郁又私計湖南爲商旅輻湊之地，地多鉛鐵，諷王鑄鉛鐵錢，與銅錢間行。商旅出境，無所用鉛鐵錢，悉易他貨而去，百貨流通，國日益以富。復命民輸稅者用帛代錢，湖南民素不習蠶桑事，至是機杼遂絜於吴越。

（清）吴任臣《十國春秋》卷八一《吴越・忠懿王世家》 顯德四年春正月，始議鑄錢。

（清）吴任臣《十國春秋》卷八三《吴越・弘億傳》 開運間，興師救福州。忠獻王欲鑄鐵錢，以益將士禄，弘億諫曰：鑄錢有八害：新錢既行，舊錢皆流入鄰國，一也；可用於吾國，而不可用於他國，則商賈不行，百貨不通，二也；銅禁至嚴，民猶盜鑄，况家有鐺釜，野有鏵犁，犯法必多，三也；閩人鑄鐵錢而亂亡，不足爲法，四也；國用幸豐，自示空乏，五也；禄賜有常，無故益之，以啓無厭之心，六也；法變而弊，不可遽復，七也；錢者，國姓，易之不祥，八也。王善其言而止。

（清）吴任臣《十國春秋》卷九〇《閩・太祖世家》〔貞明元年〕置鉛場于汀州寧化縣。【略】〔貞明二年〕鑄鉛錢與銅錢並行。

（清）吴任臣《十國春秋》卷九〇《閩・太祖世家》 龍德二年□□

月，鑄大鐵錢，以開元通寶爲文，仍以五百文爲貫。

（清）吴任臣《十國春秋》卷九二《閩·天德帝紀》 天德二年春正月，鑄天德通寶大鐵錢，一當百。

（清）吴任臣《十國春秋》卷一一五《拾遺》 唐國通寶、大唐通寶，皆南唐錢，元宗即位後所鑄，行之數年，百姓盜鑄，極爲輕小。今考南唐錢式，乃大通唐寶，其文右轉。

（清）梁廷楠《南漢書》卷二《高祖紀》 〔乾亨元年〕鑄錢，文曰乾亨重寶，徑七分，重三銖六參。

（清）梁廷楠《南漢書》卷二《高祖紀》 〔乾亨二年〕改國號曰漢。【略】鑄乾亨重寶鉛錢，十當銅錢一。大，徑寸，重三銖九參，寶字傅形；小，徑九分，重如銅錢。

宋遼金元分部

銅錢

論説

（宋）張方平《樂全集》卷二六《論事·論錢禁銅法事》　臣伏以錢者國之重利，日用之所急，生民衣食之所資，有天下者以此制人事之變，立萬貨之本。故錢者，人君之大權，御世之神物也。切觀自漢以來名臣高識者之篤論，皆以爲禁銅造幣，通開塞輕重之術，此濟民之切務，保邦之盛業也。故錢必自官鼓鑄，民盜鑄者抵罪至死，示不與天下共其利也。國朝故事，諸監所鑄錢悉入於王府，歲出其奇羨，給之三司，方流布于天下。然自太祖平江南，江、池、饒、建置鑪鼓鑄，歲至百萬緡，積百年之所入，宜乎貫朽于中藏，充足於民間矣。乃自比年以來，公私上下并苦乏錢，百貨不通，萬商束手。又緣青苗、助役之法，農民皆變轉穀帛，輸納見錢，錢既難得，穀帛益賤，人情窘迫，謂之錢荒。府庫例皆空虛，人户又無居積，不知歲所鑄錢，今將安在？此事實繫安危之體，宜明利害之原。夫鑄錢禁銅之法舊矣，累朝所行，今敕具載，錢出中國界，及一貫文，罪處死，而又重立賞格，使人告捕。至于居停資給擔擎人等，與夫官吏之失於檢察者，各等第坐罪。又禁銅之條，犯之九斤，已得刺配之罪，亦設告賞之科。而自熙寧七年頒行新敕，删去舊條，削除錢禁，以此邊關重車而出，海舶飽載而迴。聞緣邊州軍錢出外界，但每貫量收税錢而已。諸舸舶船，舊制惟廣州、杭州、明州市舶司爲買納之處，往還搜檢，條制甚嚴，不得取便至他舟也。今自廣南、福建、兩浙、山東，恣其所往，所在官司公爲隱庇，諸係禁物私行買賣，莫不載錢而去。錢本中國寶貨，今乃與四夷共用。又自廢罷銅禁，民間銷毀無復可辨，銷鎔十錢，得精銅一兩，造作器物，獲利五倍。如此，則逐州置鑪，每鑪增課，是猶畎澮之益，而供尾閭之泄也。大爲之防，民猶踰焉，若又廢之，將何憚矣！蓋自弛禁數年之內，中國之錢日以耗散，更積歲月，外則盡入四夷，內則恣爲銷毀，壞法亂紀，傷財害民，其極不可勝言矣。臣見公私上下並苦乏錢，深求其由，僅有一得，因番閲前後令敕，誠見條制之未便。今具録敕文，進之衡石，伏願陛下申明舊章，急救其敝，立四夷內外之限，通下民衣食之原，所録如右。

嘉祐編敕慶曆以前編敕並同

一、將銅錢出中國界者，河北、陝西、河東不滿一百文，杖一百；一百文，徒一年；每一百文加一等，至徒三年，決訖刺配遠惡州軍牢城；一貫文以上，爲首者處死，從者決訖刺配遠惡州軍牢城。其餘路分，二百文杖一百，每二百文加一等，至徒三年，決訖刺配逐州牢城；二十貫以上，依河北等路一貫以上刑名定斷，隨行之物並沒官。其居停資給擔擎人等，依知情藏匿罪人律科斷。仍許人告捕，給賞錢一百貫文。地分官司及應巡捕人等不覺透漏，並減犯人三等科罪；州縣不切鈐束，亦行勘斷。內蕃人有犯，除河北外，並禁奏取旨。仍半年一次舉行曉告。臣詳敕意，言自餘路分雖非三路，但出中國界，皆係禁法。

熙寧編敕删去此條。此是見今所行編敕，自熙寧七年正月一日行用。

嘉祐編敕慶曆以前編敕並同

一、商客、蕃客往南蕃者，聽逐人各帶路費錢五百文，過此數者，許諸色人陳告，犯人依雜禁條將銅錢出中國界刑名施行。蕃人禁奏取旨。其錢盡數給告人充賞。仍委市舶司并緣海州軍常切點檢。

熙寧編敕删去此條。

嘉祐編敕

一、犯銅并鍮石一百兩，杖一百；一斤加一等，九斤決訖刺配逐處牢城；十斤以上決訖刺配千里外牢城。仍許人陳告，其因告獲合支賞錢者，一兩以上一貫，每一斤加二貫，過徒三年，每一斤加五貫，並至五十貫止。若犯銅鑛或夾雜者，只據烹煉到實銅科罪。仍委轉運司將條約逐季舉行。

熙寧編敕

諸不産銅、鉛、錫地分，銅、鉛、錫官自出賣，許通商販；及聽以

銅、鉛、錫或鍮石鑄造器用賣買，仍並免稅。

右，臣惟古先聖人之立制，內諸夏而外夷狄。夷狄者，中國之寇讎也。今乃傾中國之利，撓君權，竭民用，以資寇讎。又弛銅禁，通商販，銅入四夷，無復紀極，所謂假寇兵也。既資之財，又假之兵，以濟其猾逆之心，暴害之力，桀黠之敵有以窺國家御邊之無算，樞機之不密，安得不啓其侵侮之謀者哉，不知議法者之意據何義理。累朝之經遠長慮，所以保國便民之典，一旦而削除之，此國之大事，惟陛下聖明察納，早垂神斷。

（宋）歐陽修《文忠集》卷一一五《河東奉使公草・相度銅利牒》

當所據澤州進士閻玠、司法參軍萬頤等狀，并爲河東鼓鑄鐵錢，盜鑄者不少。竊見絳州、稷山、垣曲縣三處皆有銅鑛，欲乞遍往有銅鑛處密切詢訪，採取烹煉，鼓鑄錢幣者。當所檢尋古跡，翼城縣有唐錢坊一，在縣東十五里翔臯山下。又有唐王城冶，在縣北平城三十六里。又有曹公冶，在縣東南七十五里，又有廢銅窟，在縣西三十里。稷山縣甘祚鄉有銅冶村。絳縣有唐古銅冶，在縣南五十里含山谷內。垣曲縣有錢坊，在縣西北九十二里程子村銅源監內。自唐以來，絳州舊曾鼓鑄銅錢爐冶，古跡見在，其廢已久。山澤銅鑛，產育必多。兼訪知絳州人户，多私採鑄，貨賣銅器。近年錢幣闕乏以來，亦曾有人獻言，乞尋銅鑛烹鑄。前後差官尋訪，多是不曉事體，張皇驚擾，私鑄之家避犯禁之罪，不肯指引採取。又鑛銅側近民居，懼見官中興置爐冶，各相蔽固，並稱無銅。所差官員又不盡心多方求訪，遂使銅寶不能興發。須議專委通幹之官，密切求訪者。右具如前。欲牒絳州管界巡檢孫借職，仰細詳前項事理，只作界內巡警名目，遍至四縣，多設方略。先且誘賺得民間私賣銅器一兩件，然後詢求出鑛之家，及細問烹煉之法，須使姦民不能隱蔽。或須要私鑄之人指引烹煉，即設權宜，許其免罪，或別加酬獎，務要求出銅寶，不爲民間藏閉。候見次第，密具公文回申，無至張皇悞事者。

（宋）程顥　程頤《二程集・河南程氏外書》卷一二《傳聞雜記》

陝西曾有議欲罷鑄銅錢者，以謂官中費一貫鑄得一貫爲無利。伊川曰：此便是公家之利。利多費省，私鑄者衆；費多利薄，盜鑄者息。盜鑄者息，權歸公上，非利而何？

（宋）莊季裕《雞肋編》卷中　蔣仲本論鑄錢事云，熙寧、元豐間，置十九監，歲鑄六百餘萬貫。元祐初，權罷十監。至四年，又於江、池、饒三監權住添鑄內藏庫錢三十五萬貫。見今十監，歲鑄二百八十一萬貫，而歲不及額。自開寶以來鑄宋通、咸平、太平錢，最爲精好。今宋通錢，每重四斤九兩。國朝鑄錢料例凡四次增減。自咸平五年後來用銅鉛錫五斤八兩，除火耗，收淨五斤。景祐三年，依開通錢料例，每料用五斤三兩，收淨四斤十三兩。慶曆四年，依太平錢料例，又減五兩半，收淨四斤八兩。慶曆七年，以建州錢輕怯羸弱，遂卻依景祐三年料例。至五年以錫不足，減錫添鉛。嘉祐三年，以有鉛氣，方始依舊。嘉祐四年，池州乞減鉛錫各三兩，添銅六兩。治平元年，江東轉運司乞依舊減銅添鉛錫。提點相度乞且依池州擘畫，省部以議論不一，遂依舊法，用五斤八兩收淨五斤到今。其說以爲錢輕有利，則盜鑄難禁。殊不知盜鑄不緣料例，而開通錢自唐武德至今四百餘年，豈可謂輕怯而易壞乎？緣物料寬賸，適足以資盜竊。今依景祐三年料例，據十監歲額二百八十一萬貫，合減料八十七萬八千餘斤，可鑄錢一十六萬九千餘貫。

（宋）李心傳《建炎以來繫年要録》紹興四年八月　癸巳，太常少卿陳桷言：今日之弊，物貴而錢少。祖宗以來，有司鼓鑄之數既多，而泄於四裔，其禁甚嚴。川、陝之閒，以鐵易銅而行之。至於私造銅器及私賣鬻者，悉皆有禁。今鼓鑄僅有其名，約工既大，勞費既多，而官鑄所入無幾。議者往往以錢監爲可併，不思國之重寶，與其他場務所入，課利不侔。但當博求銅本，廣行鼓鑄，不當計數便議省併也。今之疆場，犬牙密接僞境。利之所在，民以死趨之。江淮海道，難於譏察，其日夜泄吾寶貨者多矣。又銅器布於天下，不可勝數，皆毀錢而爲之。欲銅本之盛，鼓鑄不闕，何可得也。望特詔有司，講求其弊。厚銅本之積，廣加鑄之數，重外泄之防，嚴銷毀之禁。庶幾國得專其權，而民用不乏。當務之急，孰先於此。事下工部勘當，會朝廷多事，未及行。

（宋）李心傳《建炎以來繫年要録》紹興二十五年十二月　右司員外郎兼權户部侍郎鍾世明言：近年民間銷毀錢寶，法禁雖嚴，尚未止絶。蓋緣出賣器皿，其利不啻數倍。今措置欲責令州縣，應街市見賣銅器者，限半月並拘催入官，嚴行禁止。其犯人不論輕重，並押赴鑄錢監充役。官吏知而不覺者，從違制論，仍行放罷。論逐路坑冶興廢不常，難以立爲永

額。近來鑄錢司督責嚴緊，往往銷錢爲銅，上下期於脱責。今欲令逐路提刑司選官檢視坑冶所出多少，令分數認納，不得勒抑。其全無所出去處，即保明申朝廷放免。又近來錢寶，多有流入外界，蓋緣場務官司利於收息博易，今欲嚴行禁止。如有透漏，其巡尉并場務官司知而不覺者，以違制論，仍行放罷。犯人許諸色人及徒伴告首，即以隨行財物多寡全行給賞。民間有銅寶興廢去處，官司量支貸，聽人户隨多寡輸納，不得抑勒。庶幾諸處銅坑，不致隱蔽不告，其金銀等坑及膽水興廢處，乞亦依此施行。從之。

（宋）李心傳《建炎以來繫年要録》紹興二十七年六月　户部侍郎林覺言：國朝慶厤以來，歲鑄錢一百八十餘萬緡，其後亦不下百萬。如前年猶得十四萬緡，去年猶得二十二萬緡。而提點司官吏，徒糜禄廩，朝廷罷之，殊快人意。但付之漕司，日久亦未有涯。議者以爲諸路物料，有無不等，運司不相統轄，無以通融鼓鑄。欲出户部錢八萬緡，爲饒、贛、韶三川鑄本，委各州通判主管，漕臣往來措置。今歲權以二十三萬緡爲額，即不得復以舊錢代發。從之。熊克《小厤》稱所鑄權以五十萬緡爲約。誤也。據王珪所論，乃是用本錢八萬緡，而約鑄新錢二十三萬緡。除正外，止得十五萬緡。克不細考耳。

（宋）李心傳《建炎以來繫年要録》紹興二十八年七月　起居舍人洪遵面對，論鑄錢利害。大略謂今錢寶少，多爲銷燬作器用。而南過海，北渡淮，所失至多。自罷提點官，復置屬官二員，無異監司，而鑄錢殊未及額，亦宜多方措置。上諭大臣曰：遵論頗有可採。前後銅禁，行之不嚴，殆成虚文。銅器雖民間所常用，然亦可以他物代之。今若自公卿貴戚之家以身率之，一切不用。然後申嚴法禁，宜無不戢者。

（宋）李心傳《建炎以來繫年要録》紹興二十八年九月　右迪功郎李耆言：自經界之後，税重田輕，終歲所入，且不足以供兩税。今又配州縣買銅，民力愈困矣。況江西州縣，多用私錢。舊錢百重十一兩，新錢百重五兩有奇。若毁舊錢千，以鉛錫雜之，則可鑄二千五百。是以贛、吉等州，比屋私鑄。一路且以萬户言之，户日銷千錢，是日毁萬緡也。民既銷錢而盗鑄，官又抑民毁錢而更鑄，得不償失，徒弊百姓，費邦財。願詔諸監，錢姑仍舊。歲計坑冶所入銅錫興鑄，諸路委提刑兼主其事，户部歲終課其殿最，則事省而民安矣。自户部提領鑄錢，而分州縣科買銅錫，民多毁錢爲銅以應命，故耆言如此。書奏，詔提領鑄錢司措置約束。耆，袁州人也。

（宋）李心傳《建炎以來繫年要録》紹興二十九年閏六月　辛未，左司諫何溥言：制官必正其名，然後責有所歸。治事必即其所，然後課無不辦。鄱陽永年、永豐兩監，當諸路鼓鑄之半。鉛錫銅鐵，四面輻輳。祖宗以來置司其地，宜矣。比年有司措置無法，所得不償所費，遂請廢罷。朝廷初欲分隷漕司，而諸路隔越，不相統轄，其勢無以通融，遂議總制于版曹。訪聞拘收銅器，所在山積。類乏鉛錫，致妨鼓鑄。正使一司官吏措置檢察，朝夕不懈，猶懼乏事。況提領端坐省部，而可以責辦于數千里之遠者乎。人謂此議發于沈該，而該主之。故二三年閒，雖版曹亦知其非，而未敢請。自該之罷，論者翕然以爲當復。蓋利害彰灼，不待辨而自明也。詔令給舍議。中書舍人洪遵等議曰：唐有鼓鑄使，國朝或以漕臣兼領，或分道置使，或釐爲二司。自中興以來，置都大提點官，事權太重，官屬太多，動爲州縣之害，但當隨時之宜，爲救弊之計。閒者亟行廢罷，事出倉卒。既罷之後，又無一定之論。初委轉運使，又委提點刑獄，又委郡守貳號，紛紛不一，鼓鑄益少。乃命版曹提領，雖以侍從臨之，然官守不專，勢難隃度，而屬官有幹辦公事，又有措置官，閒一差出，州縣承迎，甚于使命，則命權視目前又重矣。罷提點一人，官屬十餘人，而總以侍從，置在京官屬四員，下至胥吏之類，額雖減而月給數倍，則官屬視前日又不少矣。異時提點坑冶，以一職名官，猶懼不濟，而況版曹錢穀之司，遠在數千里外，符檄往來，安能辦治。官屬之出，不過毛舉細事以塞責耳。遵等竊以爲復置便。今欲參照祖宗舊制及今日利害，以江淮、荊浙、福建、廣南路提點坑冶鑄錢公事繫銜，與轉運判官序官依舊。於饒、贛二州置司，輪年守任，專以措置坑冶，督責鼓鑄爲職。如州縣于坑冶不職，許從本司按劾。饒、贛州置屬官各一員，邵、建州置檢踏二員，別置秤銅催綱官各一員，專差武臣。詔依給舍議，罷提領官。權户部侍郎董苹言：民有常賦，國有經費。會天下之賦以資國用，使州縣以時催供，部使者以時程督，綱目俱存，何有不足。然今賞罰有一定之格，而論賞紛紛，被罰者甚鮮。有勸無沮，孰不弛望。許户部擇違慢最甚者，具名以

聞，特賜降責。庶使人知警懼，而財用無散逸，歲計可以指擬。從之。

（宋）李心傳《建炎以來繫年要録》紹興三十年五月 初，直祕閣江淮等路提點坑冶鑄錢李植以巡歷過行在，言歲額錢內藏庫二十三萬緡，左藏庫七十餘萬緡，皆是至道之後額數。自紹興以來，歲收銅止及二十四萬觔，鉛二十萬觔，錫五萬觔，此最多之數，紐計鑄錢一十萬緡。外有拘到諸路銅器二百萬觔，搭以鉛錫，可鑄六十萬緡。乃暫時所拘，乞據逐年所產，權立爲額。事下工部。至是本部言，若依所乞，委是數年且以酌中之數五十萬緡爲額。從之。

（宋）黎靖德《朱子語類》卷一一一《朱子八・論財》 或欲通銅錢出淮，先生深以爲不然。云：東南銅錢已是甚少，其壞之又多端。私鑄銅器者，動整四五緡壞了。只某鄉間舊有此，想見別處更多。又有海舶之泄，海船高大，多以貨物覆其上，其內盡載銅錢，轉之外國。朝廷雖設官禁，那曾檢點得出，其不廉官吏反以此爲利。又其一，則淮上透漏，監官點閱税物，但得多納幾錢，他不復問。銅錢過彼極有利，六七百文可得好絹一匹。若更不禁，那箇不要帶去。又聞入川中用，若放入川蜀，其透漏之路更多。賀孫。

（元）程鉅夫《雪樓集》卷一〇《奏議存稿・民間利病・江南買賣微細，宜許用銅錢，或多置零鈔》 竊惟江南小民多而用錢細，初歸附時許用銅錢，當時每鈔一貫準銅錢四貫，自銅錢不用，每鈔一貫所直物件比歸附時不及十分之二。在前上司指揮官收銅錢，有私藏者坐以重罪，其拘收到官者必多，或民間尚有窖藏，亦難盡知。計江南銅錢比故宋時雖或銷廢，其到官者寧無十分之五，在民者寧無十分之一。若盡發在官之錢，使民間以鈔一貫就官買錢若干添貼使用；其有民間窖藏未入官者，立限出首納官免罪，如限外不首，私自發掘行用，許鄰右主首諸色人捕告驗實，坐以元罪，有誣告者亦反坐之。試行一二年，如公私果便，永遠行用，如其不便，然後再禁，公私亦無所損。如不復用銅錢，更宜增造小鈔。比來物貴，正緣小鈔稀少，謂如初時直三五分物，遂增爲一錢。一物長價，百物隨例。省府雖有小鈔發下，而州郡庫官不以便民爲心，往往憚小勞而不領取，提調官亦置不問。於是小經紀者盡廢，民日困而鈔日虛。宜令增造小鈔，數倍常年，分降江南州郡，特便細民博易，亦利民重鈔之一端也。

（元）程鉅夫《雪樓集》卷一〇《奏議存稿・民間利病・銅錢》 鑄金爲幣，起於上古，至周太公立九府圜法，於是有貨泉之名。泉，即銅錢也。歷代相循，以爲國寶，雖形制增損互有差殊，然自周以來，上下二千年，有國家者未嘗一日廢棄。蓋金銀雖可貴，非民間皆有之物。惟銅錢不貴不賤，爲諸貨之母，可以流布通行，以此名之爲泉，言如泉流不竭也。多者藏蓄爲業，雖遭水火，亦無所傷；貧者手持一錢入市，亦可得一錢之物。所以上下同寶，古今通行。今國家雖以寶鈔爲幣，未嘗不以銅錢貫百爲數。然則鈔乃錢之子，錢乃鈔之母也。子母相權，乃可經久。實廢其母而虛用其子，所以鈔愈多，而物愈貴也。民間爲見公家不用銅錢，所在凡有窖藏錢寶之家，往往充私立價，販賣與下海商船及爐冶之家銷鑄什器。遂使歷代寶貨，翻爲民間所私。兼自古有國家者，皆因仍歷代見有之錢行用，如五銖半兩、開元通寶之類，乃漢、唐以來舊錢。今縱以鑄錢事重費多，未議舉行，亦合收拾民間見有銅錢，量宜立價，官爲收買，見數與寶鈔相權並行。庶使利權歸一，不啓僥倖之心，其於鈔法，亦有補益。又兼即日行用庫，皆以平準爲名，以官庫金銀與寶鈔相準立價故也。今既開禁民間金銀，價愈騰踴，若不收拾銅錢爲鈔之平準，誠恐將來日久弊深，猝難整治。愚見如此，取自集議，聞奏施行。

（明）王禕《王忠文公集》卷一二《議・泉貨議》 天下之物以至無用而權至有用者，泉貨是也。謂之泉者言其形，謂之貨者言其用。其制，先有銅錢，後有楮幣。銅錢之制，自五帝三王下更歷代，莫之有改，其爲法最古。而楮幣之制，所謂關、會、交鈔者，又所以權錢而行，金、宋之末造也。之二物者，握之非有補於暖也，食之非有補於飽也，而先王以守財物，以御人事，而平天下，命之曰衡，有國家者恒賴以爲生民之大命，而不能以一日廢。一日或廢，則國家之命幾乎息矣。故曰：以至無用而權至有用者，泉貨是也。

國朝因時制宜，襲近代之法，一切用鈔而錢盡廢不用。自中統、至元鈔之行且一百年，中更至大，雖嘗改法，然旋亦即復舊。乃自頃歲以中統交鈔重其貫陌，與至元寶鈔相等並行，京師復鑄至正新錢，使配異代舊錢，與二鈔兼用。其意殆將合古而達今，而不知適以起天下人心之疑。夫中統本輕，至元本重，二鈔並行，則民必取重而棄輕，鈔乃虛文，錢乃實

器，錢鈔兼用，則民必舍虛而取實。故自變法以來，民間或争用中統，或純用至元，好惡不常，以及近時，又皆絶不用二鈔，而惟錢之是用。而又京師鼓鑄，尋廢，所鑄錢流布不甚廣，於是民間所用者悉異代之舊錢矣。嗟乎！一鈔者國家之所用，而民則以爲棄物而弗之用，舊錢者國家未嘗專以爲用，而民争相寶愛而用之，是天下之民反操國家之柄，而國家之命已下制於民，泉貨之弊，莫此時爲甚矣。詔旨屢飭，禁令愈嚴，民頑然相視而弗之恤，而上之人亦坐視其法之弊，舉無策以捄之。民情所至，如水就下，勢之趨向，不可復遏。是故善爲天下者，因民之所利而利之，民以爲利，上之人何故而不爲。

今外宰相得承制行事，亦既審察民情，即江浙省府治鼓鑄，累月之間，國用頗賴以資給，則其爲效固有不可誣者。然其所鑄，乃當十大錢，止用於杭城，而不足以行遠，間有流布諸路者，民亦易視之弗信，泉貨之弊自若也。

愚竊以爲今日鈔法宜姑置弗問，而錢法當在所速講。錢法之議有二，一曰廣開鼓鑄，二曰罷鑄大錢。考之史傳，漢郡國皆得鼓鑄，而縣官往往即多銅山而鑄錢，唐亦即出銅所在置監，天下鑪九十有九，宋鑄錢總二十六監，而諸路所鑄其數多寡各有差，其法皆爲不可廢。賈誼所謂事有召禍而法有起姦，今令細民人操造幣之勢者，此謂不可使民私鑄爾，非謂官不當廣鑄也。夫錢便於貿易，而銅不便於轉輸，轉輸不便，故即其所出而鼓鑄貿易相便，故隨其所出而流布，此勢之必然。而國朝至大中，亦置江淮等六監。此可見鼓鑄之開當廣矣。自周景王、楚莊王欲鑄大錢，其臣即以爲非，漢之赤仄，一以當五；王莽之大錢五十，蜀之直百，後周之當千，唐之乾元、後唐之永通、宋之熙寧，皆爲當十，大抵一時苟且之爲。張商英言：當十錢自唐以來，爲害甚明。蓋大錢質輕而利重，利重故盜鑄者多，質輕故寶愛者少。錢費厚而利均，費厚故盜鑄者少，利均故貿易者平，此亦勢之必然。故歷代大錢，皆旋踵而廢，而至大大錢今亦存者無幾，此可見大錢之鑄當罷矣。

由是言之，鼓鑄不可不開，而監局之置不可不廣，大錢不可不罷，而小錢之鑄不可不多，爲今之計，無逾此者。且今江浙地大物衆，省府鼓鑄固必仍舊，其浙東西、江東、閩中諸路，宜各斟酌所在，分置監局，或一州二州，即爲一爐，而凡所鑄錢必以漢五銖、唐開元、金大定、宋大觀及今至正小錢爲則，其大錢更不復鑄。夫鼓鑄廣則造錢多而人易致，小錢多則稱物均而人知貴，易致則其用不匱，知貴則其行可久。推而放之，其法將遍諸天下而準，固不特江浙一省而已。至於權銅有禁，尤當加嚴，宜如唐制，佛像以鉛錫土木爲之，唯鑑磬釘環鈕得用銅，餘皆禁絶。又民間所有銅皆得入官，官爲鼓鑄，除工本之費，更取其三，而以七歸於民。而又鼓鑄之際，關防嚴密，製作精致，定其輕重而有度，平其出納而有常。如是則今日之錢殆可流於地上，而異代之錢將不銷而自廢矣。於是國家之命得以伸於民，民生而由之，而可遂，因民之所利而利之，莫此爲便。匡今之弊以復古之道，爲計宜無逾於此者。上之人豈亦不是之思，誠思之，顧胡爲而不亟於行也。抑嘗因是，復有其説。古者三幣，珠玉爲上，黄金爲中，白金爲下。後世或爲二幣。秦制，黄金以鎰爲名，及銅錢是也。今誠使官民公私並得鑄黄金、白金爲錢，隨其質之高下輕重而定價之貴賤多寡，使與銅錢母子相權而行，當亦無不可者。且今公私貿易，苦於銅錢重不可致遠，率皆挾用二金，藉使有司不明立之制而使之用，公私之間有不以爲用者乎。是則用黄金、白金爲錢，與銅錢並行，亦所謂因其利而利之者也。

或者顧謂廢錢而用鈔，實祖宗之成憲，而於術數之説爲有符；今唯用錢，無乃稽之典章，驅之圖讖有相乖違者乎？是不然。天下之法，雖聖人不能使之久而無弊，及其弊也，固未嘗無法以捄之，變而通之，存乎人焉耳，而可泥於拘攣之見，偏於尋常之論哉。《記》曰：一弛一張，文武之道。夫弛而不張，張而不弛，要皆非先王之所以爲天下者。弛之張之，與時宜之，斯爲善矣。嗟乎，當今時事之急可言者衆矣，然孰有急于泉貨者，故述斯議，庶上之人得采擇焉。

（明）楊士奇《歷代名臣奏議》卷六七《治道・太平策》 〔元成宗大德七年，鄭介夫上奏曰〕一、鈔法。自漢以來，止用銅錢，亦用鐵錢。至前宋祥符年，始置交子，續蔡京又請創會子。今之鈔法，乃襲前宋交子、會子之舊耳，非古法也。不必究其法始何代，但可以利國濟民者，通古今可行也。前宋銅錢，與交、會並行，以母權子，而母益貴。是時民間貧無置錐者，亦有銅錢官會之儲，無他，子母相權而行也。今國家造鈔雖

廣，而散在民間者甚少，小民得之者亦甚難，無他，輕重失相權之宜也。夫法立一時，而弊出他日，非法之不善也，乃久而自不能無弊耳。事極則變，變極則反，能因弊更新，然後可傳之不朽。鈔法之弊，已云甚矣。天下之物，重者爲母，輕者爲子，前出者爲母，後出者爲子，若前後倒置，輕重失常，則法不可行矣。漢以銅錢而權皮幣之重，皮幣爲母，銅錢爲子。宋以銅錢而權交會之重，交會爲母，銅錢爲子。國初以中統鈔五十兩爲一錠者，蓋則乎銀錠也，以銀爲母，中統爲子。既而銀已不行，所用者惟鈔而已，遂至大鈔爲母，小鈔爲子。今以至元一貫準中統五貫，是以子勝母，以輕加重，以後逾前，非止於大壞極弊，亦非吉兆美讖也。

今物價日貴，鈔價日賤。往年物直中統一錢者，今直中統一貫，如至元鈔五釐與一分買不成物，街市之間，無所用焉。久而不革，則至元一貫僅直中統一錢，物直錢而鈔不直錢，將見日賤一日，而鈔法愈見澀滯。此弊之一，所宜急救也。

每歲發出鈔本，倒換昏鈔，止收三分工墨，可謂巧於利國廉於取民矣。殊不知一貫出，一貫入，鈔行民間，僅有三分，而民間之鈔反損三分也。且鈔在天下，昏爛則已，何必倒換，於古亦無倒換之法。兼倒鈔之便，止是城市間一簇人烟得濟，若各縣百姓散居村落僻遠之地，去城數百里，得倒换者絶少，未嘗便於小民也。且所倒昏鈔既皆付之丙丁，則鈔本盡成虚舍矣。況外路倒換到合燒之鈔，貫伯分明，沿角無缺，京都之下，稱爲料鈔，一歸煨燼，誠爲可惜。今但知可得工墨三分之利，不悟虚舍本鈔九錢七分之害，於國於民，兩有所損，將見日少一日，而民間愈無鈔可用。此弊之二所宜急救也。

古者藏富於民，民富則國自富。唐太宗曰：民依於國，國依於民。剥民以奉君，猶割肉以充腹，腹飽而身斃，君富而國亡。此之謂也。當今救弊之策，宜增造大德新鈔與至元鈔兼行，大德五貫或二貫，準作至元鈔一貫。明以大德易中統，不過扶至元之輕，以整一時之弊。鈔母既起，則物價自平矣。每歲發出各省，勿令倒換，就支作官吏俸錢和買絲料等用。却以民間所出夏税折糧課程贓罰諸名項錢，起解大都，以供支持賞賜及隨朝俸給。庶國家鈔本俱爲實用，而鈔散天下，民亦無損。行之數年，民間之鈔，不可勝用矣。鈔法既正，更議鑄銅錢法，使輔鈔而行，則國家日富，百姓日殷，隆古至治，將復見之。若造新鈔而不行銅錢，則鈔易壞爛，損之多而益之少，决難經久。造銅錢而不行新鈔，則至元太過，恐一旦行之，輕重相懸，不以爲便。二者不可偏廢也。

夫鑄銅爲錢，乃古今不易之法，盜賊難以賫將，水火不能銷滅，世世因之，以爲通寶。使法不可行，則上下二三千年間，滅棄不用久矣，何待今日始知之。言者謂鑄一錢費一錢，無利於國，殊不知費一錢可得一錢，利在天下，即國家無窮之利也。先賢嘗曰：鑄錢無利，所以能久。正謂費本之多，故民間盜鑄者少。然國課自有見銅，以銅價計之，亦不至於大費工本。惟鈔用本之輕，故僞造者紛然，立法雖嚴，終莫能戢。今天下真僞之鈔，幾若相半。如不之信，但以中統鈔通而計之，自初造至住造該若干，倒换已燒該若干，便可知矣。若以鑄錢不償所費，則造鈔所得工墨三分，必不了鈔局俸給一切物料之費也。言者又謂錢重不可致遠，尤爲愚昧。夫國家輸運，則鈔爲輕費，百姓貿易，則錢爲利便，二者相因，而未嘗相背，即子母相權之説，此理甚明，無足疑者。今究其異議之原，皆由内外官吏以利國爲重，利民爲輕，以至於誤天下國家也。今有陳言謂何地産玉出金，何處人家有奇珍異寶，則朝廷忻然從之，立見施行，謂其有以利吾國也。有陳言謂損朝廷一分之鈔，可爲民間十分之利，或無損於國而有益於民之事，則一切視同故紙，抑而不行，謂其無以利吾國也。上下相蒙，已成膏肓，民生日蹙，災害日臻，國家雖富，將焉用之！

愚今請造銅錢，以翼鈔法，雖於國未見近利，將以大利於民耳。如一歲造鈔一百萬錠，五歲該五百萬錠，紙之爲物，安能長久，五年之間，昏爛無餘，逐年倒換，盡皆燒燬，則五百萬錠，舉爲烏有，所存者僅工墨鈔十五萬錠而已。如一歲造銅錢一百萬，散在天下，並無消折，歲累一歲，布流益廣，雖億千萬年，猶同一日，所謂鈔爲一時之權宜，錢爲萬世之長計也。今鈔中明具錢貫，即是銅錢之形。古者懷十文銅而出，可以醉飽而歸，民安得不富；今之懷十文鈔而出，雖冰救渴，亦不能敷，民安得而不貧。既此已爲明驗，不必旁引曲喻以諭其利害也。

但比來言事者非指陳厚利，不足以聳動朝廷之聽。昔左丞葉李請造至元鈔，謂：中統鈔一張僅可一張之用，若以至元一張抵中統五張，一歲造鈔之費無所增益，自可獲五倍之利。以此啖國，遂行其説，豈知遺弊，

至於今日。鈔價既賤而僞造更廣，數年之後，至元一張止可當中統一張，國家未見其利，民間不勝其害，實爲誤國之謀，而當時遽以爲信，迄今不覺其非，亦可怪也。已聞言者請以大德鈔一貫準至元鈔十貫，即葉李之策也。若如此言，則他日至元之弊尤甚於中統矣。亡宋自十六界加至十八界，又加爲官會，以至於國亡不救，此覆轍可鑑也。彼知造至元之利可以五倍，不知鑄銅錢之利又可以百倍，夫鈔云一百文，乃百銅錢，今民間稱爲一錢。一貫文乃千銅錢，今民間稱爲一兩。是一錢準爲百錢，十錢準爲千錢也。若以銅錢一錢自作一錢之用，則物直鈔一百文者可以一銅錢買之。各處月申時估云物一斤該鈔二錢者，今律以本色銅錢二錢，則二百文鈔可得物一百斤，以元價計之，省鈔一十九貫八百文，是錢有百倍之利矣。既利於國，又便於民，猶復議擬久而不决，甚可爲國乏謀臣之嘆也。

如準所陳，造新鈔以扶至元之輕，罷倒换以全國家之利，鑄銅錢以通鈔法之滯，富國惠民之道，無以加此。

玠夫前任湖湘司徵，猥役下僚，區區忠愛，無由自達。欽覩累朝詔書節該：諸人陳言，在内者呈省聞奏，在外者經由有司投進。遂於前陳已準太平策内言有不能盡者，摘出鈔法、抑强、户計、僧道四事，罄竭底藴，赴湖南廉訪司及宣慰司投進。雖蒙稱善，靳於轉達，言劇明切，竟淪故紙。今附録於各項之後，縱不獲遇於一時，必將見知於異日，有居樞要達官大臣能以致君澤民爲心者，當有取於所言。

切謂國之與民，實同一體，民富則國自富，國富則天下自平。用銅錢雖未覩近利，且以富民爲先。欽覩先皇帝立尚書省詔文内一款節該：世祖皇帝建元之初，頒行交鈔以權民用，已有錢幣兼行之意。蓋錢以權物，鈔以權錢，子母相資，信而有證。欽此。銅錢初行，民間得便，歡謡之聲，溢於閭里。僅得逾年，遽行改法，又欽覩詔旨罷用銅錢節該：雖畸零使用便於細民，然壅害鈔法深妨國計，欽此。切詳詔意，未嘗不以用錢爲便，何爲於國有妨，只此一語，可見奸臣之誤國矣。百姓足，君孰與不足，若便於民，即利於國，國與民相依而立，安有便民而反妨國邪！爲今之計，不必取民之資以富其國，但因國之資以富其民足矣，所謂富民之術無他道也。當思古者民何爲而富，今者民何爲而貧，貧富相懸，繫乎銅錢之興廢耳。農夫終歲勤勤，僅食其力，所出者穀粟絲綿布帛油漆麻苧鷄豚畜産等物，所直幾何。若得銅錢通行，則所出物産可以畸零交易，不致物價消折。得錢在手，隨意所用，入多而出少，民安得而不富。今窮山僻壤，鈔既艱得，或得十貫一張，扯拽不開，若肯物還鈔，則零不肯貼，欲盡鈔買物，則多無所用，展轉較量，生受百端。或喪婚之家，急切使用，只得以家藏貨物，賤價求售，貨不直錢而利盡歸於商賈之輩，民安得而不貧。

詳今用錢之便有三。一則歷代舊錢散在民間，如江浙一省，官庫山積，取資國用，可抵天下周年之税，非爲小補。二則市廛交易，不煩貼换，雖三尺孩童亦可入市，免有挑僞昏爛疑誤之憂。三則國之所出者鈔也，民之所出者貨也，鈔以巨萬計，國不可以得民貨；貨以畸零計，民不可以得國鈔。若使畸零之貨可易銅錢，則巨萬之鈔自然流通，此國與民之兩便也。

禁錢之不便亦有三。一則見有廢錢日漸消毁，隨處變賣，熔化爲器，滅棄有用之寶，淪爲無用之銅，深爲可惜。二則市井懋遷，難以碎貼，店鋪多用鹽包紙標，酒庫則用油漆木牌，所在風俗皆然，阻滯鈔法，莫此爲甚。三則商賈往來，途旅宿食，無得小鈔，或留質當，或以準折。村落細民出市買物，或背負穀粟，或袖攜土貨，十錢之貨不得五錢之物，或應買一錢之物只得盡貨對换。此則農商工賈之通不便也。

以三者之便，兼以三者之不便，固知銅錢誠不可廢也。即今民間所在私用舊錢，準作廢銅行使，幾於半江南矣。福建八路，純使廢錢交易。如江東之饒、信，浙東之衢、處，江西之撫、建，湖南之潭、衡，街市通行，頗是利便。愚嘗參酌古今，若以銅錢一百文準中統鈔一貫，一分一錢，極爲酌中，亦與鈔文内貫形相符。今銅價一斤，該中統鈔一貫五百，每一斤銅可鑄錢一百六十個，則錢與銅價亦相等，自無僞鑄之弊矣。兼各處爐冶器具已有規，可復鼓鑄，除見管外，仍設官旋造，嚴禁民間擅鑄銅器。見存之銅，足可盡用，銅坑所出，更無盡藏，將見國家日富，百姓日殷，太平盛觀，何以加此。

此特言用錢之利而已。鈔法之弊，其害有不可勝言者。鈔，國課也，朝廷之柄用也，而與民間共之，可爲長太息，可爲痛哭。今民間之鈔，十分中九，皆僞鈔耳。僞鈔徧滿天下，而朝廷略不動念，不知謀國之臣何如

其用心也。且如一年造鈔二百萬錠，發出各省倒换，舉化爲灰，止存工墨鈔三十萬錠而已。今民間富家巨室，庸僧繆道，豪商巨賈，一家所藏，有不啻三十萬錠者。合而言之，箱篋畜藏，何止百千萬億計，非僞鈔而何。善爲僞者與真無異，雖識者莫能辨，或有敗露到官，乃造之未善不堪使用者耳。愚嘗留杭，見買賣者，就庫倒出料鈔，於店户使用，反復觀之曰：此僞鈔也。試代以僞，反忻然而受之。杭人習於市易，尚不能辨，況乎鄉落小民哉。昔日仕途，嘗推問僞鈔公事，犯者謂一定工本可以造鈔數百定，獲利如此，人安得不樂爲之，雖赴湯蹈火，亦所不顧。如不以爲然，但更改鈔法，悉令舊鈔赴官倒换新鈔，必數百萬倍透出於元發鈔本矣。

又嘗考之，自周、漢以來，皆用錢幣，以珠玉爲上幣，黄金爲中幣，刀布爲下幣。武帝用白鹿布方尺緣以藻繢爲皮幣。後漢光武貨幣雜用布帛金粟。章帝時令天下悉以布帛爲租，市買皆用之。至唐則全用銅錢，或間以縑素，不聞用鈔也。至宋朝，寇瑊刺蜀，創置交子以權一時之宜，因而行於中國，識者謂紙錢乃鬼神所用，非人世所宜，以人用鬼，固知宋祚之不長矣。不謂聖朝立法，不采乎古，而循襲亡宋之舊，誠爲可惜。

愚於讀書之暇，反復紬繹，頗得其説。既之權位，雖有其策，志不得伸，言不得達，惟有懷能抱恨而已。以紙爲鈔，決難久長。如欲用鈔，必須改法，宜仿古用幣之意，以絹爲之。國家立局置匠起機，依鈔樣織成方幅，每貫自爲一張，約以尺二長，七寸闊，四圍邊幅俱全，其貫文就機織成，却以五方印色關防之，取青於極東，取紅於極南，取白於極西，取黑於極北，取黄於中土，五色備具，非民間可得之物，雖欲僞爲，將焉用之。然織者可作大張，難制小幅，零用自有銅錢，不必小鈔。若朝廷出納，則代以輕賫。此即子母相權之説。一則可以數十年不壞，二則僞造者不得爲之，三則免倒换燒燬之煩，行之數年，成多損少，其鈔自不可勝用矣。立法之善，無出於此。

故曰：錢決不可用，鈔決不可改。此事有關國計，非泛泛雜律常例之比，可以富民，可以强國，可以解歲饑，可以弭外患，可以萬世開太平，真久安長治之策也。雖是群言噂沓，誰適爲謀，築舍道傍，歲不我與，因循苟且，唯唯悠悠，最爲政之大患也。深慮廢錢日銷，僞鈔日廣，國計日削，大柄日移，其流禍豈淺淺哉。伏願賢相名卿，其疾圖之，天下幸甚。

綜述

（宋）竇儀《宋刑統》卷二六《雜律・私鑄錢》 諸私鑄錢者，流三千里。作具已備未鑄者，徒二年，作具未備者，杖一百。若磨錯成錢令薄小，取銅以求利者，徒一年。

疏： 諸私鑄錢者，流三千里。作具已備未鑄者，徒二年，作具未備者，杖一百。議曰：私鑄錢者，合流三千里。其作具已備，謂鑄錢作具並已周備，而未鑄者，徒二年。若作具未備，謂有所欠少，未堪鑄錢者，杖一百。若私鑄金銀等錢，不通時用者不坐。

又云，若磨錯成錢令薄小，取銅以求利者，徒一年。

議曰：時用之錢，厚薄大小並依官樣。輒有磨錯成錢，令至薄小，而取其銅以求利潤者，徒一年。

准： 刑部格敕，私鑄錢及造意人，及句合頭首者，並處絞，仍先決杖一百。從及居停主人加役流，仍各先决杖六十。若家人共犯，坐其家長。若老弱殘疾不坐者，則歸罪其以次家長。其鑄錢處，鄰保配徒一年，里正、坊正、村正各決杖六十。若有糺告者，即以所鑄錢毁破，並銅物等賞糺人。同犯自首告者免罪，依例酬賞。

准： 唐長興二年三月十八日敕節文，先降指揮，諸道州府不得使鐵鑞錢，或陌内捉到一兩文，所使錢數不計多少，並納入官。如有衷私鑄寫鐵鑞錢，及將銅錢銷鑄，别造物色，捉獲勘鞫不虚，並依格敕處斷。

（宋）江少虞《宋朝事實類苑》卷二一《官政治績・歲鑄錢數》 國朝初，平江南，歲鑄錢七萬貫。自後稍增廣，至天聖中，歲鑄一百餘萬貫。慶曆至三百萬貫，熙寧六年已後，歲鑄銅錢六百餘萬貫。

（宋）江少虞《宋朝事實類苑》卷二一《官政治績・諸監鑪鑄錢》 江南因唐舊制，饒州置永平監鑄錢，歲六萬貫，江南平，增爲七萬貫，常患銅少。張齊賢任轉運使，求得江南舊承旨丁釗，盡知信、建等州谷銅鉛處，齊賢即調發丁夫采之。初年增十數倍，明年得銅鉛八十五萬斤，錫六十萬斤，因雜爲鉛錫錢鑄三十六萬貫，以釗爲殿前承旨，領三州銅山。先

是永平監所鑄錢，用開通元寶錢法，肉好，周郭精好。至是雜用鉛錫，兼失古制，數雖增而錢惡。其後信州鉛山縣出銅無筭，常十餘萬人采鑿，無賴不逞之徒，萃於淵藪。官所市銅錢數千餘萬斤，大有餘羡，而銅山所出益多，有司議減銅價，鑿山者稍稍引去。饒州官市薪炭不能給，鼓鑄分於池州，置永寧監，建州永豐監，並歲鑄錢二十萬貫，以鉛山銅給之。既有所泄，價乃復舊，而工徒並集。杭州置保興監，凡四監，歲鑄百餘萬貫，爲極盛矣。唐天寶之制，絳、揚、潤、宣、鄂、蔚、益、柳十州，共置九十九鑪鑄錢，一鑪役丁匠三十人。每年六七月停，餘十月作十番。一鑪約用銅二萬一千二百三十斤、白鑞三千七百九十斤、黑錫五百四十斤，每鑪鑄錢三千三百貫，計一工日可鑄錢三百餘。國家之制，一工日千餘，用銅鉛鑞之法亦異於古，其數雖倍，而錢稍惡，每繫擲亦多缺。予在史局，因録唐制與今王丞相，後數月，有詔暑月諸監減半工，蓋主上勤恤之至也。談苑。

（宋）江少虞《宋朝事實類苑》卷三二《典故沿革・錢文》　國家開寶中所鑄錢，文曰宋通元寶。至寶元中，則曰皇宋通寶。近世錢文，皆著年號，惟此二錢不然者，以年號有寶字，文不可重故也。

（宋）佚名《宋大詔令集》卷一九八《政事・禁約・禁新小鉛鑞等錢及踈惡綿帛入粉藥詔乾德五年十二月丙辰》　錢刀所以通貿易，布帛所以備財用，民之急務，不可闕焉。故幣之輕姦，國家所禁，物之枉濫，律令甚明。近聞都市之中，賈人作僞，或刮銅取鉛，盜鑄公行。或塗粉入藥，詐欺規利。是致貨泉日弊，偷薄萌生，禁而止之，抑惟舊典。自今京城及諸道州府，不得行用新小鉛鑞等錢，兼不得以踈惡綿帛入粉藥，違者重寘其罪。

（宋）陸游《老學庵筆記》卷六　歐陽公記開寶錢文曰宋通。予按：周顯德錢文曰周通，故國初因之，亦曰宋通。建隆、乾德中皆然，不獨開寶也。至太平興國以後，乃以年號爲錢文，至今皆然。歐公又謂寶元錢文曰皇宋。按《實録》所載亦同，然今錢中又有云聖宋者，大小錢皆有之。大錢折二，始於熙寧，則此名乃或出於熙寧以後矣。

（宋）李燾《續資治通鑑長編》真宗天禧五年十二月　錢幣之制，有銅、鐵二等。凡鑄銅錢有四監，饒州曰永平，池州曰永豐，江州曰廣寧，建州曰豐國。每千錢用銅三斤十四兩，鉛一斤八兩，錫八兩，成重五斤，惟建州增銅五兩，減鉛如其數。至道中，歲鑄八十萬貫，景德末，至一百八十三萬貫，大中祥符後，銅坑多不發，天禧末，鑄一百五萬貫。鑄鐵錢有三監，邛州曰惠民，嘉州曰豐遠，興州曰濟衆。益州、雅州舊有監，後廢之。大錢貫重十二斤十兩，以準銅錢，歲鑄總二十一萬餘貫。銅錢行於天下，鐵錢止於川峽。

（宋）李燾《續資治通鑑長編》仁宗景祐二年正月　度支判官、工部郎中許申爲江南東路轉運使。

凡鑄銅錢，用劑八十八兩，得錢千，重八十兩十分。其劑，銅居六分，鉛、錫居三分，皆有奇贏。鑄大鐵錢，用鐵二百四十兩，得錢千，重一百九十兩。此其大法也。申在三司，景祐元年十月丁巳朔，申始以工中權度判。乃建議以藥化鐵與銅雜鑄，輕重如銅錢法，而銅居三分，鐵居六分，皆有奇贏，亦得錢千，費省而利厚。因入内都知閻文應以納說，朝廷從之，即詔申用其法鑄於京師。然大率鑄錢雜鉛錫則其液流速而易成，雜以鐵則流澁而多不就，工人苦之。初命申鑄萬緡，逾月才得萬錢。申性詭譎，自度言無效，乃求爲江東轉運使，欲用其法鑄於江州。朝廷又從之，詔申就江州鑄百萬緡，無漏其法。中外知其非是，而執政主之，以爲可行，然卒無成功。就江州鑄百萬緡，《實録》在三月，并書。明年十二月甲申，申自江東徙湖南。

先是鹽鐵副使任布請鑄大錢一當十，而申欲以銅鐵雜鑄，朝廷下其議於三司。程琳奏曰：布請用大錢，是誘民盜鑄而陷之罪。唐第五琦嘗用此法，訖不可行。申欲以銅鐵雜鑄，理恐難成，當令申試之。申詐得售，蓋琳亦主其議故也。琳傳載此事於天聖五年以前，誤也，當是景祐元年五月琳再爲三司使時。《王子融傳》云：布請鑄大錢，行之京城，程琳集官議，子融時判度支，曰：今軍營半在城外，獨行大錢城中，可乎？事遂寢。與琳傳異，今不取。

天章閣待制孫祖德言：僞銅，法所禁，而官自爲之，是教民欺也。固争之，不從，遂出知兗州。祖德出知兗州在二月癸未，今并書於此。

（宋）李燾《續資治通鑑長編》仁宗康定元年十二月　戊申，屯田員外郎、通判河中府皮仲容知商州、兼提點采銅鑄鐵錢事。仲容嘗建議鑄大錢，一當十，既下兩制及三司議其事，謂可權行以助邊費，故有是命。

初，韓琦安撫陝西，嘗言陝西産鐵甚廣，可鑄錢兼用。此據琦《家傳》於是，葉清臣從仲容議鑄當十錢。翰林學士承旨丁度奏曰：漢之五銖，唐之開元及國朝錢法，輕重大小，最爲折中。歷代改更，法雖精密，不能期年，即復改鑄。議者欲繩以峻法，革其盜鑄。昔漢變錢幣，盜鑄死者數十萬；唐鑄乾元及重輪乾元錢，錢輕幣重，嚴刑不能禁止。今禁旅戍邊，月給百錢，得大錢裁十，不可畸用。舊錢不出，新錢愈輕，則糧芻增價。臣嘗知湖州，民有抵茶禁者，受千錢，立契代鞭背。在京西，有强盜殺人，取其敝衣，直不過數百錢。盜鑄之利，不啻數倍。復有湖山絶處，凶魁嘯聚，鑪冶日滋，居則鑄錢，急則爲盜。民間銅鉛之器，悉爲大錢，何以禁止乎。本志云：軍興，陝西移用不足，始用知商州皮仲容議，采洛南縣紅崖山、虢州青水冶青銅，置阜民、朱陽二監以鑄錢。按《實録》，乃鑄鐵錢，與本志不同，當考。孫沔奏乞罷鑄大錢，當刪附。

（宋）李燾《續資治通鑑長編》仁宗慶曆八年六月 初，陝西軍興，移用不足，知商州皮仲容康定元年十二月。始獻議采洛南縣紅崖山、虢州青水冶青銅，置阜民、朱陽二監以鑄錢。既而陝西都轉運使張奎、慶曆元年五月，奎爲陝西都漕。知永興軍范雍慶曆元年五月，雍知永興軍兼漕事。請鑄大錢，與小錢兼行，大錢一當小錢十。奎等又請因晋州積鐵鑄小錢。元年九月。及奎徙河東，二年十月。又鑄大鐵錢於晋、澤二州，亦以一當十，以助關中軍費。未幾，三司奏罷河東鑄鐵錢，而陝西復采儀州竹尖嶺黄銅，置博濟監鑄大錢，據《實録》，在四年。朝廷因敕江南鑄大銅錢，而江、池、虢、饒州又鑄小鐵錢，悉輦致關中。江、池、饒三州，見元年十一月。虢州未見，當是范雍所議。數州錢雜行，大約小銅錢三，可鑄當十大銅錢一，以故民間盜鑄者衆，錢文大亂，物價翔踊，公私患之。於是奎復奏晋、澤、石三州及威勝軍《實録》云在五年。日鑄小鐵錢，獨留用河東。而河東鐵錢既行，盜鑄錢者獲利十之六，錢輕貨重，其患如陝西，言者皆以爲不便。知并州鄭戩六年二月，戩知并州。請河東鐵錢且以二當銅錢一，行一年，又以三當一，或以五當一。罷官鑪日鑄，但行舊錢。知澤州李昭遘六年四月，昭遘知澤州。亦言：河東民燒石炭，家有橐冶之具，盜鑄者莫可詰。而北敵亦能鑄鐵錢以易並邊銅錢而去，所害尤大。

朝廷嘗遣魚周詢、四年三月。歐陽修四年四月。分察兩路錢利害，又數命官議。正月己酉、四月甲午。於是翰林學士張方平宋祁、御史中丞楊察與三司使葉清臣先上陝西錢議曰：六月乙未。關中用大錢，本以縣官取利太多，致姦人盜鑄，其用日輕。比年以來，皆虚高物估，始增直於下，終取償於上。縣官雖有折當之虚名，乃受虧損之實害。救弊不先自損，則法未易行。請以江南、儀商等州大銅錢一當小錢三。按《宋史·食貨志》三作二。又言：姦人所以不鑄小鐵錢者，以鑄大銅錢得利厚，而官不必禁。若鑄大銅錢無利，又將鑄小鐵錢以亂法。請以小鐵錢三當銅錢一。既而又請七月辛丑。河東小鐵錢如陝西，亦以三當一，且罷官所置鑪，朝廷皆施用其言。自是姦人稍無利，猶未能絶濫錢也。其後詔商州罷鑄青黄銅錢，皇祐二年二月。又令陝西大銅錢、小鐵錢皆一當二，嘉祐四年二月。盜鑄乃止。然令數變，兵民耗於資用，類多咨怨，久之始定。《實録》于六月乙未載陝西議，七月辛丑載河東議，今從本志，并書之此月末。

（宋）李燾《續資治通鑑長編》神宗熙寧七年九月 詔河北災傷州軍罷羅，仍令轉運司具見管及所賜錢糧有無闕少以聞。先是，秦鳳路轉運司請於鳳翔府斜谷置監，鑄折二錢，都轉運使蔡延慶言：鳳翔府郿縣兼錫銅鑄折二錢，皆脆惡，以鑄當五、當十，宜可用。詔皆罷之。此據《食貨志》第六卷，不得其時，因本志附吴中復、皮公弼等奏請前。按《實録》，八月戊辰，詔罷鳳翔府郿縣鑄夾錫青銅折二錢，以錢成貫之輒碎也。今并入此。斜谷罷鑄，或前已見，當存一去一。

是時，關中錢法弊，永興軍路安撫使吴中復請以錢四十買缺薄惡錢一斤，則民間專行省樵大錢，而大錢少，不足用，請以所買惡錢悉改鑄大錢，而民間所行私大錢一以一小銅錢買而更鑄之。永興軍等路轉運使皮公弼請盡買惡錢，且毋行鑄鐵錢相易事。有司舊納僞錢，請先於本路五銅錢監改鑄，一年可竟，又請改鑄所買惡錢。秦鳳路都轉運使熊本言：買惡錢及禁舊通行大錢、銅錢相易，皆非便。請降錢式下所屬，而禁用惡錢，犯者論如法。勿廢舊通行錢，選官庫惡錢，同所買改鑄之，小變其樵，爲熙寧重寶。今本路官錢受私錢已多，省樵錢久廢，公私百無一二。今雖以錢四十得僞錢一斤，及銅錢千易當二鐵錢千，其實鐵錢一斤才當斤鐵耳，千錢爲鐵六斤，斤鐵爲錢二十，而以銅錢千易之，官失多矣。又錢多，一年改鑄未得竟也。且民賣千錢得二百五十折二大錢，才易其半，又禁其通

行大錢，則方災傷民所有錢，四亡其三，何以救災？衆議不同，於是，詔逐司相度利害以聞。此據《食貨志》第六卷。比《實録》所書頗詳，當用之。十二月十一日甲戌熊本云云，再下逐司相度。

（宋）**李燾《續資治通鑑長編》神宗熙寧八年二月**　永興軍等路轉運司言：見管私鐵錢，轉運司九萬餘緡，常平司十一萬餘緡，并買民間私鐵錢數十萬斤，并當改鑄省樣錢。欲除永興、華、河中、陝銅錢監添匠鼓鑄外，更於商、虢、洛南增置三監，耀、鄜權置兩監，共九監改鑄。永興、鄜、耀、河中、陝去鐵冶遠，第改鑄僞錢一年可畢；商州、洛南、華、虢最近鐵冶，可以久行。鄜州等五處，候改鑄罷，工匠併入商州等四監，然後專鑄大錢。從之，仍委皮公弼總制營辦。先是，安撫、轉運司出牓收買四等私錢，一切禁斷舊通用錢，而以銅錢易之，以官庫見管并换到通用私小鐵錢重行鼓鑄。而熊本以爲如此則公私未便，乃下逐司申明前後條約，推揀闕薄漏貫、字樣不明等私錢，犯者依法施行，入官銷毁。應自來通用錢，竝令行使如故。其官庫不堪用鐵錢等，即別置錢監，增圓物料，比省樣微加別異，鑄熙寧重寶封樁，俟向去豐熟，奏取指揮。乃詔逐司具官司合改造錢數各計若干及如何措置以聞。至是，轉運司條具來上，故有是詔。熊本奏請，墨史見七年九月二十七日壬戌，朱史并入八年二月二日甲子，今兩存之。七年十二月十一日，熊本體量吴中復等。八年正月二十四日皮公弼云云，又三月四日云云，可考。《新紀》書：增陝西鐵官，改鑄大錢。《食貨志》第六卷：八年，皮公弼又言：今已得私鑄大錢二十餘萬緡，并買民間私錢亦數十萬斤，皆應以省樣改鑄，請商、虢、洛南增三監，耀、鄜權置兩監，通永興、華、河中、陝舊監爲九，以給改鑄。永興、鄜、耀、河中、陝去鐵冶遠，請改鑄一年罷之；商、洛南、華、虢最近鐵冶，可久行。五監罷，竝其工作歸四監，專鑄大錢。皆公弼首議，命專領之，而詔鑄大鐵錢才令補所廢僞錢，及可以待交子所用即止。《志》所稱私鑄大錢二十餘萬緡，與《實録》不同，《實録》但稱九萬餘緡，當考，或用《志》，即削去《實録》所書，更詳之。

（宋）**李燾《續資治通鑑長編》神宗熙寧九年六月**　壬辰，三司言：奉詔折二錢可且未得支用，別聽指揮。前已詔諸路通行，今未審止禁在京或令諸路並罷。上批：都下錢法，自祖宗以來未嘗有改，其新行折二錢，不須取索比較利害，宜直指揮京師并畿内並罷。墨本此下有執政進呈不行六字，朱本削去。

先是，薛向鑄折二錢於陝西，其後，許彦先又鑄於廣南，及廣南以償銅價。既而有言折二錢民或不肯折用，又諸路繼有如此者，故始詔令府界不用。後章惇乞并府界用之，上曰：府界既用，即當令京師亦用之。至是，有言民以用折二錢不售，訴於開封而被決杖者，又言有訴於三司者，以故上批欲罷之。及中書訪問開封、三司，皆言無是事，乃再以進呈。上又云：但恐經久富民藏小錢莫出爾。王安石曰：大錢亦無多，富民豈肯藏小錢不出，藏小錢不出，於富民亦有何利？上又曰：恐四夷聞中國行兩等錢，以爲貧窘，乃傷國體，如何？安石曰：錢有二品，自周已然，何繫貧富？且自古興王如唐太宗、周太宗時極貧，然何足爲耻。臣初不欲鑄折二錢，今乃極論者，蓋朝廷舉動爲四方所瞻，稍有罅隙，即爲姦人窺伺愚弄，將不能立國，是又何能安天下國家也。上乃令復行之，然兩宫訖不欲用折二錢，故折二錢未嘗進入禁中，安石争不能得，退遂移疾不出，上使人諭之曰：朕無間於卿，天日可鑑，何遽如此。安石乃出。先是至復行之，據朱本，安石移疾，據司馬光《記聞》。

（宋）**程大昌《考古編》卷七《緡錢省陌》**　憲宗時，淮蔡用兵，經費絀竭。皇甫鏄建議内外用錢，每緡墊二十外，復抽五十。元和十二年，民間墊陌有至七十者。穆宗即位，京師鬻金銀十兩，亦墊一兩，糴米鹽百錢，墊七八。京兆尹柳公綽以嚴兵禁止之，尋以所在用錢墊陌不一，詔從俗所宜，内外經用，每緡墊八十。昭宗末，京師用錢八百五十爲貫，每百纔八十五，河南府以八十爲百。後至五代漢隱帝時，王章爲三司使，取緡錢之以八十爲陌者，每陌又減三錢。即今之官省錢所由始也。

（宋）**熊克《中興小紀》卷一三**　初，諸州鑄錢監惟饒之永平最古，蓋自唐乾元初已創。本朝於至道中增池之永豐、咸平，增江之廣寧，而虔之鑄錢院，大觀末始建。兵興以來，鼓鑄殊損舊數，而官吏猥衆，往往虚糜廪給。是年，始令永豐監卒寓役於饒，廣寧監卒寓役於虔，蓋移少以就多也。

（宋）**熊克《中興小紀》卷一五**　吏部郎官劉大中言：鼓鑄爲國利源，虔饒兩司，歲鑄一百五萬緡，留四十五萬緡，循環爲本，合發五十九萬餘緡。而元二年，上鑄二十萬緡，截支外止發一十二萬緡，卻同本錢，給兵匹總三十五萬餘緡。除實鑄外，虚費一十九萬餘貫，豈止所得不償所

費而已。事下工部，本路言：江州廣寧監合鑄二十四萬貫，池州永豐監合鑄三十四萬貫。比經殘破，以兩監工匠池併入饒、江併入虔外，其鑄額合令認發。十二月，癸未，詔從之。

（宋）熊克《中興小紀》卷三七 八月，己未，知樞密院湯鵬舉言：近罷坑冶鑄錢事歸諸路轉運司，甚善。但户部近日欲撥本錢別差官，所以臺章論列，又恐坑冶司省罷官，在此倡爲異議。願陛下專委之轉運司，必能就緒。上曰：此一事朕諭之，士大夫亦無他説，獨王珪再有章。朕謂凡有建立人，各以所見相可否，歸之至當而後已。若一人倡之，百人和之，事或未當，朕則何取。

（宋）熊克《中興小紀》卷三八 先是起居舍人洪遵論鑄錢利害。上曰：遵論頗有可採。前後銅禁，行之不嚴，殆成虚文。銅雖民間常用，設以他物代之亦可。今若上自公卿貴戚之家以身率之，一切不用，然後申嚴法禁，宜無不戢者。於是有旨於御府出銅器千餘，付外銷毀。其士庶之家照子及寺觀佛道像鐘磬鐃鈸、官司銅鑼許存外，餘並納官。翌日，知樞密院陳誠之奏事，因及此。且曰：陛下以身率之，自然令行禁止。上曰：所得之銅固不多。徒欲使人知不用，即不復鑄矣。

（宋）熊克《中興小紀》卷四〇 初，諸路歲鑄銅錢一百六十萬貫，自紹興以來，權以五十萬貫爲額。而近歲虧甚多，是年止及一十萬一千貫數。内惟嚴州神泉監密邇行都，令徑自運。而建之豐國、韶之永通與贛之鑄銅錢院，悉赴提點官所就饒之永平監，團綱津發，泛大江轉入浙西漕渠，納之京師。

（宋）留正《皇宋中興兩朝聖政》卷五二《孝宗皇帝·置饒贛鑄錢司》〔乾道九年三月〕是春，以王楫、李大正並爲提點坑冶鑄錢，於饒、贛州置司，江東、淮南、兩浙、潼川、利州路分隸饒州司，江西、湖廣、福建分隸贛州司。除潼川府利路坑冶銅寶，係逐路轉運司拘催發納鑄錢司外，依舊以江淮、荊、浙、福建、廣南路提點坑冶鑄錢司爲名，兩司行移連銜按察。

（宋）李心傳《建炎以來繫年要録》建炎元年九月 庚戌，始通當三大錢於淮浙、荊湖諸路，用同知樞密院提舉措置户部財用張慤請也。政和舊法，當三大錢止行於京畿東西及河東北。由是東南小平，錢甚重而物輕，西北反是。慤爲上言：大錢始不行於東南，慮私鑄耳。其後改當十爲當三，則自無私鑄之利矣，何爲而不可行。况財貨多出於東南，嘗慮錢寶不足於交易。望特詔三省參論，以革因循之弊。從之。時更軍旅之後，諸道財賦亡於兵火、委於川途、乾没於胥吏者，不可勝計。自中都府藏，迄於州縣倉庫，往往毁案籍，匿印章，出納之際，漫無籍稽考。慤在河朔時，雅以心計爲上所知。自長地官至於執政，上獨委以理財之事。慤嚴明通敏，論錢穀利害猶指諸掌。文移所至，破奸若神。東南諸路皆惕息承命，國用賴以無乏。然慤在中書，至於自作酒肆，議者或以爲苛碎焉。慤自作酒肆，此據朱勝非《秀水閒居録》附入。熊克《小麻》載大錢通用在戊申，今從日麻。

（宋）李心傳《建炎以來繫年要録》紹興二年四月 詔建州豐國監復鑄錢。監舊有役兵五百，提點司歲給黄銅五十萬斤，白錫五十萬斤，鑄錢二十五萬緡。及是纔餘役卒數十人，乃減鑄額之半。端明殿學士知潼川府宇文粹中求去，張浚承制以其弟直祕閣成都府路轉運副使時中代之，又以右中大夫陳古爲成都府路轉運副使。粹中奉祠，以七月庚午得旨，蓋用浚奏也。《續成都記》時中以四月二十八日改差，故附此日。

（宋）李心傳《建炎以來繫年要録》紹興二十七年八月 庚申，詔置提領諸路鑄錢官於行在。其户部申請指揮，更不施行。先是殿中侍御史王珪再上疏，論鑄錢司不可廢，因陳六事，大略以爲提點司本錢見存者，歲爲三十餘萬緡，何必給户部錢爲本。韶州錢監久廢，興復甚艱，兼物料不足。又漕司每歲上供錢物，尚不能如期，今以鼓鑄委之，力必不給。議者以爲鑄錢司費多得寡，每用十七錢而得一錢。殊不思先王制無用之貨，以通有用之財，乃國家利權所在，豈可計其費而爲之。又今錢多闌出於外夷，不知嚴禁。况自罷泉司以來，於國計未有加損。兼本錢各有科目，與户部財計，殊不相關。望專置一司，責以舊額。詔工部侍郎王倫、權户部侍郎榮薿看詳。七月甲申。時知樞密院事湯鵬舉以珪言爲不然，且言：恐坑冶司省罷官在此倡爲異論，願陛下專委之轉運司，必能就緒。上令與三省議。尚書左僕射沈該等請命侍從或卿監一員領其事，許置官屬二員。從之。遂命薿提領。二十八年八月辛丑改命。

（宋）李心傳《建炎以來繫年要録》紹興二十九年二月 初，諸州鑄

錢監，自紹興以來，或省或并，其存者所鑄亦希。故兵匠有闕不補，視舊數損十之三，積其衣糧，號三分闕額錢。饒、池、江、建、嚴、韶、信、衡、南雄、南安諸郡皆有之，方提點坑冶司之未廢也。朝廷三次降銅本錢，凡三十六萬緡。至是權户部侍郎提領鑄錢趙令詪言：諸州三分闕額錢已積下六載，今欲撥付諸監充銅本。從之。是後不復降本，第收諸州所樁，以資鼓鑄之用。

（宋）李心傳《建炎以來朝野雜記甲集》卷一六《財賦·銅鐵鉛錫坑冶》 銅鐵鉛錫坑冶者，閩、蜀、湖、廣、江、淮、浙、路皆有之。祖宗時，天下歲産銅七百五萬斤，鐵一百十六萬斤，鉛三百二十一萬斤，錫七十六萬斤，皆有奇。渡江後，其數日減。至紹興末，江東西、福建、廣西、湖南、潼川府利路十四州，歲産銅二十六萬三千一百六十九斤九兩。信州膽銅九萬六千五百斤，饒州膽銅二萬三千四百斤，韶州膽銅八萬八千九百斤，黄銅二百斤，潭州膽銅三千四百斤，建寧府黄銅八千三百斤，連州黄銅二千八百斤，池州膽銅四百斤，汀州黄銅六十斤，邵武軍黄銅三百斤，潼川府黄銅六千斤，利州黄銅七千斤，興州黄銅一千六百斤，南劍州黄銅三千六百斤。江東西、廣南、湖南、福建二十州，産鐵八十八萬三百二斤十三兩，而蜀中所産不與焉。信州二十五萬七千斤，撫州十一萬七千斤，吉州二十九萬斤，建州四萬斤，鬱林州二萬七千五百斤，興國軍二萬四十九百斤，饒州一萬七千斤，舒州一萬五千三百斤，賓州一萬四千六百斤，江州一萬三千八百斤，潭州一萬三千斤，惠州一萬二千七百斤，韶州一萬二千斤，廣州六千九百斤，池州六千八百斤，洪州三千五百斤，辰州三千四百斤，處州一千三百斤，徽州一千二百斤，南雄州四百斤，皆有奇。江、湖、閩、廣、浙東二十州，産鉛十九萬一千二百四十九斤十三兩。信州十一萬五千斤，潯州二萬二千二百斤，南劍州九千五百斤，賓、韶州皆五千六百斤，邕、連州皆五千斤，興國軍六千斤，衡州四千一百斤，建寧府三千三百斤，峽州三千七百斤，潭州一千八百斤，舒州七百斤，處州五百斤，衢州四百斤，温州、南恩州皆二百斤，桂陽軍七十二斤，韶州六千斤，皆有奇。湖廣西州，産錫二萬四百五十八斤六兩。賀州一萬二千六百斤，桂陽軍三千八百斤，郴州二千四百斤，衡州一千五百斤，皆有奇。視祖額，鐵才及四分餘，鉛及六釐，銅及四釐，錫及三釐，皆弱。東南鐵，悉輸岑水、鉛山、永興、興利四場浸銅，爲泉司之用。惟川鐵以鑄錢云。舊婺州銅，融福、峽州、南安軍鉛，贛宜州、南安軍錫，坑皆有膽銅者。蓋以鐵爲片，浸之膽水中，後數十日即成銅。凡銅場十四，鐵場三十八，鉛場二十四，錫場五云。

（宋）李心傳《建炎以來朝野雜記甲集》卷一六《財賦·東南諸路鑄錢增損興廢本末》 東南諸路鑄錢，國朝承南唐之舊爲之，未廣也。咸平三年，馬忠、肅亮以虞部員外郎出使，始于江、池、饒、建四州歲鑄錢百三十五萬貫，銅鉛皆有餘羨。真宗即以忠肅爲江南轉運副使，兼都大提點江南、福建路鑄錢四監，凡役兵三千八百餘人。大中祥符後，銅坑多不發。逮天禧末，所鑄才一百五萬。及蔡京爲政，大觀中，歲收銅止六百六十餘萬斤。比祖額虧四十餘萬斤。内舊場四百六十餘萬斤，膽銅一百餘萬斤，石銅七十萬斤，新場三十萬斤。江、湖、閩、廣十監，每年共鑄錢二百八十九萬四百緡，計用銅一千十一萬五千斤。江州廣寧，二十四萬。池州永豐，三十四萬五千。饒州永平，四十六萬五千。建州豐國，二十四萬四百。已上四監，一百三十四萬緡，上供。衡州咸寧，二十萬。舒州同安，十萬。嚴州神泉，十五萬。鄂州寶泉，十萬。韶州永通，八十三萬。梧州元豐，十九萬。已上六監，一百五十六萬緡，逐路交用。以所入約所有，計少銅三百三萬五千斤。自渡江後，歲鑄錢才八萬緡，近歲始倍。蓋銅鐵鉛錫之入，視舊才二十之一。舊一千三百二十萬斤，今七十餘萬斤。所鑄錢，視舊亦有二十之一爾。

（宋）李心傳《建炎以來朝野雜記甲集》卷一六《財賦·鑄錢諸監紹興慶元榷銅》 鑄錢諸監，自紹興初，以江池殘破，遠涉大江，遂廢之。元年八月甲申。是歲，才鑄錢八萬。明年，以范汝爲作亂，權罷建州鼓鑄。二年二月丙戌。二年，汝爲平，復鑄錢。泉司應副銅錫六十五萬餘斤，歲額鑄錢二十五萬，然是歲才鑄十二萬緡耳。三年，劉立道大中，宣諭江南。歸奏言泉司官吏之費，歲爲十三萬緡，而木炭本錢，如鑄錢之數。請省其官屬。從之。十二月癸未。是時坑冶盡廢，每鑄錢一千，率用本錢二千四百。五年，閩漕鄭士彦奏廢豐國監，而歲與泉司認發新額錢。二月丁巳。議者以爲不可。其冬，户部侍郎王俁請復鑄錢及官鬻銅器，以剔私鑄之弊。十二月辛亥。明年，遂悉斂民間銅器以鑄錢。又詔私鑄銅器者徒二年。六年五月甲午。贛饒二監新額錢四十萬緡，提點官趙伯瑜以爲所得不償所費，遂罷鑄錢。歲額銅炭積而不用，盡取木炭銅鉛本錢，及官吏闕額，衣糧水腳之蜀湊爲年計。十三年，韓球爲使，必欲盡鑄新錢。調民興復廢坑，至于發冢墓、壞廬舍，而終無所得。又請籍坑户姓名，約定買納銅數。閏四月

丁巳。民大以爲擾，郡邑至毁錢爲銅以應命。然所鑄亦才十萬緡。二十四年，遂罷鑄錢司而歸之諸漕。二十七年，户部侍郎林覺請出版曹錢八萬緡，爲饒、贛、韶三年鑄本錢，權以五十萬緡爲額。七月庚午。未幾，殿中侍御史王珪復言前司不可廢，湯致遠在樞院以爲不然。請與三省議。沈丞相等乃奏以户部侍郎榮薿、茂世領提許，置官屬二員。八月庚申。然錢監既廢復不一，故兵匠有闕不補，視舊損十之三。積其衣糧，號三八闕額錢。明年，洪景嚴爲起居舍人，爲上言銅器之害。上命出御府銅器一千五百事付泉司。二十八年七月庚辰。遂大斂民間銅器以鑄錢，許告賞。其後得銅二百餘萬觔。二十九年，趙郡王令詪在版曹，因請以三分開額，鑄爲鑄本。二月丁亥。其秋，復置提點官。七月乙巳。明年夏，泉司言歲課，但可鑄十萬緡。諸道銅加以鉛錫，可鑄六十萬緡。是乃暫時所拘，請權以十萬緡爲額。工部奏爲五十萬緡，三十年五月丙戌。然亦止鑄十萬緡而止云。今泉司歲額增十五萬緡，小平錢至一萬八千緡，折二錢六萬六千緡。折小平錢十三萬二千緡。歲費鑄本及起綱糜費，約用二十六萬緡。司屬之費，又約二萬緡。東南十一路一百十八州之所供也。其名色有坑冶課利錢，分衣糧錢，木炭錢，錫本錢，約二十一萬緡。比歲所收，實不過十五六萬緡耳。其歲羨課金一百三十八兩二錢銀元額，七分內庫，三分本司。銅三十九萬五千八百十三斤八兩，鉛三十七萬七千九百斤，錫一萬九千八百七十五斤，鐵二百三十二萬八千斤。比歲所榷，十無二三，皆以錢貨于坑户以取給，然亦不登。每當二錢千，重四斤五兩。銅二斤九兩半，鉛一斤十五兩半，錫二兩，木炭五斤，除火耗七兩外，净錢計上件。小平錢千，重四斤十三兩。銅二斤十五兩半，鉛二斤一兩半，錫三兩，木炭八斤，除火耗七兩外，净錢計上件。視舊制銅少而鉛多。天禧之制，每千錢，用銅三斤十四兩，鉛一斤八兩，錫八兩。建州豐國，又減鉛五兩，加銅亦如之。紹興之制，每小錢一千，用銅二斤半，鉛一斤五兩，炭五斤，蓋七百七十七文爲一千者也。今小平錢一千足，乃用此料，則錢愈鍥薄，宜矣。慶元三年，乃復禁銅器。二月癸巳。民間舊有者，限兩月赴官投賣，每兩以三十錢酬之。二月庚子。民間多不盡輸，遂命再限兩箇月，不復酬以錢。違者許人告。六月庚申。湖州舊鬻鏡，行于天下。自是官自鑄之。二年八月甲戌。已用右曹郎官趙彦括奏，禁銷錢爲銅器，買者科違制之罪，仍以匿隱論。其爐户決配海外，永不放回。仍許告捕。因復置神泉監，以所括民間銅器鑄當三大錢，仍權隸工部。八月戊子。惟嚴錢直輸行在。而建、韶、饒、贛等州，皆自提點所泛湖由江入漕渠，輸之京帑焉。然祖宗時，雖歲收錢一百五緡，江、池、饒、建四監，熙寧中，額每年退却六十萬，三年一郊，又支一百萬赴三司。是内帑每年得一十六萬六千餘緡，而左藏得九十三萬三千餘緡也。今歲額止十五萬，而隸封樁者半，内藏者半，左藏咸無焉，宜版曹之日困也。

（宋）李心傳《建炎以來朝野雜記甲集》卷一六《財賦・淮南鐵錢》

淮上舊鑄銅錢，兵火後，舒州不復鑄錢，但行饒建等錢而已。乾道初，林樞密安宅爲右諫議大夫，議以銅錢多入北境，請禁之。而即蜀中取鐵錢，行之淮上。事既行，洪景伯參政，言其不可。上問之，景伯曰：今每州不得千緡，一州以萬户計之，每家才得數百，恐民間無以貿易。且客旅無回貨，鹽場有大利害。上以爲是，乃不行。元年九月丁巳。但即蜀中取十五萬緡，行之費和三州而已。五年秋，王公明使蜀，復伸前議。六年夏，遂命司農寺丞許子中往淮西措置，即温蘄二州鑄夾錫鐵錢，舒州同安監歲二十五萬緡，蘄州新春監十五萬緡。淳熙七年春，舒守趙子蒙、蘄守施温舒皆以鑄錢增羨遷官。五月己卯。然淮民大以爲擾。八年秋，王謙仲知舒州，入見，爲上言之。遂減舒州錢額十萬緡，與蘄州通三十萬緡。七月癸卯。後踰月，又詔權罷鼓鑄一年。九月丁丑。二州既復鑄錢，因命淮西漕臣兼提點江淮湖北鐵冶鑄錢公事，增歲額至六十萬緡。然淮錢日夥，而又著令不許過江，人甚賤之，乃復減爲四十萬。

（宋）謝深甫等《慶元條法事類》卷二九《榷禁門・銅錢金銀出界》

敕

衛禁敕

諸以銅錢出中國界者，徒三年，五百文流二千里，五百文加一等。徒罪配三千里，從者配二千里；流罪配廣南，從者配三千里；三貫配遠惡州，從者配廣南；五貫絞，從者配遠惡州。知情引領、停藏、負載人減犯人罪一等，仍各依從者配法。以上並奏裁，各不以赦降原減。許徒伴及諸色人捕，依格支賞外，隨行應干錢物並全給捕人。其犯人并知情引領、停藏、負載人名下家産，並藉没入官。如已裝發候回日，亦許徒伴及諸色人捕，盡以犯人回貨給賞外，仍依格推賞。

諸以銅錢與蕃商博易者，徒二年，五百文加一等，過徒三年一貫加一等。徒罪配二千里，從者配千里；流罪配三千里，從者配二千里；五貫配廣南，從者配三千里；十貫配遠惡州，從者配廣南。知情引領、停藏、負載人減犯人罪一等，仍依從者配法。以上並化外人有犯者，並奏裁，各不以赦降原減。許徒伴及諸色人捕，除依格支賞外，隨行錢物並給捕人，其犯人並知情引領、停藏、負載人名下家產並藉没入官。

諸不覺察錢銅出中國界或以銅錢與蕃商博易者，市舶司當職官吏、謂置司州。巡捕官、巡防人以違制論。州知、通，縣令、丞，鎮寨官並經由透漏去處巡捕官、巡防人杖一百。故縱者，與犯人同罪，至死，減一等。

雜敕【略】

諸將銅錢入川、陝界者，杖六十，二百文杖七十，二百文加一等，二貫徒一年，二貫加一等，過徒三年十貫加一等。

諸於陝西路用銅錢者，徒二年，配千里。

令

關市令

諸禁銅錢出中國條制，州縣每半年一曉示。

格

賞格

命官

獲以銅錢出中國界者：知情引領、停藏、負載人並減半。：徒罪，減磨勘二年半；流罪，減磨勘三年半；配遠惡州，轉一官，減磨勘一年；死罪，轉兩官。

獲以銅錢與蕃商博易者：知情引領、停藏、負載人並減半。徒罪，減磨勘一年半；流罪，減磨勘二年半；配遠惡州，轉一官。

諸色人

獲以銅錢出中國界者：知情引領、停藏、負載人並減半。徒罪，錢三百貫；流罪，錢三百五十貫；配遠惡州，錢四百貫；死罪，錢五百貫。獲三百貫以上者奏裁。

獲以銅錢與蕃商博易者：知情引領、停藏、負載人並減半。徒罪，錢二百五十貫；流罪，錢三百貫；配遠惡州，錢三百五十貫。獲五百貫以上者奏裁。

告獲川、陝路鐵錢與陝西、河東路鐵錢侵越行用及將鐵錢入銅錢界行用者：杖罪，錢一十貫；徒罪，錢二十貫；流罪，錢三十貫；編管，錢四十貫；配，錢五十貫。

獲將銅錢入川、陝界者：杖罪，錢五貫；徒罪，錢一十貫；流罪，錢二十貫。

告獲於陝西路用銅錢者，錢二百貫。

申明

隨敕申明

衛禁

乾道九年五月十八日敕：將帶銅錢過淮，比附以《銅錢出中國界》條法斷罪、推賞。仍令淮、江帥漕司、沿江、淮州縣并榷場官常切覺察。如州縣并榷場官違戾，仰帥、漕司舉劾，申奏朝廷，重行停降。若帥、漕司失於覺察舉劾，或因人告首及別事彰露，亦與州縣并榷場官一等科罪【略】。

淳熙五年五月十八日敕：今後如有蕃商海船等船往來興販，夾帶銅錢五百文，隨行離岸五里，便依出界條法。

紹熙元年十一月十四日敕：刑、户部看詳：信陽軍取淮河灘淺處二十里内捕獲到銅錢，比附《餘條未過減一等》斷遣。如已裝成馬馱，於淮河一里内捕獲者，比附《沿淮地分已裝載下船未離岸依已渡法》指揮斷罪。若取淮河二十里之外，但本軍内捕獲，亦比附《餘條未過減一等》上又減一等定斷，内有蔭人不用蔭贖。

紹熙二年三月二十五日敕：盱眙軍申乞日後遇有諸色人打奪到銅錢、銀兩不即告官，自行分受之人，依條施行外，所有元般販銅錢、銀兩人，不許引用犯禁物被盜致彰露同首原條法，止於正犯刑名上減等斷罪。户、刑部看詳，欲從所乞施行。奉聖旨：依户、刑部看詳到事理施行。【略】

雜敕

諸博易私錢以規利者，杖一百，一百文加一等，過徒三年，一貫加一等，十貫配本城，三犯徒，鄰州編管。

（宋）謝深甫等《慶元條法事類》卷二九《榷禁門・銅錢下海》 敕

衛禁敕

諸將銅錢入海船者，杖八十，一貫杖一百；三貫杖一百，編管五百里；五貫徒一年，從者杖一百；七貫徒二年，從者徒一年；十貫流二千里，從者徒三年。知情引領、停藏、負載人依從者法。若化外有犯者，並奏裁，不以赦降原減。許徒伴及諸色人捕，其隨行錢物，並全給捕人。

諸打造海船，先經所屬請給《禁納銅錢入海條令》，雕注船梁，違者杖八十。

令

職制令

諸沿海巡檢、縣尉透漏銅錢入海者，所屬具申尚書省。

（宋）謝深甫等《慶元條法事類》卷二九《榷禁門·錢銀過江北》

申明

隨敕申明

衛禁

乾道九年五月十八日敕：將帶銅錢過江北，比附銅錢入川、陝界斷罪，許人告。其所告錢數並全給充賞，仍令江、淮帥漕司，沿江淮州縣并榷場官常切覺察。如州縣并榷場官違戾，仰帥、漕司舉劾，申奏朝廷，重行停降。若帥、漕司失於覺察舉劾，或因人告首及別事彰露，亦與州縣并榷場官一等科罪。

乾道九年八月十五日敕：今後如有藏帶銀兩銅錢至緣邊州軍榷場及沿淮地分，已裝載下船，捉獲，雖未離岸，並依已渡法，許人告捕，入一半充賞，一半没官。【略】

淳熙四年十二月二十三日敕：禁止銅錢過江北，前後關防措置非不嚴切，訪聞尚有民旅冒犯法禁，令江、淮帥、漕司約束所部，沿江守令嚴行禁戢。仍督責巡、尉緝捉，毋令透漏，月具有無違犯之人申尚書省。

（宋）謝深甫等《慶元條法事類》卷二九《榷禁門·私鑄錢》

敕

雜敕

諸私鑄錢者，絞，謂私鑄當三、當二小平或鐵錢及夾錫錢。餘條稱私鑄錢者准此。未成百，減一等；指教人及工匠爲從，死罪從及罪至流者，配千里；以渣垢夾鑄罪至死者，奏裁；以雜物私造，以銅淬鐵錢，以鐵錢染爲銅色者亦是。可亂俗者，減私鑄法一等，不及百文又減一等，並許人捕。廂耆巡察人失覺察私鑄錢，徒一年，巡檢、縣尉、都監減一等，縣令、州城內知州、通判各又減一等；若雜物私造者，各又遞減一等。以上知而不舉或故縱者，減罪人罪二等，內廂耆巡察人故縱犯人應配者，仍配五百里；鄰保知而不糾，加五保不糾罪一等。若雜物私造止依五保知而不糾律。即保內如能糾舉，免罪；獲者，給賞如法。

諸製造、賣、借若與人鑄錢作具者，減犯人罪一等，買、借及受之者，與同罪，已造而未成者，減三等，許人告。

諸有私鑄錢不捶毁而輒行使者，杖一百，許人告。

名例敕

諸私鑄錢者，不以蔭論，命官不在議、請、減之例。

盗賊敕

諸官司受納諸色人錢，專庫揀揑之類，以私鑄混雜换易，罪輕者，杖一百，仍勒停，許人捕。

令

捕亡令

諸巡捕官，州給印曆，應失覺若獲私鑄錢者，並計火數，見情犯者，當日取曆，依式批書。

雜令

諸錢私鑄私造者，若渣垢夾鑄者，毁訖没官。

斷獄令

諸私鑄錢應配者，計地里配鑄錢監。本處無監者，配以次監。已成而不劾該配者，謂家人共犯於法不坐及因首告減等之類。刺充錢監工匠。本路無監，刺以次路分監。犯人應贖者非。

賞令

諸給賞者，以犯人財産充，無或不足者，以官錢支。即獲私鑄錢，製造、賣、借若與人鑄錢作具同。如事狀明白，當日以官錢借支。

諸備賞應以犯人財産充而無或不足者，私鑄錢，製造、賣、借若與人鑄錢作具同。責停止知情人，又不足，責鄰保、廂耆；以雜物造錢，責鄰保人均備。

格

賞格

命官

親獲私鑄錢：未成，減磨勘一年。已成，減磨勘二年，所獲錢五百貫以上，減三年；三千貫以上，轉一官，選人循兩資。

知州、通判、都監、縣令、巡檢縣尉任滿獲私鑄錢：謂以任内親獲或他人獲火數互相比折失覺察已斷火數外，計其餘親獲數理。一火以上，減磨勘一年；三火以上，減磨勘二年；五火以上，減磨勘三年；十火以上，轉一官，選人循兩資。

諸色人

獲私鑄錢：未成，錢一百五十貫。已成，錢三百貫。所獲錢一百貫以上，仍轉一資；五百貫以上，百姓願充進議副尉，公人願充進武副尉者，聽；一萬貫以上，與承信郎。

獲私以雜物造錢，雖未成者，不及一百文減半。錢一百貫。

告獲製造、賣、借若與人鑄錢作具者，買、借及受之者同。錢一百貫。

告獲有私鑄錢不捶毀而輒行使者，不滿一百文，錢三十貫；五十文以下減半。一百文以上，錢四十貫；一貫文以上，錢五十貫；十貫以上，錢七十貫。每十貫文增五貫文。三百貫止。

獲官司受納諸色人錢、謂小平當三並官鑄者。專庫揀捏之類以私鑄錢混雜換易者，錢一百貫。

式

賞式

保明命官任滿獲私鑄錢酬賞狀。

某處

勘會某官姓名，昨於某年月日到任，至某年月日替罷。任内有獲到私鑄錢，依條折除失覺火數外，有親獲火數合劾該推賞，尋行取會，並是詣實謹具如後：

一任内私鑄錢失覺共若干火。無，則稱無。

一火。具元鑄錢去處，犯人姓名、事發月日、因依、獲者，開結斷刑名。餘火依前開。

一任内躬親或差人捕獲私鑄共若干火。火數各依前開。

一將某人躬親或差人捕獲私鑄錢若干火比折失覺火數外，尚有親獲到若干火。

一檢坐合用條格，開。

右謹件如前，勘會某官姓名，准令格該某酬獎，保明並是詣實。謹録奏聞，伏候敕旨。

年月　日依常式。

考課式

批書巡捕官任内失覺察及獲私鑄錢

某處

據某處報某地分巡捕官某人，失覺察若獲私鑄錢，今合批書者：

一某年月日於某地分内失覺察某人私鑄錢若干，獲犯人者，仍具已若何結斷。

一某年月日於某地分内躬親或差人獲到某人私鑄錢若干。

右批上本官印紙照會。

年月　日依常式。

申明

隨敕申明

雜敕

淳熙四年二月八日敕：州縣鄉村市井買賣交易及輸納官錢等公然將私鑄砂毛錢混雜行使，悉因關津税務不曾搜檢，商旅等人得以循習，博易般傳，更無畏憚。劄下江東西、福建、浙東西、湖南路諸州，行下所管關津、税場，嚴行關防，搜檢拘收，將犯人依法斷罪追賞。其監官依巡尉有無透漏茶鹽賞法，及滿考罷任，批上印紙。

淳熙十六年正月十九日敕：諸路守臣嚴切督責巡捕官司，所部私鑄及見使砂毛錢，禁戢捶毀，日後尚或違犯，盡法施行。若有故縱，奉行滅裂，因致彰露，其守臣并巡捕官並取旨責罰。仰提刑司常切覺察。

紹熙三年五月一日尚書省劄子：兩淮私鐵錢多是江南州縣深山窮谷間所鑄，雖與兩淮一例督責官吏禁止，而江南以非行用鐵錢地分奉行不嚴。如日後兩淮敗獲，鞫勘得是江南所鑄，即將界分官吏、鄰保重行責

罰，並不以去官原免。奉聖旨：依。

（宋）謝深甫等《慶元條法事類》卷二九《榷禁門·鉟鑿錢寶》 敕

雜敕

諸鉟銷及磨錯、翦鑿錢取銅以求利，或鑄造器物，夾雜鉛、錫打造，計銅斤重科罪。已鉟銷，雖未成器物亦是。若工匠及賣買興販之者，一兩杖一百，一斤加一等，工匠送鑄錢監充役。八斤皆配本城，十斤皆配五百里。命官及有蔭人奏裁，並許人捕。廂耆巡察人及地分官吏州都監、縣鎮巡尉各分認地分界至。知而不糾，以違制論，仍放罷，吏人勒停。犯人罪輕者，與同罪。鄰保知而不糾，杖一百。即保內能糾舉或工匠能首告者，免罪，給賞如法。官司不即給賞，許告捕人經監司越訴。

諸巡檢、縣尉、都監，任內失覺察鉟銷及磨錯、翦鑿錢取銅以求利或私造銅器，謂以任內失覺察，除親獲或他人獲已斷數互相比折外，計其餘數理。一斤以上展磨勘半年，十斤以上展磨勘一年，五十斤以上展磨勘二年，百斤以上奏裁。廂耆巡察人杖一百。

諸守令任內失覺察鉟銷錢寶，私鑄銅器，提點刑獄司具申尚書省取旨。

令

雜令

諸私造銅、鍮石器物若鉟銷、磨錯、翦鑿錢取銅以求利及買販罪賞條禁，於要鬧處曉示。【略】

賞令

諸獲鉟銷及磨錯、翦鑿錢、鑄造器物及販賣者，依格給賞外，仍將所獲器物估價以錢給之。其器物捶毀，解赴所屬官司，充鑄錢使用。

諸備賞應以犯人財產充而無或不足者，若鉟銷、磨錯、翦鑿錢寶，私造銅器，責停止知情人，又不足，責鄰保廂耆均備。

格

賞格

命官

巡檢、縣尉、都監任滿，獲鉟銷及磨錯、翦鑿錢取銅以求利或私造銅器者：謂以任內親獲，除失覺察或他人獲已斷數互相比折外，計其餘親獲數理。一斤以上，減磨勘半年；十斤以上，減磨勘一年；五十斤以上，減磨勘二年；百斤以上，奏裁。

諸色人

告獲鉟銷及磨錯、翦鑿錢取銅以求利或鑄造器物，已鉟銷，雖未成器物亦是。若工匠及賣買興販之者：杖罪，錢五十貫；徒一年，錢七十貫，每等加一十貫；流二千里，錢一百貫，每等加一十貫。

（宋）謝深甫等《慶元條法事類》卷二九《榷禁門·私錢博易》 敕

雜敕

諸博易私錢以規利者，杖一百，一百文加一等，過徒三年，一貫加一等，十貫配本城，三犯徒鄰州編管。即將私錢博易官錢者，加二等，罪止配鄰近錢監。鄰近無錢監，即配鄰近牢城，各不得過五百里。引領博易人准此。以上許人告。

諸巡檢、縣尉、都監，任內失覺察鉟銷及磨錯翦鑿錢取銅以求利，以私錢博易同。或私造銅器，謂以任內失覺察，除親獲或他人獲已斷數互相比折外，計其餘數理。一斤以上，展磨勘半年，十斤以上，展磨勘一年，五十斤以上，展磨勘二年，百斤以上，奏裁。廂耆巡察人杖一百。

賊盜敕

諸錢綱押綱人、部綱兵級本船梢工同。以私錢貿易所運錢，雖應計其等，依監主自盜法，罪至死者，減一等配千里。本舡軍人及和雇人犯者，亦以盜所運官物論。

令

諸以私錢貿易綱運所般錢監上供錢者，許人捕。

賞令

諸備賞應以犯人財產充而無或不足者，博易私錢責停止知情人，又不足，責鄰保廂耆均備。

格

賞格

諸色人

告獲博易私錢規利者：杖罪，錢五十貫；徒罪，錢七十貫；流罪，錢一百貫；編管，錢一百二十貫；配，錢一百五十貫。

獲以私錢貿易綱運所般錢監上供錢者，錢三百貫。

命官

巡檢、縣尉、都監任滿獲銋銷及磨錯、翦鑿錢取銅以求利以私錢博易同。或私造銅器者：謂以任內親獲除失覺察或他人獲已斷數互相比折外，計其餘親獲數理。一斤以上，減磨勘半年；十斤以上，減磨勘一年；五十斤以上，減磨勘二年；百斤以上，奏裁。

（宋）王應麟《玉海》卷一八〇《食貨・錢幣・中興鑄錢監》《中興會要》饒州永平監額四十六萬五千貫，池州永豐監三十四萬五千貫，江州廣寧監二十四萬貫，後以十萬貫爲額。建寧府豐國監二十五萬四百貫。淳熙二年罷，一云紹興二年九月罷。韶州永通監四萬七千十七貫，淳熙十二年罷。贛州鑄錢監、嚴州神泉監並無定額。慶元三年八月戊子復置。紹興二年八月癸巳，令永豐監卒寓役於饒，廣寧監卒寓役於虔。移少就多。二十七年七月庚午，户部侍郎林覺奏：慶曆、嘉祐以來，歲鑄一百八十餘萬緡，後亦不下一百餘萬。紹興二十五年猶得一十四萬六千緡，二十六年得二十三萬緡。孝宗定鑄額，歲十五萬緡。冶場之盛，名在幹官者，鉛山、濛山、石堰、岑水、昭寶、富寶、寶成、寶瑞、雙瑞、嘉瑞、大挺、大濟、永興、新興、興國、興利、大富、廣富、通利、通濟。監務坑井殆幾萬計。

建炎元年七月丙辰，工部郎李士觀言：江、池、饒、建州四監歲鑄錢百三十三萬餘緡，多未輸者。今轉運司委官催督。九月庚戌，始通當三大錢於淮浙荆湖諸路。政和舊法，大錢止行於京畿東、西，河東、北，由是東南小平錢甚重而物輕。張壽言改當十爲當三，無私鑄之利，請行於東南。從之。九月壬辰，鑄建炎通寶。三年六月三日，命江、池、饒錢監以二萬五千緡爲一綱。紹興元年八月十八日，工部進真篆當二小平銅鐵錢牙樣。詔下鑄錢司。三年八月，工部侍郎李擢言：國初，得唐乾元中所置永平監舊址，因之歲鑄四十六萬緡。逮至道咸平置永豐、廣寧、豐國三監，總鑄八十六萬餘緡。一歲上供百三十餘萬緡。紹興二年八月併廣寧、永豐于虔、饒兩司分歲額。是年又罷豐國，令虔司閩漕各立歲額，鑄不及往時十二三，纔八萬緡。十五年七月四日，置利州鑄錢監。二十六年六月十六日，上謂錢法開元始精緻，國家太平，祥符崇寧錢亦精。二十八年七月庚辰，嚴銅禁。紹興三十年五月丙戌，諸路歲鑄錢以五十萬緡爲額。明年纔鑄及十萬緡，惟嚴州神泉監直輸行在，而建、韶、饒、贛皆輸內帑。乾道三年三月，以左藏庫銅九萬八千八百十斤下嚴州神泉監鼓鑄。可鑄錢三萬九千五百餘緡。六年四月，命朝臣往淮西措置鑄錢。六月，舒曰同安監，蘄曰蘄春監，黄曰齊安監。七年十一月，興置撫之裕國，六萬緡。臨江之豐餘，五萬緡。興國之富民監。十萬緡。慶元三年二月癸巳，復禁銅器。

《宋史》卷一八〇《食貨志・錢幣》寶慶元年，新錢以大宋元寶爲文。端平元年，以膽銅所鑄之錢不耐久，舊錢之精緻者泄於海舶，申嚴下海之禁。嘉熙元年，新錢當二并小平錢並以嘉熙通寶爲文，當三錢以嘉熙重寶爲文。

淳祐四年，右諫議大夫劉晋之言：巨家停積，猶可以發洩，銅器銋銷，猶可以止遏，唯一入海舟，往而不返。於是復申嚴漏泄之禁。

八年，監察御史陳求魯言：議者謂楮便於運轉，故錢廢於蟄藏；自稱提之屢更，故圜法爲無用。急於扶楮者，至嗾盗賊以窺人之閫奧，峻刑法以發人之窖藏，然不思患在於錢之荒，而不在於錢之積。夫錢貴則物宜賤，今物與錢俱重，此一世之所共憂也。蕃舶巨艘，形若山嶽，乘風駕浪，深入遐陬。販於中國者皆浮靡無用之異物，而泄於外夷者乃國家富貴之操柄。所得幾何，所失者不可勝計矣。京城之銷金，衢、信之鍮器，醴、泉之樂具，皆出於錢。臨川、隆興、桂林之銅工，尤多於諸郡。姑以長沙一郡言之，烏山銅爐之所六十有四，麻潭鵝羊山銅户數百餘家，錢之不壞於器物者無幾。今京邑鍮銅器用之類，鬻賣公行於都市。畿甸之近，一繩以法，由内及外，觀聽聿新，則銋銷之姦知畏矣。香、藥、象、犀之類異物之珍奇可悦者，本無適用之實，服御之間昭示儉德，自上化下，風俗丕變，則漏泄之弊少息矣。此端本澄原之道也。有旨從之。

十年，以會價低減，復申嚴下海之禁。十二年，申嚴銋銷之禁及僞造之法。咸淳元年，復申嚴銋銷、漏泄之禁。寶祐元年，新錢以皇宋元寶爲文。

（清）徐松《宋會要輯稿・食貨一一・錢法》東南諸路鑄錢：國朝承南唐之舊，爲之未廣也。咸平三年，馬忠肅亮以虞部員外郎出使，按此處記事有誤，《宋史》卷二九八《馬亮傳》：亮字叔明，謚忠肅。其出使於池州置監鑄錢事在太宗朝。此云咸平三年，誤，當考。始於江、池、饒、建四州歲鑄錢百

三十五萬貫，銅鉛皆有餘羨。真宗即位，以宗肅爲江南轉運副使、兼都大提點江南福建路鑄錢四監，凡役兵三千八百餘人。大中祥符後，銅坑多不發。逮天禧末，所鑄纔一百五萬。及蔡京爲政，大觀中，歲收銅乃六百六十餘萬斤。比祖額虧四十餘萬斤。內舊場四百六十餘萬斤，膽銅一百餘萬斤，石銅七十萬斤，新場三十萬斤。江、湖、閩、廣十監每年共鑄錢二百八十九萬四百緡，計用銅一千十一萬五千斤。江州廣寧二十四萬、池州永豐三十四萬五千、饒州永平四十六萬五千、建州豐國三十四萬四百。四監一百三十四萬緡，上供。衡州咸寧二十萬、舒州同安十萬、嚴州神泉十五萬、鄂州寶泉十萬、韶州永通八十三萬、梧州元豐十八萬，已上六監，一百五十六萬緡，逐路支用。以所入約所用，計少銅三百三萬五千斤。自渡江後，歲鑄錢纔八萬緡，近歲始倍。蓋銅鐵鉛錫之入，視舊纔二十之一，舊一千三百二十萬斤，今七千餘萬斤。所鑄錢視舊亦纔二十之一爾。

（清）徐松《宋會要輯稿·食貨一一·鑄錢監》 江州廣寧監額：三十四萬貫，舊額二十萬貫。池州永豐監額：四十四萬五千貫，舊額四十萬貫。建州豐國監額：二十萬貫，舊額三十萬貫。韶州永通監額：四十萬貫，大錢，內兼鑄小錢八萬貫。惠州阜民監額：三十五萬〔貫〕。永興軍錢監額：一十萬貫。華州錢監額：一十萬貫，大錢。陝州錢監額：一十萬貫。絳州垣曲錢監額：一十三萬貫，大錢。衛州黎陽監額：一十五萬貫，小錢，五萬貫，大錢。西京阜財監額：二十萬貫。興國軍富民監額：二十萬貫。衡州熙寧監額：一十五萬貫。睦州神泉監額：一十五萬貫。鄂州寶泉監額：一十萬貫，大錢。舒州同安監額：一十五萬貫。虢州在城、朱陽兩監額：各一十二萬五千貫文，大錢。商州在城、洛南兩監額：各十二萬五千貫，大錢。興州濟農監額：四萬貫文，舊額：三萬九千二百六十三貫二百五十文，每貫重一十二斤十二兩。嘉州豐遠監額：八萬六千六百一十七貫，舊額：四萬貫。邛州惠民監額：一十萬九千八百五十一貫，舊額：十二萬六百二十二貫。通遠軍威武鎮錢監額：一十二萬五千貫，大錢。岷州滔山鎮錢監額：一十二萬五千貫，大錢。已上並以文武京朝官、使臣殿直已上，每監二員，至或用三員。或舉用選人，或以州官兼領而已。

鑄錢：每鑄一貫省，用銅二斤八兩，鉛一斤一十五兩，錫三兩，炭五斤。

浸銅之法：先取生鐵打成薄片，目爲鍋鐵，入膽水槽，排次如魚鱗，浸漬數日。鐵片爲膽水所薄，上生赤煤，取出，刮洗錢煤入爐烹煉。凡三煉，方成銅。其未化鐵卻添新鐵片，再下槽排浸。

饒州永平監額：四十六萬五千貫。池州永豐監額：三十四萬五千貫。紹興元年，撥併寄役贛州鑄錢監，本監官認鑄額。建寧府豐國監額：二十五萬四百貫。韶州永通監額：四萬七千一十七貫。贛州鑄錢監、嚴州神泉監，以上並無定額。

（清）徐松《宋會要輯稿·食貨一一·錢法·雜録》 太平興國二年，江南轉運使樊若水言：江南舊用鐵錢，於民非便。望於昇州、饒州出銅處置官鑄錢，其鐵錢即令諸州鼓鑄爲農器，以給江北流民。

八年三月，詔曰：饒州歲市私鉛錫六萬斤，饒：《長編》卷二四、《長編紀事本末》卷一一作「虔」。爲錢十五，自今請增三錢；錫十五萬斤，爲錢二十九，增六錢。饒州市炭，秤爲錢十，增三錢。從轉運使張齊賢之請也。先是，李煜因唐舊制，於饒州永平監歲鑄錢六萬貫。江南平，增數爲七萬貫，常患銅少不充用。齊賢任轉運使，求得江南僞承旨丁釗，盡知饒、信、虔等州山穀出銅、虔：原作處，據《長編》卷二四、《長編紀事本末》卷一一改。鉛、錫處，齊賢即調發諸縣丁男採之。是年增數十倍，明年得銅鉛八十五萬斤，錫十六萬斤，因雜用鉛、錫，歲鑄錢三十萬貫。補丁釗爲承旨，領五郡銅。先是，永平監用開元通寶錢法，永：原作承，據《長編》卷二四、《宋史》卷一八〇《食貨志》下二改。元通：原作通元，據《長編》卷二四、《長編紀事本末》卷一一改。甚好，周郭精妙。至是雜用鉛、錫，雖歲增數倍，而稍爲粗惡。《續通鑑長編》又云：初，齊賢陛辭日，上面命曰：漢時吳王即山鑄錢，江南多出銅，爲朕密經營之。經：原脱，據《長編》卷二四補。齊賢訪前代鑄法，惟永平監用唐開元錢料，堅實可久，由是定取其法。凡用銅八十五萬斤，鉛三十六萬斤，錫十六萬斤。或言增鉛錫多，齊賢固引唐朝舊法爲言。但丁制作丁釗。

淳化五年，詔：饒州舊例集民爲甲，令就官場買茶。自（令）〔今〕聽從便收市。又至道二年十月，賜池州新置鑄錢監名曰永豐。先是，州每年鑄錢四十萬貫，至是復於池州分置是監，共鑄錢六十四萬貫。《九朝通略》云四十四萬貫。

大中祥符元年閏十月，大中祥符元年閏十月：按是年無閏十月，此繫年誤。右諫議大夫凌策言：饒州自來官買金，禁客旅興販。或爲人論告，即追禁平人，煩撓刑獄。自今請許納税錢。從之。

二年六月，詔：饒、池州等鑄錢監，比者歲給緡錢，以贍工匠，宜例加給。饒州歲七十萬，池州三十萬。【略】

咸平二年，宰臣張齊賢言：今錢貨未多，望擇使臣按行出銅易得炭薪之處，增置監鑄錢。乃命虞部員外郎馮亮等至建州置豐國監，馮亮：按本書食貨一一之一作馬忠肅亮，即馬亮，當考。江州置廣寧監。明年，凡鑄錢一百二十五萬，乃以亮爲江南轉運副使、提點江南福建鑄錢事。康定元年，因陝西移用不足，屯田員外郎皮仲容建議增監冶鑄，因敕江南鑄大錢，而江、池、虢、饒州又鑄小鐵錢，悉輦致關中。慶曆元年十一月，詔江、饒、池三州鑄鐵錢三百萬緡，備陝西軍費。崇寧二年正月，户部尚書吴居厚言：江、池、饒、建四監歲鑄緡錢一百三十餘萬，近年（侵）〔浸〕久，欲別立勸沮之格。詔從之。十月，江淮等路發運副使胡師文言：自熙寧以來，當二大銅錢不許轉京，故諸州官庫所積甚多。今（迄）〔乞〕改鑄當十錢，許四文，可成三文，則十萬貫當爲三百萬貫。癸卯，詔從之，令江、池、饒、建、舒、睦、衢、鄂八監依陝西樣鑄當十錢。於是當二錢悉罷鑄矣。後崇寧五年，不行用，其當二錢依舊存用，仍罷鑄當十錢，只令鑄小錢。

仁宗景祐元年鑄錢，文曰景祐元寶，真書、篆書二品。

乾文錢：太平興國九年，日本國僧□然等浮海而至，云其國（周）〔用〕銅錢，文曰乾文寶。原書此下云：松案：乾文錢、交趾國黎字錢二條，《大典》錢字號引，今附録於此。

交趾國黎字錢：秘書丞朱正臣言：前通判廣州，竊見藩商多往交州貿市，齎黎字及砂鑞錢至州，頗紊中國之法。

（清）徐松《宋會要輯稿·刑法二·禁約》〔乾道〕三年三月二日，臣僚言：伏見錢寶之禁，非不嚴切，而沿淮冒利之徒，不畏條法，公然般盗出界，不可禁止。乞劄下沿邊州縣，嚴加覺察，如捕獲犯人，與重寘典憲。從之。【略】

九年三月六日，臣僚言：伏見朝廷禁止見錢，三貫以上不得出城門，五貫以上不得下江，已立定罪賞。其諸軍每月支請券食見錢動計萬數，往往出城歸寨支散衆軍，卻將見錢衷私般載外州回易，以致行在見錢稀少。乞行下殿前馬步軍嚴行約束，如有違戾，即依立定罪賞施行。從之。

（清）徐松《宋會要輯稿·刑法二·禁約》〔嘉定十年〕十一月二十九日，臣僚言：臣聞楮幣之折閱，原於銅錢之消耗，銅錢之消耗，原於透漏之無涯。乞行下慶元、泉、廣諸郡，多於舶船離岸之時差官檢視之外，令綱首重立罪狀。舟行之後，或有告首敗露，不問緡錢之多寡，船貨悉與拘没。仍令沿海州郡多出牓示於灣隩泊舟去處，重立賞格，許人緝捉。每獲到下海銅錢一貫，酬以十貫之賞，仍將犯人重與估籍，庶幾透漏之弊少革。從之。【略】

十二年六月二十八日，都省言：勘會見錢稀少，會價漸至低減，訪聞日來皆由銅錢下江並番舶偷載，與夫越界販賣出外。已劄下諸路提刑、提舉、轉運、市舶司，日下各嚴切行下所部州軍，差人嚴行搜檢船户，不許偷載銅錢下船。如有違犯之人，許同舟徒伴並諸色人告首，即將犯人送獄根勘，仍於名下重與追賞，犯人並船户與所販物貨並船盡籍没入官，一體決配斷罪。仍仰州縣分明重立罪賞，多出文牓曉諭，常切從公緝捉，無使透漏。仍仰所部監司覺察州縣違慢去處，切待取旨，重行鐫責施行。

（清）徐松《宋會要輯稿·刑法二·禁約》淳熙元年五月十五日，盱眙軍守臣言：銅錢金銀并軍須違禁之物，不許透漏過界，法令甚嚴。本軍係與泗州對境，逐時客旅過淮，博易射利之徒，殊不知畏。且本軍與泗州以淮河中流爲界，渡船既已離岸，無由敗獲。今欲自客旅往渡口正路，本軍西門外立爲禁約地分。遇有違犯之人，分別輕重斷遣。庶幾有所畏憚。今條畫如後：

一、照應榷場逐時發客過淮博易，係經由本軍西門出入，今欲每遇榷場發客，令搜檢官先就西門搜檢。如無藏帶金銀銅錢并違禁之物，方得通放。若客人經由西門搜檢之後，于西門外未至淮河渡口搜獲藏帶金銀銅錢者，欲將犯人比附越州城未過，減一等斷遣。仍將搜獲到金銀銅錢物貨盡數充賞。一、今欲于淮河渡口築土墻置門户，以爲禁約地分。如客旅或諸色人藏帶金銀銅錢，輒過所置墻門，雖未上舡或已上舡而未離岸，即與已過界事體無異。欲並依已出界法斷罪，犯人應有錢物盡數給與搜獲之人充

賞。從之。

（清）徐松《宋會要輯稿・食貨六七・置市》 太祖乾德三年四月十三日，詔開封府令京城夜市至三鼓已來，不得禁止。五年十二月二日詔曰：錢乃所以通貿易，布帛所以備財帛，時之急務，不可闕焉。故幣之輕姦，國家所禁，物之行濫，律令甚明。近聞都市之中賈人作僞，或刮銅取鉛盜鑄公行，或塗粉入藥詐欺規利，是致貨泉日弊，偷薄萌生。禁而止之，抑惟舊典。自今京城及諸道州府市肆，並不得行用新小錢鑞等錢，兼不得以疎惡絹帛入粉藥。違者重寘其罪。

（清）畢沅《續資治通鑑》卷一五《宋紀・太宗》 〔淳化元年五月〕國初錢文曰宋通元寶。考異：按宋初鑄宋通元寶錢，蓋承五代周通元寶錢之例。《長編》作宋元通寶，乃傳寫誤倒，而《文獻通考》沿之。今據歐陽修《歸田録》、趙葵《行營雜録》、王觀國《學林新編》、葉大慶《考古質疑》各書改正。乙未，改鑄淳化元寶錢，帝親書其文，作真、行、草三體。自後每改元必更鑄，以年號元寶爲文。

《遼史》卷六〇《食貨志》 鼓鑄之法，先代撒剌的爲夷離堇，以土産多銅，始造錢幣。太祖其子，襲而用之，遂致富強，以開帝業。太宗置五冶太師，以總四方錢鐵。石敬瑭又獻沿邊所積錢，以備軍實。景宗以舊錢不足於用，始鑄乾亨新錢，錢用流布。聖宗鑿大安山，取劉守光所藏錢，散諸五計司，兼鑄太平錢，新舊互用。由是國家之錢，演迤域中。所以統和出內藏錢，賜南京諸軍司。開泰中，詔諸道，貧乏百姓，有典質男女，計傭價日以十文；折盡，還父母。每歲春秋，以官錢宴饗將士，錢不勝多，故東京所鑄至清寧中始用。是時，詔禁諸路不得貨銅鐵，以防私鑄，又禁銅鐵賣入回鶻，法益嚴矣。道宗之世，錢有四等：曰咸雍，曰大康，曰大安，曰壽隆，皆因改元易名。其肉好、銖數亦無所考。第詔楊遵勗徵户部司逋户舊錢，得四十餘萬繦，拜樞密直學士；劉伸爲户部使，歲入羨餘錢三十萬繦，擢南院樞密使；其以災沴，出錢以振貧乏及諸宮分邊戍人户。是時，雖未有貫朽不可較之積，亦可謂富矣。至其末年，經費浩穰，鼓鑄仍舊，國用不給。雖以海雲佛寺千萬之助，受而不拒，尋禁民錢不得出境。天祚之世，更鑄乾統、天慶二等新錢，而上下窮困，府庫無餘積。【略】

世之論錢幣者，恒患其重滯之難致，鼓鑄之弗給也，於是楮幣權宜之法興焉。西北之通舟楫，比之東南，十纔一二。遼之方盛，貨泉流衍，國用以殷，給戍賞征，賜與億萬，未聞有所謂楮幣也，又何道而致其便歟？此無他，舊儲新鑄，並聽民用故也。

孟子曰：周于利者，凶年不能殺。人力苟至，一夫猶足以勝時災，況爲國乎。以是知善謀國者，有道以制天時、地利之宜，無往而不遂其志。食莫大於穀，貨莫大於錢，特志二者，以表遼初用事之臣，亦善裕其國者矣。

（明）王圻《續文獻通考》卷一七《錢幣考》 聖宗統和十四年，鑿大安山取劉守光所藏錢。

興宗重熙二十二年閏七月，長春州置錢帛司。

道宗清寧二年閏三月，詔行東京所鑄錢。九年正月，禁民鬻銅。

太康九年七月，禁外官部內貸錢取息。十年六月，禁毀銅錢爲器。

大安四年七月，禁錢出境。

《續文獻通考》卷七《錢幣考・錢》 太祖鑄天贊通寶錢。

初，太祖父德祖薩勒題爲額爾奇木，以土産多銅，始造錢幣。太祖襲而用之，遂致富強，以開帝業。

洪遵《泉志》曰：契丹主安巴堅天贊錢徑九分，重三銖六參。

太宗置五冶太師，以總四方錢鐵。

會同二年正月，晉遣使謝免沿邊四州錢幣。

臣等謹按：是時晉輸歲幣於遼，並獻沿邊所積錢以備軍實。是年，遼特免之，故遣使來謝耳。則大得中國之錢，以資用可知。

穆宗鑄應曆重寶錢。

景宗鑄乾亨重寶錢。

《食貨志》曰：景宗以舊錢不足於用，始鑄新錢，錢用流布。

趙至忠《雜記》曰：景宗朝置鑄錢院，年額五百貫。

聖宗鑄太平元寶錢，又鑄太平興寶錢。

先是，統和十四年，鑿大安山取劉守光所藏錢，散諸五計司。至是，兼鑄太平錢，新舊互用。

興宗鑄重熙通寶錢。

《泉志》曰：重熙錢徑九分，重三銖。

《宋史·食貨志》曰：慶曆間，當遼興宗時。契丹亦鑄鐵錢，易並邊銅錢。又鄭价使契丹，還言其給輿箱者，錢皆中國所鑄，乃增嚴三路闌出之法。

重熙二十二年閏七月，長春州置錢帛司。

以諸坑冶多在國東，故東京置户部司，長春州置錢帛司。時錢不勝多，故東京所鑄，至清寧中方用。

道宗清寧二年閏三月，始行東京所鑄錢。

九年正月，禁民鬻銅。

《遼史·二國外紀》曰：清寧九年正月，禁民鬻銅於夏。又《食貨志》曰：是時詔禁諸路不得貨銅鐵，以防私鑄。又禁銅鐵賣入回鶻，法益嚴矣。

太康十年六月，禁毁銅錢爲器。

大安三年五月，海雲寺進濟民錢千萬。

《食貨志》曰：道宗末年，經費浩穰，鼓鑄仍舊，國用不給。故雖以海雲佛寺千萬之助，受而不拒。

四年七月，禁錢出境。

《遼史·刑法志》曰：先是，南京三司銷錢作器皿三斤、持錢出南京十貫者，處死。至興宗重熙元年，銅逾三斤、持錢二十貫以上，處死。

又《食貨志》曰：道宗之世，錢有四等：曰咸雍，曰太康，曰大安，曰壽隆。皆因改元易名，其肉好，銖數無所考。

《泉志》曰：道宗清寧錢徑九分，重三銖，文曰清寧通寶。又太康錢有二品，並徑九分，重二銖四絫，以太康通寶、太康元寶爲文。又大安錢徑八分，重二銖八絫，文曰大安元寶。又壽昌錢徑九分，重二銖四絫，文曰壽昌元寶。

臣等謹按：《遼史》道宗錢四等：一曰咸雍，而不及清寧，蓋偶遺之。洪《志》之壽昌乃壽隆之譌。至《遼史》謂肉好，銖數無考。而《泉志》乃詳言之，則史家疏也。

天祚帝鑄乾統元寶錢，又鑄天慶元寶錢。

《泉志》曰：乾統錢徑寸，重三銖二絫。天慶錢徑九分，重二銖四絫。又曰：自天贊以下九品皆契丹年號。又千秋錢徑三分，文曰千秋萬歲。董逌曰：遼國錢也。

《食貨志》曰：天祚之世，更鑄乾統、天慶二等新錢，而上下窮困，府庫無餘積矣。

西遼壽昌元寶錢。

臣等謹按：李季興《東北諸蕃樞要》曰：契丹天祐年號壽昌，據《遼史·天祚帝紀》百官册立耶律達寶爲帝，上尊號曰天祐皇帝，改元延慶。無壽昌紀元之語，或正史遺之，而《樞要》別有所據。

西遼感天元寶錢。

天祐帝在位二十年，遺命皇后權國稱制，號感天皇后，此錢蓋其時所鑄。

（元）劉祁《歸潛志》卷一〇　金朝錢幣舊止用銅錢，正隆、大定、泰和間始鑄新錢，餘皆宋舊錢。及高巖夫爲三司副使，倡行鈔法。初甚貴重，過於錢，以其便于持行也。爾後兵興，官出甚衆，民間始輕之，法益衰。南渡之初，至有交鈔一十貫不抵錢十文用者，富商大賈多因鈔法困窮，俗謂坐化。官知其然，爲更造，號曰寶券。新券初出，人亦貴之，已而復如交鈔。官又爲更造，號曰通貨，又改曰通寶，又改曰〔通〕貨，曰寶泉、珍寶、珍會，最後以綾織印造，號珍貨，抵銀。一起一衰，迄國亡而錢不復出矣。予在淮陽時，嘗聞宋人喜收舊錢，商賈往往以舟載，下江淮貿易，於是錢多入宋矣。

《金史》卷四六《食貨志》　至於銅錢、交鈔之弊，蓋有甚者。初用遼、宋舊錢，雖劉豫所鑄，豫廢，亦兼用之。正隆而降，始議鼓鑄，民間銅禁甚至，銅不給用，漸興窑冶。凡産銅地脈，遣吏境内訪察無遺，且及外界，而民用銅器不可闕者，皆造於官而鬻之。既而官不勝煩，民不勝病，乃聽民冶銅造器，而官爲立價以售，此銅法之變也。

若錢法之變，則鼓鑄未廣，斂散無方，已見壅滯。初恐官庫多積，錢不及民，立法廣布。繼恐民多匿錢，乃設存留之限，開告訐之路，犯者繩以重罰，卒莫能禁。州縣錢艱，民間自鑄，私錢苦惡特甚。乃以官錢五百易其一千，其策愈下。及改鑄大錢，所準加重，百計流通，卒莫獲效。濟以鐵錢，鐵不可用，權以交鈔，錢重鈔輕，相去懸絶，物價騰踊，鈔至不

行。榷以銀貨，銀弊又滋，捄亦無策，遂罷銅錢，專用交鈔、銀貨。然而二者之弊乃甚於錢，在官利於用大鈔，而大鈔出多，民益見輕。在私利於得小鈔，而小鈔入多，國亦無補。於是，禁官不得用大鈔，已而恐民用銀而不用鈔，則又責民以鈔納官，以示必用。先造二十貫至百貫例，後造二百貫至千貫例，先後輕重不倫，民益眩惑。及不得已，則限以年數，限以地方，公私受納限以分數，由是民疑日深。其間，易交鈔爲寶券，寶券未久更作通寶，準銀并用。通寶未久復作寶泉，寶泉未久織綾印鈔，名曰珍貨。珍貨未久復作寶會，汔無定制，而金祚訖矣。

《金史》卷四八《食貨志·錢幣》 錢幣。金初用遼、宋舊錢，天會末，雖劉豫阜昌元寶、阜昌重寶亦用之。海陵庶人貞元二年遷都之後，户部尚書蔡松年復鈔引法，遂製交鈔，與錢並用。正隆二年，歷四十餘歲，始議鼓鑄。冬十月，初禁銅越外界，懸罪賞格。括民間銅鍮器，陝西、南京者輸京兆，他路悉輸中都。三年二月，中都置錢監二，東曰寶源，西曰寶豐。京兆置監一，曰利用。三監鑄錢，文曰正隆通寶，輕重如宋小平錢，而肉好字文峻整過之，與舊錢通用。

世宗大定元年，用吏部尚書張中彦言，命陝西路參用宋舊鐵錢。四年，浸不行，詔陝西行户部、并兩路通檢官，詳究其事。皆言，民間用錢，名與鐵錢兼用，其實不爲準數，公私不便，遂罷之。

八年，民有犯銅禁者，上曰：銷錢作銅，舊有禁令，然民間猶有鑄鏡者，非銷錢而何。遂併禁之。

十年，上諭户部臣曰：官錢積而不散，則民間錢重，貿易必艱，宜令市金銀及諸物。其諸路酤榷之貨，亦令以物平折輸之。十月，上責户部官曰：先以官錢率多，恐民間不得流通，令諸處貿易金銀絲帛，以圖流轉。今知乃有以抑配反害百姓者。前許院務得折納輕賫之物以便民，是皆朕思而後行者也，此尚出朕，安用若爲。又隨處時有賑濟，往往近地無糧，取於它處，往返既遠，人愈難之。何爲不隨處起倉，年豐則多糴以備賑贍，設有緩急，亦豈不易辦乎，而徒使錢充府庫，將安用之。天下之大，朕豈能一一偏知，凡此數事，汝等何爲而使至此。且户部與它部不同，當從宜爲計，若但務因循，以守其職，則户部官誰不能爲。

十一年二月，禁私鑄銅鏡，舊有銅器悉送官，給其直之半。惟神佛像、鐘、磬、鈸、鈷、腰束帶、魚袋之屬，則存之。

十二年正月，以銅少，命尚書省遣使諸路規措銅貨，能指坑冶得實者，賞。上與宰臣議鼓鑄之術，宰臣曰：有言所在有金銀坑冶，皆可採以鑄錢，臣竊謂工費過於所得數倍，恐不可行。上曰：金銀，山澤之利，當以與民，惟錢不當私鑄。今國家財用豐盈，若流布四方與在官何異。所費雖多，但在民間，而新錢日增爾。其遣能吏經營之。左丞石琚進曰：臣聞天子之富藏在天下，錢貨如泉，正欲流通。上復問琚曰：古亦有民自鑄錢者乎？琚對曰：民若自鑄，則小人圖利，錢益薄惡，此古所以禁也。

十三年，命非屯兵之州府，以錢市易金帛，運致京師，使錢幣流通，以濟民用。

十五年十一月，上謂宰臣曰：或言鑄錢無益，所得不償所費。朕謂不然。天下如一家，何公私之間，公家之費私家得之，但新幣日增，公私俱便也。

十六年三月，遣使分路訪察銅鑛苗脉。

十八年，代州立監鑄錢，命震武軍節度使李天吉、知保德軍事高季孫往監之，而所鑄斑駁黑澀不可用，詔削天吉、季孫等官兩階，解職，仍杖季孫八十。更命工部郎中張大節、吏部員外郎麻珪監鑄。其錢文曰大定通寶，字文肉好又勝正隆之制，世傳其錢料微用銀云。十九年，始鑄至萬六千餘貫。二十年，詔先以五千進呈，而後命與舊錢並用。

初，新錢之未行也，以宋大觀錢作當五用之。二月，上聞上京修內所，市民物不即與直，又用短錢，責宰臣曰：如此小事，朕豈能悉知，卿等何爲不察也。時民間以八十爲陌，謂之短錢，官用足陌，謂之長錢。大名男子斡魯補者上言，謂官私所用錢皆當以八十爲陌，遂爲定制。

二十年十一月，名代州監曰阜通，設監一員，正五品，以州節度兼領。副監一員，正六品，以州同知兼領。丞一員，正七品，以觀察判官兼領。設勾當官二員，從八品。給銀牌，命副監及丞更馳驛經理。二十二年十月，以參知政事粘割斡特剌提控代州阜通鑑。二十三年，上以阜通鑑鼓鑄歲久，而錢不加多，蓋以代州長貳廳幕兼領，而奪於州務，不得專意綜理故也。遂設副監、監丞爲正員，而以節度領監事。

二十六年，上曰：中外皆言錢難，朕嘗計之，京師積錢五百萬貫亦不爲多，外路雖有終亦無用，諸路官錢非屯兵處可盡運至京師。太尉丞相克寧曰：民間錢固已艱得，若盡歸京師，民益艱得矣。不若起其半至都，餘半變折輕齎，則中外皆便。十一月，上諭宰臣曰：國家銅禁久矣，尚聞民私造腰帶及鏡，託爲舊物，公然市之。宜加禁約。

二十七年二月，曲陽縣鑄錢別爲一監，以利通爲名，設副監、監丞，給驛更出經營銅事。

二十八年，上謂宰臣曰：今者外路見錢其數甚多，聞有六千餘萬貫，皆在僻處積貯，既不流散，公私無益，與無等爾。今中都歲費三百萬貫，支用不繼，若致之京師，不過少有輓運之費，縱所費多，亦惟散在民爾。

章宗大定二十九年十二月，雁門、五臺民劉完等訴，自立監鑄錢以來，有銅鑛之地雖曰官運，其顧直不足則令民共償。乞與本州司縣均爲差配。遂命甄官署丞丁用楫往審其利病，還言所運銅鑛，民以物力科差濟之，非所願也。其顧直既低，又有刻剥之弊。而相視苗脉工匠，妄指人之坦屋及寺觀謂當開採，因以取賄。又隨冶夫匠，日辦浄銅四兩，多不及數，復銷銅器及舊錢，送官以足之。今阜通、利通兩監，歲鑄錢十四萬餘貫，而歲所費乃至八十餘萬貫，病民而多費，未見其利便也。宰臣以聞，遂罷代州、曲陽二監。【略】

初，大定間定制，民間應許存留銅鍮器物，若申賣入官，每斤給錢二百文。其奔藏應禁器物，首納者每斤給錢百文，非器物銅貨一百五十文，不及斤者計給之。在都官局及外路造賣銅器價，令運司佐貳檢校，鏡每斤三百十四文，鍍金御仙花腰帶十七貫六百七十一文，五子荔支腰帶十七貫九百七十一文，擡鈒羅文束帶八貫五百六十文，魚袋二貫三百九文，鈸鈷鐃磬每斤一貫九百二文，鈴杵坐銅者二貫七百六十九文，鍮石者三貫六百四十六文。明昌二年十月，敕減賣鏡價，防私鑄銷錢也。

舊嘗以夫匠逾天山北界外採銅，明昌三年，監察御史李炳言：頃聞有司奏，在官銅數可支十年，若復每歲令夫匠過界遠採，不惟多費，復恐或生邊釁。若支用將盡之日，止可於界內採煉。上是其言，遂不許出界。

五月，敕尚書省曰：民間流轉交鈔，當限其數，毋令多於見錢也。

四年，上諭宰臣曰：隨處有無用官物，可爲計置，如鐵錢之類是也。或有言鐵錢有破損，當令所司以銅錢償之者，參知政事胥持國不可，上曰：令償之尚壞，不償將盡壞矣。若果無用，曷別爲計？持國曰：如江南用銅錢，江北、淮南用鐵錢，蓋以隔閡銅錢不令過界爾。如陝西市易亦有用銀布薑麻，若舊有鐵錢，宜姑收貯，以備緩急。遂令有司籍鐵錢及諸無用之物，貯於庫。

八月，提刑司言：所降陝西交鈔多於見錢，使民艱於流轉。宰臣以聞，遂令本路榷税及諸名色錢，折交鈔。官兵俸，許錢絹銀鈔各半之，若錢銀數少，即全給交鈔。

五年三月，宰臣奏：民間錢所以艱得，以官豪家多積故也。在唐元和間，嘗限富家錢過五千貫者死，王公重貶没入，以五之一賞告者。上令參酌定制，令官民之家以品從物力限見錢，多不過二萬貫，猛安謀克則以牛具爲差，不得過萬貫，凡有所餘，盡令易諸物收貯之。有能告數外留錢者，奴婢免爲良，傭者出離，以十之一爲賞，餘皆没入。

又諭旨有司，凡使高麗還者，所得銅器令盡買之。【略】

〔泰和〕四年，欲增鑄錢，命百官議所以足銅之術。中丞孟鑄謂：銷錢作銅，及盜用出境者不止，宜罪其官及隣。太府監梁瑝等言：鑄錢甚費，率費十錢可得一錢。識者謂費雖多猶增一錢也，乞採銅、拘器以鑄。宰臣謂：鼓鑄未可速行，其銅冶聽民煎煉，官爲買之。凡寺觀不及十人，不許畜法器。民間鍮銅器期以兩月送官給價，匿者以私法坐，限外人告者，以知而不糾坐其官。寺觀許童行告者賞。俟銅多，别具以聞。八月，定從便易錢法，聽人輸納於京師，而於山東、河北、大名、河東等路依數支取。後鑄大錢一直十，篆文曰泰和重寶，與鈔參行。【略】

〔興定三年〕十二月，鎮南軍節度使温迪罕思敬上書言：錢之爲泉也，貴流通而不可塞，積於官而不散則病民，散於民而不斂則闕用，必多寡輕重與物相權而後可。大定之世，民間錢多而鈔少，故貴而易行。軍興以來，在官殊少，民亦無幾，軍旅調度悉仰于鈔，日之所出動以萬計，至于填委市肆，能無輕乎。不若弛限錢之禁，許民自採銅鑄錢，而官製模範，薄惡不如法者令民不得用，則錢必日多，鈔可少出，少出則貴而易行矣。今日出益衆，民日益輕，有司欲重之而不得其法，至乃計官吏之俸、驗百姓之物力以斂之，而卒不能增重，曾不知錢少之弊也。臣謂宜令民鑄

錢，而當斂鈔者亦聽輸銀，民因以銀鑄錢爲數等，文曰興定元寶，定直以備軍賞，亦救弊之一法也。朝廷不從。

《續文獻通考》卷八《錢幣考·金·錢》　太宗天會十一年八月，黄龍府置錢帛司。

金初用遼宋舊錢，天會末，雖劉豫阜昌元寶、阜昌重寶亦用之。

海陵正隆二年十月，初鑄銅錢。

自貞元二年遷都後，製交鈔與錢並用，至是始議鼓鑄，禁銅越外界，懸罪賞格。括民間銅鍮器，陝西南京者輸京兆，他路悉輸中都。明年二月，都城及京兆置錢監。中都置監二，東曰寶源，西曰寶豐。京兆置監一，曰利用。三監鑄錢，文曰正隆通寶，輕重如宋小平錢，而肉好字文峻整過之，與舊錢通用。

世宗大定元年，命陝西路參用宋舊鐵錢。

至四年，寖不行，詔罷之。十九年八月，又以代州所鑄新錢未行，令以宋大觀錢作當五用之。

八年，禁民間鑄錢。

民有犯銅禁者，帝以銷錢作銅，舊有禁令，然民間猶有鑄鏡者，非銷錢而何，遂併禁之。至十一年二月，申禁私鑄銅鏡，舊有銅器悉送官給其直之半。惟神像、鐘磬、鈸鈷、腰束帶、魚袋之屬存之。二十六年十一月，又以民私造腰帶及鏡託爲舊物市之，敕加禁約。又定制民間應許存留銅鍮器物，若申賣入官，每斤給錢二百文，其棄藏應禁器物首納者，每斤給錢百文。非器物銅貨一百五十文，不及斤者計給之。在都官局及外路造賣銅器，令運司佐貳檢校定價，各有差。

章宗明昌二年十月，又敕減賣鏡價，防私鑄銷錢也。

十年，以官錢積而不散，令市金銀諸物，其諸路酤榷之貨，亦令以物平折輸之。

時顯宗爲太子，有使者自山東還，太子問民間何所苦，曰錢難最苦，官庫錢滿有露積者，而民間無錢。太子因奏：錢在庫府，何異銅鑛在野，乞流轉，使公私俱利。帝嘉納之，詔有司議行。既而奉行不善，帝責户部曰：先以官錢率多，令諸處貿易，以圖流轉。今知乃有以抑配反害百姓者，豈朕意哉。

十二年正月，以銅少，命尚書省遣使諸路規措銅貨。

帝與宰臣議鼓鑄，或以工費數倍欲求金銀坑冶。帝曰：金銀山澤之利，當以與民，惟錢不當私鑄，若流布四方與在官何異。所費雖多，俱在民間。而新錢日增，其遣能吏經營之。因問左丞石琚曰：古亦有民自鑄錢者乎。對曰：民若自鑄，則小人圖利，錢益薄惡，此古所以禁也。

十三年，命非屯兵州府以錢市易金帛，運致京師，使錢幣流通，以濟民用。

至二十六年，帝以京師積錢止五百萬貫，外路所有終亦無用，諸路官錢非屯兵處可盡運至京師。丞相圖克坦克寧曰：民間錢已艱得，若盡歸京師，民益艱得矣。不若起其半至都，餘半變折輕齎，則中外皆便。從之。二十八年，又諭宰臣曰：外路見錢聞有六千餘萬貫，皆在僻處積貯，既不流散，與無等耳。今中都歲費三百萬貫，支用不繼，不若致之京師，縱有輓運之費，亦惟散在民耳。

臣等謹按：十三年之舉，在京師固無需外來之錢，特爲流轉計耳。至二十八年，則以支用不繼而欲取給於外矣，經費漸增，度支漸詘，雖平世不免，何必多事之日乎。大定間，非有糜耗之端可指，而末年邦計殊減於前，則息之不勝消也，必有其漸矣。

十八年，代州立監鑄錢。

先是十五年，諭宰臣議增鑄新錢，至是命震威軍節度使李天吉、知保德軍事高季孫往監之，所鑄斑駁黑澀，不可用。詔各削兩階，解職。更命工部郎中張大節、吏部員外郎麻珪監鑄，文曰大定通寶，字文肉好又勝正隆之制。世傳其錢料微用銀云。明年，鑄新錢至萬六千餘貫。二十年，詔先以新錢五千進呈，乃命與舊錢並用。十一月，名代州監曰阜通，設監一員，以州節度兼領。副監一員，以州同知兼領。丞一員，以觀察判官兼領。設句當官二員。給銀牌，命副監及丞更馳驛經理之。二十二年十月，又以參知政事鈕祜祿噶達爾提控阜通監。二十三年，帝以阜通監鼓鑄歲久，錢不加多，蓋以代州長貳廳幕兼領，奪於州務，不得專意綜理故也。遂設副監監丞爲正員，而以節度領監事。二十七年二月，曲陽縣別置錢監，賜名利通，設副監、監丞，給驛吏出經營銅事。

《金史·張大節傳》曰阜通監鑄錢法弊，大節與麻珪莅其事，積銅皆

窳惡，或欲徵民，先所給直。大節曰：此有司受納之過，民何與焉。以其事聞，卒得免徵。

二十年二月，制錢以八十爲陌。

時民間以八十爲陌，謂之短錢。官用足陌，謂之長錢。帝始聞上京修内所市民物用短錢，責宰臣不察。既而大名男子斡喇布者上言謂官司所用錢皆當以八十爲陌，遂爲定制。

二十八年十月，京府及節度州增置流泉務，凡二十八所。

至章宗明昌元年八月，罷。宣宗興定元年六月，復置南京流泉務，十月罷。

二十九年十二月，時章宗已即位。詔罷鑄錢。

雁門五臺民劉完等訴自立監鑄錢以來，有銅鑛之地雖曰官運，其顧直不足，則令民共償，乞與本州司縣均爲差配。遂命甄官署丞丁用楫往審其利病，還言所運銅鑛，民以物力科差濟之，非所願也。其顧直既低，又有刻剥之弊，而相視苗脈工匠妄指人垣屋及寺觀，謂當開採，因以取賄。又隨冶夫匠日辦浄銅四兩，多不及數，復銷銅器及舊錢送官以足之。今阜通、利用兩監歲鑄錢十四萬餘貫，而歲費乃至八十餘萬貫，病民而多費，未見其利。遂罷代州、曲陽二監。章宗明昌三年四月，罷天山北界外採銅。

舊嘗以夫匠踰天山北界外採銅，至是御史李炳言：聞在官銅數可支十年，若復歲令夫匠過界遠采，不惟多費，兼恐生釁，即支用將盡，亦止可於界内採煉。帝是其言，遂不許出界。至五年三月，令凡使高麗還者，所得銅器盡買之。

四年，令有司收籍鐵錢。

諭宰臣曰：隨處有無用官物可爲計置，如鐵錢之類是也。參知政事胥持國曰：江南用銅錢，江北、淮南用鐵錢，蓋以隔閡銅錢，不令過界耳。如陝西市易亦有用銀布薑麻，舊有鐵錢宜姑收貯，以備緩急。遂令有司籍鐵錢之數貯於庫。

五年三月，定限錢禁。

宰臣奏：民間艱於得錢，以豪家多積故也，請依唐元和行限錢法。帝令參酌定制，官民之家以品從物力限見錢，多不過二萬貫。明安穆昆則以牛具爲差，不得過萬貫。凡有所餘，盡易諸物收貯，有能告數外留錢者，奴婢免爲良，傭者出離，以十之一爲賞，餘皆没入。而人多不遵，乃令御史臺及提刑司察之。至承安三年十月，更定官民存留見錢法，減元限之數，三分爲率，親王、公主品官許留一分，餘皆半之。其贏餘之數，期五十日内盡易諸物，違者以違制論，以錢賞告者。泰和四年七月，乃罷限錢法，從户部尚書上官瑜請也。七年七月，復行限錢法，品官及民家存留見錢比舊更減其數。詳後鈔考。八年十二月，宰臣奏：限錢過數雖許奴婢以告，乃有所屬默令其主藏匿不以實首者，可令按察司察之。若舊限已滿，當更展五十日，許再行變易鈔引諸物。

臣等謹按：元和行限錢法，雖有賞告之文，未聞招誘其奴婢也。馬氏猶譏其開告訐之門，重爲煩擾。今乃明懸奴告主之律，復恐其容隱而令法司察之，爲貨幣通塞之計，則滋亂之道矣。

承安三年正月，禁錢越境。

省奏隨處榷場若許見錢越境，即與銷毁無異，遂立制以錢與外方人使及交易者，徒五年。三斤以上死。驅偷同罪。捕告人之賞，官先代給錢五百貫。其逮及與接引、館伴、先排、通引、書表等以次坐罪，仍令均償。

泰和四年，命議足銅之術，遂鑄大錢。

先是，帝謂宰臣大定間錢至足，今民間錢少而又不在官，何耶。其集問百官，必有能知之者。至是欲增鑄錢，命百官集議。中丞孟鑄謂：銷錢作銅及盜用出境者不止，宜罪其官及鄰。太府監梁瑝等請采銅拘器以鑄，宰臣謂鼓鑄未可速行，其銅冶聽民煎煉，官爲買之。凡寺觀不及十人不許畜法器，民間鍮銅器期以兩月送官給價。匿者以私法坐，限外人告者，以知而不糾坐其官，寺觀許童行告者賞。俟銅多，別具以聞。後遂鑄大錢一直十，篆文曰泰和重寶，與鈔參行。

張端義《貴耳集》曰大錢非治世所當鑄，大觀、泰和可以監也。

八月，定從便易錢法。

聽人輸納於京師，而於山東、河北、大名、河東等路依數支取。

宣宗貞祐三年四月，禁用見錢。

河東宣撫胥鼎言：今市易多用見錢，而鈔每貫僅直一錢，曾不及工墨之費，宜權禁見錢。從之。時權西安軍節度使烏凌阿與言：懷州舊鑄

錢巨萬，今既無用，願貫爲甲，以給戰士。

《金史・食貨志》曰：自是錢貨不用，富家内困藏鏹之限，外弊交鈔屢變，皆至窘敗，謂之坐化。商人往往舟運貿易於江淮，錢多入於宋。宋人以爲善，而金人不禁也。議者惜其既不能重無用之楮，而又棄自古流行之寶焉。

四年五月，以河北州府官錢散失，多在民間，命尚書省經畫之。

興定四年十二月，鎮南軍節度使温特赫思敬上書言錢幣事。

思敬言：大定之世，民間錢多而鈔少，故貴而易行。軍興以來，在官殊少，民亦無幾，軍旅調度悉仰於鈔，日出動以萬計，能無輕乎。不若弛限錢之禁，許民自採銅鑄錢，而官製模範，薄惡不如法者令民不得用。則錢必日多，鈔可少出，少出則貴而易行矣。今有司欲重鈔而不得其法，乃至計官吏之俸、驗百姓之物力以斂之，而卒不能增重，曾不知錢少之弊也。宜令民鑄錢，而當斂鈔者，亦聽輸銀，因以銀鑄錢爲數等，文曰興定元寶，定直以備軍賞，亦救弊之一法也。朝廷不從。

（元）蘇天爵《元文類》卷九《行銅錢詔》〔至大二年十月〕錢幣之法，其來遠矣。三代以降，法革不常。世祖皇帝建元之初，頒行交鈔，以權民用，已有錢幣兼行之意。蓋錢以權物，鈔以權錢，子母相資，信而有證。今鈔法一新，期於公私兩利，重惟經久之計，必復鼓鑄之規。

（明）葉子奇《草木子》卷三下《雜制篇》 元世祖中統至元間立鈔法，以至元寶爲母，中統交爲子，子母相推而行。中統二貫準至元二百文，一貫準至元一百文。行之四五十年，中統以費工本多，尋不印行，獨至元鈔法通行，用以權百貨輕重，民甚便之。至正間，丞相脱脱當承平無事，入邪臣賈魯之説，欲有所建立，以求名於後世，别立至正交鈔。料既窳惡易敗，難以倒换，遂澁滯不行。及兵亂，國用不足，多印鈔以賈兵，鈔賤物貴，無所於授，其法遂廢。嗚呼，蓋嘗考之，非其法之不善也，由後世變通不得其術也。元之鈔法，即周漢之質劑，唐之錢引，宋之交會，金之交鈔，當其盛時，皆用鈔以權錢。及當衰叔，財貨不足，止廣造楮幣以爲費。楮幣不足以權變，百貨遂澁而不行。職此之由也，必也欲立鈔法，須使錢貨爲之本。如鹽之有引，茶之有引，引至則茶鹽立得。使鈔法如此，烏有不行之患哉。當今變法，宜於府縣各立錢庫，貯錢若干，置鈔

準錢引之制，如張詠四川行交子之比。使富室主之，引至錢出，引出錢入，以錢爲母，以引爲子，子母相權，以制天下百貨。出之於貨輕之時，收之於貨重之日。權衡輕重，與時宜之，未有不可行之理也。譬之池水所入之溝，與所出之溝相等，則一池之水，動蕩流通，而血脈常活也。借使所入之溝雖通，所出之溝既塞，則水死而不動，惟有漲滿浸淫，而有濫觴之患矣。此其理也，當時不知，徒知嚴刑驅窮民以必行，所以刑愈嚴而鈔愈不行，此元之所以卒於無術而亡也。

又如富人糴穀以給批，行批得穀，其批行矣。貧人給批以無穀，批乃虚文，又何以行之哉。

元朝止行鈔法而不鑄錢，獨至大官裏行至大二等錢，當五以蒙古字書，小錢以楷書。及至正官裏脱脱爲相，立寶泉提舉司，鑄至正錢。直世道變，尋亦罷鑄。參較改正，至今百有餘年，略無訛舛，其法誠爲不刊之典。

元朝至元寶鈔凡十等：一十文爲半錢，二十文爲一錢，三十文爲一錢半，五十文爲二錢半，一百文爲五錢，二百文爲一貫，三百文爲一貫五錢，五百文爲二貫五錢，一貫爲五兩，二貫爲十兩，五箇一貫爲半錠，五箇二貫爲一錠。

（清）畢沅《續資治通鑑》卷一九六《元紀・武宗》〔至大二年九月〕己亥，始制錢。

先是行鈔法，雖皆以錢爲文，而廢錢弗鑄。至是始於大都立資國院，山東、河東、遼陽、江淮、湖廣、四川立泉貨監六，產銅之地立提舉司十九，鑄錢。曰至大通寶者，每一文準銀鈔一釐，曰大元通寶者，準至大錢十文，與歷代錢通用。其當五、當三、折二，並以舊數用之。既而御史臺言：至大銀鈔始行，品目繁多，民猶未悟，而又兼行銅錢，慮有相妨。今民間拘收銅器甚急，民殊不便，請與省臣調議。不報。

紀事

（宋）錢若水《太宗皇帝實録》卷三一《太平興國九年八月》 乙酉，以監察御史索湘爲河北轉運副使。壬辰，詔曰：錢刀之用，以通有

無。輕重相權，泉流不匱。漢魏之後，其弊蓋多。國家即山鑄銅，奄有吳蜀，富姫周之九府，法上林之三官。而民俗之間，犯禁者衆。姦僞既廣，輕重滋多。自今兩宫及諸道州府宜申明舊禁，不得雜用私鑄細小及鐵鑞錢。仍每貫須重四斤半。已上其細雜錢，限一月内並須納官。

（宋）李燾《續資治通鑑長編》太祖建隆三年四月　乙未，詔奉使江南者，毋得將其國所用錢過江北。

（宋）李燾《續資治通鑑長編》太祖乾德四年七月　戊寅，禁淮南道私鑄錢。

（宋）李燾《續資治通鑑長編》太宗太平興國二年九月　唐天祐中，兵亂窘乏，始令以八十五錢爲百，後唐天成中又減五錢，漢乾祐初復減三錢。國初因漢制，其輸官亦用八十或八十五，然諸州私用猶各隨俗，至有以四十八錢爲百者。丁酉，詔所在悉用七十七爲百，每千錢必及四斤半以上。禁江南新小錢，民先有藏蓄者，悉令送官，官據銅給其直。

（宋）李燾《徐資治通鑑長編》太宗太平興國四年九月　丙申，詔曰：先是，禁銅錢不得入劍南界，宜除之。自今兩川民許雜用銅鐵錢，即不得出他境。緣邊戒吏謹視之，犯者論如法。

（宋）李燾《續資治通鑑長編》太宗太平興國八年十二月　福州言本州兼用鐵錢，銅錢三直鐵錢一，計贓爲重輕，請自今悉以銅錢定罪，從之。

（宋）李燾《續資治通鑑長編》太宗淳化元年五月　國初，錢文曰宋元通寶，乙未，又改鑄淳化元寶錢，上親書其文，作真、草、行三體。自後，每改元必更鑄。以年號元寶爲文。

（宋）李燾《續資治通鑑長編》真宗大中祥符九年五月　李溥言：饒、池、江、杭四州錢監，每歲共鑄錢一百二十萬貫，用銅四百五十三萬斤，四監及産銅州軍見管銅共一百五十二萬一千二百餘斤。又信州陰山等處銅坑，自咸平初興發，商旅競集，官場歲買五六萬斤，採取既多，其後止及二三百萬斤。望酌中定額。上曰：嘗記咸平中，陳恕以江南銅多，請官少市。未幾，銅礦漸少，迄今常若不豐。如解池鹽，景德中，所收數倍，本州亦欲少種，不逾年雨旱，驟減舊額。是知天地所育，皆貴濟用，豈人心可料其增損耶！

（宋）李燾《續資治通鑑長編》仁宗天聖元年二月　丙申，鑄天聖元寶錢。

（宋）李燾《續資治通鑑長編》仁宗天聖元年六月　乙卯，禁毀錢鑄鐘。

（宋）李燾《續資治通鑑長編》仁宗天聖九年六月　禁建、信二州用新錢。初，上封者言二州接壤，而置場市銅，復行新錢，民間緣此盜鑄者多，故禁之。

（宋）李燾《續資治通鑑長編》仁宗明道二年正月　癸未，詔三司鑄明道元寶錢。

（宋）李燾《續資治通鑑長編》仁宗景祐元年十月　權度支判官李申言，廣南蕃舶多毀錢以鑄銅器，請自今陳告者皆倍給賞錢，公人遷一資。從之。

（宋）李燾《續資治通鑑長編》仁宗寶元二年三月　丁巳鑄皇宋通寶錢。國朝錢文皆曰元寶，而冠以年號。及改號寶元，文當曰寶元元寶。詔學士院議，因請改曰豐濟元寶，上特命以皇宋通寶爲文。

（宋）李燾《續資治通鑑長編》仁宗慶曆元年五月　乙卯，詔：以銅錢出外界，一貫以上，爲首者處死；其爲從，若不及一貫，河東、河北、京西、陝西人決配廣南遠惡州軍本城，廣南、兩浙、福建人配陝西。其居停資給者，與同罪，如捕到蕃人，亦決配荊湖、江南編管。仍許諸色人告捉，給以所告之物。其經地分不覺察，官吏減二等坐之。初，權三司使公事葉清臣，言朝廷務懷來四夷，通緣邊互市，而邊吏習於久安，約束寬弛，致中國寶貨錢幣，日流於外界。比年縣官用度既廣，而民間貨易不通，方羌戎爲叛，指日待誅，姦人出入邊關，蕩然無禁，故於舊條第加其罪。

（宋）李燾《續資治通鑑長編》仁宗慶曆元年十二月　癸未，詔三司鑄慶曆元寶錢。

（宋）李燾《續資治通鑑長編》仁宗皇祐元年正月　癸亥，鑄皇祐元寶錢。

（宋）李燾《續資治通鑑長編》仁宗至和元年四月　詔三司鑄至和元寶錢。

言：（宋）李燾《續資治通鑑長編》神宗熙寧四年三月　公弼在陝西嘗建言：陝西見行當二文銅錢，頃歲西邊用兵，始鑄當十錢，後兵罷多盜鑄者，乃以當三；猶私鑄，乃減當二行之。至今銅費相當，民無冒利，盜鑄衰息。請以舊銅鉛盡鑄當二錢。從之。其後折二錢遂行天下。此據本志三年事，因公弼改發運附見，不得其月日，當考詳。六年十月二十三日、七年三月十八日、七月十八日、九月二十七日、十二月十七日，並合參考。

（宋）李燾《續資治通鑑長編》神宗熙寧六年五月　成都府路轉運司言：嘉、邛州罷鑄錢累年，民間見錢闕乏。乞下三司詳度，減半鑄，與交子相權。從之，仍令轉運司歲終具所鑄錢數，比較本息以聞。志有此，七月四日。

（宋）李燾《續資治通鑑長編》神宗熙寧七年六月　癸未，秦鳳等路轉運司請於鳳翔府斜谷置監，鑄折五、折十錢，乞降御書字樣。詔惟鑄折二錢。

（宋）李燾《續資治通鑑長編》神宗熙寧八年二月　詔河東轉運司依前詔鑄錢七十萬緡外，增鑄小錢三十萬緡。

（宋）李燾《續資治通鑑長編》神宗熙寧八年八月　詔鑄錢監所鑄錢，每緡熟錢重五斤。若前代舊錢並聽行用，其不堪上供者，許留逐州雜支。二月二日、五月十六日。

（宋）李燾《續資治通鑑長編》神宗熙寧十年十二月　甲辰，詔鑄錢司並以元豐通寶爲文。

（宋）李燾《續資治通鑑長編》神宗元豐元年八月　乙丑，利州路轉運使言：興州濟衆監每歲舊鑄錢四萬一千緡，計支本錢二萬四千緡，得息萬七千緡，應副茶場司。今依蒲宗閔奏請增鑄常使錢三萬一千餘緡，通舊鑄及額錢總七萬二千餘緡，共支本錢四萬二千三百餘緡，可得息錢三萬緡。其宗閔所乞鑄一半大錢，欲並鑄折二大錢，不惟便於行用，兼省工費，得收息入茶場司足用，及乞限一年撥還本錢。從之，仍令止鑄本路見使錢。

（宋）李燾《續資治通鑑長編》神宗元豐六年二月　詔：陝西轉運司錢監闕銅興鑄，累申金部，尚未支降。今軍事未已，經費所入，豈宜虧耗？户部失於應辨，其稽滯所由，御史臺根究以聞。後户部尚書安燾罰銅八斤，侍郎陳安石、郎官晁端彦十斤，並典級决杖、罰俸、贖銅有差。朱本云郎官晁端彦、陳安石，誤也。安石五年四月爲侍郎矣。

（宋）李燾《續資治通鑑長編》哲宗元祐六年七月　尚書省言：將銅錢出中國界者，三路及餘路，立徒流、編配、首從等法，及許人捕捉告賞錢，及知情停藏與官司不覺察之罪。即蕃人有犯，除河北路外，并奏裁。從之。《舊録》特詳，今從《新録》。

（宋）李燾《續資治通鑑長編》哲宗元符元年六月　户部言：提刑司、提點坑冶鑄錢司，各據所轄州縣坑冶，催督敷辦祖額，置籍勾考。每歲令比較增虧，提刑司限次年春季，提點坑冶鑄錢司限夏季，各具全年增虧分數，保明聞奏及申户部點勘。韶州岑水、潭州寶豐永興銅場逐路提刑司官，每上下半年各巡歷一到本場，按察點檢訖，具措置利害及本錢有無闕備因依，條畫聞奏及申户部。從之。《新》削。

（宋）留正《皇宋中興兩朝聖政》卷二《高宗皇帝·張慤知錢穀利害》〔建炎元年七月〕庚戌，始通當三大錢於淮、浙、荊湖諸路，用張慤請也。慤嚴明通敏，論錢穀利害，猶指諸掌，文移所至，破奸若神，國用賴以無乏。然中書自作酒肆，議者或以爲苛碎焉。

（宋）留正《皇宋中興兩朝聖政》卷一九《高宗皇帝·禁鉟鎔錢寶》〔紹興六年五月〕甲午，詔自今鉟鎔錢寶，及私以鍮銅製造器物，及買賣興販之人，一兩已上，並徒二年，本罪重者自從重，賞錢三百千許人告。

（宋）留正《皇宋中興兩朝聖政》卷四九《孝宗皇帝·嚴銅錢過北禁》〔乾道六年〕十一月丁丑朔，詔淮南轉運司今後使人往來應副舟船，並責令篙梢結罪。如敢般載錢寶一文以上過界，流配。一貫以上，及憑恃貴勢，抑勒裝載，並依軍法施行。若篙梢隱匿，與犯人一等斷罪。仍許人陳首。若錢數多，取旨陞擢。漕臣不行覺察，重行黜責。

（宋）留正《皇宋中興兩朝聖政》卷五八《孝宗皇帝·給交子換銅錢》〔淳熙七年三月〕癸酉，臣僚言：今京西路均房州水陸入川商旅、軍兵，附帶銅錢入金州，利州甚多。金州爲川口，與商川接境。舊止用交子、鐵錢，今乃兼用銅錢，深恐泄入他界及四川毀錢爲器之弊。乞下四川總所委利路漕臣，置場於金州，給以交子兑换官私銅錢，發赴湖廣總

所椿管。從之。

（宋）李心傳《建炎以來繫年要録》紹興十三年閏四月　丁酉，詔金州撥屬利路。直寶文閣提點江、淮、荊、浙、福建及南路坑冶鑄錢韓球請籍坑場户姓名，約定賣納銅數。許之。先是贛、饒二監歲鑄錢四十萬緡，提點坑冶趙伯瑜以爲所得不償所費，遂罷鑄錢歲額。銅鐵積而不用，盡取木炭銅鉛本錢，及官吏缺額衣糧水腳之屬，湊爲年計。至是，球必欲盡鑄新錢，調民興復廢坑，至於發壙墓、壞廬舍，而終無所得。郡邑或毁錢爲銅，以應其命，民大以爲擾。其後歲收銅二十萬斤，潼川府、興、利、饒、信、池、潭、連、韶、汀、建、南劍州、邵武軍，凡十四場，總二十六萬三千一百六十九斤九兩。係黄膽二色。鐵二十八萬斤，洪、信、饒、池、徽、撫、吉、江、舒、潭、辰、處、建、韶、黄、惠、賓、樹林州、興國軍，凡三十八場，總二十八萬三百二斤十三兩。鉛十九萬斤，信、舒、潭、衡、峽、衢、處、温、韶、連、潯、邕、建、賓、南劍、南恩州、興國、桂陽軍，凡二十四場，總十九萬一千二百四十九斤十三兩。錫二萬斤，衡郴、賀州、桂陽軍，凡五場，總二萬四百五十八斤。皆不登租額。此紹興三十二年虞部數也。租額，銅七百五萬斤，鐵二百十六萬斤，鉛三百二十一萬斤，錫七十六萬斤。

（宋）李心傳《建炎以來繫年要録》紹興十三年十二月　初，申嚴淮海銅錢出界之禁，而閩、廣諸郡，多不舉行。於是泉州商人夜以小舟載銅錢十餘萬緡入洋，舟重風急，遂沈於海，官司知而不問。此據湯鵬舉議附入。二十六年五月甲子再降旨申嚴。

（宋）李心傳《建炎以來繫年要録》紹興二十六年七月　御史中丞湯鵬舉言：近因臣僚奏請，乞根括銅匠，招入鑄錢監充役。户部看詳下提刑司委諸通判括責，籍定鑄造銅器人姓名，聽候指揮。臣契勘諸州縣銅匠，無慮千百家，家有十數口，若盡行拘籍，即是一旦驅數千人轉徙異鄉，復當重役，似非國家忠厚之意。況來臣下奏請，止欲禁人銷錢爲器。只合申嚴條制，戒飭州縣，常切禁戢，俟其違犯，決配鑄錢監可也。今來見有祖宗成法，又未有犯法者，遽然押付鑄錢司，有如工役之重，固所不論，而養贍不足，失所者多矣。竊恐於法未有允當，伏乞申嚴禁戢銷鎔錢貨條令，嚴切施行。若已成壞而未鑄者，已鑄而出賣者，臣擬欲並許諸色人告首，盡以家業充賞，然後斷配錢監，庶幾行法用刑，有以慰安民心。從之。

（宋）李心傳《建炎以來繫年要録》紹興二十八年七月　己卯，上出御府銅器千五百件送鑄錢司，遂大斂民間銅器。其道、佛像及寺觀鐘、磬之屬並置籍，每斤收其算二十文。民間所用照子帶鐵之類，則官鬻之。凡民間銅器，限一月輸官。限滿不納，十斤已上徒二年，賞錢三百千。許人告，自後犯者，私匠配錢監重役。其後得銅二百萬斤。

（宋）李心傳《建炎以來繫年要録》紹興二十八年九月　辛未，户部奏銅錢出界罪賞：諸以銅錢與蕃商博易者，徒二年，千里編管，二貫流二千里，二十貫配廣南，出中國界者，遞加一等，三千貫配遠惡州，許人捕。凡經由透漏巡捕州縣，知通、縣令丞、鎮寨官、市舶司官吏、帥臣、監司之在置司州者，並減犯人一等，故縱者與同罪，不以去官赦降原減。命官獲三十緡者，進秩一等，餘人賞錢五百緡，其他以是爲差。

（宋）李心傳《建炎以來朝野雜記乙集》卷一六《財賦・四川行當五大錢事始》　嘉定元年十一月庚子，四川初行當五大錢。時陳逢孺總領財賦，患四川錢引增多，乃即利州鑄大錢，以權其弊。三年夏，制置大使欲盡收舊引，乃又鑄於邛州焉，利州紹興監錢，以聖宋重寶爲文，其背鑄利一二字，又篆五字。邛州惠民監錢，以嘉定重寶爲文，其背鑄西一二字，又篆五字。兩監共鑄三十萬貫，其料例並同當三錢。時議者恐其利厚，盜鑄者多，而總領所方患引直之低，則曰縱有盜鑄，錢輕則引重，是吾欲也。方錢之未行也，眉人有里居待次者，又欲創一監於眉州，論者以爲丹稜雖産鐵，歲額不多，而本郡又無薪炭。眉山之人，亦以爲不便，上下騷然，數月乃罷。由是止鑄於利邛二監焉。

（宋）章如愚《羣書考索》後集卷六〇《財用門・銅錢類》　太宗興國二年詔：訪聞民間多用新小錢，自今銅錢湏及四斤半以上方得行用。其間有新小錢不及新定斤兩者，限一月陳首納官，據斤兩給銅價錢，限外犯者，罪之有差。私鑄之人作法處死。

（宋）王應麟《玉海》卷一八〇《食貨・錢幣・淳化御書三體錢》　國初錢文曰宋元通寶，淳化元年五月乙未，改鑄淳化元寶錢。上親書其文，作真、草、行三體。自後每改元必更鑄，以年號爲文。景德權衡式，以御書三體錢較定。祥符元年六月癸巳，賜輔臣新鑄御書祥符元寶錢。

《宋季三朝政要》卷一《理宗》〔端平元年〕禁銅錢下海。

《宋史》卷四《太宗紀》〔太平興國七年夏四月庚辰〕禁河南諸州私鑄鉛錫惡錢及輕小錢。

《宋史》卷一〇《仁宗紀》〔寶元二年〕三月丁未，鑄皇宋通寶錢。

《宋史》卷一五《神宗紀》〔熙寧六年〕秋七月乙巳，詔京西、淮南、兩浙、江西、荊湖等六路各置鑄錢監。

《宋史》卷一五《神宗紀》〔熙寧八年〕二月甲子，增陝西錢監改鑄大錢。

《宋史》卷一六《神宗紀》〔元豐四年〕二月辛未，置秦州鑄錢監。

《宋史》卷一七《哲宗紀》〔元豐八年十二月〕戊寅，罷增置鑄錢監十有四。

《宋史》卷一七《哲宗紀》〔元祐三年閏十二月〕甲辰，范鎮定鑄律、度量、鍾磬等以進，令禮部、太常參定。

《宋史》卷一八《哲宗紀》〔紹聖三年十二月〕癸酉，置施州鑄錢廣積監。

《宋史》卷一九《徽宗紀》〔崇寧元年十二月〕庚申，鑄當五錢。

《宋史》卷一九《徽宗紀》〔崇寧三年春正月〕戊子，鑄當十大錢。

《宋史》卷一九《徽宗紀》〔元符三年十一月〕辛卯，令陝西兼行銅鐵錢。

《宋史》卷二〇《徽宗紀》〔大觀〕四年春正月癸卯，罷改鑄當十錢。

《宋史》卷二〇《徽宗紀》〔大觀四年二月〕庚辰，罷京西錢監。

《宋史》卷二〇《徽宗紀》〔政和元年五月〕戊辰，改當十錢爲當三。

《宋史》卷二一《徽宗紀》〔重和元年〕十二月戊寅朔，復京西錢監。

《宋史》卷二二《徽宗紀》〔宣和七年〕二月甲辰，復置鑄錢監。

《宋史》卷二四《高宗紀》〔建炎元年九月壬辰〕鑄建炎通寶錢。

《宋史》卷二四《高宗紀》〔建炎元年九月〕庚戌，始通當三大錢于淮、浙、荊湖諸路。

《宋史》卷二八《高宗紀》〔紹興五年閏二月〕丙辰，併諸路提舉常平入茶鹽司。罷福建鑄錢，令轉運坑冶司辦集。

《宋史》卷二八《高宗紀》〔紹興五年六月〕丁未，併饒州鑄錢司于虔州。

《宋史》卷二八《高宗紀》〔紹興六年五月〕甲午，禁銷錢及私鑄銅器。

《宋史》卷三〇《高宗紀》〔紹興十三年十二月〕辛卯，毀私鑄毛錢。

《宋史》卷三〇《高宗紀》〔紹興十五年〕秋七月戊申，復置利州鑄錢監。

《宋史》卷三一《高宗紀》〔紹興二十三年夏四月〕乙酉，減利州歲鑄錢爲九萬緡。

《宋史》卷三一《高宗紀》〔紹興二十六年十二月〕甲寅，罷諸路鑄錢司。

《宋史》卷三一《高宗紀》〔紹興二十七年八月〕庚申，復置提領諸路鑄錢司于行在，以户部侍郎榮薿領之。

《宋史》卷三一《高宗紀》〔紹興二十七年〕秋七月己巳，復饒、贛、韶三州鑄錢監。

《宋史》卷三一《高宗紀》〔紹興二十八年秋七月〕己卯，命取公私銅器悉付鑄錢司，民間不輸者罪之。

《宋史》卷三一《高宗紀》〔紹興二十八年〕九月辛未，定銅錢出界罪賞。

《宋史》卷三一《高宗紀》〔紹興二十九年閏六月〕辛未，復置江、淮、荊、浙、福建、廣南路提點坑冶鑄錢官。

《宋史》卷三一《高宗紀》〔紹興二十九年六月丙申〕禁積錢民户過萬緡，官户過二萬緡，滿二年不易他物者没入之。

《宋史》卷三一《高宗紀》〔紹興三十年五月〕丙戌，定鑄錢司歲

鑄五十萬緡。

《宋史》卷四六《度宗紀》〔咸淳元年七月〕壬戌，督州縣嚴錢法，禁民間用牌帖。

《宋史》卷二九二《丁度傳》 時葉清臣請商州置監鑄大錢，以一當十。度奏曰：漢之五銖，唐之開元及國朝錢法，輕重大小，最爲折中。歷代改更，法雖精密，不能期年，即復改鑄。議者欲繩以峻法，革其盜鑄。昔漢變錢幣，盜鑄死者數十萬。唐鑄乾元及重輪乾元錢，錢輕幣重，嚴刑不能禁止。今禁旅戍邊，月給百錢，得大錢裁十，不可畸用，舊錢不出，新錢愈輕，則芻糧增價。臣嘗知湖州，民有抵茶禁者，受千錢立契代鞭背。在京西，有强盜殺人，取其弊衣，直不過數百錢。盜鑄之利，不啻數倍。復有湖山絶處，凶魁嘯聚，鑪冶日滋，居則鑄錢，急則爲盜。民間銅鉛之器，悉爲大錢，何以禁止。

《宋史》卷二九三《張詠傳》 會詔川、陝諸州參用銅鐵錢，每銅錢一當鐵錢十。詠上言：昨經利州，以銅錢一換鐵錢五，綿州銅錢一換鐵錢六，益州銅錢一換鐵錢八。若一其法，公私非便。望依旬估折納銅錢。

《宋史》卷三二八《章縡傳》 時章惇用事，楶與惇同宗，其得興事，頗爲世所疑。徽宗立，請老，徙知河南。入見，留拜同知樞密院事，俾其子縡爲開封推官以便養。踰年，力謝事罷，授資政殿學士、中太一宮使，未幾，卒。徽宗悼之，贈右銀青光禄大夫，謚曰莊簡，賻恤甚厚。

楶七子：縡、綜、綡、綰、綖、縯、縝，縡、綡最知名。縡繇推官爲户部員外郎、提點淮南東路刑獄、權知揚州兼提舉香鹽事。時方鑄崇寧大錢，令下，市區晝閉，人持錢買物，至日旰，皇皇無肯售。縡飾市易務致百貨，以小錢收之；且檄倉吏糴米，以大錢予之，盡十日止，民心遂安。未幾，新鈔法行，舊鈔盡廢，一時商賈束手，或自殺。縡得訴者所持舊鈔，爲錢以千計者三十萬，上疏言鈔法誤民，請如約以示大信。上怒，罷縡，降兩官。

《續文獻通考》卷七《錢幣考・錢》〔寧宗嘉定〕十六年八月，申嚴海舶漏泄銅錢之禁。

先是，孝宗乾道七年三月，立沿海州軍私賫銅錢下海船法。淳熙九年，詔廣泉明秀諸州，漏泄銅錢，坐其守臣。至帝嘉定五年七月，禁高麗、日本商人博易銅錢。至是申嚴其禁。

（清）畢沅《續資治通鑑》卷九《宋紀・太宗》〔太平興國二年九月〕唐天祐中，兵亂窘乏，始令以八十五錢爲百；後唐天成中，又減五錢；漢乾祐初，復減三錢。宋初，因漢制，其輸官亦用八十或八十五，然諸州私用，猶各隨俗，至有以四十八錢爲百者。丁酉，詔所在悉以七十七錢爲百，每千錢必及四斤半以上。禁江南新小錢，民先有藏蓄者，悉令送官，官據銅給其直。私鑄者棄市。

（清）畢沅《續資治通鑑》卷八九《宋紀・徽宗》〔崇寧五年正月〕丙午，尚書省言：當十錢東南私鑄甚多，民間買賣阻滯。其荊湖、兩浙、江南、淮南路已降指揮，並改作當五行使。尚慮民間盜鑄不已，其當十錢並行罷鑄，仰鑄小平錢。從之。

（清）畢沅《續資治通鑑》卷一五七《宋紀・寧宗》〔開禧二年正月〕辛丑，詔：坑户毁錢爲銅者不赦，仍籍其家。著爲令。

（清）畢沅《續資治通鑑》卷一七三《宋紀・理宗》〔淳祐十年正月〕乙巳，都省言銅錢泄漏，僞會充斥，姦民無所懲畏，詔：沿海州縣山隩、海島，結爲保甲，互相糾察，如有犯者及停藏家，許告推賞，不告者連坐。

（清）徐松《宋會要輯稿・刑法一・格令》〔紹聖二年〕十二月二十七日，尚書省言：詳定重修敕令所修立禁私鑄錢法。從之。【略】

元符元年二月十七日，户部言：潭州知、通任內應副銅場買銅賞罰條，請著爲法。從之。

（清）徐松《宋會要輯稿・兵二七・備邊》 太宗太平興國三年二月詔：沿邊諸郡關防守吏謹視蕃商，無許闌出銅錢。敢故縱者，自五百至五千，令有司差定其罪，著于甲令。有能告者，第賞之。

《遼史》卷二二《道宗紀》〔清寧〕九年，正月，辛未，禁民鬻銅。

《遼史》卷二四《道宗紀》〔大康〕十年，六月，壬辰，禁毁銅錢爲器。

《金史》卷一二《章宗紀》 泰和四年七月，甲戌，罷限錢法。

（清）孫承澤《元朝典故編年考》卷六《行銅錢》 至大二年十月，

詔：錢幣之法，其來遠矣，三代以降，沿革不常。世祖皇帝建元之初，頒行交鈔，以權民用，已有錢幣兼行之意。蓋錢以權物，鈔以權錢，子母相資，信而有證。今鈔法一新，期於公私兩利，重惟經久之計，必復鼓鑄之規。

（清）畢沅《續資治通鑑》卷一九七《元紀・武宗》〔至大三年〕八月，丙辰，以行用銅錢詔諭中外。

藝文

（元）楊維楨《鐵崖賦稿》卷上之三《九府圜法賦》　維聖人之創物，心化工之範模。夏后貢赤銅於州郡，殷湯鑄莊金于國都。務國用之通變，實幣金之權輿。蒼姬大老，載於後車。鷹揚牧野之郊，馬躍孟津之渚。爰建大功，爰立嘉謨。遂立九府之圜法，曰輕重焉以銖。想夫陰陽爲炭，天地爲爐。奇銅成聚，寶貨刻圖。仰觀俯察，錢制是區。外圜而實，内方而虛。圓象天體，方象地隅。積如疊葉之荷，散如落莢之榆。便通遠近，貿易有無。流行於市井，充滿于里閭。故當時之貨，寶于金，利于刀，流于泉，布于布，束于帛，莫不充然而有餘。而況九府立法，九式均輸。二公制作，周官掌諸。職金職幣之黨，掌財掌帛之徒。或操或縱，或斂或紓。宜其用之於天下以足貨食，傳之於一國以富貯儲。景王之世，錢輕世虞。通子母之兩權，行輕重之殊塗。故穆公之遺論，信異代之同符。道乖事冗，時異世殊。變秦文之半兩，來漢武之五銖。紺錢白金之異狀，五分赤仄之爭銖。三官既鑄，而群盜屏息。五十變制，而賊莽就誅。光武復銖兩之制度，漢章用布帛於斯須。創號白水之真人，壞法鄙塢之吏胥。四銖直百於劉備，大泉當千于周瑜。時世愈變，奸僞愈趨。或純用于鉛錫，或間鑄于鐵鈇。晉宋多弊，齊梁過愚。邁萊子之鵝眼，矧荇帶之青蚨。白鹿馬文之似，龜青龍文之如。東西錢之貫陌，子母錢之血塗。細眉匹絹之更名，赤郭青郭之多摹。三十五文之至極，二十八品之難拘。或斗米之千直，或風飄而水浮。楊堅之泉通流布，隋煬之皮裁紙糊。嗟奸僞之日長，曾莫返於古初。李唐建國，高祖創功。至建元之武德，行元寶于開通。古七銖之相重，時二銖之爲鎔。千錢百兩之積，六斤四兩之庸。遠近便益，最爲折中。更式泉寶，重見乾封。禁惡錢於大寶，定九爐于玄宗。黑錫文鉛，白鑞青銅。開元通寶，語異文同。飛錢首于京兆□□，交緡見于乖崖張公。此圜法之末流，爲錢幣之始終。皇元奮興，成周並隆。緊大臣之助順，協太公之非熊。九府既法，九式是宗。錢兼金以流布，鈔權貫以通融。孔方兄之面目肉好，楮先生之聲價斗穹。書生未達，陋巷固窮。逢西都之朽貫，鄙鴻都之臭銅。願持青錢之交，萬選上清之童。肯徽銅山之倖，而方自誓乎首陽之風。

鐵錢

論説

（宋）文彦博《潞公文集》卷一七《奏議・奏陝西鐵錢事至和二年》

陝西私鑄鐵錢，雖嚴行禁捕，抵法者甚衆，終不能止絶。蓋以鐵本至賤，獲利甚厚，以致見行錢貨薄惡者多，物價增長。稍禁行用，或令揀選，即市井囂然，買賣難阻。其弊已極，須當制置。若便變錢法，即恐未能，徒成驚擾。不若使鐵價增貴，即私鑄無利，薄惡之錢，亦將鎔爲器用，自然百物價平，民不犯禁。欲乞令陝西轉運司依河東路事體擘畫，權住鐵冶三五年。或恐傷冶户，即官數年，增起鐵價，公私有利。候錢法平定，即弛鐵禁。議者或慮鐵貴則農器鼎釜之屬，民家乏用，此必不然。且農器鼎釜，民家各素有之物，非日日市易而用。或破碎，即故鐵尚在，創買者亦少。設有小害，須從大利。乞蚤賜指揮陝西都轉運使疾速相度施行。

（宋）歐陽修《文忠集》卷一一五《河東奉使公草・乞罷鐵錢劄子》

臣準中書劄子，備録臣寮四狀，并爲上言河東大小鐵錢事，奉聖旨相度利害聞奏者。臣尋至河東，取索晉、澤二州鑄錢監及諸州軍見使鐵錢數，又將都轉運司供到慶曆三年一年都收支錢數，約度用度多少，及探問軍民用鐵錢便與不便。今具利害，畫一如後：

一、見在大小鐵錢數，大鐵錢自起鑄至目下，共鑄到四萬四千八百餘貫。小鐵錢自起鑄至目下，共鑄到一十一萬七千七百餘貫。是大、小鐵錢未及六十萬貫銅錢數，見在官私行用。

一、大小鐵錢官本及浄利數目，晉州大錢，計用一萬七千八百餘貫省陌銅錢官本，鑄成大錢二萬八千八百餘貫，當二十八萬八千餘貫銅錢，凡用一萬七千餘貫本，得一十七萬餘貫利，其利約一十五倍有餘。晉州小錢，計用四萬六千貫足陌銅錢官本，鑄成一十一萬四千五百餘貫，凡用四萬六千貫本，得六萬八千餘貫浄利，其利一倍有餘。澤州大錢，計用六千四百餘貫省陌銅錢官本，鑄成大錢一萬六千餘貫，省當一十六萬餘貫銅錢，凡用六千四百餘貫本，得一十五萬三千八百餘貫利，其利二十三倍有餘。澤州小錢，計用九百八十貫省陌銅錢官本，鑄成四千餘貫，凡用九百餘貫本，得三千餘貫利，其利兩倍。

一、都轉運司一年支收錢數，實收諸雜課利、客便賣鹽礬斗秤、夏秋税出糴斛斗，賣疋帛絲綿銀、進納、雜收等錢二百一十七萬二千二百三十貫。實支係隨衣添支特支料錢、旬設公使國忌獄空祭神、地里脚錢、買羊馬糧草、客便招軍、人户和糴、礬本、雜支等錢一百九十九萬八千四百一十四貫。

右謹具如前。臣今相度大小鐵錢，其可廢者有五。據都轉運司慶曆三年一年支收實數比算，實收二百一十七萬二千餘貫，實支一百九十九萬八千餘貫。是每歲只將河東一路實收錢支遣自足外，尚有一十七萬四千餘貫剩數，其大小鐵錢可以罷鑄一也。小鐵錢將本利計算，其利甚薄，不過一倍。略將鑄造工課約算，兩監逐日共鑄，不過四百貫文，一歲不過鑄得十六萬貫，内除約六萬貫爲官本外，只獲浄利十萬貫。若罷大錢而只用小錢，是一歲爲十萬貫錢，而壞銅錢舊法，陷民刑戮者不絶。其大錢利既博至二十餘倍，議者皆謂其利厚於黄白術，雖有死刑，不能禁止。臣昨在河東，於提刑司取索得犯私錢人數已五火。自臣出界後，又續供到新捉獲二火。是小錢利薄不足鑄，大錢犯法者日漸多，皆可以罷鑄二也。今開厚利之門而致人死法，則誘愚民以趨死；若貸其死，則犯者愈多；急於捕察，則良民一例搔擾；縱而緩禁，則民不勝姦。是深法不可，緩法又不可，捕察又不可，縱之又不可。以此而言，其可罷三也。用之既久，幣輕物貴，惟姦民盜鑄者獲利，而良民與官中常以高價市貴物。是官私久遠害深，其可罷四也。臣勘會河東十九州軍，凡四十九處，創新開沽酒務，據轉運司供到每月約收二萬貫有餘，計一歲合得二十四、五萬貫。又麟州元許入中七萬石斛㪷，昨來爲入中數多，無處收貯，見移於府州入中。日近明鎬又減放馬軍歸京。是利入之數漸多，用物之兵日減，此其可罷五也。今見在官私鐵錢共不過六十萬，數既未多，罷之甚易。況河東一路二十二州軍，贍厢禁兵共十二、三萬，略計所闕不多，不比陝西事體。其大小鐵錢，伏乞特罷鑄造行用。取進止。

（宋）李燾《續資治通鑑長編》神宗熙寧九年六月 侍御史周尹言：

臣聞錢幣之用，古者或謂之泉，欲其流而無滯，或謂之布，取其周遍而平均。臣去冬奉使經由永興、秦鳳路，伏見盜鑄鐵錢不少，市肆買賣交易多不肯行用，官司雖有支出，却不收納，上下疑惑，軍民愁怨。問其本末，蓋是錢法用一當二，鐵錢易得，而民間盜鑄者費少利倍，所以抵冒，嚴刑不可止絶，濫錢日以滋多。臣今到京，便欲具管見申述，乞將兩路折二鐵錢只作一文行用，自免濫鑄之弊。又訪問得所在官中積貯者約有數百萬貫，民間收藏者又不在其數。緣上件錢貨，起初元以一當十，後來減爲折三，近歲又作折二，已於國家重貨十損其八，若更作一文行用，即又損一分，所以不敢輒有奏請。昨來朝廷差汪輔之往逐路揀選行用，近日風聞，却又以汪輔之所揀永興、秦鳳路鐵錢至萬數不多，令三司指揮更不行用，仍令逐路轉運司速行改鑄。臣竊惜官中見成數百萬貫錢，頓爲棄物，兼別行改鑄，又費一重物料，經隔數月，未能敷及原數。就令改鑄務監每一日鑄及三千貫，即一年之內除節假、旬假，實有三百日，課程約只得九十萬貫，以來計三二年間，未滿數百萬貫，況日課未必及三千貫之數也。若改鑄之法，或只仍舊作折二，即民間盜鑄定亦不可止絶。況即日本路經費寖廣，財用窘乏，或更似此暗有失陷，即年計必致闕誤。臣欲望聖慈重惜國家財貨，無以臣言爲輕，不足採用，特賜指揮，將折二鐵錢更不別行改鑄，亦不須揀選。起自今後只作一文行用，則盜鑄者所獲之利不充所費，自然無復冒禁作過。歲省重辟，而農商交易獲泉貨流通之利。且約官中所有，止就四百萬貫言之，若以二爲一，即猶得二百萬貫之數，致力簡省，便可行用，公私必無疑阻，比之改鑄勞而又費，其利害灼然可見。如允臣所奏，即早降聖旨，下三司疾速施行，免致虛有勞費。周尹疏附見，當刪取之，其從違須考。二月二十七日遣汪輔之，四月一日及公弼云云，又七月二十二日，又九月十六日。

（宋）李燾《續資治通鑑長編》神宗熙寧十年六月　沈括《自誌》云：

河北轉運司議鑄鐵錢，歲二十萬緡，以助經費，括以爲不可。異時，河東嘗鑄鐵錢，民干禁報死者歲以千計，而姦錢益出，百姓失業，貨易不售，而鐵幣竟罷。今河北磁、邢之地，鐵與土半，民冒利忍死以謾法，殆不足勝也。陝西舊行鐵錢，民久安習，今河北要錢二十萬緡，獨可罷陝西銅錢二十萬緡，改鑄於河北之洪水監西，益爲鐵錢二十萬緡，以補陝西之入，則河北所欲，無待改法而濟也。

上嘗問：公私錢幣皆虛，錢之所以耗者，其咎安在？

括對曰：錢之所以耗者八，而其不可救者兩事而已；其可救者五，無足患者一。

今天下生齒歲蕃，公私之用日蔓。以日蔓之費，奉歲蕃之民，錢幣不足，此無足怪；又水火淪敗，刓缺者莫知其幾何。此不可救者二也。

銅禁既開，銷錢以爲器者利至於十倍，則錢之在者幾何其不爲器也？臣以謂銅不禁，錢且盡，不獨耗而已。異日，富家備寇、攘水火之敗，惟蓄鹽鈔，而以藏鏹爲不利。鈔之在民以千萬計。今鈔法數易，民不堅信，不得已而售鈔者，朝得則夕貿之，故鈔不留而錢益不出。臣以謂鈔法不可不堅，使民不疑於鈔，則鈔可以爲幣，而錢不待益而自輕矣。古爲幣之物，金、銀、珠、玉、龜、貝皆是也，而不專賴於錢。今通貴於天下者金銀，獨以爲器而不爲幣，民貧而爲器者寡，故價爲之日輕。今若使應輸錢者輸金，高其估而受之，至其出也亦如之，則爲幣之路益廣，而錢之利稍分矣。錢利於流。借十室之邑有錢十萬，而聚於一人之家，雖百歲，故十萬也；貿而遷之，使人饗十萬之利，遍於十室，則利百萬矣。遷而不已，錢不可勝計。今至小之邑，常平之蓄不減萬緡，使流轉於天下，何患錢之不多也？四夷皆仰中國之銅幣，歲闌出塞外者不貲。議者欲榷河北之鹽，鹽重則外鹽日至，而中國之錢日北。京師百官之饔餼，他日取羊牛於私市者，惟以百貨易之。近歲，以疥疾乾没之爲蠹，一切募民入餼牽於京師，雖革芻牧之勞，而牛羊之來於外國，皆私易以中國之實錢。如此之比，洩中國之錢於北者，歲不知其幾何。此皆作法以驅之，私易如此者，首當禁也。此可以救者五也。

河、隍之間，孤絶一隅，歲運中都之幣以實塞下者，無慮歲數十萬緡，而洮、岷間冶鐵爲幣者，又四十萬緡，歲積於三州之境。物出於三州者有窮，異時粟斗百錢，今則四五倍矣，此錢多之爲禍也。若不以術洩之，數十歲之後，芻粟何止率鍾而致石。今莫若洩之羌中，聽其私易，貫率征錢數十，歲已得數萬緡。以吾之滯積，而得戰馬、餼羊有用之物，歲入之芻粟遂減數倍之價，一術而數利。中都歲送之錢，但以券鈔當之，不

徒省山運之勞，而外之所洩，無過岷山之鐵耳，此不足爲害者一也。

（宋）李燾《續資治通鑑長編》神宗元豐七年三月　詔付陝西轉運副使范純粹：本路自用師以來，歲費浩大，朝廷前後應副雖已不貲，而邊糴雜須尚未充羨。近擘畫令於京東徐州鑄到折二大錢二十萬緡，計爲四十萬貫之用，欲歲運致往陝府下卸，以佐經費。未知有無錢幣輕多之弊，可速具奏。純粹言：

本路見有新舊銅鐵錢九監，鑄折二大錢約一百萬貫，計小錢二百萬貫。自來以本路經費浩大，惟患鼓鑄不廣，今若歲以徐州所鑄錢四十萬貫運致到本路，只是增得本路鐵錢監歲額十分之二，即未至有錢幣輕多之害。

雖然，臣竊有所議，輒因聖問，願陳其略。臣自未軍興之時參領漕計，至於今日。方此財用艱窘，乃蒙朝廷歲以見錢四十萬貫運至本路，以佐經費，而以問臣，在臣計得以自幸。然而臣若但以本路得錢爲利，而不爲朝廷久遠之謀，則不忠甚矣，非臣所敢爲也。謹條列如後：

一、契勘本路沿邊諸處，久來難得見錢。逐處歲計，除以本路課利所入應副支費外，其所少之數，並是於永興商、虢、華、陝等州錢監收積，及於近裏諸處雇脚般運前去，其所用脚錢，糜費極多。且如自陝府般鐵錢一萬貫至秦州，計用脚錢二千六百九十餘貫。今若自徐州鼓鑄錢津運到陝府下卸，臣即不見其得徐州元鑄鐵錢每一萬貫計用本錢若干，并沿路水陸脚費又若干，及搭入自陝府至邊上所費脚錢數目，即一萬貫之内除本路脚錢銷費外，紐算邊上所得實錢計若干，竊慮枉有糜費。若以本司言之，則所備固多，若爲朝廷計之，即恐不惟輕用國力，兼慮經由之地，上下勞費，卒無已時。伏乞聖慈更賜詳酌，付有司會較施行。

一、臣前自公府掾謫知徐州滕縣，與利國監相鄰，訪聞本監雖是出鐵，而鐵性獷脆，惟宜製作兵仗，即未知鼓鑄錢實又復何如。蓋陝西諸監所用鐵，若性稍獷脆，即難於磨滌，多致破缺；若性稍稠濁，即金汁易凝，流注不快，錢上字樣率多昏晦，與私鑄濫錢夾雜難別，爲害不細。兼臣契勘陝西折二大鐵錢二十萬貫，計用鐵三百六十萬斤、木炭六百萬斤。竊計徐州所用鐵錢料例，與此不遠，亦未知本處所產鐵炭每歲足與不足二十萬貫所用之數。此雖臣私憂過計，亦乞朝廷會較施行。

一、臣以謂飛運錢幣之術，莫如走役商賈，最爲簡便。臣竊見東南諸路歲以見錢上供，不知其幾百萬，水陸津運，勞費不少。既運致到京，每蒙朝廷以公據召人於陝西入便，卻於内庫請出。亦費行遣。又竊見關陝以西至沿邊諸路，頗有東南商賈，内如永興軍、鳳翔府數處尤多。自來患在賣到見錢別無回貨，今若嚴立關防符驗，於陝西近裏及沿邊諸路召人入納，齎給符驗，直赴本貫州縣就便請領，即公私爲利莫如此比。借如恐沿邊諸路所入不多，若只於永興軍、鳳翔府等處入便數十萬貫，必可取足。如此，則不勞公私，便可飛運得他路見錢數十萬貫在關陝以西，比之就徐州本鑄錢糜費遠脚，耗折過半，仍只到陝省下卸，委似省便。臣愚管見如此，更乞朝廷會較施行。

又臣伏詳詔旨，只是詢問有無錢幣輕多之害，而臣於聖問之外，輒陳煩説，紊黷天聽，罪在不赦。然念事君之義，知無不言，惟乞聖慈深賜矜察。純粹奏此，乃三月十四日，今附本月日。葉夢得云三百萬緡，蓋誤也，已具注六年九月六日。純粹八年四月十二日自右司出漕京東，九月二日又奏此事，可并考。

（宋）李燾《續資治通鑑長編》哲宗元祐六年四月　尚書省言：陝府係銅鐵錢交界之處，西人之來，必須換易銅錢，方能東去。即今民間以鐵錢千七百，始能換銅錢一千，遂致鐵錢愈輕，銅錢愈重，百物隨貴，爲害最深。今欲陝州并硤石鎮東去人，有税物願於本處換易銅錢者，并以所納税錢爲限，十分許換易二分。税錢一千已下，全許換錢。雖多，每名不得換過五千。陝州并硤石鎮兩驛東去官員合支券料錢，及東去過軍合支券料等錢，如願於陝州并硤石鎮換銅錢者聽，其換錢每鐵錢一千支銅錢八百；願於陝州并硤石鎮出交子於西京請領者聽。從之。

（宋）李燾《續資治通鑑長編》哲宗元符二年閏九月　三省言：陝西州郡鐵錢，自來即無輕重之別。近日官司多置換銅錢，以致民間疑惑，錢輕物重。今差都轉運使陸思閔、轉運副使王博聞、轉運判官孫軫提舉措置，仍令陝西路並禁使銅錢，違者徒二年，配千里。許人告，賞錢二百貫。又陝西民間見在銅錢，並許於隨處州縣送納，依數支還鹽鈔或東南鈔，願以鐵錢對換者，並支封樁錢，仍限三年納換了當。仍具一年約用鈔數申乞支降。諸色人欲入銅錢地分，許於陝府近便處官中兑換。換到銅錢并官庫銅錢，除量留換錢支用外，並津置三門，般運赴元豐庫納。陝西鑄

錢司計置到銅，般運就京西近便處置監鑄造，充朝廷封樁，人匠並於陝西鑄錢監那移。本路官鐵錢有缺損輕薄不堪支使者，送監別鑄。民間有私鐵錢，限半年陳首，免罪，支鐵價，違限不納，依私錢法曉示。從之。十二月二十二日，并元符三年十月末，可考。

（宋）葉適《葉適集・水心文集》卷二《狀・淮西論鐵錢五事狀》

臣竊見近歲私鑄鐵錢散漫江淮，公私受弊，人情搖動，其事多端，幸蒙朝廷不惜厚費，特與收換，始得寧帖。臣昨在蘄州目見利害，詢採吏民，頗爲親切。今暫領兼司，所當隨時補緝，務使淮人迄臻安静，謹具奏聞。其事有五：一曰開民間行使之路，二曰責州縣關防之要，三曰審朝廷稱提之政，四曰謹諸監鑄造之法，五曰詳冶司廢置之宜。

何謂開民間行使之路？始初鐵錢不分官私，民間不辨好惡，得錢便使。自禁私錢，百姓懲創，賣買交關，文文揀擇。或將官錢指爲私錢，不肯收受；或只要一色樣錢，謂如舒、蘄人各只使本監字號錢之類；或只要新鑄官錢，且免揀擇。民旅持錢買物，一貫之中，常退出三四百，至以米穀他物自相酬準。城市尚可，村落尤甚。緣此行用艱難，物貨稀少。朝廷禁斷私錢，本要流通官錢，若官錢方更疑惑，豈得穩便。臣近以乾道、同安、蘄春、大冶、宿松、漢陽、定城新舊諸樣官錢，釘板印榜，曉諭民間，令其從便行使，亦立私錢樣，令揀選不用。令各州簽廳官委諸縣釘樣於都保，又別差官親至村落委曲勸喻，欲其耳目接熟，用錢不疑。須待官錢流通，物價復舊，方見禁斷私錢之利。在臣本路，已逐一如此施行，其淮東、湖北，臣目所不見，未知如何。近因還司過蘄口鎮，鎮民詣臣稱：揚、真、泰州，凡紹熙元年二年蘄春監所鑄錢，皆嫌麤惡，揀退不使。臣尋令拆辯揀擇，其字文模糊尤甚，十居二三，見已關會諸處別議措置。然則揀擇用錢，人情不甚相遠。兼既有新舊諸錢，並私錢色樣不一，曾經揀換，錢文牴牾，若不於行使地分明加告報，終恐向後用者疑惑。臣不敢作冶司發往兩路州郡，欲乞自朝廷降樣行下，永遠照使，要令村落僻遠認識不疑，民旅交易流通無礙。如此，則既擾之精神可以收回，人亦知收換之實利矣。

何謂責州縣關防之要？兩路先後立限收換私錢，淮東多而淮西少。雖緣禁有遲速之故，然積累數年，委有許多私錢別無歸著，其當與收換則一爾。今已於限內申報盡絶，而舊色私錢，尚頗散在民間。或限內賫赴不及，出限不可投換；或貫陌少可，無力投換；或富人收藏，意圖他時禁弛，復得行用；既各盡絶，難卹其餘。然市錢（日）用之中，常有夾帶，所幸民間識認，擇出不要。其新鑄私錢，間有三兩文到市上者，姦民窺伺，豈肯遽已。自禁戢以來，號令紛紛，爭爲嚴峻，或令五家結甲，或令旬申有無私鑄。巡尉以捕捉入銜敗獲治經由透漏，沿流常要巡綽，津渡皆須搜邏，吏人甘伏決配，官員當侯朝典。臣檢照舊事及不住承準申明，雖皆已遵守覺察，然終未得關防之要。必行則誣告羅織，獄訟繁興；泛行則便同文具，姦宄仍在。臣近令各州簽廳官，責屬內廂巡地分都保等處，專一禁止行使私錢之家，旬具委無行使私錢結罪，類申本司。只此一令，不必繁多，但要行之堅久，私錢無用，私鑄自息。此雖冶司職事，亦但可施之本路。欲乞朝廷指揮，於行使鐵錢州郡，除照官錢色樣從便流通行使外，並要本州月具更無行使私錢文狀結罪申尚書省。蓋欲必無私鑄，其説難信；欲必不使私錢，其事易遵。況經收換，朝廷爲民之意已足；如有違戾，懲治大吏一人，自然震聳用命。如此，則令簡而可行，實而可久矣。

何謂審朝廷稱提之政？始作鐵錢，非要添此一項泉幣，蓋專以絶銅錢滲漏之患爾。銅錢過江北，既有鐵錢以易之矣；鐵錢過江南，亦必有銅錢易之可也。今爲銅錢地而不爲鐵錢地，事不均平，豈行法以來偶未之思歟？故江北自行鐵錢之後，金銀官會，無不高貴，富商大賈，財本隔礙。而淮旁之民，只是往來兩岸洲夾之內，銅鐵異用，風波滯留，便已盤費消折，安居雖久，仍舊凋疎。淮人歎息，以爲朝廷緣銅錢之故，致令江北不得自在，空懷抑鬱，無與上聞。近户聞建明，權作兩淮交子百萬，通行沿江州郡，仍許入納，淮人若驟得此數行用，稍廣目前利益。但臣採其土俗之論，以爲月日稍久，流轉不行，必有減落百陌之憂，將爲店鋪停塌之利。若要稱提得所，義理均平，當使鐵錢之過江南，亦如銅錢之過江北，皆有兑换之處，兩無廢棄之虞。於江南沿江州郡，以銅錢會子中半，或一分銅錢，二分會子，直行兑换鐵錢。計其所收，或科撥付總領所，或仍換銅錢，則可以減諸監歲鑄之額。或付兩淮和糴、樁積、馬料、修城，則更不支降交會，亦於朝廷初無所失。淮人知鐵錢過江有兑換之處，自加

貴重，商旅之在淮南者，亦不敢輕賤鐵錢，則金銀官會及其他物貨，自當低小。如此稱提，雖行鐵錢，可以經久無弊。若恐鐵錢過江，兑换者多，自合量宜撙節，但要存此發泄一路而已。

何謂謹諸監鑄造之法？臣竊詳興監以來所鑄鐵錢，其輕重薄厚，精麤大小，略爲相等。就中淳熙七八九年中間，蘄春監所鑄，字畫精細，輪郭堅明，比於諸錢，又爲精好。十五、六年以至紹熙元、二，則頓成麤惡。習久生弊，勢亦宜然。昨鐵冶司急欲取勝盗鑄者，遂翻新樣，四季别爲字文，舊重四斤十二兩，今增爲五斤八兩，新錢比舊，大幾一輪。臣竊以錢文宜一，輕重大小宜均，則民聽不疑，行用不惑。季别一樣，自鑄工不能記憶，民間何由辨認。而又新錢特大，形迹舊錢。常人之情，喜新厭舊，所以有只要新錢之説，豈可舊錢遂成無用。又特大者，自爲貫辨，則可行使，分開互用，串聯不合。臣細視之，新錢刻畫麤大，其實不如舊錢，用鐵雖多，錢體不重，但加比驗，自可分明。兼照自淳熙七年至紹熙二年上半年，同、春兩監通鑄過四百餘萬貫，七年之前及他監所鑄，又未有數目。前公私行用，官中自應保護舊錢。其新錢但當鈐束監匠，盡工鑄造，深鑑末年之弊，必如初鑄之精而已。若徒翻樣增鐵以自别異，深所未可。故湖廣總所近有申請，以新舊官錢不同，未敢通用，正謂此也。臣已行下諸監，只以蘄春監淳熙七、八、九年錢樣爲準，務令精好，更不添兩數及四季翻樣，欲乞更賜聖裁。庶幾民聽不疑，新舊一等。

何謂詳冶司廢置之宜？臣竊以臣僚初議，專置鐵冶一司，是時私鑄熾盛，鐵錢流入浙西，内地駭愕，專官講求，誠合權道。(乃)〔及〕其方略禁姦，摧遏鋒鋭，雖傷猛驟，亦中事機。今觀冶司陳請三十餘事，皆已施行矣。然終是論建太廣，行移束溼，至使諸司乖戾，州郡掣肘，人心驚疑，異論蜂起；自有各路監司任責指揮，人情少安，方敢向前措置，此臣所親見也。事變之來，動以静勝不在張皇。其後冶司亦自畏縮，雖已得旨者，多不果用。且如舒、蘄兩監，鼓鑄之政，舊責守臣，其增造減工，糙惡生弊，走弄文曆，支用自由，當職官吏，固宜黜罰。爲冶司者，但當督察稽考，總其大柄而已。取而自鑄，遂致怨咨，以爲破壞兩州，事起倉猝。至於碎置幹官撿踏，創造廨宇營房，列屬徒多，控制州郡。况鐵炭中賣，處處增足，非比銅坑，苗脈須要尋求。坐食端閑，冗(仗)〔長〕無用。以臣所見，私錢既蒙朝廷收换，若民間照樣行使，則官錢通流；州郡嚴禁夾帶，則私鑄止絶。鑄造並遵舊法，而新舊錢不疑；稱提出於均平，而江南、北如一；逐路自有監司任責，則提點江淮、湖北，空令取會迂回。更乞聖慈與宰執商量，數月之間，合與未合結局，協於權制，不爲贅疣。塞希恩僥倖之門，杜貪功紛亂之意，静治不擾，淮人自安。

綜述

（宋）佚名《宋大詔令集》卷一八四《政事・財利・陝西鐵錢折二公私通行詔》 向者西鄙亂常，乍叛乍服，興師問罪，調度寖繁。元祐以來，變易善法，錢弊屢更，物失其平，黎庶重困，荷天眷祐，方内乂安，累年于兹，而錢益輕，物益重。細民益以艱食，至或流移失業，不得以相生養，朕甚憫焉。豈法禁之不修，而兼并者擅其利也。抑泉貨之不一，而人自爲輕重耶。事必復古，迺臻康濟。應陝西諸路舊係行使鐵錢地分，並依元豐年大鐵錢折二，公私通行，所有夾錫錢與大鐵錢，一等行用，不得分别稱呼。仍仰轉運經略司、提點刑獄、提舉常平司，將逐處物價參考，制定多少之直，務要反本，不使騰躍。敢有妄議沮格不承者，以違制論，不以赦降去官原減。見在鐵錢，更不改鑄夾錫，河東路官司當二夾錫錢，依此。所有三當一小鐵錢，聽仍舊。令出惟行，是爲永法。毋或疑畏，自抵罪誅，故兹詔示，想宜知悉。

（宋）李燾《續資治通鑑長編》仁宗皇祐四年二月 庚辰，兵部郎中傅永爲户部副使。慶曆末，永自梓州路轉運使移陝西。慶曆八年正月，自梓州徙。時關中用折十鐵錢，盗鑄不可勝計，公私患之，永獻策請變錢法。至境，問民所乏，貸以種糧錢，令麥熟納償，而薄取其息，民大悦。永亟檄州縣，凡散二百八十萬緡，大錢悉盡，乃以聞。已而朝廷變法，遂下令，以小鐵錢三折大鐵錢一，民出不意，破産失業自經死者甚衆，而盗鑄亦以衰止。所貸得麥四十萬斛，商人入粟於邊而受錢於中都，歲五百萬緡。時河北奏乞錢，朝廷未有以給，永言本道倉廩實，請以所當受錢畀之，上嗟賞。自康定用兵，陝、華以西移輸税於邊，民力大困，永令輸本郡，而轉錢以供邊糴，儲亦無乏。王堯臣詳定課績，上其事，又賜詔褒

之。尋召入，權糾察在京刑獄，於是擢副三司。《傳永傳》云：永獻策請變法，既悉貸民大鐵錢，遂下令以一折三，民多破產失業，而盜鑄亦止。按變法在慶曆八年六月，乃用三司議，或因永獻策亦未可知。若謂永遂下令以一折三，則是永自擅作法罔民，初非朝廷變法也。朝廷變法，適與永貸民大鐵錢相先後。蓋永悉貸民大鐵錢，大錢雖折小錢十，而小錢十可改鑄大錢五且有餘，即鄭戩所云盜鑄獲利十之六也。永前貸民大錢，今但取小錢，又以小錢三折當十大錢一，其名似優貸者，其實陰奪盜鑄之利也。永傳載此事殊不了了，今略加刪潤使易曉。

（宋）李燾《續資治通鑑長編》仁宗嘉祐四年二月　己卯，詔：如聞陝西民間多濫鑄大錢，以至市易不通。其以見行當三大銅錢、大鐵錢並當小鐵錢之二。本路官員已支三月俸者，即計其數貼支。先是，議者欲變大鐵錢當一，提點刑獄、祠部員外郎、集賢校理陸詵言：民間素重小銅錢而賤大鐵錢，他日以一當三猶輕之，今令與小錢均直，則大錢必廢。請以一當二，則公私所損無幾，而商賈可以通行，兼盜鑄計其物直無贏，則必自止。而陝西舊藏饒州大錢，聞緣民間久不敢用，今既無盜鑄，則亦可以兼行，四者皆便。又言既更錢法，前日民負官緡者，法應加數追納，望三分蠲其一。詔悉行之。此據《陸詵傳》自是盜鑄乃止。然令數變，兵民耗於資用，類多咨怨，久之始定。此據本志。

（宋）留正《皇宋中興兩朝聖政》卷五一《孝宗皇帝・定江西鐵錢額》〔乾道八年十月〕是月，定江西四監鐵錢額，每歲共鑄三十萬貫。江州廣寧監、興國軍富民監各二十萬貫；臨江軍豐餘監、撫州裕國監各五萬貫。

（宋）謝深甫等《慶元條法事類》卷二九《榷禁門・銅錢金銀出界》

雜敕

諸川、陝路鐵錢與陝西、河東路鐵錢侵越行用者，論如博易私錢法。將鐵錢入銅錢界行用者，減二等，並許人告，錢没官。下二條許告、没官准此。

（宋）謝深甫等《慶元條法事類》卷二九《榷禁門・鐵錢過江南》

申明

隨敕申明

衛禁

淳熙二年十月五日敕：自淮南將帶鐵錢過江之人，依乾道九年五月十八日銅錢罪賞減二等斷罪，罪止徒一年。

乾道九年五月十八日敕：將帶銅錢過江北比附銅錢入川、陝界斷罪，許人告。其所告錢數並全給充賞。仍令江、淮帥漕司、沿江、淮州縣並榷場官常切覺察。如州縣並榷場官違戾，仰帥、漕司舉劾，申奏朝廷，重行停降。若帥、漕司失於覺察舉劾，或因人告首及別事彰露，亦與州縣並榷場官一等科罪。

淳熙四年十二月二十三日敕：禁止鐵錢過江南前後措置非不嚴切，訪聞尚有民旅冒犯法禁，令江、淮帥、漕司約所部，沿江守令嚴行禁戢，仍督責巡尉緝捉，毋令透漏，月具有無違犯之人申尚書省。其銅錢界不許行使鐵錢。

（宋）李心傳《建炎以來繫年要録》紹興二十五年八月　甲午，直祕閣兩浙轉運副使鍾世明乞四川諸路應係大鐵錢並依利州路作二文使用，官司不得括責拘收。從之。蜀自漢以來用銅錢，至公孫述據蜀，始更造鐵錢，歷代仍用銅錢。孟氏廣政初，復鑄鐵錢，與銅錢互用。國朝乾德三年平蜀後，呂餘慶鎮蜀日，首與沈義倫奏，乞揀出銅錢，計綱發充上供，其川界止行用鐵錢。後以爲非便。淳化間，仍令兩川銅鐵錢兼用。先是益、邛、嘉、眉等州皆鑄鐵錢，每歲五十餘萬緡。後因李順之亂罷鑄。久之，民間闕錢，始用私行交子，因而弊端百出。景德三年，張詠上言，受詔與轉運使黄觀同裁度，嘉、邛二州所鑄錢，每銅錢一，小鐵錢十，相兼行用，自後人多盜鎔。大中祥符七年，凌策又請鑄大錢，以一當十。嘉州錢監名豐遠，邛州錢監名惠民，止於兩川置爐鼓鑄。嘉祐四年，趙抃爲轉運使，奏以蜀中鐵錢甚多，乞罷鑄十年，以寬民力。是歲袷享赦文中行之。熙寧間，轉運司復言罷鑄累年，民間見錢闕少，乞行下三司詳度，減半鑄錢，與交子相權。詔從之。後廢嘉州豐遠監。至建炎二年，邛州復罷鑄。紹興十五年，鄭剛中爲宣撫副使，始復利州紹興監，鑄大小錢，歲各五萬。施州廣積監者，起於紹聖三年，其所用爐料，悉於清江縣籍定人户家業敷買。南平軍廣惠監者，所用鐵炭，皆取於爐户，而於所佃田上捐其租稅。廣積監歲額萬緡，廣惠監萬五千緡，皆供本州省計而已。

（宋）李心傳《建炎以來繫年要録》紹興三十一年二月　戊申，詔邛州復置惠民監，歲鑄鐵錢三萬緡，利州六萬緡爲額，内大小錢各半。初，

議者請復嘉、邛二州鼓鑄。四川安撫制置使王剛中言：嘉州無鐵可用，乞令邛州以所造日額衣甲鐵炭改鑄夾錫錢，而令利州以鑄錢所餘鐵炭，對數打造衣甲。委遂州守臣提舉措置，仍隸屬總領所。從之。利州六萬緡，計用本錢十一萬四千餘緡。邛州三萬緡，計用本錢三萬九千七百餘緡。淳熙六年十月並改鑄一折三錢。

（宋）李心傳《建炎以來朝野雜記甲集》卷一六《財賦·川陝鑄錢》

川陝舊皆行鐵錢。祖宗時，益、利、夔三州皆有鐵冶，故即山鑄錢。邛州舊鑄錢十二緡。建炎初，轉運判官靳博文以爲歲費本錢二十一萬，得不償費，乃罷之。三年六月乙卯。紹興十年，鄭亨仲爲四川宣撫使，始即利州鑄錢，歲十二緡，以救錢引之弊。率費二千而得千錢，置官六人，兵匠五百人，歲用鹽官錢七萬緡，四路稱提錢十四萬緡，爲鑄本，十月戊申。其後增至十五萬。二十三年，嘉守王知遠請復嘉邛鑄錢監。事下計司，六月丁酉。于是復置監于邛州。明年，詔邛州歲鑄三萬緡，利州九萬緡。四月乙酉。共費本錢引十七萬五千緡，利州十一萬四千，邛州六萬一千。每千率費千四百緡。二十五年，又詔利州鑄大小錢各二萬。凡大錢千重十二斤，小錢千重七斤有半，于是歲省鼓鑄本錢三萬。三十一年，再減利州錢爲六萬緡，大小各半之。施州舊亦鑄錢萬緡，南平軍數千緡。紹興末，皆減。今蜀中歲鑄十萬七千。施州錢，紹興三十年以鐵炭艱難，減爲七千。南平軍以礦苗少，亦減爲千緡。竝充省計。

（宋）王棣《燕翼詒謀録》卷三《鐵錢權銅錢》

江南李唐舊用鐵錢，蓋因韓熙載建議，以鐵錢六權銅錢四，然銅錢之價相去甚遠，不可强也。江南末年，鐵錢十僅直銅錢一，江南平，民間不肯行用，轉運使樊若水請廢之。太平興國二年二月，詔官收民間鐵錢鑄爲農器，以給江北流民之歸附者，於是江南鐵錢盡矣。然川蜀、陝西用之如故，川蜀每鐵錢一貫重二十五斤，銅錢一當十三，小民鎔爲器用，賣錢二千，於是官錢皆爲小民盜銷，不可禁止。大中祥符七年，知益州凌策請改鑄，每貫重十二斤，銅錢一當十，民間無銋銷之利，不復爲矣。慶曆初，知商州皮仲容議采洛南紅崖、虢州青水銅，置阜民、朱陽二監鑄大錢，一可當小錢三。以之當十，民間趨利，盜鑄不已。至八年，張方平、宋祁議以爲當更，乃詔改銅錢當十。先是慶曆元年十一月，詔江、饒、池三州鑄鐵錢一百萬貫，助陝西經費，所積尤多，錢重民苦之，至是併罷鑄錢，其患方息。

（宋）王應麟《玉海》卷一八〇《食貨·錢幣·開寶錢監 至道永豐監 皇祐永通監》

建隆二年三月，禁鐵錫錢。乾德五年十二月丙辰，禁惡錢。開寶四年正月，雅州百丈縣興置錢監，歲鑄九千餘貫，增十鑪。九年七月，昇州言歲鑄三十萬緡，命通判杜見素經度采銅。江南舊用鐵錢，十當銅錢之一。太祖平吴，因舊制開監于鄱陽。錢假入朝，又得杭州錢監，尋廢。興國二年二月壬辰朔漕臣樊若水奏復用銅錢。四年九月乙酉初，聽銅錢入蜀。八年三月，奚嶼請於建州鑄大鐵錢，文曰太平通寶，尋以不便罷。先是，李煜因唐制於饒之永平監歲鑄六萬緡。江南平，增爲七萬。患銅少不給，漕臣張齊賢調丁采饒、信、虔等州銅、鉛、錫，是年增數十倍。明年得銅鉛八十五萬斤，錫十六萬斤，歲鑄錢三十萬。以丁釗領三郡銅山。初，永平監用開通元寶錢法，肉好精妙，至雜以鉛錫，雖歲增數倍，稍惡矣。天聖間歲鑄百餘萬貫，慶曆間至三百萬，熙寧六年後歲鑄銅鐵錢六百餘萬貫。至道二年十月己未，池州新置錢監，賜名永豐。先是饒之永平歲鑄四十萬貫，今分置是監，共鑄六十餘萬貫。楊允恭言其事，始分鑄於池。咸平二年五月，辛臣齊賢請置監廣鑄。命虞部郎馮亮等按視，至建州置豐國監，江州置廣寧監。明年凡鑄一百二十五萬。八月丙子，祕閣校理杜鎬等承詔檢討鑄錢故事上之。廣寧監歲鑄二十萬貫。肇四月癸亥，終七月己卯。王元之爲記。慶曆元年九月壬申，以虢州監爲朱陽監。十一月，詔江、饒、池錢監鑄鐵錢百萬緡。六年五月壬寅，以興元府西縣錢監爲濟遠監。八年六月乙未，詔陝西所用江南儀商等州大銅錢，以一當三。其小鐵錢，三當銅錢之一。先是慶曆初，兵興用乏，知商州皮仲容議采洛南縣紅崖山、虢州青水冶青銅，置阜民、朱陽二監以鑄錢。陝西漕臣張奎、永興守范雍又請鑄大錢一當十。四年，復采儀州黄銅，置博濟監鑄大錢，而江南亦鑄大銅錢，江、池、饒、晉、儀、虢州鑄小鐵錢，並輦送關中雜行。大約小銅錢三，可鑄當十大錢一，民多盜鑄，物價翔踊。命翰林學士張方平、宋祁、中丞楊察與三司雜議。至是，與三司使葉清臣等先上陝西之議，謂捄弊不先自損，則法不可以下行。遂下是詔。七月辛丑，詔河南所用小鐵錢，以三當銅錢之一，仍罷諸州官所置鑪。元年，晋州鑄小銅錢。二年，晋澤州鑄大錢一當十。未幾，三司罷鑄大錢。五年，小錢獨留用，河東盜鑄無窮。至是如陝西行之。其後罷商州鑄青黄銅

錢，皇祐二年二月。詔大銅鐵錢並當常錢之二。嘉祐四年二月癸未。盜鑄乃止。慶曆八年九月癸亥，韶州置鑄錢監。時天興場歲采銅二十五萬斤。皇祐元年二月丁卯，以韶州新置監爲永通監。淳熙十二年三月省。至和二年三月，詔韶州岑水場銅發令漕司益鑄錢。治平四年置惠州阜民監。熙寧三年八月二十四日，詔阜民監錢專給岑水場市銅之費。七年七月十八日，廣東漕臣言永通、阜民二監，歲鑄八十萬。比又增鑄二十萬。近改鑄折二錢，歲增二十萬。詔羨餘復歸內藏庫。熙寧三年七月十三日，陝西興置鑄錢監，市岑水場銅鉛，增鑄百萬緡。六年六月壬辰，行折二錢。七月四日，詔京西、淮、浙、江西、荊、湖六路各置鑄錢監一。江、荊以十五萬，餘以萬緡爲額。七年三月二十八日，以永興鑄折二錢，備熙河之用。二十四日，三司言河北有銅五十七萬九千九百餘斤，錫九千八百九十餘斤，詔度地置監。乃置黎陽監于衛州，歲鑄三萬五千緡。八年二月一日，商、虢、洛南增置三監，耀、鄜權置二監，凡九監。鄜州等五監俟改鑄省樣錢畢，併入商州等四監置，鑄大錢。九月九日，岷州置監。十月十四日，詔黎陽監歲增鑄折二錢五萬緡。十一月十一日，進熙河當二鐵錢樣。九年六月八日，罷折二錢。初，薛向鑄折二錢於陝西，許彥先又鑄於廣南。宰臣安石曰：錢有二品，自周已然。乃復行之。十月五日，命饒州增鑄三十萬緡。元豐元年八月，興州濟衆監增鑄并舊爲七萬二千餘緡。二年二月二十九日，通遠軍監改鑄銅錢，罷鳳翔郿縣置監。三年六月二十九日，徐州置監。十一月二十六日，興復雅州錢監，歲鑄三萬緡。餘見後。元祐二年七月二十一日，置河中府龍門韓城錢監。八年五月十一日，罷二廣鑄折二錢。八月，陝西復鑄小銅錢。紹聖二年十二月，施州置廣積監。崇寧元年八月，户部言江、池、饒、建四監歲額上供新錢一百三十餘萬貫。二年十月，行當十錢。三年二月，復置寶豐黎陽監。九月，詔東南十監，舒、衡、睦、鄂、韶、梧六監鑄小錢，餘五監鑄當十錢。四年閏二月，汝州魯山置監，並陝西兩河京西十八監鑄夾錫錢。大觀二年七月，懷衛州建鑄錢院。政和四年四月，復融州寶新監。六年四月，置邕州通寶監。宣和六年七月，罷萬州廣濟監。江東鑄銅錢始于樊若水，以鉛錫雜鑄始于張齊賢。嘉祐有折二之令，雖鑄於陝廣，至熙寧而始行。慶曆有當三之請，鑄三品之錢，至今便之。

《宋史》卷一八〇《食貨志·錢幣》　錢有銅、鐵二等，而折二、折三、當五、折十，則隨時立制。行之久者，唯小平錢。夾錫錢最後出，宋之錢法至是而壞。蓋自五代以來，相承用唐舊錢，其別鑄者殊鮮。太祖初鑄錢，文曰宋通元寶。凡諸州輕小惡錢及鐵鑞錢悉禁之，詔到限一月送官，限滿不送官者罪有差，其私鑄者皆棄市。銅錢闌出江南、塞外及南蕃諸國，差定其法，至二貫者徒一年，五貫以上棄市，募告者賞之。江南錢不得至江北。

蜀平，聽仍用鐵錢。開寶中，詔雅州百丈縣置監冶鑄，禁銅錢入兩川。太平興國四年，始開其禁，而鐵錢不出境，令民輸租及榷利，鐵錢十納銅錢一。時銅錢已竭，民甚苦之。商賈爭以銅錢入川界與民互市，銅錢一得鐵錢十四。

明年，轉運副使張諤言：川峽鐵錢十直銅錢一，輸租即十取二。舊用鐵錢千易銅錢四百，自平蜀，沈倫等悉取銅錢上供，及增鑄鐵錢易民銅錢，益買金銀裝發，頗失裁制，物價滋長，鐵錢彌賤。請市夷人銅，斤給鐵錢千，可以大獲銅鑄錢。民租當輸錢者，許且輸銀絹，候銅錢多，即漸令輸之。詔令市夷人銅，斤給鐵錢五百，餘皆從之。然銅卒難得，而轉運副使聶詠、轉運判官范祥皆言：民樂輸銅錢，請歲遞增一分，後十歲則全取銅錢。詔如所請。詠、祥等因以月俸所得銅錢市與民，厚取其直，於是增及三分，民益以爲苦，或發古冢、毀佛像器用，纔得銅錢四五，坐罪者甚衆。知益州辛仲甫具言其弊，詔使臣吴承勳馳傳審度。仲甫集諸縣令、佐問之，多潛持兩端，莫敢正言。仲甫以大誼責之，乃皆言其不便。既承勳復命。七年，遂令川峽輸租榷利勿復徵銅錢。詠、祥等皆坐罪免。既而又從西川轉運使劉度之請，官以鐵錢四百易銅錢一百，後竟罷之。

平廣南、江南，亦聽權用舊錢，如川蜀法。初，南唐李氏鑄錢，一工爲錢千五百，得三十萬貫。太宗即位，詔昇州置監鑄錢，令轉運使按行所部，凡山川之出銅者悉禁民采，並以給官鑄焉。太平興國二年，樊若水言：

江南舊用鐵錢，於民非便。今諸州銅錢尚六七十萬緡，虔、吉等州未有銅錢，各發六七萬緡，俾市金帛輕貨上供及博糴穀麥。於昇、鄂、饒等州產銅之地，大鑄銅錢，銅錢既不渡江，益以新錢，則民間錢愈多，鐵錢自當不用，悉鎔鑄爲農器什物，以給江北流民之歸附者。除銅錢渡江之禁。從之。

自唐天祐中，兵亂窘乏，以八十五錢爲百，後唐天成中，減五錢，漢乾祐初，復減三錢。宋初，凡輸官者亦用八十或八十五爲百，然諸州私用則各隨其俗，至有以四十八錢爲百者。至是，詔所在用七十七錢爲百。

西北邊内屬戎人，多齎貨帛於秦、階州易銅錢出塞，銷鑄爲器。乃詔吏民闌出銅錢百已上論罪，至五貫以上送闕下。

舊饒州永平監歲鑄錢六萬貫，平江南，增爲七萬貫，而銅、鉛、錫常不給。轉運使張齊賢訪求得南唐承旨丁釗，能知饒、信等州山谷産銅、鉛、錫，乃便宜調民采取；且詢舊鑄法，惟永平用唐開元錢料最善，即詣闕面陳。八年，詔增市鉛、錫、炭價，於是得銅八十一萬斤、鉛三十六萬斤、錫十六萬斤，歲鑄錢三十萬貫。補釗殿前承旨，領三州銅山。然民間猶雜用舊大小錢。是時，以福建銅錢數少，令建州鑄大鐵錢並行，尋罷鑄，而官私所有鐵錢十萬貫，不出州境，每千錢與銅錢七百七十等，外邑鄰兩浙者亦不用。

雍熙初，令江南諸州官庫所貯雜錢，每貫及四斤半者送闕下，不及者銷毁。民間惡錢尚多，復申乾德之禁，稍峻其法。京城居民蓄銅器者，限兩月悉送官。

端拱元年，内侍蕭延皓使嶺南還，以民間私鑄三等錢來上，且言多與蠻人貿易，侵敗禁法。因詔察民私鑄及銷鎔好錢作薄惡錢者，並棄市；輒以新惡錢與蠻人博易者，抵罪。

江北諸州所用錢非甚薄惡者，新舊大小兼用。江南雖用舊大錢，淳化四年，乃詔每貫及前詔斤數、有官監字號者皆許用，不分新舊。

先是，淳化二年，宗正少卿趙安易言：嘗使蜀，見所用鐵錢至輕，市羅一匹，爲錢二萬。堅請改鑄一當十大錢，御書錢式，遣詣川峽路諸州冶鑄，所在並爲御書錢監；諸州舊貯小鐵錢悉輦送官，民間小錢許送監，計數給以大錢，若改鑄未集，許民大小兼用。既而一歲纔成三千餘貫，衆皆以爲不便。會安易入奏事，因留不遣，遂罷冶鑄。五年，安易復請，不許，第令川峽仍以銅錢一當鐵錢十。

荊湖、嶺南民輸税須大錢，民以小錢二或三易大錢一，官屬以奉錢易於民以規利。詔自今吏受民輸，但常所通行錢勿却，官吏毋得以奉錢換易。至道二年，始禁道、賀州錫，官益其價市之，以給諸路鑄錢。

咸平初，又申新小錢之禁，令官置場盡市之。舊犯銅禁，七斤以上處死，奏裁多蒙減斷，然待報常淹緩。四年，詔滿五十斤以上取裁，餘從第減。

景德四年，詔曰：鼓鑄錢刀，素有程限，憫其勞苦，特示矜寬。自今五月一日至八月一日止收半功，本司每歲量支率分錢以備醫藥。十二月，令鑄匠每旬停作一日。天禧三年，詔：犯銅、鍮石，悉免極刑。

時銅錢有四監：饒州曰永平，池州曰永豐，江州曰廣寧，建州曰豐國。京師、昇鄂杭州、南安軍舊皆有監，後廢之。凡鑄錢用銅三斤十兩，鉛一斤八兩，錫八兩，得錢千，重五斤。唯建州增銅五兩，減鉛如其數。至道中，歲鑄八十萬貫；景德中，增至一百八十三萬貫。大中祥符後，銅坑多不發，天禧末，鑄一百五萬貫。

鐵錢有三監：邛州曰惠民，嘉州曰豐遠，興州曰濟衆。益州、雅州舊亦有監，後並廢。大錢貫十二斤十兩，以準銅錢。嘉、邛二州所鑄錢，貫二十五斤八兩，銅錢一當小鐵錢十兼用。後以鐵重，多盜鎔爲器，每二十五斤鬻之直二千。大中祥符七年，知益州凌策言：錢輕則易齎，鐵少則鎔者鮮利。於是詔減景德之制，其見使舊錢仍用如故。歲鑄總二十一萬貫，諸路錢歲輸京師，四方由此錢重而貨輕。

景祐初，詔三司以江東、福建、廣南歲輸緡錢合三十餘萬易爲金帛，錢流民間。

許申爲三司度支判官，建議以藥化鐵與銅雜鑄，輕重如銅錢法，銅居三分，鐵六分，皆有奇贏，亦得錢千，費省而利厚。詔申用其法鑄於京師。大率鑄錢雜鉛、錫，則其液流速而易成，申雜以鐵，流澀而多不就，工人苦之。初命申鑄萬緡，逾月裁得萬錢。申性詭譎，少成事，自度言無効，乃求爲江東轉運使，欲用其法於江州。朝廷從之，因詔申即江州鑄百萬緡，毋漏其法。中外知其非是，而宰相主之，卒無成功。

初，太宗改元太平興國，更鑄太平通寶，淳化改鑄，又親書淳化元寶，作真、行、草三體。後改元更鑄，皆曰元寶，而冠以年號，至是改元寶元，文當曰寶元元寶，仁宗特命以皇宋通寶爲文，慶曆以後，復冠以年號如舊。

自天聖以來，毁錢鑄鍾及爲銅器，皆有禁。慶曆初，闌出銅錢，視舊

法第加其罪，錢千，爲首者抵死。

五年，泉州青陽鐵冶大發，轉運使高易簡不俟詔，置鐵錢務于泉，欲移銅錢于內地；梓州路轉運使崔輔、判官張固亦請即廣安軍魚子鐵山采礦炭，置監於合州，並銷舊小錢以鑄減輕大錢，未得報，先移合州相地置監。州以上聞，朝廷以易簡、輔、固爲擅鑄錢，皆坐貶。

軍興，陝西移用不足，始用知商州皮仲容議，采洛南縣紅崖山、虢州青水冶青銅，置阜民、朱陽二監鑄錢。既而陝西都轉運使張奎、知永興軍范雍請鑄大銅錢與小錢兼行，大錢一當小錢十；又請因晋州積鐵鑄小錢。及奎徙河東，又鑄大鐵錢於晋、澤二州，亦以一當十，助關中軍費。未幾，三司奏罷河東鑄大鐵錢，而陝西復采儀州竹尖嶺黃銅，置博濟監鑄大錢。因敕江南鑄大銅錢，而江、池、饒、儀、虢又鑄小鐵錢，悉輦致關中。數州錢雜行，大約小銅錢三可鑄當十大銅錢一，以故民間盜鑄者衆，錢文大亂，物價翔踴，公私患之。於是奎復奏晋、澤、石三州及威勝軍日鑄小鐵錢，獨留用河東。河東鐵錢既行，盜鑄獲利什六，錢輕貨重，患如陝西。知并州鄭戩請河東鐵錢以二當銅錢一，行之一年，又以三當一或以五當一，罷官爐日鑄，且行舊錢。而契丹亦鑄鐵錢，易並邊銅錢。

慶曆末，葉清臣爲三司使，與學士張方平等上陝西錢議，曰：關中用大錢，本以縣官取利太多，致姦人盜鑄，其用日輕。比年以來，皆虛高物估，始增直於下，終取償於上，縣官雖有折當之虛名，乃受虧損之實害。救弊不先自損，則法未易行。請以江南、儀商等州大銅錢一當小錢三，小鐵錢三當銅錢一，河東小鐵錢如陝西，亦以三當一，且罷官所置爐。自是姦人稍無利，猶未能絶濫錢。其後，詔商州罷鑄青黃銅錢。又令陝西大銅錢、大鐵錢皆以一當二，盜鑄乃止。然令數變，兵民耗于資用，類多咨怨，久之始定。方大錢之行，有劉羲叟者語人曰：是於周景王所鑄無異，上其感心腹之疾乎。已而果然，語在本傳。

時興元府西縣增置濟遠監，而韶州天興銅大發，歲采二十五萬斤，詔即其州置永通鑑。後濟遠監廢，儀州博濟監既廢復置。

皇祐中，饒、池、江、建、韶五州鑄錢百四十六萬緡，嘉、邛、興三州鑄大鐵錢二十七萬緡。至治平中，饒、池、江、建、韶、儀六州鑄錢百七十萬緡，而嘉、邛以率買鐵炭爲擾，自嘉祐四年停鑄十年，以休民力，至是，獨興州鑄錢三萬緡。

熙寧初，同、華二州積小鐵錢凡四十萬緡，詔賜河東，以鐵償之。四年，陝西轉運副使皮公弼奏：自行當二錢，銅費相當，盜鑄衰息。請以舊銅鉛盡鑄。詔聽之。自是折二錢遂行於天下。京西轉運使吴幾復建議：郢、唐、均、房、金五州多林木，而銅鉛積於淮南，若由襄、郢轉致郢、唐等州置監鑄錢，可以紓錢重之弊。神宗是之，而王安石沮之，其議遂寢。後乃詔京西、淮南、兩浙、江西、荊湖五路各置鑄錢監，江西、湖南十五萬緡，餘路十萬緡爲額，仍申熟錢斤重之限。又以興國軍、睦衡舒鄂惠州既置監六，通舊十六監，水陸回遠，增提點之官。

時諸路大率務於增額：詔惠州永通、阜民監舊額八十萬，至七年，增三十萬，及折二凡五十萬；後衛州黎陽監歲增折二凡五萬緡，西京阜財監歲增市易本錢凡十萬緡，興州濟衆監歲增七萬二千餘緡，陝西三銅錢監各歲增五萬緡。而睦州則置神泉，徐州則置寶豐，梧州以鉛錫易得，萬州以多鐵礦，皆置監。又詔秦鳳等路即鳳翔府斜谷置監，已而所鑄錢青銅夾錫，脆惡易毁，罷之。然私錢往往雜用，不能禁，至是法弊，乃詔禁私錢，在官惡錢不堪用者，别爲模以鑄。商、虢、洛南增三監，耀、鄜權置兩監，通永興、華、河中、陝舊監爲九，以給改鑄。永興、鄜、耀、河中、陝去鐵冶遠，聽改鑄一年罷；商、洛南、華、虢最近鐵冶，聽久置；鄜州等五監候罷改鑄，并其工作歸永興等四監，專鑄大錢，所鑄大鐵錢約補及所廢僞錢，及可以待交子所用而止。

八年，詔河東鑄錢七十萬緡外，增鑄小錢三十萬緡。於是知太原韓絳請倣陝西令本重模精，以息私鑄之弊。

初，薛向鑄鐵錢於陝西，後許彦先鑄於廣南。既而民不便用，神宗欲遂罷之，王安石固争，乃詔京師畿内並罷，其行於四方蓋如故。元豐以後，西師大舉，邊用匱闕，徐州置寶豐下監，歲鑄折二錢二十萬緡，轉移陝府。

于時，同、渭、秦、隴等州錢監，廢置移徙不一，銅鐵官多建言鑄錢，事不盡行，而又自弛錢禁，民之銷毁與夫闌出境外者爲多。張方平嘗極諫曰：禁銅造幣，盜鑄者抵罪至死，示不與天下共其利也。故事，諸監所鑄錢悉入于王府，歲出其奇羨給之三司，方流布于天下。然自太祖平

江南，江、池、饒、建置爐，歲鼓鑄至百萬緡。積百年所入，宜乎貫朽於中藏，充足於民間矣。比年公私上下並苦乏錢，百貨不通，人情窘迫，謂之錢荒。不知歲所鑄錢，今將安在。夫鑄錢禁銅之法舊矣，令敕具載，而自熙寧七年頒行新敕，删去舊條，削除錢禁，以此邊關重車而出，海舶飽載而回，聞沿邊州軍錢出外界，但每貫收税錢而已。錢本中國寶貨，今乃與四夷共用，又自廢罷銅禁，民間銷毁無復可辨。銷鎔十錢得精銅一兩，造作器用，獲利五倍。如此則逐州置鑪，每鑪增數，是猶畎澮之益，而供尾閭之泄也。

元豐八年，哲宗嗣位，復申錢幣闌出之禁，如嘉祐編敕；罷徐州寶豐鼓鑄；詔户部條諸監之可減者，凡增置鑄錢監十四皆罷之。

陝西行鐵錢，至陝府以東即銅錢地，民以鐵錢換易，有輕重不等之患。元祐六年，乃議限東行，有税物者以十分率之，止許易二分，人毋得過五千。八年，命公私給納、貿易並專用鐵錢，而官帑銅錢以時計置，運致内郡，商旅願於陝西内郡入便銅錢，給據請於别路者聽。仍定加饒之數，每百緡，河東、京西加饒三千，在京、餘路四千。

先是，太祖時取唐飛錢故事，許民入錢京師，於諸州便換。其法：商人入錢左藏庫，先經三司投牒，乃輸於庫。開寶三年，置便錢務，令商人入錢詣務陳牒，即輦致左藏庫，給以券，仍敕諸州凡商人齎券至，當日給付，違者科罰。至道末，商人入便錢一百七十餘萬貫，天禧末，增一百一十三萬貫。至是，乃復增定加饒之數行焉。

折二銅錢又定鈎致之法。初欲復舊，止行於本路。議者謂：關東諸路既已通行，奪彼予此，理亦非便。且陝右所用折二鐵錢，止當一小銅錢，即折二銅錢盡歸陝西，不直般運費廣，猝難鈎致，且與鐵錢一等，慮鐵錢轉更加輕。乃令折二銅錢寬所行地，聽行於陝西一路，及河東晉、絳、石、慈、隰州，京西西京、河陽、許、汝、鄭、金、房、均、鄧等州，餘路則禁。仍限二年毋更用，在民間者聽以輸買納，在官帑者以輸上供，即非沿流地或素無上供者，所隸運司移發輸京師。尋詔更鑄小銅錢。河東安撫、提刑司言：頃絳州垣曲縣置監鼓鑄銅錢，費且不給，今已廢監，又禁折二銅錢不通行，非便。乃聽行使如舊。

供備庫使鄭价使契丹還，言其給與箱者錢，皆中國所鑄。乃增嚴三路闌出之法。

熙、豐間銅鐵錢嘗並行，銅錢千易鐵錢千五百，未聞輕重之弊。及後銅錢日少，鐵錢滋多，紹聖初，銅錢千遂易鐵錢二千五百，鐵錢寖輕。元符二年，下陝西諸路安撫司博究利害。於是詔陝西悉禁銅錢，在民間者令盡送官，而官銅悉取就京西置監。永興帥臣陸師閔言：既揀毁私錢，禁銅罷冶，則物價當減。願下陝西州縣，凡有市買，並準度銅錢之直，以平其價。詔用其言，而豪賈蓄家多不便。

徽宗嗣位，通判鳳州馬景夷言：陝西自去年罷使銅錢，續遣官措置錢法，未聞有深究錢幣輕重灼見利害者。銅錢流注天下，雖千百年未嘗有輕重之患。獨鐵錢局於一路，所可通交易有無者，限以十州之地，欲無滯礙，安可得乎？又諸州錢監鼓鑄不已，歲月增多，以鼓鑄無窮之錢，而供流轉有限之用，更數十年，積滯一隅，暴如丘山，公私爲害，又倍於今日矣。謂宜弛其禁界，許鄰近陝西、河東等路特不入京城外，凡解鹽地州縣並許通行折二鐵錢。如此則流注無窮，久遠自無輕重之患。繼而言者謂：鐵錢重滯，難以齎遠，民間皆願復用銅錢。當公私匱乏之時，諸路州縣官私銅錢積貯萬數，反無所用。乃詔銅鐵錢聽民間通行，而銅錢止用糴買。

建中靖國元年，陝西轉運副使孫傑以鐵錢多而銅錢少，請復鑄銅錢，候銅鐵錢輕重稍均，即聽兼鑄。崇寧元年，前陝西轉運判官都貺復請權罷陝西鑄鐵錢。户部尚書吴居厚言：江、池、饒、建錢額不敷，議減銅增鉛、錫，歲可省銅五十餘萬斤，計增鑄錢十五萬九千餘緡。所鑄光明堅韌，與見行錢不異。詔可。然課猶不登。二年，居厚乃請檢用前後上供鑄錢條約，視其登耗之數，别定勸沮之法。

會蔡京當政，將以利惑人主，託假紹述，肆爲紛更。有許天啓者，京之黨也，時爲陝西轉運副使，迎合京意，請鑄當十錢。五月，始令陝西及江、池、饒、建州，以歲所鑄小平錢增料改鑄當五大銅錢，以聖宋通寶爲文，繼而并令舒、睦、衡、鄂錢監，用陝西式鑄折十錢，限今歲鑄三十萬緡，鐵錢二百萬緡。募私鑄人丁爲官匠，并其家設營以居之，號鑄錢院，謂得昔人招天下亡命即山鑄錢之意。所鑄銅錢通行諸路，而陝西、河東、四川係鐵錢地者禁之，第鑄於陝西鐵錢地而已。

自熙寧以來，折二錢雖行民間，法不許運致京師，故諸州所積甚多。至是，發運司因請以官帑所有折二錢改鑄折十錢。三年，遂罷鑄小平錢及折五錢。置監於京城所，復徐州寶豐、衞州黎陽監，並改鑄折二錢爲折十，舊折二錢期一歲勿用。大嚴私鑄之令，民間所用鍮石器物，並官造鬻之，輒鑄者依私有法加二等。命諸路轉運司於沿流順便地，隨宜增置錢監，俾民以所有折二錢換納於官，運致所增監改鑄折十錢。二廣產鐵，令鼓鑄小鐵錢，止行於兩路；其公私銅錢兑換運輸元豐庫，仍於潯州置鐵錢監，依陝西料例鑄當二錢。

四年，立錢綱驗樣法。崇寧監以所鑄御書當十錢來上，緡用銅九斤七兩有奇，鉛半之，錫居三之一。詔頒其式於諸路，令赤仄烏背，書畫分明。時趙挺之爲門下侍郎，繼拜右僕射，與蔡京議多不合，因極言當十錢不便，私鑄寖廣。乃令提刑司歲較巡捕官一路所獲多寡，繼令福建、廣南毋行用，第鑄以上供及給他路。凡爲人附帶若封識影庇私鑄錢者，悉論以法，毋得蔭贖。其置鑄錢院，蓋將以盡收所在亡命盜鑄之人，然犯法者不爲止。乃命荆湖南北、江南東西、兩浙並以折十錢爲折五，舊折二錢仍舊。慮冒法入東北也，令以江爲界，淮南重寶錢亦作當五用焉。

五年，兩浙盜鑄尤甚，小平錢益少，市易濡滯。遂命以折五、折十上供，小平錢留本路；江、池、饒、建、韶州錢監，歲課以八分鑄小平錢，二分鑄當十錢。俄詔廣南、江南、福建、兩浙、荆湖、淮南用折二錢改鑄折十錢皆罷，其創置鑄錢院及招置錢户並停。繼復罷鑄當十二分之令，盡鑄小平錢。荆湖、江南、兩浙、淮南重寶錢作當三，在京、京畿、京東西、河東、河北、陝西、熙河作當五。通寶錢所鑄未多，在官者悉封樁，在民間者以小平錢納換。旋復詔京畿、京東西、河北、河東、陝西、熙河當十錢仍舊，兩浙作當三，江南、淮南、荆湖作當五。

時錢幣苦重，條序不一，私鑄日甚。御史沈畸奏曰：小錢便民久矣，古者軍興，錫賞不繼，或以一當百，或以一當千，此權時之宜，豈可行於太平無事之日哉？當十鼓鑄，有數倍之息，雖日斬之，其勢不可遏。未幾，詔當十錢止行於京師、陝西、河東、河北，俄并畿内用之。餘路悉禁，期一季送官，償以小錢，換納到者輸於元豐、崇寧庫，而私錢亦限一季自致，計銅直增二分，償以小錢，隱藏者論如法。尋詔鄭州、西京亦聽用折十錢，禁貿易爲二價者。東南諸監增鑄小平錢，以待償錢，而私錢亦改鑄焉。

折十錢爲幣既重，一旦更令，則民驟失厚利，又諸路或用或否，往往不盡輸於官，冒法私販。始令四輔、畿内、開封府許搜索舟車，賞視舊法增倍。水陸所由，官司失察者皆停替，而受納不揀選、容私錢其間者，以差定罪法。又以私錢猥多，不能悉禁，乃令外路每一私錢，計小平錢三，以小錢易於官，在京以四小平錢易之。京師出納及民間貿易，並大小錢參用，而私鑄小平錢輒行用。立搜索告捕罪賞，越江、淮入汴錢至京者，一依當十錢法。御史張茂直請嚴私販當十之令，綱舟載卸，皆選官監索，保無藏匿，舟車兜擔，即疑慮私販者，並聽搜索；而福建民或私鑄轉入淮、浙、京東等路者，所由州縣官司皆治漏逸之罪，不以赦免。法滋密矣。

大觀元年，張茂直復言：州縣督捕加峻，私小黄錢投委江河，不敢復出。請令東南州縣置木匱封鍵於闤闠中，聽民以私錢自投，如自首法。當三、當五錢，舟船附帶者，亦多棄之江河，請下諸路撈漉。

時蔡京復相，再主用折十錢。二月，首鑄御書當十錢，以京畿錢監所得私錢改鑄，尋興復京畿兩監，以轉運使宋喬年領之，用提舉京畿鑄錢司爲名。喬年鑄烏背漉銅錢來上，詔以漉銅式頒行諸路。

京之初爲折十錢，人不以爲便，帝亦知之。故崇寧四年以後，稍更其法，及京去位，遂詔諭中外。京再得政復行之，知盜鑄者必衆，將威以刑。會有告蘇州章綖盜鑄數千萬緡，遂興大獄。初遣李孝壽，又遣沈畸、蕭服，末以命知蘇州孫傑、發運副使吴擇仁。綖坐刺流海島，連坐者十餘人，時皆寃之。於是頒行大觀新修錢法於天下，申命開封府尹少、外路監司，各分州郡舉行，按舉能否，月檢會法令，使民知禁。用孫傑言，盜鑄依淮東重法地，囊橐強盜之家，籍其財以待賞，居停鄰保並均備告驗；私錢依私茶法，給隨行物；州常椿盜鑄賞錢五千緡，州縣稽於施行，監司失察，不以赦原。是歲，京畿既置錢監，乃專鑄當十大錢，而小平錢則鑄於諸路。既而當十錢少，復置真州鑄錢監，以本路所換錢不依式者及諸司當二見緡，用舊式改鑄當十錢。

明年，令江、池、饒、建州錢監，自來歲以鑄當十五分鑄小平錢。申嚴私鑄之法，即託權要事勢，度越關津，拒捍搜索者，雖輕以違制論，載

御物者同之。初，崇寧五年，始禁陜西鐵錢行於興元府等界。至是，又以鐵錢猥多，禁陜西鐵錢入蜀。有董奎者，爲走馬承受，遂令以鐵錢三折銅錢一，事聞，責奎以妄肆胸臆，致幣輕物重，奎遂即罪。

三年，申當十錢行使之令，益以京東、京西，而河北並邊州縣鎮砦、四榷場及登、萊、密州緣海縣鎮等皆禁。時蔡京復罷政矣。四年，詔：鼓鑄當十錢多，慮法隨以弊，其止鑄舊額小平錢。張商英爲相，奏言：當十錢爲害久矣。舊小平錢有出門之禁，故四方客旅之貨，交易得錢，必太半入中末鹽鈔，收買告牒，而餘錢又流布在市井，此上下内外交相養。自當十錢行，以一夫而負八十千，小車載四百千，錢既爲輕賫之物，則告牒爲滯貨，鹽鈔非得虚擡之息則不行。臣今欲借内庫并密院諸司封樁紬絹、金銀并鹽鈔，下令折十錢限民半年所在送官，十千給銀絹各一匹兩，限竟毋更用。俟錢入官，擇其惡者鑄小平錢，存其好者折三行用。如此則錢法、鈔法不相低昂，可以復舊。

利州路提刑司言：舊銅鐵錢輕重相尋，以大鐵錢一折小銅錢二，今大鐵錢五止當一銅錢，比舊輕十倍。又流入川界，錢輕物重，頗類陜西。欲將折二大鐵錢以一折一，雖稍减錢數，錢必稍重。詔許陜西鐵錢入蜀仍舊，盡釋其禁，且命以今物價量宜裁之。

政和元年詔：錢重則物輕，錢輕則物重，其勢然也。今諸路所鑄小平錢，行之久而無弊，多而不壅，爲利博矣。往歲圖利之臣鼓鑄當十錢，苟濟目前，不究悠久，公私爲害，用之幾十年，其法日弊而不勝。姦猾之民規利冒法，銷毁當二、小平錢，所在盜鑄，濫錢益多，百物增價。若不早革，即弊無已時。其官私見在當十錢，可並作當三，以爲定制。尚慮豪猾憚於折閲，胥動浮言，可内自京尹，外逮監司、郡縣，悉心開諭。

自當十錢行，抵冒者多。大觀四年，星變，赦天下。凡以私錢得罪，有司上名數，亡慮十餘萬人，蔡京罔上毒民，可謂烈矣。時御府之用日廣，東南錢額不敷，宣和以後尤甚。乃令饒、贛錢監鑄小平錢，每緡用鐵三兩，而倍損其銅，稍損其鉛。繼又令江、池、饒錢監，盡以小平錢改鑄當二錢，以紓用度，然有司猶數告乏。靖康元年，罷政和敕陜西路用銅錢斷徒二年配千里法。

初，蔡京主行夾錫錢，詔鑄於陜西，亦命轉運副使許天啓推行。其法以夾錫錢一折銅錢二，每緡用銅八斤，黑錫半之，白錫又半之。既而河東轉運使洪中孚請通行於天下，京欲用其言，會罷政。大觀元年，京復相，遂降錢式及錫母於鑄錢之路，鑄錢院專用鼓鑄，若産銅地始聽兼鑄小平錢。復命轉運司及提刑司參領其事，衡州熙寧、鄂州寶泉、舒州同安監暨廣南皆鑄焉。二年，江南東西、福建、兩浙許鑄使鐵錢。三年，京復罷政，詔以兩浙鑄夾錫錢擾民，凡東南所鑄皆罷。明年，并河北、河東、京東等路罷之，所在監、院皆廢。唯河東三路聽存舊監，以鑄銅、鐵錢；産銅郡縣聽存，用改鑄小平錢。

政和元年，錢輕物重，細民艱食，詔：應陜西舊行使鐵錢地，並依元豐年大鐵錢折二，公私通行，夾錫錢同之，毋得分別。見存鐵錢，毋改更鑄夾錫，河東官私折二、夾錫錢同之。

童貫宣撫陜西，以詔亟平物價，帥臣徐處仁切責其非，坐貶。錢即經略鄜延，抗疏言：詳考詔旨，謂鐵錢復行，與夾錫並用。慮姦民妄作輕重，欲維持推行，俾錢物相直，非欲以威力脅制百姓，頓减物價於一兩月之間。今宣撫司裁損米穀、布帛、金銀之價，殆非人情。徐處仁言雖未盡，所見爲長，望速詢其實。如臣言乖謬，願同處仁貶。詔即妄有建明，毁辱使命，謫置偏州。尋亦罷行夾錫錢，且禁裁物價，民商貿易，各從其便。繼而童貫復請與舊法鐵錢並折二通行。知閿鄉縣論九齡俄坐以銅錢一估夾錫錢七八，并知州王寀、轉運副使張深俱被劾。時關中錢甚輕，夾錫欲以重之，其實與鐵錢等，物價日增，患甚於當十。

二年，蔡京復得政，條奏廣、惠、康、賀、衡、鄂、舒州昨鑄夾錫錢精善，請復鑄如故，廣西、湖北、淮東如之，且命諸路以銅錢監復改鑄夾錫，遂以政和錢頒式焉。夾錫錢既復推行，錢輕不與銅等，而法必欲其重，乃嚴擅易擡减之令。凡以金銀、絲帛等物貿易，有弗受夾錫、須要銅錢者，聽人告論，以法懲治。市井細民朝夕鬻餅餌熟食以自給者，或不免於告罰。未幾，以夾錫錢不以何路所鑄，並聽通行。

陜西用政和通寶舊大鐵錢，與夾錫錢雜。慮流轉諸路，四年，詔毋更行用，致令諸監改鑄夾錫錢，在民間者赴官換納。鄭居中、劉正夫爲相，以爲不便，令淮南夾錫錢期三日官私俱禁不用，仍罷鼓鑄，夾錫錢悉輦樁關中。尋詔河東、陜西外，餘路並罷；俄詔并河東罷鑄夾錫錢，止用舊

法鼓鑄。重和元年，權罷京西鑄夾錫錢，繼以關中糴買，用之通流，復命鼓鑄，專給關中。夾錫行，小民往往以藥點染，與銅錢相亂，河北漕臣張翬等嘗坐貶焉。

先是，江池饒州、建寧府四監，歲鑄錢百三十四萬緡，充上供；衡、舒、嚴、鄂、韶、梧州六監，歲鑄錢百五十六萬緡，充逐路支用。建炎經兵，鼓鑄皆廢。紹興初，併廣寧監於虔州，併永豐監於饒州，歲鑄纔及八萬緡。以銅、鐵、鉛、錫之入，不及於舊，而官吏稍廩工作之費，視前日自若也，每鑄錢一千，率用本錢二千四百文。時范汝爲作亂，權罷建州鼓鑄，尋復舊，泉司供給銅，錫六十五萬餘斤。

六年，斂民間銅器，詔民私鑄銅器者徒二年。贛、饒二監新額錢四十萬緡，提點官趙伯瑜以爲得不償費，罷鼓鑄，盡取木炭銅鉛本錢及官吏闕額衣糧水脚之屬，湊爲年計。十三年，韓球爲使，復鑄新錢，興廢坑冶，至於發冢墓，壞廬舍，籍冶户姓名，以膽水盛時浸銅之數爲額。浸銅之法：以生鐵鍛成薄片，排置膽水槽中浸漬數日，鐵片爲膽水所薄，上生赤煤，取刮鐵煤入爐，三煉成銅。大率用鐵二斤四兩，得銅一斤。饒州興利場、信州鉛山場各有歲額，所謂膽銅也。無銅可輸者，至鎔錢爲銅，然所鑄亦纔及十萬緡。

二十四年，罷鑄錢司歸之漕司。二十七年，出版曹錢八萬緡爲鑄本，歲榷以十五萬緡爲額。復饒、贛、韶鑄錢監，以漕臣往來措置，通判主之。殿中侍御史王珪言泉司不可廢，復以户部侍郎榮薿提領，許置官屬二員。二十八年，出御府銅器千五百事付泉司，大索民間銅器，得銅二百餘萬斤，寺觀鐘、磬、鐃、鈸既籍定投税外，不得添鑄。二十九年，令命官之家留見錢二萬貫，民庶半之，餘限二年聽轉易金銀，算請茶、鹽、香、礬鈔引之類，越數寄隱，許人告。

以李植提點鑄錢公事，植言：歲額内藏庫二十三萬緡，右藏庫七十餘萬緡，皆至道以後數也。紹興以來，歲收銅二十四萬斤，鉛二十萬斤，錫五萬斤，僅可鑄錢一十萬緡。諸道拘到銅器二百萬斤，附以鉛、錫，可鑄六十萬緡。然拘者不可以常，唯當據坑冶所産。下工部，權以五十萬緡爲額。又明年，纔鑄及十萬緡。今泉司歲額增至十五萬緡，小平錢一萬八千緡，折二錢六萬六千緡。歲費鑄本及起綱糜費約二十六萬緡，司屬之費又約二萬緡。東南十一路一百一十八州之所供，有坑冶課利錢、木炭錢、錫本錢，約二十一萬緡，比歲所收不過十五六萬緡耳。歲額：金一百二十八兩，銀無額，以七分入内庫，三分歸本司，銅三十九萬五千八百斤，鉛三十七萬七千九百斤，錫一萬九千八百七十五斤，鐵二百三十二萬八千斤，比歲所榷十無二三。每當二錢千，重四斤五兩，小平錢千，重四斤十三兩，視舊制，銅少鉛多，錢愈鍥薄矣。

孝宗隆興元年，詔鑄當二、小平錢，如紹興之初。乾、淳迄于嘉泰、開禧皆如之。乾道六年，併鑄錢司歸發運司，尋復置。八年，饒州、贛州復各置提點官。以新鑄錢殽雜，提點鑄錢及永平監官、左藏西庫監官、户部工部長貳官責降有差。九年，大江之西及湖、廣間多毁錢，夾以沙泥重鑄，號沙毛錢，詔嚴禁之。淳熙二年，併贛司歸饒州。慶元三年，復禁銅器，期兩月鬻于官，每兩三十。湖州舊鬻監，至是官自鑄之。二年，禁銷錢爲銅器者，以違制論，爐户決配海外。復神泉監，以所括銅器鑄當三大錢，隸工部。

舊額，内帑歲收新錢一百五十萬，江、池、饒、建四監。而每年退卻六十萬，三年一郊，又以一百萬輸三司，是内帑年纔得十一萬六千餘緡，而左藏得九十三萬三千餘緡。今歲額止十五萬，而隸封樁者半，内藏者半，左藏咸無焉。

又自置市舶于浙、于閩、于廣，舶商往來，錢寶所由以泄，是以自臨安出門，下江海，皆有禁。淳熙九年，詔廣、泉、明、秀漏泄銅錢，坐其守臣。嘉定元年，三省言：自來有市舶處，不許私發番船。紹興末，臣僚言：泉、廣二舶司及西、南二泉司，遣舟回易，悉載金錢。四司既自犯法，郡縣巡尉其能誰何？至於淮、楚屯兵，月費五十萬，見緡居其半，南北貿易緡錢之入敵境者，不知其幾。於是沿邊皆用鐵錢矣。

淮南舊鑄銅錢，乾道初，詔兩淮、京西悉用鐵錢，荆門隸湖北，以地接襄、峴，亦用鐵錢。六年，先是，以和州舊有錢監，舒州山口鎮亦有古監，詔司農丞許子中往淮西措置。於是子中以舒、蘄、黄皆産鐵，請各置監，舒州同安監，蘄州蘄春監，黄州齊安監。且鑄折二錢。以發運司通領四監。江之廣寧監，興國之大冶監，臨江之豐餘監，撫之裕國監。子中所領三監，歲各認三十萬貫，其大小鐵錢，令兩淮通行。七年，舒、蘄守臣皆以鑄錢增羨遷官，然淮民爲之大擾。八年，以江州、興國軍鐵冶額虧，守貳及大冶知縣

各降一官。

淳熙五年，詔舒州歲增鑄十萬貫，以三十萬貫爲額，蘄州增鑄五萬貫，以十五萬貫爲額，如更增鑄，優與推賞。御史黄治言：興天下之利者，不窮天下之力。舒、蘄歲鑄四十五萬，不易爲也。又有增鑄之賞，恐其難繼。詔除之。八年，以舒州水遠，薪炭不便，減額五萬貫。明年，又減十萬貫，與蘄州並以十五萬貫爲額。十年，併舒州之宿城監入同安監。十二年，詔舒、蘄鑄鐵錢，並增五萬貫，以淳熙通寶爲文。嘉泰三年，罷舒、蘄鼓鑄；開禧三年，復之。

光宗紹熙二年，減蘄春、同安兩監歲鑄各十萬貫。

嘉定五年，臣僚言江北以銅錢一折鐵錢四，禁之。時銅錢之在江北者，自乾道以來，悉以鐵錢易之，或以會子一貫易銅錢一貫。其銅錢輸送行在及建康、鎮江府。凡沿江私渡及邊徑嚴禁漏泄，及於邊界三里内立堠，如出界法；其易京西銅錢，如兩淮例。京西、湖北之鐵錢，則取給於漢陽監及興國富民監，後併富民監於漢陽監，以二十萬爲額。

前宋時，川、陝皆行鐵錢，益、利、夔皆即山冶鑄。紹興九年，詔陝西諸路復行鐵錢。十五年，置利州紹興監，歲鑄錢十萬緡以救錢引。二十二年，復嘉之豐遠、邛之惠民二監，鑄小平錢。二十三年，詔利州並鑄折二錢，後又鑄折三錢。淳熙十五年，四川餉臣言：諸州行使兩界錢引，全籍鐵錢稱提，止有利州紹興監歲鑄折三錢三萬四千五百貫有奇，邛州惠民監歲鑄折三錢一萬二千五百貫。今大安軍淳熙、新興、迎恩三爐，出生鐵四十九萬五千斤，利之昭化、嘉川縣亦有爐，新產鐵三十餘萬斤。乞從鼓鑄。嘉定元年，即利州鑄當五大錢。三年，制司欲盡收舊引，又於紹興、惠民二監歲鑄三十萬貫，其料並同當三錢。若四川銅錢，淳熙間易送湖廣總所儲之，後又交卸於江陵。

（宋）宇文懋昭《大金國志》卷上　除故盧馬鎮夏國、韃靼沿邊招討，提點兩國市場。

市場在雲中西北過腰帶上石楞坡，天德、雲内、銀甕口數處有之。契丹時亦置市場，唯鐵禁甚嚴，禁不得夾帶交易。至大金則不然，唯利是視，鐵禁遂弛。又宋時河東素使夾錫鐵錢，地分自爲大金得之，不用鐵錢，盡拘之入官。官中每鐵錢兩貫伍百作一秤，每秤以銅錢五百五十貨于民間。北地貴鐵，百姓多由火山軍、武州、八館之天德、雲内，貨錢于北方，今河東鐵錢殆盡。自廢豫後至于陝西，鐵錢亦流而過北矣。北方得之，多作軍器，甚而有以堅甲利兵與之回易者。爪牙既成，始不易制矣。

《金史》卷四八《食貨志》　世宗大定元年，用吏部尚書張中彦言，命陝西路參用宋舊鐵錢。四年，浸不行，詔陝西行户部、并兩路通檢官，詳究其事。皆言，民間用錢，名與鐵錢兼用，其實不爲準數，公私不便，遂罷之。

紀事

（宋）李燾《續資治通鑑長編》太祖建隆三年正月　禁諸州鐵鑞錢及江南所鑄唐國通寶錢。民間有者悉送官，所在設棘圍以受之，敢有藏隱，許人陳告，重置之法。

（宋）李燾《續資治通鑑長編》真宗大中祥符二年四月　民間多鎔錢點藥以爲鍮石，銷毁貨幣，滋長奸濫。命有司議定科禁，請以犯銅法論，上特寬之，犯二兩者科銅一兩之罪，至死者奏裁。及京師營宮觀，器飾有當用銅而塗金者，皆以鍮石代之，置務點造。於陝西採盧甘石供用，亦禁民販鬻。

（宋）李燾《續資治通鑑長編》真宗大中祥符七年二月　西川用景德新鑄錢將十年，以鐵重，民多鎔爲器，每一千得鐵二十五斤，鬻之直二千。轉運使趙禎言其非便，請鑄大銅錢一當十，詔三司議，未決。知益州凌策請減景德之制，別鑄大鐵錢，每一千重十二斤十兩，仍一當十，其舊錢亦許兼用；且言錢輕則行者易賫，鐵少則鎔者鮮利。乙亥，詔從其請。

（宋）李燾《續資治通鑑長編》仁宗嘉祐三年十二月　自慶曆鑄大鐵錢行陝西，而民間盜鑄不已，三司請榷鐵，穎叔謂鐵錢輕而貨重，不可久行，况官自榷鐵乎？請罷諸州鑄鐵錢，而以三當銅錢之一，從之。此據穎叔傳，鐵錢三當銅錢之一，當考明年二月癸卯所書。

（宋）李燾《續資治通鑑長編》神宗熙寧八年三月　詔秦鳳等路都轉運司相度所鑄大鐵錢，約補足所廢監錢數及充交子本錢外，不須廣鑄，委熊本總制營辦。正月二十四日，皮公弼云云。二月二日，委公弼營辦鑄大錢。本志

云：詔鑄大錢，才令補所廢僞錢及可以代交子所用而止。九年正月二十七日，罷交子。使皮公弼言：比者改鑄私錢，悉爲省樣，盜鑄屏迹，人情少安。今又許通使私錢，恐盜鑄復起，錢色經久難辨。詔三司指揮汪輔之所簡可用鐵錢，未得通行，先具數以聞。二月二十七日，遣汪輔之如熙河。六月二十五日周尹云云，可考。

（宋）李燾《續資治通鑑長編》神宗熙寧九年七月　丙子，詔：訪聞陝西自罷濫錢後，軍民交易，尚爲兼并之家不肯以省樣鐵錢與銅錢一般行使，虧損官私，深屬不便。可令兩路轉運司分明牓諭州縣，如有所犯，即行嚴斷，仍令衆五日。六月二十五日周尹云云。

（宋）李燾《續資治通鑑長編》神宗熙寧九年九月　中書言：陝西官司所納不堪用私鑄錢百一十五萬九千八百餘緡。初言止有二十餘萬緡，一年可改鑄畢，今其數乃如此，又稱每年止鑄大錢九千一百五十餘緡。其違法納私錢官司，欲令三司依法施行。從之。後來如何行遣，六月二十五日周尹云云，七月二十二日詔，可考。

（宋）李燾《續資治通鑑長編》神宗熙寧十年六月　三司言：鑄大錢欲乞且依舊額。今後如有添鑄，乞除陝西、河北、河東外，諸路並鑄小錢。又言：河北西路轉運司請於邢、磁州置監，鼓鑄折二鐵錢十萬貫。今相度欲於永興軍路鑄折二鐵錢十萬貫，卻于河北西路添鑄大銅錢。並從之。本志於並鑄小錢下又云：民錢濫惡，公私患之，乃令以惡錢輸官者毀棄之。蓋元豐元年十月二十五日事。

（宋）留正《皇宋中興兩朝聖政》卷三《高宗皇帝・顔博文增印錢引》〔建炎二年〕六月乙卯，成都府轉運判官靳博文權罷邛州鑄鐵錢。以其歲用本錢二十一萬緡，而所鑄錢纔十一萬緡，得不償費故也。博文以便宜增印錢引六十二萬緡。自後諸大臣相繼視師，率增印矣。

（宋）留正《皇宋中興兩朝聖政》卷一二《高宗皇帝・省併錢監》

〔紹興二年八月〕癸巳，提點鑄錢司言江池殘破，遠涉大江，乞權就虔饒二州併工鼓鑄。許之。舊制江、池、饒、建四州，歲鑄錢百三十萬緡，以贍中都，其後，皆不登此數。至是，併廣寧監於虔州，永豐監於饒州。是歲，鑄錢纔八萬緡。

（宋）留正《皇宋中興兩朝聖政》卷一八《高宗皇帝・減料鑄錢》

〔紹興五年十一月〕江浙、荊湖、福建、廣南路提點坑冶鑄錢趙伯瑜，乞減料鑄錢。每千重四斤五兩，比舊減半斤。許之。時坑冶盡廢，伯瑜訪得諸監有古碴淪浸入地，漸生鑛末，乃淘掘成銅品合鼓鑄焉。

（宋）熊克《中興小紀》卷三三　秋，七月初四，川宣撫使鄭剛中即利州置監鑄小鐵錢，欲以救川引之敝，遂就除資政殿學士。剛中在蜀六年，秦檜忌之，而剛中服用亦或踰制，四川總管趙不棄、欲盡取剛中所儲，剛中不與。至是不棄自四川回，己巳，上曰：不棄深知四川財賦計，今調度給足，則軍興以來，所賦並可蠲罷。朕所以休兵講好，蓋爲蘇民力爾。如其不然，殊失本意。時不棄頗文致剛中事，尋以不棄爲工部侍郎。

（宋）李心傳《建炎以來繫年要録》紹興二年九月　朝議以坑冶所得不償所費，悉罷監官，以縣令領其事。至是江東轉運副使馬承家奏存饒、信二州銅場，許之。二場皆產膽水，浸鐵成銅。元祐中，始置饒州興利場，歲額五萬餘斤。紹聖二年，又置信州鉛山場，歲額三十八萬斤。其法：以片鐵排膽水槽中，數日而出，三煉成銅。率用鐵二斤四兩而得銅一斤云。

（宋）李心傳《建炎以來繫年要録》紹興二十二年六月　丁丑，宰執進呈右朝請大夫知嘉州王知遠到任五事。論四川鐵錢至少，自罷鑄後，見今嘉、邛州及成都府各刱都作院，以嘉、邛所產鐵炭，打造軍器，赴利州椿管，數目不少。今邊事寧息，望將兩州依舊鼓鑄小鐵錢。上曰：知遠所論，於錢引實有利害。可委總領所同本路漕臣措置，後未及行。知遠，白石人也。紹興三十一年。邛州復鑄錢。

（宋）王應麟《玉海》卷一八〇《食貨・錢幣・淳化鑄錢議》　淳化二年十二月，宗正少卿趙安易言蜀鐵錢賤而物騰，請如劉備鑄大錢十當百。事下尚書集三省議可否。吏部尚書宋琪等議曰：備患鈔少而改作，今乃患多，改之恐難經久。安易論請不已。鹽鐵使李惟清言非便，度支使魏羽請於一州鑄而行之，以觀其效。乃命安易以錢式往川峽鼓鑄，歲僅得三千餘緡。議者以爲非便，罷之。五年正月庚申，安易復請鑄，帝不從，但令兩川以銅錢一當鐵錢十，民頗便之。景德二年二月，知益州張詠鑄大鐵錢于嘉邛。四年五月詔行之，一當十。祥符七年二月，凌策又請鑄當十

鐵錢，與舊錢兼行。慶曆事見後。興國二年九月丁酉，詔所在用七十七陌。初因漢乾祐之制，以八十五爲百。益、利、夔三州皆有鐵冶，邛州舊鑄歲十萬緡。建炎二年六月乙卯，罷之。紹興十五年七月戊申，始即利州鑄錢，歲十萬緡，其後增至十五萬。二十三年六月丁酉，復置監于邛。明年四月乙酉，詔邛州歲鑄三萬緡，利州九萬緡。二十五年又詔利州鑄大小錢各二萬緡。三十一年二月戊申，邛州復置惠民監，歲鑄鐵錢三萬緡。再減利州錢爲六萬緡，大小各半。許景衡曰元豐左藏庫月支約三十六萬緡，宣和費一百二十萬。

（宋）王應麟《玉海》卷一八〇《食貨・錢幣・元豐二十七監》

《會要》元豐三年，是歲諸路鑄錢總二十七監，一作二十六監。鑄銅鐵錢五百九十四萬九千二百三十四貫。銅錢一十七監，鑄錢五百六萬貫，鐵錢九監，鑄錢八十八萬九千二百三十四貫。

銅錢：西京阜財監二十萬貫，衛州黎陽監二十萬貫，永興軍監、陝州、華州監各鑄二十萬貫，絳州垣曲監二十六萬貫，舒州同安監十萬貫，睦州神泉監十萬貫，興國軍富民監二十萬貫，衡州熙寧監二十萬貫，鄂州寶泉監十萬貫，江州廣寧監二十四萬貫，池州永豐監四十四萬五千貫，饒州永平監六十一萬五千貫，建州豐國監二十萬貫，韶州永通監八十萬貫，惠州阜民監七十萬貫。鑄錢監唯饒之永平最古，自唐乾元初已創。至道中增池之永豐，咸平中增江之廣寧，而虔之鑄錢院大觀末二年四月始建。《皇祐會計録》饒、池、建、江、韶五州鑄一百四十萬貫。

鐵錢：虢州朱陽兩監十二萬五千貫，慶曆元年九月壬申置。商州阜民洛南兩監各十二萬五千貫，威遠鎮、通遠軍。滔山鎮岷州。兩監二十萬貫，興州濟衆監四萬一千貫，嘉州豐遠監二十萬五千貫，邛州惠民監七萬三千二百三十四貫。三州鑄大錢以一當十。凡銅錢行一十三路，銅鐵錢兩路，鐵錢四路。元豐四年二月十四日詔秦州置監。六年三月丙子朔，詔徐州置寶豐監，以四十萬緡爲額。七年四月二十五日，以利國監鐵置寶豐下監。五月三日，梧州置監，以十五萬緡爲額。八日，萬州置鐵錢監。八月朔，同州置鐵錢監，渭州復置博濟監。七年，天下坑冶凡一百三十餘所。八年十二月八日，戊寅。詔罷增置監十有四。

漕軺兼統，肇於興國。都提命官，昉於咸平。合江、淮、荊、浙、閩、廣而建一臺，則景祐之憲度。東治於饒，西治於虔，則元豐之章程。自崇寧以迄宣和，崇寧至宣和錢法五六變。庫務所積一千三百餘萬，諸監鑄九百餘萬，諸路餘鏹三十餘萬。通內外所有凡五千萬有奇。宣和元年都省言云云。許景衡曰：元豐左藏庫月支約三十六萬緡，宣和費一百二十萬。

《宋史》卷一一《仁宗紀》〔慶曆元年〕九月壬子，命河東鑄大鐵錢。

《宋史》卷一一《仁宗紀》〔慶曆元年十一月〕是月，令江、饒、池三州鑄鐵錢。

《宋史》卷一一《仁宗紀》〔慶曆八年秋七月〕辛丑，罷鑄鐵錢。

《宋史》卷二〇《徽宗紀》〔崇寧四年閏二月〕甲申，置陝西、河東、河北、京西監，鑄當二夾錫鐵錢。

《宋史》卷二〇《徽宗紀》〔大觀三年〕十二月己亥，罷東南鑄夾錫錢。

《宋史》卷二〇《徽宗紀》〔大觀四年二月〕壬辰，罷河東、河北、京東鑄夾錫鐵錢。

《宋史》卷二〇《徽宗紀》〔政和元年〕二月，乙巳，詔陝西、河東復鑄夾錫錢。

《宋史》卷二〇《徽宗紀》〔政和元年〕夏四月乙卯，罷陝西、河東鑄夾錫錢。

《宋史》卷二九《高宗紀》〔紹興九年八月〕己巳，命陝西復行鐵錢。

《宋史》卷三四《孝宗紀》〔乾道五年八月〕辛亥，命淮西路鑄小鐵錢。

《宋史》卷三四《孝宗紀》〔乾道六年〕二月乙酉，詔户部侍郎二人分領諸路財賦。丁亥，復置舒州同安監，鑄鐵錢。辛卯，王炎遣人約沙平蠻歸部，稍捐邊税與之。丙申，廣西路復行鈔鹽法，仍增收通貨錢四十萬緡，以備漕計。壬寅，詔諭大臣：均役法，嚴限田，抑游手，務農桑。己酉，置應城縣孳生監。庚戌，以曾覿爲福州觀察使。遣司農寺丞許子中詣淮西，措置鐵錢。

《宋史》卷二五六《趙安易傳》 先是，兩川民輸税者以鐵錢易銅

錢。安易言其非便，請許納鐵錢，詔從之。【略】

淳化中，嘗建議以蜀地用鐵錢，準銅錢數倍，小民市易頗爲不便，請如劉備時令西川鑄大錢，以十當百。下都省集議吏部尚書宋琪等言：劉備時蓋患錢少，因而改作，今安易之請反患錢多，非經久計也。而安易論請不已，仍募工鑄大錢百餘進之，極其精好，俄墜殿階皆碎，蓋鎔鑠盡其精液矣。太宗不之詰，猶嘉其用心，賜以金紫，且遣其典鑄。既而大有虧耗，歲中裁得三千餘緡，衆議喧然，遂罷之。事具《食貨志》。

《宋史》卷三〇四《曹穎叔傳》 自慶曆鑄大鐵錢行陝西，民盜鑄不已，三司上榷鐵之議。穎叔曰：鐵錢輕而貨重，不可久行，況官自榷鐵乎？請罷鑄諸郡鐵錢，以三鐵錢當銅錢之一。從之。

《宋史》卷三〇九《楊允恭傳》 又言川峽鐵錢之弊，曰：凡民田之税，昔輸銅錢之一，今輸鐵錢亦一；而吏卒奉舊給銅錢之一，今給鐵錢五；及行用交易，則鐵錢之十，爲銅錢之一。且民入田税，以一爲十，官失其九矣；吏卒奉給，增一爲五，官又失其四矣；吏卒得五用十，復失其半矣。臣在先朝，嘗陳其事，願變法以革其弊，先帝方議行之，會賊順叛擾而止。今陛下繼成先烈，可遂建其法，使民不失所。且饒、信之銅，積數千萬，若遣運于荊，達于蜀，蜀素多銅，俾夔、益，遂各置監鼓鑄，歲用均給，不十年，悉用銅錢矣。議雖未用，然自是吏卒奉給，始改用十鐵錢易銅錢之一。

《宋史》卷三二〇《王素傳》 出知定州、成都府。先是，牙校歲輸酒坊錢以供廚傳，日加厚，輸者轉困。素一切裁約之。鐵錢布滿兩蜀，而鼓鑄不止，幣益輕，商賈不行，命罷鑄十年，以權物價。

《宋史》卷四三九《梁周翰傳》 周翰上言：古者貨、幣、錢三者兼用，若錢少于貨、幣，即鑄大錢，或當百，或當五十，蓋欲廣其錢而足用爾。今不若使蜀民貿易者，凡鐵錢一止作一錢用，官中市物即以兩錢當一。又西川患在少鹽，請於益州置榷院，入物交易，則公私通濟矣。

（清）畢沅《續資治通鑑》卷五《宋紀·太祖》〔乾德五年〕十二月，丙辰，禁諸州輕小惡錢及鐵鑞錢；又命紕疏布帛毋鬻於市，及塗粉入藥者，捕之置罪。

（清）畢沅《續資治通鑑》卷九《宋紀·太宗》〔太平興國二年正月〕江南舊用鐵錢，於民不便。二月，壬辰朔，轉運使樊若水請置監於昇、鄂、饒等州，大鑄銅錢，凡山之出銅者悉禁民采取，以給官鑄。廢鐵錢，悉鑄爲農器，以給江北流民之歸附者，且除銅錢渡江之禁，詔從其請，民甚便之。

金銀及特殊貨幣

論說

（宋）**趙汝愚《宋名臣奏議》卷九八《刑賞門・禁約・上真宗乞禁銷金丁謂》** 臣准詔，開封府民吳遂違制造蹙金服，已決訖，准別敕配隸，令三司申明舊禁者。竊以儉以制用，有國之彝典；奢則不遜，庶民之大防。國家撫育黎元，務厚風俗，而輦轂之下，廛肆相望，競造金箔，用求厚利。況山澤之寶，所得難致，儻縱銷鎔，實爲虚費。今約天下所用，歲不下十萬兩，惜此上幣，棄于下民。雖王者居尊，不貴難得之貨；而有司守職，須條革弊之方。自今金銀箔線、貼金、銷金、泥金、間金、蹙金、線金、裝貼什器土木玩用之物，并請禁斷，非命婦不得用爲首飾。冶工所用器，悉送上官，違者所在捉搦，許人糾告，并以違制論，告者給賞錢，仍以犯人家財充。大中祥符元年二月上時爲三司使。

綜述

（宋）**李心傳《建炎以來朝野雜記甲集》卷一六《財賦・金銀坑冶》** 金銀坑冶，湖、廣、閩、浙皆有之。湖南、廣東西金坑，湖南、廣東、江西、浙東西、福建銀坑。祖宗時，除沙石中所產黄金外，歲貢額銀至一千八百六十餘萬兩。渡江後，停閉金坑一百四十二，銀坑八十四。紹興七年，詔江、浙金銀坑冶並依熙豐法，召百姓採取，自備物料烹煉，十分爲率，官收二分。二月戊申。然民間得不償課本，州縣多責取于民，以備上用。三十年，用提點官李植言，更不定額。五月丙戌。饒州舊貢黄金千兩，孝宗時，詔損三之一。今諸道上供銀兩，皆置場買發蜀中銀，每法秤一兩，用本錢六引。而行在左藏庫折銀，才直三千三百云。然民間之直，又不滿三千。高宗嘗諭輔臣以非劉晏懋遷之術，欲更革之，户部以鐵錢折半爲詞而止。二十六年二月庚辰。其實吳蜀錢幣，不能相通，捨銀帛無以致遠，故莫如之何。

（宋）**王栐《燕翼詒謀録》卷二《金銀價錢》** 祖宗立國之初，崇尚儉素，金銀爲服用者鮮，士大夫罕以侈靡相勝，故公卿以清節爲高，而金銀之價甚賤。至東封西祀，天書降，天神現，而侈費寖廣，公卿士大夫是則是傚，而金銀之價亦從而增。故大中祥符八年十一月乙巳，真宗皇帝覽三司奏乏銀支用，問輔臣曰：咸平中銀兩八百，金兩五千，今何增踊如此？然不知是時其價若干也。蓋上以爲重則下競趨之，求之者多，則價不得不踊。咸平距祥符十數年間，世變已如此，況承平日久，侈費益甚，沿襲至于宣、政之間乎？是宜價日增而未已也。

（宋）**謝深甫等《慶元條法事類》卷二九《榷禁門・銅錢金銀出界》** 乾道九年九月三日敕：藏帶金銀過淮及過北界，其犯人及知情引領、停藏、負載人并透漏不覺察地分合干官吏，並以所藏帶金銀估計價直，依銅錢出中國界條格斷罪推賞。所是榷場官吏不覺察者，比附《市舶司當職官吏不覺察銅錢出中國界》，或以《銅錢與蕃商博易》斷罪施行。

（宋）**謝深甫等《慶元條法事類》卷二九《榷禁門・私造金箔銷金》**

敕

雜敕

諸私造金箔者以金箔裝飾神像、圖畫供具之類同。及工匠，各徒三年，並許人告。

令

諸以銷金爲服飾及賣或興販若爲人造者，各徒二年，並許人告。

賞令

諸備賞應以犯人財產充而無或不足者，以銷金爲服飾及賣或興販，若爲人造、私造金箔以金箔裝飾神像、圖畫供具之類同。及工匠，責知情得罪人均備。

格

賞格

諸色人

告獲私造金箔以金箔裝飾神像、圖畫供具之類同。及工匠，錢三百貫。

告獲以銷金爲服飾及賣或興販，若爲人造者，錢三百貫。

《宋史》卷一八五《食貨志・阬冶》 開寶三年，詔曰：古者不貴

難得之貨，後代賦及山澤，上加侵削，下益彫弊。每念茲事，深疚于懷，未能捐金於山，豈忍奪人之利。自今桂陽監歲輸課銀，宜減三分之一。民鑄銅爲佛像、浮圖及人物之無用者禁之，銅鐵不得闌出蕃界及化外。

至道二年，有司言：定州諸山多銀礦，而鳳州山銅礦復出，採鍊大獲，而皆良焉。請置官署掌其事。太宗曰：地不愛寶，當與衆庶共之。不許。東、西川鹽酒商稅課半輸銀帛外，有司請令二分入金。景德三年，詔以非土產罷之。

天聖中，登、萊採金，歲益數千兩。仁宗命獎勸官吏，宰相王曾曰：採金多則背本趨末者衆，不宜誘之。景祐中，登、萊饑，詔弛金禁，聽民採取，俟歲豐復故。然是時海內承平已久，民間習俗日漸侈靡，糜金以飾服器者不可勝數，重禁莫能止焉。景祐、慶曆中，屢下詔申敕之，語在《輿服志》。大率山澤之利有限，或暴發輒竭，或採取歲久，所得不償其費，而歲課不足，有司必責主者取盈。仁宗、英宗每降赦書，輒委所在視治之不發者，或廢之，或蠲主者所負歲課，率以爲常；而有司有請，亦輒從之，無所吝。故冶之興廢不常，而歲課增損隨之。

《金史》卷四八《食貨志·錢幣》 〔興定〕三年十月，省臣奏：向以物重錢輕，犯贓者計錢論罪則太重，於是以銀爲則，每兩爲錢二貫。有犯通寶之贓者直以通寶論，如因軍興調發，受通寶及三十貫者，已得死刑，準以金銀價，纔爲錢四百有奇，則當杖。輕重之間懸絕如此。遂命准犯時銀價論罪。四年三月，參知政事李復亨言：近制，犯通寶之贓者並以物價折銀定罪，每兩爲錢二貫，而法當贖銅者，止納通寶見錢，亦乞令依上輸銀，既足以懲惡，又有補於官。詔省臣議，遂命犯公錯過悮者止徵通寶見錢，贓汙故犯者輸銀。【略】

〔元光〕二年五月，更造每貫當通寶五十，又以綾印製元光珍貨，同銀鈔及餘鈔行之。行之未久，銀價日貴，寶泉日賤，民但以銀論價。至元光二年，寶泉幾於不用，乃定法，銀一兩不得過寶泉三百貫，凡物可直銀三兩以下者不許用銀，以上者三分爲率，一分用銀，二分用寶泉及珍貨、重寶。京師及州郡置平準務，以寶泉銀相易，其私易及違法而能告者罪賞有差。是令既下，市肆晝閉，商旅不行，朝廷患之，乃除市易用銀及銀寶泉私相易之法。然上有限用之名，而下無從令之實，有司雖知，莫能制矣。義宗正大間，民間但以銀市易。

天興二年十月印天興寶會于蔡州，自一錢至四錢四等，同見銀流轉，不數月國亡。

《通制條格》卷一八《關市·私𧵊》 至元十三年四月十三日，中書省奏：雲南省裏行的怯來小名的回回人，去年提奏來：江南田地裏做買賣的人每，將着𧵊子去雲南，是甚麼換要有。做買賣的人每，私下將的去的，教禁斷了。江南田地裏，市舶司裏見在有的𧵊子多有。譬如空放着，將去雲南或換金子或換馬呵，得濟的勾當有。奏呵，那般者。聖旨有呵，去年的𧵊子教將的雲南去來。那其間，那裏的省官人每說將來：雲南行使𧵊子的田地窄有，與鈔法一般有。𧵊子廣呵，是甚麼貴（子）〔了〕，百姓生受有。腹裏將𧵊子這裏來的，合教禁（子）〔了〕有。說將來呵，兩箇的言語不同有。那裏衆官人每與怯來一處說了話呵，說將來者。麽道，與將文書去來。如今衆人商量了說將來：將入來呵，不中。是甚麼貴（子）〔了〕，百姓每也生受有。百姓每將入來的，官司將入來的，禁斷了，都不合教將入來。麽道，說將來有。俺商量得，不教將入去呵，怎生？奏呵，休教將入去者。聖旨了也。欽此。

《通制條格》卷二八《雜令·燻金》 至元二十年六月，中書省御史臺呈：陝西漢中道按察司申，安西路馮直等將銀箔燻作假金，裁線織造販賣，一概禁斷，機户生受。刑部照得：欽奉聖旨禁斷金段疋等物，據馮直等將銀箔用煙燻作假金，終是織金段疋，切恐真假錯亂，犯法者衆，擬合禁斷。都省准擬。

《元典章》卷二〇《户部·雜例·禁販私𧵊》 大德五年八月，中書省咨，雲南省咨：照得見欽奉聖旨整治雲南事内一款：雲南行使𧵊貨，例同中原鈔法，務依元數流轉，平准物價，官民兩便。近年爲權勢作弊，諸處偷販私𧵊，已常禁治。其軍民官府關防不嚴，或受賄脱放入界，以致私𧵊數廣，官民受弊。仰順元、大理、臨安、曲（清）〔靖〕、烏撒、羅羅斯諸處官司，并各關津、渡口把隘軍民人員常切盤緝，禁治私𧵊。如有捉獲，將犯人隨即申解拘該上司，依條斷罪，私𧵊没官，告捉人依例給賞。如所在官吏依前不爲關防，通同作弊者，並行究治。欽此。

紀事

（宋）李燾《續資治通鑑長編》真宗大中祥符八年五月　詔自宮禁迨臣庶之家，一切服玩皆不得以金爲飾，嚴其科禁。自是遂絶。王稱《東都事略》：詔宗室、皇親及外廷臣庶之家，不得以銷金、戧金、金線之類爲衣服器用。

（宋）李燾《續資治通鑑長編》真宗天禧二年二月　開封府言：準詔，禁鎔金衣物，違者奏裁，並徒三年決遣。伏緣令行之初，嚴於約束，今犯者殊尠，乞止用本條科斷。從之。

（宋）李燾《續資治通鑑長編》仁宗慶曆二年五月　戊辰，詔：有司申明前後條約，禁以銷金、貼金、鏤金等爲服飾，自宮廷始，民庶犯者必置法。

（宋）李燾《續資治通鑑長編》仁宗皇祐二年八月　知諫院陳旭等言：屯田員外郎、睦親宅都教授阮逸嘗建言作錢葆，飾以翠羽，且藉以鹿皮，欲與錢兼行。且錢幣爲用，天下之大命也，其輕重有權，與物適均，乃能下流而不窮。昔張湯爲漢武帝巧製皮幣，取譏後世。況逸之譎怪尤甚，豈可用之聖世，以開姦詐之心哉。上然之。

（宋）李心傳《建炎以來繫年要録》紹興二十六年六月　武功大夫新知全州劉光時乞鑄夾錫錢，執政以爲難行。上因論錢法，隋末唐初，其弊極矣，至開元工始精緻。國家如太平、祥符、崇寧錢亦甚精。沈該等曰：是時銅料豐饒，故能如此。上曰：當令盡如舊制，工費所不較也。上又曰：近日雨澤甚霑足，暑中此雨絶難得，殊可喜。

《宋史》卷二一《徽宗紀》〔政和六年〕五月丁酉，廢錫錢。

《宋史》卷一七《哲宗紀》〔元祐二年九月〕丁卯，禁私造金箔。

《宋史》卷三五《孝宗紀》〔淳熙九年九月〕乙未，禁蕃舶販易金銀，著爲令。

（清）畢沅《續資治通鑑》卷七《宋紀・太祖》〔開寶四年十月〕己巳，詔：僞作黃金者棄市。

（清）畢沅《續資治通鑑》卷八〇《宋紀・哲宗》〔元祐二年九月〕丁卯，禁私造金箔。

（清）徐松《宋會要輯稿・食貨三四・坑冶雜録》〔天聖〕四年，京東轉運副使上官佖言：奉詔相度登州蓬萊縣界淘金利害。今檢視淘金處，各是山澗、河道及連畔地土閑處，有沙石泉水，方可淘取得碎小片金。仍定下項條例：凡上等每兩支錢五千，次等四千五百。俱于在城商税務内置場收買，差職官勾當。產地主占護，即委知州差人淘沙，得金不計多少，立納官，更不支錢。監官招誘收買數多，即與酬奬。地主及賃地人不得私賣及將出州界，許人告捉，一兩已下笞四十，已上笞五十，四兩已上杖六十，七兩以上杖七十，十兩以上杖八十，十五兩以上杖九十，二十兩以上杖一百。買者減一等。告人據捉到金色號，全與價錢充賞，至百千止。應自前淘買到者，即限一月赴官中賣。限滿不首，許人告捉，并依前項施行。應出金地主或諸色人，如自立法後一年內，淘取得金二百兩已上中賣入官，與免戶下三年差徭及科配。如併五次淘得，各及兩數，即永免差役科徵，只納二税。應地主如少人工淘取，許私下商量地步斷賃與人，淘沙得金，令赴官場中賣。從之。

《遼史》卷一九《興宗紀》〔重熙〕十一年，六月，禁氈、銀鬻入宋。

《遼史》卷一八《興宗紀》〔重熙〕二年，十二月，己酉，禁夏國使沿路私市金、鐵。

《遼史》卷三七《地理志》周廣順中，胡嶠《記》曰：上京西樓，有邑屋市肆，交易無錢而用布。

（清）畢沅《續資治通鑑》卷一八三《元紀・世祖》〔至元十三年十二月庚寅〕雲南民以貝代錢，是時初行鈔，民不便之，賽音諤德齊爲聞於朝，許仍其俗。

（清）畢沅《續資治通鑑》卷一八六《元紀・世祖》〔至元十九年九月〕己巳，定雲南賦税，用金爲則，以貝子折納，每金一錢，直貝子二十索。

（清）畢沅《續資治通鑑》卷一八七《元紀・世祖》〔至元二十三年正月戊辰〕禁賫金銀銅錢越海互市。

（清）畢沅《續資治通鑑》卷一九〇《元紀・世祖》〔至元二十九年正月庚子〕禁商賈私以金銀航海。

（清）畢沅《續資治通鑑》卷一九〇《元紀·世祖》〔至元二十九年十二月癸巳〕中書省言：寧國路民六百户，鑿山冶銀，歲額二千四百兩，皆市銀以輸官，未嘗采之山，請罷之。從之。

（清）畢沅《續資治通鑑》卷一九一《元紀·世祖》〔至元三十一年十月辛巳〕江西行省言銀場歲辦萬一千兩而未嘗及數，民不能堪，詔自今從實辦之，不爲額。

（清）畢沅《續資治通鑑》卷一九二《元紀·成宗》〔元貞二年八月〕丁酉朔，禁舶商以金銀過海，諸使海外國者不得爲商。

（清）畢沅《續資治通鑑》卷一九七《元紀·武宗》〔至大四年三月〕辛卯，禁民間製金箔、銷金、織金。

紙幣

論説

（宋）**文彦博《潞公文集》卷一四《奏議・乞諸州供錢撥充交子務慶曆六年》** 益州交子務所用交子，歲獲公利甚厚，復又民間要藉使用。蓋比之鐵錢，便於賫持轉易。今因秦州入中糧草，兩次支却六十萬貫文交子，元有未封樁見錢，准備向去給還客人。深慮將來一二年間，界分欲滿，客人將交子赴官，却無錢給還，有悮請領，便至壞却交子之法，公私受弊，深爲不便。伏乞朝廷指揮本路轉運司，於轄下諸司軍内每月須管共收聚諸般課利錢三五萬貫，撥充益州交子務，准備給還客人交子錢，免致向去壞却舊法，官私困弊。取進止。

（宋）**留正《皇宋中興兩朝聖政》卷六〇《孝宗皇帝・王正己言廣西鹽事》**〔淳熙十年四月〕是月，廣西運判王正己奏云：陛下加惠遠方，恐官賣科擾、民無所告，復行客鈔以救其弊，德至渥也。陛下本以寬裕遠民，而今來兩路通行，知成發泄東鈔，借使兩路分畫界分，西路漕計不虧，諸郡可以支吾，亭户不致貧乏，豈非陛下之本□。□聞闕乏之端，有如二十餘州上下煎熬。倘有申請，朝廷豈能坐視？必須應副，則東路雖有贏餘，亦是朝三暮四，恐徒紛擾。又云：頃年章潭爲廣東提舉鹽事，力主兩路通行之議。及就移西路運判，客鈔不敷，漕計大窘，寢食幾廢。又得東路二十八萬緡，遂以少寬。即同帥臣范成大乞行官賣，此則易地而不可行者。歲月未久，可以覆按。又云：紹興間通行客鈔能三十餘年者，以西路有折科招糴之類。後既住罷，漕計遂窘。因有官賣之法，其後更易不定。大概以東鈔通行，西鈔不登爲患。萬一必須通行，則西路漕計或闕，亦須預作指畫，不可臨期闕誤。然不若分路爲允也。

（宋）**李心傳《建炎以來繫年要録》紹興五年二月** 殿中侍御史張絢言：臣仰觀陛下自臨戎以來，累降詔旨約束州縣，常恐一毫擾民。今又申詔監司覺察州縣，至誠惻怛，視民如傷，雖三代明王之用心，不過是矣。然臣嘗聞自昔國家所患者，在人君之澤壅而不下達，小民之情鬱而不上通。故君勤恤於上，而民不懷；民愁怨於下，而君不知。此最可慮也。唐德宗畋於新店，入民趙光奇家，問百姓樂乎，光奇對以不樂，但聖主深居九重，未之知也。臣每讀史至此，未嘗不歎息焉。故耳目倘有聞見，恐願爲陛下明言之。臣契勘軍興之際，諸路除預借坊場折帛錢米外，未知有無科擾。若浙西一路，則既借坊場折錢帛矣，又有貼納關子、蓋造蓆屋兩色錢，此朝廷所不知也。貼納關子錢者，當時户部之意，止謂搬運見錢腳重，民間卻有願來臨安府就請者，乃以關子爲公私兩便之用。今乃不然，民間多有不願兑便者，州縣不免以等第科俵。及執關子赴臨安府榷貨務請領，則官司卻無見錢。惟有等守留滯之患，而所得十纔六七。蓋造蓆屋錢者，凡蓆屋一間，所費數十千。官司既無錢物，不免取於百姓。上户有認三十間者，中户不下一二十間。以一路計之，民間所出之錢甚廣。然官中現用之屋不多，未免有欺隱之弊。此二者，監司不敢輒發，則陽爲不知；州縣不敢申明，則陰自計置。所以浙西之民，多有怨咨。而陛下恤民之惠，未得均被也。欲望明降指揮，令州縣從實供具。如委曾令民間分認關子、蓋造蓆屋，限半月陳首，特與免罪。卻委本路監司躬親到州縣，分明逐一點檢，察其姦弊。其關子錢，民間有未請得者，畫時具姓，令榷貨務日下支給。毋得要阻稽滯。其蓆屋錢，如貪贓之吏出納不明，乘時掊斂，入己自用，即具名聞奏，重行竄黜。如此則上澤下布，下情上聞，足以消百姓怨嗟之聲，副陛下愛民之意，非小補也。從之。

（宋）**李心傳《建炎以來繫年要録》紹興三十一年十月** 太府少卿總領四川財賦王之望言：本所庫管錢引見在萬數不少，陝西諸路，竝係敵中行使銅錢地分，若不預行措置，竊慮恢復之初，諸軍進發，出川路界分，止以銀絹支散，本所錢引，遂成無用，爲害甚大。照得前此榷場未開日，四川錢引客人已私下將帶，往來陝西，暗行買賣。將來既得陝西，則川陝路通，客旅奔湊，布帛茶藥之類，皆是川貨，與錢引相兼貿易，實爲利便。欲乞朝廷速降指揮，如收復到陝西州軍，許將錢引依四川行用。其見使銅錢一文，紐川鐵錢二文，庶幾公私貨幣流通，不致妨闕。議者必謂封疆既拓，錢引可以多添。此誠便利，然蜀中交子，祖宗時止一百二十餘萬道，皆有稱提見錢。今節次增添錢引，凡四千一百四十七萬餘道，只有鐵錢七十萬貫。其所以流通者，蓋緣鹽酒等物，陰爲稱提，而本所贍軍

庫，常有數百鉅萬鉅散於外，故引法未敢大壞。此亦天陰有以相之也。引法一壞，則蜀不可爲矣。故今引法尤當愛護，不肯輕有增損。向都轉運司以軍興急迫，增印數百萬道，引價頓減。遂於通衢鑿毀，以救其弊。今官庫之積，皆當散出。若更增添，須當消息而行。乞密降省劄，略示大數付之望，不下轉運司收掌，令之望酌度事宜，或三五十萬、或百十萬道，作番次旋旋增添，不令外人知所添之數。足以給用即止，不必盡如朝旨所增。蓋添引頓多，則引價必損。諸軍恐其折閲，則便多邀銀絹，臨時實礙支遣。又所復州軍，未知多寡，可守不可守？而錢引既印，則不可復收，併與見界之數，行用俱輕，爲害不細。之望備員總計，當此軍興，若得多印錢引，以救目前之急，實爲大幸。但爲朝廷久遠之計，慮及如此，伏望特賜照察。十二月庚子施行。

（宋）黎靖德《朱子語類》卷一一一《朱子八·論財》 論淮西鐵錢交子，曰：交子本是代錢，今朝廷只以紙視之。今須是銅錢交子不得用於淮，鐵錢交子不得用於江南。又須江南官司置場，兑換銅錢交子，乃可行耳。人傑。

兩淮鐵錢交子，試就今不行處作箇措置，不若禁行在會子不許過江，只專令用交子。如淮人要過江買賣，江南須自有人停榻交子，便能換錢。又不若朝廷捐數萬貫錢在江南收買交子，却發過淮南，自可流通。必大曰：不許行在會子過淮，此恐難禁。先生以爲然。必大因言：鐵錢之輕，亦緣積年鑄得多了，又只用之淮上十餘郡，所以至此益賤。先生遂言：古者只是荒歲方鑄錢。《周禮》所謂國凶荒札喪，則市無征而作布，既可因此以養饑民，又可以權物之重輕。蓋古人錢闕，方鑄將來添。今淮上亦可且住鑄數歲，候少時却鑄。次年，臣僚請罷舒蘄鼓鑄。必大。

（元）胡祗遹《紫山大全集》卷二二《雜著·寶鈔法》 凡物貴生於不足，賤生於有餘。不足人實爲之。近年五穀、布帛諸貨百物涌貴者，物不足也。鈔法日虚者，鈔有餘也。有餘則作法以斂之，不足則作法以增之。方今之弊，民以饑饉奔竄，地著務農日減日消，先疇畎畝抛棄荒蕪，灌莽荆棘何暇開闢。中原膏腴之地不耕者十三四，種植者例以無力又皆滅裂鹵莽。五穀、布帛民生日用急切之物，豐年已自不足，少至水旱，十室九空，物安得之不貴。趨末利，學異端，奢侈淫靡，衣不以蠶，食不以耕，游惰僥幸之人，與農相半。生之者寡，食之者衆，物安得而有餘哉。由是觀之，五穀衣帛，常苦於不足，不足則不得不貴。失胎無母之鈔，十已六七，加以川流海溢，泛濫四出，已苦於有餘，有餘則安得不賤。爲今之計，可斂者鈔而無法以斂，可增者農而無法以增，饑寒日用之物，日益不足，權信之楮幣，日益有餘。貴者益貴，賤者益賤，雖使桑弘羊、劉士安之徒復出，亦無以爲計矣。

爲機變之巧者必曰：有是哉，子言之迂，子智之拙也。農不可一日而成，鈔不可一日而闕。今之鈔即古之錢。行錢之法，民患輕則作重幣以行，謂之母權子；若不堪重，則多作輕而行之，謂之子權母。重者行其貴，輕者行其賤，鈔法亦然。曷若改印新鈔，一當舊五，期年之內，舊鈔自廢，鈔與百物適平。愚難之曰：是恐不然。鈔代百物之交易，所恃者信而已。一失其信，民莫之從。新舊均謂之鈔，何優何劣，非若五金之精粗鼓冶求索之難易也。難者必曰：鈔者國之大權大法，一輕一重，出自一言，何不可之有。是又不然。漢武帝以白鹿皮幣直四十萬錢，果可行乎？以新換舊，徒失其信。積鈔之家，不勝其損，破家壞産。粟帛之家，不肯從賤，或至閉糴。愚恐農工兩受其禍，無益於國。上策莫若務農，務農則地無遺利，粟麥布帛如水火，斗米三錢，其祥自至。務農之要，莫先於抑末。何謂抑末，奇技淫巧，不鬻於市，冠昏喪祭吉凶慶吊之禮，飲食衣服車馬宫室，上自公侯，下及黎庶，各自等差，定爲令式。越禮踰制者有罪，務從敦樸純儉。凡有力役，不奪農時，悉以游手不農者當之。去不急之有司，減冗官，削冗吏，沙汰僧道。醫儒其各而商賈小人其行者，皆入編户，願爲農者五年無役。爲農者衆，布帛五穀豐足，百物之價，不勞估計均平而日自減賤。不妄費賞賜，支發兼以銀兩粟帛，則鈔價日實。方今工農交易，鈔雖虚物雖實而民不甚苦者，百物工價彼此稱量相敵而若不相虧，惟省部隨朝官吏與外路無公田者日費不足。若減去冗文，則冗員可削其半，所謂月俸，貫石相半，春羅秋綾，斟酌給降，足以養廉，有公田者，不在此限。前人有言：無以小害大。又曰：功不百，不變法。慎不可以一二不便者輕變成法。

以愚觀之，向之耗壞鈔法之弊，如立總回易庫，諸路行錢，以鈔貴買諸物，買金換銀，良馬美女奇珍異貨之賄賂貢獻，今皆革去。但能節用務

農，戒奢侈，去浮冗，抑游惰，只此數條，不惟實鈔，一舉而數得，實天下無窮之福。古人用錢，後世易而爲鈔，止欲便交易賫使，流通穀帛，均百貨之價而已，非欲求利也。非不欲也，勢不敢也。何爲而不敢？夫物之寒可以爲衣饑可以爲食者，貿易之際，略不相信，猶棄擲而不爲用，況無用之物乎。此不難喻，正如北方刻木交質以易馬羊牛，一失其信，則刻木其足恃乎。故行鈔之法，鈔爲子而百貨爲母，母子相守，内外相應，貨重而鈔輕則斂鈔，鈔重而貨輕則收貨，一弛一張，權以取中。母子既以信相應，鈔貨價平而不偏，如此則雖行之於萬世而無弊。舍此之外，一有營利之心，則其法自壞。

方今鈔太重而物太輕，比之初年，一貴一賤，或至加五，或至減半。主權衡者，利其鈔價之高，多發而易行，不恤傷農，不知務權。細民所有者布帛，官司所收者寶鈔，賫布帛赴庫换鈔，司鈔者懼其割之難，託以無鈔而不售，布帛之價日損日減。近年市價，絲一斤直鈔九錢，官司限定百姓每着絲一斤折納鈔一貫五百，鈔價日增，絲價日賤，復壅滯而不售，民甚苦之。姦貪乘利之人，市井之間，又立擇鈔硬鈔之目，愈高其價。是使國家流通均平百貨之寶，化而爲傷農刻價壅滯諸物之虐法耳。主之者不知民情所苦之爲可懼，不務均平其法，又將隨路諸庫鈔母輦至京師，以備不測之用，何不思甚也。積厭苦虐法之情，又示之不信，儻市井唱呼曰：鈔無母多矣，吾苦虐法也久矣，又以吾民寄庫金銀一旦詐一片紙而巧取之，所存者無用之敗楮耳，寶貨之法民不信矣。至此，則雖有心計若弘羊，鞭算如劉晏，亦無如之何矣。

蒙判送講究行用銅錢事，銅錢、交鈔，寒不可以衣，饑不可以食。均之二物，皆非切身實用之貨。聖人以其絲絹綿布之不可以零分，粟麥百穀之不可以遠賫，假二物守之以信，以便交易而已。以優劣較之，則交鈔優於銅錢。請以今日之事言之，元寶貫鈔行之十有餘年，鈔法愈實，通利如流水者，以其母行在貫鈔獨行，無他貨以相雜也。一有他貨以相雜，便有優劣輕重。銅錢與鈔並行，是以他貨相雜也。即今前代舊錢，銷費無幾，縱有，當立法一新，亦不可用。銅器亦糜費無多。必當設官置吏即山冶銅，方得鑄造，工本亦不爲輕。至於懷挾賫擎遠近交易，不若貫鈔之便利。兼鈔法通利，錢法必不能相勝，少鑄則不能遍及天下，多鑄則虚廢工本，堆積而無用，徒雜亂鈔法，貨立二價，漸不爲便。亡金風俗，積錢而不積鈔，是以鈔法屢變而屢壞。蓋以錢鈔相雜，錢重鈔輕，又不能守之以信故也。

今披詳《通典》所載，天寶中鑄錢一貫，工本亦相近一貫，廢本勞力，並無利息。目今每歲印鈔八萬餘錠，蓋以絲綫包銀宣課官爲收鈔，所以流傳通行，略無凝滯。今既鑄新錢，布散民間，絲綫包銀宣課，必當依貫鈔例收錢，不收則法不行。假若收錢一萬錠，減貫鈔一萬錠，收錢二萬錠，減貫鈔二萬錠，則鈔法不減而自減，不溢而自溢。積錢既多，每遇大支發，如襄陽用兵，一歲不下支鑄二三萬錠。若全支發鈔，則不唯鈔數不敷，亦致銅錢積滯而不行，必須錢鈔兼支。且如支銅錢一萬錠，每小錢一貫重七斤，五十貫重三百五十斤，五百貫用車一輛，計用大車一千輛，豈止虚費脚力，實亦失誤急速支持。至於西蜀、四川之賞，河西諸路之應辦，開元、遼東等路之調度，上都等路之和糴，又不下數萬餘錠，必須錢鈔相兼。似此斤重，恐失措置。難者若曰：遠方則用鈔，京師近裏城邑則用錢，兩不相妨，何必搬運。是大不然。錢鈔中停，尚有偏枯，有無不均，必生偏弊。若欲就彼熔鑄，錢法初行，民未取信，數處分鑄，鮮不爲姦。若爲鑄錢工本深重，儻别立錢價，則鈔法隨即虚壞。鈔虚而錢不適用，兩者俱失，尤爲不可。竊恐萬一徒以廢工難用之錢，沮亂其易造流通之鈔，上阻國用，下惑民心，鑄錢之議，似爲未便。

謹具録《通典》天寶鑄錢科例在前。

《洪範》三八政，一曰食，二曰貨。蓋食者民之天，民者邦之本。國無民則君誰與守。民一日不再食則饑，又屢饑則死，然則國無三年之食，國非其國，豈虚言哉。饑寒切於身，雖慈父不能保其子，君安能以有其民哉。貨泉貨本之輕重流通所以平百物而信萬民，一失其本，一虧其信，則百物之貴賤無準，或壅滯而棄如糞土，或翔涌而重於金，或物輕錢重，或錢輕物重，傷農傷工，皆受其禍。信既少虧，衆莫憑據，古人之於貨泉，豈敢斯須而不爲之權衡哉。

又鈔法平百物貴賤之失中，便萬民交易之難準，故立帛布交鈔之法，上下相信，信以濟事，非欲以不可食不可衣無用之紙，而易下民汗血所致有用之穀帛也。爲國家者，度量百物交鈔之孰多孰寡，而散斂弛張之。物

重則鈔輕，鈔輕則作法以斂之。鈔重則物輕，鈔重則作法以出之。是物價與鈔法兩得其中，農工不傷，子母相藉，國不求利而利益大。中統建元，鈔法初立，公私貴賤，愛之如重寶，行之如流水。交鈔一貫買絹一匹，鈔五六十文買絲一兩，米石鈔六七百文，麥石鈔五六百文，布一端鈔四五百文。近年以來，價增六七倍，漸至十倍，以至諸物及傭工之價直亦莫不然。反覆思之，時和歲豐，無旱乾水溢之灾，米粟非不多也，布帛非不廣也，户丁滋壯，商旅絡繹，百物出積，然而物價日增日貴者，鈔虚故也。鈔多則物自重，執政者當知其弊而拯救之。今略舉致弊之由，陳其救弊之術，伏乞詳酌施行。

一、天下户口若干，商旅賣買收税若干，茶鹽課程若干，包銀絲綿若干，和買和雇造作用鈔若干，百官俸若干，總計已上諸名項及該載未盡錢物，每歲公庫收發，私家消用，計可用鈔若干，昏爛燒燬鈔若干，計其數，度其出入多寡而印造之，如此則庶有程法，權衡在我，不致多印妄費，鈔虚而物貴，不致少印鈔寡而物賤。即今略不會計，止知多行印造，便於支發供給，是以鈔日益虚。

一、盗臣私家盗印，姦貪無厭，車載船裝，遍行諸路，回易物貨。假如米麥每石時估本直一貫，行鈔者利於得物，自添價數倍，如此則鈔安得不虚，物安得不貴。以致無胎之鈔，遍滿天下。若不作法以斂之，物價終不能賤，鈔法終不能實。斂收之法無多，大凡爲盗臣印錢，無問多寡，悉皆官鈔，究問見數，即日仰所在官司盡數拘收入官，别議支發行用。

一、盗臣置立總庫，舉放利息，無賴狂貪買官之人，一言片紙，動輒數千萬貫。即今本利落空。賣官者得鈔，復增價以易諸物。自盗臣覆敗，總庫雖罷，打算徵收，未見立行。亦合一一推驗本息，盡數徵收入官，别議區處。

一、鈔法：每鈔兩貫文當銀一兩，鈔一十四貫八百文當黄金一兩。盗臣自壞其法，徵金於辦課官，金一兩收鈔百兩。南省官賣官鬻獄，止要黄金，金一兩賣至鈔百五六十貫。回易於官庫，則官庫無金，是使人明犯私買私賣之罪。金價日增，鈔法日虚。自盗臣傾覆，金銀雖自減價，然禁人於官庫不得倒换金銀，此弊尚存，宜速改正。

一、盗臣嗜利，賄賂公行，所取者良金大珠美女名馬奇珍異貨，求官枉法者不得此貨不能得官，故視鈔如糞土。近年京師官吏筵會飲食，淡薄者費鈔十餘錠，甚者倍之。此風不可不禁。苞苴交往，嚴行治罪，酒筵奢侈，勿循前愆，衣服裘馬，務求儉素，此亦實鈔之一端也。

一、諸路官鈔庫近年並不關諸上司，抑勒不放支發，爲無倒换，官吏攢典閉門閒坐，虚食月俸。因緣移易借貸，多有失陷。官吏既無倒换，民間私自回易，富者乘時以邀利，貧者甘心於損折，鈔權重輕，執主張是。今欲鈔法流行，諸路鈔庫點勘見數，無失陷者即委本官赴户部呈省關支，失陷者勒令賠償，别委新官交代，倒换流行，毋致澁滯。

一、近年零鈔銷磨盡絶，至於百文者亦絶無而僅有，所以元直十文五文之微，增價數倍，交易之間，不能割絶。以致即當寄留欺謾澁滯。如諸路鈔庫關請，十分爲率，百文以下零鈔當發七八分，以救積弊，以便市易。兼交鈔所以便於交易者，以其比之絲絹麻布金銀緞匹能分能零也，且小民日生旋求升合者，十蓋六七，圖錙銖之利者，十蓋七八，若無零鈔，何以爲生，何以爲成市。實鈔法，除印造諸路倒换昏鈔外，無多印造，賞賜諸人，當給見在諸物，無給實鈔。民間昏嫁，四季衣服各一套、氈、被、首飾外，不得多索財錢，妄費越分，紛華美麗。無官之家，不得衣金錦，插珠翠。居第衣服車馬筵宴，當立貴賤制。物不妄費則百物有餘，百物有餘則價錢日減，百物價賤則鈔法日實矣。

又鈔法虚之弊：

一、風俗奢淫於下，妄費穀帛，則實用之物不足，不足則物價日增，物價增則鈔日益虚，婚姻喪祭吉慶田宅車馬衣服飲食之類，略無貴賤等級。

一、支發妄費於上，則散布日廣，鈔廣物儉，買物者衆，生物者寡。鈔有餘而物不足，不足者貴，有餘者賤，安得不虚。

（元）王惲《秋澗先生大全文集》卷八九《烏臺筆補·論隨路交鈔庫令總管府提點事狀》　夫時有通塞，事貴改更，故古人因時制宜，不拘常法，而惲變更也。竊見隨路鈔庫行用元寶鈔數，多者三五千錠，少者不下二三千錠。每歲差設庫官，止憑一二保官，即聽注擬。近年以來，如失陷去處，雖監督正人及着落元保須管陪納數足，至經涉數年，往往有破家不能結絶圓備者。兼保官多不親即故，出於一時面分，又何嘗計保者家産之

虛實、錢穀之果能通曉也。方今鈔法極是通快，但委用非人，稍有侵陷，便是一路鈔法因人爲累，稍有澁滯，足滋長奸弊。與其治於已然無可奈之後，何若防於未然易爲力之前？愚見今後合無公同選舉其抵業信實、委通錢穀人員勾當，就令本路總管府官每月以次計點見在題押赤曆。其府官却不得因而恃勢借貸官錢，違者，許庫司申覆上司照驗。如此，使朝夕得相臨視，上下遞互關防，官無失陷之虞，人遠奸欺之弊。照中統元年以來，已曾依上施行，至是便當。今各庫雖按月赴提舉司申報單狀赤曆，於關防實無所係，蓋非切近臨視，中間作弊既無畏避，又不能即時知覺究治，是申押本司徒常例虛行而已。據此合行舉呈，伏乞照詳，定奪施行。

（元）王惲《秋澗先生大全文集》卷九〇《便民三十五事・論鈔法》

竊見元寶交鈔，民間流轉，不爲澁滯。但物重鈔輕，謂如今用一貫，才當往日一百，其虛至此，可謂極矣。究其所以，法壞故也。其事有四。自至元十三年已後，據各處平准行用庫倒到金銀並元發下鈔本課銀，節次盡行起訖，是自廢相權大法，此致虛一也。其鈔法初立時，將印到料鈔止是發下隨路庫司換易爛鈔，以新行用，外據一切差發課程内支使，故即造有數，儉而不溢，得權其輕重，令内外相制，以通流錢法爲本，致鈔常艱得，物必待鈔而後行，如此鈔寧得不重哉。今則不然，印造無算，一切支度雖千萬錠一於新印料鈔内支發，可謂有出而無入也。其無本鈔數民間既多而易得，物因湧貴而難買，此致虛二也。又總庫行錢人等，物未收成，預先定買，惟恐或者先取，故視鈔輕易添買，物重幣輕，多此之由，此致虛三也。又外路行用庫令庫子人等，私下倒易，多取工墨，以圖利息。百姓昏鈔倒庫，不得晝時回換，民間必須行用，故昏者轉昏，爛者愈爛。流傳既難，遂分作等級，其買市物必需上等，除是則必需搭價，然後肯接，此致虛四也。

今謂救其虛，莫若用銀收鈔，大路止用課銀一二千餘錠，小處一二百錠，民間鈔儉，必須將銀赴庫以倒换鈔貨，是鈔自加重，銀復歸於官矣。今却以鈔回换則愈致子虛矣。則是當官只重銀不重其鈔，此復致虛一也。或更造銀鈔，以一百當元寶二百，迤漸收回見鈔。蓋事久則變，變則通，輕重相濟之法也。不然其利病，又當問中統元議立法者，如張介夫、王紹明等，講明舊法，以定新行，如此年載間庶可復舊，使資財大柄，常操於上權，不移於下矣。

（元）張之翰《西巖集》卷一三《議・楮幣議》　天下之患，莫患於財用之不足。財用之患，莫患於楮幣之不實。夫楮幣裁方寸爲飛錢，敵百千之實利，制之以權，權非不重也，行之以法，法非不巧也，然未有久而不澀滯者，惟在救之何如爾。自中統至今二十餘年，中間奸臣柄國，惟聚斂貿易是務，其數十倍於初。楮日多而日賤，金帛珠玉等日少而日貴，蓋不知稱提有致也。問稱提有策乎？曰：有。今南北混一，此楮必用，不過自上貴信之爾。如出金以兑换，使之通行，一策也。鑄錢以表裏，使之折當，二策也。造鈔以更新，使之收買，三策也。愚見若此，未審可否，惟詳擇焉。

（元）吴澄《吴文正集》卷八八《行狀・大元故御史中丞劉忠憲公行狀》　〔至元〕二十三年十二月，中書傳旨議更鈔鑄錢，公獻議曰：原交鈔所起，漢、唐以來，皆未嘗有，宋紹興初，軍餉不繼，造此以誘商旅，爲沿邊糴買之計，比銅錢齎輕，民甚便之。稍有殢礙，即用見錢，尚存古人子母相權之意。日增月益，其法浸敝，自一界二界至十九界闕子，計江左立國百五十年，是不及八年一更也。亡金行用會子，亦由此數變名稱，如小十貫，大十貫，通天寶會之類，隨行隨壞。國家初年，法度未一，諸路各行交鈔，或同見銀，或同絲絹。中統建元，王文統執政，盡罷諸路交鈔，印造中統元寶，以錢爲準，每鈔貳貫倒白金壹兩，拾五貫倒黄金壹兩。稍有壅礙，出銀收鈔，恐民間疑惑，隨路椿積元本金銀，分文不動。當時支出無本寶鈔未多，易爲權治，諸老講究扶持，日夜戰兢，如奉破釜，惟恐失墜，行之十七八年，鈔法無低昂。後阿合馬專政，不究公私利病、出納多寡，每一支貼，有至十餘萬錠者，又將隨路平準庫金銀盡數起來大都，以要功能，是以大失民信，鈔法日虛。每歲支遣，又踰向來原額，民間所行，皆無本之鈔，以至物價騰踴，奚止十倍。拯治之法，不過住印貫鈔，只印小鈔，發去諸庫，倒换昏鈔，以便民間爪貼；驗元起鈔本金銀，發去以安民心，嚴禁權豪官吏冒民入庫倒買；國用當度其所入，量其所出，如周歲差税課程可入一百萬錠，其歲出只可支五七十萬錠，所餘舊鈔，立便燒燬。如此行之，不出十年，縱不復舊，物價可減今日之半。欲求目前速效，未見良策。新鈔必欲創造，用權舊鈔，只是改换名

目，無金銀作本稱提，軍國支用不復損折，三數年後亦如元寶矣。宋、金之弊，足爲殷鑑。鑄造銅錢，又當詳究。秦、漢、隋、唐、金、宋利病，著在史策，不待縷陳。國朝廢錢已久，一旦行之，功費不貲，非爲遠計。大抵利民權物，要自不妄用始，若欲濟谿壑之用，匪唯鑄造不敷，抑亦不久自敝矣。

（元）陸文圭《牆東類稿》卷四《策·流民貪吏鹽鈔法四弊》 稱鈔法之策三：一曰住印造，二曰節用度，三曰禁奢侈。古者以貨爲幣，採銅爲錢，無所謂楮也。漢以鹿皮薦璧，民間未始行用。唐有飛錢之制，輕裝以趨四方，合券而取，京師楮之漸也。今中統之造，五十餘年矣。物以少而貴，多而賤，賤則折閱，貴則實重，此勢然也。易之以至元，以五準一，猶云可也；更之以至大，低昂太驟，民聽惶惑，已行輒罷，亦勢然也。故慮楮之輕，莫若住造，民間鮮得，市價自平，取數既多，後何以繼？或慮經用乏闕，則又有說矣。此印造不可不住也。朝廷初平中夏，是時未有鈔法，貿易不過絲銀，科差以是爲準。宮府創立，制度一新，征伐四出，調度繁興，未聞有乏財之憂也。江南既平，庫藏充溢，金帛如山，而用之者紓矣。外而四方之朝聘，內而千官之俸秩，近而諸司之侍衛，遠而邊庭之供億，日增月盛，時異事殊，而況賞賜濫及於俳優，營繕力殫乎工木。商舶市寶，價莫得名；藏室翻經，費不勝計。山林莫供於野燒，海水終泄於尾閭。桑穀漸空，工役方急，楮輕物重，職此之由。真人踐阼，躬履節儉，力改前非。然財散不可復收，弊久未能損革，此用度不可不節也。勤儉者衣食之源，奢侈者匱乏之本。古者衣服有常，上下有制。今倡優得爲妃后之飾，皂隸可僭公卿之服，塗金織翠，佩玉曳縞，物直如之，何而不窮。古者游末有禁，務農爲上。今鳴鐘鼎食，釃酒封羊，何曾下箸，萬錢不足；毛仲請客，百事皆備。財產如之，何而不耗？今世以豪侈相尚，俗以淫靡相煽，上行下效，風流波漫。惟其取之無術，用之無藝，是以生者莫給，作者莫供。蓋錢陌輕微，百物騰踴之害小，而工賈得志，兼并傷農之害大。此奢侈不可不禁也。

（元）蘇天爵《滋溪文稿》卷二六《章疏·災異建白十事》 一、錢幣之制，在古所以惠民，鈔法之行，歲久不能無弊。蓋米粟布帛，養兆民之本；錢幣鈔法，權一時之宜。故法久必更，理當然也。昔者世祖皇帝始立法制，遂行中統交鈔，其後又行至元寶鈔。夫行之既久，真僞不無，坐罪雖曰匪輕，獲利自是甚重。爰稽造鈔以來，元額已踰數倍，以致鈔日益虛，物日益貴。民庶有倒鈔、檢鈔之擾，官吏有監鈔、燒鈔之害。欲救其弊，理宜更張。洪惟武宗皇帝即位之初，始命尚書省更行銅錢，本欲復古以便民，未聞有妨于國計。蓋因至大已後，一切矯枉太過，因併銅錢遂亦不用。夫行封贈所以勸忠，增俸祿所以養廉，禁干名犯義者厚風化之原，減吏員月日者奬奉公之吏，是皆尚書省所行，未聞人以爲非，何于銅錢獨爲不可。況遠自唐、漢，近及宋、金，明君賢臣阜民之制，皆本乎此。矧今國家疆宇萬里，錢幣之制，祖宗已嘗舉行，宜從都省明白奏聞，令戶部官講究歷代鼓鑄之方，用錢之制，遠近便宜，斷然行之。豈惟救鈔法一時之宜，實所以遂民生無窮之利也。

（元）孔齊《至正直記》卷一《楮幣之患》 楮幣之患，起於宋季。置會子、交子之類以對貨物，如今人開店鋪私立紙票也，豈能久乎。至正壬辰，天下大亂，鈔法頗艱。癸巳，又艱澁。至于乙未年，將絕于用，遂有觀音鈔，畫鈔、折腰鈔、波鈔、熝不爛之說。觀音鈔，描不成，畫不就，如觀音美貌也。畫者，如畫也。折腰者，折半用也。波者，俗言急走，謂不樂受，即走去也。熝不爛者，如碎絮筋查也。丙申，絕不用，交易惟用銅錢耳。

錢之弊亦甚，官使百文，民用八十文，或六十文，或四十文，吳、越各不同。至於湖州、嘉興，每貫仍舊百文，平江五十四文，杭州二十文，今四明漕至六十文，所以法不歸一，民不能便也。且錢之小者、薄者，易失壞，愈久愈減耳。

予嘗私議用三等，金銀皆作小錠，分爲二等，須以精好者鑄成，而鑿幾兩重字，旁鑿監造官吏工人姓名，背鑿每郡縣名，上至五十兩，下至一兩重。第三等鑄銅錢，止如崇寧當二文、大元通寶當十文二樣。餘細錢，除五銖、半兩、貨泉等不可毀，存古外，唐、宋諸細錢並用毀之。所鑄錢文曰大元通寶，背文書某甲子字，如大定背上卯酉字是也。凡物價高者，用金，次用銀，下用錢。錢不過二錠，蓋一百貫也。銀不過五十兩，金不過十兩，每金一兩重，准銀十兩。銀一兩，准錢幾百文。必公議銅價工本輕重，定爲則例可也。如此則天下通行無阻滯亦無僞造者。縱使作僞，須

金銀之精好，錢之得式，又何患焉，近趙子威太守亦言之頗詳，其法與此小異耳。

綜　述

（宋）佚名《宋大詔令集》卷一八四《政事・財利・見行鈔法著為令御筆手詔政和二年九月十五日》　洪範八政，食貨爲先。理財以義，則民富而國用饒，先王之制也。迺者有司不究本末，不權輕重，悉取鈔法，妄意紛更，致耗邦財，民亦重困，邊備空虚，倉庫匱竭。太師楚國公京，還冠宰司，圖制國用，興植廢壞，以義置法。愛日忘勞，曾未期月，開闔斂散，一出于上。公藏私餘，上下與足，朕甚嘉之。其今年五月以後，應見行鈔法洎茶鹽法合傳載者，大小綱目，具著爲令。上之御府，頒之有司，以示富國裕民之政。傳之永久，堅如金石，庶幾姦人不敢妄行動搖，以稱朕意。

（宋）李燾《續資治通鑑長編》仁宗天聖元年十一月　初，蜀民以鐵錢重，私爲券，謂之交子，以便貿易，富民十六户主之。其後，富者貲稍衰，不能償所負，争訟數起。大中祥符末，薛田爲轉運使，請官置交子務以榷其出入，久不報。寇瑊守蜀，遂乞廢交子不復用。會瑊去而田代之，詔田與轉運使張若谷度其利害。田、若谷議廢交子不復用，則貿易非便，但請官爲置務，禁民私造。又詔梓州路提點刑獄官與田、若谷共議，田等議如前。戊午，詔從其請，始置益州交子務。《實録》、《食貨志》皆云寇瑊請官置交子務。按薛田附傳，則置交子務乃田爲轉運使時所請建，瑊守蜀，始用田議。然《成都記》載此事特詳，瑊議蓋欲官私俱不用交子，而田議始終皆欲集私造，官爲主之。今置務，實從田議，瑊無與也。《實録》、附傳、正傳、《食貨志》俱誤矣。

（宋）洪邁《容齋三筆》卷一四《官會折閲》　官會子之作，始於紹興三十年。錢端禮爲户部侍郎，委徽州創樣撩造紙五十萬，邊幅皆不翦裁。初以分數給朝士俸，而於市肆要鬧處置五場，輦見錢收换，每一千别輸錢十以爲吏卒用。商賈入納，外郡綱運，悉同見錢。無欠數陪償及脚乘之費，公私便之。既而印造益多，而實錢浸少，至於十而損一，未及十年，不勝其弊。

壽皇念其弗便，出内庫銀二百萬兩售於市，以錢易楮，焚弃之，僅解一時之急，時乾道三年也。淳熙十二年，邁自婺召還，見臨安人揭小帖，以七百五十錢兑一楮，因入對言之，喜其復行。

天語云：此事惟卿知之，朕以會子之故，幾乎十年睡不著。然是後曩弊又生，且僞造者所在有之。及其敗獲，又未嘗正治其誅，故行用愈輕。迨慶元乙卯，多换六百二十，朝廷以爲憂。詔江、浙諸道必以七百七十錢買楮幣一道。此意固善，而不深思，用錢易紙，非有微利，誰肯爲之。因記崇寧四年有旨，在京市户市商人交子，凡一千許損至九百五十，外路九百七十，得貿鬻如法，毋得輒損，願增價者聽。蓋有所贏縮，則可通行，此理固易曉也。

（宋）謝深甫等《慶元條法事類》卷二九《榷禁門・銅錢金銀出界》

申明

隨敕申明

衛禁

淳熙六年十二月十一日敕：告獲僞造會子賞錢，依指揮於所在有管經總制錢内先次支給，官吏非理阻抑者，許經朝省越訴，取旨責罰。所有告獲錢寶將出界外依格合給賞錢，亦依此一體施行。

（宋）謝深甫等《慶元條法事類》卷三〇《財用門・錢會中半》

申明

隨敕申明

厩庫

乾道七年六月十八日敕：訪聞民間輸納，抑令全納見錢，而州郡于屬縣解發官錢亦不肯依分數行用，今後並依分數行使，如敢邀難，許經朝省越訴，以違制論。如官吏以民間納到錢賤價收買會子規利，並與計贓。今後監司遇有本司所收錢依立定分數交收，不得輒收一色見錢。仍約束州縣，常切遵守，如違，按劾聞奏。若監司違戾及失覺察致有越訴，先次取旨，重作施行。

（宋）葉紹翁《四朝聞見録》卷乙《楮券》　孝宗方造券，以便民用，金華陳天祐時爲侍從，力抗疏以爲不及五十年，必大壞極敝而不可收拾。水心葉先生進策，亦謂不數年間，將交執空券而無所售。時上意士

論，猶未信其然，至于今日驗矣。先是，每券以八百售，至石首時，則價又踴，愚民至指乘輿以造券不多爲苦。又有太守自蜀來，對以道間目擊，楮踴爲患。上皆笑而不以爲罪云。

（宋）李心傳《建炎以來朝野雜記甲集》卷一六《財賦·東南會子見錢關子》 東南舊無會子，大觀中，蔡京當國，嘗倣川交子法爲錢引之，然所出猥多，又官司不以出納，故旋即廢。紹興元年冬，高宗在越，張忠烈俊以神武右軍分屯婺州，朝廷以水道不通，始置見錢關子，召商人入中。其法：入見錢于婺州，執關子赴杭、越榷貨務請錢，每千搭十錢爲優潤。十月壬午。六年春，張忠獻爲都督，張如瑩澄主管行府財用，請依四川法，造交子，與見緡並行。先造二十萬緡，行於江淮，既又造二十萬緡爲羅本，遂置行在交子務，二月甲辰。將悉行之東南。趙公時霈爲諫官，爲上言：官無本錢，懼民不信，其不便者五。胡內翰交修亦言：奸民僞造，抵罪必多。朝廷遂改爲關子，自十千至百千，凡五等。紹興末，頗舉行焉。當時臨安之民，復私置便錢會子，豪右主之。錢處和爲臨安守，始奪其利以歸于官。既而處和遷户部侍郎，乃于户部爲之。三十一年春，遂置行在會子務，二月丙辰。後隸都茶場，悉視川錢引法，行之東南諸路，凡上供、軍需，並同見錢，仍賜左帑錢十萬緡爲本。乾道初，户部以財匱，增印會子二百萬緡，李侍郎若川因請官兵廩給減支見錢，歲中可省緡錢二百四十萬。上以其動衆，難之。二年二月辛未。時會子初行，軍中多以爲不便，鎮江都統制郭振與總領趙公稱有隙，奏乞公稱易見緡付本軍。上以諭輔臣，洪丞相曰：楮幣在處可行，但須得本錢稱提乃可。遂命行之淮東。三月辛亥。然楮券所出既多，而有司出納皆用見錢，民不以爲便。陳天與良祐在諫院，爲上言之。先是，已增榷貨務入納會子二分，上諭輔臣，不可失信于民。二年三月癸卯。三年，遂出南庫錢二百萬緡，收回所增會子，而命三衙全支銀錢。時會子已造者二千八百餘萬，已用者一千五百六十餘萬，而在民間者九百八十萬緡。始議盡收之，已降內藏、南庫銀各百萬兩矣。曾欽道爲户部侍郎，乞存民間見在者五百十九萬。上從之。然銀直既低，軍士患其折閱。殿帥王琪因爲執政言之。欽道復請以分數支會子。上不欲。魏丞相曰：今會子已非前日比。上乃許之。七月己亥。先是，諫官陳天與嘗言不可失信于民，乞復置會子務。三月癸亥。蔣參政行丞相事，力主之。其冬，復印新會子五百萬。十一月己酉。四年春，詔諸軍、諸司皆分數支會子，德壽宮依舊支見錢，禁中亦分數支會子。三月甲申。其秋，曾欽道奏僞造會子人，籍其貲充賞；再犯，依川錢引法。從之。八月癸卯。五年春，詔以一千萬緡爲一界，時欽道已遷版書，而陳季若以兵部侍郎提領，共奏：乞如川錢引例，兩界相沓行使。許之。正月辛酉。六年春，言者謂楮幣可行于無事之時，不可行于有事之際。今銀直低平，宜廣收買，或以度牒折納，非泛交用，悉以楮幣。乃令諸道監司別庫積銀，以備緩急。奏雖下，後不克行。二月丙戌。七年春，詔州郡上供，許用七分會子，三分見錢。正月。然有司取于民，悉以見鏹。上命約束之。六月辛酉。淳熙十三年秋，詔今後再犯僞造會子，雖印文不全成，但已經行用，論如律。九月乙巳。今江、浙會子一千，率得銅錢七百五十；湖北會子一千，率得錢五、六百。其法：自一貫、五百、三百至二百，凡四等，民甚便之。自會子創造至今四十年，遂與見緡並行，不可復廢矣。凡會子亦兩界並行，總三千六百萬。第七界又增印五百二十三萬八千八百有奇，實爲四千一百二十餘萬。

（宋）李心傳《建炎以來朝野雜記甲集》卷一六《財賦·湖北會子》

湖北會子者，隆興元年秋，總領王珏始創造，謂之直便會子，凡七百萬緡。乾道元年春，楊倓帥荊南，以爲不可通行于諸路，乞令户部以五十萬緡兑換。其後遂收三百萬緡，止餘四百萬。淳熙五年冬，又令户部印給三百萬緡，而總領周嗣武言：自來鹽商無回貨，率以會子市茶引而東。今會子通行，則茶引不售，軍食必闕。遂寢之。十一年，始通行于京西路。紹熙初，梁總爲京湖總領，會其已出應換之數，得五百六十二萬緡，遂亦造兩界焉。每界二百七十萬緡，總爲五百四十萬。

（宋）李心傳《建炎以來朝野雜記甲集》卷一六《財賦·兩淮會子》

兩淮會子者，乾道二年夏，初令户部印給二百萬緡，謂之交子，不得過江。八年秋，以交子易壞，始出行在會子收兑。紹熙三年夏，議者以淮上鐵錢多，欲革其弊。會趙子直爲吏部尚書，與從官陳進叔、羅春伯、謝子肅等合奏，乞印造兩淮會子三百萬貫，付于兩路，每貫準鐵錢七百七十，淮東二分，淮西一分，依湖北例，三年一兑，更不申展。事下兩省、臺諫議，而尤延之等議以爲可，遂施行之。其會子仍分一貫、五百、二百者，

凡三等，許流轉至江、池、太平、常州、建康、鎮江府、興國、江陰軍界内行應用，兩淮上供及户部錢物並權發見錢三年，令淮南漕司樁管，而沿江八州軍合發上供，一半會子，則許用交子通融，起發於江、淮東西總領所樁管焉。蓋自紹興辛巳二月以後至紹熙壬子八月以前，行在、湖北、兩淮創行交、會，總爲四千九百六十餘萬緡，已敵蜀中之數矣。

（宋）李心傳《建炎以來朝野雜記甲集》卷一六《財賦·四川錢引》

四川錢引，舊成都豪民十六户主之。天聖元年冬，始置官交子務，十一月戊午。每四年兩界，印給一百二十五萬緡。崇、觀間，陝西用兵，增印至二千四百三十萬緡。崇寧元年增二百萬，二年又增一千一百四十三萬。四年又增五百七十萬，大觀元年，又增五百五十四萬。由是引法大壞，每兑界，以四引而易其一，蔡京患之。大觀元年夏，改交子爲錢引，四月甲子。舊交子皆毋得兑。三年秋，詔復以天聖年額爲準。七月。建炎初，靳博文爲益漕，以軍食不繼，始以便宜增印錢引六十二萬緡。二年六月。其後張忠獻、盧立之、席大光相繼爲帥，率增印矣。紹興七年夏，詔四川不得泛印錢引。五月庚寅。然邊備空虛，泛印卒如故。十年春，用樓仲輝議，詔印錢引者徒二年，不以赦免。正月戊子。未數月，以贍軍錢闕，又命印五百萬緡。三月戊子。十三年，鄭亨仲復奏增四百萬緡。三月辛卯。三十年，軍事將起，王瞻叔增印一百七十萬緡。三月。又明年，虞并甫宣諭川、陝，亦增印一百萬緡。三十二年閏二月乙未。紹熙二年以展年兑界，增還計所一百七十萬緡。慶元三年，三路旱，復減放，又增一百萬緡。今前後兩界，共盡收錢引四千九百萬緡有奇。其法：自一千至五百凡二等，每錢引一千，民間直鐵錢七百已上，而輸官則一千二百八十云。

（宋）李心傳《建炎以來朝野雜記甲集》卷一六《財賦·錢引兑監界》　自天聖立川交子法，每再歲一易，人户輸紙墨費三十錢。紹興十一年秋，詔增爲六十四，七月壬寅。每界無慮一百七十萬緡，與更易不盡者，號水火不到錢，亦二十餘萬緡，悉令計司收之，以備邊用。然錢引屬總領而鈔紙場、錢引務隸成都漕司，故更易不盡者，總漕屢争之。二十八年夏，孫太沖奏以爲稱提本錢。詔茶馬司檢察。五月癸亥。其後，卒歸計司焉。紹熙二年，上念蜀民之勞，詔權展一界乃易。慶元四年冬，丁端叔自四川茶馬代還，入見，言川交子二年一兑，每引納貫頭錢八十文足，民甚苦之。今計所多羡財，每界請展一年，永爲定制。章下制置司。十一月。時袁起巖爲帥，上言：今民間每兑錢引一千，貼納錢引六十四文足，每界總領所收貼頭錢凡百八十萬緡，今欲展年，當求對補之策。其一，紹熙初，增印百七十萬緡，今凡八年，則兑界兩、三次間，暗增貼頭錢已三、四十萬。其一，去歲增印錢引百萬緡，異時每界增貼頭錢亦僅七萬。此二者略可相當，兼總領所每界撥還漕司工墨錢十九萬緡，今既展年，不復對撥，而又每界水火不到之緡幾十萬，皆總所得之，若展一年，所不到者又倍，凡此皆可以對補展年所虧之數。明年春，有旨許之。三月戊申。六年冬兑界，水火不到錢才七萬五千四百四十八緡。嘉泰二年，陳日華曄總領，謝用光爲帥，請之朝，復以二年一兑。蓋軍餉所仰，不可復展矣。

（宋）李心傳《建炎以來朝野雜記甲集》卷一六《財賦·關外銀會子》　關外銀會子者，紹興七年，吴涪王爲宣撫副使，始置於河池。二月丙午。其法：一錢或半錢，凡一錢銀會子十四萬紙，四紙折錢引一貫。半錢銀會子十萬紙，每八紙折錢亦如之。初但行于魚關及階、成、岷、鳳、興、文六州，歲一易，其錢隸軍中，武安薨，遂屬計所。十七年七月，復造于大安軍，再歲一易。乾道四年四月，始增一錢銀三萬紙。九月，行于文州，其後稍益增，迄今每二年印給六十一萬餘紙，共折川錢引十五萬緡。

（宋）李心傳《建炎以來朝野雜記甲集》卷一六《財賦·鐵錢會子》

鐵錢會子者，興元府、金、洋州用之，創自隆興元年。其法：自三百、二百至一百，凡三等，迄今每二年印給二百四萬緡，共折川錢引四十萬緡。始是，總領趙郎中沂奏獲其年十月四日癸巳指揮，造六十萬緡，折錢引十萬貫，行于金州，至隆興二年六月、乾道四年正月，累增乃及此數也。

（宋）李心傳《建炎以來朝野雜記乙集》卷一六《財賦·東南收兑會子》　自曾欽道爲版書，欲急見理財之效，始與提領會子庫官陳彌祚、李若本共議，依川錢引例立界，每界一千萬緡，兩界相沓，行之久矣。其後每界增爲千八百萬緡，至第七界又增爲二千三百二十三萬緡。開禧用兵，又依四川例，亦以三界通行。而第十三界累增至四千七百五十八萬九百餘緡，民間折閲滋甚。嘉定庚午春，第十一界會子當滿，朝廷先期命刑部曾尚書煥等置局拘換。於是與其寮奏言：第十一界會子爲三千六百三十二

萬六千二百三十六貫八百文，乞以鬻爵及出賣没官田等諸色名件，拘回舊會。許之。嘉定二年五月甲寅，降旨。所謂名件凡有九：一曰打套乳香錢，約一百六十餘萬緡。謂榷貨務見在散乳香十六萬七千七百餘斤，可打一百萬二十套。每套價減錢一百文，作一貫六百文。二曰出賣諸路没官田，價錢約一百二十二萬餘緡。謂户部具列諸路未賣官田，計價錢一百二十二萬七千四百三十六貫九百文，限三月，許人户以第十一界會子承買也。三曰出賣告敕、綾紙、補帖一千四百道，計價錢四百四十萬緡。謂迪功郎告每道一萬貫，承信郎告八千貫，進武校尉綾紙四千貫，進義校尉綾紙三千貫。以上四色，各降一百道。上州文學敕每道八千貫，助教告每道五百貫。以上二色，各降二百道。進武副尉帖每道二千貫，不理選限將仕郎綾牒一千貫。以上二色，各降三百道。四曰左右選轉官循資告九百四十道，共約計價錢三百三十萬餘緡。謂宣教郎轉通直郎，一官計七千貫。承務郎至宣教郎，每官五千貫。以上二色，共降一百道。訓武郎轉武翼郎萬貫，修武郎轉訓武郎五千貫。以上二色，共降四十道。選人循資，每員三千貫，共降四百道。承節郎以上轉官，每官四千貫。承信郎轉承節郎三千貫。以上二色，共降四百道。五曰封贈冠帔敕告六百道，計價錢二十八萬緡。謂生封安人告每道一千貫，孺人告八百貫。以上二色，各降一百道。冠帔敕一百貫，以上降二百道，贈父母迪功郎、承信郎各五百貫。以上二色，共降一百道。追封孺人三百貫，以上降一百道。六曰紫衣、師號帖三百道，計價錢三萬緡。每帖一百貫。七曰副尉減年公據三百道，計價錢六萬緡。每年二百貫。八曰拘催諸路已降未賣告敕錢，兩項計一千四百一十餘萬緡。開禧二年四月、五月，兩次拋降四總領所官告、綾紙、敕帖二千八百道，計一千一百四十萬貫，内湖廣申已賣三十萬五千貫，淮西申已賣一萬貫，其所收錢亦不曾起發。諸路州軍元拋降六百九十八道，計三百五十九萬一千貫，已起八十四萬五千九百二十五貫五百文。以上兩項通計上項錢。今仰將已賣錢盡數起發，如實有未賣告牒等，仰盡數繳申尚書省。九曰臣僚奏薦綾紙錢，未見數。承務、保義郎以上五千貫，通事、承節郎以上三千貫。後又禁銅錢毋出都城，於是行在會子每千爲錢七百，諸路州縣纔得其半云。朝廷知其壅積，遂廢十一、十二兩界，而以十四界新會收之。壬申之冬，王釜爲湖廣總領，亦請以度牒、茶引兩色收兑第五界舊會，每度牒一道，價錢五百緡。官賣價八百緡。又貼搭茶引一千五百緡，方許收買，仍限一月。然京湖二十一州相去遥遠，而止置三場收兑，小民聞知後時，人情洶洶，市皆扃肆，怨嗟盈路。劉德修爲制置使，以爲不便。會總所以第六界新會五萬緡，令江陵軍民之兑會者以舊楮二易其一。德修復自出府庫之藏，聽軍民以一楮半易其一，又懇于朝得新楮十萬緡。蜀中收兑舊會，凡用坐庫黄金二萬兩，白金九十七萬兩，故能收千六百七十萬緡，而民不甚病。湖廣則無之，此其所以用茶引也。余嘗考紹興之初，東南餉軍止用見緡，是時虜僞縱横，寇盗充斥，軍費多矣，然未聞有錢乏之患。自紹興末年，錢處和創行在會子，於時王珏亦用之於湖北諸州，今未六十年，而公私之見緡存者至少，蓋楮券盛行，而銅貨積而不用，是以日泄而日耗也。論其咎端，自兩人始。至於曾欽道沮孝宗收換之策，以貽後來不可救之患，尤可歎也。後生不知源流本末，故詳識之。

（宋）李心傳《建炎以來朝野雜記乙集》卷一六《財賦·四川收兑九十界錢引本末》　嘉定元年冬，四川總領所收兑九十界錢引。元年十一月二日。先是，四川錢引以二年爲界，每界書放之數，止於一百二十五萬。崇寧後，陝西邊事起，泛印增多而引法壞。大觀間，盡罷之，仍詔以天聖書放之數爲準。建炎初，張魏公出使，復以便宜增印，自後因循不改。至嘉泰末，兩界書放凡五千三百餘萬緡，通三界所書放，視天聖祖額至六十四倍。逮嘉定初，每緡止直錢四百以下。議者患之。總領財賦陳逢孺乃與僚屬議，出庫筦金銀、度牒與民，收回半界。金每兩直六十緡，銀每兩六緡二百，度牒每道一千二百緡，度庫筦所藏可直一千三百萬。議論凡數月，至是忽行下諸州，聽民間以舊引輸官課，及赴利州市金銀，期以歲終，官司毋得受。榜出，民間大驚。先是，總領所歲受諸州縣金銀，例多虧下，其補虧之數，乃以錢引折納，令項收支，而庫筦金銀則虧下如故，民間頗知其事。又四川諸州，去總領所遠者至千數百里，而期限已迫，往來或不及，且受給之際，吏緣爲姦，折閲已甚。於是單丁弱客皆不敢行，一引之值，僅售百錢，咨嗟怨泣，其聲載道。後旬日，制置使吴德夫知之，乃揭榜，除收兑一千三百萬引外，其餘三界依舊通行使用。又檄總領所分取金銀就成都置場，收兑舊引，民心稍定。時宣撫司方與總領所比，故移書東南，以爲德夫沮壞其事。論者亦但謂錢幣專屬總計臺，制司無所預，由是不直德夫云。

（宋）李心傳《建炎以來朝野雜記乙集》卷一六《財賦·四川收兑九十一界錢引本末制司科井户官資鈔附》　陳逢孺既收錢引半界，而引直僅爲

鐵錢五百有奇，若關外用銅錢，每引止直百七十錢而已，制置大使安觀文患之。庚午春，議欲復收半界，提舉茶馬張東父名震，龍游人，嘗爲軍器監。首出馬價寬賸錢三百萬緡爲助，大制司益以二百萬緡。既而遂欲盡收九十一界錢引二千九百萬緡，其千二百萬緡合諸司之力，餘千七百萬緡令民間每百引貼納三十引收兑。逢孺謂三年三兑，失信於民，且貼頭太多，民有折閲之患，不如量力止毁九十三界新引千二百萬緡。如此，即止餘兩界通行，公私皆受其利。安公怒，即榜諭軍民，以爲九十一界錢引係前宣撫程松增印五百萬道，所以錢引價低，軍民皆受其弊。今使司措置與茶馬兩司收鑿五百萬外，餘二千四百餘萬合係總領所以新引收兑。自七月十七日以去，如支軍人折估，並合以新引支遣；如欲支舊引，即合支貼頭錢。所有九十一界錢引，自十月以去，斷不行使。檄至，逢孺堅持不行，安公益怒。六月辛酉，逢孺方視事，有御前軍四人直入吏舍，縛都副吏三人以去。逢孺愠，即以印付屬官，稱疾，申大制司乞致仕。先是，誅曦之歲，副宣司遣官剗刷四路錢物，得五百萬緡，以助總所贍軍，已三年矣。至是，或言自講和罷兵減汰之後，用度日省，總所歲計已是有餘，當還制司元日所寄五百萬緡以備對鑿。其參議官毛伯玉名璞，瀘州人，時新除利路提刑。等調護久之，卒兑九十一界二千九百餘萬緡。其一千二百萬緡，以茶馬司羨餘、大使司空名官告、總所椿管度牒、金銀對鑿，餘以九十三界收兑。又創造九十四界錢引五百萬緡，以收程東老所增之數。應民間輸納者，每引百帖納八千，蓋二司之説並行。然總所收兑舊引，皆以金銀品搭，率用新引七分，金銀三分。銀色下而秤虧，官吏因以爲利。其實每舊引百，貼納二十引乃得之。應民間已用舊引輸官者，總所復却還，令兑新引，卒不能守其初約也。所謂大制司二百萬緡者，其半以三路鹽井户月額每三萬斤科賣。不理選限將仕郎一道，計直千緡，三路十七州共賣一千道，計直百萬緡。其半則以給賣没官鹽井。舊民户没官之井，自建炎以來，依坊場法召人投買，除引息土產税錢外，量增課息。嘉定元年，逢孺始從總領所榜賣，給爲永業，得錢數十萬緡。至是大制司以爲計司速於求售，酬未當直，再召人實封投買，又得錢近百萬緡。初下令悉輸舊引于官，以充對鑿之數。後潼川劉師文侍郎申明，復令自十二月以後，盡輸新引。蓋自元年、三年兩收舊引，凡二千五百萬緡有奇，而引直遂復如故。向使計司非有椿積金銀之富，又安能收此冗濫不行之券乎？今四川諸郡，歲輸黄金千五百兩，銀十六萬餘兩，而總所大率有收無支，掌計者謹視而善藏之，則子母相權，引法終不壞矣。故詳志之。

（宋）李心傳《建炎以來朝野雜記乙集》卷一六《財賦・四川總領所小會子》　東南會子有四品，自一貫至二百，蓋便於轉用也。川錢引則分一貫及五百而已。丁卯歲，陳逢孺以用不足，始創小會子。楊端明爲制帥，深不樂之，故四川皆不用。吴德夫代鎮蜀，與逢孺厚，下令官民悉許流轉，然州縣務場賦輸悉不肯受，由是不能行。後但以其五萬緡收兑舊引於劍外諸州，已而亦廢。是時宣撫司又爲金銀會子，後亦不行。

（元）劉一清《錢塘遺事》卷五《銀關先識》　見錢關子始于紹興元年冬，張浚屯軍婺州，朝廷以水道不通，貼置召商人入見錢于婺州，執關子請見錢于杭越榷貨務，每千加十以爲優潤。六年，張忠憲爲都督，張澄主管財用，請四川法造交子與見錢竝行。後三十一年春，遂置行在會子務。景定甲子，賈相當國，造金銀見錢關子，時十九界矣。以一準十八界之三，廢十七界不用。其關子之制，上黑印如品字，中紅印三相連，如目字下兩傍各一小長黑印，宛然一賈字也。銀關之上，列爲寶蓋幢幡之狀，目之曰金旛勝，以今代麒麟閣何人第一功爲號。大兵下江南如入無人之境，人以爲讖。信然。

《宋史》卷一八一《食貨志・會子》　會子、交子之法，蓋有取於唐之飛錢。真宗時，張詠鎮蜀，患蜀人鐵錢重，不便貿易，設質劑之法，一交一緡，以三年爲一界而换之。六十五年爲二十二界，謂之交子，富民十六户主之。後富民貲稍衰，不能償所負，爭訟不息。轉運使薛田、張若谷請置益州交子務，以榷其出入，私造者禁之。仁宗從其議。界以百二十五萬六千三百四十緡爲額。

神宗熙寧初，立僞造罪賞如官印文書法。河東運鐵錢勞費，公私苦之。二年，乃詔置交子務于潞州。轉運司以其法行則鹽、礬不售，有害入中糧草，遂奏罷之。四年，復行於陝西，而罷永興軍鹽鈔場，文彦博言其不便；會張景憲出使延州還，亦謂可行於蜀不可行於陝西，未幾竟罷。五年，交子二十二界將易，而後界給用已多，詔更造二十五界者百二十五萬，以償二十三界之數，交子有兩界自此始。時交子給多而錢不足，致價

太賤，既而竟無實錢，法不可行。而措置熙河財利孫迥言：商人買販，牟利於官，且損鈔價。於是罷陝西交子法。

紹聖以後，界率增造，以給陝西沿邊糴買及募兵之用，少者數十萬緡，多者或至數百萬緡；而成都乏用，又請印造，故每歲書放亦無定數。

崇寧三年，置京西北路專切管幹通行交子所，倣川峽路立僞造法。通情轉用并鄰人不告者，皆罪之；私造交子紙者，罪以徒配。四年，令諸路更用錢引，準新樣印製，四川如舊法。罷在京并永興軍交子務，在京官吏，併歸買鈔所。時錢引通行諸路，惟閩、浙、湖、廣不行，趙挺之以爲閩乃蔡京鄉里，故得免焉。明年，尚書省言：錢引本以代鹽鈔，而諸路行之不通，欲權罷印製。在官者，如舊法更印解鹽鈔；民間者，許貿易，漸赴買鈔所如鈔法分數計給。從之。

大觀元年，詔改四川交子務爲錢引務。自用兵取湟、廓、西寧，藉其法以助邊費，較天聖一界逾二十倍，而價愈損。及更界年，新交子一當舊者四，故更張之。以四十三界引準書放數，仍用舊印行之，使人不疑擾，自後並更爲錢引。二年，而陝西、河東皆以舊錢引入成都換易，故四川有壅遏之弊，河、陝有道途之艱，豪家因得以損直斂取。乃詔永興軍更置務納換陝西、河東引，仍遣文臣二人監之。八月，知威州張持奏：本路引一千者今僅直十之一，若出入無弊，可直八百，流通用之，官吏奉舊並用引，請稍給錢便用。擢持爲成都路轉運判官，提舉川引。後引價益賤，不可用，持復別用印押以給官吏，他無印押者皆棄無用。言者論其非法，持坐遠謫。三年，詔錢引四十一界至四十三界毋收易，自後止如天聖額書放，銅錢地內勿用。四年，假四川提舉諸司封樁錢五十萬緡爲成都務本，侵移者準常平法。

政和元年，户部言成都漕司奏：昨令輸官之引，以十分爲率，三分用民户所有，而七分赴官場買納，由是人以七分爲疑。請自今無計以三七分之數，並許通用，願買納者聽。民間舊以本錢未至，引價大損，故州官官錢亦減數收市；今本錢已足，請勿減數以袪民惑。又請四十三界引俟界滿勿換給，自四十四界爲改法之首。而户部詳度欲止行四十四界，其四十五界勿印。若通行及乏用，聽於界內續增其新引給換之，餘如舊鬻之，或於給錢之所易錢儲以爲本，移用者如擅支封樁錢法。詔可。靖康元年，令川引並如舊即成都府務納換。以置務成都，便利歲久，至諸州則有料次交雜之弊，故有是詔。

大凡舊歲造一界，備本錢三十六萬緡，新舊相因。大觀中，不蓄本錢而增造無藝，至引一緡當錢十數。及張商英秉政，奉詔復循舊法。宣和中，商英録奏當時所行，以爲自舊法之用，至今引價復平。

高宗紹興元年，有司因婺州屯兵，請樁辦合用錢，而路不通舟，錢重難致。乃造關子付婺州，召商人入中，執關於榷貨務請錢，願得茶、鹽、香貨鈔引者聽。於是州縣以關子充糴本，未免抑配，而榷貨務又止以日輸三分之一償之，人皆嗟怨。六年，詔置行在交子務。臣僚言：朝廷措置見錢關子，有司寖失本意，改爲交子，官無本錢，民何以信？於是罷交子務，令榷貨務儲見錢印造關子。二十九年，印公據、關子，付三路總領所：淮西、湖廣關子各八十萬緡，淮東公據四十萬緡，皆自十千至百千，凡五等。內關子作三年行使，公據二年，許錢銀中半入納。

三十年，户部侍郎錢端禮被旨造會子，儲見錢，於城內外流轉，其合發官錢，並許兑會子輸左藏庫。明年，詔會子務隸都茶場。三十二年，定僞造會子法。犯人處斬，賞錢千貫，不願受者補進義校尉。若徒中及庇匿者能告首，免罪受賞，願補官者聽。當時會紙取於徽、池，續造於成都，又造於臨安。會子初行，止於兩浙，後通行於淮、浙、湖北、京西。除亭户鹽本用錢，其路不通舟處上供等錢，許盡輸會子；其沿流州軍，錢、會中半；民間典賣田宅、馬牛、舟車等如之，全用會子者聽。

孝宗隆興元年，詔會子以隆興尚書户部官印會子之印爲文，更造五百文會，又造二百、三百文會。置江州會子務。乾道二年，以會子之弊，出內庫及南庫銀一百萬收之。三年，以民間會子破損，別造五百萬換給。又詔損會貫百錢數可驗者，並作上供錢入輸，巨室以低價收者坐之。四年，以取到舊會毁抹付會子局重造，三年立爲一界，界以一千萬貫爲額，隨界造新換舊。以户部尚書曾懷同共措置，鑄提領措置會子庫印。每道收靡費錢二十足，零百半之，凡舊會破損，貫百字存、印文可驗者，即與兑換。五年，令行在榷貨務、都茶場將請算茶、鹽、香、礬鈔引，權許收换第一界，自後每界收換如之。其州縣諸色綱錢，以七分收錢，三分收會。九年，定捕造僞會之賞。

淳熙元年，詔左藏南上庫給會子二十五萬，收買臨安、平江、紹興、明秀州額外浮鹽，其賫到鈔錢，令榷貨務月終輸封樁庫，以備循環換易會子。三年，詔第三界、四界各展限三年，令都茶場會子庫以第四界續印會子二百萬貯南庫。當時户部歲入一千二百萬，其半爲會子，而南庫以金銀換收者四百萬，流行於外者纔二百萬耳。光宗紹熙元年，詔第七、第八界會子各展三年。臣僚言：會子界以三年爲限，今展至再，則爲九年，何以示信？於是詔造第十界立定年限。

慶元元年，詔會子界以三千萬爲額。嘉定二年，以三界會子數多，稱提無策，會十一界除已收換，尚有一千三百六十萬餘貫，十二界、十三界除燒毁尚有一萬二百餘萬貫。十二界四千七百萬餘貫，十三界五千五百萬餘貫。詔封樁庫撥金一十五萬兩，兩爲錢四十貫。度牒七千道，每道爲錢一千貫。官告綾紙、乳香，乳香每套一貫六百文。湊成二千餘，添貼臨安府官局，收易舊會，品搭入輸。十一界會子二分，十二、十三界會子各四分。以舊會之二，易新會之一。泉州守臣宋均、南劍州守臣趙崇亢、陳宓，皆以稱提失職，責降有差。

紹定五年，兩界會子已及二億二千九百餘萬。端平二年，臣僚言：兩界會子，遠者曾未數載，近者甫及朞年，非有破壞塗汙之弊，今當以所收之會付封樁庫貯之，脱有緩急，或可濟事。有旨從之。淳祐二年，宗正丞韓祥奏：壞楮幣者只緣變更，救楮幣者無如收減。自去年至今，楮價粗定，不至折閲者，不變更之力也。今已罷諸造紙局及諸州科買楮皮，更多方收減，則楮價有可增之理。上曰：善。三年，臣僚言：今官印之數雖損，而僞造之券愈增；且以十五、十六界會子言之，其所入之數，宜減於所出之數。今收換之際，元額既溢，來者未已，若非僞造，其何能致多如是？太抵前之二界，盡用川紙，物料既精，工製不苟，民欲爲僞，尚或難之。迨十七界之更印，已雜用川、杜之紙，至十八界則全用杜紙矣。紙既可以自造，價且五倍於前，故昔之爲僞者難，今之爲僞者易。人心循利，甚於畏法，況利可立致，而刑未即加者乎？臣愚以爲抄撩之際，增添紙料，寬假工程，務極精緻，使人不能爲僞者，上也；禁捕之法，厚爲之勸，厲爲之防，使人不敢爲僞者，次也。七年，以十八界與十七界會子更不立限，永遠行使。十一年，以會價增減課其官吏。景定四年，以收買逾限之田，復日增印會子一十五萬貫。

咸淳四年，以近頒見錢關子，貫作七百七十文足，十八界每道作二百五十七文足，三道準關子一貫，同見錢轉使，公私擅減者，官以贓論，吏則配籍。五年，復申嚴關子減落之禁。七年，以行在紙局所造關子紙不精，命四川制司抄造輸送，每歲以二千萬作四綱。

川引自張浚開宣府，趙開爲總餉，以供糴本，以給軍需，增印日多，莫能禁止。七年，川、陝副帥吴玠請置銀會於河池，不許。蓋前宋時，蜀交出放兩界，每界一百二十餘萬。今三界通行，爲三千七百八十餘萬，至紹興末，積至四千一百四十七萬餘貫；所貯鐵錢，僅及七十萬貫，以鹽酒等陰爲稱提。是以餉臣王之望亦謂添印錢引以救目前，不得不爲朝廷遠慮。詔添印三百萬，之望止添印一百萬。孝宗隆興二年，餉臣趙沂添印二百萬。淳熙五年，以蜀引增至四千五百餘萬，立額不令再增。光宗紹熙二年，詔川引展界行使。寧宗嘉泰末，兩界出放凡五千三百餘萬緡，通三界出放益多矣。

開禧末，餉臣陳咸以歲用不足，嘗爲小會，卒不能行。嘉定初，每緡止直鐵錢四百以下，咸乃出金銀、度牒一千三百萬，收回半界，期以歲終不用。然四川諸州，去總所遠者千數百里，期限已逼，受給之際，吏復爲姦。於是商賈不行，民皆嗟怨，一引之直，僅售百錢。制司乃諭人除易一千三百萬引，三界依舊通行，又檄總所取金銀就成都置場收兑，民心稍定。自後引直鐵錢五百有奇，若關外用銅錢，引直百七十錢而已。

嘉定三年春，制、總司收換九十一界二千九百餘萬緡；其千二百萬緡，以茶馬司羨餘錢及制司空名官告，總所樁金銀、度牒對鑿，餘以九十三界錢引收兑；又造九十四界錢引五百萬緡，以收前宣撫程松所增之數；凡民間輸者，每引百貼八千。其金銀品搭，率用新引七分，金銀三分，其金銀品色官稱，不無少虧，每舊引百，貼納二十引。蓋自元年、三年兩收舊引，而引直遂復如故。昔高宗因論四川交子，最善沈該稱提之說，謂官中常有錢百萬緡，如交子價減，官用錢買之，方得無弊。

九年，四川安撫制置大使司言：川引每界舊例三年一易。自開禧軍興以後，用度不給，展年收兑，遂至兩界、三界通使；然率以三年界滿，方出令展界，以致民聽惶惑。今欲以十年爲一界，著爲定令，則民旅不復

懷疑。從之。

寶祐四年臺臣奏：川引、銀會之弊，皆因自印自用，有出無收。今當拘其印造之權，歸之朝廷，倣十八界會子造四川會子，視淳祐之令，作七百七十陌，於四川州縣公私行使。兩料川引並毁，見在銀會姑存。舊引既清，新會有限，則楮價不損，物價自平，公私俱便矣。有旨從之。咸淳五年，復以會板發下成都運司掌之，從制司抄紙發往運司印造畢功，發回制司，用總所印行使，歲以五百萬爲額。

紹興末，會子未有兩淮、湖廣之分，其後會子太多而本錢不足，遂致有弊。乾道二年，詔别印二百、三百、五百、一貫交子三百萬，止行用於兩淮，其舊會聽對易。凡入輸買賣，並以交子及錢中半。如往來不便，詔給交子、會子各二十萬，付鎮江、建康府榷貨務，使淮人之過江，江南人之渡淮者，皆得對易循環以用。然自紹興末年，銅錢禁用於淮而易以鐵錢，會子既用於淮而易以交子，於是商賈不行，淮民以困。右司諫陳良祐言交子不便，詔兩淮郡守、漕臣條其利害，皆謂所降交子數多，而銅錢并會子不過江，是致民旅未便。於是詔銅錢并會子依舊過江行用，民間交子許作見錢輸官，凡官交，盡數輸行在左藏庫。

三年，詔造新交子一百三十萬，付淮南漕司分給州軍對換行使，不限以年；其運司見儲交子，先付南庫交收。紹熙三年，詔新造交子三百萬貫，以二百萬付淮東，一百萬付淮西，每貫準鐵錢七百七十文足，以三年爲界。慶元四年，詔兩淮第二界會子限滿，明年六月，更展一界。嘉定十一年，造兩淮交子二百萬，增印三百萬。十三年，印二百萬，增印一百五十萬。十四年、十五年，皆及三百萬。自是其數日增，價亦日損，稱提無術，但屢與展界而已。

初，襄、郢等處大軍支請，以錢銀品搭。孝宗隆興元年，始措置於大軍庫儲見錢，印造五百并一貫直便會子，發赴軍前，並當見錢流轉。印造之權既專，印造之數日益；且總所所給止行於本路，而荊南水陸要衝，商賈必由之地，流通不便。乾道三年，收其會子印板。四年，以淮西總所關子二十萬，都茶場鈔引八十萬，付湖北漕司收換，輸左藏庫，又命降銀錢收之。五年，詔户部給行在會子五十萬，付荊南府兑換。淳熙七年，詔會子庫先造會子一百萬，降付湖廣總所收換破會。十一年，臣僚言：湖北會子創於隆興初，迄今二十二年，不曾兑易，稱提不行。詔湖廣總領同帥、漕議經久利便。帥、漕、總領言：乞印給一貫、五百例湖北會子二百萬貫，收換舊會，庶幾流轉通快，經久可行。從之。

十三年，詔湖廣會子仍以三年爲界。紹熙元年，詔湖廣總所將見行及椿貯新舊會取數，倣行在例立界收換。餉臣梁總奏：自來不曾立界，但破損者即行換易，除累易外，尚有五百四十餘萬，見在民間行用。乞别樣制作兩界，印造收換。從之。

嘉定五年，湖廣餉臣王釜，請以度牒、茶引兑第五界舊會，每度牒一道，價千五百緡，又貼搭茶引一千五百緡，方許收買，期以一月。然京湖二十一州止置三場，不便。制臣劉光祖乃會總所以第六界新會五萬緡，令軍民以舊楮二而易其一；繼又令軍民以一楮半而易其一；又請于朝添給新楮十萬，軍民賴之。十四年，造湖廣會子三十萬易破會。十七年，造湖廣第六界會子二百萬。嘉熙二年，撥第七界湖會九百萬付督視參政行府。寶祐二年，撥第八界湖會二百萬貫付湖廣總所，易兩界破會，自後因仍行之。

（清）徐松《宋會要輯稿·食貨一一·錢法》 交子貿易：真宗朝置務，以朝臣立之，廢復更易。明道中鑄錢，文曰明道元寶，真、篆書二品。

《金史》卷四八《食貨志·錢幣》 初，貞元間既行鈔引法，遂設印造鈔引庫及交鈔庫，皆設使、副、判各一員，都監二員，而交鈔庫副則專主書押、搭印合同之事。印一貫、二貫、三貫、五貫、十貫五等謂之大鈔，一百、二百、三百、五百、七百五等謂之小鈔，與錢並行，以七年爲限，納舊易新，猶循宋張詠四川交子之法而紓其期爾，蓋亦以銅少，權制之法也。時有欲罷之者，至是二監既罷，有司言：交鈔舊同見錢，商旅利於致遠，往往以錢買鈔，蓋公私俱便之事，豈可罷去。止因有釐革年限，不能無疑，乞削七年釐革之法，令民得常用。若歲久字文磨滅，許於所在官庫納舊換新，或聽便支錢。遂罷七年釐革之限，交鈔字昏方換，法自此始，而收斂無術，出多入少，民寖輕之。厥後其法屢更，而不能革，弊亦始於此焉。

交鈔之制，外爲闌，作花紋，其上衡書貫例，左曰某字料，右曰某字

號。料號外，篆書曰僞造交鈔者斬，告捕者賞錢三百貫。料號衡闌下曰中都交鈔庫，准尚書户部符，承都堂劄付，户部覆點勘，令史姓名押字。又曰：聖旨印造逐路交鈔，於某處庫納錢换鈔，更許於某處庫納鈔换錢，官私同見錢流轉。其鈔不限年月行用，如字文故暗，鈔紙擦磨，許於所屬庫司納舊换新。若到庫支錢，或倒换新鈔，每貫剋工墨錢若干文。庫掐、攢司、庫副、副使、使各押字，年月日。印造鈔引庫庫子、庫司、副使各押字，上至尚書户部官亦押字。其搭印支錢處合同，餘用印依常例。

【略】

承安二年十月，宰臣奏：舊立交鈔法，凡以舊易新者，每貫取工墨錢十五文。至大定二十三年，不拘貫例，每張收八文，既無益於官，亦妨鈔法，宜從舊制便。若以鈔買鹽引，每貫權作一貫五十文，庶得多售。上曰：工墨錢，貫可令收十二文。買鹽引者，每貫可權作一貫一百文。時交鈔所出數多，民間成貫例者艱於流轉，詔以西北二京、遼東路從宜給小鈔，且許於官庫换錢，與它路通行。

十二月，尚書省議，謂時所給官兵俸及邊戍軍須，皆以銀鈔相兼，舊例銀每鋌五十兩，其直百貫，民間或有截鑿之者，其價亦隨低昂，遂改鑄銀名承安寶貨，一兩至十兩分五等，每兩折錢二貫，公私同見錢用，仍定銷鑄及接受稽留罪賞格。

承安三年正月，省奏，隨處榷場若許見錢越境，雖非銷毁，即與銷毁無異。遂立制，以錢與外方人使及與交易者，徒五年，三斤以上死，駔儈同罪。捕告人之賞，官先爲代給錢五百貫。其逮及與接引、館伴、先排、通引、書表等以次坐罪，仍令均償。

時交鈔稍滯，命西京、北京、臨潢、遼東等路一貫以上俱用銀鈔、寶貨，不許用錢，一貫以下聽民便。時既行限錢法，人多不遵，上曰：已定條約，不爲不重，其令御史臺及提刑司察之。九月，以民間鈔滯，盡以一貫以下交鈔易錢用之，遂復減元限之數，更定官民存留錢法，三分爲率，親王、公主、品官許留一分，餘皆半之，其贏餘之數期五十日內盡易諸物，違者以違制論，以錢賞告者。於兩行部各置回易務，以綿絹物段易銀鈔，亦許本務納銀鈔。赴榷貨出鹽引，納鈔於山東、河北、河東等路，從便易錢。各降補官及德號空敕三百、度牒一千，從兩行部指定處，限四月進納補换。又更造一百例小鈔，並許官庫易錢。一貫、二貫例並支小鈔，三貫例則支銀一兩、小鈔一貫，若五貫、十貫例則四分支小鈔、六分支銀，欲得寶貨者聽，有阻滯及輒減價者罪之。

四年三月，又以銀鈔阻滯，乃權止山東諸路以銀鈔與綿絹鹽引從便易錢之制。令院務諸科名錢，除京師、河南、陝西銀鈔從便，餘路並許收銀鈔各半，仍於鈔四分之一許納其本路。隨路所收交鈔，除本路者不復支發，餘通行者並循環用之。榷貨所鬻鹽引，收納寶貨與鈔相半，銀每兩止折鈔兩貫。省許人依舊詣庫納鈔，隨路漕司所收，除額外羨餘者，亦如之。所支官錢，亦以銀鈔相兼，銀已零截者令交鈔庫不復支，若寶貨數少，可浸增鑄。銀鈔既通則物價自平，雖有禁法亦安所施，遂除阻滯銀鈔罪制。

四年，以户部言，命在都官錢、榷貨務鹽引，並聽收寶貨，附近鹽司貼錢數亦許帶納。民間寶貨有所歸，自然通行，不至銷毁。先是，設四庫印小鈔以代鈔本，令人便賫小鈔赴庫换錢，即與支見錢無異。今更不須印造，俟其换盡，可罷四庫，但以大鈔驗錢數支易見錢。

時私鑄承安寶貨者多雜以銅錫，寖不能行，京師閉肆。五年十二月，宰臣奏：比以軍儲調發，支出交鈔數多，遂鑄寶貨，與錢兼用，以代鈔本，蓋權時之制，非經久之法。遂罷承安寶貨。

泰和元年六月，通州刺史盧構言：民間鈔固已流行，獨銀價未平，官之所定每鋌以十萬爲準，而市肆纔直八萬，蓋出多入少故也。若令諸稅以錢銀鈔三分均納，庶革其弊。下省議，宰臣謂軍興以來，全賴交鈔佐用，以出多遂滯，頃令院務收鈔七分，亦漸流通。若與銀均納，則彼增此減，理必偏勝，至礙鈔法。必欲銀價之平，宜令諸名若鋪馬、軍須等錢，許納銀半，無者聽便。

先是，嘗行三合同交鈔，至泰和二年，止行於民間，而官不收斂，朝廷慮其病民，遂令諸稅各帶納一分，雖止係本路者，亦許不限路分通納。户部見徵累年鋪馬錢，亦聽收其半。閏十二月，上以交鈔事，召户部尚書孫鐸、侍郎張復亨，議於内殿。復亨以三合同鈔可行，鐸請廢不用，既而復亨言竟詘。自是而後，國虛民貧，經用不足，專以交鈔愚百姓，而法又不常，世宗之業衰焉。以至泰和三年，其弊彌甚，乃謂宰臣曰：大定間，

錢至足，今民間錢少，而又不在官，何耶？其集問百官，必有能知之者。

四年七月，罷限錢法，從户部尚書上官瑜所請也。【略】

五年，上欲罷交鈔工墨錢，復以印時常費遂命貫止收六文。

六年四月，陝西交鈔不行，以見錢十萬貫爲鈔本，與鈔相易，復以小鈔十萬貫相參用之。六年十一月，復許諸路各行小鈔。中都路則於中都及保州，南京路則於南京、歸德、河南府，山東東路則於益都、濟南府，山東西路則於東平、大名府，河北東路則於河間府、冀州，河北西路則於真定、彰德府，河東南路則於平陽，河東北路則於太原、汾州，遼東則於上京、咸平，西京則於西京、撫州，北京則於臨潢府官庫易錢。令户部印小鈔五等，附各路同見錢用。

七年正月，敕在官毋得支出大鈔，在民者令赴庫，以多寡制數易小鈔及見錢。院務商税及諸名錢，三分須納大鈔一分，惟遼東從便。

時民以貨幣屢變，往往怨嗟，聚語於市。上知之，諭旨於御史臺曰：自今都市敢有相聚論鈔法難行者，許人捕告，賞錢三百貫。

五月，以户部尚書高汝礪議，立鈔法條約，添印大小鈔，以鈔庫至急切，增副使一員。汝礪又與中都路轉運使孫鐸言錢幣，上命中丞孟鑄、禮部侍郎喬宇、國子司業劉昂等十人議，月餘不決。七月，上召議于泰和殿，且諭汝礪曰：今後毋謂鈔多，不加重而輒易之。重之加於錢，可也。明日，敕民間之交易、典質，一貫以上並用交鈔，毋得用錢。須立契者，三分之一用諸物。六盤山西、遼河東以五分之一用鈔，東鄙屯田户以六分之一用鈔。不須立契者，惟遼東錢鈔從便。犯者徒二年，告者賞有差，監臨犯者杖且解職，縣官能奉行流通者升除，否者降罰，集衆沮法者以違制論。工墨錢每張止收二錢。商旅賫見錢不得過十貫。所司籍辨鈔人以防僞冒。品官及民家存留見錢，比舊減其數，若舊有見錢多者，許送官易鈔，十貫以上不得出京。

又定制，按察司以鈔法流通爲稱職，而河北按察使斜不出巡按所給券應得鈔一貫，以難支用，命取見錢，御史以沮壞鈔法劾之，上曰：糾察之官乃先壞法，情不可恕。杖之七十，削官一階解職。

户部尚書高汝礪言：鈔法務在必行，府州縣鎮宜各籍辨鈔人，給以條印，聽與人辨驗，隨貫量給二錢，貫例雖多，六錢即止。每朝官出使，則令體究通滯以聞。民間舊有宋會子，亦令同見錢用，十貫以上不許持行。榷鹽許用銀絹，餘市易及俸，並用交鈔，其奇數以小鈔足之，應支銀絹而不足者亦以鈔給之。

上遣近侍諭旨尚書省：今既以按察司鈔法通快爲稱職，否則爲不稱職，仍於州府司縣官給由內，明書所犯之數，但犯鈔法者雖監察御史舉其能幹，亦不准用。

十月，楊序言：交鈔料號不明，年月故暗，雖令赴庫易新，然外路無設定庫司，欲易無所，遠者直須赴都。上以問汝礪，對曰：隨處州府庫內，各有辨鈔庫子，鈔雖弊不僞，亦可收納。去都遠之城邑，既有設置合同换錢，客旅經之皆可相易。更慮無合同之地，難以易者，令官庫凡納昏鈔者受而不支，於鈔背印記官吏姓名，積半歲赴都易新鈔。如此，則昏鈔有所歸而無滯矣。

十一月，上諭户部官曰：今鈔法雖行，卿等亦宜審察，少有壅滯，即當以聞，勿謂已行而憚改。汝礪對曰：今諸處置庫多在公廨內，小民出入頗難，雖有商賈易之，然患鈔本不豐。比者河北西路轉運司言，一富民首其當存留錢外，見錢十四萬貫。它路臆或有如此者，臣等謂宜令州縣委官及庫典，於市肆要處置庫支换。以出首之錢爲鈔本，十萬户以上州府，給三萬貫，以次爲差，易鈔者人不得過二貫。以所得工墨錢充庫典食直，仍令州府佐貳及轉運司官一員提控。上是之，遂命移庫於市肆之會，令民以鈔易錢。

是月，敕捕獲僞造交鈔者，皆以交鈔爲賞。

時復議更鈔法，上從高汝礪言，命在官大鈔更不許出，聽民以五貫十貫例者赴庫易小鈔，欲得錢者五貫內與一緡，十貫內與兩緡，惟遼東從便。河南、陝西、山東及它行鈔諸路，院務諸税及諸科名錢，並以三分爲率，一分納十貫例者，二分五貫例者，餘並收見錢。

八年正月，以京師鈔滯，定所司賞罰格。時新制，按察司及州縣官，例以鈔通滯爲陞降。遂命監察御史賞罰同外道按察司，大興府警巡院官同外路州縣官。

是月，收毀大鈔，行小鈔。

八月，從遼東按察司楊雲翼言，以咸平、東京兩路商旅所集，遂從都

南例，一貫以上皆用交鈔，不得用錢。十月，孫鐸又言，民間鈔多，正宜收斂，院務税諸名錢，可盡收鈔，秋夏税納本色外，亦令收鈔，不拘貫例。農民知之則漸重鈔，可以流通。比來州縣抑配市肆買鈔，徒增騷擾，可罷諸處創設鈔局，止令赴省庫換易。今小鈔各限路分，亦甚未便，可令通用。上命亟行之。

十二月，宰臣奏：舊制，内外官兵俸皆給鈔，其必用錢以足數者，可以十分爲率，軍兵給三分，官員承應人給二分，多不過十貫。凡前所收大鈔，俟至通行當復計造，其終須當精緻以圖經久。民間舊鈔故暗者，乞許於所在庫易新。若官吏勢要之家有賤買交鈔，而於院務换錢興販者，以違制論。復遣官分路巡察，其限錢過數雖許奴婢以告，乃有所屬默令其主藏匿不以實首者，可令按察司察之。若舊限已滿，當更展五十日，許再令變易鈔引諸物。

是制既行之後，章宗尋崩，衛紹王繼立，大安三年會河之役，至以八十四車爲軍賞，兵衄國殘，不遑救弊，交鈔之輕幾於不能市易矣。至宣宗貞祐二年二月，思有以重之，乃更作二十貫至百貫例交鈔，又造二百貫至千貫例者。然自泰和以來，凡更交鈔，初雖重，不數年則輕而不行，至是則愈更而愈滯矣。南遷之後，國蹙民困，軍旅不息，供億無度，輕又甚焉。

三年四月，河東宣撫使胥鼎上言曰：今之物重，其弊在於鈔窒，有出而無入也。雖院務税增收數倍，而所納皆十貫例大鈔，此何益哉。今十貫例者民間甚多，以無所歸，故市易多用見錢，而鈔每貫僅直一錢，曾不及工墨之費。臣愚謂，宜權禁見錢，且令計司以軍須爲名，量民力徵斂，則泉貨流通，而物價平矣。自是，錢貨不用，富家内困藏鏹之限，外弊交鈔屢變，皆至窘敗，謂之坐化。商人往往舟運貿易于江淮，錢多入于宋矣。宋人以爲喜，而金人不禁也。識者惜其既不能重無用之楮，而又棄自古流行之寶焉。

五月，權西安軍節度使烏林達與言：關陝軍多，供億不足，所仰交鈔則取於京師，徒成煩費。乞降板就造便。又言：懷州舊鐵錢鉅萬，今既無用，願貫爲甲，以給戰士。時有司輕罪議罰，率以鐵贖，而當罪不平，遂命贖銅計贓皆以銀價爲準。

六月，敕議交鈔利便。七月，改交鈔名爲貞祐寶券，仍立沮阻罪。九月，御史臺言：自多故以來，全藉交鈔以助軍需，然所入不及所出，則其價浸減，卒無法以禁，此必然之理也。近用貞祐寶券以革其弊，又慮既多而民輕，與舊鈔無異也，乃令民間市易悉從時估，嚴立罪賞，期於必行，遂使商旅不行，四方之物不敢入。夫京師百萬之衆，日費不貲，物價寧不日貴耶。且時估月再定之，而民間價旦暮不一，今有司强之，而市肆盡閉。復議搜括隱匿，必令如估鬻之，則京師之物指日盡，而百姓重困矣。臣等謂，惟官和買計贓之類可用時估，餘宜從便。制可。

十二月，上聞近京郡縣多糴於京師，穀價翔踴，令尚書省集户部、講議所、開封府、轉運司，議所以制之者。户部及講議所言，以五斗出城者可闌糴其半，轉運司謂宜悉禁其出，上從開封府議，謂寶券初行時，民甚重之。但以河北、陝西諸路所支既多，人遂輕之。商賈争收入京，以市金銀，銀價昂，穀亦隨之。若令寶券路各殊制，則不可復入河南，則河南金銀賤而穀自輕。若直閉京城粟不出，則外亦自守，不復入京，穀當益貴。宜諭郡縣小民，毋妄增價，官爲定制，務從其便。

四年正月，監察御史田迥秀言：國家調度皆資寶券，行才數月，又復壅滯，非約束不嚴、奉行不謹也。夫錢幣欲流通，必輕重相權、散斂有術而後可。今之患在出太多、入太少爾。若隨時裁損所支，而增其所收，庶乎或可也。因條五事，一曰省冗官吏，二曰損酒使司，三曰節兵俸，四曰罷寄治官，五曰酒税及納粟補官皆當用寶券。詔酒税從大定之舊，餘皆不從。尋又更定捕獲僞造寶券官賞。

三月，翰林侍講學士趙秉文言：比者寶券滯塞，蓋朝廷將議更張，已而妄傳不用，因之抑遏，漸至廢絶，此乃權歸小民也。自遷汴以來，廢回易務，臣愚謂當復置，令職官通市道者掌之，給銀鈔粟麥縑帛之類，權其低昂而出納之。仍自選良監當官營爲之，若半年無過，及券法通流，則聽所指任便差遣。詔議行之。

四月，河東行省胥鼎言：交鈔貴乎流通，今諸路所造不充所出，不以術收之，不無缺誤。宜量民力徵斂，以裨軍用。河中宣撫司亦以寶券多出，民不之貴，乞驗民貧富徵之。雖爲陝西，若一體徵收，則彼中所有日湊于河東，與不斂何異。又河北寶券以不許行于河南，由是愈滯。宰臣

謂：昨以河北寶券，商旅賫販繼踵南渡，遂致物價翔踴，乃權宜限以路分。今鼎既以本路用度繁殷，欲徵軍須錢，宜從所請。若陝西可徵與否，詔令行省議定而後行。

五月，上以河北州府官錢散失，多在民間，命尚書省經畫之。

八月，平章高琪奏：軍興以來，用度不貲，惟賴寶券，然所入不敷所出，是以浸輕，今千錢之券僅直數錢，隨造隨盡，工物日增，不有以救之，弊將滋甚。宜更造新券，與舊券權爲子母而兼行之，庶工物俱省，而用不乏。濮王守純以下皆憚改，奏曰：自古軍旅之費皆取於民，向朝廷以小鈔殊輕，權更寶券，而復禁用錢。小民淺慮，謂楮幣易壞，不若錢可久，於是得錢則珍藏，而券則亟用之，惟恐破裂而至於廢也。今朝廷知支而不知收，所以錢日貴而券日輕。然則券之輕非民輕之，國家致之然也。不若量其所支復斂于民，出入循環，則彼知爲必用之物，而知愛重矣。今徒患輕而即欲更造，不惟信令不行，且恐新券之輕復同舊券也。既而，隴州防禦使完顏寓及陝西行省令史惠吉繼言券法之弊。寓請姑罷印造，以見在者流通之，若滯塞則驗丁口之多寡、物力之高下而徵之。吉言：券者所以救弊一時，非可通流與見錢比，必欲通之，不過多斂少支爾。然斂多則傷民，支少則用不足，二者皆不可。爲今日計，莫若更造，以貞祐通寶爲名，自百至三千等之爲十，聽各路轉運司印造，仍不得過五千貫，與舊券參用，庶乎可也。詔集百官議。户部侍郎奧屯阿虎、禮部侍郎楊雲翼、郎中蘭芝、刑部侍郎馮鶚皆主更造，户部侍郎高夔、員外郎張師魯、兵部侍郎徒單歐里白皆請徵斂，惟户部尚書蕭貢謂止當如舊，而工部尚書李元輔謂二者可並行。太子少保張行信亦言不宜更造，但嚴立不行之罪，足矣。侍御史趙伯成曰：更造之法，陰奪民利，其弊甚於徵。徵之爲法，特徵於農民則不可，若徵於市肆商賈之家，是亦敦本抑末之一端。刑部主事王壽寧曰：不然，今之重錢輕券者皆農爾，其斂必先於民而後可。轉運使王擴曰：凡論事當究其本，今歲支軍士家口糧四萬餘石，如使斯人地着，少寬民力，然後徵之，則行之不難。権貨司楊貞亦欲節無名之費，罷閑冗之官。或有請鑄大錢以當百，别造小鈔以省費。或謂縣官當擇人者。獨吏部尚書温迪罕思敬上書言：國家立法，莫不備具，但有司不克奉之而已。誠使臣得便宜從事，凡外路四品以下官皆許杖決，三品以上奏聞，仍付監察二人馳驛往來，法不必變，民不必徵，一號令之，可使上下無不奉法。如其不然，請就重刑。上以示宰臣曰：彼自許如此，試委之可乎？宰臣未有以處，而監察御史陳規、完顏素蘭交諍，以爲事有難行，聖哲猶病之，思敬何爲者，徒害人爾。上以衆議紛紛，月餘不決，厭之，乃詔如舊，紓其徵斂之期焉。未幾，竟用惠吉言，造貞祐通寶，興定元年二月，始詔行之，凡一貫當千貫，增重僞造沮阻罪及捕獲之賞。

五月，以鈔法屢變，隨出而隨壞，製紙之桑皮故紙皆取于民，至是又甚艱得，遂令計價，但徵寶券、通寶，名曰桑皮故紙錢，謂可以免民輸輓之勞，而省工物之費也。高汝礪言：河南調發繁重，所徵租税三倍於舊，僅可供億，如此其重也。而今年五月省部以歲收通寶不充所用，乃於民間斂桑皮故紙鈔七千萬貫以補之，又太甚矣。而近又以通寶稍滯，又增兩倍。河南人户農居三之二，今年租税徵尚未足，而復令出此，民若不糴當納之租，則賣所食之粟，舍此將何得焉。今所急而難得者芻糧也，出於民而有限。可緩而易爲者交鈔也，出於國而可變。以國家之所自行者而強求之民，將若之何。向者大鈔滯則更爲小鈔，小鈔弊則改爲寶券，寶券不行則易爲通寶，變制在我，尚何煩民哉。民既悉力以奉軍而不足，又計口、計税、計物、計生殖之業而加徵，若是其剥，彼不能給，則有亡而已矣。民逃田穢，兵食不給，是軍儲鈔法兩廢矣。臣非於鈔法不加意，非故與省部相違也，但以鈔滯物貴之害輕，民去軍飢之害重爾。時不能用。【略】

五年閏十二月，宰臣奏：向者寶券既弊，乃造貞祐通寶以救之，迄今五年，其弊又復如寶券之末。初，通寶四貫爲銀一兩，今八百餘貫矣。宜復更造興定寶泉，子母相權，與通寶兼行，每貫當通寶四百貫，以二貫爲銀一兩，隨處置庫，許人以通寶易之。縣官能使民流通者，進官一階、陞職一等，其或姑息以致壅滯，則亦追降的決爲差。州府官以所屬司縣定罪賞，命監察御史及諸路行部官察之，定撓法失糾舉法，失舉則御史降決，行部官降罰，集衆妄議難行者徒二年，告捕者賞錢三百貫。元光元年二月，始詔行之。

《通制條格》卷四《户令·僞鈔妻屬》 元貞元年二月，中書省。御史臺呈：北兵馬司副指揮高貴，將印造僞鈔人張閏僧妻妾何春哥等隱藏軀使，犯在革前。刑部議得：欽奉聖旨：印造寶鈔，僞造者處死，首告

者賞銀伍定，仍給犯人家產。別無斷没妻屬明文，合將何春哥等發下元籍當差。都省准擬。

《通制條格》卷一四《倉庫・酒牌侵鈔》　延祐元年九月，中書省：近爲街下构欄、酒肆、茶房、浴堂之家，往往自置造竹木牌子，及寫帖子，折當寶鈔貼爪使用，侵襯鈔法。其酒牌止於本店支酒，不許街市流轉，其餘竹木牌子紙帖並行禁斷。

《通制條格》卷一四《倉庫・倒换昏鈔》　至元十五年六月，中書省。會驗先爲街市諸行買賣人等，將元寶交鈔，貫伯分明，微有破損，不肯接使，已經出榜曉諭，今後行使寶鈔，雖邊（攔）〔欄〕破碎，貫伯分明，即便接受，務要通行，毋致澀滯鈔法。若有似前將貫伯分明、微有破軟鈔數，不肯接受行使，告捉到官，嚴行治罪。及將堪中行用寶鈔，赴庫倒换，庫官人等亦不得回倒，如違，定將官典斷罪。

至元二十四年，中書省。奏奉聖旨定到至元通行寶鈔條畫内一款：民間將昏鈔赴平準庫，倒换至元寶鈔，以壹折五，其工墨鈔止依舊制，每貫叁分。客旅買賣欲圖輕便，用中統鈔倒换至元寶鈔者，以壹折五，依數收换。各道宣慰司、提刑按察司、總管府，常切體究禁治，毋致勢要之家並庫官人等，自行結攬，多除工墨，沮壞鈔法，違法痛斷。庫官違犯，斷罪除名。欽此。

大德二年三月，中書省。户部定到貳拾伍樣昏鈔倒换體例。

一樣，貳貫文省並貫伯俱全，損去鈔張下截。

前件議得，鈔張止憑上截貫伯行使，若肆字並貫伯既全，雖無下截，堪中倒换。

一樣，貳貫文省肆字並貫伯上半俱全，其下半貫伯並鈔張下截損去。

前件議得，街市行使之鈔，惟驗貫伯貳貫文省肆字并貫伯既全，雖下半貫伯并鈔張下截損去，擬合倒换。

一樣，止存貳貫文省，其貫伯并鈔張下截俱各損去。

前件議得，鈔使上不使下，但貳貫文省既存，又不是接補等鈔，雖貫伯並鈔張下截俱各損去，亦合倒换。

一樣，止存貳貫文叁字，其省字並鈔張下截俱各損去。

前件議得，貳貫文叁字既存，其省字并鈔張下截雖俱損去，亦合倒换。

一樣，止存貳文貳字，其貫省貳字並貫伯下截紙張俱各損去。

前件議得，使鈔當以數目字爲主，若貳字既在，其貫省貳字並貫伯下截紙張雖各損去，終有貳字完全，可以倒换。

一樣，損去貳字，近上壹半並近上鈔張不存，餘皆可以辨驗。

前件議得，前年有接補、剜挑、造僞者，往往將貳字壹字移於伍伯、叁伯文鈔紙上，作貳貫、壹貫鈔使。又存文省貳字及錢貫，邊欄不失元母，雖是真鈔，終是造僞，以致事敗，枉傷人命。今後若無數目字，雖是真鈔，似難倒换。

一樣，損去貳文省叁字已上，鈔紙止存貫字，並貫伯邊欄可以辨認。

一樣貳貫文省俱無，止有貫伯並下截鈔張者。

前件議得，上項貳樣俱無貳字，雖有文省並貫伯、邊欄下截可以辨認，安知上截貳字不剜於他處用訖。似此之類，不宜倒换。

一樣，貳貫文省肆字俱全，損去貫伯左邊壹半（並右邊壹半）並左邊壹角鈔紙不存。

前件議得，貳貫文省肆字俱存，雖無邊角，即是完鈔，理合倒换。

一樣，文省貳字並貫伯右邊壹半俱各損去。

前件議得，使鈔多憑數目字，既存貳字，雖文省貳字並貫伯右邊壹半損去者，亦合倒换。

一樣，止損貳字並壹角鈔紙，其貫文省叁字並貫伯完全。

前件議得，此鈔若便作不堪，却緣是真昏鈔。又貫伯完備，若擬作堪中鈔兩，姦人乘便或將完鈔扯貳字壹角，接於他處用度，儻或事發陷人，臨時相驗，前項軟爛真昏，擦磨損去貳字並壹角，字畫微有可辨認處，尚有倒换。若厚硬鈔紙，無貳字並壹角者，即係剜去貳字，不可倒换。

一樣，止損省字並壹角鈔紙，餘皆完全。

前件議得，省字並壹角鈔紙別無用處。若有貳字，雖去省字，合作堪中倒换。

一樣，損去貫字並貫伯右邊壹半及右邊鈔紙不存。

前件議得，鈔損去貫字即與上項損去省字者同，俱堪倒换。

一樣，損去貳貫貳字並右邊紙不存。

前件議得，損去貳貫貳字，别無可憑，合作不堪。

一樣，中心損去貳貫文省，科壹字。

前件議得，若存貫文省叁字内科壹字者，不見貳字，終無可憑，又恐剜去，當作不堪。若有貳字，合許倒换。

一樣，中心損去貫伯，止存貳貫文省肆字。

前件議得，中心雖損去貫伯，尚存貳貫文省肆字，終是全鈔，亦合倒换。

一樣，字貫俱各昏爛，不堪辨認，邊（攔）〔欄〕花樣可以辨認。

前件議得，字貫雖昏爛，若不是接補，終是全張，更有邊（攔）〔欄〕花樣可以辨認，號爲真昏，合許倒换。

一樣，中心損去貳貫文省肆字。

前件議得，肆字俱無，何以爲主，當作不堪。

一樣，碎爛補作壹處，用别紙襯貼，字貫可以辨認。

前件議得，雖是碎爛補作壹處，若非别紙鈔張，又無裨湊痕跡，元是壹張，字貫可辨，堪以倒换。

一樣，昏鈔紙張邊角有火燒、煙薰痕跡。

前件議得，若無行用庫退印，字貫分明，雖是鈔紙邊角有火燒痕跡，可以倒换。

一樣，油汚鈔。

前件議得，若果是真昏有可辨認，雖有油汚，即合倒换。

一樣，鼠咬鈔。

前件議得，雖經鼠咬，若字貫可以辨認，亦宜倒换。

一樣，雨水滲漏損爛。

前件議得，雖是雨水滲漏損爛，若辨認得實是真鈔，貫伯字畫有可辨認，合許倒换。若不可辨認，即是不堪。

一樣，損去貳文貳字，并已上鈔紙。

前件議得，鈔損去貳文貳字，即係剜鈔，不可倒换。

一樣，料鈔火燒損邊或下截。

前件議得，若不干礙字貫及無行用庫退印，雖燒損邊角，尚可倒换；若燒去貳字，即係不堪。

至元五年二月，中書省。制國用使司呈：隨路收差課程，並諸路交鈔都提舉司，如遇諸人賫到鈔數，仔細辨認，於内若有假僞，重别辨驗是實，於上使用分朗僞鈔墨印，仍用朱筆於鈔背標寫幾年月日某人賫到，仍置曆標附了畢，退付元主。如驗得料例相同，數目多者，就便追究。每季具有無辨過退訖僞鈔開申。都省准呈。

《通制條格》卷一四《倉庫·燒毁昏鈔》 至元二十九年五月，中書省。照得大同路豐州行用庫官、庫子，侵使倒下昏鈔，買屬監燒人員，虚行作數。除追斷外，都省議得，燒毁昏鈔，情弊多端，今擬除監察御史依舊外，改委斷事官、各部官輪番一同監視，日逐燒毁，壹月交换。自侍郎以下部官前去燒鈔庫，與斷事官、監察御史眼同監視，仔細檢數，别無假僞、接補、挑剜，隨即燒毁。但有詐僞短少，即便監督追徵，取招究治。相近滿日，預爲行移，下次部分依舊輪番監視，交代官到庫，先監官還部。若下次合監燒部官違期不到，即便赴省覆説究問。如不測，差官點閘得中間却有短少詐僞，定將監燒官取問。施行。

皇慶元年十二月，中書省。户部呈：各衙門差委監燒昏鈔官員，多有事故不至，即便罷散。略舉春季昏鈔，依例合燒叁拾肆日，其監燒官員，因循遷調，首尾兩箇月餘，以致隨路差來庫官，不能還職，因而躭悮倒换，澀滯鈔法。本部參詳，今後燒鈔官員，須要每日絶早到庫，書押公座文簿，監臨行人，照依日燒料例，檢閘燒毁，不許别行差占。果有事故，明白赴省覆説，其餘官員依例監燒，庶望事無壅滯，公私便益。都省准呈。

《通制條格》卷一四《倉庫·押運》 至元二十五年十一月，尚書省户部呈：各路每季合赴省部燒毁昏鈔，今後須差州縣正官押運。都省准呈。

《元典章》卷一《詔令·頒至元鈔〔詔〕》 至元二十四年閏二月，欽奉皇帝聖旨：鈔法之行二十餘載，官吏奉法不虔，以致物重鈔輕，公私俱弊。比者廷臣奏請，謂法弊必更，古之道也。朕思嘉之。其造至元寶鈔，頒行天下，中統寶鈔通行如故。率至元寶鈔壹貫文，當中統寶鈔五貫文。子母相權，官民通用，務在新者無冗，舊者無廢，上不虧國，下不損民，其聽毋忽，朕不食言。故茲詔示，想宜知悉。

《元典章》卷一《詔令・頒至大銀鈔銅錢詔》　至大四年廢罷銀鈔、銅錢，今並不録。

《元典章》卷二〇《户部・鈔法・貫伯分明即便接受》　至元十五年六月，行中書省：體知得街市買賣人等，將貫伯分明、微有破損寶鈔依前不行接轉。及各處平准行用鈔庫所倒昏鈔，盡是貫伯分明、堪以行使寶鈔，蓋是本庫官典不爲用心行運鈔法，以致如此。省府相度，須合再行出榜曉諭，諸行買賣人等今後行使寶鈔，雖是邊欄破碎，仍存貫伯分明，即便接受，務要通行流轉，不致澀滯鈔法。若有似前將貫伯分明微有破軟鈔〔數〕，不肯接受行使，告捉到官，嚴行治罪。及將堪中行用寶鈔赴庫倒换，仰庫官人等亦不得回倒。如庫官人等却將堪中行用寶鈔倒换，定將官典斷罪施行。

《元典章》卷二〇《户部・鈔法・整治鈔法》　至元十九年十月，中書省奏准下項整治鈔法條畫。都省除已劄付御史臺常切糾察外，咨請遍下合屬照會，仍出榜文曉諭施行。

倒换金銀價例：

課銀每定：入庫價鈔一百二兩五錢，出庫價鈔一百三兩。

白銀每兩：入庫價鈔一兩九錢五分，出庫價鈔二兩。

花銀每兩：入庫價鈔二兩，出庫價鈔二兩五分。

赤銀每兩：入庫價鈔一十四兩八錢，出庫價鈔一十五兩。

整治鈔法條畫：

一、鈔庫内倒换昏鈔，每一兩取要工墨三分，不得刁蹬，多要工本。庫官、吏人等令人於街市暗遞添荅工墨，轉行倒换，一十兩以下決杖五十七下，一十兩之上決杖七十七下，一定之上決杖一百七下、罷職。兩相倒鈔之人同罪。於犯人名下追鈔五定，給付捉事人充賞。專委管民官常切提調，如不用心提調，治罪施行。

一、買賣金銀，赴官庫依價回易倒换。如私下買賣，諸人告捉到官，金銀價鈔全行斷没，於内一半付告捉人充賞，應捕人減半。一十兩以下決杖五十七下，一十兩以上決杖七十七下，一定以上決杖一百七下。於犯人名下更追鈔兩，給付捉事人充賞。

一、賣金銀人自首告者，免本罪，將金銀官收給價。買主不首者，價鈔斷没，更於犯人名下追鈔一定，與告捉人充賞。買主自首者，依上施行。

一、金銀匠人開鋪打造開張生活之家，憑諸人將到金銀打造，於上鑿記匠人姓名，不許自用金銀打造發賣。若已有成造器皿，赴平准庫貨賣。如違，諸人告捉到官，依私倒金銀例斷罪給賞。

一、如拿獲私下買賣金銀人等，要訖錢物放了，有人首告，依例追没，給賞斷罪。放了的人一般罪。本坊隅巡禁應捕官兵人等不爲用心捉拿，取招斷罪。

一、收倒鈔，當面於昏鈔上就使訖毁印，封記，將昏鈔每季解納。如不使毁印者，決杖五十七下，罷職。

一、鈔庫官吏侵盗金銀寶鈔出庫，借貸移易做買賣使用，見奉聖旨條畫斷罪。委本處管民長官總管一月一次計點，如本處官吏通行作弊，與犯人同罪。

一、鈔庫官吏將倒下金銀不行附曆，却添價倒出，更將本庫倒下金銀，捏合買金銀人姓名用鈔换出，却暗地添價轉賣與人，許諸人捉拿得獲，不計多寡，處死。將價鈔給付捉事人充賞。

一、如諸人將金銀到庫，依殊色隨即收倒，不得添減殊色，非理刁蹬。如違，決杖五十七下，罷職。

《元典章》卷二〇《户部・鈔法・行用至元鈔法》　至元二十四年三月，尚書省奏奉聖旨，定到至元寶鈔通行條畫，開具於後：

一、至元寶鈔一貫，當中統寶鈔五貫，新舊並行，公私通用。

一、依中統之初，隨路設立官庫，買賣金銀，平准鈔法，私相買賣並行禁斷。每花銀一兩，入庫官價至元寶鈔二貫，出庫二貫五分。白銀各依上買賣。課銀一定，官價寶鈔二定，發賣寶鈔一百二貫五百文。赤金每兩價鈔二十貫，出庫二十貫五伯文。今後若有私下買賣金銀者，許諸人首告，金銀價直没官，於内一半付告人充賞，仍於犯人名下徵鈔二定，一就給付。銀一十兩、金一兩以下，決杖五十七下。銀一十兩、金一兩以上，決杖七十七下。銀五十兩、金一十兩以上，決杖九十七下。

一、民間將昏鈔赴平准庫倒换至元寶鈔，以一折五，其工墨錢止依舊例，每貫三分。客旅買賣，欲圖輕便，用中統寶鈔倒换至元寶鈔者，以一

折五，依數收換。各道宣慰司、按察司、總管府常切體究禁治，毋致勢要之家并庫官人等自行結攬，多除工墨，沮壞鈔法，違者痛斷。庫官違犯，斷罪除名。

一、民户包銀願納中統寶鈔者，依舊上收四貫。願納至元寶鈔，折收八百文。隨處官司並仰收受，毋得阻當。其餘差税内有折收者，依上施行。

一、隨處鹽課，每引見賣官價鈔二十貫。今後賣引，許用至元寶鈔二貫、中統寶鈔一十貫買鹽一引，新舊中半，依理收受。願納至元寶鈔四貫者聽。

一、諸道茶酒醋税竹貨丹粉錫碌諸色課程，如收至元寶鈔，以一當五，願納中統寶鈔者，並仰收受。

一、係官并諸投下營運斡脱公私錢債，關借中統寶鈔，若還至元寶鈔，以一折五。願還中統寶鈔者，抵貫歸還。出放斡脱錢債人員，即便收受，毋得阻滯。

一、隨路平准庫官收差辦課人等，如遇收支交易，務要聽從民便，不致遲滯。若有不依條畫，乞取刁蹬，故行阻抑鈔法者，取問是實，斷罪除名。

一、街市諸行鋪户、興販客旅人等，如用中統寶鈔買賣諸物，止依舊價發賣，無得疑惑，陡添價直。其隨時諸物減價者聽。富商大賈高擡物價，取問是實，並行斷罪。

一、訪聞民間缺少零鈔，難爲貼兑。今頒行至元寶鈔，自二貫至五文，凡一十一等，便民行用。

一、僞造通行寶鈔者處死。首告者賞銀五定，仍給犯人家産。

一、委各路總管并各處管民長官，上下半月計點平准鈔庫應有見在金銀寶鈔。若有移易借貸、私己買賣、營運利息，取問明白，申部呈省定罪。長官公出，次官承行。仰各道宣慰司、提刑按察司常切體察，如有看徇通同作弊，取問得實，與犯人一體治罪，却不得因而搔擾沮壞鈔法。

一、應質典田宅並以寶鈔爲則，無得該寫斛粟絲綿等物，低昂鈔法。如違斷罪。

一、隨路提調官吏，並不得赴平准庫收買金銀，及多將昏鈔倒換料鈔，違者治罪。

一、條畫頒行之後，仰行省、宣慰司、各路府州司縣達魯花赤、管民長官常切用心提調禁約，毋致違犯。若禁治不嚴，流轉澀滯，虧損公私，其親管司縣官斷罪解任，路府州官亦行究治。仍仰監察御史、按察司常切糾察，如糾察不嚴，亦行治罪。

《元典章》卷二〇《户部·鈔法·體察鈔庫停閑》 至元十九年五月，御史臺承奉中書省劄付該：來呈：大都總管民物繁夥，若非商旅懋遷，無以爲日用之資。今市肆行使盡係昏鈔，雖有行用鈔庫，每日止限倒换昏鈔四百定，更有不開庫之日。商賈不得新鈔，以致買賣凝滯，諸物踊貴。若令每日倒换二千定或千定，可得鈔法變易之便。得此。都省先爲體知各庫官典人等庫門（關）〔開〕閉無定，將倒鈔客旅停滯，妄生刁蹬，添荅工墨，轉行倒换，有壞鈔法，已經劄付户部，須要每日於卯時開庫，申〔時〕後收計，不得停滯，無得刁蹬，并下本臺委官體察去訖。今據見呈，照得别無每日限定倒换數目，除已再下户部，督勒庫官人等須管依已行事理常川收换，不許停（滯）〔閑〕，刁蹬倒鈔人等，若遇闕少料（物）〔鈔〕，預期申部關撥，外，仰更爲差官常切體察，但違都省元行，就加懲戒施行。

《元典章》卷二〇《户部·鈔法·打算平准行用庫》 至元十九年九月，御史臺承奉中書省劄付：近爲各路平准行用庫元關鈔本買到金銀，倒下昏鈔，并工墨息錢，不見起納，誠恐埋没。及知窺利之人，倚賴權勢，將買下金銀倒换出庫，中間作弊。爲此，於至元十九年四月十六日奏准，都省、樞密院、御史臺差官前去打算，自初設平准行用庫至今各界元關寶鈔倒换金銀諸物、昏鈔、工墨息錢，捧照憑驗，登荅排年，至今節續收支起納見在備細數目，從實一一計點打算完備，造帳册保結呈省。若有侵欺失陷短少，就便枷鎖，立限追徵，須要數足。仍照勘自至元十三年已後倒訖金銀人等姓名，除百姓客旅依理倒换之數不須追理外，官豪之家恃勢倒訖金銀，追徵本物納官，元買價折依數給主，若有阿合馬親戚、奴婢人等買訖數目，其價錢不給。除江北路分已經劄付本臺，照會所委官依上勾當，仍令各道按察司體察外，據江南路分平准行用庫，擬自立庫日爲始打算。都省除已移咨行省，與行御史臺一同差官計點打算追徵外，仰依上

施行。

《元典章》卷二〇《户部・鈔法・常川開平准庫》 至元二十年，御史臺咨：奉中書省劄付：體知得隨路平准行用庫官典，往往苟延月日，閉庫不行倒换。擬令户部行下各路，須要常川開庫，倒换金銀、昏鈔。比及倒盡，預爲申覆關支。各路提點官常切關防，不致停閉。據日逐倒换數目，即便退印，檢使料倒。起解日，提點官封記椿入包子，復封開坐鈔包字號個數、提點官職位姓名并起納押解庫官姓名，一就申部，仍先入遞飛申。平准庫亦具一同文解，另申提舉司照會。都省除外，仰劄付各道按察司常切體察施行。承此。本臺又奉到中書省劄付：議得，江淮等處即係一體，除已移咨各處行省，依上施行。

《元典章》卷二〇《户部・鈔法・添工墨鈔》 至元二十二年二月初二日，中書省：奏過事内一件：皇帝登寶位底當年，一兩爛鈔倒换新鈔呵，荅與三分工墨换要來。在後自雞兒年，要二分倒换與來。在先料號交秀才每填寫有來，那底每根底，前省官人每奏過罷了。如今人、工墨也都貴有，依猴兒年體例，交要三分呵，怎生？奏呵。那般者。麽道，聖旨了也。欽此。

《元典章》卷二〇《户部・鈔法・鈔本休擅支動》 福建行省准尚書省咨：至元二十五年十二月二十日，欽奉聖旨節該：鈔本根底休交動者。麽道。欽此。

《元典章》卷二〇《户部・鈔法・存留鈔本》 至元二十九年二月，江西行省准中書省咨：至元二十八年十二月初六日奏過事内一件：江南、腹裏鈔買到的隨路平准庫裏有的金銀，去年桑哥等奏了，交將的這裏來者麽道，奏了來。俺的伴當每題説有，金銀是鈔的本有。根脚裏立鈔法時節，只交各路裏存留着，做鈔本者麽道，立定來。如今不交起將來呵，怎生？麽道，説有。俺也商量得，除將到來的外，未到來的不交將來呵，怎生？商量來。麽道，奏呵，那般者。麽道，聖旨了也。欽此。

《元典章》卷二〇《户部・鈔法・住罷銀鈔銅錢使中統鈔》 至大四年四月，上天眷命，皇帝聖旨：朕惟貨食生民之本，權以泉幣，貴在適時。昔我世祖皇帝參酌古今，立中統、至元鈔法，天下流行，公私蒙利，五十年于兹矣。比者尚書省不究利病，輒意變更，既創至大銀鈔，又鑄大元、至大銅錢。鈔以倍數太多，輕重失宜；錢以鼓鑄弗給，新舊恣用。曾未再期，其弊滋甚。爰諮廷議，允協輿言，皆願變通，以復舊制。尚體更張之意，聿成作乂之功。所有合行條畫及便益事宜，開列于後。

一、至大銀鈔一貫，准至元鈔五貫，該中統鈔二十五兩。其信益虚，民用弗便。已（今）〔令〕住罷印造，應尚書省已發各處至大鈔本，截日封貯。民間行使者，赴行用庫依例倒换，仍聽於中書户部及各處轉運司預買至大五年鹽引，挨次支查。其餘諸色課程、差發，亦仰從便收受，勿致損民。

一、中統鈔廢罷雖久，民間物價每以爲準，有司依舊印造，與至元鈔子母並行，以便民（間）〔用〕。凡官司出納、百姓交易，並計中統鈔數。

一、錢雖古制，時用不同。比者尚書省所發新舊銅錢，具有緡數。其民間宿藏者，所在充溢，不可勝算，雖畸零使用，便於細民，然壅害鈔法，深妨國計。據大元、至（元）〔大〕銅錢，詔書到日，限五十日内赴各處行用鈔庫依例倒换，無致虧損。其歷代舊錢，有司所發者與百姓宿藏既不可辨，仰截日住罷不使。違者治罪。

一、資國院及各處泉貨監、提舉司一切衙門，並行革罷。應有聖旨印信，所在官司就爲拘納，其錢貨等物，點勘具數收貯。買賣銅器，聽民自便。

一、諸僞造寶鈔，首謀起意之人并雕板、抄紙、收買顔（色）〔料〕、書填字號、窩藏印造，但同情者，並行處死，仍没家産，會赦不原。

一、挑剜裨湊寶鈔、以真作僞者，初犯，杖一百〔七下〕，徒一年。再犯，流遠。

一、買使僞鈔者，初犯杖一百七下。再犯斷罪，加徒一年。三犯依上科斷，流遠。

一、印造僞鈔，兩鄰知而不首者，杖七十七下。坊里正、主首、社長失於覺察，并巡捕軍兵各決四十七下。捕盗正官及鎮守兼〔巡〕捕軍官，各決三十七下，未獲賊徒，依强盗例捕限緝捉。

一、告獲印造僞鈔者，賞銀五定，仍給犯人家産，應捕〔人〕減半。告捕挑剜裨湊者，賞中統鈔十定，犯人名下追給。應給而不給者，肅政廉訪司糾察。

一、諸造僞鈔，其事未發自首者，除其罪。能自捕獲同伴者，減半〔給〕賞。

一、（確）〔榷〕禁金銀，本以權衡鈔法，條令雖設，其價益增，民實弗便。自今權宜開禁，聽從買賣。其商舶收買下番者，依例科斷。

一、大都、上都、隆興，輦轂經幸，供給浩繁。應百姓合輸差税，自至大四年爲始，並免三年。

一、近年田宅增價，爭訟日繁。除已到官見有文案，并典質借貸私約分明，依例歸結，其餘在至大元年正月已前者，並仰革撥。

一、風憲之官，職膺耳目，糾劾百司。凡政令之從違，生民之休戚，言責所關，實要（具）且重。惟今百度載新，圖治伊始，式遵世祖皇帝以來累朝成憲，各揚乃職，以肅政綱。於戲，昧遠圖而趨近利，詎能稱物之平。仍舊貫而作新民，式正守成之道。故茲詔示，想宜知悉。

《元典章》卷二〇《户部·昏鈔·至元新格》 諸行用庫凡遇〔諸〕人以昏鈔易换料鈔，皆須庫官監視司庫，對倒鈔人眼同，辨驗檢數。如不係接補挑剜僞鈔，當面用訖退印，昏鈔入庫，料鈔付主。當該上司委官時至檢校。違者究治。

《元典章》卷二〇《户部·昏鈔·課程許受昏鈔》 至元□年□月，福建行省准中書省咨：准江淮行省咨：江南鎮店，買賣輳集，每倒昏鈔，直須遠赴立庫去處倒换，不惟鈔法澀滯，或被盜失事，於民不便。若許令課程内收受昏鈔，帶收工墨，隨解本管上司，令辦課官赴庫續倒好鈔納官，公私便當。外，州郡見設鈔庫四十三處，將近下庫分併罷，革去冗設官典，省減俸錢，一舉兼得數利。請定奪事。又據御史臺呈，亦爲此事。都省議得，依准所擬。今後應據諸處差發、課程，許受昏鈔，每兩依例帶收工墨二分，委自各處茶鹽運司官、路府州縣提點正官釐勒當該官典人等，不得多收工墨。如違，追陪斷罪。仍將收到昏鈔工墨依期申解行省、户部，發下合屬燒毁，支撥料鈔納官。却不得圖收工墨，好鈔妄作昏鈔，刁蹬人難。除已劄付御史臺常加體察外，咨請依上施行。

《元典章》卷二〇《户部·昏鈔·燒昏鈔不須設立燒鈔庫官》 至元二十五年正月日，江淮行省：照得先准（大）尚書省咨：倒到合燒昏鈔，奏准聖旨，按察司官人和宣慰司官人每一處數了，若無短少，交燒事。准此。本省爲不見各處已解到省未燒昏鈔，隨省别無宣慰司，合無令隨省按察司與管民路官一同檢點數足，就令舊設燒鈔庫燒毁。外，據已後倒换昏鈔，直隸本省路分依上燒毁，其各道宣慰司合無止令本道正官同本道按察司正官一處數了，若無短少，就便依例燒毁。各道燒鈔庫官有無設立，惟復依舊解省數燒。爲此，移准尚書省咨：議定，已起到省昏鈔并直隸本省路分已後納到昏鈔，依准所擬。外，各道宣慰司倒下昏鈔，欽依元奉聖旨并已行事理，止令本道正官同本道按察司官一處數了，若無短少，就便依例燒毁，不須設立燒鈔庫官。咨請施行。

《元典章》卷二〇《户部·昏鈔·行省燒昏鈔例》 至元二十八年七月，江西行省：准中書省〔咨〕：五月十七日奏過事内一件，外頭行省所轄的路分裏倒换昏鈔，在先行省官人每覷着燒有來。去年行省裏各路監燒的人，那燒的鈔裏頭偷盗了的上頭，桑哥等奏了，將昏鈔都交將的這裏來燒有來。俺商量得，若將這裏來呵，費了頭口氣力，費了脚錢有。今後那裏的（這）〔行〕省官每、行臺官每一處，若無行臺的地面裏，與廉訪司官一同相關防着燒呵。怎生？麼道，奏呵，那般者。麼道，聖旨了也。欽此。咨請欽依，仍將燒訖昏鈔開坐各庫内年月、備細數目，上下半年登荅咨報。據工墨鈔定，起運赴都交納。准此。

《元典章》卷二〇《户部·昏鈔·虚燒昏鈔》 至元二十九年五月，中書省咨：據御史臺呈：長蘆平准行用庫官、庫子人等將倒下昏鈔不使退印，同謀分使。安西路平准行用庫庫子知情收受接補剜挑僞鈔，倒出好鈔，又侵借鈔本，多收工墨。并大同路豐州行用庫官、庫子侵使倒下昏鈔數多，欲行買囑監視燒鈔人員，虚行作數。事發，除將犯人財産、人口委官抄扎追問，及取當該提調官員招伏，另行議罪外，照得下項合行關防檢察事理，當該官司必要實行。有廢弛不行者，所在廉訪司官就便嚴行禁治，合申臺者開具招伏，申臺呈省。都省除外，咨請遍行合屬，依上施行。

一、凡遇諸人以昏鈔易换料鈔，照依已行辨驗無僞，必須隨即用訖退印，依例收倒。本路提調正官不測檢校，若收到昏鈔内但有不使退印者，庫官取訖招伏申部，庫子人等就便斷罷。提調官循情不理及違慢不行者，廉訪司官取招，申臺呈省。

一、每遇起納合燒鈔數，須提點官檢閘無差，監視裝發，甚至合燒處所。若被委官員不爲用心關防檢察，致有盜詐情弊別因，事發到官，凡所由當該官員，並行取招論罪。

一、行用庫倒换昏鈔，每貫倒除工墨三分，不得刁蹬人難，澀滯鈔法。勢要人等結攬者，依條痛斷。庫官違犯，斷罪除名。所在廉訪司常加體察。

一、平准鈔庫應有見在金銀、寶鈔，各路總管并各處管民長官照依元降條畫，上下半月從實計點。但有移易借貸違法事理，取問明白，申部呈省。長官差出，次官承行。如無争差，亦須每季一次保結開申。

《元典章》卷二〇《户部・昏鈔・昏鈔追陪好鈔不燒》 大德元年三月，江西行省：據龍興路申：廉訪司奉行御史臺［劄付］：准御史臺咨該：湖廣行省監燒昏鈔，中間多有檢出裨凑、假僞、挑剜、接補短少鈔數，着落當該庫官、庫子追陪好鈔到官，隨與昏鈔通衮入爐，燒毀了當。切詳朝廷鈔法，所以資國便民。其倒下昏鈔必須燒毀者，蓋爲昏鈔不堪行使，故使訖退印，每季入爐燒毀。至於檢出裨凑、假僞、挑剜、接補等鈔，追陪好鈔到官，又與昏鈔一例燒毀，誠爲可惜。且聞江浙行省每有此等鈔數，少者從監燒官追陪燒毀，多者解省追陪斷罪，追到好鈔於廣濟庫另項收貯，官爲支持用度，已獲都省准擬明文。今湖廣見燒昏鈔，即與江浙不同，又未知江西、福建兩省如何燒毀。若蒙照勘江浙行省已定通例，行移各處一體施行相應。移准江浙行省咨該：御史臺先據監察御史呈，追到各處庫官、庫子短少昏鈔，辨驗多有堪使好鈔，若便燒毀，切恐違錯，合無存留，另項收貯支持。移准中書省咨文：准擬。將追到好鈔另行作數收貯，通行起納，於今燒昏鈔項下明白開寫。所據庫官、庫子侵盜等罪犯，并提調官關防不嚴，依已行事理施行。准此。遍行各處施行去訖。（得）［准］此。相度，既有中書省准擬明文，仰照驗行移合屬，就申行省照驗施行。

《元典章》卷二〇《户部・昏鈔・倒换昏鈔體例》 大德二年三月，江西行省抄録到中書户部符文：定到江淮行省二十五様昏鈔倒换體例，開坐前去，仰依上施行。

一様：二貫文省并貫伯俱全，損去鈔張下截。前件，議得：鈔張止憑上截貫伯行使，若四字并貫伯俱全，雖無下截，堪中倒换。

一様：二貫文省四字并貫伯上半俱全，其下半貫伯并鈔張下截損去。前件，議得：街市使鈔，惟驗貫伯，二貫文省四字并貫伯既全，雖下半貫伯并鈔張下截損去，擬合倒换。

一様：止存二貫文省，其貫伯并鈔張下截俱各損去。前件，議得：鈔使上不使下。但二貫文省既存，又不是接補等鈔，雖貫伯并鈔張下截俱各損去，亦合倒换。

一様：止存二貫文三字，其省字并鈔張下截俱各損去。前件，議得：二貫文三字既存，其省字并鈔張下截雖俱損去，堪中倒换。

一様：止存二、文二字，其貫、省二字并貫伯下截紙張俱各損去。前件，議得：使鈔當以數目字爲主。若二字既在，其貫、省二字并貫伯下截紙張雖各損去，終有二字完全，可以倒换去之。

一様：損去二字近上一半，并近上鈔張不存，餘皆可以辨驗。前件，議得：前年有接補、剜挑、造僞者，往往將二字、一字移於五伯、三伯文鈔紙上，作二貫、一貫鈔使，又存文省二字，及錢貫邊欄尚不失（去每）［元母］，雖是真鈔，終是造僞，以致事敗，枉傷人命。今後若無數目字，雖是真鈔，似難倒换。

一様：損去二、文省三字已上鈔紙，止存貫字，并貫伯邊欄可以辨認。

一様：二貫文省俱無，止有貫伯并下截鈔張者。前件，議得：上項二様俱無二字，雖有文省、貫伯并邊欄下截可以辨認，安知上截二字不剜於他處用訖。似此之類，不宜倒换。

一様：二貫文省四字俱全，損去貫伯左邊一半，并左邊上一角鈔紙不存。前件，議得：二貫文省四字俱存，雖無邊角，却是完鈔，理合倒换。

一様：文省二字并貫伯左邊一半俱各損去。前件，議得：使鈔多憑數目字。既存二字，雖文省二字并貫伯左邊一半損去者，亦合倒换。

一様：止損二字并一角鈔紙，其貫文省三字并貫伯完全。前件，議得：此鈔若便作不堪，却緣是真昏鈔，又貫伯完備。若擬作堪中鈔兩，奸人乘便，或將完鈔扯二字一角，接於他處用度。倘或事發陷人，臨時相

視，前項軟爛真昏，擦磨損去二字并一角，字畫微有可辨認處，尚可倒換。若厚硬鈔紙無二字并一角者，即係剜去二字，不可倒換。

一樣：止損省字并一角鈔紙，餘皆完全。前件，議得：省字并一角鈔紙，別無用處。若有二字，雖去省字，合作堪中倒換。

一樣：損去貫字并貫伯右邊一半，并右邊鈔紙不存。前件，議得：鈔損去貫字，即與上項損去省字者同，俱堪倒換。

一樣：損去二貫二字，并右邊紙不存。前件，議得：損去二貫二字，別無可憑，合作不堪。

一樣：中心損去二貫文省，科一字。前件，議得：若存貫文省三字内科一字者，不見二字，終無可憑，又恐剜去，當作不堪。若有二字，合許倒換。

一樣：中心損去貫伯，止存二貫文省四字。前件，議得：中心雖損去貫伯，尚存二貫文省四字，終是全鈔，亦合倒換。

一樣：字、貫俱各昏爛，不堪辨認，邊欄花様可以辨認。前件，議得：字貫雖昏爛，若〔不〕是接補，終是全張，更有邊欄花様可以辨認，號爲真昏，合許倒換。

一樣：中心損去二貫文省四字。前件，議得：四字俱無，何以爲主，當作不堪。

一樣：碎爛補作一處，用別紙襯貼，字貫可以辨認。前件，議得：雖是碎爛補作一處，若非別紙鈔張，又無裨凑痕跡，元是一張，字貫可辨，堪以倒換。

一樣：昏鈔，紙張邊角有火燒煙熏痕跡。前件，議得：若無行用庫退印，字貫分明，雖是鈔紙邊角有火燒痕跡，可以倒換。

一樣：油污鈔。前件，議得：若果是真昏，有可辨認，雖有油污，即合倒換。

一樣：鼠咬鈔。前件，議得：雖經鼠咬，若字貫可以辨認，亦宜倒換。

一樣：雨水渰漏損爛。前件，議得：雖是雨水渰漏損爛，若辨認得委是真鈔，貫伯字畫有可辨認，合許倒換。若不可辨認，即是不堪。

一樣：損去二、文二字并已上鈔紙。前件，議得：鈔損去二文二字，即係剜鈔，不可倒換。

一樣：料鈔火燒損邊或下截。前件，議得：若不干礙字、貫，及無行用庫退印，雖燒損邊角，尚可倒換。若燒去二字，即係不堪。

《元典章》卷二〇《户部·昏鈔·昏鈔每季燒納》大德五年四月，近准中書省咨：户部呈：各路平准行用庫倒换昏鈔，隨即使訖退印，配成料例，庫官檢數，別無挑剜、接補、詐僞、短少，提調正官封記，每季不過次季孟月十五日已裏，就委起納課程官，將引行用庫官、庫子，一同管押起運，前來燒納。咨請依上施行。

《元典章》卷二〇《户部·僞鈔·僞鈔自首免罪》至元五年二月，欽奉聖旨節該：若同造僞鈔人内有悔過自首到官，與免本罪。欽此。

《元典章》卷二〇《户部·僞鈔·兄首弟安藏造僞科罪》至元六年七月初二日，中書省劄付：右三部來呈：濟州申：鄆城縣劉宣差男劉大首獲同居弟劉伯眼察兒知情安藏反獄造僞人蘇堅，又於本家雕造僞鈔，取問招伏是實。欲依已斷安藏雕造僞鈔體例，斷杖一百七下，緣同籍親兄劉大首告到官，合無量決五十七下，乞照詳事。省府相度，劉伯眼察兒所犯，雖是親兄首獲，緣係印造僞鈔事理，難准減輕，合科全罪。合下，仰照驗，依已斷體例，將劉伯眼察兒決杖一百七下。行下合屬，就便斷決施行。

《元典章》卷二〇《户部·僞鈔·僞鈔堪以行使處死》至元七年閏十一月十九日，尚書省：據刑部來呈：博州路申：聊城縣石治民狀招，至元五年七月内，於瓦上雕成司天臺印一顆，木頭上雕成至元年月日階見，欲寫司天臺文字。又於至元六年八月内，雕成五百文、五十文、二十文僞鈔板印各一副，兩次自行印造僞鈔二十一貫四百九十文，節次使訖七貫五百文。擬定石治民合行處死，乞照詳事。爲此，移准中書省咨：都省議得，據石治民所招，即係自行發意雕板印造僞鈔罪犯，依准所擬，其石治民合行處死。於至元七年閏十一月十六日聞奏過，奉聖旨：依着您的言語者。欽此。

《元典章》卷二〇《户部·僞鈔·僞鈔不堪行使流遠》至元七年閏十一月二十日，尚書省：來呈：德州歸勘到司都喜狀招，至元七年二月初八日，爲頭糾合蘇瘦兒等計七人同情，節次印造到僞鈔九百五十貫，俱

各不曾使用紅印并墨條印，被捉到官。先將蘇痩兒等斷訖，擬定司都喜合行處死，呈乞照詳事。爲此，移准中書省咨該：都省議得：司都喜所招印造僞鈔，未曾使用紅印、墨條印，事發到官罪犯，即係僞造未成。并部卷内該本處官司驗得，委的不似真鈔，難以行使。爲此，照得已前斷例，行使僞鈔的，斷一百七下。若依例杖斷，恐礙鈔法，擬將司都喜比其餘爲首印造僞鈔已成中使的人減死一等，流入直北鷹房子種田處住坐。於至元七年閏十一月十六日聞奏過，奉聖旨：依着您的言語者。欽此。

《元典章》卷二〇《户部・僞鈔・造僞鈔不分首從處死》　至元十五年二月，中書省：照得元寶交鈔，大小差發、課程並行收受，又軍國調度，諸路通行，最爲大事。鈔面明該僞造者斬，賞銀五定。近年以來，造僞鈔之人事發到官，辨驗堪以行使，爲首處死，爲從雕板、抄紙、安藏印造、知情受分人等俱各杖斷，捉事人賞銀五定。其鈔不堪行使，爲首流遠，餘者依上杖斷。緣爲各路申到僞造之人甚多，再行議得，但犯僞鈔，無問堪與不堪行使，爲首處死，餘皆杖斷，捉事人賞鈔一十定，官支五定，犯人名下均徵五定，應捕人減半。今又據刑部呈到僞造交鈔起數，於内更有經斷不改之人，蓋是所定法輕，况兼收復亡宋地面寬闊，若不重立罪賞禁治，倘或鈔法澀滯，深係利害。爲此，都省議得，今後印造僞鈔之人數内，起意底、雕板底、印鈔底、抄紙底、填料號底、家裏安藏着印底、收買顔色物料底，俱是同情僞造，皆合處死。外，知是僞鈔分使底、不用錢買使僞鈔底，斷一百七下。捉事人依上給賞。應捕人減半。奏奉聖旨，准。欽此。

《元典章》卷二〇《户部・僞鈔・造僞鈔似不似同斷》　至元十七年五月，行御史臺准御史臺咨：承奉中書省劄付：三月初三日奏過事内一件：前者兩起兒造僞鈔得人拿住也，那的每根底，俺每不疑惑，教扎撒裏入去。在先的官人每，僞鈔根底不似那真鈔麽道，不教死，教打着道有來。俺每尋思呵，似真鈔一般行使得呵，如何拿得他？造僞鈔呵，怎生般尋思着造有。似不似呵，他每尋思得歹有。但拿着呵，依着大體例，有甚疑惑？麽道，奏呵，那般者。麽道，聖旨了也。欽此。

《元典章》卷二〇《户部・僞鈔・禁治僞鈔》　大德七年十二月初六日，江西行省准中書省咨：刑部呈：奉省判：江浙行省咨：杭州等路見禁囚内，印造僞鈔八十八起，二百七十四人，始自大德元年至大德四年三月收禁，多係追取板印僞（造）〔鈔〕到官，止是同犯一二名逃亡，便作未完追勘。今後若蒙照依强盗體例，但獲僞造寶鈔之徒，追搜（獲）〔板〕印到官，取責明白招伏，隨即明正典刑。如此，則塞造僞之源。本部請到户部侍郎王奉政一同講議得，除起意底、雕板底、印造底、收買顔色物料底，俱是同情僞造，合依奏奉聖旨事意處死外，議到知情分買人等各各罪名。都省議得：知情分買行使之人，初犯決一百七下，再犯除斷外徒役一年，三犯流遠。鄰佑人等知是僞造寶鈔而不首告，決杖七十七下。禁治不嚴、失覺察者，各地分當該巡捕軍兵三十七下，捕盗正官及鎮守巡捕軍官各決二十七下，坊里正、主首、社長一十七下。已獲賊徒，追搜板印僞鈔贓物無疑，廉訪司審復無冤，先行結案。首告、捉事人賞錢，如板印到官，犯人招證明白，廉訪司審録無冤，本路隨即當官給付，仍申合干上司照驗。若應給而遷延不給，聽廉訪司糾察究治。外，其事未發而自首者，原其罪。就捕同伴者，仍減半給賞。若有未獲賊徒，應捕官兵依强盗例捕限緝捉，仍令有司嚴加禁治，略節真書罪賞，排門粉壁，使民知懼，遞相覺察。除外，咨請遍行合屬，依上施行。

《元典章》卷二〇《户部・僞鈔・僞鈔鄰首罪名》　至元二十五年，行尚書省准中書省咨：户部議得：印造僞鈔，主首、社長、鄰佑知而不首者，比附買使僞造犯人減一等。其有首獲僞造寶鈔者，仍依諸人例給賞相應。都省准呈，請依上施行。

《元典章》卷二〇《户部・僞鈔・縱賊虚指買使僞鈔》　大德十年正月，御史臺咨：承奉中書省劄付：來呈：燕南道廉訪司申：竇鳳狀告印僞鈔人王丑兒指張仲温等買使僞鈔等事，濮陽縣典（吏）〔史〕、司吏人等取受錢物。除另行外，比聞諸處捉獲造鈔賊徒，有司往往縱令指攀富實之家知情買使，輒憑勾捉，無辜被害，求免官吏，破蕩家産，擬合設法通行禁治相應。緣係爲例事理，本臺具呈照詳。送刑部，議得：印造買使僞鈔人等已有斷例，所據官吏取受，縱令犯人虚指富户、破蕩家産違枉等事，合從廉訪司究治。都省仰依上施行。

《元典章》卷二〇《户部・僞鈔・格後行使僞鈔》　大德十年，江南行臺准御史臺咨：承奉中書省劄付：來呈：山東道廉訪司申：知情分

買行使僞鈔之人，初犯杖一百七下，再犯斷罪外徒役一年，三犯流遠。其各處見禁所犯買使僞鈔之人，有犯在遠年、二三次經斷者，亦有犯在大德三年三月初三日欽遇赦恩已前、一次經斷者，今次格後再犯，事發到官。如此之類，未審前犯與今犯通理斷罪，徒役流遠，或自大德七年各處承奉斷例日月以准爲始，各驗所犯經斷次數坐罪。本臺看詳，强切盗賊已有定例。外據買使僞鈔之人，宜令合干部分定擬，具呈照詳。送刑部，議得：知情分買行使僞鈔之人，經遇恩再犯者，赦後爲坐。都省准擬，合下，仰照驗依上施行。

《元典章》卷二〇《户部・僞鈔・應捕人捉獲僞鈔理賞》 皇慶元年六月，江西行省准中書省咨該：陝西省咨：安西路備同州白水縣申，准本縣尉吴好人牒該：至大二年十二月十八日，因巡禁盗賊，捉獲印造僞鈔賊人陳法海等，取訖備細招詞，追搜贓仗到官，别無争功之人。除已比依三原縣弓手武直捉獲印造僞鈔賊人郭斌等、（經）〔涇〕川縣弓手張德捉獲印造僞鈔賊人趙綿子等例，減半放支至元鈔五定，責付本官收管，及劄付安西路，依例給付犯人家産外，咨請照詳。准此。送刑部：照得至大四年四月内欽奉詔書内一款節該：告獲印造僞鈔者，賞銀五定，仍給犯人家産，應捕人減半。欽此。除欽遵外，今奉前因，議得：諸人告獲僞鈔，欽遵舊制，别無定奪。外，據應捕官兵捉獲印造僞鈔之徒，既是例應減半理賞，所有犯人家産亦合依例減半給付，餘有一半没官相應。如蒙准呈，遍行照會。都省准擬，依上施行。

《元典章》卷二〇《户部・僞鈔・燒毁僞造印板》 至大四年十一月，福建宣慰司奉江浙行省劄付：近據徽州路申：方子華等印造僞鈔，所據印板、作仗，理宜燒毁。外據刀鋸等物，合行變賣作鈔起解相應。乞明降事。得此，備准中書省咨：〔來咨：〕印造僞鈔印板、作仗，理宜燒毁。外據刀鋸等物，合行變賣作鈔起解。看詳，若依元准咨文一一咨禀，似爲便當。咨請照驗。准此。送刑部，議得：印造僞鈔事既結絶，所據印板作具，例合燒毁。若令行省一一咨禀，似涉紊繁，宜從本省就便分揀，依例發落，若有可疑，臨時咨禀相應。具呈照詳。都省咨請依上施行。

《元典章》卷二〇《户部・僞鈔・印造僞鈔未完》 延祐元年十一月，行省准中書省咨：來咨：袁州路備宜春縣申：甘元亨首，至大四年十月二十七日，有戴榮一説合前去伊家刊板抄造僞鈔公事，取訖犯人戴榮一招伏。本省看詳，戴榮一所招，至大四年十月二十七日，糾合甘元亨同情抄造僞鈔，刊雕到至元二貫僞鈔面印一片，其間有僞造者處死字樣開雕未完。及用錫鑄印二顆，抄到紙坯，未曾印造。甘元亨首告到官，本路已原其罪。戴榮一所犯，若比朱來興例，杖斷一百七下、徒役，却緣事干通例。除將戴榮一監收聽候外，咨請照詳。准此，送刑部照得云例，議得，袁州路宜春縣人户戴必榮所招：不合於至大四年十月，起意糾合甘元亨窩藏在家，本賊用鉛錫刊造至元二貫僞鈔印板一片，於上不曾刊雕僞造者處死字樣。及刊成背印一片、篆文硃印二顆，抄造到紙坯，未曾印造，甘元亨首告到官。以此參詳，戴必榮始初起意，糾合甘元亨同謀印造僞鈔。戴必榮抄造紙坯，甘元亨刊雕僞板，不曾印造，首告到官，别無定奪。外，據戴必榮所犯，然雖起意，終是不曾印造，既已二次欽遇詔赦，釋放相應。具呈照詳。得此。咨請依上施行。

《元典章》卷二〇《户部・僞鈔・買賣鸞會斷例》 延祐六年六月，江浙行省准中書省咨：御史臺呈：准江南行臺咨：據福建閩海道肅政廉訪司申：准本道僉事八剌奉訓、狗兒承務、王承德、李奉議牒呈：經國之道，鈔法至重。僞造寶鈔首謀起意之人，并雕板、抄紙、收買顔料、書添字號、窩藏印造，但同情者處死。買使僞鈔、兩鄰知是僞造寶鈔而不首告者，並從杖斷。今各處先犯僞鈔經赦賊徒，不（俊）〔悛〕舊惡，窺見亡宋關會紙色粉青，復行糾合無籍譁民收買，轉行添插顔料，抄成鈔紙，印造僞鈔，比與寶鈔色無異。但同情印造者，有司依例追勘。緣亡宋鸞會，先欽奉聖旨禁休行使，經今四十餘年，官司未曾立法拘收除毁，江南愚民不以異代廢物，往往窩藏，圖利貨賣，是致奸僞漸生，觸犯刑憲者衆，蓋緣設法未備。今後若有知是印造寶鈔，違禁故將舊藏關會遞相轉賣，并不知僞鈔情由、聽從誘説、貪圖厚利買賣者，及假造關會、妄作真會貨賣，知情誘賣，牙人分要錢物，似此違犯之人，若不定立罪例，嚴加相禁，江南愚民隱藏關會者多，誠恐長僞滋奸，久而沮壞鈔法，深爲未便。牒請備申江南諸道行御史臺照詳施行。准此。如准所言，立法禁治，誠爲便益。申乞照詳施行。得此，咨請照詳。准此。本臺具呈照詳施行。

〔送據刑部呈：〕批奉都堂鈞旨，送刑部，照擬連呈。奉此。照得至元十五年四月十三日客省使呈：依着省官每言語裏，也速忽都答兒奏稟到逐〔項〕事理内一件：賽典赤説將來行用交會并立站底公事，俺和老的每、樞密官每、御史臺官、南官每一同商量得，江南底交會住罷了也。鈔的體例係是大勾當有。若那地面裏造鈔呵，鈔亂去也。鈔與將去呵，地面遠寫，似難送到。南官李提刑言道，將鈔静江府裏去呵，旱路、水路俱各送去呵，也中。如今阿里海牙根底問將去。比及問將來時，賽典赤只依着在先體例裏行。這般商量來。奏呵，奉聖旨：依着您商量來底行者。欽此。本部議得，亡宋交會住罷，已有禁例。迨今四十餘年，尚有隱藏之數，以致轉相買賣，夤緣爲奸，壞亂鈔法。究其所以，蓋因所在官司奉行不至，失於拘收關防。若不立格定罪禁治，將恐久而未便。以此參詳，擬合遍行合屬，若有隱藏闕會之家，文字到日，限五十日赴官出首燒毁，免罪。匿而不首者，許諸人陳告，追究是實，賞中統鈔二十定，於犯人名下徵給，仍決六十七下。知是印造僞鈔、發賣與人，及依樣假造轉賣者，比依知情分買行使僞鈔例，各決一百七下，引領牙人決八十七下。不知（情）印造情由、貪利買賣者，量決七十七下。印造僞鈔之人，依條處斷。兩鄰知而不首，并本處官司禁治不嚴，檢事輕重斷罪相應。得此。都省咨請依上施行。

《元典章》卷二〇《户部・挑鈔・挑補鈔罪例》　中書省咨：元貞元年五月初八日奏過事内一件：挑補鈔的，一兩挑補做二兩、五錢挑補做一兩使的，在先火魯火孫等官人每拿住那般賊呵，打七十七下，爲從的打五十七下。拿住的人每根底與兩定鈔賞，官司支與一定，賊每根底追與一定。麽道，立着體例來。如今臺官每并部官每説，挑補鈔底人每的罪過輕有，拿賊的人每根底與的賞錢少有。因那般，拿的人每少的上頭，挑補鈔的多了也。那般拿賊的人每根底，與十定鈔。正犯人打一百七下，爲從的打八十七下。拿住的人每根底十定鈔内，官司支與五定，犯人錢物内與五定。這般説有。俺商量底，賊每做來，他每使有。拿住的人每根底官司又與錢呵，不宜。十定鈔正犯人名下追與者。如不敷呵，爲從來的賊每根底追與。若這般兩項更不敷呵，官司添與。杖罪依着他每斟酌來的呵，怎生？奏呵，那般者。聖旨了也。欽此。

《元典章》卷二〇《户部・挑鈔・挑鈔再犯流遠屯種》　大德十年十一月，行臺准御史臺咨：河北河南道廉訪司申：爲挑鈔賊人今後再犯，爲首的杖斷一百七下，流遠，爲從的斷一百七下。不見挑鈔賊人先犯爲首再犯爲從、先犯爲從再犯爲首各斷例，又不見爲首斷罪流遠處所。乞照詳。呈奉中書省劄付：送刑部，議得：挑鈔之人毁真作僞，壞害鈔法。其有爲首經斷，不悛前過，又復爲從挑鈔，及先次挑鈔爲從、再犯爲首者，俱各流遠。漢兒、蠻子發付遼陽，色目、高麗遞去湖廣行省，收管屯種相應。都省准呈，仰依上施行。

《元典章》卷二〇《户部・挑鈔・挑鈔窩主罪名》　皇慶元年七月，江西行省准中書省咨：刑部呈：河東宣慰司關：晉寧路備河（東）〔中〕府萬泉縣申，馬顯捉獲挑鈔賊人蔡軟驢同贓仗等物，除正犯人蔡軟驢因訊瘡發潰身死外，窩主王月興不合於至大四年九月初三日，窩藏蔡軟驢於本家地窨子内，與訖本人至元真鈔一貫一張、筆墨、刀兒，挑改作二貫是實。照得至大四年四月欽奉詔書内一款：諸僞造寳鈔首謀起意之人，并雕板、抄紙、收買顔料、書填字號、窩藏印造，但同情者並行處死，仍没家産，雖會赦不原。又一款：挑剜裨湊寳鈔、以真作僞者，初犯杖一百七下、徒一年，再犯斷罪流遠。又一款：告補挑剜裨湊者，賞中統鈔一十定，犯人名下追給。欽此。除欽遵外，本部議得，王月興不合窩藏蔡軟驢於地窨子内，與訖本人至元真鈔一貫一張、筆墨器具，改作二貫。正犯人蔡軟驢因訊瘡發潰身死，別無定奪。所據窩主王月興，即係過犯資給造僞之人，合依正犯人一體斷遣。緣係爲例事理，如蒙准呈，遍行照會相應。具呈照詳。都省准呈，咨請照驗施行。

《元典章》卷二〇《户部・挑鈔・買使挑鈔斷例》　皇慶元年五月，江浙行省准中書省咨：來咨：湖州路申：許季二挑鈔等事，除將正犯人許季二依例杖斷一百七下、徒役一年，王萬九等爲從各杖八十七下。看詳，買使挑鈔之人有犯到官，合無照依挑鈔爲從定論，唯復比附買使僞鈔減等斷罪。本省參詳，如將買使挑鈔之人，比依買（依）〔使〕僞鈔例，減等杖斷九十七下，緣係通例，咨請照驗。准此。送刑部：照得即不見挑鈔之人許季二所犯年月，難便定擬。宜從都省移咨行省，照勘明白，就便依例施行。議得：挑剜裨湊寳鈔、以真作僞者，不分首從，杖斷一百

七下、徒一年，再犯流遠。其買使挑鈔之人，合准江浙行省所擬，減等杖斷九十七下相應。具呈照詳。都省咨請依上施行。

《元典章》卷二〇《户部·挑鈔·挑補鈔犯人罪名》　延祐三年八月，行省准中書省咨：户部呈：大都在城王黑厮挑補鈔兩，赴庫倒换料鈔，蓋因提調官不爲用心鈐束，以致庫官、司庫循習舊弊，接受不堪等鈔，倒换官本。議得：今後各庫庫官、庫子人等，遠近興販客旅，街市貿易細民，擬合照依都省元定二十五等鈔樣，依例起庫倒换，不得刁蹬停留，宜從都省出榜嚴加禁約。［奉中書省劄付：］送户部，與刑部一同議擬施行。奉此。約會到刑部員外郎杜朝列議得：挑剜裨湊描改寶鈔，以真作僞者，初犯依例杖一百七下、徒一年，再犯斷罪流遠。窩主同罪。知情買使，初犯杖九十七下，再犯一百七下，三犯科斷，加徒一年。兩鄰知而不首者，杖五十七下。坊里正、主首、社長失於覺察，并巡捕官兵各決二十七下。捕盜官及鎮守兼捕軍官，各決一十七下。未獲賊，依切盜例捕限緝捉。具呈照詳。得此。除另行外，據挑剜接補裨湊描改、以真作僞，擬到罪名一節，移付刑房就便施行。准此。送據刑部呈：議得，挑剜裨湊描改寶鈔、以真作僞者，初犯依例杖一百七下、徒一年，再犯斷罪流遠。窩主同罪。知情買使決九十七下，再犯加等科斷。兩鄰知而不首者，六十七下。坊里正、主首、社長并捕盜官兵及鎮守兼捕軍官軍人失於覺察者，臨事量情究治相應。具呈照詳。都省准擬，咨請依上施行。

《元典章》卷二〇《户部·挑鈔·侏儒挑鈔斷例》　延祐二年十二月，行省准中書省咨：刑部呈：奉省判：江西省咨：臨江路備新淦州申：弓手陳子明於蔣福二手内搜到至元二貫文鈔一張，據稱係艾伏俚討來挑鈔，辨驗得到官鈔一張，元是中統鈔二貫文交鈔，挑作至元二貫寶鈔。問得艾伏俚等指，係於東坊蕭郎中家買到挑鈔。追問得蕭郎中名真狀指：不合因爲家貧，於延祐元年四月二十二日，將賣到臙脂中統元寶交鈔二貫文省真鈔一張，用右手指甲刮除字貫及邊欄墨迹，筆描改作至元通行寶鈔二貫一張，收藏在家。當月二十六日，有警迹人艾伏俚同蔣伏二，將至元五百文昏鈔一張賣與艾伏俚、蔣伏二行使。五月初十日，又將至元鈔三百文一張在家挑改作至元五百文，未成。不期弓手陳子明捉獲艾伏俚等，將真捉拿到官，招伏是實。艾伏俚、蔣伏二各狀招：不合用鈔買到蕭真挑鈔行使，情罪相同。議得，蕭真挑鈔，以真作僞，亂壞鈔法，例杖一百七下、徒一年。緣本人年七十一歲，又係侏儒殘疾，不任杖責，依例議罰罪中統鈔一百七兩没官。外，據合徒一節，若便發遣，誠恐差池。緣係通例，咨請照詳。准此。送刑部。議得，蕭真所犯挑鈔，例杖一百七下、徒一年。本人年已七十一歲，殘疾，罪已收贖。外，據徒一年，例該六十七下，擬合罰贖中統鈔六十七兩相應。具呈照詳。得此。議得，挑鈔人蕭真，即係違法重事，擬合責斷徒年。既本省將正罪贖銅了當，依准部擬。今後若有似此人等故犯者，咨稟定奪，勿請依前贖罪。都省咨請依上施行。

《元典章》卷二〇《户部·雜例·行用寶鈔不得私准折》　至元二十七年正月，御史臺承奉尚書省劄付：體知得江淮浙西路分，民間行使中統寶鈔，邊欄貫伯完備者，每一貫准折一貫二百文；邊欄字樣頗昏者，准一貫一百文；邊欄字樣極昏者，每貫止作八百文使用，不赴官庫倒换，街市私相轉使。有此沮壞鈔法，虧損百姓，深不便當。蓋是平准行用庫官、庫子人等，中間刁蹬，不肯依理倒换，提調官并寶鈔提舉司官又不用心鈐束，以致如此。除已移咨江淮行省，多出文榜，嚴行禁治。若有中統昏鈔，客旅買賣之人依例赴庫倒换，并不得私相准折行使。如有違犯之人，捉拿到官，枷項號令，决杖一百七下，所使鈔兩没官。仍取各道宣慰司、總管府提調官并寶鈔提舉司官吏、平准行用庫官人等鈐束禁治不嚴招伏，就便禁治。外，仰照驗，依上體察施行。

《元典章》卷二〇《户部·雜例·禁治茶帖酒牌》　至元三十一年三月二十八日，江西行省准中書省咨：御史臺呈：據監察御史呈：切見至元鈔法，自二貫至五文分爲一十一等，大小相權，官民甚以爲便。即今所在官關到抄本甚多，小鈔極少，又爲權勢之家及庫官、庫子人等結攬私倒，得及細民者能有幾何？致使民間以物易物，及私立茶帖、麵帖、竹牌、酒牌，轉相行使，非惟小民生受，亦且澀滯鈔法。卑職參詳，宜於印造寶鈔一十一等料例内，斟酌多降下六料零鈔，發付隨處官庫，仍令提點正官釐勒庫官、庫子人等常川開庫，聽從人户隨意倒换，毋致權勢之家攙倒。所據私立茶帖、麵帖、竹牌、酒牌等類，省會合屬禁斷相應。乞照詳施行。本臺除將權勢、庫官人等，并私立茶帖、酒牌等類，行下合屬禁

治，外據多降零鈔一節，請早爲撥降事。都省咨請，如遇缺少零鈔，開坐各各料例，預爲差官齎咨赴都關撥，仍依上禁治私立茶帖、酒牌等類，無致澀滯鈔法。

《元典章》卷二〇《户部・雜例・禁販私𧶼》　大德五年八月，中書省咨：雲南省咨：

照得見欽奉聖旨整治雲南事内一款：雲南行使𧶼貨，例同中原鈔法，務依元數流轉，平准物價，官民兩便。近年爲權勢作弊，諸處偷販私𧶼，已常禁治。其軍民官府關防不嚴，或受賄脱放入界，以致私𧶼數廣，官民受弊。仰順元、大理、臨安、曲（清）〔靖〕、烏撒、羅羅斯諸處官司，并各各關津、渡口把隘軍民人員常切盤緝，禁治私𧶼。如有捉獲，將犯人隨即申解拘該上司，依條斷罪，私𧶼没官，告捉人依例給賞。如所在官吏依前不爲關防，通同作弊者，并行究治。欽此。

《元典章》卷二一《户部・錢糧・收・官錢不收軟鈔》　延祐三年二月，行省准中書省咨：江西福建道奉使宣撫呈：會集江西省官、廉訪司官一同講議事内一件官錢不收軟鈔事。累奉上司行下，鈔法務在流通，毋致澀滯。今來酒税務、賑糶官糧、折收輕齎、官府一應贓罰錢物，及鹽場、茶局，並要交收好鈔。其通使市鈔中間，但有分毫損軟，刁蹬不與收受，於民甚不便當，合無令酒税務、鹽場、茶局、賑糶官糧、折收輕齎、官府一應贓罰等項，鈔兩雖是損軟，但有貫伯分明，邊欄可驗者，與民一體行用，商賈市民俱各利益。議得，鈔法頒行，乃國之大計，務要流通，以便民用。但有軟爛，官不收受，民間何以流轉，以致鈔法澀滯，交易不便。除咨行省，合令各處應收諸色課程，如係可以行使者，即與受納。具呈照詳。得此。送據户部呈：參詳，上項課程等鈔，如是堪中支持，依例收受相應。具呈照詳。都省咨請依上施行。

《元典章》卷二二《户部・課程・常課・刷卷追到錢於課程内收》　至元十九年六月，行中書省准中書省咨：先爲按察司要刷運司文卷上，奏奉聖旨打算了。後頭覷面皮呵，那其間裏他每察呵，怎生。這般奏呵，奉聖旨，那般者。如今俺尋思得：運司是錢帛底衙門，已前御史臺索刷卷，使狡猾不肯交刷。爲這上頭，添得賊多了。如今與老的每商量來：今後交按察司刷出來的錢，是偷下的課程，難同贓罰，交按察司解與御史臺，呈解赴省，合在課程錢裏頭一處收着呵，宜的一般。奏呵，那般行者。聖旨了也。欽此。

《元典章》卷五四《刑部・雜犯・違例・多收工墨除名》　大德七年正月十三日，行臺准御史臺咨：來咨：浙東廉訪司申：温州路税司交收課程庫子汪鼎告平准庫大使韓溥。招伏：不合擅移本庫鈔本三定，借與府吏張禮私己用度，後却有本人准還銀子，虚捏客人投賣姓名報官，及多收庫子汪鼎等倒鈔工墨中統鈔六定三十九兩七錢四分入己罪犯。徵贓未足間，照依分間輕囚例，將本人免斷除名。咨請照詳事。准此。呈奉到中書省劄付：刑部：照得二十四年三月内，尚書省欽依聖旨定到寶鈔條畫内一款節該：禁治勢要之家并庫官人等自行結攬，多除工墨，沮壞鈔法，違者痛斷。庫官違犯，斷罪除名。欽此。本部議得：既行臺元問韓溥文卷封架，無憑照勘，止據所招於庫子汪鼎等多取工墨中統鈔六定三十九兩七錢四分入己，即係庫官罪犯，（非）〔罪〕經原免，如准臺擬，除名標附相應。都省准擬，仰依上施行。

《元典章新集至治條例・户部・鈔法・倒鈔・接倒假僞招補昏鈔罪名》　中書省：延祐五年七月十六日奏准節該：去年曹州倒鈔庫裏秋間倒換來的三千定昏鈔上頭，省臺差人交燒毁呵，那鈔内檢閘出一千三百一十二定有餘招（捕）〔補〕挑剜假僞等鈔來有。俺差人交就那裏問去呵，那庫裏行的一箇任義名字的合干人，它和別箇人通同着，與了自己的好鈔，轉買將招補挑剜假僞鈔來，却入官庫内倒換出鈔本去了有。又江南來的蠻子并諸人每，似這般將的假僞歹鈔來，和他通同着，也倒換出鈔本去了有。於那倒換出來的錢内，他要了二千二百五十貫至元鈔入己了。麼道，明白與了招伏文書有。交刑部定擬呵，這任義名字的人所犯，即係盗所守官錢，合處死有。省裏差官與本道廉訪司官一同審復無冤呵，處死。其合干礙的三十九箇人内，杖罪的、徒年的各各罪名，都定擬了。似這般歹鈔多了的上頭，將鈔法的勾當好生澀滯了有。依着他每定擬將來的行呵，怎生？奏呵，那般者。麼道，聖旨了也。欽此。都省差官欽依處斷外，今將各各犯人并官吏人等已斷罪名開咨，請禁約施行。

處死：通同收接假僞等鈔倒換合干人任義。

一百七下、徒一年：招補褌鞢鈔兩陳念七等四名。

一百七下：同情收接假僞倒換合干人王用。

九十七下：知情收買假僞鈔胡牛兒等九名，收接假僞鈔徐得興三名。

八十七下：描寫昏鈔賈山兒等二名，接攬假僞鈔牛山等五名，恐嚇指錢張旺等四名。

七十七下，解見任、降先職二等叙用：庫副兀林荅固真；革去：庫子張晞。

六十七下，解見任、降先職一等别行求仕：庫使李貞；革去：庫子李思恭。

四十七下、革去：攢典孫敬祖。

三十七下、解見任、别行求仕：提調官州尹趙仲禮。

二十七下：干連人趙濟民。

一十七下、依舊勾當：知事鄭居敬、司吏曹琚、梁賢。

《元典章新集至治條例·户部·鈔法·倒鈔·提調鈔法》 延祐五年三月□日，江西行省准中書省咨：監燒延祐四年秋季昏鈔官呈：於曹州合燒昏鈔内，檢閘出接補描改假僞等鈔。廣平路〔檢〕閘出接補挑剜不堪等鈔。庫子劉琮狀招：爲不識昏鈔，憑本庫楊大使説合作保，雇覓見役合干人李士信辨驗，致令李士信接到不堪等鈔。得此。檢會到至元新格内一款節該：諸行用庫，凡遇諸人以昏鈔易换料鈔，云云。欽此。已經遍行各處，欽依施行去訖。今據前因，都省議得：各處設立行用庫，專以倒换昏鈔，委官提調，務要鈔法通行。今曹州等處接倒挑剜裨凑等鈔，蓋是提調人員不以鈔法爲重，失於檢校，又不關防，因循苟且，以致庫官、庫子人等通同作弊。若不遍行曉諭，切恐其餘去處似此奉行不至，枉遭刑憲。除外，咨請行下合屬，欽依施行。仍嚴責提調官吏人等，常切用心設法關防，依例倒换，時至檢校，及釐勒監燒昏鈔官吏子細檢閘，毋致縱令作弊，壞亂鈔法。

《元典章新集至治條例·户部·鈔法·僞鈔·造僞鈔人家産未入官經革》 延祐六年三月□日，袁州路奉江西行省劄付：來申許層八等造僞鈔事。看詳：殺人囚徒遇革，倍徵燒理銀兩，充埋殯之資，明有通例。其許層八抄造僞鈔，未曾結正，其罪欽遇釋免。所據家産若擬斷没，誠恐差池。移准中書省咨：送刑部議得：江西省咨：袁州路申：印造僞鈔人許層八、李文翁等家産，雖曾供報見數，終是未經收係入官。既遇原免，擬合比例革撥相應。具呈照詳。都省准擬，咨請依上施行。

《元典章新集至治條例·户部·鈔法·僞鈔·僞鈔板未成遇革釋放》 至治元年七月初四日，福建廉訪司書吏王陳檢會到延祐元年十一月江西行省准中書省咨：來咨：袁州路備宜春縣申：甘元亨首：至大四年十月二十七日，有戴榮一説合前去伊家刊板造僞鈔公事。〔取訖〕犯人戴榮一招伏。本省看詳：戴榮一所招，至大四年十月二十七日，糾合甘元亨同情抄造僞鈔，刊雕到至元二貫僞鈔面印一片，其間有僞造者處死字樣開雕未完。及用錫鑄印二顆，抄到紙坯，未曾印造。甘元亨首告到官，本路已原其罪。戴榮一所犯，若比朱來興例，杖斷一百七下、徒役，却緣事干通例。除將戴榮一監收聽候外，咨請照詳。准此。送刑部議得：袁州路宜春縣人户戴必榮（一）所招：不合於至大四年十月，起意糾合甘元亨窩藏在家，本賊（出）〔用〕鉛錫刊造至元二貫僞鈔印板一片，於上不曾刊雕僞造者處死字樣。及刊成背印一片、篆文朱印二顆，抄造到紙坯，未曾印造，甘元亨首告到官。以此參詳：戴必榮始初起意，糾合甘元亨同謀印造僞鈔。戴必榮（所）〔抄〕造紙坯，甘元亨刊雕僞板，不曾印造，首告到官，别無定奪。外據戴必榮所犯，然雖起意，終是不曾印造，既已一次欽遇詔赦，釋放相應。具呈照詳。得此。咨請依上施行。

《元典章新集至治條例·户部·鈔法·僞鈔·僞鈔非正犯遇赦革撥》 至治元年六月□日，江浙行省：准中書省咨該：爲饒州路申稟金震龍告首僞鈔公事。照得欽奉詔赦節該：印造僞鈔不赦。欽此。除首謀起意并雕板、抄紙、收買顔料、書填字號、窩藏，俱係印鈔人數，欽依追勘外，據知情不曾下手并分買行使、知是僞造實鈔不行首告之人，合該杖斷，俱在一連事内，未審合無釋免。擬准中書省咨：刑部議得：僞造寶鈔事内，除起意之人，雕板、抄紙、收買顔料、書填字號、窩藏印造，但同情者並行處死。餘准行省所擬，知情不曾下手并分買行使、知是僞造寶鈔不行首告之人，合該杖斷，俱在一連事内，既非正犯，欽依革撥相應。准此。已經遍行各處，依上施行去訖。仰依准中書省咨文事理施行。

（元）劉孟琛《南臺備要·建言燒鈔》 至正十一年六月十七日，准御史臺咨：承奉中書省劄付：陝西省咨：奉元路申，西臺劄付，監察

御史范勿（丞）〔承〕直呈：於至元九年七月二十七日，與陝西省參政温中奉一同監督奉元路總管馮太中，差倩行人，將行用庫子王諒至正七年夏季昏鈔肆仟柒佰伍拾叁錠叁拾玖兩肆錢內，剔下不堪短少壹百伍拾肆錠玖兩玖錢。照得元配料內俱有合用印帖，一切於上開寫：行用庫子王諒，配料鈔錠；於後次行：玄字幾號，至元貫佰壹料壹仟張；二行：盛寧縣雜物，行人某，本名下畫字；次三行：配料官三原懸主簿不嚴達實、庫子王諒、貼庫門諒，各於本名下畫字，年月日下攢典蒲亨，附追究得勘合簿，係庫使王瑛收掌。比對料號、配料官、庫、貼、行人姓名相同。鈔料别無行人關防，止是庫官、庫子、配料官封記，呼喚行人辯驗，簿貼勘合，别無争差。惟檢閘得剔下不堪鈔數，並不是元檢之數，堪燒昏鈔背上却有行人小印記事，蓋由庫官、庫子、配料官等虚置簿帖，明視關防，暗作窺弊，以致奸僞日滋，鈔法澀滯。其餘去處鈔庫，諒同一體。以此參詳：今後倒下昏鈔垛料之際，許令庫官如前勘合關防，及令檢閘上料行人各於料號掩頭上如法封記。成料布袋外，令貼、庫同封；箱簍之外，庫官、配料官用印封記。須要提調官躬親監視裝封。凡遇燒毁，令元檢垛料行人各驗元封相同，然後開檢。庶望少革前弊，鈔法通行。宜令合干部分定擬，遍行爲例遵守相應。具呈照詳。得此。除外，憲臺合下仰照驗，就申陝西行省，依上施行。申乞照驗。本省看詳：上項事理如准監察御史所言，宜令合干部分定擬，爲例遵守相應。咨請照詳。回示：准此。送據户部呈：議得陝西省咨，監察御史范勿，監視奉元、延安二路至正七年春夏二季昏鈔，剔下不堪短少鈔壹佰伍拾肆錠玖兩玖錢，元配料內俱有合同印帖，開寫庫子、行人、配料官、貼庫姓名，各於本名下畫字，比對姓名相同。不堪鈔錠行下辯驗得並不是元檢之數，蓋由庫官、庫子等虚置簿貼關防。今後倒下昏鈔垛料之際，許令如前勘合關防，及令檢閘行人料號上如法封記，成料布袋外，令庫、貼同封；箱簍之外，庫官、配料官用印封記。須要提調官躬親監視裝封。凡遇燒毁，令元檢垛料行人各驗元封相同，然後開檢。庶望少革前弊。以此參詳：各處行用庫倒换昏鈔，設立行人、庫子、庫官人等，眼同檢數，勘合簿貼，關防奸弊，務欲盡實倒换真昏。前項所言事理，合准所擬相應。如蒙准呈，宜從都省移咨各省，劄付本部，依上施行。具呈照詳。得此。除外，都省合下仰照驗，依上施行。承此。除外，咨請照驗，依上施行。

（元）劉孟琛《南臺備要・整治鈔法》 至正十一年六月十七日，准御史臺咨：承奉中書省劄付：户部呈：檢會到至元十九年御史臺咨，承奉中書省劄付，先爲民間有不堪行使鈔數，許令赴行用庫倒换，每兩尅除工墨三分。如有私下倒昏鈔之人，告捉到官，將犯人所賫鈔數給付告人充賞，累行禁治。今捉獲交鈔提舉司轉囑庫官人等私下倒换昏鈔，除對問斷决外，又體知得，街市專有一等不畏公法窺利之人，結攬昏鈔，恃賴權勢，抑逼庫官倒换。及有庫官、庫子人等，通同將關到鈔本推稱事故，刁蹬百姓，不行依例倒换，私下結攬，妄分料鈔、擇鈔、市鈔等第，多取工墨接（到）〔倒〕，使諸人不得倒换。據大都在城已經委官及劄付御史臺體察，並出榜禁治。如有違犯，許諸人首捉，將所賫鈔數給付告人充賞。犯人斷五十七下。中間却有妄告、恐嚇錢物之人，亦仰依上斷罪。除已劄付户部，遍行禁治外，仰下各道按察司體察施行。

又一款：至治二年五月，刑部與户部議得：内外設立行用庫，例换昏鈔，本以流通鈔法，便於交易。庫官、司庫、攢典人等，往往結構小倒之人，及與官豪勢要通同結攬，商賈行鋪昏鈔，暗地倒换，多取工墨。提調官不爲用心鈐束，致使庫官人等推稱檢閘爲名，故意不行開庫。今後各處行用鈔庫，須要每日平明開庫，庫官親臨監視司庫人等，先儘小本細民、過往客旅，次及行鋪之家，不限多寡，盡數倒换，未時後收計，即將昏鈔編類成料。提調官常切用心鈐束，如監臨至守官吏人等詭計作弊、多取分例，並計贓以枉法科斷，知情者減犯人罪二等，失覺察者減三等；鈔主决五十七下，其鈔没官，仍追中統鈔伍錠付告捉人充賞。提調官失於鈐束，量情究治，任滿解由内開寫，從監察御史、廉訪司常加體察。都省准擬。本部議得：各處有司、提調官及庫官、庫子人等，多不奉公，縱令公使人等及權豪勢要、街市無藉之徒通同結攬小倒，自五門、順承等門，羊市角、鐘樓前、樞密院東十字街，人民輳集去處，往往群聚，公然倒换，昏鈔拾兩内除壹兩，或壹兩伍錢，甚至貳兩者有之，以致民間行用揩除搭頭鈔兩，沮壞鈔法，良由於此。且以庫官止取工墨三分，而百姓不往倒换者，蓋由庫官、庫子人等刁蹬留難之故；街下小倒揩除加倍，而小民争先博易者，爲無遲滯淹留之患。是致廢國家惠民之善政，徒資無藉

貪婪之奸黨，傷公敗私，沮壞鈔法。若不申明舊章，嚴加禁治，深爲未便。擬合令寶鈔提舉司就行。在京六行用庫，須要每日開庫，從朝抵暮，依例倒换，毋致留難。刑部、大都路，多出文榜，嚴加禁約。但有權豪勢要、街市無藉之徒通同結攬小倒，多取工墨，街市行使指除搭頭鈔兩，許諸人捉拿到官，依條斷罪。仍令巡視倉庫司許官常川巡綽，毋致違犯。如蒙准呈，宜從都省移咨各省，劄付御史臺體察，刑部、本部依上施行。具呈照詳。得此。都省准擬。除已劄付刑部，多出文榜，於人烟輳集去處張掛，仍行所屬嚴加禁約。敢有似前小倒昏鈔、多取工墨、街市行使指除搭頭〔鈔兩〕之人，許諸人捉拿到官，依例斷罪，仍將所賫鈔兩給付告人充賞外，其餘行省、腹裏去處，亦仰一體禁約。合下仰照驗，依上施行。承此。除外，咨請照驗，依上施行。

（元）蘇天爵《元文類》卷四〇《雜著・鈔法》 世祖皇帝中統元年七月，創造通行交鈔，以絲爲本，以革諸路行用鈔法之弊也。行用鈔之法，文牘莫稽，交鈔則以銀五十兩易絲鈔一千兩。是年十月，又印造諸路通行中統元寶，每一貫同交鈔一兩，兩貫同白銀一兩。又以文綾織爲中統銀貨，每一兩同白銀一兩，而銀貨未及行焉。印造支發，歲有經數，用久而弊者，則赴官换易，除以工墨，稱物貨之平，通貿易之便，爲利博矣。其法之弊也，鈔輕而物重，子母不能相權，故至元尚書省折以中統之五倍，至大尚書省又折以至元之五倍，每加愈重，而中統、至元之相兼，迄於今而見用，其可稽者皆録焉。

附録錢法

《周禮》九府圜法，其來尚矣。聖朝造交鈔、寶鈔以權錢。鈔有錢文，銅有禁法，是世祖皇帝有意于圜法久矣，特未遑鼓鑄流通耳。至大三年，詔有司行用銅錢，四年詔罷之。錢雖不行，而議者甚衆。間有論辯確至，隨章具録以備舉行。雖然資世之寶，廢興亦有數存乎其間云。

金銀珠玉銅鐵鉛錫礬鹻竹木等課

山林川澤之產，皆天地自然之利也，可以富國而或以病民。我國家皆因土人呈獻願輸之課，其多者不盡收，其少者不強取，故享其利于莫窮焉。凡州郡所入之數，登於王府，爲國經賦者則載之，而好功興利之徒，時立説以自售其事之虛實。言之用否，則在朝廷也。

（元）唐惟明《憲臺通紀續集・監燒昏鈔官不許差除》 至正元年二月二十四日，中書省官、本臺官奏：在先，在京燒毀昏鈔，省、臺委官監燒，其間因著别差使，並其餘處聚會，誤了燒鈔的上頭，至順二年、至元三年二次奏奉聖旨：省、臺已委燒鈔官，除聖節、賀正、迎接詔書外，其餘聖旨御香並各寺院裏聚會，都不教去。推事故不聚會燒鈔的，教要罪過來。如今自泰定三年到今，追補下的昏鈔，至元折中統壹拾玖萬玖仟餘錠，前後十有餘年，累次委官監燒，或推託事故，或營求差除，或虛使司屬人等相約聚會日期，遷延畏避，俱不燒毀，因而耽誤，以致鈔法澀滯，奸弊滋生。似這般怠慢不整治呵，如何中有。俺和臺官每一處商量來：今後省、臺官燒毀各季並積年昏鈔，除聖節、賀正、詔書，妨務一日其餘聖旨御香並各寺院裏聚會等事，俱不許妨務，及不得推託事故不聚，經營差除。須要每日赴庫，檢閘燒毀過鈔數，五日一次登答開呈，直候燒毀了畢，方許還職。本燒鈔未畢，諸衙門不得差除，雖經别除，不得之任，雖有差遣，亦不得承受。似這般不行遵守，違犯的，要罪過，黜罷。其餘行省、宣慰司、廉訪司燒鈔去處，都這般教行呵，怎生？奏呵，奉聖旨：那般者。欽此。

（元）唐惟明《憲臺通紀續集・改除審囚燒鈔御史》 至正七年正月初七日，本臺官奏：監察御史文書裏説：法有未通，官難遵守；事涉非便，理宜更張。照得審囚、燒鈔未畢，雖經改除，不得之任。竊詳改除官員，或風憲除充省部，或省部除充風憲，新除衙門職任果與同署官不相妨礙，猶或庶幾，中間倘有干係上司屬，既已聽蒙聖旨欽受别除，若復勒令依前列坐同署，上下禮體所拘，不惟使人彼各不安，其於事實未便。今後已委審囚、燒鈔官員未畢，除各衙門差占，聽依舊例，如果欽蒙改除，擬合别行差委，庶幾不致妨礙，於事便益。如蒙聞奏，遵守相應。麼道説有。俺商量來：監察御史每題説的是的一般有。監察御史每審囚、燒鈔其間休教推稱緣故者。别勾當裏委付了呵，隨即俺他替頭裏别差委監察御史呵，怎生？奏呵，奉聖旨：那般者。欽此。

《元史》卷九三《食貨志・鈔法》 鈔始于唐之飛錢、宋之交會、金之交鈔。其法以物爲母，鈔爲子，子母相權而行，即《周官》質劑之意也。元初倣唐、宋、金之法，有行用鈔，其制無文籍可考。

世祖中統元年，始造交鈔，以絲爲本。每銀五十兩易絲鈔一千兩，諸物之直，並從絲例。是年十月，又造中統元寶鈔。其文以十計者四：曰一十文、二十文、三十文、五十文。以百計者三：曰一百文、二百文、五百文。以貫計者二：曰一貫文、二貫文。每一貫同交鈔一兩，兩貫同白銀一兩。又以文綾織爲中統銀貨。其等有五：曰一兩、二兩、三兩、五兩、十兩。每一兩同白銀一兩，而銀貨蓋未及行云。五年，設各路平準庫，主平物價，使相依準，不至低昂，仍給鈔一萬二千錠，以爲鈔本。至元十二年，添造釐鈔。其例有三：曰二文、三文、五文。初，鈔印用木爲版，十三年鑄銅易之。十五年，以釐鈔不便於民，復命罷印。

然元寶、交鈔行之既久，物重鈔輕。二十四年，遂改造至元鈔，自二貫至五文，凡十有一等，與中統鈔通行。每一貫文當中統鈔五貫文。依中統之初，隨路設立官庫，貿易金銀，平準鈔法。每花銀一兩，入庫其價至元鈔二貫，出庫二貫五分；赤金一兩，入庫二十貫，出庫二十貫五百文。僞造鈔者處死，首告者賞鈔五錠，仍以犯人家產給之。其法爲最善。

至大二年，武宗復以物重鈔輕，改造至大銀鈔，自二兩至二釐定爲一十三等。每一兩準至元鈔五貫，白銀一兩，赤金一錢。元之鈔法，至是蓋三變矣。大抵至元鈔五倍於中統，至大鈔又五倍於至元。然未及期年，仁宗即位，以倍數太多，輕重失宜，遂有罷銀鈔之詔。而中統、至元二鈔，終元之世，蓋常行焉。

凡鈔之昏爛者，至元二年，委官就交鈔庫，以新鈔倒換，除工墨三十文。三年，減爲二十文。二十二年，復增如故。其貫伯分明，微有破損者，並令行用，違者罪之。所倒之鈔，每季各路就令納課正官，解赴省部焚毀，隸行省者就焚之。大德二年，户部定昏鈔爲二十五樣。泰定四年，又定焚毀之所，皆以廉訪司官監臨，隸行省者，行省官同監。其制之大略如此。

若錢，自九府圜法行于成周，歷代未嘗或廢。元之交鈔、寶鈔雖皆以錢爲文，而錢則弗之鑄也。武宗至大三年，初行錢法，立資國院、泉貨監以領之。其錢曰至大通寶者，一文準至大銀鈔一釐；曰大元通寶者，一文準至大通寶錢一十文。歷代銅錢，悉依古例，與至大錢通用。其當五、當三、折二，並以舊數用之。明年，仁宗復下詔，以鼓鑄弗給，新舊資用，其弊滋甚，與銀鈔皆廢不行，所立院、監亦皆罷革，而專用至元、中統鈔云。

《元史》卷九七《食貨志・鈔法》 至正十年，右丞相脱脱欲更鈔法，乃會中書省、樞密院、御史臺及集賢、翰林兩院官共議之。先是，左司都事武祺嘗建言云：鈔法自世祖時已行之後，除撥支料本，倒易昏鈔以布天下外，有合支名目，於寶鈔總庫料鈔轉撥，所以鈔法疏通，民受其利。比年以來，失祖宗元行鈔法本意，不與轉撥，故民間流轉者少，致僞鈔滋多。遂准其所言，凡合支名目，已於總庫轉支。至是，吏部尚書偰哲篤及武祺，俱欲迎合丞相之意。偰哲篤言更鈔法，以楮幣一貫文省權銅錢一千文爲母，而錢爲子。衆人皆唯唯，不敢出一語，惟集賢大學士兼國子祭酒吕思誠獨奮然曰：中統、至元自有母子，上料爲母，下料爲子。比之達達人乞養漢人爲子，是終爲漢人之子而已，豈有故紙爲父，而以銅爲過房兒子者乎。一坐皆笑。思誠又曰：錢鈔用法，以虚換實，其致一也。今歷代錢及至正錢，中統鈔及至元鈔、交鈔，分爲五項，若下民知之，藏其實而棄其虚，恐非國之利也。偰哲篤、武祺又曰：至元鈔多僞，故更之爾。思誠曰：至元鈔非僞，人爲僞爾，交鈔若出，亦有僞者矣。且至元鈔猶故戚也，家之童稚皆識之矣。交鈔猶新戚也，雖不敢不親，人未識也，其僞反滋多爾。況祖宗成憲，豈可輕改。偰哲篤曰：祖宗法弊，亦可改矣。思誠曰：汝輩更法，又欲上誣世皇，是汝又欲與世皇争高下也。且自世皇以來，諸帝皆謚曰孝，改其成憲，可謂孝乎。武祺又欲錢鈔兼行，思誠曰：錢鈔兼行，輕重不倫，何者爲母，何者爲子？汝不通古今，道聽塗説，何足以行，徒以口舌取媚大臣，可乎？偰哲篤曰：我等策既不可行，公有何策？思誠曰：我有三字策，曰行不得，行不得。又曰：丞相勿聽此言。如向日開金口河，成則歸功汝等，不成則歸罪丞相矣。脱脱見其言直，猶豫未決。御史大夫也先帖木兒言曰：吕祭酒言有是者，有非者，但不當坐廟堂高聲厲色。若從其言，此事終不行耶。明日，諷御史劾之，思誠歸卧不出，遂定更鈔之議而奏之。下詔云：朕聞帝王之治，因時制宜，損益之方，在乎通變。惟我世祖皇帝，建元之初，頒行中統交鈔，以錢爲文，雖鼓鑄之規未遑，而錢幣兼行之意已具。厥後印造至元寶鈔，以一當五，名曰子母相權，而錢實未用。歷歲滋久，鈔法

偏虛，物價騰踴，姦僞日萌，民用匱乏。爰詢廷臣，博采輿論，僉謂拯弊必合更張。其以中統交鈔壹貫文省權銅錢一千文，准至元寶鈔二貫，仍鑄至正通寶錢與歷代銅錢並用，以實鈔法。至元寶鈔，通行如故。子母相權，新舊相濟，上副世祖立法之初意。

十一年，置寶泉提舉司，掌鼓鑄至正通寶錢、印造交鈔，令民間通用。行之未久，物價騰踴，價逾十倍。又值海内大亂，軍儲供給，賞賜犒勞，每日印造，不可數計。舟車裝運，軸轤相接，交料之散滿人間者，無處無之。昏軟者不復行用。京師料鈔十錠，易斗粟不可得。既而所在郡縣，皆以物貨相貿易，公私所積之鈔，遂俱不行，人視之若弊楮，而國用由是遂乏矣。

《元史》卷一〇五《刑法志·詐僞》 諸僞造寶鈔，首謀起意，並雕板抄紙，收買顔料，書填字號，窩藏印造，但同情者皆處死，仍没其家産。兩隣知而不首者，杖七十七。坊［里］正、主首、社長失覺察，並巡捕軍兵，各笞四十七。捕盗官及鎮守巡捕軍官各三十七，未獲賊徒，依強盗立限緝捕。買使僞鈔者，初犯杖一百七，再犯加徒一年，三犯科斷流遠。諸捕獲僞鈔，賞銀五錠，給銀不給鈔。諸父子同造僞鈔者，皆處死。諸父造僞鈔，子聽給使，不與父同坐；子造僞鈔，父不同造，不與子同坐。諸夫僞造寶鈔者，妻不坐。諸僞造寶鈔，印板不全者，杖一百七。諸僞造寶鈔，没其家産，不及其妻子。諸赦前收藏僞鈔，赦後行使者，杖一百七。不曾行使而不首者，減一等。諸僞造鈔罪應死者，雖親老無兼丁，不聽上請。諸捕獲僞造寶鈔之人，雖已身故，其應得賞錢，仍給其親屬。諸奴婢買使僞鈔，其主陳首者，不在理賞之例。諸挑剜裨輳寶鈔者，不分首從，杖一百七，徒一年，再犯流遠。年七十以上者，呈稟定奪，毋輒聽贖。買使者減一等。諸燒造僞銀者，徒。諸造賣僞銀，買主不知情，價錢給主，僞銀内銷，提真銀没官，依本犯科罪。諸僞造各倉支發糧籌者，笞五十七，已支出官糧者，準盗係官錢物科罪。倉官人等有犯者，依監主自盗法，贓重者從重論。諸冒支官錢，計贓以枉法論，並除名不叙。

（明）王圻《續文獻通考》卷一八《錢幣考》 太宗時，有于元者奏行交鈔，耶律楚材曰：金章宗時，初行交鈔，與錢通行，有司以出鈔爲利，收鈔爲諱，謂之老鈔。至以萬貫惟易一餅，民力困竭，國用匱乏，當爲鑑戒。今印造交鈔，宜不過萬錠。從之。

憲宗時，立交鈔提舉司印鈔，以佐經用。

世祖中統元年，朵兒直班乞鑄錢幣，初行中統寶鈔。是時，新鈔行，銀鈔不用，真定以銀鈔交通于外者凡八千餘貫，公私囂然，莫知所措。劉肅建三策：一曰仍舊鈔，二曰新舊兼用，三曰官以新鈔如數易舊。中書從其第三策。三年，敕私市金銀應支錢物止以鈔爲准。四年，詔立燕京平準庫，均平物價，通利鈔法。至元三年，以楊湜爲諸路交鈔都提舉，上鈔法便宜事，謂平準行用庫白金出入，有偷盗之弊，請以五十兩鑄爲錠，文以元寶，用之便。時有賈胡恃制國用使阿合馬欲貿交鈔本，私平準之利，以增歲課爲辭，帝以問馬亨，亨對曰：交鈔可以權萬貨者，法使然也。法者，主上之柄。今使一賈擅之，將何以令天下。事遂寢。十二年，議以中統鈔易宋交會。禁私造銅器。十三年，平宋回，至楊州，丞相伯顔令搜檢將士行李，所得撒花銀子銷鑄作錠，每重五十兩，銀錠上字號楊州元寶。後朝廷亦自鑄，至元十四年者重四十九兩，十五年重四十八兩。遼陽元寶乃至元二十三年、二十四年征遼東所得銀子而鑄者。又置宣慰司于濟寧路，掌印造交鈔，供給江南軍儲。置行户部于大名府，掌印造交鈔，通江南貿易。雲南行省言：雲南貿易與中州不同，鈔法實所未諳，莫若以交會𧴌子公私通行，庶爲民便。從之。十四年，詔僞造寶鈔同情者並處死，分用者減死杖之，具爲令。四月，禁江南行用銅錢。十七年，江淮等處頒行鈔法，廢宋銅錢。是年，括江淮銅及銅錢銅器。十一月，中書省臣議流通錢法，凡賞宜多給幣帛，課程宜多收鈔。制曰：可。

十九年十月，詔整治鈔法。二十一年十一月，敕中書省整治鈔法，定金銀價，禁私自回易，官吏奉行不虔者罪之。時盧世榮入中書，即日奉詔理鈔法之弊，自謂生財有法，用其法當財倍增而民不擾。翰林學士董文用謂曰：此錢取於右丞家耶，將取之民耶。取於右丞則吾不知，若取於民則有説矣。牧羊者歲嘗兩剪其毛，今牧人日剪以獻，主者固悦其得毛多，然羊無以避寒熱，既死且盡，毛又可得乎。民財有限，右丞將盡取之，得無有日剪其毛之患乎。世榮不能對。先是，中書傳旨議更鈔用錢，吏部尚書劉宣獻議曰：原交鈔所起，漢唐以來皆未有，宋紹興初，軍餉不繼，造此以誘商旅，爲沿邊糴買之計，比銅錢易於齎擎，民甚便之。稍有滯

礙，即用見錢，尚存古人子母相權之意。日增月益，其法浸弊，欲求目前速效，未見良策，新鈔必欲創造，用權舊鈔，只是改换名目，無金銀作本稱提，軍國支用不復抑損，三數年後，亦如元寶矣。宋金之弊，足爲殷鑑。鑄造銅錢，又當詳究，秦、漢、隋、唐、金、宋利病著在史策，不待縷陳，國朝廢錢已久，一旦行之，工費不貲，非爲遠計。大抵利民權物，其要自不妄用，始若欲濟丘壑之用，非惟鑄造不敷，抑亦不久自弊矣。屬桑哥謀立尚書省以專國柄，錢議遂罷。二十二年二月，詔天下拘收銅錢。三月，增壞鈔倒换工墨費，每貫二分爲三分。九月，敕拘收銅錢，銅器聽民仍用。二十四年三月，更造至元寶鈔，頒行天下，中統鈔通行如故。以至元寶鈔一貫文當中統交鈔五貫文，子母相權，要在新者無冗，舊者無廢。凡歲賜周乏餉軍皆以中統鈔爲准。時衆欲計至元鈔二百貫贓滿者死，趙孟頫曰：始造中統時以銀爲本，虛實相權，今二十餘年間輕重相去至數十倍，故中統爲至元又二十年後，至元鈔必復如中統矣。若計鈔抵法，疑於太重。或以孟頫年少，來自南方，意頗不平其言，詰之曰：今朝廷用鈔，故犯法者以鈔計贓，汝以爲非，欲阻格至元鈔耶。孟頫曰：頫奉詔與議，不敢不言，今中統鈔虛，故改至元鈔。謂至元鈔終無虛時，寧有是理。公不揆於理，欲以勢相陵，可乎。其人慚而止。

至元間，許楫爲徽州路總管，時新舊楮幣並行，以新易銀，或患數夥，楫極言部內民貧不堪，宰臣嘉其誠懇，視他郡銀減十八。二十五年，毁中統鈔板。桑哥言中統鈔行垂三十年，省官皆不知其數，今已更用至元鈔，宜差官分道置局鉤考中統鈔本。從之。二十六年，桑哥又言：初改至元鈔，欲盡收中統鈔，故令天下鹽課以中統、至元鈔相半輸官。今中統鈔尚未可急斂，宜令税賦並輸至元鈔，商販有中統鈔料聽易至元鈔以行，然後中統鈔可盡。從之。

成宗大德九年，以鈔萬錠給雲南行省，命與𧴩參用。其𧴩非出本土者，同僞鈔論。按雲南𧴩以一爲莊，四莊爲手，四手爲苗，四苗爲槖。大德十一年，闊兒伯牙里言更用銀鈔、銅錢，便命中書與樞密院、御史臺、集賢、翰林諸老臣集議以聞。中書省臣阿沙不花孛羅鐵木兒言：臣等與闊兒伯牙里面論折銀鈔、銅錢非便。有旨：卿等以爲不便，勿行可也。

武宗至大二年，樂實言鈔法大壞，請更之，圖新鈔式以進。塔思不花言此大事，請與老臣更議。不從，乃更造銀鈔頒行之。詔曰：昔世祖始造中統交鈔，以便民用，歲久法隳，更造至元寶鈔，今二十三年，物重鈔輕，不能無弊。乃循舊典，造至大銀鈔，每一兩准至元鈔五貫，白銀一兩，赤金一錢。隨路立平準行用庫，買賣金銀，倒换紙鈔，或民間絲線布帛赴庫回易，依估給價。設常平倉，豐年收糴，遇歉減價出糶，以遏沸踴。金銀私買賣及海舶興販金銀、銅錢、絲綿、布帛下海者，並禁之。中統鈔到日，百日盡數赴庫倒换，茶鹽酒醋商税諸色課程，至大銀鈔與至元鈔一體收受，其銀鈔二兩至二厘凡十六等。至大三年，尚書省言：以銀鈔爲母，至元鈔爲子，宜與銅錢通行。大都立資國院，山東、河東、遼陽、江淮、湖廣、四川立泉貨監六，產銅之地設提舉司十九。鑄錢曰至大通寶者，每一文准銀鈔一厘，曰大元通寶者，每一文准至大錢十文，與歷代錢通用。其當五、當三、折二並以舊數用之。是年，以行銅錢法詔天下，御史臺臣言：至大銀鈔始行，品目煩碎，民猶未悟，而又兼行銅錢，慮有相妨，乞與省臣詳議。有旨：與省臣議之。尚書省臣言：昔至元鈔初行，即以中統鈔本供億及毁其板。今既行至大銀鈔，乞以至元鈔輸萬億庫，銷毁其板，止以至大鈔與銅錢相權通行爲便。又遣尚書省臣劉楫整治鈔法。

至大四年，時仁宗即位，未改元。罷至大錢鈔，詔曰：我世祖皇帝參酌古今，立中統、至元鈔法，天下流行，公私蒙利，五十年于茲矣。比者尚書省不究利病，率意變更，既創至大銀鈔，又鑄大元、至大銅錢，鈔以倍數太多，輕重失宜，錢以鼓鑄弗給，新舊資用。曾未再期，其弊滋甚。爰咨廷議，允協輿言，皆願變通以復舊制。其罷資國院及各處泉貨監、提舉司，買賣銅器，聽民自便。應尚書省已發各處鈔本及至大銅錢，截日封貯，民間行使者，赴行用庫倒换。

世祖嘗以錢幣問太保劉秉忠，對曰：錢用于陽，楮用于陰，華夏陽明之區，沙漠幽陰之域，今陛下龍興沙漠，君臨中夏，宜用楮幣，俾子孫世守之。若用錢，四海且將不靖。遂絕不用錢。迨武宗頗用之，不久輒罷。

朵兒只曰：法有便否，不當視立法之人爲廢置。銀鈔固當廢，銅錢與楮幣相權而用之，昔之道也。國無棄寶，民無失利，錢未可遽廢也。言

雖不用，時論是之。

《元史》曰：鈔始于唐之飛錢，宋之交會，金之交鈔，其法以物爲母，鈔爲子，子母相權而行，即《周官》質劑之意也。元初倣唐宋金之法，有行用鈔，其制無文籍可考。世祖中統元年，始造交鈔，以絲爲本，每銀五十兩易絲鈔一千兩，諸物之直並從絲例。是年十月，又造中統元寶鈔，其文以十計者四：曰一十文、二十文、三十文、五十文。以百計者三：曰一百文、二百文、五百文。以貫計者二：曰一貫文、二貫文。每一貫同交鈔一兩，二貫同白銀一兩。又以文綾織爲中統銀貨，其等有五：曰一兩、二兩、三兩、五兩、十兩。每一兩同白銀一兩，而銀貨蓋未及行云。五年，設各路平準庫，主平物價，使相依準，不至低昂，仍給鈔一萬二千錠以爲鈔本。至元十二年，添造釐鈔，其例有三：曰二文、三文、五文。初鈔印用木爲板，十三年鑄銅易之。【略】

《草木子》云：元朝止行鈔法而不鑄錢，獨至大官裏行至大二等錢，當五以蒙古字書，小錢以楷書。及至正官裏脱脱爲相，立寶泉提舉司，鑄至正錢。值世道變，尋亦罷鑄。詔更銅錢銀鈔法，天下税盡收至大鈔。是年，遣官監視焚至大鈔板。

文宗天曆元年，中書省臣言：今歲既罷印鈔本，來歲擬印至元鈔一百一十九萬二千錠，中統鈔四萬錠。監察御史言：户部鈔法歲會其數，易故以新，期于流通，不出其數。邇者倒剌沙以上都經費不足，命有司刻板印鈔。二年更鑄鈔板，仍毁其刻者。

順帝至正十年冬十一月，更鈔法。初，丞相脱脱欲更鈔法，乃集省臺兩院共議之。先是左司郎中武祺以鈔法不行，請如舊，凡合支名目於總庫轉支。從之。至是與吏部尚書偰哲篤迎合丞相意，請以鈔一貫文省權銅錢一千文，鈔爲母而錢爲子，衆皆唯唯，惟國子祭酒吕思誠曰：中統、至元自有母子，豈有以故紙爲母，而立銅爲子者乎。又曰：錢鈔用法見爲一致，以虚换實也。今歷年錢與至正錢、中統、至元鈔、交鈔分爲五項，慮下民藏其實而棄其虚，恐不爲國家利。偰哲篤曰：至元鈔多僞，故更之。思誠曰：至元鈔非僞，人爲僞耳。且至元鈔人猶識之，交鈔人未之識，僞將滋多。偰哲篤曰：錢鈔兼行何如。思誠曰：錢鈔兼行，輕重不倫，何者爲母，何者爲子。汝不通古今，徒以口舌取媚大臣，可乎。偰哲篤忿曰：公有何策。思誠曰：我有三字策，行不得，行不得。丞相脱脱見思誠之言直，頗疑未決。御史大夫也先帖木兒曰：吕祭酒之言，亦有是者，但不當於廟廊中大聲厲色耳。於是諷御史劾思誠狂妄，左遷湖廣行省。左丞遂定更鈔之議，以中統交鈔一貫文省權銅錢一千文，準至元鈔二貫，仍鑄至正通寶錢與歷代銅錢並用，以實鈔法。至元鈔通行如故，令民間通用。行之未久，物價騰湧，至逾十倍，及兵興所在郡縣皆物貨相貿易，公私所積者皆不行，國用由是大乏。

《草木子》曰：元世祖中統至元間立鈔法，以至元寶爲母，中統交爲子，子母相權而行。中統二貫準至元二伯文，一貫準至元一伯文。行之四五十年，中統以費工本多，尋不印行，惟獨至元鈔法通行，用以權百貨輕重，民甚便之。至正間，丞相脱脱當承平無事，入邪臣賈魯之説，欲有所建立，以求名於後世。别立至正交鈔，料既窳惡易敗，難以例换，遂澁滯不行。及兵亂，國用不足，多印鈔以賞兵，鈔賤物貴，無所于授，其法遂廢。夫元之鈔法，即周漢之質劑、唐之錢引、宋之交會、金之交鈔，當其盛時，皆用鈔以權錢，及當衰叔，財貨不足，止廣造楮幣以爲費，楮幣不足以權變百貨，遂澁而不行。當今變法，宜於府縣各立錢庫貯錢若干，置鈔準錢引之制，如張詠四川行交子之比，使富室主之，引至錢出，引出錢入，以錢爲母，以引爲子，子母相權，以制天下百貨。出之于貨輕之時，收之于貨重之日。權衡輕重，與時宜之，未有不可行之理也。當時不知，徒加嚴刑驅窮民以必行，所以刑愈嚴而鈔愈不行，此元之所以卒於無術而亡也。至正十六年二月，禁銷毁販賣銅錢。十七年四月，京師立便民六庫倒易昏鈔。十八年二月，中書省臣奏以陝西軍旅事劇務殷，去京師道遠，供費艱難，請就陝西印造寶鈔爲便。遂分户部寶鈔等官置局印造，仍命諸路撥降鈔本畀平準行用庫，例易昏幣，布于民間。

（清）畢沅《續資治通鑑》卷一八八《元紀・世祖》〔至元二十四年〕三月，甲午，行至元鈔。

僧格以交鈔及中統元寶行之既久，物重鈔輕，建議更造至元鈔行之。白一貫至五十文，凡十有一等，每一貫視中統鈔五貫，子母相權，要在新者無冗，舊者無廢。凡歲賜、周乏、餉軍，皆以中統鈔爲準。詔百官於刑部集議，趙孟頫亦與焉。衆欲計至元鈔二百貫贓滿者死，孟頫曰：始造

鈔時，以銀爲本，虛實相權。今二十餘年間，輕重相去至數十倍，故改中統爲至元，又二十年後，至元鈔必復如中統，使民計鈔抵法，疑於太重。古者以米、絹民生所須，謂之二實；銀、錢與二物相權，謂之三虛；四者爲直，雖升降有時，終不大相遠也。以絹計贓，最爲適中。況鈔乃宋時所創，施於邊郡，金人襲而用之，皆出於不得已，乃欲以此斷人死命，似未可也。或以孟頫年少，初自南方來，譏國法不便，意頗不平，責之曰：今朝廷行至元鈔，故犯法者以是計贓論罪。汝以爲非，豈欲沮格至元鈔耶？孟頫曰：法者，人命所係，議有重輕，則人不得其死。孟頫奉詔與議，不敢不言。今中統鈔虛，故改至元鈔，謂至元鈔終無虛時，豈有是理。公不揆於理，欲以勢相陵，可乎？其人有愧色。

（清）畢沅《續資治通鑑》卷一九六《元紀・武宗》〔至大二年九月庚辰〕頒行至大銀鈔，詔曰：昔我世祖皇帝，始造中統交鈔以便民用，歲久法隳，亦既更（張），印造至元寶鈔。逮今又二十三年，物重鈔輕，不能無弊，乃循舊典，改造至大銀鈔，頒行天下。至大銀鈔一兩，準至元鈔五貫，白銀一兩，赤金一錢。隨路立平準行用庫，買賣金銀，倒換昏鈔。或民間絲綿布帛，赴庫回易，依驗時估給價。隨處路府州縣，設立常平倉以權物價，豐年收糴菽麥米穀，青黄不接之時，比附時估，減價出糶，以遏沸湧。金銀私相買賣及海舶興販金、銀、銅錢、絲綿、布帛下海者，並禁之。中統交鈔，詔書到日，限一百日盡數赴庫倒换。諸色課程，如收至大銀鈔，以一當五頒行。至大銀鈔二兩一釐，定爲一十三等，以便民用。元之鈔法，至是凡三變云。

紀事

（宋）李燾《續資治通鑑長編》神宗熙寧三年七月　罷潞州交子務，以河東轉運司言商販緣邊，以無迴貨，故入中糧草，算請礬、鹽。若交子法行，必不肯中納糧草，不惟有害邊計，亦恐礬、鹽不售故也。本志同。

按本紀載是月置潞州交子務，恐誤，或係脱一罷字。

（宋）李燾《續資治通鑑長編》神宗熙寧四年四月　詔罷陝西見行交子法。先是，陝西軍興，轉運司患錢不足，沈起請限以半歲令民盡納銅鐵錢於官，而易以交子，候三五歲邊事既息，復還民錢。宣撫司奏行之。知邠州張靖數言其不便。會李評、張景憲出使延州，因令訪利害，評等奏如靖言。景憲謂交子之法可行於蜀，不可行於陝西，將使細民流離失業，無以爲生，故罷之。正月庚戌、三月戊子可考。

（宋）熊克《中興小紀》卷二〇　夏四月庚子，户部郎官兼主管都督行府財用張澄請依四川法造交子，與見緡並行。仍先造二十萬，用于淮、江。既又詔造百五十萬充糴本，而未樁到見錢。于是右諫大夫趙霈等謂恐失信于民。且言其弊有五，望詔大臣詳議而速罷之。丙午，送户部。時翰林學士胡交修亦上疏力陳其害，以爲寧崇大錢，覆轍可鑑。方大臣建議，舉朝無敢非者。法行未幾，錢分兩等，市有二價。姦民盜鑄，死徒相屬，終莫能勝。今之交子，校之大錢，無銅炭之費，無鼓鑄之勞，一夫日造數十百紙，鬼神莫得窺焉。真贋莫辨，轉手相付，旋以僞券抵罪，禍及無辜。久之，見錢盡歸藏鏹之家，商賈不行，細民艱食，必無束手待盡之理。比及悔悟，恐無及矣。遂詔不行。

（宋）留正《皇宋中興兩朝聖政》卷二九《高宗皇帝・治臺諫風聞失實》〔紹興十三年八月〕是月，降會子、交子各二千萬，均發於鎮江、建康兩榷貨務。如兩淮人過江南，許將交子於務場换易會子，江南人過兩淮，亦聽用見錢或會子就務場對换交子行使。

（宋）留正《皇宋中興兩朝聖政》卷五六《孝宗皇帝・會子始分界》〔淳熙五年三月〕是春，詔會子以一千萬緡爲一界。尋又詔如川錢引例，兩界相沓行。

（宋）留正《皇宋中興兩朝聖政》卷五六《孝宗皇帝・限蜀中錢引銀會》〔淳熙五年〕閏六月丁酉，湖廣總領周嗣武奏蜀爲今日根本之地，自屯兵蜀口五十年間，竭全蜀之力僅足以供給軍費。目今歷尾雖管錢月八百萬道，欲望軫念蜀民之力已疲，乞存留在蜀以備經常急闕之須。是亦富藏天下，維持根本之義。上曰：甚善。又奏蜀中錢引，自天聖間創始，每界初只一百二十五萬餘道，至建炎間，依元符之數，添印至三百七十餘萬道，尚未爲多。目今見行兩界，通共四千五百餘萬道。較之天聖之初，何啻數十倍。今四川總領所又有别造錢糧會子，接濟民間貿易，比折成貫錢引，自是六十三萬道。儻歲歲添印，一旦價例減落，則於四川錢引所係

非輕。上曰：蜀中錢引已多，豈可更有增添。並從之。

（宋）留正《皇宋中興兩朝聖政》卷六〇《孝宗皇帝・不欲多印會子》〔淳熙十年正月〕辛卯，進呈鎮江總領所乞降新會兌換。上見前具新印會子數目，乃曰：新印會子，比舊又增多。大凡行用會子，少則重，多則輕。

（宋）留正《皇宋中興兩朝聖政》卷六〇《孝宗皇帝・降會子收兩淮銅錢》〔淳熙十年十月〕言者謂：自乾道五年降會子付兩淮收換銅錢，又節次支舒、蘄鐵錢換易凡十六次，指揮至今十五年，私渡銅錢常自若也。乞多給會子，立限盡換。詔兩淮各支降會子一十萬貫，限兩月收換。其換到銅錢，淮東赴鎮江，淮西赴建康送納樁管。

（宋）留正《皇宋中興兩朝聖政》卷六三《孝宗皇帝・會子不可更增》〔淳熙十三年七月〕是月，令諸路州縣並以見錢、會子中半交收。上因言：聞此間軍民不要見錢，却要會子，朕聞之甚喜，但會子不可更增見在之數。

（宋）李心傳《建炎以來繫年要録》建炎二年六月　乙卯，成都府路轉運判官靳博文權罷邛州鑄鐵錢，以其歲用本錢二十一萬緡，而所鑄才十一萬緡，得不償費故也。先是成都府錢引務每届書放錢引一百二十五萬餘緡。崇觀間，西事既起，由是泛印，增多至二千六百萬餘緡，而引法大壞。朝廷知之，乃詔以天聖爲印所準。事見大觀三年七月十二日。至是博文以利州路增屯西兵，此恐是王瓊之兵。軍食不繼，權罷鼓鑄，不待報遂行，復以便宜增印錢引六十二萬緡。自後諸大臣相繼視師，率增印矣。

（宋）李心傳《建炎以來繫年要録》紹興十五年七月　戊申，復置利州紹興監。歲鑄錢十萬緡，以救錢引之弊。用四川宣撫副使鄭剛中請也。剛中言：祖宗朝立法，約四川所有見錢，對數印造錢引，使輕重相權。昨因軍興，調度滋廣，印造寖多。又有司申請，爲闕鼓鑄本錢，遂廢罷錢監。其金州一帶銅錢，迆邐透入□路，相兼轉用，銅錢不多有。而民間鑄造農器鍋釜，及供應官中軍器，積日累月，銷鎔川錢殆盡，以致劍外州縣，全闕見錢行使。竊恐稱提不行，牽連以裏州縣，引法弊壞，有誤國事。疏奏，不待報遂行。剛中以利州山林多鐵炭易集，乃命本路轉運判官王陟董其事，置監官檢勘監門物料庫官等陸員，軍匠五百人，後增鑄至十五萬緡。大錢千重十二斤，小錢千重七斤有半。歲用鹽官錢七萬緡，三路稱提錢二十四萬爲本，率費錢二千而去千錢云。

（宋）李心傳《建炎以來繫年要録》紹興十八年五月　乙丑，詔歲以成都、潼川府、利州路稱提錢十萬緡，對減四路激犒錢三分之一。初，鄭剛中改四川宣副之歲，始命三路茶鹽酒課，及租佃官田應輸錢引者，每千別輸三十錢爲鑄本，又得其贏十八萬緡有奇。至是以備軍貲。三足稱提錢，凡四十三萬七千緡。鑄錢本二十四萬七千緡，外餘十八萬四千六百九十道二百九十一文入帳。此據總領所裁賦册。

（宋）李心傳《建炎以來繫年要録》紹興三十年三月　四川總領所乞增印錢引一百七十萬緡，以備軍費。是月，許之。通前後兩界爲四十萬緡有奇，視天聖所書數凡三十倍。明年十二月庚子所書可參考。

《宋季三朝政要》卷一《理宗》〔端平元年〕詔措置楮幣。

《宋季三朝政要》卷一《理宗》〔嘉熙二年〕出祠牒會子給四川軍人生券。

《宋史》卷二六《高宗紀》〔紹興元年十月〕壬午，初置見錢關子，招人入中，以給軍食。

《宋史》卷二八《高宗紀》〔紹興七年五月〕己丑，禁四川增印錢引。

《宋史》卷二九《高宗紀》〔紹興十年三月〕戊子，增印錢引五百萬緡，付宣撫司市軍儲。

《宋史》卷三一《高宗紀》〔紹興二十九年五月〕丁卯，命印給三總領所見錢公據、關子，許商人入納。

《宋史》卷三二《高宗紀》〔紹興三十二年秋七月〕乙未，行新造會子于淮、浙、湖北、京西諸州。

《宋史》卷四五《理宗紀》〔景定五年冬十月〕乙丑，詔行關子銅錢法，每百作七十七文足，以一準十八界會之三。

（清）嵇璜《續通志》卷一四五《刑法略・歷代刑制》〔紹興〕二十七年，詔四川以錢引科罪者，準銅錢。

《金史》卷一二《章宗紀》〔泰和七年七月〕壬午，詔民間交易、典質，一貫以上並用交鈔，毋用錢。

《金史》卷一二《章宗紀》〔泰和八年正月〕癸酉，收毁大鈔，行小鈔。

《金史》卷一二《章宗紀》〔泰和八年八月〕壬申，要定遼東行使鈔法。

《金史》卷一〇八《胥鼎傳》又言：交鈔貴於通流，今諸路所造不敷所出，苟不以術收之，不無闕誤。宜從行省行部量民力徵歛，以裨軍用。河中宜撫司亦以寶券所支已多，民不貴，乞驗民貧富徵之。雖然，陝西若一體徵收，則彼中所有日湊于河東，其與不歛何異。又河北寶券以不許行于河南，由是愈滯，將誤軍儲而啓釁端。時以河北寶券商旅賫販南渡，致物價翔貴，權限路分行用，因鼎有言，罷之。

《元史》卷二四《仁宗紀》〔至大四年四月〕丁卯，詔曰：我世祖皇帝，參酌古今，立中統、至元鈔法，天下流行，公私蒙利，五十年于茲矣。比者尚書省不究利病，輒意變更，既創至大銀鈔，又鑄大元、至大銅錢。鈔以倍數太多，輕重失宜；錢以鼓鑄弗給，新舊恣用；曾未再期，其弊滋甚。爰咨廷議，允協輿言，皆願變通，以復舊制。其罷資國院及各處泉貨監提舉司買賣銅器，聽民自便。應尚書省已發各處至大鈔本及至大銅錢，截日封貯，民間行使者，赴行用庫倒換。

《元史》卷一六三《馬亨傳》至元三年，進嘉議大夫、左三部尚書，尋改户部尚書，金穀出納，有條不紊。時有賈胡恃制國用使阿合馬，欲貿交鈔本，私平準之利，以增歲課爲辭。帝以問亨，對曰：交鈔可以權萬貨者，法使然也。法者，主上之柄，今使一賈擅之，廢法從私，將何以令天下？事遂寢。亨又建言立常平、義倉，謂備荒之具，宜亟舉行。而時以財用不足，止設義倉。

《元史》卷二〇五《阿合馬傳》十二年，伯顔帥師伐宋，既渡江，捷報日至。世祖命阿合馬與姚樞、徒單公履、張文謙、陳漢歸、楊誠等，議行鹽、鈔法於江南，及貿易藥材事。阿合馬奏：樞云：江南交會不行，必致小民失所。公履云：伯顔已嘗榜諭交會不換，今亟行之，失信於民。文謙謂可行與否，當詢伯顔。漢歸及誠皆言：以中統鈔易其交會，何難之有。世祖曰：樞與公履，不識事機。朕嘗以此問陳巖，巖亦以宋交會速且更換。今議已定，當依汝言行之。又奏：北鹽藥材，樞與公履皆言可使百姓從便販鬻。臣等以爲此事若小民爲之，恐紊亂不一。擬於南京、衛輝等路，籍括藥材，蔡州發鹽十二萬斤，禁諸人私相貿易。世祖曰：善，其行之。

（清）畢沅《續資治通鑑》卷一八三《元紀・世祖》〔至元十四年十一月〕詔：凡僞造寶鈔，同情者並死；其分用者减死，杖之。具爲令。

（清）畢沅《續資治通鑑》卷一八五《元紀・世祖》〔至元十七年正月丙辰〕詔括江、淮銅及銅錢、銅器。【略】

〔六月壬辰〕命江淮等處頒行鈔法，廢宋銅錢。【略】

〔十一月〕戊申，中書省議流通鈔法，凡賞賜宜多給幣帛，課程宜多收鈔，制可之。

（清）畢沅《續資治通鑑》卷一九七《元紀・武宗》〔至大四年十月〕壬辰，詔收至大銀鈔。

（清）畢沅《續資治通鑑》卷一九八《元紀・仁宗》〔延祐二年正月〕庚午，立行用庫於江陰州。

（清）畢沅《續資治通鑑》卷一九九《元紀・仁宗》〔延祐二年〕十二月，庚寅，增置平江路行用庫。

傳記

（宋）葉適《葉適集・水心文集》卷一九《墓誌銘・太府少卿福建運判直寶謨閣李公墓誌銘》初，公在軍器監，言造會子者二百人，放作則散處於外，稍久則兑賣名役，恣其自便，誨其爲姦。宜置營區聚，老而後代，死而後收。及外府，又言四弊：戮僞造，一也；立營房，二也；紙綱出峽，重其防禁，無使售易，三也；暫止印造，或出内庫錢收換椿管以救低折之害，四也。於時會子法未敝，而公之策如此。

（宋）葉適《葉適集・水心文集》卷二三《墓誌銘・福建運使直顯謨閣少卿趙公墓誌銘》進直祕閣，考功郎，浙東提刑。初，朝廷患開禧會子輕，僅賣半價，悉改造及元陌止。公扶法以便民，雖有重比，不敢試也。已乃陞寶謨閣，知紹興府，然後盡所以流通之術。苗之移於司農者，

爲之代輸而折會於民；會之滯於州庫者，爲之轉糴而資錢於市；錢會常相權，民無貴食，肆無虛券。越事力弱，而守以貴人，相趨於簡陋，久則不貲省，謂當然。《鹿鳴》禮壞，不知何時，公始行之。儲其永費，曰興賢莊。築捍海石塘，亦爲莊以虞漏穴。廟學士館，城池壘壁，素毀敗者，加葺飾麗好。比將去，不雨數月，野草黃赤，免下三等户税，上二等半免，湖藉田米不輸，舉緡錢四十萬爲荒政助。饑羸相扇，羣聚陂湖中，令尉言且亂，公取死囚，羃其首，刖兩足，號於衆曰：此刦菱藕者也。其仁智不忍而能靖民如此。

明清分部

銅錢

論說

（明）丘濬《大學衍義補》卷二六《治國平天下之要·制國用·銅楮之幣上》

《管子》曰：湯七年旱，禹五年水，人之無𩜹，糜也。有賣子者。湯以莊山之金鑄幣，而贖人之無𩜹賣子者。禹以歷山之金鑄幣，以救人之困。

臣按：此後世鑄金爲幣之始，然皆因緣水旱，以救濟饑困，非專以阜通財貨也。

又曰：以珠玉爲上幣，以黃金爲中幣，以刀布爲下幣。三幣握之，則非有補於煖也，食之，則非有補於飽也。先王以守財物，以御人事，而平天下也。是以命之曰衡。衡者，使物一高一下，不得有調也。

臣按：三代以前已有幣，而其幣有三等：珠玉、黃金、刀布是也。刀布則是泉布之制。後世公私通行以錢，而亦兼用金銀、珠玉，其原蓋起於此。是三幣也，人君守之以府庫，通之以財賄，而以平天下之食貨，調適其輕重、高下，使之咸得其平，此所以有衡之名歟。後世所謂平準，其義蓋出乎此。

太公立九府《周官》有太府、玉府、內府、外府、泉府、天府、職內、職幣、職金。圜法，圜，謂均而通也。黃金方寸而重一斤，錢圜函方，外圜而內孔方。輕重以銖，金以斤爲名，錢以銖爲重也。布帛廣二尺二寸爲幅，長四丈爲匹。故貨寳於金，利於刀，流於泉，布於布，束於帛。束，聚也。

鄭樵曰：謂之泉者，言其形如泉文。古錢其形即篆泉文也，後人代以錢字。

王昭禹曰：古者寳龜而貨貝。所以交易者，唯貝而已。至太公立九府圜法，始用錢代貝。或曰泉，或曰布。布取宣布之意，泉取流行之意，其實則一而已。

臣按：後世之錢，其形質外圓內方始此，但未有文耳。九府即《周禮》所載太府、玉府、內府、外府、泉府、天府、職內、職幣、職金九官是也。九官皆掌財幣之官，而所掌者，黃金、布帛、錢幣三者。黃金以斤名，布帛以匹計，錢幣以銖重。故凡貨物之出入，其輕重以圜法均而通之。如黃金一斤該錢若干，帛一匹該錢若干之類。是以國家有所用度也。一切財貨，寳之以金，利之以刀，流行之以泉，施布之以布，收聚之以帛。所謂金，即方寸重一斤者。所謂刀，即《管子》所謂刀爲下幣者。所謂泉，即圜法也。所謂布帛，即長四丈爲匹者。鄭氏謂言其器、言其用等語，於本文若不相類，臣不敢以爲然。

司市以商通物曰商。賈賣物曰賈。阜盛也。貨而行布，布謂泉也。國凶荒謂五穀不熟。札謂疫病。喪謂死喪。則市無徵而作布。

鄭玄曰：金銅無荒年，因物貴，大鑄泉以饒民。

葉時曰：按太公立九府圜法，流於泉、布於布，泉取其流，布取其布。司市曰：以商賈阜貨而行布。布者，欲其流布，使行也。豈非太公立此九府法，而君民通用歟？又按周景王時，單穆公曰：古者，天降災厲，於是乎量資幣、權輕重以救民。司市曰：凶荒札喪，市無徵而作布。豈非民之物貴，乃鑄錢以饒民歟？

臣按：布即泉也，泉即錢也。錢以權百物，而所以流通之者，商賈也。故商賈阜盛貨賄，而後泉布得行。當夫凶荒札喪之際，商賈畢聚，而食貨阜盛，亦得以濟其乏，蘇其困矣。故於是時，市無徵稅，所以來商賈，來商賈所以阜食貨，然又慮其無貿易之具也，故爲之鑄金作錢焉。蓋以米穀有豐歉，非人力所能致。金銅則無豐歉，可以人力爲之。故爲之鑄錢，使之博食以濟饑也。《周官》此法，其亦湯、禹因水旱鑄金幣之遺意歟。

外府主泉貨藏在外者。掌邦布泉也。之入出，以共百物，而待邦之用。凡祭祀、賓客、喪紀、會同、軍旅，共其財用之幣，齎賜予之財用，齎，行道之財用也。凡邦之小用，皆受焉。

泉府司泉布之府。掌以市之徵布，斂市之不售，貨之滯於民用者。

葉時曰：外府掌布，雖曰以共百物，以待邦用，而實小用則給之。是以賈疏亦云外府所納泉布，所積既少，有小用則給之。若大用，則取於餘府。後世凡百所用，一出於錢，曾不知周人外府之布，特以供小用爾。

臣按：《周禮》掌財之官非一職，而專掌錢布者，外府、泉府二官。外府掌齎載之出入，泉府掌賣買之出入。蓋天下百貨，皆資於錢以流通。重者不可舉，非錢不能以致遠。滯者不能通，非錢不得以兼濟。大者不可分，非錢不得以小用。貨則重而錢輕，物則滯而錢無不通故也。

周景王時，患錢輕，將更鑄大錢。單穆公曰：古者，天降災戾，戾，惡氣也。於是乎量資幣，權輕重，以賑救民。民患輕，則爲之作重幣以行之，幣輕物貴也。於是乎有母權子而行，民皆得焉。若不堪重，則多作輕而行之，亦不廢重，於是乎有子權母而行，小大利之。今王廢輕而作重，民失其資，能無匱乎？若匱，王用將有所乏，乏則將厚取於民，民不給，將有遠志。謂去其本居。是離民也。王弗聽，卒鑄大錢。文曰寶貨，《國語》注作大泉五十。肉好皆有周郭，內郭爲好，外郭爲肉。以勸農贍不足，百姓蒙利焉。

臣按：錢有文，其制始此。單穆公此言，乃後世論錢貨子母相權之説所自出也。重者母也，輕者子也。重者行其貴，輕者行其賤，貴賤相權而並行焉。蓋民之所患有輕重，上則持操縱之權，相權而行之。要之，患輕則作重，患重雖作輕，而亦不廢重焉。子可廢而母不可廢，故也。

秦兼天下，幣爲二等。黄金爲上幣，銅錢質如周錢。文曰半兩，重如其文，爲下幣。而珠玉、龜貝、銀錫之屬爲器飾寶藏，不爲幣。

臣按：虞夏商之幣，金爲三品，或黄，金。或白，銀。或赤，銅。或錢，或布，或刀，或龜貝。至周圜法，金惟用其黄者，然猶有刀布之屬。秦一天下之幣爲二，止用黄金，並以赤金爲錢耳，其他皆不用。

漢文帝除盗鑄錢令，使民放鑄。

賈誼曰：法使天下公得鑄銅錫爲錢，敢雜以鉛鐵爲他巧者，其罪黥。刺字也。然鑄錢之情，非殽雜爲巧則不可得贏。夫事有召禍而法有起姦，今令細民人操造幣之勢，各隱屏而鑄作，因欲禁其厚利微姦，雖黥罪日報，其勢不止。

臣按：後世弛私錢禁始此。夫天生物以養人，如茶鹽之類，弛其禁可也。錢幣乃利權所在，除其禁則民得以專其利矣。利者，争之端也。

是時，吴王濞即山鑄錢，富埒天子，後卒叛逆。

賈山曰：錢者，亡用器也，而可以易富貴。富貴者，人主之操柄也。令民爲之，是與人主共操柄，不可長也。

臣按：錢之爲利，賤可使貴，貧可使富。蚩蚩之民，孰不厭貧賤而貪富貴哉？顧無由致之耳。所以致之者，錢也。操錢之權在上，而下無由得之，是以甘守其分耳。苟放其權，而使下人得以操之，則凡厭賤而欲貴、厭貧而欲富者，皆趨之矣。非獨起劫奪之端，而實致禍亂之淵藪也。古人山海之利不以封，良有以夫。

武帝時，有司言三銖錢輕，輕錢易作姦詐。乃更請郡國鑄五銖錢，周郭其質，令不可得摩取鋊。

臣按：秦世八銖，失之太重。漢初榆莢，失之太輕。武帝罷三銖錢鑄五銖錢，最得輕重之宜。

元帝時，貢禹請罷采珠玉金銀鑄錢之官，毋復以爲幣，租税禄賜皆以布帛及穀，使百姓壹意農桑。議者以爲交易待錢，布帛不可以寸尺分裂。

臣按：布帛以爲衣，米穀以爲食，乃人生急用之物，不可一日亡焉者也。顧欲以之代錢，則布帛不免於寸裂，米穀不免於粒棄。織女積縷以成丈匹，農夫積粒以滿升斗，豈易致哉？況穀帛有用者也，錢幣無用者也。孔琳所謂聖王制無用之貨，以通有用之財，既無毁敗之費，又省運致之苦。今分穀帛以爲貨，則致損甚多。勞毁於商販之手，耗棄於割截之用。由是觀之，貢禹此策決不可用。苟或偏方下邑有裂布帛、捐米穀以代錢用者，官府尚當爲之禁制，況立爲之法乎。

桓帝時，上書者言人以貨輕財薄，故致貧困，宜改鑄大錢。

劉陶曰：當今之憂，不在於貨，在於民饑。蓋民可百年無貨，不可一日有饑，故食爲至急也。議者不達農殖之本，多言冶鑄之便。夫欲民殷財阜，在止役禁奪，則百姓不勞而足。徒欲鑄錢齊貨，以救其弊，猶養魚沸鼎之中，棲鳥烈火之上。水木本魚鳥之所生也，用之不時，必致焦爛。

臣按：劉陶所謂民可百年無貨，不可一日有饑，此至言也。民之所以有饑者，以無穀也。臣願國家定市價，恒以米穀爲本。下令有司，在內俾坊市逐月報米價於朝廷，在外則閭里以日上於邑，邑以月上於府，府以

季上於藩服，藩服上於户部，使上之人知錢穀之數。用是而驗民食之足否，以爲通融轉移之法。務必使錢常不至於多餘，穀常不至於不給。其價常平，則民無苦饑者矣。其餘貨賄，民之可以有無者，不必計焉。不特此爾，亦可因是以定科差，制賦斂，計工役。

吴孫權始鑄當千錢，既太貴，但有空名，人間患之。

臣按：後世鑄大錢始此。夫上天立君以爲生民之主，蓋以之掌天下之利，非以其專天下之利也。日中爲市，使民交易以通有無，以物易物，物不皆有，故有錢幣之造焉。必物與幣兩相當值，而無輕重懸絶之偏，然後可以久行而無弊。時君世臣徒以用度不足之故，設爲罔利之計，以欺天下之人，以收天下之財，而專其利於己，是豈上天立君之意哉，宜其卒不可行也。

南齊高帝時，奉朝請孔顗上書曰：鑄錢之弊，在輕重屢更。重錢之患在於難用，而難用爲無累。輕錢之弊在於盗鑄，而盗鑄爲禍深。人所以盗鑄而嚴法不能禁者，由上鑄錢惜銅愛工也。所以惜銅愛工者，謂錢無用之器，以通交易，務欲令輕而數多，使省工而易成，不詳慮其患也。自漢鑄五銖錢，至宋文帝四百餘年，制度有廢興，而不變五銖者，其輕重可得貨之宜也。以爲開置錢府，大興鎔鑄，錢重五銖，一依漢法，則府庫以實，國用有儲。

臣按：天立君以子民，付之利權，使其通融，以濟天下，非專以爲一家一人用也。所以通百物以流行於四方者，幣也。金銀之屬，細分之則耗。布帛之屬，片析之則廢。惟鑄銅以爲錢，物多則予之以多，物少則予之以少，惟所用而皆得焉。且金銀出於天，幣帛成於人。錢也者，合天人以成其器。銅，天生者也，銅而成錢，則人爲之矣。自古論錢法者多矣，惟南齊孔顗所謂不惜銅、不愛工此二語者，萬世鑄錢不易之良法也。銅出於天，吾無所惜，工成於人，吾無所愛，則其錢之爲錢，體質厚而肉好適均，製作工而輪郭周正。造一錢費一錢，本多而工費，雖驅之使鑄，彼亦不爲矣，況冒禁犯法而盗爲之哉。然自太府圜法以來，以銅爲泉，或爲半兩，或爲榆莢，或爲八銖，或爲四銖，不知幾變矣，惟漢之五銖爲得其中。五銖之後，或爲赤仄，或爲當千，或爲鵝眼、綖環，或爲荇葉，又不知其幾變矣，惟唐之開元爲得其中。二者之外，或以一當三，或以一當十，或以一當百，然皆行之不久而遽變，惟其質制如開元者，則至今通行焉。惜乎世道降而巧僞滋，古錢之存於世者無幾。凡市肆流行而通使者，皆盗鑄之僞物耳。其文雖舊，其器則新。律非無明禁也，彼視之若無。作之者無忌，用之者無疑。銷古以爲今，廢真而售贋，滔滔皆然，卒莫如之何也已矣。爲今之計，莫若拘盗鑄之徒以爲工，收新造之錢以爲銅，本孔顗此説，别爲一種新錢，以新天下之耳目，通天下之物貨，革天下之宿弊，利天下之人民。請先敕所司，遣人分行天下，訪緝盗鑄所在，親臨其地，拘集其人，免其罪罰，就於其私鑄之所立場開鑪，就用其徒以爲工作。見丁着役，著籍定期，給廩以食之，置官以督之。如此，則鑄作之工不徵於民而得之矣。次敕内帑，精選唐宋以來真錢，如開元、太平之類，得數百萬，發下户部，分散天下，於闤闠市集所在，用繩聯貫古錢百文，隨處懸掛，以爲式樣，使小民知如此樣者是爲舊錢，非此樣者，皆俾其具數赴官首告，官爲收之。每僞錢十斤，量賞以新錢六七斤，則民不失利，官得其用。如此，則鼓鑄之銅不求之民而得之矣。雖然，貧民之家僅有千百之錢，恃此以爲生計，一日無之，則失所恃矣。官府改造動經歲月，彼安能待哉？請於未出令之先，預令内外帑藏拘刷無用之銅器，没入之僞錢，盡行送赴開鑪去處，照樣鑄造。一年之後，新錢既成，方行倒换之令。倒换既多，次第改造，不出十年，僞錢盡矣。夫然，則天下所用者皆前代之真劑。今日之新規，行之既久，雖不能保其無弊，然亦可以持循百年，有利而無害焉。所以爲新制者，當如何？曰每錢以十分爲重，中間錢文必以古篆，或用年號，或别製佳名，其漫加識以楷書二字，上書皇、下書明，輪郭之旁周迴鑿以花紋，每文計用銅十五分，剉磨之餘，去五而存十。新錢既成之後，又令天下輸舊錢於官以易新者。將所得舊錢周以細紋，如新錢制，其漫亦剗以二字，或兩旁，或上下，然後散之。仍詔告天下，非此二樣錢不許用。而又申明廢銅赴官中賣之律，鉦銷爲器者有禁，漏出外國者有刑。如此，則錢法流通，而公私俱便矣。或曰，凡興作，必約工計本，今耗銅而費工，其多如此，國家何利之有。臣故曰：天立君以子民，付之利權，使之通融，以濟天下，非專以爲一家一人用也。

唐高祖武德四年，廢五銖錢，鑄開元通寶錢。每十錢重一兩，計一千重六斤四兩，得輕重大小之中。

臣按：太公圜法，凡泉輕重以銖，今之一兩即古之二十四銖。計一錢，則重二銖半以下。古秤比今秤三之一，則今一錢爲古之七銖以上。凡造一錢，用銅一錢，此開通元寶所以最得輕重大小之中也。此後之錢，如宋元太平、淳化之類，皆倣此製，至今行之。後有作者，皆當准此，以爲常法。

（明）張文炎《國朝名公經濟文鈔》卷九《錢穀論靳學顔》　臣見近世之言理財者曰：財無從生也，惟有節費而已。臣愚以前代生財之法較之，今日尚缺一大政焉。臣舉此一大政，何謂其無從生哉，而錢法是已。

臣聞人之所由生，衣食爲大。王者利用厚生必先乎此，此出于天時地利人力相待而共成三才之用者也。有此三才，即有此布帛五穀，增虧相乘，有無相貿，而非有水旱之災，兵革之奪，癘疫之妨，以一歲之功而供一年之日用自周也。今天下之民愁居懾處，不勝其束濕之慘，司計者日夜憂煩，遑遑以匱乏爲慮者，豈布帛五穀不足之謂哉，謂銀兩不足耳。

夫銀者，寒之不可衣，饑之不可食，又非衣食之所自出也，不過貿遷以通衣食之用爾。而銅錢亦貿遷以通用，與銀異質而同神者，猶雲南不用錢而用海巴，三者不同而致用則一焉。今柰何用銀而廢錢，惟時天下之用錢者曾不什一，而錢法一政久矣，其不舉矣，錢益廢則銀益獨行，銀獨行則豪右之藏益深，而銀益貴，銀貴則貨益賤而折色之辦益難。而豪右者又乘其賤而收之，時其貴而糶之。銀之積在豪右者愈厚，而銀之行于天下者愈少，再踰數年，臣不知其又何如也，則錢法不行之故爾。

計者又欲開礦，夫礦不可開，開益無益也。一禁而不可弛，弛則亂也。臣試根極錢説，而司計者擇焉。

臣聞錢者泉也，如水之行地中，不得一日廢者，一日廢則有枯槁之虞。從成周、兩漢、唐宋以來，見之史籍一一可覩，未有用銀廢錢如今日之甚者也。而用錢之多鑄錢之盛者，尤莫如宋，故宋太祖欲積錢至五百萬而贖山後諸郡于遼。靖康中，趙良嗣奉使歲加税銀一百萬于金，其平時賂契丹寧夏也，歲幣率有常額，其外國亦用錢可知。又宋之饒州、處州、江寧等處皆其鼓鑄之地，今江南人家嘗有發地得窖錢者，則無南北皆用錢可知。其餘書史所嘗言幾百萬、無慮鉅萬、累鉅萬之説，率多以錢計，臣亦不暇枚舉。今去宋不遠，故所用錢多宋之物。夫用錢則民生日裕，鑄錢則國用益饒，此裁成輔相之業，惟人主得爲之，故曰聖人之大寶曰位，因位而制權，因權而制用，故又曰錢者權也。人主操富貴之權，以役使奔走乎天下，故一代之興則制之，一主之立則制之，改元則制之，軍國不足則制之，此經國足用之一大政也，柰何廢而不舉。

臣竊聞江南富室有積銀至數十萬兩者，今皇上天府之積亦不過百萬兩以上，若使銀獨行而錢遂廢焉，是不過數十里富室之積足相擬矣。皇上試一舉其權而振之，則彼富室者、智勇豪俊者將奔走于吾權之不暇，彼敢冒萬死而盗鑄吾一文者哉，故曰權也。權者立之乎無形而達之乎無窮，用之則天下舉有求于我而有餘，不用則日擾擾焉以求之于天下而不足，爲驗甚明也。且夫富貴其權一也。皇上今出數寸之符，移片紙之檄，以匹夫而拜將相焉，又能使同姓王異姓侯焉，于公帑未有損也，此馭貴之權若是乎其易也。若乃今日與人以千金焉，明日與人以萬金焉，曾不踰年而太倉告匱矣，夫何馭富之權若是乎其不侔，與誠以有其權而不用與無權等爾。昔漢文帝之寵鄧通也，曰吾能富之，賜以蜀山之銅，而鄧氏之錢滿天下。夫鄧氏之錢滿天下，則天下之貨萃于鄧氏明矣。吴王濞擅鑄山之利而輒稱兵，漢廷與之抗亦不過，竊漢廷之權明矣。夫以竊一日之權尚足以得民而抗漢，况以萬乘而自振其權，可勝用哉。

今之爲計者謂錢法之難有二：一曰利不酬本，所費多而所得鮮矣。臣愚以爲此取效于旦夕，計本利于出入，蓋民間之算，非天府之算也。夫天府之算，以山海之産爲材，以億兆之力爲工，以修潔英達之士爲役，果何本而何利哉。此所謂本，猶不免用銀之説爾。臣所謂本，蓋無形之權是已。何則，鑄錢之須，一曰銅料，一曰炭，一曰轉致，一曰人工。夫此四者，在民間計之，銀一分而得錢四分，誠十不酬五矣。自臣愚計之，皆可不用銀而取辦者，誠將天下出産銅料之處贖軍徒以下之罪而定其則，以收銅于西山。産煤之窑以法司有罪之人而准其罪以納炭，其運銅，則通水路者附以官民之舟，如臨清帶甎之例，通陸路者資以驛遞之力，而給之官庫之錢。其運炭，則請出府庫見貯之錢，或于京城、或于近縣、或于營軍，如係官身則量給以工食，如係民户則平給以腳價，如是而患無材與夫轉致之難，臣不信也。至于人工取之見役而皆足，則又不煩銀兩而可辦也。臣不知工部及寶源局原額匠役若干，見今坐食與否，即以營軍九萬人論之，抽用其一二千人足矣，而謂妨訓練耶，今京城之内鍛金、刺綉、聲技、力作之徒與夫靠衙門而衣食者，孰非營軍，奚啻一二千也，而未嘗患其妨。凡此皆不用銀而可以成務，固無本利之足較矣。

其二曰民不願行，强之恐物情之沸騰也。臣愚以爲歷代無不用之，至稱爲錢神，我先朝又用之，祇見其利，不聞其病。正德、嘉靖以前，猶盛

行之，蓋五六百而值一兩，今七八十歲人固多，尚可一召而訊也。獨至于今屢言而屢廢，甫行而輒輟焉，何哉。臣竊詳之，錢比鈔異，于小民無不利也，獨所不便者姦豪爾。一曰盜不便，一曰官爲姦弊不便，一曰商賈持挾不便，一曰豪家蓋藏不便，此數不便者，與小民無異也。臣竊聞往時但一行錢法，則輒張告示戒廠衛，不先之于買菜之傭，則責之以荷擔之役，愚而相煽，既閉匿觀望之不免，而姦豪右族依托城社者又從旁簧鼓之，以濟其不便之私，一日而下令，二日而閉匿，下三四日而中沮矣。務大計者宜若是其易動哉。臣聞施恩澤者自無告始，行法令者自貴近始，豈惟貴近自朝廷始可也。請自今以後追紙贖者，除折穀外而責之以納錢，上事例者，除二分納銀外，而一分以納錢，存留户口則兼收錢穀，商税課程則純用收錢，此謂自朝廷始。又因而賜予之費、宗室之禄、百官之俸則銀錢兼支，又因而驛遞應付雇夫雇馬則惟錢是用，又因而軍旅之餉則分其主客，量其遠近，或以代布花，或以充折色，此謂自貴近始矣。此數者有出有入，而民間無底滯之患，誠以上下交會血脉流通故也。輕歛輕散，官府有餘積之藏，誠以正賦之銀，既以無減於常額，而一切之費，又取辦于一權故也。此權不可行之于天下以啓盜權之釁，請于寶源局或西倉專設侍郎，或即用左右侍郎一員督于上，以十三司員外或主事分理十三省事于下，以科道各一員監之，銅料工材各有攸掌，各省歛散各照分司先之以區畫條議計定而行，而又輕重適均，無駭于俗，仍以唐宋以來舊錢兼之。或上有施于下，或下有納于上，著之以必行之令，遲之以歲月之效，久之而本末兼利，公私循環，可以輟鼓鑄之勞，而罷工作之使。臣愚不揣，竊謂千慮一得也。昔我祖宗初制鈔時，下令甚嚴，有以金銀貨物交易者，輒没給告者，然不徒責之下也，後又令各處税糧課程贓罰俱准折收鈔，則聖意淵微可測矣，此固血脉流通之意。所謂泉也，而法以佐之。所謂權也，夫帝王以元氣爲橐籥，以造化爲錘鑪，而風行神運，不言所利，乃至與齊民賈豎算本利較銖錙，臣愚非所望也。

臣又聞之邊鄙强固則夷狄沐服，中原乂安則邊鄙傾嚮。故中原者，邊鄙之根本也。百姓者，中原之根本也。衣食者，百姓之根本也。閭閻之細民有終世無銀而不能終歲無衣，寧終歲無衣而不能終日無食。今百司夙夜宰卿不遑者，乃在銀而不在穀，臣竊慮之。夫以國家建都于燕，東極齊，西盡秦，南阻江淮，神鼎之重，金甌之固，此萬世不拔之業也。而臣竊有慮焉，何哉。誠以京師北據幽都，更無郡縣，而守在强狄，雖有東齊西秦，其形勢皆足以外中原而自固。京師以南絶無名山大澤之限，强藩與國之資。皇上南面而臨之，所恃以爲腹心股肱之重者，惟河南、山東、江北裏八府之人心耳。此數處之人，率鷙悍而輕生，易動而難戢，游食而寡積者也，一不如意則輕去其鄉，一有所激則視死如歸，臣固視之熟矣。八府遭歉則走山東，山東遭歉則走江北，又未已也，匹夫作難而千人嚮應，往事蓋屢驗之。然其弭之之計無他，不過曰恤農以繫其家，足食以繫其身，聚其骨肉以繫其心而已。今試移文于此數處者，而覈其官舍之所藏，每郡得穀十萬焉，則司計者可安枕而無慮矣；得三萬焉，猶可以塞轉徙者之望；設不滿萬焉，真寒心哉。臣竊意其不滿萬者多也，即有水旱，何所賴焉，即有師旅之興，何所給焉。臣觀自古中原空虛，未有如今日者也。漢以前有廒倉，隋以前有洛口倉，唐有義倉，宋有常平倉，皆隨在而貯，不專京師。今徐臨德州皆有官倉，本爲寄囤，至於存積幾何哉。臣近日有疏爲山西積穀，荷蒙皇上通行各省，臣非不知以用言爲榮，而所慮者，人意向不同，或行之不力，或施之無序，輒以爲無益有損焉，臣且不堪其任咎也。

臣前疏謂一曰官倉，蓋發官銀以糴者，此必甚豐乃可以舉。一曰社倉，蓋收民穀以充者，此雖終歲皆可以行。臣知中原空虛，不但穀少，而銀亦甚少。其官倉一節今歲已不能舉，又聞有災變則社倉一節今歲亦不能行，但能以今歲始，講求其條件，加意于積儲，即明歲舉而後歲效未晚也。此二倉者，社倉舉之甚易，而效甚捷。然非官府主持于上，則其事終不能成矣。夫社倉即義倉也，蓋始于漢耿壽昌，而盛于隋長孫平、唐戴冑之徒，唐又最盛，計天下積至數千萬以上。及推其故，唐義倉之開，每歲自王公以下皆有入，是以其積獨多，臣所謂法令之行自貴近始也。宋則准各民正税之數于二十分而取其一以爲社，蓋富者必田多，田多則税多，税多則社入多，亦唐意也。要之其出也，則中歉賑極貧，大歉賑中户，又大歉焉乃沾及于富室，所謂恩澤之加自無告始也。今之言官倉者，今年曰庫無銀焉，明年曰庫無銀焉，如是除八分紙贖之外無幾耳。言社倉者，此曰官户當優免我也，彼曰占役何科擾我也，又田多者曰我不願賑于後，亦不

願出于今也，如是不過貧民下户之輸無幾耳。是二法終不可行，而中原之空虚如故也。夫民之饑也，必至于轉徙不已，必至于盜，盜必先諸官户與夫役占有力之家，而此輩多不悟，非官府主持而鼓舞之，終空言耳。臣請下之各省，以唐宋斂穀之法爲則，而就土俗合人情占歲候以通其變，限明春以裏盡報各府已前見貯之數，以品其虚盈，于明年冬末通計一歲二倉新收之穀，驗其功能，著而爲令，歲歲修之。在官倉者，時其豐歉而斂散之，利歸于官，民有大饑則以賑之。在民倉者，時其豐歉而斂散之，利歸于官，雖官有大役亦不許借，此藏富于民即藏富于官。皇上所爲南面而恃以無恐者，其根本在此。

今之言計者，不憂穀之不足，而憂銀之不足。夫銀實生亂，穀實弭亂，銀之不足而泉貨代之，五穀不足則孰可以代者哉。故曰明君不寶金玉而寶五穀，伏惟聖明垂意。

（明）高拱《詩文雜著》卷一《議·鑄錢議》 錢也者，帝王所以通天下之貨賄者也，故稱泉焉，言其流行而不已也。然物有贏縮，而錢則與之上下。錢貴則物賤，錢賤則物貴，低昂之勢不可以或偏也。是故古之人君或鑄或不鑄：其鑄之也，非欲其多也，因其不足也；其不鑄也，非欲其少也，因其有餘也。即是而觀，則錢之鑄與不鑄亦繫乎時焉爾矣。

方今錢法大行，物雖微必數錢而後易，則錢爲有餘，若無俟於鑄也。殊不知據其迹似爲有餘，而求其故實爲不足，不可以遽已也。何者？公私相通，此三代而上之法，後世民僞日滋，而三代之法有不可行者矣。鑄錢之權既在官而不在民，則用錢之法當在上而不在下。今天下之錢果皆自官鑄之乎，自上行之乎？吾恐其未必然也，則亦安可遂謂之有餘而不鑄也。

大抵錢之壅閼，其弊有三：蓋錢者人君馭世之具也，而當代爲尤重。今也惟前代之錢是用，而洪武、永樂已號新錢不行，至如嘉靖則皆以爲玩好，而不復見之於貿易矣。此一弊也。前代之錢既專於用，而私鑄之禁有司者又不甚嚴，遂使姦宄之民得以私取而模範之。雖其數當一，而混淆之害實不可言。此又一弊也。天下一統，則爲用不可有異。今惟江北數省用錢而已，而南方皆廢滯不流。是時王之制阻行於近而不能行於遠也。此又一弊也。

夫是以前代之錢若有餘，而當代之錢恒不足，用之於民者若有餘，而出之於上者恒不足；數省計之若有餘，而通天下計之恒不足。此賈誼之所以嘆也，劉秩之所以憂也，張方平之所以論諫也。則所謂今日之錢之有餘者，亦豈真爲有餘者哉？

故欲興錢之利，當先去錢之害。必也告諭天下，使當今之錢與前代並用，而有不然者即置之法。又申嚴私鑄之律，不惟鑄者有罪，而用者皆爲犯令，庶乎可免於僞矣。乃於是達之四方，使南方之用與北方等，不得以遠近有所異同，則錢法之行自有周流無滯者矣。錢法既行，爲用必廣。爲用既廣，則惟患其不足，而不患其有餘。由是而自官鑄焉，自上行焉。以來商旅，以鳩貨財，以資國計，以助邊儲，豈有不得其益者哉！

苟弊之不除而徒鑄之，吾恐利不足以補害，用不足以償費，不如不鑄之愈矣。雖然，此生財之説也，然生不如節。苟有以節之，則既無以耗吾之錢矣，而又何患其不足乎。鄙議如此，不知定以爲何如？

（明）高拱《綸扉稿》卷一《議處商人錢法以蘇京邑民困疏》 臣奉召至京，兩月有餘，見得里巷小民十分凋敝：有素稱數萬之家，而至於賣子女者；有房屋盈街，拆毁一空者；有潛身於此，旋復逃躲於彼者；有散之四方，轉徙溝壑者；有喪家無歸，號哭於道者；有剃髮爲僧者；有計無所出，自縊投井而死者。而富室不復有矣。

臣驚問其故，則曰：商人之爲累也。臣又問：朝廷買物，俱照時估，商人不過領銀代納，如何輒致貧累。則曰：非朝廷之價值虧人也，商人使用甚大，如上納錢糧，該是百兩者，使用即有六七十兩，少亦不下四五十兩，是已有四五六七分之賠矣。即得領銀，亦既受累，乃經年累歲不得關支。小民家無餘貲，所上錢糧多是揭貸勢豪之物，一年不得還，則有一年之利；積至數年，何可紀筭。及至領銀之時，又不能便得，但係經管衙門，一應胥役人等，必須打點周匝，才得領出，所得未及一兩，而先已有十餘兩之費，小民如何支撑，所以派及一家，即傾一家，其未派及者，各爲展轉避逃之計。人心洶洶，不得以寧居也。臣聞而憂，夫至尊所居根本之地，必得百姓富庶，人心乃安，而緩急亦可有賴。祖宗取天下，富家填實京師，蓋爲此也。其在今日，獨奈何使凋敝至此乎。

先朝公用錢糧，俱是招商買辦。有所上納，即與價值，是以國用既不

匱乏，而商又得利。今價照時估，曾未虧小民之一錢，比之先朝固非節縮加少也，而民不沾惠，乃反凋敝若此。雖屢經題奏議處，寬恤目前，然弊源所在，未行剔刷，終無救於困厄。恐凋敝日甚一日，輦轂之下，所宜深慮，必不可謂其無所處而任之也。

臣願陛下特敕各該衙門，備查先朝官民如何兩便，其法安在，題請而行。其商人上納錢糧，便當給與價值；即使銀兩不敷，亦須那移處給，不得遲延。更須痛釐夙弊，不得仍有使用打點之費，就中尚有隱情，亦須明言。一切懲革不得復爾含糊，則庶乎商人無苦，而京邑之民可有寧居之望也。

至於錢法不通已久，乃是指點多端，事體不一所致。蓋小民日求升合，覓數錢，以度朝夕，必是錢法有一定之説，乃可彼此通行，而乃旦更暮改，迄無定議。小民見得如此，恐今日得錢而明日不用，將必至於餓死。是以愈變更愈紛亂，愈禁約愈驚惶。鋪面不敢開，買賣不得行，而嗷嗷爲甚。臣惟錢法之行，當從民便。試觀當年，未議錢法而錢行，近年議之而反不行；外省未議錢法而錢行，京師議之而反不行，則其理可知也。

臣願陛下特降聖諭，行錢只聽從民便，不許再爲多議，徒亂小民耳目，如此則人心自定。人心既定，錢法自通，而買賣可行，斯各得以爲朝夕矣。

古云：天下本無事，庸人擾之耳。此二事者，實有人擾之於前，乃相沿至今爲累。臣目擊其弊，誠念其關係非細，不得不爲皇上言之。伏望聖明裁鑒施行，小民幸甚，京邑幸甚，等因。

隆慶四年四月十六日具題。奉聖旨：覽卿奏，具見爲國恤民之意。錢法委宜聽從民便，再不必立法紛擾。商人一節，該部著議來説。

（明）譚綸《譚襄敏奏議》卷七《建久安長治疏隆慶三年七月七日題》

一曰通錢法。夫錢法之行，見於諸臣之所條議已不一而足，卒未能行之，豈錢法之果難行哉，言之者未盡其理也。

以臣愚計之，今日制國之用，豈復有加於錢法者乎。臣昔誦有子之對哀公曰：百姓足，君孰與不足。百姓不足，君孰與足。始未能深解其旨，今乃知之。

夫我國家之制，爲財用自有常經，其一歲所入豈直足以周一歲之用，亦必有所以爲非常之備者，而至匱竭如是，正由於百姓之不足耳。百姓之所以不足，則由於貨賄之賤而銀貴，銀之所以爲貴，則爲其少也。夫天地間惟布帛菽粟爲能年年生之，乃以其銀之少而貴也，至使天下之農夫織女終歲勤動，弗獲少休，每當催科峻急之時，以數石之粟、數疋之帛不能易一金，彼一農之耕一歲能得粟幾石，一女之織一歲能得帛幾疋，而其賤若此，求其無貧不可得也。民既貧矣，則逋負必多，逋負多矣，則府庫必竭，乃必至之理也。故欲求國用之足，必先務富其民，欲富其民，必重布帛菽粟而賤銀。欲賤其銀，必制爲錢法，以多其數，以濟夫銀之不及而後可。夫天地間銅至多矣，國家又無山澤之禁，制而爲錢，以濟夫銀之不及，則可使銀與錢不至於甚貴，而布帛菽粟不至於甚賤。如是即農織不傷，農織不傷，即家給人足而貢賦以時，貢賦以時則國用自裕，亦必至之理也。

第今之議錢法者，臣惑焉。有曰朝廷用銀一萬兩止鑄得一萬兩銀之錢，而無甚利。是則然矣，而不知帝王以天下爲家，務藏富於民，每一歲鑄錢一萬金，則國家獲一萬金之錢，而天地間復多銀一萬兩。每歲鑄錢百萬金，則國家獲百萬金之錢，而天地間復多銀百萬兩，顧不甚利乎。又謂錢之鑄矣，其如民之不可强行。何此又不智之甚也。夫錢者，泉也，謂其能流行而不息也。今之錢法所以難行者，蓋惟欲布之於下而不欲輸之於上，所以權恒在於市井而不在朝廷，且又以年號誌錢，亦不免有壅而不通之患。

以臣之愚請，乞朝廷每歲出資本銀一百二十萬，在京師則從工部鑄二十萬兩銀之錢，在南京則從南京工部，在天下則從各布政司，在南北直隸則從各府，以大小爲差，共鑄一百萬兩銀之錢。在外務開局設官專任其事，如布政司專以右布政主之，直隸各府專以同知主之，其資本銀在兩京工部則從本部動支，在各布政司、各府則以撫按解京贓罰及存留各項錢糧動支，所鑄之錢即以備次年各官軍俸糧兼支折色之用。以後年分就以代出應給官軍折銀動支錢造，不必復用別項錢糧。即湏用別項錢糧，所鑄之錢亦分以給本項之用。錢制必輕重適均，如銀一分可鑄錢十文，即以一文錢折一釐銀之用。如銀一分不彀鑄錢十文，即約所值，稍重其制，鑄爲錢五文，以錢一文折銀二釐之用。務從五文、十文當銀一分，以便民間折算。

其錢又俱以大明通寶爲誌，庶可行之萬萬世而無窮。從前嘉靖等錢及先代開元等錢亦不必廢，但須從十文、五文之例，不得有所軒輊其間，民間不行，亦不必强。蓋新錢盛行，舊錢當自廢耳。是錢法之制已無不備，但使自上布之於下，而不自下輸之於上，雖日戮數人於市，其法亦不能行。要自布錢之日，即令民得以錢入官，如賦役之供，除本色外，其起運折色每以六分解銀、四分解錢，存留折色則從中半徵解。當其行錢之初，錢數尚少，不必以是爲限，其給散官軍俸糧折色則内外皆從中半，銀錢兼支。若内外罪贖紙價除應上穀外，其折色與紙銀須並收錢，即舊如嘉靖、開元等錢一體收之。如此則百姓皆以行錢爲便，雖欲强其用銀不可得矣。第恐初鑄之時其錢太少，數十年後錢更太多，當議於初年則多費資本，三十年後乃以漸而殺，即可免錢多而賤之患。但既可以供賦役，可以作贖金，亦自無壅塞之時。而收之以十文、五文爲制，散之以十文、五文爲制，其權皆在朝廷，則市井田野之民雖欲輕重而不可得。故臣嘗謂朝廷利權莫重於此也。

或有沮臣議者，則謂錢質太重難爲綱運，此則計小利而亂大謀者也。百姓既無逋賦，其爲國家之利甚博，寧論綱運之費哉。彼天下軍器胖襖之類皆重墜之物，可以議折而顧不之議，乃議其利之最鉅而費之最微者，是惑也。或又謂取效之遲，則亦未之思耳。陛下誠能斷然行臣之言，一二年間，海内即相率稱便，於時臣言有據，朝廷議發資本必多，百姓漸至殷富，賦税無逋，府庫充實，軍國之需既裕，而邊備爲之益振矣。抑臣又聞之，救荒無奇策。若此法一行，則穀粟不至甚賤，百姓務爲積貯，不肯輕以售人，遇有水旱虫蝗之災，富者取諸蓄藏而自足，貧者亦易於糴貸，救荒之策亦寓於此。此實古人已試之成法，可以爲制國用之大經，故臣以爲鑿鑿可行，不容一日緩而不講者也。伏乞聖裁。

（明）潘季馴《潘司空奏疏》卷五《巡撫江西奏疏·條議錢法疏》

題爲疏通錢法以裕經用事。據江西布政使司、清軍右布政使司何子壽呈奉：臣並巡按江西監察御史張批允先借税契等銀收買銅錫、鳩集匠工照式鼓鑄，自萬曆四年十月二十日始至今止，每日四十爐，僅選中式銅錢七十餘萬文，擇於長至日乃一陽開泰、萬彙涵春，是爲上吉，呈送驗明，發過都布按三司並南昌府衛南新二縣官吏折俸各色、人役工食共二十萬文，又於十二月十一日差檢校李邁發去撫州府一十五萬文，又陸續發過南昌府六萬七千二百文，本月二十五等日差河泊吳松發去九江府一十萬文，倉官許喬發去饒州府一十萬文，倉官陳日望發去吉安府一十萬文，各遵依行使，除以後鑄積陸續分發各府另報外，合先呈報等因到臣，據此案照先准户部咨該本部覆户科給事中周題定議條式四事，題奉聖旨疏：通錢幣乃足民良法，依擬通行天下，著各撫按官設法經理一體開鑄，與本地方舊錢相兼行使，務在便民，毋致勞擾，私鑄的嚴行禁治。工部還各降以式，鑄成之日著呈樣來看，並有無通行緣由查實奏報。欽此。欽遵。備咨照依本部題奉欽依内事理轉行司府一體欽遵施行，准此隨經備行布政司刊給榜諭，及通行司道府州縣衛所等衙門一體欽遵，查照並行該司遵照明旨作速議處，設法開鑄，與本地方舊錢相兼行使，務在便民，毋致勞擾，並嚴禁私鑄緣由通詳報奪。隨據右布政使何子壽呈准本司咨該，本職看得錢法事宜統行海内，執要者固極經綸之大，然德意敷宣，貴協情俗，奉行者當盡節目之詳，況今時值草創，工藝未精，民志未定，若不乘時利導隨事曲防，何以昭永久之美利，而廣浩蕩之恩澤哉。所有開鑄應行事宜擬合列款呈詳等因到臣，詳批照行去後，今據前因該臣會同巡按江西監察御史張議照錢幣乃生財之大道，而鼓鑄又疏通之良法，江西地瘠民貧，日中爲市，多用米穀，蓋金銀甚寡而錢法未行也。玆者仰荷皇上軫念民艱，俯從部科之議，廣爲開鑄，復又頒降錢式以便遵行，由中及外，同軌同文，民志既定，而民用自前矣。臣等敢不仰體聖衷，竭力修舉，發行之日，街衢鼓掌稱快，諦觀民情可保無滯，所據本官先後議報開鑄事宜，臣等參互部議條式覆加詳議，除行該司一面舉行並將後鑄新錢陸續分布各屬申諭官民一體行用外，所有應呈樣新錢一千文並應題請事宜合就摘款奏報。

計開

一、議開局。江省諸郡幅員省會乃其宅中之地，今議即於省中開局，俾各府環聚鑄造，不惟事體歸一，且免盜鑄者乘機竊起。查得先年省城開局鑄錢坐落順化門内，後因停鑄且值都司大造軍器，局房不足，改爲副局。今軍器分造於各衛所，二局空設已久，中所存者惟敝械破甲數件而已，似應移入副局收貯，其正局兩邊廊房二十八間可容輳砌爐座，中房二層計六間可爲委官住息行事之所，前池後井取水甚便，日後爐冶盛行再爲

開拓亦無難也，合無准將軍器正局改爲錢局，以便鼓鑄。伏乞聖裁。

一、定責成。議得會省監鑄有右布政使總其綱，南昌府同知理其目，又擇賢能首領等官四員奔走効勞，收銀收銅，登記册籍，無容別議矣。然在各府同知亦宜前來分任，若使盡驅入省，不免曠廢職務，若使輪番鑄造，一時錢難偏及。蓋爐座有限，官難坐守。合無責令各府同知每季止將存留銀解司或賫真正好銅到司兑换鑄成之錢，解到銀銅以先後完欠時日、數目分別勤惰而獎戒之，則職業不致妨廢，而錢亦自可周行矣。伏乞聖裁。

一、定錢式。查得户部原降樣錢一百文，共重一十三兩，每文準重一錢三分，輪郭周正，字文明潔，蓋銅質厚重，故易於全美也。且以十文計之，銅質工料與分銀價值不甚參差，非惟民間樂於行使，而私鑄者頗無利益，將不禁而自止矣。此正古人不愛銅、不惜工之説也。合無申諭局中，輕重、大小、厚薄悉照原式，永永遵守，倘有私意增減者，容臣等以違制論罪，應參治者，查照參治。其官府收放錢糧，如有輕重不如式者，即係私鑄，不得一概混行。伏乞聖裁。

一、議舊錢。准户部咨内開前代舊錢各處地方行使已久，民與相安，俱照舊用數目准折，務從民便，不得擅爲低昂，阻撓成法等因。節奉聖旨著各撫按官設法經理，一體開鑄，與本地方舊錢相兼行使，務在便民，毋致勞擾。欽此。查得江西一省原非行錢地方，近該前任都御史楊要得疏通錢法與民興利，聽民前到別省行錢處所收買前來發賣，每銀一分准行八文，意甚善矣，而百姓竟不樂從。臣接管後，復申前案，擴八文爲十文，又諭令新錢七文兼舊三文，而百姓阻塞如故。臣等細詢之，蓋由販户魯華、杜林等前去各省販錢，惟欲多得利銀，不顧美惡，甚至用銀一錢收錢二三百文者，質輕銅假，字文磨糊，皆係民間私鑄，原非前代並我朝所鑄制錢。各商惟見官府不爲主張，輒騰怨謗，而不知窮民自食其力，豈肯以有用之物易無用之錢耶。不然，何新錢一出，而民争趨之不暇也。今若强民兼行，仍恐並其新者而阻之，且又與明旨所云務在便民、毋致勞擾之意有違矣。但查此輩所販之錢不下萬金，資本既多，宜其情之急急也。合無念其皆爲皇上赤子，敕下該部查議，准行布政司將魯華等見在販錢，除鉛錫不堪外，每觔比照黄銅量增價值盡行收買鎔鑄，改作新錢，則非惟各商不至失所，而僞錢既銷，新者益行矣。伏乞聖裁。

一、議收發。臣等照得錢法之行，須斂散得宜，上下一體行使，然後可以流通，而民樂於從也。查得江西錢糧除一切解京之數不便收錢外，其存留銀兩扣留鹽税薪俸工食等項，但係在於本省流轉支用者，皆令銀錢相兼收放，此猶地方諸臣可以酌量徑自施行者也。至於本省王府禄糧，歲給不下十萬餘金，使非銀錢兼發，則又有窒而不通之處。然此非臣等之所能强者，伏望敕下該部再加查議，通行本省各王府知會一體遵行，則既開其源復導其流，雖欲不行，不可得矣。伏乞聖裁。

（明）張居正《張太岳集》卷四三《請停止輸錢内庫供賞疏》 昨該文書官姚秀口傳聖旨：内庫缺錢賞用，着臣等擬旨，傳該部鑄造進用。欽此。臣等查得：萬曆四年二月奉聖旨：萬曆通寶制錢着鑄二萬錠，與嘉靖、隆慶等相兼行使，户工二部知道。欽此。本月又該工部題鑄造事宜，節奉聖旨：錢式照嘉靖通寶鑄金背一萬四千錠，火漆六千錠，着以一千萬文進内庫應用。欽此。萬曆五年二月，内該户部進新鑄制錢，又奉聖旨：這錢錠還查原定二萬之數以一半進内庫應用，一半收貯太倉。欽此。及查工部題議制錢二萬錠，該錢一萬萬文，用工本銀十四萬九千兩，大半取之太倉銀庫，此奉旨鑄錢之大略也。

臣等看得先朝鑄造制錢，原以通幣便民，用存一代之制。鑄成之後，量進少許呈樣，非以進供上用者也。萬曆二年鑄造之初，亦止進樣錢一千萬文。其後以一半進用，已非通幣便民之本意。今若以賞用缺錢，徑行鑄造進用，則是以外府之儲取充内庫，大失舊制矣。且京師民間嘉靖錢最多自鑄，行萬曆制錢之後，愚民訛言，便謂止行萬曆新錢，不行嘉靖舊錢，小民甚以爲苦。近該五城榜示曉諭，民情少定。今若又廣鑄新錢，則嘉靖等項舊錢必致阻滯不行，於小民甚爲不便，又與原奉聖旨與嘉靖、隆慶等錢相兼行使之意相背。臣等揆度事體，似爲未便，伏望聖明裁審，暫停鑄造進用之旨。待二三年後，如果民間錢少，再行鑄造亦未爲晚，仍乞皇上曲納。臣等節次所陳狂愚之言，敦尚儉德，撙節財用，諸凡無益之費、無名之賞，一切裁省，庶國用可充，民生有賴。不然，以有限之財供無窮之用，將來必有大可憂者。臣等備員輔導，敢不盡其愚，伏惟聖明亮察。

萬曆七年四月十九日上，次日奉諭停鑄。

（明）朱吾弼等《皇明留臺奏議》卷一三《乞定錢法規制疏唐裔》

臣惟財用在民，而利權之操縱則在上而不在民。利權在上，而奔走以導利則在民而不在上。自古有一代之興必有一代之錢，有一代之錢自供一代之用。其間設法調停，俾疏通而不滯者，固自有道也。仰惟陛下因錢法之難行，不靳再三申飭，言官之所建白，部臣之所議覆，不啻詳矣。其在於今，乃有未盡行者，南京係都會之區，行未數月竟停壅而不達。南京如此，其在外府州縣可知矣，毋怪乎噪攘者之紛紛也。進言者以爲私鑄之混官鑄也，即今私鑄者且獲重遣矣，以爲新錢之濫惡也，而舊鑄之堅厚者自在也，一概不行，其故難知矣。

臣愚以爲有二端焉，價值之不歸一也，督責之太驟也。何謂價值之不歸一也。發錢之初，議有成價，每銀一分或錢八文，或十文。行未幾，八文者或改爲十文矣，十文者或改爲十二三文矣。匹夫持尺寸布粟入市易錢，不至盈百，既而以錢易他物，則其價又若干指然矣。自匹夫而上其積錢愈多，則其虧本愈甚，甚至積於無用，能令不悔其始之受新錢耶。欲望其行之久也，難矣。此其故皆起於市井壟斷之徒設計奇贏，陰爲轉移，而致然耳。伏乞敕下該部轉行撫按衙門，將各處官錢鑄合式之錢立爲一定不移之價，刊刻成數，頒示中外，毋致先貴而後賤，毋致日異而月不同，而市井壟斷之徒嚴爲體訪，懲一警百。若是而錢不行者，未之有也。何謂督責之太驟也，鑄錢一出，則官府急急焉速爲示諭，某項給錢，某項納錢，某項不許收錢，某項不許並用，有不若令者刑罰且隨之。愚民轉相淆惑，以爲今日之使新錢非正直也，乃官府以法驅之也，他日官府一弛錢，將焉用也。此其所以展轉趨而錢日壅也。夫以銀易銅，以銅鑄錢，錢即銀也，何至以刑威迫而使之重，自疑畏也。伏乞敕下該部轉行撫按衙門，諭令各府州縣將新鑄萬曆之錢與我朝列聖寶號之錢相兼行使，不致舍彼而取此，不致遺舊以專新，從容導引，以期民之信從。若是而錢有不行者，未之有也。

再照財者，民之命也。人情者，聖王之田也。《大學》論理財而本之絜矩，要之使民各得分願也。曾見雲南巡撫饒仁侃奏雲南一省自來不知錢法，夷人行使不通，乞要照舊，以安民俗。奉聖旨：雲南地方既不用錢，不必鑄造。其見在庫藏着貴州差人該省搬取以資兵餉，價銀免解還。欽此。仰見陛下行錢之令原無成心，未嘗用此以苦民也。五方風氣異，宜膠於故常而駭於新制，恐不但雲南一省爲然也。伏乞敕下該部轉行撫按衙門再加查核，如原係行錢地方，上緊着實舉行，務在設法疏通。倘有積習已久不便行使者，不妨明白開奏，以便裁奪，毋得隱忍遲回，以釀厲階。此實用法之深仁而亦順治之大權也。統惟陛下留神俯賜施行。

（明）張萱《西園聞見録》卷九二《錢法》 袁表曰：按鑄錢以年號爲文，始於劉宋孝達之時。宋自開寶，每更一號，必鑄一錢。我聖祖未建極之前，即創大中通寶。既登基之後，又鑄洪武通寶，列聖相承，皆設寶源寺局鼓鑄，與歷代銅錢兼行。楮弊，前代皆用紙爲之，而印文書於其上。金元則以桑皮就造爲鈔，而印以字紋。我朝則用諸生課藁印造，特設寶鈔提舉司，申之以僞造之禁，嚴以不售之法。錢在天下有行有不行，而鈔則絶不以之貿易。蓋造於上者，有出而無納；行於下者，有敝而無用，勢使然也。

韓爌曰：今國家惟寶源局職司鼓鑄，若周之少府、泉府，漢之上林三官。【略】夫今之弊，非戛戛然其難言者也，亦非斷斷其難行者也。指陳不越目前而轉移，不煩餘力在一加之意耳。蓋聞錢者，泉也。如水行地無之而可壅也，今各省直部邑行者不能以十五。夫商賈之往來，有無之貿易兩有之，以爲用故也。今使燕賈居錢數萬而以易隴之貨，必不售。彼謂其無所利之耳。【略】

張居正曰：錢法，原以足民，非爲興利。然足國之道，亦不外此。蓋世間銀少銅多，公私之費皆取足於銀，故嘗患不足。今化銅爲寶，則民用益饒；民用既饒，則上供易辦，故足民亦所以足國也。

（明）馮夢龍《馮夢龍詩文·錢法議》 錢識帝號，其制之美惡，價之貴賤，與世之安危相應。往代半兩五銖，皆盛世也。榆莢鵝眼，皆亂世也。

國朝自洪、永而下，錢皆精雅。至嘉靖、萬曆之制，尤爲堅厚。其時每文重錢外，每千價壹兩，終敬宗、神宗之世不變。而享國長久，亦無出二宗之右。所以然者，繇鑄者不私，故私者不鑄耳。至崇禎錢出，而司鑄者未暇急公，先謀潤橐，扣銅價，徵樣錢，勒餘羨。於是摻和鉛石，擲地即碎；體制薄小，百不盈握。官鑄與私鑄工拙不相遠，故私錢益多，而

價因以大減，今每千止三錢五分矣。新錢既賤，舊錢不得獨貴，藏錢之家，十而虧七；用錢之人，三而當一。民安得不日貧，而國用安得足乎？且帝號至貴重也，而輕之薄之賤之，可謂非亂徵與？

今天子中興，啓、泰、弘光之錢，將與日月俱新。主計者能自愛以愛國，必當力矯夙弊，爲嘉靖、爲萬曆，而不爲崇禎。然而戡定方始，資費無算，且銅價日增，即僅僅復嘉、萬之舊，未有大濟。竊謂今日金銀已匱，所可轉貧爲富，惟錢一途，是之不講，而又焉從事？

漢武帝時，國用不足，造銀、錫、白金三品：龍文值三千，馬文值五百，龜文值三百。蜀先主初拔成都乏用，劉巴請鑄值百錢，平諸物價，數月之間，府庫充饒。孫吴亦作當千大錢。北朝後周大象元年，鑄永通萬國錢，以一當千，與五銖并行。劉建鋒爲湖南留後，行當十錢。宋神宗亦行折二錢。前代濟用之術，班班可考。然久遠可行之計，猶未深講。

蓋錢法之行，全在上下相通，收散相等。使下散而上不收，則民疑；使散多而收少，則民困；使下散一價而上收又一價，則民不服；使散者僉富抑派，而收者勒措作難，則民怨苦。有一於此，求其通行無滯，不可得矣。

爲今之計，宜乘新鑄時酌定古制，或當十、當百、當千，大小花文各别。凡都會之區，俱設一專官，如漢世銅官之屬。廣招銅商，見價平買，勿令吏胥染指。糾正鼓鑄，厚其廩餼，質用純銅，體必精好。其嘉、萬等舊錢，或崇禎初鑄重一錢者，仍復每千一兩之價。至惡薄時錢，隨俗作價使用。大小錢相御而行，如子母然。

而更操一必行之術於此：天下財賦莫重於江南，然所徵官銀，登天府者僅半爾；他如雜色官辦，及俸廩、兵糧、工食、驛遞、水脚各項，俱可以錢代也。况納贖一款，原爲積穀備荒，今盡折銀而歸橐，縱不能盡穀，獨不可以錢兼乎？錢價既立，凡民間納糧者，必令銀錢各半，納贖則穀與錢并收。銀以供上輸之正額，錢以充支銷之雜費。如此則錢居必用之勢，上鑄之下所必買，下積之上所必收，出入畫一無二價，上下流轉無窮期。此法誠行，雖當萬猶可，况百千乎？

天啓初年，曾鑄當十大錢，錢重一兩，官利既少，而商賈難攜，故不久報罷。今所議者，正取其利厚而攜便也。然此議一創，度必有嫌其不便而力沮之者，輸納用錢難於取耗，不便一；苞苴用錢難於饋遺，不便二；贓罰用錢難於歸裝，不便三。凡此三不便，特不便於貪官污吏耳，而其便於國，便於民，造福不可勝言。或又虞大錢利厚，私鑄益多。不知民間盗鑄，必不及官鑄之精美，彼小錢猶不能工，何况大錢？而又懸不時告發之賞，申保結連坐之條。有犯者，爲首立正典刑，餘工没入官作。則富國之權，盡歸于官。行之三年，而司農猶蹙額患貧，不能復二宗富庶之舊者，臣請服妄言之誅。

（明）劉宗周《劉蕺山集》卷四《奏疏・修陳錢法疏》 工部左侍郎臣劉宗周謹奏爲遵奉明旨仰佐錢法末議事。前者因錢法一事，户部欽奉上傳，該錢法侍郎吴國仕回奏，奉聖旨：是奏内疏官錢、禁私錢、廣收放，俱於錢法有裨，至囤販立限收買、嚴稽出入尤是疏通要法，著確實敕行，有仍違禁私販收放作姦者，内外各該衙門嚴緝參拏究治，務期上下通行，軍民兩利。該部知道。欽此。續該侍郎吴國仕參處玩法經紀李八等，奉聖旨：李八等著送刑部問擬，楊大並行緝究，其責成坊官盡收私鑄例行制錢及參罰事宜依議，但不許衙役乘機生擾。在官經紀應否設立，該部核議具奏。欽此。國仕尚未經回奏，復於本月十七日見邸抄户部接出上傳，錢法原取便民，今新錢六十五文未見通行，舊錢聽從民便。又稱苦無定數，作何畫一。至禁外錢原防低假，若一概禁絶，是否足以周流通，著户部及錢法侍郎詳詢確議，速行奏奪。欽此。

臣伏讀前後詔旨，皆責成户部而不及臣部，然臣在工言工，亦以提督錢法爲專職者也。前接户部來文事理，已該本部尚書劉遵憲剳行管理寶源局員外郎許國楨遵行去後，而臣時訪之民間，俱不便於新令，至有因而罷市者。臣念行法之初，人情難於慮始，故静聽彌月，未敢遽有陳瀆，而不意聖明已再四迴環，猶以前議爲未盡，因有詳詢確議之旨，則臣其敢無説而處於此乎。

臣聞王道本乎人情，人情之所趨，國法之所不能强也。况錢之爲言泉也，又謂之圜府，本以流通上下而成制，未有不行於下而可行於上者，大哉王言，錢法本取便民一語，固已得其大端，而曉然於王者，與民同利之德意矣。今請就明諭之所及者而一一爲闡繹之。如曰新錢六十五文未見通行。臣謂不必强之使行也，聽其自行而已。如曰舊錢聽從民便，又稱苦無

定數。臣謂不必强之使定也，聽其自定而已。如曰禁外錢原防低假，若一概禁絶，是否足以周流。臣謂不必禁之使絶也，禁之且以滋擾，但嚴低假之防而已。然則何以使新錢常貴、舊錢常賤、低假錢獨常禁乎，有法於此，請姑因人情之所便而利導之。一在酌收法。如收之以二八銀錢也，新錢有收，舊錢亦有收，而若事例，若稅糧，若贓罰皆例收新錢，若房號、若門稅、若贖鍰皆例收舊錢，新者制自上裁，舊者悉隨時估，既分其貴賤而收之，民未有不從其貴賤者也。一在酌放法。如放之以二八銀錢也，新錢有放，舊錢亦有放，而若官吏師生俸廩、衙役工食皆例放新錢，若三大營軍需，特從優恤皆例放舊錢，新者制自上裁，舊者悉隨時估，既分其貴賤而放之，民未有不從其貴賤者也。又一在酌行使法。凡民間交易，估自一錢以上者許用新錢，估自一錢以下者許用舊錢，新者制自上裁，舊者悉從時估，既分其貴賤而用之，民未有不安於貴賤者也。於是禁濫惡之新鑄。臣查近日所鑄制錢視萬曆以前良楛懸甚，而臣部近用鉋銅一項爲鑄本，銅低而制益劣，亦何怪民間之賤值乎。法宜加增銅料，更定字樣，如萬曆時錢式。且進而視嘉隆則體質既殊，新錢不期貴而愈貴矣。於是禁低假之舊鑄，訪九門以外但有進低錢假錢者，聽該部以銅價收之，訪鋪户中但有買低錢假錢者，聽司坊官以違制之罪罪之。則私錢漸盡，舊錢不期賤而漸賤矣。於是議設在官之經紀，每坊量設一人統領諸小鋪，必報土著之有身家者，聽其新錢舊錢分別兑换，兑换分而行使亦分可知，且聽其低錢假錢一例收買，收買盡而行使亦盡可知。是又所以通上下之血脈，制新錢之低昂而行之，不以爲擾者也。

至於舊錢絡繹捆入京師，臣頗聞之道路，凡以外省直但行新錢不行舊錢故也。其但行新錢而不行舊錢，則各省直官鑄太多故也。官鑄多而私鑄亦多，不特舊錢賤並新錢亦賤矣。官鑄多而銅本益貴，不特京鑄壅並京鑄亦艱矣。今請除南京户工二局外盡廢天下官鑄，因禁天下私鑄，必使外省直新舊兼行悉如京師例，而外錢自不禁而漸絶矣。臣非不知隨產起爐，取息饒而裕國便，要之國家當權大體，不當較小利。語曰：國之利器，不可示人。況天地生財止有此數，注於彼者必挹於此，故必於行法之中不礙人情之所便，所爲因其勢而利導之，絶無事於一切把持之術，此王道也。臣敢以是奉揚天子休命，若其他已經户部條議見在遵行，臣不必縷縷及之。臣識短才疎，自愧一得，仰祈聖明採擇施行。

（明）張慎言《泊水齋詩文鈔》卷一《本末兼治仰贊國計疏》　近以司農水衡告匱，議開採、議鼓鑄、議屯田、議開墾、議鹽法者，既發言盈庭矣。臣竊以爲急則治標，緩則治本，今日之計，當標本兼治而後可。治標以救目前之急，而治本所以爲經久之圖。語有之，人無遠慮，必有近憂。蓋年爲百之慮者，正可救目前，而止圖補苴於目前之急，嗣且有不可收拾者。焚林竭澤，終非本計。恐字多逾限，臣謹齋沐恭繕三疏。先以開採、鼓鑄言之：

臣以爲開採鼓鑄果如諸臣之言，國家獲倍稱之息，亦無補於得失之數。何言之？遠者不具論，記二十年前，米斗只百錢耳，且有不及百錢者。近年以來斗小，而直踴且騰至三百錢矣，若以原斗較，且將四百錢矣。是今日金錢四萬，止抵當日一萬之數。古者百里不販粟，近所在軍荒，至販粟於千里之外。何以故？粟死而金生也。今日不講生粟之法，而專恃一切開鑄之求，政使金高於斗，亦復何益？昔人有言曰：使我爲治，當使黄金與土同價。此有至理，不當以人廢言也。若使千倉萬箱、百室盈止，米價仍復先年之舊，是一萬金錢可抵四萬之用，不已便乎？況開採未必獲什一之利，而種種之害不可勝言。

説者又謂鼓鑄之利，其言鑿鑿可聽。臣以爲今日非錢少之患，正錢多之患也，試觀中外遠近，萬貨皆貴，不止百穀。至布帛菽粟，無論貴賤，軍民一日不可闕者。當日窮鄉下邑之民，以中人之產、餘夫之田，經營節縮八口之家，飽暖而有餘。今日以中人十家之產，八口之田，竭蹶而不足，且散而之四方，爲溝中之瘠者，不知凡幾，其故何也？蓋穀生則萬貨皆生，穀貴則萬貨皆貴，貨少而日益貴，貨貴而鈔錢日益賤也。當年傭者竭一日之力，得錢三十上下，而可以飽其妻子，今且倍於是而不能求一日之飽。推此類具言之，則邊兵一日之餉，倍於往者三日而尚不可。而國家安得如許金錢而餉之也？況兵之數不可紀極乎？

極言之，在民則不農，不農且將爲盗，比既爲盗，又當費剿餉不可算；在兵則曰噪，噪則且將逃而叛，比既叛而逃，往者之餉已不可追，而又當有追捕之費，再募之費。兵民盡爲潢池之弄，百姓因而不得耕，而苦於加派徵調者，又無論矣。若使兵不噪，民盡歸農，百穀皆生，現在之

金錢，臣以爲足用。若百姓不農，且迫而爲盜，雖錢如江河之流，臣以爲不足，且不止於錢之不足而已。記萬曆年京師制錢以錢六百文抵銀一兩，今則增至八百矣，且復有奇零。而河南、山以西有至一千四五百不等者。此何以故？則錢多與私鑄之患也。令無法而使穀與貨日多，而錢日貴，而講生錢之法，政使就銅山而鑄，饑不可食，寒不可衣，將奈之何？孟軻曰：易其田疇，薄其税斂，民可使富也。食之以時，用之以禮，財不可勝用也。所謂富，所謂不可勝用者，何物也？非珠玉貨幣也，不過菽粟而已。故曰：聖人治天下，使有菽粟如水火；菽粟如水火，而民焉有不仁者乎。菽粟生則金錢日益生，非真日生也，有無相易，貴賤相權，兩相生而遂裕於流水之原。若菽粟死，則金錢亦死，非真死也，子母不相權，本末不相稱，恐金錢無單行之理，末重而尾不掉，勢固然也。

祈敕下廷臣詳議。至税斂已萬不可薄矣，其他尚有可言者。愚者千慮，必有一得；使盡言之，必有出微臣寡昧之外者。臣不勝恐懼待命之至。

（明）倪元璐《倪文貞奏疏》卷九《鼓鑄大計疏》　題爲欽奉聖諭事。本月初十日恭接聖諭，鼓鑄爲足國大計，近時事多艱，銅本稀少，御前及在内各衙門已有旨盡數搜用。今内外文武軍民人等俱宜急公體國，共濟急需，著遵照律例，除鏡子、軍器、寺觀鐘磬鐃鈸及櫃箱等物事件鎖鑰、樂器、古銅免毁，其餘定限三個月俱行銷毁，一切廢銅並赴官賣給價，不許違禁打造收賣，其有捐銅助鑄的悉照事例議叙。崇禎制錢仍以六十五文作銀一錢，其餘雜錢概以二文準作一文，低薄小錢自五分重以下者，四文準作一文。其私販低錢着該城御史嚴禁緝拏，仍各大張曉示。至南北銅商領價誆官逋欠巨萬，屢旨究追，著經管官勒限追完，仍各自行回奏，各省直作何勸勉，並設何官專司，應行事宜著該部詳妥開款來看。昨據計臣倪元璐奏薦王鼇永心計可用，著以户部侍郎兼工部侍郎提督二部錢局錢法鈔法，責令清釐局商蠹弊，疏通錢鈔。如辦理有效，即行優叙。倘壅窒踵弊，責無所辭。特諭。欽此。

臣於是恭服皇上之思深而策備也，如此則處處有銅，源源可鑄，富國之計盡此一謀。然而臣猶有説，凡一法之立，一弊即生。今欲使私銅盡絶，無如專禁打造，犯者重論。夫用之家千而造之家一，禁千不如禁一，此爲絶源之法，如此則民間成器不須盡責毁銷。即責毁銷，但勸諭之，不必設爲嚴禁。即設爲嚴禁，請但行之紳貴，勿及士民。紳貴義無所逃，擾害不及。若行之士民，則告訐四起，挾詐横行，從此騷然，大可慮也。聖諭不言挾銅不出者作何處治，仰見淵衷矣。然而民銅不出，鑄本猶微，有法於此，請令有司罰贖減半徵銅。如稍有力應罰銀一兩三錢者，僅輸價值六錢五分之銅，則民争輸銅矣。民争輸銅，則銅價必貴，銅價既貴，則凡有銅者莫不居奇射利，歡然出而應之。不出一年，天下之銅悉歸官冶，民間非但不騷，抑可取利。夫使民賣銅於官必得虧折，賣銅於民必得贏息，而有罪輸贖者，雖苦於買貴銅而實喜於承半罰，則亦無不便也。凡法立而民稱便，因勢順導之，則行於流水矣。恭候聖裁。

（明）盧象昇《大司馬盧公奏議》卷七《宣雲鼓鑄事宜疏》　謹照陽和鼓鑄，先經前任督臣梁廷棟題奉欽依在案。近該大同撫臣葉廷桂疏請雲鎮一並開局，復奉有俞綸。總之，軍興匱乏，巖疆經費無資，聖明灼見其艱難，故令疆臣稍得便宜經理。乃宣雲皆臣督屬也，即陽和鼓鑄，亦總爲宣雲地方計也。兩鎮事同一體。查宣府分守口北道職銜，從來有兼理鼓鑄字樣。即如前任道臣荊之琦在事，以五萬鑄本經營，未及一年，得息萬餘，充城守軍需急用，宣人至今稱之。今宣疆事事窘迫，合無行令該鎮，自措貲本，一體開鑄，稍佐軍需。每年終，同陽和鑄息查明奏報，務使涓滴皆歸公家實用，勿令漏巵。再照宣雲陽和鑄局難開，貲本匱乏，所鑄官錢，尚不足供本地軍民之用，與户工二部錢法絶不相妨，斯蓋有益無損者也。統惟皇上敕下該部，行令臣等遵奉施行。爲此謹奏。

崇禎十年正月十八日

（明）陳子龍《明經世文編》卷二〇四《何翰林集・與正槐野先生書　何良俊》　夫天子所以開利源而不竭者，惟錢耳。何也。蓋財之所出，不過天之所生，地之所長，皆有限極，惟錢之用不窮者，以能權其輕重而伸縮之數，在我制之耳。

今之司國計者，特以爲錢之用，不償鑄錢之費，故不敢倡爲此議。嘗考宋之鑄錢有二十四監，今該於兩京十三省及六鹽運司共計二十一處，開局鼓鑄，兩京以一户部副郎主之，各省以一參議主之，各鹽運司以一運司判，或運副主之。而巡按御史每加覺察。又先著爲令，禁民間不得以銅爲

器皿；市中工匠，不得打造銅器。限三月之內，竝首告入官，官給其直。按宋真宗咸平四年之令，舊制犯銅禁七斤以上，竝奏裁處死。詔自今滿十五斤以上取裁，餘第減之，則知宋之銅禁益嚴矣。又按周顯德二年，以縣官久不鑄錢，民間多銷錢爲器皿及佛像，故錢益少。乃立監采銅鑄錢，自非縣官法物、軍器及寺觀鐘磬鈸鐸之類聽留外，自餘民間銅器、佛像五十日內悉聽輸官，官給其直。過期隱匿不輸，五斤以上罪死，不及者論罪。則知五代之銅禁亦嚴矣。蓋必嚴立銅禁，然後各處之銅盡歸錢局。且良後又考之古今之錢，唯五銖輕重，最爲適中。古以二十四銖爲一兩，若以古今度量較之，今之一兩比古之八錢稍劣，則每錢重一錢四分稍贏。通計每銅一斤，除銷鎔磨洗之外，當得錢一百五十有畸，大約一局每日有銅二百斤，當得三萬有畸矣。又當著爲令甲。大凡拘刷銅器，皆責之府縣，明造册籍送局。管鑄官不得擅自拘刷，以致紛擾。其軍民有罪者，府縣許酌量贖銅送局。更或不足，然後有司以無礙錢粮買充。其合用工役人等，除番沙掌鈐高手，出直僦户。其餘熾炭鎔銅磨洗之類，有司竝以有罪人充，則於鼓鑄之費不亦少省耶。近聞有人建議於雲南鑄錢，錢成則遞至湖廣，由湖廣遞至南京，南京轉解京師，可謂失策之甚。即郵驛之費，已不可紀極矣。夫郵驛支應，皆百姓之脂血，國家之命脉也。夫已知鼓鑄之無利，况可又增不經之費，以益之耶。大凡事貴於因，能知因之爲利，則事省而功倍。今二十一局所鑄之錢，但當督令有司，立法就於所在行使。所易之銀，着令進表官順帶進京。此所謂因之爲利者非耶。或又以盜鑄爲言者，是不足深慮。夫所鑄之錢，必令盡數管解所在巡按御史，給與鋪户。給散之日，須令當堂揀選。如有攙和鉛錫，或輕薄濫惡者，管鑄官許令參奏送京，處以重罪。其錢務要肉好周正，輪郭分明，則工費已不貲矣。夫官局所用者官銅，所役者公徒，猶惜其重費，則民間亦何利而爲之耶，蓋不待禁而自息矣。

（明）陳子龍《明經世文編》卷二八六《蕭同野集・鑄錢議改鑄大錢蕭端蒙》 嘗聞聖王之造錢幣也，物重而幣輕，於是乎作重錢以救其輕。物輕而幣重，於是乎作輕錢以救其重。所以一法令，阜貨財，杜奸僞也。伏見方今錢法閎格，公私困乏。其患蓋由於錢輕，何者？惜銅愛工則易於取贏，易於取贏則姦人窺利以盜鑄，姦人窺利以盜鑄則殽雜之錢多，殽雜之錢多則幣益輕而物益重矣。故曰患在於錢輕，輕而不知所以權之則財貨壅，民僞滋。非所以通懋遷之益，明泉布之義也。故爲今計莫若鑄嘉靖大錢，以五銖爲定制而布之上下，其輪郭深廣倍舊錢，而以之市易則緡準一金焉。是固聖王所以救輕之意也。

或以爲舊錢既廢，新錢尚寡，恐不能家給而户足。况所鑄之錢，費奢而直廉，非所以爲國之利也。竊以爲不然。夫經國者以度宜爲政，而不襲於故常。議事者以成務爲經，而不顧小費。夫唐宋舊錢及本朝通寶，皆輪郭深厚。其瘠薄者不過民間所盜鑄者耳。今京師雖用板錢，而大錢之流於天下者，尚不爲少，宜令民間舊錢與新頒輕重相若者貿易如故。其不及者，官徵入之而償其值，即其所入者而改鑄焉。其有私藏小錢殽襍錢者，以私鑄論。著之令甲，永爲定式。夫費奢而直廉，則奸人無所射利，以啓其邪心。一利也。盜鑄既少，獄法自簡。二利也。易惡爲美，足以富國而裕民。三利也。通財貨，惠商賈。四利也。公私皆得，商農並利。五利也。費于財而便于國，用雖侈而利則弘，何足病乎。故竊以爲改鑄大錢便。謹議。

（明）陳子龍《明經世文編》卷三九三《王文端公文集・答李近臺撫臺論鑄錢王家屏》 鑄錢本以濟銀幣之不足，爲其費省而利贏，故足造也。今鑄之於南，所費不貲。解之於北，積而無用。何苦以無用之貨，糜不貲之財，而使工疲於鼓鑄，官憚於遠輸，其亦失策甚矣。不佞竊嘗謬議，今公私匱竭之際，惟有錢法一事，可以通利權，便民裕國。而但苦於主持不力，行使不均，故其法乍疏乍塞，下反操柄，上反聽之。而說者猥云宜從民便。

夫錢，民之資也，衣食賴焉。安有予民以衣食之資，而民反不便者乎。其以爲不便者，止用之於市肆，而官吏俸糧、軍民租税、罪犯罰贖不得搭配，是塞其源而欲其流之通也，其不行有由矣。誠如大議，自官府下至市肆，通用制錢，與銀相權而行，他錢弗與。即有他錢，別設法收之，以爲鑄錢之料。如此則法守一，利權通，民孰得而阻撓之者。倘以爲民便可聽，則工之便亦可聽也。豈有錢不可強而行，獨可強而鑄哉。鑄則必行，不行則不必鑄。此兩言者甚易決耳。生愚無識，獨服大疏所議爲是，即贊之於大司空也。

（明）陳子龍《明經世文編》卷四一一《趙司農奏議・錢法疏趙世卿》

看得疏通錢法，禁止盜僞。累經奉有明旨，不啻三令五申，原議制錢，官民竝用。凡軍糧商價，俱要銀錢三七兼支。每銀一錢，以五十文爲率。按以時估，於民固無虧損，計以本費，於國稍有積贏。誠公私兩利之術也。柰沿襲漸久，銀錢價值，低昂屢變。向猶增至六十餘文，今則六十七八文矣。將來消長，尚未可知。惟就今日，亦可謂濫觴之極者。彼估賤而貴用之，則衆口譁。因其賤而賤用之，則國本蠧。至使欽定信額，不遵率於輦轂之間，而臣子區區籌畫，尤苦於掣肘而難行。臣憂滋甚，夫等一制錢耳，何先後貴賤懸殊乃爾。臣以爲錢法之害有四：曰盜鑄之與雜用也，市價之多岐而流行之未廣也。制錢固自有真，乃姦宄之徒以彼私造贋物與制錢鴈行於市。非以僞亂真，而陰壞吾法者乎。官爐之制惟一，然閭閻流布。顧有所謂紅黑背面、色様光薄之類，不勝指數，非以雜溷純而觭勝吾法者乎。市價之平宜辨也。自假雜之錢出，而五文之數窮，斯真僞同類而其賤之矣，是低昂任柄而撓吾法者也。令甲之遵宜同也。今寶源每歲巨萬之鑄，旋轉僅在都門百里之間，過此即格而弗通焉。是壅塞爲患，而阻吾法者也。抑四者之害雖同，而盜鑄爲甚。頃者錦衣衛都督王之楨緝獲人犯私鑄，明有其人矣。調停錢法，臣部司之，禁緝奸盜，在柄法諸臣司之。僞者不革，而望真者之通，臣之所不敢必也。

（明）陳子龍《明經世文編》卷四二〇《郭青螺文集・錢法郭子章》

錢法者，不收之田，不計之海，不出之府庫，無大損於國貯，而博利於民生。誠今日捄弊之急務也。考之列星圖曰：天錢十星，在北落西。豈天之所布不可變，而治天下者，當因之與。夏鑄歷山，商鑄莊山，成周圜法泉府，其制獨詳，則先王所籍也。漢自元狩至元始，成五銖錢二百八十億萬庫。開元中，天下七十餘爐，歲入錢百萬。宋元豐中，天下五十三監，歲入錢千萬，則後王所貲也。國家百典，上稽三代，下陋漢唐宋。乃獨鑄錢一事，自洪永迄今，阻格不甚行，而欲其富之埒古人乎。此愚所未解也。鑄之不得其方，用之不盡其法。一或齟齬，輒曰錢法難行，吁亦過矣。愚請悉言之，其説有六：一曰收銅之權，二曰固銅之源，三曰開銅之利，四曰精錢之制，五曰廣錢之涂，六曰耑錢之官。

古今議鑄，無若西漢二賈。誼之言曰銅畢歸于上，山之言曰民不應與主共柄。今天下姦民私鑄，陰持主柄，以厲公錢。果如誼言，上收銅，勿令布，民安所得銅而私鑄之。故收銅之説，人主持柄息姦之要術也。高皇帝神智洞燭，止令軍民鑄鑑及軍器，一切廢銅，並聽官收，毋令私藏，即二賈意也。後寢不行，至於今銅布於下極矣。浮屠佛像，及民間鐘磬盂爐之類，比比皆銅。今欲收之，無故而奪民銅，則民亂。盡貿之以金，則國困。愚意兩京各立一收銅廠，督以司空之屬，外省責之藩臣，外郡責之府倅，每月定期與民市銅。每銅若干，估直子錢若干，其私藏者罰如律。大約一歲，收盡民銅。則民以無用之銅，易有用之錢，既可爲私家之利，而又得免於私藏之罪，其誰不欣然而輸之官。官以既鑄之錢，易未鑄之銅，既可爲續鑄之貲，而略無費於公帑之金，又何憚而不收之民。况藏銅于民，銅皆銅也，而私鑄有訾，銅一入官，銅盡錢也，而國家日富。聖主所以獨持大柄，而利天下者，無出於此。故銅之權，不可不收也。

銅器收矣，銅源未固，民得濫取，其私鑄猶故也。防水者，先源後流。披木者，先根後枝。銅山者，錢之根源也。黄帝封山，令十里外乘者行，行者趨。桓公封山，令犯者左足入刖左，右足入刖右，禁至嚴矣。乃今滇中之銅商得私販，盜掘銅錫，罪止戍邊。則私鑄之賊，何慮無銅。今欲禁私鑄，當先禁私販。欲禁私販，當先封銅山。欲封銅山，當先嚴盜掘之律。銅源一絶，即有項梁：參木之徒，無自而逞。故銅之源，不可不固也。

或曰天地之利不導之開而反封之，何也？曰非終錮而不開也。公錢未布則閉之以塞奸，公錢既流則開之以疏利。顧今之銅，止路南一隅，亦云隘矣。《山海經》曰：海内銅山四百六十七。漢鄧通鑄於嚴道，吴王鑄於豫章，唐置於陝宣衢信，銅冶九十六，宋鑄於諸路，銅冶百三十六。國初令天下藩司設寶泉局，文皇帝遣官於江浙閩廣鑄錢，宣德間始罷信饒銅場，則亦非止滇南一路也。若盡籍天下銅山，倣漢唐宋故事，隨山掘銅，設置鼓鑄，則天地之銅，盡爲國計。故銅之利不可不開也。

善乎孔顗之言曰：民之盜鑄嚴法不能禁者，縁上惜銅愛工也。或曰鑄錢利國，先以耗國。錢成之利，不以償工。其識末矣。王者以四海爲家，費百萬以鑄百萬，則二百萬。費千萬以鑄千萬，則二千萬。一生二，二生四，四生八，生生不已，鑄鑄無窮。何羿羿乎銖錙之較也。第顗之

説，容有未盡者，不惜銅似矣。不擇銅而定其衡，則雜。不愛工似矣。不擇工而峻其防，則疏。銅者，錢之質也。蒼則蒼，黄則黄，而誰能違之。輕重者，錢之衡也。四銖則太輕，六銖則太重，而誰能准之。工者，錢之範，而弊之藪也。模不模，範不範，而誰能覈之。故惟不雜以錫、鐶之銅以虧其肉好，而獨流五銖之制，以一其目，擇二局之良者，分布天下以爲之工師，而高其垣圉嚴其防撿，以稽其私挾。故曰錢之制貴精也。

夫錢，泉也，流於下而壅於上，行於賤而塞於貴，即日肆諸人於市，無以爲也。今自折俸募役外朝廷不入，賞賚不予，是自賤之也。自賤之而欲人貴之，其勢焉得。《志》曰：天用莫如龍，地用莫如馬，人用莫如龜。此言用錢之涂，不可狹也。漢隆慮主以錢千萬爲其子贖死彈，今鍰金獨不可入乎。漢律人出一算，算百二十錢，今民賦獨不可入乎。漢募豪民入粟縣官，而内錢於都内，今開納獨不可入乎。漢館陶主爲其子求郎不許，賞錢千萬，今賞賚貴戚閹尹，獨不可予乎。漢胡降者，贍以少府禁錢，今各邊夷市，獨不可予乎。夫錢下而不上則其權在市井，上而下，下而上，則其權在朝廷。誠用之如循環，行之如流水。上闢其出之涂，若賞賜、若俸薪、若顧募之類，無不以下。下闢其入之涂，若軍興、若榷稅、若鍰贖之類，無不以上。銀用其六，錢用其四，又何不行之足慮乎。故曰錢之涂貴廣也。

雖然，治法治人，相爲表裏，錢法之行，原非細故。内責之二局，外辦之藩司。事權不重，稽覈未嚴，奈之何其卒行之也。周公、太公、管敬仲、孫叔敖則宰相主之，唐賜爐止世民、元吉，則親王領之。晏琦以侍郎領鑄錢使於江淮，杜鎬等以秘閣校理討鑄錢故事於禁苑。惟其利溥而用鉅耳。今宜略倣古制，令兩京領於工部侍郎，各省添設督鑄司道，歲終嚴考成之法，差竣正舉刺之典。薄惡者黜，壅塞者黜，自點汙者黜，縱民開山藏器者黜，縱民盜鑄者黜。又何不行之爲慮乎。故曰錢之官貴耑也。

夫收銅之權，則利不散之委巷。固銅之源，則商賈無所牟於山澤。開銅之利，則地不愛寶。精錢之制，則民鑄不得亂其形。廣錢之涂，則下不賤錢。耑錢之官，則法必行而民重於犯刑。蓋雖管、賈之餘談，而國家之完計，何以易此。嗟乎，海内宗室，轂食者半，百官秩薄，勢將漁民。邊海閭左，動至脱巾，水旱天行，民室懸磬。當此之時，使公錢之貫，山積帑藏，則以親親重其禄可也。以勸百官，加其秩可也。以養兵增其直可也。以存百姓，減其算可也。不食之而人飽，不分之而家給。弭其亂而經其費，釋其怨而捄其竭。籍民之衆以爲疆，守國之富以爲封，則猶所謂霸王之本也哉。

（明）陳子龍《明經世文編》卷四三一《劉文節公集・與大司徒石東泉書劉應秋**》** 古今之善理財者，不言生而言節。迨國運休明之久，其文物既增修，則財用必侈耗，利孔必無遺，議所當言者，獨有節而已矣。旬月以來，又見諸臺省各陳所諫，犁然具備。而其最要者，已略舉於王給事之一疏。今天下費之最鉅者，無若邊餉。其侵魚蠹冒，弊出百端，亦無若邊餉。顧人知之，人能言之，而迄不得其要領者，以權在督撫，隱蔽自上，則下相回互。受計支吾，則推尋無跡，故欲清邊餉須公忠潔廉者，一改轍而更圖之，乃可耳。不能，即僅得毫芒，所補幾何也。

今之所最蠹財而害民，無如鑄錢一節。言者雖紛紛，迄未有竟其根株者。乃弊原則在數更而屢變也。本朝洪武四年，始開局造錢，未幾旋罷。中間正統、天順、成化、正德，皆格不鑄。獨嘉靖鑄錢最多，十九年已有所得不償所費之詔。後又更造洪武至正德年號，各百萬錠。費且不貲，國用亦坐以空然。世廟在位久，至末年錢始通行。其舊錢及洪武、永樂、宣德、弘治諸錢皆廢矣。未幾易以隆慶，又未幾易以萬曆，每一更易之際，列肆兑錢者，資本一日消盡，往往吞聲自盡，而小小市販輩，皆虧折其母錢，傳相驚疑。雖官府日有囊頭拳梏之罰，迄不得行。姦民又乘間造爲飛語，或曰不用火漆，或曰不用金背，或曰嘉靖、隆慶、萬曆兼行。小民既無所主，而先積錢之家，出其所蓄賤售以償十一。錢百文，重銅十二兩，所易銀不過一三分而已。乘北之缺，自南而載以往，乘南之缺，自北而載以來。又乃私自鼓鑄，輕其銖兩，雜以鉛錫，故賤其直以亂真者，而小民耳目益無所憑，錢法迄壅不行坐此。今聞水衡所積貫朽，而民間一聞布錢之令，疾首相告。

夫錢本神物。其流行與否，非禁令可齊，要於民之所便而已。不然，何數十年前唐宋錢遍行日，民不告病，而今嚴行當朝所鑄，反告害稱不便也。某以爲繼自今請罷鑄錢，南北歲省數十萬金。獨無奈内之常例，外之射利者何。某以爲非門下不能一截其流也。錦衣官校光禄廚夫他諸役詭影

者，凡外省游食負罪避難之徒，誰不冒藉食糧於此，歲費錢穀無筭，近亦有論及此，迄格於中人報罷。某以爲非門下顯諫力争，不能一節其冗也。蘇杭二處財賦極重，已偏苦矣。而今日之最受害者，又加一織造府。方其初年，猶能浮視節省，得清約之譽。邇來淫巧日進，費用日不足，借名加派，非分要求，織造之家，十空其九。其間自數百金、數十金最下織户，皆轉徙他方。其桀黠者皆去而爲盗，舊歲群聚府城幾成大鬨，禍有不可勝言者。某以爲門下宜乘聖心憂危之時，可請而罷之也。

（明）陳子龍《明經世文編》卷四七三《織南奏議·為災民再請蠲賑兼議鑄錢疏王紀》　臣聞自昔譚理財者，貢賦之外，率多鑄山煑海，以富擅一時。太公立九府圜法尚矣，如吴王濞、管子、劉晏、劉巴諸人，史不絶書，今獨不可倣而行乎。頃鹽法户部條議甚悉，無庸再計，惟是鑄錢一節，古人往往用之，以濟軍興、救凶荒，實今日對證之藥石，不可不急講也。或多設坑冶以廣其鑄，或遣官市銅於聚銅之地，或遣官監鑄於産銅之山，或擇通敏精悍廉勤之士以董其役，或京邊兼收銀錢以通其滯。勿以鉛錫耗錢之色澤，勿以輕薄損錢之體製，勿以金錢實姦商之漏巵，勿以大計聽道旁之聚訟。毅然獨斷獨行，不出數年，刀布山積，太倉充盈。遇有水旱，皇上特下蠲租之詔。庶小民無窮愁之苦，九邊免匱乏之虞，而朝廷亦晏然坐享安富之福矣。

（明）陳子龍《明經世文編》卷四八四《李我存集·鑄錢議李之藻》

自古支告懸罄，而鑄錢議起，錢之利弘矣。不增賦，不剥商，人主者手陰陽之冶，而官天地之罏，朝下令以鑄而夕用富焉。第令多鑄而可必其行，則一冶之鑄，真可當數州之征。鼓橐之夫，倍賢於礦税之使，計臣熟計而有慨於中。於是乎議給商，於是乎議餉軍，於是乎議開諸道之罏，於是乎議通輸納之路。津津乎鞭指而泉流，日可見之行也者。雖然，多鑄易也。多鑄而閡且奈何，多鑄而官私混且奈何，多鑄而利不償費且奈何。夫壅滯之禁，何啻三令而五申。然而行錢之地有限也，毋論遠者，即都門之外，不盡以制錢行矣。今令之征納粮税，則銀錢兼收。市井貿易，則新舊互用，亦可爲委曲以調之，而非其要也。錢法之梲自不肯多蓄始耳。錢者年號以爲政者也，年號之不能後天地而老也亦明矣。今試以問嘉靖之錢視萬曆之錢價奚若，而富者肯蓄多藏厚收以自爲困乎？積金以券人，逾日而息增；蓄錢以實藏，閲歲而必賤。彼日惴惴焉，更鑄之是偲。惟恐錢之不化而爲鏹，而何以行之。説者曰爲大明通寶可也，而非臣下敢言也。無已則明下新舊兼鑄之令，而示以舊者之必復行也而可乎？民可使由，不可使知。第毋太低昂其價，而多寡布之。新者十六，舊者十四，是或一説也。

然而盗鑄不易防也，寶源之鑄式一孔耳。他有贋者，人故得物色之。諸道之罏開而數十，其孔式一而銅不盡一焉，銅一而火色又不盡一焉。金有白非銀也，銀有黄非金也。有識之者矣，而不識者多也。石火之所鎔必異於木火，榆柳之所鎔必異於槐檀。有别之者矣，而不别者多也。何也，所争者微也。出孔多而作奸犯科之民翳莽於深林，而鼓舠於大澤。行鄧氏之錢而人莫能詰也，詰之則駕言於他省耳。是上與下共擅此楝也。而矧夫盗鑄者賤售，官鑄者不賤售，其究也盗鑄者必行，官鑄者必不行。不行則勢不得不隨之俱賤，俱賤而所得者不酬其所費，則又可慮矣。

銀爲母錢爲子，曩民間銀一兩值錢四百有奇。自水衡之錢日散於工匠，榷税之錢日溢於都市，而錢忽賤，溢其值於五百之外，是多者必賤之徵也。又况夫明益之以官鑄，而暗耗之以私鑄，驅而内之使賤，而尚云不惜工，不靳費，猶可行之而必有利乎。五行之理，金無餘氣。鼓鑄雖廣，銅不加多。數月之間，銅將踴貴。以貴銅而鑄賤錢，敝固可立而待。即今寶源所鑄，赢利不過什三。諒爲他省，亦復如是。若使銅價稍增，錢價稍减，即工本不復相當，况乃廣鑄則增官，增官則增吏增匠。官有禄，吏有廩，匠有餼，不待鵝眼、榆莢，而衿肘困見矣。則胡不罷諸道之鑄，而一其權於兩京局。不然，亦乞量地方大小而限其數。多不過一千萬文，少者三五百萬文，期於濟目前之乏而止。而道各鑄一字於錢背如勝國製，以資識别，而杜奸僞。仍做國初當十、當三之法，量鑄數萬文，與制錢相輔而行，而稍異其銅色，精其肉好。俾盗者不易摸擬，可以省工本而通商賈之輕賫。第緡不可使之多，而孔不可使之旁出於他所。一責成於行在之寶源，而於以見人主獨操馭富之楝，或者其有賴也乎。

嗟夫，聖王治天下，因民之情與之宜之，不深强也。今民情不以錢幣而以銀幣，非一日矣。上又求金之使旁午，而積金之府歲拓。明奪其所欲，而予之以其所不欲，强而行之，無乃藉青蚨以愚黔首，天下攘攘，其

亦有辭。夫惟捐稽積，施恩惠，大盈不朽蠹，而公私之費自充。不然，雖萬物爲銅，無益於數已。

（明）劉文徵《滇志》卷二三《藝文志・疏類・條答錢法疏》　准撫臣閔洪學會稿，准公部咨，該刑科給事中潘士聞題前事，奉聖旨：這本説錢法，科弊切中肯綮。著該部如議，速與覆行。欽此欽遵。該臣等看得鼓鑄之舉，以興利也。然興利必先祛弊，若法制未善，區畫未周，利未必得而弊具叢之矣。鼓鑄之法，必期於精。公鑄不精，私鑄得而冒之，而法難行。鑄法精矣，取利固微，所以設局務多，行錢務廣，而後其利不貲，可以裕國用也。科臣遠見石畫，謂就各省擇一監司廉能者專委任之，爲之區處錢糧而總其成於撫按。陝西撫臣業已設局而致行矣，他省不可仿而效乎？處處開局，處處行錢而行自官，先之禄俸、廩餼等項搭配兼支，而解餘羨於京，以助大工。一一如科臣所議，計無便於此者，相應覆請，恭候命下，容臣部移咨各省，聽各該撫按會同藩司設處鑄本，仍選賢能監司專爲督理，一應委用。買銅等項並解京金錢，俱許酌議，便宜行事。其各衙門俸糧，工食及王府月糧與州縣零星錢糧，俱照原題行。每歲終，撫按臣仍開報殿最，以憑勸懲。總候明旨遵行。等因。奉聖旨：是你部裏便行，與各撫按官會同布政司設處鑄本，選賢能監司專任督理，仍頒與錢式，其一應委用。買銅並解京餘錢，聽酌議行。文到之日，先將督理官職名具奏。督鑄大臣，不必再設，崔源之撤回另用。欽此欽遵。抄出到部，合咨：煩照本部覆，奉欽依内事理，會同布政司酌議妥當，徑自具奏。其樣錢，俟差役赴部領回鼓鑄。等因備咨到臣。

該臣看得滇中鑄錢，不患無子而患無母，不患無銅而患無匠，不患不能樂成而患難於慮始。滇五年用兵，司庫若掃，已罄之瓶不足應庚癸之呼，寧有閑錢以及鑄本，此無本之難也。滇有餘銅，偏不足於業銅者，遍又索郡國，寥寥二十餘，並目不識錢爲何物，如責烏走，如教獸飛，此無匠之難也。更滇夷俗沿用海肥，驟奪之以錢，蚩蚩之氓，嘩然不以爲便，翻以爲厲，在嘉靖、隆慶之間，經兩次鑄錢，竟格不行，此尤慮始之難也。臣等議鑄本，問之司庫不得，於是括之郡邑，得稽迹銀三千三百兩有奇，又得提舉闞嘉璉入官銀一千二百八十兩。存乎見少，則又括臣等衙門之贖鍰，臣與按臣各以七百兩佐之，合共六千金，而滇之設處鑄本止此矣。則又議召匠於南京，以三月移咨南京工部，今既半年來有日矣。仍一面開局置爐，使滇匠姑試爲之。久之，成錢七十於萬文，業於七月初十日行之省城矣。

錢之將行也，市間尚嘖嘖偶語。臣等酌行錢便益，條爲十一款，刊佈簡明告示，又編爲歌謡、誘導愚俗。七月之朔，則進省城官吏師生、鄉約木鐸人等而申告之曰：錢非他，乃天啓通寶也。滇雖荒服，同稟正朔，寧敢獨處化外？衆皆唯唯。於是，滇之人咸知臣等法在必行，遂一朝而擴然也。半月來，持銀易錢者肩摩於局之門，憾無多錢以應之耳。蓋滇之有錢，自今天啓六年始矣。

至於督理監司，初委副使胡其慥，未幾其慥以遷去，改委屯田道副使孫同倫。本官介守一塵不著，長才八面皆靈，更其認真耐煩，自理錢局，朝以入，晡而出。綜理之密，稽察之嚴，事事精彩，極稱得人。誠專而用之，決能爲滇開百世之利，勝其任而愉快者。除分理需官，查有雲南府同知劉士覲，實心敏干，臣等徑行札委。及解京餘錢，自今鼓鑄方始，稍俟大行之後酌議另疏外，謹仰遵明旨，先以督理官職名入告。等因到臣。

該臣會同看得，滇居荒裔之中，舊少耕桑之業，惟是産銅之區不一其處，年來黔、蜀梗道，棄擲等於泥沙，幾欲置有用爲無用。且也漢夷雜處之鄉，尚仍標枝野鹿之舊，民間貿易，海貝專行，販自廣南，價近騰踴，更苦於貴，無益以害有益。臣從撫臣蒿目計之，節奉鼓鑄明旨，兢兢乎夙夜圖迴，不皇啓處。謀始於天啓五年之春初，幸觀厥成於天啓六年之夏杪。始焉，就道臣府，佐之廉敏，夙稱秩便，兼攝者專委之，署爲錢法。繼焉，就分司廨宇之隙地而廬舍之，目爲錢局；就甑爨冶民之練習者强教之，目爲錢工；就臣等衙門之廩需、各府州縣之稽迹及問理贓罰之勘動者，先後銖絫之六千餘金，目爲錢本。竭一歲之焦勞，而才見七十萬之委積。嗣後，冶鑄益精，轉輸漸活，關河修邈，自當漸達神京，即鄰近之通都大邑，亦漸次第布之。

較言其略，有五術焉，語云：陰陽爲炭，萬物爲銅。是在因之。臣同撫臣伐薪點銅之後，全用於出山之初，而服牛軺馬之勤，不疲於頑礦之載。其便一也。語云：不躬不親，庶民不信。是在先之。臣等自朝夕躬米之資，首用錢爲闔屬之倡，而後師儒軍旅之給，悉布令於流水之原。其

二便也。語云：佚道使民，雖勤不怒。是在勞之。臣等顓官密署，夙夜在公，二臣竭率作之敏，朝考夕糾，上下其食，百工樂居肆之成。其便三也。語云：勞民勸相，鼓舞盡神。是在新之。臣等刊示萬紙，遍告窮鄉，幾户説以眇論，族師木鐸徇于道路，更勸之以九歌。其便四也。語云：徐方來同，天子之功。是在一之。臣等逖藉漢、唐、宋錢志，獨阻于西南一隅，今快覩聖天子新規，真同於堯舜禹之再闢。其便五也。

滇中天地自然之利，富有日新，自今日始。滇中日用不知之民，謳歌帝力，自今日始。展哉，聲教遠暨於朔南，永賴可貽於萬世。庶不終以無益疲有益，而化無用爲有用。臣等熟嘗慮始之艱，徐觀康阜之澤，用敢合辭以請。伏乞敕下該部查覆，上請將屯田道副使孫同倫專理錢法，頒給坐名敕書一道，以便責成，臣無任悚炅待命之至。

《明實録》弘治十八年六月　〔戊寅〕工科給事中許天錫等條陳鼓鑄弘治通寶事宜十事：

一、拓局場。寶鈔局東隅地場迫窄，請移近便寬廣處所。二、處鑄匠。鼓鑄之法久廢，欽降式樣，不過百文，入模則易於平漫，翻式則展轉失真。頃所取山東盗鑄充軍金山等到局，適在赦原，乞暫留鑄造，待教成各匠乃遣。三、革濫工。諸司職掌鼓鑄，惟用鑄剉二色人匠，鑄司鎔瀉，剉司刮磨。今本局增用鈒匠、旋匠，亂加鎚鏨，斜反拙劣，殆不成文。宜革去二色人匠，免致虚靡工價。四、考鑄法。鑄錢須兼用錫，則其液流連而易成。今專用乾銅，是以難耳。乞每銅一斤，量加好錫一二兩。有將鉛錫抵銅，以盗論。五、遵中制。諸司職掌所載，銅一斤鑄小錢一百六十文，俱徑八分，重一錢，最爲中制。今所鑄比原式又加重大，積錢十文，約有一兩七八錢。合依式翻鑄，庶錢制不異，便於流行。六、時支給。工食銀兩，支給不敷，故曠廢日月。乞委官月給之，毋再過期。七、均稽考。今在京差科道官，按季稽考，而南京及浙江等布政司，已未完數目，尚未開報。請於南京委官巡視，如京師，各省委按察司官職專稽考，禁革姦弊。八、計物料。金山等鑄法，只用生銅，少加錫鑞，以石碳代木炭，以松香代桐油，及少用黄蠟、硫黄、稻草數束而已。如牛蹄、磁末、瀝青、焰硝等項，悉合減革。其銅炭之類，每鑄錢一萬，合用若干，亦當議定斤兩多寡，以省浮費。九、惜浪耗。每文削下銅屑至有二三錢，漫棄可惜。乞敕委官置淘沙之器，將灰土銅末淘出，作正支用。十、防姦僞。謂開局之初，於京城雇覓鑄銅人匠造作，近又行取金山等法頗利便，及遇赦而歸，彼必效尤作僞。乞敕該部，將原雇主名通報在官，送臣等稽考。

工部覆議，謂拓局場，宜委官相擇；處鑄匠，已議將金山等除豁軍役，暫留教習。如或逃逸，仍依原擬摘戍。其謂遵中制，新錢止重一錢，恐致浮薄，宜斟酌定奪。餘皆可行。從之。

《明實録》隆慶元年二月　〔丁酉〕時京城内外錢法不通，詔户部都察院議所以便民者。户部奏言：錢法之弊，其説有三。當嘉靖初年，崇文門等處税課皆徵錢，官吏俸給，小民貿易，皆資于錢，故錢之用廣。其後鋪户濫收惡錢，以充俸鈔，錢稍不售。及税課專徵銀而不徵錢，又民間止用制錢，不用古錢，于是法錢始壅。一也。又法令疏闊，私鑄者多，真僞混淆則煩擇揀，擇揀太精則礙行使。二也。又無知小民聽信訛言，轉相搖惑，謂制錢且罷，遂格不行。三也。臣等以爲，僞錢及濫惡者可禁勿用，其餘若洪武、永樂、宣德、弘治及嘉靖制錢并先代一切舊錢，俱宜聽民間相兼行使，其税課、房號、行户等銀俱令收錢，如僞造及阻撓低昂價值者重罪之。如此，則僞錢不售，錢法自通。詔從其議。

《明實録》隆慶三年七月　辛卯，總督薊遼兵部左侍郎譚綸陳理財五事：

一、通錢法。言足國必先富民，欲富民必重布帛菽粟而賤銀。欲賤銀必制爲錢法，增多其數，以濟大銀之不及而後可。今之議錢法者皆曰鑄錢之費與銀相當，朝廷何利焉。臣以爲歲鑄錢一萬金，則國家增一萬金之錢，流布海内，鑄錢愈多，則增銀亦愈多，則藏富之術也。又謂錢雖鑄，民不可强。夫錢者，泉也，謂其流行而不息也。今之泉，惟欲布之於下而不欲輸之於上，故其權恒在市井而不在朝廷。又識以年號，亦不免有壅而不通之患。臣愚請朝廷歲出工本銀一百二十萬，分發兩京工部及南北直隸各布政司所在，開局設官，專任其事。其所鑄錢即以備次年官軍俸糧兼支折色之用，以後鑄錢益多，則工本當益省。錢制必輕重適均，每錢十分，直銀一分，不足則稍重其制。鑄錢五文，直銀一分。其錢俱以大明通寶爲識，期可行之萬世。從前嘉靖等錢及先代開元等錢，或行或否，悉聽民便。新錢盛行，舊錢當自止。布錢之日，令民得以錢輸官，如税粮起運折色，則銀六錢四，存留折色及官軍俸粮、罪贖紙價俱從中半收錢。如此，

則百姓皆以行錢爲便，雖欲強其用銀而不可得矣。

《明實録》**隆慶四年三月**〔戊子〕直隸巡按御史楊家相條上理財未盡事宜：一、通錢法。言：凡錢宜以大明通寶爲文，毋紀年號，則錢不雜。內自兩京，外在諸省，皆得開局鑄錢，則錢自多。民有罪者，俱令輸銅，則工費省。凡俸禄、賦税，一節以錢爲用，則經用周。部覆：錢法已有成議。

《明實録》**萬曆四年四月**〔壬申〕户科給事中周良寅條議錢法，大略謂：制錢之名額未一，公私之行使未通，造鑄之奸弊未除，禁諭之法令未備，請以官員折俸充鑄造之本，仍嚴賣銅之禁，少鑄金背、火漆，定擬行使價值，賦税、正供、爰金、紙贖例用本折，一切郵傳軍需，各權分數，取辦于錢。令既嚴，則行自廣矣。下户部覆，定爲四款：一、專監鑄之官，在兩京隸工部，在各省則主以右布政，在直隸各府則府同知，悉聽各撫按查覈計處。一、申廢銅之令。軍民家有廢銅，願賣者聽，無銅者不許搜括，亦毋轉相首告。一、定折易之數。寶源局鑄錢已久，不能盡變，惟各省直止許鑄用鏇邊，每十文準銀一分。其行使前代舊錢地方，俱從民便。一、權簡散之法。在內、在外文武等官四品以上二分支錢，八品以上三分，九品以下四分，在官各役銀錢均半，除起運錢粮及聽斷詞訟、秋冬炤舊折穀外，凡存留錢粮、夏春紙贖，各不拘銀錢兼納。議入，上覽而嘉之，詔鑄鏇邊制錢，頒行天下，各省一體開鑄，與舊錢兼行，務在便民，仍嚴私鑄禁。

《明實録》**萬曆五年二月**〔丁卯〕江西巡撫潘季馴奏疏通錢法：一、議開局。改軍器正局鑄錢。一、定責成。謂各府同知入省鑄錢，曠廢職務，止令每季將銀銅解司兑换新錢。一、定錢式。鑄依原降樣錢，每文重一錢三分。一、計工料。鑄錢一千一百文，計工費銀一兩。車鏇磨澤，仍用匠作爲便。一、議鑄額。部咨將存銀兩，四分鑄錢，六分待用，限本年鑄完。今該省存留數多，一歲難于盡鑄，但令多置爐冶，日作不輟。一、議舊錢。現在敗錢多係低假收買鎔鑄，改作新銀。一、議收發。凡本省王府禄粮銀錢兼發。部覆鑄錢之費，料居其七，工居其三。炤部原議，教習水夫民壯，可省冗費。舊錢相兼行使，聽民間折算。王府禄粮，願領錢者聽，餘如議。報可。

《明實録》**萬曆五年閏八月**〔辛卯〕福建撫按龐尚鵬、商爲正條議錢法十四事：一、歲鑄額數。各府州應扣存留銀兩，解司買銅，其有真正黄銅、廢銅，折銀解納。一、創建局所。將廢棄兵營改造錢局。一、工料。每一千文費銀九錢八分零。一、督責磨錢。一、錢質定式。一、出納定例。除起運錢糧及秋冬贖罪仍徵銀折穀外，其存留錢糧及春夏紙贖，各令銀錢平半上納。至驛遞、兵糧、各衙門工食，亦許兼用。若一時多寡不同，聽從民便。一、兼用舊錢。照原定文數折易，與新錢並用，但必須古錢無雜低假，亦止行之民間，若錢糧贖罪俱用制錢，於兼用之中默定一尊之法。一、嚴禁私鑄。凡民間廢銅赴官中賣，不許私自收藏，希圖覬利。一、責成所司。一、勸導愚民。閩省錢法久廢，卒然行之，愚民不無疑懼。議將鋪行誠實有身家者，聽其自願領鑄錢，存留官銀以爲資本，即照原定折易之數以錢還官。差在官散銀與鋪行以易錢，在鋪行納錢於官以抵銀，則人知錢與銀並貴，而鋪行與民兼利矣。一、設立鋪户，舉市鎮殷實之家充之。隨其資本多寡，赴官買錢，以通交易。其民間有願赴官領錢者聽。一、禁煎低銀。一、暫借庫積。一、禁革騷擾。部覆允行。

《明實録》**萬曆五年十一月**〔甲戌〕户部覆山西巡撫高文薦條上錢法十議：一、增錢局。除太原已經開局，其平陽、潞安二府，乃産銅出工之所，宜各開局分鑄。一、取錢本。欲于存留驛站二項銀兩內動支各半。一、明收支。一、廣銅料。該省止潞安出蘆甘石可以點銅，銅料有限，須分派府州多方收買。凡軍民家有廢銅，俱許鬻官，不得私賣，罪贖亦許銅折，即准抵該府州應扣銀兩及應買銅數。一、派匠役。一、專經理。各府以同知專管開鑄，而又擇州縣佐貳兩員，一在局督造，一在外供辦，季滿交替。一、通斂散。凡文武官俸照依原題分數關支，他如存留錢粮與夫均徭驛傳里甲綱銀、諸役工食等俱銀錢兼收，隨其贏詘以爲收納。一、加食米。工匠每鑄銅百斤，于原議工食銀一兩五錢外，再給倉穀五斗，以示優卹。一、計工料。銅價每百斤銀七兩，加以工匠雜費，通共九兩二錢，約鑄錢一萬餘文，母子相權，贏銀十分之一。一、定錢式。奉旨鑄錢，原以便民，非爲生財。年來各撫按官止以鑄進樣錢塞責，民間尚未疏通，殊失朝廷利民足用之意。所奏依擬著實行之。

《明實録》**天啓元年七月**〔丁卯〕户科給事中趙時用條鑄錢之法

言：前議置官瀘州聚銅，若鑄則以荊州爲便，此兩處皆當置一官專董其事。瀘之收銅，則用滇蜀黔額解錢粮，不足以湖廣益之。荊州工費則用本省派額，不足以江西益之。鑄就以其半運京師，而留都一半，或解京半留自鑄，官民俱利，斷當亟行，而臣尤欲廣之也。盖收銅于其出處，則收得數倍利，鑄錢于其聚處，則鑄又數倍利。凡利不欲争，惟此無争之利多多益善。但行須遍天下，每省派額若干，分發郡邑，無論宫掖賞賜、百官廩禄、郡邑徵收給散，皆銀六錢四。若防盜鑄，惟有嚴法。至于錢之銖兩不宜太輕，又勿攙以抵鉛，此在監鑄之人從中精查，而主爵執以殿最可也。禮科給事中李精白亦言鑄錢爲無窮之利，乞廣買多鑄，亦可以裕國紓民。上命所司酌議速行。

《明實録》天啓元年八月 戊戌，總督薊遼尚書王象乾題：軍需浩大，征派不可屢加，内帑不能嘗繼，今日急圖一鑄山，請兩京十三省設局鼓鑄，擇銅而定其衡，擇工而精其式，盡封天下銅穴而厲其禁。直省各治所鑄錢，定以六百爲一兩，兼鑄當十、當百、當千三等大錢，盡用龍文，略倣白金三品之制。當十者重二倍，每百間用四文；當百者重五倍，每千兼用四文；當千者重十倍，每萬兼用四文。朝廷賚予内外文武俸薪，郡邑徵收賦税課鍰，務令銀錢兼半，處處流通。自洪武至萬曆泰昌通寶精好合式者一體行使，前代見用諸錢定以每兩千文，庶今古之制俱存，遠近之行無阻。然初鑄必須工本，隨便設處借動，約三年盡數補還。第行之最宜得人，操之不可不慎。兩京鼓鑄數多，宜大臣總理其事，擇用司官分職其詳，各省耑責右布政，無右則左任之。錢法行而國用永有賴乎。

《明實録》天啓三年九月 〔辛亥〕南京湖廣道監察御史游鳳翔言：留都鼓鑄，其舊弊有三，新弊有四。

有出馬之弊。每鑄用本銀五千兩，鑄出利錢一千兩，當其出錢之時，司官先取錢八十萬以入私橐，餘者方除本利以還朝廷。下而鑄錢大使，以及爐頭、工匠、書皁、門快，無不人人染指。即有自好者欲革其弊，又以爲形前官之短，而遺後官之恨，竟相沿爲陋習，此出馬之弊也。

又有補秤之弊。如銅一百斤兑出，及鑄而成錢兑入只九十斤，所少十斤不以銅補而以錢補，每銅一兩補十錢七文，每文重七分，合錢七文，共重四錢九分，計已竊銅十之五矣。繇兩而斤而百十可以類推，此補秤之弊也。

又有對賞之弊。錢有磋磨則有銅末，分毫皆公家貲。今乃巧立名色，令工匠摎括銅末，若得銅末百斤，則以半入官半給賞。工匠乘機作弊，偷銅置之他處混充銅本，官佯爲不知，與匠均分，此對賞之弊也。

三弊其來已久，今又新添四弊，何謂新弊？南中每錢十二文准銀一分，今藉口銅貴，搭放軍粮只十一文，是取之軍者一也。搭放商人只十文，是取之商者二也。給匠工食，另鑄一種細錢，十不當七，是取之匠者三也。銅七鉛三此爲舊制，今且銅鉛對參，故錢色不黄而白，又減銅與鉛之斤兩，致錢每千文只重五斤四兩，是取之銅與鉛者，又不知若干文也。故鼓鑄之官，往往誇耀于人曰，吾鑄錢一次，可得利錢數百萬文，皆取之軍，若商若匠，非取之鑄也。鑄之利國家，何曾沾其萬一哉。此四者皆新添之弊也。

由前三弊爲盜臣，由後四弊爲聚斂之臣，皆不容于堯舜之世者。竊計諸臣所藉口者，皆曰銅貴，臣以爲銅貴之利，官與臣受之，國家不受也。銅貴之害，軍與民與商受之，户工之官不受也。如果患銅貴，臣有徵貴徵賤之法，請取前三弊盡革之。如不欲盡革，請于出馬之弊稍減之，于補秤之弊稍增之，于對賞之弊對除之，取彼償此，儘足相當，補弊救偏無過于此。故欲救今日之錢法，當究今日之錢官。因劾户部主事馬士英、毛可教，工部郎中劉志選、周憲時，請分别究處，以伸國法。得旨：該部衆看了來説。

（清）高珩《棲雲閣文集》卷八《議·行錢議》 問曰：兵餉不足奈何。曰：斷銀行錢則足矣。曰：銀以易粟，何故斷之。曰：今國家無銀，天下亦無銀。而今歲每粟六斗，不能易銀一錢。比較打死無算，終不能有銀。地畝止出粟，原不能生銀也。不斷銀，錢終不可行也。曰：今錢法方苦壅滯，何以行之。曰：錢未變通而行之，亦未得其道也。曰：變法而行之，其道云何。曰：鑄當十、當百之錢，則可以輕賫而行遠，與銀同矣。曰：軍民不肯流通奈何。曰：封糧、鹽課、關税必要錢，民間交易田宅，價值十兩以上必要錢，則斷無不行矣。人主之權，變化萬物者也，可以頃刻變化人之貴賤，獨不可以頃刻變化物之貴賤乎。但當行之以勇，守之以信耳。曰：錢即鑄矣，百姓能有銀以易之乎。曰：

軍前之粟貴極，而民間之粟賤極，即以錢收江北之粟，而各地鑄之，餉軍有餘矣。即令貴糴民粟，民可以完糧而無敲朴之憂，此安民福民之急著也。況徵之於古，劉備得西川，府庫爲軍士掠盡，劉巴建議鑄大錢，盡收所掠，而成都遂富。又宋朝嚴禁用銀，此皆載在《文獻通考》，明甚也。即銅不足，以鐵代之，不勝於紙鈔乎。今言廢銀，人必大笑爲狂，儒試問唐虞納總納秸，三代布縷粟米，唐之租庸調，曾有用銀者否。自宋而降，妖孽乘權，酷吏貪官，埋藏饋送，莫此爲便，故不可挽耳。敗官方、壞風俗、病國家、窘民生，皆此妖孽爲之也。苟能流金放銀，殺珠殛玉，不患太平不立見矣。但家藏巨萬之人，痛惡而百計撓之耳。

（清）徐乾學《憺園集》卷一三《議·用古錢議》 康熙廿五年，福建督撫題請飭行錢政，以所轄州縣多用古錢，應否禁遏，或聽從民便。户部議：一概古錢悉行銷毀，違者以悖旨論。上疑之，以問内閣諸臣。

臣乾學以爲：自古皆古今錢相兼行使，以從民便。若設厲禁，恐滋煩擾。因略考前代已行之事，進呈御覽，惟皇上裁擇。臣案《梁書》敬帝太平元年，詔雜用古今錢。《宋書》明帝泰始二年，斷新錢，專用古錢。《魏書》孝明帝熙平初，任城王澄上言：竊尋太和之錢，孝文留心創制，後與五銖並行，此乃不刊之式。君子行禮，不求變俗。因其所宜，順而致用。太和五銖，雖利於京邑之肆，而不入徐揚之市。土貨既殊，貿鬻亦異。便於荆郢之邦者，則礙於兖豫之域。致使貧人有重困之切，王道貽隔化之訟。臣謂今之太和與新鑄五銖，及諸古錢，方俗所便用者，雖有小大之異，並得通行。貴賤之差，自依鄉價。庶貨環海内，公私無壅。《金史》世宗大定十九年，以宋大觀錢一當五用之。《明太祖實録》：歲辛丑二月，置寶源局於應天府，鑄大中通寶錢。與歷代之錢相兼行使，成化元年七月丙辰，詔通錢法，商税課程，錢鈔中半兼收。每鈔一貫，折錢四文，無拘新舊，年代遠近，悉驗收以便民用。《世宗實録》：嘉靖十五年九月甲子，巡視五城御史閻鄰等言國朝所用錢幣有二：曰制錢，祖宗列聖及皇上所鑄。如洪武、永樂、嘉靖等通寶是也。曰舊錢，歷代所鑄。如開元、太平、淳化、祥符等錢是也。百六十年來，二錢並用，民咸利之。崇禎元年六月丙辰，上御平臺，召對給事中黄承昊，疏内有銷古錢不用語，閣臣劉鴻訓奏今河南、山東、山西、陝西皆用古錢，若驟廢，於民不便。此乃書生之見。上曰：卿言是也。以臣所聞歷歷如是，大略錢者歷代通行之貨，《金志》謂之自古流行之寶，自漢五銖以來，未有廢古而專用今者，惟王莽一行之。而隋時盡銷古錢，亦一大變也。明天啓以來，廣鑄錢局，官吏工徒無一不衣食其中，盡括古錢以充廢銅。古錢銷盡，新錢愈雜。又一大變也。昔時錢法之弊，至於鵝眼、綖環之類，無代不有，然歷代之錢尚存，旬日之間，便可澄汰。今則舊錢已盡，即使良工更鑄，而海内之廣，一時難徧。欲一市價而裕民財，爲稍難矣。故自古自秦隋而外，雖易姓革命，而古錢仍舊流通，錢亦不壅。況於閩處嶺外，負外鄰海，非同内地，聽從民便，兼用古錢，似屬至便。臣昧死謹議。

（清）李紱《穆堂初稿》卷四〇《劄子·請嚴銅禁劄子》 奏爲請清銷燬制錢之源，以重國寶以平錢價事。

本年十一月二十六日欽奉上諭嚴禁奸徒銷燬制錢，以康熙錢文稀少爲銷燬之證，此誠我皇上至聖至明，灼見弊源，確然而無可疑者也。但嚴禁銷燬之令屢下，而奸徒之銷燬如故者，固由有司奉行不力，亦由銷燬之弊難於查捕，非若私鑄者之廣聚徒衆，有爐有器，一捕而即得也。錢文入銅鋪之爐，即化爲銅，未化之前原係制錢，不可得而捕也。既化之後，已成廢銅，又不可得而捕也。惟禁斷打造銅器之鋪，則銷燬亦無所用，而銷燬之弊不禁而自除矣。今現在功令，亦既嚴禁打造黄銅器皿，而銷燬公行錢價不平者，止禁黄銅，未禁白銅與紅銅也。議者以白銅非制錢所用，不知今之所謂白銅皆黄銅也。議者以紅銅非制錢所化，不知今之所謂紅銅皆黄銅也。銅爲錠鏍，煑以藥水，可爲假銀，豈不能爲白銅。嘉興烘爐，以藥水染之，作古銅色，豈不可充紅銅。故臣謂今所行白銅、紅銅，皆黄銅也。或謂現今禁用黄銅器皿，則用銅之處甚少。不知即煙袋一物，即以耗制錢而有餘。臣訪聞外間用制錢十數文打造煙袋一枝，即可賣制錢六七十文。在小民嗜利，毫末必争，頃刻取數倍之利，有不冒險爲之者乎。今天下不用煙袋之人百不得一，猶有一人用數枝者，人之數千萬而無算，則煙袋之數亦千萬而無算。鼓鑄所出，豈足當銷燬之數哉。或謂器用亦有需銅者，恐難全禁。不知富貴之家金銀可用，士大夫以下錫鐵瓷漆無不可者，必欲饜紛華之好，則廣東上錫、雲南精鐵備極華美，何必分用鑄錢之銅，致滋姦弊。臣請自鑄鏡及樂器而外，一切打造黄銅、紅銅、白銅之鋪，盡

行禁絶，犯者發充邊遠，使天下之銅，盡歸鼓鑄。國寶流通，永無銷燬，而錢不可勝用矣。臣愚昧之見是否有當，伏乞皇上睿鑒施行。臣謹奏。

《廣西通志》卷一〇九《藝文·疏通錢法詳文元展成》 爲疏通錢法以籌國計以利民生事。

竊以制錢爲國家之寶，利於流通。查粵西僻在邊隅，夷多漢少，所用之錢，種種各異。除制錢外，並用舊鑄京墩及青銅桂字、黄銅古字、紅銅廣字、黑銅雜字諸廢錢，積習相沿，屢禁莫改。近奉督憲撥運雲南省所鑄制錢，搭放粵西通省兵餉，無非欲制錢流行遍布，法至善也。惟是每制錢一千，定價銀一兩，及發給兵丁，轉易與商民，則非一千一二百文不能易銀一兩。所以然者，雜錢行使既久，市井愚氓、山村猺獞止知雜錢之便，争相兑換，其價日增。而制錢尚未流通，其價日減。現在滇省制錢，源源轉輸，粵西藩庫，陳陳堆積。兵丁不免虧折之苦，搭放亦有扞格之憂。苟不即爲變通，恐非所以籌國計而利民生也。爲此合行詳請，於本年徵收耗羨，或銀或錢，聽民輸納。後此徵收地丁錢糧，多者仍納銀兩。若由幾分以至二錢以内者，準其持制錢交納，其火耗以按銀數加收。至於徵收之制錢，或全解藩庫，或留於該府州縣，就近搭放兵餉。又在因地制宜，難於執一。如此則凡有錢糧者，皆以納制錢爲便，莫不重視制錢，而雜錢漸爲無用之物。即市井姦商，平日販雜錢以射利者，民間既不兑換，亦將廢然自阻。不用別行嚴禁，而雜錢必日散月消。且以貯庫之制錢，放之於兵，兵得以交易而布之於民，民得以完賦，而仍輸之於官。上下流通，循環不滯，兵民共賴，交易無窮。不獨可以疏通於一時，似亦可以推行於永久矣。

（清）林則徐《林則徐全集·奏摺卷·鄭藩等私鑄案審明定擬摺道光十八年四月二十六日》 奏爲遵旨嚴審定擬，恭摺奏祈聖鑒事：

竊照湖北南漳縣民鄭允元，以貢生周鳴岡等私鑄小錢，被周鳴瓊赴縣控告，周鳴岡疑係伊父鄭藩唆使，捏詞誣賴，將伊父並伊弟允融送縣看押等情，赴步軍統領衙門具控。奏奉諭旨：此案著交林則徐親提人證卷宗，秉公嚴審，按律定擬具奏。原告鄭允元，該部照例解往備質。欽此。並准將鄭允元連呈詞咨解來楚。當經札司行提人卷至省，另委漢陽府知府楊炳堃、漢陽府同知陳坡，覈卷訊供，究出此案係由訟師程鵬萬教唆，飭拏歸案審辦。茲據訊明議擬，由臬司程銓覆審詳解前來。

臣隨親提研鞫，緑程鵬萬、鄭藩、冷兆林，分隸宜城、南漳等縣。鄭藩於嘉慶十二年捐納監生，生有四子，長允元，次允化，均貿易在外，三允融即鄭卦，其四尚幼。道光十三年十二月十八日，鄭藩會過素識之冷兆林、何見閒談，何見言及曾在錢局工作，粗知鑄錢，鄭藩起意私鑄鉛錢漁利，商約冷兆林合夥，即令何見鑄造，許俟獲利俵分，均各允從。鄭藩、冷兆林出錢六千文收買鉛斤，置備器具，即在鄭藩家安爐，並雇龔大得、梅逢春幫工，鄭藩令其第三子鄭允融打雜。是月二十五日何見做成錢模，開爐起鑄，何見掌鉗，龔大得煽箱磨錢，梅逢春、鄭允融挑水打炭，日夜共鑄鉛錢七千五百文，散放筐内。二十六日鄰人周鳴岡、周鳴麟、周鳴壁、周金祥，保正吴學正，縣差章允祥，同周鳴岡雇工郭德朋查知，前往將鄭藩、鄭允融拏獲，並起出鉛錢及器具，解送南漳縣訊究。周鳴麟因係散錢未經查數，即在縣稟稱鉛錢有數十串。該縣朱霦提訊，鄭藩供詞狡展，稱係冷兆林等將鑄就鉛錢同器具寄頓伊家。隨拏獲冷兆林，亦不承認。朱霦於十四年六月具文通詳，將鄭藩監生斥革，並將十三年十二月獲犯日期挪改爲十四年五月。嗣鄭藩之子鄭允元、鄭允化外回，鄭藩令鄭允化赴臬司暨巡撫衙門捏控周鳴麟等栽害。維時周鳴麟患病，遣抱關惟魯呈訴，周鳴麟僅向關惟魯告知起獲小錢數十串，關惟魯不知小錢是鉛是銅及確切數目，遂赴臬司遞詞，混稱銅沙小錢七十餘串。當批襄陽府親提，該前府阿爾璋阿提犯審訊，旋認旋翻，冷兆林、鄭藩先後在監在押病故，均經襄陽縣驗詳。阿爾璋阿卸事，該府金石聲到任接審，因鄭允化出言頂撞，飭役掌責，嗣屢提研訊，並無確供，致未定讞。又道光十三年周金槐在其堂弟周金襄家查獲小錢六文，赴縣稟繳。又十四年鄭藩將田地賣與周正綬，議定價錢二千三百九十千，周正綬在別庭玉錢店内用銀換錢二千三百二十二串，別庭玉寫給錢票，周正綬將錢票轉給鄭允元收領。別庭玉積有零星剔存小錢四千一百五十八文，即羼入周正綬所換錢内，鄭允元執票取錢，別庭玉照數交付。鄭藩之妻鄭趙氏將小錢繳縣，周正綬尚欠田價六十八串，給鄭允元錢票四紙。鄭允元因錢店關閉，錢未收回。其被告周金襄、別庭玉兩名，該縣屢拏未獲。先是程鵬萬在鄭允元鄰近教讀，由此認識交好。十七年七月鄭允元在襄陽府城候審，與程鵬萬會遇，告知案情，

並叙及周鳴岡等家道殷富，程鵬萬起意唆訟取利，教令鄭允元赴京翻告，將周鳴岡等牽控在內，使之畏累賄和，得錢分用。鄭允元應允，程鵬萬即同行進京，代爲作詞，捏稱周鳴岡、周鳴麟、周鳴璧、周金祥、郭德朋與別庭玉之子別正惠等，私鑄鉛錢，被周鳴瓊起獲錫鉛，控縣有案。並稱周鳴岡、周鳴麟等挾嫌栽誣，致鄭藩受禁冤斃。縣役章允祥、縣書易守訓受賄舞弊。該府掌責鄭允化勸結，不爲公斷。周正綬買田行使小錢，尚有未還鄭藩田價一千餘串。其周金槐在周金襄家查獲小錢六文之案，亦砌入詞內，並將無著錢票黏連詞尾。鄭允元赴步軍統領衙門具控，奏奉諭旨咨解回楚。程鵬萬先自轉回南漳。茲行提人卷至省，經委員漢陽府等究出前情，將程鵬萬獲案審明議擬，並據南漳縣申覆，檢查並無周鳴瓊具控周鳴岡等私鑄之案，由司覆審解勘前來。臣親提研訊，據各供悉前情不諱。再三嚴詰，矢口不移，案無遁飾。

查例載：私鑄鉛錢不及十千者，爲首改發極邊足四千里充軍。爲從及知情買使，各依次遞減。又：蓦越赴京告重事不實，並全誣十人以上者，發邊遠充軍。又：教唆詞訟誣告人之案，如原告之人並未起意誣告，係教唆之人起意主令者，以主唆之人爲首，聽從控告之人爲從。各等語。

此案鄭藩起意私鑄鉛錢，冷兆林聽從合夥，共鑄成七千五百丈，自應照例問擬。鄭藩合依私鑄鉛錢不及十千者，爲首改發極邊足四千里充軍例，改發極邊足四千里充軍。冷兆林照爲從減一等例，應杖一百，徒三年。程鵬萬教令鄭允元赴京誣控各情，以周鳴岡等私鑄鉛錢一層爲重，惟未指明錢數，無憑反坐，第所告係屬重事，今審屬子虛，且所誣已在十人以上，自應照例問擬。程鵬萬合依蓦越赴京告重事不實，並全誣十人以上者，發邊遠充軍例，發邊遠充軍。鄭允元聽從誣告，應於程鵬萬軍罪上減一等，杖一百，徒三年。鄭藩、冷兆林已在監在押病故，應毋庸議。程鵬萬、鄭允元解配折責安置。周鳴麟呈控鄭藩鑄錢，業經審實，惟呈內錢數錯誤，究屬不合，照不應重律，杖八十，係武生，照例納贖。鄭允融於伊父鄭藩私鑄時隨同打雜，已罪坐其父。保鄰吴學正等，同差役拏獲破案，均免置議。周正綬之子周鳴璋繳到田價錢六十八千文，飭給鄭允元具領。鄭允元繳到無著錢票四紙，仍發還周鳴璋自行清理。逸犯何見等飭緝，獲日另結。起獲私鑄器具，分別銷毁貯庫彙報。鉛錢小錢，解局鎔化充公。所有挪改獲犯日期職名，係前任南漳縣已故知縣朱霰。失察知府職名暨監斃軍犯管獄官職名，查取咨參。又該犯程鵬萬復經訊有教峻南漳縣民葛秉三赴京呈控秦作雲（教）〔致〕斃葛鑑一案，應暫緩發配，俟葛秉三控案審明，從重究辦。

除全案供招咨部外，所有審明定擬緣由，理合恭摺具奏，伏乞皇上聖鑒，敕部覈覆施行。謹奏。

（清）王鎏《錢幣芻言再續·大錢議》 韋昭《國語注》云：古者有母平子、子權母而行。然則二品之來，自古然矣。鄭君云：錢始一品，至景王有二品。省之不熟耳。《蜀志注·零陵先賢傳》劉巴勸先主鑄直百錢，平諸物價，令吏爲官市。數月之間，府庫充實。《册府元龜》宋文帝元嘉二十四年，以貨貴制大錢，一當兩。沈演之以爲大錢當兩，則國傳難朽之寶，家贏一倍之利，不俟加憲，其源自絶。《南齊書》孔覬上鑄錢均貨議曰：鑄錢之弊，在輕重屢變。重錢患難用，而難用爲無累。輕錢弊盗鑄，而盗鑄爲禍深。《魏書·高道穆傳》道穆表曰：在市銅價八十一文，得銅一斤。私造薄錢，斤餘二百。既示之以深利，又隨之以重刑。罹罪者雖多，奸鑄者彌衆。今錢徒有五銖之文，而無二銖之實，薄甚榆莢，上貫便破。置之水上，殆欲不沈。此乃因循有漸，科防不切，朝廷之愆，彼復何罪。昔漢文以五分錢小，改鑄四銖，至武帝復改三銖爲半兩，此皆以大易小，以重代輕也。宜改鑄大錢，文載年號，以紀其始。則一斤所成，止七十六文。銅價至賤，五十有餘。其中人工食料、錫炭鉛沙，縱復私營，不能自潤，直至無利，應自息心。乃更鑄永安五銖錢。

《唐志》乾元元年七月詔曰：錢貨之興，代有重輕。周興九府，實啓流泉之利。漢造五銖，亦宏改鑄之法。必令小大兼造，母子相權。事有益於公私，理宜循於通變。静言立法，諒在便人。御史中丞第五琦奏請改錢，以一當十別爲新鑄，不廢舊錢，於人不擾，從古有經。宜聽於諸監别鑄一當十錢，文曰乾元重寶，其開元通寶，依舊行用。二年三月，琦入爲相，又請更鑄重輪乾元錢，一當五十，二十斤成貫。詔可之。於是新錢與乾元、開元錢三品並行。尋而穀價騰貴，米斗至七千，餓死者相枕，乃擡舊開元錢以一當十，乾元錢以一當三十。緣人厭錢價不定，人間擡加價錢爲虛錢，由是錢有虛實之稱。按上元元年六月詔曰：聞官爐之外私鑄頗

多，吞併小錢，踰濫成弊，抵罪雖衆，禁奸未絶。

《宋史・志》慶歷初軍興，陝西移用不足，轉運使張奎、知永興軍范雍請鑄大銅錢，與小錢並行，大錢一當小錢十。奎徙河東，又鑄大鐵錢於晉澤二州，亦以一當十，助關中軍費。未幾，三司奏罷大鐵錢，而陝西復采儀州竹尖嶺黄銅鑄大錢，大約小銅錢三可鑄當十大錢一，以故盜鑄者衆，錢文大亂，物價翔踊，公私患之。三司使葉清臣、學士張方平上陝西錢議曰：開中用大錢，本以縣官取利太多，致姦人盜鑄，其用日輕。比年以來，皆虚高物估，始增直於下，終取償於上。縣官雖有折當之虚名，乃受虧損之實害。捄幣不先自損，則法未易行。請以江南儀商等州大銅錢一當小錢三，河東小鐵錢如陝西亦以三當一，且罷官所置鑪，自是姦人稍無利，猶未能絶濫錢。又令大錢以一當二，盜鑄乃止。

按自漢以來，議鑄大錢者時見於史，然其道有二端，如孔覬、高道穆之倫，不過即當一之錢，而大之以絶私鑄之源，此古來行之而無弊者。也若第五琦、張奎之輩，則祖劉巴之説，而欲以富國者也。然劉巴行之而見效，而第五琦等行之轉致物價騰貴，私鑄繁多者，何也？蓋劉巴不過偶一行之，而唐宋遂欲以爲天下之通規，不思大錢一當十、一當五十，私鑄者比小錢獲利尤重，又安得而禁哉。然則母權子之説，遂不可行乎。非也。一在重其資本。如當百之錢，極其精工，其工本亦須費至百文，則盜鑄者息矣。一在禁銅。銅禁既嚴，則私鑄者無所得銅而亦息矣。一在行鈔。則一貫以上别有鈔以行之，而大錢所用既少，其下仍有當十當一之錢，亦約與資本相當，則盜鑄者無所牟利而又息矣。如是則大錢乃所以輔鈔之用，又何爲其不可行哉。

（清）王鎏《錢幣芻言再續・禁私鑄議》 昔漢文帝嘗除盜鑄錢令，使民放鑄，賈生論之詳矣。後世不禁民鑄者，則惟宋沈慶之、唐張九齡議也。又考齊文襄武定六年，凡有私鑄，悉不禁斷，但重五銖，然後聽用。則其時亦不禁私鑄矣。《宋書・顔竣傳》始興郡公沈慶之立議曰：中宗放鑄，賈誼致譏，誠以採山術存，銅多利重，耕戰之器，曩時所用，四民競造，爲害或多。而孝文弗納，民鑄遂行。故能朽貫盈府，天下充實。況今耕戰不用，采鑄廢久，鎔冶所資，多因成器，功艱利薄，絶吴鄧之資，農民不息，無釋末之患。令公私所乏，惟錢而已。愚謂宜聽民鑄錢，郡縣開置錢署，樂鑄之家皆居署内，平其準式，去其雜僞，官斂輪郭，藏之以爲永寶。萬税三千，嚴檢盜鑄，並禁翦鑿。數年之間，公私豐贍，銅盡事息，姦僞自止。且禁鑄則銅轉成器，開鑄則器化爲財，翦華利用，於事爲益。江夏王義恭駁之。景和元年，慶之竟啓通私鑄，由是錢貨亂敗。今按慶之之議，實爲紕謬。萬税三千，取利太厚，使民果肯應命，必以濫惡之錢充數矣。

《唐志》開元二十二年，中書侍郎張九齡奏請不禁鑄錢，元宗令百官詳議。《通典》秘書監崔沔議曰：漢文帝雖除盜鑄錢令，而不得雜以鉛鐵他巧。然則雖許私鑄，不容奸錢。錢不容奸，則鑄者無利，私鑄自息，斯則除與不除，爲法正等。今若聽其私鑄，嚴斷惡錢，官必得人，人皆知禁，誠則漢政可侔，猶恐未若皇唐之舊也。今按許人以鑄錢，而又欲使之無利，此不近人情之舉，勢必不能。當時劉秩之議所以謂是設陷穽而誘之入也。九齡之奏偵矣。然則私錢固必當禁，而禁之於既鑄之後，尤不如禁之於未鑄之先。則禁銅爲尤要矣。然從古禁銅之法，寛之則視爲虚文，嚴之又恐騷擾民間。將若之何。而不知自有善術存焉，必也行鈔，而厚其值以收銅，則豈惟一無騷擾，而民且樂於輸銅，不待以嚴刑繼之矣。又何慮民間之銅不可盡收也哉。

（清）許楣《鈔幣論・禁銅條論》 禁銅條論一

議者曰：設立收銅之局，民間銅器以鈔倍價收之。禁絶銅器鋪，以銅私相賣買者，没入其器，更不加罪。胥吏不得向民間搜括，以致騷擾。

論曰：民間銅器，其利用者多矣，雖以倍錢收之，未必盡應也，何況倍鈔。以銅器私相賣買，非首告官安得知。自好之士，焉首告，首告非蠹役即地棍耳。而蠹役地棍得錢即已，又焉肯遽行首告。首告必誣執人於市，而刼其銅器，曰予我者舍汝，不且以私賣買入官，懦者委而去之，强者與之争，然後牽以告官矣。官方以收銅爲功，詎復置辨，不過没入其銅，驅其人令出而已。如是而猶曰胥吏不得向民間搜括以致騷擾，吾不信也。

禁銅條論二

議者曰：禁絶打造銅器之鋪，立官銅鋪，但造樂器鎖鈕，以便民用。

論曰：《金史》載正隆而降，銅禁甚嚴，民間銅器不可闕者，皆造

於官而鬻之。既而官不勝煩，民不勝病，乃聽民冶銅造器，而官爲立價以售。其弊若此，顧亭林《日知録》博考禁銅之令，而終以一言斷之曰：今日行之，不免更爲罔民之事。諒哉。

兄楩曰：《金史》但言官不勝煩，民不勝病，而不言官之何以煩，民之何以病。今爲引伸其緒，民間銅鋪，所在有之，通都大邑，或至數十。然民爲之則不覺，官爲之則即一縣一鋪，欲以令長而兼商賈之事，是官不勝煩矣。民間銅鋪買賣低昂，願否任便。官賣，則任事者不免於定價外多取。設有損壞，皆當就官鋪修治。試舉極瑣碎事言之，假令門户箱篋鎖壞，常時銅工一呼即至，而官鋪不能，能亦日不暇給。又窵遠之處，更無暇往來僕僕。其它難以枚舉，是民不勝病矣。

（清）許楣《鈔幣論・鑄大錢條論》 議者曰：當百錢須雕爲龍鳳形，約費工本九十餘文，當十錢約費工本九文，當一者適與工本相當。

論曰：鑄錢猶印書也，鑄錢之精在治範，印書之精在雕板。假以當百當一錢形雕諸板，一則雕爲龍鳳形，工巧絶倫，一則尋常錢形，其雕工之相去雖百倍可也。及印以佳紙精墨，則其工一耳。鑄錢豈有殊乎，而相去至九十倍，何其不倫也。然議者於龍鳳形不言鑄而言雕，則似鑄爲錢形而加以雕工者，若是則吾不能知矣。

（清）鄭觀應《增訂盛世危言新編》卷七《開源・附録藥水浸洋錢之害論》 外國所鑄洋錢久已盛行於閩廣，大者計重七錢二三分，小者則有對開、四開、八開、十六開等名目，不計分兩，不分成色，行使甚便。始創鑄於香港，繼而十八省亦復漸次風行，於是中國亦仿而爲之，而以小洋爲最盛。

爰有一種奸黠之徒，於大洋則灌銅鉛，於小洋則浸藥水剥去銀實，或幾分，或幾釐，積少成多，以圖罔利。而人之持此等洋錢以去者，解囊付人輒不收受，貧人受累，苦不勝言。聞上海竟有專業此者，獲利千數百番而猶不知止。昨有曾經受騙之人偵探屬實，告諸包探入鋪搜查，竟獲得已經浸藥之小洋四開、八開百數十枚，當即解歸捕房，送由公廨訊辦。問官僅令其自行回籍，其藥水之洋充公銷燬，情重法輕，人咸駭異。大率此等奸蠹，有害民生，縱不忍加誅，例以銷燬制錢之罪亦當科以重罰，或千金、或五百金，所謂懲一儆百，弊端或可稍減。似此訊辦，倘易地換牌復操故業，夫亦何難，而能必其不復萌故智乎。

目下錢貴銀賤，每洋一元僅兑錢九百餘文，每四開一元僅兑錢一百八十文，八開一元僅兑錢九十文，而該鋪仍復從中扣串，每百文衹九十三四或九十五六七文不等。若以八開兑錢，衹得八十餘文。當日錢洋交易，每元不過沾潤二三十文，由今觀之，輾轉兑換竟可獵至百文上下。噫，貧人賺得一洋兩洋何等費力，一經奸儈之手，遂頓喫八折九折之虧。其經藥水浸過之小洋竟至無處可以兑錢，無地可以買物，爲害閭閻較諸銷燬制錢、私鑄砂壳鵝眼錢者，其罪惡當有過之。砂壳小錢咸能辨識，不比藥水浸過之小洋，人多不察也。

奸儈之弊尚有二端，一掉换銅洋，一揀選重頭。何謂掉换銅洋。蓋先將店中所儲銅洋置諸櫃底隱處，俟鄉愚持銀錢請驗時，將來洋向櫃連擲以辨其聲，有意誤墮於地，急拾取上櫃而暗易以銅洋，連稱好洋不置，鄉愚收藏而去，不知其爲贋鼎也。何謂揀選重頭。其法用一竹器製如戥子，將銅錢套其鉤上，重者墜輕者否，大錢一千重七八斤，另有一種銷燬之人前來購買，其買價計一千可易小錢五六千文，緣銷燬之人即私鑄之人也。抑又有説焉，目前銅價實昂，即不以之私鑄小錢，以之製器亦復儘有利益。司農不察，罔識變通，以致奸儈百般肆惡耳。

羅浮山人曰：英國所鑄金銀銅三品之錢，素有定章，以昭劃一。無畸輕畸重之弊，不准錢肆市儈得持其權，金錢一鎊兑先令二十枚，先令一枚兑辨士十二枚。購物逾二十先令以外者，皆用金錢行之，數十年如一日。中國所用元寳笨重莿沙低僞，所以外洋所鑄之大小洋錢通行海内。雖廣東、湖北效法泰西所鑄大小銀錢已漸通行，惟奸商得其舊模私鑄銅洋流害頗多。且大洋錢庫平七錢三分，實得七錢二分，較外洋來者缺一分，所以未能通行。

鄙見中國不必定與洋錢大小輕重相同，宜由户部鑄銀元五式，或一兩、或五錢、或二錢五分、或一錢、或五分。誠如上篇所論，上之取於下者，不加平、不補色，悉照本質分兩，不准絲毫減少。如有私鑄從嚴治罪，奏請朝廷曉諭各省不論納糧完税解部之款及各處商賈匯兑，概以京平爲準，以杜各處蠹吏奸商流弊，則利國利民，有裨豈淺鮮哉。

聞之英國產銅極旺，銅價亦廉，而以洋易錢約略計之，則僅辨士四五

十文。試取其所謂辨士者，權其分兩，不過數十兩而已。中國產銅不多，銅價又貴，而以一洋易錢，必得千文左右，權而稱之，乃有六七斤之重。然則圜法之敝，整頓之急，實爲當今急務。因論藥水浸洋之害，而縱論及之，倘亦動司會計者之傾聽否耶。

以上所論實爲闤闠之害，宜飭鑄銀局毋許變賣機器舊模以益私鑄，凡局中所鑄者，藩司當聘一化學師，每日隨意抽出其所鑄之銀圓，認真鎔驗成色分兩足否。宜出賞格緝拏私鑄銀錢，以杜流弊。宜推廣造用金銀幣，以杜外來之利源。次造小銅幣，仍用圓規方孔，惟分兩必大減輕，銅色則定須劃一，泥沙不得攙雜，大小必歸均勻，或仿漢魏三銖、五銖之例而酌減，令行制錢分兩之半，使私銷私鑄無利可圖，則各弊將不禁而自絕，庶有益於國計民生耳。

（清）賀長齡《皇朝經世文編》卷五二《户政·錢幣·請弛銅禁疏海望乾隆元年》 竊念錢文爲民間日用所需，宜加經理。近年以來，鼓鑄無缺，價值昂貴，建議者莫不多求禁銅之法，而臣獨以弛禁爲請者，誠以錢貴之害小，累民之害大。僅禁黄銅，已爲深擾，而弊竇多端。概禁黄白器皿，滋擾尤深，而於錢法亦終無裨益也。

夫銅器散布民間，相習甚久，一旦禁使勿用，則其情有所不便，而易生藏匿之心，往往遷延而不交，交納而不盡。緩之則互相觀望，急之則百弊叢生。是以展限之奏請屢聞，收買之告竣無日。胥吏借此需索，刁民借此訛詐。得賄則賣官法，不得賄則入人罪。搜括難盡，用法不均。其弊一也。民隱既難上達，有司未必皆賢。民間交納銅器，或有侵蝕扣剋僅得半價者，或有除去使費空手而歸者，名爲收銅，實爲勒取。其弊二也。此等銅質，本極麤雜，加之銹爛，一經錢局鎔化，折耗甚多。工價不減收買之時原費帑金，即所得不償所失，鼓鑄毫無所益。其弊三也。又況黄銅乃係紅銅白鉛配搭而成，是以百萬斤之黄銅器皿，其中即有紅銅五六十萬斤。今禁用黄銅而不禁紅銅，是較之未禁之先銅又多費，而適以昂其價值，速其私毁。是故未禁黄銅之先白銅甚少，既禁黄銅之後白銅甚多。豈白銅之所產果多，皆姦匠銷毁制錢，攙藥煮白，以成器皿博厚利耳。其弊四也。

凡此四弊，若不究其根源以酌變通之計，徒將一切銅器概行禁止，臣竊以爲不可。何則。銅器之禁，若止行京師，則他處仍得販賣，於事無益。若通行直省，則普天之下業此者不下數萬户，藉此以衣食者不下數十萬人，今既禁使勿造，是伊等平日所造器皿務必令其交官，以備鼓鑄矣。夫民間銅本原溢於官價，加以工本爲數更多，必若合算工本全數散給，則小民雖不至於虧本，已有失業之苦，而於國帑亦大有折損。若祇照官價收買，則銅本既屬不敷，而工價又無所出，小民借貸經營，生計甚薄，一旦失其所依，欲改業則無門，欲坐食則無本，其何以堪。夫鼓鑄錢文，原爲便民利民，今因鼓鑄需用而頓使民間失業，是欲便民而適以累民。我皇上軫恤商民，無微不至，即一夫不獲，尚廑宸衷，豈忍使數十萬人之流離失所乎。臣又考之史策，而知禁銅乃前代權宜之計，非可常行者也。銅器爲民間必需之物，故前代亦有因銅禁既嚴，採買於官而鬻之於民者。既而官煩民病，仍聽民間造器，而官爲立價。輾轉彌縫，迄無善法，其事已大可概見矣。我國家錢貨流通，聖祖仁皇帝六十餘年未嘗下一禁銅之令，而銅未嘗不足於用，故曰禁銅足以擾民，而於錢法究無裨益也。

又聞古語云：銅貴錢重，則有私行銷毁之弊。銅賤錢輕，則滋私鑄射利之端。是以錢文輕重必須隨銅價之低昂而增減，庶可杜私毁私鑄之弊。上年世宗憲皇帝特飭九卿議令酌減分數，其錢一文重一錢二分，每年合省銅斤四五十萬觔。緣事在初行，自未能立竿見影。然所以調劑夫銅貴錢重者，成效自有可觀，固已不必屑屑於禁銅之末務矣。臣愚請照康熙年間舊例，將收禁銅之令悉行停止，民間買賣悉從其便。祇於雲南、蘇州辦銅之處立官分職，統計部用銅斤若干數目，盡行採取。如有餘銅，任民販賣。則鼓鑄自得充裕，而小民亦不致失業矣。

（清）賀長齡《皇朝經世文編》卷五二《户政·錢幣·請開礦採鑄疏鄂彌達雍正十二年》 竊粵東界連數省，一帆可通，若得就近開鑄，不但本地錢文流通，兼可資兩江三楚浙閩等省之用。伏思粵東開採之議，屢奉諭旨嚴禁，礦口悉封。臣職任海疆，自應杜漸防微。況利弊相因，豈容輕舉妄動。但臣莅粵數載，遍察情形，熟思審計，有可保其有益而無害者。

粵東山多田少，生齒日庶，生計倍艱。查惠潮肇韶等府，礦產甚多。原係天生之寶，以資小民之生。固宜應時變通，以疏衆貨之源。若謂人衆堪虞，易聚難散，恐滋生事端。查粵省鐵爐不下五六十座，煤山木山開穵亦多，傭工者不下數萬人，俱各相安無事。粵東向稱多盜，邇來仰賴天

威，前此窠巢，已成樂土，民情漸知畏法。苟得開礦營生，方見踴躍思赴。各立家室，實無他慮。查滇南開採多年，並無他患。湖南郴桂等處從前歷年開採，粵西亦現在開採，並無異說。且銅鉛金錫，皆地氣凝成，此衰彼旺，彼衰此旺，更遞開之，實可不匱不竭。若以人多則穀價易昂，試思以本地之利養本地之民，即以本地之人食本地之穀。未開採之先，人不少而穀不加多。即開採之後，人不多而穀豈見少。見在連年豐收，穀價平減，惟不令外省游手冒入充工，固萬無人滿之患。況本地居民各愛其生，豈肯利歸他境，更可不禁而自杜。

臣請酌量仿照各省開廠事宜，就本省地方招殷實商民，取具該地方官家道殷實印結，令其自備資本開採，專委廉正之員董理巡查。其召募人夫，各州縣官查朴實窮民，取具户鄰保結，編立保甲，填明户口住址，連名互結，併可察匪彌姦，實有利而無弊。如蒙俯準就近開鑄，則上裕國課，下養窮黎。流布錢文，通濟鄰省。莫有便於此者矣。

（清）賀長齡《皇朝經世文編》卷五二《户政・錢幣・請開礦鑄錢疏王士俊雍正六年》　竊廣東各屬山場，所在皆產銅鐵，鐵爐現在開煽輸稅，未奉停止，惟銅礦久經封禁。但粵省田少人稠，民無常業，自銅礦奉禁以來，附近居民仍復群聚偷挖。在地方文武各官視銅礦爲小民衣食之地，明知偷挖，不行攔阻。督撫提鎮知有礦徒聚集，雖檄飭官弁驅逐，無如伊等聲息甚通，官弁未到之先則已另往他處，官弁既去之後旋回壟口挖砂，其實礦徒究未嘗一日逃散也。臣查肇高雷等府，民間貿易行使悉係唐宋舊錢，廣韶等府俱用低薄砂錢。相隔一二百里之間，錢有行使不行使之別。故錢法之壞，莫甚於粵東。倘蒙敕令督撫勘明各屬山場，照雲南、湖廣之例一體開礦採銅，並歷年收買之銅器設局鼓鑄，所有唐宋舊錢及低薄砂錢，令各州縣於收買銅器處所發價收買，新鑄制錢分運各府，換銀行使，支放兵餉，搭定銀七錢三，將見舊錢砂錢自然無適於用。而現在偷挖之礦徒轉爲開採鼓鑄之夫役，國寶流通於薄海，群黎食力於銅砂，是誠一舉而兩得也。或以開採銅礦，疑夫役易聚難散，但銅礦與鐵廠無異，今鐵廠所需夫役頗多，取結互保，並無難散之慮。銅礦夫役照鐵廠一例編查，止用附近居民，不許外人溷入。聚固甚易，散亦不難，又何有意外之慮耶。臣從錢法起見，因敢敬陳芻蕘之言。伏乞皇上睿鑒。

（清）賀長齡《皇朝經世文編》卷五二《户政・錢幣・六經不及貨泉論顧棟高》　太公爲周立九府圜法，錢圜函方，輕重以銖，而泉布之法，遂以行天下，迄今二千年不廢。而六經、語、孟，無及貨泉者。考《國語》周景王二十一年鑄大錢，時當昭公之十八年，孔子年二十九矣。而孔子生平，與之釜，與之庾，與之粟九百，未嘗以泉爲貨也。孟子之世，第言農有餘粟，女有餘布。且曰聖人治天下，使有菽粟如水火。可見當時第以粟布爲交易，而未嘗用錢。《小雅》握粟出卜。顧氏炎武曰：古時用錢未廣，問卜者亦用粟，漢世猶然。未嘗不嘆當時風俗之淳，人心之厚，迥非後世之所能及也。

後之儒者，因財用匱竭，議欲返古。如陸贄、白居易之徒，謂粟可耕而得，帛可織而成，至錢非官鑄不行，是責民之所無，不如用粟帛爲便。然考魏文帝黄初二年，罷五銖錢，使民以粟帛爲市。至明帝世，凡四十年，宜可以家給人足。而但見其害，不見其利。行用既久，巧僞漸生。民競濕穀以要利，作薄絹以爲市。雖重刑罰以懲之，不能禁也。是以司馬芝等議用錢，非徒豐國，亦以省刑。乃更立五銖錢。至晋安帝元興中，桓元輔政，又欲廢錢用穀帛。孔琳之議曰：錢之爲用，既無毀敗之費，又省運致之苦。至穀帛本以爲衣食，用以爲貨，則致損甚多。勞毀於商販之手，耗棄於割截之用。是唯兵亂積久，所以暫廢。漢末是也。魏明帝時，錢廢用穀，四十年矣，以不便於人，復行五銖。是效之已試者乃止。前涼張軌參軍索輔言於軌曰：晋泰始中，河西荒亂，遂不用錢，裂匹以爲段數。縑布既壞，市易又難。徒壞女工，不任衣用。今中州雖亂，此方全安，宜復五銖，以濟通變之會。軌從之。準布用錢，錢遂大行，人賴其利。由是觀之，可見白居易所謂私家無錢爐，平地無鉛山者，第執一偏之說，而未睹廢錢之害。獨怪夫自太公制九府以迄孔孟之世，七百餘年錢尚未通行於天下，豈濕穀薄絹之姦僞，當時未之有耶。割截運致之耗廢，以爲無足患耶。再四尋求其故，蓋古者惟商賈通行四方，廢置鬻財，其時所謂財者皆黄金龜貝之屬，故史云家累千金，孟子亦有餽百鎰、七十鎰、五十鎰者，其餘交易，皆不出鄉民各以其土之所入通工易事，計莫便於粟與布。故《詩》曰：抱布貿絲。又曰握粟出卜。雖至微小，無用錢者。又古者分土而治，太公爲周制圜法，意惟王畿及本國行之，不必通行各國。

故終周之世，六經、語、孟，無貨泉之文。若今日而欲返古，竊恐濕穀薄絹，其巧僞更甚，刑獄日繁，怨謗交起，余未見其可也。

按白居易之策，止欲復唐初租庸之制，以穀帛供賦税，主於便農，而未嘗以是厲商也。故其詩亦云：胡爲春夏税，歲歲輸銅錢。又云：庸必算丁口，租必計桑田。正與古者農用粟帛、商用貨財之制相符。震滄此辯未中白氏之失，然其考古便民之實則無以易之矣。

（清）賀長齡《皇朝經世文編》卷五二《户政・錢幣・古者貨貝論闕名》　三代之世，家給人足，而今世輒不免於財匱。議者以爲户口之日多，而不盡然也。自古迄今，泉貨交易，因時遞變，而日趨於難，至今日之用銀而極矣，是非其耗之者多，而出之者先隘。今日之所爲貨者，非古之所爲貨故也。古者貨貝而寶龜，貝有五，《漢書・食貨志》以大貝、壯貝、幺貝、小貝、不成貝爲五貝。貝者，海中介蟲也。《説文》云：其甲人之所寶，即今瑇瑁。取之不盡，用之不竭。不費人工，不煩羅致。故自古曰財、曰貨、曰寶，文皆從貝。《禹貢》厥篚織貝，《盤庚》具乃貝玉，《顧命》陳列大貝，《中庸》論水之不測，曰貨財殖焉。是海爲天府，可以贍天下之民生日用，使家給人足，户有蓋藏者也。自太公爲周立九府圜法，錢圜函方，輕重以銖，而交易之法於是乎始變。然錢特以通貝之窮，而仍不廢貝。故《小雅》曰錫我百朋。此外惟黄金與粟布，孟子之世，王餽兼金百鎰。又曰農有餘粟，女有餘布。周之泉貨蓋如是。

秦并天下，黄金爲上幣，銅錢文曰半兩，重如其文，而龜貝第爲器飾，不爲幣，而民始重困。漢興，爲秦錢重難用，更鑄四銖錢。錢益多而輕，物益少而貴。武帝征伐四夷，國用空竭，乃以白鹿皮方尺爲皮幣，直四十萬。又造銀錫白金，雜鑄銀錫爲白金。凡三品，民弗寶用，歲餘卒廢不行。元帝時，貢禹奏言鑄錢採錢，使民棄本逐末，宜罷采珠玉金銀鑄錢官，毋復以爲幣。租税禄賜，皆以布帛及穀。議者以爲交易待錢，布帛不可尺寸分裂，議遂寢。自魏孝文創爲均田，而周齊隋唐因之。其賦於民也，有租庸調。自楊炎變爲兩税，一概税錢。陸贄論之曰：米可以耕而得，布帛可以織而成，至錢非官鑄不行，是棄民之所有，而責之以所無也。由是言之，錢特以佐粟帛之窮，聽民自交易則民利，其利害不較然哉。考唐之世，凡租賦廩賜軍糧，賂遺贓罰，皆以繒帛，無用銀者。白居易詩云：進入大盈庫，歲久化爲塵。李光顔爲節度使，大盈庫發繒破裂，軍士負而焚之，光顔至欲自刎。長孫順德受人繒事覺，太宗更賜繒以愧其心。段秀實以司農徵過岐，朱泚自致大綾三百匹。皇甫湜爲裴度作碑，字索三縑。惟嶺南數州，以銀爲交易。故張籍詩云：海國戰騎象，蠻州市用銀。而今通天下行之，豈不異哉。北宋盛時，元祐會計歲入銀止五萬七千兩。其時西蜀有交子務，交子若今會票，後更名會子。止因錢重難致，以便商賈，官爲置務以理之，其後遂爲鈔。紹興初，於邊郡用之，以便軍輿。然李道傳於理宗朝上言：楮幣之换，官民如仇，鈔法之行，商賈疑怨。則宋時已有此患。金元之世，皆用鈔爲交易。然質輕而欲重用之，鈔益賤而物日益貴，不便於俗，難以通行。明洪、永兩朝，設爲嚴法以流通之，而率莫能强，至宣德三年遂停止。自是而自上及下，皆以銀爲寶貨，至於今不改。

夫銀取之沙泥之中，鎔之爐冶之内，況其礦在遥遠之地，非如貝取之水族，物既多而工亦不費也。富人扃鐍之可以累世，居奇射利，非如粟久則腐，帛久則朽。民不煩戒飭，自能流通而不滯也。今自秦之廢貝，至今二千餘年，銀之通行纔四百載，而民生乏匱，銀煎難得。上廑當宁之憂，夫法久則弊，弊則更，余故遠追三代以上，以迄今世。竊以爲宜復貨貝，與錢並行。凡租税禄賜皆用之，而粟帛聽民以本色交易。庶乎財貨流衍，國用充足，爲億萬年無窮之計。謹書之以備採擇焉。

（清）賀長齡《皇朝經世文編》卷五二《户政・錢幣・銅政議上王太岳》　竊見滇南地處荒裔，言政者必以銅政爲先。然自官置廠以來未六十年，而官民交病，進退兩窮，或比之捄荒無奇策。何也。蓋今日銅政之難，其在採辦者四，而在輸運者一。

一曰官給之價難再議加也。乾隆十九年，前巡撫愛必達以湯丹銅價實少八錢有奇，奏蒙恩許半給，則加四錢二分三釐六毫。越二年，前巡撫郭一裕請以東川鑄息充補銅本，則又加四錢二分三釐六毫。越六年，前總督吴達善通籌各局加鑄，再請增給銅價，則又奉特旨加銀四錢。又越六年，前巡撫鄂寧遵旨陳請，則又暫加六錢。越三年，始停暫加之價。於是湯丹、大水、碌碌、茂麓等廠，遂以六兩四錢爲定價，而青龍山等二十餘小廠，舊時定價三兩八九錢、四兩一二錢者，亦於乾隆二十四年前巡撫劉藻奏奉諭旨，既照湯丹舊例，每銅百斤定以五兩一錢五分有奇收買。即金釵

最劣之銅，亦以四兩之舊價加銀六錢。朝廷之德意至爲厚矣。然行之數年，輒以困敝告，豈盡人情之無厭哉。限於舊定之價過少，雖累加而莫能償也。夫粤蜀與滇比鄰，而四川之銅以九兩十兩買百觔，廣西以十三兩買百觔，何以雲南獨有節縮乎。江陰楊文定公名時撫滇，奏陳銅廠利弊疏云：各廠工本多寡不一，牽配合計，每百觔價銀九兩二錢。其後凡有計息議賠，莫不以此爲常。率至買銅，則定以四兩以至六兩。然且課銅出其中，養廉公費出其中，轉運耗損出其中，捐輸金江修費出其中，即其所謂六兩者，實得五兩一錢有奇。非惟較蜀粤之價幾減其半，即按之雲南本價，亦特十六七耳，皆由舊定之價過少也。然在當時，莫有異辭，而今乃病其少者何也。舊時滇銅聽人取携，自康熙四十四年始請官爲經理，歲有常課，既而官給工本，逋欠稍多，則又收銅歸本官自售。至雍正之初，始議開鼓鑄，運京局以疏銷積銅。其實歲收之銅，不過八九十萬。又後數年，亦不過二三百萬。比於今日，十纔二三，是名爲歸官，而廠民之私以爲利者，猶且八九。官價之多寡，固不較也。自後講求益詳，綜核益密，向之隱盜者至是而釐剔畢盡。於是廠民無復纖毫之贏溢，而官價之不足，始無所以取償，是其所以病也。茲硐路已深，近山林木已盡，夫工炭價一皆數倍於前，而又益以課長之掊尅，地保之科派，官役之往來供億，於是向之所謂本息課運、役食雜用以及廠次路耗，竝計其中，而後又有九兩二錢之實值者，今則專計工本，而已幾於此。廠民實受價六兩四錢之外，尚須貼費一兩八九錢而後足。問所從出，不過移後補前，支左而右絀，他日之累，有不可勝言者矣。夫銅價之不足，廠民之困憊，至於如此，然而未有以加價請者何也。誠知度支之籍制有經，非可以發棠之請，數相嘗試也。且雖加以四錢六錢之價，而積困猶未遽蘇也。故曰官給之價難議加也，採辦之難此其一也。

一曰取用之數不能議減也。蓋滇銅之供運京外者，亦嘗一二議減矣。乾隆三十二年，雲南巡撫鄂寧以各廠採銅纔得五百餘萬，不能復供諸路之買，咨請自爲區畫。准户部議留是年加運之京銅及明年頭綱銅，以及諸路買鑄。於是雲南減運二百六十餘萬觔。後三年，雲貴總督明德又以去年獲銅雖幾千萬，然自運供京局及留滇鼓鑄外，僅餘銅一百三十萬觔，以償連年積逋九百二十餘萬猶且不足，難復遍應八路之求，因請概停各路採買。准户部議奏許緩補解京銅，酌停江南、江西兩道採買。於是雲南減買五十餘萬觔。後半年，前巡撫明德又以各路委官在滇候領銅四百一十餘萬，以去年滇銅所餘一百餘萬計之，四年乃可足給。此四年之中，非特截留及缺交京銅不能補運，而各省歲買滇銅二百餘萬，積之數載，將有八九百萬，愈難爲計，因請裁減雲南鑄錢及各路買銅之數。准户部議奏許停雲南之臨安、大理、順寧、廣西、東川新設各局鑄錢，又暫減陝西、廣西、貴州、湖北買銅六十三萬觔。於是雲南得減辦二百餘萬觔。通計前後緩減五百餘萬，廠民之氣力乃稍舒矣。夫滇銅之始歸官買也，歲供本路鑄錢九萬餘千，及運湖廣、江西錢四萬串，計纔需用一百一萬觔耳。至雍正五年，滇廠獲銅三百數十萬觔，始議發運鎮江、漢口各一百餘萬，聽江南、湖南、湖北受買。至雍正十年，發運廣西錢六萬二千餘串，亦僅需銅四十餘萬，其明年欽奉世宗憲皇帝諭旨，議於廣西府設局開鑄，歲運京錢三十四萬四千六十二串，計亦止需銅一百六十六萬三千餘觔。乾隆二年，總督尹文端公繼善又以浙江承買洋銅，逋欠滋積，京局歲需洋銅滇銅率四百萬觔，請敕江浙赴滇買銅二百萬觔。雲南依准部文，解運京錢之外仍解京錢三十餘萬，以足二百萬之數。而直隸總督李衛又以他處遠買滇銅轉解，孰與雲南徑運京局，由是各省供京之正銅及加耗，悉歸雲南辦解。然尚止於四百四十萬也。未幾而議以停運京錢之正耗銅，改爲加運京銅一百八十九萬餘觔矣。又未幾而福建採買二十餘萬觔矣，湖北採買五十餘萬觔矣，浙江採買二十餘萬觔矣，貴州採買四十八萬餘觔矣。既而廣西以鹽易銅十六萬餘觔矣，既而陝西罷買川銅改買滇銅三十五萬，尋又增爲四十萬觔矣。於是雲南歲需備銅九百餘萬，而後足供京外之取。而滇局鼓鑄，尚不與焉。夫天地之產，常須留有餘以待滋息。獨滇銅率以一年之入，給一年之用。比於竭流而漁，鮮能繼矣。又况一年之用，幾溢於一年之入，凶年取盈之術也，皆由取給之數過多也。嘗稽滇銅之產，其初之一二百萬觔者不論矣。自乾隆四五年以來，大抵歲產六七百萬耳，多者八九百萬耳，其最多者千有餘萬，至於一千二三百萬止矣。今乾隆三十八年、三十九年，皆以一千二百數十萬告，此滇銅極盛之時，未嘗減於他日耳。然而不能給者，惟取之者多也。嚮時江安閩浙買滇銅以代洋銅，議者以滇銅衰盛靡常，當多爲之備，仍責江浙官收商買洋銅，以冀充裕。及請滇銅徑運京

師，以其餘溢留湖廣開鑄，而商辦洋銅，則聽江浙收買鑄錢。議者又以滇銅雖有餘，尚須籌備以供京局，若遽留楚供鑄，設令將來京銅有缺，所關不細。又議浙江收買洋銅，亦須存貯，滇銅或缺，仍可運京接濟。即近歲截留京銅，部議亦以滇銅實有缺乏情形，當即通籌酌劑。是皆以三十年之通制國用，爲天下計，非獨爲滇計也。至於今日而京師之運額，既無可缺，而自江南、江西以外，尚有浙閩黔粤秦楚諸路開鑄，紛綸竝舉，一則曰此民之用也，饟錢也，不可少也。再則曰爐且停矣，待鑄極矣，不可遲也。而滇之銅政騷然矣。夫以雲南之産，不能留供雲南之用，而裁鑄錢以畀諸路。諸路之用銅者均被其利，而産銅之雲南獨受其害。其産愈多，則求之益衆，而責之益急。然則雲南之銅，何時足乎。故曰取用之數不能議減也，供辦之難此其二也。

一曰大廠之逋累積重莫蘇也。謹按楊文定公奏陳銅政利弊疏云：運户多出夷猓，或山行野宿，中道被竊。或馬牛病斃，棄銅而走。或奸民盜買，無可追償。又硐民皆五方無業之人，領本到手，往往私費，無力開採。亦有開硐無成，虚費工本。更或採銅既有，而偷賣私銷，貧乏逃亡，懸項累累，名曰廠欠。由此觀之，自有官廠，即有廠欠，非一日矣。然其時凡有無追之廠欠，得乞恩貸免，故歲歲採銅，數倍於前，而廠民之逋欠，亦復數倍。司廠之員，懼遭苛譴，少其數以報上官，而每至數年，輒有巨萬之積欠，則有不可以豁除請者矣。上官以其實欠而莫能豁也，於是委曲遷就，以姑補其闕。乾隆二十三年，奏請預備湯丹等廠工本銀十二萬五千兩，所以償廠欠也。三十三年，逮治綜理銅政及司廠之員，著賠銀七萬五千餘兩，所以釐廠欠也。三十七年，除豁免之令，而於發價時每以百兩收銀一兩。大約歲發七十萬兩，可收七千餘兩。藉而貯之，以備逃亡。亦所以減廠欠也。至於開採之遠，工費之多，官本之不足，則莫有爲之計者。故不數年，而廠欠又復如舊。三十七年冬，鉤考廠庫，以稽廠欠。前後廠官賠補數萬觔外，仍有民欠十三萬餘兩。重蒙皇恩，特下指揮，俾籌利便，然後廠銅得以十一通商，而以鑄息代之償欠。今之東川局加鑄是也。然加鑄之息，悉以償廠欠。通商之銅，又以輸局供鑄。至於未足之工本，依然無措也。是以舊逋方去，新欠已來，兩年間又不可貲算矣。自頃定議，每以歲終責取無欠結狀，由所隸上司加之保結。由是連歲無廠欠之名，然工本之不足，廠民不能徒手枵腹而致採也。則爲之量借油米爐炭以資工作，而責其輸銅於官。以此羈縻廠民，曰爾第力採，我能爾濟。廠民亦以此餌其上，曰官幸活我，我且力採以贖前負。上下相蒙，不過覬倖於萬有一遇之堂礦。是雖諱避廠欠，而積其欠借不歸之油米爐炭，亦復不下巨萬之值。要之皆出公帑也。蚩蚩之氓，何知大義。彼其所以俯首受役，敝形體而不辭者，孳孳爲利耳。至於利之莫圖，而官帑之逋負且日迫其後，而廠民始無望矣。夫廠以出銅，民以廠爲業，民無所望，廠何有焉。區區三五官吏之講求，其於銅政庸有濟乎。故曰大廠之逋累積重莫蘇也，採辦之難此其三也。

一曰小廠之收買涣散莫紀也。雲南礦廠其舊且大者，湯丹、碌碌、大水、茂麓爲最，而寧臺、金釵、義都次之。新廠之大者，獅子山、大功爲最，而發古山、九度、萬象諸廠次之。至如青龍山、日見汛、鳳凰坡、紅日巖、大風嶺諸廠，竝處僻遠，礦硐深窅，常在叢山亂箐之間。而如大屯、白凹、人老、箭竹、金沙小巖，又皆界連黔蜀，徑路雜出，姦頑無藉，貪利細民，往往潛伏其間，盜採盜鑄。選踞高岡深林預爲走路，一遇地方兵役縱跡勾捕，則紛然駭散，莫可尋追。其在廠地採礦，又皆游惰窮民，苟圖謀食，既無貲力深開遠入，僅就山膚尋苗，而取礦經採之處比之鷄窩，採獲之礦謂之草皮菜硫。是雖名爲採銅，實皆僥倖嘗試，一引既斷，又覓他引。一處不獲，又易他處。往來紛藉，莫知定方。是故一廠之所，而採者動有數十，區地之相去，近者數里，遠者一二十里，或數十里。雖官吏之善察者，固有不能周盡矣。加以此曹不領官本，無所統一，其自爲計也，本出無聊，既非恒業，何所顧惜。有則取之，無則去之。便於就則取之，不便於就則去之。如是而繩以官法，課以常科，則有散而走耳，何能糜乎。官廠者見其然也，故常莫可誰何，而惟一二客長鍋頭是倚。廠民得礦，皆由客長平其多寡而輸之。鍋頭爐房，因其礦質，幾鍛幾揭而成銅焉。每以一爐之銅，納官二三十觔，酬客長、鍋頭幾觔，餘則聽其懷攜，遠賈他方。核其實數，曾不及湯丹廠之百一。夫以滇南礦廠之多，諸路取求之廣，而惟二三大廠是資，其餘小廠環布森列，以幾十數，而合計幾十廠之銅比之二三大廠，不能半焉，則大廠安得不困。故曰小廠之收買涣散莫紀也，採辦之難此其四也。

若夫轉運之難又可略言矣。夫滇僻壤也，著籍之户纔四十萬，其畜馬牛者十一二耳。此四十萬户分隸八十七郡邑，其在通途而爲轉運所必由者十二三耳。由此言之，滇之馬牛不過六七萬，而運銅之馬牛不過二三萬，蓋其大較矣。滇既有歲運京銅六百三十萬，又益諸路之採買與滇之鼓鑄，歲運銅千二百萬，計馬牛之所任，牛可載八十觔，馬力倍之。一千餘萬之銅，蓋非十萬匹頭不辦矣。然民間馬牛止供田作，不能多畜，以時應官歲一受雇，可運銅三四百萬。其餘八九百萬觔者，尚須馬牛七八萬，而滇固已窮矣。乾隆三年，廷議廣西府局發運京錢，陸用牛一萬四千頭、馬九千匹，水用船三千隻。念其雇集不易，恐更擾民，輒許停鑄。是年雲南奏言滇銅運京，事在經始。江安閩浙之二百萬未能一時發運，准户部議，運京許寬至明年，而江浙諸路之銅且需後命。凡以規時審勢，不欲强以所必不能也。又前件議云：户部有現銅三百萬，工部稍不足，可且借撥。又乾隆三十五年議云：户工兩局庫有現銅四百五十萬，雲南尚有兩年運銅，計可銜接抵局者，仍八百餘萬。自後滇之發運源源無絶，以供京局鑄錢，有盈無絀。其截發掛欠銅三百五十餘萬，均可著緩補解。此其爲滇之官民計者，持論何恕。而其爲國用計者，論事又何詳也。今則不然，户局有銅二百五十萬，合工部之銅三四百萬。滇銅之發運在道歲内均可繼至者，千有餘萬。其視往時略無所減，而議者且切切焉，有不繼之憂。於是雲南歲又加運舊欠銅八十萬觔，通前爲七百一十餘萬，而滇益困矣。且夫轉運之法，著令固已甚詳矣。初時京銅改由滇運，起運之日，必咨經過地方，竝令防衛催稽，守風守水守凍。又令所在官司核實轉報咨部。其後以運官或有買貨重載，淹留遲運，兼責沿途官弁驅促遄行，徇隱有罰。其後又以納銅不如本數，議請申用雍正二年採辦洋銅之例，運不依限者褫職戴罪管運，委解之上官竝奪其官，領職如故。其有盜賣諸弊，本官按治如律，竝責上官分賠。又改定運限，自永寧至通州限以九月，其在漢口儀徵换簍换船限以六十日，自守凍外守風阻水之限不復計除。運銅入境，竝由所在官弁依期申報奏聞，而滇蜀亦復會商以永寧、瀘州搬銅打包限五十五日，其由永寧抵合江，由重慶府抵江津，聽所在鎮道稽查，委官催督。或有無故逗遛，地方官弁匿不實報者，竝予糾劾。其後以銅船停泊阻塞輓漕，又議緣江道路委游擊都司押運，自儀徵以下，竝聽巡漕御史催趱。運官雖欲飾詐遷延，固不得矣。又積疲之後，户部方日月考課。於是巡撫與布政使躬歷諸廠，以求採運之宜，而責巡道周環按視，以課轉運之勤怠，而察其停寄盜匿。其自守丞以下，州縣之長與簿尉巡檢之官往來相屬，符檄交馳，弁役四出。所在官吏日惴惴焉捄過之不暇，而厨傳騷然矣。嘗考乾隆二年滇有餘銅三百七十四萬，故能籌洋銅之停買。十七年有積銅一千八九百餘萬，故能給諸路之取求。二十四年以後有大興、大銅二廠驟增銅四百餘萬，故能貼運京錢，歲無缺滯，此如水利，其積不厚，而日疏抉之，則涸可立待，勢固然也。今司運之官懼罹罪責，既皆增價雇募，然猶不免以人易畜。官司責之吏役，吏役責之鄉保里民，每黨數日之糧以應一日之役，中間科索抑派，重爲民擾。喜事之吏，驅率老幼，橫施鞭打，瘁民生而虧政體，非小故也。故曰轉運之難此其五也。

（清）賀長齡《皇朝經世文編》卷五二《户政・錢幣・銅政議下王太岳》

具此五難，是以滇之銅政有救荒無奇策之喻。雖然，荒固不可不救，而銅固不可不辦、不可不運也。竊嘗求前人之論議，厝注得失之所由。其有已效於昔而可試行於今日者，曰多籌息錢以益銅價也，通計有無以限買銅也，稍寬考成以舒廠困也，實給工本以廣開採也，預借雇值以集牛馬也。

雲南之銅供户工二部，供浙閩諸路，供本路州郡餼餉，其爲用也大矣。故銅政之要，必寬給價，給價足而後廠衆集，廠衆集而後開採廣，廣採則銅多，銅多則用裕。前巡撫愛必達疏云：湯丹大小等廠開採之初，辦銅無多，迨後歲辦銅六七百萬及八九百萬，今幾三十年，課耗餘息不下數百萬金。近年礦砂漸薄，窩路日遠，近廠柴薪伐盡，炭價倍增，聚集人多，油米益貴。每年京外鼓鑄需銅一千萬餘觔，爐民工本不敷，歲出之銅勢必日減。洋銅既難採辦，滇銅倘復缺少，京外鼓鑄何所取資。前巡撫劉藻以湯丹、大碌不敷工本，兩經奏允加價。廠民感奮，大銅廠本年辦銅六十萬，大興廠夏秋雨集停工，尚有銅三百七八十萬。各廠總計共銅一千二百餘萬，歷歲辦銅之多無逾於此，實蒙特允，初未見有不許也。今之去昔，近者十年，遠者二十餘年，所云礌硐日遠，改採日難者，又益甚矣。而顧云發棠之請，不可數嘗者何也。有銅本斯有銅息，有鑄錢斯有鑄息，故曰有益下而不損上者，不可不講也。按乾隆十八年東川增設新局五十

座，加鑄錢二十二萬餘千，備給銀鉛工本之外，歲贏息銀四萬三千餘兩。九年之間，遂有積息四十餘萬。自是以後，雲南始有公貯之錢，而銅本不足亦稍稍知有取給矣。二十二年，東川加半卯之鑄，歲收息銀三萬七千餘兩，以補湯丹、大水四廠工本之不足。二十五年，以東川鑄息不敷加價，又請於會城、臨安兩局各加鑄半卯。二十八年，再請加給銅價，則又於東川新舊局冬季三月旬加半卯。三十年，又以銅廠採獲加多，東川鑄息尚少，則又請每月每旬各加鑄半卯，竝以加湯丹諸廠之銅價。而大理亦開錢局，歲獲息八千餘兩，以資大興、大銅、義都三廠之戽水採銅。先後十二年間，加鑄增局至五六而未已，滇之錢法與銅政相爲表裏葢已久矣，以廠民之銅鑄錢，即以鑄錢之息與廠，費不他籌，澤不泛及。而此數十廠百千萬衆皆有以蘇困窮而謀飽煖，積其懽呼翔踴之氣，銅即不增，亦斷無減，於以維持銅政，綿衍泉流，所謂多鑄息錢以益銅本者此也。

取給之數誠不可議減矣。諸路之所自有與其緩急之實，不可不察也。往者江南、江西、浙江、福建、陝西、湖北、廣東、廣西、貴州九路之銅皆買諸滇，沓至迭來，滇是以日不暇給。夫聖朝天下一家，其在諸路者與在滇之備貯固無異也。竊見去年陝西奏開寧羌礦硐越兩月餘，已獲現銅二千四百觔，仍有生砂，又可煉銅五六千觔。由此追鑿深入，真脈顯露，久大可期。又湖北奏開咸豐、宣恩兩縣礦廠，先後煉銅已得一萬五千餘觔，將來獲利必倍。蓋見之郵報者如此。今秦楚開採皆年餘矣，其獲銅也少亦當有數萬，而採買之滇銅如故。必核其自有之數，則此二邦者固可減買也。貴州本設二十爐，繼而減鑄二十三卯，採買滇銅亦減十萬，頃歲又減五爐，議以銅四十四萬七千觔歲爲常率，而滇銅仍實買三十九萬六百六十觔。至於黔銅則減七萬，將以易且安者自予，而勞且費者予滇，非平情之論也。是故黔之採買亦可減也。又今年陝西奏言局銅現有二十五萬一千四百餘觔，加以商運洋銅五萬，當有三十餘萬矣，委官領買之滇銅六十二萬六千二百觔且當繼至，以此計之，是陝西已有銅九十餘萬，而又有新開之礦廠，産銅方未可量，此一路之採買非惟可減，抑亦可停矣。又閩浙、湖北及江南、江西舊買洋銅每百觔價皆十七兩五錢，而滇銅價止十一兩，較少六兩五錢，其改買宜矣。然此諸路者其運費雜支，每銅百觔例銷之銀亦且五六兩，合之買價常有十六七兩。其視洋銅之價未見大有多寡，加以各路運官貼費自一二千至五六千，則已與洋銅等價矣。以此相權，滇銅實不如洋銅之便。則此數路者竝可停買也。誠使核其實用，則歲可減撥百數十萬，而滇銅必日裕矣。所謂通計有無以限買銅者此也。

廠欠之實，見楊文定公始籌廠務之年，後乃日加無已。逮其積欠已多，始以例請放免。其放免者又特逃亡物故之民，而身有廠欠受現價採現銅而納不及數者不與焉，是故放免常少而逋欠常多。乾隆十六年，議以官發銅本，依經征鹽課例，以完欠分數考課。廠官墮征之罰，止於奪俸。廠官尚得藉其實欠之數，以要一歲之收，於採固無害也。其後以廠欠積至十三萬，而督理之官，自監司以下並皆逮治追償。尋以銅少不能給諸路之採買，遂以借撥運京之額銅二百六十幾萬者，計其虛值，而議以實罰，於諸廠之官罰金至十有四萬。尋以需銅日急，嚴責廠官限數辦銅，其限多而獲少者既予削奪。或乃懼罹糾劾，多報銅觔，則又以虛出通關按治如律，罪至於死。斯誠銅廠之厄會矣。夫大小諸廠爐户砂丁之屬衆至千萬，所恃以調其甘苦時其緩急者，惟廠官耳。顧且使之進退狼狽，莫所適從，至於如此，銅政尚可望乎。由今計之，將欲慎覈名實，規圖久遠，蘄以興銅政、裨國計，則非寬廠官之考成不可。何也。近歲之法，既以歲終取其所欠結狀，而所轄之上司又復月計而季彙之。廠官不敢復多發價，必按其納銅之多寡一如預給之數，而後給價繼採，是誠可以杜廠欠矣。然而採銅之費，每百觔實少一兩八九錢者，顧安出乎。給之不足，則民力不支，將散而罷採。欲足給之，而欠仍無已，必不見許於上官，是又一厄也。然則今之歲有銅千百萬者何恃乎，預借之底本與所謂接濟之油米，固所賴以贍廠民之匱乏而通廠政之窮者也。謹按乾隆二十三年預借湯丹廠工本銀五萬兩，以五年限完，又借大水、碌碌廠工本銀七萬五千兩，以十年限完。皆於季發銅本之外特又加借，使廠民氣力寬舒，從容攻採，故能多得銅以償夙逋也。三十六年，又請借發，特奉諭旨，以從前借多扣少，廠民寬裕，今借數既少，扣數轉多，且分限三年，較前加迫，恐承領之户畏難觀望，日後藉口遷延，更所不免。仰見聖明如神，坐照萬里，而當時又以日久逋逃新舊更易爲慮，不敢寬期多發，僅借兩月底本，銀七萬數千兩，而以四年限完。廠民本價之外得此補助，雖其寬裕之氣不及前借，而猶倚以支延且三四載。此預借底本之效也。又自三十四年、三十七年先後陳請借貯油米炭

薪以資廠民，廠民乃能盡以月受銅價，雇募砂丁，而以官貸之油米資其日用，故無惰採，斯又所謂接濟者之效也。今月扣之借本消除且盡，獨油米之貨當以銅價計償，而遲久未能者，猶且仍歲加積，繼此不已。萬一上官不諒，而責以逋慢，坐以虧挪，則廠官何所逃罪。是又他日無窮之禍，而爲今日之隱憂者也。前歲雲南新開七廠條具四事，户部議曰：爐户砂丁，類皆貧民，不能自措工本，賴有預領官銀資其攻採，硐硔贏絀不齊，不能絶無逃欠。若概令經放之員依數完償，恐預留餘地，憚於給發，轉妨銅政。信哉斯言，可謂通達大計者矣。今誠寬廠官之考成，俾得以時貸借油米，而無他日虧缺之誅，又仿二十三年預借之法，多其數而寬以歲時，則廠官無迫挾畏阻之心，而廠民有日月舒長之適。上下相樂，以畢力於礦廠，而銅政不振起，採辦不加多者，未之有也。所謂寬考成以舒廠困者此也。

小廠之開，涣散莫紀矣。求所以統一之整齊之者，不可不亟也。竊見乾隆二十五年前巡撫劉藻奏言：中外鼓鑄，取給湯丹、大碌者十八九，至餘諸小廠奇零湊集，不過十之一二。然土中求礦衰盛靡常，自須開採新礦，預爲之計，庶幾此縮彼盈，源源不匱。今各小廠旁近之地非無引苗，惟以開挖大礦類須經年累月，廠民十百爲群，通力合作，借墊之費極爲繁鉅，幸而獲礦煉銅輸官，乃給價甚微，不惟無利可圖，且不免於耗本，斷難竭蹶從事。又奏云：青龍等廠乾隆二十四年連閏十有三月，共獲銅四十八萬。自二十五年二月奉旨加價，至二十六年三月初旬，亦閲十有三月，共獲銅一百餘萬。所獲餘息加給銅價之外，實存銀二萬九千數百兩，較二十四年多息銀一萬有奇，而各廠民亦多得價銀一萬二千餘兩。感戴聖恩，洵爲惠而不費。又三十三年前巡撫明德奏明，言雲南山高脈厚，到處出産礦砂，但能經理得宜，非惟裨益銅務，而數千萬謀食窮民亦得藉以資生。由此觀之，小廠非無利也。誠使加以人力，穿峽成堂，則初闢之礦，入不必深而工不必費。又其地僻人少，林木蔚萃，採伐既便，炭亦易得，較大廠攻採之費當有事半而功倍者，尤不可不亟圖也。今廠民既皆徒手掠取，而一出於僥倖嘗試之爲，而爲廠官者徒於坐守抽分之課，外此已無多求，是故諸小廠非無礦也，貨棄於地，莫爲惜也。又況盜賣盜鑄，其爲漏戹又不知幾何哉。小廠之銅，歲不及湯丹、大水諸大廠之十一者，實由於此。誠於廠之近邑招徠土著之民，聯以什伍之籍，又擇其愿樸持重者爲之長，於是假之以底本，益之以油米薪炭，則涣散之衆皆有所繫屬，久且倚爲恒業，雖驅之猶不去也。然後示以約束，董以課程，作其方振之氣，厚其已集之力，使皆穿石破峽，以求進山之礦，而無半途之廢，雖有不成者寡矣。若更開曲靖、廣西之鑄局，而以息錢加銅價，則宣威、霑益諸山之銅不復走黔，路南、建水、蒙自諸山之銅無復走粵，安見小廠不可轉爲大也。所謂實給工本以廣開採者此也。

滇之牛馬誠少矣，滇之所儲備又虚矣，而部局猶以待鑄爲言，移牒趣運，急於星火，殆未權於緩急之實者也。銅運之在滇境者，後先踵接，依次抵瀘。既以乙歲之銅補甲歲之運，又將以乙歲之運待丙歲之銅。而瀘州之旋收旋兑者，亦略不停息，則又終無儲備之日矣。夫惟寬以半歲之期會，然後瀘州有三四百萬之儲。儲之既多，則兑者方去，而運者既來，是常有餘貯也。如是而凡運官之至者，皆可以時兑發，次第啓行。在瀘既無坐守之勞，在途亦有催督之令，運何爲而遲哉。若夫籌運之法，固非可以滇少馬牛自諉也。則嘗竊取往籍而考之，始雲南之鑄錢運京也，由廣西府陸運以達廣南之板蜂，舟行以達粤西之百色，而後迤邐入漢。而廣西、廣南之間經由十九廳州縣，各以地之遠近大小雇牛遞運，少者數十頭，多者三五百，至一千二百，竝以先期給價雇募，每至夏秋觸冒瘴霧，人牛皆病，故常畏阻不前。既又官買馬牛製車設傳，以馬五百八十八匹分設七驛，又以牛三百七十八頭、車三百七十八輛分設九驛，遞供轉運。會部議改運滇銅，乃停廣西之銅，而以江安、浙閩及湖北、湖南廣東之額銅竝停買歸滇運京。於是滇之征耗四百四十餘萬，悉由東川徑運永寧，其後以尋甸威寧，亦可達永寧也。乃分二百二十萬由尋甸轉運，而東川之由招通鎮雄以達永寧者尚二百二十萬。其後又以廣西停鑄之錢，合其正耗餘銅，通計一百八十九萬一千四百四十觔，竝令依數解京。是爲加運之銅，亦由東川尋甸分運。至乾隆七年而昭通之鹽井渡始通，則東川之運銅半由水運，以抵瀘州，半由陸運，以抵永寧。十年，威寧之羅星渡又通，則尋甸陸運之銅既過威寧，又可舟行以抵瀘州矣。十四年，金沙江以迄工告，而永善黄草坪以下之水亦堪通運，於是東川達於昭通之銅皆分出於鹽井、黄草坪之二水，與尋甸之運銅竝得徑抵瀘州矣。然東川、昭通之馬牛亦非盡出所

治，黔蜀之馬與旁近郡縣之牛蓋常居其大半。雇募之法，先由官驗馬牛，烙以火印，借以買價，每以馬一匹借銀七兩，牛四頭、車一輛，借以六兩。比其載運，則半給官價，而扣存其半以銷前借。扣銷既盡，則又借之。往來周旋，如環無端。故其受雇皆有熟户，領運皆有恒期，互保皆有常侶，經紀皆有定規。日月既久，官民相習，雖有空乏而無逋逃，亦雇運之一策也。

今宣威既踵此而試行之矣，使尋甸及在威寧之司運者皆行此法，以歲領之運價申明上官，預借運户，多買馬牛，常使供運，滇産雖乏，庶有濟乎。然猶有難焉者，諸路之採買雇運常遲也。頃歲定議滇銅每以冬夏之杪計數分撥，大小之廠各以地之遠近、銅之多寡而撥之，採買委官遠至，東馳西逐，廢曠時月。是以今年始議，得勝日見白羊諸遠廠之銅皆自本廠運至下關，由大理府轉發，黔粤之買銅者鮮遠涉矣。而義都、青龍諸近廠與雲南府以下之廠，猶須諸路委官就往買銅，自雇自運，咸會百色，然後登舟。主客之勢呼應既難，又以農事牛馬無暇，夏秋瘴盛更多間阻，是故部牒數下，而雲南之報出境者常慮遲也。往時臨安路南之銅皆運彌勒縣之竹園村，以待諸路委官之買運。其後以委官之守候歷時，爰有赴廠領運之議，然其時實以雲南缺銅不能以時給買，非運貯竹園村之失也。誠使減諸路之採買而盡運迤西諸廠之銅貯之雲南府，以知府綜其發運，又運臨安路南之銅盡貯之竹園村，以收發責之巡檢，如是則諸路委官至輒買運去耳，豈復有奔走曠廢之時哉。若更依仿運錢之制，以諸路陸運之價分發緣路郡縣，各募運户借以官本，多買馬牛，按站接運，比於置郵，夏秋盡撤馬牛歸農停運，則人馬無瘴癘之憂，委官有安閒之樂。於其暇時，又分尋甸運銅之半，由廣西、廣南達於百色，竝如運錢之舊，即運京之銅亦且加速，一舉而三善備焉矣。惟擇其可採而納焉。

（清）賀長齡《皇朝經世文編》卷五三《户政·錢幣·汴宋歷朝錢文輕重記顧棟高》　乾隆四年，余就九江榷使幕，設館大孤山塘西，去府治德化縣四十里，又東十里爲青山，俱濱鄱陽湖，爲設税口岸。十月水涸，有客舟青山下，移舟舉碇，重踰常，悉力舉之，則纍然有物。發視之，皆古錢也。居民聞之，競來取，日集三四十小舟，凡得錢數十百萬。蓋往日運錢，曾覆舟於此，積水中六百餘年矣。

錢皆宋時物，雜出唐開通錢一二文，兼用八分篆隸。余取其輕重一一較之，唐開通元寶重一錢。開通係武德四年鑄，每十錢重一兩，歷代遵爲定式，世目爲開元通寶者，讀誤也。余較其輕重果信。又有唐國通寶，重一錢一分，蓋南唐李氏所鑄。宋太宗時始用紀元鑄錢，曰太平通寶，其輕重一凖唐開通，重一錢，或錢二分不等。真宗朝，天禧重一錢二分，咸平重一錢，祥符重一錢一分、或九分半不等，景德重一錢三分、或一錢，仁宗朝嘉祐及至和俱重一錢一分，景祐一錢二分，天聖一錢五分，慶曆一錢八分。又有皇宋通寶及聖宋通寶，俱重一錢一分。《文獻通考》云國朝錢文皆用通寶，而冠以年號，及改號寶元，文當曰寶元元寶，詔學士議，因請改曰豐濟元寶。仁宗時命以皇宋通寶爲文，慶曆以後乃復冠以年號。神宗朝，熙寧重二錢四分、或一錢不等，元豐二錢或一錢八分。哲宗朝，元祐一錢一分，紹聖二錢一分、或九分不等。徽宗朝，元符二錢二分、或一錢一分，大觀三錢，崇寧三錢二分。余所見錢文之重，無逾於此。且銅質潤澤堅厚，輪郭端好，錢文堆起，如金剜成。宣和二錢，政和二錢七分，自是汴宋亡矣。自熙寧而後，錢重者，文俱云重寶。高宗朝，建炎一錢七分，紹興一錢六分。南宋錢止此兩年號，蓋余之所見止此。

余維自古鑄錢通物，以前民用，錢之關於民也蓋大，而輕重之際，治亂因之。周景王鑄大錢，單穆公争之。漢桓帝時有議改鑄大錢者，劉陶言其不便，乃止。蓋以貨重則物壅，令數易則豪强易以爲姦故也。自古稱得輕重大小之中者，漢五銖而後，莫如唐開通，故宋初因之。今觀前所列者，凡係太平有道之世，錢俱不甚相遠。至濁亂姦佞之朝，則重逾常格。此非其明效大驗歟。慶曆之錢特重者，以是時方有事元昊，而乏軍需，用張奎、范雍言鑄大錢與小錢兼行。尋至盜鑄數起，爲公私患，自是仁宗之弊政。其餘熙寧之錢重，由於安石。紹聖之錢重，由於惇卞。崇寧、大觀、政和之錢重，由於蔡京。元祐司馬一出當國，而錢復其舊。統前後觀之，其故瞭然矣。余讀《文獻通考》至錢幣，名臣論列鑿鑿，而莫有詳其輕重銖兩者。今於六百年後，而得悉有宋一代錢文之輕重，與馬氏之説相表裏，而治亂得失，於此可想見。不可謂非讀史之一助，爰泚筆而記之。

又曰：大觀錢文書法端好，係徽宗親書，蓋蔡京當國時也。蔡絛

《國史補》曰：國朝鑄錢，沿襲五代及南唐故事，歲鑄之額日增。慶曆、元豐間爲最盛，銅鐵歲無慮三百餘萬貫，及元祐、紹聖而廢弛。崇寧初，已不及祖宗之數多矣。魯公秉政，政和二年，徙封關中。思復舊額，以銅少終不能得。乃考古人子母相權之説，因作大錢，以一當十。至大觀，上又爲親書錢文焉。蓋昔者鼓冶，凡物料火工之費，率鑄十錢，得息者一二，而贍官吏運銅鐵，悉在外也。苟稍加工，則費一錢之用，始能成一錢。而當十錢者，其重三錢，加以鑄三錢之費，則制作極精妙，已得大錢一，是十得息四矣。始得通流，又以其精緻，人愛重之。然利之所在，故多有盜鑄。如東南盜鑄，其私錢既鍥薄，且製作麤惡，遂以猥多成弊。大觀三年，魯公罷政，朝議改爲當三。當三則折閲倍焉，雖縣官亦不能鑄矣，而大錢遂廢。案條此條，於當十錢源委利害瞭如指掌，蓋親見其父建置，惟思圖利殃民，而不顧國家之禍。使人主屈萬乘之尊，爲錢文書字。其錢流布四出，卒成播遷。爲殂落五國城之讖，此真罪不容誅。然其言可備故實，聊附識於此。《宋史·蔡京傳》京自崇寧、大觀、宣和、政和，凡四居相位，四變封國，自崇寧二年，即創爲當十大錢以圖利。至宣和六年復相，目昏眊不能事事，悉決於季子絛。絛恣爲姦利，長子以絛鍾愛於京，數白徽宗，請殺之。則當十錢之説，即出絛之規畫可知矣。觀其所書，利害明析，真所謂如賈三倍，君子是識者，而其言正可借鑒。利之所在，雖刑戮不能禁。有國家者慎無與小民争利哉。

（清）賀長齡《皇朝經世文編》卷五三《户政·錢幣·滇繫論錢法》師範

錢，前也，所以前民用也。又全也，非是則缺而不全也。然置金於兩戈之旁，其勢亦險矣。太昊氏、高陽氏謂之金，有熊氏、高辛氏謂之貨，陶唐氏謂之泉，商人、齊人謂之布，齊人、莒人謂之刀。金之品有三，而其用也，或以錢，或以布，或以刀，或以龜貝。太公立九府圜法，輕重以銖，黄金方寸重一斤，布廣二尺二寸爲幅，長四丈爲疋。故貨寶於金，利於刀，流於泉，布於布，束於帛。周理財之官甚多，唯外府掌賫賜之出入，泉府主買賣之出入，於錢幣之職爲最專。景王鑄十二銖錢而國用匱，楚莊改輕幣而民人怨。大小失宜，自周已不免。

秦鑄半兩，漢病其重而改爲榆莢。然高后二年所行之八銖，即半兩之遺制。既改八銖而廢榆莢，然六年所行之五分，即榆莢之舊錢。蓋錢制未定，遷移有不能自主也。文帝鑄四銖文重半兩，至武帝建元元年改爲三銖，五年復罷三銖而行半兩，半兩者即前四銖也，與秦製不同。有司以盜磨錢質而取鎔，錢益輕薄，乃消半兩，更鑄三銖。三銖輕而姦僞易作，於是更請郡國鑄五銖，周郭其質，令不得消鎔，而錢制遂定。然猶以郡國不無姦鑄，故令京師鑄官赤仄，一當五賦，行之二年，稍賤。而民以巧法用之，故卒不便而廢，天子乃悉禁郡國鑄錢，而專其事於三官。自三官之錢既行，天下非此莫用。向之郡國所鑄，皆消爲銅，以輸入於官，而民間盜鑄私積之患漸息。先是朝廷乏用，造鹿幣與白金，重其直以舒急。及官鑄赤仄，白金不貴，民弗之寶。唯元狩所鑄五銖，其爲用甚廣，其歷時最久。迄孝平時，已成二百八十億萬焉。自是以後，五銖之行益利於民，有變其制而大之者，王莽之十二銖，陳宣帝之六銖，東魏梁末之四柱兩柱，孫權之一當千、一當五百，後周之五行大布、永通萬國，唐肅宗之乾元重寶、重輪乾元，李後主之永通泉貨是也。有變其制而小之者，漢董卓、晋沈充、宋孝武之孝建二銖，前廢帝之重鑄二銖，與夫來子、荇葉、鵝眼、綖環是也。有變其制而能得輕重大小之中者，唐高祖武德時之開通元寶，千重六斤四兩者是也。若夫不變五銖之制而遵用不移者，則唯東漢之世祖、西晋之諸帝、北魏之孝文、隋代之文帝、前凉之張軌而已。然王莽之作大錢、契刀、錯刀，必與五銖並行，謂之四品。蜀先主造直百錢，亦勒爲五銖。後周宣帝鑄永通萬國錢，必合五行大布及五銖並用，謂之三品。是變易五銖之制者，亦未嘗盡廢五銖而不使之兼用也。漢桓帝欲改大錢，以劉陶之言而止。靈帝更鑄四出文錢，而卒兆後日之亂，故行之及身而廢。魏文改用絹帛，至明帝又立五銖。北齊高帝因孔覬請鑄五銖，乃使諸州市銅，惜身殁而志不遂。陳宣帝改用六銖，身後而復爲五。由是觀之，所謂不朽之良規者，蓋即五銖也。夫事有異而同，有同而異，宋元嘉鑄四銖錢形鑄與古五銖一價，百姓不資盜鑄，無五銖之名而有五銖之實。魏孝莊時所用五銖薄於榆莢，迄北齊神武霸政之初，猶沿永安之舊。自是錢日細薄，有五銖之名，而無五銖之實。然則名孚於實重如其文者，其文宣之常平五銖乎。而梁武帝所鑄内好周郭，則又名實俱混。均此五銖之文也，而或重四銖，或重三銖，或重五銖，或重八銖，或重三銖半，或名曰女錢，或名曰男錢，或名曰稚錢，或名曰對文錢。

凡錢之用，有通塞，有升降，各隨其時以權之。故自唐顯慶之以一善錢售五惡錢也，而惡錢之禁以弛。自乾封之改鑄泉寶而不能久也，而開通元寶以之再行。自宋璟之請禁惡錢而不果也，而二銖四參以之終廢。夫行廢者，豈錢之所自爲耶，亦其時爲之。是故肅宗之乾元重寶一當十者也，至代宗而以一當二。重輪乾元一當五十者也，至上元而減爲三十，至代宗而一以當三。且三日後而大小諸錢皆一以當一。其始也，人鑄銅爲錢以取贏，改錢爲錢以獲利。其卒也，人銷錢爲銅以增直，化錢爲器以便用。貞元元年，申消錢之禁，至後唐天成而其弊難除。十四年弛見錢出界之禁，至天成而乃限五百以上，宋時則出界皆置重罪。故雖王安石之愎，亦只除於一時而不能止。其禁於後者，以與契丹鄰境，恐錢出之資敵也。晉天福二年，鑄二銖四參之錢，文以國號，與唐之開通無別。唐穆宗禁銷錢造物，而周世宗則毁佛像以鑄錢。事有不同，利民之心則一也。

唐憲宗以錢幣不充，運用不便，於是始制爲飛券鈔引，以通商賈之厚賫貿易者。其法蓋執券取錢，非以券爲錢也。自宋慶曆後局中始有交子，建炎以來東南始有會子。交會既行，天下直以楮爲錢矣。大抵宋初諸錢或爲元寶，或爲通寶，人間有鐵鑞者，悉以送官，莫不以銅爲適用。其後國帑漸匱，雜用大小鐵錢。鑄錢之官愈多，而用愈不足。加以交會之法，既有行在會子，又有川引、淮交、湖會各自印造，而卒至收换不行，稱提無策。元時天下皆通用銀，唯武宗嘗一鑄錢，其外皆銀與鈔。明初禁銀錢而專用鈔，然而鈔卒不克行。迄化治以後，糜爛殆盡，而錢法之壞極矣。

鐵錢初起於公孫述，至光武而罷。繼起於梁普通中，至陳而罷。迄南唐時韓熙載鑄之，李氏行之，諸國相承用之，始猶以銅鐵相權而行，乾德以後，只持鐵錢而已可貿易矣。宋祥符後銅坑多不發，天禧以降，以鑄鐵爲急務。張詠、黄觀，實董其役。相與度其大小，量其輕重，而每歲所鑄蓋二十萬餘貫焉。

夾錫錢，崇寧二年所作，因二虜以中國鐵錢爲兵器，惟雜以錫鉛，則柔脆不可用，而敵資於是乎寡。錫錢起唐河東，自元和四年河東節度王鍔置鑪距馬河水鑄錢，以刺史李聽爲使，於是月鑄錢三十萬，而河東之錫錢皆廢。後太和八年，錫錢復起，以蔚州所鑄之錢歲不滿十萬緡也。嗟乎，錢之變至爲錫鐵，九府之制大壞，世變亦因以隨之。而後周時河西諸郡又有用西域之錢者，其錢乃以銀爲之，與今粤地之洋錢同製，然所行不廣。

自貨幣之興，惟錢之行可久，錢之用最利，而貢禹、桓元乃以爲不便於民而欲廢之。五銖之行，馬援、孔覬、任城王澄皆善其通易無滯，而陳高諫之，乃以爲不利於國，而欲以三銖易之。豈人之意見，有不可强同者耶。

夫錢之置監，著於隋，盛於唐，最衆者莫如宋。總計諸路所置，共二十六監，而銅居十七、鐵居其九。夾錫之錢，則附於鐵監焉。宋鑄錢之劑，八十兩可得一千，三分其劑，六爲銅而三爲鉛錫，皆有奇贏。

凡錢輸官之數，其號爲百者，或八十，或八十五。而天下私用，則有以七十爲百，以四十八爲百，且有以三十五爲百者。錢愈雜而數愈淆，是故論錢之重，以千錢計之，則齊十一斤以上，隋文帝之四斤二兩，唐六斤四兩，宋五斤。齊與隋乃同以五銖，而分量不一。

夫太公立錢法以利後世，由周以至兩漢，由六朝以至唐宋，沿革之制，變通之用，馬端臨考之甚詳，而謂晋用魏五銖錢，不聞有所更創，則其叙晋事也稍失之疎。按前凉太府參軍索輔言於張軌曰：晋泰始中河西荒廢，遂不用錢，裂匹以爲段數。縑布既壞，市易又難，弊之甚也。今中州雖亂，此方安全，宜復五銖，以濟通變之會。由此言推之，則晋泰始時中州皆用帛而不用錢。馬氏於魏文之改用絹帛，則特爲書之，而此不詳，何也。

我國家承明之後，設局户、工二部，而滇爲産銅之區，雲南、臨安、大理、霑益四處皆有鑄局，其後罷舉不一。近惟雲南東川二府委官監鑄，省局統於藩臬兩司，東川統於知府，每千錢銅六鉛四，約重七斤半。立法之善，實邁往古。乾隆五十五六年間，私鑄充斥，每銀一兩易錢至十千文。純廟命福公康安來滇經理，立將匪徒搜擒正法，並設局收買小錢，積弊始清。大抵私鑄之弊必先清局，私銅之弊必先清廠。尤在奉行者有皭然之操，確然之志，庶於錢法可無更變焉。

（清）賀長齡《皇朝經世文編》卷五三《户政・錢幣・文帝除盜鑄令論孫廷銓》 文帝五年，除盜鑄錢令。賈誼、賈山皆上書諫，而帝不從。其後吴王鑄錢，所在而有，遂成七國之亂。夫天地自然之利，天子與民共之者也，而聖王必爲之限制，使其權一出於己。非漁奪自私，所以均生民

之利而止法外之奸也。夫民之不能不有智愚强弱者勢也，則利之不能不有淆雜僞巧者情也。王者爲之法禁以隄防之，使豪民大蠹有所限止，不得過自封殖，而爲奸人之所煽動，則愚賤益安矣。若壞決隄防，令得自爲便，則利必有所偏重，害必有所洊至。賈生所云事有招禍而法有起奸，蓋推情察隱，而觀其弊之所究也。夫使民得顧租鑄錢，此文帝之大惠也，而其害有然，故聖人之制法，利不自予而柄不衆操也。

（清）賀長齡《皇朝經世文編》卷五三《户政・錢幣・興安郡志食貨論岳震川》 古者以黄金爲上幣，錢爲下幣，銀爲器飾，非幣也。後世黄金日益少，莫能知其由。雖富商大賈鮮以此交易，惟通行銀錢二幣而已。自秦漢至今，千錢爲一貫，曰緡曰繦，其實一也。興安一郡，以八百爲挂，相沿已久，莫知其初，小異而不失大同。我聖清五朝之錢，順治、康熙多青銅，雍正青銅、赤銅各半，乾隆六十年之錢暨今上嘉慶錢赤銅爲多。有此小異，其爲錢法則一也。

古人蓋貴赤銅，丹陽之銅稱赤金。漢武帝時公卿請京師鑄官赤仄，如淳曰以赤銅爲其郭也。班氏《食貨志》稱每壹易錢，民用破業而大陷刑。彼其法令紛更，貴賤淆亂，是以民怨而刑煩。若我朝之九府圜法，輕重得宜，輪郭分明，不待填以黄金，文字刻畫顯爽，真所謂利如刀、流如泉、分布如布。民何由破業，刑辟何自而生乎。惟乾隆五十年後承平日久，奸宄潛滋，山南二郡小錢之多，如水湧而山出，西同乾鳳諸郡無此患，興漢二郡其患獨深。則以南連蜀山，東接楚澤，奸民之淵藪，盗鑄之巢穴也。販小錢者，或馬騾重載，或舟舫潛貯，百方掩匿，期於不敗，此盗鑄之骨肉也。城門關隘津渡，吏胥雖察其奸，得賂即縱，此盗鑄之羽翼也。亦有跡同黠鼠，晝伏夜行，吏胥無從詰驗，此盗鑄骨肉之尤健者也。此其所載最多，獲利最厚，富商大賈間有爲之囊橐者，不過十之一二。至於小小商販，見利忘害，此則盗鑄之奴僕耳。州縣親民之官必掃其巢穴，誅其骨肉，鎩其羽翼，而後盗鑄可絶。若止詰問其奴僕，庸有濟乎。西安官吏奉憲檄來查小錢，商賈閭閻均被其害。商賈之害，官吏館餐馬資，大抵出於市區。閭閻之害，冠婚喪祭，十千可辦之物，二十千弗可得。及官兵征白蓮教匪，往來川陝如織，而小錢之害息矣。蓋盗鑄之奸民明目張膽，往而從賊，販小錢之奸民或爲鄉勇，或爲賊尾，攻剽富室。乃知太史公以鑄幣與掘冢同科，良有以也。方教匪正熾，大臣有援漢文帝故事請寬私鑄之禁，以容奇袤，以息兵革。主上剛斷弗許，此萬世帝王不易之常經，非止一代之綸綍也。

吾讀張介侯《續黔書》，有假銀一篇，言其弊甚悉。雲貴産銀，故假銀因之而生。山南二郡不患假銀，惟患小錢。偶有過客持假銀交易，市人必訟於官，官必懲之以刑，其勢不能姑息，故其禍不至蔓延。小錢之入於市廛也，以漸而多，先爲霜霰，久乃堅冰，長民者昭雖似鄭，忍或效魯，至於通省官吏皆知山南小錢之患，而商賈閭閻皆病如前所云矣。今小錢息滅踰十年矣，浮食者尚多，游匪未盡改行，若不思患預防，數年之中，小錢之患又將生矣。

（清）賀長齡《皇朝經世文編》卷五三《户政・錢幣・禁私銷議喬光烈》 竊惟錢文爲民生利用之資，我國家軫恤民隱，自京師以及外省各設爐座，廣爲鼓鑄。宜錢文日裕，民用益饒。乃近年以來，錢未見足，價值不平。蓋姦黠之徒罔利私銷，致妨民用，亟宜生法嚴詰，以杜其弊。然禁私銷之法更難於私鑄，私鑄者雖藏匿僻地，必須設以爐座，加以匠工，爲時既久，尚易敗露。惟私銷者可以鎔化無迹，隨時隨地，最易藏姦。是以法禁雖嚴，終於百無一獲也。

夫欲絶其弊必先清其源，防其弊於已然，不如杜其弊於未然。小民趨利若鶩，大抵錢質重則盗銷者多，錢質輕則盗銷者寡，此自然之理也。考古太府圜法，以銅爲錢，或爲半兩，或爲榆筴，或爲八銖、四銖，或爲赤仄、鵝眼，或爲綖環、荇葉，惟漢之五銖爲得其中。五銖以後，唯唐之開通元寶，《綱目》載稱每錢徑八分，重二銖四絫，積十錢重一兩，積一千重六斤四兩。較之五銖，輕重大小最爲折衷。有明邱文莊公曰：錢質如開元，至今存焉。其説蓋有本也。我朝定制，每錢一文重一錢四分，一錢二分五釐不等，唯康熙二十三年管理錢法侍郎佛倫等奏將錢一文改鑄一錢，至康熙四十一年復改鑄每錢一文重一錢四分。今現行錢文，如順治、康熙青錢，質重一錢四分者，每百中僅見一二文。康熙錢重一錢者，每百中常居十之三四。歷考成書，徵諸時事，唯錢質止重一錢者可以行之久遠而無弊耳。今應請倣照康熙二十三年之例，將現在鼓鑄錢文，每錢一文，題請改鑄一錢。每錢千文，共重六斤八兩。較現行制錢每千重七斤八兩，

計減用銅鉛一斤四兩。選匠精造，務使輪郭周正，字跡顯朗。既於國體毫無關礙，而盜銷者照現行制錢價每銀一兩二錢五分易錢一千文，止得黄銅六斤四兩。即改造器皿，所得價值不過在一兩以內。姦徒無利可圖，銷毀之弊似可不禁而自除矣。

又定例鼓鑄錢文銅鉛各半，每銅鉛百斤如入點銅三斤，其質柔脆，不能打造響銅器皿，立法已屬周詳。但不能爲打銅，尚可爲鑄銅。如銅鏡、樂器以及箱櫃事件等碎小器皿，均可私銷改造，而碎小器皿加以手工，往往不計分兩取值，每易子倍於母。是以銅少之區雖錢質甚輕，而仍不免有私銷之弊。夫銅鏡等物爲民間日用所必需，若因私銷而復嚴禁錮之例，又屬繁重難行。唯一州一縣之中銅匠不過數户，尚易稽考。應飭地方官稽考銅匠，共有爐座若干，每月收買銅斤係何來歷，務須確有根據，並令鄰甲人等具結保任，仍不許縱役需索。如此立禁嚴密，民知畏懼，似亦杜絶私銷之一法也。

（清）賀長齡《皇朝經世文編》卷五三《户政·錢幣·鼓鑄議夏駰》

國家正賦之外充軍國之用，惟鹽政、關税與錢法而已。然錢法者所以濟銀之窮者也，銀不便釐用而銖使，故用錢。錢不便負重而致遠，故多則壅，壅則賤。

今國用告匱，生財之道無不具舉，勢必重議鼓鑄，議鼓鑄勢必熟求所以貴錢而賤銅之術。然愚以爲國家但有行錢之法，無貴錢之法，錢誠行則錢自貴。但有採銅之法，無賤銅之法，錢誠貴則銅即不賤，而利自多。今爲貴錢之術者，吾不能曲爲之阿也。凡物少則貴，多則賤；精則貴，濫則賤；流則貴，不流則賤；可久則貴，不可久則賤。其理甚明也。今各省錢局並停止，寶泉、寶源二局鼓鑄，而錢尚患其賤。設使各省諸局仍復鼓鑄，一歲驟增錢八九倍，兩歲則增十數倍，以一倍之錢尚患其賤，而出以八九倍、十數倍之錢求其貴，必不能也。

歷來鑄錢，大率每千重八斤有餘，尚不無夾雜廢小之弊。今議每千七斤，除去鎔化剷磨耗折，是比往鑄加輕十之二，勢必和夾他物，否則輕薄不堪，以比年精好重大之錢尚患其賤，而欲以輕薄濫僞之錢求其貴，又必不能也。

民之用錢，不獨以其彼此可以交易，亦以其上下可以通行。今銀七錢三之例視爲具文，即有司奉行，以此出則每千當銀一兩，以此入則仍照民間八九錢之值。即有司以千錢作一兩入，而遞解不肯作千錢一兩之數。今議用錢之路，則曰俸食河驛也，則曰買草豆也，於納錢之路，茫然未有以處也。夫以一倍之錢出而不入，而錢不得不賤，以六七倍、十數倍之錢出而不入，而欲求其貴，又必不能也。

銀錢同爲民用，然銀之所以貴者，以其久暫如一，無或廢也。今同爲本朝鑄錢，乃於順治年間所鑄者概目之爲廢錢，統計十六七年之內，散布民間者不啻億億萬數，一旦竟廢而不用，百姓遂以爲錢之不足重如此也，安得不賤。揣廢錢之意，不過以爲舊錢不止，則新錢不行，不知此掩耳盜鈴之術耳。從來鑄錢其中陀僧倭脆砂土，大抵十居二三，一經鎔鑄，盡化煙渣，是收舊錢一千重鑄不過得七八百文，徒病於民而無益於國。且既使天下知錢之不足久行，而復欲求其貴，又必不能也。

故曰今國家必無貴錢之法也。夫銅即未鑄之錢，錢即已鑄之銅。貴則俱貴，賤則俱賤，必無有此貴而彼賤者。即議鼓鑄，勢必採銅，既議採銅，銅必踊貴。

於是有爲開礦之説者，而不知今日之礦必不可開也。盜賊滋多，民生日敝，一爲此舉，擾攘必甚。利歸於吏胥，害中於國家，不獨得不償失也。

於是有爲禁銅之説者，而不知民間之銅必不可禁也。人家器皿藏貯内室，禁之不從，搜之不可，勢必開首告之令。吾恐挾仇利賞，訐訟紛紛，有司不勝其煩，而百姓卧不安枕矣。

於是有爲納銅之説者，額外税課許民半以銅納，捐納事例、罪贖贓變皆二分收銅、一分收銀。而不知此名爲收銅，而適爲銅增價也。通計各直省有額關税不過八十六萬兩，則額外之税爲數幾何，使在外十三局並興，歲需銅一千零九十餘萬斤，此項且不能抵百之一也。況人家銅器多者數十斤、數百斤極矣，捐納贖變爲銀動以千百兩計，必不能取之室中，勢必遍買投納。

夫一銅耳，昔僅官買鑄錢而患其貴，今既可以完賦，又可以贖罪，更可以得官，將來銅價勢必騰長。銅既騰長，而官限定六分之例必不可增，民又安肯貴買而賤輸哉。錢局缺銅，必責之有司，有司慮受參罰，重比監

勒，無所不至。吏胥因之恣爲姦利，大稱以取羡也，銅好而嫌惡也，數足不收以揹費用也，從此小民且不堪命矣。

故曰今天下必無賤銅之法也。銅既不能使賤，錢又不能使貴，然則鼓鑄之議，不既窮哉。無已則有一焉，各省局不必並興，量度用兵附近之省開置數局，鑄發各州縣，聽民以銅换錢，每銅十二斤换錢十斤，稱無重輕，以此入即以此出，吏既無所容其姦。價無低昂，錢貴則銅亦貴，錢賤則銅亦賤，官與民又兩無所受其病。行之一年，則錢日益多，而官無買銅之困，民無納銅之苦。鑄局所贏，隨時定值，悉充軍餉，則亦庶乎其可也。自非然者，民不賤銅而官賤之，恐將來無可鑄之錢。民不貴錢而官貴之，恐將來百物亦必暴長以持其平。且錢固不可使太貴也，錢太貴則盗鑄者必多。利之所在，至死不顧，姦民煽聚，其憂又不止在錢法矣。

（清）賀長齡《皇朝經世文編》卷五三《户政·錢幣·錢法議葛祖亮》

錢法在今，亟宜議矣。十數年來，國家欲爲錢法去弊興利，内外諸臣多方籌畫，求一當者，幾不遺餘議矣，而猶有所未盡，何也。

愚以爲去弊者必深悉夫弊之何以不去，何以弊一去而即無不盡去。興利者必深悉夫利之何以不興，何以利一興而即無不盡興。且將日出不窮，而永無患於弊之復作也。源源本本，是必有其所以然。講之者亦惟清其源，握其本而已矣。

從來錢法有二患：曰盗鑄，曰私銷。盗鑄之在今日，民無力以辦，可不必言，所重患惟私銷耳。我國家自定鼎以來，凡歷四朝，使無私銷之人，則四朝之錢可以充滿於宇宙之間，而寶源、寶泉二局幾可虚設不用。今試問順治、康熙之錢其存於民間者有幾也，不但順治、康熙之錢僅有，即雍正之錢其存於民間者有幾也，則私銷之爲弊也彰彰矣，論者亦無不識其爲私銷也。是以往者曾有禁銅之令，繼以爲錢值仍昂而銅禁之不便也，復弛其令。而豈知錢值之不昂，斷在銅禁之必嚴乎。何者。

往者禁銅之令是矣，而徒禁於其大，不禁於其小。以爲銷燬者在大，而不在小也。不知大物之銷燬有限，而小物之銷燬無窮。大賈所鬻之器非富貴之家不能有，小物則無人不可用，無地不可行。視之不啻分釐，而合計則至於百千萬億而不可窮。且大物之銷燬爲錢必多，其銷之也有器，而人之伺之也亦易，業此者其本或萬或千，少亦不下數百金。苟非貪惑之極，亦不肯舍己所有而以身試法。惟小物之需錢無多，可以隨用隨銷，銷之器不必鉗爐，且一鎔即化，無迹可執。雖有明知之者，而無可如何。始起於一二姦民，今乃蔓延至於無可紀極。議者往往以其本小物微，而不深察其弊之流害無窮。但以爲此經紀之把持也，鋪户之擁錢不售也，出京師者之車載馬馱而虚其貯也，鄉土之豪防盗賊之攫銀易、攫錢難，因之多畜以自封也。夫此數者，固錢法之弊之所有也。今亦既知之而嚴禁之矣，而錢之昂也仍然，則可知其弊之深患不在此也。

近又銷錢不以鑄器，而以賣銅，計一千之錢易若干之銀，今賣銅浮於易錢之銀，遂銷錢賣銅以爲市，此姦民之尤黠者。且他省交易多以銀，而北人習於鈍拙，交易以錢。南人雖數分猶用銀，北人雖五十百金猶用錢，近省亦多效尤。嘗過福建等省，偶市器物，竟通市無稱等按翦之用。

夫自制幣以來，金銀以濟穀帛之不及，而錢則因日用零雜，不可以銀行者乃以錢便其流通，而豈多多者之猶需錢爲直乎。頃者皇上深燭其情，令多者之直以銀，而勿復以錢。誠爲至當不易之理，而進言者猶有他議，非也。但此亦其弊之一端。而銷燬不絶，則鑄者日多，而銷者日甚，欲錢值之勿昂，不可得也。

夫天下之利權，人主之所操也。今人主不能操，姦民得以挾持之，而至於無可如何，非令也。設官局以平之，似與民争市，非與民平直之體也。聖人治天下，使有菽粟如水火，則亦當使泉貨如水火。夫將何道而臻此。曰其道有二：一在去其弊之源而濬之使清，一在興其利之本而守之使固。

何爲去其弊之源而濬之使清。經紀之把持也，鋪户之擁錢不售也，出京者之多載而虚其貯也，鄉土之豪多積錢以自封也，交易之大且多者，令以銀而勿復以錢也。此皆洞悉其弊而不可以易者，今俱宜勿之弛也。銅店之移於内城而察之綦嚴者，今亦知其無銷燬之弊，而聽之自便。夫豈謂竟無銷燬者乎，則小物銷燬與銷錢賣銅之深弊，隱人於不覺而爲害最鉅者，其姦斷不可容。今欲治之無他法，惟有禁銅而已矣。禁銅不惟嚴於大，而更嚴於其小。民間已有之銅器不必令其交官以滋擾，惟市肆之間大小銅器，俱使不得鬻，毋爲姑息之令，而限以歲年，令出三月之後，俱不許有銅器在市。或有惡銅貨之棄於家而願交官者聽，量其值厚償之，勿使虧

折，嚴官吏抑勒之令。將市無銅器可鬻，民雖欲銷燬無所用之，而銷錢賣銅之弊不禁而自除。此仿禁賭之法，專禁賭具而賭自息。所謂去弊之源而濬之使清者也。

而愚尤有請者，宜仿國初各省鑄錢之法，江寧則曰寧，浙江則曰浙，山東則曰東，河南則曰河，福建則曰福，雲南則曰雲，山陜川廣諸省莫不皆然，而一省只供一省之用，勿許出境，將不數年而各省之錢皆滿。寶源、寶泉但鑄京錢，供畿輔之用，雖載出他省，但可傳觀，爲京師之國寶，不必需之以流通。如當年順治、康熙之時，各省用各省之錢，京師則用京錢，其制小於各省，而各省未嘗待用京師之錢。即今京師之民猶呼大錢五十爲一百，一百則曰二百，其遺意猶然可想。且此法行而經紀鋪户一切諸弊皆絶，並各省盗鑄之患亦永永無有矣。且國初盗鑄之民所在甚多，蓋其時銅禁未嚴，銷燬既多，而盗鑄亦滋。故其時錢日益多而銅日益少，爲累於辦銅之官者至久未息。若今之法行，數年之間，各省之錢皆滿，可俱罷鑄，京師之錢不取用於四方，寶源、寶泉亦可虚設。國家經費節省無窮，錢鑄不銷而錢且日賤，銅器不鬻而銅可不問。人主之利權不分，國家之體制俱嚴。歷年辦銅之官皆得息肩而無累，民用不撓，民心自定。凡多方籌畫者俱可無庸矣。所謂興其利之本而守之使固者也，此當今錢法之亟務也。

（清）賀長齡《皇朝經世文編》卷五三《户政·錢幣·通行錢法疏徐旭齡康熙十八年》　今各省爐鑄已通行矣，臣竊有請者，定例錢一千算銀一兩，民間則算銀七八錢，一也。寶泉局錢論官價則增息，較民價則虧本，二也。民價賤，賤則不行，三也。遠近異價，異價則不通行，四也。不鑄省則難稽，鑄省則不流通，五也。披甲領錢，用不敷銀，六也。外營領錢，脚價無出，七也。營兵領錢，與民貿易，出入互異，輒見紛争，八也。州縣領錢，轉派百姓，騷擾更甚，九也。放依官價，收則取盈，利歸有司，困重在民，十也。停爐銅觔，至今不清，十一也。凡物少則貴，多則賤，向因賤停鑄，今未貴開爐，十二也。凡物精則貴，麤則賤，今民價反賤，官弊可知，十三也。勢必至虚開爐，只市賤錢，以冒工料，十四也。價既參差，錢又不精，私鑄易行，官錢易滯，十五也。敢請敕部，逐款確議，必使利歸於上，富藏於下，害絶於民，弊革於官，庶價一錢貴，可永遠而不敝矣，不然何以立法哉。

（清）賀長齡《皇朝經世文編》卷五三《户政·錢幣·開銅源節銅流疏晏斯盛乾隆九年》　臣惟錢幣國家大政也，民生日用急需也。常苦於錢之少，而錢亦日鑄而不敷，價遂日昂。臣嘗計畫此事，未有成局，不敢上聞。而我皇上念切錢艱，不便兵民，楚北尤甚。

臣愚以爲先當廣銅之源，尤當節銅之流，錢斯日盈而不竭也。《禹貢》荆州之地，厥貢惟金三品，則銅固其所自有，第恐其地有妨於廬墓，有荒於田畆。或舍本趨末，招流集匪，易聚難散。是以守土者雖有其地，不敢輕言是矣。然而深山大陵無關廬墓之氣脈，無致田畝之荒廢，而就其本地之民，百十里之内有烟户，可稽其丁壯之夫，耕作而外許其赴廠，足沾餘利，所得之銅亦足供本地鼓鑄，而止不許售賣别用，則聚人不至過多。倘礦竭而散，亦不過百十里内烟户中相識之人，仍有家可歸，有業可作，無慮其譁聚而滋事也。

查范毓馪所辦洋銅足供六年之用，而其間或有緩急之需，則本地所産實爲近便。上年十一月内，鄖陽府民人陳爾言等呈稱竹山縣楓樹埡地方銅線甚旺可採，又房縣、鄖西縣地方亦産銅礦，均可開試。經臣准行鄖陽府令該縣雇倩匠工確行採試，並行安襄鄖道督試在案，如果礦旺可採，即議立章程，規其久遠，似可舉行，以裕銅源。雖然以採銅爲源，或有旺不旺之分，而使已去之錢皆返而爲銅，則節銅之流而源可自裕而不匱，尤要務也。

今寶泉、寶源之錢行久矣，然自京師及畿輔近省而外至於湖廣南北稍遠之省，制錢之重一錢二分者既不多見，惟康熙年間重八九分、一錢之小錢通照大制錢行使。中間雜以翦邊、鎚扁、沙板及鉛錫各種在内，而錢之濫極矣。夫制錢行將十年，而千百中僅見一二。雍正錢距今二十餘年，康熙大制錢距今百年，而千百中存者亦僅一二。其見且存者，又多翦去其邊，鎚扁其質，則人情惟銅之爲利，而銷燬之形亦大可見矣，是何不禁之早哉。或曰民間目前惟有此錢，禁之將盡困，而錢恐更致大貴，殊爲未便。非也。因循久之，日鑄日銷，何所底止，且禁之有漸，何至重困哉。請先行出示，限三月内將沙板、翦邊、鎚扁、鉛錢、古錢一切繳地方官歸局，仍給與銅價。其康熙年間小制錢不關銷燬，亦平減其價，不得與現行

大制錢等。如此則錢之流稍清，而不至以官錢爲弊藪也。雖然，此猶急則治標之一端也。

考太公始立九府圜法，函方輕重以銖，即《周禮·地官·泉府》之制所由行也。夫圜者，均而通之之謂。輕重以銖，即均之之用也。又周景王欲鑄十二銖錢，單穆公以爲廢輕作重，民失其資。且曰民患輕則爲作重幣以行，於是乎有母權子而行，民皆得焉。若不堪重，則多作輕，而行之亦不廢重，於是有子權母而行，大小利之。是固權時輕重而均之之遺意。自秦以下，如半兩、五銖、四銖、三銖、八銖、五分、赤仄、兩柱、榆莢、荇葉、鵝眼、綖環，皆旋行旋改。大約本重則銷燬多而患錢少，本輕則私鑄多而患錢濫，其勢然也。我朝順治元年錢重一錢，二年改鑄一錢二分，十四年加至一錢四分。康熙二十三年以銷燬弊多，乃改鑄一錢。嗣又慮滋私鑄，四十一年仍復一錢四分。雍正元年以後，錢文精緻，工本愈重，行之稍久，慮滋銷燬，改照順治二年每文重一錢二分，然錢質仍重，銷燬猶然有利也。是以康熙年間小制錢尚存，而年年鼓鑄之大制錢遠省遂不多見。莫若將制錢再輕二分，改照順治元年每文以一錢爲準，而與康熙年間小制錢竝行。則銷燬無利，錢可廣而不匱也。或曰今錢加用點錫，不能銷燬，毋庸改作。是矣，然臣聞銅匠有分金爐一項，能使五金判質，是錢之加點錫、黑白鉛者仍可銷爲净銅也。是錢莫若再輕之，使銷之無利而自止也。康熙年間小制錢至今尚存，前效可睹矣。

（清）賀長齡《皇朝經世文編》卷五三《户政·錢幣·廣鑄錢郭起元》

聖人創制天下，後世無以易焉者。《禹貢》惟金三品是也，珠玉非常用之物，布帛菽粟質重而艱於致遠，故惟三金爲常幣，而黄金少出直高，白銀與鑄錢相需而行，此物理之自然也。

自太公圜府以來，單穆公曰民患輕，作重以行之，謂之母權子。民患重，作輕以行之，謂之子權母。母子相權，以衡萬物之平。後人以私意勝，因時逐利，重之則如吴之當千，蜀之直百，晉之比輪，梁之兩柱。輕之則如漢之榆莢，魏之鵝眼，宋之綖環，隋之皮紙。究且物價昂貴，而民生日敝，歷稽往制，惟漢五銖錢，唐開元錢輕重適均，宋錢失之仄薄。元人贖貨，囊括天下之財，使民間用鈔。明沿元習，設寶鈔庫，禁用銀錢布粟，繼而知其不便，令錢與鈔兼行，民胥重錢輕鈔，雖多方行之，而鈔法終以壅格中止。嘉靖鑄金背錢，每文重一錢三分。萬曆鑄火漆錢，重一錢二分。鏇邊錢亦重一錢三分，與金背通行。終明之世，當十、當五及鉛錫等未有能久行者。總之行質輕直重之錢，是以威力刦持，固無可久之理。而靳工費，貪贏羨，則錢麤惡而私鑄起，此錢弊之大較也。

本朝立法，大公至正，寶源、寶泉二局不惜工本，銅質精良，方員肉好。康熙、雍正、乾隆錢胥重一錢四分，可謂損上益下之至矣。每錢八十準銀一錢，法令畫一，無往代紛更之弊。宜乎民間樂生安業，欣欣然於泉布流通之日。而蚩蚩者氓，常咨嗟嘆息於制錢之少。姦人黠匠私鑄鉛錫錢販與市儈，雜用罔利，制錢七八雜以私鑄二三。向時猶檢擇相争，今則竟自持去。可見官錢日少，民共諒其不可多得也。爲今計者，亦曰廣鑄而已矣。原鑄之所以不廣，由於買銅而非採銅也。國家鑒前代開冶之害，一切銀銅坑俱封不開，而民間括銅往往胥吏侵漁，入官者少。故購銅於海洋，道遠費重，至不以時。竊以銅與銀異，銀坑利重啓争宜閉，銅坑利輕用廣宜開。凡雲南、江西、湖廣等處産銅坑場，胥宜以時開鑿，設官募工採煉，以資冶鑄。其民間舊銅，令捐例、贖鍰之人以是充辦。則銅至者多，而出錢必廣矣。然更有説焉，臣於康熙中年見用錢者，順治、康熙錢相半，斤兩尚輕，每錢一百準銀一錢，物不昂貴，銀本亦省。今以銀一兩易錢八百或七百餘，而物價不減，本銀多耗。竊疑制錢太重，是以私鑄易行。今誠於制錢之外另鑄輕文重一錢，與制錢相輔而行。制錢六七輕錢三四，物價可平，銀本不耗，而私鑄無所容其姦，有合於以子權母，亦因時制宜之義也。

（清）賀長齡《皇朝經世文編》卷五三《户政·錢幣·申銅禁酌鼓鑄疏陳宏謀乾隆十年》　竊惟錢以銅爲質，苟非銷燬，自可久而不敝，亦當積而日多。我朝鼓鑄已百有餘年，而錢文不見其多，日見其少。其爲姦徒銷燬，情事已著。我皇上廑念民用昂缺，各省漸增鼓鑄，屢頒上諭，查禁銷燬。内外臣工條議防閑至詳且盡，而銷燬之弊終不能除。查不産銅之省分甚多，廠銅、洋銅官收已居大半，流通於民間者爲數無多。而統計各省每年打造銅器需銅無算，若非銷錢，從何而得。訪聞各省大概先銷康熙、雍正之净銅舊制錢，獲利甚厚，是以市上康熙、雍正舊錢漸少，所行使者多係新鑄之點銅制錢。但點銅錢鎔入净銅，亦可造器，仍然有利，恐將來亦

不免於銷燬。即如陝西錢價，向來每銀一兩易錢八百以上，近則止易錢七百二三四十文，其昂貴爲歷來所未有。欲籌開鑄，則洋銅未到，即使銅到開鑄，而銷燬不絶，杯水車薪，何能有濟。夫生齒日繁，民用日廣，專恃點銅新錢已難流通足用。倘併新錢而亦銷燬，雖各省再增鑪局，費盡工力，終不抵姦徒俄頃之銷燬。國計民生，均有未便，不圖善後，何所底止。臣於此事時在胸臆，不揣冒昧，謬抒二策，一則絶銷燬之根原，一則使銷燬者無利而自止。是否有可採擇，應爲我皇上陳之。

一、黄銅仍宜禁止也。錢出於銅，爲錢計必先爲銅計。考之歷代調劑錢法，皆有禁銅之令。我朝康熙十二年、十八年皆曾禁止鑄造黄銅器具，雍正四年又經禁止，計自禁銅以後，中間各省並未增添鑄局，而每銀一兩已易錢九百文以上，不至如此時之昂貴。未始非禁銅之效，祇因彼時民間所用黄銅器皿俱令交官給價，官役奉行實多紛擾。皇上御極之初，允廷臣之奏，仍弛銅禁。原爲銅觔足供鼓鑄，而開禁可杜紛擾，非爲民間所用器皿必須黄銅也。今銷燬日甚，錢法難調，因時救弊，似宜變通。臣請仍仿照康熙年間禁銅之法，不禁現存之銅器，止禁以後之打造。通行之後，即取各銅鋪鄰右甘結，有再打造黄銅器皿者各治以法。凡民間向日所用銅器，無論新舊，概不繳官。銅鋪已造未賣之銅器，定限三月，聽其售賣，過期不賣，交官給價。三月以後，尚有售賣黄銅器皿者查拏治罪。銅鋪内如有未曾成器之黄銅，即令交官給價。各處銅鋪開張列市歷歷可數，地方官止須就現在銅鋪曉諭取結改業，於民間一無紛擾，於鋪户亦無虧損。向後倘有打造，即使潛踪匿跡，而聲聞遠近人共見聞，無難捕獲也。其紅銅、白銅、響銅器具，仍許打造。此外如佛像、烟袋、事件、紐扣之類，皆可用别項銅錫爲之，一概不許用黄銅，自不用銷燬制錢。此杜絶銷燬根源之一策也。銷燬既絶，則新舊制錢積而日多，銅觔盡供鑄局，又可源源多鑄，省費利用，莫善於此。鋪户止於不打造黄銅，民間止於不用黄銅器皿，而率土兵民便益已多矣。

一、鑄錢宜改銖兩也。歷代錢文輕重本無一定，而過重則防銷燬，過輕則防私鑄，因時救弊，歷代不同。查《大清會典》順治元年開鑄，每文重一錢，作銀一釐，背鑄一釐二字。後因舊錢壅滯，因而改重，由一錢二分以至二錢一分五釐。旋因過重，又改鑄一錢四分。康熙年間，改鑄每文足重一錢。旋因制錢易於攙和，改鑄一錢四分，新錢一串作銀一兩，舊錢一串作銀七錢。雍正年間，改鑄一錢二分。此本朝錢文改鑄輕重之原委，惟在防銷燬兼防私鑄也。今銷燬之弊甚於私鑄，其官法難查亦甚於私鑄，惟有將錢文銖兩斟酌變通，使銷燬者無利而自止。唐代之開通元寶歷來號爲輕重適中，每錢十文重一兩。明洪武中鑄大中錢，每文亦重一錢。我朝順治、康熙年間皆曾鑄一錢重之錢文。是重一錢者歷爲適中銖兩。現在一錢二分、一錢四分之錢，既不免於銷燬。臣請改照順治元年、康熙年間每文鑄重一錢，並照順治初年之例以一文當銀一釐，每千作銀一兩。如此則錢輕銅少，銷燬無利。所省之銅，正可多資鼓鑄。而民間出入均得一文當一釐之用，至爲便益。至於現在通行之康熙制錢每文重一錢四分，雍正制錢每文重一錢二分，若與新鑄小錢同價，則姦民勢必盡銷大錢。考之宋嘉祐時曾行折二之令，明洪武則有當十、當五、當三、當二、當一凡五等，我朝順治年間有制錢七文准銀一分之例，莫如就現在新舊制錢分别酌定，一錢四分之康熙通寶以若干文當十文，與新鑄一錢重之錢文相權而行，則銷燬者既無所利，民間零用比前無虧。凡有大錢者争先而出，與新錢並行，錢文亦可充裕。此銷燬無利而自止之一策。

上年臺臣歐堪善曾奏請鑄一文止重一錢，部議以現在欽遵諭旨：用銀爲本，用錢爲末，將來錢價可期平減，毋庸改鑄。議覆在案，各省未嘗不通飭遵行。無如小民用錢便於用銀，相習已久，官法難强，至今錢價日昂，臣是以復有此議。以上二條，禁銅則銷燬之源可杜，改鑄則銷燬者可無利而自止。錢法關係重大，臣知識淺短，未知當否，用敢具摺密陳。

（清）賀長齡《皇朝經世文編》卷五三《户政·錢幣·杜制錢銷毁之弊疏陳廷敬》

竊惟銅鉛之微物製爲錢貨之重寶，愚民牟利，法久弊滋，所貴因時制宜，務在便民裕國。自古鑄錢時輕時重，治平之世未有數十年而不改易者。前請核減耗銅節省工料等項，業經奉旨會議允行。臣更有請者，今日民間所不便者，莫過於錢價甚貴，定制每錢一千直銀一兩，今則每銀一兩僅得錢八九百文，其故由於制錢之少。夫國家歲歲制錢，宜乎錢日多而賤，今乃日少而貴者，蓋因姦宄不法毁錢作銅以牟厚利之所致耳。夫銷毁制錢著之律令，其罪至重然而不能禁止者，厚利之所在故也。今銅價每斤直銀一錢四五分，計銀一兩僅買銅七斤有餘，而毁錢一千得銅八斤

十二兩。即以今日極貴之錢，用銀一兩换錢八九百文，毁之爲銅，可得七斤七八兩，尚浮於買銅之所得。何况錢價賤時，用銀一兩所换之錢，可毁銅至十餘斤者乎。銅價既貴，奸人争毁制錢以爲射利之捷徑。鼓鑄之數有限，銷毁之途無窮，錢安得不日少而日貴乎。苟不因時變通，其弊將無所底止矣。

若欲除毁錢之弊，求制錢之多，莫若鼓鑄稍輕之錢。察康熙十九年錢價甚貴，以致民間苦累，皇上特諭令一文重一錢。九卿議以爲順治錢重一錢，因順治十年舊錢壅滯，改鑄新錢重一錢二分五釐。十七年因錢價賤，又改鑄新錢重一錢四分。前有廢輕而改爲重者，未有舍重而從輕者，如錢輕少則有私鑄。以此未經施行。臣竊思國家之法本以便民，苟有利於民，即於國無利猶當行之，况行之利於國而亦利於民乎。夫向之改輕爲重，爲便民也，今民既不便矣，自應改重爲輕。今若改鑄重一錢之錢，毁錢爲銅既無厚利，則毁錢之弊將不禁而自絶矣。錢不毁而日多，則錢價平而有利於民矣。總計寶泉、寶源二局每年各關動支稅銀二十五萬三千兩，辦解銅三百八十九萬二千三百零七斤十一兩，内除耗銅三十五萬三百零七斤十一兩，净銅三百五十四萬二千斤。現行例鼓鑄錢四十萬零四千八百串，直銀四十萬零四千八百兩。今若改重一錢，仍每串作銀一兩計，每年多鼓鑄錢十六萬一千九百二十串，直銀一十六萬一千九百二十兩。臣所謂利於民而亦利於國者也。

再察前經户部等衙門議覆錢法侍郎田六善條奏，令天下産銅鉛地方聽民開採，行令直省督撫於産銅鉛處令道官總理，府佐官分管，州縣官專責，稅其二分，分别紀録加級。至今開採寥寥，皆因地方官徵收其稅，滋爲弊端，以至徒爲收稅之名，而無開採之實。此後應一切停稅，聽民自行開採，則銅日多，而錢價亦因可以得平也。

（清）賀長齡《皇朝經世文編》卷五三《户政・錢幣・粤東鼓鑄議夏駰》 漢唐宋以來，司農度支出納皆以緡錢爲算，銀錢並用，始於近代。國家操利柄以制天下，必權其盈虚而爲之所，然後上下兩利而無病。今京師寶泉、寶源二局，歲鑄錢鉅萬，各差歲辦銅以百萬計，錢日多則漸賤，銅日採則漸貴。以日貴之銅，行日賤之錢，其爲利何如也。獨廣東一省用銀而不用錢，雷州一帶雖用錢，皆用宋元明前代古錢，而無制錢。夫鑄錢之難在採銅，而廣濱海，番舶歲至，是鑄錢莫便於廣也。行錢之難在錢積，而廣十郡一州從不用錢，是行錢莫便於廣也。愚以爲東粤當特開一局，以贛韶二關歲辦銅斤併入廣關，充歲鑄，以給官吏俸薪軍餉。三關既免七八千里舟車解銅之費，而廣省亦歲省數萬國課，民間日用，又復甚便，上下兩利而無病，莫善於此者也。

（清）賀長齡《皇朝經世文編》卷五三《户政・錢幣・制錢議任源祥》

錢法有二：曰鑄，曰行。鑄錢之法，不惜銅，不愛工。古人言之，今人固無以易之。行錢之法，則惟曰錢糧納錢，此古人所不待言而不言，今人屢言之而未能行之者也。古者賦出於田，曰糧，其折徵而納以銅錢，故謂之錢糧。錢糧納錢，其來已久，有不必見之於議論者。自明季以來，錢糧課程盡數納銀不納錢，錢於是鑄而不行。故順治中有錢糧納錢之議，有銀七錢三之令。如是則錢可以行矣，而錢卒不行何也。錢三准存留，不准起運，則錢糧終不納錢也。銀七錢三，非不載在編册以示必行，然皆紙上空文，未見有實在納錢者，從好不從令也。是故錢之行必自錢糧始，錢糧納錢必自起運始。竊謂起運錢糧，除金花外可盡數納錢。即不然，而或銀三錢七，或中半銀錢，皆以起運爲率。起運納錢則有司不得不納錢，有司納錢則民自樂輸錢，小民輸錢則民間錢價自平，而流泉之勢有不可禦者矣。夫起運納錢自有多廢脚價之病，而至於流泉莫禦，其爲利不更多乎。

天下之本貨二：曰布帛，曰菽粟，民實生之。天下之權貨一，曰錢，君實制之。布帛菽粟不便於往來貿易，故制錢如流泉通濟天下。錢之爲物，寒不可衣，飢不可食，但制之上。陽以大一統之名號，陰以操天下之重輕，故曰權也。至於珠玉金銀，或以爲玩好之藏，或以爲服器之飾，而非必不可少之物也。今不以錢爲通寶，而以銀爲通寶，豈以其更便於持齎而行遠耶。不知銀之爲物，民不能生之，君不能制之，徒使豪猾得以擅其姦，貪墨得以營其私，利權倒持，非國之福也。

（清）賀長齡《皇朝經世文編》卷五三《户政・錢幣・明錢法論顧炎武》 莫善於明代之錢法，莫不善於明代之行錢。考之史，景王鑄大錢，周錢蓋一變。漢承秦半兩，已爲筴錢、爲四銖、爲三銖、爲五銖、爲赤仄、爲三官，逮於靈獻爲四出、爲小錢，漢錢凡九變。唐鑄開通，已更鑄大錢，則有乾封、乾元重稜，唐錢凡四變。宋倣開通舊式，西事起，鑄大

錢，崇寧鑄當十，嘉定鑄當五，又雜用鐵錢、交子、會子，而法彌弊，宋錢亦三四變。每錢之變，貨物騰躍，輕重無常，而民苦之。明代洪武至正德十帝而僅四鑄，以後帝一鑄，至萬曆而制益精。錢式每百重十有三兩，輪郭周正，字文明潔，蓋倣古不愛銅惜工之意，而又三百年來無改變之令，市價有恒，錢不亂，民稱便焉。此錢法之善也。然至於後，物日重，錢日輕，盜鑄雲起，而上所操以衡萬物之權，至於不得用。何哉。

蓋古之行錢者，不獨布之於下，而亦收之於上。漢律人出算百二十錢，是口賦之入以錢。《管子・鹽筴》萬軍之國爲錢三千萬，是鹽鐵之入以錢。商賈緡錢，四千而一算。三老北邊，騎士軺車一算。商賈軺車二算，船五丈以上一算，是關市之入以錢。令民占賣酒租升四錢，是榷酤之入以錢。隆慮公主以錢千萬爲子贖死，是罰鍰之入以錢。晋氏南渡，凡田宅、奴婢、馬牛之券，每直一萬税四百，是契税之入以錢。張方平言屋廬正税，茶鹽酒醋之課，率錢募役，青苗入息之法，以斂天下之錢，而上之賚予禄給，慮無不用錢。自上下、自下上流而不窮者，錢之爲道也。明之錢則下而不上，僞錢之所以日售而制錢日壅，未必不由此也。何如倣前代之制，凡州縣之存留支放，一切以錢代之，使天下非制錢不敢入於官而錢重，錢重而上之權重。賈山有言錢者無用器也，而可以易富貴。富貴者人主之操柄也，令民爲之，是與人主共操柄，不可長也。故計本程息之利小，權歸於上之利大。明則市肆之錢惡而制錢亦與俱惡，市肆之錢賤而制錢亦與俱賤。是上無權，以下爲權也，上亦何利之有。此無他，上不收錢，錢不重也。愚故曰莫不善於明之行錢，是賈生所謂退七福而行博禍者也。

（清）賀長齡《皇朝經世文編》卷五三《户政・錢幣・廣銅斤通錢法疏鞠珣》 臣竊考之史籍，三代以前，民間交易，以其所有易其所無，不過菽粟布帛而已。迨漢以來，方始盛用錢。夫錢本不可充飢蔽體，然權天下之物價，借以流通，此王者前民利用之大法也。近代以來，始聞用銀，爲其輕便而易行也。究之零星分釐，稱使瑣屑，是用銀終不若用錢之便也。而且銀色高低動多姦僞，是得銀尤不若得錢之實也。況天下銀少而銅多，用銀則苦於易竭，而鑄錢不難日增，所謂化無用成有用，天下豈不日富。乃今議鼓鑄者以其可以得息，則曰宜開，以銅斤之難得，則曰宜停，所以旋舉旋停莫能經久者，臣以爲鑄錢之方未爲詳盡，行錢之法未能疏通故也。年來直省多告凶荒，錢糧多苦逋欠，朝廷日賑日蠲，而民間愈窮愈困。所以然者，民間之所有不過菽粟布帛，而公家所徵者則惟銀。夫銀之在世，止有此數，民間日覓銀以輸國帑，或解司農，或輸協餉。遠而閩廣雲貴歲動數十百萬，出而不復入，積而不復散，而民間乃日搜月括，以辦每歲之額賦。如此則銀愈少，愈少則愈貴，銀愈貴則民間之菽粟布帛反愈賤，而民將棄田畝而不事，而民生遂愈困。人心不古，姦僞叢生，所由來矣。若不急講鼓鑄通行之法，將何以儲不匱之源。臣反覆思維，敢抒管見於我皇上之前。

夫鑄錢原非僅爲生息計也，即以生息論之，每錢一千約費銅七斤，加以爐座工炭等費不下三錢，每錢一千作銀一兩，約略相當，無甚息也。特爲世上通盤打算，每鑄錢一千，其買銅給鑄之本銀一兩仍在民間，又爲世上增錢一千，是用一而得二，只此便是加倍之息。今定銅價每斤六分三釐，以致各關賠買不前，在外則爐座多停，在内則銅斤多欠。直省既不得通行鼓鑄，而公家反以現在關税之金拖欠於承買銅斤胥役之手。鑄法如此，有損無益，而尚言錢息哉。臣愚以爲各關收銀買銅，何如兼收銅作税之爲簡且便，計一關額税若干，應買銅斤若干，各照分數徵收，如有十分，則徵銀七分，徵銅三分，餘皆稱是。大抵收銀，則吏胥得以高下其手。及至買銅，又故昂其價值，且以難辦爲辭，官與商並受其累矣。若竟收銅斤，價值僅相當，而民間零星無用之物皆可當銀以作税，銅斤多而取利溥，莫有善於此者矣。再爲之嚴定銷燬制錢之罪，錢爲國寶，豈可輕爲銷燬。近見民間有以錢鑄爲器皿者，有化錢轉賣各關以充銅斤者，以故錢日鑄而日少，民間不惟無銀，亦且無錢，所當嚴定禁令者也。至於錢每千定價一兩，民間貿易僅值銀七八錢，其不肯通行者，止有官發於民之日，並無民納於官之時，所以民視錢日輕而錢日賤，得錢不若得銀之爲便。雖銀七錢三久有定例，然往往陽奉陰違，有一文不徵者，有將存留俸食等項些微徵錢者，究與不徵同。臣以爲各省協餉暨解京師者，轉輸維艱，仍照舊徵銀外，餘俱半銀半錢，徵收支放，不容毫釐參差，違者治之以法。大抵專徵銀則銀貴，專徵錢則錢貴，如此均平，則上下流通，彼此俱無虧折之虞。用銀用錢，無往不宜，海内可坐致豐亨之象，國家可永無匱乏之

憂，誠裕國足民之至計也。

（清）賀長齡《皇朝經世文編》卷五三《户政·錢幣·疏錢法以濟民用疏趙廷臣》　從來泉貨之利，自古及今行之最久，聞患其少而不足，未聞患其滯而不行也。若錢法不行，止用白鏹，勿怪乎白鏹日貴，幸而米鹽絲布價值不昂。倘遇歲時荒歉，閭閻窮黎將以何物易米而飽，何物易衣而煖乎。臣以爲可佐白鏹之不足，莫如鼓鑄猶可行也。雖國家理財大事，開之有源，節之有委，原不在區區鼓鑄之末。若以其所有易其所無，通緩急而便日用，舍鼓鑄又不能濟民之急。年來開鑄停鑄議論不一，錢率不行矣。錢患其鑄不如式則不行，故今日之錢體質未嘗不堅好，輪郭未嘗不周固也。錢又患私鑄日多則不行，故今日之錢非有風飄、鵝眼之可溷，公私不辨之可欺也。夫錢既無輕重而又無盜鑄，然猶壅滯而不通者，其故安在。臣以爲行於近而未行於遠，責下效而未責上行也。今若使外省收銅開鑄，耑官督理，一準寶泉、寶源鑄造之法，稍不如式，或失之輕，或失之重，或失之厚，或失之薄，或形色參錯，或體勢滲漏，或孔方不方，或輪圓不圓，有一於此，即治鼓鑄官之罪，然後立法通行。可行於京師者必可行於外省，可行於江淮者必可行於浙閩。去其各省分鑄之名，省名去而以天下之錢供天下之用，何有江淮自江淮，浙自浙，閩自閩之異乎。由此推之，錢既一律流通，天下窮民百姓在城可易市井之雜貨，在鄉可易村鎮之穀帛。通邑大郡，山鄉水曲，富貴貧賤莫不知錢爲通寶，則錢法行矣。若通於此而不通於彼，通於本省而不通於別省，何以謂之通寶耶。臣所謂從前錢法不行，誠行於近未行於遠也。

立法又貴久而無弊，官有出而必有收，民可領而必可納。由此推之，上有好者，下必有甚焉者矣。如徵收錢糧，除協餉部餉起解正款稽算明白照數納銀外，其餘若存留，若雜税，以銀七錢三而收。若兵餉，若俸工，亦以銀七錢三而放。收納之際，銀過七錢不及三者，仍令民補交不足之錢，收回多納之銀。支放之時，錢過三銀不及七者，仍於官庫找給不足之銀，收回多搭之錢。不然，散給兵役則以錢充餉，徵收税糧則不以錢，錢法尚能行乎。惟出入均平，收放畫一，民皆知錢爲有用矣。錢有用則錢不賤矣，錢不賤而銀尚獨貴乎。臣所謂從前錢法不行，誠上不行而下不效也。苟行之得法，又何患錢不流通哉。

職身任外吏，目擊市廛之蕭條，井廬之荒凉，千室之村無百金之家，則赤白金之流貫閭閻者亦既鮮矣。今若以有餘之銅補不足之銀，錢可濟銀，銀亦可易錢，有銀之家則用銀，無銀之家即用錢，銀即是錢，錢亦是銀。故歲增萬金之錢，所鑄愈多，則增銀愈多，此藏富之道，補國用而濟民窮，未必非生財之一端也。

（清）賀長齡《皇朝經世文編》卷五三《户政·錢幣·敬陳泉布源流得失疏儲麐趾》　竊惟王者理天下之財，所以足國用而便民生者，莫急於平錢價。而在上之流布未廣，在下之蓄積不通，則錢價終無由平。查定例，每錢文一千價值白金一兩，低昂有限，此令甲也。輕則虧官，重則病民。今皇上弛黄銅之禁，聽其採洋，開滇省之罏，運至京師，所以籌其源流者至矣，而錢價之浮重如故，揆厥由然，一在新鑄之錢流布未廣，一在外省富户藏錢者衆也。

往者寶泉局罏百座，寶源局罏五十座，以天下之廣仰給於百五十罏之錢，宜其不足，而遠資滇省之鼓鑄矣。然而萬里遠輸，當舟車交换之時往往發至岸上，逐匣開驗，驗畢，仍復裝載，以至耽延時日，多費脚價。而部發之與民兑，錢價不能差減者，或由於此。且滇錢總運至京，俟開兑通行流布各省，近者年餘，遠者二三年，山陬海徼，始得廣行，新錢恐屬遲滯。今或於湖廣、江西、江南等省預設留錢開兑之局，兼爲搭放兵餉，代米賑荒之用，較之自京再行各省稍爲迅速。如此則流布應廣，錢價應平。若陝省、寧夏等處錢價較京師差賤，蓋由前此數年兵餉充斥所致，自可無煩籌畫。

至於民間富户藏錢之弊更甚於銷錢，蓋緣富户入多出少，易致贏餘，又因錢文鎮重難移，可備盜竊，以爲太平之時藏金珠不如藏銀，藏銀又不如藏錢。是以歲計所入租課易而爲錢，月計所入典當利息易而爲錢，所出者不過什之二三，多至五六而已。且錢價愈貴則富户愈藏，富户愈藏則錢價愈貴。夫錢者泉也，流通則多，藏匿則少，勢所必至。唐元和十二年，凡官民私貯現錢不得過五千貫，犯者論刑。可見歷代原有此弊，請嗣後務令蓄積多者或以錢納糧，或多開錢鋪，倘執迷不悟，則酌量議罪。庶富民畏法之心，甚於保富之心，而錢可流通不滯矣。

（清）賀長齡《皇朝經世文編》卷五三《户政·錢幣·黔省錢法疏楊

天縱雍正六年》 竊惟制錢係國家通寶，各省皆用，惟貴州一隅，未能通行，臣細察其情，並非民之不用，實由於地方官之不樂行也。蓋每年應收正雜錢糧，每兩明則加火耗二錢，其實竟有加至四五錢不等。且布政司衙門每兑收銀一百兩，加輕平銀五兩。若收錢則無羨餘，是以不行收納。從前滇省曾發制錢試用，在民間隨手交易，較之用銀毫釐不折，孰不稱便。只因糧賦一項官不收錢，民間因置而不用。臣思欲使制錢流通，必先籌行使制錢之法。臣查黔省地丁等銀以及税課，每年通共約計不過十數萬兩，俱在本省支銷，非他省錢糧重多者比。臣仰懇聖裁，敕令督撫兩臣飭行貴州各府州縣，凡百姓應納錢糧，一兩以下者俱收制錢，一兩以上者或銀錢並收，聽民自便。再各税口亦許銀錢並納，毋得措勒刁難。其地方官所收銀錢，除銀仍起解布政司彈收貯庫，至徵收之錢無庸解交，以省脚價。即如臣標下兵餉，每季需銀萬兩，可以錢二千串搭放，而各鎮標協營兵餉亦照此支給。至一應驛費各項俸工，俱將錢文支發。如此則黔省錢文流通，而黔省鼓鑄自然不至壅滯矣。

（清）賀長齡《皇朝經世文編》卷五三《户政·錢幣·銅鈔議邱嘉穗》

錢法之所以壅滯而不行者，非患其太簡而失之重，即患其過繁而失之輕也，要在權爲母子之制，而簡以統繁，繁以分簡，俾其輕重之兼行，以相爲流通而已矣。善乎單穆公之言曰：民患輕則爲之作重幣以行之，於是乎有母權子而行。若不堪重，則多作輕而行之，亦不廢重，於是乎有子權母而行。此制錢之本意，而行錢之善經也。

今天下之錢，大率準於漢之五銖，唐之開元，而無前代甚輕甚重之患矣。然猶慮其勢日趨於輕而不足以爲重者，以其一文僅當一釐之用，繁而不簡，分而無統，而子母之制不立故也。竊見自漢武令諸侯王製白鹿皮爲幣，而後人因易以楮，至宋元明三朝始有所謂交子、會子、寶鈔之法，皆自一貫至百千貫，以代現錢之用。究其爲製，不過取方尺之紙，印文其上，而即可以易數十百錢之物，其費省於錢十倍，而利用無疆，又不啻過之。顧楮之爲幣也，用勞而易毁。紙之爲物也，質薄而難全。而其上刊有定式，專視區區之印文以爲照驗，即使製造者極其工緻，而傳染未幾，已歸於斷爛，而不可以復辨。上之人始不得已，屢取而更造之。而新陳出入之間動多詐僞抑勒，不可禁止。如前明行寶鈔法，每一貫准錢一千銀一兩，曾未及中葉，而已漸輕漸減，其後一貫之鈔不足以抵一二文、一二釐之用，竟以字跡漫滅、濫惡不堪而罷。蓋以累期數百年之永利而終莫能守者，蔑不由此之故。

《易》曰窮則變，變則通，通則久。又曰神而明之，存乎其人。竊謂鈔法之廢也久矣，苟欲其神明變通而爲可久之計，固不必襲楮幣之名，亦不當用虚薄易爛之紙。莫若取白銅之精好者銷鑄爲鈔，如今之錢式而稍加重大，鏤以文字，面曰康熙寶鈔，背曰准五、准十之類，以至准百而止。而其中孔，則别之以圓，取其内外圓通流行錢法之義。要使内局自鑄，定爲一式輕重，纖毫不容增減，以杜僞造之弊。用是雜行於散錢之中，有鈔爲母以統錢之繁，有錢爲子以分鈔之簡，使其虚實相生，奇偶相制，而輕重錯綜可分可合，而卒不可亂。既不至若前明寶鈔易爛之製，而又可收宋元交子、會子之用，其亦庶幾古人作輕作重之意，而足以救錢法之靡也歟。或疑三國時孫權鑄當千錢，徒有空名，吴人以爲患。是不然，夫錢而當千，則價值太貴而易多，其不行也固宜。今立鈔法，但自當五、當十以至當百而止，而與散錢不甚懸絶，夫何難行之有。昔周景王鑄大錢以勸農贍不足，百姓蒙利。至劉備定蜀，鑄直百錢，猶能以此濟一時之急。而湖南馬殷行之有術，雖境内鐵錢亦可使也。要在得其人以爲之耳，而於法何與焉。

抑嘗考鈔法之起，原以爲錢計也。自唐憲宗時令商賈至京師委錢給券，以輕裝趨四方，合券而取之，號曰飛錢。宋太祖置便錢務，亦許商人投牒輸錢左藏庫，以諸州錢給之。已皆有此意，至張詠鎮蜀，患蜀人鐵錢重不便貿易，乃設質劑之法，一交一緡，以三年爲界而一换焉。後遂置益州交子務，又改爲錢引務，而有關會諸名。蓋其始也執券以取錢，其終也即以券而爲錢。而沈該又有稱提之説，遇交子减價時，官中自出百萬緡買之，以重其權。此皆前人行之而已效者。假令鈔法既立，兼以次而追復舊制，其於錢法之行也何有。

（清）賀長齡《皇朝經世文編》卷五三《户政·錢幣·論銅鈔序李皇祥》

山澤之癯，老於藜藿，終身一空囊耳。求一錢不可得，而暇及於鈔乎。銅可爲錢，亦可爲鈔。錢既泉流，鈔亦行地。而難之者曰銅鈔創也。彼以莊山之金鑄幣者，非創乎。以楮爲錢，用工墨十五文，而公私便之

者，非創乎。米絹爲之二實，銀錢謂之二虛，實可創虛，虛不可創實乎。即曰銅鈔創矣。銀七錢三，現行事例，亦可謂創乎。今使在行間者，元老壯猷，合計兵食之大數，暫請餉銀爲爐座工本，錢既漸充，則銀可漸減。招歸附之衆，開閒曠之田，用物土之宜，生自然之利。粟既不匱，則錢愈不竭。而絡繹於道途之協餉，不可盡停乎。州邑之長，循良子惠，駐防兵餉，各項存留，俱以銀七錢三照數收支，其有奉行不力稽察不嚴者，一以火耗私派之例按之。銀價不昂，則錢值不詘，費無弗節，則用無弗備。豐不苦於穀賤，而歉亦何患於糴貴。誠如是，不亦無更制之名，有利濟之實乎。使天下之人視銀如錢，視錢如菽粟，視菽粟如水火，而盈寧之俗不已成，仁讓之教不已興乎。

淄川唐濟武先生學道林下，迨三十年，其學無所不窺，甚爲詩古文無所不精詣，而尤於銅鈔之議三致意焉。予之鄙陋，不足以發明其說，而竊推引之如此。若其詩古文諸體，爲識者所競賞，又何竢於愚言乎。囊底索錢，瓶中見粟，固將與山澤之癯共之，非敢以聞於當世之君子也。

（清）賀長齡《皇朝經世文編》卷五三《户政·錢幣·請停鼓鑄事宜疏姚文然康熙九年》　臣惟鼓鑄之設，原以流通國寶，不計乎多鑄與少鑄也，若多鑄則期於生息矣。凡物先計其本，後計其息。銅者本也，其鑄出新錢，所值之銀者息也。既云生息，則必核銅之實價，以定鑄本，而部頒一定之銅價不可據矣。又必核錢之實值，以定鑄息，而部算一定之值不可執矣。

臣查近日錢之所以有息者，以所收之銅定爲每斤六分五釐之價，而所放之錢定爲每千文作銀一兩之值，故算之有息耳。今各省開鑄太多，則與昔大不同矣。何也？開鑄之初，廢錢壅積，盡化而爲銅，又鑄局少則用銅少，銅不踴貴，故部頒一定之價，每斤六分五釐而足也。今各省開鑄，則各省採銅，銅之價每斤乃有貴至一錢至一錢三四分者矣。各關採銅解部者，皆以銅少而貴踰期久不到矣。儻此後銅價日貴，而部中仍以一定之價銷算之，如廣東省鑄出新錢七十二萬一千文，值銀七百二十一兩，遵照部例銷算，止應開銷鑄本銀五百九十三兩，尚獲息銀一百二十八兩。若照地方時值工本計算，實用過鑄本銀一千四十三兩，除照部例銷算外，局官實包賠鑄本銀四百五十兩。此等暫時猶屬官吏包賠，久之不强派於商，必强派於民矣。是核其實乃加派也，而名之曰生息，豈可乎。

錢之時值，如米鹽之時值，因地之宜，從民之便，不可以法令强定也。今京城錢值，約略每千文不過值銀八錢，若各省開局，鑄錢愈多，則錢值愈賤。乃給旗下之窮丁，邊腹之戍卒，驛遞之馬料役食，仍以一兩之定價放之，而加以遠道般運之脚費，見在如興延各營已有具呈泣控，情願減餉不願領錢者矣。是核其實乃裁減也，而名之曰生息，豈可乎。

故論其名則銅雖日貴，錢雖日賤，而部中銷算，銅有一定之價，錢有一定之值，則每年有一定之息，各省鼓鑄，應停者不必急議停也。若核其實，則鑄局日增，銅以日少而日貴，錢以日多而日賤，不急酌議停止，非惟無息，並耗鑄本矣。各督撫疏請停鑄，其不便於兵民之處，俱已詳陳，無俟臣贅，而臣核實細算，更憂其於國計有不便者此也。

臣年來見部中疏通錢法，將存留錢糧一概收錢放錢，用心甚周，立法甚善，宜乎錢法大行。然而各省督撫或以銅貴爲艱，或云新舊鑄錢已足支放，疏請停鑄。臣初甚疑之，後細思其故，乃知錢之爲物，少則流通，多則壅滯。何也？曰貯之者少也。官庫富室朝收夕放，銀藏累代，錢散目前，此其一也。曰運之者少也。質重值微，運艱脚費，銀行萬里，錢行百里，又其一也。曰用之者少也。置産經商多處不用，斤鹽斗米用處不多，又其一也。有此三少之故，則其物不可以過多，多則必滯，乃自然之勢，天也，非人之所能强，非法之所能通也。臣因此又考明時鼓鑄之事，洪武、嘉靖、萬曆皆屢令各省開鑄，旋因錢法壅滯，開鑄所得不償所費，屢次停止。其始皆以爲便國便民之良圖，終以不便而停，豈非往事之已驗哉。

臣又查鼓鑄一事，亦各省情形不同，如浙江省特請開鑄，密薊等鎮開鑄稱便，見經撫臣金世德題報在案，其餘未報到地方自可陸續酌議，至於請停鑄，各省該撫有屢疏疊陳者，有經年待命者，窮邊兵餉，急如星火，或去鑄局窵遠，或山路崎嶇，領錢搬運尤爲苦累，早定議一日，早省一日之勞費，即早沾一日之皇恩。伏乞特沛綸音，敕部速議，應停者停，應減者減，其餘願開鑄地方仍行開鑄，各從民便，庶國計兵民俱有利益矣。

（清）賀長齡《皇朝經世文編》卷五三《户政·錢幣·收小錢以供鼓鑄疏高晉乾隆三十四年》　爲籌辦銅務事，查寶蘇局鼓鑄錢文向以洋滇二銅

對搭配鑄，而所辦滇銅必須往返三年方能辦到，現在局存滇銅，計至本年第十七卯，業已配用無存。其三十一年赴滇采辦銅六十萬觔，接准雲南撫臣咨會，業已辦得金釵廠銅三十萬觔，於上年十一月内起程在途。經布政使與臣相商，循照三年一次委員之例，詳請動項赴滇採買，而臣未將滇省所産銅觔現在未能寬裕不敷接濟之處預爲籌及，即行冒昧具奏，誠有未協。今臣遵將蘇鑄一事，檢查歷年卷案，並與藩臬兩司悉心籌酌，查江浙二省辦銅商船，乾隆二十九年以前本有一十五隻，嗣於乾隆二十九、三十一等年因官商范清濟有應交官項，先後裁減商船四隻，添撥范清濟名下辦運。該額商等尚有船八隻，每隻配銅十萬觔，共有銅八十萬觔，以六分交官，四分聽其自賣。内蘇浙二局應各收買二十萬觔，江西應抽買八萬觔。嗣據額商李豫來等以倭銅礦深廠乏年産年微，倭人於定額十萬觔内每船減發銅一萬二千觔，該商等以船大載輕渡海堪虞，自行減去兩隻，每年僅有銅六十萬觔。若照六分交官、四分民賣之例，蘇浙兩局應各減買商銅五萬觔，其不敷之數請於范清濟添撥船内一體四六抽買。經前撫臣咨部未准。現在商船雖止六隻，而應交蘇浙及江西三省額銅仍照八船額數辦交，歷年尚無拖欠，此江省現在辦銅之情形也。

臣隨與藩臬兩司先就江蘇一省從長計算，本年六月欽奉諭旨，折中定價，收買小錢。初辦之時，不知將來收數多寡，是以將收買小錢改鑄制錢即抵作收買價值，截數至九月初十日止，收有八十餘萬觔，又因支發收買錢價，一時鼓鑄不及。經臣具摺奏明，請即以應發洋商銅本銀兩發給各屬，令其自行易錢，以爲收買錢本。臣復通飭各屬實力奉行，並與司道留心稽查，隨時督催。節據各屬報到日收觔數有增無減，計自九月至本月初，又收有一百六十萬觔，連前共有二百四十餘萬觔。内除先經改鑄過小錢二十餘萬觔業已支發買錢價值外，現在未經改鑄小錢廢銅尚有二百餘萬觔。查寶蘇局每年額用銅鉛點錫共需九十二萬一千六百觔，今既有廢錢二百餘萬觔，雖係前經奏明抵作收買價值，而現在滇銅不能寬裕，似應即以抵補額用銅鉛之數，以資接濟。惟是廢錢銅質低薄，若以配鑄，是否不致折耗過多，其配鑄成本與專辦洋銅及兼辦滇銅價費是否相符，有無節省，隨飭藩臬兩司親赴蘇局監同試鑄，茲據覆稱，蘇局鼓鑄，本年第十六卯以前係兼用洋滇二銅配鑄，計銅鉛錫一百觔該成本十兩四錢二分。若此後專用洋銅鼓鑄，計銅鉛錫一百觔該成本十兩九錢七分，未免過費。今小錢每一百觔買價九千五百文，以現在錢文市價核計，該成本銀九兩七錢九分零。惟小錢質麤性脆，若專用鼓鑄，多有毛邊缺口脆裂黑黯，今以正卯銅鉛點錫均勻搭配，再每百觔加配黑鉛二觔八兩試鑄，即與鑄出卯錢一律光潤。又銅鉛錫入爐鎔化，每百觔例准折耗九觔，廢錢質薄渣多，較之正卯銅鉛約須加耗觔餘，計每百觔應少鑄錢一百四五十文，但有加配黑鉛二觔八兩，除去火工鉛價仍有餘錢一百五十餘文，足敷抵補。統計每用廢錢一百萬觔較之專用洋銅鼓鑄，可以節省盈餘錢一萬一千餘串，實於鼓鑄經費大有裨益等情。

臣查以小錢試鑄，既據該司等細心核計，較之專用洋銅及兼辦滇銅俱有節省，則現在不敷配鑄銅觔自可暫緩另辦。祇以小錢究非長有之物，日後需用銅觔仍應預爲籌計，隨又將蘇局需用及額辦銅觔通盤核計，查蘇局每年應鑄二十八卯，額需銅四十六萬八百觔，額商李豫來等每年應交蘇局二十萬觔，官商范清濟應交蘇局五萬五千九百六觔，計不敷銅二十萬四千八百餘觔。今有廢錢二百二十餘萬觔，内銅鉛各半，可抵銅一百一十萬觔，又有三十一年委員採買已經起運在途滇銅三十萬觔，計共有銅一百四十萬觔，以之抵補不敷，每年酌用二十餘萬觔之數，亦已足供七年之用。現在民間未盡小錢仍在源源收買，臣又准其展限三月，而上江一省所收廢錢，事竣後亦應解交蘇局，將來廢錢收數自必更有加增。臣就江蘇一省現在情形而論，非特滇銅可以停辦，即加辦洋銅亦可緩俟數年之後再行籌議。惟是江蘇洋銅可以暫緩加辦，而浙江江西如有應行加辦洋銅，則非蘇商無處購買。臣已一面轉飭藩臬兩司督同府縣傳集各洋商諮詢明確，將能否加辦洋銅若干切實議定，一俟詳到，臣再確核咨商各撫臣妥協定議，另行據實具奏。一面將江蘇省現以收買小錢廢銅配鑄接濟之處札會浙江、江西各撫臣，應否仿照辦理，聽各撫臣自行酌辦。再查收買小錢既以抵作正卯銅鉛充用，其收買小錢價值，臣現飭在於司庫應發銅鉛價本正項銀内動用，並將節省經費於逐年鼓鑄案内據實報銷。

（清）賀長齡《皇朝經世文編》卷五三《户政・錢幣・平錢價疏田懋乾隆二年》

臣竊見京城錢價騰貴，上厪天懷，臣日夜思維，計惟有將户工二部所餘之錢文發出變賣，則錢之來路既廣，其價必平。然思之再四而

不敢遽陳者，誠以有一利即有一弊，不能得賣錢之良法也。今見户部會同提督衙門奏稱工部現有餘錢八萬串，請於京師内外開設官錢局十處，令各部派員管理。再於京城内外當鋪贖當錢文，令各官局將兑收銀兩酌量各當鋪存貯錢文之多寡，照依市價公平易出，以爲官局輸轉之資。將來交春之際，各當鋪須錢，仍許向各官局兑换以作資本等因。獨是臣見其所議甚爲未協，是以不得不急爲奏聞也。

夫既立官局，則必定以官價，而官價必較賤於市價。官價既賤，而不平其市價，則趨之者必衆。趨之者衆，則其中姦商借此囤積，或於官局賤買，私局貴賣，一舉步之勞，而數倍其利，是小民之受福有限，而姦商之擡價勒索且日甚一日。臣恐八萬串之官錢不十日將净盡也。雖其中定之以例，使换錢者銀不得過幾兩，脱一日之内而一人數至焉，則又當何以處此哉。且賣錢非必若賣米之易也，堂堂京官坐於茅簷之下，與小民較銀色之高低，戥頭之輕重，於國體亦爲玩褻。至所稱官局與當鋪交易，尤爲未妥，彼誠以當鋪爲姦商囤積耶，則當查其囤積，繩之以法。若以爲非姦商囤積，則既能酌量當鋪存錢之多寡，令官局以銀公平易出，何難量其存錢之多寡而使之公平自售也。且照市價向當鋪買出，而於官局賤賣之，是糜費者國帑，而獲利者當商也。夫費帑而有益於民，雖百萬之多，皇上亦所不惜。若此則非徒無益，而云試行數月，無效停止，不幾以政事爲兒戲耶。

以臣愚見，以爲不必設立官局，竟將工部餘錢若干俱發與順天府五城衙門，議定官價每銀一兩錢若干文，仍令經紀鋪户領買，按京城錢鋪之多寡，每日約許每鋪買錢若干串，因照官價，竟平其市價，爲之酌留餘利，則商民兩便，錢自流通矣。夫市價不可平也，何以言平，不知錢乃國寶，每月鼓鑄皆有定額，非若布帛之有多寡，米粟之有豐歉也。而經紀鋪户之賣錢文，又非有服牛乘馬耕織力作之苦也。以國家有定之錢文，立京城一定之價值，且又爲經紀鋪户留以餘利，何爲不可平。將見價值一定，則姦商遲賣早賣取利皆一，而囤積之弊自除。如此而嚴禁各門，不許錢往他販，不亦可乎。臣愚陋冒昧之見，未敢即以爲是，而不敢不陳者也。

（清）賀長齡《皇朝經世文編》卷五三《户政・錢幣・陳明錢貴之由疏陶正靖》　竊惟錢幣之制，流通則見有餘，壅滯則見不足，有餘必賤，不足必貴，此自然之理。古人喻之泉源，兩局以之命名，良有以也。自去年以來，京師直省錢價俱貴，諸臣紛然獻議，部覆或行或否。乃近日錢價轉昂，白金一兩易錢七百五六十文，民既甚以爲苦。臣數月中留心諮訪，乃知錢法之蠹莫如所爲經紀人，獻議者欲救弊，而往往適以佐之。臣請備陳其故。

蓋經紀之設原以便民，凡諸貨物之無定價與不能即售者，乃須經紀。至錢係官物，本有定價，鋪家領買，本無賒欠，而經紀横厠其中，各錢鋪之持銀向官局者，經紀曰必與，斯與之矣，經紀曰未可與，斯勿與矣。各鋪家於官價外，原欲稍求贏餘，而又隱然多一番耗費，其愚拙者至伺候累日，無獲而歸。此官錢所以不易流通，致貴之弊，一也。其餘各色買賣鋪家未嘗無錢，民間持銀向易，亦須經紀發票，苟無發票，即指爲囤户，勾同兵役，搜查擾害。是以各鋪家非不欲易銀生息，而寧甘藏棄以避禍患。此私家之錢所以不獲流通，致貴之弊，二也。至車載稍多，不許出城，船隻回空亦有禁令，兩局之錢並不得流通於天下，而直省胥受其弊，是議者之謬，適佐經紀之姦謀，無益而滋累者也。臣查京城經紀或坑陷遠客，累百盈千；或欺騙鄉愚，淹時逾月。往時充經紀者共百許人，今革去已十之八九，然其所以革者，由同類之攻訐，欲獨專其利，而非爲公家之謀。故既革之後，錢價嘗少平，用堅當事者之意，不移時而復故，且又甚焉。是已革者信有罪矣，而未革者與新充者乃市儈壟斷之尤，不惟錢價貴而物價亦不得其平，悉由於此，請一切革罷。此輩姦謀百出，必有巧詞，謂不容盡革者，乞特頒諭旨，凡銀錢交易，無論在官在私，概不許經紀干預。其各色鋪家貿易錢文，不許借囤户名色搜查詐害，各當鋪質錢多寡，聽便舟車載運，毋庸攔阻。繁瑣無益之令一除，則列肆販鬻之徒孰不願流通生息者，斷無壅積之理，錢價自可就平。爲目前計，無急於此。

至推求錢貴之始，則盜銷在所不免，而銅禁亦未宜遽弛。蓋自銅歸官辦，而餘銅之售諸民者益少，民無所得銅，而銷錢以牟厚利亦勢所必至。夫銅禁之議弛也，以收銅之滋擾，且禁之而錢價仍不能平耳。不知收銅誠不免擾累，而禁銅之令則所司原未嘗實（方）〔力〕奉行。蓋黄銅雖禁，而青白等色不在禁例，姦民將黄銅器物塗飾諸色，公然列販，從未聞捕治一人。是禁猶勿禁，而何以絶銷之源哉。臣請自今以後，不必收銅以滋煩

擾，第嚴製器以絶盜銷，除太常樂器及宮中需用銅器及民間所需青銅鏡，耑委工部開官局鑄造，此外不論顔色，乃至市店招牌銅箔便面，凡可以耗銅者一切禁斷，違者準律治罪。銅器既禁，則鐵器、錫器需用必多，業銅之民即可改謀生計，無慮其失所。議者或以民情不便爲疑，夫子産惠人也，衣冠田疇，先以召謗，群飲細過也，周制勿佚，漢法罰金，使其牽於流俗之論，豈復能興誰嗣之歌，正沈湎之俗哉。銅禁誠嚴，則兩局所鑄日積而多，臣計數年之外錢價必更平減，可復如康熙年間，則民亦大稱便矣。

（清）賀長齡《皇朝經世文編》卷五三《户政・錢幣・奢吝説魏世傚》

奢者之靡其財也害在身，吝者之積其財也害在財。害在身者無損於天下之財，害在財則財盡而民窮矣。今夫奢者割文繡以衣壁柱，琢珠玉而飾其用器。倡優飲酒，日費百萬，然必有得之者，其財未始不流於民間也。而暴殄天物，僭禮踰法，害身而喪家，或則其子孫受之飢寒，流離以至於死，故曰害在身。今夫吝者菲衣惡食，弔慶之節，不修於親戚，杯酌乾餱之歡，不接於鄰里。惟以積財爲務，有入而無出，甚則坎土穴墻以藏埋之，是故一人小積則受其貧者百家，一人大積則受其貧者萬家。昔者湯武之世，家給人足，未聞煑海鑄山，鑿金銀之礦而冶之也，何以桀紂之世四海困窮，則世家大族積財之明效也。夫天下之財，不之此即之彼，周而復者勢使然也。然亦有往而不返者，如五代宋室輸金幣於北國，或以金銀市易番夷珠玉珍異者是也。有消而不存者，屑金以爲漆，或以鍍諸器用服飾者是也。他雖水火之焚溺，其質苟存，固未有不出於人間者。雖然，吝者之積財，以爲久聚而不散矣。禍災之來，兵寇之攻，取百年之積，一日而盡之，安見其果不出也。是故天下之窮易於富，民之凋敝易於養。上之人苟有道以經之，故未有十年而不復者，夫天下無無財之時故也。

（清）葛士濬《皇朝經世文續編》卷四九《户政・錢幣・陛見恭紀丁巳吴廷棟》

丙辰歲黄河潰決，大名之開東長被水成灾請賑，奉旨派臣廷棟稽查賑務，仲冬蒙恩升授山東藩司，時農部以大錢壅滯不行歸咎直省不肯疏通行使，奏奉諭旨飭下直督，自明歲上忙爲始，兼收三成大錢三成鈔票，完納錢糧。合省皆知勢不能行，諸多窒礙。因諭旨嚴切，有如不奉行私收實銀以枉法贓論之語。督臣不敢上陳，懼干阻撓之罪，合省人心皇皇，迄無補救善策。廷棟於丁巳仲春陛見，直督因奉部文疏通大錢之條陳，於現行大錢二成奏明推廣行使三成，臨歧諄屬廷棟面奏情形。

廷棟至京，二十一日進見，上問賑務及河決情形，一一據實陳奏。二十二日再進見，上即問直隸能否行使大錢。

對曰：直隸市肆前曾出示行使大錢二成，今春復推廣行使三成。小民謹奉公令，原屬行使，其實市中買賣價值百文之物，因行使大錢二成，即索價百二十文。今行使大錢三成，即索價加三成，暗中折算，除去三成大錢不計。臣不敢一言欺飾，竊謂此雖名爲行使，實不得謂爲流通。國家立法，必先便於民方可行，必先信於民方能行。現奉諭旨，直隸自今歲上忙爲始，錢糧即收三成大錢三成鈔票，是十成實銀已遞減去六成，在百姓似宜歡忻鼓舞，急於奉行。乃反懷疑觀望隱生顧慮者，必有所不便不信也。直隸計二百餘萬錢糧，若收三成大錢，以京錢四串抵銀一兩，計收二百餘萬串大錢，民間安能驟得如許大錢，將來私鑄必由此充斥，恐誅之不可勝誅。如不收私鑄，則可指爲阻撓，或折收制錢，又干枉法，姦民得以挾制其上矣。倘謂既收大錢，如部文所言，京中必有商販自然疏通，將大錢由京運直。竊謂商販所圖者利耳，今以十文制錢買一當十大錢，運至直省，仍賣十文制錢。初無利息，空增運費川資，謂自多興販，必無是理。設有興販，定是私鑄。而影射官錢，其弊何可勝言。至各屬所收大錢運交藩庫，其運費又將何出。臣駐開州，以一州而論，應收錢糧將及八萬，以三成大錢而計，合二萬四千兩，以四串京錢抵銀一兩，合九萬六千串。每車運大錢六百串，計車一百六十輛，至省十一站，每車四串一站，計一車四十四串，共需七千串有零。此費取之民則爲浮收，出自官必無力賠墊，況由藩庫支放又需車費，此亦窒礙難行之一端矣。官民之情如此，上忙錢糧恐難照常輸將。直隸乃畿輔重地，畿輔安静，足以拱衛京師。前此所收銀七票三，支放則銀票各半，藩庫多此二成實銀，方足以供周轉。即去歲大賑及今春展賑，計用實銀十九萬有零，皆賴此二成實銀撥發，否則豈能鈔票大錢分給災民乎。今年黄河決口未塞，直隸水災必重，若議賑卹，費將何出。又東西陵差借資民力，必先由藩庫墊發，方不至緩不及事。倘無款可撥，必將預取於民，操切太急，恐抗糧抗差，別滋事端，必所不免。外省情形各有不同，在因地制宜，酌量辦理。督撫大臣受恩深重，當此經

費支絀之時，如大錢可以疏通，豈肯不盡心籌劃。臣非謂大錢必不可行，似宜以大錢爲母，以制錢爲子，必子母相權，而子多於母，方可漸次通行。尤必禁令畫一，不致朝更暮改，庶足取信於民。

上始而靜聽，繼則連聲相應曰：據此，無論官運商運，仍是不行。

對曰：若能行，自然流通，不待販運。情事實是如此，臣不敢一言欺飾。各處行使大錢，城內行使，城外即不能行使，如何得謂流通。今市中但見大錢，不見制錢，小民實是不便。窮民日用零星之物僅值數文，即物價亦必有奇零，市上只有當十大錢，並無當一制錢，豈非不便。今百物騰踊，實由於此。蓋官以一錢爲當十，民以當十爲一錢，欲救此弊，只有添鑄鐵制錢，停鑄大錢，以平其勢。國家用鈔票大錢，原爲每月搭放兵餉起見，惟多搭幾成制錢放散，則多一成制錢，自能平一成物價。今户工兩部不肯多鑄制錢，臣曾訪問其故，據云工本太貴，須兩文錢鑄一文，似是物料工價底本太貴。臣在直隸見寶直局所鑄鐵制錢，雖無大盈餘，不致如是之費。國家錢法惟無餘利，則私鑄不禁而自息，其利權可操之自上。今市上不見制錢，非是無制錢，乃是市儈居奇，銀一兩换大錢八串，换制錢四串。朝廷多方疏通大錢，立一法即增一弊，皆爲市商所假借，以遂其操縱伸縮之計。愈欲重大錢而大錢愈輕，實由科條太多，朝更夕改，民無適從之故。國家先不自信，何能取信於民。前聞順天府出示不准挑剔大錢，姦徒因故持破爛大錢買物，有不收者，即勾通差役以阻撓大錢向其訛詐。順天府查知前示生弊，又出示准挑剔破爛大錢不用，遂有借挑剔而不收大錢者，民間遂訛傳不行使鐵大錢，而鐵大錢竟廢而不用。此禁令不一之一端也。現在市上並不見有當十鐵大錢，則民間不用可知。乃户工二部猶日鑄鐵大錢何也。國家設法疏通，報捐則收鐵大錢二成，今方平糶又全收鐵大錢。將來大錢盡歸於官，只有搭放兵餉一途，兵持鐵大錢無處使用，貧民小貿所得鐵大錢亦成棄物，是兵民交困矣。且御史條陳各持一説，固有目擊時艱爲民生起見者，恐或因皇上意在疏通大錢，揣摩迎合，附和進言，議論紛然，徒足惑人聽聞，亦所不免。若因之多立章程，流弊愈甚。即如銀票鈔票，本係一例頒行，乃無端自分輕重，欲廢銀票而專用鈔票，又准以銀票而换鈔票，無怪銀票日輕也。

問曰：直省物價已騰貴否。

對曰：收三成大錢之牘黄初張，物價實已漸長，直省錢糧舊章似未可輕改，或於三成銀票内有願交大錢者，當聽其便。其零星小户銀不成兩者，亦聽交大錢。似不宜限定成數，致有窒礙。今歲上忙錢糧若不早定畫一章程，必多觀望。臣竊謂三成大錢章程未免操之太急，人見諭旨嚴切，懼干阻撓之罪，勢既難行，必至陽奉陰違，諸弊叢生。皇上問及臣，臣實不敢一字欺矇，上頷之。臣廷棟退出。

嗣至朝房，見大農翁協揆，問及大錢可否流通，謹以所奏對，大農亦以爲然。先是户局日鑄大錢八成，制錢二成，即因是易爲制錢八成，大錢二成。繼見少農沈公兆霖，時管理錢法堂，廷棟亦進言如前，少農稱快。囑廷棟具摺上陳。廷棟以現爲山東官，皇上問及，故不敢不直陳，究不敢出位具摺陳直隸事。少農復親至寓諄切言之，廷棟謹謝，謂可俟新任直督譚公廷襄奏止之。廷棟復謁樞庭穆公蔭，敬述奏對之言，穆公亦擊節，謂胸中鬱氣今爲一暢。廷棟因問曰：公既以棟言爲然，當日與農部會議時何不阻止。公曰：諸邸力持此議，余力不能禁耳。廷棟至東省後，即以所奏對寄書直省錢方伯炘和，方伯亦深稱之，謂制軍將涖任，可以奏明挽回。後制軍陛見，與諸邸會議，遂得停止收三成大錢之議，而民心始靖。足徵時政之弊，特患無人上達，今聖主從善納言，雖朝議意在必行之法，但能明指其弊，無不立即俯從，而舉朝每以詔令已行，遂諉爲不能補救何邪。已未仲冬月，臣吴廷棟追憶恭紀。

（清）葛士濬《皇朝經世文續編》卷四九《户政·錢幣·平定州專用鐵錢流弊議黄輔辰》 晉省平定州設立户部寶泉分局，原係移爐就鐵，鑄錢運京，以濟銅錢之乏。繼因錢質過低，復令就地行銷，除工本外，將每歲餘息解部。咸豐七年，據分局咨稱，每年鑄錢十九萬餘串，平定一州難於行銷，請各府州縣一律行使鐵錢，不分成數，當體察輿情，礙難更變，咨部在案。本年添設三爐，鑄錢愈增。十月間，平定紳民呈請漸次搭用銅制錢，由院批飭在案，而分局部員總以阻遏爲辭。查晉省鐵錢難於暢行，實因各鎮集銅幣尚敷周轉，民間行使，不願更張。咸豐五年，奉准部咨，行令搭放鐵錢。當經王撫憲率屬捐資，於省城試鑄鐵錢，復經分局陸續解到鐵制錢二萬串，由省城試行搭放一成。當時民間雖無阻撓，而行使究多勉强。至省城數十里外，商民仍不收用。是以分局解到之鐵錢一年有餘始

能放完，而省城試鑄之鐵錢則始終未能搭放。若布爲號令，以數十萬鐵錢向各州縣市易，必至高擡銀價，誤貽錢糧正供。此晉省鐵錢礙難通行曾經咨部之情形也。

嗣後平定、壽陽、盂縣等處因鐵錢時價較銅錢甚賤，商民惑於小利，凡以銀易錢者均取鐵而棄銅。奸商更將銅錢藏匿，凡客商過往有易銅錢者，得借此以居奇。因是銅錢日少，鐵錢日增，而銀價日貴矣。據分局前咨每歲鑄鐵錢十九萬餘串之多，即使此外無分文私鑄，行銷已屬不易，況復增爐鼓鑄，有加無已。直豫兩省以爲平定鐵錢暢行，紛紛載運入境，鐵錢愈多而愈滯，銀銅遂日少而日昂。小民逐末，所得鐵錢不足償本，則百物騰貴，貧民無以聊生，必然之勢也。查從前試行鐵錢，原未禁用銅錢，現以銀價日昂，民間仍請銅鐵並行，不過欲借銅錢以減銀價，並非棄鐵錢而不用，實因專用鐵錢則無從得錢，而生計日蹙，此又民間呈請銅錢並用之實在情形也。

查分局所重惟在餘息易銀，計每歲解部，從前不過三萬餘兩，而鑄錢則無有限制，將欲行布於通省，則征收錢糧必至鐵多銅少，難於易銀批解。近年以來，平定州徵解錢糧諸多窒礙，固分局所目睹。晉省錢糧，爲數甚鉅，奉撥京協各餉，全賴丁糧接濟，稍有遲滯，貽誤匪輕。以數萬兩之餘息，致礙數百萬之正供，利害相縣，固屬不值。若止平定行使，則一州之用銀有限，而分局之鑄錢無窮，銀竭害生，即欲嚴法重刑，勉强行使，其勢有所不能。在分局之意，以爲不費帑金，坐獲餘息。豈知利害相因，利所在則衆争趨之，害將至則衆争避之。争趨之而利固難久，争避之而害更可虞。且平定轄境皆在萬山之中，平時稽查巡防已屬不易，自設鑪以後，匠作、夫役並挖鐵運鐵，及外來趁利各項人等日聚日多，難免匪徒混迹其間，久則易聚難散。是歲出之利甚微，而流貽之害甚大，此更不可不慮也。

（清）葛士濬《皇朝經世文續編》卷四九《户政・錢幣・請開爐鑄錢疏楊昌濬光緒十一年》 竊查閩省市廛制錢缺乏，各錢鋪盡出錢帖，零星以小錢攙雜行用，雖迭赴江浙購錢接濟，價脚固多虧折，而且杯水車薪，隨散隨盡。上年海防吃緊，錢帖更難取信，幾致紛擾。曾經奏明提動公款暫借各錢鋪以銀折支，始獲綏定。是閩省錢法關係甚鉅，不能不急籌鼓鑄也。查錢文輕重本無一定，大約錢重則私毀必多，錢少則盗鑄更熾，補偏救弊貴乎因時損益。伏考《大清會典》順治年間初鑄每文一錢，嗣加鑄一錢二分至一錢四分。康熙年間改鑄一錢，嗣又鑄一錢四分。雍正年間改鑄一錢二分，乾隆以後皆以一錢二分爲則。迄今制錢日見其少，由於舊錢銅質較重，私毀盗鑄，逐漸消磨，欲除其弊，莫若輕質，使毀之無利可圖，不禁自止。否則法律雖嚴，仍難禁絶，是議辦鼓鑄不能不酌改銖錙也。

省垣原設寶福局，本歸藩司糧道會同管理，需用銅鉛委員分赴滇黔辦運，遵照部頒錢模按卯開鑄，工本尚須籌貼。自咸豐年間改鑄鐵錢、鈔錢之後，停辦已二十餘年，匠工流散，爐座傾圮，所剩屋宇改儲軍裝，欲循舊制，驟難規復，是鼓鑄之地又不能不變通另籌也。

同治四年間，前督臣左宗棠在閩奏請製造輪船，聲明輪機來後兼可鑄錢。因創造之初趕辦船工一時不能兼顧，現在錢價日昂，百物因之俱貴，竊思船政廠屋有餘，添爐調匠無須另行建蓋，船料出洋採購，順途附運銅鉛亦較便捷，在廠員紳本以考工爲事，併講求算學、化學，兼司監鑄，測算尤精。廠員之上設有提調，就近督率稽查，自無流弊。通盤籌畫，較之城内專設一局辦理尤稱簡易，經費亦可節省。至攤鑄錢文必須先計工本，官辦無虧，私毀無利，方能垂諸久遠。據船政後學堂監督刑部主事鍾大焜確切校核，以紅銅白鉛各重一百斤入爐，一五火耗，應除三十斤，可鑄成錢一百七十斤，以枚計之，得三十二千文。東洋紅銅每百斤連運腳共合錢一十八千二百六十文，白鉛每百觔連運脚共合錢七千三百四十文，工炭每千需錢二百文，共應錢六千四百文，與鑄出新錢數目相準。試鑄之錢每文重八分五釐，民間堪以行用。似此變通辦理，係爲嚴杜私毀利益民用起見。

據福建布政使沈保靖會同兼署按察使督糧道劉瑞麒善後局司道詳請奏明請旨，如蒙恩准，即在辦防經費内籌銀二三萬兩作爲成本，在船廠設爐募匠照此鼓鑄，按月將出鑄新錢照價發賣，換回銀兩，再購銅鉛輾轤周轉，毋使間斷，毋使虧耗，其應行酌貼廠紳丁役薪資及製辦模範自定局費二百兩另於外銷款内籌支，以免侵用成本等情前來。臣等竊維歷代錢文法以漢之五銖、唐之開元爲最善，昔賈誼有言，錢重則利深，盗鑄雲起，重

刑不足以禁之。前明譚綸謂國家鑄錢以濟銀之不及，就使鼓鑄之費與銀相當，而多鑄一萬金之錢，即多增一萬金之錢流布海内，是藏富之術也。近來各國通商，金銀流出外洋每歲以千萬計，各直省利源漸竭，惟有推行錢法，尚可補民用之不足。閩省民貧土瘠，地不產銅，一紙相沿，歷年已久。去歲馬江失事，各錢鋪支取爲難，紳民始知鼓鑄之益。若因其勢而利導之，便民之政莫大乎是。據呈錢樣輪廓頗似開元，雖分徑差小而體質殊厚。經臣訪諸紳者，均稱尚可適用，惟事關更改舊制，錢法處分綦重，臣等未敢擅便，合無仰懇天恩，俯念閩省制錢缺乏，民用維艱，准予籌款變通鼓鑄，以杜流弊而濬利源，地方幸甚。再現錢輕重既與舊制略殊，銅鉛耗三項價目亦與例價稍有未符，惟科本鑄錢無賠貼之處，應許免其核計。合併聲明，除咨部外，謹會同署理船政大臣裴蔭森恭摺具奏。

（清）盛康《清朝經世文續編》卷五八《户政・錢幣・論幣一孫鼎臣》

萬物之情，日趨於變，知其變而防之，其惟聖人乎。聖人之治天下也，不貴難得之貨，使其民衣帛食粟，而盡力於農桑。粟與帛之所不通，於是乎以錢爲幣。粟與帛生於地而成於人力之所爲，可恃者也。鑄金以爲錢，出於天子之所自爲，亦可恃者也，故聖人重之。金銀珠玉出於山海之藏，不可恃，故雖至貴，而聖人弗寶焉。由秦漢而下及唐宋通用粟帛，而佐之以錢，未有以銀者。奪粟帛與錢之權而移之於銀，失本末之義，昧輕重之宜。王政之不可行，民俗之不可厚，皆由於此。

自三代來，世未嘗無銀，一旦晚出，使粟帛與錢胥失其重，人實使之也。國家之制財用，入莫大於賦，出莫大於軍，賦非銀不徵，軍非銀不饟。於是乎操天下之大命，而人之死生，國之盛衰繫焉。萌於宋元，盛於前明，而竭於今日。嘗考明一代之政，而知其原委也。明初用錢鈔，禁銀最嚴，其賦之徵銀自正統，兵之饟銀自宏治，二者循環輾轉相延，而爲患無已。洪武十八年，令兩浙及京畿官田各隨所有折收税糧，鈔絹、金銀、棉布皆得準米。三十年，定折色額價銀一兩準米四石，然其時鈔、金、絹、棉、苧布皆折收，未嘗專責銀。亦惟兩浙及官田行之，他省不之及也。正統元年，命江南租税折收金帛。二年，推其法於兩廣、福建，折銀之地始廣。至嘉靖行一條鞭法，而賦之入盡以銀矣。洪武時衛軍皆有田，而邊軍並塞爲屯，益以開中所入之粟，饟軍未嘗以銀也。工部侍郎周忱糶蘇、松、常三府倉糧市銀，折官庫俸糧，而軍糧始有以銀者。大同巡撫李敏以山東、河南轉饟勞費，乃會計歲支，胥令輸銀。及爲户部尚書，遂請畿輔、山西、陝西邊糧徵銀，以十九給軍饟。自是北方亦徵銀。葉洪祖其智，更開中法，召鹽商輸銀運司，彙解京師，分給諸邊。於是塞下之屯廢，而軍饟盡以銀矣。後邊粟翔貴，鹽課不足以給，乃折漕折白以補之，而漕亦徵銀。要其首尾觀之，始焉度賦之所入以饟軍，其後度饟之所出以賦民。數十年間，銀之積重，其勢遂成。至其季年，師旅驛騷，四海困窮，馴至不救。由於舍其可恃而用其不可恃也，徇一時之便利，變數千年不刊之制，而忘天下後世無窮之患。當時之君臣，豈得逃其責哉。

自古以田爲賦，賦之所入，皆田之所出。自楊炎變兩税，而租庸調一皆以錢。陸贄、李翱深訾之。然錢雖不出於民，而猶鑄於縣官，因時而損益之，利權在上。至用銀，而天子之權半操於賈人之手矣。賦之徵銀也，民困於取非其有，而吏益以爲奸。地丁錢糧則有火耗，漕則有加耗，服田力穡之民一畝之入，三取其一以輸官。蓋當平居之時，無水旱之災，寇盗之警，而已嘸然如不終日，民之生豈不甚艱而可念哉。古之軍食仰於農，唐是以爲府兵，明是以爲屯衛，養兵百萬，不費一錢，此二代軍制之所以善也。即海内紛争，民物凋耗，如三國六朝唐宋之季，善用兵者，兵多而食不匱，蓋屯田之法可行也。饟給以銀，而兵乃驕惰而不可使。無事患其多而虚糜左藏，有事又患其少而苦乏軍興。欲增兵則與饟妨，欲節饟則與兵妨，而一切法外之徵並起。崇禎之遼饟、剿饟、練饟，割民而卒以自斃者，彼寧樂爲之，亦迫於勢使然也。

悲夫，以銀爲幣，其禍一至於此，特不至其時而人莫之省也。寧人顧氏親見其患，大聲疾呼，垂涕泣而道之，猶弗之信。至情見勢絀，彼有知言之名，而天下之禍不能勝矣。不可悲哉。論治者以商鞅開阡陌、楊炎變兩税，三代之治永不可復，爲千古之罪人。棄帛而用銀，是古今食貨之一大變也。作俑者之罪，豈在二人下哉。而皆自求便利始，民生有欲，人心之變，如水之流而日下，不有聖人，曷能返之使復其故哉。

《東方雜誌》一九〇四年第十一期《財政・河南巡撫陳奏豫省銀賤錢荒現經設局開鑄銅圓以資補救摺》 竊惟近年以來豫省制錢益絀，銀價愈低，每銀一兩僅易錢一千數十文，公款由是而虧，民生因此而累，交困情

形日甚一日。

臣上年到任後即思設法維持，適接署湖廣督臣端方疊次咨函，均稱鐵路工程接入豫境後解來現錢甚多，往而不復，鄂省錢價日貴，屬爲行銷銅圓以資周轉。臣查豫省既無自鑄之銅圓，又不通用他省之銅圓，殊非流通圜法之道，當即札飭各屬出示曉諭，俾知銅圓無異制錢，令其一律行用，復飭司道督同省城府縣傳諭商民，公議行使之法。竭數月之力，風氣始得漸開。惟是運自外省，爲數終屬有限，轉輸苟稍有不繼，取攜即苦其不靈。且鄰近之湖北、江蘇、山東等省均已先後製用，本省獨未開辦，但恃外來之接濟，轉失固有之利權，微特不足維圜法之窮，即以振興百度而言，亦有未臻美備者。臣再四籌維，參以衆論，此項銅圓自應即時鑄造，以救錢荒而拓利源。惟豫省財利非東南各行省可比，祇能因地制宜，酌量辦理。

查省城原設機器製造局，其後有隙地一區堪爲建造銅圓局之用，即派布按兩司會同機器局候補道何廷俊先行試辦，飭將應造廠房量爲修建，需用工匠陸續選募，一面派員赴滬購買機器銅料，一俟運回，即行開爐製鑄。其一切章程查照湖北、山東二省參酌倣辦，所需款項由臣督同司道通融籌措。將來鑄成行使得有盈餘，先將成本收回，並酌提員司花紅以示獎勵，其餘悉供本省財政，務令涓滴歸公。每箇銅圓當錢十文，大小輕重均與各省一律。凡民間完納錢糧稅釐以及賣買貨物，一切交易均准行用。豫省前已奏設官錢局行使官錢票，今復多鑄銅圓以爲之輔，庶幾並行不悖，票本益充，制錢無日絀之虞，市價有常平之望，於國計民生均有裨益。除督飭承辦之員認真經理，仍將詳細章程另行奏咨，並俟錢樣鑄成咨送軍機處，進呈御覽。謹奏。

《東方雜誌》一九〇五年第八期《財政・中國造幣議一録乙巳五月二十二日時報》 中國今日之幣制，千年來絶跡於歐美銅本位之幣制也。其間亦何嘗不用銀，然所謂馬蹄銀者，不以數計而以量計，其功用止與銀塊同，且挾持不便，衡驗煩難。行之於文明進步商務殷繁之世，其粗劣必不適於用，於是外國之銀圓，抵隙而大流於國中。議者思抵制外銀，各省遂紛然有鑄造貨幣之舉，雖然鑄造是也，所以鑄造者非也。

東西文明諸國之憲法，凡造幣之權無不定爲君主所特有，所謂國家造幣權MonzregaL也。故凡貨幣之形式、品質、重量、印證，無不由國家以法律勒定之，而鼓鑄之全權必掌握於政府之手，政府而外莫許鑄。用此非徒中央集權之政略宜然，固亦謂非如是則幣制不能統一，而生計界之紊擾將至不可收拾也。十數年來，吾國始有自鑄銀幣之議，湖北、廣東倡其先，他省亦紛紛繼起。然形式之大小、成色之高低錯出雜異，殽亂紛繁，止能行用於省中，不能流通於鄰省，寧獨鄰省而已，省中城市之外，一至鄉鎮，遂閡礙而不可通行。數年以降，各省復發行紙幣，增鑄銅圓，然亦省自爲謀，絶然不相聞問也。豈但不相聞問，且自保銷路，惡他省貨幣之侵入，竭力以塞其從入之途。夫各省鼓鑄，國家非有定法專官整齊而監督之也，且鑄局紛雜則督察亦有不及也。鼓鑄之大權悉放任於委員之手，而所謂委員者，於貨幣之性質效用之何如懵然不知爲何物，則任意高低其色、輕重其量，是即令能通行各省，而以成色重量不同之故，使民間費力於衡驗而不免懷疑，其爲梗商民已非淺鮮，况乎此界彼疆深閉固拒，使吾民境內之通商直不啻外國之貿易而不便過之。夫外人之貨幣可以充布於市中，而自造之貨幣乃不能通用於國內，天下之奇事，政體之紕謬，寧有過此者哉。又况各恤其私，初不嘗統查全國應需貨幣之總額，以限制其製造之數，而貿貿然從事於新鑄，吾恐幣制之紊亂無所紀極，而生計之大恐慌立隨其後也。然則如之何而可乎，曰收國家造幣權置之政府掌中，倣行文明諸國之成制，以謀貨幣制度之統一而已矣。雖然各國政府固握造幣權矣，然實行此權則國而異制。

日本明治以前，固猶封建時代，各藩私鑄，幣不相通，其情形與我同也。維新以來，整頓財政，即先改革幣制，政府悉收鑄權，以官局專司鑄事，此日本倣行之制度，而亦泰西各國之通制也。德國憲法所規定帝國政府勒定制幣之定法成式，而鑄事則不設官局，分任聯邦。蓋日耳曼民族滅亡羅馬以來，各邦均從事私鑄，三十年戰爭以後，各邦結造幣同盟，遵用帝國之法制而自行鑄造，蓋帝國專司查定幣額，頒布幣制，而聯邦則分司造幣之權，此德國特別之制，從習慣而殊異也。至若法國政府，雖握造幣之權，而其實行鑄造也，則亦不設官局，而任之私人，國家徵定額之稅，而爲之監督。然事多流弊，故邇年以來，其制亦遂廢而不行。然則我國果何道之從乎，曰政府固有鑄幣總局之議矣，倣日本之成法，悉收鑄權，司

以官局，策之上也。我國近情頗與德類，因勢利導，採用德制，策之中也。法國敝政，效可覩矣，尤而效之，策之下也。若仍今日之紛紊，偷旦夕之苟安，飲鴆止渴，猶自以爲得計，嗚呼，誠非吾所敢知矣。

《東方雜誌》一九〇五年第八期《財政·中國造幣議二錄乙巳五月二十三日時報》　改革幣制之議，囂然徧吾國中矣。各省既分有造幣之權，於是鑄局蕃然並起，然其贏利之優，則以鑄造銅幣爲最，故各省疆吏，於鑄造銅幣尤所亟亟。總計各省新舊鑄機，合已開未開者而計之，都凡八百四十六具，每具月須銅十噸有奇。銅一噸可鑄銅幣十五萬餘枚，歲凡用銅十萬（入）〔八〕千七百噸，歲凡出幣萬六千四百十三兆，銅一噸約值金七百餘元，以此算之，銅元餘利約可十分之四。各省鑄機以湖北爲最多，浙江次之，廣東又次之，他省鑄機慮皆不下數十具，少者增購，無者創辦，日增月盛，未有已時。夫疆吏之汲汲從事鼓鑄者，寧必皆患圜法之壞故亟改新鑄以前民利用哉，徒以財政艱窘聳於銅幣之可獲厚利，且以爲惟上所擅取不禁而用不竭也，遂紛紛鑄造，倚銅幣爲不匱之財源。雖然，銅幣果足爲不匱之財源乎。吾且爲略言銅幣之性質。

銅幣者，固各國所用爲補助貨幣者也。各國幣制，類皆金銀銅三品並行，然必專立其一，以爲餘品之程，名曰本位法錢。本位法錢立，則取餘品權本位而用之，子母相權，以了畸零之數，名曰補助貨幣。凡納賦償債貸貣交易，必以本位爲計，如是者謂之法償。本位法錢之爲法償，無定額之限制也。補助貨幣則不然，法償立限，不得逾法定之額。英之先令法償以四十爲限，德之銀幣法償不過二十馬克，銅幣則不得過一馬克，日本銀幣法償不過十圓，銅幣不得過一圓。夫同爲國幣，必於此而獨加限制，何哉。本位法錢實值與名價相當，名實不相逾也。若夫補助貨幣，所名乃遠過其實。英國銅幣名逾其實者十之七五，法之銅幣僅及實價四分之一，日之銅幣亦止實值二分之一乃至三分之一。名實之不相應者相去既如是之遠矣，故必嚴定法償之限，然後民間不能取巧用輕，而有以收子母相權之便。生計學之公例，求溢於供者物價必騰，供溢於求者物價必跌，此固供求相劑之大例也。貨物然，貨幣亦莫不然。夫補助貨幣既立法償之限，以爲用者之限制矣。使不相需用之額以爲供，則供愈加者價愈減，生計界必棼棼大亂。一千七百九十一年，法國革命政府救一時財政之急，發銀幣一千九百餘萬佛郎而外，復驟增發銅幣一千九百六十餘萬佛郎，遂至財政愈棼，商界大擾，此固可爲前車之鑒者也。是故德國幣法所勒定相人口爲鑄幣之數，一人當得銀幣十馬克，銅幣一馬克半。而拉丁民族諸國亦守同盟之條約，應一人口發五佛郎以爲程，獨英國則以人口之疎密與貨幣增減未必果能相應，固不能以法律勒定也，則令英倫銀行消息於市情之盛衰、需用之緩急以爲補助貨幣之增減，其所爲限者雖殊，然必有其定量而不能過，則固諸國一揆而未嘗漫然絕無限制也。

我國以銅爲本位，則銅幣固無所謂補助貨幣之名也，然亦既習於用銀，則銅幣之用固仍補助貨幣之性質，且既曰貨幣，固皆不能漫無限制也。疆吏各分鑄造之權，以濫發無限之幣，然今日市情適得其平而尚未蒙濫溢之害者，何哉。我國向用之制錢楛敝已達於極點，其銅質稍佳之良幣實值遠過其所名，於是私銷鎔毀，攎輸以爲他用，所餘而流通市上者類皆鐵砂粗惡鵝眼輕小之錢，加以私鑄蠭起，圜法日益窳惡，雖有新鑄，不轉瞬而私鎔盜毀，盡易爲窳惡之錢。錢質日惡，錢根日短，民間已不勝窘促矣。適有銅圓之新鑄，其精良遠過制錢，且實不及名，私銷者無以爲利，故民皆樂用，市上流轉足周於用，而錢價亦以太平。國之受幣也，猶渠之受水，皆有其定量而不能過，渠受一石之水以爲平，不及平則憂涸竭，既及平矣，猶復益注升斗，則必汎濫外溢而必不能容，國幣亦猶是也。疆吏之皇皇鼓鑄，非能酌其量以謀劑其平也，徒視爲利所從出之源，資其贏以濟吾用。夫各國之造幣，亦何嘗不取資其贏哉。英美諸國之造幣不取絲毫之鑪費，然銀幣先令、銅幣便士，其名價皆不及實。英銀幣實值五先令者，法定爲五先令六便士，銅幣實值一法丁者，法定爲一便士，取補助貨幣之贏以爲鑄造一切之費，而賦稅亦陰行其中。然彼所祈嚮，固以維持本位法錢之制度，欲得通貨之便，而非以規利也。故定爲有限之法償，而發幣受之以節。我國疆吏則固以爲規利之資矣。今日雖暫得其平，竊恐灌注不已，泛濫溢量，而大害立隨其後也。

其害奈何？曰：其害先著於小民，而商界終受其弊。其弊既中於民間，而國家亦不見其利。據西人商會所調查，謂不及六月，銅幣可達一萬六千四百餘兆。以我國人口計之，每人平均可得四十枚，其量雖未必遽溢於平，然各省紛紛購機，鑄造方始，更逾數月，數且自倍，而各省固未必

遽盡停鑄也。供不及求者價騰，供溢於求者價貶，固計學大例之莫可逃者矣。銅幣之量且及平，而各省之鑄未有已，溢求之供，價必驟跌。如是則易權之量大減而物品之價騰貴，勞動小民，固不能以錢賤之故而其庸有加也。而易權日微，止得曩者之半，則向日之庸給衣食而有餘者，今必謀餬口而不足。彼商人受銅幣之損害，愈增物價以求償，其價彌增，其求彌減，而黠者復乘間以肆爲奸利，必且漸失信用，而商業日將沈滯，而貿易日以衰頹。銅幣之價日跌，而鑄者猶必欲求向者之厚利也，則必減其重量、劣其品質以欺罔其民，幣日楛惡，則私銷盜鑄且隨之而蠭起爲奸。格里遜之公例，良幣必爲惡幣所驅逐，官幣既窳，私鑄日多，則銅幣之惡劣必無異於昔者之制錢，而且或加甚。至是則鑄者無復可規之利，而財政紊亂，且自益其困難，事有必至，勢有固然，不及數年，害將大著，固非吾之區區過慮者也。然而今日銅幣固尚未溢於平也，害尚未形，及今圖之，猶可及止。審貿易之繁簡，察市情之緩急，詳核吾國受幣之量，亟加限制，適劑其平，則所慮爲生計紛擾之害者，且可易爲商市流通之利。否則弊害已成，挽救且將無術，而外人日以損害商務，違背商約，要我改制，吾圜法之內政，且將受外人之干涉也。嗚呼，我疆吏其無狃目前之小利，而貽國家他日之大害也。

《東方雜誌》一九〇九年第十一期《財政·財政處户部會奏遵議廣東改造一文銅錢情形摺》 光緒三十二年六月十九日，准軍機處鈔交署兩廣總督岑春萱奏廣東省改造一文銅錢謹陳造辦情形一摺，奉硃批：財政處户部議奏。欽此。

查原奏内稱廣東所造銅圓流行頗廣，迨上年九月奉文禁運出口，銷路頓滯，而錢局購存紫銅尚多，積欠銅價甚鉅，自非變通改造不可。因思一文制錢僻處固屬信用，繁區亦仍通行，徒以舊式成本太重，官家受虧過甚無力鼓鑄，而私鑄銷燬之弊亦因之叢生。今酌量於輕重印字之間擬造一文制錢，用紫銅六成鎔配白鉛四成，每文重三分二釐，正面印光緒通寶四字，背面印清文廣寶二字，中鑿圓孔以便貫串，較諸舊式具體而微，輪廓字畫均求精緻，工作既精則不易私造，體質非重則可免銷燬，仍以千文爲一串，定價銀七錢三分，與舊有制錢一體准完錢糧關稅暨一切官款出入，一律造成發行市面，商民均稱便利。現在每日可造三百數十串，合計銅鉛工作略有虧耗，將來造數日多，自可顧全成本，雖無餘利可言，而便民惠工，存銅欠價亦皆有所歸著，於局務市面洵屬兩有裨益等語。

臣等伏查中國幣制未定，向惟生銀與制錢通用最廣，而民間貿易來往尤多利用制錢。近年各省制錢缺乏，始議鑄造銅圓以救錢荒。惟銅圓定價原與實價懸殊，故操縱失宜即不免弊端百出。臣處臣部前因各省銅圓鑄數日多致紊圜法，奏請酌定限制，並禁運出口，期以消息盈虛，稍劑其平。今廣東省銅圓減鑄，購銅欠價甚多，奏請改鑄一文銅錢，便民用而顧銅本，所稱繁盛之區利用銅圓，亦仍通用制錢，其偏僻地方民間仍多用制錢，擬酌量輕重印字之間以杜私造銷燬之弊各等語，所陳均不爲無見。查審定幣制補助貨品亦關緊要，一文銅錢習用最廣，如果鑄造得宜，定價與實價無甚懸異，自無不推行盡利，弊少益多。既據聲稱造成發行商民均稱便利，並據該督將新造制錢式樣咨送臣處臣部，臣等詳加審察，分量質色，配造尚均適宜，應即准予試辦。惟現當整頓圜法之時，鑄造事宜各省務歸一律，現在廣東省添造一文制錢，各省自均可仿辦。查臣處臣部前請整頓各省銅圓奏明概由户部頒發祖模，今若改鑄制錢，仍應由臣處臣部飭令造幣總局按照廣東省所擬辦法審定分量成色，製造祖模，輪廓字畫鐫刻精細，並分誌省分，加入一文字樣，頒發鑄造銅幣分廠，酌量添造，作爲補助貨幣。其發售價值應按照新造庫平一兩銀幣合制錢一千四百文，一律合算，不准私爲增減。造成之後，應照舊有制錢一律流通，毫無歧異，錢糧關稅等項官款均准交納，以利推行。謹奏。

奉旨：依議。欽此。

《大清法規大全·財政部》卷八《錢幣·財政處户部會奏續擬歸併各省銅幣局廠辦法摺》 竊臣處臣部前經奏請欽派大臣前往各省歸併銅幣局廠，並酌擬辦法十四條，欽奉諭旨，著派陳璧前往考查辦理，欽此。欽遵在案。臣璧奉命之下，遵將奏定歸併事宜與臣等悉心規畫，所有酌留裁併各局廠一切部署承接事體，極爲繁重，自宜逐細預籌周妥，以便次第施行。查原奏辦法第十四條内聲明，如有未盡事宜及應行更改之處，由欽派大臣會同臣等商定奏明辦理，等因。現經詳加審酌，謹就原奏所陳細爲推闡，續擬辦法四條會同商定，恭呈御覽。

一、酌留局廠原有之總會辦等，經此次查考會同督加札委用後，廠中

一切事宜均責成該總辦等妥慎經理，其由部派充各該廠會辦司員專司監查，遇有廠內應行呈報事件仍會銜辦理。

一、裁併局廠派司員一人前往接收，除廠屋機器能否改作他用應由該省自行酌辦外，其銅鉛物料令該廠查明，開列清單，會同該司員點驗後，即由該廠派員運交歸併之廠，所有料價運費均准作爲裁併省分之成本。至該廠如有挪借公私款項，裁併以後，亦應由該省自行清理。

一、結算餘利，應以一年爲一屆，每三個月總結一次。按照鑄成銷售數目應得餘利若干核明，照章分撥，不得預行提用溢支，致有虧累。其廠中應分花紅仍存俟年終，再行分派。

一、近來各省局廠購買銅鉛，均係報明臣處臣部，由各省自行購買，惟價值漲落無常，有時各省爭購，商人遂可擡價居奇，成色價值參差不一。應由臣等札飭津海、江海等關道會同該處商會，隨時與商人考查市價，按月電知臣部，俟各省購用時，即由臣處臣部代爲電購，並由該局派員會辦，以期周妥。

以上各條如蒙俞允，即咨行各該督撫遵照。此外所有未盡事宜，應由臣璧至各省時，體察情形，再行奏明辦理。又此次歸併局廠，係整齊幣制統籌兼顧之辦法。前經電商鑄幣省分，各督撫意見大致相同，現雖由臣處臣部居中調度，仍賴各疆臣協力維持。是以臣等前奏已經聲明，總辦各員會同督撫札委，嗣後廠內事宜由總辦等分報臣處臣部及該管督撫批示辦理，各等因，將來歸併接收以後，仍應由各省督撫就近督飭稽查，以資整頓。並請旨飭下各督撫一併遵照辦理。謹奏。

光緒三十年　月　日奉旨，依議。欽此。

《大清法規大全·財政部》卷八《錢幣·度支部奏暫行停鑄銅圓摺》

竊惟近年以來各省銅圓局鑄造日多，不免充斥爲害。經前財政處會同臣部奏定鑄額，嚴爲限制，並將各局大加歸併，改爲臣部造幣分廠，以便審察盈虛隨時消息，上年核覆考察銅幣大臣陳璧奏訂章程聲明，如再有充斥之患，即應停鑄，等因。奏准在案。現查京外各處銅圓益見其多，民間減折行使，以致銀價日貴，物價愈昂。仰蒙欽派郵傳部尚書陳璧會同順天府辦理銀錢平價，業經臣部遵撥庫款銀五十萬兩收買市面銅圓，自未便仍舊鑄造。且現時總分各廠正在籌鑄一文新錢，尤應趕緊尅期開鑄，俾得迅速推行，以救銅圓減折之弊。所有各種大小銅圓，擬令各該廠一律暫行停鑄，至一文新錢鑄數，係按所鑄當十銅圓枚數加鑄三成，今擬停鑄銅圓自可各就機力僅鑄一文新錢，至少以原定三成爲度，不得再有減少。仍按月仿照鑄造銅圓辦法，將每日鑄數銷數填表報部。此項新錢工本不免虧折，原案係將銅圓餘利酌量提補，今銅圓一經停鑄，餘利提補無著，然事關整頓圜法，公家即有虧耗，亦所不惜。應由臣部飭令各該廠設法籌辦，如數月以後察看幣價較平，届時仍當復鑄銅圓以資應用。再官鑄既停，若非將私鑄私運嚴行禁絶，仍恐難以補救，應責成在京該管各衙門及各省督撫，飭屬一律嚴禁以維圜法。如蒙俞允，應請明降諭旨宣示，俾衆咸知，一體欽遵辦理。謹奏。

光緒三十四年二月二十七日奉旨一道，已恭録卷首。

《大清法規大全·財政部》卷八《錢幣·户部奏遵議銅圓宜不分省分不論官民一律通用摺》禮科給事中王金鎔奏，銅圓宜不分省分，不論官民一律通用以堅民信而保利源一摺。九月初九日奉旨户部議奏。欽此。欽遵。由軍機處鈔交到部。

據原奏内稱：銅圓所以濟制錢之窮，以一文抵制錢十文，原爲朝廷權宜之舉，幸民間通用，較當十大錢僅域於京城，不能通行各省者頗覺便利，爲地方官者正當迎機提倡，一律通用，庶民間不生疑阻。近聞直隸州縣有祇准用户部北洋銅圓，不用南省所鑄之告示，浙江膏捐局復有膏捐不准再繳銅圓之告示，揣其意諒因時勢艱難，籌款孔亟，不用別省則本省之銷更旺，不准銅圓交官，則膏捐之利自厚。既爲本省計，自難爲他省計，既爲捐局計，自難爲民間計，亦似有不得已者。然凡事須通盤籌畫，若祇知利己，不顧病人，始則貪利而忘害，繼且有害而無利。官家政教號令，必一秉大公，若均是銅圓彼省者不得用於此省，在民者不得用以交官，揆諸國寶流通之義，恐古今無此政體。現在制錢缺乏，全恃銅圓通融市面，若令各省自爲風氣，殊於圜法有礙。擬請明降諭旨申明一律通用之義，並飭下户部詳定畫一章程，通行各省，儻地方官有抗旨漁利阻礙幣政者，由督撫嚴參懲辦各等語。

臣等竊維國家鼓鑄銅圓，原期畫一幣制以便流通，非僅爲一時權宜之計，自鑄造漸廣，各處狃於漁利，一若以鑄幣爲籌款，本意既失，流弊遂

滋。查銅圓創始廣東，推行各省，其初皆因制錢缺乏，驟得銅圓周轉，既稱便利，亦自到處通行。及各省鑄造日多，漸形充斥。臣等知非急籌限制，將無以維持圜法。當經財政處會同臣部奏定章程，令各省銅幣先儘本省發行，不得大宗販運出口，誠慮充斥爲害，此項銅圓或將有滯礙難行之處，是以禁運者略示限制，實不啻以禁運者保其流通，其各省舊有市面行銷並未曾有禁用之事，自應不分畛域仍舊通行，豈得妄生分別，以隳幣制。至官民交用，本古今圜法之通義，民間既一律通行，所有丁漕釐課一切交官之款，自應准其交納，以昭大信，豈有官先不用而徒責民用之理。該給事中所稱直隸州縣不用南省銅圓辦理實非是，至浙江膏捐局不准再繳銅圓更屬不成事體。各省財力窘絀，一時以鼓鑄餘利，藉資周轉，似亦勢所必有之事。不知圜法本在流通，正當設法推行以堅民信，斷無自生障礙之理，不用他省所鑄，商民已不無疑惑，至倡爲銅圓不准交官，極其流幣，勢必至相率不用，而幣制將敗壞而不可收拾。誠有如該給事中所稱，始則貪利而忘害，繼且有害而無利者，通滯之機關繫甚大。應飭下各將軍督撫除遵奏章各省銅幣不准大宗販運出口以防充斥外，其舊有市面行銷及商民來往零星攜帶銅圓，仍當一律通行，不得稍存歧視，至上下流通，尤當官爲提倡，出納一秉大公，庶商民可無疑阻。儻有故意抑勒，倡爲交官不用銅圓之説，即著從嚴參辦，以昭信用，而維圜法。謹奏。

光緒三十一年　月　日奉旨：依議。欽此。

《大清法規大全・財政部》卷八《錢幣・財政處户部會奏整頓圜法酌定通行章程摺並章程》 竊臣等於上年四月間欽奉諭旨，建設銀錢總廠整頓圜法，當即在天津度地建廠，購定機器，安設完竣，開機試鑄銅幣，所有開辦情形業經另摺奏報。

惟總廠既經開鑄，即應妥籌鑄幣劃一章程，通行各省以期仰副朝廷整頓圜法、裕國便民之至意。查中國鑄造銀圓，始於廣東，意在抵制洋圓，兼以補制錢之不足。嗣後湖北、江南、直隸、浙江、安徽、奉天、吉林等省亦陸續購機鑄造，惟以所鑄銀圓規模絶異，成色分量又不免各有參差，以致民間顯分畛域，此省所鑄往往不能行於彼省，仍不如墨西哥銀圓之南北通行。近年以來添鑄銅圓，因制錢短絀，民間樂於用行，而鑄造之餘利又復甚鉅，是以各省争先請鑄，紛紛不已。然以自相争競之故，近來機器銅鉛價值業經見漲，銅圓價值亦經見落，若仍復自鑄自用，各立門户，恐銅價益漲，錢價益賤，數年之後新幣充滿，行銷不易，必至漸虧成本。且與各國新定商約，已有立定一律國幣之條，若任各省自爲風氣，恐於畫一幣制之意去之愈遠。

查各國金、銀、銅三種制幣，多歸一廠鑄造，其權操之政府，考察市面流通，幣數不足則增鑄，有餘則暫停，故能維持價值，不致隨時漲落。中國地廣人多，似非一廠所能敷用，擬於財政處總廠之外，再擇鑄造銀圓著有成效者，酌留南北洋、湖北、廣東四處作爲分廠，鑄造銀幣。至銅幣一項，現在各省尚未充足，所有已設之廠，不妨暫仍其舊，惟照户部前奏不准再有增添，仍由臣等考查成色分量，均令一律發行，價值不得參差。如有不遵此次奏章辦理者，一面飭令停鑄，一面將經手人員奏參。至各省鑄幣必須隨時斟酌損益，俟所鑄足敷應用，臣部體察情形飭令暫停，各該省即應照辦，不得以尚須籌款藉口。如此則鑄造不致過多，聲氣可期聯絡，仍與一廠無異。

茲謹就臣等擬議所及酌定章程十條，恭呈御覽。如蒙俞允，即由臣等行知各該省遵照辦理。謹奏。

光緒三十一年七月二十二日奉旨：依議。欽此。

謹將籌擬整頓圜法酌定章程十條恭呈御覽。

一、現欲整頓圜法，統歸一律。擬請銀幣一項俟定準分量成色，專由總廠鑄造，仍留南北洋、廣東、湖北四局作爲分廠，由總廠發給模樣，成色、分量、花紋均須一律，每批鑄出銀幣抽出數圓，彙解財政處户部，派精通化學人鎔化考驗，成色之參差，分兩之輕重，均不得逾百分之一。如有不符，即將所鑄銀幣重行鎔化改鑄，仍將經手之員分別參辦。除總廠係財政處辦理外，其南北洋、粤、鄂各局並由財政處户部遴派廉幹妥員前往稽查，以昭鄭重。

一、銅幣較銀幣稍可從寬，擬將各省現在業經開辦之局暫行留辦，但准就現在所有機器鑄造，不准添機增鑄，其未經奏准者均不得再請設局鑄造。銅幣成色用九五紫銅，五釐白鉛，願用點銅錫一釐者，聽。分量定準當二十者，重庫平四錢；當十者，重庫平二錢；當五者，重庫平一錢；當二者，重庫平四分。由户部頒發祖模，均與總廠所鑄一律，惟於正面加

鑄省名一字，以便查考。每次鑄出，均須呈送財政處户部化驗，並由財政處户部隨時遴派妥員前往稽查。如有不遵奏定章程者，即時令其停鑄，並限令將發出各圓收回銷燬。

一、鑄幣所以便民，若多鑄當十、當二十兩種，民間購買零星物件不能分析，殊爲不便。是以户部總廠所定章程有當五、當二兩種銅幣以資補助。今擬定立限制，各省局每日所鑄銅圓以十成計算，約鑄當十者五成，當五、當二者各二成，當二十者一成，當二以下，則以舊有制錢搭配應用。

一、鑄幣之數必須酌劑盈虚，以民間需用之數核計，方能保其價值，若鑄造日多，價值日落，商民藏儲必多虧折，是便民者轉而厲民。嗣後各省所鑄銅幣，應令該省所設官錢公估等局酌量市面情形定價，隨發隨收，持之以信，按照所鑄當制錢數目與制錢一律行用，不准市儈把持出入減折，亦不准鑄局争利減價發行，至市面銅幣有餘，即應遵照部議停鑄。

一、各省所鑄銅幣應先儘本省制錢短少之處發行，不得大宗販運出省，致令他省有充斥之患。若各省需用銅幣，則可備價至總廠領取，其邊遠省分准交鄰省局廠代爲鑄造，運回本省應用。

一、各省已設之銀銅圓局，即由該督撫將原購某國機器件數內，有印花機器若干部，共需價值若干，建造房廠價值若干，以及現在共用員司若干，每日作工若干時，共出銀銅幣數目若干，限三個月咨報財政處户部一次。嗣後應將購買銅鉛等料價並一切局中經費各款若干，除浄實有贏餘若干，按月詳細造報一次，以憑比較考核。

一、總廠將來鑄造銀幣需用銀兩甚多，若皆由部庫請領，往返運解腳價過鉅。擬請俟銀幣酌定鑄造之時，由户部於解部京餉內擇其銀兩成色素足者，派定數省行令嗣後京餉徑解天津交造幣總廠。責成該廠提調等員兑收清楚，即日備文報知户部，由户部限期印發批迴，仍寄本廠發交委員。至户科江南道本有稽查京餉之責，此數省餉銀既改由天津兑收，應將舊例量予變通，核實辦理。以後户科江南道毋庸由解員隨時呈驗批迴，以免守候而昭簡捷。惟稽查京餉關係甚重，每届半年，應由户部將造幣總廠兑收各省餉銀數目行知户科江南道。各該省督撫亦每届半年咨報一次，以便彼此核對，庶稽考愈昭嚴密，而舊例亦不致紊亂矣。

一、鑄幣乃國家特有之權，中外古今均不准商民隨便鑄造。今商人見銅圓利鉅，多生覬覦，往往請集商款鑄造，名爲報效銀若干萬兩，實欲侵奪國家固有之利，而分其少數以爲報效，其心惟在牟利，何能顧及大局。若准其鑄造，必至争競攙雜，其弊有不可勝言者。今各省官局既不准添設分廠，更無轉准商辦之理。擬請飭下京外各衙門，凡有商民請鑄銅圓者一律議駁，並由臣等隨時查訪，如有銀銅圓局暗攙商民股本者，雖業經奏准之局，亦飭令登時停辦，以保利權。

一、户部總廠鑄出各圓，各省均應通用。俟户部銀行開辦以後，所有總廠鑄出銀銅幣，俟户部提用外，所餘均交銀行承領，擇各省制錢短絀之處，可以隨時運往定價發行。

一、各省銅圓局創設之初，鑄造不及，往往購買日本鑄就銅餅，一經印花便可行使，看似便利，然外洋人工費用皆貴於我，而造成銅餅運來價值尚不甚昂貴，則其成色分量之不盡如法可知。况洋商販運之時，不免夾帶多枚出售圖利，易啓奸人私鑄之端。現既擬將成色分量畫定一律，且各省設局已久，不至有趕造不及之虞，總以自行鎔銅鑄造爲是，是以臣等前經咨行各省禁止購買。擬再請飭下各省督撫禁止購買此項銅餅，並由外務部轉飭税務司，凡有販運造成銅餅，一律嚴禁入口，以防流弊。

《大清法規大全·財政部》卷八《錢幣·户部財政處會奏請限制各省鑄造銅圓摺》　竊查各國鑄造金、銀、銅各種幣數，無不隨時酌定限制，不敷則增鑄，有餘則暫停，故能價值整齊，流通無弊。臣等前於奏請整頓圜法酌定章程摺內聲明：各省鑄幣必須隨時斟酌損益，俟所鑄足敷應用，由臣部體察情形，飭令暫停，各等語。奉旨：依議。欽此。欽遵通行，遵照在案。

現查各省鑄造銅圓，毫無限制，雖經户部奏定，業經開辦之局不准增機，未經設局之處不准添設。惟各省銅圓局已設多處，且有一省數局者，在各省督撫無非以籌款維艱，而銅圓餘利甚饒，亟思推廣運銷藉資挹注，故現在鑄數日增，此省競運出口，彼省嚴禁入口，則是銅圓充斥，民用足敷，情形已可概見。若徒以籌款之故，圖目前之利，必欲於此取盈，勢必至紛紛趕鑄，減價發行，銅鉛愈多購而價愈增，銅圓愈多鑄而價愈落，户、工兩部所鑄當十大錢僅抵制錢二文，可爲前鑒，更恐將來餘利漸少，

不特鑄局成本虧折堪虞，且錢價愈賤，物價倍增，小民生計維艱，地方收款亦暗受虧折。竊恐圜法紊亂，市面動搖，公家賠累於上，商民交困於下，貽患後來，關係匪淺。查近與各國新定商約，曾有立定一律國幣之條，若不於此時亟圖補救，迨至不堪收拾，貽笑外人，更將何以自解。

臣等公同商酌，現在各省銅圓均已不虞缺乏，非趕爲酌定限制，未易施補救之方。擬令江蘇、湖北、廣東等大省每月造數不得逾百萬。直隸、四川兩省每月造數不得逾六十萬。其餘各省每月造數不得逾三十萬。成色分兩均須遵照財政處、户部奏定章程，不得稍有歧異。並由臣等隨時派員稽查。如不遵照奏章，將承辦人員嚴行參辦。現未設廠省分，應照前奏無庸另設。如山西、陝西等省可由户部總廠撥給，貴州等省尚未開鑄，如有需用，可由四川等省協撥。至各省鑄局購買外洋銅餅，前經臣等奏明禁止進口。現查有在奏定章程之先已向洋商訂購者，自應查明訂立合同日期，如係訂購在先，自應仍准其購運。惟此項銅餅係由各國分購，成色分量斷不能一律，且購來數目極多，若仍即印花行使，殊慮攙雜日甚，應令運收後重行照章配合鎔鑄，鑄出之錢如查成色分量不合定章，即照章一律嚴參。即購置銅斤亦須電知財政處、户部核准，轉行飭知海關，方准進口。各省現有之廠不得沿用舊名，應統名户部造幣分廠，冠以某省字樣，以資識別。至各該局所用鑄模參差不一，前已奏定均須由户部頒領祖模，所有現用各種舊模應一律即行停廢。擬令各省局於未經頒到祖模之先，一律暫行停鑄，趕將各該省歷年鑄造銅圓數目查明，自開鑄起共鑄出若干，現積若干，民間需用數目約計若干，並已經行銷州縣若干處，其購定物料銅斤未經鑄造者尚存若干，限三個月內先行據實報知財政處户部，以憑考察多寡盈虛之數。即由户部造幣總廠迅速刊造祖模，分別頒發。應俟領到新模再行開鑄，如此酌盈劑虛，酌定限制，再按照臣等奏定章程，令各省設立官錢公估等局，與户部銀行聯絡一氣，將銀銅各幣定准價值，一律行用，庶銅圓無充斥之患，價值亦無漲落之虞。

臣等綜核財政，利害相權，不得不如此辦理。各疆臣當公忠體國，協力維持，以重圜法而顧大局。如蒙俞允，即由臣等通行遵照辦理。再各省銅圓現雖酌定限制，仍准鑄造，究係暫時辦法，他日充斥過甚，終不免有停鑄之時，此項餘利萬不可恃。應並請飭下各該省預籌他項的款抵補，免誤練兵新政等項要需。謹奏。

光緒三十一年十月二十日奉旨：依議。欽此。

《大清法規大全·財政部》卷八《錢幣·財政處户部奏整頓圜法以防流弊摺》 竊以銅幣之行，各省爭相鼓鑄，流弊日滋，謀所以整頓者，自以由户部收回爲正辦。惟就目下情形而論，收回之事，諸多窒礙，則以先圖補救爲亟。夫補救之道，大要不外清來源，暢（消）〔銷〕路，雖非久遠之謀，然細察情勢，必從此著手，逐漸條理，將來乃有收回之一日。竊意宜先其所急者約有八事，現在有已行者、有未行者，有已行仍宜申明者，謹陳各事如左：

一、禁止大宗販運。宜申明爲防弊，非分畛域也。自古圜法宜散不宜斂，宜流通不宜囤積。大宗販運則斂而囤積，不能散而流通，且或買賤賣貴，致錢價之低昂操之商賈，弊端種種，豈可不防。是則所禁者，乃大宗販運，其非大宗販運概不在禁止之列。今議以出口進口在二千枚以上者爲大宗，二千枚以下勿問。

一、限制鼓鑄數目。原奏已極詳明，仍宜隨時酌核也。盈虛之數，與時消息，酌劑之道，因地制宜。將來鼓鑄或可減可增，局所或可裁可併，是在總攬全局，認真稽核，總期節制不過以適平均。

一、禁購銅餅以防錢質低劣也。查臣處臣部前奏章程十條內載各省銅圓局創設之初，鑄造不及，往往購買日本鑄就銅餅，一經印花便可行使，看似便利。然外洋人工費用皆貴於我，而造成銅餅運來價值尚不甚昂，則其成色分量之不盡如法可知。況洋商販運之時，不免夾帶多枚出售圖利，易啓奸人私鑄之端。現既擬將成色分量劃定一律，且各省設局已久，不至有趕造不及之虞，總以自行鎔銅鑄造爲是，是以臣等前經咨行各省禁止購買。擬再請飭下各省督撫禁止購買此項銅餅，並由外務部轉飭稅務司，凡有販運造成銅餅，一律嚴禁入口，以防流弊，等因。應仍令各省督撫查照前奏認真稽核，不得日久廢弛。

一、購買銅斤必先報部核定也。查前因河南巡撫請將承辦委員免其議處，由臣處會同臣部據咨改奏摺內聲稱，嗣後各省購買銅斤，務先將數目價值電報臣處臣部核准後，方可訂立合同，俟銅斤進口時，由海關隨時將某省所購銅斤數目、月日呈報外務部，轉行臣處臣部互相考核，並令各省

將辦理銅圓局員司銜名造册咨送，以憑查核等語。應仍令各省督撫查照前奏辦理。

一、官民紳商宜一律行用也。鼓鑄銅圓本以救制錢之荒，不應專爲餘利起見。乃公家以其出也，有利則多方開放。以其入也，無利則多方挑剔。近聞有地方官吏於丁漕税課不收銅圓，或且於銅圓制錢故分輕重，不知官不收用，民何肯用。至於官民俱不用，而銅圓窮而利安在。若上下一律通行則利害均，利害均則有利而無害，此必然之理也。應令嗣後凡公家收受錢糧，銅圓與制錢一律行用，不得挑剔，違者參處。

一、行旅隨帶銅圓出口進口，不逾二千枚者概不查禁也。既非大宗販運，即無礙圜法。儻有不肖委員巧立名目，私造護票，任意刁難，甚至於一省之内，此縣行旅由彼縣經過，亦且盤詰留難需索使費，均應查明懲辦。

一、市面行使，此省地方不得異視彼省銅圓也。寰宇一統，決無分疆畫界之理。凡在市面，無論何省銅圓一體通行。各省疆吏不得存自私自利之見，以顧全局。

一、通查各省多寡有無，設法勻撥也。自銅圓可得餘利，於是乎各省爭相鼓鑄。自餘利在乎多銷，於是乎通商大埠首先充斥。自地方官恐收銅圓之有虧累，於是乎窮鄉僻壤尚多並無銅圓之處，此盈彼虚，價日跌落，安望周轉，惟認真查明各處情形，一省之盈虚由疆吏設法勻撥，各省之盈虚由户部酌核勻撥，其如何轉運，如何抵償工本，應令自行籌商妥辦，此則由公家勻撥轉運，不得謂有犯大宗運販之禁也。

以上八事，前四者所以清來源，後四者所以暢銷路。來源清則子母可以相權，銷路暢則壅滯可以無患。如此，則銅圓之跌落或可稍挽，而餘利亦或可稍延，其在目前尚屬切近易行之事，而畫一之制亦必從此做起，乃可漸有頭緒。顧其尤要者，則在信賞必罰。以上各條如蒙俞允，應請明詔中外，仿照刊刻謄黄之事，由各省將軍督撫頒行地方州縣親交四鄉公正紳士，大縣百張，小縣五十，到處張貼，俾上下一體周知，毫無阻隔。儻有奉行不善及陽奉陰違者，嚴參重處。誠以若不從此處認真，則以上所陳皆爲無用，甚且别滋弊端。謹奏。

光緒三十二年二月初四日奉旨：依議。欽此。

《大清法規大全·財政部》卷八《錢幣·度支部奏整理京師圜法擬遵奏案撥款收回官板當十錢改鑄制錢摺》 伏查本年三月臣部會議御史黄昌年條呈圜法摺内，以京城當十大錢每枚僅值二文，名實不符，久已停鑄，近日銅圓盛行，舊有當十錢文民間均不樂行用，當兹畫一幣制，乘此時機，自以收回改鑄爲正辦。惟大錢雜質稍多不能鼓鑄銅圓，祇可供改鑄制錢之用，擬將新鑄六分重制錢發給臣部銀行試用，俟流通無礙，並將市面官板大錢積數細加調查，即當籌撥官本盡數收回，改鑄制錢等因。奏蒙諭旨允准，在案。

臣部遵即酌撥制錢一萬串，交由總銀行發給分設錢號行使，體察情形，尚能通用，當經札飭總銀行查明市面官板大錢爲數若干，官本及如何定價收回，詳悉妥議，以憑核辦。兹據銀行正監督張允言呈稱：京中大錢因近來不及銅圓便利，並不十分通行，不過以爲找零之用，統計城鄉積數，多約值價銀三百餘萬兩，如擬全數收回，應請先撥現銀百餘萬兩，以作收回資本，不過暫時撥用。銀行將大錢收回，即可隨時送部改鑄。計大錢一枚可改鑄制錢二文，鑄成後發交銀行，仍可陸續收還官本。祇須寶泉局加卯改鑄，每月能加至五卯，便敷周轉。其餘尚短收錢資本百餘萬兩，銀行可以暫墊。倘此外錢數仍多，勢難中止，應續請添撥款項以資接濟。至收錢價值擬照目前市價酌定每銀一兩兑收官板大錢十八吊，以大錢每文重二錢計之，應重庫平一百八十兩，第其間大小輕重未免參差，如分量不敷，仍由售户補足，以免暗耗。所收大錢以一年或半年爲限，逾限即不准通用”等情，呈覆前來。臣等伏惟收大錢而行制錢，事本關係重大，惟既有銅圓之暢行，益以制錢之補助，民用已無慮，其不敷又以銀行爲出納之機關，一切收買發行較爲妥便，該監督所擬照市價兑換，仍按原鑄分量交收，既順輿情，兼顧官本，自屬切實可行。應請先撥庫款銀一百萬兩，飭令剋期開辦。將來如有不敷，再行赴部續領。自開辦日起，暫以六個月爲限，限内官板大錢仍准商民照舊使用，庶民間典當借貸及商家所出大錢憑帖，俱可於半年限内自行清理，限滿即不准復用，以歸畫一。如屆時尚未收完，仍當接續展辦。所收大錢隨時運交寶泉局加卯改鑄，無庸預定卯數，以便隨鑄隨發，轆轤周轉。一面由地方官通行曉諭，改鑄之六分制錢務與銅圓一律行用，不准商民任意低昂，以收整齊圜法之實效。如蒙俞

允，即由臣等督同銀行寶泉局各監督妥爲經理，並將未盡事宜及應需經費詳細訂立章程，俾資遵守，俟辦理完竣，再將本款出入銀兩核明專案奏銷。謹奏。

光緒三十三年六月十六日奉旨：依議。欽此。

《清代檔案史料叢編》卷一一《易棠奏甘省設立官錢鋪及鑄錢行用情形摺咸豐四年六月十八日》 陝甘總督臣易棠跪奏，爲謹將甘肅省設立官錢鋪及試鑄大錢行用情形，恭摺具奏，並將各種樣錢進呈御覽，仰祈聖鑒事。

竊查近因軍餉浩繁，度支竭蹶，節經户部議奏，以官銀票錢鈔及各項大錢式樣頒發直省，設立官錢總局，招商承辦錢票搭放各項，並籌畫銅斤，以資鼓鑄。欽奉諭旨，通飭遵照，并蒙諄諭，不可稍存畏難之心，久久行之，利國利民於無窮盡。等因。欽此。仰見聖謨廣運，酌劑盈虚，以垂久遠，誠體國便民之要務也。

臣接准部咨後，當即飭司籌議，將各屬彌補虧糧價值及司庫存錢共二十六萬串，暫行借作票本，於省城及寧夏府各設官錢局招商承辦官票，並採煉膽銅以供鼓鑄，及酌擬司庫搭放成數，先後奏蒙聖鑒在案。惟甘省兵餉歲需數百萬，爲數甚鉅，以錢抵銀成分亦大相懸殊，非多爲采辦，難期補苴十一。復經臣嚴飭礬廠委員上緊採煉，並督同藩司委員前赴川陝及秦州等處購買白鉛鐵斤，並令各屬收買小錢、銅器、廢銅鐵，陸續解運來省。因甘省鑄務久停，並無廠座，隨於省城小倉地方擇地修建，調到陝省錢局工匠，飭令教授本地匠人，照部頒錢樣，試鑄各種大錢。所有局名，遵照部議，即用甘省舊局寶鞏字樣，分派委員專司其事，並委蘭州道祥裕，會同藩司段大章督同經理。所鑄錢文均已輪廓完好，字畫分明。因部鈔尚未頒到，即由藩司先行制就司鈔，於本年四月内在於省城設立官錢鋪，遴委妥員督同商人專司整理。所有司庫支發各項，按成搭放銀票、司鈔，於官錢鋪隨時兑取錢文。並因秦州及寧夏府均有庫存錢文，亦令設立分局，以便領餉官兵就近支取。現已鑄就各種大錢，計抵制錢四千餘串，内當十、當五十、當百黄銅大錢，市肆通行，已無阻滯。惟當五百、當千紫銅大錢，行用尚形窒礙。體察情形，當百以下大錢可以多鑄，其當五百、當千大錢容俟察看情形，再行酌量鼓鑄。惟現在設局之小倉地方，僅堪容爐八座，未能多鑄。復躧得省城東城根隙地，堪以設廠分鑄，已由司籌款委員購料，刻日興造，以便添設爐座。至臣前請撥解滇省運瀘銅斤，經户部議准，酌撥滇省報解壬子年及應解癸丑年京銅一百萬斤，行令運甘供鑄，已由司委員前往瀘州守候撥運。惟滇省報解壬子年銅斤曾否到瀘，及應解癸丑年銅斤滇省曾否起解，無從知悉。臣已移咨四川總督，並面諭委員，無論銅斤到瀘多寡，即行陸續解運前來應用。

再，鐵錢一項，現准部咨，行令照依前頒錢式，多鑄當五、當十鐵錢並鐵制錢，相輔行用。臣當即飭局鑄造。雖鐵價較銅爲賤，而冶煉磨鑢倍費工力，且當十鐵錢與當十銅錢大小相等，民間自樂用銅錢而不願鐵錢。臣與司道等公同籌議，當十鐵錢可以緩鑄。現據將鑄就當五鐵錢及鐵制錢呈驗，製造亦能如式，惟民間尚未遽行信用，容俟察看情形，推行有效，再行添鑄。據藩司段大章會同蘭州道祥裕具詳請奏前來。臣謹將鑄就當十、當五十、當百黄銅大錢，當五百、當千紫銅大錢，及當五鐵錢並鐵制錢，每種十枚，分裝成匣，差弁隨摺賫京，恭呈御覽。

所有建蓋局廠費用，現由司籌捐辦理。其一切應行報銷事宜，容俟滇銅運到，添設爐座，再行酌議經久章程，造册咨部查核。總期有省無費，少裨度支，斷不敢任聽官吏人等侵漁浮冒，致滋弊竇。

所有設立官錢鋪及試鑄大錢漸次行用緣由，理合恭摺具奏，伏乞皇上聖鑒。謹奏。

硃批：户部知道。錢樣大小七枚并發。

《清代檔案史料叢編》卷一一《成凱奏八旗官員捐資以期添鑄銅鐵錢文摺咸豐四年七月二十二日》 奴才宗室成凱謹跪奏，爲八旗官員共捐微資，勉圖報效，以期稍濟添造銅鐵錢文，恭摺具奏，仰祈聖鑒事。

咸豐四年六月十八日，准陝甘總督咨稱：六月初七日准兵部火票遞到户部咨文内開，本部具奏嚴催各省設法速立官錢局，並廣行開爐鑄錢，以利民用而濟時艱一摺，於四年五月十八日具奏，本日奉上諭：前經户部奏請，令各省開設官錢局，推行官票，添鑄銅鐵錢文及各項大錢，當經降旨允准。原以經費支絀，全賴錢法鈔法流通無滯，庶足以利民用而濟時艱。乃迄今日久，僅據福建、山西、陝西各督撫奏明奏辦，其餘各省並未將現辦情形奏報。該督撫等如果悉心經理，何至遷延一載，迄無定章？

福建素稱瘠區，辦理已有成效，各省情形雖有不同，亦何難設法籌辦？總由地方官吏畏難苟安，怠玩因循，實堪痛恨。着各省督撫、將軍、都統、府尹等查照户部原奏，督飭所屬，酌量地方情形，迅速設立官錢局，並設法籌款，開爐加鑄，俾錢法與鈔法相輔而行，一面妥議章程奏明辦理。如有廉能官吏認真辦有成效，准該上司據實保奏，以示獎勵，將此通諭知之。欽此。欽遵。並抄録原奏咨行前來。

奴才跪讀之下，實深寅感，仰見我皇上憂切時艱，利民利用之意無微不至。伏思添造各項錢文，必須采辦工料，采辦工料，必須預備款項。現在各省庫款支絀，自宜設法籌辦，以裨鑄造。奴才接奉上諭，正在飭屬遵辦之際，適接八旗協佐領、騎都尉、防禦、驍騎校、筆帖式、恩騎尉等呈稱：職等世受皇恩，毫無報稱，當此添造銅鐵錢文，籌款孔急，正項維艱，情願各竭愚誠，共捐微資，勉圖報效，以期稍濟鑄造之需，上答皇上深仁，不敢仰邀恩叙。統計在營與出征共官七十八員，較俸分成，共捐制錢三千串，呈請代爲具奏。等情。據此。查奴才成凱等續次捐資摺内，業將曉諭所屬各官量力捐輸，如能捐有成數，再爲奏請各情，奏明在案。兹既該協佐領等竭誠捐資，雖爲數無多，不足以濟緩急之用，而其急公報效之忱，未便阻攔。惟省城與寧夏相距十有餘站，而鼓鑄之事又係督臣總統辦理，今該員等捐資一節，相應行文會商，以期共濟。當經奴才咨商陝甘總督去後。旋於閏七月初七日接到咨復内稱，在於省城開爐試鑄，並於甘省等名分設官錢局，以廣流通，業經奏明在案。其滿營官員情願捐輸，即由奴才自行具奏等語。准此。理合將寧夏滿營八旗官員共捐制錢數目並不敢仰邀恩叙緣由，代爲具奏。如蒙恩准，奴才即咨行陝甘總督，轉飭甘肅布政司，在於該員等應支俸餉内照數扣撥藩庫，以便鼓鑄，而免解送之煩。

謹此繕摺恭奏，伏乞皇上賞收。謹奏。

硃批：另有旨。

綜　述

《大明律》卷七《户律·倉庫·錢法》 凡錢法設立寶源等局，鼓鑄洪武通寶銅錢與大中通寶及歷代銅錢，相兼行使，折二，當三，當五，當十，依數準算。民間金銀、米麥、布帛諸物價錢，並依時值，聽從民便。若阻滯不即行使者，杖六十。其軍民之家，除鏡子、軍器，及寺觀庵院鐘、磬、鐃、鈸外，其餘應有廢銅，並聽赴官中賣，每斤給價銅錢一百五十文。若私相買賣，及收匿在家，不赴官中賣者，各笞四十。

《大明律》卷二四《刑律·詐僞·私鑄銅錢》 凡私鑄銅錢者，絞。匠人罪同。爲從及知情買使者，各減一等。告捕者，官給賞銀五十兩。里長知而不首者，杖一百；不知者，不坐。若將時用銅錢剪錯薄小，取銅以求利者，杖一百。若僞造金銀者，杖一百，徒三年。爲從及知情買使者，各減一等。

《明會典》卷三一《户部·庫藏·錢法》 洪武初，置寶源局於應天府，鑄大中通寶錢，與歷代錢兼行。以四百爲一貫，四十爲一兩，四文爲一錢，設官專管。江西等行省各置貨泉局，頒大中通寶大小五等錢，設官鑄造。

令户部及各行省鑄洪武通寶錢，其制凡五等，當十錢重一兩，當五錢重五錢，當三、當二重皆如其當之數，小錢重一錢。

六年，禁民間私鑄銅錢。凡私鑄者，許作廢銅送官，每斤給官錢一百九十文。諸税課内如有私錢，亦爲更鑄。

八年，罷寶源局鑄錢。

九年，罷各布政司寶源局。

十年，令各布政司復設寶泉局，鑄小錢，與鈔兼行。

二十二年，令造小錢，一十文至五十文，以便民用。每生銅一斤鑄小錢一百六十，折二錢八十，當三錢五十四，當五錢三十二，當十錢一十六。

二十三年，復定錢制。每小錢一文用銅二分，其餘四等錢依小錢制遞增。凡鈔一貫，准錢一千文。

二十六年，復罷各布政司寶泉局。

永樂九年，令差官於浙江、江西、廣東、福建四布政司鑄永樂通寶錢。

宣德九年，令南京工部並浙江等布政司鑄宣德通寶錢。

景泰四年，令民間將銅錢折鈔，阻壞鈔法者依律究治。

天順四年，令民間除假錢錫錢外，凡歷代並洪武、永樂、宣德銅錢及折二、當三依數准使，不許挑揀。

成化三年，令內外課程俱錢鈔中半兼收。如該納一貫者止納鈔一貫，不在兼收之例。商税課程船料等項鈔一體兼收銅錢。該起運或支給者相兼撥付，每一貫收錢四文，除破碎並錫錢，其餘不拘新舊，盡數驗收。

十三年奏准：私鑄銅錢，爲首並匠人依律論罪，爲從者問罪用一百斤枷枷號一箇月，民匠舍餘發附近充軍，旗軍調發邊衛食糧差操。若販賣行使者，亦枷號一箇月，照常發落。

十六年奏准：京城九門及都税宣課司等衙門收錢，照律除破碎並僞造錫錢不使外，其餘不拘年代遠近，但係囫圇錢即便行使，不許刁難挑揀，阻滯錢法。仍出榜禁約，及令兩廠並巡城御史等官用心緝訪，如有揀錢並僞造之人，拏送法司枷號，滿日究問。

十七年，令京城內外軍民人等買賣交易止許行使歷代及洪武、永樂、宣德舊錢。每錢八文折銀一分，八十文折銀一錢。不許將私造新錢攙和，阻壞錢法。如違，及販賣並私造之人，枷號，依律照例發落。有能告捕者，官爲給賞。鄰里人等知情不首者，事發連坐。仍行南北直隸及河南、山東等布政司府行錢地方，通爲禁約。

弘治元年，令京城九門、都税、宣課司、順天等八府並山東、河南二布政司户口食鹽全收鈔貫，淮安、臨清、揚州、蘇州、杭州、九江等板閘船料鈔關，俱令鈔錢兼收，送庫支用。

十八年，令兩京內府司鑰等庫及南北直隸、府、州並十三布政司查盤洪武、永樂、宣德等錢，並鑄完弘治通寶，發與太常寺等衙門買辦等項支領，及折與軍衛有司衙門官吏旗軍准作俸糧並柴薪皂隸等項之數，不許留難刁蹬，致悮街市行使。仍行內外問刑衙門及税課司等衙門，照例一半收歷代舊錢，一半收洪武等錢。如無洪武等錢者，折收舊錢二文，以示懲罰。在內緝事衙門並巡城御史、兵馬司，在外巡按官，務要嚴加訪察，有擅自阻當及私自鑄造並知情買使者，照律例施行。

正德五年題准：將新鑄鉛錫薄小低錢、倒好、皮棍等項名色盡革，將洪武、永樂、洪熙、宣德、弘治通寶及歷代真正大樣舊錢相兼行使。

七年，令職官折色俸給以十分爲率，一分折錢，九分關銀。及在京九門税課，在外各鈔關並官府買辦估價、里甲收受錢糧，俱收舊錢，與國朝銅錢相兼使用。

嘉靖三年，令户部出給榜文，曉諭京城內外買賣人等，今後只用好錢。每銀一錢七十文，低錢每銀一錢一百四十文。著緝事衙門及五城御史緝訪，違犯之人發人煙去處枷號示衆。

四年，令宣課分司收税，每鈔一貫折銀三釐，每錢七文折銀一分。查照應納課程，收送內承運庫，以備光禄寺等衙門買辦應用。

六年奏准：鑄造嘉靖通寶一千八百八十三萬四百文。南京寶源局鑄造二千二百六十六萬八百文，每文重一錢三分。

又議准：各監局官吏今後解到錢鈔，准兼收洪武、永樂等錢。遇光禄寺買辦物料，行令順天府各鋪行支給使用。户部仍通行兩京及各司府轉行所屬州縣衙門，將一應起運户口鹽糧並船料、商税、門攤等項兼收洪武、永樂、宣德、弘治銅錢進納，民間交易一體遵行。敢有把持行市不遵行使者，問以違例罪名，枷號示衆。

又令曉諭京城內外商賈及鋪行人等，但有收積新錢，限一月內盡數赴府縣並各城兵馬司出首，具呈户部，照銅價給與價銀，免其私販之罪。例後敢有隱藏不出首者，事發比照私鑄銅錢爲從者例，問罪枷號發遣。其大小鋪行仍前盜買販賣，一體究治。收過新錢即與銷化貯庫，聽候鑄造大明通寶取用。

又令曉諭京城內外行户人等，今後除私鑄新破鉛鐵等項首官易買不用外，但係囫圇中樣舊錢，每一百四十文准銀一錢，與洪武、永樂等錢隨便行使。

又令工部查照永樂、宣德年間事例，差官於直隸並河南、閩、廣鑄造嘉靖通寶解京，貯內府司鑰庫，給軍官折俸，並給光禄寺買辦物料。每錢七百文准銀一兩。

十九年題准：量發制錢數百萬文給大同鎮官軍折俸。

二十八年議准：軍民交易，將洪武、永樂、宣德、弘治、嘉靖制錢並歷代銅錢相兼行使，敢有私鑄鉛錫假錢並客商解人販賣解納者，照例問發。

三十二年議准：洪武通寶有當十、當五、當三、當二之制，見今堪用者復有一錢七十文、一錢一百四十文、一錢二百一十文三等，任從民便，相兼行使。

又題准：錢法行使悉依歷代年號，隨錢高下，咸得通行。但有銷鎔舊錢及今鑄錢造作銅像銅器等項者，比盜鑄律科斷。

四十三年，以私鑄盛行，錢法阻滯，令内外各衙門嚴加訪治。寶源局匠役人等侵料減工，致輕小濫惡不堪行使者，該部拏送法司從重問罪。以後該局鑄造暫行停止。户部每年將南京、雲南及税課司解收好錢一千萬文送部，轉送司鑰庫，以備賞賜之用。

隆慶元年，令買賣貨物值銀一錢以上者，銀錢兼使。一錢以下者，止許用錢。

國朝制錢及先代舊錢每八文折銀一分，不許任意低昂。其崇文門税錢並太倉收貯南京解錢，給與在京各衙門官吏爲折俸之用，以後按季銀錢兼支。崇文門課鈔除該銀三兩以上者收銀，其三兩以下者及九門各城、房號、行户，俱令收錢行使。

四年，令以新鑄隆慶通寶送户部發太倉庫量放京官折俸。

萬曆四年題准：行雲南布政司督令所屬開局鑄錢，遵照新制萬曆通寶，與國朝制錢相兼行使，以佐海肥之用。

又題准：通行天下開鑄制錢，與本地方舊錢相兼行使。著各撫按官設法經理，務在便民，毋致勞擾。

五年，令崇文門收税除二兩以下者盡數收錢，二兩以上者亦銀錢中半上納。京城各門税課、五城兵馬司房號等項，盡數收錢。其文武官員支俸照例銀錢關給外，餘各項商人應領料價，量擬銀八分、錢二分，並行支給。

六年覆准：將嘉靖、隆慶、萬曆制錢遵照前奉欽依，每金背八文准銀一分，火漆、鏇邊各十文，准銀一分。洪武等項與前代舊錢各十二文，准銀一分，相兼行使。

又令崇文門税銀自三兩以下盡數收錢，三兩以上銀錢中半兼收。

八年題准：雲南地方既不用錢，不必鑄造。其在庫錢著貴州差人於該省搬取以充兵餉。

十年詔：各處開局鑄錢地方暫行停止，如錢法疏通，願仍前鼓鑄者，聽從其便。

《明會典》卷一六四《刑部・律例・户律・倉庫・錢法》 凡錢法設立寶源等局，鼓鑄洪武通寶銅錢與大中通寶及歷代銅錢，相兼行使。折二、當三、當五、當十，依數准算。民間金銀、米麥、布帛諸物價錢，並依時值，聽從民便。若阻滯不即行使者，杖六十。

其軍民之家，除鏡子、軍器，及寺觀菴院鐘、磬、鐃、鈸外，其餘應有廢銅，並聽赴官中賣，每斤給價銅錢一百五十文。若私相買賣，及收匿在家，不赴官中賣者，各笞四十。

《明會典》卷一七〇《刑部・律例・刑律・詐僞・私鑄銅錢》 凡私鑄銅錢者，絞。匠人罪同，爲從及知情買使者，各減一等。告捕者，官給賞銀五十兩。里長知而不首者，杖一百；不知者，不坐。

若將時用銅錢剪錯薄小，取銅以求利者，杖一百。

若僞造金銀者，杖一百，徒三年。爲從及知情買使者，各減一等。

（明）王圻《續文獻通考》卷一八《錢幣考》 太祖洪武初，置寶源局於應天府，鑄大中通寶錢，與歷代錢兼行，以四百爲一貫，四十爲一兩，四文爲一錢，設官專管。江西等行省各置貨泉局，頒大中通寶大小五等錢，設官鑄造。令户部及各行省鑄洪武通寶錢。其制凡五等，當十錢重一兩，當五錢重五錢，當三、當二重皆如其當之數，小錢重一錢。

八年，罷寶源局鑄錢。

九年，罷各布政司寶源局。

十年，令各布政司復設寶泉局，鑄小錢，與鈔兼行。

二十年，令各布政司停止鑄錢。

二十三年，復定錢制，小錢一文用銅一錢二分，餘四等錢依小錢制遞增。凡鈔一貫准錢一千文。

二十六年，復罷各布政司寶泉局。

成祖永樂九年，令差官於浙江、江西、廣東、福建四布政司鑄永樂通寶錢。

宣宗宣德九年，令南京工部并浙江等布政司鑄宣德通寶錢。

英宗天順四年，令民間除假錢、鍚錢外，凡歷代并洪武、永樂、宣德

銅錢及折二、當三依數准使，不許挑揀。

憲宗成化三年，令內外課程俱錢鈔中半兼收，如該納一貫者止納鈔一貫，不在兼收之例。商税課程船料等項鈔一體兼收銅錢。該起運或支給者相兼撥付，每一貫收錢四文，除破碎并錫錢，其餘不拘新舊盡數驗收。

十三年奏准：私鑄銅錢，爲首并匠人依律論罪，爲從者問罪，用一百斤枷枷號一箇月。民匠舍餘發附近充軍，旗軍調發邊衛食糧差操。若販賣行使者，亦枷號一箇月，照常發落。

十七年，令京城內外軍民人等買賣交易止許行使歷代及洪武、永樂、宣德舊錢，每錢八文折銀一分，八十文折銀一錢，不許將私造新錢攙和，阻壞錢法。如違，及販賣并私造之人枷號，依律照例發落。有能告捕者，官爲給賞。鄰里人等知情不首者，事發連坐。仍行南北直隷及河南、山東等布政司府行錢地方通爲禁約。

孝宗弘治元年，令京城九門、都税、宣課司、順天等八府并山東、河南二布政司户口食鹽全收鈔貫，淮安、臨清、揚州、蘇州、杭州、九江等板閘船料鈔關俱令鈔錢兼收。送庫支用。

十六年，鑄弘治通寶。

十八年題准：鑄弘治通寶，每文重一錢二分。又令兩京內府司鑰等庫及南北直隷府州并十三布政司查盤洪武、永樂、宣德等錢，并鑄完弘治通寶，發與太常寺等衙門買辦等項支領，及折與軍衛有司衙門官吏旗軍准作俸糧并柴薪皂隷等項，不許留難刁蹬，致悮街市行使。仍行內外問刑衙門，及税課司等衙門照例一半收歷代舊錢，一半收洪武等錢。如無洪武等錢者，折收歷代錢二文，以示懲罰。在內緝事衙門并巡城御史、兵馬司，在外巡按官嚴訪，有擅自阻當及私鑄并知情買使者，照律例施行。

武宗正德七年，令職官折色俸給以十分爲率，一分折錢，九分關銀。及在京九門税課，在外各鈔關并官府買辦估價、里甲收受錢糧，俱收舊錢，與國朝銅錢相兼使用。

世宗嘉靖三年，令户部給榜諭京城內外買賣人等，今後只用好錢，每銀一錢七十文，低錢每銀一錢一百四十文。着緝事衙門及五城御史緝訪，違犯之人發人煙去處枷號示衆。

四年，令宣課分司收税每鈔一貫折銀三厘，每錢七文折銀一分，查照應納課程收送內府承運庫，以備光禄寺等衙門買辦應用。

六年奏准：鑄造嘉靖通寶，每文重一錢三分。又議准：各監局官吏今後解到錢鈔，准兼收洪武、永樂等錢。遇光禄寺買辦物料，行令順天府各鋪行支給使用。户部仍通行兩京及各司府轉行所屬州縣衙門，將一應起運户口、鹽糧并船料、商税、門攤等項，兼收洪武、永樂、宣德、弘治銅錢進納，民間交易一體遵行。敢有把持行市不遵行使者，問以違例罪名，枷號示衆。令工部查照永樂、宣德年間事例，差官於直隷并河南、閩廣鑄造嘉靖通寶，解京貯內府司鑰庫，給軍官折俸，并給光禄寺買辦物料，每錢七百文准銀一兩。

十九年，以鑄錢所得不償所費，暫行停止。

二十八年議准：軍民交易將洪武、永樂、宣德、弘治、嘉靖制錢并歷代銅錢相兼行使，敢有私鑄鉛錫假錢并客商解人販賣解納者，照例問發。

三十二年，令照新式鑄洪武至正德紀元九號錢，每號一百萬錠，每錠五千文。嘉靖錢一千萬錠內，工部六分，南京工部四分，各分鑄。

又題准：錢法行使悉依歷代年號。隨錢高下，咸得通行，但有銷鎔舊錢及今鑄錢造作銅像銅器等項者，比盜鑄律科斷。

三十四年題准：雲南鑄錢，每年扣支該省鹽課銀二萬兩，就近買料僱工鼓鑄嘉靖通寶錢，額三千三百一萬二千文，令參政一員專理。每年十月以裏鑄完，差官起解，户部貯太倉庫，專備九邊年例、京營料草折色、文武官折俸等項支用。

四十三年，以私鑄盛行，錢法阻滯，令內外各衙門嚴加訪治。寶源局匠役人等侵料減工致輕小窳惡、不堪行使者，該部拿送法司從重問罪。以後該局鑄造暫行停止。户部每年將南京、雲南及税課司解收好錢一千萬文送部轉送司鑰庫，以備賞賜之用。

四十四年，寶源局鑄嘉靖錢行於市，後因鏇邊勞費，以鑢錾代之，而鑄工兢用鉛錫以便剉奸徒盜鑄，并金背亦不售，閭閻大困，後用部議，止勿鑄，公費惟用白銀。

穆宗隆慶元年，令賣買貨物值銀一錢以上者，銀錢兼使。一錢以下者，止許用錢。國朝制錢及先代舊錢每八文折銀一分，不許任意低昂。

四年，令以新鑄隆慶通寶送户部發太倉庫，量與京官折俸。

今上萬曆四年題准：通行十三布政司、南北直隸開局鑄錢，每府發鏇邊樣錢一百文，直隸州司五十文，令照式鑄造呈樣。令鑄萬曆通寶錢二萬錠，每文重一錢二分五厘，七分金背，三分火漆，兩部照舊四六分鑄。詔雲南布政司督令所屬開局鑄錢，遵照新制萬曆通寶，與國朝制錢相兼行使，以佐海肥之用。

又題准：通行天下開鑄制錢與本地方舊錢相兼行使，着各撫按官設法經理，務在便民，毋致勞擾。

五年，令崇文門收税除二兩以下者盡數收錢，二兩以上者亦銀錢中半上納。京城各門税課、五城兵馬司房號等項盡數收錢，其文武官員支俸照例銀錢關給外，餘各項商人應領料價量擬銀八分、錢二分并行支給。

六年覆准：將嘉靖、隆慶、萬曆制錢遵照前奉欽依每金背八文准銀一分，火漆、鏇邊各十文准銀一分，洪武等項與前代舊錢各十二分准銀一分，相兼行使。又令崇文門税銀自三兩以下盡數收錢，三兩以上銀錢中半兼收。

十年詔：各處開局鑄錢地方暫行停止，如錢法疏通，願仍前鼓鑄者聽從其便。

十三年，鑄萬曆通寶錢十五萬錠，内南京工部分鑄六萬錠。

十四年，湖廣督撫奏議欲申錢式，以一民心。訪得武荊衡三局所鑄各限一式，民間俱不通用，武局者不能行之荊州，衡局者不能行之武昌，豈是疏通之意。今後除鄖襄二府屬原係行錢地方許令新舊兼用外，其餘府州縣地方，但係武荊衡三局鼓鑄制錢，不許妄分新舊揀擇彼此，俱要一體行使。如軍民商賈人等敢有仍前執迷阻撓不收不用者，許巡捕員役拿解道府枷責究罪招詳。又定官用以廣流通，據上荊南道所議，概以銀錢各半兼支，似亦可行，聽從其便。今後各屬支放，除錢匠照議通以制錢給發外，其餘禄米、俸薪、月糧、支應、夫馬、門皂、壯斗、庫禁、水夫、館夫，但係在官人役工食等項，俱照銀七錢三，或銀錢均半，聽便給發。但求廣布爲主，各屬申請支放即於文内明開給銀若干、錢若干，以稽實用。敢有阻撓不領者，即指名申院以憑施行。如或無錢給發，責在掌印官，定行參處不貸。

二十六年，户科郝敬奏爲修舉錢法事：

一、責專官。宜責成分守官，賜敕諭一道使董其事，督率講求，仍聽選用廉幹屬官專理監鑄。每年仍差督錢御史一員按視，以該地方錢法之行滯爲註各官賢否。

一、定規則。凡有司徵收各項錢糧税銀，除起運照舊收銀外，其存留支放者扣定額數，限銀錢中半兼收，小民不許一概納銀，有司不許一概收銀。納户赴各府鑄局換錢回縣上納，每紋銀一錢限换與民錢八十五文。該納銀一錢者，縣徵錢八十三文。官錢與鋪户變賣亦照八十三文，鋪户賣與小民限八十一文，小民自相交易止八十文。一切上下俸薪工食等項，俱銀錢中半支給。各府州縣扣定每歲支用除半銀若干外，該半錢若干，申各上司刊入由票，永爲遵守。各衙門贓罰紙贖亦銀錢相兼，或全收錢。敢有勒要小民錢銀希圖秤頭加耗者，即係貪汚不法，故違明旨，聽御史參題，坐贓論。

一、廣鑄局。一局鑄造難供數十州縣之用，合於地廣糧多者，一府設一局，量州縣之數以爲爐之多寡。小府糧少則一省通設一局，工部選寶源局樣錢每省與二三千，令轉發各府依樣鑄造。每錢一文定制官法馬重錢二分，銅連加錫一斤限鑄錢一百三十三文有奇。其銅錫必驗原解足色下火，不許工匠偷换插和低假，字畫玲瓏，邊方圓净，背面鑿磨光平，以便通行。不如式者，監造官初犯戒飭，再犯拿問，倍追重鑄。一應事宜奸弊聽監造官講求禁戢，因以察其能否。三年後足用，然後量議減局。

一、鑄大錢。古之富國者必鑄大錢，則費少而利多。或當十，或當三十，或當五十，務極精工。其文曰萬曆元寶，傍鑄當十等字樣，背鑄私造者斬，告發者官給賞銀一百兩，誣告反坐。此可以佐小錢之不給。

一、採礦銅。雲南、川陝各有銅礦，非奸商專擅，則土人竊取，宜簡清敏廉幹官數員爲錢運使，專理銅課，而久其任，臨洞開採，嚴戢私販。御史按季差委的當職官給與勘合公文，前去運使衙門關領官銅回省轉發各府鑄造。其各省支銅量各礦道理之近便者分坐，每歲支銅多寡，即以地方銀錢中半兼支之數起例。如應支錢一萬三千三百文者，坐派銅一百斤。若礦銅一時採銷不敷，該省仍設法收買權宜接濟。鑄法每銅一斤和錫數兩，然後色潤光澤，即於該省出錫地方每歲酌量派徵本色錫若干，解赴錢運司

收貯，照數轉給，各項驗足色交付。

一、處工本。各府州縣額派存留銀兩先一年十二月預徵借四分之一解府，如一縣存留銀二千兩，先移五百兩解府，權充鑄造工本。鑄錢成，先給還前銀，每兩照例筭還錢八百三十文，通計原銀五百兩該還錢四十一萬五千文，該縣領回即以之兼銀支放，或即以准小民初年納錢之數，亦可大約鑄造之數，每銀一兩可鑄錢一千二百文，銀五百兩可鑄錢六十萬，而抵還之外，尚可餘錢十八萬五千，給舖户發賣銀二百二十二兩九錢。此以尋常費工本鑄造而言也，若因銅於礦，止於匠作工食，不難措處矣。

一、嚴稽筭。逐年收過銅錫鑄還銅錢買過銀兩起解過數目陸續多寡極其煩瑣，紛紛有條，責成監造置籍查稽，勿使工作朦朧冒破，吏書那移侵欺，御史與錢法道立法條理，肅清姦弊。

一、禁盜鑄。凡盜鑄者必低假粗惡，官錢一被混雜，民遂囂然疑阻，宜爲厲禁。但捕獲私鑄真贓一文以上者皆斬，知而不舉者連坐，首得實者官給賞銀十兩。

一、筭歲息。每年錢運司給過每省銅錫若干，即依每銅一斤鑄錢一百三十三文起例筭，比時本省該年應鑄過錢若干，又依每錢八十五文賣銀一錢起筭，比時本省額糧一半收錢之數，即知各局一年該換過銀若干。假若一省該存留銀支給銀十萬兩，即應一年換錢計四千二百五十萬文，該領過運司銅錫三十一萬四千九十斤有奇，該變換銀五萬兩解京。

一、重賞罰。宜明著爲令，各官有能疏通錢法，每年鑄錢解銀如額，超一級升用。如貪賄違玩阻格不行者，聽御史參提重處。令出務在必行，禁行務在必止。

一、曉愚夫。該部轉行各省明示各府州縣軍民人等，詳諭以朝廷便民利民之美政，使奸吏猾胥不得爲浮議，庶閭閻遵信，法可必行。

一、聽販賣地方。販賣者多則錢愈疏通，小民得錢自易於出手，此正利導之方也，急宜聽之。

十一月，户部覆請行寶源局鑄制合式合用，四火黄銅選殷實舖户買辦，以後制錢工食月糧各商價值三七兼支，每五十文作銀一錢。從之。

二十七年四月，户部覆奏錢法，上曰：今公帑匱乏，這制錢寶源局多鑄濟用，不但餉軍給商，亦可供俸禄賞賜等費，務要如法鼓鑄，上下通行。緝拿阻壞奸徒，隨時低昂區畫，監局司官若能殫心任事，效有勞績，着從優陞叙。有未盡事宜還奏來行。

二十八年正月，騰驤衛百户李磐奏疏通錢法。上曰：這本説湖廣地闊民稠，況有銅礦，附近所在准着廣寧店督税内官陳鳳不妨原務兼管，會同彼處撫按等官酌議每年鑄錢若干，其多餘的解内庫應用。如有私行鑄造及阻撓的嚴行訪拿處治，不許縱奸滋弊，務使裕國富民。着該衙門給與式樣。户部奏鑄錢救邊，上命今各省直行用新舊銅錢處處不同，你部裡既以講究明白，且着令南北寶源局加工添爐增鑄，仍申明法例，務使兩京内外上下流通。各税賦等項銀錢兼收，仍散給官俸軍糧商賈等項應用，期於阜國便民，永遠遵行。其有盜鑄及阻撓奸徒，南京着内外守備及五城，北京着廠衛五城，不時嚴加訪拿，從重處治，不許寬縱，以防壅滯。工部爲國用不敷覆户部咨銀錢兼用。上曰：錢法阻滯，因有私鑄低錢淆亂難行，又因官不收錢，止責民間行使，安能流通。遵守這錢式着便頒與内官陳鳳，務採四火黄銅依樣鑄造，不許與京鑄纖毫參差，頒行地方，務要依該部先今題准，存留及官員師生俸廩、各役工食等項事例銀錢相兼收使，務使上下相信乃可。其工費等項悉遵敕旨會議通融處給。若有私鑄的嚴行禁治，不許因而縱奸滋弊，擾害地方。

鑄造工料

太祖洪武二十六年定：凡在京鼓鑄銅錢，行移寶源局委官於内府置局，每季計筭人匠數目、合用銅炭油麻等項物料，行下丁字庫等衙門放支。如遇鑄完收貯，奏聞差官類進内府司鑰庫交納，取批回實收長單附卷。

世宗嘉靖三十二年，令黄銅照例行户部買辦，錫麻等料行甲字等庫關支，炸炭工食等項工部料價支給，以本部侍郎提督本司員外郎監造。

四十二年題准：每錢一千文舊重七斤八兩，今重八斤，每銅五萬斤錫五千斤鑄錢六百萬文，共重四萬八千斤，除耗四千斤，仍扣剩銅錫三千斤。凡進錢務秤足數方許運進司鑰庫交收。題准分鑄紀元各號通寶，蘆課不敷之數儘于船料内取用。

穆宗隆慶二年，以船料取用支過三分題准停鑄，其支剩船料銀及每年三鈔關坐派鑄錢支費銀兩，照數併解户部濟邊。

今上萬曆四年題准：動支太倉銀五萬一百九十三兩有奇寄節慎庫，陸續發商買辦鑄造。

南京鑄錢舊例

南京寶源局合用銅麻等料於南京丁字等庫關支，人匠工價查取本部該動銀兩支給，約爲四分，一分支取揚州、淮安、杭州鈔關船料銀兩，三分動支蘆課銀兩。

太祖洪武二十六年定：在外各布政司一體鼓鑄，本部類行各司行下寶源局委官監督，人匠照依在京則例，鑄就於彼處官軍收貯，聽候支用。

（明）游日昇《臆見匯考》卷四《紀畫·錢法》 錢肇于周之九府圜法，失于漢之半兩五銖，準於唐之開元通寶，蓋自昔記之矣。迨至我朝，雖設監鑄之官，嚴盜鑄之禁，廣散錢之例，非不欲疏通，其法行之薄海。然而江淮以北，行處尤多，江淮以南，行處漸少。如江西一省，惟寧都、石城、廣昌二三山邑行之。其省會及諸郡邑，行之數年，輒復告罷。監司不能必之守令，守令不能必之編氓，其故何居？大抵錢者泉也，名之泉，便有疏通不滯之義，倘自上壅，下必不流。爲今之計，須昭布令甲與民更始，諸凡輸納、班給、貿易、交際、雇募之類，一一用錢。則上行下便，令若流水，無復壅格矣。不然徒執孔覬之説，不愛銅，不惜工，僅僅禁民之不盜鑄耳，而於疏通之法，竟何補也？經國者籌之。

（明）羅汝芳《大明通寶義》 《大明會典》云洪武初置寶源局，於應天府鑄大中通寶錢，與歷代兼行，以四百爲一貫，四十爲一錢，四文爲一分，設官兼管。江西等行省各置貨泉局，頒大中通寶大小五等錢式，設官鑄造。又令户部及各行省鑄洪武通寶錢，其中凡五等，當十錢重一兩，當五錢重五錢，當三、當二皆如其所當之數，小錢重一錢。

按我太祖高皇帝方定天下，他務未遑，惟首先鑄錢。今觀聖制，不惟立寶源局於京師，而且置貨泉局於各省，其官職之設何其備也。不惟以四文爲一分重亦止一錢者之爲宜於時，而且以中凡五等重必相當者之爲通乎古，其分兩之均何其平也。不惟名其初所鑄者以大中通寶，而且名其後所鑄者以洪武通寶，其錢文之定又何其悉心而必歸於一也。

我太祖高皇帝見真與泰昊、軒轅同其神用，亦與大禹、成湯同其廣也已。嗣統守成之在今日者講求而率由之，又惡可頃刻緩也耶。

《大明律》云凡錢法設立寶源等局鼓鑄洪武通寶銅錢，與大中通寶及歷代銅錢相兼行使。折二、當三、當五、當十依數准筭，民間金銀、米麥、布帛諸物價錢並依時值，聽從民便。若阻滯不即行使者，杖六十。其軍民之家除鏡子、軍器及寺觀庵院鐘、磬、鐃、鈸外，其餘應有廢銅並聽赴官中賣，每斤給價銅錢一百五十文，若私相買賣及收匿在家不赴官中賣者，各笞四十。

凡私鑄銅錢者絞，匠人同罪，爲從及知情行使者各減一等，告捕者官給賞銀五十兩，里長知而不首者杖一百。將時用銅錢剪錯薄小取銅以求利者，杖一百。

洪武六年，禁民間私鑄銅錢。凡私鑄者許作廢銅送官，每斤給官錢一百五十文。諸税課内如有私錢，亦爲更鑄。

按我太祖高皇帝惓惓重錢之意，其見於立局鑄造者既極其周詳，其見於律令禁護者尤極其慎密。固宜天造方初而經濟咸裕，師旅繁興，而轉輸無匱也已。

洪武八年詔：中書省造大明寶鈔，取桑穰爲鈔料，其制方高一尺，闊六寸，許以青色爲質，外爲龍文花欄，題其額曰大明通行寶鈔。内上兩旁復爲篆文八字，曰大明寶鈔，天下通行。中圖鈔狀十串則爲一貫，其下曰户部奏准印造大明寶鈔，與銅錢通行使用，僞造者斬，告捕者賞銀二百五十兩，仍給犯人財産。若五百文則畫鈔文爲五串，餘如其制而遞減之。每鈔一貫折銅錢一千文，銀一兩，其餘以是爲差。其等凡六：曰一貫、五百文、四百文、三百文、二百文、一百文。每鈔四貫易赤金一兩，禁民間不得以金銀物貨交易，違者治罪，告發者就以其物給賞。若有以金銀易鈔者，聽。

正統十三年，禁京城各處街市交易行使銅錢，阻壞鈔法，其在外按察司並巡按御史一體禁約。

景泰四年，令民間將銅錢折鈔阻壞鈔法者，依律究治。

本年又奏准：錢鈔聽民相兼行使。

天順四年，令民間除假錢、錫錢外，凡歷代並洪武、永樂、宣德銅錢及折二、當三依數准使，不使挑揀。

按我太祖高皇帝仿《周官》九府泉布之意造大明寳鈔，與銅錢通行使用。其等凡六：曰一貫、五百文、四百文、三百文、二百文、一百文。中畫鈔文亦如之。是鈔緣錢而設。錢者，鈔之實也。鈔者，錢之象也。錢者，鈔之子也。鈔者，錢之母也。子母相權，名實相符，並行不悖，利斯溥矣。此我聖祖之深意也。噫，漢之皮幣，唐之飛錢，宋之交會，皆兼錢以行，其民猶稱未便，况禁錢以從鈔，狥名而棄實，固宜其鈔之難行也。其後卒令錢鈔兼使，至今而鈔置諸無用，則亦其勢之必然也夫。

永樂九年，令差官於浙江、江西、廣東、福建四布政司鑄永樂通寳錢。

宣德九年，令南京工部及浙江等布政司鑄宣德通寳錢。

成化十七年，令京城内外軍民人等買賣交易止許行使歷代及洪武、永樂、宣德舊錢，每錢八文折銀一分，八十文折銀一錢，不許將私造新錢攙和，阻壞錢法。如違，及販賣並私造之人，枷號，依律照例發落。有能告捕者，官爲給賞。隣里人等知情不首者，事發連坐。仍行南北直隸及河南等布政司行錢地方，通行禁約。

按我朝自永樂、宣德以至洪治、正德、嘉靖及今隆慶代有令鑄錢，其錢亦皆相兼行使。惟嘉靖末年特差官就雲南省中鑄造解京，蓋天下山川惟雲南産銅最多，故鑄造最稱便益。然聞其地相傳交易惟尚海肥，而置錢不用。海肥者，古所謂寳貝也。許氏《説文》曰古者貨貝而寳竈，至周而有泉。《漢書》曰王莽時大貝二枚爲一朋，直二百十六錢。牡貝一朋直五十，公貝一朋直三十，小貝一朋直十，不盈寸二分，不得爲朋，是爲貨貝，每枚直錢三。錢貝並用，其來尚矣。若雲南之肥子乃貨貝之尤小者，一枚曰莊，四莊曰手，四手曰苗，五苗曰索，僅值白銀一分，手計莊數不勝其繁矣。况肥則貨自外夷，而錢則取諸本地，故用肥不若用錢之便也。

一通義

按前二義稽古所以探本也，而錢之制已詳。考今所以正度也，而錢之紀以立。即所詳之制、所立之紀會而融之，以達諸無疆，垂諸無已焉，是之謂通。通之爲義，則復有三：一曰廣鑄造，一曰定名文，一曰嚴行使。鑄造廣而地不能爲之限矣，名文定則時不能爲之易矣，行使嚴則私不能爲之奸矣。不限以開其源，不易以久其流，而不奸以堅其防焉，將沛然四海而莫之可禦也已。錢也，其誠泉也夫。

一、廣鑄造。夫鑄造者，錢之所自生也。

君國大權，可以專制物命，柄握元樞，而康濟時艱於俄頃呼吸之間者也。事誠廢焉，猶求以興之，况方興邪。地誠隘焉，猶思以廣之，况已廣邪。故據今幅幀萬里，山海統同，黔滇粤蜀之間銅尤其所盛産，負騎輓輪，填衢塞市，於茲而乘勢運機，普開鑄局，則比屋貫盈，徧野金積，太平之象真化生倏忽而無難者也。惟請敕所司檢尋洪武、永樂年間江西等行省各置貨泉局之舊規，令下應管官員悉心開鑄，仍依嘉靖年間雲南鑄造舊規，亦令下應管官員，悉心倍加開造，解進兩京，併分給銅少省分。使人則通乎貴賤，皆爲得錢之家。地則通乎遠邇，皆爲有錢之所。饑寒之苦頓爲消除，而徵斂之勞大將甦息，只在爲民上者一加之意而已矣。然則造錢無間者，其真謂之造福無疆也夫。

一、定文名。夫文名者，錢之所以成寳者也。

錢文之不同而人之所寳者，因之文之時義大矣哉，造錢者固不可以不愼也。唐宋以來，獨開元之錢人所共寳。開元者，唐高祖最初所定之文，且變漢五銖而爲重一錢之制者也。其制其文，終唐之世未嘗更易，故散置民間其數極多，而銖兩均停，肉好周廓，其制亦爲最美。宋元及我朝乃每一改元必更鑄，年號爲文，而大小輕重往往又復不齊，以致行使不便，中多廢棄。國費鑄錢之資，而民寡受錢之惠也。今請敕下管鑄各官，凡所造之錢，其分兩之重務依洪武初年小錢之數，雖徧四海而不少增減，則制將與開元同其美矣。至其文名，則比以洪武初年所造大明通行寳鈔，而定名曰大明通寳，雖傳百世而更不爲改易，則數將與開元同其多矣。如是而其行也，又豈不可與開元而同其遠且久也哉。

一、嚴行使。夫行使者，在錢法中之最難者也。

是故錢鑄廣矣，而制之弗善焉，不能行也。制善矣，而文之弗定焉，不能行也。制善文定矣，而處分之弗詳，禁令之弗嚴焉，不能行也。今欲處分其行，則請自上始。合令所司將諸王府之祿米、各衙門官員之俸給、師生之膳廩與各軍匠之月粮、各夫皂之工食約計其數，一半銀米，一半銅錢，照數關領，惟官員去家路遠者則聽從所便。其行使額數又須少寓損上益下之意。民間交易每十錢當銀一分，官中關出則每一分務多一錢，及折

糧贖罪輸納歸官亦同交易爲數而弗加焉，久之皆將不願銀米而願領錢矣。中間舊慣行使雜錢，所在亦許照舊，但須新舊相兼。惟新錢則止一分十錢，不必與舊錢之數同也。至於雲南舊用海肥，所在亦許照舊，但亦須錢肥兼使。如氂至分則准肥，分至錢則准錢，而錢至兩則准銀也。況必行之機，其權又有在於我者。蓋官吏、師生、軍匠、夫皂俱各關領在身，彼將自求行使之不暇，而更何假於上人督率之也哉。夫關領而可致其自求關領，行使而可致其自求行使，則法令雖不嚴亦可也。然利者人之所必趨，趨而不防之預則潰，預而不待之威則玩。故初而盜鑄，終而阻撓，其制既已更新，其禁亦當更設，使天下耳目聞見惕然警仰不敢自寧乃可也。謹按國初置律，於錢之私鑄者擬絞，而鈔之私造者擬斬。夫錢鈔之利相若，宜私盜之罪亦相若也。乃竟不同者，鈔乃其初行故也。夫國初之急於行鈔與今日之急於行錢事正相等，合無比以鈔法，犯者皆即時處決，使懲一人以警萬人，則即一時而可福萬世矣。

（明）于慎行《穀山筆麈》卷一二《賦幣》 漢幣用黃金，雜以泉貨。唐純用錢，開元、天寶間，天下錢鑄九十九爐，歲入百萬，至元和、長慶間，鑄才十餘爐，入方十五萬，盈虧之較可覩矣。其時兩河、太原雜用鉛鐵，嶺南雜用金銀、丹砂、象齒，他皆用錢，白金猶未多用也。宋始用白金及錢，間以交子。勝國實鈔盛行，與銀錢并用矣。本朝惟白金與錢，黃金不用爲幣，而雲南用海巴，即古之貝也。

梁武時，以民間私錢不能禁，乃盡罷銅錢，更鑄鐵錢，今世無鐵錢，間有土中掘出一二，皆梁錢也。

唐錢有開元錢，即五銖也。肅宗時有乾元大錢，一當十，又有重輪錢，一當五十，與開元同行，謂之三品。是時天下鑄錢之爐九十有九，而絳州有三十爐，乾元重輪皆絳州所鑄。

元時鈔法有三：初造中統交鈔；歷歲既久，復造元寶鈔；又三十餘年，改造至大銀鈔。錢法有二：曰至大通寶，一文準銀一釐；曰至元大寶，一文準銀一分。

楮幣之制起於漢之皮幣而無所交質，成於宋之交子而不及四方。金人以銅少，造鈔一貫、二貫、三貫、四貫、五貫、十貫五等，謂之大鈔，一伯、二伯、三伯、五伯、七伯五等，謂之小鈔，頒之四方，與錢并用，而鈔法始通行矣。

（明）何喬遠《名山藏·錢法記》 高皇帝未即位之前，置寶源局，鑄大中通寶錢，與歷代錢兼行，以四百爲一貫，四十爲一兩，四文爲一錢。置官治之。即位以後，鑄洪武通寶錢，當十、當五、當三、折二，若小錢，凡五等。當十錢重一兩，當五重五錢，當三、折二重如其當之數，而小錢重一錢。

六年，禁私鑄。八年罷寶源局，造大明寶鈔，取桑穰爲料，制方高一尺，闊六寸，許以青色爲質，外爲龍文花欄，横題其額曰大明通行寶鈔，天下通行。中圖鈔貫狀十串則爲一貫，其下曰户部奏准印造大明寶鈔，與銅錢通行使用，僞造者斬，告捕者賞銀二百五十兩，仍給犯人財産。若五百文則畫鈔文爲五串，餘如其制而遞減之。每鈔一貫准錢千文，銀一兩，其餘以是爲差，曰一貫、五百文、四百文、三百文、二百文、一百文，凡六等。每鈔四貫易赤金一兩，禁民間不得以金銀物貨交易，違者治罪。告發者就以其物給賞。有以金銀易鈔者，聽。凡商税課程諸色，錢鈔兼收。錢十之三，鈔十之七。百文以下則用錢。

十年，置各布政司寶泉局，鑄小錢，與鈔兼行。

十三年，令在外在京各置行用庫。令民間鈔貫伯昏爛者入庫易換，量收工墨價直。

二十二年，令造小錢，一十文至五十文，以便民用。每生銅一斤鑄小錢一百六十，折二錢八十，當三錢五十四，當五錢三十二，當十錢一十六。

二十三年，定錢制。每小錢一文銅二分。其餘四等錢依小錢制遞增。

二十四年，令諸商税課程但鈔貫有字可辯真僞者，不問破爛、油污、水跡、紙補，即與收受。

二十六年，罷各布政司寶泉局。其明年禁行錢，專用鈔。

永樂元年，以鈔法不通，令民間有用金銀交易者，以姦惡論。有能首捕者以所交易金銀充賞。五年，令各色税課程，俱准折鈔，以重鈔法。七年，設寶鈔提舉司於北京。八年，鑄永樂通寶錢於天下，而錢復兼鈔矣。宣德、正統中，竝重鈔法。至景泰四年，聽民間錢鈔相兼行使。

成化十三年，嚴私鑄之禁。十六年，嚴揀錢之禁。但係囫圇錢，即便

行使，勿拘年代遠近。

弘治中，民間往往有盗鑄錢者，遂有新錢及鉛錫薄小低錢、倒好皮棍等項名色，於是鑄弘治通寳錢。官吏俸薪竝給通寳錢，諸税課衙門一半收歷代舊錢，一半收洪永宣三朝制錢。如無三朝制錢者，折收舊錢二文，以示懲罰。

正德七年，令職官折色俸給十分爲率，一分折錢，九分關銀。

嘉靖三年，令民間用好錢，每銀一錢七十文，低錢每銀一錢者倍之。四年，令收税課，每鈔一貫折銀三釐，每鈔七文折銀一分。六年，鑄嘉靖通寳錢。每文重一錢三分，與洪武錢相兼行使。

隆慶元年，令民間貨鬻值銀一錢以上，銀錢兼使。一錢以下，止許用錢。國朝制錢，凡歷代舊錢每八文折銀一分，不許任意低昂。四年鑄隆慶通寳錢成，命户部量放京官折俸。

郎曰：余讀鄧元錫《函史》曰：幣有三品，物理自然，豈智計哉。釋金錢不用，而欲以桑穰工墨之力善昏爛不可復之物爲上幣，以權金錢，宜其不行也。且鈔昏爛即當更造，乃設官置局，諸工墨費顧鉅浩不貲，此於利權何當哉。此説是也。民間之用，當其行時如行水，及其壅淤，雖日刑一人，不能禁也。相煽以風，相鍥以持，莫知其然。故善用民者，順之而已。予生長民間，幼時見民間雜銅於金錯而鎔之，遞有成色。今則第用精鏐而以物價爲差。又滇南之民多行海肥，此豈可積貯鎔化者，從其宜也。

今海内所在多用宋錢，可見宋錢精且多，是以能久。閩廣之間則銀，從西南夷來，彼國山礦充溢地中，不如中國開鑿之餘僅絲縷矣。鈔也者，結繩之意也，新國之制也，烏能久哉，烏能久哉。

（明）顧起元《客座贅語》卷四《鑄錢》　南都自開國至嘉靖中，開局鑄錢，獨洪武、宣德、弘治、嘉靖四種耳。正、嘉中，民間用古錢，其後慳濫之極，至剪鐵葉、錫片僞爲之，後乃稍稍厭棄，而更用開元通寳錢。至今上十年前，始用萬曆通寳錢，而與嘉靖、隆慶制錢相兼行使，自後工部遂議就局鑄造矣。庚子、辛丑間，又别造大廠，與寳源局並行鼓鑄，增多至百二十餘罏。於是户部與操院亦議並鑄，久之京府亦别起罏鞲鑄錢於常平倉矣。所鑄之錢既多，而行錢止於都城之内，久則錢益多而其直反賤，諸軍役、匠作應受錢者，咸不樂三七搭支。又銅商以抽税多，故昂其直，而部所給之銅價不可增，則銅不時至。於是乃减所增鑄罏，斥停鑄者各歸其家，而私鑄之犯者衆矣。向也未行廣鑄，局中供役者不過世業舊工，自廣鑄而召募多人，於是撥砂、看火、醒眼、錯邊之法人人具曉之。身既不隸於官而無所牟利，則往往私鑄以市，而其錢頗與官鑄者埒，且又减其直以讎於市之貿錢者，而私錢乃盈地。至官以法禁之，小民以死抵突，不可止也。故曰：魚不可脱於淵，國之利器，不可假人。又曰：利出於一孔者，國無敵。噫，誠然哉。

（清）孫承澤《天府廣記》卷二二《寳源局》　寳源局在城之東，蓋石亨舊宅也。初，内官監爲忠國公石亨造宅三百八十六間，亨伏誅，宅没入官。嘉靖中，賜仇鸞。鸞敗，復没入官，因改爲錢局。虞衡司員外郎監督其事。所屬有寳源局大使。國初鼓鑄之事惟屬工部。至天啓二年，始增寳泉局，其政屬於户部，而工部之所鑄者微矣。

明初置寳源局，鑄大中通寳錢，與歷代錢兼行，以四百爲一貫，四十爲一兩，四文爲一錢，置官治之。即位以後，鑄洪武通寳錢，當十、當五、當三、折二若小錢，凡五等。當十錢重一兩，當五重五錢，當三、折二，重如其當之數，而小錢重一錢。六年，禁私鑄。八年，罷寳源局，造大明寳鈔，每鈔一貫准錢千文，銀一兩，其餘以是爲差。曰一貫、五百文、四百文、三百文、二百文、一百文，凡六等。每鈔四貫，易赤金一兩。禁民間不得以金銀物貨交易，違者治罪，告發者就以其物給賞。有以金銀易鈔者聽，凡商税課程諸色，錢鈔兼收，錢十之三，鈔十之七，百文以下則用錢。十年，置各布政司寳泉局，鑄小錢與鈔兼行。十三年，令在外在京各置行用庫，令民間鈔貫舊昏爛者，入庫易换，量收工墨價值。二十三年，令造小錢一十文至五十文，以便民用，每生銅一斤鑄小錢一百六十，折二錢八十，當三錢五十四，當五錢三十二，當十錢一十六。二十三年，定錢制。每小錢一文銅二分，其餘四等錢依小錢制遞增。二十四年，令諸商税課程，但鈔貫有字可辨真僞者，不問破爛、油污、水跡、紙補，即與收受。二十六年，罷各布政司寳泉局，其明年，禁行錢，專用鈔。永樂元年，以鈔法不通，令民間有用金銀交易者以奸惡論，有能首捕者，以

所交易金銀充賞。五年，令各色税程課程俱准折鈔，以重鈔法。七年，設寶鈔提舉司於北京。八年，鑄永樂通寶錢於天下，而錢復兼鈔矣。宣德、正統中，並重鈔法。至景泰四年，聽民間錢鈔相兼行使。成化十三年，嚴鑄私錢之禁。十六年，嚴揀錢之禁。但係囫圇錢即便行使，勿拘年代遠近。弘治中，民間往往有盜鑄錢者，遂有新錢及鉛錫、薄小、低錢、倒好、皮棍等名色。於是鑄弘治通寶錢，官吏俸薪並給通寶錢，諸税課衙門一半收洪、永、宣三朝制錢，如無三朝制錢者，折收舊錢二文以示懲罰。正德七年，令職官折色俸給，十分爲率，一分折錢，九分關銀。嘉靖三年，令民間用好錢，每銀一錢七十文，低錢每銀一錢者倍之。四年，令收税課每鈔一貫折銀三釐，每錢七文折銀一分。六年，鑄嘉靖通寶錢，每文重一錢三分，與洪武錢相兼行使。隆慶元年，令民間貨鬻值銀一錢以上，銀錢兼使，一錢以下，止許用錢。國朝制錢，凡歷代舊錢每八文折銀一分，不許任意低昂。四年，鑄隆慶通寶錢成，命户部量放京官折俸。萬曆造金背火漆錢，每六文作銀一分。崇禎末，户部司務蔣臣請行鈔法，錢法侍郎王鰲永力主之，然卒不能行。

鑄錢則例：洪武間當十錢一千箇，燻模用油一十一兩三錢，鑄錢連火耗用生銅六十六斤六兩五錢，炭五十三斤一十五兩二錢。當五錢二千箇，燻模用油一斤四兩，鑄錢連火耗用生銅六十六斤六兩五錢，炭五十三斤一十五兩二錢。當三錢三千三百三十三箇，燻模用油一斤一十四兩，鑄錢連火耗用生銅六十五斤九兩二錢五分，炭五十三斤八兩三錢五分。折二錢五千箇，燻模用油二斤五兩五錢，鑄錢連火耗用生銅六十六斤六兩五錢，炭五十三斤一十五兩二錢。小錢一萬箇，燻模用油一斤四兩，鑄錢連火耗用生銅六十六斤六兩五錢，炭五十三斤一十五兩二錢。弘治十八年，題准每銅一斤加好錫二兩。銼匠每一名一日銼當十錢二百五十二箇，當五錢三百二十四箇，當三錢四百六十八箇，折二錢六百四十八箇，小錢一千二百六十箇。嘉靖中則例：通寶錢六百萬文合用二火黄銅四萬七千二百七十二斤，水錫四千七百二十八斤，炸塊一十四萬五千斤，木炭二萬斤，木柴二千三百五十斤，白麻七百七十七斤，松香一千五百六十六斤，牛蹄甲十萬箇，砂罐三千五百二十個，鑄匠工食每百文銀三分八釐。萬曆中則例：金背錢一萬文合用四火黄銅八十五斤八兩六錢一分三釐一毫，水錫五斤一十一兩二錢四分八毫八絲，炸塊二百三十九斤八兩一錢一分六釐七毫，木炭四十五斤六兩二錢四釐四毫，白麻一十一兩六分六釐六毫，松香二斤一十三兩六錢二分四釐四絲，砂罐六箇，鑄匠工食銀三兩六錢五分。火漆錢一萬文合用二火黄銅斤兩同，牛蹄甲一百八十五箇，一分八釐。餘皆同前。凡在外各處鑄錢：北平二十一座，每歲鑄錢一千二百八十三萬四百文；廣西一十五座半，每歲鑄錢九百三萬九千六百文；陝西三十九座半，每歲鑄錢二千三百三萬六千四百文；廣東一十九座半，每歲鑄錢一千一百三十七萬二千四百文；四川一十座，每歲鑄錢五百八十三萬二千文；山東二十二座半，每歲鑄錢一千二百一十二萬二千文；山西四十座，每歲鑄錢二千三百三十二萬八千文；河南二十二座半，每歲鑄錢一千三百一十二萬二千文；浙江二十一座，每歲鑄錢一千一百六十六萬四千文；江西一百一十五座，每歲鑄錢六千七百六萬八千文。

工部條議：鑄錢必用水錫者，以銅性燥烈，非用錫引則積角不整，字畫不明，倘有四火黄銅，則水錫乃不需之物。近商銅日低，錫似宜裁。前任王員外呈議以錫易銅歸錢内，蓋欲錢體厚重，期於久遠。惟是錢自有定式，如果合式，則錢自不輕，與其以錫换銅，而以四斤五兩四錢八分之數加重於一萬文之内，不若計銅增錢，而以四斤五兩四錢八分加多於一萬文之外。蓋水錫五斤一十一兩二錢價銀四錢五分六釐，照價買净銅四斤五兩四錢八分可鑄錢四百八十三文，如鑄錢十萬即多四千八百三十文錢矣。積而累之，其數無窮。如此則公家有水錫之費，而亦有水錫之利。爐役無乾没之弊，而亦無冒領之名。若後果有四火黄銅，相應仍用水錫，庶不失立法初意。至於嚴禁低銅成色不足者，依法重處，尤正本清源第一義也。

寶泉局，户部錢局也。天啓二年，於皇城東北增設錢局，以佐軍興。本部右侍郎督理之，名錢法堂。

崇禎八年七月十七日，户科都給事中王家彦疏云：初設錢局，原爲藉錢息濟軍興。惟天啓二三年，督臣李宗延、陳于廷相繼受事，用過銅本銀二十萬九千五十四兩，獲息十二萬八千六百六兩八錢零。四年，舊督臣鄭三俊用過銅本銀一十四萬三千四百四十一兩四錢，獲息一十二萬八千九百三十二兩。計得利七八分不等，爲十餘年來跫然足音矣。夫鼓鑄，化銅爲銀，非無利也。利歸之胥役爐匠與官，而上不得受也。查長安内外與法

錢雁行於市者，皆私鑄也。而私鑄之難詰，莫過官局之爐頭。此輩或隱屏兩部，或朋合諸夥，册上莫辨其名，或埋銅窖中，或遞錢局法，夜間莫識其氣。私鑄不已，繼必夾鑄。私鑄則乘官司之不覺，至夾鑄則每爐加銅數十斤，官實與匠瓜分。此弊盛於南廠，而北廠亦然。廉其人而用之，而弊乃可得而釐也。然得人矣，不久任以專責成可乎。夫爐匠鑄役皆老於其局，長子孫於其中，以一年報滿汲汲欲去之人，而御長子孫之役，欲責其爬梳無遺，挽中滿之利，以盡歸於上，其數必不勝也。至於並局舍，約爐座，以便省試，削人數，核出入，嚴干掫，以防夾帶，十日一領銅，五日一交錢，爐事如流水，以使之工無旁及。所謂需其人而後行者也。得人久任，其於鼓鑄之道思過半矣。

户部尚書侯恂條陳鼓鑄事宜

一、議興鑄利。古者寶龜而貨貝，後世易之以金幣。然自太昊高陽以來，則已有錢矣。虞夏之際，幣爲三品：曰黄，曰白，曰赤。兼行龜貝，不純用錢。管子亦云：先王以珠玉爲上幣，黄金爲中幣，刀布爲下幣。所以守財物御人事而平天下也，故命之曰衡。謂之衡者，將以行輕重之術，使一高一下乃可權制利門悉歸於上也。秦兼天下，幣二等，黄金爲上幣，銅錢爲下幣，而珠玉龜貝銀錫之屬爲器飾寶藏，不爲幣。漢自建元後，即山鑄錢，而又用白鹿皮爲幣，造銀錫爲白金，有三品。未幾皆廢。唐於銅錢外有飛錢。宋以鐵錢與銅錢兼行，又倣飛錢爲交子，爲關子，始以楮爲錢。南宋造會子，有大鈔小鈔之別，凡十等，又謂之錢引，亦謂之關會，實一而已。元造交鈔，以鈔一貫權銅錢千文。無何，物價騰踴逾十倍，積鈔不售，國用大詘。明興，右鈔抑錢，旋令錢鈔兼行，禁民間不得以金銀貨物交易，違者治罪，告發者即以其物給賞。若有以金銀易鈔者聽，一百文以下止用銅錢。永樂中，以鈔法圮而峻金銀錢物貿易之誅。然究之鈔易昏爛，收换艱難，制雖設而法不行。今天下自京師達四方，無慮皆用白銀，乃國家經賦，專以收花文銀爲主，而銀遂踞其極重之勢，一切中外公私咸取給焉。民用不贍，而國安得不貧？幸賴稍稍用錢耳。安得不亟行鼓鑄以救其乏乎？夫錢出於銅，銅不鑄錢，則銅而已。鑄之爲錢而可以爲民用，則是盡天下之銅皆已變而爲銀也。利孰大焉。以錢濟銀之窮而已用錢殺銀之勢，使錢廣布民間，則可陰斂銀以歸之上。於是用銀爲母，錢爲子，而因以行其高下之術。昔先臣丘濬欲倣古三幣之法，實鈔銅錢通行上下，而一權之以銀。夫鈔恐難行矣，舍鈔言錢可也。

一、議遏銅流。自三品之貢興，而黄白赤金世爲天下幣。漢而後，佛老象教盛行於域中，寺若觀糜黄金者億億計，而天下刻鏤織作錘冶爲冠服衣履什物者又不可勝原。故黄金日銷而赤金乃大行，已亦漸貴，固其理也。夫有利之源，有利之權。利源之消長在天地，利權之操縱在人主。昔之善議鑄者無若漢二賈。山之言曰：民不應與主共柄。誼之言曰：銅畢歸於上則博禍可除，而七福可致。今天下奸民私鑄，陰持主柄以厲公錢，果如誼言，上收銅勿令布下，民安所得銅而私鑄之？故收銅之説，持柄息奸之要術也。劉秩曰：鑄錢之用不贍者，在乎銅貴。銅貴之由在於採用者衆耳。夫銅以爲兵則不如鐵，以爲器則不如漆，禁之無害。使銅無所用，則銅益賤，銅賤則錢之用給矣。又銅不布下，則盗鑄者無因而鑄，無因而鑄則公錢不破，公錢不破，則人不犯死刑，錢又日增，末復利矣。斯言可謂曲盡。自漢先主取帳鈎銅鑄錢以充國用。唐大曆中，嚴天下用銅器之禁。貞元九年，張滂奏稱國家錢少，損失多門，興販之徒，潛將銅錢一千爲銅六斤，造寫器物，則斤直六百餘，有利既厚，銷鑄遂多，江淮之間，錢實滋耗。伏請除鑄鏡外，一切禁斷，如有銷錢爲銅者，以盗鑄錢罪論。宋朝鑄錢比前代最多，銅禁最嚴，大抵國計仰給於此。自熙寧間王安石一變其法，而國用日耗。聖祖始定天下，令軍民惟鑄鑑及軍器又禪門鐘磬鐃鈸得用銅，此外並收之官，有私藏者禁。嘉靖六年，題准但有銷鎔舊錢及今制錢造作銅像銅器等項者，比盗鑄律科斷。隆慶元年，部議：軍民之家，但有廢銅願賣者，聽赴所在有司易錢易銀，照舊給價。宜申明前例，嚴藏銅之禁，行收銅之法。民間私藏銅器及造作銅像銅器被告發者，比盗鑄律罪無赦。市有鬻銅器者，罪亦如之，官收民銅，給錢若銀，視銅之直。如有爐座處所，於存留錢糧内動支，其銅即以充鑄，如無爐座處所，於起解錢糧内動支，准將銅估抵解京。夫民以無用之銅易有用之鏹，其何苦而不輸之官？官可藉爲續鑄之資，而無費於公帑之金，又何憚而不收之民？況藏銅於民，銅祗銅耳，而私藏有罪，銅一入官，銅盡錢也，而國家日富。聖王所以獨持大柄而利天下者，無出於此。

一、議省鑄局。錢以銅鉛參雜而成，而銅鉛各有産處，搬運重難。是

以歷代多即坑冶附近之所置監鑄錢。唐有八監，宋有三十六監，惟永平者爲最久，永通者爲最多。然至熙寧，歲輸六百萬貫，則幾不可繼矣。夫天子藏富於山川，冶鑄太煩，則民力耗竭。漢武帝時專令上林三官鼓鑄，而天下非三官錢不得行，諸郡國前所鑄錢皆廢銷之，輸其銅三官。誠見利源所在，不得不謹節其流耳。國初置寶源局於應天府，已令天下藩司各置貨泉局，又更名爲寶泉局，其後罷置不一。嘉靖以來，止令兩京鑄造。萬曆四年，通行天下一體開鑄。至十年，奉詔停止。天啓元年，以遼餉匱乏，增置户部寶泉局。無何又令各省直藩司開爐鼓鑄，每年坐定鑄息共八十二萬兩。徒存虚額，無一踐者。諸局爐亦相繼報罷，所存止湖廣、陝西、四川、雲南、密雲、宣大、遼東數處而已。崇禎二年，奉旨：利權本自上操，舊制只兩京鑄錢，嗣因軍興煩費，遼東宣大奏請權宜，近乃紛紛開鑄，致私錢殽雜，反自外來，紊制病國，大非法紀。着查出通行禁止。維時户部以秦、楚、蜀、滇四省以係銅斤出産地方，就便鼓鑄稱便，未議概停。後江西復以開局請，至如南京兵部操江及應天府亦各紛紛鑄錢，然皆自鑄自用，又大小輕重不一其制。於是滯錙愈多，銅鉛愈窘，不獨户部不得其尺寸之用，而寶泉一局亦已成眢井矣。每見議錢法者，皆以廣鑄局爲言。而乃惓惓欲議省者，誠見爐座繁興，銅産有限，唯局省則銅源裕，錢制一則弊絶。較諸廣局之利，虚實得失孰多也？不然，昔之鑄局不爲不廣矣，而不效，何哉？

一、議禁私販。昔唐陸贄之論錢法也，以爲宜廣即山殖貨之功，峻用銅爲器之禁。二策並行，不可偏廢者也。今或離銅場頗遠，則其勢不得不出於買，乃私販之禁，有不可不與銅器俱嚴者。夫一處之銅而止供一處之用，則銅價平矣。一處之銅而供數十處之用，則銅價踴矣。以今銅之流行，偏天下皆是。召買嗇於公家，斂藏溢於私室，人人吴鄧，處處爐錘。銅産幾何，能不騰踴？而况以官買與私買争，其數不敵。何者？官價估有定例，其價必平。私買乘隙暗投，其價多侈。官買或有别費，而給發不無稍緩。私買並無破冒，而交兑略不踰時。市井嗜利，誰肯舍此就彼？其流弊必至銅盡歸於私鑄而官買束手矣。考嘉靖三十四年，嚴禁商賈人等不許私販銅錫，以致價值騰踴，謂宜著爲厲禁。凡往産銅産鉛處所，收買銅鉛必告投本處官司給有批文，方許運發，經過關津，驗批免税。除兩京及滇、蜀、秦、楚四省聽商人從便往賣報官收買，如驗無批文及闌出他省，致被覺獲，即比依盗掘銅錫律人論罪，貨没官。至若私鑄闌頭，尤在於點造。蓋鑄錢之銅，必將紅銅配鉛點造成黄而後可鑄。請敕天下，凡有私設點爐者，罪即比於私鑄。知而不舉，即與連坐。庶幾私鑄可絶，而官買乃可繼也。

一、議垂定制。周太公立九府圜法，錢圜函方，至今仍之，而輕重無常，代有變革。秦錢如周，重十二銖，漢興變爲莢錢，重三銖，已變爲八銖，又變爲四銖，其重爲赤仄以一當五，而得中者惟元狩之五銖。降而蜀之直五，吴之當千，則愈變而愈重，晋之四文沈錢，宋之夾子、荇葉，甚而爲鵝眼、綖環，則愈變而愈輕，而得中者惟武德之開元通寶。從來美錢制者皆以二錢之式並言，而其重實未始相類也。謹按古權法，十黍爲絫，十絫爲銖，八銖爲錙，二十四銖爲兩。今開元通寶，其錢徑八分，重止二銖四絫，則比五銖錢爲輕二銖六絫矣。故五銖錢二文而重一兩，開元必積十文而重一兩。洪武初，敕户部及各行省鑄錢，大小凡五等，當十錢重一兩，當五、當三、當二，重皆如其當之數。小錢重一錢，蓋即開元舊法。至嘉靖六年，始令兩京工部鑄造制錢，每文重一錢三分。崇禎元年，從錢法侍郎孫居相議，改爲一錢二分五釐，雖視開元錢稍重，而較之漢五銖尚輕。然體質堅厚，又磨鎔莫施，輕重得宜，人情便之。至其鑄法，每錢一文必令用黄銅二錢，剉磨之餘，只存一錢二分五釐，如此然後可以革減銅多鑄之弊。蓋局中每有減銅多鑄而創爲補秤之説以塗耳目者，實明許商匠之私鑄而陰收其利。今若著爲定數，按月按期必令報完，俾貪吏無所容其通，而奸商奸匠無所容其屏，亦執簡御煩之術也。其收錢每五千文爲一鍉，上用竹牌寫爐頭匠頭及綑錢人姓名，各堆一處，聽督鑄官照爐抽驗。遇有漏風、缺邊、縮字等樣，綑錢人重責，錢輕色淡者責匠頭，沙眼多者責翻沙匠，邊粗糙者責滚剉匠，磨不亮者責磨洗匠，灰不净者責刷灰匠，選退錢搥碎回火。如犯前弊多者，責爐頭，仍發看錢人挑選，通同容隱，看錢人重責。如是則錢制既精，殽雜自難，若夫當十、當五等錢，鎔造似易，工本較省。然私鑄者競爲捷趨，識微者謂非久道，不鑄可也。

一、議重制錢。錢法之弊，由於盗鑄者多。盗鑄非薄劣則無所得贏，往往摩官錢取鎔，而殽之以鉛錫。於是減輕其價，以與制錢雁行於市。愚

民簧惑，莫知適從，奸商當鋪因而爲奸。每於通衢闤隘倡言某錢盛行，某錢不行，轉相煽弄。既貴賣其所積以圖目前之利，又賤收其所棄以圖他日之利。時而私錢得與官錢並價，此其所積者多而欲出也；時而私錢二三文折官錢一文，此其所收者少而欲入也。若輩操其利權，錢法受其壅滯。豈可無整齊之術，聽奸錢日生而莫之禁乎？今有捷法於此。大凡盜鑄者，每鑄新錢而不鑄舊錢，蓋舊則真僞難欺，而新則耳目易眩。請敕天下，除雜年號錢難以畫一，惟崇禎通寶體製色澤務取相同，每錢一文重一錢二分五釐。如有輕重不合式者，即係盜鑄。推究所由，真犯匠人，依天啓三年令擬斬無赦，其知情買使及販賣行使者，查照律例從重問擬。令下限三月內許民間將前所收買私鑄錢自行首出倒換，依嘉靖六年例，照銅價給與價銀，免其私販之罪。敢隱藏不出首者，事發比照私鑄銅錢爲從者律問罪。收過新錢，即與銷化爲銅，以俟改鑄。如是則於官法獲全，而於民情不厲。其下令於流水無疑也。若夫前代古錢及歷朝舊錢，流通已久，方俗所便，不必禁斷。官民出納，惟崇禎通寶不許留難，而其他雜錢，第聽民間自爲轉輸，官不許收一文。天下曉然，見雜錢與制錢貴賤不敵，積漸以往，勢必棄雜錢不用。如願赴官倒換，亦准爲照銅價收買，而後一王無偶之利柄於是可全收也。

一、議計本息。泉局之錢，發太倉作官俸者十之三，發邊鎮充月餉者十之七。原奉聖諭定六十五文估銀一錢，今已習而安之矣。請依此數以權鼓鑄之本息可乎？謹按銅礦産於石中，用鋼鑽打入，每得礦百斤，用木炭百斤，將礦燒鍊，一火成銅鉛，二火成黑銅，三火成紅銅。每礦百斤，上者燒銅十五斤，次者十二十一不等。其用錘手並燒爐匠共二十名，每日給工食共銀八錢，用造飯運水夫二名，每日給工食六分，用幫扯提礦小夫四名，每日給工食銀一錢二分，用鋼鑽三十根，每根鋼二斤，日費二斤，約銀一錢，以上共費銀一兩二錢，約得銅礦二百斤。而又用木炭一百六七十斤，約價四錢，三火成紅銅三十斤，則共前項費銀一兩五錢。是每斤費本只五六分耳。復用窩鉛點化之，則爲四火黃銅。計窩鉛每斤價銀不過三四分，據今見行配鑄則例，每紅銅五十七斤入窩鉛四十三斤，作黃銅一百斤。益以搬載之費，每斤量估一分，大約黃銅一斤，所費至七八分而止。若夫市銅鑄錢，原無甚利。據京局舊例，紅銅價不出一錢四分，黃銅不出一錢，窩鉛不出七分，後漸騰踴。部議以紅銅點化成黃，既失本質，易於攙和，遂革黃銅不用。但買紅銅與窩鉛，如今法配搭，定價紅銅每斤一錢四分三釐，窩鉛每斤七分七釐，計配成黃銅一百斤，該價銀十二兩。給爐頭鼓鑄，應交錢一萬一千一百一十文。其行使以錢六百五十文估銀一兩，計共估銀十七兩九分四釐。除該給各項匠役煤罐米菜工價錢二千二百九十五文，估銀三兩五錢三分二釐零，並除銅本外，實存息銀一兩五錢六分一釐零，計僅浮本銀十分之一耳。近據陝西撫臣練國事疏報：自天啓二年開鑄起，至崇禎四年止，計十年間只動過本銀一萬二千四百餘兩，陸續獲息銀十一萬七千八十兩零，則所得幾於本銀相準。又查南部錢廠所得加五有奇，蓋銅鉛出産輳集地方，獲息原自不貲。今秦、楚、蜀、滇四局見在議開，姑未預畫成數，但令其自行認報，即最少亦當以加五爲率。滇、蜀、楚三省則取其息以解京充作新餉，按季交納。秦中之息專留該省充餉以抵京運可也。乃議者多謂萬曆中曾以錢五十五文作銀一錢，亦自通行無滯。以爲母既處貴，子不應處賤。欲於六十五文之內稍縮其數行之，而獨慮取利頗奢則盜鑄者將如雲而起。自古論錢法多矣，惟孔顗不惜銅不愛工二語爲不可易。政以本多費巨，縱復私營，初無厚潤，應自息心，無俟嚴刑廣設耳。先臣譚綸有言：鑄錢之費與銀相當，似於朝廷無利。然歲鑄錢一萬金，則國家增一萬金之錢，流布海內，鑄錢愈多，則增銀亦愈多。是藏富之術也。

一、議權出納。幣有出有入，流而不息，故曰泉府。若上自爲壅而求下之疏，即日肆人於市無爲也。漢律，人出一算，算百二十錢，則民賦以之矣。舘陶主爲其子求郎不許，賞錢千萬，則恩賚以之矣。隆慮主以錢千萬爲其子贖死，則罰鍰以之矣。又募豪民入粟縣官，而內錢於都內，則開納以之矣。諸胡降者，贍以少府禁錢，及時出內庫錢賜軍士，則餉賞皆以之矣。今有承行錢之令出，則無慮不普發於民，而納則不肯收一文，是自賤之也。自賤之而欲人貴之，其勢焉得？民愚相扇，閉匿觀望，每至聚市而譁，而錢遂不可行矣。夫解京之入，濟邊之出，其有待於銀也似也。以其爲物輕微易藏，可以多致也。錢固重質，而若各項存留爲地方用者即以錢出入焉，誰曰不可？誠令郡縣於存留銀內只徵其半，而以其半入錢，則贖金亦兼輸之。自大吏監司而下，倣在京文武官俸祿例，以錢充俸薪。

其師生廩餼驛站兵糧各役工食及公費供億之類，但不關起解者，悉取給於錢。而遺下不發之銀，即可盡行解京，則所得錢息即在乎其中。行之十年而天下之銀盡輦而歸之於京師矣。况乎錢下而不上，則其權在市井；上而不下，則其權在朝廷。誠實得其貴賤用斂散之法，以在官者爲母，在民者爲子，當其賤則存留錢糧盡行收錢，而賤者可貴，當貴則各項關給盡行散錢，而貴者可賤。蓋錢太賤則病官，太貴則病民，故用此法以均之。管子所謂使之一高一下不得有調，賈誼所謂輕則以術斂之，重則以術散之，以調盈虚，以收奇羨，皆此意也。然有司之不肯爲此者，有二端焉。或以貪，或以朦，凡銀之出納，有耗有羨，而錢則一文不過一文已耳。利無所漁，必故爲齟齬以破壞之。其自飽者貪也，其中於胥役之口者朦也。

附鈔法

洪武八年三月朔，詔造大明寶鈔。時中書省及在外各行省皆置局以鼓鑄銅錢。有司責民出銅，民間皆毁器物以輸官，鼓鑄甚勞而奸民復多盜鑄者。又商賈轉易，錢重道遠，不能多致，頗不便。上以宋有交會法，而元時亦嘗造交鈔，及中統至元寶鈔，其法省便，易於流轉，可以去鼓鑄之害，遂詔中書省造之。取桑穰爲鈔料。其制方高一尺，闊六寸許，以青色爲質，外爲龍文花欄而横題其額曰大明通行寶鈔。内上兩旁復爲篆文八字曰大明寶鈔天下通行。中圖錢貫狀，十串則爲一貫，其下云：中書省奏准印造大明寶鈔，與銅錢通行使用，僞造者斬，告捕者賞銀二百五十兩，仍給犯人財産。若五百文則畫錢爲五串，餘如其制而遞減之。每鈔一貫，准銅錢一千，銀一兩，其餘皆以是爲差。其等凡有六：曰一貫，曰五百文，四百文，三百文，二百文，一百文。禁民間不得以金銀物貨交易，違者治其罪，有告發者即以其物給之。若有以金銀易鈔者聽。凡商税課税錢鈔兼收，錢什三，鈔什七，一百文以下則止用銅錢。

（清）**傅維鱗《明書》卷八一《食貨志·錢法》**　洪武初，置寶源局於應天，鑄大中通寶錢，與歷代古錢兼行，以四百爲一貫，四文爲一錢，其貨錢相貿從民便，設官以主其事。已敕户部及各行省鑄洪武通寶錢，當十、當五、當三、折二、若小錢凡五等。當十錢重一兩，餘各如其當之數，而小錢以一錢爲準。嚴私鑄之禁，工侍郎秦逵請令郡縣收民間廢銅，以資鼓鑄。上曰：鑄錢本以便民，今欲取民廢銅，朕思天下廢銅有限，斯令一出，有司急於奉行，小民迫於誅責，勢必至毁器物以輸，其爲民害甚矣。其已之。

八年，罷寶源局。

九年，罷行省錢局。

十年，令各布政司設寶泉局，專鑄小錢。

二十年，復停。

二十三年，復定錢制。小錢一文，用銅一錢二分，餘折當者遞增之。凡鈔一貫，准錢一千文。

二十六年，獨户部鑄，而各省之鑪復罷。

永樂九年，令差官於浙江、江西、廣東、福建鑄永樂通寶錢。嗣後凡改元，鑄其年號錢，皆與古錢兼行。

天順中，令民間除假錢錫錢外，凡古今錢依數折行，不許挑揀。

正德中，嚴錢禁令。職官折俸以十分爲率，一分給錢。里甲收受錢糧准收銅錢。

嘉靖中，議以洪武通寶有當十、當五諸制，見今堪用，復有一錢七十文及一百四十、二百一十之異三等，任從民便。而嚴銷鎔舊錢造作佛像及器用之禁，犯者比盜鑄錢律。

十九年，以鑄錢得不償費，停止之。

二十三年，復鑄。時御史閻鄰上言：國朝所用錢幣有二：曰制錢，則列聖所鑄，如洪武、永樂等通寶是也。次曰舊錢，如開元、祥符等錢是也。二錢並用，民咸利之。雖僞造，不過竊真售贋，其於原制，尤不甚相遠也。邇者京師之錢，輕裂薄小，觸手可碎，字文雖存，而點畫莫辨。甚則不用銅而用鉛鐵，不以鑄而以翦裁，麤具肉好，即名曰錢，每三百文才值銀一錢。作之者無忌，用之者不疑，而制錢反爲壅遏。乞敕下緝捕衙門，許以制舊二錢通行，其僞造私藏者期以半月自行銷毁，犯者論如律。因以所獲僞錢進呈，上惡其濫惡詭異，命榜示如章。已南京吏部司務朱希皋復上言：納例開礦以濟用，不若倣採銅充賦，設官鑄錢，及禁其僞，行其真。新錢既成，貿易轉輸，賜予俸給，皆於此取之，甚便。上曰：今天下郡縣則壤成賦，以籍爲定，若復採銅充賦，未免紛紜。且兩京俱有寶源局，未嘗廢，可特合補鑄制錢數及盜鑄者。後以錢法不通，户部言由

輕重二弊，未能迭相爲用，請以新舊二錢爲則，官司收税亦准此例，不得輒有增損，有阻壞者治之。上命以七十文爲一錢，舊錢倍之。復諭工部鑄洪武至正德紀元錢，每號歲百萬，嘉靖錢歲一千萬。先是民間行用濫惡錢，無復形製，□之曰皮棍倒好，至以六七十文易銀一分，狡僞者或翦楮夾其中。因給事中李用敬言，乃詔公私用錢如洪武例，而嘉靖錢以七文准一分，洪武等及古錢上品者如制錢，餘不過二十文准一分。其濫惡者禁止之，犯者如律。是時小錢行用久，驟革之，小民頗稱不便。又以大學士嵩請，出內庫錢八千一百萬給官俸並軍糧。尋令不論年號，悉以七文折算。由是市易者官及軍匠悉以七文抑勒予民，民益騷然。屬連歲大祲，四方流民就食京師，死者相枕藉。議者謂錢法不通所致，於是御史何廷鈺上言：乞許民以小錢六十當一，分其庫貯諸錢，仍以七文行。而户部駁以爲濫錢法所當禁，若官令用之，是開私鑄之門，以王者利病假盜賊也。且方下厲禁，未期月輒更，法令不信，格之。小錢雖不復用，而民間競私鑄嘉靖通寶錢，與制錢通行。

四十三年，罷寶源局。初上以廷議命寶源局及南京、雲南造制錢，發民間貿易。既而所鑄不一，有金背、火漆、旋邊諸名，民行久之，言官建議鑄錢艱難，工匠勞費，請革其鏇車，以鑪鏨代之。從之。於是鑄工競雜鉛錫便琢治，而輪廓粗糲，色澤昏暗，與前所造大不侔。由是姦僞之徒益多盜鑄，滋濫惡，貿易不通，至有朝入手而即廢棄者，商民悔忿，并佳者皆不受授，閭閻大困。其盜鑄者立斬，終不能止。上憂之，召大學士階問弊源，階奏言：臣惟濫僞諸錢既不能强民通行，而寶源局仍鑄不已，有五害焉。户工二部每歲以二萬八千餘金投諸無用之地，一。中奸猾之計，開私賄之門，二。朝廷以此給賞中外臣工，而蒙賞者受而無用，虛皇上之恩，三。官府以此給與商民，而領受者有虧苦之怨，四。局中之人坐享其利，而朝廷之錢法日阻，禁嚴之令因之不行，虧損國體，五。臣以爲不若停止寶源局鑄造，其應給錢者，即以錢本銀代之。上從之。已上諭工部曰：近來錢法阻滯，由於私鑄盛行，其立法嚴治，而寶源局向所鑄錢輕小，蓋由於官匠侵料減工所致，爾部究懲之。乃逮作官及鑪頭工匠送法司讁遣有差。

穆宗即位，（今）〔令〕貿易貨物一錢以上者銀錢兼用，以下者止許用錢。而以制錢及舊錢皆以八文爲一分，勿低昂。乃鑄隆慶通寶，每文重一錢三分。尋以京城內外錢法不通，命廷臣議。於是户部奏錢法之弊，其説有三：當嘉靖初年，崇文門等處税課皆徵錢，官吏俸給、小民貿易皆資於錢，故錢之用廣。其後鋪户濫受惡錢以充俸鈔，錢稍不售。及税課專徵銀，又民間止用制錢，不用古錢，故錢法始壅。一也。又法令疏闊，私鑄者多，真僞混淆，則煩揀擇。揀擇太精，則礙行使。二也。又無知小民聽信訛言，轉相煽惑，謂制錢且罷，遂格不行。三也。臣等以爲僞錢濫惡者可禁，其洪武以來制錢及古錢俱宜聽民間兼行，其税課房號諸銀俱令收錢。如僞造及低昂價直者，重罪之。詔從其議。已總督薊遼侍郎譚綸言：足國必先富民，欲富民必重布帛菽粟而賤銀，欲賤銀必行錢法以濟銀之不及。今之議錢法者，皆曰鑄錢之費與銀相當，朝廷何利焉。臣以爲歲鑄錢一萬金，則國家增一萬金之錢流布海內，鑄錢愈多，則增銀亦愈多，是藏富之術也。又謂錢雖鑄，民不可强。夫錢者泉也，謂其流行而不息也。今之錢惟欲布之於下，而不惟輸之於上，故其權在市井，而不在朝廷。又譏以年號，亦不免有壅而不通之患。臣請朝廷歲出工銀一百二十萬發兩京户工部及各省，開局設官，專任其事。其所鑄錢即以備次年官軍俸糧，兼支折色之用。以後鑄錢益多，則工本當益省，錢制必輕重適均，定以十文值銀一分，不足則稍重其制，以五文爲一分。其錢俱以大明通寶爲識，期可行之萬世。從前制錢及古錢悉聽民便，新錢盛行，則舊錢自止。又令民得以錢輸官，如税糧折色則銀六錢四，存留及俸廩軍糧俱從中半收錢。如此皆以行錢爲便，雖欲强其用銀，不可得矣。上如綸言。而大明通寶錢終不鑄。

萬曆四年，令南北直隸及十三布政司俱開局鑄錢，每處發錢式，詔雲南留前鑄佐海肥之用。

十年，停各布政鑄局。

二十六年，給事中郝敬陳錢事甚悉，曰：責專官，定規則，廣鑄局，鑄大錢，採礦銅，處工本，嚴稽算，禁盜鑄，算歲息，重賞罰，曉愚夫，聽販賣。上善其言，而不行。已户部奏錢法，上曰：今公帑匱乏，制錢宜多鑄濟用，不但餉軍給商，亦可供俸禄賞賚，須如法鼓鑄，務期上下通行，不得隨時低昂，以滋阻壞。監局司官若能殫心任事，效有勞績者，優

敘之。

天啓初，以光宗在位不久，未遑鑄錢。命鑄泰昌通寶錢一年，以存一代之號。

崇禎中，内帑大竭，命各鎮有兵馬處皆開鑪鼓鑄，以資軍餉。而錢式不一，盜鑄孔繁。末年，每銀一兩易錢五六千文。錢有煞兒、大眼賊、短命官諸號，因兆李自成之亂。

洪武時，天下共開錢鑪三百二十五座，歲鑄錢一萬八千九百四十一萬四千八百文，後多盈縮，不可得而考云。

《明實録》嘉靖三十三年三月　戊申，先是民間行用濫惡錢，率以三四十文當銀一分，後益雜以鉛銅蕩劣，無復形製，至以六七十文當銀一分，狡僞者或剪楮夾其中，卒不可辨。是歲因給事中李用敬言，乃詔公私用錢，唯以國朝及前代制錢相兼行使，凡嘉靖通寶錢以七文作銀一分，洪武等年號錢與前代雜錢上品者俱如嘉靖錢例七文用，其餘視錢高下，或十文、或十四文、或二十一文准銀一分。其一切私造不堪濫錢悉行禁止，犯者置之法。是時小錢行用久，驟革之，小民頗稱不便。俄又出内庫錢給文武官俸，不論新舊年號及錢美惡，悉以七文折算，由是諸以俸錢市易者亦悉以七文抑勒予民，民益騷然。屬連歲大侵，四方流民就食京師，死者相枕藉。

議者咸謂錢法不通所致，於是御史何廷鈺條陳時政，疏内及之請許民用小錢，以六十文當銀一分，其庫貯舊錢給百官俸者，宜如前詔，分高下品等差，不宜俱比嘉靖錢爲準。疏下户部覆稱：濫錢非制，法所當禁，若官爲令用之，是開私鑄之門，以王者利柄假盜賊也。且方下厲禁，未期月更之，法令不信，民無所措其手足。其内庫所貯錢由門攤税課而入，原以七文折收，故不宜增數給俸。第責令司税，凡收錢務擇取高等者耳。鈺所陳八事多迂漫猥瑣難施行者，初下户部，久不覆。

時户部山西司郎中劉爾牧精悍强記，諳習錢穀故事，尚書方鈍深所委信，鈺乃詣爾牧趣覆其疏。爾牧性矜忽酬，接不以禮，廷鈺已啣之矣，及覆疏見格，而錢法一款尤爲抵迕。廷鈺不勝憤，乃疏訐爾牧專己自用，不念百姓之急，前陛下戒諭該部撙節，爾牧謂朝廷自不惜財，視如泥沙，不節之賞、無名之費，不可殫舉。今茲帑藏迫且窘矣，既以之貸光禄，復以之輸内府，而顧責户部撙節，何也。其詞涉謗毁，無人臣禮，請亟斥之，以懲不敬。因請併治鈍。上大怒曰：朕取太倉銀米百萬，牧爾謂朝廷視財如泥沙，其曰不節無名，蓋謗朕玄修耳。光禄日用飲食亦豈過用，小臣訕上，無禮如此，其廷杖之百，黜爲民，鈍姑貸之。錢法且從民便，以朕紀元者七文易銀一分，洪武等號十文，前代三十文，行之十年再議。然諸濫惡小錢以初禁之嚴，雖奉旨開行，竟不復用，而民間乃競私鑄嘉靖通寶錢，與制錢通行，以至於今。

（清）查繼佐《罪惟録》志卷三〇《錢法志總論》　錢與鈔皆以制行也。行其所勒某朝之寶于楮於銅無與也，亦無二也。金與銀不以制行，其自行也。顧楮與銅無二，而人不利於楮，利於銅，則以銅有別用，而楮久之塵耳。況行楮不便割裂，而銅之用，便於細，天下之利於細者多也。無怪乎初鈔一貫，抵銀一兩，最後抵銀三厘，至不顧而後止。然銅之弊，久亦滋多。弊於非銅，不弊於銅，無怪乎錢初七十抵銀一錢，壹佰亦抵銀壹錢，最後錢二百一十而亦抵銀壹錢，相懸之甚也。蓋無法以輔制，而人之情，得各自遂。吾欲重之，而天下不以爲重；吾欲真之，而天下必欲以假者疑之。如是治天下者爲無權。夫權生於公。行於下，不行於上，是不公也。權生於一，行於此，不行於彼，是不一也。如是則非制。按列朝除正課用白金外，始以鈔與錢並行，其後用鈔但以備賞賜，參俸禄，給工食而已。是上以名欺其下，下遂敢以意衡其上。嗟乎，吾輕之，而天下安得重之？不必衰輓，即盛世，而欲以勢加人於不得不然，萬不可得。如雲南便肥不使錢，究亦輟鑄。吾重之，而又不能不使人輕之，然則求所以公之一之，與天下同其情者，必有道矣。

（清）查繼佐《罪惟録》志卷三〇《錢法志附鈔法》　洪武初，置寶源局於應天府，江西等行省各置貨泉局，鑄大中通寶錢，與歷代錢兼行，以四百爲一貫，四十爲一兩，四文爲一錢，凡五等。尋鑄洪武通寶，當十錢重一兩，當五、當三、當二、當一，重皆如其當之數，凡五等。私鑄，罪没入。八年，罷寶源局，令中書省造大明寶鈔，取桑穰爲鈔料，高尺，闊六寸，以青色爲質，外爲龍文花欄，横題其額曰：大明通行寶鈔，圖錢形其下，兩旁各四字：大明寶鈔、天下通行，下又書鈔法禁例。上下鈐户部印，與銅錢兼使。立法最嚴，僞造者斬。畫鈔文十串爲一貫，貫抵

錢一千文，抵銀一兩。曰一貫，曰五百文至一百文，凡六等。民間不得以金銀交易，以易鈔者聽。凡稅課，錢鈔兼收，錢三鈔七。百文以下，則但用錢。

十年，令各布政司復設寶錢局，鑄小錢，與鈔兼行。

十三年，令京省各置行用庫，凡軍民倒換新鈔，量收工墨價值。

二十三年，復定錢制，每小錢一文，同銅二分，其又四等遞增，凡鈔一貫，准錢一千文。二十四年，榜諭商稅課程收鈔，不問破爛油污水跡紙補，但有字貫可辨真僞者即收。二十五年，設寶鈔行用庫於東市，凡三庫，庫給鈔三萬錠，爲鈔本，倒舊鈔送內府。

二十六年，復罷各布政司寶泉局，命寶鈔提舉司每歲三月興工印造，十月工巳，除挑描僞造外，民間阻滯者罪之。

二十七年，罷寶鈔行用庫，令軍民所有銅錢不許行使，盡行入官，依例給鈔。或傳初造鈔不成，上夢神告，必文人心和就之。馬后請以秀才文課代之，于是太學歲納課簿爲例。

永樂元年，以鈔法不通，禁用金銀交易，犯者即以給賞，以金銀易鈔者聽。各處稅糧課程贓罰，俱准折收鈔。自米麥絹布以往，各定鈔額。七年，設北京寶鈔提舉司。二十年，許軍民人等於京庫報納舊鈔，隨赴河東、山東、福建、長蘆四運司，並廣東鹽課提舉司，不拘資次，支鹽。

宣德四年，令順天等三十三府州縣行錢去處，凡市鎮店肆門攤課稅，各加五倍，候鈔法通止。仍嚴納鈔之例，於正糧外，定數限時，違者重罪。九年，各庫收鈔，不論軟爛破損油污水跡，但有一貫二字可辨真僞者，俱不減退。其若僞鈔不便貫數者，類奏燒毀。

正統十三年，禁京省各處街市交易行使銅錢，坐阻撓鈔法律。

景泰三年，許錢鈔兼行。民間以銅錢折鈔，有罪。

天順四年，民間除假錢錫錢外，凡歷代錢及洪武、永樂、宣德錢折二當三，俱依數准使，不許挑揀。

成化三年，令內外課程，俱鈔錢中半兼收。至一貫，則納鈔一貫。十三年以後，鈔阻不行，嚴私鑄之禁，爲首與匠依律外，從皆充軍，販賣行使者百斤枷，枷號一月，定罪。十六年，准課稅衙門收銀，除破碎僞造錫錢不使外，其餘不拘年代遠近，即便行使，揀錢有罪。十七年，題定錢八文准銀一錢，嚴禁僞造，十家連坐。

弘治元年，順天等八府戶口食鹽，全收鈔貫。臨清以南板閘船料及鈔關，錢鈔兼收。二年，勢要之家賣鈔事覺，依律論罪。十八年，准內寺買辦、官府俸糧、快皂工食、罪人罰贖收錢，一半歷代舊錢，一半本朝制錢，舊錢二准制錢一。

正德五年，嚴革新鑄薄小低錢，倒好皮棍等項名色。歷代真正大樣錢，與本朝制錢兼使。七年，折俸錢居十之一。

嘉靖三年，榜諭好錢七十文抵銀一錢，低錢抵銀一百四十文，違者罪之。四年，令宣課分司收稅每鈔一貫折銀叁厘，每錢七文准銀一分。六年，鑄嘉靖通寶，每文重一錢三分。除本朝制錢通行外，凡新錢限一月內盡赴官出首，照銅給價。其錢改鑄大明通寶，免其私販之罪，隱藏者罪同私鑄。久之，有錢二百十文抵銀一錢者，聽民自便。

隆慶元年，准錢八文抵銀一分。凡稅課，三兩以上收銀，以下收錢。

萬曆四年，准雲南布政司開鑄萬曆通寶，以佐海肥之用。六年，准錢金背八文抵銀一分，火漆鏇邊十文抵銀一分。本朝洪武以下錢與前代舊錢，各十二文抵銀一分。八年，罷雲南開鑄。

天啓中，行錢與萬曆末年一例。

崇禎中，鑄錢銅質不如萬曆，私鑄盛行，至有一人坐辟而差遣故縱其鑄公行無忌者。

《四川通志》卷一五下《錢法》 明初，錢鈔兼行，金銀之物貴賤有差。蜀人止用茴銀、米布貿易貨物，而錢鈔遂不行。巡按御史屠鏞言於巡撫都御史張瓚，請遣義民持銀數千兩易錢於江南等處，散民間行之。萬曆五年，奉旨疏通錢法。布政司遵依戶部咨送萬曆通寶錢式，開局鼓鑄，行令各府、州、縣衛所將貯庫存留缺官空役驛傳商稅銀，各照地方繁簡衝僻約用錢若干，解銀若干，赴司轉發錢局鑄造。每錢十文扣白銀一分，公私並用，一體通行。崇禎時，用鵝眼錢，每百直銀三四分不等。

萬曆戊午年，巡撫饒景暉疏稱：看得蜀中自征播之後，兵荒頻見，公私交困。臣旁求理財之道，可以佐今日之急者，無如錢法。

按五銖錢、交子務皆起於蜀銅官諸山，又皆在蜀封內。今錢法盛行海內，而蜀反缺焉，豈卓王孫、鄧通能富饒於漢，王建能經制於唐，今之蜀

獨異耶？成化間御史屠鏞、正德間御史熊相皆倡議行之，而究中阻。至萬曆五年奉旨疏通錢法時，翕然稱便。而市民習用茴銀，漸復廢格，惟川東尚行之耳。所以然者，錢法之行便於官民，而不便於奸民墨吏。蓋錢行，則官俸民糧必當兼用，彼貪吏者俸不可兼兩，而歸糧不可加耗而取。且蜀之茴香花銀相沿已久，低假混雜不可別識，窮鄉細民每爲所愚。其以布米鷄豚入市者，率空手持僞鏹而歸，多致嗟怨。錢行則五尺莫欺，雖積年騙儈，安所得志乎，故撓法謗法常在於此。然惟墨與奸之不便正錢法之所以爲大便也。蜀往日之錢局具在鼓鑄不難，州縣之條陳亦各稱便，第暫借官銀以爲工費，錢成之後公私出入一切以之，除京邊起運照舊徵銀外，其餘布政司條編存留各項皆銀錢對半收解，百凢支給亦復如是。其有僞造阻撓及有司奉行不力者，皆以三尺隨之。庶窮川煩費之秋少紓空帑，而閭閻困窮亦可少寬矣。

一、錢局。四道開局鑄造，川西在省城，川東在重慶、夔州府，川南在瀘州嘉定，川北在順慶、保寧、潼川，待二三年後，仍歸併布政司。始分之以廣流布，終合之以總利權，似屬長便。

一、管理。各委正官或府佐督之，至於分委，或州縣佐領，或府衛經歷，凡有心計、有志向者任其選擇委用。錢行之後，查調度有方操持無染者分别薦獎，以示激勸。

一、錢本。先令各府州縣搜括在庫銀兩册報兩院司道備照，將銀解赴各府州買銅，鑄完照原銀給錢，支散各役工食扣銀補庫，此於公帑無損，民用自利。至官吏俸鈔、師生廩糧與夫一切條編之數，亦宜銀錢兼支以廣流布。有議令殷實之家捐貲爲本，錢成照數抵還者，是錢以利民，反以擾民也，宜嚴禁之。

一、錢製。每錢一文止重一錢二分，較定畫一，各局皆然。若錢無損壞俱得通用，不許擇錢，俾可西可北可東可南，流徧通省，無虞異同，始免滯凝，則體式畫一，法守自同。但銅色宜純，字畫宜端，輪廓宜勻，胚胎宜厚，鎔煉宜精，其萬曆通寶文宜仍舊，不必更易。

一、收銅。銅色純黄者舊日價值多不過六分五釐，此時冶鑄者價不無騰貴，巴縣請以八分爲準，蓋就搬運之費總計之耳，其説可從。至招商立市以銅收贖等法，宜聽各郡邑之便，多方兼收。各州縣官有願自買銅斤赴局親鑄，宜將鑄過錢數申報府州轉報院司查考。瀘州近議欲將過江之銅每十支照時價抽買一支，倘於中無抑勒需索之擾，人未有不樂從者，此亦收銅之一便也。

一、鑄造。工匠責成，子母盈縮，經費多寡，此時議者參差不一。據巴縣身親試驗，稱每銀十兩鑄而爲錢，除經費工本外，可積息三兩。但工作伊始，遽難援爲定例，曷無令各局管理官暫自便宜從事，斟酌鑄造，勿以羸餘炫長，勿爲漏巵虧息。俟錢成計算的確之日，各據實開報以憑折衷，著爲定規。

一、行錢。錢糧除解京邊外，其餘令小民納糧錢四銀六，各衙門一切抵贖俱令納錢，且以錢之行否定官之殿最。此法一立，錢未有不行者。但錢行必資販户流布，其領錢千文者宜納銀一兩，至在外貿易宜稍寬之，以遂蠅營之私，每兩加值三分可也。又令各衙門明示以賑貧濟乏之義，及以錢納租之等，以錢贖罪之條，俾錢之入者常多，出者常少，閭閻之間有垂涎孔方而不可得之景象，錢之行自易矣。

一、平衡。民間每銀一錢當易錢百文，販户罔利心熾，低昂不均，小民遂以錢爲不便。今宜以在官法馬較定官戥，令城市鄉村畫一守之，常出其不意於販户所在抽兑懲治平衡，則錢易行矣。

一、通商。錢法之行爲便於日用之需耳，行商挾重貲游千里外，囊底加千文，俾傴僂不能勝矣。乃勒令行錢，此必不得之數也。自後行市貿易，自一兩而上，銀錢聽其自便。

一、禁私鑄。四道各局錢式輕重俱令畫一，銅色務要净好，有私造者重懲如律，此禁私鑄之大要也。但私鑄之風，禁於錢法舉行之初易，禁於錢法盛行之時難，彼見錢之爲利，川谷之間往往有礦可依，何憚不爲，自後宜嚴保甲之法，合里鄰不時互相稽查，庶防範嚴密，私鑄無所容矣。

一、防阻滯。茲行錢法，奸猾之徒必先賄買吏書，捏稱小民不便申文回上，皆由用銀便於懷挾，出入輕易，受贓不覺，竊盗不知。今當力行戒飭，但銀匠巧僞所造葉銀、茴銀、渣銀之類，低假莫辨，皆此輩作俑，以致愚民惟恐低銀入手換錢難售，輒病錢之難行。今宜將城市鄉村銀匠籍名在官互相保結，十日一遞，如一家傾銷低銀，鄰佑知而不舉者連坐不貸，庶低銀無所容，而錢法自通矣。

《續文獻通考》卷一一《錢幣考·明·錢》　太祖洪武元年三月，命户部及各行省鑄洪武通寶錢。

先是辛丑歲元至正二十一年，太祖方稱吴國公。二月，置寶源局於應天府，鑄大中通寶錢，與歷代錢兼行，以四百文爲一貫，四十文爲一兩，四文爲一錢，設官專管。甲辰歲，元至正二十四年，太祖稱吴王。江漢既平，乃命江西行省置貨泉局，頒大中通寶大小五等錢式使鑄之。至是遂令户部及各省鑄洪武通寶錢，其制凡五等，當十錢重一兩，當五重五錢，當三、當二重皆如其當之數，小錢重一錢。各行省皆設寶泉局，與寶源局並鑄，而嚴私鑄之禁。

《明會典》曰：洪武間鑄錢則例：當十錢一千箇，鑄錢連火耗用生銅六十六觔六兩五錢。當五錢二千箇，銅觔同前。當三錢三千三百三十三箇，銅六十五觔九兩二錢五分，折二錢五千箇，小錢一萬箇，銅觔並同。當十每千之數，每銅一觔外增火耗一兩，鑄小錢一百六十文，當十錢一十六箇，當五錢三十二箇，當三錢五十四箇，折二錢八十箇，各折小錢一百六十文。鑄匠每名一日鑄當十錢一百二十六箇，當五錢一百六十二箇，當三錢二百三十四箇，折二錢三百二十四箇，小錢六百三十箇。

臣等謹按：《洪武實録》置寶源局鑄大中錢乃太祖未即位建元時事，蓋明祖將建國號，意在大中，既而祈天乃得大明，故當時錢文有大中之號也。《明會典》及《萬曆會計録》皆以爲洪武初，王圻《續通考》亦襲其誤，今據《實録》訂正。

四年二月，改鑄大錢爲小錢。

寶源局所鑄大中通寶大錢皆鑄京字於背，後多不鑄，民間以二等大錢無京字者不行，故改爲小錢以便之。

六年十一月，令私錢作廢銅送官，償以官錢。

應天府言私鑄有礙錢法，乃詔自今遇有私鑄錢，許作廢銅送官，每觔給官錢一百九十文償之。諸税課内如有私錢，亦爲更鑄。

八年三月，罷寶源局鑄錢。

先是，元年七月，命户部及各行省罷鑄，未幾復開。至是行用寶鈔，遂罷寶源局鑄錢。明年六月，並罷各省寶源局。十年五月，復命各省設寶泉局鑄小錢，與鈔兼行，百文以下止用錢。二十年，又令停鑄。

臣等謹按：明初設立錢局，在京曰寶源，在外曰寶泉。始名貨泉，後改。然在外亦稱寶源局。《會典》曰：洪武九年罷各布政司寶源局。《大政記》曰：洪武二十二年並置各省寶源局是也，厥後在京亦有寶泉局。《春明夢餘録》曰：國初鼓鑄專屬工部寶源局，天啓二年，始增設寶泉局，屬户部是也。

十年八月，置寶泉庫。

二十二年六月，收廢銅鑄錢，更定錢式，置各省寶源局。工部尚書秦逵言：鑄錢本與鈔兼行，不宜停罷，請收廢銅鑄造，以便民用。從之。且詔更定錢樣。乃定制生銅一觔鑄五等錢各若干文。詳前《會典》。明年十月，復定錢制，每小錢一文用銅一錢《實録》、《會典》俱無此二字。二分，餘四等錢依小錢制遞增。至二十六年七月，以鑄錢擾民，復罷各布政司寶源局，在京則仍舊鼓鑄。

臣等謹按：《會典》載是年令造小錢一十文至五十文，以便民用。每生銅一觔鑄小錢一百六十云云。《萬曆會計録》、《名山藏》、《泳化類編》、《春明夢餘録》所載並同。夫鈔有幾十文至百文者，錢無論大小，一文自一文耳。而曰一十文至五十文，此何説耶。查《實録》則是年四月造小鈔，以便民用，自一十文至五十文。六月，更定錢樣，乃有生銅一觔鑄小錢一百六十云云，截然兩事。《會典》直併爲一，諸書亦遂習而不察也。又是年定制生銅一觔鑄小錢一百六十，是每文重一錢也。明年復令小錢一文用銅一錢二分，蓋比舊加重故云，餘四等錢依小錢制遞增也。然王圻《續通考》與傅維鱗《明書·食貨志》皆有一錢二字，而《實録》、《會典》俱直云用銅二分，不容頓減至此。查《會典》洪武間則例，小錢一萬箇，鑄錢連火耗用生銅六十六觔六兩五錢，則每文總應重一錢有零，於每文用銅二分之説不合，當有脱誤。

二十六年，定在京在外鑄錢例。

凡在京鑄錢行移寶源局委官於内府置局，每季計算人匠數目，合用銅炭油麻等料，行下丁字庫等放支。鑄完收貯奏聞，差官類進司鑰庫交納。在外各布政司一體鼓鑄，工部類行各司行下寶源局委官監督，人匠照在京則例，鑄就於彼處官庫收貯聽用。各處爐座錢數北平二十一座，每歲鑄錢一千二百八十三萬四百文。廣西一十五座半，每歲鑄錢九百三萬九千六百

文。陝西三十九座半，每歲鑄錢二千三百三萬六千四百文。廣東一十九座半，每歲鑄錢一千一百三十七萬二千四百文。四川一十座，每歲鑄錢五百八十三萬二千文。山東二十二座半，每歲鑄錢一千二百一十二萬二千文。山西四十座，每歲鑄錢二千三百三十二萬八千文。河南二十二座半，每歲鑄錢一千三百一十二萬二千文。浙江二十一座，每歲鑄錢一千一百六十六萬四千文。江西一百一十五座，每歲鑄錢六千七百六萬八千文。

傅維鱗《明書·食貨志》曰：洪武時天下共開錢爐三百二十五座，歲鑄錢一萬八千九百四十一萬四千八百文。後多盈縮，不可得而考云。

臣等謹按：爐座錢數詳載《諸司職掌》，惟不開雲貴、湖廣、福建四處，至弘治十六年，始照浙江等處定例俱行開鑄。至《明書》所載爐座總數與《諸司職掌》微有不合。

成祖永樂六年，鑄永樂通寶錢。

至九年，又差官於浙江、江西、廣東、福建四布政司鑄永樂通寶錢。

宣宗宣德八年十月，令工部及浙江、江西、福建、廣東四布政司鑄宣德通寶錢。

十年十二月，時英宗已即位。弛用錢之禁。

自洪武二十七年以鈔法阻滯嚴禁用錢，至是梧州知府李本奏：律載賣鈔與錢兼行，今兩廣交易用錢即問違禁，民多不便，乞照律聽其兼行。從之。景帝時以鈔法不通，復申錢禁，旋聽民相兼行使。

景帝景泰七年，以内外私鑄者多，通行禁約。

中兵馬司指揮胡朝鑑奏：在京買賣惟用永樂錢，蘇松等處多僞造來京貨賣，其錢俱雜錫鐵，在京軍匠人等亦私鑄造，乞通行禁約。從之。至憲宗成化十三年六月刑部奏：市用新錢多蘇、常鎮、杭州、臨清人鑄造，四方商販收買，姦弊日滋，宜移文各處撫按禁約，自後事發，即以爲首並工匠依律問罪，其爲從及知情買使者枷示一月，並家屬編戍，軍民分別問遣，職官有犯奏請處治。從之。

英宗天順三年三月，琉球國王請將貨價給賜銅錢。不許。

先是，洪武時禁金銀銅錢等物不許出番，沿海軍民私用與外番交易及官司縱容者，悉治以罪。永樂中，屢用以頒賜外番。永樂十九年四月，侍講鄒緝言：朝廷歲令天下有司鑄銅錢，遣内官賫往外番及西北買馬收貨，所出常數千萬，而所取曾不及其一二。且錢出外國自昔有禁，今乃竭天下之所有以與之，可謂失其宜矣。宣德因之。自是外番利中國之錢，遂有借端勒索及公行請乞者。正統四年八月，福建巡撫成規奏：琉球使臣於廩給外茶鹽醯醬等勒折銅錢，輒肆詈毆，禮部請治通事之罪。帝令戒諭之。景泰四年十二月，禮部奏：日本國附進物例應給直。考宣德八年賜例，今所進物增數十倍，難如前例給直。計其貢物時值甚廉，請估時值給之。於是除銀鈔絹布外，給錢五萬餘貫。五年正月，日本使臣允澎奏：蒙賜附進物件價值比宣德間十分之一，乞照舊給賞。帝命加銅錢一萬貫，允澎猶以爲少，更加絹布給之。至是禮部言：琉球國王尚泰久奏請將附搭物貨照永樂、宣德間例給賜銅錢，銅錢係中國所用，難以准給，宜照舊折支絹布等物。從之。至成化五年二月，日本使臣元樹奏乞賜銅錢五千貫，禮部執奏不與，帝特准與五百貫。十年四月，琉球使臣沈滿志等朝貢，仍以鈔絹酬其自貢物直。滿志乞如舊制折給銅錢。不許。

馬歡《瀛涯勝覽》曰：爪哇國通用中國歷代銅錢，舊港國亦使中國銅錢，錫蘭國尤喜中國銅錢，每將珠寶換易。

臣等謹按：外國既貪得中國銅錢，亦有自鑄中國年號錢用之者。朱國楨《湧幢小品》云日本亦用銅錢，只鑄洪武通寶、永樂通寶。若自鑄其國年號錢，則不能成。

四年，准兼用古錢制錢，禁民挑選。

令民間除假錢錫錢外，凡歷代並洪武、永樂、宣德錢及折二、當三依數准使，不許挑揀。至成化十六年十二月，大興縣民何通上言：前京師錢價每銀一錢僅易八十文，錢貴米賤，軍民安業。比因僞錢盛行，銀一錢增至一百三十文，錢賤米貴，而又揀選太甚，小民所得傭值不能養贍。乞出榜禁約。户部奏准：九門税課衙門收錢，除破碎僞造外，其餘不拘年代，但係囫圇錢即便使行，不許刁難挑揀。仍出榜禁約，令兩廠五城緝訪究治。

憲宗成化元年《會典》作三年，據《實録》改。七月，詔通錢法，凡商税課程錢鈔中半兼收。

每鈔一貫折錢四文。至六年，令各處船料鈔每貫折錢二文。十年四月，准巡視江西侍郎原傑奏户口食鹽兼收錢鈔，每鈔一貫折錢二文。

三年四月，申命文武官軍折色俸餉錢鈔兼支。

先是户部以錢法不通，請令天下諸司凡徵收支給錢鈔兼用。至是有沮之者，户部遂奏請申明是令。至明年，乃令京官折俸鈔三錢七，每錢二文折鈔一貫。十七年二月，嚴禁私鑄私販。

令京城内外買賣交易止許行使歷代及洪武、永樂、宣德舊錢，每錢八十文折銀一錢，不許將私鑄攙和，如違，及販賣並私造之人依律究治，告捕者賞，知情不首者事發連坐。仍行各處行錢地方通爲禁約。

孝宗弘治三年六月，命天下諸司發所貯洪武、永樂、宣德錢，與歷代錢兼行。

自二年九月户部言：洪武、永樂、宣德錢皆積不用，宜疏通之。請以充官吏折俸，其折收商税户口錢令半收歷代錢，半收洪武等錢。如無洪武等錢者，以二當一。得旨准擬。至是乃令發庫貯洪武等錢與歷代錢相兼行使。至十六年《會典》作十八年。二月，又令盡發兩京並各處庫貯洪武等錢，同弘治通寶支給官俸物價。武宗正德二年八月，南京户部奏：近來税課錢解部，必歷代錢與洪武等錢中半，但洪武等錢貯庫雖多，給領尚少，况弘治通寶鼓鑄未完，市未行使，解户措辦不及，官府收受亦難。若令折納舊錢二文，愈見負累。請自今不拘中半之數，新舊俱暫收受，俟弘治通寶鑄完日，照例中半兼收。從之。六年《會典》、《會計録》俱作五年。二月，給事中李鐸奏：錢法弊於私鑄，請將新鑄低錢倒好皮棍等項名色盡革不用，將洪武、永樂、洪熙、二字疑衍，洪熙短祚，未曾開鑄，至嘉靖始補鑄之。宣德、弘治通寶及歷代真正大樣舊錢相兼行使，不許以二折一，有仍踵前弊者，各罪如律。從之。七年正月，司禮監張永奏：洪武等錢暨歷代錢例得兼行，但内無關給，外無徵收，致令民間以二折一，物價騰貴。乞將内外庫貯見錢敕户部議處，關給徵收，庶官民兩便。户部覆准：榜諭軍民人等不分年代遠近，錢樣大小，但係圓圖銅錢，每七文作銀一分，不許以二折一。仍請將職官折色俸給以十分爲率，一分折錢，九分關銀。在京九門税課，在外各鈔關並官府買辦估價、里甲收受錢糧，俱收歷代舊錢，與國朝錢相兼使用。仍行内府天財庫將收積洪武等錢與近鑄弘治通寶查出會計關支。

臣等謹按：弘治初，即令發各處所貯洪武等錢，與歷代錢兼行。至張永請發庫錢，時已歷二十餘年，而永奏直云内無關給，外無徵收，然則前此云云皆具文也。夫欲錢之通利，則發尤急於收，顧發之者屢矣，而卒艱於發者，中官靳之也。觀弘治、正德間大學士劉健等屢奏司鑰庫銅錢該部奏請支用，内官展轉推延，至今不發。是其明證矣。然則張永非内官乎，何以獨請發。曰争利相傾，往往而有。司鑰庫太監忌承運庫之擅利而請收錢，承運庫太監忌司鑰庫之擅利而請收銀，俱正德二年事。如此者不一而足也。京師之病，内官爲梗矣，外省誰實爲之。曰輦轂之下，雖令不從。外省尤鞭長不及，自皆泄泄從事，而詔命多廢格矣。

十六年二月，鑄弘治通寶錢。

先是，二年九月，户部請令寶源局並各省開局鼓鑄弘治通寶，帝以各處開鑄未免紛擾，惟寶源局鑄錢，令工部看詳以聞。工部言：今民間洪武等錢俱不用，陸容《菽園雜記》曰：洪武錢民間全不行，余幼時常見有之，今不復見一文。倘鑄弘治通寶而更不行，徒費無益。乃止。至是又令議鑄錢，户部乃議令兩京各省照《諸司職掌》所載多寡之數詳洪武二十六年。稍損益之。北京照初年北平舊數，南京地廣，宜增一倍。山東、山西、河南、浙江、江西、廣西、陝西、廣東、四川俱照舊數，湖廣視浙江，福建視廣東，雲貴視四川，每歲陸續鑄造。得旨准行。三月，給事中張文陳鑄錢事宜，謂户部言舊未行錢地方務要設法舉行，臣以爲自來錢法不通之處勢難驟變，且《諸司職掌》不開雲貴閩廣四處，宣德年亦止行浙江等四處，必有深意。宜先將兩京樣錢發前地暫一行之，勢能漸革，開鑄未晚。若習俗難變，姑聽順之。又户部言山陝貴州俱係兵荒之處，合量減鑄。查去年天下水旱災傷共二百七十餘處，莫如一切量減，待歲豐民安，别議所宜。奏入。令仍照原議行。明年六月，南京吏部侍郎楊守阯奏：南京寶源局當鑄弘治通寶二千五百六十六萬，所費不少。見今災傷特甚，乞暫停鑄造。命量減原數三分之一。十八年五月，帝令户部查弘治通寶已未鑄數目，户部言各處所鑄纔十之一二。帝以鑄造已久，何止有此數，令工部仍再看詳，並查費過工料之數奏聞。六月，時武宗已即位。給事中許天錫等陳鼓鑄事宜十條：其一處鑄匠。頃所取山東盗鑄充軍金山等到局，適在赦原，乞暫留鑄造，待教成各匠乃遣。其一考鑄法。鑄錢須兼用錫，則其液流速而易成，乞每銅一觔量加好錫二兩。有將鉛錫抵銅以盗論。其一計物

料。金山等鑄法只用生銅，少加錫鑞，以石炭代木炭，以松香代桐油，及少用黃蠟、硫黃、稻草數束而已，如牛蹄、磁末、瀝青、焰硝等項悉令減革。其一惜浪耗。每文削下銅屑至二三分，漫棄可惜。乞敕委官置淘沙之器，將灰土銅末淘出作正支用。工部覆議：金山等除豁軍役暫留教習，如或逃逸，仍依原擬謫戍。餘如議行。後又題准鑄弘治通寶，每文重一錢二分。至正德二年，弘治通寶尚未鑄完。四年，御史段家奏：陝西被災，乞暫停鼓鑄。工部議覆：各省災傷，鑄錢宜一概停止。四月，乃令各處暫停鑄錢。七月，乃詔行洪武、永樂、宣德、弘治通寶等錢。

臣等謹按：《實録》洪武三年十二月，潭州民艾立五等以私鑄錢論死，帝特命免死，杖發寶源局充工。後成化十四年八月，亦曾特赦私鑄人死罪，以父母年老故也。至正德初，則以盜鑄充軍金山等鑄法利便，遂除豁軍役留局教習矣。

世宗嘉靖六年，鑄嘉靖通寶錢。

奏准鑄造嘉靖通寶一千八百八十三萬四百文，南京寶源局鑄造二千二百六十六萬八百文，每文重一錢三分。又令工部照永樂、宣德間例，差官於直隸、河南、閩廣鑄錢解司鑰庫備用，每錢七百文准銀一兩。至十八年十月，補鑄嘉靖制錢，未足之數户部議分派南北工部監造。十九年八月工部覆議：銅錫等料俱出南京，且工巧而物賤，遂俱命南京工部鑄造。二十年五月工部奏：鑄造制錢得不償失，請暫停止。從之。二十三年正月，復命工部鑄嘉靖通寶錢，依洪武折二、當三、當五、當十式，各三萬文。三十二年十一月，諭工部鑄洪武至正德紀元九號錢，每號一百萬錠，嘉靖紀元號一千萬錠，每一錠五千文。内工部六分，南京工部四分，各分鑄。十二月，以户工二部言鑄錢工本不敷，准將嘉靖通寶每年陸續造進。是年定例，令黄銅照例行户部買辦，錫麻等料行甲字等庫關支，炸炭工食等項工部料價支給，以本部侍郎提督本司員外郎監造。四十二年題准：每錢一千文舊重七斤八兩，今重八觔，每銅五萬觔、錫五千觔鑄錢六百萬文，共重四萬八千觔，除耗四千觔，仍扣剩銅錫三千觔，凡進錢，務秤足數方許運進司鑰庫交收。後盜鑄日滋，死罪日報，終不能止。帝患之，問大學士徐階，階陳五害，請暫停止鑄錢，應給錢者悉與銀。四十三年十一月，帝乃鞫治寶源局匠役侵料減工罪，令該局鑄造暫行停止。

《明會典》曰嘉靖中鑄錢則例：通寶錢六百萬文合用二火黃銅四萬七千二百七十二觔，水錫四千七百二十八觔，鑄匠工食每錢百文給銀三分八釐。

范守己《肅皇外史》曰：嘉靖初從廷議，命寶源局及南京、雲南鑄造嘉靖制錢，發民間貿易。既而所鑄不一，有金背、火漆、鏇邊等名，民頗通行久之，言官建言鑄鏇艱難，工匠勞費，請革去鏇車，以鑢錫代。從之。於是鑄工競雜鉛錫圖便銼治，而輪郭麤糲，色澤慘暗，與前大不侔矣。奸徒倣傚盜鑄，濫惡日滋，貿易不通，閭閻大困，其盜鑄日報死罪終不能止，遂停止寶源局鑄造。

臣等謹按：嘉靖時補鑄先朝九號錢，乃洪武、永樂、洪熙、宣德、正統、天順、成化、弘治、正德九年號也，其建文、景泰兩朝未經補鑄，内惟洪武、永樂、宣德、弘治四朝原有舊鑄之錢，若洪熙、正統、天順、成化、正德時史不言鑄錢，其流傳後世者，當由嘉靖時所補鑄。

十二月，以私鑄阻礙官錢，諭户部區處錢法。

私鑄之弊歲久難變，正德間至有以四折一惡爛不堪者曰倒四，後又有倒三、倒五、折六、折七等名，見嘉靖十二年四月孫錦奏。亦盛行焉。嘉靖三年四月，詔舊鑄好錢每七十文當銀一錢，其私鑄僞錢重論無貸。至是帝諭户部：聞市中俱用私鑄，前代舊錢及我朝通寶俱沮格不行，其速議區處禁約。於是户部條具五事：一遵用制錢，一嚴禁私鑄，一嚴禁私販，一體順民情，一督收官鑄。帝以錢禁私販惟禁私鑄之僞惡者，餘不必禁。所議中錢一百四十抵好錢七十，奸弊終難禁革，自今令市中惟用好錢，以七十文抵銀一錢，與制錢相兼通用，督收官鑄。若令私鑄地方開鑄則奸弊愈滋，令查累朝未鑄錢俱爲補鑄，與嘉靖通寶兼用。有敢阻抑不行者，緝捕重治。於是議准内外税課等項俱令兼收新舊制錢，買辦物料照例支給，民間交易一體遵行，敢有把持行市不遵行使者，以違例治罪。又令曉諭京城内外商賈鋪行，但有收積新錢，限一月内盡數赴官出首，照銅價給與價銀，免其私販之罪。例後敢有隱藏者，事發照私鑄爲從例發遣。仍前盜買販賣者，一體究治。收過新錢即與銷化貯庫，候鑄造大明通寶取用。又令曉諭京城内外行户，除私鑄新破鉛鐵等項首官易買不用外，但係囫圇中樣舊錢，每一百四十文准銀一錢，與洪武等錢隨便行使。至十五年九月，巡

城御史閻隣等言：國朝所用錢幣有二：曰制錢，曰舊錢。百六十年來，二錢並用，雖有僞造，於原製猶不相遠。邇者京師之錢輕裂薄小，觸手可碎，字文雖存，而點畫莫辨，甚則不用銅而用鉛鐵，不以鑄而以翦裁，每三百文纔直銀一錢，制錢、舊錢反爲壅遏。乞敕都察院榜示五城，許以舊制，二錢通行，其僞造私藏者限半月自行銷毀，犯者捕論如律。又言嘉靖八年嘗申禁例，而奸黨私相結約，各閉錢市，以致物貨翔踊，其禁遂弛。今必踵而襲之，請密刺其首事者置之罪，奸乃可戢也。因以所獲僞錢進呈，帝亦惡其詭濫，命亟行禁約，敢有仍鑄造使用及阻抑者，緝捕重治。三十二年十月，計處錢法，令凡係嘉靖制式以七文易銀一分，洪武等式及前代雜錢加倍，違者科罪。十一月，大學士嚴嵩言：去歲禁止鉛錫薄錢，止許用本朝制錢，税課衙門遂專收嘉靖錢，以致錢法不通。聞内庫貯積本朝制錢甚多，其前代雜字舊錢大板兒等項亦恐年久浥爛，請敕該庫查發百千萬支給在京官軍俸糧，則可省數十萬之銀，而錢自流通矣。帝乃令出庫貯新舊錢八千一百萬文折給俸糧。先是，民間行用濫惡錢率以三四十文當銀一分，其後加至六七十文，狡僞者或翦楮夾其中，狡不可辨。三十三年，乃詔公私用錢，凡嘉靖錢以七文准銀一分，洪武等錢與前代雜錢上品者俱如嘉靖錢例，其餘視錢高下或十文、或十四文、或二十一文准銀一分，一切私造悉行禁止。時小錢行用久，驟革之，民頗不便。俄又出内庫錢給官俸，不論新舊美惡悉以七文折算，由是諸以俸錢市易者亦悉以七文抑勒予民，民益騷然。御史何廷鈺因請許民用小錢，以六十文當銀一分。其庫貯舊錢折給官俸者，宜如前詔分高下等差，不宜俱比嘉靖錢爲准。疏下户部覆稱：濫錢法所當禁，若官爲令用之，是開私鑄之門。其内庫所發錢由門攤税課而入，原以七文折收，故不宜增數給俸。廷鈺憤其議見格，乃疏訐户部郎中劉爾牧專己自用，不念百姓之急，且以謗毀激帝怒。三月，爾牧杖黜，遂採廷鈺議，令錢法且從民便，以嘉靖錢七文、洪武等錢十文、前代錢三十文當銀一分，行之十年再議。然諸濫惡小錢以初禁之嚴雖奉旨開《志》作間。行，竟不復用。民間乃競私鑄嘉靖通寳，與官錢並行焉。

七年十二月，詔賜京官節錢勿用鈔。

内閣及一品賜錢二百文，餘各有差。朝覲官吏錢鈔各半。凡鈔一貫折錢二十一文。時禮部言舊制鈔一貫折錢千文，似太重，弘治中每貫折錢十二文有奇，又太輕，請更定則例。故有是命。

三十二年，嚴銷毀之禁。

題准：凡有銷鎔舊錢及令鑄錢造作銅像銅器等項者，比盗鑄例科斷。

三十四年四月，令雲南開鑄。

給事中殷正茂言：兩京鑄錢以銅價太高得不償費，可採雲南銅，自四川運至岳州府城陵磯開鑄。户部覆言：城陵磯五方雜遝，恐奸宄易興。雲南地僻事簡，即山鼓鑄爲便。宜敕雲南撫臣每年扣留鹽課銀二萬兩爲鑄本，歲鑄嘉靖通寶錢三千三百一萬二千文，令參政一員專理。每年十月内鑄完，差官解貯太倉庫備用。從之。至三十七年七月，雲南巡撫王昺奏乞罷之。不聽。四十四年，雲南巡按王諍復言鑄錢利少費多，不若徵銀解部。部覆准行。五月，遂罷雲南鑄錢。神宗萬曆四年三月，雲南巡按郭廷梧言：滇中産銅，不行鼓鑄，而反以重價遠購海肥，孰利孰害。户部覆准，復令開局鑄錢。八年題准：雲南既不用錢，不必鑄造。其在庫錢著貴州差人搬取充餉。熹宗天啓五年七月，雲南復開鼓鑄。七年四月，准雲南巡按朱泰禎奏頒給京師錢式，令照樣鼓鑄，并給副使孫同倫專理錢法敕書。

四十年四月，内庫乏錢，命取雲南新錢進用，以户部尚書高耀執奏而止。

耀奏雲南錢原備京邊俸糧，非進内藏數也。帝乃止。仍令兩京發銀二萬兩工部鑄造進用。至四十三年十一月，以停止工部鑄錢，命户部每年將南京、雲南及税課司解收好錢一千萬文送司鑰庫備用。萬曆七年四月，又以内庫缺錢，欲令該部鑄造進用。張居正言：先朝鑄錢原以便民用，存一代之制，鑄成量進呈樣，非以供上用也。萬曆二年鑄造之初，止進樣錢一千萬文，後以一半進用，已非本意。今若以賞用缺錢徑行鑄造進用，則是以外府之儲取充内庫，大失舊制矣。諸無益之費一切裁省，庶國用可充。不然，以有限之財供無窮之用，將來必有大可憂者。奏入，嘉納之。二十年十一月，工部奏：鑄造制錢九萬錠，舊規以六分爲率，一分進司鑰庫，五分進太倉，計每年應鑄送内庫錢一萬五千錠。昨奉旨再送五千錠，給事中劉弘寶執奏，内供賞賚非加於昔，而軍興取給太倉者萬倍於

昔，柰何欲減太倉之額以增內供。且內庫進錢鋪墊銀歲費一千一百有奇，爐商困苦不堪，乞諭鑄進如例。從之。

臣等謹按：國家外府之儲動有考覈，而內庫之積每難清釐。實則用於外者皆經費所不可缺，而用於內者多浮費之可省者也。在外易於覺察，故覬覦者常少，即人主亦動有節度。在內易於浮冒，則恩倖既多請乞慫恿，人主亦樂其便而不知節也，於是費愈繁而勢愈覺其不足，常欲分在外之蓄貯以供在內之取攜。蓋其始取之無禁，而其後用之必竭，弊有固然，故損外益內，實國計贏絀之一大關鍵也。如高耀之奏分別款項而已，居正格君乃暢其旨焉。顧臣下能守法以争者少，節用以裕邦儲，是在人主之以道制欲哉。

四十二年九月，復令崇文門宣課司商税收錢。

先是從主事花燧議，每錢七文折收銀一分，行之半年，而民間所積舊錢皆壅滯不行，錢法遂壞，於是給事中孫枝請復收錢之舊。從之。至穆宗隆慶元年三月，令崇文門課鈔三兩以上者收銀，其三兩以下及九門各城房號行户俱令收錢。神宗萬曆五年十一月，令崇文門收税二兩以上者銀錢中半，其二兩以下及各門税課五城房號等項盡數收錢。明年十二月，復令崇文門税銀自三兩以下盡數收錢，三兩以上銀錢中半。

臣等謹按：嘉靖末年，税課徵銀而不徵錢，錢法不行。故自隆萬以來收錢之例申令再三，乃萬曆十八年六月御史馮應鳳等議通錢法，猶以公私不相流布爲言，謂官給之民則銀錢參用，民輸之官則盡去其錢，宜通行內外官司，一切收支徵解銀錢相兼云云。然則前此收錢之令屢下，而折銀者固自若也。

穆宗隆慶四年三月，鑄隆慶通寶錢。

自二年五月南京户部以鑄錢所費不貲題准停鑄，三年七月薊遼總督譚綸奏：今之議錢法者皆曰鑄錢之費與銀相當，朝廷何利。臣謂歲鑄錢一萬金，則國家增一萬金之錢流布海內，鑄錢愈多，增銀亦愈多，此藏富之術也。又謂錢雖鑄，民不可强。夫今之錢惟欲布於下而不欲輸於上，故其權恒在市井而不在朝廷耳。且識以年號，亦不免有壅而不通之患。請朝廷歲出工本銀一百二十萬分發兩京各省所在開鑄，錢制必輕重適均，每錢十文直銀一分，不足則稍重其制，鑄錢五文直銀一分，俱以大明通寶爲識，後直隸巡撫楊家相亦請用此制，俱不行。期可行之萬世。從前嘉靖等錢及歷代錢或行或否，悉聽民便。布錢之日，令民得以錢輸官，則百姓皆以行錢爲便矣。至是年二月，山西巡撫靳學顏奏：錢與銀異質而同用，今用銀而廢錢，錢益廢則銀益獨行，銀獨行則豪右之藏益深，而銀益貴，銀貴則貨益賤，而折色之辦益難，而豪右又乘其賤而收之，時其貴而出之，銀之積在豪右者愈厚，而行於天下者愈少。再踰數年，不知又何如矣。今議者謂錢法之難有二：一曰利不酬本，一曰民不願行。此皆非也。夫朝廷以山海之産爲用，以億兆之力爲工，果何本何利哉。誠令民得以銅炭贖罪而轉運，則水陸並濟，匠役則取之營軍，何患無本。至不願行錢者，獨奸豪耳。若行法自朝廷貴近始，一切事例罰贖征税賜予俸餉之類俱以銀錢並行，上以是施，下以是納，何憂咈民。章俱下所司。至是乃令鑄隆慶通寶錢，每文重一錢三分。明年十一月，户部進隆慶制錢二百萬文。

令以新鑄隆慶通寶量放京官折俸。

至六年議准：在京文職官員折俸以十分爲率，九分支銀，一分支錢。金背錢六釐，每八文折銀一分。火漆錢二釐、嘉靖鏇邊錢二釐，俱每十文折銀一分。萬曆四年十二月，給事中孫訓言：銀庫貯錢累千百萬，壅積何益，宜令百官俸給四分支銀，六分支錢。章下所司。

四月，令行錢聽從民便，不必紛擾。

先是京城內外錢法不通，户部謂由税課徵銀而不徵錢，又民間止用制錢不用古錢，私鑄者多，真僞混雜，而訛言搖惑謂制錢且罷，遂格不行也。仍請禁濫惡僞錢勿用，其制錢舊錢俱聽相兼行使。税課房號行户等銀俱令收錢，民間交易一錢以下止許用錢。如僞造及阻撓低昂價值者，重罪之。詔從其議。至是大學士高拱言：錢法不通由指點多端事體不一所致，蓋錢有定用乃可通行，今旦議夕更，迄無成説，小民恐今日得錢而明日不用，是以愈變更愈紛亂，愈禁約愈驚疑。臣惟錢法之行當從民便，試觀當年未議錢法而錢行，近年議之而反不行，其理可知也。願特降聖諭，行錢但從民便，不許更爲多言亂民耳目，則人心自定，錢法自通。帝曰：錢法委宜聽從民便，不必立法紛擾。自是錢法復稍稍通矣。

神宗萬曆四年二月，鑄萬曆通寶錢。

諭户工二部：萬曆通寶制錢照嘉靖式鑄二萬錠，每文重一錢二分五

釐，內七分金背，三分火漆，與嘉靖、隆慶等錢兼行。仍以一千萬文進內庫，兩部照舊四六分鑄。工部請分八千錠行南京鑄造。從之。至四月工部言：鑄錢宜以五銖錢爲準，用四火黄銅鑄金背，二火黄銅鑄火漆，務求銅質精美，其粗惡者罪之。大約鑄錢一萬文用銀一十四兩八錢九分零，費多利少，私鑄自息。帝令再議。乃議銅價各減十分之一，報可。十一月，工部進鑄完新錢三百萬內金背二百萬，火漆一百萬。十三年，又鑄萬曆通寶錢十五萬錠，內南京工部分鑄六萬錠。二十七年四月，以國用不足，命寶源局多鑄濟用。二十八年三月，户部議廣設錢局通行錢法。奉旨：著南北寶源局加工添爐漸次增鑄，仍申明法例，一應税贖俸餉商價等項俱銀錢均搭收放。有盜鑄及阻撓者，訪拏重治，以防壅滯。

《明會典》曰萬曆中鑄錢則例：金背錢一萬文合用四火黄銅八十五觔八兩六錢一分三釐一毫，水錫五斤一十一兩二錢四分八毫八絲，鑄匠工食三兩六錢五分。火漆錢一萬文合用二火黄銅、水錫觔兩及鑄匠工食並同前。

四月，詔各省一體開鑄。

給事中周良寅條奏錢法，户部覆定四款：一、專監鑄之官。兩京隸工部，外省則主以右布政，直隸各府則府同知，悉聽各撫按查核計處。一、申廢銅之令。軍民家有廢銅願賣者聽，無銅者不許搜括，亦毋轉相首告。一、定折易之數。寶源局鑄錢己久，不能盡變，各省直止鑄鏇邊，每十文準銀一分，其行使舊錢地俱從民便。一、權簡散之法。內外各官四品以上二分支錢，八品以上三分，九品以下四分，在官各役銀錢均半。凡存留錢糧、春夏紙贖各不拘銀錢兼納。從之。詔通行各省直開鑄，每府發鏇邊樣錢一百文，直隸州五十文，每文重一錢三分，令照式鑄造，鑄完呈樣，與本地舊錢相兼行使。自是各省撫按競陳鼓鑄事宜。五年二月，江西巡撫潘季馴奏疏通錢法七事：其一定責成。各府同知入省鑄錢曠廢職務，止令每季將銀銅解司兑換新錢。其一計工（科）〔料〕。鑄錢一千一百文計工費銀一兩。其一議舊錢。收買低假舊錢改鑄新錢。其一議收發。本省王府禄糧銀錢兼發。部覆：舊錢相兼行使，聽民間折算。王府禄糧願領錢者聽，餘如議。報可。閏八月，福建撫按龐尚鵬商爲正條議錢法十四事：其一計算工料。每錢一千文費銀九錢八分零。其一兼用舊錢。照原定文數折易，但必須古錢無雜低假，亦止許行之民間，若錢糧贖罪俱用制錢。其一勸導愚民。閩省錢法久廢，卒然行之，民或疑懼。議將舖行誠實有身家者聽其願領鑄錢存留官銀以爲資本，即照原定折易之數以錢還官。在官散銀與舖行以易錢，在舖行納錢於官以抵銀，則人知錢與銀並貴，而舖行與民兼利矣。十一月，山西巡撫高文薦上錢法十議：其一增錢局。除太原已經開局，其平陽、潞安二府乃産銅出工之所，宜各開局分鑄。其一計工料。銅價每百觔銀七兩，加以工匠雜費，通共九兩二錢約鑄錢一萬餘文。母子相權，贏銀十分之一。六年七月，湖廣巡撫陳瑞條上錢法四事：其一增置錢局。除省城開局外，再於荊衡二府各開一局分鑄。其一酌地供錢。該省地理險遠，解運艱難，錢當就近分發。除省城錢局照數領錢外，以後武漢黄德岳五府屬解布政司，承天鄖襄辰常五府屬解荊州府，永長寶郴靖五府州屬解衡州府，庶解運易而腳價可省。皆報可。十二月，户部奏各省鑄錢經今二年未見奏報，得旨申飭。八年四月，給事中萬象春以內外錢法不行，疏請將金背、火漆、鏇邊三樣名色酌量歸一，通行省直鑄造。帝以三樣鑄錢京師行使已久，聽從民便，不必改鑄歸一。十年，詔各處鑄局暫行停止，如錢法流通願仍前鼓鑄者聽。

張學顔《萬曆會計録》曰：頃以錢法不行，乃命自京師達藩省官爲鼓鑄以便民，然錢顧未盡流布者，則以私鑄盛而豪民阻撓市價爲之梗也，故於二者厲爲之禁，而收諸雜錢在官盡銷而更鑄之，與用低假者有罰，斯法立而錢不滯矣。今京師常禄皆一分支錢、九分支銀，此外無有以錢爲俸者，誠令諸藩郡縣皆倣京師，分數行之，以爲民率，而常賦所入，計其必宜用銀者則徵之如故，其夫馬公費所供億務令皆取諸錢，即贖金亦兼輸之，行之久而錢不通者，未之有也。昔嘉靖中以內帑不足間發銅錢以抵年例，今若一倣而行之，亦疏通之術也。

張溥《國朝經濟録》曰：萬曆初，從科臣議行天下省直一體開鑄，與在所舊錢兼行，降錢式每百文重十三兩，每文重一錢三分，必輪郭周正，字文明潔，以銅質厚即易爲全美也。蓋倣古不愛銅惜工之意，使私鑄者無利不禁而自止。諸省皆鼓舞稱便，以鑱白金而用之，固不如錢行之爲便也。顧開鑄之初，許借官帑銀於州縣收買黄銅鼓鑄，其紅銅焊點成黄而用之，而吏責民輸銅，銷器毁成，不盡給其直，責銅急而銅價騰躍，非産

銅之地尤甚。則是未得錢之利而已被銅之害也。弊一。及既開局，工作之費，物料之需，諸翻砂看火提罐之人，剉眼穿條燻色之匠，與焊銅質雕錢模之工，又多費不貲。比錢始流，民樂奉令，則銅已告乏，鼓鑄不給。是患不在於錢之不行，而在於錢之不繼。不在於錢之不繼，而在於銅之不廣。錢不繼而欲其如流泉之不窮者，否也。弊二。無何私鑄盛行，濫惡滿市，而私鑄之法明峻而不申，聽其兼使，收買之科姑息而不立，重以留難，則是不患於真錢之不行，而患於僞錢之錯行。僞錢錯行而欲真錢通行而不壅者，否也。弊三。及既行使，諸解京貢賦之入固必精良白金，即藩省禄給存留鹽税薪俸工食之類，又輒以錢不便行而不收，所爲張示告詰責之必行而罪其不行者，非先之賣菜之傭，則責之荷擔之子，雖設行舖户名爲倒换，責恣留難，見錢之出而不見其入，則是壅抑之於上而責其必行於下，勒收受於彼而不開倒换於此也，而誰與行之。民愚相扇，閉匿觀望，而奸豪右族依托城社者又從而簧鼓之，以濟其私。一日而下令，二日而閉匿，不三四日而中阻矣。弊四。誠原本初議於國家産銅之處開局鼓鑄，特設風憲大臣監督之，以開其源而灌輸之各省。各省具如今部司議，凡課程之征、贓贖之鍰舉錢之收上，而朝廷賚予之典、宗室之禄、百官之俸皆准銀錢兼給。又立行户，令以白金倒换而稱提之，則斂於上而復散於下。又嚴低錢行使之禁以峻防之，廢銅收之入於官，而諸用銀貝之地各從其故而不强其所不便，庶四弊去而錢法其可行乎。

五年十一月，令各項商價銀八錢二兼行。

至三十九年十月，給事中周永春等奏：據商人劉仲智等告稱，萬曆二十七年户部議商價搭錢支給，以五十文作銀一錢搭錢三分之一使，官以五十文支給，市亦以五十文行使，上下通行可也。今市價每銀一錢易錢六十六文，官仍以五十文給商，每搭錢一萬兩，商折銀三千兩。竊見官吏俸糧搭錢俱照時價給散，望敕下户部，將未領價值及自四十年以後俱免搭錢，如以錢制不宜阻撓，應照時價算給。不報。

六年十二月，更定制錢舊錢價值。

先是隆慶元年二月，令國朝制錢及先代舊錢俱以八文折銀一分，至是給事中石應岳疏論錢法不通，户部覆定錢價，乃令嘉靖、隆慶、萬曆制錢每金背八文准銀一分，火漆、鏇邊各十文准銀一分，洪武等項與前代舊錢各十二文准銀一分，相兼行使。至十三年八月，户部言：今萬曆金背每銀一分五文，嘉靖金背銀一分四文，查初鑄時皆一分十文，火漆、鏇邊亦如之，今輕重不同如此，安可不亟爲區處，宜以術散之。將庫貯萬曆金背俟各商領價給十之二，以八文准一分，其庫貯隆慶金背亦酌量通給官俸商價，阻撓者究治。報可。十五年六月，户部奏：嘉靖金背每五文折銀一分，萬曆金背每八文折銀一分，遵行已久。近將嘉靖金背悉置不用，專用萬曆金背，由商賈設謀網利，欲貴賣其所積以圖目前之饒，則偏重行之，欲賤收其所棄以規日後之利，則惑衆阻之。宜嚴行禁止。得旨：緝拏重治。

九年十月，曲江王府鎮國將軍勤談以私鑄降爲庶人，閑宅禁錮，餘降禄墩鎖有差。

臣等謹按：此後二十二年四月，御史張蒲復言錢法之壅由王府私造，官法難加，請嚴禁王府，責成長史等官，則雖正勤談之罪，終不足以禁絶之也。

二十六年，給事中郝敬條議錢法。

敬條議十四事：其一責專官。宜責成司道官，賜敕使董錢法，選廉幹屬官分理監鑄，每年差督錢御史一員巡視，以錢法行滯注各官能否。其一定規則。有司征税除起運照舊收銀外，其餘存留支放者銀錢中半，不許一概收銀。納户赴各鑄局换錢，每紋銀一錢限换與八十五文，該納銀一錢者止徵錢八十三文，官給錢與舖户變賣亦照八十三文，舖户賣與小民限八十一文，小民自相交易限八十文，如此則民有微息無不悦從矣。一切俸薪工食俱銀錢中半支給，贓罰紙贖亦銀錢兼收，或全收錢，敢有勒要全銀希圖收耗者，巡按參究。其一廣鑄局。大府一府一局，量州縣之數爲爐之多寡，小府則一道通設一局，每錢一文定制一錢二分，每銅連加錫一觔鑄錢一百三十文有奇，三年後錢多足用，量議減局。其一採礦銅。雲南、陝西、四川、廣東各有銅礦，宜選廉幹官爲錢運使，專理銅課，禁緝私販。各省差官前往關領官銅回省，轉給各府鑄造，其各省支銅量各礦近便者坐派，每歲支銅多寡即以地方銀錢中半兼支之數起例，如應支錢一萬三千三百文者，坐派銅一百觔。銅須和錫錢始光潤，即於該省出錫地方每歲徵錫若干解錢運司收貯，於各省領銅時照數派搭給領。其一處工本。查該府各

屬存留銀兩先一年十二月預借徵四分之一權充鑄本，錢成儘先給還。每兩照例算錢八百三十文，該屬領回兼銀支放，或即以準小民初年納錢之數，大約每銀一兩可鑄錢一千二百文，還抵之外餘三百七十文，若因銅於礦所費更少，即此推之，天下那借子息已不下百萬矣。其一算歲息。查每年運司給過某省銅錫若干，即依銅一觔鑄錢一百三十文起算，比對本省該年應鑄過錢若干，又依每錢八十五文賣銀一錢起算，比對本省額銀一半收錢之數，即知各局一年該換過銀若干。如一省該存留支給銀十萬兩，即該一半換錢，計四千二百五十萬文，該領過運司銅錫三十二萬四千四百九十觔有奇，該變賣過銀五萬兩解京，此其大約也。其一聽販賣。囤錢販賣有禁，蓋恐錢少販多，民不足用。今既廣開鑄局，則販賣者多錢愈疏通，正宜聽之。帝善其言而不行。

二十八年三月，發寶源局樣錢，令湖廣如式鑄造。

百户李鑾奏請於湖廣開採鼓鑄，得旨：著稅監陳奉兼管，給與寶源局樣錢，務採四火黄銅依樣鑄造，其頒行地方務依該部題准，凡存留等項俱令銀錢相兼收使，嚴禁私鑄，不許因而擾害地方。至熹宗天啓元年七月，給事中趙時用奏：前議置官瀘州聚銅，若鑄則以荊州爲便，兩處皆當置官專董其事。命所司酌議速行。三年閏十月，御史吴之仁言：銅産於蜀，而荊州則商販必經之路，户部宜專差司官於荊州開局鼓鑄，買銅於蜀。商人販銅者以五分或四分赴該司上納，照時估領價，其餘給票聽賣。銅斤無官票者，如私鹽之律，請著爲令。銅價計省京師十分之七，炭價工價計省十分之五，銅錢解京即順搭湖廣糧船，量予以值，限一年全解。得旨：該部酌議。五年四月，乃命副都御史董應舉爲工部右侍郎，專理鑄錢，建局荊州，統率荊西道，催儹銅料工程，鼓鑄司官亦著工部選差，再於産銅處建一二局，委賢能府佐官員鼓鑄。尋議給兩淮鹽課四十八萬爲鑄本，御史陳世竣疏言：部臣不兼憲銜則控制無權，當照工部右侍郎總督天下鼓鑄錢法事務兼以都察院右僉都御史之銜，荊西道亦須加以管理通省錢法之銜，重其專敕。而一方鼓鑄又不若各省直各自鼓鑄而總其成於部院，凡直省各擇一監司加以管錢法敕銜，各府清軍官亦加錢法二字，悉聽錢法部院管轄，凡行錢處所府道州縣悉聽節制，凡鑄錢行錢疏通阻滯錢法官悉聽部院年終舉劾。必如是而職掌始明，體統始正，事權始一，血脈始通。得旨：鼓鑄大臣准兼憲職。商人買錢只許在官爐處所，如有私相販買者，照私鹽律治罪。

三十三年七月，貴州議開鑄。

巡撫畢三才奏請行布政使司鼓鑄制錢濟用，户部覆言：立法貴乎因俗，今舉黔地從來未有之物一旦責以必行，恐民俗不無少梗。況各省鑄錢不能通行，旋即議罷，恐黔省復蹈前轍。合咨本省撫按轉行所屬酌奪，如果可以行錢，依式鼓鑄，每銅一觔鑄錢百四十文，每錢百文當錢一錢。街市貿易俱令銀錢並用，一應糧稅納贖等項以十分爲率，銀七錢三，其該給俸糧工食等亦如之。敢有阻滯及盜鑄者問以違例之罪。倘彼中民情土俗果有萬分掣肘，不妨再議。從之。

臣等謹按：萬曆八年，以雲南錢法不行而貴州見用制錢，著搬取充餉。不得云黔地從來未有之物而慮民俗之必梗也，夫創制以前，民用何一不從未有而至於有，苟可以利民，即民所詫爲未有者，要必導利而布之。況泉貨大利，本易通行者乎。大抵明自中葉以來，議法不必盡當，法立又不必盡行，不自悟其不能行，而但覺天下事多不可行，則雖以錢法之必不可不通行者，而常戛戛乎難之矣。貴州不足道，以雲南而不能大收鼓鑄之利，天地之寳其亦有待而發歟。

三十八年十月，令各官緝獲私鑄，附入考成。

工部奏准：嚴禁私鑄，仍行連坐之法，其各官獲過私鑄起數附入考成報部甄覈紀録。至四十三年九月，保定巡撫王紀疏言：鑄錢一節或市銅於聚銅之地，或監鑄於産銅之山，或多設坑冶以導其源，或兼收銀錢以通其滯，勿以鉛錫耗錢之色澤，勿以輕薄損錢之體製，不出數年，太倉充裕。不此之務，日據考成之法以督責，恐有司無計措手，赤子安所逃命，天下之亂必自此始矣。

四十六年十月，委官支領庫銀發商買銅。

先是四十三年十二月，給事中姜性等奏：召商買銅，每爲奸徒侵欺，莫若僉報在京土著殷實人户，户部給批，令其齎本赴産銅處收買到淮，查驗後量給價銀，餘候到京鎔凈補給。此外有京師富商、外省富民願自備貲本辦銅者，亦准充商。四十四年七月，給事中歸子顧又陳寳源局差官買銅五便，至是户部乃請發銀十萬五千兩給委督運主事，聽其發商買銅。依工

部價每觔一錢五釐，共買真正四火黄銅一百萬觔，刻期解京鼓鑄。從之。至天啓六年十月，户部奏：商人領銀侵欺者多，限於半年内解銅到京，如有稽遲，提家屬保人究追。得旨：依議。七年九月，（時莊烈帝已即位。）又從户部奏買運銅觔責之銅務監督，不必給發官商，一切商人給批兑本盡爲報罷。

光宗泰昌元年十二月，（時熹宗已即位。）議鑄泰昌通寶錢。

南京監督鑄錢主事荊之琦疏言：先帝雖在位未久，而泰昌年號已播告天下，宜從此至天啓元年兩京各省俱鑄泰昌通寶，次年方以天啓通寶接鑄。從之。明年，乃補鑄泰昌錢。

熹宗天啓元年二月，頒天啓錢式。

至明年三月，工部進鑄成天啓錢一百萬文。

陳悰《天啓宫詞》注曰：司鑰庫檢得天啓錢數枚，古色斑駁，進至御前。帝問昔年擬年號者誰，左右以内閣及翰林官對，帝怫然。

臣等謹按：天啓年號，魏元法僧、梁永嘉王莊、唐南詔王晟豐祐皆當用之，然皆不應有錢。

八月，鑄大錢。

萬曆中，郝敬嘗請鑄大錢，或當十、或當三十、或當五十，文曰大明通寶，（王本作萬曆元寶。）旁鑄當十等字樣，與小錢三七或四六兼行。背文曰私鑄者斬，四鄰籍没，告者賞銀一百兩，誣告者反坐。其説不行。至是薊遼總督王象乾奏請於兩京各省設局鼓鑄，所鑄錢定以六百爲一兩，兼鑄當十、當百、當千三等大錢，盡用龍文，略做白金三品之制。當十者重二倍，每百兼用四文。當百者重五倍，每千兼用四文。當千者重十倍，每萬兼用四文。至明年七月，户部進新鑄大錢，令緝訪私鑄，阻撓者重治之。後有言大錢之弊者。五年十月，命兩京停鑄大錢，專鑄如式小錢，以便行使。十二月，令大錢照舊行使，不許訛傳阻撓。六年五月，錢法侍郎靳于中以大錢民不願行陳所以不行之故四條，請曉諭禁約。從之。尋諭工部發銀一萬兩，差官收買大錢改鑄小錢。又令近畿各地方一切賦税等項及在京房號税課俱用大錢，勒限收完改鑄。崇禎末年，復令鑄當五錢，不及鑄而國亡。

是年，始設户部寶泉局。

孫承澤《春明夢餘録》曰：明初，錢法專屬工部寶源局，虞衡司員外郎監督其事。至天啓二年，始增設户部寶泉局，以右侍郎督理之，名錢法堂。加鑪鑄造以濟軍興，其政屬於户部，而工部之所鑄微矣。

臣等謹按：《夢餘録》以此爲二年事，所載侯恂條議内則云元年事，今兩存之。

二年二月，命鑄南京户部督理錢法關防。

萬曆四十六年五月，給事中官應震言：京師銅炭米價皆貴於南，故留都錢用十二文爲一分，京師用錢六文爲一分，若委官留都立局鑄造，附進鮮船、漕船載入京師，則脚價不費而獲倍利。天啓元年十月，從錢法侍郎王德完議，區畫鑄本十萬有奇付南京鑄錢，至是乃命鑄給關防。至三年九月，御史游鳳翔言：留都鼓鑄，其舊弊有三，新弊有四。有出馬之弊。鑄用本銀五千兩，鑄出利錢一千兩，當出錢時，司官先取錢八十萬以入私囊，餘者方除本利以還朝廷，下而鑄錢大使及爐頭工匠各役無不染指，此出馬之弊也。又有補秤之弊。如銅一百觔兑出及鑄成兑入只九十觔，所少十觔不以銅補而以錢補，每銅一兩補小錢七文，每文重七分，共重四錢九分，計已竊銅十之五矣。由兩而上可以類推，此補秤之弊也。又有對賞之弊。錢有磋磨則有銅末，分毫皆公家貲，乃巧立名色，令工匠撈括，得銅末百觔則以半入官，以半給賞。工匠乘機作弊，偷銅置之他處，混充銅末，官佯爲不知，與工匠均分，此對賞之弊也。三弊其來已久，今又新添四弊。南中每錢十二文准銀一分，今藉口銅貴，搭放軍糧只十一文，是取之軍者一也。搭放商人只十文，是取之商者二也。給匠工食另鑄一種細錢，十不當七，是取之匠者三也。舊制銅七鉛三，今且銅鉛對參，故錢色不黄而白，又減去觔兩，致錢千文只重五觔四兩，是取之銅與鉛者又不知若千文矣。此四者皆新添之弊也。欲救今日之錢法，當究今日之錢官，因劾户部主事馬士英等，請分別究處。章下所司。

六月，陝西開鑄。

巡撫吕兆熊議開鑄請以募兵節省銀借資開局，部覆准行。至五年十二月，巡撫喬應甲奏本省鑄錢有五便，請於關中設局鼓鑄。從之。六年十月，户部奏：陝西解到鑄息僅以萬計，查天啓二年曾以節省銀一萬五千兩爲該省鑄本，今經五年，利應數倍，該省從無報部，理合清查。得旨：

依議。崇禎時，巡撫練國事疏報開鑄十年動過本銀一萬二千有奇，獲息銀十萬七千有奇。詳後侯恂條議。

三年正月，四川巡按温皋謨條議蜀中錢法。

皋謨條安蜀八議：一、錢法宜通。謂蜀與滇鄰，銅所聚也。向所鑄錢緣不肖有司剋銅添鉛低假難用，且錢糧征納不肯收錢，或收十放八，出入不一，錢故不行。請依京鑄錢式務加精美，每十文准銀一分，上下通行，不得增減。凡徵解給散等項與民間交易田産俱銀錢各半，其零星貿易一切用錢。有司或侵剋阻撓，以誤軍興參處。疏下所司。至五年七月，敕給四川按察司僉事魏良佐專督錢務關防。

十月，給事中解學龍請於江淮鑄錢。

學龍言：呂純如在閩鑄錢備賑，而地方賴之。湯道衡在江右設法鼓鑄，遂抵加派之大半。今請於江淮各以一府佐領鑄錢事，必然有效。蓋舟楫絡繹銅不難致也，商賈雜遝錢不難散也，雞犬相聞私鑄之弊不難禁也得旨議行。

五年五月，給事中解學龍請搜括庫貯廢銅鑄錢。

學龍巡視廠庫，言節愼庫舊貯廢銅二萬餘觔，以之鑄錢可得制錢近三百萬。得旨准行。至十月，遣工部主事徐伯徵搜鑄南京舊銅。十二月，司禮監李永貞奏搜取現在之銅專官催解。得旨：南京廢銅六分解京，留四分供鑄。六年九月，工部侍郎徐大化請領内廷餘銅十萬觔付寶源局親自督鑄，即以子錢上供，而錢母仍留該局易銀買銅。從之。七年三月，工部言銅觔不敷，乞查搜節愼庫及太常寺庫所貯舊銅器物，並各衙門所有者皆資鼓鑄。報可。

臣等謹按：學龍原奏以無用爲有用，未爲不可。然搜括之説起，而永貞輩拾其唾餘，一時之騷擾可知矣。至崇禎更化，户部員外王守履言崔呈秀罪狀可殺者四，一借鑄錢之説敢於毁太常之彝鼎，是毁皇上之宗器云云。見《崇禎長編》天啓七年十一月。夫彝鼎幾何，即悉以供鼓鑄，無裨於太倉之一粟，而棄宗祀蔑典常，小人之無忌憚，信亡國之亂政也。

七年十二月，時莊烈帝已即位。户工二部進崇禎新錢式。

帝令每錢一文重一錢三分，務令實色精彩，不必刊户工字様。後又定錢式每文重一錢，每千直銀一兩。南都錢輕薄，屢旨嚴飭，乃定每文重八分。

顧炎武《日知録》曰：自古鑄錢若漢五銖、唐開元，宋以後各年號錢皆一面有字，一面無字，近年乃有别鑄字於漫處者。天啓大錢始鑄一兩字，崇禎錢有户工等字，錢品益雜而天下亦亂。

臣等謹按：古錢固未嘗别鑄字於漫處，然古今來無事不由質而文，由簡而繁，錢文特其一端，無足異也。錢有不祥之兆，唯詭異如四出及濫惡至風飄水浮，誠非治世所宜有耳。若式様得中，鑄造精好，雖識官署分兩於背，亦復何害。唐錢即背識地名。

本朝亦用此制而天下和平，未嘗有所嫌忌也。明末之亂不關錢法，錢法之弊自在濫惡，不在背字多鑄一二也。謂錢品雜而天下亂，此與不應鑄年號之説同屬一偏之見也。

莊烈帝崇禎元年六月，給事中黄承昊請銷古錢。

自神宗初從僉都御史龐尚鵬議，古錢止許行民間，輸税贖罪俱用制錢，天啓時廣鑄錢，始括古錢以充廢銅，民間市易亦擯不用。至是帝御平臺，召對承昊疏中有銷古錢不用語，大學士劉鴻訓奏：今河南、山東、山西皆用古錢，若驟廢之，於民不便。此乃書生見。帝是之。既而以御史王燮言收銷舊錢，但行新錢，於是古錢銷毁頓盡。

顧炎武《日知録》曰：太祖鑄大中通寶錢，與歷代錢相兼行使。至嘉靖所鑄之錢最爲精工，隆慶、萬曆加重半銖，而前代之錢通行不廢。予幼時見市錢多南宋年號，後至北方，見多汴宋年號，真行草字體皆備，間有一二唐錢。自天啓、崇禎廣置錢局，括古錢以充廢銅，於是市人皆擯古錢不用，而新鑄之錢彌多彌惡，旋鑄旋銷，寶源、寶泉二局祗爲奸蠹之窟。故嘗論古來之錢凡兩大變，隋時盡銷古錢一大變，天啓以來一大變也。

又曰：漢自五銖以來爲歷代通行之貨，《金志》謂之自古通行之寶。未有廢古而專用今者，惟王莽一行之耳。《宋史》言自五代以來相承用唐舊錢，金世宗大定十九年則以宋大觀錢一當五用，昔之貴古錢如此。近年聽爐頭之説，官吏工徒無一不衣食其中，而古錢銷盡，新錢愈雜。地既愛寶，火常克金，遂有乏銅之患。自非如隋文别鑄五銖盡變天下之錢，古制不可得而復矣。

臣等謹按：邊省奥區有至今尚雜用古錢者，聽從民便，或以助制錢之所不及，則謂古錢不必銷可也。必欲如隋文別鑄五銖亦是不欲用年號。以復古制，則泥古而偏矣。

七月，工部報南京錢息。

先是天啓六年十月户部言：今開局徧省直而鑄息解到者止陝西、河南二處，僅以萬計，密雲七千有餘，浙江、蘇州、山西則止千計，福建且止百計，湖廣雖報有息，並未解分文。得旨：省直撫按各將鑄息多寡查明報解。七年九月，時莊烈帝已即位。山東巡撫李精白奏言：山東額定鑄息四萬兩，自天啓七年六月，止共得息銀八千七百五十九兩零，未及部議二十分之一。其難有四：一曰買銅之難，二曰差官之難，三曰鼓鑄之難，四曰樂用錢之難。請停止。章下所司。至是工部疏報：本部差往南京鑄錢郎中徐伯徵領過鑄本七萬九千二百五十兩三，運鑄過錢六千萬零五百一十萬文。照定例五十五文作銀一錢，值銀一十一萬八千三百六十二兩零，除鑄本得利銀三萬九千一百一十三兩六錢三分。至九月，户部疏報：鑄錢本息自崇禎元年正月起至九月十五日止，鑄過錢一萬二千九百四十八萬九千九百八十四文，得息銀二萬六千四百五十三兩二錢四分有奇。八年，給事中王家彦言：初設錢局，原爲藉錢息濟軍興，惟天啓二三年督臣李宗延、陳于廷相繼受事用過銅本二十萬九千五十四兩，獲息十二萬八千六百六兩八錢零。四年，舊督臣鄭三俊用過銅本銀一十四萬三千四百四十一兩四錢，獲息一十二萬八千九百三十二兩，計得利七分、八分不等，爲十餘年所僅見。夫鼓鑄非無利也，利歸胥役、爐匠與官而上不得受也。爐頭、工匠或隱屏兩部，或朋合諸夥，册上莫辨其名。或埋銅窑中，或遞錢出局，夜間莫識其氣。私鑄不已，繼必夾鑄。鄒漪《啓禎野乘》曰：吕維祺爲南户部侍郎，謂鑄錢速則利在官，遲則夾鑄多而利在下。舊三十日一鑄，乃改十五日一鑄，連放鹽米共十八日。凡兩月三鑄，停爐之日必盡放匠役出之，鑄速而私錢少。私鑄則乘官司之不覺，至夾鑄則每爐加銅數十觔，官實與匠瓜分，此弊盛於南廠，而北亦然。廉其人而用之，並久任以專責成，弊乃可得而釐。至於屏局舍、約爐座以便省試，削人數、核出入、嚴干掫以防夾帶，十日領銅，五日一交，錢爐如流水，使之工無旁及，皆需其人而後行者也。

《明史·食貨志》曰：天啓時，開局徧天下，重課錢息。崇禎元年，南京鑄本七萬九千餘兩，獲息銀三萬九千有奇。户部鑄錢獲息銀二萬六千有奇。其所鑄錢皆以五十五文當銀一錢，計息取盈，工匠之賠補，行使之折閲，不堪命矣。

十月，諭五城二縣：凡出納俱以錢二分支收，每錢六十五文當銀一錢。

三年，令各省開鑄採銅。

御史饒京言：鑄錢開局，本通行天下。今乃苦於無息，旋開旋罷。自南北兩局外，僅存湖廣、陝西、四川、雲南及宣密二鎮，而所鑄之息不盡歸朝廷，復苦無鑄本，蓋以買銅而非採銅也。乞遵洪武初及永樂九年、嘉靖六年例，遣官各省鑄錢，採銅於産銅之地，置官吏駐兵，倣銀礦法十取其三，銅山之利朝廷擅之，小民所採仍予直以市。從之。是時鑄廠並開，用銅益多，銅至益少，南京户部尚書鄭三俊請專官買銅。户部議元籍産銅之人駐鎮遠荊常銅鉛會集處所，謂採銅於産銅之地也。帝亦從之。既又採絳孟、垣曲、聞喜諸州縣銅鉛，荊州抽分主事朱大受言：荊州上接黔蜀，下聯江廣，商販銅鉛畢集，一年可以四鑄，四鑄之息兩倍於南，三倍於北。因陳便宜四事。即命大受專督之。

時國用匱乏，益講鼓鑄之利，廷臣先後疏論錢法。御史趙洪範言：臣令楚時見布政使頒發天啓新錢，大都銅止二三、鉛砂七八，其脆薄則擲地可碎也，其輕小則百文不盈寸也。一處如此，他處可知。其弊在鼓鑄之時官不加嚴，任憑爐頭恣意插和，私雜鉛砂，則銅價已强半潤私囊矣。竊去銅料盜鑄私錢，插入官錢混發，則餘利又盡飽奸壑矣。應嚴行禁約，不許插和鉛砂，鼓鑄既精，行使自利。錢法侍郎劉重慶陳錢法五條：其一議敕通行以濬利源。京鑄通寶惟東過關寧，北過沿邊，南不越德州，西阻於山東。山東一省或行或不行，河以北則純用雜假錢，河以南則純用古錢，民之敢於違制，由有司奉行不力也。請悉令州縣收納折色錢糧每一錢徵錢七銀三，百姓未有不樂趨者矣。其一分新舊以疏錢壅。小民遵崇禎通寶爲時王之制，而萬曆舊錢或用或不用，請遵萬曆初年之政，立新舊分用一法，每新錢一文當銀二釐，舊錢一文當錢一釐。其一清爐役以防奸弊。爐頭自昔年澄汰以來止存九十八名，細查年貌籍貫，尚不無一家占冒多役，一名掛搭多人。合再清查，一家止充一爐，不許兄弟並列。一身止充

一役，不許引類呼朋。當令人無龐雜則弊不乘於多指，局不旁侵則穴不借於神叢矣。户部尚書侯恂陳鼓鑄事宜八條：其一議省鑄局。天啓元年，以遼餉匱乏增置户部寶泉局，又令各省開鑄，每年坐定鑄息共八十二萬兩，徒存虚額，無一踐者。諸局爐亦相繼報罷，止存湖廣、陝西、四川、雲南、密雲、宣大、遠東等處。崇禎二年，以私錢殽雜通行禁止，惟秦楚蜀滇四省係産銅地方未議概停。後江西復請開局，南京兵部操江及應天府亦各紛紛鑄錢，然皆自鑄自用，又大小不一其制，於是滯錙愈多，銅鉛愈窘，不獨户部不得其尺寸之用，而寶泉局亦已成眢井矣。惟局省則銅源裕，而錢制一則弊絶，較諸廣局之利，虚實得失孰多也。其一議禁私販。官價估有定例，其價必平。私買乘隙暗投，其價多侈。官買或有別費，而給發不無稍緩。私買並無破冒，而交兑略不踰時。其流弊必至銅盡歸於私鑄而官買束手矣。今宜著爲厲禁，凡商人收買銅鉛必告官給批方許運發。除兩京及滇蜀秦楚四省聽從便往賣報官收買，如無批及闌出他省，事發，依盗掘銅鉛律，人論罪，貨没官。至私鑄爛頭尤在點造，請飭天下凡私設點爐者罪即比於私鑄，知而不舉連坐。其一議垂定制。嘉靖錢重一錢三分，崇禎元年改爲一錢二分五釐，至其鑄法，每錢一文必令用黄銅二錢，剉磨之餘只存一錢二分五釐，如此而後可革減銅多鑄之弊。葢局中每有減銅多鑄而創爲補秤之説者，實明許商匠之私鑄而陰收其利，今若著爲定數，按期報完，則奸弊無所容矣。其收錢每五千文爲一錠，上用行牌寫爐頭、匠頭及細錢人姓名，各堆一處，聽督鑄官照爐抽驗。遇有漏風、缺邊、縮字等様，細錢人重責，錢輕色淡者責匠頭，沙眼多者責翻沙匠，邊粗糙者責滚剉匠，磨不亮者責磨洗匠，灰不净者責刷灰匠。選退錢搥碎回火。如犯前弊多者責爐頭，仍發看錢人挑選，通同容隱，看錢人重責。如是則錢制既精，殽雜自難。若當五、當十等錢鎔造似易，工本較省，然私鑄者競爲捷趨，識微者謂非久道，不鑄可也。其一議計本息。泉局之錢原定六十五文估銀一錢，買紅銅與窩鉛配搭供鑄，定價紅銅每觔一錢四分三釐，窩鉛每觔七分七釐，計配成黄銅一百觔該價銀十二兩，給爐頭鼓鑄應交錢一萬一千一百一十一文，其行使以六百五十文估銀一兩，計共估銀一十七兩零九分四釐，除各項支給二千二百九十五文估銀二兩五錢三分二釐零，並除銅本外，實存息銀一兩五錢六分一釐零，計僅浮本銀十分之一耳。近據陝西撫臣練國事疏報，自天啓二年開鑄起至崇禎四年止，動過本銀一萬二千四百餘兩，獲息十萬七千八十兩零。則每年所得幾與本銀相準。又查南部錢廠所得加五有奇，葢銅鉛出産輳集地方獲息原自不貲，今秦楚蜀滇四局現在議開，姑未預畫成數，但令自行認報，最少亦當以加五爲率也。至議者多謂萬曆中曾以錢五十五文作銀一錢，欲於六十五文内稍縮其數行之。竊慮取利較奢，則盗鑄將如雲而起耳。

傅維鱗《明書・食貨志》曰：崇禎中，内帑大竭，命各鎮有兵馬處皆開鑄，以資軍餉。而錢式不一，盗鑄孔繁。末年，每銀一兩易錢五六千文，錢有煞見、大眼賊、短命官諸號，因兆李自成之亂。

臣等謹按：啓禎時濫惡僞錢尚有寬邊、大版、金燈、見天啓六年九月薛鳳翔疏。胖頭、歪脖、尖腳見崇禎五年四月劉重慶疏。等號，屢見章奏，請嚴行禁絶，而竟不能信乎。開鑄時但以錢少爲患，而其後又患錢之龐雜惡濫，雖多而益賤也。

十一年九月，工部侍郎張慎言論開採鼓鑄無益。

慎言疏言：近以司農水衡告匱爭議開採鼓鑄，臣以爲果如諸臣之言，國家獲倍稱之息亦無補於得失之數。何也。三十年前，斗米有不及百錢者。近年斗小而直踴，以原斗較且將四百，是今日金錢四萬止抵前日一萬之數也。今不講生粟之法，而專恃開鑄之術，復何益乎。且今日非錢少之患，政錢多之患。葢穀生則萬物皆生，穀貴則萬物皆貴，貨少而日益貴，貨貴而錢日益賤也。當年傭力者日得錢三十上下而可以飽妻子，今倍於是而不能。推此類具言之，則邊兵一日之餉三倍於往日而尚不足，國家安得如許金錢餉之也。況在民則不農而爲盗，在兵則日譟而叛勦。餉之費、再募之費尤不可紀極，兵民盡爲潢池之弄，百姓因而不得耕而苦於加派征調者又無論矣。若使兵不譟而盡歸農，百穀皆生，現在之金錢，臣以爲足用。若百姓不農且迫而爲盗，雖錢如江河之流，臣以爲不足。且不止於錢之不足已。計萬曆年京師制錢以六百抵銀一兩，今則增至八百且有奇零，河南、山西有至一千四五百不等者，此何故，則錢多與私鑄之爲患也。今無法使穀與貨日多而錢日貴，乃專講生錢之法，子母不相權，本末不相稱，恐金錢無單行之理，末重而尾不掉也。

十六年十月，令收買低錢銷毁。

帝諭內閣：近聞低錢甚多，著司鑰庫及五城親行收買，該城動用房號銀兩，該庫動用新錢，隨收隨碎，類解該局鼓鑄。將收過數目一月一奏，仍以收錢多寡爲諸御史殿最。至十一月，又諭內閣：近聞錢濫愈甚，皆由經管官通未遵行，姑再行申飭五城御史仍遵旨收買，勒限十日內一奏，其京城所有錢桌錢市著廠衛五城嚴行禁飭巡緝，仍將獲過起數一月一奏。內閣奏收之尚苦無本，近各官捐資助鑄，請即動用收買。從之。

某氏談往曰：明朝京師錢價紋銀一兩買錢六百，其貴賤在零幾與十之間，自崇禎踐祚，與日俱遷，至十六年癸未，竟賣至二千矣，夏秋間二千幾百矣。宣問由來，云私錢攙入過多，乃於九門特點御史嚴察督理，街坊錢桌有私錢一文笞三十，二文徒一年，三文遣戍，四文斬首。其價額遵隆萬以來舊例，多一文亦斬。復敕工部設石臼鐵杵一，見私錢不暇入爐鎔化即刻搗碎。九門搜簡有挾入城者必斬，小民貿易存剩敕令送入御史臺獎之，令至嚴也。臼設於門，杵懸於臼，官坐吏守，自朝至暮，半月來小民無捨錢之俠腸，販商無觸網之癡棍，清對無聊，乃出己橐買私錢搗之。辰出午飯必欲班役持錢四五千搗碓兩番，將碎錢銅末積於杵臼之間，爲人觀看。匝月後，各舉報命云私錢收盡，額外一文不敢增，民皆遵制矣。然皆塞責之詞，民間之錢價下趨更甚也，凡賣換錢鋪對面現付，必如欽限，如一兩應買二千四百，其一千八百則於桌下私授，或少轉再取，以廠衛多人曾有照常交易擒去梟首故耳。

王逋《蚓庵瑣語》曰：明朝制錢有京省之異，京錢曰黄錢，每文約重一錢六分，七十文值銀一錢。外省錢曰皮錢，每文約重一錢，百文值銀一錢。自崇禎六七年後其價漸輕，至亡國時，京錢百文值銀五分，皮錢百文值銀四分，甚至崇禎通寶民間絶不行使。

本朝順治四五年間，崇禎錢百文止值銀一分，每錢重一觔值銀二分五釐。又崇禎末錢背有馬形者，頗重易使，江南卒亡於馬士英。

（清）龍文彬《明會要》卷五五《食貨·錢法》 太祖初，置寶源局於應天，鑄大中通寶錢，與歷代錢兼行。以四百文爲一貫，四十文爲一兩，四文爲一錢。

即位，頒洪武通寶錢。其制凡五等。當十、當五、當三、當二、當一。當十錢重一兩，餘遞降，至重一錢止。各行省皆設寶泉局，與寶源局並鑄。

洪武四年，改鑄大中、洪武通寶大錢爲小錢。已上《食貨志》。

八年，罷寶源、寶泉局。十年，復設寶泉局，鑄小錢與鈔兼行。稅課，錢鈔兼收，錢三、鈔七。百文以下止用錢。《世法録》。

二十二年，詔更定錢式，生銅一斤鑄小錢百六十，折二錢半之。當三至當五，準是爲差。《食貨志》。

二十三年，復定錢制，每小錢一文用銅一錢二分。其餘四等錢，依小錢制遞增。《世法録》。

二十六年，復罷寶泉局。時，兩浙、江西、閩、廣民重錢輕鈔，有以錢百六十文折鈔一貫者，由是物價翔貴，而錢法益壞不行。《食貨志》。

永樂九年，鑄永樂通寶錢。

宣德九年，鑄宣德通寶錢。

天順四年，令：民間除假錢錫錢外，凡歷代並洪武、永樂、宣德銅錢，及折二當三，依數准行，不許挑揀。

成化元年七月丙辰，詔通錢法，商稅課程錢鈔中半兼收。每鈔一貫折錢四文，無拘新舊年代遠近悉驗收，以便民用。已上《世法録》。

弘治元年，因洪武、永樂、宣德錢積不用，詔發之，令與歷代錢兼用。户部請鼓鑄，乃復開局鑄錢。凡納贖收稅，歷代錢、制錢各收其半。無制錢即收舊錢二以當一。《食貨志》。

十六年，鑄弘治通寶。

大學士邱濬言：自古論錢法者，惟南齊孔顗不惜銅，不愛工二語，爲萬世不易之良法。體質厚而肉好適均，製作工而輪廓周正，本多而工費，雖驅之使鑄，彼亦不爲矣，况冒禁而盗爲之者哉？然自太府圜法以來，以銅爲泉，或半兩，或榆莢，或八銖，四銖，惟漢之五銖爲得其中。五銖之後，或赤仄，或當千，或鵝眼，綖環，或荷葉，惟唐之開元爲得其中。二者之外，當三、當十、當百，皆行之不久而遞變。惟其質制如開元者，則至今通行焉。惜古鑄之存世者無幾，凡市肆流行而通使者，皆盗鑄之僞物耳。爲今之計，莫若拘盗鑄之徒以爲工，收新造之錢以爲銅；本孔顗此説，别爲一種，以新天下之耳目，革天下之宿弊。每錢以十分爲重，中間錢文必以古篆，或用年號別製佳名；輪廓之旁，周迴鑿以花紋；每文計用銅十五分。令天下輸舊錢於官，以易新錢。所得舊錢，週

以細紋，如新錢製式，然後散之天下。仍詔非此二樣錢勿用。則錢法流通而公私俱便。又曰：本朝製銅錢、寶鈔，相兼行使。然錢之弊在於僞，鈔之弊在於多。請稽古三幣之法：以銀爲上幣，錢爲中幣，鈔爲下幣；以中下二幣爲公私通用之具，而準上幣以權之焉。蓋自國初以來，有銀禁，恐其或閡錢鈔也，而錢之用不出於閩廣。宣德、正統以後，錢始用於西北。

自天順、成化以來，鈔之用益微矣。欲如初制，每一貫準錢一千、銀一兩，以復初制之舊，必不可也。今莫若銀與錢鈔相權而行：每銀一分易錢十文；新製之鈔，每貫易錢十文；四角完全未中折者，每貫易錢五文；中折者，三文；昏爛而有一貫字者，一文。通詔天下以爲定制，而嚴立擅自加減之罪；則銀與錢鈔交易之數，一定而永不易矣。

正德三年，以太倉積錢給官俸，十分爲率，錢一銀九。已上《通典》。

七年，令稅課俱收舊錢，與制錢相兼行用。《世法録》。

嘉靖六年，大鑄嘉靖錢，每文重一錢三分；且補鑄累朝未鑄者。

三十二年，鑄洪武至正德九號錢，每號百萬錠，每錠五千文；嘉靖錢千萬錠，錠五千文。又用給事中李用敬言，以制錢與前代雜錢相兼行：上品者，俱七文當銀一分，餘視錢高下爲三等，下者二十一文當銀一分。私造濫惡錢悉禁不行。

四十三年，大學士徐階奏言：錢曰金背，以金塗背。火漆，以火薰其背，使黑。鏇邊，錢邊皆鏇，色黄質堅，工料重大。一條棍：色雜質輕，其邊剉磨麤糙，工費輕省。蓋四名矣。然其實寶源局所鑄一條棍之數多，而南京所解金背之數少，故今所通用，僅得十分之五也。臣竊謂一條棍既不能强民行使，若寶源局仍鑄不已，有五害焉：户、工二部每年以二萬八千有用之銀，投諸無用之地，一也；中奸猾計，開私鑄之門，二也；朝廷以此給賞，而蒙恩者受無益之賜，三也；官府給與民商，有虧抑之怨，四也；錢法因之阻滯，禁治之令不行，虧損國體，五也。不若停寶源局鑄造，部中合給錢者，以鑄錢之銀代給，則奸弊革而私鑄止矣。從之。

四十四年，寶源局鑄嘉靖錢行於市。後因鏇邊勞費，以鑪錫代之，而鑄工競用鉛錫以便剉。奸徒盗鑄，並金背亦不售。後，部議止勿鑄，公費惟用白銀。

隆慶初，錢法不行。兵部侍郎譚綸言：欲富民，必重粟帛而賤銀。欲賤銀，必置錢法以濟銀之不足。今錢惟布於下而不以輸於上，故其權在市井。請令民得以錢輸官，則錢法自通。於是課稅銀三兩以下復收錢。

高拱再相，言：錢法朝議夕更，迄無成說。小民恐今日得錢明日不用，是以愈更愈亂。請勿多爲制，亂人耳目。帝深然之。錢法稍通。已上《通典》。

山西巡撫靳學顔上書議鑄錢，曰：臣覩天下之民，皇皇以匱乏爲慮者，非布帛五穀不足也，銀不足耳。夫銀寒不可衣，饑不可食，不過貿遷以通衣食之用，獨奈何用銀而廢錢？錢益廢，銀益獨行。獨行則藏益深，而銀益貴，貨益賤，而折色之辦益難。豪右乘其賤收之，時其貴出之。銀積於豪右者愈厚，行於天下者愈少。更踰數十年，臣不知所底止矣。錢者泉也，如水之在地中，不得一日廢。計者謂錢法之難有二：利不售本，民不願行。此皆非也。夫朝廷以山海之産爲材，以億兆之力爲工，以賢士大夫爲役，何本之費。誠令民以銅炭贖罪，而匠役取之營軍，一指麾間，錢徧天下矣。至不願行錢者，獨奸豪耳。請自今事例罰贖、徵稅、賜賚、宗禄、官俸、軍餉之屬，悉銀錢兼支。上以是徵，下以是輸，何患其不行哉？《靳學顔傳》。

萬曆四年，命户、工二部，準嘉靖錢式，鑄萬曆通寶金背及火漆錢，一文重一錢二分五釐；又鑄鏇邊錢，一文重一錢三分；頒行天下。後，宫費稍侈，令工部鑄錢給用。大學士張居正疏曰：臣伏見先朝鑄造制錢，原以通幣便民。鑄成之後，進少許呈樣，非所以進供上用者也。萬曆二年，鑄造之初，亦止進樣錢一千萬文。其後以一半進用，已非通幣便民之本意。今若以賞用闕錢，鑄造通用，大失舊制。且京師民用嘉靖錢最多，自鑄萬曆錢後，愚民譌爲止行新錢，不行舊錢，甚以爲苦。今若廣鑄新錢，則嘉靖舊錢必至阻滯不行，於民甚爲不便。伏望暫停鑄造。從之。《通典》。

雲南巡按郭庭梧言：國初，京師有寶源局，各省有寶泉局，迨至嘉靖間，省局停廢，民用告匱。滇中産銅，不行鼓鑄，而反以重價購海肥，非利也。遂開局鑄錢。尋命十三布政司皆開局；採工部言，以五銖錢爲準，用四火黄銅鑄金背，二火黄銅鑄火漆，麤惡者罪之。蓋以費多利少，

則私鑄自息也。久之，户部言：錢之輕重不常，輕則斂，重則散，故無壅閼匱乏之患。初鑄時，金背十文直銀一分。今萬曆金背五文、嘉靖金背四文各直銀一分。火漆、鏇邊亦如之。僅踰十年，而輕重不啻相半。錢重而物價騰踴。宜發庫貯，以平其直。從之。

天啓元年，鑄泰昌錢。兵部尚書王象乾請鑄當十、當百、當千三等大錢，略仿白金三品之制。後有言大錢之弊者。詔南京停鑄大錢。收大錢，發局改鑄。

崇禎三年，御史饒京言：鑄錢開局，本通行天下。今苦於無息，旋開旋罷。各局所鑄之錢，不盡歸朝廷，復苦無鑄本，蓋以買銅而非採銅也。乞遵洪武初及永樂九年、嘉靖六年例，遣官各省鑄錢，採銅於所産之地，做銀礦法，十取其三。銅山之利，朝廷擅之。小民所採，仍予直以市。從之。已上《食貨志》。

荆州抽分主事朱大受專督鑄錢。定錢式，每文重一錢，每千直銀一兩。南都錢輕薄，乃定每文重八分。初，嘉靖錢最重，隆、萬錢加重半銖。自啓、禎新鑄出，舊錢悉棄置，然日以惡薄。末年，敕鑄當五錢。《通典》。

初制：歷代錢與制錢通行。自神宗初，從僉都御史龐尚鵬議，古錢止許行民間。輸税、贖罪，俱用制錢。啓、禎時，廣鑄錢，始括古錢以充廢銅。民間市易，亦擯不用矣。莊烈帝初即位，御平臺召對。給事中黄承昊疏，有銷古錢之語。大學士劉鴻訓言：北方皆用古錢。若驟廢之，於民不便。帝以爲然。既而以御史王燮言，收銷舊錢，但行新錢。於是古錢銷毁頓盡。蓋自隋世盡銷古錢，至是凡再見云。《食貨志》。

錢禁

太祖初即位，嚴私鑄之禁。《通典》。

洪武六年，禁民間私鑄銅錢。《世法録》。

正統十三年五月，從御史蔡愈濟言，詔：交易用錢者，以阻鈔論，追一萬貫，全家戍邊。後至天順中，乃弛其禁。《三編》。

成化十七年，令京師内外止許行歷代及洪武、永樂、宣德舊錢，不得以私造新錢攙入，阻壞錢法。如違，依律治罪。《世法録》。

正德三年，申私鑄之禁。《食貨志》。

嘉靖六年，户部請申明禁約，若有藏蓄私鑄小錢，許赴所在官司出首，照鉛錫價給與官銀，仍免其罪。違者，照私鑄例究治。

二十八年，嚴私鑄假錢及商賈販解之禁。

三十二年，題准：錢法行使，悉依歷代年號，咸得通行。有銷新舊錢及以銅造像製器者，罪比盜鑄。

四十三年，以私鑄盛行，錢法阻滯，令内外各衙門嚴加訪治。寶源局匠役人等，侵料減工，致輕小濫惡不堪行使者，送法司從重問罪。已上《世法録》。

崇禎十六年十一月十七日，諭：疏通錢法，本欲足國便民。近聞賤濫愈甚，小民反成苦累。皆由經管官通未遵行，姑免察究。再行申飭：將一切低假薄小之錢，概禁行用。五城御史仍遵旨收買，勒限十日内一奏。其京城所有錢桌、錢市，著廠衛五城衙門嚴行禁飭巡緝。《春明夢餘録》。

（清）顧炎武《日知録》卷一一《銅》 乏銅之患，前代已言之。江淹謂古劍多用銅，如昆吾、歐冶之類皆銅也。楚子賜鄭伯金，盟曰：無以鑄兵。故以鑄三鐘。杜氏注，古者以銅爲兵。《漢書・食貨志》，賈誼言：收銅勿令布以作兵器。《韓延壽傳》，爲東郡太守，取官銅物，候月蝕，鑄作刀劍鉤鐔，放效尚方事。古金三品，黑金是鐵，赤金是銅，黄金是金。夏后之時，九牧貢金，乃鑄鼎於荊山之下。董安于之治晉陽，公宫令舍之堂，皆以鍊銅爲柱質。荊軻之擊秦王中銅柱，而始皇收天下之兵，鑄金人十二，即銅人也。《三輔舊事》曰：聚天下兵器，鑄銅人十二，各重二十四萬斤。漢世在長樂宫門。《魏志》云：董卓壞以鑄小錢。吴門闔閭冢，銅槨三重。秦始皇冢，亦以銅爲槨。戰國至秦，攻争紛亂，銅不充用，故以鐵足之。鑄銅既難，求鐵甚易，是故銅兵轉少，鐵兵轉多。年甚一年，歲甚一歲，漸染流遷，遂成風俗。所以鐵工比肩，而銅工稍絶。二漢之世，愈見其微。建安二十四年，魏太子鑄三寶刀，二匕首。天下百鍊之精利，而悉是鑄鐵，不能復鑄銅矣。考之於史，自漢以後，銅器絶少，惟魏明帝鑄銅人二，號曰翁仲；又鑄黄龍、鳳凰各一。而武后鑄銅爲九州鼎，用銅五十六萬七百一十二斤。唐韓滉爲鎮海軍節度，以佛寺銅鐘鑄弩牙兵器。自此之外，寂爾無聞，止有銅馬、銅駝、銅匭之屬。昭烈入蜀，僅鑄鐵錢。而見存於今者，如真定之

佛，蒲州之牛，滄州之獅，無非黑金者矣。

唐開元中，劉秩上議曰，夫鑄錢用不贍者在乎銅貴，銅貴則採用者衆。夫銅以爲兵，則不如鐵；以爲器，則不如漆，禁之無害。陛下何不禁於人，禁於人則銅無所用，銅益賤則錢之用給矣。《舊唐書·食貨志》。文宗御紫宸殿，謂宰臣曰：物輕錢重如何？楊嗣復對以當禁銅器。《文宗紀》。考禁銅之令，古人有行之者。宋孝武帝孝建三年四月甲子，禁人車及酒肆器用銅。《南史》。唐玄宗開元十七年八月辛巳，禁私賣銅鉛錫及以銅爲器。代宗大曆七年十二月壬子，禁鑄銅器。德宗貞元九年正月甲辰，禁賣劍銅器。天下有銅山，任人採取，其銅官買。除鑄鏡外，不得造鑄。憲宗元和元年二月甲辰，禁用銅器。各《本紀》。晋高祖天福三年三月丁丑，禁民作銅器。《通鑑》。宋高宗紹興二十八年七月己卯，命取公私銅器，悉付鑄錢司，民間不輸者罪之。《宋史·本紀》。然今日行之，不免更爲罔民之事，惟有銷錢、鑄錢，上下相蒙，而此日之錢，固無長存之術矣。

《南齊書·劉悛傳》：永明八年，悛啓世祖曰：南廣郡界蒙山下有城名蒙城，可二頃，地有燒爐四所。從蒙城渡水南百許步，平地掘土，深二尺得銅，有古掘銅坑，井居宅處猶存。鄧通南安人，漢文帝賜通嚴道縣銅山鑄錢。今蒙山在青衣水南，故秦之嚴道地。蒙山去南安二百里，此必是通所鑄，甚可經略。并獻蒙山銅一片，又銅石一片，平州鑄鐵刀一口。上從之。遣使入蜀鑄錢。《魏書·食貨志》：熙平二年，尚書崔亮奏：恒農郡銅青谷有銅礦，計一斗得銅五兩四銖。葦池谷礦，計一斗得銅五兩。鸞帳山礦，計一斗得銅四兩。河南郡王屋山礦，計一斗得銅八兩。南青州苑燭山、齊州商山，竝是往者銅官舊迹。既有冶利，所宜開鑄。從之。《舊唐書·韓洄傳》：爲户部侍郎判度支，上言：商州有紅崖冶出銅，又有洛源監，久廢不理，請鑿山取銅，置十鑪鑄錢，而罷江、淮七監。從之。《册府元龜》：元和初，鹽鐵使李巽上言：郴州平陽、高亭兩縣界，有平陽冶，及馬跡、曲木等古銅坑，約二百八十餘井。請於郴州、舊桂陽監置鑪兩所，採銅鑄錢。《宋史·食貨志》：舊饒州永平監，歲鑄錢六萬貫。平江南，增爲七萬貫，而銅、鉛、錫常不給。轉運使張齊賢訪求得南唐承旨丁釗能知饒、信等州山谷産銅、鉛、錫，乃便宜調民採取。且詢舊鑄法，惟永平用唐開元錢料最善。即詣闕面陳。詔增市鉛、錫、炭價，於是得銅八十一萬斤，鉛二十六萬斤，錫十六萬斤，歲鑄錢三十萬貫。此皆前代開採之迹。《實録》：洪武二十年正月丙子，府軍前衛老校丁成言：河南、陜州地，有上絞、下絞、上黄塘、下黄塘者，舊産銀礦，前代皆嘗採取，歲收其課。今錮閉已久，採之可資國用。上謂侍臣曰：凡言利之人，皆戕民之賊也。朕聞元時江西豐城民，告官採金。其初歲額猶足取辦，經久民力消耗，一州之人，卒受其害。蓋物産有時而窮，歲額則終不可減。有司貪爲己功而不以言，朝廷縱有恤民之心而不能知，此可以爲戒，豈宜效之。

《通鑑》：周世宗顯德元年九月丙寅朔，敕立監採銅鑄錢。自非縣官法物、軍器，及寺觀鐘磬鈸鐸之類聽留外，其餘民間銅器佛像，五十日内，悉令輸官給其直。過期隱匿不輸，五斤以上其罪死，不及者論刑有差。洪武二十年四月，工部右侍郎秦逵言：寶源局鑄錢乏銅，請令郡縣收民間廢銅以資鼓鑄。上曰：鑄錢本以便民，今欲取民廢銅以鑄錢，朕恐天下廢銅有限，斯令一出，有司急於奉承，小民迫於誅責，必至毁器物以輸官，其爲民害甚矣。姑停之。上謂侍臣曰：卿輩勿以毁佛爲疑。夫佛以善道化人，苟志於善，斯奉佛矣。彼銅像豈所謂佛邪？且吾聞佛在利人，雖頭目猶捨以布施，若朕身可以濟民，亦非所惜也。

《五代史》：高麗地産銅銀。周世宗時，遣尚書水部員外郎韓彦卿，以帛數千匹市銅於高麗以鑄錢。顯德六年，高麗王昭遣使者貢黄銅五萬斤。

（清）顧炎武《日知録》卷一一《以錢為賦》

《周官·太宰》：以九賦斂財賄。注：財泉古錢字。穀也。又曰：賦口率出泉也。方回《古今考》不然此説。《荀子》言：厚刀布之斂，以奪之財。而漢律有口算。《孝惠紀》注：漢律，人出一算，算百二十錢。此則以錢爲賦，自古有之，而不出於田畝也。唐初租出穀，庸出絹，調出繒布，未嘗用錢。自兩税法行，遂以錢爲惟正之供矣。

《孟子》有言：聖人治天下，使有菽粟如水火。菽粟如水火，而民焉有不仁者乎？繇今之道，無變今之俗，雖使餘糧棲畝，斗米三錢，而輸將不辨，婦子不寧，民財終不可得而阜，民德終不可得而正。何者？國家之賦，不用粟而用銀，舍所有而責所無故也。夫田野之氓，不爲商賈，不爲官，不爲盜賊，銀奚自而來哉。此唐宋諸臣，每致歎於錢荒之

害，而今又甚焉。非任土以成賦，重稽以帥民，而欲望教化之行，風俗之美，無是理矣。

白氏《長慶集·策》曰：夫賦斂之本者，量桑地以出租，計夫家以出庸。租庸者，穀帛而已。今則穀帛之外，又責之以錢。錢者，桑地不生銅，私家不敢鑄。業於農者，何從得之？至乃吏胥追徵，官限迫蹙，則易其所有以赴公程。當豐歲，則賤糶半價，不足以充緡錢；遇凶年，則息利倍稱，不足以償逋債。豐凶既若此，爲農者何所望焉？是以商賈大族，乘時射利者，日以富豪；田壟罷人，望歲勤力者，日以貧困。勞逸既懸，利病相誘，則農夫之心，盡思釋耒而倚市；織婦之手，皆欲投杼而刺文。至使田卒污萊，室如懸罄。人力罕施，而地利多鬱；天時虛運，而歲功不成。臣嘗反覆思之，實緣穀帛輕而錢刀重也。夫糴甚貴，錢甚輕，則傷人；糴甚賤，錢甚重，則傷農。農傷則生業不專，人傷則財用不足。故王者，平均其貴賤，調節其重輕，使百貨通流，四人交利，然後上無乏用，而下亦阜安。方今天下之錢日以減耗，或積於國府，或滯於私家。若復日月徵取，歲時輸納，臣恐穀帛之價轉賤，農桑之業轉傷，十年以後，其弊必更甚於今日矣。今若量夫家之桑地，計穀帛爲租庸，以石斗登降爲差，以匹丈多少爲等，但書估價，並免稅錢，則任土之利載興，易貨之弊自革。弊革則務本者致力，利興則趨末者回心。游手於道塗市肆者，可易業於西成，託迹於軍籍釋流者，可返躬於東作。所謂下令如流水之原，繫人於包桑之本者矣。

《贈友詩》曰：私家無錢鑪，平地無銅山，胡爲秋夏稅，歲歲輸銅錢。錢力日已重，農力日已殫。賤糶粟與麥，賤貿絲與綿。歲暮衣食盡，焉得無饑寒。吾聞國之初，有制垂不刊，庸必算丁口，租必計桑田。不求土所無，不強人所難。量入以爲出，上足下亦安。兵興一變法，兵息遂不還，使我農桑人，顦顇畎畝間。誰能革此弊，待君秉利權，復彼租庸法，令如貞觀年。

《李翺集》有《疏改稅法》一篇言：錢者，官司所鑄；粟帛者，農之所出。今乃使農人賤賣粟帛，易錢入官，是豈非顛倒而取其無者邪？繇是豪家大商，皆多積錢，以逐輕重。故農人日困，末業日增，請一切不督見錢，皆納布帛。

宋時歲賦，亦止是穀帛。其入有常物，而一時所需，則變而取之，使其直輕重相當，謂之折變。景祐初，詔户在第九等免折變。熙寧中，張方平上疏，言：比年公私上下，并苦乏錢。又緣青苗助役之法，農民皆變轉穀帛，輸納見錢。錢既難得，穀帛益賤，人情窘迫，謂之錢荒。司馬光亦言：江、淮之南，民間乏錢，謂之錢荒。蘇軾亦言：免役之害，聚斂民財於上，而下有錢荒之患。紹熙元年，臣僚言：古者賦出於民之所有，不強其所無。今之爲絹者，一倍折而爲錢，再倍折而爲銀，銀愈貴，錢愈難得，穀愈不可售。使民賤糶而貴折，則大熟之歲，反爲民害。願詔州郡，凡多取而多折者，重置於罰。民有糴不售者，令常平就糴，異時歲歉，平價以糶。庶於民無傷，於國有補。從之。而真宗時，知袁州何蒙請以金折本州二稅。上曰：若是將盡廢耕農矣。不許。是宋時之弊，亦與唐同，而折銀之見於史者，自南渡後始也。

解縉《太平十策》言：及今豐歲，宜於天下要害之處，每歲積糧若干。民樂近輸，而國受長久之利，計之善者也。愚以爲天下稅糧，當一切盡徵本色。除漕運京倉之外，其餘則儲之於通都大邑，而使司計之臣，略倣劉晏之遺意，量其歲之豐凶，稽其價之高下，糶銀解京，以資國用。一年計之不足，十年計之有餘。小民免稱貸之苦，官府省敲扑之煩，郡國有凶荒之備，一舉而三善隨之矣。

（清）顧炎武《日知録》卷一一《錢法之變》　《太祖實録》：歲辛丑二月，置寶源局於應天府，鑄大中通寶錢，與歷代之錢，相兼行使。成化元年七月丙辰，詔通錢法。商税課程，錢鈔中半兼收。每鈔一貫，折錢四文，無拘新舊，年代遠近，悉驗收，以便民用。《世宗實録》：嘉靖十五年九月甲子，巡視五城御史閻鄰等言：國朝所用錢幣有二，曰制錢，祖宗列聖及皇上所鑄，如洪武、永樂、嘉靖等通寶是也。曰舊錢，歷代所鑄，如開元、太平、淳化、祥符等錢是也。百六十年來，二錢并用，民咸利之。至嘉靖所鑄之錢，最爲精工。隆慶、萬曆，加重半銖，而前代之錢，通行不廢。予幼時見市錢多南宋年號，後至北方，見多汴宋年號，真、行、草字體皆備，間有一二唐錢。自天啓、崇禎，廣置錢局，括古錢以充廢銅，於是市人皆擯古錢不用。崇禎元年六月丙辰，上御平臺召對。給事中黄承昊疏中有銷古錢不用語。閣臣劉鴻訓奏：今河南、山東、山西、陝西皆用古錢，若驟廢之，於民不便。此乃書生見。上曰：卿言是。而新

鑄之錢，彌多彌惡，旋鑄旋銷，寶源、寶泉二局，祇爲奸蠹之窟。故嘗論古來之錢，凡兩大變：隋時盡銷古錢，一大變；天啓以來，一大變也。昔時錢法之弊，至於鵝眼、綖環之類，無代不有。然歷代之錢尚存，旬日之間，便可澄汰。今則舊錢已盡，即使良工更鑄，而海内之廣，一時難偏，欲一市價而裕民財，其必用開皇之法乎。

自漢五銖以來，爲歷代通行之貨，《金志》謂之自古流行之寶。未有廢古而專用今者，唯王莽一行之耳。考之於史，魏熙平初，尚書令任城王澄上言，請下諸州方鎮，其太和及新鑄五銖，并古錢内外全好者，不限大小，悉聽行之。梁敬帝太平元年詔，雜用古今錢。《宋史》言：自五代以來，相承用唐舊錢。至如宋明帝泰始二年，則斷新錢，專用古錢矣。金世宗大定十九年，則以宋大觀錢，一當五用矣。昔之貴古錢如此。近年聽爐頭之説，官吏、工徒，無一不衣食其中，而古錢銷盡，新錢愈雜。地既愛寶，火常克金，遂有乏銅之患。自非如隋文別鑄五銖，盡變天下之錢，古制不可得而復矣。

錢者歷代通行之貨，雖易姓改命，而不得變古。後之人主，不知此義，而以年號鑄之錢文，於是易代之君，遂以爲勝國之物而銷毁之，自錢文之有年號始也。嘗考之於史，年號之興，皆自季世。宋孝武帝孝建初，鑄四銖，文曰孝建，一邊爲四銖，其後稍去四銖，專爲孝建。廢帝景和二年，鑄二銖錢，文曰景和。魏孝文帝太和十九年，更鑄錢，文曰太和五銖。孝莊帝永安二年，更鑄永安五銖。此非永世流通之術。而高道穆乃以爲論今據古，宜載年號。何其愚也。

近日河南、陜西各自行錢，不相流通。既非與民同利之術，而市肆之猾，乘此以欺愚人，窘行旅。《鹽鐵論》言：幣數變而民滋僞。亮哉斯言矣。

（清）顧炎武《日知録》卷一一《短陌》

《隋書・食貨志》曰：梁大同後，自破嶺以東，錢以八十爲百，名曰東錢。江郢以上，七十爲百，名曰西錢。京師以九十爲百，名曰長錢。中大同元年，乃詔通用足陌。《梁書・武帝紀》：中大同元年七月丙寅，詔曰：朝四暮三，衆狙皆喜，名實未虧，而喜怒爲用。頃聞外間多用九陌錢。陌減則物貴，陌足則物賤。至於遠方，日更滋甚。豈直國有異政，乃至家有殊俗。徒亂王制，無益民財。自今可通用足陌錢。令書行後，百日爲期，若猶有犯，男子謫運，女子質作，并三年。沈存中曰：百錢謂之陌者，借陌字用之，其實只是百字，如什與伍耳。仟伯字皆從人，今俗書作阡陌，而皆從阜，非也。指田之阡陌，當從阜。《漢志》或從人，蓋古字通用。詔下而人不從，錢陌益少。至於末年，遂以三十五爲百。唐憲宗元和中，京師用錢，每貫頭除二十文。穆宗長慶元年，以所在用錢，墊陌不一，敕内外公私給用錢，宜每貫一例除墊八十，以九百二十文成貫。至昭宗末，京師以八百五十爲貫，每陌纔八十五，河南府以八十爲陌。《舊唐書・哀帝紀》：天祐二年四月丙辰，敕河南府，自今市肆交易，竝以八十五文爲陌，不得更有改移。漢隱帝時，王章爲三司使，聚斂刻急。舊制錢出入，皆以八十爲陌，章始令入者八十，出者七十七，謂之省陌。《宋史》言：宋初凡輸官者，亦用八十或八十五爲百。諸州私用，則各隨其俗，至有以四十八爲百者。太平興國中，詔所在以七十七爲百。《金史》言：大定中，民間以八十爲陌，謂之短錢。官用足陌，謂之長錢。大名男子斡魯補者上言，謂官司所用錢，皆當以八十爲陌，遂爲定制。衰季之朝，與亂同事，大抵如此。而《抱朴子》云：取人長錢，還人短陌。則是晉時已有之，不始於梁也。今京師錢以三十爲陌，亦宜禁止。

《新例要覽・户部新例・收買私錢四年十二月》 一、查錢文惟晉省所用多係小錢，令該撫將小錢□□□盡行收買，年終報部，候文銷解，俟大錢流通，盡行嚴禁。如逾限三年，猶有私錢，事發，將地方官失察者每次降職一級，准其戴罪，限一年拿獲。拿獲私錢者，每次還職一級。至失察五次以上者，降一級調用。

《新例要覽・户部新例・一品准用黄銅五年九月》 旨嗣後惟一品官員之家器皿許用黄銅，餘着遍行禁止，如有藏匿私用不肯交官者，概以違禁論。

《新例要覽・户部新例下・禁用黄銅四年正月》 一、製造銅器，除紅白銅不禁外，其黄銅器皿俱不許用。如有犯者，製造賣鋪照造禁物律治罪，買用之人照不應用律治罪，失察之官亦照例議處。

《新例要覽・户部新例・黄銅器皿交官四年十月》 一、會議得正月内大學士九卿議，欲杜銷毁制錢之源，惟在嚴立黄銅器皿之禁，嗣後黄銅器皿除樂器、天平法馬戥子、五斤以下圓鏡不禁外，其餘一應器皿無論大小

輕重俱不許造，其已成黄銅器皿交官給價等因，奉旨依議。欽遵在案。但半年來交官甚少，而店鋪仍行買賣。皇上以錢價不減，必有奸民銷毀制錢打造器皿之事，特降諭旨，確議嗣後三品以上官准用黄銅器皿，樂器等仍照原議，其餘文武軍民俱不許仍用黄銅，所有器皿除箱櫃事件，其餘盡行交官給價。旂人交本旂佐領，漢官民交五城御史，按依成色，照部定每斤一錢一分九厘九毫三絲之價給發。如以低銅冒開及故意掯勒領價者，照尅減官價例治罪。其收買銀兩，八旂都統、都察院酌量於户部支領，所收銅斤每季解交錢局，并將所給銀數造報。限以三年，如有過限不交者，以私藏禁物律治罪。其打造店内如有仍用黄銅者，照銷毀制錢爲從律治罪。令九門提督、五城御史、順天府尹曉諭稽察，犯者拿究，通行直省照例交收。奉旨：依議。其各省禁止銅器之處，且先於直隸八旂并各督撫駐劄之省城試行之。欽此。

《大清律例》卷一一《户律·倉庫·錢法》　凡錢法，設立寶源、寶泉等局，鼓鑄制錢，内外俱要遵照户部議定數目，一體通行。其民間金銀、米麥、布帛諸物價錢，并依時值，聽從民便使用。若阻滯不即行使者，杖六十。其軍民之家私畜銅器，除鏡子、軍器及寺觀庵院鐘磬鐃鈸外，其餘應有廢銅，并聽赴官賣。每斤官給銀七分，增減隨時。若私相買賣及收匿在家不赴官者，笞四十。

條例

一、各省開採銅、鉛，令道員總理，府佐官分理，州、縣官專管其事。凡産銅、鉛之處，聽民採取，税其二分，造册季報，所剩八分任民照時價發賣。有墳墓處所不許採取。如有不得銅、鉛及不便採取之處，該督撫題明停其採取。其各州縣産銅、鉛之山，令地主報名採取；地主無力開採，聽本州、縣報名採取。州、縣無匠役，許於鄰近州、縣雇募，該州、縣自行稽察。如有别州、縣民人夥衆越境採取，聚至三十人以上，爲首者，發近邊充軍，爲從，枷號三個月，杖一百。不及三十名者，爲首，枷號三個月，杖一百；爲從，滿杖。衙役恣意攪擾，致人裹足者，爲首，枷號兩個月，發附近充軍；爲從，減一等。

一、承辦銅商逾限，并無貨物出口，或非採易銅觔之貨，嚴挐究處，著落追賠。其進口之時，或非原出口地方，該汛地方官立速查報，并知照原出口之該汛官弁勒催起解。倘有侵那隱匿之弊，將該商從重治罪，倘辦員侵欺扣尅，串通朦混，以致奸商那新掩舊，督撫據實題參治罪。上司徇隱，一并交部議處。

《大清律例》卷三二《刑律·詐僞·私鑄銅錢》　凡私鑄銅錢者，絞，監候。匠人罪同，爲從及知情買使者，各減一等。告捕者，官給賞銀五十兩。里長知而不首者，杖一百；不知者，不坐。若將時用銅錢剪錯薄小，取銅以求利者，杖一百。若以銅鐵水銀僞造金銀者，杖一百，徒三年。爲從及知情買使者，各減一等。金銀成色不足，非係假造，不用此律。

條例

一、方造私鑄器具，尚未鑄錢被獲審實者，將起意爲首并同夥商謀之人，均照僞造印信未成爲首律，杖一百，流三千里；湊錢入夥者，照爲從減一等律，杖一百，徒三年；該地方官不實力訪拿，别經發覺，交部議處。

一、拿獲私鑄，如本犯問擬斬、絞，其知情分利之同居父兄伯叔與弟，減本犯罪一等，杖一百，流三千里。如本犯問擬發遣，亦減一等，杖一百，徒三年。雖經分利，而實係並不知情者，照本犯之罪，減二等發落；其父兄不能禁約者，杖一百。有能據實出首，准予免罪。本犯仍照律内得相容隱之親屬互相告言各聽如罪人本身自首法科斷。

一、凡將前代廢錢攙和私錢行使者，不論錢數多寡，枷號一個月，杖一百。

一、凡經紀鋪户人等攙和私錢行使者，或被該管官員查拿，或被旁人首告，不論錢數多寡，應發黑龍江給窮披甲之人爲奴，照名例改發雲貴兩廣烟瘴少輕地方。

一、凡經紀鋪户人等有收買剪邊錢攙和貨賣數至十千以上者，照攙和私錢行使例治罪，其不及十千者，俱枷號一個月，杖一百。

一、凡地方文武各官嚴拿私鑄，務於山陬水濱人迹罕到及居民繁庶人烟稠密處所，並宜差委妥練員役不時察訪查拿。如遇有私鑄之事，知情故縱者，應照例治罪外，其不知情者，從前雖漫無覺察，今但能拿獲，不論年月遠近，俱免其處分。文官拿獲者，並免同城武職之處分。武弁拿獲者，亦免同城文官之處分。交界之所，此縣拿獲，彼縣亦免處分。至果能

實心查拿者，不論本管地方及別州縣，准以拿獲之多寡交部量予議敘。若該地方官不加意緝拿，或係上司查出，或被旁人告發，俱仍照例處分。

一、凡用銅鐵錫鉛藥煮僞造假銀，或騙人行使發覺爲首者，係旗人，另户枷號兩個月，鞭一百，發黑龍江當差。係家人，枷號兩個月，鞭一百，發黑龍江給披甲之人爲奴。係民，枷號兩個月，杖一百，發雲、貴、兩廣烟瘴少輕地方。爲從及知情買使者，係旗人，枷號一個月，流三千里，折枷號兩個月。鞭一百。係民，枷號兩個月，流三千里，至配所杖一百。

一、凡將銀窆孔傾入銅鉛等物，及用銅鉛等物傾成錠錁，外用銀皮包好，並銅鉛等物每兩內攙實銀二三四五錢不等僞造銀使用者，均照以銅鐵水銀僞造金銀律分別首從擬徒。

一、私造鉛錢爲首及匠人俱擬絞監候，爲從及知情買使者各減一等。

一、凡私造鉛錢，除夥黨鳩工大爐廣鑄至十千文以上者照例定擬外，其鎔化些須鉛觔鑄錢不及十千者，爲首及匠人俱照免死減等例，發往黑龍江等處給披甲人爲奴，爲從及知情行使者依次遞減。

一、凡各省拿獲私鑄之犯，不論砂殼銅錢，爲首及匠人俱擬以斬候，爲從及知情買使者俱發遣爲奴。如受些微雇值挑水、打炭、燒火，及停工散局之後貪其價賤偶爲買使，以及房主、隣佑、總甲、十家長知而不拿獲舉首者，俱照爲從遣罪減一等，杖一百，徒三年。其房主人等並不知情，但失於查察者，杖一百。或有空房別舍誤借匪人，一有見聞立即驅逐未經首捕者，果係並未在場，亦非受賄容隱，俱以不知情科斷。失察各官交部分別議處。官船户夾帶私錢，應照偶爲買使例定擬。同船之人知情不舉首者，照不應重律治罪。押船官交部分別議處。若拿獲銷燬制錢之犯，審實，將爲首者擬以斬決，家產入官，爲從者絞決。仍令該地方官設法密拿，有能拿獲私銷者，地方官交部議敘。失察者，地方官及該管上司交部分別議處，其房主、隣佑、總甲人等知情受賄代爲隱匿者，依爲從例治罪。但知情不首告並未分贓者，照爲從例減一等，杖一百，流三千里。並未知情止於失察者，俱杖一百，旁人首捕審實者，官給賞銀五十兩。至私鑄之犯容有即係私銷之人，承審官拿獲私鑄案犯，必先嚴究有無銷燬情事，倘有私銷確據，即照私銷例從重治罪。

一、凡奸民將制錢剪邊圖利者，審實，即照私銷制錢例分別首從治罪。

一、私鑄銅錢首犯匠人，核其錢數至十千以上，或雖不及十千而私鑄不止一次後經發覺者，照例擬斬監候。其錢數不及十千者，仍照免死減等例改發黑龍江等處給披甲人爲奴。若鑄造未成畏罪中止者，發雲貴、兩廣烟瘴地方嚴加管束。

一、凡私鑄銅錢未成之房主、隣佑、十家長知而不拿獲舉首者，照私鑄已成之房主、隣佑、十家長減二等治罪，杖八十，徒二年，不知情者不坐。其私鑄未成案內有雇令挑水、打炭、燒火之人，亦照已成之受雇人等減二等治罪。

一、私鑄鉛錢之案，如有夥衆開爐至十千以上者，房主、隣佑、總甲、十家長等知而不首，俱杖八十，徒二年。失於查察者，杖八十。

《清朝通典》卷一〇《食貨・錢幣》 臣等謹按：國朝錢幣自太祖、太宗應運龍興，即已頒鑄錢文，所以足國裕民之規模至爲宏遠矣。逮定鼎燕京，府事孔修，內則設寶泉、寶源二局，外則設各省局，凡開停鼓鑄，增減鑪座，無時不以便民爲計。邇自回疆底定，月窟天西，并遵制度，於回城開鑄天朝乾隆通寶錢，俾荒服之人咸資利用，斯固肇興刀布以來所未有之盛烈矣。至若白金之用，本與錢相爲重輕，然此盈彼絀，貴在適中，我朝銀錢兼權，凡錢之多寡俱準銀之重輕，上下流通，允爲良法。茲纂《通典》，於銀色之高下與銀直之重輕，與錢法相比附者，備著於篇。

天命元年，鑄天命通寶錢，依古九府圜法制，鑄錢二品，輪郭外周作字陽起，一爲國書，一漢字。其滿文一品，錢質較大。

天聰元年，鑄天聰通寶錢，式如舊制。

順治元年，京師設户部寶泉局、工部寶源局，鑄順治通寶錢，用漢字，每文重一錢。寶泉局以户部漢右侍郎一人督理錢法，滿漢司官各一人監督局務，尋復設局大使一人。寶源局亦掌於漢右侍郎，置滿漢監督官二人，專司出納。嗣是將錢式頒發河南、陝西兩省，直隸宣府、薊州、山東臨清、陝西延綏等鎮開局鼓鑄。

二年，定錢制每文重一錢二分，凡七文準銀一分，舊錢以十四文準銀一分。

三年，禁用前代舊錢，惟明崇禎錢暫許行使，以銀乃幣之一端，令民間互相行使，嚴假銀及行使低銀之禁。

四年，更定錢直每十文準銀一分，永著爲例。令山西省及密雲、薊、宣、大同、延綏、臨清等依式開局，旋又開盛京、江西、河南、湖廣省會及湖廣之荊州、常德二府鑄局。其有囤積官錢攙和小錢者，申令禁止。

五年，開江南之江寧府鼓鑄局，停盛京、延綏鎮局。

六年，移大同鎮局於陽和城，又開浙江、福建、山東各省鑄局。

七年，開湖廣襄陽、鄖陽二府鑄局。

八年，增定錢制每文重一錢二分五釐，行鈔貫之制，造鈔一十二萬八千一百七十二貫，自後歲以爲額，至十八年停止。又令各布政使司止各設一局，餘悉罷除。

十年，以錢用日廣，錢價漸昂，復開密雲、薊、宣、陽和、臨清等鎮鼓鑄局，鑄一釐字錢，每錢均鑄漢文一釐二字於錢背之左，其右户部鑄户字，工部鑄工字，各直省者均鑄地方一字，務極精工，不如式者罪。每千文準銀一兩，其見行舊制錢仍聽民便。又禁官鑪夾帶私鑄，犯者以枉法贓論。

十二年，定京局制錢配給俸餉之制，每年二月、八月以局錢半成搭放。其直省開鑄地方除搭給兵餉外，兼給官役俸工驛站雜支等項，視局錢多寡隨時酌配。是年開山東萊州府鑄局。

十三年，停浙江鑄局，復移陽和局於大同，改鑄錢幕陽字爲同字。是年裁宣大總督，故陽和局仍移大同焉。

十四年，户部疏言：直省徵納錢糧多係收銀，現今錢多壅滯，應上下流通。請嗣後征納錢糧銀錢兼收，以銀七錢三爲準，永爲定例。從之。時各省鼓鑄甚多，姦民或行盜鑄。上諭：錢法無弊，莫若鼓鑄歸一，令各省鑄鑪一概停止，獨留京局，比舊錢體質更加闊厚，每文重一錢四分，磨鑢精工，兼用滿漢字，一面鑄順治通寶四漢字，一面鑄寶泉二滿字，俾私錢難於僞作。其現行舊錢姑准暫用，俟新錢充足，盡行銷燬。又定私鑄禁例，定各官失察處分，定攙和行使舊錢、私錢禁例。

十七年，復開各省鼓鑄局，增設雲南省局，錢幕兼鑄地名滿漢文，江南江寧府鑄寧字，江西南昌府鑄江字，浙江杭州府鑄浙字，福建福州府鑄福字，湖廣武昌府鑄昌字，河南開封府鑄河字，山東濟南府鑄東字，山西太原府鑄原字，陝西西安府鑄陜字，雲南雲南府鑄雲字，密雲鎮鑄密字，薊鎮鑄薊字，宣府鎮鑄宣字，大同鎮鑄同字，臨清鎮鑄臨字，皆滿漢文各一。每文俱重一錢四分，惟京局之寶源、寶泉俱用滿文。謹按：順治十年所鑄一釐錢幕漢字地名惟江南江寧作江字，江西南昌作昌字，湖廣武昌作武字，餘俱與是年所鑄字同。更定工部寶源局監督差滿漢司官各一人，一年更代。

十八年，議收燬無一釐字舊錢。謹按：順治十年復開密雲、薊、宣、陽和、臨清等鎮鼓鑄局，每錢均鑄漢文一釐二字，其舊行無一釐字錢暫從民便，故有是議。先是，十四年定錢文兼用滿字，其舊錢俟三年後盡行銷燬，至是期滿。户部言：新鑄滿漢文錢尚少，其一釐字錢暫行展限二年，請先收買無一釐字舊錢，每斤給直七分，交局改鑄。減大同鑪局十座，增入山西省城以給太原平陽、潞安、汾州府配給兵餉之用。准御史佘司仁言，於京師直隸各省地方收買私錢及明季舊錢、廢錢，以杜攙和行使之弊。

康熙元年，鑄康熙通寶錢，又以錢價過賤，停止各省鎮鼓鑄局，惟江寧爲駐防重地，仍留鼓鑄。

二年，收買一釐字錢，每斤給直六分，發錢局改鑄新錢。

三年，申定失察私鑄處分，自知縣、吏目、典史及衛所官均有失察之責。

四年，定失察攙和舊錢、廢錢處分，自州縣衛所上至督撫均有失察之責。

六年，復開各省局鎮局鼓鑄，並增湖南、江蘇、甘肅省局，其錢幕滿漢文，湖南長沙府局鑄南字，江蘇蘇州府局鑄蘇字，甘肅鞏昌府局鑄鞏字。謹按：湖廣左右布政使舊駐武昌府，康熙三年，移右布政使於長沙府，改爲湖南布政使司，江南左右布政使駐江寧府，順治十八年，移右布政使於蘇州府，康熙六年改爲蘇州布政使司。陝西左右布政使舊駐西安府，康熙二年，移右布政使於鞏昌府，五年改爲甘肅布政使司。是年以三處分省伊始，故特增鑄局。

七年，定征納國課所收錢文，均照銀七錢三例，配給官役俸工驛站雜支。開四川、廣東、廣西、貴州四省鑄局，其錢幕滿漢文。四川成都府局鑄川字，廣東廣州府局鑄廣字，廣西桂林府局鑄桂字，貴州貴陽府局鑄貴字。

九年，四川巡撫張德地疏言：西蜀僻處邊地，州縣本無存留錢糧，而陸路有棧道之艱，水路有川江之險，若令銀錢兼徵，則起解腳費恐致累民，見在無需錢文之用，請停鼓鑄。經户部議如所請。並以江寧、蘇州、江西、福建、湖北、湖南、河南、山東、山西、陝西、甘肅、廣東、廣西、雲南、貴州十五布政使司錢局開鑄以來，官錢既多，或致壅滯，亦令暫停。明年，並停密雲、薊宣府、大同鑄局。

十年，行收買舊錢、廢錢之令，令民間盡數交官，每斤照銅價給直六分五釐，解局改鑄。

十二年，定私銷制錢禁例。是時錢制精工，民間銅價高昂，燬千錢可得銅八斤有餘，奸民多銷燬制錢造作銅器，御史羅人傑疏請嚴立科條，凡私銷之罪同於私鑄。謹按：是時私鑄之罪，爲首斬決，爲從絞决。行鑄造銅器之禁，民間市肆交易除紅銅鍋及已成銅器不禁外，嗣後一應黄銅器在五斤以下者仍許造賣，其餘不得濫行鑄造。違禁者將銅器入官，並論罪。

十三年，停浙江鑄局。

十四年，停臨清鎮鑄局。

十八年，復開廣西鑄局。定寶泉、寶源二局俱增設滿右侍郎一人督理錢法。又諭令户部、工部、都察院堂官同詣錢局清釐弊端。至部院衙門及直省所有黄銅器皿盡行解部鼓鑄。

十九年，議派滿漢科道各一人稽查錢局，一年更代。開福建漳州府鼓鑄局，錢幕鑄滿漢文漳字。

二十年，停廣西鼓鑄局。

二十一年，停福建漳州鑄局，開雲南省鑄局，增置大理府、禄豐縣、蒙自縣局，錢幕俱鑄雲字。

二十二年，復開湖南鑄局。

二十三年，上以京局二部錢法向以本部侍郎管理，不無隱徇，復行選差詳察積弊，親督鑄造。尋以吏部侍郎陳廷敬、兵部侍郎阿蘭泰、刑部侍郎佛倫、左副都御史馬世濟管理，於是佛倫請增辦寶源局銅斤，令每年按月鑄足二十四卯，不令匠役閒暇出局，以杜私鑄之弊。更令錢制每文重一錢，時銀價昂貴，錢制厚重，民間多私銷牟利。向定制錢千直銀一兩，今銀一兩僅得易錢八九百文。錢法侍郎陳廷敬上言更定錢制，每文止重一錢，既令私銷者無厚利，且可多鑄錢十六萬十九百二十串，每年鑄足四十卯，按卯增鑄。從之。其各省錢局俱令照新定錢式鑄造，定以銅六鉛四配鑄制錢之法。謹按：國初鑄錢，或聽各關於銅額内兼辦鉛斤，或收用廢錢舊器分别生熟銅配鑄，至是始酌定成數，並令各省如式配鑄。惟雲南以鉛礦未開，銅賤鉛貴，准以銅八鉛二配鑄。申定鑪役夾鑄私錢之禁。令錢法侍郎與稽察錢局科道監督等嚴行查究，其有瞻徇縱容者，各官均以失察論。並定步軍統領衙門、巡捕三營官員協同查緝京城内外私銷私鑄，不力者亦併照例議處。

二十四年，復開福建鑄局，罷前代舊錢之禁。時福建巡撫金鋐疏請禁過，經户部議准。上復以問内閣諸臣，學士徐乾學言：古今錢相兼行使，歷代皆然。考梁大同、宋泰始、魏熙平、金大定、明太祖及明嘉靖百六十年來，古今二錢並用，錢亦不壅。況閩處嶺外，負山鄰海，非同内地，聽民兼用古錢似爲至便。於是凡民間攙和行使，及各官失察禁例一切罷除。

二十五年，復開廣東省鑄局，增置肇慶府局，錢幕亦鑄廣字。

二十六年，開湖北鑄局。定户、工二部錢法仍令本部右侍郎督理，停止選差專員。

二十七年，復定工部寶源監督仍差滿漢司官各一人。開福建臺灣府鑄局，錢幕鑄滿漢文臺字。停雲南省各局，雲南舊設鑪四十八座，前已裁減二十四座，至是以錢法壅滯，從總督范承勳請，將雲南省城、禄豐縣、臨安府城、蒙自縣、大理府城五局概行停止。

二十九年，申定錢直不平禁例。仍照順治年定制，每十文準銀一分，市肆交易，每銀一兩毋得不足千文之數，違者罪之。申收買私錢之令。民間私錢准限六月呈繳，照銅價每斤給銀一錢收買改鑄，免其治罪。官不嚴查者，每起罰俸一年。

三十一年，停廣東及福建臺灣府鑄局。

三十三年，令寶泉局每年開鑄三十六卯，每卯用銅鉛五萬斤。

三十四年，停福建鑄局，復開廣東鑄局。

三十五年，復開浙江鑄局，又以湖北昌字錢、湖南南字錢式樣輕小，申禁行使。謹按：二十六年已奉旨嚴加申飭，至是户部議照小錢例依限交收，嗣後務鑄造精工，如仍攙和多鉛，督撫及司道官照例處分。

三十七年，上詣盛京謁陵，見民間所用率多小錢、舊錢，兩局錢使用

者絶少，令廷臣議私鑄之禁，凡内外文武各官失察者均從重處分。是年，停廣東鑄局。

三十八年，議令民間自行銷燬私錢，交官收買，每斤給銀六分五釐，其所收之錢仍於户部處存貯，以便兩局攙和鼓鑄。是年停浙江鑄局。

三十九年，停湖北、湖南鑄局。

四十四年，户工二部疏言：兩局監督向係一年更代，新舊接任，情弊不能即知，應以三年更代。從之。

四十五年，以舊錢價直甚賤，大錢壅滯，復定官爲收買例，並令山西、陝西兩省該管地方官查察關口，如有奸民販運大制錢者，拏獲治罪。是時山東長山縣奸民鑄小錢者多，上特差侍郎恩丕等往捕緝獲。又以既禁私錢，若不收買，流用民間者無日可盡，遂令來年徵收山東錢糧，每銀一兩折錢二千，運至京城增鑪鼓鑄，俟私錢盡而止。

四十七年，議令湖廣舊鑄南字、昌字錢展限行使，以五年爲準，五年後再行者禁。申定失察私錢處分，凡有私鑄及興販不法之徒，該管地方文武官與押運官不行嚴緝察究者，分别知情與不知情依律擬罪。

四十八年，大學士等會議，錢法輕小易於攙和，以致私鑄日多，官錢壅滯，若不稍更舊制，錢法頗難疏通。尋議定仍照順治十四年錢式，改鑄每文重一錢四分，務令分量準足，每千文準銀一兩，舊鑄小制錢每千文準銀七錢，俟三年後新錢足用時，自行銷燬。

五十一年，巡撫潘宗洛以湖南新制大錢尚未敷用，請撥京局大制錢四萬串運往搭放，以三年爲限，俟大錢敷用，將小制錢盡數銷燬。從之。

五十三年，令寶源局每年開鑄三十六卯。

五十五年，令寶泉、寶源二局暫行收買廢銅以充鼓鑄，於是奸民私銷小制錢作廢銅變賣牟利。

五十六年，上諭九卿科道會同户部確議，尋議定：嗣後錢局止許買舊銅器皿，不准買新鑄板塊銅斤，如有燬錢變賣者，通行嚴緝禁止。

至五十八年，並罷收買舊銅之令，停各衙門公費及官俸給錢之例。因寶泉局每年所鑄制錢不敷官工之用，止令配給八旗兵餉，其各衙門應支公費與漢官官俸每錢一串給銀一兩。著爲例。

雍正元年，鑄雍正通寶錢，令寶泉局開鑄四十卯，並令大興、宛平兩縣設立錢行、官牙，議平錢直，毋使低昂，以便交易。其所鑄新錢與順治錢及康熙年間大小制錢相兼行使，頒行天下。增開雲南鼓鑄局四所。時雲南産銅日多，足供鼓鑄，其省城之雲南府及臨安府、大理府、霑益州四處相近銅廠，轉運爲便，故各令開局鼓鑄。省城局鑪二十一座，臨安府局鑪六座，大理府局鑪五座，霑益州局鑪十五座。每年開鑄三十六卯，遇閏加三卯。錢幕鑄滿文寶雲字。嗣後他省鑄錢俱用寶字爲首，次鑄本省一字。更定兵餉搭放制錢之制。先是，户部給發兵餉惟二月、八月銀錢各半搭放，每逢放餉時錢價漸平，過此仍貴，至是從京畿道御史戴芝請更定每兩月一次，銀八錢二兼放，軍民便之。停止稽察寶泉、寶源二局科道官，專委錢法侍郎並滿漢監督加謹鼓鑄以清錢法，其監督更代仍以一年差滿爲例。

二年，令寶源局每年開鑄四十卯，所鑄之錢除給匠役工價外，俱令交送户部以備增搭兵餉之用。

三年，令雲南各局鼓鑄制錢，聽其流通各省，以便民用，不必禁止出境。復申私錢之禁，行使者發黑龍江。

四年，分寶泉局爲四廠，以舊廠爲公署收貯銅鉛，西廠置鑪十四座，東南北三廠各置鑪十二座，共爲正鑪五十座，復於東南西三廠各置勤鑪三座，北廠置勤鑪一座，共爲十座，以備銅鉛多餘加卯鼓鑄。增設大使各一人及筆帖式二人。並令寶泉、寶源二局每年各開鑄四十一卯。申造用黄銅器皿之禁，定限三年呈繳，給價收買，違者照私藏禁物例治罪。嚴定各官收禁私錢不力處分。裁雲南各局鑪七座。

五年，定寶泉、寶源二局以所收銅器於定額外加卯鼓鑄，仍爲四十一卯。定銅鉛各半配鑄制錢例。謹按：雲南各局及後開之貴州、四川兩局，以銅質高低沙水異宜，仍銅六鉛四相配，至乾隆五年改鑄青錢，始照京局之例。是年更定寶源局移交户部放餉錢額，每年本局存留十萬串以備各工取用，其餘皆移交户部放餉。倘遇大工需錢至十萬串不能足用者，另行奏請。行各省舊欠錢糧折收銅器之令。熟銅定價每斤一錢一分九釐有奇，生銅每斤九分五釐有奇，各按成色斤兩抵算。

六年，定寶源局增設新廠鼓鑄，如寶泉局例共正鑪二十五座，勤鑪六座，增設大使二員，於本部筆帖式内揀補。

七年，申定錢值每銀一兩止許换制錢千文。時奉天、直隸等處錢值過賤，故有是令。並令各省一例遵行。令江西、浙江、湖北、湖南、河南、山東、山西各收買銅器，開鼓鑄局，錢幕俱用滿文。江西南昌府局鑄寶昌二字，浙江杭州府局鑄寶浙二字，湖北武昌府局鑄寶武二字，湖南長沙府局鑄寶南二字，河南開封府局鑄寶河二字，山東濟南府局鑄寶濟二字，山西太原府局鑄寶晋二字。是時惟粤西距京遥遠，制錢到粤者少，民間所用多係私錢，每年雖有雲南撥錢二萬串，不敷流轉。尋令於雲南省城、臨安二局歲撥錢六萬串，發運廣西，沿途截留以爲搭放兵餉俸工之用。其易銀還滇，悉如舊例。開貴州畢節縣鑄局，時貴州威寧州採銅有效，大定府境内又産有鉛礦，巡撫張廣泗奏請乃於畢節縣城開局設鑪十座，每年開鑄三十六卯，錢幕鑄滿文寶黔二字。

九年，復定制錢放餉成數，單月以一成搭放，雙月以二成搭放。嗣後以錢數多寡酌定一成二成，或增至三成，按季具奏配給。嚴販運及囤積制錢之禁。開江蘇、安徽鑄局，江蘇設於蘇州府，鑪十二座，安徽設於江寧府，鑪四座。每月各開鑄二卯，其錢幕俱用滿文，各鑄寶蘇、寶安二字。停河南寶河局、山西寶晋局鼓鑄。

十年，更定寶源局監督一年爲滿之令，改爲二年期滿，並定滿漢二員新舊互相更代之例。是年，開四川成都府鼓鑄局，設鑪八座，每年開鑄二十四卯，錢幕滿漢文鑄寶川二字。時陝西錢價昂貴，户部議請雲南歲鑄錢十萬串發往易銀還滇，尋從雲南巡撫張允隨奏請，開設於東川府，設鑪二十八座，錢幕亦鑄寶雲二字，所鑄錢發運陝西。停江蘇寶蘇局及浙江寶浙、湖北寶武、湖南寶南等局鼓鑄。

十二年，復定錢制每文重一錢二分。先是，順治元年每文鑄重一錢，二年改重一錢二分，十四年加至一錢四分。康熙二十三年因銷燬弊多，仍改一錢，嗣因私鑄競起，於四十一年仍復一錢四分之制。至是以銅價加增，錢重銅多，易兹銷燬。奉諭寶泉、寶源二局仍照順治二年例每文重一錢二分，並將錢樣頒行各省，照式鼓鑄。其見行一錢四分之錢亦令一體行(時)〔使〕。開雲南廣南府局鑄錢運京。停湖北、湖南、廣東辦解滇銅。時三省遞年採辦滇銅解部，每百斤費價十四兩五錢。部議若即於滇省照廠價買銅鑄錢，較運京鼓鑄實多節省，應令雲南鑄出錢文運赴漢口，照運陝錢之例，每百斤給水腳銀二兩三錢五分，其附搭漕船運至通州，毋庸議給水腳。至通州運京，應照運銅例每百斤給腳價銀一錢二分八釐，統較從前銅鉛解京運費每百斤三兩之數亦有節省。雲南巡撫張允隨尋請開局於廣南府，設鑪四十九座，照舊例於正額外加帶鑄錢及外耗錢，錢幕亦鑄寶雲二字。其運道令自廣南府城運粤西，另委員運至漢口，聽楚省轉運到部，(運)〔遂〕停湖北、湖南、廣東解辦滇銅。更定寶泉局監督以二月更代，停安徽寶安局鼓鑄。

十三年，陝省錢價漸平，停雲南東川府局撥運陝西錢。是時民間多行使翦邊錢，定翦邊錢禁例及各官失察處分。

乾隆元年，頒行乾隆通寶錢，除用黄銅器皿之禁。户部尚書海望疏言：銅器散用民間相習已久，一旦禁使勿用，則其情有所不便，緩之則互相觀望，急之則百弊叢生，胥吏借此需索，刁民借此訛詐，得賄則賣官法，不得則入人罪，其弊一。民隱既難上達，有司未必皆賢，民間交納銅器或有侵蝕扣尅僅得半價者，或有除去使費空手而歸者，名爲收銅，實爲勒取，其弊二。此等銅質本極粗雜，一經鎔化折耗甚多，而工價不減，在收買之時原費帑金，所得不償所失，其弊三。況黄銅乃係白銅配成，令禁用黄銅而不禁紅銅，則奸匠皆將銷燬制錢攙藥煮白以成器皿，較之未禁之先，不特銅又多費，適以昂其價值而速其銷燬，其弊四。凡此四弊必究其根源以求變通之計。夫自古錢文輕重必隨銅價之低昂增減。上年世宗憲皇帝因私銷之弊，飭九卿議減錢數，每文重一錢二分，所以調劑。夫銅貴錢重者業有成效，固已不必屑屑於禁銅末務矣。嗣後祇於雲南、江浙辦銅之處設官分職，統計部用銅斤採辦，如有餘銅任民販賣，則鼓鑄自得充裕，而於國計民生均屬有益。上是其議。增定雲南餉錢作銀之數，每錢一千二百文作銀一兩配給。

二年，發工部餘錢設官局出易以平錢值。是時京城錢價漸昂，每紋銀一兩易大制錢八百文，部臣議以兑换之柄操於錢鋪之手，而官不司其事，故奸商得以居奇，請將工部節慎庫見存餘錢八萬串，於京城内外開設官錢局十處出易。從之。錢直遂平。

三年，停廣南府鑄運京錢局，令即以原銅按年解京。停山東寶濟局鼓鑄，是年復增四川寶川局鑪七座，共鑪十五座，添銅鼓鑄，以給配支兵餉

及各官養廉之數。

四年，令寶泉、寶源二局錢盡行歸庫，每月加增成數支放兵餉，其鑪頭應領工料每錢千給銀一兩，於四季由户部發兩局監督按數分給。增貴州寶黔局鑪十座，共爲二十座，其添設官兵每月關支餉銀俱以錢文搭放。

五年，改鑄青錢，每紅銅五十斤配合白鉛四十一斤八兩、黑鉛六斤八兩，再加點錫二斤配合鼓鑄，並令開局各省一體如式改鑄，與現在黄錢相兼行使。其錢銷燬錘擊即碎，不能改造器皿，私燬以熄。開福建福州府（鑄）〔局〕，設鑪八座，錢幕滿文鑄寶福二字。復開江蘇寶蘇局，設鑪十六座，浙江寶浙局，設鑪十座，並增雲南鑪局十座及臨安局鑪五座，其錢照青錢式。又以雲南改鑄青錢需用點錫，赴粤採買不易，准其以箇舊廠版錫搭配鼓鑄。

六年，復開雲南東川府鑄局，設鑪二十座，湖南寶南局設鑪五座。定京局淘洗餘銅及工料分給銀錢之例。

七年，户工二部議定二局各開鑄六十一卯以備增搭兵餉，遇閏加鑄四卯。開廣西省城桂林府局，設鑪十座，錢幕滿文鑄寶桂二字。八月，復開江西寶昌局，設鑪六座。

八年，定私鑄鉛錢禁例，凡首從工匠及知情買使與知情不舉首者，分别擬罪有差。開湖北寶武局鼓鑄及雲南大理府鑄局，各設鑪十五座。增定江南餉錢作銀之數，仍照定例每銀一兩給錢一千文，自甲子年爲始。時京城錢價昂貴，九年，令寶泉、寶源二局於定額六（年）〔十〕一卯之外，各加鑄錢十卯，交官局易换。

十年，又命兩局各帶鑄五卯，加鑄二十二卯，並申嚴販運及囤積制錢之禁。尋以錢價漸減，停止官局，其兩局開鑄，仍照原額六十一卯。是年以貴州苗疆漸知用錢交易，總督張廣泗奏請添（請）〔設〕鑪座，遂令加鑄十卯，爲四十六卯，並令江西寶昌局增鑪四座，共爲十座。開廣東廣州府鑄局，設鑪六座，鑄滿文寶廣二字。定用銀用錢事宜。京師錢文自各門嚴查後，價直漸平，而近京州縣仍貴，令地方文武官將天津一帶商船、漕船興販錢文回南者，嚴查禁止。又諭令九卿議定，凡各省修理城垣倉庫領出帑銀，除雇覔匠夫給發工錢外，一應買辦物料毋許以銀易錢，其民間各店鋪零星買賣准其用錢，至總置貨物仍令用銀交易，使商民皆知以銀爲重，不得專使錢文。開保定府鑄局。保定府向未鼓鑄，直隸總督高斌奏請配買漢口鉛錫，設鑪六座，錢幕鑄滿文寶直二字，每年開鑄四十八卯。從之。後以銅斤不敷減鑪二座。

十一年，復增四川寶川局鑪十五座，共爲三十座，以每歲所鑄錢一半撥運陝西搭放兵丁月餉，易銀歸款。鑄工部寶源局督理錢法堂關防，仍照寶泉例一體補給，以昭畫一。

十二年，增湖北寶武局鑪座，仍令鼓鑄大錢。先是湖北鑄局以滇銅不敷鼓鑄，奏准收買漢口鎮商銅改鑄每文重八分小錢，與大制錢同價配餉。至是湖廣總督塞楞額疏言：官局改鑄小錢，計其工料，燬大制錢二千即可鑄小錢三千，盜銷私鑄弊且相因而起。近日漢口商銅頗多，應廣爲收買，仍鑄每文重一錢二分之大錢。並請增鑪五座爲十二座，於配餉之外發江夏、漢陽二縣，設立官局，按市價酌減出易。從之。

十三年，山西巡撫準泰以錢價昂貴，奏請復開寶晋局，設鑪十座，每年開鑄十二卯，除去工價及配給兵餉外，並隨時減價平買以資民用。從之。開陝西鼓鑄局於省城西安府，設鑪十座，錢幕滿文鑄寶陝二字，每年開鑄二十四卯，所鑄之錢設局聽民易换，以平市價。

十四年，停雲南撥運廣西錢，酌減省城鑪局十座，存留二十五座。臨安府局鑪八座，存留八座，鑄錢以敷滇用。是年，增廣西本省寶桂鑪局八座爲二十座，並令廣東寶廣局每年按原定之卯加倍鼓鑄，其從前各鎮協營兵餉未經搭錢者，一例給配。

十五年，令江浙二省錢局加鑪鼓鑄。時以明年聖駕巡幸江浙，商民雲集，乃先期特命截留滇銅於江蘇、浙江二局，加卯開鑄，届期設立官局減價出易，以平市價。嗣後恭遇南巡盛典，皆照例加卯鼓鑄。復開廣南府鑄局，設鑪十五座，每年開鑄三十六卯，除去工價等項，照銀七錢三之例配給曲靖、開化二鎮標及廣羅協廣南營兵餉。

十六年，户工二部議定寶泉、寶源二局額鑄之外，所餘銅鉛錫應各加鑄十卯爲七十一卯。每年添鑄之錢，如遇錢價昂貴，即發八旗米局照市價酌減出易。改撥四川銅斤運陝，於寶陝局另增設鑪局十座，加配鉛錫鼓鑄。裁川省鑪局七座，停鑄運陝錢。

十七年，暫停山西寶晋局七座，復於雲南東川府設鑪二十座鼓鑄，專

搭兵餉。時東川產銅日盛，令就近增開新局，設鑪五十座，亦開鑄三十六卯，以備存貯。其搭放銅鉛工本腳價，每銀一兩仍照兵餉例以一千二百文發給。增湖南寶南局鑪五座，共爲十座，加鑄一倍錢文，增搭兵餉，以每百兩給錢十串作爲一成之數，餘錢仍交官局以時易換。是年，以湖北議修城工，令寶武局照原定之卯加倍開鑄，除工料外，添鑄錢文仍令該局出易還歸鑄本，以所得餘息銀備充公用。復開山西寶晋局，以購買銅斤不敷，較從前酌減鑪四座，止存六座，隨時鼓鑄以需公用，其各營官兵俸餉令照銀七錢三之例配給。

十九年，工部奏言：寶源局按卯鑄錢解交節慎庫者，除給發各工及移交户部放餉外，遞年存積貯庫者三十七萬餘串。查搭放兵餉每月約計需錢七萬餘串，内工部協放僅二萬串，爲數較少。請嗣後工部餉錢每月以三萬串爲例。從之。

二十年，總督黄廷桂以四川議修城工，請更增寶川局鑪三十座，加倍鼓鑄以充公用。從之。

二十一年，令寶源局以每年存積餘銅，於正額七十一卯之外加鑄十卯，以廣流通，俟餘銅用盡，即行停止。時川省餘銅足敷採買。是年增山西寶晋局鑪五座爲十一座。旋令雲南東川府新局内加鑄十八卯，並增湖南寶南局鑪十座爲二十座。其時寶泉局歲鑄額用外，餘錢八萬餘串逐年遞積存庫錢約六十萬串。户部奏准以各衙門應支公費每月需銀九千四百餘兩不等，請照工部各官給發寶源局錢之例，一體改給制錢。

二十二年諭：前代廢錢流傳無幾，如唐宋元明舊錢不妨聽民行使，至僞號錢文例應嚴行禁革，准民間檢出，官爲收買。

二十四年，移貴州畢節縣局於省城貴陽府，加鑄二十六卯。尋定每年六十九卯，除去工價及搭放兵餉等項外，餘錢令官錢鋪發賣以平市價。開西域葉爾羌城鼓鑄局，先是回部葉爾羌、喀什噶爾、和闐城舊有紅銅錢文，名曰普爾，每文重二錢，制小而厚，外有輪郭，中無方孔，每五十文直銀一兩，謂之騰格。至是平定回部，皇上從將軍兆惠請，開局於葉爾羌城，改鑄錢文。特命户部頒發錢式，仍用紅銅，每文重二錢，形如内地制錢較厚，文爲乾隆通寶，用漢字，其幕鑄葉爾羌城名，左國書、右回字。先以預備軍營之銅鑄錢五十萬，易回部舊錢銷燬更鑄，以資回衆之用。仍於各城產銅之地陸續採銅加鑄。又因回疆蕩平，大兵凱旋，經理甘肅一應屯田事宜需錢甚多，酌撥四川省每歲協濟錢十二萬串，湖廣省協濟錢八萬串，按數分運甘省。復增寶南局鑪座，時湖南餘錢不敷解運，巡撫馮鈐奏准於舊鑪二十座外，增鑪二十座加卯鼓鑄，以資協濟。尋以甘省錢文市價大平，將四川、湖廣撥運錢停止。增寶泉局五卯爲七十六卯。

二十六年，開西域阿克蘇城鼓鑄局，亦如葉爾羌之例，惟錢幕鑄阿克蘇城地名，仍置七品伯克二員管理採銅回户，令其歲解紅銅於阿克蘇城及烏什城、庫車城、沙雅爾城、賽哩木城、拜城、哈喇沙爾城等處，以資鼓鑄。令湖南收禁小錢，地方官給價收買。惟前代古錢及康熙年間之小制錢仍聽民便行使。增設户部寶泉局錢法堂司官，滿漢各一人，仍照監督之例，二年更代，酌裁筆帖式二人。

二十九年，開雲南順寧府鼓鑄局，設鑪八座，每年開鑄三十六卯，並照東川新局之例加鑄十八卯，錢幕仍鑄寶雲二字。

三十年，四川總督阿爾泰疏言：川省各營需用賞卹曾請於鹽茶項下支銀萬餘兩，交寶川局每年加鑄二卯。惟重慶、夔州二處仍係營中領本四萬餘兩開典生息，較之錢局加卯鼓鑄相去懸殊，應請將二營官典停止，以所獲息銀及房間什物變價歸本解司，以一萬九千餘兩仍照例交局，隨卯帶鑄，除歸還價本，所餘銀兩足敷添補賞項之用。從之。

三十一年，裁減雲南順寧局加卯鼓鑄，增省城臨安鼓鑄卯期。

三十二年，令寶直局餘銅鑄錢供餉。

三十五年，減雲南鑪座。時雲南錢值過賤，將東川新設鑪二十五座，大理、廣西各十五座，臨安、順寧各八座均行裁減。

三十六年，酌減貴州搭放兵餉錢例，寶黔局鼓鑄錢文向例均以一六搭放俸餉，至是總督彰寶、巡撫李湖先後奏准安籠、威遠等鎮錢價平賤，又離省窵遠，運回每至虧損，停止搭放文武廉俸及書役工食減半搭放，其提標古州鎮標二十一處仍如舊例。減山西寶晋局鑪五座，減江西寶昌局鑪四座。時兩省錢值平賤，官錢陳積稍多。

三十七年，令貴州省局存貯餘錢搭放兵餉。

三十八年，復寶泉局工錢改給銀兩之制，向例局役原定每卯給制錢一千二百四十串，嗣於乾隆四年議准改給銀兩，後因錢價昂貴復經定議給

錢，至二十八九年以來錢價日就平減，匠役按例給銀舊款不符，至是仍改給錢。

三十九年，湖南巡撫覺羅敦福疏言：寶南局錢積至十七萬四千四百餘串，難以流通，請於修巴陵縣城工內減價易銀。從之。

四十年，開伊犁鼓鑄局，錢幕用寶伊字，照內地常行制錢，每文重一錢二分，用紅銅八分四釐、黑鉛三分四釐八毫、點錫一釐二毫鼓鑄。

四十一年，復開雲南省鑪，並增鑪座。時雲南產銅甚多，足資鼓鑄。於東川局增十五座，曲靖府十八座，廣西州復鑪十五座、保山局增四座、大理局三座、省局一座，共五十六座，統舊存鑪共百四十一座，每年每鑪加鑄三十六卯，搭放兵餉外加搭放各廠鹽井工本薪食。又復寶黔局鑪，時滇銅豐旺，又增給廠價採挖日富，而黔省自減鑪以後，官錢既少，市價增昂，至是撥滇銅之餘赴黔鼓鑄，復原減五鑪移於省城。

四十二年，令雲南兵餉以銀錢各半搭放。

四十四年，裁雲南省鑪二十七座，以節省銅斤撥供他省採辦，減廣西鑪四座，以滇省近年出銅較少，止存鑪十二座，其鑪役工食概給以銀。

四十五年，以雲南各廠採銅竭蹶，且距省稍遠，稽察難周。諭令將大理府所設八鑪移歸省局，其東川府只留十座，餘六座並裁。

（清）沈書城《則例便覽》卷二〇《錢法・訪拿私鑄器物》　一、甫經置爐做碓製造錢模尚未鑄錢者，該地方官不實力訪拿，或經上司察出，或別經發覺，該地方官照預先不行查出例降一級調用。

（清）沈書城《則例便覽》卷二〇《錢法・失察剪邊錢文》　一、地方官失察剪邊錢文攙和行使者，每一次降職一級，拿獲私鑄一次者還職一級。

一、失察剪邊燬化，十千以上，不及十千。州縣印捕官每起降三二級調用，府州捕盜同知、通判等官降二一級調用，司道降一級留任，督撫罰俸一年。如數止一千文以下，州縣印捕官降一級留任，其拿獲破案並首犯匠人未獲，或文員拿獲，或武弁拿獲，或鄰境拿獲之處，俱照失察私鑄例辦理。

（清）沈書城《則例便覽》卷二〇《錢法・失察爐户私運銅鐵出廠》

一、管理礦廠官員失察爐户私運銅鐵等項出廠，罰俸一年。

（清）沈書城《則例便覽》卷二〇《錢法・廣西礦廠各上司稽核責成》　一、廣西礦廠該管官倘有以多報少、侵隱偷漏、縱容私宄情事，該總理道員即據實揭參，倘狥隱失察，將該道一併參處。其旬報、季報及奏銷各册俱由該道核實移司彙辦，如有遲延遺漏，亦將該道一併察議。

一、廣西五金並產，凡有礦砂可採，詳明督撫批准試採，均以二年爲限，果有成效，詳請具題抽課，如逾限不報，未經查辦之布政使及不查明具題之巡撫均降二級留任。

（清）沈書城《則例便覽》卷二〇《錢法・外省鑄解樣錢》　一、開鑄省分由部頒給樣錢，鑄出錢文酌解數百文送部查驗，其鼓鑄數目動存工本等項按季造册報部，如所鑄錢文與部頒式樣不符，或樣錢業經頒發不即鑄造，俱罰俸一年。季報遲延，照造報各項文册遲延例，按逾違日期議處。

（清）沈書城《則例便覽》卷二〇《錢法・行使廢錢》　一、明季廢錢及本朝禁革舊錢攙和使用者，失察之州縣每一起降二級調用，府州罰俸一年，司道督撫罰俸六三個月。

（清）沈書城《則例便覽》卷二〇《錢法・私鑄私燬》　一、家僕私鑄銅錢、燬化制錢，其主係官，知情者革職治罪，不知情者降二級留任。賃房之主及鄰佑係官，知情者革職治罪，不知情者降一級留任。其城外居住或園墳等處看守家人私鑄私燬，亦將伊主處分。若此等家人將房賃與外人私鑄燬化，伊主免議。以上自行拿獲，俱免議。

（清）沈書城《則例便覽》卷二〇《錢法・拿獲私鑄私銷議叙議處》

一、官員將私鑄及私銷首夥一案人犯全獲者，每一起紀録一次。如僅獲從犯，其首犯及匠人脱逃者，不准議叙，仍照命案緝凶例勒緝限滿不獲，將承緝接緝各官亦照緝凶例參處。

（清）沈書城《則例便覽》卷二〇《錢法・嚴禁私鑄販賣攙和》

一、失察私鑄錢文販賣攙和，在內五城司坊、外州縣印捕官每起降三級調用，府州捕盜同知、通判等官降二級調用、留任，司道降一級調用、留任，五城御史、各省督撫降一級留任，罰俸一年。再失察竈丁鹽政、運司照督撫、司道例，分司大使照知府、州縣例，均分別議處。其地方官但能訪拿破案，不論年月遠近，俱免失察處分。文、武職拿獲，其武、文職無論同城不同城，各照本

例議處。接壤州縣拿獲，概不准援免。以上有因公出境者免議。至船户夾帶私錢，押船官員知情者革職，不知情者照地方官失察例降三級調用。

（清）沈書城《則例便覽》卷二〇《錢法・滇省銅廠官員考核》 修改。一、滇省銅廠除産銅無多之廠照舊辦理外，餘悉按出銅確數晝分十二股按月核計，以十分之數查參，其欠不及一分者，罰俸六個月。欠一分以上者，罰俸一年。欠二分、三分、四分、五分者，降一級留任、調用。欠六分以上、七分者，降二三級調用。七分以上未及八分及八分以上者，俱革職。缺額各員令於一二月內補足，至三月以後不能補交，查明實係礌銅水淹及廠勢衰微，並非廠員辦理不善而缺額亦止一二分者，仍留廠管辦，統限一年內補足。若一年後不能補交，即行撤回，入於考成册內開參，照例議處。至缺額至三分以上者，仍按月核計查參，照例分別降職、革職，亦仍令其在廠協同催辦，按數補足。如一年後仍不足額，應議革職者即發往新疆效力。倘時非雨水，廠尚可爲，實係廠員任意廢弛以致辦銅短縮，無論所欠分數，俱照例革職，發往新疆效力。如辦銅各員能於月額之外多獲銅觔，至一二三分以上者，紀録一二三次，四五分以上者，加一二級，多者以次遞加。

《兵部處分則例》八旗卷三五《緝私・失察私鑄私燬》 一、在京旗人有犯私鑄私燬及攙和小錢行使事發，該管官知情者革職，私罪。照律治罪，不知情者，佐領、驍騎、校降一級留任，公罪。參領、副參領各罰俸六個月。公罪。都統、副都統各罰俸三個月，公罪。領催照驍騎校處分折鞭責。若本旗人在別旗地方有犯者，本旗該管各官亦照此例議處。【略】

一、家僕有犯，其主知情者照律治罪，不知情者，係官降二級留任，公罪。係平人鞭一百。公罪。鄰佑及賃房之主知情者照律治罪，不知情者，係官降一級留任，公罪。係平人鞭一百。公罪。其城外居住及看墳家人有犯，家主照此例處分。看房家人賃與他人有犯者，家人照房主例處分，家主免議。在屯莊處有犯者，屯領催、守堡照在京領催例處分，家主及該管官俱免議。

一、步軍營所管汛地如有旗人及民人私鑄私燬及攙和小錢行使者，將該汛步軍校降一級留任，罰俸一年，公罪。步軍協尉、副尉降一級留任，公罪。步軍翼尉罰俸六個月，公罪。步軍統領、總兵罰俸三個月。公罪。

一、駐防旗人有犯私鑄私燬及攙和小錢行使者，驍騎校照在京驍騎校例議處，佐領、防禦照在京佐領例議處，協領、總管、城守尉、防守尉照在京參領例議處，將軍、都統、副都統照在京都統、副都統例議處。

一、該管各官有能自行拏獲者，不論年月遠近，俱免其處分。若被文員拏獲及交界處所拏獲，本管武職亦准免議。

《兵部處分則例》緑營卷三六《緝私・奸民剪邊燬化制錢》 一、地方有奸民將制錢剪邊燬化，至十千以上者，將失察之專管官每起降一級調用，公罪。兼轄官每起降一級留任。公罪。不及十千者，專管官每起降一級留任，公罪。兼轄官每起罰俸一年。公罪。如數止一千文以下者，專管官每起罰俸一年，公罪。自行查出究辦者免議，文職查出究辦，武職亦准免議。

《兵部處分則例》緑營卷三六《緝私・失察販賣私錢》 一、地方經紀鋪户有販賣攙和私錢行使，該管官失於查拏者，每起降一級調用，公罪。兼轄官降一級留任，公罪。自行查出究辦者免議，文職查出究辦，武職亦准免議。

《兵部處分則例》緑營卷三六《緝私・拏獲私鑄私燬議叙》 一、地方武職不論本管及別汛地方，有能將私鑄私銷之案訪聞破案，將首犯及匠人立時拏獲者，每一起加一級。

《兵部處分則例》緑營卷三六《緝私・奸民製造錢模》 一、地方有奸民甫經製爐做堆製造錢模尚未鑄錢者，別經發覺，將失察之該地方武職降一級留任，公罪。自行查出究辦免議，文職查出究辦，武職亦准免議。

《兵部處分則例》緑營卷三六《緝私・失察私鑄錢文》 一、地方奸民私鑄錢文，專管官知情故縱者參革治罪。私罪。不知情失於覺察者，每起專管官降一級調用，公罪。兼轄官降一級留任。公罪。自行查出究辦免議，文職查出究辦，武職亦准免議。

一、奸民私鑄私銷之案，如從前失於覺察今能拏獲者，不論年月遠近，俱免其處分。若犯被文職拏獲，及交界處所拏獲，武職亦准免議。如僅獲爲從之犯，而首犯及匠人脱逃者，止免其失察處分，仍照命案緝凶之例勒限嚴緝，六個月限滿不獲，承緝官住俸。公罪。限一年緝拏。二參限滿不獲，罰俸一年。公罪。再限一年緝拏。三參限滿不獲，罰俸二年。公罪。再限一年緝拏。四參限滿不獲，降一級留任。公罪，逃犯照案緝拏。

如承緝官於初參限內離任者，接緝官一年限滿不獲，罰俸一年。公罪。再限一年緝拏不獲，再罰俸一年。公罪。逃犯照案緝拏。初參限外接緝官一年限滿不獲，罰俸一年，公罪。逃犯照案緝拏。承緝官因公出境者免議。

《兵部處分則例》綠營卷三六《緝私・漕船夾帶私錢》 一、漕船運丁如有販買私錢攙和行使，領運官知情任其夾帶者，革職，私罪。不知情者降一級調用。公罪。

《兵部處分則例》綠營卷三六《緝私・失察回空糧船多帶錢文》

一、糧船回空由通至津，每船限定帶錢三串，倘該船內家口較多者，准其零星易換使用，責令押空千總逐船查察，並令張灣通判、務關同知、楊村通判節節防範，天津總兵於過關查驗私鹽之時一併稽查，步軍統領、倉場各衙門、巡漕御史等不時訪察，倘該船於定數之外有多帶錢文者，將該運弁罰俸一年，公罪。同知、通判交吏部議處。

《兵部處分則例》綠營卷三六《緝私・失察剪邊錢文》 一、武職該管地方有剪邊錢文攙和行使，失察之該管官每起罰俸一年。公罪。

《回疆則例》卷六《鑄定錢制》 一、哈密、吐魯番諸城久經內屬，國寶流通一如內地。喀喇沙爾、庫車、沙雅爾、阿克蘇諸城向無制錢，或以銀買賣，或以田地折算，亦有以物易換者。惟喀什噶爾、葉爾羌、和闐諸城，舊有錢幣交易通用，質以紅銅爲之，重二錢，制小而厚，中無孔方，其輪廓亦如內地，名曰普爾。回部舊屬准噶爾，以普爾爲輸納，面鑄準酋之名，背附回字。乾隆二十四年，西陲底定，奏准以豫備軍營鑄炮之銅，于葉爾羌開爐設局改鑄錢文。其輪廓孔方一如內地之制，面用乾隆通寶漢字，以葉爾羌諸地名回字附于背。其重亦以二錢爲度，直銀一分，共鑄錢五十餘萬。易回部舊錢銷毀，毀則續鑄新錢，源源接濟，以資回衆之用。

《回疆則例》卷六《回疆各城普爾錢文鑄乾隆通寶字樣》 一、乾隆三十九年奉上諭：國朝內地鑄錢，自順治年間以來，俱照年號鼓鑄，葉爾羌等處向用準噶爾騰格錢文，乾隆二十四年，平定回部後，毀除準噶爾舊錢，頒給式樣，令鑄乾隆通寶錢文使用，甚屬便益。所有各回城，係朕開廓之地，其錢文理應永遵朕乾隆年號鼓鑄，各回部人等萬年謹守，而朕之子孫亦當萬世奉行，不可援照內地錢制按代改鑄。著交各回部辦事大臣等登記檔案，永遠欽遵。所有不准另行改鑄諭旨亦著交度支部、農工商部一體登記，垂爲定制。欽此。

《回疆則例》卷六《回疆各城普爾錢文鑄嘉慶通寶字樣》 一、嘉慶五年奉上諭：新疆各回城自乾隆二十四年平定後，即鑄造乾隆通寶錢文通行至今，敬思新疆二萬餘里，俱係皇考開拓撫定之區，國寶流行所當萬年敬守，現在阿克蘇請領祖錢式樣，所有新疆等處地方，自應鼓鑄嘉慶錢以資行使，至乾隆錢尤應永遠通行。嗣後，新疆地方鼓鑄乾隆錢二成，嘉慶錢八成，一體行用。萬世子孫，敬謹遵循勿替。欽此。

《回疆則例》卷六《一百普爾錢為一騰格》 一、回部舊制，五十普爾錢爲一騰格，每騰格值銀一兩，自隸版圖錢價日就平減，乾隆二十五年奏准以七十普爾錢爲一騰格，又二十六年奏准以一百普爾錢爲一騰格。

《回疆則例》卷七《阿克蘇鼓鑄普爾錢文》 一、阿克蘇錢局歲收額銅內，按七成銅鑄以一當五普爾錢，每錢一文重一錢二分，背面鑄明五字，按三成銅鑄以一當十普爾錢，每錢一文重一錢五分，背面鑄明十字，圍圓較當五錢文加寬一綫，相間行使，以示區別。

（清）吳振棫《養吉齋叢録》卷二一 葉爾羌等處，舊用準噶爾騰格錢。乾隆間，平定回部，燬準噶爾舊錢，鑄乾隆通寶錢。時以回部各城爲高宗開拓撫定之區，國寶流傳，當永奉乾隆年號，不必隨時改易。三十九年，有旨交回疆辦事大臣並戶、工二部存載。迨嘉慶五年，命回部鑄乾隆錢二成，嘉慶錢八成。

西藏錢，用銀成造。每圓重一錢及五分不等。重一錢者，向來紋銀一兩易換九圓。重五分者，紋銀一兩易換十八圓。餘銀一錢，作火工之費。駐藏大臣派員，督同噶布倫等監造。正面鑄漢字，背面鑄唐古忒字，邊廓鑄造錢年分。

（清）王慶雲《石渠餘紀》卷五《紀錢銅禁令》 從來利孔藪姦，文網所不能制。國初承故明錢法極敝之後，首禁舊錢，官收買以供鼓鑄。惟崇禎錢暫許行用，舊錢每斤給直八分。旋以削平諸藩，禁僭號僞錢，定官爐夾帶私鑄計贓以枉法論。加私鑄爲首絞候律爲斬候，再加爲斬決。時銅不足，每新鑄輒燬舊錢。

康熙初申嚴官員失察私鑄之例，重者至褫職。私銷罪與私鑄同。時奸

徒毀錢製器，獲利以倍，非嚴立科條不能禁止，故網稍密焉。十八年禁市肆鑄造黃銅器具。已成器及五斤以下者不禁。二十四年福建巡撫金鋐以閩省多用前代舊錢，請禁之，下閣臣集議。學士徐乾學議略曰：自古皆古今錢兼行以從民便。考梁太平時詔雜用古今錢。宋泰始時斷新錢，專用古錢。魏熙平初以新鑄五銖及太和錢、古錢通行。金大定中以宋大觀錢一當五用之。明太祖鑄大中通寶錢，與歷代兼行，民咸利之。錢者，歷代通行之貨。自漢五銖以來，未有廢古而專用今者。若隋之盡銷古錢，明天啓以後括古錢充廢銅，此錢之變也。昔時錢法之敝，鵞眼、綖環，無代不有。然歷代之錢尚存。旬日之閒小錢便可淘汰。若舊錢已盡，即良工更鑄，海内之廣，一時難徧，欲一市價而裕民財爲稍難矣。聖祖韙其言爲寬舊錢廢錢之禁。時湖廣所鑄色紅而輕小，乃禁之。四十五年山東請鑄大錢，適命侍郎恩丕緝獲長山縣私鑄，上以不嚴禁私錢而鑄大錢，奸民必毀大鑄小，今鑄私錢必須收取。乃下令來歲山東錢糧每兩折錢二千，俟錢盡時，折收銅器。不出一年，私錢自盡。蓋亦一時之權也。

雍正初禁錢之沙板錘扁翦邊者。四年復嚴禁黃銅器皿，時不禁紅白銅，三品以上許用黃銅。定限三年以後照私藏禁物論罪，製造者照私毁制錢爲從律。《通考》。案是時收銅百斤，給銀十一兩有奇，除工料祇鑄錢八串四百，以銀兩直千計之，是爲十而鑄七。十年申販運囤積之禁。自禁銅以後，私銷愈多。十餘年來京師康熙之錢日少。是雍正十三年諭旨。

乾隆元年户部尚書海望疏陳禁銅四弊，略曰：銅器散在民間，相習既久，一旦禁使勿用，往往遷延而不交，交納而不盡。胥吏需索，刁民訛詐，得賄則賣官法，不得則入人罪，搜括殆盡，用法不均，其弊一。有司未必皆賢，有侵蝕剋扣僅給半價者，有除去使費空手而歸者，名爲收銅，實同勒取，其弊二。此等銅質本極麤雜，加之鏽壞，鎔化耗折，徒費帑金，無益鼓鑄，其弊三。況黃銅乃紅銅配鉛而成，今禁黃銅，不禁紅銅，是又多費紅銅，而適以昂黃銅之價直，速其私燬。且黃銅一禁，白銅轉多，皆奸匠銷燬制錢，攙雜煮白，其弊四。自古銅貴錢重則私銷，銅賤錢輕則私鑄。是以錢文輕重，必隨銅價低昂而增減之。世宗因私銷之弊，飭減分數，每文重一錢二分，所以調劑銅貴錢重者，自有成效，不必屑屑於禁銅之末矣。於是收銅禁銅之令皆停，惟南洋私販銅器者有禁。自改鑄青錢，銷燬之燄以熄，禁鑄用鉛錢。二十二年開廢錢之禁，諭曰：前代廢錢流傳至今，已屬無幾，攙和行使，相沿已久，若盡行查禁，轉使吏役得以滋擾，如唐、宋、元、明舊錢，不妨仍聽民便。至僞號錢文，則當禁革，但辦理不善，恐民情不願。准民間檢出，官爲收换以供鼓鑄。案故明諸藩僞號如宏光、隆武、紹武，皆亡於順治二三年，惟永曆亡於順治十八年，爲稍久。然崎嶇轉徙之閒，所鑄亦僅矣。寬之以收换之，令以俟其自盡。聖人之宏如此。自國初以來，私鑄之禁恒與收繳給價竝行。立法非不寬大，顧民賣禁物於官，愿者畏罪而空輸，黠者翫法而踵至。故臣以爲收買私錢，不獨法不可，亦勢不行也。嘉慶初以小錢收繳，仍未盡訛索賣放，百弊叢生。而民閒行使，均由他處攙雜而來，不清其源，於事無益，乃嚴員匠偷減及奸民私鑄之禁。諭曰：如官無小錢，民無私鑄，弊源可絶。其民閒行使，轉可不必查禁，以免擾累。十四年以京局輪郭模糊，外省偷減儇薄，飭禁之。夫奸民趨利，扞網不顧，必也制錢不過重以啓私銷，不過輕以招私鑄。利權操於上，而奸藪清於下，是亦措刑之一術也。

康熙九年姚文然疏言：臣年來見部中疏通錢法，將存留錢糧，一概收錢放錢，用心甚周，立法甚善。案搭放搭收，歷有舊章。此則存留一概用錢，蓋當時已有此議。

（清）王慶雲《石渠餘紀》卷五《紀户部局鑄》　國初，户部年鑄三十卯，以萬二千八百八十串爲一卯。遇閏加三。康熙、雍正兩朝各增十卯，乾隆六年增二十卯，次年增勤爐十座，年鑄六十一卯，得錢六十九萬餘串。十六年以後因餘銅加鑄，至三十八年定爲七十五卯，歲得錢九十三萬串有奇。末年裁勤爐，復銅六鉛四之制，仍爲三十卯。嘉慶初年漸復，五年設俸爐，鑄搭京俸。後銅鉛不敷，亦旋減旋復。自國初以來，皆户部鑄二，工部鑄一，今則例寶泉局正爐之外，有勤爐、俸爐加鑄，歲出錢百十三萬串，閏加四萬串。寶源局有勤爐，歲出錢五十三萬串，閏加四萬串，各有奇。案近日鑄錢之數，多於往時，而公私均無朽貫之積。一由生齒日繁，多一人即多一人之用，且昔之食時用禮者，今或踵事增華，流轉之數愈多，則錢愈見少；一由銀貴，市票盛行，一兩之銀可以易兩串之票，市肆雖以票易銀，不得不蓄錢以待用，而冒禁私銷者，尚不在此數。此所以鼓鑄日多，而流通日少也。

《通考》案鑄錢之期曰卯，宋以後始有晝卯、點卯之名，蓋取其時之早，相沿既久，遂以一期爲一卯。

案今《則例》，各省局出錢歲額，除山東、河南、安徽、甘肅久已停爐，餘省歲其出錢二百一十一萬餘串，自銀價愈昂，錢本愈貴，大半皆停爐減卯。民用不足，私鑄能無起乎。

鑄大錢説帖

今日之銀，少矣。非獨銀少，錢亦少也。國家歲歲鑄錢，積至於今日，宜乎山不能藏，海不能納矣。然使一月停爐，則局支立匱，況廠耑之告疲，銅運之不繼。其勢岌岌，迫不及待。此猶可蹈常襲故而不思變計哉。今欲不添銅，不加卯，使局錢變少爲多，莫若酌提卯銅，配鑄本直相當之大錢，爲易行而無弊。自銀價昂貴，今之制錢蓋工本二而鑄錢一。局中鑄一串之錢，即糜一串之帑，歲常以數十萬金置之無用之地，此何爲者？誠使以制錢五文工本，鑄當五大錢；以十文工本，鑄當十大錢，是一而鑄一也。雖制錢民閒行用固不可廢，要不妨與大錢配鑄配行，局中減鑄制錢一串，明省一串之虧折，此人所共知，至配鑄大錢一串，隱留一串之盈餘，人或未必知。即知之，又慮其不能行，是在當事者實力講求所以行之之術而已。凡作事謀始，未計其利，先防其弊。前此議加鑄者，必曰收銅。收之不至，則議禁銅，而銅卒不可禁。其請鑄大錢者，又欲以數兩之幣，當百當千，名實乖違，公私欺罔，利未一而弊已百。今但減制錢，鑄大錢，銅斤取諸卯額，經費不必別籌也。一枚工本與一枚價直相當，私鑄無利，又不禁自止矣。且價與工本相當，昔之糜費一倍者，固已節省其半矣。從来貨幣之所以不行，每由上專其利，而下不能流通。如前明造鈔，而禁民用金銀。究之鈔日以輕，金銀日以重，無他，上之所行非其所令也。今欲兼行大錢，不患不能搭放，而患不能搭收，官不收而使民用之，其廢格不行可立而待，故其始必收放相權，立爲規制。及乎鑄漸多，用亦漸廣，利權操於上，而民用便於下。異日之大錢，即今日之制錢。流布轉移，有不必遽期其效者。惟是鑄造之法必精，收放之令必信。設誠致行，存乎其入。今謹條四事於左：

一曰錢制。以今日鑄制錢之工與料鑄大錢，則不如其不鑄。何也？其麤不利用，其脆不久存也。故大錢必選高銅，或加煎煉，勿雜黑鉛砂錫，十分其劑。以康熙二十三年所定銅六鉛四爲準，或近年銅色不高，則照國初以銅七鉛三配鑄。竝見《通考》。其色其質，務與順治、康熙一錢四分重之錢相等。至於銅價、鉛價、工料、局費四項，通謂之錢本。凡當五當十，必計錢本與錢直，名實相副。不妨多費分豪，斷不可吝惜錙銖，以生奸僞。考前明洪武時，鑄當十至當一錢五種。今略仿其法而不用當三當二者，從簡便也。輪郭勿太寬，以免翦邊之弊。

一曰錢工。銅質雖净，鑄冶不精，示人以樸則易於僞爲，而行之不遠。案康熙閒鑄造黄錢，其工有八，曰看火、翻砂、刷灰、雜作，剉邊、滚邊、磨錢，洗眼。治之各以其序，而務極其精。自改鑄青錢，漸至麤雜，惜工省費，日就苟且。今以鑄制錢五文之工食，鑄冶當五者一文，可期磨洗匀净，積至當十，工費加多，枚數加少，自能精益求精。至於爐匠工作，侵盜固所宜禁，麤率亦所必懲。工食務足贍其身家，不使剋扣絲豪，致囂然有疾視之意，庶圜法日久而常新。

一曰搭放。凡大錢用抵制錢與銀搭放，則可；徑以大錢抵銀搭放，則不可。蓋銀價長落無常，錢質一成不易也。今部庫搭放，以制錢一千，準銀一兩，宜仍其舊。惟先就制錢中配放大錢二成，如搭放一串，以制錢八百，當十大錢二十；或制錢八百，當五大錢四十。量配放之數，爲配鑄之數。或分爐，或分卯，必度其宜。大抵配放之始，宜少不宜多。少則易散亦易斂，斂散易則流通疾，流通疾則錢見重，錢見重則存於民者必多，而官無朽貫之慮。疾爲斂之，正所以廣爲散之。此善取不奪之道也。

一曰搭收。或由鹽課，或由關税，此當俟諸異日，而必自户部常捐及雜項倡之，然後法立而人不疑。凡搭收亦以二成爲準，不足乃以銀。民知官之樂爲收也，必争儲以待用，其事猶有不行者乎。至於通變不倦，鼓舞盡神，則必使上與下公其利；欲公其利，莫若以當五之三百六十文，與當十之一百八十文，直制錢一千八百，即許準銀一兩交納。或曰：今銀價每兩二千，如是則便於民不便於官。然自官計之，常時銀一兩鑄錢一串，又以錢一串抵銀一兩，名爲搭放，實無盈餘。今以銀一兩鑄大錢，其直兩串。準直搭放，是一兩之鑄獲二兩之用也。即以一千八百搭收一串之外，尚有八百之餘也。何必取盈於二千之數哉。且使民閒得大錢常有什一之利，商賈通行，民用便利，以視制錢必有倍加實貴者。小利在民，即大

利在國。慎勿藉口於難行哉。或曰：如前所謂搭放之數，既取諸按卯之配鑄而足矣，若復源源搭收，大錢不壅於官乎？然此爲民閒不行用言之耳。民之所棄，而官收之，其壅固宜。誠使鑄爲大錢，質既厚重，工復精純，領之官而有什一之利，納之官而無折閱之慮。不蠹不腐，可藏可沽，獲輕賫倍蓰之便，免短陌攙和之患，其爲流通利用無可疑者。夫一室儲錢百，則萬家有百萬之藏。京師百萬户，可使萬萬大錢流通於下。若乃物則質雜而工麤，法則朝行而夕改。小有通塞，不議停放，輒議停收，出納不平，掊克貽誤，一朝沮格，歸咎於立法之人。平心論之，此人不行法之過邪，抑法不可行之過邪？再考本朝錢法，順治初每文重一錢，七文準銀一分，後更鑄重一錢二分，以新錢七文準銀一分，舊錢十四文準銀一分。是新錢一當二也。十年行一釐錢十文準銀一分。十四年更鑄重一錢四分，新錢一亦當舊錢二。康熙二十三年復爲一錢。四十一年仍爲一錢四分，舊錢十當新錢七。輕重相權，實國家之故事，而非創自今日。至於收納職掌之所，官役勸懲之法，面幕文字之式，在當事者討論故實，熟思審計。取自上裁，非下走之所敢議也。

戊申十一月，江翊雲給諫上請鑄大錢疏，竊意其法可行，惟所請徑以大錢抵銀搭放，爲思之未熟。事下樞府，友人屬爲説帖，因兼取汪衡甫京兆以二千搭放，以一千八百搭收之議，率成四條。會事寢未上。其年十二月，五城禁市肆私錢短陌，不數日銀價每兩由二千驟減至一千四五百文。時民閒方倚錢度歲，典物者質庫不肯納，一時譁然。卒弛禁而銀復昂然。則今日錢價之賤，由局錢不精，奸僞溷雜。是篇所言，銀少錢亦少者，非意之也。

（清）王慶雲《石渠餘紀》卷五《紀制錢品式》　聖清太祖肇基東土，丙辰建元，鑄天命通寶錢，分滿漢文二品。天聰紀元，鑄錢如舊制。世祖奄有天下，置寶泉局於户部，寶源局於工部，明直省局皆稱泉源。鑄順治通寶錢，頒行各省開爐鼓鑄。自後列聖改元，沿爲故事。惟純廟行授受大典，嘗令乾隆、嘉慶各半分鑄。後改乾隆二成，六年乃全鑄嘉慶。順治之錢有數品，初有一錢、一錢二分、一錢二分五釐三品，其幕初無文。十年增鑄漢文一釐於幕之左，其右京局鑄户工，各省鑄局名，亦有單鑄一字者。十四年更鑄重錢，重一錢四分。圜函輝潤，近古罕比。凡錢圜徑十分寸之八。凡鑄錢先鏨鑿塊銅曰祖錢，乃鑄無文而圜者，曰母錢。然後印鑄函方而成制錢。凡鑄治之工八，曰看火、翻沙、刷灰、雜作、剉邊、滾邊、磨錢、洗眼，治之各以其序。於是始兼用滿漢文。京局曰源若泉，直省則以局名。江寧曰寧，一釐錢曰江。江西曰江，一釐錢曰昌。浙江曰浙。福建曰福。湖廣曰昌，一釐錢曰武。河南曰河。山東曰東。山西曰原。陝西曰陝。雲南曰雲。其密雲、薊鎮、宣府、臨清、大同，則用密、薊、宣、臨、同字。大同局先設陽和，文亦曰陽。以辨良楛，而殿最之。各省有分局。各府、各鎮者，旋開旋停。

康熙初年增設各省局，其文湖南曰南，江蘇曰蘇，甘肅曰鞏。時布政司駐鞏昌，此局旋罷。四川曰川，廣東曰廣，廣西曰桂，貴州曰貴，後開福建臺灣、漳州兩局，文曰臺，曰漳。二十三年定鑄錢之齊以銅六鉛四，蓋銅性燥烈，必和以鉛。唐宋以來皆用之。明之四火黄銅，二火黄銅，即紅銅與白鉛相和而成者。先是，各局鼓鑄，或關差採辦銅鉛，或官收廢銅舊器，分生熟銅配鑄。大率以銅七鉛三爲準，至是始定分數遵行。是年鑄輕錢。四十一年復重錢。故康熙錢有輕重二品。輕錢重一錢，重錢重一錢四分。

雍正錢亦二品，元年令各省錢幕用滿文鑄局名二字，是爲後此遵行之定式。五年改錢齊爲銅、鉛各半。七年更定各省錢文。直隸曰寶直，江西曰寶昌，湖北曰寶武，山東曰寶濟，山西曰寶晋，雲南東川曰寶東。旋開江蘇、安徽錢局，文曰寶蘇、寶安。十二年改錢重爲一錢二分。

乾隆五年以私燬者多，改鑄青錢。浙江布政使張若震奏，言錢價之貴，由於私燬。訪之爐匠，咸云配合銅鉛，加入點錫，即成青錢。唐謂之白錢。銷燬無利，山藪之奸可不禁自止。令户部試鑄百分，其齊紅銅仍五十分，減白鉛爲四十一分有半，用黑鉛六分有半，加點錫二分。所鑄青錢，試鎔爲銅，錘擊即碎，不能更造器具。時再試以接爐提銅之法，每串僅復原銅二十二兩。廷議以可杜私銷。照式頒行。歷代黄錢之法，至是一變。雖暫免銷燬，然質雜而脃，其易於消磨則一也。自雍正改爲一錢二分，輕重適中。後雖錢齊不同，而品式無改，惟供用内廷者爲樣錢，樣錢百重一斤，其齊仍銅六鉛四。又案：《見行則例》，京局配鑄凡百斤，用紅銅五十四斤，白鉛四十二斤又四分斤之三，黑鉛三斤又四分斤之一。各省局或純用白鉛，或雜黑鉛，而皆不用點錫云。

（清）王慶雲《石渠餘紀》卷五《附載洋錢》　閩廣近海之地，多行

洋錢，來自西南二洋。約有數等，大者曰馬錢，爲海馬形；次曰花邊；次曰十字。花邊大者重七錢有奇，鑄宫室人物，環以番字。《漢書》言安息、大秦諸國用銀錢是也。質不及銀，而價視銀爲高下。始番舶捆載而來，歲數百萬，與東南貨幣相流通。顧昔以洋錢易貨而來，今以貨易銀而去。其流入内地者，鏨鑿銷耗，亦漸以難得矣。

（清）王慶雲《石渠餘紀》卷五《附載新疆西藏錢》　西藏葉爾羌市易用普爾錢，紅銅爲之，重二錢，制小而厚，外有輪郭，中無方孔。每五十謂之騰格。舊以此輸準夷之賦。策旺阿拉布坦時錢面鑄其名，用準字，背回字，噶爾丹策凌亦如之。我朝平定回疆，仍以此輸賦。乾隆二十四年以後，開葉爾羌阿克蘇錢局，即其地徵銅萬斤鑄制錢，仍其俗用紅銅，枚重二錢，幕鑄城名，左滿文，右回文。更定百普爾爲一騰格，準銀一兩。四十年平伊犂，設寶伊局。面文皆如内地。伊犂鑄錢每千需銅料銀三兩八錢，顧皆賦糧折納，不由採辦。五十二年折給七城兵丁鹽菜百六十，準銀一兩。嘉慶以後仍兼鑄乾隆錢，以準回諸部皆高宗所戡定也。自西藏隸我版圖，以地不產銅，令寶藏局及商工鑄銀錢，面漢字，幕唐古忒字，邊郭鑄年分。重者一錢，輕者五分。其準銀皆長十之一，爲工火費。《唐書》謂泥婆羅國錢不穿孔。《三朝國史》謂天竺錢實其中不穿貫。今西北之錢猶其遺制也。今伊犂各城雜賦普爾錢九百萬有奇。

《大清會典事例》卷二一四《户部·錢法·京局鼓鑄》　順治元年，置户部寶泉局，設鑪五十座，鑄順治通寶錢，一面鑄寶泉二字，用清文，一面鑄年號，用漢文，頒行天下。每文重一錢，以紅銅七成、白鉛三成配搭鼓鑄。每銅百斤准耗十二斤，支給匠工物料等項錢二千六百九十五文。京局每年額鑄錢三十卯，以萬二千八百八十串爲一卯。遇閏加鑄三卯。

二年題准：鑄錢每文重一錢二分。

八年議准：寶泉局鼓鑄制錢，每文改重一錢二分五釐，不得輕重違式。

十年題准：鑄造制錢務令精工，背鑄漢文一釐兩字，户部增一漢文户字，鑄不合式者參究。

十四年題准：寶泉局鑄錢改重一錢四分。

十八年題准：鑄康熙通寶制錢，頒行天下。

康熙二十三年議准：鼓鑄制錢每文重一錢，每年額鑄錢四十卯。

四十一年覆准：寶泉局鼓鑄制錢仍照順治十四年錢式，每文重一錢四分，每銅百斤准耗九斤，支給匠工物料等項錢一千九百七十四文。

六十一年題准：鑄雍正通寶制錢，頒行天下。

雍正四年奏准：寶泉局於舊例四十卯外加鑄一卯。

五年定：嗣後銅鉛各半配搭鼓鑄。

六年奏准：寶泉局收現存黄銅器皿一百餘萬斤，於原定額鑄卯錢外陸續加鑄錢九卯。

十二年題准：制錢改鑄一錢二分，頒行開鑄省分，照式鼓鑄。

十三年題准：鑄乾隆通寶制錢，頒行天下。

乾隆四年奏准：寶泉局鑄錢每錢一萬串給鑪頭工料錢二千二百串，每一串折銀一兩，於正四七十等月，按季按卯，由部頒發監督，按名分給。

五年議准：嗣後寶泉、寶源二局鼓鑄，按銅鉛一百斤、内用紅銅五十斤、白鉛四十一斤八兩、黑鉛六斤八兩、點銅錫二斤配搭改鑄青錢，與舊鑄黄錢一同行用。

六年奏准：寶泉局加鑄錢二十卯。又奏准：寶泉局物料，每錢一串仍給銀一兩，其工價仍照原議，每卯給錢二十三串四百七十六文，鑪頭領錢，照市價易銀給發匠人。

七年議准：寶泉局增勤鑪十座，每年鼓鑄六十一卯，净餉錢六十九萬二千九十七串五百九十九文。遇閏加鑄四卯，共净餉錢七十三萬七千三百九十四串三百九十九文。

十六年奏准：寶泉局每年額解銅四百十餘萬斤，除額鑄錢六十一卯，每年應用銅三百三十八萬餘斤，賸銅七十二萬餘斤，黑白鉛錫亦有餘賸，及節年餘存滇銅、黑白鉛錫等項約計七百餘萬斤，應於額鑄之外每年加鑄十卯，需銅五十五萬五千餘斤，白鉛三十八萬五千餘斤，黑鉛六萬六千餘斤，高錫二萬餘斤，每年可增得錢十一萬三千餘串。如遇京城錢價高昂，發八旗米局照市價平減零星易换，則錢可通流，與民有益。

十七年覆准：寶泉局歲底鑄供内廷錢文以紅銅六成、白鉛四成配鑄，每文鑄重一錢六分。

二十五年奏准：寶泉局於額鑄七十一卯之外添鑄五卯。

三十八年奏准：寶泉局停止一卯，歲鑄七十五卯。每卯鑄錢一萬二千四百八十串，加補串繩分兩錢十八串。又奏准：寶泉局鑪匠工食原定每卯給制錢一千一百七十三串，令鑪頭易銀給發。今錢價日就平減，仍舊改給銀兩，按照時價酌中覈給。每年七十五卯發銀十萬二千三百四十五兩三錢，由局按季赴部支領，存儲局庫，按月給發。其所需鑄錢物料向於部庫按四季領銀，歲共七萬三千八十兩，令鑪頭備辦。今工錢改給銀兩，將此項工錢改發料錢，每料錢銀一兩覈給制錢九百文，每年共給制錢六萬五千七百七十二串。

五十九年奏准：寶泉局減鑄錢二十卯。又奏准：寶泉局裁勤鑪十座，再減鑄錢二十五卯，每年鼓鑄三十卯，以銅六成、白鉛四成配搭鼓鑄。

六十年奏准：寶泉、寶源二局自嘉慶元年爲始，乾隆、嘉慶年號錢文各半分鑄，各直省衛藏一律辦理，其新疆等處照舊遵行。

嘉慶元年欽奉敕旨：上年皇帝率同户工部臣奏請各省開鑄乾隆、嘉慶錢文各半分鑄，業經允准。今思朕臨御六十年，乾隆錢文各直省流行較多，著有鼓鑄省分各督撫將嘉慶年號錢文照例全行開鑄，户工二局著將乾隆錢改爲二成，嘉慶錢改爲八成鼓鑄，使新式錢文廣爲流通。又奏准：寶泉局加鑄十卯。

四年諭：前因民間錢價日賤，飭令京局及外省俱各減卯停鑄。嗣因各該省所減之卯多已照舊鼓鑄，惟户工二局尚未復舊。著户部將前停鑄之三十五卯先復十七卯，工部停鑄之三十卯先復十五卯。又諭：自增卯以來，錢價仍未甚平，所有户工二局俱著全復舊卯。又議准：寶泉局鼓鑄每一百斤用銅五十二斤，白鉛四十一斤八兩，黑鉛六斤八兩，三色配鑄。

五年奏准：湖南、貴州二省黑鉛短絀，配鑄錢文減用黑鉛二斤四兩，即將所減黑鉛加添滇銅二斤、白鉛一斤四兩。又奏准：寶泉局添設俸鑪十三座，每年加鑄十六卯，所鑄錢文搭放京員俸祿，並復勤鑪十座。

六年奏准：寶泉、寶源二局全鑄嘉慶通寶錢文，頒行天下。

九年奏准：寶泉局裁俸鑪十三座，減鑄十六卯。又奏准：寶泉局庫儲銅鉛不敷，本年十一、十二兩月各暫行減鑄一卯，明年正月至五月每月暫減二卯。

十年奏准：寶泉局本年六七八三箇月、明年三四五三箇月各暫行減鑄半卯，每銅鉛百斤内減去白鉛五斤，加添洋銅二斤，高錫一斤八兩，黑鉛一斤八兩，暫行通融配鑄。

十一年奏准：寶泉局自本年七月至十月各加鑄半卯，十一月至明年二月各加鑄一卯，三月至十一月各加鑄一卯半，停配高錫洋銅，仍照定例以滇銅、白黑鉛三色配鑄。

二十一年奏准：户工二局所鑄錢文銖兩較前加重，料錢轉減，鑪頭等辦公拮据，將從前料價增復。所增錢文在户局積存錢内撥出十五萬串，作銀十五萬兩，交長蘆發商營運，按月一分生息，每年所得息銀一萬八千兩，遇閏加增，除抵給料銀外，餘銀交部。又奏准：寶泉局額鑄卯錢每月分解内務府二千串，以爲廣儲司等處辦公之用，下賸錢文全數解交部庫。又奏准：寶泉局卯錢按月解庫，由局派大使一員帶同鑪頭數人運送到庫，每錢十串繫一木牌，填寫鑪頭姓名以備稽考。如無鑪頭姓名，即行駁回。庫員照官定斤兩用秤驗收，如有短少，惟局員是問。又奏准：每月局鑄卯錢，局文到部，廣西司限五日内辦具印付庫，銀庫以付庫到日起限十日内儘數收完。

二十五年題准：鑄道光通寶制錢，頒行天下。

道光二年奏准：寶泉局庫存銅鉛等項，自道光四年爲始，每届五年盤查一次，户部與錢法衙門相間輪流經理。

十一年奏准：恭進内廷大樣錢文，以制錢抵用，用樣錢串穿妥。

三十年題准：鑄咸豐通寶制錢，頒行天下。

咸豐三年奏准：户工二局之錢按國初舊制改鑄重一錢。又議准：寶泉局每月鼓鑄制錢六卯内減鑄一卯，改鑄當十大錢，每文重六錢，按銅七鉛三配鑄。又議准：試鑄當五十大錢，每文重一兩八錢，將官員捐繳銅斤内擇精好者按銅七成、錫一成半、鉛一成半酌量加鑄，用咸豐重寶字樣。又奏准：寶泉局額鑄六卯，留三卯鑄一錢重制錢，以兩卯鑄六錢重當十大錢，以一卯鑄一兩八錢重當五十大錢。又議准：添鑄當千、當五百、當百大錢。當千大錢鑄重二兩，當五百大錢鑄重一兩六錢，當百大錢鑄重一兩四錢。錢面用咸豐元寶字樣，錢背仍用局名清文及當千、當五

百、當百漢字。用十成浄銅，將當千、當五百大錢鑄成紫色，用滇銅七成、錫鉛三成。將當百大錢鑄成黄色。三項皆令鏇邊、銼磨之後加以水磨，紋痕俱浄，光潤如鏡。至當五十大錢每文減爲一兩二錢，當十大錢每文減爲四錢四分，仍用滇銅七成、錫鉛三成配鑄。又奏准：鑄當十鐵錢。

四年奏准：寶泉局每月鑄六卯錢，留二卯鑄制錢，以二卯鑄當十大錢，以一卯三分鑄當五十大錢，以半卯二分鑄當百大錢。至當千、當五百大錢，於局存銅斤内酌提十成浄高銅，試鑄二兩重當千大錢二萬九千一百一十四箇，一兩六錢重當五百大錢五萬四千五百八十八箇，二共合抵制錢五萬六千四百餘串。至應領工銀料錢，當千大錢每文按鑄制錢七十六文工銀覈給，當五百大錢每文按鑄制錢六十文工銀覈給，料錢減半，當百大錢每文按鑄制錢三十文工銀、二十文料錢之數覈給，當五十大錢每文按鑄制錢十六文工料之數覈給，當十大錢每文按鑄制錢七文工料之數覈給。至二卯制錢工銀料錢仍照舊章辦理。又奏准：寶泉局每月鼓鑄制錢及各項大錢，該鑪頭匠役等應領工食銀兩以七成現銀支放，其餘三成以各項大錢及制錢每兩按京錢四吊覈算搭放，於該局鼓鑄卯錢内扣存給發，每月節省銀三千餘兩。又奏准：鑄當五鐵錢，每文重二錢四分，鐵制錢每文重一錢二分。又奏准：停鑄當五百、當千大錢，將此項銅斤改鑄當百大錢一千四百一十串五百零，再鑄當五十大錢一千五百五十四串零。又奏准：鼓鑄兩卯鉛制錢二萬四千九百九十餘串，每文重一錢二分，配用八成白鉛、二成黑鉛。又鑄當二百、三百、四百大錢，旋即奏准：停鑄。又奏准：寶泉局每月鼓鑄錢文按十成計算，鑄當百大錢二成，當五十大錢二成，其餘六成添鑄當十大錢，並鉛制錢下短若干，再由鐵錢局提出鐵錢湊足數目，計劃分半卯五釐，按銅七、鉛三配鑄當百大錢四百三十串九百九十文，外補串繩分兩當百錢六百二十二文，共抵制錢四萬三千一百六十一串二百文，劃分半卯四分五釐。按銅七、鉛三配鑄當五十大錢八百六十八串五百九文，外補串繩分兩當五十錢一串二百五十三文，共抵制錢四萬三千四百八十八串一百文，又二卯半。按銅七、鉛三配鑄當十大錢六千二百三十三串二百七十文，外補串繩分兩當十錢八串九百九十文，共抵制錢六萬二千四百二十三串六百文，又鑄二卯半鉛制錢三萬一千二百串文，外補串繩分兩制錢四十五串文，共制錢三萬一千二百四十五串文。以上各項大錢及制錢共合制錢十八萬三百十七串九百文。

五年奏准：寶泉局停鑄當百、當五十大錢。又奏准：寶泉局因銅鉛短絀，每月改鑄二卯半當十大錢，二卯半制錢。

七年奏准：寶泉局酌減卯額，每月鑄二卯當十大錢，一卯半制錢。又奏准：寶泉局每月鑄一卯半制錢，均改鑄當十大錢，計每月鑄三卯半當十大錢。

九年奏准：停鑄鐵錢。

同治六年奏准：寶泉局鼓鑄當十大錢，每文改爲三錢二分，用同治重寶字樣。又奏准：寶泉局鼓鑄卯錢，責成大使專司監視，有輕小不如式者，押令回鑪，卯錢運局，先由監督查驗，儻有輕小錢文，當堂捶碎，仍將大使揭參。錢法侍郎臨驗卯錢，如有輕小錢文，即將監督一併參辦。各廠運錢赴局交庫，均令該監督大使先期知會地面，如未經知會，各廠私自運錢，即由地面官查拏送究。又奏准：寶泉局四廠由步軍統領衙門添設兵丁十名梭巡，每名每月部庫津貼口分錢文折給銀一兩二錢，不得截留卯錢。

光緒元年奏准：户工兩局鼓鑄當十大錢，用光緒重寶字樣。

二年奏准：户工兩局鼓鑄當十大錢，改爲銅六、鉛四，每百斤用銅六十斤，配用白黑鉛四十斤，毋庸加給色耗，亦毋庸另除鑪耗。

六年奏准：寶泉局發放各處銅鉛時，先期呈由錢法侍郎派委錢法司員眼同給發，仍令該監督將收發數目開具簡明四柱，隨時報部稽覈。

九年奏准：户工兩局鼓鑄當十大錢，每文銅鉛以二錢九分重發鑪，除去磨鏇折耗三分，浄重二錢六分。

十二年奏准：寶泉局停鑄當十大錢。

十三年奏准：寶泉局就現有鑪座先行鼓鑄制錢，用光緒通寶字樣。又奏准：寶泉局鼓鑄制錢，按銅六成鉛四成内搭黄銅一成配鑄。

《大清會典事例》卷二二〇《户部·錢法·錢價》 順治二年題准：改鑄新錢，每七錢準銀一分，舊鑄錢每十四錢準銀一分，官以此徵收，民以此輸納，聽便行使。三年題准：禁用舊錢，送部者每斤給價八分。四年定：每十錢準銀一分。

康熙二十九年議准：制錢務照定例，每銀一兩不得不足一千之數。

四十一年議准：改鑄新制錢，每千作銀一兩，舊制錢每千作銀七錢，俟三年滿日，將舊錢停其使用。六十年議准：京城制錢向來市價每銀一兩易錢八百八十文，今每銀一兩易錢七百八十文，錢價日貴，民用甚艱。嗣後將賣米所收制錢令五城照市價易銀交庫，俟錢價稍平，即行停止。六十一年議准：於大宛兩縣設立官牙，將錢價議平買賣，現鑄雍正通寶制錢並康熙大小制錢攙和使用。

雍正三年諭：雲南、四川鼓鑄制錢恐各省禁止不許出境，著行文該督撫聽其流通各省，以便民用。七年諭：錢爲國寶，固必流通以利民。然必權衡輕重，使得其平，方能便民用而無弊。若錢價過賤，民間貿易之際物價必致虧損，而姦弊從此而起。嗣後每銀一兩止許換大制錢一千，著行文直省一例遵行。十二年題准：大宛二縣額設錢牙，均令分五城地方酌量錢價貴賤以平時值。每十日令牙户親身赴部報價一次，務令錢價平減，以便民用。並令步軍統領、順天府尹、巡視五城御史嚴行稽查，儻有聚集一處私立罰規，暗中串通，高擡價值者，送部治罪。其牙户選擇殷實良民承充。

乾隆三年奏准：錢行經紀概行革除，凡銀錢交易聽民自相買賣，儻有藉經紀名色從中阻撓者，所在地方官嚴拏究治。九年諭：江南搭放餉銀，自乾隆九年爲始，仍照定例每銀一兩給錢一千，其錢局公費運錢水腳准其動項報銷，不敷成本准其銷算。至現在鼓鑄省分，如有折扣搭給者，亦一例加恩，照江南之例給發。又議准：嗣後應官發錢者仍用錢外，其他應支領銀者，即以銀給發，不得復以錢代。如直省興修水利城工，坐糧廳赴東採買布疋等類，及各省修理城垣、倉庫、營房、衙署等項，領出帑銀，除雇覓匠夫給發工價外，其一應辦買物料等項，如開有易錢給發者，該管上司即行查禁。至民間日用自當用銀，除零星布帛菽粟之類准其用錢外，至鋪店向行家成總置買貨物，均令用銀交易，不得用錢。行令直省該地方官徧行出示曉諭。三十六年諭：錢法貴於流通，近日錢價頓平，自由鑄錢日多之故。今各省皆請減鑪座，此後官鑄錢文即不能如前充裕，設市儈探知其故，難免無藉口居奇，復增錢價，於錢法甚有關礙，不可不豫爲籌畫。著傳諭各督撫務須通盤籌計，期使錢值常平，方爲妥善。五十一年覆准：各省市換錢價長落隨時，行令將市換錢價有無增昂按月查明，按季報部，以憑查覈。

嘉慶九年諭：户部等衙門議覆朱桓條奏京城錢價過昂，請嚴察積弊禁止居奇以便民生等因一摺。國家設局鑄錢，原以利用便民，而錢價之昂貴，總不外局中短鑄及姦商私毁二端。京城寶泉、寶源二局按卯兑發銅鉛，鼓鑄錢數自有定額，該錢法侍郎自應督飭各該監督釐剔弊竇，實心經理。而姦商私毁之弊即京師亦所不免，著步軍統領衙門嚴密訪拏，以清弊源。至外省設立錢局，按卯鼓鑄何以錢價騰貴更甚於京師，自由各該督撫及各該地方官不實力督辦，或係局中短鑄，或有姦徒私毁，以致錢文不能充裕，價值日昂。嗣後各直省督撫當轉飭各地方官一體嚴察，如查有短鑄及私毁情弊，立即查拏懲辦，毋得視爲具文。

道光八年諭：陶澍奏蘇州銀價昂貴，暫借銅鉛工本銀兩發換制錢以平市價一摺。蘇州省城因近來商貨未能流通，又多匯票往來，銀價頓增。現值上忙開徵，民間易銀納賦較之往時多寡懸殊，商民均多未便。自係實在情形，著准其於司庫現存錢價銀內借撥銀二十萬兩，由蘇州府督同長元吴三縣陸續具領，發换制錢，解局收貯。一俟銀價平減，仍飭該府等易銀解還司庫歸款。如借撥之項尚未發完，而銀價已經平減，即行停止發換。該撫即責成該府縣認真查察，毋任牙行經紀等抑勒擾累。據奏寶蘇局庫現存餉錢六萬餘串，尚敷數月搭放兵餉之用，所有未鑄道光七年五卯錢文亦准其暫停鼓鑄。又諭：楊國楨奏請籌發銀兩易錢暫貯以平市價一摺。前因江南銀價昂貴，經陶澍奏准：撥銀易錢。茲據該撫查明，現在豫省採辦歲料錢價尚平，瞬屆歲暮，各商賈以錢易銀，農民糶賣糧石，均係用錢，彼時更受錢賤之累，似應設法調劑。著照所請撥發銀二十萬兩，由司庫發給府縣，易換制錢貯庫。儻撥項尚未發完而銀價已減，著即停止。將來該省例支河工歲修等項易錢應用，即照市價銀兩內三成搭放。其扣存銀兩以次歸還原款，該撫務飭所屬覈實辦理，以平市價而裕國課。十年，京城錢價每銀一兩合制錢一千一百文。二十一年，京城錢價每銀一兩合制錢一千三百文。

咸豐三年，京城錢價每銀一兩換制錢二串。四年奏准：京師兑換銀錢以錢市爲總匯，向來銀錢交易均由牙行經紀逐日定價，應嚴飭錢市經紀牙行人等，於大錢交易之時，照錢面數目字樣行使，不准折減。又奏准：

河南錢價制錢一千六百文作銀一兩。十一年奏准：京錢二十千折給實銀一兩。

同治七年，京城錢價每銀一兩合制錢一千二百文。

光緒七年，京城錢價每庫平銀一兩合制錢一千七百文。

《大清會典事例》卷二一九《户部·錢法·直省鼓鑄》 順治元年定：鑄成順治通寶樣錢頒發河南、陝西兩省，直隸宣府薊州、山東臨清、陝西延綏等鎮，開鑪鼓鑄，令布政使司總理，就近道員、府同知、通判分管。

二年題准：山西省城及大同、密雲二鎮開鑄。

三年定湖廣及荊州鎮開鑄。

四年題准：盛京、河南、江西、甘肅、廣東、湖南之常德府各開局鼓鑄。

五年議准：江南江寧府設廠開鑄，停陝西延綏鎮及盛京局。

六年定山東、浙江、福建各設局鼓鑄，移大同局於陽和。

七年定湖北之武昌、襄陽二府各開鑪鼓鑄。

八年議准：各布政使司止各開一局，餘皆停止。

九年，停湖廣常德、襄陽二局，令荊州、鄖陽各設局開鑄。又題准：各省鑄錢責成各該衙門按季報部，歲終彙册奏銷。

十年題准：各省鑄造制錢，背鑄一釐兩漢字，各增本省一字，宣府宣字，薊州薊字，山東東字，臨清臨字，太原原字，陽和陽字，河南河字，江寧江字，浙江浙字，福建福字，武昌昌字，陝西陝字，清漢各一字，鑄不合式者參究。

十二年，山東萊州府設鑪鼓鑄。

十三年議准：各省鼓鑄，如樣錢頒發而鑄造遲延，並季報愆期，鑄制錢粗壞者，皆罰俸一年。又覆准：移山西陽和局於大同，改鑄清漢同字。

十四年題准：停止各省鑄局。

十七年，復設各省鼓鑄，江南江寧府改鑄寧字，江西南昌府背鑄江字，雲南亦令開鑄，背鑄雲字，均清漢文各一。

十八年題准：鑄成康熙通寶樣錢，頒發省局依式鑄造。

康熙元年定：停各省鑄錢，止留江寧局。

六年，復開各省鼓鑄，增設湖南及江南蘇州府、陝西鞏昌府鑄局，照式鑄地名各一字，兼清漢文。蘇州蘇字，湖南南字，鞏昌鞏字，廣東廣字，廣西桂字，四川川字，貴州貴字，清漢各一字。

九年，停山東、山西、河南、江南之蘇州、江西、福建、湖廣、陝西、甘肅、四川、廣東、廣西、雲南、貴州廠局。

十年，停薊密宣三鎮局。

十三年，停浙江省鑄局。

十四年，停臨清鑄局。

十八年，復開廣西省鼓鑄。

十九年覆准：福建省漳州府設鑪鼓鑄，背鑄清漢漳字。

二十年，設雲南省鑄局，停廣西鼓鑄。

二十二年，停福建省漳州鼓鑄。

二十三年，設湖南省鼓鑄。

二十五年覆准：廣東省肇慶府設鑪鼓鑄，尋停。

二十六年，開湖北省鑄局。

二十八年題准：福建臺灣建設郡縣，頒發樣錢，就地開鑪鼓鑄，背鑄清漢文臺字。又覆准：雲南省暫停鼓鑄。

三十一年，停廣東及福建臺灣鑄局。

三十五年，開浙江省鑄局。

三十八年，停止浙江、湖北兩省鑄局。

三十九年，停湖南省鑄局。

六十一年題准：鑄成雍正通寶樣錢，令四川、雲南兩省設鑪鼓鑄。寶泉局頒發樣錢，四川背用寶川二清字，雲南背用寶南二清字。嗣後別省鑄錢皆用寶字爲首，次加各本省一字。又題准：雲南省城、霑益、臨安、大理四局，共設鑪四十七座鼓鑄。

雍正元年，停止四川省鼓鑄。

二年覆准：裁雲南省各局鑪七座。

四年覆准：雲南省裁去大理、霑益二鑄局，其省城、臨安二局設鑪三十座鼓鑄，制錢除本省搭放流通外，以四萬串發運江南、江西、湖廣、

四川、廣東、廣西等省，令各督撫動藩庫銀，每制錢一串給銀一兩，交雲南解官領回接濟工本，各省所收錢搭放兵餉流通。如錢輕薄不合式，各該督撫奏聞，將雲南監局官交部議處。又覆准：甘肅省暫開鼓鑄，收小錢鑄大錢，小錢收盡即行停止，錢背鑄寶鞏二清字。

六年覆准：甘肅省收買小錢改鑄大錢，種種未協，著行停止。又覆准：雲南省寶雲錢局每銅鉛千斤外加耗九十斤，令其加鑄，所需工本銀亦照數動給，鑄出制錢造入正額鼓鑄案内報部，所獲息錢增給食米等項之外，如有贏餘據實報部。

七年覆准：山東、山西、河南、江西、浙江、湖北、湖南等省將收買銅器開局鼓鑄，山東背鑄寶濟，山西背鑄寶晋，河南背鑄寶河，江西背鑄寶昌，浙江背鑄寶浙，湖北背鑄寶武，湖南背鑄寶南二清字。

九年覆准：安徽省將收買銅器開鑪鼓鑄，背鑄寶安二清字。又題准：山西、河南二省所收銅器無多，暫停鼓鑄。又題准：貴州省於畢節縣設鑪開鑄。

十年，四川省設鑪鼓鑄。

十一年題准：雲南省增設鑪二十八座，鑄運陝錢十萬串，每錢一串合工本脚費銀一兩一錢九分一釐有奇。又題准：江西省收買銅器皆已用完，暫停鼓鑄。又題准：雲南省局鑄運陝省錢改於東川府建局鑄運，每串合計工本運脚銀一兩一錢一分六釐有奇。又議准：湖北、湖南、廣東三省應辦雲南銅運解京局，共一百六十六萬三千一百九十九斤有奇，嗣後留於雲南，令貴州辦鉛運至雲南，配搭鼓鑄制錢三十四萬三千六十二串有奇，委官運至漢口，附搭漕船運抵通州，轉運至京。又題准：安徽省所收銅器皆已用完，停止鼓鑄。

十三年題准：陝西省錢價平減，雲南所鑄運陝錢停止領運。又題准：山西省將收買現存銅鉛開局鼓鑄。又題准：江蘇省收買銅器設局鼓鑄，背鑄寶蘇二清字。又題准：改鑄乾隆通寶樣錢，頒發設鑪各省，一式遵照鼓鑄。

乾隆二年，江西省復開鼓鑄。又定：貴州省鑄錢銅鉛對搭，不能黄亮，准以銅六鉛四搭配鼓鑄。

三年，山東省寶濟局停止鼓鑄。

四年，雲南省停鑄運京錢。又奏准：福建省收買銅器設局鼓鑄。

五年奏准：雲南省局增設鑪十座，臨安局增設鑪五座。又題准：貴州省錢價昂貴，採買雲南銅，增鑪十座。又議准：雲南省改鑄青錢，需用點錫，赴粵採買不易，即以各舊廠板錫搭配鼓鑄。

八年，復開雲南大理局，設鑪十五座，鑄錢搭放兵餉。

九年，貴州省加鑪增鑄。

十年題准：直隸省保定府開鑪鼓鑄，背鑄寶直二清字。又題准：廣東省鼓鑄青錢，背鑄寶廣二清字。

十一年，四川省增鑪鼓鑄。

十二年覆准：四川省鼓鑄照雲南之例，配用板錫。又奏准：湖北省採買漢口商銅，增鑪五座，鑄錢搭放兵餉，及減價出易以平市價。又題准：陝西省設鑪鑄錢，背鑄寶陝二清字，減價出易，以平市價。又題准：山西省採買紅銅開鑪配搭鼓鑄，頒發制錢式樣，令照式鼓鑄。

十四年奏准：雲南省停運廣西錢，改爲運銅，增鑪鑄錢，搭放兵餉，並設局售賣，以平市價。又議准：雲南省城局減鑪十座，臨安局減鑪八座。

十五年奏准：雲南省廣西府今改州。設鑪十五座鼓鑄，以銀七成、錢三成搭放曲靖、開化、廣羅、廣南等鎮協營兵餉。又題准：直隸省鼓鑄銅不敷用，減鑪二座。

十六年奏准：陝西省向例每年領運四川錢三萬一千二百餘串配充兵餉，每串工本計銀一兩有奇，若撥川銅二十五萬斤運陝，加以鉛錫鼓鑄，可得錢四萬八千餘串，每串止需用工本銀九錢有奇，自十七年爲始，歲撥川銅二十五萬斤，令陝西委員赴川領運回陝，增鑪鼓鑄。於四川撤鑪九座，停鑄陝錢，其從前協陝之錢截至十六年冬季爲止。又題准：陝西省設鑪二十座，每年正鑄二十四卯，帶鑄二十四卯，搭放兵餉，餘賸錢文減價出售。

十七年覆准：山西省鼓鑄需銅七十萬斤，交商分五年辦運，先給脚價銀三分之一，餘俟交足找給。需白鉛五十八萬一千斤，黑鉛九萬一千斤，點錫二萬八千斤，委官赴漢口採買，以資鼓鑄。每月銀七錢三搭放官兵俸餉。又題准：雲南省東川局增鑪五十座，每年加鑄錢三十六卯。又

題准：山西省設鑪六座，每年鼓鑄十二卯。又奏准：江西省添設鑪四座。又議准：湖南省加鑪五座。又題准：雲南省東川局新添鑪五十座，令東川府知府總理。

十九年奏准：湖北省每年加鑄二十四卯。又議准：四川省寶川局將舊減鑪七座照舊復設，以增鼓鑄。

二十年奏准：四川省加鑪鼓鑄，新舊共三十座。又覆准：寶川局增鑪十座，連舊鑪共四十座，每年每鑪分鑄十八卯，按期鑄造。又奏准：四川省各鑪每年加鑄一卯，餘息銀五千兩，以爲土弁番兵操演各項以及巴旺、麻書、角洛寺三處安設防護弁兵之用。

二十一年奏准：山西省增鑪五座，其新舊各鑪鼓鑄餘錢交地方官設廠平賣，按照市價減五分出易。又議准：湖南省增鑪十座，添放兵餉。又議准：雲南省東川局每年加鑄十八卯，歲獲餘息銀四萬三千餘兩，以備該省急需。

二十二年題准：山西省新添五鑪，每月一卯，每卯鑄錢一千八百二十串。

二十四年奏准：回疆制錢式樣應遵定制，其分兩因時制宜，每文鑄重二錢，一面鑄乾隆通寶漢字，一面用清文及回字鑄其地名。又議准：貴州錢局移建省城，仍設鑪二十座，每年額鑄四十六卯之外，照定額加鑄二十三卯。

二十五年議准：四川省每年加鑄二卯，動銀一萬四千五百六十餘兩作爲成本，獲利銀七千七百九十餘兩，作爲各營賞項之用。又題准：貴州省錢局令按察使總理。又奏准：雲南省城局二十五鑪，臨安八鑪，每鑪每旬於正鑄之外加鑄半卯，每年計獲加鑄餘息銀二萬三千三百餘兩，以爲大興等廠添補銅價之用。

二十六年奏准：浙江、湖北兩省配用金釵廠銅，質色黑暗，應配黑鉛改易白鉛鼓鑄。又覆准：廣東省設鑪六座，每年鼓鑄三十二卯，因金釵廠銅夾有黑鉛，將每鑪每卯原配黑鉛四十六斤有奇儘數改易白鉛發鑄。又題准：雲南省東川局於乾隆二十七年爲始，將每年正鑄卯額酌減一半鼓鑄。

二十七年議准：廣西省鼓鑄令按察使總理。

二十八年議准：雲南省順寧府設鑪八座，每年鑄錢三十六卯。又題准：雲南省順寧府局每年於正額之外加鑄三十六半卯。

二十九年題准：雲南省順寧府局鑄務令知府就近經理。

三十年奏准：四川省局前加鑄二卯以備兵丁紅白事件賞項，今再行加鑄一卯以爲添補賞項之用。又奏准：雲南省局每年春季於正額之外加鑄九半卯，所獲餘息以爲永昌、順寧二府屬之土司地方巡防土練歲需之用。又奏准：東川局新舊各鑪每年加鑄錢三十六卯，所獲餘息作湯丹、大碌兩廠加增銅價之需。

三十四年，廣西省減鑪七座。

三十五年，貴州省減鑪五座，將加鑄二十三卯暫行裁減。又奏准：雲南留省城局二十五鑪，東川局舊鑪二十座鼓鑄，其東川新鑪並大理、廣西、臨安、順寧各局均裁減。

三十六年奏准：回疆鼓鑄錢文每文鑄重二錢，今阿克蘇、烏什、葉爾羌、喀什噶爾等處人口增添，費用繁多，錢少不能流通，應將烏什鑄錢每文酌減五分，餘銅以供添補之用。又奏准：江蘇省減鑪八座，減鑄十八卯。江西省減鑪四座，山西省暫減鑪五座。

三十八年，雲南省東川局添鑪五座。

三十九年諭：內地鼓鑄錢文，自順治年間以來，俱隨年號字樣鑄造，至葉爾羌等處向來行使準噶爾騰格錢文，自乾隆二十四年平定回部後，將所有準噶爾舊錢銷毀，另行頒式鑄造乾隆通寶錢文，通行極爲利便。回部各城係朕開拓撫定之區，國寶流行，遵奉朕乾隆年號，該回人等所當萬年敬守，及我世世子孫亦當萬世遵行，不便照內地錢文隨時改鑄。將此諭令各回部辦事大臣記檔，永遠恪遵。並諭户工二部一體存載，垂爲成憲。又奏准：伊犂置寶伊局，設鑪二座，一面鑄乾隆通寶漢字，一面鑄寶伊二清字，每文重一錢二分，用紅銅七成、黑鉛三成配搭鼓鑄。

四十年，雲南省復設大理、臨安、保山三局，共建鑪三十五座鼓鑄。

四十二年，雲南省東川局增鑪十五座，曲靖府設鑪十八座，廣西局復鑪十五座，保山局增鑪四座，大理局增鑪三座，省城局增鑪一座鼓鑄。

四十三年奏准：江蘇省鼓鑄改用洋銅七分、滇銅三分，所用黑鉛全用白鉛配鑄。江西省改用洋銅六分、金釵廠銅四分。浙江、湖北兩省所用

黑鉛改易白鉛配鑄。

四十四年，湖南省減鑪五座。又奏准：雲南省裁去東川局復設各鑪，並從前新增五鑪，大理、臨安、曲靖、廣西等四局各留鑪八座，保山留鑪十座鼓鑄。又題准：雲南省城局留鑪二十座，東川舊局留鑪十六座。又奏准：湖北省減鑄三卯，每年鼓鑄二十一卯，一尾卯。又奏准：廣西省裁鑪四座。又奏准：貴州省減鑄十卯，每年鼓鑄三十六卯。又奏准：伊犂寶伊局加鑄錢二百餘串，每年共鑄錢一千二百串。

四十五年，雲南省裁去大理鑄局，留省城東川二局，設鑪三十八座。又奏准：雲南省東川舊鑪十六座内酌留十鑪，裁去鑪六座，其大理局八鑪移設省城，廣西、曲靖、臨安、保山四局概行裁撤。又奏准：雲南省寶雲局令按察使總理，雲南府知府監鑄，東川局令該管道員稽查，東川府知府監鑄。廣西省寶桂局委鹽法道總理，其監鑄交盤仍由藩司會詳。

四十八年，雲南省寶雲局照舊改歸臬司兼管監鑄。又覆准：湖北省寶武局令鹽法道經管，於府廳内酌派一員監鑄。貴州省鑄局向委貴陽府貴筑縣按年輪管，貴陽府事務繁多，即專委貴筑縣管理。又奏准：寶伊局每年向鑄錢一千二百串，因銅數不足，每年減鑄錢七十八串。

五十年諭：嗣後各省錢局無論藩臬及道員經管者，於新舊交卸時，俱著前任造册移交新任，並具結造報巡撫。儻有款項未清，即將前任經管之員參處。

五十二年奏准：貴州省城局原設鑪二十座，今酌分五鑪移設大定府鼓鑄，搭放安籠今改興義。等處兵餉廉俸之用，責成大定府經理，貴西道稽查。

五十六年奏准：寶陝局鼓鑄錢文改歸藩庫收存，搭放兵餉，即由司覈明給發。

五十七年奏准：寶伊局加鑄錢六百串湊放兵餉。又奏准：西藏鼓鑄銀錢，正面鑄漢字乾隆寶藏，背鑄唐古特乾隆寶藏字樣，邊廓添鑄年分，純用紋銀成造。重五分者，紋銀一兩易錢十八圓，重一錢者易錢九圓，餘銀一錢作爲火工。其鑄錢工料俱由商上備辦，毋庸動用官項，交駐藏大臣派員督同噶布倫等監造，驗明成色，不許稍有攙雜。

五十八年議准：前藏所鑄銀錢專派鑄錢仔琫二名、濟仲喇嘛二名，由駐藏大臣會同達賴喇嘛挑補，並添設監鑄官一員，令四川總督於同知州縣内揀選派往監鑄，一年更換，令駐藏大臣隨時查驗。如銀錢成色低潮，即將該員奏明治罪。如係勤慎出力，奏明保題。仍於每年春季輪往邊界時分別嚴查。又議准：前藏新設監鑄官一員，自打箭鑪至前藏，及期滿換回，月支公費銀三十五兩，官役口糧七分，騎駄烏拉五隻。通事一名，譯字一名，每名月支工食銀一兩，口糧一分，烏拉一隻。該員到藏後，月支公費銀三十七兩五錢，官役、通事、譯字在藏工食口糧仍照往回沿途之例支給，造入西藏臺費案内題銷。

五十九年，停各省鼓鑄。

六十年覆准：寶伊局鼓鑄每文鑄重一錢二分，用紅銅八分四釐，黑鉛三分四釐八毫，點錫一釐二毫，現照京局每百斤改用紅銅六分、白鉛四分，但白鉛一項買用維艱，仍以本處開窔之黑鉛配鑄。

嘉慶元年，復開各省鼓鑄。又題准：雲南省東川局暫緩開鑄。

三年，廣西省減鑪七座。

五年諭：新疆各回城自乾隆二十四年平定後，即著造乾隆通寶錢文，通行至今。敬思新疆二萬餘里，俱係皇考開拓撫定之區，國寶流行，所當萬年敬守。現在阿克蘇請領祖錢式樣，所有新疆等處地方自應鼓鑄嘉慶錢以資行使，至乾隆錢尤應永遠通行。嗣後新疆地方鼓鑄乾隆錢二成，嘉慶錢八成，一體行用，萬世子孫敬謹遵循毋替。又議准：滇省金釵廠低銅内有鉛性，所有辦運金釵廠銅之江蘇、江西、浙江、福建、廣東、廣西、湖北、湖南、陝西九省毋庸配鑄黑鉛，按額加配白鉛鼓鑄。其全用商辦洋銅之直隸、山西二省及本省出產黑鉛之雲南、貴州、四川等省鼓鑄錢文，照京局之例，一體三色配鑄。

七年議准：西藏鼓鑄銀錢，從前内地原派監鑄官並監鑄關防一顆一併裁撤，即交西藏糧員管理監鑄。儻糧員事繁，於該處章京司官筆帖式内遴委一員監鑄，均毋庸另給公費。

十一年奏准：四川鼓鑄銅斤向資本省廠銅，閒有不敷，按例價十二兩採買商銅濟鑄。近來工本昂貴，採買商銅不敷額用。今覓得西昌縣屬之挖角山、白果山二處銅礦，暫行按照例價官爲開採，不抽課耗，俟鼓鑄充裕，仍照例抽課。

二十年定：貴州省寶黔二局設鑪二十座，每年正鑄三十六卯，隨正帶鑄三十六卯，鑄正鑄十分之一，附鑄外耗三十六卯，均自嘉慶二十年卯額爲始，用高銅、白鉛、黑鉛三色配鑄。正鑄每鑪每卯除耗浄鑄銅鉛七百八十斤，鑄出錢一百四串，帶鑄每鑪每卯除耗浄鑄銅鉛七十八斤，鑄出錢十串四百文。外耗每鑪每卯鑄銅鉛七十七斤有奇，例不折耗，鑄出錢十千二百八十五文。每卯每鑪正鑄給工食銀十二兩，物料錢五千一百四十二文，帶鑄外耗給物料錢五百十四文。

二十五年，各省鼓鑄道光紀元新錢。

道光元年定：伊犂寶伊局、阿克蘇局均鑄造乾隆錢二成，道光錢八成，一體行用。

四年奏准：福建省錢價日賤，暫停寶福局鑪鼓鑄。

十年奏准：直隸省錢價日賤，暫行停鑪。

咸豐元年題准：直隸省開鑄新錢，用咸豐通寶字樣。又奏准：福建省寶福局鼓鑄咸豐紀元新錢。

三年奏准：福建省寶福局添設兩鑪，鼓鑄當十、當二十、當五十、當一百各項大錢。當十者重五錢，當二十者倍之，當五十、當百者如數遞增。其原設四鑪仍按卯鼓鑄常錢，並准民間繳銅赴局易錢，以資鑄造。

四年諭：前經户部奏令各省開設官錢局推行官票，添鑄銅鐵錢及各項大錢，當經降旨允准。原以經費支絀，全賴錢法鈔法流通無滯，庶足以利民生而濟時艱。乃迄今日久，僅據福建、山西、陝西各督撫奏明遵辦，其餘各省並未將現辦情形奏報，該督撫等如果悉心經理，何至遷延一載迄無定章。福建素稱瘠區，辦理已有成效，各省情形雖有不同，亦何難設法籌辦，總由地方官吏畏難苟安，怠玩因循，實堪痛恨。著各省督撫、將軍、都統、府尹等查照户部原奏，督飭所屬，酌量地方情形，迅速設立官錢局，並設法籌款開鑪加鑄，俾錢法與鈔法相輔而行，一面妥議章程，奏明辦理。如有廉能官吏認真辦有成效，准該上司據實保奏，以示獎勵。又奏准：江西省寶昌局照部頒式樣鼓鑄當十、當五十大錢，每月二卯，以洋銅六成半、釵銅二成半、白鉛一成配鑄。又奏准：河南省建設寶河局，委糧鹽道督辦監鑄，遵照部章，鑄當十、當五十、當百各種大錢。當十重四錢四分，當五十重一兩二錢，鑄咸豐重寶字樣。當百重一兩四錢，鑄咸豐元寶字樣。新建鑪房十座，每座安設一鑪，計共十鑪，按月鼓鑄，以七日爲一卯。除修理鑪座，扣除小建，每月定爲四卯，通年可得四十八卯，遇閏加四卯，每卯十鑪，正鑄銅七千五百斤，係廢銅照七五折申算，合浄銅五千六百二十五斤，鑄成當百大錢三萬四千枚，當五十大錢二萬八千枚，當十大錢二萬枚，共合制錢五千串文。每卯附鑄外耗銅一千九百六十六斤十兩零，係廢銅照七五折申算，合浄銅一千四百七十五斤，鑄成當百大錢七千枚，當五十大錢八千二百枚，當十大錢九千枚，共合制錢一千二百串文。工價按錢之大小分别覈給，當十錢一枚給工價錢三文八毫，當五十錢一枚給工價錢六文三毫，當百錢一枚給工價錢十文二毫，每月共應工價錢七百五十七千文。料價每卯每鑪煤價錢二十千五百文，罐子價錢五千四百六十文，沙價錢二千九十文，提硝價錢九百文，串繩價錢三百二十文，炭價錢三百二十文，運脚錢二百文，每卯十鑪共料價錢二百九十七千九百文。又奏准：熱河設立寶德局，設大銅鑪二座，小銅鑪一座，用七成正銅，一成耗銅，二成白鉛，一成黑鉛，照部頒式樣配鑄當百、當五十、當十大錢，每月五卯。大鑪每月每座鑄當百大錢一卯，當五十大錢二卯，當十大錢二卯。小鑪每月鑄當五十大錢二卯，當十大錢三卯。又奏准：直隸省馬蘭鎮鼓鑄當百、當五十、當十大錢，當百每枚重一兩五錢，當五十每枚重一兩，當十每枚重五錢，正面照部頒式樣，背鑄清文寶薊二字。又添鑪試鑄當十、當一鐵錢。又奏准：山西省改鑄當十大錢。又奏准：雲南省各府分局廣鑄制錢。又奏准：湖北、廣西二省截留銅斤開鑄錢文。

五年奏准：河南省寶河局設立四鑪，懷局設立二十鑪，鼓鑄鐵錢，分成搭用。又奏准：熱河設鐵鑪二座，鼓鑄當五、當一鐵錢，每月每鑪各鑄五卯，用十成正鐵、二成二耗鐵鑄造。又另設鐵鑪兩座，每月每鑪各鑄四卯，專鑄當十鐵錢。又奏准：山西省平定州地方設立寶泉分局，鼓鑄鐵錢，由户部委員督辦。又咨准：江西省停鑄當五十大錢。又奏准：河南省停鑄各種大錢。

七年奏准：直隸省寶直局舊設銅鑪四座，改作鐵鑪，又續添鑪一座，並於西關外靈雨寺添鑪二十座，鼓鑄當十、當一鐵錢。當十每枚重六錢，當一每文重一錢二分。

九年，河南省停鑄鐵錢。又直隸省停鑄鐵錢。

十年，江西省停鑄當十大錢，改鑄制錢。

十一年，鑄造同治通寶重寶樣錢，頒發各省一體鼓鑄。

同治六年奏准：直隸省寶直局鼓鑄制錢，每文重一錢二分，以銅五成四，鉛四成六配鑄，共鑄三十八卯五分五釐，用銅鉛七萬二千二百九十三斤十四兩五錢五分，鑄出制錢九千六百三十九串一百八十八文，每卯支匠役工食錢二十三串四百七十六文，支料價銀十八兩九錢八分八釐，月支員役公費工食銀二十四兩六錢六分六釐。

十三年題准：各省鼓鑄光緒紀元新錢。

光緒十三年奏准：湖北省寶武局開設十鑪，照額鼓鑄，每文重庫平一錢，每千文合重六斤四兩。每卯額鑄錢四千串，以銅五成、鉛五成配合匀鑄，每銅鉛一百斤加耗九斤，用銅鉛二萬七千二百五十斤，每年二十一卯，一尾卯，共額鑄錢八萬五千八百五十九串，需銅鉛五十八萬四千九百十四斤七兩。又奏准：寶武局鼓鑄制錢每卯支銷工料錢三百八十九千二百五十文，監工、委員、書役人等薪工局用等項月支經費銀二百兩。又奏准：直隸省鼓鑄制錢以銅五成四、鉛四成六配鑄，鑄制錢五萬串，用銅二十一萬九百三十七斤八兩。每鑄錢一串，支匠役工食錢一百五十文，焦炭錢五十六文，鎔銅器具繩串錢三十二文，鑄成錢五萬串，共用錢一萬一千九百串文，支建廠設鑪等費一千一百兩，委員、司事、夫役薪工飯食紙張等項月支銀二百兩。又奏准：浙江省鼓鑄制錢按五銅、五鉛一五折耗匀鑄，每文净重一錢，每鑄錢一千文用銅鉛價腳工火等銀七錢五分五釐。

《大清會典事例》卷二二〇《户部・錢法・錢法禁令》 順治四年定：各處地方不許私鑄僞錢及用前代舊錢，通行嚴禁。

八年題准：明季廢錢願送部者，量給價值。如文到三月仍舊行使者，枷一月，杖一百，地方官以溺職論。

十年題准：官鑪夾帶私鑄者，計贓以枉法論。

十三年議准：緝獲私鑄三次者，紀録一次。

十四年議准：私鑄爲首及匠人皆處斬，爲從及知情買使者擬絞監候。經紀鋪户興販攙和者，杖一百，流徙尚陽堡。在京總甲、在外十家長知情不舉首者，照爲首例治罪。不知情者，杖一百，徒一年。告捕者，官給賞銀五十兩。該管地方官知情任其私鑄者，照爲首例治罪。不知情及聽其販買攙和者，五城坊官、州縣每起降一級，掌印兵馬司、知府、直隸州知州二起降一級，司道三起降一級。同知、通判、吏目、典史有捕盗之責者各照印官例，鹽運司照司道例，分司照知府例，大使照典史例，副參、游擊照司道例，都司、守備、千總照州縣例。如五城御史、各撫按不參究者，一併議處。又議准：改鑄新錢，有攙和廢錢、舊錢行使者，係旗人鞭一百，枷一月；係民人杖一百，枷一月。

十八年議准：私鑄爲首及匠人斬決，家産入官，爲從及知情買使者絞決。總甲、十家長知情不舉首者，照爲從例治罪。不知情者，枷一月，杖一百。告捕審實，官給賞銀五十兩。該管地方官知情任其私鑄者，斬監候。不知失察者，降三級調用。如經紀鋪户販賣攙和私鑄者，枷一月，流徙尚陽堡。在內五城坊官，在外州縣官，失察一起降二級，二起降四級，皆調用，三起革職。掌印兵馬司、知府、直隸州知州失察一起降一級，二起降二級，三起降三級，皆調用，四起革職。司道失察二起降一級，三起降二級，四起降三級，皆調用，五起革職。府州縣捕盗佐貳、鹽場、武職各官各按職掌照新例處分，五城御史、該撫不參究者，以疏忽治罪。

康熙三年題准：失察私鑄該州縣官並吏目、典史、衛所官各降三級調用，知府、直隸州知州、捕盗廳官各降一級調用，司道、都司各罰俸一年，督撫罰俸六月，運司照司道例，分司照知府例，大使照典史例議處。

七年題准：攙和私錢十文以上照例治罪，九文以下仍枷責免流徙。

九年題准：興販私錢攙和行使，五城御史及各省巡撫不訪參者，一起罰俸三月，二起罰俸六月，三起罰俸九月，四五起罰俸一年，六起以上降一級留任。

十二年覆准：銷毁制錢者，犯人與失察官皆照私鑄例治罪。地方官拏獲，每一起紀録一次，至四起加一級。旁人首告者，所獲銅一半入官，一半給賞。除紅銅鍋及現存銅器不禁外，其鑄造一應銅器止許五斤以下，違禁者，係官革職，係旗人鞭一百、枷一月，係民人杖一百、流三千里，所獲銅入官。驍騎校失察照知縣例，佐領照知府例，參領照司道例，都統、副都統照巡撫例議處。領催每一起鞭一百。

十八年議准：禁止鑄造銅器，除銅鍋並現用已成銅器不議外，其軍

器、樂器、鏡子、盥盆、鈕子、鎖鑰、箱櫃、鍬鑤、飾件、戥子、天平、法馬、刀束、刀箍、刀環等物乃民間必用之物，五斤以下者許其造賣，此外銅器一概禁止，犯者按律治罪，失察官照例議處。又題准：寶泉、寶源二局鑪頭局役將各官應辦解局之銅包攬買交者，杖一百，枷三月，並妻及未分家子流徙尚陽堡，該管官革職。

二十三年議准：錢局鑪頭並匠役等有私鑄小錢，令錢法侍郎同稽察錢局科道及監督等嚴行查緝，如不嚴拏，別經發覺者皆議處。又定：五城御史、巡捕三營、步軍統領嚴拏盜鑄私鑄及銷毁制錢之人，若別經發覺訪獲者，五城、三營、步軍統領官皆照處分錢局官例議處。

二十四年議准：旗下正户人有在本旗地方私鑄及銷毁制錢者，照例治罪。該管各官分别知情不知情照例治罪處分。領催、總甲、鄰右、十家長知情者，照爲從例治罪。不知情者，係旗人鞭一百，係民人杖一百，係官降一級留任。若别旗人或民人在該旗地方私鑄銷毁，失察者，領催鞭八十，步軍尉、驍騎校罰俸半年，佐領步軍協尉，各罰俸三月，參領罰俸兩月，都統、副都統罰俸一月。犯人本旗該管官皆免議。如家僕有犯，其主係官降二級留任。係平人，鞭一百。該管官免議。賃房之主知情者，照爲從例治罪。不知情者，係官降一級留任，係平人鞭一百。城外居住及看墳家人有犯，其主照此例處分。若看房家人賃與他人有犯者，家人照房主例處分，其主免議。在屯莊家人有犯，屯莊領催知情者照爲從例治罪，不知情者鞭一百，其主及該管官免議。

二十九年覆准：攙和私錢行使之人免其枷示流徙，如有拏獲者，不論錢數多寡，係旗人鞭八十釋放，係民人杖八十釋放。京城内外責令司坊官、順天府屬之宛平、大興二縣，直省責令該州縣官，不時嚴行查拏，如仍有攙和私錢者，被督撫、科道糾參，或别有發覺，將該管司坊、州縣官每起罰俸一年。京城内外令五城御史、該部司官亦不時嚴查，其私錢，在内定限六月交送户部，照買銅價每斤給銀一錢收取，交錢局鼓鑄制錢。在外以文到之日爲始，亦限六月，各州縣官動庫銀收取，亦照買銅價每斤給銀一錢收取，解交布政使司。限内交送私錢之人，免其治罪。

三十六年議准：嗣後内外文武官將該管地方銷毁制錢私鑄販賣者自行拏獲，免其治罪。如被户部、都察院差官查出，督撫差官拏獲，或被旁人首告者，五城坊官及直省州縣官不知情者，一起降三級調用，二起革職，兵馬司掌印指揮、直省知府、直隸州知州一起降二級，二起降四級，皆調用，三起革職。司道官一起降一級，二起降二級，三起降三級，皆調用，四起革職。五城御史直省督撫一起降一級，二起降二級，三起降三級，皆留任，四起降四級調用，五起革職。知府下捕盜同知、通判，州縣下吏目、典史照掌印官，鹽場大使照典史，分司照知府，運司照司道，武職守備、都司照州縣官，游擊、參將照知府，副將照司道，提鎮照巡撫，各分别處分。以上議處各官有因公出境者免議。至官船户夾帶私錢者，杖一百，流三千里。同船人知情不舉首者，枷一月，杖一百，徒二年。押運官知情任其夾帶者革職，不知情者降三級調用。其不知情之文武地方官但能拏獲者，不論年月遠近，皆免其處分。文官拏獲者，並免同城之武弁處分。武弁拏獲者，亦免同城之文職處分。京城地方該管文武官拏獲者，如係接壤州縣，此縣拏獲，彼縣亦免處分。再知府以下，若各旗地方有鑄造私錢銷毁制錢、攙和私錢行使者，照康熙十二年議准銷毁制錢例處分。再有自别省買私錢，船車裝載、牲口馱帶販賣者，或被看守津關之人拏獲，或被旁人拏獲申首者，將私錢入官，拏獲之人照例賞銀十兩，將販賣私錢之人及未經查出之該管官仍照例治罪處分。其小錢，在京城者限兩月交送户部免罪，照買銅價值每斤給銀一錢。直省以文到之日爲始，限三月交各該地方官送布政使，將小錢亦照買銅價值每斤給銀一錢，咨報户部，其攙和低鉛所鑄小錢不便照好銅給予價銀。於所定限内各自銷毁者，免其治罪。在京户部、都察院，在外直省督撫，差官不時查拏。又覆准：湖廣昌字南字錢色紅不堪使用，照小錢例依限收交。行令該督撫鑄造務必精工，如仍攙和鉛多，將司道官以剋減治罪，督撫以徇隱治罪。又覆准：收毁小錢鉛多耗重，每斤改給銀八分，鑄時仍令開除九斤折耗。其小錢不必解部，竟交寶泉局，户部官與該監督公同收取。

三十七年議准：南字昌字錢禁止不准使用。

三十八年覆准：收取小錢、紅色錢，每斤給銀六分五釐。又覆准：各處小錢、紅銅錢悉令銷毁，停其交送寶泉局。在京城以奏准之日爲始，外省以文到之日爲始，均限兩月自行銷毁。如逾限不銷毁，仍照前存儲使用販賣者，照定例將經紀鋪户杖一百，枷一月，係旗人鞭一百、枷一月。

將失察該管地方官亦照定例計起數議處。

四十一年議准：改鑄新制錢，將舊制錢於三年後停其使用，各自銷毁。

四十四年題准：經紀鋪户興販私錢攙和行使者，枷兩月，杖一百。應發黑龍江給窮兵丁爲奴者，照例改發雲貴川廣煙瘴少輕地方。該管地方文武官不訪拏者，一起降三級調用，二起革職。掌印兵馬司、各省知府、直隸州知州一起降二級留任，二起降四級調用，三起革職。司道官一起降一級，二起降二級，皆留任，三起降三級調用，四起革職。巡城御史及直省督撫一起罰俸一年，二起降一級，三起降二級，皆留任，四起降三級調用，五起革職。再知府下捕盜同知、通判，州縣下吏目、典史，各照掌印官例，鹽運使照司道例，分司照知府例，鹽場大使照典史例。若營伍内有私鑄販賣行使者，千總、守備、都司各官照州縣例，游擊、參將、副將照司道例，總兵、提督照巡撫例。再各旗有鑄造私錢、銷毁制錢及攙和小錢行使者，驍騎校照知縣例，佐領照知府例，參領照司道例，都統、副都統照巡撫例，分别議處。其漕船夾帶者，船户照興販例，同船人照不知情之總甲、十家長例治罪。押運官知情者革職，不知情者照失察例議處。又覆准：行令直隸、山西、河南、陝西督撫將水陸衝衢要口訪拏販賣攙和私錢之人，照例立絞。凡經過地方文武官皆照失察私鑄例降三級調用。

四十五年議准：新鑄錢尚少，將舊制錢展限五年再行銷毁。

四十七年議准：湖廣武昌舊鑄制錢俟五年限滿之日，不准使用，即行銷毁。

五十六年覆准：錢局收買廢銅，以致小民圖利，將小制錢毁壞變賣，通行八旗步軍統領、五城、大宛兩縣嚴拏，爲首者於本處枷兩月、杖一百，應發三姓地方給兵丁爲奴者，照例改發雲貴川廣煙瘴少輕地方，爲從者枷一月、杖一百、流三千里。該管地方官知情故縱者，與同罪。不知情者，降三級調用。房主、鄰右知情不舉首者，照爲從例治罪。不知情者，杖九十。又議准：寶泉局鑪頭豫借工料錢以致虧空，嗣後永行禁止豫支。再寶泉局每年奏銷照舊例開明，不必别造款項。

六十一年議准：京城現鑄雍正通寶制錢同康熙大小制錢攙和使用。

雍正元年覆准：雲南省自康熙四十四年設立官銅店，短少價值，加長秤頭，礦民賠累，該督撫嚴行禁革，悉聽商民採買販賣，照市秤市價，出入畫一，依康熙四十四年以前銅廠則例公平收納，毋得抑勒商民。至所產之銅除供本省現在鼓鑄之用外，如有餘賸，聽民間販賣流通，不必解運來京。

四年議准：嗣後鑄造器皿除紅銅、白銅不禁，其黄銅除樂器、軍器、天平、法馬、戥子及五斤以下之圓鏡不禁外，其餘一應器皿無論大小輕重，皆不許仍用黄銅製造。儻有犯者，造賣之人照違例造禁物律治罪，買用之人照不應例治罪，失察之官照例議處。其已成銅器有願賣者，作廢銅交官，每斤給價一錢一分九釐九毫三絲，官吏不得勒逼扣剋。江南、福建、浙江、湖廣、廣東現在辦銅，六省廢銅交與辦銅之官採買，如紅銅不敷，即以此項銅解部，扣六成紅銅覈算補額，其四成鉛准扣出别給價值，應用腳價照現今銅鉛之例每斤給算水腳三分。其不足六成之銅器亦准收買，總照成色遞減其價，於解部時報明成色。如所報不實，令承辦官賠補。至江西、廣西、貴州三省與江南、湖廣、廣東接壤，江西廢銅歸江南，廣西廢銅歸廣東，貴州廢銅歸湖廣，著三省上司委官收買。雲南現開鼓鑄，所收黄銅和入紅銅扣算成色入鑪鼓鑄。直隸山東令州縣收買廢銅，交布政使司彙齊解部。直隸解送每斤給水腳銀一分，山東每斤給水腳銀一分五釐。山西、河南、陝西、四川所收廢銅暫存本省，俟一二年後視所收多寡，或本省開鑄，或作何解送，具題請旨。又議准：嗣後京城内三品以上官准用黄銅器皿，民間樂器、圓鏡、戥子仍照原議外，其文武各官軍民人等一應大小器皿均不得仍用黄銅，所有舊存黄銅器皿除箱櫃上銅飾件外，其餘不論輕重多寡，悉交官領價。旗人交本旗佐領，漢官民人交五城御史、各該管處，無論多寡，隨交隨收，按依成色估銅鉛斤兩，照部定每斤一錢一分九釐九毫三絲之價給發。如有以低銅冒開好銅者，照侵蝕錢糧例，抑勒扣剋者，照剋減官價例治罪。其收買之銀，八旗都統、都察院堂官酌量於户部支領。所收之銅，該管處每季解交錢局，以供鼓鑄，並將給銀實數造具清册報部。寬以三年之限，如過限不交賣者，以私藏禁物例治罪。其從前小鋪所收奇零銅器，限三月内盡交官領價，違者即照私藏禁物例治罪。打造銅器店鋪如仍將黄銅打造器皿者，照銷毁制錢爲從例治罪。令步軍統領、五城御史、順天府尹出示徧行曉諭，仍不時稽察，有犯者即

行拏究。其直省悉照京城之例，均以三年爲限，令其交收。又覆准：晋省小錢寬限三年，令該撫試行收買，歲終彙報户部，候文銷解。俟大錢流通，然後通行收禁。儻逾限三年猶有私錢事發者，將奉行不力之各該地方官，失察一次者降職一級，二次者降職二級，三次者降職三級，四次者降職四級，皆准其戴罪，限一年内拏獲。果能拏獲私錢，一次者還職一級，二次者還職二級，三次者還職三級，四次者還職四級。如失察五次以上者，降一級調用。又諭：昨步軍統領於崇文門外拏獲銷毁制錢之人，朕思近在輦轂，尚有此違禁射利之徒，則鄉邑偏僻之地可知矣。著直隸總督嚴飭各地方官密行緝拏，毋致潛藏以爲民患。如有怠忽疏縱不行查出者，或被旁人首告，或被京中番捕緝拏，定將該地方官照溺職例革職。至於銅器交官給價，先試行於直隸八府及各處省城，其餘各府州縣因一時難以通行故尚准其使用。然將來致滋弊端，著該督撫通行禁飭，嗣後鋪户人等不得鑄造黄銅器皿出賣與人，違者照律治罪。又諭：從前曾酌議三品以上官許用黄銅器皿，今猶覺濫用者多，嗣後惟一品官器皿許用黄銅，餘著徧行禁止。如有藏匿私用不肯交官者，概以違制論。又議准：將各省未完舊欠錢糧准其以黄銅器皿抵交，除四川、廣西、雲南、貴州四省並無民欠，西安民欠無多，其餘各省各該督撫酌量於該省民欠内以二十萬兩爲率，准令欠户交納銅器扣抵應完舊欠之數。儻銀數抵扣完日該省尚有交納銅器者，該督撫再行請旨。此次所交銅器，熟銅照頒定價值每斤一錢一分九釐九毫三絲，生銅價值比熟銅減二，每斤九分五釐九毫有奇。各州縣官於紳民交納時，按其生熟成色斤兩以所定價值扣算。如有姦民銷毁制錢充作廢銅片塊不成器皿物件者，發覺日照例治罪。其收銅之州縣官不得絲毫扣減價值，亦不得以重秤收兑，每季將所收銅器斤兩數目報明督撫，解交公所，該督撫於歲終奏報。其無民欠之省及無民欠之州縣，與無舊欠之糧户，並奉天州縣民人，若有以銅器交官者，均按生熟銅色給予價值。將所收銅器存儲公所，於歲終奏報。如各省地方官有能將己資收買黄銅器皿者，著解交公所，該管官即按生熟銅斤兩給予價值。儻地方官借捐買名色以賤價收買民間銅器者，該督撫即指名題參，照例議處。

十三年諭：國家錢法關小民日用之需，必使流通充裕方能足用阜民。乃每年鼓鑄而錢不加多，京城之中康熙錢甚少，此必姦徒暗行銷毁之故也。我皇考惠愛斯民，留心錢法，屢頒諭旨，嚴飭内外官員查拏盜銷之弊。而目下仍然錢少價昂，則有司奉行不力顯然可見。將此通行曉諭，凡京城内外各該地方官務必密緝嚴拏，毋稍疏縱。儻仍視爲具文，發覺之日，必將該管官重加處分，不稍寬貸。又議准：私鑄未成從來比照僞造印信未成律問擬，向未著有定例。嗣後凡私鑄甫經置造器物尚未鑄錢被獲審實者，將起意爲首並同夥商謀之人，皆照僞造印信未成爲首律杖一百、流三千里。其湊錢入夥並房主、鄰右、總甲、十家長知情不首者，皆照爲從減一等律杖一百、徒三年。不知情者，照不應重律杖八十。該地方官不實力訪拏，經上司查出，或别經發覺，究明實係尚未鑄造者，照豫先不行查出例降一級調用。又題准：儻有不法姦商專販私錢，運載至數十百串出京貨賣，及在京鋪户人等將錢囤積在家俟價昂始行出售者，查拏究治。其尋常行旅之盤纏、小販之資本，不得濫行截索留難。如胥役藉端生事，擾害小民，一經發覺，嚴行重處。該管各官玩忽不行嚴禁，交部議處。又議准：江西、湖北等處現在行使翦邊錢，令各該督撫出示嚴禁，不許攙和行使。其從前收買在家，以文到一月内赴官首明，量給官錢半價。至一月後，經紀鋪户人家仍按收買攙和貨賣者，若照攙和廢錢行使輕例枷一月、杖一百治罪，尚不足以止姦，應令嚴加曉諭，凡收買翦邊錢攙和貨賣，數至十千以上，發黑龍江給兵丁爲奴者改發雲貴川廣煙瘴少輕地方。不及十千者，杖一百，流三千里。千錢以下者，仍照舊例枷責。其並無收買貨賣，一時未及交官，或數止十文五文難以交官者，令交地方保甲，歲終彙交地方官，毋得行使。如行使者，照不應重律杖八十。該地方官不嚴行禁止，以致仍有行使翦邊錢者，將奉行不力之該地方官照收禁小錢例，失察一次降職一級，二次降職二級，三次降職三級，四次降職四級，皆准其戴罪。限一年内拏獲私鑄一次者還職一級，二次者還職二級，三次者還職三級，四次者還職四級。失察五次者降一級調用。至不法之徒將錢剉薄小取銅求利者，若仍議以滿杖，亦屬太輕，令以文到日爲始，如有拏獲者，不分首從，枷三月，杖一百。如將大制錢翦邊打造器具，審明確有實據，至十千以上者，爲首之人照私鑄原律擬絞監候，爲從杖一百，流三千里。房主、鄰右、總甲、十家長知情不首，照爲從例治罪。所翦錢不及十千，爲首之人照毁化小制錢例枷兩月，杖一百，發黑龍江給兵丁爲奴改發

雲貴川廣煙瘴少輕地方。爲從減一等，杖一百，徒三年。房主、鄰右、總甲、十家長知情不首，皆照爲從律治罪。千錢以下者，仍枷三月，杖一百。該地方官並各上司不行查拏，仍有姦民將制錢翦邊毀化，至十千以上者，州縣、吏目、典史等官一起降三級調用，二起革職。知府、直隸州知州、同知、通判等官一起降二級，二起降四級，皆調用，三起革職。司道一起降一級，二起降二級，三起降三級，皆調用，四起者革職。巡撫一起降一級，二起降二級，三起降三級，皆留任，四起降四級調用，五起革職。如翦邊毀化不及十千者，州縣、吏目、典史等官一起降二級，二起降三級，皆調用，至三起者革職。知府、直隸州知州、同知、通判等官一起降一級，二起降二級，三起降三級，皆調用，至四起者革職。司道一起降一級，二起降二級，三起降三級，皆留任，四起降四級調用，至五起革職。巡撫一起罰俸一年，二起降一級，三起降二級，皆留任，四起降三級，五起降四級，皆調用，至六起革職。如數止千錢以下者，州縣、吏目、典史等官降一級留任。又覆准：嗣後如有將黃銅充作白銅製造器皿貨賣者，一併嚴行禁止，其已成者，照依生熟黃銅給價交收入官。如仍有犯者，亦照例治罪。又覆准：各鋪古銅器皿除實在遠代銅器及紅銅白銅打造者不禁外，其有將黃銅裝飾捏稱古器貨賣者，令各鋪户自行呈首，定限一年儘數交官，照例給價。如限滿隱匿不交，查出照私賣黃銅器皿例加等治罪。地方官不能查訪，別經發覺，將失察之官照例議處。

乾隆元年奏准：停止收銅禁銅之令，民間買賣聽從其便。

十年奏准：湖北行使之錢，除翦邊嚴禁外，如有砂版、捶邊、鉛錢、古錢，俟該省制錢充裕之後再行定議查禁。

十四年奏准：洋船有將紅黃銅器私販出口圖利者，百斤以下，爲首者杖一百、徒三年，百斤以上，發邊衛充軍。爲從及船户各減一等，貨物及銅皆入官。關汛文武官弁不搜檢查拏者革職，知情賄縱者計贓從重論，失察者降一級調用。

十五年議准：凡各省拏獲私鑄之犯，不論砂殼銅錢，爲首及匠人皆擬斬監候，爲從及知情買使者皆發遣爲奴。如受些微雇值挑水打炭燒火，及停工散局之後貪其價賤偶爲買使，以及房主、鄰右、總甲、十家長知而不拏獲舉首者，皆照爲從發遣罪減一等，杖一百，徒三年。其房主人等並不知情，但失於覺察，亦皆杖一百。或有空房別舍誤借匪人，一有見聞，立即驅逐，未經首捕者，果係並未在場，亦非受賄容隱，仍止照不知情科斷，失察各官皆交部分別議處。官船户夾帶私錢，應照偶爲買使例定擬。同船之人知情不舉首者，照不應重律治罪，押船官交部分別議處。若拏獲銷毀制錢之犯，審明將爲首者擬以斬決，家產入官，爲從者絞決。該地方官有能拏獲私銷者，地方官交部議叙。失察者，地方官及該管上司交部分別議處。至於房主、鄰右、總甲人等知情受賄代爲隱匿者，照爲從例治罪。如但知情不行首告並未分贓者，照爲從例減一等，杖一百，流三千里。其並不知情止於失察者，皆杖一百。旁人首捕審實者，官給賞銀五十兩。再私鑄之犯有即係私銷之人，該督撫拏獲私鑄案犯，必先嚴究有無銷毀，儻有私銷確據，即照私銷例從重治罪。

三十年奏准：私鑄不及十千之犯，定例係發往雲貴兩廣，惟各該省俱產銅鉛，安置其地，轉令故智復萌。嗣後私鑄不及十千人犯俱照免死減等之例，發往黑龍江等處給披甲人爲奴，不准發往雲貴兩廣安置。

三十六年奏准：前代古錢向因流傳已久，且非私鑄可比，聽從民便。今趨利之徒借古錢名色私鑄私販，攙和行使，遂致真僞難分。嗣後將前代古錢概照小錢之例一體嚴禁，責成地方官勒限三月收買净盡，每斤給制錢百文，解交錢局鎔化改鑄。

三十七年奏准：查禁古錢，原以防趨利之徒私鑄私販之弊，然鄉僻愚民相安已久，或數千文中夾雜一二，未成斤兩，不能零星繳換，恐吏胥轉得乘機嚇詐。且前代古錢質地堅潔，字式清楚，若私鑄古錢與流傳舊錢迥異，不致真僞難分。嗣後如有姦徒借古錢名色私鑄私販者，同各項私錢一體嚴行查禁外，其實係前代舊錢，行之已久，仍聽民便。

五十五年諭：各省設立官局鼓鑄制錢，其輕重厚薄原有部頒一定分兩，豈容絲毫偷減草率，致私鑄得以乘機攙雜。今江西省局所鑄工料錢文與正額制錢皆係官爲鼓鑄，何以斤兩多有參差不齊，江西一省如此，各省錢局亦難保無此弊。著通諭各督撫，務須督率道府局員認真稽查，並令藩司於解收錢局之時，無論正額工料按卯親加提驗，如所鑄錢文有偷減銅斤，節省火工，不能遵照部式，立即發回另鑄，並將局員鑪匠參處責懲，俾官錢一律整齊堅實，私鑄自無從攙入矣。儻督撫等視爲具文，並不隨時

稽察，使官版制錢不能如式，私鑄仍未能净絶，一經查出，必將該督撫治罪。又諭：銅斤爲質甚堅，鎔鍊時尚費椎鑿，何至不耐磕碰。即使銅版四邊澆薄之處偶有擦損，自在船內，尚可隨時檢拾歸數。即稍有遺失，亦不應多至數千斤。此必係解銅委員有盜賣遺失情弊，誑報掩飾，沿途督撫不加體察，即據稟入奏，殊屬漫不經心。所有此項磕碰短少銅斤即著照數賠補，遇便搭解，委員交部嚴加議處。嗣後俱著照此辦理。

五十九年奏准：民間小錢節經給價收買，仍未免攙和行使，顯係有心藏匿，應勒限一年收繳净盡，毋庸給予價值。若不依限呈繳，一經訪出，分別治罪。令地方官責成牙行經紀人等查收赴官交納，將所收實數按月呈報。儻該州縣任聽牙行虚報，及通同胥役藉端索擾，即行據實嚴參，牙行胥役人等照例治罪。又諭：前經户部奏請各省收繳小錢俱不准給價，勒限一年呈繳，已令通行各省遵照辦理。原因繳出小錢復與易給銀兩，小民等惟利是趨，轉致私鑄小錢，冀圖霑潤，是以停止給價。今思民間日用及商賈貿易所有存留小錢，不免有需資本，若止令其呈繳入官，不稍償以價值，小民等或因此裹足不前，私相藏匿，以致小錢仍不能净盡。著各督撫察看情形，或於呈繳小錢時酌量給價，俾各聞風踴躍呈繳，可期净盡。各就所見據實速奏，交部覈議。欽此。遵旨議定：每小錢一斤給制錢六十文，毋拘錢數多少，即數文、數十百文者均准其赴官呈出易换大錢，並予以一年之限收買净盡。儻再有私行藏匿不赴官呈繳者，查出，比照經紀鋪户收翦邊錢攙和貨賣之例，分別錢數，若十千以上者，照攙和私錢行使充軍例量減一等治罪。不及十千者，枷號一月，杖一百。

嘉慶元年諭：近年以來，各省小錢充斥，節經降旨飭諭，並令各督撫等實力查禁收繳，而小錢仍未净盡，且不肖吏胥等往往藉查繳小錢爲名任意訛索，甚至暗中受賄，轉將私鑄私販之人賣放，是欲除弊而反以滋弊。可見官爲查辦，仍屬有名無實。況百姓商賈行使之小錢均係由他處輾轉攙雜而來，並非本人私行鑄用，若不清其源而徒絶其流，於事終屬無益。現在開鑪伊始，正當肅清圜法之時，該督撫等務宜實心查察，如式鼓鑄，毋令局員工匠等偷減薄小。其山僻處所有姦民私鑄者，則當督飭所屬嚴拏治罪。俾官無小錢，民無私鑄，弊源可以杜絶。其民間行使轉可不必查禁，以免擾累。惟舟車裝載成捆小錢經過各關口，仍應查拏究辦，毋任稍有透漏。並嚴查家人胥役等藉端訛索賣放之弊。

十四年諭：錢法爲國用攸關，原當堅厚明潔，期於通行經久。乃近來京局鼓鑄錢文，其輪郭肉好即有模糊脆薄之弊，無怪外省往往偷減工本，率爲繯薄，錢文不堪使用。甚或姦民嗜利私鑄小錢，攙和行使，種種弊端，難以枚舉。自宜申明舊例，加意釐剔。著户工二部及各省督撫力除諸弊，鑄局銅鉛照例配搭，毋任偷減，務期大小輕重適均。其市閒小錢設法收銷，庶國寶流通，私鑄自息。

道光十三年諭：前因給事中孫蘭枝奏，江浙兩省錢賤銀昂，商民交困，並臚陳受弊除弊各款，當經降旨交陶澍等體察情形，悉心籌議。茲據陶澍、林則徐酌籌利民除弊事宜分析具奏，所稱洋錢平價，民間折耗滋多，惟當設法以截其流一條。洋錢行用内地，既非始自近年，勢難驟禁。要當於聽從民便之中示以限制，其價值一以紋銀爲準，不得浮於紋銀，庶不致愈行愈廣。所稱紋銀出洋請明定例禁一條。刑部律例止有黄金、銅鐵、銅錢出洋治罪明文，於紋銀未經議及，姦商罔知儆畏，著刑部悉心酌定具奏，纂入《則例》，頒發通行。所稱收繳小錢、鉛錢請不及斤者一併隨時收買一條。私鑄小錢、鉛錢，向來設局收繳，惟以斤計算，其不及斤者，恐民間仍私行攙用。嗣後各省收繳小錢及斤者，仍照例給價六十文，不及斤者，小錢二文抵大錢一文。鉛錢及斤者，亦照例給價二十文，不及斤者，鉛錢五文抵大錢一文。俾民間隨時收買繳官，閭閻市肆咸知與大錢價值懸殊，小錢、鉛錢不能攙混，姦徒本利俱虧，自不肯輕於犯法，庶私鑄可期净盡，以重錢法。

十六年諭：有人奏江浙等省錢法敝壞，私錢之源一爲局私，一爲民私。江省之寶蘇局鑪頭工匠向以私積制錢五萬餘串，分存附近質庫，每届開鑪運局點驗，驗後仍分存質庫，所有官銅盡鑄私錢，其價較民私稍昂。浙省局私攙和沙土，墮地即碎，不若民私之便用。民間私鑄處處有之，有司衙門得規包庇。其大夥鼓鑄藏於附近海口島嶼之中，由商船夾帶進口，船底有夾板，油飾嚴密，查之無迹，抵岸卸貨，抉板出錢，一船所帶八百千之多等語。圜法爲經國重務，私錢充斥，百物騰貴，最爲閭閻之害，不可不嚴行拏究。著兩江浙閩各督撫通飭所屬，於開鑪時嚴密查察，認真究辦。民間所用私錢務究其販自何人，鑄自何處。其島嶼私鑄，著責成巡洋

水師各將備實力拶緝。儻查有得賄庇縱情弊，即行從嚴懲處。又諭：前據給事中鮑文淳奏，江浙等省錢法敝壞，當降旨著該督撫等嚴密查察，認真究辦。茲據林則徐等查明，江蘇寶蘇局驗收之時，由藩臬兩司及委員人等抽提摔擲，並無破碎，其尚無攙和沙土，偷竊銅斤，私鑄小錢，似屬可信。惟該鑪頭等前於道光元年借款津貼有發商生息之項，難保不藉端舞弊。至附近海口島嶼一帶雖查無私鑄及夾板商船攜帶違禁他物進口之事，其海洋島嶼及人迹罕到之處，小民趨利若鶩，亦難保無私行鼓鑄等弊。著該督撫等督飭所屬，認真稽察，有犯必懲，以絶弊源。儻有得賄徇庇，著即從嚴參辦。

咸豐四年諭：前據户部奏請停鑄當千、當五百大錢，並慶惠等奏請停鑄當二百、三百、四百大錢，均經降旨允行。原以折當稍重，恐於民閒日用不無妨礙，是以斟酌時宜，准其停鑄。至當百以下大錢，子母相權，整散互易，通行遠近，尤爲便民。乃據户部奏稱，訪聞近日當百大錢又有姦商折算等弊，請飭嚴禁等語。錢法損益，朝廷自有權衡。如果於民生稍有不便，不難隨時變通。若法本盡善，而廛市小民妄肆阻撓，任意折算，實屬目無法紀，此風斷不可長。著户部步軍統領衙門、順天府、五城一體出示嚴禁，嗣後商民行使當百以下大錢，儻敢不遵錢面數目字樣妄行折減使用，甚至造言煽誘，抗不收使，以致愚民相率猜疑，即行拏交刑部，從重治罪。此等姦商阻撓錢法，必應從嚴加等懲治，著刑部迅速定擬罪名具奏。至私鑄大錢人犯業經刑部奏定加重罪名，此後私鑄當百以下大錢者，並著刑部再行嚴擬罪名具奏。欽此。遵旨議准：私鑄當百以下大錢案內爲首及匠人，如數在十千以上，及雖不及十千而私鑄不止一次者，應於斬候罪上從重，請旨即行正法。其私鑄僅止一次，而爲數又在十千以下者，例係由輕加重仍遵前旨問擬斬候，入於秋審情實。至姦商折算，阻撓錢法，造言煽誘，抗不收使，爲首者，於違制杖一百罪上從重加三等，擬杖八十、徒二年，再加枷號兩箇月。爲從者，於違制律上加一等，擬杖六十、徒一年，再加枷號一箇月。均先於犯事地方枷號示衆，以示懲儆。又諭：私鑄人犯既已嚴刑懲治，官局各項大錢尤應加工鑄造，磨鑢精工，以期經久無弊。並著各該管錢法堂官嚴飭該管監督司員認真查驗，儻有偷工減料，攙雜沙土及模糊破碎等弊，除將鑪頭工匠按律治罪外，並將該管堂司各官一併懲處。又諭：近來大錢壅滯，皆由私鑄過多，果能嚴禁私鑄，隨地查拏，俾得浄絶根株，則販賣私錢之人不禁自絶，即使用私錢之禁又何必另立章程。若不正本清源，徒以嚴拏私販，紛紛擾累，適足以啓官役訛索之端，於禁私便民之道轉多窒礙。嗣後責成步軍統領衙門、順天府、五城及各該地方大小員弁，懔遵疊降諭旨，於私鑄大錢人犯實力嚴拏。其有拏獲大夥私鑄及私造鑄錢器具，並鄰里軍民首告得實者，應即給予獎叙。如官役有徇隱包庇受賄賣放挾嫌誣告情事，及姦民知情容隱者，尤應加等懲處。至官號爲銀錢出入總匯，儻有收賣私錢，任意折算等弊，尤須從重懲辦。著户部嚴飭該管司員嚴密稽查，一經發覺，即將該商人等拏交刑部治罪，不得稍涉瞻徇，致令市肆姦商相率效尤，阻壞錢法。又議准：大夥私鑄無論有無拒捕傷人，州縣印捕官降二級留任，道員、府、州罰俸一年，俱限一年緝拏，限滿不獲，專管官照所降之級調用，兼轄官降一級留任。私鑄拒捕，州縣官諱匿不報，或將數起報作一起者，俱革職，兼轄之府、州降二級調用，道員降一級調用。如上司徇庇不參，降三級調用。京外地方官失察私造鑄錢器具，降一級調用。如尚未行用，即行訪拏，與案犯並獲者，無論本境、鄰境每一起准其加一級。私鑄之案，如由在籍紳衿稟報，係大夥私鑄得實者，給予加一級。係小夥並私造器具得實者，紀録一次。鄰里士民首告得實者，由地方官酌給獎賞。京内五城地方及外省府州縣衙門吏役如有徇隱包庇受賄賣放等情，本管官故縱革職。止於失察，犯該杖徒者降一級調用，犯該軍流者降二級調用，犯該絞斬者降三級調用，總以首犯之罪名爲斷。司道失察者，每案降一級留任。若本管官能自行訪出究辦者免議。捕役以查拏私鑄大錢爲由，肆行搶奪，挾嫌誣告，失察之該管官照失察捕役誣良爲盜例議處，已致死者革職，未致死者降三級調用。係已革捕役，已致死者降三級調用，未致死者降一級。自行訪拏審出，未致死者免議，已致死者仍照例議處。係匪徒冒充差役，犯有前項情弊，將地方官降一級留任。姦民私隱私鑄人犯，地方官故縱者革職，失於覺察降一級調用。凡地方官拏獲大夥私鑄之案，能將案犯全數緝獲者，無論本境鄰境，准該督撫奏請給咨送部引見，照獲盜人員議叙。其並非大夥私鑄，地方官訪查破案，能將首犯及匠人全獲者，亦無論本境鄰境，每一起准其加一級。如連獲三起以上者，准該督撫併案奏請給予升

銜。其有失察處分，並准將拏獲之案分起抵免。八年議准：私銷當百、當五十、當五大錢，雖經停用，究係國寶，於私銷制錢爲首斬決、爲從絞決本例上酌減一等，爲首者擬發邊遠充軍，爲從者杖一百、流三千里。其私銷當十銅錢、鐵制錢者，仍照銷毀制錢本例定擬，不得開脱避就，致滋輕縱。

同治十三年諭：姦民私鑄錢文，大干例禁，著步軍統領衙門、順天府五城一體嚴查，即將私鑄人犯拏交刑部按律懲辦。該局鼓鑄錢文何以竟有攙和情弊，並著户工兩局認真整頓，不准偷工減本，致滋弊端。又諭：錢鋪攙和私錢本干例禁，江南、淮揚、徐海等處及四川各屬，竟有錢鋪攙和私錢情事，實屬有礙民生，此等弊端他省恐亦不免。著各該督撫飭令地方官認真稽察，嚴行禁止，毋任姦商舞弊。

光緒七年奏准：寶泉局書吏私用銀三百二十兩，合依監守盜倉庫錢糧入己數在一百兩以上者杖一百、流二千里例，杖一百，流二千里。照例勒限追賠。又奏准：此次盤查寶泉局庫，自同治九年七月起至光緒五年六月止，虧短當十大錢一萬四千六百餘串，應作十股攤賠，滿漢監督各分賠四成，中廠大使分賠二成，按照歷任滿漢監督大使等在任日期分成賠補，並照州縣虧空銀米例，勒限一年全完。儻限滿不完，或完不足數，即將該員等移咨吏部議處。又奏准：驗收各鑪卯錢，如有分兩輕小，磨鑢粗糙之弊，除將該鑪匠從嚴懲辦外，並將該鑪即行停鑄，另擇呈交如式之鑪，令其加鑄，以示儆戒，而昭激勸。

《六部處分則例》卷二一《錢法·銅色低潮》 一、運員領解京銅自瀘店起程，該店員按每起領運銅斤總數造具清册，開明某廠銅若干斤應交户局，某廠銅若干斤應交工局，其廠店各員及該管道府並運員銜名均於册内明晰開載，各加具並無低潮攙雜甘結隨册申送。計册五本，一本交運員收執，四本申送巡撫衙門，該撫存留一本爲據，其餘三本分咨吏户工三部。俟運員到京赴局交兑時，即將所賫清册送局查驗收兑，如銅色在八成以下即行挑出，俟事竣後户工二局開具每起所兑銅斤驗收足色者若干、挑出不足色者若干，註明廠分斤數，查照原册銜名，將應議各員及某員應賠分數一併咨送吏部查覈，俟賠限滿日分别已完未完，仍咨吏部覈辦。

一、廠員分數統以一起所解該廠之銅若干作爲十分，除收過外，挑出若干即作爲該廠員虧欠分數。運員則以一起所解應交二局之銅作爲十分，除交局驗收外，將户局挑出之銅若干斤、工局挑出之銅若干斤統計若干作爲該運員虧欠分數。至店員及該管道府均以一起所解銅斤若干作爲十分，凡運員虧欠分數即係店員及該管道府所欠分數。均各詳按分數分别議處。

一、煎煉銅斤係廠員專責，凡京局挑出八成以下銅斤，計該廠不及一分者罰俸一年，一分以上者罰俸二年，二三分以上者降一級留任，四分、五分者降二級調用，五分以上者降四級調用，七分以上者革職，仍留廠勒令賠繳。以上俱公罪。其應賠之項以接到部文之日起，原欠三分以下者限三個月完繳，四五分以上者限六個月完繳，七分以上者限一年完繳。如限內全完，即將降革之案題請開復。儻逾限不完，原議罰俸者即降一級留任，原議降留者即照所降之級調用，原議降調者即行革職，原議革職者不准復行留廠，仍留該省再限一年賠完。如於復參限內全完准其開復，將降革離任之員留省另補，若再不能完，無論降調降留及分數多寡，一體革職，公罪。應賠之項著落該管上司分賠。

一、店員虧欠銅斤處分照廠員量減一等，欠不及一分者罰俸六個月，一分以上者罰俸一年，二三分以上者罰俸二年，四五分以上者降二級留任，六七分以上者降二級調用。以上俱公罪。按其分數限期悉照廠員之例勒限賠繳，如依限全完題請開復，逾限不完，原議罰俸六個月者即罰俸一年，原議罰俸一年者即降一級留任，原議罰俸二年者（降）即降二級留任，原議降二級留任者即革職留任，原議降調者即行革職，仍留該省再限一年賠完。如於一年限內全完准其開復，若再不能完，無論分數多寡，一體革職，公罪。應賠之項著落該管上司分賠。

一、運員虧欠銅斤處分照店員量減一等，欠不及一分者罰俸兩個月，一分以上者罰俸六個月，二三分以上者罰俸一年，四五分以上者罰俸二年，六七分以上者降二級留任，三年無過開復。以上俱公罪。至數逾一分以上由户部即將該運員扣除引見。

一、管理廠店之道府，其處分照運員又減一等，其欠不及一分者罰俸一個月，一分以上者罰俸六個月，二分以上至四分者罰俸一年，四五分以上者罰俸二年，六七分以上者降一級留任，將廠店各員應賠之項勒令按限督催。以上俱公罪。如限滿不完，原議罰一個月者即罰俸三個月，原議罰俸

六個月者即罰俸一年，原議罰俸一年者即罰俸二年，原議罰俸二年者即降一級留任，原議降一級留任者即降二級留任，仍令督催。俱公罪。如廠店各員能於復參限內全完，或廠員等逾限不完經該上司分賠全完者，准其將降留之案題請開復。

一、京局挑出銅斤勒令廠店各員分賠之項限滿日該撫即將何員已完、何員未完之處造册聲明，分別議處開復，不得以一人未完致同案已完之員久罣吏議。至該管上司有督催之責，其降級處分必俟一運內廠店各員全數按限完繳方准開復。若再限屆滿尚有未完之員，不准開復。如該上司已分賠全完，亦准開復。

一、運員果能銅色純潔全無低潮，由户部聲明請旨，如奉旨交部議叙者，予以加一級，從優議叙者，加一級，紀録二次。道光二十九年閏四月初九日奏定。

一、滇省辦運銅觔，將廠名、年分、姓名鏨鑿清楚，店員認真挑揀，長運委員逐件揀提，儻託京交局仍有無字低銅，即由户部先將該委員職名咨送吏部，於低潮處分之外再比照低銅分數予以處分。如廠員、店員通同舞弊，亦即將廠店各員查明嚴參。咸豐元年四月十四日户部奏定。

《六部處分則例》卷二二《錢法·私錢》　一、凡軍民人等販賣私錢或攙和行使，五城司坊及州縣印捕各官不行查拏，照私鑄例分別議處，自行查究者免議。

一、凡官運船隻船户有夾帶私錢事發，押運官知情者革職，私罪。不知情者照失察私鑄例議處，自行查出究辦者免議。

一、地方官失察翦邊錢文攙和行使者，每起罰俸一年。公罪。

一、道光十四年十二月初七日奉上諭：訥爾經額等奏請查禁通省私錢一摺，湖北爲各省水陸通衢，商販雲集，私錢最易攙用，經該督等奏明飭屬查拏辦理，尚屬認真，該督等務必隨時委員密訪，倘各州縣始勤終怠，以致私錢充斥，即當照例嚴參。至道府爲州縣親臨上司，耳目較近，嗣後每届年終，各州縣查明境內有無私錢照例出結後，由該管道府覆查確實加結，詳覈其奏。如有結報不實，一經查出，即將該管道府一併參處，以示懲儆。該部知道。欽此。

《六部處分則例》卷二二《錢法·滇省廠員考成》　一、滇省除産銅無多之廠照舊辦理外，其餘大小各廠統計該廠一年所出銅斤確數，分作十二股，按月以十分覈算，該廠員欠不及一分者罰俸六個月，一分以上罰俸一年，二分、三分降一級留任，四分、五分降一級調用，五分以上降二級調用，七分者降三級調用，七分以上者革職。俱公罪。其缺額三分以下之員限兩個月補足，逾限不交，仍令留廠管辦，量予記過。至三月以後不交，即行撤回，入於銅政考成案內開參議處。若缺額至四分以上即行按月開參，仍令在廠協同催辦，如一年後仍不足額，將應降調者撤回，應革職者發往新疆效力。公罪。其實係礦砂衰薄，亦准該廠員據實具報，委道府勘查屬實，或應減額，或應封閉，於考成案內題報寬免。倘係該廠員漫無調劑，任意廢弛，以致辦銅短絀，又不及時補足，經該督撫特參，即無論分數多寡，俱革職，發往新疆效力。私罪。

一、督催銅廠之道府照兼管鹽務之道府例議處，欠不及一分者停其陞轉，一分以上者降俸一級，二分、三分者降職一級，四分、五分者降職三級，六分、七分者降職四級，俱令督催，停其陞轉，完日開復，八分以上者革職。俱公罪。

一、辦銅各員能於月額之外多獲銅一分以上紀録一次，二分以上紀録二次，三分以上紀録三次，四分以上加一級，五分以上加二級，再有多者，每一分遞加一級。

一、滇省開報新廠，督辦官每年獲銅二十萬斤以上紀録一次，三十萬斤以上紀録二次，四十萬斤以上紀録三次，五十萬斤以上加一級，按次遞加，至八十萬斤以上准該撫專摺奏請陞用。

《六部處分則例》卷二二《錢法·私鑄》　一、地方姦民私鑄錢文，無論錢數多寡，州縣印捕官知情故縱者革職治罪，私罪。知府、直隸州知州降二級調用。公罪。其州縣印捕官止係失於覺察者，每起降一級調用，知府、直隸州知州每起降一級留任，俱公罪。自行查獲究辦者免議。

一、甫經置爐做堆製造錢模尚未鑄成，州縣印捕官自行查獲究辦者免議，別經發覺降一級留任。公罪。

一、五城地方姦民私鑄，司坊官照州縣例分別議處。

一、竈丁私鑄，鹽大使照州縣例，分司照府州例分別議處。

一、家奴私鑄，其主係官，知情者革職治罪，私罪。不知情者降一級

留任。公罪。其官員以房屋租賃與人致有私鑄者，亦照此分别議處，自行查出送究者俱免議。若看守園墳家人將房賃與外人私鑄私燬者，伊主免議。

一、私鑄月日在地方官公出期内者免議。

一、私鑄之罪首犯與匠人同科，地方官雖平時失於覺察，但能訪查破案全行拏獲，不論年月遠近、次數多寡，俱免其失察處分，若由該地方武職拏獲，文員亦准其免議。

一、案由别處發覺，該地方官能立將首犯及匠人拏獲，或協同拏獲者，俱免議。若犯被鄰境拏獲，照鄰境獲犯例減等議結。例載《公式門》。

一、案由本處發覺，該地方官僅獲爲從之犯，而首犯及匠人脱逃者，止免其失察處分，仍照命案緝凶例將承緝接緝官分别議處，例載《人命門》。限内自行拏獲者免議。若被鄰境拏獲，亦照鄰境獲犯例減等議結。

一、私鑄錢文甫經鑄成尚未行用，地方官訪查破案能立將首犯及匠人全獲者，無論本境鄰境，每一起准其加一級。

一、凡私銷制錢、入爐銷化曰銷。私燬制錢翦錯薄小曰燬。之案，地方官知情故縱者革職治罪，私罪。知府、直隸州知州降二級調用。公罪。如止失於覺察，十千以上者，州縣印捕官每起降一級調用，府州降一級留任。不及十千者，州縣印捕官每起降一級留任，府州罰俸一年。俱公罪。一千文以下者，印捕官罰俸一年，公罪。府州免議。如能訪查破案全獲首從者，加一級。

一、大夥私鑄，聚衆十人以上爲大夥，無論有無拒捕傷人，州縣印捕官降二級留任，道員、府、州罰俸一年，俱限一年緝拏，俱公罪。限滿不獲，專管官照所降之級調用，兼轄官降一級留任。俱公罪。

一、私鑄拒捕，州縣官諱匿不報，或將數起報作一起者，俱革職。私罪。兼轄之府州降二級調用，道員降一級調用。俱公罪。如上司狗庇不參，降三級調用。私罪。

一、京外地方官失察私造鑄錢器具，降一級調用，公罪。如尚未行用即行訪拏，與案犯併獲者，無論本境隣境，每一起准其加一級。

一、私鑄之案如由在籍紳衿稟報，係大夥私鑄得實者，給予加一級，係小夥並私造器具得實者，紀録一次。隣里士民首告得實者，地方官酌予獎賞。

一、京内五城地方及外省府州縣衙門吏役如有狗隱包庇、受賄賣放私鑄案犯等情，本管官故縱革職，私罪。止於失察，犯該杖徒者降一級調用，犯該軍流者降二級調用，犯該斬絞者降三級調用，俱公罪。總以首犯之罪名爲斷。司道失察者每案降一級留任。公罪。若本管官能自行訪出究辦者免議。

一、捕役以查拿私鑄大錢爲由肆行搶奪，挾嫌誣告，失察之該管官照失察捕役誣良爲盗例議處，已致死者革職，未致死者降三級調用。係已革捕役，已致死者降二級調用，未致死者降一級調用。俱公罪。自行訪拿審出，未致死者免議，已致死者仍照例議處。係匪徒冒充差役犯有前項情弊，將地方官降一級留任。公罪。

一、奸民容隱私鑄人犯，地方官故縱者革職，私罪。失於覺察降一級調用。公罪。

一、凡地方官拿獲大夥私鑄之案，能將案犯全數緝獲者，無論本境隣境，准該督撫奏請給咨送部引見，照獲盗人員議叙。其並非大夥私鑄，地方官訪查破案，能將首犯及匠人全獲者，亦無論本境隣境，每一起准其加一級。如連獲三起以上者，准該督撫併案奏請給予升銜，其有失察處分並准將拿獲之案分起抵免。咸豐四年八月二十四日奏定。新增。

附失察吏役刁難收受鈔票新增

一、嗣後凡有收項，内外各衙門遇有商民交納暨紳士捐輸，均按照奏定成數收納鈔票，倘有吏役刁難，不照成數收受鈔票勒索現銀現錢者，該管官失於覺察，照監守不慎例降一級調用，再罰俸一年，該上司降一級留任。俱公罪。該管官知情故縱者革職，如有通同作弊情事，將該管官革職拿問，狗隱不舉之上司降二級調用。俱私罪。止係失於覺察，降二級留任。公罪。咸豐四年四月二十九日浙省准咨。

《六部處分則例》卷二二《錢法·錢局大使考覈》　一、户工兩局製造錢文以卯錢爲准，一次卯錢不如式者，由該衙門記過二次，記大過至三次，移咨吏部停陞，俟一年卯錢均能如式方准開復。儻至四次即撤回，仍停陞一年，嗣後各項優差皆停其保送。如廠大使三年任滿，卯錢均能如式，由該衙門出考保奏，帶領引見，予以陞途。或尚須留任，俟引見後即

令先换頂戴。道光三十年五月初六日户部錢法衙門奏定。

《大清法規大全・財政部》卷八《錢幣・外務部咨南洋禁止韓錢入口文光緒二十九年十月初四日》　光緒二十九年九月二十六日准駐韓許大臣函稱：韓國向用常平制錢，其錢甚重，後因私銷過多，常平漸少。近於七八年前，鑄當十紅銅通行國内。又見日本人有當五十鎳錢，因停止紅銅，改鑄鎳錢，每二十白鎳當銀洋一元，其利甚溥。遂愈鑄愈多，兼以日人私鑄，華人難免無效之者，私鑄充斥，不可補救，現在韓國每一銀洋换紅銅二百數十枚。近聞有華商私運韓鑄紅銅入我煙臺、上海、鹽城、東臺一帶，與中國新鑄當十紅銅攙雜混用，每百枚换洋一元，較之在韓二百數十枚，其利倍蓰有餘，勢將源源而來，實與我國錢法大有妨礙。除已飭駐仁川等口領事會同海關稽查，並函達東海、津海、江海各關道知照税務司禁止韓錢入口外，應請通行各省一律設法實力查禁，不准韓錢攙用，以維圜法等因。相應咨行貴大臣查照轉飭各關道知照税務司實力稽查，禁止韓錢入口，並通飭所屬出示曉諭，不准攙用韓錢以維圜法可也。

《大清法規大全・財政部》卷八《錢幣・財政處通行各省禁止私鑄銅圓隨時嚴密查拏文光緒三十年十一月初十日》　本處遵旨整頓幣制，設廠鑄造銀銅各圓。近來各省亦多因制錢缺乏，添鑄銅圓以救錢荒，所有鑄造事宜爲國家獨有之權，自應統歸官辦，以期一律整齊。風聞各省近有奸民購買外國鑄成銅餅及手摇機器私鑄，勾串影射以僞亂真，希圖漁利。若不嚴行禁止，實與圜法大有妨害。查私鑄制錢例禁極嚴，而私鑄銅圓獲利最饒，貽害尤大，倍宜嚴懲，以儆效尤。相應咨行貴將軍、督撫查照飭屬隨時嚴密查訪，實力緝拏，從嚴懲辦。如在租界，亦須查訪明確，照會該領事等設法拏禁，以杜覬覦而維錢法。除通行鑄造銅圓各省外，並知照外務部、工巡局、步軍衙門劄行順天府可也。

《大清法規大全・財政部》卷八《錢幣・財政處咨外務部嚴禁銅圓出口文光緒三十一年十月二十三日》　准外務部咨准英薩使照稱煙臺領事官詳本國和記行稟由滬運來銅圓三十五箱，税務司禁止進口，實礙貴國約内所許立定國家一律國幣之語，與户部、財政處奏准章程大不相符，合行照請咨行該省，凡領有照約販運銅錢由此口往彼口之保單者，仍應准其進口，等因。查本部前以直隸禁止他省銅圓進口有礙條約，據總税務司申呈慮有洋商出名報運之難處，且與新訂商約立定一律國幣之意不符，亟應妥定辦法。嗣又准貴處咨稱江督電銅幣禁運出省，難保奸商不勾串洋商出名包運，請速核覆。經本部電覆應出示禁運出口聲明，仿米穀辦法，或酌定限制，並於八月二十五日抄電咨覆各在案。今煙臺果有洋商販運他省銅圓進口之事，應由貴處咨行江督查究，其英商和記之銅圓三十五箱照約似不能阻其進口，相應咨請酌核速復等因前來。查本處議定銅圓禁止大宗出口，原欲維持圜法，恐將銅圓視同貨物買賤賣貴，大宗販運，致市面震動，錢價漲落不定，有礙商務。且本處但禁大宗出省，於商民零星攜帶川資，以及此省銅圓在彼省零用仍屬不禁，並無礙國幣之流通。此案和記洋商所運銅圓多至三十五箱，係屬大宗販運，東省阻止進口，並無不合。現經本處電查江督，據稱係浙江發給護照，惟此項銅圓業已運至東海關，應否准其進口，請貴部酌核電知山東巡撫辦理，並請照會英使轉飭該英商毋再大宗販運銅圓出口，至浙省經手人員應由本處另行照章參辦可也。

《大清法規大全・財政部》卷八《錢幣・度支部奏准鑄一文錢摺》

准軍機處片交光緒三十四年正月十三日軍機大臣面奉諭旨：前以制錢缺乏，各省鼓鑄當十銅圓以期相輔而行，乃近來銅圓益多，制錢益少，銅圓一枚不足抵制錢十文之用，而奸商折扣盤剥，頗足爲害市面，且小民因制錢太少，零星日用諸多不便。當各省鼓鑄之始，原期準作十文，與制錢兩無軒輊，而錢少圓多，遂至錢貴圓賤，不但物價騰漲大礙小民生計，抑且鑄本日虧並足損礙餉源，自非鑄用一文之錢，令一文本位常存不足，以顯當十銅圓之數，保銅圓行銷之利。前年湖北、廣東等省曾奏鑄一文新錢，當經度支部議奏通行，而各省搭鑄一文新錢者仍不多見，蓋由於鑄造一文新錢成本較重，不免稍有虧耗。然以鑄當十銅圓餘利酌量提補，虧耗尚不至無著，所失無多，所全甚大。著度支部通行各省廠，凡鑄當十銅圓，必須於定額之外加鑄三成一文新錢，以資補救。其形式、重量、銅質、鑄本均須預爲核算，妥爲配合。又必須與當十銅圓工料成本大致相準，則兑换價值銅圓一枚必當新鑄制錢十文，庶利推行而資信用。至此項一文新錢，或宜黄銅，或宜紫銅，或宜有孔，或宜無孔，並著該部詳晰考校，悉心釐定，迅速奏聞，務期子母相權，大小相維，以便民生而正圜法。欽此。欽遵，抄交到部。

臣等欽奉之下，仰見朝廷體念民依，垂意幣制，感佩莫名。查一文銅錢自光緒三十二年七月間即經財政處會同臣部奏准各省一律仿鑄。近因京外制錢缺乏，民間日用小數實多不便，復於上年十月通行各省籌辦開鑄，報部查核。現在尚無具報仿鑄一文錢之案。今奉諭旨，飭於各省銅圓定額之外加鑄三成，並由臣等釐定制錢。臣等當即劄行造幣總廠遵照，並令將錢制鑄本考查明晰，以憑核定。旋據總廠署監督內閣學士兼禮部侍郎銜瑞豐等呈稱：前項加鑄三成一文錢，總廠遵即迅將應用機器配置齊全，刻日開鑄，其各省應用祖模仍當由總廠趕緊製造，輪廓字畫鎸刻精細，正面照當十銅幣模式鎸刻龍紋，背面刊明一文字樣，並加識省分，以期鑄造與否有所考查。俟祖模造成，頒發各廠，限領到後兩月內翻刻子模一律鑄造。概按所鑄當十銅幣枚數加鑄三成，不准稍有減少，至形式、重量、銅質、鑄本事關國幣配合，不厭求詳。查廣東所鑄形式，中鑿圓孔，係爲便於貫串，與舊式制錢具體而微。升任湖廣總督張之洞復經奏請以一文錢模式必與當十銅幣模式相等。現奉上諭諄諄以一文新錢期與當十銅幣子母相權，則是以子輔母，一氣相承，形式未可兩歧，當以無孔爲斷。其重量、銅質，廣東係用紫銅六成鎔配白鉛四成，每文重三分二釐。湖北用紫銅九十五分配鉛五分，亦重三分二釐。此項新錢工費甚鉅。即以廣東黃銅成色而論，每千文合工料銀八錢二分一釐，揆諸近日錢價，折耗已復不少。如用紫銅九十五分配鉛五分，恐虧累益多，未能與當十銅圓工料成本大致相准，價值亦必不能一律。是成色當以黃銅爲宜，擬請定爲紫銅六成、白鉛四成，重量三分二釐，每枚內實含净銅一分九釐零，每十枚恰與當十銅圓內含净銅一錢九分者略等，雖工本仍有虧耗，然以當十銅幣餘利撥補，盈縮相權，自可顧全成本等情，呈覆前來。臣等復詳加考核，廣東原鑄有孔之錢，係與舊日制錢同式，取其習用已久。湖北原奏擬不用孔，意在與銅幣一律。是以臣部議覆摺內聲明：體察各省銅幣情形再行通盤籌定，等因在案。

現查舊有制錢各省俱形缺乏，以致銅圓不能實當制錢十文，欲救其弊，惟有准銅圓之式，鑄造一文新錢，使銅圓自以子母相權，其於幣制亦較完備。但當十銅圓重二錢，折爲十文，每文銅鉛合計只重二分，體質太微，取攜尤屬非便。廣東所鑄係於應有銅質外加配白鉛，雖係黃銅三分二釐，而內含紫銅成色一分九釐零，銅質並無短少，核計工料之虧耗彌補亦易。此次鑄造一文新錢重量成色擬照廣東，酌合形式，擬照湖北無孔辦理，其餘該署監督所擬各節均尚妥協，擬請照辦。如蒙俞允，臣等即通行總分各廠，限令剋日照式開鑄，並將鑄出樣錢恭呈御覽。謹奏。

光緒三十四年正月二十三日奉旨：依議。欽此。

《大清法規大全・財政部》卷八《錢幣・商部奏准商會酌擬收化私錢章程光緒三十三年五月十四日》 一、私錢雖經迭次禁止，然存積市面終恐發現，與其留爲遺害，不如净絶根株。現經商會公議，稟官奏明，設廠開爐收化，寬其既往，庶積弊爲之一清。

一、收化私錢事關重大，俟奏准後先期一月示諭，定期開收，並將此項章程宣布。

一、收化私錢由官指定萬明寺處所設廠開辦，凡內外城積存私錢之家，均赴該廠交納。

一、收化私錢，由商會招集妥實爐工，訂立合同，取具切結保證，稟官立案。如查有夾袋情事，送官從重懲辦。

一、商民交納私錢，以一月爲限，逾限不交，經官查出，按例治罪。

一、考查市面使用大個錢，每個重量均在京平一錢三分以上，現經市政會公議，此次收化私錢以每個市平一錢三分以下爲斷，每十吊計重六十三兩七錢以下者，一概准予鎔化，其有以官板大錢攙入者，除將官錢提出充公外，仍科以應得之罪。

一、商民呈交私錢，但以銅觔分量輕重計數，驗收發給收據，註明錢之分量暨應發銅觔分量，給交錢人收執。

一、私錢迭經商會考驗，每百觔除砂耗化工外，衹能化出銅板八十觔，再擬於八十觔內抽出銅板三觔作爲廠用，商民呈交私錢每百觔者，應領銅板七十七觔。

一、收化私錢廠內，由警廳派員二員駐廠監察，並派巡警彈壓保護。

一、市面存積私錢爲數甚多，每日收發之時，由商會派人分管登簿留底等事，並應由各行商會董事定班輪流監察，以昭慎重。

一、廠內購買磅秤一架，收錢發銅均以磅秤爲准，有委員及經理人在旁監視收發。

一、零星小户存私錢不及二十吊者，准其各人摒湊歸一人呈交。

一、開辦伊始，經費等項需款甚多，由商會預爲籌墊，俟工竣後，於八十觔内抽三觔變價項下提還，如有贏餘，作爲地方公益之用。

一、警廳派往監察及彈壓員警弁、商會經理員等俱不領薪水車馬等費，以盡公益。

一、廠内司事以下人等均支給薪水，由商會酌定。

一、私錢收化竣工後，即將廠爐撤銷，稟請民政部奏報，以昭慎重。

一、承攬收化之爐工所餘砂末，均須在廠内煎煉成銅，始准出廠。

紀　事

（明）卜世昌《皇明通紀述遺》卷一一〔嘉靖四十四年〕五月，户部歲發鹽課二萬兩，於雲南鼓鑄嘉靖通寶。既而錢法阻滯，公私交病，巡按御史言：鑄錢不行，由蓄積未通也，而利少費多，且行錢准銀，不宜泥以定數，而收税折俸，皆利于銀，宜止勿鑄。從之。

（明）談遷《國榷》卷三《太祖洪武元年》〔七月〕辛未，罷鑄錢。尋復之。

（明）談遷《國榷》卷三《太祖洪武元年》〔三月辛未〕命京省鑄洪武通寶錢。

（明）談遷《國榷》卷四《太祖洪武四年》〔二月〕丁卯，鑄洪武通寶小錢，民便之。

（明）談遷《國榷》卷九《太祖洪武二十二年》〔六月〕癸丑，收廢銅鑄當二當十錢。

（明）談遷《國榷》卷一三《成祖永樂元年》〔四月丙寅〕禁金銀交易以通鈔法，犯者准奸惡論。

（明）談遷《國榷》卷一五《成祖永樂十年》〔七月〕甲午，鑄永樂通寶錢。

（明）談遷《國榷》卷六五《穆宗隆慶元年》〔二月丁酉〕議錢法馬政，户部言：禁僞錢，餘舊錢聽民間兼行，其税課等准收錢。

（明）沈長卿《沈氏日旦》卷二〔崇禎元年夏〕金陵所用錢，皆開元也。薄小而賤，豈真古開元所鑄乎。當事者驟禁之，每至激變。夫官錢之不行，罪豈獨在百姓哉？予《遽説》中已窮其源矣。

《明實録》甲辰年四月　壬戌，命江西行省置貨泉局，設大使、副使各一人，頒大中通寶大小五等錢式，使鑄之。

《明實録》宣德十年二月　戊午，廣西梧州府知府李本奏：律載寶鈔與銅錢相兼行使。今廣西、廣東交易用銅錢，即問違禁，民多不便。乞照律條，聽其相兼行使。從之。

《明實録》景泰七年七月　甲申，兵馬指揮司胡朝鑒奏：近京在年買賣，惟用永樂錢，其餘不用，以致在外蘇松等處，紛紛僞造來京貨賣。其錢大小不一，俱各雜以錫、鐵等物，致使在京軍匠人等亦私鑄造，日趨於詐。乞通行禁約，敢有故違者，悉置諸法。從之。

《明實録》成化十一年九月　戊申，定擬銅錢折俸例。先是在京文武官吏人等，上半年俸粮例俱折鈔，比因錢法不通，所司請納鈔者許令錢鈔中半兼收，庫鈔遂少。成化七年至十年，鈔俱未支，户部仍請如例，錢二百文折鈔一貫。先將七年折給，俟錢有餘，則依年次通給。從之。

《明實録》成化十三年六月　壬子，禁私鑄銅錢。時有犯私鑄者，刑部因奏：近歲民間所用新錢，多蘇、松、常、鎮、杭州、臨清人鑄造，致四方客商聚集收買，姦弊日滋，阻壞錢法。宜移文各處巡撫巡按官，揭榜禁約。自後事發者，即以爲首，并工匠依律問罪。其爲從及知情買使者，俱枷項示衆，滿一月，并家屬編成附近衛。其舍餘旗軍，原係邊衛者，發附近邊衛，俱終其身；軍職旗軍調極邊衛；或職官有犯，奏請處治。從之。

《明實録》成化十四年八月　丁未，申禁私鑄銅錢。都察院奏：先因南直隸并浙江、山東有私鑄銅錢者，揭榜禁約。今掌錦衣衛事都指揮同知牛循奏河南許州民亦多私鑄，請通行天下禁約，其言宜從。從之。

《明實録》成化十六年十二月　甲子，户部臣言：京民上言，前此京師錢價每銀一錢易錢僅得八十文，錢貴米賤，軍民安業。比因僞錢盛行，銀一錢增至一百三十文，錢賤米貴，而又揀選太甚。小民勤勞，自朝至晡，所得傭直不能養贍。乞敕都察院出榜禁約，如有揀選者，每一罰十，庶使錢法流通，米價平減。臣等請如先年事例，除僞造並破碎錫錢不

用外，自餘不問年代遠近，無得揀選，違者治罪。從之。

《明實録》**成化十七年二月**　戊午，户部以京城内外私錢濫行，舊錢阻滯，是致錢輕物貴，不便於民。雖嘗奏請禁約，犯者枷項示衆，然愚民貪利，鼓鑄私販者益多。請嚴加禁治，且定銀錢通融則例。上曰：今後只許使歷代并洪武、永樂、宣德錢，每八十文折銀一錢，能告捕私造者量賞。及私販者，官校用心緝捕。有知情容隱者，咸究問。見今揀錢枷項監問者，姑宥之。

《明實録》**弘治三年六月**　戊子，命天下諸司發所貯洪武、永樂、宣德通寶錢，與歷代銅錢兼行。

《明實録》**弘治十六年二月**　丙辰，鑄弘治通寶錢。令兩京及各布政司照《諸司職掌》所載多寡之數稍損益之。北京照初年北平舊數，而南京地方頗廣，宜增一倍。山東、山西、河南、浙江、江西、廣西、陝西、廣東、四川俱照舊數，湖廣視浙江、福建視廣東、雲貴視四川，每歲陸續鑄造。先是，南京監察御史郭紘請疏通錢鈔，下户部議。已申行鈔之令，上命計處錢法。户部會官議，請先導民通行洪武、永樂、宣德錢，與前代錢兼用，而後講鼓（錢）〔鑄〕之法。有旨：鑄錢乃足國便民急務，先朝具有成法，其再議之。至〔是〕議上，從之。仍命議禁約私鑄及行用事宜以聞，於是申禁私鑄之令。民間止許使用前代並國朝官錢，不許雜以薄小（爲）〔僞〕錢。盡發南京内庫并各司府州縣庫積，有洪武等錢同弘治通寶爲官員折俸及光禄寺、太常寺買辦之用，法司贖罪及税關收課歷（伐）〔代〕舊錢與洪武等錢兼收。如〔無〕洪武等錢者，以舊錢二當一，其原不行錢地方，責令巡撫按及有司督行之。

《明實録》**嘉靖三十二年十月**　己亥，上諭户部：錢法未通，亦宜計處便民。户部言：錢法不通，由輕重二弊，未能迭相爲用。臣等請以新舊諸錢定爲二則，上則七十文准銀一錢，中則倍之。官司收税亦准此例，不得輒有增損。仍敕御史、廠衛覺察阻壞錢法者治之。上曰：錢法周小民目下之急，且不必深文。凡係嘉靖制式以七文易銀一分，洪武等式及前代雜錢加倍，違者科罪。

《明實録》**嘉靖三十四年四月**　戊寅，兵科給事中殷正茂言：今財用不足，惟鑄錢一事可助國計。但兩京所鑄以銅價太高，得不償費。可採雲南銅，自四川運至湖廣岳州府城陵磯。其地商賈輳集，百物夥賤，且係南北適中之所，可開局鑄造。其銅價僦運諸費，宜以雲南鹽課、四川庫藏給之，并設總督重臣註選主事專理，計歲費工本銀不過三十九萬餘兩，可得錢六萬五千萬文，值銀九十三萬餘兩。餘工本外，歲得利銀五十三萬有奇，足以少佐國家之急。事下户部覆言：城陵磯五方雜聚，於此開鑄，恐姦詭易興。雲南地僻事簡，即山鼓鑄爲便。宜敕雲南撫臣以本省鹽課二萬金，（令）〔令〕藩臣一人督造，轉運太倉。行之果有成效，即盡留本省鹽課，并行兩廣福建、山東，凡出銅地方如例遵行。上從部議。

《明實録》**嘉靖三十七年五月**　丁巳，命户部申明三十三年更定錢法，仍行都察院嚴禁奸民私鑄阻壞錢法者。

《明實録》**嘉靖四十二年九月**　辛巳，復令崇文門宣課司商税收錢。先是從主事范燧議，每錢七文，折收銀一分。行之半年，而民間所積舊錢皆壅滯不行，錢法遂壞。於是給事中孫枝上疏，請罷前令，而復收錢之舊，仍按季輸太倉，充官員折俸。部覆從之。

《明實録》**萬曆四年三月**　庚子，巡按雲南御史郭建梧言：國初京師有寶源局，各省有貨泉局，自嘉靖間省局停廢，民用告匱，況滇中產銅，不行鼓鑄，而反以重價遠購海肥，孰利孰害？下户部覆，可俾開局行。

《明實録》**萬曆四年四月**　壬辰，工科都給事中劉鉉言：錢法之壞，由于承平日久，民用無經。一切盆罐爐釜，罔不冶鑄爲之。甚至神形佛像，動累千斤，所應首禁，毋許鑄造。願貨者給價銷化爲錢，奸商巨賈慣爲利囮，隱括諸錢，乘除其術，瞰時高下，此錢所以朝更夕改，此行彼滯也。今後從來行錢處聽新舊兼使，原未行錢者止用制錢。其私販及收買銅器陰壞錢法者嚴緝。小民淂銀甚艱，淂錢頗便，而煎銷低銀者惑之，蓋以錢易物，值止相當；以銅攙銀，奇贏主見。愚民貪利，寧爲低僞而輕視錢。今後除起立高爐傾銷錠銀外，煎銷低假痛治，民苦于銀不加多而樂錢之易使，何憚而不從耶？下工部。

《明實録》**萬曆四年四月**　乙卯，工部言：制錢所以足國便民，然必使民不敢盗鑄而後可以經久。宜以五銖錢爲准，用四火黄銅鑄金背，二火黄銅鑄火漆，務求銅質精美，其粗惡及渣滓者罪之。大約鑄錢一萬文用

銀一十四兩八錢九分零。費多利少，私鑄自息。督以侍郎何寬責成，員外郎沈文及主事韓濟分理。上令再議以聞。于是，工部又議：銅價各減十分之一，復歎慎收料，嚴搒簡，去拙工，務使工，用相得，則錢自精而用自廣。報可。

《明實録》萬曆五年十一月　辛酉，內官傳諭內閣：京城內外錢法不通，小民受困，命輔臣議處。居正等奏言：錢法一向通行，偶因姦商興販私錢至京，勢豪賤買射利，遂至錢價頓減。乞下該部施行。上命户部設法疏通，其税課房號等項都用錢上納，有違法私鑄及勢豪射利阻壞錢法者，重治之。

《明實録》萬曆五年十一月　乙亥，户部以京城內外錢法不通，條上四款：一禁私鑄；一革興販；一編鋪行，令其不論新舊錢，通融使賣；一酌收放，税課二兩以上銀錢中半，以下及房號等項，盡數收錢。商人應領料價以十分之二支錢。報可。

《明實録》萬曆六年十二月　甲申，詔以京城內外錢法壅滯，重困小民，各地方不著實奉行，顯是違抗。今後再行申飭，有犯私鑄及傷言阻撓的，除私鑄爲首依律論死，餘各問罪不貸。諭在外衙門熱審減等事例一切停止，不得擅變成例，妄議市恩。

《明實録》萬曆八年四月　辛巳，工科給事中萬象春以錢法不行，疏請將金背、火漆、鏇邊三様名色歸一，以便通行。且請責成有司稽查鋪行所使通塞，至各地方存留錢糧及應納紙贖，願輸錢者即與收錢。收放數目即於季報、月報循環簿內開載申報。户部如議具覆，且言：省直錢法阻滯，非朝廷法令之不嚴，該撫按司道與有司不實實行於境內也。清様錢，報錢數，祇具虛文。捕私鑄，禁興販，未見盡法。玩忽既久，上下相欺。官錢既濫，私鑄易淆。私錢既行，官錢益壅。重責成，誠探本至論。疏入。上以鑄錢一事申飭再三，竟以空文塞責。今再行禁飭，如復廢格，科道官即便參奏。吏部亦宜查科道章奏，摘發幽隱者，方許推陞京臺。已而，直隷巡按御史田樂復奏五款：一嚴首惡，一開告捕，一禁私販，一收低錢，一許自新。仍請通行各省直撫按嚴督屬吏，力治豪強窩隱之罪。部覆，上悉從之。

《明實録》萬曆八年七月　戊子，湖廣巡撫王之垣奏：爲疏通錢法，將武衡荊三局鑄錢之盈縮，餘剩之多寡，行使之通塞，興販夾帶之有無，一一總覈奏報。上以錢法不宜與民争羨利，第禁私鑄、私販及鑄造不如法者，以垂久遠可行。

《明實録》萬曆十三年八月　丁卯，户部言：錢之輕重不常，輕則斂之，重則散之，故無壅閼匱乏之患。今之錢法，萬曆金背每銀一分五文，嘉靖金背銀一分四文，及查嘉靖、隆慶、萬曆之初鑄也一分十文，火漆、旋邊亦如之。僅踰十年而輕重不同，不啻相半。凡市巷間荷擔而販，負耒而耕，手尺布肩斗粟所需於錢獨多，錢重而物價騰貴。又壽官吉典方興，工匠軍夫無慮二三萬人，此時坐視低昂不爲亟處，錢必日重一日。今宜以術散之，將庫貯萬曆金背，俟各商領價給十之二，視官俸一體關支，以八文准一分。且隆慶金背，先帝臨御之年號銖兩，體質與二金背無別也，乃至沉積在庫，何謂哉。宜將見貯庫中者與萬曆金背酌量多寡，通給官商。如有阻撓，聽巡城御史治之。庶見錢流溢，物價平而民困蘇也。報可。

《明實録》萬曆十七年八月　甲辰，工部言鑄錢一事：南京工部應鑄六萬錠，一分進司鑰庫，五分送太倉。頃因式様不合，行使不便，議解料代鑄。然國家錢幣務裨寔用，假使民間委置，匪但虛靡銀兩，且于錢法阻滯。其解太倉五萬錠，留一萬錠以便搭用，餘四萬錠先解一萬錠，餘三萬錠炤例解料續鑄。其內庫錢一萬錠本部不能代鑄，炤舊解進。至禁僞錢收雜錢，俱於錢法有裨，而往代雜錢流布外郡已久，合從其便，輦轂近地，一應房號税課宜多收制錢。得旨：南京鑄錢不堪行使，准炤數解料，工部一併鑄造，應進內庫者于太倉數內撥補，務足一萬錠之數。僞錢雜錢嚴行禁治。

《明實録》萬曆二十年十一月　壬戌，工部題：鑄造制錢九萬錠，舊規以六分爲率，一分進內府司鑰庫，五分進太倉，計每年該鑄送內庫錢一萬五千錠。昨奉明旨再送內庫五千錠。工科都給事中劉弘寶執奏：內供賞賚非加于昔，羽檄旁午軍興取給太倉者萬倍于昔，奈何欲減太倉之額以增內供。且內庫進錢鋪墊銀歲費一千一百有奇，爐商困苦不堪，乞諭鑄進如例。從之。

《明實録》神宗萬曆二十二年四月　癸亥，御史張蒲言：錢法之壅，

縣王府私造，官法難加。古錢向來相資，近復阻滯。至如制錢行於民而不行於官，疏通無術，請自宗禄官俸下至户口、商税、驛遞、工食悉准兼搭，錢糧除起運外，罰贖除積穀外，銀錢兼收，援事例者搭錢十之二。省直復開寶源官局，鑄萬曆制錢。原使古錢地方新舊兼用，嚴禁王府，責成長史等官。部覆：著上下通行，毋仍前弊。

《明實録》萬曆二十八年三月〔辛酉〕先是，户部題：税務二兩以下尽數收錢，二兩以上銀錢各半，原爲疏通錢法，急濟邊餉。提督寶和二店内官張隆題：本店轉收條船銀兩，係充聖母宫用，解錢未便，乞宣課司條船仍舊徵銀。從之。

《明實録》萬曆三十八年十月〔丙申〕工部署部事右侍郎劉元霖以私鑄公行，錢法漸壞，疏請嚴禁私鑄，仍行連坐之法，依律究治，告捕者賞。通行榜諭，期在必行。其各官獲過私鑄起數附入考成，報部甄别才能，移咨紀録。得旨：錢法關係國計，若私鑄縱横，爲害不小，依議嚴行禁緝，仍附入考成，不得違玩。

《明實録》天啓二年七月〔甲寅〕户部新鑄大錢恭進御覽，令緝事衙門訪有亂鑄阻撓者重治。

《明實録》天啓五年七月〔癸亥〕治私鑄之罪，犯人徐龍、馬乾等，各以重輕論如律。

《明實録》天啓五年十二月〔壬辰〕上以私鑄溷淆制錢，著五城嚴拏治罪，其大錢照舊行使，不許訛傳阻撓，從錢法侍郎靳於中請也。

《明實録》天啓六年五月〔己酉〕督理錢法户部侍郎靳于中言：大錢民不願行，必有所以不行之故。不體察其故，而惟以三尺繩之，其勢可暫不可久。臣訪之通衢，詢之衆見，一、行止之疑宜釋也。合無明示今以後未鑄者永罷不鑄，現行者永行不止。一、遠近之阻宜通也。民用不產於一處，行錢當散於四方，合無普行各府州縣均用。一、多少之事宜平也。大錢以一當十，原充十文之用。近日有（實）買三五文貨物者亦持大錢，反令賣主按數找償，則喧囂滋起矣。合無諭示貨物值十文或二十文以上整數使用大錢，其餘零數者仍用小錢。一、僞造之淵宜絶也。寶泉舊鑄大錢，僞造者低惡不堪，稍一揀擇即以抗旨嚇之，遠商裹足，物價騰湧，勢所必至矣。合無諭示除却分兩薄輕形聲破啞之外，其餘一概通行，以定民志。私鑄既禁，則鑄之具不得私藏，除提鉗砍匣等物，俱收鎖在官，不許民間藏匿，如是則私造少而真錢自沛行矣。上是之。

《明實録》天啓六年五月 庚午，上諭户工二部：據奏工部爐頭比户部三分之一，即著李廷芳一員監督，每日鑄錢，務足銀一千七百兩之數。户部爐頭共一百二十名，責令苗自成和于朝作速料理，每日鑄錢，須足銀五千兩之數，匠役工食兩部自爲處給，不許仍前夾帶私鑄，致妨官鑄。

《明實録》天啓六年九月〔丁丑〕督察工程工部尚書崔呈秀條陳鼓鑄事宜，并舉監督員外葉憲祖俟工完之日破格優叙。工部尚書薛鳳翔覆言：大工之急需，無如鼓鑄一途，今寶源局爐止三十六座，較户部不及三分之一。北新廠見在空閒，委宜改無用爲有用，增添爐座不待再計。既廣鼓鑄，又須先辦銅斤。收錢帑銀原係皇上便民特恩，若留四萬作鑄本，始終霈澤，甚爲有益無損之計。至於崇文門銅觔，原宜户工兩部分買，奉欽差者屢矣，而户部宣課司之堅執如故，不得其解，良繇崇文門有户部之官而無工部之官耳。合無臣部議立商頭數名，收銅送局鼓鑄，不得仍前偏枯。其餘外京棍徒潛住京城開兑錢舖，於貨物中夾帶私鑄，來京攙和混雜，而又潛帶廢銅出京，以爲私鑄之資，皆爲錢法之害，宜行五城巡視衙門禁治。若夫寬邊、大板、金燈等錢，亦自外來，衆既壅滯，或行或止，聽從民便，使私鑄不禁而自廢。以後外省鑄局均宜遵照户工兩部母錢如式鑄造，違式者重加罰治，庶鼓造如法，而惡錢自少，國用自足矣。其監督葉憲祖蒞任無幾而錢法犁然畢舉，委屬廉能，俟工完并叙。允行。

《明太祖寶訓》洪武卷三《理財》 洪武七年正月庚午，中書省奏：國初，改鑄洪武通寶小錢，皆用廢錢及舊銅器鑄之。然廢錢銅一斤，較舊多鑄錢十五文。舊器銅一斤，較舊多鑄錢十三文。請令寶源局及各行省放此爲例。

太祖曰：鑄錢當以輕重爲準，豈得以多寡爲則？蓋錢輕則多，錢重則少，理勢必然。若違輕重而較其多寡，則工匠不堪，難爲定例。

《明太祖寶訓》洪武卷四《仁政》〔洪武二十年〕四月丁酉，工部右侍郎秦逵言：寶源局鑄錢請令郡縣收民間廢銅以資鼓鑄。

太祖曰：鑄錢本以便民，今欲取民廢銅以鑄錢，朕恐天下廢銅有限，

斯令一出，有司急於奉承，小民迫於誅責，必至毁器物以輸官，其爲民害甚矣。姑停之。

（清）查繼佐《罪惟録》紀卷一六《熹宗紀》 〔天啓四年夏四月〕禁私鑄。嚴朝覲官員科斂餽送之禁。

（清）查繼佐《罪惟録》紀卷一七《毅宗紀》 崇禎十二年冬十月，彗星見，停刑。十一月，前庶吉士張居請行銅鈔，從之。

《清實録》雍正七年二月 諭户部：錢爲國寶，固貴流通以利民，然必權衡輕重，使得其平，方能便民用而無囤積私銷之弊。近聞馬蘭峪地方奉天直隸數府錢價過賤，民間貿易物價必致虧損，且恐姦弊從此而生。著該督及奉天府府尹嚴飭地方官通行曉諭，嗣後錢價每銀一兩止許换大制錢一千文，並著該部行文各省督撫轉飭各地方，每銀一兩所换制錢不得過一千文，俾民用便利而國寶流通，以爲經久平準之定則。

《清實録》雍正九年秋七月 〔戊辰〕户部遵旨議奏：京師錢價昂貴，請酌定應行應禁事宜，以期漸次疏通。一、民間錢多則價賤，錢少則價增。應令提督、府尹、五城御史不時巡查，其有販運出京及囤積居奇者，即行拏究。一、五城十廠糶賣成色米，現在止餘五千餘石，請令各廠再領通倉成色米四萬五千石，均匀發糶，所得錢文發五城錢鋪，照定價九百五十文兑换，俟此項兑完，即令官錢鋪將所换銀兩照時價收錢，循環流轉。至八旗米局糶賣錢文亦交本旗錢鋪，照五城例循環收换。一、兵丁月餉現在一九搭放，今户部卯錢及五城賣米等錢共得三十四萬餘串，官錢鋪既有銀兩兑换，不必於庫内再發。則八九十月餉錢皆可以二成搭放，俟十一月以後，仍照舊例行。一、八旗五城現有錢文，並所賣成色米之錢，定價每市平紋銀一兩换大制錢九百五十文。俟市價漸增，官價亦漸增添，以銀一兩合大制錢一千文爲率，不得因市價而遞減。一、京城向有奸民勾通經紀，豫發本銀，於大小鋪户收賣制錢，多藏堆積，俟錢貴始行發賣，名爲長短錢，應嚴行查禁。從之。

《清實録》乾隆十年正月 〔辛巳〕命直省籌鼓鑄。諭軍機大臣等：近年以來京師錢價增長，民用不便，朕深爲廑念，多方籌畫，諭廷臣悉心計議，務得善策以平價值。上冬伊等議得數條，試行於京師，數月以來，錢價漸減，似有微效，民間稱便。至於外省錢價昂貴，比比皆然，爾等可將京師所議各款内摘取數條，密寄外省有鼓鑄地方之督撫，令其密爲商酌，能仿照而行以便民用否。外省與京師，情形不同，自有難於一例之處。但錢文源源鼓鑄，自應日積日多，足敷民用。乃價值日漸增長，恐私銷或亦不免。夫銷毁制錢之弊最爲難查，若將零星設爐之小鋪照京師之例令其歸併，派官稽查，以杜毁錢造器之弊，事屬易行。又如該省既開鼓鑄，其搭放兵餉餘錢，並青黄不接之際平糶官米錢文，照京師之例發出官賣，以平市價，此亦似乎可行。總之外省情形京師不能悉知，該督撫身在地方，自能因時措置，如可仿照而行，即密商辦理，具摺奏聞。若難於籌辦，亦將不能仿照之處據實陳奏，不必勉强，或致累民。

尋江蘇巡撫陳大受奏：京師錢法六條，一、設立鎔銅官局，稽查銷毁。查省城銅鋪四散開設，必使聚於官局，不特無地可容，兼恐稽查不得其人，反滋擾累。至銷毁之弊，應通飭文武員弁實力稽察。一、官米局錢文不必存貯。查歷年平糶錢俱即發市易銀，現在奉行毋庸更議。一、歸併錢市經紀，稽查高擡錢價。查兑錢雖有經紀名色，出入悉照時價，不能意爲高下，毋庸仿照。一、糶買雜糧禁止行使錢文。查乾隆六年業經部議，行令民間自數兩以上毋得專用錢文，應再飭地方官諄切曉諭。一、嚴禁奸民興販。查江蘇錢價各處相仿，加以運脚，利息甚微，實無興販。惟於出洋船隻照盤查食米之例，一體嚴查。一、禁止囤積居奇。查各屬富户多係存銀，其鋪户之錢隨收隨發，亦無囤積之事，並可毋庸查禁。得旨：所見頗是。即京師所辦，現即有捍格難行處也。

浙江巡撫常安奏：浙省向無鎔銅大局、賣米官局，亦無錢市經紀、大宗雜糧，似難仿照京師。然銷毁不可不防，則令各州縣再行設法稽查。興販不可不杜，則令沿海各商毋得多運出境。囤積不可不禁，則令大小交易止許兩數用錢。以及平糶錢，限三日發换。貲厚鋪户，零星兑收。庶幾因地制宜，以期有濟。得旨：所奏俱悉。

福建巡撫周學健奏：京師錢法六條，不能畫一仿照，自宜推廣變通。一、銅鋪零星賃屋開張，未便移聚一處，但恐爐具現成，暗將制錢私毁。應飭各州縣查明境内銅作坊若干，銅鋪若干，内設爐者若干，開報姓名，取具不敢銷毁遵依連環甘結，有犯許地鄰保甲首報，仍派典巡千把不時密查。一、平糶時應飭各廠員將所賣錢五日一報，令該府縣隨時發换。至錢

糧自一錢以下例得折錢，亦令隨收隨發，於旬報摺内開數備查。再晉江、惠安二縣場内所收長價，並官商所賣鹽價，除各項公用外，及各縣商人逐日所賣鹽價，俱交鋪户兑换，每十日將换出錢數附晴雨摺内通報。一、錢市經紀向未設立，但鋪户姦良不一，應飭各州縣查明該處錢莊若干、錢鋪若干造册，即令派查銅鋪委員稽查有無擡價。一、市鎮米麥成石、布帛成疋以上，及民間田房交易、客賬收放、典當出入成兩以上者，概不準用錢。一、閩省環出阻海，挑運維艱，有無興販，應咨管闢將軍、水師提督嚴飭員弁實力稽查。一、囤積錢多，價即踴貴，應照部議，富户毋得貯至五十串以上，典鋪亦不得過三百串，取具甘結備查。得旨：惟在因時制宜行之而已。法制禁令，豈能盡天下之情哉。

湖北巡撫晏斯盛奏：京師錢法六條，除歸併經紀礙難仿設，糶買雜糧早經酌奏，興販囤積再行申禁，均毋庸議外。一、銅鋪四散開設，既未便議移官局。銷毁自所不免，應照京師例，派佐雜武弁督兵役常川查禁，責十家互相稽察。並令各鋪將出入數目逐日登記，按月呈報。一、向來州縣多將平糶錢存俟秋成買穀，應令隨收隨發，即於廠旁設局，令商民持銀兑换。得旨：總在汝等妥酌行之。語云救荒無善政。朕於錢法，亦云如此。

湖南巡撫蔣溥奏：京師錢法六條，除立市歸併經紀，用銀收買雜糧，均難仿照外。一、銅鋪本微，易於私銷取利，自應派員督查。但鋪面俱在一處，出入有限，不須搬入官房，逐日稽察。一、米廠平糶錢令三日一次減價收銀，旬終將出入數目册報。一、客商攜帶盤費不得過十串以外，水路取船行甘結，陸路取騾馬行甘結備案。一、湖南人民大抵貯銀，尚恐地方遼闊，未及周知。應通飭各屬有積錢至百串以上者，易銀存貯。至湖南設爐五座，每年出錢僅敷放餉，現在刨試各處銅礦，俟開採有效，可以添爐三座，將所鑄之錢作爲餘錢，設局官賣，益使泉貨流通。得旨：有治人，無治法。即京師現行之法亦不過補偏救弊，非經久可行之事也。

川陝總督慶復奏：陝甘地處西陲，情形與他省更異。京師錢法六條，有可仿照者。一、銅器由外省製就買運，惟小爐銅匠率皆收買廢銅鎔化，應責成保甲鄰佑稽查有無銷毁。一、平糶錢。甘省向或貯庫，應與陝省一體隨時發换。一、囤積向干明禁。應令地方官曉諭鄉民，如貯錢至百串以上，一經發覺，按律治罪。有不能仿照者。一、錢鋪皆係小本經營，就地貿易，聲息相通，不能擡價，設立經紀，反開壟斷。一、市集零星糶賣，需錢者多，概令用銀，鄉愚於戥頭銀色每有未識，買户轉得欺哄，應從民便。一、陝省現在停鑄，錢價日昂，甘省嚮用舊存制錢，亦在本地流通，並無興販，毋庸議禁。得旨：有治人，無治法。即京城之法，朕亦不謂之十分合宜，仍不過補偏救弊而已。

四川巡撫紀山奏：錢法首在流通，應令地方官將平糶錢隨時兑换，核實造報。以及客商帶錢不得過三十串以外，鄉民貯錢不得至一百串以上，均係仿照京師之例。至銅鋪鑄造稀少，且紅銅市價較賤，不須銷毁。錢鋪買賣零星，俱對客成交。市集糶買雜糧，僅升斗使錢自應悉仍其舊。得旨：所奏俱悉。

署廣東巡撫廣州將軍策楞奏：粤東行使錢文向有三項，一各省所鑄大制錢，名曰青錢。一從前所鑄康熙小制錢，名曰廣錢，又曰紅錢。一前代年號古錢，名曰黑錢。近年粤東停鑄，他省運至者少，是以大制錢不可多得，而紅黑二錢充溢市上。質輕價重，一經入爐，得不償失，銷毁之弊，不禁自除。他若民間兑换銀錢，無須另設經紀。商販糶賣糧食，亦無大宗交易，各從其便。惟流通平糶錢文、查禁興販囤積，自宜仿京師例舉行。得旨：今制錢之所以日貴者，以行使之處甚廣也。粤東既有各色錢文行使，朕意不若聽從民便可耳。若必定以法令，使之盡使制錢，反有捍格難行之處。即京師籌盡錢法，亦可謂不遺餘力，而總無善策，況外省乎。

《清實録》乾隆四十四年六月　〔己巳〕諭軍機大臣等：據西成奏，京師錢價自春間漸至增長，現在旗民换錢，每市平一兩祇合制錢八百文有零，於民間日用不便。請嗣後各鋪户商販毋許格外堆積，買賣人等均限以定數，不使攜帶過多，以杜運販，等語。錢價昂貴，固應調劑，但從前曾因錢貴，官爲設局辦理，於民轉多不便，是以聽其自然。及十餘年前，錢價頓減，亦並非官辦所致。且京城錢價長落有時，恐官爲查禁，轉滋紛擾。又據稱，市中報價每兩换錢九百，而民間兑换實止八百有餘，何至相懸若此，所奏是否實在情形，抑或因瓜果入市，暫時昂貴，過後仍可漸平。或果有奸商堆積及多販出城之事，自須隨時查察懲治。著傳諭英廉即

速查明實在情形若何，及應否辦理之處，據實迅速覆奏，西成摺並發給閲看。

《清實録》**乾隆四十五年五月**〔戊子〕又諭：滇省採辦銅觔，近年以來屢形竭蹷，節經降旨該督撫等設法調劑，實力籌畫，終無成效。兹據和珅面奏，滇省銅觔官價輕而私價重，小民趨利往往有偷漏走私，地方官雖設法嚴禁，無如滇地山多路僻，耳目難周，私銅仍多偷漏，所以京銅缺少。向來定例，九成交官，一成通商。不若令將官運之銅全數交完後，聽其將所剩銅觔儘數交易，不必拘定一成，或商民知利之所在，競相趨赴，丁多銅集，京運不致仍前缺乏，等語。

銅觔爲百姓器用所必需，所以除鼓鑄官用外，准其一成通商。但滇省各廠開採日久，硐老山深，所費工本較多，定價不敷，商人無利可圖，勢必裹足不前，辦理益形竭蹶。若許其將開採官銅全數交完外，不拘一成之例，聽商賈流通貿易，閭閻既多利便，勢必競相趨赴，百計籌畫，攢湊貲本，踹勘新硐，銅廠可期日旺，此亦調劑之一法。其是否可行，能使此後各運銅觔如數全完，源源接濟以供京外各局鼓鑄，方爲妥善。著傳諭福康安等悉心籌覈，是否可以永遠無弊，據實具奏。

再前據和珅等查奏，滇省私錢盛行，每百不盈一掬，半係鉛砂攙雜。官銅缺少，由私鑄盛行。而私鑄盛行，皆由官局錢文薄小，並將該省所行私錢另包進呈。昨和珅至行在復命，復經面詢情形，據奏請設法查辦整頓等語。滇省各局設有鑪座，每年所鑄比之他省爲數較多，現在正當整飭銅務清釐錢法之際，豈宜私鑄混行。況有私鑄，必有私銷制錢改鑄私錢者，更不可不加意查察。其私鑄之細小錢文，急宜收燬。將官局制錢按照江廣各省從前收買小錢成例，與民間公平收兑，改鑄大錢。但思滇省官局現在所鑄錢文，其分兩自不及京局錢文之重，而以之收買小錢，原亦不必拘泥每串七觔半重之成例，應即以此種局錢收買小錢，俟小錢收買將次净盡時，再照定例加足分兩，鼓鑄官錢。如此逐漸收繳，如平糶倉糧漸次減價之例辦理，庶錢法漸有起色，於銅務有益。仍將現在如何設法辦理之處，詳悉覆奏。將此由五百里傳諭知之。

《清實録》**乾隆四十五年六月**〔戊辰〕諭軍機大臣等：前因滇省採辦銅觔近年屢形竭蹶，曾降旨傳諭福康安等將商人開採官銅全數交完後，其所剩銅觔聽商賈流通貿易之處熟籌具奏，此時諒已接奉矣。本日復據舒常等奏，該省行用錢文薄小，蓋由奸民開鑪私鑄，私銅易售，官銅益難如額，現飭地方官查拏治罪，等語。已於摺内批示。著傳諭福康安等酌量該處情形妥協籌辦。如有奸徒私鑄販賣，務須實力查拏，從重治罪。又據奏除省城錢局親赴盤察，其餘責成各道就近稽查，等語。各省鼓鑄錢文鑪座俱安設省城，惟滇省則各府俱有鑪座，此即私鑄弊源。鑪座散安各府稽查本難周密，且私鑄必有私銷，諸弊易於叢生。何如照各省之例，將滇省各府所有鑪座俱歸省城辦理，稽查較易。是否可行，著福康安等悉心籌酌，妥議具奏。務使積弊永除，銅政有裨。舒常等摺著鈔寄閲看。

《清實録》**同治五年十二月**〔辛卯〕又諭：本日據管理錢法堂事務崇綸、畢道遠、毓禄、王發桂奏，遵查户工兩局鼓鑄情形各一摺。所稱近因滇省銅廠停開，專用收買銅斤鼓鑄錢文，質未純净，錢形間有參差。工局現年所鑄錢數較少，各等語。錢法關係民用，各該管堂官及監督自應認真籌辦，以期一律流通，豈可不加意講求，致啓挑剔之漸。辦理不善，咎實難辭。所有户工兩部兼管錢法堂事務大臣及寶源、寶泉兩局監督，著先行交部分别議處。嗣後該堂官等務當遵循成法，認真督辦，期於裕國便民，永無流弊。儻再任意因循，致滋弊竇，定當從重懲處。摺内所稱應行酌定章程，仍著妥議具奏。尋奏，遵議章程七條：一、廣籌銅斤以裕鼓鑄。一、錢文分兩酌量以三錢五分爲率。一、發廠銅斤宜覈實計算，並停止配搭鉛斤。一、局廠各員宜嚴加責成。一、四廠宜添設勇丁幫同巡邏。一、四廠圍牆及鑪磨各房宜加修葺。一、嚴拏私銷私鑄，以期官錢暢行。從之。